Thomas/Putzo
Zivilprozessordnung

Zivilprozessordnung

mit Gerichtsverfassungsgesetz, den Einführungsgesetzen und
europarechtlichen Vorschriften (EuGVVO, EheVO,
ZustellungsVO, ZustDG, AVAG)

Kommentar
von

Prof. Dr. Heinz Thomas
Vorsitzender Richter
am Oberlandesgericht
München a. D.

Prof. Dr. Hans Putzo
Vizepräsident
des Bayer. Obersten
Landesgerichts a. D.

Dr. Klaus Reichold
Vorsitzender Richter
am Bayer. Obersten Landesgericht

Dr. Rainer Hüßtege
Richter am
Oberlandesgericht
München

24., neubearbeitete Auflage

Verlag C. H. Beck München 2002

Die Deutsche Bibliothek – CIP-Einheitsaufnahme

Zivilprozessordnung : mit Gerichtsverfassungsgesetz,
den Einführungsgesetzen und europarechtlichen Vorschrif-
ten (EuGVVO, EheVO, ZustellungsVO, ZustDG, AVAG) ;
Kommentar / von Heinz Thomas . . . – 24., neubearb. Aufl.
– München : Beck, 2002
  ISBN 3 406 48691 6

ISBN 3 406 48691 6

© 2002 Verlag C. H. Beck oHG
Wilhelmstraße 9, 80801 München
Druck: Druckerei C. H. Beck Nördlingen
(Adresse wie Verlag)

Gedruckt auf säurefreiem, alterungsbeständigem Papier
(hergestellt aus chlorfrei gebleichtem Zellstoff)

Vorwort zur 24. Auflage

Die 23. Auflage, im Juni 2001 erschienen, stellt die Gesetzeslage dar, die bis zum 31. Dezember 2001 bestanden hat. Infolge der Übergangsregelung des § 26 EGZPO wird diese Fassung für die anhängigen Verfahren weiter gelten. Daher muss seit 1. Januar 2002 für eine längere Übergangszeit die deutsche Zivilprozessordnung in der alten Fassung angewendet werden, während für die neuen Prozesse die ZPO in der Fassung gilt, wie sie durch das Reformgesetz vom 27. Juli 2001 herbeigeführt wurde. Die Praxis steht daher vor einer beispiellosen, durch das gleichzeitige Inkrafttreten des Schuldrechtsmodernisierungsgesetzes verschärften Herausforderung, die es zu bewältigen gilt. Wir hoffen, durch unsere auf Übersichtlichkeit und Kürze angelegte Kommentierung die beste Hilfe zu bieten.

Die vorliegende 24. Auflage hat eine besonders umfangreiche, das gesamte Buch umfassende Neubearbeitung erfordert. Die beiden jüngeren Mitautoren haben planmäßig weitere Partien übernommen. Wir bitten, die Einzelheiten dem Bearbeiterverzeichnis zu entnehmen.

Das ZPO-Reformgesetz hat zu zahllosen Änderungen und Folgeänderungen geführt. Darüber hinaus hat das am 29. November 2001 verkündete Schuldrechtsmodernisierungsgesetz bereits das ZPO-RG, die ZPO selbst und die Nebengesetze der ZPO an mehreren Stellen geändert. Das Zustellungsrecht ist durch das Gesetz vom 25. Juni 2001 grundlegend neu gefasst worden. Die §§ 166–195 treten an die Stelle der §§ 166–213a alter Fassung, sind aber erst ab 1. Juli 2002 in Kraft, in der vorliegenden Auflage bereits kommentiert.

Damit nicht genug: An die Stelle des EuGVÜ ist die EuGVVO getreten. Sehr spät ist das 7. Gesetz zur Änderung der Pfändungsfreigrenzen vom 13. 12. 2001 verkündet worden und am 1. Januar 2002 in Kraft getreten, zugleich mit dem Gewaltschutzgesetz vom 11. 12. 2001, das die ZPO und das GVG an insgesamt 14 Stellen ändert, und dem Gesetz zur Einführung des Euro in Rechtspflegegesetzen vom 13. 12. 2001, das u. a. auch im Bereich des vereinfachten Unterhaltsverfahrens die ZPO betrifft. Zuletzt hat das Elektronischer Geschäftsverkehr-Gesetz vom 14. 12. 2001 die ZPO geändert, zum Glück nur den § 1031, in Kraft seit 15. 12. 2001. Schließlich war auch noch die vom Bundestag am 29. 11. 2001 beschlossene, im Zeitpunkt der Drucklegung jedoch noch nicht im Bundesgesetzblatt veröffentlichte, zum 1. 3. 2002 in Kraft tretende Anpassung des AVAG an die EuGVVO zu berücksichtigen. Alle diese Änderungen sind bereits eingearbeitet, denn die hohe Leistungsbereitschaft der Druckerei C. H. Beck hat einen Redaktionsschluss zum 1. Januar 2002 ermöglicht.

Es würde den Rahmen eines Vorworts sprengen, auch nur die wichtigsten Einzelheiten aufzuzählen. Sie sind sowieso kaum überschaubar.

Vorwort

Wir verweisen deshalb pauschal auf den Inhalt des Buches. Wie immer haben wir bei unserer Arbeit darauf geachtet, dem Benutzer den Umgang mit dem Zivilprozessrecht zu erleichtern durch Übersichtlichkeit, Präzision, Informationsdichte und sachbezogene Didaktik. Die dabei geübte Konzentration auf das Wesentliche erfordert auch der handlich gebliebene Umfang des Buches.

Wir danken an dieser Stelle für die vielen nützlichen Hinweise aus dem groß gewordenen Benutzerkreis. Dank schulden wir dem Verlag, dem Lektorat und der Druckerei für ihren Einsatz, durch den es möglich wurde, das Buch so kurz nach Inkrafttreten der ZPO-Reform auszuliefern.

München, im Januar 2002   Thomas, Putzo, Reichold, Hüßtege

Hinweise für den Gebrauch

Paragraphen ohne nachfolgende Angabe eines Gesetzes sind (auch in den Erläuterungen zum GVG, EGGVG, zur EGZPO, EuGVVO und EheVO) solche der ZPO.

Artikel ohne nachfolgende Angabe sind solche der EuGVVO bzw der EheVO.

Arabische Ziffern bedeuten die Randnummer der Anmerkungen, auf die verwiesen ist, auch wenn die Abkürzung Rn fehlt, zB ist 10 vor § 1 die Randnummer der Vorbemerkung zum § 1.

Einführungen und Vorbemerkungen sind durch das Wort vor (auch mit einer Ziffer verbunden) bezeichnet, wenn es vor einen Paragraphen gestellt ist (zB 1 vor § 1).

Verweisungen innerhalb des Buches sind nur nach Randnummern, nicht nach der Anmerkungsnummer ausgeführt.

Städtenamen ohne eine damit verbundene Bezeichnung (wie insbesondere AG oder LG) bedeuten das Oberlandesgericht mit dem Sitz in der genannten Stadt.

Literatur, die verarbeitet wurde, ist im Wesentlichen im Abkürzungsverzeichnis aufgeführt. Sie ist bezeichnet nach Verfasser, Titel und Erscheinungsjahr der letzten Auflage oder nach Verfasser und Fundstelle.

Literaturzitate mit Ziffern bedeuten die Anmerkung oder Randnummer zu dem selben Paragraphen, die Seite, wenn die Ziffer hinter dem Buchstaben S steht.

Entscheidungen sind regelmäßig mit der Seite zitiert, an der ihr Abdruck beginnt; hinter dem Schrägstrich steht die Seite, auf die in besonderem Maße Bezug genommen ist.

Überschriften zu den Paragraphen bzw Artikeln, die in eckige Klammern gesetzt sind, sind nicht amtlich.

Bearbeiterverzeichnis

Zitiervorschlag: Bearbeiter in Thomas/Putzo

Inhaltsverzeichnis

Zivilprozessordnung

vom 30. Januar 1877 idF der Bek. vom 12. September 1950

Inhaltsverzeichnis

Inhaltsverzeichnis

Inhaltsverzeichnis

Inhaltsverzeichnis

Einführungsgesetz zum Gerichtsverfassungsgesetz
vom 27. Januar 1877

Verordnung (EG) Nr. 44/2001 des Rates über die gerichtliche Zuständigkeit und die Anerkennung und Vollstreckung von Entscheidungen in Zivil- und Handelssachen
vom 22. Dezember 2000

Inhaltsverzeichnis

**Verordnung (EG) Nr. 1347/2000 des Rates über die
Zuständigkeit und die Anerkennung und Vollstreckung von Entscheidungen in Ehesachen und
in Verfahren betreffend die elterliche Verantwortung
für die gemeinsamen Kinder der Ehegatten**

vom 29. Mai 2000

Inhaltsverzeichnis

Verordnung (EG) Nr. 1348/2000 des Rates über die Zustellung gerichtlicher und außergerichtlicher Schriftstücke in Zivil- oder Handelssachen in den Mitgliedstaaten

vom 29. Mai 2000

Gesetz zur Durchführung gemeinschaftsrechtlicher Vorschriften über die Zustellung gerichtlicher und außergerichtlicher Schriftstücke in Zivil- oder Handelssachen in den Mitgliedstaaten (EG-Zustellungsdurchführungsgesetz – ZustDG)

Inhaltsverzeichnis

Inhaltsverzeichnis

Abkürzungsverzeichnis

Abkürzungsverzeichnis

Baur/Grunsky	Zivilprozessrecht, 10. Aufl. 2000
Baur/Stürner	Zwangsvollstreckungs-, Konkurs- und Vergleichsrecht, 12. Aufl. 1990 und 1995
BauR	Baurecht (Jahr und Seite)
Bay	bayerisch, Bayern
BayObLG	Bayerisches Oberstes Landesgericht (mit Ziffern: amtliche Sammlung in Zivilsachen, Jahr und Seite)
BayVerfGH	Bayerischer Verfassungsgerichtshof
BB	Betriebs-Berater (Jahr und Seite)
BBG	Bundesbeamtengesetz
Begr.	Begründung
Bekl.	Beklagte(r)
BekM	Bekanntmachung
Ber.	Berufung
Bergerfurth	Der Ehescheidungsprozess und die anderen Eheverfahren, 12. Aufl. 2000 (im 6. Buch) Der Anwaltszwang und seine Ausnahmen, 2. Aufl. 1988, mit Nachtrag 1991
bes	besonders
Beschw	Beschwerde
bestr.	bestritten
BetrVerfG	Betriebsverfassungsgesetz
BeurkG	Beurkundungsgesetz
BFH	Bundesfinanzhof
BG	Beamtengesetz (der Länder)
BGB	Bürgerliches Gesetzbuch
BGBl	Bundesgesetzblatt (Jahr, Teil und Seite; ohne römische Ziffer Teil I)
BGH	Bundesgerichtshof (mit Ziffern: amtliche Sammlung in Zivilsachen, Band und Seite)
BinnSchG	Gesetz über das gerichtliche Verfahren in Binnenschifffahrtssachen
BJM	Bundesjustizministerium
BLAH	Baumbach/Lauterbach/Albers/Hartmann ZPO, 60. Aufl. 2002
Bl.	Blatt
Blomeyer	Zivilprozessrecht Erkenntnisverfahren, 2. Aufl. 1985 und Vollstreckungsverfahren, 1975
BMinG	Bundesministergesetz
BNotO	Bundesnotarordnung
BRAO	Bundesrechtsanwaltsordnung
BRAGO	Bundesrechtsanwaltsgebührenordnung
BRRG	Beamtenrechtsrahmengesetz
Brox/Walker	Zwangsvollstreckungsrecht, 6. Aufl. 1999
Bruns	Zivilprozessrecht, 3. Aufl. 1987
Bruns/Peters	Zwangsvollstreckungsrecht, 3. Aufl. 1987

BSG.............	Bundessozialgericht (mit Ziffern: amtliche Sammlung, Band und Seite)
BSHG	Bundessozialhilfegesetz
Bsp	Beispiel(e)
BT-Drucks........	Drucksachen des Deutschen Bundestages (1949 ff)
Bülow/Böckstiegel/ Geimer/Schütze	Internationaler Rechtsverkehr in Zivil- und Handelssachen, Loseblattsammlung
Büro	Das Juristische Büro (Jahr und Spalte oder Seite)
BVBl.............	Bayerische Verwaltungsblätter (Jahr und Seite)
BVerfG	Bundesverfassungsgericht (mit Ziffern: amtliche Sammlung, Band und Seite)
BVerfGG	Bundesverfassungsgerichtsgesetz
BVerwG	Bundesverwaltungsgericht (mit Ziffern: amtliche Sammlung, Band und Seite)
BWNotZ	Zeitschrift für das Notariat in Baden-Württemberg (Jahr und Seite)
bzgl	bezüglich
bzw	beziehungsweise
CISG.............	Wiener UN-Übereinkommen über Verträge über den internationalen Warenkauf
CMR	Genfer Übereinkommen über den Beförderungsvertrag im Internationalen Straßengüterverkehr
CR	Computer und Recht (Jahr und Seite)
DAVorm	Der Amtsvormund (Jahr und Seite), seit 1. 1. 2001 Jugendamt (JAmt)
DB..............	Der Betrieb (Jahr und Seite)
DGVZ............	Deutsche Gerichtsvollzieherzeitung (Jahr und Seite)
dh	das heißt
DNotZ	Deutsche Notar-Zeitschrift (Jahr und Seite)
DRiG	Deutsches Richtergesetz
DRiZ	Deutsche Richterzeitung (Jahr und Seite)
DtZ..............	Deutsch-Deutsche Rechtszeitschrift (Jahr und Seite)
DVO	Durchführungsverordnung
DWW	Deutsche Wohnungswirtschaft (Jahr und Seite)
EG..............	Einführungsgesetz, nach Zusammenhang auch Europäische Gemeinschaften, iVm Art. EG-Vertrag idF des Vertrags von Amsterdam

Abkürzungsverzeichnis

Abkürzungsverzeichnis

Abkürzungsverzeichnis

Abkürzungsverzeichnis

Abkürzungsverzeichnis

Abkürzungsverzeichnis

Abkürzungsverzeichnis

Abkürzungsverzeichnis

sof	sofortig(e)
sog	sogenannte(r) (s)
St, Sts	Strafsachen
st	ständig(e)
StAnz	Staatsanzeiger
StJ	Stein/Jonas, Kommentar zur ZPO, 21. Auflage seit 1993, bearbeitet von Berger, Bork, Brehm, Grunsky, Leipold, Münzberg, Roth, Schlosser und Schumann
Stöber	Forderungspfändung, 12. Aufl. 1999
StPO	Strafprozessordnung
StVG	Straßenverkehrsgesetz
su	siehe unten
TranspR	Transportrecht (Jahr und Seite)
u	und
uä	und ähnlich(e/s)
UÄndG	Gesetz zur Änderung unterhaltsrechtlicher, verfahrensrechtlicher und anderer Vorschriften
Üb	Übersicht
UKlaG	Gesetz über Unterlassungsklagen bei Verbraucherrechts- und anderen Versößen (Unterlassungsklagegesetz) = Art 3 SMG vom 26. 11. 2001 (BGBl S 3173)
UmwG	Umwandlungsgesetz
UrkB	Urkundsbeamte(r)
Urt	Urteil
uU	unter Umständen
UWG	Gesetz gegen den unlauteren Wettbewerb
v	von(m)
VAHRG	Gesetz zur Regelung von Härten im Versorgungsausgleich
vAw	von Amts wegen
VB	Vollstreckungsbescheid
Vbdg	Verbindung
VerbrKrG	Verbraucherkreditgesetz
Verf	Verfassung oder Verfahren
VereinfNov	Gesetz zur Vereinfachung und Beschleunigung gerichtlicher Verfahren (Vereinfachungsnovelle)
VerfGH	Verfassungsgerichtshof
VerlG	Verlagsgesetz
VermBildG	Vermögensbildungsgesetz
VersAufsG	Versicherungsaufsichtsgesetz
VerschG	Verschollenheitsgesetz
VersR	Versicherungsrecht (Jahr und Seite)

Abkürzungsverzeichnis

Abkürzungsverzeichnis

Einleitung
Prozessuale Grundbegriffe

Übersicht

I. Wesentliche Prozessgrundsätze

1. Parteiherrschaft. Sie umfasst:

1   **a) Verhandlungsgrundsatz** (Beibringungsgrundsatz). Er ist das prozessuale Korrelat der materiellrechtlichen Freiheit zur Ausübung eines Rechts und zur Verfügung darüber (Grunsky § 3). Er betrifft die Beibringung des Tatsachenstoffes, der Entscheidungsgrundlage sein soll, und die Feststellung der Wahrheit. Er gilt grundsätzlich im ganzen Bereich der ZPO, auch für Verbandsklagen nach UWG und UKlaG. –

2   **aa) Inhalt.** Nur die Parteien können den Streitstoff in den Prozess einführen, über seine Feststellungsbedürftigkeit entscheiden und seine Feststellung betreiben. Das Gericht darf Tatsachen (13 vor § 284), die nicht von einer Partei vorgetragen sind, bei der Entscheidung nicht berücksichtigen, auch nicht als Möglichkeit, außer wenn sie Folge einer Erfahrung ist (BGH MDR 78, 567). Es darf die Wahrheit einer Tatsachenbehauptung nur feststellen, wenn sie bestritten ist (§ 313 Rn 16–18), und darf zum Zwecke dieser Feststellung grundsätzlich Beweis nur erheben, wenn die Partei ihn angeboten hat (2 vor § 284). –

3   **bb) Grund.** Der Verhandlungsgrundsatz erklärt sich daraus, dass kein öffentliches Interesse daran besteht, die Wahrheit von Tatsachen zu ermitteln, die privatrechtlichen Rechtsbeziehungen zugrunde liegen, über die die Parteien die Verfügungsfreiheit besitzen. Die Beschaffung und Feststellung des Streitstoffes ist bei der gegensätzlichen Interessenlage der Parteien im kontradiktorischen Verfahren unter Geltung der Wahrheitspflicht (§ 138) und des Rechts auf Gehör (Rn 9 ff) besser gewährleistet als durch gerichtliche Untersuchung. Überdies wirkt das Gericht in mannigfacher Weise bei der Stoffsammlung mit, zB §§ 139,

4   141, 273. – **cc) Unanwendbarkeit.** Der Verhandlungsgrundsatz gilt nicht, soweit der Untersuchungsgrundsatz (Rn 6, 7) gilt. Ferner nicht, soweit es sich nicht um die Stoffsammlung handelt, also bei der Rechtsanwendung (BGH WM 69, 165; aA Baur, Festschrift für Bötticher, S 1/10; kritisch dazu Häsemeyer ZZP 85, 207), der Beweiswürdigung (§ 286), der rechtlichen Würdigung des Parteivorbringens und den Schlussfolgerungen, die das Gericht daraus zieht, der Anwendung von Erfahrungssätzen (15 vor § 284).

5   **b) Dispositionsmaxime** (Verfügungsgrundsatz), im Schrifttum vielfach auch unter den Begriff des Verhandlungsgrundsatzes gebracht, ist ebenfalls ein Ausfluss der Parteiherrschaft. Sie betrifft die Verfügungsfreiheit der Parteien über den Streitgegenstand und damit über Gang und Inhalt des Verfahrens. Auch sie gilt grundsätzlich in der ganzen

ZPO. Sie hat ihrem Inhalt nach nichts mit der Stoffsammlung zu tun. Die Parteien eröffnen durch Klage (Antrag, Gesuch) bzw Rechtsmittel das Verfahren bzw eine weitere Instanz und beenden sie durch Rücknahme (§§ 269, 516, 565) oder Vergleich (§ 794 Rn 26); sie bestimmen im UrtVerfahren den Umfang der rechtlichen Nachprüfung durch die Sachanträge (§§ 308, 528 S 2, 557 Abs 1), durch Anerkenntnis (§ 307), Verzicht (§§ 306, 515, 565) und Versäumnis (§§ 330 ff). Gegensatz ist die Offizialmaxime, gültig im Strafprozess, die Gang und Inhalt des Verfahrens der Herrschaft der Beteiligten weitgehend entzieht.

2. Untersuchungsgrundsatz (Ermittlungsgrundsatz). Er betrifft wie **6** der Verhandlungsgrundsatz die Stoffsammlung und Feststellung der Wahrheit. Im Gegensatz zum Verhandlungsgrundsatz ist aber wegen des öffentlichen Interesses das Ger berechtigt und verpflichtet, ohne Rücksicht auf Parteivortrag und -verhalten oder Beweisangebote vAw Tatsachen zu erforschen, in die Verhandlung einzuführen und ihre Wahrheit festzustellen. Der Untersuchungsgrundsatz ist nicht zu verwechseln mit der Prüfung vAw (12 vor § 253). – **Er gilt: a)** in allen Prozessen bei der **7** Ermittlung unbekannter Erfahrungssätze (15 vor § 284) sowie des ausländischen, Gewohnheits- und Satzungsrechts (§ 293); – **b)** in allen Ehe- und Kindschaftsverfahren des 6. Buches nach Maßgabe der §§ 616, 640 I, 640 d;   **c)** im Aufgebotsverfahren; – **d)** teilweise in der Zwangsvollstreckung (31 vor § 704). – **e)** im Insolvenzverfahren (BGH ZIP 00, 1343).

3. Grundsatz der Unmittelbarkeit. Er bedeutet, dass Verhandlung **8** und Beweisaufnahme unmittelbar vor dem erkennenden Gericht und ohne Dazwischentreten einer richterlichen Mittelsperson stattfinden. Das Ger soll seine Entscheidung unter dem eigenen, unmittelbaren Eindruck von Verhandlung und Beweisaufnahme treffen, nicht auf dem Umweg über den Bericht einer Mittelsperson. Vgl §§ 309, 355. Hand in Hand damit geht regelmäßig der Grundsatz der Mündlichkeit (§ 128 Rn 1 ff).

4. Rechtliches Gehör wird verfassungsrechtlich garantiert durch **9** Art 103 Abs 1 GG, in einzelnen Landesverfassungen und Art 6 Abs 1 EMRK. In der ZPO ist der Grundsatz des rechtlichen Gehörs in zahlreichen Vorschriften zum Ausdruck gekommen, insbes in den §§ 118, 136–139, 141, 337, 547 Nr 4. Sie stehen mit Art 103 Abs 1 GG nicht in Widerspruch und regeln das rechtliche Gehör je nach Prozessart und -stadium, schließen die vorhergehende Gewährung manchmal auch zulässig aus (allgM), zB § 834.

a) Anwendungsbereich. aa) Verfahren. Alle Prozessarten (Einl V) **10** und alle Rechtszüge; auch in Nebenverfahren, zB Kostenfestsetzung (BVerfG NJW 90, 1104). Nur Verfahren vor dem Richter; für solche vor dem Rechtspfleger ist Gehör nach dem Grundsatz des fairen Verfahrens (Rn 26) zu gewähren (BVerfG NJW 00, 1709). **bb) Personen.** Das **11** rechtliche Gehör steht Parteien und Nebenintervenienten zu; anderen Dritten nur, wenn sie von den Urteilswirkungen rechtlich betroffen sind, zB bei Auflösungsklage einer GmbH nicht verklagte Mitgesellschafter (BVerfG NJW 82, 1635). Anderen Dritten steht das rechtliche Gehör jedenfalls dann zu, wenn sie am Prozess beteiligt sind und Entscheidungen gegen sie ergehen, zB dem Zeugen in den Fällen der §§ 380, 387, dem RA in § 135 Abs 2.

12   **b) Inhalt.** Partei und Nebenintervenient dürfen sich im Prozess zum gesamten Prozessstoff äußern und nur solcher Prozessstoff darf der Entscheidung zugrundegelegt werden, zu dem Gehör gewährt wurde. Prozessstoff ist der gesamte Tatsachenvortrag, auch offen- und gerichtskundige Tatsachen, jede Beweisfrage, aber auch jede Rechtsfrage (hM). Überraschungsentscheidungen sind nach Maßgabe des § 139 Abs 2 verboten.

13   **c) Gewährung.** Das Gericht muss den Parteien grundsätzlich vor seiner Entscheidung, nicht notw unverzüglich, Gelegenheit geben sich zu äußern, bei notw mdl Vhdlg (§ 128 Abs 1) mdl, sonst auch schriftlich, wobei formlose Mitteilung grundsätzlich genügt. Mitteilung von Schriftstücken an den ProzBev reicht idR aus (vgl aber BVerfG NJW 90, 1104). Bei unterbliebener Äußerung ohne Empfangsbescheinigung muss sogar mit Verlust bei der Post gerechnet werden (BVerfG NJW 93, 2095). Ferner muss das Gericht die Ausführungen der Parteien zur Kenntnis nehmen, auch die rechtlichen (BVerfG stRspr NJW 96, 3202 mwN), und sich mit umstrittenen Rechtsfragen im Urteil auseinandersetzen (BVerfG NJW-RR 95, 1033). Das gilt auch für ordnungsgemäß eingegangene Schriftsätze (BVerfG NJW 83, 2187), im schriftlichen Verfahren für die bis zum Erlass der Entscheidung eingegangenen (BVerfG NJW 93, 51). Das Gericht muss sie, soweit sie erheblich sind, bei der Entscheidung berücksichtigen, dh in Erwägung ziehen (BVerfG NJW 93, 1314).

14   **d) Präklusion.** Ist sie gesetzmäßig (§§ 296, 530–532), liegt kein Verstoß gegen Art 103 GG vor (hM; BVerfG NJW 84, 2203). Ein Verstoß setzt voraus, dass das Verhalten der Partei nicht vorwerfbar ist (BVerfG NJW 92, 678 und 680) und die Verfahrensvorschriften in nicht mehr vertretbarer Weise ausgelegt und angewendet werden (BayVerfGH NJW 89, 215). Das kann bei fehlerhafter Anwendung durch Zurückweisung von Vorbringen gegeben sein (BVerfG NJW 87, 1621), auch im frühen ersten Termin oder bei einer Replik (BVerfG NJW 86, 1149), sogar bei § 296 a (BVerfG NJW-RR 93, 636). Ein Verstoß liegt vor, wenn die Präklusion dazu benutzt wird, verspätetes Vorbringen auszuschließen, obwohl dieses für die Verzögerung offenbar nicht kausal ist (BVerfG NJW 95, 1417). Die Verzögerung darf nicht durch das Gericht mitverursacht sein, zB durch unzulängliche Verfahrensleitung (BVerfG NJW 00, 945: unterlassener Hinweis auf unvollständiges Beweisangebot). Eine danach fehlerhafte Präklusion verstößt gegen Art 103 GG, wenn nicht nur einfaches Verfahrensrecht, sondern das Grundrecht verletzt ist (BVerfG NJW 87, 2733).

15   **e) Fristen.** Das Gericht darf zur schriftlichen Äußerung Fristen setzen, muss es aber eindeutig tun (BVerfG NJW 82, 1453). Das ist in zahlreichen Fällen vorgesehen, zB in §§ 275, 276. Das Gericht muss sie, falls sie zu knapp bemessen waren, verlängern, wenn es die Partei rechtzeitig beantragt. Dass die Partei von ihrem Recht, sich zu äußern auch Gebrauch macht, ist nicht notwendig. Fristgerechtes Vorbringen ist zu berücksichtigen. Äußert sich die Partei nicht, darf entschieden werden, sobald die Frist abgelaufen ist.

f) Zeitpunkt und Wiederholung. Wann und wie oft das rechtliche **16** Gehör in einem Rechtsstreit gewährt werden muss, hängt vom Einzelfall ab, mindestens aber einmal, iü wiederholt und so lange, bis zu allen Tatsachen und Beweisergebnissen, die der Entscheidung zugrunde gelegt werden, jede Partei Gelegenheit hatte, sich durch Vortrag oder Gegenerklärung zu äußern. Wann das rechtliche Gehör gewährt wird, hängt von der Prozessart ab. Bei mdl Vhdlg (§ 128 I) im hierzu bestimmten Termin, im schriftlichen Verfahren und bei freigestellter mdl Vhdlg eine ausreichende Zeit vor Erlass der Entscheidung.

g) Ausschluss des vorherigen rechtlichen Gehörs ist bei Eilverfahren **17** zulässig, zB bei Arrest und einstw Vfg, einstw Anordnungen und bei einer Forderungspfändung (§ 834). Hier wird das rechtliche Gehör im nachfolgenden Verfahren auf Grund des Rechtsbehelfs gewährt.

h) Nachprüfung. Ob das rechtliche Gehör gewährt wurde, hat das **18** Gericht vor der Entscheidung zu prüfen, später auf Grund einer Rüge gemäß § 321 a (s dort), im Rechtsmittelverfahren oder auf Verfassungsbeschwerde (Rn 25). Brauchbare Indizien dafür, dass das rechtliche Gehör gewährt wurde, sind insbes: wenn das zugeleitete Schriftstück mit Nachweis zugestellt, eine Empfangsbescheinigung erteilt ist oder der Zugang sich aus einem Erwiderungsschriftsatz feststellen lässt. Darüber hinaus genügen Absendervermerke von Justizbediensteten auf dem Original stets dann, wenn sich aus sonstigen Gründen nicht Zweifel am Zugang des Schriftstücks ergeben.

i) Typische Verstöße: Übersehen von Anträgen (insbes Klage- und **19** Beweisanträgen); pflichtwidrig unterbliebene Kenntnisnahme von Parteivortrag (BVerfG NJW 00, 131 mwN) und von eidesstattlichen Versicherungen (BVerfG NJW 88, 250), auch bei globaler Bezugnahme (vgl BVerfG NJW 87, 485); unterbliebene Anhörung des Gegners (audiatur et altera pars); Fristfehler; wegen § 379 unterbliebene Beweisaufnahme (BVerfG NJW 86, 1150); Ausschluss von Beweismitteln gemäß § 356 wegen Fristversäumung (BVerfG NJW-RR 94, 700); ungerechtfertigte Präklusion (Rn 14); Überraschungsentscheidung (BayVerfGH NJW-RR 91, 702); überzogen hohe, überraschende Anforderungen an den Sachvortrag (BVerfG NJW 91, 2823), insbes an die Schlüssigkeit der Klage (BVerfG NJW 94, 1274); Verwertung beigezogener Akten ohne Beweisantritt und ohne Kenntnis der nachteilig betroffenen Partei (BVerfG NJW 94, 1210).

k) Kausalität. Erheblich ist nur der Verstoß, auf dem die Entschei- **20** dung beruht (BayObLG NJW-RR 89, 1090), dh sie müsste möglicherweise anders ausgefallen sein, wenn das Gehör gewährt worden wäre (BVerfG 13, 132 [144]). Die Partei muss alles Zumutbare tun, um den

Verstoß abzuwenden. Sie muss insbes die gebotenen Anträge stellen (BVerfG NJW 93, 2367 mwN) oder die Rüge gemäß § 321 a erheben.

21   **l) Heilung.** Sie kann auf zweierlei Weise geschehen: **(1)** Nachträgliche Gewährung des Gehörs (allgM), insbes nach Einspruch (§ 338) oder durch das Berufungs- oder Beschwerdegericht, auch im Wege des § 321 a. Bei Revision ist das aber nur in Bezug auf Rechtsansichten und solche erheblichen Tatsachen möglich, die das Revisionsgericht berücksichtigen darf. **(2)** Verzicht der Partei, ausdrücklich oder stillschweigend (§ 295); denn es steht ihr frei, von der gewährten Gelegenheit Gebrauch zu machen. Sie kann bewusst oder aus Nachlässigkeit ihre Äußerung unterlassen.

22   **m) Rechtsbehelfe.** Es muss je nach der Lage und dem Stand des
23   Rechtsstreits unterschieden werden: **aa) Abhilfeverfahren** gem § 321 a,
24   wenn die Rüge statthaft ist (§ 321 a Abs 4). **bb) Rechtsmittel.** Es kann, je nach Art der Entscheidung, das nach der ZPO statthafte Rechtsmittel (Berufung, Revision, sofortige Beschwerde; Rechtsbeschwerde) eingelegt werden. Der Rechtsstreit kann vom Rechtsmittelgericht zurückverwiesen werden (§§ 538 Abs 2, 563, 572 Abs 3, 577 Abs 4), wenn es das
25   rechtliche Gehör nicht selbst gewährt. **cc) Verfassungsbeschwerde.** Sie ist erst zulässig, wenn der Rechtsweg erschöpft ist (§ 90 Abs. 2 BVerfGG). Das setzt voraus, dass eine zulässige Rüge gemäß § 321 a erhoben und erfolglos geblieben ist, weil ein Verstoß verneint wird und kein Rechtsbehelf, insbes kein Rechtsmittel der ZPO mehr zulässig ist. Bei Zurückverweisung ist der Rechtsweg noch nicht erschöpft (BVerfG NJW 00,
26   3198). **dd) Menschenrechtsbeschwerde** (Art 34, 35 EMRK) kann zulässig erst dann eingelegt werden, wenn der Verfassungsrechtsweg erschöpft ist. Zu den Voraussetzungen und zum Verfahren Meyer-Ladewig/Petzold NJW 99, 1165.

27   **5. Gebot des fairen Verfahrens** gem Art 2 Abs 1 GG iVm dem Rechtsstaatsprinzip als allgemeines Prozess-Grundrecht (BVerfG NJW 94, 1853 zu § 270 Abs 3 aF [ab 1. 7. 02 § 167], NJW 94, 1854 zu § 233, EGMR NJW 95, 1413 zu § 448, BVerfG NJW 98, 2044 zu §§ 296, 139, BGH NJW 00, 3284: Wiedereinsetzung nach Auslandszustellung). Danach darf der Zugang zu den Gerichten und den Instanzen nicht in unzumutbarer Weise erschwert werden. Das Ger darf sich nicht widersprüchlich verhalten, es darf aus eigenen oder ihm zuzurechnenden Fehlern oder Versäumnissen keine Verfahrensnachteile für die Beteiligten ableiten und ist ihnen gegenüber in ihrer konkreten Situation zur Rücksichtnahme verpflichtet (BVerfG NJW 98, 2044). Die Anforderungen des Ger an die Parteien zum zügigen Betreiben des Verfahrens müssen in einem vernünftigen Verhältnis zur Gesamtdauer des Verfahrens stehen (BSG NJW 96, 677), insbesondere soweit diese auf das eigene Verhalten des Ger zurückzuführen ist. Das Prinzip der Waffengleichheit ist zu beachten (EGMR NJW 95, 1413, BGH NJW 99, 352, Bamberg FamRZ 94, 1045, Zweibrücken NJW 98, 167).

6. Verfahrensdauer. Art 2 Abs 1 GG iVm dem Rechtsstaatsprinzip   **28** (Art 20 Abs 3 GG) und Art 6 Abs 1 EMRK gebieten zur Gewährleistung eines wirkungsvollen Rechtsschutzes, dass streitige Rechtsverhältnisse in angemessener Zeit geklärt werden. Überlange Verfahrensdauer kann deshalb gegen die genannten Bestimmungen verstoßen (BVerfG NJW 01, 214 und 961, EGMR NJW 01, 211, 213).

II. Streitgegenstand (prozessualer Anspruch)

1. Neueres Schrifttum zur Frage, ob die Lehre vom Begriff des   **1** Streitgegenstands unter dem Einfluss der Rspr des EuGH neu überdacht oder sogar geändert werden müsse: *Rüßmann, Walker, Heiderhoff* je ZZP 111, 399 bzw 429 bzw 455.

2. Praktische Bedeutung. Sie ist für den Zivilprozess außerordent-   **2** lich groß. Der Streitgegenstand als der zentrale Begriff des Prozesses überhaupt ist maßgebend für die Bestimmtheit der Klage (§ 253 Abs 2 Nr 2), für die sachliche (§§ 23–23 b GVG), gelegentlich auch für die örtliche Zuständigkeit (§§ 23 ff), für die Frage, ob es sich um objektive Klagehäufung (§ 260), dh um mehrere Streitgegenstände, um Klageänderung (§§ 263 ff), dh ob es sich um einen anderen Streitgegenstand handelt; ebenso für anderweitige Rechtshängigkeit (§ 261) und Rechtskraft (§ 322), dh ob um diesen Streitgegenstand schon ein anderer Prozess läuft bzw ob über ihn bereits in einem früheren Prozess rechtskraftfähig entschieden ist. Der Streitgegenstand ist endlich maßgebend für den Streitwert und damit für die Kosten des Rechtsstreits.

3. Lehrmeinungen. Wegen der großen Bedeutung, des uneinheitli-   **3** chen Sprachgebrauchs in der ZPO, fehlender Gesetzesdefinition und der Schwierigkeit der Materie gehören Begriff und Wesen des Streitgegenstands zu den seit langem am weitesten umstrittenen Problemen des Zivilprozessrechts. Bei allen Verschiedenheiten im Einzelnen lassen sich für die Beantwortung der Frage, wie der Streitgegenstand zu bestimmen ist, folgende Hauptrichtungen unterscheiden: – **a) Materiell.** Der   **4** Streitgegenstand wird bestimmt durch die Behauptung eines materiellen Rechts oder Rechtsverhältnisses. – **b) Prozessual.** Der Streitgegenstand   **5** wird ohne jede Rücksicht auf materielle Rechtsbehauptungen gebildet durch den Klageantrag und den vom Kläger zur Begründung vorgetragenen Sachverhalt. – **c) Allein der Antrag** ist entscheidend für den   **6** Streitgegenstand. – **d) Im Schrifttum** sprechen sich aus Baumgärtel, Grun-   **7** sky, Henckel, Rimmelspacher wieder mehr für einen materiellrechtlich orientierten oder angenäherten Streitgegenstandsbegriff aus. Da auch sie aber Streitgegenstand nicht mit materiellrechtlicher Anspruchslage gleichsetzen, ist die praktische Auswirkung der unterschiedlichen Auffassungen nicht allzu groß, zumal sie – mit guten Gründen – zumindest teilweise die Möglichkeit einer einheitlichen Begriffsdefinition für die ganze ZPO überhaupt ablehnen und den Begriff Streitgegenstand unterschiedlich auffassen, ausgehend von dem Zweck der jeweiligen Norm. Danach ist für Rechtshängigkeit und Rechtskraft, die Nahtstellen zum materiellen Recht, ein mehr am Sachverhalt oder am materiellen Recht orientierter Streitgegenstandsbegriff am Platz als bei den Bestimmungen, die der Prozessökonomie dienen, wie Klageänderung, Klagehäufung. –

8 **e) Von den Verfahrensgrundsätzen her** (Einl I) versucht Jauernig (§ 37 VII) zu einer Klärung des Begriffs beizutragen. Danach soll bei Verfahren mit Untersuchungsgrundsatz ein mehr globaler Streitgegenstandsbegriff gelten, während in den Verfahren mit Verhandlungsgrundsatz dem Sachverhalt eine differenzierte nach Art der Klage unterschied-

9 liche Bedeutung zukommt. – **f) Die Verschiedenheit in den praktischen Auswirkungen** zeigt sich vor allem bei den Fragen, ob Klagehäufung oder Klageänderung vorliegt, ob der Anspruch bereits rechtshängig ist und wie weit die Rechtskraft des Urt reicht. Nach der Meinung a (Rn 4) deckt sich die Zahl der Streitgegenstände mit der der materiellrechtlichen Anspruchsgrundlagen, auf die der Kläger sich stützt. Nach der Meinung b (Rn 5) und teilweise auch nach der Meinung d (Rn 7) kommt es mit darauf an, wieviele verschiedene Sachverhalte der Kläger vorträgt und was man unter dem Sachverhalt versteht. Nach der Meinung d (Rn 7) sehen Henckel und Baumgärtel das entscheidende Kriterium darin, ob der materiellrechtliche Anspruch ein einheitlicher Verfügungsgegenstand ist, dh ob er nur einheitlich für alle denkbaren Anspruchsgrundlagen abgetreten werden kann. Nach der Meinung c (Rn 6) ist entscheidend nur, wieviele verschiedene Anträge der Kläger stellt.

10 **4. Negative Abgrenzung.** Unter Streitgegenstand ist nicht zu verstehen das Objekt selbst, um das der Prozess geführt wird, zB die herauszugebende Sache. Nicht lediglich der konkrete Sachverhalt, der zu dem Prozess geführt hat. Nicht der materiellrechtliche Anspruch (§ 194 BGB) im Unterschied zum prozessualen Anspruch (näher Rn 11–14).

11 **5. Begriff** des Streitgegenstands oder prozessualen Anspruchs. Nach richtiger, herrschender Meinung ist der Begriff ein rein prozessualer (BGH NJW 99, 1407, NJW 01, 157). Es handelt sich um ein subjektives, gegen einen privaten Gegner gerichtetes Recht wie beim

12 materiellrechtlichen Anspruch. – **a) Rechtsschutzbegehren.** Nach RoSchw/Gottwald § 95 IV ist der prozessuale Anspruch ein Begehren an das Ger um Rechtsschutz, die Form, in der im Proz das materielle Recht geltend gemacht wird, ein Hilfsmittel zu dessen Durchsetzung. –

13 **b) Rechtsbehauptung.** Habscheid S 141 ff sieht im „Gegenstand des Anspruchs" (§ 253 Abs 2 Nr 2) eine in erster Linie an den Bekl gerichtete Rechtsbehauptung, die sich zusammensetzt aus der Verfahrensbehauptung (= Rechtsschutzform, zB Feststellungs- oder Leistungsklage) und der Rechtsfolgenbehauptung (Behauptung eines Rechts mit bestimmten Inhalt, zB Anspruch auf Zahlung; nicht eines Rechts be-

14 stimmter Art, zB Darlehensanspruch). – **c) Bestimmung.** Gleichgültig, ob man unter Streitgegenstand ein Begehren des Kl an das Ger um Entscheidung oder eine an den Bekl gerichtete Rechtsbehauptung versteht, einhellig und folgerichtig ist die Auffassung, dass allein der **Kläger**

den Streitgegenstand bestimmt, während es auf die Einlassung des
Bekl dafür nicht ankommt, außer im Falle der Widerklage, deren Gegenstand ausschließlich er bestimmt. Ebenfalls nach beiden Auffassungen
übereinstimmend ist der Streitgegenstand ein anderer, je nachdem ob
Feststellung oder Leistung begehrt wird. Der Übergang von der ersten
zur letzteren Klage ist Klageänderung, während umgekehrt der Streitgegenstand der Leistungsklage den der Feststellungsklage mit umfasst
(BGH NJW 89, 2064).

6. Bedeutung des Klageantrags. Er kennzeichnet jedenfalls Begeh-   **15**
ren oder Rechtsbehauptung des Kl und ist deshalb entscheidend für die
Bestimmung des Streitgegenstands. Er bezeichnet nämlich sowohl die
Rechtsschutzform wie die Rechtsfolge, die der Kl für sich in Anspruch
nimmt. Zwei inhaltlich (nicht nur der Formulierung nach, BGH WM
87, 367) verschiedene Anträge ergeben zwei prozessuale Ansprüche, weil
zwei Rechtsbehauptungen aufgestellt, zwei Entscheidungen begehrt
werden. Dagegen handelt es sich um einen prozessualen Anspruch, um
ein und denselben Streitgegenstand, wenn der einzige Klageantrag bei
demselben Lebenssachverhalt sich auf mehrere materiellrechtliche Anspruchsgrundlagen stützt oder stützen lässt **(Anspruchskonkurrenz)**   **16**
oder wenn eine von ihnen die an sich erfüllten anderen ausschließt
(Gesetzeskonkurrenz). Sie sind prozessual gesehen mehrere rechtliche
Gesichtspunkte, unter denen der (einzige) Streitgegenstand zu prüfen ist.
Bsp: Ersatz der Heilungskosten aus Beförderungsvertrag, Haftpflicht und
unerlaubter Handlung; Anspruch auf Verwendungsersatz aus Geschäftsführung ohne Auftrag, ungerechtfertigter Bereicherung und Eigentü-
mer-Besitzer-Verhältnis. Schadensausgleich aus Amtspflichtverletzung
und rechtmäßigem Verhalten der Ordnungsbehörde (BGH WM 96,
2063). Die Maßgeblichkeit des Antrags für den Streitgegenstand gilt für
alle Arten von Klagen.

a) Leistungsklagen. – aa) Individualleistung. Einzahl oder Mehr-   **17**
zahl der Anträge ergibt sich aus ihrem Inhalt. Begehrt der Kläger bei
gleich bleibendem Sachverhalt eine Einzahl, dann ein Streitgegenstand,
begehrt er eine Mehrzahl (zB Herausgabe mehrerer bestimmter Gegenstände, Abgabe mehrerer bestimmter Willenserklärungen, Feststellung
der Nichtigkeit mehrerer Gesellschafterbeschlüsse, BGH NJW-RR 92,
227), dann Mehrheit und Verschiedenheit der Streitgegenstände. – Das
gilt auch für die **Unterlassungsklage.** Der Streitgegenstand ist indi-   **18**
vidual durch die konkret gefassten Unterlassungsanträge bestimmt. Da
sich aber der Verletzer nicht durch jede Änderung der Verletzungsform dem Unterlassungs- oder Verbotsurteil entziehen kann, ist festzustellen, ob die Änderung den Kern der Verletzungsform unberührt
lässt und sich deshalb innerhalb der durch Auslegung zu ermittelnden
Grenzen des Urteils hält, von seiner Rechtskraftwirkung (§ 322
Rn 20) also mitumfasst ist (BGH 5, 189; teilw aA Schubert ZZP 85,
29). Auch sonst gibt es Fälle, in denen ein Antrag einen anderen
mitumfasst, weil dieser inhaltlich ein qualitatives Weniger ist (BGH

19 NJW-RR 87, 683). – **bb) Geld oder Gattungsschulden.** Wird hierauf geklagt, so ist dem Wortlaut des Antrags allein nicht anzusehen,
wieviele Rechtsbehauptungen der Kläger aufstellt, ob er mit einem
Antrag eine Entscheidung begehrt oder ob in Wahrheit mehrere Anträge
verschiedene Entscheidungen begehren. Was äußerlich in einer Gesamtsumme als Einheit erscheint, kann eine Mehrheit prozessualer Ansprüche sein. Der vom Kläger vorgetragene Sachverhalt ergibt in solchen
Fällen Klarheit über Einheit oder Mehrheit von Klageanträgen und
damit Streitgegenständen. Bsp: 6000.– € Schmerzensgeld wegen eines
Unfalls ist ein Streitgegenstand; 6000.– € wegen eines Unfalls und zwar
je 2000.– € für Heilungskosten (Personenschaden), Verdienstausfall
(Vermögensschaden) und Schmerzensgeld (Nichtvermögensschaden)
sind in Wahrheit drei Anträge und deshalb drei Streitgegenstände (BGH
20 30, 7/18 für Schmerzensgeld, BGH 18, 149). – **cc) Unerheblich ist,**
auf welche und wieviele materiellrechtlichen Anspruchsgrundlagen sich
die Klage stützt oder stützen lässt.

21   **b) Feststellungsklagen.** – **aa)** Soll das **(Nicht)Bestehen eines**
Rechts oder Rechtsverhältnisses festgestellt werden, ergibt bei dem
selben Sachverhalt der Wortlaut des Antrags die Einheit oder Mehrheit
des Streitgegenstandes. Bsp: Feststellung, dass der Kläger Eigentümer
dreier bestimmter Gegenstände ist, sind drei Streitgegenstände; Feststellung, dass außerordentliche und dass ordentliche Kündigung unwirksam,
sind zwei Streitgegenstände (BAG MDR 77, 787, München NJW-RR
95, 740); ebenso Feststellung des Bestehens eines Arbeitsverhältnisses
und Feststellung einer Lohnforderung zur Insolvenztabelle (BGH NJW
22 89, 170). – **bb)** Soll das **(Nicht)Bestehen einer Rechtsfolge** festgestellt werden, die auch Gegenstand einer Leistungsklage sein könnte,
gilt das in Rn 17–20 Gesagte. Bsp: Klage auf Feststellung des Anspruchs
auf Ersatz künftiger Schadensfolgen.

23   **c) Gestaltungsklagen.** Bei ihnen ergibt sich der Streitgegenstand aus
dem Wortlaut des Antrags ohne weiteres. Begehrt der Kläger mehrere
oder hilfsweise verschiedene Gestaltungen, handelt es sich um mehrere
Streitgegenstände. Bsp: Klage auf Auflösung einer OHG, hilfsweise auf
Ausschluss eines Gesellschafters sind zwei prozessuale Ansprüche; ebenso
das Verlangen auf Scheidung, hilfsweise auf Aufhebung der Ehe.

24   **7. Klagebegründender Sachverhalt. – a) Bedeutung.** Das tatsächliche Geschehen, das zur Klage geführt hat („Grund des erhobenen
Anspruchs" in § 253 Abs 2 Nr 2) ist nach überwiegender Meinung
(BGH 117, 1, NJW 99, 1407, NJW 01, 157, RoSchw/Gottwald § 95
III 2, StJSchumann § 253 Rn 44) der zweite Faktor zur Bestimmung
des Streitgegenstandes. Schwab (Der Streitgegenstand im Zivilprozess
S 199) stellt dem entgegen allein auf den Antrag ab. Auch er kann aber
nicht auf den der Klage zugrundeliegenden Sachverhalt zur Individualisierung des Streitgegenstands verzichten. Er greift dort, wo der Wortlaut
des Antrags den Streitgegenstand nicht bestimmt, auf den Sachverhalt
zurück. Dadurch wird aber nach seiner Meinung der Sachverhalt nicht

zum Bestandteil des Streitgegenstands, er dient vielmehr lediglich der Auslegung des klägerischen Vorbringens dahin, ob ein oder mehrere Anträge gestellt, ob die Anträge in mehreren Prozessen verschieden oder identisch sind. Vor allem ist auch nach seiner Ansicht zur Abgrenzung des Umfangs der materiellen Rechtskraft und der Präklusionswirkung (§ 322 Rn 21 ff, 36 ff) der Sachverhalt nötig.

b) Kritik. Der Vorzug gebührt der überwiegenden erstgenannten **25** Meinung. Braucht man nämlich jedenfalls in vielen Fällen den zugrundeliegenden Sachverhalt neben dem Antrag zur Bestimmung des Streitgegenstands doch, dann setzt er sich eben aus diesen zwei Gliedern zusammen. Dass diese Zweigliedrigkeit bei der Klagehäufung und -änderung, was den Klagegrund betrifft, Schwierigkeiten bereitet, lässt sich leider nicht vermeiden.

c) Bestimmung. Was unter dem Sachverhalt zu verstehen ist, der als **26** „Grund des erhobenen Anspruchs" (§ 253 Abs 2 Nr 2) Bestandteil des Streitgegenstands ist, lässt sich in einer in jedem Einzelfall praktikablen Begriffsbestimmung nicht festlegen. – **aa) Negative Abgrenzung.** **27** Nicht ist darunter zu verstehen der **Tatbestand des Urteils** (§ 313 Abs 1 Nr. 5). Dieser muss nämlich einerseits nicht alles vorprozessuale Geschehen enthalten, das zum Sachverhalt gehört, während er andererseits die Anträge und Prozessgeschichte wiedergibt, die nicht zum Sachverhalt gehören. – Nicht sind darunter zu verstehen lediglich **28** die Tatsachen, die die **Tatbestandsmerkmale einer Anspruchsgrundlage** ausfüllen, also nur das, was zur Schlüssigkeit und Substantiierung der Klage vorgetragen ist. Diese Auffassung wäre einerseits zu eng und würde andererseits den Begriff Sachverhalt und damit auch Streitgegenstand zu sehr an den einzelnen materiellrechtlichen Anspruch binden. – Ebenso **nicht** ein **isolierter historischer Einzelvorgang.** **29** Auch das wäre zu eng. – **bb) Positiv.** Der Sachverhalt (Klagegrund, **30** § 253 Abs 2 Nr 2) umfasst den **Lebensvorgang** (BGH 117, 1). Das ist das ganze dem Klageantrag zugrundeliegende **tatsächliche Geschehen,** das bei natürlicher von Standpunkt der Parteien ausgehender Betrachtungsweise zu dem durch den Vortrag des Kl zur Entscheidung gestellten Tatsachenkomplex gehört oder gehört hätte (BGH NJW 95, 967; 99, 1407; 00, 1958). Die Präklusionswirkung der Rechtskraft braucht sich damit nicht zu decken (§ 322 Rn 36 ff). Insbes bei Sachverhalten von gewisser Dauer, ferner bei Gestaltungs- und Feststellungsklagen ist der Begriff Sachverhalt weit zu verstehen, will man nicht Lebenszusammenhänge auseinanderreißen. Bei den Rechtsgeschäften des täglichen Lebens wird der Sachverhalt meist enger abzugrenzen sein. Nach der Verkehrsauffassung, ein leider unsicherer Maßstab, ist zu beurteilen, ob es sich um eine Einheit oder Mehrheit der Lebensverhältnisse handelt. Musielak (NJW 00, 3593) stellt in engerer Anlehnung an das materielle Recht darauf ab, ob sich der entscheidungserhebliche Kern der zu beurteilenden Sachverhalte wesentlich unterscheidet oder nicht. – **cc) Bei-** **31** **spiele für denselben Lebensvorgang:** Im Arzthaftungsprozess gehören sämtliche in gewissem zeitlichen und räumlichen Zusammenhang

stehenden Fehler während des Behandlungsverlaufs zum selben Lebensvorgang (Saarbrücken MDR 00, 1317). Bei Klage auf Zahlung des Kaufpreises für gelieferte und inzwischen verbrauchte Ware ist bei nicht
beweisbarem Vertragsschluss der Übergang zum Anspruch aus ungerechtfertigter Bereicherung keine Änderung des Klagegrundes (BGH
NJW 90, 1795 mit aA betrifft eine andere Fallgestaltung); ebenso nicht
Übergang von der Wechsel/Scheckklage zur Wechsel/Scheck-Bereiche-
rungsklage (Hamm WM 92, 642); vom Erfüllungs- zum Schadensersatzanspruch wegen Nichterfüllung, innerhalb derselben Schadensart der
Austausch der Berechnungsgrundlage (BGH NJW-RR 91, 1279) oder
von Rechnungsposten (BGH NJW-RR 96, 891), Übergang vom „kleinen" zum „großen" Schadensersatzanspruch (§ 260 Rn 4). Klage auf
Feststellung der Nichtigkeit und Anfechtungsklage gegen den selben
Hauptversammlungsbeschluss (BGH ZIP 99, 580). Einheitl ist der Streitgegenstand einer Unterlassungsklage gem §§ 1, 8 UKlaG, gleichgültig
auf welche Verbotsgründe er gestützt wird (BGH ZIP 93, 926). Nicht
jeder neue Verstoß schafft notwendig einen neuen Streitgegenstand (KG
32 NJW-RR 99, 789). – dd) **Anderer Lebensvorgang:** Klagen aus dem
Wechsel (BGH NJW-RR 87, 58), Scheck (BGH NJW 92, 117) oder
abstrakten Schuldanerkenntnis einerseits und aus dem Grundgeschäft
andererseits; die Zahlungsklage aus eigenem Vertrag und die aus abgetretenem Recht (Hamm NJW-RR 92, 1279); Klage auf Ersatz materiellen und immateriellen Schadens (BGH NJW 93, 2173); Schmerzensgeld
wegen Schleudertraumas der Halswirbelsäule und wegen Psychose als
Folge des Unfallerlebnisses (BGH NJW 98, 1786); Schadensersatzanspruch der Gesellschaft bürgerlichen Rechts und Individualanspruch
des Gesellschafters auf Ersatz des in der Wertminderung seines Anteils
liegenden eigenen Schadens (BGH NJW 99, 1407); Nachbesserungs-
und Gewährleistungsansprüche wegen unterschiedlicher Mängel desselben Bauwerks (BGH BB 98, 916); Minderungs- und Wandlungsklage
(BGH NJW 90, 2682); Vorschuss zur Mangelbeseitigung und Schadensersatz (BGH NJW-RR 98, 1006); Klage auf Abschlags- und auf Schluss-
zahlung (BGH NJW 99, 713; anders NJW 85, 1840); die Klage auf
Unterhalt nach geschiedener Ehe und der Titel auf Unterhalt während
des Getrenntlebens vor der Ehescheidung (BGH NJW 82, 2072); die
Stützung der VollstrGegenklage auf Aufrechnung mit abgetretenem
Kaufpreisanspruch und auf Anspruch aus unerlaubter Handlung (BGH
45, 231); nach BGH MDR 97, 1021 auch verschuldensabhängiger De-
likts- und nachbarrechtlicher Ausgleichsanspruch.
33   d) **Klarstellung** zur Vermeidung von Missverständnissen. In Rn
24–33 ist nur vom Sachverhalt als Bestandteil des Streitgegenstands die
Rede. Keinesfalls ist der Sachverhalt selbst Streitgegenstand. Sein zweites
Glied ist der Klageantrag (Rn 15–23).

III. Prozesshandlungen der Parteien

1   **Schrifttum:** *Baumgärtel,* Wesen und Begriff der Prozeßhandlung
einer Partei im Zivilprozeß, 2. Aufl, 1972; *Schlosser,* Einverständliches

Parteihandeln im Zivilprozeß, 1968; *Arens,* Willensmängel bei Parteihandlungen im Zivilprozeß, 1968; *Schwab,* Probleme der Prozeßhand-
lungslehre, FS Baumgärtel, 1990, S 503; *Wagner,* Prozeßverträge, 1998.

1. Allgemeines. Im Zivilprozessrecht werden die Prozesshandlungen **2**
des Gerichts (insbes die Entscheidungen) unterschieden von den Prozesshandlungen der Parteien und der Nebenintervenienten oder ihrer
Vertreter (Parteihandlungen). Nur diese werden hier dargestellt. **a) Be- 3
griff.** Prozesshandlungen sind alle prozeßgestaltenden Betätigungen der
Parteien und Nebenintervenienten oder ihrer Vertreter, unabhängig
davon, ob sie in ihren Voraussetzungen und Wirkungen vom Prozessrecht geregelt sind (funktioneller Prozesshandlungsbegriff: MüKo/*Lüke*
Einl 261 mwN). Prozesshandlungen wirken auf den Prozess ein, für den
sie vorgenommen werden. Sie sind idR einseitig, können aber vertrags-
mäßig sein (Prozessverträge; Rn 6). Sie können in einem Handeln oder
einem (bewussten) Unterlassen bestehen. Eine Prozesshandlung kann
zugleich ein Rechtsgeschäft sein (zB Prozessvergleich). Die Prozesshandlungen hier in Erwirkungs- und Bewirkungshandlungen aufzuteilen, hat
keinen praktischen Zweck und wird daher unterlassen. Wo es sich
auswirkt, dass eine Prozesshandlung vorliegt, ist bei unseren Erläuterungen jeweils das Wort Prozesshandlung ausdrücklich verwendet und idR
auf Einl III verwiesen. – **b) Prozesshandlungen** sind insbes: Klage, **4**
Berufung, Revision, Einspruch, Nebenintervention, Anerkenntnis, Behaupten, Gestehen, Bestreiten, Beweisantritt, Anträge an das Gericht,
Widerruf und Rücknahme von Prozesshandlungen, Verzicht, Empfangsbekenntnis. – **c) Keine Prozesshandlungen** sind Realakte und **5**
Rechtsgeschäfte, insbes die bürgerlich-rechtlichen Willenserklärungen,
vor allem Aufrechnung, Anfechtung, Kündigung, Rücktritt. Werden sie
im Prozess erklärt, so sind sie als Rechtsgeschäfte erklärt und zugleich
(insoweit Prozesshandlung) im Rechtsstreit als Tatsache geltend gemacht.

2. Prozessverträge sind Vereinbarungen, die von den Parteien eines **6**
(auch zukünftigen, BGH NJW 82, 2027) Rechtsstreits abgeschlossen
werden und die auf den Rechtsstreit einwirken. Überblick bei Teubner/
Künzel MDR 88, 720. Für die Einordnung als Prozessvertrag kommt es
auf den Vertragsinhalt an (*Wagner* S 46). Für das Zustandekommen und
ihre Wirksamkeit (zB Anfechtung, Nichtigkeit) gelten grundsätzlich die
Vorschriften des bürgerlichen Rechts (insbes §§ 119, 123, 134, 138,
139, 142, 145 ff BGB). Zwingende prozessuale Vorschriften dürfen nicht
entgegenstehen, ebenso wenig zwingende materiell-rechtliche Vorschriften, wenn die Parteien Vereinbarungen über präjudizielle Rechtsverhältnisse treffen, die das Gericht binden sollen (umstr; *Baumgärtel*
ZZP 87, 121 [135] mwN). Als Prozesshandlungen sind die Parteierklärungen nur dann zu behandeln, wenn die Parteien sie im Rechtsstreit
vor oder gegenüber dem Gericht abgeben; dann ist auch auf die Prozesshandlungsvoraussetzungen, insbes die Postulationsfähigkeit abzustellen.
Das gilt nicht für die außergerichtlichen Verträge, insbes solche, die eine
Pflicht zur Rücknahme von Rechtsmitteln begründen (BGH FamRZ

7 89, 368). **a) Unmittelbare Wirkung.** Prozessverträge können auf den
Prozess unmittelbar einwirken und das Gericht binden: Prozessvergleich
(§ 794 Rn 3); Zuständigkeitsvereinbarung (1 vor § 38); Schiedsverein-
8 barung (§ 1029); Fristvereinbarung (§ 224 Abs 1). – **b) Mittelbare
Wirkung.** Prozessverträge können lediglich die Parteien verpflichten:
Beweislastvertrag (38 vor § 284); Parteivereinbarungen über Sicherheitsleistung (§ 108 Rn 3); Verpflichtung zur Rücknahme von Klage oder
Rechtsmitteln (§ 269 Rn 2, § 516 Rn 2); Verzicht auf Einwendungen
(49 vor § 253), zB auf Aufrechnung (BGH 38, 254); Verpflichtung,
streitige Ansprüche nur in einem bestimmten Rechtsstreit geltend zu
machen (BGH WM 73, 144). Das Gericht berücksichtigt den Vertrag
nur, wenn er von einer Partei (wie eine Einrede) geltend gemacht wird
(49 vor § 253); es trifft dann die dem Vertrag entsprechende Entscheidung, indem es zB die Klage als unzulässig abweist (vgl § 269 Rn 2)
oder das Rechtsmittel verwirft (BGH stRspr, zB NJW-RR 87, 307).
9 **c) Rechtsnachfolge.** Ob Prozessverträge für und gegen den Rechtsnachfolger wirken, ist bei Gesamtrechtsnachfolge uneingeschränkt zu
bejahen, bei Einzelrechtsnachfolge zT umstritten (vgl Wagner S 303 ff).

10   **3. Voraussetzungen.** Damit eine Prozesshandlung wirksam ist, müssen die nachfolgenden Voraussetzungen erfüllt oder beim Fehlen einer
dieser Voraussetzungen muss der Mangel geheilt sein (vgl Rn 18).
a) Prozesshandlungsvoraussetzungen sind: **aa) Allgemeine:** Parteifähigkeit (§ 50); Prozessfähigkeit (§ 52); Prozessvollmacht (§ 80); Postulationsfähigkeit 4 vor § 78); gesetzliche Vertretungsmacht (§ 51 Rn 3),
sofern die Partei prozeßunfähig ist. **bb) Besondere** sind für einzelne
Prozesshandlungen im Gesetz an zahlreichen Stellen vorgeschrieben, zB
11 §§ 70, 73. – **b) Form.** Die Vornahme einer Prozesshandlung ist grundsätzlich formfrei, auch durch schlüssiges Verhalten möglich. Vielfach ist
eine bestimmte Form vorgeschrieben, insbes schriftlich, zu Protokoll der
Geschäftsstelle, Erklärung in mdl Vhdlg. Dies ist bei den jeweils anzuwendenden Vorschriften erläutert, für Schriftsätze in § 129 Rn 6–14,
12 auch für FAX (dort Rn 13). – **c) Zugang.** Wirksam wird die Prozesshandlung erst, wenn sie dem jeweiligen Empfänger zugeht. Grundsätzlich ist wahlweise dem Gericht oder dem Prozessgegner gegenüber zu
erklären, jedoch ist vielfach ein bestimmter Adressat vorgeschrieben
(häufig ausschließlich das Gericht); oft ist Zustellung notwendig. –
13 **d) Frist.** Grundsätzlich ist die Vornahme bis zum rechtskräftigen Abschluss des Rechtsstreits möglich. Häufig sind aber bestimmte Fristen
vorgeschrieben. Bei Stillstand des Verfahrens ist § 249 Rn 6 zu beach-
14 ten. – **e) Bedingungslosigkeit.** Von einer echten Bedingung (ungewis-
ses künftiges Ereignis) darf eine Prozesshandlung nur abhängig gemacht
werden, wenn Gegenstand der Bedingung ein innerprozessualer Vorgang
ist, zB beim zulässigen Hilfsantrag idR die Erfolglosigkeit des Hauptantrags (vgl § 260 Rn 8). Sonst sind Bedingungen ebenso wie eine
Zeitbestimmung (Befristung) unzulässig und machen die Prozesshand-
15 lung unwirksam. – **f) Vorgeschriebener Inhalt.** Er ist zwangsläufig je

nach Prozesshandlung verschieden und bei den jeweils zutreffenden Vorschriften erörtert. Stets ist der Inhalt auslegungsfähig (Rn 16). – **g) Auslegung** einer mehrdeutigen Prozesshandlung. Ist der vor- **16** geschriebene Inhalt (Rn 15) nicht erfüllt und Neuvornahme (Rn 19) ausgeschlossen, kann die Prozesshandlung ausgelegt werden. Dies obliegt dem jeweils erkennenden Gericht. Die Regeln für die Auslegung von Willenserklärungen, vor allem § 133 BGB, gelten entsprechend. Dabei ist der wirkliche Wille der Partei zu erforschen (BGH NJW-RR 94, 568). Es kommt also insbes auf den Wortlaut, den erklärten Willen, den Standpunkt des Erklärungsempfängers und die für ihn erkennbaren Umstände an (vgl BGH NJW 00, 3217). Bestehen Zweifel, ist dahin auszulegen, was nach der Rechtsordnung vernünftig ist und der Interessenlage der Partei entspricht (BGH NJW-RR 96, 1210). Versagt die Auslegung, bleibt Umdeutung möglich (Rn 20).

4. Mängel von Prozesshandlungen. a) Unwirksam sind sie von **17** vornherein und von selbst, wenn eine ihrer Voraussetzungen (Rn 7–16) fehlt. Im Einzelfall muss auch zurückgewiesen werden, zB § 71. Grundsätzlich ohne Einfluss auf die Wirksamkeit der Prozesshandlungen sind: Willensmängel (hM), insbes Abgabe zum Schein, infolge Irrtums, Täuschung oder Drohung, Verstoß gegen gesetzliches Verbot, gute Sitten oder Treu und Glauben (vgl Rn 23). Nur im Einzelfall (dann jeweils erörtert) können diese Umstände auf die Prozesshandlung, den Prozess und seine Entscheidung Einfluss haben. – **b) Geheilt** werden kann eine **18** unwirksame Prozesshandlung durch Genehmigung der Betroffenen (vgl zB § 51 Rn 17; § 89 Rn 13), Rügeverzicht (§ 295) oder über § 189, sofern der Mangel in der Zustellung liegt (vgl Rn 12). Eine Prozesshandlung wird grundsätzlich nicht dadurch wirksam, dass eine der Voraussetzungen später erfüllt wird (Ausnahmen: § 51 Rn 17; § 89 Rn 9). – **c) Neuvornahme** der Prozesshandlung mit fehlerfreier Erfüllung aller **19** Voraussetzungen ist grundsätzlich möglich, solange die Frist (Rn 13) nicht versäumt ist und der Rechtsstreit andauert. Auch eine inhaltliche Berichtigung ist nicht ausgeschlossen (vgl BGH NJW-RR 94, 568). – **d) Umdeutung** einer fehlerhaften und deshalb unwirksamen Prozess- **20** handlung wird durch das erkennende Gericht analog 140 BGB vorgenommen (hM; BGH NJW 01, 1217). Sie setzt voraus: **(1)** Auslegung (Rn 16) scheidet wegen Eindeutigkeit aus. **(2)** Die Voraussetzungen einer anderen, dem gleichen Zweck dienenden Prozesshandlung müssen erfüllt sein. **(3)** Erkennbarkeit eines entspr Parteiwillens. **(4)** Kein entgegenstehendes schutzwürdiges Interesse des Prozessgegners.

5. Beseitigung und Änderung. Prozesshandlungen können grund- **21** sätzlich durch eine nachfolgende Prozesshandlung widerrufen, ergänzt, geändert oder berichtigt werden. Diese Regel ist aber von zahlreichen Ausnahmen durchbrochen, solange der Rechtsstreit noch anhängig ist. **a) Widerruf** einer Prozesshandlung ist grundsätzlich möglich. Nicht **22** oder nicht frei widerruflich oder nicht frei abänderungsfähig sind jedoch Prozesshandlungen, durch die der Prozessgegner eine Rechtsstellung

erlangt oder auf Grund deren er seine Rechtsstellung eingerichtet hat,
zB Klage, Rechtsmittel, Anerkenntnis, Geständnis, Rücknahme. Der
Widerruf (vom Gesetz oft auch Rücknahme genannt) beseitigt die
Prozesshandlung zwar rückwirkend, kann aber seinerseits grundsätzlich
nicht widerrufen werden; es bleibt dann nur eine Neuvornahme
23   (Rn 19). – **b) Anfechtung** wegen Irrtums, Drohung oder Täuschung
ist (abgesehen von Prozessverträgen, vgl Rn 6) ausgeschlossen (hM;
RoSchwGottwald § 65 V 3). Sofern Prozesshandlungen darauf beruhen,
ist derjenige, der sie abgibt, durch die Möglichkeit zu widerrufen geschützt. Die ZPO berücksichtigt jedoch die genannten Willensmängel,
die nur nach Prozessrecht behandelt werden dürfen, zB in §§ 290, 580
Nr 4.

IV. Vermögensrechtliche und nichtvermögensrechtliche Strei-
tigkeiten

1   **1. Vermögensrechtlich** ist der Rechtsstreit, wenn der prozessuale
Anspruch auf Geld oder geldwerte Gegenstände (Sachen oder Rechte)
gerichtet ist, dann ohne Rücksicht auf die Natur des zugrundeliegenden
Rechtsverhältnisses (BGH 14, 72 [74]) oder wenn der prozessuale Anspruch auf einem vermögensrechtlichen Rechtsverhältnis beruht, das
also auf Gewinn oder Erhaltung von Geld oder geldwerten Gegenständen gerichtet sein muss; auch wenn der prozessuale Anspruch auf eine
Leistung, Feststellung oder Gestaltung geht, die nicht in Geld oder
2   Geldwert besteht. **Beispiele:** Feststellung der Echtheit einer Mietver-
tragsurkunde; Schadensersatz- und Unterlassungsklagen des gewerblichen Rechtsschutzes; Ausschluss von der Geschäftsführung; Anmeldung bei Kapital- und Handelsgesellschaften sowie Genossenschaften;
bei ideellen und wirtschaftlichen Vereinen, wenn der Kläger vermögensrechtliche Belange verfolgt (BGH 13, 5); Anfechtung von Hauptver-
sammlungsbeschlüssen einer AG.

3   **2. Nichtvermögensrechtlich** ist ein Rechtsstreit, der nicht unter
Rn 1 und 2 fällt. Er wird nicht dadurch vermögensrechtlich, dass der
4   Kläger die Hauptsache für erledigt erklärt (BGH NJW 82, 767). **Beispiele:** Ehesachen; Kindschaftssachen; Widerrufs- und Unterlassungsansprüche, die allein den persönlichen und sozialen, nicht den wirtschaftlichen oder kaufmännischen Geltungsanspruch des Klägers in der
Öffentlichkeit vor drohender Beeinträchtigung schützen sollen (BGH
stRspr, zB NJW 86, 3143 mwN), insbes aus Verletzung der beruflichen
Ehre ohne bestimmte wirtschaftliche Nachteile (BGH NJW 91, 847)
oder des Namensrechts (auch eines ideellen Vereins); Ausschluss aus
einem Verein, wenn dadurch in erster Linie Ehre, ideelle Interessen,
Achtung und persönliche Geltung berührt werden; Anspruch auf Gegendarstellung nach PresseG (BGH NJW 63, 151), aus Verletzung des
Persönlichkeitsrechts grundsätzlich, insbesondere des Rechts am eigenen
Bild (BGH NJW 96, 999).

V. Prozessarten

Die ZPO regelt das Verfahren für die bürgerlichen Rechtsstreitig- 1
keiten iS des § 13 GVG. Es zerfällt in das Erkenntnisverfahren und das
Vollstreckungsverfahren (Rn 1 vor § 704). Sie sind voneinander unabhängig und können nebeneinander laufen. Das eine ist weder notwendige Voraussetzung noch notwendige Folge des anderen. Für den **Er-** 2
kenntnisprozess ist das Urteilsverfahren (§§ 253–510 b) der Regelfall.
Die ZPO sieht aber je nach der Natur des Rechtsstreits besonders
ausgestaltete Arten des Urteilsverfahrens vor, nämlich den Urkunden-,
Wechsel- und Scheckprozess (§§ 592–605 a), den Familienprozess
(§§ 606–639), den Kindschaftsprozess (§§ 640–641 i), das Verfahren
über den Unterhalt (§§ 642–660), das Verfahren in Lebenspartnerschaftssachen (§ 661), Arrest und einstweilige Verfügung (§§ 916–945)
und das Aufgebotsverfahren (§§ 946–1024). Daneben gibt es noch das
Mahnverfahren (§§ 688–703 d), das unter bestimmten Voraussetzun- 3
gen nur eine besondere Einleitungsform des Urteilsverfahrens darstellt,
und das **schiedsrichterliche Verfahren** (§§ 1025–1066), das nur zT 4
die Tätigkeit staatlicher Gerichte betrifft. Für alle Prozess-(Verfahrens)arten gelten grundsätzlich die allgemeinen Vorschriften (§§ 1–252)
und zT die Normen des GVG.

VI. Auslegung des Prozessrechts

Die Normen des Prozessrechts sind wie die des materiellen Rechts 1
auslegungsfähig. Hierbei wird auf folgende Grundsätze hingewiesen:

1. Wortlaut. Davon ist auszugehen. Es ist aber zu beachten, dass der 2
Sprachgebrauch in der ZPO vielfach uneinheitlich ist. Manchmal haben
die Begriffe einen anderen Inhalt als gleich lautende des BGB.

2. Zweckmäßigkeit. Ziel und Zweck des Prozessrechts ist es, dass 3
die Prozesse schnell und möglichst gerecht entschieden werden. Prozessrecht ist nicht Selbstzweck. Daher sind die Normen des Prozessrechts so
auszulegen, dass sie ein praktisches Verfahren ermöglichen, das diesem
Ziel dient. Die Formvorschriften sind so auszulegen, wie es dem Form-
zweck am besten entspricht. Eine sachlich nicht gebotene Formstrenge
ist zu vermeiden, wenn die Rechtssicherheit nicht darunter leidet.

3. Prozessgrundsätze (Einl I) können zur Auslegung der einzelnen 4
Vorschriften herangezogen werden. Hierbei ist vorsichtig abzuwägen; es
darf nicht einseitig nur ein einzelner Grundsatz herangezogen werden,
da viele Gesetzesstellen sich auf mehrere Grundsätze beziehen.

4. Verfassungsmäßigkeit. Da das GG über der ZPO steht, ist diese 5
verfassungskonform auszulegen (allgM). Prozessrecht, das dem GG widerspricht, wird vom GG außer Kraft gesetzt. Zur Problematik der
Folgen vgl E. Schumann, Bundesverfassungsgericht, Grundgesetz und
Zivilprozess, 1983.

5. Analogie ist nach den allgemeinen Grundsätzen (Gesetzeslücke – 6
rechtsähnliche Lage – allgemeiner Rechtsgedanke) für die Anwendung

von Vorschriften im Prozessrecht zulässig, auch der Umkehrschluss. Versagt die Analogie, so muss der Richter die Gesetzeslücke schließen, indem er das Recht frei findet. Dabei muss er die Zweckmäßigkeit (Rn 3), die Prozessgrundsätze (Rn 4) und die Verfassung (Rn 5) beachten.

VII. Reform

1   **1. ZPO-RG.** Am 1. 1. 2002 ist das Gesetz zur Reform des Zivilprozesses vom 27. 7. 2001 (BGBl I S 1887) in Kraft getreten. Einen Überblick über die zahlreichen Änderungen bietet Hartmann NJW 01, 2577. Die 24. Aufl des Kommentars enthält durchgehend den Gesetzesstand zum 1. 1. 2002, hinsichtlich der Auswirkungen des Gesetzes zur Reform des Verfahrens bei Zustellungen im gerichtlichen Verfahren – ZustRG – vom 25. 6. 2001 (BGBl I S 1206) auch den Gesetzesstand ab 1. 7. 2002.

2   **Die erklärten Hauptanliegen** der Reform sind folgende: Stärkung der ersten Instanz, die den Rechtsstreit möglichst endgültig und mit besserer Akzeptanz des Ergebnisses durch die Parteien erledigen soll. Die Mittel dazu sollen sein: Grundsätzlich notwendige Güteverhandlung zu Prozessbeginn mit der Möglichkeit eines schriftlich abgeschlossenen Vergleichs, konzentrierte materielle Prozessleitung, erweiterte Zuständigkeit des Einzelrichters am LG, Abhilfeverfahren bei Verletzung des Anspruchs auf rechtliches Gehör, wenn Berufung nicht zulässig ist. Außerdem einige Veränderungen, die der Beschleunigung und Vereinfachung des Verfahrens dienen, etwa Entscheidung über Ablehnungsgesuche gegen Richter am AG durch anderen Richter am AG (§ 45 Abs 2), Verhandlung und Beweisaufnahme per Videokonferenz (§ 128 a), Anordnung zur Vorlegung von Urkunden und Augenscheinsobjekten (§§ 142, 144), fingierte Zustimmung zur Klagerücknahme bei unterbliebenem Widerspruch (§ 269 Abs 2), weitere Erleichterungen
3   bei der Urteilsabfassung (§ 313 a). – Die **Berufungsinstanz** soll in erster Linie der Überprüfung auf Rechtsfehler dienen, der Überprüfung der tatsächlichen Feststellungen nur bei ernsthaften Zweifeln an deren Richtigkeit und Vollständigkeit. Neu geschaffen wird die Zulassungsberufung bei Beschwerdewert unter 600 Euro. Die Berufungsbegründungsfrist beträgt 2 Monate ab Urteilszustellung. Berufungsrücknahme ist ohne Zustimmung des Gegners wirksam; der Kostenbeschluss ergeht vAw (§ 516). Wiedereingeführt wird die unverzügliche einstimmige Zurückweisung der Berufung durch Beschluss unter bestimmten Voraussetzungen (§ 522 Abs 2). Dem Einzelrichter kann eine Sache auch zur
4   Entscheidung übertragen werden (§ 526). – In der **Revisionsinstanz** tritt an die Stelle der Streitwert- die Zulassungsrevision mit Nichtzulassungsbeschwerde. Das Rechtsmittel ist zuzulassen, wenn die Sache grundsätzliche Bedeutung hat oder wenn die Fortbildung des Rechts oder die Sicherung einer einheitlichen Rechtsprechung eine Entscheidung des Revisionsgerichts erfordern. Die Revisionsbegründungsfrist

beträgt 2 Monate ab Urteilszustellung. – Das **Beschwerdeverfahren** 5
wird wesentlich verändert. Es gibt nur noch die sofortige Beschwerde
mit Notfrist zur Einlegung von 2 Wochen, im Prozesskostenhilfeverfahren einem Monat gegen Entscheidungen in 1. Instanz. Neu sind der
notwendige Inhalt der Beschwerdeschrift, das Begründungserfordernis
als Sollvorschrift, die Möglichkeit der Abhilfe durch das Ausgangsgericht
und der Fristsetzung zum Vorbringen von Angriffs- und Verteidigungsmitteln mit Präklusionswirkung, Vertretung auch durch einen nicht
beim zuständigen OLG zugelassenen RA. Über die Beschwerde entscheidet grundsätzlich originär der Einzelrichter, wenn die angefochtene
Entscheidung von einem ER oder Rechtspfleger erlassen wurde. An die
Stelle der weiteren Beschwerde tritt die revisionsrechtlich ausgestaltete
Rechtsbeschwerde zum BGH, die der Zulassung durch das BeschwGer
oder den BGH bedarf (§ 574).

2. Zustellungen. Im ZustRG wird der Titel 2 im Abschnitt 3 des 6
Buches 1 (§§ 166–213 a) durch die völlig neu gefassten §§ 166–195
ersetzt. Der Titel wird in zwei Untertitel (1. Zustellungen von Amts
wegen und 2. Zustellungen auf Betreiben der Parteien) gegliedert. Es
sind dadurch zahlreiche, meist redaktionelle Folgeänderungen in anderen
Gesetzen erforderlich. Die neuen Paragrafen sollen das seit Inkrafttreten
der ZPO kaum geänderte Zustellungsverfahren den gewandelten Lebensverhältnissen und der technischen Entwicklung anpassen, außerdem
die Poststrukturreform berücksichtigen. Ferner soll das Zustellungsrecht
vereinfacht, die Wahl unter mehreren, auch neuen Formen der Zustellung ermöglicht und der Einsatz elektronischer Kommunikationsmittel
geregelt werden. Das Gesetz tritt am 1. 7. 2002 in Kraft. Die bis dahin
geltenden Zustellungsvorschriften sind nur noch abgedruckt. Für Erläuterungen dazu wird auf die 23. Aufl verwiesen.

3. Elektronische Signatur. Das Gesetz zur Anpassung der Form- 7
vorschriften des Privatrechts und anderer Vorschriften an den modernen
Rechtsgeschäftsverkehr (FormVAnpG) vom 13. 7. 2001 (BGBl I
S 1542) ist am 1. 8. 2001 in Kraft getreten. Es ermöglicht als Option zur
Schriftform ein elektronisches Dokument, das als Substitut zur eigenhändigen Unterschrift mit einer qualifizierten elektronischen Signatur
gemäß dem Gesetz über rechtliche Rahmenbedingungen für den elektronischen Geschäftsverkehr (SigG) vom 16. 5. 2001 (BGBl I S 876)
versehen ist. Nach Aufbau der notwendigen technologischen Infrastruk-
tur werden dann die Prozessbeteiligten ihre Schriftsätze und Erklärungen
als elektronisches Dokument bei Gericht einreichen können.

Die dazu erforderlichen Änderungen der ZPO betreffen folgende 8
Paragrafen: Geändert werden §§ 130 Nr 6, 133 Abs 2, 299 a, 371. Neu
eingefügt werden §§ 130 a, 292 a.

3. Übergangsregelungen. a) Das **ZPO-RG** enthält in § 26 Nrn 9
1–11 zahlreiche Übergangsvorschriften, teils für Regelungen im Verfahren der 1. Instanz, vor allem aber für die Rechtsmittelverfahren. Soweit
die bisherigen Vorschriften über die entfallenen Rechtsmittel der Diver-

genzberufung (§ 511 a Abs 2 aF) oder des Rechtsentscheids (§ 541 aF)
noch anwendbar bleiben (§ 26 Nr 5 u 6), wird auf die 23. Aufl verwiesen.

10   **b) „Experimentierklausel".** § 119 Abs 3 GVG ermächtigt die
Bundesländer, durch Landesgesetz für die Jahre 2002 bis einschließlich
2007 zu bestimmen, daß die Oberlandesgerichte alleinige Berufungs-
und Beschwerdegerichte sind. Von dieser Befugnis können die Länder
regional und/oder sachlich beschränkt Gebrauch machen.

Zivilprozeßordnung

Vom 30. Januar 1877 (RGBl 83) in der Fassung der Bekanntmachung vom 12. 9. 1950, zuletzt geändert durch Art 2 Elektronischer Geschäfts- verkehr – Gesetz vom 14. 12. 2001 (BGBl I S 3721)

[Stand: 1. Januar 2002]

Buch 1. Allgemeine Vorschriften

Abschnitt 1. Gerichte

Titel 1. Sachliche Zuständigkeit der Gerichte und Wertvorschriften

Vorbemerkungen

I. Begriff der Zuständigkeit

Aus der Zuständigkeit folgt, welches Gericht und welches Rechtspfle- **1** georgan im einzelnen Fall (insbes in einem Rechtsstreit) die Gerichts- barkeit auszuüben hat. Davon zu unterscheiden ist die Zulässigkeit des ordentlichen Rechtsweges (§ 13 GVG). Daraus ergibt sich, was vor die ordentlichen Gerichte (§ 12 GVG) gehört. Dadurch wird die Zuständig- keit gegenüber den Verwaltungs-, Finanz-, Arbeits- und Sozialgerichten abgegrenzt.

II. Arten der Zuständigkeit

1. Funktionelle Zuständigkeit (im Gesetz nicht ausdrücklich er- **2** wähnt). Sie bezieht sich darauf, welches Rechtspflegeorgan in ein und derselben Sache (dem Rechtsstreit) tätig zu werden hat. Bsp: Die Zuständigkeit im Rechtsmittelzug, die sich aus der Überordnung der Gerichte ergibt (§§ 72, 119 GVG); die des Prozessgerichts, des Einzel- richters, des beauftragten Richters, des Rechtspflegers, des Urkunds- beamten, des Gerichtsvollziehers; die des Prozess-, Arrest-, Vollstre- ckungs-, Insolvenzgerichts; auch die der KfH und des Familiengerichts.

2. Sachliche Zuständigkeit (zur Regelung vgl § 1). Sie bezieht sich **3** darauf, welches Gericht in erster Instanz die Sache (den Rechtsstreit) wegen deren Art zu erledigen hat. Das kann im Bereich der ordentlichen Gerichtsbarkeit das LG oder das AG sein. Bei negativem Zuständigkeitsstreit gilt § 36 Abs 1 Nr 6. Durch welche Richter das Gericht entscheidet, ist allein der Geschäftsverteilung (Rn 9) zu entnehmen.

4   **3. Örtliche Zuständigkeit** (zur Regelung vgl §§ 12–37). Sie bezieht sich darauf, welches Gericht erster Instanz (AG oder LG) wegen seines örtlichen Sitzes die Sache (insbes einen Rechtsstreit) zu erledigen hat. Maßgebend ist der Gerichtsbezirk; er ist landesrechtlich geregelt.

5   **4. Internationale Zuständigkeit.** Lit: Geimer, IZPR 3. Aufl 1997; Nagel/Gottwald, Internationales Zivilprozessrecht, 4. Aufl 1997. **a) Begriff.** Sie bezieht sich darauf, inwieweit die Gerichte eines Staates dessen Gerichtsbarkeit ausüben und wie dies im Verhältnis zu den Gerichten anderer Staaten begrenzt wird. Sie ist von den anderen Prozessvoraussetzungen, insbes der Gerichtsbarkeit (§§ 18–20 GVG), der sachlichen und örtlichen Zuständigkeit (Rn 3, 4) zu unterscheiden. Sie betrifft nur die Frage, ob die deutschen Gerichte oder ausländische Gerichte zustän-

6 dig sind. – **b) Regelung.** Die internationale Zuständigkeit deutscher Gerichte ergibt sich allgemein aus den Regeln der ZPO über die örtliche Zuständigkeit (§§ 12–37), so dass grundsätzlich ein örtlich zuständiges deutsches Gericht auch international zuständig ist (hM; BGH 63, 219 u stRspr, zB NJW 91, 3092 mwN). Im Anwendungsbereich des EuGVÜ (dort 3 ff vor Art 1) geht dieses vor (2 vor Art 1 EuGVÜ). Die internationale Zuständigkeit deutscher Gerichte kann mit der ausländischer Gerichte konkurrieren, ist nur selten ausschließlich, kann aber trotz bestehender örtlicher Zuständigkeit ausgeschlossen sein, in vermögensrechtlichen Streitigkeiten insbes durch Prorogation (5–7 vor § 38). Wahlfeststellung ist möglich (E. Schumann Fs für Nagel 402

7 [411]). – **c) Prüfung** erfolgt von Amts wegen in jeder Lage des Verfahrens, auch in höherer Instanz. Schlüssige Behauptung reicht aus (BGH 124, 237). Bindung an eine Verweisung gem § 281 besteht nicht (Karlsruhe NJW-RR 89, 187).

8   **III. Abgrenzung zur Geschäftsverteilung**Die Geschäftsverteilung (in den §§ 21 a ff GVG geregelt) zählt nicht zur Zuständigkeit iS der ZPO und des GVG. Durch sie wird bestimmt, welcher Spruchkörper und welche Personen im Einzelfalle das Gericht repräsentieren. Bsp: Welche Zivilkammer oder welche KfH als LG zu entscheiden hat und mit welchen Richtern sie besetzt ist; welcher Richter beim Amtsgericht, welcher Rechtspfleger und Urkundsbeamter berufen ist, die betreffende Sache zu erledigen. Eine Prorogation (§ 38) hinsichtlich der Geschäftsverteilung, zB dass eine bestimmte Kammer oder ein bestimmter Richter zuständig sein solle, ist unzulässig (allgM). Bei Verstoß gegen die Vorschriften zur Geschäftsverteilung oder gegen den Geschäftsverteilungsplan vgl §§ 16, 21 e GVG.

IV. Ausschließliche Zuständigkeit

9   Sie bedeutet, dass die Zuständigkeit eines Gerichts oder Rechtspflegeorgans der Parteivereinbarung entzogen ist (§ 40 Abs 2) und andere

Zuständigkeiten nicht wirksam werden lässt, insbes bei Widerklage (§ 33 Abs 2). Die funktionelle Zuständigkeit (Rn 2) ist immer ausschließlich, die sachliche und örtliche ist es stets in nichtvermögensrechtlichen Sachen (§ 40 Abs 2) und wenn das Gesetz die Zuständigkeit für ausschließlich erklärt. Dies kann für die sachliche und örtliche Zuständigkeit gemeinsam geschehen (§ 606, über § 802 die §§ 731, 767), aber auch für die sachliche (zB § 23 Nr 2a, § 71 Abs 2 GVG) oder die örtliche allein (zB §§ 24, 29a, 771 Abs 1), so dass dann jeweils die nicht ausschließliche örtliche oder sachliche Zuständigkeit vereinbart werden darf (vgl § 40 Rn 6). Auch die internationale Zuständigkeit (Rn 5) kann ausschließlich sein; im Verhältnis der Vertragsstaaten der EuGVVO gesetzlich geregelt durch deren Art 16, 17.

V. Die Behandlung der Zuständigkeit   10

1. Prüfung. Für die volle Zuständigkeit eines Gerichts oder Rechtspflegeorgans muss die funktionelle, sachliche, örtliche und internationale Zuständigkeit zusammentreffen. Das Gericht muss seine eigene Zuständigkeit von Amts wegen prüfen. Dem sind zugrunde zu legen: der gestellte Antrag und die Tatsachenbehauptungen, auf die er gestützt ist (vgl 12 vor § 253, RoSchwGottwald § 39 I 2a). Die Zuständigkeit ist für die Klage Prozessvoraussetzung (18 vor § 253), Zulässigkeitsvoraussetzung für die Zwangsvollstreckung (40 vor § 704) und für alle anderen Verfahren (zB § 691 Abs 1 S 1 Nr 1).

2. Fehlende Zuständigkeit. Es wird die Klage abgewiesen, die   11
beantragte Zwangsvollstreckungsmaßnahme abgelehnt, der Mahnantrag zurückgewiesen. Soweit die §§ 281, 506 anwendbar sind, wird die Sache jedoch vom unzuständigen Gericht an das zuständige verwiesen, im Mahnverfahren an das als zuständig bezeichnete Gericht (§§ 690 Abs 1 Nr 5, 692 Nr 1) abgegeben, soweit die §§ 696 Abs 1, Art 700 Abs 3 anzuwenden sind. Jedenfalls darf bei fehlender Zuständigkeit keine Sachentscheidung ergehen. Wird das Fehlen der Zuständigkeit übersehen, so kommt es für die Folgen hinsichtlich der getroffenen Entscheidung oder Maßnahme auf den Einzelfall an. Sie kann zur Nichtigkeit (zB § 764 Rn 5) oder zur Anfechtbarkeit führen. Letzteres ist die Regel (RoSchwGottwald § 39 III). Fehlende Zuständigkeit kann aber auch bedeutungslos sein (zB § 513 Abs 2; § 8 RPflG). Die konkreten Folgen sind bei den einzelnen Vorschriften behandelt.

§ 1 Sachliche Zuständigkeit

Die sachliche Zuständigkeit der Gerichte wird durch das Gesetz über die Gerichtsverfassung bestimmt.

Der Begriff der sachlichen Zuständigkeit ist in 2 vor § 1 dargelegt.   1
Die des AG ergibt sich aus §§ 23–23c GVG, die des LG aus § 71 GVG. Die funktionelle Zuständigkeit (2 vor § 1) der Rechtsmittelgerichte ergibt sich für das LG aus § 72 GVG, für das OLG aus § 119 GVG, für

das BayObLG aus § 8 EGGVG, Art 11 BayAGGVG, für den BGH aus
§ 133 GVG.

§ 2 Bedeutung des Wertes

**Kommt es nach den Vorschriften dieses Gesetzes oder des
Gerichtsverfassungsgesetzes auf den Wert des Streitgegenstandes,
des Beschwerdegegenstandes, der Beschwer oder der Verurteilung an, so gelten die nachfolgenden Vorschriften.**

1   **1. Allgemeines.** Wert ist der sich ergebende Betrag, der in Geld
ausgedrückt wird, seit 1. 1. 2002 in Euro. Man unterscheidet im Zivil-
2 prozess: **a) Zuständigkeitsstreitwert** ist der Wert des Streitgegenstandes, der für die Abgrenzung der sachlichen Zuständigkeit (§§ 23 Nr 1,
3 71 Abs 1 GVG) maßgebend ist. – **b) Rechtsmittelstreitwert** ist der
Wert des Beschwerdegegenstandes (§ 511 Abs 2 Nr 1, § 567 Abs 2).
Dieser Wert muss für die Zulässigkeit eines Rechtsmittels erreicht sein.
Er richtet sich nach den Anträgen des Rechtsmittelklägers (§ 14 Abs 1
S 1 GKG), ohne solche nach der Beschwer (§ 14 Abs 1 S 2 GKG). –
4 **c) Gebührenstreitwert** ist der Wert, aus dem die Gebühren für Gericht
(nach GKG) und RA (nach dem Gegenstandswert, § 7 BRAGO) errechnet werden.

5   **2. Anwendungsbereich** der §§ 3–9: **a) Direkt** und ausschließlich
für den Zuständigkeitsstreitwert; für den Rechtsmittelstreitwert, soweit
6 nicht Sonderregeln bestehen. – **b) Subsidiär** (vgl § 12 Abs 1 GKG, § 8
Abs 1 S 1 BRAGO) für den Gebührenstreitwert. Die §§ 12–22 GKG
gehen insoweit als Sonderregeln vor.

7   **3. Streitwertfestsetzung.** Zuständig ist hierfür das Gericht, bei dem
das betreffende Verfahren stattfindet, ggf der Einzelrichter (§§ 348,
348 a), bei der KfH der Vorsitzende (§ 349 Abs 2 Nr 11). Der Beschluss,
durch den der Streitwert festgesetzt wird, ist spätestens in der
(Nicht-)Abhilfeentscheidung (§ 572 Abs 1) zu begründen (Hamm
Rpfleger 89, 104). Fehlende Begründung kann zur Zurückverweisung
8 führen (§ 572 Abs 3). **a) Für die Zuständigkeit** (Rn 2) kann sie (muss
aber nicht) durch gesonderten Beschluss erfolgen, jedoch auch (ohne
Aufnahme in die Formel) in den Gründen des Endurteils und in Entscheidungen nach §§ 280, 281, 506 (dann aber bindend, §§ 318, 281
Abs 2). Gesonderter Beschluss (§ 329) kann jederzeit vor Entscheidung
in der Hauptsache ergehen, ist aber nicht eher bindend, als die Entscheidung in der Hauptsache bindend (§ 318) geworden ist (§ 329). Anfechtung des Beschlusses nur mit der Hauptentscheidung (hM; München
9 MDR 01, 713 mwN). – **b) Für das Rechtsmittel** (Rn 3) wird über
den Streitwert für Berufung und Beschwerde von den Rechtsmittelgerichten entschieden, für die Mindesthöhe in den Gründen der Entscheidung über die Hauptsache oder denen eines Zwischenurteils
(§ 303), auch ausdrücklich durch gesonderten Beschluss (entspr den
10 Grundsätzen der Rn 8 hinsichtlich der Bindung). – **c) Für die Gebüh-**

ren. Kommt nicht nur im Urteilsverfahren, sondern in jedem Verfahren der ZPO in Betracht. Der Streitwert wird, wenn es auf ihn für die Gebühren ankommt (§ 25 Abs 1 GKG), durch gesonderten Beschluss festgesetzt (§ 25 Abs 2 S 1 GKG; § 10 Abs 1 BRAGO), und zwar auch ohne Antrag einer Partei, eines RAs, eines anderen Beteiligten oder der Staatskasse, von Amts wegen, wenn über den gesamten Streitgegenstand entschieden oder das Verfahren anderweitig erledigt ist. Voraussetzung ist, dass nicht schon gem § 24 GKG der Streitwert für die Zuständigkeit (Rn 8) oder für die Zulässigkeit eines Rechtsmittels (Rn 9) festgesetzt und auch für die Gebühren maßgebend oder nicht bindend ist (§ 25 Abs 2 S 1 GKG). Ist in dieser Entscheidung der Streitwert nicht in bestimmter Höhe festgesetzt (oder trifft § 24 S 2 GKG zu), darf Beschluss nach § 25 Abs 2 S 1 GKG, § 10 Abs 1 BRAGO ergehen, doch bleibt (außer in den Fällen des § 24 S 2 GKG) die Zuständigkeits- oder Rechtsmittelstreitwertfestsetzung wegen § 24 S 1 GKG maßgebend, zB bei bejahter Zuständigkeit des LG mindestens 5000 € wegen §§ 23 Nr 1, 71 Abs 1 GVG; bei zulässiger Berufung mindestens 600 € wegen § 511 Abs 2 Nr 1. Änderung des Beschlusses ist möglich (§ 25 Abs 2 S 2, 3 GKG).

4. Anfechtbarkeit der Entscheidungen über den Gebührenwert **11** (Rn 10). Gegen den Beschluss nach § 25 Abs 2 S 1 GKG findet Beschwerde statt, wenn ihn nicht das Rechtsmittelgericht (LG als Berufungs- oder Beschwerdegericht) erlassen hat (§ 25 Abs 3 S 2 GKG). Sie ist besonders geregelt und befristet: innerhalb von 6 Monaten ab formeller Rechtskraft (§ 705) der Hauptsacheentscheidung oder anderweitiger Erledigung des Verfahrens (§ 25 Abs 3 S 3 und Abs 2 S 3 GKG), ausnahmsweise verlängert nur nach Maßgabe des § 25 Abs 3 S 3 Hs 2 GKG, sonst nicht (Nürnberg NJW-RR 99, 653). Eine Beschwerde an den BGH ist ausgeschlossen (§ 25 Abs 3 S 1 Hs 2, § 5 Abs 2 S 3 GKG). Der RA kann aus eigenem Recht Beschwerde einlegen (§ 9 Abs 2 BRAGO). Gegen den Beschluss nach § 10 Abs 1 BRAGO (Wertfestsetzung für die RA-Gebühren auf Antrag) findet Beschwerde mit 2-Wochen-Frist statt (§ 10 Abs 3 S 1–4 BRAGO), weitere Beschwerde an das OLG nach Maßgabe von § 10 Abs 3 S 5 u 6 BRAGO. Der Beschluss, durch den der Streitwert vorläufig festgesetzt wird (§ 25 Abs 1 S 1 GKG), kann nicht mit Streitwertbeschwerde (§ 25 Abs 3 GKG) angefochten werden, weil § 25 Abs 1 S 2 GKG die Anfechtung in das Verfahren nach § 6 GKG verweist.

5. Beschwerdeentscheidung. Das Beschwerdegericht ist an die Anträge nicht gebunden (wegen § 25 Abs 2 S 2 GKG). Das Verbot der reformatio in peius gilt daher nicht. An einer Streitwertänderung ist das Beschwerdegericht nicht dadurch gehindert, dass die Prozesskostenverteilung rechtskräftiger Urteile falsch wird (umstr; Düsseldorf NJW 90, 844 mwN; aA Düsseldorf NJW-RR 92, 1532: nur Ermäßigung zulässig). **12**

13   **6. Grundsätze der Streitwertberechnung** (E. Schumann NJW 82, 1257). **a) Ausgangspunkt** zur Höhe. **aa) Zuständigkeitsstreitwert.** Es ist unmittelbar vom Streitgegenstand (Einl II) auszugehen. Wird eine Geldsumme verlangt, so ist diese Summe der Streitwert. Wird etwas anderes verlangt, so ist nach den §§ 4–9 oder § 182 InsO zu berechnen. Sind diese Vorschriften nicht anwendbar, so ist nach freiem Ermessen (§ 3) festzusetzen, wobei das jeweilige Interesse des Klägers am Streitgegenstand zugrunde zu legen ist (Rn 18), nicht das Interesse des Be-
14 klagten. **bb) Rechtsmittelstreitwert** (auch Beschwer oder Beschwerdewert genannt). Es ist das Interesse des Rechtsmittelklägers am Erfolg seines Rechtsmittels zugrunde zu legen. Dieses ergibt sich, wenn man den in der Vorinstanz gestellten Antrag des Rechtsmittelklägers mit der daraufhin ergangenen Entscheidung vergleicht und die Differenz daraus am Rechtsmittelantrag mißt (vgl § 14 GKG). Soweit dieser die Differenz deckt, reicht der Rechtsmittelstreitwert, der demzufolge nur bei Antragserweiterung höher sein kann als der Streitwert der Vorinstanz (vgl § 14 Abs 2 GKG). Dies gilt, wenn der Kläger Rechtsmittelführer ist. Beim Beklagten ist nur das Unterliegen in der Vorinstanz und sein Rechtsmittelantrag maßgebend. Bei hilfsweise erklärter Aufrechnung und Entscheidung über Bestehen oder Nichtbestehen der Aufrechnungsforderung ist zusammenzurechnen. Beziehen sich die Anträge nicht auf Geld, so ist der Wert gemäß den §§ 4–9 festzusetzen, soweit sie anwendbar sind; wenn nicht, dann gemäß § 3, also nach freiem Ermes-
15 sen (vgl Rn 13). **cc) Gebührenstreitwert.** Zugrundezulegen ist der Zuständigkeitsstreitwert (Rn 13) oder der Rechtsmittelstreitwert (Rn 14). Es gehen die §§ 12–22 GKG und § 247 AktG den §§ 3–9 ZPO als Sonderregeln vor, so dass der Gebührenstreitwert oft anders bemessen ist als der Zuständigkeits- oder Rechtsmittelstreitwert. –
16 **b) Maßgebender Zeitpunkt** der Wertberechnung ist für den Zuständigkeits- und Rechtsmittelstreitwert dem § 4 Abs 1 Hs 1 zu entnehmen.
17 Für den Gebührenstreitwert gilt § 15 GKG. – **c) Parteiangaben** zum Streitwert sind, selbst wenn sie übereinstimmen, für das Gericht nicht bindend, aber wichtiges Indiz. Über den Streitwert wird nach freiem Ermessen des Gerichts bei freigestellter Beweisaufnahme (vgl § 3) festgesetzt. Auch die Partei ist an ihre Angaben zur Höhe des Streitwerts nicht gebunden und darf, nachdem sie im Rechtsstreit unterlegen und mit den Kosten belastet ist, die frühere Angabe des Streitwerts als unzutreffend
18 darstellen. – **d) Interesse des Klägers** (Rn 13). Soweit es darauf ankommt, ist bei Gegenständen der objektive allgemeine Verkehrswert zugrunde zu legen. – **e) Mehrheit** von Ansprüchen oder Parteien: § 5. – **f) Teilklagen.** Es kommt nur auf den eingeklagten Teil an (§ 21 GKG).

§ 3 Wertfestsetzung nach freiem Ermessen

    Der Wert wird von dem Gericht nach freiem Ermessen festgesetzt; es kann eine beantragte Beweisaufnahme sowie von

Amts wegen die Einnahme des Augenscheins und die Begutachtung durch Sachverständige anordnen.

1. Allgemeines. Zu Arten, Verfahren und Grundsätzen der Streit- **1** wertfestsetzung: § 2. **a) Anwendungsbereich:** § 3 Hs 1 gilt, soweit nicht in den §§ 4–9 ZPO und den §§ 12–22 GKG oder in anderen Gesetzen Sonderregelungen für die dort bestimmten Fälle aufgestellt sind (vgl § 2 Rn 15). – **b) Freies Ermessen** bedeutet nicht Willkür, **2** sondern nur, dass bei der Streitwertfestsetzung eine Schätzung zugelassen wird, eine Beweisaufnahme freigestellt ist (Rn 3) und keine Bindung an Parteiangaben besteht (§ 2 Rn 17). Die in § 2 Rn 13–18 dargestellten Grundsätze sind beim freien Ermessen zu beachten. Der Streitwert darf nicht so hoch angesetzt werden, dass dem Rechtsuchenden der Zugang zu Gericht unzumutbar erschwert wird (BVerfG stRspr NJW 97, 311). – **c) Beweisaufnahme** ist freigestellt (Hs 2). Es gilt Freibeweis (6 vor **3** § 284). Außer bei Augenschein und Sachverständigen (§ 144 Abs 1) darf Beweis nur auf Parteiantrag erhoben werden. Das Gericht braucht aber trotz des Antrags den Beweis nicht zu erheben. Es ist auch darin frei. Kosten einer Schätzung durch Sachverständige: § 26 GKG; andernfalls sind es Kosten des Rechtsstreits (§ 91).

2. Werthöhe im Einzelfall für den Wert des jeweiligen Streitgegen- **4** stands ohne Nebenforderungen (§ 4) und Zusammenhang (§ 5). Jeder Hinweis gilt primär für den Gebührenstreitwert (§ 2 Rn 4); grundsätzlich auch für den Zuständigkeitsstreitwert (§ 2 Rn 2), insbes wenn bei dem jeweiligen Stichwort ein mit ZStrW versehener Hinweis angebracht und Abweichendes ausgeführt ist.
Abänderungsklage: § 323 Rn 33.

Abberufung eines Geschäftsführers oder Vorstandsmitglieds ist von **5** der Beendigung des Dienstverhältnisses zu unterscheiden und nach § 3 zu bewerten (BGH NJW-RR 90, 1123 mwN zur Beschwer).

Abgabe einer Willenserklärung (vgl § 894). Interesse des Klägers **6** an antragsgemäßer Abgabe nach § 3 zu schätzen: vermögens- oder nichtvermögensrechtlicher Erfolg, der herbeigeführt wird. Bsp: bei Auflassung eines Grundstücks dessen Verkehrswert.

Ablehnung. Richter: § 46 Rn 2; Schiedsrichter: § 1037 Rn 7; **7** Sachverständiger (§ 406): wie § 46 Rn 2, ein Bruchteil dann, wenn sich der Sachverständigenbeweis nur auf einen Teil des Rechtsstreits bezieht.

Abnahme von Sachen: Interesse des Klägers an Befreiung vom **8** Besitz, nach § 3 zu schätzen. § 6 gilt nicht (Stuttgart Rpfleger 64, 162). Bei Verbindung mit Kaufpreisanspruch: § 5 Rn 8.

Abrechnung (zB § 87 c HGB, § 259 BGB): nach § 3 zu schätzen. **9** Bei Stufenklage (§ 254) gilt § 18 GKG (nicht für ZStW).

Abschluss eines Vertrags: nach § 3 zu schätzen; auch bei Miet- und **10** Pachtverträgen gilt § 16 GKG nicht.

11 **Absonderungsrecht** (§§ 49, 50 InsO; früher §§ 47–49 KO): es gilt § 6.

12 **Abtretung** von Rechten; je nach deren Art gilt § 6 (BGH NJW-RR 97, 1562) oder der ihm vorgehende § 9.

13 **Allgemeine Geschäftsbedingungen.** Unterlassungs- und Widerrufsanspruch nach § 3. Grenze (§ 12 Abs 1 S 2 GKG). Bei Verbandsklagen kommt es wie bei solchen aus § 13 UWG auf das Interesse der Allgemeinheit an (Rn 77).

14 **Anfechtungsklage.** Nach AnfG: gem § 3 Interesse des Klägers an Rückgewähr, begrenzt durch den Betrag der Forderung des Klägers einschließlich Zinsen und Kosten (RG 139, 238). Es gilt entspr § 6 der Wert der herauszugebenden Sache, wenn dieser geringer ist (hM: BGH WM 82, 435).

15 **Anmeldung zum Handelsregister.** Mitwirkung hierzu: nach § 3 zu schätzen; nicht mit Höhe oder Wert der Einlage oder des Anteils gleichzusetzen (vgl BGH Rpfleger 79, 194).

15 a **Arbeitszeugnis.** Ein Monatsverdienst (§ 3; LAG Köln MDR 99, 1336 mwN), bei Berichtigung ein Abschlag (LAG Köln MDR 01, 717).

16 **Arrest.** Über § 20 Abs 1 S 1 GKG nach § 3 zu schätzen. Niedriger als der Wert der zu sichernden Forderung, idR ⅓ der Hauptsacheforderung, bei ausländischen Schuldnern ½ (E. Schneider MDR 74, 271 [273] mwN). Das gilt für Anordnung, Bestätigung und Aufhebung; bei Änderung ist der betreffende Umfang zu schätzen, idR niedriger. Bei § 934 kommt es auf das Interesse des Schuldners an. Die Kostenpauschale ist wegen § 4 Abs 1 nicht hinzuzurechnen; ebenso eine gem § 930 Abs 1 verbundene Forderungspfändung. Bei wiederkehrenden Leistungen bildet § 17 GKG die oberste Grenze.

17 **Aufgebotsverfahren** (§§ 946–1024): nach § 3 zu schätzen; § 6 gilt nicht. Erheblich niedriger als der Forderungsbetrag der betreffenden Urkunde (vgl LG Berlin Rpfleger 88, 549).

18 **Auflassung.** Es gilt grundsätzlich § 6, somit der Verkehrswert (zu erzielender Erlös iF der Veräußerung) des Grundstücks zZ der Klageerhebung (§ 4 Abs 1). Ansprüche auf Zustimmung gegen weitere Beklagte bleiben außer Ansatz. Bei Klage auf Entgegennahme der Auflassung ist das Interesse des Klägers gem § 3 maßgebend. Wegen Zurückbehaltungsrecht und Grundpfandrechten vgl § 6 Rn 2, 4.

19 **Aufrechnung.** Für den ZStrW ist allein die Klageforderung maßgebend. Für den GStrW ist zu unterscheiden: **Keine Werterhöhung.** Wird unbedingt primär (nicht hilfsweise) aufgerechnet oder ist die Gegenforderung, mit der aufgerechnet wird, unstreitig, verbleibt es beim Streitwert der Klageforderung (Hamm MDR 00, 296). Primäraufrechnung liegt auch vor, wenn gegen die Klageforderung nur Aufrechnung eingewendet und für den Fall unzulässiger Aufrechnung Hilfs(Eventual)widerklage erhoben wird (BGH NJW-RR 99, 1736). **Zusammen-**

rechnung. Ist die Klageforderung bestritten, wird hilfsweise aufgerechnet und ergeht über die bestrittene Aufrechnungsforderung rechtskraftfähige Entscheidung (§ 322 Abs 2, aber nur dann, BGH NJW-RR 97,
1157), so sind die Werte von Klageforderung und (Aufrechnungs)Ge-
genforderung, soweit Aufrechnung erklärt wurde, zusammenzurechnen
(§ 19 Abs 3 GKG); aber wenn die Gegenforderung die Klageforderung
übersteigt, nur soweit über diese entschieden wurde (Düsseldorf
NJW-RR 94, 1279). Das gilt auch für jede von mehreren hilfsweise
voneinander zur Aufrechnung gestellten Gegenforderungen, soweit für
sie § 322 Abs 2 zutrifft (BGH NJW-RR 92, 316 mwN), auch wenn sie
in einem Vergleich erledigt wurden (§ 19 Abs 3 und 4 GKG), aber
nicht, wenn die Verteidigung sich auf prozessuale Rügen beschränkt
(Karlsruhe NJW-RR 99, 223). Wird teilweise unbedingt und iü hilfsweise aufgerechnet, erhöht sich der Wert nur um den Betrag der hilfsweisen Aufrechnung (Köln Büro 94, 495). **Veränderungen.** Verwandelt
sich eine Hilfsaufrechnung während des Prozesses zur Primäraufrechnung, entfällt von da an die werterhöhende Wirkung (Dresden MDR
99, 119 mwN; bestr). Wird die Aufrechenbarkeit verneint, so erhöht
sich der Wert nicht. Der Wert kann in der höheren Instanz anders sein
(vgl Kanzlsperger MDR 95, 883 mwN).

Ausgleichsanspruch des Handelsvertreters (§ 89 a HGB): bei unbe- **20**
ziffertem Antrag der Betrag, der bei Zutreffen aller tatsächlichen Behauptungen des Klägers maßgebend wäre.

Auskunftsanspruch (auch Buchauszug). Ist nach § 3 zu schätzen. **21**
Für die Klage: Bruchteil (vom Wert des Anspruchs), dessen Geltendmachung er vorbereiten soll. Das ist von Fall zu Fall verschieden hoch.
Die Rechtsprechung reicht von $1/10$ bis $1/4$ (KG VersR 97, 470 mwN),
im Einzelfall auch weniger. § 9 ist anzuwenden (BGH NJW 97, 1016).
Steht nur ein Zurückbehaltungsrecht im Streit, gilt Rn 186. **Für
Rechtsmittel** des zur Auskunft Verurteilten bemisst sich der Wert an
dem Interesse, die Auskunft nicht erteilen zu müssen (BGH stRspr [GS]
128, 85 mwN). Hierbei ist grundsätzlich (auch bei isoliertem Auskunftsanspruch, BGH NJW 97, 2528) nur der für eine sorgfältig erstellte
(BGH NJW-RR 92, 322) Auskunft erforderliche Aufwand zu berücksichtigen (BGH [GS] stRspr 128, 85 mwN). Dieser umfasst den persönlichen Zeitaufwand (BGH NJW 99, 3050) und den Aufwand für
eine Fremdleistung (BGH NJW 01, 1284), ggf den einer Hilfskraft
(BGH NJW-RR 94, 660), bei notwendigen sachkundigen Rat auch die
Kosten für einen RA (BGH NJW-RR 93, 1026) oder Steuerberater
(BGH NJW-RR 93, 1027). Das Kosteninteresse des Prozesses bleibt
außer Betracht (BGH [GS] 128, 85). Daneben ist ein nur ausnahmsweise
bestehendes Geheimhaltungsinteresse zu berücksichtigen (BGH NJW
99, 3049 sowie NJW-RR 93, 1313 und 95, 764), das nicht mit dem
Regress eines Dritten begründet werden kann (BGH NJW 97, 3246).
Außer Betracht bleibt das Interesse, die Hauptleistung nicht erbringen
zu müssen (BGH [GS] 128, 85). Das alles ist verfassungsrechtlich nicht

zu beanstanden (BVerfG NJW 97, 2229). Für Rechtsmittel des Klägers verbleibt es beim Wert der Klage (BGH aaO).

22   **Ausländische Währung.** Umrechnungsbetrag in Euro zZ der Klageerhebung (§ 4 Abs 1). Für ZStW endgültig (§ 261 Abs 3 Nr 2). Für GStW gilt § 15 GKG; bei Währungsverfall der Tag der letzten mdl Vhdlg (Frankfurt NJW 91, 643).

23   **Ausscheiden und Ausschließung** eines Gesellschafters oder Vereinsmitglieds. Es gilt § 3, wobei Interesse des Klägers an Feststellung des Ausscheidens oder an der erstrebten Ausschließung (insbes § 140 HGB) zu schätzen ist; idR Verkehrswert des Anteils (BGH 19, 172). Bei Ausschließung aus Idealverein gilt § 12 Abs 2 S 1 GKG, so dass es auf den Einzelfall ankommt.

24   **Aussetzung** (§ 252): nicht Streitwert der Hauptsache, sondern Interesse an der Aussetzung (§ 3; BGH 22, 283); idR $^1/_5$ (E. Schneider MDR 73, 542), keinesfalls höher als $^1/_3$.

25   **Bauhandwerkerhypothek.** Bei Klage auf Bewilligung (§ 648 BGB): Wert der zu sichernden Forderung (vgl § 6 Rn 8).

26   **Baulandverfahren** nach BauGB. **Enteignung:** Bei Streit um die Rechtmäßigkeit des Verwaltungsaktes (Zulässigkeit der Enteignung) gilt § 6 (BGH NJW 00, 80), ebenso analog bei Antrag auf Einleitung des Enteignungsverfahrens. Maßgebend ist der objektive Verkehrswert (Rn 55). **Umlegungsverfahren:** objektiver Verkehrswert des vom Antragsteller abzugebenden Grundstücks oder -teiles, wenn der Antragsteller sich gegen die Einbeziehung in das Umlegungsverfahren wendet (§ 6 entspr). Erstrebt er ein günstigeres Ergebnis der Umlegung oder ficht er den Umlegungsplan an, beträgt der Wert (§ 3) $^1/_5$ des Verkehrswerts des vom Umlegungsplan betroffenen Eigentums (Fläche, Bauten und Anpflanzungen) oder anderer dinglicher Rechte des Antragstellers (BGH 49, 317; 51, 341). **Vorzeitige Besitzeinweisung:** gem § 3 idR $^1/_5$ des Verkehrswerts (BGH 61, 240 [251]); oder kleinerer Bruchteil bis zu $^1/_{10}$.

27   **Bedingte Rechte.** § 3, wobei Wahrscheinlichkeit des Bedingungseintritts oder -ausfalls zu schätzen ist (StJRoth 42).

28   **Befreiung von Verbindlichkeit:** allein § 3, nicht § 9 oder §§ 16, 17 GKG (BGH NJW 74, 2128). IdR ist der Wert gleich (nie höher) dem Betrag der Schuld (Köln MDR 85, 769), insbes bei Bürgschaft und Hypothek, wobei persönliche und dingliche Haftung nicht zusammengerechnet werden. Bei Unterhaltspflicht ist auf die voraussichtliche Dauer und Höhe abzustellen (BGH NJW-RR 95, 197). Bei Gesamtschuldnern im Innenverhältnis ist es der Wert des übernommenen Anteils (Hamburg Büro 80, 279). Zinsen des Anspruchs, von dem Befreiung begehrt wird, bleiben Nebenforderungen iS des § 4 (BGH NJW 60, 2336), nicht aber Kosten des Vorprozesses (BGH MDR 76, 649).

Befristete Rechte: Wert zZ der Geltendmachung des Rechts, wobei 29
der Zeitpunkt des Eintritts (Fälligkeit) oder des Wegfalls (Untergang) zu
berücksichtigen ist (§ 3).

Bereicherungsanspruch. Bei Sachen gilt § 6, iü § 3 (idR Nenn- 30
betrag der Forderung).

Besitz. Herausgabe (Räumung): § 6, bei Miete und Pacht § 16 31
Abs 2, 3 GKG. Entziehung (§ 861 BGB): § 3, bei Miete und Pacht § 16
Abs 2 GKG. Störung: Interesse des Klägers an der Beseitigung oder
Unterlassung (§ 3).

Beweisaufnahme. Erheblich nur für die Beweisgebühr des RAs 32
(§ 31 Abs 1 Nr 3 BRAGO). Der Streitwert richtet sich nach dem Gegenstand des Beweises; wenn er sich nur auf einen Teil der Klage bezieht,
ist er nur aus diesem Teil zu entnehmen (§ 8 Abs 1 S 1 BRAGO,
§ 21 Abs 1 GKG). Wird für verschiedene Teile der Klage nochmals
Beweis erhoben, fällt nicht mehr an, als die Beweisgebühr für die
ungeteilte Klage ausmachen würde (§ 13 Abs 3 BRAGO).

Beweisverfahren (selbständiges, §§ 485 ff): gem § 3. Interesse des 33
Antragstellers an der beantragten Beweisaufnahme (§ 485 Abs 1) oder
Feststellung (§ 485 Abs 2); idR voller Wert der Hauptsache ohne pro-
zentualen Abschlag (hM; Koblenz NJW-RR 93, 1085; Rostock
NJW-RR 93, 1086; Köln NJW-RR 00, 802; Jagenburg NJW 95, 1716;
Wirges Büro 97, 565 mwN; aA Schleswig MDR 94, 950: Bruchteil)
oder der Teil, auf den sich das Verfahren bezieht (Köln Rpfleger 94,
306).

Bezugsverpflichtung. Bei Klage auf Erfüllung oder Feststellung 34
bemisst sich der Wert am Gewinn (Interesse des Klägers), nicht am
Umsatz (§ 3; Bamberg MDR 77, 935).

Buchauszug und -einsicht: § 3; entspr den Grundsätzen für Aus- 35
kunftsanspruch (Rn 21; BGH MDR 92, 1007).

Bürgschaft: § 6 Rn 5. Werden Hauptschuldner und Bürge als Streit- 36
genossen verklagt, wird nicht zusammengerechnet (§ 5 Rn 8). Bei
Rückgriffsklage sind die vom Bürgen bezahlten Zinsen und Kosten
nicht Nebenforderungen. Wird der Bürge in Anspruch genommen, gilt
für Zinsen und Kosten § 4 Abs 1 (BGH MDR 58, 765). Fällt die
Hauptschuld unter §§ 16, 17 GKG (Miete usw), gelten diese Vorschriften auch, wenn der Bürge allein verklagt wird. Bürgschaftsurkunde:
Rn 86.

Dauerschuldverhältnisse. Grundsätzlich gilt § 3, insbes bei Fest- 37
stellungsklagen (vgl Rn 41). Für Miete-, Pacht- und ähnliche Nutzungsverhältnisse gilt § 16 GKG, für Unterhaltsrenten § 17 Abs 1, Abs 2
GKG, für wiederkehrende Leistungen aus Dienstverhältnissen § 17
Abs 3 GKG. Bei Arbeitsverhältnissen ist vor den Arbeitsgerichten
§ 12 Abs 7 ArbGG anzuwenden. Für den ZStrW gelten §§ 8, 9.

38   **Dauerwohnrecht.** Es gilt § 16 GKG (Frankfurt MDR 63, 937 für § 12 GKG aF), wenn es nicht um die Inhaberschaft des Rechts geht (hierfür § 9).

39   **Deckungsprozess** gegen Versicherer: Es gelten §§ 3, 9 ZPO, nicht § 17 Abs 2 S 1 GKG (BGH NJW 74, 1710). Obere Grenze ist die vereinbarte Versicherungssumme (Hamm Büro 91, 1536).

40   **Dienstbarkeit** (§ 1090 BGB). Es gilt § 3, nicht § 16 GKG oder § 7 (Grunddienstbarkeit).

41   **Dienstverhältnis:** § 3 bei Feststellung und Streit über Beendigung (vgl Rn 37). Für Entgelt: § 17 Abs 3 GKG. Für ZStrW: § 9. Abberufung: s dort. § 12 Abs 7 ArbGG gilt nur für Arbeitsverhältnisse (Köln NJW-RR 95, 318; KG NJW-RR 97, 544).

42   **Drittschuldnerprozess** (§ 840): Wert der überwiesenen Forderung (§ 3). Dieser wird durch die Höhe der beizutreibenden Forderung begrenzt (E. Schneider MDR 90, 20).

43   **Drittwiderspruchsklage:** § 771 Rn 25.

44   **Duldungsklage.** Bei Klage auf Duldung einer Handlung gilt § 3, auf Duldung der Wegnahme von Sachen (zB § 997 BGB) oder Duldung der Zwangsvollstreckung gilt § 6 (KG AnwBl 79, 229). Für Zinsen und Kosten ist § 4 Abs 1 anzuwenden. Neben Leistungsklage gilt § 5 Rn 8.

45   **Ehesachen.** Hierfür gilt § 12 Abs 2 S 2 GKG.

46   **Ehewohnung:** § 20 Abs 2 S 2 GKG für das Verfahren nach § 620 S 1 Nr 7. § 21 Abs 2 S 2 HausratsVO für § 621 Abs 1 Nr 7.

47   **Ehrverletzung.** Unterlassung, Widerruf und Gegendarstellung sind nichtvermögensrechtlich (§ 12 Abs 2 S 1 GKG; vgl Rn 109). Bei Verbindung mit Geldanspruch gilt § 12 Abs 3 GKG (allein der höhere Wert), nicht § 5.

48   **Eidesstattliche Versicherung** nach § 259 Abs 2 BGB: Aufwand an Zeit und Kosten, welche die Abgabe erfordert (BGH stRspr NJW 00, 2119); nach den selben Grundsätzen zu berechnen wie die Auskunft (BGH NJW 92, 2020). Gefahr strafrechtlicher Verfolgung und Schadensersatzansprüche bleiben außer Betracht (BGH WM 96, 466). Nach § 807: Rn 114, § 57 II Nr 4 BRAGO.

49   **Eigentum:** § 6 (dort Rn 4). Bei bloßer Störung (§ 1004 BGB) gilt § 3 für den Gebühren-, Rechtsmittel- und Zuständigkeitswert; konkret das Interesse an Abwehr der Störung (BGH NJW 98, 2368), für die Beschwer des Beklagten dessen Interesse, sich gegen die Kosten einer Ersatzvornahme zu wehren (BGH NJW 94, 735).

50   **Eigentumsvorbehalt.** Es gilt § 6 S 1, auch wenn der Verkäufer bei geringem Restkaufpreis auf Herausgabe klagt (Frankfurt NJW 70, 334).

51   **Einstweilige Anordnung.** Unterhalt gem § 620 Nr 4 und 6, § 641 d, § 644: es gilt § 20 Abs 2 S 1 GKG. Ehewohnung: Rn 46. Sonstige Angelegenheiten des § 620: § 12 Abs 2 GKG.

Einstweilige Verfügung. Für Anordnung, Abänderung oder Auf- 52
hebung ist nach § 3 zu schätzen (§ 20 Abs 1 S 1 GKG), nämlich stets
das Interesse des Antragstellers (nie des Gegners) an der Sicherung des
Anspruchs; idR ¹/₃ des Werts der zu sichernden Forderung. Nichtvermögensrechtliche Streitigkeiten: § 12 Abs 2 S 1 GKG. Der Wert kann
dem der zu sichernden Forderung nahe kommen, wenn im Verfahren
der einstw Vfg der Streit praktisch endgültig erledigt wird (§ 93 b
Rn 16). Das angedrohte oder verhängte Ordnungsgeld (§ 890) ist kein
Indiz für den Streitwert.

Eintragungsbewilligung. Maßgebend ist der zugrundeliegende An- 53
spruch, zB gilt bei Eigentum und Grundpfandrechten § 6, bei Grunddienstbarkeit § 7, bei Reallast § 9.

Elterliche Sorge: § 12 Abs 2 S 3 GKG (als Scheidungsfolgesache) 54
oder § 30 Abs 2 KostO (als isolierte Familiensache).

Enteignung: objektiver Verkehrswert (§ 6), auch bei Antrag über die 55
Zulässigkeit der Enteignung, ohne Zinsen auf den Entschädigungsbetrag.
Der Differenzbetrag (zwischen verlangter und festgesetzter Entschädi-
gung), wenn lediglich eine höhere Entschädigung verlangt wird (§ 3).
Bei Teilflächen der Wert dieser (BGH NJW 63, 2173).

Erbauseinandersetzung: bei Klage auf Zustimmung zum Auseinan- 56
dersetzungsplan nicht der Wert des Nachlasses, sondern das Interesse
(Erbquote) des Klägers (BGH NJW 75, 1415). Bei Streit um einzelne
Gegenstände nur der Wert dieser (BGH NJW 69, 1350).

Erbbaurecht. Der Heimfallanspruch ist entspr § 6 nach dem objekti- 57
ven Verkehrswert des Grundstücks zu bemessen (hM; Bamberg Büro 85,
1705). Für Erhöhungsklage gilt § 9.

Erbenhaftung. Ihre Beschränkung (§§ 780–786) vermindert den 58
Streitwert nicht. Macht ein Miterbe als Nachlassgläubiger den Anspruch
geltend, ist sein Anteil abzuziehen. Klagt er gegen einen Miterben auf
Leistung zum Nachlass, ist dessen Anteil abzuziehen (BGH NJW 67,
443). Es ist nur der Anteil des Miterben zu berücksichtigen, wenn er
negative Feststellungsklage gegen Dritte erhebt (BGH Rpfleger 55,
101).

Erbenstellung. Bei Feststellungsstreit hierüber ist der Wert (unstreiti- 59
ger) Pflichtteilsansprüche abzuziehen (BGH Rpfleger 75, 127).

Erbschein: bei Klage auf Herausgabe oder Feststellung nur das Inte- 60
resse des Klägers (§ 3) daran, die über §§ 2366, 2367 BGB drohenden
Nachteile zu verhindern.

Erbunwürdigkeitsklage: nach § 3 die vom Kläger erstrebte Besser- 61
stellung; bei Miterben daher auf ihren Anteil beschränkt (BGH LM
Nr 16; aA BGH NJW 70, 197: Wert des vom Beklagten zu verlierenden
Anteils).

Erledigung der Hauptsache: § 91 a Rn 57–62. 62

63   **Ermessensanträge** (unbezifferter Klageantrag; vgl § 253 Rn 12). Maßgebend ist der gem § 3 zu schätzende Betrag, der auf Grund des vom Kläger vorgetragenen Sachverhalts zuzusprechen wäre, wenn die Klage begründet ist (allgM). Ob ein angegebener Mindestbetrag die untere Grenze bildet, ist umstr (vgl BayObLG Büro 89, 681 für die Beschwer).

64   **Familiensachen** (§ 621): Rn 45, 46, 51, 84, 134, 151, 160.

65   **Feststellungsklage.** Für jede Bemessung gilt § 3 (wirtschaftliches Interesse des Klägers an begehrter Feststellung). Der Wert ist nie höher als der einer entsprechenden Leistungsklage aus dem gesamten Rechtsverhältnis. Wird zugleich auf Feststellung des gesamten Rechtsverhältnisses und auf eine Teilleistung aus diesem geklagt, so wird nicht zusammengerechnet; es ist allein der höhere Wert maßgebend. **Positive** (behauptende): idR 20% Abschlag gegenüber der entsprechenden Leistungsklage (hM; BGH NJW-RR 88, 689), auch bei Erfüllungsbereitschaft des Beklagten (BGH NJW-RR 99, 362). Im Einzelfall kann der Abschlag auch höher sein, zB bei Unwahrscheinlichkeit, dass der Anspruch durchgesetzt werden kann. Bei Feststellung einer Schadensersatzpflicht ist auf die Höhe des drohenden Schadens, auf das Risiko des Schadenseintritts und der tatsächlichen Inanspruchnahme des Beklagten abzustellen (BGH NJW-RR 91, 509). Bei Eigentumsfeststellung gilt § 6. Der größere Spielraum besteht meistens im Bestimmen des Umfangs der aus dem Rechtsverhältnis erwachsenen oder noch erwachsenden Ansprüche. **Negative** (leugnende): so hoch wie eine Leistungsklage auf Ansprüche, deren Nichtbestehen rechtskräftig (§ 256 Rn 23) festgestellt wird (hM; BGH NJW 70, 2025), zB Unwirksamkeit einer Darlehenskündigung (BGH NJW 97, 1787); Nichtigkeit eines Kaufvertrags (Frankfurt NJW-RR 00, 187). Das gilt auch bei wiederkehrenden Leistungen (§ 17 GKG; § 9). Zweifel an der Zahlungsfähigkeit des Klägers mindern den Wert nicht, ebenso wenig eine Zug-um-Zug-Leistung (Nürnberg Büro 66, 876).

66   **Firma:** Rn 106.

67   **Forderungen:** § 6; daher der Nennbetrag der Geldforderung (Rn 72) oder der Wert der Sachforderung, wenn auf Erfüllung geklagt wird.

68   **Freistellung:** Rn 28; von einer Verpfändung: § 6 Rn 8.

69   **Gegendarstellung** (nach PresseG): nicht vermögensrechtlich (§ 12 Abs 2 GKG; vgl Rn 109).

70   **Gegenforderung.** Es besteht grundsätzlich kein Einfluss auf den Streitwert (hM), auch nicht, wenn sie in Geld besteht, so dass es bei Übereignungs- und Übergabeklage aus Kauf nur auf den Wert der Sache (§ 6) ankommt (Nürnberg Rpfleger 70, 249). Bei Aufrechnung: Rn 19. Bei Zurückbehaltungsrecht: Rn 187.

71   **Gehaltsforderungen:** Rn 100.

Geldforderungen: bei bezifferten der Nennbetrag (§ 6 Rn 5), bei 72
ausländischer Währung der Umrechnungskurs zZ des Eintritts der
Rechtshängigkeit (§ 4 Abs 1 Hs 1; für ZStrW endgültig wegen
§ 261 Abs 3 Nr 2), für GStrW Beginn der Instanz, auch wenn der
Umrechnungskurs sich später erhöht (§ 15 GKG). Unbezifferte: Rn 63.
Zinsforderung mit ungewisser Dauer: § 3.

Gemeinschaft: bei Aufhebung § 3, also Interesse des Klägers hieran. 73
Bei Verteilungsstreit: Wert des zu Verteilenden, wobei der Anteil des
Klägers außer Betracht bleibt.

Genossenschaft. Bei Ausschließung: Rn 23. Bei Anfechtung von 74
Beschlüssen (§ 51 GenG) gilt § 3.

Gesamtschuldner. Werden sie gemeinsam verklagt, wird nicht zu- 75
sammengerechnet (§ 5 Rn 8).

Gesellschaft. Ausscheiden und Ausschließung: Rn 23. Auflösung: 76
Wert der Beteiligung des Klägers (§ 3); voller Wert nur, wenn die Klage
bezweckt, den Verlust des Einlagewerts zu verhüten (Köln DB 88, 281);
sonst ein Bruchteil, nicht erhöht durch das weitere Interesse an der
Auflösung (Köln BB 82, 1384). Klage eines Gesellschafters gegen die
Gesellschaft auf Leistung: voller Wert der Forderung ohne Abzug des
Kläger-Anteils (RG 171, 51). Gesellschafterbeschlüsse: § 247 AktG bei
Aktiengesellschaften. Für andere Gesellschaften ist die entspr Anwen-
dung von § 247 AktG umstr (vgl Emde DB 96, 1557 mwN).

Gewerblicher Rechtsschutz. Es besteht im Rahmen des § 3 ein 77
weiter Spielraum. **Unterlassungsanträge.** Es ist stets auf das Interesse
des Klägers abzustellen. Es ist der betroffene Umsatz zu berücksichtigen,
wobei auf das Interesse gem § 3 abzustellen ist. Für die Umsatzschmäle-
rung des Klägers ist zu berücksichtigen: wirtschaftliche Bedeutung des
Gegners, insbes sein Umsatz (Marktstellung), Umfang von dessen Wer-
bung, Art und Verbreitung der Verletzungshandlung (hM). Wertmin-
dernd ist zu berücksichtigen, dass Art und Umfang der Sache einfach ist
(§ 23 a UWG). **Verbandsklagen.** Maßgebend ist idR das Interesse eines
Mitbewerbers bei § 13 Abs 2 Nr 2 UWG (BGH NJW-RR 98, 1421),
das der Allgemeinheit bei § 13 Abs 2 Nr 3 UWG (BGH MDR 78, 28).
Veröffentlichungsbefugnis: Rn 158. **Wertherabsetzung** zugunsten
wirtschaftlich unterlegener Parteien ist möglich: §§ 23 a, 23 b UWG,
§ 142 MarkenG, § 144 PatentG.

Grundbuch: Ansprüche auf Eintragungsbewilligung (§ 19 GBO) 78
und Berichtigung (§ 894 BGB) sind grundsätzlich nach dem Wert des
betroffenen Rechts anzusetzen (vgl §§ 6, 7 und 9).

Grunddienstbarkeit: § 7. 79

Grundpfandrechte: § 6 Rn 7. 80

Grundurteil (§ 304): voller Streitwert der Hauptsache. 81

Handlungen (vertretbare und unvertretbare, §§ 887, 888): § 3; nur 82
das Interesse des Klägers, nicht die Kosten der Vornahme.

83   **Hauptversammlung** einer Aktiengesellschaft: § 247 AktG, auch für
den Wert der Beschwer (BGH NJW-RR 95, 225).

84   **Hausrat.** Für das Verfahren der einstw Anordnung (§ 620 S 1 Nr 7):
§ 20 Abs 2 S 3 GKG. Für die Familiensache (§ 621 Abs 1 Nr 7): Geschäftswert gem § 21 Abs 2 HausratsVO.

85   **Heimfallanspruch** bei Erbbaurecht: Rn 57.

86   **Herausgabe.** Es wird unterschieden: **Sachen** (vgl § 6 Rn 1–3). Es
gilt grundsätzlich § 6 bei Miete, Pacht und ähnlichen Nutzungsverhält-
nissen, bei Wertpapieren der Wert des verbrieften Rechts, insbes Kurs-
wert. **Urkunden,** die nicht wie Wertpapiere das Recht verkörpern. Es
gilt § 3 (BGH NJW-RR 94, 758 mwN). Abzustellen ist auf das Interesse
des Klägers, je nach dem, was er anstrebt, zB alleinige Verfügungsgewalt,
Beweisführung, Abwehr von Ansprüchen, bei Kfz-Brief dessen Kosten
und die daraus herzuleitende Verfügungsgewalt über das Kfz mit einem
Bruchteil dessen Verkehrswerts (Düsseldorf MDR 99, 891 mwN: ⅓).
Bei Sparbüchern ist der Nennwert die oberste Grenze (KG Rpfleger 70,
96). Bei Bürgschaftsurkunden wird meist ein Bruchteil von 25% der
Schuld angenommen (umstr; vgl Köln MDR 94, 101), ähnlich bei
Schuldschein (Köln NJW-RR 97, 381); der volle Wert, wenn durch die
Herausgabe die Inanspruchnahme verhindert wird (BGH NJW-RR 94,
758).

    Geschäftspapiere: für Rechtsmittel wie bei Auskunft (Rn 21, BGH
NJW 99, 3049).

87   **Hinterlegung.** Bei Klage auf Vornahme: § 3. Bei Klage auf Einwilligung zur Herausgabe: § 6, nämlich Wert der Sache oder die Gesamtsumme. Dieselbe Höhe (aber § 3), wenn auf Feststellung der Berechtigung (§ 13 Abs 2 Nr 2 HinterlO) geklagt wird. Zinsen sind keine
Nebenforderungen iS des § 4 (BGH NJW 67, 930).

88   **Hypothek:** § 6 Rn 6.

89   **Immissionen** (§ 906 BGB): vgl. Rn 49. Unterlassungsklage: § 3; die
bei voraussichtlicher Dauer beim Kläger eintretende Wertminderung
(vgl Koblenz Büro 95, 27 mwN). Für den Gebühren- und Zuständigkeitswert nicht maßgebend sind die Aufwendungen des Beklagten
(Schleswig Büro 73, 637), wohl aber für dessen Beschwer und den
Rechtsmittelstreitwert (vgl BGH NJW 94, 733).

90   **Insolvenz.** Maßgebend ist der bei Verteilung der Insolvenzmasse zu
erwartende Betrag (§ 182 InsO).

91   **Jagdrecht.** Streit um Ausübung: § 3. Bei Streit über Bestehen oder
Beendigung der Pacht: § 16 Abs 1 GKG, für die Zuständigkeit § 8.

92   **Kindschaftssachen:** § 12 Abs 2 S 3 GKG. Bei Verbindung mit Unterhaltsanspruch gilt § 12 Abs 3 GKG.

Klageänderung (§ 263). Es ändert sich auch der Streitwert. Es wird 93
nicht zusammengerechnet, sondern für den jeweiligen Zeitraum getrennt berechnet und festgesetzt (allgM).

Klagenhäufung. Bei §§ 59, 60 und § 260 gilt § 5. 94

Klagerücknahme. Bei Streit über ihre Wirksamkeit: Wert der 95
Hauptsache. Bei unstreitiger: § 3. Wert sind idR die bis dahin entstandenen Kosten (umstr).

Kosten. Es sind § 4 Abs 1 Hs 2 und § 22 GKG anzuwenden. 96

Kündigung von Dauerschuldverhältnissen: Rn 37. 97

Leasingvertrag. Es ist § 16 Abs 1 und 2 GKG anzuwenden (Celle 98
MDR 93, 1020).

Löschung von Rechten im Grundbuch. **Grundpfandrechte:** der 99
Nennbetrag ohne Rücksicht auf Bestand oder Höhe der gesicherten
Forderung (hM; Düsseldorf MDR 99, 506). Dagegen zutreffend für
Begrenzung auf Valutierung, Löschungsinteresse und Grundstückswert:
Celle NJW-RR 01, 712. **Andere Rechte:** § 3; bei Auflassungsvormer-
kung ein jedenfalls unter der Hälfte des Grundstückswerts liegender
Bruchteil (hM; zB 1/10 Köln MDR 83, 495; 1/4 Nürnberg NJW 77,
857); ebenso bei Vormerkung für Hypothek (Frankfurt Büro 68, 634).
Auch bei Arresthypothek ist § 3 über § 20 Abs 1 S 1 GKG anzuwen-
den.

Lohn- und Gehaltsforderungen. Für ZStrW § 9 Rn 2. Für GStrW 100
§ 12 Abs 7 ArbGG oder § 17 Abs 3 und 4 GKG, auch bei Vertretungs-
organen einer Handelsgesellschaft (BGH NJW 81, 2465).

Mietstreitigkeiten (auch Untermiete). Für den ZStrW gilt § 8, bei 101
Wohnraum § 23 Nr 2a GVG. Für den GStrW gilt § 16 GKG. **Bestand
und Dauer** (auch Fort- oder Nichtbestand) des Mietverhältnisses:
höchstens der einjährige Mietzins (§ 16 Abs 1 GKG), auch bei beweg-
lichen Sachen. Für die Beschwer gilt § 8. **Mietenklage:** nur Miete und
vereinbarte Umlagen, sog Kaltmiete, nicht Heizung, Wasser, Gas und
Strom (Oldenburg ZMR 91, 142; Köln VersR 99, 251; aA Düsseldorf
ZMR 93, 223; München ZMR 99, 172 Anm Schmid; Dresden ZMR
97, 527: zuzüglich Nebenkostenpauschale). Der geforderte Betrag ist
Streitwert, auch im Falle des § 259 (Stuttgart NJW-RR 97, 1303). Für
Erhöhungs- und Feststellungsklage auf künftige Miete bei unbestimmter
Dauer ist der Wert nicht höher als § 16 Abs 1 GKG. Bei Erhöhung der
Wohnraummiete gilt § 16 Abs 5 GKG, bei bestimmter Vertragsdauer
§ 3: Interesse des Vermieters an erstrebter Verpflichtung des Mieters
(Karlsruhe MDR 77, 407; Hamm Rpfleger 76, 435; aA BGH NJW 66,
778). **Mietanpassung:** Zustimmung hierzu gemäß § 3 der Gesamt-
betrag der Erhöhungen (BGH NZM 99, 561). **Räumung** (Grundstück,
Gebäude oder Gebäudeteile, insbes Räume): § 16 Abs 2 GKG. Maß-
gebend ist die Nettomiete (§ 16 Abs 2 GKG; BGH NJW-RR 97, 648;
LG Stendal ZMR 97, 649), mit Umsatzsteuer (KG NJW-RR 00, 966),

aber ohne Nebenkosten (LG München II NZM 00, 759; LG Münster
ZMR 97, 146 mwN; aA LG Cottbus ZMR 99, 829; München NZM
99, 304; LG Mainz MDR 96, 1080 mwN; differenzierend Schieter
MDR 95, 343 mwN), hingegen unter Einschluss von Kosten der Ent-
fernung von Einrichtungen (BGH ZMR 95, 245). Der Wert der Beschwer und der ZStrW richten sich nach § 8, wenn auch über Bestand
und Dauer des Mietverhältnisses gestritten wird (BGH NZM 99, 794).
Sozialklausel (§§ 574–574 b BGB) bewirkt Streit über Bestehen und
Dauer (also § 16 Abs 1 GKG); im selben Prozess gegen Räumungsklage
geltend gemacht, wird nicht zusammengerechnet (§ 16 Abs 3 GKG).
Mieterhöhungsklage bei Wohnraum: § 16 Abs 5 GKG; bei sonstigen
Räumen § 9 (dort Rn 2; hM; Frankfurt MDR 93, 697 mwN). **Duldung** von Maßnahmen (§ 554 BGB): einjähriger Betrag der voraussichtlichen Mieterhöhung oder Mietminderung entspr § 16 Abs 1 GKG
(LG Frankfurt/Oder NZM 00, 757; aA LG Aachen ZMR 95, 161
mwN; LG Hamburg ZMR 99, 403: 3½facher Jahresbetrag). **Instand-
setzung:** 3½facher Jahresbetrag (§ 9) der Minderung (BGH NJW 00,
9142 mwN). **Kaution:** zugewachsene Zinsen sind hinzuzurechnen (LG
Köln WuM 95, 719).

102   **Minderung.** Maßgebend ist der Betrag, um den Herabsetzung des
Kaufpreises oder Werklohns beantragt oder erwartet wird (§ 3; vgl
Rn 63), nach § 441 nF BGB geschehen ist. Keinesfalls ist § 19 Abs 3
GKG anwendbar (Köln MDR 79, 413). Bei Miete: Rn 101 Instandset-
zung.

103   **Nacherbe.** Klagen des Vorerben auf Zustimmung sind nach § 3 zu
schätzen (vgl Schleswig Rpfleger 68, 325).

104   **Nachforderungsklage** (§ 324): § 6, wegen Sicherheitsleistung.

105   **Nachverfahren** (§ 600): Streitwert wie die Forderung aus dem Vorbehaltsurteil (München MDR 87, 766), soweit für den Anspruch Vor-
behaltsausspruch (§ 599) besteht.

106   **Namensrecht:** § 12 Abs 2 GKG, soweit Unterlassung aus § 12 BGB
verlangt wird. Im gewerblichen Bereich liegt vermögensrechtlicher Anspruch vor, insbes bei Firma. Es gilt dann § 3.

107   **Nebenforderungen:** § 4; für GStrW § 22 Abs 1, 2 GKG beachten.

108   **Nebenintervention.** Für die Beteiligung am Rechtsstreit (durchgeführte Nebenintervention) und für den Zwischenstreit (§ 71) ist das
Interesse des Nebenintervenienten gem § 3 zu schätzen. Das ist das
Interesse am Obsiegen der unterstützten Partei (Hamburg Büro 92, 249
mwN) oder an der Durchsetzung der Anträge (Köln VersR 93, 80),
somit der Wert der Nebeninterventionswirkung (§ 68; Koblenz MDR
83, 59 mwN; bestr; aA München NJW-RR 98, 420: wie die Hauptsache, wenn der Nebenintervenient in Bezug auf sie dieselben Anträge
wie die Partei stellt). Auf den Antrag des Nebenintervenienten kommt
es immer dann an, wenn er allein das Rechtsmittel eingelegt und durch-

geführt hat (Koblenz aaO). Dabei ist insbes die Höhe der Regressforderung zu berücksichtigen (Koblenz Büro 82, 1879). Der Wert ist nie höher als der der Hauptsache (Koblenz Rpfleger 77, 175). Für die Beschwer wird grundsätzlich nicht addiert (BGH NJW 01, 2638).

Nichtvermögensrechtliche Ansprüche: § 12 Abs 2 S 1 GKG; vgl 109 insbes Rn 152, 177. Danach wird auch die Zuständigkeitsabgrenzung (§ 23 Nr 1 GVG) im Einzelfall zu bewerten sein (dort Rn 7).

Nießbrauch. Klage auf Einräumung: § 3 (BGH NJW 88, 395 mwN; 110 bestr). Erfüllung, Aufhebung und Löschung: § 3 (hM). Es ist der Nettoertrag für die voraussichtliche Dauer des Nießbrauchs zugrunde zu legen. §§ 7, 9 sind unanwendbar (hM).

Notweg: über § 3 entspr Anwendung des § 7 (umstr). 111

Nutzungen. Als Nebenforderungen: § 4. Wiederkehrend als Haupt- 112 sache: § 9.

Nutzungsverhältnis. Ist es ähnlich wie Miete und Pacht, gilt 113 § 16 Abs 1 und 2 GKG (vgl Rn 101). Für den Rechtsmittelstreitwert § 3, nicht § 8 (BayObLG Büro 95, 27).

Offenbarungsversicherung. Nach BGB: Rn 48. Nach § 807, 114 § 883 Abs 2 und § 889: § 900 Rn 38.

Ordnungsmittel. Bei Parteien (§ 141), Zeugen (§ 381), Sachver- 115 ständigen (§ 409 Abs 1, § 411 Abs 2) und Sitzungspolizei (§ 178 GVG) ist der verhängte Betrag maßgebend. Bei § 890: Interesse des Gläubigers an der Unterlassungsvollstreckung, jeweils nach § 3 zu schätzen (hM; München MDR 83, 1029 mwN), idR so hoch wie der Wert der Hauptsache aus dem zu vollstreckenden Titel, mindestens ein erheblicher Bruchteil davon (hM). Für den Beschwerdewert bildet das festgesetzte Ordnungsmittel die untere Grenze (vgl Düsseldorf MDR 77, 676). Androhung und Festsetzung gehen ineinander auf.

Pachtstreitigkeiten: wie Rn 101. 116

Patent: Rn 77. 117

Persönlichkeitsrecht: bei Unterlassungs- und Widerrufsklagen: 118 § 12 Abs 2 GKG (vgl Rn 109). Bei Schadensersatz: Rn 132.

Pfandrecht: § 6. 119

Pflichtteilsanspruch: bei Leistungsklage Rn 72, bei Feststellungs- 120 klage Rn 65.

Prozessvoraussetzungen. Auch wenn nur darüber gestritten und 121 entschieden wird, ist der Wert der Hauptsache maßgebend, selbst wenn abgesonderte Verhandlung (§ 280) stattfindet (hM).

Räumung: bei Miete und Pacht Rn 101. Bei anderen Ansprüchen 122 (insbes allein § 985 BGB) gilt § 6 (Herausgabe), jedoch § 16 GKG, wenn der Beklagte das Bestehen eines Mietverhältnisses einwendet, selbst wenn aus § 985 BGB herausverlangt wird (hM).

123   **Räumungsfrist** ist bei Räumungsprozess (§ 721 Abs 1) kein zusätzlicher Wert. Im Beschlussverfahren (§ 721 Abs 2–6, § 794 a): Schätzung nach § 3; idR Nutzungsentschädigung für den betreffenden Zeitraum.

124   **Rangfolge** im Grundbuch (§ 879 BGB) und bei Pfandrechten: § 3; dabei kann § 23 Abs 3 1 KostO entspr angewendet werden, nicht aber § 24 KostO (Frankfurt Rpfleger 82, 157).

125   **Ratenzahlung.** Im Hauptsachestreit kein zusätzlicher Wert. Bei Vorliegen eines Titels: § 3 (Wert der Ratenvereinbarung).

126   **Reallast:** § 9. Keine Zusammenrechnung (§ 5), wenn Rente und zur Sicherung dieser eine Reallast verlangt wird (§ 5 Rn 8).

127   **Rechnungslegung.** Es ist der Wert der voraussichtlichen Arbeit zur Unterlagenbeschaffung ohne Rechnungslegung zu schätzen (§ 3). Das ist regelmäßig ein niedriger Bruchteil (in der Praxis $^1/_{10}$ bis $^2/_5$) der Leistungsklage, die damit vorbereitet werden soll. Kann der Anspruch ohne Rechnungslegung nicht verfolgt werden, kann der Streitwert annähernd den des Anspruchs selbst erreichen. Streit über den Grund des Anspruchs erhöht den Wert nicht (BGH NJW 64, 2061). Bei Verbindung mit Herausgabeanspruch in Stufenklage (§ 254) gilt § 18 GKG (vgl Rn 141).

128   **Rechtsmittel:** § 14 Abs 1 und 2 GKG. Zulassung und Nichtzulassung: § 14 Abs 3 GKG.

129   **Regelbetrag:** § 17 Abs 1 S 2 GKG.

130   **Renten:** grundsätzlich § 9 (insbes für den ZStrW). Für den GStrW geht § 17 GKG vor. Bei Abänderung ist auf den entspr Differenzbetrag abzustellen. Bei positiven Feststellungsklagen gilt der übliche Abschlag (Rn 65). Bei Hochbetagten vgl § 9 Rn 4.

131   **Rücknahme** gelieferter Sachen. Es gilt § 3, nicht § 6. Rücknahme der Klage: Rn 94.

132   **Schadensersatz.** Geld: der verlangte Betrag (Rn 72). Unbezifferte Klage: Rn 63. Auf Naturalrestitution: nach § 3 zu schätzen, ggf § 6.

133   **Scheidung:** Rn 45.

134   **Scheidungsfolgesachen** (§ 623 Abs 1 S 1): Je nach Gegenstand: § 12 Abs 2, § 17 Abs 1 und 4, § 17 a GKG; § 30 Abs 2, § 99 Abs 3 KostO. Zusammenrechnung mit der Scheidungssache gem § 19 a GKG.

135   **Schiedsgerichtsverfahren** (§ 1025). **Bildung** des Schiedsgerichts (§§ 1034–1039): kleiner Bruchteil der Hauptsache; gem § 3 zu schätzen. **Vollstreckbarerklärung** (§ 1060): idR Wert des Schiedsspruchs; daher bei Teilerfolg aus dem zugesprochenen Teil, bei beschränktem Antrag der betreffende Teil (Düsseldorf Rpfleger 75, 257 für § 1042 a aF). **Aufhebungsklage** (§ 1059): Hauptsachewert ohne Zinsen und Kosten (§ 4).

136   **Schmerzensgeld:** Geldforderungen Rn 72; Ermessensanträge Rn 63.

Schuldbefreiung: Rn 28. 137

Sicherheitsleistung: Bei Ausländersicherheit (§ 110) Wert der 138
Hauptsache (BGH NJW 62, 345); auch bei Zwischenurteil gem § 113
(Hamburg MDR 74, 53).

Sicherungsübereignung: § 6 Rn 5, 6. 139

Streitgenossen: § 5 Rn 1. 140

Stufenklage (§ 254). Für ZStrW gilt § 5. Für GStrW ist allein der 141
höhere Anspruch maßgebend (§ 18 GKG). Das ist die beanspruchte
Leistung, nach den Erwartungen des Klägers zu schätzen (hM; StJRoth
§ 5 Rn 15; aA KG NJW-RR 98, 1615 mwN: nach den Erkenntnissen
am Ende des Rechtszugs). Die erste Stufe ist idR ein Bruchteil (ZöHerget Rn 16). Das gilt auch bei unbeziffertem Leistungsantrag (aA Schleswig MDR 95, 643 mwN).

Teilklage: nur der geltend gemachte Teilanspruch (vgl § 21 Abs 1 142
GKG; § 2 Rn 18), auch für Handlungen, die nur einen Teil des Streitgegenstandes betreffen.

Testamentsvollstrecker. Für Bestehen oder Beendigung des Amtes 143
§ 3, nicht § 12 Abs 2 GKG, weil eine vermögensrechtliche Streitigkeit
vorliegt. IdR ein Bruchteil des Nachlasswertes.

Tierhaltung. Erlaubnis oder Unterlassung: § 3. Keine nichtver- 144
mögensrechtliche Streitigkeit (Dallemund/Balsam WuM 97, 23 mwN).

Überbau. § 7 ist entspr anzuwenden, wenn ein Recht zum Überbau 145
geltend gemacht wird. § 3 bei Beseitigungsklage; daher die durch den
Überbau bewirkte Wertminderung des Grundstücks und nicht § 7
(BGH NJW-RR 86, 737). Bei Renten: § 9.

Übergabe von Sachen: § 6 (wie Herausgabe). 146

Übereignung: § 6, auch wenn nur um die Gegenforderung gestrit- 147
ten wird (Nürnberg Rpfleger 70, 249; Rn 186).

Überweisung einer Forderung (§ 835): § 6. 148

Unbezifferte Anträge: Rn 63. 149

Unlauterer Wettbewerb: Rn 77. 150

Unterhalt. Für ZStrW gilt § 9, nicht bei Familiensachen 151
(§ 621 Abs 1 Nr 4, 5). Für die GStrW gilt § 17 Abs 1 und 4 GKG,
aber nicht für Klagen gegen Dritte wegen Verursachung einer Unterhaltspflicht (BGH WM 94, 182). Wird **Kapitalabfindung** im Vergleich
vereinbart, verbleibt es bei § 17 GKG; die Höhe der Abfindung ist
unerheblich (Frankfurt Rpfleger 71, 116). **Teilstreit.** Der Klageantrag
ist auch dann maßgebend, wenn der Unterhalt zum Teil unstreitig ist
und bezahlt wird (Braunschweig NJW-RR 96, 256; bestr; vgl Bamberg
FamRZ 93, 457 mwN). Liegt für den sog Sockelbetrag bereits ein Titel
vor, ist nur auf den streitigen Mehrbetrag abzustellen. Bei **Abänderungsklage** (§ 323) ist der niedrigere Gesamtbetrag der beantragten

Abänderung zugrunde zu legen. **Einstweilige Anordnung** (§ 620 Nr 4, 6, § 641 d, § 644). Es gilt § 20 Abs 2 GKG.

152   **Unterlassung.** Grundsatz: Interesse des Klägers am Verbot der Handlungen, die unterlassen werden sollen (§ 3). Nichtvermögensrechtlich (§ 12 Abs 2 S 1 GKG), wenn wegen immaterieller Rechtsgüter prozessiert wird, insbes Ehre, Persönlichkeitsrecht. Häufig wird ein Regelstreitwert von 6000 DM angenommen (LG Oldenburg Büro 95, 369 mwN). Vermögensrechtlich (auch für ZStrW): § 3, insbes gegeben bei Klagen aus § 824 BGB. Bei gewerblichem Rechtsschutz Rn 77. Bei Grunddienstbarkeit gilt § 7.

153   **Urkunden:** grundsätzlich § 3, insbes bei Feststellung der (Un)Echtheit und Vorlegung zur Einsicht. Herausgabe: Rn 86.

154   **Vaterschaft:** § 12 Abs 2 S 3 GKG.

155   **Verbindung** (§ 147). Sie ist auf die vor ihr bestehenden Streitwerte und entstandenen Gebühren ohne Einfluss: vgl § 5.

156   **Verein.** Ausschließung: Rn 23. Bei Idealvereinen liegt auch bei Klagen wegen Wahl und Beschlüssen eine nichtvermögensrechtliche Streitigkeit vor (§ 12 Abs 2 S 1 GKG).

157   **Vergleich.** Wert aller (auch der nicht rechtshängigen) Ansprüche (§ 5), die durch den Vergleich erledigt oder geregelt werden, nicht der Betrag oder Wert, auf den sich die Parteien vergleichen (allgM). Für Aufrechnung gelten die allg Regeln (Rn 19). Bei sonstigen Gestaltungsrechten und Umgestaltung von unstreitigen Rechtsverhältnissen ist das Interesse an der Ausübung des Gestaltungsrechts oder der Umgestaltung maßgebend (§ 3). Ratenzahlung: Rn 125. Fortsetzung des Rechtsstreits wegen Anfechtung oder Nichtigkeit: Streitwert der ursprünglichen Anträge. Kosten des Vergleichs sind beim Hauptsachevergleich nicht hinzuzurechnen. Beim Kostenvergleich (nur über Kosten): alle bis zum Vergleich entstandenen Kosten.

158   **Veröffentlichungsbefugnis:** § 3, unabhängig von den Kosten der Veröffentlichung. Ist dem Unterlassungs-, Widerrufs- oder Schadensersatzanspruch hinzuzurechnen (§ 5; umstr; aA: kein gesonderter Wert).

159   **Versicherungsschutz.** Deckungsprozess: Rn 39. Befreiungsanspruch: Rn 28. Bei Klage auf Leistung: Höhe der Geldforderung (Rn 72). Bei Klage auf künftige Leistung geringfügiger Abzug gem § 3.

160   **Versorgungsausgleich:** § 17 a GKG.

161   **Verteilungsverfahren** (§ 872). Für Gerichtsgebühren: der hinterlegte Betrag mit Zinsen ohne Abzug der Kosten; bei Überschuss für den Schuldner der verteilte Betrag mit Kosten.

162   **Verzugszinsen.** Werden sie selbständig eingeklagt, ist § 3 anzuwenden, nicht § 9 (BGH 36, 144 [147]).

163   **Vollstreckbarerklärung.** Ausländische Urteile (§§ 722, 723): wie die Hauptsache, ohne Zinsen und Kosten (§ 4).

Vollstreckungsabwehrklage: § 767 Rn 32. **164**

Vollstreckungsklausel: Klage aus § 731; dort Rn 9; aus § 768: dort **165**
Rn 11. Erinnerung aus § 732: dort Rn 12.

Vorkaufsrecht. Feststellungsklage: Rn 65; dabei ist Wert der Sache **166**
zu berücksichtigen (§ 3; BGH 23, 342 und WuM 97, 643). Bei Heraus-
gabestreit wegen ausgeübtem Vorkaufsrecht: § 6. Aufhebung und Löschung: § 3.

Vormerkung. Eintragung und Löschung: § 3; idR kein größerer **167**
Bruchteil als ⅓–¼ des Grundstückverkehrswerts. Es sollte auf das
dargelegte konkrete Interesse abgestellt werden (E. Schneider MDR 83,
638). Bei anderen dinglichen Rechten der entspr Teil ihres Wertes,
insbes der zu sichernden Forderung.

Vorschusszahlungen sind von der Klageforderung nicht abzuziehen, **168**
wenn sie unter Vorbehalt erfolgt sind.

Wahlschuld (§ 262 BGB). Steht das Wahlrecht dem Kläger zu, der **169**
höhere Anspruch, steht es dem Beklagten zu, der niedrigere. Besteht nur
Streit darüber, wem es zusteht, der Differenzbetrag (§ 3).

Wahlweise Verurteilung (Ersetzungsbefugnis, Befreiung durch an- **170**
dere Leistung): stets der geringere Wert.

Wandelung. Bei Klage auf Einverständnis (§ 465 aF BGB): § 3; Inte- **171**
resse am Rückgängigmachen des Kauf- oder Werkvertrags (Hamm
NJW-RR 00, 587). Bei Klage auf Rückgewähr (§ 467 aF BGB): Wert
der Geldforderung (Rn 72) oder Wert der Sache (§ 6). Bei Klage auf
Rücknahme: § 3 bei unstreitiger Wandlung. Leistung und Gegenleistung nicht zusammenrechnen.

Wärmelieferung: § 3, nicht § 8 entspr (BGH NJW-RR 89, 381). **172**

Wechselanspruch. Wechselsumme: wie Geldforderung (Rn 72). **173**
Nebenforderungen: § 4 Abs 2. Herausgabe des Wechsels: Interesse am
Erlangen der Urkunde (§ 3; BGH NJW 88, 2804; bestr).

Wegnahme eingebauter Sachen: Rn 44. **174**

Wertpapiere: Rn 85. **175**

Widerklage: § 5 Rn 2 und 5; § 33 Rn 31. **176**

Widerruf einer **Äußerung:** § 3, idR nicht geringer als Unterlassung **177**
(Rn 152) zu bewerten, sondern um 50% höher (LG Oldenburg Büro
95, 369); nichtvermögensrechtlich: § 12 Abs 2 S 1 GKG (vgl Rn 109);
einer **Willenserklärung:** § 3, also Interesse des Klägers an der Rechtsfolge.

Widerspruch: (§ 894 BGB): § 3 für Eintragung (auch über **178**
§ 20 Abs 1 GKG) und Löschung.

Widerspruchsklage: § 771 Rn 25. **179**

180   **Wiederaufnahmeklage** (§§ 578, 579): nicht höher als das aufzunehmende Verfahren. Zinsen und Kosten sind nicht hinzuzurechnen (Hamburg MDR 69, 228).

180 a   **Willenserklärung** s Abgabe Rn 6; Widerruf Rn 177.

181   **Wohnrecht.** § 16 GKG ist anwendbar (hM; München ZMR 99,
173). Ist es unentgeltlich, gilt § 3 (BGH NJW-RR 94, 909). Maßgebend
ist der behauptete Umfang (BGH aaO).

182   **Wohnungseigentum.** Bei Vermietung: Rn 101. Bei Entziehung
(§ 18 WEG): Verkehrswert einschließlich der Anteile (hM). Herausgabeklage aus Kauf: § 6 (BGH WM 67, 662).

183   **Zeugnis** (§ 630 BGB): wird in der Praxis gem § 3 mit einer Monats-
vergütung bewertet.

184   **Zeugnisverweigerung** (Zwischenstreit, § 387): § 12 Abs 2 S 1
GKG. Der Wert des Beweisgegenstands ist zu schätzen, dabei die Hauptsache oder der betreffende Teil zu berücksichtigen (vgl KG NJW 68,
1937).

185   **Zinsen:** für ZStrW § 4. Für Gebühren vgl § 22 Abs 1 und 2 GKG.
Als Hauptforderung geltend gemacht: Rn 72. § 9 ist nicht anzuwenden.

186   **Zug-um-Zug-Leistung.** Grundsätzlich ist der Klageanspruch allein
maßgebend (hM). Er stellt zugleich die obere Grenze dar (BGH NJW
82, 1048). Betrifft der Streit nur die Gegenleistung, die den Klageanspruch nicht übersteigt, so ist deren wirtschaftlicher Wert maßgebend (BGH NJW 99, 723), auch im Rechtsmittelverfahren (BGH
NJW-RR 91, 1083). Das kann im Einzelfall der volle Wert der Klageforderung sein (BGH NJW-RR 95, 1340).

187   **Zurückbehaltungsrecht** (§ 273 BGB). Der Klageanspruch ist auch
dann allein maßgebend, wenn das Zurückbehaltungsrecht nur hilfsweise
geltend gemacht wird (BGH NJW-RR 96, 828).

188   **Zwangsvollstreckung.** Für den Zeitpunkt gilt § 15 Abs 2 GKG.
Geldforderungen: für den RA bei Pfändungen grundsätzlich der Betrag, weswegen vollstreckt wird, ggf ein Teil bei Teilbeträgen (§ 21
GKG), einschließlich Zinsen und Kosten (§ 57 Abs 2 Nr 1 BRAGO),
bei Pfändung bestimmter Sachen oder Rechte ggf der geringere Wert
des betreffenden Gegenstands (§ 57 Abs 2 Nr 1 BRAGO). Bei Pfändung künftigen Arbeitseinkommens ist der Wert des § 17 Abs 1 und 2
GKG maßgebend (§ 57 Abs 2 Nr 1 BRAGO). Für Gerichtsvollzieher
gelten Festgebühren, gestaffelt nach dem Gegenstandswert gemäß § 13
GVKostG. **Herausgabe:** Für den RA gilt § 57 Abs 2 Nr 2 BRAGO
(Wert der Sache, begrenzt durch den Wert des Herausgabe- und Räu-
mungsanspruchs). Für Gericht und Gerichtsvollzieher fallen nur Gebüh-
ren in bestimmter Höhe an. **Handlungen** (§§ 887, 888) und ihre
Duldung: das Interesse des Gläubigers an der Vornahme (§ 3; § 57
Abs 2 Nr 3 BRAGO); idR Wert der Hauptsache. Nicht: Höhe von
Zwangsgeld oder Kosten der Vornahme. **Unterlassungen** (§ 890): wie

für Handlungen (vgl auch Rn 115). **Duldung** der ZwVollstr: § 6 Rn 8. **Einstellung** (insbes §§ 707, 719, 769): Wert des im Titel enthaltenen Anspruchs, soweit er vollstreckt werden kann; bei Teilen gilt § 21 GKG, ohne Zinsen und Kosten (§ 22 Abs 1 GKG); bei abgewiesener Klage jedoch nur die Kosten (BGH 10, 249). Beschwerdewert (§ 3): ein Bruchteil, idR ⅕ der Hauptsache (BGH NJW 91, 2280); gegen Anordnung der Sicherheit ¹/₁₀ (München Rpfleger 81, 371). **Vollstreckungsschutz:** § 3; Anträge im Hauptsacheprozess bleiben ohne Ansatz. § 765 a: dort Rn 24. § 813 b: dort Rn 15. **Erinnerung** (§ 766): dort Rn 30.

Zwischenfeststellungsklage (§ 256 Abs 2): wie Rn 65. Zusammenrechnung: § 5 Rn 8. **189**

Zwischenstreit: wegen Ablehnung Rn 7, Nebenintervention Rn 108, Prozessvoraussetzungen Rn 121, Zeugnisverweigerung Rn 184. **190**

§ 4 Wertberechnung; Nebenforderungen

(1) **Für die Wertberechnung ist der Zeitpunkt der Einreichung der Klage, in der Rechtsmittelinstanz der Zeitpunkt der Einlegung des Rechtsmittels, bei der Verurteilung der Zeitpunkt des Schlusses der mündlichen Verhandlung, auf die das Urteil ergeht, entscheidend; Früchte, Nutzungen, Zinsen und Kosten bleiben unberücksichtigt, wenn sie als Nebenforderungen geltend gemacht werden.**

(2) **Bei Ansprüchen aus Wechseln im Sinne des Wechselgesetzes sind Zinsen, Kosten und Provision, die außer der Wechselsumme gefordert werden, als Nebenforderungen anzusehen.**

1. Bedeutung. § 4 bestimmt den maßgebenden Zeitpunkt für die Wertberechnung und -festsetzung in allen Fällen, für die Hauptforderung (Rn 2 – 6) und die Nebenforderungen (Rn 7–11). **a) Im ersten Rechtszug: aa) Sachliche Zuständigkeit** (3 vor § 1). Maßgebend ist der Tag, an dem die Klageschrift (§ 253 Abs 2) eingereicht wird oder (zB bei Arrest, einstw Verfügung) ein entspr Antrag. Im Mahnverfahren ist auf § 696 Abs 1 S 4 abzustellen (dort Rn 25). Bei einer späteren Erweiterung des Streitgegenstandes (Einl II) ist auf § 261 Abs 2 in der Weise abzustellen, dass der Zeitpunkt maßgebend ist, an dem der Schriftsatz eingereicht oder in mdl Vhdlg der Anspruch geltend gemacht wird; dies kann zur Verweisung nach § 506 führen. Eine spätere Verminderung des Streitgegenstandes ist wegen § 261 Abs 3 Nr 2 für die Zuständigkeit ebenso bedeutungslos, wie die (davon zu unterscheidende) Veränderung des Streitwertes bei unverändertem Streitgegenstand (zB durch Wertverminderung der herausverlangten Sache), die Trennung (§ 145) oder Verbindung (§ 147). **bb) Gebührenstreitwert.** Maßgebend ist der Zeitpunkt, an dem der verfahrenseinleitende Antrag **3**

1

2

(insbes Klage) bei Gericht eingeht (§ 15 GKG). Bei wiederkehrenden
Leistungen (insbes Unterhalt) gilt für PKH die Sonderregel des § 17
4 Abs 4 S 2 GKG. – **b) Im höheren Rechtszug. aa) Rechtsmittelsumme** (§§ 511 Abs 2 Nr 1, § 567 Abs 2). Es kommt auf den Tag an,
an dem das Rechtsmittel eingelegt wurde (§ 15 GKG). Sinkt der Wert
später (zB bei Wertpapierkurs) oder ändern sich die Umstände und
bedingen sie eine Einschränkung des Antrags, zB durch einen Teilver-
5 gleich, so ist das bedeutungslos. **bb) Antragsänderungen.** Wird der
Antrag ohne einen solchen prozessualen Anlass später herabgesetzt und
sinkt unter die Berufungs- oder Beschwerdesumme oder wird er erstmals
unter dieser Summe gestellt, so wird das Rechtsmittel unzulässig (BGH
NJW 83, 1063), auch dann, wenn die Antragsänderung darauf beruht,
dass der Rechtsmittelführer den Gegner ganz oder zT freiwillig befriedigt hat (BGH NJW 51, 275). Die Berufungssumme ist gewahrt, wenn
bei unbeschränkt eingelegter Berufung die zunächst unter dieser Summe
gebliebenen Anträge in der Berufungsbegründung auf einen Betrag
erweitert werden, der die Berufungssumme erreicht (BGH NJW 61,
1115). Richtet sich das Rechtsmittel gegen eine abgewiesene Zinsforderung, sind die bis zur Erfüllung der Hauptschuld auflaufenden Zinsen
gemäß § 3 hinzuzurechnen (Koblenz NJW-RR 93, 1024; vgl Rn 9).
Die Rechtsmittelsumme lautet nicht auf den vollen Klagebetrag, wenn
statt beantragter sofortiger Zahlung zur Fälligkeit auf einen späteren
6 Zeitpunkt verurteilt wird (BGH WM 95, 2060). **cc) Gebührenstreitwert.** Es gelten die Sonderregeln der §§ 14, 15 GKG.

7   **2. Nebenforderungen** (Abs 1 Hs 2, Abs 2). Gilt für Zuständigkeit
und bei Rechtsmitteln; auch für den Gebührenstreitwert mit Sonder-
8 regeln in § 22 GKG und § 57 Abs 2 Nr 1 BRAGO. – **a) Begriffe.**
Nebenforderungen sind neben dem Hauptanspruch, aus dem sie in
Abhängigkeit entstanden sind, von derselben Partei geltend gemachte
Forderungen, selbst wenn sie ausgerechnet und dem Hauptanspruch
ziffernmäßig zugeschlagen sind (BGH NJW 98, 2098 mwN). **Früchte:**
§ 99 BGB. **Nutzungen:** § 100 BGB. **Zinsen:** alle, gleich aus welchem
Rechtsgrund (auch Vorfälligkeitszinsen, BGH aaO) und die auf sie
entfallende Mehrwertsteuer (vgl Rn 11). **Kosten:** alle vorgerichtlichen
und außergerichtlichen Kosten (München Büro 94, 745), zB für Mah-
nungen, Privatgutachten, sog Bearbeitungsgebühren (Köln VersR 74,
605), aber nicht diejenigen Kosten, die der Versicherte im Deckungsprozess mit dem Versicherer als Schadensersatz fordert, auch wenn sie
gesondert neben der Hauptforderung geltend gemacht werden (BGH
9 Rpfleger 76, 207; München NJW-RR 94, 1485). – **b) Selbständige
Hauptforderungen** werden die Nebenforderungen erst, wenn der
Hauptanspruch, von dem sie abhängen, erledigt ist (allgM), auch wenn
dies nur zT geschah, zB bei Zinsen für den erledigten (BGH 26, 174)
oder außer Streit stehenden Teil, selbst wenn der andere Teil der Forderung noch im selben Rechtszug anhängig ist (hM; BGH NJW 94, 1869
mwN). Eingeklagte Zinsen einer vorprozessual erledigten Forderung

sind von vorneherein Hauptforderung. Auch wenn sie mit einer Anschlussberufung geltend gemacht werden, behalten weitere Zinsen der
Hauptforderung ihren Charakter als Nebenforderungen.

3. Wechsel (Abs 2). Gilt auch für Scheck (allgM). Bei allen Klagen **10**
werden Zinsen, Kosten und Provisionen entgegen Art 49 WG, 46 SchG
als Nebenforderungen fingiert. Abs 2 gilt sowohl im ordentlichen Verfahren als auch im Wechsel- und Scheckprozess, einschließlich Nachverfahren (§ 600).

4. Berechnung des Werts. Unberücksichtigt bleiben die Nebenfor- **11**
derungen (Rn 8) grundsätzlich. Hinzuzurechnen gem § 5 sind dem
Streitwert alle nicht in Rn 8 genannten Nebenforderungen, zB Zubehör
(§ 97 BGB), Zuwachs (§ 946 BGB), auch die Mehrwertsteuer, aber
nicht die aus den Nebenforderungen der Rn 8, ferner Aufwendungen
wie Lagergelder, Frachten, Zölle (BGH Rpfleger 76, 427).

§ 5 Mehrere Ansprüche

**Mehrere in einer Klage geltend gemachte Ansprüche werden
zusammengerechnet; dies gilt nicht für den Gegenstand der
Klage und der Widerklage.**

1. Allgemeines. Lit. J. Frank, Anspruchsmehrheiten im Streitwert- **1**
recht, 1986. – **a) Anwendbar** in allen Verfahrensarten der ZPO, für den
Zuständigkeitsstreitwert direkt, für den Rechtsmittelstreitwert (§ 2
Rn 3) aber nur der Hs 1 entspr (vgl Rn 2, 6), für den Gebührenstreitwert subsidiär (vgl § 12 Abs 1 S 1 GKG). Bei Anspruchshäufung
(§ 260) und Klagenhäufung (Streitgenossenschaft, §§ 59–62) ist § 5
auch dann anwendbar, wenn in einer Widerklage mehrere Ansprüche
geltend gemacht werden und ein Rechtsmittel von mehreren oder gegen
mehrere Streitgenossen eingelegt wird (BGH 23, 333 [338]). – **b) Nicht** **2**
anwendbar: nach Hs 2 im Verhältnis Klage und Widerklage, deren
Streitwert für die Zuständigkeit nicht zusammengerechnet werden darf,
so dass also der höhere Wert der Klage oder der Widerklage dafür allein
zugrunde zu legen ist (vgl Rn 5). Für den Gebührenstreitwert gilt
§ 19 Abs 1 S 1 GKG. Die Rechtsmittelbeschwer ist für Kläger (Widerbeklagten) und Beklagten (Widerkläger) getrennt festzustellen. Das Unterliegen ein und derselben Partei ist aus Klage und Widerklage zusammenzurechnen (hM; BGH NJW 94, 3292; vgl § 511a Rn 9), wenn
nicht teilweise oder wirtschaftliche Identität (Rn 7, 8) vorliegt
(§ 19 Abs 1 S 3; E. Schumann NJW 82, 2800). Unanwendbar bei Verbindung durch das Gericht (§ 147) hinsichtlich der Zuständigkeit (vgl
§ 261 Abs 3 Nr 2); anwendbar aber dann für die Gebühren. Von vorneherein unanwendbar bei mehreren materiellrechtlichen Anspruchsgrundlagen (konkurrierenden Ansprüchen). – **c) Zulässigkeit** der An- **3**
spruchs- oder Klagenhäufung richtet sich nach den §§ 260, 59, 60.

2. Zusammengerechnet wird grundsätzlich, soweit § 5 anwendbar **4**
ist (Rn 1), insbes bei Anspruchs- und Klagenhäufung von vermögens-

rechtlichen Ansprüchen (Rn 1), auch Haupt- und Hilfsanspruch (§ 19
Abs 1 S 2 GKG) soweit nicht Identität (Rn 8) vorliegt (§ 19 Abs 1 S 3
GKG); bei Stufenklage (§ 254) aber nur für den Zuständigkeitsstreitwert,
da für Gebühren § 18 GKG gilt; bei Nebenforderungen, die unter § 4
Rn 11 fallen; beim Zusammentreffen von vermögensrechtlichen und
nicht vermögensrechtlichen Ansprüchen, soweit nicht § 12 Abs 3 GKG
für den Gebührenstreitwert zutrifft; bei Ehrverletzung durch mehrere
Beklagte (München MDR 93, 286). Bei Hilfsaufrechnung gilt
§ 19 Abs 3 GKG (vgl § 3 Rn 19). Zusammengerechnet wird bei Schei-
dungs- und Folgesachen (§ 623 Abs 1 S 1) mit Sonderregelung in
§ 19 a Abs 1, 2 GKG.

5 **3. Nicht zusammengerechnet** werden, idR mit der Folge, dass bei
streitwertabhängiger Zuständigkeit (§ 23 Nr 1 GVG) der jeweils höhere
Streitwert für die sachliche Zuständigkeit allein maßgebend ist: **a) Klage**
und Widerklage (Hs 2; Rn 2). Für Gebühren gilt aber § 19 Abs 1 S 1
GKG, auch für die Hilfswiderklage (Koblenz NJW 97, 405). Als Ausnahme hierzu bei Räumungsklage und Widerklage auf Fortsetzung dem
§§ 574, 574 a BGB gilt § 16 Abs 3 GKG. Auch für den Rechtsmittel-
6 streitwert gilt Hs 2 nicht (Rn 2). – **b) Haupt- und Hilfsantrag** (§ 260
Rn 8). Für den Zuständigkeitsstreitwert ist bei streitwertabhängiger Zuständigkeit der höhere Wert maßgebend (hM; aA Fleischmann NJW 93,
506: immer getrennt und zunächst nur der Hauptantrag). Für den
Gebührenstreitwert ist der Hauptantrag allein maßgebend, wenn nur
über ihn entschieden wird (§ 19 Abs 1 S 2 GKG). Eine Addition von
Haupt- und Hilfsantrag findet jedoch statt (vgl Rn 4), wenn auch über
den Hilfsantrag entschieden wird (§ 19 Abs 1 S 2 GKG), aber nur wenn
deren Gegenstände nicht identisch sind (§ 19 Abs 1 S 3 GKG; vgl
Rn 2, 4) oder wenn die Zulässigkeit des Hauptantrags nicht offen
gelassen wird (BGH NJW-RR 99, 1157). Addiert wird für den Rechtsmittelstreitwert (Beschwer) dann, wenn Haupt- und Hilfsantrag gestaffelt
geltend gemacht und abgewiesen werden (BGH NJW 84, 371). Hilfs-
7 begründungen sind unbeachtlich. – **c) Mehrere Anträge** werden (im
Ausnahme zu Rn 4) nicht zusammengerechnet. **aa) Bei Teilidentität:**
wenn der eine im anderen mitenthalten ist oder sich auf ein präjudizielles
Rechtsverhältnis bezieht, zB bei Leistungs- und Zwischenfeststellungsklage (§ 256 Abs 2; BGH NJW-RR 92, 698); bei negativen Feststel-
lungswiderklagen (BGH NJW-RR 92, 1404); bei vermögensrechtlichen
Ansprüchen, die aus nichtvermögensrechtlichen Ansprüchen hergeleitet
werden (§ 12 Abs 3 GKG), insbes Kindschafts- und Regelbetragsklagen
8 (KG NJW 73, 1050). **bb) Bei Vollidentität** (§ 19 Abs 1 S 3 GKG) ist
auf den höheren Wert abzustellen. Bsp: Ansprüche (auch bei Streitgenossen), wenn sie wirtschaftlich denselben Gegenstand haben, zB bei
Gesamtgläubigern und Gesamtschuldnern; Unterlassen von Immissionen
gegenüber Miteigentümern (BGH Rpfleger 87, 205); Kaufpreiszahlung
und Abnahme der gekauften Sache; bei Herausgabe wegen Eigentumsvorbehalt und Restkaufpreiszahlung (Hamburg MDR 65, 394); Klagen

auf Leistung und Duldung der ZwVollstr, auch gegen verschiedene Personen (KG AnwBl 79, 229); Klage aus Forderung und aus der dafür bestellten oder zu bestellenden Sicherheit, zB Werklohnforderung und Bauhandwerkerhypothek (Frankfurt Büro 77, 1136 mwN); Feststellung des Annahmeverzugs neben dem Leistungsantrag (offengelassen von BGH NJW-RR 89, 826).

§ 6 Besitz; Sicherstellung; Pfandrecht

¹Der Wert wird bestimmt: durch den Wert einer Sache, wenn es auf deren Besitz, und durch den Betrag einer Forderung, wenn es auf deren Sicherstellung oder ein Pfandrecht ankommt. ²Hat der Gegenstand des Pfandrechts einen geringeren Wert, so ist dieser maßgebend.

1. Rechtsstreit um Sachen. Das ist jeder Streit um Besitz (Rn 3) **1** oder Eigentum (Rn 4). **a) Anwendbar** ist § 6 für den Zuständigkeits-, Rechtsmittel- und Gebührenstreitwert (vgl § 2 Rn 2–4). Bei Miet- und Pachtverträgen geht § 8 vor (BGH NJW-RR 94, 256), für die Gebühren § 16 Abs 2 GKG bei Räumung (§ 3 Rn 101). – **b) Grundsatz.** Maß- **2** gebend ist der allgemeine objektive Verkehrswert der beweglichen oder unbeweglichen Sachen. Er ist nach § 3 zu schatzen und ist der Betrag, der sich erzielen lässt, wenn die Sache veräußert werden würde (BGH NJW-RR 91, 1210), zB bei Goldbarren der Ankaufspreis (BGH aaO). Dingliche Belastungen sind dann abzuziehen, wenn sie den wirtschaftlichen Wert und die Nutzung des Grundstücks beeinträchtigen (hM). Ob auch Hypotheken und valutierte Grundschulden abzuziehen sind, ist umstritten (StJRoth 14 mwN). Richtig dürfte sein, den Verkehrswert ohne Abzug von Grundpfandrechten anzunehmen (München MDR 81, 501; Bamberg Büro 90, 773). Bei Wertminderung durch die Herausgabe (zB Abriss, Ausbau) ist der geminderte Wert maßgebend (BGH NJW 91, 3221). Bei Leistungsverweigerung ist regelmäßig der volle Wert der Klage maßgebend, nicht der Wert der Einwendung oder geringeren Gegenforderung (hM; Stuttgart NJW 75, 394 mwN; Frankfurt NJW-RR 96, 1471; München MDR 97, 599 mwN; aA Braunschweig NJW 73, 1982; MüKo/Lappe 12). Das ist grundsätzlich anders bei der Festsetzung des Rechtsmittelstreitwerts (§ 2 Rn 14, vgl BGH NJW 95, 1340). – **c) Besitz** (S 1 Hs 1): jede Art von Besitz, insbes bei Heraus- **3** gabeklagen aus Eigentum, auch Vorbehaltseigentum. Bei Teil- oder Mitbesitz (§§ 865, 866 BGB) entspr Teilwert (vgl § 3 Rn 143). Der Herausgabe entspricht die Duldung der Wegnahme (BGH NJW 91, 3221). Nicht bei bloßer Besitzstörung (§ 862 BGB) und bei Räumung (vgl § 3 Rn 31). – **d) Eigentum** (bei Miteigentum entspr Teilwert). § 6 **4** gilt, soweit Übereignung, insbes Auflassung (auch Rückauflassung, Schleswig Rpfleger 80, 239), Feststellung des Eigentums oder Grundbuchberichtigung (BGH LM Nr 5) begehrt wird, nicht bei bloßer Störung (vgl § 3 Rn 39, 89). Wird die Auflassung nur wegen einer

umstrittenen Restforderung verweigert, kommt es gemäß § 3 auf deren
Wert an (sehr umstr; Frankfurt NJW-RR 96, 636 mwN; München
NJW-RR 98, 142; aA Celle NJW-RR 98, 141). Bei Sicherungseigentum gilt wegen des pfandrechtsähnlichen Charakters S 1 Hs 2 und S 2
(Rn 5–8).

5   **2. Rechtsstreit um Forderungen.** Das sind idR Geldforderungen.
Sachforderungen fallen unter Rn 1–4. § 6 ist anwendbar wie Rn 1.
Maßgebend ist grundsätzlich der Betrag oder Teilbetrag der Forderung
(§ 3 Rn 72), wenn sie selbst zur Erfüllung geltend gemacht wird oder
sichergestellt werden soll (zB der Anspruch aus § 1389 BGB, München
Rpfleger 77, 176), insbes durch Sicherungseigentum, Sicherungsabtretung oder Bürgschaft. Gleichgültig ist, ob diese Rechte bereits geltend
gemacht oder erst bestellt werden sollen.

6   **3. Rechtsstreit um Pfandrecht.** § 6 ist anwendbar wie Rn 1.
a) Grundsatz. Maßgebend ist der Forderungsbetrag (wie Rn 5), bei
Grundschulden der Nennbetrag. Ist aber der Wert des Pfandgegenstands
(auch Sicherungseigentum) geringer, dann dieser (S 2). Ist er eine Sache,
gilt Rn 1, 2. Ist er eine Forderung, gilt Rn 5. Ist er ein sonstiges Recht,
7   so ist dessen Wert nach § 3 zu schätzen. – **b) Pfandrecht:** gesetzlich
oder vertraglich, an beweglichen Sachen und Rechten, auch Hypothe
8   ken, Grundschulden, Rentenschulden. – **c) Klagen.** Der Grundsatz der
Rn 6 (Wert der Forderung oder niedrigerer Wert des Pfandgegenstandes) gilt, wenn auf Bestellung, Feststellung, Duldung der ZwVollstr
(BGH NJW-RR 99, 1080), auf Befriedigung aus oder Freistellung von
einem Pfandrecht (BGH NJW-RR 95, 362) geklagt wird. Bei Löschung
einer Hypothek gilt deren Nennwert, auch wenn die Valutierung geringer ist als der den Streitwert bestimmende Nennbetrag (hM; Saarbrücken MDR 01, 897 mwN).

§ 7 Grunddienstbarkeit

**Der Wert einer Grunddienstbarkeit wird durch den Wert, den
sie für das herrschende Grundstück hat, und wenn der Betrag,
um den sich der Wert des dienenden Grundstücks durch die
Dienstbarkeit mindert, größer ist, durch diesen Betrag bestimmt.**

1   Gilt für §§ 1018–1029 BGB. Die entspr Anwendung auf ähnlich
wirkende nachbarrechtliche Beschränkungen nach §§ 912, 917 BGB ist
umstr (vgl § 3 Rn 111, 145). § 7 ist anzuwenden, wenn der Rechtsstreit
um Bestellung, Ausübung (bei Streit um Bestand und Umfang) und
Feststellung des Bestehens einer Grunddienstbarkeit geht. Der jeweilige
Wert ist nach § 3 zu schätzen.

§ 8 Pacht- oder Mietverhältnis

Ist das Bestehen oder die Dauer eines Pacht- oder Mietverhältnisses streitig, so ist der Betrag der auf die gesamte streitige Zeit entfallenden Pacht oder Miete und, wenn der 25fache Betrag des einjährigen Entgelts geringer ist, dieser Betrag für die Wertberechnung entscheidend.

Redaktionell neugefasst dch Art 3 Nr 1 MietRRG, in Kraft seit 1. 9. 01.

1. Anwendungsbereich. § 8 gilt nur für den Zuständigkeits- und **1** Rechtsmittelstreitwert sowie den Wert der Beschwer; nicht für den Gebührenstreitwert, bei dem § 16 GKG vorgeht (vgl § 3 Rn 101). Die ausschließliche Zuständigkeit des AG (§ 23 Nr 2 a GVG) ist zu beachten. – **a) Miet- und Pachtverhältnisse** iS der §§ 535, 581 BGB; also **2** auch Untermiet- und -pachtverhältnisse sowie Leasing, bei allen Sachen oder Rechten. Nicht, auch nicht entspr für ähnliche Nutzungsverhältnisse (allgM), wie zB Leihe, Nießbrauch, altrechtliches Nutzungsverhältnis (BayObLG Büro 95, 27). – **b) Rechtsstreitigkeiten** zwischen den **3** (auch nur vermeintlichen) Vertragsparteien, wenn über Bestehen oder Dauer des Miet- oder Pachtverhältnisses gestritten wird. Daher gilt § 8 nicht, wenn ein solcher Vertrag unstreitig ist oder unstreitig nicht mehr besteht. Es ist dann § 6 anzuwenden (Karlsruhe WuM 94, 338). § 8 gilt aber insbes, wenn auf Räumung geklagt und die Wirksamkeit oder der Zeitpunkt des Wirksamwerdens der Kündigung bestritten wird (BGH NJW-RR 92, 1359).

2. Berechnung des Werts. a) Miete und Pacht ist die im Vertrag **4** vereinbarte, nicht die als angemessen anzusehende (BGH NJWE-MietR 96, 54) Gegenleistung des Mieters oder Pächters, in der Höhe, wie in der Klage behauptet, einschließlich aller Nebenleistungen, zB übernommene öffentliche Abgaben, Versicherungsprämien, aber nur soweit sie sich üblicherweise auf die Überlassung des Gegenstandes beziehen; also nicht Kosten für Heizung, Lift, Warmwasser; ebenso wenig die mittelbaren Kosten der Räumung (BGH MDR 94, 100). – **b) Streitige Zeit** **5** ist die gesamte Zeit, für die der Mieter zahlen soll. Beginn: mit Klageerhebung (BGH NJW-RR 99, 1385), im Rechtsmittelzug nicht erst ab Einlegung des Rechtsmittels (BGH NJW 59, 2164). Ende: bei bestimmter Vertragsdauer der Ablauf; bei unbestimmter der Tag, an den derjenige hätte kündigen können, der die längere Bestehenszeit behauptet (hM; BGH NJW-RR 92, 1359 mwN) oder der gekündigt hat (BGH NZM 99, 21), bei Mieterschutz (zB § 549 Abs 2 BGB) der vom Mieter beanspruchte Endzeitpunkt (BGH NJW-RR 92, 1359 für § 556 a aF). – **c) Höchstbetrag** (letzter Hs) ist der 25fache Jahreszins. **6**

§ 9 Wiederkehrende Nutzungen oder Leistungen

¹**Der Wert des Rechts auf wiederkehrende Nutzungen oder Leistungen wird nach dem dreieinhalbfachen Wert des einjäh-**

rigen Bezuges berechnet. ²**Bei bestimmter Dauer des Bezugsrechts ist der Gesamtbetrag der künftigen Bezüge maßgebend,
wenn er der geringere ist.**

1   **1. Anwendungsbereich. a) Grundsatz.** § 9 gilt für den Zuständig-
keits- und Rechtsmittelstreitwert, soweit nicht § 23 Nr 2 GVG vorgeht
oder eine ausschließliche Zuständigkeit besteht, für den Gebührenstreitwert nur, soweit die <u>Sonderregeln § 16 Abs 1, 5, § 17 GKG</u> nicht
2 eingreifen. – **b) Recht** iS des § 9: Nutzungen wie § 100 BGB, Leistungen wie § 241 BGB. Sie müssen wiederkehrend, nicht notwendig in
regelmäßigen Abständen fällig werden, annähernd gleichmäßig sein und
auf einem einheitlichen Rechtsgrund beruhen. Bsp: Renten aller Art,
auch Altenteil und aus unerlaubter Handlung (§§ 843, 844 BGB); Reallasten (Frankfurt Rpfleger 82, 157); Lohn und Gehalt (für GStrW vgl
§ 3 Rn 100); Erbbauzinsen (München Büro 77, 1003); künftige Miete
und Pacht (Stuttgart WuM 97, 278; bestr), zB deren Erhöhung (LG Kiel
ZMR 94, 480; aA LG Köln WuM 97, 279: § 3), insbes bei gewerblichen
Räumen (Brandenburg NJW-RR 96, 844). Nicht: gesetzliche Unterhaltspflicht; Wohnrecht (§ 3 Rn 181); Nießbrauch (§ 3 Rn 110); Jagd-
und Fischereirecht (§ 3 Rn 90); Schadensersatzanspruch gegen einen
RA wegen schuldhaften Verlusts eines unter § 9 fallenden Anspruchs
3 (BGH Rpfleger 79, 59). – **c) Klageart.** § 9 ist nur anwendbar, wenn
das Recht selbst geltend gemacht wird, nicht nur Einzelleistungen oder
Rückstände daraus. Es muss auf Leistung, Abtretung oder Abänderung
(§ 323) geklagt werden. Bei einer Feststellungsklage gibt § 9 die Höchst-
4 grenze; idR ist ein Abschlag vorzunehmen (§ 3 Rn 65). – **d) Ungewisse Bezugsdauer.** Darauf ist S 1 zugeschnitten und auch anwendbar,
wenn ein dreieinhalbjähriger Bezug nicht sicher zu erwarten und zweifelhaft ist. Keinesfalls darf ein Abschlag vorgenommen werden.

5   **2. Berechnung** der Höhe. Bei ungleichmäßigen Beträgen ist der
höchste der streitigen Jahresbeträge maßgebend (hM; Mümmler Büro
6 73, 99); bei Naturalien wird ihr Wert nach § 3 geschätzt. – **a) Bestimmte Dauer** des Bezugsrechts: Gesamtbetrag der künftigen Leistun-
7 gen; aber Höchstgrenze ist der dreieinhalbfache Jahresbetrag. – **b) Unbestimmte Dauer** ist gegeben bei Gewissheit des Wegfalls zu ungewisser Zeit, insbes wenn das Bezugsrecht mit dem Tode entfällt: Wert ist der
dreieinhalbfache Jahresbetrag (S 1). Bsp: Monatlich 500 DM bedeutet
21 000 DM Wert.

§ 10 *(aufgehoben mWv 1. 1. 2002 durch Art 2 Nr 1 ZPO-RG)*

§ 11 Bindende Entscheidung über Unzuständigkeit
   **Ist die Unzuständigkeit eines Gerichts auf Grund der Vor-
schriften über die sachliche Zuständigkeit der Gerichte rechts-**

kräftig ausgesprochen, so ist diese Entscheidung für das Gericht bindend, bei dem die Sache später anhängig wird.

1. Voraussetzungen. a) Anwendbar ist § 11 für die sachliche (3   1
vor § 1), und entspr für die funktionelle Zuständigkeit (2 vor § 1), auch im Verhältnis der streitigen zur freiwilligen Gerichtsbarkeit (BGH 97, 287), nicht aber für die örtliche (hM; BGH NJW 97, 869). –
b) Rechtskräftiger Ausspruch der Unzuständigkeit durch Urteil oder   2
Beschluss, soweit er der materiellen Rechtskraft fähig ist (§ 329 Rn 13; StJRoth 6). Rechtskraft (vgl § 19 EGZPO) muss formell (§ 705) und materiell (§ 322) gegeben sein, insbes wenn die Klage wegen sachlicher Unzuständigkeit als unzulässig abgewiesen wurde. Für Verweisungsbeschlüsse gelten die Sonderregeln in § 281 Abs 2 und § 506.

2. Wirkung. Jedes Gericht (auch das selbe), bei dem die Sache später   3
anhängig wird, ist an die ausgesprochene Unzuständigkeit gebunden, nicht aber an einen Ausspruch, dass ein bestimmtes Gericht zuständig sei. Erklärt sich auch das später angegangene Gericht für unzuständig, ist nach § 36 Abs 1 Nr 6 zu verfahren.

Titel 2. Gerichtsstand

Vorbemerkungen

I. Begriff des Gerichtsstands

Unter Gerichtsstand iS dieses Titels ist grundsätzlich die örtliche   1
Zuständigkeit (4 vor § 1) zu verstehen. Der Sprachgebrauch der ZPO ist jedoch uneinheitlich, da mit Gerichtsstand in § 40 Abs 2 S 1 und in § 802 auch die sachliche Zuständigkeit umfasst wird. Die Vorschriften über die örtliche Zuständigkeit sind nicht nur in den §§ 12–34 geregelt. Zahlreiche Vorschriften sind in der ZPO verstreut (zB §§ 64, 603, 606, 764), finden sich aber auch in vielen anderen Gesetzen. Sie begründen oft eine ausschließliche Zuständigkeit (9 vor § 1) und sind besonders zu beachten (vgl Rn 6). Ergibt sich für den Rechtsstreit keine Zuständigkeit eines deutschen Gerichts, so fehlt die internationale Zuständigkeit (5 vor § 1).

II. Arten der Gerichtsstände

1. Allgemeiner Gerichtsstand einer Person ist derjenige, der für alle   2
Klagen gegen diese Person gilt (§§ 12–18), sofern nicht im Einzelfall ein ausschließlicher Gerichtsstand bestimmt ist.

2. Besondere Gerichtsstände sind solche, die nur für einzelne be-   3
stimmte Klagen gegeben sind. Das sind die der §§ 20–34 sowie die sonstigen Zuständigkeitsvorschriften des ZPO oder der besonderen Gesetze (vgl Rn 1).

4   **3. Ausschließliche** und nicht ausschließliche Gerichtsstände (vgl 9 vor § 1). Dieser Unterschied ist bedeutsam für die Wahl (§ 35) und Vereinbarung (§§ 38–40) des Gerichtsstandes (vgl Rn 7).

5   **4. Sonstige Einteilungen** in persönliche und sachliche, sowie in gesetzliche (§§ 12–34), gerichtlich bestimmte (§ 36) und vereinbarte (§§ 38–40) Gerichtsstände sind mehr von theoretischer Bedeutung.

6   **III. Behandlung der örtlichen Zuständigkeit**

1. Grundsatz. Für jede Klage und für jeden Streitgegenstand (Einl II) ist auf Grund der vorgebrachten Tatsachen das örtlich zuständige Gericht von Amts wegen festzustellen, da es sich um eine Prozessvoraussetzung handelt (12 vor § 253). Fehlt dem angegangenen Gericht die örtliche Zuständigkeit, ist nach 11 vor § 1 zu verfahren.

7   **2. Konkurrenz mehrerer Gerichtsstände.** Für die Feststellung der örtlichen Zuständigkeit des angegangenen Gerichts genügt es, dass der allgemeine (§§ 12–18) oder ein besonderer Gerichtsstand (vgl Rn 3) gegeben ist und nicht ein anderes Gericht ausschließlich (9 vor § 1) zuständig ist (§ 12); denn zwischen mehreren zuständigen Gerichten darf der Kläger wählen (§ 35). Es ist also stets zu prüfen, ob für den Streitgegenstand eine ausschließliche Zuständigkeit besteht. Es genügt für das Urteil, dass die örtliche Zuständigkeit allein aus diesen Umständen folgt.

8   **3. Konkurrenz von Ansprüchen** (vgl Einl II Rn 16). Kommen bei einem Streitgegenstand mehrere Anspruchsgrundlagen in Betracht, also verschiedene rechtliche Gesichtspunkte für die Begründung eines prozessualen Anspruchs (zB Zahlung von 1000 € aus Vertrag, unerlaubter Handlung und ungerechtfertigter Bereicherung) und ist das Gericht (zB wegen § 29 oder § 32) nur aus einer Anspruchsgrundlage zuständig, so durfte nach früher hM nur diese berücksichtigt werden (BGH, stRspr NJW 86, 2436 mwN). Wegen § 17 Abs 2 GVG wird zunehmend die Ansicht vertreten, dass jedenfalls bei einem einheitlichen Sachverhalt über die konkurrierenden Anspruchsgrundlagen mit entschieden werden darf (BayObLG NJW-RR 96, 508). Dem ist aus Gründen der Praktikabilität zuzustimmen und daher ein Gerichtsstand des Sachzusammenhangs anzunehmen (ZöVollkommer § 12 Rn 20, 21 mwN; Schwab Fs für Zeuner S 499; vgl auch § 32 Rn 6; aA Musielak/Smid § 12 Rn 8–10; mit Einschränkungen Spiekholt ZZP 109, 493).

§ 12 Allgemeiner Gerichtsstand; Begriff

Das Gericht, bei dem eine Person ihren allgemeinen Gerichtsstand hat, ist für alle gegen sie zu erhebenden Klagen zuständig, sofern nicht für eine Klage ein ausschließlicher Gerichtsstand begründet ist.

1   Für natürliche Personen ergibt sich der allg Gerichtsstand aus den §§ 13–16, für juristische Personen aus § 17, für den Staat (Fiskus) aus

den §§ 18, 19. Es ist auf den Gerichtsstand abzustellen, der für die jeweils beklagte Person zutrifft. Ausschließliche Gerichtsstände (9 vor § 1) gehen stets vor (letzter Hs; vgl 7 vor § 12).

§ 13 Allgemeiner Gerichtsstand des Wohnsitzes

Der allgemeine Gerichtsstand einer Person wird durch den Wohnsitz bestimmt.

Wohnsitz ist für § 13 den §§ 7–11 BGB zu entnehmen. Danach 1 kommt es auf den Ort an iS des § 7 BGB als kleinste politische Einheit (Gemeinde, Stadt), in der die Wohnung liegt (Palandt § 7 Rn 1). Das ist nicht ein Seeschiff (aA LG Hamburg NJW-RR 95, 184). Bei mehrfachem Wohnsitz sind ebenso viele allgemeine Gerichtsstände gegeben (RG 102, 82 [86]); es gilt § 35. Wegen der Grenzen der deutschen Gerichtsbarkeit kommt für § 13 nur der Wohnsitz im Inland in Betracht. **International.** Die Staatsangehörig- 2 keit der Person ist gleichgültig; daher gilt § 13 auch für Ausländer mit Wohnsitz im Inland. Auch die EuGVVO (dort Art 2) stellt auf den Wohnsitz ab.

§ 14 (weggefallen)

§ 15 Allgemeiner Gerichtsstand für exterritoriale Deutsche

(1) [1]Deutsche, die das Recht der Exterritorialität genießen, sowie die im Ausland beschäftigten deutschen Angehörigen des öffentlichen Dienstes behalten den Gerichtsstand ihres letzten inländischen Wohnsitzes. [2]Wenn sie einen solchen Wohnsitz nicht hatten, haben sie ihren allgemeinen Gerichtsstand am Sitz der Bundesregierung.

(2) Auf Honorarkonsuln ist diese Vorschrift nicht anzuwenden.

Exterritoriale: entspr dem in §§ 18, 19 GVG dargestellten Begriff. 1 **Öffentlicher Dienst:** neben Beamten, Richtern und Soldaten auch Angestellte und Arbeiter aller Dienststellen des Bundes, der Länder, sonstiger Körperschaften, Anstalten und Stiftungen des öffentlichen Rechts sowie öffentlich-rechtlicher Sondervermögen. **Wohnsitz:** wie 2 § 13; gilt auch für den abgeleiteten Wohnsitz des § 11 BGB. **Zweck:** § 15 soll die Ausübung der deutschen Gerichtsbarkeit auch gegenüber diesen Personen sichern. **Wirkung.** § 15 regelt nur den allgemeinen 3 Gerichtsstand; die besonderen Gerichtsstände (§§ 20–34) bestehen unabhängig von § 15.

§ 16 Allgemeiner Gerichtsstand wohnsitzloser Personen

Der allgemeine Gerichtsstand einer Person, die keinen Wohnsitz hat, wird durch den Aufenthaltsort im Inland und, wenn ein solcher nicht bekannt ist, durch den letzten Wohnsitz bestimmt.

1   **Voraussetzung.** Die Person darf weder im Inland noch im Ausland einen Wohnsitz haben, also überhaupt keinen, dh dass ein Wohnsitz nicht bekannt ist, sei es entweder ein solcher im Inland oder im Ausland. Steht die Aufgabe des Wohnsitzes fest, ist § 16 solange anzuwenden, bis klargestellt ist, dass ein neuer Wohnsitz begründet wurde (StJ Schumann 13 mwN; unklar Zweibrücken Rpfleger 99, 499). Wohnsitzlos ist auch, wer seinen dauernden Aufenthalt auf einem Seeschiff hat (aA LG Hamburg NJW-RR 95, 194; vgl § 13 Rn 2). **Wirkung.** Für den Gerichts-

2 stand ist in erster Linie der Aufenthaltsort im Inland zZ der Klageerhebung (§ 253 Abs 1) maßgebend. Späterer Wechsel verändert die Zuständigkeit nicht (§ 261 Abs 3 Nr 2), auch wenn der Aufenthalt nur vorübergehend oder unfreiwillig ist. Ist ein Aufenthaltsort der wohnsitzlosen Person im Inland nicht bekannt, so ist der letzte Wohnsitz (§ 13 Rn 1) allgemeiner Gerichtsstand, sofern er im Inland lag.

§ 17 Allgemeiner Gerichtsstand juristischer Personen

(1) [1]**Der allgemeine Gerichtsstand der Gemeinden, der Korporationen sowie derjenigen Gesellschaften, Genossenschaften oder anderen Vereine und derjenigen Stiftungen, Anstalten und Vermögensmassen, die als solche verklagt werden können, wird durch ihren Sitz bestimmt.** [2]**Als Sitz gilt, wenn sich nichts anderes ergibt, der Ort, wo die Verwaltung geführt wird.**

(2) **Gewerkschaften haben den allgemeinen Gerichtsstand bei dem Gericht, in dessen Bezirk das Bergwerk liegt, Behörden, wenn sie als solche verklagt werden können, bei dem Gericht ihres Amtssitzes.**

(3) **Neben dem durch die Vorschriften dieses Paragraphen bestimmten Gerichtsstand ist ein durch Statut oder in anderer Weise besonders geregelter Gerichtsstand zulässig.**

1   **1. Anwendbar** ist § 17: **a) Persönlich** auf alles, was passiv parteifähig ist (vgl § 50 Rn 2), mit Ausnahme von natürlichen Personen, Bund und Ländern (vgl § 18); insbes auf alle anderen juristischen Personen öffentlichen und privaten Rechts (zB Gemeinden, Gemeindeverbände, AG, GmbH, Genossenschaften, Stiftungen), ferner auf oHG, KG, Partnerschaftsgesellschaft, nichtrechtsfähige Vereine (§ 50 Abs 2), auch auf die BGB-Gesellschaft sofern sie im Rechtsverkehr nach außen hervorgetreten ist (vgl § 50 Rn 4). Über § 10 ArbGG ist in der Arbeitsgerichtsbarkeit § 17 auf weitere Verbände und Stellen anwendbar. Abs 2 ist für die bergrechtliche Gewerkschaft praktisch gegenstandslos. –

b) Zeitlich vom Entstehen der Partei bis zur Beendigung der Liquidation oder dem Ende der Parteifähigkeit.

2. Wirkung. Der Gerichtsstand ist nicht ausschließlich und wird idR **3** bestimmt durch den in der Satzung (Statut) festgelegten Sitz der Partei (zB § 23 Abs 3 Nr 1 AktG), hilfsweise den Ort, an dem die Verwaltung geführt wird (Abs 1 S 2), dh wo die geschäftliche Leitung durch die gesetzlichen Vertreter ständig ausgeübt wird (fingierter Sitz). Über Abs 3 kann noch ein weiterer allgemeiner Gerichtsstand neben dem des Abs 1 geschaffen werden, Nebensitz genannt. Außer Satzung (Statut) kommen Gesetz und VO in Betracht.

§ 18 Allgemeiner Gerichtsstand des Fiskus

Der allgemeine Gerichtsstand des Fiskus wird durch den Sitz der Behörde bestimmt, die berufen ist, den Fiskus in dem Rechtsstreit zu vertreten.

Fiskus ist der Staat (Bund oder Land). Welche Behörde ihn gesetzlich **1** vertritt, ist im Einzelfall den jeweils geltenden Gesetzen oder VOen zu entnehmen (vgl § 51 Rn 7). Dies ist für jeden Streitgegenstand gesondert festzustellen: **Sitz:** ist durch Gesetz oder VO bestimmt; sonst wie in **2** § 17 Rn 3 festzustellen, wobei das Dienstgebäude maßgebend ist. **Besondere Gerichtsstände** bleiben daneben unberührt, insbes § 29.

§ 19 Mehrere Gerichtsbezirke am Behördensitz

Ist der Ort, an dem eine Behörde ihren Sitz hat, in mehrere Gerichtsbezirke geteilt, so wird der Bezirk, der im Sinne der §§ 17, 18 als Sitz der Behörde gilt, für die Bundesbehörden von dem Bundesminister der Justiz, im übrigen von der Landesjustizverwaltung durch allgemeine Anordnung bestimmt.

Gilt nur für Behörden, nicht für andere unter § 17 fallende Parteien. **1**

§ 19 a Allgemeiner Gerichtsstand für Klagen des Insolvenzverwalters

Der allgemeine Gerichtsstand eines Insolvenzverwalters für Klagen, die sich auf die Insolvenzmasse beziehen, wird durch den Sitz des Insolvenzgerichts bestimmt. **1**

Eingefügt durch Art 18 Nr 1 EGInsO. **Allgemeiner Gerichtsstand:** 2 vor § 12. **Insolvenzverwalter:** ab Bestellung (§ 56 InsO) bis zur Entlassung (§ 59 InsO). Bei Wechsel besteht die Zuständigkeit fort (§ 261 Abs 3 Nr 2). **Insolvenzmasse:** Legaldefinition in § 35 InsO. **2** Umfang: § 36 InsO. **Klagen** aller Art, wenn sie gegen den Insolvenzverwalter gerichtet sind und sich auf die Insolvenzmasse beziehen, zB auf Aussonderung (§ 47 InsO) und Absonderung (§§ 49–51 InsO), ferner alles, was zu ihrer Verwaltung gehört (§ 148 Abs 1 InsO). Für Klagen,

die der Insolvenzverwalter erhebt, verbleibt es bei den allgemeinen
Zuständigkeitsregeln. Nicht unter § 19 a fallen die Feststellungsklagen
zur Tabelle (§ 179 InsO); für diese gilt die ausschließliche Zuständigkeit
des § 180 InsO. **Sitz des Insolvenzgerichts:** § 3 InsO.

§ 20 Besonderer Gerichtsstand des Aufenthaltsortes

**Wenn Personen an einem Ort unter Verhältnissen, die ihrer
Natur nach auf einen Aufenthalt von längerer Dauer hinweisen,
insbesondere als Hausgehilfen, Arbeiter, Gewerbegehilfen, Stu-
dierende, Schüler oder Lehrlinge sich aufhalten, so ist das Gericht des Aufenthaltsortes für alle Klagen zuständig, die gegen
diese Personen wegen vermögensrechtlicher Ansprüche erhoben
werden.**

1   **Personen:** nur natürliche, In- und Ausländer. **Aufenthalt.** Er muss
auf längere Dauer berechnet sein (nicht nur vorübergehend, wie zB bei
Geschäftsreisenden, Gastspiel eines Schauspielers), ohne dass ein Wohnsitz begründet wird. Weitere Bsp: Ferien- und Wochenendhaus (Koblenz
NJW 79, 1308); längerdauernder Aufenthalt in Krankenhaus, Justizvollzugsanstalt (BGH NJW 97, 1154); Teilnahme an Lehrgängen, Beamten-
2   vorbereitungsdienst. **Vermögensrechtliche Ansprüche:** Einl IV
Rn 1, 2, auch solche, die zum Aufenthalt keine Beziehung haben.

§ 21 Besonderer Gerichtsstand der Niederlassung

**(1) Hat jemand zum Betriebe einer Fabrik, einer Handlung
oder eines anderen Gewerbes eine Niederlassung, von der aus
unmittelbar Geschäfte geschlossen werden, so können gegen ihn
alle Klagen, die auf den Geschäftsbetrieb der Niederlassung Bezug haben, bei dem Gericht des Ortes erhoben werden, wo die
Niederlassung sich befindet.**

**(2) Der Gerichtsstand der Niederlassung ist auch für Klagen
gegen Personen begründet, die ein mit Wohn- und Wirtschafts-
gebäuden versehenes Gut als Eigentümer, Nutznießer oder Pächter bewirtschaften, soweit diese Klagen die auf die Bewirtschaftung des Gutes sich beziehenden Rechtsverhältnisse betreffen.**

1   **1. Voraussetzungen.** Es müssen vorliegen: **a) Gewerbebetrieb** des
Beklagten. Das ist im weitesten Sinne zu verstehen; auch freie Berufe.
2   Für Landwirtschaft gilt Abs 2. – **b) Niederlassung** ist ein bestimmter
Ort, an dem das Gewerbe ausgeübt wird (als einzige Stelle, Zentrale
oder Zweigniederlassung); hierzu ist mindestens ein Raum oder Grund-
stücksteil nötig. Sie muss auf eine längere Dauer angelegt sein (hM).
Diese Voraussetzung kann bei einer ausländischen Handelsgesellschaft
durch eine im Handelsregister eingetragene inländische Niederlassung
(Düsseldorf Rpfleger 97, 32) oder die in Form einer deutschen GmbH
betriebenen Generalrepräsentanz einer ausländischen Firma erfüllt wer-

den (München WM 75, 872); ebenso durch ein mit mehreren Angestellten besetztes Büro einer ausländischen Fluggesellschaft (Düsseldorf MDR 78, 930). Nicht bei einer Bausparkasse das Geschäftslokal ihres Vermittlungsvertreters (BayObLG MDR 89, 459) oder bei einer Versicherung das Schadensbüro (LG Karlsruhe VersR 97, 384). – **c) Selbst-** **3** **ständigkeit** der Niederlassung, nämlich (mindestens vorgesehener) endgültiger und selbständiger Abschluss von Geschäften, unmittelbar von ihr aus (BGH NJW 87, 3081), wobei dies nicht nur ausnahmsweise oder nur für untergeordnete Geschäfte geschehen darf, sondern für einen Großteil der Geschäfte üblich sein muss (für Verkaufs- und Montagebüro bejaht von Frankfurt MDR 79, 1026). Warenlager, Annahmestellen und Vertretungen genügen daher in der Regel nicht, insbes, wenn sie nur Vertragsangebote vermitteln (BGH aaO). Es kommt auf den äußeren Anschein an (hM; AG Köln NJW-RR 93, 1503 mwN). – **d) Bezug** **4** der Klage auf den Geschäftsbetrieb der Niederlassung, und zwar unmittelbar auf deren Zweck, gleich aus welchem Rechtsgrund. Nicht notwendig ist, dass das Geschäft aus dem Betrieb der Niederlassung hervorgegangen, am Ort der Niederlassung selbst oder von ihr aus abgeschlossen ist und die für eine Niederlassung erforderliche Selbstständigkeit erkennen lässt (BGH NJW 75, 2142). Für die arbeitsgerichtliche Zuständigkeit muss sich der Arbeitsvertrag gerade auf die Niederlassung beziehen. Nicht genügt, dass sich Sachen in der Niederlassung befinden und dort verwahrt werden, wenn das Geschäft, aus dem der Anspruch stammt, nicht von oder für diese Niederlassung abgeschlossen wurde (BGH 4, 62). § 21 ist nicht auf Geschäfte anwendbar, die den Betrieb der Niederlassung erst ermöglichen sollen (LG Hamburg MDR 76, 760; Hamm OLGZ 91, 79; aA St/Schumann 15).

2. Wirkung. Es wird neben dem allgemeinen Gerichtsstand (§§ 13, **5** 17) ein besonderer Gerichtsstand begründet. Prozesspartei ist nicht die Niederlassung, sondern deren Inhaber. § 21 führt auch zur internationalen Zuständigkeit (vgl 5, 6 vor § 1). Im Anwendungsbereich der EuGVVO ist deren Art 5 Nr 5 (dort Rn 15–17) zu beachten.

§ 22 Besonderer Gerichtsstand der Mitgliedschaft

Das Gericht, bei dem Gemeinden, Korporationen, Gesellschaften, Genossenschaften oder andere Vereine den allgemeinen Gerichtsstand haben, ist für die Klagen zuständig, die von ihnen gegen ihre Mitglieder als solche oder von den Mitgliedern in dieser Eigenschaft gegeneinander erhoben werden.

1. Anwendungsbereich. Er sollte restriktiv gehandhabt werden und **1** umfasst alle Parteien, die unter § 17 fallen (vgl dort Rn 1), auch die GmbH-Vorgesellschaft und nichtrechtsfähige Vereine (St/Schumann 6), ferner VVaG (hM), auch überregionale Vereine und Großverbände (Dütz DB 78, 2217). Arbeitnehmer-Gewerkschaften fallen als Vereine unter § 22 (hM; BGH NJW 80, 343). Mitglieder: insbes Gesellschafter;

auch der Insolvenzverwalter (Karlsruhe ZIP 98, 1005 für § 37 KO).
Zeitlich wie § 17 Rn 2. Alle Streitigkeiten, auch nichtvermögensrechtliche (Einl IV Rn 3, 4).

2   **2. Wirkung. a) Grundsatz.** Der dem § 22 zu entnehmende Gerichtsstand gilt für alle Klagen, die sich auf Mitglieder (auch ausgeschiedene und Rechtsnachfolger) als solche beziehen, dh aus dem Rechtsverhältnis ihrer Mitgliedschaft folgen, und zwar für Klagen zwischen der
jeweiligen Partei iS des § 17 (dort Rn 1) und ihren Mitgliedern (zB auf
Beiträge, Ausschluss, Aufwendungsersatz); auch für Klagen der Mitglieder untereinander, insbes bei oHG und KG, zB auf Ausgleich wegen
§ 421 BGB, § 128 HGB). § 22 gilt aber nicht, wenn der Insolvenzverwalter den Kommanditisten nach § 171 HGB belangt (Schleswig ZIP
3   80, 256 für Konkursverwalter). – **b) Ausschluss** des § 22. Gesetzlich
bestimmte besondere Gerichtsstände, insbes in den §§ 132, 246, 249
AktG, § 51 Abs 3 GenG, § 61 Abs 3 GmbHG bewirken ausschließliche
Zuständigkeit (10 vor § 1) und sind daher zu beachten.

§ 23 Besonderer Gerichtsstand des Vermögens und des Gegen-stands

[1]**Für Klagen wegen vermögensrechtlicher Ansprüche gegen
eine Person, die im Inland keinen Wohnsitz hat, ist das Gericht
zuständig, in dessen Bezirk sich Vermögen derselben oder der
mit der Klage in Anspruch genommene Gegenstand befindet.**
[2]**Bei Forderungen gilt als der Ort, wo das Vermögen sich befindet, der Wohnsitz des Schuldners und, wenn für die Forderungen
eine Sache zur Sicherheit haftet, auch der Ort, wo die Sache sich
befindet.**

1   **1. Allgemeines.** E. Schumann ZZP 93, 408 fordert mit beachtlichen
Gründen eine restriktive Anwendung. **a) Zweck:** erleichterte Rechtsverfolgung für die Gläubiger von Personen, die im Ausland wohnen
2   oder sich wohnsitzlos im Inland aufhalten. – **b) Anwendungsbereich:**
nur vermögensrechtliche Ansprüche (Einl IV Rn 1, 2), einschließlich
Arrest, einstweiliger Verfügung und ZwVollstr. Nur wenn der Beklagte
im Inland keinen Wohnsitz (§§ 7–11 BGB) hat. Seine Staatsangehörigkeit ist ebenso wie die des Klägers gleichgültig. § 23 gilt auch, wenn der
Kläger Ausländer ist (hM; dagegen stark einschränkend E. Schumann
aaO S 432). § 23 gilt auch für die internationale Zuständigkeit (5 vor
§ 1; BGH NJW 97, 325 mwN), bei der 1. Alt aber nur, wenn der
Rechtsstreit einen hinreichenden Inlandbezug aufweist (BGH 115, 90 =
ZZP 105, 314 mit Anm von W. Lüke = JZ 92, 51 mit abl Anm von
Schack; BAG NZA 97, 1182; Fricke NJW 92, 3066). Ein (zusätzlicher)
Inlandbezug ist entbehrlich, wenn ein sonstiger Gerichtsstand im Inland
nicht besteht (BGH NJW 97, 325 = JZ 97, 362 mit Anm von Schlosser). Zur Bestimmung des Inlandbezugs Mack/Ziegenhain NJW 92,
3062. Obwohl der Wohnsitz im Gesetzestext die Beschränkung auf

natürliche Personen (§ 13) nahelegt, wird § 23 auch auf juristische Personen angewendet (BAG NJW 85, 2911 mwN) und dabei auf Sitz oder Niederlassung abgestellt (München NJW-RR 93, 701). Keinesfalls darf die juristische Person mit ihrem Alleingesellschafter gleichgesetzt werden (BGH NJW 93, 2683). – **c) Unanwendbar** ist § 23 für die internationale Zuständigkeit im Geltungsbereich der EuGVVO (dort Art 3 Rn 1). Wegen Subsidiarität ist § 23 unanwendbar, soweit §§ 15, 16, § 17 Abs 3 oder § 20 erfüllt sind (StJSchumann 8–10; aA die hM: § 35). – **d) Abdingbarkeit** des § 23 ist jedenfalls zu bejahen (BGH 94, 158). – **e) Prüfung** der Voraussetzungen des § 23 geschieht von Amts wegen (Rn 12 vor § 253). Behauptungs- und Beweislast trifft den Kläger. Schlüssiger Vortrag genügt (Schlosser JZ 97, 364). 3

2. Gerichtsstand des Vermögens (S 1, 1. Alt). **a) Maßgebender Zeitpunkt:** Klageerhebung (§ 253 Abs 1); jedoch genügt es, wenn zZ der Letzten mdl Vhdlg (§ 296 a) Vermögen im Gerichtsbezirk ist. – **b) Vermögen** ist grundsätzlich jeder geldwerte Gegenstand; er muss einen selbständigen Verkehrswert haben (für restriktive Auslegung Geimer JZ 84, 979). Es wird auch auf möglichen Vollstreckungszugriff abgestellt (München NJW-RR 93, 701). Daher nicht: Gestaltungsrechte (StJSchumann 12), Aktenstücke, Briefe, Auskunftsanspruch. Der Gegenstand muss gegenwärtig sein. Das sind auch bedingte und befristete Rechte (insbes Anwartschaftsrechte), gem § 923 erbrachte Arrestsicherheiten (Frankfurt OLGZ 83, 99), eine nicht valutierte Grundschuld (BGH NJW 89, 1154); nicht aber künftige Rechte, dh solche, deren rechtserzeugende Tatsachen noch nicht eingetreten sind. Unerheblich ist, ob die im Inland belegenen Vermögensstücke für den Klaganspruch ausreichen (BGH NJW-RR 91, 425) und ob sie in einem angemessenen Verhältnis zum Streitwert stehen (BGH NJW 97, 325 mwN; aA bei extrem niedrigem Vermögen Celle NJW-RR 99, 1722). Eine unbestrittene Forderung des Beklagten gegen den Kläger kann ausreichen (vgl Saarbrücken NJW 00, 670). Zweifelhaft und umstr ist, ob ein Bankguthaben auch dann Vermögen ist, wenn eine Aufrechnungslage besteht (bejahend Düsseldorf NJW 91, 3103). – **c) Maßgebender Ort** bei einer Sache ist der, wo sie liegt oder sich befindet. Das gilt entspr für Rechte aus Inhaber- und Orderpapieren, insbes Aktien und Wechsel. Bei Forderungen (S 2) kommt es immer auf den Wohnsitz (§§ 7–11 BGB) oder Sitz (§ 17) des Schuldners an, gegen den die Forderung der im Inland wohnsitzlosen Person gerichtet ist. Das kann auch der Kläger sein. Unterhält der Schuldner ein Bankguthaben, so ist der Sitz der Bank maßgebend (BGH NJW-RR 88, 171). Daneben (also nicht alternativ) ist Gerichtsstand der Ort, wo die Sache liegt, falls sie (zB aus Pfandrecht) für die Forderung haftet (S 2). 5 6 7

3. Gerichtsstand des Streitobjekts (S 1, 2. Alt). Deckt diejenigen Fälle ab, in denen die 1. Alt versagt, falls nämlich der beanspruchte Gegenstand nicht zum Vermögen des Beklagten gehört. Es fallen alle Gegenstände (Sachen und Rechte) darunter (allgM). Maßgebender Ort: 8

wie Rn 7. Beansprucht wird der Gegenstand durch jede Leistungs- oder
Feststellungsklage, auch eine negative (hM; BGH NJW 77, 1637).

9   **4. Wirkung.** Sie bezieht sich auf die internationale wie auf die
örtliche Zuständigkeit. Dem steht nicht entgegen, dass ausländisches
Recht anzuwenden ist (BGH NJW 97, 324). Befinden sich Vermögensstücke in mehreren Gerichtsbezirken, so sind mehrere Gerichtsstände
10   gegeben und es gilt § 35. – **a) Arglist.** Der Gerichtsstand des § 23 wird
nicht dadurch begründet, dass der Kläger einen Vermögensgegenstand
herbeischafft,um die Zuständigkeit des § 23 herbeizuführen. Überhaupt
11   ist Treu und Glauben zu beachten (StJSchumann 29). – **b) Fortbestand.** § 261 Abs 3 Nr 2 gilt, so dass die Zuständigkeit fortbesteht,
wenn der Beklagte Vermögen oder Streitobjekt wegschafft (hM; für
Einschränkung bei Aufrechnung wegen Rückwirkung des § 389 BGB:
12   StJSchumann 14). – **c) Doppelte internationale Rechtshängigkeit**
(§ 261 Abs 3 Nr 1). Bei positiver Anerkennungsprognose (vgl § 328) ist
die Klage grundsätzlich als unzulässig abzuweisen, wenn der ausländische
Prozess zuerst rechtshängig geworden ist (BGH NJW 86, 2195; Frankfurt IPRax 88, 24).

§ 23 a Besonderer Gerichtsstand für Unterhaltssachen

**Für Klagen in Unterhaltssachen gegen eine Person, die im
Inland keinen Gerichtsstand hat, ist das Gericht zuständig, bei
dem der Kläger im Inland seinen allgemeinen Gerichtsstand hat.**

1   **Anwendungsbereich:** außer Klagen auch Anträge auf Arrest und
einstweilige Verfügung. Art 5 Nr 2 EuGVVO geht vor und schließt
2   § 23 a aus (Art 5 Rn 1 EuGVVO). **Unterhaltssachen:** gesetzliche und
vertragliche Unterhaltsansprüche, also nicht nur von Kindern. Auch für
Klagen und Anträge des Unterhaltsverpflichteten, zB aus § 323 (hM;
BGH NJW-RR 87, 1474; BayObLG 85, 18) sowie für Freistellung und
Erstattungsanspruch des einen gegen den anderen Unterhaltsverpflichteten (BGH 106, 300). **Kein inländischer Gerichtsstand.** Es darf auch
3   nicht der des § 23 gegeben sein; das setzt § 23 a voraus. **Allgemeiner
Gerichtsstand:** 2 vor § 12.

§ 24 Ausschließlicher dinglicher Gerichtsstand

**(1) Für Klagen, durch die das Eigentum, eine dingliche Belas-
tung oder die Freiheit von einer solchen geltend gemacht wird,
für Grenzscheidungs-, Teilungs- und Besitzklagen ist, sofern es
sich um unbewegliche Sachen handelt, das Gericht ausschließlich
zuständig, in dessen Bezirk die Sache belegen ist.**

**(2) Bei den eine Grunddienstbarkeit, eine Reallast oder ein
Vorkaufsrecht betreffenden Klagen ist die Lage des dienenden
oder belasteten Grundstücks entscheidend.**

1. Anwendungsbereich. Der sog dingliche Gerichtsstand gilt nur **1**
für unbewegliche Sachen. Das sind: Grundstücke mit allen ihren (auch
unwesentlichen) Bestandteilen (§§ 93–96 BGB), also auch den subjektiv-dinglichen Rechten (vgl Abs 2 und § 96 BGB), nicht aber sonstigen
Rechten an Grundstücken. § 24 gilt für grundstücksgleiche Rechte
(wie § 864 Rn 5), Bruchteile von Grundstücken oder grundstücksglei-
chen Rechten. Das sind insbes Miteigentum (§ 1008 BGB) und Wohnungseigentum (§§ 1, 2 WEG). Eine Sonderregelung mit ausschließlicher Zuständigkeit besteht für Erbbau- und Ankaufsrechte in § 103
Abs 1 Sachenrechtsänderungsgesetz.

2. Voraussetzungen. Die Klage muss sich auf ein Grundstück oder **2**
Recht iS der Rn 1 beziehen. Dass die Zuständigkeit erst nach Klärung
der Begründetheit festgestellt werden kann, steht nicht entgegen (Celle
VersR 78, 570). Der Streitgegenstand (Einl II) muss unter folgende
Gruppen einzuordnen sein: **a) Aus Eigentum.** Es wird geltend ge- **3**
macht (Abs 1) insbes durch Anspruch auf Herausgabe (§ 985 BGB),
Unterlassung (§ 1004 BGB), Grundbuchberichtigung (§ 894 BGB),
auch durch Feststellungsklage (§ 256). Nicht: wenn Übereignung ver-
langt wird, selbst wenn der Anspruch durch Vormerkung gesichert ist
oder wenn aus § 2018 BGB geklagt wird. – **b) Aus dinglicher Be- 4
lastung.** Das sind insbes die beschränkten dinglichen Rechte des BGB
(Hypothek, Grundschuld, Reallast, Vorkaufsrecht usw), ferner die älteren (Art 184 EGBGB) und landesrechtlichen (Art 65 bis 74 EGBGB)
Belastungen. Eine Vormerkung (§ 883 BGB) ist es nur, soweit die
Wirkung des § 883 Abs 2 BGB gegen Dritte geltend gemacht wird
(StJSchumann 16), aber nicht, wenn nur aus dem durch Vormerkung
gesicherten Anspruch geklagt wird (allgM). Geltend gemacht wird die
Belastung, wenn Feststellung, Zahlung oder Duldung der ZwVollstr,
Erfüllung des Rechts, auch Grundbuchberichtigung (§ 894 BGB) verlangt wird; auch wenn der Pfändungsgläubiger einer Hypothek gegen
den Eigentümer klagt oder umgekehrt auf Feststellung, dass sein Pfandrecht nicht bestehe (RG 149, 191). Nicht: wenn um die Inhaberschaft
(oder Belastung) des belastenden Rechts gestritten oder dessen Übertragung verlangt wird. – **c) Freiheit von einer dinglichen Belastung. 5**
Solche Belastungen sind die in Rn 4 genannten Rechte, hier aber auch
alle Vormerkungen. Geltend gemacht wird durch negative Feststellungsklage, Anspruch auf Grundbuchberichtigung, insbes Löschung (§ 894
BGB), aber auch durch Klage auf Aufhebung des Rechts aus schuld-
rechtlichem Anspruch (hM); nicht jedoch, wenn auf Übertragung einer
Grundschuld wegen Erlöschens der gesicherten Forderung geklagt wird
(BGH NJW 70, 1789). – **d) Besitzklagen:** aus Störung nach §§ 861, **6**
862 BGB; nicht: aus anderen Ansprüchen auf Besitzverschaffung. –
e) Grenzscheidungsklagen: §§ 919–923 BGB. – **f) Teilungsklagen:**
nur wenn der unter Rn 1 fallende Gegenstand (insbes das Grundstück)
selbst geteilt werden soll (§§ 752, 753 BGB).

7　3. **Wirkung. a) Zuständiges Gericht** ist das, in dessen Bezirk das Grundstück gelegen ist. Nicht maßgebend ist, wo das Grundbuch geführt wird. Bei subjektiv-dinglichen Rechten kommt es auf das dienende Grundstück an (Abs 2). Beim Vorkaufsrecht nur das des § 1094
8　Abs 2 BGB. – **b) Ausschließliche Zuständigkeit:** 9 vor § 1. Die internationale Zuständigkeit (5, 6 vor § 1) wird im Geltungsbereich des EuGVÜ als ausschließlich durch dessen Art 16 Nr 1 bestimmt (dort Rn 1, 3), iü durch § 24 nicht ausgeschlossen (BGH NJW 98, 1321).

§ 25 Dinglicher Gerichtsstand des Sachzusammenhanges

In dem dinglichen Gerichtsstand kann mit der Klage aus einer Hypothek, Grundschuld oder Rentenschuld die Schuldklage, mit der Klage auf Umschreibung oder Löschung einer Hypothek, Grundschuld oder Rentenschuld die Klage auf Befreiung von der persönlichen Verbindlichkeit, mit der Klage auf Anerkennung einer Reallast die Klage auf rückständige Leistungen erhoben werden, wenn die verbundenen Klagen gegen denselben Beklagten gerichtet sind.

1　1. **Voraussetzungen.** Für eine Klage (auch die auf Feststellung) aus dinglichen Rechten, auf die sich § 25 bezieht, muss der § 24 zutreffen (vgl dort Rn 2–5). Die Schuldklage (dh die aus der gesicherten persönlichen Forderung) oder die Klage auf Befreiung von dieser persönlichen Schuld (auch negative Feststellungsklage) muss mit dieser Klage verbunden werden (§ 260). Es muss derselbe Beklagte sein. Für mehrere Beklagte ist § 36 Abs 1 Nr 3 anwendbar.

2　2. **Wirkung.** Das Gericht wird, falls nicht schon aus anderen Gründen derselbe Gerichtsstand (wie § 24) gegeben ist, für die gemäß § 260 verbundenen Klagen zuständig. § 25 bewirkt keinen ausschließlichen Gerichtsstand und keinen selbständigen Gerichtsstand für die in § 25 genannten Klagen aus persönlichen Forderungen. Für diese gilt § 26.

§ 26 Dinglicher Gerichtsstand für persönliche Klagen

In dem dinglichen Gerichtsstand können persönliche Klagen, die gegen den Eigentümer oder Besitzer einer unbeweglichen Sache als solche gerichtet werden, sowie Klagen wegen Beschädigung eines Grundstücks oder hinsichtlich der Entschädigung wegen Enteignung eines Grundstücks erhoben werden.

1　1. **Voraussetzungen.** § 26 ist anwendbar auf persönliche Klagen gegen Eigentümer und Besitzer als solche, dh dass sie in dieser Eigenschaft passiv legitimiert sind. Bsp: der Eigentümer bei §§ 994, 888 BGB, auch bei § 648 BGB (Braunschweig OLGZ 74, 210); der Besitzer bei §§ 867, 1005 BGB, der Miteigentümer bei § 922 BGB (Stuttgart NJW-RR 99, 744). Außerdem bei Klagen wegen Beschädigung eines Grundstücks, gleich ob widerrechtlich oder rechtmäßig, schuldhaft oder nicht. Aber die Beschädigung muss alleiniger Klagegrund sein. Bsp: §§ 823, 867, 904, 989, 1005 BGB. Ferner Klagen auf Enteignungsentschädigung und aus enteignungsgleichem Eingriff.

2. Wirkung. Der Gerichtsstand ist der des § 24. Er ist nicht ausschließlich, jedoch selbstständig, im Gegensatz zu § 25 gegenüber § 24 subsidiär. Für Enteignungsentschädigung bestimmt das jeweilige Landesrecht häufig die ausschließliche Zuständigkeit (§ 15 Nr 2 EGZPO). 2

§ **27** Besonderer Gerichtsstand der Erbschaft

(1) **Klagen, welche die Feststellung des Erbrechts, Ansprüche des Erben gegen einen Erbschaftsbesitzer, Ansprüche aus Vermächtnissen oder sonstigen Verfügungen von Todes wegen, Pflichtteilsansprüche oder die Teilung der Erbschaft zum Gegenstand haben, können vor dem Gericht erhoben werden, bei dem der Erblasser zur Zeit seines Todes den allgemeinen Gerichtsstand gehabt hat.**

(2) **Ist der Erblasser ein Deutscher und hatte er zur Zeit seines Todes im Inland keinen allgemeinen Gerichtsstand, so können die im Absatz 1 bezeichneten Klagen vor dem Gericht erhoben werden, in dessen Bezirk der Erblasser seinen letzten inländischen Wohnsitz hatte; wenn er einen solchen Wohnsitz nicht hatte, so gilt die Vorschrift des § 15 Abs. 1 Satz 2 entsprechend.**

1. Voraussetzungen. Es ist gleichgültig, wer verklagt wird. Klage 1 und Streitgegenstand (Einl II), müssen sich beziehen auf: **a) Feststellung** des Erbrechts. Das ist jede unter § 1922 BGB fallende Gesamtrechtsnachfolge, also auch das Nacherbrecht (§ 2100 BGB), aber nicht die Nachfolge bei fortgesetzter Gütergemeinschaft (bestr). Nur Feststellungsklagen (§ 256 Abs 1), die die eingetretene Erbfolge betreffen, zB Nichtigkeit eines Testaments, Höhe eines Erbanteils; aber auch die Gestaltungsklage gem § 2342 BGB. – **b) Erbschaftsbesitzer.** Alle Ansprüche aus den §§ 2018–2031 ohne §§ 2028, 2037, auch aus § 2027 BGB (Nürnberg OLGZ 81, 115 mwN); nicht solche aus § 985 BGB auf Herausgabe einzelner Sachen. – **c) Vermächtnis.** Ansprüche aus §§ 2174, 1932, 1969 BGB. – **d) Sonstige Verfügungen** von Todes 3 wegen: Auflage (§ 2194 BGB); Schenkung von Todes wegen (§ 2301 BGB). – **e) Pflichtteilsansprüche:** alle Klagen, die sich darauf beziehen; insbes aus §§ 2303, 2305, 2314, 2325, 2329 BGB. – **f) Teilung** der 4 Erbschaft: dh Auseinandersetzung unter Miterben (§§ 2042 ff BGB), Ausgleichungspflicht des § 2057 a BGB (BGH NJW 92, 364).

2. Wirkung. Zuständig ist das Gericht, in dessen Bezirk der Erblasser 5 zZ des Todes seinen allgemeinen Gerichtsstand hatte. Dieser ist den §§ 13–16 zu entnehmen. Bei mehrfachem Wohnsitz gilt § 35. § 27 begründet keinen ausschließlichen Gerichtsstand.

6   **3. Fehlender allgemeiner Gerichtsstand** im Inland (Abs 2). Anwendbar nur für deutsche Staatsangehörige. Voraussetzung ist, dass der
Erblasser bei seinem Tod im Inland keinen allg Gerichtsstand (auch nicht
den des § 16) hatte, also seinen alleinigen Wohnsitz im Ausland oder
überhaupt keinen Wohnsitz bei gewöhnlichen Aufenthalt im Ausland
(StJSchumann 4). Örtlich zuständig ist das letzte inländische Wohnsitz-
gericht (§ 13). Fehlte ein solcher Wohnsitz, gilt nicht § 16, sondern
§ 15 Abs 1 S 2.

§ 28 Erweiterter Gerichtsstand der Erbschaft

**In dem Gerichtsstand der Erbschaft können auch Klagen we-
gen anderer Nachlaßverbindlichkeiten erhoben werden, solange
sich der Nachlaß noch ganz oder teilweise im Bezirk des Gerichts befindet oder die vorhandenen mehreren Erben noch als
Gesamtschuldner haften.**

1   **1. Voraussetzungen. a) Gegenstand** der Klage (somit Streitgegenstand, Einl II) muss eine Nachlassverbindlichkeit sein. Diese fallen zT
sowieso schon unter § 27 (§§ 1967, 1968 BGB). Gleichgültig ist, wer
klagt oder verklagt wird, ob festgestellt oder zur Leistung verurteilt
2   werden soll. – **b) Zeitliche Begrenzung.** Wegen § 261 Abs 3 Nr 2
kommt es auf den Beginn der Rechtshängigkeit an. **aa)** Bei Alleinerben,
solange noch irgendein Nachlassgegenstand im Bezirk des Gerichts
(§ 27 Rn 4) ist; auf seinen Wert kommt es nicht an. Bei Forderungen
3   gilt § 23 S 2 entspr (StJSchumann 4). **bb)** Bei Erbengemeinschaft ist nur
maßgebend, ob die Gesamthaftung (§ 2058 BGB) für die Nachlassverbindlichkeit, die im Streit ist, noch besteht. Das Ende der Gesamthaftung, damit Beginn der anteilsmäßigen Haftung und Wegfall des Gerichtsstands ist den §§ 2060, 2061 BGB zu entnehmen.

4   **2. Wirkung.** Sie entspricht dem § 27 Rn 4. Da § 28 für alle Erben
einen besonderen Gerichtsstand schafft, ist ein Antrag gem § 36 Abs 1
Nr 3 unzulässig. Bei arglistigem Herbeischaffen eines Nachlassgegen-
standes: wie § 23 Rn 10.

§ 29 Besonderer Gerichtsstand des Erfüllungsorts

**(1) Für Streitigkeiten aus einem Vertragsverhältnis und über
dessen Bestehen ist das Gericht des Ortes zuständig, an dem die
streitige Verpflichtung zu erfüllen ist.**

**(2) Eine Vereinbarung über den Erfüllungsort begründet die
Zuständigkeit nur, wenn die Vertragsparteien Kaufleute, juristi-
sche Personen des öffentlichen Rechts oder öffentlich-rechtliche
Sondervermögen sind.**

1   **1. Allgemeines.** Abs 2 ist geändert durch Art 18 Nr 1 Handels-
rechtsreformG vom 26. 6. 98 (BGBl 1474). **a) Anwendungsbereich.**

Grundsätzlich alle Prozessarten (Einl V) und alle Arten von Klagen (2–6 vor § 253). Ausschließliche Gerichtsstände gehen stets vor (9 vor § 1). Sonderregeln bestehen für Ansprüche aus Wechsel und Scheck (§§ 603, 605 a) sowie für das Aufgebotsverfahren (§ 1005). – **b) Internationale** **Zuständigkeit.** Im Geltungsbereich der EuGVVO ist maßgebend Art 5 Nr 1 EuGVVO (vgl dort). Im übrigen richtet sich die internationale Zuständigkeit nach den allgemeinen Regeln (vgl 6 vor § 1). Danach ist § 29 grundsätzlich anwendbar (allgM; vgl BGH NJW 96, 1411). **2**

2. Voraussetzungen. a) Vertragsverhältnis: alle schuldrechtlichen **3** Verpflichtungsverträge (BGH NJW 96, 1411), selbst öffentlich-rechtliche (StJSchumann 1); auch bei Gesamt- und Sonderrechtsnachfolge; bei abgeleiteter Haftung (zB §§ 128, 171 HGB) und bei vollmachtlosen Vertretern (Hamburg MDR 75, 227). Nicht: Verträge, die eine Verfügung enthalten, indem sie unmittelbar ein Recht erzeugen, verändern, übertragen oder aufheben wie zB dingliche Einigung (§§ 873, 929 BGB), Forderungsabtretung (§ 398 BGB), Erbvertrag (§§ 2274 ff BGB), gesetzliche Schuldverhältnisse (zB §§ 677, 812 ff BGB) und einseitige (zB § 657 BGB), ferner aus Verlöbnis (BGH NJW 96, 1411). – **b) Streitigkeiten.** Die Klage (vgl Rn 1) kann sich beziehen auf: **4** **aa)** Bestehen oder Nichtbestehen des ganzen Vertrags oder einzelner Teile. **bb)** Erfüllung: auch aus § 179 BGB (München OLGZ 66, 424), teilweise Erfüllung, von Nebenpflichten, ferner Bestellung vereinbarter Sicherheiten. **cc)** Aufhebung, Umgestaltung und Inhaltsänderung: auch Rücktritt, vorbehaltener (§ 346 BGB) und gesetzlicher (zB §§ 325, 326 BGB), Wandelung und Minderung, ferner die Fälle der §§ 315, 317, 343 BGB. **dd)** Schadensersatz: insbes wegen Nicht- und Schlechterfüllung, aus Verschulden bei Vertragsschluss. – **c) Erfüllungsort. aa) Be-** **5** **stimmung.** Er ist für die jeweils in Streit stehende Verbindlichkeit einzeln und gesondert zu bestimmen, daher nicht einheitlich (Einsiedler NJW 01. 1549), grundsätzlich nach § 269 BGB, auch bei Geldschulden (§ 270 Abs 4). Aus § 269 Abs 1 BGB folgt, dass in erster Linie der vereinbarte Erfüllungsort maßgebend ist, der im aber Abs 2 gilt. Bei fehlender Vereinbarung ist Erfüllungsort der (Wohn)Sitz des Schuldners zZ des Vertragsabschlusses (BGH NJW 88, 1914). § 29 gibt keinen allgemeinen Erfüllungsort des Vertrags. **bb) Beispiele:** für die Kauf- **6** preisklage gegen den Verbraucher dessen Wohnsitz (Schmid MDR 93, 410); für die beiderseitigen Leistungen und Ansprüche aus Anwaltsvertrag (wenn nicht § 34 zutrifft) der Ort der Kanzlei (BayObLG NJW-RR 96, 52 mwN; LG München I NJW 01, 1588); aA LG Frankfurt/Main NJW 01, 2640: Prechtel NJW 99, 3617 und Einsiedler NJW 01, 1549: Wohnsitz des Mandanten); für eine gleiche Regelung bei Ärzten: Schinnenburg MedR 01, 402; bei einem Bauvertrag für alle Verpflichtungen der Ort, an dem das Bauwerk errichtet wird (hM; BGH NJW 86, 935 mwN; BayObLG 83, 64); nicht aber der Ort des Architekturbüros (LG Mainz NJW-RR 99, 670); bei einem Arbeitsvertrag einheitlich der Ort der Arbeitsleistung (ZöVollkommer 25), bei Außendienst einheitlich der

Wohnsitz des reisenden Arbeitnehmers (Schulz NZA 95, 14 mwN; aA ArbG Regensburg NZA 95, 96: wenn kein Schwergewicht auf einem Gebiet, dann Sitz des Arbeitgebers; ähnlich Ehlers BB 95, 1849); der Ort des Krankenhausaufnahmevertrags auch für Klinikärzte (Celle NJW 90, 777). Für Kunstauktion vgl BGH NJW 91, 1492.

7   **3. Prüfung** durch das Gericht. **aa) Umfang.** Sie erstreckt sich insbes auf die Voraussetzungen (Rn 3–6) und erfolgt von Amts wegen, da sie die Zuständigkeit und damit eine Prozessvoraussetzung betrifft (wie § 23 Rn 4; auch Behauptungs- und Beweislast). § 29 ist wegen § 142 BGB für den Hilfsanspruch nicht erfüllt, wenn der Kläger bei einem vertraglichen Erfüllungsanspruch hilfsweise behauptet, der Vertrag sei angefochten (BGH NJW 62, 739). Ergibt sich erst bei der Sachentscheidung, dass der vom Kläger behauptete Vertrag nicht zustandegekommen ist oder nicht mehr besteht, entfällt die aus § 29 abgeleitete Zuständigkeit nicht.

8   **bb) Vereinbarter Erfüllungsort.** Wird geltend gemacht, dass der Erfüllungsort vereinbart sei, muss wegen § 138 vorgetragen werden, wann, durch wen, mit welchem Inhalt und in welcher Form die Vertragserklärungen abgegeben wurden (LG München I NJW 73, 59); im Säumnisverfahren gilt dieses Vorbringen nicht mehr als zugestanden (§ 331 Abs 1 S 2).

9   **4. Wirkung.** Der Erfüllungsort (Rn 5, 6) bestimmt den Gerichtsstand und begründet die Zuständigkeit, soweit nicht Abs 2 (Rn 10) entgegensteht. Es ist ein besonderer, nicht ausschließlicher Gerichtsstand (3, 4 vor § 12) und gilt nur für die Ansprüche aus Rn 4. Ergeben sich mehrere Erfüllungsorte, gilt § 35.

10   **5. Beschränkung bei vereinbartem Erfüllungsort** (Abs 2). Dessen zuständigkeitsbegründende Wirkung ist beschränkt wie die Gerichtsstandvereinbarung selbst (9 vor § 38). Dadurch wird verhindert, dass § 38 Abs 2 über § 29 umgangen werden könnte. Die bürgerlichrechtliche Erfüllungsortvereinbarung, die keine Prozesshandlung darstellt, wird in ihrer Wirksamkeit durch Abs 2 nicht berührt. Es wird durch Abs 2 lediglich unterbunden, dass bei privaten Personen und Gewerbetreibenden, die nicht Kaufleute sind, dadurch der Gerichtsstand des § 29 begründet werden kann, gleichgültig wo. Abgrenzung des Personenkreises: wie § 38 Rn 7. Der gesetzliche, durch § 269 BGB bestimmte Erfüllungsort begründet immer den Gerichtsstand des § 29; dem steht Abs 2 nicht entgegen. Das gilt auch, wenn der Schuldner den Wohnsitz später wechselt.

§ 29 a Ausschließlicher Gerichtsstand bei Miet- oder Pachträumen

  (1) **Für Streitigkeiten über Ansprüche aus Miet- oder Pachtverhältnissen über Räume oder über das Bestehen solcher Verhältnisse ist das Gericht ausschließlich zuständig, in dessen Bezirk sich die Räume befinden.**

(2) **Absatz 1 ist nicht anzuwenden, wenn es sich um Wohnraum der in § 549 Abs. 2 Nr. 1 bis 3 des Bürgerlichen Gesetzbuchs genannten Art handelt.**

1. Allgemeines. Die Vorschrift betrifft nur die örtliche Zuständig- 1
keit. Die sachliche Zuständigkeit ergibt sich allein aus § 23 GVG. Für
die internationale Zuständigkeit vgl Art 22 EuGVVO.

2. Anwendungsbereich. a) Grundsatz. (Abs 1). § 29 a gilt für alle 2
Streitigkeiten und Ansprüche (Rn 4) aus Miet- und Pachtverhältnissen
(Rn 5) über alle Arten von Räumen (Rn 6) und über das Bestehen
solcher Rechtsverhältnisse (Rn 7). – **b) Ausnahme** (Abs 2). § 29 a ist 3
unanwendbar bei allen Mietverhältnissen, die unter § 549 Abs 2 Nr 1–3,
fallen, nämlich Wohnräume zum vorübergehenden Gebrauch, möblierte
Räume für Einzelmieter, Häuser und Räume für öffentliche Aufgaben.

3. Voraussetzungen des Abs 1. **a) Streitigkeiten:** alle Prozessarten 4
(Einl V), Klagen und Antragverfahren (wie § 29 Rn 1). – **b) Personen:**
nur die aus dem Miet- oder Pachtvertrag Verpflichteten. Dritte nur,
wenn sie aus diesen Verträgen berechtigt oder verpflichtet sind; daher
nicht der Mietbürge (BayObLG NZM 99, 1141; ZöVollkommer 6). –
c) Ansprüche aller Art. Darunter ist der prozessuale Anspruch (Einl II)
zu verstehen, der sich zB richtet auf Übergabe und Gebrauchsgewäh-
rung (§ 535 Abs 1 S 1 BGB), Räumung und Herausgabe (§ 546 Abs 1
BGB), Mietzinszahlung (§ 535 Abs 2 BGB), Vertragsverlängerung
(§ 549 Abs 2 BGB), Zustimmung (§ 558 BGB). Die Anspruchsgrundlage kann sich auch außerhalb des Miet- und Pachtrechts ergeben, zB
§§ 286, 325, 326, 812, 818, 985 BGB. – **d) Miet- und Pachtverhält-** 5
nis. Es muss (wenigstens schlüssig) behauptet sein. Der Begriff entspricht
dem § 535 und § 581 BGB. Er umfasst auch die Untermiete und -pacht
(§§ 540, 581 Abs 2 BGB) und die Zwischenmiete oder -pacht. Der
Wortlaut umfasst nicht die Ansprüche auf Abschluss eines Miet- oder
Pachtvertrags aus Vorvertrag, Vormiete oder Begründungsoption. –
e) Räume. Das sind alle Gebäude und Innenräume von Gebäuden, vor 6
allem Wohn- und Geschäftsräume aller Art, auch Werkmietwohnungen
(§ 576 b), nicht Werkdienstwohnungen des § 576 b BGB (BAG NZA
00, 277), aber auch Garagen, Sporthallen, Vortragsräume usw. Nicht:
unbebaute Grundstücke, bewegliche Sachen und deren Innenräume, zB
Wohnwagen und Wohncontainer. – **f) Bestehen von Miet- oder** 7
Pachtverhältnissen (Rn 5). Die Streitigkeit darüber kann insbes als
Feststellungsklage (§ 256 Abs 1) geführt werden, auch allein über die
Wirksamkeit einer Kündigung oder als Vorfrage, ob das Rechtsverhältnis
zustandegekommen und (zB durch Kündigung) beendet ist oder nicht,
auch aus § 314 nF BGB, aber nicht wegen Abbruch der Vertragsverhandlungen, weil dann ein Miet- oder Pachtvertrag nicht zustandegekommen ist (LG Frankenthal NJW-RR 97, 334).

4. Wirkung. Die Zuständigkeit des jeweils gemäß § 23 GVG sach- 8
lich zuständigen Gerichts ist örtlich ausschließlich (9 vor § 1), um

Gerichtsstandvereinbarungen auszuschließen (§ 40 Abs 2), damit der idR sozial schwächere Mieter geschützt wird (BGH 89, 281) und die bessere Kenntnis der örtlichen Verhältnisse zum Zuge kommt. Bindung durch Verweisung (§ 281 Abs 2 S 5) geht vor. Abgabe (§ 696 Abs 5) bindet nicht.

§ 29 b Besonderer Gerichtsstand bei Wohnungseigentum

Für Klagen Dritter, die sich gegen Mitglieder oder frühere Mitglieder einer Wohnungseigentümergemeinschaft richten und sich auf das gemeinschaftliche Eigentum, seine Verwaltung oder auf das Sondereigentum beziehen, ist das Gericht zuständig, in dessen Bezirk das Grundstück liegt.

1   **Zweck:** Vor allem soll für Klagen von Gläubigern der gesamtschuldnerisch haftenden Mitglieder einer Wohnungseigentümergemeinschaft (§§ 10 ff WEG) ein einheitlicher Gerichtsstand geschaffen werden, insbes für gemeinsame Klagen (§§ 59, 60), ferner ein zusätzlicher Gerichtsstand bei Wohnungseigentümern, die ihren allg Gerichtsstand (§§ 12, 13) nicht im Gerichtsbezirk der Wohnungseigentumsanlage haben.

2   **Dritter** ist jeder, der nicht zur betreffenden Wohnungseigentümergemeinschaft gehört, zB Heizöllieferant, Bauhandwerker, Versicherer; idR auch der Verwalter (StJSchumann 3; Steike NJW 92, 2401; aA LG Karlsruhe NJW 96, 1481). Der Dritte muss Kläger sein. Der Wortlaut deckt nicht den Fall, dass ein früherer Wohnungseigentümer Kläger ist.

3   **Klage:** gemäß § 253, also nicht Antragsverfahren (§ 43 WEG) mit Beziehung auf das gemeinschaftliche Eigentum (§ 1 Abs 5, § 5 Abs 2, 3 WEG), dessen Verwaltung (§ 21 Abs 1 WEG) oder das Sondereigentum eines einzelnen Wohnungseigentümers (§ 1 Abs 2, 3, § 5 Abs 1 WEG). Für systematische Beschränkung auf schuldrechtliche Verträge als Kla
4   gegrund: ZöVollkommer 3. **Wirkung.** Zuständiges Gericht: wie § 24 Rn 7. Es wird ein besonderer Gerichtsstand (3 vor § 12) neben dem allgemeinen (2 vor § 12) begründet. Kein ausschließlicher Gerichtsstand, so dass insbes das Wahlrecht (§ 35) verbleibt und dem § 29 a vorgeht. § 29 b bewirkt die gleiche örtliche Zuständigkeit wie § 43 Abs 1 WEG, berührt diese Vorschrift aber nicht (Hansens NJW 91, 953).

§ 29 c Besonderer Gerichtsstand für Haustürgeschäfte

(1) [1]**Für Klagen aus Haustürgeschäften (§ 312 des Bürgerlichen Gesetzbuchs) ist das Gericht zuständig, in dessen Bezirk der Verbraucher zur Zeit der Klageerhebung seinen Wohnsitz, in Ermangelung eines solchen seinen gewöhnlichen Aufenthalt hat.** [2]**Für Klagen gegen den Verbraucher ist dieses Gericht ausschließlich zuständig.**

(2) **§ 33 Abs. 2 findet auf Widerklagen der anderen Vertragspartei keine Anwendung.**

(3) **Eine von Absatz 1 abweichende Vereinbarung ist zulässig für den Fall, dass der Verbraucher nach Vertragsschluss seinen Wohnsitz oder gewöhnlichen Aufenthalt aus dem Geltungsbereich dieses Gesetzes verlegt oder sein Wohnsitz oder gewöhnlicher Aufenthalt im Zeitpunkt der Klageerhebung nicht bekannt ist.**

Eingefügt mWv 1. 1. 2002 durch Art 5 Abs 3 Nr 1 SMG.

Entspricht mit Änderungen dem § 7 HausTWG. **Haustürgeschäfte** sind in § 312 nF BGB legal definiert. Hierzu: Palandt 61. Aufl § 1 HausTWG Rn 9–17. Auch Umgehungsgeschäfte (§ 312 f BGB). **Klagen:** § 29 c gilt für alle Ansprüche aus dem Rechtsgeschäft, das unter den Begriff (Rn 2) fällt, gleichgültig ob der Verbraucher (§ 13 BGB) oder der andere VertragsparteiUnternehmer klagt. **Gerichtsstand:** Betrifft nur die örtliche Zuständigkeit (4 vor § 1). Sie ist ausschließlich (9 vor § 1) nur für Klagen gegen den Unternehmer. Für Klagen gegen den Unternehmer schafft § 29 c einen weiteren Gerichtsstand zur Wahl des Verbrauchers (§ 35). **Bestimmung:** Wohnsitz (§ 13) des Verbrauchers, wenn wohnsitzlos, der Aufenthalt (§ 16), und zwar zum Zeitpunkt der Klageerhebung (§ 253 Abs 1); späterer Wechsel ist belanglos. **Widerklage** (Abs 2). Dadurch wird die Vertragspartei des Verbrauchers von der Einschränkung des § 33 Abs 2 befreit. **Gerichtsstandvereinbarung** (Abs 3). Damit wird die Rechtsfolge des § 40 Abs 2 wegen der Ausschließlichkeit (Abs 1) durchbrochen, um dem Unternehmer zu ermöglichen, sich vor einer erschwerten Rechtsverfolgung zu schützen. Die Anmerkungen zu § 38 Abs 3 Nr 2 gelten sinngemäß (dort Rn 19–21). Es gilt die Form des § 38 Abs 2 S 2. **Rechtsfolge:** Das vereinbarte Gericht ist zuständig, vorausgesetzt dass der Gerichtsstand des § 13 oder § 16 im Inland entfallen ist.

§ 30 Besonderer Gerichtsstand der Schiffsbergung

Für Klagen wegen Ansprüchen aus Bergung nach dem Achten Abschnitt des Fünften Buches des Handelsgesetzbuchs gegen eine Person, die im Inland keinen Gerichtsstand hat, ist das Gericht zuständig, bei dem der Kläger im Inland seinen allgemeinen Gerichtsstand hat.

Eingefügt durch Art 4 des 3. Seerechtsänderungsgesetzes vom 1 16. 5. 01 (BGBl 898). **Inkrafttreten** erst mit dem Tag, an dem das internationale Übereinkommen von 1989 über Bergung für die BRep in Kraft tritt (Art 10 Gesetz vom 16. 5. 01). **Ansprüche:** insbes Bergelohn (§ 742 HGB), Sondervergütung (§ 744 HGB) und Ausgleich (§ 747 HGB). **Fehlender Gerichtsstand** des Anspruchsgegners: Er 2 darf im Inland (BRep) keinen allgemeinen oder besonderen Gerichtsstand haben (vgl 2, 3 vor § 12). **Gerichtsstand** ist gegeben am allgemeinen Gerichtsstand (2 vor § 12) des Klägers, aber nur, wenn dieser im Inland liegt. Andernfalls fehlt die internationale Zuständigkeit (5–7 vor § 1).

§ 31 Besonderer Gerichtsstand der Vermögensverwaltung

Für Klagen, die aus einer Vermögensverwaltung von dem Geschäftsherrn gegen den Verwalter oder von dem Verwalter gegen den Geschäftsherrn erhoben werden, ist das Gericht des Ortes zuständig, wo die Verwaltung geführt ist.

1   **Vermögensverwaltung:** gleich ob gesetzlich, vertraglich oder ohne Rechtsgrund. Setzt eine Mehrheit von zu besorgenden Angelegenheiten voraus; einzelne Geschäfte genügen nicht. Das Vermögen kann aber ein
2   einzelner Gegenstand sein. **Geführt** wird die Verwaltung, wo der Verwalter regelmäßig tätig ist, insbes Geschäftsraum und Buchführung hat. **Wirkung:** wie § 29 b Rn 4.

§ 32 Besonderer Gerichtsstand der unerlaubten Handlung

Für Klagen aus unerlaubten Handlungen ist das Gericht zuständig, in dessen Bezirk die Handlung begangen ist.

1   **1. Voraussetzungen.** Klage (auch auf Feststellung) und Streitgegenstand (Einl II) müssen sich beziehen auf: **a) Unerlaubte Handlungen** nach den §§ 823 ff BGB, insbes Verstöße gegen Schutzgesetze (§ 823 Abs 2 BGB), §§ 824–826, 831, 833 BGB; gleich ob gegen Allein- oder Mittäter (BGH NJW 95, 1225 mwN), Anstifter oder Gehilfen geklagt wird (vgl § 830 BGB). § 32 gilt auch, wenn gegen haftende Gesellschafter geklagt wird (§ 128 HGB; BayObLG Rpfleger 80, 156), ferner bei Rechtsnachfolge und Rückgriff (München NJW 67, 55). Die unerlaubte Handlung muss als begangen behauptet sein; Vorbereitungshandlungen genügen nicht. Bei § 826 BGB wegen erschlichenen Vollstreckungsbescheids ist für die Herausgabe- oder Unterlassungsklage die Handlung da begangen, wo er erlassen wurde (BGH NJW-RR 87, 941), wo die ZwVollstr betrieben wird (Düsseldorf NJW-RR 88, 939) oder der Wohnsitz des Schuldners (Schleswig
2   NJW-RR 92, 239). – **b) Gesetzliche Gefährdungshaftung.** Auch diese fällt unter § 32. Daneben bestimmen § 14 HaftpflichtG, § 56 LuftVG und § 20 StVG praktisch den gleichen Gerichtsstand. § 32 gilt auch für den Direktanspruch aus § 3 Nr 1 PflVG (BGH NJW 83,
3   1799). – **c) Widerrechtliche Verletzung absoluter Rechte,** sofern mangels Schuld § 823 BGB nicht zutrifft, insbes von Urheber-, Patent- und Kennzeichenrechten. Nach hM nicht der Gegendarstellungs-
4   anspruch (aA Stadler JZ 94, 642). – **d) Schadensersatzansprüche** wegen ZwVollstr aus später aufgehobenen Titeln; dh für die Ansprüche aus § 302 Abs 4, § 600 Abs 2, § 717 Abs 2, § 945, wenn sie in selbstständiger Klage erhoben werden (hM).

2. Internationale Zuständigkeit. Liegt bei Gesamtschuldnern der 5
gemeinsame Gerichtsstand (insbes der des Unfallorts) im Ausland, bleibt
er außer Betracht, wenn ein inländischer Gerichtsstand gegeben ist
(BayObLG NJW 88, 2184 mwN). Die aus § 32 abgeleitete internationale Zuständigkeit (vgl 5 vor § 1) begründet sie nicht auch für damit
zusammenhängende vertragliche und vertragsähnliche Ansprüche, sog
Annexzuständigkeit (hM; BGH NJW 96, 1411 mwN). Im Geltungsbereich der EuGVVO ist der Gerichtsstand der unerlaubten Handlung
durch Art 5 Nr 3, 4 EuGVVO erweitert (vgl dort). Das geht der ZPO
vor (Art 5 EuGVVO Rn 1).

3. Wirkung. Die Zuständigkeit ist nicht ausschließlich (9 vor § 1). 6
Daher ist eine Gerichtsstandvereinbarung nicht ausgeschlossen, auch
durch AGB möglich (Ehricke ZZP 111, 145). **a) Umfang.** Gleichgültig
ist, wer klagt (BGH NJW 90, 2316). Keine entspr Anwendung auf
vertragliche Unterlassungsansprüche (BGH NJW 74, 410). Bei Anspruchskonkurrenz ist umstr, ob die Zuständigkeit auch die anderen
Anspruchsgrundlagen umfasst (vgl 8 vor § 12; bejahend zB KG MDR
00, 413 mwN; Vollkommer Fs Deutsch 385 mwN; abl Köln MDR 00,
170 mwN). Bejaht für Verschulden bei Vertragsschluss von BayObLG
NJW-RR 96, 508, für ungerechtfertigte Bereicherung von Köln
NJW-RR 99, 1081 und Hamm NJW-RR 00, 727, allg für konkurrierende Ansprüche (wie § 17 Abs 2 GVG) von Frankfurt NJW-RR 99,
1341 und für vertraglichen Schadensersatzanspruch von KG NJW-RR
01, 62. – **b) Zuständig** ist das Gericht, in dessen Bezirk die Handlung 7
begangen ist (Tatort). Das ist jeder Ort, an dem eines der wesentlichen
Tatbestandsmerkmale verwirklicht wurde, insbes da, wo eine adäquate
Ursache gesetzt wurde und der Erfolg (nicht ausreichend bloße Schadensfolgen) eingetreten ist (vgl BGH 52, 108), regelmäßig, aber nicht
immer (vgl München NJW-RR 93, 701) am Wohnsitz des Verletzten
(vgl BGH NJW 90, 1533). Bei Druckschriften ist es der Erscheinungsort
und jeder Ort, an dem sie bestimmungsgemäß verbreitet wurden, bei
Persönlichkeitsrechtsverletzungen nicht unabhängig davon der Wohn-
oder Aufenthaltsort des Verletzten (BGH NJW 77, 1590). Häufig sind
also mehrere Tatorte gegeben, so dass dann § 35 gilt. Liegt ein Verstoß
gegen das UWG und zugleich eine unerlaubte Handlung (§ 823 BGB)
vor, so ist der Gerichtsstand des § 32 neben den Gerichtsständen aus
§ 24 Abs 1 und 2 UWG gegeben und das Gericht kann über beide
Anspruchsgrundlagen entscheiden.

4. Prüfung sowie Behauptungs- und Beweislast: wie § 23 Rn 4. 8
Wie bei § 29 Rn 7 genügt es für die Zuständigkeit, wenn Tatsachen
behauptet werden, aus denen bei rechtlich zutreffender Würdigung eine
unerlaubte Handlung folgt (hM; dagegen kritisch Würthwein ZZP 106,
51).

§ 32 a Ausschließlicher Gerichtsstand der Umwelteinwirkung

[1] **Für Klagen gegen den Inhaber einer im Anhang 1 des Umwelthaftungsgesetzes genannten Anlage, mit denen der Ersatz eines durch eine Umwelteinwirkung verursachten Schadens geltend gemacht wird, ist das Gericht ausschließlich zuständig, in dessen Bezirk die Umwelteinwirkung von der Anlage ausgegangen ist.** [2] **Dies gilt nicht, wenn die Anlage im Ausland belegen ist.**

1   **Zweck:** soll einheitliche Beweisaufnahme und Entscheidung bei Mehrzahl von Geschädigten ermöglichen (RoSchwGottwald § 36 II 9).

2   **Anwendbar** nur bei Schadensersatzansprüchen sowohl aus § 1 UmwelthaftungsG (gem dessen Anh 1 bei zahlreichen Anlagen, insbes der Wärme- und Energieerzeugung, Herstellung und Bearbeitung verschiedenster Stoffe) als auch aus Vertrag oder unerlaubter Handlung (Pfeiffer

3   ZZP 106, 159). Nur bei inländischen Anlagen (S 2). **Inhaber** ist diejenige Person, gegen die als solche der Anspruch geltend gemacht wird, weil sie die Anlage betreibt, dh auf eigene Rechnung benutzt und darüber verfügt (ZöVollkommer 5). **Wirkung:** ausschließliche örtliche Zuständigkeit (9 vor § 1). Ob und inwieweit § 32 a auch für die internationale Zuständigkeit gilt, ist umstr (vgl Pfeiffer ZZP 106, 159).

§ 33 Besonderer Gerichtsstand der Widerklage ✓ﾳ?

(1) Bei dem Gericht der Klage kann eine Widerklage erhoben werden, wenn der Gegenanspruch mit dem in der Klage geltend gemachten Anspruch oder mit den gegen ihn vorgebrachten Verteidigungsmitteln in Zusammenhang steht.

(2) Dies gilt nicht, wenn für eine Klage wegen des Gegenanspruchs die Vereinbarung der Zuständigkeit des Gerichts nach § 40 Abs. 2 unzulässig ist.

Übersicht

1. Allgemeines. a) Bedeutung. § 33 begründet in Abs 1 (einge- **1**
schränkt durch Abs 2) einen besonderen Gerichtsstand, aber nicht eine
besondere Prozessvoraussetzung für die Widerklage. Dafür spricht im
Wesentlichen die Stellung im Gesetz (Abschnitt über den Gerichtsstand),
das Wesen der Widerklage (Rn 8) und der Abs 2, der sich sinnvoll nur
auf den Gerichtsstand beziehen kann, da in nichtvermögensrechtlichen
Streitigkeiten eine Widerklage zT ausdrücklich nur beschränkt zugelassen wird, wie zB in § 632 Abs 2 (wie hier StJSchumann 6; ZöVollkommer 2; aA BGH 40, 185 und NJW 75, 1228; RoSchwGottwald
§ 98 II 2 d; vermittelnd Rimmelspacher FS Lüke S 655). Bedeutungslos
ist daher § 33, wenn für die Widerklage sowieso aus anderen Vorschriften (zB §§ 12, 13) derselbe Gerichtsstand gegeben ist (vgl Rn 19). –
b) Zweck. Das Gericht soll Klagen, die in Zusammenhang (Rn 4) **2**
stehen, auch zusammen verhandeln und entscheiden können, damit
widersprechende Entscheidungen vermieden werden. Als Gegenangriff
ist die Erhebung der Widerklage privilegiert (insbes durch Abs 1 und
§ 261 Abs 2). – **c) Abdingbarkeit.** § 33 begründet keinen ausschließ- **3**
lichen Gerichtsstand. Daher geht die Prorogation (§ 38) vor; insbes gilt
§ 39. Auch Derogation der internationalen Zuständigkeit ist zulässig
(BGH NJW 81, 2644). Wird für den Klageanspruch die internationale
Zuständigkeit durch Prorogation als ausschließliche Zuständigkeit begründet (vgl § 38 Rn 32), so ist die Widerklage wegen fehlender örtlicher Zuständigkeit unzulässig (vgl BGH 52, 30). In diesem Fall wird der
Gerichtsstand des § 33 nicht ohne weiteres dadurch wieder hergestellt,
dass der ausländische Vertragspartner vor einem deutschen Gericht klagt
und der Beklagte sich rügelos einlässt (BGH NJW 81, 2644; dagegen
krit Pfaff ZZP 96, 334). Bewirkt die Prorogation im Einzelfall keine
ausschließliche Zuständigkeit und klagt die deutsche Partei trotz vereinbarten deutschen Gerichtsstands im Ausland, so kann dort Widerklage
erhoben werden, ohne dass die Prorogation entgegensteht (BGH 59,
116).

4 **2. Zusammenhang.** Es ist ein prozessualer Zusammenhang gemeint, der nicht eng ausgelegt werden darf, auch den unmittelbaren wirtschaftlichen Zusammenhang umfasst und sich weitgehend mit dem
5 des § 273 BGB deckt. **a) Bestehen** muss er (alternativ): **aa) Beim Streitgegenstand.** Entweder zwischen den prozessualen Ansprüchen (Einl II); dh wenn mindestens eine der anspruchsbegründenden Tatsachen der Klage und der Widerklage demselben zur Entscheidung gestellten Sachverhalt (Tatsachenkomplex) entnommen wird. Bsp: Klage auf Zahlung des Kaufpreises und Widerklage auf Schadensersatz wegen Nichterfüllung; Rechtsfolgen aus Gültigkeit oder Ungültigkeit desselben Vertrags, zB Klage aus ungerechtfertigter Bereicherung wegen Nichtigkeit und Widerklage auf Erfüllung des Vertrags; Klage auf Löschung der Hypothek und Widerklage auf Zahlung aus ihr; Ansprüche aus mehreren Rechtsgeschäften, die zusammengefasst, einheitlich oder untrennbar erscheinen; Klage und Widerklage aus Ansprüchen des Eigentümer-Besitzer-Verhältnisses; Ansprüche die sich gegenseitig bedingen oder
6 ausschließen. **bb) Bei Verteidigungsmitteln,** die gegen den Klageanspruch geltend gemacht werden. Sie müssen mit dem prozessualen Anspruch der Widerklage (Gegenanspruch) zusammenhängen. Verteidigungsmittel sind hier nur selbständige, nämlich Einwendungen, Einreden und Repliken (vgl 48, 49 vor § 253, also nicht Beweismittel). Sie müssen prozessual und materiellrechtlich zulässig, nicht notwendig begründet sein. Bsp: Der Beklagte wendet Aufrechnung ein und begehrt mit Widerklage Zahlung des überschießenden Betrages seiner Forderung, mit der er aufgerechnet hat. Das kaufmännische Zurückbehaltungsrecht (§§ 369–372 HGB) wird geltend gemacht. Bei einer Besitzschutzklage kann das Fehlen eines Zusammenhangs mit einer petitorischen Widerklage nicht aus § 863 BGB hergeleitet werden (hM; BGH
7 53, 166; ZöVollkommer 29 mwN). – **b) Fehlen.** Fehlt ein Zusammenhang und ist das Gericht der Hauptklage nicht aus anderen Vorschriften (vgl § 35) zuständig, so kommt es darauf an, ob der Kläger rügelos zur Hauptsache verhandelt (§§ 38, 39). Tut er das nicht, ist die Widerklage unzulässig, daher abzuweisen, oder es ist zu verweisen (§ 281). Wenn man den Zusammenhang als besondere Prozessvoraussetzung ansieht (vgl Rn 1), ist ggf § 295 (Rügeverzicht) anzuwenden (RoSchwGottwald § 98 II 2 c).

8 **3. Wesen und Wirkung** der Widerklage. Sie ist zulässig, wenn alle Prozessvoraussetzungen gegeben sind (Rn 17–21). **a) Begriff.** Sie ist eine Klage, die vom Beklagten im selben Verfahren gegen den Kläger erhoben wird (allgM), ist eine selbstständige Klage und setzt ihrerseits eine Klage voraus (Rn 23). Eine Widerklage ist begrifflich nicht gegeben, wenn der Beklagte gegen Dritte als Streitgenossen des Klägers (oder isoliert, vgl Rn 10, 11) zusammen mit einer Widerklage Klage erhebt oder wenn Dritte als Streitgenossen des Beklagten zusammen mit dessen Widerklage den Kläger verklagen. Diese Fälle sind als Parteierweiterung (25 vor § 50) nach den Regeln über Streitgenossenschaft (§§ 59,

60), Verbindung (§ 147) und Trennung (§ 145 Abs 1) zu behandeln (Rn 10). Der BGH sieht diese Fälle als sog Drittwiderklage an (zB NJW 84, 2104). − **b) Parteien.** Die Widerklage kann nur vom Beklagten **9** gegen den Kläger erhoben werden, vom Kläger als Widerbeklagten (durch die Widerklage veranlasst) gegen den Widerkläger als die sog Wider-Widerklage (Rn 14) mit den Privilegien des § 33 (BGH NJW-RR 96, 65), auch hilfsweise (BGH MDR 59, 571). Bei bereits bestehender Streitgenossenschaft kann Widerklage von jedem der Streitgenossen gegen jeden der anderen Seite, der ihn seinerseits verklagt hat, erhoben werden, aber nicht innerhalb seiner Seite gegen einen eigenen Streitgenossen. Nie kann ein Nebenintervenient für die unterstützte Partei Widerklage erheben (§ 67); ebenso wenig darf gegen ihn in dieser Eigenschaft Widerklage erhoben werden. Davon zu unterscheiden ist der Fall, dass der Nebenintervenient durch Parteierweiterung Streitgenosse wird (vgl BGH LM Nr 12; § 67 Rn 5). − **c) Prozessvollmacht** **9 a** für die Klage erstreckt sich von selbst für beide Parteien auf die Widerklage (§ 81 Hs 1).

4. Beteiligung Dritter (sog Drittwiderklage; vgl Rn 8). Dazu gehö- **10** ren folgende Fälle: (1) Der Beklagte verklagt Dritte als (neue) Streitgenossen des Klägers oder nur einen Dritten ohne gegen den Kläger Widerklage zu erheben (BGH NJW 01, 2094; isolierte Drittwiderklage) (2) Dritte verklagen als (neue) Streitgenossen des Widerklägers den Kläger und (oder) Dritte als (neue) Streitgenossen des Klägers. (3) Dritte verklagen als (neuen) Streitgenossen des Wider-Widerklägers (vgl Rn 9) den Beklagten und (oder) Dritte als dessen Streitgenossen. **a) Zulässig-** **11** **keit.** In allen diesen Fällen liegt eine Parteierweiterung vor (25 vor § 50), die entweder durch die jeweilige Kläger über §§ 59, 60 (vgl StJSchumann 30) oder durch das Gericht über § 147 (Verbindung) herbeigeführt werden kann. Die neuen hinzuverbundenen Klagen sind keine Widerklagen (Rn 8). Bei der isolierten Drittwiderklage fehlt es mangels Streitgenoessenschaft an der Zulässigkeit der Verbindung (§§ 59, 60; aA offenbar BGH NJW 01, 2094 insoweit ohne Begründung). − **b) Voraussetzungen.** Die Zulässigkeit und die Rechtsfolgen **12** richten sich allein nach den Regeln über die Parteierweiterung (auch Parteibeitritt genannt; 25 vor § 50); daher ist § 263 unanwendbar (anders BGH 131, 76 mwN: § 263 entspr). Der Beitritt in der Berufungs- und Revisionsinstanz ist unzulässig (26 vor § 50). An der grundsätzlichen Zulässigkeit dieser Art der Parteierweiterung dürften keine Zweifel bestehen, weil die §§ 59, 60 die Zulässigkeit der Streitgenossenschaft nicht auf die Klägerseite beschränken. Zudem muss das Gebot der Waffengleichheit die Möglichkeit gemeinschaftlicher Klage auch den Streitgenossen auf der Beklagtenseite einräumen (Wieser ZZP 86, 36 [39]). Demgegenüber hat der BGH die Zulässigkeit dieser Art der Parteierweiterung insofern eingeschränkt, als er die Zustimmung des Dritten oder eine Sachdienlichkeit iS des § 263 verlangt (BGH stRspr, zB NJW 91, 2838 mwN und 96, 196). In jedem Fall muss die Zulässigkeit

der <u>Streitgenossenschaft (§§ 59, 60) gegeben</u> sein (BGH NJW 75, 1228).
Dass der Dritte Nebenintervenient ist, steht nicht entgegen (vgl Rn 9;
13 BGH NJW 96, 196). – **c) Wirkung.** Die Privilegien der Widerklage
(insbes §§ 33, 261 Abs 2) gelten für die Klagen Dritter nicht (einschränkend Wieser ZZP 86, 36 [42]; in BGH 40, 185 nicht angesprochen; aA
Nieder MDR 79, 10). § 263 ist in diesem Zusammenhang nicht anzuwenden, insbes kommt es nicht auf Zustimmung oder Sachdienlichkeit
an (Wieser aaO 37; aA BGH 40, 185 [189] und Rn 12). Die Zuständigkeit kann jedenfalls nicht aus § 33 Abs 1 abgeleitet werden (so auch
BGH NJW 91, 2838 und 93, 2120). Bei fehlender örtlicher Zuständigkeit einzelner Streitgenossen ist § 36 Abs 1 Nr 3 anwendbar (BGH
aaO). Dem Gericht bleibt es unbenommen, § 145 Abs 1 anzuwenden.
Keinesfalls darf nur wegen unzulässiger Verbindung die Klage als unzulässig abgewiesen werden. Es ist nach § 145 zu trennen (Wieser aaO 40;
Greger in Anm zu Karlsruhe ZZP 88, 451; BGH LM Nr 12), nicht die
Klage der beigetretenen Partei deshalb als unzulässig abzuweisen, weil sie
(auf Beklagtenseite erhoben) keine Widerklage ist, wenn die Klage sich
nur gegen den bisherigen Beklagten, nicht gegen den beigetretenen
(vermeintlichen) Widerkläger richtet (aA oder übersehen von Karlsruhe
aaO).

14   **5. Eventualwiderklage** (Hilfswiderklage) ist zulässig (BGH stRspr
NJW 96, 2165 mwN); das gilt auch für die Wider-Widerklage (StJSchumann 25). <u>Das Eventual(Hilfs)verhältnis muss sich aber darauf beziehen,
dass die Klage (bzw die erste Widerklage)</u> erfolgreich oder erfolglos ist
(hM; BGH aaO; StJSchumann 26, 27), zB infolge einer Aufrechnung
(BGH NJW 61, 1862); iü bestehen Beschränkungen nur wie bei einem
Hilfsantrag (§ 260 Rn 8; zweifelhaft LG Kassel NJW-RR 95, 889
mwN). Ist das Hilfsverhältnis durch ein Rechtsmittel aufrechterhalten
oder begründet worden, vgl § 260 Rn 18.

15/16   **6. Trennung und Verbindung.** Klage und Widerklage können getrennt (§ 145 Abs 2) und verbunden (§ 147) werden; über die eine oder
andere kann getrennt (durch Teilurteil, § 301) entschieden werden. Sind
Prozesse derselben Parteien mit umgekehrter Parteirolle miteinander
verbunden, so wird die später erhobene der beiden Klagen zur Widerklage des nunmehr verbundenen Prozesses (vgl § 147 Rn 9). Unerheblich ist, welches Aktenzeichen der verbundene Prozess führt.

17   **7. Allgemeine Prozessvoraussetzungen der Widerklage.** Es sind
die gleichen wie bei der Klage (15 vor § 253). Es ist besonders zu
beachten: **a) Ordnungsgemäße Klageerhebung** ist durch § 261
Abs 2 (vgl dort) erleichtert; gilt auch in der Berufung (§ 525). –
18 **b) Sachliche Zuständigkeit.** Sie wird <u>durch § 33 nicht</u> berührt. Fehlt
sie, ist die Widerklage als unzulässig abzuweisen, wenn nicht Verweisung
beantragt wird (§ 281 Abs 1). Ist das <u>LG für die Klage sachlich zuständig, so</u> ist es dies <u>auch für die Widerklage</u>, die in die Zuständigkeit des
AG fiele, insbes einer solchen mit einem Wert bis 5000 € (allgM). Eine
ausschließliche Zuständigkeit des AG geht vor, führt zur Trennung

(§ 145) und Verweisung (§ 281) oder Abweisung als unzulässig. Das AG hat, falls der Streitwert der Widerklage die Zuständigkeitsgrenze überschreitet, nach § 506 an das LG zu verweisen; es darf dabei aber nicht den Streitwert zusammenrechnen (§ 5 Hs 2). – **c) Örtliche Zustän-** **19** **digkeit** kann sich schon aus den §§ 12–34 ergeben, so dass ein Wahlrecht (§ 35) beseht (Zweibrücken NJW-RR 00, 590). Ist für die Zuständigkeit der Zusammenhang des Abs 1 erforderlich, so ist Voraussetzung, dass die Klage mindestens für einen von mehreren prozessualen Ansprüchen beim örtlich zuständigen Gericht erhoben ist, weil sonst bei unzulässiger Klage der Zweck (Rn 2) verfehlt wird. IdR wird aber § 39 anzuwenden sein (vgl dort Rn 2 aE). Wegen Abs 2 gewährt § 33 für die Widerklage jedoch keine örtliche Zuständigkeit in den Fällen des § 40 Abs 2, nämlich in nichtvermögensrechtlichen Streitigkeiten (Einl IV 3) und bei ausschließlichen Gerichtsständen. § 33 gilt nicht für eine Drittwiderklage (vgl Rn 13). – **d) Internationale Zuständigkeit** (5 **20** vor § 1). Auch sie wird durch § 33 begründet (BGH stRspr NJW-RR 87, 228 mwN; StJSchumann 41). Bei Prorogation vgl Rn 3. Für die sog Drittwiderklage (vgl Rn 10), die in Wirklichkeit eine gewillkürte Parteierweiterung darstellt (25 vor § 50) und daher die Privilegien der Widerklage nicht genießen kann (Rn 13), wird dies auch von BGH NJW 81, 2642 zutreffend verneint. Soweit die EuGVVO gilt, ist deren Art 6 Nr 3 anzuwenden (dort Rn 4–6). – **e) Anderweitige Rechts-** **21** **hängigkeit** wäre gegeben, wenn in der Widerklage derselbe Streitgegenstand (Einl II) mit entgegengesetztem Antrag geltend gemacht wird. Bsp: Gegen eine Klage auf Feststellung des Eigentums wird Widerklage mit dem Antrag erhoben, der Kläger sei nicht Eigentümer (zulässig wäre der Widerklageantrag, der Beklagte sei Eigentümer). Mit der Widerklage wird die Feststellung begehrt, der Klageanspruch bestehe (teilweise) nicht (BAG NZA 90, 987). Hier liegen falsch formulierte Anträge auf Klagabweisung vor.

8. Besondere Prozessvoraussetzungen der Widerklage. Ihr Feh- **22** len wird durch Rügeverzicht (§ 295) geheilt in den Fällen der Rn 24 und 25. **a) Rechtshängigkeit der Klage** (Vor- oder Hauptklage ge- **23** nannt) ist erforderlich. Sie muss daher schon (nicht notwendig ordnungsgemäß) erhoben (§ 261 Abs 1), also zugestellt sein (§ 253 Abs 1). Es müssen für sie nicht alle Prozessvoraussetzungen gegeben sein (vgl Rn 19). Die Klage darf aber noch nicht zurückgenommen (§ 269), rechtskräftig entschieden (§ 705; BGH NJW-RR 01, 60) oder sonstwie erledigt sein, zB durch Vergleich (§ 794 Abs 1 Nr 1) oder durch beiderseitige Erledigterklärung (§ 91 a Abs 1), nicht erst durch den Beschluss gem § 91 a (ZöVollkommer 17; mwN; bestr). Nach Rechtshängigkeit der Widerklage ist diese vom Fortbestand der Klage unabhängig, insbesondere nach Rücknahme (§ 269) oder Abweisung durch Teilurteil (§ 301). **aa) Im ersten Rechtszug** ist Widerklage nur bis zum Schluss **24** der Letzten mdl Vhdlg statthaft (allgM; BGH NJW-RR 92, 1085), auch noch im Nachverfahren nach Vorbehalts- (§§ 302, 599) oder nach

Grundurteil (§ 304). Sie kann dadurch zulässig werden, dass die mdl
25 Vhdlg wiedereröffnet wird (BGH NJW 00, 2512). **bb) In der Berufungsinstanz** ist eine Widerklage zulässig (§ 525), aber nur unter den
26 besonderen Voraussetzungen des § 533. **cc) In der Revisionsinstanz**
findet grundsätzlich Widerklage wegen § 559 Abs 1 nicht statt, nur
ausnahmsweise, nämlich in den Fällen § 302 Abs 4, § 600 Abs 2, § 717
27 Abs 2, 3 (vgl § 717 Rn 15). – **b) In derselben Prozessart** (Einl V)
wie die Klage muss die Widerklage erhoben werden und zulässig sein.
Im Urkunden-, Wechsel- und Scheckprozess findet Widerklage nicht
statt (§ 595 Abs 1), zT nicht im Ehe- und Kindschaftsprozess
(§ 610 Abs 2, § 632 Abs 2, § 640 c Abs 1 S 2). Arrest und einstw Verfügung ist keine Klage, auch eine andere Prozessart (Einl V) als das
ordentliche Verfahren, so dass auch hier Widerklage ausgeschlossen ist. –
28 **c) Parteiidentität.** Zwischen den Parteien der Klage muss die Widerklage erhoben sein (vgl Rn 9 und 10).

29   **9. Sonstiges** zur Behandlung von Widerklagen. **a) Urteilsformel.**
In ihr wird die Widerklage genau so behandelt wie die Klage (vgl § 313
30 Rn 8–11). – **b) Kosten.** Es darf nur einheitlich, ggf nach Bruchteilen,
nie nach Kosten der Klage und Widerklage getrennt entschieden werden
31 (§ 92 Rn 3). – **c) Streitwert:** für Zuständigkeit § 5 Hs 2; für Rechtsmittel § 5 Hs 1; für Gebühren § 19 Abs 1 GKG. Bei Hilfswiderklage ist
32 § 19 Abs 1 S 2 GKG anzuwenden (Hamm Büro 89, 1005). – **d) Gebühren** fallen einheitlich nur einmal aus dem ggf zusammengerechneten
Streitwert von Klage und Widerklage an (§ 19 Abs 1 GKG, § 8 Abs 1
S 1 BRAGO). Keine Vorschusspflicht (§ 65 Abs 1 S 4 GKG).

§ 34 Besonderer Gerichtsstand des Hauptprozesses

**Für Klagen der Prozeßbevollmächtigten, der Beistände, der
Zustellungsbevollmächtigten und der Gerichtsvollzieher wegen
Gebühren und Auslagen ist das Gericht des Hauptprozesses zu-
ständig.**

1   **1. Voraussetzungen** sind: **a) Streitgegenstand und Klage** müssen
sich auf Gebühren und Auslagen (auch vereinbarte) beziehen, die eine
der in Rn 2 genannten Personen von ihrem Auftraggeber, dessen
Rechtsnachfolger oder Bürgen verlangt. Die Gebühren und Auslagen
müssen in einem der ZPO unterliegenden Rechtsstreit entstanden sein.
Bei einem Arbeitsgerichtsprozess sind die ordentlichen Gerichte zustän-
2 dig (BAG NJW 98, 1092; bestr). – **b) Kläger** muss sein: Prozessbevollmächtigter (§ 80), also nicht notwendig ein RA; auch Verkehrsanwalt
(§ 52 BRAGO); Unterbevollmächtigter (§ 53 BRAGO); Beweisanwalt
(§ 54 BRAGO); die Fälle der §§ 20, 52 Abs 2 und § 56 BRAGO;
Beistand (§ 90); Zustellungsbevollmächtigter (§ 184 nF); Gerichtsvollzieher (§ 154 GVG); oder der Rechtsnachfolger einer dieser Personen.

3   **2. Wirkung.** Für RAe hat § 34 geringe praktische Bedeutung, da
meistens das einfachere Verfahren des § 19 BRAGO offensteht. Zustän-

dig ist sachlich und örtlich (aber nicht ausschließlich) das Gericht des Hauptprozesses, dh das Gericht des ersten Rechtszuges (ggf die KfH) und zwar ohne Rücksicht auf den Wert des Streitgegenstandes (Hansens NJW 89, 1131 [1136]), je nach Geschäftsverteilung, nicht notwendig derselbe Spruchkörper. Wird die Honorarklage am Gerichtsstand des § 34 erhoben, nimmt die hM bei Familiensachen die Zuständigkeit der allgemeinen Prozessabteilung an (BGH 97, 79 = FamRZ 86, 347 mit Anm von Bosch). § 34 gibt einen zusätzlichen Wahlgerichtsstand (§ 35).

§ 35 Wahl unter mehreren Gerichtsständen

Unter mehreren zuständigen Gerichten hat der Kläger die Wahl.

Wahlrecht besteht zwischen mehreren allgemeinen und besonderen **1** Gerichtsständen (vgl 7 vor § 12), sofern nicht ein ausschließlicher besteht (9 vor § 1; BGH NJW 93, 2810); auch zwischen mehreren ausschließlichen (zB mehreren Wohnsitzen §§ 12, 13). Der Kläger muss keinesfalls das Gericht wählen, bei dem die geringere Kosten entstehen (KG Rpfleger 76, 323; Karlsruhe Justiz 90, 463). **Ausgeübt** wird es durch **2** Klageerhebung (§ 253 Abs 2), Bezeichnung im Mahnantrag (§ 690 Abs 1 Nr 5) oder Verweisungsantrag (§ 281 Abs 1 S 1). Die getroffene Wahl ist für den Prozess endgültig und unwiderruflich (allgM; BayObLG NJW-RR 91, 187), sobald die Rechtshängigkeit eingetreten ist (BayObLG MDR 99, 1461). Nicht ausgeübt wird das Wahlrecht durch Gesuch um Arrest und einstweilige Verfügung (hM; Karlsruhe NJW 73, 1509 mwN). **Neuentstehung** des Wahlrechts nach Erlöschen durch **3** Ausübung tritt nur ein durch Rücknahme der Klage oder durch ihre Abweisung als unzulässig (umstr; vgl St/Schumann 5; aA KG NJW-RR 01, 61: nachträgliche Kenntnis einer unerlaubten Handlung).

§ 35 a Besonderer Gerichtsstand bei Unterhaltsklagen

Das Kind kann die Klage, durch die beide Eltern auf Erfüllung der Unterhaltspflicht in Anspruch genommen werden, vor dem Gericht erheben, bei dem der Vater oder die Mutter einen Gerichtsstand hat.

Voraussetzungen. Kläger muss ein Kind (auch adoptiert) sein. Beide **1** Elternteile müssen gemeinschaftlich (§ 59), nicht notwendig gleichzeitig verklagt werden. Auf Unterhalt muss geklagt werden, gleich ob aus Gesetz oder aus Vertrag. **Wirkung.** Es wird die Rechtsverfolgung er- **2** leichtert, weil gegen einen Elternteil ein zusätzlicher Gerichtsstand begründet wird. Die gemeinschaftliche Klage, die dadurch oft erst möglich wird, verbilligt den Rechtsstreit und lässt eine sachgemäße Haftungsverteilung zu.

§ 36 Gerichtliche Bestimmung der Zuständigkeit

(1) Das zuständige Gericht wird durch das im Rechtszuge zunächst höhere Gericht bestimmt:

1. wenn das an sich zuständige Gericht in einem einzelnen Falle an der Ausübung des Richteramtes rechtlich oder tatsächlich verhindert ist;
2. wenn es mit Rücksicht auf die Grenzen verschiedener Gerichtsbezirke ungewiß ist, welches Gericht für den Rechtsstreit zuständig sei;
3. wenn mehrere Personen, die bei verschiedenen Gerichten ihren allgemeinen Gerichtsstand haben, als Streitgenossen im allgemeinen Gerichtsstand verklagt werden sollen und für den Rechtsstreit ein gemeinschaftlicher besonderer Gerichtsstand nicht begründet ist;
4. wenn die Klage in dem dinglichen Gerichtsstand erhoben werden soll und die Sache in den Bezirken verschiedener Gerichte belegen ist;
5. wenn in einem Rechtsstreit verschiedene Gerichte sich rechtskräftig für zuständig erklärt haben;
6. wenn verschiedene Gerichte, von denen eines für den Rechtsstreit zuständig ist, sich rechtskräftig für unzuständig erklärt haben.

(2) Ist das zunächst höhere gemeinschaftliche Gericht der Bundesgerichtshof, so wird das zuständige Gericht durch das Oberlandesgericht bestimmt, zu dessen Bezirk das zuerst mit der Sache befaßte Gericht gehört.

(3) [1]Will das Oberlandesgericht bei der Bestimmung des zuständigen Gerichts in einer Rechtsfrage von der Entscheidung eines anderen Oberlandesgerichts oder des Bundesgerichtshofs abweichen, so hat es die Sache unter Begründung seiner Rechtsauffassung dem Bundesgerichtshof vorzulegen. [2]In diesem Fall entscheidet der Bundesgerichtshof.

Abs 2 und 3 sind angefügt durch Art I Nr 1 SchiedsVfG; in Kraft seit 1. 4. 98 (Art 5 Abs 2 SchiedsVfG).

1 **1. Voraussetzungen** der Entscheidung. **a) Anwendungsbereich.** Es muss sich um irgendein Verfahren der ZPO handeln, gleich welcher Prozessart (allgM), insbes auch FGG-Familiensachen (§ 621a Rn 4; BGH NJW-RR 95, 514 mwN). Gilt über § 46 Abs 2 ArbGG auch im arbeitsgerichtlichen Verfahren (vgl Rn 5; BAG NZA 98, 1189). § 36 gilt nicht, sondern § 17a GVG, wenn der Kompetenzkonflikt (Abs 1 Nr 6) auf unterschiedlicher Beurteilung des zulässigen Rechtswegs beruht (BayObLG NJW-RR 00, 1310) und wenn es sich bei Abs 1 Nr 3 um Ansprüche verschiedener Rechtswege handelt (BGH NJW 94, 2032), auch im Verhältnis zur Arbeitsgerichtsbarkeit (Frankfurt NJW-RR 95, 319). § 36 umfasst PKH-Verfahren (BGH stRspr FamRZ

91, 1172; Dresden NJW 99, 797), Mahnverfahren (BGH NJW 93,
2752), selbständige Beweisverfahren (§ 485; BayObLG NJW-RR 99,
1010), Kostenfestsetzung (BayObLG Rpfleger 87, 124), Forderungspfändung (BayObLG 85, 397), Insolvenzverfahren (München NJW-RR
87, 382 für KO), Vollstreckbarerklärung ausländischer Titel (BayObLG
NJW 88, 2184). Entspr Anwendung auf andere Fälle als Abs 1 Nr 1–6
ist grundsätzlich ausgeschlossen (vgl aber Rn 20). – **b) Antrag** einer 2
Partei ist grundsätzlich erforderlich (§ 37 Rn 1). Die Vorlage eines
Gerichts (ggf des Rechtspflegers, BayObLG NJW-RR 00, 959) genügt
ausnahmsweise bei Nr 6 (stRspr; BGH NJW 79, 1048), nicht aber bei
Nr 3 (BGH NJW-RR 91, 767). Das Gericht ist an den Antrag nicht
gebunden (Hamm FamRZ 80, 66). – **c) Zeitraum.** Nach § 36 kann 3
verfahren werden, sobald und solange die Sache anhängig ist, grundsätzlich schon vor Rechtshängigkeit; bei Nr 6 nur ausnahmsweise (BGH
NJW 83, 1062), insbes wenn nicht zu erwarten ist, dass die beteiligten
Gerichte den Streit beilegen (Dresden NJW 99, 797 mwN). Das ist aber
erst nach einer rechtskräftigen Entscheidung möglich (Rn 23), bei Nr 3
noch nach Eintritt der Rechtshängigkeit (§ 253 Abs 1), nicht mehr
nach Beweisaufnahme zur Hauptsache oder Endentscheidung gegen
einen der Streitgenossen (BGH NJW 78, 321). Unterbrechung (7 vor
§ 239) steht jedenfalls bei Nr 3 nicht entgegen (BayObLG NJW 86,
389). – **d) Prozessvoraussetzungen** (10 vor § 253) für den Rechts- 4
streit selbst werden nicht geprüft, sondern nur die Prozesshandlungsvoraussetzungen (Einl III Rn 9) des Antrags (Rn 2). Die Prozessfähigkeit
ist zu unterstellen (§ 37 Rn 3). Für den Antrag muss ein schutzwürdiges
Interesse bestehen (ZöVollkommer 8 mwN).

2. Zuständigkeit des bestimmenden Gerichts. **a) Grundsatz** (Abs 1). 5
Zuständig ist das im Rechtszug übergeordnete Gericht. Dieses ist nach
dem GVG zu bestimmen. Gemeinschaftlich nächsthöheres Gericht für
Nr 2–6 ist das LG für die AGe seines Bezirks. Das OLG ist es für die
AGe verschiedener LG-Bezirke und für die LGe seines Bezirks; außerdem im Verhältnis Familiengericht zu Vormundschafts- oder Streitgericht, weil auf die Rechtsmittelzuständigkeit abzustellen ist (BGH NJW
79, 2249 mwN). Daraus wird man folgern müssen, dass im Fall des
§ 119 Abs 3 des OLG statt des LG zuständig ist. Das LAG tritt im
arbeitsgerichtlichen Verfahren (vgl Rn 1) an Stelle des OLG (BAG NZA
98, 1189). – **b) Verschiedene Oberlandesgerichtsbezirke** (Abs 2). 6
aa) Es ist dasjenige OLG zuständig, zu dessen Bezirk das zuerst mit der
Sache befasste Gericht gehört, auch wenn das OLG selbst dieses Gericht
ist und der Zuständigkeitsstreit sich daher auf der Ebene des OLG
befindet (BGH NJW-RR 99, 1081). **bb)** Zuerst befasst: Das ist nur
hinsichtlich der am Zuständigkeitsstreit beteiligten Gerichte zu beurteilen (Brandenburg OLG-NL 99, 95). Bei Einleitung im Mahnverfahren ist es dasjenige OLG, in dessen Bezirk das Streitverfahren anhängig geworden ist (BayObLG NJW-RR 99, 1294; Köln NJW-RR 99,
1440). **cc)** Zuständigkeitsbestimmung gem Abs 1 Nr 3: Der Wortlaut **6 a**

des Abs 2 ist darauf nicht zugeschnitten, weil es ein zuerst und später befasstes Gericht idR nicht gibt. Hier ist keinesfalls der BGH zuständig (BGH NJW 99, 221), sondern dasjenige OLG (in Bayern das BayObLG), an das sich der Antragsteller (zuerst) wendet (BayObLG NJW-RR 99, 1246; Karlsruhe NJW 98, 3359), sofern einer der Streitgenossen in dessen Bezirk seinen allg Gerichtsstand hat. Fehlt es daran,
7 ist das Gesuch abzulehnen. – **c) Bayerisches Oberstes Landesgericht** (§ 9 EGZPO). Es ist (auch für die Fälle der Nr 3) von vornherein zuständig, wenn die Gerichte in verschiedenen bayerischen OLG-Bezirken liegen (allgM; BayObLG NJW-RR 99, 1296 mwN). Außerdem tritt es für die Zuständigkeitsbestimmung nach Abs 2 an die Stelle desjenigen bayerischen OLG, welches zur Entscheidung zuständig wäre (§ 9 EGZPO nF), ist also auch im Verhältnis zu außerbayerischen
8 Gerichten zur Entscheidung berufen. – **d) Bundesgerichtshof.** Er ist gem Abs 1 zuständig im Fall des Abs 1 Nr 1, wenn das zur Bestimmung zuständige Gericht verhindert ist (Sommer NJW 98, 3551), was kaum praktisch werden dürfte; außerdem beim Zuständigkeitsstreit von Gerichten verschiedener Gerichtszweige, wenn der BGH in analoger Anwendung von Abs 1 Nr 6 zuerst angegangen wird (Sommer aaO mwN).

9 **3. Vorlage** an den BGH (Abs 3) dient der Rechtseinheit in der Zuständigkeitsbeurteilung. **a) Anwendbar** nur dann, wenn der BGH das höhere gemeinschaftliche Gericht ist (BGH NJW 00, 3214), wenn das OLG oder das BayObLG entscheidet und wenn ein Fall der Nr 1–6
10 (Rn 12–28) vorliegt (BGH NJW 00, 80). – **b) Voraussetzung** ist, dass
11 das Gericht in einer Rechtsfrage abweichen will. – **c) Folgen.** Das OLG (oder BayObLG) legt durch Beschluss mit Begründung seiner Rechtsauffassung und Bezeichnung der Entscheidung, von der das Gericht abweichen will, dem BGH vor. Durch die zulässige Vorlage wird der BGH zur unmittelbaren Entscheidung des Zuständigkeitsstreits berufen (Abs 3 S 2).

12 **4. Nr 1. Rechtliche Verhinderung** durch Ausschließung (§ 41) oder Ablehnung (§§ 42 ff), auch tatsächlich durch Krankheit; es müssen aber auch alle gerichtsverfassungsmäßig bestellten Vertreter verhindert sein. Wird kaum praktisch.

13 **5. Nr 2. Ungewissheit über die Gerichtsbezirksgrenzen** oder wo der zuständigkeitsbegründende Ort (zB bei § 32) liegt. Wird so gut wie nie praktisch.

14 **6. Nr 3. Streitgenossen mit verschiedenem Gerichtsstand. a) Anwendbarkeit.** Nr 3 gilt nicht bei verschiedenen Rechtswegen (Rn 1). Bezieht sich auf Grund von Zweckmäßigkeitserwägungen auch auf die sachliche Zuständigkeit (BGH 90, 153 mwN) und auf das selbständige Beweisverfahren (BayObLG NJW-RR 99, 1010; Zweibrücken NJW-RR 00, 1082), auf das Verhältnis der KfH zur Zivilkammer dahin, dass nur die Zivilkammer, nicht die KfH für zuständig erklärt werden darf (Frankfurt NJW 92, 2900; Düsseldorf MDR 96, 524). Nr 3 gilt auch für Abänderungsklagen (§ 323; BGH NJW 86, 3209) und im

Mahnverfahren nach Abgabe (§ 696 Abs 1, § 700 Abs 3) oder Verweisung (BGH NJW 78, 1982), auch schon vor Abgabe, wenn mit Durchführung des Streitverfahrens zu rechnen ist (BayObLG Rpfleger 80, 436). Eine Wahlmöglichkeit zur Bestimmung ist nicht erforderlich (BGH NJW 91, 2838). – **b) Voraussetzungen** sind: **aa) Klageabsicht** 15 **gegen Streitgenossen,** die im allgemeinen Gerichtsstand (§§ 12–18) verklagt werden sollen, nicht in einem besonderen Gerichtsstand. Dass bereits Klage erhoben ist, steht nicht entgegen, solange das Verfahren nicht zu weit fortgeschritten ist (allgM; BayObLG NJW-RR 94, 890 mwN). Auf die Schlüssigkeit der Klagen kommt es nicht an (BayObLG MDR 89, 180), ebenso wenig darauf, ob wegen § 61 Rn 7 ein Streitgenosse als Zeuge entfällt (BayObLG NJW-RR 93, 1291). Die Art der Streitgenossenschaft (§§ 59, 60, 62) ist gleichgültig (hM); jedoch müssen die in Anspruch genommenen Personen einem gemeinschaftlichen Gegner gegenüberstehen (BGH NJW 92, 981). Aus Zweckmäßigkeit ist weit auszulegen (BGH NJW 98, 685). Gilt auch für die sog Drittwiderklage (§ 33 Rn 10–13; BGH NJW 91, 2838 und 00, 1871; KG NJW-RR 00, 1374), aber nur wenn der Dritte als Streitgenosse eines Klägers belangt werden soll (BGH NJW 92, 982; BayObLG NJW-RR 00, 1375). **bb) Gerichtsstände im Inland.** Jeder Streitgenosse muss im 16 Inland seinen allgemeinen oder einen besonderen Gerichtsstand haben (BGH NJW 88, 646) und die deutschen Gerichte müssen international zuständig sein (BGH NJW 80, 2646). Dies ist erweitert durch gesetzliche Zuständigkeit (ohne Bestimmung durch das Gericht) infolge des Art 6 Nr 1 EuGVÜ (dort Rn 2). **cc) Fehlen eines gemeinsamen Ge-** 17 **richtsstands.** Die Streitgenossen dürfen keinen gemeinschaftlichen Gerichtsstand haben (allgM). Das gilt auch im Fall der nachträglichen Parteierweiterung (25 vor § 50; sog Drittwiderklage [BGH NJW 00, 1871). Haben sie einen solchen, auch einen gem § 38 vereinbarten, ist aber mit einem ein anderer Gerichtsstand vereinbart (§ 38 Rn 4), so darf Nr 3 angewendet werden, wenn es dem anderen Streitgenossen zugemutet werden kann (Zweibrücken NJW-RR 00, 1082), nicht aber, um diesen Streitgenossen den vereinbarten Gerichtsstand zu entziehen (BGH NJW 83, 996), auch nicht, um den vereinbarten Gerichtsstand einem anderen Streitgenossen aufzudrängen (BayObLG NJW-RR 00, 660). Hingegen gilt Nr 3 entspr, wenn einer oder mehrere der beteiligten Streitgenossen in einem besonderen ausschließlichen Gerichtsstand verklagt werden müssten (BGH NJW 90, 155 [159]); dann kann das ausschließlich zuständige (BayObLG NJW-RR 00, 1592), insbes das prorogierte Gericht (BGH NJW 88, 646) bestimmt werden, auch wenn dort keiner der Beklagten seinen allg Gerichtsstand hat (vgl BGH NJW 87, 439 und Rn 12). Nr 3 gilt auch, wenn (nur) für den Hilfsantrag kein gemeinschaftlicher Gerichtsstand besteht. – **c) Bestimmung.** Nur ein 18 solches Gericht darf als zuständig bestimmt werden, bei dem einer der Beklagten seinen allg Gerichtsstand hat (BGH NJW 87, 439), im Verhältnis zur KfH nur die Zivilkammer (vgl Rn 14). Ausnahme bei ausschließlichem Gerichtsstand (Rn 17). Ist ungewiss, welches Gericht

sachlich zuständig ist, darf nur die örtliche Zuständigkeit bestimmt
werden (BayObLG NJW-RR 90, 1020). Die Auswahl erfolgt iü nach
Zweckmäßigkeit (Bornkamm NJW 89, 2713 [2718]), zB nach bereits
geschehenen Bestellung von RAen (Hamm NJW 00, 1947), bei selbständigen Beweisverfahren (§ 485) nach dem Gericht der Hauptsache
(BayObLG NJW-RR 98, 209).

19   **7. Nr 4. Dinglicher Gerichtsstand.** Gilt auch im Aufgebotsverfahren (BayObLG Rpfleger 77, 448). Anwendbar auch bei Gesamthypothek (RG 143, 295).

20   **8. Nr 5. Positiver Kompetenzkonflikt.** Es muss sich um denselben
prozessulen Anspruch handeln. Gilt für die sachliche, örtliche und funktionelle Zuständigkeit (vgl 2–4 vor § 1). Die widersprechenden Entscheidungen müssen rechtskräftig (§ 705), die gegebenen Rechtsbehelfe
erschöpft sein. Ein Endurteil, das eine Sachentscheidung trifft, genügt
aber für § 36 nicht, weil dessen Zweck es ist, eine Sachentscheidung zu
ermöglichen.

21   **9. Nr 6. Negativer Kompetenzkonflikt. a) Anwendung. aa) Zu
bejahen** bei Streit über sachliche, örtliche oder funktionelle Zuständigkeit (BayObLG Rpfleger 87, 124 mwN), soweit sie nicht in der Geschäftsverteilung (§ 21 e GVG) zu regeln und vom Präsidium zu entscheiden ist (BGH 71, 264); auch bei Entscheidungen von Rechtspfle-
gern verschiedener Gerichte (Celle Rpfleger 96, 278 mit Anm
Meyer-Stolte). Gilt auch bei Rechtsmittelgerichten (BGH stRspr, NJW
21 a 86, 2764). **bb) Zu verneinen:** für Streit über internationale Zuständigkeit (Schleswig JZ 00, 793 Anm Mankowski); wenn eine Sache an das
Untergericht zurückverwiesen ist, dieses die Rücknahme verweigert
und dem Obergericht die Sache zurückgibt (BGH NJW 94, 2956), bei
einem Zuständigkeitsstreit zwischen Richter und Rechtspfleger (§§ 7,
22   28 RPflG). – **b) Voraussetzungen** sind: **aa) Zuständigkeitsstreit,**
frühestens nach Zustellung oder Mitteilung einer Antragsschrift (BGH
stRspr NJW-RR 93, 130 mwN), welche die Rechtshängigkeit (BGH
NJW-RR 97, 1161) oder eine ihr entsprechende Verfahrenslage herbeiführt (Karlsruhe VersR 91, 125); in FGG-Familiensachen nicht vor
Mitteilung des Antragsschriftsatzes und Anhörung aller Beteiligter
(BGH NJW-RR 95, 514). Nur ausnahmsweise vor Rechtshängigkeit
23   (vgl Rn 3). **bb) Rechtskräftige Entscheidung.** Dafür kommt insbes
in Betracht: Verweisung gem § 281 (BGH 71, 69), Abgabe gem
§ 621 Abs 3 (BayObLG FamRZ 80, 1034) oder gem § 46 Abs 1 WEG
(BayObLG NJW-RR 90, 1431), ausdrückliche Unzuständigkeitserklä-
rung (BGH NJW 80, 1282). Nicht genügen: interne, den Parteien nicht
bekannt gemachte Verfügungen, insbes Aktenabgaben (BGH stRspr
NJW-RR 92, 1154), Rücksendung der Akten (BGH NJW 89, 461 und
NJW-RR 92, 1154) oder deren Weiterleitung (BayObLG NJW-RR 94,
1428); Unzuständigkeitserklärungen vor Eintritt der Rechtshängigkeit
grundsätzlich (BGH NJW 80, 1281; vgl aber Rn 26 aE); Ersuchen um
24   Rückübernahme (BayObLG FamRZ 81, 62). **cc) Gegebene Zustän-**

digkeit. Es muss eines der Gerichte, die sich für unzuständig erklärt haben, wirklich zuständig sein (BGH NJW 95, 534). Ist ein bisher am Zuständigkeitsstreit nicht beteiligtes Gericht zuständig, so kann dieses sofort bestimmt werden, wenn nicht noch Tatsachen vorzubringen sind, nicht „zu ermitteln" (so BGH aaO mit krit Anm von Jauernig NJW 95, 2017), rechtliches Gehör gewährt und Verweisungsantrag (§ 281 Abs 1 S 1) gestellt ist, insbes wenn das Gericht ausschließlich zuständig (BGH 71, 69 [72] und NJW-RR 94, 1282) oder bereits ein bindender Verweisungsbeschluss ergangen ist (BGH NJW-RR 93, 701). Fehlt es daran, kann der Verweisungsbeschluss aufgehoben und die Sache an das Gericht zurückverwiesen werden, das vorgelegt hat (BGH NJW 95, 534; vgl § 37 Rn 4). – **c) Bindungswirkung** eines Verweisungsbeschlusses **25** (§ 281 Abs 2 S 2) ist zu beachten, so dass das Gericht, an welches bindend verwiesen ist, als zuständig bestimmt werden muss. Diese Bindung besteht auch, wenn das LG an das AG gemäß §§ 18, 18 a HausratsVO abgibt (Karlsruhe NJW-RR 93, 71 mwN), aber nicht beim AG im Verhältnis Prozess- und Familiengericht (BayObLG NJW-RR 93, 9 mwN) und allgemein bei funktioneller Unzuständigkeit (BayObLG Rpfleger 89, 80), bei groben Rechtsirrtümern des verweisenden Gerichts (BGH NJW-RR 92, 383), Nichtbeachtung der hM (KG NJW-RR 99, 1011) oder bei Verweisungsbeschlüssen, die vor Rechtshängigkeit erlassen wurden (BayObLG NJW-RR 92, 569 mwN; Jauernig NJW 95, 2017). Für fehlende Bindung auch in anderen Fällen: Fischer NJW 93, 2417. – **d) Entsprechende Anwendung** wird prakti- **26** ziert: **aa) Zivilkammer** im Verhältnis zur KfH (allgM; Brandenburg NJW-RR 01, 429); sowie von Zivilkammer zur Kammer für Baulandsachen (Oldenburg MDR 77, 497), auch bei Abgaben vor Rechtshängigkeit (BGH NJW 83, 1062). Keine entspr Anwendung im Verhältnis Berufungskammer zu erstinstanzlicher Zivilkammer (BGH NJW 00, 80). **bb) Freiwillige Gerichtsbarkeit** im Verhältnis zur streitigen **27** (hM), jedenfalls soweit es Wohnungseigentumssachen betrifft (BGH NJW 84, 740 = JR 84, 159 m Anm v Kuntze; Köln NZM 99, 314). Zur Entscheidung zuständig (vgl Rn 7) ist in Bayern das BayObLG anstelle des OLG (BayObLG NJW-RR 90, 1431). Entspr anzuwenden ist Nr 6 außerdem im Verhältnis zu Landwirtschaftssachen (BGH 104, 363) sowie innerhalb der freiwilligen Gerichtsbarkeit, soweit es sich nicht um die örtliche Zuständigkeit (vgl § 5 FGG) handelt, auch bei FGG–Familiensachen (BGH FamRZ 91, 50). **cc) Familiengericht** im Verhältnis zum **28** Streitgericht (allg Prozessabteilung), zum Vollstreckungsgericht (BayObLG FamRZ 91, 212), zum Vormundschaftsgericht (BGH NJW 81, 126) und auch unmittelbar zum LG (BayObLG NJW-RR 93, 9). Das gilt auch, wenn bei einer Beschwerde die Zuständigkeit des LG statt der des OLG in Betracht kommt (BayObLG FamRZ 85, 945).

10. Wirkung. Bereits der Antrag hemmt die Verjährung (§ 204 **29** Nr 13 nF BGB). Das gemäß § 36 bestimmte Gericht wird zuständig, die bereits begründete Rechtshängigkeit geht auf dieses Gericht über. Die

Rechtskraft der entgegenstehenden Entscheidung bei Nr 5 und 6 wird durchbrochen. Gebunden ist das als zuständig bestimmte Gericht im Rahmen der getroffenen Entscheidung (zB die Zivilkammer oder die KfH im Fall Rn 26) unter allen Umständen (StJSchumann § 37 Rn 4). Davon Ausnahmen zuzulassen (zB bei Wegfall oder irriger Annahme der Voraussetzungen, unwahren Angaben), widerspricht dem Sinn und Zweck des § 36, nämlich bald eine Sachentscheidung zu ermöglichen, außerdem der Über- und Unterordnung der Gerichte. Allerdings muss bei Nr 3 die beabsichtigte Klage auch tatsächlich in dem der Zuständigkeitsbestimmung zugrundegelegten Umfang erhoben werden (hM; München NJW-RR 88, 128 mwN).

§ 37 Verfahren bei gerichtlicher Bestimmung

(1) **Die Entscheidung über das Gesuch um Bestimmung des zuständigen Gerichts ergeht durch Beschluss.**

(2) **Der Beschluß, der das zuständige Gericht bestimmt, ist nicht anfechtbar.**

Abs 1 ist geändert mWv 1. 1. 2002 durch Art 2 Nr 2 ZPO-RG.

1   **1. Allgemeines.** Es handelt sich um Rechtspflege, nicht um Justizverwaltung (allgM). **a) Gesuch** (Antrag) kann als sog Vorlage auch von einem Gericht ausgehen (§ 36 Rn 2). Von der Partei ist es schriftlich oder zu Protokoll der Geschäftsstelle zu stellen. Kein Anwaltszwang nach § 78 (allgM). Der Antrag kann von einer Partei oder ihrem Nebenintervenienten gestellt werden, vom Beklagten auch im Fall des § 36 Abs 1 Nr 6 (Düsseldorf NJW-RR 90, 2021), aber nicht in den Fällen des § 36 Abs 1 Nr 3 (BGH NJW 90, 2751) und 4. Bei § 36 Abs 1 Nr 3 kann der Rechtsstreit schon anhängig sein (BGH NJW 87, 439, vgl § 36
2   Rn 3). – **b) Inhalt des Gesuchs.** Das Gericht, das für zuständig erklärt werden soll, kann, muss aber nicht bezeichnet sein. Es sind die Tatsachen und Beweismittel anzugeben.

3   **2. Entscheidung** ergeht stets durch Beschluss (Abs 1). § 308 Abs 1 gilt nicht. **a) Verfahren.** Prozessvoraussetzungen müssen grundsätzlich nicht geprüft werden. Prozessfähigkeit ist zu unterstellen, wie für den Streit um diese selbst (BGH NJW-RR 87, 757; Bornkamm NJW 89, 2713 [2715]); dies gilt auch für Begründung und Aufgabe des Wohnsitzes (§ 7 BGB) zur Feststellung des Gerichtsstands (BGH NJW-RR 88, 387). Keine Amtsermittlung, aber Freibeweis (vgl 6 vor § 284). Recht-
4   liches Gehör ist zu gewähren. – **b) Inhalt.** Das Gesuch (der Antrag) wird zurückgewiesen, wenn eine der Voraussetzungen der Entscheidung (§ 36 Rn 1–5) fehlt oder keiner der Fälle des § 36 Abs 1 Nr 1–6 vorliegt; andernfalls wird in der Formel des Beschlusses das zuständige Gericht bestimmt. Bei mehreren beteiligten Gerichten ist iF des § 36 Abs 1 Nr 6 das zuständige Gericht, wenn es ausschließlich zuständig ist, unmittelbar zu bestimmen, auch wenn dieses Gericht bisher nicht beteiligt war (BGH 71, 69). Fehlen die Voraussetzungen des § 36 Abs 1,

ist die Sache zurückzugeben an das letzte mit ihr befasste Gericht (Jauernig NJW 95, 2017); das ist idR das vorlegende. – **c) Kostenent-** 5 **scheidung.** Unterbleibt grundsätzlich, insb bei § 36 Abs 1 Nr 6, weil die Kosten dieses Verfahrens solche des Rechtsstreits der Hauptsache sind (§ 91; Düsseldorf MDR 83, 846), ergeht aber bei § 36 Abs 1 Nr 3, wenn das Gesuch abgelehnt (BayObLG NJW-RR 00, 141) oder zurückgenommen wird analog § 269 (BGH NJW-RR 87, 757). Der Wert beträgt dann einen Bruchteil der Hauptsache (BayObLG Büro 89, 132). – **d) Rechtsbehelfe.** Der stattgebende Beschluss ist unanfechtbar 6 (Abs 2); gegen den zurückweisenden des LG findet sofortige Beschwerde statt (§ 567 Abs 1 Nr 2); gegen den des OLG kann Rechtsbeschwerde zulässig sein (§ 574 Abs 1 Nr 2).

Titel 3. Vereinbarung über die Zuständigkeit der Gerichte

Vorbemerkung

1. Grundlagen und Begriffe. Die Zuständigkeit eines Gerichts 1 erster Instanz kann durch Verhalten der Prozessparteien begründet oder ausgeschlossen werden durch Gerichtsstandsvereinbarung (§ 38) und nach Klage durch rügelose Verhandlung des Beklagten zur Hauptsache (§ 39). Prorogation ist die Vereinbarung, dass an sich unzuständiges Gericht zuständig werde, Derogation, dass ein an sich zuständiges Gericht nicht zuständig sein soll. Gerichtsstandvereinbarungen sind im Grundsatz unzulässig (Rn 10).

2. Rechtsnatur der Gerichtsstandsvereinbarung. Sie ist ein Prozess- 2 vertrag (Einl III Rn 6; RoSchwGottwald § 37 I 1; ZöVollkommer § 38 Rn 4). Nach aA ist sie ein bürgerlich-rechtlicher Vertrag dann, wenn die Gerichtsstandvereinbarung vor dem Prozess abgeschlossen wird (BGH 49, 384 und 59, 27). Es gelten für sie auch als Prozessvertrag grundsätzlich die Regeln des BGB über Rechtsgeschäfte (vgl Einl III Rn 6), insbes über Zustandekommen (§ 151 BGB), Vertretung, Anfechtung, Nichtigkeit (zB §§ 134, 138 BGB). Die Prozesshandlungsvoraussetzungen (Einl III Rn 10), insbes die Postulationsfähigkeit müssen nur vorliegen, wenn die Erklärungen zur Gerichtsstandvereinbarung vor oder gegenüber dem Gericht abgegeben werden. Ihre Zulässigkeit und Wirkung (§ 38 Rn 30–33) richtet sich im Übrigen sowieso nach Prozessrecht. An der entspr Anwendung der BGB-Vorschriften wird auch vom Standpunkt der Meinung aus, die in der Prorogation stets eine Prozesshandlung sieht, kaum gezweifelt.

3. Anwendungsbereich der §§ 38–40. **a) Sie gelten:** nur im ersten 3 Rechtszug für die sachliche und örtliche, entspr für die internationale Zuständigkeit (allgM, vgl Rn 5); in jedem Verfahren, das der ZPO unterliegt, insbes auch für Arrest und einstw Verfügung. – **b) Sie gelten** 4 **nicht:** für die funktionelle Zuständigkeit (2 vor § 1), für die Geschäftsverteilung (§ 21 e GVG) und wenn der Gerichtsstand durch eine Rechtsnorm bestimmt wird.

5   **4. Besonderheiten für internationale Zuständigkeit** (Begriff: 5
vor § 1). **a) Grundsatz.** Die Parteien eines internationalen Rechtsstreits
können die (auch ausschließliche) Zuständigkeit eines deutschen oder
eines ausländischen Gerichts frei vereinbaren (BGH NJW 71, 325),
soweit das Schutzbedürfnis des Arbeitnehmers nicht entgegensteht auch
in der Arbeitsgerichtsbarkeit (BAG NJW 73, 963). In der Vereinbarung
der ausschließlichen Zuständigkeit eines ausländischen Gerichts liegt die
Derogation der internationalen Zuständigkeit deutscher Gerichte; dieser
Rechtsschutzverzicht ist jedoch nur unter bestimmten Voraussetzungen
wirksam und bedarf der Form des § 38 Abs 2 S 2 (BAG NJW 84, 1320;
vgl aber § 38 Rn 8). Die Zuständigkeit eines deutschen Gerichts kann
auch vereinbart werden, wenn beide Parteien Ausländer sind (Köln BB
73, 405). Im Anwendungsbereich der EuGVVO geht deren Art 17 als
6   Spezialgesetz dem § 38 Abs 1 und 2 vor (hM). – **b) Anzuwendendes
Recht.** Es ist zu unterscheiden: **aa) Für das Zustandekommen** der
Gerichtsstandvereinbarung, die nicht vor dem Prozessgericht abgeschlossen wird, ist dasjenige Recht anzuwenden, das nach den Regeln des
internationalen Privatrechts gilt. Hierbei ist darauf abzustellen, in Bezug
auf welches Rechtsverhältnis (insbes Vertrag) die Gerichtsstandver-
barung abgeschlossen wurde (BGH 59, 23), sodass die Wirksamkeit der
Gerichtsstandvereinbarung nach dieser Rechtsordnung zu beurteilen ist
(BGH NJW 89, 1431). In der Wahl deutschen Rechts liegt nicht auch
die Vereinbarung der Zuständigkeit deutscher Gerichte (Saarbrücken
7   NJW 00, 670). **bb) Für die Zulässigkeit** der Gerichtsstandvereinbarung und ihre Wirkung auf die Zuständigkeit eines deutschen Gerichts ist deutsches Recht anzuwenden (hM; BGH aaO; Geimer NJW
71, 323 mwN). Dies gilt auch dafür, ob die Zuständigkeit deutscher
Gerichte ausgeschlossen ist (vgl BGH NJW 86, 1438 mit Anm von
Geimer) und die eines ausländischen Gerichts vereinbart (BGH aaO). –
8   **c) Wirkung.** Auch die internationale Gerichtsstandvereinbarung bewirkt im Zweifel die ausschließliche Zuständigkeit (9 vor § 1) des prorogierten Gerichts; so auch Art 17 EuGVVO (dort Rn 21). Umstritten
ist, ob diese Ausschließlichkeit auch anzunehmen ist, wenn das Urteil
insbes wegen fehlender Verbürgung der Gegenseitigkeit (§ 328 Abs 1
Nr 5) nicht anerkannt werden würde. Von der hM wird das bejaht
(BGH 49, 124 und NJW 71, 325; dagegen Walchshöfer NJW 72, 2164
und ZZP 82, 302 mwN).

9   **5. Grundsatz des Prorogationsverbots. a) Zweck.** Die Vereinbarung eines von den §§ 12–16 abweichenden Gerichtsstandes, der für
die davon betroffene Partei ungünstig gelegen ist, kann für diese ein
erheblicher Nachteil sein. Davor sollen wirtschaftlich Schwächere (ins-
10   bes Privatpersonen, Verbraucher) geschützt werden. – **b) Gestaltung.**
Die §§ 38–40 sind so gefasst, dass als (ungeschriebener) Grundsatz das
Verbot von Gerichtsstandvereinbarungen besteht, § 38 sie in begrenztem
Umfang zulässt, § 39 bei rügelosem Verhandeln zur Hauptsache für alle
Prozesse die Zuständigkeit begründet und § 40 unter bestimmten

Voraussetzungen jede Gerichtsstandvereinbarung verbietet. Ferner wird durch § 29 Abs 2 eine Umgehung des Prorogationsverbots verhindert. – **c) Wirkung.** Verbotswidrige Prorogationen sind nichtig (§ 134 BGB). Klagt die Partei, die durch das Prorogationsverbot geschützt werden soll (Rn 9), am vereinbarten Gerichtsstand, so ist die Rüge fehlender Zuständigkeit durch die andere Partei wegen Rechtsmissbrauchs unerheblich; es gilt § 39, bei Säumnis des Beklagten auch analog (Bülow VersR 76, 415). **11**

§ 38 Zugelassene Gerichtsstandsvereinbarung

(1) **Ein an sich unzuständiges Gericht des ersten Rechtszuges wird durch ausdrückliche oder stillschweigende Vereinbarung der Parteien zuständig, wenn die Vertragsparteien Kaufleute, juristische Personen des öffentlichen Rechts oder öffentlich-rechtliche Sondervermögen sind.**

(2) **[1]Die Zuständigkeit eines Gerichts des ersten Rechtszuges kann ferner vereinbart werden, wenn mindestens eine der Vertragsparteien keinen allgemeinen Gerichtsstand im Inland hat. [2]Die Vereinbarung muß schriftlich abgeschlossen oder, falls sie mündlich getroffen wird, schriftlich bestätigt werden. [3]Hat eine der Parteien einen inländischen allgemeinen Gerichtsstand, so kann für das Inland nur ein Gericht gewählt werden, bei dem diese Partei ihren allgemeinen Gerichtsstand hat oder ein besonderer Gerichtsstand begründet ist.**

(3) **Im übrigen ist eine Gerichtsstandsvereinbarung nur zulässig, wenn sie ausdrücklich und schriftlich**
1. **nach dem Entstehen der Streitigkeit oder**
2. **für den Fall geschlossen wird, daß die im Klageweg in Anspruch zu nehmende Partei nach Vertragsschluß ihren Wohnsitz oder gewöhnlichen Aufenthaltsort aus dem Geltungsbereich dieses Gesetzes verlegt oder ihr Wohnsitz oder gewöhnlicher Aufenthalt im Zeitpunkt der Klageerhebung nicht bekannt ist.**

1. Allgemeines. Dem § 38 ist das grundsätzliche Verbot von Gerichtsstandvereinbarungen zu entnehmen (vgl 9–11 vor § 38); denn § 38 lässt sie nur in beschränktem Umfang zu. Anwendungsbereich: 3 und 4 vor § 38. **a) Unabdingbarkeit.** § 38 ist zwingend und unverzichtbar. Trotz des Prorogationsverbots kann im Einzelfall die Zuständigkeit durch § 39 begründet werden. – **b) Prüfung.** Die Behauptungs- und Beweislast für das Vorliegen einer Gerichtsstandsvereinbarung entspricht der für die Zulässigkeit der Klage (13 vor § 253), da es um die Zuständigkeit, daher um eine Prozessvoraussetzung geht. Die Gerichtsstandsvereinbarung muss deshalb durch Tatsachenvortrag (§ 138 Abs 1) dargelegt und vorgetragen werden, wann, durch wen, mit welchem Inhalt und in welcher Form sie zustande gekommen ist. Dasselbe gilt für **1** **2** **3**

erforderliche Tatsachen zu § 38 (zB Kaufmannseigenschaft bei Abs 1).
Im Säumnisverfahren gelten diese Tatsachen nicht als zugestanden
(§ 331 Abs 1 S 2; vgl dort Rn 3).

4   **2. Zulässigkeit** von Gerichtsstandvereinbarungen. **a) Allgemeines.**
Sie sind in den 4 Fallgruppen der Rn 7, 12, 16 und 19 zulässig. Prorogation und Derogation (1 vor § 38) sind auch verbunden möglich.
Derogation ist aber nur zulässig, solange noch ein zuständiges Gericht
5   verbleibt. – **b) Voraussetzungen** sind: **aa)** Bezug auf ein bestimmtes
Rechtsverhältnis (§ 40 Abs 1). **bb)** Einer nichtvermögensrechtlichen
Streitigkeit darf § 40 Abs 2 S 1 Nr 1 nicht entgegenstehen. **cc)** Es darf
keine ausschließliche Zuständigkeit bestehen (§ 40 Abs 2 S 1 Nr 2).
dd) Ein bestimmtes oder bestimmbares Gericht muss der Gerichtsstand-
6   vereinbarung zu entnehmen sein. – **c) Mehrere Gerichtsstände** können vereinbart werden mit der Rechtsfolge des § 35 (allgM). Dies gilt
auch für den Beklagten (BGH NJW 83, 996).

7   **3. Gerichtsstandvereinbarung von prorogationsbefugten Parteien** (Abs 1). Das sind alle Kaufleute (Rn 9) und jur Personen, auch
solche des öffentlichen Rechts, sowie Sondervermögen (Rn 11). Es
müssen beide Parteien prorogationsbefugt sein, so dass auch nicht zugunsten einer Partei, die nicht prorogationsbefugt ist, prorogiert werden
8   kann (Klunzinger JR 74, 271). **a) Form.** Prorogation ist formfrei; dies
folgt direkt aus Abs 1. Es ist daher Rn 25 anzuwenden. Für einen
9   internationalen Rechtsstreit vgl Rn 12 ff. – **b) Kaufleute.** Das sind:
aa) Inhaber eines Handelsgewerbes (§ 1 HGB) oder eines im Handelsregister eingetragenen Unternehmens. Außerdem alle Handelsgesellschaften (§ 6 HGB) und die persönlich haftenden Gesellschafter von
OHG und KG (StJBork 4). Maßgebender Zeitpunkt für die Kaufmannseigenschaft ist derjenige der Vereinbarung (Köln NJW-RR 92, 571
mwN), nicht der der Rechtshängigkeit. Alle Kaufleute sind auch prorogationsbefugt, wenn das Rechtsverhältnis kein Handelsgeschäft (§ 343
10 HGB) betrifft, sondern ein privates Rechtsgeschäft. **bb) Nicht:** Inhaber
eines Gewerbebetriebs, das keinen kaufmännisch eingerichteten Geschäftsbetrieb erfordert (§ 1 Abs 2 HGB) Gewerbetreibende iS des § 2
HGB, Land- oder Forstwirte iS des § 3 HGB, die nicht im Handelsregister eingetragen sind, ferner Unternehmer, die kein Handelsgewerbe
(§ 1 Abs 1 HGB) betreiben und nicht gemäß § 2 HGB in das Handelsregister eingetragen sind, Angehörige freier Berufe (zB RAe, Ärzte,
11 Architekten, Steuerberater), auch eingetragene Vereine. – **c) Öffentlich-rechtliche Parteien.** Juristische Personen sind: alle Körperschaften, Anstalten und Stiftungen, sowie Sondervermögen. Prorogations-
befugnis besteht sowohl untereinander als auch gegenüber Kaufleuten.

12   **4. Gerichtsstandvereinbarung für internationalen Rechtsstreit**
13 (Abs 2). Grundlagen: 5–8 vor § 38. **a) Anwendungsbereich:** alle natürlichen und juristischen Personen ohne Rücksicht auf Staatsangehörigkeit. Es kommt nur auf den allgemeinen Gerichtsstand an (§§ 12–18). Er
muss für mindestens eine der Parteien nicht im Inland liegen. Auf

besondere Gerichtsstände (§§ 21–34) kommt es nicht an. – **b) Sonder-** 14
regelungen gehen vor (allgM). Abs 2 gilt daher nur, soweit nicht durch
internationale Abkommen Gerichtsstandvereinbarungen ausgeschlossen,
beschränkt oder erleichtert sind. Das ist insbes durch Art 17 EuGVVO
geschehen (vgl dort). – **c) Form** (Abs 2 S 2): schriftlich oder schriftlich 15
bestätigt. Die Schriftform ist jedoch auch dann gewahrt, wenn die
Erklärungen in getrennten Schriftstücken (insbes Schriftwechsel) enthalten sind (StJBork 16, 17; RoSchwGottwald § 37 I 3; noch offengelassen
von BGH 116, 77). Unterschrift ist nicht nötig (StJBork aaO). Schriftlich bestätigt wird der mündliche Vertragsabschluss, wenn er von einer
Partei schriftlich abgefasst und unterzeichnet ist, der anderen Partei
zugeht (wie § 130 BGB) und von ihr nicht widersprochen wird. Düsseldorf NJW-RR 98, 1145 fordert einen zeitlichen Zusammenhang. Welche Vertragspartei bestätigt, ist gleichgültig (BGH NJW 86, 2196). Diese
Form gilt nicht für Kaufleute (Rn 9). Für diese bleibt Abs 1 (Rn 8)
anwendbar (Saarbrücken NJW-RR 89, 829 mwN; sehr bestr; aA Nürnberg NJW 85, 1296 mwN; vgl ZöVollkommer 25). – **d) Wahl** der
Gerichtsstände (Abs 2 S 3). Sie ist grundsätzlich frei, begrenzt wird sie
nur auf die gesetzlichen Gerichtsstände der inländischen Partei, vor
denen deren Gegner sowieso klagen könnte. Dies dient dem Schutz der
inländischen Partei und bewirkt Ausschließlichkeit (9 vor § 1).

5. Nachfolgende Gerichtsstandvereinbarung (Abs 3 Nr 1). 16
a) Anwendungsbereich. Gilt für alle natürlichen und juristischen Personen, ohne Rücksicht auf Geschäftsgewandtheit und Schutzbedürfnis,
wenn sie nicht nach Abs 1 prorogationsbefugt sind (Rn 9, 11). –
b) Form (Abs 3): ausdrücklich und schriftlich (Rn 27). – **c) Streitig-** 17
keit. Diese erfordert nicht einen anhängigen Rechtsstreit. Es genügt die
Äußerung unterschiedlicher Ansichten (beider Parteien) über die
Rechtsfolgen aus dem Rechtsverhältnis, auf das sich die Prorogation
bezieht (umstr; vgl ZöVollkommer 33). – **d) Entstehen der Streitig-** 18
keit: mit Zugang derjenigen Äußerung, an der sich die im Vergleich zur
vorangegangenen Äußerung unterschiedliche Ansicht der Parteien ergibt. Bezieht sich die Streitigkeit auf einen Vertrag, kann sie erst nach
dessen Abschluss entstehen, so dass Nr 1 nicht gilt, wenn die Prorogation
zugleich mit dem Vertrag abgeschlossen wird (BGH NJW 86, 1438 mit
Anm von Geimer). Eine Prorogation für eine bestimmte Streitigkeit
gestattet nicht die Ausdehnung der Prorogation für weitere noch nicht
entstandene Streitigkeiten. Die Prorogation kann bis zur Bindung infolge
Rechtshängigkeit (§ 261 Abs 3 Nr 2), im Mahnverfahren bis zur Abgabe gemäß § 696 Abs 1 S 1 (BayObLG MDR 95, 312), beim zuständigen Gericht, beim unzuständigen Gericht auch noch nach Rechtshängigkeit vorgenommen werden, solange nicht § 39 entgegensteht (BGH
NJW 76, 626).

6. Gerichtsstandvereinbarung bei erschwerter Rechtsverfol- 19
gung (Abs 3 Nr 2). **a) Anwendungsbereich:** alle natürlichen Personen, die nicht Kaufleute sind und deshalb unter Abs 1 fallen (Rn 9).

Die Vorschrift ist insbes auf Gastarbeiter zugeschnitten. Bezieht sich nur
20 auf die örtliche Zuständigkeit. – **b) Form:** wie Rn 17. – **c) Voraussetzungen.** Anspruch: damit ist der prozessuale Anspruch (Einl II) gemeint; umfasst insbes auch Feststellungs- und Gestaltungsklagen. Vertragsschluss: bezieht sich auf den bürgerlich-rechtlichen Vertrag, der aber
(anders als bei Nr 1, vgl Rn 18) regelmäßig mit der Gerichtsstandvereinbarung zusammenfällt. Wohnsitz: § 13. Gewöhnlicher Aufenthaltsort: wie § 606 Abs 1 S 1. Nicht bekannt: Der Kläger darf trotz zumutbarer Nachforschungen eine zustellungsfähige Anschrift nicht kennen.
Hierfür wird genügen, dass eine Auskunft der bei Vertragsschluss als
Wohnort angegebenen Stadt oder Gemeinde erteilt ist, wonach der
Beklagte dort nicht bekannt oder mit unbekannter Anschrift verzogen
ist. Der Nachweis, dass keine neue Anschrift mitgeteilt ist, darf nur unter
21 besonderen Umständen verlangt werden. – **d) Wirkung.** Der vereinbarte Gerichtsstand gilt nur hilfsweise für den Fall, dass der bei Vertragsschluss gegebene allgemeine Gerichtsstand im Inland (§ 13 oder § 16)
nachträglich entfallen ist.

22   **7. Allgemeine Voraussetzungen** einer wirksamen Gerichtsstandvereinbarung. Sie muss zulässig (Rn 4–21) und stets als Vertrag (vgl 2 vor
§ 38) gem §§ 145–156 BGB wirksam zustande gekommen sein. Außer-
23 dem ist zu beachten: **a) Identität.** Die Parteien des Rechtsstreits müssen
auch die des Vertrags sein oder ihre Rechtsvorgänger. Ihre Rechtsnachfolger müssen nicht prorogationsbefugt sein (hM; Köln NJW-RR 92,
24 571 mwN). – **b) Zeitpunkt.** Grundsätzlich kann erst prorogiert werden, sobald ein bestimmtes Rechtsverhältnis (auch als künftiges) festgelegt werden kann. Bei Abs 3 Nr 1 ist es jedoch erst später zulässig,
weil die Streitigkeit bereits entstanden sein muss (Rn 18). Ab Rechtshängigkeit kann eine gegebene Zuständigkeit nicht mehr durch Prorogation beseitigt werden (§ 261 Rn 16). Nach Verweisung ist eine Ge-
25 richtsstandvereinbarung stets wirkungslos (§ 281 Rn 2). – **c) Form.** Es
ist zu unterscheiden: **aa) Formlos,** insbes mündlich, auch stillschweigend ist die Gerichtsstandvereinbarung nur unter Prorogationsbefugten
wirksam (Abs 1; Rn 8), insbes auch auf Grund von AGB, Formular-
vertrag, Satzung (hierzu Wilm WiB 94, 253), VOB, Handelsbrauch. Die
widerspruchslose Entgegennahme von Rechnungen genügt idR nicht
26 (Karlsruhe NJW-RR 93, 567 mwN; umstr). **bb) Schriftlich oder
schriftlich bestätigt** (Abs 2). Das ist die Form für den internationalen
27 Rechtsstreit (Rn 15). **cc) Ausdrücklich und schriftlich** (Abs 3;
Rn 16, 19). Ausdrücklich: Der Wortlaut muss die Begriffe Zuständigkeit
und Gericht umfassen oder so deutlich umschreiben, dass die Wirkung
der Zuständigkeitsvereinbarung auch von Laien unmittelbar erkannt
wird. Schriftlich: Ob damit die Schriftform des § 126 BGB gemeint ist,
also Unterzeichnung auf derselben Urkunde (§ 126 Abs 2 BGB) oder
ob die auf getrennten Urkunden genügt, ist umstr (vgl BGH 116, 77
mwN). Vorzuziehen ist die Gleichstellung mit Abs 2 S 2 („schriftlich").
Danach ist § 126 Abs 2 BGB nicht anzuwenden, so dass die schriftliche

Erklärung in getrennten Schriftstücken (insbes Schriftwechsel) enthalten sein kann (StJBork 32). Elektronische Form (§ 126 Abs 3 BGB) ist nicht ausgeschlossen. Einseitige schriftliche Bestätigung genügt nicht. Es genügt die Bezugnahme auf verbundene oder umseitige schriftliche Erklärungen oder andere individuelle Verträge, wenn die Bezugnahme von einer Unterschrift gedeckt ist. Die idR nicht unterschriebene Vereinssatzung genügt nicht. Hingegen können unterschriebene AGB und Formularverträge diese Form erfüllen. – **d) Inhalt.** In den Fällen Abs 1, **28** 2 und 3 Nr 1 genügt, dass in der Vereinbarung das Gericht bestimmt und das Rechtsverhältnis wenigstens durch Bezugnahme oder durch räumliche Verbindung (zB Vertragsurkunde) identifiziert wird. Die Wahl zwischen zwei örtlich verschiedenen Gerichtsständen kann für den Beklagten offen bleiben (BGH NJW 83, 996). Für Abs 3 Nr 2 genügt nicht die Formulierung „soweit gesetzlich (oder: nach § 38 Abs 3) zulässig"; der Fall Nr 2 muss vielmehr wörtlich bezeichnet sein (Löwe NJW 74, 473). – **e) Allgemeine Geschäftsbedingungen.** Die Vereinbarkeit mit den §§ 305–309 nF BGB ist nur im Anwendungsbereich **29** (§ 310 nF BGB) erhebl.

8. Wirkung. Sie erfordert die Wirksamkeit der Gerichtsstandvereinbarung. Vorausgesetzt, dass darüber nicht gestritten wird, ist sie unabhängig von der Wirksamkeit des Rechtsgeschäfts oder Rechtsverhältnisses, für das oder in dessen Rahmen die Gerichtsstandvereinbarung abgeschlossen ist; denn sie soll gerade für den Fall gelten, dass über das Rechtsgeschäft oder -verhältnis gestritten wird, auch über dessen Zustandekommen. **a) Umfang.** Die Wirkung beschränkt sich auf die **31** Zuständigkeit des prorogierten und die Unzuständigkeit des derogierten Gerichts; sie ist für diese bindend. Sie tritt nur für die in der Gerichtsstandvereinbarung bezeichneten Ansprüche ein. Der Umfang ist durch Auslegung zu ermitteln und erstreckt sich im Zweifel auf vertragliche und deliktische Ansprüche (hM; Mansel ZVglRWiss 87, 1 [23] mwN). Ist sie in AGB oder Formularverträgen getroffen, umfasst sie iZw nur die vertraglichen Ansprüche, nicht solche aus unerlaubter Handlung (Stuttgart BB 74, 1270). Sie gilt für die Klage beider Parteien, idR auch für die gem § 128 HGB haftenden Gesellschafter (BGH NJW 81, 2644). Wird Gerichtsstand München vereinbart, ist das AG München oder LG München I gemeint (BGH MDR 97, 91). – **b) Ausschließlichkeit** des **32** Gerichtsstands (9 vor § 1). Ob dies vereinbart ist, hängt vom Inhalt der Vereinbarung ab. Sie ist ggf auszulegen (Einl III Rn 16). Im Zweifel ist die Zuständigkeit ausschließlich (bestr); idR ist sie es auf Grund des Art 23 EuGVVO (dort Rn 21). Die Klausel „Gerichtsstand ist jeweils das Land des Klägers" bewirkt keine ausschließliche, sondern eine zusätzliche Zuständigkeit (München IPRax 85, 341 mit Anm von Jayme/Haack 323). Die Ausschließlichkeit kann zur beschränkten Zulässigkeit der Streitverkündung führen (vgl § 72 Rn 3 a). – **c) Unwirksam** sind **33** alle Gerichtsstandvereinbarungen, die dem Prorogationsverbot unterliegen (9–11 vor § 38).

§ 39 Zuständigkeit infolge rügeloser Verhandlung

¹ **Die Zuständigkeit eines Gerichts des ersten Rechtszuges wird ferner dadurch begründet, daß der Beklagte, ohne die Unzuständigkeit geltend zu machen, zur Hauptsache mündlich verhandelt.** ² **Dies gilt nicht, wenn die Belehrung nach § 504 unterblieben ist.**

1. Allgemeines. a) Anwendungsbereich: wie 3, 4 vor § 38. § 39 gilt und wirkt auch in allen Fällen, in denen eine Gerichtsstandvereinbarung durch § 38 nicht zugelassen ist. Gilt auch im schriftlichen Verfahren gem § 128 Abs 2 (BGH NJW 70, 198), in dem die rügelose schriftliche Einlassung dem mündlichen Verhandeln entspricht (Rn 7). Für die internationale Zuständigkeit gilt § 39 grundsätzlich entspr (BGH NJW 93, 1270 mwN); denn der Beklagte unterwirft sich über § 39 auch der deutschen Gerichtsbarkeit. Im Geltungsbereich des EuGVÜ geht dessen Art 18 (dort Rn 1) dem § 39 vor. – **b) Zweck.** Es soll nicht im Belieben einer Partei stehen, den Prozess in einem späteren Stadium noch an ein anderes Gericht zu bringen. Deshalb steht § 39 einer erst nach Rechtshängigkeit zustande gekommenen Prorogation (§ 38 Rn 16) nicht entgegen, wenn sie getroffen wird (BGH NJW 76, 626), bevor die Wirkung (Rn 11) eintritt.

2. Voraussetzungen. Als selbstverständlich vorausgesetzt ist die Unzuständigkeit des Gerichts, vor dem verhandelt wird. Das gilt auch für die internationale Zuständigkeit (Rn 1). Für die zuständigkeitsbegründende Wirkung (Rn 11) ist notwendig: **a) Rechtshängigkeit** muss zz des rügelosen Verhandelns vorliegen. Bei Mehrheit von prozessualen Ansprüchen (§ 260, 33) ist dabei auf den jeweiligen Anspruch abzustellen. – **b) Verhandeln zur Hauptsache** von Seiten des Beklagten, ohne Rücksicht darauf, ob ihm bewusst ist, dies zu tun. Ist der Kläger säumig, genügt einseitiges Verhandeln. In diesem Fall ist der Antrag auf Versäumnisurteil (§ 330) oder auf eine Sachentscheidung gem § 331 a ausreichend, weil dadurch die Klage als unbegründet abgewiesen würde (vgl § 330 Rn 4). Der Beklagte kann die Wirkung des § 39 aber durch Antrag auf Prozessurteil (§ 330 Rn 3) vermeiden. **aa) Hauptsache:** der prozessuale Anspruch (Streitgegenstand: Einl II). Bei Anspruchshäufung (§ 260), erst recht bei Streitgenossenschaft (§§ 59, 60) ist für jeden Anspruch gesondert festzustellen, ob zur Hauptsache verhandelt ist. Es sind Erklärungen tatsächlichen oder rechtlichen Inhalts zum Streitgegenstand erforderlich, zB die Einigung der Parteien über die Durchführung einer Beweisaufnahme (Oldenburg MDR 82, 856). **bb) Verhandeln.** Ausreichend ist der Antrag, der darauf abzielt, die Klage nicht als unzulässig, sondern als unbegründet abzuweisen (StJBork 5), auch dass Widerklageantrag bei einem nur nach § 33 zuständigen Gericht ohne vorangegangene Rüge gestellt wird (RoSchwGottwald § 37 II 1). Erklärungen zur Zulässigkeit der Klage und zu sonstigen Verfahrensfragen (zB Richterablehnung) genügen nicht, erst recht nicht Vergleichsverhandlungen (Bamberg MDR 88, 149). Im schriftlichen Verfahren (§ 128 Abs 2) entspricht dem mdl Verhandeln das Einreichen von Schriftsätzen (Rn 1); jedoch wird bei der Einverständniserklärung gem § 128 Abs 2 der Vorbehalt der Zuständigkeitsrüge verlangt (BGH NJW 70, 198). – **c) Unterlassene Geltendmachung.** Die Unzuständigkeit **8** des angegangenen Gerichts ist gem § 282 Abs 3 geltend zu machen. Ein vom Beklagten vor Verhandlung zur Hauptsache erklärter Verzicht, die Unzuständigkeit geltend zu machen, ist nur zulässig und wirksam, soweit nach § 38 eine Gerichtsstandvereinbarung zulässig wäre. Hat der Beklagte rechtzeitig gerügt, kann er auch zur Hauptsache verhandeln, ohne dass die Wirkung des § 39 eintritt. Nachgewiesen werden kann die Rüge außer durch Protokoll (§ 165) auch durch den Tatbestand (§ 314 S 1; BGH NJW 91, 1492). Unter besonderen Umständen kann die Rüge konkludent erhoben sein (Prütting MDR 80, 368). Es ist kein Rechtsmissbrauch, wenn die Parteien im Gerichtsbezirk keinen Gerichtsstand haben (aA verfehlt LG Berlin NJW-RR 97, 378). – **d) Rechtzeitige Belehrung** gem § 504 bei Verfahren vor dem AG **9** (S 2). Dies gilt nicht für die internationale Zuständigkeit (Frankfurt NJW 79, 1787).

3. Wirkung. Sie ist der Rn 11 zu entnehmen. **a) Eintritt** bei Vor- **10** liegen der Voraussetzungen (Rn 3–9): ohne Rücksicht auf den (auch entgegenstehenden) Willen und die Kenntnis der Parteien oder ihrer Vertreter. Das gilt selbst dann, wenn die Parteien eine abweichende Zuständigkeit vereinbart haben (BGH NJW 97, 397 mwN). Es darf aber § 40 Abs 2 nicht entgegenstehen. – **b) Umfang.** Das Gericht, vor dem **11** verhandelt wurde, wird örtlich, sachlich und international zuständig. Diese Zuständigkeit wird ohne eine fingierte oder unwiderlegbar vermutete Gerichtsstandvereinbarung bewirkt. Die Unzuständigkeitsrüge kann wegen § 282 Abs 3 nicht mehr nachgeholt werden. Auf jeden Fall geht § 39 vor, auch für die internationale Zuständigkeit bei versäumter Klageerwiderungsfrist (§ 276 Abs 1 S 1; BGH NJW 97, 397).

§ 40 Unwirksame und unzulässige Gerichtsstandsvereinbarung

(1) **Die Vereinbarung hat keine rechtliche Wirkung, wenn sie nicht auf ein bestimmtes Rechtsverhältnis und die aus ihm entspringenden Rechtsstreitigkeiten sich bezieht.**

(2) **¹Eine Vereinbarung ist unzulässig, wenn**

1. **der Rechtsstreit nichtvermögensrechtliche Ansprüche betrifft, die den Amtsgerichten ohne Rücksicht auf den Wert des Streitgegenstandes zugewiesen sind, oder**
2. **für die Klage ein ausschließlicher Gerichtsstand begründet ist.** **²In diesen Fällen wird die Zuständigkeit eines Gerichts auch nicht durch rügeloses Verhandeln zur Hauptsache begründet.**

1   **1. Allgemeines.** Abs 2 S 1 ist neu gefasst durch Art 2 Nr 3 ZPO-
RG. In Kraft seit 1. 1. 2002. **a) Anwendungsbereich.** § 40 gilt für die
sachliche, örtliche und auch für die internationale Gerichtsstandvereinbarung, soweit nicht Art 23 EuGVVO vorgeht (dort Rn 2). Abs 1 und
2 S 1 gelten nur für Gerichtsstandvereinbarungen (§ 38); Abs 2 S 2
2 bezieht sich auf § 39. – **b) Wirkung.** Abs 1 und 2 S 1 führen zur
Unwirksamkeit der Gerichtsstandvereinbarung. Bei Abs 1 kann, wenn
der Mangel entdeckt wird, das Rechtsverhältnis nachträglich (mit Wirkung ex nunc) bestimmt werden. Abs 2 S 2 schließt die zuständigkeits-
3 begründende Wirkung des § 39 aus (dort Rn 11). – **c) Prüfung** von
Amts wegen: wie § 38 Rn 3. Daher sind die Voraussetzungen (Rn 4–6),
insbes die ausschließliche Zuständigkeit eines anderen Gerichts wegen
Abs 2 S 1 Nr 2 bis zur Entscheidung zu beachten. Diese lautet auf
Abweisung der Klage (als unzulässig) oder auf Verweisung (§ 281).

4   **2. Voraussetzungen. a) Bestimmtes Rechtsverhältnis** (Abs 1).
Begriff: § 256 Rn 5–9. Bestimmt ist es, wenn es von anderen Rechtsverhältnissen abgegrenzt werden kann. Es kann auch ein künftiges sein,
wenn es bestimmbar ist. Das Rechtsverhältnis kann mehrere Ansprüche
(wie § 260), auch mehrere, neben- oder nacheinander erhobene Klagen
umfassen. Ein Kontokorrentverhältnis ist ein bestimmtes Rechtsverhältnis, nicht aber der ganze Geschäftsverkehr zweier Parteien oder alle
5 Streitigkeiten von Aktionären (Koblenz ZIP 92, 1234). – **b) Zulässigkeit bei nichtvermögensrechtlicher Streitigkeit** (Abs 2 S 1 Nr 1).
Nichtvermögensrechtlich: Einl IV Rn 3, 4: auch wenn die Zuständigkeit hierfür nicht ausschließlich ist. Dem AG zugewiesen: § 23 Nr 2
GVG; § 23a GVG. Durch die Neufassung kann die Zuständigkeit des
AG oder des LG vereinbart werden, ohne Rücksicht auf den Wert. –
6 **c) Kein ausschließlicher Gerichtsstand** Abs 2 S 1 Nr 2; vgl 9 vor
§ 1. Praktisch wichtig ist § 29a. Die Ausschließlichkeit kann sachlich,
örtlich und international sein (5 vor § 1; BGH 49, 124 = ZZP 82, 302
m Anm v Walchshöfer). Ist der Gerichtsstand nur in einer Beziehung
(zB örtlich) ausschließlich, so ist eine Gerichtsstandvereinbarung iü
zugelassen.

Titel 4. Ausschließung und Ablehnung der Gerichtspersonen

Vorbemerkungen

1   **I. Anwendungsbereich**

Die §§ 41–48 gelten in allen Prozessarten der ZPO; unmittelbar nur
für Richter der Zivilgerichtsbarkeit, auch für ehrenamtliche Richter, zB
Handelsrichter (§§ 107ff GVG). Entsprechend gelten die §§ 41–48 für
Rechtspfleger (§ 10 RPflG); zu Einzelheiten vgl Marx Rpfleger 99,
518) und Urkundsbeamte (§ 49). Sondervorschriften gelten für Gerichtsvollzieher (§ 155 GVG), Schiedsrichter (§§ 1036, 1037), Sachverständige (§ 406) und Dolmetscher (§ 191 GVG).

II. Allgemeine Voraussetzungen und Wirkungen

1. Richter iS der §§ 41–48 ist immer nur eine bestimmte Person, nie 2
das Gericht als solches (vgl BGH NJW 74, 55). Ausschluss und Ablehnung beziehen sich immer nur auf einen bestimmten Rechtsstreit; bei
Mehrheit von Prozessrechtsverhältnissen (Streitgenossen, §§ 59, 60) wirken sie, wenn sie bei einem vorliegen, für alle Prozesse, solange sie
verbunden sind. An Stelle des ausgeschlossenen oder abgelehnten Richters tritt sein Vertreter gemäß Geschäftsverteilung (§ 21 e GVG Rn 21).

2. Prozesshandlungen (Einl III). **a) Gericht.** Hat sie der aus- 3
geschlossene Richter vorgenommen oder hat er in Kammer oder Senat
daran mitgewirkt, können sie von oder mit dem Vertreter (Rn 2 aE)
wiederholt werden, aber nur, wenn das Gericht nicht daran gebunden
(§ 318) und der Rechtszug noch nicht beendet ist. Kann dies nicht
geschehen, so sind Rechtsmittel begründet (§ 529 Abs 2, § 547 Nr 2),
bei Rechtskraft die Nichtigkeitsklage (§ 579 Nr 2). Dabei ist stets zu
beachten, ob der ausgeschlossene Richter mitgewirkt hat; es genügt zB
nicht, dass er lediglich verkündet (§ 310 Abs 1 S 1). § 295 Abs 1 ist
unanwendbar (vgl dort Rn 3 aE). Beim abgelehnten Richter gilt grundsätzlich das Gleiche, sobald der Beschluss erlassen ist, der das Gesuch für
begründet erklärt (§ 47 Rn 4). – **b) Prozesshandlungen** einer Partei 4
(Einl III Rn 3) sind nicht deshalb unwirksam, weil sie vor einem ausgeschlossenen oder abgelehnten Richter vorgenommen wurden (allgM).

§ 41 Ausschluss von der Ausübung des Richteramtes

**Ein Richter ist von der Ausübung des Richteramtes kraft Ge-
setzes ausgeschlossen:**

1. **in Sachen, in denen er selbst Partei ist oder bei denen er zu
einer Partei in dem Verhältnis eines Mitberechtigten, Mitverpflichteten oder Regreßpflichtigen steht;**
2. **in Sachen seines Ehegatten, auch wenn die Ehe nicht mehr
besteht;**
2a. **in Sachen seines Lebenspartners, auch wenn die Lebenspartnerschaft nicht mehr besteht;**
3. **in Sachen einer Person, mit der er in gerader Linie verwandt
oder verschwägert, in der Seitenlinie bis zum dritten Grad
verwandt oder bis zum zweiten Grad verschwägert ist oder
war;**
4. **in Sachen, in denen er als Prozeßbevollmächtigter oder Beistand einer Partei bestellt oder als gesetzlicher Vertreter einer
Partei aufzutreten berechtigt ist oder gewesen ist;**
5. **in Sachen, in denen er als Zeuge oder Sachverständiger vernommen ist;**
6. **in Sachen, in denen er in einem früheren Rechtszuge oder im
schiedsrichterlichen Verfahren bei dem Erlaß der angefochte-**

nen Entscheidung mitgewirkt hat, sofern es sich nicht um die
Tätigkeit eines beauftragten oder ersuchten Richters handelt.

*Nr 2 a ist eingefügt mWv 1. 8. 2001 durch Art 3 § 16 Nr 1 G vom
16. 2. 2001 (BGBl I S. 266).*

1   **1. Allgemeines.** Richter: 2 vor § 41. Der Ausschluss wirkt kraft
Gesetzes, ohne Rücksicht auf Kenntnis. Die Aufzählung in § 41 ist
erschöpfend und gestattet keine entspr Anwendung (BGH NJW 91,
425). Daneben bleibt Ablehnung (§ 42) möglich. Es wird von Amts
wegen durch Beschluss entschieden, wenn Zweifel bestehen, ob § 41
erfüllt ist (§ 48 Rn 2). Zuständigkeit: wie § 45. Die Parteien können
den Ausschluss nach § 42 Abs 1, § 44 geltend machen. Bei Verstoß
gegen § 41 gilt 3 vor § 41.

2   **2. Ausschließungsgründe** sind allein: **a) Nr 1. Parteieigenschaft.**
Partei ist auch der Nebenintervenient und jeder, auf den sich die
Rechtskraft erstreckt. Regresspflicht: § 72 Rn 7. Mitgliedschaft bei der
selben juristischen Person fällt nicht unter Nr 1 (allgM), wohl aber bei
der Gesellschaft, die Partei ist und beim nichtrechtsfähigen Verein
(§ 50 Abs 2; ZöVollkommer 7 mwN), nicht bei einer Gewerkschaft
3   (BAG NJW 61, 2371), kann aber die Ablehnung begründen. – **b) Nr 2.
Ehe.** Umfaßt alle Fälle, auf die sich Nr 1 erstreckt; nur kommt es hier
auf den (auch früheren) Ehegatten an. – **c) Nr 2 a. Lebenspartner-**
4   **schaft** gemäß § 1 LPartG; entspr der Nr 2. – **d) Nr 3. Verwandtschaft
und Schwägerschaft.** An Stelle des Ehegatten (vgl Rn 3) treten hier
Verwandte (§ 1589 BGB) und Verschwägerte (§ 1590 BGB). Diese Begriffe richten sich allein nach BGB (Art 51 EGBGB). Grad ist die
Anzahl der die Verwandtschaft oder Schwägerschaft vermittelnden Ge-
burten. Nur Ablehnung (§ 42) kann begründen: Verwandtschaft und
Schwägerschaft mit anderen Prozessbeteiligten; entferntere Verwandtschaft und Schwägerschaft; auch wenn Verwandte oder Ehegatten eines
Verschwägerten beteiligt sind. Durch Adoption entsteht und erlischt
Verwandtschaft (§§ 1754–1756 BGB; Ausnahme § 1770 BGB); ebenso
5   durch Aufhebung der Adoption (§ 1764 BGB). – **e) Nr 4. Vertreter.**
Es muss nicht der selbe Prozess sein; es genügt der selbe Streit oder
Streitpunkt (RG 152, 9). Prozessbevollmächtigte (§ 80): auch Unterbevollmächtigte und die Vertreter nach § 53 BRAO. Beistand: § 90.
6   Gesetzlicher Vertreter: § 51 Rn 3. – **f) Nr 5. Zeuge und Sachverständiger.** Er muss wirklich vernommen, nicht nur benannt sein. Sache:
nur bei ein und demselben Prozessrechtsverhältnis (1 vor § 50); das ist
7   auch noch bei Wiederaufnahmeklage gegeben. – **g) Nr 6. Frühere
Mitwirkung. aa) Ausschluss.** Es muss dasselbe Prozessrechtsverhältnis
gegeben sein. Angefochten: also nur Rechtsmittel. Mitgewirkt: beim
Erlass (nicht lediglich bei der Verkündung) der angefochtenen Entscheidung. Nur diese ist maßgebend; das ist auch das gem § 343 aufrecht-
erhaltene Versäumnisurteil (BAG NJW 68, 814) und die auf Wider-
8   spruch bestätigte einstw Verfügung (München NJW 69, 754). **bb) Kein
Ausschluss** (aber uU Ablehnung, vgl § 42 Rn 13): Mitwirkung bei

Beweisbeschluss und Beweisaufnahme, vorangegangenem Zwischenurteil (§ 303), Grundurteil (§ 304) für das Betragsverfahren (BGH NJW 60, 1762), Vorbehaltsurteil für das Nachverfahren in höherer Instanz (RG 148, 199), erteilte Vollstreckungsklausel (Frankfurt NJW 68, 801); Entscheidung gem § 732 bei Klage aus § 767 (BGH NJW 76, 2135); ebenso wenig bei Abänderungs- (§ 323) und Wiederaufnahmeklage (§ 578; hM; BGH NJW 81, 1273 mwN); auch Mitwirkung bei Berufung im Verfahren des Arrests oder der einstweiligen Verfügung für Berufung gegen das bestätigende Urteil (Rostock NJW-RR 99, 1444) oder das in der Hauptsache (BVerfG NJW 01, 3533). Selbst wenn der Richter bei der angefochtenen Entscheidung mitgewirkt hat, darf er für die höhere Instanz als beauftragter oder ersuchter Richter tätig sein (letzter Hs). Keine analoge Anwendung im Regressprozeß, wenn zu prüfen ist, ob die Berufung gegen die frühere Entscheidung des Richters begründet gewesen wäre (Düsseldorf NJW-RR 98, 1763).

§ 42 Ablehnung eines Richters

(1) **Ein Richter kann sowohl in den Fällen, in denen er von der Ausübung des Richteramts kraft Gesetzes ausgeschlossen ist, als auch wegen Besorgnis der Befangenheit abgelehnt werden.**

(2) **Wegen Besorgnis der Befangenheit findet die Ablehnung statt, wenn ein Grund vorliegt, der geeignet ist, Mißtrauen gegen die Unparteilichkeit eines Richters zu rechtfertigen.**

(3) **Das Ablehnungsrecht steht in jedem Falle beiden Parteien zu.**

1. Zulässigkeit des Ablehnungsgesuchs (hierzu Günther NJW 86, 1 281). Es ist als Prozesshandlung nur wirksam, wenn deren Voraussetzungen vorliegen (Einl III Rn 10). Das Gesuch ist widerruflich bis zum Erlass der Endentscheidung (Einl III Rn 22). Zulässigkeitsvoraussetzungen sind: **a) Statthaftigkeit.** Die §§ 41 ff müssen überhaupt anwendbar sein (1 vor § 41). Die Ablehnung muss sich auf einen oder mehrere bestimmte Richter, sie darf sich nicht auf ein ganzes Gericht oder einen Spruchkörper als solchen beziehen (2 vor § 41). Das Gesuch muss von einer Partei (Abs 3) oder einem Nebenintervenienten (§ 66) gestellt werden; denn das Ablehnungsrecht steht nicht dem Prozessbevollmächtigten als solchem zu (BayObLG 74, 446), dem Richter selbst nur nach § 48. – **b) Zeitpunkt.** Das Gesuch kann ab Anhängigkeit und jedenfalls 2 noch bis zur Endentscheidung gestellt werden. Auch noch danach, wenn dagegen Rechtsmittel eingelegt ist, bis zur Rechtskraft (vgl BayObLG FamRZ 88, 743). – **c) Form** des Gesuchs: § 44 Abs 1. Wenn diese 3 Vorschrift eingehalten ist, machen Beschimpfungen, herabsetzende Äußerungen und negative Werturteile das Gesuch nicht unzulässig (Stuttgart NJW 77, 112). – **d) Kein Verlust des Ablehnungsrechts:** aus 4 § 43 zu entnehmen. Dies gilt nicht, wenn abgelehnt wird, weil die Voraussetzungen des § 41 vorliegen. – **e) Fehlen von Missbrauch.** Ein 5

solcher liegt zB vor bei Verschleppungsabsicht (hierzu Günther NJW 86, 281 [286]), bei mehrmals wiederholten Ablehnungen (Naumburg OLG-NL 97, 262) oder bei Ablehnung eines Richters lediglich wegen Zugehörigkeit zu einem bestimmten Gericht (BGH NJW 74, 55). Hierbei ist sehr zurückhaltend zu verfahren (LG Frankfurt/Main NJW-RR 00, 1086); jedoch kann das Fehlen einer Substantiierung genügen (BVerwG NJW 97, 3327). Keinesfalls reicht der bloße Umstand, dass das iü zulässige Gesuch auch Beleidigungen enthält (Stuttgart NJW 77, 112; vgl Rn 3) oder die Behauptung, dass der Richter sich prozeßordnungs-
6 widrig verhalten habe (Hamburg NJW 92, 1462). – **f) Keine entgegenstehende Rechtskraft.** Wiederholung des Gesuchs ist daher nur
7 bei Angabe neuer Ablehnungsgründe zulässig. – **g) Rechtsschutzbedürfnis.** Es fehlt, wenn der Richter mit der Sache nicht, nicht mehr oder nicht wieder befasst werden kann (BFH NJW-RR 96, 57 mwN).

8   **2. Begründet** ist das Ablehnungsgesuch, wenn folgende Voraussetzungen erfüllt sind: **a) Ausschluss vom Richteramt:** Das sind alle Fälle des § 41, nicht jedoch diejenigen, bei denen die Vorschriften über den gesetzlichen Richter verletzt sein sollen, zB § 21 g GVG. Dann ist nur über § 539, § 551 Nr 1 oder § 579 Abs 1 Nr 1 vorzugehen. –
9 **b) Besorgnis der Befangenheit** (Abs 2). Der Grund, der das Misstrauen rechtfertigt, muss, vom Standpunkt der Partei aus objektiv und vernünftig betrachtet (allgM; Saarbrücken NJW-RR 94, 763), vorliegen, dh mindestens glaubhaft gemacht sein (vgl § 294). Rein subjektive, unvernünftige Vorstellungen und Gedankengänge des Antragstellers scheiden daher aus. Andererseits sollte im Zweifel einem Ablehnungsgesuch stattgegeben werden, um auch im Einzelfall das Vertrauen in die Rechtspflege zu erhalten oder um den abgelehnten Richter einer persönlichen Kritik des Antragstellers zu entziehen, selbst wenn sie unberechtigt ist. Dies wird aus mißverstandener Kollegialität von Richtern oft zu wenig beachtet. Beispiele für gerechtfertigte Ablehnung (nicht
10 schematisch anwenden, sondern stets den Einzelfall beachten): **aa) Im Verhältnis zur Partei,** ihrem gesetzlichen Vertreter oder zum Nebenintervenienten: Verlöbnis, Liebesverhältnis, persönliche Freundschaft grundsätzlich, aber nicht stets (BayObLG NJW-RR 87, 127); entferntere Verwandtschaft und Schwägerschaft (vgl § 41 Rn 4), engere Bekanntschaft (BGH LM Nr 2) oder Feindschaft regelmäßig; bei KfH Zugehörigkeit zur selben Kammer (hM; Hamm MDR 78, 583 mwN; aA Schleswig MDR 88, 236). Eine Mitgliedschaft des Richters bei juristischer Person oder einer ihrer Organe (vgl hierzu BGH NJW-RR 88, 766) wird idR Besorgnis der Befangenheit begründen, aber nicht bei Massenorganisationen, zB vom Zuschnitt des ADAC. Wechselseitige Strafanzeigen wegen Rechtsbeugung und Beleidigung (umstr; vgl LG Ulm MDR 79, 1028 mwN). Mitgliedschaft bei derselben oder einer anderen politischen Partei nur unter besonderen Umständen (Koblenz NJW 69, 1177; VGH Mannheim NJW 75, 22); wohl aber dann, wenn die betreffende politische Partei eine der Prozessparteien ist. Die bloße

Mitgliedschaft eines Richters bei einer Gewerkschaft genügt nicht (BVerfG NJW 84, 1874), wohl aber die beim selben Rotary-Club, dem die Partei oder die Vorstandsmitglieder einer Prozesspartei angehören (aA Karlsruhe NJW-RR 88, 1534; Frankfurt NJW-RR 98, 1764). **bb) Im Verhältnis zum Prozessbevollmächtigten:** eine Ehe (Jena **11** MDR 00, 540), Lebenspartnerschaft, Verwandtschaft und Schwägerschaft (wie § 41 Nr 3, aA KG NJW-RR 00, 1164), Verlöbnis und Liebesverhältnis immer; bei Feindschaft regelmäßig; bei (nicht provozierten) persönlichen Spannungen uU (Karlsruhe NJW-RR 87, 126 mwN), insbes dann, wenn die ablehnende Einstellung des Richters in dem betreffenden Verfahren selbst in Erscheinung getreten ist, in einem anderen Rechtsstreit nur dann, wenn sie auch darin auftrat (Nürnberg OLGZ 94, 209). **cc) Verhalten des Richters:** Häufung von Verfah- **12** rensfehlern mit dem Anschein unsachgemäßer Verfahrensleitung zuungunsten der den Richter ablehnenden Partei (Schleswig NJW 94, 1227); unsachliche, insbes auf Voreingenommenheit gegen eine Partei deutende Äußerungen, auch verletzender Art (Frankfurt NJW-RR 95, 890) oder Unmutsäußerungen (Hamburg NJW 92, 2036; aA Köln MDR 96, 1180 m abl Anm von E. Schneider), aber nicht schon der Hinweis auf frühere vor demselben Richter anhängige Prozesse der Partei. Besprechung mit Zeugen über den Prozessstoff in Abwesenheit der Parteien (Frankfurt NJW 72, 2310; Giessler NJW 73, 981); Ablehnung eines begründeten Verlegungsantrags mit dem Hinweis, die Sache sei unbedeutend und solle „vom Tisch" (Zweibrücken MDR 99, 113 mit Anm E. Schneider); einseitige Protokollierung von Anträgen (Köln NJW-RR 99, 288); Verstoß gegen § 47 (Köln NJW-RR 00, 591); bei wesentlichen Punkten falsche Tatsachendarstellung in dienstlicher Äußerung (Frankfurt MDR 78, 409); Hinweis auf Einrede (LG Berlin NJW 86, 1000), insbes Verjährungseinrede (Hamburg NJW 84, 2710; Bremen NJW 86, 999, jedenfalls bei Vertretung durch RA; sehr bestr; vgl E. Schneider NJW 86, 1316; differenzierend Köln NJW-RR 90, 192; LG Darmstadt MDR 82, 236 mit Anm E. Schneider); Ablehnung der Bindungswirkung, wenn das Rechtsmittelgericht zurückverwiesen hat (Frankfurt MDR 88, 415 Anm E. Schneider). Untätigbleiben entgegen der Anweisung des Rechtsmittelgerichts (Rostock NJW-RR 99, 1507). **dd) Vorangegan-** **13** **gene Tätigkeit des Richters.** Soweit der Richter nicht gem § 41 Nr 6 ausgeschlossen ist (vgl § 41 Rn 7), kann seine frühere Tätigkeit in derselben Sache nur bei Hinzutreten weiterer die Besorgnis der Befangenheit begründender Umstände ein Ablehnungsgesuch begründen (hM). Verfahrensfehler in einer anderen Sache derselben Partei können es idR nicht sein (Köln NJW-RR 86, 419). Die weitergehenden Ausschließungsgründe der §§ 22, 23 StPO rechtfertigen keine Ablehnung gem § 42 (M. Schmid NJW 74, 729 mwN; Karlsruhe Justiz 75, 310; bestr). Die Mitwirkung bei vorangegangenen Entscheidungen in derselben Sache (zB Beweisbeschluss, einstw Verfügung, Zwischen-, Grund- und Vorbehaltsurteil) begründet die Ablehnung nur, wenn bei der Tätigkeit hierfür ein Ablehnungsgrund durch das Verhalten des Richters

(Rn 10) entstanden ist oder der Richter nunmehr zu erkennen gibt, er
sei nicht bereit, erneut zu prüfen und ggf seine Meinung zu ändern
(M. Schmid aaO; weitergehend LG Würzburg NJW 73, 1932). Das gilt
auch für Wiederaufnahmeklagen (Hamburg FamRZ 88, 186), bei Zurückverweisung (vgl Frankfurt MDR 84, 408) und im Regressprozeß
(Düsseldorf NJW-RR 98, 1763). Vorangegangenes erfolgreiches Ablehnungsgesuch, das auf Voreingenommenheit des Richters gegen die
betreffende Partei gestützt war, begründet Besorgnis der Befangenheit
für gleichzeitig anhängige Verfahren (Karlsruhe Justiz 87, 144). Auch
ein wiederholter Verstoß gegen die Wartepflicht des § 47 kann Ablehnung begründen (BayObLG FamRZ 88, 743; Karlsruhe NJW-RR 97,
1350).

14   **3. Unbegründetes Ablehnungsgesuch. a) Grundsatz.** Das Gesuch ist zurückzuweisen oder für unbegründet zu erklären (vgl § 46
Abs 2), wenn die vorgebrachten Tatsachen keinen Ablehnungsgrund
ausfüllen oder nicht glaubhaft gemacht sind (vgl § 294), insbes auch,
wenn sich die fehlende Glaubhaftmachung aus einer vorangegangenen
15 Entscheidung ergibt (VerwG Stuttgart JZ 76, 277). **b) Beispiele:** bloße
Häufung von Verfahrensfehlern (Günther DRiZ 94, 374; bestr); unrichtige oder für unrichtig gehaltene Rechtsansichten eines Richters, wenn
sie nicht auf Willkür oder unsachlicher Einstellung beruhen (BAG NJW
93, 879), auch wenn die Rechtsansicht veröffentlicht ist (BSG NJW 93,
2261; Köln NJW-RR 00, 455); Würdigung der Prozessaussichten (Köln
NJW 75, 788), auch mit eindeutiger Stellungnahme zum Ausgang des
Verfahrens (Karlsruhe Justiz 86, 491); Verstoß gegen Denkgesetze (Hamburg OLGZ 89, 204); Rat und Empfehlung im Rahmen der Aufklärungspflicht (vgl zu den Einzelheiten Rn 12 und § 139 Rn 3–5); Formulierungshilfe für Anträge (Köln OLGZ 94, 210); richterliche Ermah-
nung, die Wahrheit zu sagen (Zweibrücken FamRZ 93, 576);
übermäßig lange Dauer des Verfahrens (OVG Münster NJW 93, 2259;
bedenklich bei Eilverfahren, vgl Bamberg FamRZ 99, 445 Anm Heil-
mann); Äußerungen über den Wert eines Beweismittels; Mitwirkung bei
für die Partei ungünstigen Entscheidungen, insbes bei vorangegangener
einstweiliger Verfügung (Köln NJW 71, 569) und im Vorprozess der
Wiederaufnahmeklage (aA Düsseldorf MDR 71, 765) oder im PKH-
Verfahren (Frankfurt NJW-RR 97, 1084); Unterbinden weiteren Vortrags nach längerer, angemessener Anhörung (Köln NJW 75, 788);
dienstaufsichtliche Tätigkeit in Bezug auf eine Partei (LG Bonn NJW
73, 2069); Anregung nach Beweisaufnahme, weitere Zeugen zu vernehmen (Frankfurt NJW 76, 2025); verweigerte Terminsverlegung (Bay-
ObLG NJW-RR 88, 191; Köln NJW-RR 97, 828; Brandenburg
NJW-RR 99, 1291); Proberichter im Prozess gegen seinen Dienstherrn
(KG NJW-RR 96, 1403).

§ 43 Verlust des Ablehnungsrechts

Eine Partei kann einen Richter wegen Besorgnis der Befangenheit nicht mehr ablehnen, wenn sie sich bei ihm, ohne den ihr bekannten Ablehnungsgrund geltend zu machen, in eine Verhandlung eingelassen oder Anträge gestellt hat.

1. Allgemeines. § 43 betrifft die Zulässigkeit des Ablehnungsgesuchs 1
(§ 42 Rn 4) und nur § 42, nicht § 41. Grundsätzlich kann ein Ablehnungsgesuch bis zum Erlass der Endentscheidung des Rechtszuges gestellt werden (§ 42 Rn 2), zulässig jedoch nur, soweit § 43 nicht entgegensteht. Sind die Ablehnungsgründe später entstanden oder bekannt geworden, ist dies glaubhaft zu machen (§ 44 Abs 4). Der Verlust des Ablehnungsrechts wirkt nicht in einem anderen, insbes späteren Rechtsstreit (Karlsruhe NJW-RR 92, 572 mwN; bestr).

2. Voraussetzungen für einen Verlust des Ablehnungsrechts: **a) Be-** 2
kannter Ablehnungsgrund. Es genügt Kenntnis des gesetzlichen Vertreters oder des Prozessbevollmächtigten. Kennen müssen reicht nicht. Auch die Person des Richters muss bekannt sein (erheblich bei § 128 Abs 2). – **b) Nicht geltend gemacht** sein darf der Ablehnungsgrund 3
(§ 44 Rn 2). Dies müsste durch das Gesuch (§ 44 Abs 1) geschehen sein. – **c) Eingelassen** in eine Verhandlung vor dem betreffenden 4
Richter, auch nur über Verfahrensfragen. **aa) Zu bejahen** für jede Äußerung, die der Erledigung des betreffenden, nicht eines anderen Rechtsstreits dient. Das ist auch der Abschluss eines Vergleichs (Frankfurt FamRZ 91, 839), im Verfahren gem § 128 Abs 2 die Einverständniserklärung (München MDR 80, 146), auch sind es Fragen in der Beweisaufnahme (Köln NJW-RR 96, 1334). **bb) Zu verneinen** für solche Prozesshandlungen, die durch ein gesetzwidriges Verhalten des Gerichts ausgelöst werden (Köln NJW-RR 00, 591), die allein der Verhinderung eines Versäumnisurteils dienen (KG NJW 76, 1842), ein Gesuch von Akteneinsicht (BayObLG NJW-RR 01, 642) oder die Beschwerde gegen eine vom abgelehnten Richter (mit)beschlossene PKH-Entscheidung (aA Koblenz MDR 86, 60). – **d) Anträge.** Sach- 5
anträge müssen gem § 297 gestellt sein, nämlich verlesen, zu Protokoll erklärt oder in Bezug genommen. Prozessanträge (§ 297 Rn 2) genügen grundsätzlich; aber nicht ein Vertagungsantrag (ZöVollkommer 5 mwN; bestr).

§ 44 Ablehnungsgesuch

(1) **Das Ablehnungsgesuch ist bei dem Gericht, dem der Richter angehört, anzubringen; es kann vor der Geschäftsstelle zu Protokoll erklärt werden.**

(2) [1]**Der Ablehnungsgrund ist glaubhaft zu machen; zur Versicherung an Eides Statt darf die Partei nicht zugelassen werden.**

² **Zur Glaubhaftmachung kann auf das Zeugnis des abgelehnten Richters Bezug genommen werden.**

(3) **Der abgelehnte Richter hat sich über den Ablehnungsgrund dienstlich zu äußern.**

(4) **Wird ein Richter, bei dem die Partei sich in eine Verhandlung eingelassen oder Anträge gestellt hat, wegen Besorgnis der Befangenheit abgelehnt, so ist glaubhaft zu machen, daß der Ablehnungsgrund erst später entstanden oder der Partei bekanntgeworden sei.**

1   **1. Form** des Ablehnungsgesuchs (Abs 1) ist Zulässigkeitsvoraussetzung (§ 42 Rn 3). Angebracht wird es zu Protokoll der Geschäftsstelle (Abs 1), aber auch schriftlich oder mündlich in der Verhandlung; dann auf Antrag ins Protokoll aufzunehmen (§ 160 Abs 4 S 1). Das Gesuch steht außer Anwaltszwang (§ 78 Abs 3).

2   **2. Ablehnungsgrund** (Abs 2). Das sind die Tatsachen, auf welche die Ablehnung gestützt wird. Der Richter muss namentlich bezeichnet, mindestens identifiziert werden. Glaubhaftmachung: § 294. Eidesstattliche Versicherung der ablehnenden Partei ist ausgeschlossen (S 1 Hs 2). Zeugnis des Richters ist die dienstliche Äußerung gemäß Abs 3. Tatsachenvortrag und Mittel der Glaubhaftmachung können bis zur Entscheidung nachgebracht werden. Unterlassene Glaubhaftmachung muss nicht dazu führen, dass das Gesuch unbegründet ist, wenn die behaupteten Tatsachen sich aus der dienstlichen Äußerung als überwiegend wahrscheinlich (vgl § 294) darstellen (insoweit offenbar verfehlt von Frankfurt NJW 77, 767).

3   **3. Dienstliche Äußerung** (Abs 3) erfolgt schriftlich, mündlich nur, wenn mdl Vhdlg angeordnet ist (§ 46 Rn 1). Der Richter hat sich nur zu den Tatsachen zu äußern, weil er Zeugnis gibt (Abs 2 S 2). Er ist hierzu verpflichtet (E. Schneider MDR 98, 454). Ausführungen, ob das Gesuch zulässig und begründet sei, sind nicht veranlasst, idR auch unangebracht; desgleichen die Feststellung des Richters, er halte sich für befangen oder nicht. Die dienstliche Äußerung ist der ablehnenden Partei idR vor der Entscheidung zur Kenntnis zu bringen (§ 46 Rn 1).

4   **4. Nachträgliche Kenntnis** (Abs 4). Die des Vertreters steht der der Partei gleich (vgl § 166 BGB, § 51 Abs 2, § 85 Abs 2). Die Regelung beruht auf § 43, ist daher bei Ausschluss (§ 41) nicht anzuwenden. Glaubhaft gemacht werden kann hier auch im Gegensatz zu Abs 2 mit eidesstattlicher Versicherung des Antragstellers; jedoch nur in Bezug auf den Zeitpunkt der Kenntnis. Entsteht der Ablehnungsgrund durch das Verhalten des Richters in der mündlichen Verhandlung, so muss das Ablehnungsgesuch sogleich angekündigt und spätestens bis zum Schluss der mdl Vhdlg gestellt werden (Frankfurt OLGZ 79, 452). Die Verhandlung mit Sachantrag darf nur unter Vorbehalt fortgesetzt werden. Nach Beendigung der Instanz ist das Gesuch trotz nachträglicher Kenntnis unzulässig (StJBork 5).

§ 45 Entscheidung über das Ablehnungsgesuch

(1) Über das Ablehnungsgesuch entscheidet das Gericht, dem der Abgelehnte angehört, ohne dessen Mitwirkung.

(2) ¹Wird ein Richter beim Amtsgericht abgelehnt, so entscheidet ein anderer Richter des Amtsgerichts über das Gesuch. ²Einer Entscheidung bedarf es nicht, wenn der abgelehnte Richter das Ablehnungsgesuchs für begründet hält.

(3) Wird das zur Entscheidung berufene Gericht durch Ausscheiden des abgelehnten Mitglieds beschlussunfähig, so entscheidet das im Rechtszug zunächst höhere Gericht.

Durch Art 6 Nr 1 KindRG sind in Abs II seit 1. 7. 1998 die Worte „in Kindschaftssachen und" entfallen. Die Vorschrift ist neu gefasst; mWv 1. 1. 2002 durch Art 2 Nr 4 ZPO-RG.

1. Zuständig (Abs 1) für die gemäß § 46 zu treffende Entscheidung **1** ist das Gericht, dem der abgelehnte Richter (Rechtspfleger) angehört. Das gilt für alle Gerichte. Bei den Kollegialgerichten ist die Kammer oder der Senat berufen, der oder dem der Abgelehnte angehört, wenn nicht die Geschäftsverteilung (§ 21 e Abs 1 S 1 GVG) einen anderen Spruchkörper bestimmt. Beim AG gilt Abs 2 S 1. Der Abgelehnte darf nur mitwirken, auch nicht bei missbräuchlichen Gesuchen (aA die hM für die aF). Wird das Gericht dadurch beschlussunfähig, gilt Abs 3 (Rn 5).

2. Ablehnung beim Amtsgericht (Abs 2). **a) Vorlage** an den **2** gemäß Geschäftsverteilung (§ 21 e Abs 1 S 1 GVG) zuständigen anderen Richter des AG, auch wenn ein Rechtspfleger abgelehnt wird. Die Vorlagepflicht entfällt nur, wenn der abgelehnte Richter (nicht der abgelehnte Rechtspfleger) das Gesuch für begründet hält (Rn 3). **b) Zu-** **3** **ständig** ist der gemäß Geschäftverteilung (§ 21 Abs 1 S 1 GVG) zuständige Richter; bestimmt sie darüber nichts, ist der Vertreter (§ 21 e Rn 20, 21) zur Entscheidung berufen. Versagt die Vertretungsregelung am ganzen AG, gilt Abs 3 (Rn 5). – **c) Keine Entscheidung** **4** (Abs 2 S 2) ergeht, wenn der abgelehnte Richter das Gesuch (§ 44 Abs 1) für begründet hält. Es genügt ein Aktenvermerk und der Vertreter tritt an die Stelle des Abgelehnten. Das gilt nur für Richter eines AG. Auf Richter in Spruchkörpern (auch wenn sie als Einzelrichter tätig sind) ist das nicht entspr anwendbar, ebensowenig auf Rechtspfleger.

3. Zuständigkeit des übergeordneten Gerichts (Abs 3) tritt ein, **5** wenn das gem Abs 1 zuständige Gericht, dem der abgelehnte Richter angehört, infolge der verbotenen Mitwirkung (Abs 1) beschlussunfähig wird, dh keine ordnungsgemäße Benutzung (§§ 22, 75, 105, 122 GVG) aufbieten kann. Dafür müsste auch die Vertretungsregelung (§ 21 e Rn 20, 23) erschöpft sein. Die Überordnung ergibt sich aus dem Rechtsmittelzug, so dass das OLG in den Fällen des § 119 Abs 1 Nr 1 für die Ablehnung beim AG zuständig ist, in Familiensachen der Familiensenat (BGH FamRZ 86, 1197 für aF).

§ 46 Entscheidung und Rechtsmittel

(1) **Die Entscheidung über das Ablehnungsgesuch ergeht durch Beschluss.**

(2) **Gegen den Beschluß, durch den das Gesuch für begründet erklärt wird, findet kein Rechtsmittel, gegen den Beschluß, durch den das Gesuch für unbegründet erklärt wird, findet sofortige Beschwerde statt.**

Abs 1 ist geändert mWv 1. 1. 2002 durch Art 2 Nr 5 ZPO-RG.

1   **1. Verfahren.** Es gilt der Untersuchungsgrundsatz (Einl I Rn 6, 7). – **a) Mündliche Verhandlung** (Abs 1) ist idR entbehrlich und in der Praxis unüblich. Gehör der Gegenpartei ist geboten, wenn das Gesuch begründet sein kann. Zur dienstlichen Äußerung (§ 44 Abs 3) ist der ablehnenden Partei grundsätzlich Gehör zu gewähren (BVerfG NJW 68, 1621), nur dann nicht, wenn die dienstliche Äußerung keine über den unstreitigen Sachverhalt hinausgehenden Angaben enthält und die Ablehnungsentscheidung nicht auf solche Tatsachen oder Beweisergebnisse gestützt wird, die der dienstlichen Äußerung entnommen wurden **2** (BVerfG aaO). – **b) Wert** des Ablehnungsverfahrens entspricht dem der Hauptsache (BGH NJW 68, 796; Düsseldorf NJW-RR 94, 1086 mwN; Koblenz NJW-RR 98, 1212 mwN; bestr). Das gilt auch für die Beschwerde.

3   **2. Entscheidung** ergeht stets durch Beschluss. Es gilt § 329. Bis dahin kann das Gesuch in der Form des § 44 Abs 1 zurückgenommen werden. **a) Formel.** Gesuche, die unzulässig (§ 42 Rn 1) oder unbegründet (§ 42 Rn 14) sind, werden zurückgewiesen, begründete Gesu-**4** che (§ 42 Rn 8) für begründet erklärt. – **b) Kostenentscheidung** ergeht keine, da es sich um Kosten des zugrunde liegenden Rechtsstreits (§ 91) handelt; das gilt auch für den zurückweisenden Beschluss (bestr). Erst recht ist eine Kostenerstattung im Ablehnungsverfahren ausgeschlossen (München Rpfleger 94, 382; aA Nürnberg MDR 80, 1026). Anders ist dies bei erfolglosen Beschwerden (Rn 9).

5   **3. Rechtsbehelfe.** Es ist zu unterscheiden **a) Stattgebender Beschluss.** Er ist unanfechtbar (Abs 2 Hs 1), auch wenn er auf sofortige Beschwerde hin ergangen ist. Davon wird eine Ausnahme gemacht und sofortige Beschwerde zugelassen, wenn das rechtliche Gehör (Einl I Rn 9 ff) verletzt wurde (Rn 1) und dadurch eine Verfassungsbeschwerde vermieden werden kann (Oldenburg NJW-RR 95, 890 mwN; ZöVollkommer 13). – **b) Zurückweisender Beschluss: aa) Sofortige Be-**
6 **schwerde** (Abs 2; § 567 Abs 1 Nr 1), auch wenn das Gesuch als unzulässig zurückgewiesen wurde (entgegen dem Wortlaut des schlecht redigierten Abs 2; Frankfurt FamRZ 93, 1467). Anwaltszwang besteht für die Einlegung nur, soweit nicht § 569 Abs 3 und § 78 Abs 3 zutreffen.

Anwaltszwang besteht daher insbes, wenn der Rechtsstreit in erster Instanz vor dem LG zu führen ist oder war § 569 Abs 3 Nr 1). Für das Verfahren gilt Anwaltszwang nach Maßgabe von § 571 Abs 4. **bb) Rechtsbeschwerde** gegen die Beschlüsse des OLG und die Beschwerdeentscheidung des LG findet im Einzelfall statt, wenn sie zugelassen wird (§ 574 Abs 1). **cc) Unanfechtbar** sind die Entscheidungen des OLG und die Beschwerdeentscheidungen des LG, wenn die Rechtsbeschwerde (Rn 7) nicht zugelassen wurde. **dd) Unzulässig** wird das 8 Rechtsmittel wegen fehlenden Rechtsschutzbedürfnisses, wenn der abgelehnte Richter bei dem Gericht oder dem zuständigen Spruchkörper ausscheidet (hM). Die sofortige Beschwerde wird nicht dadurch unzulässig, dass inzwischen der Rechtszug durch Endentscheidung beendet wird und der (erfolglos) abgelehnte Richter mitwirkt, auch wenn die Hauptsacheentscheidung unanfechtbar ist (Koblenz NJW-RR 92, 1464 mwN für aF; bestr). – **c) Kosten des Rechtsmittels.** Bei erfolgloser 9 Beschwerde gilt § 97 Abs 1. Es ist insoweit Kostenerstattung vorzunehmen (Frankfurt Rpfleger 81, 408 mwN; Koblenz Büro 91, 1509; aA Hamm MDR 89, 917). Bei erfolgreicher Beschwerde sind deren Kosten solche des Rechtsstreits (vgl Rn 4 und § 97 Rn 8). Wenn auf Grund dessen der Gegner des Beschwerdeführers die Kosten zu erstatten hat oder der Beschwerdeführer trotz erfolgreicher Beschwerde deren Kosten trägt, liegt das im allgemeinen Prozessrisiko (hM; Frankfurt NJW-RR 86, 740; aA Celle Rpfleger 83, 173).

§ 47 Unaufschiebbare Amtshandlungen

Ein abgelehnter Richter hat vor Erledigung des Ablehnungsgesuchs nur solche Handlungen vorzunehmen, die keinen Aufschub gestatten.

1. Bis zur Entscheidung über das Ablehnungsgesuch, und zwar ab 1 Eingang (BGH NJW 01, 1502) bis zu dessen rechtskräftiger Erledigung (hM; BayObLG FamRZ 88, 743; Brandenburg NJW-RR 00, 1089 mwN) gilt: **a) Vornahme von Handlungen.** Der abgelehnte Richter darf nur unaufschiebbare Prozesshandlungen vornehmen; zB Arrest, einstw Verfügung (auch durch Urteil), Durchführung des Zwangsversteigerungstermins ohne Zuschlag (Celle NJW-RR 89, 569 für Rechtspfleger; umstr), selbstständiges Beweisverfahren nur bei § 485 Abs 1 2. Alt; Sitzungspolizei (§ 176 GVG); auch bei dringenden Endentscheidungen denkbar. Dies gilt auch für unzulässige Gesuche (vgl § 42 Rn 1). Nicht unaufschiebbar ist idR eine Terminsbestimmung (aA LG Leipzig MDR 00, 106 mit abl Anm von E. Schneider). Selbstverständlich hat der abgelehnte Richter jede Handlung zu unterlassen, die darauf abzielt, die Entscheidung über sein Ablehnungsgesuch zu beeinflussen. – **b) Wirksamkeit.** Der abgelehnte Richter ist für den Rechtsstreit noch 2 nicht ausgeschlossen (vgl Rn 4; Jena OLG-NL 99, 202 mwN). Die vorgenommenen Handlungen bleiben bei Befangenheitsablehnung

(§ 42) wirksam, selbst wenn diese erfolgreich ist, vorausgesetzt, dass die Handlungen wirklich unaufschiebbar waren (hM). Bei Ausschluss (§ 41) sind und bleiben auch unaufschiebbare Handlungen unwirksam.

3   **2. Ab Entscheidung** über das Ablehnungsgesuch gilt: **a) Zurückgewiesenes Gesuch.** Der Richter darf bis zur Rechtskraft des Beschlusses nur nach Maßgabe des § 47 tätig werden (vgl Rn 1), danach unein-
4   geschränkt. – **b) Für begründet erklärtes Gesuch** (auch auf sofortige Beschwerde hin). Ab Erlass des Beschlusses (§ 46 Rn 3) steht der Richter dem ausgeschlossenen (§ 41) gleich (3 vor § 41).

5   **3. Rechtsmittel.** Wirkt der abgelehnte Richter unter Verstoß gegen § 47 mit (insbes im Falle der Rn 3), so ist das Rechtsmittel in der Hauptsache jedenfalls begründet, wenn die sofortige Beschwerde (§ 46 Rn 6) Erfolg hat (vgl ZöVollkommer 6, 7 mwN). Ist Rechtskraft eingetreten, bleibt Nichtigkeitsklage (§ 579 Abs 1 Nr 3). Das Rechtsmittel in der Hauptsache kann aber nicht darauf gestützt werden, dass eine Ablehnung begründet sei, wenn das Verfahren nach § 46 nicht durchgeführt oder wenn eine sofortige Beschwerde (§ 46 Rn 6) zurückgenommen wurde.

§ 48 Selbstablehnung; Ablehnung von Amts wegen

Das für die Erledigung eines Ablehnungsgesuchs zuständige Gericht hat auch dann zu entscheiden, wenn ein solches Gesuch nicht angebracht ist, ein Richter aber von einem Verhältnis Anzeige macht, das seine Ablehnung rechtfertigen könnte, oder wenn aus anderer Veranlassung Zweifel darüber entstehen, ob ein Richter kraft Gesetzes ausgeschlossen sei.

1   **1. Voraussetzungen** der Entscheidung: **a) Selbstablehnung.** Das Verhältnis, von dem Anzeige zu machen ist, kann sich sowohl auf Ausschluss (§ 41) wie auf Besorgnis der Befangenheit (§ 42 Abs 2) beziehen (vgl § 41 Abs 1). Es kommt für § 42 Abs 2 allein auf den vom Richter zu erkennenden Standpunkt der Partei an (allgM; Saarbrücken NJW-RR 94, 763; vgl § 42 Rn 9), nicht darauf, ob er selbst sich für unbefangen hält. Die Besorgnis der Befangenheit kann sich jedoch aus der Selbstablehnung ergeben (Karlsruhe NJW-RR 00, 591). Der Richter hat die Amtspflicht zur Anzeige der betreffenden Tatsachen, wenn er ausreichend sichere Kenntnis von einem Verhältnis iS des § 48 hat (bestr). Auch das Mitglied eines Kollegialgerichts hat die Pflicht zur Anzeige. Es darf nur dann einfach der Vertreter herangezogen werden, wenn die Ausschließung (§ 41) zweifellos gegeben ist (StJBork 2). –
2   **b) Zweifel über Ausschluss** (§ 41): zB auf Anregung eines Richters oder Prozessbeteiligten. Dann kommt es zur Entscheidung von Amts wegen. Nur bei zweifellosem Ausschluss (§ 41) scheidet der Richter ohne weiteres aus (Rn 1 aE).

3   **2. Verfahren.** Die Zuständigkeit entspricht dem § 45. Den Parteien ist die Selbstablehnung in vollem Umfang (BGH NJW 95, 403; Frank-

furt FamRZ 98, 377) zur Stellungnahme mitzuteilen. Amtsermittlung
und Freibeweis (6 vor § 284). Für die Tätigkeit des Richters gilt § 47
entspr. Entschieden wird durch Beschluss, in dem die Anzeige für
begründet oder für unbegründet erklärt wird. Keine Kostenentscheidung. Der Beschluss ist den Parteien mitzuteilen und nicht unanfechtbar, sondern nach § 46 Abs 2 zu behandeln (BGH NJW 95, 403; Karlsruhe
NJW-RR 00, 591; Vollkommer NJW 94, 2007, jeweils für aF).

§ 49 Urkundsbeamte

**Die Vorschriften dieses Titels sind auf den Urkundsbeamten
der Geschäftsstelle entsprechend anzuwenden; die Entscheidung
ergeht durch das Gericht, bei dem er angestellt ist.**

Gilt für jede Tätigkeit als Urkundsbeamter: insbes Protokoll **1**
(§§ 159–165), vollstreckbare Ausfertigung (§ 724). Für den Rechtspfleger gelten die §§ 41–48 über § 10 RPflG entspr.

Abschnitt 2. Parteien

Vorbemerkung

I. Prozessrechtsverhältnis

Es besteht zwischen den Parteien zueinander und zum Gericht (hM; **1**
vgl RoSchwGottwald § 2 II 1). Zur (geringen) praktischen Bedeutung
G. Lüke ZZP 108, 427. Das Prozessrechtsverhältnis ist öffentlich-rechtlicher Natur und entsteht in allen Verfahrensarten der ZPO, also zB auch
im Mahnverfahren und in der ZwVollstr. Es beginnt und endet mit dem
jeweiligen Prozess (Rechtsstreit). An einem Prozessrechtsverhältnis müssen zwei Parteien beteiligt sein. Es können aber nicht mehr als zwei
Parteien sein, so dass bei Streitgenossenschaft eine Mehrheit von Prozessrechtsverhältnissen besteht (1 vor § 59).

II. Begriff der Partei

Parteien im Zivilprozess sind diejenigen Personen, von welchen und **2**
gegen welche die staatliche Rechtsschutzhandlung (insbes Urteil und
ZwVollstr) im eigenen Namen begehrt wird (RoSchwGottwald § 40
I 1). Partei ist also immer der Vertretene, nicht der Vertreter. Wer Partei
ist, kann in demselben Prozessrechtsverhältnis (Rn 1) nicht Nebenintervenient (§ 66) und nicht Zeuge (§ 373) sein. Vom Parteibegriff ist zu
unterscheiden, ob die Partei auch parteifähig ist (§ 50), ob sie die
richtige Partei ist (vgl § 51 Rn 19), ob sie im Rechtsstreit richtig
gesetzlich vertreten (§ 51 Rn 3) und ob sie richtig bezeichnet ist (mit
richtigem Namen oder richtiger Firma). Von der Partei zu unterschei-

den ist die Scheinpartei (wer durch Prozesshandlungen des Gerichts als
Partei behandelt wird, ohne es zu sein, vgl Rn 5) und die Nichtpartei
(Rn 9).

III. Bestimmung der Partei

3 **1. Grundlagen.** Wer im einzelnen Rechtsstreit Partei ist, dh Kläger
oder Beklagter (idR im Urteilsverfahren), Gläubiger oder Schuldner
(ZwVollstr), Antragsteller oder Antragsgegner (für alle anderen Verfahren
passend), ist aus der den Rechtsstreit einleitenden Prozesshandlung zu
entnehmen, nämlich der Klage (§ 253), dem Mahnantrag (§ 690), dem
4 Vollstreckungsantrag (§ 754), dem Arrestgesuch (§ 920) usw. **a) Metho-
de.** Bestimmt wird die Partei danach, wie sie bezeichnet ist, nämlich mit
Namen oder Firma und Zustellungsadresse als Kläger, Beklagter, Antragsteller und -gegner, Gläubiger und Schuldner. Welche Person als solche,
regelmäßig durch ihren Namen, Beruf und genauen Wohnort bezeichnet ist, soll möglichst eindeutig sein, notfalls durch Auslegung (BGH 4,
328 [334]) entnommen werden können. Nur wenn die Formvorschriften (zB §§ 253 Abs 4, 130 Nr 1, 690 Nr 1) eingehalten sind, werden
vermeidbare Mängel und Komplikationen im Laufe des Prozesses unterbunden. Außer der Bezeichnung in dem Schriftstück, das den Rechtsstreit einleitet (insbes der Klageschrift) und dem darin enthaltenen Tatsachenvorbringen kann zur Bestimmung der Partei auch dasjenige aus-
legend herangezogen werden, was später im Prozess geschieht. Stets ist
die Bestimmung, wer Partei ist, objektiv vom Standpunkt des Gerichts
und des Antragsgegners (insbes Beklagten) aus vorzunehmen (BGH
stRspr NJW 98, 1496 mwN; Hamburg NJW-RR 98, 357; Hamm
NJW-RR 99, 469 mwN), auch dafür, wer Antragsteller (insbes Kläger)
ist. Ist die Parteibezeichnung in Einzelheiten unvollständig (zB bei
Gesellschaft bürgerlichen Rechts, BGH NJW 97, 1236), falsch oder
ungenau, so kann sie jederzeit berichtigt werden, auch in jedem Rechtszug (BGH NJW 81, 1454 für die Berufungsinstanz; Hamm NJW-RR
99, 469). Es muss jedoch die Identität derjenigen Partei gewahrt bleiben,
die durch die Bezeichnung erkennbar betroffen werden sollte (BGH
NJW 88, 1585), denn sonst läge eine Parteiänderung (Rn 11) vor. –
5 **b) Beispiele: aa) Zustellungsfehler.** Ist die Klageschrift oder der
Mahnbescheid an eine andere Person, als in ihr als Beklagter oder
Antragsgegner bezeichnet ist, zugestellt worden, so wird der, an den nur
zugestellt ist, dadurch nicht Partei (allgM; BGH NJW-RR 95, 764
mwN; vgl Rn 2 aE). Beteiligt sich diese Person (Scheinpartei, Rn 2 aE)
am Prozess bis klargestellt ist, dass sie nicht verklagt ist, muss über ihre
Kosten durch Beschluss nach dem Veranlassungsprinzip entschieden
werden (BGH aaO; Brandenburg NJW-RR 96, 1214 mwN). Erstat-
tungspflichtig ist regelmäßig der Kläger. Es ist auch Zwischenurteil
6 (§ 303) möglich (Rn 10). **bb) Bezeichnungsirrtum.** Eine für alle
Beteiligten erkennbare Falschbezeichnung ist unschädlich (BGH NJW
98, 1496; Stuttgart NJW-RR 99, 216; vgl § 253 Rn 7). Ist in der

Klageschrift irrtümlich eine andere Person als Beklagter bezeichnet, gegen den der Kläger gar keinen Rechtsstreit führen wollte, so wird diese Person trotzdem Partei; die Klage ist dann gegen diesen Beklagten unbegründet, und zwar wegen fehlender Passivlegitimation (vgl 39 vor § 253). Um das zu erreichen, kann der Beklagte auch Rechtsmittel einlegen (Naumburg NJW-RR 98, 357). **cc) Firma.** Wird die Partei 7 unter ihrer Firma bezeichnet (§ 17 HGB), so ist Partei nicht die Firma, sondern der Inhaber (RG 157, 369), und zwar (bei Inhaberwechsel bedeutsam) derjenige, der bei klagender Firma die Klage eingereicht hat (bestr), und bei beklagter Firma derjenige, der zZ des Eintritts der Rechtshängigkeit Inhaber ist oder war (RG 159, 337 [350]; München NJW 71, 1615).

2. Identität von Partei und der als solche handelnden Person ist von 8 der Bestimmung der Partei (Rn 3) zu unterscheiden. **a) Prüfung.** Die Identität ist grundsätzlich von Amts wegen in jeder Verfahrenslage dann zu prüfen, wenn sich Bedenken ergeben, im Anwaltsprozess (§ 78 Abs 1) aber wegen § 88 Abs 2 nur auf Rüge (RoSchwGottwald § 41 IV). – **b) Nichtpartei.** Nimmt eine Person, die nicht Partei ist 9 (anders die Scheinpartei, Rn 2 aE), als solche Prozesshandlungen (Einl III) vor, so sind sie unwirksam, berühren also die wirkliche Partei nicht.

3. Streit, ob eine Person, die im Prozess als Partei auftritt oder als 10 solche behandelt wird (Rn 5), auch wirklich Partei ist oder nicht, wird durch Zwischenurteil entschieden (§ 303; RoSchwGottwald § 41 IV; StJBork 13). Besteht Einigkeit darüber, dass die Person nicht Partei ist, werden ihre Prozesshandlungen nicht beachtet, da sie unwirksam sind (Rn 9).

IV. Parteiänderung umfasst den Parteiwechsel und die Partei- 11 erweiterung (vgl Rn 12). Schrifttum: Henckel, Parteilehre und Streitgegenstand im Zivilprozess (S 215 bis 247), 1961; Rosenberg, ZZP 70, 1; Groß ZZP 76, 200; Franz NJW 72, 1743; Roth NJW 88, 2977.

1. Allgemeines zur Parteiänderung. **a) Begriffe.** Parteiwechsel liegt 12 vor, wenn eine neue Partei an Stelle einer ausscheidenden Partei in den Rechtsstreit eintritt; dabei bleibt das bisherige Prozessrechtsverhältnis erhalten. Parteierweiterung liegt vor, wenn eine weitere Partei als Streitgenosse einer Partei neu in den Rechtsstreit eintritt oder neu verklagt wird; damit wird ein neues weiteres Prozessrechtsverhältnis begründet (1 vor § 59). Von der Parteiänderung ist die Berichtigung der Parteibezeichnung zu unterscheiden (Rn 4; Dresden OLG-NL 96, 119). – **b) Grund.** Parteiänderung hat Sinn und Zweck, wenn sich herausstellt, 13 dass die bisherige Partei nicht, nicht mehr oder nicht allein die richtige Partei ist, weil ihr entweder die Prozessführungs- oder die Sachbefugnis fehlt (vgl § 51 Rn 20–23). – **c) Wirkung.** Auseinanderzuhalten ist 14 einerseits Ausscheiden und Eintritt der Partei, andererseits die Frage, ob die bisherigen Entscheidungen und Prozesshandlungen für oder gegen die neue Partei wirken und sie binden. Die Parteiänderung ist zT gesetzlich geregelt; jedoch nicht der in der Praxis häufige Fall gewillkürter Parteiänderung ohne vorangegangene Rechtsnachfolge (Rn 20–26).

15 **2. Meinungsstand zur gewillkürten Parteiänderung.** Das RG sah sie in stRspr (zB 108, 350; 157, 369 [377]) als Klageänderung an. Daraus folgt, dass sie auch ohne Zustimmung des neuen oder alten Beklagten zugelassen wird, wenn sie das Gericht als sachdienlich (§ 263) ansieht. Dafür hält meistens die (oft mißverstandene) Prozessökonomie her. Dem gegenüber hielt von jeher eine andere Meinung den Parteiwechsel nur in der Weise für zulässig, dass die Klage vom bisherigen Kläger gegen den bisherigen Beklagten zurückgenommen (§ 269) und von einem neuen Kläger oder gegen einen neuen Beklagten neu erhoben wird (§ 253). Das Schrifttum schloß sich dem weitgehend an. Der BGH folgte dem RG (LM § 264 Nr 8), gab aber in 21, 285 diesen Standpunkt zunächst auf, unterstellt den Parteiwechsel für die Berufungsinstanz nicht mehr dem § 263, sondern macht in Analogie zu § 265 Abs 2 S 2 den Parteiwechsel von der Zustimmung des alten und des neuen Beklagten abhängig, hält sie aber für entbehrlich, wenn sie aus Rechtsmissbrauch verweigert wird (auch BGH NJW 62, 633 [635]). Für den ersten Rechtszug hält der BGH die Zustimmung des neuen Beklagten überhaupt für entbehrlich (NJW 62, 347; offengelassen in NJW 74, 750) und hat auch die Anwendung des § 263 für die sog Drittwiderklage (§ 33 Rn 10) offengelassen (BGH NJW 75, 1228). Diese Rspr des BGH ist inkonsequent und bedenklich, soweit sie unterschiedslos an der entspr Anwendung des § 263 festhält. Eine differenzierte analoge Anwendung des § 263 unter Beachtung des § 269 vertritt Roth NJW 88, 2977. Die folgende Darstellung berücksichtigt den Grundsatz, dass niemand ohne seine Zustimmung einen laufenden Rechtsstreit übernehmen muss, wenn er an dessen Lage und bisherigen Ergebnisse, die ohne ihn zustande kamen, gebunden werden soll (für bestimmte Fallgruppen aA Roth aaO 2980).

16 **3. Gesetzlicher Parteiwechsel.** Er ist in jedem Rechtszug möglich. Man unterscheidet: **a) Parteiwechsel kraft Gesetzes.** Das sind die Fälle der Gesamtrechtsnachfolge, insbes der Erbfolge (vgl § 239); ferner wenn bei einer Partei kraft Amtes (§ 51 Rn 25, 26) die Verwaltung (zB Insolvenz) beginnt oder endet; ebenso wenn der gewillkürte Prozessstandschafter stirbt (vgl § 51 Rn 38; aA BGH NJW 93, 3072: gewillkürter Parteiwechsel). Mit dem gesetzlich bestimmten Ereignis (zB Tod, Aufnahme) wechselt die Partei. Bei einer Erbengemeinschaft spaltet sich das Prozessrechtsverhältnis des Erblassers in diejenige **17** der Miterben auf. – **b) Gesetzlich geregelter Parteiwechsel.** Das sind die Fälle der §§ 75 bis 77, 265, 266, 640 g. Hier hängt der Wechsel vom Willen der Parteien ab und wird nur unter bestimmten **18** Voraussetzungen wirksam. – **c) Wirkung.** Die eintretende Partei muss den Rechtsstreit in der Lage aufnehmen und fortsetzen, in der er sich befindet. Die ergangenen Entscheidungen und die Prozesshandlungen der ausgeschiedenen Partei bleiben weiter wirksam. Das ergibt sich aus der Rechtsnachfolge.

4. Gesetzliche Parteierweiterung ist nur in § 856 vorgesehen.   **19**

5. Gewillkürter Parteiwechsel. Die erforderlichen Erklärungen   **20**
(insbes Zustimmungen) sind Prozesshandlungen (Einl III), entweder in
mdl Vhdlg zu erklären oder in zuzustellendem Schriftsatz. Das ist aus
§ 261 Abs 2 zu folgern. Für die Zustimmung des Beklagten gilt § 267
entspr. Sie ist nur ausnahmsweise entbehrlich, wenn sie unter Rechtsmissbrauch verweigert wird (BGH 21, 285; NJW 74, 750; 76, 239 und
81, 989 jeweils für die Berufungsinstanz). Sofern außer dem Parteiwechsel auch der Streitgegenstand (Einl II) geändert wird, muss § 263 außerdem erfüllt sein. **a) Im ersten Rechtszug. aa) Auf der Klägerseite.**   **21**
Es sind Parteiwechselerklärungen des bisherigen (München NJW-RR
98, 788) und des neuen Klägers erforderlich; die Zustimmung des
Beklagten nur, wenn der bisherige Kläger nach Beginn der mdl Vhdlg
zur Hauptsache seinen Austritt aus dem Rechtsstreit erklärt (entspr
§ 269 Abs 1). Der Beklagte kann die Zustimmung nicht aus Rechtsmissbrauch verweigern (vgl Rn 20). Nach stRspr des BGH (NJW 96,
2799 mwN) kann die Zustimmung des Beklagten wegen Sachdienlichkeit (§ 263) ersetzt werden. Der neue Kläger ist an die vorgefundene
Prozesslage gebunden (Roth NJW 88, 2977 [2981]). Die bisher im
Rechtsstreit vorgenommenen Prozesshandlungen und Beweisaufnahmen
bleiben grundsätzlich wirksam. Der neue Kläger kann aber Geständnisse
seines Vorgängers widerrufen; § 290 gilt insoweit nicht; ebenso wenig
§ 296 (aA Roth aaO), weil diesen Wirkungen der Kläger durch einen
neuen Rechtsstreit entgehen könnte. Materielle Folgen der Rechtshängigkeit gelten nur ab Eintritt des neuen Klägers. Die Kostenentscheidung ergeht nur im Verhältnis zwischen dem neuen Kläger und dem
Beklagten, weil der Rechtsstreit gegen den Beklagten (anders als bei
Rn 22) mit demselben Kosten und Gebühren fortgesetzt wird. In analoger Anwendung des § 269 Abs 3 erscheint es gerechtfertigt, den bisherigen Kläger für die bis zu seinem Ausscheiden entstandenen Kosten
gegenüber dem Beklagten mithaften zu lassen (vgl Stuttgart NJW 73,
1756) und ihm die entstandenen Mehrkosten aufzuerlegen (hM; Zweibrücken NJW-RR 01, 360). **bb) Auf der Beklagtenseite.** Es ist die   **22**
Erklärung des Klägers nötig, dass er die Klage nur noch gegen den neuen
Beklagten richte. Zustimmen muss nur der bisherige Beklagte, wenn der
Kläger den Beklagtenwechsel nach Beginn der mdl Vhdlg zur Hauptsache vornimmt (entspr § 269 Abs 1). Der neue Beklagte muss nicht
zustimmen. Tut er es nicht, wird er zwar Partei, aber die Prozesshandlungen seines Vorgängers und die bisherigen Prozessergebnisse wirken
nicht für oder gegen ihn; es ist neu zu verhandeln. Stimmt er zu, ist er an
die bisherigen Prozessergebnisse ebenso gebunden wie der neue Kläger
in Rn 21. Die Kosten des ausscheidenden Beklagten sind entspr § 269

durch Beschluss dem Kläger aufzuerlegen (RoSchwGottwald § 42
23 III 6). – **b) Im Berufungsrechtszug** ist immer eine zulässige Berufung
Voraussetzung (BGH NJW 94, 3358). In dem Rechtsmittel kann die
stillschweigende Erklärung liegen, den Rechtsstreit als Partei zu übernehmen (BGH NJW 96, 2799). Hinsichtlich der Klägerseite ist es wie
im ersten Rechtszug (Rn 21; BGH 71, 217). Auf der Beklagtenseite ist
die Zustimmung des bisherigen (wegen § 269 Abs 1, BGH NJW 81,
989) wie des neuen Beklagten notwendig (BGH 71, 217), weil nunmehr
eine Tatsacheninstanz genommen wird. Entbehrlich ist sie nur, wenn sie
aus Rechtsmissbrauch verweigert wird (BGH NJW 98, 1496 mwN;
stRspr; vgl Rn 20). Für die Wirkung der bisherigen Prozessergebnisse
24 gilt die Rn 21. Gleichgültig bleibt, wer Rechtsmittelführer ist. – **c) Im
Revisionsrechtszug** ist gewillkürter Parteiwechsel nicht möglich, weil
er notwendig neuen Tatsachenvortrag erfordert, der in der Revision
ausgeschlossen ist (§ 559 Abs. 1). Anders ist das, wenn eine Prozessstandschaft (§ 51 Rn 24) kraft Gesetzes endet (vgl BGH NJW-RR 90,
323).

25   **6. Gewillkürte Parteierweiterung.** Zum Begriff: Rn 12. **a) Im
ersten Rechtszug** ist sie unter den Voraussetzungen der §§ 59, 60 oder
des § 640 e Abs 1 S 2, aber nicht bedingt, zulässig (RoSchwGottwald
§ 42 III 3). Nach BGH NJW 96, 196 (für die sog parteierweiternde
Drittwiderklage) ist sie wegen Anwendung von § 263 an Sachdienlichkeit gebunden (vgl § 33 Rn 12). Es wird durch ordnungsgemäße Klage
ein neues (weiteres) Prozessrechtsverhältnis (Rn 1) begründet. Der
Rechtsstreit beginnt insoweit neu und ist mit dem der Streitgenossen
zum Zwecke gleichzeitiger Verhandlung und Entscheidung verbunden,
entweder gem §§ 59, 60 durch die Partei oder gem § 147 durch das
Gericht (Folgen vgl 1 vor § 59). Eine Zustimmung der Beklagtenseite ist
nicht erforderlich. Beim Parteibeitritt auf der Klägerseite muss der bisherige Kläger zustimmen (RoSchwGottwald § 42 III 3 a mwN), aber
nicht im Falle des § 147. An die bisherigen Prozessergebnisse, insbes an
eine Beweisaufnahme, ist der neue Kläger immer, der neue Beklagte
grundsätzlich nicht gebunden. Nach BGH NJW 96, 196 (für die sog
parteierweiternde Widerklage, § 33 Rn 8) kann er mindestens bei Beeinträchtigung die Ergänzung oder Wiederholung einer Beweisauf-
26 nahme verlangen. – **b) Im Berufungs- und Revisionsrechtszug** ist
eine gewillkürte Parteierweiterung ausgeschlossen. Wegen der funktionellen Zuständigkeit (2 vor § 1) der Rechtsmittelgerichte darf ein neues
Prozessrechtsverhältnis nicht in der höheren Instanz begründet werden.
Für die Revisionsinstanz ist das wegen § 559 Abs 1 allgemeine Meinung.
Eine Berufung kann neben der alten Partei nicht auf eine neue Partei
ausgedehnt werden, selbst wenn diese zustimmt und notwendiger Streitgenosse (§ 62) wäre; denn eine Berufung ist nicht statthaft, weil insoweit
kein Urteil erster Instanz vorliegt (§ 511; BGH NJW 99, 62). Eine Klage
wäre unzulässig, weil dem Berufungsgericht die funktionelle Zuständigkeit fehlt (aA Stuttgart NJW-RR 01, 970). Für die Berufungsinstanz ist

aA der BGH in NJW 88, 2298 [2299] und 97, 2885 (dort Klageerstreckung genannt). Es wird sogar § 263 und § 264 angewendet, obwohl vor dem Beitritt weiterer Kläger und einer Inanspruchnahme weiterer Beklagter nicht einmal ein Prozessrechtsverhältnis zwischen diesen und dem Beklagten oder Kläger besteht. Immerhin lehnt der BGH in NJW-RR 00, 1114 eine Parteierweiterung im Wege der Anschlussberufung ab.

7. Entscheidung nach Parteiänderung. **a) Bei Parteiwechsel** 27 (Rn 16 und 20). Ob er eingetreten ist, hängt zunächst von seiner wirksamen Vornahme und seiner Zulässigkeit ab. Entscheidungen des Gerichts wirken aber immer zwischen den Parteien, für und gegen die sie ergehen, auch wenn der Parteiwechsel nicht wirksam vorgenommen oder unzulässig war. Am Prozessrechtsverhältnis beteiligt sein kann nur die bisherige oder die neue Partei. Ein Streit kann durch Zwischenurteil entschieden werden. Gesetzliche Sonderregelungen (zB § 239) gehen vor. **aa) Zulässiger Parteiwechsel.** Es wird durch Endurteil 28 zwischen den neuen Parteien entschieden, wobei Zwischenurteil („Der Parteiwechsel ist wirksam") vorangehen kann, und zwar gem § 280 Abs 2 (BGH NJW 81, 989). Bei gewillkürtem Parteiwechsel ergeht im Verhältnis zur ausgeschiedenen Partei auf Antrag Beschluss gem § 269 (Rn 21, 22). **bb) Unzulässiger Parteiwechsel.** Es ergeht Endurteil 29 nur zwischen den bisher beteiligten Parteien. Diesem kann ein Zwischenurteil gem § 280 Abs 2 (vgl Rn 28: „Der erklärte Parteiwechsel ist unwirksam") vorangehen. War aber der Parteiwechsel nur deshalb unwirksam, weil die erforderliche Zustimmung des neuen Gegners fehlt, so ergeht lediglich Urteil im Verhältnis zur neuen Partei. Darin wird die Klage als unzulässig abgewiesen. Gegenüber der bisherigen Partei ergeht Beschluss gem § 269 (wie Rn 28). **cc) Rechtsmittel.** 30 Auch die Partei, die gemäß der Entscheidung des Gerichts als durch den Parteiwechsel ausgeschieden behandelt wird, kann diese Entscheidung mit den gewöhnlichen Rechtsmitteln anfechten, aber nur mit dem Ziel, anstelle der im Prozess verbliebenen Partei den Rechtsstreit weiterzuführen. – **b) Bei Parteierweiterung** (Rn 19 und 25). Da das 31 Prozessrechtsverhältnis zwischen den bisherigen Parteien nicht berührt wird, ist nur in dem neuen Prozessrechtsverhältnis (also in Bezug auf den neuen Kläger oder neuen Beklagten) zu entscheiden. Wird die Zulässigkeit der Parteierweiterung verneint, so ist gemäß §§ 59, 60 Rn 7 zu verfahren, also zu trennen (§ 145), bei Verstoß gegen Rn 26 das Rechtsmittel zu verwerfen, falls Klage erhoben ist, diese abzuweisen. Wird die Zulässigkeit der Parteierweiterung bejaht, so ist der Rechtsstreit durch Endurteil zu entscheiden, je nachdem, wie die Klage zu beurteilen ist. Vorher ist Zwischenurteil gem § 280 Abs 2 möglich (vgl Rn 28).

Titel 1. Parteifähigkeit; Prozeßfähigkeit

§ 50 Parteifähigkeit

(1) **Parteifähig ist, wer rechtsfähig ist.**

(2) **Ein Verein, der nicht rechtsfähig ist, kann verklagt werden; in dem Rechtsstreit hat der Verein die Stellung eines rechtsfähigen Vereins.**

1   **1. Begriff.** Parteifähigkeit ist die Fähigkeit, im Rechtsstreit Partei (2 vor § 50) zu sein. Sie entspricht im Wesentlichen der Rechtsfähigkeit des bürgerlichen Rechts. Der Begriff gilt für alle Verfahrensarten der ZPO. Die Parteifähigkeit ist für Deutsche nach deutschem Recht zu beurteilen, für Ausländer nach dem Heimatrecht (hM; BGH 51, 27).

2   **2. Voraussetzungen.** Auf Grund ihrer Rechtsfähigkeit sind parteifähig: **a) Menschen** (Abs 1; § 1 BGB), weil jeder rechtsfähig ist, von Vollendung der Geburt bis zum Tod; aber auch uU die Leibesfrucht 3 oder ein noch nicht Erzeugter (§§ 1912, 1913 BGB). – **b) Juristische Personen** des öffentlichen und privaten Rechts. Es sind nur sie, nicht ihre Mitglieder Partei: insbes die Bundesrepublik, das Land, rechtsfähige Vereine, GmbH, AG, Genossenschaften. Sie sind parteifähig vom Erwerb bis zum Verlust ihrer Rechtsfähigkeit, also auch noch in der Liquidation (Abwicklung) bis zu deren Abschluss (hM; ZöVollkommer 4 mwN). Ist eine GmbH oder Genossenschaft wegen Vermögenslosigkeit im Handelsregister gelöscht, so ist sie unter Fiktion ihres Fortbestandes bis zur Rechtskraft der Hauptsache (als sog Nachgesellschaft) passiv parteifähig (BGH NJW-RR 94, 542; Bork JZ 91, 841 mwN). Aktiv parteifähig ist sie, solange sie abwicklungsbedürftig ist oder noch Vermögen (dh materiell-rechtliche Ansprüche) hat und im Rechtsstreit geltend macht (hM; Hamm NJW-RR 96, 1375; Koblenz NJW-RR 99, 40; Bork aaO; Lindacher FS für Henckel S 549 [556]). Auch wird die sog Vor-GmbH (in Gründung) als aktiv wie passiv parteifähig angesehen (BGH NJW 98, 1079 mwN; jedenfalls wenn sie im Rechtsverkehr als solche aufgetreten ist (vgl LG Köln NJW-RR 93, 1385), wohl aber nur bis zur rechtskräftigen Zurückweisung des Eintragungsantrags (Köln NJW-RR 98, 4 1047). – **c) Gesellschaften,** die nicht juristische Personen sind, vor allem die Handelsgesellschaften, die oHG (§ 124 Abs 1 HGB), die KommG (§ 161 Abs 2 HGB) und entspr die Reederei (§ 493 Abs 3 HGB) sowie die Partnerschaft (§ 7 Abs 2 PartnerschaftsG, § 124 HGB). Der BGH sieht in NJW 01, 1056 die BGB-Gesellschaft, die am Rechtsverkehr teilnimmt, aktiv und passiv als parteifähig an (hierzu K. Schmidt NJW 01, 993). Die bisher hM (vgl Rn 9 der 22. Aufl) ist daher überholt. Bei allen Gesellschaften ist diese als solche Partei. Die einzelnen Gesellschafter können als deren Streitgenossen verklagt werden. Aus dem Titel gegen die BGB-Gesellschaft findet die Zwangsvollstreckung nur in das Gesellschaftsvermögen statt (vgl § 736). Eine Gesellschaft verliert ihre Parteifähigkeit nicht dadurch, dass das eröffnete Insolvenz(Kon-

kurs)verfahren mangels Masse (§ 207 InsO; vorher § 204 KO) eingestellt
wird (BGH NJW 95, 196). – **d) Gewerkschaften** (Zusammenschlüsse 5
von Arbeitnehmern) sind parteifähig vor den Arbeitsgerichten (§ 10
Abs 1 ArbGG), aber auch in der ordentlichen Gerichtsbarkeit (BGH 50,
325); ebenso Unterorganisationen (Bezirks- oder Kreisverbände), wenn
sie körperschaftliche Verfassung haben und eigenständig tätig sind
(Düsseldorf NJW-RR 86, 1506). – **e) Politische Parteien** und ihre 6
Gebietsverbände der höchsten Stufe, sofern die Satzung nichts anderes
bestimmt, sind parteifähig (§ 3 ParteienG). Die anderen Gebietsverbände (insbes Ortsvereine) sind nichtrechtsfähige Vereine (Bamberg
NJW 82, 895), passiv (hM), aber nicht aktiv parteifähig (Frankfurt
MDR 84, 1030; dagegen Kainz NJW 85, 2616), wenn sie nicht (ausnahmsweise) im Vereinsregister eingetragen und daher rechtsfähig sind.

3. Nichtrechtsfähige Vereine (§ 54 BGB) sind nur beschränkt Inte- 7
resse parteifähig, nämlich passiv (Abs 2). **a) Als Beklagter.** Unter § 50
Abs 2 können auch Untergliederungen eines rechtsfähigen Vereins fallen
(BGH 90, 331). Für die Wohnungseigentümergemeinschaft gilt Abs 2
auch nicht analog (Koblenz NJW 77, 55). Als Beklagter steht ein nichtrechtsfähiger Verein im Rechtsstreit einem rechtsfähigen gleich, wird
also durch den Vorstand gesetzlich vertreten und ist selbst Partei; dies
sind nicht seine einzelnen Mitglieder, die daher Nebenintervenienten
und Zeugen sein können. Der Verein kann Widerklage erheben, auch
die besonders geregelten Widerklagen (§ 33 Rn 15), und Rechtsmittel
einlegen, ferner nach hM auf Wiederaufnahme (§ 578), sowie nach
§§ 767, 768 klagen. Er kann alle sonstigen, auf den Rechtsstreit bezogenen Rechtsbehelfe ergreifen, zB §§ 731, 732, 766, 793 (zT bestr), aber
nicht Nebenintervenient sein. Für die ZwVollstr gilt § 735. – **b) Als** 8
Kläger. Will ein nichtrechtsfähiger Verein klagen, kann er es nicht
selbst, da ihm das Gesetz aktive Parteifähigkeit versagt und diese im
Wege der ausdehnenden Analogie nicht herbeigeführt werden darf
(BGH 109, 15; K. Schmidt NJW 84, 2249). Daraus folgt: Grundsätzlich
müssen alle Mitglieder (als notwendige Streitgenossen, § 62) klagen (oft
undurchführbar), weil sie nur alle zusammen Prozessführungsbefugnis
haben (RG 78, 101). Kläger sind alle Mitglieder, die in der Klageschrift
oder zZ der Letzten mündlichen Verhandlung als solche aufgeführt sind
(RoSchwGottwald § 43 II 2 a). Ausscheiden und Eintreten von Mitgliedern fällt unter § 265 Abs 2 S 1, da Anwachsung (§ 738 BGB) stattfindet. Eine einfachere (aber sehr bestr) Lösung ist die, dass einzelne
Mitglieder (nicht notwendig die Vorstände) in gewillkürter Prozessstandschaft (§ 51 Rn 31) das Recht des Vereins geltend machen, insbes auf
Leistung an ihn klagen (im Einzelfall ablehnend Koblenz NJW-RR 93,
697).

4. Nicht parteifähig sind die Gemeinschaft (§ 741 BGB), insbes die 9
Wohnungseigentümergemeinschaft (hM; BGH NJW 77, 1686), die
Insolvenzmasse (BGH 88, 335 für Konkurs) und der Nachlass (allgM).
Zur BGB-Gesellschaft vgl Rn 4.

10   **5. Bedeutung.** Die Parteifähigkeit ist Prozessvoraussetzung (10 vor
§ 253) und Prozesshandlungsvoraussetzung (Einl III Rn 10). Prüfung
und Folgen sind dort behandelt. Die Parteifähigkeit muss als Prozessvoraussetzung mindestens zZ der letzten mdl Tatsachenverhandlung vorliegen, im schriftlichen Verfahren (§ 128 Abs 2) zur entspr Zeit. Wird
die Parteifähigkeit während des Rechtsstreits (auch wieder) hergestellt,
so kann der Mangel durch Genehmigung (wie § 51 Rn 17) heilen
11   (BGH 51, 27). **a) Streit** über die Parteifähigkeit (sog Zulassungsstreit)
bewirkt, dass bis zu dessen rechtskräftiger Erledigung die Partei als
parteifähig zu behandeln ist (allgM; BGH 24, 91) und sie insbes Rechts-
12   mittel einlegen kann (BGH NJW 93, 2943). – **b) Übersehen** der
Parteiunfähigkeit kann Nichtigkeitsklage entspr § 579 Abs 1 Nr 4 begründen. Ist die Klage versehentlich als unbegründet abgewiesen worden, muss die klagende Partei in der Rechtsmittelinstanz als parteifähig
behandelt und die Klage als unzulässig abgewiesen werden (Düsseldorf
MDR 77, 759). Ist der Titel rechtskräftig, haftet für die Kosten derjenige, der für die Partei tatsächlich gehandelt hat (Düsseldorf Rpfleger 80,
13   437). – **c) Nichtexistenz** einer Partei ist von der Parteifähigkeit zu
unterscheiden. Sie führt zu einem wirkungslosen Urteil (17 vor § 300)
oder, falls vorher erkannt, zur Abweisung der Klage oder des Antrags als
unzulässig (allgM; BGH 24, 91; Frankfurt NJW-RR 96, 1213 mwN).
Existiert die Klagepartei nicht, sind die Kosten demjenigen aufzuerlegen,
der das Verfahren veranlasst (hM; Frankfurt aaO mwN) und der behauptet hat, sie existiere, zB demjenigen, der als gesetzlicher Vertreter aufgetreten ist (BGH WM 76, 686) oder tatsächlich gehandelt hat (Düsseldorf MDR 80, 853). Der Kostenerstattungsanspruch bei abgewiesener
Klage im Falle der Rn 12 steht derjenigen Person zu, welche die Nichtexistenz geltend gemacht und dafür aufgetreten ist (Hamburg MDR 76,
14   845). – **d) Wegfall** der Parteifähigkeit während des Prozesses führt
wegen Fehlens einer Prozessvoraussetzung zur Unzulässigkeit der Klage,
zB bei Erlöschen eines eingetragenen Vereins (BGH 74, 212). Verliert
der Beklagte während des Prozesses seine Parteifähigkeit und ist bis dahin
die Klage zulässig und begründet, so ist die Hauptsache erledigt (BGH
NJW 82, 238; vgl § 91 a Rn 4); uU ist Parteiwechsel (20 vor § 50)
geboten.

§ 51 Prozeßfähigkeit; gesetzliche Vertretung; Prozeßführung

(1) **Die Fähigkeit einer Partei, vor Gericht zu stehen, die Vertretung nicht prozeßfähiger Parteien durch andere Personen (gesetzliche Vertreter) und die Notwendigkeit einer besonderen
Ermächtigung zur Prozeßführung bestimmt sich nach den Vorschriften des bürgerlichen Rechts, soweit nicht die nachfolgenden Paragraphen abweichende Vorschriften enthalten.**

(2) **Das Verschulden eines gesetzlichen Vertreters steht dem
Verschulden der Partei gleich.**

Übersicht

1   **I. Allgemeines.** Die Prozessführung ist von der ZPO unsystematisch und nur unvollkommen geregelt. Die Bedeutung des § 51 erschöpft sich darin, dass er einerseits (zT gegenstandslos) auf das bürgerliche Recht verweist und andererseits den Vorrang der ZPO bestimmt (letzter Hs). Man hat zu unterscheiden: die Prozessfähigkeit (Rn 2), die gesetzliche Vertretung Prozessunfähiger (Rn 3), die Vertretung auf Grund einer Prozessvollmacht (§§ 78–90) und die Prozessführungsbefugnis (Rn 19). Jeder dieser Begriffe ist streng vom anderen zu trennen; denn Voraussetzungen und Wirkung sind verschieden.

2   **II. Prozessfähigkeit** ist die Fähigkeit, Prozesshandlungen (Einl III) selbst oder durch selbstbestellte Vertreter wirksam vorzunehmen oder entgegenzunehmen (RoSchwGottwald § 44 I). Das Gesetz nennt dies (Hs 1) unvollkommen und undeutlich, die Fähigkeit einer Partei vor Gericht zu stehen. Das bürgerliche Recht enthält keine Vorschrift zur Prozessfähigkeit. Diese ist für den Zivilprozess allein über § 52, ergänzend durch § 53, festzustellen.

3   **III. Gesetzliche Vertretung** prozessunfähiger Personen. Gesetzliche Vertretung ist diejenige Vertretungsmacht, die unmittelbar auf Gesetz oder staatlicher Anordnung beruht, vom Willen des Vertretenen also nicht abhängt. Ist eine prozessunfähige Person Partei (2 vor § 50), so muss sie im Prozess durch ihren (im Einzelfalle berufenen) gesetzlichen Vertreter vertreten werden; andernfalls fehlt es an einer Prozessvoraussetzung (vgl 10 vor § 253), da die gesetzliche Vertretung die fehlende Prozessfähigkeit ersetzen soll. Zugleich ist die gesetzliche Vertretung Prozesshandlungsvoraussetzung (Einl III Rn 10).

4   **1. Bestimmung.** Wer gesetzlicher Vertreter ist, muss für natürliche und juristische Personen sowie sonstige parteifähige Prozessparteien (vgl § 50 Rn 4, 5 und 7) des Privatrechts nach bürgerlichem Recht (insbes BGB, HGB, GmbHG, AktG, PartnerschaftsG), für juristische Personen des öffentlichen Rechts jedoch nach dem jeweils zutreffenden öffentlichen Recht (zB GemeindeO) bestimmt werden. Auch dies ist gem § 56 von Amts wegen zu prüfen. Die gesetzliche Vertretung ausländischer Personen richtet sich nach dem jeweils zutreffenden ausländischen Recht (vgl Art 7 Abs 1 EGBGB), bei Staatenlosen nach Art 5 Abs 2 EGBGB. Wer als gesetzlicher Vertreter auftreten, ohne es zu sein, ist durch Beschluss aus dem Rechtsstreit zu weisen (KG NJW 68, 1635). Wird jemand vom Gericht als gesetzlicher Vertreter behandelt, obwohl er es nicht ist, kann er sich durch Antrag und Beschwerde dagegen wehren (Köln Rpfleger 76, 323). Fehlt ein gesetzlicher Vertreter, so kann nach § 57 (vgl dort) einer vom Gericht bestellt werden.

5   Es werden vertreten: **a) Natürliche Personen:** Minderjährige durch die Eltern (§ 1629 BGB), einen Elternteil (insbes gemäß § 1629 Abs 1 S 4 und § 1680 Abs 1 BGB), den Vormund (§ 1793 Abs 1 BGB) oder den Ergänzungspfleger (§ 1909 BGB); Volljährige durch den Betreuer

(§ 1902 BGB) oder Pfleger (§§ 1909, 1911, 1915, 1793 Abs 1 BGB), ebenso die Leibesfrucht und Unbekannte (§§ 1912, 1913 BGB); unbekannte Erben durch den Nachlasspfleger (§§ 1960, 1961 BGB). – **b) Juristische Personen des Privatrechts:** durch ihren Vorstand der **6** rechtsfähige Verein (§ 26 Abs 2 BGB), die Stiftung (§ 86 BGB), die AG (§ 78 Abs 1 AktG), durch ihre Abwickler im Falle des § 265 Abs 2 und 3 AktG, ihren Aufsichtsrat im Falle des § 112 AktG (BGH NJW 87, 254), durch ihren Vorstand die Genossenschaft (§ 24 GenG), aber durch ihren Aufsichtsrat im Falle des § 39 Abs 1 GenG (BGH NJW 98, 1646 mwN); durch ihren Geschäftsführer die GmbH (§ 35 Abs 1 GmbHG; Ausnahme: § 46 Nr 8) oder ihren Liquidator (§ 66 GmbHG). – **c) Gesellschaften:** die (lediglich parteifähige, § 50 Rn 4) oHG, KG und BGB-Gesellschaft (vgl § 50 Rn 4) durch den (oder die) geschäftsführenden Gesellschafter (§§ 125, 161 Abs 2 HGB, § 714 BGB); die Partnerschaft durch die Partner (§ 7 Abs 3 PartnerschaftsGG, § 125 HGB). – **d) Juristische Personen des öffentlichen Rechts: 7** nämlich Körperschaften, Anstalten und Stiftungen. Wer sie im Prozess gesetzlich vertritt, ergibt sich aus dem Gesetz, der VO oder Satzung, welche die juristische Person organisiert. Das ist insbes für die Gebietskörperschaften (Gemeinden, Landkreise usw) landesrechtlich verschieden, insbes durch die GemeindeO geregelt. Ist die juristische Person ihrerseits gesetzlicher Vertreter, handelt für sie der jeweils befugte Vertreter. Im Einzelfall ist die jeweilige Vertretungsbefugnis oft schwierig festzustellen. Soweit in der Klageschrift wegen §§ 253 Abs 4, 130 Nr 1 die Angabe des gesetzlichen Vertreters verlangt ist, schadet seine falsche Bezeichnung nicht. IdR wird im vorprozessualen Verkehr die Behörde oder die Person, die zur Vertretung im Zivilrechtsstreit jeweils berufen ist, von dieser Seite benannt werden, insbes auf Auskunftsverlangen.

2. Voraussetzungen der gesetzlichen Vertretungsmacht: **a) Vorlie- 8 gen** muss sie als Prozessvoraussetzung mindestens zZ der Letzten mdl Vhdlg (§ 296 a), im schriftlichen Verfahren zum entspr Zeitpunkt, als Prozesshandlungsvoraussetzung zudem grundsätzlich zZ der Prozesshandlung (Einl III Rn 10). Prüfung: 12 vor § 253; vgl § 56. – **b) Beginn und Ende** der Vertretungsmacht ist den jeweils geltenden Vor- **9** schriften (Rn 4) zu entnehmen. Sie richten sich regelmäßig nach dem Grundverhältnis, zB Vormundschaft, Geschäftsführung. – **c) Einzelver- 10 tretungsmacht** besteht, wenn einer allein zur gesetzlichen Vertretung berechtigt ist. Es genügt, auch wenn mehrere Einzelvertreter bestellt sind (zB bei den Handelsgesellschaften), dass einer im Prozess vertritt, doch können es auch mehrere nebeneinander. – **d) Gesamtvertretung** be- **11** steht, wenn mehrere (meist zwei) nur gemeinschaftlich zur Vertretung berechtigt sind. Es ist zu unterscheiden: zur Vornahme von Prozesshandlungen (Einl III) müssen die Gesamtvertreter gemeinschaftlich handeln, so dass sie auch zusammen im Prozess vertreten. Zur Entgegennahme genügt es, dass die Prozesshandlung einem Gesamtvertreter gegenüber

12   vorgenommen wird. – **e) Prozessfähigkeit** (§ 52) des gesetzlichen Vertreters muss gegeben sein (hM). Nur dann kann er Prozesshandlungen
     wirksam vornehmen (ZöVollkommer 10 mwN).

13   **3. Umfang** der gesetzlichen Vertretungsmacht. Er richtet sich nach
     dem Grundverhältnis (Rn 9) und den jeweils dafür geltenden Vorschriften. Der Rechtsstreit muss sich auf eine Angelegenheit beziehen, die in
     den (meist unbeschränkten) Wirkungskreis des gesetzlichen Vertreters
     fällt (RG 126, 261). Eine besondere Ermächtigung für einzelne Prozesshandlungen kann nötig sein (§ 54), auch für die Prozessführung im
     ganzen, zB bei § 607 ZPO.

14   **4. Wirkung** der gesetzlichen Vertretungsmacht. Sie ersetzt als Prozessvoraussetzung die fehlende Prozessfähigkeit der vertretenen Partei.
     a) Partei ist nur der Vertretene, nicht der gesetzliche Vertreter. Da er
     die Partei aber vertritt, hat er grundsätzlich dem Gericht und dem
     Gegner gegenüber die Stellung der Partei, insbes die gleichen Pflichten
     und Rechte. Es darf aber nicht in sein Vermögen vollstreckt werden und
15   Kosten des Rechtsstreits dürfen ihn selbst nicht treffen. – **b) Handlungen und Unterlassungen,** insbes die Prozesshandlungen wirken für
     und gegen den Vertretenen. § 164 BGB gilt insoweit auch im Prozessrecht. Der gesetzliche Vertreter führt den Prozess selbst oder durch
16   Prozessbevollmächtigte (§§ 78–90). – **c) Fehlende Vertretungsmacht**
     bewirkt, dass die Prozesshandlungen des vermeintlichen gesetzlichen
     Vertreters unwirksam sind (Einl III Rn 17). Eine Klage für oder gegen
     die prozessunfähige Partei ist unzulässig (10, 20 vor § 253), entspr ein
     Antrag (zB Arrestgesuch, Mahnantrag), und daher abzuweisen. Anderenfalls sind Rechtsbehelfe, insbes Berufung (§ 538 Abs 2 Nr 3), Revision (§ 547 Nr 4) und Nichtigkeitsklage (§ 579 Nr 4) begründet. Kos
17   ten: § 89 Rn 10. – **d) Genehmigung.** Der gesetzliche Vertreter kann
     die Prozessführung des prozeßunfähigen Vertretenen genehmigen, aber
     nur ganz, nicht unter Ausnahme einzelner Prozesshandlungen (RG 110,
     229). Die Genehmigung ist eine Prozesshandlung (Einl III; BGH 41,
     104 [107]). Sie liegt insbes in der rügelosen Fortsetzung des Prozesses.
     Wird die vertretene Partei selbst prozessfähig, tritt ihre Genehmigung an
     die Stelle der des gesetzlichen Vertreters (§ 108 Abs 3 BGB entspr). Es
     kann auch der gesetzliche Vertreter genehmigen, wenn er vorher ohne
18   Vertretungsbefugnis gehandelt hat (BGH 41, 104). – **e) Verschulden**
     des gesetzlichen Vertreters (Abs 2) für die gesamte Prozessführung, alle
     Prozesshandlungen und Unterlassungen, insbes Säumnis (5 vor § 330)
     wird behandelt, wie wenn die vertretene Partei das Verschulden trifft.
     Das gilt in allen Verfahrensarten, insbes auch im Kindschaftsprozess
     (BGH FamRZ 93, 308 mwN und kritischer Anm v Bosch). Zweck
     dieses von jeher geltenden Grundsatzes „Verschulden des Vertreters
     gleich Verschulden der Partei" ist, das Prozessrisiko nicht zu Lasten des
     Gegners einer gesetzlich vertretenen Partei zu verschieben. Verschulden:
     § 233 Rn 12, 13.

IV. Prozessführungsbefugnis 19

1. Allgemeines. a) Begriff. Die Prozessführungsbefugnis ist das 20
Recht, einen Prozess als die richtige Partei im eigenen Namen zu
führen. Sie ist in der ZPO nirgends grundlegend geregelt; auch der § 51
betrifft sie an sich nicht. Sie ist von der Sachbefugnis (39 vor § 253)
streng zu unterscheiden. Die hM (zB BGH 36, 187 [191]) rechnet die
Prozessführungsbefugnis zu den allgemeinen Prozessvoraussetzungen (22
vor § 253); ihr Erfordernis wird andererseits in Frage gestellt. – **b) We-** 21
sen. Die Prozessführungsbefugnis steht grundsätzlich dem Träger des
streitigen Rechtsverhältnisses zu; das ist derjenige, der aus dem Rechtsverhältnis unmittelbar berechtigt und verpflichtet ist. Welche Person das
ist, ergibt sich aus den Vorschriften, die für das betreffende Rechtsverhältnis gelten und kann nur in Bezug auf den jeweiligen Streitgegenstand
(Einl II) festgestellt werden. Wenn danach die Prozessführungsbefugnis
nicht dem Rechtsträger, sondern einem anderen zusteht, liegt Prozessstandschaft vor, dh die Befugnis, im eigenen Namen einen Prozess über
ein fremdes Recht zu führen. Aus diesen Begriffen folgt, dass die Prozessführungsbefugnis für das Prozessrecht dem entspricht, was die Verfügungsbefugnis für das bürgerliche Recht bedeutet. – **c) Wirkung.** 22
Liegt kein Fall der Prozessstandschaft vor, so fallen Prozessführungs- und
Sachbefugnis in einer Person zusammen. Besteht das Recht nicht oder
steht es nicht dem Kläger gegen den Beklagten zu, so ist die Klage stets
als unbegründet abzuweisen. Fehlt insbes in den Fällen der Prozessstandschaft dem Kläger die Prozessführungsbefugnis, so ist die Klage oder der
Antrag unzulässig. Fehlt sie dem Beklagten, so ist die Klage unbegründet, weil die falsche Partei verklagt wurde, wenn die Klage nicht schon
wegen fehlenden Rechtsschutzbedürfnisses (27 vor § 253) unzulässig ist.
Die Prozessführungsbefugnis ist keine Prozesshandlungsvoraussetzung
(Einl III Rn 10), so dass die Prozesshandlungen der Partei wirksam sind,
auch wenn ihr die Prozessführungsbefugnis fehlt. Verliert eine Partei ihre
Prozessführungsbefugnis während des Rechtsstreits, so kommt Parteiwechsel (20 vor § 50) in Betracht. – **d) Prüfung.** Sie hat von Amts 23
wegen nach 12 vor § 253 zu erfolgen, weil die Prozessführungsbefugnis
als Prozessvoraussetzung anzusehen ist (vgl Rn 20). Als solche muss die
Prozessführungsbefugnis mindestens zZ der Letzten mdl Tatsachenverhandlung (§ 296 a; BGH NJW-RR 93, 442 mwN vorliegen, im schriftlichen Verfahren zum entsprechenden Zeitpunkt § 128 Rn 33) vorliegen. Dass sie zu diesem Zeitpunkt vorlag, kann auch noch im Revisionsrechtszug erstmals festgestellt werden (BGH 30, 162 [167]).

2. Gesetzliche Prozessstandschaft. Sie beruht unmittelbar auf Ge- 24
setz, zB § 265 ZPO; § 1629 Abs 3, §§ 1368, 1422 BGB; § 13 Abs 1
UWG; § 75 VVG (Hamm NJW-RR 96, 1375), § 27 Abs 2 Nr 5 WEG
(Hamm NZM 99, 1152). Danach richtet sich auch Beginn und Ende. Es
gelten grundsätzlich Rn 20–23. Rechtskraft wirkt das Urteil grundsätzlich nur für und gegen den Prozessführungsbefugten, nicht für und
gegen den Rechtsträger (§ 325; RG 119, 163 [169]). Ausnahmen: bei

Rechtsnachfolge (§§ 265, 325 I) und wenn der Prozessführungsbefugte ohne Zustimmung des Rechtsträgers verfügen darf oder dieser der Prozessführung zugestimmt hat (wie Rn 33). ZwVollstr wie Rn 44.

25   **3. Prozessführung durch Verwalter.** Es war und ist in gewissem Umfang immer noch umstritten, ob der Gemeinschuldner im Falle der Insolvenz (§ 80 Abs 1 InsO, früher § 6 KO), der Erbe im Falle der Testamentsvollstreckung (§§ 2212, 2213 BGB) und der Nachlassverwaltung (§ 1984 BGB), der Grundstückseigentümer im Falle der Zwangsverwaltung (§ 152 ZVG) durch den Testamentsvollstrecker, Insolvenz-, Nachlass- oder Zwangsverwalter gesetzlich vertreten wird oder ob die genannten Verwalter sog Parteien kraft Amtes sind. Zu den angewendeten 26   Theorien vgl RoSchwGottwald § 40 II 1. **a) Rechtsstellung** des Verwalters. **aa) Amtstheorie** (hRspr). Sie fordert die Parteistellung aus Zweckmäßigkeitserwägungen: damit der Insolvenz(Gemein)schuldner als Zeuge vernommen werden kann und der Prozess nicht durch dessen Tod unterbrochen wird. §§ 116 Nr 1, 748, 749, ferner § 2213 BGB gehen 27   von der Amtstheorie aus. **bb) Vertretertheorie** (Bley ZZP 62, 113). Danach ist der Verwalter der gesetzliche Vertreter des Rechtsträgers. Diese Theorie wird in der Praxis nicht angewendet, hat auch in der Literatur kaum noch Anhänger. Ihre wesentlichen Argumente sind: Vollstreckung, Kostenlast, PKH-Voraussetzungen (§ 116 Nr 1) treffen nicht den Verwalter, sondern das verwaltete Vermögen (also den Gemeinschuldner, Erben, Grundstückseigentümer); nur diese, nicht die Verwalter werden durch deren Handlungen berechtigt und verpflichtet, sodass also eine Fremd- 28   wirkung eintritt. **cc) Organtheorie.** Sie versucht zwischen Vertreter- und Amtstheorie zu vermitteln, indem sie das verwaltete Vermögen (die Masse) als parteifähiges Gebilde ansieht (Bötticher JZ 63, 582). Wird von der Praxis nicht angenommen. **dd) Neue Vertretertheorie.** Sie betont die neutrale, objektbezogene Stellung des Verwalters. Er ist bei juristischen Personen und Handelsgesellschaften obligatorischer Drittliquidator, bei natürlichen Personen gesetzlicher Vertreter, beschränkt auf die verwaltete Vermögensmasse (K. Schmidt KTS 84, 395 und NJW 95, 911 29   mwN). Wird in der Praxis nicht angewendet. – **b) Stellungnahme.** Der neuen Vertretertheorie gebührt eigentlich der Vorzug. Die hM vertritt aber die Amtstheorie, die Praxis so gut wie ausnahmslos. Im wesentlichen beruht dies auf der stRspr des RG (von 29, 29 bis 120, 189). Auch der BGH (zB 38, 282) vertritt die Amtstheorie mit dem absonderlichen Ergebnis, dass der Verwalter Streitgenosse seiner selbst sein könne (BGH 30   100, 346; hierzu kritisch K. Schmidt KTS 91, 211). – **c) Wirkung.** Nach den Vertretertheorien würde es sich um Fälle von Prozessunfähigkeit handeln (Rn 2), soweit die Vertretung (bzw Verwaltungs- und Verfügungsbefugnis) reicht, für die § 53 entspr angewendet wird. Nach der Amtstheorie handelt es sich prozessual um eine Frage der Prozessführungsbefugnis (Rn 19), die dem Verwalter zusteht, dem Träger des Rechts (Insolvenzschuldner, Erbe, Eigentümer) aber fehlt. Das ist ein Fall von gesetzlicher Prozessstandschaft (Rn 24), wenn er mit § 265 Abs 2 S 1 zusammentrifft, von doppelter (BGH NJW 86, 800).

V. Gewillkürte Prozessstandschaft

1. Begriff und Zulässigkeit. Gewillkürte Prozessstandschaft ist eine 31
besondere Form der Prozessführungsbefugnis (Rn 20), daher eine Prozessvoraussetzung (Rn 32). Sie liegt vor, wenn die Prozessführungsbefugnis durch Rechtsgeschäft vom Rechtsträger auf die Partei des Rechtsstreits übertragen ist. Die Zulässigkeit ist fast unumstritten. Gegen die Beibehaltung sind Frank ZZP 92, 321 und Koch JZ 84, 809. Die hM folgt im Wesentlichen der Rspr des RG (91, 390; 166, 218 [238]) und des BGH (100, 217 und NJW 90, 1117). Sie lässt die gewillkürte Prozessstandschaft nur eingeschränkt zu. Diese Auffassung wird im Folgenden dargestellt.

2. Voraussetzungen. Sie sind, weil die Prozessführungsbefugnis eine 32
Prozessvoraussetzung ist (22 vor § 253), von Amts wegen in jeder Lage des Verfahrens auf Grund der von den Parteien vorgetragenen Tatsachen zu prüfen (BGH NJW 00, 738; vgl 12, 13 vor § 253), auch bei Fällen mit Auslandsberührung grundsätzlich nach deutschem Recht (lex fori; BGH NJW 94, 2549). **a) Zustimmung** oder Ermächtigung (entspr 33
§ 185 Abs 1 BGB) des Rechtsträgers zur Prozessführung, nicht zur materiell-rechtlichen Verfügungsbefugnis (Bork ZGR 91, 125 [141]), durch den Prozessstandschafter in dessen eigenem Namen. Die Zustimmung, eine Willenserklärung (§§ 105 ff BGB), kann noch bis zum Schluss der Letzten mdl Vhdlg (§ 296 a) oder einem Zeitpunkt (§ 128 Rn 33) erklärt werden. Sie kann im Beitritt zu einem Verein mit entspr Satzung liegen (BGH 48, 12). – **b) Eigenes rechtsschutzwürdiges Interesse** des Prozessstandschafters, das fremde Recht geltend zu 34
machen (hM; BGH 96, 151 und NJW 00, 738; stRspr). Es ist nur dann zu bejahen, wenn die Entscheidung die eigene Rechtslage des Prozessführungsbefugten beeinflusst (RoSchwGottwald § 46 III 1). Der Prozessgegner darf aber durch die Prozessstandschaft nicht unbillig benachteiligt werden (vgl BGH NJW 89, 1932). Das ist idR der Fall, wenn durch Vermögenslosigkeit des Prozessstandschafters der Kostenerstattungsanspruch des Gegners gefährdet wird (BGH 96, 151). Das kann aber anders zu beurteilen sein, wenn der Vermögensverfall während des Prozesses eintritt (BGH NJW 95, 3186; Frahm VersR 96, 163) oder wenn das Interesse einer natürlichen Person, die Zedent ist, als Prozessstandschafter sich darauf richtet, ihre Verbindlichkeiten zu vermindern (BGH NJW 99, 1717). **aa) Zu bejahen** ist das rechtsschutzwürdige 35
Interesse bei der auf § 185 BGB beruhenden Einziehungsermächtigung, wenn Provision gewährt wird (hM; aA Rüßmann AcP 172, 520 mwN), anders bei der Inkassozession (vgl Rn 35 b und Michalski BB 95, 1361); bei Befreiung von einer Verbindlichkeit im Falle des Obsiegens (Brandenburg NZM 99, 222); beim Verkäufer einer Forderung, nachdem er sie an den Käufer abgetreten hat (BGH NJW 79, 924); bei einem Verband iS des § 13 Abs 1 UWG für Unterlassungsansprüche seiner Mitglieder (BGH NJW 83, 1559); bei dem beherrschenden Gesellschafter einer GmbH für ein ihr zustehendes Recht (BGH NJW-RR 87, 57);

beim Gesellschafter einer Gesellschaft (§ 705 BGB) für deren Ansprüche
35 a (BGH NJW 88, 1585). **bb) Zu verneinen** ist das rechtsschutzwürdige
Interesse idR bei einer überschuldeten vermögenslosen GmbH oder
GmbH & Co KG, wenn sie eine abgetretene Forderung für den Zessionar geltend macht (BGH 96, 151; vgl aber Rn 34). Das ist anders bei
natürlichen Personen zu beurteilen, wenn dem Prozessgegner für die
Kostenerstattung eine Bankbürgschaft angeboten wird (BGH NJW 90,
1117) oder kein Rechtsmissbrauch vorliegt (BGH NJW 99, 1717; vgl
Rn 34 aE). Dem Unterhaltsgläubiger fehlt das rechtsschutzwürdige Interesse, wenn der Anspruch gem § 91 BSHG auf den Sozialhilfeträger
35 b übergegangen ist (Köln NJW-RR 96, 258). **cc) Nicht zu prüfen** ist
das Interesse des Inkassozessionars (Palandt § 398 Rn 26), weil er wegen
§ 398 BGB Rechtsinhaber und deshalb nicht Prozessstandschafter ist
36 (hM; BGH NJW 80, 991; Klinger NJW 93, 3165). – **c) Abtretbarkeit**
des Rechts selbst oder seiner Ausübung (BGH NJW 64, 2296). Das ist
ohne weiteres gegeben beim dinglichen Herausgabeanspruch (BGH
NJW-RR 86, 158; hierzu Werner JuS 87, 855). Prozessstandschaft ist
unzulässig, wenn ein Abtretungsverbot dahin auszulegen ist, dass das
Recht nicht durch einen Dritten gerichtlich geltend gemacht werden
37 darf (Köln WM 87, 1279). – **d) Verfahrensart.** Sie ist gleichgültig, weil
die gewillkürte Prozessstandschaft bei jeder Art von Klage (2 vor § 253)
zulässig ist, auch bei Gestaltungsklagen (bestr). Die Feststellungsklage
bezüglich der Rechtsverhältnisse Dritter (§ 256 Rn 9) ist keine in Prozessstandschaft erhobene Klage. Das ist wichtig nur wegen der Rechtskrafterstreckung (Rn 40).

38   **3. Wirkung.** Es gilt grundsätzlich die Rn 22. Die Prozessstandschaft
endet durch Widerruf oder Insolvenz des ermächtigenden Rechtsinha-
bers (BGH NJW 00, 738), aber auch durch Tod des Prozessstandschafters; an dessen Stelle tritt der Rechtsinhaber durch Parteiwechsel (vgl
39 Rn 16; BGH NJW 93, 3072; Rn 20). **a) Klageantrag.** Ob bei Leistungsklage der Antrag auf Leistung an den Kläger (Prozessstandschafter)
gestellt werden muss oder nur auf Leistung an den Rechtsträger gestellt
werden kann, hängt davon ab, ob der Beklagte an den Kläger befreiend
leisten kann oder nicht. Das ist dem § 362 Abs 2 BGB zu entnehmen.
Ist diese Einwilligung (§ 185 Abs 1 BGB) erteilt (zB bei der Einziehungsermächtigung, Palandt § 398 Rn 29), so kann statt Leistung an
40 den Rechtsträger die an den Kläger verlangt werden. – **b) Materielle
Rechtskraft** (§ 322). Sie wirkt auch gegen den Rechtsträger, sofern er
der Prozessführung zugestimmt hat (vgl Rn 24; BGH NJW 80, 2461).
Der Klage des Rechtsträgers steht auch schon die Rechtshängigkeit
41 entgegen (§ 261 Abs 3 Nr 1; BGH NJW 93, 3072 mwN). – **c) Parteivernehmung** (§§ 445 ff) findet nur in der Person des Prozessstandschafters statt; der Rechtsträger kann Zeuge sein (hM; aA Rüßmann AcP
42 172, 520 [542]). Dem Gericht bleibt hier jedenfalls § 286. – **d) Prozesskostenhilfe** (§ 114) setzt voraus, dass neben dem Prozessstandschaf-
43 ter auch der Rechtsträger hilfsbedürftig ist (§ 114 Rn 12). – **e) Kosten-**

erstattung (§§ 91 ff) kommt nur im Verhältnis der Prozessparteien in Betracht (hM). Derjenige, der seine Forderung einklagen lässt, muss sich aber den Kostenerstattungsanspruch des Beklagten aufrechnungsweise entgegenhalten lassen (KG MDR 83, 752). Außerdem bleibt die Pfändung eines Freistellungsanspruchs gegen den Rechtsträger als Drittschuldner möglich (Rüßmann AcP 172, 520 [548]). – **f) Widerklage** **44** (§ 33) gegen den Rechtsträger wird jedenfalls in den bei § 33 Rn 10–13 dargelegten Formen zuzulassen sein (vgl BGH 40, 185; Rüßmann AcP 172, 520 [548]). – **g) Zwangsvollstreckung** findet für und gegen den **45** im Titel als Partei ausgewiesenen Prozessstandschafter statt (hM; Becker-Eberhard ZZP 104, 413 mwN). Vollstreckungsklausel für den Rechtsinhaber ist möglich (§ 727 Rn 3).

§ 52 Umfang der Prozeßfähigkeit

Eine Person ist insoweit prozeßfähig, als sie sich durch Verträge verpflichten kann.

1. Voraussetzungen. Begriff der Prozessfähigkeit: § 51 Rn 2. Die **1** Fähigkeit, sich durch Verträge zu verpflichten, ist nach bürgerlichem Recht (insbes nach §§ 104–115 BGB) zu entscheiden, für Ausländer nach ihrem Heimatrecht (vgl § 55). Prozessfähig können idR nur natürliche Personen sein. Prozessunfähig sind: **a) Geschäftsunfähige** (§ 104 **2** BGB). – **b) Minderjährige** (§ 106 BGB), soweit nicht § 607 Abs 1, § 640 b S 1 ZPO, § 112 oder § 113 BGB zutrifft. In diesen Fällen besteht Prozessfähigkeit, soweit diese Vorschriften reichen, also ggf nur für den Ehe- und Kindschaftsprozess und die Prozesse, die aus dem Erwerbsgeschäft, dem Dienst- oder Arbeitsverhältnis entstanden sind, nicht für andere Streitgegenstände (Einl II), auch wenn sie im selben Rechtsstreit (zB durch Widerklage) geltend gemacht werden sollen. Die Prozessfähigkeit umfasst dann auch die Zwangsvollstreckung aus diesen Titeln. – **c) Betreute** stehen nur im Rahmen des Aufgabenkreises, für **3** den ein Betreuer bestellt ist (§ 1896 Abs 1, § 1902 BGB), einem Prozessunfähigen gleich, wenn der Betreuer den Prozess als gesetzlicher Vertreter führt (§ 53 Rn 3). Materiell-rechtlich behalten sie iü Geschäftsfähigkeit und Verfügungsbefugnis (Bork MDR 91, 97). – **d) Juristische Personen und Gesellschaften** sind prozeßunfähig, da sie nur **4** durch gesetzliche Vertreter handeln können (vgl § 51 Rn 3, 6, 7). Eine Ausnahme bildet die Anwalts-GmbH in der Eigenschaft als ProzBev (§ 79 Rn 4). – **e) Geschäftsfähige** sind prozeßunfähig, wenn § 53 zutrifft. **5**

2. Bedeutung der Prozessfähigkeit. **a) Allgemein.** Sie ist Prozess- **6** handlungsvoraussetzung (Einl III Rn 10) und zugleich Prozessvoraussetzung (20 vor § 253), die durch die gesetzliche Vertretung ersetzt wird (§ 51 Rn 14). Sie ist von Amts wegen zu prüfen (12 vor § 253; vgl Rn 8) und muss für jede Instanz mindestens zZ der Letzten mündlichen Verhandlung vorliegen, im schriftlichen Verfahren zum entspr Zeitpunkt (vgl § 128 Rn 33). Sie kann auch noch in der Revisionsinstanz geprüft

7 werden (BGH NJW-RR 86, 157). – **b) Streit** über die Prozessfähigkeit
   (Zulassungsstreit) führt dazu, dass bis zu dessen rechtskräftiger Erledigung die prozessunfähige Partei als prozessfähig zu behandeln ist (BGH
   35, 1 [6]), aber nur für den Streit um die Prozessfähigkeit (vgl § 57
   Rn 9) und soweit sie für die Prozesshandlungen in diesem Rechtsstreit
   bedeutsam ist (Köln NJW 71, 569). Die prozessunfähige Partei kann mit
   dem Ziel, als prozessfähig behandelt zu werden, auch Rechtsmittel einlegen (allgM; BGH 86, 184 und 110, 294). Sie kann es auch, um ihre
   Prozessunfähigkeit geltend zu machen (BGH aaO). Das Rechtsmittel ist
   nicht deshalb unzulässig, weil die als prozessfähig behandelte Partei eine
   andere Sachentscheidung erstrebt (BGH NJW 00, 289; Düsseldorf
   NJW-RR 97, 1350). War die Partei schon zZ der Klageerhebung prozessunfähig, so ist die Klage (nicht das Rechtsmittel) unzulässig und
   abzuweisen (BGH aaO). Die prozessunfähige Partei kann durch ihren
   RA Zustimmung zur Klagerücknahme erklären und Kostenantrag stellen
   lassen (Karlsruhe Justiz 76, 470). Generell zur Rechtsbehelfsbefugnis des
   Prozessunfähigen: Hager ZZP 97, 174. Für den Rechtsstreit, soweit er
   nicht allein um die Prozessfähigkeit geht, ist die prozessunfähige Partei
8 nur nach Maßgabe des § 56 Abs 2 zugelassen. – **c) Beweis** wird von
   Amts wegen erhoben (Rn 6; BGH NJW 96, 1059; BAG NZA 00, 613),
   und zwar im Freibeweis (6 vor § 284; BGH NJW 00, 289). Wer sich auf
   Prozessunfähigkeit beruft, muss entspr Tatsachen für hinreichende Anhaltspunkte vortragen (BGH NJW 69, 1574). Läßt sich nicht feststellen
   oder verbleiben nicht klärbare Zweifel (BGH NJW 96, 1059 mwN), ob
   eine Partei prozessfähig ist, so muss sie als prozessunfähig angesehen
   werden (hM; BGH 18, 184 und NJW 62, 1510; aA Musielak NJW 97,
9 1736). – **d) Verlust** der Prozessfähigkeit während des Prozesses führt zu
10 Unterbrechung (§ 241) oder Aussetzung auf Antrag (§ 246). – **e) Erwerb** der Prozessfähigkeit während des Prozesses gestattet und erfordert
   die Fortführung des Prozesses durch die Partei ohne den bisherigen
11 gesetzlichen Vertreter. – **f) Übersehen** der Prozessunfähigkeit begründet Rechtsmittel (vgl §§ 538 Abs 2 Nr 3, 547 Nr 4) und Nichtigkeits-
12 klage (§ 579 Nr 4). – **g) Ermächtigung** durch §§ 112, 113 BGB. Der
   gesetzliche Vertreter ist nicht vertretungsbefugt und kann nicht für den
   insoweit Prozessfähigen auftreten (hM), es sei denn, er nimmt die
   Ermächtigung wirksam zurück. Diese (ex nunc wirkende) Rücknahme
   kann darin liegen, dass der gesetzliche Vertreter den Rechtsstreit von
13 Anfang an führt oder ihn übernimmt. – **h) Genehmigung** der vorangegangenen Prozessführung des Prozessunfähigen durch den gesetzlichen
   Vertreter ist möglich (§ 51 Rn 16).

§ 53 Prozeßunfähigkeit bei Betreuung oder Pflegschaft

**Wird in einem Rechtsstreit eine prozeßfähige Person durch
einen Betreuer oder Pfleger vertreten, so steht sie für den Rechtsstreit einer nicht prozeßfähigen Person gleich.**

Anwendbar ist § 53 in allen Verfahrensarten, auch in Ehesachen **1**
(Vorbem 2–6 vor § 606) trotz § 607 (BGH 41, 303 für § 612 aF). –
Voraussetzungen. Eine Betreuung (§ 1896 BGB) oder eine Pflegschaft **2**
(§§ 1909, 1911, 1913 oder 1960 BGB) muss bestehen. Der Betreuer
oder Pfleger muss den Rechtsstreit tatsächlich als gesetzlicher Vertreter
führen (§ 51 Rn 3) und der Streitgegenstand (Einl II) muss in den
Aufgabenkreis des Betreuers (§ 1903 Abs 1 BGB) oder Pflegers fallen
(Bork MDR 91, 97). **Wirkung.** Der Vertretene ist grundsätzlich pro- **3**
zessfähig (§ 52 Rn 1). Nur für den betreffenden Rechtsstreit im Wir-
kungskreis des Betreuers oder Pflegers ist er einem Prozessunfähigen
gleichgestellt. Er bleibt aber für andere Prozesse prozessfähig. Die Prozessführung liegt allein in den Händen des Pflegers (BGH NJW 88, 49
mwN) oder Betreuers. Rechtsstreit ist so zu verstehen wie in 3 vor § 50.

§ 53 a Vertretung eines Kindes durch Beistand

**Wird in einem Rechtsstreit ein Kind durch einen Beistand
vertreten, so ist die Vertretung durch den sorgeberechtigten Elternteil ausgeschlossen.**

Anwendbar nur solange die Beistandschaft (§ 1712 BGB) besteht **1**
(§§ 1714; 1715 BGB). Beistand ist das zuständige Jugendamt (§ 1712
Abs 1 BGB). **Wirkung:** Ausschluss der gesetzlichen Vertretungsmacht **2**
des sorgeberechtigten Elternteils tritt ein im Aufgabenbereich des Beistands. (Vaterschaftsfeststellung und Unterhalt, § 1712 I Nr 1, 2 BGB).
Diese Rechtsfolgen beziehen sich auf die Prozess- und Prozesshandlungsvoraussetzung gesetzlicher Vertretungsmacht (§ 51 Rn 3).

§ 54 Besondere Ermächtigung zu Prozeßhandlungen

**Einzelne Prozeßhandlungen, zu denen nach den Vorschriften
des bürgerlichen Rechts eine besondere Ermächtigung erforderlich ist, sind ohne sie gültig, wenn die Ermächtigung zur Prozeßführung im allgemeinen erteilt oder die Prozeßführung auch
ohne eine solche Ermächtigung im allgemeinen statthaft ist.**

Anwendbar bei gesetzlicher Vertretung. **Wirkung:** § 54 gibt die **1**
unbeschränkte Vertretungsmacht wie § 81. **Prozesshandlungen:** Einl
III. Solche, die zugleich Rechtsgeschäft sind (zB Prozessvergleiche,
§ 794 Abs 1 Nr 1), fallen nicht unter § 54; es gilt insbes § 1822 Nr 12
BGB. Anerkenntnis und Verzicht sind ohne besondere Genehmigung
wirksam (§ 306 Rn 2).

§ 55 Prozeßfähigkeit von Ausländern

**Ein Ausländer, dem nach dem Recht seines Landes die Pro-
zeßfähigkeit mangelt, gilt als prozeßfähig, wenn ihm nach dem
Recht des Prozeßgerichts die Prozeßfähigkeit zusteht.**

1   **Ausländer** sind prozessfähig, wenn sie nach dem Recht ihres Staates
prozessfähig sind (vgl § 52 Rn 1) oder auf Grund des § 55, wenn sie
nach deutschem Recht prozessfähig sind. Dies sind sie auch dann, wenn
2   ihnen nach ihrem Heimatrecht die Prozessfähigkeit fehlt. **Staatenlose.**
Anzuwenden ist das Recht des gewöhnlichen Aufenthaltsortes (wie
§ 606 Rn 3), hilfsweise das des Aufenthaltsortes zu dem Zeitpunkt, der
für die Prozessfähigkeit jeweils maßgebend ist.

§ 56 Prüfung von Amts wegen

(1) **Das Gericht hat den Mangel der Parteifähigkeit, der Prozeßfähigkeit, der Legitimation eines gesetzlichen Vertreters und
der erforderlichen Ermächtigung zur Prozeßführung von Amts
wegen zu berücksichtigen.**

(2) **¹Die Partei oder deren gesetzlicher Vertreter kann zur Prozeßführung mit Vorbehalt der Beseitigung des Mangels zugelassen werden, wenn mit dem Verzuge Gefahr für die Partei verbunden ist. ²Das Endurteil darf erst erlassen werden, nachdem
die für die Beseitigung des Mangels zu bestimmende Frist abgelaufen ist.**

1   **1. Prüfung von Amts wegen** (Abs 1) gilt grundsätzlich für alle
Prozessvoraussetzungen (vgl 12 vor § 253), nicht nur für die in Abs 1
genannten. Die Vorschrift enthält daher nur eine beispielhafte Regelung,
da die Prozessvoraussetzungen in der ZPO unsystematisch berücksichtigt
sind.

2   **2. Vorläufige Zulassung (Abs 2). a) Voraussetzungen: aa) Fehlen** einer der in Abs 1 genannten Prozessvoraussetzungen, mindestens
Zweifel des Gerichts, dass sie erfüllt ist. Die Behebung des Mangels oder
der Nachweis muss in zumutbarem Zeitraum noch möglich sein. An-
3   dernfalls ist die Klage als unzulässig abzuweisen (10 vor § 253). **bb) Gefahr im Verzug,** und zwar für die betreffende Partei, aber nur für ihr
materielles Recht (Bsp: Fristablauf). Nicht genügt daher als drohender
4   Schaden die Kostenlast infolge Unterliegens im Prozess. – **b) Entscheidung** durch Beschluss (§ 329) des Gerichts (nicht durch Verfügung des
Vorsitzenden) ist wegen der Fristsetzung (Abs 2 S 2) nötig (bestr). Für
die Frist gelten §§ 222, 224. Rechtsbehelfe: gegen Zulassung keine,
5   gegen Zurückweisung eines Antrags § 567 Abs 1 Nr 2. – **c) Wirkung.**
Die Zulassung ermächtigt einstweilen zu allen Prozesshandlungen
(Einl III), doch bleiben sie nur wirksam, wenn sie später genehmigt
werden (vgl § 51 Rn 17). Während die Frist läuft, darf keine bindende
Entscheidung ergehen. Wird im ersten Termin nach Ablauf der Frist der
Nachweis nicht erbracht, ergeht Endentscheidung über die unzulässige
Klage (10 vor § 253).

§57 Prozeßpfleger

(1) **Soll eine nicht prozeßfähige Partei verklagt werden, die ohne gesetzlichen Vertreter ist, so hat ihr der Vorsitzende des Prozeßgerichts, falls mit dem Verzuge Gefahr verbunden ist, auf Antrag bis zu dem Eintritt des gesetzlichen Vertreters einen besonderen Vertreter zu bestellen.**

(2) **Der Vorsitzende kann einen solchen Vertreter auch bestellen, wenn in den Fällen des § 20 eine nicht prozeßfähige Person bei dem Gericht ihres Aufenthaltsortes verklagt werden soll.**

1. Voraussetzungen für Bestellung eines besonderen Vertreters; sog **1** Prozesspfleger (Abs 1): **a) Antrag** des Klägers; schriftlich oder zu Protokoll der Geschäftsstelle, daher kein Anwaltszwang (§ 78 Abs 3). – **b) Beabsichtigte Klage,** auch Gesuch um Arrest, einstweilige Ver- **2** fügung und Mahnbescheid. – **c) Prozessunfähigkeit** (§ 52 Rn 2–5) **3** des Beklagten vor Rechtshängigkeit (§ 261 Abs 1). § 57 gilt auch, wenn sich die mangelnde Prozessfähigkeit erst im Laufe des Rechtsstreits herausstellt (BGH NJW 90, 1734 mwN). Bei späterem Wegfall der Prozessfähigkeit gilt jedoch die Sonderregelung der §§ 241, 246 (Zö-Vollkommer 3; aA Stuttgart MDR 96, 198 mwN). – **d) Fehlen eines** **4** **gesetzlichen Vertreters** (vgl § 51 Rn 3). Es darf überhaupt keiner vorhanden sein, auch wenn dies nur vorübergehend ist (BGH FamRZ 64, 76), oder er muss rechtlich verhindert sein, zB Doppelvertretung (Palandt § 181 Rn 1). Im Fall des Abs 2 kann die Partei auch einen gesetzlichen Vertreter haben, der sich jedoch nicht am Aufenthaltsort (§ 20) befindet. – **e) Gefahr im Verzug** für den Kläger besteht insbes, **5** wenn ihm ein unverhältnismäßig hoher Schaden droht; wie § 56 Rn 3. **f) Rechtsmittel:** nur gegen Ablehnung des Antrags sofortige Beschwerde (§ 567 Abs 1 Nr 2).

2. Bestellung. Sie erfolgt (wie ihre Rücknahme) durch unanfecht- **6** bare Verfügung des Vorsitzenden (§ 329 Rn 14), wenn die Voraussetzungen der Rn 2, 4 und 5 glaubhaft gemacht sind (§ 294; RG 105, 401) und die Prozessfähigkeit nach Prüfung gemäß § 52 Rn 6 fehlt (vgl Dunz NJW 61, 442). Wird der Antrag zurückgewiesen, findet sofortige Beschwerde statt (§ 567 Abs 1 Nr 2). Der bestellte Vertreter (zweckmäßig ein RA) muss das Amt nicht annehmen. Er kann Entgelt, ein RA seine Gebühren verlangen, vom Kläger Kostenvorschuss fordern. Gebühren für die Bestellung: nach GKG keine; für den RA gilt § 37 Nr 3 BRAGO.

3. Wirkung. a) Bestellung des besonderen Vertreters. Er hat in dem **7** Rechtsstreit, aber nur in dem, für den er bestellt ist, die Stellung eines gesetzlichen Vertreters (§ 51 Rn 14; München Rpfleger 71, 441). Es ist zweckmäßig, daneben auch an die vertretene Partei Schriftsätze und Entscheidungen zuzustellen, sie auch zu laden (Dunz NJW 61, 442), aber nur, wenn sie für derartige Schriftstücke aufnahmefähig ist. – **b) Wirksamkeit.** Alle von der Vertretungsmacht des besonderen Ver- **8**

treters umfassten Handlungen bleiben wirksam, auch wenn seine Bestellung zurückgenommen wird, weil die Partei sich später als prozessfähig erweist, ihr allgemeiner gesetzlicher Vertreter eintritt (§ 241 Abs 2 entspr) oder sonstige Voraussetzungen (Rn 1–5) fehlten (RG 105, 401). – **c) Prozessfähigkeit** der vertretenen Partei. Sie kann jederzeit geltend machen, sie sei prozeßfähig. Für das Verfahren über diese Frage ist sie prozessfähig (§ 52 Rn 7). Sie kann auch wirksam Rechtsmittel einlegen, wenn der Vertreter dies nicht tut (BGH NJW 66, 2210).

9

§ 58 Prozeßpfleger bei herrenlosem Grundstück oder Schiff

(1) **Soll ein Recht an einem Grundstück, das von dem bisherigen Eigentümer nach § 928 des Bürgerlichen Gesetzbuchs aufgegeben und von dem Aneignungsberechtigten noch nicht erworben worden ist, im Wege der Klage geltend gemacht werden, so hat der Vorsitzende des Prozeßgerichts auf Antrag einen Vertreter zu bestellen, dem bis zur Eintragung eines neuen Eigentümers die Wahrnehmung der sich aus dem Eigentum ergebenden Rechte und Verpflichtungen im Rechtsstreit obliegt.**

(2) **Absatz 1 gilt entsprechend, wenn im Wege der Klage ein Recht an einem eingetragenen Schiff oder Schiffsbauwerk geltend gemacht werden soll, das von dem bisherigen Eigentümer nach § 7 des Gesetzes über Rechte an eingetragenen Schiffen und Schiffsbauwerken vom 15. November 1940 (Reichsgesetzbl. I S. 1499) aufgegeben und von dem Aneignungsberechtigten noch nicht erworben worden ist.**

1   **Voraussetzungen:** Antrag wie § 57 Rn 1. Herrenloses Grundstück (§ 928 BGB) oder Schiff (§ 7 SchiffsG). Beabsichtigte Klage aus dinglichem Recht (§ 24 Rn 4). **Sonstiges:** Bestellung wie § 57 Rn 6. Der bestellte Vertreter ist gesetzlicher Vertreter des künftigen Eigentümers (hM). Es gilt § 57 Rn 7–9 entspr. An Stelle des Eintritts der Prozeßfähigkeit oder des allgemeinen gesetzlichen Vertreters tritt der Erwerb durch den neuen Eigentümer. In der Zwangsvollstreckung gilt § 787.

2

Titel 2. Streitgenossenschaft

Vorbemerkungen

1   **1. Allgemeines.** Streitgenossenschaft (auch subjektive Klagenhäufung oder Klagenverbindung genannt) liegt vor, wenn in einem Verfahren entweder mehr als ein Kläger oder mehr als ein Beklagter auftreten. Streitgenossen sind diejenigen, die auf derselben Parteiseite stehen. Es bestehen dann mehrere Prozessrechtsverhältnisse (1 vor § 50) und Prozesse, die in einem Verfahren zu gemeinsamer Verhandlung, Beweisaufnahme und Entscheidung verbunden sind. Es sind soviele Prozessrechtsverhältnisse und Prozesse, wie sich jeweils Kläger und Be-

klagte gegenüberstehen und einander verklagen. (Bsp: Bei einem Kläger
und 2 Beklagten sind es 2 Prozesse; verklagen 2 Kläger 2 Beklagte, so
sind es 4 Prozesse). Es muss indessen nicht jeder Kläger einen jeden
Beklagten verklagen. Überhaupt steht es grundsätzlich im Belieben jeder
Partei, ob sie von der Möglichkeit Gebrauch macht, Klagen miteinander
zu verbinden; denn es heißt in den §§ 59, 60: „können". Streitgenossenschaft kann auch während des Prozesses entstehen durch Parteierweiterung (19, 25 und 26 vor § 50). Der Beklagte kann auch bisher am
Prozess nicht beteiligte Dritte neben dem Kläger als dessen Streitgenossen verklagen (vgl § 33 Rn 10–13).

2. Arten. Man unterscheidet die einfache (auch gewöhnliche oder 2
selbständige genannt) und die notwendige Streitgenossenschaft (auch
besondere oder qualifizierte genannt). Dieser Unterschied ist im Prozess
praktisch bedeutsam, weil § 62 nur für die notwendige Streitgenossenschaft gilt.

3. Gesetzliche Regelung. §§ 59–61 und 63 gelten für jede Streitge- 3
nossenschaft, § 62 gilt nur für die notwendige. Die Zulässigkeit der
Streitgenossenschaft (Klagenverbindung) behandeln §§ 59, 60. Das Verhältnis der Streitgenossen zueinander regelt § 61, die Wirkung der
notwendigen Streitgenossenschaft § 62, Prozessbetrieb und Ladung
§ 63.

4. Anwendungsbereich. Er erstreckt sich auf alle Prozessarten, die 4
der ZPO unterliegen, also auch auf Arrest und einstweilige Verfügung,
Mahnverfahren (4 vor § 688) sowie Zwangsvollstreckung.

5. Dauer der Streitgenossenschaft (vgl § 61 Rn 4). **a) Beginn:** 5
mit Klageerhebung (§ 253 Abs 1), wenn mehrere Parteien von vornherein gemeinschaftlich klagen oder verklagt werden; mit Parteierweiterung (19, 25 und 26 vor § 50), auch mit Parteiwechsel (16 vor § 50),
wenn mehrere Personen Erben einer Partei werden (§ 1922 BGB); mit
Verbindung gemäß § 147, die ebenfalls zu einer Parteierweiterung führt
(25 vor § 50). – **b) Ende:** wenn der Prozess eines Streitgenossen vor 6
dem des anderen oder denen der anderen (durch Teilurteil, § 301)
rechtskräftig abgeschlossen wird oder die Rechtshängigkeit für einen des
Streitgenossen sonstwie endet (zB Klagerücknahme, Vergleich); ferner
mit Trennung gemäß § 145.

§ 59 Streitgenossenschaft bei Rechtsgemeinschaft oder Identität
des Grundes

**Mehrere Personen können als Streitgenossen gemeinschaftlich
klagen oder verklagt werden, wenn sie hinsichtlich des Streitgegenstandes in Rechtsgemeinschaft stehen oder wenn sie aus
demselben tatsächlichen und rechtlichen Grunde berechtigt oder
verpflichtet sind.**

§ 60 Streitgenossenschaft bei Gleichartigkeit der Ansprüche

Mehrere Personen können auch dann als Streitgenossen gemeinschaftlich klagen oder verklagt werden, wenn gleichartige und auf einem im wesentlichen gleichartigen tatsächlichen und rechtlichen Grunde beruhende Ansprüche oder Verpflichtungen den Gegenstand des Rechtsstreits bilden.

1   **1. Zulässigkeit der Streitgenossenschaft.** Sie ist gegeben, wenn eine gemeinsame Verhandlung und Entscheidung zweckmäßig ist. Das ergibt sich aus der kasuistischen Regelung der §§ 59, 60 sowie aus den §§ 64, 631 Abs 4, 771 Abs 2, 805 Abs 3. Es ist unnötig, die einzelnen Fälle zueinander abzugrenzen. Außerdem werden die §§ 59, 60 von der Praxis extensiv ausgelegt. Unterschiedliche Anträge stehen der Streitgenossenschaft nicht entgegen (BayObLG NJW-RR 90, 1020). –
2   **a) Rechtsgemeinschaft** (§ 59 1. Alt): Gemeinschaft (§ 741 BGB, daher insbes Miteigentum). Gesamthandverhältnisse (Erbengemeinschaft, Gesellschaft, Gütergemeinschaft), Gesamtschuldner und -gläubiger. Weit auszulegen, daher auch Bürge und Hauptschuldner (allgM), Vertragsparteien eines Kaufvertrags, das aus getrennten Verträgen auf Maklerlohn
3   verklagt sind (BGH NJW-RR 91, 381). – **b) Identität des Grundes** (§ 59 2. Alt): zB aus demselben gemeinschaftlichen Vertrag, aus derselben unerlaubten Handlung. Es genügt die Identität des präjudiziellen
4   Rechtsverhältnisses (ZöVollkommer 6). – **c) Gleichartigkeit** (§ 60) der Gründe (tatsächliche oder rechtliche), welche für die Ansprüche oder Pflichten geltend gemacht werden, zB Klage des Vermieters gegen
5   mehrere Mieter desselben Hauses aus gleichem Anlass. – **d) Eventuell oder alternativ** (zB Antrag, einer der Streitgenossen werde verurteilt oder er werde verurteilt, wenn die Klage gegen einen anderen abgewiesen wird) darf Streitgenossenschaft nicht begründet werden (hM; BGH NJW 72, 2302; BAG NJW 94, 1084).

6   **2. Sonstige Voraussetzungen.** In derselben Prozessart, zB im Urkundenprozess (§ 592), Arrest (§ 916) müssen die Klagen erhoben oder die Anträge gestellt sein. Es darf kein Verbindungsverbot bestehen (zB §§ 610 Abs 2, 640 c Abs 1).

7   **3. Prüfung.** Die Zulässigkeit der Klage und die der Streitgenossenschaft (Klageverbindung) sind auseinanderzuhalten. Ist die Klage gegen einen einzelnen Streitgenossen unzulässig (10 vor § 253), so ist sie durch Teilurteil (§ 301) abzuweisen. Ist die Streitgenossenschaft unzulässig, wenn nämlich deren Voraussetzungen (Rn 1–6) nicht erfüllt sind, so werden die Prozesse durch Beschluss voneinander getrennt (§ 145). Aus diesem Grunde muss auch die Zulässigkeit der Klage (8 vor § 253), also auch die Zuständigkeit (vgl § 5 Rn 1) für jeden Streitgenossen gesondert geprüft werden. Von Amts wegen nach den Grundsätzen von 12 vor § 253 wird die Zulässigkeit der Streitgenossenschaft geprüft, also nicht nur auf Rüge.

§ 61 Wirkung der Streitgenossenschaft

Streitgenossen stehen, soweit nicht aus den Vorschriften des bürgerlichen Rechts oder dieses Gesetzes sich ein anderes ergibt, dem Gegner dergestalt als einzelne gegenüber, daß die Handlungen des einen Streitgenossen dem anderen weder zum Vorteil noch zum Nachteil gereichen.

1. Allgemeines. a) <u>Unabhängigkeit.</u> Die mehreren Prozessrechts- 1 verhältnisse und Prozesse (vgl 1 vor § 59) sind voneinander unabhängig. Daher betreibt jeder Streitgenosse seinen Prozess selbständig und unabhängig von seinen anderen Streitgenossen (vgl § 63). – **b)** <u>Einzelwir-</u> 2 <u>kung.</u> Was der eine Streitgenosse tut oder unterlässt, berührt die anderen nicht. Dieser in § 61 niedergelegte Grundsatz wird jedoch von mehreren (in Hs 2 ausdrücklich vorbehaltenen) Ausnahmen durchbrochen, insbes bei der notwendigen Streitgenossenschaft. – **c) Anwendbar** ist 3 § 61 nicht nur für die einfache, sondern auch für die notwendige Streitgenossenschaft, jedoch geht bei der Letzteren der § 62 vor. Im wesentlichen folgen die anschließend dargelegten Regeln aus § 61. Sie gelten voll für die einfache Streitgenossenschaft, für die notwendige grundsätzlich, soweit nicht in § 62 etwas anderes dargestellt ist.

2. Dauer (vgl 5, 6 vor § 59). Jeder Rechtsstreit beginnt und endet 4 unabhängig vom anderen (Rn 1), also nicht notwendig zu gleicher Zeit. Bsp: Es tritt im Klageverfahren die Rechtshängigkeit (§ 261 Abs 1) für jeden der mehreren Prozesse an dem jeweiligen Tag der Klagezustellung ein (§ 253 Abs 1). Die spätere Klage, welche die Streitgenossenschaft herstellt (25 vor § 50), kann bis zum Schluss der Letzten mdl Vhdlg (§ 296 a) erster Instanz erhoben werden.

3. Prozesshandlungen (Einl III) wirken nur für den Prozess, in dem 5 sie erklärt werden, nicht im Prozess des anderen Streitgenossen (Rn 1). Sind sie vom Gegner erklärt, wirken sie im Zweifel aber für alle verbundenen Prozesse. Bsp: Das Anerkenntnis eines Streitgenossen kann nur zum Anerkenntnisurteil (§ 307) gegen ihn, nicht auch gegen seinen Streitgenossen führen. Jeder kann seine (aber nur die eigene) Klage jederzeit zurücknehmen (§ 269). Für Prozessvergleiche: § 794 Rn 9.

4. Parteistellung. Jeder Streitgenosse ist nur in seinem Rechtsstreit 6 Partei. **a) Nebenintervenient** im Prozess des anderen kann der Streitgenosse sein (allg M). Er kann seinem Streitgenossen auch den Streit verkünden (§ 72), sogar als Nebenintervenient dem Gegner im Prozess gegen seinen (einfachen) Streitgenossen beitreten (BGH 8, 72; bestr). – **b) Zeuge** kann er nur für Tatsachen sein, die nicht seinen eigenen 7 Prozess, sondern ausschließlich den eines Streitgenossen betreffen (6 vor § 373; BGH NJW 83, 2508; bestr; für uneingeschränkte Zeugenstellung im Prozess des Streitgenossen: Lindacher JuS 86, 381 mwN). Das gilt auch für eine Widerklage (KG OLGZ 77, 244). Uneingeschränkt kann er Zeuge sein, wenn die Streitgenossenschaft beendet ist (vgl 6 vor § 59). Andernfalls ist nur eine Parteivernehmung zulässig. – **c) Prozessbevoll-** 8

mächtigter kann ein gemeinsamer, aber auch für jeden ein eigener
bestellt werden (für Gebühren § 6 BRAGO). Auch kann ein Streitgenosse für den anderen prozessbevollmächtigt sein. Kostenerstattung:
§ 100 Rn 5, 6.

9   **5. Verfahrensart** (Einl V). Sie muss wegen §§ 59, 60 Rn 6 die
gleiche sein. In das schriftliche Verfahren (§ 128 Abs 2) kann nur für alle
verbundenen Prozesse, nicht für einzelne übergegangen werden (StJBork
14; bestr). Es ist daher das Einverständnis (§ 128 Abs 2) aller Streitgenossen nötig. Bei fehlendem Einverständnis einzelner bleibt Trennung möglich (§ 145).

10   **6. Verfahrensvorgänge.** Stillstand, Unterbrechung, Aussetzung,
Ruhen und Aufnahme (§§ 239–252) treten in jedem der verbundenen
Prozesse voneinander unabhängig ein. Für Ladungen gilt § 63. Fristen
laufen für und gegen die Streitgenossen selbständig und unabhängig
voneinander. Zustellungen wirken nur für den Prozess, in dem sie vorgenommen sind.

11   **7. Tatsachenvorbringen** eines Streitgenossen gilt grundsätzlich auch
in den Prozessen der anderen, sofern nicht der vortragende oder der
betroffene Streitgenosse die Geltung ausdrücklich verneint. Jeder Streitgenosse kann vom anderen im Tatsachenvortrag abweichen.

12   **8. Beweis.** Angetreten wird er mit Wirkung wie bei Rn 11. Aufgenommen wird er für alle verbundenen Prozesse nur einmal und einheitlich; bei Parteivernehmung gilt § 449. Gewürdigt (§ 286) wird einheitlich und notwendig mit dem gleichen Ergebnis für alle verbundenen
Prozesse. Ausnahme: Von einem Streitgenossen zugestandene Tatsachen
(§ 288) sind in seinem Prozess als solche zu behandeln, in den anderen
Prozessen aber frei zu würdigen (§ 286), so dass insoweit eine Tatsache
in dem einen Prozess feststehen, im andern für nicht erwiesen erachtet
werden kann.

13   **9. Termine** (insbes Säumnis). Nur bei einfacher, nicht bei notwendiger Streitgenossenschaft kann einer säumig sein, wenn ein anderer Streitgenosse erschienen ist (vgl § 62). Die Wirkungen der Säumnis (vgl 10
vor § 330) treten dann nur gegen die säumige Partei ein, nicht bezüglich
der anderen Streitgenossen.

14   **10. Entscheidung.** Sie ergeht regelmäßig in einem einheitlichen
Urteil (bzw Beschluss); wenn sie gegenüber nur einem Streitgenossen
ergeht, durch Teilurteil (§ 301). Für die Kostenentscheidung gilt § 100.
Inhaltlich können Entscheidungen gegenüber jedem Streitgenossen verschieden ausfallen.

15   **11. Rechtsbehelfe** (insbes Rechtsmittel). **a) Fristen.** Sie laufen für
jeden Streitgenossen gesondert, können also zu verschiedener Zeit beginnen und enden, je nachdem wann das Urteil oder der Beschluss
16 zugestellt wird (vgl zB §§ 516, 569 Abs 1). – **b) Einlegen** kann jeder
Streitgenosse nur in seinem Prozess, im anderen Prozess nur als Nebenintervenient (Rn 6) oder Vertreter (Rn 8), aber nie gegeneinander. Der

Gegner von Streitgenossen kann gegen einen, einen Teil oder gegen alle Rechtsbehelfe einlegen.

12. Rechtskraft. Sie tritt für jeden Prozess gesondert ein, je nach- 17 dem wer gegen wen unbeschränkt oder zum Teil Rechtsbehelfe einlegt, je nach dem Lauf der Fristen auch zu verschiedener Zeit (vgl Rn 15). Ihr Umfang richtet sich allein nach §§ 322, 325, also insbes immer nur im Verhältnis der Parteien des jeweiligen Rechtsstreits zueinander. Eine Rechtskrafterstreckung findet also allein auf Grund der Streitgenossenschaft nicht statt (RoSchwGottwald § 48 Abs III 1 d).

13. Nebenentscheidungen. Vorläufige Vollstreckbarkeit: Die 18 §§ 708–720 a gelten für jedes Prozessverhältnis gesondert; vgl auch § 709 Rn 3. Kosten: § 100. Streitwert: vgl § 5 Rn 1 und 8.

14. Gebühren. Für das Gericht entstehen nur einheitliche und ein- 19 mal berechnete Gebühren (daher gegenüber getrennten Prozessen erheblich verbilligt). Haftung: § 59 S 1 GKG. Der RA, der mehrere Streitgenossen vertritt, erhält erhöhte Gebühren nach § 6 BRAGO. Jeder RA, der einen Streitgenossen vertritt, erhält seine vollen, normalen Gebühren (aus § 5 BRAGO zu schließen), aber nur aus dem auf ihn entfallenden Gegenstandswert (§ 7 Abs 1 BRAGO).

§ 62 Notwendige Streitgenossenschaft

(1) Kann das streitige Rechtsverhältnis allen Streitgenossen gegenüber nur einheitlich festgestellt werden oder ist die Streitgenossenschaft aus einem sonstigen Grunde eine notwendige, so werden, wenn ein Termin oder eine Frist nur von einzelnen Streitgenossen versäumt wird, die säumigen Streitgenossen als durch die nicht säumigen vertreten angesehen.

(2) Die säumigen Streitgenossen sind auch in dem späteren Verfahren zuzuziehen.

1. Allgemeines. Schrifttum: Schwab, Festschrift für Lent 271 ff; Ek- 1 kehard Schumann, ZZP 76, 381 ff; Hassold: Die Voraussetzungen der besonderen Streitgenossenschaft, 1970. **a) Wesen und Zweck.** In den Fällen der notwendigen Streitgenossenschaft sind die mehreren Prozesse enger miteinander verbunden als bei der einfachen Streitgenossenschaft. Der Grund hierfür ist, dass nach materiellem oder prozessualem Recht die Entscheidung über den Streitgegenstand der beiden oder mehreren Prozesse auf jeden Fall einheitlich sein muss. Allein nach diesem Ziel, nämlich der notwendig einheitlichen Sachentscheidung, ist die prozessrechtliche Regelung der notwendigen Streitgenossenschaft ausgerichtet. – **b) Regelung.** § 62 betrifft zwar ausdrücklich nur Fristen, Ter- 2 mine und Teilnahme am Verfahren. Da aber die Rechtsordnung zu einheitlicher Sachentscheidung zwingt, gelten Verfahrensregeln, die von der einfachen Streitgenossenschaft abweichen. § 61 gilt mit allen Erläuterungen gegenüber dem § 62 subsidiär (§ 61 Rn 3). – **c) Bestim-** 3

mung. Ob notwendige Streitgenossenschaft vorliegt, kann nur vom Streitgegenstand (Einl II) der verbundenen Prozesse her bestimmt werden. Daher kann die Streitgenossenschaft innerhalb des gemeinsamen Rechtsstreits zwischen einzelnen Streitgenossen notwendig, zu anderen einfach sein (Bsp: Zwischen A und B notwendig, von A zu C und B zu C einfach), so dass die Wirkungen der notwendigen Streitgenossenschaft nur zwischen einzelnen der mehreren Streitgenossen eintreten. Bei Anspruchshäufung (§ 260) kann bei Streitgenossen für den einen prozessualen Anspruch (Einl II) notwendige Streitgenossenschaft bestehen, für den anderen prozessualen Anspruch nicht. Die Wirkungen des § 62 treten dann nur für den betreffenden Streitgegenstand ein. Es kann dann
4 auch ein Teilurteil möglich sein (§ 301). – **d) Gruppen** notwendiger Streitgenossenschaft gibt es zwei, nämlich die in der 1. Alt des § 62 (notwendig einheitliche Sachentscheidung, Rn 7) und die in der 2. Alt (notwendig gemeinschaftliche Klage, Rn 11). Beide Gruppen werden grundsätzlich gleich behandelt. Unterschiede ergeben sich nur bei Rücknahme oder Unzulässigkeit der Klage einzelner Streitgenossen (Rn 17, 22). Ob die Streitgenossenschaft aus prozessrechtlichen oder aus materiellrechtlichen Gründen notwendig ist, kann begrifflich nur schwer voneinander abgegrenzt werden und ist ausschließlich von dogmati-
5 schem Interesse. – **e) Einordnung.** Die Praxis und auch der BGH neigen aus Pragmatismus und Streben nach Einzelfallgerechtigkeit zu undogmatischer Handhabung und lehnen deshalb notwendige Streitge-
6 nossenschaft häufig ab, obwohl sie vorliegt. – **f) Unterrichtungspflicht** des Gerichts aus Art 103 GG nimmt BVerfG NJW 82, 1635 an für Personen, die notwendige Streitgenossen wären, wenn sie mit der Partei verklagt würden (GmbH-Gesellschafter bei Auflösungsklage).

7 **2. Notwendig einheitliche Sachentscheidung** (Abs 1 1. Alt). Hierbei ist nicht auf ein vorgreifliches Rechtsverhältnis (vgl § 256 Rn 32, 33) abzustellen, sondern auf das Rechtsverhältnis, das den Streitgegenstand bildet (Einl II) und in Rechtskraft erwächst (§ 322). Daher gehören hierher alle Fälle von Rechtskrafterstreckung; denn wenn bei nacheinander geführten Prozessen eine verschiedene Entscheidung unzulässig ist, so muss dies erst recht gelten, wenn die Prozesse verbunden und zugleich entschieden werden. Das gleiche gilt für Fälle von Identität des Streitgegenstandes und wenn Gestaltungsurteile auch für oder gegen andere Personen als die Parteien wirken (Rn 10). Daher gehören insbes
8 zu dieser Fallgruppe: **a) Leistungsklagen.** Die Klage gem § 856 und die mehrerer nur gemeinsam zur Vermögensverwaltung befugter Personen, zB Mittestamentsvollstrecker (Lindacher JuS 86, 379 [382]). Hingegen besteht keine notw Streitgenossenschaft, wenn eine oHG und ihre Gesellschafter wegen einer Gesellschaftsschuld verklagt werden; auch dann nicht, wenn kein beklagter Gesellschafter eine persönliche Einwendung erhebt (hM; BGH 54, 251 mwN und NJW 88, 2113). Notwendig ist die Streitgenossenschaft, wenn solche Personen gemeinsam klagen oder verklagt werden, für die Rechtskrafterstreckung eintritt (zB §§ 326,

327). Das gilt <u>nicht</u> im Kfz-Haftpflichtprozess aus <u>§ 3 Nr 8 PflVersG</u> (hM; BGH 63, 51; aA Gerhardt FS Henckel S 273 mwN: notwendige Streitgenossenschaft). Notwendig einheitlich ist die Sachentscheidung, wenn der Streitgegenstand unteilbar ist (hM im Schrifttum; aA BGH 92, 351 = JZ 85, 633 mit krit Anm von Waldner), zB wenn Miteigentümer klagen oder verklagt werden (im Ergebnis ebenso BGH NJW 92, 1101) oder wenn Gesamtgläubiger klagen (einschränkend Wieser NJW 00, 1063). – **b) Feststellungsklagen:** der Fall der §§ 179, 183 InsO (RG **9** 96, 251 für §§ 146, 147 KO), des § 640 h ZPO, des § 241 AktG (BGH NJW 99, 1638) und des § 246 AktG (BGH 122, 211), des § 75 GmbHG und der §§ 51, 96 GenG, ferner die Fälle der Rechtskrafterstreckung (Rn 8). – **c) Gestaltungsklagen:** die Fälle der §§ 1496, **10** 2342, 2344 BGB, der §§ 248, 275 AktG.

3. Notwendig gemeinschaftliche Klage (Abs 1 2. Alt). Grund ist **11** die nur gemeinsam bestehende Prozessführungs- oder Sachbefugnis (§ 51 Rn 20 und 39 vor § 253). Einteilung: **a) Gestaltungsklagen, 12** wenn das Gestaltungsrecht mehreren gemeinsam zusteht oder gegen mehrere gerichtet ist und außerdem nur durch gemeinsame Klage ausgeübt werden kann. Dazu gehören die Klagen von mehreren Gesellschaftern nach §§ 117, 127, 133, 140 HGB. – **b) Aktivprozesse von 13 Gesamthandgemeinschaften,** also wenn sie klagen, <u>sofern die Prozessführungsbefugnis (§ 51 Rn 20) nicht</u> einem der Gesamthänder allein zusteht (<u>zB §§ 432, 1422, 2038 Abs 1 S 2 letzter Hs, 2039 BGB</u>). Bei Gesamthandgemeinschaften (<u>BGB-Innengesellschaft</u>, Gütergemeinschaft und Erbengemeinschaft) müssen also grundsätzlich alle Mitglieder klagen. Sie können auch immer dann gemeinsam klagen, wenn einer von ihnen allein prozessführungsbefugt ist (zB § 1422 BGB). Sie sind auch dann notwendige Streitgenossen (ZöVollkommer 16 mwN; umstr), jedoch wegen Unteilbarkeit des Streitgegenstandes (Rn 8 aE), weil sie nicht notwendig gemeinsam klagen müssen. – **c) Passivprozesse von 14 Gesamthandgemeinschaften** (dh wenn sie verklagt werden) begründen grundsätzlich nur eine einfache Streitgenossenschaft (hM; BGH 23, 73), ausnahmsweise eine notwendige dann, wenn eine Gesamthandschuld vorliegt wie in § 2059 Abs 2 BGB (RG 157, 33), wenn ein Grundbuchberichtigungsanspruch (§ 894 BGB) oder eine dingliche Belastung an einem Grundstück der Gesamthand geltend gemacht wird (BGH NJW 92, 1101 mwN); ferner wenn Wohnungseigentümer auf Abgabe einer gemeinsamen Erklärung verklagt werden (BGH NJW-RR 91, 333).

4. Einfache Streitgenossenschaft ist gegeben, <u>wenn</u> die Streitge- **15** nossenschaft als notwendige <u>nicht</u> unter <u>Rn 7–14</u> eingeordnet werden kann. Das gilt regelmäßig für <u>Gesamtschuldner (vgl § 425 BGB)</u>, zB bei <u>Hauptschuldner und Bürgen</u> (Fenge NJW 71, 1920) und bei gemeinschaftlicher unerlaubter Handlung (<u>§ 840 BGB</u>), ferner wenn der eine auf Leistung, der andere auf Duldung verklagt wird oder Haupt- und Untermieter auf Räumung (BGH NJW 01, 1355).

16   **5. Wirkung.** Notwendige Streitgenossenschaft führt nicht zu gemeinsamer Prozessführung und nicht zu gleicher Lage der verbundenen
Prozesse. Es ist vielmehr jeder Streitgenosse selbständig und kann grundsätzlich nur in seinem Prozess handeln. Es gelten daher die Erläuterungen zu § 61 mit Abweichungen nach Maßgabe der folgenden
Rn 17–30, die gewährleisten sollen, dass Prozessstoff und Sachentscheidung einheitlich sind.

17   **6. Prozesshandlungen** (abweichend von § 61 Rn 5). Klagerücknahme (§ 269) und Erledigung der Hauptsache (§ 91 a) kann auch bei
notwendig gemeinschaftlicher Klage (Rn 11–14) von einem einzelnen
Streitgenossen für sein Prozessrechtsverhältnis wirksam erklärt werden,
selbst wenn er aus dem die notwendige Streitgenossenschaft begründenden Rechtsverhältnis (zB Gesellschaft, nichtrechtsfähiger Verein) nicht
ausgeschieden ist (Rostock NJW-RR 95, 381 mwN; RoSchwGottwald
§ 49 IV 1 a; bestr). Jedenfalls frei steht ihm die Erklärung bei notwendig
einheitlicher Sachentscheidung (Rn 7–10). Anerkenntnis, Verzicht, Geständnis und Klageänderung wirken als solche nur dann, wenn sie von
allen Streitgenossen übereinstimmend oder von dem einzigen, der nicht
säumig ist, mit der Vertretungsfiktion des Abs 1 (Rn 20) erklärt werden.
Widerspricht auch nur ein Streitgenosse oder wirkt eine solche Prozesshandlung nur in einem der verbundenen Prozesse, so darf sie bloß im
Rahmen des § 286 gewürdigt werden (vgl § 61 Rn 12). Auch die
Folgen der Rechtshängigkeit treten nicht im Verhältnis zu anderen
Streitgenossen ein (BGH NJW 96, 1060 für Verjährungsunterbrechung).

18   **7. Unterbrechung und Aussetzung** (ergänzend zu § 61 Rn 10)
wirken zwar nur im Prozess des betreffenden Streitgenossen, verhindern
aber eine Sachentscheidung auch in den anderen verbundenen Prozessen
(hM; RoSchwGottwald § 49 IV 3 d; aA BAG NJW 72, 1388: fingierte
Vertretung; vgl Rn 20).

19   **8. Fristen** (ergänzend zu § 61 Rn 10) laufen zwar getrennt, aber für
den Fall, dass sie einer versäumt, gilt § 62 mit folgender wichtiger
Besonderheit: Wenn ein Streitgenosse die Frist wahrt, wird fingiert, dass
er die anderen dabei vertritt, so dass die Fristen auch für sie gewahrt und
die Folgen der Fristversäumnis abgewendet werden (vgl Rn 23).

20   **9. Termine** (abweichend von § 61 Rn 13). **a) Vertretungsfiktion.**
Es wird fingiert, dass derjenige, der den Termin wahrnimmt, diejenigen
vertritt, die ihn versäumen. Daraus folgt, dass gegen keinen der notwendigen Streitgenossen Versäumnisurteil (§§ 330, 331, 345), auch keine
Aktenlageentscheidung (§ 331 a) ergehen darf, wenn nur einer im Termin erscheint und verhandelt. Es ergeht dann immer streitiges Endurteil
(RG 90, 42) oder Anerkenntnisurteil, wenn der verhandelnde Streitgenosse anerkennt (§ 307). Die Wirkung des Anerkenntnisses beschränkt
sich aber nur auf den Streitgenossen, der anerkannt hat, wenn ein
anderer Streitgenosse Berufung einlegt, es sei denn der Anerkennende ist
allein verfügungsberechtigt (StJBork 34). Das erklärte Anerkenntnis
21   wirkt dann nach Maßgabe der Rn 17. – **b) Nichterscheinen aller**

Streitgenossen gestattet die Versäumnisentscheidung gegen alle. Ist nur ein Teil von ihnen säumig (1–9 vor § 330), so darf jedenfalls keine Sachentscheidung, dh kein Versäumnisurteil gegen einzelne Streitgenossen ergehen, sei es als Kläger oder als Beklagter (bestr).

10. Entscheidung (ergänzend zu § 61 Rn 14). Nur die Sachent- 22 scheidung muss einheitlich sein. Daher darf die Klage grundsätzlich gegen einzelne notwendige Streitgenossen als unzulässig abgewiesen werden, wenn die anderen verurteilt werden oder (als Kläger) obsiegen. Das kann praktisch nur bei notwendig einheitlicher Sachentscheidung (Rn 7–10) vorkommen; denn wegen der notwendig gemeinschaftlichen Klage (Rn 11–14) ist deshalb auch gegen die übrigen Streitgenossen als unzulässig abzuweisen, wenn nur eine der Klagen unzulässig ist (RoSchwGottwald § 49 IV 1 b), insbes wenn sie nur von oder gegen einen erhoben ist (BGH 30, 195). Anders als bei einfacher Streitgenossenschaft darf grundsätzlich nicht einer der Streitgenossen durch Teilurteil verurteilt werden (BGH NJW 96, 1060 und 99, 1638). Davon werden Ausnahmen zugelassen (vgl BGH NJW 62, 1722 und 92, 1101).

11. Rechtsbehelfe (ergänzend zu § 61 Rn 15). Das sind Rechts- 23 mittel, Einspruch und Wiederaufnahmeklagen. **a) Fristen** laufen wie bei einfachen Streitgenossen (§ 61 Rn 15) für jeden getrennt und besonders (RG VZS 48, 417). Jeder kann nur innerhalb seiner Frist fristwahrend Rechtsbehelfe einlegen und begründen. – **b) Einlegen** kann 24 (wie bei § 61 Rn 16) jeder Streitgenosse nur für seinen Prozess oder als Nebenintervenient im Prozess der unterstützten Partei (vgl § 67). Nur diejenigen Streitgenossen, die den Rechtsbehelf eingelegt haben, sind Rechtsbehelfführer. Aber ihr Rechtsbehelf wirkt für alle, insbes für die säumigen notwendigen Streitgenossen, hindert den Eintritt der Rechtskraft (Rn 30), bringt alle Prozesse in die nächste Instanz oder versetzt sie in die Lage vor der Säumnis zurück (§ 342), erhält auch allen Streitgenossen die volle Parteistellung für das weitere Verfahren (BGH NJW 85, 385; StJBork 40; Schumann ZZP 76, 381 [389]). RG 157, 33 hat die volle Parteistellung nur für denjenigen Fall bejaht, dass die Frist für den säumigen Streitgenossen noch lief, als der fristwahrende Rechtsbehelf eingelegt wurde. Diesen Wirkungen steht auch nicht entgegen, dass einer der Streitgenossen seines Rechtsmittels wegen Rücknahme für verlustig erklärt wurde (Koblenz NJW-RR 98, 64). – **c) Verspätete** 25 **Rechtsbehelfe** eines notw Streitgenossen werden (wegen Fristversäumnis) nur verworfen, wenn nicht vorher die Frist durch den Rechtsbehelf eines anderen Streitgenossen gewahrt wurde. Sie sind entspr § 518 Rn 10, 11 zu behandeln, wie wenn mehrfach derselbe Rechtsbehelf eingelegt wäre (Schumann ZZP 76, 381 [393]). Nur wenn der fristwahrende Rechtsbehelf des anderen Streitgenossen zurückgenommen oder verworfen wird, muss der des säumigen Streitgenossen (als verspätet) verworfen werden. – **d) Begründet** ein Streitgenosse sein Rechts- 26 mittel (§§ 520, 551), so wirkt dies für alle Streitgenossen, die Rechtsmittel eingelegt haben, soweit deren Begründungsfrist noch läuft. Für

ihre Rechtsmittel wird daher diese Zulässigkeitsvoraussetzung erfüllt. Sie
können aber ihrerseits ihr eigenes Rechtsmittel selbst begründen, so-
27 lange ihre Frist noch offen ist. – **e) Unzulässigkeit** von Rechtsbehelfen:
Wo nur die Sachentscheidung einheitlich sein muss (vgl Rn 22), kann
bei mehreren Rechtsbehelfen über deren Zulässigkeit unterschiedlich
28 entschieden werden. – **f) Kosten** trägt bei erfolglosem Rechtsbehelf
gem § 97 Abs 1 nur derjenige Streitgenosse, der diesen Rechtsbehelf
29 eingelegt hat. – **g) Rechtsbehelf des Gegners.** Er muss gegen alle
Streitgenossen (nicht notwendig gleichzeitig) Rechtsmittel einlegen,
wenn er verhindern will, dass das Urteil im Verhältnis zu einem rechtskräftig wird; andernfalls wäre sein Rechtsmittel unzulässig (BGH 23,
73).

30 **12. Rechtskraft.** Sie tritt erst ein, wenn keiner der Streitgenossen
(und auch nicht ihr Gegner) mehr das Urteil anfechten kann. Das rechtzeitige Rechtsmittel oder der Einspruch eines Streitgenossen hindert die
Rechtskraft für alle anderen Streitgenossen, auch wenn diese innerhalb
ihrer Rechtsmittel- oder Einspruchsfrist nicht oder nicht zulässig angefochten haben. Nur das zulässige Prozessurteil gegen einen Streitgenossen (Rn 22) erlangt unabhängig Rechtskraft. Das gesetzwidrig ergangene Teilurteil (Rn 22 aE) erlangt keine Rechtskraft gegen die anderen
Streitgenossen (BGH NJW 96, 1060; ZöVollkommer 31).

§ 63 Prozeßbetrieb; Ladungen

**Das Recht zur Betreibung des Prozesses steht jedem Streitge-
nossen zu; zu allen Terminen sind sämtliche Streitgenossen zu
laden.**

1   **Anzuwenden** bei jedem Fall von Streitgenossenschaft. Nur diejenigen Streitgenossen, die aus dem Rechtsstreit ausgeschieden sind (6 vor
§ 59; vgl zB § 61 Rn 17), auch diejenigen, bei denen das Verfahren
ruht, unterbrochen oder ausgesetzt ist (vgl § 61 Rn 10), müssen nicht
2   geladen werden. **Verstoß** gegen § 63. Es gelten die allgemeinen Vorschriften: also zB keine Säumnis (1–9 vor § 330) des nicht geladenen
Streitgenossen. Heilung nach § 295 ist möglich.

Titel 3. Beteiligung Dritter am Rechtsstreit

§ 64 Hauptintervention

**Wer die Sache oder das Recht, worüber zwischen anderen
Personen ein Rechtsstreit anhängig geworden ist, ganz oder teilweise für sich in Anspruch nimmt, ist bis zur rechtskräftigen
Entscheidung dieses Rechtsstreits berechtigt, seinen Anspruch
durch eine gegen beide Parteien gerichtete Klage bei dem Gericht geltend zu machen, vor dem der Rechtsstreit im ersten
Rechtszuge anhängig wurde.**

1. Allgemeines. Hauptintervention ist in der Praxis sehr selten und **1**
erfordert eine selbständige Klage gegen beide Parteien (§ 253). Sie
begründet einen neuen selbständigen Prozess, den sog Interventionsprozess, der mit dem Hauptprozess (dem zwischen den Beklagten des
Hauptintervenienten) nach § 147 verbunden werden kann. Prozessvollmacht: § 82. Zu Einzelfragen Koussoulis ZZP 100, 211.

2. Voraussetzungen der Zulässigkeit. Sie sind besondere Prozess- **2**
voraussetzungen iS von § 32 vor § 253, daher von Amts wegen zu
prüfen. **a) Rechtsstreit.** Er muss zwischen anderen Personen anhängig
sein. – **b) Anhängigkeit** dieses Rechtsstreits (§ 261 Rn 1) bis zum
Eintritt formeller Rechtskraft der Entscheidung (§ 705) zZ der Klage
des Hauptintervenienten. – **c) Inanspruchnahme** des im Hauptprozess **3**
umstrittenen Rechts. Hierfür genügt der bloße Antrag; es muss nicht
schlüssig dargelegt werden (Pfeiffer ZZP 111, 131 mwN); das gehört zur
Begründetheit der Interventionsklage. In Anspruch genommen wird
auch, indem verlangt wird, die im Hauptprozess geltend gemachte
Forderung zurückzuübertragen (Frankfurt NJW-RR 94, 957).

3. Wirkung. Der Hauptintervenient ist am Hauptprozess nicht betei- **4**
ligt. § 64 begründet lediglich einen besonderen Gerichtsstand und die
ausnahmslose Zulässigkeit der Streitgenossenschaft (§§ 59, 60 Rn 1).
Für den Interventionsprozess besteht im Falle des § 265 Abs 2 eine
weitere besondere Prozessvoraussetzung, nämlich die Zustimmung (wegen Folgen vgl 32 vor § 253). Die Beklagten des Interventionsprozesses
sind Streitgenossen (§§ 59 ff), notwendige aber nur dann, wenn die
Klage notwendig gemeinschaftlich ist (§ 62 Rn 11; RG 100, 61). Ist der
Hauptprozess schon in höherer Instanz, so ist Hauptintervention zwar
zulässig, aber durch Klage im ersten Rechtszug zu erheben.

§ 65 Aussetzung des Hauptprozesses

**Der Hauptprozeß kann auf Antrag einer Partei bis zur rechts-
kräftigen Entscheidung über die Hauptintervention ausgesetzt
werden.**

Antrag (Prozesshandlung, Einl III) muss von einer der Parteien des **1**
Hauptprozesses ausgehen; der des Hauptintervenienten genügt daher
nicht (hM). **Aussetzung** (8 vor § 239) kann auch aus jedem anderen **2**
gesetzlichen Grund (zB § 148) erfolgen. **Zweck** ist, widersprechende **3**
Entscheidungen zu vermeiden.

§ 66 Nebenintervention

**(1) Wer ein rechtliches Interesse daran hat, daß in einem zwi-
schen anderen Personen anhängigen Rechtsstreit die eine Partei
obsiege, kann dieser Partei zum Zwecke ihrer Unterstützung
beitreten.**

(2) **Die Nebenintervention kann in jeder Lage des Rechtsstreits bis zur rechtskräftigen Entscheidung, auch in Verbindung mit der Einlegung eines Rechtsmittels, erfolgen.**

1 **1. Begriff und Zweck.** Nebenintervention (Streithilfe) ist die Beteiligung eines Dritten an einem Rechtsstreit zur Unterstützung einer Partei. Der Nebenintervenient (Streitgehilfe oder Streithelfer) ist nicht selbst Partei und vertritt nicht die von ihm unterstützte Partei, sondern er handelt im eigenen Namen neben oder anstatt dieser Partei (hM; Windel ZZP 104, 321 mwN). Die Nebenintervention dient dazu, solchen Personen, die in ihrer Rechtsstellung vom Ergebnis eines Prozesses zwischen anderen Personen betroffen werden, Einfluss auf diesen Prozess einzuräumen. Selbstverständlich können einer Partei mehrere Nebenintervenienten beitreten. In der Praxis ist die Nebenintervention meistens Folge einer Streitverkündung (§§ 72–74).

2 **2. Anwendungsbereich.** Nach allgM ist Nebenintervention möglich im Urteilsverfahren, gleich welcher Prozessart, insbes auch im Kindschaftsprozess (vgl § 640 e), bei Arrest, einstweiliger Verfügung. In anderen Verfahren ist Nebenintervention möglich, wenn die ergehende Entscheidung die Rechtslage des Nebenintervenienten rechtlich beeinflussen kann (ZöVollkommer 2; umstr), aber keinesfalls im Kostensetzungsverfahren (Karlsruhe Rpfleger 96, 83). Es muss sich um einen Rechtsstreit handeln. Im selbständigen Beweisverfahren ist Nebenintervention zulässig (BGH NJW 97, 859 für § 72), auch wenn ein Rechtsstreit nicht anhängig ist (§ 485 Abs 2, § 494 a; hM; Kuntze NJW 96, 102 mwN).

3 **3. <u>Voraussetzungen</u>** zulässiger Nebenintervention sind: **a) <u>Rechtsstreit zwischen anderen Personen</u>.** Damit sind nur die Parteien gemeint, so dass ein weiterer Nebenintervenient (Rn 1) nicht einem bereits beigetretenen Nebenintervenienten, sondern nur der Partei beitreten kann. Der Nebenintervenient darf nicht selbst im Rechtsstreit (Rn 2) Partei oder gesetzlicher Vertreter einer Partei sein. Bei Streitgenossenschaft darf daher wegen der Mehrheit der Prozesse (vgl § 61 Rn 1 und 6) ein Streitgenosse dem anderen (und sogar dem Gegner im Prozess gegen einen anderen einfachen Streitgenossen, BGH 8, 72; bestr) als Nebenintervenient beitreten (allgM). Insbes kann der Vermögensträger (zB Gemeinschuldner, Erbe) der Partei kraft Amtes (Insolvenzverwalter,
4 Testamentsvollstrecker; vgl § 51 Rn 25) beitreten. – **b) <u>Anhängigkeit des Rechtsstreits</u>.** Beitritt ist also möglich, sobald die Klage oder der Antrag bei Gericht eingereicht ist bis zum Ende der Rechtshängigkeit (vgl § 261) oder dem entsprechenden Zeitpunkt in jeder Instanz (Abs 2), also bis zum Eintritt der Rechtskraft (BGH NJW 91, 229). Der Beitritt ist wieder möglich, wenn Wiederaufnahmeklage erhoben ist (§ 67
5 Rn 6). – **c) <u>Rechtliches Interesse</u>** am Obsiegen der unterstützten Partei (Interventionsgrund). Der bloße Umstand, dass der Streit verkündet ist (§ 72), reicht hierfür nicht aus. **aa) Gegeben** ist es, wenn die

Rechtsstellung des Nebenintervenienten irgendwie durch ein der unterstützten Partei ungünstiges Urteil rechtlich (nicht nur rein tatsächlich oder wirtschaftlich) verschlechtert oder durch ein günstiges Urteil rechtlich verbessert wird. Es wird bei Streitverkündung (vgl § 74 Abs 4) durch eine für die unterstützte Partei günstige Entscheidung nicht ausgeschlossen (BGH NJW 97, 2385). Das Interesse kann sich auf einen Teil des Streitgegenstandes (Einl II) erstrecken (Düsseldorf MDR 66, 852). Es muss nicht notwendig vermögensrechtlich sein; es kann sich auf ein Persönlichkeitsrecht (zB Ehre) oder Familienrecht beziehen. Ein rechtliches Interesse ist insbes gegeben in allen Fällen der Erstreckung von Rechtskraft (zB §§ 325–327) und Gestaltungswirkung (zB § 133 HGB). Das rechtliche Interesse hat auch der Träger des Rechts bei Prozessstandschaft (§ 51 Rn 24, 31). Praktisch am wichtigsten ist der Fall, dass die unterstützte Partei, wenn sie im Rechtsstreit unterliegt, einen Anspruch gegen den Nebenintervenienten hätte (Regressanspruch). Bsp: Der Verkäufer einer Sache hat Ansprüche gegen seinen Lieferanten, wenn er im Prozess gegen den Käufer wegen Sachmangelhaftung unterliegt, so dass der Lieferant ein rechtliches Interesse daran hat, dass der Verkäufer den Rechtsstreit gewinnt. **bb) Fehlen** des recht- **6** lichen Interesses. Ein ideelles oder wirtschaftliches Interesse genügt nicht (Rn 5). Es fehlt bei einem behaupteten Regressanspruch ausnahmsweise dann, wenn er mit Sicherheit aussichtslos ist (Frankfurt NJW 70, 817). Es fehlt den Gesellschaftern am Prozess der oHG und KommG, den Mitgliedern, auch den Aktionären am Prozess der juristischen Person, der sie angehören, wenn nicht ein besonderer, über die bloße Mitgliedschaft hinausreichender Grund vorliegt. – **d) Prozesshandlungs-** **7** **voraussetzungen** (vgl Einl III Rn 10). Sie müssen beim Nebenintervenienten vorliegen, also die Partei-, Prozess- und Postulationsfähigkeit, sowie die wirksame Prozessvollmacht, falls er sich vertreten lässt. – **e) Beitrittserklärung** gemäß § 70). Sie muss wirksam sein und kann auf **8** einzelne von mehreren Ansprüchen, auf Klage oder Widerklage, sogar auf einen Teil des Streitgegenstandes (Einl II) beschränkt (RoSchwGottwald § 50 II 3), auch nur auf einzelne Streitgenossen gegeben werden. Wird er danach die Klage erweitert oder Widerklage erhoben, ist ohne (formlos oder schlüssig mögliche, Düsseldorf NJW-RR 97, 443) Erweiterung der Beitrittserklärung eine Beteiligung des Nebenintervenienten nicht anzunehmen.

4. Prüfung. Sie setzt voraus, dass überhaupt eine (wenn auch man- **9** gelhafte) Beitrittserklärung vorliegt (§ 70), weil erst durch diese Erklärung die Stellung als Nebenintervenient erlangt wird. Geprüft wird: **a) Von Amts wegen** (nach den Grundsätzen 12 vor § 253) nur das **10** Vorliegen der persönlichen Prozesshandlungsvoraussetzungen (Rn 7; Ausnahme: § 88 Abs 2; RG 163, 361). Fehlt eine, so ist die Nebenintervention unzulässig und wird durch Beschluss (Rechtsbehelf: § 567 Abs 1 Nr 2) zurückgewiesen (RoSchwGottwald § 50 III 1; bestr). Dieser Fall gehört nicht zu § 71. – **b) Nur auf Antrag,** darauf gerichtet, **11**

die <u>Nebenintervention zurückzuweisen (§ 71 Abs 1)</u>, <u>werden alle ande-</u>
<u>ren Voraussetzungen (Rn 3–6, 8) geprüft</u>; dann wird nach § 71 verfah-
ren. Da § 295 gilt, können aber die Mängel heilen, wenn die Partei mit
dem Nebenintervenienten rügelos verhandelt. Das ist praktisch bedeutsam nur für das rechtliche Interesse (Rn 5, 6) und die Beitrittserklärung
(Rn 8).

12   **5. Dauer.** Die Nebenintervention beginnt, sobald die Beitrittserklärung (§ 70) bei Gericht eingereicht ist. Sie endet durch jede Erledigung
des Rechtsstreits oder durch Rücknahme der Nebenintervention; jederzeit bis zum Ende des Rechtsstreits möglich, von keiner Zustimmung abhängig und in der Form des § 269 Abs 2 zu erklären. Der
Nebenintervenient kann dann der anderen Partei beitreten (Bischof
MDR 99, 787). Für die Kosten der Nebenintervention gilt
§ 269 Abs 3 analog (allgM). Die Wirkung des § 68 bleibt bestehen.
Die Prozesshandlungen des Nebenintervenienten werden durch die
Rücknahme nicht unwirksam. Die Nebenintervention kann auch
durch Wechsel der unterstützten Partei enden (16, 20 vor § 50), aber
nicht beim Erbfall.

§ 67 Rechtsstellung des Nebenintervenienten

    **Der Nebenintervenient muß den Rechtsstreit in der Lage an-
nehmen, in der er sich zur Zeit seines Beitritts befindet; er ist
berechtigt, Angriffs- und Verteidigungsmittel geltend zu machen und alle Prozeßhandlungen wirksam vorzunehmen, insoweit nicht seine Erklärungen und Handlungen mit Erklärungen
und Handlungen der Hauptpartei in Widerspruch stehen.**

1   **1. Stellung.** Der Nebenintervenient ist nicht Partei (§ 66 Rn 1). Die
Bezeichnung als Nebenpartei ist irreführend. Er vertritt nicht die unterstützte Partei, sondern handelt im eigenen Namen und hat selbst Anspruch auf rechtliches Gehör (Einl I Rn 11). Die unterstützte Partei
kann völlig untätig bleiben und dem Nebenintervenienten die Prozessführung überlassen (StJBork 14). Soweit § 69 für den streitgenössischen
2 Nebenintervenienten nichts anderes bestimmt, folgt daraus: **a) Urteil.**
<u>Der Nebenintervenient kann nicht verurteilt, ihm kann auch nichts</u>
3 <u>zugesprochen werden</u>. – **b) Unterbrechung und Aussetzung.**
Gründe in seiner Person (zB Tod, Insolvenzverfahren) unterbrechen den
Rechtsstreit nicht, rechtfertigen auch keine Aussetzung (anders § 69
4 Rn 2). – **c) Rechtsmittel.** Legt der Nebenintervenient Rechtsmittel
ein, so ist er zwar allein Rechtsmittelführer (RG 147, 125), doch ist
lediglich die unterstützte Partei auch Partei im höheren Rechtszug (vgl
Rn 10). Maßgebend ist nur die Rechtsmittelfrist, die für die Partei läuft.
Es gibt keine gesonderte Rechtsmittelfrist für den Nebenintervenienten
(anders § 69 Rn 3). Zustellung an ihn setzt nicht die Rechtsmittelfrist in
5 Lauf (hM; BGH NJW 90, 190 mwN). – **d) Streitgenosse** kann der
Nebenintervenient neben seiner Stellung als solcher durch Parteiwei-

terung (25 vor § 50) werden (vgl § 66 Rn 3). – **e) Zeuge** kann der Nebenintervenient sein, nicht aber wenn er streitgenössischer ist (§ 69 Rn 1).

2. Befugnisse des Nebenintervenienten im Rechtsstreit der unter- **6** stützten Partei. **a) Prozesshandlungen.** Der Nebenintervenient kann sie grundsätzlich alle vornehmen, soweit sie die unterstützte Partei selbst vornehmen könnte, und zwar mit der Wirkung, als wenn die Partei sie selbst vorgenommen hätte. Daraus folgt: Er kann insbes Tatsachen behaupten, bestreiten und zugestehen, Beweise antreten, Anträge stellen, Dritten den Streit verkünden, Rechtsbehelfe (zB Einspruch, Widerspruch gem § 924) ergreifen, Rechtsmittel einlegen (vgl Rn 4), sie auch für die Partei an deren Stelle begründen (BGH NJW 99, 2046 mwN), solange die Frist für die unterstützte Partei läuft. Er kann aber nicht das Rechtsmittel eines anderen Nebenintervenienten mit Wirkung für diesen begründen. Rechtsmittel einlegen und begründen kann er auch mit seinem Beitritt verbinden (§ 70 Abs 1), darf damit aber nicht im Gegensatz zur unterstützten Partei handeln (Rn 13). Für die Beschwer kommt es auf die unterstützte Partei an (hM). Das Rechtsmittel kann auch neben dem der unterstützten Partei eingelegt werden (BGH NJW 82, 2069), wobei das Rechtsmittel des Nebenintervenienten neben dem der unterstützten Partei jedoch nicht selbständig ist (BGH NJW 85, 2480). Er kann ferner um Wiedereinsetzung nachsuchen. In die materielle Rechtsstellung der unterstützten Partei darf der Nebenintervenient nicht eingreifen, insbes nicht mit der Forderung der Partei aufrechnen (Rn 15; Düsseldorf MDR 74, 406). Er kann auch (verbunden mit seinem Beitritt) Wiederaufnahmeantrag (§ 578) stellen, wenn er von der Rechtskraft- oder Nebeninterventionswirkung (§ 68) betroffen ist (umstr; BayObLG NJW 74, 1147 mwN; vgl § 66 Rn 5; aA Windel ZZP 104, 321). **b) Selbständigkeit.** Dass die unterstützte Partei im Prozess noch selbst **7** tätig wird, ist daneben nicht erforderlich. Ist sie säumig (1–7 vor § 330), so wendet der Nebenintervenient die Säumnisfolgen ab, wenn er verhandelt (allgM). Prozesshandlungen des Gegners kann er, für und gegen die Hauptpartei wirksam, entgegennehmen. – **c) Beteiligung** am Rechts- **8** streit. Der Nebenintervenient ist zum Rechtsstreit zuzuziehen (§ 71 Abs 3) und zu jedem Termin zu laden. Nur dann ist auch die unterstützte Partei ordnungsgemäß geladen iS von § 335 Abs 1 Nr 2. Ist dies unterblieben oder nicht ordnungsgemäß geschehen, so muss vertagt werden, wenn nicht eine voll stattgebende Entscheidung zugunsten der unterstützten Partei ergeht (OGH 1, 254). Das Einverständnis des Nebenintervenienten zu § 128 Abs 2 und zum Antrag gemäß § 348a Abs 2 Nr 2 ist nicht nötig. Er kann es aber erteilen, wenn und solange dies dem Verhalten der unterstützten Partei nicht widerspricht (Rn 12). – **d) Zu- 9 stellungen.** Es sind alle Schriftsätze, insbes auch Rechtsmittel- und Rechtsmittelbegründungsschriften dem Nebenintervenienten zu übermitteln oder zuzustellen, falls Zustellung an die Partei erforderlich ist. Entscheidungen des Gerichts, die der Vorbereitung oder Fortführung des

Prozesses dienen, sind ihm mitzuteilen (Schulze NJW 81, 2663; bestr). Das Urteil muss nicht an ihn zugestellt werden (§ 317 Abs 1 S 1). –

10 **e) Wirkungen.** Legt der Nebenintervenient Rechtsmittel ein, erlangt die unterstützte Partei in der höheren Instanz die Stellung eines Rechtsmittelklägers (BGH NJW 97, 2385 mwN), auch wenn sie völlig untätig bleibt (StJBork 14).

11 **3. Beschränkungen.** Bestimmte Prozesshandlungen sind dem Nebenintervenienten untersagt. Nimmt er sie trotzdem vor, so sind sie
12 unwirksam. Im einzelnen gilt folgendes: **a) Bindung an die Lage des Rechtsstreits** zZ des Beitritts. Die bis dahin geschaffene Prozesslage kann der Nebenintervenient nicht mehr ändern; dies gilt insbes für ein Geständnis (Rn 13), Rügeverzicht (§ 295), Zustimmungserklärungen (zB §§ 263, 269), Ablauf von Fristen (zB §§ 283, 339, 517), Verspätungslage (zB § 296; Schulze NJW 81, 2663), wobei jedoch der Partei ein Verschulden des Nebenintervenienten nicht zugerechnet werden darf (Fuhrmann NJW 82, 979), ferner für den Verhandlungsschluss
13 (§ 296 a) und die Zuständigkeit (wegen § 39). – **b) Verbot widersprechender Prozesshandlungen,** dh solcher, die denen der unterstützten Partei widersprechen. Hierfür kommt es auf den Schluss der Letzten mündlichen Verhandlung an (Bischof MDR 99, 787). Der Widerspruch kann sich ausdrücklich oder aus dem Gesamtverhalten ergeben, im Zweifel ist ein Widerspruch zu verneinen (BGH NJW-RR 91, 358 [361]). Daraus folgt, dass der Nebenintervenient, aber nur, falls er sich damit in Gegensatz zum Willen der unterstützten Partei oder des streitgenössischen Nebenintervenienten (BGH NJW-RR 99, 285) stellt (BGH NJW 76, 292), nicht darf: die Klage oder das Rechtsmittel der Partei zurücknehmen oder ändern (allgM; Rn 16), Widerklage erheben, gegensätzliche Anträge stellen, wohl aber ergänzende und höhere (Hamm NJW-RR 97, 1156). Der Nebenintervenient darf nicht Prozesshandlungen der unterstützten Partei widerrufen, insbes nicht deren Geständnis (RoSchwGottwald § 50 IV 3 a; aA BGH NJW 76, 292), ebenso wenig widersprechende Prozesshandlungen vornehmen, zB eine Tatsache gestehen, welche die Partei bestreitet. Der Nebenintervenient darf auch nicht gegen den Widerspruch der Partei Rechtsmittel einlegen
14 (Rn 16). – **c) Verbot sonstiger Prozesshandlungen,** nämlich solcher, die der Rechtsverfolgung der unterstützten Partei zuwiderlaufen, auch wenn sie nicht als widersprechend unter Rn 13 fallen (hM). Der Nebenintervenient darf daher insbes nicht anerkennen (§ 307) und für die
15 Partei auf Rechtsmittel verzichten. – **d) Materiell-rechtliche Willenserklärungen** darf der Nebenintervenient nur aus eigenem Recht vornehmen, daher nicht solche, die in die Rechtszuständigkeit der unterstützten Partei fallen. Er darf also zB nicht mit deren, sondern nur mit eigenen Forderungen aufrechnen (Rn 6; BGH NJW 66, 930), sofern hierfür die Voraussetzungen des § 387 BGB vorliegen. Die Schuld der unterstützten Partei darf er nur als Dritter erfüllen. Er kann auch nicht mit Wirkung für und gegen die Partei einen Prozessvergleich schließen

(hM), wohl aber sich an einem Vergleich der Parteien beteiligen. Die Anfechtungseinrede (§ 146 Abs 2 InsO) kann der Insolvenzverwalter nicht als Nebenintervenient erheben (BGH NJW 89, 985 für § 41 Abs 2 KO).

4. Rechtsbehelfe, insbes Rechtsmittel (vgl Rn 6). Die der unter- **16** stützten Partei darf der Nebenintervenient weder zurücknehmen noch beschränken (Rn 13). Eigene einlegen (Rn 6) darf er auch neben der Partei; über deren Rechtsmittel darf nur einheitlich entschieden werden (BGH NJW 93, 2944 mwN). Der Nebenintervenient darf gegen den erklärten Willen der unterstützten Partei nicht Rechtsmittel einlegen (BGH NJW 97, 2385), auch nicht, wenn diese auf das Rechtsmittel verzichtet hat (StJBork 13). Ein entgegenstehender Wille kann nicht allein daraus entnommen werden, dass die unterstützte Partei, die Klageabweisung beantragt hatte, sich außergerichtlich vergleicht (aA Dresden NJW-RR 94, 1550). Ein nachfolgender Rechtsmittelverzicht der Hauptpartei; allein macht aber das bereits eingelegte Rechtsmittel des Nebenintervenienten nicht unzulässig (Hamburg NJW 89, 1362). Allein aus der Zurücknahme des von der Partei eingelegten Rechtsbehelfs folgt noch nicht, dass es dem Nebenintervenienten untersagt ist, sein Rechtsmittel fortzuführen (BGH NJW 88, 712). Insbes kann die unterstützte Partei zu erkennen geben, dass sie den Prozess durch den Nebeninternienten fortgesetzt haben will (BGH NJW 89, 1357). Ein ausdrücklicher Widerspruch der Partei macht das Rechtsmittel des Nebenintervenienten unzulässig (BGH NJW 93, 2944 mwN).

§ 68 Wirkung der Nebenintervention

Der Nebenintervenient wird im Verhältnis zu der Hauptpartei mit der Behauptung nicht gehört, daß der Rechtsstreit, wie er dem Richter vorgelegen habe, unrichtig entschieden sei; er wird mit der Behauptung, daß die Hauptpartei den Rechtsstreit mangelhaft geführt habe, nur insoweit gehört, als er durch die Lage des Rechtsstreits zur Zeit seines Beitritts oder durch Erklärungen und Handlungen der Hauptpartei verhindert worden ist, Angriffs- oder Verteidigungsmittel geltend zu machen, oder als Angriffs- oder Verteidigungsmittel, die ihm unbekannt waren, von der Hauptpartei absichtlich oder durch grobes Verschulden nicht geltend gemacht sind.

1. Begriff der Nebeninterventionswirkung. Ihr Inhalt ergibt sich **1** unmittelbar aus dem Wortlaut des § 68. Sie ist der Rechtskraftwirkung ähnlich, aber nicht gleich, weil sie nicht die Entscheidung über den prozessualen Anspruch, sondern die Richtigkeit dieser Entscheidung zum Gegenstand hat (RoSchwGottwald § 50 V 3). Sie tritt nur im Verhältnis vom Nebenintervenienten oder Streitverkündungsempfänger (§ 74) zur unterstützten Partei ein und wird nur in einem Rechtsstreit zwischen diesen bedeutsam. Sie wirkt nur zugunsten, nicht zuungunsten

der unterstützten Partei (hM; BGH 100, 257 und NJW 87, 2874; vgl
Rn 10) und überhaupt nicht im Verhältnis zu einem weiteren Nebenintervenienten.

2   **2. Voraussetzungen** der Nebeninterventionswirkung. Die zu a
und b können durch Prozessvertrag (Einl III Rn 6) abbedungen werden
(vgl Düsseldorf NJW-RR 93, 1471 mwN). Voraussetzungen sind:
a) Rechtsstreit zwischen Nebenintervenienten oder Streitverkündungsempfänger (§ 74 Abs 3), nicht deren früherem Prozessgegner
(BGH NJW-RR 90, 121), und unterstützter oder streitverkündender
Partei. Dieser Rechtsstreit wird regelmäßig über einen Regressanspruch
geführt (vgl § 66 Rn 5, § 72 Rn 7). Hier muss sich die unterstützte
3 Partei auf die Nebeninterventionswirkung berufen. – **b) Nebenintervention** oder wirksame Streitverkündung (§ 74 Abs 3) im Vorprozess,
wobei von den Voraussetzungen in § 66 Rn 3–8 lediglich die persönlichen Prozesshandlungsvoraussetzungen (§ 66 Rn 7) vorliegen mussten.
Ist der Nebenintervenient nach Streitverkündung beigetreten, kommt es
auf die Wirksamkeit der Streitverkündung (entgegen § 74 Rn 4) nicht
an (BGH WM 76, 56). Rücknahme der Nebenintervention (§ 66
Rn 12) hindert nicht den Eintritt der Nebeninterventionswirkung (RG
4 61, 286), wohl aber eine Zurückweisung (§ 71). – **c) Rechtskräftige
Entscheidung** (formell gemäß § 705) im Vorprozess. Es genügt ein
Grundurteil nach § 304 (RG 123, 95), ein Teilurteil nach § 301 für den
entspr Teil des Streitgegenstands (StJBork 5), nicht ein Prozessurteil
(hM). Fehlende Begründung (§ 313 a) muss nicht entgegenstehen. Die
Rechtskraft kann auch darauf beruhen, dass Rechtsmittel infolge eines
Prozessvergleichs zurückgenommen werden (BGH NJW 69, 1480; offen
gelassen in NJW 88, 712). Es genügt jedoch nicht ein Prozessvergleich,
auch wenn ein Urteil (insbes in der Vorinstanz) vorausgegangen war
(RG 159, 86; BGH WM 67, 198).

5   **3. Umfang** (Hs 1). **a) Bindung.** Das Gericht ist im Rechtsstreit an
die das Urteil tragenden tatsächlichen und rechtlichen Feststellungen im
Vorprozess gebunden, soweit sie (1.) im neuen Prozess streitig sind sowie
zugunsten der unterstützten Partei wirken und (2.) das frühere Urteil auf
ihnen (objektiv nach zutreffender Rechtsauffassung, Hamm NJW-RR
96, 1506) beruht, nämlich auf dessen ausreichenden und notwendigen
Voraussetzungen. Bestehen verschiedene Begründungsmöglichkeiten,
erstreckt sich die Nebeninterventionswirkung auf diejenigen Feststellungen, die für den beschrittenen Weg notwendig waren (Köln
NJW-RR 92, 119). Die Bindung besteht insbes nicht für die sog überschießenden Feststellungen (ZöVollkommer 10). Das Gericht muss die
bindenden Feststellungen der Entscheidung des Prozesses zwischen Nebenintervenienten und unterstützter Partei zugrundelegen. Bei zulässigen Nebeninterventionen im selbständigen Beweisverfahren (§ 66
Rn 2) kann im nachfolgenden Prozess dem Streitverkündungsempfänger
das Beweisergebnis entgegengehalten werden (BGH NJW 97, 859). –
6 **b) Unaufklärbare Tatsachen.** Ist die Hauptpartei im Vorprozess we-

gen nicht erbrachten Beweises unterlegen, so steht nicht das Gegenteil der nicht festgestellten Tatsache fest, sondern nur, dass sie nicht bewiesen sei (BGH 85, 252). Daher kann die Partei im Folgeprozess erneut aus Gründen der Beweislast unterliegen, selbst dann, wenn das Gericht des Vorprozesses die Beweislast falsch beurteilt hat (BGH aaO). – **c) Präju- 7 dizielle Rechtsverhältnisse** (§ 256 Rn 32, 33). Auch darauf erstreckt sich die Nebeninterventionswirkung. Sie tritt in vollem Umfang auch dann ein, wenn nur über einen Teil der Forderung entschieden ist, zB durch Teilurteil oder auf eine Klage, mit der nur eine Teilforderung geltend gemacht ist (BGH NJW 69, 1480; StJBork 5). Die Nebeninterventionswirkung tritt dann für die volle Forderung ein. – **d) Un- 8 teilbarkeit.** Ob die Nebeninterventionswirkung in der Weise unteilbar ist, dass sie, wenn die Partei sich auf sie beruft, nicht allein auf die ihr günstigen Teile beschränkt wird, sondern auch auf die für sie ungünstigen erstreckt werden muss, ist umstritten (dafür StJBork 12; dagegen die hM; BGH NJW 87, 1894 und 2874 mwN). Jedenfalls ist die Partei gehindert, sich einzelne ihr günstige Feststellungen herauszusuchen (Köln NJW-RR 95, 1085).

4. Einrede der mangelhaften Prozessführung (Hs 2). Der Ne- 9 benintervenient kann im Rechtsstreit gegen die unterstützte Partei die Nebeninterventionswirkung ganz oder zT beseitigen, wenn er behauptet und nötigenfalls beweist (Rn 10 und 11, alternativ): **a) Verhinderung, 10** nämlich dass er verhindert war, bestimmte Angriffs- und Verteidigungs-, insbes Beweismittel oder Rechtsbehelfe geltend zu machen, und zwar wegen § 67 Rn 12–14 (BGH NJW 82, 281). Dem steht der Fall gleich, dass er nur mit geringer Erfolgsaussicht die Folgen einer Erklärung der unterstützten Partei (zB Geständnis) wieder beseitigen könnte (BGH NJW 76, 292). – **b) Fehlende Kenntnis,** nämlich dass ihm Angriffs- 11 und Verteidigungs(Beweis)mittel unbekannt waren, die von der unterstützten Partei absichtlich oder grobfahrlässig nicht vorgebracht wurden (was selten geschieht). – **c) Geeignetheit.** Zusätzlich zu Rn 10 oder 12 11: dass das betreffende Angriffs-, Verteidigungs- oder Beweismittel oder der Rechtsbehelf geeignet war, eine andere Entscheidung im Vorprozess herbeizuführen (RoSchwGottwald § 50 V 4 b).

§ 69 Streitgenössische Nebenintervention

Insofern nach den Vorschriften des bürgerlichen Rechts die Rechtskraft der in dem Hauptprozeß erlassenen Entscheidung auf das Rechtsverhältnis des Nebenintervenienten zu dem Gegner von Wirksamkeit ist, gilt der Nebenintervenient im Sinne des § 61 als Streitgenosse der Hauptpartei.

1. Stellung. Der streitgenössische Nebenintervenient ist zwar selb- 1 ständiger als der einfache, ist aber auch nicht Partei, sondern lediglich Nebenintervenient (§ 67 Rn 1). Er ist nur in einzelnen Beziehungen als Partei anzusehen und wird als Partei gemäß §§ 445 ff vernommen, nicht

2 als Zeuge (allgM). **a) Unterbrechung und Aussetzung.** Gründe hierfür, die in seiner Person eintreten (§§ 239, 241, 244, 246) wirken sich
wie die der Partei auf den Rechtsstreit aus (RoSchwGottwald § 50 VI
3 2 b). – **b) Rechtsmittel.** Hierfür gilt grundsätzlich § 67 Rn 4. Auch
der streitgenössische Nebenintervenient wird durch das allein von ihm
eingelegte Rechtsmittel nicht Partei, jedoch läuft durch Zustellungen an
ihn eine Rechtsmittelfrist gesondert (BGH NJW-RR 97, 919 mwN).
Ist er in erster Instanz nicht beigetreten, kann er das statthafte Rechtsmittel einlegen (BGH NJW-RR 97, 865), jedoch nur in der für die
unterstützte Partei geltenden Frist (BGH aaO). Diesem Rechtsmittel
kann sich ein weiterer (auch streitgenössischer) Nebenintervenient nicht
anschließen (vgl § 67 Rn 6); er kann nur gem § 66 der Partei beitreten
(BGH NJW-RR 99, 285; § 66 Rn 3).

4   **2. Voraussetzungen.** Es sind die gleichen wie bei § 66 Rn 3–8.
Hinzu kommt, dass die Rechtskrafterstreckung oder die Gestaltungswirkung des Urteils das Rechtsverhältnis zwischen Nebenintervenienten
und Prozessgegner der unterstützten Partei betreffen muss. Fälle von
Rechtskrafterstreckung sind zB §§ 326, 327, 640 h, solche von Gestaltungswirkung zB § 2342 BGB, §§ 127, 133 HGB, § 61 GmbHG.

5   **3. Wirkung** des Beitritts. **a) Befugnisse** des streitgenössischen Nebenintervenienten: wie § 67 Rn 6–10; jedoch ist sein Einverständnis zu
§ 128 Abs 2 und zum Antrag gemäß § 348 a Abs 2 Nr 2 nötig; auch
muss das Urteil an ihn zugestellt werden. Mehrere streitgenössische
Nebenintervenienten sind selbständig und voneinander unabhängig. –
6 **b) Beschränkungen** unterliegt der streitgenössische Nebenintervenient
nur wie in § 67 Rn 12 und 15. Er darf auch nicht die Klage zurücknehmen oder ändern, Rechtsmittel der Partei (wohl aber das eigene,
BGH NJW-RR 99, 285; aA M. Vollkommer/G. Vollkommer WuB 99,
667: nicht gegen den Widerspruch des Weiteren streitgenössischen Nebenintervenienten) zurücknehmen oder beschränken, Zwischenfeststel-
lungs- und Widerklage erheben, den Prozess selbst weiterführen (BGH
NJW 65, 760), anerkennen oder verzichten (bestr). Aber er darf gestehen, wo die Partei bestreitet und seinerseits bestreiten, was die Partei
7 gestanden hat. – **c) Befugnisse.** Der streitgenössische Nebenintervenient darf Angriffs-, Verteidigungs- und Beweismittel im Widerspruch
zur unterstützten Partei geltend machen und gegen den erklärten Willen der unterstützten Partei Rechtsmittel einlegen (BGH DtZ 94,
29 mwN), auch ein Anerkenntnis der unterstützten Partei durch
Widerspruch unwirksam machen (Schleswig NJW-RR 93, 930;
8 RoSchwGottwald § 50 VI 2 b). – **d) Beweiswürdigung.** Wird eine
Tatsache von der Partei zugestanden und bestreitet sie der Nebeninterve-
9 nient (oder umgekehrt), so ist nach § 286 zu verfahren. – **e) Nebeninterventionswirkung** (§ 68). Sie tritt ein, aber soweit die Rechtskraft
sich erstreckt und sich mit ihr deckt, ist eine Beseitigung durch die
Einrede der schlechten Prozessführung (§ 68 Rn 9–12) nicht möglich
(StJBork 13).

§ 70 Beitritt des Nebenintervenienten

(1) [1]Der Beitritt des Nebenintervenienten erfolgt durch Einreichung eines Schriftsatzes bei dem Prozeßgericht und, wenn er mit der Einlegung eines Rechtsmittels verbunden wird, durch Einreichung eines Schriftsatzes bei dem Rechtsmittelgericht. [2]Der Schriftsatz ist beiden Parteien zuzustellen und muß enthalten:

1. die Bezeichnung der Parteien und des Rechtsstreits;
2. die bestimmte Angabe des Interesses, das der Nebenintervenient hat;
3. die Erklärung des Beitritts.

(2) Außerdem gelten die allgemeinen Vorschriften über die vorbereitenden Schriftsätze.

1. Beitrittserklärung ist eine Prozesshandlung (Einl III). Sie erfordert daher die dort (Rn 10–16) genannten Voraussetzungen. Es gilt insbes § 78 Abs 1. Wird der Beitritt mit einem Rechtsmittel verbunden (Abs 1 S 1), muss der Schriftsatz auch alle Erfordernisse des Abs 1 S 2 erfüllen (BGH NJW 97, 2385). **a) Form:** beim AG auch zu Protokoll (§ 496), sonst schriftlich. Mit Prozessgericht ist das Gericht gemeint, bei dem der Prozess gerade anhängig ist, also auch das der höheren Instanz, wenn bereits eine Partei Rechtsmittel eingelegt hat. Wegen Abs 2 gelten die §§ 130–133. – **b) Inhalt:** Abs 1 S 2 Nr 1–3. Die Angabe muss so genau sein, dass der Rechtsstreit (ggf der Umfang des Beitritts, vgl § 66 Rn 8) bestimmt werden kann. Das Interesse ist durch Tatsachen anzugeben. IdR genügt es, auf die Streitverkündung zu verweisen (Düsseldorf NJW-RR 97, 443). Das Wort Nebenintervention ist nicht erforderlich. In der bloßen Rechtsmitteleinlegung als vermeintliche Partei (BGH NJW 01, 1217) oder „im Namen des Streitverkündeten" kann der Beitritt gesehen werden (BGH NJW 94, 1537; hierin zu kleinlich: Hamm NJW-RR 94, 1277). Glaubhaftmachung (§ 71 Abs 1 S 2) ist erst im Zwischenstreit notwendig. – **c) Zustellung** (Abs 1 S 2) von Amts wegen. Sie ist nicht nötig, um die Stellung als Nebenintervenient zu erlangen (vgl § 66 Rn 12). – **d) Zeitraum:** solange der Rechtsstreit anhängig ist (§ 66 Rn 4). Beitritt ist nicht mehr mit einem Wiedereinsetzungsantrag (§ 234) möglich.

2. Sonstiges zum Beitritt. **a) Mängel** werden nicht von Amts wegen beachtet und heilen über § 295 (vgl § 66 Rn 11). Sie können auch bis zur Rechtskraft des zurückweisenden Zwischenurteils (§ 71) behoben werden. – **b) Rücknahme** des Beitritts ist möglich (§ 66 Rn 12). Danach kann der Nebenintervenient auch ohne Einverständnis der Parteien dem Gegner der bisher unterstützten Partei beitreten (BGH 18, 110). – **c) Gebühren.** Für das Gericht keine; für den RA, der den Nebenintervenienten vertritt, die normalen Gebühren für den Rechtsstreit.

§ 71 Zwischenstreit über Nebenintervention

(1) [1]Über den Antrag auf Zurückweisung einer Nebenintervention wird nach mündlicher Verhandlung unter den Parteien und dem Nebenintervenienten entschieden. [2]Der Nebenintervenient ist zuzulassen, wenn er sein Interesse glaubhaft macht.

(2) Gegen das Zwischenurteil findet sofortige Beschwerde statt.

(3) Solange nicht die Unzulässigkeit der Intervention rechtskräftig ausgesprochen ist, wird der Intervenient im Hauptverfahren zugezogen.

1   **1. Zwischenstreit.** Beantragt niemand, die Nebenintervention zurückzuweisen, so wird sie, wenn der Beitritt nicht wegen Fehlens von Prozesshandlungsvoraussetzungen unwirksam ist (§ 66 Rn 10), stillschweigend zugelassen. Entschieden wird nur, wenn ein Zwischenstreit
2 entsteht. Hierfür gilt: **a) Antrag** auf Zurückweisung ist Sachantrag (§ 297), kann nur von der unterstützten Partei oder ihrem Gegner ausgehen, nicht vom Nebenintervenienten, selbst wenn er auf Grund einer Streitverkündung (§ 72) beigetreten ist (vgl Bischof MDR 99, 787). Der Antrag kann jederzeit bis zur Beendigung des Rechtsstreits gestellt und auf das Fehlen einer der Voraussetzungen des § 66 Rn 3–6, 8 gestützt werden. Wird der Antrag auf das Fehlen von Prozesshandlungsvoraussetzungen gestützt (§ 66 Rn 7), ist bei freigestellter mündlicher Verhandlung durch Beschluss zu entscheiden (§ 66 Rn 10). –
3 **b) Mündliche Verhandlung** ist notwendig, schriftliches Verfahren gemäß § 128 Abs 2 möglich, auch die nicht widersprechende Partei daran zu beteiligen. Erscheinen des Nebenintervenienten ist nicht notwendig (BAG NJW 68, 73). § 78 Abs 1 gilt. Hauptsacheerledigung ist
4 möglich (§ 91 a Rn 7). – **c) Glaubhaft gemacht** wird das Interesse (§ 66 Rn 5) nach § 294. Gelingt es nicht, ist die Nebenintervention unzulässig (BAG aaO).

5   **2. Entscheidung** ergeht <u>durch Zwischenurteil</u>, das mit dem Endurteil verbunden werden darf. Sie ist auch stillschweigend denkbar (BGH NJW 63, 2027). Beschluss ergeht außerhalb eines Urteilsverfah-
6 rens (vgl § 66 Rn 2) und im Falle § 66 Rn 10. **a) Inhalt.** Das Zwischenurteil lautet auf <u>Zulassung der Nebenintervention</u> (ohne Kostenentscheidung wegen § 101 Abs 1; bestr), wenn alle Voraussetzungen (§ 66 Rn 3–8) vorliegen und das Interesse des Nebenintervenienten, auf das es allein ankommt, glaubhaft gemacht ist (Rn 4), <u>andernfalls auf</u> <u>Zurückweisung</u>, wobei zugleich die Kosten dem Nebenintervenienten aufzuerlegen sind (wegen § 101 Abs 1; nach BAG NJW 68, 73 entspr § 91 Abs 1 S 1). Es fallen keine Gerichtsgebühren an, da das Zwischen-
7 urteil nicht im KV enthalten ist. – **b) Rechtsmittel** (Abs 2): § 567 Abs 1 Nr 1; wenn das LG im Berufungs- oder Beschwerdeverfahren entschieden hat, kann es die Rechtsbeschwerde zulassen (§ 574 Abs 1 Nr 2). Abs 2 gilt aber nicht, sondern § 99 Abs 1, wenn bei zurück-

gewiesener Nebenintervention nur die Kostenentscheidung angefochten wird (Nürnberg MDR 94, 834). Beschwert ist bei Zulassung nur der Antragsteller, bei Zurückweisung sind es der Nebenintervenient und die unterstützte Partei (Frankfurt NJW 70, 817; bestr). Am Beschwerdeverfahren sind alle zu beteiligen (vgl Rn 3). Gebühren: Für das Gericht KV 1900; für RA § 61 Abs 1 Nr 1 BRAGO.

3. Beteiligung am Rechtsstreit (Abs 3). Dies entspricht dem 8 Recht des Nebeninterventienen (§ 67 Rn 8). Er hat es solange, bis die zurückweisende Entscheidung (Rn 6) formell rechtskräftig ist (§ 705). Erst ab Rechtskraft kann er nicht mehr wirksam Prozesshandlungen vornehmen; die bis dahin vorgenommenen bleiben aber wirksam (hM).

§ 72 Zulässigkeit der Streitverkündung

(1) **Eine Partei, die für den Fall des ihr ungünstigen Ausganges des Rechtsstreits einen Anspruch auf Gewährleistung oder Schadloshaltung gegen einen Dritten erheben zu können glaubt oder den Anspruch eines Dritten besorgt, kann bis zur rechtskräftigen Entscheidung des Rechtsstreits dem Dritten gerichtlich den Streit verkünden.**

(2) Der Dritte ist zu einer weiteren Streitverkündung berechtigt.

1. Allgemeines. a) Begriff. Streitverkündung ist die förmliche Be- 1 nachrichtigung eines Dritten von einem anhängigen Rechtsstreit (sog Vorprozess) durch eine Partei (RoSchwGottwald § 51 II). Die Partei ist dann Streitverkünder, der Dritte Streitverkündungsempfänger, auch Streitverkündungsgegner, oder (sprachlich falsch) Streitverkündeter genannt. – **b) Zweck** ist vor allem, im Folgeprozess (Rn 4) die Neben- 2 interventionswirkung herbeizuführen (§§ 74, 68). Daneben treten materiellrechtliche Wirkungen ein (§ 74 Rn 3). – **c) Anwendungsbereich.** 3 Er deckt sich mit dem der Nebenintervention (§ 66 Rn 2). Streitverkündung wird auch im selbständigen Beweisverfahren (§ 485) zugelassen (hM; BGH 134, 190 mwN). § 72 gilt auch nicht entspr im Grundbuchverfahren (BayObLG Rpfleger 80, 153). – **d) Beschränkung** der Streit- 3 a verkündung ist möglich durch Prozessvertrag (Einl III 6) indem ihre Zulässigkeit entweder auf das Verfahren vor einem bestimmten Gericht beschränkt oder ganz ausgeschlossen wird (Mansel ZZP 109, 61 mwN). Das kann in der Vereinbarung eines ausschließlichen Gerichtsstands liegen (Mansel aaO).

2. Voraussetzungen. Sie werden im anhängigen Prozess (Vorpro- 4 zess) nicht geprüft (allgM; zB München NJW 93, 2756 mwN), sondern nur im späteren (Folgeprozess), wenn es zwischen Streitverkünder und Streitverkündungsempfänger zum Rechtsstreit kommt. Dasselbe gilt für die Zulässigkeit der Streitverkündung (Rn 3 a). **a) Anhängiger** 5 **Rechtsstreit,** in dem der Streitverkünder Partei ist (wie § 66 Rn 3 und 4). Rechtshängigkeit (§ 261 Abs 1) ist nicht nötig (BGH 92, 251). Es können beide Parteien dem Streitverkündungsempfänger den Streit verkünden. Ob und wem er beitritt (§ 70), bleibt ihm überlassen. –

6 **b) Streitverkündungsgrund** (großzügige Auslegung durch die Rspr) muss auf Seiten des Streitverkünders bestehen und darin liegen, dass im Falle des Unterliegens im Vorprozess (Rn 4) eine der beiden nachfolgenden Voraussetzungen (Rn 7 oder 8) für einen möglichen Folgeprozess (Rn 4) zutrifft. Es kommt dabei nicht darauf an, wie der Vorprozess (Rn 4) dann tatsächlich ausgeht. Es steht auch nicht entgegen, dass es dem Interesse des Streitverkünders nicht in vollem Umfang entspricht, wenn sein Vorbringen unterstützt wird (Köln NJW-RR 91, 1535).

7 **aa) Anspruchsgegnerschaft.** Es muss ein Anspruch gegen den Streitverkündungsempfänger entstehen können, nämlich auf Gewährleistung oder Schadensersatz (aus Gesetz oder Vertrag), Regressanspruch genannt. Dazu gehört auch der Fall, dass Prozessgegner oder Streitverkündungsempfänger dem Streitverkünder auf Schadensersatz alternativ haften (BGH 8, 72 u VersR 85, 569), nicht notwendig aus derselben Rechtsgrundlage oder aus einem nach Umfang und Inhalt identischen Anspruch (BGH 65, 127). Das ist insbes dann gegeben, wenn die Vertragspartnerschaft (alternativ) entweder aus § 164 Abs 1 oder 2 BGB folgt (BGH NJW 82, 281). Hingegen ist der verklagte alternative Schuldner nicht zur Streitverkündung an den anderen möglichen Schuldner berechtigt (Häsemeyer in Anm zu BGH aaO in ZZP 107, 228). Streitverkündung ist hingegen zulässig, wenn Streitverkünder und Streitverkündungsempfänger als Verursacher des selben Schadens in Betracht kommen (Köln NJW-RR 91, 1535). Es darf zZ der Streitverkündung nicht eine gesamtschuldnerische Haftung von Prozessgegner und

8 Streitverkündungsempfänger bestehen (BGH 70, 187). **bb) Anspruchsinhaberschaft.** Ein Anspruch des Streitverkündungsempfängers gegen den Streitverkünder auf Gewährleistung oder Schadensersatz muss entstehen können, nämlich in den Fällen der §§ 75–77, und wenn der Streitverkünder (auf Grund Gesetzes, Rechtsgeschäfts oder Verwaltungsakts) über ein Recht des Streitverkündungsempfängers den Prozess führt, zB der Frachtführer in Drittschadensliquidation gegen den Unterfrachtführer über den Schadensersatzanspruch des Absenders (BGH 116,

9 95). – **c) Ordnungsgemäße Streitverkündung.** Sie muss den Voraussetzungen des § 73 entsprechen.

10 **3. Weitere Streitverkündung** (Abs 2). Unter den Voraussetzungen (Rn 4–9) kann der Streitverkündungsempfänger seinerseits einem Dritten (auch anderen Nebenintervenienten) den Streit verkünden, auch ohne selbst dem Rechtsstreit beizutreten. Die Nebeninterventionswirkung tritt immer nur im Verhältnis zur Partei ein (ZöVollkommer 11).

§ 73 Form der Streitverkündung

[1] **Zum Zwecke der Streitverkündung hat die Partei einen Schriftsatz einzureichen, in dem der Grund der Streitverkündung und die Lage des Rechtsstreits anzugeben ist.** [2] **Der Schrift-**

satz ist dem Dritten zuzustellen und dem Gegner des Streitverkünders in Abschrift mitzuteilen. ³Die Streitverkündung wird
erst mit der Zustellung an den Dritten wirksam.

1. Voraussetzungen. Als Prozesshandlung erfordert die Streitver- **1**
kündung die der Einl III Rn 10–15. § 78 gilt nicht. **a) Form:** schriftlich, beim AG auch zu Protokoll möglich (§ 496). Einzureichen beim
Prozessgericht (wie § 70 Rn 2). – **b) Inhalt.** Er erfordert: **aa) Erklä- 2
rung,** dass der Streit verkündet wird. Dies kann nur unbedingt geschehen (Einl III Rn 14), jedoch muss das Wort „hilfsweise" keine Bedingung darstellen (BGH NJW-RR 89, 766). **bb) Grund** der Streitver- **3**
kündung. Das sind die Tatsachen, die die Voraussetzung des § 72
Rn 6–8 ausfüllen. **cc) Lage** des Rechtsstreits, nämlich in welchem **4**
Stadium er sich befindet, welche Entscheidungen schon ergangen, welche Rechtsbehelfe ergriffen sind, welche Termine anstehen; ferner Beweisergebnisse. – **c) Zustellung** (S 2) von Amts wegen (§§ 208 ff, **5**
166 nF ff). Die Mitteilung an den Prozessgegner ist für wirksame Streitverkündung nicht notwendig. Wirksam wird sie allein durch die Zustellung an den Streitverkündungsempfänger (S 3). – **d) Zeitpunkt.** Er ist **6**
auf die Nebeninterventionswirkung (§ 68) zu beziehen. Daher ist eine
Streitverkündung idR dann verspätet, wenn sie in einer nicht revisiblen
Sache nach Schluss der mdl Vhdlg geschieht (Köln MDR 83, 409).

2. Mängel können nach § 295 geheilt werden (hM); jedenfalls soweit **7**
es sich um eine unvollständige Angabe der Gründe und um die fehlerhafte Angabe der Lage des Rechtsstreits handelt (BGH NJW 76, 292).
Maßgebend ist dann die erste Verhandlung, an der der Streitverkündungsempfänger teilnimmt, als Nebenintervenient oder Partei im neuen
Rechtsstreit (Folgeprozess).

3. Kosten der Streitverkündung gehören grundsätzlich nicht zu de- **8**
nen des anhängigen Rechtsstreits und treffen den Streitverkünder, weil
sie seiner Rechtsverfolgung gegen den Streitverkündungsempfänger dienen (hM; München MDR 89, 548). Ausnahme bei § 75 und § 841.
Gebühren: nur für die Zustellung. Tätigkeit des RA gehört zum Rechtszug (§ 37 BRAGO). Sonst gilt § 56 Abs 1 Nr 1 BRAGO.

§ 74 Wirkung der Streitverkündung

(1) **Wenn der Dritte dem Streitverkünder beitritt, so bestimmt
sich sein Verhältnis zu den Parteien nach den Grundsätzen über
die Nebenintervention.**

(2) **Lehnt der Dritte den Beitritt ab oder erklärt er sich nicht,
so wird der Rechtsstreit ohne Rücksicht auf ihn fortgesetzt.**

(3) **In allen Fällen dieses Paragraphen sind gegen den Dritten
die Vorschriften des § 68 mit der Abweichung anzuwenden, daß
statt der Zeit des Beitritts die Zeit entscheidet, zu welcher der
Beitritt infolge der Streitverkündung möglich war.**

1   **1. Allgemeines.** Werres NJW 84, 208. – **a) Möglichkeiten** des
Streitverkündungsempfängers. Es steht ihm frei, ob er untätig bleibt
(Abs 2), beitritt und damit Nebenintervenient wird (Abs 1) oder einen
Parteiwechsel herbeiführt (§§ 75–77). Tritt er dem Gegner des Streitverkünders bei, wirkt dies dem Streitverkünder gegenüber wie ein
unterlassener Beitritt (BGH NJW 83, 820) und die Nebeninterventions-
2   wirkung (§ 68) besteht gegenüber beiden Prozessparteien. – **b) Folgen.**
Dass die Wirkungen (Rn 3 und 4) auch ohne Beitritt als Nebenintervenient eintreten, erfordert eine Streitverkündung, die den Anforderungen
des § 72 Rn 4–9 entspricht und daher zulässig ist (hM; BGH 65, 127
und 70, 187), selbstverständlich auch eine nach § 73 wirksam vorgenommene. Die Wirkungen treten nur im Verhältnis des Streitverkünders zum Streitverkündungsempfänger ein (BGH 70, 187 und NJW-RR
90, 121) und entfallen bei Klagerücknahme. Die prozessuale Wirkung
(Rn 4) entfällt auch, wenn der Streitverkündungsempfänger beitritt,
aber zurückgewiesen wird (§ 71). Die Wirkungen treten unabhängig
vom Ausgang des Rechtsstreits ein, insbes auch dann, wenn der Streitverkünder den Vorprozess gewinnt (BGH 36, 212 [216]).

3   **2. Materiell-rechtliche Wirkung.** Die Verjährung wird gehemmt
(§ 204 Abs 1 Nr 6 BGB), auch im selbständigen Beweisverfahren (§ 204
Abs 1 Nr 7 BGB), und die Ansprüche wegen nicht vertragsgemäßer
Leistung bleiben erhalten (vgl § 218 Abs 1 BGB).

4   **3. Prozessuale Wirkung** (Abs. 3) ist die des § 68, also die Nebeninterventionswirkung, auch wenn der Streitverkündungsempfänger nicht
als Nebenintervenient beigetreten ist oder wenn der Streitverkünder
nicht unterlegen ist (BGH 36, 212). Sie tritt aber nur unter den Voraus- ◁ 6 8
setzungen des § 68 Rn 2–4 ein und nicht zuungunsten des Streitver-   Rub. 3
künders (hM; BGH 100, 257). Maßgebender Zeitpunkt ist nicht der des
Beitritts, sondern der, zu dem der Beitritt infolge der Streitverkündung
möglich war, also regelmäßig eine angemessene, kurze Zeit (etwa einige
Tage) nach Zustellung und Kenntnis der Streitverkündung. Das ist
wichtig für § 68 Rn 10.

§ 75 Gläubigerstreit

[1] **Wird von dem verklagten Schuldner einem Dritten, der die
geltend gemachte Forderung für sich in Anspruch nimmt, der
Streit verkündet und tritt der Dritte in den Streit ein, so ist der
Beklagte, wenn er den Betrag der Forderung zugunsten der
streitenden Gläubiger unter Verzicht auf das Recht zur Rücknahme hinterlegt, auf seinen Antrag aus dem Rechtsstreit unter
Verurteilung in die durch seinen unbegründeten Widerspruch
veranlaßten Kosten zu entlassen und der Rechtsstreit über die
Berechtigung an der Forderung zwischen den streitenden Gläubigern allein fortzusetzen. [2] Dem Obsiegenden ist der hinterlegte
Betrag zuzusprechen und der Unterliegende auch zur Erstattung**

der dem Beklagten entstandenen, nicht durch dessen unbegründeten Widerspruch veranlaßten Kosten, einschließlich der Kosten der Hinterlegung, zu verurteilen.

1. Zweck. Der in der Praxis seltene Fall soll es dem beklagten 1
Schuldner, der das Bestehen der Forderung nicht bestreitet, aber den
wahren Gläubiger nicht kennt, ermöglichen, aus dem Rechtsstreit auszuscheiden und ihn den beanspruchenden Gläubigern (Prätendenten) zu
überlassen. Dies entspricht materiell-rechtlich dem § 372 S 2 BGB.

2. Voraussetzungen. a) Leistungsklage eines Gläubigers gegen 2
den Schuldner einer Forderung auf Geld oder andere hinterlegungsfähige Sachen (StJBork 3). – **b) Forderungsidentität:** Inanspruch- 3
nahme der selben Forderung (BGH NJW 96, 1673), ganz oder zT, durch
einen Dritten als Gläubiger, sei es durch Klage, Mahnung oder sonstige
Handlungen, insbes Erklärungen. – **c) Streitverkündung** des Beklag- 4
ten an den Dritten (Prätendenten) gemäß §§ 72–74. – **d) Eintritt** des 5
Prätendenten in den Prozeß wie ein Hauptintervenient (§ 64); andernfalls wird der Prozeß fortgesetzt und es gelten die §§ 74, 68.

3. Wirkung. a) Parteiwechsel (17 vor § 50) erfolgt (RG 63, 319), 6
wenn nunmehr der beklagte Schuldner den vollen Betrag hinterlegt
(§ 372 S 2, § 376 Abs 2 Nr 1 BGB) und auf seinen Antrag durch Endurteil (RoSchwGottwald § 133 I 1 a) aus dem Rechtsstreit entlassen
wird (so auch die Urteilsformel). Der Klagantrag ist wegen § 13 Abs 2
HinterlO zu ändern auf Einwilligung in die Auszahlung des hinterlegten
Betrages. Dasselbe kann der eingetretene Prätendent und neue Beklagte
durch Widerklage beantragen. – **b) Hauptintervention** (§ 64) findet 7
statt, wenn der Beklagte nicht hinterlegt oder keinen Entlassungsantrag
stellt.

4. Kostenpflicht. Im Urteil (Rn 6) sind dem ursprünglichen Beklag- 8
ten nur solche Kosten aufzuerlegen, die er durch Bestreiten des Bestandes der Forderung (nicht der Aktivlegitimation) verursacht hat. Im
Endurteil, das zwischen den Prätendenten ergeht, ist über alle noch
nicht erledigten Kosten zu entscheiden, auch über die des zuerst beklagten Schuldners (insoweit ggf nach § 93).

§ 76 Urheberbenennung bei Besitz

(1) ¹**Wer als Besitzer einer Sache verklagt ist, die er auf Grund
eines Rechtsverhältnisses der im § 868 des Bürgerlichen Gesetzbuchs bezeichneten Art zu besitzen behauptet, kann vor der Verhandlung zur Hauptsache unter Einreichung eines Schriftsatzes, in dem er den mittelbaren Besitzer benennt, und einer
Streitverkündungsschrift die Ladung des mittelbaren Besitzers
zur Erklärung beantragen. ²Bis zu dieser Erklärung oder bis zum
Schluß des Termins, in dem sich der Benannte zu erklären hat,
kann der Beklagte die Verhandlung zur Hauptsache verweigern.**

(2) **Bestreitet der Benannte die Behauptung des Beklagten oder erklärt er sich nicht, so ist der Beklagte berechtigt, dem Klageantrage zu genügen.**

(3) **¹Wird die Behauptung des Beklagten von dem Benannten als richtig anerkannt, so ist dieser berechtigt, mit Zustimmung des Beklagten an dessen Stelle den Prozeß zu übernehmen. ²Die Zustimmung des Klägers ist nur insoweit erforderlich, als er Ansprüche geltend macht, die unabhängig davon sind, daß der Beklagte auf Grund eines Rechtsverhältnisses der im Absatz 1 bezeichneten Art besitzt.**

(4) **¹Hat der Benannte den Prozeß übernommen, so ist der Beklagte auf seinen Antrag von der Klage zu entbinden. ²Die Entscheidung ist in Ansehung der Sache selbst auch gegen den Beklagten wirksam und vollstreckbar.**

1   **Anwendbar** nur bei Leistungsklage gegen einen Besitzer (Abs 1), insbes auf Herausgabe aus §§ 985, 1007 Abs 2 BGB; nicht bei schuldrechtlichen Ansprüchen (hM). Der Streitverkündung (§ 73) ist die Be-
2 nennung des mittelbaren Besitzers (§ 868 BGB) anzufügen. **Verhalten des Benannten** (Abs 2). Bestreitet oder schweigt er, so ist der Beklagte
3 ihm gegenüber von jeder Haftung frei. **Übernahme** des Prozesses (Abs 3) führt zum Parteiwechsel (17 vor § 50), falls der Beklagte ausscheidet (Abs 4). Zustimmung ist nur bei Anspruchskonkurrenz erforderlich, wenn auch eine schuldrechtliche Anspruchsgrundlage in Betracht kommt (vgl Rn 1). Wird sie verweigert, so ist nur Nebeninter-
4 vention möglich. **Ausscheiden** des Beklagten (Abs 4) erfolgt ohne besondere Entscheidung. Zurückweisung des Entbindungsantrags geschieht durch Zwischenurteil (§ 303; allgM), das nur zusammen mit dem Endurteil angefochten werden kann (hM; Düsseldorf OLGZ 92, 254). Der Beklagte bleibt Streitgenosse des Eingetretenen. S 2 erstreckt die Rechtskraft (§ 322) und Vollstreckbarkeit; daher ist in die Klausel (§ 724) wegen § 750 der frühere Beklagte aufzunehmen.

§ 77 Urheberbenennung bei Eigentumsbeeinträchtigung

Ist von dem Eigentümer einer Sache oder von demjenigen, dem ein Recht an einer Sache zusteht, wegen einer Beeinträchtigung des Eigentums oder seines Rechtes Klage auf Beseitigung der Beeinträchtigung oder auf Unterlassung weiterer Beeinträchtigungen erhoben, so sind die Vorschriften des § 76 entsprechend anzuwenden, sofern der Beklagte die Beeinträchtigung in Ausübung des Rechtes eines Dritten vorgenommen zu haben behauptet.

1   Hierunter fallen insbes die Klagen aus § 1004 BGB und aus dessen entspr Anwendung. Rechte eines Dritten: insbes Miet- oder Pachtvertrag, Arbeits-, Dienst- oder Werkvertrag, Auftrag.

Titel 4. Prozessbevollmächtigte und Beistände

Vorbemerkungen

1. Prozessvollmacht. Sie ist die auf Rechtsgeschäft (nach hM auf **1**
Prozesshandlung) beruhende, dem ProzBev erteilte Vertretungsmacht im
Prozess. Sie ist für alle im Inland zu führenden Prozesse nach deutschem
Recht zu beurteilen und nur Prozesshandlungsvoraussetzung (Einl III
Rn 10), keine Prozessvoraussetzung (hM; BGH 111, 221; RoSchw-
Gottwald § 56 II 1; StJBork § 80 Rn 3), weil ihr Mangel für sich allein
die Klage nicht unzulässig macht. Nur wenn sie bei der Klageerhebung
fehlt, ist die Klage wegen Fehlens einer anderen Prozessvoraussetzung,
nämlich der wirksamer Klageerhebung unzulässig (16 vor § 253). Es ist
zu unterscheiden: **a) Außenverhältnis,** nämlich die Wirkung der vom **2**
ProzBev im Prozess vorgenommenen Prozesshandlungen und Rechtsgeschäfte für und gegen den Vertretenen (vgl § 85). – **b) Innenverhält-** **3**
nis, nämlich das der Prozessvollmacht zugrunde liegende Rechtsgeschäft
zwischen Vollmachtgeber und ProzBev. Es ist meistens ein Geschäftsbesorgungsvertrag (§ 675 BGB), insbes wenn ein RA zum ProzBev
bestellt wird. Im Einzelfall ist ein Dienst- oder Arbeitsvertrag möglich,
zB beim Prokuristen oder einem Angestellten, auch ein Auftrag bei
unentgeltlicher Tätigkeit. Dies ist allein nach materiellem Recht zu
beurteilen.

2. Postulationsfähigkeit ist die Fähigkeit, dem prozessualen Han- **4**
deln die rechtserhebliche Erscheinungsform zu geben (RoSchwGottwald § 45 I 2). Sie ist nur Prozesshandlungsvoraussetzung (Einl III
Rn 10), keine Prozessvoraussetzung, aus dem gleichen Grund wie Rn 1.
Grundsätzlich ist jede prozeßfähige Person auch postulationsfähig, aber
nicht im Anwaltsprozess (Anwaltszwang, § 78), sondern nur im Parteiprozess (§ 79) sowie für Prozesshandlungen, die außer Anwaltszwang
stehen (§ 78 Abs 3). Postulationsunfähigkeit kann sich außerdem ergeben bei Unfähigkeit zum geeigneten Vortrag (§ 157 Abs 2) oder zur
Äußerung in der Gerichtssprache (§ 187 GVG), ferner durch Ausschluss
von der Verhandlung (§ 157 Abs 1). Im Streit um die Postulationsfähigkeit ist eine Partei als postulationsfähig zu behandeln, auch wenn sie es
nicht ist (Frankfurt FamRZ 94, 1477 mwN).

§ 78 Anwaltsprozeß

(1) **Vor den Landgerichten müssen sich die Parteien durch
einen bei einem Amts- oder Landgericht zugelassenen Rechtsanwalt und vor allen Gerichten des höheren Rechtszuges durch
einen bei dem Prozessgericht zugelassenen Rechtsanwalt als Bevollmächtigten vertreten lassen (Anwaltsprozess).**

(2) **¹In Familiensachen müssen sich die Parteien und Beteiligten vor den Familiengerichten durch einen bei einem Amts-
oder Landgericht zugelassenen Rechtsanwalt und vor allen Ge-**

richten des höheren Rechtszuges durch einen bei dem Prozessgericht zugelassenen Rechtsanwalt nach Maßgabe der folgenden
Vorschriften vertreten lassen:

1. die Ehegatten in Ehesachen und Folgesachen in allen Rechtszügen, am Verfahren über Folgesachen beteiligte Dritte nur
   für die Rechtsbeschwerde und die Nichtzulassungsbeschwerde
   nach § 621 e Abs. 2 vor dem Bundesgerichtshof,
1 a. die Lebenspartner in Lebenspartnerschaftssachen nach § 661
   Abs. 1 Nr. 1 bis 3 und Folgesachen in allen Rechtszügen,
2. die Parteien und am Verfahren beteiligte Dritte in selbständigen Familiensachen des § 621 Abs. 1 Nr. 8 und § 661 Abs. 1
   Nr. 6 in allen Rechtszügen, in selbständigen Familiensachen
   des § 621 Abs. 1 Nr. 4, 5, 10 mit Ausnahme der Verfahren
   nach § 1600 e Abs. 2 des Bürgerlichen Gesetzbuchs, Nr. 11
   sowie in Lebenspartnerschaftssachen nach § 661 Abs. 1 Nr. 4
   nur vor den Gerichten des höheren Rechtszuges,
3. die Beteiligten in selbständigen Familiensachen des § 621
   Abs. 1 Nr. 1 bis 3, 6, 10 in Verfahren nach § 1600 e Abs. 2 des
   Bürgerlichen Gesetzbuchs sowie Nr. 12 nur für die Rechtsbeschwerde und die Nichtzulassungsbeschwerde nach § 621 e
   Abs. 2 vor dem Bundesgerichtshof.
[2]Das Jugendamt, die Träger der gesetzlichen Rentenversicherun-
gen sowie sonstige Körperschaften, Anstalten oder Stiftungen
des öffentlichen Rechts und deren Verbände einschließlich der
Spitzenverbände und ihrer Arbeitsgemeinschaften brauchen sich
in den Fällen des Satzes 1 Nr. 1 und 3 nicht durch einen Rechtsanwalt vertreten zu lassen.

(3) Diese Vorschriften sind auf das Verfahren vor einem beauftragten oder ersuchten Richter sowie auf Prozesshandlungen, die
vor dem Urkundsbeamten der Geschäftsstelle vorgenommen
werden können, nicht anzuwenden.

(4) Ein Rechtsanwalt, der nach Maßgabe der Absätze 1 und 2
zur Vertretung berechtigt ist, kann sich selbst vertreten.

*§ 78 ist neu gefasst durch den Art 3 Nr 1 des Gesetzes zur Neuordnung des
Berufsrechts der Rechtsanwälte und Patentanwälte vom 2. 9. 1994 (BGBl I
S. 2278) idF von Art 1 des Änderungsgesetzes vom 17. 12. 1999 (BGBl I
S. 2448). Die Änderung ist im gesamten Bundesgebiet am 1. 1. 2000 in Kraft
getreten (Art 22 Abs 2). In Abs 2 S 1 ist Nr 1 a eingefügt durch Art 3 § 16 Nr
2 a G vom 16. 2. 2001 (BGBl I S. 266), Abs 2 S 1 neu gefasst mWv 1. 8.
2001 durch § 16 Nr 2 b. In Abs 2 Nr 1 und 3 ist durch Art 2 Nr 6
ZPO-RG die (abgeschaffte) weitere Beschwerde ersetzt durch die beiden neuen
Rechtsmittel.*

1   **1. Allgemeines.** Der Anwaltszwang ist seit 1. 1. 2000 im gesamten
Bundesgebiet für alle RAe einheitlich geregelt. **a) Begriff.** Anwaltszwang ist die Notwendigkeit der Vertretung einer Prozesspartei oder

eines Dritten durch einen RA. Das verstößt nicht gegen Art 2 Abs 1 GG (BVerfG NJW 93, 3192). Der Anwaltszwang betrifft die Postulationsfähigkeit (4 vor § 78). – **b) Wirkung.** Nur zugelassene RAe sind 2 postulationsfähig. Zugelassen ist der RA ab Aushändigung der Zulassungsurkunde (§ 12 Abs 2 S 1 BRAO), nicht erst ab Eintragung in die Liste (BGH NJW 92, 2706). Dem Anwaltszwang unterliegende Prozesshandlungen können nur von zugelassenen RAen wirksam vorgenommen werden, von RA-Gesellschaften durch den für sie handelnden RA, der die erforderliche Zulassung hat (§ 59 l S 3 BRAO). Nimmt sie eine andere Person, insbes die Partei selbst vor, so ist die Prozesshandlung unwirksam, kann aber durch Genehmigung (§ 89 Rn 13) eines postulationsfähigen ProzBev heilen und muss nicht wiederholt werden. Das gilt insbes auch für die Klageschrift (hM; BGH 111, 339). Eine Rückwirkung ist jedoch abzulehnen (hM). Nur innerhalb der Frist genehmigungsfähig sind fristgebundene Prozesshandlungen, insbes Rechtsmittel. Bei ihnen tritt keine Heilung nach § 295 ein, weil der Mangel nicht verzichtbar ist (§ 295 Rn 3). – **c) Prozessgericht** ist dasjenige Gericht, 3 dem gegenüber die betreffende Prozesshandlung vorzunehmen ist. Für die Vertretung vor einem AG oder LG genügt die Zulassung des RA bei irgendeinem deutschen Landgericht oder Amtsgericht; ebenso vor einem Familiengericht (Abs 2 S 1). Nur vor den Gerichten eines höheren Rechtszuges (BGH, BayObLG und OLG) muss der RA bei dem betreffenden Gericht zugelassen sein. – **d) Fingierte Zulassung** des beim 3a LG zugelassenen RAs beim übergeordneten OLG tritt befristet ein gem § 26 Nr 1 EGZPO, wenn eine Berufung oder Beschwerde gegen eine Entscheidung des AG vor dem 1. 1. 2008 eingelegt wird und das OLG aufgrund der Experimentierklausel des § 119 Abs 3–5 GVG zuständig ist.

2. Umfang des Anwaltszwanges. Er gilt für: **a) Gerichte.** Bei 4 allen Kollegialgerichten, nämlich LG, OLG, BayObLG und BGH, auch vor dem Einzelrichter (§§ 348, 348 a) und dem Vorsitzenden der KfH (§ 349). Vor dem AG nur beim Familiengericht (Abs 2 S 1) mit den Ausnahmen für juristische Personen des öffentlichen Rechts und Behörden gem Abs 2 S 2. Bei Änderung der Gerichtseinteilung ist der beim neuen Gericht nicht zugelassene RA befugt, die Prozessvertretung fortzuführen (§ 8 G v 6. 12. 33 idF des G v 20. 5. 75 Art 2, BGBl 75, I 1118). – **b) Parteien:** für alle Parteien, auch Nebenintervenienten 5 und wenn ein RA Partei kraft Amtes oder gesetzlicher Vertreter ist, sofern er nicht selbst beim Prozessgericht zugelassen ist (vgl Abs 4). – **c) Verfahren:** für das ganze, sei es mündlich oder schriftlich, grund- 6 sätzlich ab Anhängigkeit bei dem betreffenden Gericht bis zum Ende der Rechtshängigkeit. Ausnahmen bestehen für die Rücknahme der Klage (vgl § 269 Rn 7), der Berufung und Revision (§ 516 Rn 5, § 565 Rn 3) samt Kostenantrag. – **d) Prozesshandlungen** (Einl III). Der 7 Anwaltszwang gilt, soweit nicht die Ausnahmen des Abs 3 zutreffen, in der Verhandlung und in den Schriftsätzen, auch für den Prozessvergleich

(§ 794 Rn 12). Die Partei darf aber Erklärungen zu Tatsachen abgeben
(vgl § 85 Abs 1). Sie kann insbes behaupten (wegen Geständnis vgl
§ 288 Rn 4), Tatsachenbehauptungen und Geständnisse des ProzBev
nach § 85 Abs 1 S 2 widerrufen oder berichtigen, sich ferner gemäß
§ 137 Abs 4, § 279 Abs 3 und § 613 erklären. Widersprechen sich
ProzBev und Partei, so ist nach § 286 zu würdigen, wobei regelmäßig
der Erklärung der Partei der Vorzug zu geben ist, da der ProzBev seine
Information meist von ihr erhält. Wirksam entgegennehmen kann die
Partei Zustellungen und Erklärungen außerhalb der Verhandlung, soweit
nicht § 172 entgegensteht.

8   **3. Anwaltszwang vor dem Familiengericht** (Abs 2). Das ist das
Amtsgericht (§ 23 b GVG). Die Regelung ist abschließend. Sie gilt nur
für Familiensachen (§ 23 b GVG, § 621). Kommt eine Nichtfamiliensache irrtümlich vor das Familiengericht, richtet sich der Anwaltszwang
nach den für Verfahren der betreffenden Art sonst maßgebenden Vor-
9   schriften. **a) Ehesachen** (Abs 2 S 1 Nr 1; § 606 Abs 1 S 1). Es besteht
Anwaltszwang für beide Ehegatten in allen Rechtszügen. Unberührt
bleibt der Fall, dass der eine Ehegatte als Beklagter oder Antragsgegner
10   keinen RA bestellt (vgl Rn 16). – **b) Folgesachen** (Abs 2 S 1 Nr 1;
Begriff: § 623 Abs 1 S 1). Die Ehegatten müssen sich im Verbund
(§ 623 Abs 1) für alle Folgesachen in allen Rechtszügen durch einen
RA vertreten lassen, weil über die Folgesachen auf die Scheidung eingewirkt werden kann (allgM; BGH FamRZ 98, 1505). Das gilt auch für
einen Vergleich gemäß § 1587 o BGB (BGH NJW 91, 1743). Für
Dritte, die am Verbundverfahren beteiligt sind, gilt die Ausnahme des
Abs 2 S 2 und besteht Anwaltszwang nur für die Rechtsbeschwerde und
die Nichtzulassungsbeschwerde (§ 621 e Abs 2) vor dem BGH, weil die
gleiche Interessenlage wie bei einer selbständigen Familiensache (Rn 11)
besteht. – **c) Lebenspartnerschaftssachen** (Abs 2 S 1 Nr 1 a): nur die
des § 661 Abs 1 Nr 1–3 sowie Folgesachen (wie § 623 Abs 1 S 1; hier
11   Rn 10). – **d) Selbständige Familien- und Lebenspartnerschaftssachen** (Abs 2 S 1 Nr 2 und Nr 3). Das sind die in § 621 Abs 1 aufgeführten, wenn sie nicht Folgesache (§ 623 Abs 1) sind, aber
einschließlich der abgetrennten und fortgeführten Folgesachen
(§§ 626 Abs 2, 627, 628, 629 Abs 3), bei Lebenspartnerschaftssachen
12   nur die des § 661 Abs 1 Nr 4. **aa) Anwaltszwang** besteht in allen
Rechtszügen nur bei güterrechtlichen Ansprüchen (§ 621 Abs 1 Nr 8
und § 661 Abs 1 Nr 6) für die Ehegatten, Lebenspartner und Drittbeteiligte unabhängig vom Streitwert. Anwaltszwang besteht nur in den
höheren Rechtszügen für Ehegatten und Drittbeteiligte bei den gesetzlichen Unterhaltspflichten (§ 621 Abs 1 Nr 4, 5; § 661 Abs 1 Nr 4),
Kindschaftssachen (§ 621 Abs 1 Nr 10) mit Ausnahme von § 1600 e
Abs 2 (für die § 55 b FGG gilt) sowie bei Ansprüchen zwischen nicht
miteinander verheirateten Eltern aus Anlass der Geburt (§ 621 Abs 1
Nr. 11), so dass in diesen Fällen die Beschwerde (§ 621 e Abs 1) von
einem beim OLG zugelassenen RA eingelegt werden muss (BGH

FamRZ 87, 57). Bei der Rechts- und Nichtzulassungsbeschwerde
(§ 621 e Abs 2) in Familiensachen des § 621 Abs 1 Nr 1–3 und 6 besteht Anwaltszwang für alle mit den Ausnahmen des Abs 2 S 2.
bb) Kein Anwaltszwang besteht bei den sowieso dem FGG unterlie- 13
genden Verfahren in Familiensachen (§ 621 Abs 1 Nr 1–3, 6, 7, 9, 12
sowie von Nr 10 die dem § 55 b FGG unterliegenden Fälle des § 1600 e
Abs 2 BGB). Das gilt für alle Beteiligten im ersten und zweiten Rechtszug sowie für Parteien und Drittbeteiligte bei Familiensachen im ersten
Rechtszug (§ 621 Abs 1 Nr 4, 5, 10 und 11). **cc) Behördenprivileg.** 14
In allen Rechtszügen sind vom Anwaltszwang ausgenommen die Ju-
gendämter im Rahmen des § 50 Abs 1 SGB VIII, Rentenversicherungsträger, Körperschaften, Stiftungen und Anstalten des öffentlichen Rechts
sowie Verbände iS des Abs 2 S 2, wobei weite Auslegung geboten ist
(ZöVollkommer 44). Diese Behörden und jur Personen können sich
durch RAe vertreten lassen, auch wenn diese nicht bei dem betreffenden
Gericht zugelassen sind (BGH NJW 93, 1208). – **e) Einstweilige** 15
Anordnungen. Für den Antrag und die Schriftsätze gilt Abs 3. Anwaltszwang besteht nur für die mdl Vhdlg (§ 620 b; hM). – **f) Unterlas-** 16/17
sene Anwaltsbestellung. Dem Beklagten oder Antragsgegner (in
Scheidungs- und Lebenspartnerschaftsaufhebungssachen) steht es frei,
einen RA zu bestellen. In Ehesachen (entspr in Lebenspartnerschaftssachen, § 661 Abs 2) ist jedoch ein Versäumnisurteil unzulässig (§ 612
Abs 4). Das gilt insbes für Scheidungssachen. Bestellt der Antragsgegner
keinen RA, bleibt Beiordnung eines RA durch das Gericht möglich
(§ 625). Unterbleibt dies, kann der Antragsgegner ohne RA nicht wirksam Prozesshandlungen vornehmen, auch nicht in den Folgesachen und
auch nicht nach Abtrennung (§ 628). Er ist auf die persönliche Anhörung (§ 613) beschränkt.

4. Ausnahmen vom Anwaltszwang (Abs 3; § 79) bestehen für: 18
a) Gerichte. Das Verfahren vor dem AG (Ausnahme: Familiengericht,
Rn 8–17) steht außer Anwaltszwang. Dies gilt grundsätzlich für das
gesamte Verfahren. – **b) Rechtspflegeorgane.** Das Verfahren vor dem 19
beauftragten oder ersuchten Richter (Abs 3), insbes Verfahren nach
§ 278 Abs 5, §§ 361, 362, 372, 375, 434, 479. Der beauftragte und der
ersuchte Richter dürfen nicht mit dem Einzelrichter verwechselt werden
(vgl Rn 4). Das gesamte Verfahren vor dem Rechtspfleger und dem
Urkundsbeamten ist vom Anwaltszwang befreit (§ 13 RPflG, § 153
GVG). – **c) Prozesshandlungen,** die zu Protokoll der Geschäftsstelle 20
erklärt werden können (Abs 3), zB § 44 Abs 1, § 91 a Abs 1 S 1, § 118
Abs 1, § 486 Abs 1, § 920 Abs 3, § 936. Es ist aber nur die betreffende
Prozesshandlung vom Anwaltszwang befreit, nicht das sich anschließende
Verfahren, soweit es dem Anwaltszwang unterliegt. Für die Beschwerde
gilt die Sonderregel in § 569. Keinesfalls unterliegt die Rücknahme der
gem Abs 3 vom Anwaltszwang befreiten Prozesshandlung dem Anwaltszwang. Vom Anwaltszwang befreit sind insbes Zustellungsaufträge

(§ 191, 176 nF), Streitverkündung (§ 73) und Urkundenniederlegung (§ 134).

21   **5. Selbstvertretungsrecht** des RAs (Abs 4). Es besteht, wenn er selbst Partei ist (auch Partei kraft Amtes). Das gilt für alle Fälle, die seine Postulationsfähigkeit umfasst, wenn er als ProzBev vertreten würde. Ob er sich selbst vertritt oder postulationsfähig im eigenen Namen handelt, ist nur begrifflich, nicht praktisch von Belang. Die Unterbrechung gemäß § 244 Abs 1 tritt auch in eigenen Sachen ein (BGH 111, 107). Abs 4 ist nicht entspr anwendbar auf andere Personen (BGH NJW-RR 87, 1086). Kostenerstattung: § 91 Abs 2 S 4.

22   **6. Vertretung des Rechtsanwalts.** Es sind folgende Fälle zu unterscheiden: **a) Untervertretung.** Hier muss der Untervertreter auch beim Prozessgericht als RA zugelassen sein (§ 52 Abs 1 BRAO). –
23   **b) Allgemeiner Vertreter** (§§ 53, 161 BRAO). Der selbst bestellte muss beim selben Gericht zugelassen sein (§ 53 Abs 1, 2 S 1 BRAO). Der von der Landesjustizverwaltung bestellte (§ 53 Abs 2 S 2, Abs 5 BRAO) hat nach § 53 Abs 7 BRAO die Befugnisse des vertretenen RAs, so dass damit dem § 78 genügt ist. Der Vertreter sollte, muss aber nicht, beim Auftreten im Rechtsstreit sein Handeln als allgemeiner Vertreter durch ausdrückliche Erklärung erkennbar machen (BGH NJW 99, 364), wenn sich das Vertreterhandeln nicht schon aus den Umstän-
24   den ergibt (BGH NJW 93, 1925). – **c) Kanzleiabwickler** (§ 55 BRAO). Auch er hat die gleichen Befugnisse (§ 55 Abs 2 S 3 BRAO) und ist daher ebenso wie der allgemeine Vertreter zu behandeln (Rn 23).
25   **d) Beistandleisten** in Anwesenheit des RAs (§ 52 Abs 2 BRAO), insbes die mündlichen Ausführungen übernehmen, ist kein Fall von Untervertretung (Rn 22). Das kann jeder RA, auch der europäische (Rn 26). Ferner kann der Stationsreferendar nach § 59 Abs 2 S 1 BRAO die Ausführungen übernehmen. Vertreten kann er nur außerhalb des Anwaltszwangs (§ 59 Abs 2 S 2 BRAO).

26   **7. Europäische Rechtsanwälte,** die Staatsangehörige eines der Mitgliedstaaten der EU oder des Abkommens über den Europäischen Wirtschaftsraum sind, können gemäß § 78 postulationsfähig sein nur nach Maßgabe des Gesetzes vom 9. 3. 2000 (BGBl I S 182), in Kraft seit 14. 3. 2000. Zu den Voraussetzungen: Lach NJW 00, 1609. Es ist zu
27   unterscheiden: **a) Niedergelassener europäischer Rechtsanwalt** (§ 2). Er muss in die für den Niederlassungsort zuständige Rechtsanwaltskammer aufgenommen und bei einem Gericht zugelassen sein. Sind diese Voraussetzungen erfüllt, ist er insoweit postulationsfähig iS des
28   § 78 und verhandelt selbst. – **b) Dienstleistender europäischer Rechtsanwalt** (§ 25). Ist auf vorübergehende Tätigkeit ohne Niederlassung abgestellt. Für die Tätigkeit vor Gericht und zur Postulationsfähigkeit bei Vertretung einer Prozesspartei ist das Einvernehmen eines zugelassenen RAs erforderlich (§ 28). Der vom Gesetz so genannte Einvernehmensanwalt steht im Vertragsverhältnis nur mit dem europäischen RA, der ihn beauftragt. In der mündlichen Verhandlung darf der

europäische RA als ProzBev dem Einvernehmensanwalt gemäß § 52 Abs 2 BRAO die Ausführungen überlassen (§ 28 Abs 4).

§ 78 a (aufgehoben)

§ 78 b Notanwalt

(1) **Insoweit eine Vertretung durch Anwälte geboten ist, hat das Prozeßgericht einer Partei auf ihren Antrag durch Beschluß für den Rechtszug einen Rechtsanwalt zur Wahrnehmung ihrer Rechte beizuordnen, wenn sie einen zu ihrer Vertretung bereiten Rechtsanwalt nicht findet und die Rechtsverfolgung oder Rechtsverteidigung nicht mutwillig oder aussichtslos erscheint.**

(2) **Gegen den Beschluß, durch den die Beiordnung eines Rechtsanwalts abgelehnt wird, findet die sofortige Beschwerde statt.**

Neufassung. Durch Art 2 Nr 7 ZPO-RG ist Abs 1 S 1 geändert 1 und Abs 1 S 2 aufgehoben durch Art 2 Nr 8 Abs 2 geändert; in Kraft seit 1. 1. 2001. **Anwendbar:** wenn Vertretung durch RA geboten ist, also Anwaltszwang nach § 78 besteht. **Nicht mutwillig:** wie § 114 Rn 12. Da die Partei den RA bezahlen muss, bleibt der finanzielle Gesichtspunkt (Schutz der Staatskasse) außer Betracht. **Aussichtslos:** wenn die Erfolglosigkeit offenbar ist und ein günstigeres Ergebnis auch bei Beratung durch einen RA nicht erzielt werden kann (BGH FamRZ 88, 1153). **Nichtfinden** eines zur Vertretung bereiten RA. Das darf 2 nicht nur auf fehlender Vorschusszahlung beruhen (BGH MDR 00, 412) oder darauf, dass die Rechtsmittelbegründung allein den Vorstellungen der Partei entsprechen solle (BGH NJW 95, 537). Es müssen nicht alle zugelassenen RAe ersucht worden sein, aber eine gewisse Anzahl von RAen, die namentlich zu benennen sind (KG OLGZ 77, 245). Das Nichtfinden ist jedenfalls dem Gericht nachzuweisen (BGH NJW-RR 95, 1016). **Entscheidung.** Der stattgebende Beschluss ist 3 unanfechtbar. Er spricht nur aus, dass ein RA beizuordnen ist. Die Auswahl trifft der Vorsitzende nach § 78 c Abs 1. Erteilung der Prozessvollmacht durch die Partei (§ 80 Abs 1) ist daneben immer noch nötig. Der RA ist zur Übernahme verpflichtet (§ 48 Abs 1 Nr 2 BRAO). **Sofortige Beschwerde:** Abs 2 (§ 567 I Nr 1). Gegen die Beschwer- 4 deentscheidung kann die Rechtsbeschwerde zugelassen werden (§ 574 Abs 1 S 2). Wert: der der Hauptsache. **Kosten:** kein Erstattungsanspruch (wie § 118 Rn 12; hM; München Rpfleger 93, 304). **Wiedereinset-** 5 **zungsfrist** des § 234 Abs 1, wenn der RA zur Wahrung einer Notfrist gebraucht wird: 234 Rn 11.

§ 78 c Auswahl des Rechtsanwalts

(1) **Der nach § 78 b beizuordnende Rechtsanwalt wird durch den Vorsitzenden des Gerichts aus der Zahl der bei dem Prozeßgericht zugelassenen Rechtsanwälte ausgewählt.**

(2) **Der beigeordnete Rechtsanwalt kann die Übernahme der Vertretung davon abhängig machen, daß die Partei ihm einen Vorschuß zahlt, der nach der Bundesgebührenordnung für Rechtsanwälte zu bemessen ist.**

(3) **[1] Gegen eine Verfügung, die nach Absatz 1 getroffen wird, steht der Partei und dem Rechtsanwalt die sofortige Beschwerde zu. [2] Dem Rechtsanwalt steht die sofortige Beschwerde auch zu, wenn der Vorsitzende des Gerichts den Antrag, die Beiordnung aufzuheben (§ 48 Abs. 2 der Bundesrechtsanwaltsordnung), ablehnt.**

In Abs 1 ist der Hs 2 seit 1. 1. 2000 weggefallen (Art 3 Nr 2 Gesetz zur Neuordnung des Berufsrechts der Rechtsanwälte und Patentanwälte vom 2. 9. 94, BGBl I 2278). Abs 3 ist geändert durch Art 2 Nr 8 ZPO-RG; in Kraft seit 1. 1. 2002.

1   **Anwendbar** in den Fällen des § 78 b und des § 625 (da aber nur Abs 1 und 3), ferner bei § 121 Abs 4, weil dort die Lage dem § 78 c
2   entspricht (Karlsruhe FamRZ 99, 306). **Auswahl** (Abs 1). Sie steht im sachgemäßen Ermessen des Vorsitzenden oder des Familienrichters bei
3   § 625. **Beiordnung:** durch Verfügung. Es darf nur ein RA, keine Sozietät beigeordnet werden, auch keine RA-Gesellschaft (§ 591 S 1 BRAO). Der RA ist zur Übernahme der Vertretung verpflichtet (§ 48
4   Abs 1 Nr 2 BRAO). **Vorschuss** (Abs 2): nach § 17 BRAGO zu bemessen. Zahlt ihn die Partei nicht, ist Aufhebung der Beiordnung auf Antrag
5   des RA geboten (§ 48 Abs 2 BRAO). **Sofortige Beschwerde** (Abs 3 S 1, 2). Sie findet gegen die Verfügung (Abs 1) statt, für die Partei mit dem Ziel, einen anderen RA beigeordnet zu erhalten, für den RA mit dem Ziel, sogleich seine Beiordnung aufzuheben. Dem Rechtsmittel ist nur bei Vorliegen sachlicher Gründe stattzugeben. Dem beigeordneten RA steht zudem der Antrag nach § 48 Abs 2 BRAO offen („wichtige Gründe"); gegen dessen Ablehnung findet ebenfalls sofortige Beschwerde statt (Abs 3 S 2). Sie steht auch der Partei zu (Düsseldorf
6   FamRZ 95, 241; bestr). Anfechtbarkeit nur nach Maßgabe des § 574.

§ 79 Parteiprozeß

Insoweit eine Vertretung durch Anwälte nicht geboten ist, können die Parteien den Rechtsstreit selbst oder durch jede prozeßfähige Person als Bevollmächtigten führen.

1   **1. Anwendungsbereich.** Die Vertretung durch RAe ist nicht geboten im Umfang des § 78 Rn 18–20. Es gilt § 79 also insbes für das

gesamte Verfahren des AG (mit Ausnahme des Familiengerichts, § 78 Abs 2). § 79 gilt auch für den Nebenintervenienten (§ 66).

2. Prozessführung durch die Partei selbst, wenn sie prozessfähig 2 ist (§ 52), sonst durch ihren gesetzlichen Vertreter (§ 51 Rn 3). Es muss jedoch die Postulationsfähigkeit (4 vor § 78) gegeben sein. Für die Prozessführung steht die Partei einem ProzBev gleich.

3. Prozessführung durch Prozessbevollmächtigte. Dies kann ge- 3 schehen durch: **a) Rechtsanwälte** (und deren Vertreter, wie § 78 Rn 22–25) sowie RA-Gesellschaften (§ 591 BRAO) ohne Rücksicht darauf, bei welchem Gericht sie zugelassen sind. Es kann jeder RA bei jedem Gericht vertreten. – **b) Prozessfähige Personen** (§ 52; vgl § 80 4 Rn 5), also nicht juristische Personen (§ 51 Rn 6, 7) mit Ausnahme der Anwalts-GmbH (§ 591 S 3 BRAO; Henssler NJW 99, 241). Ist eine andere juristische Person bevollmächtigt, so ist dies im Zweifel als Vollmacht für den jeweiligen gesetzlichen Vertreter (§ 51 Rn 4) anzusehen. Auch Personen, die nach § 157 nicht postulationsfähig sind, kann wirksam Prozessvollmacht erteilt werden. Wegen Wirksamkeit von ihr vorgenommener Prozesshandlungen vgl Einl III Rn 10 und § 157 Rn 4. Der ProzBev darf nicht selbst Prozessgegner der vertretenen Partei sein oder zugleich diese vertreten.

§ 80 Prozeßvollmacht

(1) **Der Bevollmächtigte hat die Bevollmächtigung durch eine schriftliche Vollmacht nachzuweisen und diese zu den Gerichtsakten abzugeben.**

(2) [1]**Das Gericht kann auf Antrag des Gegners die öffentliche Beglaubigung einer Privaturkunde anordnen.** [2]**Wird der Antrag zurückgewiesen, so ist dagegen kein Rechtsmittel zulässig.** [3]**Bei der Beglaubigung bedarf es weder der Zuziehung von Zeugen noch der Aufnahme eines Protokolls.**

1. Erteilung der Prozessvollmacht (1 vor § 78) ist in der ZPO nicht 1 ausdrücklich geregelt. Davon zu unterscheiden ist die Vertretungsmacht der Person, welche die Prozessvollmacht erteilt (BGH NJW 90, 3088). **a) Vornahme.** Erteilt wird die Prozessvollmacht durch eine Prozess- 2 handlung (Einl III) des Vollmachtgebers (hM; RoSchwGottwald § 55 II 1). Sie ist gegenüber dem ProzBev, dem Gericht oder dem Prozessgegner zu erklären; wird mit Zugang wirksam (entspr § 130 BGB). Ein Verstoß gegen das Verbot der Berufstätigkeit (§ 45 BRAO) steht der Wirksamkeit grundsätzlich nicht entgegen (BGH NJW 93, 1926). – **b) Form.** Die Vollmachterteilung ist formlos (vgl § 89 Abs 2), 3 auch durch schlüssiges Verhalten gegenüber Bevollmächtigtem, Prozessgegnern oder Gericht möglich (BGH FamRZ 95, 1484); denn § 80 befasst sich nur mit dem Nachweis, nicht mit formgültiger Erteilung. Für den Nachweis gilt Rn 8. – **c) Vollmachtgeber** können Parteien, 4 Nebenintervenienten und am Zwischenstreit beteiligte Dritte sein, auch

deren Vertreter, die im Namen des Vollmachtgebers die Prozessvollmacht erteilen. Wird deren Vertretungsmacht gerügt, ist § 88 anzuwen-
5 den. – **d) Fähigkeit,** ProzBev zu sein, haben die in § 78 Rn 2 oder § 79 Rn 4 aufgeführten Personen, sofern sie prozessfähig sind (§ 79 Rn 4; hM; BVerfG NJW 74, 1279 mwN). – **e) Arten.** Die Prozessvollmacht kann Teil einer umfassenden, auch auf Rechtsgeschäfte sich erstreckenden Vollmacht sein, zB Generalvollmacht, Prokura. Auch Untervollmacht ist zulässig (vgl § 81 Hs 2; allgM). Der Unterbevollmächtigte handelt im Namen der Partei, nicht im Namen des ProzBev, der ihm Untervollmacht erteilt hat, wohl aber regelmäßig in dessen Auftrag
6 (Innenverhältnis, 3 vor § 78). – **f) Inhalt.** Bezeichnung des Rechtsstreits, der Person des Vertreters und die schlüssige, nicht notwendig wörtliche Erklärung der Bevollmächtigung reichen aus. Ein besonderer Inhalt ist für Ehesachen vorgeschrieben (§ 609 Abs 1).

7   **2. Nachweis** (Abs 1, 2). Gilt auch für die Untervollmacht (München OLGZ 93, 223). Wann die Prozessvollmacht von Amts wegen und wann auf Rüge zu prüfen ist, ergibt sich aus § 88. Bei mangelndem Nachweis
8 gilt § 89. Zum Nachweis ist erforderlich und ausreichend: **a) Schriftform,** dh eine vom Vollmachtgeber oder dessen Vertreter eigenhändig unterschriebene Urkunde, welche die Bevollmächtigung enthält (München OLGZ 93, 223), also eine die Prozessführung umfassende Erklärung (zB auch eine Generalvollmacht). Die Schriftform wird durch eine öffentliche Urkunde (§ 415), insbes eine notarielle voll ersetzt. Elektronische Form (§§ 126 Abs 3, 126 a BGB) ist nicht ausgeschlossen. Ein Datum in Schriftform ist für die Wirksamkeit entbehrlich, kann aber bedeutsam sein, wenn es auf den Nachweis für die Wirksamkeit vorgenommener Prozesshandlungen ankommt. Vollmachterteilung zum Sitzungsprotokoll (§ 160 Abs 2) genügt immer (allgM) und umfasst die
9 Genehmigung vorangegangener Prozesshandlungen. – **b) Öffentliche Beglaubigung** (§ 129 BGB) der Vollmacht kann nur nach Abs 2 verlangt werden. – **c) Sonstige Fälle.** Es genügt Handelsregisterauszug bei
10 Prokuristen, in der Zwangsvollstreckung die Angabe als ProzBev im Vollstreckungstitel (da § 81 die ZwVollstr umfasst), im Prozess, wenn der ProzBev sich auf die Vollmacht im Akt des Prozessgerichts beruft (StJBork 36). Im Mahnverfahren gilt § 703.

§ 81 Umfang der Prozeßvollmacht

Die Prozeßvollmacht ermächtigt zu allen den Rechtsstreit betreffenden Prozeßhandlungen, einschließlich derjenigen, die durch eine Widerklage, eine Wiederaufnahme des Verfahrens und die Zwangsvollstreckung veranlaßt werden; zur Bestellung eines Vertreters sowie eines Bevollmächtigten für die höheren Instanzen; zur Beseitigung des Rechtsstreits durch Vergleich, Verzichtleistung auf den Streitgegenstand oder Anerkennung des von dem Gegner geltend gemachten Anspruchs; zur Empfang-

nahme der von dem Gegner oder aus der Staatskasse zu erstattenden Kosten.

1. Rechtsstreit (Hs 1). Darunter ist ein bestimmt bezeichnetes Verfahren zu verstehen. **a) Umfang** der Prozessvollmacht: nach Hs 1 Widerklage (§ 33), Wiederaufnahme (§§ 579 ff) und Zwangsvollstreckung (28, 29 vor § 704) einschließlich der aus ihrem Anlass entstehenden selbständigen Klagen (zB §§ 731, 767, 771) und Rechtsbehelfe (hM); Nebenverfahren gem § 82; alle Rechtszüge und Verweisungen, auch wenn der ProzBev beim anderen Gericht nicht zugelassen ist; das Kostenfestsetzungsverfahren (§§ 103 ff). − **b) Nicht umfasst** werden Klagen aus §§ 323, 324, 893, Klagen aus §§ 302, 600, 717, 945 dann wenn sie selbständig, nicht im anhängigen Rechtsstreit erhoben werden (hM); das Verfahren nach § 19 BRAGO im Verhältnis zum früheren ProzBev (München Büro 84, 394). − **c) Fortbestand.** Die Prozessvollmacht bleibt auch bestehen, wenn Parteiänderung (12 vor § 50) eintritt, die Klage geändert oder erweitert wird (§§ 263, 264). Die vom Nebenintervenienten erteilte Prozessvollmacht besteht fort, wenn die Klage auf ihn erstreckt wird (BGH 57, 105).

2. Prozesshandlungen (Einl III). Die Prozessvollmacht ermächtigt zur Abgabe und Entgegennahme aller Prozesshandlungen. Insbes kann der ProzBev: Klage (auch Widerklage) erheben, ändern und zurücknehmen; Tatsachen behaupten, bestreiten und zugestehen; Zustimmung erklären (zB § 128 Abs 2, § 265 Abs 2, § 349 Abs 3); Rechtsmittel einlegen, zurücknehmen, auf sie verzichten; alle Anträge stellen; zur Zwangsvollstreckung beauftragen; nach Hs 3 Vergleiche schließen, anerkennen (§ 307) und verzichten (§ 306); zur Zustellung beauftragen und sie entgegennehmen.

3. Rechtsgeschäfte und geschäftsähnliche Handlungen (vgl Rn 6). Hierfür ermächtigt die Prozessvollmacht zur Vornahme auch außerhalb des Prozesses. Die Befugnis ergibt sich im Einzelfall aus dem Zusammenhang mit dem Gegenstand des Rechtsstreits und umfasst nicht die Verfügung über Vermögensgegenstände, die sich nicht im Rechtsstreit befinden (BGH NJW 92, 1963 mwN), insbes nicht zum Erwerb der eingeklagten Forderung durch Zustimmung zur Abtretungserklärung (BGH Rpfleger 94, 24). Die Prozessvollmacht ermächtigt: **a) Zur Klage:** soweit sie diese begründen oder zu ihrer Abweisung führen sollen, zB Aufrechnung (hM; Musielak JuS 94, 817 mwN), Genehmigung, Kündigung (auch deren Empfangnahme, BGH NJW-RR 00, 745), Anfechtung, Rücktritt, außergerichtlicher Vergleich (hM, BAG NJW 63, 1469), auch die wettbewerbsrechtliche Abmahnung als geschäftsähnliche Handlung (vgl Dresden OLG-NL 99, 88 mwN), nicht aber Schuldanerkenntnis (§ 781 BGB) und Erlass (§ 397 BGB). − **b) Zur Untervollmacht:** ausdrücklich nach Hs 2, entweder ganz (StJBork 14), nur für einen Teil oder für einzelne Handlungen (vgl § 80 Rn 5) und zwar bis zur wirksamen Beendigung gem § 87 (BGH NJW

80, 999), ermächtigt aber nicht zur Weitergabe der Prozessvollmacht an einen anderen zur Vertretung für den Prozess im Ganzen neben dem von
8 der Partei bestellten ProzBev (BGH NJW 81, 1727 mwN). – **c) Zur Empfangnahme** der Kosten (Hs 4), also nicht der Hauptsache, wenn die Vollmacht nicht, wie es idR geschieht, auf die Hauptsache erstreckt ist und vorgelegt wird (LG Bielefeld DGVZ 93, 23). Zur Hauptsache muss die im Einzelfall erteilte Prozessvollmacht ausdrücklich ermächtigen (allgM; Rn 9). Das gilt auch für die ZwVollstr (Pawlowski DGVZ 94, 177); idR geschieht es durch das verwendete Formular.

9 **4. Erweiterte Vertretungsmacht** kann dem ProzBev nach § 167 BGB eingeräumt werden (ZöVollkommer 12 mwN), insbes zum Empfang der Hauptsache (vgl Rn 8). Für Beschränkungen gilt § 83.

§ 82 Geltung für Nebenverfahren

Die Vollmacht für den Hauptprozeß umfaßt die Vollmacht für das eine Hauptintervention, einen Arrest oder eine einstweilige Verfügung betreffende Verfahren.

1 Auch auf Verfahren nach §§ 620, 620 b, 641 d, 644 anwendbar. Die Prozessvollmacht kann beschränkt auf diese Nebenverfahren erteilt werden (allgM). Im Anwaltsprozess (§ 78 Abs 1, 2) kann die Vollmacht für den Hauptprozess nicht so beschränkt werden, dass sie die Verfahren des § 82 nicht umfasst (§ 83). Für das materiell-rechtliche Innenverhältnis (4 vor § 78) gilt § 82 nicht.

§ 83 Beschränkung der Prozeßvollmacht

(1) **Eine Beschränkung des gesetzlichen Umfanges der Vollmacht hat dem Gegner gegenüber nur insoweit rechtliche Wirkung, als diese Beschränkung die Beseitigung des Rechtsstreits durch Vergleich, Verzichtleistung auf den Streitgegenstand oder Anerkennung des von dem Gegner geltend gemachten Anspruchs betrifft.**

(2) **Insoweit eine Vertretung durch Anwälte nicht geboten ist, kann eine Vollmacht für einzelne Prozeßhandlungen erteilt werden.**

1 **1. Durchführung.** Beschränkt wird: **a) Bei Erteilung** der Prozessvollmacht (§ 80 Rn 2) durch ausdrückliche Erklärung an Gericht oder Gegner; in die Vollmachtsurkunde (§ 80 Rn 8) aufzunehmen. Es genügt auch die bloße Aufnahme in diejenige Urkunde, die dem Gericht vor-
2 gelegt wird. – **b) Nach Bevollmächtigung** kann nur beschränkt werden durch ausdrückliche, unzweideutige Erklärung (Prozesshandlung, Einl III), die mit Zugang an den Prozessgegner auch dem Gericht gegenüber wirksam wird (BGH NJW 01, 1356).

2. Wirksamkeit. Im Innenverhältnis (3 vor § 78) ist die Beschrän- **3** kung der Vollmacht in jedem Umfang zulässig und wirksam. Im Außenverhältnis (2 vor § 78), also dem Prozessgegner und dem Gericht gegenüber, damit für den Rechtsstreit maßgebend, muss unterschieden werden: **a) Im Anwaltsprozess** (§ 78) kann die Prozessvollmacht **4** grundsätzlich nicht beschränkt werden (Abs 1), insbes nicht auf die erste Instanz (BGH NJW 01, 1356). Nur Vergleich (§ 794 Abs 1 Nr 1), Anerkenntnis (§ 307) und Klageverzicht (§ 306) können von der Prozessvollmacht nach außen wirksam ausgenommen werden. Von selbst auf Klage oder Widerklage beschränkt ist die Prozessvollmacht des Haftpflichtversicherers, wenn er für beide Parteien haftet (BGH 112, 345). – **b) Im Parteiprozess** (§ 79) gilt Abs 1 nicht, sondern nur Abs 2. Die **5** Prozessvollmacht kann beliebig beschränkt, sogar nur für einzelne Prozesshandlungen erteilt werden. Häufig ist Terminsvollmacht. Sie ermächtigt zu allen zweckgerechten, im Termin vorkommenden Prozesshandlungen.

3. Wirkung. Ist wirksam beschränkt, so fehlt eine Prozesshandlungs- **6** voraussetzung (Einl III Rn 10; 1 vor § 78) mit der Folge, dass die vollmachtlos abgegebene oder entgegengenommene Prozesshandlung unwirksam ist (vgl § 89). Abs 2 gestattet nicht die Genehmigung einzelner Prozesshandlungen ohne Genehmigung der gesamten vollmachtlosen Prozessführung (ZöVollkommer 5).

§ 84 Mehrere Prozeßbevollmächtigte

[1] **Mehrere Bevollmächtigte sind berechtigt, sowohl gemeinschaftlich als einzeln die Partei zu vertreten.** [2] **Eine abweichende Bestimmung der Vollmacht hat dem Gegner gegenüber keine rechtliche Wirkung.**

1. Voraussetzung. Es müssen mehrere bevollmächtigt sein. Es kann **1** nebeneinander und nacheinander einzeln Vollmacht erteilt werden oder mehreren gleichzeitig. Bei der Anwaltssozietät (§ 59 a BRAO) ist diese Mitbevollmächtigung idR anzunehmen, auch dann, wenn nur einem, der ihr angehört, das Mandat (BGH 56, 355) und damit die Vollmacht erteilt wird. Dies gilt aber nicht ohne weiteres bei der überörtlichen Sozietät (vgl Düsseldorf NJW-RR 95, 376) und nicht bei einer vor Gründung der Sozietät dem einzelnen RA erteilten Vollmacht (BGH NJW 88, 1973). Bei der RA-Gesellschaft (§ 59 l BRAO) ist nur diese bevollmächtigt. § 84 gilt nicht bei gesetzlicher Gesamtvertretung (zB § 35 Abs 2 GmbHG); diese geht vor (hM). Das ist im Prozess unpraktisch, so dass sich in solchen Fällen Bevollmächtigung empfiehlt.

2. Wirkung. Prozessvollmacht hat jeder, für sich allein und voll. **2** Gleichzeitig erteilt werden muss sie nicht (Rn 1). Prozesshandlungen erklären und entgegennehmen kann jeder wirksam allein. **a) Wider- 3 sprechende** Prozesshandlungen und Rechtsgeschäfte (vgl § 81 Rn 4, 5). Die frühere Erklärung gilt, wenn es sich um bindende, dh nicht frei

widerrufliche handelt, zB Geständnis (§ 290; vgl § 85 Abs 1 S 2), Anerkenntnis (§ 307), empfangsbedürftige Willenserklärungen (§ 130
BGB). Die spätere gilt bei allen anderen Erklärungen, insbes frei widerruflichen Willenserklärungen und Tatsachenbehauptungen (vgl § 85
Abs 1 S 2). Bei gleichzeitiger Abgabe sind die sich widersprechenden
4 Erklärungen wirkungslos. – **b) Zustellung und Zugang** von Prozesshandlungen und Willenserklärungen. Es genügt der Empfang durch
einen der mehreren ProzBev. In der Anwaltssozietät ist grundsätzlich
jeder für jeden zur Entgegennahme berechtigt (BGH NJW 95, 1841
mwN), anders bei überörtlicher Sozietät (vgl § 176 Rn 2). Für den
Fristbeginn ist bei Zustellung an verschiedene ProzBev allein die Erste
maßgebend (BVerwG NJW 84, 2115).

§ 85 Wirkung der Prozeßvollmacht

(1) [1]**Die von dem Bevollmächtigten vorgenommenen Prozeßhandlungen sind für die Partei in gleicher Art verpflichtend, als
wenn sie von der Partei selbst vorgenommen wären.** [2]**Dies gilt
von Geständnissen und anderen tatsächlichen Erklärungen, insoweit sie nicht von der miterschienenen Partei sofort widerrufen
oder berichtigt werden.**

(2) **Das Verschulden des Bevollmächtigten steht dem Verschulden der Partei gleich.**

1   **1. Unmittelbare Stellvertretung.** Das ist der Grundsatz, den Abs 1
S 1 aufstellt. **a) Anwendungsbereich.** Alle Prozesshandlungen (Einl
III). Das ist im weitesten Sinne zu verstehen, umfasst daher alle Handlungen und Unterlassungen (Versäumnisse), die sich auf den Rechtsstreit
beziehen (StJBork 2), darüberhinaus auch diejenigen Rechtsgeschäfte
2 welche die Prozessvollmacht umfasst (§ 81 Rn 5). – **b) Kenntnis** von
tatsächlichen Umständen. Soweit es in Bezug auf den Rechtsstreit darauf
ankommt, ist § 166 BGB entspr anzuwenden (allgM), bei Handeln auf
Weisung der Partei kommt es daher auf deren Kenntnis an (§ 166 Abs 2
3 BGB; RG 146, 348). – **c) Wirkung.** Sie umfasst die Vornahme wie die
Entgegennahme von Prozesshandlungen und Rechtsgeschäften (Rn 1)
und besteht darin, dass die Partei unmittelbar berechtigt, verpflichtet
und gebunden wird, soweit gesetzlich Bindung besteht. Von dieser
Bindung besteht eine Ausnahme für Erklärungen tatsächlichen Inhalts
(Abs 1 S 2; Rn 4).

4   **2. Widerruf und Berichtigung** (Abs 1 S 2) von Erklärungen tatsächlichen Inhalts (§ 138 Abs 1–4, § 288 Abs 1) gegenüber den Gerichten. Hierfür besteht gegenüber dem Grundsatz (Rn 1) eine Ausnahme.
Sie gilt für alle Erklärungen und über Tatsachen, daher nicht für das
Anerkenntnis (§ 307). Es ist davon auszugehen, dass die Partei sie besser
weiß als der von ihr informierte ProzBev. Es muss unterschieden werden:
5   **a) Sofort** widerrufen und berichtigt (Abs 1 S 2). Zeitlich ist dies erfüllt,
sobald die Partei zu Wort kommt (StJBork 5), im Anwaltsprozess

(§ 78 Abs 1) während des Termins gemäß § 137 Abs 4, im Parteiprozess (§ 79) jederzeit, weil die Partei hier postulationsfähig bleibt. Im schriftlichen Verfahren (§ 128 Abs 2) bedeutet sofort unverzüglich (§ 121 BGB) nach Kenntnis des Schriftsatzes. Der Widerruf wirkt wie die Berichtigung sofort, unmittelbar und ohne die gesetzlichen Beschränkungen (insbes § 290). – **b) Später** sind Widerruf und Berichtigung 6 nur nach den allgemeinen Regeln (Einl III Rn 21) möglich und wirksam (auch durch den ProzBev wegen Rn 1), aber nicht mit der Wirkung, dass allein die Erklärung der Partei gilt (wie bei Rn 5), sondern dass nach § 286 zu würdigen ist (§ 78 Rn 7).

3. Vertreterverschulden (Abs 2) wird wie Verschulden der Partei 7 behandelt. Abs 2 ersetzt insoweit den aufgehobenen § 232 für die gewillkürte Vertretung; für die gesetzliche gilt § 51 Abs 2. **a) Anwendbar:** auf die gesamte Prozessführung (wie § 51 Rn 18) und während der gesamten Vertretungsdauer (Rn 13). Abs 2 gilt auch in Familiensachen (BGH NJW 79, 1414 und FamRZ 93, 308; aA Köln NJW-RR 94, 1093) sowie im PKH-Verfahren (BGH NJW 01, 2720 mwN; bestr). – **b) Maßstab.** Umfaßt Vorsatz und Fahrlässigkeit (wie § 276 BGB). 8 Abzustellen ist nicht auf die äußerste oder größtmögliche, sondern nur auf die übliche Sorgfalt (hM; ZöVollkommer 12 a mwN).

4. Vertreter (Bevollmächtigter). Für eine enge Auslegung gegenüber 9 der hM: Karl, Der Bevollmächtigte nach § 85 Abs 2 ZPO, 1993. – **a) Allgemeines.** Abs 2 setzt das Bestehen einer wirksamen Vollmacht voraus; auch im Falle der Beiordnung gem § 121 (BGH NJW 87, 440). Vertreter ist insbes der ProzBev. Auch der Nichtanwalt kann Vertreter sein (BGH NJW-RR 01, 427), auch der Untervertreter (BGH VersR 84, 239), insbes der allgemeine Vertreter (§ 53 BRAO; BGH NJW 94, 2957), jedoch nicht mehr nach dem Tod des RAs (BGH NJW 82, 2324; vgl aber § 54 BRAO), auch der Referendar (BAG NJW 73, 343), insbes der gem § 53 Abs 4 S 2 BRAO bestellte Stationsreferendar (BGH VersR 76, 92). Ferner der angestellte RA oder der als freier Mitarbeiter tätige RA, sofern er selbständig den Rechtsstreit bearbeitet (BGH stRspr, zB NJW-RR 93, 893; BVerwG NJW 86, 1178; BAG NJW 87, 1355). – **b) Anwaltssozietät** (§ 59 a BRAO; vgl § 84 Rn 1). Das 10 Mandat kann auf einen einzelnen der RAe beschränkt werden (BGH NJW 94, 2302). Vertreter sind aber idR alle RAe, die der Sozietät angehören, auch wenn nur einer der ihr angehörenden RAe das Mandat annimmt (BGH stRspr NJW 95, 1841 mwN). Das gilt ohne Rücksicht auf ihre Zulassung beim betreffenden Gericht (BGH 124, 47 [52]), auch bei untergeordneter Tätigkeit (BGH NJW 95, 1841) und wenn der betreffende RA nicht Sachbearbeiter ist oder war (BGH VersR 75, 1028), ferner wenn ein RA nach Mandatserteilung in die Sozietät eingetreten ist (BGH 124, 47). Das gilt nicht, wenn ein RA bei PKH beigeordnet ist, für die anderen der Sozietät angehörenden RAe (BGH NJW 91, 2294). Bei überörtlicher Sozietät ist auf den RA abzustellen, der die Partei im Prozess vertritt (BGH NJW 94, 1878). – **c) Anwalts-** 11

gesellschaft (§ 591 S 1 BRAO). Ist diese als Prozessbevollmächtigter beauftragt, kommt es auf das Verschulden ihrer Organe und Vertreter an (§ 591 S 2 BRAO). Im Einzelfall muss sich die Prüfung des Verschul-
12 dens nicht auf alle beziehen. – **d) Sonstige Fälle.** Vertreter ist der Verkehrsanwalt (§ 91 Rn 26; BGH NJW 82, 2447); der Urlaubsvertreter des RAs sowie der Nichtanwalt, der für die Partei mit dem ProzBev die Korrespondenz führt (BGH VersR 85, 1186). Ferner der Zustellungsbevollmächtigte (§ 174) und der vollmachtlose Vertreter, wenn später genehmigt wird (§ 89 Rn 13; RG 138, 346 [354]).

13   **5. Keine Vertreter** sind: das Büropersonal des ProzBev, insbes des RAs; dessen nicht unterbevollmächtigter, nur mit vorbereitender oder unselbständiger Tätigkeit beauftragter juristischer Mitarbeiter (vgl Rn 9; BGH NJW-RR 92, 1019; Hamburg NJW 96, 2939), wenn er zB nur mit Terminsvollmacht versehen ist; ein in Bürogemeinschaft arbeitender RA (BGH VersR 79, 160); der Beistand (§ 90); Ersatzpersonen iS von § 181, zB die Ehefrau (LAG München NJW 87, 2542).

14   **6. Vertretungsdauer.** Solange das Innenverhältnis (3 vor § 78) währt, beim RA also von der Annahme des Mandats (BGH 47, 320) bis er es niederlegt oder bis es vom Mandanten gekündigt wird (BGH VersR 85, 1185), ohne Rücksicht auf den Fortbestand der Vollmacht nach § 87 Abs 1. Der beigeordnete RA ist nicht Vertreter, bevor ihn die Partei bevollmächtigt (Rn 9, § 78 b Rn 3; § 625 Rn 8). Das Mandat des erstinstanzlichen RA endet nicht, bevor er der Partei das Urteil übersandt, dessen Zustellung mitgeteilt und auf Rechtsmittel hingewiesen hat (BGH NJW 90, 189). Der Berufungsanwalt ist jedenfalls noch Vertreter, solange er nicht dem Mandanten das Zustellungsdatum des Berufungsurteils mitgeteilt hat (BGH VersR 78, 1159).

§ 86 Fortbestand der Prozeßvollmacht

Die Vollmacht wird weder durch den Tod des Vollmachtgebers noch durch eine Veränderung in seiner Prozeßfähigkeit oder seiner gesetzlichen Vertretung aufgehoben; der Bevollmächtigte hat jedoch, wenn er nach Aussetzung des Rechtsstreits für den Nachfolger im Rechtsstreit auftritt, dessen Vollmacht beizubringen.

1   **1. Fortdauer der Prozessvollmacht** (Hs 1), und zwar bis zum Ende des Rechtsstreits (§ 87 Rn 7; BAG NZA 00, 613). Das setzt nicht voraus, dass der ProzBev zZ des Todes seines Mandanten die Sache bereits anhängig gemacht hat. Die Prozessvollmacht endet nicht: durch Tod der vertretenen Partei; an deren Stelle treten die Erben (§ 1922 BGB) mit der Folge des § 246; durch Veränderung in der Prozessfähigkeit oder gesetzlichen Vertretung der vertretenen Partei infolge Erwerbs oder Verlusts der Prozessfähigkeit vor oder nach Rechtshängigkeit (BGH 121, 263; BAG NZA 00, 613), ferner nicht infolge Wegfalls oder Wechsels des gesetzlichen Vertreters (Koblenz NJW-RR 99, 40); auch

hier ist die Folge in § 246 geregelt. Schließlich dauert die Vollmacht auch in den anderen Fällen des § 246 fort.

2. Vollmacht des Rechtsnachfolgers (Hs 2). Auch durch Aussetzung (§ 246) erlischt die Vollmacht nicht (hM). Tritt danach derselbe ProzBev für den Nachfolger (zB Erben, neuen gesetzlicher Vertreter) auf, muss er dessen Vollmacht nachweisen (§§ 80, 88). Damit soll nur klargestellt werden, dass der Nachfolger die Prozessvollmacht nicht widerrufen hat.

§ 87 Erlöschen der Vollmacht

(1) **Dem Gegner gegenüber erlangt die Kündigung des Vollmachtvertrags erst durch die Anzeige des Erlöschens der Vollmacht, in Anwaltsprozessen erst durch die Anzeige der Bestellung eines anderen Anwalts rechtliche Wirksamkeit.**

(2) **Der Bevollmächtigte wird durch die von seiner Seite erfolgte Kündigung nicht gehindert, für den Vollmachtgeber so lange zu handeln, bis dieser für Wahrnehmung seiner Rechte in anderer Weise gesorgt hat.**

1. Erlöschungsgründe. Der § 87 ist schlecht gefasst; seine Terminologie ist überholt. **a) Ende der Prozessvollmacht.** Sie endet regelmäßig durch: Widerruf (Rn 4) oder mit dem Ende des Rechtsstreits (Rn 7), außerdem durch Tod des ProzBev mit Ausnahmen beim RA gem §§ 54, 55 BRAO. – **b) Beendigung des Vertrags,** welcher der Prozessvollmacht zugrundeliegt (vgl 3 vor § 78), zB Kündigung des Mandats (BGH VersR 83, 540) beendet auch die Prozessvollmacht, entspr § 168 BGB (ähnlich StJBork 1; bestr). Das wird aber dem Gegner und dem Gericht gegenüber wirksam wie beim Widerruf (Rn 4) erst zu dem in Abs 1 genannten Zeitpunkt (wie Rn 4–6); im Falle des Abs 2, wenn der ProzBev das Grundrechtsverhältnis kündigt, bis ein neuer postulationsfähiger ProzBev bestellt ist oder (im Falle des § 79) der Vollmachtgeber als Partei selbst handeln kann. – **c) Insolvenz des Vollmachtgebers** beendet wegen §§ 115–117 InsO die Prozessvollmacht kraft Gesetzes (hM für § 23 KO). Sie gilt nicht als fortbestehend iS des Abs 1 (BGH NJW-RR 89, 183).

2. Widerruf ist eine einseitige und empfangsbedürftige formlose Erklärung des Vollmachtgebers (vgl § 80 Rn 1–3). Der Widerruf, dem Gericht (BGH 43, 135) oder dem ProzBev gegenüber zu erklären, ist jederzeit möglich. **a) Vornahme.** Der Widerruf liegt noch nicht in der bloßen Bestellung eines neuen, anderen ProzBev (BGH NJW 80, 2309; BSG NJW 01, 1598); er kann allein darin, dass die Partei in der ZwVollstr selbst Prozesshandlungen vornimmt (aA LG Trier Rpfleger 88, 29), zB Schuldnerschutzantrag stellt (aA LG Berlin MDR 94, 307). Er wird, falls der Rechtsstreit bereits begonnen hat, dem Gericht und Gegner gegenüber wirksam (Abs 1): im Parteiprozess (§ 79) ab formloser Anzeige des Widerrufs (Erlöschen der Vollmacht); dem Gericht und dem Gegner

mitzuteilen; im Anwaltsprozess (§ 78 Abs 1) ab formloser Anzeige der Bestellung eines anderen zugelassenen RAs anstelle des bisherigen (vgl Frankfurt Rpfleger 86, 391). Der neue RA darf sich aber nicht nur für einen abgegrenzten, nebensächlichen Teil des Rechtsstreits bestellen, zB
6 für eine Streitwertbeschwerde. – **b) Wirkung.** Bis zum Erlöschen können nen Prozessgegner und Gericht dem bisherigen ProzBev gegenüber wirksam handeln; insbes muss an ihn zugestellt werden (§ 172 nF). Das gilt auch für das Gericht. Nachdem sich ein anderer ProzBev bestellt hat, kann an den bisherigen ProzBev nicht mehr wirksam zugestellt werden (§ 172 nF; Hamm NJW 82, 1887). Der frühere ProzBev kann bis zum Erlöschen seinerseits noch wirksam Prozesshandlungen für die Partei, die die Vollmacht widerrufen hat, vornehmen (hM; BGH 43, 135; BAG NJW 82, 2519). Das alles gilt aber nur, soweit der Anwaltszwang (§ 78) reicht, nicht im Kostenfestsetzungsverfahren (München Rpfleger 79, 465 mwN; Schleswig Büro 87, 1547), so dass nach Kündigung der Vollmacht und Mitteilung an das Gericht die Zustellung des Kostenfestsetzungsbeschlusses nicht wirksam ist (aA Bremen NJW-RR 86, 358).

7 **3. Beendigung des Rechtsstreits.** Die Vollmacht erlischt grundsätzlich mit Rechtskraft des Urteils oder sonstiger endgültiger Erledigung des Rechtsstreits, wirkt aber weiter nach Maßgabe des § 81, insbes für Zwangsvollstreckung, Kostenfestsetzung und Wiederaufnahme. Die beschränkte Vollmacht (§ 83 Abs 2) endet, sobald der Zweck erreicht und keine Handlung durch die Prozessvollmacht mehr gedeckt sein kann. Nicht erlischt sie mit Beendigung des Rechtszugs, auch wenn der ProzBev für die nächste Instanz nicht mehr postulationsfähig ist (allgM).

8 **4. Befugnisse und Pflichten nach Kündigung** durch den ProzBev (Abs 2). Die sog Mandatsniederlegung bewirkt das Erlöschen der Vollmacht erst zu dem in Rn 2 dargestellten Zeitpunkt. Der ProzBev bleibt bis dahin zu allen Prozesshandlungen, auch zu Rechtsgeschäften (vgl § 81 Rn 5) befugt. Soweit sie geboten sind, sollte er sie auch vornehmen, insbes um eine Haftung nach § 671 Abs 2 BGB abzuwenden. Jedenfalls hat der ProzBev die Pflicht, seine Partei von jeder wegen § 172 nF wirksamen Zustellung zu unterrichten (BGH NJW 80, 999 für § 176 aF).

§ 88 Mangel der Vollmacht

(1) **Der Mangel der Vollmacht kann von dem Gegner in jeder Lage des Rechtsstreits gerügt werden.**

(2) **Das Gericht hat den Mangel der Vollmacht von Amts wegen zu berücksichtigen, wenn nicht als Bevollmächtigter ein Rechtsanwalt auftritt.**

1 **1. Allgemeines. a) Mangel der Vollmacht** mit den Folgen des § 89 liegt vor, wenn nicht nachgewiesen wird (vgl § 80 Rn 7–10), dass Prozessvollmacht überhaupt oder im erforderlichen Umfang erteilt ist (vgl § 80 Rn 1 und § 81) oder wenn sie erloschen ist (vgl § 87). –

b) Anwendbar ist § 88 in jeder Lage des Rechtsstreits, auch in zweiter Instanz. Ausnahme § 703; einschließlich der Kostenfestsetzung, auch für die Vollmacht des Vertreters, der seinerseits Prozess- oder Untervollmacht erteilt hat. – **c) Rüge** ist eine formlose Prozesshandlung (Einl 3 III). Sie betrifft alle von der Prozessvollmacht gem § 81 gedeckten Prozesshandlungen, muss in der Rechtsmittelinstanz nicht wiederholt (BGH NJW-RR 86, 1252) und kann wirksam zurückgenommen werden (Köln NJW-RR 92, 1162).

2. Im Parteiprozess (Abs 2; § 79) ist der Mangel (Rn 1) von Amts 4 wegen zu beachten und das Vorliegen der Prozessvollmacht wie bei 12 vor § 253 zu prüfen. Das gilt nicht, wenn ein RA vertritt, oder eine RA-Gesellschaft (§ 591 BRAO). Dann ist Abs 2 (Rn 5) anzuwenden. Jede Partei kann durch Rüge die Prüfung anregen.

3. Im Anwaltsprozess (§ 78) und im Parteiprozess (Rn 4), wenn 5 ein RA oder eine RA-Gesellschaft (§ 591 BRAO) vertritt, ist der Mangel (Rn 1) in jeder Lage des Rechtsstreits (Abs 1) nur auf Rüge des Gegners, eines Nebenintervenienten, auch der vertretenen Partei (Saarbrücken NJW 70, 1464; bestr) zu prüfen (nach den Grundsätzen bei 12 vor § 253), ferner wenn deren ProzBer selbst Zweifel an der Bevollmächtigung äußert (BGH NJW 01, 2095). Dies gilt auch für Handlungen, die nicht dem Anwaltszwang unterliegen (7B in der ZwVollstr; hM) oder wenn kein Anwaltszwang besteht.

§ 89 Vollmachtloser Vertreter

(1) ¹**Handelt jemand für eine Partei als Geschäftsführer ohne Auftrag oder als Bevollmächtigter ohne Beibringung einer Vollmacht, so kann er gegen oder ohne Sicherheitsleistung für Kosten und Schäden zur Prozeßführung einstweilen zugelassen werden.** ²**Das Endurteil darf erst erlassen werden, nachdem die für die Beibringung der Genehmigung zu bestimmende Frist abgelaufen ist.** ³**Ist zu der Zeit, zu der das Endurteil erlassen wird, die Genehmigung nicht beigebracht, so ist der einstweilen zur Prozeßführung Zugelassene zum Ersatz der dem Gegner infolge der Zulassung erwachsenen Kosten zu verurteilen; auch hat er dem Gegner die infolge der Zulassung entstandenen Schäden zu ersetzen.**

(2) **Die Partei muß die Prozeßführung gegen sich gelten lassen, wenn sie auch nur mündlich Vollmacht erteilt oder wenn sie die Prozeßführung ausdrücklich oder stillschweigend genehmigt hat.**

1. Allgemeines. Vollmachtlose Vertretung entspricht dem Mangel 1 der Vollmacht (§ 88 Rn 1). Darunter fällt, dass eine erteilte Vollmacht überschritten ist (vgl § 81), dass sie überhaupt nicht oder nicht wirksam erteilt wurde, zB nicht vom richtigen gesetzlichen Vertreter oder einem seinerseits vollmachtlosen Vertreter, oder dass sie

erloschen ist. § 89 gilt auch, wenn der Vertreter Vollmacht hat, sie
aber nicht nachweisen kann (§ 80), obwohl er nach Maßgabe des
§ 88 muss.

2   **2. Bewußt vollmachtlose Vertretung.** Dafür gelten Abs 1 und 2.
a) Voraussetzung ist das Auftreten eines vollmachtlosen Vertreters
(Rn 1; überholte Terminologie in Abs 1 S 1 Hs 1). Er muss erklären,
3   dass er (noch) keine Prozessvollmacht habe. − **b) Einstweilige Zulassung.** Sie steht im freien Ermessen des Gerichts (BAG NJW 65, 1041)
und erfolgt durch Beschluss. Dieser ist unanfechtbar (ZöVollkommer
3). Er muss eine Frist (§§ 224, 225) enthalten, innerhalb der die
Genehmigung der bisherigen Prozessführung und (oder) eine Prozessvollmacht (gem § 80) beigebracht werden muss (vgl Abs 1 S 2). Die
Sicherheitsleistung (Abs 1 S 1), gem §§ 108, 109 zu behandeln, steht
4   im Ermessen des Gerichts („kann"). − **c) Wirkung.** Der einstweilen
zugelassene Vertreter ist von Gericht und Gegner als ProzBev zu
behandeln. Wird bis zum Schluss der Letzten mündlichen Verhandlung
(§ 296 a), wegen § 231 Abs 2 also nicht notwendig innerhalb der Frist,
die Vollmacht erteilt oder nachgewiesen, so wird normal weiterverfah-
5   ren. − **d) Kosten- und Schadensersatzpflicht** (Abs 1 S 3) tritt ein,
wenn die Vollmacht nicht beigebracht oder nicht nachgewiesen wird,
ohne Rücksicht auf Verschulden. Die Kostenpflicht wird im Urteil
ausgesprochen. Der Schadensersatz (bürgerlich-rechtlicher Anspruch)
6   ist in einem neuen Rechtsstreit geltend zu machen. − **e) Zulässigkeit
von Entscheidungen** (Abs 1 S 2). Unter Endurteil sind auch Urteile
gem §§ 280 Abs 2, 302, 304, 330−331 a, 599 sowie Beschlüsse gem
7   § 281 zu verstehen. − **f) Wirksamkeit** der bisherigen Prozessführung
gegenüber der vertretenen Partei (Abs 2) besteht, wenn diese (vorher)
bereits mündlich Prozessvollmacht erteilt hatte oder durch Genehmigung (Abs 2; Rn 15).

8   **3. Vermeintlich berechtigte Vertretung.** Sie ist in § 89 nicht
geregelt und umfasst alle Fälle, in denen jemand als ProzBev auftritt
ohne bevollmächtigt zu sein, auch die Verfahren ohne notwendige
mündliche Verhandlung. Wenn die Prozessführung nicht gem Abs 2
9   genehmigt wird, gilt: **a) Prozesshandlungen** (Einl III), die von oder
gegenüber dem vollmachtlosen Vertreter vorgenommen werden, sind
wegen der fehlenden Prozesshandlungsvoraussetzung (Einl III Rn 10)
unwirksam, aber heilbar (Rn 13), so dass insbes die Klage nicht wirksam erhoben (Folge: 10 vor § 253) und ein Rechtsmittel unzulässig ist
(BGH 111, 219). Hierfür gilt auch dann keine Ausnahme, anders als
bei gesetzlicher Vertretung (§ 52 Rn 7), wenn die Partei durch ihr
Rechtsmittel geltend machen will, Prozessvollmacht sei wirksam erteilt
gewesen (BGH aaO mwN). Termine sind für die Partei versäumt
10 (Folge: 10 vor § 330). − **b) Entscheidungen** ergehen, auch wenn das
Fehlen der Vollmacht erkannt ist, für und gegen die (auch vollmachtlos
vertretene) Partei; sie sind auch wirksam. Wegen des Verfahrensmangels
sind aber Rechtsmittel regelmäßig begründet. Nach Rechtskraft findet

Nichtigkeitsklage statt (§ 579 Abs 1 Nr 4). – **c) Kosten** sind (ggf **11** abweichend von den §§ 91 ff) demjenigen aufzuerlegen, der das Auftreten des vollmachtlosen Vertreters veranlasst hat (hM; sog Veranlassungsprinzip; BGH 121, 397; Karlsruhe NJW-RR 97, 1290 mwN). Veranlasser kann sein: die vertretene Partei (Köln aaO); ihr gesetzlicher Vertreter; ihr Gegner; der vollmachtlose Vertreter selbst (BGH NJW-RR 00, 1499; Karlsruhe FamRZ 96, 1335 Anm Vollkommer/Schwaiger); nicht ein am Verfahren unbeteiligter Dritter (LG Heidelberg NJW-RR 92, 316). Das gilt auch für die höhere Instanz, wenn der vollmachtlose Vertreter Rechtsmittel eingelegt hat (BGH NJW 83, 883). – **d) Rechtsmittel.** Für den mit Kosten belasteten Dritten, **11 a** insbes den vollmachtlosen Vertreter (Jena OLG-NL 99, 259) käme nur die sofortige Beschwerde in Betracht (BGH NJW 88, 49 mwN). – **e) Zurückweisung** des vollmachtlosen Vertreters kann durch Be- **12** schluss oder in den Gründen der Endentscheidung erfolgen (BAG NJW 65, 1041).

4. Heilung durch Genehmigung der vertretenen Partei. Gilt in **13** allen Fällen (Rn 2–12). Sie wirkt zurück (BGH 92, 137 [140]), aber nicht mehr, wenn bereits ein vollmachtlos eingelegtes Rechtsmittel wegen fehlender Vollmacht als unzulässig verworfen wurde (GemSOGB NJW 84, 2149). **a) Erklärung.** Die Genehmigung ist dem Gericht, **14** Gegner oder Vertreter gegenüber zu erklären, auch stillschweigend möglich durch rügelose Weiterführung des Prozesses oder Bevollmächtigung des bisher vollmachtlosen Vertreters in Kenntnis der Prozesslage (BGH 10, 147). – **b) Wirkung.** Die Genehmigung kann nur die gesamte **15** Prozessführung umfassen, nicht einzelne Prozesshandlungen (BGH 92, 137).

§ 90 Beistand

(1) **Insoweit eine Vertretung durch Anwälte nicht geboten ist, kann eine Partei mit jeder prozeßfähigen Person als Beistand erscheinen.**

(2) **Das von dem Beistand Vorgetragene gilt als von der Partei vorgebracht, insoweit es nicht von dieser sofort widerrufen oder berichtigt wird.**

Stellung. Der Beistand (nicht der des § 53 a) ist nicht ProzBev, **1** sondern nur zum Vortrag (Rn 2) befugt, neben der Partei (auch Nebenintervenienten) oder ihrem gesetzlichen Vertreter. Das gilt nur im Parteiprozess (§ 79). Der Beistand ist nicht neben einem ProzBev zugelassen (hM). Ausnahme: Beiordnung eines RA gem § 625. Legitimiert wird er, indem ihn die Partei in dem Prozess als Beistand benennt. Zurückweisung ist nach § 157 Abs 1, 2 möglich. **Vortrag** (Abs 2). Was der **2** Beistand an (allen) Prozesshandlungen erklärt, ist Vortrag der Partei, sofern diese nicht sofort widerspricht (wie § 85 Rn 5).

Titel 5. Prozesskosten

Vorbemerkungen

I. Allgemeines

1   Die §§ 91–113 gelten grundsätzlich für alle der ZPO unterliegenden Verfahren; jedoch sind die (nicht seltenen) jeweiligen Sondervorschriften zu beachten. Es müssen die nachfolgenden Begriffe auseinandergehalten werden.

2   **II. Prozesskosten** sind die unmittelbaren Aufwendungen der Parteien für das Betreiben des Rechtsstreits. Nicht dazu gehören die Schäden, die eine Partei aus Anlass des Rechtsstreits erleidet. Jede Partei hat zunächst die ihr erwachsenen Prozesskosten selbst zu tragen, endgültig erst dann, wenn sie einen Erstattungsanspruch (Rn 7) nicht hat oder nicht realisieren kann. Prozesskosten zerfallen in:

3   **1. Gerichtskosten,** die nach dem GKG anfallen. Sie bestehen aus: **a) Gebühren.** Das sind öffentlich-rechtliche Abgaben für das Tätigwerden der Rechtspflegeorgane. Sie werden nach den Anlagen 1 und 2 zum GKG erhoben und richten sich nach dem Streitwert (Anl 2), wenn nicht im KV (Anl 1) ein bestimmter Geldbetrag vorgesehen ist (vgl § 11
4   GKG). – **b) Auslagen.** Das sind die geldwerten Aufwendungen der Gerichte, insbes für Ausfertigungen und Abschriften (Schreibauslagen), Zeugen, Sachverständige, Beförderungskosten, Haftkosten, bestimmte Postgebühren. Ansatz und Höhe richten sich nach dem KV 9000–9010.

5   **2. Außergerichtliche Kosten.** Das sind insbes die Anwaltskosten (§ 91 Rn 19), Ausgaben für sonstige ProzBev und Beistände, Gerichtsvollzieherkosten (nach GVKostG), sowie die Parteikosten (§ 91 Rn 15).

6   **III. Kostenschuld** ist die öffentlich-rechtliche Pflicht gegenüber dem Staat, die Gerichtskosten (Rn 3, 4) zu entrichten. Sie folgt unmittelbar aus dem Gesetz (§§ 49–69 GKG). Es bestimmt, wer Kostenschuldner ist, wann die Kostenschuld fällig wird, wann und wofür Vorschuss zu zahlen ist. Von der Kostenschuld befreit sind Bund, Länder sowie bestimmte Anstalten und Kassen (§ 2 Abs 1 GKG), ferner weitere Personen nach Maßgabe des § 2 Abs 2 GKG. Die Kostenschuld erlischt nicht dadurch, dass der Kostenschuldner seinerseits einen Kostenerstattungsanspruch (Rn 7) hat oder der Kostenentscheidung (Rn 17) zufolge keine Kosten tragen muss.

7   **IV. Kostenerstattungsanspruch** ist der Anspruch einer Partei oder eines Nebenintervenienten gegen die andere Partei oder einen Nebenintervenienten (nicht der eines ihrer Vertreter, Frankfurt NJW-RR 98, 1534), die ihr entstandenen Prozesskosten (Rn 2) zu erstatten. Es ist zu unterscheiden:

1. Prozessualer Kostenerstattungsanspruch. Er beruht allein auf **8** den Vorschriften der ZPO, ist aber ein privatrechtlicher Anspruch (hM), der nur in dem Rechtsstreit, in dem er entsteht, im Kostenfestsetzungsverfahren (Rn 20), nicht aber in einem selbständigen Prozess verfolgt werden kann (BGH 28, 302 [308]). Eine Klage, auch auf einzelne Posten beschränkt, ist wegen der Unzulässigkeit der Verfahrensart ausgeschlossen, weil hierfür allein das Kostenfestsetzungsverfahren zulässig ist (StJBork 11; Köln MDR 81, 763). Sind einzelne Posten übersehen oder übergangen worden, ist ein weiteres Gesuch zulässig (§ 103 Rn 18), keine Klage. **a) Entstehung: aa) Aufschiebend bedingt** ab Rechts- **9** hängigkeit (hM). Bedingung ist Erlass der Entscheidung, die dem Gegner die Kosten auferlegt (BGH NJW 83, 284; vgl Rn 10). Der Anspruch ist zwar weder fällig noch aufrechenbar (Düsseldorf NJW 62, 1400), kann aber bereits abgetreten (BGH NJW 88, 3204), verpfändet, gepfändet oder bei Insolvenz angemeldet werden. Der Wirksamkeit einer Abtretung steht nicht entgegen, dass der Zedent später im eigenen Namen die Kosten festsetzen lässt (BGH aaO). **bb) Auflösend bedingt** **10** mit Erlass der Kostenentscheidung, wenn diese (insbes vorläufig) vollstreckbar ist (vgl insbes §§ 704, 794). Bedingung ist Aufhebung oder Unwirksamwerden der Entscheidung. Mit Erlass der Entscheidung ist der Kostenerstattungsanspruch fällig (BGH JR 76, 332 mit Anm von Kuntze) und aufrechenbar, wenn im selben Rechtsstreit aber nur, wenn er festgesetzt (§ 104) oder der Höhe nach unbestritten ist (BGH NJW 63, 714; Karlsruhe NJW 94, 593 mit Anm von Schmitz 567); dann auch, wenn Sicherheitsleistung angeordnet und noch nicht erbracht ist (Düsseldorf MDR 88, 782). **cc) Endgültig** und unbedingt mit Rechtskraft **11** (§ 705) der Kostenentscheidung, kraft Gesetzes nach § 269 Abs 4, § 516 Abs 3, § 565 oder mit Wirksamkeit eines Prozessvergleichs (vgl § 794 Rn 9–13). – **b) Erlöschen und Hemmung** tritt wie bei jedem **12** anderen Anspruch ein (43, 44 vor § 253).

2. Materiell-rechtlicher Kostenerstattungsanspruch. a) Grund- **13** **lage.** Der Anspruch kann auf Vertrag beruhen, indem darin Kosten eines Prozesses übernommen werden. Er kann auch als Aufwendungs- oder als Schadensersatzanspruch bestehen (BGH 111, 168 [178]), insbes aus § 286 und § 823 BGB (BGH aaO mwN). – **b) Umfang.** Er richtet **14** sich nach dem Vertragsinhalt, nach § 670 oder § 249 BGB, auch § 254 BGB und durch § 91 nicht begrenzt (hM), wohl aber durch § 12 a Abs 1 S 1 ArbGG (BAG NZA 92, 1101). Die §§ 91 ff sind auch nicht entspr anwendbar (hM; BGH NJW 88, 2032 mwN = ZZP 101, 298 mit Anm von Becker-Eberhard). Auch kann der materiell-rechtliche Kostenerstattungsanspruch über den prozessualen hinausgehen (BGH 111, 168). – **c) Geltendmachung:** grundsätzlich in einem eigenen **15** Rechtsstreit. Er kann jedoch auch durch Anspruchshäufung (§ 260) und im anhängigen Rechtsstreit durch Klageänderung, ggf auch gem § 264 Nr 3 geltend gemacht werden (BGH NJW 94, 2895). Die Klage ist aber wegen fehlenden Rechtsschutzbedürfnisses unzulässig (26 vor § 253), soweit sich der materielle Anspruch mit dem prozessualen deckt und nach Rn 8 im Kostenfestsetzungsverfahren geltend gemacht werden kann (BGH 75, 230 [235] und 111, 168 mwN). Soweit der materiell-rechtliche Erstattungsanspruch bereits tituliert ist, dürfen diese Kostenpositionen nicht mehr im Wege des § 104 festgesetzt werden (Karlsruhe NJW-RR 98, 861). Das Rechtsschutzbedürfnis ist zu bejahen bei Kosten, die vorprozessual zur Abwendung des Rechtsstreits aufgewendet wurden (Vorbereitungskosten; BGH WM 87, 247; vgl § 91 Rn 8). –

16 d) Rechtskraft. Die Klageabweisung des materiell-rechtlichen Kostenerstattungsanspruchs steht einer Geltendmachung derselben Kostenposition im Festsetzungsverfahren (Rn 8) grundsätzlich nicht entgegen. Dasselbe gilt umgekehrt, wenn die Erstattungsfähigkeit im Kostenfestsetzungsverfahren rechtskräftig verneint wurde (BGH 111, 168 mwN). Hingegen soll eine Klage unzulässig sein, wenn bei unverändertem, bereits voll in der Kostenentscheidung berücksichtigtem Sachverhalt ein dieser Kostenentscheidung widersprechendes Ergebnis erstrebt wird (BGH 45, 251 [257]; aA zutreffend Dresden NJW 98, 1872; Becker-Eberhard JZ 95, 814).

17 V. Kostenentscheidung ist der gerichtliche Ausspruch darüber, wer die Kosten zu tragen hat.

18 1. Ausspruch. Über die Kosten ist stets von Amts wegen zu entscheiden (§ 308 Abs 2), und zwar in jedem Vollendurteil, Vorbehaltsurteil, Zwischenurteil gegen Dritte (zB § 71), nur ausnahmsweise im Teilurteil (§ 301 Rn 5), ferner in jedem Beschluss, der ein Verfahren (nicht notwendig endgültig) abschließt (zB §§ 522, 922). Wurde die Kostenentscheidung vergessen, gilt § 321. Keine Kostenentscheidung darf insbes enthalten: das Zwischenurteil, das zwischen den Parteien ergeht (§ 303), insbes das Grundurteil (§ 304), der Verweisungsbeschluss (§ 281).

19 2. Inhalt. Wem die Kosten aufzuerlegen sind, richtet sich allein nach der ZPO. Die §§ 91–101 gelten dabei grundsätzlich für alle Verfahren, die der ZPO unterliegen. Daneben gibt es in der ZPO und anderen Gesetzen verstreut zahlreiche Sondervorschriften (zB §§ 281 Abs 3, 344, 380 Abs 1). Parteivereinbarungen über die Kostenpflicht (an sich zulässig und wirksam) und materiell-rechtliche Kostenerstattungsansprüche (Rn 13) haben auf die Kostenentscheidung keinen Einfluss (BGH 5, 251 [258]), auch nicht in einem Vergleich, wenn die Kostenentscheidung rechtskräftig ist. Eine Ausnahme besteht in Scheidungssachen (§ 93 a Abs 1 S 3). Eine nachträgliche Streitwertänderung (§ 25 Abs 2 S 2, 3 GKG) rechtfertigt nicht eine Änderung der Kostenentscheidung (vgl § 2 Rn 12).

20 VI. Kostenfestsetzung ist das gerichtliche Verfahren, durch das der Betrag der Kosten festgesetzt wird, den die eine Partei der anderen zu erstatten hat. Es wird für den prozessualen Kostenerstattungsanspruch

(Rn 8) ein Vollstreckungstitel (§ 794 Abs 1 Nr 2) geschaffen, nämlich der Kostenfestsetzungsbeschluss. Verfahren: §§ 103–107.

§ 91 Grundsatz und Umfang der Kostenpflicht

(1) [1]**Die unterliegende Partei hat die Kosten des Rechtsstreits zu tragen, insbesondere die dem Gegner erwachsenen Kosten zu erstatten, soweit sie zur zweckentsprechenden Rechtsverfolgung oder Rechtsverteidigung notwendig waren.** [2]**Die Kostenerstattung umfaßt auch die Entschädigung des Gegners für die durch notwendige Reisen oder durch die notwendige Wahrnehmung von Terminen entstandene Zeitversäumnis; die für die Entschädigung von Zeugen geltenden Vorschriften sind entsprechend anzuwenden.**

(2) [1]**Die gesetzlichen Gebühren und Auslagen des Rechtsanwalts der obsiegenden Partei sind in allen Prozessen zu erstatten, Reisekosten eines Rechtsanwalts, der nicht bei dem Prozeßgericht zugelassen ist und am Ort des Prozeßgerichts auch nicht wohnt, jedoch nur insoweit, als die Zuziehung zur zweckentsprechenden Rechtsverfolgung oder Rechtsverteidigung notwendig war.** [2]**Der obsiegenden Partei sind die Mehrkosten nicht zu erstatten, die dadurch entstehen, daß der bei dem Prozeßgericht zugelassene Rechtsanwalt seinen Wohnsitz oder seine Kanzlei nicht an dem Ort hat, an dem sich das Prozeßgericht oder eine auswärtige Abteilung dieses Gerichts befindet.** [3]**Die Kosten mehrerer Rechtsanwälte sind nur insoweit zu erstatten, als sie die Kosten eines Rechtsanwalts nicht übersteigen oder als in der Person des Rechtsanwalts ein Wechsel eintreten mußte.** [4]**In eigener Sache sind dem Rechtsanwalt die Gebühren und Auslagen zu erstatten, die er als Gebühren und Auslagen eines bevollmächtigten Rechtsanwalts erstattet verlangen könnte.**

(3) **Zu den Kosten des Rechtsstreits im Sinne der Absätze 1, 2 gehören auch die Gebühren, die durch ein Güteverfahren vor einer durch die Landesjustizverwaltung eingerichteten oder anerkannten Gütestelle entstanden sind; dies gilt nicht, wenn zwischen der Beendigung des Güteverfahrens und der Klageerhebung mehr als ein Jahr verstrichen ist.**

Übersicht

1. Grundsatz für Kostenentscheidungen (17 vor § 91) ist, dass **1**
die Partei, die im Rechtsstreit unterliegt, die Prozesskosten (2 vor § 91)
zu tragen hat. Dies ist in der Urteils- oder Beschlussformel, zweckmäßig in einem eigenen Satz, auszusprechen. Bsp: Der Kläger trägt die
Kosten des Rechtsstreits. **a) Unterliegen** kann nur eine Partei (2 vor **2**
§ 50). Nur sie, nicht ihren RA treffen die Folgen der §§ 91 ff, auch
wenn sie nicht partei- oder prozessfähig ist (BGH NJW 93, 1865;
Kempter NJW 93, 2158). Es ist gleichgültig, ob die Partei entgegen
ihren Anträgen, freiwillig (zB infolge Anerkenntnisses, § 307) oder
auf Grund einer gegen die Klageforderung erklärten Aufrechnung unterliegt; ebenso wenn das Unterliegen auf einer während des Rechtsstreits eingetretenen Gesetzesänderung beruht (BGH NJW 62, 1715). –
b) Ausnahmen vom Grundsatz des Abs 1 S 1 enthalten insbes die **3**
§§ 93–96, § 97 Abs 2, 3, § 281 Abs 3, § 344. Dem Gericht hierbei
unterlaufene Fehler (bei §§ 281, 344 nicht selten) dürfen nicht im
Wege der Kostenfestsetzung durch Abweichen von der falschen Kostenentscheidung korrigiert werden (hM; Rn 36). – **c) Kostenübernah-** **4**
me. § 91 ist auch maßgebend für den Umfang des Kostenerstattungsanspruchs, wenn in einem Vergleich die Kosten ganz oder zT übernommen wurden, ohne dass über den Umfang des Erstattungsanspruchs
bestimmte einschränkende oder erweiternde Vereinbarungen getroffen
sind. Die einfache Vereinbarung der Kostenübernahme umfasst die
durch Verweisung (§ 281) entstandenen Mehrkosten (Karlsruhe MDR
88, 1063).

2. Kosten des Rechtsstreits sind die Prozesskosten (2 vor § 91). Sie **5**
bilden grundsätzlich eine Einheit, jedoch können über die §§ 94–97,
§ 100 Abs 3, § 101, § 238 Abs 4, § 281 Abs 3, § 344 die Kosten einzelner Prozesshandlungen, einzelner Prozessabschnitte und die eines ganzen
Rechtszuges gesondert von den übrigen Kosten des Rechtsstreits auferlegt werden (sog Kostentrennung). **a) Zum Rechtsstreit gehören:** **6**
Güteverfahren (Abs 3; aber nur die behördlichen Gebühren); Verfahren
zur PKH (§ 118 Abs 1); vorangegangenes Mahnverfahren (§ 696 Abs 1,
§ 700 Abs 3); Zuständigkeitsbestimmung (§ 37); Widerklage (§ 33); alle
Rechtszüge auf Berufung, Revision, sofortige Beschwerde und Rechtsbeschwerde; Ergänzung und Berichtigung eines Urteils (§§ 319–321)
sowie dessen Zustellung, die Rüge des § 321 a, das selbständige Beweisverfahren (§ 485 Abs 1) im anhängigen Rechtsstreit (vgl § 494 a Rn 5),

soweit der Gegenstand (Streitstoff) identisch ist (§ 494 a Rn 4). Nicht:
das vorangegangene Verfahren auf Arrest und einstweilige Verfügung
über den selben Anspruch (vgl § 926); die ZwVollstr (§ 788). –

7 **b) Sonstige Kosten** der Rechtsverfolgung oder Rechtsverteidigung,
die nicht unmittelbar durch den Rechtsstreit entstanden sind, fallen auch
unter Abs 1 S 1, zB die Kosten der Vorbereitung des Rechtsstreits, die
des Abhilfeverfahrens bei Ansprüchen gegen den Staat; vorprozessuale
8 Anwaltskosten (vgl Dittmar NJW 86, 2087). – **c) Keine Kosten** iS des
§ 91 Abs 1 sind solche für eine versuchte Abwendung des Rechtsstreits,
zB Mahnschreiben, Inkassounternehmen. Diese Kosten sind als Schaden
beim materiell-rechtlichen Kostenerstattungsanspruch (13–15 vor § 91)
geltend zu machen (München Rpfleger 89, 300; Dresden Rpfleger 94,
260). Weitere Bsp: Kosten eines beantragten, erfolglos gebliebenen
Schiedsgerichtsverfahrens (Hamm Rpfleger 73, 369), einer wettbewerbs-
rechtlichen Abmahnung (Rostock Rpfleger 96, 526 mwN; Hamm
MDR 97, 209 mwN; bestr) oder einer Schutzschrift, auf die kein
Verfahren folgt (vgl § 935 Rn 10).

9 **3. Notwendige Kosten.** Das sind nur diejenigen für solche Handlungen, die zZ ihrer Vornahme objektiv erforderlich und geeignet erscheinen, das im Streit stehende Recht zu verfolgen oder zu verteidigen
(Abs 1 S 1). Es gilt der Grundsatz sparsamer Prozessführung (hierzu
Riecke MDR 99, 81), auch dafür, dass die Partei überhaupt einen RA
beauftragt und für die von ihm entfaltete Tätigkeit (vgl Rn 21). Die
Kosten können auch nach Erlass der Kostenentscheidung (17 vor § 91)
10 entstanden sein (vgl KG MDR 77, 319). **a) Mehrere Ansprüche.** Die
Parteien sind verpflichtet, die Kosten angemessen niedrig zu halten;
deshalb sind mehrere Ansprüche aus einem einheitlichen Lebensvorgang
grundsätzlich verbunden einzuklagen, soweit es nach § 260 zulässig ist,
insbes gleichartige Ansprüche (umstr). Die Mehrkosten sind erstattungsfähig, wenn vernünftige Gründe für eine getrennte Geltendmachung
11 bestehen (hM; Stuttgart Rpfleger 01, 617 mwN). – **b) Mehrere Parteien.** Es steht dem Kläger grundsätzlich frei, solche Ansprüche, die
gegen mehrere Personen bestehen, in einem Prozess oder getrennt
geltend zu machen (München MDR 87, 677; KG Büro 89, 1697), zB
gegen Hauptschuldner und Bürgen (Koblenz Rpfleger 91, 80). Ausnah-
12 me: Rechtsmissbrauch. **c) Mehrere Gerichtsstände.** Der Kläger muss
grundsätzlich nicht denjenigen Gerichtsstand wählen (§ 35), bei dem
13 die geringsten Kosten anfallen (Hamburg Büro 78, 919). – **d) Entscheidung.** Über Notwendigkeit und Erstattbarkeit wird im Kostenfestsetzungsverfahren (§§ 103–107) entschieden. Es sind dann die konkreten
14 Umstände zu berücksichtigen. – **e) Gerichtskosten** (3, 4 vor § 91)
gehören idR zu den notwendigen Kosten. Sie sind zu erstatten, soweit
die anspruchsberechtigte Partei auf Grund ihrer Kostenschuld (6 vor
§ 91) an die Gerichtskasse gezahlt hat.

15 **4. Parteikosten,** sind Kosten, die der Partei durch ihre eigene Tätigkeit oder die ihrer Organe und leitenden Angestellten, welche an ihrer

Stelle handeln, infolge des Rechtsstreits erwachsen, insbes Reisekosten (ggf mit Übernachtung, Dresden MDR 99, 894) und Entschädigung für die versäumte Zeit (zB Verdienstausfall). Diese Kosten sind nach dem ZuSEG zu erstatten (Abs 1 S 2), auch wenn nicht die Partei selbst, sondern ein Vertreter den Termin wahrnimmt (Hamm MDR 97, 206). Dies gilt nicht, wenn Behörden einen Bediensteten entsenden (hM; LG Köln Büro 94, 229). Der Partei gleich steht ihre Versicherung, wenn diese den Prozess für die Partei führt (Koblenz Rpfleger 92, 129).

a) Teilnahme an Terminen, nur zur Verhandlung oder zum Beweis, **16** nicht zur Verkündung. Auch wenn die Partei einen ProzBev hat, ist die Teilnahme grundsätzlich erstattungsfähig (Düsseldorf NJW-RR 96, 1342; Hamm MDR 92, 196; Stuttgart Rpfleger 92, 448; Köln Rpfleger 93, 126; bestr), insbes wenn das persönliche Erscheinen der Gegenpartei angeordnet ist (KG NJW 68, 847) oder nach dem Beweisthema mit der Möglichkeit zu rechnen war, dass die Partei aus eigener Kenntnis zur Aufklärung beitragen könnte (Frankfurt MDR 84, 148). Reisekosten: Rn 15. Erstattungsfähig sind auch die Kosten für einen geeigneten bevollmächtigten Vertreter, wenn Anordnung nach § 141 ergangen war.

b) Information des ProzBev. Für jede Tatsacheninstanz ist grundsätz- **17** lich eine Reise erstattungsfähig, aber nur sofern Schriftwechsel wegen schwieriger Sachlage nicht genügt (Koblenz Büro 91, 1519). Berechnet wird wie für eine Reise zum Termin nach ZuSEG (Abs 1 S 2 Hs 2). –

c) Sonstige Kosten. Mehrkosten, die einem Kaufmann, der Zweig- **18** niederlassungen betreibt, durch zentrale Bearbeitung entstehen, sind nicht zu erstatten (Hamm MDR 72, 877), ebenso wenig ein Anteil der allgemeinen Verwaltungskosten (LG Krefeld VersR 74, 556), auch nicht Zinsen, die für die Finanzierung von Prozesskosten aufgewendet wurden (Hamm MDR 72, 960).

5. Anwaltskosten (Abs 2). **a) Begriff.** Das sind alle Gebühren und **19** Auslagen, die nach der BRAGO und deren Sätzen zu erstatten sind, nicht aber das darüber hinaus gezahlte Honorar (§ 3 BRAGO). – **b) Anwendungsbereich:** alle Prozesse, auch solche außerhalb des An- **20** waltzwanges (§ 79), insbes Mahnverfahren (hM; Brandenburg OLG-NL 98, 287; aA Nürnberg NJW 98, 388; abl Anm E. Schneider NJW 98, 356) und auch dann, wenn die erstattungsberechtigte Partei eine Rechtsschutzversicherung abgeschlossen hat (allgM). Das gilt auch für Kosten, die dem Mandanten gegenüber noch nicht geltend gemacht sind (hM). – **c) Anlass zur Bestellung** eines RAs besteht grundsätzlich ab **21** Zustellung einer Klage (§ 253 Abs 1) oder eines anderen gerichtlichen Antrags, zB bei Mahnbescheid auch nach Widerspruch. Für die Berufungsinstanz besteht Anlass für den Berufungsbeklagten ab Zustellung der Berufungsschrift (Köln NJW-RR 98, 1148; München MDR 87, 1030; bestr) und schon vor Berufungsbegründung (Karlsruhe NJW-RR 86, 1504). Umstritten ist die Erstattungsfähigkeit, wenn in der Rechtsmittelschrift erklärt wird, dass das Rechtsmittel nur vorsorglich zur Fristwahrung eingelegt werde. Zunächst kann dem Berufungsbeklagten zu-

gemutet werden abzuwarten, ob die Berufung durchgeführt wird (überwiegende Meinung der OLGe; Braunschweig MDR 97, 981; aA Köln
NJW-RR 98, 1148). Die Erstattungsfähigkeit tritt jedenfalls dann ein,
wenn die Verlängerung der Begründungsfrist ohne Vorbehalt beantragt
wird (Karlsruhe NJW-RR 00, 512; bestr). Es ist aber nur eine halbe
Gebühr erstattungsfähig (vgl § 32 Abs 1 BRAGO), wenn die Berufung
vor Begründung (§ 520) zurückgenommen wird (§ 516) und der RA
bereits einen Schriftsatz mit Zurückweisungsantrag eingereicht hat (wohl
hM; Hamm Rpfleger 91, 476 mwN und NJW-RR 96, 576; Karlsruhe
Rpfleger 95, 227 und 97, 128; Köln NJW-RR 98, 1148 mwN). –

22 **d) Umfang.** Zu erstatten sind grundsätzlich die Kosten für Reisen zu
allen auswärtigen Terminen, idR unbeschränkt, mindestens bis zur
Höhe der Kosten für einen Beweisanwalt (Rn 25; KG NJW 65, 1442);
ausnahmsweise nicht bei auffälligem Missverhältnis zur Bedeutung der
Sache und zur Höhe der sonstigen Prozesskosten. Telekommunikations-
kosten, welche die Pauschale (§ 26 BRAGO) übersteigen, sind auf das
notwendige zu beschränken (München Rpfleger 93, 39). Auch der
Umfang der Tätigkeit des RAs muss notwendig sein. Das ist zB für
Hinterlegung verneint von Celle NJW 68, 2246, für Hebegebühr bei
Bankbürgschaft von Hamm Büro 75, 1609 und bei Vergleich von Mün-
23 chen NJW-RR 98, 1452. – **e) Mehrwertsteuer** des RAs und bei
anderen Kosten. Seit der Einfügung von § 104 Abs 2 S 3 durch das
Kostenänderungsgesetz 1994 (vgl § 104 Rn 3) gibt der Gesetzgeber zu
erkennen, dass er davon ausgeht, die MwSt sei nur dann erstattungsfähig,
wenn der Erstattungsberechtigte nicht vorsteuerabzugsberechtigt ist
(hM). Sind Streitgenossen teils zum Vorsteuerabzug berechtigt, teils
nicht, kommt es auf das Innenverhältnis an (Stuttgart Rpfleger 96, 82;
KG NJW-RR 98, 860). Die unberücksichtigt gebliebene Vorsteuer-
abzugsberechtigung im Wege des § 767 geltend zu machen, lässt LG
München I NJW-RR 92, 1342 zu (ebenso ZöHerget § 767 Rn 20).

24 **6. Mehrere Anwälte** (Abs 2 S 3). Davon werden auch die Fälle der
Rn 26–31 (Verkehrsanwalt) und Rn 32–41 (Anwaltswechsel) erfasst.
a) Grundsatz. Auch wenn die Partei sich zugleich durch mehrere RAe
vertreten lässt, sind nur die Kosten, die für einen entstehen würden,
erstattungsfähig. Das gilt auch, wenn eine seltene Spezialmaterie zu
bearbeiten ist, der Fiskus durch mehrere Geschäftsbereiche vertreten
wird (Köln Rpfleger 80, 157), der Beklagte für die Widerklage einen
weiteren RA bestellt (KG MDR 75, 499), neben dem Rechtsmittel-
anwalt der RA der Vorinstanz tätig wird (Koblenz MDR 97, 508) oder
wenn der ProzBev die mündlichen Ausführungen einem weiteren RA
überlassen hat (Hamm Büro 77, 76). Von diesem Grundsatz gibt es eine
Reihe von Ausnahmen (zB Rn 25, 26). Nebenintervenienten müssen
(Interessenkollision wegen § 68) einen eigenen RA haben (§ 100 Rn 5).
25 **b) Untervertreter.** Für die unter § 4 BRAGO fallenden Vertreter
erhält die Vergütung der vertretene RA. Für einen auswärtigen Beweistermin mit RA am Ort der Beweisaufnahme als Untervertreter (Beweis-

anwalt) sind dessen Gebühren und Auslagen in jedem Fall zu erstatten, aber grundsätzlich nur bis zur Höhe der Reisekosten des bestellten ProzBev (hM), Mehrkosten nur, wenn der ProzBev trotz Verlegungsgesuchs verhindert war, den Beweistermin wahrzunehmen (Bamberg Büro 75, 379).

7. Verkehrsanwalt (Korrespondenzanwalt; § 52 Abs 1 BRAGO). **26**
a) Begriff. Das ist der RA am Wohnort der Partei (oder in nächster Nähe) zum Verkehr mit dem RA, der den Prozess am auswärtigen Gericht führt (Düsseldorf NJW-RR 97, 190). Kein Verkehrsanwalt ist das Mitglied derselben überörtlichen Sozietät (KG Rpfleger 95, 433; München Rpfleger 95, 432; Karlsruhe NJW-RR 95, 377), der RA der ersten Instanz mit Sitz am Ort des beim Berufungsgericht zugelassenen RA (Düsseldorf MDR 76, 406), auch nicht der als RA zugelassene Geschäftsführer einer GmbH, wenn er nicht das Verkehrsmandat hat (KG Büro 77, 63). – **b) Erstattbarkeit.** Kosten des Verkehrsanwalts **27** sind grundsätzlich nicht erstattungsfähig. Sie sind es ausnahmsweise in den Tatsacheninstanzen (im Berufungsrechtszug seltener als im ersten, Rn 30), wenn die Partei geschäftsungewandt, der Prozessstoff ungewöhnlich schwer, ein unmittelbarer Verkehr mit dem ProzBev unmöglich ist oder unzumutbar erschwert. Hierfür ist abzustellen auf Entfernung, Verkehrsverbindung, berufliche Belastung, Informationshäufigkeit, Interesse am Vermeiden der Abwesenheit (hM). Erstattbar ist die Gebühr auch dann, wenn wegen Klagerücknahme ein ProzBev nicht mehr bestellt wird (München AnwBl 78, 110). Eine (weitere) Vergleichsgebühr ist neben der des ProzBev idR nicht erstattbar (Hamm Büro 88, 492; Karlsruhe Justiz 89, 85). Erstattbarkeit wird generell verneint bei größeren Unternehmen mit Rechtsabteilung (Köln Rpfleger 86, 235) und wenn am Prozessort eine Niederlassung besteht, von der aus das Rechtsverhältnis angeknüpft wurde (München MDR 88, 324). – **c) Informationskosten.** Unerheblich ist, ob die Partei für die **28** Information mehr als einen halben Arbeitstag benötigt hätte (hM; Koblenz MDR 77, 319 mwN; Frankfurt Büro 88, 486). Innerhalb der Bundesrepublik reicht eine weite Entfernung allein nicht aus, da genügend Kommunikationsmittel zur Verfügung stehen. Jedoch sind die Kosten des Verkehrsanwalts bis zur Höhe einer (fiktiven) Informationsreise idR zu ersetzen (hM; Frankfurt MDR 84, 587 mwN; München NJW-RR 98, 1692). Ausnahmen: wenn die Reise entbehrlich gewesen wäre (hM), eine juristische Person ihre Verwaltung nicht am Sitz führt und am Ort der Verwaltung einen Verkehrsanwalt einsetzt (KG Büro 72, 996) und bei einem RA in eigener Sache (Bamberg Büro 80, 295; vgl Rn 43). – **d) Mehrere Parteien.** Diese Grundsätze gelten auch, wenn **29** Streitgenossen durch einen gemeinsamen ProzBev weitere ProzBev eingespart haben (Düsseldorf Rpfleger 84, 32 mwN; München MDR 91, 256; bestr). Haben die Parteien einen gemeinsamen RA, gilt die Erhöhungsgebühr des § 6 BRAGO auch bei der BGB-Gesellschaft, deren Mitglieder an ihrer Stelle oder neben ihr verklagt werden (hM; Frankfurt

30 Rpfleger 93, 420 mwN). – **e) Rechtsmittelinstanz.** Im Berufungsrechtszug kann die Einschaltung eines Verkehrsanwalts nicht vor Zustellung der Berufungsbegründung erforderlich werden (Düsseldorf NJW
74, 245) und überhaupt nicht, wenn der Schwerpunkt auf Rechtsfragen
liegt (Koblenz Büro 77, 65); ferner in der Revision (hM; Dresden MDR
98, 1372 mwN) oder auch, wenn der Prozessstoff in erster Instanz
aufgearbeitet wurde (Dresden OLG-NL 95, 287) und sich nicht ver
31 ändert hat. – **f) Ausländer.** Der Partei mit (Wohn-)Sitz im Ausland
steht grundsätzlich ein Verkehrsanwalt (Rn 26) für die erste Instanz zu
(hM; Hamburg Büro 88, 1186; einschränkend Düsseldorf Rpfleger 97,
188; aA München NJW-RR 98, 1692 mwN: wie inländische Partei zu
behandeln). Ausnahmsweise keine Erstattung, wenn bei mehreren zur
Wahl stehenden Gerichtsständen nicht am Ort des Verkehrsanwalts geklagt wird (Hamburg MDR 99, 443).

32   **8. Anwaltswechsel** (Abs 2 S 3). Die dadurch entstandenen Mehrkosten sind erstattungsfähig, wenn gewechselt werden musste und die
Partei oder der RA dies nicht verschuldet hat (hM). Kein Anwaltswechsel ist die Weiterbearbeitung durch eine andere Kanzlei der überörtlichen Sozietät (München Rpfleger 95, 432; Frankfurt NJW-RR 99, 435)
und das Ausscheiden des bisher sachbearbeitenden RAs aus der Sozietät
33 (Rostock MDR 97, 204). **a) Verlust der Anwaltseigenschaft** gleich
aus welchem Grund (auch durch Tod), sofern nicht eine Sozietät mandiert ist (Frankfurt Rpfleger 90, 527; einschränkend Düsseldorf Rpfleger
87, 80), selbst wenn ein Kanzleiabwickler bestellt wurde (hM; Hamburg
Büro 85, 1870). Es genügt Verlust der Zulassung beim Prozessgericht.
34 Bei freiwilliger Aufgabe der Zulassung vgl Rn 35. – **b) Kündigung** des
Mandats, dh des Geschäftsbesorgungsvertrages (3 vor § 78). Mehrkosten
sind nur erstattungsfähig, wenn der RA den Vertrag nicht ordnungsgemäß erfüllt (im Einzelnen bestr). Bloße falsche Beratung genügt nicht
(Düsseldorf NJW 72, 2311), idR auch nicht eine Erkrankung (München
Rpfleger 70, 142), ebenso wenig bei Erbfolge mangelndes Vertrauen des
eintretenden Erben zum ProzBev (Hamburg MDR 79, 762). Das gleiche gilt, wenn ein Streitgenosse den bisherigen gemeinsamen RA wechselt, ohne dass dies ein besonderer Grund rechtfertigt (Hamm Rpfleger
81, 29; großzügiger Düsseldorf MDR 88, 324: ohne Rechtsmissbrauch).
Ferner ist der Anwaltswechsel idR nicht notwendig, wenn ein zum
Insolvenz- oder Nachlassverwalter bestellter RA kündigt, um den Prozess selbst zu führen (allgM; Frankfurt Rpfleger 78, 419 mwN). –
35 **c) Mandatsniederlegung** durch den ProzBev, dessen Verschulden sich
die Partei zurechnen lassen muss (§ 85 Abs 2). Es besteht grundsätzlich
kein Anspruch auf Ersatz der Mehrkosten, insbes nicht bei Arbeitsüberlastung, freiwilliger Aufgabe der Zulassung, selbst wenn ein Kanzleiabwickler bestellt wurde (hM; LG Flensburg Rpfleger 94, 383), mit
Ausnahmen im Einzelfall (Koblenz MDR 91, 1098; Hamm NJW-RR
96, 1343), Benennung oder Vernehmung als Zeuge mit einer für die
vertretene Partei nachteiligen Aussage (Hamm Rpfleger 76, 435); aus

nahmsweise aber dann, wenn der ProzBev als Zeuge in einen Interessenkonflikt gerät (Bürcks NJW 69, 907). – **d) Verweisung** (§ 281). **36**
Hier kommt es grundsätzlich auf die Mehrkostenentscheidung des § 281
Abs 3 S 2 an. Unterbleibt sie versehentlich, ist nach umstrittener Ansicht
die getroffene Kostenentscheidung bindend (§ 281 Rn 18). Vertretbar
ist die Ansicht, es sei Abs 2 S 3 anzuwenden (Hamm Rpfleger 91, 267
mit abl Anm von Schlamp/Ebmaier; sehr bestr; aA Köln Rpfleger 93, 37
mwN) oder die Anwaltskosten vor dem unzuständigen Gericht seien im
Einzelfall als nicht notwendig anzusehen (Düsseldorf NJW-RR 98, 71).
Bei einer überörtlichen Sozietät liegt auch bei örtlich beschränkter
Prozessvollmacht kein notwendiger Wechsel vor, wenn mit einer Verweisung gerechnet werden musste (vgl Düsseldorf NJW-RR 95, 376). –
e) Mahnverfahren. Vor dem 1. 1. 2000 war wegen des Lokalisations- **37**
grundsatzes beim Anwaltsprozess (§ 78 I) häufig die Bestellung eines
RAs am Prozessgericht (§ 690 Abs 1 Nr 5) erforderlich. Nach hM
(Nürnberg NJW 99, 656) waren grundsätzlich die Kosten beider RAe
erstattungsfähig, ausnahmsweise nur dann nicht, wenn mit einem Widerspruch (§ 699) und Abgabe (§ 696) gerechnet werden musste (hM).
Diese Ausnahme gilt unverändert weiter (Zweibrücken NJW-RR 01,
1001). Seit 1. 1. 2000 ist das wegen der im ersten Rechtszug nicht mehr
örtlich beschränkten Anwaltszulassung zu differenzieren. **aa) Grund-** **38**
satz. Die Partei, die ihren RA für das Mahnverfahren frei wählen kann,
muss für das anschließende Streitverfahren nicht mehr einen anderen,
beim Prozessgericht zugelassenen RA mandieren (Stuttgart Rpfleger 01,
§ 16). Tut sie es dennoch, sind dessen Gebühren und Auslagen jedenfalls
bis zur Höhe der ersparten, fiktiven Reisekosten (Rn 42) erstattbar,
wenn die Partei damit rechnen musste, dass das Streitverfahren vor
dem Gericht stattfindet, bei dem ihr für das Mahnverfahren mandierter
RA seinen Kanzleisitz hat. Für Verfahren die vor dem 1. 1. 2000 eingeleitet wurden, wird auf die Rn 33–39 der 22. Aufl verwiesen.
bb) Mahnanwalt ist ein vom Antragsteller nur für das Mahnverfahren **39**
mandierter RA, der seinen Sitz an einem dritten Ort hat, dh weder am
Mahngericht (§ 689 Abs 2 S 1) noch am Prozessgericht (§ 690 Nr 5).
Seine Kosten sind nur erstattungsfähig, wenn gegenüber einem am Sitz
des Mahngerichts ansässigen RA keine Mehrkosten entstanden sind
(Düsseldorf Rpfleger 92, 130) oder wenn mit einem Widerspruch nicht
zu rechnen war (Zweibrücken NJW-RR 01, 1001; Brandenburg
OLG-NL 98, 287; Nürnberg NJW-RR 00, 1518; aA Frankfurt MDR
93, 1247; Düsseldorf Rpfleger 96, 526 und NJW-RR 98, 1774: ohne
Rücksicht auf einen zu erwartenden Widerspruch). Mit Widerspruch ist
zu rechnen, wenn ein Inkassobüro ergebnislos eingeschaltet war (Hamm
MDR 94, 103) oder wenn nur teilweise übersetzter Betrag mit hohen
Zinsen verlangt wird. Andererseits braucht ein Gläubiger, dessen Schuldner auf Mahnung geschwiegen oder um Stundung gebeten hat, nicht
mit einem Widerspruch gegen einen Mahnbescheid zu rechnen (KG
NJW 75, 933), insbes nicht bei einem Wechsel- oder Scheckmahnbescheid (München Rpfleger 77, 64). – **f) Arrest und einstweilige** **40**

Verfügung. Beauftragt der Antragsteller einen RA, der nicht beim
Prozessgericht zugelassen ist, so sind die dadurch entstehenden Mehrkosten nicht erstattungsfähig, wenn Anordnung von mündlicher Verhandlung oder Widerspruch zu erwarten war (hM). Das ist idR der Fall
41 (Frankfurt Rpfleger 90, 313). – **g) Zurückverweisung** (§§ 538, 563
Abs 1). Die Mehrkosten sind nur erstattungsfähig, wenn der Wechsel des
RAs der unteren Instanz aus anderen Gründen notwendig war (München Büro 87, 277). – **h) Selbständiges Beweisverfahren** (§ 485).
Wird ein RA mandiert, der beim Prozessgericht der Hauptsache nicht
zugelassen ist (zB ein nur beim OLG zugelassener RA), liegt idR kein
notwendiger Anwaltswechsel vor (Düsseldorf NJW-RR 97, 1431 mwN,
München NJW-RR 00, 667 mwN), ausnahmsweise dann, wenn sich
erst nachträglich herausstellt, dass ein anderes Gericht zuständig ist
(Düsseldorf NJW-RR 98, 1611).

42   **9. Auswärtiger Anwalt** (Abs 2 S 1 und 2). Hat der ProzBev seine
Kanzlei nicht am Gerichtsort oder wohnt nicht dort, so sind seine
Reisekosten nur erstattungsfähig, wenn ein rechtfertigender Grund vor-
lag, gerade diesen RA zu beauftragen (hM; einschränkend KG NJW-RR
01, 1002) oder wenn er seinen Kanzleisitz am Ort einer auswärtigen
Abteilung des Gerichts hat (Karlsruhe Rpfleger 94, 383). Nach hRspr
reicht hierfür die Eigenschaft als Hausanwalt nicht; jedoch ist erstattbar,
was dadurch an anderen Kosten (zB Reisen der Partei) erspart wurde
(München NJW-RR 01, 997). An diesen Regeln hat sich durch die
Neufassung des § 78 nichts geändert (Hamburg NJW-RR 01, 788;
Zweibrücken NJW-RR 01, 1001 mwN).

43   **10. Anwalt in eigener Sache** (Abs 2 S 4) als Partei, auch als Partei
kraft Amtes (§ 51 Rn 25) und jeder der RAe einer Sozietät, die als
Streitgenossen verklagt sind (KG Rpfleger 79, 70). § 6 BRAGO gilt,
wenn die Sozietät alle vertritt (LG Aachen Rpfleger 91, 389). Es kann
jeder RA der Sozietät für sich nur dann auftreten und Erstattung verlangen, wenn die Interessen nicht deckungsgleich sind (vgl § 100 Rn 5,
13; Düsseldorf Büro 92, 816 mit Anm Mümmler). Gilt entspr für
zugelassene Rechtsberater (Rn 44). Auslagen erhält der RA wie eine
Partei (Rn 15), dazu die Anwaltskosten (Rn 19, 22). Der RA hat keinen
Anspruch auf Verkehrsanwaltsgebühren.

44   **11. Sonstige Prozessbevollmächtigte und Beistände.** Es ist zu
unterscheiden: **a) Zugelassene Rechtsberater** (Art 1 § 1 RBerG),
insbes vor dem 27. 8. 80 zugelassene Rechtsbeistände. Erstattungsfähig
sind Gebühren und Auslagen gem 3–5 vor § 91. Weil die BRAGO
sinngemäß gilt (Art 9 Abs 1 S 1 G zur Änderung und Ergänzung kos-
tenrechtlicher Vorschriften vom 26. 7. 57, BGBl I 861), sind die
45 Rn 10–43 entspr anzuwenden. – **b) Andere Prozessbevollmächtigte,**
die weder RA noch Erlaubnisinhaber (Art 1 § 1 RBerG) sind. Erstattungsfähig sind nur Reisekosten und tatsächliche Auslagen. Dasselbe gilt
für Beauftragte von Mieter- und Hausbesitzervereinen; für diese dürfen
keine Pauschsätze berechnet werden (hM); ebenso für Angestellte der

Partei (hM; LG Essen MDR 77, 320; vgl aber Rn 15). – **c) Beistände** **46**
(§ 90): wie Rn 45.

12. Patentanwälte. Erstattungsfähig neben den Kosten für einen RA **47**
sind Gebühren sowie notwendige Auslagen nach § 143 Abs 5 PatentG,
§ 15 Abs 5 GeschmMG, § 27 Abs 5 GebrMG, § 140 Abs 5 MarkenG;
ferner in anderen Prozessen, falls es notwendig war, den Patentanwalt
zuzuziehen, zB in Wettbewerbssachen (KG NJW 68, 756; Celle NJW
69, 328; Frankfurt Büro 89, 1129), bei schwierigen technischen Streitfragen (Hamm Büro 77, 1007). Entspr Anwendung von Abs 2 S 4
(Rn 43) ist nicht gerechtfertigt (bestr).

13. Sachverständigengutachten. Soweit sie unter die Gerichtskos- **48**
ten (Rn 14) fallen, sind sie immer notwendig. Anders ist dies bei den
von der Partei eingeholten, sog Privatgutachten. Für diese gilt:
a) Grundsatz. Als Parteikosten sind sie nur ausnahmsweise erstattbar **49**
(hM), wenn das Gutachten vorgerichtlich eingeholt wurde; wenn die
Partei sonst nicht ihrer Darlegungs- und Beweislast genügen konnte
(Hamm NJW-RR 96, 830); seltener dann, wenn das Gutachten erst
während des Prozesses eingeholt wurde (prozessbegleitendes Gutachten,
Stuttgart NJW-RR 96, 255 mwN); weniger streng bei einstw Verfügung
(KG Rpfleger 87, 171). Es muss in den Prozess eingeführt worden sein
(Düsseldorf Rpfleger 95, 39 mwN; München NJW-RR 95, 1470), ihn
nicht notwendig gefördert oder die Entscheidung erkennbar beeinflusst
haben (Düsseldorf NJW-RR 96, 572 mwN). Es muss auch nicht in
einem engen zeitlichen Zusammenhang stehen, wenn es vom Beklagten
eingeholt ist (Hamburg Büro 91, 1516). – **b) Einzelfälle:** ein Steuerbe- **50**
rater bei schwierigen steuerrechtlichen Fragen (München Rpfleger 77,
327); wenn eine fachunkundige Partei Prozessgegner einer fachkundigen
ist und der Rechtsstreit dadurch unmittelbar vorbereitet werden soll
(Düsseldorf NJW-RR 96, 572 für Baumängel); um einen Schadensersatzanspruch beziffern zu können (Düsseldorf NJW-RR 97, 1431);
Schriftsachverständigen-Gutachten für Echtheit einer vom Gericht an-
gezweifelten Unterschrift (Nürnberg MDR 75, 936); vorprozessuale
Schadensgutachten, die eine Versicherung bei begründetem Verdacht
einer Manipulation einholt (Koblenz NJW-RR 88, 283); Rechtsgut-
achten grundsätzlich nicht (Frankfurt NJW-RR 87, 380), wohl aber bei
ausländischem Recht (Mankowski MDR 01, 194). – **c) Erstattbarkeit.** **51**
Beendigung des Prozesses durch Vergleich schließt sie nicht aus (LG
Braunschweig MDR 79, 320). Geltendmachung als materiell-rechtlicher
Kostenerstattungsanspruch (13 vor § 91) bleibt möglich (Stuttgart
NJW-RR 96, 255 mwN). Das gilt auch für Schiedsgutachten, die
während des Rechtsstreits für einen anderen, vom Prozess getrennten
Zweck eingeholt werden; Kosten iS des § 91 sind sie nicht (München
Büro 89, 1123).

14. Zeugen. Werden sie vom Gericht geladen, gehören die für den **52**
Zeugen aufgewendeten Kosten zu den Gerichtskosten (Rn 14). Haben
die Zeugen dem Gericht gegenüber auf Gebühren verzichtet, so kann

die Partei ihre Aufwendungen für den Zeugen unter den Voraussetzungen des § 91 gegen die erstattungspflichtige Partei festsetzen lassen (Karlsruhe Büro 91, 1514; aA Koblenz NJW 98, 717 mwN). Zeugen, die von den Parteien gestellt, dh mitgebracht werden, verursachen notwendige Kosten, wenn sie vom Gericht vernommen wurden (Hamburg MDR 75, 499), eine Beweiserhebung überflüssig machen oder bei Arrest und einstw Verfügung mit ihrer Vernehmung zu rechnen war, insbes weil dem Tatsachenvorbringen entgegengetreten wurde und nicht erwartet werden durfte, dass eine eidesstattliche Versicherung genügen werde (Koblenz Rpfleger 97, 498). Aufwendungen der Partei für den Zeugen, den sie zum Termin gestellt hat, sind bis zur Höhe festzusetzen, die nach ZuSEG erstattungsfähig ist (KG NJW 75, 1422).

53   **15. Sicherheitsleistung.** Eine für Ausländer (§§ 110, 111) gehört zu den notwendigen Kosten des Rechtsstreits. Eine zur Vornahme der Zwangsvollstreckung ist nach § 788 zu beurteilen (vgl dort Rn 18; offengelassen in BGH NJW 74, 693). Kosten einer Sicherheitsleistung (insbes Bürgschaftsprovision) zur Abwendung der ZwVollstr gehören zu den erstattbaren Kosten des Rechtsstreits (Koblenz Rpfleger 80, 70; Düsseldorf NJW-RR 87, 1201 und 98, 1455 mwN; aA Köln Rpfleger 93, 464: weder § 91 noch § 788, sondern § 717 Abs 2 S 2), auch die Kosten einer vom erfolgreichen Kläger bei § 769 zur Abwendung der Zwangsvollstreckung gestellten Bürgschaft (hM; Düsseldorf Rpfleger 01, 201 mwN).

54   **16. Sonstige erstattbare Kosten.** Es können notwendig iS von Abs 1 S 1 sein: **a) Zustellungen.** Soweit sie zur zweckentsprechenden, interessenwahrenden Prozessführung erforderlich sind, gehören sie zu den notwendigen Kosten des Rechtsstreits. Mehrkosten infolge Zustellung durch Gerichtsvollzieher sind nur ausnahmsweise erstattungsfähig (vgl § 191 nF), zB statt möglicher Zustellung gem § 195 nF, wenn sie eilbedürftig ist und sicher sein muss (KG Rpfleger 81, 121 für § 198
55   aF). – **b) Ausfertigungen,** insbes von Entscheidungen und Protokollen. Je 1 Stück ist erstattungsfähig, soweit es nicht gem KV 1900 Nr 2
56   auslagenfrei ist. – **c) Ablichtungen** sind erstattungsfähig, wenn sie im Einverständnis mit dem Mandanten zusätzlich gefertigt sind, es auf den Inhalt der im Schriftstück enthaltenen Erklärung ankommt oder sonst zu einer ordnungsgemäßen Prozessführung notwendig waren (hM; Düsseldorf Rpfleger 01, 618). Das kann bei erheblichen Aktenstücken eines Vorprozesses zutreffen. Soweit eine Urkunde zur Klagebegründung erforderlich ist, sind die Kosten nicht mit der Prozessgebühr abgegolten (Karlsruhe NJW-RR 99, 437; bestr), ebenso wenig die Schriftsätze bei einer Vielzahl von Beklagten (zB 71, München Rpfleger 78, 152). Von der Partei erstellte Ablichtungen sind mit DM –,20 anzusetzen (Frankfurt Rpfleger 87, 82). Für den Anspruch auf Erstattung der vom RA vorgenommenen Ablichtungen über § 27 BRAGO ist unerheblich, dass die Partei sie billiger hätte erstellen können (Düsseldorf NJW-RR 96, 576; bestr). Nicht erstattungsfähig sind unverlangte Ablichtungen aus

Fachbüchern und -zeitschriften (Schleswig Büro 79, 373). Von den
erstattbaren Kosten zu unterscheiden ist, was gem § 27 BRAGO der
eigenen Partei gegenüber festgesetzt werden darf (Köln Rpfleger 87, 519
mit Anm von Spruth). – **d) Detektivkosten** sind erstattungsfähig nur,   57
soweit die Ermittlungen erfolgreich und für das Prozeßergebnis ursächlich waren (Düsseldorf NJW 69, 560 mwN; München Büro 94, 226)
oder die Tatsache durch Zeugen nicht beweisbar war (enger Hamm
MDR 75, 413). Ferner müssen sie (auch im Umfang, Karlsruhe Büro
96, 430) geboten gewesen (München aaO) und angemessen sein in
Bezug auf Bedeutung des Rechtsstreits und der Beweisfrage (vgl BGH
NJW 90, 2060), zB die Ermittlung der Anschrift eines bisher unauffind-
baren notwendigen Zeugen (Koblenz NJW-RR 99, 1158). Auch vorprozessuale Kosten sind erstattungsfähig, wenn sie in unmittelbarem
Zusammenhang mit einem bestimmten Rechtsstreit stehen (Koblenz
NJW-RR 91, 894), zB bei Verdacht eines vorgetäuschten Verkehrsunfalls (Köln Rpfleger 94, 38 mwN). – **e) Übersetzerkosten** für   58
fremdsprachige Schriftstücke zur Vorlage bei Gericht sind, soweit Übersetzung notwendig war, erstattungsfähig (vgl Frankfurt MDR 81, 58),
auch für Zustellungen. Für die Information der ausländischen Partei mit
Korrespondenzanwalt nur ausnahmsweise (Hamburg Rpfleger 96, 370).
– **f) Streitverkündung.** Ihre Kosten gehören zu denen des   59
Rechtsstreits, in dem der Streit verkündet wurde (hM, § 73 Rn 8). –
g) Testkauf als Kosten der Vorbereitung eines Rechtsstreits. Sie sind   60
grundsätzlich nicht erstattungsfähig (Hamm MDR 85, 414; sehr bestr;
aA Dresden NJW-RR 97, 574 mwN), insbes nicht, wenn der Testkauf
den einzigen Zweck hat, die Zuständigkeit eines weiteren Gerichts
herbeizuführen (München Rpfleger 76, 219). Wenn festgesetzt wird
(§ 104), dann nur Zug-um-Zug gegen Übereignung der Sache (vgl KG
Rpfleger 91, 80). – **h) Fotos,** die wesentlich zur Vermittlung des Streit-   61
stoffs beitragen, können erstattungsfähig sein (Hamburg Büro 77, 1444).
– **i) Zinsaufwendungen** zur Finanzierung von Prozeßkosten sind nicht   62
erstattungsfähig (hM; Koblenz Rpfleger 88, 161 mwN und NJW-RR
98, 718). – **k) Meinungsumfragen,** die privat zur Verwertung im   63
Prozeß eingeholt werden, sind grundsätzlich nicht erstattungsfähig
(Hansens Büro 87, 1441), ausnahmsweise dann, wenn sie für eine einstw
Verfügung zur Glaubhaftmachung vorgelegt werden und eine Förderung
des Prozesses zu erwarten war (KG Rpfleger 87, 262). – **l) Beschaffung**   64
von Beweismitteln, insb von Urkunden und Zeugen. Die Kosten
können erstattungsfähig sein, zB Belohnungen für das Auffinden von
Unfallzeugen (Koblenz NJW 75, 173); sog Fangprämien (München
Büro 92, 335), ferner Zeitungsanzeigen zur Suche.

§ 91 a Kosten bei Erledigung der Hauptsache

**(1) Haben die Parteien in der mündlichen Verhandlung oder
durch Einreichung eines Schriftsatzes oder zu Protokoll der Geschäftsstelle den Rechtsstreit in der Hauptsache für erledigt er-**

klärt, so entscheidet das Gericht über die Kosten unter Berücksichtigung des bisherigen Sach- und Streitstandes nach billigem
Ermessen durch Beschluß.

(2) [1]Gegen die Entscheidung findet die sofortige Beschwerde
statt. [2]Dies gilt nicht, wenn der Streitwert der Hauptsache den in
§ 511 genannten Betrag nicht übersteigt. [3]Vor der Entscheidung
über die Beschwerde ist der Gegner zu hören.

Übersicht

Abs 1 S 2 ist aufgehoben, Abs 2 S 1 durch die Sätze 1 und 2 des Abs 2 ersetzt mWv 1. 1. 2002 durch Art 2 Nr 9 ZPO-RG.

　1. Allgemeines. Überblick: Bergerfurth NJW 92, 1655; Pape/Nott- **1** hoff JuS 95, 912 und 1016 sowie 96, 148, 341, 538. Die Erledigung des Rechtsstreits in der Hauptsache (kürzer: Erledigung der Hauptsache) ist vom Gesetz unvollkommen geregelt. Sie kommt jedoch in der Praxis sehr oft vor, wird dabei uneinheitlich und nicht selten falsch behandelt. Vieles ist umstritten. Dem Kläger oder Antragsteller wird ermöglicht, durch die Erklärung, die Hauptsache sei erledigt, eine Abweisung oder Zurücknahme seiner Klage oder seines Antrags mit der ungünstigen Kostenfolge (§ 91 Abs 1, Art 269 Abs 3 S 2) zu vermeiden, wenn seine Klage oder sein Antrag im Laufe des Rechtsstreits mit oder ohne sein Zutun ganz oder zT unzulässig oder unbegründet wird.

　2. Begriffe. Vor allem ist zu unterscheiden zwischen der Erledigung **2** der Hauptsache (nämlich dem tatsächlichen Ereignis, das die Hauptsache erledigt; Rn 3, 4) und der Erklärung der Parteien, dass die Hauptsache erledigt sei. Das ist die Prozesshandlung (Einl III), welche die Parteien auf Grund einer wirklichen oder einer angenommenen Hauptsacheerledigung vornehmen (Rn 6). **a) Hauptsache** ist der Streitgegenstand **3** (Einl II) im Urteilsverfahren, in anderen Verfahrensarten ganz allgemein die von der den Rechtsstreit einleitenden Partei begehrte Rechtsfolge, zB dass auf Erinnerung (§ 766) eine Pfändung für unzulässig erklärt und aufgehoben werde. Zur Hauptsache gehören auch die Nebenforderungen (§ 4 Abs 1 Hs 2, Abs 2). Nicht Hauptsache sind einzelne Klagegründe und die Kosten des jeweiligen Rechtsstreits. Sie werden auch dann nicht zur Hauptsache, wenn der wirkliche Streitgegenstand (unrichtig) ohne Kostenregelung vollständig durch Anerkenntnisurteil oder Vergleich erledigt wird. – **b) Erledigt** ist die Hauptsache, wenn der **4** Antrag des Klägers oder Antragstellers durch ein Ereignis nach Eintritt

der Rechtshängigkeit (§ 261 Abs 1) oder der Verfahrenseinleitung
(§ 128 Rn 14) gegenstandslos wird. Dieses Ereignis muss vor der Erledigterklärung (Rn 6) liegen (vgl BGH NJW 92, 2235). Die Hauptsache
kann zwar begrifflich nicht vor Anhängigkeit erledigt werden. Darauf
kommt es aber nicht an, wenn danach und insbesondere nach Eintritt
der Rechtshängigkeit übereinstimmend für erledigt erklärt wird (vgl
Rn 22). Erledigung tritt nicht ein, wenn zur Abwendung der ZwVollstr
5 geleistet wird (vgl BGH NJW 94, 942). **Beispiele.** Die Klageforderung
wird vom Beklagten ohne unmittelbaren Zwang erfüllt, auch wenn es
unter Vorbehalt der Rückforderung geschieht; die herausverlangte Sache
wird vernichtet, herausgegeben oder geräumt (Bamberg NZM 99, 377);
das geltend gemachte Recht erlischt während des Prozesses durch Zeitablauf; die eingeklagte Geldforderung erlischt durch Aufrechnung (zu
den Folgen Heistermann NJW 01, 3527); die Verjährungseinrede wird
erhoben (Peters NJW 01, 2289 mwN); das Rechtsschutzbedürfnis entfällt; der klagende Inhaber eines höchstpersönlichen Rechts stirbt; eine
Partei verliert die Parteifähigkeit; das Gesetz wird geändert; die Parteien
vergleichen sich außergerichtlich; im Hauptsacheprozess (§ 943) ergeht
ein mit dem Arrest oder der einstw Verfügung gleich lautendes (auch
6 nur vorläufig) vollstreckbares Urteil. – **c) Erledigterklärung.** Sie ist als
Prozesshandlung (Einl III) ein Antrag an das Gericht, der bezweckt, dass
der Rechtsstreit ganz oder zT ohne Entscheidung über den Streitgegenstand beendet werden soll. Sie tritt an die Stelle des ursprünglichen
Antrags und beseitigt ihn zugleich. Die Erledigterklärung kann unter
einer innerprozessualen Bedingung abgegeben werden (Einl III Rn 14;
KG NJW-RR 98, 1074). Sie ist im Urteilsverfahren eine gem § 264
Nr 2 stets zulässige Antragsänderung, wenn und solange der Gegner
nicht übereinstimmend für erledigt erklärt (vgl Rn 32). Sie ist keine
Klagerücknahme, kein Klageverzicht und keine Rechtsmittelrücknahme;
ebenso wenig eine Rücknahme des Antrags auf Durchführung des
streitigen Verfahrens. Sie kann auch nicht ohne weiteres in eine dieser
genannten Prozesshandlungen umgedeutet werden (Einl III Rn 20),
weil es idR dem Willen der erledigt erklärenden Partei nicht entspricht,
die damit verbundenen für sie mindestens kostenmäßig ungünstigen
Rechtsfolgen herbeizuführen. Das gleiche gilt für die Auslegung (Einl
III Rn 16). Eine Erledigterklärung liegt nicht im Abschluss eines Prozessvergleichs, auch wenn er eine Kostenregelung nicht enthält; dann
gilt § 98, nicht § 91 a (hM; vgl § 98 Rn 3).

7   **3. Anwendungsbereich** des § 91 a. **a) Verfahren:** grundsätzlich alle
der ZPO unterliegenden Verfahren, nicht nur das Urteilsverfahren, auch
Arrest und einstweilige Verfügung, ZwVollstr (Koblenz Büro 82, 1897
mwN; bestr), Mahnverfahren (Nürnberg NJW-RR 87, 1278; bestr),
Zwischenstreit mit einem Dritten (zB § 71), Zwangsvollstreckung der
§§ 887–890 (BayObLG NJW-RR 97, 489 mwN), Kostenfestsetzungsverfahren (Koblenz Büro 95, 208). Sonderregeln enthalten die ZPO in
8 §§ 619, 640 g, ferner eine Reihe anderer Gesetze. – **b) Instanzen:** in

allen Rechtszügen, insbes auch in der Revision, aber nur bei übereinstimmender Erklärung. Es müsste jedoch beachtet werden, dass grundsätzlich nur die Hauptsache, nicht das Rechtsmittel für erledigt erklärt werden kann (jedenfalls zT zustimmend BGH 127, 74; aber anders NJW 98, 2454; StJBork 52, 53 mwN; Rn 29; sehr bestr; aA insbes KG NJW-RR 87, 766; Frankfurt FamRZ 89, 195). Ausnahmsweise wird in analoger Anwendung von § 91 a die Erledigterklärung eines Rechtsmittels zuzulassen sein, wenn die angefochtene Entscheidung richtig wird oder prozessual überholt ist (vgl Rn 42; Frankfurt NJW-RR 98, 1447; MüKo/Lindacher 109; Bergerfurth NJW 92, 1655 mwN; Gaier JZ 01, 445).

4. Voraussetzungen der Erledigterklärung. Es müssen die allge- **9** meinen Prozesshandlungsvoraussetzungen vorliegen (Einl III Rn 10).
a) Form. Es kann auch im Urteilsverfahren außer in mdl Vhdlg (§ 297) **10** schriftlich (wie § 129) oder zu Protokoll der Geschäftsstelle (§ 129 a) und somit ohne Anwaltszwang (§ 78 Abs 3) wirksam für erledigt erklärt werden; auch bei notw mdl Vhdlg bis zum Erlass der Entscheidung möglich (Rn 14). Es muss nicht wörtlich oder ausdrücklich für erledigt erklärt werden. Dies kann auch dadurch geschehen, dass die eine Partei der Erledigterklärung der anderen nicht widerspricht (BGH NJW-RR 91, 1211; Müther MDR 97, 526) und sonst keinen Antrag stellt (vgl Einl III Rn 11). Bleiben Zweifel, genügt bloßes Schweigen nicht (LG Stuttgart NJW-RR 00, 662). Streit über Kosten schließt eine Erledigterklärung nie aus (vgl Rn 6 aE). – **b) Inhalt. aa) Erledigungsgrund.** **11** Dieser sollte neben der Erklärung (Rn 10) angegeben werden; das sind die Tatsachen, die den Rechtsstreit in der Hauptsache erledigt haben sollen (Rn 3, 4). Dies ist idR angebracht, aber notwendig nur bei einseitiger, nicht bei übereinstimmender Erledigterklärung (vgl Rn 22).
bb) Hilfsweise kann für erledigt erklärt werden (Erledigungsantrag, vgl **12** Rn 6) nach den Grundsätzen des § 260 Rn 8, 9 vom Kläger, insbes neben dem Klageantrag und den Berufungsanträgen (BGH NJW 75, 539 und NJW-RR 98, 1571), zB für den Fall der Zulässigkeit der Berufung (Hamm NJW 73, 1376); auch für den Fall, dass ein Prozessvergleich widerrufen wird (Frankfurt MDR 78, 499). Ob der Beklagte neben dem Klageabweisungsantrag hilfsweise für erledigt erklären kann (Bergerfurth NJW 92, 1655/1660) ist umstritten, jedenfalls zu bejahen, wenn auch der Kläger hilfsweise für erledigt erklärt (Piekenbrock ZZP 112, 353 mwN). Das alles gilt nicht in der Revision (BGH 106, 359).
cc) Umfang. Erledigterklärung ohne Einschränkung betrifft den vollen **13** Streitgegenstand oder alle Streitgegenstände der Klage. Es kann die Erledigterklärung auf einen Teil der Hauptsache beschränkt werden (Rn 43). – **c) Zeitpunkt.** Abgegeben werden kann die Erledigterklä- **14** rung ab Anhängigkeit (§ 261 Rn 1). Bei übereinstimmender Erledigterklärung ist es gleichgültig, ob zuerst der Kläger oder der Beklagte die Erklärung abgegeben hat. Sie wird aber nicht vor Rechtshängigkeit wirksam, wenn die Erklärung vorher abgegeben wurde. Außerhalb des

Urteilsverfahrens kann erledigt erklärt werden ab Einreichung des Antrags, der das jeweilige Verfahren einleitet (§ 128 Rn 14). Auch bei
notwendiger mdl Verhandlung kann jedenfalls bis zum Erlass der Entscheidung schriftlich oder zu Protokoll für erledigt erklärt werden
(Abs 1). Das erfordert keine neue mdl Verhandlung (Abs 1 S 2). Darüber
hinaus wird man zulassen müssen, dass die Parteien bis zur Rechtskraft
15 wirksam für erledigt erklären können (vgl Rn 27, 28). – **d) Beseitigung.** Die Erledigterklärung kann nicht widerrufen werden, auch nicht
übereinstimmend (hM), und nicht angefochten, weil sie Prozesshand-
16 lung ist (Einl III Rn 23; ZöVollkommer 11 mwN; bestr). – **e) Anwaltszwang** (§ 78) besteht für die Erledigterklärung nur, soweit und solange
das Verfahren, in dem für erledigt erklärt wird, unter Anwaltszwang
steht. Sie ist durch Abs 1 (Protokollerklärung, § 129 a) wegen § 78
Abs 3, wenn sie außerhalb der mdl Vhdlg erklärt wird, vom Anwaltszwang ausgenommen (vgl Rn 10).

17 **5. Wirkung** einer übereinstimmenden Erledigterklärung der Parteien
des jeweiligen Rechtsstreits. **a) Prozessbeendigung** in der Hauptsache
ganz oder zT (Rn 43, 44). Der Prozess bleibt nur noch hinsichtlich der
Kosten rechtshängig (allgM). Es ist gleichgültig, welche Partei zuerst für
erledigt erklärt. Selbst wenn vor dem unzuständigen Gericht für erledigt
erklärt ist, darf dieses nicht mehr an das zuständige Gericht verweisen
(Frankfurt MDR 81, 676). Auch Klagerücknahme ist nicht mehr mög-
18 lich (Bamberg FamRZ 97, 1225). – **b) Nebenintervenient.** Seine
Zustimmung ist nicht erforderlich. Das gilt auch für den streitgenössischen Nebenintervenienten (§ 69; München OLGR 00, 165 mwN;
19 umstr). – **c) Streitgenossen.** Bei einfachen (§ 61) wie notwendigen
(§ 62) wirkt die Erledigungserklärung nur jeweils in ihrem Prozess (§ 61
Rn 1). Jedem Streitgenossen steht es grundsätzlich frei, die Hauptsache
für seinen Prozess erledigt zu erklären. Er kann dies auch im Rahmen
der Vertretungsfiktion des § 62 mit Wirkung für die anderen Prozesse
tun (§ 62 Rn 17). Bei notwendigen Streitgenossen infolge notwendig
gemeinsamer Klage (§ 62 Rn 11, 13) kann für die anderen verbundenen
Prozesse wirksam nur dann für erledigt erklärt werden, wenn es alle
Streitgenossen tun oder es von einem wirksam für alle getan wird (vgl
§ 62 Rn 17), insbes im Rahmen der Vertretungsfiktion des § 62
20 Abs 1. – **d) Kostenentscheidung durch Beschluss** ist vorgeschrieben
(Rn 25). Nur diesen Fall, nämlich die übereinstimmende Erledigterklärung, trifft § 91 a direkt. Je nach Lage des Rechtsstreits ist nach den
Grundsätzen der Rn 46–48 zu verfahren. Ist auf Grund eines außergerichtlichen Vergleichs für erledigt erklärt worden, wird nicht über die
Kosten entschieden, wenn die Parteien in diesem Vergleich die Kosten
geregelt haben (BGH NJW 69, 1814). Das gilt auch, wenn die Parteien
über die Auslegung der Kostenvereinbarung streiten (Hamm MDR 76,
21 147). – **e) Vorangegangene Entscheidungen** im Rechtsstreit können
nicht mehr rechtskräftig werden und sind mit dem Ende der Rechtshängigkeit (§ 261 Rn 9) wirkungslos (§ 269 Abs 3 S 1 analog). Eine

neue Klage wegen des selben Streitgegenstandes (Einl II) bleibt zulässig (Rn 50).

6. Übereinstimmende Erledigterklärung. Nur dafür, nicht für die **22** einseitige (Rn 31), gilt § 91 a unmittelbar. **a) Voraussetzung** ist, dass die Erledigterklärungen der Parteien als Prozesshandlungen (Rn 9–16) wirksam sind. Nur dieses darf das Gericht prüfen. Es ist nicht erforderlich und auch nicht zu prüfen, ob die Hauptsache wirklich erledigt ist (hM). Daraus folgt, dass es bei übereinstimmender Erledigterklärung gleichgültig ist, ob und wann die Hauptsache tatsächlich erledigt wurde (hM). Das folgt aus der Dispositionsmaxime (Einl I Rn 5). Die Erledigung kann schon vor Zustellung (hM), sogar vor Einreichung der Klageschrift eingetreten sein, sofern es zur Rechtshängigkeit kommt (nicht für notwendig erachtet von Köln NJW-RR 96, 1023). Dann können die Erledigterklärungen wirksam abgegeben werden (vgl Rn 14). Das bedeutet auch, dass es nicht darauf ankommt, ob die Klage zulässig, von vornherein begründet oder unbegründet war. – **b) Im** **23** **ersten Rechtszug.** Wirksam möglich ist eine Erledigterklärung nach den Grundsätzen der Rn 22. Sie setzt also den Eintritt der Rechtshängigkeit voraus (Brandenburg NJW-RR 01, 1436) und kann bis zum Erlass der Entscheidung erklärt werden, ohne dass die mdl Vhdlg wieder eröffnet werden muss, auch noch bis zum Ablauf der Rechtsmittelfrist (MüKo/Lindacher Rn 39; Bergerfurth NJW 92, 1655). Die Erledigterklärung kann für den ersten Rechtszug nur bis zur Einlegung des Rechtsmittels erfolgen (vgl Rn 27, 28). Dies gilt nicht für eine einseitige Erledigterklärung (Rn 37). **aa) Mündliche Verhandlung.** Ist in ihr die **24** Hauptsache für erledigt erklärt worden, ergeht die Entscheidung auf Grund der mdl Vhdlg. Sonst ergeht der Beschluss ohne mdl Vhdlg (§ 128 Abs 3) auch dann, wenn die eine Partei in mdl Vhdlg und die andere danach schriftlich oder zu Protokoll der Geschäftsstelle für erledigt erklärt (vgl Rn 14). **bb) Entscheidung** ergeht durch zu begründenden Beschluss (Schleswig MDR 97, 1154), der wegen Abs 2 S 1 immer zuzustellen ist (§ 329 Abs 3), auch wenn er verkündet wurde. Ist **25** nur teilweise für erledigt erklärt (Rn 43), so kann über den erledigt erklärten Teil kein Beschluss ergehen (hM). Die Formel muss nur die Kostenentscheidung (nach den Grundsätzen Rn 46–48) enthalten. Der Ausspruch, der Rechtsstreit sei in der Hauptsache für erledigt erklärt, ist nicht nötig, aber empfehlenswert, wenn ein Urteil (zB Versäumnisurteil) vorangegangen ist, um dessen Wirkungslosigkeit (Rn 21) klarzustellen. Auf Antrag wird im Beschluss analog § 269 Abs 3 S 1, Abs 4 ausgesprochen, dass das betreffende Urteil wirkungslos ist. **cc) Kostenanträge** **26** sind nicht erforderlich (St/Bork 26; bestr), aber zulässig. Es gilt § 308 Abs 2. Das Gericht muss nicht über die Kosten entscheiden, wenn die Parteien sich darüber vergleichen (§ 794 Rn 18; § 98 Rn 2) oder auch auf eine Kostenentscheidung verzichten. – **c) Im höheren** **27** **Rechtszug** (Berufung, Revision und Beschwerde). Die Erledigterklärung vor Rechtsmitteleinlegung gehört noch zur unteren Instanz

28 (Rn 23). **aa) Zulässigkeit des Rechtsmittels** ist Voraussetzung (allgM; zB BGH 50, 197). Ein unzulässiges Rechtsmittel ist trotz übereinstimmender Erledigterklärung zu verwerfen. Hierfür gelten die gewöhnlichen Regeln. Insbes ist die Beschwer in der jeweils notwendigen Höhe erforderlich (17 vor § 511). Sie ist auch dann gegeben und bleibt in Höhe der Hauptsache erhalten, wenn die Klage oder der Antrag abgewiesen wurde und die Hauptsache erledigt ist (Rn 3 und 4), nachdem im vorangegangenen Rechtszug entschieden und Rechtsmittel eingelegt worden ist (BGH NJW 67, 564). Das gilt auch dann, wenn die Hauptsache bei erfolgreicher Klage noch vor Rechtsmitteleinlegung erledigt wurde (hM; BGH NJW 75, 539; Hamburg NJW-RR 89, 570; Gottwald NJW 76, 2250 mwN). Dem steht § 99 Abs 1 nicht entgegen (Zweibrücken OLGZ 75, 44). Es ist unnötig, die Kosten als Beschwer anzusehen, weil diese in der Hauptsache besteht (Gottwald aaO). Ausnahmsweise fehlt die Beschwer aber dann, wenn der Beklagte, bevor das Rechtsmittel eingelegt wurde, ohne die Erklärung erfüllt, er leiste nur zur Abwendung der ZwVollstr, und der Kläger die Leistung vorbehaltlos angenommen hat oder wenn der Kläger bei Zug-um-Zug Verurteilung die ihm obliegende Gegenleistung erbringt und dafür die Leistung emp-
29 fängt (ZöVollkommer 20). **bb) Erledigterklärung** (Rn 6) ist ab Rechtsmitteleinlegung an das Rechtsmittelgericht zu richten (Rn 27). Sie bezieht sich auf die Hauptsache, nicht auf das Rechtsmittel (sehr bestr; vgl Rn 8). Wird das Rechtsmittel für erledigt erklärt, so ist dies als Erledigterklärung der Hauptsache oder als Rechtsmittelrücknahme auszulegen oder umzudeuten (Einl III Rn 16, 20). Ist in erster Instanz schon über eine einseitige Erledigterklärung gestritten und hierüber entschieden worden, genügt im zweiten Rechtszug die Erklärung allein des Beklagten nicht; denn die Erklärung des Klägers ist Feststellungsklageantrag geworden (Rn 31) und neue übereinstimmende Erledigterklärungen sind notwendig. **cc) Entscheidung** (Rn 25). Es ist über
30 die Kosten des gesamten Rechtsstreits, also auch der der unteren Instanzen, zu entscheiden (Heintzmann ZZP 87, 199 [223] mwN; aA KG OLGZ 86, 358 [361]). Das gilt ebenso, wenn ein Teilurteil (auch nur teilweise) angefochten und dieser Teil erst in der Rechtsmittelinstanz für erledigt erklärt wird, für den auf die Vorinstanzen entfallenden erledigt erklärten Teil (BGH MDR 76, 379), erst recht für die Teilanfechtung eines Vollurteils (Stuttgart MDR 78, 234). Die bisher, in den ersten Rechtszug ergangenen Entscheidungen werden ab Erledigterklärung wirkungslos (allgM; Rn 21).

31   **7. Einseitige Erledigterklärung des Klägers** oder des Antragstellers erledigt weder den Prozess noch die Rechtshängigkeit (hM). § 91 a gilt nicht und es ist noch eine Entscheidung in der Hauptsache erforderlich. Das Verfahren unterliegt voll dem Anwaltszwang (§ 78); Abs 1 gilt
32 nicht. **a) Begriff.** Die einseitige Erledigterklärung ist der Antrag an das Gericht, die Erledigung der Hauptsache festzustellen. Im Urteilsverfahren liegt also eine regelmäßig schon wegen § 264 Nr 2 als zulässig

anzusehende Klageänderung in eine Feststellungsklage vor (hM; ZöVollkommer 34 mwN; Nürnberg NJW-RR 87, 1278; bestr). Diese kann wie jede Klage wieder geändert werden (§§ 263, 264). Der Feststellungsantrag kann auch hilfsweise (§ 260 Rn 8) neben dem Klageantrag *P.dw* zur Hauptsache gestellt werden oder auch dieser hilfsweise neben dem *12.3%* Feststellungsantrag (hM). – **b) Verhalten des Beklagten** (Antragsgegners). Er ist keinesfalls verpflichtet, übereinstimmend mit dem Kläger (Antragsteller) erledigt zu erklären, selbst wenn die Hauptsache wirklich erledigt ist. Es kann sich aber aus den Umständen ergeben, dass auch ohne ausdrückliche Erklärung der Beklagte der Erledigterklärung zustimmt und dann eine übereinstimmende Erklärung vorliegt (Müther MDR 97, 528), zB bei einem Anerkenntnis (Lange NJW 01, 2149). Der Beklagte kann in jedem Fall auf seinem Klagabweisungsantrag beharren und damit verhindern, dass durch Beschluss nach § 91 a (Rn 22) verfahren wird; denn der Kläger soll ohne Zustimmung des Beklagten nicht vermeiden können, dass seine unzulässige oder unbegründete Klage deshalb nicht abgewiesen wird, weil er die Hauptsache für erledigt erklärt. – **c) Voraussetzungen.** Die Feststellungsklage (Rn 32) ist begründet, wenn die Hauptsache erledigt ist. Das ist der Fall, wenn die erledigenden Tatsachen (Rn 4) unbestritten, zugestanden oder bewiesen sind (35 vor § 253). Außerdem muss die Klage zZ des erledigenden Ereignisses zulässig und begründet gewesen sein (wohl hM; dagegen kritisch Jost/Sundermann ZZP 105, 261); denn diese Rechtsbehauptung enthält der Erledigungsantrag des Klägers. Daraus folgt, dass insbes eine von Anfang an unzulässig oder unbegründet gebliebene Klage trotz Erledigterklärung abzuweisen ist (hM; BGH stRspr NJW 92, 2235 mwN; BAG stRspr NJW 96, 1980 mwN). Wenn erforderlich, ist darüber Beweis zu erheben (BGH aaO). Ist die Hauptsache erledigt (Rn 35), so wird dies festgestellt, andernfalls die geänderte (Feststellungs)Klage abgewiesen. **32 a**

33

8. Hauptsacheerledigung. Es muss unterschieden werden: **a) Nicht erledigte Hauptsache.** Das trifft zu, wenn eine der Voraussetzungen (Rn 33) nicht vorliegt, insbes auch, wenn die Klage von vornherein unbegründet war oder wenn die Klage wirksam geändert wurde (§§ 263, 264), nachdem das erledigende Ereignis eingetreten war (Rn 3, 4) und der Kläger in Bezug darauf für erledigt erklärt. **aa) Grundsatz.** Die Klage ist, falls sie infolge Vorliegens der Prozessvoraussetzungen zulässig ist, als unbegründet abzuweisen, weil dem Feststellungsantrag auf Erledigung nicht stattgegeben werden darf (Nürnberg NJW-RR 89, 444). Dies ist aber nur angebracht, wenn der Kläger vorher gemäß § 139 belehrt wurde und auf seinem Erledigungsantrag beharrt, statt den ursprünglichen Klageantrag zu stellen (vgl Rn 32). **bb) Hilfsantrag.** Für den Kläger ist es am besten, wenn er seinen Klageantrag hilfsweise für den Fall stellt, dass seinem Erledigungsantrag nicht stattgegeben wird (Rn 32). Der Erledigungsantrag kann dann durch Teilurteil (§ 301) abgewiesen werden, wenn der hilfsweise gestellte Klageantrag noch nicht entscheidungsreif ist. **34**

34 a

34 b

Ist der Erledigungsantrag hilfsweise neben dem ursprünglichen Klageantrag gestellt und wird ihm wegen eingetretener Hauptsacheerledigung
nicht stattgegeben, so ist über den Hilfsantrag zu entscheiden (wie
35 Rn 35). – **b) Erledigte Hauptsache.** Es kommt auf denjenigen Zeit-
punkt an, zu dem das erledigende Ereignis eingetreten ist; **aa) Nach
Rechtshängigkeit** (§ 253 Abs 1, § 261 Abs 1) oder Einleitung des
Verfahrens. Auch dann ist Endentscheidung zu erlassen (allgM), im
Urteilsverfahren also Endurteil (§ 300). Es ist ein Sachurteil (BGH
NJW 63, 48). Wäre die für erledigt erklärte Klage (oder der Antrag, zB
Braunschweig OLGZ 74, 295) zZ des erledigenden Ereignisses (Rn 4)
zulässig und begründet gewesen (ggf durch Beweisaufnahme zu klären,
BGH NJW 69, 237), so ist zu entscheiden, dass der Rechtsstreit in der
Hauptsache erledigt ist. Wäre sie unzulässig oder unbegründet gewesen,
so ist die Klage (oder der Antrag) abzuweisen (hM; BGH stRspr; vgl
NJW 81, 686 mwN), ohne dass hierfür ein schutzwürdiges Interesse
des Beklagten bestehen muss (wohl hM; BGH NJW 69, 237 mwN).
Die vorbehaltslose Erfüllung des Klageanspruchs erübrigt nicht die
Prüfung der Begründetheit der Klage (BGH aaO), Kostenentscheidung:
36 Rn 39. **bb) Vor Rechtshängigkeit.** Lag das erledigende Ereignis vorher, auch noch zwischen Einreichung und Zustellung der Klageschrift,
so scheidet eine Feststellung der Erledigung aus (BGH 83, 12 mwN
und NJW-RR 88, 1151; bestr; hierzu Bergerfurth NJW 92, 1655 und
Ulrich NJW 94, 2793; aA auch Enders MDR 95, 665). Der Kläger
kann bei Rücknahme der Klage infolge der Neufassung des § 269 eine
dem § 91 a entspr Kostenentscheidung herbeiführen (§ 269 Abs 3 S 3,
Abs 4).   *Pdw 16*

37   **9. Einseitige Erledigterklärung im ersten Rechtszug.** Wirksam
möglich ist die einseitige Erledigterklärung und somit die Klageänderung (Rn 32) bei notwendiger mdl Vhdlg nur bis zu deren Schluss
(§ 296a), weil § 91a im Gegensatz zur übereinstimmenden Erledigt-
38 erklärung nicht gilt (vgl Rn 14). **a) Entscheidung:** gewöhnliches Endurteil (§ 300). Es ist ein Feststellungsurteil im Urteilsverfahren (hM) und
kann als Versäumnisurteil ergehen (§ 331), wofür auch die Tatsachen zur
Erledigung vorgetragen werden müssen. Auch Anerkenntnisurteil
(§ 307) mit günstigen Kostenfolgen wird für möglich gehalten (vgl
Seutemann MDR 95, 122), wenn das Anerkenntnis nicht als Erledigterklärung anzusehen ist (Lange NJW 01, 2149; vgl Rn 32a). Unterbleibt eine mdl Vhdl (§ 128 Abs 3) wird durch Beschluss entschieden
(§ 128 Abs 4). Es ist stets in der Formel der Ausspruch nötig „Der
Rechtsstreit ist in der Hauptsache erledigt", nicht „erledigt erklärt", da
es nicht übereinstimmend geschehen ist, wenn nicht (vgl Rn 35) die
Klage abgewiesen wird. Vorangegangene Entscheidungen zur Haupt-
39 sache, insbes Versäumnisurteile (vgl § 343), sind aufzuheben. – **b) Kosten.** Darüber ist nicht nach § 91a, sondern nach den §§ 91, 92ff zu
entscheiden (hM; BGH 83, 12; aA MüKo/Lindacher 94: teils § 91a), da
über die Feststellungsklage geurteilt wird. Das könnte zu unbilligen

Ergebnissen führen, wenn die Hauptsache zwischen Einreichung und Zustellung durch ein Verhalten des Beklagten (insbes Erfüllung) erledigt und die Klage dadurch unbegründet wird (vgl Rn 36). Für diesen Fall ist wegen § 269 Abs 3 S 3 Klagerücknahme geboten.

10. Einseitige Erledigterklärung im höheren Rechtszug. a) In **40** **der Berufung** (entspr bei sofortiger Beschwerde). Da § 91 a Abs 1 nicht gilt (vgl Rn 14), kann nach der letzten mdl Vhdlg nicht mehr in der ersten Instanz wirksam einseitig für erledigt erklärt werden (vgl Rn 23, 27), sondern frühestens in Verbindung mit Einlegung des Rechtsmittels (vgl ZöVollkommer 38). Dies ist mit dem Ziel, die Feststellung der Hauptsacheerledigung zu bewirken, jedenfalls zulässig (BGH NJW-RR 92, 1032), auch dann, wenn die Hauptsache schon im ersten Rechtszug erledigt wurde und dies erklärt werden konnte (Schleswig MDR 97, 1159; Nürnberg FamRZ 00, 1025). Das Rechtsmittel muss auch im Übrigen zulässig sein (wie Rn 28). Für die Entscheidung gelten die Rn 38 und 39 mit folgenden Besonderheiten: Ist die Klage abzuweisen (nach Rn 34 oder 35), so ist, je nachdem wie im ersten Rechtszug entschieden wurde, die Berufung zurückzuweisen oder das Ersturteil aufzuheben und die Klage abzuweisen (entspr eine Beschwerde oder ein Antrag). Ist zu entscheiden, dass die Hauptsache erledigt ist, so muss stets das Urteil aus der ersten Instanz aufgehoben und auch die Erledigung in der Formel ausgesprochen werden (vgl § 525). − **b) In** **41** **der Revision** ist eine einseitige Erledigterklärung als Klageänderung zulässig (§ 559 Rn 3), wenn das erledigende Ereignis unstreitig ist und auch dann, wenn die Erledigterklärung schon in der Berufungsinstanz abgegeben werden konnte (BGH 106, 359 [368] mwN; ZöVollkommer 51).

11. Einseitige Erledigterklärung des Beklagten oder Antragsgeg- **42** ners ist unzulässig, weil nur der Kläger den Streitgegenstand bestimmen kann (hM; BGH NJW 94, 2363 mwN; aA für die Berufung des Beklagten, wenn die Klage zurückgenommen ist: BGH NJW 98, 2454). Für einen solchen Antrag des Beklagten oder Antraggegners besteht auch kein Rechtsschutzbedürfnis. Er kann mit seinem Abweisungsantrag mehr erreichen und eine ungünstige Sachentscheidung gegen ihn ist ohnedies nicht möglich, weil im Fall der wirklichen Erledigung die Klage stets unbegründet oder unzulässig geworden ist (Rn 34). Stellt der Beklagte den (unzulässigen) Erledigungsantrag, so ist die Klage, falls sie unzulässig oder unbegründet ist, sowieso abzuweisen, weil ein Abweisungsantrag des Beklagten hierzu nicht erforderlich ist. In dem Erledigungsantrag des Beklagten kann die vorweggenommene Zustimmung zur Erledigterklärung des Klägers liegen (vgl Rn 14; Bergerfurth NJW 92, 1655 [1659]). Ist der Beklagte Rechtsmittelführer, so kann er uU das Rechtsmittel für erledigt erklären (Rn 8; bestr), anerkennen (§ 307), wenn die Klage nunmehr begründet ist, und so § 93 anwendbar machen (MüKo/Lindacher 109).

43   **12. Teilerledigterklärung.** Sie ist zulässig, soweit sie sich auf einen Teil des Streitgegenstandes (Rn 13) oder auf einen von mehreren Streitgegenständen bezieht (allgM). Sie hat insoweit die gleichen Voraussetzungen und Wirkungen wie die volle Erledigterklärung (Rn 9–21). Sie beseitigt also zum entspr Teil die Rechtshängigkeit, zB für den Auskunftsanspruch bei der Stufenklage (§ 254). Sie kann insbes in der Beschränkung des Klageantrags liegen (vgl § 264 Rn 6). Bei Stufenklage
44   vgl § 254 Rn 6. **a) Übereinstimmende** Teilerledigterklärung. Es darf kein gesonderter Beschluss ergehen, weil über die Kosten des Rechtsstreits nur einheitlich entschieden werden darf (allgM). Dies hat in der Endentscheidung zu geschehen, wobei über die auf den erledigt erklärten Teil treffende Kostenquote nach § 91 a Abs 1 zu entscheiden ist, über den anderen Teil nach den §§ 91, 92 ff (Bergerfurth NJW 92, 1655 [1660]). Es hat sich nicht aus der Formel zu ergeben, zu welchem Teil die Kostenentscheidung auf § 91 a beruht (vgl Rn 54–56). Bei restlicher Erledigterklärung in der Rechtsmittelinstanz nach Teilerledigterklärung
45   in der Vorinstanz: Rn 30. – **b) Einseitige** Teilerledigterklärung. Es gelten die Rn 31–41. In der Endentscheidung wird ggf die Teilerledigung der Hauptsache ausgesprochen (Bsp: „Im übrigen ist der Rechtsstreit in der Hauptsache erledigt"). Auch hier ist die Kostenentscheidung einheitlich (wie Rn 44). Grundlagen wie Rn 39: auch für den erledigten Teil §§ 91, 92 ff.

46   **13. Grundsätze der Kostenentscheidung** (Abs 1 S 1) für jeden Rechtszug bei übereinstimmender Erledigterklärung. **a) Bisheriger Sach- und Streitstand.** Daraus ist zunächst zu entnehmen, dass der Rechtsstreit nicht entscheidungsreif sein und auch nicht mehr dahin geführt werden muss. Tatsachenvortrag bleibt nach allgemeinen Grundsätzen (§ 296 a; § 128 Rn 33, 34) zulässig; jedoch muss das Gericht vor seiner Entscheidung den Tatsachenvortrag einer Partei nur abwarten, um das rechtliche Gehör zu gewähren. Ist der Tatsachenvortrag unstreitig, muss er berücksichtigt werden (Düsseldorf MDR 93, 1120 mwN; bestr). Eine Beweisaufnahme nach übereinstimmender Erledigterklärung ist grundsätzlich unzulässig (umstr). Als neue präsente Beweismittel sind nur Urkunden zu berücksichtigen. Eine durchgeführte Beweisaufnahme ist nach § 286 zu würdigen. Ferner kann das Angebot von Zeugen auch im Rahmen des billigen Ermessens (Rn 48) gewürdigt werden. –
47   **b) Berücksichtigung.** Dies bezieht sich auf den Sach- und Streitstand, insbes die Feststellung der unbestrittenen Tatsachen, die Beweiswürdigung (§ 286), die Schadensschätzung (§ 287) und die rechtliche Würdigung, die sich wie bei einer Endentscheidung über Klage oder Antrag auf Zulässigkeit und Begründetheit erstreckt. Abzustellen ist auf den voraussichtlichen Ausgang des Rechtsstreits, wenn die Hauptsache nicht erledigt oder nicht erledigt erklärt worden wäre. Entfällt eine sonst notwendige Beweisaufnahme, kann das vermutliche Ergebnis gewürdigt werden. Ein unzuständiges Gericht hat den Sach- und Streitstand nach einer fiktiven Verweisung (§ 281) zugrundezulegen (Stuttgart MDR 89,

1000; MüKo/Lindacher 51; bestr), <u>nicht ohne weiteres</u> dem <u>Kläger</u> <u>wegen Unzulässigkeit</u> seiner Klage die Kosten aufzuerlegen (so die <u>über-</u> <u>wiegende Meinung</u>; Brandenburg NJW-RR 96, 955 mwN). Anerkennt die eine Partei die von der anderen geltendgemachte Kostenpflicht, so sind ihr die Kosten ohne weitere Sachprüfung aufzuerlegen (BGH JZ 85, 853; BAG NJW 88, 990). Ebenso ist grundsätzlich bei freiwilliger Erfüllung des Klageanspruchs zu verfahren (Frankfurt MDR 96, 426). –
c) Nach billigem Ermessen. Hier werden die allgemeinen Grund- **48** gedanken des Kostenrechts herangezogen. Sie ergeben sich aus den §§ 91–97, 100, 101, ggf § 788, so dass insbes derjenige die Kosten voll trägt, der voraussichtlich unterlegen wäre. Dies darf aber nicht daraus abgeleitet werden, dass der Beklagte noch vor Rechtshängigkeit (vgl Rn 36) einen begründeten Anspruch erfüllt und somit die Klage bei Eintritt der Rechtshängigkeit unbegründet gewesen wäre (Koblenz NJW-RR 00, 1090; aA Celle NJW-RR 94, 1376). <u>Bei Teilunterliegen</u> kann § 92 angewendet werden, <u>ebenso</u> bei <u>ungewissem Prozessausgang</u> (vgl Koblenz NJW-RR 99, 943). Auch der Grundgedanke des § 93 ist anwendbar (Karlsruhe NJW-RR 90, 978; Koblenz Büro 93, 560). Wer die Erledigung herbeigeführt hat, ist dabei grundsätzlich unerheblich, ausnahmsweise dann nicht, wenn es mutwillig geschehen ist (MüKo/ Lindacher 44). Wurde die Hauptsache durch Vergleich erledigt, kann (muss aber nicht) auch der Umfang des wechselseitigen Nachgebens berücksichtigt werden (München NJW 73, 716 abl Anm Schumacher). Bei einem außergerichtlichen Vergleich kann dessen Regelung über- nommen oder muss wenigstens berücksichtigt werden (Brandenburg NJW-RR 99, 654). Fehlt sie, wird § 98 angewendet (Frankfurt MDR 84, 674; Schleswig Büro 93, 745). Hat der Kläger vor der Klage seinem Gegner eine zu kurze Zeit zur Anspruchsprüfung eingeräumt, so trifft ihn das Kostenrisiko, wenn der Klageanspruch alsbald erfüllt wird (Mün- chen VersR 79, 480 für Haftpflichtschaden). Ein materiell-rechtlicher Kostenerstattungsanspruch (13 vor § 91) kann berücksichtigt werden (allgM), zB aus § 286 BGB (Hamm FamRZ 93, 1343). Das gilt auch, wenn bei einer Stufenklage (§ 254) nach erteilter Auskunft sich ergibt, dass kein Leistungsanspruch besteht (Koblenz FamRZ 96, 882).

14. Rechtskraft der Entscheidungen. **a) Formell** rechtskräftig wer- **49** den die Entscheidungen stets nach allgemeinen Regeln (vgl § 705). – **b) Materiell** ist zu unterscheiden: **aa) Bei übereinstimmender** Erle- **50** digterklärung (Rn 22 ff) erlangt der Beschluss keinerlei materielle Rechtskraft, weil das Gericht nicht über den Anspruch entschieden hat. Es kann daher derselbe prozessuale Anspruch (Einl II) nochmals durch Klage geltend gemacht werden (hM; BGH NJW 91, 2280 mwN), sofern im Einzelfall nicht Arglist oder Treu und Glauben entgegenstehen. **bb) Bei einseitiger** Erledigterklärung (Rn 31 ff) ist die Entscheidung **51** materiell rechtskraftfähig (hM). Sie wirkt bei der Feststellung, dass die Hauptsache erledigt ist, als Feststellungsurteil mit der Folge, dass der Anspruch durch ein bestimmtes Ereignis gegenstandslos geworden und

eine neue Klage aus diesem Anspruch unzulässig ist (wohl hM; einschränkend Jost/Sundermann ZZP 105, 261). Bei abgewiesener Klage
erwächst auch in Rechtskraft, dass die Klage mit dem vor Erledigterklärung geltend gemachten Streitgegenstand (Einl II), je nach dem
Inhalt der Entscheidungsgründe, unzulässig oder unbegründet war, oder
aber sich nicht erledigt hat (hM; ZöVollkommer 46 mwN).

52   **15. Rechtsbehelfe. a) Bei übereinstimmender Erledigterklärung, aa) Statthaftigkeit.** Gegen den Beschluss (Rn 25) findet sofortige Beschwerde statt (Abs 2 S 1; § 567 Abs 1 Nr 1), auch Anschlussbeschwerde (§ 567 Abs 3). Die Beschlüsse der Berufungs- und Beschwerdegerichte sind mit der Rechtsbeschwerde anfechtbar nur, wenn
sie zugelassen ist (§ 574 Abs. 1 Nr 2). **bb) Beschwerdesumme** (Abs 2
S 2) richtet sich nach dem Wert der Hauptsache. Es muss die Berufungssumme von 600 Euro (§ 511 Abs 2 Nr 1) erreicht sein. Der Kostenwert
(§ 567 Abs 2) ist dabei in aller Regel erfüllt. **cc) Gehör** des Beschwerdegegners ist grundsätzlich vorgeschrieben, kann aber (entgegen Abs 2
S 3) unterbleiben, wenn das Rechtsmittel unzulässig oder unbegründet
53 ist.– **b) Bei einseitiger Erledigterklärung** (auch nur für einen Teil,
Rn 45) finden gegen die Entscheidung (Rn 38, 40) die gewöhnlichen
Rechtsmittel statt. § 99 Abs 1 gilt (hM, BGH NJW-RR 93, 765 mwN;
bestr). Beschwert ist der Beklagte auch, wenn das Gericht feststellt, dass
die Hauptsache erledigt ist und dem Klageabweisungsantrag nicht stattgibt. Die Beschwer richtet sich nach dem Wert der Feststellung (vgl Rn
59). Der Kläger ist in gleicher Höhe beschwert, wenn seine Klage
(entgegen seiner Erledigterklärung) abgewiesen wird (vgl Rn 35, 36),
der Beklagte, wenn die Klage im Übrigen abgewiesen wird, in Höhe der
bis zur Teilerledigung entstandenen und ihm auferlegten Kosten (BGH
NJW-RR 93, 765). Die Zulässigkeit des Rechtsmittels ist auch dann
nicht in Frage gestellt, wenn es dem die Hauptsache anfechtenden
Kläger nur auf die Abänderung der Kostenentscheidung ankommt
54 (BGH NJW 72, 112). – **c) Bei übereinstimmender Teilerledigterklärung** beruht die gemischte Kostenentscheidung zT auf § 91 a, im
Übrigen auf den allgemeinen Vorschriften (Rn 44). Es ist zu unterschei
55 den: **aa) Kostenrechtsmittel.** Die gesamte, einheitliche Kostenentscheidung allein kann von jedem, der beschwert ist, mit der sofortigen
Beschwerde (Abs 2 S 1) angefochten werden. Die Kostenentscheidung
darf freilich nur abgeändert werden, soweit sie auf § 91 a beruht (vgl
BGH 40, 265). Daher ist die sowieso kaum durchführbare Kostenaufspaltung nach § 91 a einerseits und §§ 91, 92 ff andererseits in der
Formel überflüssig (vgl Rn 44). Das Beschwerdegericht faßt dann ggf
56 die Kostenentscheidung neu. **bb) Hauptsacherechtsmittel.** Das
Rechtsmittel in der restlichen Hauptsache (also insbes die Berufung,
Rn 53) umfasst auch den auf § 91 a beruhenden Teil der Kostenentscheidung (hM; Hamm NJW-RR 87, 426 mwN) und ist nicht insoweit
unzulässig (KG MDR 86, 241; bestr; aA Schiffer ZZP 101, 25). Es muss
daneben nicht auch noch sofortige Beschwerde eingelegt werden

(Hamm aaO mwN; Bergerfurth NJW 92, 1655 [1661]; aA München NJW 70, 761).

16. Streitwert. Es ist zu unterscheiden: **a) Übereinstimmende** 57
volle Erledigterklärung (Rn 13, 22). Es ist für den Gebührenstreitwert
(§ 2 Rn 10) ab Erledigterklärung auf die entstandenen Kosten abzustellen (allgM). Hierfür ist unerheblich, ob die Erklärungen auf Irrtum
beruhen. – **b) Übereinstimmende Teilerledigterklärung** (Rn 44). 58
Es ist erst von da an der Wert des nichterledigten Teils maßgebend. Die
anteiligen Prozesskosten des erledigten Teils erhöhen den Wert nicht
(BGH NJW-RR 95, 1089 mwN. Bei Vergleich auch über die Kosten
neben der Resthauptsache sind dem Vergleichsstreitwert diejenigen Kosten zuzurechnen, die durch den erledigten Teil des Streitgegenstandes
erwachsen sind (vgl Bamberg Büro 74, 1440). – **c) Einseitige volle** 59
Erledigterklärung. Es wird vertreten (sehr umstr): **aa) Feststellungs-**
wert. Ab Erledigterklärung ist der Wert wie bei einer positiven Feststellungsklage (Rn 32) zu bestimmen (§ 3 Rn 65), weil dem auf die
Hauptsache gerichteten Klageantrag wegen § 308 Abs 1 nicht mehr
stattgegeben werden darf. Ein Abschlag von 50% ist angebracht (ebenso
Celle NJW 70, 2113; München NJW 75, 2021 und Büro 95, 644;
Frankfurt MDR 95, 207; sehr bestr; vgl Nürnberg NJW-RR 87, 1279).
bb) Hauptsachewert. Es bleibt beim unveränderten Streitwert der 60
Klageforderung (München NJW-RR 96, 956; Köln MDR 95, 163;
Brandenburg NJW-RR 96, 1472). Dies nimmt der BGH nur ausnahms-
weise an, für den Fall, dass die Erledigterklärung des Klägers auf einer
von ihm erklärten Aufrechnung beruht (BGH WM 78, 737) oder die
Klage abgewiesen wird, wenn bei Ehrenschutzsachen die Rechtfertigung
im Vordergrund steht (BGH NJW 82, 768). **cc) Kostenwert.** Maß- 61
gebend ist idR der Wert der Kosten (wohl hM; BGH stRspr NJW-RR
96, 1210 mwN; Stuttgart MDR 89, 266; Dresden NJW-RR 01, 428;
Rostock MDR 93, 1019 mwN; Karlsruhe NJW-RR 94, 761; München
NJW-RR 95, 1086). Das sind für den ersten Rechtszug die bis zur
Erledigterklärung, für Rechtsmittel alle bis dahin entstandenen (BGH
aaO). Dies wird sowohl für den Gebühren- wie für den Rechtsmittelstreitwert angewendet (BGH NJW 61, 1210), grundsätzlich auch für das
Rechtsmittel des Beklagten gegen ein die Erledigung feststellendes Urteil (BGH NJW 69, 1173). – **d) Einseitige Teilerledigterklärung.** 62
Dem Wert der verbliebenen Hauptsache ist der für den erledigten Teil
nach den Rn 59, 60 oder 61 bestimmte Wert hinzuzurechnen (vgl BGH
NJW-RR 88, 1465; umstr; aA Koblenz ZMR 88, 433). Die Kosten des
erledigten Teils bleiben unberücksichtigt (Karlsruhe Justiz 89, 86; aA
BGH aaO: restlicher Betrag der Hauptsache zuzüglich Kosten der Vorinstanz nach Differenzmethode).

17. Vollstreckbarkeit. Für den Beschluss gibt § 794 Abs 1 Nr 3 die 63
Grundlage der Kostenfestsetzung. Für Urteile: §§ 708–714 zur vorläufigen Vollstreckbarkeit; bei Rechtskraft §§ 704 Abs 1, 705.

§ 92 Kosten bei teilweisem Obsiegen

(1) [1]Wenn jede Partei teils obsiegt, teils unterliegt, so sind die Kosten gegeneinander aufzuheben oder verhältnismäßig zu teilen. [2]Sind die Kosten gegeneinander aufgehoben, so fallen die Gerichtskosten jeder Partei zur Hälfte zur Last.

(2) Das Gericht kann der einen Partei die gesamten Prozesskosten auferlegen, wenn

1. die Zuvielforderung der anderen Partei verhältnismäßig geringfügig war und keine oder nur geringfügig höhere Kosten veranlaßt hat oder
2. der Betrag der Forderung der anderen Partei von der Festsetzung durch richterliches Ermessen, von der Ermittlung durch Sachverständige oder von einer gegenseitigen Berechnung abhängig war.

Abs 2 ist neu gefasst mWv 1. 1. 2002 durch Art 2 Nr 10 ZPO-RG.

1   **1. Allgemeines.** § 92 führt den Grundgedanken des § 91 (Kostenpflicht des Unterlegenen) für die Fälle durch, in denen eine Partei nur zT siegt und hinsichtlich des Streitgegenstandes (Einl II) im Rest unterliegt. § 92 gilt entsprechend bei teilweiser Klagerücknahme (BGH NJW-RR 96, 256; vgl § 269 Rn 13).

2   **2. Teilunterliegen. a) Umfang.** Maßgebend ist der Gebührenstreitwert (§ 2 Rn 10). Für die Aufteilung ist vom Begriff des Unterliegens (§ 91 Rn 2) auszugehen. Der Streitwert ist für die Teile des Streitgegenstandes, in denen obsiegt und unterlegen ist, getrennt festzustellen. Je nach dem Verhältnis zueinander ist gem Rn 5–11 zu entscheiden. Wird der Hauptantrag abgewiesen und dem Hilfsantrag stattgegeben, ist wegen § 19 Abs 1 S 2 GKG, für die Kostenverteilung der Wert von Haupt- und Hilfsantrag zusammenzurechnen (vgl Emde MDR 95, 990), wenn die Anträge nicht (wirtschaftlich) denselben Gegenstand betreffen (§ 19 Abs 1 S 3 GKG); der dem Hauptantrag entsprechende **3** Teil ist dem Kläger aufzuerlegen. – **b) Kosteneinheit.** Dieser Grundsatz (§ 91 Rn 5) gilt auch hier. Daher keine Aufteilung nach Kosten der Klage und Widerklage, des Haupt- und des Hilfsantrags oder einzelner Prozessabschnitte. Auch das vorangegangene selbständige Beweisverfahren gehört zum Rechtsstreit (§ 494a Rn 5; Karlsruhe Rpfleger 96, 375). Für die Kosten aller Rechtszüge ist das Verhältnis des endgültigen Obsiegens und Unterliegens maßgebend, soweit nicht § 97 **4** eingreift. – **c) Einzelheiten.** <u>Teilunterliegen</u> ist: **aa) Zu bejahen** bei <u>Anspruchshäufung (§ 260)</u>, wenn nicht alle Ansprüche zuerkannt sind, auch bei <u>Stufenklage</u> (§ 254; umstr; vgl Kassebohm NJW 94, 2728); dem <u>Hilfsantrag</u> nicht aber dem Hauptantrag stattgegeben (vgl Rn 2); <u>Zug um Zug</u> statt unbedingt verurteilt (hM; Hensen NJW 99, 395); zur <u>Leistung zu späterem Zeitpunkt</u> anstatt sofort verurteilt; nur in Nebenforderungen (insbes Zinsen) erfolgreich; <u>Zinsen zu kleinerem Satz</u> oder späterem Laufzeitbeginn als beantragt (dann meist Abs 2 anwendbar);

der Klage und der Widerklage stattgegeben, beide abgewiesen oder eine
von beiden zT abgewiesen; bei abgewiesener Klage greift eine wegen
§ 19 Abs 3 GKG streitwerterhöhende Hilfsaufrechnung durch (ZöHerget 3 mwN), wobei nach dem Gesamtstreitwert zu quoteln ist. **bb) Zu
verneinen,** wenn Räumungsfrist (§ 721) gewährt oder die Klage wegen einer Primäraufrechnung (auch einer im Prozess erklärten) abgewiesen wird, weil die Aufrechnung nicht streitwerterhöhend wirkt (vgl
§ 3 Rn 19).

3. Gegeneinander aufheben (Abs 1 S 1, 1. Alt) kann das Gericht   5
die Kosten des Rechtsstreits, wenn die Parteien ungefähr, nicht notwendig genau, zur Hälfte obsiegen oder unterliegen. Folge: Ihre außergerichtlichen Kosten trägt jede Partei selbst (5 vor § 91). Nur hinsichtlich
der Gerichtskosten (Abs 1 S 2) kommt ein Kostenerstattungsanspruch (8
vor § 91) in Betracht. Die Kostenentscheidung lautet: „Die Kosten
werden gegeneinander aufgehoben." Dies ist grundsätzlich vorgeschrieben bei Urteilen in Ehesachen (§ 93 a Abs 1 S 1, Abs 3 S 1).

4. Verhältnismäßig teilen (Abs 1 S 1, 2. Alt) muss das Gericht die   6
Kosten des Rechtsstreits, wenn weder Rn 5 noch Rn 7 anzuwenden ist.
Es kann durch Bruch oder Prozentsatz geteilt werden: „Der Kläger trägt
1/4, der Beklagte 3/4 der Kosten des Rechtsstreits." Anstatt die Kosten
zur Hälfte aufzuteilen, sollten sie gegeneinander aufgehoben werden
(Rn 5); ein Unterschied liegt nämlich vor, wenn die außergerichtlichen
Kosten der Parteien verschieden hoch sind. Der Bruch sollte grundsätzlich nur nach dem Verhältnis zum Streitwert (Rn 2) bestimmt werden, auch bei Zug-um-Zug-Verurteilung, wenn Klageanspruch und
Gegenleistung streitig sind (Hensen NJW 99, 395). Tabelle für Bruchteile: Held DRiZ 84, 317. Daneben kann ausnahmsweise die Prozessführung der Parteien, vor allem in Bezug auf Kostenverursachung berücksichtigt werden, soweit nicht sowieso §§ 95, 96 eingreifen. Nie
dürfen einer Partei die Kosten der Klage, der anderen die der
Widerklage auferlegt werden (Rn 3).

5. Voll auferlegen (Abs 2) kann das Gericht einer Partei die Kosten   7
des Rechtsstreits trotz Teilunterliegens, wenn vorliegt: **a) Nr 1. Ge-**   8
ringfügige Zuvielforderung. Das kann ein kleinerer Bruch als etwa
1/10 sein. Ausserdem dürfen dadurch keine oder nur geringfügig höhere
Kosten angefallen sein, insbes durch Überschreiten einer Gebührenstufe,
zusätzliche Beweisaufnahme. Das gilt zugunsten des Beklagten auch
dann, wenn er nur zu einem geringfügigen Betrag verurteilt und iü die
Klage abgewiesen ist. Auch auf Zug-um-Zug Verurteilung anwendbar
(Henssler NJW 99, 395). – **b) Nr 2. Sonstige Fälle: aa) Ermessens-**   9
entscheidung: vor allem bei § 287 (sehr häufiger Fall). IdR darf nicht
mehr als 20% vom Antrag abgewichen werden; andernfalls ist verhältnismäßig zu teilen (Rn 6). Zur Anwendbarkeit bei unbezifferten Klageanträgen Husmann NJW 89, 3126. Für den Umfang der Abweichungen ist von den Vorstellungen des Klägers auszugehen (wohl hM; Butzer
MDR 92, 539). – **bb) Ermittlung durch Sachverständige:** bei bezif-   10

ferten und unbezifferten Klageanträgen anwendbar (wie Rn 9). Der
Beweis muss zur Höhe, nicht nur zum Grund des Anspruchs erhoben
worden sein. Bei zu großer Abweichung vom Antrag: wie Rn 9. –

11 **cc) Abhängigkeit von gegenseitiger Berechnung:** anwendbar wie
Rn 9 und 10; trifft zu, wenn die Partei die Höhe einer Gegenforderung
nicht kennt.

§ 93 Kosten bei sofortigem Anerkenntnis

**Hat der Beklagte nicht durch sein Verhalten zur Erhebung der
Klage Veranlassung gegeben, so fallen dem Kläger die Prozeßkosten zur Last, wenn der Beklagte den Anspruch sofort anerkennt.**

1   **1. Zweck.** § 93 schützt leistungswillige Beklagte vor den Kosten und
gestaltet den Grundsatz des § 91 dahin aus, dass derjenige, der ohne
Anlass vor Gericht geht, die Kosten zu tragen hat.

2   **2. Anwendungsbereich. a) Zu bejahen** in den der ZPO unterliegenden Verfahren, sofern darin wirksam iS des § 307 anerkannt werden
kann; auch Arrest und einstweilige Verfügung (hM: LG Hamburg
NJW-RR 87, 381 mwN). § 93 gilt auch bei § 259, weil § 93 subjekti-
2 a ven Anlass, nicht objektive Besorgnis fordert. – **b) Zu verneinen** im
Mahnverfahren (§ 688), Aufgebotsverfahren (§ 946), bei Klageverzicht
(§ 306 Rn 4; Koblenz NJW-RR 86, 1443; LG Hamburg NJW-RR 87,
381; aA Frankfurt NJW-RR 94, 62 mwN); in der Zwangsvollstreckung
(anders im daraus sich ergebenden Rechtsstreit, zB §§ 767, 771); in der
Kostenfestsetzung und wenn der Streitgegenstand (Einl II) der Parteidisposition entzogen ist, wie bei Ehesachen (Karlsruhe FamRZ 91, 1456)
und Kindschaftssachen.

3   **3. Voraussetzungen.** Es dürfen nur die nachfolgenden Voraussetzungen (Rn 4, 8, 9) kumulativ gefordert werden. Nicht darf verlangt
werden, dass bei fälligen Ansprüchen mit dem Anerkenntnis die sofortige
oder alsbaldige Erfüllung verbunden wird (hM; Hamm FamRZ 93,
1345; Frankfurt MDR 93, 1246; Schleswig MDR 97, 887; MüKo/Belz
6).

4   **4. Fehlender Anlass zur Klage.** Der Beklagte darf sich nicht (ohne
Rücksicht auf Verschulden) vor dem Prozess so verhalten haben, dass der
Kläger annehmen musste, nur durch Prozess sein Ziel erreichen zu
können. Beweislast hat der Beklagte (hM; Naumburg NJW-RR 00,
5 1666 mwN; Hamm MDR 99, 956); umgekehrt bei § 257. **a) Regel-
fall.** Der nicht leistende Schuldner gibt idR Anlass zur Klageerhebung,
insbes bei Geldschulden (hM). Der Klageanspruch muss grundsätzlich
vor Einleitung des Rechtsstreits fällig geworden sein (Frankfurt
NJW-RR 93, 126); jedoch begründet das bloße Überschreiten des
Fälligkeitstermins für sich allein nicht ohne weiteres den Anlass zur
Klage. Es muss idR eine Aufforderung des Gläubigers hinzukommen
(Frankfurt NJW-RR 93, 1472 mwN; bestr), insbes bei Zustimmungen

(Düsseldorf NJW-RR 96, 905). Allein erheblich ist das vorprozessuale Verhalten (BGH NJW 79, 2040). Zu dessen Beurteilung kann aber auch das spätere Verhalten des Beklagten, insbes das im Prozess, herangezogen werden (Karlsruhe BB 80, 599 mwN), zB Widerspruch im Mahnverfahren (vgl Rn 7 b; Koblenz Büro 95, 323). Die materielle Rechtslage, insbes fehlende Schlüssigkeit der Klage (Hamm Büro 90, 915), ist wegen des Anerkenntnisses unerheblich (MüKo/Belz 7; aA Düsseldorf MDR 93, 809). – **b) Kein Anlass** bestand: **aa) Grundsatz** wenn der Beklagte **6** weder in Verzug war, noch den Anspruch bestritten oder die Leistung verweigert hat (Köln NJW-RR 92, 1529). **bb) Einzelfälle:** wenn der **6 a** Beklagte dem Kläger, der einen Duldungstitel benötigt, von sich aus eine Erklärung nach § 794 Abs 1 Nr 5 anbietet oder hierzu nicht aufgefordert wird (Saarbrücken MDR 82, 500 bei Zwangshypothek; aA Köln NJW 77, 256); bei Klage nach § 771, wenn die Freigabe verweigert wird, solange dem Beklagten die klagebegründenden Tatsachen nicht bekannt (hM) oder nicht ausreichend nachgewiesen sind (Düsseldorf NJW-RR 98, 790); bei Räumungsklagen nach Fälligkeit nur dann, wenn der Beklagte vor Klageerhebung räumt, da er andernfalls die Leistung verweigert, ohne Rücksicht darauf, ob er über Ersatzraum verfügt (vgl aber § 93 b Abs 3). **cc) Abmahnung.** Bei Wettbewerbsprozessen **6 b** mit einstweiliger Verfügung ist idR vorher außergerichtliche Abmahnung erforderlich (KG NJW 93, 3337) als Abmahnungslast (hierzu Borck NJW 81, 2721), nicht jedoch für einen Mitbewerber bei vorsätzlichem Verstoß (KG WRP 80, 203). Der Abgemahnte muss Unterlassung versprechen (vgl Hamburg NJW 86, 2120), wobei Telefax mit Unterschrift genügt (aA München NJW 93, 3146: Form des § 126 BGB), auch die Vorlage einer Vollmacht verlangen (Dresden OLG-NL 99, 88), aber seinerseits nicht eine Gegenabmahnung aussprechen (LG Hamburg NJW-RR 93, 173). Anlass zur Hauptsacheklage darf nicht aus dem Grund verneint werden, dass erst der Erlass der einstweilige Verfügung und der Abschlusserklärung abgewartet werden müsse (Hamm NJW-RR 91, 1335). – **c) Anlass** bestand: **aa) Regelfälle:** bei Schuld- **7** nerverzug, insbes wenn am bestimmten Kalendertag die fällige Leistung nicht rechtzeitig erbracht wird (Rn 5); Angebot einer unzulässigen Teilleistung (§ 266 BGB, hierzu Palandt Rn 3); wenn in Wettbewerbssachen auf ein Abmahnschreiben nicht reagiert wird (Karlsruhe NJW-RR 93, 126); wenn der Gläubiger auf die Aufforderung des Dritten zur Freigabe (§ 771 Rn 23) nicht antwortet (München VersR 93, 497); für eine Vollstreckungsabwehrklage, wenn eine zweite vollstreckbare Ausfertigung beantragt wurde (Hamm FamRZ 99, 725); bei einem Mietverhältnis über Geschäftsraum, wenn nach Kündigung der Mieter trotz Anfrage sich zur Räumungsabsicht nicht äußert (Stuttgart NZM 00, 95); wenn der Sachversicherer an den Versicherungsnehmer vorprozessual nur einen Abschlag zahlt. **bb) Unterhaltsschulden** (vgl § 93 d). Dafür **7 a** gelten die Grundsätze des § 93 auch (Stuttgart NJW 78, 706 m Anm v Winter; Köln FamRZ 86, 827), wenn verspätet bezahlt wird (hM; München FamRZ 93, 454 mwN). Der Unterhaltsschuldner, der den

Unterhalt regelmäßig zahlt, gibt Anlass zur Klage nur, wenn er sich weigert, an einer für ihn kostenfreien Errichtung des Titels mitzuwirken (hM; Düsseldorf FamRZ 94, 1485 mwN; Saarbrücken FamRZ 85, 1280 mwN; Stuttgart NJW-RR 01, 1010). Er gibt aber keinen Anlass für die Klage auf den vollen Betrag, wenn er nur den Spitzenbetrag nicht

7 b zahlt (Bremen NJW-RR 90, 6; Stuttgart aaO mwN). **cc) Widerspruch** im Mahnverfahren ist Indiz für Anlass zur Klageerhebung (vgl Rn 5; Frankfurt MDR 84, 149), auch wenn ein Erbe widerspricht, dem seine Erbenstellung noch unbekannt ist (Köln NJW-RR 94, 767).

8 **5. Anerkenntnis.** Es ist das des § 307 und muss wirksam sein. Dass darüber hinaus der Anspruch erfüllt wird, ist nicht Voraussetzung (Rn 3). Bei der einstweiligen Verfügung ist das Anerkenntnis des Verfügungsanspruchs erforderlich (Hamm NJW 76, 1459 für Bauhandwerkerhypothek). Auch wenn das Anerkenntnis nicht zu einem Anerkennt-

8 a nisurteil führt, gilt § 93. **a) Beschränktes Anerkenntnis.** Anerkennt der Beklagte die unbedingt geforderte Leistung nur Zug um Zug, so kommt es darauf an, ob er vorher nur die unbedingte Leistung verweigert hat. Ein Anerkenntnis unter dem Vorbehalt der beschränkten Erbenhaftung wird für ausreichend gehalten (hM; München Büro 95, 659

8 b mwN). – **b) Teilanerkenntnis.** Es gilt § 93 für den betreffenden Teil des Streitgegenstandes (Hamburg FamRZ 93, 101), aber nicht, wenn darin das Angebot einer unzulässigen Teilleistung (vgl Rn 7) liegt (Schleswig FamRZ 84, 187 mwN); für den Rest sind die §§ 91, 92 anzuwenden. Entschieden werden darf über die Kosten aber erst im Schlussurteil (vgl § 307 Rn 12).

9 **6. Sofort** bedeutet grundsätzlich in der Ersten mdl Vhdlg, an welcher der Beklagte oder sein Vertreter, insbes sein ProzBev teilnimmt, im schriftlichen Verfahren im ersten Schriftsatz, im schriftlichen Vorverfahren (§ 276) nur binnen der Notfrist (Frankfurt NJW-RR 93, 126) und bis zur Abgabe einer Verteidigungserklärung (hM; München NJW-RR 89, 571; Celle NJW-RR 98, 1370; aA Bamberg NJW-RR 96, 392 mwN; Schleswig MDR 97, 971; Meiski NJW 93, 1904, wo zwischen sofort [Rn 9] und Anlass zur Klage [Rn 4] nicht genügend unterschieden wird), in Handelssachen nur bis zum Verweisungsantrag nach § 98 GVG (aA Saarbrücken MDR 81, 676), weil die Zivilkammer bis dahin

10 zuständig ist. **a) Nichtbestreiten.** Vor dem Anerkenntnis darf im Prozess nicht bestritten werden, auch nicht in einem vorbereitenden Schriftsatz (Bremen FamRZ 94, 1489 mwN; bestr), und auch nicht unbegründet auf Prozessvoraussetzungen beschränkt (hM). Es sind aber angemessene Prüfungsfristen zuzubilligen, insbes für Glaubhaftmachung des Rechts bei § 771 (vgl StJBork 10), wobei es der beklagte Vollstreckungsgläubiger uU auf eine Beweisaufnahme ankommen lassen kann

11 (München WM 79, 292). – **b) Rechtsbehelfe.** Unschädlich sind Widerspruch im Mahnverfahren (hM; KG MDR 80, 942; vgl aber Rn 7 b), Einspruch gegen Versäumnisurteil (§ 338; hM), Widerspruch gegen Arrest oder einstweilige Verfügung nur, wenn sie von vornherein auf die

Kosten beschränkt waren (hM; Schleswig MDR 79, 763) und nur dazu dienten, die Folge des § 93 herbeizuführen (vgl Hamm NJW 76, 1459). – **c) Veränderungen im Prozess.** Bei Klageänderung (§§ 263, **12** 264) kommt es auf die Erste mdl Vhdlg oder den ersten Schriftsatz nach ihr an, bei der Stufenklage (§ 254) für den Zahlungsanspruch auf die Erste mdl Vhdlg darüber (Bamberg Büro 89, 539). Das gleiche gilt, wenn eine zunächst unschlüssige oder unbegründete Klage erst im Laufe des Rechtsstreits schlüssig oder begründet (Frankfurt NJW-RR 93, 126), ein vorgreifliches verwaltungsgerichtliches Verfahren abgeschlossen wird (Nürnberg NJW 97, 699), ebenso bei einem Parteiwechsel (16, 20 vor § 50), zB durch Tod (Zweibrücken NJW 68, 1635). Besteht die Klageänderung darin, dass nunmehr nur Zug-um-Zug-Verurteilung beantragt wird, ist ein Anerkenntnis nicht sofort iS des § 93, wenn der Beklagte vorher in der Ersten mdl Vhdlg Klageabweisung und nur hilfsweise Zug-um-Zug-Verurteilung beantragt hatte. – **d) Geldschulden.** **13** Auch sie müssen daneben nicht sofort bezahlt werden (Rn 3; Schleswig MDR 87, 940; bestr): jedoch besteht in solchen Fällen idR Anlass zur Klageerhebung (Rn 7).

§ 93 a Kosten in Ehesachen

(1) [1]**Wird auf Scheidung einer Ehe erkannt, so sind die Kosten der Scheidungssache und der Folgesachen, über die gleichzeitig entschieden wird oder über die nach § 627 Abs. 1 vorweg entschieden worden ist, gegeneinander aufzuheben; die Kosten einer Folgesache sind auch dann gegeneinander aufzuheben, wenn über die Folgesache infolge einer Abtrennung nach § 628 Abs. 1 Satz 1 gesondert zu entscheiden ist.** [2]**Das Gericht kann die Kosten nach billigem Ermessen anderweitig verteilen, wenn**

1. **eine Kostenverteilung nach Satz 1 einen der Ehegatten in seiner Lebensführung unverhältnismäßig beeinträchtigen würde; die Bewilligung von Prozeßkostenhilfe ist dabei nicht zu berücksichtigen;**
2. **eine Kostenverteilung nach Satz 1 im Hinblick darauf als unbillig erscheint, daß ein Ehegatte in Folgesachen der in § 621 Abs. 1 Nr. 4, 5, 8 bezeichneten Art ganz oder teilweise unterlegen ist.**
[3]**Haben die Parteien eine Vereinbarung über die Kosten getroffen, so kann das Gericht sie ganz oder teilweise der Entscheidung zugrunde legen.**

(2) [1]**Wird ein Scheidungsantrag abgewiesen, so hat der Antragsteller auch die Kosten der Folgesachen zu tragen, die infolge der Abweisung gegenstandslos werden; dies gilt auch für die Kosten einer Folgesache, über die infolge einer Abtrennung nach § 623 Abs. 1 Satz 2 oder nach § 628 Abs. 1 Satz 1 gesondert zu entscheiden ist.** [2]**Das Gericht kann die Kosten anderweitig verteilen,**

wenn eine Kostenverteilung nach Satz 1 im Hinblick auf den
bisherigen Sach- und Streitstand in Folgesachen der in § 621
Abs. 1 Nr. 4, 5, 8 bezeichneten Art als unbillig erscheint.

(3) [1]Wird eine Ehe aufgehoben, so sind die Kosten des Rechtsstreits gegeneinander aufzuheben. [2]Das Gericht kann die Kosten
nach billigem Ermessen anderweitig verteilen, wenn eine Kostenverteilung nach Satz 1 einen der Ehegatten in seiner Lebensführung unverhältnismäßig beeinträchtigen würde oder wenn
eine solche Kostenverteilung im Hinblick darauf als unbillig erscheint, daß bei der Eheschließung ein Ehegatte allein die Aufhebbarkeit der Ehe gekannt hat oder ein Ehegatte durch arglis-
tige Täuschung oder widerrechtliche Drohung seitens des anderen Ehegatten oder mit dessen Wissen zur Eingehung der Ehe
bestimmt worden ist.

(4) Wird eine Ehe auf Antrag der zuständigen Verwaltungsbehörde oder bei Verstoß gegen § 1306 des Bürgerlichen Gesetzbuchs auf Antrag des Dritten aufgehoben, so ist Absatz 3 nicht
anzuwenden.

(5) Die Absätze 1 und 2 gelten in Lebenspartnerschaftssachen
nach § 661 Abs. 1 Nr. 1 entsprechend.

*Abs 5 ist angefügt mWv 1. 8. 2001 durch Art 3 § 16 Nr 3 Gesetz vom
16. 2. 2001 (BGBl I S. 266).*

1   **1. Allgemeines. a) Zweck.** § 93 a ist für die genannten Verfahren
eine den allgemeinen Kostenvorschriften vorgehende Sonderregelung
und stellt unter Abwendung vom Erfolgsprinzip (§§ 91, 92) darauf ab,
dass die Parteistellung zufällig ist und bei erfolgreichem Antrag keiner
unterliegt. Die Regelung zielt auf Gleichstellung mit Ausnahmen durch
1 a eine Härteklausel. – **b) Sonderregelung** der Abs 1 und 2. Sie ist für
Scheidungs- und Scheidungsfolgesachen (§ 623 Abs 1 S 1), entspr bei
Lebenspartnerschaften (Abs 5) abschließend und geht den §§ 91, 92 vor,
auch dem § 91 a Abs 1 S 1, zB bei Tod eines Ehegatten (BGH FamRZ
83, 683; aA Karlsruhe FamRZ 96, 880; Nürnberg FamRZ 97, 763)
sowie dem § 269 Abs 3 S 4 nF (hM; vgl Hamm FamRZ 97, 765 mwN
für § 269 aF). In den Fällen der Abs 2 und 4 bleiben die §§ 91, 92, 95,
96 anwendbar. § 97 Abs 1 gilt stets. § 97 Abs 2 kann entsprechend
1 b angewendet werden (vgl BGH NJW 97, 1007). – **c) Anwendbarkeit.**
Auch in der Berufungsinstanz, insbes auch im Scheidungsverbund und
wenn nur teilweise angefochten ist oder die Berufung nur teilweise
erfolgreich (ZöHerget 12). Eine entsprechende Anwendung des § 93 a
auf andere Ehe- und Kindschaftssachen ist ausgeschlossen (Koblenz
FamRZ 90, 1368; bestr), ebenso bei Lebenspartnerschaftssachen für
andere als § 661 Abs 1 Nr 1. § 93 a gilt nicht für Drittbeteiligte; deren
Kosten sind nach § 13 a FGG oder § 20 HausratsVO zu behandeln (vgl
§ 629 Rn 2).

2. Erfolgreicher Scheidungsantrag (Abs 1). **a) Voraussetzung.**   2
Es muss dem Scheidungsantrag im Urteil (§ 629 Abs 1) stattgegeben
werden, mit oder ohne Folgesachen iS der §§ 623 Abs 1 S 1, 621 I.
Außerdem ist Abs 1 anzuwenden, wenn über die elterliche Sorge vorweg entschieden wurde (§ 627 Abs 1) oder über eine abgetrennte Folgesache (auch nach Hauptsacheerledigung, Karlsruhe FamRZ 96, 881)
gesondert nach dem Scheidungsurteil (§ 628 Abs 1 S 1 Nr 1–3). –
b) Entscheidung. Sie lautet idR auf Kostenaufhebung (Abs 1 S 1;   3
§ 92 Abs 1). Nur bei Vorliegen von unstreitigen oder bewiesenen Tatsachen zur anderweitigen Verteilung (Rn 4) steht es im billigen Ermessen
des Gerichts (wie § 91 a Rn 48) davon abzuweichen. – **c) Anderwei-**   4
tige Verteilung (Abs 1 S 2 und 3) auf Grund einer Härteklausel S 2
Nr 1; Rn 5) oder einer Billigkeitsklausel (S 2 Nr 2; Rn 6). Die Vorschrift hat Ausnahmecharakter. Es darf nicht dem einen Ehegatten allein
deshalb ein höherer Kostenanteil überbürdet werden, weil er wirtschaftlich in besserer Lage ist. Auch die situationsbezogene Schlechterstellung
eines Ehegatten infolge der Scheidung durch die damit verbundene
Lebensumstellung genügt für sich allein nicht. **aa) Härteklausel** (Nr 1).   5
Es ist auf die Kosten des Scheidungsrechtsstreits in ihrer Auswirkung auf
die Lebensführung abzustellen, wobei ein angemessener Zeitraum (etwa
1 Jahr) zugrundezulegen ist. Die Kostenentscheidung muss unabhängig
von der PKH erfolgen. Daraus folgt: Dem wirtschaftlich Stärkeren
können alle oder die überwiegenden Kosten überbürdet werden, wenn
der Schwächere ohne PKH in der Lebensführung unverhältnismäßig
beeinträchtigt würde. Zweck: Das Scheidungsverfahren soll auch nicht
zT praktisch auf Kosten der Staatskasse geführt werden. **bb) Billigkeits-**   6
klausel (Nr 2). Es kommt auf den speziellen Streitgegenstand der Folgesachen (§ 623 Abs 1; § 621 Abs 1 Nr 4, 5, 8) in der Weise an, inwieweit der darin (auch nur zT) unterlegene Ehegatte den Streit verursacht
hat, aus welchen Gründen er unterlegen ist und wie er im Prozess
Kosten veranlasst hat (§§ 95, 96). Die ggf ausgesonderten Kosten können
dem einen ganz auferlegt oder nach den Grundsätzen des § 92 verteilt
werden. Auch Mehrkosten einer Folgesache dürfen auferlegt werden
(Köln FamRZ 97, 764; München NJW-RR 99, 366). **cc) Verein-**   7
barung der Parteien (Abs 1 S 3) über die Kosten, insbes bei einverständlicher Scheidung in einem Vergleich zur Erfüllung des
§ 630 Abs 3, bindet zwar das Gericht nicht, sollte aber bei der Kostenentscheidung befolgt werden, wenn nicht erhebliche Gründe entgegenstehen.

3. Abgewiesener Scheidungsantrag (Abs 2). Es wird davon ausge-   8
gangen, dass der abgewiesene Antragsteller die Kosten gem § 91 Abs 1
zu tragen hat. Dasselbe gilt auf Grund des Abs 2 S 1 Hs 2 für alle, auch
abgetrennte oder gesondert zu entscheidenden Folgesachen (§ 623
Abs 1 S 1). Anderweitig verteilt werden kann auf Grund von Abs 2 S 2
nur bei den Folgesachen der ausdrücklich genannten Art (Unterhaltspflichten und güterrechtliche Ansprüche). Bisheriger Sach- und Streit-

stand: wie § 91 a Rn 46. Bei der als Ausnahme eng anzuwendenden
Billigkeitserwägung ist von der Regel des § 91 Abs 1 nur abzuweichen,
wenn die volle Kostenpflicht des Antragstellers unbillig erscheint, zB
wenn die vom Antragsgegner geltend gemachten Ansprüche unbegründet oder leichtfertig überhöht waren.

9   **4. Erfolgreicher Aufhebungantrag** (Abs 3; § 631). Ist anwendbar
nur bei Anträgen (Vorbem 3, 4 vor § 606) zwischen den Ehegatten,
nicht bei Aufhebungsanträgen der Verwaltungsbehörde oder Dritter
(Abs 4; § 631 Abs 3). Bei Verbindung mit einer Feststellungsklage
(§ 632) gilt Abs 3 für den ganzen Rechtsstreit. Bei abgewiesenem Aufhebungsantrag trägt der Kläger die Kosten (§ 91 Abs 1; wie bei Rn 8).
Entschieden wird wie bei Rn 3. Die Härteklausel (Abs 3 S 2 1. Alt) ist
wie Rn 5 zu behandeln. Bei der Billigkeitsklausel (Abs 3 S 2 2. Alt)
kommt es nur auf Kenntnis, widerrechtliches oder doloses Handeln eines
der Ehegatten an. Ist es im Einzelfall zu bejahen, dürften idR diesem
Ehegatten die gesamten Kosten aufzuerlegen sein. Bei (geringerem)
Mitverschulden des anderen Ehegatten ist Aufteilung (zB $1/3$ oder $1/4$)
möglich.

10   **5. Anträge der Verwaltungsbehörde oder Dritter** (Abs 4; § 631
Abs 3) betrifft die Fälle, in denen die Antragsberechtigung (§ 1316
BGB) von der Verwaltungsbehörde oder dem Dritten wahrgenommen
wird. Abs 3 ist unanwendbar. Es verbleibt bei der Kostenregelung des
§ 631 Abs 5 und den allgemeinen Regeln der §§ 91, 92, 94–97.

11   **6. Lebenspartnerschaftssachen** (Abs 5). Nur und ausschließlich
gelten die Abs 1 und 2 (Rn 2–8) für die Aufhebungssachen (§ 661
Abs 1 Nr 1).

12   **7. Rechtsmittel.** Die Kostenentscheidung kann wegen § 99 Abs 1
nur zusammen mit der Hauptsache angefochten werden. Ist wegen
Hauptsacheerledigung nur über die Kosten entschieden worden, wird
sofortige Beschwerde entspr § 91 a Abs 2 S 1 zugelassen (Karlsruhe
NJW-RR 96, 1477 für § 91 a aF).

§ 93 b Kosten bei Räumungsklagen

(1) **¹Wird einer Klage auf Räumung von Wohnraum mit Rücksicht darauf stattgegeben, daß ein Verlangen des Beklagten auf
Fortsetzung des Mitverhältnisses aufgrund der §§ 574 bis 574 b
des Bürgerlichen Gesetzbuchs wegen der berechtigten Interessen
des Klägers nicht gerechtfertigt ist, so kann das Gericht die Kosten ganz oder teilweise dem Kläger auferlegen, wenn der Beklagte die Fortsetzung des Mietverhältnisses unter Angabe von
Gründen verlangt hatte, und der Kläger aus Gründen obsiegt, die
erst nachträglich entstanden sind (§ 574 Abs. 3 des Bürgerlichen
Gesetzbuchs). ²Dies gilt in einem Rechtsstreit wegen Fortsetzung des Mietverhältnisses bei Abweisung der Klage entsprechend.**

(2) ¹Wird eine Klage auf Räumung von Wohnraum mit Rücksicht darauf abgewiesen, daß auf Verlangen des Beklagten die Fortsetzung des Mietverhältnisses auf Grund der §§ 574 bis 574 b des Bürgerlichen Gesetzbuchs bestimmt wird, so kann das Gericht die Kosten ganz oder teilweise dem Beklagten auferlegen, wenn er auf Verlangen des Klägers nicht unverzüglich über die Gründe des Widerspruchs Auskunft erteilt hat. ²Dies gilt in einem Rechtsstreit wegen Fortsetzung des Mietverhältnisses entsprechend, wenn der Klage stattgegeben wird.

(3) Erkennt der Beklagte den Anspruch auf Räumung von Wohnraum sofort an, wird ihm jedoch eine Räumungsfrist bewilligt, so kann das Gericht die Kosten ganz oder teilweise dem Kläger auferlegen, wenn der Beklagte bereits vor Erhebung der Klage unter Angabe von Gründen die Fortsetzung des Mietverhältnisses oder eine den Umständen nach angemessene Räumungsfrist vom Kläger vergeblich begehrt hatte.

Abs 1 S 1 ist neu gefasst und Abs 2 geändert mWv 1. 9. 2001 durch Art 3 Nr 3 MietRRG.

1. Allgemeines. Rspr-Übersicht: Harsch WuM 95, 246. Die Vorschrift ist eine den §§ 91, 92 ff vorgehende Sonderregelung und bezweckt eine davon abweichende Kostenentscheidung zugunsten des Mieters. Anwendbar nur bei Wohnraum (§ 721 Rn 1), auf den die §§ 574–574 b BGB angewendet werden können. Gilt nur, wenn ein Miet- oder Untermietverhältnis besteht oder bestand und für Klagen (auch Widerklagen) auf Räumung (Herausgabe) und (auch wiederholte) Fortsetzung des Mietverhältnisses (§§ 574–574 b BGB). — 1

2. Unterliegen des Mieters (Abs 1) als (Wider)Beklagter bei Räumungsklage; als (Wider)Kläger bei Fortsetzungsklage (gem §§ 574–574 b BGB). **a) Voraussetzungen** sind neben der Räumungsklage (Rn 2): **aa)** Der Mieter muss Fortsetzung (erstmals oder wiederholt) form- und fristgerecht verlangt haben unter Angabe der Gründe, nämlich objektiv geeigneter, bestimmter Tatsachen, auch wenn dies der Vermieter nicht verlangt hatte. **bb)** Der Anspruch auf Fortsetzung muss wegen der Interessenabwägung (§ 574 Abs 3 BGB) vom Gericht verneint werden, nicht nur wegen Fristversäumnis (§ 574 b) oder weil die Gründe des Mieters für sich schon nicht ausreichen. **cc)** Dem beklagten Mieter müssen, als er Fortsetzung des Mietverhältnisses verlangte, die Gründe (Tatsachen) unbekannt gewesen sein, die den Fortsetzungsanspruch ausschließen. Die Gründe müssen vom Gericht in Anwendung des § 574 BGB zugelassen worden sein. Berechtigte Interessen bedeuten diejenigen Tatsachen, die das Gericht bei der Interessenabwägung (§ 574 Abs 1 BGB) zugunsten des Vermieters berücksichtigt. Unverzüglich: ohne schuldhaftes Zögern (§ 121 Abs 1 BGB); die Gründe müssen vollständig bekannt gegeben werden. – **b) Wirkung:** Kostenentscheidung zugunsten des Mieters (abweichend von §§ 91, 92) steht im Ermessen des — 2 3 4 5 6

Gerichts („kann"); dabei können alle Gründe des § 574 Abs 1 BGB, das
Prozessverhalten der Parteien und ihre sozialen Verhältnisse berücksichtigt werden. Bei Anspruchshäufung (§ 260) ist ggf § 92 anzuwenden,
weil § 93 b nur für Räumung und Fortsetzung gilt.

7   **3. Unterliegen des Vermieters** (Abs 2) als (Wider)Kläger bei Räumungsklage oder (Wider)Beklagter bei Fortsetzungsklage (§§ 574–574 b
8   BGB). **a) Voraussetzungen: aa)** Erlass eines Gestaltungsurteils auf
Fortsetzung des Mietverhältnisses, auch von Amts wegen (§ 308 a) unter
Abweisung der Räumungsklage. **bb)** Der Mieter muss die verlangte
Auskunft gem § 574 b Abs 1 S 2 BGB nicht oder nicht unverzüglich
(wie § 121 Abs 1 BGB) erteilt haben, oder unvollständig ohne die
Tatsachen, die den Fortsetzungsanspruch (§ 574 a Abs 1 S 1) bei der
9   Abwägung begründen. – **b) Wirkung:** wie Rn 6.

10   **4. Anerkenntnisurteil auf Räumung** (Abs 3). Erweitert die in
§ 93 vorgesehene Kostenregelung zugunsten des Mieters. § 93 bleibt,
auch bei Klage auf künftige Räumung (§ 259) anwendbar, insbes dann,
wenn der Vermieter vor dem Rechtsstreit keine außergerichtliche Eini-
11   gung versucht hat. **a) Voraussetzungen** sind: **aa) Sofortiges Anerkenntnis:** wie § 93 Rn 9–12 (abw LG Freiburg NJW-RR 90, 382).
bb) Anlass zur Klage, vom Beklagten gegeben (vgl § 93 Rn 4, 5, 7);
sonst gilt § 93. Der Anlass zur Klage muss aber darin liegen, dass die
Beklagte nicht räumen konnte; daher greift Abs 3 nicht ein, wenn der
Beklagte der Kündigung widerspricht (LG Stuttgart NJW 73, 1377).
12   **cc) Räumungsfrist gewährt,** auf Antrag oder von Amts wegen
(§ 721). Ausnahmsweise entbehrlich, wenn Antrag auf Räumungsfrist
wegen wahrscheinlichen Auszugs unterlassen wird (MüKo/Belz 17).
13   **dd) Vergebliches Verlangen** (Begehren) des Mieters auf angemessene
Räumungsfrist oder auf Fortsetzung des Mietverhältnisses gerichtet. Es
muss vor Klageerhebung (§ 253 Abs 1) form- und fristgerecht (§ 574 b
BGB), die Fortsetzung des Mietverhältnisses unter Angabe von Gründen
(bestimmte Tatsachen) verlangt worden sein, und zwar auf eine bestimmte, der Räumungsfrist entspr Zeit (hM; LG Kiel WuM 93, 550
14   mwN). Dem steht (alternativ) gleich eine vergeblich verlangte angemessene Räumungsfrist (wie Rn 13). Verlangen: formlos, jedoch muss der
Umfang der Frist bestimmt oder bestimmbar sein (hM; MüKo/Belz 18
mwN). Hierfür reichen unbestimmte Angaben über die beabsichtigte
Errichtung eines Eigenheims nicht aus (LG Heilbronn NZM 98, 329).
Vergeblich: wenn eine angemessene Fortsetzung oder Räumungsfrist
ganz oder teilweise verweigert wird. Verweigerung und Gewährung
kann auch stillschweigend geschehen, indem zB auf Räumung zu dem
verlangten späteren Zeitpunkt geklagt wird. – **b) Wirkung:** wie Rn 6.

§ 93 e Kosten bei Klage auf Anfechtung der Vaterschaft

[1] Hat eine Klage auf Anfechtung der Vaterschaft Erfolg, so sind
die Kosten gegeneinander aufzuheben. [2] § 96 gilt entsprechend.

Neufassung. Sie beruht darauf, dass Ehelichkeitsanfechtung und 1
Anfechtung der Vaterschaftsanerkennung in Vaterschaftsanfechtung zusammengefasst worden sind (vgl § 640 Abs 2 Nr 2 nF). **Anwendbar**
nur in den Kindschaftssachen des § 640 Abs 2 Nr 2. **Voraussetzung:**
erfolgreiche Klage; wird sie abgewiesen, gilt § 91 Abs 1. **Wirkung:** 2
stets Kostenaufhebung gem § 92 Abs 1 S 2; zwingend. Abweichung ist
über S 2 möglich; es können nach Ermessen des Gerichts der obsiegenden Partei Kosten einzelner Angriffs- oder Verteidigungsmittel auch
dann auferlegt werden, wenn die Kosten gem S 1 gegeneinander aufgehoben werden. Für die Kosten eines Nebenintervenienten gilt § 101
Abs 1; jedoch § 100, wenn eine streitgenössische Nebenintervention
vorliegt (§ 101 Abs 1; § 640 e Rn 2). **Anfechtung:** wegen § 99 mit 3
der Hauptsache; auch wenn § 93 c übersehen wurde (Frankfurt MDR
82, 152).

§ 93 d Kosten bei Unterhaltsklagen

**Hat zu einem Verfahren, das die gesetzliche Unterhaltspflicht
betrifft, die in Anspruch genommene Partei dadurch Anlaß gegeben, daß sie der Verpflichtung, über ihre Einkünfte und ihr
Vermögen Auskunft zu erteilen, nicht oder nicht vollständig
nachgekommen ist, so können ihr die Kosten des Verfahrens
abweichend von den Vorschriften der §§ 91 bis 93 a und 269
Abs. 3 Satz 2 nach billigem Ermessen ganz oder teilweise auferlegt werden.**

Neufassung. Die Verweisung auf § 269 Abs 3 ist redaktionell ergänzt 1
durch Art 2 Nr 11 ZPO-RG; iKr seit 1. 1. 2002. **Allgemeines:** Die
Vorschrift ist darauf angelegt, dass in Unterhaltsverfahren die Kostenentscheidung gemäß den §§ 91–93 a ergeht. Davon schafft § 93 d eine
Ausnahme. **Zweck.** Durch § 93 d soll die außergerichtliche Klärung des 2
Unterhaltsanspruchs gefördert werden. **Anwendbar:** alle Verfahren, in 3
denen eine gesetzliche Unterhaltspflicht besteht und der Anspruch geltend gemacht wird. **Voraussetzungen: (1)** Verletzung der Auskunfts- 4
pflicht durch Nichterteilung oder unvollständige (auch falsche) Erteilung
der Auskunft in den Fällen der § 1361 Abs 4 S 3, § 1580 und § 1605
BGB, auch der Ausgaben und Belastungen (Köln FamRZ 00, 622). Zur
Auskunft verpflichtet sind sowohl Anspruchsteller wie -gegner („einander" in § 1605 Abs 1 S 1 BGB). **(2)** Die Auskunftspflichtverletzung
muss für das Verfahren der Anlass (wie § 93 Rn 4–7) gewesen sein; daher
ist § 93 d im Fall des § 643 unanwendbar. **Wirkung.** Das Gericht kann 5
in seiner Kostenentscheidung abweichend von den §§ 91–93 a die Kosten des ganzen Verfahrens voll oder teilweise dem Auskunftspflichtigen
auferlegen. Billiges Ermessen: Hierbei ist in erster Linie auf das vorprozessuale Verhalten der Parteien abzustellen. **Anfechtung:** nur mit der
Hauptsache; § 99 gilt.

§ 94 Kosten bei übergegangenem Anspruch

Macht der Kläger einen auf ihn übergegangenen Anspruch geltend, ohne daß er vor der Erhebung der Klage dem Beklagten den Übergang mitgeteilt und auf Verlangen nachgewiesen hat, so fallen ihm die Prozeßkosten insoweit zur Last, als sie dadurch entstanden sind, daß der Beklagte durch die Unterlassung der Mitteilung oder des Nachweises veranlaßt worden ist, den Anspruch zu bestreiten.

1 **Einordnung.** § 94 ist ein Fall von Kostentrennung (§ 91 Rn 5; hM). **Voraussetzungen:** ein (mindestens teilweiser) Prozesssieg des Klägers. Unterlassen von Mitteilung oder Nachweis muss Ursache des Bestreitens
2 sein. § 94 ist auch ohne Antrag anzuwenden. **Anspruchsübergang:** aus jedem Rechtsgrund; entspr für Übergang der Prozessführungsbefugnis
3 (§ 51 Rn 19). **Kostenentscheidung.** § 94 ist zwingend. Die kostenverursachenden Vorgänge (zB Beweisaufnahme, Vernehmung bestimmter Zeugen) müssen bezeichnet werden. Bsp: „Die durch die Beweisaufnahme entstandenen Kosten trägt der Kläger, die übrigen Kosten des Rechtsstreits der Beklagte".

§ 95 Kosten bei Säumnis oder Verschulden

Die Partei, die einen Termin oder eine Frist versäumt oder die Verlegung eines Termins, die Vertagung einer Verhandlung, die Anberaumung eines Termins zur Fortsetzung der Verhandlung oder die Verlängerung einer Frist durch ihr Verschulden veranlaßt, hat die dadurch verursachten Kosten zu tragen.

1 **Allgemeines.** Dieser Fall von Kostentrennung (§ 91 Rn 5) wird selten angewendet und nur praktisch, wenn die Kosten nach § 91 Abs 1 voll oder nach § 92 teilweise nicht ohnedies der säumigen oder schuldigen Partei aufzuerlegen sind. § 95 ist zwingend, auch ohne Antrag anzuwenden. § 344 geht aber als Sonderregel vor. Daneben kann das Gericht nach § 34 Abs 1 GKG (durch besonderen Beschluss)
2 eine Verzögerungsgebühr verhängen. **Einzelheiten:** Ist ein Termin (§ 216) oder eine Frist (jeder Art, § 221) versäumt (1. Alt), kommt es auf Verschulden nicht an. Bei 2.–5. Alt ist Verschulden nötig, entspr § 276 BGB Vorsatz (Wissen und Wollen, auch bedingt) und Fahrlässigkeit (Nichtbeachten der im Prozess erforderlichen Sorgfalt). Verschulden des Vertreters steht dem der Partei gleich (§ 51 Abs 2, § 85 Abs 2). Verursachte Kosten: zB Zeugen- und Sachverständigengebühren, Zeit-
3 versäumnisentschädigung, Reisekosten. **Kostenentscheidung:** wie § 94. Sie kann nur in der abschließenden Entscheidung (17–19 vor § 91) ergehen, im Verfahren mit notwendiger mdl Vhdlg daher nur im Urteil (Köln NJW 72, 1999), nicht im Laufe des Verfahrens (Düsseldorf MDR 90, 832).

§ 96 Kosten erfolgloser Angriffs- oder Verteidigungsmittel

Die Kosten eines ohne Erfolg gebliebenen Angriffs- oder Verteidigungsmittels können der Partei auferlegt werden, die es geltend gemacht hat, auch wenn sie in der Hauptsache obsiegt.

Einordnung. Diese Kostentrennung (§ 91 Rn 5) ist auch ohne Antrag möglich und steht im Ermessen des Gerichts. **Anwendbar** nur, wenn die Partei mindestens teilweise obsiegt; nicht bei Klagerücknahme. **Voraussetzung** ist, dass ein Angriffs- oder Verteidigungsmittel (wie § 146 Rn 2), insbes in sog Punktsachen (Matthies JR 93, 181), oder ein selbständiges Beweisverfahren (§ 485) erfolglos war (dh ohne einen für die Partei günstigen Einfluss auf die Entscheidung) und dass dadurch besondere Kosten (zB die einer Beweisaufnahme) entstanden sind. **Verschulden** oder Vorhersehbarkeit sind nicht erforderlich (bestr), aber beim Ermessen zu berücksichtigen. **Kostenentscheidung** wie § 94 Rn 3. 1 2 3 4

§ 97 Rechtsmittelkosten

(1) Die Kosten eines ohne Erfolg eingelegten Rechtsmittels fallen der Partei zur Last, die es eingelegt hat.

(2) Die Kosten des Rechtsmittelverfahrens sind der obsiegenden Partei ganz oder teilweise aufzuerlegen, wenn sie auf Grund eines neuen Vorbringens obsiegt, das sie in einem früheren Rechtszug geltend zu machen imstande war.

(3) Absatz 1 und 2 gelten entsprechend für Familiensachen der in § 621 Abs. 1 Nr. 1 bis 3, 6, 7, 9 bezeichneten Art, die Folgesachen einer Scheidungssache sind, sowie für Lebenspartnerschaftssachen der in § 661 Abs. 1 Nr. 5 und 7 bezeichneten Art, die Folgesache einer Aufhebungssache sind.

In Abs 3 ist der letzte Satzteil angefügt mWv 1. 8. 2001 durch Art 3 § 16 Nr 4 G vom 16. 2. 2001 (BGBl I S. 266).

1. Anwendungsbereich der Abs 1 und 2: jedes Verfahren, auf das die ZPO anwendbar ist; über Abs 3 auch für FGG-Familiensachen als Folgesache (§ 623 Abs 1 S 1). Alle Rechtsmittel. Das ist im weitesten Sinne zu verstehen: Berufung, Revision, jede Art von Beschwerde, auch Einspruch und Erinnerung. 1

2. Erfolgloses Rechtsmittel (Abs 1). **a) Erfolglos** ist es, wenn es verworfen oder zurückgewiesen wird. Es ist daher nicht erfolglos, wenn aufgehoben und zurückverwiesen wird, auch wenn letztlich die neue Entscheidung zu keinem anderen Ergebnis kommt als die angefochtene Entscheidung (allgM; vgl Rn 7). Erfolglos ist ein Rechtsmittel auch dann, wenn es lediglich zu einer Änderung der Kostenentscheidung des ersten oder zweiten Rechtszugs führt (BGH NJW 92, 2969). – **b) Kostenpflicht.** Sie trifft den Rechtsmittelführer, ggf den Nebenintervenienten (BGH 39, 296). – **c) Kostenentscheidung** (17–19 vor § 91). Sie 2 3 4

ist in der Formel zu erlassen. Bsp: Der Kläger trägt die Kosten der
Berufung. Kosten des Rechtsmittels sind alle dadurch verursachten Pro-
5 zesskosten (2 vor § 91). – **d) Wechselseitige Rechtsmittel.** Wird über
sie gemeinsam verhandelt und entschieden (Anschlussberufung, -revisi-
on, -beschwerde), ist in der Kostenentscheidung gemäß § 92 zu verfah-
6 ren und zu quoteln (hM). – **e) Geltung.** § 97 ist zwingend und gilt
ausnahmslos, auch wenn nach erfolglosem Rechtsmittel der Rechtsstreit
(zB bei § 538 Abs 2) weitergeht (BGH 20, 397), insbes auch, wenn die
Berufung gegen ein Grundurteil (§ 304) erfolglos bleibt (hM; BGH 54,
21 [29]).

7   **3. Erfolgreiches Rechtsmittel** ist gegeben, wenn die angefochtene
Entscheidung auf das Rechtsmittel hin in der Sache aufgehoben oder
abgeändert wird. Hierfür ist allein die Entscheidungsformel maßgebend.
8 **a) Grundsätze.** Stillschweigend geht die ZPO davon aus, dass die Kosten erfolgreicher Rechtsmittel Kosten desjenigen Rechtsstreits sind, in
dem das Rechtsmittel eingelegt wurde. Das gilt auch, wenn Dritte das
Rechtsmittel eingelegt haben, zB Zeugen gegen einen Ordnungsmittel-
beschluss (Karlsruhe Justiz 77, 97). Die Rechtsmittelkosten unterliegen
daher auch ohne besonderen Ausspruch der Entscheidung, die über die
Kosten des Rechtsstreits ergeht. Daraus ergibt sich: Ist die Klage voll
abgewiesen und legt der Kläger unbeschränkt Berufung ein, gehören die
Kosten des voll erfolgreichen Rechtsmittels zu den dem Beklagten auferlegten Kosten des Rechtsstreits. Hat das Berufungsgericht nach Zurückverweisung durch das Revisionsgericht die (im Ergebnis) selbe Entscheidung getroffen wie im angefochtenen Urteil (volle Verurteilung),
sind dem Beklagten auch die Kosten seiner erfolgreichen Revision aufzuerlegen. Hat der Kläger bei abgewiesener Klage mit Streitwert
20 000 Euro die Berufung auf den Teilbetrag von 10 000 Euro beschränkt und hat er in dieser Höhe voll Erfolg, sind in der Kostenentscheidung die Kosten erster Instanz gegeneinander aufzuheben und die
der Berufung dem Beklagten voll aufzuerlegen. Abweichungen können
sich aus Abs 2 (Rn 10) und aus Fällen der sog Kostentrennung (§ 91
9 Rn 5) ergeben. – **b) Kostenentscheidung** (17–19 vor § 91) des
Rechtsmittelgerichts unterbleibt, wenn es aufhebt und zurückverweist
(zB §§ 538 Abs 2, 563). Ausnahme: bei Teilerfolg der Berufung gegen
ein Grundurteil (§ 304); es gilt dann Rn 14. Kostenentscheidung ergeht,
wenn das Rechtsmittelgericht in der Sache selbst entscheidet, und zwar
über die Kosten des gesamten Rechtsstreits nach den §§ 91–96,
100–101, sofern in der angefochtenen Entscheidung eine Kostenentscheidung erforderlich ist (vgl 18, 19 vor § 91). Dabei sind die Grundsätze der Rn 8 zu beachten.

10   **4. Kostenpflicht der obsiegenden Partei** (Abs 2) ist zwingend. Es
ist nicht Voraussetzung, dass die letztlich obsiegende Partei im vorausgegangenen Rechtszug unterlegen war (Hamm NJW 73, 198). Abs 2 darf
aber nur angewendet werden, wenn das Obsiegen ausschließlich auf dem
neuen Vorbringen beruht. Das gilt entspr in Ehesachen bei zwischen-

zeitlichem Ablauf des Trennungsjahres (BGH NJW 97, 1007; vgl
Rn 13). Es muss daher feststehen, dass das Rechtsmittel ohne das neue
Vorbringen erfolglos gewesen wäre. Ist dies auch nur offen, darf Abs 2
nicht angewendet werden. **a) Vorbringen:** alle Angriffs- und Verteidi- **11**
gungsmittel (§ 146 Rn 2), nicht Rechtsansichten; auch nicht eine von
Amts wegen durchgeführte Beweisaufnahme (Karlsruhe OLGZ 80,
384). – **b) Kosten der Berufungsinstanz** sind auch diejenigen einer **12**
Zurückverweisung (BGH NJW 67, 203). – **c) Imstandesein** bedeutet, **13**
dass es für die Partei möglich war und für sie Anlass bestand, das
Angriffs- oder Verteidigungsmittel (Rn 11) geltend zu machen. Maßstab
ist eine sorgfältige Prozessführung der Partei und (oder) ihres Vertreters
(§ 51 Abs 2, § 85 Abs 2). Das ist objektiv festzustellen; freie Überzeugung des Gerichts genügt nicht. Für Tatsachen, die erst nach Abschluss
der unteren Instanz (§ 296 a) eingetreten sind, gilt Abs 2 nicht, wohl
aber, wenn die Partei den Eintritt einer Tatsache schon in erster Instanz
hätte herbeiführen können (KG Rpfleger 86, 445), zB Prozessstandschaft
(§ 51 Rn 31) erlangen (BGH NJW-RR 92, 431), kündigen (Hamm
MDR 90, 450), den Ablauf des Trennungsjahres (§ 1566 BGB) abwarten
(BGH NJW 97, 1007 mwN; Nürnberg NJW-RR 97, 388: analog
anwendbar) oder wenn der Umstand nicht dem Bereich der Gegenpartei, sondern dem ihren zuzurechnen ist (Frankfurt FamRZ 94, 118).
Die Verjährungseinrede musste nicht in erster Instanz erhoben werden,
wenn sie rechtlich zweifelhaft war (BGH MDR 74, 36). Die später
obsiegende Partei darf darauf vertrauen, dass ihr Gegner ein Bestreiten
wider besseres Wissen nicht bis zur Entscheidung aufrechterhält. Es
schadet ihr dann nicht, wenn sie das Beweismittel erst im höheren
Rechtszug benutzt (Köln MDR 73, 324). – **d) Formel** (Bsp): Die Kos- **14**
ten der Berufung trägt der Kläger, die übrigen Kosten des Rechtsstreits
der Beklagte.

5. Teilerfolg eines Rechtsmittels. Ob Erfolg vorliegt, ist nach **15**
Rn 7 zu beurteilen. **a) Grundsatz.** Hier ist für den entspr Teil nach
Rn 2–6, für den Rest nach Rn 8, 9 zu verfahren, wobei die Grundsätze
des § 92 anzuwenden sind. Es ist daher regelmäßig der Streitwert für den
Umfang der Rechtsmittel festzustellen und daran der Umfang des Teil-
erfolges zu messen (§ 92 Rn 2). – **b) Beispiele: (1)** Das AG hat die **16**
Klage auf 3000 Euro voll abgewiesen, das LG zur Zahlung von 600 Euro
verurteilt und im Übrigen die Berufung zurückgewiesen. Die Kostenentscheidung lautet: „Der Kläger trägt $^4/_5$, der Beklagte $^1/_5$ der Kosten
des Rechtsstreits" (also einschließlich der Berufung). **(2)** Hatte der Klä- **17**
ger seine Berufung auf den Betrag von 1200 Euro beschränkt, so ist zu
entscheiden: „Die Kosten der Berufung werden gegeneinander aufgehoben. Die übrigen Kosten des Rechtsstreits trägt der Kläger zu $^4/_5$, der
Beklagte zu $^1/_5$". **(3)** Hat das LG aber anstatt hinsichtlich der 600 Euro **18**
zu verurteilen insoweit zurückverwiesen (Rn 9), so ist bei (1) durch das
Gericht des ersten Rechtszugs im Endurteil zu formulieren: „Der Kläger
trägt $^4/_5$ der Kosten der (insoweit erfolglosen) Berufung". Das restliche

Fünftel gehört gemäß Rn 8 zu den Kosten des Rechtsstreits, die der
abschließenden Entscheidung unterliegen. Bei (2) ist zu formulieren:
„Der Kläger trägt die halben Kosten der (insoweit erfolglosen) Berufung." Die andere Hälfte der Berufungskosten gehört zu den Kosten des
Rechtsstreits, die nach der endgültigen Kostenverteilung im abschließenden Urteil überbürdet werden.

19   **6. Folgesachen** von Scheidung und Lebenspartnerschaftsaufhebung
(Abs 3) aus dem Bereich der freiwilligen Gerichtsbarkeit werden auch
bei isolierter Anfechtung den Regeln des § 97 unterstellt, um eine
einheitliche zivilprozessuale Behandlung der Kosten zu erzielen. Abs 3
ergänzt somit § 93 a, der bei erfolgreichem Rechtsmittel anwendbar ist
(§ 93 a Rn 1 c).

§ 98 Vergleichskosten

[1]Die Kosten eines abgeschlossenen Vergleichs sind als gegeneinander aufgehoben anzusehen, wenn nicht die Parteien ein
anderes vereinbart haben. [2]Das gleiche gilt von den Kosten des
durch Vergleich erledigten Rechtsstreits, soweit nicht über sie
bereits rechtskräftig erkannt ist.

1   **1. Voraussetzungen.** Vorweg ist zu beachten, dass eine im Vergleich
getroffene Kostenregelung (Rn 12–15) stets dem § 98 vorgeht (S 1).
2   **a) Vergleich.** Ein Prozessvergleich (§ 794 Abs 1 Nr 1) muss wirksam
abgeschlossen sein. Bei einem außergerichtlichen Vergleich gilt § 98 für
die Prozesskosten entspr, wenn damit ein Prozess erledigt wird (hM;
BGH NJW-RR 97, 510; Saarbrücken NJW-RR 96, 320 mwN), aber
nicht, wenn dies durch Rechtsmittelrücknahme geschieht (Rn 9). –
3   **b) Kostenvereinbarung. aa) Fehlen.** Der Vergleich darf keine Vereinbarung über die Kosten enthalten; gleichgültig, ob dies ausdrücklich
oder bewusst unterblieben ist, auch wenn die Parteien sich darüber geirrt
haben (Bergerfurth NJW 72, 1840); bei Streit der Parteien: Rn 11.
4   **bb) Ausschluss** der Anwendung des § 98 (sog negative Kostenregelung) ist möglich. § 91 a ist zwar durch § 98 (lex specialis) grundsätzlich
ausgeschlossen, aber anwendbar, wenn die Parteien in einem Vergleich
(auch einem außergerichtlichen, Köln Rpfleger 00, 208) ausdrücklich
die Anwendung des § 98 ausschließen, wörtlich oder indem sie die
Kosten im Vergleich ausnehmen und gerichtlicher Entscheidung unterstellen (BGH NJW 65, 103; Bergerfurth NJW 72, 1840 mwN; KG
NJW-RR 88, 1406; Brandenburg NJW-RR 95, 1212; aA StJBork 7 b).
Die Entscheidung ergeht dann gem § 91 a ohne Rücksicht auf den
Grundgedanken des § 98 (hM; Stuttgart NJW-RR 99, 148), wobei der
Inhalt des Vergleichs im Rahmen der billigen Ermessens (§ 91 a Rn 48)
berücksichtigt werden kann, nicht aber selbst den maßgebenden Sach-
und Streitstand bildet (Oldenburg NJW-RR 92, 1466), sondern der zZ
der Erledigterklärung (Stuttgart aaO). Anfechtung: Rn 11. Ist der
Rechtsstreit durch Vergleich beendet, kann nicht mehr wirksam erledigt

erklärt werden; es verbleibt bei § 98 (Naumburg NJW-RR 96, 2216). –
c) Parteien. Der Vergleich muss von den Parteien (2 vor § 50)geschlos- **5**
sen sein. Im Verhältnis zu Dritten, die den Vergleich mit abschließen,
gilt § 98 nicht. Kosten des Nebenintervenienten: § 101 Rn 4, 5. –
d) Teilvergleich. Betrifft der Vergleich lediglich einen Teil des Streit- **6**
gegenstandes (§ 794 Rn 5) oder ist es ein Zwischenvergleich (§ 794
Rn 5), so gilt nur S 1; jedoch können die Parteien die Kostenregelung
der Schlussentscheidung unterstellen (wie Rn 4). Betrifft der Vergleich
den Rest (bei einem vorangegangenen Teilurteil), so gilt auch S 2. –
e) Ehesachen. Haben sich Ehegatten, insbes für eine einverständliche **7**
Scheidung über die Folgesachen (vgl § 630 Abs 3) ohne Kostenregelung
verglichen, gilt die Fiktion des S 1, jedenfalls für § 93 a Abs 1 S 3. Im
Anordnungsverfahren (§ 620) geht § 620 g vor (dort Rn 3; ZöPhilippi
§ 620 g Rn 6).

2. Wirkung. Die Kostenschuld (6 vor § 91) bleibt unberührt. **8**
a) Kraft Gesetzes tritt die Kostenfolge des § 92 Abs 1 S 1 1. Alt ein
(§ 92 Rn 5). Zu den Kosten des Rechtsstreits gehören auch die des
Vergleichs (hM; München MDR 97, 787 mwN) und die eines selbständigen Beweisverfahrens (§ 485; Nürnberg NJW-RR 98, 1376). Für
die einer vorangegangenen ZwVollstr gilt § 788 Abs. 1 (Rn 13). Der
Vergleich bildet die Grundlage für eine Kostenfestsetzung (20 vor § 91).
b) Vorrang. § 269 Abs 3 und § 516 Abs 3 gehen dem § 98 vor, wenn **9**
sich der (Berufungs-)Kläger im außergerichtlichen Vergleich verpflichtet, die Klage oder die Berufung zurückzunehmen (BGH NJW 89, 40
mwN für Berufung § 515 aF; bestr). Andererseits geht § 98 dem § 281
Abs 3 S 2 vor (Frankfurt Rpfleger 88, 78 mwN; bestr vgl Düsseldorf
Rpfleger 99, 238 mwN), ebenso dem § 344 (Düsseldorf MDR 80, 233).
– **c) Rechtskräftig** erkannte Kostenerstattungspflichten (S 2, letzter **10**
Hs) bleiben bestehen, auch bei ausdrücklich vereinbarter Kostenaufhebung (Stuttgart MDR 89, 1108; bestr). – **d) Streit** der Parteien über **11**
den Inhalt der Kostenregelung. Es ergeht im alten Verfahren (deklaratorischer) Beschluss des Gerichts (Köln Rpfleger 87, 429; Bergerfurth
NJW 72, 1840). Dies ist insbes bei außergerichtlichen Vergleichen nicht
selten geboten. Der Beschluss ist analog § 99 Abs 2 S 1 und 2 mit
sofortiger Beschwerde anfechtbar (Nürnberg MDR 97, 974; bestr).

3. Vereinbarte Kosten (S 1). Eine im Vergleich getroffene Kosten- **12**
vereinbarung geht stets vor, auch wenn über die Kosten rechtskräftig
entschieden ist oder wenn sie schon festgesetzt sind (Koblenz MDR 87,
852). Ausnahme bei Ehesachen: § 93 a Abs 1 S 3. **a) Umfang.** Die **13**
Vereinbarung umfasst im Zweifel (Hamm MDR 82, 855) die notwendigen Kosten iS des § 91 Abs 1 S 1, grundsätzlich nicht die der ZwVollstr
(§ 788; Karlsruhe NJW-RR 89, 1150; Ausnahme: Karlsruhe MDR 96,
271), unabhängig davon, ob die Kosten bekannt sind. Es müssen daher
nicht immer alle einer Partei entstandenen Kosten zu erstatten sein.
Notwendig sind nicht diejenigen Kosten, die unter § 281 Abs 3 oder
§ 344 fallen (Zweibrücken MDR 96, 971 mwN für § 281; bestr; vgl

Rn 9). Beim Urkundenprozess mit Nachverfahren umfasst die getroffene Vereinbarung im Zweifel den gesamten Rechtsstreit (Hamm Rpfleger 75, 322). – **b) Auslegung.** Ist die Vereinbarung unvollständig, so ist
14 ergänzend auszulegen (§ 157 BGB), notfalls der § 98 für den offenen Rest entspr anzuwenden. Die Auslegung geht den gesetzlichen Regelungen (§ 91 Abs 1, § 281 Abs 3, § 344) in jedem Fall vor (vgl Köln
15 Rpfleger 87, 429). – **c) Streitgenossen.** Haben sie einen gemeinsamen ProzBev (vgl § 6 BRAGO), so steht ihnen bei quotenmäßiger Verteilung insgesamt kein höherer Erstattungsanspruch für die Kosten dieses ProzBev zu als die entspr Quote (München Rpfleger 93, 419).

§ 99 Anfechtung von Kostenentscheidungen

(1) **Die Anfechtung der Kostenentscheidung ist unzulässig, wenn nicht gegen die Entscheidung in der Hauptsache ein Rechtsmittel eingelegt wird.**

(2) [1]**Ist die Hauptsache durch eine aufgrund eines Anerkenntnisses ausgesprochene Verurteilung erledigt, so findet gegen die Kostenentscheidung sofortige Beschwerde statt.** [2]**Dies gilt nicht, wenn der Streitwert der Hauptsache den in § 511 genannten Betrag nicht übersteigt.** [3]**Vor der Entscheidung über die Beschwerde ist der Gegner zu hören.**

Abs 1 ist geändert, Abs 2 S 1 geändert und S 2 eingefügt mWv 1. 1. 2002 durch Art 2 Nr 11 ZPO-RG.

1   **1. Allgemeines. a) Entscheidung in der Hauptsache** ist jede Entscheidung (Urteil oder Beschluss) über den Streitgegenstand (Einl II), in jeder Verfahrensart, insbes auch Arrest und einstweilige Verfügung. Hauptsache iS des § 99 ist auch die eines Nebenverfahrens, zB Kosten-
2 festsetzung (Koblenz NJW-RR 00, 362). – **b) Rechtsmittel** iS des Abs 1 sind Revision, Berufung und jede Beschwerde; nicht Einspruch, Widerspruch und Erinnerung, auch nicht die Verfassungsbeschwerde
3 (BVerfG MDR 89, 555). – **c) Umfang der Anfechtung.** Wird die Entscheidung in der Hauptsache (auch nur zT) angefochten, erstreckt sich das Rechtsmittel auch ohne besonderen Antrag auf die ganze zugehörige Kostenentscheidung, die dann abgeändert werden kann, solange das Rechtsmittel zulässig ist und aufrechterhalten wird. Dass es dem Rechtsmittelführer wirtschaftlich nur darauf ankommt, eine andere Kostenentscheidung herbeizuführen, ändert nichts an der Zulässigkeit
4 des Rechtsmittels. – **d) Umgehung** des Abs 1 macht das Rechtsmittel unzulässig. Das liegt vor, wenn es ausgeschlossen erscheint, dass der Rechtsmittelführer an den zur Hauptsache gestellten Anträgen ein schutzwürdiges Interesse hat (BGH NJW 76, 1267) oder wenn es erklärter Zweck ist, nur die Kostenentscheidung anzugreifen (Düsseldorf FamRZ 91, 350).

5   **2. Unanfechtbarkeit** (Abs 1). Sie hat zur Folge, dass das Rechtsmittel unzulässig ist. **a) Kostenentscheidung:** wenn darin über die

Kosten neben der Hauptsache (Rn 1) entschieden ist (auch wenn durch Berichtigungsbeschluss geschehen, Karlsruhe NJW-RR 00, 730), nicht wenn nur über die Kosten entschieden (zB § 91 a; BGH stRspr NJW 92, 1513 mwN) oder eine Kostenentscheidung abgelehnt wurde. § 99 gilt auch bei Entscheidung auf einseitige Erledigterklärung (§ 91 a Rn 53). – **b) Parteien.** Nur zwischen ihnen (2 vor § 50), aber auch im **6** Verhältnis zum Nebenintervenienten gilt § 99, nicht aber, wenn gegenüber Dritten über Kosten entschieden ist (BGH NJW 88, 49 mwN; Düsseldorf NJW-RR 93, 828), zB § 409 Abs 2, § 380 Abs 3. Eine Partei kann die Kostenentscheidung auch dann nicht isoliert anfechten, wenn ihr Streitgenosse die Hauptsacheentscheidung angefochten hat (Köln VersR 73, 641).

3. Anfechtbarkeit in Ausnahmefällen. § 99 Abs 1 gilt nicht, **7** wenn die Kostenentscheidung (auch nur zT) überhaupt unzulässig (Rn 9) oder unterblieben (allgM; BGH NJW 59, 291; KG Rpfleger 81, 318) und Ergänzung (§ 321) unmöglich ist. **a) Teilurteil** ohne Kosten- **8** entscheidung. Die Kostenentscheidung im Schlussurteil, das über den Rest der Hauptsache ergeht (§ 301 Rn 5), ist selbständig mit Revision oder Berufung ohne Rücksicht auf die Höhe der Hauptsachebeschwer anfechtbar, wenn die Partei das vorangegangene, kostenentscheidungslose, die erforderliche Höhe der Beschwer erreichende Teilurteil angefochten hat (BGH 20, 252), insbes das Teilurteil gegen einen Streitgenossen (Frankfurt NJW 71, 518). Dies gilt auch dann, wenn über dessen Rechtsmittel schon entschieden ist (StJBork 10; aA BGH WM 77,1428; Frankfurt MDR 77, 143). Das gegen das Teilurteil gerichtete Rechtsmittel erstreckt sich nicht auf die Kostenentscheidung des Schlussurteils (BGH 20, 252). – **b) Unzulässige Kostenentscheidung.** Sie ist selb- **9** ständig anfechtbar mit dem gegen die Hauptsachenentscheidung statthaften Rechtsmittel (hM; Düsseldorf MDR 90, 532 mwN).

4. Anfechtbarkeit bei Anerkenntnisurteilen (Abs 2) ist gegenüber **10** dem Grundsatz des Abs 1 die Ausnahme. **a) Anwendungsbereich: aa) Direkt** bei Anerkenntnisurteilen (§ 307) und bei streitigen Urteilen nach Anerkenntnis in der Hauptsache (Köln FamRZ 89, 877; Düsseldorf MDR 90, 59), nicht aber, wenn nach einem (unzulässigen) eingeschränkten Anerkenntnis der Klageanspruch und das Zurückbehaltungsrecht streitig bleiben (München MDR 92, 184). **bb) Entsprechend** anwendbar bei einem Verzichtsurteil (Frankfurt Büro 93, 621); bei einem Urteil in einer Ehesache, wenn § 93 a unzulässig (dort Rn 2) angewendet wurde (Karlsruhe FamRZ 91, 1456); bei einem streitigen Urteil, das auf einen Einspruch ergeht, der nur der Kosten wegen eingelegt wurde (Brandenburg MDR 99, 504); ebenso bei einem auf die Kosten beschränkten Widerspruch gegen Arrest und einstweilige Verfügung (§ 925 Rn 4). **cc) Unanwendbar** bei einem Vorbehaltsurteil (§ 599 Abs 1), das auf Grund eines darauf beschränkten Anerkenntnisses erlassen wurde (§ 599 Rn 5; Naumburg NJW-RR 97, 893). – **b) Voraussetzungen.** Es muss gegen das Urteil ein Rechtsmittel stattfinden

und die Berufungssumme (§ 511) erreicht sein (Abs 2 S 2). Das Urteil
muss eine Kostenentscheidung enthalten. Ist ein Anerkenntnisurteil erlassen (§ 307), so müssen nicht seine Voraussetzungen vorgelegen ha-
11 ben. – **c) Rechtsmittel** (Abs 2 S 1). Es findet sofortige Beschwerde
statt (§ 567 Abs 1 Nr 1). Gegen die Beschwerdeentscheidung kann
Rechtsbeschwerde zugelassen werden (§ 574 Abs 1 Nr 2). Die Beschwerdesumme von 100 Euro (§ 567 Abs 2 S 1) ist zu beachten. Gegenstand der Beschwerdeentscheidung ist nur der Kostenpunkt, nämlich
ob § 91 oder §§ 93, 93 b anzuwenden sind, ferner ob (bei Teilurteil)
über Kosten überhaupt entschieden werden durfte (§ 307 Rn 12).

12   **5. Teilanerkenntnisurteil.** Es kann nicht ohne weiteres Abs 2 angewendet werden. **a) Ohne Kostenentscheidung.** Im Teilurteil darf idR
nicht über die Kosten entschieden werden (§ 301 Rn 5). Für die Anfechtbarkeit ist unerheblich, ob die Klage zulässig und begründet war
(Hamm MDR 90, 937). Es kommt darauf an, wie über den Rest
entschieden wird. Die Rechtsfolgen sind umstritten. Es ist zu unter-
13 scheiden: **aa) Schlussanerkenntnisurteil.** Es findet gegen die darin
enthaltene Kostenentscheidung sofortige Beschwerde gem Abs 2 statt.
14 **bb) Erledigterklärung** für den Rest der Hauptsache (§ 91 Rn 13).
Ergeht Beschluss nach § 91 a (dort Rn 20), so findet einheitliche sofortige Beschwerde gegen die ganze Kostenentscheidung nach § 99 Abs 2
und § 91 a Abs 2 statt; ebenso, wenn vor einem Schlussanerkenntnisurteil (Rn 13) die Hauptsache zT für erledigt erklärt wurde (BGH
15 NJW 63, 583; vgl § 91 a Rn 55). **cc) Streitiges Schlussurteil** mit
Kostenentscheidung. Ergeht ein solches Urteil, so findet grundsätzlich
das gegen das Schlussurteil gegebene Rechtsmittel statt (vgl Rn 8), das
dann die auf das Teilanerkenntnisurteil entfallenden Kosten mit umfasst
(vgl BGH 17, 392). Soweit die Kostenentscheidung den anerkannten
Teil betrifft, findet sofortige Beschwerde gemäß Abs 2 statt (hM).
16 **dd) Prozessvergleich** (§ 794 Abs 1 Nr 1). Wird ein solcher über den
Rest der Hauptsache geschlossen, so gilt § 98, wenn die Kosten nicht im
17 Vergleich geregelt sind (§ 98 Rn 3, 6). **ee) Klagerücknahme** (§ 269)
für den Rest der Hauptsache. Ergeht unabhängig vom Beschluss (§ 269
Rn 16) ein Schlussanerkenntnisurteil über die Kosten des quotenmäßig zu bestimmenden, durch Anerkenntnisurteil erledigten Teils, so gilt
Abs 2 (BGH NJW-RR 99, 1741). Anzufechten ist das Schlussurteil mit
sofortiger Beschwerde (BGH aaO); ebenso wenn statt eines Urteils ein
18 Beschluss ergangen ist (Brandenburg OLG-NL 98, 18). – **b) Mit Kostenentscheidung.** Ein Teilanerkenntnisurteil darf als Teilurteil (§ 301)
nur ausnahmsweise eine Kostenentscheidung enthalten (Rn 12). Gleichgültig, ob sie zulässig oder unzulässig war, ist die Kostenentscheidung
mit sofortiger Beschwerde anfechtbar (Abs 2).

19   **6. Teilanerkenntnis- und -streiturteil** ist ein nach Teilanerkenntnis
erlassenes einheitliches Urteil über die gesamte Hauptsache oder über
Teile von dieser (Bsp: Klage 10 000 Euro, 2000 Euro Anerkenntnis,
3000 Euro entscheidungsreifer streitiger Teil der Hauptsache). Soweit

die (gemischte) Kostenentscheidung den anerkannten Teil betrifft, findet sofortige Beschwerde gem Abs 2 statt (BGH 40, 265 für § 91 a; Koblenz MDR 86, 1032; Köln NJW-RR 94, 767). Jeder Rechtsfehler, der sich auf diesen Teil der Kostenentscheidung auswirkt, ist zu berücksichtigen (Schleswig Büro 86, 107).

§ 100 Kosten bei Streitgenossen

(1) **Besteht der unterliegende Teil aus mehreren Personen, so haften sie für die Kostenerstattung nach Kopfteilen.**

(2) **Bei einer erheblichen Verschiedenheit der Beteiligung am Rechtsstreit kann nach dem Ermessen des Gerichts die Beteiligung zum Maßstab genommen werden.**

(3) **Hat ein Streitgenosse ein besonderes Angriffs- oder Verteidigungsmittel geltend gemacht, so haften die übrigen Streitgenossen nicht für die dadurch veranlaßten Kosten.**

(4) **[1]Werden mehrere Beklagte als Gesamtschuldner verurteilt, so haften sie auch für die Kostenerstattung, unbeschadet der Vorschrift des Absatzes 3, als Gesamtschuldner. [2]Die Vorschriften des bürgerlichen Rechts, nach denen sich diese Haftung auf die im Absatz 3 bezeichneten Kosten erstreckt, bleiben unberührt.**

1. Allgemeines. § 100 regelt die Kostenfrage bei Streitgenossen- 1 schaft nur unvollständig, nämlich nur für den Fall, dass alle Streitgenossen unterliegen, und nur im Verhältnis zum Prozessgegner, nicht im Innenverhältnis der Streitgenossen. Für die Kostenschuld (6 vor § 91) gelten § 59 S 1 und § 60 GKG. **a)** <u>Anwendbar für alle</u> Fälle von Streitgenos- 2 senschaft (§§ 59, 60), auch für Vollstreckungskosten nach Maßgabe des § 788 Abs 1 S 3. aber nur wenn die Streitgenossen verurteilt werden, und für streitgenössische Nebenintervenienten (§§ 69, 101 Abs 2). Bei einem Prozessvergleich, in dem die Streitgenossen die Kosten ganz oder teilweise übernommen haben, gelten nur Abs 1 und 3. Auch wenn die Streitgenossen im Vergleich sich als Gesamtschuldner (§ 421 BGB) verpflichtet haben, gilt Abs 4 nicht unmittelbar, sondern für § 421 BGB entspr. – **b) Rechtsmittel.** § 100 gilt für die Entscheidung über die 3 Kosten sowohl des Rechtsstreits (§ 91 Rn 5–8) als auch des Rechtsmittels (§ 97), wenn mehrere Streitgenossen ein Rechtmittel einlegen; insbes gilt auch Abs 4 (LG Köln MDR 81, 502). Legt es nur einer ein, trägt er nach § 97 Abs 1 allein die Kosten seines Rechtsmittels. Ist es erfolgreich, hat das Rechtsmittelgericht die Kosten nach Maßgabe des endgültigen Obsiegens und Unterliegens zu verteilen und kann daher die Kostenentscheidung der Vorinstanz ändern, soweit sie Streitgenossen betrifft, die am Rechtsmittelverfahren nicht mehr beteiligt waren (BGH NJW 81, 2360). – **c) Teilurteil.** Ergeht nur gegen einzelne Streitgenos- 4 sen Urteil (nämlich Teilurteil, § 61 Rn 14), so darf es keine Kostenentscheidung enthalten. Wird die Klage gegen einen Streitgenossen

durch Teilurteil abgewiesen, so darf und soll über die ihm erwachsenen
5 außergerichtlichen Kosten entschieden werden (§ 301 Rn 5). – **d) Klagerücknahme.** Vertritt ein RA mehrere Beklagte, so kann im Fall des
§ 269 Abs 3 nur der entsprechende Teil der Gesamtvergütung verlangt
werden, wenn die Klage nicht gegen alle Streitgenossen zurückgenommen wird (Stuttgart Büro 87, 1080).

6   **2. Mehrere Prozessbevollmächtigte. a) Grundsatz.** Jeder Streitgenosse kann für sich einen eigenen ProzBev bestellen und Kostenerstattung verlangen (umstr). Davon sind Ausnahmen zu machen mit Pflicht
zur Bestellung eines gemeinsamen ProzBev: bei der RA-Sozietät, wenn
sie gegen den Mandanten prozessiert (hM; Köln Rpfleger 93, 369
mwN); im Fall des § 2039 BGB (Frankfurt MDR 81, 149); für den
Kfz-Halter oder -Fahrer, wenn der Haftpflichtversicherer zugleich für
ihn einen gemeinsamen RA mandiert hatte (umstr; Hamm MDR 90,
1019; aA LG München I NJW-RR 98, 1612: nur ausnahmsweise, wenn
ein Interessenkonflikt ausgeschlossen ist), allg bei Rechtsmissbrauch.
Streitgenossen, die in erster Instanz einen gemeinsamen RA hatten,
können im Regelfall auch erst in zweiter jeder einen eigenen mandieren
7 (KG Büro 78, 1394). – **b) Anwaltswechsel.** Hatten Streitgenossen
einen gemeinsamen RA und mandiert einer in derselben Instanz einen
eigenen RA, kann er wegen § 91 Abs 2 S 3 die Kosten nur eines RAs
verlangen, die Kosten beider RAe nur bei notwendigem Wechsel (§ 91
Rn 32; Düsseldorf Rpfleger 88, 209), zB bei aufgetretener Interessenkollision (Koblenz MDR 90, 263). Dies gilt auch, wenn die Streitgenossen ihren gemeinsamen RA im selben Rechtszug gemeinsam wechseln
(München Rpfleger 90, 313). Ein Kostenerstattungsanspruch kann aber
in allen diesen Fällen wegen Rechtsmissbrauchs entfallen. Bsp: Die
mitverklagte Komplementärin einer GmbH & Co KG bestellt einen
eigenen ProzBev (Hamm Rpfleger 78, 329; aA Düsseldorf Büro 81,
762), obwohl keine Gründe für eine unterschiedliche Einlassung bestehen oder Interessengegensätze fehlen (Stuttgart Justiz 80, 20). Ebenso bei
einer verklagten RA-Sozietät (einschränkend Hamburg Büro 80, 761).

8   **3. Unterliegen aller Streitgenossen.** Dies gilt für Kläger wie Beklagte. **a) Grundsatz** (Abs 1). Enthält die Entscheidung nur den Ausspruch, dass die Kläger oder die Beklagten die Kosten des Rechtsstreits
tragen, so haften sie für die Kostenerstattung (7 vor § 91) nach Kopfteilen, dh zu gleichen Teilen. Klarer ist der Ausspruch (Bsp): „Die
Beklagten tragen die Kosten des Rechtsstreits zu je einem Viertel." Von
9 diesem Grundsatz gibt es Ausnahmen. – **b) Unterschiedliche Beteiligung** (Abs 2). Gilt für Kläger wie Beklagte. Es ist ein besonderer
Ausspruch in der Urteilsformel erforderlich. Die Entscheidung darf nicht
dem Kostenfestsetzungsverfahren überlassen oder darin korrigiert werden (Schleswig SchlHA 83, 173; aA Köln MDR 88, 325). Für Auslegung im Falle samtverbindlicher Verurteilung, wenn eine Partei nicht
streitig verhandelt hat: KG MDR 77, 321. Verschiedenheit der Beteiligung: vor allem unterschiedlicher Streitwert, aber auch Verursachen

einer Beweisaufnahme oder einer streitigen Verhandlung, insbes wenn
einer der Streitgenossen anerkennt oder Versäumnisurteil ergehen lässt.
Bsp für Urteilsformel: Der Beklagte zu 1 trägt ein Viertel, der Beklagte
zu 2 drei Viertel der Kosten des Rechtsstreits. Der Beklagte zu 1 trägt
die durch streitige Verhandlung entstandenen Mehrkosten. – **c) An-** **10**
griffs- und Verteidigungsmittel (Abs 3): wie § 146 Rn 2. Auf deren
Erfolg kommt es nicht an. Das Gericht muss (kein Ermessen) diese
Kosten dem oder den Streitgenossen (von mehreren) auferlegen und darf
die anderen damit nicht belasten. Gilt für Kläger wie Beklagte. Ein
Fehler in der Urteilsformel darf nicht im Festsetzungsverfahren (§ 103)
berichtigt werden (wie Rn 9; München MDR 89, 166). Abs 3 gilt auch
bei Gesamtschuld (Rn 11). Ausgenommen ist der Fall, dass sich die
Haftung von Streitgenossen nach materiellem Recht uneingeschränkt
auf die Prozesskosten erstreckt (Abs 4 S 2). – **d) Gesamtschuldner** **11**
(Abs 4). Gilt nur für Beklagte und Widerbeklagte, nicht für Kläger.
Werden (nicht notwendig alle) Beklagte in der Hauptsache (wie § 91 a
Rn 3) als Gesamtschuldner (§ 421 BGB) verurteilt, so haften sie auch
für die Kostenerstattung als Gesamtschuldner, und zwar kraft Gesetzes.
Das ist bei der Kostenfestsetzung (20 vor § 91) zu berücksichtigen, auch
ohne besonderen Ausspruch in der Kostenentscheidung (vgl Hamm
Rpfleger 74, 271). Fehlt in der Formel eine samtverbindliche Verurteilung auch zur Hauptsache, haften die Streitgenossen nach Kopfteilen
gem Abs 1 (KG Rpfleger 75, 143). Die Ausgleichspflicht im Innenverhältnis richtet sich idR nach § 426 Abs 1 S 1 BGB. Wie Gesamtschuldner sind Gesellschafter einer oHG, KG oder Partnerschaftsgesellschaft zu
behandeln, die neben der Gesellschaft auf Grund von § 128 HGB oder
§ 8 PartGG verurteilt werden (bestr). Legen die samtverbindlich Verurteilten erfolglose Rechtsmittel ein, so gilt für die Rechtsmittelkosten
§ 97 Abs 1 (Rn 3). Samtverbindliche Kostenpflicht ist auszusprechen,
soweit sich die Rechtsmittel auf die samtverbindliche Verurteilung beziehen. Falsch ist es, Kläger bei abgewiesener Klage samtverbindlich in
die Kosten zu verurteilen (Koblenz MDR 91, 257), ebenso beklagte
Teilschuldner.

3. Obsiegen aller Streitgenossen im Rechtsstreit gegen eine **12**
einzelne Partei ist durch § 100 nicht geregelt. Die Vorschrift gilt
jedoch, wenn auf der Gegenseite auch Streitgenossen stehen; dann
sind Rn 8–11 oder Rn 15–19 anzuwenden. **a) Kostenentscheidung** **13**
(17–19 vor § 91) ergeht gemäß § 91, § 92 oder § 93. – **b) Kosten-**
erstattung. Es kann jeder Streitgenosse für sich die ihm selbst erwachsenen Prozesskosten (2 vor § 91) vom Gegner ersetzt verlangen, wenn die
Kosten dem oder den Unterliegenden in der Kostenentscheidung auferlegt werden. Es besteht weder Teil-, Gesamt- noch Mitgläubigerschaft
(vgl Palandt 1–4 vor § 420), sondern jeder Streitgenosse hat den Kostenerstattungsanspruch aus den ihm erwachsenen Prozesskosten für sich
allein ohne Rücksicht auf sein Innenverhältnis zu den anderen Streitgenossen (umstr; vgl Rn 16–18). Er ist Einzelgläubiger nach Maßgabe

seines Anteils, bei gleicher Beteiligung nach Kopfteilen (Köln NJW 91,
1156). Abzustellen ist auf die tatsächlich entstandenen Kosten. Haben
Streitgenossen eigene RAe, so ist Rn 5 zu beachten. Die Streitgenossen
können von der Gegenseite nicht mehr an Gebühren und Auslagen
fordern, als ihnen ihr gemeinsamer ProzBev gemäß § 6 Abs 2 BRAGO
insgesamt gekostet hat (Hamburg Büro 77, 199; Düsseldorf Büro 77,
14   659). – c) **Kostenfestsetzung** (20 vor § 91). Sie kann gemeinsam,
aber auch von jedem Streitgenossen einzeln betrieben werden. Erwirken die Streitgenossen gemeinsam ohne Angabe eines Beteiligungs-
verhältnisses einen Kostenfestsetzungsbeschluss, so sind sie Gesamtgläubiger (BGH Rpfleger 85, 321). Die Kosten sind aber für jeden einzeln
(getrennt) festzusetzen, wobei unterschiedliche Beteiligung am Rechtsstreit (Rn 9) zu berücksichtigen ist. Aus dem Kostenfestsetzungsbeschluss (§ 104) muss das vollstreckungsfähig (16, 22–24 vor § 704)
hervorgehen.

15   **4. Unterliegen einzelner, Obsiegen der anderen Streitgenossen. a) Kostenentscheidung** (17–19 vor § 91). Es ist von folgenden
Grundsätzen auszugehen (zur praktischen Anwendung Stegemann-
Boehl JuS 91, 320). Es müssen Gerichtskosten (3, 4 vor § 91) von den
außergerichtlichen Kosten (5 vor § 91) getrennt werden. Der siegende
Streitgenosse ist von allen Kosten freizustellen. Es ist ihm eine entspr
Kostenerstattung (7 vor § 91) einzuräumen, aber der unterlegene Gegner ist nur zum entspr Teil zu belasten. Hier sind §§ 91, 92 kombiniert
anzuwenden und es ist nach der sog Baumbach'schen Formel zu entscheiden. Bsp bei gleicher Beteiligung von 2 Beklagten: „Die Gerichtskosten tragen der Kläger und der (unterlegene) Beklagte zu 2 je zur
Hälfte. Die außergerichtlichen Kosten des (obsiegenden) Beklagten zu 1
trägt der Kläger; die des Klägers trägt zur Hälfte der Beklagte zu 2; im
Übrigen tragen sie die Parteien selbst." (Der letzte Hs ist entbehrlich).
Sind auf einer Seite mehr als zwei Streitgenossen beteiligt, ändern sich
die Bruchteile entsprechend, noch differenzierter bei unterschiedlicher
16   Beteiligung. – **b) Kostenerstattung** (7 vor § 91). Hierbei treten die
eigentlichen Schwierigkeiten und Streitfragen auf. Auf jeden Fall ist die
zugrundeliegende Kostenentscheidung maßgebend. Die Praxis ist unter-
17   schiedlich. Es wird vertreten: **aa) Voller Anspruch.** Haben die Streitgenossen einen gemeinsamen RA, so kann der obsiegende Streitgenosse
die vollen von ihm dem RA geschuldeten Kosten ersetzt verlangen mit
Ausnahme derjenigen Kosten, die der ProzBev von einem (unterlegenen) Streitgenossen nicht erhalten kann (Nürnberg NJW 75, 2346;
Frankfurt Büro 86, 96; Oldenburg Büro 88, 484). Die Ersparnis infolge
des gemeinsam einem einzigen RA erteilten Mandats kommt bis zur
Obergrenze primär den Streitgenossen zugute. Das ist nicht mehr überwiegende Rspr, wird aber noch vertreten (vgl Hamm Rpfleger 88, 159
18   und MDR 94, 102). **bb) Anteiliger Anspruch.** Die Erstattung gegenüber dem Gegner erfolgt nach dem entspr Anteil, der auf die einzelnen
Streitgenossen entfällt (Karlsruhe NJW 68, 1479 mwN; Dresden

NJW-RR 99, 293; Koblenz Rpfleger 81, 122; Braunschweig MDR 79, 62; Stuttgart NJW 77, 2171; KG NJW-RR 01, 1435; Nürnberg Büro 84, 113; Zweibrücken Rpfleger 88, 38; München Rpfleger 93, 418; Nürnberg Rpfleger 94, 384). Dasselbe gilt für den Anspruch des allein voll obsiegenden Streitgenossen (München Rpfleger 94, 179). Ein Streitgenosse, der einen höheren Anteil geltend macht, muss glaubhaft machen, dass er einen entspr höheren Anteil bezahlen musste oder bezahlen muss, aber nur wegen Zahlungsunfähigkeit eines Streitgenossen, nicht auf Grund einer Vereinbarung (München Rpfleger 95, 519 mwN). Sind dem obsiegenden Streitgenossen keine Kosten entstanden, weil der Auftrag für den gemeinsamen Anwalt vom unterlegenen Streitgenossen stammt, entfällt ein Kostenerstattungsanspruch. Bei unterschiedlichen Streitwert kann jeder Streitgenosse für denselben RA nur den auf ihn treffenden Teil ersetzt verlangen (Frankfurt Rpfleger 70, 293; München NJW 73, 2070). § 6 BRAGO ist dahingehend zu berücksichtigen, dass zugunsten eines einzelnen Streitgenossen nur der Erhöhungsbetrag, aber insgesamt nicht mehr als die volle Grundgebühr zur Erstattung festzusetzen ist.

5. Teilunterliegen einzelner Streitgenossen. Es ist bei der Kosten- **19** entscheidung wie bei Rn 15 zu verfahren. Es ist aber dabei § 92 (dort Rn 5–11) anzuwenden und die Bruchteile sind entspr zu bemessen. Das Innenverhältnis, die Vereinbarungen der Streitgenossen und die geleisteten Zahlungen bleiben grundsätzlich außer Betracht (hM; Schleswig Büro 93, 677 mit Anm von Mümmler). Zur weiteren Differenzierung vgl Dahmen DRiZ 79, 343. Bsp: Die Gerichtskosten tragen der Kläger zu ³/₄ und der (zur Hälfte unterlegene) Beklagte zu 2 zu ¹/₄. Die außergerichtlichen Kosten des (obsiegenden) Beklagten zu 1 und die Hälfte derjenigen des Beklagten zu 2 trägt der Kläger. Die außergerichtlichen Kosten des Klägers trägt zu ¹/₄ der Beklagte zu 2. Im übrigen tragen die Parteien ihre außergerichtlichen Kosten selbst (dieser Satz ist entbehrlich). Kostenerstattung: wie Rn 16–18.

§ 101 Kosten einer Nebenintervention

(1) Die durch eine Nebenintervention verursachten Kosten sind dem Gegner der Hauptpartei aufzuerlegen, soweit er nach den Vorschriften der §§ 91 bis 98 die Kosten des Rechtsstreits zu tragen hat; soweit dies nicht der Fall ist, sind sie dem Nebenintervenienten aufzuerlegen.

(2) Gilt der Nebenintervenient als Streitgenosse der Hauptpartei (§ 69), so sind die Vorschriften des § 100 maßgebend.

1. Kostenauferlegung. Die Kosten der Nebenintervention (Rn 6) **1** dürfen in der Kostenentscheidung nie der unterstützten Partei auferlegt werden (selbst wenn sie die Klage zurücknimmt, Köln NJW-RR 95, 1251), sondern nur dem Gegner der (unterstützten) Hauptpartei oder dem Nebenintervenienten. **a) Grundsatz** (Abs 1 Hs 1). Dem Gegner **2**

aufzuerlegen sind die Kosten, wenn und soweit er die Kosten des
Rechtsstreits zu tragen hat (§ 91 Abs 1 S 1), bei § 92 daher nur zum
entspr Teil und bei Streitgenossen nach Maßgabe des § 100. Das gilt
auch bei Klage- oder Berufungsrücknahme des Gegners (§ 269 Abs 3,
§ 516 Abs. 3; Dresden OLG-NL 00, 284 für § 515 aF) und bei übereinstimmender Erledigterklärung (§ 91 a; Stuttgart MDR 99, 116). Ist
der Nebenintervenient nur zT beigetreten (§ 66 Rn 8) kommt es nur
auf die Kostenentscheidung an, die diesen Teil betrifft (MüKo/Belz 13;
aA Saarbrücken MDR 96, 967). Soweit dem Gegner keine Kosten des
Rechtsstreits aufzuerlegen sind, trägt der Nebenintervenient die Kosten
selbst. Dies gilt auch, wenn er die Nebenintervention zurücknimmt
(§ 66 Rn 12) und im Falle des § 97 Abs 2, auch wenn er erst im zweiten
Rechtszug beigetreten ist (aA Hamm MDR 94, 311), weil er schon im
3 ersten Rechtszug hätte beitreten können. – b) **Kostenentscheidung**
(17–19 vor § 91). In ihr ist über die Kosten der Nebenintervention
(Rn 6) ausdrücklich (nach Maßgabe von Rn 2) zu befinden, da sie nicht
von dem Begriff Kosten des Rechtsstreits umfasst werden und eine
Entscheidung hierüber für die Festsetzung der Kosten einer Nebenintervention keine geeignete Grundlage bildet (München Rpfleger 90, 269
mwN). Bsp: „Der Kläger trägt die Kosten des Rechtsstreits und der
Nebenintervention zu je ²/₃, der Beklagte die des Rechtsstreits zu ¹/₃,
der Nebenintervenient die der Nebenintervention zu ¹/₃." Ist die Entscheidung über diese Kosten übergangen worden, gilt § 321. Die Frist
des § 321 Abs 2 läuft ab Zustellung an den Nebenintervenienten (BGH
NJW 75, 218).

4 **2. Vergleich** (§ 98 Rn 2). **a) Ohne Beteiligung** des Nebenintervenienten. Für ihn ist grundsätzlich die im Vergleich zwischen den Parteien getroffene Kostenregelung maßgebend; denn § 98 ist anwendbar
(Abs 1 Hs 1; hM; Hamm MDR 90, 252; München NJW-RR 98, 1453;
Düsseldorf NJW-RR 98, 1691), auch wenn die Parteien die Kosten der
Nebenintervention ausdrücklich von der vergleichsweisen Regelung
ausgenommen haben (hM; BGH NJW 67, 983). Haben die Parteien
Kostenaufhebung oder -teilung vereinbart, so bedeutet dies für die Kos-
ten des Nebenintervenienten Kostenteilung zwischen den Parteien in
der Weise, dass der Gegner derjenigen Partei, der der Nebenintervenient
beigetreten ist, die Hälfte oder den entsprechenden Teil der außergerichtlichen Kosten des Nebenintervenienten trägt und im Übrigen der
Nebenintervenient selbst (Dresden NJW-RR 98, 285 mwN; Köln
MDR 93, 472 mwN und NJW-RR 95, 1215 mwN; Schleswig
NJW-RR 00, 1091; Nürnberg MDR 01, 415 mwN; aA Karlsruhe
NJW-RR 97, 1293; Dresden NJW-RR 99, 1668 mwN; Frankfurt
NJW-RR 00, 1741 mwN: kein Erstattungsanspruch des Nebenintervenienten; Hamm MDR 88, 325: Entscheidung über dessen Kosten gem
§ 91 a). Gegen diesen Grundsatz der Kostenparallelität kritisch und für
§ 91 a: Schwarz MDR 93, 1052. Die Parteien können dem Neben-
intervenienten im Vergleich keine Kosten auferlegen und auch nicht

seinen Erstattungsanspruch dadurch ausschließen oder mindern, dass sie sich nach Erledigterklärung über die Kosten vergleichen (München NJW-RR 98, 1453 mwN). – **b) Mit Beteiligung** des Nebeninterve- 5 nienten. Maßgebend ist, wie die Kosten der Nebenintervention im Vergleich geregelt sind. Fehlt eine solche Regelung, gilt § 98 (entspr Rn 4).

3. Kosten der Nebenintervention sind die durch sie verursachten, 6 auch die dadurch den Parteien entstandenen. Sie sind von denen des Rechtsstreits (§ 91 Rn 5) zu unterscheiden. Es ist darüber bei der Kostenfestsetzung (20 vor § 91) zu befinden. **a) Umfang:** alle Aufwendungen des Nebenintervenienten für seine Prozessbeteiligung, insbes die entstandenen Kosten seines ProzBev (Düsseldorf MDR 95, 532). Auch alle durch erfolgreiche Rechtsmittel oder andere Rechtsbehelfe des Nebenintervenienten entstandenen Kosten, wenn die Partei untätig geblieben ist (hM). Sie beteiligt sich am Rechtsmittel bereits, wenn sie einen Schriftsatz einreicht oder an der mündlichen Verhandlung teilnimmt (BGH 49, 196), so dass in diesem Fall die Partei ihre eigenen Kosten trägt. Für erfolglose Rechtsmittel des Nebenintervenienten gilt § 97 Abs 1 (dort Rn 3), für zurückgenommene § 516 Abs 3 (vgl hierzu München Rpfleger 79, 141 für § 515 aF). – **b) Keine Kosten** der 7 Nebenintervention sind die der Streitverkündung (München MDR 89, 548) oder eines Zwischenstreits gem § 71, ebenso wenig solche, die durch andere Prozesshandlungen als Rechtsbehelfe des Nebenintervenienten entstehen, insbes durch seine Angriffs- und Verteidigungsmittel (§ 67 Rn 6); diese sind Kosten des Rechtsstreits. – **c) Festsetzung** der 8 Kosten der Nebenintervention, die der Gegner der unterstützten Partei zu tragen hat, geschieht im Kostenfestsetzungsverfahren (§§ 103–107). Dabei kommt es nicht darauf an, ob die Nebenintervention notwendig war (Nürnberg Büro 95, 593).

4. Streitgenössische Nebenintervention (Abs 2). Für die ein- 9 fache gilt nur Abs 1. Die streitgenössische (§ 69) wird ausschließlich nach § 100 behandelt. Der streitgenössische Nebenintervenient trägt daher, wenn die unterstützte Partei unterliegt, die Kosten des Rechtsstreits nach Kopfteilen (§ 100 Abs 1). Auch Abs 2 und 3 des § 100 sind ggf anzuwenden. § 100 Abs 4 ist unanwendbar. Sind dem Gegner der unterstützten Partei die Kosten des Rechtsstreits auferlegt, umfassen sie wegen der Fiktion des § 69 auch die Kosten des Nebenintervenienten.

§ 102 (aufgehoben)

§ 103 Kostenfestsetzungsgrundlage; Kostenfestsetzungsantrag

(1) **Der Anspruch auf Erstattung der Prozeßkosten kann nur auf Grund eines zur Zwangsvollstreckung geeigneten Titels geltend gemacht werden.**

(2) [1]**Der Antrag auf Festsetzung des zu erstattenden Betrages ist bei dem Gericht des ersten Rechtszuges anzubringen.** [2]**Die Kostenberechnung, ihre zur Mitteilung an den Gegner bestimmte Abschrift und die zur Rechtfertigung der einzelnen Ansätze dienenden Belege sind beizufügen.**

1 **1. Allgemeines.** (Abs 1). Der prozessuale Kostenerstattungsanspruch (7, 8 vor § 91) wird im Kostenfestsetzungsverfahren (§§ 103–107) geltend gemacht (20 vor § 91). Darin wird der Betrag der zu erstattenden Kosten festgesetzt (§ 104 Abs 1 S 1). In der Kostenentscheidung (17–19 vor § 91) für den zugrunde liegenden Rechtsstreit wird nur festgelegt, wer in welchem Umfang die Kosten zu tragen hat. Diese Entscheidung bildet die Grundlage für das Kostenfestsetzungsverfahren. In diesem gelten grundsätzlich die allgemeinen Regeln des 1. Buchs.

2 **2. Vollstreckungstitel** (Abs 1). Ein solcher ist Voraussetzung für den Kostenerstattungsanspruch (7, 8 vor § 91). Nur die formelle Wirksamkeit des Titels ist zu prüfen. Er muss bestehen und zur Zwangsvollstre-
2a ckung geeignet sein. **a) Geeignet** sind die in 14, 15 vor § 704 aufgeführten Vollstreckungstitel, sofern darin eine Kostenpflicht auferlegt ist (Rn 1). Dazu gehören die Kostenentscheidungen im selbständigen Beweisverfahren (§ 494 a Rn 6; Hamm NJW-RR 97, 959; bestr). Ein Vergleich kann ein geeigneter Titel auch für Kostenfestsetzung unter
2b Streitgenossen sein (Köln FamRZ 93, 724 mwN). – **b) Nicht geeignet** ist der Titel, wenn er auch nur in der vorläufigen Vollstreckbarkeit aufgehoben ist (§ 717 Abs 1) oder durch einen Prozessvergleich überholt (Bremen NJW-RR 87, 1208). Die Kostenvereinbarung eines im Verbund (§ 623) stehenden Scheidungsfolgenvergleichs ist wegen § 93 a Abs 1 S 3 kein geeigneter Titel (Düsseldorf Rpfleger 92, 83; bestr), ebenso wenig ein Vollstreckungsbescheid (§ 699 Rn 17; KG MDR 95, 530) und ein außergerichtlicher Vergleich (allgM), wie zB der Anwaltsvergleich des § 796 a (hM; Hamburg NJW-RR 94, 1408; München NJW-RR 97, 1294) oder ein richterlicher Protokollvermerk zu einem Vergleich (München Büro 96, 261). Wird in einem Vergleich ein anderer Rechtsstreit mitverglichen, können die Kosten nur getrennt festgesetzt werden (München Rpfleger 90, 136), einheitlich aber dann, wenn es sich um Arrest oder einstweilige Verfügung und Hauptsacheprozess handelt (KG Büro 85, 137).

3 **3. Aufhebung und Unwirksamkeit** des zugrundeliegenden Titels (Rn 2). Der bereits erlassene Kfb wird unwirksam, wenn der zugrundeliegende Titel oder auch nur dessen Kostenentscheidung aufgehoben, auch nur teilweise abgeändert, durch eine neue Entscheidung mit gleicher Kostengrundentscheidung (Frankfurt Rpfleger 83, 456 mwN) oder

durch einen Prozessvergleich mit abweichender Kostenverteilung ersetzt wird (KG NJW-RR 00, 518; München NJW-RR 01, 718 mwN; bestr).
a) Wirkung. Es wird das ganze Kostenfestsetzungsverfahren (einschließ- **4** lich Erinnerung und sofortiger Beschwerde) gegenstandslos und ohne Erledigterklärung beendet (Düsseldorf NJW 74, 1714). Der erlassene Kfb ist zwecks Klarstellung aufzuheben (Hamm Rpfleger 76, 408 mwN). Die im Kostenfestsetzungsverfahren entstandenen Kosten einer Erinnerung oder sofortigen Beschwerde trägt derjenige, der die Kostenfestsetzung betrieben hat (KG Rpfleger 78, 384 mwN). Auf Grund der neuen Kostenentscheidung in der aufhebenden Entscheidung wird ein neues Kostenfestsetzungsverfahren eingeleitet. – **b) Rückfestsetzung** **5** der auf Grund eines aufgehobenen Titels erstatteten Kosten. Sie geschieht durch einen neuen Kostenfestsetzungsbeschluss und wird in entspr Anwendung des § 717 Abs 2, wenn der Schaden allein in den erstatteten Kosten liegt, noch im anhängigen Verfahren zugelassen (hM; Hamm Rpfleger 88, 279; Hansens Büro 87, 967; aA München MDR 93, 1129 mwN), aber nur, wenn die Zahlung auf Grund des Titels vorgenommen wurde und die Höhe der Rückzahlungsforderung nachgewiesen oder unstreitig ist (KG Rpfleger 87, 432; Düsseldorf Büro 98, 309), auch nicht Einwendungen gem § 104 Rn 12 erhoben werden. Die Rückfestsetzung wird dann sogar zugelassen, wenn der Titel durch Vergleich aufgehoben wurde (Hamm Rpfleger 88, 279) und eine neue Kostenfestsetzung nicht in Betracht käme (KG MDR 91, 258). Für die Verrechnung des Prozesskostenvorschusses gilt die Rückfestsetzung aber nicht (KG Rpfleger 80, 438). – **c) Vollstreckbarkeit** des Kfb (§ 794 **6** Abs 1 Nr 2). Er verliert sie, solange die vorläufige Vollstreckbarkeit des zugrundeliegenden Titels (Rn 2) oder seiner Kostenentscheidung entfällt, inbes durch Aufhebung (Rn 3), erbrachte Sicherheitsleistung (§§ 711, 712) oder Einstellung der ZwVollstr (§§ 707, 719). Geltend zu machen über § 775 Nr 1–3. – **d) Nichtigkeit** des Kfb ist von vorn- **7** herein gegeben, wenn es an einer Kostenentscheidung überhaupt fehlt (BAG NJW 63, 1027). Der Kfb muss nicht (deklaratorisch) aufgehoben werden.

4. Zuständigkeit (Abs 2 S 1). Zuständig ist ausschließlich das Pro- **8** zessgericht erster Instanz, funktionell der Rechtspfleger (§ 21 Abs 1 Nr 1 RPflG). Für das Mahnverfahren: § 692 Rn 4. **a) Prozesskosten** (2–5 vor § 91). Umfaßt den gesamten Rechtsstreit, somit die Kosten aller Rechtszüge, auch die eines Wiederaufnahmeverfahrens vor dem Berufungsgericht (München Rpfleger 73, 318). Nicht dazu gehören die Positionen des materiell-rechtlichen Kostenerstattungsanspruchs (13–15 vor § 91). Ist ein Rechtsstreit bei einem anderen (ohne Verbindung, § 147) mitverglichen worden: Rn 2 b aE. – **b) Zwangsvollstreckungs-** **9** **kosten** (§ 788) werden, soweit sie nicht nach § 788 ohne Titel beigetrieben wurden, vom Vollstreckungsgericht festgesetzt (§ 788 Abs 2).

5. Antrag (Abs 2). Er ist entbehrlich nur im Fall des § 105 Abs 2. Er **10** setzt, um zulässig und wirksam zu sein, folgendes voraus: **a) Prozess-**

handlungsvoraussetzungen (Einl III Rn 10). Dass sie im zugrundeliegenden Urteil verneint werden, steht nicht entgegen (Hamburg
11 MDR 89, 826). **b) Form:** schriftlich oder zu Protokoll der Geschäftsstelle; ohne Anwaltszwang (§ 78 Abs 3; § 13 RPflG). – **c) Inhalt.**
Erforderlich ist genaue Angabe des Rechtsstreits und die Erklärung, dass
12 Kostenfestsetzung begehrt wird. – **d) Notwendige Anlagen** (Abs 2
S 2): **aa) Kostenberechnung.** Das ist die Zusammenstellung der einzelnen Posten. Für eine ausreichende Substantiierung (vgl Marx Rpfleger 99, 157) ist jede Aufwendung nach Grund, Datum und Betrag
einzeln aufzuführen, bei Streitgenossenschaft nach Parteien getrennt
(München Büro 81, 1512). Eine Kopie der Kostenberechnung für den
13 Gegner ist beizufügen. **bb) Belege** zur Kostenberechnung, soweit sie
nicht im Gerichtsakt sind. Ausnahme: Post- und Telekommunikations-
auslagen des RA (§ 104 Abs 2 S 2). Für andere Auslagen genügt die
bloße eigene Versicherung nicht (Nürnberg Büro 75, 191); sie sind auch
als notwendig glaubhaft zu machen (LG Weiden MDR 75, 669). Eigene,
das übliche Maß erheblich übersteigende Auslagen müssen substantiiert
14 werden (KG Büro 76, 814). **cc) Vollstreckungstitel** (Rn 2) in einfacher Ausfertigung, wenn er nicht schon dem zuständigen Gericht
15 (Rn 8, 9) vorliegt. – **e) Antragsbefugnis.** Sie entspricht der Prozessführungsbefugnis (§ 51 Rn 20), jedoch gibt es keine gewillkürte Prozessstandschaft (Bremen NJW-RR 89, 574). Kostengläubiger ist jeder,
der einen Kostenerstattungsanspruch (7–9 vor § 91) hat. Partei: jeder
Streitgenosse (vgl hierzu München Rpfleger 81, 454), Nebenintervenient, nach Parteiwechsel (16, 20 vor § 50) auch die ausgeschiedene
Partei (vgl Hamm Büro 75, 1503), nicht der ProzBev im eigenen Namen. Der Rechtsnachfolger ist antragsbefugt erst, nachdem der Titel
(Rn 2) umgeschrieben ist (§§ 727 ff; vgl München Rpfleger 93, 207). –
16 **f) Rechtskraft** (§ 104 Rn 24) eines vorangegangenen Kfb darf nicht
entgegenstehen, falls das Gesuch wiederholt wird. Bezieht es sich also
auf bereits rechtskräftig aberkannte Posten, so ist es insoweit unzulässig
(§ 104 Rn 24). Für noch nicht zur Entscheidung gestellte Posten ist ein
neues Gesuch ohne weiteres zulässig (Nachfestsetzung, Rn 18). –
17 **g) Rücknahme** des Antrags ist (auch teilweise) zulässig. Sie ist bindend
und unwiderruflich (Koblenz Rpfleger 76, 324). Nach Rücknahme darf
kein KfB mehr ergehen (Hamm Rpfleger 73, 370). Ist er bereits erlassen,
wird er bei Rücknahme vor Rechtskraft wirkungslos (entspr § 269
Abs 3 S 1).

18   **6. Nachfestsetzung** (Nachliquidation) ist die nachgeholte Festsetzung von Kosten aus demselben Titel, die im ersten Gesuch nicht
enthalten waren oder bei der Festsetzung versehentlich übergangen
wurden (Rn 16; § 104 Rn 24). Diese Kosten können unabhängig von
der Frist des § 321 Abs 2 erneut angemeldet (Hamm Rpfleger 80, 482),
auch mit Erinnerung geltend gemacht werden (§ 104 Rn 33).

§ 104 Kostenfestsetzungsverfahren

(1) [1] Über den Festsetzungsantrag entscheidet das Gericht des ersten Rechtszuges. [2] Auf Antrag ist auszusprechen, daß die festgesetzten Kosten vom Eingang des Festsetzungsantrags, im Falle des § 105 Abs. 2 von der Verkündung des Urteils ab mit fünf Prozentpunkten über dem Basiszinssatz zu verzinsen sind. [3] Die Entscheidung ist, sofern dem Antrag ganz oder teilweise entsprochen wird, dem Gegner des Antragstellers unter Beifügung einer Abschrift der Kostenrechnung von Amts wegen zuzustellen. [4] Dem Antragsteller ist die Entscheidung nur dann von Amts wegen zuzustellen, wenn der Antrag ganz oder teilweise zurückgewiesen wird; im übrigen ergeht die Mitteilung formlos.

(2) [1] Zur Berücksichtigung eines Ansatzes genügt, daß er glaubhaft gemacht ist. [2] Hinsichtlich der einem Rechtsanwalt erwachsenen Auslagen für Post- und Telekommunikationsdienstleistungen genügt die Versicherung des Rechtsanwalts, daß diese Auslagen entstanden sind. [3] Zur Berücksichtigung von Umsatzsteuerbeträgen genügt die Erklärung des Antragstellers, daß er die Beträge nicht als Vorsteuer abziehen kann.

(3) [1] Gegen die Entscheidung findet sofortige Beschwerde statt. [2] Das Beschwerdegericht kann das Verfahren aussetzen, bis die Entscheidung, auf die der Festsetzungsantrag gestützt wird, rechtskräftig ist.

Abs 1 S 2 ist geändert mWv 1. 10. 2001 durch Art 2 Nr 13 ZPO-RG und Art 5 Abs 3 Nr 1a SMG.

1. Kostenfestsetzungsverfahren. Zu beteiligen ist daran nur, wer **1** antragsbefugt ist (§ 103 Rn 15) oder als Gegner des prozessualen Kostenerstattungsanspruchs belangt wird. Zuständig ist der Rechtspfleger (§ 21 Nr 1 RPflG) des Gerichts erster Instanz oder des Vollstreckungsgerichts (§ 103 Rn 8, 9), auch für die öffentliche Zustellung (§§ 4, 21 Nr 1 RPflG; München Rpfleger 88, 370).

2. Verfahrensablauf. a) Gehör des Gegners, schriftlich oder münd- **2** lich, ist seit Wegfall der Abhilfe (Rn 42) in vollem Umfang zu gewähren (Brandenburg NJW 99, 1268; Düsseldorf Rpfleger 99, 265; Hansens Rpfleger 99, 103 [109]). Dabei ist zu Einwänden aufzufordern (Frankfurt NJW 99, 1265). – **b) Mündliche Verhandlung** ist nicht ausgeschlossen (bestr). – **c) Tatsachenangaben** müssen, soweit sie bestrit- **3** ten sind, mindestens gemäß § 294 glaubhaft gemacht werden (Abs 2 S 1; hierzu Marx Rpfleger 99, 157); §§ 286, 138 Abs 3 gelten, auch § 287 entspr (München Rpfleger 99, 39). Der Antragsgegner kann seinerseits dagegen glaubhaft machen (Marx aaO). Bei Auslagen für Post- und Telekommunikationsdienstleistungen genügt die einfache Versicherung des RAs (Abs 2 S 2). Die bloße Erklärung des Antragstellers genügt für die Nichtabzugsfähigkeit als Vorsteuer bei der verlangten

MWSt (vgl § 91 Rn 23; KG MDR 95, 320; für Prüfung der Plausibilität: Brandenburg AnwBl 96, 544). Diese Erklärung, die im Laufe des Verfahrens geändert werden kann (München Rpfleger 96, 372), liegt nicht im bloßen Antrag, die MwSt zu erstatten (Hansens Büro 95, 173; bestr). Darüber wird nicht Beweis erhoben (Schleswig Büro 96, 260; Koblenz NJW-RR 96, 767; Düsseldorf NJW-RR 96, 768). Der Rechtspfleger kann jedoch bei bestrittenen Tatsachenbehauptungen jeden angebotenen Beweis erheben (allgM), insbes auch schriftliche Erklärungen von Richtern, Parteien, ProzBev, Zeugen und Sachverständigen ein-
4 holen (Koblenz Rpfleger 80, 393). – **d) Anwaltszwang** besteht nicht (§ 13 RPflG). – **e) Gebühren:** für das Gericht keine; beim RA mit der Prozessgebühr abgegolten (§ 37 Nr 7 BRAGO).

5   **3. Voraussetzungen.** Der Rechtspfleger prüft und entscheidet selbständig (§ 9 RPflG), zuerst ob der Antrag zulässig (§ 103 Rn 10–16),
6 danach ob er auch begründet ist. Das setzt voraus: **a) Titel.** Er muss den Anforderungen des § 103 Rn 2 entsprechen, wirksam sein (§ 103 Rn 3, 4) und einen prozessualen Kostenerstattungsanspruch (7, 8 vor § 91) begründen. Daran ist der Rechtspfleger gebunden (hM; Düsseldorf MDR 85, 590). Ob im Titel richtig entschieden ist, hat der Rechtspfleger nicht zu beurteilen (KG Rpfleger 70, 177). Das gilt insbesondere auch für die Kosten einer Nebenintervention (Nürnberg NJW-RR 95, 1214). Selbst eine unzulässige Kostenentscheidung gibt dem Rechtspfleger keinen Grund, die Kostenfestsetzung abzulehnen (Schleswig Büro 82, 1404). Ist in einem Vergleich (§ 794 Abs 1 Nr 1) die Kostenerstattung aufschiebend bedingt (§ 794 Rn 17), darf vor Eintritt der Bedingung nicht festgesetzt werden (München NJW-RR 99, 1517). –
7 **b) Identität des Rechtsstreits.** Die verlangten Kosten (§ 103 Rn 12) müssen in demjenigen Rechtsstreit entstanden sein, den die Kostenregelung im zugrundeliegenden Vollstreckungstitel (§ 103 Rn 2) betrifft. Er umfasst auch das selbständige Beweisverfahren (§ 91 Rn 6; § 494a Rn 4). Eine Verbindung mit dem Festsetzungsantrag aus einem anderen Rechtsstreit (entspr § 147) ist unzulässig (Stuttgart Rpfleger 01, 617; vgl
8 § 103 Rn 2 b aE). – **c) Notwendigkeit** der Kosten (§ 91 Rn 9). Sie müssen überhaupt im Rechtsstreit entstanden sein, nicht außerhalb des Verfahrens (Koblenz NJW 76, 153), wie zB eine Gebühr aus § 118 BRAGO (Koblenz NJW 78, 1751). Die Notwendigkeit ist auch bei Anwaltskosten, für jede einzelne kostenverursachende Maßnahme zu prüfen. Auch sie muss glaubhaft gemacht sein (Rn 3). Hierbei kann die erstattungspflichtige Partei auch geltend machen, dass vom Gegner angemeldete Gerichtskosten zu Unrecht angefordert und bezahlt wurden. Die Parteien können im Vergleich (§ 794 Abs 1 Nr 1) wirksam und bindend vereinbaren, dass bestimmte Kosten als notwendig anzuse-
9 hen sind (KG MDR 90, 555). – **d) Entstehung.** Die Kosten müssen (auch in der Höhe) tatsächlich erwachsen sein (Nachweis: Rn 3), wobei die Rechtspflicht zur Zahlung genügt (hM). Dass ein Dritter die erstattungsberechtigte Partei von der Zahlungspflicht freistellt, berührt den

Erstattungsanspruch nicht (Köln Büro 80, 449). Ob eine geforderte Gebühr erwachsen ist, wird an Hand der Akten oder durch Rückfrage beim Richter festgestellt. – **e) Höhe.** Kommt es dabei auf den Wert an, **10** ist der vom Gericht festgesetzte Wert maßgebend (§ 2 Rn 10). Ist nicht festgesetzt, nimmt der Rechtspfleger den Wert selbständig an (§ 2 Rn 10, 16) oder legt dem Richter zur Wertfestsetzung vor (§ 25 Abs 1 GKG). – **f) Notwendige Anlagen** (§ 103 Rn 12–14) müssen vorlie- **11** gen.

4. Einwendungen gegen den Erstattungsanspruch. **a) Ausschluss.** **12** Der Rechtspfleger darf nicht prüfen und berücksichtigen, ob die zugrundeliegende Kostenentscheidung unrichtig ist (Rn 6; Bremen NJW 72, 1206), auf einem Irrtum beruht (Koblenz Rpfleger 86, 447) und ob der Kostenerstattungsanspruch durch Einwendungen aus materiellem Recht erloschen oder gehemmt ist (vgl 12 vor § 91; KG Rpfleger 70, 177). Diese Einwendungen sind grundsätzlich nach § 767 oder über § 775 Nr 4, 5 geltend zu machen, wenn Vollstreckung aus dem Kfb droht. Zu diesen Einwendungen gehören insbes: Aufrechnung, Verwirkung (Stuttgart Rpfleger 84, 113 mwN; KG Rpfleger 94, 385; aA die hM, einschränkend Karlsruhe FamRZ 93, 1228 mwN); Verzicht (aA die hM; Hamm Büro 93, 490 mwN); eine von § 269 Abs 3 abweichende außergerichtliche Kostenvereinbarung (Zweibrücken Büro 78, 1882). – **b) Ausnahmen.** Als Einwendung sollten nur berücksichtigt werden: **13** Erfüllung durch Zahlung der betreffenden Kosten, wenn diese Zahlung zugestanden wird (hM; LG Leipzig NJW-RR 99, 222; München NJW-RR 99, 655; aA Oldenburg Rpfleger 92, 407 mwN) oder der Kostenerstattungsberechtigte sich zu dem Einwand trotz gerichtlicher Auflage nicht äußert (KG Rpfleger 76, 23); eine Aufrechnung, wenn die Gegenforderung unstreitig oder rechtskräftig festgestellt ist (hM; Düsseldorf Rpfleger 96, 373 mwN), auch im Fall des § 106 (München Büro 00, 478); ferner eine vom Urteil abweichende, im Prozessvergleich eines anderen Verfahrens enthaltene Kostenregelung (Hamm Rpfleger 76, 143; München Rpfleger 77, 65; LG Heilbronn MDR 94, 729 [im Leitsatz für außergerichtlichen Vergleich]), auch einer Scheidungsvereinbarung (Stuttgart Rpfleger 92, 316). Ein Prozesskostenvorschuss (§ 1360 a Abs 4 BGB) kann grundsätzlich nicht verrechnet werden (Düsseldorf MDR 96, 609 mwN; bestr; aA Zweibrücken NJW-RR 98, 1535 mwN; uneingeschränkt), nur dann, wenn er unstreitig erbracht ist (Koblenz Rpfleger 85, 209; Stuttgart FamRZ 87, 968; bestr; jedenfalls bei Einverständnis mit der Verrechnung, Düsseldorf Rpfleger 77, 260) und soweit die Summe aus Erstattungsbetrag und Vorschuss den Gesamtbetrag der den Empfänger treffenden Kosten übersteigt (Nürnberg NJW-RR 99, 1080 mwN).

5. Kostenfestsetzungsbeschluss. Er ergeht, soweit der Antrag zu- **14** lässig und begründet ist (vgl Rn 5); andernfalls wird dieser ganz oder im Übrigen mit Angabe der Gründe zurückgewiesen (Rn 20). Die Parteien (hier Antragsteller und -gegner) sind wegen § 794 Abs 1 Nr 2 genau zu

bezeichnen (§ 750 Rn 2; Brandenburg NJW-RR 98, 862). Es darf
insgesamt nicht mehr und nichts anderes zugesprochen werden als be-
15 antragt ist (vgl Rn 15; München Büro 95, 427). – **a) Titel.** Genaue
Angabe (auch AktZ und Datum) des zugrunde liegenden Titels (§ 103
Rn 2). – **b) Gesamtbetrag** der erstattungsfähigen Kosten ziffernmäßig.
Einzelposten werden nur aufgeführt, wenn und soweit sie nicht zugesprochen werden. § 308 Abs 1 gilt, aber nur für den Gesamtbetrag,
16 nicht für die einzelnen Posten (allgM). – **c) Zinsen** (Abs 1 S 2) werden
nur auf (auch nachholbaren, Hamm Rpfleger 79, 71) Antrag zugesprochen und nicht für die Zeit, bevor der Kostenerstattungsanspruch entstanden (10 vor § 91; KG NJW 67, 1569) und Fälligkeit eingetreten ist
(München Rpfleger 72, 148). **aa) Zeitpunkt.** Maßgebend ist der Eingang des ersten Antrags auch dann, wenn er keinen Zinsantrag enthält
(KG Rpfleger 77, 217) und wenn die zugrunde liegende Kostenentscheidung in höherer Instanz abgeändert wird, soweit der Kostenerstattungsanspruch bestehen bleibt (hM; Zweibrücken Rpfleger 95, 313
mwN; Karlsruhe Rpfleger 97, 232; Koblenz NJW-RR 00, 70) oder
wiederhergestellt wird (KG MDR 85, 238). Dies trifft nicht zu bei
einem Beschluss gemäß § 91 a (Hamm Rpfleger 92, 315). Beim Prozessvergleich ist zu beachten: Beseitigt er einen früheren Titel (vgl § 103
Rn 3), dürfen Zinsen erst ab einem Antragszeitpunkt nach Vergleichsabschluss festgesetzt werden (hM; München Rpfleger 96, 371; Hamm
MDR 93, 585 mwN; bestr). Für die Zinsen aus festgesetzten Vollstreckungskosten (§ 788) gilt Abs 1 S 2 ebenfalls (Hamm Rpfleger 92, 315
mwN; Köln Rpfleger 93, 120 mwN; bestr). **bb) Höhe.** Seit 1. 10.
2001 (vgl vor Rn 1) entspricht sie dem § 288 Abs 1 S 1 BGB. Basiszins-
17 satz: § 247 nF BGB. § 288 Abs 1 S 2 BGB ist nicht anwendbar (München MDR 01, 715). – **d) Kosten** fallen im Kfv idR nicht besonders an
(Rn 4). Eine Entscheidung darüber unterbleibt dann als überflüssig.
18 Anders bei sofortiger Beschwerde (vgl Rn 47). – **e) Streitgenossenschaft.** Es muss Aufteilung nach Parteien erfolgen, insbes wer wem
wieviel zu erstatten hat (allgM). Hierbei müssen die zu § 100 dargelegten Kostenerstattungspflichten beachtet werden (KG NJW-RR 01,
1435). Steht ein einziger Kostenerstattungsanspruch mehreren gemeinschaftlich zu, muss im Kfb kenntlich gemacht werden, ob Teil-, Gesamt-
oder Mitgläubigerschaft (vgl Palandt 1–4 vor § 420) vorliegt. Bei Teilschuldnerschaft ist gegen jeden Streitgenossen der auf ihn entfallende
19 Betrag festzusetzen (Koblenz Rpfleger 95, 381). – **f) Beschränkungen.**
Ist die Kostengrundentscheidung (§ 103 Rn 1) vorläufig vollstreckbar,
müssen dieselben Einschränkungen nach §§ 709–712 mit der im Urteil
angegebenen Höhe der Sicherheit (hM; Karlsruhe Rpfleger 00, 555
mwN) aufgenommen werden. Bsp: „Der Kfb ist nur vollstreckbar, wenn
die für die ZwVollstr des zugrunde liegenden Urteils vom … erforderliche Sicherheit in Höhe von 6000 Euro geleistet wird." Auch der Vorbehalt des § 780 ist ggf aufzunehmen; aber nur wenn er im Titel
(Rn 15) enthalten ist (Hamm MDR 82, 855) und sich auf die Kostenentscheidung erstreckt (Koblenz NJW-RR 97, 1160); ebenso die Ein-

stellung der ZwVollstr (§ 103 Rn 6; Stuttgart Rpfleger 88, 39) und
vollstreckungsbeschränkende Vereinbarungen (§ 766 Rn 24) eines Vergleichs (München Rpfleger 79, 466). Nicht aufzunehmen ist die Zug-
um-Zug-Leistung in der Hauptsache (Frankfurt Rpfleger 80, 481) und
die Befugnis des § 720 a Abs 3 (Karlsruhe Rpfleger 00, 555). –
g) Gründe muss der Kfb seit Wegfall der Abhilfeentscheidung (Rn 42) **20**
in vollem Umfang enthalten (Koblenz NJW-RR 99, 867; Brandenburg
NJW-RR 99, 1268), insbes wenn ein Posten nicht zuerkannt oder trotz
Beanstandung durch den Gegner zugesprochen wird (Hansens Rpfleger
99, 103 [109]). – **h) Berichtigung** gem § 319 ist möglich (hM; Bam- **21**
berg Rpfleger 95, 289; vgl § 329 Rn 13), auch Ergänzung (§ 321), nicht
aber eine Änderung von Amts wegen auf Grund neuer Erkenntnisse
(Düsseldorf Rpfleger 78, 269). Bei bewusst anderer Quotelung als in der
Kostengrundentscheidung wird § 319 zugelassen, wenn es versehentlich
geschehen ist (München Rpfleger 92, 217), nicht wenn bewusst anders
gequotelt wurde (VerwG Hannover Rpfleger 90, 388). – **i) Bekannt-** **22**
machung durch Zustellung (Abs 1 S 3 u 4). Stets ist dem ProzBev
(§ 174 nF) der ersten Instanz zuzustellen, auch wenn es sich um Rechtsmittelkosten handelt (LG München I Rpfleger 71, 408 für § 176 aF). –
j) Vollstreckbarkeit. Der Kfb ist selbständiger Titel (§ 794 Abs 1 **23**
Nr 2), so dass die Vollstreckungsvoraussetzungen (13–27 vor § 704) nur
für den Kfb vorliegen müssen; von Rechtskraft (Rn 24) nicht abhängig,
so dass eine vollstreckbare Ausfertigung (§§ 795, 724 ff) ab Erlass des Kfb
erteilt werden kann, insbes vor der Zustellung gem Abs 1 S 3 (LG
Frankfurt Rpfleger 81, 204). Wartefrist: § 798. Einstellung der Zwangsvollstreckung aus dem zugrunde liegenden Titel (§ 103 Rn 1) wirkt
auch für die Zwangsvollstreckung aus dem Kfb (§ 103 Rn 6; Stuttgart
Justiz 87, 462). – **k) Rechtskraft.** Formelle: wie § 705. Materielle: **24**
§ 322 gilt, auch § 318 (§ 329 Rn 13), aber nur für die Einzelnen
geforderten Posten, soweit sie aberkannt oder zugesprochen sind (§ 103
Rn 16; hM; Düsseldorf Rpfleger 96, 372 mwN; München MDR 00,
666). Bisher nicht geltend gemachte oder übergangene Posten können
erstmals oder erneut zur Festsetzung angemeldet werden (§ 103 Rn 16;
hM; München Rpfleger 87, 263 mwN). Das gilt nicht für die Gebüh-
renhöhe (vgl § 107).

6. Anfechtung. Je nach Höhe des Beschwerdewerts (§ 567 Abs 2 **25**
S 2) findet entweder die sofortige Erinnerung (Rn 26) oder die sofortige
Beschwerde (Abs 3 S 1; Rn 41) statt. Je nach dem, wie der Rechtsbehelf
im Schriftsatz oder Protokoll bezeichnet ist, legt die Geschäftsstelle
entweder die sofortige Erinnerung (§ 11 Abs 2 RPflG) dem Rechtspfleger zur Abhilfeentscheidung (§ 11 Abs 2 S 3 RPflG) vor oder die
Beschwerde dem Gericht zur Abhilfeentscheidung (§ 572 Abs 1). Ist der
Beschwerdewert nach Auffassung des Rechtspflegers höher als 50 Euro,
legt er seinerseits das Rechtsmittel mit Akten dem Richter vor. Dieser
gibt an den Rechtspfleger des Untergerichts zurück, wenn der Beschwerdewert weniger als 50 Euro beträgt. Ein falsch bezeichneter

Rechtsbehelf kann ausgelegt oder umgedeutet werden (Einl III Rn 16, 20). Nach Verwerfung (§ 572 Abs 2; § 11 Abs 2 S 4 RPflG) wegen Unzuständigkeit oder nicht erreichten Beschwerdewerts stünde einer erneuten Einlegung idR die versäumte 2-Wochenfrist entgegen.

26   **7. Zulässigkeit der sofortigen Erinnerung** (Abs 3; § 11 Abs 2 S 1 RPflG). Sie kann erst nach Erlass des Kfb eingelegt werden (vgl § 11
27 Abs 2 S 4 RPflG). **a) Statthaft** ist sie gegen den Kfb oder einen Beschluss, durch den die Kostenfestsetzung ganz oder teilweise zurückgewiesen wurde. Die sofortige Beschwerde (Rn 42) muss ausgeschlossen sein, insbes wegen zu niedriger Beschwer. Ist ein Posten versehentlich
28 übergangen worden, ist Ergänzungsantrag zu stellen (Rn 21). – **b) Beschwer** (§ 567 Rn 19): nur die einer Partei in Bezug auf den Kostenerstattungsanspruch (§ 103 Rn 15). Die Beschwerdesumme muss unter 50 Euro liegen, weil sonst wegen Abs 3 S 1, § 11 Abs 1 RPflG sofortige Beschwerde stattfindet (§ 567 Abs 1 Nr 1). Einen Mindestbetrag gibt es nicht. Es ist nicht auf den Bewerdewert des § 567 Abs 2 S 1 abzustellen,
29 weil keine Entscheidung über die Kostenpflicht vorliegt. – **c) Form:** schriftlich (wie § 128 Rn 5–14) oder zu Protokoll der Geschäftsstelle (§ 11 Abs 2 S 4 RPflG; § 569 Abs 3) des Gerichts, das den Kfb erlassen hat (Koblenz NJW-RR 92, 127). Kein Anwaltszwang (§ 13 RPflG). –
30 **d) Inhalt.** Der angefochtene Kfb muss bezeichnet sein. Nicht notwendig wörtlich ist Erinnerung einzulegen. Sie kann auf einen Teil des Kfb
31 beschränkt werden. – **e) Frist:** 2 Wochen (Abs 3 S 1, § 569 Abs 1 S 1, § 11 Abs 2 S 1 RPflG). Sie ist eine Notfrist (§ 11 Abs 2 S 4 RPflG, § 569 Abs 1 S 1); daher Wiedereinsetzung (auch durch den Rechtspfleger) möglich (§ 233). Beginn: für den Antragsgegner mit Zustellung des Kfb (Rn 22) oder (für den Antragsteller) Zustellung des Beschlusses, der den Antrag ganz oder teilweise zurückweist (Rn 14), spätestens 5 Monate nach Verkündung (§ 569 Abs 1 S 2). Fristberechnung: § 222 Rn 6. Bei versäumter Frist ist eine unselbständige Anschlusserinnerung
32 zulässig (§ 11 Abs 2 S 4 RPflG; § 567 Abs 3). – **f) Erweiterung.** Ist die sofortige Erinnerung zulässig, können mit ihr zur Nachfestsetzung (§ 103 Rn 18) weitere Kosten neu geltend gemacht (nachgeschoben) werden (KG NJW-RR 91, 768). Andererseits können im Rahmen einer zulässigen Erinnerung bisher nicht beanstandete Posten des Kfb nachträglich angegriffen werden, wenn nicht insoweit ein Teilverzicht auf die Erinnerung vorliegt (Karlsruhe Büro 92, 546 mwN).

33   **8. Verfahren des Rechtspflegers.** Es gelten wegen § 11 Abs 2 S 4 RPflG grundsätzlich die Vorschriften über die Beschwerde (§§ 567–577). Anwaltszwang (§ 78) besteht nicht (§ 13 RPflG). Es ist rechtliches Gehör zu gewähren (Rn 2), soweit eine Abänderung zuungunsten des Gegners in Betracht kommt. Aussetzung der ZwVollstr aus dem Kfb durch den Rechtspfleger ist möglich (§ 11 Abs 2 S 4 RPflG, § 570). Rücknahme der Erinnerung ist jederzeit zulässig. Auf Antrag des Gegners sind dessen außergerichtliche Kosten durch Beschluss des Rechtspflegers dem Erinnerungsführer aufzuerlegen. Gebühren: keine des Gerichts (§ 11 Abs 4 RPflG); nur für den RA (§ 61 Abs 1 Nr 2 BRAGO).

9. Entscheidung des Rechtspflegers. Er kann der sofortigen Erin- 34 nerung abhelfen (Rn 35) oder sie vorlegen (Rn 36). Das folgt aus § 11 Abs 2 S 2 und 3 RPflG. **a) Abhilfe** durch den Rechtspfleger (§ 11 35 Abs 2 S 2, § 21 Nr 1 RPflG). Sie ist nur möglich bis zur Vorlage (Rn 36; KG Büro 86, 113). Der Rechtspfleger ist verpflichtet zu prüfen, ob der Erinnerung abzuhelfen ist (Köln Rpfleger 75, 140). Bei zulässiger und begründeter Erinnerung wird abgeholfen, indem der Rechtspfleger den Kfb aufhebt, neu erlässt, abändert oder ergänzt. Das gilt auch bei nur teilweise begründeter Erinnerung im Fall einer Anschlusserinnerung (Rn 31), wenn nur eine der Erinnerungen begründet ist; dann ist im Übrigen vorzulegen (Rn 36; LG Detmold Rpfleger 96, 238 mit abl Anm von Lappe). Bei voller Abhilfe ist wegen § 308 Abs 2 auch über die außergerichtlichen Kosten des Erinnerungsverfahrens (vgl Rn 33 aE) zu entscheiden (Düsseldorf Büro 89, 1578). Bei teilweiser Abhilfe darf wegen der Vorlage keine Kostenentscheidung ergehen (München Rpfleger 77, 70). Die Abhilfeentscheidung darf den Erinnerungsführer nicht ungünstiger stellen (Verbot der reformatio in peius, Rn 38; Köln NJW 75, 2347 für §§ 573, 536 aF) und ihm im Gesamtbetrag nicht mehr als beantragt zusprechen (Rn 15). Der Beschluss ist zu begründen, soweit sich der Gegner gegen eine Abhilfe gewandt hat. Bekanntmachung: wie Rn 22. Dieser abändernde Beschluss stellt sachlich einen neuen Kfb dar, auch wenn er inhaltlich den ursprünglichen Kfb wiederherstellt (München Rpfleger 89, 55). Er kann daher von dem (beschwerten) Gegner seinerseits mit sofortiger Erinnerung angefochten werden (Hamm MDR 77, 143), bei teilweiser Abhilfe mit Anschlusserinnerung (vgl Rn 31). – **b) Vorlage** an den Richter (§ 11 Abs 2 S 3 RPflG). Der Beschluss ist 36 zu begründen (München Rpfleger 92, 382), wobei eine Bezugnahme auf den angefochtenen Beschluss genügt, sofern er die passende Begründung enthält. Vorzulegen ist, wenn der Rechtspfleger der Erinnerung (bei Anschlusserinnerung einer von beiden) nicht oder nicht ganz abhilft, weil er die Erinnerung für unzulässig oder für (auch nur teilweise) unbegründet hält.

10. Verfahren des Richters. Das ist das Gericht, dessen Rechts- 37 pfleger entschieden hat (§ 28 RPflG). Bei der Zivilkammer ist der Einzelrichter nach Maßgabe des § 568 zuständig, bei der KfH der Vorsitzende (§ 349 Abs 2 Nr 12), in Familiensachen (§ 621) der Familienrichter. Aussetzung der Vollstreckung des Kfb (§ 11 Abs 2 S 4 RPflG, § 570) durch einstweilige Anordnung steht im Ermessen des Gerichts. Sie bleibt nur bis zur Entscheidung über die Erinnerung in Kraft. Rechtliches Gehör muss nicht wiederholt, aber nachgeholt werden, wenn der Rechtspfleger es unterlassen hat (Rn 33). Anwaltszwang (§ 78) besteht nicht; denn aus § 13 RPflG kann nicht abgeleitet werden, dass durch die Vorlage an die Zivilkammer (KfH, Einzelrichter) Anwaltszwang eintrete (allgM).

38   **11. Entscheidung des Richters** oder richterlichen Spruchkörpers
(§ 11 Abs 2 S 3 RPflG) über die sofortige Erinnerung ergeht durch
Beschluss, der begründet werden muss (hM; Bamberg Büro 87, 569
mwN). Es gilt das Verbot der reformatio in peius (Rn 35). Es darf auch
nicht über die Erinnerungsanträge hinaus von Amts wegen in die Kos-
39   tenfestsetzung eingegriffen werden (KG NJW 73, 2115). **a) Unzulässige sofortige Erinnerung.** Fehlt eine Voraussetzung ihrer Zulässigkeit
(Rn 26–30), so ist sie zu verwerfen (Abs S 4, § 572 Abs 2). Kostenent-
40   scheidung: § 97 Abs 1 entspr. – **b) Zulässige und begründete sofortige Erinnerung.** Der Richter entscheidet grundsätzlich in der Sache.
Ausnahmsweise (vgl Karlsruhe Rpfleger 93, 484) kann er auch an den
Rechtspfleger zurückverweisen und ihn zur Kostenfestsetzung in bestimmtem Sinne anweisen (§ 572 Abs 3 über § 11 Abs 2 S 4 RPflG);
das hat wegen der befristeten Anfechtungsmöglichkeit (Abs 3 S 1, § 569
41   Abs 1) Rechtskraftwirkung. – **c) Rechtsbehelfe** Gegen die richterliche
Entscheidung (Rn 38) ist idR die sofortige Beschwerde (Abs 3 S 1)
unzulässig, weil der Beschwerdewert (50 Euro) bei richtiger Behandlung
(vgl Rn 25) nicht erreicht wird. Nur wenn der Wert höher ist und daher
gegen § 11 Abs 2 S 1 RPflG verstoßen wurde, ist die sofortige Beschwerde gemäß Abs 3 S 1 zulässig (Rn 43). Die einstweilige Anordnung (Rn 37) ist ebenso wie ihre Ablehnung unanfechtbar (hM).

42   **12. Zulässigkeit der sofortigen Beschwerde.** Sie findet unmittelbar gegen die Entscheidungen statt, die über den Kostenfestsetzungsantrag ergangen sind (Abs 3 S 1), auch wenn sie der gemäß § 21 Nr 1
RPflG zuständige Rechtspfleger erlassen hat (§ 11 Abs 1 RPflG; vgl
Rn 25). Abhilfe ist seit 1. 1. 2002 vorgesehen durch § 572 Abs 1 nF
zum alten Rechtszustand vgl 23. Aufl Rn 42. Für die Zulässigkeit der
sofortigen Beschwerde gelten die allgemeinen Regeln gemäß § 572
Abs 2.
43   **a) Statthaftigkeit.** (Abs 3 S 1; § 11 Abs 1 RPflG). Sie ist auch gegeben, wenn der Richter der ersten Instanz entschieden hat, obwohl das
44   Beschwerdegericht zuständig war (Rn 40). – **b) Form.** Es gilt § 569
Abs 2, 3 unmittelbar. Kein Anwaltszwang wegen § 13 RPflG und § 78
Abs 3. – **c) Frist:** 2 Wochen (Abs 3 S 1, § 569 Abs 1) ab Zustellung
45   des Beschlusses (Abs 1 S 3, 4 Hs 1). – **d) Beschwerdesumme:** 50 Euro
(§ 567 Abs 2 S 2). Sie kann auch durch Summierung erreicht werden,
wenn der Rechtspfleger anstatt eines einzigen infolge einer Nachfestsetzung (§ 103 Rn 18) zwei oder mehrere Kfb erlassen hat (Nürnberg
Büro 75, 191). Haben beide Parteien Rechtsmittel eingelegt, genügt,
dass eine die Beschwerdesumme erreicht; das andere wird Anschlussbeschwerde (§ 567 Abs 3). Bei § 106 kommt es auf den nicht berücksichtigten Betrag an (LG Berlin NJW-RR 98, 215). Der Beschwerdewert muss bei Einlegung erreicht sein, so dass eine Teilrücknahme das
Rechtsmittel nicht mehr unzulässig macht (KG Büro 91, 1522). –
46   **e) Anschlussbeschwerde** ist ab Einlegung der Hauptbeschwerde möglich (§ 567 Abs 3), auch mit bisher nicht geltend gemachten Kosten

(Nachfestsetzung; § 103 Rn 18) und ohne Rücksicht auf die Beschwerdesumme (Rn 45).

13. Verfahren des Beschwerdegerichts. Es gelten die §§ 568–573. **47** Die Zuständigkeit richtet sich nach §§ 72, 119 Nr 2, 4 GVG, so dass in Kindschafts- und Familiensachen das OLG Beschwerdegericht ist. Den Parteien ist Gelegenheit zu geben, sich zu einem gegnerischen Schriftsatz zu äußern, damit rechtliches Gehör zu gewähren (Rn 2), wenn neue erhebliche Tatsachen vorgebracht werden. Aussetzung (Abs 3 S 2) der Entscheidung des Beschwerdegerichts bis zur formellen Rechtskraft (§ 705) des dem Kostenfestsetzungsantrag zugrundeliegenden Titels (§ 103 Rn 2) steht im Ermessen des Beschwerdegerichts. Anwaltszwang nach Maßgabe des § 571 Abs 4. Gebühren: Gericht KV 1908. RA: § 61 Abs 1 Nr 1 BRAGO. Kostenentscheidung: § 97.

14. Entscheidung des Beschwerdegerichts (durch Beschluss, **48** § 572 Abs 4). Gegenstand ist die Entscheidung des Rechtspflegers (§ 11 Abs 1 RPflG), im Fall der Rn 41 die richterliche Entscheidung. Es kommen in Betracht: **a) Verwerfung** einer unzulässigen Beschwerde **49** (§ 572 Abs 2), insbes wenn die Frist versäumt wurde, die Beschwer fehlt oder die Form nicht erfüllt ist. – **b) Zurückweisung** einer zulässigen, **50** aber unbegründeten Beschwerde, wenn die angefochtene Entscheidung (auch nur im Ergebnis) richtig ist. – **c) Aufhebung** der angefochtenen **51** Entscheidung bei zulässiger und begründeter Beschwerde mit ersetzender Entscheidung in der Sache (also über die Kostenfestsetzung) oder Zurückverweisung (§ 572 Abs 3) an den Rechtspfleger, an den Richter nur, wenn dieser entschieden hat. Es gilt grundsätzlich das Verbot der Schlechterstellung (allgM). – **d) Rechtsbehelfe.** Rechtsbeschwerde fin- **52** det nur statt, wenn sie vom Beschwerdegericht zugelassen ist (§ 574 Abs 3). Anträge auf Berichtigung (§ 319), Ergänzung (§ 321) und Wiederaufnahme (§ 578 Rn 2) sind möglich, auch Vollstreckungsabwehrklage gegen den Kfb (§ 767 Rn 10).

§ 105 Vereinfachter Kostenfestsetzungsbeschluss

(1) ¹Der Festsetzungsbeschluß kann auf das Urteil und die Ausfertigungen gesetzt werden, sofern bei Eingang des Antrags eine Ausfertigung des Urteils noch nicht erteilt und eine Verzögerung der Ausfertigung nicht eintritt. ²Eine besondere Ausfertigung und Zustellung des Festsetzungsbeschlusses findet in diesem Falle nicht statt. ³Den Parteien ist der festgesetzte Betrag mitzuteilen, dem Gegner des Antragstellers unter Beifügung der Abschrift der Kostenberechnung. ⁴Die Verbindung des Festsetzungsbeschlusses mit dem Urteil soll unterbleiben, sofern dem Festsetzungsantrag auch nur teilweise nicht entsprochen wird.

(2) Eines Festsetzungsantrags bedarf es nicht, wenn die Partei vor der Verkündung des Urteils die Berechnung ihrer Kosten

**eingereicht hat; in diesem Fall ist die dem Gegner mitzuteilende
Abschrift der Kostenberechnung von Amts wegen anzufertigen.**

1 **1. Verbindung mit Urteil** (Abs 1). Anwendbar auch auf Versäumnisurteile, die nach § 331 Abs 3 ergehen (LG Stuttgart AnwBl 81, 197),
entspr auf vollstreckbare Beschlüsse und Vergleiche (hM). Der Kfb ist
2 sonst wie nach §§ 103, 104 zu behandeln. **a) Voraussetzungen** (zusätzlich zu denen von § 103 Rn 10–15). Es darf noch keine Ausfertigung
des Titels erteilt (Abs 1 S 1), eine quotenmäßige Verteilung der Prozesskosten (§ 106 Abs 1 S 2) nicht erfolgt sein. Der Antrag (§ 103 Rn 10)
soll unbeschränkt (nicht nur zT) zulässig und begründet sein (Abs 1 S 4;
3 nur Ordnungsvorschrift). – **b) Ausführung.** Die rein äußerliche Verbindung steht im Ermessen des Rechtspflegers (hM). Nimmt er sie vor,
muss die Urteilsausfertigung (§ 317 Abs 3) für beide Parteien auch die
4 Kostenfestsetzung umfassen. – **c) Wirkung:** keine besondere Vollstreckungsklausel (§ 795 a) und keine Wartefrist (§ 798); sonst wie normaler
Kfb zu behandeln.

5 **2. Kostenfestsetzung ohne förmlichen Antrag** (Abs 2). Er liegt
hier bereits darin, dass die Kostenberechnung (mit Belegen, § 103
Rn 13) eingereicht wird. Die Regelung ist unabhängig von Abs 1 und
unanwendbar bei quotenmäßiger Verteilung (§ 106 Abs 1 S 2).

§ 106 Verteilung nach Quoten; Kostenausgleich

(1) [1]Sind die Prozeßkosten ganz oder teilweise nach Quoten
verteilt, so hat nach Eingang des Festsetzungsantrags das Gericht
den Gegner aufzufordern, die Berechnung seiner Kosten binnen
einer Woche bei Gericht einzureichen. [2]Die Vorschriften des
§ 105 sind nicht anzuwenden.

(2) [1]Nach fruchtlosem Ablauf der einwöchigen Frist ergeht die
Entscheidung ohne Rücksicht auf die Kosten des Gegners, unbeschadet des Rechts des letzteren, den Anspruch auf Erstattung
nachträglich geltend zu machen. [2]Der Gegner haftet für die
Mehrkosten, die durch das nachträgliche Verfahren entstehen.

1 **1. Allgemeines.** § 106 soll doppelte Kostenfestsetzung ersparen, indem in einem einheitlichen Beschluss die Kostenerstattungsansprüche (8
vor § 91) ausgeglichen (verrechnet) werden oder wenn die Kosten
2 gegeneinander aufgehoben sind. **a) Anwendbarkeit. aa) Zu bejahen**
bei quoten(bruchteil-)mäßiger Verteilung der Kosten, auch wenn es nur
in einem der Rechtszüge geschehen ist (hM; LG Berlin NJW-RR 98,
215 mwN). Es steht nicht entgegen, dass auf einer Seite Streitgenossen
als Gesamtschuldner gemäß § 100 Abs 4 haften (aA Köln Rpfleger 92,
269 mit abl Anm von Schmitz). § 106 gilt auch zwischen Streitgenossen,
wenn auf Grund Prozessvergleichs Kosten zu erstatten sind (München
NJW 75, 1366). Ein unstreitig erbrachter Prozesskostenvorschuss (vgl
§ 104 Rn 13) kann bis zur Höhe der sich aus dem Kostenausgleich

ergebenden Betrags aufgerechnet werden (München Rpfleger 95, 84 mwN; Zweibrücken Rpfleger 98, 261; bestr), auch die rechtskräftig feststehende Geldforderung aus demselben Titel (München NJW-RR 00, 1524; bestr). **bb) Zu verneinen:** wenn die Kosten nach Rechtszügen verteilt sind (umstr); wenn einer Partei gem § 281 Abs 3 die Mehrkosten, der anderen die Kosten des Rechtsstreits auferlegt werden (KG Rpfleger 77, 107); wenn einer Partei die Säumniskosten, der anderen alle übrigen Kosten auferlegt sind (Köln Rpfleger 92, 448); beim Nebenintervenienten (Hamburg Büro 77, 724); bei Kostenverteilung in einem außergerichtlichen Vergleich (Karlsruhe VersR 79, 947). – **b) Voraussetzungen:** Antrag einer Partei auf Kostenfestsetzung **3** und Aufteilung der Prozesskosten in der Kostenentscheidung oder im Vergleich. Es muss dann nach § 106 verfahren werden; kein Ermessen (Hamm Büro 77, 1621).

2. Verfahren. Die Aufforderung gem Abs 1 S 1 ist zwingend und **4** mit Zuleitung des Festsetzungsantrags in Abschrift zu verbinden. Für die einwöchige Frist (Abs 2 S 1) gelten §§ 222, 224. Kfb wie § 104 Rn 14–24. Es ergeht ein einheitlicher Beschluss (LG Essen Rpfleger 73, 183). Solange er nicht hinausgegeben ist, muss der verspätet eingegangene Antrag des Gegners berücksichtigt werden (LG Berlin Büro 86, 1093; aA Hamm Rpfleger 96, 261). Als ziffernmäßiger Gesamtbetrag muss nur der Überschuss, der einer Partei zusteht, festgesetzt werden.

3. Versäumte Wochenfrist (Abs 2). Bei der Entscheidung werden **5** dann nur die Kosten des Antragstellers berücksichtigt und der Überschuss entspr der Quote festgesetzt. Der Gegner kann für seine aufgewendeten Prozesskosten einen zweiten Kfb erwirken, aber nicht im Erinnerungs- oder Beschwerdeverfahren geltend machen (vgl Koblenz NJW-RR 00, 519).

§ 107 Änderung nach Streitwertfestsetzung

(1) ¹**Ergeht nach der Kostenfestsetzung eine Entscheidung, durch die der Wert des Streitgegenstandes festgesetzt wird, so ist, falls diese Entscheidung von der Wertberechnung abweicht, die der Kostenfestsetzung zugrunde liegt, auf Antrag die Kostenfestsetzung entsprechend abzuändern.** ²**Über den Antrag entscheidet das Gericht des ersten Rechtszuges.**

(2) ¹**Der Antrag ist binnen der Frist von einem Monat bei der Geschäftsstelle anzubringen.** ²**Die Frist beginnt mit der Zustellung und, wenn es einer solchen nicht bedarf, mit der Verkündung des den Wert des Streitgegenstandes festsetzenden Beschlusses.**

(3) **Die Vorschriften des § 104 Abs. 3 sind anzuwenden.**

1. Voraussetzungen (Abs 1). § 107 gilt auch, wenn der Streitwert **1** durch das Gericht erstmals festgesetzt wird, nachdem die Kosten vorher aus einem zu niedrigen oder zu hohen Streitwert rechtskräftig festgesetzt wurden (Mümmler zu Hamm Büro 75, 1107). Die Wertfestsetzung durch das Gericht (§ 2 Rn 10) geht dem vom Rechtspfleger bei der Kostenfestsetzung angenommenen Wert (§ 104 Rn 10) vor, so dass auf Antrag der Kfb zu ändern ist. Diese Änderung kann vor Rechtskraft (§ 104 Rn 24) auch (wahlweise) durch Erinnerung (§ 104 Rn 25) herbeigeführt werden, nach Rechtskraft (§ 705) nur durch Antrag (Abs 2).

2   **2. Änderungsantrag** (Abs 2). Für die Frist gelten §§ 222, 224. Sie schließt nur die erneute Kostenfestsetzung aus. Wird die Frist versäumt, ist weder ein Bereicherungsanspruch (§ 812 BGB) noch Vollstreckungsgegenklage (§§ 767, 795, 794 I Nr 2) ausgeschlossen (hM). Die Frist gilt nur, soweit dem Antrag die Rechtskraft des früheren Kfb entgegensteht (KG Rpfleger 75, 324 mwN; aA München Rpfleger 91, 340).

3   **3. Verfahren:** wie § 104 Rn 1–13. Auch eine Rückfestsetzung (§ 103 Rn 5) wird zugelassen (Düsseldorf Rpfleger 81, 409); der Antrag
4   hierauf wahrt die Frist (Düsseldorf Rpfleger 89, 40). **a) Entscheidung.** Der Rechtspfleger (§ 21 Nr 1 RPflG) ändert den alten Beschluss (erlässt nicht einen neuen), indem er den neuen Gesamtbetrag einsetzt. Ändern darf er nur die vom Wert beeinflussten Posten, also die Gebüh-
5   ren in ihrer Höhe, nicht in der Erstattbarkeit (hM). – **b) Rechtsbehelf** (Abs 3). Sofortige Beschwerde oder sofortige Erinnerung (§ 104 Rn 25).

Titel 6. Sicherheitsleistung

§ 108 Art und Höhe der Sicherheit

(1) [1]**In den Fällen der Bestellung einer prozessualen Sicherheit kann das Gericht nach freiem Ermessen bestimmen, in welcher Art und Höhe die Sicherheit zu leisten ist.** [2]**Soweit das Gericht eine Bestimmung nicht getroffen hat und die Parteien ein anderes nicht vereinbart haben, ist die Sicherheitsleistung durch die schriftliche, unwiderrufliche, unbedingte und unbefristete Bürgschaft eines im Inland zum Geschäftsbetrieb befugten Kreditinstituts oder durch Hinterlegung von Geld oder solchen Wertpapieren zu bewirken, die nach § 234 Abs. 1 und 3 des Bürgerlichen Gesetzbuchs zur Sicherheitsleistung geeignet sind.**

(2) **Die Vorschriften des § 234 Abs. 2 und § 235 des Bürgerlichen Gesetzbuchs sind entsprechend anzuwenden.**

Abs 1 S 2 ist neu gefasst mWv 1. 1. 2002 durch Art 2 Nr 14 ZPO-RG.

1   **1. Allgemeines.** § 108 gilt nur für die prozessuale Sicherheitsleistung, insbes in den Fällen der §§ 89, 707, 709–712, 769, 921; nicht für die materiell-rechtliche (§§ 232–240 BGB). Angeordnet wird die Sicherheit durch das Gericht, welches diejenige Entscheidung erlässt, in deren Rahmen die Sicherheitsleistung veranlasst ist. Bei der KfH ist der

Vorsitzende zuständig (§ 349 Abs 2 Nr 7). Entschieden wird durch Urteil nur in den Fällen der §§ 709, 711, 712, 925, 927, 939, durch Zwischenurteil nach § 280 Abs 2 oder § 303, im Falle des § 110, bei Arrest und einstweiliger Verfügung nach §§ 921, 923, 936 und durch Beschluss in allen übrigen Fällen, wenn Sicherheitsleistung gesetzlich vorgesehen ist.

2. Nachträgliche Änderung oder Ergänzung (unabhängig von 2 der auf Grund Rechtsmittels gegen die Hauptentscheidung) ist bei Endentscheidungen nur hinsichtlich der Art der Sicherheitsleistung zulässig; zB für die Höhe in vorläufigen Entscheidungen (insbes §§ 707, 769). Erfolgt durch Beschluss des Gerichts, das die zu ändernde oder zu ergänzende Entscheidung erlassen hat (hM; Köln MDR 97, 392) oder durch Vertrag (Rn 3).

3. Parteivereinbarungen über Art und Höhe sind (auch außerpro- 3 zessual) als Prozessvertrag (Einl III Rn 6) sind jederzeit zulässig (Kotzur DGVZ 90, 161) und gehen der Anordnung (Rn 1) vor. Werden sie in der Anordnung selbst nicht schon berücksichtigt, können sie durch Antrag auf Änderung (Rn 2), durch Rechtsbehelf (Rn 17) oder neue Klage geltend gemacht werden.

4. Höhe. Sie muss ausdrücklich bestimmt und in Geld bemessen 4 werden (vgl 10 vor § 708), wobei die Summe aufgerundet werden sollte. Das freie Ermessen (Abs 1 S 1) wird an dem drohenden Nachteil oder dem Schaden, der abgesichert werden soll, ausgerichtet.

5. Art. Das Gericht muss sie nicht ausdrücklich bestimmen, da nach 5 Abs 1 S 2 dann Bankbürgschaft oder Hinterlegung (Rn 6) stattzufinden hat. Abweichungen von dem gesetzlichen Regelfall sind nur auf Antrag zweckmäßig, der regelmäßig von den Parteien gestellt wird. Der Austausch von Sicherheitsleistungen ist analog § 235 BGB zulässig (Treber WM 00, 333).

6. Hinterlegung (Abs 1 S 2) ist einer der beiden gesetzlichen Regel- 6 fälle (Rn 5) und geschieht gemäß der HinterlO. Geld: alle gesetzlichen inländischen Zahlungsmittel; Überweisung auf das Konto der Gerichtskasse genügt; Annahmeanordnung ist aber immer nötig. Wertpapiere: nur solche des § 234 Abs 1, 3 BGB und deren Berechtigungsscheine nach Abs 2 (§ 234 Abs 2 BGB). Umtausch: Abs 2 (§ 235 BGB).

7. Bürgschaft, (Abs 1 S 2). **a) Tauglicher Bürge** ist jedes zum 7 Geschäftsbetrieb im Inland nach dem KWG befugte Kreditinstitut, insbes Bank, Sparkasse oder Kreditgenossenschaft. – **b) Form.** Mit „schriftliche" ist die Schriftform des § 766 BGB gemeint. – **c) Inhalt.** 8 Vorauszusetzen ist, dass die Bürgschaft selbstschuldnerisch sein muss. **aa) Unwiderruflich** bedeutet, dass die Willenserklärung des Bürgen nicht einseitig aufgehoben werden kann und der Bürge daran gebunden ist. **bb) Unbedingt.** Die Bürgschaft darf keine aufschiebende oder 9 auflösende Bedingung (§ 158 BGB) enthalten, zB Vorlage einer rechtskräftigen Entscheidung. **cc) Unbefristet.** Das ist an § 163 BGB zu 10 messen. Die Bürgschaft darf daher zeitlich nicht begrenzt sein. –

11 **d) Annahme** des Bürgschaftsangebots (§ 145 BGB) des Kreditinstituts
ist zum Vertragsabschluss nötig. Hierzu ist die sicherungsberechtigte
Gegenpartei verpflichtet. Es gilt § 151 BGB. Der Sicherungsverpflich-
tete muss nur die Bürgschaftserklärung übergeben. Das ist auch dem
ProzBev gegenüber möglich, insbes von Anwalt zu Anwalt gem § 195
nF (LG Augsburg DGVZ 98, 122 mwN für §§ 108, 198 aF), um eine
der Fiktion des Zugangs (§ 132 Abs 1 BGB) entspr Wirkung herbei-
12 zuführen. – **e) Erlöschen** der Bürgschaft geschieht durch: **aa)** Anordnung auf Antrag gemäß § 109 Abs 2 und § 715. **bb)** Parteivereinbarung (§ 311 BGB). **cc)** Erlöschen der Hauptschuld (§ 765 BGB),
insbes durch Erfüllung. **dd)** Erledigung des Sicherungsverhältnisses,
insbes infolge Rechtskraft des Titels, Aufhebung des vollstreckbaren
Titels ohne vorangegangene Vollstreckung oder im Falle der Abwendung gemäß § 711, ferner infolge Bestätigung des gegen Sicherheitsleistung vorläufig vollstreckbaren Urteils durch ein solches ohne angeordnete Sicherheit, sofern noch nicht vollstreckt ist.

13 **8. Wirkung.** Die Sicherheit haftet nicht der Staatskasse für die Ge-
richtskosten (Stuttgart MDR 85, 1032). **a) Vor dem Sicherungsfall.**
Wird die Sicherheit geleistet, so erlangt der Sicherungsberechtigte am
Hinterlegten ein Pfandrecht (§ 233 BGB), dasselbe bei Verpfändung von
Sachen und Forderungen. Bei der Bürgschaft erlangt er einen direkten
Anspruch gegen den Bürgen (§ 765 BGB). Mit der Übernahme der
Bürgschaft anerkennt der Bürge, dass das Prozessergebnis für ihn verbindlich sei (BGH NJW 75, 1119); deshalb ist es überflüssig, ihm den
14 Streit zu verkünden (BGH aaO). – **b) Eintritt des Sicherungsfalls,** zB
§ 717. Bei § 711 ist es für die Abwendungssicherheit die Rechtskraft des
Urteils (BGH NJW 78, 43). Ebenso bei § 719 (aA München WM 94,
1899), vorher bereits mit Eröffnung des Insolvenzverfahrens (§ 27 InsO;
Koblenz NJW-RR 92, 107 für Konkurs). Der Sicherungsberechtigte
kann je nach Art der Sicherheit entweder Einwilligung zur Auszahlung
oder Herausgabe des Hinterlegten verlangen (§ 13 Nr 1 HinterlO). Er
kann auch klagen (vgl § 894), insbes auf Feststellung seiner Berechtigung
(§ 13 Nr 2 HinterlO), ferner Pfandverkauf betreiben (§ 1233 BGB)
oder den Bürgen in Anspruch nehmen (BGH NJW 78, 43).

15 **9. Rechtsbehelfe.** Es ist zu unterscheiden: **a) Anordnung** (Rn 1).
Sie ist mit dem Rechtsbehelf anfechtbar, der gegen die jeweilige Hauptentscheidung gegeben ist (vgl 16 vor § 708). Die Anfechtung kann
grundsätzlich auf die Anordnung, Art oder Höhe der Sicherheitsleistung
beschränkt werden. Das ist aber häufig sinnlos, wenn nicht auch die
Hauptsache angefochten ist. Wird auch diese angefochten, so kann auf
Antrag über die Sicherheit vorab entschieden werden (§ 718). –
16 **b) Nachträgliche Beschlüsse,** die abändern oder ergänzen (Rn 2),
sind unanfechtbar. Es bleibt jedoch möglich, einen Antrag auf Abänderung der Entscheidung zu stellen, gegen dessen Ablehnung sofortige
17 Beschwerde (§ 567 Abs 1 Nr 2) stattfindet. – **c) Zurückweisende Be-**

schlüsse, auch die, welche Anträge auf Abänderung oder Ergänzung betreffen, werden mit sofortiger Beschwerde angefochten (§ 567 Abs 1 Nr 2).

§ 109 Rückgabe der Sicherheit

(1) **Ist die Veranlassung für eine Sicherheitsleistung weggefallen, so hat auf Antrag das Gericht, das die Bestellung der Sicherheit angeordnet oder zugelassen hat, eine Frist zu bestimmen, binnen der ihm die Partei, zu deren Gunsten die Sicherheit geleistet ist, die Einwilligung in die Rückgabe der Sicherheit zu erklären oder die Erhebung der Klage wegen ihrer Ansprüche nachzuweisen hat.**

(2) [1]**Nach Ablauf der Frist hat das Gericht auf Antrag die Rückgabe der Sicherheit anzuordnen, wenn nicht inzwischen die Erhebung der Klage nachgewiesen ist; ist die Sicherheit durch eine Bürgschaft bewirkt worden, so ordnet das Gericht das Erlöschen der Bürgschaft an.** [2]**Die Anordnung wird erst mit der Rechtskraft wirksam.**

(3) [1]**Die Anträge und die Einwilligung in die Rückgabe der Sicherheit können vor der Geschäftsstelle zu Protokoll erklärt werden.** [2]**Die Entscheidungen ergehen durch Beschluss.**

(4) **Gegen den Beschluß, durch den der im Absatz 1 vorgesehene Antrag abgelehnt wird, steht dem Antragsteller, gegen die im Absatz 2 bezeichnete Entscheidung steht beiden Teilen die sofortige Beschwerde zu.**

Abs 3 S 2 ist neugefasst mWv 1. 1. 2002 durch Art 2 Nr 15 ZPO-RG.

1. Allgemeines. a) Zweck. § 109 soll die Rückgabe erleichtern **1** und beschleunigen, niemals erschweren. Zugleich soll die Beendigung des Sicherungsverhältnisses geklärt werden (Pecher WM 86, 1513 [1515]). Die Rückgabe kann auch im Klageweg verfolgt oder es darf im Prozess gegen den Bürgen das Recht auf Rückgabe eingewendet werden (BGH NJW 79, 417). – **b) Anwendbar:** wie § 108 Rn 1; also **1 a** insbes auch auf § 110. Gilt für alle Arten von Sicherheitsleistung, insbes auch für Bürgschaft. Bei Sicherheitsleistung des Gläubigers für vorläufige Vollstreckbarkeit kann einfacher über § 715 zurückgefordert werden.

2. Voraussetzungen der Fristbestimmung (Abs 1). **a) Antrag** des **2** Sicherungsverpflichteten, nicht eines Dritten, insbes nicht des Bürgen (hM). Prozesshandlung (Einl III) außer Anwaltszwang (Abs 3 S 1; § 78 Abs 3). – **b) Wegfall des Anlasses** der Sicherheitsleistung, auch **3** nur für einen Teil des Streitgegenstandes oder des gesicherten Betrags (Düsseldorf MDR 82, 413). **aa) Begriff.** Der Wegfall und der Anlass sind jeweils nach dem Zweck der Sicherheitsleistung zu bestimmen und vom Erlöschen der Bürgschaft (§ 108 Rn 12) zu unterscheiden, deckt

sich aber häufig damit. Der Wegfall ist idR zu bejahen, wenn die
gesicherten Ansprüche nicht entstehen sind und nicht mehr entstehen
können (StJBork Rn 8), zB wenn ein Schaden, vor dessen möglichem
Eintritt gesichert werden sollte, nicht mehr entstehen kann (Düsseldorf
Rpfleger 96, 165). § 109 geht dem § 318 vor, wenn sich die Verhältnisse
4 wesentlich geändert haben (Hamburg WM 91, 925). **bb) Beispiele** für
den Wegfall: Eintritt der Rechtskraft eines gem § 709 für vorläufig vollstreckbar erklärten Urteils (Frankfurt NJW 76, 1326); Aufhebung des
Urteils und Zurückverweisung (Stuttgart Rpfleger 78, 63; Karlsruhe
OLGZ 85, 81); Abweisung der Klage durch das Berufungsgericht, auch
wenn gegen dessen Urteil Revision eingelegt (Hamm MDR 82, 942;
bestr); dies gilt ab Verkündung, nicht erst ab Rechtskraft (KG Rpfleger
79, 430); bei einem nach dem Urteil abgeschlossenen Vergleich, soweit
die Sicherheit das nach dem Vergleich geschuldete übersteigt (Frankfurt
MDR 87, 239); ein Verzicht des Gläubigers auf die vorläufige Vollstreckbarkeit, auch nur teilweise (München WM 79, 29); bei § 110 rechtskräftige Verurteilung des Beklagten (Stuttgart MDR 85, 1032); endgültiges Feststehen, dass ein Schaden (§ 717) nicht entstanden ist und nicht
mehr entstehen kann (BGH 11, 303), wofür nicht genügt, dass der
Schuldner unter Vorbehalt geleistet hat, um die Zwangsvollstreckung
abzuwenden (KG NJW 76, 1752). Bei Arrest und einstweiliger Ver-
5 fügung vgl § 943 Rn 3. – **c) Fortbestand des Anlasses** und damit
Unzulässigkeit der Fristbestimmung, ist in folgenden Fällen anzunehmen: Entfallen einer einstweiligen Einstellung der ZwVollstr (§ 719
Abs 1, § 707), auf Grund deren eine Bürgschaft gestellt wurde, infolge
der Entscheidung über die Berufung (BGH NJW 79, 417); Zurückverweisung nachdem in der Revisionsinstanz gegen Sicherheitsleistung
nach § 719 Abs 2 verfahren ist (BGH NJW 82, 1397); bloße Möglichkeit eines entstandenen Vermögensschadens (LG Bielefeld Rpfleger 93,
353); bei Sicherungsvollstreckung (vgl § 720 a) die Bestätigung des Urteils erster Instanz durch ein revisibles Berufungsurteil (München OLGZ
86, 457); vom Sicherungsnehmer erhobene Klage, mit der er die Sicherheit in Anspruch nimmt (Stuttgart NJW 95, 1148).

6   **3. Fristbestimmung.** Darüber wird durch Beschluss entschieden
(Abs 3 S 2). Er ist zuzustellen (§ 329 Abs 2 S 2). **a) Zuständig** ist das
Gericht, das die Sicherheit angeordnet hat (§ 108 Rn 1), bei Arrest und
einstw Vfg das Gericht der Hauptsache (§ 943 Abs 2). Es entscheidet
der Rechtspfleger (§ 20 Nr 3 RPflG). – **b) Frist.** Sie ist nach freiem
Ermessen zu bestimmen; es gelten §§ 221, 222, 224. – **c) Inhalt**
(Abs 1). Beizubringen ist die Einwilligung in die Rückgabe oder der
Nachweis der Klageerhebung gegen die andere Partei (zB gem
§ 717 Abs 2, 3) oder gegen den Bürgen (Köln OLGZ 91, 216). Das
begründet eine Auflage, keine Pflicht. Die Folgen müssen nicht angedroht werden. Fehlt eine Voraussetzung, ist der Antrag abzulehnen (vgl
Abs 4).

4. Voraussetzungen der Rückgabeanordnung (Rn 10) sind: 7
a) Zustellung des Beschlusses (Rn 6). Sie muss ordnungsgemäß sein. –
b) Fristablauf. Das betrifft die Frist, die gem Rn 6 bestimmt ist. – 8
c) Nichterfüllung der Auflage (Rn 6 aE). Sie muss nicht fristgemäß
erfüllt sein. Auch noch nach Ablauf der Frist bis zum Erlass der Rückgabeanordnung vermag der Nachweis der Klageerhebung (gleichgültig
deren Aussichten) die Rückgabeanordnung zu hindern (Abs 2). Wird
aber die Einwilligung in die Rückgabe erklärt (Prozesshandlung, Einl
III; Form: Abs 3 S 1), erübrigt sich bei Hinterlegung der Beschluss
(Rn 10) nur, wenn die Form der § 13 Abs 2 Nr 1, § 14 HinterlO erfüllt
ist. – **d) Antrag** gemäß Abs 2 S 1 Hs 1: wie Rn 2. – **e) Voraussetzun-** 9
gen der Fristbestimmung (Rn 2–5). Sie müssen zZ der Entscheidung
(Rn 10) noch vorliegen.

5. Rückgabeanordnung. Beschluss des zuständigen Gerichts (wie 10
Rn 6). Fehlt eine Voraussetzung (Rn 7–9) wird der Antrag zurückgewiesen. **a) Inhalt.** Es wird angeordnet, dass die (genau bezeichnete) 11
Sicherheit (ggf zum Teil, Frankfurt NJW-RR 87, 447) an den (genau
bestimmten) Empfänger zurückzugeben ist. Bei einer Bürgschaft ist
deren Erlöschen im Beschluss anzuordnen (Abs 2 S 1 Hs 2), nicht mehr
daneben die Rückgabe der Bürgschaftsurkunde, weil der Beschluss
vollen Beweis für das Erlöschen der Bürgschaft liefert; sie muss da
rin bestimmbar bezeichnet werden. Keine Kostenentscheidung (vgl
Rn 13). – **b) Wirkung.** Bei Hinterlegung erfolgt Herausgabe gemäß 12
§ 13 Abs 2 Nr 2 HinterlO ab Rechtskraft des Beschlusses. Die Bürgschaft erlischt. Im übrigen ist der Beschluss Vollstreckungstitel
(§ 794 Abs 1 Nr 3).

6. Kosten der Sicherheitsleistung sind entweder solche des Rechts- 13
streits (§ 91 Rn 52) oder der ZwVollstr (§ 788 Rn 18). Sie müssen
notwendig sein. Für die Kosten der Hinterlegung gilt § 26 HinterlO.
Gebühren: GKG frei; RA § 37 Nr 3 BRAGO (mit Prozessgebühr abgegolten).

7. Rechtsbehelfe. a) Klage (auch eines Dritten, insbes Bürgen) auf 14
Rückgabe der Sicherheit oder auf Feststellung des Erlöschens der Bürgschaft ist wegen fehlenden Rechtsschutzbedürfnisses unzulässig (26 vor
§ 253), solange Aussicht besteht, dass die Sicherheit über § 109 frei wird
(RG 156, 164 [167]). Bei übereilter Klage kann § 93 zutreffen (Pecher
WM 86, 1513 [1515]). Auf Rückgabe der Bürgschaftsurkunde kann
nicht geklagt werden (Pecher aaO). – **b) Fristbestimmung** (Rn 6) ist 15
unanfechtbar, wenn der Richter sie angeordnet hat. Gegen den Beschluss des Rechtspflegers findet sofortige Erinnerung statt (§ 11 Abs 2
RPflG). – **c) Abgelehnte Fristbestimmung** (Rn 6 aE). Es findet nur 16
für den Antragsteller die sofortige Beschwerde statt (Abs 4, § 567 Abs 1
Nr 1), auch wenn der Rechtspfleger entschieden hat (§ 11 Abs 1
RPflG). – **d) Beschlüsse zur Rückgabe** (Rn 10), stattgebende und 17
ablehnende. Es findet sofortige Beschwerde gegen die Entscheidung des

Rechtspflegers (§ 11 Abs 1 RpflG) wie gegen die des Richters statt (§ 567 Abs 1 Nr 1), auch für den Antragsgegner (Abs 4).

§ 110 Prozeßkostensicherheit

(1) **Kläger, die ihren gewöhnlichen Aufenthalt nicht in einem Mitgliedstaat der Europäischen Union oder einem Vertragsstaat des Abkommens über den Europäischen Wirtschaftsraum haben, leisten auf Verlangen des Beklagten wegen der Prozeßkosten Sicherheit.**

(2) **Diese Verpflichtung tritt nicht ein:**

1. **wenn aufgrund völkerrechtlicher Verträge keine Sicherheit verlangt werden kann;**
2. **wenn die Entscheidung über die Erstattung der Prozeßkosten an den Beklagten aufgrund völkerrechtlicher Verträge vollstreckt würde;**
3. **wenn der Kläger im Inland ein zur Deckung der Prozeßkosten hinreichendes Grundvermögen oder dinglich gesicherte Forderungen besitzt;**
4. **bei Widerklagen;**
5. **bei Klagen, die aufgrund einer öffentlichen Aufforderung erhoben werden.**

1   **1. Allgemeines.** Abs 1 S 1 ist neu gefasst, Abs 1 S 2 aufgehoben, Abs 2 neu gefasst durch Art 2 c des 3. RPflÄndG (6. 8. 98, BGBl 2030); in Kraft seit 1. 10. 98. Durch diese Änderung ist die Vorschrift den europarechtlichen Erfordernissen angepasst (vgl EuGH NJW 97, 3299). **a) Zweck.** Schutz des Prozessgegners. Daher gilt § 110 nur für dessen Kostenerstattungsanspruch, nicht für Gerichtskosten (Stuttgart Rpfleger

2   85, 375). – **b) Prüfung.** Die Sicherheitsleistung stellt eine (verzichtbare, BGH NJW-RR 93, 1021) Prozessvoraussetzung dar (30 vor § 253), wenn Sicherheit verlangt wird. Dies führt aber nicht sofort zur Unzulässigkeit der Klage, sondern zunächst zur Anordnung gem § 113. Die Voraussetzungen (Rn 5, 6) sind, wenn die Sicherheitsleistung vom Beklagten verlangt wird, von Amts wegen zu prüfen; es gilt jedoch der Beibringungsgrundsatz (BGH NJW 82, 1223). Beweislast für die Voraussetzungen des Abs 1 (Rn 5, 6) trägt der Beklagte; die für die Befreiung von der Sicherheitsleistung (Rn 8) der Kläger (BGH aaO). –

3   **c) Anwendungsbereich.** (Abs 1): nur bei Klagen, daher insbes nicht bei Arrest und einstweiliger Verfügung, solange nicht mdl verhandelt ist (Leible NJW 95, 2817 mwN; bestr). § 110 ist nicht anwendbar auf Kläger (auch juristische Personen, EuGH NJW 93, 2431) mit gewöhnlichem Aufenthalt (wie § 606 a Rn 8) oder Sitz (wie § 17) in einem Mitgliedstaat der EU (am 1. 1. 2002: Belgien, Dänemark, Deutschland, Finnland, Frankreich, Griechenland, Großbritannien, Irland, Italien, Luxemburg, Niederlande, Österreich, Portugal, Schweden, Spanien) oder des EWR (zusätzlich Island, Liechtenstein und Norwegen). Auf die

Staatsangehörigkeit kommt es nicht an. – **d) Rückgabe.** Fallen die 4
Voraussetzungen (Rn 4, 5) später weg, so kann (analog § 111) über
§ 109 die Rückgabe verlangt werden.

2. Voraussetzungen. Sie müssen zum maßgebenden Zeitpunkt der 5
Entscheidung vorliegen (§ 300 Rn 5, 6). Prüfung: Rn 2. **a) Kläger**
muss eine Person sein, auf die § 110 anwendbar (vgl Rn 3) und die nicht
nach Rn 7 von der Sicherheitsleistung befreit ist. Kläger ist der des
ersten Rechtszuges, selbst wenn er Rechtsmittelbeklagter ist, während
der Beklagte, nicht dadurch Kläger wird, dass er Rechtsmittelkläger ist.
Der Nebenintervenient des Klägers ist nur sicherheitspflichtig, soweit er
nach § 101 kostenpflichtig sein kann. – **b) Beklagter** muss Sicherheit 6
verlangen (hM; Hamburg NJW 90, 650; aA Rützel NJW 98, 2086). Der
Beklagte, nicht der Nebenintervenient muss Sicherheitsleistung verlangen (Prozesshandlung, Einl III). Maßgebender Zeitpunkt: § 282 Abs 3;
aber auch noch in der Berufung und in der Revision (BGH 37, 265)
möglich, insbes im Fall der §§ 111, 112 III. Es gelten aber die §§ 532,
565 (BGH NJW 81, 2646 für §§ 529, 566 aF).

3. Anwendungsfälle. a) Zur Sicherheitsleistung verpflichtet 7
sind mit dem Vorbehalt der Ausnahmen des Abs 2 (Rn 8) grundsätzlich
alle Personen, auch jur Personen, die ihren gewöhnlichen Aufenthalt
(wie § 606a Rn 8) oder Sitz (wie § 17) außerhalb der EU oder des
EWR (vgl Rn 3) haben (BGH NJW 84, 2762 für aF des § 110). Auf die
Staatsangehörigkeit kommt es nicht an. – **b) Von Sicherheitsleistung** 8
befreit sind: Kläger, die nach § 110 zur Sicherheitsleistung verpflichtet
wären, denen aber PKH bewilligt ist (vgl § 122 Abs 1 Nr 2); heimatlose
Ausländer (§ 11 G v 25. 4. 51, BGBl I 269) und internationale Flüchtlinge iS des Art 16 des Genfer Abkommens vom 28. 7. 51 (G v 1. 9. 53,
BGBl 53 II 559).

4. Ausnahmen (Abs 2 Nr 1–5) von der Pflicht zur Sicherheitsleis- 9
tung trotz Anwendbarkeit des § 110 (Rn 3, 6) und Vorliegens der Voraussetzungen (Rn 5, 6). Die Partei, die sich auf die Ausnahme beruft,
muss sie darlegen. Die bloße Verbürgung der Gegenseitigkeit genügt für
Nr 1 und 2 nicht (BGH NJW 01, 1219 mwN). **a) Verbotene Sicher-** 10
heitsleistung (Nr 1) auf Grund völkerrechtlichen Vertrags. Der Vertrag
muss im Verhältnis zu Deutschland wirksam sein. Darin ist regelmäßig
die gegenseitige Freistellung gewährt. Der wichtigste Vertrag ist das
Haager Übereinkommen über den Zivilprozess vom 1. 3. 54 (§ 328
Rn 30). Dort sind die Vertragsstaaten aufgeführt. Weitergehende Übersicht: Zöller/Geimer Anh III. In Zweifelsfällen erteilt die Landesjustizverwaltung Auskunft. – **b) Vollstreckbarkeit der Kostenentschei-** 11
dung (Nr 2) auf Grund völkerrechtlicher Verträge. Sie muss sich auf die
Erstattung der betreffenden Prozesskosten an den Beklagten beziehen;
sonst wie Rn 9. – **c) Gedeckte Prozesskosten (Nr 3)**. Es sind die des 12
Beklagten (wie Rn 10). Inland: Deutschland, nicht EU. Mit Grundvermögen ist das Eigentum an Grundstücken und ein gleichstehendes
Recht (zB Erbbaurecht) gemeint. Besitz ist als Inhaberschaft, nicht iS

von §§ 854 ff BGB zu verstehen. Dinglich gesicherte Forderungen sind
solche, für die eine Grundschuld, Hypothek oder Rentenschuld besteht.
13 Eine Vormerkung (§ 883 BGB) genügt nicht (bestr). – **d) Widerklagen
(Nr 4):** § 33 Rn 8. Dazu zählt nicht die sog Drittwiderklage (§ 33
Rn 10), die begrifflich eine Klage darstellt und nicht wie eine Wider-
14 klage privilegiert ist (§ 33 Rn 13). – **e) Öffentliche Aufforderung
(Nr 5):** Hierfür kommt nur das Aufgebotsverfahren (9. Buch der ZPO)
in Betracht (§ 946).

§ 111 Nachträgliche Prozeßkostensicherheit

**Der Beklagte kann auch dann Sicherheit verlangen, wenn die
Voraussetzungen für die Verpflichtung zur Sicherheitsleistung
erst im Laufe des Rechtsstreits eintreten und nicht ein zur Deckung ausreichender Teil des erhobenen Anspruchs unbestritten
ist.**

1   **Nachträglich:** nach Eintritt der Rechtshängigkeit; auch in höherer
2 Instanz. **Voraussetzungen** sind: **(1)** Nachträglicher Eintritt der Pflicht
zur Sicherheitsleistung. Das ist zB der Fall bei Verlegung des gewöhnlichen Aufenthaltsorts in einen Staat außerhalb der EU oder EWR (§ 110
3 Abs 1) oder Verlust des Grundbesitzes (§ 110 Abs 2 Nr 3). **(2)** Keine
Deckung der Prozesskosten durch einen unbestrittenen Teil des erhobe-
4 nen Anspruchs, den dann der Beklagte einbehalten könnte. **(3)** Verlangen des Beklagten § 110 Rn 6, auch noch nach dem Zeitpunkt des
§ 282 Abs 3. **(4)** Kein vorangegangener Verzicht auf die Einrede (§ 110
Rn 2; RG 155, 239).

§ 112 Höhe der Prozeßkostensicherheit

**(1) Die Höhe der zu leistenden Sicherheit wird von dem Ge-
richt nach freiem Ermessen festgesetzt.**

**(2) ¹Bei der Festsetzung ist derjenige Betrag der Prozeßkosten
zugrunde zu legen, den der Beklagte wahrscheinlich aufzuwen-
den haben wird. ²Die dem Beklagten durch eine Widerklage
erwachsenden Kosten sind hierbei nicht zu berücksichtigen.**

**(3) Ergibt sich im Laufe des Rechtsstreits, daß die geleistete
Sicherheit nicht hinreicht, so kann der Beklagte die Leistung
einer weiteren Sicherheit verlangen, sofern nicht ein zur Deckung ausreichender Teil des erhobenen Anspruchs unbestritten
ist.**

1   **Anordnung:** § 113. **Höhe:** die bereits aufgewendeten und voraussichtlich aufzuwendenden Prozesskosten (2 vor § 91) des Beklagten für
eine und die nächsthöhere Instanz (StJBork 6; aA BGH NJW-RR 90,
378: für alle Rechtszüge). Das sind die außergerichtlichen Kosten des
Beklagten und die Gerichtskosten der Rechtsmittelinstanz (Söffing
2 MDR 89, 599). Sie sind zu schätzen. **Nachträgliche Erhöhung**

(Abs 3): insbes wenn durch ein eingelegtes Rechtsmittel höhere Prozesskosten zu erwarten oder auf andere Weise (zB Klageerweiterung, § 263 Rn 1) bereits entstanden sind. Der Antrag muss rechtzeitig sein, um nicht zurückgewiesen zu werden (§§ 532, 565; BGH NJW-RR 90, 378).

§ 113 Fristbestimmung für Prozeßkostensicherheit

[1]**Das Gericht hat dem Kläger bei Anordnung der Sicherheitsleistung eine Frist zu bestimmen, binnen der die Sicherheit zu leisten ist.** [2]**Nach Ablauf der Frist ist auf Antrag des Beklagten, wenn die Sicherheit bis zur Entscheidung nicht geleistet ist, die Klage für zurückgenommen zu erklären oder, wenn über ein Rechtsmittel des Klägers zu verhandeln ist, dieses zu verwerfen.**

1. Entscheidung über Anordnung der Prozesskostensicherheit. **1** **a) Zwischenurteil** ergeht im Regelfall (§ 280 Abs 2). Ist das Verlangen (§ 110 Rn 6) unbegründet, weil § 110 nicht anwendbar ist oder eine Voraussetzung fehlt (§ 110 Rn 5, 6), so wird im Zwischenurteil ausgesprochen, dass der Kläger keine Sicherheit zu leisten hat. Andernfalls werden die Höhe (§ 112), ggf die Art (§ 108 Rn 5–9) und immer eine angemessene Frist (S 1) bestimmt. Für die Frist gelten §§ 222, 224, 225. Die Sicherheit kann bis zum Schluss der mdl Vhdlg beigebracht werden (BGH WM 82, 881). – **b) Beschluss** ergeht nur, **2** wenn die Voraussetzungen der Sicherheitsleistung unstreitig sind und ihre Höhe vereinbart ist (hM; vgl § 108 Rn 1, 3). Auch hier ist Frist (S 1) zu bestimmen.

2. Rechtsbehelfe. a) Stattgebendes Zwischenurteil (Rn 1). Es **3** ist für den Kläger nicht selbständig anfechtbar (BGH 102, 232; Demharter MDR 76, 186 mwN; umstr). Auch der Beklagte kann es nicht anfechten, wenn er den festgesetzten Betrag für zu niedrig hält (BGH NJW-RR 90, 378; vgl weiter § 280 Rn 7). – **b) Verneinendes Zwischenurteil** (Rn 1). Es ist für den Beklagten selbständig anfechtbar **4** (§ 280 Abs 2 S 1) . – **c) Beschluss** (Rn 2). Er ist unanfechtbar, wenn **5** er dem Antrag stattgibt. Beschwerde findet statt, wenn der Aufhebungs- oder Änderungsantrag zurückgewiesen wird (§ 567 Abs 1 Nr 2).

3. Folgen unterlassener Sicherheitsleistung (S 2). Sie treten nur **6** auf Antrag des Beklagten ein und bei Vorliegen der Voraussetzungen gem § 110 Rn 5, 6. **a) Im ersten Rechtszug:** Endurteil, das die Klage **7** für zurückgenommen erklärt (Wirkung des § 269). Dagegen findet Berufung statt. – **b) Im höheren Rechtszug:** wenn der Kläger **8** Rechtsmittelbeklagter ist: wie Rn 7. Hingegen ergeht Endurteil auf Verwerfung des Rechtsmittels, wenn der Kläger Rechtsmittelführer ist. Gegen die Urteile findet Revision nur statt, wenn sie zugelassen ist (§ 543).

Titel 7. Prozesskostenhilfe und Prozesskostenvorschuss

Vorbemerkung

Neuere Literatur: Kalthoener/Büttner/Wrobel-Sachs, Prozesskostenhilfe und Beratungshilfe, 2. Aufl 1999; Schoreit/Dehn, Beratungshilfe/Prozesskostenhilfe, 7. Aufl 2001; Walter Zimmermann, Prozesskostenhilfe in Familiensachen, 2. Aufl 2000.

Durch das Gesetz zur Änderung von Vorschriften über die Prozesskostenhilfe vom 10. Oktober 1994, PKHÄndG (BGBl S 2954), in Kraft seit 1. 1. 1995, wurden die §§ 114 bis 117, 120 und 127 geändert, die Anlage 1 zu § 114 (Tabelle) aufgehoben.

Die **Übergangsvorschrift** in Art 3 PKHÄndG bestimmt, dass für PKH, die vor dem 1. 1. 1995 bewilligt wurde, das bisherige Recht anzuwenden ist. Für weitere Einzelheiten vgl die 20. Aufl.

§ 114 Voraussetzungen

Eine Partei, die nach ihren persönlichen und wirtschaftlichen Verhältnissen die Kosten der Prozeßführung nicht, nur zum Teil oder nur in Raten aufbringen kann, erhält auf Antrag Prozeßkostenhilfe, wenn die beabsichtigte Rechtsverfolgung oder Rechtsverteidigung hinreichende Aussicht auf Erfolg bietet und nicht mutwillig erscheint.

1   **1. Anwendbarkeit.** Die Bewilligung der PKH ist für jedes Verfahren zulässig, jeweils für eine Instanz (§ 119 S 1); auch für den Streithelfer (Bamberg OLGR 98, 264) und das selbständige Beweisverfahren, §§ 485 ff (Köln VersR 95, 436) – dort auch für den Antragsgegner (Bamberg OLGR 98, 378) –, das markenrechtliche Beschwerdeverfahren (BGH NJW-RR 99, 1419). Einzelheiten im Bereich des Familienrechts vgl Wax FamRZ 85, 10. Funktionelle Zuständigkeit des Rechtspflegers § 20 Nr 4, 5 RPflG. **Nicht** für das PKH-Prüfungsverfahren nach § 118 (BGH 91, 311; aA für die Stellungnahme des Antragsgegners Karlsruhe FamRZ 00, 1022), aus praktischen Gründen aber für Sühneverhandlung und/oder einen Vergleich im Prüfungsverfahren (Hamm NJW-RR 98, 863, Nürnberg NJW-RR 98, 864, Celle FamRZ 99, 1672; aA Köln FamRZ 98, 835) oder wenn das Gericht den Rahmen des § 118 Abs 1 S 2 überschreitet (Düsseldorf NJW-RR 96, 838); so wenn durch ausnahmsweise Zeugenvernehmung die Hauptsacheentscheidung tatsächlich präjudiziert wird (Köln JMBlNRW 83, 125). Nicht im Beschwerdeverfahren nach § 127 (Bremen JurBüro 79, 447; aA Celle NdsRpfl 77, 190). Erledigung der Hauptsache vor Entscheidung über den PKH-Antrag schließt die Gewährung für die im bisherigen PKH-Verfahren entstandenen notwendigen Kosten nicht aus (Köln FamRZ 84, 916). **Nicht** für die Restschuldbefreiung einer natürlichen Person; dafür sehen §§ 4 a–4 d InsO eine Stundung der Kosten vor.

Nicht für außergerichtliche Vertragsverhandlungen; dafür gibt es die außergerichtliche Rechtsberatung Minderbemittelter nach dem Beratungshilfegesetz.

2. Voraussetzungen für PKH. Antrag einer Partei an das Prozess- 2 gericht. Bewilligung ohne Antrag ist als wirkungslos aufzuheben (München JurBüro 84, 1851; aA Oldenburg MDR 89, 268). Erklärung über die persönlichen und wirtschaftlichen Verhältnisse, samt Vorlage von Belegen und Darlegung des Streitverhältnisses (§ 117), auf Verlangen des Gerichts auch Glaubhaftmachung (§ 118 Abs 2). Das einsetzbare Einkommen, zu ermitteln gemäß § 115 Abs 1 unter Berücksichtigung der persönlichen und wirtschaftlichen Verhältnisse, und das Vorhandensein einsetzbaren Vermögens (§ 115 Abs 2) sind nach Maßgabe der Tabelle in § 115 Abs 1 dafür entscheidend, ob und in welcher Höhe die Partei Prozesskosten in Raten zu entrichten hat. Die beabsichtigte Rechtsverfolgung muss hinreichende Erfolgsaussicht bieten und darf nicht mutwillig erscheinen (Rn 3–8). Für Ausländer (LAG Hessen MDR 01, 478) und Staatenlose bestehen keine Sondervorschriften.

a) Erfolgsaussicht heißt nicht -gewissheit. Die Voraussetzungen 3 dürfen unter dem grundrechtlichen Aspekt der Rechtsschutzgleichheit für Bemittelte und Unbemittelte nicht überspannt werden (BVerfG NJW 91, 413, NJW 92, 889). Erfolgsaussicht kann für beide Parteien bestehen. Für die **beabsichtigte** Klage zum LG ist PKH abzulehnen, wenn Erfolgsaussicht nur unterhalb des Zuständigkeitsstreitwerts besteht (Saarbrücken NJW-RR 90, 575, Hamm MDR 95, 1065; aA Dresden NJW-RR 95, 382). Bejaht das LG für gleichzeitig dort **eingereichte** Klage die Erfolgsaussichten nur unterhalb seiner Zuständigkeitsgrenze, ist PKH insoweit zu bewilligen, der Antrag im Übrigen abzulehnen (München MDR 98, 922; so auch Saenger MDR 99, 850). Für die Rechtsmittelinstanz ist sie zu verneinen, wenn bei bereits eingelegtem oder erst beabsichtigtem Rechtsmittel der Antrag in der Rechtsmittelbegründung die Beschwerdesumme nicht erreicht (Seetzen FamRZ 94, 1509 mwN auch zur Gegenmeinung). Sie kann verneint werden, wenn das angefochtene Urteil zwar wegen Verfahrensfehlern keinen Bestand haben kann, materiellrechtlich aber seine Abänderung im Ergebnis sehr unwahrscheinlich ist (BGH NJW 94, 1160, BVerfG NJW 97, 2745). Maßgebender Zeitpunkt vgl § 119 Rn 4. – **Tatsachenvortrag.** Die 4 Erhebungen nach § 118 müssen hinreichende Aussicht ergeben, dass schlüssiges Vorbringen beweisbar ist (Köln MDR 87, 62). Vorweggenommene Beweiswürdigung ist zulässig bei Urkunden, bei Aussagen nur, soweit es um ihren Beweiswert im Sinn des Beweisantrags geht (Köln NJW-RR 95, 1405; enger BGH NJW 88, 266). – **Rechtsfragen.** 5 Die rechtlichen Erwägungen haben sich auf die Zulässigkeit und Begründetheit (Rn 4) zu erstrecken, der Standpunkt des Antragstellers muss zumindest vertretbar sein. PKH darf nicht versagt werden, wenn entscheidungserhebliche schwierige Rechts- und Tatfragen bislang nicht hinreichend geklärt sind (BVerfG NJW 91, 413, NJW 94, 241, BGH

NJW 98, 82); dies gilt in gleicher Weise für eine nach § 543 Abs 1 Nr 1 zugelassene Revision (BGH NJW 98, 1154). Ebenso soll die Frage der besonderen Härte (§ 1579 BGB) nicht im PKH-Verfahren entschieden werden (Karlsruhe FamRZ 96, 1288). Bei Klärung der Prozessfähigkeit des Antragsgegners hat das Gericht mitzuwirken, ggf ist § 57 anzuwen-

6 den (Frankfurt FamRZ 94, 1125). – **Familiensachen.** Der beklagten Partei im Vaterschaftsanfechtungsprozess ist PKH auch dann zu gewähren, wenn sie der Klage nicht entgegentreten will (Köln FamRZ 96, 1289, Karlsruhe NJW-RR 99, 1456; Kalthoener/Büttner Rn 430; aA Hamm FamRZ 92, 494, Düsseldorf NJW-RR 96, 1157), der Mutter für den Beitritt als Streithelferin nur, wenn sie eigene oder Interessen der unterstützten Partei wahren will (Düsseldorf MDR 95, 1038); dem Bekl im Vaterschaftsfeststellungsverfahren ist PKH nur zu gewähren, wenn er ernsthafte Zweifel an seiner Vaterschaft darlegen kann (Hamburg NJW-RR 00, 1605). Dem Antragsgegner im Scheidungsverfahren ist wegen seiner notwendigen Beteiligung am Verfahren PKH zu gewähren (Stuttgart NJW 85, 207, Bamberg NJW-RR 95, 5), ein RA beizuordnen, wenn die Vertretung in der Scheidungssache als Teil einer zweckentsprechenden Rechtswahrung im Verfahrensverbund angesehen werden kann (Hamburg FamRZ 83, 1133), insbesondere wenn er selbst Anträge stellen will (Celle FamRZ 78, 606, Düsseldorf FamRZ 78, 914); auch wenn er ohne Erfolgsaussicht Abweisung des Scheidungsantrags (Köln FamRZ 82, 1224, KG FamRZ 85, 621, Bremen u Hamm FamRZ 85, 622) beantragen oder nur die nach Sach- und Rechtslage gerechtfertigte Erklärung abgeben will, er stimme der Ehescheidung zu (Braunschweig FamRZ 79, 731) oder trete ihr nicht entgegen (Karlsruhe FamRZ 79, 841; aA Zweibrücken ebenda). Auch für die beabsichtigte Rücknahme des Scheidungsantrags ist PKH zu gewähren, wenn die Rücknahme zur Vermeidung von Rechtsnachteilen geboten ist (Karlsruhe FamRZ 00, 1020). Ob der Antrag auf PKH für die Scheidung einer Scheinehe rechtsmissbräuchlich ist, ist streitig (PKH ja: Karlsruhe FamRZ 88, 91, Frankfurt FamRZ 96, 615, Hamm FamRZ 01, 1081; PKH nein: Stuttgart FamRZ 92, 194, Nürnberg NJW-RR 95, 901), seine Ablehnung unter diesem Gesichtspunkt ist verfassungsrechtlich nicht zu beanstanden (BVerfG NJW 85, 425).

7   **b) Nicht mutwillig** darf die Rechtsverfolgung erscheinen, dh eine verständige Partei würde auch ohne PKH ihr Recht in gleicher Weise verfolgen. Die Verteidigung gegen mutwillige Rechtsverfolgung ist nur ausnahmsweise selbst mutwillig (Köln NJW-RR 01, 869). **Beispiele für Mutwilligkeit:** Fehlende Veranlassung zur Klage, zB weil der Unterhaltsschuldner freiwillig, pünktlich und ohne Vorbehalt bezahlt (Nürnberg NJW-RR 93, 327; bestr) oder Einklagung des vollen Unterhalts, wenn ein Teil freiwillig bezahlt wird (München FamRZ 94, 1126, Jena FamRZ 97, 1016; aA Düsseldorf FamRZ 93, 1217, München FamRZ 94, 313 grundsätzlich) oder bereits tituliert ist (Karlsruhe FamRZ 94, 637); grundsätzlich Einklagung von Unterhalt, für den deckungsgleich bereits eine einstweilige Anordnung besteht (Stuttgart FamRZ 92, 1195)

oder für den Titulierung durch Jugendamtsurkunde wahrscheinlich ist
(Köln FamRZ 97, 177); Antrag auf einstw Vfg für Unterhalt oder
Unterhaltsklage statt Antrags nach § 644 (Zweibrücken MDR 99, 486,
Hamm FamRZ 99, 995); Klage zum LG bei unbestrittener Forderung,
weil Mahnverfahren genügt (Düsseldorf NJW-RR 98, 503). Mutwillig
ist eine Berufung, die mit Vorbringen begründet wird, das in der Vorinstanz verschuldet unterlassen wurde (Jena MDR 99, 257, Karlsruhe
FamRZ 99, 726). Mutwillig ist die Klage des bedürftigen Zessionars,
wenn die Forderung rechtsmissbräuchlich zur Erschleichung der PKH
an ihn abgetreten wurde; mutwillig die Klage auf nachehelichen Unterhalt (Jena FamRZ 00, 100, Schleswig FamRZ 00, 430) oder Zugewinnausgleich außerhalb des Scheidungsverbundverfahrens (Brandenburg
FamRZ 01, 1083, Dresden FamRZ 99, 601; aA Bremen FamRZ 98,
245, Naumburg FamRZ 01, 1082); erneute Scheidungsklage kurz nach
Rücknahme der Ersten Erfolg versprechenden Klage (Karlsruhe FamRZ
98, 485), außer wenn für Rücknahme ernsthafte Gründe vorliegen
(Karlsruhe FamRZ 99, 1669). Streitig ist, ob die Klage auf künftigen
Unterhalt bei laufendem Sozialhilfebezug mutwillig ist. Ja: Saarbrücken
FamRZ 95, 1166, Köln NJW-RR 95, 455, für Antrag auf einstw Vfg
Bamberg NJW-RR 95, 579. Nicht mutwillig: Düsseldorf FamRZ 95,
1165, Bamberg NJW-RR 95, 579, Hamm NJW-RR 95, 821, Karlsruhe
NJW-RR 95, 1285, Nürnberg NJW-RR 95, 1220, Koln NJW-RR 96,
258, Koblenz FamRZ 98, 246. Für die Unterhaltsklage des Bedürftigen
nach Rückabtretung der übergegangenen Ansprüche durch den Sozial-
hilfeträger ist PKH zu versagen: für Rückabtretungen vor dem 1. 8.
1996 wegen Unwirksamkeit der Rückabtretung (BGH NJW 96, 3273,
NJW-RR 97, 641), für Fälle nach dem 1. 8. 1996 wegen fehlender
Bedürftigkeit infolge § 91 Abs 4 S 2 BSHG (BGBl 96 S 1088); ein
Kostenerstattungsanspruch gegen die öffentliche Hand ist gleichwertig
einem familienrechtlichen Vorschussanspruch (Koblenz FamRZ 97,
1086, Celle FamRZ 99, 1284, Karlsruhe NJW-RR 99, 1226, Frankfurt
FamRZ 99, 1283, ZöPhilippi 10; aA Köln FamRZ 97, 297, Hamm
FamRZ 98, 174). Zulässig ist PKH, wenn der Bedürftige teils eigene,
teils rückübertragene Unterhaltsansprüche einklagt (Karlsruhe NJW-RR
99, 1226, Nürnberg NJW-RR 99, 2376). Mutwillig die Unterhaltsklage
des Elternteils, der Leistungen nach dem UVG erhält und in Prozessstandschaft für die Kinder klagen will (Naumburg FamRZ 01, 1081).
Mutwillig, wenn die Rechtsschutzversicherung wegen Aussichtslosigkeit
die Deckung verweigert und der AntrSteller keinen Stichentscheid seines
RA eingeholt hat (BGH BB 87, 1845); wenn die ZwVollstr aus dem zu
erwartenden Titel auf lange Sicht aussichtslos erscheint (Düsseldorf
NJW-RR 98, 503, Hamm NJW-RR 99, 1737; aA Hamm ZIP 97, 248)
oder bei ZwVollstr im Ausland eine Anerkennung des deutschen Urteils
unwahrscheinlicht ist (Celle NJW 97, 532); für den Beklagten, wenn er
keine Anträge stellen will, anders für Anerkenntnisurteil (Hamburg
FamRZ 88, 1076). Mutwillig Klage eines Ausländers in Deutschland
wegen Verkehrsunfalls im Heimatland statt einer Klage am Unfallort

(Celle IPrax 99, 171; aA Zweibrücken IPrax 99, 475, Mankowski IPrax
8 99, 155). – **Nicht mutwillig** ist die Klage wegen ärztlichen Behandlungsfehlers ohne vorherige Anrufung einer Gutachterkommission oder
anderen Schlichtungsstelle (Oldenburg NdsRpfl 88, 216, Düsseldorf
NJW 89, 2955; aA LG Dortmund JZ 88, 254, abl Giesen aaO), die
Unterhaltsklage ohne vorherige Auskunftsklage (Hamm FamRZ 98,
1602) oder anstelle des vereinfachten Verfahrens (Naumburg FamRZ
99, 1670; aA Zweibrücken Büro 00, 655). Ebenso nicht selbständige
Klage außerhalb des Verbundes (aA für Klage auf Zugewinnausgleich
Jena FamRZ 98, 1179), wenn einleuchtender Grund für getrennte Klage
besteht (Köln FamRZ 99, 1353, Dresden FamRZ 01, 230, Brandenburg
MDR 01, 512). Die vermeidbaren höheren Kosten sind bei Festsetzung
der RA-Vergütung zu berücksichtigen (Düsseldorf FamRZ 94, 312 u
635; aA Hamm FamRZ 92, 452 mwN, Köln FamRZ 94, 314) oder von
der Bewilligung auszunehmen (Köln NJW-RR 94, 1093, Zweibrücken
FamRZ 00, 756). Nicht mutwillig die gegenseitigen Klagen getrennter
Eheleute auf Unterhalt für das jeweils bei ihnen lebende Kind (Zweibrücken FamRZ 97, 178), die Klage auf Scheidung einer Scheinehe
(Naumburg FamRZ 01, 629); ferner Anerkenntnis des Beklagten unter
den Voraussetzungen von § 93 (Hamburg FamRZ 88, 1076).

9   **c) Im Normenkontrollverfahren** setzt die Bewilligung von PKH
außerdem voraus, dass besondere Gründe die Vertretung durch einen
RA geboten erscheinen lassen (BVerfG NJW 89, 1723).

10   **3. Keine Prozesskostenhilfe** hat trotz Vorliegens der Voraussetzungen die Partei zu beanspruchen iF des § 127a (Karlsruhe FamRZ 96,
872); soweit ihr zuzumuten ist, die Kosten der Prozessführung aus ihrem
einsatzfähigen Vermögen aufzubringen (§ 115 Abs 2); wenn sie in
Kenntnis der Tatsache, dass sie Mittel zur Prozessführung benötigt, Einkünfte oder Vermögen vermindert od Beträge als Darlehen weggibt
(Karlsruhe FamRZ 85, 414, Stuttgart FamRZ 96, 873); wenn sie ihr
zugeflossene bedeutende Beträge aus dem Zugewinnausgleich unentgeltlich weitergibt, obwohl sie davon ausgeht, dass sie weitere Ansprüche
im ProzWeg wird durchsetzen müssen (Frankfurt FamRZ 82, 416);
wenn sie nach Rechtshängigkeit Verbindlichkeiten eingeht, ohne dass
hierfür ein unabweisbares Bedürfnis besteht (Bamberg FamRZ 85, 503);
wenn sie die Vermögensminderung grob fahrlässig herbeigeführt hat
(Karlsruhe NJW-RR 86, 799). Dass die Partei ihre Mittellosigkeit fahrlässig verschuldet hat, schließt PKH im Allgemeinen nicht aus (Bamberg
FamRZ 95, 374), anders wenn sie zumutbare Einkunftserzielung böswil-
lig unterlässt (Koblenz, NJW-RR 97, 389, München OLGR 98, 380).
Ferner nicht im Schiedsgerichtsverfahren und nicht im Falle des § 115
Abs 3.

11   **4. Besondere Fälle. Streitgenossen** sind grundsätzlich selbständig
zu beurteilen (Stuttgart MDR 00, 545). Bei gleicher Beteiligung aller
Streitgenossen am Streitgegenstand und gleicher Interessenlage ist aber
einer Partei, die sich durch den RA ihrer Streitgenossen mitvertreten

lassen kann, PKH nicht zu gewähren (Frankfurt BB 74, 1458). Haben Streitgenossen denselben RA beauftragt, ist aber nur einer von ihnen bedürftig, dann beschränkt sich die Bewilligung bezüglich der RA-Gebühren auf die Erhöhungsbeträge nach § 6 Abs 1 S 2 BRAGO (BGH NJW 93, 1715; aA Bamberg OLGR 01, 28, Rönnebeck NJW 94, 2273). – Bei **Vertretung** entscheiden die persönlichen u wirtschaftlichen Verhältnisse des Vertretenen (Jena FamRZ 98, 1302). Wird ein **fremdes Recht im eigenen Namen** geltend gemacht, kommt es iF der bloßen Sicherungsabtretung nur auf die Verhältnisse der Partei an (Hamm VersR 82, 1068); sonst müssen Partei und Rechtsinhaber die persönlichen u wirtschaftlichen Voraussetzungen erfüllen, gleichgültig, in wessen Interesse die Partei den Rechtsstreit führt (BGH VersR 92, 594, Köln VersR 95, 981, Koblenz MDR 99, 831); im Fall von § 1629 Abs 3 BGB wird teils auf die wirtschaftlichen Verhältnisse des Kindes (Bamberg NJW-RR 94, 388, Stuttgart MDR 99, 41), teils auf die des klagenden Elternteils (Hamm FamRZ 91, 1208, Köln FamRZ 93, 1472, Karlsruhe FamRZ 01, 1080) abgestellt; ausnahmsweise nur die Partei, wenn der materiell Berechtigte wegen ihm gegebener Sicherheiten kein Interesse an der Rechtsverfolgung hat (BGH NJW 87, 783). Bei Abtretung einer Forderung ohne triftigen Grund kommt es auf die Verhältnisse des Zedenten an (Celle NJW-RR 99, 579). Sind noch nicht sämtliche Erben bekannt (Nachlasspfleger), kommt es auf den Bestand des Nachlasses an (BGH NJW 64, 1418, BVerfG Rpfleger 98, 525). – **Partei kraft Amtes, juristische Personen, parteifähige Personenvereinigungen** vgl § 116. 13

§ 115 Einsatz von Einkommen und Vermögen

(1) [1]Die Partei hat ihr Einkommen einzusetzen. [2]Zum Einkommen gehören alle Einkünfte in Geld oder Geldeswert. [3]Von ihm sind abzusetzen:
1. die in § 76 Abs. 2, 2 a des Bundessozialhilfegesetzes bezeichneten Beträge;
2. für die Partei und ihren Ehegatten oder ihren Lebenspartner jeweils 64 vom Hundert und bei weiteren Unterhaltsleistungen auf Grund gesetzlicher Unterhaltspflicht für jede unterhaltsberechtigte Person 45 vom Hundert des Grundbetrags nach § 79 Abs. 1 Nr. 1, § 82 des Bundessozialhilfegesetzes, der im Zeitpunkt der Bewilligung der Prozeßkostenhilfe gilt; die Beträge sind entsprechend § 82 des Bundessozialhilfegesetzes zu runden; das Bundesministerium der Justiz gibt jährlich die vom 1. Juli des Jahres bis zum 30. Juni des nächsten Jahres maßgebenden Beträge im Bundesgesetzblatt bekannt. Der Unterhaltsfreibetrag vermindert sich um eigenes Einkommen der unterhaltsberechtigten Person. Wird eine Geldrente gezahlt, ist sie anstelle des Freibetrags abzusetzen, soweit dies angemessen ist;

3. die Kosten der Unterkunft und Heizung, soweit sie nicht in einem auffälligen Mißverhältnis zu den Lebensverhältnissen der Partei stehen;
4. weitere Beträge, soweit dies mit Rücksicht auf besondere Belastungen angemessen ist; § 1610 a des Bürgerlichen Gesetzbuchs gilt entsprechend.
[4]Von dem nach den Abzügen verbleibenden, auf volle Euro abzurundenden Teil des monatlichen Einkommens (einzusetzendes Einkommen) sind unabhängig von der Zahl der Rechtszüge höchstens achtundvierzig Monatsraten aufzubringen, und zwar bei einem

einzusetzenden Einkommen (Euro)	eine Monatsrate von (Euro)
bis 15	0
50	15
100	30
150	45
200	60
250	75
300	95
350	115
400	135
450	155
500	175
550	200
600	225
650	250
700	275
750	300
über 750	300 zuzüglich des 750 übersteigenden Teils des einzusetzenden Einkommens

(2) [1]Die Partei hat ihr Vermögen einzusetzen, soweit dies zumutbar ist. [2]§ 88 des Bundessozialhilfegesetzes gilt entsprechend.

(3) Prozeßkostenhilfe wird nicht bewilligt, wenn die Kosten der Prozeßführung der Partei vier Monatsraten und die aus dem Vermögen aufzubringenden Teilbeträge voraussichtlich nicht übersteigen.

Abs 1 S 3 Nr 2 geändert mWv 1. 8. 2001 durch Art 3 § 16 Nr 5 LPartG; Abs 1 S 3 Nr 2 u S 4 geändert mWv 1. 1. 2002 durch Art 2 Abs 1 Nr 16 ZPO-RG.

1   **1. Einkommen.** Legaldefinition in Abs 1 S 2. An ihm und am Vermögen (Abs 2) bemisst sich die Bedürftigkeit für die Gewährung von PKH. Ausgangspunkt sind die monatlichen Bruttoeinkünfte in Geld oder Geldeswert nur der Partei selbst (Koblenz FamRZ 01, 925). –

Zum Einkommen gehören: Arbeitnehmersparzulage, Urlaubs- und 2
Weihnachtsgeld (Düsseldorf NJW 81, 1791, Frankfurt FamRZ 82, 418),
Wohngeld (LAG Freiburg FamRZ 82, 847, Bamberg FamRZ 84, 606),
Arbeitslosengeld und -hilfe (Kalthoener/Büttner/Wrobel-Sachs Rn 218),
Steuererstattungen (Bremen FamRZ 98, 1180), dem Bedürftigen tat-
sächlich zufließendes Kindergeld (Naumburg FamRZ 01, 1470, Nürn-
berg FamRZ 00, 102, Bremen MDR 01, 355; aA Hamm NJW-RR 00,
77, Brandenburg FamRZ 01, 1085), Leistungen nach dem Kindererzie-
hungsleistungsG (BGH NJW 92, 364), darlehensweises Unterhaltsgeld
oder Ausbildungsförderung (LAG Bremen DB 88, 1067), regelmäßige
Zahlungen des Unterhaltspflichtigen zur Finanzierung eines Studiums
(Koblenz FamRZ 92, 1197), Taschengeld des Unterhaltsberechtigten
(Koblenz RPfleger 96, 73), regelmäßige freiwillige Leistungen Dritter
nennenswerten Umfangs (Köln NJW-RR 96, 1404; aA Köln FamRZ
90, 893, Hamburg FamRZ 90, 642). Unterlassener Arbeitseinsatz ist als
fiktives Einkommen anzusetzen iF des Rechtsmissbrauchs (Karlsruhe
FamRZ 99, 599, Naumburg FamRZ 01, 924), iF seiner Zumutbarkeit
(Bremen FamRZ 98, 1180, München NJW-RR 99, 433) und bei
Verzicht auf Erwerbstätigkeit zugunsten einer Umschulung (Bremen
FamRZ 96, 957). – **Nicht zum Einkommen zählen:** Sozialhilfe 3
(Köln FamRZ 93, 1472 mwN auch für die Gegenmeinung), Familien-
geld (KG FamRZ 90, 1120), Erziehungsgeld nach dem BErzGG (Koblenz FamRZ 01, 1153, Nürnberg OLGR 01, 251), Kindererziehungs-
leistungen gem SGB VI §§ 294 ff (LSG Berlin FamRZ 93, 343), Pflegegeld gem SGB XI § 37 (Bamberg OLGR 00, 200).

   2. Absetzbare Aufwendungen, Abs 1 S 3. Die Nrn 1 bis 4 sind 4
kumulativ zu verstehen, die daraus ermittelten Beträge vom Bruttoeinkommen des Antragstellers abzuziehen; vgl. etwa Leitlinien des AG
Hannover (FamRZ 96, 212).

   Nr 1, die in **§ 76 Abs 2, 2 a BSHG** bezeichneten Beträge in voller
bzw angemessener Höhe. Sie lauten:

   § 76 Abs 2 BSHG Von dem Einkommen sind abzusetzen
1. *auf das Einkommen entrichtete Steuern,*
2. *Pflichtbeiträge zur Sozialversicherung einschließlich der Arbeitslosenversiche-*
   rung,
3. *Beiträge zu öffentlichen oder privaten Versicherungen oder ähnlichen Einrich-*
   tungen, soweit diese Beiträge gesetzlich vorgeschrieben oder nach Grund und
   Höhe angemessen sind,
4. *die mit der Erzielung des Einkommens verbundenen notwendigen Ausgaben,*
5. *bis zum 30. Juni 2002 für minderjährige, unverheiratete Kinder ein Betrag*
   in Höhe von monatlich 10 Euro bei einem Kind und von monatlich 20 Euro
   bei zwei oder mehr Kindern in einem Haushalt.

   Abs 2 a Bei Personen, die Leistungen der Hilfe zum Lebensunterhalt erhal-
ten, sind von dem Einkommen ferner Beträge in jeweils angemessener Höhe
abzusetzen
1. *für Erwerbstätige,*

2. *für Personen, die trotz beschränkten Leistungsvermögens einem Erwerb nachgehen,*
3. *für Erwerbstätige,*
   a) *die blind sind oder deren Sehschärfe auf dem besseren Auge nicht mehr als ¹/₅₀ beträgt oder bei denen dem Schweregrad dieser Sehschärfe gleichzuachtende, nicht nur vorübergehende Störungen des Sehvermögens vorliegen, oder*
   b) *deren Behinderung so schwer ist, daß sie als Beschädigte die Pflegezulage nach den Stufen III bis VI nach § 35 Abs. 1 Satz 2 des Bundesversorgungsgesetzes erhielten.*

5   Eine geänderte oder neue DVO, die dem § 76 BSHG nF Rechnung trägt und nähere Bestimmungen zu § 76 Abs 2 a BSHG trifft, ist bisher nicht erlassen. Die meisten Zivilsenate des OLG München setzen bei § 76 Abs 2 a Nr. 1 BSHG ¹/₂ des Eckregelsatzes (so auch Naumburg FamRZ 01, 1085), bei § 76 Abs 2 a Nr. 2 BSHG ²/₃ des Eckregelsatzes und bei § 76 Abs 2 a Nr. 3 BSHG dem Einzelfall angemessene Beträge ab (teilweise a. A. Hamburg FamRZ 96, 42); zur Berechnung des Freibetrags nach § 76 Abs 2 a Nr 3 b vgl LSG Baden-Württemberg FamRZ 01, 234. Arbeitslose können keinen Betrag nach § 76 Abs 2 a Nr 1 BSHG abziehen (Nürnberg FamRZ 99, 1673).

6   **Nr 2. Unterhaltsleistungen** auf Grund gesetzlicher Verpflichtung, nicht vertragliche oder freiwillige Leistungen. Die absetzbaren Beträge für den eigenen und für den Unterhalt der gesetzlich Unterhaltsberech**7** tigten sind pauschal zu ermitteln. – **Berechnung.** Ausgangspunkt ist der Grundbetrag des nicht einzusetzenden Einkommens gemäß § 79 Abs 1 Nr 1 BSHG bei der Hilfe in besonderen Lebenslagen. Er wird jährlich zum 1. 7. der Entwicklung entsprechend dem aktuellen Rentenwert angepasst. Der vom Einkommen absetzbare Unterhaltsfreibetrag ergibt sich mit je 64% des Grundbetrages für den Antragsteller und seinen Ehegatten und mit 45% des Grundbetrages für jeden weiteren gesetzlich Unterhaltsberechtigten, dem der Antragsteller Unterhalt, auch durch Betreuung, leistet; dieser Freibetrag gilt auch für einen unterhaltsberechtigten minderjährigen Antragsteller bei einer Unterhaltsklage (Bamberg OLGR 98, 254). Die maßgeblichen Unterhaltsfreibeträge betragen bis **8** 30. 6. 2002 € 353 bzw € 248 (BGBl 01 S 1204). – **Maßgebender Zeitpunkt** für die Berechnung des Einkommensfreibetrages ist der Erlass des Bewilligungsbeschlusses. Der Betrag bleibt grundsätzlich während der Laufzeit der Ratenzahlungen unverändert. Eine Ausnahme ist **9** nur in § 120 Abs 4 S 1 HS 2 vorgesehen. – **Eigenes Einkommen des Unterhaltsberechtigten** ist von dem gemäß vorstehend Rn 7 genannten Unterhaltsfreibetrag abzuziehen. In dieser Höhe vermindert sich also der Betrag, den der Antragsteller von seinem Einkommen absetzen kann. **10** – **Geldrente.** Zahlt der Antragsteller statt gesetzlich geschuldeten Unterhalts eine Rente, so tritt sie an die Stelle des gemäß Rn 7 ermittelten Unterhaltsfreibetrags, soweit sie der Höhe nach angemessen ist. Dies richtet sich nach dem Bedarf und dem Lebenszuschnitt im Einzelfall.

Nr 3. Die **Kosten der Unterkunft und Heizung** sind vom Ein- **11**
kommen in tatsächlich entstandener Höhe absetzbar. Zu ihnen gehören
Nettomiete, Mietnebenkosten einschließlich vertraglich vereinbarter
Umlagen der Betriebskosten. Bei mehreren verdienenden Bewohnern
sind diese Kosten im Allgemeinen nach Kopfzahl aufzuteilen (Koblenz
NJW-RR 96, 1150, MDR 00, 728); Energie- und Wasserkosten sowie
der Entsorgung sind ebenfalls absetzbar (Karlsruhe FamRZ 99, 599; aA
Nürnberg FamRZ 97, 1542: im Pauschbetrag von Nr 2 enthalten). Bei
Unterbringung in Heimen sind von den monatlichen Kosten die Ver-
pflegungskosten abzuziehen. Bei eigengenutztem Wohnraum gehören
zu den Unterkunftskosten die Belastung durch Fremdfinanzierung
(Karlsruhe FamRZ 98, 488) und durch Instandhaltung (amtliche Begründung BT-Drucksache 12/6963 S 12). – **Nicht absetzbar** sind diese **12**
Kosten ausnahmsweise, soweit sie in auffallendem Mißverhältnis zu den
Lebensverhältnissen des Antragstellers stehen. Das ist nur dann der Fall,
wenn sie, gemessen an seinem gesamten Lebenszuschnitt, ohne verständ-
lichen Grund außerordentlich überhöht sind (München FamRZ 97,
299).

Nr 4. Besondere Belastungen sind vom Einkommen absetzbar, **13**
soweit die Beträge angemessen sind. Es handelt sich um eine Härteklausel, die verhindern soll, dass die Partei sich in ihrer bisherigen Lebensführung wegen des Prozesses wesentlich einschränken muss. Die Angemessenheit beurteilt der Richter nach pflichtgemäßem Ermessen. Kriterien dafür sind Anlass und Höhe der Belastung, auch im Verhältnis zum
Einkommen, und der Zeitpunkt ihrer Entstehung, ob erst kurz vor dem
zu erwartenden Prozess oder schon älter. Die Vermutung des § 1610 a
BGB kommt kraft Verweisung dem behinderten Antragsteller zugute, er
muss seinen behinderungsbedingten Mehrbedarf bis zur Höhe der bezogenen Sozialleistungen nicht konkret darlegen. Die Belastung ist eine
„besondere", wenn sie einerseits nicht bereits in den Nrn 1–3 enthalten,
sondern zusätzlich ist („weitere" Beträge), und wenn sie andererseits
nicht durch die allgemeine Lebensführung verursacht ist, nicht regelmäßig und üblicherweise eintritt. – **Beispiele. Absetzbar** sind laufende **14**
Unterhaltsleistungen, soweit sie einer sittlichen Pflicht oder einer auf
den Anstand zu nehmenden Rücksicht entsprechen (Bremen
FamRZ 97, 298); PKH-Raten in einem anderen Verfahren (BGH
NJW-RR 90, 450); Raten auf verhängte Geldstrafe (Hamburg FamRZ
01, 235); zusätzliche Berücksichtigung der Kindesbetreuung, wenn die
Mutter überobligationsmäßige Einkünfte erzielt (Hamm FamRZ 88,
308); besondere Belastungen anderer Art iS des § 84 Abs 1 BSHG. Zu
ihnen gehören zB Zahlungsverpflichtungen, die der Antragsteller in
Unkenntnis des bevorstehenden Prozesses eingegangen ist (Hamm
MDR 87, 1031); einmalige Ausgaben im Zusammenhang mit Familien-
ereignissen wie Geburt, Heirat, Tod; Kredittilgungsbelastung soweit sie
üblicher Höhe entspricht (BGH NJW-RR 90, 450); ferner Aufwendungen für Fort- und Weiterbildung (BR-Drucksache 187/79 S 25), vermögenswirksame Leistungen, Versicherungsbeiträge, soweit nicht schon

15 in § 76 BSHG berücksichtigt (Frankfurt FamRZ 82, 418). – **Nicht absetzbar** sind unangemessene Aufwendungen wie Luxusausgaben, Spekulationsgeschäfte und solche, die in krassem Missverhältnis zu den Einkommens- und Vermögensverhältnissen stehen (Bamberg FamRZ 86, 699) oder ohne Not in Kenntnis des bevorstehenden Prozesses gemacht sind (Koblenz MDR 92, 80).

16   **3. Einzusetzendes Einkommen, Tabelle, Abs 1 S 4.** Es sind zunächst die absetzbaren Beträge gemäß Nrn 1 bis 4 zu addieren. Diese Summe ist sodann vom monatlichen Bruttoeinkommen abzuziehen und auf volle DM abzurunden. Das so errechnete einzusetzende Einkommen (linke Spalte der Tabelle) ergibt die Höhe der monatlichen Rate (rechte Spalte), die der Antragsteller auf die Prozesskosten zu entrichten hat, bis zu einem verbleibenden Einkommensteil von 30 DM keine Rate. Bei mehreren Antragstellern als Streitgenossen ist für jeden gesondert so zu verfahren. – **Höchstzahl der Monatsraten** 48 für den jeweiligen Prozess im ganzen ohne Rücksicht auf die Zahl der Instanzen, beginnend frühestens ab Bewilligungsbeschluss (KG MDR 99, 510). Gemeint ist nicht die Laufzeit ab Bewilligungsbeschluss, sondern die Zahl der tatsächlich geleisteten Raten (Saarbrücken FamRZ 93, 1335, München Rpfleger 94, 219, Karlsruhe FamRZ 95, 1505, StJBork Rn 81), ratenfreie Monate auf Grund der ursprünglichen Bewilligung iF erst nachträglicher Ratenanordnung wegen Verbesserung der wirtschaftlichen Verhältnisse zählen nicht mit (Stuttgart Rpfleger 99, 82; aA Karlsruhe FamRZ 92, 1449, Köln VersR 93, 1379). Verbundverfahren und einstweilige Anordnungen sind als ein Verfahren zu zählen (Düsseldorf FamRZ 91, 1325). Mindestzahl grundsätzlich 5 (Abs 3). Gerichtliche Festsetzung der Raten § 120. Berücksichtigung des Vermögens der Partei § 115 Abs 2.

17   **4. Vermögen.** Damit ist hier gemeint gespartes Geld, geldwerte Sachen, Rechte, Forderungen, ausgenommen die Einkünfte gemäß Abs 1. Einsetzbar ist davon nur, was in angemessener Zeitspanne durch Veräußerung oder Beleihung in Geld umgesetzt werden kann; abzuziehen sind Schulden (Bamberg FamRZ 97, 299). Zu berücksichtigen sind aber auch Vermögenswerte, die trotz abzusehenden Prozesses anderweitig verwendet wurden (München OLGR 98, 141). Der objektiv zu beurteilenden Einsetzbarkeit können rechtliche oder tatsächliche Hindernisse entgegenstehen. Die Verwertung muss zumutbar sein. Das ist subjektiv und nicht kleinlich zu beurteilen. Kriterien dafür können sein Art, Zweckbestimmung, materieller und ideeller Wert des Gegenstands, Aufwand und Ertrag der Verwertung, Bedeutung und Kosten des Rechtsstreits, für dessen Finanzierung er geopfert werden soll. Zusammenfassend Burgard NJW 90, 3240. – **a) Verwertung zumutbar:**
18 Alsbald zu realisierende **Forderungen**, uU auch die, zu deren Durchsetzung PKH begehrt wird (Nürnberg FamRZ 89, 995, Bamberg FamRZ 85, 504, Frankfurt FamRZ 84, 809; aA KG NJW-RR 89, 511), ein nicht unbedingter Titel nur, wenn die Partei zur Sicherheitsleistung

in der Lage ist (BGH FamRZ 96, 933), Bundesschatzbriefe (Nürnberg FamRZ 98, 247), Erlös aus der Veräußerung eines Familienheims (Stuttgart FamRZ 96, 873, Schleswig NJW-RR 00, 729), Belastung eines Hausgrundstücks (Koblenz MDR 01, 960), verfügungsfreies Bausparguthaben, das die Freibeträge beträchtlich übersteigt, die der Partei nach Abs 2 zu belassen sind, außer wenn sie belegt, dass das Bausparguthaben zu dem vorgesehenen Zweck in einer schon bestimmten oder verbindlich gemachten Weise eingesetzt werden soll (Koblenz FamRZ 86, 82, Dresden Büro 00, 314); auch Witwenrenten-Abfindung (KG FamRZ 82, 623), Rückkaufswert einer Lebensversicherung (Stuttgart FamRZ 99, 598), Deckungszusage auf Versicherungsschutz für die Prozesskosten (BGH NJW 91, 109), Anspruch auf Auslagenvorschuss bei Geltendmachung einer abgetretenen Forderung im Auftrag des Zedenten (Hamburg FamRZ 90, 1119); ausbezahlte Aussteuerversicherung (Köln FamRZ 88, 1297); Anspruch des Gewerkschaftsmitglieds auf Rechtsschutz (LAG Kiel NJW 84, 830), Abfindung bei Auflösung des Arbeitsverhältnisses (LAG Köln MDR 95, 1044) oder nach KSchG (LAG Niedersachsen Rpfleger 98, 527, LAG Nürnberg MDR 00, 588), Taschengeld der Ehefrau (Koblenz MDR 96, 287), ein teurer Pkw (OVG Münster NJW 97, 540, Bamberg FamRZ 99, 1508). – Ferner ein realisierbarer **Anspruch auf Prozesskostenvorschuss** (vgl Palandt/ **19** Brudermüller § 1360a Rn 7 ff, Palandt/Diederichsen § 1610 Rn 13 ff, München FamRZ 96, 1021), auch auf einen Bruchteil davon (Bremen FamRZ 84, 919); besteht er nur ratenweise, kann PKH gegen Auferlegung von Ratenzahlungen gewährt werden (Koblenz FamRZ 91, 346, Nürnberg FamRZ 96, 875). Er ist nicht realisierbar, wenn die vorschusspflichtige Gegenpartei ihrerseits Anspruch auf PKH hat (Rostock OLG-NL 95, 88). Gilt auch für das auf Feststellung der Vaterschaft klagende nichteheliche Kind im Hinblick auf den Unterhaltsanspruch gegen die Mutter (KG NJW 82, 111), für die unterhaltsberechtigte Tochter im Ehescheidungsprozess (KG NJW 82, 112) und für das auf Anfechtung der Ehelichkeit klagende Kind (Karlsruhe FamRZ 96, 872, Koblenz FamRZ 97, 679; aA Hamburg FamRZ 96, 224). – Anzurech- **20** nen ist der **Lebensunterhalt,** für den der Partner einer nichtehelichen Lebensgemeinschaft aufkommt, in der die Antragstellerin den Haushalt führt (Köln MDR 96, 310). – **Schmerzensgeldzahlungen** sind zur **21** Finanzierung eines Rechtsstreits in der Regel nicht (Köln FamRZ 88, 95, MDR 94, 406, Stuttgart Rpfleger 91, 463, Düsseldorf NJW-RR 92, 221; aA Zweibrücken NJW-RR 98, 1616: maßgebend Umstände des Einzelfalls), allenfalls dann einzusetzen, wenn die ProzKosten verhältnismäßig gering sind und der Partei der wesentliche Teil des Schmerzensgeldes verbleibt (Hamm FamRZ 87, 1283, Jena MDR 00, 852). – **Verwertung nicht zumutbar:** Zahlung auf rückständigen Unterhalt, **22** wenn er wirtschaftlich einem Dritten zusteht (Karlsruhe FamRZ 00, 1585) oder wenn zur Rückzahlung eines Überbrückungsdarlehens verwendet (BGH FamRZ 99, 644); Guthaben eines mit öffentlichen Mitteln geförderten nicht zuteilungsreifen Bausparvertrages (LAG Köln

MDR 93, 481); das nicht der Pfändung unterworfene Vermögen (§§ 811, 812); nach der amtlichen Begründung (BR-Drucksache 187/79 S 24) auch das zurzeit der Entscheidung über den PKH-Antrag vorübergehend nicht oder nicht angemessen zu veräußernde Vermögen (Frankfurt FamRZ 99, 1671). Das trifft nicht zu, denn als Übergangshilfe ist die Verwertung als Sicherheit für die Aufnahme eines Darlehens zumutbar (Frankfurt NJW-RR 87, 320, München FamRZ 93, 821, Christl NJW 81, 785/790, Kollhosser ZRP 79, 297; aA Grunsky NJW 80, 2041, Schneider MDR 81, 793/796). – **Nicht verwertbar ist ferner das Vermögen, das unter den Katalog in § 88 Abs 2 Nr 1–8 BSHG** fällt; außerdem soweit die Verwertung für die Partei oder ihre unterhaltsberechtigten Angehörigen eine Härte bedeuten würde (§ 88 Abs 3 BSHG, vgl zu § 88 Abs 2, 3 BVerwG NJW 98, 1879).

§ 88 Abs 2 BSHG lautet:

Die Sozialhilfe darf nicht abhängig gemacht werden vom Einsatz oder von der Verwertung

1. eines Vermögens, das aus öffentlichen Mitteln zum Aufbau oder zur Sicherung einer Lebensgrundlage oder zur Gründung eines Hausstandes gewährt wird,

2. eines sonstigen Vermögens, solange es nachweislich zur baldigen Beschaffung oder Erhaltung eines Hausgrundstücks im Sinne der Nummer 7 bestimmt ist, soweit dieses Wohnzwecken Behinderter (§ 39 Abs. 1 Satz 1 und Abs. 2), Blinder (§ 67) oder Pflegebedürftiger (§ 69) dient oder dienen soll und dieser Zweck durch den Einsatz oder die Verwertung des Vermögens gefährdet würde,

3. eines angemessenen Hausrats; dabei sind die bisherigen Lebensverhältnisse des Hilfesuchenden zu berücksichtigen,

4. von Gegenständen, die zur Aufnahme oder Fortsetzung der Berufsausbildung oder der Erwerbstätigkeit unentbehrlich sind,

5. von Familien- und Erbstücken, deren Veräußerung für den Hilfesuchenden oder seine Familie eine besondere Härte bedeuten würde,

6. von Gegenständen, die zur Befriedigung geistiger, besonders wissenschaftlicher oder künstlerischer, Bedürfnisse dienen und deren Besitz nicht Luxus ist,

7. eines angemessenen Hausgrundstücks, das vom Hilfesuchenden oder einer anderen in den §§ 11, 28 genannten Person allein oder zusammen mit Angehörigen ganz oder teilweise bewohnt wird und nach seinem Tod bewohnt werden soll. Die Angemessenheit bestimmt sich nach der Zahl der Bewohner, dem Wohnbedarf (zum Beispiel Behinderter, Blinder oder Pflegebedürftiger), der Grundstücksgröße, der Hausgröße, dem Zuschnitt und der Ausstattung des Wohngebäudes sowie dem Wert des Grundstücks einschließlich des Wohngebäudes. Familienheime und Eigentumswohnungen im Sinne der §§ 7 und 12 des Zweiten Wohnungsbaugesetzes sind in der Regel nicht unangemessen groß, wenn ihre Wohnfläche die Grenzen des § 39 Abs. 1 Satz 1 Nr. 1 und 3 in Verbindung mit Absatz 2 des Zweiten Wohnungsbaugesetzes, bei häuslicher Pflege (§ 69) die Grenzen des § 39 Abs. 1 Satz 1 Nr. 1 und 3 in Verbindung mit § 82 des Zweiten Wohnungsbaugesetzes nicht übersteigt,

8. kleinerer Barbeträge oder sonstiger Geldwerte; dabei ist eine besondere Notlage des Hilfesuchenden zu berücksichtigen.

Festsetzung der Zahlungen aus dem Vermögen vgl § 120 Abs 1.

5. Keine Prozesskostenhilfe, Abs 3, trotz Vorliegens der Voraussetzungen, wenn die Prozesskosten der Instanz (§ 119 S 1) den Betrag von 4 Monatsraten nach der Tabelle und die aus dem Vermögen aufzubringenden Teilbeträge (Abs 2) nicht übersteigen. Dabei handelt es sich um kleine Streitwerte oder um ziemlich gute wirtschaftliche Verhältnisse der Partei (KG FamRZ 88, 1078). Dann ist der Partei zuzumuten, sich die fehlenden erforderlichen Mittel anderweitig, zB durch Kreditaufnahme zu beschaffen; außerdem stünde der mit dem Bewilligungsverfahren verbundene Aufwand in keinem Verhältnis zu dem geringen Nutzen (BR-Drucksache 187/79 S 24). 24

§ 116 Partei kraft Amtes; juristische Person; parteifähige Vereinigung

¹Prozeßkostenhilfe erhalten auf Antrag
1. eine Partei kraft Amtes, wenn die Kosten aus der verwalteten Vermögensmasse nicht aufgebracht werden können und den am Gegenstand des Rechtsstreits wirtschaftlich Beteiligten nicht zuzumuten ist, die Kosten aufzubringen;
2. eine inländische juristische Person oder parteifähige Vereinigung, wenn die Kosten weder von ihr noch von den am Gegenstand des Rechtsstreits wirtschaftlich Beteiligten aufgebracht werden können und wenn die Unterlassung der Rechtsverfolgung oder Rechtsverteidigung allgemeinen Interessen zuwiderlaufen würde. ²§ 114 letzter Halbsatz ist anzuwenden. ³Können die Kosten nur zum Teil oder nur in Teilbeträgen aufgebracht werden, so sind die entsprechenden Beträge zu zahlen.

1. Partei kraft Amtes, Nr 1, (vgl § 51 Rn 25–30), auch ausländische; § 116 gilt auch für den Sequester nach KO (BGH NJW 98, 3124). Umfassend Pape ZIP 89, 1293. – **a) Persönliche und wirtschaftliche Voraussetzungen:** Die Kosten können aus der verwalteten Vermögensmasse nicht aufgebracht werden, zB kein ausreichender Barbestand nach Abzug der Masseschulden und -kosten (München ZIP 98, 1197). Auch ist den wirtschaftlich Beteiligten nicht zuzumuten, die Mittel aufzubringen. Wirtschaftlich beteiligt sind diejenigen, deren endgültigem Nutzen der Rechtsstreit dienen soll (BGH NJW 77, 2317), zB die Erben im Aktivprozess des Testamentsvollstreckers, diejenigen Insolvenzgläubiger, die bei erfolgreichem Abschluss des konkreten Rechtsstreits wenigstens mit einer teilweisen Befriedigung aus der Masse rechnen können (BGH 119, 372/377, Schleswig ZIP 97, 1427). Für die Zumutbarkeit spielt das Verhältnis des vom Prozess zu erwartenden Nutzens zu den aufzubringenden Kosten eine Rolle (BGH ZIP 90, 1

1490, Köln VersR 00, 645). – **Nicht zumutbar** ist die Aufbringung der Kosten für Insolvenzgläubiger, wenn für sie voraussichtlich nur noch eine geringe Quote oder nichts mehr bliebe (BGH NJW 94, 3170); Unterscheidung zwischen bevorrechtigten und sonstigen Gläubigern ist in InsO entfallen (KG NJW-RR 00, 1001); keine generelle Unzumutbarkeit für den Steuer- und Zollfiskus (BGH NJW 98, 1868, Celle NJW-RR 00, 728; kritisch Pape ZIP 98, 791); nicht zumutbar für den Insolvenzverwalter im Hinblick auf seinen Vergütungsanspruch (BGH NJW 98, 1229, Jena ZIP 01, 579); nicht zumutbar für öffentlichrechtliche Insolvenzgläubiger im Hinblick auf ihre Sozialleistungen, mit denen sie die Insolvenzmasse bereits entlasten, wie Arbeitsamt, Sozialversicherung, AOK, Berufsgenossenschaft (BGH 119, 372, BGH NJW 97, 3318; aA Düsseldorf ZIP 90, 938, Köln ZIP 90, 936 und 937), IHK (Frankfurt ZIP 93, 1250); nicht zumutbar für Arbeitnehmer wegen ihrer eingeschränkten wirtschaftlichen Leistungsfähigkeit und der zumeist erbrachten Vorleistungen (BGH 119, 372, München NJW-RR 97, 1327); weitergehend München ZIP 96, 512: für öffentliche Kassen schlechthin, weil keine Haushaltmittel für Prozesskostenvorschuss vorgesehen sind, zumal zur Finanzierung vorwiegend privater Interessen. Betrifft das Insolvenzverfahren eine der in Nr 2 genannten Parteien, so muss nicht zusätzlich die dort bestimmte weitere Voraussetzung vorliegen (BGH NJW 91, 40). – **b) Die sachlichen Voraussetzungen** sind die gleichen wie in § 114 Rn 3–8. – **c)** Bei **gesetzlicher Prozessstandschaft** in anderen Fällen (vgl § 51 Rn 24) kommt es in erster Linie auf die Partei selbst, sekundär auf den Rechtsträger an (Karlsruhe FamRZ 88, 636), im Falle des § 1629 Abs 3 BGB nur auf das Kind (Frankfurt FamRZ 94, 1041, Stuttgart MDR 99, 41; aA Köln FamRZ 93, 1472, Karlsruhe FamRZ 01, 1080).

4   **2. Inländische juristische Person, parteifähige Vereinigung, Nr 2.** Auch sie haben bei Vorliegen der Voraussetzungen einen Rechtsanspruch auf PKH. Parteifähige Vereinigung ist zB die OHG. – **5** **a) Wirtschaftliche Voraussetzung** ist, dass weder sie selbst noch die wirtschaftlich Beteiligten (vgl Rn 1) die Prozesskosten aufbringen können (§ 51 Rn 41, Vogel FamRZ 94, 967/969). Auf die Zumutbarkeit kommt es hier nicht an. Wirtschaftlich Beteiligte können sein die Gesellschafter, Gläubiger, stille Teilhaber, Mitglieder von Vorstand und **6** Aufsichtsrat. – **b) Sachliche Voraussetzungen** wie in § 114 Rn 3–8. Außerdem müsste (verfassungskonform, BVerfG NJW 74, 229) die Unterlassung der Rechtsverfolgung allgemeinen Interessen zuwiderlaufen. Das ist dann der Fall, wenn ohne die Durchführung des Rechtsstreits die juristische Person bzw parteifähige Vereinigung behindert würde, der Allgemeinheit dienende Aufgaben zu erfüllen oder wenn die Entscheidung größere Kreise der Bevölkerung oder des Wirtschaftslebens anspricht und soziale Wirkungen wie den Verlust einer größeren Zahl von Arbeitsplätzen (BGH 25, 183, Hamm NJW-RR 89, 382) oder die Schädigung einer Vielzahl von Gläubigern nach sich ziehen könnte (BGH NJW 91, 703: 27), wobei sichergestellt sein muss, dass auf Grund der Klage eingehende Gelder an die Gläubiger weitergeleitet werden (Frankfurt NJW-RR 96, 552). Nicht ausreichend ist, dass allgemein interessierende Rechtsfragen unbeantwortet bleiben (BGH DB 90, 678) oder dass das Urteil der Vorinstanz offensichtlich unrichtig ist (LAG Bremen NJW-RR 87, 894). – **c)** Für **ausländische juristische Personen und parteifähige Vereinigungen** sieht das Gesetz PKH nicht vor; Ausnahmen wie bei Befreiung von Prozesskostensicherheit nach § 110 Abs 1, gem Art 44 EuGVÜ, Art 50 EuGVVO und gem Art 20–24 HZPÜ. **7**

3. Die Art der Prozesskostenhilfe, S 3 entspricht der bei natürlichen Personen. Unter Zugrundelegung der Vermögensmasse entscheidet das Gericht, ob die Partei überhaupt, teilweise oder ganz zu den Prozesskosten beizutragen hat, bestimmt Höhe und Zeitpunkt der Zahlung aus dem Vermögen (§ 120 Abs 1) und setzt die Monatsraten fest. Die dafür in § 115 Abs 1 S 4 festgelegte Höchstzahl von 48 Monatsraten gilt nicht (BR-Drucksache 187/79 S 27; ZöPhilippi 19). **8**

§ 117 Antrag

(1) ¹Der Antrag auf Bewilligung der Prozeßkostenhilfe ist bei dem Prozeßgericht zu stellen; er kann vor der Geschäftsstelle zu Protokoll erklärt werden. ²In dem Antrag ist das Streitverhältnis unter Angabe der Beweismittel darzustellen. ³Der Antrag auf Bewilligung von Prozeßkostenhilfe für die Zwangsvollstreckung ist bei dem für die Zwangsvollstreckung zuständigen Gericht zu stellen.

(2) ¹Dem Antrag sind eine Erklärung der Partei über ihre persönlichen und wirtschaftlichen Verhältnisse (Familienverhältnisse, Beruf, Vermögen, Einkommen und Lasten) sowie entsprechende Belege beizufügen. ²Die Erklärung und die Belege dürfen dem Gegner nur mit Zustimmung der Partei zugänglich gemacht werden.

(3) Der Bundesminister der Justiz wird ermächtigt, zur Vereinfachung und Vereinheitlichung des Verfahrens durch Rechtsverordnung mit Zustimmung des Bundesrates Vordrucke für die Erklärung einzuführen.

(4) Soweit Vordrucke für die Erklärung eingeführt sind, muß sich die Partei ihrer bedienen.

1. Antrag auf Bewilligung der PKH (Abs 1 S 1). Kein Anwaltszwang. Ein schriftlicher Antrag muss unterschrieben sein (BGH NJW 94, 2097). Zuständigkeit Abs 1, § 24 Abs 2 Nr 3 RPflG, vor Rechtshängigkeit der Hauptsache das Gericht, bei dem sie der Antragsteller anhängig machen will (BGH NJW-RR 94, 706). Betrifft er die **ZwVollstr**, so ist außer in den Fällen der §§ 887, 888, 890 das Vollstr- **1**

Gericht zuständig (Abs 1 S 3), und zwar idR der Rechtspfleger (vgl
§ 20 Nr 5 RpflG). Der Antrag hemmt die Verjährungsfrist, auch wenn
am letzten Tag eingegangen (BGH 70, 235, näher Palandt/Heinrichs
2 § 203 Rn 9). – Bei **Verbindung mit der Klageschrift** muss der
Antragsteller deutlich machen (Auslegungsfrage im Einzelfall, BGH
NJW-RR 87, 376), ob die Klage bereits erhoben, das Rechtsmittel
bereits eingelegt sein soll oder ob es sich zunächst nur um den PKH-
3 Antrag handelt. – **a) Nur Antrag:** Bezeichnung als Klageentwurf bzw
Entwurf einer Berufungsschrift, als beabsichtigte Klage (Celle MDR 63,
687), fehlende Unterschrift, die Erklärung, über das in der Klage gestellte Gesuch um PKH solle vorab entschieden werden (Köln FamRZ
84, 916). Das ist dann allerdings auch keine „Einreichung" der Klage im
Sinne der §§ 167 (bis 30. 6. 02 § 270 Abs 3), 496 (BGH VersR 65,
4 155) bzw Einlegung des Rechtsmittels (BGH VersR 86, 40). – **b) Auch
Klage:** Fehlt diese Klarstellung, so ist auch der Rechtsstreit in Gang
gesetzt (BGH 4, 333), das Rechtsmittel eingelegt (BGH FamRZ 90,
995). Die Klage wird nach Bewilligung der PKH (Karlsruhe FamRZ
91, 1459) oder Zahlung des Vorschusses zugestellt. Die formlose Mitteilung im Prüfungsverfahren kann nicht nach § 187 als Klagezustellung
aufgefasst werden (BGH VersR 68, 368). Einreichung der Klage, falls
PKH bewilligt wird, ist als bedingte Klageeinreichung – wie bei Einlegung der Berufung (vgl § 519 Rn 4) – unzulässig (aA München
MDR 88, 972: mit Erlass des voll bewilligenden Beschlusses werde die
Klage anhängig); möglich aber Auslegung, dass Zustellung der Klage
nur für Bewilligung von PKH beantragt wird (Naumburg OLG-NL 00,
91; ZöPhilippi 10). Ist der PKH-Antrag mit Klageentwurf als Klage
behandelt worden und stellt der Kl in der Verhandlung den Antrag aus
der Klageschrift, so gilt damit die Klage als eingereicht und mit rügelosem Verhandeln des Bekl als erhoben (BGH NJW 72, 1373). – Beiordnung eines RA auf Antrag im Anwaltsprozess vgl § 78 b, als Beistand
ohne Antrag in Scheidungssachen und bei Übertragung der elterlichen
Sorge vgl § 625.

5   **2.** Die **Darstellung des Streitverhältnisses** (Abs 1 S 2) soll die
gerichtliche Prüfung der sachlichen Voraussetzungen für die Bewilligung (§ 114 Rn 3–8) im Verfahren nach § 118 vorbereiten und hat
den beabsichtigten Antrag, die tatsächlichen Behauptungen und die
Angabe der Beweismittel zu enthalten. Eine inhaftierte Partei ist über
die Möglichkeit, Erklärungen zu Protokoll abzugeben, zu belehren
(Bamberg OLGR 01, 273). In der Rechtsmittelinstanz sind Darlegungen nicht erforderlich (BGH NJW-RR 01, 1146),), außer ggf der
Darlegung, dass die Rechtsmittelsumme erreicht ist (BGH NJW 56,
1435).

6   **3.** Die **Erklärung der Partei nach Abs 2** unter Beifügung der
Belege, Unterschrift nicht erforderlich (Karlsruhe FamRZ 96, 805), soll
die gerichtliche Prüfung der persönlichen und wirtschaftlichen Voraussetzungen für die Bewilligung (§ 114 Rn 2, § 115) im Verfahren nach

§ 118 ermöglichen. Bei einer Unterhaltsklage gem § 1629 Abs 3 BGB hat sie der klagende Elternteil abzugeben (Saarbrücken FamRZ 91, 691). Satz 2 schränkt das Recht des Antragsgegners auf rechtliches Gehör zugunsten des Rechts des Antragstellers auf Persönlichkeits- und Datenschutz ein (so schon BVerfG NJW 91, 2080). Vgl auch § 127 Abs 1 S 3. Fehlen die Belege, so hat das Gericht vor Ablehnung des Antrags auf ihre Vorlage hinzuwirken (München FamRZ 98, 630; aA Oldenburg NJW 81, 1793). Die Vorlage einer behördlichen Bescheinigung ist nicht vorgeschrieben, in Zweifelsfällen kann das Gericht eine Auskunft der zuständigen Behörde einholen (§ 118 Abs 2 S 3). Dem Antrag auf PKH für die Rechtsmittelinstanz ist die Erklärung erneut beizufügen oder es ist auf die in erster Instanz abgegebene Erklärung zu verweisen (BGH NJW-RR 90, 1212, NJW-RR 93, 451), sofern diese vollständig war (Dresden FamRZ 01, 236), vgl Rn 7.

4. Vordruck (Abs 3, 4). Der Antragsteller, auch wenn er Sozialhilfe-   **7** empfänger ist (Hamburg FamRZ 92, 78), muss den Vordruck, der durch die VO vom 17. 10. 94 (BGBl S 3001, PKHVV) eingeführt ist, sorgfältig ausfüllen. Andernfalls kann der Antrag nach erfolglosem Hinweis (enger Stuttgart MDR 84, 58: Noch bestimmte Fragen zu beantworten) abgelehnt werden (BVerfG NJW 00, 275, Hamburg FamRZ 92, 78), falls die Angaben nicht aus beigefügten Anlagen ersichtlich sind (BVerfG NJW 00, 275, München FamRZ 96, 418); ein Konvolut von Anlagen allein reicht aber nicht (Frankfurt FamRZ 97, 682). Nach § 2 Abs 1 PKHVV können minderjährige Kinder in bestimmten Fällen PKH formlos beantragen. In 2. Instanz genügt Bezugnahme auf den abgegebenen Vordruck nur bei unmißverständlichem Hinweis, dass keine Änderungen eingetreten sind (BGH NJW 01, 2720) oder dass sich die Verhältnisse verschlechtert haben (BGH NJW-RR 00, 1520).

§ 118 Bewilligungsverfahren

(1) ¹**Vor der Bewilligung der Prozeßkostenhilfe ist dem Gegner Gelegenheit zur Stellungnahme zu geben, wenn dies nicht aus besonderen Gründen unzweckmäßig erscheint. ²Die Stellungnahme kann vor der Geschäftsstelle zu Protokoll erklärt werden. ³Das Gericht kann die Parteien zur mündlichen Erörterung laden, wenn eine Einigung zu erwarten ist; ein Vergleich ist zu gerichtlichem Protokoll zu nehmen. ⁴Dem Gegner entstandene Kosten werden nicht erstattet. ⁵Die durch die Vernehmung von Zeugen und Sachverständigen nach Absatz 2 Satz 3 entstandenen Auslagen sind als Gerichtskosten von der Partei zu tragen, der die Kosten des Rechtsstreits auferlegt sind.**

(2) ¹**Das Gericht kann verlangen, daß der Antragsteller seine tatsächlichen Angaben glaubhaft macht. ²Es kann Erhebungen anstellen, insbesondere die Vorlegung von Urkunden anordnen**

und Auskünfte einholen. ³ Zeugen und Sachverständige werden
nicht vernommen, es sei denn, daß auf andere Weise nicht geklärt werden kann, ob die Rechtsverfolgung oder Rechtsverteidigung hinreichende Aussicht auf Erfolg bietet und nicht mutwillig
erscheint; eine Beeidigung findet nicht statt. ⁴ Hat der Antragsteller innerhalb einer von dem Gericht gesetzten Frist Angaben
über seine persönlichen und wirtschaftlichen Verhältnisse nicht
glaubhaft gemacht oder bestimmte Fragen nicht oder ungenügend beantwortet, so lehnt das Gericht die Bewilligung von Prozeßkostenhilfe insoweit ab.

(3) Die in Absatz 1, 2 bezeichneten Maßnahmen werden von
dem Vorsitzenden oder einem von ihm beauftragten Mitglied
des Gerichts durchgeführt.

1   **1.** Das **Prüfungsverfahren, Abs 1,** beschränkt sich darauf, ob die
Voraussetzungen für die Bewilligung (§ 114 Rn 2, § 115) vorliegen.
Zuständig sind der Vorsitzende, ein von ihm beauftragter Richter des
2 Kollegiums oder Rechtspfleger, Abs 3, § 20 Nr 4 a RPflG. – a) **Rechtliches Gehör** (Einl I Rn 9) muss grundsätzlich gewährt werden
(BVerfG 20, 347; BayVerfGH NJW 62, 627). Anhörung des Gegners
kann mündlich, schriftlich oder zur Niederschrift der GeschSt, dh gem
§ 24 Abs 2 Nr 3 RPflG idR des Rechtspflegers, erfolgen und erstreckt
sich auf die beabsichtigte Rechtsverfolgung; auf die Angaben über die
persönlichen und wirtschaftlichen Verhältnisse des Antragstellers nur mit
seiner Zustimmung (§ 117 Abs 2 S 2); darüber ist er zu belehren. Ord-
nungs- (§ 141 Abs 3) und Zwangsmittel sind unzulässig (allg M). –
3 b) **Ladung der Parteien zur mündlichen Erörterung** ist nur (Karlsruhe FamRZ 92, 1198) zulässig, wenn eine Einigung zu erwarten ist.
Ordnungs- und Zwangsmittel sind wegen fehlender Verweisung auf
§ 141 Abs 3 unzulässig wie bei Ladung zum Sühneversuch nach § 279.
4 Kommt eine Einigung zustande, so ist sie als gerichtlicher **Vergleich** zu
protokollieren. Er ist VollstrTitel gem § 794 Abs 1 Nr 1. Kein Anwaltszwang (Hamburg FamRZ 88, 1299). Bewilligung der PKH für Sühne-
5 verhandlung und Vergleich ist zulässig, vgl § 114 Rn 1. – c) Die **Entscheidung** ist alsbald und ohne Zögern zu treffen, sie darf ohne hinreichenden Grund nicht bis zur Entscheidung in der Sache hinausgeschoben
werden (Düsseldorf FamRZ 86, 485, Naumburg FamRZ 00, 106). Auch
Aussetzung nach § 148 ist unzulässig (München MDR 88, 783). Nicht
verfahrensfehlerhaft ist es, über den PKH-Antrag des Beklagten mit der
Hauptsache zusammen zu entscheiden, wenn der Beklagte ohne PKH-
Entscheidung zur Sache verhandelt (Köln NJW-RR 99, 649). Maßgebender Zeitpunkt vgl § 119 Rn 4, § 127 Rn 8.

6   **2. Die Erhebungen nach Abs 2** betreffen die zur Beweislast des
Antragstellers gehörenden (Köln FamRZ 88, 1077) sachlichen (S 1 bis
3) und die persönlichen und wirtschaftlichen (S 4) Voraussetzungen für
die Bewilligung der PKH. Zuständigkeit wie Rn 1. Das Gesetz nennt

Beispiele. Parteivernehmung nach §§ 445 ff ist unzulässig. – a) **Glaub-** 7
haftmachung der tatsächlichen Angaben (§ 117 Abs 1 S 2) durch den
Antragsteller, sofern konkrete Zweifel daran bestehen (Hamm FamRZ
96, 417). b) **Vorlage von Urkunden, Einholung von Auskünften** 8
wie § 273 Abs 2 Nr 1, 2. Schriftliche Auskünfte können nach dem
Gesetzeswortlaut auch von Privatpersonen, dh von angebotenen Zeugen
und von Sachverständigen eingeholt werden. Das sollte aber im Hinblick
auf S 3 vermieden werden, der spätere Prozess soll nicht bereits im
Prüfungsverfahren abgewickelt werden (BR-Drucksache 187/79 S 27).
– c) **Die Vernehmung von Zeugen und Sachverständigen** ist 9
grundsätzlich unzulässig, gestattet nur, wenn sich die sachlichen Voraussetzungen für die Bewilligung auf andere Weise nicht klären lassen. Für
die Vernehmung gilt der Grundsatz der Parteiöffentlichkeit § 357. Vernehmung durch ein Rechtshilfegericht (Braunschweig NdsRpfl 87, 251)
und Beeidigung sind nicht statthaft.

3. Ablehnung der Bewilligung, Abs 2 Satz 4. Funktionell zustän- 10
dig ist der Richter (LAG Düsseldorf RPfleger 96, 295). Die Sanktion für
ungenügende Mitwirkung des Antragstellers bei Feststellung seiner persönlichen und wirtschaftlichen Verhältnisse setzt voraus, dass er innerhalb
einer vom Gericht gesetzten Frist seine Angaben nicht glaubhaft gemacht oder bestimmte Fragen nicht oder ungenügend beantwortet hat
(München MDR 98, 559). Dies geht „insoweit" zu seinen Lasten, dh er
erhält überhaupt keine PKH, wenn seine Säumigkeit die Bewilligungs-
voraussetzungen betrifft, oder er muss höhere Raten zahlen, wenn seine
Säumigkeit einzelne Einkommens- oder Vermögensposten betrifft
(Karlsruhe FamRZ 92, 579). Der Antragsteller ist dem versäumten
Vorbringen nicht endgültig ausgeschlossen, er kann es mangels Rechtskraftwirkung des Ablehnungsbeschlusses mit Beschwerde gegen diesen
(Koblenz FamRZ 90, 537; zu Unrecht aA LSG NRW FamRZ 89, 411
mit Anmerkung Gottwald 412) oder mit einem neuen Bewilligungs-
gesuch nachholen.

4. Kosten (Abs 1 S 4, 5). – a) **Gerichtsgebühren** entstehen weder 11
im Verfahren nach Abs 1 noch nach Abs 2. Auslagen durch die Erhebungen nach Abs 2 trägt zunächst die Staatskasse. Ihr haftet der Antragsteller nach § 49 GKG. Als Gerichtskosten trägt sie nach Abschluss des
Rechtsstreits die unterlegene Partei. – b) **Außergerichtliche Kosten** 12
des Gegners sind in keinem Fall zu erstatten. Kommt es zum Prozess, so
ist umstritten, ob Abs 1 S 4 im Falle des Unterliegens des Antragstellers
die Erstattung der außergerichtlichen Kosten des Prüfungsverfahrens der
1. Instanz als Prozesskosten ausschließt; zusammenfassende Übersicht
über den Meinungsstand Köln NJW 75, 1286, KG RPfleger 95, 508.
Richtig ist wohl die Auffassung, dass die im nachfolgenden Prozess
unterlegene Partei, der PKH gewährt war, dem obsiegenden Gegner
auch auf Grund der ihr ungünstigen Kostenentscheidung die Kosten des
Prüfungsverfahrens nicht zu erstatten hat (Schleswig SchlHA 80, 165),
während die obsiegende Partei, der PKH gewährt war, auf Grund der

ihr günstigen Kostenentscheidung im Prozess ihre Kosten des Prüfungsverfahrens als Vorbereitungskosten geltendmachen kann (Schleswig
13 SchlHA 80, 166, Stuttgart Just 86, 217). – **c) Anwaltsgebühren bei
Vergleich:** § 23 BRAGO.

§ 119 Bewilligung

(1) [1]**Die Bewilligung der Prozeßkostenhilfe erfolgt für jeden
Rechtszug besonders.** [2]**In einem höheren Rechtszug ist nicht zu
prüfen, ob die Rechtsverfolgung oder Rechtsverteidigung hinreichende Aussicht auf Erfolg bietet oder mutwillig erscheint, wenn
der Gegner das Rechtsmittel eingelegt hat.**

(2) **Die Bewilligung von Prozeßkostenhilfe für die Zwangsvollstreckung in das bewegliche Vermögen umfaßt alle Vollstrek-
kungshandlungen im Bezirk des Vollstreckungsgerichts einschließlich des Verfahrens auf Abgabe der eidesstattlichen Versicherung.**

1 **1. Zeitliche Geltung** der PKH.

a) Sie beginnt mit Wirksamwerden des bewilligenden Beschlusses
2 (§ 329 Rn 6), förmliche Zustellung ist nicht nötig. – **Rückwirkung**
kann das Gericht dem Beschluss frühestens auf den Zeitpunkt beilegen,
in dem ihm der Antrag samt den erforderlichen Erklärungen und Unterlagen vorlag (BGH NJW 85, 921), im Statusverfahren ausnahmsweise auf
einen früheren Zeitpunkt, wenn das Gericht nicht auf die Möglichkeit
hingewiesen hat, PKH mit Beiordnung eines RA zu beantragen (Karlsruhe FamRZ 95, 1163). Im Zweifel ist stillschweigende Rückwirkung
anzunehmen auf denjenigen Zeitpunkt, zu dem PKH frühestens hätte
bewilligt werden können (BGH NJW-RR 98, 642). Die Partei, die
danach keine Raten zu leisten hat, hat in diesem Fall Anspruch auf
Rückzahlung etwa bezahlter Vorschüsse gegen Gerichtskasse und RA
3 (BGH MDR 63, 827; aA Düsseldorf FamRZ 90, 299). – **Nachträgliche Bewilligung** nach Klagerücknahme (Köln Büro 98, 650) und
nach, auch rechtskräftiger (Blümler MDR 83, 96/98, Christl MDR 83,
537), Beendigung der Instanz ist bei Vorliegen der Voraussetzungen nur
statthaft (aA Oldenburg NJW-RR 91, 189), wenn sie nach vorstehenden
Ausführungen mit Rückwirkung ausgesprochen werden darf (BGH
NJW 82, 446, BayObLG FamRZ 84, 73, Köln MDR 97, 690). –
4 **Maßgebender Zeitpunkt** für die Beurteilung der Voraussetzungen ist
grundsätzlich der der Beschlussfassung (Düsseldorf NJW-RR 89, 383,
Jena OLG-NL 97, 286), iF der Verzögerung durch das Gericht der
Zeitpunkt der Entscheidungsreife – dazu gehört vollständig ausgefüllter
Vordruck (Köln FamRZ 01, 232) – bei ordnungsgemäßem Verfahrens-
verlauf (Bamberg NJW-RR 90, 1407, Karlsruhe NJW-RR 98, 1228; aA
Köln NJW-RR 00, 1606). Dies gilt auch bei Beschwerde (Nürnberg
MDR 00, 657) und sollte auch bei übereinstimmender Erledigterklärung

der Hauptsache gelten (aA Pentz NJW 85, 1820). Nach dem Tode ist PKH nicht mehr zu bewilligen (Hamm MDR 77, 409).

b) Sie endet mit Abschluss des Verfahrens, Aufhebung der Bewil- 5 ligung (§ 124) od Tod der Partei, der PKH bewilligt war, geht nicht auf die Erben über (Frankfurt NJW-RR 96, 776). Vom Erblasser erbrachte Zahlungen sind auf die Verfahrenskosten anzurechnen, soweit sie den Rechtsnachfolger treffen. Das Bewilligungsverfahren erledigt sich mit dem Tod des Antragstellers (hM Bremen OLGZ 65, 183, Karlsruhe FamRZ 99, 240, SächsOVG DÖV 01, 828; aA Hess LSG Rpfleger 97, 392: rückwirkende Bewilligung möglich). Die PKH erlischt auch bei Ausscheiden der Partei, der sie bewilligt war, aus dem Prozess (KG MDR 69, 849). Die Vollmacht des RA endet nicht, § 86. Für seine Handlungen in schuldloser Unkenntnis des Todes hat er Erstattungs- anspruch gegen die Staatskasse entsprechend § 674 BGB (Düsseldorf RPfleger 50, 94). Bei jur Personen und parteifähigen Vereinigungen (§ 116) endet die PKH mit dem Erlöschen, dh nach Beendigung der Liquidation.

c) Mahnverfahren vgl Rn 12 vor § 688. 6

d) Aufhebung der Bewilligung, **Änderung** des Beschlusses §§ 124, 7 120 Abs 4.

2. Gegenständliche Geltung. 8

a) Für das **Verfahren in einem Rechtszug,** was kostenrechtlich zu verstehen ist (§ 27 GKG, Köln NJW 95, 2728). – **Dazu gehören** alle 9 Stufen iF des § 254 (Hamm FamRZ 97, 97, München OLGR 98, 110, Köln FamRZ 98, 1601), wobei die Bewilligung für die letzte Stufe ohne weiteres unter dem Vorbehalt einer Konkretisierung und Erfolgsprüfung steht (Koblenz FamRZ 85, 953, Düsseldorf FamRZ 86, 286, Hamm FamRZ 97, 97, München FamRZ 97, 895) oder vorzuhalten ist (Düsseldorf FamRZ 00, 101; aA Koblenz FamRZ 85, 416, Bamberg FamRZ 86, 371, Naumburg FamRZ 94, 1042: Bewilligung jeweils nur für eine Stufe; Celle FamRZ 97, 99, Schneider MDR 86, 552: für die ganze Klage, aber Beschränkung auf den gleichzeitig festzusetzenden Streitwert für die Leistungsstufe; München FamRZ 93, 340, Karlsruhe FamRZ 97, 98: Bewilligung auch für die unbezifferte Leistungsklage, aber neuer Antrag bei Bezifferung erforderlich, soweit diese eine Klageerweiterung ist). Dazu gehören ebenfalls alle 3 Abschnitte im Wiederaufnahmeverfahren (BGH VersR 94, 241; vgl 2 vor § 578). Zum Rechtszug gehören Vergleich im Rahmen von § 122 Abs 3 S 1 BRAGO (Dresden OLG-NL 97, 17), Kostenfestsetzung, Beweisauf- nahme vor ersuchtem Richter, Urteilsergänzung § 321, Verfahren nach Einspruch, Verweisung (Düsseldorf NJW-RR 91, 63), auch in einen anderen Rechtsweg (Köln NJW 95, 2728) oder Zurückverweisung, Nachverfahren nach Grund- oder Vorbehaltsurteil, Fortsetzung nach Anfechtung eines Prozessvergleichs, außergerichtlicher Vergleich vor Amtszustellung des Urteils (BGH RPfleger 87, 519, Hamm NJW-RR 88, 1151, Düsseldorf OLZ 92, 490; bestr). – **Dazu gehört nicht** ohne 10

gesonderten Ausspruch die ZwVollstr, um nicht die Auszahlung einer
weiteren Vergütung des RA nach § 124 BRAGO durch eine möglicherweise erst spätere ZwVollstr zu blockieren (BR-Drucksache 187/79
S 26). Bewilligung für die **ZwVollstr** umfasst alle VollstrHandlungen in
das bewegliche Vermögen einschl der Abgabe der eidesstattlichen Versicherung im Bezirk des bewilligenden VollstrGerichts (Abs 2); im
Übrigen ist PKH für jede ZwVollstrMaßnahme gesondert zu beantragen (MuFischer 8). Bei der Prüfung nach § 114 steht hierbei die
Mutwilligkeit im Vordergrund. Ferner gehören nicht zum Rechtszug
selbständige Verfahren wie Arrest und einstw Vfg, wenn die PKH für
den Hauptsacheprozess bewilligt ist, einstw Anordnung (Bamberg
FamRZ 86, 701), Wiederaufnahmeverfahren, Anschließung an
Rechtsmittel; nicht das streitige Verfahren bei Bewilligung im Mahnverfahren (München MDR 97, 891, Oldenburg NJW-RR 99, 579);
ferner nicht außergerichtl Vertragsverhandlungen; dafür gibt es die
außergerichtliche Rechtsberatung Minderbemittelter nach dem Beratungshilfegesetz.

11   **b)** Für den erhobenen **prozessualen Anspruch** (Einl II), also nicht
für Klageerweiterung, Widerklage oder Verteidigung gegen sie, Zwi-
schenanträge, Aufhebungsverfahren nach Arrestbefehl, einen über den
prozessualen Anspruch hinausgehenden Prozessvergleich, auf den aber
das Ger auf Antrag die bewilligte PKH ausdehnen kann.

12   **c) Im Verbundverfahren** erstreckt sich die PKH idR auf alle im
Zeitpunkt der Bewilligung anhängigen Folgesachen außer bei ausdrücklicher Beschränkung (München FamRZ 95, 822, für ausdrückliche Entscheidung Zweibrücken FamRZ 01, 1466), für die Scheidungssache auf
die vAw nach § 621 Abs 1 Nr 6 einzuleitende Folgesache Versorgungsausgleich, § 624 Abs 2. Beschränkung auf die Folgesachen und Verweigerung für die Ehescheidungssache auf Seiten des Bekl ist wegen dessen
notwendiger Beteiligung unzulässig (Düsseldorf FamRZ 90, 80, Hamm
NJW 78, 171, aA Düsseldorf NJW 78, 1865). Die Bewilligung für
einstweiliges Anordnungsverfahren (§ 620) erstreckt sich ohne weiteres
auf das Abänderungsverfahren des § 620b (Hamm MDR 83, 847).

13   **3. Erleichterung in höherer Instanz** (Abs 1 S 2). Die sachlichen
Voraussetzungen (§ 114 Rn 3 bis 8) sind nicht zu prüfen, soweit die
Partei, der PKH bewilligt war, in der vorherigen Instanz obsiegt hat; gilt
nicht für den Streithelfer des Revisionsbeklagten (BGH NJW 66, 597).
Davon macht die Rspr eine Ausnahme, wenn sich die Sachlage ein-
deutig geändert hat (BGH 36, 280, Hamm FamRZ 95, 747, Bamberg
FamRZ 99, 111) und wenn die beabsichtigte Rechtsverfolgung
schlechthin aussichtslos ist, zB bei offensichtlicher Fehlentscheidung der
Vorinstanz (Köln VersR 81, 488, Düsseldorf FamRZ 88, 416). Der
Beschluss bedarf grundsätzlich einer konkreten Begründung (BVerfG
NJW 87, 1619). PKH ist erst zu bewilligen, wenn nach Eingang der
Berufungs- bzw Revisionsbegründung feststeht, dass das Rechtsmittel
durchgeführt wird und nicht nach §§ 522 Abs 1, 552 Abs 1 zu ver-

werfen ist (BGH NJW 82, 446, NJW-RR 01, 1009; aA Karlsruhe FamRZ 96, 806) oder für den Rechtsmittelbeklagten, wenn nach Versagung von PKH für den Rechtsmittelkläger dieser das Rechtsmittel nicht zurücknimmt (Hamm FamRZ 97, 181 mit wegen § 119 Abs 1 S 2 unrichtiger Begründung).

4. Rechtsmittel: § 127. 14

§ 120 Festsetzung von Zahlungen

(1) ¹Mit der Bewilligung der Prozeßkostenhilfe setzt das Gericht zu zahlende Monatsraten und aus dem Vermögen zu zahlende Beträge fest. ²Setzt das Gericht nach § 115 Abs. 1 Satz 3 Nr. 4 mit Rücksicht auf besondere Belastungen von dem Einkommen Beträge ab und ist anzunehmen, daß die Belastungen bis zum Ablauf von vier Jahren ganz oder teilweise entfallen werden, so setzt das Gericht zugleich diejenigen Zahlungen fest, die sich ergeben, wenn die Belastungen nicht oder nur in verringertem Umfang berücksichtigt werden, und bestimmt den Zeitpunkt, von dem an sie zu erbringen sind.

(2) Die Zahlungen sind an die Landeskasse zu leisten, im Verfahren vor dem Bundesgerichtshof an die Bundeskasse, wenn Prozeßkostenhilfe in einem vorherigen Rechtszug nicht bewilligt worden ist.

(3) Das Gericht soll die vorläufige Einstellung der Zahlungen bestimmen,
1. wenn abzusehen ist, daß die Zahlungen der Partei die Kosten decken;
2. wenn die Partei, ein ihr beigeordneter Rechtsanwalt oder die Bundes- oder Landeskasse die Kosten gegen einen anderen am Verfahren Beteiligten geltend machen kann.

(4) ¹Das Gericht kann die Entscheidung über die zu leistenden Zahlungen ändern, wenn sich die für die Prozeßkostenhilfe maßgebenden persönlichen oder wirtschaftlichen Verhältnisse wesentlich geändert haben; eine Änderung der nach § 115 Abs. 1 Satz 3 Nr. 2 Satz 1 maßgebenden Beträge ist nur auf Antrag und nur dann zu berücksichtigen, wenn sie dazu führt, daß keine Monatsrate zu zahlen ist. ²Auf Verlangen des Gerichts hat sich die Partei darüber zu erklären, ob eine Änderung der Verhältnisse eingetreten ist. ³Eine Änderung zum Nachteil der Partei ist ausgeschlossen, wenn seit der rechtskräftigen Entscheidung oder sonstigen Beendigung des Verfahrens vier Jahre vergangen sind.

1. Gerichtliche Festsetzung, Abs 1. Das Prozessgericht setzt in 1 dem Beschluss, der PKH bewilligt, auf Grund der Einkommens- und Vermögensverhältnisse im Zeitpunkt der Entscheidung (Bremen

2 FamRZ 83, 637), fest: – **a) Die Höhe der Monatsraten,** die sich aus der Tabelle (§ 115 Abs 1 S 4) ergibt. Falls keine Raten zu zahlen sind, genügt die Bewilligung allein. Zulässig ist auch der Vorbehalt, Ratenzahlungen nach besserer Prüfung der wirtschaftlichen Verhältnisse noch anzuordnen (Hamm MDR 90, 345, Nürnberg RPfleger 95, 260), die Anordnung muss spätestens bis zur Hauptsacheentscheidung nachgeholt sein (Hamburg FamRZ 96, 1424). Die Verpflichtung zur Ratenzahlung beginnt mit Wirksamwerden des Beschlusses; erstmalige Ratenanordnung in 2. Instanz erstreckt sich nur bei ausdrücklicher Anordnung auf die Kosten der 1. Instanz (Köln FamRZ 97, 754). Eine davon abweichende Bestimmung in Härtefällen ist nicht ausgeschlossen, zB bei einer zeitlich begrenzten besonderen Belastung (§ 115 Abs 1 S 3 Nr 4) oder

3 wenn der Gesamtbetrag insgesamt niedrig ist. – **b) Zahlung aus dem Vermögen.** Hat die natürliche Partei einen Teil der Prozesskosten aus ihrem Vermögen aufzubringen (§ 115 Abs 2) oder hat eine Partei kraft Amtes, eine juristische Person oder parteifähige Vereinigung die Kosten teilweise oder in Raten zu zahlen (§ 116), so setzt das Prozessgericht die Höhe der zu zahlenden Beträge ziffern- u datumsmäßig (Köln NJW-RR 01, 644) fest. Eine Reihenfolge für die Festsetzung der Ratenzahlungen aus dem Einkommen und der Zahlung eines Teilbetrages aus dem Vermögen ist nicht vorgeschrieben. Für die Fälligkeit beider gelten die

4 Ausführungen in Rn 2. – **c) Erhöhte Monatsraten** kann das Gericht bereits im Bewilligungsbeschluss ab einem späteren Zeitpunkt festsetzen, wenn es vom Einkommen wegen besonderer Belastungen Beträge abgesetzt hat (§ 115 Abs 1 S 3 Nr 4) und wenn schon bei Bewilligung abzusehen ist, dass die Belastungen innerhalb von 4 Jahren ganz oder teilweise entfallen; ebenso Zahlungen aus Vermögen, wenn gesicherte Einkommens- oder Vermögenszuwächse im Zeitpunkt der Entscheidung über den Bewilligungsantrag abzusehen sind (Düsseldorf MDR 90, 728).

5   **2. Adressat der Zahlungen** vgl Abs 2.

6   **3. Vorläufige Einstellung der Zahlungen, Abs 3.** Für die Anordnung ist der Rechtspfleger zuständig (§ 20 Nr 4 b RPflG). – Sie ist nach

7 **Nr 1** veranlasst, sobald sich herausstellt, dass die nach Abs 1 geleisteten Zahlungen die anfallenden Kosten decken oder dass diese geringer sind als ursprünglich angenommen, zB wegen teilweiser Klagerücknahme. Bei Bewilligung von Raten darf die Zahlung nicht vor Erreichen der Regelgebühren des RA gem § 11 BRAGO bzw der Höchstzahl von 48 Raten eingestellt werden (Nürnberg und Saarbrücken FamRZ 89, 301 und 303, Düsseldorf Rpfleger 01, 244, LAG Hamm NJW-RR 98, 201; aA Bamberg FamRZ 88, 192, Düsseldorf MDR 88, 238). – Außerdem

8 nach **Nr 2**, sobald einer der genannten Anspruchsberechtigten ohne Rücksicht auf die Rangfolge (BGH NJW-RR 91, 827) die Kosten gegen einen anderen Verfahrensbeteiligten geltend machen kann. Stellt sich heraus, dass die Kosten anderweitig nicht beitreibbar sind, so bestimmt der Rechtspfleger die Wiederaufnahme der Zahlungen nach

Höhe und Zeitpunkt (BGH aaO). Das Gericht kann eine vorläufige Einstellung der Ratenzahlungen wieder aufheben (Hamburg MDR 85, 941), nicht aber eine fälschlich angeordnete endgültige Einstellung (Koblenz Rpfleger 99, 497).

4. Änderung des Bewilligungsbeschlusses, Abs 4 (dazu Büttner **9** Rpfleger 97, 347), ist möglich und iR pflichtgemäßen Ermessens geboten, wenn sich die persönlichen und wirtschaftlichen Verhältnisse des Antragstellers nach Erlass der PKH-Entscheidung (Köln FamRZ 87, 962) wesentlich verbessert oder verschlechtert haben, zB Wegfall oder Eintritt von Arbeitslosigkeit oder eines Unterhaltsberechtigten, Erlangung eines realisierbaren (München FamRZ 98, 631, Dresden OLG-NL 99, 142) oder Wegfall eines Unterhaltsanspruchs (Bamberg NJW-RR 96, 69), Realisierung der mit PKH eingeklagten Forderung, auch nach Abschluss des Rechtsstreits (Hamm FamRZ 93, 1474, Düsseldorf FamRZ 95, 1592), Vermögenserwerb durch Erbfall. Wesentlich ist eine Veränderung, wenn sie den Lebensstandard des Hilfsbedürftigen fühlbar verändert hat (Karlsruhe FamRZ 91, 840, Brandenburg FamRZ 96, 1291). Eine Anzeigepflicht des Antragstellers besteht nicht, wohl aber eine Erklärungspflicht ohne Pflicht zur nochmaligen Ausfüllung des Vordrucks gemäß § 117 Abs 2, Abs 3 (Dresden FamRZ 98, 250) auf Verlangen des Gerichts mit der Sanktion in § 124 Nr 2. – **Zuständig 10** ist auch nach rechtskräftiger Entscheidung in der Hauptsache das ProzGer (München MDR 85, 941, Karlsruhe FamRZ 86, 1126, Hamm OLGZ 91, 232, Düsseldorf Rpfleger 96, 32), weil Abs 4 S 1 selbst das Gericht für zuständig erklärt und S 3 ausdrücklich auch nach Rechtskraft der Entscheidung in der Hauptsache (ebenso ZöPhilippi 27, BLAH 28).

a) Nach Verschlechterung der maßgebenden Verhältnisse setzt **11** das Gericht die Monatsraten entsprechend herab oder streicht sie ganz, auch noch nach Ablauf von 4 Jahren seit Rechtskraft der Entscheidung oder sonstiger Verfahrensbeendigung. Die Änderung wirkt ab Erlass des Beschlusses für die Zukunft, das Gericht ist aber im Interesse der hilfsbedürftigen Partei auch berechtigt, die Änderung des Bewilligungsbeschlusses rückwirkend auf den Zeitpunkt des Eintritts der Veränderung in den maßgebenden Verhältnissen auszusprechen (Köln FamRZ 87, 1167), nicht rückwirkend auf den Zeitpunkt des Bewilligungsbeschlusses. Aufgrund Veränderung des Unterhaltsfreibetrags (§ 115 Abs 1 S 3 Nr 2 S 1) ist die Änderung des Bewilligungsbeschlusses nur auf Antrag und nur dann zulässig, wenn diese Änderung zur Monatsrate Null führt. Herauf- oder Herabsetzung findet nicht statt. Die Fortdauer der Ratenzahlung soll nicht das Existenzminimum der Partei gefährden.

b) Nach Verbesserung der maßgebenden Verhältnisse setzt das **12** Gericht erstmals Monatsraten fest (Karlsruhe FamRZ 94, 1268) oder erhöht die festgesetzten Raten oder ordnet Zahlungen aus dem Vermögen an (Brandenburg FamRZ 97, 1543). Die Änderung wirkt ab Erlass des Beschlusses für die Zukunft, das Gericht ist aber im Hinblick auf den Zweck des Gesetzes und weil der Hilfsbedürftige PKH auf Kosten der Allgemeinheit sinnvoller Weise nur solange erhalten soll, als er darauf angewiesen ist, berechtigt, ihr Rückwirkung auf den Zeitpunkt der Veränderung der maßgebenden Verhältnisse beizulegen (Düsseldorf FamRZ 92, 837, in selbem Sinn BVerfG NJW 85, 1767; aA Saarbrücken NJW 83, 1068, Frankfurt NJW-RR 86, 358). Vor der Abänderung zu ihren Ungunsten ist der hilfsbedürftigen Partei rechtliches Gehör zu gewähren. Ob Abänderung auch bei zunächst fehlerhafter Beurteilung der Hilfsbedürftigkeit zulässig ist, erscheint zweifelhaft (bejahend Köln FamRZ 82, 1226, Bremen FamRZ 85, 728; aA Hamm FamRZ 94,

13 1268, Köln NJW-RR 99, 1082, Karlsruhe FamRZ 99, 1145). – Unter Änderung der zu leistenden Zahlungen ist **nicht auch Aufhebung** der Bewilligung zu verstehen, wenn ihre Voraussetzungen in wirtschaftlicher Hinsicht nicht mehr vorliegen (Düsseldorf FamRZ 98, 837, Köln NJW-RR 99, 578, Karlsruhe MDR 99, 1408; bestr). Der Zweck der Vorschrift, von der Staatskasse unberechtigte Zahlungen fernzuhalten (BT-Drucksache 10/6400 Art 7 S 46), rechtfertigt aber die Anordnung der sofortigen Zahlung aller bereits fälligen Kosten (Koblenz RPfleger 96, 206, Zweibrücken Rpfleger 97, 391). Verfassungsrechtlich bestehen dagegen keine Bedenken (BVerfG NJW 85, 1767) und Vertrauensschutz verdient die hilfsbedürftige Partei nur für die Zeit ihrer Hilfsbedürftigkeit. –

14 **Unzulässig** ist der Erlass eines Änderungsbeschlusses zum Nachteil des Antragstellers nach 4 Jahren ab Rechtskraft der Entscheidung in der Hauptsache oder sonstiger Beendigung des Verfahrens in letzter Instanz (München RPfleger 94, 219, Naumburg FamRZ 96, 1425). Eine Hemmung oder Unterbrechung der Frist findet nicht statt (Naumburg OLG-NL 96, 211). – Aufhebung der Bewilligung wegen unrichtiger Angaben und Zahlungsverzug § 124.

§ 121 Beiordnung eines Rechtsanwalts

(1) **Ist eine Vertretung durch Anwälte vorgeschrieben, wird der Partei ein zur Vertretung bereiter Rechtsanwalt ihrer Wahl beigeordnet.**

(2) **Ist eine Vertretung durch Anwälte nicht vorgeschrieben, wird der Partei auf ihren Antrag ein zur Vertretung bereiter Rechtsanwalt ihrer Wahl beigeordnet, wenn die Vertretung durch einen Rechtsanwalt erforderlich erscheint oder der Gegner durch einen Rechtsanwalt vertreten ist.**

(3) **Ein nicht bei dem Prozeßgericht zugelassener Rechtsanwalt kann nur beigeordnet werden, wenn dadurch weitere Kosten nicht entstehen.**

(4) **Wenn besondere Umstände dies erfordern, kann der Partei auf ihren Antrag ein zur Vertretung bereiter Rechtsanwalt ihrer Wahl zur Wahrnehmung eines Termins zur Beweisaufnahme vor**

**dem ersuchten Richter oder zur Vermittlung des Verkehrs mit
dem Prozeßbevollmächtigten beigeordnet werden.**

(5) **Findet die Partei keinen zur Vertretung bereiten Anwalt,
ordnet der Vorsitzende ihr auf Antrag einen Rechtsanwalt bei.**

1. Regelungsgehalt. Abs 1 bis 4 regeln die Beiordnung eines **1**
Rechtsanwalts und zwar vor dem Prozessgericht in Anwaltsprozessen, in
Prozessen ohne RA-Zwang, ferner zum Beweistermin und als Verkehrsanwalt; entsprechend anwendbar im notariellen Vermittlungsverfahren
gemäß § 102 SachenRÄndG. Keine Beiordnung eines RA als Unterbevollmächtigten im Termin (BVerwG NJW 94, 3243); als Beistand in
Ehescheidungsprozessen und bei Übertragung der elterlichen Sorge, vgl
§ 625. Die Voraussetzungen für die Bewilligung sind, grundsätzlich auch
nach Verweisung, nicht erneut zu prüfen (Düsseldorf NJW-RR 91, 63).
Nicht zulässig ist die Beiordnung eines Rechtsbeistands (Düsseldorf
MDR 89, 1108).

2. Anwaltsprozess, Abs 1 (§ 78). In dem Beschluss, der PKH be- **2**
willigt, ist der von der Partei namentlich benannte beim ProzGer zugelassene (Hamm FamRZ 95, 748) RA ihrer Wahl beizuordnen. Hat sie
noch keine Wahl getroffen, ist sie dazu aufzufordern. Sieht sie sich zur
Benennung nicht in der Lage, gilt Abs 5. Die Beiordnung als solche gibt
dem RA keine Prozessvollmacht, sie und seine Rechtsbeziehungen zur
Partei beurteilen sich, wie sonst, nach §§ 164, 675 Abs 1 BGB. Gebührenanspruch des RA gegen die Staatskasse vgl §§ 121 ff BRAGO, einstweilen nicht gegen die Partei (§ 122 Abs 1 Nr 3). – Anspruch auf **3**
Entpflichtung des beigeordneten Rechtsanwalts hat die Partei ohne
weiteres, weil ihr dieser RA nicht gegen ihren Willen aufgezwungen
werden kann. Der RA selbst kann die Entpflichtung aus wichtigem
Grund gem § 48 Abs 2 BRAO beantragen, zB wegen Kündigung des
Mandats oder Entziehung der Vollmacht (BGH NJW-RR 92, 189).
Anspruch auf **Beiordnung eines anderen Rechtsanwalts** – auch
noch nach Verfahrensabschluss (Karlsruhe FamRZ 01, 1155) – hat die
Partei, wenn der Staatskasse dadurch keine höheren Ausgaben entstehen.
Sonst nur dann, wenn das Vertrauensverhältnis zum beigeordneten RA
nicht durch sachlich ungerechtfertigtes und mutwilliges Verhalten der
Partei gestört worden ist (BGH NJW-RR 92, 189), zB wenn sie das
Mandat aus triftigem Grund gekündigt hat (Düsseldorf FamRZ 95,
241), der auch eine Partei, die keine PKH beansprucht, veranlasst hätte,
sich von ihrem RA zu trennen (Hamm FamRZ 95, 748). Mit einer
Beschränkung seines Gebührenanspruchs ohne sein Einverständnis darf
die Beiordnung des neuen RA nicht verbunden werden (Karlsruhe
FamRZ 98, 632). – Für die **Beiordnung eines Patentanwalts** in **4**
Rechtsstreitigkeiten des gewerblichen Rechtsschutzes gilt der 7. Titel
weitgehend entsprechend (G v 5. 2. 38, RGBl I 116 idF des § 187
PatAnwO vom 7. 9. 66, BGBl I 557, zuletzt geändert durch 2. ZwVollstrNov).

5   **3. Im Parteiprozess, Abs 2** gelten für die Beiordnung eines RA grundsätzlich die Ausführungen in Rn 2–4 bei Vorliegen einer der beiden genannten Voraussetzungen. – **a)** Ob **Vertretung erforderlich** erscheint, ist auch in Ehelichkeitsanfechtungsverfahren (Köln NJW-RR 95, 386, Hamm FamRZ 95, 747, Bamberg FamRZ 97, 377; aA Bremen FamRZ 89, 1104, Düsseldorf FamRZ 95, 241) im Einzelfall nach der Schwierigkeit der Sach- und Rechtslage und den persönlichen Verhältnissen der Partei zu beurteilen. Regelmäßig erforderlich ist die Beiordnung in selbständigen Sorgerechtsverfahren (Düsseldorf FamRZ 81, 695; einschränkend Nürnberg NJW-RR 95, 388, Köln FamRZ 97, 377), bei Entscheidungen über das Umgangsrecht (Nürnberg FamRZ 97, 215), für Unterhaltsklagen, auch im vereinfachten Verfahren (München FamRZ 99, 792, Schleswig MDR 00, 706, Bamberg Büro 00, 312; aA München FamRZ 99, 1355), und iF des § 620 (Celle MDR 69, 576); bei Vertretung des klagenden Kindes in einer Kindschaftssache durch das Jugendamt idR nicht (Karlsruhe Just 84, 345, Dresden FamRZ 99, 600). – **b)** Ist der **Gegner durch einen RA vertreten,** so ist dem Antragsteller im Interesse der Waffengleichheit bei Vorliegen der Voraussetzungen für die Bewilligung der PKH ohne Einschränkung (Zweibrücken NJW-RR 87, 953) ein RA beizuordnen, soweit die anwaltlich vertretene Partei widerstreitende Anträge stellt (Köln NJW-RR 95, 386). Die Vorschrift ist verfassungskonform (BVerfG NJW 88, 2597). Gilt auch, soweit Verfahrensordnung mit Untersuchungsgrundsatz auf §§ 114 ff verweisen (Hamm u Koblenz FamRZ 85, 623 u 624, Köln FamRZ 98, 251 für isoliertes Sorgerechtsverfahren; einschränkend Nürnberg NJW-RR 95, 388). Nicht analog anwendbar, wenn die andere Partei durch einen Behörden- oder Verbandsvertreter vertreten ist (Brandenburg FamRZ 97, 1285, Hamburg NJW-RR 00, 1605; aA Düsseldorf FamRZ 90, 1361 für Bekl); das kann unter Rn 5 fallen (BVerfG NJW 88, 2597); Nichtanwendung im Insolvenzverfahren ist nicht verfassungswidrig (BVerfG ZIP 89, 719).

7   **4. Ein beim Prozessgericht nicht zugelassener RA** darf im Anwaltsprozess (Celle Büro 00, 480) und im Parteiprozess nur beigeordnet werden, wenn dadurch keine höheren Kosten entstehen (Abs 3). Eine Zustimmung des Anwalts zur gebührenrechtlichen Einschränkung ist **nicht** erforderlich (Nürnberg MDR 01, 831, Hamm MDR 01, 832; aA Düsseldorf FamRZ 93, 819, Jena OLG-NL 01, 119).

8   **5. Außerhalb des Prozessgerichts, Abs 4** kann dieses im Anwalts- und im Parteiprozess auf Antrag, wenn besondere Umstände es erfordern, wie regelmäßig in Ehesachen (Bamberg FamRZ 90, 644, Brandenburg FamRZ 98, 1301; einschränkend Karlsruhe FamRZ 99, 304), der Partei einen besonderen RA ihrer Wahl für einen **Beweistermin** oder Anhörungstermin gem § 613 Abs 1 S 3 (Köln FamRZ 91, 349)

9   vor dem ersuchten Richter oder einen **Verkehrsanwalt** beiordnen und zwar auch dann, wenn der Partei zu ihrer Vertretung vor dem Prozessgericht kein RA beigeordnet ist. Besondere Umstände können im Be-

weistermin in der Schwierigkeit der Materie und weiter Entfernung liegen, beim Verkehrsanwalt darin, dass die Partei wegen Schreibungewandtheit oder Rechtsunerfahrenheit oder nicht einfachen Verkehrsverhältnissen Schwierigkeiten bei der Information des Prozessbevollmächtigten hat (Brandenburg Büro 01, 429) oder dass sie während des Verfahrens ihren Wohnsitz wechselt (Koblenz MDR 77, 233). Beiordnung des BerAnwalts als Verkehrsanwalt für die RevInstanz kommt grundsätzlich nicht in Betracht (BGH WM 82, 881). Liegen bes Umstände für die Beiordnung eines Verkehrsanwalts nicht vor, kann PKH für eine Informationsreise zum ProzBevollmächtigten gewährt werden (Celle NdsRpfl 87, 213).

6. Auswahl des RA durch den Vorsitzenden (Abs 5), falls die **10** Partei nicht in der Lage ist, einen RA ihrer Wahl zu benennen. In diesem Fall ist der beigeordnete RA öffentlichrechtlich zum Vertragsabschluss mit der Partei und zur Fürsorge für sie bereits vor Vollmachterteilung verpflichtet (BGH 27, 166; 30, 226).

7. Rechtsmittel nur des Antragstellers (Karlsruhe NJW-RR 91, 462) **11** gegen Ablehnung der Beiordnung, § 127 Abs 2 S 2 (Düsseldorf MDR 88, 61); auch des beigeordneten Wahlanwalts gegen Verweigerung der Aufhebung seiner Beiordnung (Zweibrücken NJW 88, 570), gegen rückwirkende Aufhebung seiner Beiordnung (Karlsruhe NJW-RR 96, 1339) und gegen eingeschränkte Beiordnung nach Abs 3 (Brandenburg Büro 00, 481).

§ 122 Wirkung der Prozesskostenhilfe

(1) **Die Bewilligung der Prozeßkostenhilfe bewirkt, daß**
1. **die Bundes- oder Landeskasse**
   a) **die rückständigen und die entstehenden Gerichtskosten und Gerichtsvollzieherkosten,**
   b) **die auf sie übergegangenen Ansprüche der beigeordneten Rechtsanwälte gegen die Parteinur nach den Bestimmungen, die das Gericht trifft, gegen die Partei geltend machen kann,**
2. **die Partei von der Verpflichtung zur Sicherheitsleistung für die Prozeßkosten befreit ist,**
3. **die beigeordneten Rechtsanwälte Ansprüche auf Vergütung gegen die Partei nicht geltend machen können.**

(2) **Ist dem Kläger, dem Berufungskläger oder dem Revisionskläger Prozeßkostenhilfe bewilligt und ist nicht bestimmt worden, daß Zahlungen an die Bundes- oder Landeskasse zu leisten sind, so hat dies für den Gegner die einstweilige Befreiung von den in Absatz 1 Nr. 1 Buchstabe a bezeichneten Kosten zur Folge.**

1. Wirkung für den Antragsteller, Abs 1 **1**

a) Nr 1. Soweit der Partei nach den Anordnungen des Gerichts gemäß §§ 119, 121 PKH gewährt ist, kann die Staatskasse Kostenansprüche nach

GKG, GVKostG und § 130 BRAGO (übergegangene Ansprüche) gegen die Partei nur im Rahmen dieser Anordnungen geltendmachen; dies gilt auch gegenüber den Erben der Partei, die den Rechtsstreit nicht aufgenommen haben (Düsseldorf Rpfleger 99, 334); § 122 Abs 1 Nr. 1 b gilt auch für übergegangene Ansprüche der Gegenpartei (München FamRZ 01, 1156; MuFischer Rn 5; aA 23. Aufl, BGH NJW-RR 98, 70). Insoweit besteht auch keine Vorschusspflicht, zB nach § 379. Ist die Vernehmung der Partei oder ihr persönliches Erscheinen angeordnet oder nimmt sie an einem wichtigen Termin teil, so hat sie Anspruch auf Zusendung einer Fahrkarte (München MDR 97, 194) oder Erstattung der Reisekosten (Celle NdsRpfl 77, 190), nicht des Verdienstausfalls (Frankfurt MDR 84, 500; aA Stuttgart MDR 85, 852). Die Entscheidung hierüber vor Bewilligung der PKH ist ein Akt der Rechtsprechung, gegen Ablehnung eines Reisekostenvorschusses gibt es deshalb Beschwerde
2 nach § 127 (BGH 64, 139). – **b) Nr 2.** Befreiung von der Sicherheits-
3 leistung gemäß §§ 110 ff. – **c) Nr 3.** Beigeordnete RÄe haben Anspruch gegen die Staatskasse auf Erstattung von Auslagen und Gebühren gemäß §§ 121 ff BRAGO. Gegen die Partei können sie vertragliche Vergütungsansprüche nicht geltendmachen, auch wenn die Gebührentatbestände vor der Beiordnung erfüllt waren (München MDR 91, 62) oder der Anspruch gegen die Staatskasse verjährt ist (Köln FamRZ 95, 239).

4   **2. Wirkungen für die Gegenpartei, Abs 2.** Legt der Bewilligungsbeschluss der Partei keine Teilzahlungen aus dem Vermögen oder Monatsraten auf die Prozesskosten auf, so ist auch der Gegner von der Zahlung von Gerichts- und Gerichtsvollzieherkosten einstweilen, dh bis zum Eintritt der Voraussetzungen des § 125 Abs 2 befreit. Dies gilt nicht, soweit der (Rechtsmittel)Beklagte selbst angreift, zB Widerklage, Anschlussberufung.

§ 123 Kostenerstattung

Die Bewilligung der Prozeßkostenhilfe hat auf die Verpflichtung, die dem Gegner entstandenen Kosten zu erstatten, keinen Einfluß.

1   Die Bewilligung der PKH hat auf den Kostenerstattungsanspruch des Gegners und damit auf das Kostenfestsetzungsverfahren gemäß §§ 103 ff auf Antrag des obsiegenden Gegners (Celle NJW 73, 521) keinen Einfluss. Dies ist eine im Schrifttum stark kritisierte Regelung (Kollhosser ZRP 79, 297) im Interesse des obsiegenden Gegners. Wegen der ihm zu erstattenden außergerichtlichen Kosten hat die Partei, der PKH bewilligt ist, keinen Erstattungsanspruch gegen die Staatskasse (Hamm MDR 75, 412).

2   War dem Beklagten, dem durch gerichtliche Entscheidung die Kosten des Rechtsstreits auferlegt sind, PKH bewilligt, so hat der obsiegende Kläger gegen die Staatskasse Anspruch auf Erstattung der von ihm vor und nach Erlass der Kostenentscheidung geleisteten Vorschüsse auf die

Gerichtskosten (Düsseldorf MDR 99, 1466), und zwar auch dann, wenn PKH gegen Raten gewährt war (München OLGR 01, 74, Dresden MDR 01, 1073). Gegen den Beklagten hat er keinen Anspruch auf Erstattung der Gerichtskosten (BVerfG NJW 99, 3186, München FamRZ 01, 779); **anders,** soweit dem Bekl keine PKH gewährt wurde (Düsseldorf Büro 00, 425) oder der Bekl im Vergleich Gerichtskosten übernommen hat (BVerfG NJW 00, 3271, Düsseldorf Rpfleger 01, 87, Stuttgart FamRZ 01, 926).

§ 124 Aufhebung der Bewilligung

Das Gericht kann die Bewilligung der Prozeßkostenhilfe aufheben, wenn

1. **die Partei durch unrichtige Darstellung des Streitverhältnisses die für die Bewilligung der Prozeßkostenhilfe maßgebenden Voraussetzungen vorgetäuscht hat;**
2. **die Partei absichtlich oder aus grober Nachlässigkeit unrichtige Angaben über die persönlichen oder wirtschaftlichen Verhältnisse gemacht oder eine Erklärung nach § 120 Abs. 4 Satz 2 nicht abgegeben hat;**
3. **die persönlichen oder wirtschaftlichen Voraussetzungen für die Prozeßkostenhilfe nicht vorgelegen haben; in diesem Falle ist die Aufhebung ausgeschlossen, wenn seit der rechtskräftigen Entscheidung oder sonstigen Beendigung des Verfahrens vier Jahre vergangen sind;**
4. **die Partei länger als drei Monate mit der Zahlung einer Monatsrate oder mit der Zahlung eines sonstigen Betrages im Rückstand ist.**

1. Allgemeines. Beschlussverfahren nach § 127 Abs 1. Falls die Voraussetzungen vorliegen, steht die Aufhebung oder Änderung (Hamburg FamRZ 96, 874) im pflichtgemäßen Ermessen des Gerichts (Dresden FamRZ 98, 1522). Es kommt dabei auf die Schwere des Verstoßes bzw des Verschuldens (Brandenburg Rpfleger 01, 503) und auf die Härte für die Partei an (Bamberg FamRZ 96, 1427). Rechtliches Gehör ist vor der Beschlussfassung der Partei, der PKH gewährt ist, und ihrem RA zu gewähren. Rechtsirrtum des Gerichts rechtfertigt die Aufhebung der Bewilligung grundsätzlich nicht (Hamm NJW 84, 2837, Brandenburg FamRZ 00, 1229; weitergehend Bamberg FamRZ 89, 884). Änderung der Bewilligung wegen nachträglicher Veränderung im persönlichen und wirtschaftlichen Verhältnissen der Partei vgl § 120 Abs 4.

2. Aufhebungsgründe a) Nr 1. Die Partei hat vorsätzlich über das Streitverhältnis unrichtige oder unvollständige Angaben gemacht (§ 117 Abs 1) oder wesentliche Veränderungen nach Antragstellung nicht mitgeteilt (München FamRZ 98, 633) und dadurch das Gericht über die sachlichen Voraussetzungen ursächlich für die Bewilligung der PKH getäuscht (Oldenburg NJW 94, 807). Zuständig ist der Richter.

3   **b) Nr 2.** Die Partei hat vorsätzlich oder grob nachlässig unrichtige,
auch unvollständige (LAG Hamburg Rpfleger 97, 442, Brandenburg
FamRZ 98, 837) Angaben über die für die Bewilligung der PKH
maßgebenden persönlichen und wirtschaftlichen Verhältnisse (§ 117
Abs 2) gemacht oder sie hat trotz gerichtlicher Aufforderung keine
Erklärung über eine nachträgliche Veränderung dieser Verhältnisse abgegeben (§ 120 Abs 4 S 2; Koblenz FamRZ 00, 104). Diese Erklärung
kann sie auch noch im Beschwerdeverfahren nachholen, selbst wenn der
Prozess inzwischen rechtskräftig abgeschlossen ist (Frankfurt MDR 92,
293, Hamm FamRZ 00, 1225), die Verspätung muss nicht entschuldigt
werden (Stuttgart NJW-RR 97, 1026, Koblenz FamRZ 99, 1354,
Düsseldorf FamRZ 99, 1357; aA Koblenz Rpfleger 97, 442, Brandenburg FamRZ 98, 837). Die Erklärung kann auch in einem neuen
PKHAntrag nachgeholt werden (ZöPhilippi 10 a; aA Köln NJW-RR
98, 1775). Die Bewilligung ist nur insoweit aufzuheben, als der Partei
bei richtigen und vollständigen Angaben PKH nicht gewährt worden
wäre (Brandenburg Rpfleger 01, 503; weitergehend Köln FamRZ 87,
1169, Koblenz RPfleger 96, 355). Zuständig ist der Rechtspfleger (§ 20
Nr 4 c RpflG).
4   **c) Nr 3.** Zuständig ist der Rechtspfleger (§ 20 Nr 4 c RPflG). Nach
pflichtgemäßem Ermessen, wenn die für die Bewilligung maßgebenden
persönlichen und wirtschaftlichen Voraussetzungen (§ 115) im Zeitpunkt der Bewilligung nicht vorgelegen haben (Hamburg MDR 86,
243). Das sind in Abgrenzung zu Nr 2 die Fälle, in denen die Partei das
Fehlen der persönlichen und wirtschaftlichen Voraussetzungen, sei es
auch aus einfacher Fahrlässigkeit nicht kannte. Nicht anwendbar, wenn
die Partei die Angaben richtig und vollständig gemacht hatte (Bamberg
FamRZ 84, 1244, Hamburg FamRZ 96, 874). Auf das Fehlen der
sachlichen Voraussetzungen für die Bewilligung (§ 114 Rn 3–8) ist hier
nicht abgestellt. Zeitliche Grenze für die Aufhebung Ablauf von 4 Jahren
seit rechtskräftiger Entscheidung oder sonstiger ProzBeendigung.
5   **d) Nr 4.** Die Partei ist länger als 3 Monate im Rückstand, dh schuld-
haftem Verzug (BGH NJW 97, 1077) entweder mit mindestens einer
festgesetzten Monatsrate (§ 120 Abs 1) oder mit einer aus dem Vermögen gemäß § 115 Abs 2 (natürliche Partei) oder § 116 (Partei kraft
Amtes, jur Person, parteifähige Vereinigung) zu leistenden festgesetzten
Zahlung (§ 120 Abs 1). Zuständig ist der Rechtspfleger (§ 20 Nr 4 c
RPflG).

6   **3. Wirkung.** Mit der Aufhebung entfallen rückwirkend auf den Zeitpunkt der Bewilligung (Karlsruhe FamRZ 90, 1120) jedenfalls in den
Nrn 1 bis 3 alle Wirkungen der PKH gemäß § 122. Bereits entstandene
Gebührenansprüche des beigeordneten RA bleiben unberührt (Zweibrücken RPfleger 84, 115). Die Staatskasse kann ohne Beschränkung
Gerichts- und Gerichtsvollzieherkosten und die gemäß § 130 BRAGO
auf sie übergegangenen Ansprüche des beigeordneten RA erheben, der
sie seinerseits, soweit die Staatskasse ihn noch nicht befriedigt hat, gegen

die Partei geltend machen kann. Grundsätzlich gibt es nach rechtskräftiger Entziehung der PKH gem Nr 4 keine Neubewilligung (Düsseldorf FamRZ 96, 617, Koblenz FamRZ 96, 1426, LAG Bremen Rpfleger 01, 308).

§ 125 Einziehung der Kosten

(1) Die Gerichtskosten und die Gerichtsvollzieherkosten können von dem Gegner erst eingezogen werden, wenn er rechtskräftig in die Prozeßkosten verurteilt ist.

(2) Die Gerichtskosten, von deren Zahlung der Gegner einstweilen befreit ist, sind von ihm einzuziehen, soweit er rechtskräftig in die Prozeßkosten verurteilt oder der Rechtsstreit ohne Urteil über die Kosten beendet ist.

Soweit er dazu rechtskräftig verurteilt ist, können vom Gegner, jetzt **1** als Erstschuldner, die Gerichts- und Gerichtsvollzieherkosten beigetrieben werden, von deren Entrichtung die Partei, der PKH gewährt war, oder er selbst gemäß § 122 Abs 1, Abs 2 einstweilen befreit waren. Die Befreiung des Gegners endet gemäß Abs 2 auch nach Beendigung des Rechtsstreits ohne Urteil. Hat die Partei, der PKH gewährt war, im ProzVergleich die Kosten übernommen, so haftet der Gegner als Zweitschuldner und kann seinerseits die gesamten an die GerKasse geleisteten Vorschüsse gegen die bedürftige Partei festsetzen lassen (Koblenz BB 87, 1845).

§ 126 Beitreibung der Rechtsanwaltskosten

(1) Die für die Partei bestellten Rechtsanwälte sind berechtigt, ihre Gebühren und Auslagen von dem in die Prozeßkosten verurteilten Gegner im eigenen Namen beizutreiben.

(2) ¹Eine Einrede aus der Person der Partei ist nicht zulässig. ²Der Gegner kann mit Kosten aufrechnen, die nach der in demselben Rechtsstreit über die Kosten erlassenen Entscheidung von der Partei zu erstatten sind.

1. Festsetzung und Beitreibung. Es handelt sich hier nicht um den **1** Vergütungsanspruch des beigeordneten RA gegen seine Partei, sondern um deren Erstattungsanspruch gegen die verurteilte Gegenpartei. Er umfasst die volle gesetzliche Vergütung, soweit nicht seine Partei oder die Staatskasse bereits bezahlt haben (KG RPfleger 87, 333).

a) Das **eigene Beitreibungsrecht des Rechtsanwalts** ist vergleich- **2** bar dem Einziehungsrecht in § 835 (vgl Habscheid-Schlosser ZZP 75, 304 ff). Mit Wirkung gegen den beigeordneten RA kann seine Partei während bestehender Verstrickung nicht über den Erstattungsanspruch verfügen (Koblenz RPfleger 96, 252), der Gegner an sie nicht schuldbefreiend zahlen. Diese Verstrickung endet, sobald dem Gegner der Beschluss zugestellt ist, der die Kosten auf den Namen der Partei festsetzt und zwar solange, bis dieser KfB aufgehoben oder durch einen zweiten, auf den Namen des RA erlassenen ersetzt ist (BGH NJW 94, 3292). Einwendungen des Gegners gegen die Beitreibung durch den RA ohne KfB auf seinen Namen sind mit Klage nach § 767 geltend zu machen (BGH 5, 251). Hat der Gegner vor Rechtskraft des Urteils die Kosten an den RA bezahlt und entscheidet die höhere Instanz anders oder vergleichen sich die Parteien – aber nicht mehr nach Rechtskraft (Köln MDR 56, 363) –, treten die Folgen des § 717 Abs 2 ein, gegebenenfalls auch § 945.

3   **b)** Als Folge der Verstrickung kann der **Rechtsanwalt** die zu erstattenden Kosten **auf eigenen Namen** festsetzen lassen. Dann ist er selbst Partei im Festsetzungsverfahren; dieser Wille muss aus dem Antrag klar hervorgehen. Beteiligt am Kostenfestsetzungsverfahren und beschwerdeberechtigt sind in diesem Fall nur der beigeordnete RA und die Gegen-, nicht die eigene Partei, der PKH gewährt war (Hamm NJW 68, 405). Ist für die Partei festgesetzt, bleibt das Recht des RAs auf Festsetzung auf seinen Namen erhalten, er muss dann aber eine Erfüllung an die Partei oder eine Aufrechnung gegenüber der Partei gegen sich gelten lassen (München NJW-RR 98, 214, Düsseldorf FamRZ 98, 847).

4   **c) Umschreibung** des auf den Namen der Partei lautenden Kostenfestsetzungsbeschlusses auf den Namen des RAs ist möglich. Sie fällt nicht unter § 727, sondern schafft einen neuen Titel mit neuer Rechtsmittelmöglichkeit, selbst wenn der zugunsten der Partei ergangene Beschluss schon rechtskräftig war (KG RPfleger 77, 451). Die Umschreibung wird deshalb teilweise nicht, teilweise nur dann für zulässig gehalten, wenn keine Verwirrung zu befürchten ist. Nachweise zu dieser Streitfrage vgl StJBork Rn 16–21 und BGH 5, 251.

5   **d)** Soweit die **Staatskasse** den RA bezahlt hat, geht dessen Erstattungsanspruch auf sie über (§ 130 Abs 1 BRAGO), auch wenn der Gegenpartei ebenfalls PKH gewährt war (BGH NJW-RR 98, 70).

6   **2. Einwendungen.** Abs 2 S 1 ist verfassungskonform (BGH NJW-RR 91, 254). – **a) Ausgeschlossene Einwendungen.** Der Gegner kann dem beigeordneten RA während der Verstrickung des Erstattungsanspruchs (vgl Rn 2) keine Einwendungen entgegensetzen, die seine eigenen Rechtsbeziehungen zur anderen Partei betreffen, vor allem also nicht Zahlung an, Aufrechnung durch oder gegen sie (BGH NJW 94, 3292). Ausgenommen sind nach Abs 2 S 2 lediglich Gegenansprüche auf Kosten desselben Rechtsstreits, die die Partei, der PKH bewilligt war, wegen Teilung (§ 92) oder Aussonderung (zB §§ 94, 95) ihrerseits

7 zu erstatten hat. – **b) Nicht ausgeschlossen** sind Einwendungen des Gegners, die bereits vor Wirksamwerden des Kostentitels entstanden sind und die Entstehung des Erstattungsanspruchs hindern (Frankfurt NJW 69, 144) und Einwendungen, die entstanden sind, nachdem der auf den Namen der Partei (soweit man dies überhaupt für zulässig hält, vgl Rn 3) ergangene Kostenfestsetzungsbeschluss dem Gegner zugestellt ist, bis zu dem Augenblick, wo der Umschreibungsbeschluss (vgl Rn 4)

zugestellt ist (BGH NJW 94, 3292/3294). – c) **Nicht einschlägig** ist 8
Abs 2 für Einwendungen, die in dem Verhältnis der Partei zu ihrem
beigeordneten RA begründet sind.

§ 127 Entscheidungen

(1) [1]Entscheidungen im Verfahren über die Prozeßkostenhilfe
ergehen ohne mündliche Verhandlung. [2]Zuständig ist das Gericht des ersten Rechtszuges; ist das Verfahren in einem höheren
Rechtszug anhängig, so ist das Gericht dieses Rechtszuges zuständig. [3]Soweit die Gründe der Entscheidung Angaben über die
persönlichen und wirtschaftlichen Verhältnisse der Partei enthalten, dürfen sie dem Gegner nur mit Zustimmung der Partei
zugänglich gemacht werden.

(2) [1]Die Bewilligung der Prozeßkostenhilfe kann nur nach
Maßgabe des Absatzes 3 angefochten werden. [2]Im Übrigen findet die sofortige Beschwerde statt; dies gilt nicht, wenn der
Streitwert der Hauptsache den in § 511 genannten Betrag nicht
übersteigt, es sei denn, das Gericht hat ausschließlich die persönlichen oder wirtschaftlichen Voraussetzungen für die Prozeßkostenhilfe verneint. [3]Die Notfrist des § 569 Abs. 1 Satz 1 beträgt
einen Monat.

(3) [1]Gegen die Bewilligung der Prozeßkostenhilfe findet die
sofortige Beschwerde der Staatskasse statt, wenn weder Monatsraten noch aus dem Vermögen zu zahlende Beträge festgesetzt
worden sind. [2]Die Beschwerde kann nur darauf gestützt werden,
daß die Partei nach ihren persönlichen und wirtschaftlichen
Verhältnissen Zahlungen zu leisten hat. [3]Die Notfrist des § 569
Abs. 1 Satz 1 beträgt einen Monat und beginnt mit der Bekanntgabe des Beschlusses. [4]Nach Ablauf von drei Monaten seit
der Verkündung der Entscheidung ist die Beschwerde unstatthaft. [5]Wird die Entscheidung nicht verkündet, so tritt an die
Stelle der Verkündung der Zeitpunkt, in dem die unterschriebene Entscheidung der Geschäftsstelle übergeben wird. [6]Die
Entscheidung wird der Staatskasse nicht von Amts wegen mitgeteilt.

(4) **Die Kosten des Beschwerdeverfahrens werden nicht erstattet.**

Abs 2 und 3 geändert mWv 1. 1. 2002 durch Art 2 Abs 1 Nr 17 ZPO-RG.

1. Verfahren, Abs 1. Sämtliche Entscheidungen im Verfahren über 1
die PKH ergehen ohne mündliche Verhandlung durch Beschluss (§ 128
Abs 4). Zuständig ist das ProzessGer (Einzelrichter § 348 Abs 1,
§§ 348 a, 526, Vorsitzender der KfH § 349 Abs 2 Nr 7) bzw das Vollstreckungsgericht, ggf der Rechtspfleger (§ 20 Nr 4, 5 RPflG) und zwar
des Rechtszugs, in dem das Verfahren anhängig ist. Das Gericht der
1. Instanz ist wieder zuständig, sobald ihm die Prozessakten gemäß

§ 541 Abs 2 zurückgesandt worden sind (Celle RPfleger 96, 278, Karlsruhe Rpfleger 00, 447). Verkündung (§ 329 Abs 1) bzw Bekanntgabe (§ 329 Abs 2) an Antragsteller, beigeordneten RA (§ 121). Wird PKH abgelehnt oder nur gegen Ratenzahlung bzw Zahlungen aus dem Vermögen gewährt, ist **Zustellung** erforderlich (§ 329 Abs 3). Steht die PKH für Rechtsmittelkläger in Frage, ist wegen § 234 Abs 1 förmlich zuzustellen. Der Beschluss enthält keine Kostenentscheidung (§ 118 Abs 1 S 4, 5). Soweit sofortige Beschwerde statthaft, ist er zu begründen (§ 329 Rn 10). Keine PKH für das Beschwerdeverfahren, vgl § 114 Rn 1.

2   **2. Sofortige Beschwerde des Antragstellers, Abs 2.** Kein Anwaltszwang, § 569 Abs 3 Nr 2 – **a) Statthaft** gegen alle ihm ungünstigen Beschlüsse (ähnlich Hamm FamRZ 89, 412) des AG oder LG in 1. Instanz, gegen solche des OLG oder LG in 2. Instanz ausnahmsweise bei greifbarer Gesetzwidrigkeit (§ 567 Rn 8, 9). Auch gegen die Festsetzung von Raten oder Zahlungen aus dem Vermögen. Auch gegen verfahrenswidrige Anordnung einer Beweisaufnahme, wenn darin eine stillschweigende Ablehnung der Bewilligung liegt (Köln NJW-RR 99, 580). Ebenso gegen die Ablehnung der Entpflichtung des beigeordneten
3   RA (Düsseldorf FamRZ 95, 241). Ausnahmen s Rn 6. – **b)** Zur Zulässigkeit genügt materielle **Beschwer** (16 ff vor § 511, vgl auch § 567 Rn 1) ohne Wertgrenze, wenn die persönlichen oder wirtschaftlichen Voraussetzungen für die PKH ganz oder teilweise verneint wurden. Wird die Ablehnung der PKH (auch) auf fehlende Erfolgsaussicht gestützt, muss Streitwert der Hauptsache über 600 € liegen. Dass der Beschwerde gegen die Ablehnung der PKH im Hinblick auf die Zulässigkeit eines neuen Antrags das Rechtsschutzbedürfnis fehle, wie lediglich auf neues Vorbringen gestützt wird (so Karlsruhe MDR 89, 918), trifft nicht zu, weil die Beschwerde für ihre Zulässigkeit überhaupt keiner Begründung bedarf und weil gemäß § 571 Abs 2 S 1 neues
4   Vorbringen zulässig ist (Brandenburg FamRZ 98, 1521). – **c) Frist.** Die sofortige Beschwerde ist innerhalb einer Notfrist von einem Monat einzulegen (Abs 2 S 3); Beginn mit Zustellung des Beschlusses nach § 329 Abs 3, spätestens mit Ablauf von fünf Monaten ab Verkündung
5   (§ 569 Abs 1 S 2). – **d) Nachträgliche Beschwerde** nach Beendigung der Instanz ist zulässig (Karlsruhe MDR 82, 328, KG FamRZ 86, 825, Köln FamRZ 87, 962), auch noch nach rechtskräftigem Abschluss oder Erledigung der Hauptsache (Celle FamRZ 91, 1459), wenn die Frist des Abs 2 S 3 gewahrt ist. Die gegenteilige Auffassung, die Beschwerde sei unzulässig (Düsseldorf OLGZ 89, 255, Oldenburg NJW-RR 91, 189, Karlsruhe FamRZ 95, 240) oder nur zulässig, wenn PKH rückwirkend bewilligt werden dürfe (§ 119 Rn 2; Hamm NJW 69, 1355, KG OLG 69, 445, 446, Koblenz NJW 76, 1460), verwechselt Zulässigkeit der Beschwerde mit Begründetheit des Bewilligungsantrags (zustimmend Köln FamRZ 85, 828, Frankfurt MDR 86, 857, München MDR 87, 240). Das gilt auch, wenn die Vorinstanz PKH mangels Erfolgsaussicht

abgelehnt und über die Hauptsache inzwischen rechtskräftig zu Ungunsten des Antragstellers entschieden hat. Die Beschwerde ist dann unbegründet, weil das Beschwerdegericht die sachliche Voraussetzung der Erfolgsaussicht wegen der Rechtskraftwirkung der Hauptsacheentscheidung nicht mehr abweichend beurteilen darf (BFH DB 84, 2495, Köln NJW-RR 98, 511, Naumburg OLG-NL 99, 48, MüKo/Wax 16, Zö-Philippi 52). Die gegenteilige Auffassung, die Erfolgsaussicht könne abweichend vom Ergebnis der Hauptsacheentscheidung beurteilt werden (Karlsruhe NJW-RR 01, 656), lässt die Rechtskraftwirkung außer Acht. – **e) Unstatthaft** gegen Entscheidungen des OLG und des LG im 6 Berufungs- und Beschwerdeverfahren (§ 567 Abs 1; s aber Rn 2), also auch gegen Ablehnung der PKH für eine Wiederaufnahmeklage gegen ein Berufungsurteil, die nach § 584 vor dem LG zu erheben ist (KG JR 63, 387). Verletzung rechtlichen Gehörs macht die Beschwerde entgegen Abs 2 nicht statthaft (BGH FamRZ 89, 265). Ebenso nicht Verzögerung der Entscheidung über das PKH-Gesuch (Karlsruhe FamRZ 89, 767; streitig). Ein Beschwerderecht des beigeordneten RA besteht nur gegen Entscheidungen nach § 120 Abs 3, ansonsten ist seine Beschwerde unstatthaft (Stuttgart Rpfleger 92, 527, Köln FamRZ 97, 1283, MüKo/Wax 40).

3. Sofortige Beschwerde der Staatskasse. Abs 3 Satz 6 ist verfas 7 sungskonform (BVerfG NJW 95, 581). – **a) Statthaft** gegen die unterbliebene Festsetzung von Monatsraten oder von Zahlungen aus dem Vermögen (München FamRZ 93, 821) bei Bewilligung von PKH durch AG oder LG in 1. Instanz, auch gegen die Ablehnung der Abänderung zum Nachteil des Bedürftigen gemäß § 120 Abs 4 (München RPfleger 94, 218, Nürnberg FamRZ 95, 1592). Gleichgültig ist hier, ob der Streitwert der Hauptsache 600 € übersteigt, weil es nur um die Überprüfung der wirtschaftlichen und persönlichen Verhältnisse geht. Die Beschwerde ist nur zulässig, wenn sie darauf gestützt ist, dass die Partei nach ihren wirtschaftlichen und persönlichen Verhältnissen möglicherweise (Frankfurt FamRZ 92, 838) Zahlungen zu leisten hat. Trifft dies zu, so ist die Beschwerde begründet. – **b) Frist.** Auch die Beschw der 8 Staatskasse ist fristgebunden. Die Notfrist von einem Monat (Abs 3 S 3) beginnt mit Kenntnisnahme durch den Bezirksrevisor bei Stichproben. – **c) Unstatthaft** gegen die Bewilligung als solche (BGH WM 92, 2038); 9 gegen die Erstreckung der PKH auf Reisekosten (Nürnberg FamRZ 98, 252); gegen rückwirkende Bewilligung auf einen Zeitpunkt vor Eingang des Antrags (Düsseldorf FamRZ 88, 1299); gegen rückwirkende Bewilligung ohne deren Voraussetzung (KG FamRZ 00, 838); gegen die Beiordnung eines RA (Düsseldorf MDR 89, 827). Außerdem nach Ablauf von 3 Monaten seit Verkündung, ersatzweise seit Übergabe der unterschriebenen Bewilligung an die Geschäftsstelle. Von Amts wegen ist der Beschluss der Staatskasse nicht mitzuteilen. Außerdem unstatthaft gegen Beschlüsse des OLG und des LG im Berufungs- und Beschwerdeverfahren (§ 567 Abs 1); Ausnahme vgl Rn 2 (Karlsruhe FamRZ 99, 307).

10   **4. Entscheidung.** Maßgebender Zeitpunkt ist idR die Beschlussfassung über die Beschwerde (Köln MDR 92, 514); in Fällen verfahrensordnungswidriger Verzögerung der Entscheidung über den Antrag in erster Instanz kann es der Zeitpunkt sein, in dem sie ordnungsgemäß über den Antrag hätte entscheiden können (Hamm FamRZ 89, 1202, Karlsruhe FamRZ 92, 195). Trotz Klageabweisung ist nachträglich PKH zu gewähren, wenn ein Vertrauenstatbestand (Klagezustellung; mündl Verhandlung im Verf der einstw Verfügung) geschaffen war (Karlsruhe FamRZ 99, 994). Die Beschränkung in Abs 1 S 3 schützt das Persönlichkeitsrecht des Antragstellers. Davon betroffene Passagen in den Gründen sind nicht zu verkünden bzw zu schwärzen (Brandenburg Büro 00, 366). Vgl auch § 118 Abs 2 S 2. Rechtsbeschwerde nur nach Zulassung durch das BeschwGer statthaft (§ 574 Abs 1 Nr 2).

11   **5. Kosten:** Ist die Beschwerde dessen, der PKH beantragt hat, erfolglos, trägt er gem § 49 GKG, 1956 KV ohne Ausspruch die Gerichtskosten. Kostenerstattung gibt es nicht, auch nicht auf Grund der Kostenentscheidung im Erkenntnisverfahren (KG RPfleger 95, 508). Abs 4 ist nicht verfassungswidrig (Koblenz NJW-RR 95, 768, München NJW-RR 01, 1437)..

§ 127 a Prozesskostenvorschuss einer Unterhaltssache

(1) **In einer Unterhaltssache kann das Prozeßgericht auf Antrag einer Partei durch einstweilige Anordnung die Verpflichtung zur Leistung eines Prozeßkostenvorschusses für diesen Rechtsstreit unter den Parteien regeln.**

(2) [1]**Die Entscheidung nach Absatz 1 ist unanfechtbar.** [2]**Im übrigen gelten die §§ 620 a bis 620 g entsprechend.**

1   Betrifft nur Unterhaltssachen, insbes § 621 Abs 1 Nr 4, 5. Gleiche Regelung für Ehesachen in § 620 Nr 9, für andere Familiensachen in § 621 f. Für das Verfahren gelten §§ 620 a bis g entsprechend. Vgl dazu § 621 f Rn 1–6. Ob neben § 127 a einstw Vfg zulässig, ist umstritten (§ 940 Rn 9). Kein Anspruch auf Prozesskostenvorschuss zwischen geschiedenen Ehegatten (BGH 89, 33; streitig).

Abschnitt 3. Verfahren

Titel 1. Mündliche Verhandlung

§ 128 Grundsatz der Mündlichkeit; schriftliches Verfahren

(1) **Die Parteien verhandeln über den Rechtsstreit vor dem erkennenden Gericht mündlich.**

(2) ¹Mit Zustimmung der Parteien, die nur bei einer wesentlichen Änderung der Prozeßlage widerruflich ist, kann das Gericht eine Entscheidung ohne mündliche Verhandlung treffen. ²Es bestimmt alsbald den Zeitpunkt, bis zu dem Schriftsätze eingereicht werden können, und den Termin zur Verkündung der Entscheidung. ³Eine Entscheidung ohne mündliche Verhandlung ist unzulässig, wenn seit der Zustimmung der Parteien mehr als drei Monate verstrichen sind.

(3) Ist nur noch über die Kosten zu entscheiden, kann die Entscheidung ohne mündliche Verhandlung ergehen.

(4) Entscheidungen des Gerichts, die nicht Urteile sind, können ohne mündliche Verhandlung ergehen, soweit nichts anderes bestimmt ist.

Übersicht

Abs 3 geändert, Abs 4 eingefügt mWv 1. 1. 2002 durch Art 2 Abs 1 Nr 18 ZPO-RG.

I. Abs 1 enthält den **Grundsatz der mündlichen Verhandlung.** 1

1. Geltungsbereich. Die Mündlichkeit ist grundsätzlich vorgeschrieben für die Verhandlung der Parteien vor dem erkennenden Gericht. – **a) Verhandlung** zur Hauptsache (§ 39 Rn 5) oder über 2 prozessuale Fragen; streitig den im Falle der Säumnis einseitig. Die Beweisaufnahme ist nicht Verhandlung. – **b) Partei.** Begriff Rn 2 vor 3 § 50. Dazu zählen hier auch die Streithelfer (§§ 66 ff). Der Grundsatz gilt auch bei Zwischenstreitigkeiten mit Dritten, soweit dafür ausdrücklich mdl Vhdl, zB §§ 71, 135 oder Entscheidung durch Urt, zB § 387, vorgeschrieben ist. – **c) Vor dem erkennenden Gericht,** auch Ein- 4 zelrichter (§ 348 Abs 1, §§ 348 a, 526) und Vorsitzender der KfH (§ 349 Rn 1). Also nicht vor dem beauftragten oder ersuchten Richter, nicht für Maßnahmen des Vorsitzenden, Rechtspflegers, Urkunds- oder Zustellungsbeamten; nicht für Akte, die ihrem Wesen nach zur Justizverwaltung gehören, zB Richterablehnung (§ 46 Abs 1), PKH-Gesuch.

5   **2. Bedeutung. – a)** Ohne **mündliche Verhandlung** darf nicht entschieden werden (BAG NJW 96, 2749). Das gilt, von den Ausnahmen in Abs 2, Abs 3 und in §§ 307 Abs 2, 331 Abs 3, 495 a abgesehen, für alle Entscheidungen, die durch Urteil ergehen, also über Klagen und Scheidungsanträge, ferner zB §§ 714, 925, 926 Abs 2, 927 Abs 2, für Entscheidungen, die durch Beschluss ergehen, wenn das Gesetz mdl Vhdl vorschreibt, zB §§ 320 Abs 3, 1063 Abs 2. Näheres Rn 11–19. –

6   **b) Entscheidungsgrundlage** darf nur sein, was Gegenstand der mündlichen Verhandlung war (BGH 116, 47, NJW 97, 397). Dabei gilt der Grundsatz, dass durch Antragstellung und Verhandlung der gesamte bis zum Termin angefallene Inhalt der Gerichtsakten zum Gegenstand der mündlichen Verhandlung gemacht ist (BGH NJW 94, 3295). In der Verhandlung müssen die Sach- und Beweisanträge gestellt, Prozessrügen erhoben, die Ergebnisse einer kommissarischen Beweisaufnahme vorgetragen werden (§ 285 Abs 2). – Daraus folgt, dass bei **Richterwechsel** die Parteien den Inhalt der bisherigen Verhandlung zu berichten haben und dass nur die Richter entscheiden dürfen, vor denen zuletzt verhandelt wurde (§ 309). Einen von keiner Partei vorgetragenen Sachverhalt darf das Gericht bei der Würdigung einer Indiztatsache auch nicht als Möglichkeit berücksichtigen, außer sie stellt sich als Folge einer allgemeinen Erfahrung dar (BGH WM 78, 244). – Dem Vortrag ist in § 137 Abs 3 (dort Rn 3) die **Bezugnahme auf Schriftstücke** in mdl Vhdlg gleichgestellt (BGH NJW 97, 397). Schriftliches Vorbringen ist ausnahmsweise Entscheidungsgrundlage in den Fällen der Abs 2, 3, der §§ 139 Abs 5, 283, 251 a, 307 Abs 2, § 331 Abs 3, des § 358 a. – **c) Alles mündlich Vorgetragene** muss in der Entscheidung berücksichtigt werden, auch wenn nicht schriftsätzlich angekündigt wurde (zB die Sachanträge iF des § 297 Abs 1 S 3). Nicht mehr zulässiges Vorbringen (zB §§ 296, 531 f) ist in der Entscheidung zurückzuweisen.

10   **3. Verstoß** gegen den Grundsatz der Mündlichkeit ist als wesentlicher Verfahrensmangel durch Rechtsmittel geltend zu machen (BGH LM Nr. 4). Im Hinblick auf Abs 2 ist Heilung nach §§ 295, 534 möglich.

11   **II. Freigestellte mündliche Verhandlung**

1. Fälle. – a) Abs 3 stellt die mdl Vhdlg in das Ermessen des Ger, wenn durch SchlussUrt nur noch über die Kosten des Rechtsstreits zu entscheiden ist. Bei Entscheidung ohne mdl Vhdlg ist nach Rn 32–36 zu verfahren.– **b) Abs 4** stellt klar, dass alle Entscheidungen des Ger, die nicht Urt sind, ohne mdl Vhdlg ergehen können. Das sind alle Beschlüsse des Kollegiums, des ER, des beauftragten oder ersuchten Richters sowie des Rechtspflegers, ferner alle Verfügungen. Unberührt bleiben Vorschriften, die trotz Beschlussentscheidung mdl Vhdlg anordnen, zB § 320 Abs 3, § 1063 Abs 2. – **c)** Vorsitzender, beauftragter oder ersuchter Richter, UrkBeamter und Rechtspfleger (Rn 4) können für die von ihnen zu treffenden Entscheidungen mdl Vhdlg anordnen. Sie wird aber selten erforderlich sein.

2. Anordnung. – a) Einleitung des Verfahrens in der Regel **14** durch schriftliches Gesuch oder – im Bereich des Anwaltszwangs nur, wenn ausdrücklich zugelassen; dann ohne Anwaltszwang, § 78 Abs 3 – durch Antrag zu Protokoll der Geschäftsstelle, ausnahmsweise auch von Amts wegen (zB § 319). Rücknahme des Antrags ist zulässig in den Formen, in denen er gestellt werden kann, oder in mdl Vhdlg. – **b)** Es **15** steht im **Ermessen** des Gerichts, ob es mdl Vhdlg anordnet (auch nachträglich) oder nicht. Sie wird durch Gerichtsbeschluss angeordnet; wenn er die Terminsbestimmung enthält, ist er förmlich zuzustellen (§ 329 Abs 2 S 2). Anordnung oder Ablehnung der mdl Vhdlg sind nicht beschwerdefähig.

3. Verfahren bei freigestellter Verhandlung. – a) Form und **16** Gang, ebenso die Beweiserhebung, folgen den allg Regeln der §§ 128a bis 165; Anwaltszwang gem § 78. Im Arrest-, einstw Verfgs- und Vollstreckbarerklärungsverfahren für Schiedssprüche steht die freigestellte mdl Vhdlg, wenn sie angeordnet ist, der notwendigen gleich (§§ 922 Abs 1, 936, 1063 Abs 1, hier aber Entscheidung durch Beschluss). In allen anderen Fällen hat sie nur den Zweck, dem Gericht eine genauere Information und den Parteien eine Ergänzung ihrer schriftlichen Erklärungen zu ermöglichen. Das in Rn 5–9 Gesagte gilt hier nicht. – **b) Entscheidungsgrundlage** ist neben dem Ergebnis der **17** Verhandlung und einer etwaigen Beweisaufnahme der gesamte schriftliche Akteninhalt im Zeitpunkt des Entscheidungserlasses (§ 329 Rn 5). Es gibt kein Versäumnisverfahren. Die Entscheidung ergeht außer in den Fällen der Rn 16 durch Beschluss (§ 329 Abs 1).

4. Verfahren ohne freigestellte Verhandlung. Beginn wie Rn 14. **18** Grundsätzlich ist dem Gegner rechtliches Gehör zu gewähren, Art 103 Abs 1 GG. Näheres Einl I Rn 9 ff. Über beweisbedürftige Tatsachen (1 vor § 284) ist nach den allg Regeln Beweis zu erheben, außer wenn nach ausdrücklicher Vorschrift Glaubhaftmachung genügt. **Entscheidung 19 dung** stets durch Beschluss, Bekanntgabe nach § 329 Abs 2. Entscheidungsgrundlage ist der gesamte Akteninhalt und das Ergebnis einer Beweisaufnahme.

III. Das Verfahren ohne mündliche Verhandlung mit Zustim- 20 mung der Parteien (Abs 2) ist eine Ausnahme von dem in Rn 1–10 erläuterten Mündlichkeitsgrundsatz.

1. Zulässigkeit. – a) Abs 2 gilt für **alle Verfahren** der ZPO mit **21** notwendiger mdl Vhdlg und in allen Instanzen. Er gilt nicht im arbeitsgerichtlichen Urteilsverfahren (§ 46 Abs 2 S 2 ArbGG). – **b)** Da Abs 2 **22** der **Vereinfachung** und der **Beschleunigung** dient (BGH 18, 61), ist das schriftliche Verfahren zur Einsparung einer mdl Vhdlg stets zulässig, im unmittelbaren Anschluss an sie nur, wenn der Rechtsstreit in Einzelfällen noch nicht zur Entscheidung reif ist, Verkündungstermin ohne

weiteres Vorbringen deshalb nicht angesetzt werden kann. Verstoß dagegen ist Verfahrensmangel, Revisionsgrund aber nur, wenn das Urteil
23 im Einzelfall auf ihm beruht (BGH 17, 118, NJW 92, 2146). – **c) Unabhängig von § 128** ist auf Antrag des Klägers im schriftlichen Vorverfahren Erlass eines Anerkenntnisurteils gemäß § 307 Abs 2 und Erlass einer Entscheidung bei Säumnis des Bekl gemäß § 331 Abs 3 zulässig.

24 **2. Zustimmung. – a) Zu erklären** durch **beide Parteien** in mdl Vhdlg oder schriftlich, außerhalb des Anwaltszwangs (§ 78) auch zu Protokoll der Geschäftsstelle. Fernmündlich genügt nicht (BVerwG NJW 81, 1852). Es genügt auch nicht, wenn eine Partei ihre Zustimmung erklärt und erst nach deren Widerruf die andere Partei zustimmt
25 (BGH NJW 01, 2479). Bei notwendiger **Streitgenossenschaft** (§ 62) müssen alle, bei Erklärung in mdl Vhdlg alle anwesenden Streitgenossen einverstanden sein. Bei einfacher Streitgenossenschaft (§§ 59 ff) wirkt die Zustimmung jedes einzelnen Genossen nur für seinen Prozess (§ 61 Rn 5). Stimmt einer nicht zu, ist schriftliche Entscheidung unzweckmäßig, notfalls Trennung nach § 145 oder Teilurteil nach § 301. Die Zustimmung des Nebenintervenienten ist nicht erforderlich, genügt aber, wenn die unterstützte Partei, die Gelegenheit zur Äußerung hatte, nicht widerspricht, § 67 (RoSchw/Gottwald § 109 I 1 a). Die Zustimmung des im Termin anwesenden streitgenössischen Nebenintervenienten ist nötig (§ 69 Rn 5; teilw aA RoSchw/Gottwald aaO). Im Falle des § 387 ist auch Einverständnis des Zeugen nötig (Frankfurt NJW 68, 1240). In den Fällen der §§ 307 Abs 2, 331 Abs 3 genügt Antrag des
26 Klägers. – **b)** Die Erklärung der Zustimmung **ist Prozesshandlung** (Einl III); sie muss eindeutig, wenn auch nicht ausdrücklich sein. Schweigen auf die Ankündigung des Gerichts, dass schriftlich entschieden werde, genügt nicht (München NJW 55, 995). Sie kann nicht von einer Bedingung zB bestimmter Besetzung des Gerichts, Art der erwarteten Entscheidung abhängig gemacht werden und ist widrigenfalls
27 unwirksam (BGH 18, 61). Sie ist nicht anfechtbar. – **c) Widerruf** der Zustimmung ist zulässig, solange die Gegenpartei nicht zugestimmt hat (BGH NJW 01, 2479), sonst nur bei wesentlicher Veränderung der Prozesslage (Abs 2 S 1), zB wenn ein Schriftsatz des Gegners mit neuen Sachanträgen, uU auch mit wesentlich anderen Behauptungen oder Beweismitteln eingeht. Für den Widerruf gilt iü dasselbe wie für die
28 Erklärung des Einverständnisses. – **d)** Die Zustimmung erstreckt sich nur auf die **nächste Entscheidung** und wird durch sie verbraucht, wenn sie Endentscheidung ist oder diese wesentlich vorbereitet, zB Auflagen- und Beweisbeschluss (BGH 31, 210/215). Antrag auf schriftliche Entscheidung vor dem Vorsitzenden ohne weitere Angabe deckt Entscheidung durch die KfH. Einverständnis mit schriftlicher Entscheidung durch den Einzelrichter deckt nicht Urteil des Senats (BGH 18,
29 61). – **e) Bei fehlender Zustimmung** oder wirksam widerrufener darf keine Entscheidung ohne mdl Vhdlg ergehen. Bei Verstoß unterliegt sie

dem gegebenen Rechtsmittel, sofern sie auf diesem Verfahrensmangel beruht.

3. Entscheidung. – a) Im Ermessen des Gerichts steht, ob es bei **30** Vorliegen der Voraussetzungen Rn 21–29 schriftlich entscheidet. Es kann trotz Zustimmung der Parteien mdl Vhdlg bestimmen, wird dies aber nur tun, wenn es mdl Erörterung für zweckmäßiger hält. – **b) In-** **31** **haltlich** kann jede nach Prozesslage zulässige Entscheidung ergehen. Ob überhaupt einmal mdl verhandelt wurde oder nicht, bleibt im Gegensatz zu § 251a gleich. – **c) Die Anordnung** schriftlicher Entscheidung **32** ergeht durch Beschluss des Prozessgerichts entweder in mdl Vhdlg oder alsbald (Abs 2 S 2), das heißt unverzüglich nach Eingang der letzten Zustimmungserklärung. In dem Beschluss ist der Zeitpunkt zu bestimmen, bis zu dem noch Schriftsätze eingereicht werden können. Dieser Zeitpunkt setzt, falls EndUrt ergeht, den Schluss der Vhdlg fest, andernfalls den Zeitpunkt, bis zu dem die Parteien gemäß § 282 Abs 1 ihren Vortrag vervollständigen müssen, wenn nicht durch weitere Fristsetzung nach §§ 273 Abs 2 S 1, 276 Abs 1 S 2, Abs 3 für bestimmtes Vorbringen eine bereits früher ablaufende Frist gesetzt wurde oder wird. Außerdem ist Verkündungstermin zu bestimmen, der wegen Abs 2 S 3 nicht später als 3 Monate seit der letzten Zustimmungserklärung angesetzt werden darf. Dadurch wird eine Prozessverzögerung durch das schriftliche Verfahren vermieden. – **d) Dem Schluss der mündlichen Ver-** **33** **handlung entspricht,** falls EndUrt ergeht, der im Beschluss gemäß Abs 2 S 2 bestimmte Zeitpunkt, bis zu dem Schriftsätze eingereicht werden können (BT-Drucksache 7/2729 S 55). Der Zeitpunkt ist bedeutungsvoll für die Präklusionswirkung der Rechtskraft (§ 322 Rn 36 ff) und der §§ 323, 767, für die Rechtzeitigkeit des Vorbringens (§ 296 Abs 2), für die Übertragbarkeit des Rechtsstreits an den Einzelrichter gem § 348a Abs 1 Nr 3 (München NJW-RR 86, 1512). Ist im Einzelfall eine Schriftsatzfrist nicht bestimmt, zB weil nach widerrufenem Vergleich oder nach Beweisaufnahme nicht vor dem erkennenden Gericht ohne weiteres Vorbringen schriftlich entschieden werden soll, so ist maßgebend der Erlass des Beschlusses, der schriftliche Entscheidung und den Verkündungstermin anordnet (aA ZöGreger 18: Verkündungstermin). Verlängerung der Schriftsatzfrist und Verlegung des Termins, der dem Schluss der mündlichen Verhandlung entspricht, ist unter Wahrung der Dreimonatsfrist in Abs 2 S 3 zulässig. Ist dies nicht möglich, vgl Rn 35. – **e) Entscheidungsgrundlage** ist das Ergebnis einer **34** etwaigen mdl Vhdlg und Beweisaufnahme sowie der gesamte Akteninhalt, der in dem in Rn 33 genannten Zeitpunkt vorliegt. Für spätere Schriftsätze gilt § 296a. Sie können zur nachträglichen Bestimmung eines späteren Zeitpunkts für die Einreichung eines Erwiderungsschriftsatzes, ggf mit Verlegung des Verkündungstermins in der Grenze des Abs 2 S 3 oder zur Wiedereröffnung der mdl Vhdlg gem § 156 führen. Bei Widerspruch zwischen schriftlichen und mdl Erklärungen gilt im Zweifel die spätere. VersU gibt es nicht. – **f) Der Erlass der Entschei-** **35**

dung geschieht wie bei der Entscheidung auf Grund mdl Vhdlg durch Verkündung in einem anberaumten Termin (§ 310). Er ist unabhängig von § 310 Abs 1 S 2 einerseits unter Berücksichtigung des Zeitpunkts für die Einreichung von Schriftsätzen (Abs 2 S 2), andererseits innerhalb der zwingenden Dreimonatsgrenze des Abs 2 S 3 zu bestimmen. Verstoß ist Verfahrensfehler, begründet die Revision aber nur, wenn das Urteil auf ihm beruht (BGH NJW 92, 2146). Kann ausnahmsweise die Dreimonatsfrist nicht eingehalten werden, zB wegen Verlängerung der Schriftsatzfrist (Rn 33), muss Verhandlungstermin bestimmt werden. –

36 **g)** Die **Besetzung des Gerichts** braucht nicht der bei einer etwaigen mdl Vhdlg zu entsprechen, außer wenn Beweisaufnahme oder von Schriftsätzen abweichender Vortrag, die nicht aktenkundig gemacht wurden, verwertet werden soll; vgl auch § 309 Rn 4.

§ 128 a Verhandlung im Wege der Bild- und Tonübertragung

(1) [1]Im Einverständnis mit den Parteien kann das Gericht den Parteien sowie ihren Bevollmächtigten und Beiständen auf Antrag gestatten, sich während einer Verhandlung an einem anderen Ort aufzuhalten und dort Verfahrenshandlungen vorzunehmen. [2]Die Verhandlung wird zeitgleich in Bild und Ton an den Ort, an dem sich die Parteien, Bevollmächtigten und Beistände aufhalten, und in das Sitzungszimmer übertragen.

(2) [1]Im Einverständnis mit den Parteien kann das Gericht gestatten, dass sich ein Zeuge, ein Sachverständiger oder eine Partei während der Vernehmung an einem anderen Ort aufhält. [2]Die Vernehmung wird zeitgleich in Bild und Ton in das Sitzungszimmer übertragen. [3]Ist Parteien, Bevollmächtigten und Beiständen nach Absatz 1 gestattet worden, sich an einem anderen Ort aufzuhalten, so wird die Vernehmung zeitgleich in Bild und Ton auch an diesen Ort übertragen.

(3) [1]Die Übertragung wird nicht aufgezeichnet. [2]Entscheidungen nach den Absätzen 1 und 2 sind nicht anfechtbar.

Eingefügt mWv 1. 1. 2002 durch Art 2 Abs 1 Nr 18 a ZPO-RG.

1 **1. Zweck.** Die Vorschrift ermöglicht in Abweichung von § 128 Abs 1 die Durchführung von mdl Vhdlg und Beweisaufnahme durch Videokonferenz. Erklärungen und Prozesshandlungen in der Videokonferenz stehen solchen in mdl Vhdlg (§ 128 Rn 6–9) gleich. Unausgesprochene Voraussetzung dafür ist das Vorhandensein entsprechender technischer Einrichtungen bei Gericht. Ein Anspruch der Parteien auf eine solche Einrichtung besteht nicht.

2 **2. Verhandlung durch Videokonferenz** (Abs 1 S 1) setzt voraus:
– **a) Antrag** einer Partei; – **b) Einverständnis** der übrigen Parteien; –
c) Gestattung durch das Ger nach freiem Ermessen (Abs 3 S 2).

3. Beweisaufnahme durch Videokonferenz (Abs 2 S 1) ist zuläs- 3
sig – **a)** bei Einverständnis aller Parteien und – **b)** Gestattung durch das 4
Ger nach freiem Ermessen (Abs 3 S 2). **Sinnvoll** vor allem bei Anhörung von Sachverständigen und bei Vernehmung von Zeugen, wenn die
Voraussetzungen von § 377 Abs 3 S 1 vorliegen. Unterbleiben sollte
diese Art der Beweisaufnahme, wenn der unmittelbare persönliche Eindruck vom Verhalten des Zeugen bei der Vernehmung wichtig ist.

4. Praktische Durchführung. – a) Es ist zulässig, bei der **Verhand-** 5
lung nur einzelnen Verfahrensbeteiligten oder allen die Abwesenheit
vom Sitzungszimmer zu gestatten. Es kann also sein, dass das Ger allein
im Sitzungszimmer sich befindet, während die Parteien und ihre Bevollmächtigten bzw Beistände sich an anderen Orten aufhalten. – **b)** Bei 6
Beweisaufnahme kann sowohl der Beweisperson als auch den übrigen
Prozessbeteiligten die Abwesenheit vom Sitzungszimmer gestattet werden (Abs 2 S 3). – **c)** Es muss aber in jedem Fall sichergestellt sein, dass 7
alle Beteiligten das Geschehen in Bild und Ton zeitgleich miterleben
können.

5. Dokumentation der Videoverhandlung. Nach Abs 3 S 1 muss 8
die Übertragung nicht aufgezeichnet werden; untersagt ist es jedoch
nicht. Es ist ein Protokoll nach §§ 159, 160 aufzunehmen mit den
Einschränkungen des § 161.

6. Anfechtbarkeit. Die Entscheidung des Gerichts, eine Videokon- 9
ferenz durchzuführen, ist gem Abs 3 S 2 ebenso wenig anfechtbar wie
die Ablehnung eines entsprechenden Antrags (Ausschluss von § 567
Abs 1 Nr 2).

§ 129 Vorbereitende Schriftsätze

(1) **In Anwaltsprozessen wird die mündliche Verhandlung
durch Schriftsätze vorbereitet.**

(2) **In anderen Prozessen kann den Parteien durch richterliche
Anordnung aufgegeben werden, die mündliche Verhandlung
durch Schriftsätze oder zu Protokoll der Geschäftsstelle abzuge-
bende Erklärungen vorzubereiten.**

1. Vorbereitende Schriftsätze dienen der Ankündigung des Vor- 1
trags in der Vhdlg. Prozessual wirksam wird das Vorbringen im Bereich
des Mündlichkeitsgrundsatzes erst durch Vortrag in der mdl Vhdlg
(§ 128 Rn 6–8). Mitteilung an verfahrensbeteiligte Dritte §§ 64 ff, in
Scheidungsfolgesachen § 624 Abs 4 S 1. – **a)** Sie sind gem **Abs 1** vor- 2
geschrieben im **Anwaltsprozess** (§ 78 Abs 1, Abs 2). Frist vgl §§ 132,
282 Abs 2. – **b)** Nach **Abs 2** kann im **Parteiprozess** (§§ 78 Abs 3, 79) 3
der Richter durch prozessleitende Verfügung aufgeben, die mdl Vhdlg
vorzubereiten entweder schriftsätzlich oder durch Erklärung zu Protokoll eines jeden AG (§ 129 a). – **c)** Folgen bei **Verstoß:** VersU ist 4
unzulässig, § 335 Abs 1 Nr 3; Erklärungsfrist nach § 283 kann bestimmt

werden; Vertagung nach § 227; außerdem Zurückweisung nach
§ 296 Abs 2; Kostennachteile nach § 95 und GKG § 34.

5   **2. Bestimmende Schriftsätze** kündigen ein Vorbringen nicht nur
an, sondern enthalten Parteierklärungen, für die Schriftform vorgeschrieben ist. Mit ihrer Einreichung (§ 270 Rn 7) oder Zustellung
ist die Prozesshandlung vollzogen. Hierher gehören insbes die Schriftsätze, die einen Prozess im ganzen oder einen Abschnitt davon eröffnen, zB Klage, Einspruch (BGH 101, 134), Rechtsmittelschrift, Streitverkündung (BGH NJW 85, 328) oder beenden, zB Klagerücknahme,
oder wiederaufnehmen, zB nach Aussetzung; ferner die Gesuche in
Verfahren ohne oder mit freigestellter mdl Vhdlg (§ 128 Rn 11 ff,
6   BGH NJW 94, 2097: Schriftlicher Antrag auf PKH). – **a) Eigenhändige Unterschrift** oder qualifizierte elektronische Signatur (§ 130 a
Abs 1 S 2) ist erforderlich. Bei fristgebundenen Prozesshandlungen, zB
Rechtsmitteleinlegung und -begründung, müssen die Formerfordernisse spätestens bei Fristablauf vorliegen (BGH NJW 76, 966, BAG
NJW 76, 1285). Eingehende Kritik am Grundsatz der Eigenhändigkeit
übt Vollkommer, Formenstrenge und prozessuale Billigkeit, 1973
S 126 ff, 260 ff: Unterschriftsmängel seien bei evidenter Erreichung des
Formzwecks unschädlich (§ 295 Rn 8), Mängel seien nachträglich analog §§ 82 Abs 2 VwGO, 65 Abs 2 FGO behebbar (aaO S 419 ff); aA
für das geltende Recht Kunz-Schmidt NJW 87, 1296. Für Lockerung
des Formzwangs auch Frankfurt NJW 77, 1246, Späth VersR 78, 605,
Schneider NJW 98, 1844 u für Widerspruch nach § 694 Abs 1 Oldenburg NdsRPfl 79, 73, im Parteiprozess Karlsruhe FamRZ 88, 82; hier
aA LG München II NJW 87, 1340. Demgegenüber halten mit Recht
München NJW 79, 2570, BGH NJW 80, 291 am Erfordernis der
eigenhändigen Unterschrift unter bestimmenden Schriftsätzen fest. Für
die Schriftform genügt unter Schriftsätzen von Behörden, Körperschaften und Anstalten des öffentl Rechts die maschinenschriftliche Wiedergabe des Namens des Unterzeichnenden mit Beglaubigungsvermerk,
soweit keine Vertretung durch RA erforderlich ist (GemSOGB NJW
7   80, 172). – **Im Bereich des Anwaltszwanges** (§ 78) ist Unterschrift
durch einen zugelassenen RA oder seinen Vertreter erforderlich. An
den Nachweis der Echtheit der Unterschrift eines RA dürfen nicht zu
hohe Anforderungen gestellt werden (BGH NJW 01, 2888). Heilung
des Mangels ist, außer bei fristgebundenen Prozesshandlungen nach
Fristablauf, nicht ausgeschlossen (BGH 65, 46). Ist außerhalb des RA-
Zwangs ein RA bestellt, so ist dessen Unterschrift erforderlich (BGH
92, 251). Weisungsgemäße Verfertigung des Schriftsatzes über vorweg
erfolgter Blankounterschrift wahrt die Schriftform (BGH ZZP 80,
315). Faksimilestempel genügt nicht (BGH VersR 92, 76). Unterschrift
des unterbevollmächtigten beim Prozessgericht zugelassenen RAs genügt (BAG DB 90, 2532). Stellvertretung bei der Unterzeichnung ist
zulässig, wenn dabei zum Ausdruck kommt, dass der Unterzeichner die
volle Verantwortung für den Inhalt übernimmt. Dazu reicht die Unter-

zeichnung „i. A." nicht aus, wenn der Unterzeichnende damit zu
erkennen gibt, dass er dem Gericht gegenüber nur als Erklärungsbote
auftritt (BGH NJW 88, 210, NJW 93, 2056). – **Lesbarkeit der** 8
Unterschrift ist nicht erforderlich. Nötig ist bei Anlegung eines groß-
zügigen Maßstabs (BGH NJW 97, 3380, BAG NJW 01, 316) ein die
Identität des Unterschreibenden ausreichend kennzeichnender Schrift-
zug mit individuellem Charakter, der einmalig ist, sich als Wiedergabe
eines Namens darstellt und die Absicht einer vollen Unterschriftsleis-
tung erkennen lässt (BGH NJW 94, 55). Dabei kann eine dem Schrift-
zug beigefügte Namenswiedergabe in Maschinen- oder Stempelschrift
zur Deutung herangezogen werden (BGH NJW 92, 243). Ob mindestens einige Buchstaben erkennbar sein müssen, ist streitig (bejahend
BGH NJW 85, 1227, verneinend BGH NJW 92, 243, offengelassen
BGH NJW 94, 55). Unterzeichnung mit nur einem Teil eines Doppel-
namens kann genügen (BGH NJW 96, 997), nicht jedoch nur mit dem
Vornamen (Karlsruhe NJW-RR 00, 948). Nicht genügen lediglich eine
gekrümmte Linie, auch wenn der RA sie als seine Unterschrift anerkennt (BGH NJW 74, 1090), eine Buchstabenfolge, die sich als ge-
wollte Abkürzung oder als sonstiges Handzeichen (Paraphe) darstellt
(BGH NJW 97, 3380), eine senkrechte Linie mit Aufstrich u wellen-
förmigem Auslauf, die als Handzeichen zu deuten ist (BGH NJW 82,
1467). Ob sich ein Schriftzeichen als Unterschrift oder als Abkürzung,
Paraphe darstellt, beurteilt sich nach dem äußeren Erscheinungsbild
(BGH NJW 94, 53). Hat derselbe Spruchkörper eine unlesbare Unterschrift längere Zeit nicht beanstandet, so muss er bei Änderung seiner
Auffassung vorwarnen, bevor er nachteilige Folgen aus der Unlesbarkeit
ableitet (BVerfG NJW 88, 2787). Bleibt die Unterzeichnung mit einer
Paraphe jahrelang unbeanstandet, ist die Unterzeichnung einer Berufungsschrift in dieser Weise als unverschuldeter Formfehler anzusehen
(BGH NJW 99, 60). – **Fehlende Unterschrift unter der Urschrift** 9
ist unschädlich, wenn ein anderes gleichzeitig mit Wissen des RA
eingereichtes Schriftstück unterschrieben ist, zB Beglaubigungsvermerk
unter der Abschrift oder unterschriebene, an den RA zurückgegebene
Urschrift (Schleswig VersR 83, 65). Es genügt auch, wenn sie nicht bei
den Gerichtsakten bleibt (BGH ZZP 67, 312), wenn rechtzeitig ein
anderer Schriftsatz eingeht, der auf den nichtunterschriebenen Bezug
nimmt (BGH LM §§ 338, 339 Nr 1). Für die BerBegründung aber
§ 520 Rn 1. – **b) Telefonische Übermittlung** genügt der Schrift- 10
form nicht (BGH NJW 65, 174). – **c) Telegrafische Übermittlung** 11
steht der Schriftform gleich (BAG NJW 71, 2190). Das Telegramm
kann fernmündlich aufgegeben sein; auch bei schriftlicher Aufgabe ist
eigenhändige Unterschrift nicht nötig, weil das Ankunftstelegramm
begrifflich nie eigenhändig unterschrieben sein kann (BGHSt 8, 174).
Eingereicht ist die telegrafische Erklärung mit Eingang des Ankunfts-
telegramms bei Gericht oder mit Einlegen in das Postfach des Gerichts
(BGH NJW 86, 2646) oder bei fernmündlicher Zusprache, wenn der
aufnehmende GeschStBeamte eine amtliche Niederschrift über den

12 Telegramminhalt anfertigt (BGHSt 14, 233). – Mittels **Fernschreiber**
ist die Erklärung bei Gericht eingegangen, sobald der Text im Empfängerapparat ausgedruckt wird, auch nach Dienstschluss und wenn die
Anlage nicht besetzt ist (BGH 101, 276) bzw sobald der von einer
privaten Fernschreibanlage aufgenommene Text bei Gericht eingereicht
(§ 270 Rn 7) ist (BayVGH BB 77, 568). Für die Ordnungsmäßigkeit
der Form ist kein Unterschied, ob es sich um die Einlegung oder die
Begründung des Rechtsmittels handelt (BGH 97, 283, BVerfG NJW
87, 2067). Kommt der Text infolge eines Fehlers der Empfängeranlage
unlesbar oder verstümmelt an, so ist er als mit vollständigem Inhalt
eingegangen anzusehen, wenn dieser sich nachträglich feststellen lässt
13 (BGH 105, 40). – **Telefax, Telebrief.** Der richtigen Adressierung
entspricht die richtige Empfängernummer (BAG NJW 95, 2742). Der
Rechtsmittelkläger muss das, was technisch möglich ist, leisten, um die
Anforderung der eigenhändigen Unterschrift zu erfüllen. Es genügt also
direkte Telefaxübermittlung zum Empfängerapparat des Gerichts oder
Übermittlung einer Kopie im Rahmen des Telebriefdienstes an das
Gericht durch das Postamt, an das das Schriftstück per Telefax über das
öffentliche Telefonnetz gesendet worden ist (BGH NJW 83, 1498); von
welchem Apparat aus es abgesendet wurde, spielt keine Rolle (BAG
NJW 89, 1822, BFH CR 92, 278). Formwirksam ist auch ein Schriftsatz, der durch elektronische Übertragung einer Textdatei auf ein Fax-
gerät (Computer-Fax) des Gerichts übermittelt wird, wenn die Unterschrift eingescannt wurde (GemSOGB NJW 00, 2340), § 130 Nr 6.
Die Schriftform ist auch gewahrt, wenn die Telekopie einem privaten
Zwischenempfänger übermittelt und von diesem dem Gericht zugeleitet wird. Auf der Kopie muss die Unterschrift eines postulationsfähigen
RA wiedergegeben sein (§ 130 Nr 6). Verstümmelung des Textes infolge einer technischen Störung im Empfangsgerät des Gerichts ist
unschädlich, wenn der der Übertragung zugrundeliegende Inhalt nachträglich einwandfrei feststellbar ist (BGH NJW 94, 1881 u 01, 1581 für
Berufungsbegründung) oder die Verstümmelung ihre Ursache im Empfangsgerät des Ger hat (BGH NJW 01, 1581). Eingegangen ist der
durch Telefax übermittelte Schriftsatz in dem Zeitpunkt, in dem er
vom Empfangsgerät vollständig ausgedruckt ist, falls der Ausdruck nicht
durch einen Fehler in seiner Funktion oder Bedienung verzögert worden ist (BGH NJW 94, 2097). Der Nachweis des Zugangs im Empfangsgerät ist durch Vorlage eines Sendeberichts des Absenderapparats
nicht zu führen, auch kein Anscheinsbeweis (BGH NJW 95, 665), uU
genügt aber unsubstantiiertes Bestreiten des Zugangs nicht (Rostock
14 NJW 96, 1831). – **d) Fehlende Unterschrift** kann jederzeit, bei fristgebundenen Prozesshandlungen nur innerhalb der Frist nachgeholt
werden. Ob der Mangel auch durch Rügeverzicht oder Unterlassung
rechtzeitiger Rüge heilbar ist (BGH NJW-RR 99, 1251), hängt davon
ab, ob auch die Gegenpartei wirksam verzichten kann, § 295 Abs 2;
dort Rn 1–3.

§ 129 a Anträge und Erklärungen zu Protokoll

(1) **Anträge und Erklärungen, deren Abgabe vor dem Urkundsbeamten der Geschäftsstelle zulässig ist, können vor der Geschäftsstelle eines jeden Amtsgerichts zu Protokoll abgegeben werden.**

(2) [1]**Die Geschäftsstelle hat das Protokoll unverzüglich an das Gericht zu übersenden, an das der Antrag oder die Erklärung gerichtet ist.** [2]**Die Wirkung einer Prozeßhandlung tritt frühestens ein, wenn das Protokoll dort eingeht.** [3]**Die Übermittlung des Protokolls kann demjenigen, der den Antrag oder die Erklärung zu Protokoll abgegeben hat, mit seiner Zustimmung überlassen werden.**

Die Bestimmung erleichtert, soweit kein RA-Zwang besteht **1** (§ 78 Abs 3), für alle an einem in Gang zu setzenden oder bereits laufenden Verfahren Beteiligten die Antragstellung und die Abgabe von Erklärungen an ein, in aller Regel an das erkennende Gericht. Wirksam wird die zu Protokoll abgegebene Erklärung erst mit Eingang des Protokolls beim erkennenden Gericht, wichtig insbes für fristgebundene Prozesshandlungen. Die unverzügliche Übersendung des Protokolls dorthin ist Aufgabe des aufnehmenden AG mit der aus Abs 2 S 3 ersichtlichen Einschränkung. Vgl auch § 496. Weigert sich der UrkB der GeschSt bzw Rpfl, die Erklärung zu Protokoll zu nehmen, gibt es entweder Dienstaufsichtsbeschwerde oder sofortige Beschwerde gemäß § 567 (KG NJW-RR 95, 637, BLAH 20).

§ 130 Inhalt der Schriftsätze

Die vorbereitenden Schriftsätze sollen enthalten:

1. **die Bezeichnung der Parteien und ihrer gesetzlichen Vertreter nach Namen, Stand oder Gewerbe, Wohnort und Parteistellung; die Bezeichnung des Gerichts und des Streitgegenstandes; die Zahl der Anlagen;**
2. **die Anträge, welche die Partei in der Gerichtssitzung zu stellen beabsichtigt;**
3. **die Angabe der zur Begründung der Anträge dienenden tatsächlichen Verhältnisse;**
4. **die Erklärung über die tatsächlichen Behauptungen des Gegners;**
5. **die Bezeichnung der Beweismittel, deren sich die Partei zum Nachweis oder zur Widerlegung tatsächlicher Behauptungen bedienen will, sowie die Erklärung über die von dem Gegner bezeichneten Beweismittel;**
6. **die Unterschrift der Person, die den Schriftsatz verantwortet, bei Übermittlung durch einen Telefaxdienst (Telekopie) die Wiedergabe der Unterschrift in der Kopie.**

Nr 6 neu gefasst mWv 1. 8. 2001 durch Art 2 Nr 1 FormVAnpG.

1   § 130 gibt eine Sollvorschrift für den Inhalt aller Schriftsätze. Das
gesamte für die mdl Vhdlg beabsichtigte Vorbringen ist anzukündigen.
Rechtsausführungen sind nicht nötig, aber zulässig und vielfach zweckmäßig. Bestimmende Schriftsätze müssen unterschrieben sein, § 129
Rn 6–9, und bei Übermittlung per Telefax in der Kopie die Unterschrift
enthalten (Nr 6).

§ 130 a Elektronisches Dokument

(1) [1]Soweit für vorbereitende Schriftsätze und deren Anlagen,
für Anträge und Erklärungen der Parteien sowie für Auskünfte,
Aussagen, Gutachten und Erklärungen Dritter die Schriftform
vorgesehen ist, genügt dieser Form die Aufzeichnung als elektronisches Dokument, wenn dieses für die Bearbeitung durch das
Gericht geeignet ist. [2]Die verantwortende Person soll das Dokument mit einer qualifizierten elektronischen Signatur nach dem
Signaturgesetz versehen.

(2) [1]Die Bundesregierung und die Landesregierungen bestimmen für ihren Bereich durch Rechtsverordnung den Zeitpunkt,
von dem an elektronische Dokumente bei den Gerichten eingereicht werden können, sowie die für die Bearbeitung der Dokumente geeignete Form. [2]Die Landesregierungen können die Ermächtigung durch Rechtsverordnung auf die Landesjustizverwaltungen übertragen. [3]Die Zulassung der elektronischen Form
kann auf einzelne Gerichte oder Verfahren beschränkt werden.

(3) Ein elektronisches Dokument ist eingereicht, sobald die für
den Empfang bestimmte Einrichtung des Gerichts es aufgezeichnet hat.

Eingefügt mWv 1. 8. 2001 durch Art 2 Nr 2 FormVAnpG.

1   **1.** Alles, was in schriftlicher Form von den Parteien, ihren Bevollmächtigten und von Dritten bei Gericht eingereicht werden kann, darf
künftig als elektronisches Dokument an das Ger übermittelt werden.

2   **2. Formale Anforderungen.** Das elektronische Dokument muss,
sofern es einen bestimmenden Schriftsatz enthält, mit qualifizierter elektronischer Signatur nach dem SigG versehen sein; in anderen Fällen soll
es eine derartige Signatur tragen. Das Dokument muss ferner für die
Bearbeitung durch das Ger geeignet sein. Die Anforderungen in dieser
Hinsicht werden durch RechtsVO gem Abs 2 festgelegt.

3   **3. Zugang.** Nach Abs 3 ist das elektronische Dokument bei Ger
zugegangen, sobald es dort aufgezeichnet ist. Damit treten die Wirkungen der Fristwahrung bei fristgebundenen Schriftsätzen und von § 167
(bis 30. 6. 02 § 270 Abs 3) ein.

4   **4. Regelungen durch RechtsVO.** Abs 2 ermächtigt die Bundesregierung für die Bundesgerichte und die Landesregierungen bzw nach
Übertragung die Landesjustizverwaltungen für die Gerichte der Länder,

den Zeitpunkt und die näheren informationstechnischen Anforderungen, etwa eine bestimmte Verschlüsselung, für die Einreichung elektronischer Dokumente zu bestimmen. Dabei kann die Zulassung auf bestimmte Gerichte oder Verfahrensarten beschränkt werden.

§ 131 Beifügung von Urkunden

(1) Dem vorbereitenden Schriftsatz sind die in den Händen der Partei befindlichen Urkunden, auf die in dem Schriftsatz Bezug genommen wird, in Urschrift oder in Abschrift beizufügen.

(2) Kommen nur einzelne Teile einer Urkunde in Betracht, so genügt die Beifügung eines Auszugs, der den Eingang, die zur Sache gehörende Stelle, den Schluß, das Datum und die Unterschrift enthält.

(3) Sind die Urkunden dem Gegner bereits bekannt oder von bedeutendem Umfang, so genügt ihre genaue Bezeichnung mit dem Erbieten, Einsicht zu gewähren.

Die Bestimmung will dem Prozessgegner die Erklärung zu der Ur-   **1**
kunde in der mdl Vhdlg ermöglichen. Verstoß hat die gleichen Folgen wie § 129 Rn 4. Im UrkProzess Sondervorschrift in § 593 Abs 2 S 1.

§ 132 Fristen für Schriftsätze

(1) [1]Der vorbereitende Schriftsatz, der neue Tatsachen oder ein anderes neues Vorbringen enthält, ist so rechtzeitig einzureichen, daß er mindestens eine Woche vor der mündlichen Verhandlung zugestellt werden kann. [2]Das gleiche gilt für einen Schriftsatz, der einen Zwischenstreit betrifft.

(2) [1]Der vorbereitende Schriftsatz, der eine Gegenerklärung auf neues Vorbringen enthält, ist so rechtzeitig einzureichen, daß er mindestens drei Tage vor der mündlichen Verhandlung zugestellt werden kann. [2]Dies gilt nicht, wenn es sich um eine schriftliche Gegenerklärung in einem Zwischenstreit handelt.

1. Gilt nur im Anwaltsprozess (§ 78) für vorbereitende Schriftsätze,   **1**
die neue Tatsachen (Rn 13 vor § 284) oder anderes neues Vorbringen ankündigen, zB neuen Klageantrag, neue Beweismittel oder Einwendungen. Die **Nichteinhaltung** der Zwischenfrist hat die gleichen Folgen wie § 129 Rn 4. Verhältnis zu § 282 dort Rn 3.

2. Gilt nicht für Rechtsausführungen; im Parteiprozess; wo bes Ein-   **2**
lassungsfristen vorgeschrieben sind, zB Klage (§ 274 Abs 3), Rechtsmittel (§§ 523 Abs 2, 553 Abs 2), UrkProzess (§ 593 Abs 2 S 2); ferner im Arrest- und einstw Vfg-Verfahren, weil mit ihrem Zweck nicht vereinbar.

§ 133 Abschriften

(1) [1]Die Parteien sollen den Schriftsätzen, die sie bei dem Gericht einreichen, die für die Zustellung erforderliche Zahl von Abschriften der Schriftsätze und deren Anlagen beifügen. [2]Das gilt nicht für Anlagen, die dem Gegner in Urschrift oder in Abschrift vorliegen.

(2) Im Falle der Zustellung von Anwalt zu Anwalt (§ 195; bis 30. 6. 02 § 198) haben die Parteien sofort nach der Zustellung eine für das Prozeßgericht bestimmte Abschrift ihrer vorbereitenden Schriftsätze und der Anlagen bei dem Gericht einzureichen.

Abs 2 geändert durch mWv 1. 8. 2001 Art 2 Nr 3 FormVAnpG u mWv 1. 7. 2002 durch Art 1 Nr 1 ZustRG.

1   **1. Bedeutung.** Im Partei- und Anwaltsprozess (Abs 1) wird der Schriftsatz in Urschrift zu den Gerichtsakten mit der erforderlichen Zahl von Abschriften und solcher Anlagen, die dem Gegner nicht in Ur- oder Abschrift vorliegen (Abs 1 S 2), eingereicht (§ 270 Rn 7) oder als elektronisches Dokument dem Ger übermittelt. Die Geschäftsstelle stellt die Abschriften von Amts wegen zu (§ 270 Abs 1) oder fordert sie nach. Bei Vertretung aller Parteien können Schriftsätze samt Anlagen auch von Anwalt zu Anwalt zugestellt werden (§ 195; bis 30. 6. 02 § 198); in diesem Fall ist sofort eine Abschrift zu den Gerichtsakten einzureichen (Abs 2), um rechtzeitige Vorbereitung des Vorsitzenden und Bericht-
2 erstatters sicherzustellen. – **Nach Schluss der mündlichen Verhandlung** eingereichte Schriftsätze dürfen außer in den Fällen der §§ 139 Abs 5, 283 nicht berücksichtigt werden. Verstoß dagegen ist Verfahrensfehler, beschwert aber nur die Gegenpartei. Sie können (§ 156 Abs 1), und müssen im Fall von § 156 Abs 2 Nr 2 zur Wiedereröffnung der mdl Vhdlg führen.

3   **2. Verstoß** gegen § 133 kann zur Vertagung von Amts wegen oder zu Kostennachteilen gem § 95 und GKG § 34 führen, nicht zu sachlichen Nachteilen.

§ 134 Einsicht von Urkunden

(1) Die Partei ist, wenn sie rechtzeitig aufgefordert wird, verpflichtet, die in ihren Händen befindlichen Urkunden, auf die sie in einem vorbereitenden Schriftsatz Bezug genommen hat, vor der mündlichen Verhandlung auf der Geschäftsstelle niederzulegen und den Gegner von der Niederlegung zu benachrichtigen.

(2) [1]Der Gegner hat zur Einsicht der Urkunden eine Frist von drei Tagen. [2]Die Frist kann auf Antrag von dem Vorsitzenden verlängert oder abgekürzt werden.

1   Die Bestimmung gilt im Anwalts- und Parteiprozess, sie will dem Gegner die Einsicht in die Urschrift ermöglichen. Kein Anwaltszwang.

Aufforderung zur Niederlegung auf Antrag oder vAw. Das ProzGer darf auch zur Versendung der Urkunde nach auswärts auffordern. Wird die Aufforderung nicht befolgt, treten die Folgen wie § 129 Rn 4 ein. Versäumt der Gegner die Einsichtnahme innerhalb der Frist des Abs 2, können spätere Einwendungen unter § 296 Abs 2 fallen.

§ 135 Mitteilung von Urkunden unter Rechtsanwälten

(1) **Den Rechtsanwälten steht es frei, die Mitteilung von Urkunden von Hand zu Hand gegen Empfangsbescheinigung zu bewirken.**

(2) **Gibt ein Rechtsanwalt die ihm eingehändigte Urkunde nicht binnen der bestimmten Frist zurück, so ist er auf Antrag nach mündlicher Verhandlung zur unverzüglichen Rückgabe zu verurteilen.**

(3) **Gegen das Zwischenurteil findet sofortige Beschwerde statt.**

1. Gilt im Anwalts- und Parteiprozess, wenn auf beiden Seiten RAe 1 stehen. Die Mitteilung von Anwalt zu Anwalt (§ 195; bis 30. 6. 02 § 198) steht neben der Niederlegung der Urkunde (§ 134) zur Wahl. Rückgabe innerhalb der Fristen des § 134 Abs 2 bzw einer vom RA gesetzten Frist.

2. Der **Rückgabestreit (Abs 2)** ist ein Zwischenstreit der Partei mit 2 dem RA der Gegenpartei. VersU gibt es nicht. ZwVollstr nach §§ 794 Abs 1 Nr 3, 883. Die sofortige Beschwerde (§ 567) hat keine aufschiebende Wirkung. Die Kosten des Zwischenstreits trägt bei Unterliegen der RA persönlich, andernfalls die Gegenpartei. **Gebühren:** 3 keine; gehört zum Rechtszug, § 37 Nr 3 BRAGO.

§ 136 Prozeßleitung durch Vorsitzenden

(1) **Der Vorsitzende eröffnet und leitet die Verhandlung.**

(2) **[1]Er erteilt das Wort und kann es demjenigen, der seinen Anordnungen nicht Folge leistet, entziehen. [2]Er hat jedem Mitglied des Gerichts auf Verlangen zu gestatten, Fragen zu stellen.**

(3) **Er hat Sorge zu tragen, daß die Sache erschöpfend erörtert und die Verhandlung ohne Unterbrechung zu Ende geführt wird; erforderlichenfalls hat er die Sitzung zur Fortsetzung der Verhandlung sofort zu bestimmen.**

(4) **Er schließt die Verhandlung, wenn nach Ansicht des Gerichts die Sache vollständig erörtert ist, und verkündet die Urteile und Beschlüsse des Gerichts.**

Abs 2 S 2 eingefügt mWv 1. 1. 2002 durch Art 2 Abs 1 Nr 19 ZPO-RG.

1   **1. Prozessleitung** ist die richterliche Tätigkeit, die zur Vorbereitung der Endentscheidung auf einen gesetz- und zweckmäßigen Verlauf des Verfahrens gerichtet ist. – **a)** Die **formelle Prozessleitung** soll die äußere Ordnung des Prozesses sicherstellen. Dazu gehören der sog Prozessbetrieb, soweit er Amtsbetrieb ist (zB Terminsbestimmung, Ladung), der äußere Gang der mdl Vhdlg (zB §§ 136 Abs 1, Abs 2, Abs 4, 137) und die Aufrechterhaltung der äußeren Ordnung in ihr (zB Sitzungspolizei, §§ 176 ff GVG). Sie ist grundsätzlich Aufgabe des Gerichts (zB § 172 GVG), sehr häufig aber vom Gesetz dem Vorsitzenden (Einzelrichter §§ 348, 348 a; Amtsrichter § 495 Rn 2) übertragen, zB §§ 136 Abs 1, Abs 2 S 1, 216 Abs 2. – **b)** Die **sachliche Prozessleitung** soll die innere Ordnung des Verfahrens sicherstellen, zB durch Aufklärung und Fragen (§§ 139, 273), erschöpfende Erörterung (§ 136 Abs 3), auch im RA-Prozess (§ 78) mit den erschienenen Parteien selbst (§ 278 Abs 1 S 2), Beweiserhebung. Auch sie ist grundsätzlich Aufgabe des Ger (§ 139), nur in den vom Gesetz bestimmten Fällen Aufgabe des Vorsitzenden (zB § 136 Abs 3). Im ArzthaftungsProz muss auch die medizinisch sachkundige Partei Gelegenheit erhalten, zu einem mündlich erstatteten Gutachten, das gegenüber einem früheren schriftlichen neue Beurteilungen enthält, nochmals Stellung zu nehmen, ggf nach sachverständiger Beratung und Wiedereröffnung der mdl Vhdlg (BGH NJW 01, 2796). – **c)** Die **Stellung des Vorsitzenden** ist, soweit ihm das Gesetz die Prozessleitung überträgt, eine selbständige. Er unterliegt nicht der Aufsicht durch das Kollegium. Über Beschwerde gegen seine Maßnahmen entscheidet das übergeordnete Gericht (§§ 569 Abs 1 S 1, 572 Abs 1). Ausgenommen davon sind nur die Fälle, in denen das Gesetz gegen eine prozessleitende Maßnahme des Vorsitzenden die Anrufung des Kollegiums zulässt, zB § 140. Das Verfahren vor dem Vorsitzenden unterliegt im Rahmen des § 78 dem Anwaltszwang.

4   **2. Betrifft** die formelle und in Abs 3 auch die sachliche **Prozessleitung während der Verhandlung.** Sie obliegt außer der Entscheidung über den Schluss der Vhdlg (Abs 4) dem Vorsitzenden. Er kann einzelne Aufgaben unter Beibehaltung des Vorsitzes einem Beisitzer übertragen (zB Zeugenvernehmung) und hat den Beisitzern jederzeit Fragen zu gestatten (Abs 2 S 2). Ist er an der Vhdlgsleitung verhindert, so kann er im Vorsitz nach § 21 f Abs 2 GVG vertreten werden und selbst als Beisitzer fungieren. Vhdlgsschluss (Abs 4), auch stillschweigend, durch Bestimmung eines Verkündungstermins, Verkündung eines Beweisbeschlusses oder Aufruf einer anderen Sache, wenn der Rechtsstreit abschließend erörtert und in tatsächlicher Hinsicht erschöpfend aufgeklärt ist (Bamberg FamRZ 94, 1045).

§ 137 Gang der mündlichen Verhandlung

(1) **Die mündliche Verhandlung wird dadurch eingeleitet, daß die Parteien ihre Anträge stellen.**

(2) **Die Vorträge der Parteien sind in freier Rede zu halten; sie haben das Streitverhältnis in tatsächlicher und rechtlicher Beziehung zu umfassen.**

(3) ¹**Eine Bezugnahme auf Schriftstücke ist zulässig, soweit keine der Parteien widerspricht und das Gericht sie für angemessen hält.** ²**Die Vorlesung von Schriftstücken findet nur insoweit statt, als es auf ihren wörtlichen Inhalt ankommt.**

(4) **In Anwaltsprozessen ist neben dem Anwalt auch der Partei selbst auf Antrag das Wort zu gestatten.**

1. Anträge (Abs 1) werden verlesen oder zu Protokoll gestellt 1 (§ 297 Abs 1). Dass wiederholte Antragstellung erforderlich sei, wenn sich die Besetzung des Gerichts geändert hat (BAG NJW 71, 1332), ist im Hinblick auf die Einheitlichkeit der mdl Vhdlg nicht einzusehen (ebenso Kirchner NJW 71, 2158). Ob die Antragstellung allein schon Vhdlg zur Hauptsache (§ 39) ist, § 333 Rn 2. Erörterung des Sach- und Streitstands ist noch kein Verhandeln (Dresden NJW-RR 97, 765). – Die **Parteivorträge** (Abs 2) dienen der erschöpfenden Erörte- 2 rung zwischen den Parteien und mit dem Gericht (§§ 136 Abs 3, 139). Gegen Ablesen statt freier Rede kann der Vorsitzende nach § 136 Abs 2, das Ger nach § 157 Abs 2 einschreiten. – Die **Bezug-** 3 **nahme** auf zu den Akten gelangte Schriftstücke (Abs 3) – dazu gehören auch solche, die bei Gericht eingegangen, aber dem Richter noch nicht vorgelegt sind (Düsseldorf NJW-RR 98, 1531) – steht dem Vortrag gleich (BGH NJW 95, 1841). Sie darf nicht dazu führen, dass das Ger sich aus umfangreichen Schriftstücken die wesentliche Klagebegründung heraussuchen müsste (BGH LM Nr 1, Lange NJW 89, 438). Durch Antragstellung und Verhandeln wird der gesamte Akteninhalt bis zum Termin Gegenstand der Verhandlung, auch wenn im Urteil davon nichts erwähnt und nicht Bezug genommen ist (BGH NJW-RR 96, 379).

2. Die erschienene **Partei** (Rn 2 vor § 50; auch der Streithelfer, 4 § 67) hat auch im Anwaltsprozess das **Recht zu eigenem Vortrag.** Auch ohne Antrag soll sie selbst gehört werden (§ 278 Abs 2 S 3). Gegen Ablehnung des Antrags durch den Vorsitzenden Anrufung des Ger (§ 140); gesetzwidrige Versagung durch das Ger ist, falls die Partei unter Ausschöpfung der prozessualen Möglichkeiten sich eindeutig zu Wort gemeldet hat (München NJW 84, 1026), als Verfahrensmangel mit Rechtsmittel gegen das Urteil, subsidiär mit Verfassungsbeschwerde als Versagung des rechtlichen Gehörs (BayVerfGH NJW 61, 1523) geltend zu machen. Gegen unsachlichen oder ungeeigneten Vortrag Einschreiten nach §§ 136 Abs 2, 157 Abs 2. – **Widerspruch** zwischen dem Vortrag 5 der Partei und ihres RAs § 78 Rn 7 und § 85 Abs 1 S 2. Dem Patentanwalt ist nach § 4 Abs 1 PatAnwO das Wort zu gestatten.

§ 138 Erklärungspflicht über Tatsachen; Wahrheitspflicht

(1) **Die Parteien haben ihre Erklärungen über tatsächliche Umstände vollständig und der Wahrheit gemäß abzugeben.**

(2) **Jede Partei hat sich über die von dem Gegner behaupteten Tatsachen zu erklären.**

(3) **Tatsachen, die nicht ausdrücklich bestritten werden, sind als zugestanden anzusehen, wenn nicht die Absicht, sie bestreiten zu wollen, aus den übrigen Erklärungen der Partei hervorgeht.**

(4) **Eine Erklärung mit Nichtwissen ist nur über Tatsachen zulässig, die weder eigene Handlungen der Partei noch Gegenstand ihrer eigenen Wahrnehmung gewesen sind.**

1   I. **Abs 1** verpflichtet die Partei zu **Wahrheit** und **Vollständigkeit.**

2   **1. Geltungsbereich und Inhalt. – a) Gilt** für alle Verfahren der ZPO und jeweils für das ganze Verfahren; für alle Parteien (ihre Anwälte, Vertreter, Beistände) gegeneinander und gegenüber dem Gericht. Er bezieht sich auf Erklärungen (behaupten, bestreiten, Beweisangebot,
3   Beweiseinrede) über tatsächliche Umstände (13 vor § 284). – **b) Wahrheit bedeutet** Übereinstimmung von Sachverhalt und Erklärung. Wahrheitspflicht bedeutet die Pflicht zur subjektiven Wahrhaftigkeit. Die Partei darf zu ihren Gunsten keine Erklärungen wider besseres Wissen abgeben, sie darf nicht lügen; der unterhaltsbedürftige Kläger etwa darf eine Verbesserung seiner wirtschaftlichen Verhältnisse nicht verschweigen (BGH NJW 99, 2804). Wahrheitspflicht bedeutet dagegen nicht, dass die Partei nur solche Tatsachen behaupten, die sie als wahr, und nur solche bestreiten dürfte, die sie als unwahr mit Sicherheit oder hoher Wahrscheinlichkeit kennt (BGH WM 85, 736).

4   **2. Umfang. – a) Behaupten darf die Partei** demnach auch Tatsachen, die sie nicht kennt und nicht kennen kann, zB künftiger Schadensverlauf (§§ 842 ff BGB), innere Vorgänge (Kenntnis in § 932 Abs 2 BGB), Ursächlichkeit (§§ 119 Abs 1, 2078 Abs 1 BGB), grundsätzlich auch vermutete Tatsachen (BGH NJW 95, 2111; § 284 Rn 3). Bei Schilderung des tatsächlichen Vorgangs, der der Klage bzw Einwendung zugrunde liegt, darf sie nicht ihr bekannte Tatsachen verschweigen, weil sie ihr ungünstig sind. Andererseits braucht sie Tatsachen, die eine Einwendung ausfüllen (48–50 vor § 253), nicht vorzutragen, sondern kann warten, bis der Gegner sich darauf beruft, muss sich dann aber
5   wahrheitsgemäß dazu erklären. – **b) Bestreiten darf die Partei** nicht nur Tatsachenbehauptungen des Gegners, deren Unwahrheit sie positiv kennt. Es genügen Zweifel an der Wahrheit und fehlende Kenntnis von
6   Wahrheit oder Unwahrheit, Nichtwissen. – **c) Widersprüche im Vorbringen** haben nichts mit der Schlüssigkeit zu tun (BGH WM 95, 1775). Die Partei darf im Eventualverhältnis widersprüchliche Behauptungen aufstellen, solange sie nicht von der Unwahrheit der einen überzeugt ist (BGH BB 95, 1761/1764); sie darf im Lauf des Verfahrens ihr

Vorbringen ändern; eine Beweisaufnahme wird dadurch nicht entbehrlich (BGH NJW-RR 00, 208). Sie darf sich auch hilfsweise das mit ihrem Hauptvorbringen unvereinbare Vorbringen der Gegenpartei zu eigen machen (BGH 19, 387 u NJW 85, 1841). Tut sie dies nicht, darf solches gleichwertiges Gegenvorbringen zu ihren Gunsten nicht verwertet werden (BGH NJW 89, 2756; 00, 1641). Haupt- und Hilfsantrag § 260 Rn 8. – **d) Grenzen der Wahrheitspflicht.** Die Partei darf **7** ohne Verstoß gegen Abs 1 ihr ungünstige gegnerische Behauptungen gegen sich gelten lassen, obwohl sie die Unwahrheit kennt (StJLeipold 5; bestr), und ihr günstige Umstände verschweigen. Unzulässig wird dieses Verhalten allerdings bei arglistigem Zusammenspiel mit der Gegenpartei zum Schaden eines Dritten (auch § 288 Rn 7). Keine Partei ist verpflichtet, Tatsachen vorzubringen, die sie der Gefahr strafrechtlicher Verfolgung aussetzen oder ihr Unehre bereiten würden. – **Der Rechts-** **8** **anwalt** verletzt Abs 1 nicht, wenn er durch Offenbarung der Wahrheit seine eigene Partei der bewussten Unwahrheit und damit des Prozessbetrugs bezichtigen würde (BGH NJW 52, 1148). Erkannt unwahre Behauptungen seiner Partei darf er sich nicht zu eigen machen. Der im Termin nicht informierte RA darf von sich aus nicht urkundlich belegten Vortrag der Gegenseite ins Blaue hinein bestreiten. Tut er es, so führt dies nicht zur Beweiserhebung (Köln NJW-RR 92, 572).

3. Verstoß. – a) Prozessual prüft das Gericht im Rahmen des Ver- **9** handlungsgrundsatzes (Einl I Rn 1–4) die Wahrheit einer Parteibehauptung nur, wenn sie bestritten ist. Unbeachtet bleibt eine bewusst unwahre Behauptung bei arglistigem Zusammenspiel (vgl Rn 7; näher Schneider DRiZ 63, 342). Neue Behauptungen, die gleichzeitig mit dem Widerruf der bisherigen unwahren aufgestellt werden, können gem § 296 zurückgewiesen werden. Verzögerungsgebühr nach § 34 GKG. – **b) Privatrechtlich** kann die Lüge zu Schadensersatzansprüchen gem **10** § 826 BGB führen (Eingehend: Prange, Materiell-rechtliche Sanktionen bei Verletzung der prozessualen Wahrheitspflicht, 1995). – **c) Straf-** **11** **rechtlich** kann Prozessbetrug vorliegen. Restitutionsgrund nach § 580 Nr 4. Der RA kann auch ehrengerichtlich belangt werden.

II. Die **Erklärungspflicht (Abs 2)** begründet für jede Partei zur **12** Beschaffung des ProzStoffs, zur Feststellung der Beweisbedürftigkeit (1 vor § 284) und zur Vermeidung von Rechtsnachteilen die Last, sich zu den Tatsachenbehauptungen der Gegenpartei im Prozess (BGH WM 83, 704) zu erklären. Eine Last zu substantiiertem Bestreiten besteht nicht schlechthin (BGH NJW 99, 1404), sondern nur dann, wenn der Gegner außerhalb des von ihm darzulegenden Geschehensablaufs steht und die maßgebenden Tatsachen nicht näher kennt, während die bestreitende Partei sie kennt und ihr ergänzende Angaben zuzumuten sind (BGH NJW 99, 579; BGH NJW 97, 128 verlangt für Zumutbarkeit besonderen Anknüpfungspunkt), so insbes bei behaupteter weisungswidriger Verwendung von Geld (BGH NJW 99, 714). S auch 18 u 37 vor § 284. Eine allgemeine Aufklärungspflicht der nicht darlegungs- und beweisbe-

lasteten Partei über die Pflicht zum substantiierten Bestreiten (<u>36 vor</u>
§ 284) hinaus besteht nicht (BGH NJW 90, 3151). Nachholung in der
Berufungsinstanz §§ 530 ff.

13   **III. Nichtbestreiten (Abs 3)** führt zur **Fiktion des Geständnisses.**
Für Parteivereinbarungen über Nichtbestreiten gilt das in 41 vor § 284
Gesagte.

14   **1. Voraussetzungen. – a)** Gilt nur **im Rahmen des Beibringungsgrundsatzes** (Einl I Rn 5), nicht im Rahmen des Untersuchungsgrundsatzes (Einl I Rn 6) und der Prüfung vAw (12 vor § 253).
15   **– b)** Gilt nur, wenn die **Parteien** im Termin **verhandelt** haben und im
schriftlichen Verfahren (§ 128 Abs 2). Im Falle der Säumnis gelten
16   §§ 330 ff, 539. – **c) Nichtbestreiten.** Die Partei darf eine Tatsachenbehauptung des Gegners nicht bestritten haben, und zwar entweder –
aa) ausdrücklich. Ob einfaches Bestreiten genügt, hängt vom Einzelfall, insbes davon ab, wie substantiiert der Vortrag der Gegenpartei ist
und ob die Partei den Geschehnissen so fern steht, dass ihr ein substantiiertes Bestreiten gar nicht möglich ist (BGH JZ 85, 908). Bei mehreren
Rechnungsposten muss die Partei substantiieren, welche sie bestreitet
und warum, ggf eine substantiierte Gegenrechnung aufmachen (Köln
JMBl NRW 75, 176); pauschales Bestreiten ist in solchen Fällen unbeachtlich. Behauptet eine Partei persönliche Wahrnehmungen oder
Handlungen der Gegenpartei, ist dieser zuzumuten, dass sie Gegen-
behauptungen aufstellt, widrigenfalls die Behauptungen als unbestritten
17   gelten (BGH 12, 50); oder – **bb) konkludent.** Das Gericht muss durch
Fragen (§ 139) und Auslegung ermitteln, ob sich aus anderen Erklärungen der Partei die Absicht ergibt, eine Tatsachenbehauptung zu bestreiten. So immer bei widersprechender Gegendarstellung (BGH WM 01,
1721); sie kann bereits in einem vorangegangenen Vortrag liegen (BGH
NJW-RR 01, 1294). Kein konkludentes Bestreiten ist bloße Verlesung
des Abweisungsantrags mit der Erklärung des BeklVertreters im Termin,
er habe keine Information (Schneider MDR 69, 580 gegen die verfehlte
Entscheidung des OLG Frankfurt aaO).

18   **2. Wirkung.** Liegen die Voraussetzungen Rn 14–17 vor, wird ein
Geständnis fingiert. Wirkung § 288 Rn 5. Die Bindungswirkung des
§ 290 tritt nicht ein, späteres Bestreiten bleibt zulässig, auch in der
Berufungsinstanz (BGH VersR 63, 530; aA ohne Begründung München
ZIP 84, 76), soweit nicht als verspätet nach § 531 Abs 2 zurückzuwei-
sen. Unmögliche und bewusst unwahre Behauptungen § 288 Rn 6, 7.

19   **IV.** Die **Erklärung mit Nichtwissen (Abs 4)** steht neben dem
Geständnis, Bestreiten und Schweigen (zu Abs 4 im einzelnen Nicoli
JuS 00, 584). Abs 4 bezieht sich also nicht auf Tatsachen, für die die
Partei die Darlegungs- und Beweislast trägt (BGH WM 88, 1494/1496).

20   **1. Behauptete eigene Handlungen und Wahrnehmungen.** Die
Erklärung der Partei mit Nichtwissen ist grundsätzlich **unzulässig,** nur
ausnahmsweise zulässig, wenn sie nach der Lebenserfahrung glaubhaft

macht, sich an gewisse Vorgänge nicht mehr erinnern zu können (BGH NJW 95, 130). Dabei hat sie eine nicht hoch angesetzte Informationspflicht, sich das Wissen über Geschehnisse im Bereich ihrer eigenen Wahrnehmungsmöglichkeit zu beschaffen (BGH NJW 90, 453, Lange NJW 90, 3233). Über geschäftliche Vorgänge darf sie sich nur dann mit Nichtwissen erklären, wenn sie in ihrem eigenen Unternehmen oder in einem anderen Unternehmen, das unter ihrer Anleitung, Aufsicht oder Verantwortung tätig wurde (BGH NJW 99, 53), ohne Erfolg Erkundigungen angestellt hat; der Ablauf von Aufbewahrungsfristen ist dabei ohne Bedeutung (BGH NJW 95, 130). Der Kfz-Haftpflichtversicherer darf sich im Prozess des Unfallgeschädigten nicht zulässigerweise mit Nichtwissen erklären (Frankfurt VersR 74, 585); nicht der Zessionar über die Umstände, die zur Begründung der abgetretenen Forderung geführt haben (Köln NJW-RR 95, 1407). Die unzulässige Erklärung mit Nichtwissen steht dem Nichtbestreiten nach Abs 3 gleich.

2. Andere Handlungen und Wahrnehmungen. Insoweit ist Erklä- **21** rung mit Nichtwissen **zulässig** und bedeutet so viel wie schlichtes Bestreiten ohne Verpflichtung zu näherer Substantiierung; auch wenn die Partei substantiiert, bleibt die Erklärung mit Nichtwissen zulässig und beachtlich (BGH ZIP 88, 1450). Falls die Partei sich nicht erinnert und die vom Gegner behauptete Tatsache nicht gegen sich gelten lassen will, muss und darf sie ohne Verstoß gegen die Wahrheitspflicht mit Nichtwissen bestreiten. Ist ihr oder ihrem Prozessvertreter mangels Information eine sofortige Erklärung nicht möglich, darf sie nicht mit Nichtwissen bestreiten, sondern kann Vertagung, Erklärungsfrist nach § 283 oder Ladung nach § 141 beantragen.

§ 139 Materielle Prozessleitung

(1) [1]**Das Gericht hat das Sach- und Streitverhältnis, soweit erforderlich, mit den Parteien nach der tatsächlichen und rechtlichen Seite zu erörtern und Fragen zu stellen.** [2]**Es hat dahin zu wirken, dass die Parteien sich rechtzeitig und vollständig über alle erheblichen Tatsachen erklären, insbesondere ungenügende Angaben zu den geltend gemachten Tatsachen ergänzen, die Beweismittel bezeichnen und die sachdienlichen Anträge stellen.**

(2) [1]**Auf einen Gesichtspunkt, den eine Partei erkennbar übersehen oder für unerheblich gehalten hat, darf das Gericht, soweit nicht nur eine Nebenforderung betroffen ist, seine Entscheidung nur stützen, wenn es darauf hingewiesen und Gelegenheit zur Äußerung dazu gegeben hat.** [2]**Dasselbe gilt für einen Gesichtspunkt, den das Gericht anders beurteilt als beide Parteien.**

(3) **Das Gericht hat auf die Bedenken aufmerksam zu machen, die hinsichtlich der von Amts wegen zu berücksichtigenden Punkte bestehen.**

(4) [1]Hinweise nach dieser Vorschrift sind so früh wie möglich zu erteilen und aktenkundig zu machen. [2]Ihre Erteilung kann nur durch den Inhalt der Akten bewiesen werden. [3]Gegen den Inhalt der Akten ist nur der Nachweis der Fälschung zulässig.

(5) Ist einer Partei eine sofortige Erklärung zu einem gerichtlichen Hinweis nicht möglich, so soll auf ihren Antrag das Gericht eine Frist bestimmen, in der sie die Erklärung in einem Schriftsatz nachbringen kann.

Neu gefasst mWv 1. 1. 2002 durch Art 2 Abs 1 Nr 20 ZPO-RG.

Neuere Literatur: Piekenbrock, Umfang und Bedeutung der richterlichen Hinweispflicht, NJW 99, 1360.

1   **1. Bedeutung.** § 139 legt dem Gericht (Einzelrichter §§ 348, 348a, 526) die Amtspflicht zur Erörterung des Prozesses in rechtlicher und tatsächlicher Hinsicht sowie zur Aufklärung auf. Sie ist der wichtigste Teil der materiellen Prozessleitung (§ 136 Rn 2) und überträgt dem Ger ein hohes Maß an Verantwortung für ein gehöriges, faires Verfahren einschließlich des Beweisrechts im Sinne der Waffengleichheit (BVerfG NJW 79, 1925) und für ein richtiges ProzErgebnis. Dabei bestimmt § 139 nur, was das Ger zur Aufklärung tun muss, er setzt nicht die Grenze dafür, was es tun darf. Diese Grenze wird gezogen durch die Pflicht zur Unparteilichkeit. Sie ist allerdings kein wertfreies Prinzip, sondern an den Grundwerten der Verfassung orientiert, insbesondere am Gebot sachgerechter Entscheidung im Rahmen der Gesetze unter dem Blickpunkt materieller Gerechtigkeit (BVerfG NJW 76, 1391). Hinweis- u Aufklärungspflicht besteht vor (Abs 4 S 1, § 273) und in jeder mdl Vhdlg – nicht aber gegenüber einer säumigen Partei – und im schriftlichen Verfahren (§ 128 Abs 2), auch nach Durchführung einer Beweisaufnahme (§ 279 Abs 3). – **Verletzung** ist Verfahrensmangel, grundsätzlich aber nicht zugleich Verstoß gegen das Recht auf rechtliches Gehör (BVerfG NJW 84, 2147, BGH 85, 288), kann im Einzelfall aber sein (BVerfG NJW 91, 2823; 92, 678). Maßgeblich ist der materiellrechtliche Standpunkt des Ger ohne Rücksicht auf seine Richtigkeit (BGH NJW 91, 704). Revision kann darauf nur gestützt werden, wenn die Partei im Einzelnen angibt, was sie noch vorgebracht hätte (BGH NJW-RR 98, 1268/1270). Beruht die Nichtausübung der Frage- und Aufklärungspflicht auf Erwägungen, die bei verständiger Würdigung der das GG beherrschenden Gedanken nicht mehr verständlich sind – objektive Willkür –, so ist Art 3 Abs 1 GG verletzt (BVerfG NJW 76, 1391; 86, 575; 94, 2279).

3   **2. Umfang der Hinweis- und Aufklärungspflicht. a)** Die Parteien sind zu vollständiger **Erklärung über** alle erheblichen materiellen und prozessualen **Tatsachen** zu veranlassen (auch § 138 Rn 2, 12).

4   Dabei kann es sich handeln um – **aa) Klärung,** zB unklare Ausführungen präzisieren, zweifelhafte Tragweite von Behauptungen klarstellen,

Zweifel an Wahrheit oder Ernstlichkeit beheben, Widersprüche klären, auch zwischen Vortrag in mdl Vhdlg u in Schriftsätzen; klarstellen, was im Einzelnen bestritten wird; – **bb) Vervollständigung,** zB zu allgemein gehaltene Darstellung substantiieren (Frankfurt NJW 89, 722, München NJW-RR 97, 1425), Auflösung von Rechtsbegriffen in Tatsachenbehauptungen, Bestreiten konkretisieren, lückenhaften Vortrag ergänzen. Hierher gehört der Hinweis, dass bestimmte tatsächliche Angaben fehlen, die innerhalb des Streitgegenstands zur Schlüssigkeit des Vortrags zur Klage (BGH NJW 89, 2756, Celle NJW-RR 98, 493) oder zu einer Einwendung (BGH NJW-RR 93, 569 auch im RA-Prozess) gehören. Unterlassener Hinweis auf ungenügende Substantiierung des Vortrags ist Verfahrensfehler (München NJW-RR 97, 1425) und kann das Recht auf rechtliches Gehör verletzen (BVerfG NJW 91, 2823). – **cc)** Eine **Änderung** des Tatsachenvortrags, die auf den Vortrag eines anderen Lebenssachverhalts und damit auf eine Auswechslung des Streitgegenstands (Einl II Rn 30–33) hinausliefe, muss das Gericht nicht herbeiführen; ebenso ohne Ansatzpunkt im Parteivorbringen nicht Tatsachenvortrag, der eine Einwendung oder ein Gegenrecht ausfüllt, zB Verjährung, Rücktritt, Anfechtung, Aufrechnung (BGH NJW 99, 2890/2892). Ein solcher Hinweis kann im Einzelfall das Gebot der Unparteilichkeit (Rn 1) verletzen; im Rahmen von Vergleichsgesprächen ist der Hinweis auf die Verjährung zulässig (BGH NJW 98, 612). – **dd) Als willkürliche Vermutung unberücksichtigt** kann eine erkennbar aus der Luft gegriffene Tatsachenbehauptung (BGH NJW 95, 2111) erst dann bleiben, wenn das Ger mit der Partei erörtert hat, welche greifbaren Anhaltspunkte sie für die Behauptung vorbringen will und dieses Vorbringen nicht für ausreichend erachtet (BGH NJW 68, 1233).

b) Auf **sachdienliche Anträge** ist hinzuwirken. – **aa) Prozessanträge** (§ 297 Rn 2), zB Frage nach Antrag auf VersU; Hinweis auf fehlenden Beweisantrag (BGH WM 93, 1264, Köln NJW 95, 2116), vor allem bei Verkennung der Beweislast (BVerfG ZIP 98, 881) oder möglicher Unklarheit darüber (17 ff vor § 284); Hinweis auf fehlendes oder unzulässiges Beweismittel, auf ungenügende Bestimmtheit des Beweismittels (Zeuge NN) oder des Beweisthemas (§ 284 Rn 2); Hinweis, dass erlassener Beweisbeschluss nicht ausgeführt wird, damit Parteien andere Beweisanträge stellen können (Köln MDR 72, 520). Grundsätzlich keine Pflicht, weitere Beweisanträge bzw Gegenbeweisantrag herbeizuführen, wenn der Beweis nach Ansicht des Gerichts, für die Partei erkennbar, nicht geführt bzw (für Gegenbeweisantrag) geführt ist; anders, wenn für die Partei nicht erkennbar (BGH NJW 89, 2756). Genügt allerdings iF der Verwertung von Urk aus anderen Akten dem Gericht der UrkBeweis nicht (§ 286 Rn 11), muss es dem Beweisführer einen Hinweis geben (BGH ZIP 83, 738, Köln VersR 93, 1366). Ebenso Hinweis des BerGer, dass es Zweifel an der Würdigung einer Zeugenaussage durch die Vorinstanz nicht durch eigene wiederholte Vernehmung des Zeugen beheben will, damit die beweisbelastete Partei entsprechenden Antrag stellen kann (BGH NJW 85, 3078). Ein Verstoß gegen den Grundsatz der Unparteilichkeit liegt in einem solchen Hinweis nicht (BGH ZIP 83, 738). Aufforderung zum Nachweis ausländischen Rechts bei fehlenden Erkenntnisquellen (BGH NJW 64, 2012).

9   – **bb) Sachanträge** (§ 297 Rn 1). Der Hinweis dient zum einen ihrer **Klarstellung**, zB schlecht formulierte Anträge verbessern, unklare präzisieren (im Hinblick auf die ZwVollstr), Verhältnis mehrerer Anträge zueinander klarstellen (§ 260), Umfang des Antrags, Widerspruch zwischen Antrag u Begründung klarstellen (Köln NJW 73, 1848), Hinweis auf versehentliche Rücknahme eines sachdienlichen Hilfsantrags (BGH LM § 930 BGB Nr 2) oder der Berufung (BSG MDR 69, 89) oder auf

10 Nichtverlesung eines Antrags. – Zum anderen gehört hierher der Hinweis auf die Möglichkeit einer **Änderung** des Antrags ohne Änderung des Lebenssachverhalts (Einl II Rn 30–33) zur Erreichung des Prozessziels und zur Vermeidung eines Rechtsmittels oder neuen Prozesses. Bsp: Hilfsantrag anregen, Hinweis, dass Kläger Zahlung nicht an sich allein verlangen kann (Schleswig NJW 82, 2783), Anpassung des Antrags an veränderte Prozesssituation, etwa bei Erledigung der Hauptsache, bei Rechtsnachfolge auf der Klägerseite (§ 265 Rn 13), in den Fällen des § 264 Nr 3 (zu eng BGH 7, 211). Grenze des Aufklärungsrechts ist auch hier die Pflicht zur richterlichen Unparteilichkeit. Führen muss die Partei als mündiger Bürger ihren Prozess selbst; insbes im Anwaltsprozess ist es allein Sache der Partei, auf Hinweise des Ger sachgerecht zu reagieren (BGH NJW-RR 98, 1005). Bei aller Mitwirkungspflicht des Ger sehen GG und ZPO es nicht als Berater der Parteien gegeneinander. Es darf deshalb die Parteien, soweit nicht in ihrem Vortrag ein Ansatzpunkt vorhanden, nicht auf völlig neue Anträge (BGH 24, 269/278, Köln JMBlNRW 76, 6), Ansprüche oder Einreden hinweisen (ebenso Köln MDR 79, 1027 s aber Rn 6), nicht auf die Möglichkeit einer weitergehenden Aufrechnung (BGH NJW 99, 2890/2892) oder der „Flucht in die Säumnis" (München NJW 94, 60; § 340 Rn 9). Das Ger sollte auch keine Klageerweiterung anregen (BAG BB 72, 222), zB auf Zinsen zum Schmerzensgeldanspruch (Köln MDR 72, 779).

11   **c) Auf rechtliche Bedenken** hat das Ger hinzuweisen, soweit Prüfung vAw stattfindet (Abs 3; 12 vor § 253). Hierher gehören insbes die prozessualen Tatsachen, von denen die Zulässigkeit der Klage oder Widerklage (BGH 11, 192, NJW 95, 1223) oder des Rechtsmittels (BGH VersR 76, 192) abhängt, zwingende sachlich-rechtliche Nichtigkeitsgründe und die Schlüssigkeit des Vortrags innerhalb des Streitgegenstands (BGH NJW-RR 97, 441, Celle NJW-RR 98, 493). Wegen weitergehender rechtlicher Erörterung Rn 16.

12   **d) Vertretung durch Rechtskundige.** Auch da ist Hinweis grundsätzlich nötig, jedenfalls wenn der Prozessbevollmächtigte die Rechtslage ersichtlich falsch beurteilt oder darauf vertraut, sein Vortrag sei ausreichend (BGH NJW 95, 399, Köln MDR 98, 1306); dies gilt insbesondere, wenn der ProzBev einen ersten Hinweis erkennbar mißverstanden (BGH NJW 99, 1264) oder die vom Gegner erhobenen Bedenken falsch aufgenommen hat (BGH NJW 01, 2548). BayVerfGH (NJW 92, 1094)

hält im RA-Prozess Hinweis auf fehlende Zulässigkeit oder fehlendes Beweisangebot nicht für nötig, wenn die Gegenpartei bereits darauf hingewiesen hat (so auch Nürnberg MDR 00, 227, Oldenburg NJW-RR 00, 949); das ist bedenklich.

e) Soweit erforderlich besteht die Aufklärungspflicht. Vertretung 13 durch Rechtskundige Rn 12. Kein erneuter Hinweis in 2. Instanz, wenn die Erste sich bereits vergeblich bemüht u wegen fehlender Aufklärung abgewiesen hat (BGH NJW 58, 1590).

f) Die **Anhörung Dritter** ist vorgeschrieben gemäß § 8 Abs 2 14 UKlaG bei Klagen auf Unterlassung und Widerruf gegen allgemeine Geschäftsbedingungen.

3. Verbot der Überraschungsentscheidung. Die aus Abs 2 sich 15 ergebende Hinweispflicht gilt für alle Termine und im schriftlichen Verfahren. Sie besteht auch, wenn im Termin ein sog Kartellanwalt erscheint (Düsseldorf NJW 89, 1489) und auch im Rahmen der Anhörung einer Partei nach § 141 (BGH NJW-RR 99, 605). Abs 2 gilt entsprechend im FGG-Verfahren (Köln OLGZ 92, 395). – **a) Bedeu-** 16 **tung.** Neben der Konzentration u Beschleunigung will die Vorschrift insbes gewährleisten, dass die mdl Vhdlg im Haupttermin die umfassende Grundlage für eine richtige Entscheidung erbringt. Sie macht insbes **Überraschungsentscheidungen** unmöglich, will die rechtliche Grundlage des Urt sicherer machen, indem sie zusammen mit Abs 1, Abs 3 eine erschöpfende tatsächliche und rechtliche Behandlung des Streitstoffs bereits in erster Instanz sichert.

b) Inhalt. Vorgeschrieben ist ein – bei Missverständnis wiederholter 17 und präzisierter (BGH NJW 99, 1264) – Hinweis auf solche Gesichtspunkte rechtlicher oder tatsächlicher Art, die das Ger im Rahmen der gestellten Anträge voraussichtlich als entscheidungserheblich ansieht und die die Partei entweder erkennbar übersehen oder für unerheblich gehalten hat oder die das Ger anders beurteilt als die Parteien. – **aa) Rechtlicher Gesichtspunkt** ist jede die Entscheidung tragende 18 Erwägung. Er betrifft die (Nicht)Anwendbarkeit eines, auch prozessualen (Köln NJW 95, 2116) Rechtssatzes, einer vertraglichen Vereinbarung oder deren Auslegung mit ihren Voraussetzungen oder Merkmalen tatsächlicher Art. Außerdem muss das Ger darauf hinweisen, dass und warum es seine rechtliche Beurteilung gegenüber einem früher gegebenen Hinweis geändert hat (BVerfG NJW 96, 3202), es einen erlassenen Beweisbeschluss nicht ausführen will (Köln MDR 72, 520, Bamberg NJW-RR 98, 1608), es auf eine durchgeführte Beweisaufnahme (Hamm NJW-RR 93, 894) oder auf Zeugen, deren Anschrift und für deren Ladung es Vorschuss verlangt hat (Saarbrücken NJW-RR 98, 1609), nicht ankommt. Neben dem rechtlichen Hinweis muss das Ger Gelegenheit zur Stellungnahme (BVerfG aaO, München NJW-RR 97, 1425) geben. Dies zwingt das Ger, sich bereits vor dem Termin über die entscheidungserheblichen Gesichtspunkte klar zu werden. – **bb) Tat-** 19 **sächlicher Gesichtspunkt** ist jeder Punkt im Tatsachenvortrag, der zur

Schlüssigkeit des Klagevorbringens oder des Verteidigungsvorbringens erforderlich ist. Das beurteilt sich nach materiellem Recht. Betroffen sind vor allem Lücken, Widersprüche, Unklarheiten im Sachvortrag; fehlende oder unklare Beweisanträge; unklares, nicht genügend substantiiertes Bestreiten. Die Abgrenzung von rechtlichen Gesichtspunkten ist im Einzelnen nicht immer einfach, für § 139 aber unerheblich. –

20 **cc) Entscheidungserheblich** ist der Gesichtspunkt, wenn das Ger bei der Entscheidung an der Auseinandersetzung damit nicht vorbeikommt. Das kann auch eine prozeßrechtliche Frage sein, zB Anwendbarkeit des § 296. Nicht gestützt ist das Urt auf ein obiter dictum und auf offengelassene Rechtsanwendung. – **dd) Erkennbar übersehen oder für un-**

21 **erheblich gehalten.** Es kommt nicht darauf an, ob die Partei oder ihr Vertreter diesen Gesichtspunkt und seine Erheblichkeit hätte erkennen müssen. Muss sich also das Ger im Urt mit einem rechtlichen Gesichtspunkt auseinandersetzen, auf den keine Partei eingegangen ist, so ist idR davon auszugehen, dass er übersehen ist (BGH NJW 93, 667). Ist eine Partei darauf eingegangen, bleibt die Möglichkeit, dass die andere ihn für unerheblich gehalten hat. Bei Vertretung durch Rechtskundigen ist das nicht anzunehmen (BGH NJW 84, 310 für fehlende Schlüssigkeit). Sonst darf der Hinweis nur unterbleiben, wenn für den Richter trotz fehlender Auseinandersetzung mit diesem entscheidungserheblichen rechtlichen Gesichtspunkt kein Zweifel besteht, dass die Partei ihn weder übersehen noch für unerheblich gehalten hat (ähnlich BGH WM 89,

22 278). – **ee) Vom Gericht anders beurteilt als von den Parteien.** Eine Hinweispflicht des Ger besteht vor Erlass der Hauptsacheentscheidung auch dann, wenn es einen rechtlichen oder tatsächlichen Gesichtspunkt abweichend von der Auffassung der Parteien beurteilt und der Gesichtspunkt entscheidungserheblich ist.

23 **c) Beispiele:** Das Gericht erwägt eine Tatsachen- und eine entspr rechtliche Beurteilung oder Auslegung, an die die Parteien bisher nicht gedacht haben (BVerfG NJW-RR 94, 188, BGH NJW 93, 667), oder eine von der Vorinstanz abweichende Beweiswürdigung (BVerfG NJW 92, 678) oder eine bisher nicht erwähnte Anspruchsgrundlage. Das BerGer erwägt, der vom LG wegen Verjährung abgewiesenen Klage stattzugeben, während sich alle Beteiligten bisher nur mit der Verjährungsfrage befasst haben (BGH NJW 86, 781). Es will ausländisches Recht anwenden, während Parteien u Vorinstanz stets von der Anwendbarkeit deutschen Rechts ausgegangen sind (BGH NJW 76, 476). Das Ger darf nicht ohne Hinweis auf rechtliche Gesichtspunkte abstellen, mit denen auch ein gewissenhafter und kundiger Prozessbeteiligter nach dem bisherigen Prozessverlauf selbst unter Berücksichtigung der Vielfalt vertretbarer Rechtsauffassungen nicht zu rechnen brauchte (BVerfG NJW-RR 96, 253). Bedenken gegen die Schlüssigkeit (München OLGZ 79, 355, Schleswig SchlHA 82, 153, aA BGH NJW 84, 310 für RA-Prozess; ablehnend Deubner NJW 84, 311, Peters JZ 84, 192), jedenfalls in 2. Instanz, wenn die erste die Klage als schlüssig behandelt hat (BGH NJW-RR 94, 566). Bedenken gegen die zugestandene Ak-

tivlegitimation (BGH NJW-RR 94, 1085). Die Partei begnügt sich mit bloßem Bestreiten unter Verkennung ihrer Beweislast, insbes nach Gefahrenbereichen gem den Grundsätzen der Rspr (25–35 vor § 284). Die Partei hält im Gegensatz zum Ger für die Einwendung der Minderung Vortrag über Nachfristsetzung aus Rechtsgründen für überflüssig. Das Ger erwägt die Zurückweisung von Vorbringen als verspätet (§ 296 Abs 1, Abs 2).

d) Ausnahme. Hinweis u Gelegenheit zur Äußerung sind nicht **24** nötig, soweit es sich um eine Nebenforderung handelt; Franzki DRiZ 77, 161 stellt für diesen Begriff auf die Definition in der Streitwertvorschrift des § 4 Abs 1 ab. Mit Schneider MDR 77, 881/884 ist nach dem Beschleunigungszweck der Vorschrift „Nebenforderung" darüber hinaus wirtschaftlich zu verstehen. Der Proz soll nicht verzögert und verteuert werden wegen eines Teils, der dies im Verhältnis zum Ganzen, worüber zu entscheiden ist, nicht lohnt; Bauer NJW 78, 1238 hält 15% des Hauptsachestreitwerts als obere Grenze für vertretbar.

4. Mittel zur Aufklärung. Eine Pflicht, sie einzusetzen, besteht nur **25** im Rahmen der Hinweis- und Aufklärungspflicht („soweit erforderlich"), also nur im Umfang der nach Rn 3 ff und Rn 15 ff vorgeschriebenen Aufklärung. – **a) Erörterung** ist die allseitige Aussprache zwi- **26** schen Ger und Parteien in tatsächlicher und rechtlicher Beziehung. Rechtlich muss sie sich auf die Anträge, die vAw zu berücksichtigen den Punkte und auf die Ergänzung des tatsächlichen Vorbringens erstrecken. Dazu gehört die Erörterung der rechtlich in Betracht kommenden Lösungsmöglichkeiten, damit die Parteien darauf abgestellte sachdienliche Anträge stellen können (BGH NJW 78, 695). Unterbleibt eine weitere Aussprache über Rechtsfragen, so liegt darin ein Verstoß gegen § 139. Das Ger sollte verlauten lassen, wie es die Aussichten der Klage beurteilt und aufgenommene Beweise würdigen wird. Denn es besteht die Pflicht, die Parteien nicht mit den Urteilsgründen zu überraschen, Abs 2 (Rn 15–24). – **b) Fragen** und **Hinweise** dürfen nicht allgemein **27** gehalten sein, etwa ob noch etwas vorzubringen sei. Sie müssen auf bestimmte Tatsachen, Erklärungen, Anträge gezielt und exakt sein, so dass für die Parteien über Inhalt und Tragweite kein Zweifel besteht (vgl Rn 15–24). Die Änderung in der Beurteilung eines entscheidungserheblichen Punktes gegenüber einem früher gegebenen Hinweis ist den Parteien bekannt zu geben (BVerfG NJW 96, 3202, Oldenburg NJW-RR 99, 1575). Sie müssen Gelegenheit bekommen, dem Rechnung zu tragen (BGH NJW-RR 97, 441, Saarbrücken NJW-RR 98, 1609). – **c) Anordnung des persönlichen Erscheinens** § 141. Eine **28** „zur Aufklärung des Sachverhalts" geladene Partei kann erwarten, dass das Gericht die notwendigen Hinweise gibt, um unvollständigen Tatsachenvortrag zu ergänzen (BGH NJW-RR 99, 605).

5. Form und Nachweis der Hinweise. – a) Die nach Abs 1–3 **29** erforderlichen Hinweise können in Gestalt von vorbereitenden Verfügungen gem § 273 Abs 2, durch Hinweisbeschluss, fernmündlich

durch ein Mitglied des Ger oder mündlich in der Verhandlung gegeben
30 werden. – **b)** Die Erteilung von Hinweisen muss nach Abs 4 S 2 **aktenkundig** gemacht werden. Bei einer Vfg oder einem Beschluss geschieht
das durch Einfügung der Urschrift oder einer Ausfertigung in die Akten;
bei fernmündlichem Hinweis ist ein Aktenvermerk zu fertigen; ein
Hinweis in mdl Vhdlg ist in das Protokoll gem § 160 Abs 2 aufzunehmen. Möglich ist auch eine Wiedergabe im Tatbestand des Urt. Akten-
und Protokollvermerk dürfen sich nicht auf eine Floskel wie „Auf
Bedenken gegen die Schlüssigkeit wurde hingewiesen." beschränken.
Erforderlich ist die Wiedergabe des tatsächlichen oder rechtlichen Ge-
31 sichtspunkts (Rn 18, 19), zu dem ein Hinweis erteilt wurde. – **c)** Der
Nachweis eines Hinweises kann nur durch die Akten erbracht werden
(Abs 4 S 2). Eine Vernehmung oder schriftliche Stellungnahme der
beteiligten Richter scheidet als Nachweis aus. Schweigen die Akten über
einen Hinweis, wird unwiderlegbar vermutet, dass er nicht erteilt wurde.
Anders nur, wenn eine Fälschung nachweisbar ist (Abs 4 S 3).

32   **6. Zeitpunkt der Hinweise. – a)** Sie sind **so früh wie möglich** zu
erteilen; beim Verfahren mit frühem ersten Termin (§ 275) tunlichst
schon nach Klageeinreichung an den Kläger, an den Beklagten sogleich
nach Klageerwiderung; beim schriftlichen Vorverfahren (§ 276) nach
Klageerwiderung an beide Parteien. Sinnvoll ist Fristsetzung für Reaktion der Parteien, die so zu wählen ist, dass bis zum Haupttermin das
Ger noch vorbereitende Maßnahmen nach § 273 Abs 2 Nr 2–5 ergrei-
33 fen kann. – **b)** Kann ein erster oder wiederholter Hinweis erst in mdl
Vhdlg gegeben werden, muss die betroffene Partei genügend **Gelegenheit zur Reaktion** bekommen, etwa durch kurze Unterbrechung der
Vhdlg. Ist der Partei oder ihrem Vertreter auch dann eine Erklärung
nicht möglich, ist auf Antrag eine Schriftsatzfrist gem § 283 zu gewähren
(Abs 5) und notfalls zu vertagen (BGH NJW 81, 1378). Erfordert der
nachgelassene Schriftsatz eine Erwiderung der Gegenpartei oder weitere
Erörterung, ist Wiedereröffnung der mdl Vhdlg (§ 156 Abs 2 Nr 1)
geboten (BGH NJW 99, 1867 u 2123).

34   **7. Erfolglose Aufklärung.** Fehlen der Klage die inhaltlichen Erfordernisse des § 253 (dort Rn 6 ff) und wird der Mangel auf Hinweis nicht
beseitigt (§ 253 Rn 20) oder wird der Klageantrag einer veränderten
Sachlage nicht angepasst (BGH NJW-RR 98, 1005), ist die Klage
abzuweisen. Unterbleibt sonst eine verlangte Aufklärung, ist in der Sache
zu entscheiden. Den Nachteil trägt die Partei, die die Behauptungs- und
Beweislast in diesem Punkte trifft (17 ff vor § 284).

§ 140 Beanstandung von Prozessleitung oder Fragen

    **Wird eine auf die Sachleitung bezügliche Anordnung des Vor-
sitzenden oder eine von dem Vorsitzenden oder einem Gerichts-
mitgliede gestellte Frage von einer bei der Verhandlung beteilig-**

ten Person als unzulässig beanstandet, so entscheidet das Gericht.

1. Gegenstand der Beanstandung. – a) Anordnung (bloße Unterlassung genügt nicht), die der Vorsitzende in der mdl Vhdlg bei der formellen oder sachlichen Prozessleitung (§ 136 Rn 1, 2) im Rahmen der §§ 136, 137 getroffen hat. Andere Anordnungen in mdl Vhdlg (zB Sitzungspolizei) und die ganze Prozessleitung außerhalb derselben fallen nicht unter § 140 (§ 136 Rn 3); ebenso nicht Anordnungen des Einzelrichters (§§ 348, 348 a, 526). – **b) Frage,** die von einem Gerichtsmitglied gestellt wurde. **2**

2. Beanstandung. – a) Grund ist die Unzulässigkeit der Anordnung **3** oder Frage. Das Ger kann also nur deren Zulässigkeit, nicht die Zweckmäßigkeit oder Erheblichkeit nachprüfen. – **b) Berechtigt zu der** **4** **Beanstandung** ist jeder an der Vhdlg Beteiligte, also auch Streithelfer, Zeugen, Sachverständige; nicht dagegen die Mitglieder des Gerichts (§§ 177, 178 GVG und § 158).

3. Verfahren. Mit der Beanstandung wird die Entscheidung des **5** Gerichts beantragt. Sie ergeht durch Beschluss auf mdl Vhdlg, der zu verkünden ist (§ 329 Abs 1) und nicht der Beschwerde unterliegt (§ 567 Abs 1, BGH NJW 90, 840). Die Entscheidung kann nur mit Rechtsmittel gegen das Urteil angefochten werden, andererseits kann ohne Herbeiführung eines Gerichtsbeschlusses das Rechtsmittel gegen das Urt nicht auf die Unzulässigkeit einer prozeßleitenden Anordnung oder Frage gestützt werden, auch im Hinblick auf § 295 im Rahmen seiner Anwendbarkeit (dort Rn 2).

§ 141 Anordnung des persönlichen Erscheinens

(1) [1]Das Gericht soll das persönliche Erscheinen beider Parteien anordnen, wenn dies zur Aufklärung des Sachverhalts geboten erscheint. [2]Ist einer Partei wegen großer Entfernung oder aus sonstigem wichtigen Grunde die persönliche Wahrnehmung des Termins nicht zuzumuten, so sieht das Gericht von der Anordnung ihres Erscheinens ab.

(2) [1]Wird das Erscheinen angeordnet, so ist die Partei von Amts wegen zu laden. [2]Die Ladung ist der Partei selbst mitzuteilen, auch wenn sie einen Prozeßbevollmächtigten bestellt hat; der Zustellung bedarf die Ladung nicht.

(3) [1]Bleibt die Partei im Termin aus, so kann gegen sie Ordnungsgeld wie gegen einen im Vernehmungstermin nicht erschienenen Zeugen festgesetzt werden. [2]Dies gilt nicht, wenn die Partei zur Verhandlung einen Vertreter entsendet, der zur Aufklärung des Tatbestandes in der Lage und zur Abgabe der gebotenen Erklärungen, insbesondere zu einem Vergleichsabschluß,

ermächtigt ist. [3] Die Partei ist auf die Folgen ihres Ausbleibens in
der Ladung hinzuweisen.

1   1. Zweck, Abgrenzung. Die Anordnung des persönlichen Erscheinens ist eine Maßnahme der sachlichen Prozessleitung (§ 136 Rn 2). Sie
dient der Feststellung und Aufklärung des Sach- und Streitstandes, insbes
auch zur Herstellung der Waffengleichheit bei Vieraugengesprächen
(BGH NJW 99, 363), im Rahmen des § 139, auch der Erörterung, wie
Abs 3 S 2 zeigt (München MDR 92, 513). In Ehesachen § 613. Abgrenzung zur Parteivernehmung als Beweismittel Rn 2 vor § 445. Persönliches Erscheinen zum Zwecke eines Sühneversuchs § 279.

2   2. Die **Anordnung** geschieht in mdl Vhdlg durch Gerichtsbeschluss;
Einzelrichter § 348 Rn 1, 2; außerhalb der Vhdlg § 273 Abs 2 Nr 3.
Sie ist nur (Köln NJW-RR 97, 1083, Hamm MDR 97, 1061) zulässig
zur Verfahrensförderung, insbesondere Aufklärung im Rahmen des
§ 139. Zu richten an die Parteien, bei Prozessunfähigen an den gesetzlichen Vertreter; auch an streitgenössische Streithelfer (§ 69). Die Anhörung ist Teil der mdl Vhdlg, also nur vor dem ProzGer (StJLeipold 14;
bestr). Ob die Anhörung zur Aufklärung geboten ist, im Parteiprozess
sicher häufiger als im Anwaltsprozess (§ 78), entscheidet das Ger nach
pflichtgemäßem Ermessen. Ist sie geboten, muss das Ger das persönliche
Erscheinen, ggf beider Parteien, anordnen, eingeschränkt nach Abs 1
S 2 durch die Zumutbarkeit für die Partei. Auf das Unterbleiben kann
keine Verfahrensrüge gestützt werden, wohl aber ggf auf die Verletzung
der Aufklärungspflicht (§ 139). Die Anordnung ist unanfechtbar (Stuttgart JZ 78, 689). Die Anhörung löst keine Beweisgebühr aus (Stuttgart
MDR 81, 945), auch nicht wenn die protokollierte Erklärung der Partei
im Urteil verwertet wird (Hamm MDR 87, 417; aA für einen Sonderfall
im Arztprozess Nürnberg NJW-RR 97, 127).

3   3. Die **Ladung** der Partei (Abs 2) als Aufklärungsperson steht selbstständig neben ihrer sonst etwa erforderlichen Ladung als Prozesssubjekt
(zB § 214). Die Partei ist stets selbst (nicht § 172, bis 30. 6. 02 § 176)
unter Hinweis auf die Folgen ihres Ausbleibens (Abs 3 S 3) formlos zu
laden. Gegner und RA erhalten formlose Mitteilung, soweit die Anordnung nicht verkündet wurde (§ 329 Abs 3).

4   4. Zum Erscheinen verpflichtet ist die ordnungsgemäß geladene
Partei, nicht jedoch vor Einlassung. Die Ladung begründet keine Ein-
lassungspflicht (Celle NdsRPfl 70, 17). Keine Pflicht zur Protokollierung
der Parteierklärungen nach § 160 Abs 3 Nr 4. Im Urt verwertbar ist ihr
Inhalt aber nur, wenn er entweder im Protokoll oder im Urt wiedergegeben ist (BGH NJW 69, 428). Die Partei kann einen voll informierten,
zur Abgabe aller nötigen Erklärungen einschließlich Vergleichsabschluss
bevollmächtigten Vertreter entsenden. Ist er nicht ausreichend informiert
oder bevollmächtigt, so genügt er nicht Abs 3 S 2 und die Partei ist als
nicht erschienen zu behandeln (Frankfurt NJW 91, 2090). Eine Pflicht
zur Abgabe von Erklärungen besteht weder für die erschienene Partei

noch für den Vertreter. Bei Weigerung freie Würdigung nach § 286. Erscheint im Anwaltsprozess (§ 78) zwar die Partei oder ihr Vertreter, aber nicht der RA, treten die Säumnisfolgen der §§ 330 ff ein.

5. Unentschuldigtes Ausbleiben der Partei oder eines Vertreters 5 gem Rn 4 kann das Ger frei nach § 286 würdigen. Außerdem kann es nach pflichtgemäßem Ermessen Ordnungsgeld festsetzen. Abs 3 ist verfassungskonform (BVerfG NJW 98, 892). Höhe: § 380 Rn 6. Zweck der Vorschrift ist nicht, eine vermeintliche Mißachtung der gerichtlichen Anordnung oder des Gesetzes zu ahnden (so aber München MDR 92, 513), sondern die Aufklärung des Sachverhalts zu fördern (Frankfurt FamRZ 92, 72, Düsseldorf OLGZ 94, 576). Das Ger sollte deshalb Ordnungsgeld nur festsetzen, wenn das unentschuldigte Ausbleiben der Partei die Sachaufklärung erschwert oder den Prozess verzögert (Köln FamRZ 93, 338, Brandenburg MDR 01, 411). Da die Partei, wenn sie erscheint, nicht zur Abgabe von Erklärungen verpflichtet ist, darf das Ger das Nichterscheinen auch als Verweigerung der Erklärung frei würdigen (Schneider MDR 75, 185). Ordnungshaft ist ausgeschlossen (Köln FamRZ 93, 338, Düsseldorf OLGZ 94, 576), auch für den Fall, dass das Ordnungsgeld nicht beigetrieben werden kann. Auferlegung der Kosten und zwangsweise Vorführung sind keine Ordnungsmittel und deshalb unzulässig (Köln NJW 72, 1999). Abs 3 ist im Termin zur Verhandlung über den Versorgungsausgleich entsprechend anwendbar (Stuttgart Just 80, 202). Für den Kostenanspruch im Urt kann ggf § 95 anwendbar sein.
– **Voraussetzungen für Ordnungsgeld** sind: Anordnung des persönli- 6 chen Erscheinens „zur Aufklärung des Sachverhalts" ohne nähere Einzelheiten (Frankfurt NJW 91, 2092) und ordnungsgemäße Ladung mit Hinweis auf die Folgen des Ausbleibens (Rn 2, 3). Außerdem muss sich die Partei zur Sache bereits eingelassen haben (Celle NJW 70, 1689, Naumburg MDR 99, 1020), weil ihr nicht das Recht genommen werden darf, es auf ein Versäumnisurteil ankommen zu lassen (Hamm MDR 97, 1061), anders wegen des Untersuchungsgrundsatzes iF des § 613 Abs 2 (KG NJW 70, 287). Schließlich unentschuldigtes Nichterscheinen der Partei wie § 380 Rn 3, 4. Verschulden des RA, zB der Hinweis, die Partei brauche trotz Ladung nicht zu erscheinen, sollte trotz § 85 Abs 2 der Partei nicht zugerechnet werden, weil Ordnungsgeld der Sache nach Strafcharakter hat und deshalb eigenes Verschulden erfordert (Schneider NJW 79, 987 gegen die hM). – **Rechtsbehelf:** §§ 381 u 380 Abs 3 7 gelten entsprechend (KG JR 83, 156, Frankfurt FamRZ 92, 72).

§ 142 Anordnung der Urkundenvorlegung

(1) ¹**Das Gericht kann anordnen, dass eine Partei oder ein Dritter die in ihrem oder seinem Besitz befindlichen Urkunden und sonstigen Unterlagen, auf die sich eine Partei bezogen hat, vorlegt.** ²**Das Gericht kann hierfür eine Frist setzen sowie anordnen, dass die vorgelegten Unterlagen während einer von ihm zu bestimmenden Zeit auf der Geschäftsstelle verbleiben.**

(2) [1]Dritte sind zur Vorlegung nicht verpflichtet, soweit ihnen diese nicht zumutbar ist oder sie zur Zeugnisverweigerung gemäß den §§ 383 bis 385 berechtigt sind. [2]Die §§ 386 bis 390 gelten entsprechend.

(3) [1]Das Gericht kann anordnen, dass von den in fremder Sprache abgefassten Urkunden eine Übersetzung beigebracht werde, die ein nach den Richtlinien der Landesjustizverwaltung hierzu ermächtigter Übersetzer angefertigt hat. [2]Die Anordnung kann nicht gegenüber dem Dritten ergehen.

Neu gefasst mWv 1. 1. 2002 durch Art 2 Abs 1 Nr 21 ZPO-RG.

1   **1. Vorlagepflicht, Abs 15. a)** Urkunden (zum Begriff 1 vor § 415) und sonstige Unterlagen, auch Krankenunterlagen (Oldenburg NJW-RR 97, 535), vorzulegen, kann das Ger der **Partei oder einem Dritten** aufgeben, wenn der Betreffende im Besitz der Urkunde ist und eine Partei sich darauf bezogen hat. Vorlagepflicht besteht unabhängig von
2   der Beweislast. – **b) Dritte** können gem Abs 2 Vorlage verweigern, die ihnen unzumutbar ist; ferner wenn ihnen ein Recht zur Zeugnisverweigerung gem §§ 383–385 zusteht. **Unzumutbar** ist die Vorlage, wenn sie für den Dritten mit großen Lasten und Schwierigkeiten verbunden wäre, auch im Hinblick auf Zeitaufwand, Kosten, Alter, Gesundheitszustand, zB wenn die Unterlagen nur sehr schwer erreichbar sind. Zur Beibringung einer deutschen Übersetzung von fremdsprachigen Urkunden sind Dritte nicht verpflichtet (Abs 3 S 2).

3   **2. Anordnung der Vorlage** in mdl Vhdlg durch Gerichtsbeschluss, außerhalb durch Verfügung. Dabei kann Frist zur Vorlage und zum Verbleiben auf der Geschäftsstelle bestimmt werden (Abs 1 S 2).

4   **3. Erzwingung der Vorlage. – a)** Wenn **Dritte** zur Vorlage verpflichtet sind (Rn 2), kann gegen sie zur Erzwingung – ggf nach Durchführung eines Zwischenstreits nach §§ 387–389 – Ordnungsgeld oder Ordnungshaft gem § 390 festgesetzt werden; außerdem sind ihnen die durch die unberechtigte Weigerung verursachten Kosten vAw aufzuerle-
5   gen (§ 390 Abs 1 S 1). – **b)** Gegen die **Parteien** kann die Vorlage nicht erzwungen werden. Wird eine nach § 273 Abs 2 Nr 5 gesetzte Frist zur Urkundenvorlage nicht eingehalten, gilt § 296 Abs 1 gegenüber der vorlagepflichtigen Partei; daneben ist ggf § 427 bei Nichtvorlage anzuwenden.

6   **4. Übersetzung** von fremdsprachigen Urkunden kann das Ger bei der Partei, nicht aber beim Dritten anfordern. Das Ger kann sich auch selbst eine Übersetzung verschaffen.

§ 143 Anordnung der Aktenvorlegung

Das Gericht kann anordnen, daß die Parteien die in ihrem Besitz befindlichen Akten vorlegen, soweit diese aus Schriftstü-

cken bestehen, welche die Verhandlung und Entscheidung der
Sache betreffen.

Die Bestimmung meint Akten der Parteien und der RAe. Schrift- **1**
stücke zur Vorbereitung des Prozesses fallen nicht darunter. Vorlegung
von Behördenakten §§ 273 Abs 2 Nr 2, 432.

§ 144 Augenschein; Sachverständige

(1) ¹Das Gericht kann die Einnahme des Augenscheins sowie
die Begutachtung durch Sachverständige anordnen. ²Es kann zu
diesem Zweck einer Partei oder einem Dritten die Vorlegung
eines in ihrem oder seinem Besitz befindlichen Gegenstandes
aufgeben und hierfür eine Frist setzen. ³Es kann auch die Duldung der Maßnahme nach Satz 1 aufgeben, sofern nicht eine
Wohnung betroffen ist.

(2) ¹Dritte sind zur Vorlegung oder Duldung nicht verpflichtet, soweit ihnen diese nicht zumutbar ist oder sie zur Zeugnisverweigerung gemäß den §§ 383 bis 385 berechtigt sind. ²Die
§§ 386 bis 390 gelten entsprechend.

(3) Das Verfahren richtet sich nach den Vorschriften, die eine
auf Antrag angeordnete Einnahme des Augenscheins oder Begutachtung durch Sachverständige zum Gegenstand haben.

Neu gefasst mWv 1. 1. 2002 durch Art 2 Abs 1 Nr 22 ZPO-RG.

1. Beweiserhebung von Amts wegen. Augenschein und Sach- **1**
verständigengutachten kann das Ger auch in 2. Instanz zur Aufklärung unbestrittener Tatsachen im Rahmen des § 139, auch über den Sachvortrag
der Parteien hinaus (BGH WM 95, 341/344), und zur Beweiserhebung
anordnen, eine Durchbrechung des Beibringungsgrundsatzes (2 vor
§ 284). Die Anordnung, außerhalb der mdl Vhdlg nach §§ 273 Abs 2
Nr 5, 358a Nr 2, 4, 5, steht außer iF der Rn 3 vor § 402 im pflichtgemäßen Ermessen; Vorschusspflicht weder nach § 379 noch nach GKG
§ 68 Abs 3 S 1 (BGH NJW 00, 743). Nichtanordnung eines Ortstermins
kann nach Sachlage verfahrensfehlerhaft sein (BGH NJW 92, 2019:
Lärmbelästigung). Verfahren nach §§ 371 bzw 402ff. Ist auf Antrag
Beweisbeschluss ergangen, aber der Vorschuss nicht bezahlt, ist das Gericht berechtigt, vAw den Sachverständigen zu laden (Düsseldorf MDR
74, 321) oder das Gutachten einzuholen. Hält das Ger eine Beweiserhebung für nötig und will es sie nicht vAw anordnen, ist ein Hinweis an die
beweisbelastete Partei erforderlich (BGH NJW 91, 493, Köln NJW-RR
98, 1274). Bleibt er erfolglos, ist das Ger nicht verpflichtet, Sachverständigenbeweis vAw zu erheben (Frankfurt NJW-RR 93, 169).

2. Vorlageanordnung. – a) Abs 1 S 2 befugt das Ger, der Partei **2**
oder einem Dritten aufzugeben, den in ihrem Besitz befindlichen Au-
genscheinsgegenstand oder den zu begutachtenden Gegenstand innerhalb einer gem § 273 Abs 2 Nr 5 gesetzten Frist vorzulegen. Bei einem

unbeweglichen oder schwer beweglichen Gegenstand kann die Duldung
des Augenscheins oder der Begutachtung aufgegeben werden; dies gilt
3 wegen Art 13 GG **nicht** für eine Wohnung. – **b)** Gegenüber den **Parteien** kann die Anordnung nicht zwangsweise durchgesetzt werden.
Nichtbeachtung der Vorlagefrist kann aber zu § 296 Abs 1 führen; die
Nichtvorlage kann als **Beweisvereitelung** nach § 371 Abs 3 gewertet
4 werden. – **c)** Gegen einen **Dritten,** dem die Vorlage zumutbar (§ 142
Rn 2) ist und kein Zeugnisverweigerungsrecht nach §§ 383–385 zusteht, können – ggf nach einem Zwischenstreit gem §§ 388–389 – die
Ordnungsmittel des § 390 festgesetzt werden; außerdem werden ihm
nach § 390 Abs 1 S 1 die durch die unberechtigte Weigerung verursachten **Kosten** vAw auferlegt.

5   **3. Beweisverfahren** folgt den allgemeinen Regeln (Abs 3): Augenschein den §§ 371 ff, Begutachtung den §§ 402 ff.

§ 145 Prozeßtrennung

(1) **Das Gericht kann anordnen, daß mehrere in einer Klage
erhobene Ansprüche in getrennten Prozessen verhandelt werden.**

(2) **Das gleiche gilt, wenn der Beklagte eine Widerklage erhoben hat und der Gegenanspruch mit dem in der Klage geltend
gemachten Anspruch nicht in rechtlichem Zusammenhang
steht.**

(3) **Macht der Beklagte die Aufrechnung einer Gegenforderung
geltend, die mit der in der Klage geltend gemachten Forderung
nicht in rechtlichem Zusammenhang steht, so kann das Gericht
anordnen, daß über die Klage und über die Aufrechnung getrennt verhandelt werde; die Vorschriften des § 302 sind anzuwenden.**

Übersicht

I. Trennung

1. Mehrere Ansprüche (Abs 1). – a) Zweck. Prozessleitende **1** Maßnahme (§ 136 Rn 2) zur besseren Übersicht über den Streitstoff und zur Vermeidung von Prozessverschleppung wegen Streits über einzelne Teile. – **b) Voraussetzungen.** Parteien- (§§ 59, 60) oder An- **2** spruchshäufung (§ 260). Es darf noch kein Anspruch zur Endentscheidung durch Teilurteil reif sein (BGH NJW 57, 183). – **c) Anordnung.** **3** Das Gericht muss trennen, wo das Gesetz dies vorschreibt wie in § 623 Abs 1 S 2, ferner wenn die Verbindung unzulässig ist (§ 260 Rn 13, 14). Dies auch noch in 2. Instanz (BGH NJW 79, 660). Iü steht die Trennung in seinem auf Pflichtgemäßheit nachprüfbaren Ermessen und ist unabhängig von Parteianträgen. Sie erfordert grundsätzlich mdl Vhdlg; Ausnahme § 128 Rn 12. Es darf nicht trennen ohne die Voraussetzungen in Rn 2 und wenn die Verbindung zwingend vorgeschrieben ist (§ 147 Rn 8). Außerdem ist Trennung unzulässig, wenn der Rechtsstreit teilweise entscheidungsreif ist (München OLGR 00, 279), wenn sie den Prozess willkürlich, dh ohne erkennbare sachliche Kriterien, in mehrere Teile aufspaltet, insbesondere wenn dann keines der Urteile mehr rechtsmittelfähig ist (BVerfG NJW 97, 649). In diesem Fall ist Nichtzulassungsbeschwerde unter Addierung der Einzelstreitwerte statthaft (BGH NJW 95, 3120). – Anordnung und Ablehnung durch unanfechtbaren Beschluss, dessen Zulässigkeit auf Rechtsmittel gegen das Urteil auch im Revisionsverfahren nachprüfbar ist (BGH NJW 95, 3120). – **d) Wir-** **4** **kung.** Es entstehen mehrere für die Zukunft in jeder Beziehung selbständige Verfahren (München NJW-RR 96, 1279). Rechtshängigkeit und Zuständigkeit, auch wenn durch §§ 5 oder 33 begründet, bleiben.

2. Bei Widerklage (Abs 2). Es gelten die Ausführungen in Rn 1 **5** mit folgenden Abweichungen: Voraussetzung ist hier die Erhebung einer Widerklage, die mit der Klage nicht in rechtlichem Zusammenhang steht (§ 33 Rn 4). Er besteht stets im Falle des § 256 Abs 2 und bei der Eventualwiderklage (§ 33 Rn 14). Das Familiengericht muss eine Widerklage trennen und verweisen, deren Gegenstand eine Nichtfamiliensache ist (Düsseldorf FamRZ 82, 511). Die Trennung führt zur Vertauschung der Parteirollen. Widerklage im Urkundenprozess § 595 Abs 1.

3. Bei Aufrechnung (Abs 3). – a) Zweck ist, die Verschleppung **6** der Entscheidung über die Klageforderung zu vermeiden. – **b) Voraus-** **7** **setzung.** Geltendmachung der Aufrechnung mit einer Gegenforderung, die mit der Klageforderung nicht in rechtlichem Zusammenhang steht (§ 33 Rn 4). Besteht ein solcher, ist Beschränkung der Vhdlg nach § 146 zulässig. Weder Klage- noch Aufrechnungsforderung dürfen entscheidungsreif sein. – **c)** Für die **Anordnung** der Trennung gilt Rn 3. – **8** **d) Wirkung.** Keine Aufspaltung in zwei selbständige Prozesse. Viel- **9** mehr wird in einem Verfahren zeitlich und gegenständlich getrennt verhandelt. Wird die Klageforderung zuerst spruchreif, ergeht Vorbehaltsurteil (§ 302) oder klageabweisendes Endurteil über die Klage ohne Berücksichtigung der Aufrechnung. Wird die Gegenforderung

zuerst spruchreif, ist eine Entscheidung über sie allein nicht möglich (weder § 301 noch § 303). Der Trennungsbeschluss ist nach § 150 aufzuheben. VersU ist nicht statthaft, wenn Termin nur zur Vhdlg über
10 die Aufrechnungsforderung bestimmt ist. – **e)** Auf **ähnliche Einwendungen,** zB Zurückbehaltungsrecht, ist § 145 nicht entspr anwendbar.

11   **II. Die Aufrechnung im Prozess.** Es ist zu unterscheiden zwischen der Erklärung der Aufrechnung und der Geltendmachung der erklärten Aufrechnung im Prozess. Zusammenfassend Musielak JuS 94, 817.

12   **1.** Die **Erklärung der Aufrechnung** (§ 388 BGB) ist Ausübung eines privatrechtlichen Gestaltungsrechts. Zulässigkeit, Voraussetzungen und Wirkungen regelt allein das materielle Recht, insbes §§ 387 ff, 204 Abs 1 Nr 5 BGB. Gleichgültig ist dafür, ob die Aufrechnung vor oder im Prozess erklärt ist oder ob sie während des Prozesses außerprozessual erklärt wird.

13   **2.** Mit der **Geltendmachung der erklärten Aufrechnung im Prozess** erhebt der Beklagte verteidigungsweise die rechtsvernichtende Einwendung (48–50 vor § 253), dass der Klageanspruch durch die Aufrechnung erloschen sei; möglich also auch gegenüber einer positiven
14 Feststellungsklage (BGH 103, 362). – Als **Prozesshandlung** (Einl III) richtet sich die Geltendmachung in Zulässigkeit, Voraussetzungen und Wirkungen allein nach Prozessrecht. Daraus folgt wegen des Bestimmtheitsgrundsatzes (§ 253 Rn 8) und wegen der Rechtskrafterstreckung (§ 322 Abs 2), dass bei der Aufrechnung mit mehreren Forderungen, die betragsmäßig die Klageforderung übersteigen, die Reihenfolge, anzugeben ist, in der sie zur Aufrechnung gestellt werden; bei mehreren Klageforderungen muss zudem angegeben werden, in welcher Reihenfolge diese durch die Aufrechnung getilgt werden sollen (BGH NJW 00, 958). Wird die Aufrechnung erstmals in mdl Vhdlg erklärt, so liegt darin sowohl die Erklärung (Rn 12) wie die prozessuale Geltendmachung (StJLeipold 28). Ein Vertrag, sich im Prozess nicht auf Aufrechnung zu berufen, ist wirksam (BGH DB 73, 1451). Beruft sich die Partei dennoch darauf, so ist sie unzulässig und nicht zu beachten (BGH 38, 254/258 und WM 73, 144).

15   **3.** Das **Recht zur Geltendmachung** kann einem Prozessbeteiligten (Streithelfer, verklagter Bürge) zustehen, der selbst die Aufrechnung nicht erklären könnte, weil er weder Gläubiger der einen noch Schuldner der anderen Forderung ist. Das Ger kann die Aufrechnung erst berücksichtigen, wenn es die Klageforderung für begründet und andere Einwendungen des Bekl für unbegründet hält **(Eventualaufrechnung).** Im Eventualverhältnis zueinander stehen auch mehrere nacheinander zur Aufrechnung gestellte Forderung, nicht aber Teile einer einheitlichen Forderung (BGH NJW-RR 95, 508). Steht die aufgerechnete Gegenforderung fest, so darf nicht die Klageforderung dahingestellt und „jedenfalls" wegen Aufrechnung (§ 389 BGB) abgewiesen werden (§ 300
16 Rn 3). – Sofortige Abweisung der Klage ist nur bei **Primäraufrech-**

nung möglich, nämlich wenn der Beklagte sich auf die Aufrechnung beschränkt (zur Kostenentscheidung § 92 Rn 4 bb)).

4. Zeitpunkt, nicht ordnungsgemäße Vornahme. Die Geltend- **17** machung der Aufrechnung ist Verteidigungsmittel (BGH NJW 84, 1964/1967), es gelten also §§ 277 Abs 1, 282 Abs 1, für die erstmalige Geltendmachung in der Berufungsinstanz § 533. – **Ist die Prozess- 18 handlung nicht ordnungsgemäß vorgenommen,** zB nur schriftlich angekündigt, vor Kollegialgerichten nicht durch einen RA, die Erklärung der Aufrechnung aber materiellrechtlich wirksam, so würde der Bekl nur auf Grund seines prozessualen Fehlers seine Aufrechnungsforderung verlieren; ebenso, wenn das Ger die Aufrechnung wegen Aufrechnungsverbots oder wegen fehlender Sachdienlichkeit für unzulässig hält oder ihre Zulässigkeit offen lässt. In diesen Fällen ist deshalb die materielle Aufrechnungserklärung wirkungslos (RoSchw/Gottwald § 105 III 2 a) und die Forderung, mit der aufgerechnet wurde, bleibt bestehen. Da über sie nicht mit der Folge des § 322 Abs 2 entschieden wird (BGH NJW-RR 91, 972), kann der Bekl seine Forderung später durch Leistungsklage noch geltend machen (BGH 16, 140; 17, 126, StJLeipold 56); eine Vollstreckungsabwehrklage kann wegen § 767 Abs 2 auf die Aufrechnung nicht gestützt werden (BGH WM 94, 1185). Hat das Ger die Zulässigkeit der Aufrechnung verneint, sind Ausführungen im Urt zur Begründetheit als nicht vorhanden anzusehen (BGH MDR 83, 1018). Bleibt das der Aufrechnung zugrundeliegende tatsächliche Vorbringen unberücksichtigt (§ 296) oder scheitert sie wegen fehlender Substantiierung, so ist die Aufrechnungsforderung sachlich und rechtskraftfähig (§ 322 Rn 48) aberkannt (BGH NJW-RR 91, 972).

5. Die **Geltendmachung der Aufrechnung ist Einwendung.** Daraus folgt: – **a)** Sie hat **keinen Einfluss auf die Prozessvoraussetzungen** der Klage, insbes auf die Zulässigkeit des Rechtswegs, Zuständigkeit des Gerichts, Verweisung zwischen Zivilkammer und Kammer für Handelssachen. **Streitwert** § 3 Rn 19. **Beschwer** § 511 Rn 16. – **b)** Die **20 Aufrechnungsforderung wird nicht rechtshängig.** Die Geltendmachung der Aufrechnung macht die Einklagung derselben Forderung in einem anderen Prozess nicht unzulässig und umgekehrt. So die hM (BGH 57, 242, NJW 86, 2767, NJW-RR 94, 379, StJLeipold 44, ZöGreger 18; aA Schmidt ZZP 87, 29 39; differenzierend Lindacher JZ 72, 429, Zeiss JR 72, 337, Teubner/Prange JR 88, 401). So kann auch der Zessionar mit einer Forderung hilfsweise aufrechnen, die der Zedent eingeklagt hat (BGH NJW 99, 1179). Auch mit einer durch Vorbehaltsurteil zugesprochenen Wechselforderung, die im Nachverfahren anhängig ist, kann in einem anderen Prozess aufgerechnet werden. Der Kl kann gegen diese Aufrechnungsforderung alle im Nachverfahren gegen den Wechselanspruch noch zulässigen Einwendungen erheben (BGH NJW 77, 1687). – **c)** Wegen **Trennung** und **Beschränkung der Ver- 21 handlung** vgl Rn 7–9. Eventualwiderklage § 260 Rn 9.

22   **6. Entscheidung.** Die Prozessvoraussetzungen, die bei klageweiser Geltendmachung der Gegenforderung vorliegen müssen, brauchen nicht vorzuliegen. – **a)** Wenn der **ordentliche Rechtsweg** zulässig ist, darf und muss das Ger über den Bestand der Aufrechnungsforderung entscheiden. Ist sie vor einem anderen ZivilGer rechtshängig, so darf dieses nur aussetzen, wenn im anderen Prozess aller Voraussicht nach mit einer Entscheidung über die aufgerechnete Forderung zu rechnen ist, sollte es aber auch dann nur ausnahmsweise tun, weil näher liegend die Aussetzung durch das Ger ist, das über die vor ihm eingeklagte Forderung zu entscheiden hat (Dresden NJW 94, 139). Das Ger muss über die Aufrechnungsforderung auch entscheiden, wenn zur Entscheidung darüber im Falle der Klage ein anderes Zivilgericht ausschließlich zuständig wäre; ebenso bei Aufrechnung mit vermögensrechtlichen Ansprüchen, für die iF der Klage ein **Familiengericht** (BGH NJW-RR 89, 173) und umgekehrt (Köln NJW-RR 92, 1287) oder ein Ger der **freiwilligen Gerichtsbarkeit** im Verfahren nach § 43 WEG (BGH NJW 80, 2466) oder ein Landwirtschaftsgericht (BGH NJW 64, 863) zuständig wäre. –

23   Fehlt die **internationale Zuständigkeit** für die Entscheidung über die aufgerechnete Forderung, so ist die Aufrechnung unzulässig und nicht zu beachten (BGH 60, 85, NJW 93, 2753; kritisch Leipold ZZP 107, 216). Für den Geltungsbereich der EuGVVO (dort Rn 1 vor Art 1) vgl dort Art 6 Rn 7. Vor dem Zivilgericht kann nicht mit einer Gegenforderung aufgerechnet werden, wegen deren die Parteien eine **Schiedsabrede** geschlossen haben (BGH 38, 254 gegen 23, 22; bestr). Für den umgekehrten Fall vgl § 1029 Rn 9. Unter den Voraussetzungen des § 148 kann in diesen Fällen das Prozessgericht aussetzen, bis das Schiedsgericht entschieden hat (BGH 23, 26).

24   **b)** Ist über die Aufrechnungsforderung in einem **anderen Rechtsweg** zu entscheiden, so muss das ProzGer, außer wenn sie unbestritten ist (Düsseldorf VersR 95, 579), wegen § 322 Abs 2 nach § 148 aussetzen, selbst wenn dort die Klage noch nicht erhoben ist, und zur Klageerhebung eine Frist bestimmen (BGH 16, 124 ff). Bei ergebnislosem Fristablauf ist über die Klage ohne Berücksichtigung der Aufrechnung zu entscheiden, der Aufrechnungseinwand nach § 296 Abs 2 zurückzuweisen. Die Aufrechnungsforderung kann der Bekl dann noch im zulässigen Rechtsweg geltend machen (BGH 16, 140). Ebenso muss ein allgemeines oder besonderes VerwaltungsGer aussetzen, wenn dort mit einer bürgerlichrechtl Forderung aufgerechnet wird (BSG NJW 63, 1844); das SozGer darf über eine Aufrechnungsforderung entscheiden, die klageweise vor dem VerwGer geltend zu machen wäre (BSG NJW 69, 1368). Die Änderung des § 17 Abs 2 S 1 GVG hat daran nichts geändert (ZöGummer GVG § 17 Rn 10, MuWittschier GVG § 17 Rn 10; aA Schenke/Rüthig NJW 92, 2505, Gaa NJW 97, 3343; s auch GVG § 17 Rn 9). Danach darf und muss das angegangene Gericht, wenn der Rechtsweg zu ihm für einen Anspruch zulässig ist, über alle, auch rechtswegfremde Anspruchsgrundlagen dieses Anspruchs entscheiden, nicht aber zusätzlich über einen weiteren, anderen Anspruch (ebenso BGH

NJW 91, 1686 für Klagehäufung, ZöGummer GVG § 17 Rn 6, Rupp NJW 92, 3274, Musielak JuS 94, 818/823).

c) Die **Geltendmachung** der Aufrechnung kann also **nicht** als **un- 25 zulässig** erachtet werden wegen Unzuständigkeit und nicht ohne Prüfung des § 148 wegen Unzulässigkeit des Rechtswegs oder wegen Schiedsgerichtsklausel (Grunsky JZ 65, 391).

d) Sind **Klage- und Aufrechnungsforderung begründet,** so ist, 26 soweit sie sich decken, die Klage als unbegründet abzuweisen. Wird die Aufrechnung erstmals im Prozess erklärt, kann Kläger die Hauptsache für erledigt erklären.

e) Aufrechnung **im Wechselprozess** § 598 Rn 4, 5. 27

7. Rechtskraft. Die Geltendmachung der Aufrechnung ist in Durch- 28 brechung der Regel die einzige Einwendung, über die rechtskraftfähig entschieden wird, § 322 Rn 44–48.

8. Aufrechnung durch den Kläger. Eingehend Pawlowski ZZP 29 104, 249. – **a) Klagebegründend** (also nicht Einwendung des Bekl) ist die Behauptung, mit einer Gegenforderung aufgerechnet zu haben, oder die Aufrechnungserklärung in der Klage, wenn der Kl eine negative Feststellungs- oder eine Vollstreckungsabwehrklage darauf stützt, die Forderung des Bekl gegen ihn sei wegen Aufrechnung erloschen. § 322 Abs 2 gilt in diesen Fällen analog (dort Rn 44–48). – **b)** Erklärt 30 der Kl gegen die Aufrechnung des Bekl seinerseits die **Gegenaufrech-nung** mit einer weiteren Forderung, so ist dies prozessual unbeachtlich (aA Braun ZZP 89, 93/100 ff, Pawlowski aaO): Wird die Klage abgewiesen, weil die Klageforderung als solche nicht besteht, so ist schon die Aufrechnung des Bekl nicht mehr zu prüfen. Wird die Klage wegen der begründeten Aufrechnung des Bekl abgewiesen, so erlischt damit in Höhe der Klage die Aufrechnungsforderung und die Gegenaufrechnung des Kl gegen sie geht deshalb ins Leere. Anders iF des § 396 Abs 1 S 2 BGB bei Widerspruch des Kl. Einen solchen sieht Mankowski (JR 96, 223) stets in der Gegenaufrechnung mit der Folge, dass sich die Aufrechnung des Bekl gem § 366 Abs 2 BGB auf die nicht anerkannte weitere Forderung des Kl bezieht.

§ 146 Beschränkung auf einzelne Angriffs- und Verteidigungsmittel

Das Gericht kann anordnen, daß bei mehreren auf denselben Anspruch sich beziehenden selbständigen Angriffs- oder Ver-teidigungsmitteln (Klagegründen, Einreden, Repliken usw.) die Verhandlung zunächst auf eines oder einige dieser Angriffs- oder Verteidigungsmittel zu beschränken sei.

1. Die **Beschränkung der Verhandlung** bezweckt eine übersicht- 1 lichere Gliederung des Streitstoffes. Sie ist eine Maßnahme der Prozessleitung (§ 136 Rn 2), die als Ausnahme vom Grundsatz der Konzentration und Beschleunigung (ua § 272) nur bei sehr komplexem Streit-

stoff angebracht ist, der anders schlecht in den Griff zu bekommen ist.
Für die Anordnung gilt das in § 145 Rn 3 Gesagte.

2   **2. Voraussetzungen. – a) Angriffs- oder Verteidigungsmittel** ist
jedes sachliche und prozessuale Vorbringen, das der Durchsetzung bzw
Abwehr des geltend gemachten prozessualen Anspruchs (Einl II) dient,
zB Behauptungen, Bestreiten (BGH 12, 49 u JZ 77, 102), Einwendungen, auch Aufrechnung, Einreden einschließlich der Tatsachenbehauptungen und Beweismittel zu ihrer Rechtfertigung (BGH 91,
293/303), Beweisanträge, Beweiseinreden (§ 282 Abs 1). **Keine An-
griffsmittel** sind Rechtsausführungen, verfahrensbestimmende Anträge wie Klage, Klageänderung (Karlsruhe NJW 79, 879), Klageerweiterung (BGH NJW 01, 1210), Widerklage (BGH NJW 95, 1223),
Erweiterung samt dem Vorbringen zu ihrer Begründung (BGH NJW
85, 3079, WM 86, 864), ferner Parteiänderung, Nachholung der zu
ihrer Zulässigkeit notwendigen Aufgliederung des Klageantrags (BGH
3   NJW 93, 193, NJW 97, 870). – **b) Selbständig** ist das Mittel, wenn
es für sich allein den Tatbestand einer materiellen oder prozessualen
Rechtsnorm ausfüllt, an die das Gesetz eine selbständige, insbes eine
rechtsbegründende, -hindernde, -vernichtende, -hemmende oder -er-
haltende Wirkung knüpft (45 vor § 253). Dazu gehören zB ein selbständiger Klagegrund (§ 253 Rn 10), Einwendungen, die einzelne
Prozessvoraussetzungen; nicht dagegen einzelne Tatbestandselemente
einer Rechtsnorm (zB Verschulden in § 823 BGB), bloßes Bestreiten,
4   Beweismittel. – **c) Auf denselben prozessualen Anspruch** (Einl II)
müssen sich die mehreren Angriffs- oder Verteidigungsmittel beziehen.
Bei mehreren Ansprüchen, Widerklage und nichtkonnexer Aufrechnung § 145 Rn 1 ff.

5   **3. Wirkung.** Es tritt eine rein tatsächliche Beschränkung der Vhdlg
ein. Weiteres Vorbringen nach Übergang zu einem anderen Streitpunkt
bleibt zulässig. Bei Entscheidungsreife ist jederzeit, auch ohne Aufhebung der Beschränkung, Endurteil zu erlassen. VersU ist bei Vorliegen
der Voraussetzungen (§§ 330, 331) jederzeit zulässig.

§ 147 Prozessverbindung

**Das Gericht kann die Verbindung mehrerer bei ihm anhängi-
ger Prozesse derselben oder verschiedener Parteien zum Zwecke
der gleichzeitigen Verhandlung und Entscheidung anordnen,
wenn die Ansprüche, die den Gegenstand dieser Prozesse bilden,
in rechtlichem Zusammenhang stehen oder in einer Klage hätten
geltend gemacht werden können.**

1   **1. Voraussetzungen. – a) Mehrere anhängige Prozesse** (§ 261
Rn 1) in gleicher Instanz beim selben Gericht. Auch vor verschiedenen
Kammern; wegen §§ 97 ff GVG aber nicht, wenn teils vor Zivil- und
2   teils vor Kammern für Handelssachen. – **b) Zuständigkeit des Pro-
3   zessgerichts** und dieselbe Prozessart, § 260 Rn 13. – **c) Rechtlicher**

Zusammenhang (§ 33 Rn 4) zwischen den mehreren Ansprüchen oder Zulässigkeit von Parteien- oder Anspruchshäufung (§§ 59, 60 u 260). – **d)** Verbindung nur zu gleichzeitiger **Verhandlung und Ent- 4 scheidung;** also einerseits nicht nur zur Beweisaufnahme oder Vhdlg (Köln VersR 73, 285), andrerseits nicht mehr bei Entscheidungsreife. – **e)** In **Ehesachen** § 610, in Scheidungs-Folgesachen § 623. – **f) In 5 Revisionsinstanz** setzt Verbindung voraus, dass in jedem der Verfahren 6 die Revision zulässig ist. Die Verbindung führt nicht zur Addition der Beschwer und damit zur Statthaftigkeit der (wegen fehlender Beschwer) unstatthaften Nichtzulassungsbeschwerde gegen ein Teil- und gegen ein Schlussurteil (BGH NJW 77, 1152). – **g) Kein Verbindungsverbot 7** darf bestehen, § 260 Rn 14.

2. Für die **Anordnung** und Ablehnung gilt § 145 Rn 3 sinngemäß. 8 Die Verbindung muss angeordnet werden in den Fällen §§ 518, 623, 646 Abs 3, 654 Abs 3, §§ 249 Abs 2, 246 Abs 3, 275 Abs 4 AktG, §§ 51 Abs 3, 112 Abs 1 GenG). Allein dadurch, dass ein Dritter (etwa Streithelfer des Bekl), der bisher nicht Partei war, (Wider)Klage gegen den Kl und einen anderen erhebt, tritt eine Verbindung dieses neuen Prozesses mit dem alten (Kl/Bekl) nicht ein (BGH ZZP 86, 67). Lehnt das Ger die Verbindung ab, so ist nicht die neue (Wider)Klage unzulässig (so BGH aaO), sondern es ist in getrennten Verfahren zu entscheiden (so zutr Wieser ZZP 86, 36/41).

3. Wirkung. – a) Gemeinschaftliche Verhandlung, Beweisauf- 9 nahme und Entscheidung in einem für die Zukunft einheitlichen Verfahren wie bei ursprünglicher Parteien- oder Anspruchshäufung. Mehrere auf derselben Seite stehende Parteien werden Streitgenossen mit allen sich daraus ergebenden Wirkungen (§§ 61 ff). Haben dieselben Personen in den verbundenen Prozessen umgekehrte Parteirollen, so wird die später rechtshängig gewordene Klage zur Widerklage, ohne dass es auf deren besondere ProzVoraussetzungen ankäme. – **b)** Die 10 **sachliche Zuständigkeit** wird durch die Verbindung nicht betroffen. Für die künftigen Gebühren ist der durch Zusammenrechnung zu ermittelnde Streitwert maßgebend. – **c) Wird ein Prozess spruchreif,** 11 ist nicht durch Teilurteil zu entscheiden, sondern die Verbindung zu trennen (auch stillschweigend) und Vollendurteil zu erlassen. – **d) Ist 12 nur zu gemeinschaftlicher Verhandlung verbunden,** so ist durch Auslegung zu ermitteln, ob es sich um eine Verbindung nach § 147 oder nur um eine vorübergehende Maßnahme zur Vereinfachung handeln sollte (BGH NJW 57, 183). Ist unzulässigerweise nur zu gemeinsamer Vhdlg verbunden und auf Grund derselben Vhdlg in mehreren getrennten Urteilen entschieden worden, so sind für die Zulässigkeit eines Rechtsmittels diese als eine einheitliche Entscheidung aufzufassen und die Rechtsmittelstreitwerte (§ 2 Rn 3) der einzelnen Urteile zusammenzuzählen (BGH aaO).

§ 148 Aussetzung bei Vorgreiflichkeit

Das Gericht kann, wenn die Entscheidung des Rechtsstreits ganz oder zum Teil von dem Bestehen oder Nichtbestehen eines Rechtsverhältnisses abhängt, das den Gegenstand eines anderen anhängigen Rechtsstreits bildet oder von einer Verwaltungsbehörde festzustellen ist, anordnen, daß die Verhandlung bis zur Erledigung des anderen Rechtsstreits oder bis zur Entscheidung der Verwaltungsbehörde auszusetzen sei.

1   **1.** Die **Aussetzung** ist in vielen Bestimmungen geregelt, zB §§ 152 ff, 246 ff, im Eheprozess § 614, im Kindschaftsprozess (erbbiologisches Gutachten) § 640 f. Die wichtigsten **außerhalb der ZPO** sind: – **a)** Hält das Zivilgericht eine anzuwendende Norm für verfassungswidrig, so muss es aussetzen und gemäß Art 100 GG dem BVerfG vorlegen. Ohne Vorlage aussetzen darf es analog § 148, wenn es die Norm, wegen deren bereits ein Kontrollverfahren beim BVerfG anhängig ist, nicht für verfassungswidrig hält (BGH NJW 98, 1957). – **b)** Art VIII Abs 8 NTS (BGBl 61 II 1183) mit Art 41 Abs 11 ZAbkNTS (BGBl 61 II 1218), wenn es um die Frage geht, ob eine Handlung eines Mitglieds der Truppe oder zivilen Gefolges in Ausübung des Dienstes begangen worden ist oder ob die Benutzung eines Fahrzeugs der Streitkräfte unbefugt war. – **c)** § 97 Abs 5 ArbGG zur Herbeiführung einer Entscheidung über Tariffähigkeit u -zuständigkeit. – **d)** § 46 Abs 2 WEG, wenn die Entscheidung vom Ausgang eines Verfahrens nach § 43 WEG abhängt. – **e)** § 108 SGB VII, wenn die Entscheidung davon abhängt, ob ein Betriebsunfall vorliegt. – **f)** § 11 GebrMG bei anhängigem Löschungsverfahren. – **g)** § 96 GWB. – **h)** Das Vorabentscheidungsverfahren nach den Europaverträgen, nämlich Art 41 Montanunionvertrag, Art 234 EG (bisher 177 EGV) und Art 150 Euratomvertrag, wenn es um die Gültigkeit von Handlungen der Gemeinschaftsorgane oder um die Auslegung von EG- oder Euratomvertrag geht (näher vgl Schumann ZZP 78, 77, Heß ZZP 108, 59). – **i)** Art 110 deutsch-österreichischer Vermögensvertrag (BGBl 58 II 130). – **k)** § 11 Abs 2 S 2 des G v 19. 6. 68 (BGBl 661), wenn ein Senat eines obersten Gerichtshofs des Bundes in einer Rechtsfrage von der Entscheidung eines anderen obersten Gerichtshofs abweichen will und die Rechtsfrage dem Gemeinsamen Senat vorlegt. – **l)** Art 27–30 EuGVVO, Art 21 LGVÜ bei doppelter Rechtshängigkeit.

2   **2.** Die **Aussetzung nach § 148** ist prozessleitende Maßnahme zur Verhinderung überflüssiger Mehrarbeit in parallel geführten Prozessen und sich widersprechender Entscheidungen. Sie wird nach pflichtgemäßem Ermessen (Düsseldorf NJW 85, 1966, Dresden NJW 00, 442) vAw unter Gewährung rechtl Gehörs durch Gerichtsbeschluss (Vorsitzender der KfH: § 349 Abs 2 Nr 3) angeordnet, entspr § 248 Abs 2 auch ohne mdl Vhdlg (München OLG 68, 432, Jena OLG-NL 01, 238 für § 149; bestr; vgl auch § 128 Rn 12), ggf auch noch vom RevGericht (BGH

MDR 83, 574, WM 92, 1422). Das Ger muss aussetzen, wenn eine Sachentscheidung nicht möglich ist, weil deren Voraussetzungen im vorliegenden Prozess nicht geklärt werden können (BGH NJW 86, 1744: Leasing-Dreiecksverhältnis, Köln FamRZ 98, 1303: Anerkennung einer ausländischen Ehescheidung). Aussetzung bei Aufrechnung vgl § 145 Rn 22 ff.

a) Voraussetzungen: aa) Abhängigkeit (Vorgreiflichkeit), dh die 3 Entscheidung muss von einem Rechtsverhältnis abhängen, das im auszusetzenden Prozess Vorfrage ist und das entweder den Gegenstand des anderen anhängigen Prozesses bildet oder von einer Verwaltungsbehörde festzustellen ist. Rechtskraftwirkung für den auszusetzenden Prozess ist nicht erforderlich. Es genügt nicht Gleichartigkeit verschiedener Ansprüche aus einem Vertrag (München NJW-RR 96, 766), nicht die bloße Möglichkeit widersprechender Entscheidungen (Jena NJW-RR 01, 503), nicht der Umstand, dass der an sich entscheidungsreife Rechtsstreit durch den anderen Prozess gegenstandslos werden könnte (Frankfurt BB 71, 1479). Keine Vorgreiflichkeit – deshalb keine Aussetzung –, sondern anderweitige Rechtshängigkeit (§ 261) besteht bei Identität der proz Ansprüche in beiden Prozessen. – **bb)** Ein **anderer Rechtsstreit** 4 muss anhängig sein. In ihm muss über das Bestehen oder Nichtbestehen einer Rechtsfolge, die im auszusetzenden Prozess Vorfrage ist, mit einer rechtskraftfähigen Entscheidung zu rechnen sein. Also keine Aussetzung eines Bauprozesses wegen eines anhängigen selbständigen Beweisverfahrens (Dresden NJW-RR 98, 1101; aA München NJW-RR 98, 576). Die Parteien brauchen nicht dieselben zu sein. Das andere Ger kann ein Arbeits- oder Schiedsgericht sein. Dass es ein ausländisches ist, steht der Aussetzung nicht entgegen (StJRoth 140), wenn die Entscheidung nach § 328 anzuerkennen ist (Frankfurt NJW 86, 1443; zurückhaltend Geimer NJW 87, 3085). Aussetzung bei Aufrechnung § 145 Rn 22 ff. – **cc)** Oder das Rechtsverhältnis muss **durch eine Verwaltungsbehörde** 5 **festzustellen** sein, auch durch ein Verwaltungsgericht. BAG DB 79, 847 bejaht analoge Aussetzung bis zur Feststellung des Insolvenzverwalters, inwieweit die Masse zur Befriedigung aller Massegläubiger ausreicht, weil von der Quote die Entscheidung des Rechtsstreits abhängt. Für die Klage muss der Rechtsweg offen sein, andernfalls Prozessabweisung. Doch wird man Aussetzung aus Gründen der Prozesswirtschaftlichkeit zulassen müssen, wenn die Zulässigkeit der Klage von einer Vorentscheidung der Verwaltungsbehörde abhängt (BGH 4, 68/77). Das Verfahren vor ihr muss noch nicht anhängig sein. Eine Bindung des aussetzenden Ger an die Entscheidung der Verwaltungsbehörde tritt nur ein, soweit sie gesetzlich vorgeschrieben ist und im Rahmen der Rechtskraftwirkung verwaltungsgerichtlicher Entscheidungen. Keine Aussetzung bei gerichtl Anfechtung von privatrechtsgestaltenden Verwaltungsakten, solange nicht eine aufschiebende Wirkung des Rechtsmittels angeordnet ist (Zeranski FamRZ 99, 824).

b) Keine Aussetzung gibt es in der ZwVollstr (Rn 30 vor § 704), 6 ferner grundsätzlich wegen der Natur des Eilverfahrens bei Antrag auf

§ 149 — Buch 1. Allgemeine Vorschriften

Erlass von Arrest und einstw Vfg (ebenso LG Aurich MDR 65, 142, Teplitzky DRiZ 82, 41; aA für §§ 152 bis 154 RoSchw/Gottwald § 127 II 4) und im einstw Anordnungsverfahren nach §§ 620 ff (Frankfurt FamRZ 85, 409), ebenso nicht im UrkProzess (Hamm NJW 76, 246)

7 und im PKH-Verfahren (München MDR 88, 783). – **c)** Der **Streitwert** ist gem § 3 nach dem Interesse der Parteien an der Entscheidung über die Aussetzung zu schätzen (BGH 22, 283). Richtig ist wohl ein Bruchteil des Hauptsachestreitwerts, der 1/5 –1/3 betragen dürfte (bestr, Schnei-

8 der MDR 73, 542; Köln MDR 73, 683: grundsätzlich 1/5. – **d)** Im **Scheidungsprozess** kommt das notwendige Abwarten mit dem weiteren Verfahren gemäß § 627 Abs 2 der Aussetzung in der Wirkung gleich. Aussetzung, wenn Ehe im Ausland rechtskräftig geschieden, § 328 Rn 27.

9 **3. Sonstiges. – a)** **Entsprechend anwendbar** ist § 148 bei Anordnung eines allgemeinen Verfügungsverbots nach § 21 Abs 2 Nr 2 InsO über das Vermögen des Bekl (Jena NJW-RR 00, 1075). Ferner, wenn das Rechtsverhältnis, das im auszusetzenden Prozess Vorfrage ist, durch das Gericht der **freiwilligen Gerichtsbarkeit** entschieden wird (Düsseldorf NJW-RR 95, 832); jedoch keine Aussetzung des Prozesses, in dem die Wirksamkeit eines Testaments Vorfrage ist, bis zur Entscheidung des NachlassGer im Erbscheinerteilungsverfahren (KG OLGZ 75, 355).

10 Einschlägige gesetzliche Regelungen vgl Rn 1. – Wird eine **erbbiologische Untersuchung,** die wegen des Alters des Kindes erst später durchführbar ist, durch Beweisbeschluss angeordnet, so handelt es sich auch ohne ausdrückliche Anordnung und außerhalb einer Kindschafts-

11 sache (§ 640 f) um eine Aussetzung. – **b)** **Nicht entsprechend anwendbar.** Entgegen Düsseldorf NJW 74, 2010 kann das Berufungsgericht nicht entspr § 148 den Prozess gegen den Haftpflichtversicherer, gegen den die 1. Instanz die Klage durch Teilurteil abgewiesen hat, aussetzen, weil die Entscheidung von derjenigen der 1. Instanz gegen den versicherten Schädiger abhängt. Vielmehr ist in diesem Fall das Teilurteil als unzulässig (§ 301 Rn 3) aufzuheben und wegen Verfahrens-

12 fehlers zurückzuverweisen (§ 538 Rn 25). – **c)** Für die **Wirkung der Aussetzung** gilt § 249, auch wenn sie sich hinter einer langfristigen

13 Vertagung verbirgt. – **d)** **Rechtsmittel.** Es gelten § 252 und die Rn

14 dort. – **e)** Die **Aussetzung endet** im Falle des § 148 entweder mit Wirksamwerden eines gerichtlichen Aufhebungsbeschlusses gem § 150 oder von selbst mit Erledigung des Verfahrens, wegen dessen ausgesetzt wurde.

§ 149 Aussetzung bei Verdacht einer Straftat

(1) Das Gericht kann, wenn sich im Laufe eines Rechtsstreits der Verdacht einer Straftat ergibt, deren Ermittlung auf die Entscheidung von Einfluss ist, die Aussetzung der Verhandlung bis zur Erledigung des Strafverfahrens anordnen.

348 — Reichold

(2) ¹**Das Gericht hat die Verhandlung auf Antrag einer Partei fortzusetzen, wenn seit der Aussetzung ein Jahr vergangen ist. ²Dies gilt nicht, wenn gewichtige Gründe für die Aufrechterhaltung der Aussetzung sprechen.**

Abs 2 eingefügt mWv 1. 1. 2002 durch Art 2 Abs 1 Nr 22 a ZPO-RG.

1. **Voraussetzungen** für die Aussetzung. – **a)** Der **Verdacht einer** 1 **Straftat** irgendeines Prozessbeteiligten (§ 140 Rn 4), bei einer Partei auch des Rechtsvorgängers, muss sich im Prozessverlauf ergeben. Ein Strafverfahren muss noch nicht anhängig sein. – **b) Von Einfluss** kann 2 die Ermittlung der Straftat nur auf die Beweiswürdigung sein, also nicht mehr in der Revisionsinstanz. Dieser Einfluss kann entgegen Celle NJW 69, 280 auch bestehen (Einverständnis der Parteien mit der Verwertung der Strafakten, Glaubwürdigkeit bei widersprüchlichen Aussagen), wenn beiden Verfahren der nämliche Sachverhalt zugrunde liegt (Frankfurt MDR 82, 675, Köln JMBl NRW 73, 106). Ein solcher Einfluss besteht nicht, wenn ein Zeuge die Aussage verweigert im Hinblick auf ein Ermittlungsverfahren, das gegen ihn im Zusammenhang mit dem Vernehmungsgegenstand anhängig ist (KG MDR 83, 139). – **c) Keine** 3 **Aussetzung,** wenn es nicht auf den Inhalt, sondern auf das Vorhandensein einer Strafentscheidung ankommt (München FamRZ 56, 292), zB im Falle des § 581. Ferner wenn es nicht um die tatsächliche Aufklärung des Sachverhalts, sondern um die Entscheidung einer Rechtsfrage geht (Düsseldorf MDR 85, 239).

2. Die **Aussetzung** liegt **im Ermessen** des Gerichts. Abzuwägen 4 sind die Interessen der ProzParteien u die Notwendigkeit von ProzÖkonomie (Düsseldorf NJW 80, 2534), also insbes der Vorteil einer gründlicheren Klärung im Hinblick auf den Untersuchungsgrundsatz im Strafprozess gegen den Nachteil der Verzögerung einer Entscheidung im Zivilprozess (Hamburg MDR 75, 669). Im Arzthaftungsprozess kommt eine Aussetzung nur ausnahmsweise in Betracht (Köln VersR 91, 1027, Stuttgart NJW 91, 1556). Im übrigen gelten sinngem Rn 2 ff zu § 148.

3. **Dauer der Aussetzung** grundsätzlich bis zum rechtskräftigen 5 Abschluss des Strafverfahrens. Hat die Aussetzung 1 Jahr angedauert, kann jede Partei Fortsetzung des Proz beantragen. Der Antrag darf nur abgelehnt werden, wenn wichtige, dh schwerwiegende, Gründe die Fortsetzung der Aussetzung rechtfertigen. Gegen die Ablehnung der Fortsetzung durch ein Ger der 1. Instanz sofortige Beschwerde gem § 567 Abs 1 Nr 2.

§ 150 Aufhebung von Trennung, Verbindung oder Aussetzung

¹**Das Gericht kann die von ihm erlassenen, eine Trennung, Verbindung oder Aussetzung betreffenden Anordnungen wieder aufheben. ²§ 149 Abs. 2 bleibt unberührt.**

S 2 angefügt mWv 1. 1. 2002 durch Art 2 Abs 1 Nr 22 b ZPO-RG.

1 **1. Trennung** und **Verbindung,** soweit sie nicht ausnahmsweise angeordnet werden mussten (§ 145 Rn 3, § 147 Rn 8), kann das Gericht auch in 2. Instanz jederzeit nach freiem Ermessen wieder aufheben. Unanfechtbarer Beschluss, der grundsätzlich mdl Vhdlg erfordert. Ausnahmen: § 128 Rn 12.

2 **2.** Die **Aussetzung** endet entweder von selbst mit Eintritt des im Aussetzungsbeschluss angegebenen Beendigungstatbestands, zB § 148 Rn 14; oder durch Aufnahme, zB § 246. Iü kann, soweit ihre Anordnung im freien Ermessen des Gerichts stand, nach freiem Ermessen jederzeit wieder aufgehoben werden. Einschränkung des Ermessens durch § 149 Abs 2. In den Fällen der notwendigen Aussetzung erfolgt Aufhebung nur nach Wegfall der Voraussetzungen, in den Fällen der §§ 152, 153 nach § 155, auch vAw und ohne Einverständnis des früheren Antragstellers. Soweit die Aussetzung vAw angeordnet wurde, kann sie vor Wegfall der Voraussetzungen auch vAw aufgehoben werden, bei notwendiger Aussetzung auf Antrag nur mit Einverständnis des früheren Antragstellers. Beschluss, der grundsätzlich mdl Vhdl erfordert;

3 Ausnahmen: § 128 Rn 12. – **Rechtsmittel** wie § 252. Nicht zu verwechseln ist die Aufhebung der Aussetzung durch Gerichtsbeschluss mit der Aufnahme des Verfahrens durch eine Partei (zB §§ 152 bis 154, 246).

§ 151 (aufgehoben)

§ 152 Aussetzung bei Eheaufhebungsantrag

[1] **Hängt die Entscheidung eines Rechtsstreits davon ab, ob eine Ehe aufhebbar ist, und ist die Aufhebung beantragt, so hat das Gericht auf Antrag das Verfahren auszusetzen.** [2] **Ist das Verfahren über die Aufhebung erledigt, so findet die Aufnahme des ausgesetzten Verfahrens statt.**

1 Aufhebbarkeit einer Ehe – nicht notwendig zwischen den Parteien – ist hier Vorfrage für die Entscheidung des auszusetzenden Rechtsstreits. Wegen Aufhebbarkeit vgl §§ 1313 ff BGB. Der Aufhebungsantrag muss rechtshängig sein. Fristsetzung hierfür gibt es nicht. Die Aussetzung endet mit Aufnahme gem § 250 nach Erledigung des Aufhebungsverfahrens, ferner durch gerichtlichen Beschluss nach § 155.

§ 153 Aussetzung bei Vaterschaftsanfechtungsklage

Hängt die Entscheidung eines Rechtsstreits davon ab, ob ein Mann, dessen Vaterschaft im Wege der Anfechtungsklage angefochten worden ist, der Vater des Kindes ist, so gelten die Vorschriften des § 152 entsprechend.

1 Die Nichtehelichkeit eines Kindes – es muss nicht Partei sein; ebenso wenig die Eltern – im Falle der §§ 1600 ff BGB, § 640 ist hier Vorfrage

des auszusetzenden Prozesses. Iü gilt § 152. Ein einstweiliges Verfügungsverfahren kann nicht ausgesetzt werden, vielmehr entfällt mit zulässigem Aussetzungsantrag mangels Eilbedürftigkeit der Verfügungsgrund (Düsseldorf FamRZ 82, 1230).

§ 154 Aussetzung bei Ehe- oder Kindschaftsstreit

(1) **Wird im Laufe eines Rechtsstreits streitig, ob zwischen den Parteien eine Ehe oder eine Lebenspartnerschaft bestehe oder nicht bestehe, und hängt von der Entscheidung dieser Frage die Entscheidung des Rechtsstreits ab, so hat das Gericht auf Antrag das Verfahren auszusetzen, bis der Streit über das Bestehen oder Nichtbestehen der Ehe oder der Lebenspartnerschaft im Wege der Feststellungsklage erledigt ist.**

(2) **Diese Vorschrift gilt entsprechend, wenn im Laufe eines Rechtsstreits streitig wird, ob zwischen den Parteien ein Eltern- und Kindesverhältnis bestehe oder nicht bestehe oder ob der einen Partei die elterliche Sorge für die andere zustehe oder nicht zustehe, und von der Entscheidung dieser Fragen die Entscheidung des Rechtsstreits abhängt.**

Abs 1 geändert mWv 1. 8. 2001 durch Art 3 § 16 Nr 6 LPartG.

In **Abs 1** ist das (Nicht)Bestehen einer Ehe oder einer Lebenspartnerschaft zwischen den Parteien Vorfrage des auszusetzenden Prozesses. Die Feststellungsklage (§ 632) braucht noch nicht rechtshängig zu sein; keine Fristsetzung für ihre Erhebung. Die Aussetzung endet mit Erledigung des Feststellungsprozesses. Die interessierte Partei kann ihn selbst betreiben. Deshalb gilt auch § 155 nicht. – In **Abs 2** ist das (Nicht)Bestehen eines Eltern-Kindesverhältnisses zwischen den Parteien oder das (Nicht)Bestehen der elterlichen Sorge einer Partei für die andere Vorfrage des auszusetzenden Prozesses. Für diese Feststellungsklagen gelten §§ 640 ff. Aussetzung bei Anfechtung der Ehelichkeit nur nach § 153, ausgenommen bei Streit über die (Un-)Wirksamkeit der Vaterschaftsanerkennung (§ 640 Abs 2 Nr 1 Hs 2), der unter Abs 2 fällt. **1** **2**

§ 155 Aufhebung der Aussetzung bei Verzögerung

In den Fällen der §§ 152, 153 kann das Gericht auf Antrag die Anordnung, durch die das Verfahren ausgesetzt ist, aufheben, wenn die Betreibung des Rechtsstreits, der zu der Aussetzung Anlaß gegeben hat, verzögert wird.

Die Parteien können in den Fällen der §§ 152 bis 154 unter den dort genannten Voraussetzungen den Rechtsstreit in der Form des § 250 aufnehmen. Sie können außerdem in den Fällen der §§ 152, 153 (nicht 154) bei Verzögerung des anderen Prozesses Aufhebung des Aussetzungsbeschlusses beantragen. Für Verfahren, Beschluss und Rechtsmittel **1** gilt § 150 Rn 2, 3. In dem fortzusetzenden Prozess ist die Ehe als gültig, das Kind als ehelich anzusehen.

§ 156 Wiedereröffnung der Verhandlung

(1) **Das Gericht kann die Wiedereröffnung einer Verhandlung, die geschlossen war, anordnen.**

(2) **Das Gericht hat die Wiedereröffnung insbesondere anzuordnen, wenn**

1. **das Gericht einen entscheidungserheblichen und rügbaren Verfahrensfehler (§ 295), insbesondere eine Verletzung der Hinweis- und Aufklärungspflicht (§ 139) oder eine Verletzung des Anspruchs auf rechtliches Gehör, feststellt,**

2. **nachträglich Tatsachen vorgetragen und glaubhaft gemacht werden, die einen Wiederaufnahmegrund (§§ 579, 580) bilden, oder**

3. **zwischen dem Schluss der mündlichen Verhandlung und dem Schluss der Beratung und Abstimmung (§§ 192 bis 197 des Gerichtsverfassungsgesetzes) ein Richter ausgeschieden ist.**

Abs 2 angefügt mWv 1. 1. 2002 durch Art 2 Abs 1 Nr 23 ZPO-RG.

1   **1. Die Wiedereröffnung der Verhandlung** wird von Amts wegen durch unanfechtbaren Gerichtsbeschluss angeordnet.

2   **a) Sie** muss angeordnet werden, Abs 2: – **aa)** Wenn das Gericht nachträglich einen entscheidungserheblichen Verfahrensfehler feststellt, zB Verletzung des Rechts auf rechtliches Gehör (BGH NJW 88, 2302) oder dass bei Schluss der Verhandlung die Sache noch nicht vollständig erörtert (Bamberg FamRZ 94, 1045) oder ein nötiger Hinweis (§§ 136 Abs 4, 139, 273) unterlassen war (BGH NJW 95, 1559 u 1560) oder ein Hinweis erst in der letzten mündlichen Verhandlung gegeben wurde (BGH NJW 99, 2123) oder andere Versäumnisse oder Missgriffe des Gerichts zu einer lückenhaften Sachdarstellung geführt haben (BGH WM 93, 177, Köln OLGZ 80, 356, Schleswig OLGZ 81, 245). Das kann durch den Schriftsatz erkennbar geworden sein, insoweit auch durch Revisionsgericht nachprüfbar (BGH WM 79, 587, WM 87, 3 1200/1202). – **bb)** Wenn nachträglich Tatsachen vorgetragen werden, die einen Wiederaufnahmegrund (§§ 579, 580) bilden können. Dies 4 dient der Vermeidung eines Wiederaufnahmeverfahrens. – **cc)** Wenn nach Schluss der Verhandlung, aber vor Entscheidung (§§ 192 ff GVG) ein Richter weggefallen oder verhindert ist. Näher § 309 Rn 4.

5   **b)** Sie muss **außerdem angeordnet** werden: – **aa)** Wenn im Falle des § 283 (dort Rn 7) die Sache noch nicht entscheidungsreif ist. – 6 **bb)** Wenn eine Partei entscheidungserhebliche Unterlagen, deren Vorlegung sie in der Verhandlung zugesagt hat, nachträglich einreicht 7 (BGH FamRZ 96, 1067). – **cc)** Wenn ein Sachverständiger in einem mündlichen Gutachten eine gegenüber dem bisherigen Gutachten

neue Beurteilung abgibt und ein – auch nicht nachgelassener – Schriftsatz einer der Parteien Anlass zu weiterer Aufklärung gibt (BGH NJW 01, 2796).

c) Sie **kann angeordnet werden** nach freiem Ermessen (BGH NJW 8 00, 142), wenn nach Schluss der Verhandlung dem Gericht andere wesentliche neue Umstände wie Vergleichsbereitschaft, Hauptsacheerledigung bekannt werden, insbes durch Schriftsätze. Sie können unbeachtet bleiben (München NJW 84, 1026). Ein (nicht erforderlicher) Ablehnungsbeschluss ist unanfechtbar.

2. Die **weitere Verhandlung** kann bei Anwesenheit aller Beteiligten 9 sofort nach Verkündung des Wiedereröffnungsbeschlusses stattfinden; ein Säumnisverfahren gibt es aber in diesem Termin nicht. Die Verhandlung erstreckt sich auf den gesamten bisherigen Prozessstoff und zulässiges neues Vorbringen (§§ 263, 296).

§ 157 Ungeeignete Vertreter; Prozessagenten

(1) [1]**Mit Ausnahme der Rechtsanwälte sind Personen, die die Besorgung fremder Rechtsangelegenheiten vor Gericht geschäftsmäßig betreiben, als Bevollmächtigte und Beistände in der Verhandlung ausgeschlossen.** [2]**Sie sind auch dann ausgeschlossen, wenn sie als Partei einen ihnen abgetretenen Anspruch geltend machen und nach der Überzeugung des Gerichts der Anspruch abgetreten ist, um ihren Ausschluß von der Verhandlung zu vermeiden.**

(2) [1]**Das Gericht kann Parteien, Bevollmächtigten und Beiständen, die nicht Rechtsanwälte sind, wenn ihnen die Fähigkeit zum geeigneten Vortrag mangelt, den weiteren Vortrag untersagen.** [2]**Diese Anordnung ist unanfechtbar.**

(3) [1]**Die Vorschrift des Absatzes 1 ist auf Personen, denen das mündliche Verhandeln vor Gericht durch Anordnung der Justizverwaltung gestattet ist, nicht anzuwenden.** [2]**Die Justizverwaltung soll bei ihrer Entschließung sowohl auf die Eignung der Person als auch darauf Rücksicht nehmen, ob im Hinblick auf die Zahl der bei dem Gericht zugelassenen Rechtsanwälte ein Bedürfnis zur Zulassung besteht.**

1. Ausschluss nach Abs 1. – a) Persönlich betrifft er alle Vertreter 1 und Beistände, die fremde Rechtsangelegenheiten vor Gericht geschäftsmäßig besorgen. Jede Angelegenheit vor Ger ist Rechtsangelegenheit. „Fremd" ist wirtschaftlich zu betrachten; deshalb darf der Schadensachbearbeiter der Haftpflichtversicherung den Bekl vor dem Amtsgericht vertreten (BGH 38, 71; bestr). Geschäftsmäßig bedeutet nicht notwendig entgeltlich oder hauptberuflich, sondern einerseits selbständig, so dass Angestellte oder Beamte, die ihren Dienstherrn regelmäßig vertreten, nicht darunter fallen; zum anderen ist öftere Wiederholung oder die Absicht hierzu erforderlich (Hamburg MDR 51, 693). Für diese Fest-

stellungen gilt der Freibeweis (Rn 6 vor § 284). Für den erweiterten
Begriff „fremd" nach S 2 ist nötig, dass der Abtretungsempfänger in
2 Person, also ohne Vertreter auftritt. – **b) Sachlich** betrifft der Ausschluss nur das Auftreten in mdl Vhdlg, das ist jeder angeordnete
Termin einschließlich der **Güteverhandlung** . Der sonstige Prozess-
3 betrieb fällt nicht darunter, zB Schriftsätze, Zustellungen. – **c)** Der
Ausschluss **beruht auf Gesetz.** Bei Streit darüber ist der Vertreter
insoweit zugelassen. Ausschluss dann durch deklaratorischen Beschluss.
Dagegen hat nicht der Vertreter, aber die Partei die sofortige Be-
4 schwerde nach § 567 (allgM, zB Schleswig SchlHA 56, 203). – **d) Wirkung** des Ausschlusses. Entweder die anwesende Partei verhandelt selbst
oder es treten die Säumnisfolgen ein. Einspruch oder Berufung können
darauf gestützt werden, dass die Partei zulässig vertreten war. Als unzulässig abzuweisen ist die von der ausgeschlossenen Person eingereichte
Klage nur iF fehlender Postulationsfähigkeit (4 vor § 78). Sonst nicht,
denn die Prozessvollmacht ist wirksam; nicht sie, sondern nur das
Auftreten in der Vhdlg ist unzulässig. Natürlich kann die Klage aus
anderen Gründen unzulässig sein.

5   **2. Nicht ausgeschlossen sind – a) Rechtsanwälte** und solche natürlichen Personen, die gemäß § 209 BRAO in die RA-Kammer aufgenommen worden sind (vgl § 25 EGZPO). Außerdem die Personen, die
für sie in der mdl Vhdlg auftreten dürfen (§ 78 Rn 22–25); am AG im
Einzelfall auch Bürovorsteher mit Untervollmacht (LG Oldenburg NJW
58, 1930); ihr dauerndes Auftreten ist unstatthaft (LAG Hamm NJW 71,
6 2278). – **b) Patentanwälte** in Sachen des gewerblichen Rechtsschutzes
7 (§ 4 PatAnwO). – **c)** Von der Justizverwaltung zugelassene **Prozess-
agenten** (Abs 3). Gegen Nichtzulassung ist der Rechtsweg zum OLG
(§§ 23 ff EGGVG) gegeben (BVerwG JR 70, 76). Diese Einschränkung
der Berufsausübung ist verfassungskonform (BVerfG NJW 76, 1349).

8   **3. Untersagung des Vortrags nach Abs 2** geschieht durch unanfechtbaren Gerichtsbeschluss. Die mangelnde Fähigkeit kann dauernd
oder vorübergehend sein. Für Fremdsprachige und Taube gelten §§ 185
bis 187 GVG. Das Ger trifft die notwendigen Feststellungen im Wege
des Freibeweises (6 vor § 284) und entscheidet nach freiem Ermessen,
darf seinen Beschluss auch wieder aufheben. Die Untersagung des Vortrags kann nicht im selben Termin, sondern erst in einem (nicht notwendig: im unmittelbar) folgenden zu einem VersU führen, § 158 S 2.
Nicht anwendbar ist Abs 2 auf die in Rn 5, 6 genannten Personen.

§ 158 Entfernung infolge Prozessleitungsanordnung

[1]**Ist eine bei der Verhandlung beteiligte Person zur Aufrechterhaltung der Ordnung von dem Ort der Verhandlung entfernt
worden, so kann auf Antrag gegen sie in gleicher Weise verfahren
werden, als wenn sie freiwillig sich entfernt hätte.** [2]**Das gleiche**

gilt im Falle des § 157 Abs. 2, sofern die Untersagung bereits bei einer früheren Verhandlung geschehen war.

1. Satz 1 setzt voraus, dass ein Beteiligter (§ 140 Rn 4) außer RAe **1** gem § 177 GVG vom Verhandlungsort entfernt worden ist. Gilt entspr, wenn ein RA, gegen den den Vertretungsverbot besteht, gem § 156 Abs 2 BRAO zurückgewiesen wurde. Das Gericht kann nach Ermessen vertagen oder auf Antrag die Säumnisfolgen eintreten lassen, zB VersU (§§ 330 ff), Ordnungsmittel gegen Zeugen (§ 380), im Falle des § 141 die Erklärung als verweigert ansehen.

2. Satz 2 setzt voraus, dass in irgendeinem früheren Termin derselben **2** Person der Vortrag bereits einmal und im gegenwärtigen Termin zum zweiten Mal untersagt wurde. Die Folgen sind dann wie Rn 1.

§ 159 Protokollaufnahme

(1) ¹**Über die Verhandlung und jede Beweisaufnahme ist ein Protokoll aufzunehmen.** ²**Für die Protokollführung ist ein Urkundsbeamter der Geschäftsstelle zuzuziehen, wenn nicht der Vorsitzende davon absieht.**

(2) **Absatz 1 gilt entsprechend für Verhandlungen, die außerhalb der Sitzung vor Richtern beim Amtsgericht oder vor beauftragten oder ersuchten Richtern stattfinden.**

1. Regelungsgehalt. §§ 159 bis 165 betreffen das **Sitzungsprotokoll,** und zwar, dass eines aufzunehmen ist, seinen Inhalt, das Verfahren bei seiner Anfertigung und Berichtigung und seine Bedeutung.

2. Aufzunehmen ist es für alle Termine vor dem Prozessgericht, **2** auch bei Beweisaufnahme, Prozessvergleich, Säumnis der Parteien, Entscheidungsverkündung. Ferner für alle Termine, die nicht vor dem Prozessgericht stattfinden (Abs 2).

3. Es **wird geführt** vom UrkBeamten in eigener Verantwortlichkeit, **3** ausnahmsweise vom Richter. Gemeint ist hier die umfassende Protokollierungstätigkeit im Gegensatz zu der engeren Mitwirkung nach § 163 Abs 1 S 2. Anzufertigen ist es „über" die Verhandlung, nicht notwendig in ihr (§ 160 a Abs 2 S 1). Das gilt auch für die Teile, die den Beteiligten vorzulesen, vorzulegen oder abzuspielen sind (§ 162 Abs 1 S 2). Diese Teile werden aus der Aufzeichnung während der Verhandlung in die spätere Urschrift des Protokolls aufgenommen, das erst mit seiner Unterzeichnung abgeschlossen ist (§ 160 a Abs 2 S 1). Aufzeichnungshilfen vgl § 160 a Abs 1. Berichtigung § 164.

4. Die **Bedeutung** des Protokolls liegt in seiner Beweiskraft (§ 165 **4** Rn 4–8) und darin, dass das richterliche Protokoll jede andere Formvorschrift wahrt (§ 127 a BGB). – Die **Wirksamkeit einer Prozesshandlung** hängt von ihrer Beurkundung im Protokoll nicht ab. Ausnahme in § 288 Abs 1 (Geständnis vor beauftragtem oder ersuchtem

Richter; nicht vor Prozessgericht, Hamm WM 90, 1105) und die
Formgültigkeit des Prozessvergleichs (§ 794 Rn 11), weil er zugleich ein
jede andere Formvorschrift wahrendes materielles Rechtsgeschäft und
ein Vollstreckungstitel ist. Dies trifft für Anerkenntnis, Rechtsmittelverzicht und Rechtsmittelrücknahme nicht zu; deshalb und weil sie –
anders als der ProzVergleich – auch mittels Schriftsatz erklärt werden
können, hängt ihre Wirksamkeit nicht von der Aufnahme ins Protokoll,
Verlesung und Genehmigung ab (BGH NJW 84, 1465, NJW-RR 86,
1327, Karlsruhe FamRZ 84, 401; aA Düsseldorf FamRZ 83, 721,
Rpfleger 82, 111).

§ 160 Inhalt des Protokolls

(1) **Das Protokoll enthält**
1. **den Ort und den Tag der Verhandlung;**
2. **die Namen der Richter, des Urkundsbeamten der Geschäftsstelle und des etwa zugezogenen Dolmetschers;**
3. **die Bezeichnung des Rechtsstreits;**
4. **die Namen der erschienenen Parteien, Nebenintervenienten,
   Vertreter, Bevollmächtigten, Beistände, Zeugen und Sachverständigen und im Falle des § 128 a der Ort, von dem aus sie an
   der Verhandlung teilnehmen;**
5. **die Angabe, daß öffentlich verhandelt oder die Öffentlichkeit
   ausgeschlossen worden ist.**

(2) **Die wesentlichen Vorgänge der Verhandlung sind aufzunehmen.**

(3) **Im Protokoll sind festzustellen**
1. **Anerkenntnis, Anspruchsverzicht und Vergleich;**
2. **die Anträge;**
3. **Geständnis und Erklärung über einen Antrag auf Parteivernehmung sowie sonstige Erklärungen, wenn ihre Feststellung
   vorgeschrieben ist;**
4. **die Aussagen der Zeugen, Sachverständigen und vernommenen Parteien; bei einer wiederholten Vernehmung braucht
   die Aussage nur insoweit in das Protokoll aufgenommen zu
   werden, als sie von der früheren abweicht;**
5. **das Ergebnis eines Augenscheins;**
6. **die Entscheidungen (Urteile, Beschlüsse und Verfügungen)
   des Gerichts;**
7. **die Verkündung der Entscheidungen;**
8. **die Zurücknahme der Klage oder eines Rechtsmittels;**
9. **der Verzicht auf Rechtsmittel;**
10. **das Ergebnis der Güteverhandlung.**

(4) **[1]Die Beteiligten können beantragen, daß bestimmte Vorgänge oder Äußerungen in das Protokoll aufgenommen werden.
[2]Das Gericht kann von der Aufnahme absehen, wenn es auf die**

Feststellung des Vorgangs oder der Äußerung nicht ankommt. [3] Dieser Beschluß ist unanfechtbar; er ist in das Protokoll aufzunehmen.

(5) **Der Aufnahme in das Protokoll steht die Aufnahme in eine Schrift gleich, die dem Protokoll als Anlage beigefügt und in ihm als solche bezeichnet ist.**

Abs 1 und 3 geändert mWv 1. 1. 2002 durch Art 2 Abs 1 Nr 26 ZPO-RG.

1. Abs 1 bestimmt, welche Begleitumstände in das Protokoll aufzunehmen sind, darunter die Namen der anwesenden Beteiligten und die Orte, an denen sich bei einer Videokonferenz die nicht im Sitzungszimmer anwesenden Personen aufhalten. **1**

2. Wesentliche Vorgänge (Abs 2) meinen den Hergang der Verhandlung, nicht ihren Inhalt. Ihn beurkundet der Tatbestand des Urteils (§ 314). Zum Hergang gehören auch Verhandlung gemäß § 285 Abs 1 und Erörterung gemäß § 278 Abs 2 S 2 (BGH NJW 90, 121). **Kein** wesentlicher Vorgang ist eine kurzfristige Sitzungspause (BFH BB 01, 2043). **2**

3. Die **Feststellungen im Einzelnen** nach **Abs 3** (Bedeutung § 159 Rn 4). **3**

Nr 1. Anerkenntnis § 307, Verzicht § 306, Prozessvergleich § 794 Rn 11.

Nr 2 betrifft nur die Sach-, nicht die Prozessanträge (§ 297 Rn 1, 2). Ihre Aufnahme in das Protokoll ist auch im RA-Prozess (§ 78) vorgeschrieben. Statt dessen kann, wenn sie in einem vorbereitenden Schriftsatz enthalten sind, dieser dem Protokoll als Anlage beigefügt werden (Abs 5). Ebenso genügt die Feststellung der Verlesung gemäß § 297. **4**

Nr 3. Von Amts wegen sind festzustellen Geständnis (§ 288) und eine Erklärung über einen Antrag auf Parteivernehmung (§§ 446, 447); ferner sonstige Erklärungen, wenn ihre Feststellung vorgeschrieben ist. Beispiel: Zeugnisverweigerung iF des § 389 Abs 1. Für Geständnis vor dem beauftragten und ersuchten Richter ist die Protokollierung Wirksamkeitsvoraussetzung (§ 288 Abs 1). **5**

Nr 4 gilt, soweit von der Partei die Rede ist, nur für die Parteivernehmung als Beweismittel (§§ 445 ff), nicht für die Anhörung zur Sachaufklärung (§ 141) oder im Rahmen eines Sühneversuchs (§ 279). Der Inhalt der Aussagen ist am besten in direkter Rede wiederzugeben. Feststellung allein, dass Sachverständiger angehört wurde, reicht nicht (BGH NJW 01, 3269). Vereinfachung in den Fällen des § 161. Verstoß dort Rn 5. **6**

Nr 5. Anzugeben sind die Wahrnehmungen (1 vor § 371), nicht die Schlussfolgerungen daraus. Vereinfachung in den Fällen des § 161. Verstoß dort Rn 5. **7**

Nr 6. Verfügungen des Vorsitzenden fallen nicht darunter. Bei Urteilen ist nur die Formel festzustellen. Bei VersU in abgekürzter Form **8**

(§ 313 b Abs 2) genügt „nach Klageantrag". In allen Fällen darf nach Abs 5 verfahren werden.

9   **Nr 7.** Verkündung §§ 310 ff, 329. Aus dem Protokoll oder einer Anlage dazu muss ersichtlich sein, was verkündet worden ist (BGH VersR 90, 637), die Form der Verkündung (Verlesung oder Bezugnahme, § 311) braucht nicht genannt zu sein (BGH NJW 94, 3358).

10   **Nr 8** betrifft für die Partei besonders bedeutsame Prozesshandlungen und gilt nur, soweit sie in der mdl Vhdlg erklärt werden. Klagerücknahme § 269, Rücknahme eines Rechtsmittels §§ 516, 565 und § 569 Rn 19 ff.

11   **Nr 9.** Es gelten die vorstehenden Ausführungen zu Nr 8. Rechtsmittelverzicht §§ 515, 565.
      Die Feststellungen zu Nrn 1, 3, 4, 5, 8, 9 müssen verlesen und genehmigt werden (§ 162 Abs 1).

12   **Nr 10.** Das Ergebnis der Güteverhandlung nach § 278 ist aufzunehmen.

13   **4. Protokollierungsantrag (Abs 4)** kann nur bis Schluss der mdl Vhdlg gestellt werden (Frankfurt MDR 89, 550). „Vorgänge" ist gegenüber „Äußerungen" der weitere Begriff. Darunter kann zB fallen ein bestimmtes Verhalten eines Prozessbeteiligten während der Verhandlung oder der Beweisaufnahme. Unter Äußerungen können zB fallen Erklärungen, die eine Partei bei ihrer Anhörung nach § 141 oder bei einem Vergleichsgespräch (§ 279) abgibt oder solche, die im schriftsätzlichen Vortrag nicht enthalten sind, ihn ergänzen oder von ihm abweichen. Den Antrag kann jeder Beteiligte stellen, nicht nur die Partei oder ihr Vertreter. Die Aufnahme in das Protokoll verfügt der Vorsitzende. – Die

14   **Ablehnung des Antrags** geschieht durch unanfechtbaren Gerichtsbeschluss. Sie ist gerechtfertigt, wenn das Ger den Vorgang oder die Äußerung für unwesentlich hält. Nach S 3 ist dieser Beschluss in das Protokoll aufzunehmen, nicht notwendig der Inhalt des gestellten Protokollierungsantrags.

15   **5. Protokollanlage (Abs 5)** ist für alle Fälle des Abs 3 zulässig. Nötig ist die Bezeichnung als Anlage im Protokoll, nicht auch auf der Anlage selbst (BGH 10, 329).

§ 160 a Vorläufige Protokollaufzeichnung

   (1) **Der Inhalt des Protokolls kann in einer gebräuchlichen Kurzschrift, durch verständliche Abkürzungen oder auf einem Ton- oder Datenträger vorläufig aufgezeichnet werden.**

   (2) [1]**Das Protokoll ist in diesem Fall unverzüglich nach der Sitzung herzustellen.** [2]**Soweit Feststellungen nach § 160 Abs. 3 Nr. 4 und 5 mit einem Tonaufnahmegerät vorläufig aufgezeichnet worden sind, braucht lediglich dies in dem Protokoll vermerkt zu werden.** [3]**Das Protokoll ist um die Feststellungen zu ergänzen, wenn eine Partei dies bis zum rechtskräftigen Ab-**

schluß des Verfahrens beantragt oder das Rechtsmittelgericht die Ergänzung anfordert. ⁴Sind Feststellungen nach § 160 Abs. 3 Nr. 4 unmittelbar aufgenommen und ist zugleich das wesentliche Ergebnis der Aussagen vorläufig aufgezeichnet worden, so kann eine Ergänzung des Protokolls nur um das wesentliche Ergebnis der Aussagen verlangt werden.

(3) ¹Die vorläufigen Aufzeichnungen sind zu den Prozeßakten zu nehmen oder, wenn sie sich nicht dazu eignen, bei der Geschäftsstelle mit den Prozeßakten aufzubewahren. ²Aufzeichnungen auf Ton- oder Datenträgern können gelöscht werden,
1. soweit das Protokoll nach der Sitzung hergestellt oder um die vorläufig aufgezeichneten Feststellungen ergänzt ist, wenn die Parteien innerhalb eines Monats nach Mitteilung der Abschrift keine Einwendungen erhoben haben;
2. nach rechtskräftigem Abschluß des Verfahrens.

1. Vorläufige Aufzeichnung ist zulässig für den gesamten Inhalt des **1** Protokolls (§ 160) unter Verwendung eines der in Abs 1 genannten Hilfsmittel. Es kann entweder die ganze Sitzung unmittelbar und wortgetreu aufgezeichnet werden, etwa in der Weise, dass von Beginn bis Ende ein Tonaufnahmegerät mitläuft; vorgeschrieben ist das aber nicht. Oder die Aufzeichnung kann in der Weise geschehen, dass der Richter die Vorgänge und Erklärungen zusammenfaßt, indem er zB den wesentlichen Inhalt auf ein Tonaufnahmegerät spricht. Die vorläufige Aufzeichnung wird nicht Anlage zum Protokoll. Für den Fall der nachträglichen Herstellung des Protokolls enthält Abs 2 S 3, 4 dazu nähere Vorschriften.

2. Übertragung in das Protokoll. Nach Abs 2 gilt iF vorläufiger **2** Aufzeichnung folgendes:
a) Sie hat grundsätzlich **unverzüglich** nach der Sitzung und vollständig zu geschehen (S 1), soweit nicht die nachstehenden Ausnahmen eingreifen.
b) Sind auf einem **Tonaufnahmegerät** die Aussagen von Zeugen, **3** Sachverständigen oder Parteien oder die Wahrnehmungen bei einem Augenschein aufgezeichnet, braucht zunächst nur dies in das Protokoll aufgenommen zu werden (S 2). Die nachträgliche Übertragung der vorläufigen Aufzeichnung in das Protokoll ist nur erforderlich in den Fällen des S 3. Sollen im Tatbestand der Urt noch nicht in das Protokoll übertragene vorläufige Aufzeichnungen verwendet werden, so darf gemäß § 313 Abs 2 S 2 auf diese Bezug genommen werden, soweit sie die Vorgänge zuverlässig festhalten, weil ihre Übertragung in das Protokoll nachträglich möglich ist. Ist die vorläufige Aufzeichnung auf Tonträger zu einem wesentlichen Teil unverständlich oder unvollständig, so fehlt die Grundlage für eine Überprüfung des Urt im Rechtsmittelverfahren (BVerwG MDR 77, 604).
c) Vereinfachung. Sind Zeugen-, Sachverständigen- oder Parteiaus- **4** sagen sowohl unmittelbar wortgetreu vorläufig aufgezeichnet wie auch

in einer vom Richter gegebenen Zusammenfassung des wesentlichen Inhalts, so kann nur die Übertragung der letztgenannten vorläufigen Aufzeichnung in das Protokoll verlangt werden (S 4). Weitere Vereinfachung für die Feststellung von Zeugen-, Sachverständigen- und Parteiaussagen sowie von Wahrnehmungen beim Augenschein in § 161.

5 **3.** Die **Aufbewahrung der vorläufigen Aufzeichnungen** (Abs 3) soll sicherstellen, dass eine nachträgliche Übertragung in das Protokoll möglich bleibt und dass sie für eine etwaige Protokollberichtigung (§ 164) verwendet werden können. Tonaufzeichnungen können zu den in Nrn 1, 2 genannten Zeitpunkten gelöscht werden. Um die Frist in Nr 1 in Lauf zu setzen, genügt formlose Mitteilung. Zustellung nach § 329 Abs 2 S 2 ist nicht erforderlich (aA Schmidt NJW 75, 1308), weil die Mitteilung des Protokolls keine Verfügung ist. Die Einzelheiten für die Aufbewahrung von Tonträgern sind durch Anordnungen der Justizverwaltung näher geregelt.

§ 161 Entbehrliche Feststellungen

(1) **Feststellungen nach § 160 Abs. 3 Nr. 4 und 5 brauchen nicht in das Protokoll aufgenommen zu werden,**
1. **wenn das Prozeßgericht die Vernehmung oder den Augenschein durchführt und das Endurteil der Berufung oder der Revision nicht unterliegt;**
2. **soweit die Klage zurückgenommen, der geltend gemachte Anspruch anerkannt oder auf ihn verzichtet wird, auf ein Rechtsmittel verzichtet oder der Rechtsstreit durch einen Vergleich beendet wird.**

(2) [1]**In dem Protokoll ist zu vermerken, daß die Vernehmung oder der Augenschein durchgeführt worden ist.** [2]**§ 160 a Abs. 3 gilt entsprechend.**

1 **1. Abgekürztes Protokoll.** In Abweichung von der Regel des § 160 Abs 3 Nrn 4, 5 erübrigt sich die Feststellung von Zeugen-, Sachverständigen- und Parteiaussagen sowie von Wahrnehmungen beim Augenschein im Protokoll für die in Abs 1 Nrn 1, 2 genannten prozessualen Situationen, weil dann für solche Feststellungen regelmäßig kein
2 Bedürfnis mehr besteht. – **Nr 1** gilt nur für Beweiserhebung vor dem ProzessGer, nicht vor beauftragtem und ersuchtem Richter. Das Urteil unterliegt nicht der Berufung oder Revision, wenn diese unstatthaft sind (§ 511 Rn 3, 4, § 542 Rn 5) oder die nötige BerSumme (§ 511 Abs 2 Nr 1) nicht erreicht bzw wenn die Ber nicht zugelassen wurde (§ 511 Abs 2 Nr 2) oder eine Nichtzulassungsbeschwerde nicht stattfindet (§ 544 Rn 2). Bei Richterwechsel und bei Aussagen vor dem nicht allein entscheidenden Einzelrichter bzw Augenschein durch ihn ist im
3 Urt nur verwertbar, was protokolliert ist (§ 285 Rn 2). – **Nr 2.** Klagerücknahme vgl § 269, Anerkenntnis § 307, Verzicht § 306, Rechtsmittelverzicht §§ 515, 565, Vergleich § 794 Rn 11. Endet der Rechtsstreit

nur teilweise auf derartige Weise, ist das abgekürzte Protokoll nur für diese Teile zulässig, soweit sich die entsprechenden Feststellungen ausgliedern lassen. – Die **Erleichterung** besteht darin, dass im Protokoll 4 nur die Durchführung der Vernehmung oder des Augenscheins zu vermerken ist, nichts über ihren Inhalt. Ist nach Abs 1 die Protokollierung entbehrlich, so genügt eine Auseinandersetzung mit dem Beweisergebnis in den Gründen.

2. Unterbleibt die Protokollierung ohne die Voraussetzungen 5 **des Abs 1,** dann muss der Tatbestand des Urt die Aussage bzw Wahrnehmungen beim Augenschein feststellen. Geschieht dies (unrichtig) in den Gründen, ist deutliche Trennung von der Beweiswürdigung nötig (BGH NJW 87, 1200), andernfalls ist § 313 Abs 1 Nr 5 verletzt (BGH 40, 84; 559 Rn 4). Statt dessen ist zulässig die Bezugnahme auf vorläufige Aufzeichnungen (§ 160 a), auch auf eine bei den Akten befindliche Aufzeichnung des Berichterstatters, die den Parteien vor Urteilsverkündung mitgeteilt wurde. Verwertung im Urt ohne Mitteilung an die Parteien ist zulässig, wenn das Urt noch am Tage der Beweiserhebung verkündet worden ist (BGH NJW 91, 1547); liegt ein längerer Zeitraum dazwischen, kann ohne Mitteilung an die Parteien und Möglichkeit der Stellungnahme der Grundsatz des rechtlichen Gehörs verletzt sein (BGH NJW 72, 1673). Heilung nach § 295 ist, jedenfalls im Berufungsverfahren, nicht möglich, weil das RevGer ohne Protokoll und ohne Feststellung im BerUrt dieses nicht überprüfen kann (BGH NJW 87, 1200, NJW-RR 93, 1034). – **Nach Zurückverweisung.** Sind die Aussagen 6 nur im Tatbestand festgestellt und ist das Urt – nicht auch das Verfahren – auf Rechtsmittel aufgehoben, so kann das Ger die Aussagen nach Zurückverweisung seinem neuen Urt zugrunde legen, wenn es in derselben Besetzung entscheidet (BGH NJW 62, 960; bestr). – **Berichti-** 7 **gung** oder Vervollständigung der Feststellungen im Urt ist nur durch Antrag nach § 320 erreichbar (BVerwG NJW 77, 313).

3. Für die **Aufbewahrung vorläufiger Aufzeichnungen** und für 8 die Löschung von Tonaufzeichnungen gilt, obwohl hier eine Übertragung in das Protokoll nicht mehr in Frage kommt, kraft Verweisung in Abs 2 S 2 die Regel des § 160 a Abs 3 entsprechend.

§ 162 Genehmigung des Protokolls

(1) [1]Das Protokoll ist insoweit, als es Feststellungen nach § 160 Abs. 3 Nr. 1, 3, 4, 5, 8, 9 oder zu Protokoll erklärte Anträge enthält, den Beteiligten vorzulesen oder zur Durchsicht vorzulegen. [2]Ist der Inhalt des Protokolls nur vorläufig aufgezeichnet worden, so genügt es, wenn die Aufzeichnungen vorgelesen oder abgespielt werden. [3]In dem Protokoll ist zu vermerken, daß dies geschehen und die Genehmigung erteilt ist oder welche Einwendungen erhoben worden sind.

(2) [1]**Feststellungen nach § 160 Abs. 3 Nr. 4 brauchen nicht abgespielt zu werden, wenn sie in Gegenwart der Beteiligten unmittelbar aufgezeichnet worden sind; der Beteiligte, dessen Aussage
aufgezeichnet ist, kann das Abspielen verlangen.** [2]**Soweit Feststellungen nach § 160 Abs. 3 Nr. 4 und 5 in Gegenwart der Beteiligten
diktiert worden sind, kann das Abspielen, das Vorlesen oder die
Vorlage zur Durchsicht unterbleiben, wenn die Beteiligten nach
der Aufzeichnung darauf verzichten; in dem Protokoll ist zu vermerken, daß der Verzicht ausgesprochen worden ist**

1   **1. Grundsatz (Abs 1).** In den in S 1 genannten Fällen ist den Beteiligten das endgültige Protokoll, falls in der Sitzung hergestellt, vorzulesen
oder zur Durchsicht vorzulegen; sonst sind die vorläufigen Aufzeichnungen (§ 160 a) vorzulesen oder abzuspielen, und zwar in dem Wortlaut, in
dem sie nachträglich in das Protokoll übertragen werden. Für Sachanträge (§ 160 Abs 3 Nr 2) gilt dies nur, wenn sie zu Protokoll erklärt,
nicht wenn sie aus vorbereitenden Schriftsätzen nach § 297 verlesen
werden. Außerdem sind im Protokoll festzustellen, dass dies geschehen
2   ist und die Genehmigung (S 3). – Das **Fehlen dieser Feststellung**
nimmt dem Protokoll insoweit die Beweiskraft einer öffentlichen Urkunde, führt aber grundsätzlich (Ausnahme § 159 Rn 4) nicht zur
Unwirksamkeit der Prozesshandlung (BGH NJW 84, 1465, NJW 89,
1934), auch nicht zur Unwirksamkeit einer Beurkundung nach § 127 a
BGB (BGH NJW 99, 2806). Die Versagung der Genehmigung würdigt
das Gericht frei. Unterschrift der Beteiligten ist nie erforderlich. Protokollberichtigung § 164.

3   **2. Ausnahmen (Abs 2). – Satz 1.** Zeugen-, Sachverständigen- und
Parteiaussagen brauchen nicht abgespielt zu werden, wenn sie in Gegenwart der Beteiligten unmittelbar aufgezeichnet worden sind (§ 160 a
Rn 1), außer auf Verlangen des Beteiligten, dessen Aussage aufgezeich-
4   net wurde. – **Satz 2.** Sind die vorgenannten Aussagen oder die Wahrnehmungen beim Augenschein in das endgültige Protokoll oder in eine
vorläufige Aufzeichnung diktiert worden, so ist Abspielen, Vorlesen oder
Vorlage zur Durchsicht entbehrlich, wenn alle Beteiligten nach der
Aufzeichnung darauf verzichten. Dieser Verzicht ist im Protokoll zu
vermerken. Die in der Praxis teilweise übliche Formulierung „auf Diktat
genehmigt" mag entgegen KG Rpfleger 73, 325 (ergangen nach altem
Recht) genügen, wenn sie im Einzelfall als Verzicht ausgelegt werden
kann, zB nach dem Hinweis auf die grundsätzliche Notwendigkeit der
Verlesung usw. Zu empfehlen ist aber jedenfalls die ausdrückliche Feststellung des Verzichts aller Beteiligten im Protokoll.

§ 163 Unterschreiben des Protokolls

(1) [1]**Das Protokoll ist von dem Vorsitzenden und von dem
Urkundsbeamten der Geschäftsstelle zu unterschreiben.** [2]**Ist der
Inhalt des Protokolls ganz oder teilweise mit einem Tonaufnah-**

megerät vorläufig aufgezeichnet worden, so hat der Urkundsbeamte der Geschäftsstelle die Richtigkeit der Übertragung zu
prüfen und durch seine Unterschrift zu bestätigen; dies gilt auch
dann, wenn der Urkundsbeamte der Geschäftsstelle zur Sitzung
nicht zugezogen war.

(2) ¹Ist der Vorsitzende verhindert, so unterschreibt für ihn
der älteste beisitzende Richter; war nur ein Richter tätig und
ist dieser verhindert, so genügt die Unterschrift des zur Protokollführung zugezogenen Urkundsbeamten der Geschäftsstelle. ²Ist dieser verhindert, so genügt die Unterschrift des Richters. ³Der Grund der Verhinderung soll im Protokoll vermerkt
werden.

1. Unterzeichnung des Protokolls grundsätzlich durch den Vor- **1**
sitzenden bzw den allein tätigen Richter (am AG, Einzelrichter nach
§§ 348 ff, 526, beauftragter und ersuchter Richter) und durch den Urk-
Beamten. Da vorläufige Aufzeichnungen nicht mehr Anlage zum Protokoll werden (§ 160 a Rn 1), dieses vielmehr eine einheitliche Urkunde
ist, übernimmt der Richter durch seine Unterschrift für die inhaltliche
Richtigkeit und Vollständigkeit im Gesamtzusammenhang die Mitverantwortung (ebenso BVerwG MDR 77, 339), während der UrkBeamte
die Verantwortung für die Aufnahme und die wortgetreue Übertragung
der vorläufigen Aufzeichnung in das Protokoll trägt und durch seine
Unterschrift bestätigt. Das gilt entgegen dem zu engen Wortlaut des
Abs 1 S 2 auch für die Übertragung stenografischer Aufzeichnungen.
Die Richtigkeit der Übertragung von Tonaufzeichnungen bestätigt der
UrkBeamte auch dann, wenn er in der Sitzung nicht zugegen war.
Unleserliche oder unverständliche Stellen oder Lücken würdigt das
Gericht frei. Der Beweis für die Unrichtigkeit der Übertragung ist
zulässig. Berichtigung § 164.

2. Verhinderung (Abs 2). Ist der zur Sitzung zugezogene Protokoll- **2**
führer verhindert, so genügt die Unterschrift des Richters. Ist bei Kollegialgerichten der Vorsitzende an der Unterschrift verhindert, unterzeichnet der älteste beisitzende Richter. Ist der allein tätige Richter
(Rn 1) verhindert, genügt die Unterschrift des zur Sitzung zugezogenen
Protokollführers. Für die Nachholung der Unterschrift, auch noch im
Rechtsmittelverfahren (BVerwG NJW 77, 264), gilt sinngemäß das in
§ 315 Rn 1 Gesagte. Sind alle Personen verhindert, deren Unterschrift
notwendig ist oder genügt, kommt ein formgültiges Protokoll nicht
zustande. Abs 2 S 3 ist Ordnungsvorschrift.

§ 164 Protokollberichtigung

(1) **Unrichtigkeiten des Protokolls können jederzeit berichtigt
werden.**

(2) **Vor der Berichtigung sind die Parteien und, soweit es die in § 160 Abs. 3 Nr. 4 genannten Feststellungen betrifft, auch die anderen Beteiligten zu hören.**

(3) [1]**Die Berichtigung wird auf dem Protokoll vermerkt; dabei kann auf eine mit dem Protokoll zu verbindende Anlage verwiesen werden.** [2]**Der Vermerk ist von dem Richter, der das Protokoll unterschrieben hat, oder von dem allein tätig gewesenen Richter, selbst wenn dieser an der Unterschrift verhindert war, und von dem Urkundsbeamten der Geschäftsstelle, soweit er zur Protokollführung zugezogen war, zu unterschreiben.**

1   **1. Unrichtigkeit** (Abs 1) ist nicht im Sinne des § 319 Rn 3 zu verstehen, sondern umfassend. Sie braucht auch nicht offenbar zu sein.

2   **2.** Die **Berichtigung** ist auf Antrag oder vAw jederzeit zulässig, also auch nach Einlegung von Rechtsmitteln und nach Ablauf einer Vergleichswiderrufsfrist. Die Parteien sind in jedem Falle vorher zu hören, Zeugen und Sachverständige, soweit die Feststellungen über ihre Aussagen von der Berichtigung betroffen sind. Sie wird auf dem Protokoll selbst oder in einer Anlage dazu angebracht, auf die im Protokoll zu verweisen ist. Ein förmlicher Beschluss ist nicht erforderlich, ohne Einhaltung der vorgeschriebenen Form nimmt aber die Berichtigung nicht an der Beweiskraft des Protokolls teil (BGH VersR 86, 487). Hinsichtlich eines ProzVergleichs kann das Protokoll nur berichtigt werden, wenn sich nachträglich herausstellt, dass der dort niedergelegte Wortlaut von dem vorgelesenen und genehmigten abweicht, nicht dagegen wegen eines im Vergleich enthaltenen Rechenfehlers (Frankfurt MDR 86,
3   152). – **Zu unterschreiben** haben die Berichtigung: bei Kollegialgerichten der Richter, der das Protokoll unterschrieben hat; der allein tätig gewesene Richter (§ 163 Rn 1), selbst wenn er an der Unterzeichnung des Protokolls selbst verhindert war; der UrkBeamte, soweit er zur Protokollführung zugezogen war (§ 159 Abs 1 S 2) oder die Übertragung nach § 163 Abs 1 S 2 besorgt hat und dort ein Fehler berichtigt wird. Ist der Richter oder der UrkBeamte verhindert, so sollte eine Unterschrift genügen (aA Franzki DRiZ 75, 101). Sind beide verhindert, gibt es keine Berichtigung.

4   **3. Rechtsmittel** gegen die Berichtigung ist **grundsätzlich unstatthaft.** Das RechtsmittelGer wäre zu einer Überprüfung auch gar nicht in
5   der Lage (ebenso Hamm Rpfleger 84, 193). **Sofortige Beschwerde ist statthaft** gegen Berichtigung eines Vergleichswortlauts, wenn der berichtigte Wortlaut nicht vorgelesen und genehmigt wurde, durch den Vermerk „v. u. g." also nicht gedeckt ist (Frankfurt MDR 83, 410). Gegen die Ablehnung eines Berichtigungsantrags ist die sofortige Beschwerde statthaft, soweit sie nicht die Überprüfung erfordert, ob das Protokoll unrichtig ist. So, wenn über den Antrag nicht die hierzu Berufenen (zB Vorsitzender statt Einzelrichter) entschieden haben, oder wenn der Antrag als unzulässig abgelehnt wurde (Koblenz Rpfleger 69, 137; aA Hamm

OLGZ 79, 377); soweit eine Überprüfung der Richtigkeit des Protokolls notwendig ist, darf das BeschwGer nur die Äußerungen des Richters und des Protokollführers berücksichtigen (Koblenz MDR 86, 593).

§ 165 Beweiskraft des Protokolls

[1] **Die Beachtung der für die Verhandlung vorgeschriebenen Förmlichkeiten kann nur durch das Protokoll bewiesen werden.** [2] **Gegen seinen diese Förmlichkeiten betreffenden Inhalt ist nur der Nachweis der Fälschung zulässig.**

Geändert mWv 1. 1. 2002 durch Art 2 Abs 1 Nr 27 ZPO-RG.

1. Anwendungsbereich. § 165 betrifft den Beweis für die **Förm-** 1 **lichkeiten der Verhandlung,** auch der **Güteverhandlung** nach § 278. Das ist ihr äußerer Hergang im Gegensatz zum Inhalt. Unter § 165 fallen insbesondere die Angaben nach § 160 Abs 1, Abs 2, in Abs 3 Nr 2 die Tatsache der Verlesung bzw der Stellung der Anträge zu Protokoll (§ 297 Abs 1), nach § 160 Abs 3 Nr 7, § 220. – **Nicht da-** 2 **runter fallen** der Inhalt von Parteierklärungen (§ 160 Abs 3 Nr 1, 3, 8, 9; zum Vergleich BGH NJW 99, 2806), Erledigungserklärung und Zustimmung dazu (OVG Berlin NJW 70, 486) –, der Inhalt von Partei-, Zeugen- und Sachverständigenaussagen (BGH NJW 82, 1052), Feststellungen beim Augenschein, Inhalt von Entscheidungen (§ 160 Abs 3 Nr 4–6), die Identität der Erschienenen. – **Nicht anwendbar** ist § 165 3 bei offensichtlicher Lückenhaftigkeit der Protokollierung; es ist vielmehr in freier Beweiswürdigung zu ermitteln, welcher tatsächliche Vorgang der unvollständigen Protokollierung zugrunde liegt (BGH VersR 86, 487, Frankfurt FamRZ 82, 809).

2. Beweiskraft. Bei Zuziehung eines Protokollführers nur, wenn die 4 Niederschrift vom Richter und von ihm unterschrieben ist (BGH VersR 89, 604). – **a)** Die **Förmlichkeiten** können nur durch das 5 Protokoll bewiesen werden, jedes andere Beweismittel ist ausgeschlossen. Die positive Feststellung im Protokoll beweist, dass die Förmlichkeit gewahrt ist. Das Schweigen des Protokolls beweist, dass sie nicht gewahrt ist. Insoweit ist die freie Beweiswürdigung (§ 286) ausgeschaltet und der Beweis, dass die Beurkundung objektiv unrichtig sei (§§ 415 Abs 2, Art 418 Abs 2), dahin eingeschränkt, dass das Protokoll gefälscht, dh wissentlich falsch beurkundet (BGH NJW-RR 94, 386) oder nachträglich verfälscht sei. Der Vermerk, dass „anliegendes Urteil verkündet" worden ist, beweist die Tatsache der Verkündung einer schriftlich vorliegenden Urteilsformel, auch wenn die Art der Verkündung (§ 311 Abs 2, Abs 4) nicht angegeben ist (BGH NJW 85, 1782, NJW 94, 3358). – **b)** Für den **Inhalt von Parteierklärungen,** die im Tatbestand 6 des Urteils festgestellt sind, gilt § 314. – **c)** Für **sonstige Vorgänge,** 7 die nicht unter Rn 5, 6 fallen, gelten §§ 415, 417 ff (BGH NJW-RR 94, 386). – **d) Äußere Mängel** im Protokoll beurteilen sich nach 8 § 419.

Titel 2. Verfahren bei Zustellungen

Reform des Zustellungsrechts. Das ZustRG vom 25. 6. 2001 (BGBl 1206) ändert in Art 1 die ZPO grundlegend in den §§ 166–213 der geltenden Fassung des ZPO-RG. Die nachfolgend abgedruckten §§ 166–213 a gelten bis zum 30. 6. 2002 (Art 4 Zust-RG). Für die Kommentierung wird auf die 23. Aufl verwiesen. Die ab 1. 7. 2002 geltenden §§ 166–195 stehen kursiv gesetzt und kommentiert hinter § 213 a. Zur Überleitung: 1 aE vor § 166 nF.

Untertitel 1. Zustellung auf Betreiben der Parteien

§ 166 Zustellung durch Gerichtsvollzieher

(1) **Die von den Parteien zu betreibenden Zustellungen erfolgen durch Gerichtsvollzieher.**

(2) [1]**In dem Verfahren vor den Amtsgerichten kann die Partei den Gerichtsvollzieher unter Vermittlung der Geschäftsstelle des Prozeßgerichts mit der Zustellung beauftragen.** [2]**Das gleiche gilt in Anwaltsprozessen für Zustellungen, durch die eine Notfrist gewahrt werden soll.**

§ 167 Zustellungsauftrag der Partei

(1) **Die mündliche Erklärung einer Partei genügt, um den Gerichtsvollzieher zur Vornahme der Zustellung, die Geschäftsstelle zur Beauftragung eines Gerichtsvollziehers mit der Zustellung zu ermächtigen.**

(2) **Ist eine Zustellung durch einen Gerichtsvollzieher bewirkt, so wird bis zum Beweis des Gegenteils angenommen, daß sie im Auftrag der Partei erfolgt sei.**

§ 168 Vermittlung der Zustellung durch Geschäftsstelle

Insoweit eine Zustellung unter Vermittlung der Geschäftsstelle zulässig ist, hat diese einen Gerichtsvollzieher mit der erforderlichen Zustellung zu beauftragen, sofern nicht die Partei erklärt hat, daß sie selbst einen Gerichtsvollzieher beauftragen wolle; in Anwaltsprozessen ist die Erklärung nur zu berücksichtigen, wenn sie in dem zuzustellenden Schriftsatz enthalten ist.

§ 169 Schriftstücke zum Zustellungsauftrag

(1) **Die Partei hat dem Gerichtsvollzieher und, wenn unter Vermittlung der Geschäftsstelle zuzustellen ist, dieser neben der Urschrift des zuzustellenden Schriftstücks eine der Zahl der Per-**

sonen, denen zuzustellen ist, entsprechende Zahl von Abschriften zu übergeben.

(2) Die Zeit der Übergabe ist auf der Urschrift und den Abschriften zu vermerken und der Partei auf Verlangen zu bescheinigen.

§ 170 Zustellung durch Übergabe; Beglaubigung

(1) Die Zustellung besteht, wenn eine Ausfertigung zugestellt werden soll, in deren Übergabe, in den übrigen Fällen in der Übergabe einer beglaubigten Abschrift des zuzustellenden Schriftstücks.

(2) Die Beglaubigung wird von dem Gerichtsvollzieher, bei den auf Betreiben von Rechtsanwälten oder in Anwaltsprozessen zuzustellenden Schriftstücken von dem Anwalt vorgenommen.

§ 171 Zustellung an Prozessunfähige

(1) Die Zustellungen, die an eine Partei bewirkt werden sollen, erfolgen für die nicht prozeßfähigen Personen an ihre gesetzlichen Vertreter.

(2) Bei Behörden, Gemeinden und Korporationen sowie bei Vereinen, die als solche klagen und verklagt werden können, genügt die Zustellung an die Vorsteher.

(3) Bei mehreren gesetzlichen Vertretern sowie bei mehreren Vorstehern genügt die Zustellung an einen von ihnen.

§ 172 *(weggefallen)*

§ 173 Zustellung an Bevollmächtigte

Die Zustellung erfolgt an den Generalbevollmächtigten sowie in den durch den Betrieb eines Handelsgewerbes hervorgerufenen Rechtsstreitigkeiten an den Prokuristen mit gleicher Wirkung wie an die Partei selbst.

§ 174 Notwendigkeit eines Zustellungsbevollmächtigten

(1) [1]Wohnt eine Partei weder am Ort des Prozeßgerichts noch innerhalb des Amtsgerichtsbezirkes, in dem das Prozeßgericht seinen Sitz hat, so kann das Gericht, falls sie nicht einen in diesem Ort oder Bezirk wohnhaften Prozeßbevollmächtigten bestellt hat, auf Antrag durch Beschluss anordnen, daß sie eine daselbst wohnhafte Person zum Empfang der für sie bestimmten Schriftstücke bevollmächtige. [2]Eine Anfechtung des Beschlusses findet nicht statt.

(2) Wohnt die Partei nicht im Inland, so ist sie auch ohne Anordnung des Gerichts zur Benennung eines Zustellungsbevollmächtigten verpflichtet, falls sie nicht einen in dem durch den ersten Absatz bezeichneten Ort oder Bezirk wohnhaften Prozeßbevollmächtigten bestellt hat.

§ 175 Benennung des Zustellungsbevollmächtigten; Zustellung durch Aufgabe zur Post

(1) [1] Der Zustellungsbevollmächtigte ist bei der nächsten gerichtlichen Verhandlung oder, wenn die Partei vorher dem Gegner einen Schriftsatz zustellen läßt, in diesem zu benennen. [2] Geschieht dies nicht, so können alle späteren Zustellungen bis zur nachträglichen Benennung in der Art bewirkt werden, daß der Gerichtsvollzieher das zu übergebende Schriftstück unter der Adresse der Partei nach ihrem Wohnort zur Post gibt. [3] Die Zustellung wird mit der Aufgabe zur Post als bewirkt angesehen, selbst wenn die Sendung als unbestellbar zurückkommt.

(2) Die Postsendungen sind mit der Bezeichnung „Einschreiben" zu versehen, wenn die Partei es verlangt und zur Zahlung der Mehrkosten sich bereit erklärt.

§ 176 Zustellung an Prozessbevollmächtigten

Zustellungen, die in einem anhängigen Rechtsstreit bewirkt werden sollen, müssen an den für den Rechtszug bestellten Prozeßbevollmächtigten erfolgen.

§ 177 Unbekannter Aufenthalt des Prozessbevollmächtigten

(1) Ist der Aufenthalt eines Prozeßbevollmächtigten unbekannt, so hat das Prozeßgericht auf Antrag durch Beschluss die Zustellung an den Zustellungsbevollmächtigten, in Ermangelung eines solchen an den Gegner selbst zu bewilligen.

(2) Eine Anfechtung der die Zustellung bewilligenden Entscheidung findet nicht statt.

§ 178 Umfang des Rechtszugs

[1] Als zu dem Rechtszug gehörig sind im Sinne des § 176 auch diejenigen Prozeßhandlungen anzusehen, die das Verfahren vor dem Gericht des Rechtszuges infolge eines Einspruchs, einer Aufhebung des Urteils dieses Gerichts, einer Wiederaufnahme des Verfahrens oder eines neuen Vorbringens in dem Verfahren der Zwangsvollstreckung zum Gegenstand haben. [2] Das Verfah-

ren vor dem Vollstreckungsgericht ist als zum ersten Rechtszuge gehörig anzusehen.

§ 179 (weggefallen)

§ 180 Ort der Zustellung

Die Zustellungen können an jedem Ort erfolgen, wo die Person, der zugestellt werden soll, angetroffen wird.

§ 181 Ersatzzustellung in Wohnung und Haus

(1) Wird die Person, der zugestellt werden soll, in ihrer Wohnung nicht angetroffen, so kann die Zustellung in der Wohnung an einen zu der Familie gehörenden erwachsenen Hausgenossen oder an eine in der Familie dienende erwachsene Person erfolgen.

(2) Wird eine solche Person nicht angetroffen, so kann die Zustellung an den in demselben Hause wohnenden Hauswirt oder Vermieter erfolgen, wenn sie zur Annahme des Schriftstücks bereit sind.

§ 182 Ersatzzustellung durch Niederlegung

Ist die Zustellung nach diesen Vorschriften nicht ausführbar, so kann sie dadurch erfolgen, daß das zu übergebende Schriftstück auf der Geschäftsstelle des Amtsgerichts, in dessen Bezirk der Ort der Zustellung gelegen ist, oder an diesem Ort bei der Postanstalt oder dem Gemeindevorsteher oder dem Polizeivorsteher niedergelegt und eine schriftliche Mitteilung über die Niederlegung unter der Anschrift des Empfängers in der bei gewöhnlichen Briefen üblichen Weise abgegeben oder, falls dies nicht tunlich ist, an die Tür der Wohnung befestigt oder einer in der Nachbarschaft wohnenden Person zur Weitergabe an den Empfänger ausgehändigt wird.

§ 183 Ersatzzustellung im Geschäftslokal

(1) Für Gewerbetreibende, die ein besonderes Geschäftslokal haben, kann, wenn sie in dem Geschäftslokal nicht angetroffen werden, die Zustellung an einen darin anwesenden Gewerbegehilfen erfolgen.

(2) Wird ein Rechtsanwalt, ein Notar oder ein Gerichtsvollzieher in seinem Geschäftslokal nicht angetroffen, so kann die Zustellung an einen darin anwesenden Gehilfen oder Schreiber erfolgen.

§ 184 Ersatzzustellung bei juristischen Personen

(1) **Wird der gesetzliche Vertreter oder der Vorsteher einer Behörde, einer Gemeinde, einer Korporation oder eines Vereins, dem zugestellt werden soll, in dem Geschäftslokal während der gewöhnlichen Geschäftsstunden nicht angetroffen oder ist er an der Annahme verhindert, so kann die Zustellung an einen anderen in dem Geschäftslokal anwesenden Beamten oder Bediensteten bewirkt werden.**

(2) **Wird der gesetzliche Vertreter oder der Vorsteher in seiner Wohnung nicht angetroffen, so sind die Vorschriften der §§ 181, 182 nur anzuwenden, wenn ein besonderes Geschäftslokal nicht vorhanden ist.**

§ 185 Verbotene Ersatzzustellung

Die Zustellung an eine der in den §§ 181, 183, 184 Abs. 1 bezeichneten Personen hat zu unterbleiben, wenn die Person an dem Rechtsstreit als Gegner der Partei, an welche die Zustellung erfolgen soll, beteiligt ist.

§ 186 Zustellung bei verweigerter Annahme

Wird die Annahme der Zustellung ohne gesetzlichen Grund verweigert, so ist das zu übergebende Schriftstück am Ort der Zustellung zurückzulassen.

§ 187 Heilung von Zustellungsmängeln

[1]**Ist ein Schriftstück, ohne daß sich seine formgerechte Zustellung nachweisen läßt, oder unter Verletzung zwingender Zustellungsvorschriften dem Prozeßbeteiligten zugegangen, an den die Zustellung dem Gesetz gemäß gerichtet war oder gerichtet werden konnte, so kann die Zustellung als in dem Zeitpunkt bewirkt angesehen werden, in dem das Schriftstück dem Beteiligten zugegangen ist.** [2]**Dies gilt nicht, soweit durch die Zustellung der Lauf einer Notfrist in Gang gesetzt werden soll.**

§ 188 Zustellung zur Nachtzeit und an Sonn- und Feiertagen

(1) [1]**Zur Nachtzeit sowie an Sonntagen und allgemeinen Feiertagen darf eine Zustellung, sofern sie nicht durch Aufgabe zur Post bewirkt wird, nur mit richterlicher Erlaubnis erfolgen.** [2]**Die Nachtzeit umfaßt in dem Zeitraum vom 1. April bis 30. September die Stunden von neun Uhr abends bis vier Uhr morgens und in dem Zeitraum vom 1. Oktober bis 31. März die Stunden von neun Uhr abends bis sechs Uhr morgens.**

(2) Die Erlaubnis wird von dem *Vorsitzenden des Prozeßgerichts* erteilt; sie kann auch von dem Amtsrichter, in dessen Bezirk die Zustellung erfolgen soll, und in Angelegenheiten, die durch einen beauftragten oder ersuchten Richter zu erledigen sind, von diesem erteilt werden.

(3) Die Verfügung, durch welche die Erlaubnis erteilt wird, ist bei der Zustellung abschriftlich mitzuteilen.

(4) Eine Zustellung, bei der die Vorschriften dieses Paragraphen nicht beobachtet sind, ist gültig, wenn die Annahme nicht verweigert ist.

§ 189 Anzahl der Ausfertigungen oder Abschriften

(1) Ist bei einer Zustellung an den Vertreter mehrerer Beteiligter oder an einen von mehreren Vertretern die Übergabe der Ausfertigung oder Abschrift eines Schriftstücks erforderlich, so genügt die Übergabe nur einer Ausfertigung oder Abschrift.

(2) Einem Zustellungsbevollmächtigten mehrerer Beteiligter sind so viele Ausfertigungen oder Abschriften zu übergeben, als Beteiligte vorhanden sind.

§ 190 Zustellungsurkunde

(1) Über die Zustellung ist eine Urkunde aufzunehmen.

(2) Die Urkunde ist auf die Urschrift des zuzustellenden Schriftstücks oder auf einen mit ihr zu verbindenden Bogen zu setzen.

(3) [1]Eine durch den Gerichtsvollzieher beglaubigte Abschrift der Zustellungsurkunde ist auf das bei der Zustellung zu übergebende Schriftstück oder auf einen mit ihm zu verbindenden Bogen zu setzen. [2]Die Übergabe einer Abschrift der Zustellungsurkunde kann dadurch ersetzt werden, daß der Gerichtsvollzieher den Tag der Zustellung auf dem zu übergebenden Schriftstück vermerkt.

(4) Die Zustellungsurkunde ist der Partei, für welche die Zustellung erfolgt, zu übermitteln.

§ 191 Inhalt der Zustellungsurkunde

Die Zustellungsurkunde muß enthalten:
1. Ort und Zeit der Zustellung;
2. die Bezeichnung der Person, für die zugestellt werden soll;
3. die Bezeichnung der Person, an die zugestellt werden soll;
4. die Bezeichnung der Person, der zugestellt ist; in den Fällen der §§ 181, 183, 184 die Angabe des Grundes, durch den die

Zustellung an die bezeichnete Person gerechtfertigt wird; wenn nach § 182 verfahren ist, die Bemerkung, wie die darin enthaltenen Vorschriften befolgt sind;

5. im Falle der Verweigerung der Annahme die Erwähnung, daß die Annahme verweigert und das zu übergebende Schriftstück am Ort der Zustellung zurückgelassen ist;

6. die Bemerkung, daß eine Ausfertigung oder eine beglaubigte Abschrift des zuzustellenden Schriftstücks und daß eine beglaubigte Abschrift der Zustellungsurkunde übergeben oder der Tag der Zustellung auf dem zu übergebenden Schriftstück vermerkt ist;

7. die Unterschrift des die Zustellung vollziehenden Beamten.

§ 192 Zustellungsurkunde bei Aufgabe zur Post

Ist die Zustellung durch Aufgabe zur Post (§ 175) erfolgt, so muß die Zustellungsurkunde den Vorschriften des vorstehenden Paragraphen unter Nummern 2, 3, 7 entsprechen und außerdem ergeben, zu welcher Zeit, unter welcher Adresse und bei welcher Postanstalt die Aufgabe geschehen ist.

§ 193 Zustellung durch die Post

Zustellungen können auch durch die Post erfolgen.

§ 194 Zustellungsersuchen des Gerichtsvollziehers

(1) [1] Wird durch die Post zugestellt, so hat der Gerichtsvollzieher die zuzustellende Ausfertigung oder die beglaubigte Abschrift des zuzustellenden Schriftstücks verschlossen der Post mit dem Ersuchen zu übergeben, die Zustellung einem Postbediensteten des Bestimmungsortes aufzutragen. [2] Die Sendung muß mit der Anschrift der Person, an die zugestellt werden soll, sowie mit der Bezeichnung des absendenden Gerichtsvollziehers und einer Geschäftsnummer versehen sein.

(2) Der Gerichtsvollzieher hat auf dem bei der Zustellung zu übergebenden Schriftstück zu vermerken, für welche Person er es der Post übergibt, und auf der Urschrift des zuzustellenden Schriftstücks oder auf einem mit ihr zu verbindenden Bogen zu bezeugen, daß die Übergabe in der im Absatz 1 bezeichneten Art und für wen sie geschehen ist.

§ 195 Ausführung der Zustellung durch die Post

(1) Die Zustellung durch den Postbediensteten erfolgt nach den Vorschriften der §§ 180 bis 186.

(2) [1]Über die Zustellung ist von dem Postbediensteten eine Urkunde aufzunehmen, die den Vorschriften des § 191 Nr. 1, 3 bis 5, 7 entsprechen und die Übergabe der ihrer Anschrift und ihrer Geschäftsnummer nach bezeichneten Sendung sowie der Abschrift der Zustellungsurkunde bezeugen muß. [2]Die Übergabe einer Abschrift der Zustellungsurkunde kann dadurch ersetzt werden, daß der Postbedienstete den Tag der Zustellung auf der Sendung vermerkt; er hat dies in der Zustellungsurkunde zu bezeugen. [3]Für Zustellungsurkunden der Bediensteten der Deutschen Post AG gilt § 418 entsprechend.

(3) Die Urkunde ist von dem Postbediensteten der Postanstalt und von dieser dem Gerichtsvollzieher zu überliefern, der mit ihr nach der Vorschrift des § 190 Abs. 4 zu verfahren hat.

§ 195 a Niederlegung bei fehlendem Postbestelldienst

[1]Findet nach der Wohnung oder dem Geschäftsraum, in denen zugestellt werden soll, ein Postbestelldienst nicht statt, so wird die Sendung bei der zuständigen Postanstalt hinterlegt. [2]Die Postanstalt vermerkt auf der Zustellungsurkunde und auf der Sendung den Grund und den Zeitpunkt der Niederlegung. [3]Das Gericht kann die Zustellung als frühestens mit dem Ablauf einer Woche seit dieser Niederlegung bewirkt ansehen, wenn anzunehmen ist, daß der Empfänger in der Lage gewesen ist, sich die Sendung aushändigen zu lassen oder sich über ihren Inhalt zu unterrichten.

§ 196 Zustellungsersuchen der Geschäftsstelle

[1]Insoweit eine Zustellung unter Vermittlung der Geschäftsstelle zulässig ist, kann diese unmittelbar die Post um Bewirkung der Zustellung ersuchen. [2]In diesem Falle gelten die Vorschriften der §§ 194, 195 für die Geschäftsstelle entsprechend; die erforderliche Beglaubigung nimmt der Urkundsbeamte der Geschäftsstelle vor.

§ 197 Mehrkosten durch Gerichtsvollzieher

Ist eine Zustellung durch einen Gerichtsvollzieher bewirkt, obgleich sie durch die Post hätte erfolgen können, so hat die zur Erstattung der Prozeßkosten verurteilte Partei die Mehrkosten nicht zu tragen.

§ 198 Zustellung von Anwalt zu Anwalt

(1) [1]Sind die Parteien durch Anwälte vertreten, so kann ein Schriftstück auch dadurch zugestellt werden, daß der zustellende Anwalt das zu übergebende Schriftstück dem anderen Anwalt übermittelt (Zustellung von Anwalt zu Anwalt). [2]Auch Schriftsätze, die nach den Vorschriften dieses Gesetzes von Amts wegen zuzustellen wären, können statt dessen von Anwalt zu Anwalt zugestellt werden, wenn nicht gleichzeitig dem Gegner eine gerichtliche Anordnung mitzuteilen ist. [3]In dem Schriftsatz soll die Erklärung enthalten sein, daß er von Anwalt zu Anwalt zugestellt werde. [4]Die Zustellung ist dem Gericht, sofern dies für die von ihm zu treffende Entscheidung erforderlich ist, nachzuweisen.

(2) [1]Zum Nachweis der Zustellung genügt das mit Datum und Unterschrift versehene schriftliche Empfangsbekenntnis des Anwalts, dem zugestellt worden ist. [2]Der Anwalt, der zustellt, hat dem anderen Anwalt auf Verlangen eine Bescheinigung über die Zustellung zu erteilen.

§ 199 Zustellung im Ausland

Eine im Ausland zu bewirkende Zustellung erfolgt mittels Ersuchens der zuständigen Behörde des fremden Staates oder des in diesem Staate residierenden Konsuls oder Gesandten des Bundes.

§ 200 Zustellung an exterritoriale Deutsche

(1) Zustellungen an Deutsche, die das Recht der Exterritorialität genießen, erfolgen, wenn sie zur Mission des Bundes gehören, mittels Ersuchens des Bundeskanzlers.

(2) Zustellungen an die Vorsteher der Bundeskonsulate erfolgen mittels Ersuchens des Bundeskanzlers.

§ 201 *(weggefallen)*

§ 202 Ersuchungsschreiben; Nachweis der Auslandszustellung

(1) Die erforderlichen Ersuchungsschreiben werden von dem Vorsitzenden des Prozeßgerichts erlassen.

(2) Die Zustellung wird durch das schriftliche Zeugnis der ersuchten Behörden oder Beamten, daß die Zustellung erfolgt sei, nachgewiesen.

§ 203 Öffentliche Zustellung; Zulässigkeit

(1) Ist der Aufenthalt einer Partei unbekannt, so kann die Zustellung durch öffentliche Bekanntmachung erfolgen.

(2) Die öffentliche Zustellung ist auch dann zulässig, wenn bei einer im Ausland zu bewirkenden Zustellung die Befolgung der für diese bestehenden Vorschriften unausführbar ist oder keinen Erfolg verspricht.

(3) Das gleiche gilt, wenn die Zustellung aus dem Grunde nicht bewirkt werden kann, weil die Wohnung einer nach den §§ 18 bis 20 des Gerichtsverfassungsgesetzes der Gerichtsbarkeit nicht unterworfenen Person der Ort der Zustellung ist.

§ 204 Bewilligung und Ausführung der öffentlichen Zustellung

(1) ¹Die öffentliche Zustellung wird, nachdem sie auf Antrag der Partei vom Prozeßgericht bewilligt ist, durch die Geschäftsstelle von Amts wegen besorgt. ²Über den Antrag kann ohne mündliche Verhandlung entschieden werden.

(2) Zur öffentlichen Zustellung wird ein Auszug des zuzustellenden Schriftstücks und eine Benachrichtigung darüber, wo das Schriftstück eingesehen werden kann, an die Gerichtstafel angeheftet.

(3) ¹Enthält das zuzustellende Schriftstück eine Ladung oder eine Aufforderung nach § 276 Abs. 1 Satz 1, so ist außerdem die einmalige Einrückung eines Auszugs des Schriftstücks in den Bundesanzeiger erforderlich. ²Das Prozeßgericht kann anordnen, daß der Auszug noch in andere Blätter und zu mehreren Malen eingerückt werde.

§ 205 Inhalt des Auszugs für den Bundesanzeiger

In dem Auszug müssen bezeichnet werden

1. das Prozeßgericht, die Parteien und der Gegenstand des Prozesses,
2. ein in dem zuzustellenden Schriftstück enthaltener Antrag,
3. die Formel einer zuzustellenden Entscheidung,
4. bei der Zustellung einer Ladung deren Zweck und die Zeit, zu welcher der Geladene erscheinen soll,
5. bei der Zustellung einer Aufforderung nach § 276 Abs. 1 Satz 1, Abs. 2 der Inhalt der Aufforderung und die vorgeschriebene Belehrung.

§ 206 Wirkungszeitpunkt der öffentlichen Zustellung

(1) [1]Das eine Ladung oder eine Aufforderung nach § 276 Abs. 1 Satz 1 enthaltende Schriftstück gilt als an dem Tage zugestellt, an dem seit der letzten Einrückung des Auszugs in die öffentlichen Blätter ein Monat verstrichen ist. [2]Das Prozeßgericht kann bei Bewilligung der öffentlichen Zustellung den Ablauf einer längeren Frist für erforderlich erklären.

(2) Im übrigen ist ein Schriftstück als zugestellt anzusehen, wenn seit der Anheftung des Auszugs an die Gerichtstafel zwei Wochen verstrichen sind.

(3) Auf die Gültigkeit der Zustellung hat es keinen Einfluß, wenn der anzuheftende Auszug von dem Ort der Anheftung zu früh entfernt wird.

§ 207 Rückwirkung der Zustellung

(1) Wird auf ein Gesuch, das die Zustellung eines ihm beigefügten Schriftstücks mittels Ersuchens anderer Behörden oder Beamten oder mittels öffentlicher Bekanntmachung betrifft, die Zustellung demnächst bewirkt, so treten, insoweit durch die Zustellung eine Frist gewahrt oder unterbrochen wird oder die Verjährung neu beginnt oder nach § 204 des Bürgerlichen Gesetzbuchs gehemmt wird, die Wirkungen der Zustellung bereits mit der Überreichung des Gesuchs ein.

(2) Wird ein Schriftsatz, dessen Zustellung unter Vermittlung der Geschäftsstelle erfolgen soll, innerhalb einer Frist von zwei Wochen nach der Einreichung bei der Geschäftsstelle zugestellt, so tritt, sofern durch die Zustellung eine Notfrist gewahrt wird, die Wirkung der Zustellung bereits mit der Einreichung ein.

Abs. 1 ist geändert mWv 1. 1. 2002 durch Art. 5 Abs. 3 Nr. 2 SMG.

Untertitel 2. Zustellungen von Amts wegen

§ 208 Verweisung auf Vorschriften über Parteizustellung

Auf die von Amts wegen zu bewirkenden Zustellungen gelten die Vorschriften über die Zustellungen auf Betreiben der Parteien entsprechend, soweit nicht aus den nachfolgenden Vorschriften sich Abweichungen ergeben.

§ 209 Aufgabe der Geschäftsstelle

Für die Bewirkung der Zustellung hat die Geschäftsstelle Sorge zu tragen.

§ 210 Beglaubigung der Abschrift

Die bei der Zustellung zu übergebende Abschrift wird durch den Urkundsbeamten der Geschäftsstelle beglaubigt.

§ 210a Zustellung einer Rechtsmittelschrift

(1) ¹Ein Schriftsatz, durch den ein Rechtsmittel eingelegt wird, ist dem Prozeßbevollmächtigten des Rechtszuges, dessen Entscheidung angefochten wird, in Ermangelung eines solchen dem Prozeßbevollmächtigten des ersten Rechtszuges zuzustellen. ²Ist von der Partei bereits ein Prozeßbevollmächtigter für den höheren, zur Verhandlung und Entscheidung über das Rechtsmittel zuständigen Rechtszug bestellt, so kann die Zustellung auch an diesen Prozeßbevollmächtigten erfolgen.

(2) Ist ein Prozeßbevollmächtigter, dem nach Absatz 1 zugestellt werden kann, nicht vorhanden oder ist sein Aufenthalt unbekannt, so erfolgt die Zustellung an den von der Partei, wenngleich nur für den ersten Rechtszug bestellten Zustellungsbevollmächtigten, in Ermangelung eines solchen an die Partei selbst, und zwar an diese durch Aufgabe zur Post, wenn sie einen Zustellungsbevollmächtigten zu bestellen hatte, die Bestellung aber unterlassen hat.

§ 211 Ausführung der Zustellung

(1) ¹Die Geschäftsstelle hat das zu übergebende Schriftstück einem Gerichtswachtmeister oder der Post zur Zustellung auszuhändigen; ein Beamter der Justizvollzugsanstalt steht bei der Zustellung an einen Gefangenen dem Gerichtswachtmeister gleich. ²Die Sendung muß verschlossen sein; sie muß mit der Anschrift der Person, an die zugestellt werden soll, sowie mit der Bezeichnung der absendenden Stelle und einer Geschäftsnummer versehen sein. ³Sie muß den Vermerk „Vereinfachte Zustellung" tragen.

(2) Die Vorschrift des § 194 Abs. 2 ist nicht anzuwenden.

§ 212 Beurkundung der Zustellung

(1) Die Beurkundung der Zustellung durch den Gerichtswachtmeister oder den Postbediensteten erfolgt nach den Vorschriften des § 195 Abs. 2 mit der Maßgabe, daß eine Abschrift der Zustellungsurkunde nicht zu übergeben, der Tag der Zustellung jedoch auf der Sendung zu vermerken ist.

(2) Die Zustellungsurkunde ist der Geschäftsstelle zu überliefern.

§ 212 a Zustellung gegen Empfangsbekenntnis

Bei der Zustellung an einen Anwalt, Notar oder Gerichtsvollzieher oder eine Behörde oder Körperschaft des öffentlichen Rechts genügt zum Nachweis der Zustellung das mit Datum und Unterschrift versehene schriftliche Empfangsbekenntnis des Anwalts oder eines gemäß der Rechtsanwaltsordnung bestellten Zustellungsbevollmächtigten, des Notars oder Gerichtsvollziehers oder der Behörde oder Körperschaft.

§ 212 b Aushändigung an der Amtsstelle

[1]Eine Zustellung kann auch dadurch vollzogen werden, daß das zu übergebende Schriftstück an der Amtsstelle dem ausgehändigt wird, an den die Zustellung zu bewirken ist. [2]In den Akten und auf dem ausgehändigten Schriftstück ist zu vermerken, wann dies geschehen ist; der Vermerk ist von dem Beamten, der die Aushändigung vorgenommen hat, zu unterschreiben.

§ 213 Aktenvermerk bei Zustellung durch Aufgabe zur Post

[1]Ist die Zustellung durch Aufgabe zur Post (§ 175) erfolgt, so hat der Urkundsbeamte der Geschäftsstelle in den Akten zu vermerken, zu welcher Zeit und unter welcher Adresse die Aufgabe geschehen ist. [2]Der Aufnahme einer Zustellungsurkunde bedarf es nicht.

§ 213 a Bescheinigung des Zeitpunktes der Zustellung

Auf Antrag bescheinigt die Geschäftsstelle den Zeitpunkt der Zustellung.

Titel 2. Verfahren bei Zustellung (neue Fassung)

Vorbemerkung

1 **1. Zustellungsreform.** Durch das Zustellungsreformgesetz (ZustRG) vom 25. 6. 01 (BGBl 1206) wird das Zustellungsrecht der §§ 166–213 aF völlig neu geordnet. Die Änderung soll das Zustellungsverfahren vereinfachen und den gewandelten Lebensverhältnissen, die neue Möglichkeiten der dauerhaften elektronischen Information eröffnet haben, entsprechend anpassen. Zugleich wird das Zustellungsrecht für alle Rechtswege nur mit geringen rechtswegebedingten Ausnahmen vereinheitlicht. Die Zustellung von Amts wegen ist nunmehr der Regelfall (Untertitel 1, §§ 166–190). Die Zustellung auf Betreiben der Parteien ist als Untertitel 2, in den §§ 191–195 geregelt. Die §§ 166–190 gelten hierfür subsidiär (§ 191). Die Neufassung kommt mit weniger Paragrafen aus als die alte

Fassung. Das Reformgesetz tritt am 1. 7. 2002 in Kraft (Art 4). Eine Überleitungsvorschrift fehlt, so dass die neuen Vorschriften ab 1. 7. 02 anzuwenden sind, auch wenn die Zustellung an diesem Tag ausgeführt (zB § 193), aber schon vorher eingeleitet worden ist (zB § 176). Für die einzelnen Akte der Zustellung ist das zu diesem Zeitpunkt geltende Recht anzuwenden.

2. Begriffe. a) Zustellung ist die Bekanntgabe eines Schriftstücks 2 an eine Person in derjenigen Form, die in den §§ 166–195 vorgeschrieben ist (§ 166 Abs 1). – **b) Zusteller** ist diejenige Person, welche die 3 Zustellung ausführt (§ 182 Abs 2 Nr 8). Das ist der Urkundsbeamte der Geschäftsstelle (§ 168 Abs 1 und § 153 GVG), ein sonstiger Justizbediensteter, ein Postbediensteter oder ein Gerichtsvollzieher (§ 176). – **c) Zustellungsadressat** ist diejenige Person, der zugestellt werden soll 4 (§ 182 Abs 2 Nr 1). – **d) Zustellungsempfänger** ist diejenige Person, 5 welcher der Brief oder das Schriftstück tatsächlich übergeben wurde (§ 182 Abs 2 Nr 2). – **e) Zustellungsveranlasser** ist diejenige Person, 6 in deren Auftrag zugestellt wird. Für die Zustellung auf Betreiben der Partei ist sie zu vermerken (§ 193 Nr 1), für die von Amts wegen ergibt sie sich aus dem zugestellten Schriftstück. § 191 Nr 2 aF wurde daher als überflüssig angesehen.

3. Zweck der Zustellung. Einerseits soll der Zustellungsveranlasser 7 (Gericht oder Partei) durch die Zustellungsurkunde (§ 182) nachweisen können, dass der Zustellungsadressat von einem Schriftstück (zB Urteil, Klageschrift) Kenntnis nehmen konnte. Andererseits soll gewährleistet werden, dass der Zustellungsadressat angemessene Gelegenheit hat, von dem Schriftstück tatsächlich Kenntnis zu nehmen. Dies rechtfertigt, dass durch Zustellungen oft Fristen in Lauf gesetzt werden. Zugleich soll das rechtliche Gehör des Art 103 Abs 1 GG gewährleistet werden.

4. Art der Zustellung. **a) Amtszustellung.** Ab 1. 7. 02 sind die 8 Zustellungen von Amts wegen der gesetzliche Regelfall (Untertitel 1, §§ 166–190). Dies entspricht dem massenhaften Anfall in der Praxis. – **b) Parteizustellung.** Die Zustellung auf Betreiben der Parteien ist 9 vergleichsweise selten und gesondert in Untertitel 2, §§ 191–192 geregelt; die §§ 166–190 gelten hierfür subsidiär.

5. Ausführung. Danach sind zu unterscheiden: **a) Übermittlung** 10 des Schriftstücks. Sie geschieht durch Aushändigung an der Amtsstelle (§ 173), Übersendung oder andere Art der Zuleitung gegen Empfangsbekenntnis (§ 174), Zusendung durch Einschreiben mit Rückschein (§ 175), Übergabe durch Post- und Justizbedienstete sowie Gerichtsvollzieher (§§ 177, 178), Zurücklassen in den Wohn- oder Geschäftsräumen (§ 178), Einlegen in den Briefkasten oder ähnlichen Vorrichtungen (§ 180), Niederlegen zur Abholung (§ 181). – **b) Ersuchen von Behörden** 11 bei Zustellung im Ausland (§ 183 Nr 1, 2 und 3). – **c) Aufgabe zur Post** mit Fiktion der Zustellung (§ 184). Das ist nur bei Zustellung im Ausland möglich, wenn kein Zustellungsbevollmächtigter

12 benannt ist. – **d) Aushang** an der Gerichtstafel (§ 186 Abs 2 S 1). Das
    ist nur bei öffentlicher Zustellung (§ 185) vorgesehen.

13 **6. Zustellungsadressaten.** Grundsätzlich ist die Zustellung des
    Schriftstücks an die Person zu richten, der zugestellt werden soll (§ 182
    Abs 2 Nr 1), zB der Partei, dem Nebenintervenienten, einem Zeugen.

14 Davon gibt es drei Ausnahmen: **a) Gesetzlicher Vertreter.** Ist der
    Zustellungsadressat prozessunfähig (§ 52), muss an den gesetzlichen Ver-
    treter (§ 51 Rn 3–18) zugestellt werden (§ 170 Abs 1 S 1). Bei juris-
    tischen Personen kann auch an den Leiter zugestellt werden (§ 170

15 Abs 2). – **b) Bevollmächtigte,** deren Vertretungsbefugnis auf Rechts-
    geschäft beruht (§§ 164, 167 BGB). An sie kann mit Wirkung für und

16 gegen den Vertretenen zugestellt werden (§ 171). – **c) Prozessbevoll-
    mächtigte,** die für ein bei Gericht anhängiges Verfahren bestellt sind.
    An sie muss zugestellt werden, soweit der Rechtszug reicht (§ 172
    Abs 1) und wenn ein Rechtsmittel eingelegt ist, der Schriftsatz, der
    dieses enthält, dem ProzBev des Rechtszugs, in dem die angefochtene
    Entscheidung ergangen ist (§ 172 Abs 2).

17 **7. Wirksamkeit** der Zustellung. Sie ist zu unterscheiden von der
    Wirksamkeit der Prozesshandlung (Einl III), deren Zugang sie dient.
    a) Wirksam wird die Zustellung, sobald alle ihre gesetzlichen Vorausset-
    zungen erfüllt sind. Diese sind von den persönlichen Prozesshandlungs-
    voraussetzungen (Einl III Rn 10) grundsätzlich unabhängig. Davon gibt es
    Ausnahmen, insbes für die Person des Zustellungsadressaten (Prozessfähig-
    keit bei § 170 Abs 1, Prozessvollmacht bei § 172) und für das Empfangs-

18 bekenntnis (§ 174). – **b) Unwirksam** ist die Zustellung, wenn auch nur
    eine ihrer Voraussetzungen im Einzelfall fehlt. Bsp: Es ist statt im Partei-
    betrieb von Amts wegen zugestellt worden; es wurde nicht an den Zustel-
    lungsadressaten (Rn 4), sondern an eine andere Person zugestellt; bei der
    Ersatzzustellung gehörte der Empfänger nicht zum befugten Personen-
    kreis des § 178 Abs 1 Nr 1; die Zustellungsurkunde (§ 182) ist nicht

19 erstellt. – **c) Anfechtung und Aufhebung** einer Zustellung (nicht der
    Prozesshandlung, der sie dient) ist in der ZPO nicht vorgesehen. Über die
    Rechtmäßigkeit einer Zustellung oder die Pflicht, eine abgelehnte Zu-
    stellung vorzunehmen, kann gemäß § 23 EGGVG entschieden werden.

20 **8. Heilung** einer unwirksamen Zustellung ist möglich durch:
    a) Rückwirkende Genehmigung (Einl III Rn 18) des Zustellungs-
    adressaten, wenn an eine andere (falsche) Person zugestellt wurde, zB in

21 den Fällen des § 178 (Ersatzzustellung). – **b) Gerichtliches Ermessen**
    auch nach Maßgabe des § 189 zu dem Zeitpunkt, an dem das Schrift-
    stück dem Zustellungsadressaten (Rn 4) tatsächlich zugegangen ist. –

22 **c) Rügeverzicht** der Partei (§ 295). Danach können Prozesshandlun-
    gen, die wegen fehlender oder mangelhafter Zustellung unwirksam sind,
    wirksam werden, allerdings ohne Einfluss auf den Lauf von Fristen.

23 **9. Wiederholung** einer unwirksamen Zustellung hat das Gericht zu
    veranlassen, wenn eine Zustellung für den Fortgang des Prozesses not-
    wendig ist, insbes wenn es beantragt wird. Solange eine unwirksame

Zustellung wiederholt werden kann, darf die Klage nicht aus diesem Grund als unzulässig abgewiesen werden. Die Wirksamkeit der Zustellung tritt erst mit der fehlerfreien Zustellungswiederholung ein oder mit der Heilung (Rn 20–22), nicht rückwirkend.

Untertitel 1. Zustellungen von Amts wegen

§ 166 Zustellung

(1) Zustellung ist die Bekanntgabe eines Schriftstücks an eine Person in der in diesem Titel bestimmten Form.

(2) Schriftstücke, deren Zustellung vorgeschrieben oder vom Gericht angeordnet ist, sind von Amts wegen zuzustellen, soweit nicht anderes bestimmt ist.

1. Allgemeines. a) Begriff. Die Zustellung ist in Abs 1 legal definiert. Es wird dabei auf die formgerechte Bekanntgabe des Schriftstücks abgestellt, nicht auf die Beurkundung (§ 182), die nur dem Nachweis der Zustellung dient. – **b) Zweck.** Das Zustellungsverfahren soll dem Zustellungsadressaten (Vorbem 4) eine angemessene Gelegenheit geben, von dem zuzustellenden Schriftstück Kenntnis zu nehmen. **1**
c) Voraussetzungen einer Zustellung. Dazu gehört nicht die Beurkundung (§ 182), die nur Beweisfunktion hat. Voraussetzungen sind: **aa)** Anordnung oder Auftrag (vgl § 176) des Zustellungsveranlassers (Vorbem 6), die Zustellung eines bestimmten Schriftstücks auszuführen. **bb)** Ausführung in einer der gesetzlichen Formen, insbes Übermittlung, Übergabe (§ 173), Übersendung durch Einschreiben mit Rückschein (§ 175) oder gegen Empfangsbekenntnis (§ 174), Niederlegung (§ 181). **cc)** Zustellungsempfänger (Vorbem 5). An ihn muss zugestellt worden sein; das bedeutet, dass die Ausführungshandlungen ihm gegenüber vorzunehmen sind. **dd)** Besondere Voraussetzungen der jeweiligen Zustellungsform, zB die der §§ 185, 186 Abs 1 für die öffentliche Zustellung. **2**

2. Zustellung von Amts wegen (Abs 2) ist die Regel (Vorbem 8). **3**
a) Vorgeschrieben ist eine Zustellung durch Gesetz oder Verordnung. Das ist an zahlreichen Stellen geschehen, die hier nicht zusammengefasst werden können. Die wichtigsten der ZPO sind § 253 Abs 1 (Klageschrift), § 317 Abs 1 S 1 (Urteil), § 693 Abs 1 (Mahnbescheid). – **b) Angeordnet** werden kann die Zustellung von jedem Gericht, auch **4** wenn sie nicht vorgeschrieben ist, zB durch § 270. Das geschieht idR durch Verfügung des Richters oder Rechtspflegers (vgl § 329). – **c) Schriftstück.** Damit sind nicht nur Urkunden (§§ 415 ff) gemeint, **5** sondern umfassend alle schriftlich (mechanisch oder elektronisch) abgefassten Texte. Ob die Urschrift, eine Ausfertigung, eine beglaubigte oder einfache Abschrift zuzustellen ist, ergibt sich aus der anzuwendenden Vorschrift (Rn 3) oder der Anordnung (Rn 4).

§ 167 *Rückwirkung der Zustellung*

    Soll durch die Zustellung eine Frist gewahrt werden oder die Verjährung neu beginnen oder nach § 204 des Bürgerlichen Gesetzbuchs gehemmt werden, tritt diese Wirkung bereits mit Eingang des Antrags oder der Erklärung ein, wenn die Zustellung demnächst erfolgt.

1   **1. Allgemeines.** Die Vorschrift entspricht inhaltlich und fast wörtlich dem durch das ZustellungsRG Art 1 Nr 5 aufgehobenen § 270 Abs 3. § 167 ist bereits geändert durch Art 5 Abs 4 SMG, weil es seit 1. 1. 02 keine Unterbrechung der Verjährung mehr gibt. **a) Zweck.** Dem Zustellungsveranlasser (5 vor § 166) soll für die Fristwahrung dadurch Rechtssicherheit gewährleistet werden, dass es darauf ankommt, wann er seinen Antrag oder seine Erklärung zur Zustellung bei der zuständigen Behörde (insbes Gericht) einreicht, weil der Zeitpunkt der Zustellung von Zufällen abhängig und daher ungewiss ist (Verzöge-
2   rungsrisiko). – **b) Wirkung.** Die Zustellung wirkt als an dem Tag vorgenommen, in dessen Lauf der Antrag bei Gericht eingegangen (Rn 6) ist (fingierte Rückwirkung oder Vorwirkung). Die Frist wird gewahrt, die Verjährung gehemmt oder neu in Lauf gesetzt, wenn rechtzeitig eingereicht ist. Für sonstige Wirkungen der Zustellung, zB Eintritt der Rechtshängigkeit gilt das nicht (MüKo/Lüke § 270 Rn 25).

3   **2. Anwendungsbereich. a) Anwendbar** bei Amts- und Parteizustellung in allen Fällen, bei denen eine prozessuale oder materiell-rechtliche Frist dadurch gewahrt wird, dass ein Schriftstück zugestellt werden muss und bloßer Zugang (§ 130) nicht genügt. Bsp: Hemmung der Verjährung (§ 204 BGB); Antrag auf Ehescheidung gemäß § 1408 Abs 2 BGB; Anfechtung eines Hauptversammlungsbeschlusses (BGH NJW 89,
4   904 für § 242 Abs 2 AktG). – **b) Entsprechend anwendbar:** für die Frist des § 89 b Abs 2 HGB; für die Wahrung eines Termins, bis zu dem der Beklagte auf die Verjährungseinrede verzichtet hat (BGH NJW 74,
5   1285 für § 270 aF). – **c) Unanwendbar** für die Ausschlussfrist des § 121 BGB (BGH NJW 75, 39 für § 270 aF), Ausschluss des Ehegattenerbrechts gemäß § 1933 S 1 BGB (BayObLG NJW-RR 90, 913 für § 270 aF); für die Abänderung gemäß § 323 Abs 3, weil es nicht um eine Frist geht (Hamm NJW-RR 86, 626 für § 270 aF); für den Endtermin, an dem eine Bürgschaft erlischt (BGH NJW 82, 172 für § 270 aF).

6   **3. Eingang** des Antrags oder der Erklärung auf dem eingereichten Schriftstück in der gesetzlich zugelassenen Form (vgl § 129) oder Erklä-
7   rung zu Protokoll (§ 129 a). – **a) Tatsächlicher Vorgang** ist die Begründung des gerichtlichen Gewahrsams (BVerfG NJW 80, 580 für § 270 aF). Es kommen in Betracht: persönliche Übergabe an Richter, Rechtspfleger und Urkundsbeamte (§ 153 GVG), auch in der Sitzung; Abgabe oder Einwurf bei der Einlaufstelle oder im (Nacht)Briefkasten (BGH NJW 81, 1216), auch außerhalb der Dienststunden (BVerfG NJW 91, 2078); Einsortieren in das Postfach (BGH NJW 84, 1237) oder Gerichtsfach des Anwaltzimmers (Köln NJW 86, 859), Einlauf im Wege der Telekom-

munikation, soweit diese im Einzelfall den Vorschriften entspricht (vgl § 129). – **b) Zeitpunkt.** Maßgebend ist der Tag, an dem das Schriftstück **8** in den Einlauf des Gerichts gelangt. Besteht der Vorgang (Rn 7) aus mehreren aufeinanderfolgenden Akten, kommt es darauf an, durch welchen der Gewahrsam der Behörde (des Gerichts) begründet wird.

4. Zustellung des Schriftstücks. Sie muss wirksam sein (17 vor § 166), **9** ggf durch Wiederholung (22 vor § 166). § 167 ist auch anzuwenden, wenn eine unwirksame Zustellung heilt und dadurch wirksam wird, durch Rügeverzicht (BGH 25, 75 für § 270 aF), Genehmigung (20 vor § 166) oder durch gerichtliches Ermessen (§ 189). Zustellungstag ist derjenige, an dem die Heilung eintritt (BGH NJW 78, 1058 für § 270 aF). Die Fristwahrung ist Sache der Partei. Das Gericht muss daher nicht für Eile sorgen, sondern darf im gewöhnlichen Geschäftsgang handeln.

5. Demnächst muss die Zustellung erfolgt sein. **a) Begriff:** inner- **10** halb eines den Umständen nach angemessenen Zeitraums zwischen dem Ablauf der versäumten Frist oder dem Eintritt der Verjährung und der (verspäteten) Zustellung (Rn 2; BGH NJW 95, 2230 für § 270 aF). Es kommt also nicht auf den Eingang (Rn 6) an. – **b) Länge** des Zeitraums **11** (für Rn 9) ist im Einzelfall verschieden und kann nach den Umständen auch (aber längstens) mehrere Monate umfassen (BGH NJW 01, 885 mwN für § 270 aF). Die auf vermeidbare Verzögerungen im Geschäftsablauf des Gerichts entfallende Zeit wird nicht angerechnet (BGH NJW 00, 2282 für § 270 aF). – **c) Geringfügige Verzögerungen** (2 bis **12** 3 Wochen) sind unschädlich, selbst wenn sie auf Nachlässigkeit beruhen (BGH NJW 93, 2811 für § 270 aF), insbes verzögertes Befolgen einer vorbereitenden Anordnung, zB Streitwertanfrage (BGH NJW 94, 1073 für § 270 aF); Abwarten der Anforderung des Gebührenvorschusses (BGH NJW 93, 2811 für § 270 aF). – **d) Unterlassen zumutbarer** **13** **Handlungen** der Partei oder ihrer ProzBev welche die Zustellung über den angemessenen Zeitraum (Rn 9) verzögern, hindern die Rückwirkung (Rn 3). Bsp (alle für § 270 aF): übermäßig verzögerte Einzahlung des Vorschusses (BGH NJW 93, 2811 für § 270 aF; hierzu Wax NJW 94, 2331); unterbliebene Nachfrage, wenn Vorschussanforderung ungewöhnlich lange ausbleibt (BGH 69, 361 für § 270 aF) oder wenn nach Einzahlung die Klageschrift innerhalb vier Wochen noch nicht zugestellt ist (Hamm NJW-RR 98, 1104 für § 270 aF); verzögertes Einreichen von Angaben zur PKH (BGH MDR 69, 132 für § 270 aF) oder von Abschriften, die zur Klagezustellung notwendig sind (BGH VersR 74, 1106 für § 270 aF); Fehler oder Lücken zu der angegebenen Zustellungsanschrift (BGH NJW 71, 891 für § 270 aF); unterbliebene Anfechtung eines die PKH ablehnenden Beschlusses (BGH NJW 91, 1745).

§ 168 *Aufgaben der Geschäftsstelle*

(1) [1]*Die Geschäftsstelle führt die Zustellung nach §§ 173 bis 175 aus.* [2]*Sie kann einen nach § 33 Abs. 1 des Postgesetzes beliehenen Unterneh-*

mer (Post) oder einen Justizbediensteten mit der Ausführung der Zustellung beauftragen. [3] Den Auftrag an die Post erteilt die Geschäftsstelle auf dem dafür vorgesehenen Vordruck.

(2) Der Vorsitzende des Prozessgerichts oder ein von ihm bestimmtes Mitglied können einen Gerichtsvollzieher oder eine andere Behörde mit der Ausführung der Zustellung beauftragen, wenn eine Zustellung nach Absatz 1 keinen Erfolg verspricht.

1   **1. Allgemeines. a) Geschäftsstelle** ist die des jeweils zuständigen Gerichts nach Maßgabe des § 153 GVG. Sie handelt durch Urkundsbeamte (§ 153 Abs 1, 3 GVG), auch stellvertretende (§ 153 Abs 5 2 GVG). – **b) Aufgabenbereich.** Die Geschäftsstelle ist grundsätzlich umfassend dafür zuständig, dass die Zustellung vorgenommen wird. Der Urkundsbeamte der Geschäftsstelle handelt selbst (Abs 1 S 1) durch Aushändigung (§ 173), Zuleitung gegen Empfangsbekenntnis (§ 174) oder Einschreiben mit Rückschein (§ 175). Andernfalls (Abs 1 S 1) erteilt die Geschäftsstelle den Zustellungsauftrag gemäß § 176 Abs 1 der Post oder einem Justizbediensteten, wenn nicht eine Behörde zu ersuchen ist.

3   **2. Zustellung durch die Geschäftsstelle** (Abs 1). a) **Wahl** der Zustellungsart. Ist vom Gericht nicht eine bestimmte Art der Zustellung angeordnet, liegt die Auswahl im Ermessen des Urkundsbeamten der Geschäftsstelle. Zu erwägen ist, wie am einfachsten, schnell, sicher und kostengünstig zugestellt werden kann. Beim Einsatz von Justizbediensteten ist die Personallage zu berücksichtigen. Bei Zustellung in einer 4 Vollzugsanstalt sind deren Beamte zu beauftragen. – **b) Bindung** besteht bei richterlicher Anordnung einer Zustellung im Ausland (§ 183) oder 5 einer öffentlicher Zustellung (§§ 185–187). – **c) Beauftragte** können sein: **aa) Post,** in Abs 1 S 2 legal definiert, nicht notwendig die DP. **bb) Justizbediensteter:** Beamter oder Angestellter, nicht zwingend ein 6 Gerichtswachtmeister. – **d) Auftrag.** Das ist der des § 176. Er ist auf dem Vordruck (gemäß VO auf Grund des § 190) zu erteilen.

7   **3. Zustellung durch richterlichen Auftrag** (Abs 2). a) **Zuständig** ist der Vorsitzende des Prozessgerichts (§ 21 f Abs 1, § 22 Abs 1 GVG), sein Vertreter (§ 21 f Abs 2) oder das vom Vorsitzenden bestimmte Mitglied des Spruchkörpers, idR der Berichterstatter (§ 21 g Rn 5 GVG). – 8 **b) Auftrag** wird durch richterliche Verfügung (§ 329 Rn 14) erteilt. Die Anordnung steht im richterlichen Ermessen. Ist der Aufwand unverhältnismäßig, sollte die Anordnung unterbleiben, zB bei kleiner Geldforderung, die geringer ist als die voraussichtlichen Kosten der Zustel9 lung. – **c) Voraussetzung** ist, dass kein regulärer Weg der Zustellung (Abs 1) einen Erfolg erwarten lässt. Das liegt vor nach wiederholten vergeblichen Zustellungsversuchen oder von vornherein bei unregelmäßigem, mobilem Wohnsitz, zB bei Binnenschiffern, Schaustellern. – 10 **d) Ausführung** nur durch den Gerichtsvollzieher (§ 154 GVG), nicht durch andere Justizbedienstete, oder durch Ersuchen einer Behörde (zB

der Polizei). Erteilt wird der Auftrag gemäß § 176 Abs 1, ausgeführt nach den §§ 177–181 (§ 176 Abs 2), also Übergabe an jedem Ort (§ 177) oder Ersatzzustellung soweit möglich.

§ 169 *Bescheinigung des Zeitpunktes der Zustellung; Beglaubigung*

(1) Die Geschäftsstelle bescheinigt auf Antrag den Zeitpunkt der Zustellung.

(2) ¹Die Beglaubigung der zuzustellenden Schriftstücke wird von der Geschäftsstelle vorgenommen. ²Dies gilt auch, soweit von einem Anwalt eingereichte Schriftstücke nicht bereits von diesem beglaubigt wurden.

1. Zustellungsbescheinigung (Abs 1). Entspricht fast wörtlich dem § 213a aF. **a) Anwendbar:** bei der Zustellung von Amts wegen; bei der auf Betreiben der Parteien (§§ 191 ff) auch dann nicht, wenn die Geschäftsstelle den Gerichtsvollzieher beauftragt (§ 192 Abs 3), weil § 193 auch insoweit eine Sondervorschrift darstellt. – **b) Zweck.** Bei der Amtszustellung erhält der Gegner des Zustellungsadressaten keinen Zustellungsnachweis, den er aber wegen § 750 Abs 2, § 798 benötigt, wenn er vollstrecken will. – **c) Antrag:** wegen § 78 Abs 3 außer Anwaltszwang. – **d) Bescheinigung:** schriftlich, vom Urkundsbeamten (§ 153 GVG) unterzeichnet.

2. Beglaubigte Abschrift (Abs 2). Die Vorschrift übernimmt die schon bisher bestehende Beglaubigungsbefugnis der Geschäftsstelle (§ 210 aF) in S 1, die des Anwalts (§ 170 Abs 2 aF) in S 2. **a) Begriff.** Sie ist eine Abschrift, auf der bezeugt wird, dass sie mit der Urschrift (oder ihrer Ausfertigung) übereinstimmt. Das ist idR eine Ablichtung (BGH NJW 74, 1384 für § 170 aF) oder ein Ausdruck. Auch sie bedarf des Beglaubigungsvermerks (Rn 6). Die Abschrift muss grundsätzlich vollständig sein; sie kann bei einem Urteil abgekürzt sein (§ 317 Abs 2 S 2). Auch dann muss sie die Unterschriften der Richter umfassen (BGH Rpfleger 73, 15 für § 170 aF), wobei maschinenschriftliche Wiedergabe mit oder ohne „gez." genügt, aber nicht in Klammern ohne weiteren Hinweis auf die tatsächlich vollzogene Unterschrift (BGH NJW 75, 781 für § 170 aF). – **b) Beglaubigungsvermerk.** Erforderlich ist ohne besondere Form die Erklärung, die Abschrift werde beglaubigt, dh dass ihr Inhalt mit der Urschrift oder einer Ausfertigung übereinstimmt. In der Regel wird als Überschrift „Beglaubigte Abschrift" verwendet und der Vermerk „für die Richtigkeit". Die handschriftliche Unterzeichnung ist notwendig, nicht Ort und Datum. Bei einer Behörde wird das Dienstsiegel hinzugesetzt. Anders formulierte Erklärungen können genügen, auch die bloße Unterschrift, wenn sie nichts anderes als die Beglaubigung bedeuten kann (BGH NJW 71, 659 für § 170 aF). Der Beglaubigungsvermerk muss sich auf die ganze Urkunde beziehen, auch auf den Vermerk, dass die Abschrift von einer Ausfertigung (nicht von der Urschrift) erteilt wird (zB bei § 317 Abs 2–4), sog Ausfertigungserklärung. – **c) Beglaubigungsbefugnis**

hat primär die Geschäftsstelle (Abs 2 S 1), auch für Schriftstücke, die ein Anwalt eingereicht, aber nicht beglaubigt hat (Abs 2 S 2). Daneben ist der Anwalt (auch ein Erlaubnisinhaber, § 25 EGZPO), befugt, die beglaubigte Abschrift der von ihm eingereichten zuzustellenden Schriftstücke herzustellen, insbes von seinen Schriftsätzen. Der Gerichtsvollzieher darf nur bei der Parteizustellung beglaubigen (§ 192 Abs 2). –

8 **d) Ausfertigung** ist eine amtliche Abschrift, die im Rechtsverkehr die Urschrift ersetzt. Sie ist für gerichtliche Entscheidungen vorgesehen (§ 317 Abs 2–4, § 329 Abs 1) und wird im Gegensatz zu § 170 Abs 1 aF in dem Zusammenhang, dass eine Ausfertigung (statt beglaubigter Abschrift) zuzustellen ist, in den §§ 166–195 nicht mehr erwähnt.

9   **3. Mängel** der Abschriften. Unwirksam ist die Zustellung bei fehlender oder mangelhafter Beglaubigung, unvollständiger Abschrift, unterlassenem Ausfertigungsvermerk. Abweichungen von der Urschrift machen die Zustellung nur dann unwirksam, wenn der Zustellungsadressat den Inhalt der Urschrift in ihren für den Rechtsstreit wesentlichen Bestandteilen aus der übergebenen Abschrift nicht mehr zweifelsfrei entnehmen kann. Ist die Zustellung danach wirksam, so ist zugunsten des Empfängers der Inhalt der übergebenen Abschrift maßgebend, weil er nur danach seine Entschlüsse fassen kann.

§ 170 *Zustellung an Vertreter*

(1) ¹Bei nicht prozessfähigen Personen ist an ihren gesetzlichen Vertreter zuzustellen. ²Die Zustellung an die nicht prozessfähige Person ist unwirksam.

(2) Ist der Zustellungsadressat keine natürliche Person, genügt die Zustellung an den Leiter.

(3) Bei mehreren gesetzlichen Vertretern oder Leitern genügt die Zustellung an einen von ihnen.

1   **1. Allgemeines.** Die Vorschrift entspricht im Gegenstand, Zweck und Inhalt dem § 171 aF. Sie gilt auch für die Parteizustellung (§ 191). Anzuwenden ist § 170, wenn die Zustellung gegenüber einer Person (nicht notwendig der Partei eines Rechtsstreits) vorzunehmen ist, der die Prozessfähigkeit (§ 52) fehlt. Zuzustellen ist in diesen Fällen immer an den oder einen gesetzlichen Vertreter dieser Person. Er ist Zustellungsadressat (4 vor § 166).

2   **2. Gesetzlicher Vertreter** (Abs 1 S 1). An ihn ist die Zustellung zu richten und dabei erkennbar zu machen, dass sie an ihn als gesetzlichen Vertreter der identifizierbar bezeichneten prozessunfähigen Person gerichtet ist. Gesetzlicher Vertreter: § 51 Rn 3–7. Die Zustellung wirkt für und gegen die vertretene Person. Fehlt dem Zustellungsadressaten (4 vor § 166) allgemein die Vertretungsbefugnis oder ist sie im Einzelfall ausgeschlossen (zB § 112 AktG; Haager NJW 92, 352), ist die Zustellung für und gegen die betreffende Person unwirksam.

3. Zustellung an Prozessunfähige (Abs 1 S 2). Die Unwirksamkeit 3
der Zustellung ist ausdrücklich bestimmt. Sie setzt insbes keine Rechtsmittelfrist in Lauf, auch wenn die Prozessunfähigkeit nicht erkannt und
daher die Person als prozessfähig behandelt wird. Eine Heilung nach
§ 187 ist ausgeschlossen, im Rahmen des § 295 möglich und jedenfalls
dadurch, dass der gesetzliche Vertreter die Zustellung genehmigt (20 vor
§ 166).

4. Vereinfachungsfälle (Abs 2, 3). **a) Zustellung an den Leiter** 4
(Abs 2). Ist nicht an eine natürliche Person (§ 1 BGB), sondern an eine
juristische Person (§ 51 Rn 6, 7), eine Gesellschaft (§ 51 Rn 6), einen
Verein (vgl § 50 Abs 2) oder eine Behörde zuzustellen, daher an den
gesetzlichen Vertreter (Abs 1 S 1), so genügt die Zustellung an den
Leiter. Das ist vom Gesetzgeber auf den Leiter einer Behörde zugeschnitten, und zwar den Leiter der gesamten Behörde, nicht einer
Abteilung. – **b) Mehrere Vertreter** (Abs 3), insbes die Eltern, Vor- 5
standsmitglieder, Geschäftsführer. Es genügt die Zustellung an nur einen
der (auch nur zur Gesamtvertretung ermächtigten) gesetzlichen Vertreter.

§ 171 *Zustellung an Bevollmächtigte*

[1] An den rechtsgeschäftlich bestellten Vertreter kann mit gleicher Wir-
kung wie an den Vertretenen zugestellt werden. [2] Der Vertreter hat eine
schriftliche Vollmacht vorzulegen.

1. Allgemeines. Die Vorschrift erweitert den § 173 aF. **a) Zweck.** 1
Die Zustellung soll erleichtert und direkt an den Vertreter möglich sein,
der rechtsgeschäftlich mit der Angelegenheit befasst ist. – **b) Anwend-** 2
bar: im Gegensatz zu § 173 aF in allen, nicht nur vermögensrechtlichen
Angelegenheiten; auch bei Parteizustellung (§ 191) und für jede Zustellungsart. – **c) Zustellungsadressat** (4 vor § 166) ist der Vertretene. Die 3
Zustellung wirkt wie beim gesetzlichen Vertreter (§ 170 Rn 1 aE) für
und gegen die vertretene Person (S 1).

2. Voraussetzungen (S 1). **a) Vertreter.** Der Begriff umfasst alle 4
rechtsgeschäftlichen Formen der Vertretung einer Person (§ 167 BGB),
vom Generalbevollmächtigten bis zur Vertretung für ein einzelnes
Rechtsgeschäft, in allen Angelegenheiten, die eine Vertretung zulassen.
Die Prokura (§ 49 HGB) fällt darunter, auch der mit Postempfangsvoll-
macht versehene Nachbar. Sind mehrere Vertreter bestellt, ist § 170
Abs 3 entspr anzuwenden. – **b) Rechtsgeschäftliche Bestellung** er- 5
folgt nach § 167 BGB, insbes gegenüber dem Zustellungsveranlasser (5
vor § 166). Sie muss wirksam sein, nicht vorher dem Gericht angezeigt
werden. Es genügt, wenn die Vollmacht der die Zustellung ausführen-
den Person (zB dem Postbediensteten) vorgezeigt wird. Das hat praktische Bedeutung, wenn an den Vertreter die Ersatzzustellung
(§§ 178–181) nicht ausgeführt werden kann. Damit wird die umständliche Abholung gemäß § 181 erspart. – **c) Zeitpunkt.** Die wirksame 6

Vollmacht muss zu dem Zeitpunkt vorliegen, an dem die Zustellung
7 ausgeführt wird (10 vor § 166). – **d) Schriftform** (entspr § 80 Abs 1)
der Vollmacht (§ 167 BGB) ist für die Zustellung durch die Vor-
8 lagepflicht des S 2 notwendig. – **e) Vorlage** der Vollmachtsurkunde
(S 2) durch den Vertreter (Rn 4) gegenüber dem Zusteller (3 vor
§ 166). Der Vertreter ist hierzu ohne weiteres verpflichtet. Legt er nicht
vor, darf die Zustellung an ihn nicht ausgeführt werden. Beurkundung:
§ 182 Abs 2 Nr 3.

9   **3. Zustellung. a) Prüfung** der Voraussetzungen (Rn 4–8) durch
den Zusteller beschränkt sich auf die Identität der Person des Vertreters
(Rn 4) und die Vorlage einer formgerechten Vollmacht. Im übrigen
steht es im Ermessen des Zustellers, ob er dem Vertreter zustellt oder
der Person, der zugestellt werden soll, im Wege der Ersatzzustellung. –
10 **b) Zustellungsadressat** (4 vor § 166) bleibt die vertretene Person; der
11 Bevollmächtigte ist Zustellungsempfänger (5 vor § 166). – **c) Verstöße.** Mängel der Vollmacht, die zu deren Unwirksamkeit führen, machen die Zustellung unwirksam. Heilung ist möglich (20–22 vor
§ 166).

§ 172 *Zustellung an Prozessbevollmächtigte*

     *(1) [1] In einem anhängigen Verfahren hat die Zustellung an den für den
Rechtszug bestellten Prozessbevollmächtigten zu erfolgen. [2] Das gilt auch
für die Prozesshandlungen, die das Verfahren vor diesem Gericht infolge
eines Einspruchs, einer Aufhebung des Urteils dieses Gerichts, einer
Wiederaufnahme des Verfahrens oder eines neuen Vorbringens in dem
Verfahren der Zwangsvollstreckung betreffen. [3] Das Verfahren vor dem
Vollstreckungsgericht gehört zum ersten Rechtszug.*

     *(2) [1] Ein Schriftsatz, durch den ein Rechtsmittel eingelegt wird, ist dem
Prozessbevollmächtigten des Rechtszuges zuzustellen, dessen Entscheidung angefochten wird. [2] Wenn bereits ein Prozessbevollmächtigter für den
höheren Rechtszug bestellt ist, ist der Schriftsatz diesem zuzustellen.
[3] Der Partei ist selbst zuzustellen, wenn sie einen Prozessbevollmächtigten
nicht bestellt hat.*

1   **1. Allgemeines.** Die Vorschrift fasst die §§ 176, 178 und 210 a
Abs 1 aF zusammen. **a) Zweck.** Da der ProzBev den Prozess führt,
sollen die umfassende Information über die eingeführten Schriftsätze
und Urkunden, über die erlassenen Entscheidungen und vorgenommenen Prozesshandlungen, unmittelbar und möglichst schnell an ihn gelangen. Der Zugang an ihn soll nachweisbar sein. Die Legitimation folgt
2 aus dem Umfang seiner Vollmacht (§ 81). – **b) Anwendbar** bei allen
Zustellungen; auch im Parteibetrieb (§ 191), ab Anhängigkeit (§ 253
Rn 1) in jedem der ZPO unterliegenden Verfahren, insbes auch im
selbständigen Beweisverfahren (§ 491 Rn 1) und in der ZwVollstr mit
Ausnahme des § 900 Abs 3 S 1.

2. Voraussetzungen des Abs 1 S 1. **a) Prozessbevollmächtigte** 3
sind diejenigen Personen, denen eine Partei für den anhängigen (§ 253
Rn 1) Rechtsstreit Prozessvollmacht (1 vor § 78) erteilt hat. Das kann
auch ein Arbeitnehmer (insbes Justitiar) der Partei sein. Es kommt nicht
darauf an, ob der ProzBev rechtlich in der Lage ist, die Partei zu
vertreten (hM), zB wenn er nicht mehr als Anwalt zugelassen ist. Nicht
ProzBev sind der Verkehrsanwalt (vgl BGH NJW-RR 92, 699 für § 176
aF), der Untervertreter oder der Terminsbevollmächtigte. Ist die Prozessvollmacht unwirksam oder nicht erteilt, so muss auf den Anwalt, der
sich vollmachtlos bestellt hat, § 172 trotzdem angewendet werden (BGH
NJW 87, 440 für § 176 aF). – **b) Bestellt** ist der ProzBev, wenn die 4
vertretene Partei (der Nebenintervenient) oder der ProzBev (Rn 3) dem
Gericht oder dem Gegner (für die Parteizustellung) die Bevollmächtigung zur Kenntnis gebracht haben. Das kann schon vorprozessual geschehen, zB durch die Vollmacht zum Schriftwechsel vor Beginn des
Rechtsstreits (Hamburg NJW-RR 93, 958 für § 176 aF). Die Bestellung
ist formlos, auch durch schlüssige Handlung möglich, zB Auftreten vor
Gericht (BGH NJW-RR 92, 699 für § 176 aF). Die Bestellung gilt
immer nur für das jeweilige Verfahren (Karlsruhe NJW-RR 92, 700 für
§ 176 aF). Maßgebend ist dass der Zustellungsveranlasser (6 vor § 166)
die Bestellung zu dem Zeitpunkt kennt, an dem er das Schriftstück zur
Zustellung weggibt (BGH NJW 81, 1673 mwN für § 176 aF); bei
Gericht kommt es auf die Kenntnis des Urkundsbeamten der Geschäftsstelle an. – **c) Rechtszug.** Der ProzBev muss für den gesamten Rechts- 5
zug bestellt sein. Dieser beginnt in erster Instanz, sobald der Rechtsstreit
anhängig ist, dh Klage-, Antrags- oder Rechtsmittelschrift bei Gericht
eingereicht sind (§ 261 Rn 1). Der Rechtszug endet mit der formellen
Rechtskraft (§ 705) der abschließenden Entscheidung (allgM), nicht vor
Beginn der Rechtsmittelfrist und sobald danach ein statthaftes Rechtsmittel eingelegt ist. Die Zustellung der abschließenden Entscheidung
gehört immer zu diesem Rechtszug, auch wenn das Rechtsmittel sofort
(schon vorher) eingelegt wurde.

3. Umfang des Rechtszugs (Abs 1 S 2, 3). Entspricht dem § 178 6
aF. **a) Dazu gehören** alle Prozesshandlungen, die im Zeitraum (Rn 5)
vorgenommen werden. Der Rechtszug umfasst auch: Einspruch
(§§ 338, 700); Verfahren nach Aufhebung und Zurückverweisung
(§§ 538, 563, 566 Abs 8, 572 Abs 3, 577 Abs 4); Wiederaufnahme
(§§ 578, 579); Zwangsvollstreckung: das Verfahren vor dem Vollstreckungsgericht (§ 764), dem Prozessgericht (§§ 887–891); die Klagen aus
Anlass der ZwVollstr (§§ 731, 767, 768, 781–786); die gemäß den
§§ 750, 751 Abs 2 erforderlichen Zustellungen. – **b) Dazu gehören** 7
nicht: die Nebenverfahren des § 82, bei denen an den ProzBev zugestellt werden kann, aber nicht muss (Musielak/Wolst § 178 Rn 4).
Dasselbe gilt für Klagen aus Anlass der ZwVollstr, bei denen eine neue
Partei auftritt (§§ 771–774, 805, 878), obwohl die Vollmacht sich darauf
erstreckt (§ 81 Rn 1).

8   **4. Eingelegte Rechtsmittel** (Abs 2). Ein Schriftsatz, durch den eine
Berufung (§ 519), eine Revision (§ 549) oder eine Beschwerde (§§ 569,
9   575 Abs 1) eingelegt wird, ist zuzustellen an: **a) Prozessbevollmächtigte des abgeschlossenen Rechtszugs** (Abs 2 S 1), dessen Entscheidung angefochten wird. Der ProzBev muss (noch) bestellt sein (Rn 4).
Ihm ist grundsätzlich zuzustellen. Ein Verstoß macht das Rechtsmittel
nicht unzulässig, aber die Zustellung unwirksam (Rn 13). Ist für den
Berufungsrechtszug kein Anwalt bestellt, ist an den ProzBev des ersten
10 Rechtszugs zuzustellen, sonst an die Partei (Rn 11). – **b) Prozessbevollmächtigter des höheren Rechtszugs** (Abs 2 S 2). An ihn ist
zuzustellen, wenn er bereits zu dem Zeitpunkt bestellt ist, an dem die
Zustellung des Rechtsmittelschriftsatzes vorgenommen wird. Verstoß:
11 wie Rn 9. – **c) Partei** (Abs 2 S 3). Ihr selbst ist nur dann zuzustellen,
wenn sie in der abgeschlossenen Instanz keinen ProzBev hatte und für
die Rechtsmittelinstanz noch keinen bestellt hat.

12   **5. Wirkung.** § 172 begründet für Gericht und Gegner die Pflicht, an
den ProzBev zuzustellen, ohne Rücksicht auf die Postulationsfähigkeit (4
vor § 78). Diese Pflicht beginnt mit dem Zeitpunkt der Bestellung
(Rn 4), so dass an denjenigen ProzBev der Entscheidung zuzustellen ist,
der sich für den Rechtszug bestellt hat, nachdem die Entscheidung erlassen, aber noch nicht zugestellt ist (vgl Köln NJW 83, 460 für § 176 aF).
Die Pflicht endet entweder mit dem Erlöschen der Vollmacht (§ 87), im
Anwaltsprozess (§ 78 Abs 1, Abs 2) also erst mit Bestellung eines neuen
ProzBev (BGH NJW 75, 120 für § 176 aF), im Parteiprozess (§ 79) bereits
mit Anzeige der Mandatsbeendigung (BGH NJW 91, 295 für § 176 aF)
oder im höheren Rechtszug mit der Bestellung eines neuen ProzBev.

13   **6. Wirksamkeit.** Wenn gegen § 172 (insbes die Reihenfolge) verstoßen wird, ist die Zustellung unwirksam(17 vor § 166). Zugleich kann das
rechtliche Gehör verletzt sein(Einl I Rn 13; BayVerfGH NJW 94, 2281
für § 176 aF). Heilung ist möglich (20–22 vor § 166). Die Zulässigkeit
des Rechtsmittels bleibt von einem Verstoß gegen § 172 unberührt.

§ 173 *Zustellung durch Aushändigung an der Amtsstelle*

   [1] *Ein Schriftstück kann dem Adressaten oder seinem rechtsgeschäftlich
bestellten Vertreter durch Aushändigung an der Amtsstelle zugestellt werden.* [2] *Zum Nachweis der Zustellung ist auf dem Schriftstück und in den
Akten zu vermerken, dass es zum Zwecke der Zustellung ausgehändigt
wurde und wann das geschehen ist; bei Aushändigung an den Vertreter ist
dies mit dem Zusatz zu vermerken, an wen das Schriftstück ausgehändigt
wurde und dass die Vollmacht nach § 171 Satz 2 vorgelegt wurde.* [3] *Der
Vermerk ist von dem Bediensteten zu unterschreiben, der die Aushändigung vorgenommen hat.*

1   **Anwendbar** auf alle Zustellungen, an jede Person (nicht nur an
RAe), die Zustellungsadressat (4 vor § 166) ist, oder an deren Vertreter
2   (§ 170). **Aushändigung** (S 1) ist persönliche Übergabe mit gewollter

Empfangnahme. Das Schriftstück kann offen oder im Umschlag ausgehändigt werden. Aushändigen kann der Urkundsbeamte (§ 153 GVG), der beauftragte Justizbedienstete (§ 176 Abs 1), auch der zuständige Richter, Rechtspfleger oder der Gerichtsvollzieher als Vollstreckungsorgan (zB § 899). **Amtsstelle:** jeder Dienstraum des Gerichts, 3 nicht nur die Geschäftsstelle, ferner jeder Ort, an dem die gerichtliche Tätigkeit gemäß § 219 Abs 1 ausgeübt wird. **Vermerk** (S 2). Ersetzt als 4 Nachweis die Zustellungsurkunde (§ 182). Er ist auf das ausgehändigte Schriftstück und in den Akten, zweckmäßig auf das Original der übergebenen beglaubigten Abschrift zu setzen. **Inhalt:** wenigstens das Wort 5 „zugestellt" und das jeweilige Datum. Wird einem Vertreter zugestellt (§§ 170, 171) ist dessen identifizierbare Person zu benennen und ggf die Vorlage der Vollmacht (§ 171 S 2) zu vermerken. Ein gerichtliches Protokoll ersetzt den Vermerk. **Unterschrift** (S 3): eigenhändig von der 6 Person, die ausgehändigt hat. **Verstöße** machen grundsätzlich die Zu- 7 stellung unwirksam, insbes ein fehlender Vermerk. Er kann aber nachgeholt werden (hM; BGH NJW 83, 884 für § 213 aF). Die Zustellung kann heilen gemäß 20–22 vor § 166.

§ 174 *Zustellung gegen Empfangsbekenntnis*

(1) [1]Ein Schriftstück kann an einen Anwalt, einen Notar, einen Gerichtsvollzieher, einen Steuerberater oder an eine sonstige Person, bei der aufgrund ihres Berufes von einer erhöhten Zuverlässigkeit ausgegangen werden kann, eine Behörde, eine Körperschaft oder eine Anstalt des öffentlichen Rechts gegen Empfangsbekenntnis zugestellt werden. [2]Zum Nachweis der Zustellung genügt das mit Datum und Unterschrift des Adressaten versehene schriftliche Empfangsbekenntnis, das an das Gericht zurückzusenden ist.

(2) [1]An die in Absatz 1 Genannten kann das Schriftstück auch durch Telekopie zugestellt werden. [2]Die Übermittlung soll mit dem Hinweis „Zustellung gegen Empfangsbekenntnis" eingeleitet werden und die absendende Stelle, den Namen und die Anschrift des Zustellungsadressaten sowie den Namen des Justizbediensteten erkennen lassen, der das Schriftstück zur Übermittlung aufgegeben hat. [3]Das Empfangsbekenntnis kann durch Telekopie oder schriftlich übermittelt werden.

(3) [1]An die in Absatz 1 Genannten kann auch ein elektronisches Dokument zugestellt werden. [2]Gleiches gilt für andere Verfahrensbeteiligte, wenn sie der Übermittlung elektronischer Dokumente ausdrücklich zugestimmt haben. [3]Für die Übermittlung ist das Dokument mit einer elektronischen Signatur zu versehen und gegen unbefugte Kenntnisnahme Dritter zu schützen. [4]Das Empfangsbekenntnis kann als elektronisches Dokument, durch Fernkopie oder schriftlich erteilt werden. [5]Wird es als elektronisches Dokument erteilt, genügt an Stelle der Unterschrift die Angabe des Namens des Adressaten.

1   **1. Allgemeines.** Die Vorschrift ersetzt und erweitert den § 212 a aF.
a) Anwendbar primär bei Zustellung von Amts wegen, über § 191
auch auf Betreiben der Parteien, für diese mit der Sonderregelung des
2   § 195. – **b) Zweck.** Die Zustellung gegen Empfangsbekenntnis ist eine
einfache, praktisch bewährte Form, die neben Aushändigung (§ 173),
Einschreiben (§ 175) und Zustellungsauftrag (§ 176) mit jeweils beur-
kundeter Übergabe zur Wahl steht. Auch moderne Kommunikations-
3   mittel sollen eingesetzt werden können (Abs 2 und 3). – **c) Pflicht** zur
Mitwirkung (Entgegennahme und Empfangsbekenntnis) besteht nur
standesrechtlich und kann nicht erzwungen werden.

4   **2. Zustellung im Schriftverkehr** (Abs 1) ist der gesetzliche Normalfall wie er bisher praktiziert wurde (§ 212 a aF). **a) Empfangsbefugte Personen** als Zustellungsadressaten (4 vor § 166) sind Anwälte,
einschließlich der Erlaubnisinhaber (§ 25 EGZPO) und arbeitsrechtliche
Prozessvertreter (§ 50 Abs 2 ArbGG), Notare, Gerichtsvollzieher und
Steuerberater in jedem Fall, aber nur beispielhaft aufgeführt. Sonstige
Personen (natürliche wie juristische): Wirtschaftsprüfer, Hochschullehrer, Regierungsmitglieder, Bürgermeister und ähnliche öffentliche Man-
datsträger; alle Behörden, öffentlich-rechtliche Körperschaften, Anstal-
5   ten und Stiftungen. – **b) Voraussetzungen** sind: **aa) Zustellungswille**
des Urkundsbeamten der Geschäftsstelle. **bb) Hingabe** des zuzustellenden Schriftstücks in beglaubigter Abschrift zum Zwecke der Zustellung
durch die Post, Einlegen in das Abholfach oder auf sonstigem Weg, auch
durch Boten. **cc) Entgegennahme** durch den Zustellungsempfänger
mit der Bereitschaft, das Schriftstück als zugestellt zu empfangen. –
6   **dd) Empfangsbekenntnis** (Abs 1 S 1) schriftlich mit eigenhändiger
Unterschrift des Zustellungsadressaten (4 vor § 166) oder seines Vertreters, nicht des Büropersonals (BGH NJW 94, 2295 für § 198). Es ersetzt
als Nachweis die Zustellungsurkunde (§ 182). Inhalt: feststellungsfähige
Bezeichnung des zugestellten Schriftstücks; Bestätigung des Empfangs als
zugestellt; lesbares Datum (BGH NJW 94, 526 für § 198 aF). Ein
bestimmtes Formular, insbes das übersandte, muss nicht benutzt werden
(BGH NJW 87, 2679 für § 212 a aF). Die Bezugnahme auf das zuge-
7   stellte Schriftstück in einem Schriftsatz kann genügen. – **c) Wirksamkeit.** Es müssen alle Voraussetzungen (Rn 5, 6) erfüllt sein. Auch das
Empfangsbekenntnis (Rn 6) ist unverzichtbar (BGH stRspr zu § 212 a
aF, NJW 94, 2295 mwN); auch gegenüber demjenigen, der den Mangel
verursacht hat (BGH NJW 95, 533 für § 212 a aF). Durch einen Verlust
des Empfangsbekenntnisses wird die Zustellung nicht unwirksam. Sie ist
jedem Beweis zugänglich. Eine unwirksame Zustellung kann heilen
8   (20–22 vor § 166). – **d) Wirkung.** Die Beweiskraft des Abs 1 S 2 geht
bei einem privaten Empfangsbekenntnis über § 416 hinaus und begründet vollen Beweis. Ist eine öffentliche Urkunde erstellt, entspricht die
Beweiskraft dem § 418. Zur Unrichtigkeit des Datums kann Gegenbeweis geführt werden (BGH NJW 00, 814 und 01, 2723 für § 212 a
aF). Ein Eingangsstempel des Anwalts beweist noch nicht die Zustellung

an diesem Tag (BAG NJW 95, 2125 für § 212 a aF). Ein früherer Eingangsstempel des Gerichts allein widerlegt noch nicht den vom Empfänger angegebenen Tag (BGH NJW 90, 2125 für § 212 a aF). An den Unrichtigkeitsbeweis sind hohe Anforderungen zu stellen (BGH NJW 96, 2514 und NJW-RR 98, 1442 für § 212 a aF).

3. Zustellung durch Telekopie (Abs 2 § 130 Nr 6) ist an Stelle des **9** Schriftverkehrs (Abs 1) zulässig. **a) Empfangsbefugte Personen** (S 1) wie Rn 3. – **b) Voraussetzungen.** Sie sind die gleichen wie bei Abs 1 (Rn 4–6). Das Empfangsbekenntnis ist darauf zu richten, dass der Empfänger das in Telekopie übermittelte Schriftstück als zugestellt entgegengenommen hat. Das kann auch in Telekopie an die Geschäftsstelle übermittelt werden (Abs 2 S 3), wobei die Kopie der Unterschrift genügt. – **c) Zusätzliche Angaben** (Abs 2 S 2) sind als Soll-Vorschrift ausgestaltet. Der Hinweis bezweckt, die Aufmerksamkeit des Zustellungsadressaten und seiner Mitarbeiter auf die Zustellung zu lenken. Die Angaben über die beteiligten Personen dienen der Identifizierung und Nachprüfung. – **d) Aktenvermerk** entspr dem des § 173 (dort Rn 4) ist geboten. **11** Er muss das Schriftstück bezeichnen, den Zustellungsadressaten mit Anschrift und Fax-Nr sowie den Zeitpunkt (Datum und Uhrzeit) der Übermittlung umfassen. – **e) Wirksamkeit** grundsätzlich wie Rn 7. **12** Ein Verstoß gegen die Soll-Vorschrift (Rn 10) macht die Zustellung nicht unwirksam, ebenso wenig ein unterlassener Aktenvermerk (Rn 11). – **f) Wirkung.** Begründet den gleichen Beweis (Rn 8) wie eine nach Abs 1 ausgeführte Zustellung (Rn 4).

4. Zustellung durch elektronisches Dokument (Abs 3; § 130 a) **13** soll auch eine zukünftige elektronische Aktenführung erfassen und vereinfachte Zustellungen ermöglichen. Eine gegenwärtige praktische Bedeutung hat Abs 3, wenn ein Schriftstück auf einer Festplatte oder Diskette gespeichert ist. Es kann dann ohne Ausdruck als E-Mail dem Zustellungsadressaten übermittelt werden. Das Empfangsbekenntnis (Rn 6) kann auch in der Form des Abs 1 oder 2 (schriftlich, Telekopie) abgegeben werden. Geschieht das gemäß Abs 3, reicht an Stelle der Unterschrift die elektronische Namensangabe (Abs 3 S 5).

§ 175 *Zustellung durch Einschreiben mit Rückschein*

[1] *Ein Schriftstück kann durch Einschreiben mit Rückschein zugestellt werden.* [2] *Zum Nachweis der Zustellung genügt der Rückschein.*

Bedeutung: Die Zustellungsart des § 175 ist eigenständig und steht **1** neben denen der §§ 173, 174 und § 176 im Rahmen des Ermessens zur Wahl (S 1). **Zweck** ist eine Verminderung des Zustellungsaufwands und **2** eine Anpassung an das europäische Zustellungsrecht (Art 14 ZustellungsVO, § 2 EG-ZustellungsdurchführungsG vom 9. Juli 2001). **An- 3 wendbar** nur bei Zustellung von Amts wegen (vgl §§ 191, 192 Abs 1). **Ausgeführt** ist die Zustellung mit Übergabe an den Adressaten (4 vor **4** § 166) oder Bevollmächtigten (§ 173), nach den AGB der Post auch an

einen Ersatzempfänger: Familienangehörige, in Wohnung oder Geschäft
5 regelmäßig beschäftigte Personen. **Verweigerung** der Entgegennahme
des Briefs führt zur Rücksendung als unzustellbar. § 179 gilt nicht.
6 **Rückschein** (S 2) ist der Nachweis des Zugangs an den angegebenen
Empfänger mit Datum, eine private Urkunde (§ 416), welche die Zustellungsurkunde (§ 182) ersetzt.

§ 176 *Zustellungsauftrag*

*(1) Wird der Post, einem Justizbediensteten oder einem Gerichtsvoll-
zieher ein Zustellungsauftrag erteilt oder wird eine andere Behörde um die
Ausführung der Zustellung ersucht, übergibt die Geschäftsstelle das zuzustellende Schriftstück in einem verschlossenen Umschlag und einen
vorbereiteten Vordruck einer Zustellungsurkunde.*

(2) Die Ausführung der Zustellung erfolgt nach den §§ 177 bis 181.

1   **Allgemeines.** § 176 ersetzt mit geändertem Inhalt den § 211 aF.
2 **Anwendbar** bei Amtszustellung (vgl §§ 190, 191). **Wahl** der Zustellungsart. Gemäß § 176 ist zuzustellen, wenn eine Zustellung gemäß den
3 §§ 173–175 keinen oder keinen sicheren Erfolg verspricht. **Auftraggeber** ist die Geschäftsstelle (§ 153 GVG) wegen § 168 Abs 1; der
4 Richter nur nach Maßgabe des § 168 Abs 2. **Übergabe** in einem
verschlossenen Umschlag mit Vordruck der Urkunde des § 182 geschieht durch den Urkundsbeamten (§ 153 Abs 3, 5 GVG) an die Post
(§ 168 Abs 1 S 2) mit Auftrag gemäß § 168 Abs 1 S 3, den Justizbediensteten (§ 168 Rn 5) oder Gerichtsvollzieher (§ 156 GVG). Der
ersuchten anderen Behörde ist im gewöhnlichen Schriftverkehr zuzulei-
5 ten. **Vermerk** über den erteilten Zustellungsauftrag nebst Person und
Datum ist geboten. **Ausführung** (Abs 2) hat nach den genannten Vorschriften zu erfolgen. Es gilt auch § 182 (dort Abs 1).

§ 177 *Ort der Zustellung*

*Das Schriftstück kann der Person, der zugestellt werden soll, an jedem
Ort übergeben werden, an dem sie angetroffen wird.*

1   **Allgemeines.** § 177 entspricht inhaltlich dem § 180 aF. **Anwendbar**
bei Zustellung von Amts wegen wie auf Betreiben der Parteien (§ 191).
2 **Ort:** jeder, insbes außerhalb der Wohnung oder des Geschäftsraums, auf
der Straße, auch in Gebäuden; jedoch soll der Ort angemessen, die
3 Übergabe zeitgerecht und passend sein. **Angetroffen** werden muss der
Zustellungsadressat (4 vor § 166). Das setzt die persönliche Begegnung
mit dem Zusteller (3 vor § 166) voraus. Dieser muss sich besonders dann
über die Person vergewissern, wenn außerhalb der Wohnung oder des
4 Geschäftsraums zugestellt wird. **Verweigerung** der Annahme führt zur
Anwendung des § 179.

§ 178 *Ersatzzustellung in der Wohnung, in Geschäftsräumen und Einrichtungen*

*(1) Wird die Person, der zugestellt werden soll, in ihrer Wohnung, in
dem Geschäftsraum oder in einer Gemeinschaftseinrichtung, in der sie
wohnt, nicht angetroffen, kann das Schriftstück zugestellt werden*
*1. in der Wohnung einem erwachsenen Familienangehörigen, einer in der
Familie beschäftigten Person oder einem erwachsenen ständigen Mitbewohner,*
2. in Geschäftsräumen einer dort beschäftigten Person,
*3. in Gemeinschaftseinrichtungen dem Leiter der Einrichtung oder einem
dazu ermächtigten Vertreter.*

*(2) Die Zustellung an eine der in Absatz 1 bezeichneten Personen ist
unwirksam, wenn diese an dem Rechtsstreit als Gegner der Person, der
zugestellt werden soll, beteiligt ist.*

1. Allgemeines. In § 178 sind mit Änderungen die §§ 181, 183, **1**
184, 185 zusammengefasst. **a) Zweck.** Bei den häufigen Fällen, in
denen der Zustellungsadressat (4 vor § 166) vom Zusteller (3 vor § 166)
nicht angetroffen wird, soll die Zustellung nicht verzögert werden. –
b) Anwendbar auch bei Zustellung auf Betreiben der Parteien (§ 191), **2**
bei allen Zustellungen, die auf Grund des § 176 ausgeführt werden (dort
Abs 2). Nicht anwendbar, wenn der Zustellungsadressat bereits tot ist. –
c) Verstöße führen grundsätzlich zur Unwirksamkeit. Heilung gemäß **3**
20–22 vor § 166 bleibt möglich.

2. Allgemeine Voraussetzung einer Ersatzzustellung (Abs 1) ist, **4**
dass der Zustellungsadressat (4 vor § 166) nicht angetroffen wird, weder
in der Wohnung (Rn 7), im Geschäftsraum (Rn 16) noch in der von
ihm benutzten Gemeinschaftseinrichtung (Rn 20). **a) Antreffen** erfor- **5**
dert eine tatsächliche Begegnung des Zustellers mit dem Zustellungsadressaten. Nicht angetroffen ist dieser auch, wenn er die Begegnung
trotz Anwesenheit ablehnt oder an der Annahme des Schriftstücks durch
Krankheit oder vorgehender, dringender Inanspruchnahme verhindert
ist. – **b) Prüfung** durch den Zusteller (3 vor § 166). Sie beschränkt sich **6**
auf den Augenschein und die bloße Auskunft einer anwesenden Person,
dass der Adressat nicht da sei. Keinesfalls sind Nachforschungen in der
Wohnung angebracht.

3. Ersatzzustellung in der Wohnung (Abs 1 Nr 1). **a) Wohnung.** **7**
aa) Begriff. Wohnung ist der Raum oder sind die Räume, in denen der
Zustellungsadressat (4 vor § 166) zZ der Zustellung für eine gewisse
Dauer lebt, dh seinen räumlichen Lebensmittelpunkt hat (BGH stRspr,
zB NJW-RR 97, 1161 für § 181 aF). Das ist insbes gegeben, wenn er
darin zu übernachten pflegt (Schüler DGVZ 79, 1 mwN für § 181 aF);
jedoch kann im Einzelfall eine Wohnung auch dann gegeben sein, wenn
der Zustellungsadressat dort nicht übernachtet (Köln NJW-RR 89, 443
für § 181 aF). Nur wenn der Zustellungsempfänger am Zustellungsort
(§ 177) wohnt, ist die Ersatzzustellung wirksam (Hamm NJW-RR 95,

8 223 für § 181 aF). **bb) Umfang.** Bei alleinbewohnten Häusern gehören auch Hof und Garten dazu. Es können zugleich mehrere Wohnungen unterhalten werden. Auf den Wohnsitz iS des § 7 BGB kommt es nicht an (BayObLG Rpfleger 84, 105 mwN; für § 181 aF). Vorübergehendes Wohnen genügt. Bei auswärtiger Arbeit kommt es auf die Häufigkeit der Heimkehr an. Nicht genügt, dass der Zustellungsadressat in der Wohnung behördlich gemeldet ist (BGH NJW-RR 86, 1083 für § 181 aF). Die Wohnung des Zustellungsadressaten verliert diese Eigenschaft erst dann, wenn sie aufgegeben wird, indem der Lebensmittelpunkt an einen anderen Ort verlegt wird (BGH NJW-RR 94, 564 für § 181 aF); das setzt einen vom Willen getragenen Akt voraus (BGH NJW 88, 713 für § 181 aF). Bewusst unterlassene Ummeldung kann wegen des Anscheins eine wirksame Ersatzzustellung ermöglichen (Koblenz Rpfleger 96, 165 für

9 § 181 aF). **cc) Einzelheiten.** Auch ein längerer Aufenthalt in Hotel, Pension, Gasthof, Klinik kann genügen. Benützung einer Ferienwohnung reicht idR nicht (Celle Rpfleger 92, 305 mwN für § 181 aF). Reisen, Klinikaufenthalt kürzerer Dauer (BGH NJW 85, 2197 für § 181 aF), Haft von einigen Wochen oder Monaten (vgl BGH NJW 78, 1858 für § 181 aF) heben die Eigenschaft als Wohnung nicht auf, ebenso der Wehrdienst (München NJW-RR 91, 1470 für § 181 aF), ein dienst- oder berufsbedingter langdauernder Auslandsaufenthalt (Düsseldorf NJW-RR

10 99, 1441 für § 181 aF). – **b) Empfangspersonen.** Sie müssen in der Wohnung angetroffen werden, weil dadurch das vorausgesetzte Vertrau-

11 ensverhältnis begründet wird. **aa) Familienangehörige.** Erwachsen bedeutet nicht notwendig volljährig (hM); idR nicht unter 14 Jahren. Die Familie ist nicht auf Ehepaare und deren Kinder oder eingetragene Lebenspartner beschränkt; auch Pflegekinder und in der Familie auf-

12 genommene nahe Verwandte. **bb) Beschäftigte Person.** Erfordert eine Familie (Rn 11). Erwachsen sein (wie Rn 11) wird wegen § 113 BGB vorausgesetzt. Bsp: angestellte Haushälterin, Hausgehilfin, auch die stundenweise, aber dauernd und regelmäßig beschäftigte Putz-, Aufwarteoder Zugehfrau, nicht nur zur Entgegennahme der Post beauftragt ist

13 (Nürnberg NJW-RR 98, 495 für § 181 aF). **cc) Ständige Mitbewohner.** Der Begriff umfasst Wohngemeinschaften und unverheiratete Paare

14 gleich welchen Geschlechts. Erwachsen: wie Rn 11. – **c) Ausführung.** Dem Zustellungsempfänger wird das Schriftstück im verschlossenen Umschlag (§ 176 Abs 1) gemäß § 177 übergeben. Die Zustellungsurkunde muss auch den Grund der Ersatzzustellung enthalten (§ 182 Abs 2 Nr 4) und die Person des Empfängers bezeichnen (§ 182 Abs 2 Nr 2).

15   **4. Ersatzzustellung im Geschäftsraum** (Abs 1 Nr 2). **a) Personenkreis.** Er ist (im Gegensatz zu § 183 aF) umfassend: alle Personen, die Geschäftsräume unterhalten, insbes alle Unternehmer, Handwerker, Kaufleute, Notare, Anwälte und andere Freiberufler, auch alle juristischen

16 Personen des öffentlichen Rechts mit allen Behörden. – **b) Geschäftsraum:** jeder Art, zB Büro, Kanzlei, Werkstätte, Lager, Laden, Empfangsraum, Warte- oder Sprechzimmer. Voraussetzung ist, dass die Geschäfte

(jeder Art) in dem Raum regelmäßig ausgeübt werden. Der Geschäftsraum kann Bestandteil einer Wohnung sein, auch zeitweise zum Wohnen benutzt werden, zB das Arbeitszimmer eines RAs. – **c) Beschäftigte** 17 **Personen:** alle Arbeitnehmer und sonstige Mitarbeiter des Zustellungsadressaten. Die Funktion ist gleichgültig. Auch Auszubildende und Mitarbeiter ohne Arbeitnehmereigenschaft, zB die Ehefrau, oder mit Dienstvertrag Beschäftigte (§ 611 BGB). Ein dem § 113 BGB entspr Lebensalter wird vorausgesetzt. – **d) Ausführung** wie Rn 14.

5. Ersatzzustellung in Gemeinschaftseinrichtungen (Abs 1 Nr 3). 18 Findet nur statt, wenn der Adressat dort nicht angetroffen wird und ihm nicht unmittelbar zugestellt werden kann. **a) Begriff.** Die Einrichtung muss zum Wohnen von Personen organisiert sein, zB Altenheim, Kaserne, Krankenhaus, Wohnheime für Studenten oder Auszubildende; gleich ob privat- oder öffentlich-rechtlich betrieben. – **b) Wohnen** muss der Zu- 19 stellungsadressat (4 vor § 166) in der Gemeinschaftseinrichtung. Das ist wie bei Rn 7–9 zu beurteilen. – **c) Empfangsbefugte Person** ist der 20 Leiter oder eine von ihm formlos ermächtigte Person, das bedeutet eine Vollmacht (§ 167 BGB). § 170 gilt aber nicht. – **d) Ausführung:** wie Rn 14.

6. Prüfung. Die zustellende Person prüft und entscheidet, ob die 21 Voraussetzungen des § 178 vorliegen. Kommt es im Rechtsstreit auf die Wirksamkeit der Zustellung an, dann entscheidet das Gericht, ob objektiv die Voraussetzungen vorlagen. Es ist nicht daran gebunden, was der Zustellende angenommen und wie er es beurteilt hat. Die Feststellung, dass der Zustellungsadressat in der Wohnung nicht angetroffen wurde, ist ein beweiskräftiges Indiz dafür, dass er dort wohnt (BGH NJW 92, 1963 für § 181 aF). Behauptungs- und Beweislast trägt derjenige, der sich darauf beruft, dass die Tatsachen unrichtig beurkundet seien, da § 418 für die Zustellungsurkunde gilt (§ 182 Abs 1 S 2), allerdings mit dieser Beweiskraft nicht dafür, dass der Zustellungsadressat unter der Zustellungsanschrift wohnt (BGH aaO; Hamm NJW 95, 223 für § 181 aF).

7. Wirksamkeit der Ersatzzustellung. Sie tritt ein, wenn die Voraus- 22 setzungen erfüllt sind, unmittelbar für oder gegen den Zustellungsadressaten, ohne Rücksicht auf dessen Kenntnis mit dem Tag, an dem die Zustellung ausgeführt wurde.

8. Verbotene Ersatzzustellung (Abs 2) wegen Interessenkollision. 23 **a) Anwendbar** auf alle Fälle des Abs 1, aber entspr auch für die Zustellung, die nach den §§ 170–174 ausgeführt wird, so dass der Gläubiger nicht an sich als gesetzlichen oder rechtsgeschäftlichen Vertreter des Schuldners wirksam zustellen kann (Celle NJW-RR 00, 485 für § 185 aF). – **b) Gegner:** auch Streitgenosse (§§ 59, 60) und Nebeninterve- 24 nient (§ 67), bei Rechtskrafterstreckung (§§ 325–327). Weit auszulegen (Düsseldorf NJW-RR 93, 1222 mwN für § 185 aF); daher auch nahe Angehörige (BGH NJW 84, 56 für § 185 aF) und weisungsgebundene Personen (Karlsruhe MDR 84, 151 für § 185 aF), bei Lohnpfändung im Verhältnis Schuldner zu Drittschuldner (Hamm NJW 94, 1036

25 mwN für § 185 aF; bestr). – **c) Rechtsstreit.** Er muss bereits anhängig
    sein (§ 261 Rn 1); die Parteistellung (vgl Rn 24) ist gleichgültig. –
    d) Rechtsfolge ist Unwirksamkeit der Zustellung (18 vor § 166).
    Heilung (20–22 vor § 166) ist nicht ausgeschlossen (vgl Rn 3).

§ 179 *Zustellung bei verweigerter Annahme*

[1] Wird die Annahme des zuzustellenden Schriftstücks unberechtigt ver-
weigert, so ist das Schriftstück in der Wohnung oder in dem Geschäfts-
raum zurückzulassen. [2] Hat der Zustellungsadressat keine Wohnung oder
ist kein Geschäftsraum vorhanden, ist das zuzustellende Schriftstück
zurückzusenden. [3] Mit der Annahmeverweigerung gilt das Schriftstück als
zugestellt.

1   **Allgemeines.** Die Vorschrift entspricht im wesentlichen dem § 186
    aF. **Zweck.** Der Zustellungsadressat (4 vor § 166) oder sein Vertreter
2   sollen eine wirksame Zustellung nicht verhindern können. **Verweige-**
    rung der Annahme des Schriftstücks setzt voraus, dass der Zustellungs-
    adressat es entgegennehmen könnte, das aber nicht will und sich dem-
    entsprechend verhält. Das gleiche gilt, wenn eine gemäß § 178 Abs 1
    Nr 1 oder 2 befugte Person das Schriftstück nicht entgegennimmt.
3   **Unberechtigt** muss die Verweigerung (Rn 2) sein. Das träfe zu bei
    einem Zweifel an der Identität oder wenn die zum Empfang aufgefor-
    derte Person hierzu nicht befugt ist, zB nicht zum Personenkreis des
    § 178 Abs 1 Nr 1 oder 2 gehört. Grundsätzlich besteht kein Recht, die
4   Annahme zu verweigern. **Zurückgelassen** wird in der Wohnung oder
    im Geschäftsraum, sonst in der Weise, wie gewöhnliche Briefe behandelt
5   werden (insbes Briefkasteneinwurf). **Wirksamkeit.** Mit Annahmever-
    weigerung (Rn 2) und Zurücklassen (Rn 4) gilt die Zustellung als
    bewirkt. Ob und wann der Zustellungsadressat Kenntnis nimmt, ist
    gleichgültig. Wurde mit Recht die Annahme verweigert (Rn 3), ist die
    Zustellung unwirksam. Heilung (20–22 vor § 166) ist nicht ausgeschlos-
6   sen. **Rücksendung** (S 2) an den Absender (Zustellungsveranlasser, 5 vor
    § 166) ist vorgeschrieben, wenn der Zustellungsadressat keine Wohnung
    und keinen Geschäftsraum hat. Das trifft insbes im Fall des § 178 Abs 1
7   Nr 3 zu. **Beurkundung** erfolgt nach § 182 mit Angaben zu § 179
    gemäß § 182 Abs 2 Nr 5.

§ 180 *Ersatzzustellung durch Einlegen in den Briefkasten*

[1] Ist die Zustellung nach § 178 Abs. 1 Nr. 1 oder 2 nicht ausführbar,
kann das Schriftstück in einen zu der Wohnung oder dem Geschäftsraum
gehörenden Briefkasten oder in eine ähnliche Vorrichtung eingelegt wer-
den, die der Adressat für den Postempfang eingerichtet hat und die in der
allgemein üblichen Art für eine sichere Aufbewahrung geeignet ist. [2] Mit
der Einlegung gilt das Schriftstück als zugestellt. [3] Der Zusteller vermerkt
auf dem Umschlag des zuzustellenden Schriftstücks das Datum der Zu-
stellung.

Allgemeines. Die Vorschrift ist eine Neuregelung zur erweiterten 1
Ersatzzustellung. **Zweck:** Es soll der hohe Anteil von Zustellungen
durch Niederlegung (§ 181) reduziert, der Zugang an den Adressaten
(4 vor § 166) erleichtert und beschleunigt werden. **Anwendbar** nur 2
bei Zustellung in der Wohnung oder im Geschäftsraum (§ 178 Abs 1
Nr 1, 2). In den Fällen des § 178 Abs 1 Nr 2, 3 ist nach § 181 zu
verfahren. **Voraussetzung:** Die Zustellung darf nicht ausführbar (S 1) 3
und die Annahme darf nicht verweigert (§ 179) und auch die Ersatzzustellung gemäß § 178 muss erfolglos versucht worden sein. Bsp: die
Geschäftsräume sind verschlossen; die Wohnung bleibt ungeöffnet.
Ausführung: Der Zusteller prüft, ob der Briefkasten oder andere 4
Einrichtungen (zB Briefschlitz) für den Postempfang des Adressaten (4
vor § 166) bestimmt ist. Eingelegt wird so, dass ein Zugriff Dritter
ausgeschlossen ist. Ist es unausführbar, muss nach § 181 verfahren werden. **Wirkung** (S 2). Ist eingelegt und liegen die Voraussetzungen vor 5
(Rn 3, 4), wird die Zustellung mit dem Zeitpunkt des Einlegens
fingiert. Die fehlende Kenntnis des Adressaten ist unerheblich. **Ver-** 6
merk (S 3) des Zustellers (3 vor § 166) auf dem Umschlag betrifft das
Datum und erfordert idR den Hinweis „zugestellt" oder „Zustellung".
Beurkundung umfasst den Grund und den Vermerk (§ 182 Abs 1 7
Nr 4 und 6).

§ 181 *Ersatzzustellung durch Niederlegung*

*(1) [1]Ist die Zustellung nach § 178 Abs. 1 Nr. 3 oder § 180 nicht
ausführbar, kann das zuzustellende Schriftstück*
*1. auf der Geschäftsstelle des Amtsgerichts, in dessen Bezirk der Ort der
Zustellung liegt, oder*
*2. an diesem Ort, wenn die Post mit der Ausführung der Zustellung
beauftragt ist, bei einer von der Post dafür bestimmten Stelle
niedergelegt werden. [2]Über die Niederlegung ist eine schriftliche Mitteilung auf dem vorgesehenen Vordruck unter der Anschrift der Person, der
zugestellt werden soll, in der bei gewöhnlichen Briefen üblichen Weise
abzugeben oder, wenn das nicht möglich ist, an der Tür der Wohnung, des
Geschäftsraums oder der Gemeinschaftseinrichtung anzuheften. [3]Das
Schriftstück gilt mit der Abgabe der schriftlichen Mitteilung als zugestellt.
[4]Der Zusteller vermerkt auf dem Umschlag des zuzustellenden Schriftstücks das Datum der Zustellung.*
*(2) [1]Das niedergelegte Schriftstück ist drei Monate zur Abholung be-
reitzuhalten. [2]Nicht abgeholte Schriftstücke sind danach an den Absender
zurückzusenden.*

1. Allgemeines. Die Vorschrift entspricht mit Änderungen dem 1
§ 182 aF. **a) Zweck.** Die Ersatzzustellung soll aus den Gründen des
§ 178 Rn 1 auch möglich sein, wenn sie unter gewöhnlichen Voraussetzungen unmöglich ist oder erfolglos bleibt. – **b) Anwendbar** nur sub- 2
sidiär gegenüber den §§ 178 Abs 1 Nr 3 und 180; bei jeder Art der

Zustellung. Eine Pflicht gemäß § 181 zu verfahren, besteht nicht („kann"); jedoch ist die Geschäftsstelle gehalten, die Zustellung ausführen zu lassen. Unterlässt sie das, ist § 23 EGGVG anwendbar.

3 **2. Voraussetzung** ist Unausführbarkeit einer Ersatzzustellung in einer Gemeinschaftseinrichtung (§ 178 Abs 1 Nr 3) oder gemäß § 180 in den Fällen des § 178 Abs 1 Nr 1 und 2. Der Grund darf auch nur vorübergehend sein und auf fehlender Mitwirkung des Adressaten (4 vor § 166) oder der Empfangsperson (§ 178 Rn 10, 17) beruhen. § 181 wird nicht dadurch ausgeschlossen, dass der Adressat (4 vor § 166) die Postdienststelle angewiesen hat, die eingehende Post an den Absender zurückzuschicken.

4 **3. Ausführung.** Sie umfasst: **a) Niederlegung** des Umschlags mit dem zuzustellenden Schriftstück bei einer Niederlegungsstelle. Das ist gemäß Abs 1 S 1 Nr 1 die Geschäftsstelle (§ 153 GVG) des AG, in dessen Bezirk der Zustellungsort liegt, gemäß Abs 1 S 1 Nr 2, wenn die Post beauftragt ist (§ 176 Abs 1), die von ihr (§ 168 Abs 1 S 2; § 33 Abs 1 PostG) benannte Stelle. Das kann auch eine Postagentur sein (BGH NJW 01, 832 für § 182 aF). Die Stelle muss am Zustellungsort sein; nach Gemeindegrenzen zu beurteilen. Gibt es sie nicht, muss beim 5 AG niedergelegt werden. – **b) Schriftliche Mitteilung** (Abs 1 S 2) auf dem gemäß § 190 eingeführten Vordruck ist erforderlich. Sie ist auf dem für den gewöhnlichen Briefverkehr üblichen Weg abzugeben, wie er regelmäßig ausgeführt und vom Empfänger hingenommen wird (BVerfG NJW 88, 837 für § 182 aF). Das entspricht dem § 180 Rn 5. Nur wenn das nicht möglich ist, genügt es, dass der Zusteller der Mitteilung an die 6 Tür heftet. – **c) Zustellungsvermerk** (Abs 1 S 4) des Zustellers (3 vor § 166) wie § 180 Rn 7.

7 **4. Zustellungsurkunde.** Es ist insbes § 182 Abs 2 Nr 4 und 6 zu beachten. Ihre Beweiskraft (§ 418) erstreckt sich auf die Niederlegung (Rn 8) und auf die schriftliche Mitteilung (Rn 9; Frankfurt NJW-RR 97, 956 für § 182 aF), nicht aber darauf, dass der Adressat unter der angegebenen Anschrift wohnt (BVerfG NJW 92, 224 für § 182 aF).

8 **5. Wirkung. a) Wirksam** wird die Zustellung erst, wenn sie voll ausgeführt ist (Rn 4–6). Unerheblich ist, ob und wann der Zustellungsadressat (4 vor § 166) Kenntnis nimmt (BayObLG NJW-RR 99, 1379 für § 182 aF). Heilung (20–22 vor § 166) ist nicht ausgeschlossen. – 9 **b) Zeitpunkt** der Zustellung folgt aus der Fiktion des Abs 1 S 3: mit Abgabe der Mitteilung (Rn 6), unabhängig vom Empfang. Zweifelhaft ist, ob Fehler bei der Niederlegung (Rn 5) das Wirksamwerden 10 hindern. Das hindert hingegen ihr Unterbleiben. – **c) Fehlende Kenntnis** berührt zwar die Wirksamkeit nicht, kann aber Wiedereinsetzung (§ 233) begründen. Verlust der Mitteilung muss nicht Verschulden begründen (BGH NJW 94, 2898 für § 182 aF).

11 **6. Aufbewahrung** (Abs 2) des niedergelegten Schriftstücks, das zur Abholung durch den Zustellungsadressaten bestimmt ist. Dauer des

Bereithaltens der Niederlegungsstelle (Rn 5): 3 Monate; nach § 222 zu berechnen. Rücksendung an die Zustellungsveranlasser (6 vor § 166) ist Pflicht der Niederlegungsstelle. Ist das zuständige AG auch Prozessgericht, kommt das Schriftstück im Umschlag zu den Akten. Einer späteren Aushändigung steht nichts im Wege.

§ 182 Zustellungsurkunde

(1) *¹Zum Nachweis der Zustellung nach den §§ 171, 177 bis 181 ist eine Urkunde auf dem hierfür vorgesehenen Vordruck anzufertigen. ²Für diese Zustellungsurkunde gilt § 418.*

(2) Die Zustellungsurkunde muss enthalten:
1. *die Bezeichnung der Person, der zugestellt werden soll,*
2. *die Bezeichnung der Person, an die der Brief oder das Schriftstück übergeben wurde,*
3. *im Falle des § 171 die Angabe, dass die Vollmachtsurkunde vorgelegen hat,*
4. *im Falle der §§ 178, 180 die Angabe des Grundes, der diese Zustellung rechtfertigt und wenn nach § 181 verfahren wurde, die Bemerkung, wie die schriftliche Mitteilung abgegeben wurde,*
5. *im Falle des § 179 die Erwähnung, wer die Annahme verweigert hat und dass der Brief am Ort der Zustellung zurückgelassen oder an den Absender zurückgesandt wurde,*
6. *die Bemerkung, dass der Tag der Zustellung auf dem Umschlag, der das zuzustellende Schriftstück enthält, vermerkt ist,*
7. *den Ort, das Datum und auf Anordnung der Geschäftsstelle auch die Uhrzeit der Zustellung,*
8. *Name, Vorname und Unterschrift des Zustellers sowie die Angabe des beauftragten Unternehmens oder der ersuchten Behörde.*

(3) Die Zustellungsurkunde ist der Geschäftsstelle unverzüglich zurückzuleiten.

1. Allgemeines. Die Vorschrift fasst die §§ 190 Abs 1, 191, 195 **1** Abs 1 und 2 S 3 sowie § 212 jeweils aF zusammen. **a) Zweck.** Die Zustellung soll durch die öffentliche Urkunde mit Beweiskraft des § 418 nachgewiesen werden. – **b) Bedeutung.** Die Urkunde ist nicht Teil der **2** Zustellung und nicht deren Wirksamkeitserfordernis: Sie dient dem Nachweis. – **c) Anwendbar** für die Zustellung von Amts wegen, für die **3** auf Betreiben einer Partei (§ 191) subsidiär, da in den §§ 193, 194 Sonderregelungen bestehen. – **d) Öffentliche Urkunde** (§ 415 Abs 1) **4** ist die Zustellungsurkunde, auch wenn sie von einem Mitarbeiter der Post ausgestellt wird. Das folgt aus Abs 1 S 2. – **e) Pflicht,** eine Zustel- **5** lungsurkunde auszufertigen (Abs 1 S 1) besteht bei Zustellungen an den Bevollmächtigten (§ 171) und bei der zu beurkundenden Zustellung gemäß § 176, die nach den §§ 177–181 vorgenommen wird, ferner bei Zustellung auf Betreiben einer Partei (§ 191), die gemäß § 193 Abs 1 eine Zustellungsurkunde verlangt. – **f) Mängel** der Urkunde können **6**

nachträglich berichtigt, fehlender Inhalt kann ergänzt werden, aber nur vom Zusteller mit einem unterschriebenen Vermerk (BVerwG DGVZ
7 84, 149 für § 190 aF). Heilung (20–22 vor § 166) ist möglich. – **g) Verstöße** gegen § 182 hindern den Beweis der Zustellung auf dem Weg des § 418. Die Zustellung selbst kann trotzdem wirksam sein (vgl Rn 2). –
8 **h) Vordruck** (vgl § 190) ist stets zu verwenden (Abs 1 S 1).

9 **2. Inhalt** der Urkunde (Abs 2). Er ist zwingend vorgeschrieben. **a) Nr 1. Zustellungsadressat** (4 vor § 166). Er ist so genau zu bezeichnen, dass die Person, der zugestellt werden soll, identifiziert werden kann, idR Vor- und Familienname. Die Parteistellung (zB Beklagter) kann genügen, wenn sie sich aus der Urkunde eindeutig ergibt. Die fehlende oder falsche Bezeichnung des gesetzlichen Vertreters (§ 170) ist
10 unschädlich (BGH NJW 97, 1584 für § 191 aF). – **b) Nr 2. Zustellungsempfänger** (5 vor § 166). Es ist auf die tatsächlich geschehene Übergabe abzustellen. Bezeichnung wie Rn 10. Sind Adressat und
11 Empfänger identisch, genügt „selbst" oder „persönlich". – **c) Nr 3. Vollmachtsurkunde** des § 171. Sie muss dem Zusteller tatsächlich vorgelegen haben. Die Übergabe an den Vertreter erübrigt nicht die Bezeichnung des Vertretenen als Adressat gemäß Nr 1 (Rn 10; vgl
12 § 171 Rn 3). – **d) Nr 4. Ersatzzustellung.** Der Grund hierfür muss durch Tatsachen dargelegt werden, bei § 178 mindestens „nicht angetroffen", bei § 180 auch die Tatsachen, die eine Unausführbarkeit gemäß § 178 begründen. Bei Niederlegung gemäß § 181 muss die Abgabe der schriftlichen Mitteilung (§ 181 Rn 9) je nach Art, wie sie ausgeführt wurde (zB Briefkasten, Anheften), beurkundet werden. Nicht beurkundet wird, dass der Zustellungsadressat tatsächlich da wohnt. – **e) Nr 5.**
13 **Verweigerte Annahme** (§ 179). Die betreffende Person (§ 179 Rn 2) muss identifizierbar bezeichnet werden (wie Rn 10). Beurkundet wird auch, dass am Zustellungsort (§ 177; zB in der Wohnung) der Brief zurückgelassen wurde (zB auf dem Küchentisch) oder gemäß § 179 S 2 zurückgesandt mit der Angabe an wen („Absender" kann genügen). –
14 **f) Nr 6. Zustellungsvermerk.** Das sind die Vermerke des § 180 S 3 und § 181 Abs 1 S 5. Er dient als Hinweis auf einen Fristbeginn infolge
15 der Zustellung. – **g) Nr 7. Ort und Zeitpunkt** der Zustellung. Ort: wie § 177. Datum als Kalendertag genügt. Uhrzeit nur auf Anordnung
16 im Zustellungsauftrag (§ 176). – **h) Nr 8. Zustellerbezeichnung und Unterschrift.** Die Angabe des Unternehmens (der jeweils beauftragte Postdienst) oder der ersuchten Behörde ist wegen § 176 Abs 1 erforderlich.

19 **3. Rücksendung** der Urkunde (Abs 3) ist an diejenige Geschäftsstelle vorzunehmen, die den Zustellungsauftrag (§ 176) erteilt hat. Der Zusteller sendet selbst und unmittelbar zurück. Unverzüglich: ohne schuldhaftes Zögern (§ 121 Abs 1 BGB). Bei der Zustellung von Amts wegen ist der Zustellungsadressat auf Akteneinsicht angewiesen (§ 299). Bei Zustellung auf Betreiben der Parteien (§ 191) ist eine beglaubigte Abschrift vorgesehen (§ 193 Abs 2).

§ 183 *Zustellung im Ausland*

(1) Eine Zustellung im Ausland erfolgt

1. *durch Einschreiben mit Rückschein, soweit aufgrund völkerrechtlicher Vereinbarungen Schriftstücke unmittelbar durch die Post übersandt werden dürfen,*

2. *auf Ersuchen des Vorsitzenden des Prozessgerichts durch die Behörden des fremden Staates oder durch die diplomatische oder konsularische Vertretung des Bundes, die in diesem Staat residiert, oder*

3. *auf Ersuchen des Vorsitzenden des Prozessgerichts durch das Auswärtige Amt an einen Deutschen, der das Recht der Immunität genießt und zu einer Vertretung der Bundesrepublik Deutschland im Ausland gehört.*

(2) ¹Zum Nachweis der Zustellung nach Absatz 1 Nr. 1 genügt der Rückschein. ²Die Zustellung nach den Nummern 2 und 3 wird durch ein Zeugnis der ersuchten Behörde nachgewiesen.

(3) ¹Die Vorschriften der Verordnung (EG) Nr. 1348/2000 des Rates vom 29. Mai 2000 über die Zustellung gerichtlicher und außergerichtlicher Schriftstücke in Zivil- oder Handelssachen in den Mitgliedstaaten (ABl. EG Nr. L 160 S. 37) bleiben unberührt. ²Eine Zustellung nach Artikel 14 Abs. 1 der Verordnung (EG) 1348/2000 ist unbeschadet weitergehender Bedingungen des jeweiligen Empfangsmitgliedstaates nur in der Versandform des Einschreibens mit Rückschein zulässig. ³Absatz 2 Satz 1 gilt entsprechend.

1. Allgemeines. Die Vorschrift fasst die §§ 199, 200 und 202 aF mit **1** unverändertem Inhalt zusammen und lässt auch die Zustellung durch Einschreiben mit Rückschein (§ 175) zu, soweit es völkerrechtliche Vereinbarungen gestatten, Zustellungen durch die Post zu übersenden. **a) Zweck.** § 183 soll im internationalen Rechtsverkehr die erforderlichen Zustellungen ermöglichen, beschleunigen und vereinfachen. – **b) Anwendbar** auf alle Zustellungen im Ausland, aber nur subsidiär. **3** Die internationalen Übereinkommen und Abkommen gehen vor. Die EU-ZustellungsVO hat Vorrang auch gegenüber zweiseitigen Abkommen der Mitgliedstaaten (Art 20 Abs 1). Parteivereinbarungen über Art und Form der Zustellungen sind demgegenüber unwirksam. – **c) Ausland** **4** ist jedes Land außerhalb der Bundesrepublik. Angehörige der NATO-Streitkräfte: Art 4 c Gesetz vom 18. 8. 1961 idF von Art 2 Abs 29 des G vom 25. 6. 2001 (BGBl 1206). – **d) Wahlmöglichkeit. 5** Es kann vor vorneherein oder nachträglich zwischen Einschreiben (Nr 1) und Ersuchen (Nr 2) gewählt werden. Bei Erfolglosigkeit bleibt öffentliche Zustellung möglich (§ 185 Nr 2, 3).

2. Ausführung der Zustellung (Abs 1). Es ist zu unterscheiden: **6** **a) Nr 1. Einschreiben mit Rückschein** ist die Zustellungsart des § 175. Sie kann nur angewendet werden, wenn die unmittelbare Übersendung durch die Post aufgrund einer geltenden internationalen Vereinbarung (Rn 3) zulässig ist. Vollzogen ist die Zustellung mit Übergabe

an den Adressaten, seinen Ehepartner, Zustellungsbevollmächtigten
(§ 184 Abs 1) oder eine Ersatzperson, die als Postempfänger nach den
7 Postvorschriften des betreffenden Staates zugelassen ist. – **b) Nr 2. Ersuchen einer Behörde** des fremden Staates oder der diplomatischen
wie der konsularischen Vertretung der Bundesrepublik. Das Ersuchen
muss vom Vorsitzenden des Prozessgerichts (§ 168 Abs 2) ausgehen.
Prozessgericht ist dasjenige, bei dem der Rechtsstreit anhängig ist oder
8 durch die Zustellung anhängig gemacht werden soll. – **c) Nr 3. Ersuchen des Auswärtigen Amts** bei Immunität gemäß §§ 18–20 GVG
und Zugehörigkeit bei einer Vertretung im Ausland (wie Rn 4). Ersuchen durch den Vorsitzenden (wie Rn 7).

9   **3. Nachweis** (Abs 2). Erfordert keine Zustellungsurkunde (§ 182).
Es ist ausreichend: **a) Rückschein** im Falle des Abs 1 Nr 1 (vgl § 175
Rn 1), insbes bei Anwendung der EG-ZustellungsVO (Abs 3), die Einschreiben mit Rückschein als Zustellungsart vorschreibt (Art 14 Abs 1;
§ 2 EG-ZustellungsdurchführungsG vom 9. 7. 2001). Der Rückschein
muss den Erledigungsvermerk des Postbediensteten aufweisen, idR auch
die Unterschrift des Adressaten. Der Rückschein ist eine private Ur-
10 kunde (§ 416). – **b) Zeugnis der ersuchten Behörde.** Das ist die eines
fremden Staats oder die jeweilige Vertretung der Bundesrepublik (Abs 1
Nr 2) oder das Auswärtige Amt (Abs 1 Nr 3). Form und Inhalt richten
sich nach dem für die Behörde geltenden Recht (vgl § 415). Für das
ausländische Zeugnis gilt § 438.

§ 184 *Zustellungsbevollmächtigter; Zustellung durch Aufgabe zur Post*

*(1) [1] Das Gericht kann bei der Zustellung nach § 183 Abs. 1 Nr. 2 und
3 anordnen, dass die Partei innerhalb einer angemessenen Frist einen
Zustellungsbevollmächtigten benennt, der im Inland wohnt oder dort
einen Geschäftsraum hat, falls sie nicht einen Prozessbevollmächtigten
bestellt hat. [2] Wird kein Zustellungsbevollmächtigter benannt, so können
spätere Zustellungen bis zur nachträglichen Benennung dadurch bewirkt
werden, dass das Schriftstück unter der Anschrift der Partei zur Post
gegeben wird.*

*(2) [1] Das Schriftstück gilt zwei Wochen nach Aufgabe zur Post als
zugestellt. [2] Das Gericht kann eine längere Frist bestimmen. [3] In der
Anordnung nach Absatz 1 ist auf diese Rechtsfolgen hinzuweisen. [4] Zum
Nachweis der Zustellung ist in den Akten zu vermerken, zu welcher Zeit
und unter welcher Anschrift das Schriftstück zur Post gegeben wurde.*

1   **1. Allgemeines.** Die Vorschrift ersetzt die §§ 174, 175 aF und ändert
sie in der Weise, dass ein Zustellungsbevollmächtigter nur noch im
beschränkten Umfang zu benennen ist. **a) Zweck:** einfache, beschleunigte Durchführung von Zustellungen, die im Ausland nur auf Grund
2 eines Ersuchens vorzunehmen wären. – **b) Anwendbar** in allen Verfahren der ZPO; nur bei Auslandszustellungen (§ 183 Rn 4), die im
Wege des § 183 Abs 1 N 2 und 3 ausgeführt werden. Die Sonderregeln

des Art 33 Abs 2 EuGVÜ und § 4 AVAG gehen vor, ebenso die internationalen Vereinbarungen, die eine unmittelbare Übersendung durch die Post zulassen.

2. Anordnung (Abs 1). Sie ist mit dem Schriftstück (§ 166) zuzustel- 3 len und muss den Hinweis des Abs 2 S 3 enthalten (Rn 12). **a) Zuständig** ist das Gericht bei dem der Rechtsstreit anhängig ist. Da durch Art 2 Abs 4 Nr 1 ZustellungsRG § 20 Nr 7 RPflG und damit die Zuständigkeit des Rechtspflegers aufgehoben ist, muss davon ausgegangen werden, dass der Vorsitzende zugleich mit dem Ersuchen gemäß § 183 Abs 1 Nr 2 und 3 auch die Anordnung trifft. – **b) Zeitpunkt:** ab 4 Anhängigkeit(§ 261 Rn 1) und bei jedem Ersuchen, das der Vorsitzende gemäß § 183 Abs 1 Nr 2 und 3 stellt, aber nicht das zum Zweck der Klagezustellung (§ 253; BGH NJW 72, 1004 für § 174 aF). – **c) Voraussetzungen** (Abs 1 S 1). Es muss eine Zustellung im Wege des 5 Ersuchens vorzunehmen sein. Die Partei darf nicht einen ProzBev (§ 172) bestellt haben. – **d) Benennung** des Zustellungsbevollmächtig- 6 ten geschieht, indem Zustellungsvollmacht (§ 171) gemäß § 167 BGB erteilt, und dies mit Person und Postanschrift dem Gericht mitgeteilt wird. Wohnen: wie § 178 Rn 7–9). Geschäftsraum: wie § 178 Rn 15, 16. – **e) Ermessen.** Das Gericht kann, muss nicht anordnen, sollte es 7 jedenfalls nur dann, wenn hierfür ein Bedürfnis besteht, zB bei schwieriger oder langwieriger Durchführung der Auslandszustellung (§ 183), häufig wechselndem Wohnsitz. – **f) Frist** zur Benennung. Sie ist eine 8 richterliche Frist (9 vor § 214) und muss angemessen sein, idR 2 bis 3 Wochen ab Zustellung. Fristwahrung: 10 vor § 214. – **g) Wirkung** 9 der Benennung. Es kann, muss aber nicht dem Zustellungsbevollmächtigten zugestellt werden. Das wirkt für und gegen die vertretene Partei (wie § 171). Daneben bleibt Zustellung an die Partei möglich. Die erteilte Vollmacht erlischt, sobald ein ProzBev (§ 172) bestellt ist. – **h) Unterbleiben** der Benennung (Abs 1 S 2). Ist die Frist (Rn 8) abge- 10 laufen, kann an die Partei durch einfachen Brief zur Post zugestellt werden. Geht der Brief verloren, darf Wiedereinsetzung (§ 233) nicht allein aus dem Grund versagt werden, dass die Benennung unterblieben ist (BGH NJW 00, 3284 für § 175 aF).

3. Zustellungsfiktion und Nachweis (Abs 2). **a) Wirksamkeit.** 11 Wird das zuzustellende Schriftstück (im Umschlag) zur Post gegeben, wird die Zustellung auf den Tag fingiert, der 2 Wochen danach liegt. Die Fiktion bewirkt auch den Beginn einer Frist, die durch eine Zustellung in Lauf gesetzt wird (BGH NJW 92, 1701 mwN für § 175 aF). Zustellungsort ist da, wo zur Post gegeben wurde (BGH NJW 99, 1187 mwN für § 175 aF), also im Inland. – **b) Fristberechnung:** § 222 12 Abs 1 (dort Rn 2, 3). Fristende: § 222 Rn 6. Längere Frist (Abs 2 S 2): im pflichtgemäßen Ermessen des Gerichts, von Amts wegen. Kein Fall des § 224 Abs 2. Die Frist muss in der Anordnung (Rn 3) bestimmt sein. – **c) Hinweis** (Abs 2 S 3) ist notwendiger Bestandteil der Anord- 13 nung (Rn 3) und daher Wirksamkeitsvoraussetzung. Inhalt: umfasst die

Folgen einer unterbliebenen Benennung innerhalb der bestimmten Frist
(Rn 9), nämlich den Eintritt einer wirksamen Zustellung, 2 Wochen
nachdem der Brief zur Post gegeben wurde. Auf die sonstigen Folgen,
14 insbes einer Säumnis, muss nicht hingewiesen werden. – **d) Nachweis**
der Zustellung (Abs 2 S 4) geschieht durch Aktenvermerk der Geschäftsstelle mit Unterschrift des Urkundsbeamten (§ 153 GVG), zweckmäßig auf dem Original der zur Post gegebenen beglaubigten Abschrift.
Mindestens das Datum und der Wortlaut der Postanschrift des Adressaten
ist anzugeben. Öffentliche Urkunde mit Beweiskraft des § 418.

§ 185 *Öffentliche Zustellung*

*Die Zustellung kann durch öffentliche Bekanntmachung (öffentliche
Zustellung) erfolgen, wenn*
1. *der Aufenthaltsort einer Person unbekannt und eine Zustellung an
einen Vertreter oder Zustellungsbevollmächtigten nicht möglich ist,*
2. *eine Zustellung im Ausland nicht möglich ist oder keinen Erfolg
verspricht oder*
3. *die Zustellung nicht erfolgen kann, weil der Ort der Zustellung die
Wohnung einer Person ist, die nach den §§ 18 bis 20 des Gerichtsverfassungsgesetzes der Gerichtsbarkeit nicht unterliegt.*

1   **1. Allgemeines.** Die Vorschrift ersetzt mit Änderungen den § 203
aF. **a) Zweck.** Es sollen Zustellungen in Fällen ermöglicht werden, die
in einer der anderen vorgesehenen Zustellungsarten nicht ausführbar
2 sind. – **b) Anwendbar:** auch bei Zustellung auf Betreiben einer Partei
(§ 191), in jeder Verfahrensart der ZPO mit Ausnahme des Mahnverfahrens (§ 688 Abs 2). Analoge Anwendung auf andere Fälle ist aus-
3 geschlossen. – **c) Allgemeine Voraussetzung.** Der Zustellungsadressat
muss noch leben (KG FamRZ 75, 693 für § 203 aF). Bewilligt werden
darf immer nur für eine bestimmte Zustellung, nie für das ganze Ver-
4 fahren. – **d) Durchführung.** § 185 normiert nur die Voraussetzungen.
Bewilligung: § 186 Abs 1. Ausführung: § 186 Abs 2, 3. Veröffent-
5 lichung: § 187. Zeitpunkt der Zustellung: § 188. – **e) Verstoß.** Fehlt
eine Voraussetzung, ist die Zustellung unwirksam. Heilung (20–22 vor
§ 166) ist nicht ausgeschlossen. Der Anspruch auf rechtliches Gehör ist
idR verletzt (Einl I Rn 10; BVerfG NJW 88, 2361). Wiedereinsetzung
(§ 233) kann begründet sein.

6   **2. Voraussetzung. a) Nr 1. Unbekannter Aufenthalt. aa) Person** (nach § 203 Abs 1 aF eine Partei) ist jeder, der am Verfahren
beteiligt ist, insbes Partei, Nebenintervenient, Streitverkündungsempfänger, gesetzlicher Vertreter, nicht aber der ProzBev, Zeuge, Drittschuld-
7 ner. **bb) Unbekannt** ist der Aufenthalt, wenn er allgemein, nicht nur
dem Zustellungsveranlasser (6 vor § 166) nicht bekannt ist (Köln
NJW-RR 98, 1682 für § 203 aF). Dass ihn irgendein Dritter kennt, aber
nicht bekannt gibt, steht nicht entgegen. Eine ergebnislose Anfrage an
das zuletzt als zuständig anzusehende Einwohnermeldeamt oder bei

einer Auskunftei genügt idR (LG Berlin NJW-RR 91, 1152; KG MDR 98, 124 für § 203 aF). **cc) Unmöglichkeit** der Zustellung an einen **8** Vertreter (§§ 170, 171) oder Zustellungsbevollmächtigten (§ 184). Ist eine solche möglich, scheidet öffentliche Zustellung aus. − **b) Nr 2. 9 Unausführbare Auslandszustellung.** Betrifft die Fälle des § 183 Abs 1 Nr 1 und 2. **aa) Nicht möglich** ist sie, wenn feststeht, dass die Rechtshilfe abgelehnt wird oder die ersuchten Behörden nicht tätig werden und das mitteilen. **bb) Voraussichtliche Erfolglosigkeit.** Ist **10** die Auslandszustellung eingeleitet, muss mindestens 6 Monate auf Erledigung gewartet werden (Hamm NJW 89 2803, Anm Geimer für § 203 aF). − **c) Nr 3. Status der Immunität** (Exterritoriale). Betrifft die **11** Fälle, in denen Personen zugestellt werden soll, die unter die §§ 18−20 GVG fallen und bei denen die Annahme der Zustellung verweigert wird. Das können Ausländer im Inland und Inländer im Ausland sein. Bei Auslandszustellung muss die Anwendung von § 183 Abs 1 Nr 3 erfolglos sein.

§ 186 *Bewilligung und Ausführung der öffentlichen Zustellung*

(1) ¹Über die Bewilligung der öffentlichen Zustellung entscheidet das Prozessgericht. ²Die Entscheidung kann ohne mündliche Verhandlung ergehen.

(2) ¹Die öffentliche Zustellung erfolgt durch Aushang einer Benachrichtigung an der Gerichtstafel. ²Die Benachrichtigung muss erkennen lassen
1. die Person, für die zugestellt wird,
2. den Namen und die letzte bekannte Anschrift des Zustellungsadressaten,
3. das Datum, das Aktenzeichen des Schriftstücks und die Bezeichnung des Prozessgegenstandes sowie
4. die Stelle, wo das Schriftstück eingesehen werden kann.
³Die Benachrichtigung muss den Hinweis enthalten, dass ein Schriftstück öffentlich zugestellt wird und Fristen in Gang gesetzt werden können, nach deren Ablauf Rechtsverluste drohen können. ⁴Bei der Zustellung einer Ladung muss die Benachrichtigung den Hinweis enthalten, dass das Schriftstück eine Ladung zu einem Termin enthält, dessen Versäumung Rechtsnachteile zur Folge haben kann.

(3) In den Akten ist zu vermerken, wann die Benachrichtigung ausgehängt und wann sie abgenommen wurde.

1. Entscheidung über eine öffentliche Zustellung (Abs 1). **a) Zu- 1 ständig** ist das Gericht, bei dem der Rechtsstreit anhängig ist (§ 261 Rn 1), nicht der Vorsitzende, aber ggf der Einzelrichter; der Rechtspfleger nur wenn er für das Verfahren zuständig ist, zB die Kostenfestsetzung (§ 104 Abs 1 S 3, 4). − **b) Form:** Beschluss (§ 329); denn mündlichen Verhandlung ist nicht notwendig (Abs 1 S 2). − **c) Voraussetzun- 2 gen:** Es müssen für eine Bewilligung Tatsachen vorliegen, die einen der

Gründe des § 185 Nr 1–3 ausfüllen, dazu die allgemeine Voraussetzung des § 185 Rn 3. Liegen die Voraussetzungen vor, so ist zu bewilligen. Das ist keine Ermessensentscheidung trotz „kann" in § 185 (Musielak/Wolst § 204 Rn 4; bestr), wohl aber die Fristverlängerung gemäß § 188 S 2
3 und die zusätzliche Anordnungen gemäß § 187. – **d) Inhalt.** Die öffentliche Zustellung wird bewilligt, ggf mit Anordnungen gemäß § 187 und § 188 S 2, oder, falls sie beantragt war, abgelehnt. Gründe sind in jedem
4 Fall aufzunehmen. – **e) Anfechtung:** nur ein abgelehnter Antrag ist gemäß § 567 Abs 1 Nr 2 anfechtbar; nicht die Bewilligung.

5 **2. Ausführung** (Abs 2). Sie besorgt der Urkundsbeamte der Geschäftsstelle (§ 153 GVG). **a) Aushang** an der Gerichtstafel. Umfasst nicht mehr einen Auszug des zuzustellenden Schriftstücks (§ 204 Abs 2 aF), sondern
6 nur die Benachrichtigung (Abs 2 S 1). – **b) Benachrichtigung.** Sie ist vom Urkundsbeamten (§ 153 GVG) auszufertigen und hat den durch Abs 2 S 2 Nr 1–4 vorgeschriebenen Mindestinhalt. Der Prozessgegenstand (Nr 3) muss nur allgemein angegeben werden, zB Kaufpreisforde-
7 rung für Kfz aus Vertrag vom 1. 8. 2000; wegen Ehescheidung. – **c) Hinweise** sind in Abs 2 S 2 und 3 vorgeschrieben: darauf dass öffentlich zugestellt ist und der Zeitpunkt der Wirksamkeit (§ 188). Die Rechtsverluste (zB Rechtsmittel) müssen nicht konkretisiert werden. Dasselbe gilt bei Ladung zu einem Termin (§ 214) für die Rechtsnachteile (zB Versäum-
8 nisurteil). – **d) Aktenvermerk** (Abs 3). Die Benachrichtigung (Rn 6) bleibt im Akt. Der Urkundsbeamte vermerkt die Daten zweckmäßig auf der Urschrift und unterzeichnet mit dem Datum des erstellten Vermerks.

§ 187 *Veröffentlichung der Benachrichtigung*

Das Prozessgericht kann zusätzlich anordnen, dass die Benachrichtigung einmal oder mehrfach im Bundesanzeiger oder in anderen Blättern zu veröffentlichen ist.

1 **Neuregelung.** Sie entspricht dem § 204 Abs 3 aF und schafft die zwingende Veröffentlichung im Bundesanzeiger ab. **Zweck:** eine (lediglich theoretisch) verbesserte Gelegenheit zur Kenntnisnahme durch den Adressaten. **Anwendbar** in allen Fällen bewilligter öffentlicher Zustel-
2 lung (§ 186). **Zuständigkeit** wie § 185 Rn 1. **Anordnung:** wie § 186 Rn. Sie steht im Ermessen des Gerichts. Anlass besteht nur dann, wenn die Aussicht der Kenntnisnahme durch den Zustellungsadressaten (4 vor
3 § 166) konkret verbessert wird. **Blätter:** damit sind Zeitungen gemeint. **Veröffentlicht** werden muss der gesamte Inhalt der Benachrichtigung
4 mit den Hinweisen (§ 186 Abs 2). **Vermerk** entspricht § 186 Abs 3 (weiteres Blatt mit Datum) ist anzubringen.

§ 188 *Zeitpunkt der öffentlichen Zustellung*

[1] *Das Schriftstück gilt als zugestellt, wenn seit dem Aushang der Benachrichtigung ein Monat vergangen ist.* [2] *Das Prozessgericht kann eine längere Frist bestimmen.*

Neuregelung. Sie ändert den § 206 aF, indem nur auf den Aushang 1
abgestellt wird. **Anwendbar** wie § 187 Rn 3. **Wirkung** (S 1). Die
Zustellung wird für den bestimmten Tag fingiert („gilt") und ist wirksam, wenn die Voraussetzungen der §§ 185, 186 erfüllt sind. **Zeitpunkt** 2
der Zustellung. Die Frist ist eine gesetzliche, die nicht abgekürzt werden
kann (§ 224 Abs 2). Verlängerung ist nach S 2 nur im Beschluss (§ 186
Rn 1) möglich und steht im Ermessen des Gerichts. Berechnung der
Frist: § 222. Fristbeginn mit vollzogenem Aushang gemäß § 186 Abs 2
S 1.

§ 189 *Heilung von Zustellungsmängeln*

Lässt sich die formgerechte Zustellung eines Schriftstücks nicht nach-
weisen oder ist das Schriftstück unter Verletzung zwingender Zustellungs-
vorschriften zugegangen, so gilt es in dem Zeitpunkt als zugestellt, in dem
das Schriftstück der Person, an die die Zustellung dem Gesetz gemäß
gerichtet war oder gerichtet werden konnte, tatsächlich zugegangen ist.

1. Allgemeines. Die Vorschrift ersetzt und verändert (sehr bedenk- 1
lich) den § 187 aF. Die Zustellung wird fingiert, steht nicht mehr im
Ermessen des Gerichts (vgl 23. Aufl § 187 Rn 9) und die Wirkung wird
auf Zustellungen erstreckt, die eine Notfrist in Gang setzen (vgl § 187
S 2 aF). **a) Zweck.** Es soll eine Zustellung dann als wirksam angesehen 2
werden, wenn der wesentliche Vorgang, nämlich das tatsächliche Zugehen des Schriftstücks an den Adressaten (4 vor § 166), stattgefunden hat.
Die formalen Erfordernisse, die diesen Zugang absichern sollen, sind
demgegenüber nicht mehr von Bedeutung. – **b) Anwendbar** bei allen 3
Zustellungen, auch im Parteibetrieb (§ 191). Entsprechende Anwendung dürfte bei Telekopie (§ 174 Abs 2) und elektronischem Dokument
(§ 174 Abs 3) zu bejahen sein. Dass § 189 bei Auslandszustellung anwendbar sei, erscheint zweifelhaft und wurde für § 187 aF vom BGH
NJW 97, 598 mwN verneint. – **c) Sonstige Heilung** von Zustellungs- 4
mängeln ist möglich gemäß 20, 22 vor § 166.

2. Voraussetzungen. Sie werden von Amts wegen geprüft, wenn es 5
auf die Wirksamkeit der betreffenden Zustellung ankommt, insbes für
Prozess- und Rechtszugsvoraussetzungen. **a) Zustellungsmängel:** je- 6
der Art, insbes Verstoß gegen zwingende Zustellungsvorschriften, die
zur Unwirksamkeit (18 vor § 166) führen; fehlender Nachweis, insbes
bei Verlust oder Lücken der Urkunde (§ 182); Mängel des zuzustellenden Schriftstücks, zB fehlende Beglaubigung (§ 192 Abs 2, dort
Rn 9). – **b) Zustellungswille.** Die Zustellung des Schriftstücks muss 7
vom Veranlasser (6 vor § 166) beabsichtigt, mindestens angeordnet und
in die Wege geleitet sein, insbes durch Zustellungsauftrag (§ 176). Es
genügt nicht, dass eine formlose Mitteilung des zuzustellenden Schriftstücks veranlasst worden war (hM für § 187 aF). – **c) Tatsächlicher** 8
Zugang. Das Schriftstück muss auf irgendeine Weise so in die Hände
des Zustellungsadressaten oder seines Vertreters (§§ 170–172) gelangt

sein, dass er vom Inhalt Kenntnis nehmen konnte, nicht notwendig im selben Verfahren. Beim Empfangsbekenntnis (§ 176) muss auch die Bereitschaft zum Empfang (Entgegennahme) bestehen (BGH NJW 89, 1154 für § 198 aF). Kenntnisnahme durch dem Empfänger ist nicht erforderlich.

9   **3. Wirkung** ist bei Vorliegen der Voraussetzungen (Rn 6–8) die Fiktion („gilt") einer wirksamen Zustellung mit allen Rechtsfolgen (zB Fristbeginn); zwingend, nicht in das gerichtliche Ermessen gestellt (vgl Rn 1). Zeitpunkt ist der tatsächliche Zugang (Rn 8) ohne Rücksicht auf den Zeitpunkt der Kenntnisnahme vom Inhalt des zugegangenen Schriftstücks.

§ 190 *Einheitliche Zustellungsvordrucke*

Das Bundesministerium der Justiz wird ermächtigt, durch Rechtsverordnung mit Zustimmung des Bundesrates zur Vereinfachung und Vereinheitlichung der Zustellung Vordrucke einzuführen.

Die VO war bei Redaktionsschluss noch nicht verkündet. Die Ermächtigung erfasst den Zustellungsauftrag (§ 168 Abs 1 S 2), die Zustellungsurkunde (§ 182), die Mitteilung (§ 181 Abs 1 S 2) und den Umschlag (§ 176 Abs 1 S 1).

Untertitel 2. Zustellungen auf Betreiben der Parteien

§ 191 *Zustellung*

Ist eine Zustellung auf Betreiben der Parteien zugelassen oder vorgeschrieben, finden die Vorschriften über die Zustellung von Amts wegen entsprechende Anwendung, soweit sich nicht aus den nachfolgenden Vorschriften Abweichungen ergeben.

1   **Allgemeines.** Das ZustellungsRG ändert das Zustellungsrecht dahin, dass die Amtszustellung (§§ 166 ff) als gesetzlicher Regelfall bestimmt ist und die Parteizustellung der Sonderregelung unterliegt (§§ 191–195). **Zweck.** Die Zustellung soll den Parteien und ihrer Disposition überlassen werden, soweit für eine Zustellung von Amts wegen kein pro-
2   zessuales Bedürfnis besteht. **Anwendbar:** für Willenserklärungen (§ 132 BGB) und soweit eine Zustellung auf Betreiben einer Partei (auch Nebenintervenienten, § 66) durch ein Gesetz (nicht nur die ZPO) zugelassen oder vorgeschrieben ist. Bsp: § 699 Abs 4 S 2 (Vollstreckungsbescheid), § 829 Abs 2 S 1; § 835 Abs 5 (Pfändungs- und Überweisungsbeschluss), § 845 (Vorpfändung), § 922 Abs 2, § 936 (Arrest und Einstweilige Verfügung). Bei allen Vollstreckungstiteln ist wegen §§ 750, 795 die Parteizustellung neben der Amtszustellung (§§ 317,
3   329) zulässig. **Zustellungsauftrag.** § 176 wird vorausgesetzt. Auftraggeber ist die Partei, auch wenn die Geschäftsstelle vermittelt(§ 192 Abs 3). Beauftragt werden kann nur ein Gerichtsvollzieher (§ 154 GVG). Der Auftrag ist auf Vordruck zu erteilen (§ 190). Er ist Prozess-

handlung (Einl III), daher im Fall der Unwirksamkeit genehmigungsfähig (Einl III Rn 18). **Ausführung.** Sie richtet sich grundsätzlich nach 4
den §§ 166–190 und erfolgt durch den Gerichtsvollzieher (§ 192
Abs 1), dem der Zustellungsauftrag (§ 176) zu erteilen ist (§ 192 Rn 2).
Gebühren: § 16 GVKostG.

§ 192 *Zustellung durch Gerichtsvollzieher*

(1) *Die von den Parteien zu betreibenden Zustellungen erfolgen durch
den Gerichtsvollzieher nach Maßgabe der §§ 193 und 194.*

(2) [1]*Die Partei übergibt dem Gerichtsvollzieher das zuzustellende
Schriftstück mit den erforderlichen Abschriften.* [2]*Der Gerichtsvollzieher
beglaubigt die Abschriften; er kann fehlende Abschriften selbst herstellen.*

(3) [1]*Im Verfahren vor dem Amtsgericht kann die Partei den Gerichtsvollzieher unter Vermittlung der Geschäftsstelle des Prozessgerichts mit der
Zustellung beauftragen.* [2]*Insoweit hat diese den Gerichtsvollzieher mit
der Zustellung zu beauftragen.*

1. Allgemeines. Die Vorschrift ersetzt die §§ 166, 169 aF. 1
a) Zweck. Die Partei soll im Rahmen ihrer Disposition den gemäß
§ 154 GVG zuständigen Zustellungsbeamten unmittelbar beauftragen
können; in beschränktem Umfang auch die Vermittlung der Geschäftsstelle verlangen (Rn 5). – **b) Anwendbar** bei allen Zustellungen im
Rahmen des § 191 Rn 3.

2. Zuständigkeit (Abs 1). Der Gerichtsvollzieher ist funktional al- 2
lein zuständig (§ 154 GVG). Er verfährt nach GVO und GVGA. Örtlich
zuständig ist der Gerichtsvollzieher, in dessen Bezirk die Zustellung
auszuführen ist. Das ist der Wohnort oder Sitz des Zustellungsadressaten
(4 vor § 166), auch wenn Zustellung durch die Post stattfindet (§ 194).
Der Gerichtsvollzieher hat nicht die Zuständigkeit der Geschäftsstelle
(§ 168), sondern die aus § 176, so dass er nicht gemäß den §§ 173–175
zustellen kann. Es sind also Empfangsbekenntnis (§ 174) und Einschreiben mit Rückschein (§ 175) ausgeschlossen.

3. Übergabe des Schriftstücks (Abs 2), das zuzustellen ist (§ 166). 3
Es übergibt die Partei oder ihr Vertreter, insbes der ProzBev: **a) Urschrift** (§ 169 Abs 1 aF). Sie wird insbes bei Urteilen und Beschlüssen
durch die Ausfertigung ersetzt (§ 317 Rn 2). – **b) Abschriften.** Sie 4
sollen von der beauftragenden Partei übergeben werden, auch beglaubigt
von einer hierzu befugten Person, insbes von einem RA (§ 169 Abs 2).
Fehlt die Beglaubigung oder ist sie unzureichend (§ 169 Rn 9) muss der
Gerichtsvollzieher beglaubigen (Abs 2 S 2 Hs 1). Fehlen Abschriften
oder sind sie zu wenig, kann er sie herstellen und sollte es tun. Gebühr:
§ 16 Abs 7 GVKostG.

4. Vermittlung der Geschäftsstelle (Abs 3). Den Zustellungsauf- 5
trag (§ 191 Rn 4) erteilt immer die Partei (oder ihr Vertreter), auch
wenn sie die Vermittlung der Geschäftsstelle (nur die des Prozessgerichts,

wie § 168 Rn 1) in Anspruch nimmt. Das steht der Partei neben dem unmittelbaren Auftrag an den Gerichtsvollzieher zur Wahl; aber nur im Verfahren vor dem AG (§ 495). Der Urkundsbeamte (§ 153 GVG) ist ermächtigt, den Auftrag im Namen der die Zustellung veranlassenden Partei (4 vor § 166) zu erteilen.

§ 193 *Ausführung der Zustellung*

(1) [1] Der Gerichtsvollzieher beurkundet auf der Urschrift des zuzustellenden Schriftstücks oder auf dem mit der Urschrift zu verbindenden hierfür vorgesehenen Vordruck die Ausführung der Zustellung nach § 182 Abs. 2 und vermerkt die Person, in deren Auftrag er zugestellt hat. [2] Bei Zustellung durch Aufgabe zur Post ist das Datum und die Anschrift, unter der die Aufgabe erfolgte, zu vermerken.

(2) Der Gerichtsvollzieher vermerkt auf dem zu übergebenden Schriftstück den Tag der Zustellung, sofern er nicht eine beglaubigte Abschrift der Zustellungsurkunde übergibt.

(3) Die Zustellungsurkunde ist der Partei zu übermitteln, für die zugestellt wurde.

1   **1. Allgemeines.** Die Vorschrift ersetzt die §§ 190, 192 aF und ergänzt den Inhalt der Zustellungsurkunde (§ 182 Abs 2) um die Bezeichnung der Person, für die zugestellt wird (Zustellungsveranlas-
2   ser, 6 vor § 166). **a) Zweck.** Es soll dem, der zur Zustellung beauftragt, durch eine öffentliche Urkunde mit der Beweiskraft des § 418
3   ein sicherer Nachweis verschafft werden. – **b) Anzuwenden:** nur wenn der Gerichtsvollzieher auf Betreiben einer Partei zustellt, nicht wenn er aufgrund des § 176 beauftragt ist. Abs 1 S 2 gilt nur, wenn
4   der Gerichtsvollzieher gemäß Rn 7 zur Post aufgibt. – **c) Geltung** der Vorschriften über die Amtszustellung (hier insbes die §§ 176–182) wird vorausgesetzt. Durch Abs 1 S 1 wird § 182 Abs 1 S 1 abgeändert und § 182 Abs 2 um die Bezeichnung der Person erweitert, für die zugestellt wurde; Abs 2 schreibt den Zustellungsvermerk in allen Fällen vor (nicht nur bei §§ 180, 181) oder die (bei Amtszustellung wegen § 299 nicht vorgesehene) Übergabe einer beglaubigten Abschrift der Zustellungsurkunde; Abs 3 ändert des § 182 Abs 3, indem an den Auftraggeber übermittelt, nicht an die Geschäftsstelle zurückgeleitet wird.

5   **2. Ausführung** (Abs 1) der Zustellung. Hierbei wird vorausgesetzt, dass der Gerichtsvollzieher nach den §§ 177–181 verfährt, da eine beur-
6   kundete Zustellung (§§ 191, 176) vorgenommen wird. **a) Beurkundung** (Abs 1 S 1). Es steht dem Gerichtsvollzieher, wenn er selbst zustellt, zur Wahl, ob er auf der Urschrift des zuzustellenden Schriftstücks beurkundet oder eine vorgedruckte Zustellungsurkunde (§ 182) benutzt; diese muss er mit der Urschrift körperlich verbinden. In jedem Fall muss er schriftlich mit Unterschrift vermerken, für wen er zugestellt hat, dh identifizierbar den Zustellungsveranlasser (4 vor § 166) bezeich-

nen. – **b) Aufgabe zur Post** (Abs 1 S 2) ist nur im Fall des § 184, der 7
hier über § 191 gilt, vorgesehen und setzt daher die Anordnung und die
Nichtbenennung (§ 184 Abs 1) voraus. Der Vermerk des Gerichtsvollziehers entspricht dem des Urkundsbeamten (§ 184 Abs 2 S 3). Die
„Zeit" in § 184 Nr 2 S 3 soll dem Datum des § 193 Abs 1 S 3 entsprechen.

3. Zustellungsvermerk (Abs 2). Er dient dem Zweck, dem Zu- 8
stellungsadressaten sichere und genaue Kenntnis von Vorgang und
Zeitpunkt der Zustellung zu verschaffen. Der Vermerk entspricht
denen der §§ 180 S 3 und 181 Abs 2 S 3. Der Vermerk auf der
übergebenen Abschrift ist nur notwendig, wenn der Gerichtsvollzieher
nicht eine von ihm beglaubigte Zustellungsurkunde (§ 182) dem
Empfänger der Zustellung (5 vor § 166) übergibt, was in der Praxis
vorzuziehen wäre.

4. Zustellungsurkunde (§ 182). Sie ist im Original dem Zustel- 9
lungsveranlasser (4 vor § 166) oder dessen Vertreter zu übermitteln. Die
Beförderungsart steht dem Gerichtsvollzieher frei. Im Gegensatz zu
§ 194 Abs 2 muss der Gerichtsvollzieher nicht unverzüglich handeln,
sollte es aber tun.

§ 194 *Zustellungsauftrag*

(1) ¹*Beauftragt der Gerichtsvollzieher die Post mit der Ausführung der
Zustellung, vermerkt er auf dem zuzustellenden Schriftstück, im Auftrag
welcher Person er es der Post übergibt.* ²*Auf der Urschrift des zuzustellenden Schriftstücks oder auf einem mit ihr zu verbindenden Übergabebogen
bezeugt er, dass die mit der Anschrift des Zustellungsadressaten, der
Bezeichnung des absendenden Gerichtsvollziehers und einem Aktenzeichen versehene Sendung der Post übergeben wurde.*

*(2) Die Post leitet die Zustellungsurkunde unverzüglich an den Ge-
richtsvollzieher zurück.*

Neufassung. Sie ändert den § 194 aF. Die gleiche Bezifferung ist 1
Zufall. **Zweck.** Dem Gerichtsvollzieher soll freigestellt sein, ob er zu
seiner Entlastung sich der Post mit ihrem auf § 168 beruhenden Befugnissen zur Zustellung bedient. **Auftrag.** Es gilt wegen § 191 grund- 2
sätzlich § 168 Abs 1 S 3 (Vordruck) und § 176, so dass der Gerichtsvollzieher das zuzustellende Schriftstück in einem verschlossenen Umschlag
der Post zu übergeben hat, zugleich gemäß § 176 Abs 1 den vorbereiteten Vordruck der Zustellungsurkunde (§ 182). **Übergabevermerk** 3
(Abs 1 S 1) ist auf dem zuzustellenden Schriftstück anzubringen. Unterzeichnung ist nötig. Inhalt: Es ist die Person identifizierbar zu bezeichnen, für die der Gerichtsvollzieher (4 vor § 166) an die Post zur Zustellung übergibt. **Übergabezeugnis** (Abs 1 S 2). Es ist auf der beim 4
Gerichtsvollzieher verbleibenden Urschrift des zuzustellenden Schriftstücks anzubringen oder auf dem Übergabebogen (Vordruck, § 190),
der mit der Urschrift körperlich zu verbinden ist. Inhalt: Bezeugt wird

die Übergabe der Urkunde an die Post im verschlossenen Umschlag mit
der tatsächlich benutzten Anschrift des Zustellungsadressaten (4 vor
§ 166) und der Bezeichnung des absendenden Gerichtsvollziehers mit
Namen und Anschrift, sowie einem Aktenzeichen des Gerichtsvollziehers oder des gerichtlichen Verfahrens (am besten beides). Unterschrift
5 ist notwendig. **Rückleitung** (Abs 2) der von dem Postbediensteten
(§ 182 Abs 2 Nr 8) gemäß § 182 erstellten Zustellungsurkunde. Unverzüglich: wie § 121 BGB, ohne schuldhaftes Zögern, immer an den
Gerichtsvollzieher; dieser sendet an den Zustellungsveranlasser gemäß
§ 193 Abs 3.

§ 195 *Zustellung von Anwalt zu Anwalt*

*(1) [1] Sind die Parteien durch Anwälte vertreten, so kann ein Schrift-
stück auch dadurch zugestellt werden, dass der zustellende Anwalt das
zu übergebende Schriftstück dem anderen Anwalt übermittelt (Zustellung
von Anwalt zu Anwalt). [2] Auch Schriftsätze, die nach den Vorschriften
dieses Gesetzes von Amts wegen zugestellt werden, können stattdessen
von Anwalt zu Anwalt zugestellt werden, wenn nicht gleichzeitig dem
Gegner eine gerichtliche Anordnung mitzuteilen ist. [3] In dem Schriftsatz
soll die Erklärung enthalten sein, dass von Anwalt zu Anwalt zugestellt
werde. [4] Die Zustellung ist dem Gericht, sofern dies für die zu treffende
Entscheidung erforderlich ist, nachzuweisen. [5] Für die Zustellung an
einen Anwalt gilt § 174 Abs. 2 Satz 1 und Abs. 3 Satz 1, 2 entsprechend.*

*(2) [1] Zum Nachweis der Zustellung genügt das mit Datum und Unter-
schrift versehene schriftliche Empfangsbekenntnis des Anwalts, dem zugestellt worden ist. [2] § 174 Abs. 2 Satz 4 und Abs. 3 Satz 3, 4 gilt
entsprechend. [3] Der Anwalt, der zustellt, hat dem anderen Anwalt auf
Verlangen eine Bescheinigung über die Zustellung zu erteilen.*

1 **1. Allgemeines.** Die Vorschrift entspricht fast wörtlich dem § 198
aF, ergänzt um die Verweisungen auf § 174 in Abs 1 S 5 und Abs 2 S 2.
a) Zweck. Dient der Vereinfachung und Beschleunigung des Verfahrens, indem statt über das Gericht oder den Gerichtsvollzieher die
ProzBev unmittelbar die Zustellung mit Nachweis herbeiführen kön-
2 nen. – **b) Anwendungsbereich:** grundsätzlich nur für Zustellung im
Parteibetrieb (§ 191); wäre von Amts wegen zuzustellen (§ 166), ist
§ 195 nur anwendbar, wenn nicht zugleich (gleichzeitig) eine gerichtliche Anordnung (zB im Einzelfall § 273) zuzustellen ist (zB § 329
Abs 1). Das wichtigste Anwendungsgebiet ist die Zustellung von Schrift-
sätzen(nicht der Klageschrift, §§ 253 Abs 5 und 271 Abs 1), auch wenn
bei Rechtshängigkeit (§ 261 Abs 1) die Klage geändert oder Widerklage
erhoben wird. § 195 gilt auch, wenn durch Zustellung eines Vollstreckungstitels die Voraussetzung der Zwangsvollstreckung geschaffen werden soll (§ 750 Abs 2); jedoch beginnen die Rechtsmittel- und Einspruchsfristen erst mit der Zustellung von Amts wegen (§ 317 Rn 1). –

c) Freie Wahl hat der Anwalt, der zustellt, zwischen § 195 und dem Auftrag an den Gerichtsvollzieher (§ 192), dieser Weg ist geboten, wenn der Anwalt dem zugestellt werden soll, die Mitwirkung verweigert. Daneben steht Aushändigung gemäß § 135 zur Wahl. – **d) Form** für 4 Zustellung und Empfangsbekenntnis. Neben der Schriftform ist Telekopie und elektronisches Dokument zulässig (Abs 1 S 5 und Abs 2 S 2); wie § 174 Rn 9–13.

2. Voraussetzungen der Zustellung von Anwalt zu Anwalt (Abs 1). 5 **a) Vertretung durch Rechtsanwälte (**oder ihnen gleichstehenden Erlaubnisinhabern, § 25 EGZPO). Es müssen der Zustellungsveranlasser (6 vor § 166) und der Zustellungsadressat (4 vor § 166) als Partei oder Nebenintervenient durch Anwälte vertreten sein, nur im Verhältnis zueinander; denn auf die Vertretung der Streitgenossen und anderen Nebenintervenienten kommt es nicht an. – **b) Vertretung des An- 6 walts** (mit wirksamer Prozessvollmacht), der zustellt oder dem zugestellt wird, ist nach allgemeinen Grundsätzen zulässig. Es kann ein anderer RA den ProzBev für die gesamte Zustellung oder einzelne ihrer Akte (zB Empfangsbekenntnis, Rn 9) vertreten, insbes der allgemeine Vertreter (§ 53 BRAO), der angestellte RA (BGH NJW 75, 1653 für § 198 aF), bei der Sozietät (BGH NJW 95, 1841 mwN für § 198 aF). Nicht wirksam möglich ist Büropersonal (BGH NJW 94, 2295 für § 198 aF) und Stationsreferendar (BGH NJW 76, 991 für § 198 aF). – **c) Hingabe des Schriftstücks** mit dem Zwecke und 7 dem Willen der Zustellung in beglaubigter Abschrift (§ 169 Rn 4). Hinzugeben ist durch die Post, das Abholfach, Boten oder auf sonstige Weise an den RA, dem zugestellt werden soll. Als Soll-Vorschrift (Abs 1 S 3) ist der Zustellungsvermerk im zuzustellenden Schriftsatz vorgesehen, dass von Anwalt zu Anwalt (oder „gemäß § 195") zugestellt werde. – **d) Entgegennahme** durch den empfangenden Anwalt 8 (Empfangsbereitschaft) erfordert, dass er die Zustellungsabsicht (Rn 7) erkennt (BGH NJW 81, 462 für § 212 a aF) und den (gemäß Rn 7 erklärten) Willen hat, die Zustellung als solche entgegenzunehmen. Die Entgegennahme kann vom Büropersonal ausgeführt werden, aber nicht das Empfangsbekenntnis (BGH NJW 94, 2295 für § 198 aF). Zugestellt ist erst, wenn der RA vom Eingang des Schriftstücks zum Zwecke der Zustellung, nicht notwendig vom Inhalt, Kenntnis erlangt (BGH NJW 91, 42 für § 198 aF). Das gilt auch wenn der RA irrtümlich meint, der frühere Eingang in der Kanzlei sei maßgebend (BGH NJW 79, 2360 für § 198 aF). – **e) Empfangsbekenntnis** 9 (Abs 2 S 1). Es muss schriftlich, nicht notwendig auf dem übersandten Formular erstellt, kann auch nachträglich ausgefertigt, ergänzt und berichtigt werden. Es ist unabhängig davon, ob der Gewahrsam noch andauert (BGH NJW-RR 92, 251 für § 198 aF). **aa) Bezeichnung** des zugestellten Schriftstücks (zB Klageerwiderung vom 1. 6. 2001). **bb) Bestätigung** des Empfangs zum Zwecke der Zustellung (vgl Rn 6). **cc) Datum** des Empfangs (Rn 7), lesbar (BGH NJW

94, 526 für § 198 aF). Der Eingangsstempel kann es ersetzen (Koblenz Rpfleger 96, 207 für § 198 aF). **dd) Unterschrift** des RAs, eigenhändig (BGH NJW 89, 823 für § 198 aF), nicht notwendig lesbar, aber individuell unterscheidbar (BGH NJW-RR 92, 1150 für § 198 aF). Eine sog Paraphe genügt nicht (BGH NJW 95, 535 für § 212 aF).

10   **3. Wirksamkeit** der Zustellung tritt erst ein, wenn alle Voraussetzungen (Rn 5–9) erfüllt sind. Einzelheiten: Wird das unterschriebene Empfangsbekenntnis zurückgesandt, so wird vermutet, dass der Empfänger das Schriftstück als zugestellt annehmen wollte. Fehlen Datum oder Unterschrift, ist die Zustellung unwirksam, ebenso wenn sie unleserlich sind (BGH NJW 94, 526 für § 198 aF). Geht das Empfangsbekenntnis verloren, wird die Zustellung dadurch nicht unwirksam; sie kann mit allen Beweismitteln nachgewiesen werden. Heilung ist möglich (20–22 vor § 166).

11   **4. Wirkung.** Sie ist die gleiche wie bei der Zustellung durch den Gerichtsvollzieher (§ 191). Es tritt insbes Rechtshängigkeit einer geän-
12 derten Klage (§§ 263, 264) oder einer Widerklage (§ 33) ein. **a) Zeitpunkt.** Er steht mit dem Eintritt der Voraussetzungen fest (Rn 10). Die Parteien können ihn nicht anders vereinbaren (BGH NJW 74, 1469 für
13 § 198 aF). – **b) Pflicht zur Entgegennahme** der Zustellung besteht nicht (hM). Wurde sie aber ordnungsgemäß eingeleitet, ist der empfangende RA standesrechtlich verpflichtet mitzuwirken. Verweigert er die Annahme, bleibt nur Zustellung durch den Gerichtsvollzieher (§ 191). –
14 **c) Beweiskraft** des Empfangsbekenntnisses. Es ist eine Privaturkunde(§ 415), deren Beweiskraft insofern über § 416 hinausgeht, als sie vollen Beweis für die darin bezeugten Vorgänge begründet und eine Zustellungsurkunde (§§ 190, 182) ersetzt (BGH NJW 90, 2125 für § 198 aF). Gegenbeweis (8 vor § 284) ist für jeden Vorgang zulässig (BGH aaO). An den Nachweis, der Zugang sei später erfolgt als das angegebene Datum ausweist, sind strenge Anforderungen zu stellen (BGH NJW 96, 3014 mwN für § 198 aF). Es muss jede Möglichkeit ausgeschlossen sein, dass die als unrichtig bezeichneten Angaben im Empfangsbekenntnis richtig sein können (BGH NJW 96, 2514 und NJW-RR 98, 1442 für § 198 aF; Köln NJW-RR 97, 894 für § 212 a aF). Die Handakten des RAs können im Einzelfall genügen (BGH NJW 87, 325 für § 198 aF).

15   **5. Gegenbescheinigung** (Abs 2 S 3) ist keine Wirksamkeitsvoraussetzung der Zustellung (Rn 10). Ihr Inhalt entspricht dem des Empfangsbekenntnisses (Rn 9). An Stelle der Bestätigung des Empfangs tritt die Erklärung, dass zugestellt wurde. Da das Zustellungsdatum (Rn 9) dem zustellenden RA erst später bekannt wird, ist es idR unmöglich, die volle Bescheinigung mit dem zuzustellenden Schriftstück sogleich mitzusenden. Weicht das Datum ab, so ist im Zweifel das der Empfangsbescheinigung maßgebend. Der zustellende RA ist auf Grund des Abs 2 S 3 zur Ausstellung verpflichtet.

Titel 3. Ladungen, Termine und Fristen

Vorbemerkung

I. Allgemeines zu Ladung und Terminsmitteilung. Sie haben ge- 1
meinsam, dass sie die Prozessbeteiligten von einem Termin (Rn 6) in
Kenntnis setzen sollen und nur von Amts wegen geschehen. Da die
Terminsbestimmung (§ 216) eine Entscheidung (Beschluss oder Verfügung) darstellt, gilt hierfür § 329. Daraus folgt: Bei verkündeter Terminsbestimmung (§ 329 Abs 1) ist eine besondere Ladung (Rn 2)
oder Terminsmitteilung (Rn 3) nicht erforderlich (§ 218). Nicht verkündete Terminsbestimmungen sind durch Ladung oder Terminsmitteilung zuzustellen (§ 329 Abs 2 S 2). Formlose Mitteilung genügt
daher grundsätzlich nicht, nur dann, wenn sie vom Gesetz ausdrücklich zugelassen ist (zB § 141 Abs 2 S 2, § 357 Abs 2 S 1, § 497
Abs 1).

1. Ladung ist die Aufforderung, in einem Termin zu erscheinen. 2
Sie muss enthalten: **(1)** Das Gericht, das lädt; **(2)** die geladene Person;
(3) den Terminsort (mindestens das Gebäude); **(4)** die Terminszeit
(mit Stunde); **(5)** den Terminszweck (zB Beweisaufnahme) mit Bezeichnung des Rechtsstreits nach Betreff und Aktenzeichen; **(6)** die
Aufforderung, im Termin zu erscheinen, nicht notwendig ausdrücklich, aber erkennbar; **(7)** nur im Fall des § 215 die Aufforderung,
einen RA zu bestellen.

2. Terminsmitteilung ist die Nachricht, dass ein Termin stattfindet. 3
Sie tritt an die Stelle der Ladung, wo diese nicht ausdrücklich vorgeschrieben ist (zB § 141 Abs 2 S 2, § 357 Abs 2 S 1, § 497 Abs 1). Sie
muss mindestens die in Rn 2 unter (1)–(5) bezeichneten Bestandteile
enthalten.

3. Mängel einer Ladung oder Terminsmitteilung. **a) Unwirksam** ist 4
sie, wenn ein notwendiger Bestandteil fehlt oder wenn nicht, falls dies
vorgeschrieben ist, wirksam zugestellt wurde (17–19 vor § 166). Die für
das Ausbleiben vorgesehenen Rechtsnachteile (zB Versäumnisurteil) treten dann nicht ein (vgl zB § 335 Nr 2, 4). – **b) Geheilt** werden kann 5
die unwirksame Zustellung gemäß 20–22 vor § 166, die unterlassene
Zustellung oder Terminsmitteilung, ihr fehlerhafter Inhalt (Rn 2, 3) und
eine nicht eingehaltene Ladungsfrist (§ 217) über § 295.

II. Termin ist ein im Voraus bestimmter Zeitpunkt für ein ge- 6
meinsames Handeln von Gericht und Parteien. Das ist gleichbedeutend mit Sitzung (vgl zB § 136 Abs 3, § 345). Der Termin kann
insbes zur mündlichen Verhandlung, Beweisaufnahme, auch zur gütlichen Streitbeilegung (§ 278) oder zur Entscheidungsverkündung bestimmt sein.

III. Fristen iS der §§ 221–229 (eigentliche Fristen) sind Zeiträume 7
zur Vornahme einer Prozesshandlung (Handlungsfristen) oder zur Vor-

bereitung der Partei auf einen Termin (Zwischenfristen). Keine Fristen
iS der §§ 221–229, daher uneigentliche Fristen sind die in § 234 Abs 3,
§ 315 Abs 2 S 1, § 586 Abs 2 S 2, § 614 Abs 4, § 798, § 958 Abs 2.
Berechnet werden sie aber nach § 222.

8   **1. Eigentliche Fristen** sind gesetzliche oder richterliche. Sie sind
wegen § 224 voneinander zu unterscheiden. **a) Gesetzliche Fristen.**
Ihre Dauer wird vom Gesetz bestimmt. Auseinanderzuhalten sind: **aa)
Notfristen.** Sie müssen im Gesetz als solche bezeichnet sein (§ 224
Abs 1 S 2). **bb) Gewöhnliche Fristen.** Das sind alle gesetzlichen
Fristen, die in der ZPO nicht ausdrücklich als Notfristen bezeichnet
9 sind. – **b) Richterliche Fristen.** Ihre Dauer wird nicht vom Gesetz,
sondern vom Gericht bestimmt, nach Zeitraum (zB 2 Wochen) oder
Endtag (Datum). Bsp: § 56 Abs 2 S 2, § 89 Abs 1 S 2, § 113, § 273
Abs 2 Nr 1, § 275 Abs 1 S 1, Abs 3, 4, § 276 Abs 1 S 2, Abs 3, § 277
Abs 3, § 356, § 769 Abs 2, § 926 Abs 1. Richterlich bestimmte Not-
fristen gibt es in § 276 Abs 1 S 3, § 339 Abs 2.

10   **2. Fristwahrung.** Eine fristgebundene Prozesshandlung muss spätestens um 24 Uhr des letzten Tages der Frist dem Gericht gegenüber
vorgenommen werden. Fristgebundene Schriftsätze müssen bis dahin
tatsächlich in die Verfügungsgewalt des Gerichts gelangen. Besteht für
mehrere Gerichte eine gemeinsame allgemeine Einlaufstelle, wahrt der
eingegangene Schriftsatz die Frist bei den angeschlossenen Gerichten.

§ 214 Ladung zum Termin

Die Ladung zu einem Termin wird von Amts wegen veranlaßt.

1   Ladung: 2 vor § 214. Termin: 6 vor § 214. Von Amts wegen: Die
Geschäftsstelle (§ 153 GVG) veranlasst die Ladung, fertigt den Ladungs-
schriftsatz und sorgt für seine Zustellung (§ 168 nF).

§ 215 Ladung im Anwaltsprozess

**In Anwaltsprozessen muß die Ladung zur mündlichen Ver-
handlung, sofern die Zustellung nicht an einen Rechtsanwalt
erfolgt, die Aufforderung enthalten, einen Anwalt zu bestellen.**

Geändert durch Art 3 Nr 4 Gesetz zur Neuordnung des Berufsrechts
der Rechtsanwälte und Patentanwälte vom 2. 9. 94 (BGBl I 2278); im
ganzen Bundesgebiet in Kraft seit 1. 1. 2000 (vgl Art 1 Nr 3 G vom
17. 12. 99, BGBl I 2448).

1   **Anwaltsprozess:** § 78. Gilt nicht nur für die Ladung zur ersten
mündlichen Verhandlung, sondern auch für spätere Termine, solange
noch kein Anwalt bestellt ist (hM). **Verstoß:** 4 vor § 214.

§ 216 Terminsbestimmung

(1) **Die Termine werden von Amts wegen bestimmt, wenn Anträge oder Erklärungen eingereicht werden, über die nur nach mündlicher Verhandlung entschieden werden kann oder über die mündliche Verhandlung vom Gericht angeordnet ist.**

(2) **Der Vorsitzende hat die Termine unverzüglich zu bestimmen.**

(3) **Auf Sonntage, allgemeine Feiertage oder Sonnabende sind Termine nur in Notfällen anzuberaumen.**

1. Anwendungsbereich: alle der ZPO unterliegenden Verfahren 1 mit mündlicher Verhandlung (Rn 2) und alle Rechtszüge, so dass von Amts wegen auch Termin zu bestimmen ist nach Zurückverweisung (§§ 538 Abs 2, 563 Abs 1) oder nach Rechtskraft eines Grundurteils (BGH NJW 79, 2307).

2. Voraussetzungen. Sie werden von Amts wegen geprüft, bevor der 2 Termin bestimmt wird. **a) Einreichung von Schriftsätzen** oder Erklärungen zu Protokoll (vgl § 78 Abs 3), deren Inhalt (Anträge oder Prozesshandlungen) eine mündliche Verhandlung erfordert, entweder kraft Gesetzes (§ 128 Abs 1) oder, wenn sie freigestellt ist, infolge Anordnung (§ 128 Abs 2, 3). – **b) Zulässigkeit** der mündlichen Verhandlung in 3 Bezug auf den Stand des Verfahrens. Ist ein schriftliches Vorverfahren eingeleitet (§ 276), darf der Haupttermin (§ 272 Abs 1) nicht vor Ablauf des Vorverfahrens (§ 277) bestimmt werden. Ist unterbrochen, ausgesetzt oder das Ruhen angeordnet (vgl 2, 4 vor § 239), so darf nur Termin bestimmt werden, wenn die Fortsetzung des Verfahrens zulässig ist. Das gilt entspr, wenn geltend gemacht wird, ein Prozessvergleich sei unwirksam (§ 794 Rn 36). – **c) Wirksamkeit** der eingereichten Anträge und 4 Prozesshandlungen (Rn 2). Die in § 253 Rn 19, 20 dargelegten Grundsätze sind für Klagen besonders zu beachten und gelten für andere Anträge als Klagen entspr. – **d) Gebührenvorauszahlung,** soweit § 65 5 GKG sie vorschreibt. Von dieser Sollvorschrift abzuweichen, besteht nur bei besonderen Gründen Anlass. Bei Nichtzahlung eines Auslagenvorschusses darf ein Termin nicht verweigert werden (Köln NJW-RR 99, 290).

3. Ausführung. Zuständig sind der Vorsitzende (Abs 2) oder der 6 Amtsrichter (§ 22 Abs 1 GVG); der Einzelrichter (§§ 348, 348 a, 526, 527); ggf der kommissarische Richter (§ 229); der Rechtspfleger, falls vor ihm mündlich verhandelt wird (§ 4 Abs 1 RPflG). **a) Von Amts** 7 **wegen.** Das zuständige Rechtspflegeorgan handelt, auch ohne Antrag oder Anregung, wenn ein Termin erforderlich wird (Rn 2). – **b) Terminswahl** steht grundsätzlich im Ermessen, begrenzt durch Einlassungs- 8 und Ladungsfristen (§ 274 Abs 3, § 217). Der Termin zur mdl Vhdlg soll auf den frühest möglichen Zeitpunkt bestimmt werden (§ 272 Abs 3). Der Vorsitzende ist nicht verpflichtet, den Termin so weit hinauszuschieben, dass auch verspätetes Vorbringen noch ohne Verzögerung berücksichtigt werden kann (BGH NJW 81, 286). Grundsätzlich ist die Reihenfolge des Einlaufs und der Stand der Verhandlungsreife (vgl §§ 276, 277) zugrunde zu legen. Die allgemeine Geschäftslage des Gerichts, die voraussichtliche Verhandlungsdauer, die notwendige Vorbereitungszeit und berechtigte Wünsche der Parteien dürfen jedoch berücksichtigt werden. Sammeltermine (Vielzahl von angesetzten Verhandlungsterminen zur selben Terminsstunde) sind zulässig, aber oft

9 nicht empfehlenswert. – **c) Unverzüglich** (Abs 2) bedeutet ohne schuldhaftes Zögern (wie § 121 Abs 1 S 1 BGB) und verpflichtet die Geschäftsstelle zur sofortigen Vorlage. Ein Verstoß kann lediglich die Amtspflicht verletzen. Bei Verzögerung wegen Überlastung sind Gleichheitsgrundsatz und Verhältnismäßigkeit zu beachten (Karlsruhe NJW 73, 1510). Das Unterlassen jeglicher Bearbeitung und Setzen auf eine Warteliste ist ein Verstoß gegen Abs 2 (Schleswig NJW 82, 246), ebenso wenn die Terminierung wegen Vakanz des Vorsitzes unterlassen wird (LAG Düsseldorf NZA 96, 280) oder wenn bei einer Scheidungssache mit der Terminierung wegen der Folgesachen zugewartet werden muss

10 (Frankfurt NJW 86, 389). – **d) Entscheidung** ergeht idR durch eine Verfügung (1 vor § 214), in der Tag, Uhrzeit, Ort und Zweck des Termins angegeben sind. Fehlt eine der Voraussetzungen (Rn 2–5), so wird die Terminsbestimmung entweder unterlassen oder, falls ein Termin ausdrücklich beantragt ist, dieser Antrag durch Beschluss des Gerichts, den der Vorsitzende herbeiführen muss, abgelehnt. Aus anderen Gründen darf die Terminsbestimmung nicht unterlassen werden, zB nicht wegen unzureichender Besetzung des Spruchkörpers (Karlsruhe NJW 73, 1510; vgl auch Rn 9). – **e) Bekanntmachung** nach § 329 Abs 2 S 2.

11   **4. Rechtsbehelfe.** Zunächst ist um Terminsverlegung (§ 227) nachzusuchen. **a) Terminsbestimmung.** Sie ist unanfechtbar (allgM). Nur ausnahmsweise ist sofortige Beschwerde gegeben, wenn gar nicht (Schleswig NJW 82, 246: § 252 analog) terminiert wird. Bei normalen Prozessen und fortlaufender Terminierung ist das bei 6 Monaten zwischen Einlauf und Termin noch nicht zu bejahen (Köln OLGZ 85,

12 122). – **b) Abgelehnte und unterlassene Terminsbestimmung.** Es findet sofortige Beschwerde (§ 567 Abs 1 Nr 2; vgl § 252 Rn 6) oder Erinnerung (§ 573) statt (allgM), auch wenn der Rechtspfleger entschie-

13 den hat (§ 11 Abs 1 RPflG). – **c) Dienstaufsichtsbeschwerde** (BGH NJW 85, 1471) bei Unterlassung (Rn 10) und wegen der Terminswahl (Rn 8); nur mit dem nach § 26 Abs 2 DRiG zulässigen Ziel (vorzuhalten und zu ermahnen). Dies gilt entspr für den Rechtspfleger (vgl § 5 RPflG).

§ 217 Ladungsfrist

Die Frist, die in einer anhängigen Sache zwischen der Zustellung der Ladung und dem Terminstag liegen soll (Ladungsfrist),

beträgt in Anwaltsprozessen mindestens eine Woche, in anderen Prozessen mindestens drei Tage.

Anwendbar auf alle Ladungen in den der ZPO unterliegenden Verfahren, sofern Parteien, ProzBev und Nebenintervenienten geladen werden; nicht, wenn auf eine andere Terminsstunde geladen wird (hM). **1**
Ladungsfrist. An ihre Stelle tritt bei Einleitung eines Verfahrens die Einlassungsfrist (§ 274 Abs 3, § 521 Abs 2, § 553 Abs 2). Die Ladungsfrist ist eine gesetzliche Frist iS von 8 vor § 214; sie kann nur abgekürzt (§§ 224, 226), nicht verlängert werden (§ 224 Abs 2). Sondervorschriften über die Dauer der Ladungsfrist: § 604 Abs 2 und 3, § 239 Abs 3. **2**
Berechnung. Zustellungs- und Terminstag werden nicht eingerechnet. **3**
Anwaltsprozess: § 78. **Verstoß.** Wird die Ladungsfrist nicht eingehalten, so ist nicht ordnungsgemäß geladen mit den Folgen von 4, 5 vor § 214. **4**

§ 218 Entbehrlichkeit der Ladung

Zu Terminen, die in verkündeten Entscheidungen bestimmt sind, ist eine Ladung der Parteien unbeschadet der Vorschriften des § 141 Abs 2 nicht erforderlich.

1. Voraussetzungen sind. **a) Verkündete Entscheidung,** wenn sie **1** die mitverkündete Terminsbestimmung enthält (vgl hierzu § 329 Abs 2 S 2). Die Entscheidung (insbes Fortsetzung der mdl Vhdlg, Beweisbeschluss, Entscheidungsverkündungstermin) kann auch allein aus der Terminsbestimmung bestehen. – **b) Ordnungsgemäße Ladung** der Partei, des ProzBev oder Nebenintervenienten zu dem Termin, in dem der **2** neue Termin verkündet wurde (allgM). Sie brauchen nicht erschienen oder bei der Verkündung anwesend zu sein (allgM). Sind sie erschienen, muss die Ladung zum Termin nicht ordnungsgemäß gewesen sein. Die Ladung wird ersetzt durch eine Terminsmitteilung (3 vor § 214), wenn sie genügt, oder durch eine vorangegangene Verkündung gemäß § 218. – **c) Ladungsfrist** (§ 217) muss nicht eingehalten werden, weil **3** nicht geladen wird (BGH NJW 64, 658; aA StJRoth § 217 Rn 4).

2. Wirkung. Eine Ladung der Parteien, ProzBev und Nebenintervenienten zu dem verkündeten Termin ist nicht erforderlich, sondern **4** wird durch die Verkündung ersetzt. Trotz Verkündung gemäß § 218 ist zu laden bei § 141 Abs 2, § 335 Abs 2, § 337 S 2, § 612 Abs 2, § 640 Abs 1.

§ 219 Terminsort

(1) Die Termine werden an der Gerichtsstelle abgehalten, sofern nicht die Einnahme eines Augenscheins an Ort und Stelle, die Verhandlung mit einer am Erscheinen vor Gericht verhinderten Person oder eine sonstige Handlung erforderlich ist, die an der Gerichtsstelle nicht vorgenommen werden kann.

(2) **Der Bundespräsident ist nicht verpflichtet, persönlich an der Gerichtsstelle zu erscheinen.**

1 **Gerichtsstelle** ist das betreffende Gerichtsgebäude. Außerhalb dürfen Termine nur unter den Voraussetzungen des Abs 1 abgehalten werden
2 (Lokaltermine). **Entscheidung** durch das Gericht im Rahmen der sachlichen Prozessleitung (§ 136 Rn 2), die insoweit durch § 216 Abs 2 dem Vorsitzenden übertragen ist (wohl hM; BAG NJW 93, 1029). Das Hausrecht einer Partei oder Dritter wird durch die Anordnung nicht berührt; die Berechtigten können daher dem Gericht und jedem Beteiligten das Betreten und die Abhaltung der Gerichtshandlungen verweigern. Fol-
3 gen: 3–5 vor § 371. **Rechtsbehelfe.** Die Anordnung eines Lokaltermins ist unanfechtbar. Gegen die Ablehnung eines darauf gerichteten Antrags einer Partei findet Beschwerde statt (§ 567 Abs 1 Nr 2; bestr).

§ 220 Aufruf der Sache; versäumter Termin

(1) **Der Termin beginnt mit dem Aufruf der Sache.**

(2) **Der Termin ist von einer Partei versäumt, wenn sie bis zum Schluß nicht verhandelt.**

1 **1. Dauer des Termins** ist nicht identisch mit Dauer der Verhandlung
2 (§ 137 Abs 1, § 136 Abs 4). **a) Beginn:** mit dem Aufruf (Abs 1). Das ist die Erklärung des Vorsitzenden (§ 136 Abs 1) oder von ihm Beauftragten, dass in die Verhandlung der Sache eingetreten wird. Art und Weise hängen von den konkreten Umständen ab. Der Aufruf ist ggf auch außerhalb des Sitzungsraums notwendig (vgl BVerfG NJW 77, 1443). Vor der Terminsstunde darf nur aufgerufen werden, falls die Parteien
3 damit einverstanden sind (KG NJW 87, 1338). – **b) Ende:** mit Verkündung der Entscheidung (§ 136 Abs 4, § 310 Abs 1 S 1, § 329 Abs 1 S 1), auch Vertagung (§ 227 Abs 1 S 1) oder Abschluss eines Prozessvergleichs (§ 794 Abs 1 Nr 1). Das Ende des Termins ist vom Schluss der Verhandlung (Abs 2; § 136 Abs 4) zu unterscheiden.

4 **2. Versäumter Termin** (Abs 2). Bis zum Schluss: das ist nicht das Ende des Termins, sondern der Schluss der mündlichen Verhandlung (§ 136 Abs 4), also noch vor Beratung und Entscheidungsverkündung (§ 310 Abs 1 S 1; § 329 Abs 1 S 1). Bei Wiedereröffnung (§ 156) ist der Schluss des wiedereröffneten Teils maßgebend. Verhandeln: wie § 333.

§ 221 Fristbeginn

Der Lauf einer richterlichen Frist beginnt, sofern nicht bei ihrer Festsetzung ein anderes bestimmt wird, mit der Zustellung des Schriftstücks, in dem die Frist festgesetzt ist, und, wenn es einer solchen Zustellung nicht bedarf, mit der Verkündung der Frist.

Gesetzliche Frist (8 vor § 214). Der Fristbeginn ist jeweils besonders 1
im Gesetz bestimmt (zB § 517, § 569 Abs 1 S 2). **Richterliche Frist** (9 2
vor § 214). Hierfür gilt § 221. Danach beginnt die Frist grundsätzlich
mit dem in der richterlichen Entscheidung bestimmten Ereignis oder
Tag (§ 222 Rn 2 und 7). Falls eine solche Bestimmung fehlt, entweder
mit Verkündung der Entscheidung, durch die die Frist bestimmt wurde
(§ 329 Abs 1 S 1), oder bei nicht verkündeten Entscheidungen mit der
dann nach § 329 Abs 2 S 2 notwendigen Zustellung von Amts wegen.
Lauf von Fristen. Gesetzliche und richterliche Fristen laufen für jede 3
Partei gesondert, sodass insbes die Rechtsmittelfristen getrennt, je nach
dem Tag der Zustellung bei der betreffenden Partei, zu laufen beginnen.

§ 222 Fristberechnung

(1) **Für die Berechnung der Fristen gelten die Vorschriften des Bürgerlichen Gesetzbuchs.**

(2) **Fällt das Ende einer Frist auf einen Sonntag, einen allgemeinen Feiertag oder einen Sonnabend, so endet die Frist mit Ablauf des nächsten Werktages.**

(3) **Bei der Berechnung einer Frist, die nach Stunden bestimmt ist, werden Sonntage, allgemeine Feiertage und Sonnabende nicht mitgerechnet.**

1. Anwendungsbereich: alle prozessualen Fristen (7–9 vor § 214), 1
auch die uneigentlichen Fristen (7 aE vor § 214) und die Vergleichswiderrufsfrist (§ 794 Rn 20). Die Verweisung des Abs 1 führt im Wesentlichen zum gleichen Berechnungsergebnis.

2. Berechnungsgrundsätze. Zu berechnen ist nach den §§ 187 bis 2
189 BGB. **a) Beginn** (vgl § 221). Ist ein Ereignis (zB Zustellung) oder
ein Zeitpunkt im Laufe des Tages (eine Stunde oder Uhrzeit nach
0 Uhr) für den Fristbeginn maßgebend, so wird dieser Tag nicht mitgerechnet (§ 187 Abs 1 BGB). Ist jedoch der Beginn eines Tages (zB
„ab 3. März") als Fristbeginn bestimmt so wird dieser Tag in die Frist
eingerechnet (§ 187 Abs 2 BGB). – **b) Dauer.** Die Wochenfrist wird 3
nach Rn 6 berechnet. Bei Jahr und Monat wird die im Einzelfall sich
ergebende Dauer zugrunde gelegt. Eine Woche sind 7, ein halber Monat
sind 15 Tage, ein halbes Jahr 6, ein Vierteljahr 3 Monate (§ 189 Abs 1
BGB). Der Tag dauert von 0–24 Uhr, unabhängig von der jeweiligen
Dienstzeit. Zu beachten ist, dass es aus diesem Grunde genügt, wenn das
Schriftstück vor 24 Uhr in die Verfügungsgewalt des Gerichts gelangt.
Nicht notwendig ist, dass es auch noch ein zuständiger Geschäftsstellenbediensteter amtlich in Empfang nimmt (BVerfG NJW 80, 580).

3. Fristende. Es gilt § 188 BGB. Fristwahrung: 10 vor § 214. 4
a) Stundenfristen werden nach vollen Stunden berechnet; § 187 Abs 1
BGB ist insoweit entspr anwendbar, als die angebrochene Stunde nicht
mitgerechnet werden darf. Die Frist endet mit vollem Ablauf der letzten

Stunde. Sonn-, Feier- und Samstage bleiben außer Betracht (Abs 3; vgl
5 Rn 8). – **b) Tagesfristen:** mit Ablauf (24 Uhr) des letzten Tages. Der
Tag des Fristbeginns wird nicht mitgerechnet (Rn 2; § 187 Abs 1 BGB)
Bsp (3-Tage-Frist): Zustellung am Montag; Fristablauf am Donnerstag
6 24 Uhr. – **c) Wochenfristen:** mit Ablauf des Tages, der dem Tag der
vorangegangenen Woche entspricht, in den das Ereignis fiel (§ 188
Abs 2 BGB). Bsp: Zustellung am Mittwoch; Fristablauf am Mittwoch
24 Uhr. Bei bestimmtem Fristbeginn „ab Mittwoch" (vgl Rn 2 aE) ist
Fristablauf nächste Woche Dienstag 24 Uhr (§ 187 Abs 2 BGB). –
7 **d) Monats-, Jahres- und Jahresbruchteilsfristen.** ist auf ein Ereignis
(insbes Zustellung) abgestellt (Rn 2), so ist Fristablauf an dem Tag, der
in der Bezeichnung nach der Zahl oder dem Monat dem des Ereignisses
entspricht (zB Zustellung am 3. März, Ablauf am 3. April 24 Uhr). Fehlt
ein entspr Tag, so ist es der letzte Tag des Monats (§ 188 Abs 3 BGB; zB
Zustellung am 31. Januar, Ablauf am 28. Februar 24 Uhr). Bei Zustellung am letzten Februartag ist jedoch Ablauf am 28. oder 29. März
wegen § 188 Abs 2 (BGH NJW 84, 1358). Ist die Frist ab einem Tag
bestimmt (Rn 2 aE), so ist Fristablauf mit dem vorhergehenden Tag, der
der Bezeichnung nach der Zahl entspricht. Bsp: Beginn mit dem
3. März, Ablauf am 2. April 24 Uhr; bei Jahresfrist am 2. März 24 Uhr
des nächsten Jahres.

8 **4. Einfluss von Sonn-, Feier- und Samstagen.** Nur gesetzliche
Feiertage. Das ist nicht ein Tag, an dem die Behörden üblicherweise
geschlossen sind, zB 31. 12. (VGH Mannheim NJW 87, 1353) oder
9 24. 12. (OVG Hamburg NJW 93, 1941). **a) Fristende** (Abs 2). Gilt nur
hierfür; aber auch dann, wenn die Frist verlängert wird, für den Ablauf
der Frist, die verlängert wurde (BGH 21, 43). Bsp: Wenn das Ende der
Berufungsbegründungsfrist auf einen Sonntag oder Samstag fällt, läuft sie
am Montag ab, so dass die Verlängerung am Dienstag für die bestimmte
Zahl von Tagen zu laufen beginnt (§ 224 Abs 3). Bei Zwischenfristen
(insbes Einlassungs- und Ladungsfrist) ist Fristablauf der Tag vor dem
bestimmten Termin (vgl § 217), so dass zB erst am Mittwoch Termin
stattfinden darf, wenn das Fristende auf einen Ostermontag fällt. –
10 **b) Stundenfristen** (Abs 3). Es wird die Frist um volle 24, 48 oder 72
Stunden gehemmt. Bsp: Eine 24 Stunden-Frist, die am Freitag um 18
Uhr beginnt, läuft am Montag um 18 Uhr ab und über Ostern am
Dienstag. Fällt der Beginn auf einen Samstag (Sonnabend), so läuft die
Frist erst ab Montag 0 bis 24 Uhr.

§ 223 (aufgehoben)

§ 224 Fristkürzung; Fristverlängerung

(1) ¹**Durch Vereinbarung der Parteien können Fristen, mit
Ausnahme der Notfristen, abgekürzt werden.** ²Notfristen sind

nur diejenigen Fristen, die in diesem Gesetz als solche bezeichnet sind.

(2) **Auf Antrag können richterliche und gesetzliche Fristen abgekürzt oder verlängert werden, wenn erhebliche Gründe glaubhaft gemacht sind, gesetzliche Fristen jedoch nur in den besonders bestimmten Fällen.**

(3) **Im Falle der Verlängerung wird die neue Frist von dem Ablauf der vorigen Frist an berechnet, wenn nicht im einzelnen Falle ein anderes bestimmt ist.**

1. Fristabkürzung durch Parteivereinbarung (Abs 1 S 1). Form- 1
loser Prozessvertrag (Einl III Rn 6). Er kann auch außergerichtlich abgeschlossen werden. Abgekürzt (nicht verlängert) werden können gesetzliche und richterliche Fristen (Rn 4), nicht Notfristen (Rn 2) und uneigentliche Fristen (7 vor § 214). Abgekürzt und verlängert werden kann die Widerrufsfrist beim Prozessvergleich (§ 794 Rn 20) auch ohne Protokollierung (hM; E. Schneider MDR 99, 595 mwN; aA LG Bonn MDR 97, 783 und 22. Aufl), aber nur vor Fristablauf (hM; Hamm FamRZ 88, 535).

2. Notfristen (Abs 1 S 2). Fristbegriff: 7 vor § 214. Bezeichnet sind 2
als solche die Fristen in § 276 Abs 1 S 1, § 321 a Abs 2 S 2; § 339 Abs 1, S 2; §§ 517, 548, 569 Abs 1 S 1, § 575 Abs 1 S 1, § 586 Abs 1, § 958 Abs 1 S 1. Notfristen laufen trotz Ruhen (§ 251 Abs 1 S 2), anders bei Unterbrechung und Aussetzung (§ 249 Abs 1). Sie sind unabänderlich (Abs 1 S 1). Werden sie unverschuldet versäumt, findet Wiedereinsetzung statt (§ 233).

3. Friständerung durch das Gericht (Abs 2). Zuständigkeit und 3
Verfahren: § 225. Das Gericht kann abkürzen oder (auch wiederholt) verlängern nur unter bestimmten Voraussetzungen (Rn 3–6). Fehlt der Antrag (Rn 4) oder der Grund (Rn 7), so ist die Friständerung dennoch wirksam. **a) Antrag** (§ 225 Abs 1) einer Partei oder eines Nebeninter- 4
venienten. Anwaltszwang gemäß § 78 (BGH 93, 303 mwN, Karlsruhe NJW-RR 00, 1519). Sonst keine Form; jedoch schriftlich bei Verlängerung von Rechtsmittelbegründungsfristen (§ 519 Rn 13). Der Antrag kann schon vor Fristbeginn gestellt werden. – **b) Fristart.** Es können 5
alle richterlichen Fristen (9 vor § 214) geändert werden, eine gesetzliche Frist (8 vor § 214) nur dann, wenn es ausdrücklich zugelassen ist (zB § 226, § 519 Abs 2 S 3, § 554 Abs 2 S 2), nie eine Notfrist (Rn 2) und eine von den Parteien vereinbarte Frist, zB die Vergleichswiderrufsfrist (vgl Rn 1). – **c) Rechtzeitigkeit.** Der Antrag auf Fristverlängerung 6
muss vor Fristablauf gestellt, nicht notwendig die verlängernde Entscheidung vor Fristablauf erlassen werden (BGH 83, 217; vgl § 519 Rn 14). – **d) Erhebliche Gründe** für eine Friständerung müssen vor- 7
liegen und sind glaubhaft zu machen (§ 294). Eine Vereinbarung der Parteien ist kein geeigneter Grund (hM).

8   **4. Berechnung** (Abs 3). Die Verlängerung durch einen Zeitraum
(zB ein Monat) wird erst im Anschluss an den Ablauf der alten, unver-
längerten Frist gerechnet. Fällt zB deren Ende auf einen Sonntag, so
läuft sie erst am Montag 24 Uhr ab (§ 222 Abs 2); die Verlängerung
läuft dann ab Dienstag 0 Uhr (BGH 21, 43). Diese Berechnung erübrigt sich bei einer Datumsfrist (zB „bis zum 2. Mai"). In der verlän-
gernden Entscheidung (§ 225 Rn 3) kann etwas anderes bestimmt werden.

§ 225 Verfahren bei Friständerung

(1) **Über das Gesuch um Abkürzung oder Verlängerung einer
Frist kann ohne mündliche Verhandlung entschieden werden.**

(2) **Die Abkürzung oder wiederholte Verlängerung darf nur
nach Anhörung des Gegners bewilligt werden.**

(3) **Eine Anfechtung des Beschlusses, durch den das Gesuch
um Verlängerung einer Frist zurückgewiesen ist, findet nicht
statt.**

1   **1. Verfahren** für Friständerungen gemäß § 224 Abs 2. **a) Zuständig**
ist grundsätzlich das Gericht, bei dem die Frist zu wahren ist. Der
Vorsitzende ist zuständig in den Fällen § 134 Abs 2, § 226 Abs 3, § 520
Abs 2, § 551 Abs 2 S 4. Ist er zuständig, die Frist zu setzen (zB § 275
Abs 1, § 276 Abs 2 S 2), kann er auch die Frist ändern. Er kann dann
auch den Antrag ablehnen (Demharter MDR 86, 797). Im Fall des
2 § 229 ist der kommissarische Richter zuständig. – **b) Gehör** des Antragsgegners ist nur bei Abkürzung (Ausnahme: § 226 Abs 3) und bei
wiederholter Verlängerung notwendig (Abs 2). Es genügt Gelegenheit
zur schriftlichen Stellungnahme innerhalb angemessener richterlicher
Frist.

3   **2. Entscheidung** (Abs 1). Beschluss des Gerichts oder Verfügung des
Vorsitzenden (Rn 1). Die Friständerung wird nach einem bestimmten
Zeitraum (zB 2 Wochen), nach der Zahl der Tage oder mit dem Datum
des geänderten Ablaufs bezeichnet. Gründe entfallen, wenn antrags-
gemäß entschieden wird und der Antragsgegner nicht widersprochen hat.
Das Gesuch darf nicht aus dem Grund zurückgewiesen werden, dass der
Gegner nicht zustimmt (BVerfG NJW 00, 944). Bekanntmachung:
§ 329 Abs 2.

4   **3. Rechtsbehelfe.** Sofortige Beschwerde (§ 567 Abs 1 Nr 2) findet
nur gegen die Ablehnung des Abkürzungsantrags statt (Abs 3). Gewährte
Verlängerung und Abkürzung sind wegen §§ 512, 557 Abs 2 nicht
nachprüfbar. Die Ablehnung des Verlängerungsantrags ist unanfechtbar
(Abs 3). Bei Entscheidungen des Rechtspflegers gelten § 11 Abs 1 oder
2 RPflG. Keine Dienstaufsichtsbeschwerde (vgl § 26 DRiG).

§ 226 Abkürzung von Zwischenfristen

(1) Einlassungsfristen, Ladungsfristen sowie diejenigen Fristen, die für die Zustellung vorbereitender Schriftsätze bestimmt sind, können auf Antrag abgekürzt werden.

(2) Die Abkürzung der Einlassungs- und der Ladungsfristen wird dadurch nicht ausgeschlossen, daß infolge der Abkürzung die mündliche Verhandlung durch Schriftsätze nicht vorbereitet werden kann.

(3) Der Vorsitzende kann bei Bestimmung des Termins die Abkürzung ohne Anhörung des Gegners und des sonst Beteiligten verfügen; diese Verfügung ist dem Beteiligten abschriftlich mitzuteilen.

Anwendbar für die Fristen der §§ 132, 217, 274 Abs 3, § 604. Nur 1 auf Antrag, für den § 224 Rn 4 gilt, nie von Amts wegen. **Verfahren:** 2 wie § 225 mit den dort berücksichtigten Ausnahmen des § 226 Abs 3. **Entscheidung** ergeht regelmäßig zusammen mit der Terminsbestim- 3 mung (§ 216) und steht im Ermessen des Vorsitzenden. Stattgeben sollte er nur bei besonderen Gründen, die nicht notwendig glaubhaft zu machen sind (§ 294). Abs 2 ist zu beachten. Ist die Frist zu kurz bemessen, gilt § 337. **Rechtsbehelfe:** wie § 225 Rn 4. 4

§ 227 Terminsänderung

(1) [1]Aus erheblichen Gründen kann ein Termin aufgehoben oder verlegt sowie eine Verhandlung vertagt werden. [2]Erhebliche Gründe sind insbesondere nicht
1. das Ausbleiben einer Partei oder die Ankündigung, nicht zu erscheinen, wenn nicht das Gericht dafür hält, daß die Partei ohne ihr Verschulden am Erscheinen verhindert ist;
2. die mangelnde Vorbereitung einer Partei, wenn nicht die Partei dies genügend entschuldigt;
3. das Einvernehmen der Parteien allein.

(2) Die erheblichen Gründe sind auf Verlangen des Vorsitzenden, für eine Vertagung auf Verlangen des Gerichts glaubhaft zu machen.

(3) [1]Ein für die Zeit vom 1. Juli bis 31. August bestimmter Termin, mit Ausnahme eines Termins zur Verkündung einer Entscheidung, ist auf Antrag innerhalb einer Woche nach Zugang der Ladung oder Terminsbestimmung zu verlegen. [2]Dies gilt nicht für
1. Arrestsachen oder die eine einstweilige Verfügung oder einstweilige Anordnung betreffenden Sachen,
2. Streitigkeiten wegen Überlassung, Benutzung, Räumung oder Herausgabe von Räumen oder wegen Fortsetzung des Miet-

verhältnisses über Wohnraum auf Grund der §§ 574 bis 574 b des Bürgerlichen Gesetzbuchs,

3. **Streitigkeiten in Familiensachen,**
4. **Wechsel- oder Scheckprozesse,**
5. **Bausachen, wenn über die Fortsetzung eines angefangenen Baues gestritten wird,**
6. **Streitigkeiten wegen Überlassung oder Herausgabe einer Sache an eine Person, bei der die Sache nicht der Pfändung unterworfen ist,**
7. **Zwangsvollstreckungsverfahren oder**
8. **Verfahren der Vollstreckbarerklärung oder zur Vornahme richterlicher Handlungen im Schiedsverfahren;**
   dabei genügt es, wenn nur einer von mehreren Ansprüchen die Voraussetzungen erfüllt. [3] **Wenn das Verfahren besonderer Beschleunigung bedarf, ist dem Verlegungsantrag nicht zu entsprechen.**

(4) [1] **Über die Aufhebung sowie Verlegung eines Termins entscheidet der Vorsitzende ohne mündliche Verhandlung; über die Vertagung einer Verhandlung entscheidet das Gericht.** [2] **Die Entscheidung ist kurz zu begründen.** [3] **Sie ist unanfechtbar.**

Abs 3 Nr 2 ist redaktionell mWv 1. 9. 2001 geändert durch Art 3 Nr 4 MietRRG.

1 **1. Allgemeines. a) Begriffe.** Aufhebung ist die Beseitigung eines Termins, ohne dass ein neuer bestimmt wird. Verlegung ist die Beseitigung eines Termins vor dessen Beginn, wobei gleichzeitig ein neuer Termin bestimmt wird. Eine Vertagung ist die Bestimmung eines neuen Termins nach Beginn des laufenden Termins (§ 220 Rn 2, 3). –
2 **b) Anwendungsbereich.** Alle Verfahren der ZPO mit notwendiger oder freigestellter mdl Vhdlg (§ 128). Verkündungstermine (§ 310
3 Abs 1 S 1) können nur aufgehoben oder verlegt werden. – **c) Zweck.** Der Ausschluss typischer und häufiger Gründe für eine Terminsänderung (Abs 1 S 2) soll der Bereitschaft der Gerichte entgegenwirken, aus Bequemlichkeit Termine zu ändern. Terminsverlegung in der allgemeinen Urlaubszeit soll nur in nicht eilbedürftigen Sachen stattfinden (Abs 3).

4 **2. Erhebliche Gründe** (Abs 1 S 1). Sie sind am Beschleunigungs- und Konzentrationsgebot sowie am rechtlichen Gehör zu orientieren (BVerwG 95, 1231). Sie müssen für das Gericht erkennbar vorliegen und sind nur auf Verlangen des Vorsitzenden oder des Gerichts gem § 294
5 glaubhaft zu machen (Abs 2). **a) Zeugen und Sachverständige:** eine persönliche, auch auf Urlaubsreise beruhende Verhinderung, insbes wenn mündliche Erstattung oder Erläuterung des Gutachtens angeord-
6 net ist (§ 411 Abs 1, 3). – **b) Prozessbevollmächtigte.** Verhinderung durch unvorhergesehene Erkrankung (Köln NJW-RR 90, 1341), aber nicht bei chronischer (BVerwG NJW 01, 2735), unverschuldete Anreiseschwierigkeiten (BVerwG NJW 86, 1057). Es genügt Terminskollision

(BSG MDR 96, 633), Urlaub; eine angemessene, der Prozessarbeit vorgehende persönliche Verhinderung, weil eine Vertretung durch einen mit dem Prozessstoff nicht vertrauten anderen Anwalt dem Zweck des Haupttermins widerspricht. Dies gilt auch bei einer Sozietät für den sachbearbeitenden RA. – **c) Parteien:** ihre Verhinderung nur, wenn ihr 7 persönliches Erscheinen, insbes wegen § 141 Abs 1 S 1 (Aufklärung des Sachverhalts) oder wegen Gegenüberstellung mit Zeugen oder der anderen Partei zur Beweiswürdigung (§ 286) erforderlich erscheint (vgl BVerwG NJW 91, 2099); außerdem im Parteiprozess, wenn die Partei ihn selbst führt. – **d) Sachgründe:** außergerichtliche Vergleichsverhandlung; Zwecklosigkeit eines Termins, weil die Ladungs- oder Einlassungsfrist nicht eingehalten ist oder nicht mehr eingehalten werden kann; wenn der erschienene RA nur aus standesrechtlichen Gründen den Antrag auf Versäumnisurteil unterlässt, weil er es dem gegnerischen RA noch nicht angedroht hat und im Termin die rechtzeitige Androhung ankündigt (vgl § 337 Rn 3); wenn neues Tatsachenvorbringen oder neue Beweismittel erforderlich werden, weil im (Haupt-)Termin neue tatsächliche und rechtliche Erkenntnisse gewonnen wurden (vgl § 279 Abs 3).

3. Keine Gründe (Abs 1 S 2) sind insbes: **a) Nr 1: Ausbleiben** der 9 Partei, ihres gesetzlichen Vertreters oder ProzBev, das eines Nebenintervenienten. Dasselbe gilt bei Ankündigung des Ausbleibens (für Aufhebung und Verlegung), insbes wegen einer Verhinderung, die kein erheblicher Grund ist (vgl Rn 6, 7). Das gilt auch, wenn Ausbleiben oder Ankündigung beide Parteien betrifft; es ist dann im Termin gem § 251 a Abs 3 zu verfahren. Ausnahme: „dafür hält" bedeutet freie Überzeugung. Unverschuldet ist eine Verhinderung nur, wenn sie im Einzelfall trotz gewissenhafter, sorgfältiger Prozessführung der Partei oder ihres Vertreters (§ 51 Abs 2, § 85 Abs 2) eingetreten ist. Bsp für fehlendes Verschulden: Verhinderung durch anderen Gerichtstermin, Erkrankung, aber auch Urlaub in angemessenem Umfang, persönliche und religiöse Feiertage. – **b) Nr 2: Mangelnde Vorbereitung** kann 10 sich auf Information über Tatsachen und auf rechtliche Untersuchung beziehen. Partei: wie Rn 9. Ausnahme (Hs 2): genügend entschuldigt wird nur durch Vortrag von Tatsachen, die auf Verlangen gem § 294 glaubhaft zu machen sind (Abs 2). Die vorgebrachten Tatsachen müssen Vorsatz und Fahrlässigkeit (vgl § 233 Rn 12, 13) für die mangelnde Vorbereitung ausschließen. Es genügt hierfür nicht, dass der ProzBev zu spät mandiert wurde, weil dann die Partei idR ein Verschulden trifft. Fehlt eine Entschuldigung, so ist mit allen Konsequenzen (zB § 138, § 282, § 296 Abs 2, § 333) zu verhandeln und die aus der Verhandlung sich ergebende Entscheidung zu treffen. – **c) Nr 3: Einverständnis der** 11 **Parteien.** Dieses allein reicht für eine Terminsänderung nicht aus. Es muss ein erheblicher Grund (Rn 5–8) hinzukommen, zB außergerichtliche Vergleichsverhandlungen, die nicht nur vorgeschützt sein dürfen, um Nr 3 zu umgehen.

12   **4. Zwingende Terminsverlegung** (Abs 3) ist als Ersatz für die ab-
geschafften Gerichtsferien eingeführt, um den sachbearbeitenden RA,
sonstigen ProzBev oder der Partei bei urlaubsbedingter Abwesenheit
eine Terminsverlegung ohne Begründungsaufwand zu sichern, indem
ihnen ein Anspruch auf Terminsverlegung (nicht auf Vertagung oder
13   Aufhebung) eingeräumt wird. **a) Anwendbar** auf alle Termine (6 vor
§ 214), auch solche, die gemäß § 218 verkündet sind (Feiber NJW 97,
160), mit Ausnahme der Entscheidungsverkündungstermine (§ 310
Abs 1 S 1) und auf alle Verfahren, die nicht unter den Ausnahmen-
katalog (Abs 3 S 2; Rn 20–28) fallen oder für die Abs 3 S 3 nicht zutrifft
14   (Rn 19). – **b) Voraussetzungen: aa)** Termin (auch ein früher, erster
Termin, § 275) muss auf einen Tag vom 1. 7.–31. 8. (einschließlich)
bestimmt sein. Das Gericht darf auf diesen Zeitraum gar nicht erst
15   vertagen (Rn 1), wenn ein entspr Antrag (Rn 15) gestellt wird. **bb)** Antrag: Prozesshandlung (Einl III) des ProzBev oder der Partei; es besteht
Anwaltszwang gemäß § 78, weil Erklärung zu Protokoll (§ 78 Abs 3)
16   nicht vorgesehen ist. Der Antrag bedarf keiner Begründung. **cc)** Fristwahrung: eine Woche (§ 222 Rn 6) nach Zugang (Zustellung) der
Ladung (2 vor § 214) oder der Terminsbestimmung, wenn eine Ladung
nicht stattfindet, wie bei § 218 (Brandenburg NJW-RR 98, 500), nicht
erst ab Protokollzugang (aA Feiber NJW 97, 160) oder bei Terminsmitteilung (3 vor § 214). Wird die Frist versäumt, muss das Gericht
nicht verlegen, kann es aber, jedoch nur gemäß Abs 1, wofür die bloße
17   Urlaubszeit nicht genügt (Feiber aaO). – **c) Entscheidung:** wie
Rn 30 ff. Es darf ohne Antrag nicht auf einen Termin vom 1. 7. bis
31. 8. verlegt werden. Keine bloße Aufhebung des Termins. Für die
Gründe genügt die Angabe, dass der Antrag rechtzeitig gestellt wurde
und bei Zweifeln oder Streit, ob einer der Ausnahmefälle (Rn 20–28)
vorliegt, eine entspr Feststellung. Der ablehnende Beschluss muss die
18   fehlende Voraussetzung darlegen. – **d) Mehrheit von Ansprüchen**
(Abs 3 S 2 Hs 2): betrifft im Gegenstand die Nrn 2–6, beim Anspruchshäufung (§ 260) vorliegt, erst recht bei Anspruchskonkurrenz (§ 260
Rn 5). Umfaßt auch die Fälle der Streitgenossenschaft (§§ 59, 60). –
19   **e) Besonderes Beschleunigungsbedürfnis** (Abs 3 S 3): Es müsste im
Einzelfall dem der Nrn 1–8 entsprechen und darf nicht deshalb verneint
werden, weil der Rechtsstreit im angesetzten Termin voraussichtlich
nicht erledigt werden kann.

20   **5. Verzeichnis der Ausnahmen** (Abs 3 S 2). Es folgt weitgehend,
aber mit erheblichen Abweichungen dem früheren § 200 Abs 2 GVG.
Als Belegstelle angegebene Rspr bezieht sich auf diese Vorschrift.
21   **a) Nr 1. Einstweiliger Rechtsschutz:** Arrest (§ 916), einstw Verfügung (§§ 935, 940) und einstw Anordnung gem §§ 127 a, 620, 621 f,
644, einschließlich der FGG-Familiensachen und aller Rechtsbehelfe. –
22   **b) Nr 2. Rechtsstreit um Räume:** nur solche Streitigkeiten, die um
den Besitz der Miet- oder Pachtsache gehen, sowie um Fortsetzung eines
Wohnraummietverhältnisses (§§ 574–574 b BGB). Der Wortlaut umfasst

auch die Ansprüche aus § 861 und § 985 BGB. Räume: § 29 a Rn 6.
Nicht darunter fallen Feststellungsklagen (BGH NJW 85, 588) und
Schadensersatzansprüche (BGH NJW 80, 1695). – **c) Nr 3. Familien-** 23
sachen: § 621 Abs 1 Nr 1–12. Trifft auch zu, wenn der gesetzliche
Unterhaltsanspruch durch Vereinbarung festgelegt oder ausgestaltet
(BGH NJW 91, 2709), der Anspruch übergeleitet ist oder Rückstände
betrifft (BGH NJW 81, 1564), mit Stufenklage (§ 254) geltend gemacht
ist (§ 621 Rn 9; BGH FamRZ 87, 1021). Gilt auch für Vollstreckungs-
abwehr- (§ 767) und Abänderungsklagen (§ 323), die gegen Unterhaltstitel gerichtet sind (§ 621 Rn 12, 18; BGH NJW-RR 93, 643). Nicht
anwendbar sind diejenigen Rechtsstreitigkeiten zwischen Ehegatten, Eltern und Kindern, die nicht den Unterhalt betreffen und nicht Familiensachen sind (vgl § 621, dort Rn 27, 29). – **d) Nr 4. Wechsel- oder** 24
Scheckprozesse: Es wird allein auf die vom Kläger gewählte Prozessart
(§§ 602, 605 a) abgestellt; umfasst alle Ansprüche aus Wechsel oder
Scheck. Das Nachverfahren (§ 600 ist nicht mehr Wechsel- oder
Scheckprozess. – **e) Nr 5. Bausachen:** gleich aus welchem Rechts- 25
grund, Bauwerk: wie § 648 BGB. Nur anwendbar, wenn ein Bau
begonnen ist, aber unterbrochen wird und unfertig liegenbleibt. –
f) Nr 6. Unpfändbare Sache. Sie muss dem § 811 Abs 1, § 811 c oder 26
§ 812 unterliegen. Überlassung: insbes aus Kauf (§ 433 BGB) und Mietverhältnis (§ 535 BGB). Herausgabe: aus jedem Rechtsgrund, insbes
§ 985 oder § 861 BGB. Der geltend gemachte Anspruch kann sich
daneben auch auf andere (pfändbare) Sachen beziehen. – **g) Nr 7.** 27
Zwangsvollstreckungsverfahren. Der Begriff deckt sich mit § 793
(dort Rn 2) und umfasst nicht die Klagen, welche im 8. Buch geregelt
sind, zB §§ 767, 771, 805. Hingegen fällt die Zwangsversteigerung
(§§ 15 ff ZVG) unter Nr 7, nicht aber die Teilungsversteigerung (§ 180
ZVG; Karlsruhe Rpfleger 91, 263 mwN). – **h) Nr 8. Vollstreckbarer-** 28
klärung und Schiedsverfahren umfasst insbes die Fälle der § 722
(Vollstreckungsurteil), § 1060 (Vollstreckbarerklärung von Schiedssprüchen), §§ 796 a–c (Anwaltsvergleich). Richterliche Handlungen: zB
§§ 1050, 1062.

6. Entscheidung (Abs 4). Sie ergeht von Amts wegen oder auf 29
(formlosen) Antrag, für den § 78 gilt; im Fall des Abs 3 nur auf Antrag
(Rn 15). **a) Zuständig** ist der Vorsitzende für Aufhebung und Verle- 30
gung des Termins, die Kammer oder der Senat für Vertagung, die
sowieso im Termin erfolgt. Beim Einzelrichter (§§ 348, 348 a), bei
alleiniger Zuständigkeit des Vorsitzenden der KfH (§ 349) und beim
Amtsrichter umfasst die Zuständigkeit alle Terminsänderungen. –
b) Form: Verfügung des Vorsitzenden (Einzel- oder Amtsrichters) bei 31
Aufhebung und Verlegung; Beschluss in allen Fällen der Vertagung. –
c) Gründe (Abs 4 S 2) muss die Entscheidung enthalten, die gem Abs 1 32
ergeht. Sie dürfen und sollen kurz sein, können sich in bloßer Angabe
zB „wegen außergerichtlicher Vergleichsverhandlungen", auch in Bezugnahme auf die Antragsbegründung erschöpfen, müssen nur uU bei

gegensätzlichen Anträgen der Parteien umfangreicher sein, ggf eine
kurze Würdigung enthalten, ob glaubhaft gemacht (§ 294) worden ist
33 oder nicht (vgl Rn 4). – **d) Gehör** der Parteien (wie § 225 Rn 2) ist
idR zu gewähren, nicht aber, wenn die Durchführung der Terminsänderung wegen knapper Zeitspanne (insbes für Umladung von Zeugen)
34 dadurch verfehlt wird. – **e) Bekanntmachung.** Die Aufhebung wird
formlos mitgeteilt (§ 329 Abs 2 S 1), die Verlegung wegen der damit
verbundenen Ladung zum neuen Termin zugestellt (§ 329 Abs 2 S 2),
die Vertagung verkündet (§ 329 Abs 1 S 1), womit die gesonderte
Ladung entbehrlich wird (§ 218). Bei kurzer Zeitspanne sollten Aufhebung und Verlegung telefonisch voraus mitgeteilt werden.

35   **7. Rechtsbehelfe.** Jede Entscheidung ist unanfechtbar (Abs 4 S 3;
beim Rechtspfleger aber § 11 Abs 2 RPflG). Das gilt auch, wenn ein
Antrag auf Terminsänderung zurückgewiesen wird (entgegen § 567
Abs 1 Nr 2). Ausnahmen: § 252 Rn 7 aE. Auf Antrag oder von Amts
wegen kann die Entscheidung jederzeit abgeändert werden, indem ein
neuer Termin bestimmt (§ 216 Abs 1) oder der bestimmte Termin verlegt wird (vgl Rn 1; Zuständigkeit wie Rn 30). Bei Dienstaufsichtsbe-
schwerden ist § 26 Abs 2 DRiG zu beachten. Abgelehnte Vertagung
trotz Vorliegen eines erheblichen Grundes kann das rechtliche Gehör
(Einl I Rn 9) verletzen (BVerwG NJW 92, 2042 mwN) und Verfahrensmangel iS des § 538 Abs 2 Nr 1 sein.

§ 228 (weggefallen)

§ 229 Beauftragter oder ersuchter Richter

**Die in diesem Titel dem Gericht und dem Vorsitzenden bei-
gelegten Befugnisse stehen dem beauftragten oder ersuchten
Richter in bezug auf die von diesen zu bestimmenden Termine
und Fristen zu.**

1   **Befugnisse** des beauftragten (vgl § 278 Abs 5, § 361) und des ersuchten Richters (vgl § 278 Abs 5, § 362) sind die gleichen wie die des
2 Vorsitzenden, insbes für §§ 216, 224, 227. **Rechtsbehelf:** Erinnerung
(§ 573), unabhängig davon, ob die Entscheidung des Vorsitzenden anfechtbar wäre.

Titel 4. Folgen der Versäumung. Wiedereinsetzung
in den vorigen Stand

Vorbemerkung

1   **1. Anwendungsbereich.** Die §§ 230–238 gelten nur für das Versäumen einer Prozesshandlung (Einl III) der Partei oder des Nebenintervenienten. Nur die ganz allgemeinen Voraussetzungen und Folgen dieser

Versäumung sind in § 230 und § 231 geregelt, sonst im Gesetz verstreut (zB § 339 Abs 1, § 522 Abs 1). Die §§ 233–238 regeln die Beseitigung von Versäumungsfolgen bei bestimmten Voraussetzungen durch Wiedereinsetzung in den vorigen Stand.

2. Begriff der Versäumung. Versäumt ist eine Prozesshandlung **2** (Rn 1), wenn sie nicht innerhalb des für sie vorgeschriebenen Zeitraums vorgenommen wird oder wenn sie innerhalb der Frist lediglich unwirksam vorgenommen wurde. Der Zeitraum ist bestimmt durch: **a) Fristen 3** (7 vor § 214), zB in § 339 Abs 1, § 517, § 520 Abs 2. Eine Frist wird gewahrt, wenn bis zu ihrem Ablauf (§ 222 Rn 4–7) die Prozesshandlung wirksam (insbes auch formgerecht) vorgenommen worden ist. Die Frist darf voll ausgenutzt werden, so dass bis zum Ablauf die Prozesshandlung ergänzt, erweitert oder berichtigt werden darf. Dass die Frist noch nicht zu laufen begonnen hat, steht der Vornahme der Prozesshandlung nicht entgegen. Versäumt ist die Frist grundsätzlich mit ihrem Ablauf, ausnahmsweise später nach § 231 Abs 2. – **b) Prozessstadium.** Das kann **4** zB sein: das Stellen der Anträge (§ 43), das Verhandeln zur Hauptsache (§ 39), die nächstfolgende mdl Vhdlg (§ 295 Abs 1), der Schluss der Letzten mdl Vhdlg (§ 296 a). In diesen Fällen ist die Prozesshandlung versäumt, wenn sie nicht bis zum Eintritt dieses Ereignisses vorgenommen wird, bei mdl Vhdlg bis zu deren Schluss (§ 136 Abs 4).

§ 230 Allgemeine Versäumnisfolge

Die Versäumung einer Prozeßhandlung hat zur allgemeinen Folge, daß die Partei mit der vorzunehmenden Prozeßhandlung ausgeschlossen wird.

Voraussetzung. Eine Prozesshandlung (Einl III) muss versäumt sein **1** (2–4 vor § 230). Auf Verschulden der Partei oder ihres ProzBev (§ 233 Rn 12, 13) kommt es hierbei nicht an; ausnahmsweise dann, wenn eine Vorschrift ausdrücklich Verschulden verlangt (zB § 95). **Wirkung.** Sie **2** besteht regelmäßig im Ausschluss mit der vorzunehmenden, versäumten Prozesshandlung. Diese ist dann unwirksam und unzulässig. Außerdem können eintreten: Kostennachteile gem § 95, § 97 Abs 2, § 238 Abs 4; Fiktion einer Prozesshandlung, die für die säumige Partei am ungünstigsten ist (zB § 138 Abs 3, § 239 Abs 4, § 439 Abs 3); sonstige Versäumnisfolgen je nach Vorschrift, zB §§ 39, 113, 295, 701.

§ 231 Keine Androhung; Nachholung der Prozesshandlung

(1) **Einer Androhung der gesetzlichen Folgen der Versäumung bedarf es nicht; sie treten von selbst ein, sofern nicht dieses Gesetz einen auf Verwirklichung des Rechtsnachteils gerichteten Antrag erfordert.**

(2) **Im letzteren Falle kann, solange nicht der Antrag gestellt und die mündliche Verhandlung über ihn geschlossen ist, die versäumte Prozeßhandlung nachgeholt werden.**

1   **1. Sofortiger Eintritt** (Abs 1). Die Folgen (§ 230 Rn 2) treten von selbst kraft Gesetzes ein, ohne Aufforderung, sie durch eine Handlung abzuwenden (Ausnahmen: zB § 692 Abs 1 Nr 4, § 981), und ohne Antrag (Ausnahmen Abs 2). Die Folge tritt ein, sobald die Prozesshandlung versäumt ist (2–4 vor § 230).

2   **2. Späterer Eintritt** (Abs 2). **a) Voraussetzungen.** Ein auf die Versäumnisfolgen gerichteter Antrag muss vorgeschrieben (zB § 109 Abs 2, § 113, § 239 Abs 4, § 699 Abs 1 S 1) und wirksam gestellt sein (vgl 3   Einl III Rn 17). – **b) Wirkung.** Der Zeitpunkt, zu dem die Prozesshandlung versäumt wird, tritt erst später ein, bei notwendiger mdl Vhdlg erst zu ihrem Schluss (§ 136 Abs 4). Wird ohne mdl Vhdlg verfahren, gilt § 128 Abs 2 S 2. Bis dahin kann deshalb die Prozesshandlung wirksam und zulässig vorgenommen („nachgeholt") werden.

§ 232 (aufgehoben)

§ 233 Wiedereinsetzung in den vorigen Stand

War eine Partei ohne ihr Verschulden verhindert, eine Notfrist oder die Frist zur Begründung der Berufung, der Revision, der Nichtzulassungsbeschwerde, der Rechtsbeschwerde oder der Beschwerde nach §§ 621 e, 629 a Abs 2 oder die Frist des § 234 Abs 1 einzuhalten, so ist ihr auf Antrag Wiedereinsetzung in den vorigen Stand zu gewähren.

Die Vorschrift ist ergänzt mWv 1. 1. 2002 durch Art 2 Nr 30 ZPO-RG.

Übersicht

1. Allgemeines zur Wiedereinsetzung. **a) Begriff.** Sie ist eine ge- **1** richtliche Entscheidung, durch die eine versäumte und nachgeholte Prozeßhandlung als rechtzeitig fingiert wird. Allein darin liegt die Wirkung erteilter Wiedereinsetzung. Es wird nicht die Frist verlängert oder wieder eröffnet. Wiedereinsetzung ist in den §§ 233–238 geregelt und spielt in der Praxis eine große Rolle. Die dafür maßgebende Rspr des BGH ist demzufolge umfangreich, vielfältig und im Einzelfall schwer voraussehbar. Zudem fühlt sich das BVerfG laufend berufen, die Rspr der obersten Bundesgerichte auf Verstöße gegen die ZPO im Wege über einen Verstoß gegen das rechtliche Gehör (Einl I 4 Rn 9 ff) und das Wüllkürverbot (Art 3 Abs 1 GG) nachzuprüfen, wofür versäumte Fristen und verweigerte Wiedereinsetzung genügend Ansatzpunkte bieten. – **b) Sonstige Beseitigung von Versäu- 2 mungsfolgen** (§ 230 Rn 2) ist außer durch Wiedereinsetzung nur möglich, wenn sie im Gesetz ausdrücklich zugelassen ist, entweder

durch Vornahme einer bestimmten Prozesshandlung (zB § 342) oder
durch Nachholen der versäumten Prozesshandlung unter gewissen Voraussetzungen.

3   **2. Anwendungsbereich.** Als Ausnahmeregelung muss § 233 eng
ausgelegt werden und ist keinesfalls analog anwendbar auf andere Fristen,
insbes nicht auf die Widerrufsfrist für Prozessvergleiche (§ 794 Rn 20).

4   **a) Personen.** Parteien (2 vor § 50) oder Nebenintervenienten (§ 66)
5   müssen eine Frist versäumt haben (2 vor § 230). – **b) Fristen:** Notfristen (§ 224 Abs 1 S 2), Rechtsmittelbegründungsfristen (§ 520 Abs 2
S 1, § 551 Abs 2 S 1), auch für Anschlussberufung (§ 524 Abs 2 S 2)
und Anschlussrevision (§ 554 Abs 2 S 2) und die Begründung der
Nichtzulassungsbeschwerde (§ 544 Abs 2) wie der Rechtsbeschwerde
(§ 575 Abs 2); für befristete Beschwerden in Familiensachen (§§ 621 e,
5 a   629 a Abs 2) und die Wiedereinsetzungsfrist (§ 234 Abs 1). – **c) Prozesshandlungen** (Einl III), sofern sie fristwahrend sind, auch rechtzeitig, aber unwirksam vorgenommen (BGH NJW 00, 3286). Ausnahmsweise kann Wiedereinsetzung gewährt werden zur Nachholung von
Verfahrensrügen (§ 551 Abs 3 Nr 2 b) in der Revisionsbegründungs-
schrift, wenn diese nur unvollständig zum Revisionsgericht gelangt ist
(BGH NJW 00, 364).

6   **3. Zulässigkeit** des Antrags (§ 236). Sie wird von Amts wegen ge-
7   prüft (wie 12 vor § 253). § 295 ist unanwendbar. **a) Statthaftigkeit.** Es
muss im Anwendungsbereich (Rn 3–5) eine Frist versäumt sein (2 vor
§ 230). – **b) Zuständigkeit** des angegangenen Gerichts: § 237. –
8   **c) Antrag.** Er muss wirksam sein (vgl Einl III Rn 17) und die Frist des
§ 234 eingehalten; die Form muss dem § 236 Abs 1, der Inhalt dem
§ 236 Abs 2 S 1, S 2 Hs 1 entsprechen. Antragsberechtigt ist nur die
säumige Partei oder ihr Nebenintervenient (§ 67), dieser auch aus Wiedereinsetzungsgründen, die nur ihn betreffen, der streitgenössische
9   (§ 69) nur aus solchen. – **d) Rechtsschutzbedürfnis.** Es kann insbes
fehlen, wenn die Frist gar nicht versäumt, die versäumte Prozesshandlung prozessual überholt ist oder die Versäumung keine nachteiligen
Folgen für den Antragsteller hat.

10   **4. Begründet** ist der Antrag bei unverschuldeter Fristversäumnis.
Die Anforderungen dürfen nicht überspannt werden (BVerfG stRspr
NJW 96, 2857 mwN). Prüfung von Amts wegen wie Rn 6. Vorraus-
11   setzungen sind: **a) Verhinderte Fristwahrung** (10 vor § 214). Sie
kann auf jedem Umstand beruhen, der verhindert hat, dass die fristwahrende Prozesshandlung rechtzeitig vorgenommen wurde. Die dargestellten Einzelheiten sind häufige und typische Verhinderungsfälle.
12   **b) Ohne Verschulden** bedeutet Fehlen von Vorsatz und Fahrlässigkeit
(wie § 276 BGB). **aa) Personen.** Es ist auf die Partei (Rn 4) oder ihren
gesetzlichen Vertreter (§ 51 Abs 2) und auf ihre Bevollmächtigten (§ 85
Abs 2) abzustellen. Verschulden Dritter, insbes des Büropersonals eines
RAs (§ 85 Rn 12) oder anderer Hilfspersonen (BVerwG NJW 92, 63)
hindert die Wiedereinsetzung nicht (allgM). Es genügt, dass entweder

die Partei, den Nebenintervenienten oder ihren Vertreter (insbes Proz-Bev) ein Verschulden trifft, auch schon ein Mitverschulden (BGH NJW-RR 01, 1072), damit die Verhinderung (Rn 11) verschuldet, somit nicht „ohne Verschulden" ist. Bei mehreren Vertretern genügt das Verschulden von einem, zB wenn die Revisionsfrist allein wegen Verschuldens des Berufungsanwalts versäumt wird. **bb) Maßstab.** Verschulden um- **13** fasst Vorsatz und Fahrlässigkeit (§ 276 BGB) jeder Art. **(1) Rechtsan-wälte.** Bei ihnen muss auf die für eine Prozessführung erforderliche, übliche Sorgfalt eines ordentlichen RAs abgestellt werden, und zwar ganz allgemein (BGH NJW 85, 1710 mwN), nicht nur im Verkehr mit Gericht, Parteien und ihren Vertretern. Ausnutzen der Frist bis zum letzten Tag erhöht die Sorgfaltspflicht, nicht aber dahin, dass mit unvor-hersehbaren Ereignissen gerechnet werden muss (BGH NJW 98, 2698). Die Sorgfaltspflicht wird auch nicht durch eine Maßnahme erhöht die ihrerseits das übliche Sorgfaltsmaß überschreitet (BGH NJW 95, 1682), zB zusätzliche organisatorische Maßnahmen zur Fristenkontrolle (BGH NJW 98, 2676). **(2) Andere Personen.** Bei ihnen muss der Maßstab des Verschuldens auf die vorauszusetzenden Fähigkeiten der betreffenden Person (subjektiv) angelegt werden. Er ist daher bei Rechtsunkundigen (je nach Bildung) weit geringer als bei RAen. Die Gewohnheit, über das gebotene Maß hinaus organisatorisch zu sichern, führt nicht zur Ver-schärfung der Sorgfaltspflicht (BGHG stRspr NJW 92, 1047), ebenso wenig eine zusätzliche, zur Fristwahrung vorgenommene Tätigkeit (BGH NJW-RR 92, 1020). Bei Referendaren als amtlich bestellte Ver-treter eines RAs (§ 85 Rn 9) ist ein weniger strenger Maßstab als bei RAen anzulegen. – **c) Ursächlichkeit.** Es muss auf unverschuldeten **14** Umständen beruhen, dass die Partei oder ihr Vertreter die Frist versäumt haben. Wurde die Fristwahrung auf Grund eines verschuldeten Umstan-des verhindert, darf Wiedereinsetzung nicht gewährt werden, auch wenn andere unverschuldete Umstände mitgewirkt haben (Mitursächlichkeit, BGH NJW-RR 97, 1289 mwN). Das ist der Fall, wenn das angegangene unzuständige Gericht innerhalb der offenen Frist die Rechtsmittelschrift nicht an das zuständige Gericht weitergeleitet hat (BGH NJW 79, 876); denn das Gericht trifft keine Rechtspflicht, durch Hinweise oder geeig-nete Maßnahmen rechtzeitig eine Fristversäumung zu vermeiden (hM; Hamm NJW-RR 97, 635 mwN), sondern es muss nur im ordnungsge-mäßen Geschäftsgang an das zuständige Gericht weiterleiten (BGH NJW 87, 440). Andererseits steht ein verschuldeter Fehler der Wieder-einsetzung nicht entgegen, wenn sich dieser Fehler auf die Fristversäu-mung nicht ausgewirkt hat (BGH NJW 00, 3649).

5. Fristenkontrolle. Sie ist im Rahmen des § 233 die wichtigste **15** Pflicht, insbes von RAen. Bei Sozietäten, insbes überörtlichem hat der beim zuständigen Gericht zugelassene RA die Kontrolle auszuüben (BGH NJW 97, 3177 mwN). **a) Grundsatz.** Verschuldet ist das Über-sehen oder Vergessen eines Termins, einer Frist oder der Vornahme einer fristwahrenden Handlung. Das gilt jedenfalls dann, wenn die verursachenden Ablenkungen im beruflichen Bereich lagen und nicht außergewöhnlich waren. Nur wenn solche Fehler allein auf das (auch schuldhafte) Verhalten Dritter, insbes des Büropersonals zurückzuführen sind, kommt Wiedereinsetzung in Betracht (Rn 41–50). Dem steht eine fehlerhafte Büroorganisation (Rn 16) nicht entgegen, wenn eine eindeutige Weisung (Rn 43) vorlag, bei deren Befolgen die Frist nicht versäumt worden wäre (BGH NJW-RR 97, 955). Eine doppelte Fri-

16 stenkontrolle ist aber nicht erforderlich (BGH NJW 00, 3006). – **b) Büroorganisation.** Sie muss Urlaub und mögliche Erkrankung des Personals berücksichtigen (BGH NJW 99, 3783), ist in Bezug auf Fristen umfassend vorzunehmen und erstreckt sich sogar auf die Rückgabe von Gerichtsakten (BGH NJW 98, 9570). Fehlerquellen müssen beim Eintragen und Behandeln von Fristen möglichst ausgeschlossen sein (BGH NJW 88, 2804). Klebezettel auf dem Aktendeckel reichen nicht aus (BGH NJW-RR 99, 1336). Ein bestimmtes Verfahren ist nicht vorgeschrieben und die konkrete Organisation bleibt dem RA überlassen (BGH NJW-RR 93, 1213). Für zwei verschiedene Prozesse darf nicht ein und dieselbe Handakte geführt werden (BGH NJW-RR 99, 716). Es muss stets das tatsächliche Ende der Frist festgehalten werden (BGH NJW 01, 2975). Das wird durch eine sog Vorfrist nicht ersetzt (BGH NJW-RR 98, 1526). Im Einzelfall genügt auch abhaken im Kalender (BGH NJW 93, 3333). Bei EDV muss versehentlichen Erledigungsver-

16 a merken vorgebeugt werden (BGH NJW 00, 1997 und 01, 76). **aa) Zustellungstag.** Der RA muss dafür sorgen, dass eine Urteilszustellung mit Beginn einer Rechtsmittelfrist zuverlässig festgehalten (BGH stRspr NJW 98, 1442) und im Fristenkalender eingetragen wird, bevor ein Erledigungsvermerk in die Akte eingetragen werden kann (BGH NJW-RR 92, 826). Der Zustellungstag muss in der Handakte vermerkt sein (BSG NJW 01, 1597), wenn er sich sonst nur auf einer weitergegebenen Urteilsausfertigung befindet (BGH NJW-RR 95, 1025). Auch die 5-Monatsfrist des § 517 ist zu berücksichtigen (BGH NJW 94, 459).

16 b **bb) Rechtsmittelbegründungsfristen.** Schon bei Einlegung des Rechtsmittels (BGH NJW 96, 2514 mwN) muss eine Vorfrist für die Rechtsmittelbegründungsfrist vermerkt (BGH NJW 94, 2831), bei Vorlage aber nicht stets sofort erledigt werden (BGH NJW 97, 2825). Bei Antrag auf Fristverlängerung darf die endgültige Frist nicht eingetragen werden, bevor die Verlängerung gewährt ist (BGH NJW-RR 99, 1663). Die Akte kann ohne weitere Anweisung zur Registratur zwecks Vorlage am Tag des Fristablaufs zurückgegeben werden (BGH NJW 97, 3243). Dem zur Eintragung zuständigen Büropersonal muss im Einzelfall deutlich gemacht werden, dass eine Rechtsmittelbegründungsfrist vorliegt (BGH aaO) und der Vermerk an Hand der gerichtlichen Eingangsbestätigung überprüft worden ist (BGH NJW 96, 2514), ggf der Vorfrist-

16 c vermerk korrigiert wurde (BGH NJW-RR 97, 1153). **cc) Vorsorge.** Wenn mit Prozessbeginn oder Entscheidungszustellung gerechnet werden muss, ist dafür zu sorgen, dass eine Zustellung zur eigenen Kenntnis gelangt. Der RA muss verhindern, dass ein nicht postulationsfähiger RA einen fristwahrenden Schriftsatz unterzeichnet (BGH NJW 88, 211). Für Schriftstücke, die sich auf Fristen beziehen, genügt die Kennzeichnung nach Parteien ohne Aktenzeichen (BGH VersR 88, 156); bei Namensgleichheit von Parteien muss für Unterscheidung vorgesorgt werden (BGH NJW 95, 2562). **dd) EDV-Kontrolle.** Sie kann genügen, **16 d** auch ohne parallel geführten schriftlichen Fristenkalender wenn für den Störfall vorgesorgt ist (BGH NJW 97, 327). Das gilt auch für einen wöchentlichen Computerauszug mit handschriftlichen Nachträgen (BGH VersR 96, 387). Ist der Fristenkalender durch EDV ersetzt oder gestützt, muss die Ausführung der Eingabe kontrolliert werden (BGH NJW 95, 1756), zB über Drucker oder Ausgabe eines Protokolls (BGH NJW-RR 97, 698). – **c) Eigentätigkeit.** Ein RA muss die Fristen **17** kennen, grundsätzlich selbst überprüfen und feststellen (vgl BVerfG NJW 00, 1633), insbes den Zustellungstag (Rn 16 a; BGH NJW-RR 98, 786), und berechnen (hM: BAG NJW 95, 3339 mwN; Ausnahme: Rn 45). Er darf sich nicht auf eine telefonische Auskunft des Gerichts verlassen (BVerwG NJW 97, 2614), auch nicht darauf, dass er auf einen offenbar falsch datierten Antrag hingewiesen wird (BGH NJW 98, 2291). Der RA muss den Fristablauf schriftlich vormerken oder vormerken lassen (BGH NJW 91, 2084), und zwar die Endfrist, nicht nur die Vor- oder Bearbeitungsfrist (BAG NJW 93, 1350), wobei die Ausgangskontrolle (Rn 19) auch nicht durch Gewährleistung rechtzeitiger Vorlage zur Bearbeitung ersetzt wird (BAG NJW 93, 2957). Läuft am Montag die Frist ab, darf die unerledigte Handakte nicht mehr am Freitag in den Bürolauf gegeben werden (Frankfurt NJW-RR 99, 717). Beim Empfangsbekenntnis (§ 174 nF) muss der RA auf die Übereinstimmung mit dem tatsächlichen Zustellungsdatum achten (BGH NJW-RR 98, 1442), vorher in den Handakten oder im Fristenkalender die Frist, somit den zweifelsfrei festzustellenden Zustellungstag (Rn 16 a; BGH NJW 96, 1968) vermerken oder vermerken lassen (BGH stRspr NJW 96, 1900). Er muss sich vom Beiliegen der zugestellten Urkunden überzeugen (BGH VersR 79, 282) und auch kontrollieren, ob die zur Fristwahrung erforderlichen Maßnahmen ergriffen wurden (BGH NJW 89, 1864), in eigener Verantwortung auch, wenn ein Korrespondenzanwalt das Rechtsmittel begründen soll (BGH NJW-RR 97, 824). Der RA muss den Ablauf der Rechtsmittelbegründungsfrist prüfen, wenn ihm die Handakten zur Bearbeitung einer fristgebundenen Prozesshandlung vorgelegt werden (BGH NJW 97, 1311 und 98, 460), aber nicht schon, wenn es aus anderen Gründen geschieht (BGH NJW-RR 98, 1526 und 99, 429), auch nicht bei Vorlage am Vorfristtag und muss auch nicht die Akte sofort bearbeiten (BGH NJW 00, 365 mwN). Bei einem Antrag auf Verlängerung der Begründungsfrist muss er nicht mehr die Berufungsfrist prüfen (BGH NJW 01, 2336). Er muss auch nicht bei einem erstmals gestellten und ausreichend begründeten Antrag auf Fristverlängerung nachforschen, ob der Antrag bei Gericht eingelaufen ist, wenn die Entscheidung ausbleibt (BGH NJW 91, 2080 mwN). – **d) Für Rechtsmittel beauftragter Rechtsanwalt.** Ihm ist der Auftrag **18** eindeutig und unmißverständlich zu erteilen (BGH NJW 97, 3244), der Rechtsmittelführer zu bezeichnen (BGH NJW 98, 2221), das Zustellungsdatum des anzufechtenden Urteils nach Prüfung richtig anzugeben (BGH stRspr NJW 00, 1334), und zwar in einer jeden Zweifel ausschließenden Weise (BGH aaO). Das ist nach telefonischer Bekanntgabe zu kontrollieren (BGH aaO). Der RA darf sich dabei nicht darauf verlassen, dass das Zustellungsdatum dem beauftragten RA vom Gericht oder von der Partei mitgeteilt worden ist, und muss es eigenverantwortlich überprüfen (BGH NJW 01, 1580). Die Annahme des Mandats ist zu überwachen, indem der RA, der beauftragt hat, die Frist als eigene eintragen (BGH NJW 97, 3245 für Verkehrsanwalt) oder die Annahme des Mandats innerhalb der Rechtsmittelfrist bestätigen lässt (BGH stRspr, zB NJW 01, 1576). Diese Pflicht entfällt, wenn die Annahme von Rechtsmittelaufträgen ausnahmslos (BGH NJW 00, 815) oder im Einzelfall abgesprochen ist (BGH NJW 01, 3195), für die Partei, wenn der RA ständig beauftragt ist (BGH NJW 94, 3101). Dann muss nicht nachgeforscht werden, wenn die Bestätigung ausbleibt (BGH NJW 91, 3035); anders beim Kanzleiabwickler (BGH NJW 92, 697). Bei telefonischem Mandat, das der Korrespondenzanwalt dem Berufungsanwalt erteilt, muss er sich vor Fristablauf vergewissern, dass der schriftliche Auftrag den Berufungsanwalt rechtzeitig erreicht (BGH VersR 85, 962). – **e) Ausgangskontrolle.** Sie muss

19   für fristwahrende Schriftsätze und Anträge auf Verlängerung der Rechtsmittelbegründungsfrist vom RA im Rahmen der Büroorganisation (Rn 16) wirksam geschaffen werden (BGH stRspr NJW 94, 3171 mwN), zB durch farbige Sammelumschläge (BGH NJW-RR 98, 1443). Die rechtzeitige Erledigung fristgebundener Sachen muss am Abend eines jeden Arbeitstages (BGH NJW-RR 98, 1604) anhand des Fristenkalenders überprüft werden (BGH NJW 96, 1540). Ob fristwahrende Schriftsätze im Original unterzeichnet sind, darf nicht allein nach der Kopie kontrolliert, sondern muss überwacht werden (BGH NJW 96, 998). Die Kontrolle darf der Bürokraft (Rn 41) übertragen werden (BGH NJW 89, 589). Eine Frist darf erst gelöscht werden, wenn das fristwahrende Schriftstück postfertig ist (BGH NJW 97, 3446), insbes im Postausgangsfach liegt (BGH NJW 01, 1577). Eine tagsüber mit Anweisung an eine Bürobotin zur Erledigung erfolgte Übergabe erübrigt eine weitere Ausgangskon-

20   trolle (BGH NJW-RR 98, 1444). – **f) Vertretung.** Für die Zeit einer längeren Abwesenheit, insbes eines Urlaubs muss ein RA für geeignete Vertretung sorgen, die Fristen berechnen und wahren kann; auch bei Büroangestellten, die in den Briefkasten werfen (KG NJW 95, 1435).

21   Dies gilt auch für die Vorsorge bei verzögerter Rückkehr. – **g) Ausnutzen der Frist** bis zum letzten Tag erhöht die Sorgfaltspflicht (hM; BGH NJW 89, 2393 mwN; vgl Rn 26). Für Vorfrist vgl Rn 16.

22   **6. Bewusstes Verstreichenlassen** einer Frist. **a) Verschulden** ist grundsätzlich anzunehmen. Dies gilt auch, wenn der Streitwert erst nach Beschwerde auf einen die Berufungssumme erreichenden Betrag heraufgesetzt, wenn die Berufungsbegründungsfrist nicht verlängert wurde,

weil ein erheblicher Grund nicht angegeben war (BGH NJW 92, 2426 und 93, 134), wenn diese Frist nicht oder nicht so verlängert wurde, wie es beantragt war (BGH NJW 94, 55) und eine Verlängerung nicht mit großer Wahrscheinlichkeit erwartet werden durfte (BGH NJW-RR 98, 574) oder wenn ein weisungswidrig zurückgenommenes Rechtsmittel nach dem Fristablauf erneut eingelegt wird (BGH VersR 88, 526). – **b) Unverschuldet.** Bei Angabe erheblicher Gründe iS von § 520 Abs 2 **22 a** S 3 darf die Fristverlängerung auf Grund eines ersten Gesuchs erwartet werden (BGH NJW 94, 2957 mwN, 97, 400 und 99, 430; BAG NJW 95, 1446); bei einem zweiten Gesuch nur ausnahmsweise (BGH NJW-RR 00, 947; KG NJW-RR 00, 1083). Stets muss der beantragte Verlängerungszeitraum eingehalten werden (BGH NJW 96, 1350). Bei Berichtigung einer Urteilsformel, wodurch die Beschwer entfällt, muss nicht vorsorglich Rechtsmittel für den Fall eingelegt werden, dass der Berichtigungsbeschluss (§ 319 Abs 3) nach sofortiger Beschwerde aufgehoben wird (BGH NJW-RR 98, 3280). Ausnahmsweise unverschuldet ist die Versäumung bei plötzlichen Hindernissen, zB bei Erkrankung (Rn 40) und Unglücksfällen oder wenn die Kenntnis von Prozess und Urteilszustellung so knapp vor Ablauf der Einspruchsfrist erlangt wird, dass die Fristwahrung nicht mehr zugemutet werden kann (BGH NJW 76, 626).

7. Abhandenkommen von Schriftstücken, die zur Vornahme der **23** Prozesshandlung notwendig sind, und solchen, die die Prozesshandlung enthalten oder veranlassen sollen. **a) Verlust.** Läuft das Schriftstück nicht bei Gericht ein, so ist zwar nicht die Art des Verlustes darzulegen, wohl aber, dass der Verlust wahrscheinlich nicht im Verantwortungsbereich der Partei oder ihres ProzBev eingetreten ist (BGH 23, 291). Dazu gehört, dass die geschehene Absendung glaubhaft gemacht wird. – **b) Nachforschung.** Bei Ausbleiben von Reaktionen (insbes die schrift- **24** liche oder telefonische Bestätigung), die auf den Empfang des Schriftstücks hin zu erwarten sind (zB Mandatsbestätigung), ist die Partei oder der ProzBev grundsätzlich zur Rückfrage verpflichtet (BGH stRspr 105, 116 mwN), auch bei Mandatsniederlegung während laufender Frist (BGH NJW 98, 3783). Davon gibt es Ausnahmen (Rn 18).

8. Gerichtseinlauf. Der durch den gerichtlichen Einlaufstempel be- **25** gründete Beweis des Zeitpunkts kann durch Glaubhaftmachung widerlegt werden. Wenn der Schriftsatz rechtzeitig in den Gerichtseinlauf gelangt ist, so wurde die Frist gewahrt (10 vor § 214), die Prozesshandlung ist wirksam (vgl § 230 Rn 2) und Wiedereinsetzung scheidet aus. **a) Verschuldet** ist stets, wenn etwas vergessen wurde (BGH VersR 79, **26** 669). Das Schriftstück muss richtig adressiert sein (BGH NJW-RR 98, 1218); hierauf hat der RA insbes bei Unterzeichnung einer Rechtsmittelschrift zu achten (BGH stRspr, zB NJW 98, 908; BAG NJW 87, 3278), kann aber die Kontrolle auf geeignete Mitarbeiter übertragen (BGH NJW 00, 82). Es steht der Wiedereinsetzung nicht entgegen, wenn mit rechtzeitiger Weiterleitung an das zuständige Gericht gerech-

net werden darf (BVerfG NJW 95, 3173; vgl Rn 27) und früh genug
abgesandt wurde (BAG NJW 98, 923). Es geht nicht zu Lasten des
Absenders, wenn das unzuständige Gericht verzögert (BGH NJW 98,
908) oder falsch weiterleitet (BGH NJW-RR 98, 354). Es muss an einen
zur Empfangnahme befugten Bediensteten (BGH 2, 31) oder an einem
zur Empfangnahme bestimmten Ort, zB Gerichtsbriefkasten, und zwar
beim richtigen, abgegeben werden, nicht notwendig innerhalb der
Dienststunden, da die Fristen bis 24 Uhr ausgenutzt werden dürfen. Ist
dies nicht möglich, weil an einem Gericht kein Nachtbriefkasten (hierzu
Borgmann AnwBl 79, 223) eingerichtet ist, so ist Wiedereinsetzung nur
dann zu versagen, wenn die Partei oder ihr Vertreter dies wußten (BGH
23, 307). Bei Boten muss vorher deren Zuverlässigkeit geprüft sein (vgl
Rn 27). Der RA darf sich nicht allein auf seine (nachgehende) Arm-
27 banduhr verlassen (BGH VersR 78, 1168). – **b) Unverschuldet.** Der
RA darf sich darauf verlassen, dass ein als zuverlässig erwiesener Bote
(vgl Rn 26) den Auftrag zum Einwurf in den Nachtbriefkasten ausführt
(BGH NJW-RR 95, 824) und dass die als zuverlässig erkannte Bürokraft
nach Unterzeichnung die falsche Adressierung anweisungsgemäß berichtigt (BGH NJW 82, 2670). Trotz Übersenden an ein für das Rechtsmittel unzuständiges Gericht kann bei pflichtwidrig verspäteter Weiterleitung Verschulden fehlen (vgl Rn 14 und 26), jedenfalls wenn es sich
um dasjenige Gericht handelt, bei dem das Verfahren anhängig war
(BVerfG NJW 95, 3173).

28   **9. Postweg. a) Unverschuldet** ist bei Beförderung von Briefen und
Päckchen eine Verzögerung durch die Post (allgM; BVerfG NJW 94,
1854; BGH NJW 99, 2118; BAG NJW 90, 2405 mwN), auch eine nicht
normale (BGH NJW 98, 1870) oder nicht aufklärbare Beförderungsdauer (BGH VersR 81, 1160). Mit einer solchen muss nicht ohne
weiteres (BVerfG NJW-RR 00, 726) und bis zum vierten Tag nach der
Aufgabe gerechnet werden (BVerfG NJW 95, 2546). Ferner ist unverschuldet der Verlust eines einfachen Briefes (BGH NJW-RR 00, 948)
und eine Fehlleitung der Post, wenn sie nicht auf unvollständiger oder
gar falscher Anschrift beruht (BAG NJW 78, 1495). Dies steht der
Wiedereinsetzung dann nicht entgegen, wenn der Brief so frühzeitig
aufgegeben wird, dass er trotz der dadurch bedingten Verzögerung noch
rechtzeitig eingehen musste (BVerwG NJW 90, 2639). Bei bekanntem
Poststreik lässt BGH NJW 93, 1332 (von BVerfG NJW 95, 1210 unbeanstandet gelassen) diese Grundsätze nicht gelten (vgl Rn 29). Unter
normalen Umständen muss sich der ProzBer nicht bei Gericht nach
dem rechtzeitigen Einlauf der Rechtsmittelbegründungsschrift erkundi-
gen (BVerfG NJW 92, 38; BGH NJW 83, 1741; BAG NJW 95, 2575)
und eine Postverzögerung wegen besonderer Beanspruchung der Post
nicht einkalkulieren (BVerfG NJW 92, 1962). Wollte der ProzBev sich
durch Anruf bei Gericht vergewissern, ob der Schriftsatz eingelaufen ist,
darf nicht deshalb die Wiedereinsetzung verweigert werden (BGH NJW
90, 188). Bei Wahl der Beförderungsart darf sich die Partei oder ihr

Vertreter auf die Auskunft des Postbediensteten über die voraussichtliche Beförderungsdauer verlassen (BGH NJW-RR 90, 508). Dasselbe gilt für einen amtlichen Aushang (BVerfG NJW 83, 1479). – **b) Verschuldet.** Bei Zweifel an ordnungsgemäßer Postbeförderung (zB Poststreik) muss Eingang durch Nachfrage geklärt werden (BVerfG NJW 95, 1210; BGH NJW 93, 1332 und 1333; vgl auch BAG NJW 95, 548). Am letzten Tag der Frist genügt weder ein Eilbrief noch am vorletzten Tag ein unvollständig adressierter Brief (BAG NJW 87, 3278); hingegen kann es unverschuldet sein, wenn das Schriftstück einen Tag vor dem letzten der Frist rechtzeitig für normale Beförderungsdauer zur Post gebracht wird (BayObLG NJW 78, 1488). Die Partei muss dafür sorgen, dass sie für ihren ProzBev erreichbar bleibt (vgl BGH NJW 88, 2672), auch durch Kennzeichnung ihres Briefkastens (BGH NJW 91, 109). **29**

10. Irrtum über tatsächliche oder rechtliche Umstände, vor allem in Bezug auf den Lauf einer Frist. **a) Tatsachenirrtümer** können unverschuldet sein. Auf Auskünfte seines Mandanten über Tatsachen darf sich der RA grundsätzlich verlassen, solange er die Unrichtigkeit weder erkennt noch erkennen muss. Das gilt nicht vorbehaltlos bei Angaben zur Zustellung (BGH NJW-RR 95, 825). Schriftstücke, je nach Prozesslage auch Handakten (BGH VersR 83, 540), müssen genau gelesen und rechtzeitig übersetzt werden (BGH NJW 75, 497). Ob die Adresse richtig ist, muss grundsätzlich (BGH VersR 81, 1126); jedenfalls bei Absendung kurz vor Fristende geprüft werden (BGH VersR 80, 141), auch der Vollzug von Unterschriften (BAG NJW 66, 799). Hierfür ist aber nicht das Unterzeichnen eines Belegexemplars in den Handakten erforderlich (BGH NJW 76, 966), wohl aber die Anweisung an das Büropersonal, beim Auslauf die Unterschrift zu prüfen (BGH NJW 85, 1226). Bei handschriftlicher Berichtigung von Einlaufstempeln ist eine Kontrolle geboten (BGH NJW 85, 1710). Übermittlung erkennbar falscher Zustellungsdaten durch den RA ist idR verschuldet (Rn 18). – **b) Rechtsirrtümer** eines RAs oder anderer Juristen sind verschuldet und gestatten keine Wiedereinsetzung, wenn die Ansicht unvertretbar ist. Das ist grundsätzlich der Fall bei übersehenem Anwaltszwang (Karlsruhe NJW-RR 00, 1519) und wenn ein Rechtsmittel beim unzuständigen Gericht eingelegt wird (allgM), auch in Kindschaftssachen (Hamm FamRZ 97, 502). Das gilt ausnahmsweise nicht bei unrichtiger Rechtsmittelbelehrung eines OLG-Fachsenats (BGH NJW 93, 3206). Es liegt Verschulden vor, wenn das eingelegte Rechtsmittel irrtümlich zurückgenommen wird (BGH NJW-RR 98, 1446), im Gesetz nicht vorgesehen ist (BGH VersR 81, 77) oder wenn im Fall des § 339 Abs 2 vom Gericht unterschiedliche Einspruchsfristen angegeben werden (BGH NJW 92, 1700). Unverschuldet ist jedoch grundsätzlich ein Rechtsirrtum infolge falscher oder unvollständiger Darstellung in den gängigen Handkommentaren (BGH NJW 85, 495 und 95, 1015) oder bei unsicherer Rechtslage. Rechtsunkundige Parteien müssen von sich aus nach Zustellung anfechtbarer Entscheidungen alsbald sachkundigen Rat **30** **31**

über Rechtsmittel oder andere Rechtsbehelfe einholen (BGH NJW 97, 1989). Das gilt auch für PKH (BGH NJW 87, 440). Bedeutungslos ist, dass bei einem erneut und verspätet eingelegtem Rechtsmittel die Rücknahme des ersten Rechtsmittels auf unverschuldetem Rechtsirrtum be-
32 ruhte (BGH NJW-RR 98, 638). – **c) Postulationsfähigkeit.** Seine Zulassung bei einem Gericht, dem gegenüber der RA handelt, muss er selbst prüfen (BGH stRspr zB NJW 01, 1575), auch die Bestellung zum Vertreter, dessen Verschulden dann über § 85 Abs 2 zuzurechnen ist (BGH aaO). Das gilt auch für die amtliche Vertreterbestellung (Mün-
32 a chen MDR 87, 590). – **d) Mandatsniederlegung.** Weiß die Partei zZ des Fristablaufs davon nichts, weil sie verreist ist und auch die Kostenrechnung des zweiten RAs nicht bezahlt hat, liegt Verschulden vor (BGH NJW 93, 667).

33   **11. Unkenntnis von Tatsachen** liegt vor, wenn (auch irrtümliche) Vorstellungen über den Lauf oder Ablauf einer Frist infolge der Unkenntnis unterbleiben. Das ist grundsätzlich zu behandeln wie ein Irrtum (Rn 30–32 a). Bezieht sich die Unkenntnis auf eine Zustellung, insbes auf ihren Zeitpunkt, so ist Wiedereinsetzung nur zu gewähren, wenn die
34 Unkenntnis nicht auf Verschulden beruht. **a) Verschuldet** ist das Nichtabholen einer nach § 181 nF ordnungsgemäß mitgeteilten und niedergelegten Zustellung oder das Übersehen der Mitteilung (München NJW-RR 94, 702 für § 182 aF), die unterlassene Vorsorge für Nachsendung nach Auszug aus der ehelichen Wohnung (BGH VersR 79, 644). Eine Partei, die mehrwöchig verreist, muss Vorsorge dafür treffen, dass ein Rechtsmittel eingelegt werden kann, wenn mit einer (noch nicht bekannten) Entscheidung zu rechnen ist. Das gilt uneingeschränkt jedenfalls dann, wenn in einem Rechtsstreit Zustellungen erfolgen, nachdem rechtliches Gehör gewährt, insbes mündlich verhandelt ist (BGH
35 NJW 00, 3143 mwN). – **b) Unverschuldet** ist Unkenntnis von öffentlicher Zustellung (BGH 25, 11; vgl § 185 nF Rn 5; aA Guttenberg MDR 93, 1049: nur bei außergewöhnlichen Umständen oder erschwerter Möglichkeit der Kenntnisnahme); nicht aber dann, wenn der Adressat mit unbekanntem Aufenthalt in das Ausland verzieht, ohne für die Nachsendung Vorsorge zu treffen (Köln VersR 93, 1127). Bei Ersatzzustellung, wenn das Schriftstück den Adressaten nicht erreicht (überzogene Anforderungen von BGH FamRZ 87, 925 mit abl Anm Gottwald) und dieser mit der Zustellung nicht rechnen musste (vgl BGH NJW 86, 2958). Bei Kündigung des Mandats durch den ProzBev, wenn dieser eine wegen § 172 nF wirksame Zustellung nicht mitteilt (BGH NJW 80, 999). Bei erneuter (überflüssiger) Urteilszustellung an den neu bestellten ProzBev nach Sachstandsanfrage, ist die Annahme des RAs, die Frist laufe ab Zustellung an ihn, unverschuldet (BGH NJW 96, 1477), ebenso die unterlassene Nachprüfung bei telefonischem Auftrag zur Berufungseinlegung an Angestellten einer RA-Kanzlei, der dem RA diesen Auftrag nicht übermittelt (BGH NJW 81, 2815).

12. Unvermögen infolge Geldmangels als Ursache für das Unter- 36
bleiben einer Prozesshandlung. Für die Wiedereinsetzung kommt es
entscheidend darauf an, ob die Frist des § 234 Abs 1 gewahrt wird (dort
Rn 8–10). Diese Frist und die versäumte Frist müssen auseinandergehalten
werden. **a) Unverschuldet** ist die Fristversäumung grundsätzlich 37
(BGH NJW 99, 3270), sofern die Partei bis zum Ablauf der Rechtsmittelfrist, auch noch am letzten Tag (BGH NJW 98, 1230), beim
zuständigen Gericht um Bewilligung von PKH nachsucht, nach Ablauf
nur, wenn die Verspätung unverschuldet ist (allgM). Ist die Partei rechts-
schutzversichert, entfällt die Bedürftigkeit erst mit der Deckungszusage
(BGH NJW 91, 109). Entsprechend gilt das für Rechtsmittelbegründungsfristen. Es müssen jedoch innerhalb der Frist auch alle Unterlagen
zur Entscheidung über den PKH-Antrag (§ 117) eingereicht sein (BGH
NJW-RR 91, 1532 mwN und NJW 98, 1230) oder es muss innerhalb
der Frist des § 234 nachgewiesen werden, dass die Partei hieran unverschuldet verhindert war (hierzu BGH VersR 78, 824). Außerdem müssen dann die Unterlagen unverzüglich nachgereicht werden, nicht notwendig solche, deren verspätete Vorlage die Entscheidung über den
PKH-Antrag nicht verzögert. Ist PKH für die erste Instanz bewilligt
worden, darf die Partei bei unveränderten Vermögensverhältnissen erwarten, dass sie auch für die zweite Instanz PKH erhält (BGH NJW-RR
00, 1387). – **b) Verschuldet.** Wird PKH verweigert, so ist Wiederein- 38
setzung nur zu erteilen, wenn dies wegen mangelnder Erfolgsaussicht
geschehen ist oder wenn die Partei oder ihr ProzBev nicht damit rechnen musste, der Antrag werde wegen verneinter Bedürftigkeit iS des
§ 114 abgelehnt werden (BGH stRspr FamRZ 90, 389 und NJW-RR
00, 879). Dass das PKH-Gesuch keine Begründung hatte oder mit einer
(unzulässigen) bedingten Berufung verbunden war (BGH NJW 99,
2823), hindert die Wiedereinsetzung nicht (BGH NJW 93, 732). Bei
Einkommenserhöhung kann trotz gewährter PKH für die erste Instanz
Verschulden vorliegen, wenn die PKH für die zweite Instanz verweigert
wird.

13. Verkehrsbehinderungen bei öffentlichen Verkehrsmitteln oder 39
Benutzung des privaten Kraftfahrzeugs sind unverschuldet, wenn sie
nicht vorhersehbar waren und die Prozesshandlung dadurch nicht mehr
auf andere zumutbare Weise rechtzeitig vorgenommen werden konnte
(BGH NJW 89, 2393).

14. Tod oder Erkrankung der Partei, ihres Vertreters, naher Ange- 40
höriger oder des Büropersonals. Eine Geisteskrankheit, die Schuldunfä-
higkeit bewirkt, schließt das Verschulden stets aus (BGH NJW 87, 440).
Eine andere Erkrankung muss so schwer sein, dass sie die zur Fristwahrung notwendigen Handlungen, insbes die Information des RAs unmöglich oder unzumutbar macht (vgl BGH VersR 89, 931). Ein RA
muss ggf rechtzeitig für einen Vertreter sorgen und auch für den Notfall
Vorsorge treffen (BGH NJW 96, 1540). Erkrankung des Büropersonals
erhöht die Sorgfaltspflicht des RA (BGH NJW-RR 99, 1664). Er kann

sich, wenn er die Kanzlei selbst weiterführt, nicht auf seine Erkrankung
berufen, anders wenn die Art der Erkrankung eine Vertretung nicht
erfordert (BGH NJW-RR 98, 639). Tod des ProzBev (auch des Verkehrsanwalts) wenige Tage vor Ablauf der Frist führt idR zu unverschuldeter Säumnis (BGH VersR 84, 988). Ermüdung reicht nicht (BAG
NJW 70, 2079), ebenso wenig Leistungsfähigkeitsverlust infolge andau-
ernder Arbeitsüberlastung (BGH NJW 96, 998), wohl aber ein Zustand,
in dem der Betroffene nicht in der Lage ist, Rechtsfragen zu erfassen, zB
Diabetesschock (BGH NJW 75, 593), schwere psychische Belastung in
Ausnahmesituation (BGH NJW-RR 94, 957), insbes Bewusstseinsstö-
rungen (BGH VersR 85, 888).

41 **15. Büropersonal.** Ein Verschulden Dritter ist für die Partei, da es
sich nicht um Vertreter handelt (§ 51 Abs 2, § 85 Abs 2), unverschuldet,
sofern nicht ein eigenes Verschulden der Partei oder ihres Vertreters,
insbes ihres ProzBev oder dessen (Unter)Vertreter gerade darin liegt, dass
sie die gebotene Aufsicht verletzt, erforderliche eigene Tätigkeit versäumt, notwendige Anweisungen unterlassen, Schriftstücke auf Diktat-,
Übersetzungs- oder Schreibfehler nicht geprüft (BGH NJW 96, 393
und 853) oder einen Organisationsmangel geduldet haben (vgl Rn 15–
41 a 21). **a) Grundsätze.** Ein Verschulden fehlt insbes, wenn den eigenen
(Brandenburg OLG-NL 99, 41) sorgfältig ausgewählten und bewährten
Büroangestellten (BGH NJW 00, 3649), die mit der übertragenen Aufgabe hinreichend vertraut sind (BGH NJW 96, 319), ohne dass sie im
Einzelfall besonders belehrt werden müssen (BGH NJW-RR 97, 951),
Fehler unterlaufen, bei einem organisationsunabhängigen Versagen auch
wiederholt (BGH NJW-RR 01, 1072). Das gilt bei mechanischer Hilfeleistung auch für Dienstkräfte ohne besondere Qualifikation (BGH
NJW 88, 2045) und bei einfachen Tätigkeiten (zB kontrollierter Boten-
gang, BGH NJW-RR 97, 951), sogar für Auszubildende (BGH NJW
94, 2958), auch im ersten Lehrjahr (BGH NJW-RR 98, 1140) erst recht,
wenn ein RA mit derartigen Tätigkeiten (zB als Bote) betraut wird
(BVerfG NJW 95, 249). Es haben sich die folgenden Fallgruppen als
42 typisch herausgebildet. – **b) Beförderungsversehen:** Verwechslung eines Schriftstücks vor dem Einwurf in den Briefkasten (BGH VersR 86,
702), insbes durch Einlegen in einen falschen Umschlag (BGH NJW 94,
2958), Verwechseln von Briefkästen (BGH NJW-RR 89, 126), Verlegen
und Vergessen einer Rechtsmittelschrift (BGH VersR 87, 769), unvollständiges Einwerfen der Ausgangspost (BGH NJW-RR 92, 1278); vor-
zeitiges Einwerfen mit falscher Eintragung des Begründungsfristbeginns
43 (BGH NJW-RR 99, 716). – **c) Anweisungen,** die bestimmt erteilt,
aber nicht befolgt wurden. Auf deren Ausführung darf sich der RA
grundsätzlich verlassen (BGH NJW 95, 1682 und NJW-RR 98, 787)
und muss die Ausführung nicht anschließend überprüfen (BGH NJW
97, 1930), auch wenn dabei von der Büroorganisation (Rn 16) abgewichen wird (BGH NJW 96, 130), auf die es dann auch nicht mehr
ankommt (BGH NJW-RR 98, 1360). Eine Einzelanweisung muss so

genau und konkret sein (BGH NJW-RR 01, 204), dass sie den Anforderungen einer zuverlässigen Fristwahrung entspricht (BGH NJW 99, 429). Sie genügt mündlich (BGH NJW 97, 1930), im Einzelfall auch dann, wenn eine unzureichende Büroorganisation (Rn 16) vorlag (BGH NJW-RR 97, 955). Bsp: unterlassenes Einwerfen in den Nachtbriefkasten, insbes kurz vor Fristablauf (BGH VersR 85, 668); unterlassene Prüfung, ob der übergebene Schriftsatz unterschrieben ist (BVerfG NJW 96, 309) oder ob ein Telefax nicht anweisungsgemäß abgesandt wurde (BGH NJW-RR 98, 932); unterlassene Korrektur einer falschen Adressierung, wenn der vom RA ursprünglich richtig adressierte Schriftsatz weisungswidrig nicht nochmals vorgelegt wird (BGH NJW 82, 2670). Hingegen darf der RA bei mehreren relevanten Fehlern nicht ohne Kontrolle darauf vertrauen, dass Korrekturen vollständig, rechtzeitig und richtig ausgeführt sind (BGH NJW 95, 263). – **d) Fristenkalender:** 44 unterlassene (BGH NJW 95, 1682) oder falsch (BGH NJW 01, 1578) vorgenommene Einträge, versehentliche Löschung (BGH NJW 92, 2488) und Übersehen einer Frist, wenn die betreffende Person allgemein über Lauf und Berechnung von Fristen unterrichtet ist (BGH stRspr). Ein RA darf sich darauf verlassen, dass eine schriftliche oder auch mündliche Anordnung, die Frist im Kalender oder im Akt einzutragen, vom Büropersonal befolgt wird (BGH NJW-RR 95, 58) und muß nicht mit einer erstmaligen Eigenmächtigkeit rechnen (BGH NJW 01, 1578). Er muss aber im Rahmen der Büroorganisation (Rn 16) dafür sorgen, dass die Eintragung von Rechtsmittel- und Rechtsmittelbegründungsfristen sich gegenüber gewöhnlichen Fristen deutlich abhebt (BGH aaO) und dass Rechtsmittelbegründungsfristen überprüft und ggf berichtigt werden (BGH NJW 94, 458), auch dafür, dass der abwesende Fristenbuchführer vertreten und eine Frist oder Vorfrist erst gelöscht wird, nachdem die fristwahrende Maßnahme erfolgt ist (BGH NJW 89, 1157 und 90, 2126 mwN); hierfür genügt bei Schriftsätzen, dass sie im Briefumschlag bereitgelegt sind (BGH stRspr NJW-RR 94, 565). Rechtsmittelbegründungsfristen erfordern idR die Eintragung einer Vorfrist von etwa einer Woche vor Ablauf (BGH NJW 94, 2551). Der RA darf sich aber nicht damit begnügen, nur Vorfristen ohne den Fristablauf eintragen zu lassen (BGH NJW 88, 568). Beantragte Fristverlängerungen muss er selbst überprüfen und darf sie erst eintragen lassen, wenn sie gewährt sind (BGH NJW 98, 2291). – **e) Fristberechnung** muss der RA idR selbst 45 vornehmen (Rn 17), darf aber einfache Fristen durch gut ausgebildetes und sorgfältig überwachtes Büropersonal berechnen lassen (BGH stRspr; BAG NJW 95, 3339 mwN). Ist die Berechnung und Notierung einfacher Fristen einer erst vor kurzem ausgebildeten Angestellten übertragen, trifft den RA eine gesteigerte Überwachungspflicht (BGH VersR 88, 157). – **f) Urlaub** eingearbeiteter Angestellter. Die Fristenüberwa- 46 chung darf nur auf eine zuverlässige Vertretung übertragen werden (BGH VersR 78, 959). Für Urlaub des RAs: Rn 20. – **g) Aktenvorlage** 47 verpflichtet den RA zur eigenverantwortlichen Prüfung der Frist (BGH NJW 92, 841) und der Erledigung seiner Anordnungen (BGH VersR

88, 414 mwN). Geschieht die Aktenvorlage rechtzeitig vor Ablauf der Frist, beruht die Fristversäumung auf Verschulden des RAs, auch wenn er nicht mehr an den Fristablauf erinnert wird, obwohl er dazu Anwei-
48 sung gegeben hatte (BGH NJW 92, 841 mwN). – **h) Auskünfte** seines Büropersonals, die falsch und weisungswidrig erteilt wurden, hat der
49 RA nicht zu vertreten (BGH NJW 96, 1682). – **i) Anfechtbarkeit einer Entscheidung.** Der RA hat insbes die Beschwer, entweder selbst zu untersuchen oder er muss bei Unterzeichnung der Empfangsbescheinigung überprüfen, was das Büropersonal bei der Eintragung im Fristenkalender (Rn 44) veranlasst oder durchgeführt hat (BGH VersR 78,
50 255). – **k) Rechtsmittelschriften.** Ihre Anfertigung darf der RA nicht dem Büropersonal übertragen. Er handelt daher schuldhaft, wenn er unterzeichnet, ohne Vollständigkeit und Richtigkeit zu überprüfen (MüKo/Feiber 60 mwN). Das muss er auch bei der zweiten Vorlage beachten (BGH VersR 93, 79 mwN). Insbes die Bezeichnung des Rechtsmittelgerichts, aber nicht dessen Anschrift (BGH NJW-RR 90, 1149). Der RA darf nicht Blankounterschriften geben oder bei einer Rechtsmittelschrift die Überprüfung des angerufenen Gerichts der Bürokraft überlassen (BGH VersR 86, 1209). Er darf sich aber darauf verlassen, dass nach Anfertigung vom Büropersonal nichts mehr eigenmächtig abgeändert (zB die Anschrift, BGH VersR 79, 229) und dass nach Korrektur zur Unterzeichnung nochmals vorgelegt wird (BGH NJW 89, 589). Der RA darf auch zuverlässigen Angestellten die Unterschriftskontrolle übertragen (Rn 19).

51   **16. Telekommunikation.** Bei Störfällen muss eine organisatorische Anweisung vorliegen (BGH NJW-RR 98, 1361). **a) Telefon** (vgl Rn 27). Bei telefonischer Übermittlung von Aufträgen, insbes zur Einlegung von Rechtsmitteln, darf sich der RA auf die Angaben der erprobten, zuverlässigen Bürokraft verlassen. Eine nachträgliche Kontrolle im Postausgangsbuch ist nicht notwendig (BGH NJW 94, 2958). –
52 **b) Telekopie** (§ 130 Nr 6). **aa) Zugang** erst mit vollständigem Ausdruck beim Empfänger (Einl III Rn 12). **bb) Ausgang.** Das Absenden darf der Bürokraft übertragen werden (BGH NJW 94, 329). Der RA darf sich ohne Verschulden auf die Telefax-Nr in einem gängigen Verzeichnis (BGH NJW-RR 97, 952) und auf einen störungsfreien Betrieb beim Empfänger verlassen (Ebnet NJW 92, 2988 mwN), beim Gericht auch nach Dienstschluss bis 24 Uhr und bei vollständiger Ausnutzung
52 a der Frist (BGH NJW 92, 244). **cc) Sendebericht.** Der RA muss anordnen, dass das Gerät im Anschluss an den Sendevorgang einen Sendebericht erstellt und dass dieser überprüft wird (BGH NJW 93, 1655 und 3140), auch auf die richtige Empfängernummer (BGH NJW 97, 948; BAG NJW 95, 2742; BayObLG NJW 95, 668). Der RA darf sich auf den Inhalt des Sendeberichts verlassen und muss ihn nicht selbst überprüfen (BGH NJW 01, 1595). Erst danach darf im Fristenkalender
52 b gelöscht werden (BGH aaO mwN). **dd) Kontrolle.** Damit darf die Bürokraft beauftragt werden (BGH NJW 93, 3140), auch ob die Tele-

fax-Nr des Gerichts richtig ist (BGH NJW 95, 2105). Der RA darf sich
darauf verlassen, dass die von ihm angegebene richtige Telefax-Nr ver-
wendet wurde (BGH NJW-RR 98, 1361). **ee) Beweis** genügender 52 c
Ausgangskontrolle erfordert neben dem Ausdruck idR die eidesstattliche
Versicherung der Bürokraft über Vornahme einer Endkontrolle (BGH
NJW 93, 732 und 98, 907; LG Darmstadt NJW 96, 1832), welche auch
die Zahl der übermittelten Seiten umfassen muss (BGH NJW 96, 2513).
cc) Scheitern der Übermittlung. Der RA muss sicherstellen, dass die 53
Änderung gerichtlicher Telefaxnummern berücksichtigt wird (BGH
NJW 94, 1660). Verwenden der falschen Nummer ist verschuldet (BGH
NJW 94, 2300), aber ausnahmsweise dann nicht, wenn die falsche
Nummer von der Telekom ausgegeben wurde (BGH NJW 01, 1594).
Eine unvollständige Ankunft muss sich der RA gemäß allgemein erteilter
Anweisung (Rn 43) vorlegen lassen (Brandenburg OLG-NL 99, 91).
Scheitert die Übermittlung per Telefax, müssen andere fristwahrende
Wege benutzt werden (BAG NJW 95, 743; BGH NJW-RR 96, 1273);
jedoch darf an eine andere im selben Gebäude befindliche Behörde
gefaxt werden (BGH NJW-RR 95, 442). Der RA muss auch nicht eine
andere Zugangsart wählen, wenn die Übermittlung scheitert, weil das
Empfangsgerät defekt ist (BVerfG NJW 96, 2857); denn dieses Risiko
trägt der Absender nicht (BGH NJW-RR 97, 250). Bestätigt der Sendebericht den Empfang, obwohl er gescheitert ist, besteht für die Partei
kein Anlass zur telefonischen Kontrolle (BGH NJW 97, 1311). –
c) Elektronisches Dokument (§ 130 a). Sobald sie aufgrund der vor- 54
gesehenen VOen eingereicht werden dürfen, gelten die Grundsätze der
Rn 52, 53 entspr.

§ 234 Wiedereinsetzungsfrist

(1) **Die Wiedereinsetzung muß innerhalb einer zweiwöchigen
Frist beantragt werden.**

(2) **Die Frist beginnt mit dem Tage, an dem das Hindernis
behoben ist.**

(3) **Nach Ablauf eines Jahres, von dem Ende der versäumten
Frist an gerechnet, kann die Wiedereinsetzung nicht mehr beantragt werden.**

1. Allgemeines. Das Einhalten der Frist des Abs 1 und der Aus- 1
schlussfrist des Abs 3 ist Zulässigkeitsvoraussetzung des Antrags (§ 233
Rn 8). **a) Wesen.** Die Frist des Abs 1 ist keine Notfrist (BGH 26, 99) 2
und unabhängig von der Frist, die für die versäumte Prozesshandlung
gilt. – **b) Versäumung** der Fristen des Abs 1, 3: keine Heilung (§ 295), 3
aber Wiedereinsetzung (§ 233) bei der Frist des Abs 1; diese muss von
der versäumten Frist unterschieden werden (BGH NJW-RR 99, 430).
Berechnet wird die 2-Wochenfrist nach § 222. – **c) Ergänzung** unvoll- 4
ständiger und Erläuterung unklarer Angaben ist auch nach Ablauf der
Frist zulässig (§ 236 Rn 6).

5   **2. Beginn** (Abs 2). Der Tag, an dem das Hindernis behoben ist, wird bei der Frist nicht mitgerechnet (§ 222 Rn 2; § 187 Abs 1 BGB). **a) Hindernisbehebung.** Behoben ist, sobald die bisherige Ursache der Verhinderung beseitigt oder solange das Fortbestehen des Hindernisses von der Partei oder ihrem Vertreter (§§ 51 Abs 2, 85 Abs 2) nicht mehr verschuldet ist (BGH NJW 80, 1846), nicht erst, wenn das Verschulden geklärt ist (BGH NJW-RR 98, 639). Unerheblich ist daher die Kenntnis oder das Kennenmüssen Dritter (§ 233 Rn 41), zB des Bürovorstehers (BGH VersR 80, 678). Die Frist beginnt daher erst, sobald die Partei oder ihr ProzBev erkannt hat, dass die fristgebundene Prozesshandlung versäumt ist, oder dies bei gebotener Sorgfalt hätte erkennen müssen (BGH NJW 92, 2098 mwN und NJW-RR 00, 1591; Köln FamRZ 99, 1083). Es genügt nicht, dass das Hindernis hätte behoben werden können (allgM). Die Hinderungsgründe (Rn 6–8) können auch nebeneinander bestehen. Die Frist beginnt dann erst mit dem Wegfall des letzten Grundes. Das Hindernis kann vor oder nach Ablauf der zu wahrenden Frist liegen (BGH NJW-RR 90, 830) und schon vor Ablauf behoben
6   sein (BGH NJW 94, 2831 mwN; bestr). – **b) Fehlende Kenntnis** von Tatsachen. Das Hindernis wird durch Kenntnis oder Kennenmüssen des betreffenden Vorgangs behoben. Bsp: Bei Verlust eines Briefes durch die Nachricht, die den Verlust gewiss erscheinen lässt, ohne eine weitere Zeitspanne für Nachforschungen bei der Post (BGH NJW 74, 994); bei bekanntem Poststreik durch das Unterlassen einer Nachfrage zum rechtzeitigen Eingang bei Gericht (BVerfG NJW 95, 1210); bei verspätetem Rechtsmittel durch Erkennen oder Erkennenmüssen, dass die Frist versäumt ist (BGH NJW 92, 2098 und NJW-RR 99, 430); zB bei fehlender Kenntnis der Zustellung eines verkündeten Urteils, wenn der Kostenfestsetzungsbeschluss übermittels oder die ZwVollstr angedroht wird (BGH NJW 01, 1430); entspr bei Rechtsmittelbegründungsfristen (BGH NJW 98, 1498), bei allen Fristen durch den erneuten Anlass der Fristprüfung (BGH NJW 98, 1498); bei Versäumung der Berufsbegründungsfrist durch die Mitteilung, dass das Gericht dem begründeten Verlängerungsantrag (§ 520 Abs 2) nicht stattgegeben hat (BGH NJW 97, 400) oder beabsichtige, die Berufung zu verwerfen (BGH NJW-RR
7   90, 379). – **c) Irrtum** über Tatsachen und bei rechtlicher Würdigung (§ 233 Rn 30–32). Die Frist beginnt mit Irrtumsaufklärung oder dem schuldhaften Erkennenmüssen des Irrtums (BGH NJW 00, 592), insbes wenn dem RA der Akt vorgelegt wird (BGH st Rspr NJW 94, 2831), zB für einen Antrag auf Fristverlängerung (BGH VersR 87, 764 mwN).

8   **3. Mittellosigkeit.** Wer aus Mangel an Geld gehindert ist, die Frist zu wahren, muss PKH gemäß § 117 beantragen (vgl § 233 Rn 36, 37), um Wiedereinsetzung zu erlangen. Ratschläge zur Vermeidung von Fehlern: Meyer NJW 95, 2139. Für den Fristbeginn (Abs 2) ist zu
8 a   unterscheiden: **a) Verweigerung der Prozesskostenhilfe.** Die Frist beginnt, wenn nicht schon vorher die Mittellosigkeit entfällt (BGH NJW 99, 799), nach kurzer Zeitspanne, in der überlegt und ein RA

beauftragt werden kann (3–4 Tage; BGH stRspr; NJW-RR 90, 451), nachdem die Partei oder ihr Vertreter vom Beschluss, der die PKH versagt, Kenntnis erlangt hat (BGH 26, 99), idR mit Bekanntgabe des Beschlusses (vgl § 127 Rn 1), nicht erst mit Zurückweisung der gegen den ablehnenden Beschluss erhobenen Gegenvorstellung (BGH VersR 80, 86). Gleichgültig ist aus welchen Gründen das PKHGesuch ohne Erfolg blieb (BGH VersR 85, 271). – **b) Bewilligung der Prozess-** **9** **kostenhilfe.** Wird sie auch nur zT bewilligt (BGH NJW-RR 93, 451) oder wurde sie zunächst versagt (BGH 41, 1), läuft die Frist ab Bekanntgabe des Beschlusses (nicht notw Zustellung, BGH VersR 94, 1324) an die Partei oder ihren Vertreter, also auch ab Mitteilung an den beigeordneten RA (§ 121), aber nur wenn er bereits bevollmächtigt ist (BGH NJW-RR 93, 451), oder an den RA, der das PKHVerfahren betrieben hat (BGH VersR 86, 580), und zwar ohne Überlegungsfrist (BGH NJW 78, 1920). Der RA muss die Wiedereinsetzungsfrist für das Rechtsmittel (Abs 1, § 236 Abs 2 S 2) selbständig prüfen (BGH NJW-RR 99, 1585). Die Frist läuft noch nicht, wenn die Partei dem RA noch keine Vollmacht erteilt hat (BGH 30, 226), sondern erst ab Bevollmächtigung oder sobald die Partei von der Beiordnung erfährt. – **c) Auflagen,** insbes **10** Vorlegung von Urkunden (§ 118 Abs 2 S 2). Wird nach Ablauf der Rechtsmittelfrist dem Antragsteller des PKHVerfahrens eine Auflage gemacht, so läuft die 2-Wochenfrist nicht vor Ablauf der gesetzten oder einer angemessenen Frist zur Erfüllung der Auflage (BGH NJW 62, 153), bei unbefristeter Auflage nicht vor Zustellung des Beschlusses, der PKH versagt, oder mit Ablauf einer gesetzten Nachfrist (BGH NJW 71, 808). Eine Äußerungsfrist ist keine Auflage (BGH NJW 76, 330). – **d) Rechtsschutzversicherung.** Die Mittellosigkeit entfällt und die **11** Frist beginnt erst mit der Deckungszusage (BGH NJW 91, 119). – **e) Verweigerter Notanwalt** (§ 78 b). Entspr verweigerter PKH (Rn 8) beginnt die Frist mit Bekanntgabe der Entscheidung (BGH NJW 96, 2937).

4. Ausschlussfrist (Abs 3). Sie ist eine uneigentliche Frist (7 vor **12** § 214) und kann nicht verlängert werden. Wiedereinsetzung (§ 233) und Heilung sind ausgeschlossen. Die Frist läuft unabhängig von der des Abs 1, auch bei Fortbestehen der unverschuldeten Verhinderung. Ausnahmsweise gilt die Frist nicht, wenn sie infolge der Dauer eines PKHVerfahrens überschritten wird (BGH NJW 73, 1373 mwN). Weitere Ausdehnungen sind nicht gerechtfertigt (Schleswig NJW-RR 90, 1215); insbes nicht, wenn eine Berufung erst nach Jahresfrist verworfen wird (Düsseldorf NJW-RR 94, 1215). Berechnung: § 222 Rn 7. Da die versäumte Frist um 24 Uhr des letzten Tages abgelaufen ist, endet die Frist des Abs 3 an diesem Datum ein Jahr später.

§ 235 (weggefallen)

§ 236 Wiedereinsetzungsantrag

(1) **Die Form des Antrags auf Wiedereinsetzung richtet sich nach den Vorschriften, die für die versäumte Prozeßhandlung gelten.**

(2) [1]**Der Antrag muß die Angabe der die Wiedereinsetzung begründenden Tatsachen enthalten; diese sind bei der Antragstellung oder im Verfahren über den Antrag glaubhaft zu machen.** [2]**Innerhalb der Antragsfrist ist die versäumte Prozeßhandlung nachzuholen; ist dies geschehen, so kann Wiedereinsetzung auch ohne Antrag gewährt werden.**

1   **1. Allgemeines.** Zu typischen Fehlern: G. Müller NJW 93, 681. Der Antrag ist eine Prozesshandlung (Einl III) und unterliegt den Fristen des § 234, bei dessen Abs 1 mit möglicher Wiedereinsetzung (§ 233). Ein bestimmter Mindestinhalt ist vorgeschrieben (Abs 2 S 1). Demzufolge muss die Partei alle Tatsachen vortragen und glaubhaft machen, welche die Wiedereinsetzung rechtfertigen (Rn 5; BGH NJW-RR 94, 1171 für Ausgangskontrolle). Der Antrag sollte, muss aber nicht, mit der versäumten und nachzuholenden Prozesshandlung verbunden werden (Abs 2 S 2). Er kann auch noch gestellt werden, wenn über die versäumte Prozesshandlung bereits entschieden ist, sofern nur die Frist des § 234 Abs 1 gewahrt ist. Der Antrag ist entbehrlich nach Maßgabe des Abs 2 S 2. Verstöße gegen Form und Inhalt heilen nach § 295 Abs 1 (RG 131, 261). Ein Aufklärungshinweis ist nur im Rahmen des geltend gemachten Grundes geboten (BGH stRspr NJW-RR 92, 1297). Einstweilige Einstellung des ZwVollstr: § 707.

2   **2. Form** (Abs 1): schriftlich: insbes nach § 340 Abs 1, § 517 Abs 1, § 520 Abs 2, § 548, § 551 Abs 2, § 569 Abs 1, § 587. Für den notwendigen Schriftsatz gilt § 129 Rn 6–14. Es besteht Anwaltszwang, wie für die versäumte Prozesshandlung (§ 78); daher zu Protokoll der Geschäftsstelle nur gemäß §§ 496, 569 Abs 3. Adressat ist das Gericht des § 237; eingereicht werden kann auch bei dem Gericht, wo die versäumte Prozesshandlung, zB die sofortige Beschwerde, eingelegt werden konnte (§ 569 Abs 1).

3   **3. Inhalt** (Abs 2 S 1). Es gilt grundsätzlich § 129 Rn 5 und § 130. Der Antrag, Wiedereinsetzung zu erteilen, muss nicht ausdrücklich und kann auch hilfsweise (BGH NJW 97, 1312) gestellt werden. Es genügt, wenn der Wille erklärt wird, die betreffende Prozesshandlung möge wegen der vorgebrachten Tatsachen als rechtzeitig angesehen werden (BGH NJW 00, 2280). Dies kann insbes darin liegen, dass sich die Partei wegen der Verspätung entschuldigt; aber nicht im Antrag, eine (in Wirklichkeit abgelaufene) Rechtsmittelbegründungsfrist zu verlängern, weil der Antragsteller sich bewusst sein muss, die Frist versäumt zu haben **4** (ZöGreger 4 mwN). Als Inhalt ist vorgeschrieben: **a) Tatsachen** (Abs 2 S 1 Hs 1), die für die Versäumung, das Verschulden der in Betracht kommenden Personen und für die Frist des § 234 Abs 1 bedeutsam sein

können. **aa) Umfang** (vgl Rn 1). Es muss sich auch ergeben, dass nach 5
Behebung des Hindernisses das Wiedereinsetzungsgesuch rechtzeitig gestellt wurde (BGH NJW 00, 592). Die Tatsachen müssen vollständig,
soweit sie zur Wiedereinsetzung (§ 233) erforderlich sind (Rn 1), ausdrücklich und bestimmt angegeben werden, nicht etwa alternativ mit
der Möglichkeit einer Fristversäumnis (BGH VersR 82, 144); auch subjektive Vorgänge zu Kenntnis und ggf Irrtum, Kausalität und fehlendem
Verschulden (BGH VersR 78, 942), zB erste Vorlage des Akts nach
versäumter Frist (BGH NJW 97, 1079), Mangel an Geldmitteln (BGH
VersR 82, 41), sofern die Tatsachen nicht aktenkundig sind (BGH VersR
80, 264). Die pflichtgemäß organisierte und durchgeführte Fristenkontrolle muss dargelegt werden und ist nicht im Rahmen der Rn 6 nachholbar (BGH NJW-RR 92, 1277), auch der rechtzeitige Ausgang einer
Rechtsmittelschrift und das Bestehen einer zuverlässigen Ausgangskontrolle (BGH NJW 83, 884). Nicht nötig ist die Angabe, wie und wie oft
der RA eine zutreffende Fristenkontrolle seines Personals kontrolliert hat
(BGH NJW 94, 2552). **bb) Zeitpunkt. (1)** Die Tatsachen müssen 6
innerhalb der Frist des § 234 Abs 1 vorgetragen werden (BGH NJW 98,
907). Das gilt auch für die Beschwerde (BGH NJW-RR 98, 278). Nur
nachträgliche Erläuterung unklarer und Ergänzung unvollständiger Tatsachen ist zulässig (BGH stRspr NJW 00, 365 mwN), auch in der
Beschwerde (BGH NJW 99, 2284). **(2)** Dies gilt jedoch nicht, wenn die
vorgetragenen Tatsachen nach Fristende widerrufen und durch neuen
Tatsachenvortrag ersetzt werden (BGH VersR 82, 1168). Auch Nachschieben von Wiedereinsetzungsgründen nach Fristablauf (§ 234 Abs 1)
und erstmaliger Vortrag von Tatsachen in der Beschwerde (BGH NJW
97, 1709) sind unzulässig (BGH NJW 97, 2120), erst recht Austausch
von Tatsachen (BAG NJW 95, 2125 mwN). – **b) Glaubhaftmachung** 7
(Abs 2 S 1 Hs 2) gemäß § 294, also überwiegend wahrscheinlich (BGH
NJW 98, 1870). Die Mittel müssen nicht, sollten aber ausdrücklich
bezeichnet werden. Das ist entbehrlich bei gerichtsbekannten, insbes
aktenkundigen Tatsachen. Benannt, vorgelegt oder beigebracht werden
müssen die Mittel (insbes eidesstattliche oder anwaltliche Versicherung)
noch nicht im Antrag (das ist aber zweckmäßig und erwünscht), sondern
erst bis zum Schluss der mündlichen Verhandlung, findet eine solche
nicht statt, bis zum entspr Zeitpunkt (§ 128 Abs 2).

4. Nachholen der versäumten Prozesshandlung (Abs 2 S 2 8
Hs 1). Diese unterliegt voll der für sie vorgeschriebenen Form (wie
Rn 2). Die Vornahme ist unentbehrlich, kann aber durch Auslegung
(Einl III Rn 16) im Wiedereinsetzungsantrag gesehen werden und ist
jedenfalls für den Einspruch (§ 340) idR darin zu sehen (BVerfG NJW
93, 1635). Die Berufungsbegründung kann die unwirksame Berufung
ersetzen (BGH NJW 00, 3286). Es genügt, wenn die Prozesshandlung
vor dem Antrag vorgenommen wurde oder in Bezug genommen ist,
auch dann, wenn bereits über sie (als verspätet) entschieden wurde
(Rn 1), ferner wenn innerhalb der Frist des § 234 Abs 1 der Antrag

gestellt wird, die Sache an das zuständige Gericht weiterzuleiten (BGH VersR 78, 825). Wiederholung ist unschädlich, auch unnötig. Eine versäumte Rechtsmittelbegründung wird aber nicht ersetzt durch den Antrag, die Frist hierfür zu verlängern (hM; BGH stRspr NJW 99, 3051 mwN; zT aA Ganter NJW 94, 164). Nachholung in Verbindung mit dem Antrag ist zweckmäßig (Rn 1). Die Frist des § 234 Abs 1 gilt.

9   **5. Wiedereinsetzung von Amts wegen** (Abs 2 S 2 Hs 2) kann das Gericht (auch das Beschwerdegericht, BGH NJW-RR 00, 1590) nach Ermessen (BAG NJW 89, 2708) gewähren, wenn die sie rechtfertigenden Tatsachen akten- oder offenkundig (§ 291) sind (BGH NJW-RR 93, 1091 mwN; BAG NJW 95, 2125), und die nachzuholende Prozesshandlung (Rn 8) vor oder innerhalb der Frist des § 234 Abs 1 vorgenommen wurde (BGH NJW 82, 1873). Tatsachen, die nicht akten- oder offenkundig sind, müssen innerhalb der Frist des § 234 Abs 1 dargelegt werden (BGH VersR 78, 825). Das Gericht kann auch die Partei zu Tatsachenvortrag und Glaubhaftmachung auffordern, wenn sich Anhaltspunkte für unverschuldete Fristversäumung ergeben und die Antragsfrist (§ 234 Abs 1) versäumt ist. Hierfür ist nur erforderlich, dass die versäumte Prozesshandlung innerhalb der Antragsfrist vorgenommen wurde.

§ 237 Zuständigkeit für Wiedereinsetzung

Über den Antrag auf Wiedereinsetzung entscheidet das Gericht, dem die Entscheidung über die nachgeholte Prozeßhandlung zusteht.

1   **Regel:** Zuständig ist zB bei versäumter Berufungs- oder Berufungsbegründungsfrist das Berufungsgericht, bei versäumter Frist zur sofortigen Beschwerde das Beschwerdegericht; auch dann, wenn es das verspä-
2   tete Rechtsmittel bereits verworfen hat. **Ausnahmen:** Das Revisionsgericht kann anstelle des Berufungsgerichts im Revisionsverfahren Wiedereinsetzung für versäumte Berufungs- und Berufungsbegründungsfristen gewähren oder verweigern, wenn das Berufungsgericht die Entscheidung über eine Wiedereinsetzung noch nicht getroffen (BGH stRspr NJW 82, 1873, FamRZ 89, 1064 und VersR 93, 501) oder Wiedereinsetzung verweigert hat (BGH NJW 96, 2581). Das gilt auch für das Gericht der Rechtsbeschwerde (§ 574).

§ 238 Verfahren bei Wiedereinsetzung

(1) [1]**Das Verfahren über den Antrag auf Wiedereinsetzung ist mit dem Verfahren über die nachgeholte Prozeßhandlung zu verbinden. [2]Das Gericht kann jedoch das Verfahren zunächst auf die Verhandlung und Entscheidung über den Antrag beschränken.**

(2) ¹Auf die Entscheidung über die Zulässigkeit des Antrags und auf die Anfechtung der Entscheidung sind die Vorschriften anzuwenden, die in diesen Beziehungen für die nachgeholte Prozeßhandlung gelten. ²Der Partei, die den Antrag gestellt hat, steht jedoch der Einspruch nicht zu.

(3) Die Wiedereinsetzung ist unanfechtbar.

(4) Die Kosten der Wiedereinsetzung fallen dem Antragsteller zur Last, soweit sie nicht durch einen unbegründeten Widerspruch des Gegners entstanden sind.

1. Verfahren bis zur Entscheidung. a) Verbindung. Es wird die **1** Verhandlung über den Wiedereinsetzungsantrag mit der über die Prozesshandlung (zB Berufung, Einspruch, sofortige Beschwerde) in einem Verfahren verbunden (Abs 1 S 1). – **b) Mündliche Verhandlung** ist **2** notwendig, wenn das für die nachgeholte Prozesshandlung zutrifft (bei § 586 Abs 1, § 585) oder wenn bei Rechtsmitteln Wiedereinsetzung gewährt wird. Freigestellt ist die mdl Vhdlg, wenn durch Beschluss der Einspruch oder ein Rechtsmittel verworfen, Wiedereinsetzung also versagt wird (§ 341 Abs 2, § 522 Abs 2, § 552, § 572 Abs 2). Ebenso ist das, wenn nach Rn 3 verfahren wird. – **c) Beschränkung** der Verhandlung **3** (Abs 1 S 2): wie § 146 (vgl dort Rn 1). In diesem Falle darf, bevor der Wiedereinsetzungsantrag erledigt ist, nicht über die Prozesshandlung selbst verhandelt oder entschieden werden. Es darf zB nicht die Berufung gem § 522 Abs 2 verworfen werden (BGH NJW 82, 887 für § 519b aF). – **d) Rechtliches Gehör** (Einl I Rn 9) muss dem Gegner gewährt werden **4** (BVerfG NJW 82, 2234). – **e) Anwaltszwang** nach Maßgabe des § 78.

2. Form der Entscheidung (Abs 2 S 1). Über den Wiederein- **5** zungsantrag kann ausdrücklich oder stillschweigend entschieden werden, idR verbunden mit der Entscheidung über die nachgeholte Prozesshandlung. Im einzelnen: **a) Endurteil** (§§ 300, 301) ergeht, wenn über die **6** nachgeholte Prozesshandlung durch Endurteil zu entscheiden ist. War nach Rn 3 beschränkt, ergeht nur dann Endurteil, wenn Wiedereinsetzung versagt und daher zugleich die Prozesshandlung verworfen oder zurückgewiesen wird. – **b) Zwischenurteil** (§ 303) ergeht, wenn die **7** notwendige oder bei § 341 Abs 2, § 522, § 552 durchgeführte mdl Vhdlg auf den Wiedereinsetzungsantrag beschränkt war (Rn 3) und ihm stattgegeben wird (Rn 10). Unangebracht (richtig: Endurteil, Rn 6) ist ein Zwischenurteil, wenn das Wiedereinsetzungsgesuch abgelehnt wird (BGH 47, 289). – **c) Versäumnisurteil** ergeht: nur bei notwendiger **8** mdl Vhdlg (Rn 2) oder wenn im Falle der §§ 522, 552 mündlich verhandelt wurde, sofern die Voraussetzungen der §§ 330, 331, 539, 555 vorliegen, gegen den säumigen Antragsteller ohne Rücksicht darauf, ob das Wiedereinsetzungsgesuch zulässig und begründet ist (BGH NJW 69, 845). Ist der Antragsgegner säumig, so wird der Antrag auch von Amts wegen geprüft (§ 233 Rn 10), nicht etwa entspr § 331 verfahren (vgl Rn 11). – **d) Beschluss** (§ 329) ergeht: stets, wenn die mdl Vhdlg **9**

freigestellt war (vgl Rn 2, § 128 Rn 16), im Falle von § 341 Abs 2,
§ 522 Abs 1, § 552 Abs 1 aber nur, wenn nicht mündlich verhandelt
wurde (Demharter NJW 86, 2755).

10 **3. Inhalt der Entscheidung. a) Erfolgreicher Antrag.** Ist er zulässig (§ 233 Rn 6–9) und begründet (§ 233 Rn 10–14), so wird (nicht
notwendig ausdrücklich in der Formel) die Wiedereinsetzung erteilt,
dabei die versäumte Frist bezeichnet. Eine Kostenentscheidung unter-
11 bleibt (vgl Rn 18–20). – **b) Erfolgloser Antrag.** Ist er unzulässig
(§ 233 Rn 6–9), wird er verworfen; ist er unbegründet (§ 233 Rn 10–
14) oder ist der Antragsteller säumig (vgl Rn 8), wird der Antrag zurückgewiesen. Dadurch erübrigt sich aber nicht etwa die Entscheidung
über die nachgeholte und dann regelmäßig unzulässige Prozesshandlung.
Darüber kann (idR zweckmäßig) gleichzeitig entschieden werden. Die
Kostenentscheidung umfasst die durch den Antrag verursachten Kosten
(Rn 20).

12 **4. Wirkung.** Wird Wiedereinsetzung rechtskräftig (§ 705) erteilt, so
wird die versäumte Prozesshandlung als rechtzeitig fingiert (§ 233
Rn 1). Eine Entscheidung, welche die Prozesshandlung, für die Wiedereinsetzung erteilt wird, bereits verworfen oder abgewiesen hat, wird
durch die erteilte Wiedereinsetzung ohne weiteres beseitigt, kann aber
auch noch ausdrücklich aufgehoben werden (RG 127, 287). An die
Entscheidung, die Wiedereinsetzung erteilt, ist das Gericht, auch wenn
durch Beschluss (Rn 9) entschieden wurde, gebunden (§ 318 entspr),
jedenfalls grundsätzlich (BGH NJW 95, 2497 mwN).

13 **5. Rechtsbehelfe.** Es ist zu unterscheiden: **a) Gewährte Wiedereinsetzung.** Die Entscheidung ist unanfechtbar (Abs 3), deshalb für die
übergeordneten Rechtsmittelgerichte bindend. Diese können den Eintritt formeller Rechtskraft wegen versäumter Frist in der unteren Instanz
14 nicht entgegen der gewährten Wiedereinsetzung feststellen. – **b) Verweigerte Wiedereinsetzung** durch: **aa) Endurteil** (Rn 6). Es finden
die gewöhnlichen Rechtsmittel statt, nämlich Berufung, falls § 511
15 zutrifft, und Revision, falls die §§ 542–544 zutreffen. **bb) Zwischenurteile** (Rn 7). Wenn sie die Wiedereinsetzung gewähren, sind sie
unanfechtbar (Abs 3). Wird der Wiedereinsetzungsantrag abgelehnt
(falsch wegen Rn 7), findet Berufung oder Revision statt (BGH 47,
16 289). **cc) Versäumnisurteile** (Rn 8) werden nur mit Berufung oder
Revision wie Endurteile angefochten (wie Rn 14), wenn sie gegen
denjenigen, der Wiedereinsetzung beantragt hat, ergangen sind (Abs 2
17 S 2; § 514 Abs 2, § 565). **dd) Beschlüsse** (Rn 9) werden mit der
sofortigen Beschwerde (§ 567 Abs 1) oder in Familiensachen mit der
befristeten Beschwerde (§ 621 e) angefochten, wenn Wiedereinsetzung
versagt wird, Rechtsbeschwerde findet statt (§ 574), wenn die Berufung
gem § 522 Abs 1 S 2 ohne mdl Vhdlg verworfen wurde (§ 522 Abs 1
S 3); ebenso bei Verwerfung des Einspruchs (§§ 341 Abs 2, 525). In den
anderen Fällen kann der Beschluss nur zusammen mit dem Endurteil

(Rn 14) angefochten werden. – **c) Rechtskräftige Entscheidung**   **18**
(§ 705), gleich ob Urteil oder Beschluss. Sie ist unanfechtbar.

    6. Kosten der Wiedereinsetzung (Abs 4) können nur durch Aus-   **19**
lagen der Parteien oder durch Beweisaufnahmen entstehen, da das Verfahren keine besonderen Gebühren verursacht (§ 1 Abs 1 GKG; § 37
BRAGO). **a) Grundsatz.** Die Kosten, die durch die Wiedereinsetzung   **20**
entstanden sind, trägt der Antragsteller; dies ist in der Kostenentscheidung des Rechtsstreits der Hauptsache durch einen besonderen Ausspruch nur zu berücksichtigen, wenn der Antragsteller nicht sowieso alle
Kosten des Rechtsstreits trägt (§ 91 Abs 1). Bsp: Der Kläger trägt die
Kosten des Rechtsstreits mit Ausnahme der durch die Wiedereinsetzung
entstandenen; diese hat der Beklagte zu tragen. – **b) Ausnahme.** Der   **21**
Antragsgegner trägt die Kosten nur dann, wenn er unbegründet wider-
sprochen hat. Die hier erforderliche Kausalität wird bei der gebotenen
Prüfung von Amts wegen (§ 233 Rn 10) nur selten gegeben sein. § 269
Abs 3 S 2 geht dem Abs 4 vor.

Titel 5. Unterbrechung und Aussetzung des Verfahrens

Vorbemerkung

I. Allgemeines zum Stillstand des Verfahrens

    1. Anwendungsbereich. Die §§ 239–252 gelten in allen Rechts-   **1**
zügen für Urteilsverfahren jeder Prozessart (Einl V), ferner (mit Ausnahme des § 251 a, der nur im Urteilsverfahren gilt) in Verfahren mit
freigestellter mdl Vhdlg (§ 128 Rn 11), insbes bei Arrest und einstweiliger Verfügung (StJRoth 2), Kostenfestsetzung (hM; Düsseldorf
Rechtspfleger 97, 84 und KG NJW-RR 00, 791 mwN für § 240), auch
bei § 19 BRAGO (Hamm Rpfleger 75, 446), ferner im Mahnverfahren
(BGH NJW 74, 493) und im selbständigen Beweisverfahren jedenfalls
zT (KG NJW-RR 96, 1086 für § 251; aA Hamm ZIP 97, 552 für
§ 240). Die Vorschriften gelten in der Zwangsvollstreckung grundsätzlich nicht (hM; Stuttgart Rpfleger 99, 286; KG NJW-RR 00, 1073
mwN), jedenfalls soweit Sonderregeln (zB § 779, § 89 InsO) bestehen,
auch nicht im PKH-Verfahren (hM; Karlsruhe MDR 95, 636 für
§ 251).

    2. Rechtlicher Stillstand des Verfahrens besteht bei Unterbrechung,   **2**
Aussetzung oder Ruhen (Begriffe: Rn 7–9). Diese haben gemeinsam:
a) Eintritt ist nur während der Rechtshängigkeit (§ 261) möglich;
jedoch kann der Anlass der Unterbrechung oder Aussetzung vorher
liegen. – **b) Prozessuale Fristen** hören zu laufen auf und beginnen   **3**
nach Ende des Stillstandes mit ihrem Lauf von vorne (§ 249 Abs 1). Bei
Unterbrechung und Aussetzung gilt dies auch für die Notfristen (§ 224
Abs 1 S 2); diese laufen nur während des Ruhens (§ 251) weiter. –
c) Handlungen des Gerichts, die nach außen wirken (insbes Ent-   **4**
scheidungen, Ladungen) sind während des Stillstands unzulässig; werden

sie trotzdem vorgenommen, sind sie danach zu wiederholen, um wirk-
5 sam zu sein. – **d) Prozesshandlungen** (Einl III), die eine Partei während des Stillstands vornimmt, sind dem Gegner gegenüber unwirksam
(§ 249 Abs 2).

6 **3. Tatsächlicher Stillstand des Verfahrens** tritt ein, indem die
Parteien den Prozess nicht weiterbetreiben oder das Gericht ihn nicht
fortsetzt, indem es zB eine Terminsbestimmung unterlässt. Er ist vom
rechtlichen Stillstand (Rn 2) zu unterscheiden und hat nicht dessen
Wirkungen, so dass insbes § 249 unanwendbar ist. Es werden lediglich
die Akten gemäß der AktenO nach 6 Monaten weggelegt.

7 **II. Unterbrechung** ist Stillstand des Verfahrens kraft Gesetzes. Sie
tritt ohne Antrag und Anordnung ein, auch unabhängig von der Kenntnis des Gerichts und der Parteien. Sie ist stets von Amts wegen zu
beachten. Unterbrechung kann eintreten auf Grund der §§ 239–245.
Wirkung: § 249. Beendet wird die Unterbrechung grundsätzlich durch
Aufnahme des Rechtsstreits (§ 250).

8 **III. Aussetzung** ist Stillstand des Verfahrens kraft gerichtlicher Anordnung, nämlich eines gerichtlichen Beschlusses, der je nach dem
betreffenden Fall von Amts wegen oder auf Antrag, zwingend oder nach
dem Ermessen des Gerichts ergeht, aber nur dann, wenn das Gesetz die
Aussetzung zulässt. Auf Grund der ZPO ist Aussetzung möglich nach
§§ 65, 148, 149, 151–154, 246, 247, 578, 614, 640 f, 953; ferner nach
zahlreichen Gesetzen außerhalb der ZPO (vgl § 148 Rn 1). Wirkung:
§ 249. Beendet wird die Aussetzung durch ihre Aufhebung (§ 150) oder
Aufnahme des Rechtsstreits (§ 250).

9 **IV. Ruhen** ist ein besonders ausgestalteter Fall der Aussetzung
(Rn 8). Es tritt auch nur durch gerichtlichen Beschluss ein. Die Anordnung ist allein nach §§ 251, 251 a möglich. Wirkung: §§ 249, 251
Abs 1 S 2. Das Ruhen wird beendet durch Aufnahme des Rechtsstreits
(§ 250), die bei § 251 Abs 2 von gerichtlicher Zustimmung abhängig
ist.

10 **V. Vorlage** einer Rechtsfrage zur Entscheidung durch ein übergeord-
netes oder für die Rechtsfrage endgültig zuständiges Gericht ist in der
ZPO in § 36 Abs 3 vorgesehen, außerhalb der ZPO durch Art 100 GG
(BVerfG) und Art 234 EG-Vertrag (EuGH). Die Vorlage erfordert einen
gerichtlichen Beschluss. Sie ist von der Aussetzung (Rn 8) zu unterscheiden (vgl § 148 Rn 1; K. Schmidt Fs Lüke S 721) und führt, wenn
nicht zugleich ausgesetzt wird (Art 100 Abs 1 S 1 GG; entspr § 148 bei
Art 234 EG-Vertrag) nicht zu einem rechtlichen, sondern bloß tatsächlichen Stillstand des Verfahrens (K. Schmidt aaO 725). Die hM sieht idR
einen Vorlagebeschluss als gleichzeitige Aussetzung an. Der Vorlage-
schluss ist jedenfalls unanfechtbar (§ 252 Rn 2), ebenso die Ablehnung

der beantragten Vorlage durch Beschluss, weil nicht das Verfahren betroffen ist (§ 567 Abs 1).

§ 239 Unterbrechung durch Tod der Partei

(1) **Im Falle des Todes einer Partei tritt eine Unterbrechung des Verfahrens bis zu dessen Aufnahme durch die Rechtsnachfolger ein.**

(2) **Wird die Aufnahme verzögert, so sind auf Antrag des Gegners die Rechtsnachfolger zur Aufnahme und zugleich zur Verhandlung der Hauptsache zu laden.**

(3) **¹Die Ladung ist mit dem den Antrag enthaltenden Schriftsatz den Rechtsnachfolgern selbst zuzustellen. ²Die Ladungsfrist wird von dem Vorsitzenden bestimmt.**

(4) **Erscheinen die Rechtsnachfolger in dem Termin nicht, so ist auf Antrag die behauptete Rechtsnachfolge als zugestanden anzunehmen und zur Hauptsache zu verhandeln.**

(5) **Der Erbe ist vor der Annahme der Erbschaft zur Fortsetzung des Rechtsstreits nicht verpflichtet.**

1. Allgemeines. Zum Begriff der Unterbrechung: 2–5, 7 vor § 239. **1** Anwendungsbereich: 1 vor § 239. Beim Tode einer Partei, also mit dem Erbfall, tritt kraft Gesetzes (§ 1922 BGB) der Erbe, die Erbengemeinschaft oder ein anderer Rechtsnachfolger (vgl Rn 5) an die Stelle der Partei (Parteiwechsel, 16 vor § 50). Es steht jedoch mit dem Erbfall und vor der Annahme der Erbschaft noch nicht fest, ob der Erbe, dem die Erbschaft angefallen ist, auch Erbe bleibt, da er ausschlagen kann (§ 1942 Abs 1 BGB) und dann der Nächstberufene als Erbe von Anfang an gilt (§ 1953 Abs 1, Abs 2 BGB). An diese Rechtslage ist zum Verständnis des § 239 zu denken. Stets ist zwischen Eintritt des Erben und Rechtsnachfolgers (kraft Gesetzes, § 1922 BGB) und der Aufnahme des Rechtsstreits (Abs 1) nach beendeter Unterbrechung zu unterscheiden. Da es sich um Fälle eines gesetzlichen Parteiwechsels handelt, richten sich die Folgen nach 16, 18 vor § 50. Wird die andere Partei Alleinerbe, endet der Prozess von selbst (BGH NJW-RR 99, 1152 mwN), weil das Verbot des Insichprozesses eingreift (RoSchwGottwald § 40 II 1). Kostenentscheidung bleibt möglich (BGH aaO).

2. Voraussetzungen (vgl auch 2–5 vor § 239). Sondervorschriften **2** bestehen für Ehe- und Kindschaftsprozesse (§§ 619, 640 g). **a) Partei:** 2, 3 vor § 50; aber nur, wenn sie nicht durch einen ProzBev vertreten war (§ 246); nicht der einfache Nebenintervenient (§ 67 Rn 3); hingegen unterbricht der Tod des streitgenössischen Nebenintervenienten den Prozess der von ihm unterstützten Partei (§ 69 Rn 2). Der Tod eines Streitgenossen unterbricht nicht den Prozess der anderen Streitgenossen (§ 61 Rn 10; § 62 Rn 18). Ist eine Partei kraft Amtes (§ 51 Rn 25) gestorben, so gilt § 239 nicht, sondern § 241 (hM). § 239 ist entspr anwendbar, wenn an Stelle der Partei kraft Amtes der Rechtsträger (zB der Erbe bei Testamentsvollstreckung, BGH NJW 64, 2301) als Partei in 3 den Prozess eintritt (RG 155, 350). – **b) Tod.** Diesem ist die Todeserklärung gleichzuachten (§ 9 VerschG), bei juristischen Personen das Erlöschen ohne Liquidation, aber nur wenn eine Gesamtrechtsnachfolge eintritt (hM; StJBork 5 mwN), zB § 46 BGB. Nicht entspr anwendbar ist § 239 auf die Fälle übertragender Umwandlung und Verschmelzung von Handelsgesellschaften. Dafür gilt § 241 (K. Schmidt Fs Henckel S 749; aA StJBork 5). Die hM wendet § 239 entspr an (aA auch MüKo/ Feiber 17: Parteiwechsel ohne Unterbrechung). § 239 gilt auch nicht entspr, sondern § 241, wenn eine Kapitalgesellschaft ohne Rechtsnachfolge bei anhängigem Verfahren gelöscht wird (Lindacher Fs Henckel 4 S 549 [560] mwN). – **c) Rechtsnachfolger** iS des § 239 ist derjenige, der durch den Tod der Partei eine die Sachbefugnis (39 vor § 253) begründende Rechtsstellung erlangt hat. IdR ist das der Erbe (§ 1922 BGB) oder die Erbengemeinschaft (§ 2032 BGB). Statt des Erben kann es aber auch ein Sonderrechtsnachfolger sein (BGH 69, 395), zB ein Nacherbe, der in den Prozess des Vorerben eintritt (vgl § 242), auch wenn er den Vorerben nicht beerbt, bei einem Prozess über Gesamtgut die Anteilsberechtigten der fortgesetzten Gütergemeinschaft (§ 1483 BGB) und der Zessionar einer abgetretenen Forderung, wenn die verstorbene Partei die eingeklagte Forderung für den Fall des Todes abgetreten hat.

5   **3. Dauer der Unterbrechung.** Sie beginnt mit dem Tod oder dem entspr Ereignis (Rn 3). Sie endet, wenn ein Nachlasspfleger, ein Nachlassverwalter oder ein Testamentsvollstrecker bestellt ist, gemäß §§ 243, 241 mit der Anzeige, bei Nachlassinsolvenzverfahren gemäß § 240. Sonst endet die Unterbrechung, indem der Rechtsnachfolger den Rechtsstreit aufnimmt (Rn 6 und 10) oder indem die Aufnahme ersetzt wird (Rn 12).

6   **4. Aufnahme durch den Rechtsnachfolger** (Abs 1 und 5). Aufgenommen wird gemäß § 250. Ein Erbe ist als Rechtsnachfolger zur Aufnahme nicht verpflichtet, bevor er die Erbschaft angenommen hat 7 (Abs 5; vgl hierzu auch § 1958 BGB). **a) Unterbrechung vor Erlass der Endentscheidung.** Terminsbestimmung erfolgt gemäß § 216. **aa) Bestrittene Rechtsnachfolge.** Bestreitet der Gegner die Tatsachen und werden sie nicht bewiesen, so wird bei notwendiger mdl Vhdlg (§ 128 Abs 1) durch (normal anfechtbares) Endurteil (§ 300) der Antrag auf Fortsetzung des Rechtsstreits zurückgewiesen und dem Antragsteller werden darin die durch die Aufnahme verursachten Kosten auferlegt. Dieses Urteil kann auch als Versäumnisurteil (§§ 330, 331) oder nach § 331 ergehen, wenn der aufnehmende Kläger oder Beklagte säumig 8 ist. **bb) Feststehende Rechtsnachfolge.** Werden die Tatsachen zugestanden, nicht bestritten oder werden sie bewiesen, ergeht Zwischenurteil (§ 303), in dessen Formel die Rechtsnachfolge und Verpflichtung zur Aufnahme des Rechtsstreits festgestellt wird (Düsseldorf OLGZ 79,

457), oder sofort Entscheidung in der Sache, bei der die Rechtsnachfolge in den Gründen festgestellt wird. Durch Versäumnisurteil (§§ 330, 331) oder nach § 331a wird voll in der Sache entschieden, wenn nur der aufnehmende Rechtsnachfolger erscheint oder, falls er seinerseits säumig ist, auf Antrag des erschienenen Gegners, der die Rechtsnachfolge nicht bestreitet. – **b) Unterbrechung nach Erlass der Endentscheidung** 9 bis zur Rechtskraft (§ 705). Es ist zu unterscheiden: **aa) Vor Rechtsmitteleinlegung** kann mit der Wirkung aufgenommen werden, dass der Rechtsstreit zum Zwecke der Entscheidung über die Rechtsnachfolge in der unteren Instanz bleibt (RG VZS 68, 247 [255]). Wird die Rechtsnachfolge bestritten und nicht bewiesen (Rn 7), so wird wie dort entschieden; die Entscheidung ist selbständig anfechtbar. Wird die Rechtsnachfolge festgestellt, ergeht eine Zusatzentscheidung (RG aaO), die die ergangene Entscheidung dahin ergänzt, dass sie gegen den Rechtsnachfolger wirkt (Musielak/Stadler 10; aA Düsseldorf NJW 70, 1689: Feststellung der Aufnahme genügt). Sie ist selbständig anfechtbar. § 518 S 1 ist unanwendbar (RG 140, 348 für § 517 aF). **bb) Rechts-** 10 **mitteleinlegung** durch den aufnehmenden Rechtsnachfolger in Verbindung mit der Aufnahme (BGH 111, 104), also nicht nur, nachdem er zuerst in der unteren Instanz nach § 250 aufgenommen hat. Es wird der ganze Rechtsstreit einschließlich der Rechtsnachfolge in die höhere Instanz gebracht. Das Rechtsmittelgericht verwirft das Rechtsmittel des Aufnehmenden als unzulässig, wenn er nicht Rechtsnachfolger und somit nicht Partei ist (Rn 7); sonst verfährt es nach Rn 8. **cc) Nach** 11 **Rechtsmitteleinlegung** durch den Rechtsvorgänger. Es wird die Aufnahme in der höheren Instanz erklärt, die dann nach Rn 7, 8 verfährt.

5. Aufnahme durch den Gegner (Abs 2–4). Sie ist für den Fall 12 vorgesehen, dass der Rechtsnachfolger die Aufnahme verzögert. **a) Ende der Unterbrechung** (alternativ): **aa)** Mit Aufnahme durch 13 den Rechtsnachfolger gem § 250 oder indem er sie in mdl Vhdlg erklärt. **bb)** Mit Rechtskraft der Entscheidung, welche die Rechtsnach- 14 folge feststellt (Rn 20). **cc)** Mit der Fiktion des Abs 4, nämlich dem 15 Schluss des Termins (§ 220 Rn 3), wenn das Gericht in der nachfolgenden Entscheidung die Rechtsnachfolge als zugestanden ansieht; in diesem Falle tritt die Unterbrechung wieder ein, wenn die Entscheidung aufgehoben wird. – **b) Voraussetzungen: aa)** Aufnahmeverzögerung 16 setzt Kenntnis des Rechtsstreits voraus (Zweibrücken NJW 68, 1635) und liegt vor, wenn der Rechtsnachfolger den Rechtsstreit ohne gesetzlichen Grund nicht aufnimmt. Im Fall des Abs 5 ist die Aufnahme bis zum Ablauf der Ausschlagungsfrist (§ 1944 BGB) nicht verzögert. **bb)** Antrag des Gegners auf Ladung (Abs 2); Prozesshandlung (Einl III); 17 § 78 gilt. Der Schriftsatz muss die Tatsachen zur Rechtsnachfolge und die Person des Rechtsnachfolgers (wie § 130 Nr 1) bezeichnen. **cc)** La- 18 dung (2 vor § 214) mit Zustellung des Schriftsatzes (Rn 17) an den oder die (dann an alle) Rechtsnachfolger (Abs 3 S 1). – **c) Unterbrechung** 19 **vor Erlass der Endentscheidung. aa)** Bestreitet der Geladene die Tat-

sachen zur Rechtsnachfolge und werden sie nicht bewiesen, so wird wie nach Rn 7 verfahren. Die Entscheidung ist auch als Versäumnisurteil (§§ 330, 331) oder nach § 331a möglich, wenn der Antragsteller nicht erscheint. Ebenso wird verfahren, wenn eine der Voraussetzungen
20 (Rn 16–18) fehlt. **bb)** Werden die Tatsachen zur Rechtsnachfolge zugestanden (oder gelten sie als zugestanden, Abs 4), werden sie nicht bestritten oder werden sie bewiesen, so wird wie nach Rn 8 verfahren. Das Versäumnisurteil (§§ 330, 331) oder die Entscheidung nach § 331a
21 ergeht in der Sache, wenn der Geladene nicht erscheint. – **d) Unterbrechung nach Erlass der Endentscheidung. aa)** Vor Rechtsmitteleinlegung: Der Antrag (Rn 17) kann zum Zwecke der Entscheidung über die Rechtsnachfolge nur in der unteren Instanz gestellt werden (RG VZS 68, 247 [255]). Trifft dann Rn 19 zu, wird wie dort entschieden; trifft Rn 20 zu, so ergeht eine Zusatzentscheidung wie bei Rn 9
22 (Düsseldorf NJW 70, 1689). **bb)** Rechtsmittel in Verbindung mit dem Antrag (Rn 17) einlegen kann der Gegner des Rechtsnachfolgers nicht
23 (§ 249 Abs 2), da erst aufgenommen werden muss. **cc)** Nach Rechtsmitteleinlegung: Der Antrag ist im höheren Rechtszug zu stellen. Dort wird nach den Grundsätzen der Rn 19, 20 verfahren.

§ 240 Unterbrechung durch Insolvenzverfahren

[1] **Im Falle der Eröffnung des Insolvenzverfahrens über das Vermögen einer Partei wird das Verfahren, wenn es die Insolvenzmasse betrifft, unterbrochen, bis es nach den für das Insolvenzverfahren geltenden Vorschriften aufgenommen oder das Insolvenzverfahren beendet wird.** [2] **Entsprechendes gilt, wenn die Verwaltungs- und Verfügungsbefugnis über das Vermögen des Schuldners auf einen vorläufigen Insolvenzverwalter übergeht.**

1   **1. Allgemeines.** Zum Begriff der Unterbrechung: 2–5, 7 vor § 239. Durch die Eröffnung des Insolvenzverfahrens (§ 27 InsO) verliert der Schuldner an den Insolvenzverwalter die Befugnis, sein Vermögen, soweit es zur Insolvenzmasse gehört, zu verwalten und darüber zu verfügen (§ 80 Abs 1 InsO). Die vom Schuldner erteilte Prozessvollmacht erlischt gem §§ 115, 116 InsO (BGH NJW-RR 89, 183 für KO). Bei der Aufnahme (Rn 8) tritt ein gesetzlicher Parteiwechsel ein (16, 18 vor § 50). Für Gläubigeranfechtungsprozesse gilt § 16 AnfG.

2   **2. Anwendungsbereich.** Verfahren: 1 vor § 239. § 240 gilt nur, wenn über das Vermögen einer Prozesspartei (wie § 239 Rn 2) das Insolvenzverfahren eröffnet wird (§ 27 InsO) und die Insolvenzmasse (§ 35 InsO) betroffen ist. Umfaßt auch das Nachlassinsolvenzverfahren (§§ 315ff InsO). Gilt entspr, wenn ein verwaltungs- und verfügungsberechtigter vorläufiger Insolvenzverwalter bei allg Verfügungsverbot gegen den Schuldner (§ 21 Abs 2 Nr 1 InsO) bestellt ist (S 2), nicht aber bei Zustimmungsvorbehalt gemäß § 21 Abs 2 Nr 2, 2. Alt InsO (BGH NJW 99, 2822). Die Unterbrechung infolge des § 240 wird durch § 246

nicht ausgeschlossen. § 240 gilt nicht, wenn eine Partei kraft Amtes Insolvenzschuldner wird.

3. Voraussetzungen. Unterbrechung kann nur ab Rechtshängigkeit 3 (§ 261) eintreten. **a) Eröffnung** des Insolvenzverfahrens (§ 27 InsO) oder die Bestellung eines vorläufigen Insolvenzverwalters im Fall des § 21 Abs 2 Nr 1 InsO (vgl Rn 2). Wird der Eröffnungsbeschluss im Beschwerdeweg aufgehoben (§ 34 Abs 2, 3 InsO), endet die Unterbrechung nur von da an, nicht rückwirkend. Umfaßt auch ein im Ausland eröffnetes Insolvenzverfahren, wenn das betreffende ausländische Recht eine entspr Unterbrechung vorsieht (hM; BGH NJW 97, 2525 mwN und 98, 928 für aF; München NJW-RR 96, 385 mwN; Zö-Greger 1 b mwN für aF). – **b) Insolvenzmasse:** § 35 InsO. Sie muss betroffen 4 sein. Das ist der Fall, wenn der streitbefangene Gegenstand (Recht oder Sache) zur Insolvenzmasse gehört und aus ihr zu leisten oder zu erfüllen ist. Es genügt, dass die Insolvenzmasse mittelbar betroffen ist; insbes bei Feststellungsklagen, die den Hauptanspruch vorbereiten, auch negative Feststellungsklagen. Selbst wenn nur ein Teil die Insolvenzmasse betrifft, ist der gesamte Rechtsstreit einheitlich unterbrochen (BGH NJW 66, 51 für den Konkurs). **aa) Betroffen** ist die Insolvenzmasse: in Aktivprozes- 5 sen bei allen pfändbaren Forderungen des Gemeinschuldners und bei Herausgabeansprüchen (zD §§ 556, 985 BGB). In Passivprozessen bei Forderungen der Insolvenzgläubiger (§ 38 InsO), auch (wegen § 17) wenn der Kläger vor Eröffnung auf Grund eines vorläufig vollstreckbaren Titels vollstreckt hat; bei Aussonderungs- und Absonderungsansprüchen (§§ 47–51 InsO); wenn der Insolvenzschuldner und Sicherungszedent die abgetretene Forderung als Prozessstandschafter geltend macht (G. Vollkommer MDR 98, 1269); auch bei Unterlassungsansprüchen. **bb) Nicht betroffen** ist die Insolvenzmasse: durch alle nicht vermö- 6 gensrechtlichen Streitigkeiten (Einl IV Rn 3, 4); durch Ansprüche aus dem oder gegen das Vermögen des Insolvenzschuldners, soweit es nicht zur Insolvenzmasse gehört (§ 36 InsO).

4. Dauer der Unterbrechung. Sie beginnt kraft Gesetzes mit der 7 Eröffnung; genauer Zeitpunkt: § 27 Abs 3 InsO. Sie endet entweder durch Aufnahme (Rn 8) oder durch die Beendigung des Insolvenzverfahrens nämlich Aufhebung des Eröffnungsbeschlusses (§ 34 Abs 3 InsO), Aufhebung des Insolvenzverfahrens (§ 200 oder § 258 InsO), Einstellung des Insolvenzverfahrens (§§ 207, 211, 212, 213 InsO) und zwar jeweils mit Bekanntmachung (§ 34 Abs 3, § 200 Abs 2, § 215 Abs 1, § 258 Abs 3 InsO). Erst mit dieser endet die Unterbrechung (BGH NJW 90, 1239 für Konkurs).

5. Aufnahme. Ihre Form richtet sich nach § 250. Ist sie unwirksam, 8 bleibt der Rechtsstreit unterbrochen (BGH NJW-RR 00, 1156). Aufgenommen werden kann vom Insolvenzverwalter (§ 58 Abs 1 S 1, § 86 Abs 1 InsO), vom Gegner (§ 85 Abs 2, § 86 Abs 1 InsO), vom Schuldner nur, wenn der Insolvenzverwalter die Aufnahme ablehnt (§ 85 Abs 2 InsO). Wird über die Wirksamkeit der Aufnahme gestritten, so ergeht

Endurteil, das die Unwirksamkeit der Aufnahme ausspricht und die Kosten dem auferlegt, der aufgenommen hat (wie § 239 Rn 7), andernfalls Zwischenurteil (§ 303) oder Feststellung wirksamer Aufnahme in
9 den Gründen des Endurteils. **a) Aktivprozesse.** Das sind Prozesse, in denen zugunsten des Schuldners ein Recht oder die Befreiung von Pflichten oder Lasten geltend gemacht wird. Sie werden nach § 85 InsO
10 aufgenommen. – **b) Passivprozesse.** Das sind Prozesse, in denen ein Recht gegen den Schuldner geltend gemacht wird: **aa)** Auf Aussonderung (§§ 47, 48 InsO), Absonderung (§§ 49–51 InsO) und Masseverbindlichkeiten (§§ 53–55 InsO) gerichtete Prozesse werden nach § 86
11 InsO aufgenommen. **bb)** Für Forderungen der Insolvenzgläubiger (§ 38 InsO) geführte Prozesse können aufgenommen werden, wenn die Forderung bestritten wird und zur Tabelle (§ 175 InsO) angemeldet wurde; dann ist nach § 180 Abs 2 InsO aufzunehmen. Sonst kann wegen solcher Forderungen nur am Insolvenzverfahren teilgenommen werden (§ 87 InsO).

12   **6. Fortsetzung des Rechtsstreits.** Sie erfolgt nach dem Ende des Insolvenzverfahrens (Rn 7), auch wenn der Insolvenzverwalter den Rechtsstreit vorher schon aufgenommen hat, durch den Schuldner, der wieder prozessführungsbefugt wird (§ 51 Rn 25), ohne weiteres oder durch Aufnahme (§ 250), wenn der Insolvenzverwalter sie unterlassen hat. Eine vom Insolvenzverwalter erteilte Prozessvollmacht besteht für den Schuldner fort. Ausnahmsweise bleibt der Insolvenzverwalter prozessführungsbefugt, wenn es sich um Beträge nach §§ 203, 205 InsO (Nachtragsverteilung) handelt (StJRoth 37 für § 166 KO).

§ 241 Unterbrechung durch Prozessunfähigkeit

(1) **Verliert eine Partei die Prozeßfähigkeit oder stirbt der gesetzliche Vertreter einer Partei oder hört seine Vertretungsbefugnis auf, ohne daß die Partei prozeßfähig geworden ist, so wird das Verfahren unterbrochen, bis der gesetzliche Vertreter oder der neue gesetzliche Vertreter von seiner Bestellung dem Gericht Anzeige macht oder der Gegner seine Absicht, das Verfahren fortzusetzen, dem Gericht angezeigt und das Gericht diese Anzeige von Amts wegen zugestellt hat.**

(2) **Die Anzeige des gesetzlichen Vertreters ist dem Gegner der durch ihn vertretenen Partei, die Anzeige des Gegners ist dem Vertreter zuzustellen.**

(3) **Diese Vorschriften sind entsprechend anzuwenden, wenn eine Nachlaßverwaltung angeordnet wird.**

1   **1. Allgemeines.** Begriff der Unterbrechung: 2–5, 7 vor § 239. Anwendungsbereich: 1 vor § 239. § 241 betrifft die Fälle, in denen eine prozessunfähige Partei (vgl § 52) im Rechtsstreit (aber nicht anfänglich, Rn 3) ohne gesetzlichen Vertreter ist. Wird die Partei im Laufe des Rechtsstreits prozessfähig, so führt sie ihn ohne weiteres an Stelle des

gesetzlichen Vertreters selbst fort (§ 52 Rn 10). Ist ein ProzBev bestellt, so gilt allein § 246.

2. Voraussetzungen (Abs 1, 3). **a) Partei:** wie § 239 Rn 2. § 241 2 gilt auch, wenn eine Partei kraft Amtes (§ 51 Rn 25) prozessunfähig wird, stirbt oder ihr Amt verliert (allgM). Entspr anwendbar ist § 241 bei übertragender Umwandlung und Verschmelzung von Handelsgesellschaften (K. Schmidt Fs Henckel S 749; aA die hM: § 239 analog) oder Löschung einer Kapitalgesellschaft (Lindacher Fs Henckel S 549 [560] mwN). – **b) Verlust der Prozessfähigkeit** (vgl § 52). Bei ursprüngli- 3 cher (von Beginn an bestehender) Prozessunfähigkeit gilt § 241 nicht (allgM; Hamm NJW-RR 98, 470).– **c) Gesetzlicher Vertreter:** § 51 Rn 3–7. Verlust der Vertretungsbefugnis: § 51 Rn 9. Bei Gesamtvertretung (§ 51 Rn 11) wird der Rechtsstreit nur dann unterbrochen, wenn die verbleibenden gesetzlichen Vertreter zur Vertretung nicht befugt sind. – **d) Nachlassverwaltung** (Abs 3) gem § 1981 BGB. Durch ihre 4 Anordnung verliert der Erbe die Prozessführungsbefugnis (§ 51 Rn 25). Dies gilt aber nur für die Prozesse, die den Nachlass betreffen. War der Prozess noch nach § 239 unterbrochen, als die Nachlassverwaltung angeordnet wurde, besteht die Unterbrechung bis zur Anzeige (Abs 1, 2) fort. – **e) Testamentsvollstreckung.** § 241 ist über § 243 anwendbar, 5 soweit es sich um die Aufnahme (Rn 7) handelt; auch sonst wegen der Stellung als Partei kraft Amtes (Rn 2).

3. Dauer der Unterbrechung. a) Beginn: kraft Gesetzes mit dem 6 Eintritt des Ereignisses (Tod, Verlust der Prozessfähigkeit oder der Vertretungsmacht), ohne Rücksicht auf Kenntnis. – **b) Ende:** mit Einrei- 7 chung der Anzeige (Abs 1) bei Gericht, wenn der gesetzliche Vertreter handelt. Mit Zustellung der Anzeige (Abs 1, § 250), wenn der Gegner den Rechtsstreit fortsetzen will. Die Zustellung (Abs 2) muss an den wirklichen gesetzlichen Vertreter erfolgen (§ 170 nF): das wird im anschließenden Verfahren gemäß § 56 von Amts wegen geprüft (StJRoth Rn 14).

4. Fortsetzung des Rechtsstreits. Der gesetzliche Vertreter führt 8 den Prozess nach den Grundsätzen des § 51 Rn 14–18 weiter. Wird der Prozessunfähige wieder prozessfähig, gilt Rn 1. Endet bei einer Partei kraft Amtes (§ 51 Rn 25) deren Amt, so wird der Rechtsträger, insbes der Insolvenzschuldner Partei (§ 240 Rn 12). Das ist gesetzlicher Parteiwechsel (16 vor § 50). Der Prozess wird nicht analog § 239 unterbrochen oder über § 246 ausgesetzt (§ 239 Rn 2; bestr).

§ 242 Unterbrechung durch Nacherbfolge

Tritt während des Rechtsstreits zwischen einem Vorerben und einem Dritten über einen der Nacherbfolge unterliegenden Gegenstand der Fall der Nacherbfolge ein, so gelten, sofern der Vorerbe befugt war, ohne Zustimmung des Nacherben über den Gegenstand zu verfügen, hinsichtlich der Unterbrechung und

der Aufnahme des Verfahrens die Vorschriften des § 239 entsprechend.

1   **Anwendbar:** nicht, wenn § 246 zutrifft. Nur bei Aktivprozessen in Bezug auf Nachlassgegenstände, über die der Vorerbe ohne Zustimmung des Nacherben verfügen darf (§§ 2112, 2136 BGB) oder bei denen der Nacherbe der Verfügung zugestimmt hat (vgl § 2120 BGB), also Prozesse, in denen das Urteil für und gegen den Nacherben wirkt (§ 326).
2   **Grund** für die Unterbrechung ist § 326 Abs 2. **Dauer** der Unterbrechung und Aufnahme: entspr § 239 Rn 5, 6, 12.

§ 243 Aufnahme bei Nachlasspflegschaft und Testamentsvollstreckung

Wird im Falle der Unterbrechung des Verfahrens durch den Tod einer Partei ein Nachlaßpfleger bestellt oder ist ein zur Führung des Rechtsstreits berechtigter Testamentsvollstrecker vorhanden, so sind die Vorschriften des § 241 und, wenn über den Nachlaß das Insolvenzverfahren eröffnet wird, die Vorschriften des § 240 bei der Aufnahme des Verfahrens anzuwenden.

1   **Anwendbar,** wenn das Verfahren nach § 239 oder nach § 242 (allgM) unterbrochen ist und § 246 nicht vorgeht; ferner beim Nach-
2   lassinsolvenzverfahren (§§ 315 ff InsO) **Wirkung.** § 243 regelt nicht den Eintritt, sondern lediglich das Ende der Unterbrechung durch Aufnahme. Dafür gilt § 241 (dort Rn 7). Bei Passivprozessen können auch die Erben den Rechtsstreit gem § 239 aufnehmen (BGH NJW 88, 1390; umstr). Beim Nachlassinsolvenzverfahren ist § 240 Rn 8–11 anzuwenden.

§ 244 Unterbrechung durch Anwaltsverlust

(1) Stirbt in Anwaltsprozessen der Anwalt einer Partei oder wird er unfähig, die Vertretung der Partei fortzuführen, so tritt eine Unterbrechung des Verfahrens ein, bis der bestellte neue Anwalt seine Bestellung dem Gericht angezeigt und das Gericht die Anzeige dem Gegner von Amts wegen zugestellt hat.

(2) [1] Wird diese Anzeige verzögert, so ist auf Antrag des Gegners die Partei selbst zur Verhandlung der Hauptsache zu laden oder zur Bestellung eines neuen Anwalts binnen einer von dem Vorsitzenden zu bestimmenden Frist aufzufordern. [2] Wird dieser Aufforderung nicht Folge geleistet, so ist das Verfahren als aufgenommen anzusehen. [3] Bis zur nachträglichen Anzeige der Bestellung eines neuen Anwalts erfolgen alle Zustellungen an die zur Anzeige verpflichtete Partei.

1   Die ab 1. 7. 02 in Kraft tretende Neufassung von Abs 2 S 3 ist eine Folgeänderung des Zustellungsreformgesetzes vom 26. 6. 01 (BGBl I

S 1206). **1. Allgemeines.** Begriff der Unterbrechung: 2–5 vor § 239. Anwendungsbereich: 1 vor § 239. Grund der Vorschrift ist, dass die Partei im Anwaltsprozess (§ 78) nicht wirksam handeln kann, wenn sie ohne RA ist. Verliert sie ihn, ohne dass sie dies veranlasst, wird sie durch Unterbrechung geschützt.

2. Voraussetzungen der Unterbrechung. **a) Anwaltsprozess** ist ein 2 Rechtsstreit, in dem Anwaltszwang besteht (§ 78 Abs 1, 2). Im Parteiprozess (§ 79) gilt § 244 auch dann nicht, wenn sich die Partei durch einen RA vertreten lässt (BGH FamRZ 92, 48). – **b) Partei:** wie § 239 3 Rn 2. Eine Partei kraft Amtes (§ 51 Rn 25) steht der Partei gleich. Sie muss dem RA (Rn 4) Prozessvollmacht erteilt haben (1 vor § 78). – **c) Anwalt.** Damit ist der für den Rechtszug bestellte RA gemeint. Der 4 Rechtszug dauert auf jeden Fall bis zum Beginn der Rechtsmittelfrist (BGH 23, 172). Andererseits beginnt der höhere Rechtszug erst mit der Einlegung des Rechtsmittels (hM). Daraus folgt, dass das Verfahren unterbrochen wird, wenn der ProzBev, nachdem ihm die Entscheidung (gemäß § 172) zugestellt wurde, verstirbt, bevor das Rechtsmittel eingelegt wird (BAG NJW 76, 1334; BGH NJW 95, 1095 mwN; RoSchw-Gottwald § 126 IV 1; bestr). Bei Urteilen, die die Instanz noch nicht endgültig abschließen (zB §§ 302, 304), wird nur in dem Rechtszug unterbrochen, für den der weggefallene RA (Rn 5) bestellt war. – **d) Wegfall** des RAs. Das sind die Fälle Rn 6–10, nicht ist es der Entzug 5 der Prozessvollmacht durch die Partei (allgM). Sind mehrere RAe als ProzBev bestellt (insbes Anwaltssozietät), so wird nur unterbrochen, wenn alle wegfallen (BAG NJW 72, 1388). Es wird unterbrochen durch: **aa) Tod:** nicht, wenn ein Vertreter gem § 53 BRAO bestellt ist (hM; 6 BGH 61, 84 und NJW 82, 2324). **bb) Verlust der Prozessfähigkeit** 7 (BGH 30, 112; BAG NJW 66, 74; vgl § 80 Rn 5). Ist ein Vertreter gem § 53 BRAO bestellt, wird nicht unterbrochen (vgl Rn 6), im Falle des Todes aber dann mit der Löschung in der Anwaltsliste (BGH 61, 84). **cc) Verlust der Anwaltseigenschaft** (BGH 111, 104). Diese tritt ein 8 durch Erlöschen der Zulassung (§ 13 BRAO) oder rechtskräftige Zurücknahme der Zulassung als RA (§ 14 BRAO). Gilt auch bei § 78 Abs 4 (Karlsruhe NJW-RR 95, 626). **dd) Beendigung der Zulassung** 9 bei einem Gericht (§§ 33–35 BRAO), aber erst mit ihrer Rechtskraft (vgl § 42 BRAO). Hier wird nur unterbrochen, wenn der Rechtsstreit vor dem Gericht anhängig ist, bei dem die Zulassung zurückgenommen wurde. **ee) Vertretungsverbot** (§ 114 Abs 1 Nr 4, § 114a BRAO), 10 sobald es wirksam wird (vgl § 204 Abs 5 BRAO; BGH 111, 104). Dazu gehören aber nicht die Tätigkeitsverbote der §§ 45–47 BRAO. **ff) Aus-** 11 **schließung** aus der Rechtsanwaltschaft (§ 114 Abs 1 Nr 5 BRAO) mit Rechtskraft (§ 204 Abs 1 BRAO). **gg) Vorläufiges** Berufs- und Vertre- 12 tungsverbot (§ 150 BRAO).

3. Dauer der Unterbrechung. Sie gilt als nicht eingetreten (Fik- 13 tion), wenn dem RA Wiedereinsetzung bei versäumter Rechtsmittelfrist gegen das Ausschlussurteil (vgl § 204 Abs 1 S 1 BRAO) gewährt wird

14 (BGH 98, 325). **a) Beginn:** mit dem Tod, dem Eintritt der Prozessunfähigkeit (Rn 7) oder der Rechtskraft in den Fällen der Rn 8–11, ferner
15 mit der Verkündung bei Rn 12. – **b) Ende:** regelmäßig durch Anzeige
(§ 250) des neu bestellten RAs (Abs 1) oder des wieder vertretungsfähig
gewordenen (Rn 7–12; RG 141, 169). Die Anzeige ist zuzustellen
(Abs 1). Sie kann mit einem Schriftsatz (§ 130) verbunden werden
(BGH 30, 112 [119]) und ist in der Berufungseinlegung zu sehen (BGH
111, 104). Für die Zustellung, mit der die Unterbrechung endet, gilt
§ 295 Abs 1 (BGH 23, 172). Unterbleibt die Anzeige gem Abs 1, so
kann die Aufnahme fingiert werden (Abs 2; Rn 16).

16   **4. Fingierte Aufnahme** des Rechtsstreits (Abs 2). Wird die Unterbrechung nicht durch Anzeige beendet (Rn 15), kann der Prozessgegner
17 die Unterbrechung beenden. **a) Voraussetzungen: aa) Antrag.** Prozesshandlung (Einl III); durch Schriftsatz (§ 129 Rn 5). Es gilt § 78.
18 **bb) Verzögerung** der Anzeige (Rn 15) liegt vor, wenn die Partei oder
ihr ProzBev sie unterlässt, obwohl sie geschehen könnte und kein Grund
19 entgegensteht. Keine Überlegungsfrist. – **b) Entscheidung** (Abs 2 S 1).
Liegen die Voraussetzungen (Rn 17, 18) vor, so ist, je nachdem, was
beantragt ist (Rn 17), gem § 216 Termin zu bestimmen (Abs 2 S 1
1. Alt), wobei im Anwaltsprozess mit der Ladung zur Vhdlg wegen
§ 215 die Aufforderung, einen RA zu bestellen, verbunden werden
muss; oder es ist zur Bestellung eines neuen RA unter Fristbestimmung
(9 vor § 214) aufzufordern (Abs 2 S 1 2. Alt). Wird der Antrag abge-
20 lehnt, gilt § 567 Abs 1 Nr 2. – **c) Wirkung.** Sobald die Anzeige erfolgt,
endet die Unterbrechung gemäß Rn 15. Erscheint im Termin kein RA,
im Parteiprozess (§ 79) auch die Partei nicht, kann nach §§ 330, 331
oder § 331a entschieden werden; denn bereits die Zustellung der Ladung beendet die Unterbrechung (Abs 2 S 1 1. Alt; StJRoth 19). Ist
eine Frist bestimmt (Abs 2 S 1 2. Alt), so endet die Unterbrechung,
wenn Anzeige (Rn 15) unterbleibt, mit Fristablauf (BGH NJW 60,
819). – **d) Zustellungen** (Abs 2 S 3) erfolgen bis zur (verspäteten)
nachträglichen Anzeige an die Partei, die anzuzeigen hat (Rn 15).

§ 245 Unterbrechung durch Stillstand der Rechtspflege

**Hört infolge eines Krieges oder eines anderen Ereignisses die
Tätigkeit des Gerichts auf, so wird für die Dauer dieses Zustandes das Verfahren unterbrochen.**

1   Andere Ereignisse: Naturkatastrophen, Revolutionen. Die Unterbrechung endet, wenn das Gericht wieder tätig wird.

§ 246 Aussetzung bei Vertretung durch Prozessbevollmächtig-
ten

**(1) Fand in den Fällen des Todes, des Verlustes der Prozeßfä-
higkeit, des Wegfalls des gesetzlichen Vertreters, der Anordnung
einer Nachlaßverwaltung oder des Eintritts der Nacherbfolge**

(§§ 239, 241, 242) eine Vertretung durch einen Prozeßbevollmächtigten statt, so tritt eine Unterbrechung des Verfahrens
nicht ein; das Prozeßgericht hat jedoch auf Antrag des Bevollmächtigten, in den Fällen des Todes und der Nacherbfolge auch
auf Antrag des Gegners die Aussetzung des Verfahrens anzuordnen.

(2) Die Dauer der Aussetzung und die Aufnahme des Verfahrens richten sich nach den Vorschriften der §§ 239, 241 bis 243;
in den Fällen des Todes und der Nacherbfolge ist die Ladung mit
dem Schriftsatz, in dem sie beantragt ist, auch dem Bevollmächtigten zuzustellen.

1. Allgemeines. Begriff der Aussetzung: 8 vor § 239. Anwendungs- 1
bereich: 1 vor § 239. Wirkung: 2–5 vor § 239. Wenn ein ProzBev
bestellt ist, liegt in den Fällen der §§ 239, 241 kein Grund vor, den
Rechtsstreit zu unterbrechen, weil die Prozessvollmacht nicht erlischt
(§ 86), ungeachtet dessen, dass bei Tod ein Parteiwechsel eintritt (§ 239
Rn 1). Zweck des § 246 ist es, dem ProzBev Zeit zu geben, sich
Anweisungen und Vollmacht (§ 86 Hs 2) des Erben, gesetzlichen Vertreters, Nachlassverwalters oder Nacherben geben zu lassen.

2. Voraussetzungen (Abs 1). **a) Ereignis** gemäß Aufzählung: Tod 2
der Partei (§ 239 Rn 2), Verlust ihrer Prozessfähigkeit oder ihres gesetzlichen Vertreters sowie Anordnung der Nachlassverwaltung (§ 241
Rn 2–4) und Eintritt der Nacherbfolge (§ 242 Rn 1). – **b) Vertretung** 3
durch einen ProzBev: wie 1 vor § 78, also nicht notw ein RA, wohl
aber der nach § 89 zugelassene Vertreter. Wenn ein RA sich gem § 78
Abs 4 selbst vertritt, gilt § 244. Das Mandat (3 vor § 78) muss noch
bestehen (BGH NJW 65, 1019). Der ProzBev muss zZ des Ereignisses
(Rn 2) für den Rechtsstreit noch postulationsfähig (4 vor § 78), der RA
insbes zugelassen sein (BGH 2, 227). Daher ist bei einem ProzBev, der
nur beim Gericht des unteren Rechtszuges zugelassen ist, § 246 anwendbar, bis das Rechtsmittel eingelegt ist (BGH NJW 81, 686 mwN).
Ist es bereits eingelegt, so wird unterbrochen und es gilt § 246 nicht,
wenn für die höhere Instanz noch kein zugelassener ProzBev bestellt ist
(BGH 2, 227). – **c) Antrag** gemäß § 248 Abs 1 des ProzBev namens 4
der betroffenen Partei (zB des noch unbekannten Erben), nur bei
§§ 239, 242 auch des Gegners. Steht im Belieben des Antragsberechtigten. Der Antrag kann nicht allein in der Mitteilung des ProzBev, sein
Mandant sei verstorben, gesehen werden (BGH VersR 93, 1375). Der
Antrag ist zulässig vom Eintritt des Aussetzungsgrundes (Rn 2) bis zur
Rechtskraft, jedoch nicht mehr, wenn auf den Aussetzungsantrag durch
einseitige Prozesshandlung (Einl III) verzichtet wurde, was idR im vor-
behaltlosen Verhandeln zur Hauptsache in Kenntnis des Aussetzungsgrundes zu sehen ist (bestr).

3. Dauer der Aussetzung. a) Beginn: mit Wirksamkeit der An- 5
ordnung (§ 248 Rn 2). Sie muss ergehen, wenn die Voraussetzungen

(Rn 2–4) vorliegen, es sei denn, dass ausnahmsweise Rechtsmissbrauch
6 vorliegt (RoSchwabGottwald § 127 II 1). – **b) Ende** (Abs 2): ohne
gerichtliche Entscheidung durch Aufnahme oder Anzeige wie in den
entspr Fällen der Unterbrechung (§ 239 Rn 6 und 12–13; § 241 Rn 7);
ferner nach §§ 242, 243. Im Falle von § 239 und § 242 muss nach
Abs 2 Hs 2 verfahren werden; andernfalls ist die Ladung nicht ordnungsgemäß.

7 **4. Fortsetzung des Rechtsstreits** findet, falls kein Antrag gestellt
wird, ohne weiteres statt, sonst nach Schluss der Aussetzung (Rn 6). Ein
Streit der Parteien darüber, ob das Verfahren fortzusetzen ist, wird durch
Zwischenurteil entschieden (§ 303). Wechsel der Partei oder des gesetzlichen Vertreters unter Fortdauer der Prozessvollmacht: § 86 Rn 1.

§ 247 Aussetzung bei abgeschnittenem Verkehr

**Hält sich eine Partei an einem Ort auf, der durch obrigkeit-
liche Anordnung oder durch Krieg oder durch andere Zufälle
von dem Verkehr mit dem Prozeßgericht abgeschnitten ist, so
kann das Gericht auch von Amts wegen die Aussetzung des Verfahrens bis zur Beseitigung des Hindernisses anordnen.**

1 **Partei:** wie § 239 Rn 2. **Anordnung:** § 248. Die Aussetzung endet
durch einen entspr gerichtlichen Beschluss (hM). **Vom Verkehr abgeschnitten:** ist grundsätzlich nicht schon dann gegeben, wenn sich eine
Person im Ausland aufhält.

§ 248 Verfahren bei Aussetzung

**(1) Das Gesuch um Aussetzung des Verfahrens ist bei dem
Prozeßgericht anzubringen; es kann vor der Geschäftsstelle zu
Protokoll erklärt werden.**

**(2) Die Entscheidung kann ohne mündliche Verhandlung erge-
hen.**

1 **Antrag** (Gesuch, Abs 1). Gilt nur für §§ 246, 247, nicht für Aussetzung nach §§ 148 ff. Prozesshandlung (Einl III); wegen Abs 1, § 78
Abs 3 außer Anwaltszwang; auch § 129 a gilt. **Zuständig** ist das Prozessgericht, bis ein Rechtsmittel eingelegt ist, das des unteren Rechts-
2 zuges. **Entscheidung** (Abs 2) ergeht grundsätzlich als Beschluss. Es gilt
§ 329 Abs 1 und 2; daher bei Ablehnung des Antrags zuzustellen. Die
Aussetzung wird erst mit Verkündung oder Bekanntgabe des Beschlusses
wirksam (BGH 69, 395 und NJW 87, 2379). Inhalt: Entweder wird der
Antrag mit Gründen abgelehnt oder der Rechtsstreit ausgesetzt; dann ist
der Aussetzungsgrund anzugeben, damit Klarheit besteht, wann und wie
aufgenommen werden kann. Abgelehnt werden kann die Aussetzung
3 auch erst im Endurteil (MüKoFeiber 4). **Rechtsmittel:** § 252.

§ 249 Wirkung von Unterbrechung und Aussetzung

(1) **Die Unterbrechung und Aussetzung des Verfahrens hat die Wirkung, daß der Lauf einer jeden Frist aufhört und nach Beendigung der Unterbrechung oder Aussetzung die volle Frist von neuem zu laufen beginnt.**

(2) **Die während der Unterbrechung oder Aussetzung von einer Partei in Ansehung der Hauptsache vorgenommenen Prozeßhandlungen sind der anderen Partei gegenüber ohne rechtliche Wirkung.**

(3) **Durch die nach dem Schluß einer mündlichen Verhandlung eintretende Unterbrechung wird die Verkündung der auf Grund dieser Verhandlung zu erlassenden Entscheidung nicht gehindert.**

1. Anwendungsbereich. Allgemein: 1 vor § 239. Für alle Fälle von 1 Unterbrechung und Aussetzung (7, 8 vor § 239) gelten Abs 1 und 2, der Abs 3 jedoch nur für die Unterbrechung (Rn 10). Für das Ruhen als Sonderfall der Aussetzung (9 vor § 239) gilt § 249 nicht. Die Wirkungen des § 249 treten nur während der Dauer der Aussetzung und der Unterbrechung ein (vgl zB § 239 Rn 5; § 246 Rn 5, 6).

2. Fristen (Abs 1). Damit sind nur die echten Fristen gemeint (7–9 2 vor § 214), insbes auch die Notfristen (§ 224 Abs 1 S 2), nicht die uneigentlichen Fristen (7 vor § 214). **a) Eintritt** der Unterbrechung 3 oder Aussetzung beendet den Lauf der Frist. Solange die Unterbrechung oder Aussetzung andauert, wird verhindert, dass eine Frist weiterläuft oder zu laufen beginnt (BGH 111, 104 [108]). – **b) Ende** der Unter- 4 brechung oder Aussetzung bewirkt, dass mit dem Ende für beide Parteien die volle Frist zu laufen beginnt, aber ohne Rückwirkung und nur, wenn sie nicht schon vorher abgelaufen war (BGH NJW 87, 2379). Hierfür müssen stets die Voraussetzungen des Fristenlaufs erfüllt sein, insbes wirksame Zustellung. Bei Datumsfristen (9 vor § 214) ist neue Fristsetzung geboten, insbes wenn die Unterbrechung über den Endtag hinaus andauert (BGH 64, 1). Bei Rechtsmittelbegründungsfristen läuft jedenfalls die gesetzliche Frist von neuem (BGH aaO).

3. Prozesshandlungen der Parteien (Abs 2; Einl III). **a) Voraus-** 5 **setzungen.** Die Prozesshandlung muss im unterbrochenen oder ausgesetzten Rechtsstreit vorgenommen worden sein. **aa) Hauptsache** (pro- 6 zessualer Anspruch, Einl II). Sie muss betroffen sein. Nicht unter Abs 2 fallen daher Prozesshandlungen, die dazu dienen, den Stillstand des Rechtsstreits geltend zu machen oder zu beseitigen, wie zB Rechtsmittel (BGH NJW 97, 1445 mwN); ferner Schutzanträge gem §§ 707, 719 (Bamberg NJW-RR 89, 576) und das PKH-Verfahren (BGH NJW 66, 1126). **bb) Vornahme.** Die Prozesshandlung muss dem Gericht oder 6 a dem Gegner gegenüber vorgenommen worden sein. Unanwendbar ist Abs 2 auf Rechtsgeschäfte oder Handlungen gegenüber Dritten (zB dem ProzBev), auch wenn sie sich auf den Rechtsstreit beziehen. –

b) Wirkung des Abs 2. Die Prozesshandlungen (Rn 5–6 a) sind unwirksam, aber nur dem Gegner, nicht dem Gericht gegenüber. Sie sind also nicht nichtig, sondern heilbar über § 295 oder durch Genehmigung des Gegners (BGH 4, 314 [320] und 50, 397). Die Partei, welche die Prozesshandlung vorgenommen hat, kann sich nicht auf deren Unwirksamkeit berufen (BGH 4, 314 [320]). Das Gericht darf der Prozesshandlung nicht stattgeben, sondern hat sie als unwirksam zu behandeln, bevor es seinerseits handeln darf (Rn 8). Rechtsmittel und Einspruch, die während der Unterbrechung oder Aussetzung eingelegt werden, sind dem Gericht gegenüber nicht unwirksam (BGH st Rspr NJW 97, 1445; bestr), auch nicht allein deswegen unzulässig (StJRoth 21) und müssen nach Ende des Verfahrensstillstands nicht wiederholt werden.

8   **4. Handlungen des Gerichts,** die nach außen wirken (insbes eine mdl Vhdlg, Ladungen und Zustellungen) sind grundsätzlich unzulässig und beiden Parteien gegenüber unwirksam (BGH 111, 104), soweit es sich nicht um Entscheidungen handelt (vgl Rn 9). Der Verfahrensstillstand ergreift die Kostenfestsetzung (MüKo/Feiber 23 mwN). Zulässig sind: Entscheidung über PKH im Fall des § 244 (BGH NJW 66, 1126); Vollstreckungsschutz gemäß § 719 Abs 2 (BGH NJW 01, 375); Berichtigung gem § 320 (Schleswig SchlHA 71, 18) oder § 319; Wertfestsetzung (BGH NJW 00, 1199). 9 **a) Entscheidungen** sind zwar als solche wirksam, aber anfechtbar (BGH NJW 01, 2095) allein wegen des Verfahrensstillstands. Sie müssen grundsätzlich mit den statthaften Rechtsmitteln angefochten werden (StJRoth 28 mwN). Zu diesem Zweck dürfen auch während des Stillstandes die statthaften Rechtsbehelfe ergriffen werden (BGH NJW 95, 2563). Daraufhin darf das Gericht auch Termin bestimmen (§ 216) und eine Entscheidung erlassen, zB ein trotz der Unterbrechung ergangenes Versäumnisurteil aufheben. – 10 **b) Verkündung von Entscheidungen** ist (nur bei Unterbrechung) zulässig (Abs 3), wenn nach dem Schluss der mdl Vhdlg (§ 136 Abs 4), im schriftlichen Verfahren dem entspr Zeitpunkt (§ 128 Abs 2; hM; BFH NJW 91, 2792 mwN), unterbrochen wurde. Wenn ein Rechtsmittel vor der Unterbrechung unzulässig war, darf es (Abs 3 analog) auch während der Unterbrechung verworfen werden (BGH NJW 59, 532). Für Aussetzung und Ruhen gilt Abs 3 nicht (BGH 43, 135); es kann vorher verkündet werden.

§ 250 Form von Aufnahme und Anzeige

Die Aufnahme eines unterbrochenen oder ausgesetzten Verfahrens und die in diesem Titel erwähnten Anzeigen erfolgen durch Zustellung eines bei Gericht einzureichenden Schriftsatzes.

1   **1. Aufnahme.** § 250 gilt auch für das Ruhen (§ 251). **a) Form.** Schriftsatz: § 129 Rn 5. Anwaltszwang gemäß § 78. Beim Revisionsgericht auch durch den Berufungsanwalt möglich (BGH NJW 01,

1581); beim AG auch zu Protokoll der Geschäftsstelle zulässig (§ 496), ferner ohne Schriftsatz durch Erklärung in mdl Vhdlg, wenn beide Parteien anwesend sind (RG 109, 47), im Falle des § 239 Abs 2 auch, wenn der Gegner des Rechtsnachfolgers abwesend ist (StJRoth 4). – **b) Inhalt:** idR ausdrückliche Erklärung, den Rechts- **2** streit aufzunehmen oder fortzusetzen. Unnötig ist es, Unterlagen oder Erklärungen zur Rechtsnachfolge oder Prozessführungsbefugnis bei- zufügen (BGH NJW 95, 2171). Die Aufnahme kann auch stillschwei- gend erklärt werden, inbes in Verbindung mit Prozesshandlungen, auch mit Berufungs- oder Revisionsschriftsatz (BGH 111, 104) oder einem Wiedereinsetzungsantrag (Köln OLGZ 73, 41), aber nicht schon durch einen Antrag auf PKH (BGH NJW 70, 1790). Keines- falls genügt die bloße Todesmitteilung durch den Kanzleiabwickler (Köln aaO). – **c) Zustellung:** von Amts wegen (§ 270 Abs 1). – **3** **d) Gericht:** dasjenige, bei dem der Rechtsstreit anhängig ist. Bis das Rechtsmittel eingelegt ist, also das des unteren Rechtszuges, mit und ab Rechtsmitteleinlegung das Rechtsmittelgericht. – **e) Heilung von** **4** **Mängeln:** § 295 Abs 1 (BGH NJW 69, 48), von solchen der Zu- stellung auch gemäß 20–22 vor § 166.

2. Anzeige. § 250 gilt auch für die Fälle der §§ 241, 243 und 244. **5** Die Rn 1–4 gelten dafür entspr. Auch die Anzeige kann unbedenklich mit einem Rechtsmittelschriftsatz verbunden werden (allgM).

§ 251 Ruhen des Verfahrens

[1]**Das Gericht hat das Ruhen des Verfahrens anzuordnen, wenn beide Parteien dies beantragen und anzunehmen ist, daß wegen Schwebens von Vergleichsverhandlungen oder aus sonstigen wichtigen Gründen diese Anordnung zweckmäßig ist.** [2]**Die An-ordnung hat auf den Lauf der im § 233 bezeichneten Fristen keinen Einfluß.**

Abs 2 ist aufgehoben mWv 1. 1. 2002 durch Art 2 Nr 41 ZPO-RG.

1. Allgemeines. Begriff: 9 vor § 239. Anwendungsbereich: 1 vor **1** § 239. Das Ruhen wirkt grundsätzlich wie Unterbrechung und Aus- setzung (§ 249), wegen Abs 1 S 2 laufen jedoch die Notfristen (§ 224 Abs 1 S 2), die Rechtsmittelbegründungsfristen und die Frist des § 234 Abs 1. Rechtsbehelfe: § 252. Die Parteien können sich außergerichtlich durch Prozessvertrag (Einl III Rn 6) wirksam verpflichten, das Ruhen des Verfahrens herbeizuführen (BGH NJW 83, 2496). Rn 4–8 gelten auch für das gemäß § 251a angeordnete Ruhen (allgM; LG Berlin MDR 93, 476 mwN).

2. Voraussetzungen (S 1). **a) Antrag** beider Parteien, auch des **2** streitgenössischen (§ 69), nicht des einfachen Nebenintervenienten. Pro- zesshandlung (Einl III); zu stellen in mdl Vhdlg oder schriftlich, nur beim AG auch zu Protokoll (§ 496); § 78 gilt. Bis zur Anordnung (Rn 4) kann der Antrag widerrufen werden. – **b) Zweckmäßigkeit** **3**

der Anordnung, insbes wegen (glaubwürdig dargelegter) schwebender Vergleichsverhandlungen; in diesem Fall auch dann, wenn die Sache entscheidungsreif ist.

4   **3. Dauer des Ruhens. a) Beginn:** mit dem Beschluss (§ 329 Abs 1, 2), durch den das Ruhen angeordnet wird. Er kann ergehen schon bevor eine mdl Vhdlg stattgefunden hat, aber nur bis zur Verkündung der die Instanz abschließenden Entscheidung. Er darf keinen Terminsvorbehalt
5   aufweisen, weil sonst § 227 umgangen werden könnte. – **b) Ende** des Ruhens: Bei zeitlicher Begrenzung in der Anordnung tritt es mit diesem
6   Zeitpunkt ein. Fehlt ein solcher Zeitpunkt: **aa)** Durch einen Beschluss des Gerichts, in dem (ausdrücklich oder sinngemäß) das Ruhen des Verfahrens für beendet erklärt wird. Dies ist jederzeit möglich, wenn die
7   Voraussetzung zu Rn 3 weggefallen ist. **bb)** Durch Aufnahme (§ 250) einer Partei, auch eines Nebenintervenienten. Das ist ohne weiteres möglich.

§ 251 a Säumnis beider Parteien; Entscheidung nach Lage der Akten

(1) **Erscheinen oder verhandeln in einem Termin beide Parteien nicht, so kann das Gericht nach Lage der Akten entscheiden.**

(2) [1]**Ein Urteil nach Lage der Akten darf nur ergehen, wenn in einem früheren Termin mündlich verhandelt worden ist.** [2]**Es darf frühestens in zwei Wochen verkündet werden.** [3]**Das Gericht hat der nicht erschienenen Partei den Verkündungstermin formlos mitzuteilen.** [4]**Es bestimmt neuen Termin zur mündlichen Verhandlung, wenn die Partei dies spätestens am siebenten Tage vor dem zur Verkündung bestimmten Termin beantragt und glaubhaft macht, daß sie ohne ihr Verschulden ausgeblieben ist und die Verlegung des Termins nicht rechtzeitig beantragen konnte.**

(3) **Wenn das Gericht nicht nach Lage der Akten entscheidet und nicht nach § 227 vertagt, ordnet es das Ruhen des Verfahrens an.**

1   **1. Allgemeines.** § 251 a ermöglicht dem Gericht, das Verfahren zu fördern, wenn die Parteien untätig sind. Das Gericht (bei der KfH der Vorsitzende, § 349 Abs 2 Nr 5) kann, wenn Entscheidungsreife besteht, nach Aktenlage entscheiden (Abs 1), vertagen (Abs 3; Rn 13) oder das Ruhen anordnen (Abs 3). Es steht im Ermessen des Gerichts, wie es entscheidet. Ein Absehen von jeglicher Entscheidung ist aber unzulässig. Die Parteien haben diejenigen Rechtsbehelfe, die gegen die betreffende Entscheidung stattfinden, wenn sie auf streitige Verhandlung erlassen wäre.

2. Voraussetzung jeder Entscheidung (Rn 1) ist Säumnis beider 2
Parteien (ggf auch ihrer Nebenintervenienten) in einem Termin zur mdl
Vhdlg. Trotz des Wortlauts („erscheinen oder verhandeln … nicht")
müssen die Voraussetzungen der Säumnis vorliegen (1–9 vor § 330),
weil eine Entscheidung nach Aktenlage der Partei die Gelegenheit zur
(letzten) Anhörung durch das Gericht nimmt. Dem Nichterscheinen
steht das Nichtverhandeln gleich (§ 333), das beider Parteien oder der
einen erschienenen (oder vertretenen) Partei. Ein Antrag auf Versäumnisurteil (§§ 330, 331) oder auf Entscheidung nach Aktenlage gem
§ 331 a schließt die Anwendung des § 251 a aus, desgleichen wenn der
Nebenintervenient einer Partei erscheint und verhandelt (vgl § 67),
nicht ein Vertagungsantrag.

3. Entscheidung nach Aktenlage, dh nach dem Stande des Verfah- 3
rens. **a) Voraussetzungen:** Außer derjenigen der Rn 2 und der Entscheidungsreife (Rn 1; für Urteile §§ 300–305) ist erforderlich: mdl
Vhdlg zur Sache (wie § 39 Rn 5–7) in einem früheren Termin desselben
Rechtszugs ist nur für ein Urteil erforderlich (Abs 2 S 1), so dass Beweis-
oder Aufklärungsbeschlüsse auch ohne frühere mdl Vhdlg ergehen können. An der Verhandlung müssen beide Parteien je einmal, auch in
verschiedenen Terminen je eine Partei (RoSchwGottwald § 108 II 4 a)
mdl verhandelt haben, keinesfalls notwendig vor denselben Richtern
(§ 309). Es darf dazwischen die Klage nicht geändert worden sein
(§ 263; unschädlich im Falle des § 264), insbes auch nicht erweitert
(Düsseldorf NJW-RR 94, 892). – **b) Art.** Es kann auch ein streitiges 4
Urteil sein. Dabei ist Abs 2 S 1 zu beachten (Rn 3). Auch Beschlüsse
jeder Art, insbes Beweis-, Aufklärungs-, Auflagen- und Trennungs-
beschlüsse sind möglich. – **c) Grundlage** ist der Prozessstoff aus früheren 5
mdl Vhdlgen, gleichgültig ob protokolliert oder nicht sowie aus dem
gesamten Akteninhalt (Schriftsätze, Protokolle, Urkunden, Gutachten
usw), soweit er nicht durch spätere Erklärungen überholt oder widerrufen ist. Vorbereitende Schriftsätze (§ 129 Abs 1) dürfen nur dann
berücksichtigt werden, wenn sie vor dem Termin dem Gegner zugestellt
oder mitgeteilt sind. – **d) Inhalt.** Liegen die Voraussetzungen vor, 6
ergeht zunächst Beschluss, dass nach Aktenlage entschieden werde; zugleich wird der Verkündungstermin festgesetzt. Bei Urteilen wird dann
im Rubrum (§ 313 Abs 1 Nr 3) statt „auf Grund der mdl Vhdlg vom
…" eingesetzt: „nach Lage der Akten am (Datum des versäumten
Termins)"; dies ist auch der für die materielle Rechtskraft maßgebende
Zeitpunkt. – **e) Verkündung.** Es gilt § 310, wobei dessen Abs 1 S 1 7
Hs 1 durch die Mindestfrist des Abs 2 S 2 ausgeschlossen ist. Berechnung: § 222. Der Verkündungstermin ist der nicht erschienenen Partei
formlos mitzuteilen (Abs 2 S 3), also beiden Parteien, wenn sie nicht
erschienen sind. Unterbleiben der Mitteilung macht die Entscheidung
nicht unwirksam. Die Entscheidung nach Aktenlage darf nur verkündet
werden, wenn nicht die Voraussetzungen neuer Terminbestimmung
(Rn 8) vorliegen.

8 **4. Neue Terminbestimmung** (Abs 2 S 4) statt Aktenlageentscheidung erfolgt gemäß § 216, aber stets durch Beschluss des Gerichts, das
9 folgende Voraussetzungen zu prüfen hat: **a) Beschluss,** dass nach Ak-
10 tenlage entschieden werde, muss ergangen sein (Rn 6). – **b) Antrag** einer nicht im Termin erschienenen Partei (Prozesshandlung; Einl III). Er ist fristgebunden, wobei „am siebten Tage vor ...“ bedeutet, dass der Antrag an dem Wochentag bei Gericht eingehen muss, der in der Bezeichnung dem Tage entspricht, an dem in der folgenden Woche Ver-
11 kündungstermin ist. – **c) Glaubhaftmachung** (§ 294) folgender Tatsachen: fehlendes Verschulden (wie § 233 Rn 12–14), auch des Vertreters (§ 51 Abs 2, § 85 Abs 2) für das Ausbleiben oder Nichtverhandeln im versäumten Termin und außerdem auch dafür, dass die Partei am rechtzeitigen Terminverlegungsgesuch (§ 227) verhindert war. Die Gründe eines bereits zurückgewiesenen Verlegungsantrags sind ver-
12 braucht. – **d) Von Amts wegen** ohne Antrag bestimmt das Gericht neuen Termin (§ 216), wenn es nach dem Aktenlagebeschluss (Rn 6) entdeckt, dass die Voraussetzungen einer Aktenlageentscheidung (Rn 3) fehlten, zB keine Säumnis vorlag, weil die Ladung nicht ordnungsgemäß war. Diese Terminsbestimmung kann mit dem Beschluss, die mdl Vhdlg wieder zu eröffnen (§ 156), als die angekündigte Aktenlageentscheidung ergehen. Hat die Geschäftsstelle die formlose Mitteilung (Abs 2 S 3) zu spät hinausgegeben, muss nur der Verkündungstermin zeitgerecht verlegt werden, dass vor dem neuen Termin die Frist eingehalten werden kann.

13 **5. Vertagung** kann anstatt des Beschlusses (Rn 6), nur aus erheblichen Gründen erfolgen; denn § 227 ist hier uneingeschränkt anzuwenden. Ein erheblicher Grund ist insbes ein begründeter Zweifel an ordnungsgemäßer Ladung. Wegen § 218 ist eine Ladung zu dem Termin, auf den vertagt wurde, entbehrlich. Trotzdem wird Ladung oder Benachrichtigung der Parteien vom neuen Termin angebracht sein, wenn das Verfahren gefördert werden soll.

14 **6. Ruhen** des Verfahrens (Abs 3) ist als Sanktion gegen die Parteien gedacht und wird durch Beschluss angeordnet, wenn nicht eine Entscheidung gem Rn 6 ergeht oder wenn nicht gem Rn 13 vertagt wird, weil kein erheblicher Grund vorlag. Die Anordnung ist auch nach Teilurteil für den nicht erledigten Teil möglich, da § 335 Abs 1 Nr 3 nicht gilt (Köln MDR 91, 896). Für Inhalt und Wirkung dieser Entscheidung gilt § 251.

§ 252 Rechtsmittel bei Aussetzung

Gegen die Entscheidung, durch die auf Grund der Vorschriften dieses Titels oder auf Grund anderer gesetzlicher Bestimmungen die Aussetzung des Verfahrens angeordnet oder abgelehnt wird, findet die sofortige Beschwerde statt.

Die Vorschrift ist geändert mWv 1. 1. 2002 durch Art 2 Nr 42 ZPO-RG.

1. Anwendungsbereich. a) Entscheidungen: Aussetzung (8 vor **1**
§ 239), entspr Ruhen (9 vor § 239) und wenn eine Unterbrechung (7
vor § 239) durch Beschluss festgestellt oder verneint wird. Alle Fälle,
also auch die der §§ 148–155. Unanfechtbar sind Aussetzungen auf
Grund einer Vorlageentscheidung gem Art 100 GG oder Art 177
EWGV (10 vor § 239; MüKo/Feiber 19; krit Pfeiffer NJW 94, 1996
mwN). Wird durch streitiges Endurteil entschieden (§ 248 Rn 2), damit
Aussetzung oder Ruhen abgelehnt, ist das Urteil mit den gewöhnlichen
Rechtsmitteln anfechtbar, sofern sie zulässig sind. – **b) Verfahrensstill-** **2**
stand. § 252 gilt auch, wenn ein Beschluss in seiner Wirkung dem
gleichkommt (Hamm NJW-RR 99, 651 mwN), zB Zurückstellung
einer Beweisaufnahme (Bremen NJW 69, 1908), Anordnung gem § 364
(Köln NJW 75, 2349), nicht aber eine Verfassungsbeschwerde (Hamm
aaO). – **c) Verfahrensfortgang.** Ferner gilt § 252, wenn der Beschluss **3**
die Fortsetzung des Verfahrens bewirkt und dadurch mittelbar einen
Aussetzungsantrag ablehnt (allgM).

2. Statthaftigkeit von Rechtsbehelfen. **a) Sofortige Beschwerde** **4**
(§ 567 Abs 1 Nr 1) findet statt, wenn der Beschluss (des AG oder LG im
ersten Rechtszug) die Fortsetzung des Verfahrens bewirkt, zB den Aussetzungsantrag zurückweist, die Aussetzung aufhebt (§ 150), die Aufnahme des Rechtsstreits zulässt, das Ruhen für beendet erklärt. Das gilt
auch, wenn der Antrag auf Terminsaufhebung abgelehnt wird, weil die
Voraussetzungen des Ruhens verneint werden (München NJW-RR 89,
64). Die sofortige Beschwerde wird gegenstandslos und unzulässig
(§ 572 Abs 2), wenn in den Fällen der §§ 148–155 Endurteil ergeht, im
Fall der §§ 246, 247, wenn das Endurteil rechtskräftig wird. –
b) Rechtsbeschwerde (§ 574) findet gegen die Beschwerdeentschei- **5**
dung statt, wenn das Gericht sie zulässt (§ 574 Abs 1 Nr 2). **c) Beru-** **6**
fung findet statt, wenn der Aussetzungsantrag im Endurteil abgelehnt
wird (Köln NJW-RR 96, 581 mwN).

Buch 2. Verfahren im ersten Rechtszug

Abschnitt 1. Verfahren vor den Landgerichten

Titel 1. Verfahren bis zum Urteil

Vorbemerkung

Übersicht

I. Die **Klage** leitet einen Prozess ein, sie begründet das Prozessrechts- **1** verhältnis zwischen den Parteien untereinander und zwischen Parteien und Gericht, sie enthält das Gesuch an das Gericht, durch Urteil Rechtsschutz zu gewähren und legt dessen Art (Rn 2 ff) und Umfang (§ 308) fest. – Das **Urteil** gewährt entweder den begehrten Rechtsschutz, indem es der Klage entspricht, oder es versagt ihn, wenn die Klage wegen Mangels einer Prozessvoraussetzung unzulässig (Rn 8 ff) oder sachlich unbegründet (Rn 35 ff) ist.

II. Arten von Klagen und Urteilen

Nach dem Gegenstand, auf den sich das Rechtschutzbegehren des **2** Klägers bezieht, unterscheidet man Leistungs-, Feststellungs- und Gestaltungsklagen und entsprechend -Urteile.

3 **1. Leistungsklagen** dienen der Durchsetzung eines vom Kläger behaupteten Anspruchs zum Zwecke seiner Befriedigung. Der Anspruch kann gerichtet sein auf ein positives Tun, ein Unterlassen (§§ 241, 194 Abs 1 BGB, §§ 1, 2 UKlaG) oder ein Dulden (Haftungsklagen), und zwar auf Duldung der Zwangsvollstreckung (zB § 2213 Abs 3 BGB, § 743) oder auf die reine Sachhaftung, nämlich Befriedigung aus Pfandrecht, Hypothek und Zurückbehaltungsrecht (zB §§ 1147, 1204 Abs 1 BGB, 371 Abs 3 S 1 HGB). Eigene Verfahrensvorschriften für Unterlassungsklagen bei Verbraucherrechtsverstößen enthalten §§ 5–11 UKlaG. Das stattgebende Urteil („der Beklagte wird verurteilt…") enthält die rechtsbezeugende (deklaratorische), rechtskraftfähige Feststellung, dass der Anspruch besteht und den Leistungsbefehl an den Beklagten als Grundlage für die Zwangsvollstreckung.

4 **2. Feststellungsklagen** (§ 256) dienen nicht der Befriedigung des Klägers für einen Anspruch, sondern der Feststellung, dass zwischen den Parteien ein Rechtsverhältnis besteht (positive) bzw nicht besteht (negative), ferner der Feststellung, dass eine Urkunde echt bzw unecht ist. Sie beschränken sich („es wird festgestellt, dass…") auf diese rechtsbezeugende, rechtskraftfähige Feststellung; das Urteil enthält keine Leistungsbefehl. Ihr Ziel reicht also nicht so weit wie bei den Leistungsklagen, ihr Gegenstand ist dagegen umfassender, sie kann Rechte und Rechtsverhältnisse jeder Art betreffen, nicht nur Ansprüche wie bei den Leistungsklagen. Das Feststellungsurteil auf Bestellung eines Erbbaurechts oder Ankauf in den ostdeutschen Ländern erzeugt die gleiche Verbindlichkeit wie ein Vertrag (§ 107 Abs 1, Abs 2 SachenRÄndG). Feststellungsurteile sind auch alle klagabweisenden und die Zwischenurteile. Rechtskraftwirkung grundsätzlich nur unter den Parteien, im Einzelfall auch für und gegen Dritte §§ 640 h, 641 k.

5 **3. Gestaltungsklagen** dienen der Durchsetzung eines vom Kl behaupteten privatrechtlichen Rechts auf Begründung, Änderung oder Aufhebung eines Rechtsverhältnisses (RoSchw/Gottwald § 94 II 2; aA StJSchumann 43 vor § 253, die ein öffentliches, gegen den Staat gerichtetes Recht auf Herbeiführung der Rechtsänderung annehmen). Der Gestaltungsklage liegt kein Anspruch (Verpflichtung des Schuldners zu einem Tun, Unterlassen oder Dulden) zugrunde, sie ist vielmehr darauf gerichtet, durch ein rechtsänderndes (konstitutives) Urt eine bisher nicht vorhandene Rechtsfolge zu schaffen, die mit der formellen Rechtskraft des stattgebenden Urt eintritt. Das Urt ist deshalb in der Hauptsache
6 nicht vollstreckungsfähig (§ 704 Rn 1). – **Wirkung der Gestaltung** für und gegen alle, und zwar mit der Rechtskraft entweder für die Zukunft (zB Ehescheidung, Auflösung der OHG § 133 HGB, Ausschluss eines Gesellschafters § 140 HGB, Unzulässig-Erklärung der Zwangsvollstreckung §§ 767, 771 ZPO, Beseitigung der Vollstreckungsklausel § 768 ZPO) oder auf einen bestimmten Zeitpunkt zurück (zB Ehelichkeitsanfechtungsklage §§ 1600 ff BGB, 640 Abs 2 Nr 2, 640 h ZPO, Erklärung für erbunwürdig, § 2342 BGB, Anfechtung von Hauptversamm-

lungsbeschlüssen § 246 AktG, Bestimmung des Leistungsinhalts §§ 315 Abs 3 S 2, 319 Abs 1 S 2 BGB). – **Anwendbar** ist die Gestaltungsklage 7 überall dort, wo das Gesetz für die Ausübung des Gestaltungsrechts Klage und Urt voraussetzt. Analoge Ausdehnung ist bei Rechtsähnlichkeit mit der gebotenen Vorsicht möglich, zB Auflösungsklage gegen fehlerhafte OHG (BGH 3, 285), Ausschlussklage gegen GmbH-Gesellschafter (BGH 9, 157).

III. Zulässigkeit der Klage und des Verfahrens Der Erlass eines 8 Sachurteils setzt voraus, dass die Klage (das Verfahren) zulässig ist. Das Gericht darf nicht die Zulässigkeit offen lassen und in der Sache entscheiden (BGH NJW 00, 3718), es darf auch nicht, wenn es die Klage für unzulässig hält, sie auch als unbegründet abweisen (BGH WM 78, 470), weil Gegenstand und Umfang der Rechtskraft im Ungewissen blieben. Bei Verstoß erwächst die Abweisung als unbegründet nicht in Rechtskraft, die Ausführungen dazu gelten als nicht geschrieben (BGH 46, 281/284, WM 91, 2081). Das gilt auch für Zulässigkeit und Begründetheit der Aufrechnung (BGH WM 83, 688). Die Zulässigkeit ist deshalb stets zuerst zu prüfen, jede Sachverhandlung und Beweisaufnahme ist überflüssig und bedeutungslos, wenn sich die Klage als unzulässig herausstellt. Dies ist für den Erlass eines der Klage (teilweise) stattgegebenen Urt ganz hM. Grunsky (ZZP 80, 55), Henckel, Prozessrecht und materielles Recht, 1970, S. 227 ff, Lindacher ZZP 90, 131 halten je nach der Berührung nur des Privatinteresses der Parteien oder auch des Allgemeininteresses bzw je nach dem Zweck, insbes der Schutzfunktion der jeweiligen Prozessvoraussetzung ein die Klage sachlich abweisendes Urteil unter Offenlassen der Zulässigkeit für möglich; aA BGH NJW 00, 3718; vgl auch Rn 26–28 und § 256 Rn 4. – Die **Klage ist** 9 **zulässig, wenn** sämtliche Prozessvoraussetzungen erfüllt sind. Darüber kann durch Zwischenurteil entschieden werden, § 280.

A. Prozessvoraussetzungen sind diejenigen Umstände, von deren 10 Vorhandensein (positive) oder Fehlen (negative) es abhängt, ob das Verfahren als solches und im ganzen zulässig ist. Die Regelung im Gesetz ist leider lückenhaft und systemlos. Sie sind grundsätzlich in jeder Lage des Verfahrens, auch in der RevInstanz, vAw zu prüfen. Ausnahmen: nur auf Rüge des Bekl die fehlende Sicherheitsleistung (§§ 110 ff) mit der besonderen Folge in § 113, die fehlende Kostenerstattung für den früheren Prozess (§ 269 Abs 6), die primär ein Recht gibt, die Einlassung zur Hauptsache zu verweigern, und die Schiedsgerichtsklausel (§ 1032). Fehlt eine positive Prozessvoraussetzung oder besteht eine negative, so darf keine Sachentscheidung ergehen, die Klage ist als unzulässig abzuweisen, und zwar in jeder Instanz, wenn der Mangel seit Klageerhebung besteht (BGH NJW 00, 289). Sonderregeln in §§ 113 und 269 Abs 6. – Der **maßgebende Zeitpunkt,** zu dem die Klage zulässig sein muss, ist 11 grundsätzlich der Schluss der letzten mündlichen Verhandlung (BGH NJW 80, 520, ZIP 01, 124). BGH 18, 98/106, u WM 78, 439 entnimmt dem § 563 Abs 3 den allg Rechtsgrundsatz, dass das RevGer, wenn es

sich um ProzVoraussetzungen handelt, überall da selbst zu entscheiden
hat, wo bei Zurückverweisung das BerGer bei richtiger Rechtsanwendung zu der gleichen Entscheidung kommen müsste, die das RevGer
fällen kann, wenn es die neue die ProzVoraussetzung betreffende unstreitige Tatsache berücksichtigt (Wegfall des Feststellungsinteresses oder
Rechtsschutzbedürfnisses in 3. Instanz). Keine ProzVoraussetzungen sind
die sog Prozesshandlungsvoraussetzungen (Rn 34).

12   **Prüfung von Amts wegen** bedeutet dabei nicht Amtsermittlung
der Tatsachen. Es bleibt vielmehr insoweit beim Beibringungsgrundsatz (Einleitung I Rn 1–5, § 138 Rn 14), das Ger hat auf Bedenken
aufmerksam zu machen (§ 139 Abs 3), es muss vorgetragene Tatsachen, aus denen sich das Fehlen von ProzVoraussetzungen ergibt, auch
ohne Rüge bei der Anwendung des ProzRechts berücksichtigen
(BGH NJW 89, 2064). Alle in Frage kommenden Beweise hat es
vAw zu erheben, wobei der Grundsatz des Freibeweises (Rn 6 vor
13 § 284) gilt (BGH NJW 96, 1059, NJW 00, 289). – Die **objektive
Beweislast,** nicht auch die subjektive Beweisführungslast (BGH NJW
96, 1059, BAG JR 01, 87), liegt für die vAw zu berücksichtigenden
ProzVoraussetzungen bei der Partei, die ein ihr günstiges Sachurteil
erstrebt; das ist regelmäßig der Kläger, lediglich beim Verzichtsurteil
(§ 306) und beim VersU gegen den Kl. (§§ 330, 335 Abs 1 Nr 1) der
Bekl. Die Tatsachen, die nur auf Rüge zu beachten sind (Rn 10), hat
der Bekl zu beweisen, er trägt aus praktischen Gründen auch die
objektive Beweislast für das Vorhandensein einer vAw zu beachtenden
negativen ProzVoraussetzung. Liegt die Unaufklärbarkeit eines Vorgangs ausschließlich im internen Gerichtsbereich, so darf dies nicht zu
Lasten der Partei gehen (BGH MDR 81, 644). Beweislast für Rechtszugsvoraussetzungen 14 vor § 511.

14   Die **Reihenfolge der Prüfung** ist umstritten, aber für die Praxis
bedeutungslos. Die Prozessökonomie gestattet es dem Richter, bei mehreren fraglichen ProzVoraussetzungen diejenigen zuerst zu prüfen, die
am leichtesten und schnellsten feststellbar sind (Jauernig § 33 V 6,
Harms ZZP 83, 167). Eine praktizierbare Einteilung ist die in allgemeine und besondere.

15   1. **Allgemeine Prozessvoraussetzungen** sind solche, die für jedes
Streitverfahren vorliegen müssen.
    a) **Ordnungsmäßigkeit der Klageerhebung.** § 253.
16   b) **Wirksamkeit der Klageerhebung** als Prozesshandlung im Hinblick auf wirksame gewillkürte Bevollmächtigung (§§ 78 ff, 609, 624
Abs 1) und Postulationsfähigkeit (Rn 4 vor § 78). Beide sind Prozesshandlungsvoraussetzungen (Rn 34). Fehlende Vollmacht und Heilung
durch Genehmigung § 89 Rn 8–15. Fehlende Postulationsfähigkeit und
Heilung durch Genehmigung § 78 Rn 2.
17   c) **Deutsche Gerichtsbarkeit,** §§ 18–20 GVG.
18   d) **Zuständigkeit.** Örtliche, sachliche und internationale §§ 12 ff,
§§ 23 ff, 71 GVG, 606 a; Rn 5–8 vor § 1.

e) Existenz und Parteifähigkeit, § 50. Für den Streit hierüber ist 19
die Partei noch existent u parteifähig (BGH 24, 91, NJW 93, 2943),
wobei eine juristische Person auch nach ihrer Auflösung so lange als
parteifähig zu behandeln ist, als ihre Vermögenslosigkeit nicht feststeht
(BGH NJW-RR 86, 394, Hamburg NJW-RR 97, 1400).

f) Prozessfähigkeit, §§ 51 ff, in Ehesachen § 607, in Kindschafts- 20
sachen § 640 b. Die Partei, die sich auf ihr Fehlen beruft, muss Tatsachen
darlegen, aus denen sich ausreichende Anhaltspunkte für ihre Behauptungen ergeben. Für den Streit hierüber gilt das unter Rn 19 Gesagte
(BGH 110, 294, NJW 00, 289). Beweislast § 52 Rn 8.

g) Gesetzliche Vertretung Prozessunfähiger, § 51 Abs 1. Auch für 21
den Streit hierüber gilt das unter Rn 19 Gesagte (BGH 111, 219).

h) Prozessführungsbefugnis, § 51 Abs 1. 22

i) Keine entgegenstehende Rechtskraft, § 322. 23

k) Keine anderweitige Rechtshängigkeit, § 261. 24

l) Zulässigkeit des Zivilrechtsweges, § 13 GVG. Verweisung von 25
Amts wegen, keine Prüfung in der Rechtsmittelinstanz, § 17 a Abs 5
GVG. Innerkirchliche Organisationsfragen unterliegen nicht der gericht-
lichen Kontrolle durch Staatsgerichte (BVerfG NJW 99, 350).

m) Rechtsschutzbedürfnis bedeutet ein berechtigtes Interesse des 26
Kl daran, zur Erreichung des begehrten Rechtsschutzes ein Zivilgericht
in Anspruch zu nehmen (BGH NJW-RR 89, 263). Sein Fehlen führt
zur Klageabweisung als unzulässig. BGH WM 78, 935 lässt Sachabweisung zu, vgl auch Rn 8 u § 256 Rn 4, 20. Bei Klagen auf selbständige
Feststellung (§ 256) und auf künftige Leistung (§§ 257 bis 259) trifft das
Gesetz eine positive Regelung. Bei Leistungsklagen ergibt sich ein
Rechtsschutzbedürfnis idR schon aus der Nichterfüllung eines behaupteten materiellen Anspruchs (BGH WM 93, 1248). – **Das Rechts-** 27
schutzbedürfnis fehlt für eine Leistungsklage ausnahmsweise, wenn sie
schlechthin sinnlos ist, weil der Kl keinen irgendwie schutzwürdigen
Vorteil erlangen kann (BGH WM 96, 835). Für eine Unterlassungsklage,
wenn der Schuldner sich unter Versprechen einer angemessenen Vertragsstrafe zur Unterlassung verpflichtet (BGH WRP 78, 38), gegen
einen Minderjährigen, weil das stattgebende Urt mangels Verschuldens
(§ 890 Rn 15) nicht vollstreckbar wäre (Düsseldorf MDR 96, 477).
Ferner, wenn der Kl sein Rechtsschutzziel auf einfacherem und billige-
rem Wege erreichen kann (BGH WM 96, 835), zB durch Fortsetzung
des Verfahrens nach unwirksamem ProzVergleich (§ 794 Rn 36, BGH
142, 253 Anmerkung Münzberg JZ 00, 421), im Kostenfestsetzungsverfahren (BGH NJW 90, 2060) oder er besitzt bereits einen vollstreckbaren Titel für den Anspruch. Ausnahmsweise besteht in solchen Fällen
Rechtsschutzbedürfnis für Leistungsklage, wenn dafür ein verständiger
Grund vorliegt, zB wenn die Durchsetzbarkeit des Titels zweifelhaft ist
(BGH WM 94, 623), wenn mit einer Vollstreckungsgegenklage des
Schuldners zu rechnen ist (Hamm NJW 76, 246, MDR 89, 266), wenn
gegen den Schuldner aus einem ProzVergleich auf Abgabe einer Willenserklärung das umständliche Verfahren nach § 888 nötig wäre (BGH

98, 127). Zahlreiche Beispiele aus der Rechtsprechung: RoSchw/Gott-
wald § 92 IV 2. Es fehlt Verbänden für Klagen nach § 13 UWG, wenn
die Verfolgung der beanstandeten Wettbewerbshandlung außerhalb des
Bereichs der durch die Satzung festgelegten Verbandsziele liegt (BGH
BB 71, 1297). Zur Klagebefugnis des unmittelbar Verletzten nach
§ 13 Abs 2 Nr 1 UWG Sack BB 95, 1. Für § 13 Abs 2 Nr 2 UWG
genügt es, dass die Gewerbetreibenden mittelbar über die Zugehörigkeit
ihres Verbandes oder einer sie einschließenden IHK erfasst werden
28 (Stuttgart NJW 94, 3174). – **Maßgebender Zeitpunkt** für das Vorliegen des Rechtschutzbedürfnisses für die Klage ist grundsätzlich der
Schluss der RevVerhandlung (Rn 11).

Nur auf Rüge sind zu beachten:
29 n) Berufung auf eine **Schiedsklausel,** § 1032.
30 o) Verweigerung der Einlassung wegen **fehlender Ausländersicher-
heitsleistung,** §§ 110 ff mit der Folge des § 113.
31 p) Verweigerung der Einlassung wegen **fehlender Kostenerstattung,** § 269 Abs 6; dort Rn 25.

32 **2. Die besonderen Prozessvoraussetzungen** sind solche, die für
die geplante Verfahrens- oder Klageart zusätzlich vorliegen müssen,
damit in der Sache entschieden werden kann, zB Klageänderung
§§ 263 ff, Rechtszugsvoraussetzungen (Rn 13–37 vor § 511), Klage im
Urkundenprozess §§ 592, 597 Abs 2, Klage auf künftige Leistung
§§ 257–259, Feststellungsklage § 256, Wiederaufnahmeklage §§ 578 ff.
33 – Die **Klagbarkeit** kann ausnahmsweise nach ausdrücklicher gesetzlicher Vorschrift, zB §§ 1297, 1958 BGB ausgeschlossen oder an eine
bestimmte Frist gebunden, zB § 23 Abs 4 S 2 WEG, § 4 KSchG oder
von bestimmten Voraussetzungen abhängig sein, zB außergerichtlicher
Schlichtungsversuch (§ 15 a EGZPO), notarielles Vermittlungsverfahren
gemäß §§ 88–103 SachenRÄndG in den ostdeutschen Ländern, Vorlage
des Vermittlungsvorschlags und des Abschlussprotokolls gemäß § 104
SachenRÄndG, satzungsgemäß vorhergehende Entscheidung eines Ver-
einsorgans (Nürnberg OLGZ 75, 437), in der Gemeinschaftsordnung
der Wohnungseigentümer vorgeschriebenes Vorschaltverfahren (Bay-
ObLG NJW-RR 90, 1105), vorgeschalteter kirchlicher Rechtsweg in
Fragen des kirchlichen Amtsrechts (BVerfG NJW 99, 349). Klageerhebung vor einem unzuständigen Gericht wahrt auch bei
Verweisung erst nach ihrem Ablauf und bei ausschließlicher Zuständigkeit eines anderen Gerichts (BGH 97, 155, NJW 98, 3648, Hilbrandt
NJW 99, 3549). Anders für Antrag nach §§ 15, 305 UmwG (KG ZIP
00, 498). Versäumung der Frist führt mangels Klagbarkeit zur Abweisung
als unzulässig (BGH 25, 73). Ist die Klage fristgerecht erhoben, so kann
sie ohne Rücksicht auf die dann abgelaufene Frist erhöht und vom Bekl
Widerklage erhoben werden (BGH VersR 73, 53). Ist vertraglich bei
Meinungsverschiedenheiten zunächst ein Schlichtungsversuch vereinbart
und beruft sich der Beklagte ohne Treuwidrigkeit (wie § 1032 Rn 2)
darauf, so ist die vorher erhobene Klage derzeit unzulässig (BGH NJW

77, 2263: Schlichtungsversuch durch Beirat für Gesellschafter-Streitigkeiten laut Gesellschaftsvertrag; BGH NJW 84, 669 bzw BGH NJW 99, 647: der Landestierärzte- bzw Steuerberaterkammer bei Streit aus Praxisübernahmevertrag; Oldenburg MDR 87, 414: Vereinbarter Schlichter, zu bestellen durch Landwirtschaftskammer). Vertraglicher Ausschluss der Klagbarkeit für ein bestimmtes Rechtsverhältnis (pactum de non petendo) ist bei Gleichbehandlung der Beteiligten iR des Dispositionsgrundsatzes wirksam (StJSchumann 90 vor § 253; aA Celle OLG 69, 1 mit unzulänglicher Begründung) und führt zur Unzulässigkeit der Klage.

B. Prozesshandlungsvoraussetzungen (Einl III Rn 10) sind diejenigen Umstände, von deren Vorhandensein oder Fehlen es abhängt, ob (nicht das Verfahren als solches und im ganzen, sondern) einzelne ProzHandlungen des Gerichts oder der Parteien wirksam und zulässig sind. Fehlt es an einer ProzHandlungsvoraussetzung, so ist die fehlerhafte ProzHandlung der Partei unwirksam oder als unzulässig zurückzuweisen bzw die ProzHandlung des Gerichts, für die die Voraussetzungen nicht vorliegen, zu unterlassen. Ist die fehlerhafte ProzHandlung die Klageerhebung selbst, führt dies zur Klageabweisung als unzulässig (Rn 16). Maßgebender Zeitpunkt ist die Vornahme der betreffenden ProzHandlung, allerdings kann spätere Genehmigung (BGH 111, 339) oder Heilung in Frage kommen. **34**

IV. Begründetheit der Klage

A. Verhandlungsgrundsatz (Einl I Rn 1–4). Er gilt mit folgenden Wirkungen: **35**

1. Tatsachenstoff. Begründet ist die Klage, wenn der Entscheidung Tatsachen zugrunde gelegt werden dürfen, die den Klageantrag rechtfertigen. Das dürfen sie nur dann, wenn die Partei sie im Rechtsstreit wirksam, dh unter Vorliegen der ProzHandlungsvoraussetzungen (Rn 34) vorgetragen hat, entweder mündlich in der Verhandlung (§ 128 Abs 1) oder schriftsätzlich im schriftlichen Verfahren (§§ 128 Abs 2, 495 a). Sie müssen unbestritten (§ 313 Rn 16, 17) oder offenkundig (§ 291) oder erwiesen (§ 286) sein. Gleichwertiges Gegenvorbringen § 138 Rn 6.

2. Rechtsansichten der Parteien können eine Klage nie begründen. Es entscheidet allein der Tatsachenvortrag. Als Tatsachen sind auch einfache Rechtsbegriffe, zB Eigentum, Kauf, Miete, anzusehen, wenn sie mit bestimmten tatsächlichen Umständen verbunden sind. In diesem Rahmen können vorgreifliche Rechtsverhältnisse (§ 256 Rn 32–34) nicht nur, wenn sie unstreitig sind, sondern auch auf Grund von Vereinbarungen der Parteien das Gericht binden. **36**

3. Maßgebender Zeitpunkt ist der Schluss der letzten mündlichen Tatsachenverhandlung (§§ 296 a, 525, BGH NJW-RR 98, 712), im schriftlichen Verfahren der ihr entsprechende Zeitpunkt (§ 128 Rn 33). Der Entscheidung zugrunde gelegt werden darf nur, was in diesem Zeit- **37**

punkt noch vorgetragen ist. Ob es früher bestritten war, ist unerheblich. War die Tatsache früher unstreitig (§ 138 Abs 3) und wird sie nunmehr noch rechtzeitig (§ 296 a) bestritten, so darf sie nicht der Entscheidung zugrunde gelegt werden, wenn sie nicht offenkundig (§ 291) oder erwiesen ist (§ 286). Das gleiche gilt auch bei einem zulässigen Geständniswiderruf (§ 290).

B. Schlüssigkeit und Sachbefugnis

38 **1. Schlüssig** ist eine Klage, wenn die vom Kläger vorgetragenen Tatsachen den Klageantrag rechtfertigen, also wenn sie in Verbindung mit einem Rechtssatz geeignet und erforderlich sind, die geltend gemachten Rechte als in der Person des Klägers entstanden erscheinen zu lassen (BGH 140, 156, NJW 00, 3286). Eine schlüssige Klage ist daher immer begründet, wenn der Beklagte die vom Kläger vorgetragenen Tatsachen nicht bestreitet oder wenn sie offenkundig sind, selbst keine erheblichen neuen Tatsachen vorträgt und keine Einreden erhebt (falsch: Brandenburg NJW-RR 95, 1471). Eine im maßgebenden Zeitpunkt (Rn 37) unschlüssige Klage ist als unbegründet abzuweisen.

39 **2. Sachbefugnis,** auch Sachlegitimation oder Aktiv- und Passivlegitimation, ist von der ProzFührungsbefugnis (§ 51 Rn 20, 21) zu unterscheiden. Zur Begründetheit der Klage gehört, dass das eingeklagte Recht dem Kl zusteht, er Träger dieses Rechts ist, und dass es sich gegen den Bekl richtet, der der materiellrechtlich Verpflichtete ist. Ob dies der Fall ist, beurteilt sich an Hand des Klagegrundes (§ 253 Rn 10).

40 **C. Prüfung der Begründetheit.** Es ist zu unterscheiden: **Tatsachenvortrag.** Hierfür gilt insbesondere § 138. Mit dem Vortrag schlüssiger (Rn 38) Tatsachen ist grundsätzlich der **Darlegungslast** genügt. Nähere Einzelheiten sind nur dann anzugeben, wenn sie für die Rechtsfolgen von Bedeutung sind, der Vortrag infolge der Einlassung des Gegners unklar wird oder die Angabe weiterer Umstände erforderlich ist, um dem Gegner die Nachprüfung der behaupteten Tatsachen und den Antritt von Gegenbeweisen zu ermöglichen (BGH WM 01, 1517). Die Notwendigkeit weiterer Substantiierung im Einzelnen hängt insbesondere davon ab, ob sich die Geschehnisse im Wahrnehmungsbereich der Partei abgespielt haben – dann gesteigerte Darlegungslast (BGH NJW 99, 714) – und inwieweit der Vortrag der Gegenpartei Anlass zu ihrer Aufgliederung, Ergänzung und zu weiterem Vortrag konkreter Einzeltatsachen gibt (BGH NJW 96, 1827, NJW 00, 3286). **Beweisantritt** (2 vor § 284), nämlich Angabe bestimmter Beweismittel für bestimmte Tatsachen durch die Parteien. **Beweislast** Rn 17–40 vor § 284. **Beweisaufnahme** (§§ 355–455) oder Beweiserhebung. Sie geschieht, indem das Gericht die Beweismittel benutzt. **Beweiswürdigung** (§ 286) durch das Gericht, indem es aus dem gesamten Inhalt der Verhandlung einschließlich der Beweisergebnisse entscheidet, ob eine bestrittene Tatsache erwiesen ist oder nicht.

D. Leistungsklage (Rn 3). Sie ist begründet, wenn die Tatsachen, 41 die der Entscheidung zugrunde gelegt werden dürfen (Rn 35), eine den Klageantrag deckende, anspruchsbegründende Rechtsnorm (Anspruchsgrundlage) und keine gegen sie gerichtete Einwendung oder Einrede ausfüllen. Der Kläger muss, um die Klage schlüssig zu gestalten (Rn 38), nur die Sachbefugnis (Rn 39) und die anspruchsbegründenden Tatsachen, nicht das Fehlen von Einwendungen oder Einreden darlegen. Es ergibt sich folgendes Schema:

1. Entstehen des Anspruchs, der den Klagantrag materiell-rechtlich 42 rechtfertigt, ist zu bejahen, wenn alle Voraussetzungen der Anspruchsgrundlage erfüllt sind und keine rechtshindernden Einwendungen vorliegen, dh Tatsachen, die verhindern, dass der Anspruch entsteht, zB Geschäftsunfähigkeit, gesetzliches Verbot, Sittenwidrigkeit, Bösgläubigkeit bei rechtsgeschäftlichem Erwerb.

2. Erlöschen des Anspruchs tritt ein, wenn eine rechtsvernichtende 43 Einwendung erfüllt ist, dh Tatsachen vorliegen, die den entstandenen Anspruch vernichten, zB Anfechtung, Erfüllung, Rücktritt, Hinterlegung, Aufrechnung, Erlass, Eintritt auflösender Bedingung, Verwirkung.

3. Hemmung des Anspruchs tritt ein, wenn der Bekl zu Recht eine 44 Einrede geltend macht, dh die Leistung verweigert und sich auf unbestrittene, offenkundige oder erwiesene Tatsachen beruft, die die Durchsetzung des Anspruchs dauernd oder vorübergehend hemmen, ohne ihn zu vernichten, zB Verjährung, Zurückbehaltungsrecht, nicht erfüllter Vertrag, Stundung, beschränkte Erbenhaftung. In manchen Fällen führt die Einrede nicht dazu, dass die Klage abgewiesen, sondern dass der Bekl zur Leistung Zug um Zug verurteilt wird (§§ 274, 322 BGB).

4. Gegeneinwendungen. Der Kläger kann je nach Rechtslage im 45 Einzelfall den Einwendungen und Einreden durch rechtserhaltende Tatsachen (Replik) die Wirkung nehmen, der Beklagte seinerseits durch weitere Tatsachen die Replik wirkungslos machen (Duplik).

E. Feststellungsklage (Rn 4, § 256). Sie ist begründet, wenn fest- 46 gestellt werden soll: bei einer Urkunde die Echtheit oder Unechtheit, wenn diese Tatsache erwiesen ist; das Bestehen eines Rechtsverhältnisses, wenn die Tatsachen vorliegen, die zum Entstehen des Rechtsverhältnisses vorausgesetzt werden und weder rechtshindernde (Rn 42) noch rechtsvernichtende Einwendungen (Rn 43) erfüllt sind; das Nichtbestehen eines Rechtsverhältnisses, wenn eine Tatsache fehlt, die vorausgesetzt wird, damit das Rechtsverhältnis entsteht, oder wenn eine Einwendung (Rn 42, 43) erfüllt ist.

F. Gestaltungsklage (Rn 5). Sie ist begründet, wenn der Entschei- 47 dung Tatsachen zugrunde gelegt werden dürfen, die das Gesetz zur Voraussetzung dafür macht, dass das Gericht das Rechtsverhältnis im beantragten Sinne gestaltet. Beispiele Rn 6.

G. Einwendungen und Einreden

48   **1. Begriffe.** Das sind iS dieser Vorbemerkung die gebräuchlichen des materiellen Rechts. Die ZPO verwendet die Begriffe Einwendung und Einreden uneinheitlich und in unterschiedlichem Sinne (zB §§ 146, 767, 732, 597 Abs 2). Was jeweils darunter zu verstehen ist, wird bei den einzelnen Vorschriften erläutert.

49   **2. Geltendmachung. – Einwendungen.** Eine Partei, gleichgültig welche, trägt die dafür erforderlichen Tatsachen vor. – Auf **Einreden** muss sich der Beklagte berufen. Dies geschieht nicht notwendig erst im Proz, indem der Beklagte die Leistung verweigert, dabei die einredebegründenden Tatsachen vorträgt oder, falls sie schon vom Kläger vorgetragen sind, übernimmt, sich auch bloß auf die Rechtslage beruft, zB auf die Verjährung oder das Zurückbehaltungsrecht, auch nur Zug um Zug zur Leistung verpflichtet zu sein. Der bloße Klagabweisungsantrag genügt dazu nicht, wohl aber, dass der Kläger vorträgt, der Beklagte habe vor dem Proz die Einrede geltend gemacht. Die Parteien können, auch vor dem Proz, durch ProzVertrag (Einl III Rn 8) auf bestimmte Einwendungen wirksam verzichten.

50   ## V. Verfahren im ersten Rechtszug

Das 2. Buch regelt im 1. Abschnitt das Verfahren vor dem LG. Es gilt vor dem AG Familiengericht kraft Verweisung in § 608 auch für Ehesachen, in § 621 b Abs 3 ggf für Ansprüche aus ehelichem Güterrecht, in § 624 Abs 3 grundsätzlich für Scheidungsfolgesachen, ferner kraft Verweisung in § 5 UKlaG über die Unterlassungs- u Widerrufsklagen nach §§ 1, 2 UKlaG, ferner kraft Verweisung in §§ 525, 565 grundsätzlich auch für das Ber – und RevVerfahren. Das Verfahren vor dem AG Streitgericht folgt grundsätzlich ebenfalls dem LG-Prozess, soweit nicht der 2. Abschnitt (§§ 495 ff) abweichende Regeln enthält.

§ 253 Klageschrift

(1) **Die Erhebung der Klage erfolgt durch Zustellung eines Schriftsatzes (Klageschrift).**

(2) **Die Klageschrift muß enthalten:**
1. die Bezeichnung der Parteien und des Gerichts;
2. die bestimmte Angabe des Gegenstandes und des Grundes des erhobenen Anspruchs, sowie einen bestimmten Antrag.

(3) **Die Klageschrift soll ferner die Angabe des Wertes des Streitgegenstandes enthalten, wenn hiervon die Zuständigkeit des Gerichts abhängt und der Streitgegenstand nicht in einer bestimmten Geldsumme besteht, sowie eine Äußerung dazu, ob einer Entscheidung der Sache durch den Einzelrichter Gründe entgegenstehen.**

(4) **Außerdem sind die allgemeinen Vorschriften über die vorbereitenden Schriftsätze auch auf die Klageschrift anzuwenden.**

(5) **Die Klageschrift sowie sonstige Anträge und Erklärungen einer Partei, die zugestellt werden sollen, sind bei dem Gericht schriftlich unter Beifügung der für ihre Zustellung oder Mitteilung erforderlichen Zahl von Abschriften einzureichen.**

Abs 3 geändert mWv 1. 1. 2002 durch Art 2 Abs 1 Nr 33 ZPO-RG.

1. Die **Klageerhebung** vollzieht sich in zwei Akten. – **a) Einreichung der Klageschrift** (§ 270 Rn 7) mit den nötigen Abschriften (Abs 5). Als bestimmender Schriftsatz (§ 129 Rn 5 ff) duldet die Klage keine außerprozessuale Bedingung. Bei mehreren Anträgen oder gleichgerichteten Sachverhalten muss mindestens einer unbedingt geltend gemacht sein (BGH WM 95, 701). Telegrafische und Einreichung mittels moderner Kommunikationswege § 129 Rn 11 ff. Am AG Erleichterungen in § 496. Mit der Einreichung ist die Sache anhängig (§ 261 Rn 1), noch nicht rechtshängig; wegen gewisser Vorwirkungen § 167 (bis 30. 6. 02 § 270 Abs 3). **Ausnahmsweise mündliche Klageerhebung** in den Fällen des § 261 Rn 3–5, ferner § 404 StPO. Verbindung mit PKH-Antrag § 117 Rn 2–4. – **b) Zustellung** einer beglaubigten Abschrift von Amts wegen (§ 271 Abs 1). Erst damit ist die Klage „erhoben" (Abs 1, BGH 7, 268) und treten die Wirkungen der Rechtshängigkeit ein. Nicht dagegen, wenn bei Verbindung mit PKH-Antrag eine noch gar nicht „eingereichte" Klageschrift (§ 117 Rn 2–4) zugestellt wird. Hinweispflicht mit der Zustellung in gewissen Familiensachen gem § 621b Abs 2. – **c) Terminsbestimmung.** Falls nicht ein schriftliches Vorverfahren (§§ 272 Abs 2, 276) stattfindet, bestimmt der Vorsitzende oder Einzelrichter den Verhandlungstermin (§§ 216, 348, 348a, 272 Abs 2). Dies und die Ladung der Parteien (§ 274 Abs 1) sind keine Voraussetzungen wirksamer Klageerhebung (BGH 11, 176). – **d) In Scheidungssachen** wird das Verfahren durch eine Antragsschrift eingeleitet, die Parteien werden als Antragsteller und Antragsgegner bezeichnet (§ 622 Abs 1, Abs 3).

2. **Notwendiger Inhalt der Klageschrift (Abs 2)**

a) Bezeichnung des Gerichts wie in § 130 Nr 1. Gegebenenfalls Bezeichnung der KfH wegen § 96 Abs 1 GVG.

b) Bezeichnung der Parteien. Nötig ist (vgl auch Rn 3, 8 vor § 50) Festlegung der Identität, sodass daran keine Zweifel bestehen und sich die betroffene Partei für jeden Dritten ermitteln lässt (BGH NJW 77, 1686, Düsseldorf BauR 91, 363). Das geschieht am besten durch die näheren Angaben gem Abs 4 mit § 130 Nr 1. Die Bezeichnung allein ist nicht ausschlaggebend, sondern welcher Sinn ihr im Wege der Auslegung bei objektiver Würdigung des Erklärungsinhalts der Klageschrift beizulegen ist (BGH NJW 83, 2448). Bei unrichtiger äußerer Bezeichnung ist grundsätzlich die Person angesprochen, die erkennbar durch die Parteibezeichnung betroffen werden soll (BGH NJW-RR 95, 764, NJW 99, 1871). Zur ordnungsgemäßen Bezeichnung der Parteien gehört, auch auf der Klägerseite im RA-Proz, grundsätzlich die Angabe der ladungsfähigen Anschrift (BGH 102, 332), verfassungsrechtlich nicht zu

beanstanden (BVerfG NJW 96, 1272). Als ladungsfähige Anschrift des
Bekl genügt die Angabe der Arbeitsstelle, wenn der Bekl und seine
dortige Funktion genau genug bezeichnet sind (BGH NJW 01, 885). Im
Einzelfall ist davon ausnahmsweise aus schutzwürdigen Geheimhaltungs-
interessen abzusehen (KG OLGZ 91, 465). Bei der Inkognito-Adoption
ist die Bezeichnung so zu wählen, daß das Inkognito gewahrt, die
Identität der Partei aber eindeutig bestimmt ist (Karlsruhe FamRZ 75,
507). Eine Räumungsklage gegen unbekannt ist nur zulässig, wenn die
Partei nach räumlichen und zeitlichen Kriterien festgestellt werden kann
und es sich nicht um einen wechselnden Personenkreis handelt (Oldenburg NJW-RR 95, 1164).

8   c) **Bestimmte Angabe des Klagegegenstandes** zwingt den Kläger,
inhaltlich eindeutig festzulegen, welche Entscheidung er begehrt. Dazu
ist der bestimmte Antrag erforderlich (Einl II Rn 15). Sondervorschrift
9   in § 105 SachenRÄndG. – **Mehrere selbständige Ansprüche** oder
Einzelpositionen muss der Kl in dem jeweiligen Anspruch zugeordnete
Teilbeträge gliedern (BGH WM 98, 933), deren Addition den Betrag
des Klageantrags ergibt oder er muss einen Anspruch als Hauptanspruch,
die übrigen in genau bezeichneter Reihenfolge als Hilfsansprüche bezeichnen (BGH NJW 90, 2068, 00, 3718). Ebenso muss der Kläger
angeblich offene Restbeträge den mehreren Einzelforderungen zuord-
nen, sodass ersichtlich ist, um welchen Differenzbetrag auf welchen
Anspruch es sich jeweils handelt. Dieselbe Zuordnung ist erforderlich,
wenn der Kl nur einen Teil seiner angeblich höheren Gesamtforderung,
im Falle der Abtretung auch unter Angabe der Rangfolge, geltend macht
(Hamburg WM 99, 1628). Andernfalls steht der Streitgegenstand nicht
fest, sodass das Urteil nicht der materiellen Rechtskraft fähig ist (BGH
124, 164, NJW 00, 3718). Bei wiederkehrenden Leistungen wie Unterhalt ist aufzuschlüsseln, welcher Gläubiger welche Beträge für welche
Zeiträume verlangt (BGH LM Nr 111). Mehrere gegen einen Beklagten
aus demselben Ereignis Berechtigte müssen Einzelsummen angeben
(BGH 11, 181 u NJW 81, 2462), dürfen aber eine andere Aufteilung auf
die einzelnen Kläger im Rahmen des insgesamt geltend gemachten
Betrages dem Gericht überlassen (BGH NJW 72, 1716). Bei einer
wegen zugestandenen Mitverschuldens erhobenen Teilklage ist die Mit-
haftungsquote vom Gesamtschaden und nicht vom Klagebetrag abzuziehen (BGH NJW-RR 98, 948). Unklarheiten hat das Gericht aufzuklären
(§ 139).

10   d) **Klagegrund** bedeutet den konkreten Sachverhalt, Lebensvorgang
(Einl II Rn 24–33), aus dem der Kläger die begehrte Rechtsfolge
ableitet. Die Angabe der klagebegründenden Tatsachen (Substantiierung, 40 vor § 253) gehört zur Schlüssigkeit (38 vor § 253) nicht zur
Zulässigkeit der Klage (arg § 264 Nr 1, 282 Abs 1). Für diese genügt,
dass der Anspruch als solcher identifizierbar ist (BGH NJW 00, 3492),
der der Klage zu Grunde liegende Lebensvorgang feststeht (Düsseldorf
MDR 96, 416). Fehlen konkrete Tatsachen überhaupt, ist die Klage
unzulässig, auch bei Erhebung in mündl Vhdlg gem § 261 Abs 2

1. Alternative (BAG BB 81, 1528). Nicht ist mit Klagegrund gemeint die rechtliche Qualifizierung, Einordnung unter eine klagebegründende Norm.

e) Bestimmter Klageantrag. Er muss den erhobenen Anspruch **11** nach Inhalt und Umfang konkret bezeichnen und die Art der Klage (Rn 2–7 vor § 253) ergeben. Ausnahme: § 254 und wenn die geschuldete Leistung durch Gestaltungsurteil festzusetzen ist, zB §§ 2048 S 3, 2156 S 2 BGB. Er muss aus sich heraus, wo dies nicht möglich ist durch Aufnahme einer Abbildung in die Klage oder durch Bezugnahme auf Anlagen, die zu den Gerichtsakten zu geben sind (BGH 142, 388), verständlich sein (BGH WM 82, 68), in der Berufungsinstanz auch durch Verteidigung eines zugunsten einer Partei ergangenen Urteils, dessen Gegenstand bestimmt ist (BGH NJW-RR 95, 1119). Er muss so gefasst sein, dass er die Zwangsvollstreckung ohne Fortsetzung des Streits im Vollstreckungsverfahren erwarten lässt (BGH NJW 99, 954). Nicht genügend bestimmt ist ein bloßer Rahmenantrag, dessen Inhalt sich iF der Verurteilung erst im ZwVollstrVerfahren ergeben würde, zB auf Mitwirkung bei der Neufestsetzung des Pachtzinses (BGH BB 73, 266), auf Zahlung des durch ein Schiedsgutachten festzusetzenden Ertragswerts (BGH 125, 41), auf ordnungsgemäße Abrechnung eines beendeten Arbeitsverhältnisses (BAG NJW 01, 3212), auf Unterlassung der Veröffentlichung eines Werbetextes, dessen Inhalt sich in der „überwiegend pauschalen Anpreisung des Firmenangebots" erschöpft (BGH NJW-RR 98, 835). Der Inhalt einer Willenserklärung muss eindeutig feststehen (BGH NJW-RR 94, 1272); ebenso grundsätzlich Inhalt und Umfang eines beantragten Unterlassungsgebots (BGH NJW 91, 1114, NJW 99, 3638, NJW 00, 2195/2197), außer bei fehlender Quantifizier- und Konkretisierbarkeit (BGH 140, 1: Immissionen). Belege, die der Bekl vorlegen soll, müssen im Antrag bezeichnet werden (BGH NJW 83, 1056). Zahlungsklagen sind zu beziffern; ebenso Antrag auf Freistellung von einer Verbindlichkeit (BGH NJW 01, 155). Bei Antrag auf Verurteilung Zug um Zug muss die Gegenleistung so genau bezeichnet sein, dass sie ihrerseits zum Gegenstand einer Leistungsklage gemacht werden könnte (BGH NJW 93, 324, NJW 94, 586). Antrag bei variablem Zinssatz: Reichenbach MDR 01, 13. – **Unbezifferter Zahlungsantrag** ist zulässig für Regelunterhalt im **12** Prozess des minderjährigen Kindes (§ 645); ferner wenn dem Kläger die Ermittlung der Höhe seines Anspruchs unmöglich oder unzumutbar ist (BGH NJW 67, 1420). So, wenn der Betrag vom Gericht rechtsgestaltend zu bestimmen (zB §§ 315 Abs 3 S 2, 343 BGB, BAG ZIP 96, 1261) oder durch Beweisaufnahme, insbes Sachverständigengutachten oder durch gerichtliche Schätzung (§ 287) oder nach billigem Ermessen (§ 847 BGB) zu ermitteln ist. Erforderlich ist für die Zulässigkeit der Klage in allen diesen Fällen, dass der Kläger dem Ger durch Darlegung des anspruchsbegründenden Sachverhalts die geeigneten tatsächlichen Unterlagen für die Bezifferung angibt (BGH 4, 138, BGH NJW 82, 340), und zwar innerhalb einer etwa laufenden Ausschlussfrist für die Klageerhebung (BGH MDR 64, 831). Unter der genannten Voraussetzung ist ein unbezifferter Antrag auch im UnterhaltsProz zulässig (bestr; vgl Spangenberg MDR 82, 188). Da das Ger eine etwa, zB durch Streitwertangabe, vorgestellte Größenordnung beim Schmerzensgeld ohne Verstoß gegen § 308 nach oben ohne Grenze überschreiten darf, ist zur Zulässigkeit der Klage nicht mehr erforderlich, dass der Kl zur Höhe seines Anspruchs Angaben macht (v Gerlach VersR 00, 525). Anders bei der Beschwer (23 vor § 511, BGH NJW 96, 2425). Nicht zulässig ist ein unbezifferter Klageantrag, wenn der Kl mit ihm in anderen Fällen das Kostenrisiko (BGH JZ 73, 61) oder das Risiko einer Beweisaufnahme über den Hergang des Unfalls (konkreter Haftungsgrund, § 287 Rn 2) und damit über seine Mitverantwortung gemäß § 254 BGB auffangen will (BGH NJW 67, 1420). – Ein **Feststellungsantrag** muss die Identität u damit den

13 Umfang der Rechtskraftwirkung des begehrten Feststellungsanspruchs klar erkennen lassen (BGH VersR 82, 68). Dazu ist genaue Bezeichnung des festzustellenden Rechtsverhältnisses, bei Schadensersatzanspruch bestimmte Bezeichnung des zum Ersatz verpflichtenden Ereignisses nötig (BGH WM 83, 369). Außerdem gelten die Bestimmtheitserfordernisse in Rn 9. Alternativ- und Hilfsantrag § 260 Rn 7–9.

14 **f) Unterschrift.** Als bestimmender Schriftsatz (§ 129 Rn 5 ff) muss die Klageschrift eigenhändig unterschrieben sein. Heilung des Mangels durch Rügeverzicht oder Nachholung der Unterschrift (Köln MDR 97, 500). Anwaltszwang gem § 78. Bezugnahme auf ein von der Partei zum LG eingereichtes Schriftstück genügt nicht (BGH 22, 256). Dagegen genügt nach Verweisung die Bezugnahme des RA auf eine von der Partei selbst im Mahnverfahren eingereichte, den Erfordernissen des Abs 2 genügende, dem Bekl zugestellte Anspruchsbegründung (BGH NJW 82, 2002).

15 **g) Klagebegründung nach Mahnverfahren** u Fristsetzung dafür § 697 Abs 1. Einreichung durch die Partei selbst entsprechend § 253 Abs 2 und Bezugnahme darauf durch RA in mdl Vhdlg vor dem LG reicht für die Zulässigkeit aus (BGH 84, 136).

16 **h) In Scheidungssachen** muss die Antragsschrift weitere Angaben gem § 622 Abs 2, ggf § 630 enthalten.

17 **i) Bei Unterlassungs- und Widerrufsklagen gegen allgemeine Geschäftsbedingungen** nach § 1 UKlaG muss der Klageantrag den zusätzlichen Erfordernissen in § 8 Abs 1 UKlaG entsprechen, eine Präzision des Bestimmtheitsgrundsatzes.

18 **3. Instruktioneller Inhalt.** Angabe des Streitwerts, Abs 3. Eine Äußerung, ob der Entscheidung der Sache durch den alleinentscheidenden ER Gründe entgegenstehen (§§ 348 Abs 1, 348 a Abs 1). Die für vorbereitende Schriftsätze (§ 129 Rn 1–4) vorgeschriebenen Angaben, Abs 4 mit §§ 130–133. Es handelt sich lediglich um Ordnungsvorschriften.

19 **4. Mängel der Klageerhebung. a)** Ist die **Klageeinreichung** fehlerhaft, weil die Unterschrift (allgM) oder auf der Klägerseite die Postulationsfähigkeit (Vorbem Rn 16) fehlt, oder weil der Bekl nicht der

deutschen Gerichtsbarkeit unterliegt (München NJW 75, 2144), oder weil der Kläger offenkundig prozeßunfähig ist, sind Terminsbestimmung und Zustellung abzulehnen bzw erst nach Beseitigung des Mangels, falls möglich, zu verfügen.

b) Mängel im notwendigen Inhalt der Klageschrift (Abs 2) kön- 20 nen in der Tatsacheninstanz (BGH ZZP 71, 478) beseitigt werden durch Nachholung oder Berichtigung in einem zugestellten Schriftsatz oder in mündlicher Verhandlung, auch durch nicht gerügte (§ 295) Bezug-nahme auf ein von einem nicht zugelassenen RA eingereichtes PKH-Gesuch in der selben Sache, das den Erfordernissen des Abs 2 entspricht (BGH NJW 96, 1351). Erst damit ist die Klage ordnungsgemäß erhoben (BGH 22, 257). Wird der Mangel nicht beseitigt, ist die Klage als unzulässig abzuweisen (BGH VersR 84, 538), auch wenn der Bekl säumig ist. Dagegen sind durch bloßen Rügeverzicht diese Mängel nicht heilbar (BGH NJW 72, 1373 für KlGegenstand und -Grund; anders noch BGH 22, 257), weil der notwendige Inhalt der Klageschrift nicht nur zum Schutz des Bekl vorgeschrieben ist, sondern auch im öffent-lichen Interesse der Rechtssicherheit, insbes Umfang der Rechtskraft (BGH 65, 46) und weil ohne hinreichend genaue Bezeichnung des Klagegegenstands ein Urteil nicht der materiellen Rechtskraft fähig wäre (BGH NJW-RR 97, 441, NJW-RR 99, 70). BAG NJW 86, 3224 lässt fristwahrende (§ 4 KSchG) Heilung ex tunc durch nachträgliche Unter-zeichnung der Klageschrift zu.

c) Mängel der Zustellung, Ladung und Terminsbestimmung wer- 21 den durch Nachholung des Fehlenden oder nach § 189 (bis 30. 6. 02 § 187) oder nach § 295 (BGH 25, 72 u FamRZ 84, 368) rückwirkend geheilt. Das gilt auch für die Wahrung einer materiellrechtlichen Aus-schlussfrist, falls der Zeitpunkt des Verlustes des Rügerechts noch im Rahmen des § 167 (bis 30. 6. 02 § 270 Abs 3) liegt (BGH NJW 72, 1373, NJW 74, 1557). Völlig unterbliebene Zustellung ist außer bei Verzicht auf sie (Zweibrücken NJW-RR 98, 429) nicht heilbar, es fehlt dann an der Klageerhebung überhaupt. Heilbar ist dann die mdl Erhe-bung im ersten Termin mit Wirkung von da an (BGH FamRZ 84, 368). § 167 (bis 30. 6. 02 § 270 Abs 3) bleibt unberührt.

§ 254 Stufenklage

Wird mit der Klage auf Rechnungslegung oder auf Vorlegung eines Vermögensverzeichnisses oder auf Abgabe einer eidesstatt-lichen Versicherung die Klage auf Herausgabe desjenigen ver-bunden, was der Beklagte aus dem zugrunde liegenden Rechts-verhältnis schuldet, so kann die bestimmte Angabe der Leistun-gen, die der Kläger beansprucht, vorbehalten werden, bis die Rechnung mitgeteilt, das Vermögensverzeichnis vorgelegt oder die eidesstattliche Versicherung abgegeben ist.

1   **1.** Die **Stufenklage** ist objektive Klagehäufung (BGH WM 99, 746) und erlaubt als Ausnahme zu § 253 Abs 2 Nr 2 in der letzten Stufe einen zunächst unbestimmten Antrag (BGH NJW 00, 1645). Zulässig ist auch Beschränkung auf die beiden ersten Stufen (KG FamRZ 97, 503).

2   **– a) 1. Stufe** ist Antrag auf Rechnungslegung § 259 Abs 1 BGB, zB in den Fällen der §§ 666, 675 Abs 1, 1978 BGB und auf Vorlage eines Verzeichnisses sowie auf Auskunftserteilung § 260 Abs 1 BGB, (Pal/ Heinrichs § 261 Rn 8 ff), ferner der Anspruch auf Einsicht in Bücher, zB §§ 118, 166 HGB, auf Buchauszug § 87 c Abs 2 HGB. Vollstr nach § 888. Der Antrag auf Auskunft hat vorbereitenden Charakter, ist Hilfsmittel für die Bezifferung des Zahlungsantrags (BGH NJW 00, 1645). Verbindung mit einer Zwischenfeststellungsklage (§ 256 Rn. 26 ff) ist **3** zulässig (BGH WM 99, 746). – **b) 2. Stufe** ist Antrag auf Abgabe einer eidesstattlichen Versicherung, zB §§ 259 Abs 2, 260 Abs 2, 2006 BGB. Ihm kann das Rechtsschutzbedürfnis fehlen, wenn der Kläger durch eine vertraglich geschuldete Bucheinsicht schneller, besser und ohne zusätzliche Inanspruchnahme gerichtlicher Hilfe zum Ziel kommt (BGH WM **4** 98, 1461). – **c) 3. Stufe** ist Antrag auf Zahlung oder Herausgabe. Der Zahlungsantrag wird mit Erhebung der Stufenklage, nicht erst mit Bezifferung rechtshängig (BGH NJW-RR 95, 513), er kann auch schon beziffert sein auf einen Betrag, den der Kläger jedenfalls glaubt beanspruchen zu können (BGH WM 72, 1121). Aus § 254 ist nicht zu entnehmen, dass der Zahlungsantrag erst nach Erledigung der übrigen Anträge gestellt werden dürfe. Keinesfalls darf er aus diesem Grund zu Beginn als unzulässig abgewiesen werden (Köln NJW 73, 1848). Zulässig ist Stufenklage auch für Anspruch auf Herabsetzung eines Unterhaltstitels nach § 323 (Hamburg FamRZ 83, 626).

5   **2. Verfahren, Entscheidung. – a)** Die **Klage** kann **ganz,** auch der noch unbezifferte Zahlungsantrag (Stuttgart NJW-RR 90, 766), als **6** unzulässig oder unbegründet abgewiesen werden. – **b)** Andernfalls ist **sukzessiv über jede Stufe** zu verhandeln. Sachliche Entscheidung über eine spätere Stufe, auch dem Grunde nach und auch bei Säumnis oder Anerkenntnis des Bekl ist grundsätzlich unzulässig, solange nicht die vorhergehende Stufe – meist durch Teilurteil ohne Kostenausspruch (Frankfurt NJW-RR 98, 1536) – erledigt ist (BGH NJW 89, 2821, NJW-RR 94, 1185, Brandenburg FamRZ 98, 1247). Läßt der Kläger den Antrag auf Auskunft fallen, weil er sie nicht mehr benötigt, hält Düsseldorf NJW-RR 96, 839 mwN Erledigterklärung für überflüssig und, falls einseitig, Teilurteil auf Erledigung für unzulässig wegen des bloßen Hilfscharakters des Auskunftsanspruchs, obwohl es sich um einen selbständigen prozessualen Anspruch (BGH 141, 307/317), einen der gehäuften Streitgegenstände handelt (ebenso Koblenz FamRZ 96, 882, StJSchumann 31, MüKo/Lüke 23 mwN). Den angekündigten Antrag in der 2. Stufe kann der Kläger ohne Rücknahme fallen lassen und direkt den Zahlungsantrag stellen (BGH NJW 01, 833). Stellt sich in den beiden ersten Stufen heraus, dass ein in der dritten Stufe zu beziffernder

Leistungsanspruch nicht (mehr) besteht, so tritt keine Erledigung der Hauptsache ein, weil der Zahlungsantrag von Anfang an unbegründet war (BGH NJW 94, 2895, iE zustimmend Bork JZ 94, 1011; aA Karlsruhe FamRZ 89, 1100, Kassebohm NJW 94, 2728); § 93 ist nicht entsprechend anwendbar, denkbar ist ein materiellrechtlicher Schadensersatzanspruch wegen verspätet erteilter Auskunft (Jena FamRZ 97, 219), den der Kläger im selben Proz mit Klageänderung geltend machen kann. Auskunftsanspruch im Verbundverfahren § 621 Rn 9. – **Ausnahme.** Steht ein Zahlungsanspruch dem Grunde nach bzw in einer bestimmten Höhe bereits fest, so darf gleichzeitig mit einer früheren Stufe bei Vorliegen der Voraussetzungen (§ 304 Rn 2–4) dem Grunde nach bzw zu einer schon feststehenden Zahlung verurteilt werden (BGH NJW 99, 1706, Peters ZZP 111, 67/74). Verurteilung in der 3. Stufe setzt einen nunmehr bestimmten Antrag voraus, der nicht mit dem Ergebnis der vom Bekl gelegten Rechnung übereinzustimmen braucht. Dient der Auskunftsanspruch der Beschaffung anderer Informationen als der Bestimmbarkeit des Zahlungsantrags, so ist die Stufung als solche unzulässig und der unbezifferte Zahlungsantrag mangels Bestimmtheit als unzulässig abzuweisen. Über den nach § 260 zulässig gehäuften Auskunftsantrag kann in der Sache entschieden werden (BGH NJW 00, 1645). –

7

Nach **Abschluss einer Stufe** wird das Verfahren auf Terminsantrag, auch des Beklagten (Karlsruhe FamRZ 97, 1224) fortgesetzt. Falls Vollstr aus früheren Stufen ergebnislos, kann Kläger statt Herausgabe das Interesse fordern (§§ 264 Nr 3, 893). – **c) Berufungsverfahren.** Hat die erste Instanz über die 1. Stufe entschieden, so darf das BerGer grundsätzlich nicht von sich aus oder auf nur einseitigen Antrag über die 2. Stufe verhandeln und entscheiden (BAG NJW 63, 2142, Celle NJW 61, 786). Ebenso ist wegen des Zahlungsanspruchs zurückzuverweisen, wenn ihn der Kläger erst im Berufungsverfahren zusätzlich zum Rechnungslegungsanspruch erhebt (BGH WM 74, 1162) oder wenn die 1. Instanz die Stufenklage ganz abgewiesen hat und das BerGer der Klage in der 1. Stufe stattgibt (BGH NJW 82, 235, NJW 99, 1706), auch wenn der Kläger in 2. Instanz nur den Antrag der ersten Stufe verliest (BGH NJW 85, 862, NJW-RR 87, 1029). Hat die erste Instanz die Stufenklage ganz abgewiesen und haben die Parteien nach uneingeschränkt eingelegter Ber die 1. Stufe für erledigt erklärt, darf wegen des nunmehr gestellten Zahlungsantrags das BerGer nur mit Erlass eines GrundUrt zurückverweisen (BGH NJW 91, 1893). – **d) Bindungswirkung.** Die Verurteilung in der ersten Stufe schafft keine Bindungswirkung nach § 318 oder Rechtskraft für den Grund des Zahlungsanspruchs (BGH NJW 69, 880, WM 99, 746, § 322 Rn 22–27); die materielle Rechtskraft wirkt aber, wenn die unmittelbar ausgesprochene Rechtsfolge (Anspruch auf Rechnungslegung) im späteren Verfahren als Vorfrage von Bedeutung ist, zB für die Pflicht zur Abgabe der eidesstattlichen Versicherung (BGH WM 75, 1086).

8

9

10

11   **3. Streitwert** § 5 Rn 4. Wert der beiden ersten Stufen § 3 Rn 21, 48, 127. **Der Wert der Beschwer** durch ein Urt nur über die erste Stufe bemisst sich allein nach dem Auskunftsanspruch (BGH NJW 00, 1724).– Die **Kostenentscheidung** bei unterschiedlichem Obsiegen bzw Unterliegen in den verschiedenen Stufen ist streitig (vgl Kassebohm NJW 94, 2728). Wenngleich die beiden ersten Stufen wirtschaftlich als Hilfsansprüche der Vorbereitung des Hauptanspruchs in 3. Stufe dienen, handelt es sich um verschiedene Streitgegenstände, um selbständige prozessuale Ansprüche in objektiver Klagehäufung (Rn 1, BGH 76, 12, StJSchumann 1, MüKo/Lüke 2, 6). Ist der Beklagte in den ersten Stufen durch Teilurteil ohne Kostenausspruch (§ 301 Rn 5, Frankfurt NJW-RR 98, 1536) verurteilt und ergibt die Auskunft, dass ein Leistungsanspruch nicht besteht, so sind iF der Abweisung oder Rücknahme der Klage in 3. Stufe die Kosten des Rechtsstreits entsprechend den für jede Stufe gesondert festzustellenden Streitwerten quotenmäßig zu teilen (ähnlich MüKo/Lüke 29; aA Jena FamRZ 97, 219).

§ 255 Fristbestimmung im Urteil

(1) **Hat der Kläger für den Fall, daß der Beklagte nicht vor dem Ablauf einer ihm zu bestimmenden Frist den erhobenen Anspruch befriedigt, das Recht, Schadensersatz wegen Nichterfüllung zu fordern oder die Aufhebung eines Vertrages herbeizuführen, so kann er verlangen, daß die Frist im Urteil bestimmt wird.**

(2) **Das gleiche gilt, wenn dem Kläger das Recht, die Anordnung einer Verwaltung zu verlangen, für den Fall zusteht, daß der Beklagte nicht vor dem Ablauf einer ihm zu bestimmenden Frist die beanspruchte Sicherheit leistet, sowie im Falle des § 2193 Abs. 2 des Bürgerlichen Gesetzbuchs für die Bestimmung einer Frist zur Vollziehung der Auflage.**

1   **1. Wesen.** Der Antrag auf Fristsetzung ist **Sachantrag** (§ 297) und dient der Beschleunigung. Das Urt ist insoweit rechtsgestaltend, beseitigt Streit der Parteien über die Angemessenheit der Frist, bindet das Gericht nach § 318, schafft aber keine Rechtskraft für das Bestehen weiterer Rechte des Klägers nach ergebnislosem Fristablauf, die auch mit dem Antrag nicht rechtshängig werden (vgl aber § 510 b und § 61 Abs 2 ArbGG). Die Frist ist eine materielle, sie beginnt mit Rechtskraft des Urteils. Berechnung nach §§ 186 ff BGB.

2   **2. Anwendungsgebiet.** § 255 setzt voraus, dass nach materiellem Recht der Kläger oder ein Ger zur Erfüllung eines Leistungsanspruchs eine Frist setzen dürfen und dass dem Kl nach fruchtlosem Ablauf der Frist neue Rechte erwachsen, und zwar: – **a)** das Recht auf Schadensersatz oder Vertragsaufhebung (Abs 1), zB §§ 283, 325 II, 634, 651 BGB aF; – **b)** das Recht auf Anordnung einer Verwaltung (Abs 2), zB §§ 1052, 2128 BGB); – **c)** das Recht auf Bestimmung des Begünstigten **3** gem § 2193 Abs 2 BGB (§ 80 FGG). – **d)** Ähnliche Rechte in **entspr**

Anwendung (allgM), zB §§ 250, 264 II, 354 aF, 467 aF, 527, 1003 II, 1133 BGB, 375 HGB, 37 VerlG. – **e) Nicht anwendbar** ist § 255, wo **4** die Frist nicht dem Verpflichteten zur Erfüllung einer Leistung, sondern dem Berechtigten zur Ausübung eines Rechts gesetzt werden darf (StJSchumann 9), zB §§ 355, 415 BGB.

3. Verfahren. Fristsetzung nur auf Antrag des Klägers, auch im Laufe **5** des Verfahrens oder in der Berufungsinstanz. Dauer nach Ermessen des Gerichts, aber nicht kürzer als beantragt (§ 308 Abs 1). Liegt keiner der unter Rn 2, 3 genannten Fälle vor, ist der Antrag als unbegründet abzuweisen. Bei Übergehung des Antrags gilt § 321 entspr. Verbindung der Klage auf künftigen Schadensersatz ist am LG (AG: § 510 b) nur unter der Voraussetzung des § 259 zulässig (Köln NJW-RR 98, 1682).

§ 256 Feststellungsklage

(1) **Auf Feststellung des Bestehens oder Nichtbestehens eines Rechtsverhältnisses, auf Anerkennung einer Urkunde oder auf Feststellung ihrer Unechtheit kann Klage erhoben werden, wenn der Kläger ein rechtliches Interesse daran hat, daß das Rechtsverhältnis oder die Echtheit oder Unechtheit der Urkunde durch richterliche Entscheidung alsbald festgestellt werde.**

(2) **Bis zum Schluß derjenigen mündlichen Verhandlung, auf die das Urteil ergeht, kann der Kläger durch Erweiterung des Klageantrags, der Beklagte durch Erhebung einer Widerklage beantragen, daß ein im Laufe des Prozesses streitig gewordenes Rechtsverhältnis, von dessen Bestehen oder Nichtbestehen die Entscheidung des Rechtsstreits ganz oder zum Teil abhängt, durch richterliche Entscheidung festgestellt werde.**

Übersicht

1 **I. Selbständige Feststellungsklage, Abs 1.**
Zusammenfassend neuerdings E. Habscheid ZZP 112, 37.

1. Wesen der Feststellungsklage Rn 4 vor § 253. Daraus folgt auch,
dass das Feststellungsurteil nicht vollstreckungsfähig ist (§ 704 Rn 1).
§ 256 gewährt keine sachlichrechtlichen Ansprüche, sondern stellt für
bereits bestehende eine besondere Rechtsschutzform zur Verfügung
(BGH ZZP 86, 312).

2 **2. Zulässigkeit. – a) Die allgemeinen Prozessvoraussetzungen**
(15 ff vor § 253) müssen vorliegen, auch im Verfahren über den Versorgungsausgleich (BGH NJW 82, 387). Gerichtsstand ist jeder für die
entsprechende bzw bei negativer Feststellungsklage für die umgekehrte
3 Leistungsklage zulässige. – **b) Besondere Prozessvoraussetzungen**
sind: Als Streitgegenstand das behauptete (BGH NJW 72, 198, Balzer
NJW 92, 2721/2724) **(Nicht)Bestehen eines Rechtsverhältnisses**
oder der (Un)Echtheit einer Urkunde; ferner **rechtliches Interesse** an
4 alsbaldiger Feststellung. – **c) Fehlt eine der Voraussetzungen** unter
Rn 2 und Rn 3, so ist die Klage, falls nicht gemäß Abs 2 zulässig, als
unzulässig abzuweisen. Davon macht die Rspr Ausnahmen. So BGH 12,
316 u NJW 78, 2031, Bremen MDR 86, 765, Karlsruhe VersR 89, 805
(fehlendes Feststellungsinteresse verhindert nicht ein Sachurteil überhaupt, sondern nur ein dem Kläger günstiges), BGH LM Nr 46 (Abweisung als unbegründet gegen sämtliche Streitgenossen, obwohl gegen
einen das Feststellungsinteresse fehlt). Das ist prozeßwirtschaftlich
zweckmäßig, lässt sich aber mit dem Wortlaut des § 256 („kann Klage
erhoben werden, wenn...") und mit dem System der Prozess- als Sach-
urteilsvoraussetzungen schwerlich vereinbaren (ähnlich Olschewski
NJW 71, 551, Jauernig, Festschrift für Schiedermair, 1976 S 289/307).
Weiß NJW 71, 1596 will in Ausnahmefällen, für die er aber keine
Kriterien geben kann, sogar ein dem Kläger günstiges Sachurteil zulassen, weil das Feststellungsinteresse nur eine unqualifizierte oder bedingte
Prozessvoraussetzung sei; ähnlich Grunsky, Grundlagen des Verfahrensrechts, § 39 I 2, weil die Notwendigkeit des Rechtsschutzbedürfnisses
das Gericht vor überflüssiger Arbeit schützen wolle, das Gericht auf
diesen Schutz aber verzichten könne. E. Habscheid ZZP 112, 37 will
noch weitergehend Sachurteil zulassen.

5 **3. Rechtsverhältnis. – a) Begriff.** Rechtsverhältnis ist eine aus dem
vorgetragenen Sachverhalt abgeleitete rechtliche Beziehung von Personen untereinander oder zu einem Gegenstand (BGH 22, 46). Es muss
hinreichend konkret bezeichnet sein, sodass über seine Identität und
damit über den Umfang der Rechtskraft keinerlei Ungewissheit bestehen kann (BGH NJW 01, 445). Die Parteien können auch auf derselben
Seite des Vertrages stehen, zB Klage eines Mitverpächters gegen den
6 anderen (BGH MDR 61, 219). – Es kann sich um **Rechte jeder Art**
handeln, insbes bürgerliche wie die Rechtsnatur eines Vertrages (RG
144, 54), die Nichtigkeit eines BGB-Gesellschafterbeschlusses oder die

Unrichtigkeit seines festgestellten Ergebnisses (BGH BB 92, 595), die Erfinderschaft bei einem Patent (BGH NJW 79, 269); Inhalt eines für die Leistungsbestimmung durch einen Schiedsgutachter maßgeblichen Rechtsverhältnisses (BGH NJW 82, 1878), Reichweite eines Vollstreckungstitels (BGH NJW 97, 2320), zB weil die Formel für die Zwangsvollstreckung zu unbestimmt ist (BGH NJW 72, 2268) oder im Hinblick auf § 850 f Abs 2 nicht ausreicht (BGH NJW 90, 834), oder einer Eintragung in die Insolvenztabelle (BGH NJW 85, 271). Im Verfahren über den Versorgungsausgleich ist die Feststellungsklage nur beschränkt zulässig (BGH NJW 84, 610). Ferner Rechtsverhältnisse des Prozessrechts und des öffentlichen Rechts, soweit für Verurteilungsklagen der Rechtsweg zulässig ist. – Darunter fallen **auch einzelne Folgen** solcher **7** Rechtsbeziehungen, zB ein einzelner Anspruch daraus oder die Wirksamkeit eines ausgeübten Gestaltungsrechts; negative Feststellung, dass kein Anspruch aus einer bestimmten selbständigen Anspruchsgrundlage besteht, wenn nach dem Sachverhalt andere, konkurrierende Anspruchsgrundlagen in Frage kommen (BGH NJW 84, 1556); Klarstellung einzelner für die Schlussbilanz streitiger Einzelposten (BGH WM 84, 361), auch Außeransatzlassen eines umstrittenen Einzelpostens in einer Auseinandersetzungsrechnung (BGH WM 71, 1450). – **Gegenwärtig** **8** muss das Rechtsverhältnis sein. Das ist auch Bestehen oder Nichtbestehen des Rechts auf Entziehung des Pflichtteils (BGH NJW 71, 1084, Saarbrücken NJW 86, 1182), Ankündigung eines Regressanspruchs, falls eine andere rechtliche Auseinandersetzung ungünstig ausgeht (BGH NJW 92, 436). Es darf nicht erst künftig (§ 259 Rn 3), kann aber noch bedingt oder betagt sein (BGH 4, 134, NJW 92, 436). Dass es bereits vergangen ist, schadet nicht, wenn der Kl daraus noch Wirkungen herleiten kann (BGH 27, 196, BAG NJW 94, 1751), zB aus Erbvertrag. – **Dritte.** Das Rechtsverhältnis muss nicht zwischen den Parteien, es **9** kann auch zu oder zwischen Dritten bestehen, wenn es auch für die Rechtsbeziehungen der Parteien untereinander von Bedeutung ist und der Kl ein berechtigtes Interesse an dieser Feststellung gerade gegenüber dem Bekl hat (BGH NJW 94, 459, ZIP 00, 679). So im Streit zweier Forderungsprätendenten oder zweier möglicher Schuldner auf Feststellung, welcher von ihnen berechtigt bzw verpflichtet ist (BGH 123, 44). So der Geschädigte auf Feststellung der Deckungspflicht der Haftpflichtversicherung gegenüber dem Schädiger (BGH NJW-RR 01, 316).

b) Kein Rechtsverhältnis sind bloße, auch rechtserhebliche **Tatsa-** **10** **chen,** zB Unwahrheit einer Behauptung (BGH NJW 77, 1288), ferner einzelne **Elemente** oder Vorfragen eines Rechtsverhältnisses (BGH 22, 48 u 68, 331), zB Rechtswidrigkeit (BGH NJW 77, 1288), Verschulden, Schuldnerverzug (BGH NJW 00, 2280), Annahmeverzug außer zu dessen Nachweis bei Verurteilung zu einer Zug-um-Zug-Leistung gem §§ 756, 765 (BGH NJW 00, 2663; aA Schilken JZ 01, 199), Berechnungsgrundlage für einen streitigen Anspruch (BGH NJW 95, 1097), dass die Berufung der Haftpflichtversicherung auf Leistungsfreiheit unzulässig sei (BGH VersR 75, 440), dass ein eingeholtes Schiedsgutachten

11 das vertraglich vorgesehene sei (BGH MDR 85, 37). – Ferner **abstrakte Rechtsfragen** ohne Bezug auf ein konkretes Rechtsverhältnis (BGH NJW 01, 445), zB Schadensersatz für noch gar nicht in Erscheinung getretene Mängel eines Bauwerks (BGH NJW 92, 697), aus Amtspflichtverletzung, wenn die Wahrscheinlichkeit für den Eintritt irgendeines Schadens nicht substantiiert dargetan ist (BGH WM 93, 251/260), Rechtsfragen, die erst für die künftige Entstehung von Rechtsverhältnissen Bedeutung haben, zB das Erbrecht oder einzelne seiner Voraussetzungen nach einer noch lebenden Person (BGH NJW 62, 1723, Frankfurt MDR 97, 481).

12   **4.** Echtheit oder Unechtheit einer **Urkunde** sind die Einzigen durch Urt feststellbaren Tatsachen. Urkunde 1 vor § 415, Echtheit § 437 Rn 1.

13   **5. Rechtliches Interesse** an alsbaldiger Feststellung als besondere ProzVoraussetzung ist die spezielle Ausgestaltung des bei jeder Rechtsverfolgung erforderlichen Rechtsschutzinteresses und deshalb unabhängig von der materiellrechtlichen Begründetheit des Feststellungsbegehrens (BGH NJW 72, 198). Es muss ein eigenes (BGH WM 89, 1546), es darf nicht ein ausschließlich wirtschaftliches oder persönliches sein (Stuttgart NJW 55, 590 für bloße Ehrenrettung). An seine Stelle tritt im Falle des Abs 2 die Vorgreiflichkeit. Bei fehlendem Interesse ist deshalb zu prüfen, ob die Feststellungsklage nach Abs 2 zulässig ist. – Für die
14 **Bejahung** des Feststellungsinteresses genügt drohende Verjährung; wenn ein Schaden durch die schädigende Handlung bereits eingetreten ist, die bloße, auch nur entfernte Möglichkeit künftiger weiterer Folgeschäden (BGH NJW 91, 2707; 98, 160; 01, 1431, v Gerlach VersR 00, 525/531), ihre Wahrscheinlichkeit gehört zur materiellen Klagebegründung. Neben dem allgemein auf Feststellung der Schadensersatzpflicht gerichteten Klageantrag kann rechtliches Interesse auch für einen auf Ersatz einer bestimmten Schadensposition gerichteten speziellen Feststellungsantrag bestehen, der von dem allgemeinen in Inhalt und Umfang nicht umfasst wird (BGH NJW 99, 3774); so etwa Ersatzpflicht für immaterielle Zukunftsschäden neben GrundUrt über Schmerzensgeldanspruch (BGB NJW 01, 3414). Die Feststellungsklage ist insgesamt zulässig, wenn nur eine teilweise Bezifferung möglich wäre, weil der anspruchsbegründende Sachverhalt noch in der Entwicklung ist (BGH NJW 84, 1552). An der so erhobenen Feststellungsklage darf der Kläger ohne Rücksicht auf die weitere Entwicklung des Schadens festhalten (BGH WM 93, 1241). Die Möglichkeit einer Klage auf künftige Leistung steht dem Feststellungsinteresse nicht entgegen (BGH NJW 86, 2507). Ebenso nicht, dass die Feststellungsklage in einem anderen Verfahren als Widerklage erhoben werden könnte; beide Wege bestehen nebeneinander (Hamm WM 71, 1379). Die einseitige Erklärung des Kl, er werde die Entscheidung über die Klage-Teilforderung auch für die vermeintliche weitergehende Forderung als verbindlich anerkennen, nimmt der negativen Feststellungswiderklage nicht das Rechtsschutzbedürfnis (BGH NJW 93, 2609); ebenso nicht eine Anordnung nach

§ 620 Nr 6 (Saarbrücken FamRZ 80, 277). Für die Kindschaftsklage nach § 640 Abs 2 Nr 1 ist Rechtsschutzbedürfnis nicht erforderlich (BGH NJW 73, 51). Sondervorschrift in § 108 SachenRÄndG. Ob das Interesse besteht, entscheidet das Ger letztlich nach Grundsätzen der Prozesswirtschaftlichkeit (Koblenz BB 80, 855) anhand der beiden folgenden Voraussetzungen Rn 15 und 16.

a) Durch eine **tatsächliche Unsicherheit** muss das Rechtsverhältnis **15** gefährdet sein. So, wenn Streit zwischen den Parteien über Art und Umfang besteht, wenn der Bekl Rechten des Klägers zuwiderhandelt oder sie ernstlich bestreitet (BGH NJW 86, 2507), wenn sich eine Partei eines Rechts gegen die andere berühmt (BGH WM 91, 249), wenn Ablauf der Verjährungsfrist droht (BGH LM Nr 7); für die negative Feststellungsklage, wenn der Gläubiger die Anfrage des Schuldners nicht beantwortet, ob eine geplante im Einzelnen beschriebene Werbemaßnahme gegen eine vereinbarte Unterlassungsverpflichtung verstößt (Düsseldorf GRUR 88, 789); gegen den Zessionar, wenn der Zedent sich der Forderung berühmt, der Zessionar die Abtretung angenommen hat und eine Erklärung zur Berechtigung der Forderung verweigert (BGH 69, 37). Die Gefährdung muss die Sache selbst betreffen, bloß prozessuale Vorteile genügen nicht, zB verhindern, dass ein Beteiligter als Zeuge vernommen wird. Das Feststellungsinteresse entfällt, sobald der Bekl seinen bisherigen Standpunkt als Irrtum erkennt und endgültig aufgibt (BGH WM 68, 762).

b) Das **Urteil** muss mit seiner rein ideellen Rechtskraftwirkung **ge-** **16** **eignet** sein, die **Unsicherheit zu beseitigen** (BGH 69, 144 MDR 99, 1439), insbes bestehenden Streit klarzustellen und dem Kläger Richtschnur für sein künftiges Verhalten zu bieten. Dazu ist zB bei gesellschaftsrechtlichem Auseinandersetzungsstreit nötig, dass die Ansprüche und Einzelposten, die Grundlage der Abrechnung sein sollen, konkret bezeichnet werden (BGH WM 72, 1399).

c) „**Alsbald**" bedeutet, dass das Bedürfnis wenigstens in nicht ferner **17** Zukunft besteht.

d) Feststellungsinteresse fehlt, wenn dem Kl ein einfacherer Weg **18** zur Verfügung steht, um sein Ziel zu erreichen, zB dem Drittschuldner gegen einen Pfändungsbeschluss Erinnerung nach § 766, Negativverklärung nach § 840 und Aufforderung an Pfändungsgläubiger zum Verzicht nach § 843 (BGH 69, 144). Es fehlt auch, wenn bereits ein anderes Verfahren anhängig ist, in dem die begehrte Feststellung ohnedies getroffen werden muss; wenn das Urt nicht zu einer abschließenden Klarstellung des Streits führen würde oder praktisch nichts mehr regeln könnte, zB die Feststellung, dass ein Arrestbefehl ursprünglich rechtmäßig erlassen war, wenn der Arrestbekl wegen Erledigung keinen Aufhebungsantrag mehr stellen kann (BGH NJW 73, 1329; § 926 Rn 11). Es fehlt für die positive Feststellungsklage in der Regel, wenn Klage auf fällige Leistung, insbesondere Bezifferung, möglich und zumutbar ist (Düsseldorf WM 89, 1370), was bei einer Schadensersatzklage auf Naturalrestitution nicht immer zutrifft (BGH ZIP 96, 1395: Beseitigung von

Umweltschäden). Ausnahme: Die Feststellungsklage führt im Einzelfall unter dem Gesichtspunkt der Prozesswirtschaftlichkeit zu einer sinnvollen und sachgemäßen Erledigung der aufgetretenen Streitpunkte (BGH NJW 84, 1118, WM 97, 1280). So kann wegen des Wahlrechts gemäß § 249 BGB eine Feststellungsklage auf noch nicht bezifferbaren Schadensersatz in Geld nicht mit dem Hinweis auf eine Leistungsklage auf Naturalrestitution als unzulässig abgewiesen werden (BGH NJW 96, 2725); außerdem wenn der Streit zunächst nur den Anspruchsgrund betrifft und zu erwarten ist, dass der Bekl bei Feststellung seiner Leistungspflicht im Urteil zur Leistung fähig und bereit (Köln VersR 70, 759) ist oder Klärung der Frage, ob und in welcher Höhe dem geschäftsführenden Gesellschafter eine Tätigkeitsvergütung zusteht, bei Streit mit den übrigen (BGH BB 80, 855). Es kann fehlen für die Feststellung einer Schadensersatzverpflichtung wegen Wettbewerbsverstoßes, wenn der Kl wegen desselben Verstoßes in gleicher Höhe auf Zahlung von Vertragsstrafe klagen kann (BGH LM § 256 Nr 176). Es fehlt für die negative Feststellungsklage, wenn der Kl positive Leistungsklage erheben kann, die in ihren Voraussetzungen und Risiken für ihn nicht grundlegend verschieden ist (BGH NJW 86, 1815). Es fehlt für die Feststellungsklage, mit der ein Vorrecht für eine Forderung festgestellt werden soll, neben der Klage nach § 181 InsO (BAG NJW 86, 1896 zu § 146 Abs 1 S 1 KO). Es fehlt idR für die Klage auf Feststellung des Rechts zum Getrenntleben eines Ehegatten (München FamRZ 86, 807, KG FamRZ 88, 81). Es fehlt, wenn das Urt in einem ausländischen Rechtsstreit verwendet werden soll, dort aber nicht mit einer Anerkennung zu

19   rechnen ist (BGH WM 82, 619). – **Feststellungsinteresse entfällt** grundsätzlich für die negative Feststellungsklage, ausgenommen im Anwendungsbereich von Art 27 EuGVVO (dort Rn 5), sobald positive Feststellungs- oder Leistungsklage erhoben wird und einseitig nicht mehr zurückgenommen werden kann (BGH NJW 99, 2516; kritisch Walker ZZP 111, 429/454), außer wenn zu diesem Zeitpunkt die negative Feststellungsklage aus der Sicht der letzten mdl Vhdlg, insbes in einer Rechtsmittelinstanz, entscheidungsreif ist (BGH 99, 340) oder wenn feststeht, dass über die Leistungsklage sachlich nicht entschieden werden kann, zB wegen Art 27 Abs 2 EuGVVO; dann bleibt die Feststellungsklage wegen des Prioritätsgrundsatzes zulässig (BGH 134, 201). Gleiches gilt für die positive Feststellungsklage, wenn später Leistungsklage mit gleichem Streitstoff erhoben wird (BGH NJW-RR 90, 1532). Es entfällt für die Feststellungsklage auf Gewährung von Versicherungsschutz, wenn der Versicherer Widerklage auf Erstattung der aufgewendeten Beträge erhebt (Frankfurt NJW 70, 2069). Für die negative Feststellungsklage kann es entfallen, wenn der Bekl auf den behaupteten Anspruch verzichtet (Düsseldorf VersR 00, 992).

20   **e) Maßgebender Zeitpunkt,** 11 vor § 253. Jedoch ist bei der Klage auf Feststellung der Haftung für weitere Unfallschäden maßgebend, dass aus der Sicht des Kl bei verständiger Würdigung bei Zustellung der Klage Grund bestehen kann, mit Spätfolgen zu rechnen. Stellt sich im

Proz heraus, dass Folgeschäden nicht mehr zu gewärtigen sind, erledigt sich die Hauptsache (BGH VersR 72, 459). Der Kl braucht idR nicht zu einer Leistungsklage überzugehen, wenn sie erst nach zulässiger Erhebung der Feststellungsklage möglich wird (BGH WM 93, 1241).

6. Verfahren. Für die Zulässigkeit muss der Kl einen genügend kon- **21** kreten Sachverhalt (§ 253 Rn 10) vortragen, aus dem sich das (Nicht-)-Bestehen eines Rechtsverhältnisses ergibt (BGH NJW 72, 198, Balzer NJW 92, 2721/2724). Ob es besteht, ist eine Frage der Begründetheit der Klage. Das Verfahren folgt den allg Regeln. Die Umkehr der Parteirollen bei der negativen Feststellungsklage ändert an der Darlegungs- und Beweislast nichts. Steht fest, dass der streitige Anspruch nicht besteht oder bleibt dies unklar, dann muss der negativen Feststellungsklage stattgegeben werden (BGH NJW 93, 1716). Ist der Streitgegenstand teilbar und ist der vom Bekl behauptete Anspruch teilweise begründet, so ist die negative Feststellungsklage insoweit abzuweisen als der Anspruch besteht, im Übrigen ist ihr stattzugeben (BGH 31, 362, BGH WM 85, 901). Das Ger kann die positive Feststellung treffen, wenn ein bereits entstandener Schaden feststeht oder für künftigen Schaden, gemeint ist im Wege der Auslegung ab Klageeinreichung (BGH NJW 00, 3287), eine gewisse Wahrscheinlichkeit besteht. Die Klage abweisen darf es nur, wenn es überzeugt ist, dass kein Schaden entstanden (BGH Warn 69 Nr 209) oder sein Eintritt ganz unwahrscheinlich ist. Ein positives FeststellungsUrt über einen Schadensersatzanspruch setzt voraus, dass alle im Zeitpunkt der letzten mdl Vhdlg bestehenden Einwendungen gegen seinen Bestand verneint sind; das gilt, anders als beim GrundUrt (§ 304 Rn 9), wegen der Rechtskraftwirkung auch für das mitwirkende Verschulden (BGH NJW 97, 3176). – **Streitwert** § 3 **22** Rn 65.

7. Rechtskraftwirkung. – a) Das Bestehen des Rechtsverhält- 23 nisses steht fest, wenn das Urt der positiven Klage stattgibt. Das eine negative Feststellungsklage aus sachlichen Gründen abweisende Urt hat bei nämlichem Streitgegenstand dieselbe Rechtskraftwirkung wie ein Urt, das das Gegenteil dessen, was mit der negativen Feststellungsklage begehrt wird, positiv feststellt (BGH NJW 95, 1757). Dies auch dann, wenn das Urt in den Gründen nur auf die Beweislast abstellt (BGH NJW 83, 2032; aA Tiedtke aaO, 2011) oder die Darlegungs- und Beweislast verkennt (BGH NJW 86, 2508, zustimmend Kapp MDR 88, 710, Habscheid NJW 88, 2641; aA Tiedtke NJW 90, 1697, Künzl JR 87, 57, Lepp NJW 88, 806), oder wenn der angebliche Anspruch der Höhe nach noch nicht beziffert oder bezifferbar ist (BGH NJW 75, 1320); in diesem Fall Wirkung wie ein GrundUrt (BGH NJW 86, 2508). Präkludiert sind durch ein die negative Feststellungsklage aus sachlichen Gründen abweisendes Urt auch alle zurzeit der letzten mdl Vhdlg im Prozess bestehenden Einwendungen gegen den bekämpften Anspruch, unabhängig davon, ob sie im Vorprozess Prozstoff waren oder

nicht (BGH NJW 95, 1757). Wegen der Rechtskraftwirkung darf bei
der Feststellung einer Schadensersatzpflicht die Mitverschuldensquote
des Verletzten nicht offen bleiben (BGH NJW 89, 105; differenzierend
Piekenbrock MDR 98, 201). Wirkung für und gegen Dritte § 640 h. –

24   **b) Das Nichtbestehen des Rechtsverhältnisses** steht fest, wenn das
Urt die positive Klage als unbegründet abweist oder der negativen statt-
25   gibt. – **c)** Dem **Umfang** nach beschränkt sich die Rechtskraftwirkung
auf die tatsächlichen Grundlagen des Urt, sie erfasst also nicht einen
ergänzenden Sachverhalt, der auf weiteren, nicht vorgetragenen Tatsachen beruht. Ist die Feststellungsklage auf noch nicht überschaubaren
Personenschaden aus einem Verkehrsunfall begründet und ergeht daraufhin FeststellungsUrt, so deckt es nicht den Anspruch des Klägers auf
Befreiung von gegen ihn gerichteten Schadensersatzansprüchen anderer
Verletzter (BGH ZZP 87, 78).

26   **II. Zwischenfeststellungsklage, Abs 2**

     1. Ihr **Zweck** ist, da sich die Rechtskraftwirkung des Urt nur auf die
Entscheidung über den prozessualen Anspruch selbst bezieht (§ 322
Rn 17, 20), die Ausdehnung der Rechtskraft auf das bedingende
Rechtsverhältnis und die tragenden Entscheidungsgründe. Sie kann nur
erhoben werden vom Kläger zusammen mit der Leistungsklage oder
nachträglich, wodurch Anspruchshäufung entsteht (§ 260) oder vom
Beklagten als Widerklage. Form der Erhebung § 253 oder § 261 Abs 2,
bis zum Schluss der letzten mündlichen Tatsachenverhandlung (§ 136
Abs 4). Zulässig auch hilfsweise für den Fall der Abweisung des Haupt-
antrags (BGH NJW 92, 1897), freilich nur, wenn Vorgreiflichkeit besteht
(Hager KTS 93, 39/45 ff). § 530 Abs 1 gilt nicht (dort Rn 2). In der
RevInstanz unzulässig (BGH NJW 61, 777).

27   **2. Zulässigkeit. – a)** Die **allgemeinen Prozessvoraussetzungen**
müssen vorliegen (Rn 15 ff vor § 253). Das LG ist örtlich und sachlich
stets **zuständig,** außer es bestünde für eine selbständige Klage ein
28   anderer ausschließlicher Gerichtsstand. Beim AG § 506. – Das **Rechtsschutzbedürfnis** liegt regelmäßig in der Vorgreiflichkeit (Rn 32–34).
Zu seiner Bejahung genügt die Möglichkeit, dass das inzidenter zu
klärende Rechtsverhältnis zwischen den Parteien oder zwischen einer
Partei und einem Dritten (Rn 9; BGH WM 97, 2403) noch über den
Streitgegenstand hinaus Bedeutung gewinnen kann (BGH 69, 37, WM
94, 1390). Es entfällt für die negative Feststellungswiderklage nicht durch
die einseitige Erklärung des Klägers, er werde die Entscheidung über die
Klageforderung auch für die weitergehende Forderung, deren er sich
29   berühmt habe, als verbindlich anerkennen (BGH WM 88, 402). – **Es
fehlt,** wenn das Rechtsverhältnis keine weiteren Folgen zeitigen kann als
die mit der Hauptklage zur Entscheidung gestellten, diese Entscheidung
also die Rechtsbeziehungen mit Rechtskraftwirkung erschöpfend klar-
stellt; das ist nicht der Fall (also Vorgreiflichkeit) bei der negativen Feststellungsklage gegen den Zedenten hinsichtlich des abgetretenen Teils
der Forderung (BGH 69, 37); ebenso fehlt es nicht für Kläger oder

Beklagten (FeststellungsKl also zulässig), wenn Klage und Widerklage selbständige Ansprüche verfolgen, für die das streitige Rechtsverhältnis vorgreiflich ist, selbst wenn sie in ihrer Gesamtheit alle denkbaren Ansprüche aus dem Rechtsverhältnis erschöpfen (BGH WM 79, 706). Es fehlt, wenn der Kläger auf die Geltendmachung weiterer denkbarer Folgen verzichtet (Nürnberg BayJMBl 53, 67). Das gilt insbes, wenn das Rechtsverhältnis der Zwischenklage bereits Streitgegenstand (Einl II) der Klage oder in diesem enthalten ist, sodass darüber ohnedies mit Rechtskraftwirkung entschieden werden muss. Ebenso fehlt das Rechtsschutzbedürfnis für eine Zwischenfeststellungswiderklage, wenn der Kl bereits Zwischenfeststellungsklage mit entgegengesetztem Antrag erhoben hat (aA Köln DB 72, 1336). – **b) Besondere Prozessvoraussetzung** ist: Als Streitgegenstand die Feststellung des (Nicht-)Bestehens eines **Rechtsverhältnisses** (Rn 5), das im Zeitpunkt der Erhebung (Rn 26) der Zwischenklage, wenn auch schon vor dem Proz (BGH NJW-RR 90, 318) **streitig** ist oder bis Verhandlungsschluss streitig wird und von dem die Entscheidung über den geltendgemachten proz Anspruch **abhängig** ist (Rn 33). Eine zunächst allein erhobene selbständige Feststellungsklage wird zur Zwischenfeststellungsklage, wenn eine Leistungsklage oder Widerklage erst im Verlauf des Rechtsstreits nachgeschoben wird (BGH NJW-RR 90, 318, WM 94, 1390). Fehlt eine besondere ProzVoraussetzung, ist die Zulässigkeit nach Abs 1 zu prüfen, verneinendenfalls als unzulässig abzuweisen. – **c)** Die **Verbindung** mit dem Hauptantrag muss zulässig (§ 260 Rn 12) sein. Bei Verstoß ist zu trennen (§ 145), falls die Feststellungsklage als selbständige (Abs 1) zulässig ist. Andernfalls ist als unzulässig abzuweisen, ebenso eine wegen § 595 Abs 1 unstatthafte Widerklage. **30**

31

3. Vorgreiflichkeit. Sie tritt an die Stelle des alsbaldigen Feststellungsinteresses in Abs 1, das daneben nicht bestehen muss. – **a)** Sie **besteht,** wenn die Entscheidung des Rechtsstreits, auch für einen von mehreren Klagegründen (§ 253 Rn 10) oder eine Einwendung oder Einrede (§§ 125, 251) von dem Rechtsverhältnis, auch zwischen einer Partei und einem Dritten (Rn 9; BGH WM 97, 2403) abhängig ist, dh wenn über dieses jedenfalls in den Entscheidungsgründen zu befinden wäre. Diese Abhängigkeit muss im Zeitpunkt der Entscheidung über die Zwischenklage wirklich bestehen (BGH NJW-RR 90, 318). Bei alternativer Begründungsmöglichkeit (einmal mit, einmal ohne Vorgreiflichkeit) ist das Ger nicht gehindert, diejenige im Urt zu wählen, für die das Rechtsverhältnis der Zwischenfeststellungsklage vorgreiflich ist (Köln MDR 81, 678). – **b) Vorgreiflichkeit fehlt,** wenn über die Klage ohne Rücksicht auf das festzustellende Rechtsverhältnis entschieden werden kann (BGH NJW-RR 94, 1272); ferner wenn über sie nicht mehr zu entscheiden (Rücknahme) oder insoweit schon entschieden ist, zB Zwischenklage erst im Betragsverfahren (§ 304) über ein Rechtsverhältnis, das nur für den Anspruchsgrund vorgreiflich war (RG JW 39, 366). Durch prozökonomische Erwägungen kann die fehlende Vorgreif- **32**
33

34

lichkeit entgegen BGH WM 79, 706 nicht ersetzt werden (ebenso Hager KTS 93, 39/44). Fehlendes Rechtsschutzbedürfnis trotz Vorgreiflichkeit Rn 29.

35 **4. Verfahren.** Über die Zwischenklage ist im End- oder durch Teil-Urt zu entscheiden. Ihre Abweisung als unzulässig hindert nicht, über das Rechtsverhältnis in den Gründen des Endurteils zu befinden. **Streitwert:** § 3 Rn 189.

§ 257 Klage auf künftige Zahlung oder Räumung

Ist die Geltendmachung einer nicht von einer Gegenleistung abhängigen Geldforderung oder die Geltendmachung des Anspruchs auf Räumung eines Grundstücks oder eines Raumes, der anderen als Wohnzwecken dient, an den Eintritt eines Kalendertages geknüpft, so kann Klage auf künftige Zahlung oder Räumung erhoben werden.

1 **1. §§ 257–259** stellen die **besonderen Prozessvoraussetzungen** (aA Roth ZZP 98, 287) für Klagen auf künftige, dh noch nicht fällige Leistung auf. Liegen sie in der letzten Tatsachenverhandlung nicht vor, ist die Klage ohne Sachverhandlung als unzulässig abzuweisen. Tritt die Fälligkeit im Laufe des Verfahrens ein, selbst in der Revisionsinstanz, so ergeht das Urt ohne Rücksicht auf §§ 257–259. Liegen die bes Voraussetzungen vor und ergibt die Sachprüfung, dass es am Anspruch (nicht nur an seiner Fälligkeit) fehlt, ist die Klage unbegründet. Einwendungen gegen den Anspruch, die zwischen letzter Tatsachenverhandlung und Eintritt der Fälligkeit entstanden sind, muss der Schuldner nach § 767 geltend machen. Übergang von der Klage auf gegenwärtige zu der auf künftige Leistung ist Beschränkung des Klageantrags (§ 264 Rn 3, 4).

2 **2. Zulässigkeitsvoraussetzungen in § 257.** Die Klage betrifft entweder – **a)** eine **einseitige Geldforderung.** Dazu gehören auch reine Haftungs- und Duldungsklagen (3 vor § 253). Der Zahlungsanspruch kann von Anfang an einseitig oder es später geworden sein (Gegenleistung bereits voll erfüllt), es dürfen ihm keine Einreden aus §§ 274, 322 BGB entgegenstehen, ein Gegenanspruch auf Quittung schadet 3 dagegen nicht. – Oder **b) Räumung** eines Grundstücks oder Raumes, der nicht Wohnzwecken dient. Dabei dürfte es keine Rolle spielen, welcher Art das Nutzungsrecht ist (Leihe, Miete, dingliches Wohnrecht), denn die zentrale Bedeutung der Wohnung hängt für den Bewohner nicht von der Rechtsnatur des Wohnrechts ab. Zwar wollte der Gesetzgeber nur den Mieter nach Wegfall des MSchuG durch ein neues soziales Mietrecht schützen, im Gesetzeswortlaut kommt aber eine Beschränkung des § 257 nur auf Mietwohnverhältnisse nicht zum Ausdruck. Unberührt bleibt die Zulässigkeit der Räumungsklage nach § 259 (so auch LG Darmstadt MDR 65, 579; Burkhardt NJW 65, 803). 4 – **c) Kalendermäßig bestimmt** oder bestimmbar muss in beiden Fällen die Fälligkeit bei der letzten Tatsachenverhandlung sein. Die

tatsächlichen Voraussetzungen muss der Kläger beweisen. Das Urt muss den Kalendertag für die Leistung angeben. Eine etwa notwendige Kündigung liegt in der Klageerhebung. Auf noch bedingte Ansprüche ist § 257 nicht anwendbar. – **d) Nicht erforderlich** ist ein bes Interesse 5 an der verfrühten Klage oder eine Veranlassung durch den Bekl (StJSchumann 3; aA Bittmann FamRZ 86, 420). Bei Anerkenntnis ist § 93 streng anzuwenden.

3. Prozesszinsen § 291 S 1 Hs 2 BGB. **Verzug** § 284 Abs 2 BGB. 6 **Vollstreckbarkeit** nach allg Regeln. ZwVollstr § 751 Abs 1. **Kosten** § 93 b Abs 3. **Räumungsfrist** § 721 Abs 3.

§ 258 Klage auf wiederkehrende Leistungen

Bei wiederkehrenden Leistungen kann auch wegen der erst nach Erlaß des Urteils fällig werdenden Leistungen Klage auf künftige Entrichtung erhoben werden.

1. Allgemeines § 257 Rn 1, 6. 1

2. Zulässigkeitsvoraussetzungen in § 258. Die Klage muss gerich- 2 tet sein auf erst nach Urteilserlass fällig werdende **wiederkehrende Leistungen,** nicht nur in Geld. Das sind solche aus einem eins- und demselben Verpflichtungen, die sich in ihrer Gesamtheit als Folge ein und desselben Rechtsverhältnisses ergeben, so dass die einzelne Leistung nur noch vom Zeitablauf abhängig ist (BGH NJW 86, 3142, MDR 96, 1232), zB Unterhaltsanspruch, für dessen Titulierung in voller Höhe auch bei bisher regelmässiger Zahlung Rechtsschutzbedürfnis besteht (BGH NJW 98, 316), Kapitalzinsen, Renten nach §§ 759 ff, 843 ff, 912 BGB; nicht dagegen Miete-, Pacht- oder Gehaltszahlung. Rückständige Zahlungen müssen nicht miteingeklagt sein (BGH 82, 246). Die Höhe der künftigen Einzelleistungen nach den Verhältnissen bei UrtErlass muss bestimmbar sein, bei Ungewissheit über die künftige Entwicklung hilft § 323 (BAG NJW 72, 733). Sind die maßgeblichen Umstände nicht mit ausreichender Sicherheit festzustellen, bleibt nur Feststellungsklage (Köln VersR 88, 1185). Besorgnis wie in § 259 ist nicht erforderlich (aA Bittmann FamRZ 86, 420).

3. Vollstreckbarkeit § 708 Nr 8. **Streitwert** für Zuständigkeit § 9, 3 für Gebührenberechnung § 17 GKG.

§ 259 Klage wegen Besorgnis nicht rechtzeitiger Leistung

Klage auf künftige Leistung kann außer den Fällen der §§ 257, 258 erhoben werden, wenn den Umständen nach die Besorgnis gerechtfertigt ist, daß der Schuldner sich der rechtzeitigen Leistung entziehen werde.

1. Allgemeines § 257 Rn 1, 6. 1

2   **2. Zulässigkeitsvoraussetzungen in § 259.** Die Klage kann, über
§§ 257, 258 hinausgehend, auf Leistungen aller Art gerichtet sein, auch
wenn sie von einer im Urt anzugebenden Gegenleistung abhängen. Das
Rechtsschutzbedürfnis liegt in der Besorgnis, dass der Schuldner bei
Fälligkeit nicht leisten wolle. Böswilligkeit oder Fahrlässigkeit werden
nicht verlangt, ernstliches Bestreiten genügt (BGH 5, 342, NJW 99,
954); nicht dagegen genügen voraussichtliche Zahlungsunfähigkeit oder
3   Unmöglichkeit oder Ankündigung einer Aufrechnung. – Der **Anspruch** darf nicht erst künftig entstehen, muss vielmehr in einem
Rechtsverhältnis, dessen rechtserzeugende Tatsachen schon eingetreten
sind, seine Grundlage finden (BGH NJW 88, 774); die Möglichkeit, dass
künftig ein solches Rechtsverhältnis entsteht, reicht nicht (BGH VersR
01, 1005). Er braucht aber noch nicht wirksam, dh er kann **bedingt** sein
(BGH 5, 342), auch auf Schadensersatz im Falle des § 283 BGB aF
(BGH NJW 99, 954) oder auf künftige Nutzungsentschädigung in
Verbindung mit einer Räumungsklage wegen lange anhaltender Nicht-
entrichtung des Mietzinses (Dresden OLG-NL 99, 114). Fehlt für die
begehrte Leistung eine erforderliche behördliche Genehmigung, so
kann unter dem Vorbehalt ihrer Erteilung verurteilt werden (BGH NJW
4   78, 1262; zweifelhaft). – Auf gesetzliche **Unterlassungsansprüche** ist
§ 259 nicht anwendbar (BLAH 4), wohl aber auf vertragliche (BGH LM
§ 241 BGB Nr 2; offengelassen BGH NJW-RR 89, 263).

5   **3. Abgrenzung: – a)** Hier liegt die Gefahr in der Verweigerung der
Erfüllung, beim **Arrest** in der Vereitelung der Vollstr (StJSchumann 21).
6   Urteil aus § 259 macht Arrest nicht überflüssig. – **b)** Hier wird künftige
Erfüllung, mit der **Feststellungsklage** Klarheit über das gegenwärtige
Bestehen des Rechts begehrt. Bestreitet der Schuldner die Verpflichtung,
hat der Gläubiger die Wahl zwischen § 256 und § 259 (RG 113, 410).

7   **4. Zwangsvollstreckung** §§ 726 Abs 1, Art 751 Abs 1.

§ 260 Anspruchshäufung

**Mehrere Ansprüche des Klägers gegen denselben Beklagten
können, auch wenn sie auf verschiedenen Gründen beruhen, in
einer Klage verbunden werden, wenn für sämtliche Ansprüche
das Prozeßgericht zuständig und dieselbe Prozeßart zulässig ist.**

1   **1. Anspruchshäufung** ist die Geltendmachung mehrerer prozessualer Ansprüche (Einl II) zwischen den nämlichen Parteien in einem Verfahren, also Mehrheit von Streitgegenständen bei Einheit des Verfahrens.
Zusammenfassend Saenger MDR 94, 860).
2   **a) Sie liegt vor: – aa)** Wenn der Kläger im selben Verfahren **mehrere Anträge** stellt, auch wenn sie auf dem selben Sachverhalt beruhen.
Ob das geschehen ist, beurteilt sich nach den Erläuterungen in Einl II
Rn 15 ff. Prüfstein dafür, dass es sich nicht um mehrere Anträge handelt,
ist Unzulässigkeit eines Trennungsbeschlusses und eines TeilUrt. –
3   **bb)** Wenn der Kl seinen Antrag auf **mehrere Klagegründe** (Sachver-

halte; Einl II Rn 24 ff, Beispiele Rn 32) stützt. Nicht zu verwechseln mit mehreren Anträgen (Rn 6–8) und mehreren rechtlichen Gesichtspunkten (Rn 5, 10). Das ist eine Folge des hier vertretenen zweigliedrigen Streitgegenstandsbegriffs. Da der Lebenssachverhalt sehr weit zu fassen ist, sind die Fälle, in denen die Klagehäufung auf einer Mehrheit der Klagegründe bei einem einzigen Antrag beruht, selten. Diese Art der Klagehäufung ist alternativ (Henckel [Einl II 1] S 291), wenn die mehreren Sachverhalte nebeneinander geltend gemacht sind; dem Ger steht frei, aus welchem vorgetragenen Klagegrund es dem Begehren stattgibt, es muss dies aber wegen der Rechtskraftwirkung im Urt klarstellen (Hamm NJW-RR 92, 1279). Sind sie hilfsweise geltend gemacht, ist die Klagehäufung eventuell. In beiden Fällen sind Trennung, TeilUrt oder Abweisung im Tenor hinsichtlich eines Klagegrundes (Sachverhalts) unzulässig, weil der Kl nur eine zusprechende Entscheidung begehrt (BGH 13, 145/154). Nachträgliche Klagehäufung dieser Art ist als Klageänderung zu behandeln (BGH NJW 85, 1841, WM 92, 1169).

b) Sie entsteht durch <u>anfängliche Erhebung</u> mehrerer prozessualer 4 Ansprüche in einer Klage, zB nach § 25; durch <u>nachträgliche Geltendmachung eines weiteren prozessualen Anspruchs</u> im anhängigen Prozess, <u>zB § 256 Abs 2; auch § 263 Rn 1</u>; durch Verbindung mehrerer Prozesse mit Gerichtsbeschluss nach § 147.

c) Sie endet durch Rücknahme der weiteren Klageanträge; durch 4a völlige Erledigung eines Antrags, zB mit Erlass eines TeilUrt; durch gerichtlichen Trennungsbeschluss nach §§ 145, 150.

d) Keine Klagehäufung ist es, wenn der Kläger einen Antrag, beruhend auf einem Klagegrund (Lebenssachverhalt) auf mehrere Anspruchsgrundlagen (rechtliche Gesichtspunkte) stützt. Mögen auch mehrere materiellrechtliche Ansprüche bestehen, so handelt es sich doch um einen prozessualen Anspruch (Einl II Rn 15). Bsp: DM 500.– Sachschaden des verletzten Fahrgastes aus Vertrag, Haftpflicht und unerlaubter Handlung.

2. Arten. Die Anspruchshäufung kann sein: 6

a) kumulativ, wenn der Kläger mehrere prozessuale Ansprüche nebeneinander geltend macht; wegen eines aus mehreren Ansprüchen zusammengesetzten Teilbetrages vgl § 253 Rn 9;

b) alternativ in den Fällen der Wahlschuld §§ 262 ff BGB. In anderen Fällen sind Alternativanträge wegen fehlender Bestimmtheit (§ 253 Abs 2 Nr 2) unzulässig (BGH WM 89, 1873); alternative Klagegründe Rn 3, mehrere rechtliche Gesichtspunkte Rn 5. Der Fall der Ersetzungsbefugnis des Schuldners, zB § 251 Abs 2 BGB oder wenn der Kl die geschuldete Leistung verlangt, dem Beklagten aber gestattet, sich durch eine bestimmte andere Leistung zu befreien, sind keine alternative Klagehäufung, weil der Kl nur einen Antrag mit einem Klagegrund zur Entscheidung stellt;

c) eventuell, dh der Kl stellt einen **Hilfsantrag** nach dem Hauptantrag, falls er mit diesem nicht durchdringt. Das ist zulässig, wenn die 8

Antragstellung nicht von einem außerprozessualen Ereignis abhängt und jedenfalls einer der Anträge auch innerprozessual unbedingt erhoben ist (BGH WM 95, 701). Die Anträge dürfen sich widersprechen. Zulässig ist auch, zwei selbständig nebeneinanderstehende Klagegründe (Sachverhalte, Einl II Rn 24 ff) zugleich wechselseitig im Eventualverhältnis geltend zu machen (BGH NJW 92, 2080). Zulässig ist auch ein Hilfsantrag für den Fall, dass der Hauptantrag Erfolg hat (BGH NJW 01, 1285). Nicht hierher zählen die Fälle der §§ 255, 510 b, weil das Eventualverhältnis nicht für das Urteil, sondern erst für die ZwVollstr besteht. Hilfsweise Klagegründe (Sachverhalte) Rn 3. Hauptantrag auf Klageabwei-
9   sung und **Eventualwiderklage** § 33 Rn 15.
10   **d) Hilfsbegründung,** dh derselbe Antrag stützt sich bei nämlichem Sachverhalt auf mehrere matrechtliche Anspruchsgrundlagen, ist weder Hilfsantrag noch Anspruchshäufung überhaupt (Rn 5). Widersprechendes tatsächliches Vorbringen und Wahrheitspflicht § 138 Rn 6.

11   **3. Zulässigkeit.** Zunächst müssen **für jeden einzelnen Antrag** sämtliche ProzVoraussetzungen (10–33 vor § 253) erfüllt sein. Sonderbestimmungen enthalten für die örtliche Zuständigkeit § 25, für den Streitwert § 5. Fehlt eine ProzVoraussetzung für einen Antrag, so ist dieser als unzulässig abzuweisen, bei Unzuständigkeit auf Antrag zu
12   verweisen. Für die vAw zu prüfende (12 vor § 253) **Zulässigkeit der Verbindung** bestehen außerdem nur folgende Voraussetzungen: –
13   **a) Identität der Parteien.** Parteienhäufung §§ 59 ff. – **b) Zuständigkeit des Prozessgerichts** für sämtliche Ansprüche u **dieselbe Prozessart.** Unzulässig zB Verbindung von Familien- u Nichtfamiliensache (BGH NJW 79, 426), außer im Verhältnis Haupt-, Hilfsantrag (Verweisung in diesem Fall Rn 17). Unzulässig ferner Verbindung von Hauptsache- und ArrestProz, zusätzliche Erhebung eines Gegendarstellungsanspruchs nach dem bes Verfahren im Berliner PresseGes (KG NJW 67, 2215), zusätzlicher Feststellungsantrag im Urkunden- (§ 592) oder Arrestprozess, hilfsweise Geltendmachung eines anderen Klagegrundes im WechselProz (BGH 53, 11/17). Ist nicht die gleiche ProzArt gewählt, so ist die Verbindung zu trennen oder nach § 597 Abs 2 zu verfahren. –
14   **c) Kein Verbindungsverbot** darf bestehen, zB §§ 578 Abs 2, Art 610 Abs 2, 640 c. Bei Unzulässigkeit kumulierter Anträge (Rn 6) ist zu trennen; eine Klage mit unzulässigen Alternativanträgen ist, wenn nicht Auslegung als Haupt- und Hilfsantrag möglich ist, im ganzen unzulässig; bei unzulässiger Eventualhäufung (Rn 8) vgl Rn 17. – **d) Heilung** nach § 295 kann bei unzulässiger Anspruchshäufung nicht eintreten (KG NJW 67, 2215).

15   **4. Wirkung. – a) Gemeinsame Verhandlung,** Beweisaufnahme und Entscheidung. Das Gericht darf aber analog § 146 die Verhandlung zunächst auf einen Antrag beschränken oder die Verbindung ganz aufheben. –
16   **b)** Durch **Teilurteil** kann das Gericht über einen Antrag entscheiden, Trennung (§ 145) ist zulässig; nicht jedoch bei alternativen
17   Klagegründen (Rn 3). – **c)** Ist **bei der Eventualhäufung** der Haupt-

antrag zuzusprechen, so geschieht das durch EndUrt, mit dessen Rechtskraft die Rechtshängigkeit des Hilfsantrags rückwirkend erlischt. Ist der Hauptantrag unzulässig oder unbegründet, kann er durch TeilUrt abgewiesen werden (BGH 56, 79, NJW 95, 2361), außer er ist hilfsweise auch beim Hilfsantrag geltend gemacht (BGH NJW 92, 2080, § 301 Rn 3). Dagegen kann nicht über einen Hilfsantrag entschieden werden, auch nicht durch GrundUrt (BGH BB 98, 916), bevor nicht über den Hauptantrag entschieden oder er anderweitig erledigt ist (BGH NJW 96, 3147/3150). Fehlt für den Hauptantrag die Zuständigkeit, ist sogleich, fehlt sie für den Hilfsantrag, ist nach Erledigung des Hauptantrags auf Antrag zu verweisen (BGH NJW 80, 1283), bei fehlender funktioneller Zuständigkeit, auch des BerGer, abzugeben (BGH FamRZ 81, 1047). –
d) Rechtsmittel. Hat die Vorinstanz den Hauptanspruch abgewiesen   **18** und den Hilfsanspruch zuerkannt, so hat das RechtsmittelGer, wenn es auf Rechtsmittel nur des Kl die Abweisung des Hauptanspruchs aufhebt und die Sache zurückverweist, wegen des Verbots der Schlechterstellung die Verurteilung im Hilfsantrag dagegen eingelegten Rechtsmittels des Bekl bestehen zu lassen; kommt die Vorinstanz dann zur Verurteilung nach Hauptantrag, hebt es die Verurteilung nach Hilfsantrag auf, weil die Bedingung hierfür (Abweisung des Hauptantrags) entfallen ist (BGH 106, 219). Gibt hingegen das RechtsmittelGer dem Hauptantrag statt, fehlt es der Verurteilung nach Hilfsantrag vAw auf (BGH NJW 01, 1127/1130). Wird auf die Berufung des Bekl der Streit wegen der Klage an die Vorinstanz zurückverwiesen und steht auf Grund der Bindungswirkung der Rechtsmittelentscheidung fest, dass die Bedingung für die Eventualwiderklage nicht eingetreten ist und nicht mehr eintreten kann, so ist auch die Entscheidung über Widerklage und Zurückverweisung aufzuheben, weil insoweit kein Entscheidungsspielraum für die Vorinstanz mehr besteht (BGH NJW 96, 2165). Hat der Kl sowohl gegen die Abweisung des Hauptantrags auf Herausgabe als auch gegen die Einschränkung der Verurteilung des Bekl nach Hilfsantrag auf Zahlung nur Zug um Zug gegen bestimmte Gegenleistungen Rechtsmittel eingelegt, muss das Gericht iF der Aufhebung und Zurückverweisung wegen des Hauptantrags auch über das Rechtsmittel wegen des Hilfsantrags entscheiden (BGH NJW 93, 1005). Hat Bekl gegen Verurteilung nach dem Hauptantrag Rechtsmittel eingelegt, so fällt ohne weiteres der auf einem einheitlichen Sachverhalt beruhende Hilfsantrag der Rechtsmittelinstanz an (BGH 25, 79/85, MDR 90, 711). Hat Bekl gegen Verurteilung nach dem Hilfsantrag Ber eingelegt, fällt der Hauptantrag dem BerGericht nicht an; will Kl seine Abweisung nicht gelten lassen, muss er Ber oder AnschlussBer einlegen (BGH 41, 38; bestr). Der bisherige Hauptantrag kann ohne AnschlussBer als Hilfsantrag weiterverfolgt werden (BGH LM § 561 Nr 40). Ist der Hauptanspruch ohne Entscheidung über den Hilfsanspruch abgewiesen, kann Kl Ergänzungsurteil nach § 321 beantragen; auch das BerGer kann in diesem Fall über den Hilfsantrag entscheiden, falls Bekl einwilligt oder Sachdienlichkeit zu bejahen ist, § 523 mit § 263. – **e) Rechtsmittel bei alternativen**   **19**

Klagegründen (Rn 3). Hat das Urt einer auf zwei Klagegründe gestützten Klage aus einem der Klagegründe stattgegeben, so fällt auf das
Rechtsmittel des Bekl auch der nicht beschiedene Klagegrund dem
20 RechtsmittelGer an (BGH NJW 92, 117). – **f) Streitwert:** § 5; auch
für Gebührenberechnung (§ 12 Abs 1 GKG, § 8 Abs 1 BRAGO).
Hilfsantrag § 5 Rn 6.

§ 261 Rechtshängigkeit

(1) **Durch die Erhebung der Klage wird die Rechtshängigkeit
der Streitsache begründet.**

(2) **Die Rechtshängigkeit eines erst im Laufe des Prozesses
erhobenen Anspruchs tritt mit dem Zeitpunkt ein, in dem der
Anspruch in der mündlichen Verhandlung geltend gemacht oder
ein den Erfordernissen des § 253 Abs. 2 Nr. 2 entsprechender
Schriftsatz zugestellt wird.**

(3) **Die Rechtshängigkeit hat folgende Wirkungen:**
1. **während der Dauer der Rechtshängigkeit kann die Streitsache
von keiner Partei anderweitig anhängig gemacht werden;**
2. **die Zuständigkeit des Prozeßgerichts wird durch eine Veränderung der sie begründenden Umstände nicht berührt.**

1 **1. Begriff.** Rechtshängigkeit ist das Schweben eines prozessualen
Anspruchs (Einl II) in einem UrtVerfahren ab Klageerhebung. Anhängigkeit tritt ein mit Klageeinreichung (§ 253 Rn 1; Frankfurt NJW 65,
306) bzw Einreichung des Scheidungsantrags (§ 622 Abs 1); außerhalb
des UrtVerfahrens mit Einreichung des verfahrenseinleitenden Antrags
oder Gesuchs (BayObLG 79, 288), zB §§ 690, 754. Von der Anhängigkeit im Allgemeinen ist die Anhängigkeit bei einem bestimmten Gericht
zu unterscheiden. Sie kann wechseln, insbes bei Verweisung oder Einlegung von Rechtsmitteln.

2 **2. Eintritt der Rechtshängigkeit a) Nach Abs 1** mit Klageerhebung (§ 253 Rn 1) vor einem deutschen Gericht oder mit Rechtshängigwerden vor einem ausländischen Gericht nach dem dort geltenden Recht (BGH NJW 87, 3083, NJW-RR 92, 642), sofern mit der
Anerkennung der Entscheidung zu rechnen ist (BGH NJW 86, 2195).
Auch Anhängigmachen in Art 27 EuGVVO ist im Sinne von Rechtshängigkeit zu verstehen (BGH NJW 86, 662), dort aber anderer Streitgegenstandsbegriff (BGH NJW 95, 1758; EuGVVO Art 27 Rn 5; eingehend Krusche MDR 00, 677). Klageschrift und Zustellung müssen
formell ordnungsgemäß oder ein bestehender Mangel muss geheilt sein
(§ 253 Rn 20, 21). Die Rechtshängigkeit tritt auch ein, wenn eine
ProzVoraussetzung, zB Prozessfähigkeit, oder eine ProzHandlungsvoraussetzung (34 vor § 253) fehlt (BGH 69, 323). Bei Stufenklage
§ 254 Rn 4, bei Arrest u einstw Vfg § 920 Rn 1. Verbindung mit
PKHAntrag § 117 Rn 2–4.

b) Nach Abs 2. – aa) Anwendungsbereich. Im Laufe des Prozes- 3
ses erhobene Ansprüche sind: Nachträgliche Anspruchshäufung § 260,
Klageerweiterung § 264 Nr 2, 3, sonstige Klageänderung § 263, Zwischenfeststellungsklage § 256 Abs 2, Ersatzanspruch § 510 b und Widerklage § 33; all das auch im Wege der AnschlussBer (§ 524 Rn 17);
entsprechend anwendbar auf Scheidungsantrag des beklagten Ehegatten
im rechtshängigen (Frankfurt FamRZ 82, 809) oder des Kl im wegen
Zustellungsfehlers noch nicht rechtshängig gewordenen Scheidungsverfahren (Brandenburg FamRZ 98, 1439). In den Fällen nachträglicher
Klageerhebung ist keine Einlassungsfrist zu wahren. Für Versäumnisurteil
gelten §§ 335 Abs 1 Nr 3, 132. Die Klageerhebung kann in 2 Formen
geschehen; in beiden Fällen treten die prozessualen und materiellen
Wirkungen der Rechtshängigkeit ein. – **bb) Geltendmachung in** 4
mündlicher Verhandlung, dh Antragstellung in einer der Möglichkeiten des § 297, auch bei Säumnis der ordnungsgemäß geladenen
Gegenpartei. – **cc) Schriftlich** wie im Regelfall (§ 253 Rn 1 ff, 6 ff), 5
auch durch Zustellung von Anwalt zu Anwalt (BGH 17, 234). Bei
Mängeln ist der Schriftsatz bloße Ankündigung der dann mündlich zu
erhebenden Klage. Außerdem Heilung nach § 189 (bis 30. 6. 02 § 187)
(BGH NJW 92, 2235).

c) Im Mahnverfahren vgl §§ 696 Abs 3, Art 700 Abs 2. **Sonder-** 6
regelungen in §§ 302 Abs 4, 496, 600 Abs 2, 717 Abs 2, Abs 3.

d) Vorwirkungen in §§ 167 (bis 30. 6. 02 § 270 Abs 3), 693 Abs 2 7
treten nur ein, soweit der erhobene prozessuale Anspruch reicht, also nur
für den eingeklagten Teil einer Forderung und nicht für präjudizielle
Rechtsverhältnisse. Nicht bezifferter Klageantrag (§ 253 Rn 12 und 254
Rn 4), auch mit Mindestbetrag, macht den ganzen Anspruch rechtshängig.

e) Rechtshängigkeit tritt nicht ein durch Anmeldung im Insol- 8
venzverfahren; durch einrede- oder aufrechnungsweise Geltendmachung
im Prozess (§ 145 Rn 20); durch Klage vor Schiedsgericht (BGH NJW
58, 950); für die Hauptsache durch Arrestantrag (2 vor § 916); im
Verfahren der freiwilligen Gerichtsbarkeit.

3. Die **Rechtshängigkeit endet** mit Beendigung des Proz wie die- 9
ser, also mit formeller Rechtskraft des Urt (§ 705), ProzVergleich, auch
wenn er unwirksam ist (BGH Rpfleger 78, 370), Klagerücknahme; bei
Erledigung der Hauptsache § 91 a Rn 17; für übergangenen Anspruch
mit Versäumung der Antragsfrist nach § 321; für Hilfsantrag § 260
Rn 17. – **Sie endet nicht** mit Nichtbetreiben des Verfahrens, mit
Weglegung der Akten gem Aktenordnung (BGH NJW-RR 93, 898),
mit Aussetzung des Verfahrens gemäß § 614 und jahrelangem Stillstand
(BGH JuS 67, 525); anders bei Aussetzung des Verfahrens vor einem
ausländischen Gericht, wenn keine Aussicht auf Wiederaufnahme besteht (BGH NJW 61, 124).

4. Voraussetzungen doppelter Rechtshängigkeit. – a) Zwei 10
Prozesse werden nacheinander vor einem der in Rn 2 genannten

Gerichte rechtshängig gemacht, von denen der Erste zurzeit der letzten TatsachenVhdlg im zweiten noch schwebt. Für den ersten Prozess tritt durch die zweite Klage keine doppelte Rechtshängigkeit ein, dem zwei-
11 ten steht anderweitige Rechtshängigkeit entgegen. – **b) Dieselben Parteien,** gleichgültig in welcher Parteirolle. Dem steht gleich, wenn die Rechtskraft des Urt im ersten Prozess in subjektiver Hinsicht sich auf die Parteien des zweiten Proz erstrecken würde (§§ 325 ff). Ausnahme: Ein Prozess gegen die **OHG** macht wegen § 129 Abs 4 HGB den Anspruch
12 gegen die Gesellschafter nicht rechtshängig. – **c) Derselbe Streitgegenstand (Einl II).** Er ist identisch, wenn aus demselben konkreten Lebenssachverhalt (Einl II Rn 24–33) dieselbe Rechtsfolge abgeleitet, dh der nämliche Antrag (Einl II Rn 15–23) gestellt wird (BGH 7, 271).
13 – **Identität:** Positive und negative Feststellungsklage; Klage im UrkProz und zuerst erhobene im ordentlichen Proz (RG 160, 345); Gegenläufige Abänderungsklagen beider Parteien gegen das nämliche Urteil (BGH FamRZ 97, 488). Die zuerst erhobene Leistungsklage auf den vollen Anspruch umfasst den Streitgegenstand einer später erhobenen positiven oder negativen Feststellungsklage (Einl II Rn 14). Auch sonst gibt es Fälle, in denen ein Streitgegenstand den anderen mitumfasst, weil dieser
14 ein qualitatives Weniger ist (BGH WM 87, 367). – **Keine Identität:** Rechtshängigkeit besteht nicht für die Klage aus dem Wechsel gegenüber der Klage aus dem Grundgeschäft (Hamm WM 84, 400); für Leistungsklagen gegenüber zuerst erhobener positiver oder negativer Feststellungsklage (BGH NJW 89, 2064, WM 96, 689), für die dann aber das Feststellungsinteresse neu zu prüfen ist (§ 256 Rn 18); für Klage auf Erstattung des an den Gläubiger geleisteten Betrages gegenüber der Klage auf Befreiung von der Verbindlichkeit gegenüber dem Gläubiger (BGH WM 74, 1245). Keine Rechtshängigkeit besteht, wenn ein quantitativ oder sonst individuell bestimmter Teil eines Anspruchs eingeklagt ist, für die spätere Klage auf einen anderen Teil oder den Rest (BGH WM 71, 83). Nicht reicht für die anderweitige Rechtshängigkeit – anders bei der Rechtskraftwirkung, vgl § 322 Rn 9, 10 – aus, dass der Gegenstand im ersten Prozess für den zweiten Prozess das präjudizielle Rechtsverhältnis oder die Grundlage einer Einrede oder Aufrechnung bildet. In diesem Fall greift § 148 ein.

15   **5. Prozessuale Wirkungen. – a) Abs 3 Nr 1.** Die später rechtshängig gewordene Klage mit demselben Streitgegenstand ist von Amts wegen als unzulässig abzuweisen (BGH NJW 86, 2195). Im Geltungsbereich des EuGVVO (dort Rn 5 vor Art 1) setzt das später angerufene deutsche Geri aus, bis sich das zuerst angerufene ausländische für zuständig erklärt, und erklärt sich dann für unzuständig, Art 27 EuGVVO. Im übrigen kommt bei ausländischer Rechtshängigkeit Aussetzung analog § 148 in Betracht wegen der unsicheren Anerkennungsprognose (BGH NJW 86, 2195, Geimer NJW 84, 527). Im Falle gleichzeitiger Erhebung sind beide Klagen abzuweisen. Ist die Rechtshängigkeit übersehen und werden beide Urt rechtskräftig, kann gegen das zweite Urt die Restitutionsklage erhoben werden (§ 580 Nr 7a). Geschieht das nicht oder ist sie unzulässig, so geht wegen der Rechtskraftwirkung das frühere Urt dem späteren vor (BGH NJW 81, 1517); gegen dieses VollstrAbwehrklage (RoSchw/Gottwald § 100 III 1d, BLAH 26). – **b) Abs 3 Nr 2.** Glei- **16** che Regelung für die Zulässigkeit des Zivilrechtswegs in § 17 Abs 1 GVG. Die örtliche und sachliche Zuständigkeit des angegangenen Ge- richts entfällt nicht durch Veränderung der sie begründenden Umstände nach Eintritt der Rechtshängigkeit; auch dann nicht, wenn die verände- ten Umstände eine ausschließliche Zuständigkeit begründen würden (BGH NJW 01, 2477) oder wenn die Parteien nachträglich einen anderen Gerichtsstand vereinbaren (BGH NJW 63, 585). Das gilt auch für die internationale Zuständigkeit (BAG JZ 69, 647 mit Anm Geimer; differenzierend StJSchumann 86, 88). Im Bereich des EuGVVO vgl dort Art 2 Rn 8, Art 23 Rn 19. Auch die Rücknahme der Klage hat auf die Zuständigkeit des Ger für eine nach § 33 erhobene Widerklage keinen Einfluss (LG München I NJW 78, 953). Gilt auch für gesetzliche Änderung der Zuständigkeit; das übersieht BGH NJW 00, 2749 (Piepenbrock NJW 00, 3476). Gilt auch für Änderung der höchstrichterlichen Rspr. – <u>Gilt nicht</u> für Veränderung **17** des <u>Streitgegenstandes</u> (Einl II), zB <u>Klageerweiterung, Widerklage</u>, Kla- geänderung, wenn damit die Zuständigkeit entfällt (BGH NJW 90, 53, vgl auch § 506) u nicht für die Abteilung oder den Spruchkörper innerhalb des Ger (BGH NJW 81, 2464). Umgekehrt verhindert die Rechtshängigkeit nicht, dass das angegangene unzuständige Ger durch spätere Veränderung der Verhältnisse, auch durch Vereinbarung der Parteien nach Rechtshängigkeit zuständig wird oder dass die Parteien die Zuständigkeit eines anderen an sich ebenfalls nicht zuständigen Gerichts vereinbaren, an das dann verwiesen werden muss (BGH MDR 76, 378).

§ 262 Sonstige Wirkungen der Rechtshängigkeit

[1]**Die Vorschriften des bürgerlichen Rechts über die sonstigen Wirkungen der Rechtshängigkeit bleiben unberührt.** [2]**Diese Wirkungen sowie alle Wirkungen, die durch das Vorschriften des bürgerlichen Rechts an die Anstellung, Mitteilung oder gerichtliche Anmeldung der Klage, an die Ladung oder Ein- lassung des Beklagten geknüpft werden, treten unbeschadet der Vorschrift des § 167** (bis 30. 6. 02 § 207) **mit der Erhebung der Klage ein.**

Satz 2 geändert mWv 1. 7. 2002 durch Art 1 Nr 4 ZustRG.

Die materiellrechtlichen Wirkungen der Rechtshängigkeit 1 richten sich nach sachlichem Recht. Sie sind rechtserhaltend (zB Unter- brechung von Fristen in §§ 204, 864, 941 BGB) oder rechtsvermehrend (zB §§ 291, 818 Abs 4, 987 ff BGB) oder betreffen die Übertragbarkeit. S 2 stellt sicher, dass die matrechtlichen Wirkungen jedenfalls gleichzeitig mit den prozessualen eintreten, auch wenn nach älteren Gesetzen ein anderer Vorgang maßgebend ist. Wegen gewisser **Vorwirkungen** vgl §§ 167 (bis 30. 6. 02 § 270 Abs 3), 207, 693 II.

§ 263 Klageänderung

Nach dem Eintritt der Rechtshängigkeit ist eine Änderung der Klage zulässig, wenn der Beklagte einwilligt oder das Gericht sie für sachdienlich erachtet.

1   **1. Begriff.** Klageänderung bedeutet Änderung des Streitgegenstandes (Einl II), dh anstelle des rechtshängigen (§ 261 Rn 2 ff) prozessualen Anspruchs oder neben ihm (§ 260; BGH NJW 85, 1841, NJW-RR 87, 58) wird ein anderer erhoben.

2   **a) Kriterium. – aa) Anderer Klageantrag** im selben Prozess, auch wenn er auf demselben Sachverhalt beruht; ausgenommen § 264 Nr 2, 3. Ob das geschehen ist, beurteilt sich nach den Erläuterungen in Einl II Rn 15–23. – Weitere Bsp für Antragsänderung bei unverändertem Sachverhalt: Übergang von der Feststellungs- zur Leistungsklage (Koblenz JZ 89, 1075); von der Zahlung in € zur Zahlung in anderer Währung; von der Klage auf Leistung zu der auf Vollstreckbarerklärung des Schiedsspruchs (RG 144, 369/373); von der Klage auf Feststellung zur Insolvenztabelle zu der auf Leistung oder Feststellung einer Masseschuld (BGH NJW 89, 170); von der Klage auf Unterlassung zu der auf 3 Schadensersatzzahlung. – **bb) Anderer Klagegrund** (Lebenssachverhalt; Einl II Rn 24–33; BGH NJW 85, 1841; anders bei eingliedrigem Streitgegenstandsbegriff, Einl II Rn 24). Da der Begriff Lebenssachverhalt weit zu fassen ist, werden die Fälle, in denen die Klageänderung auf Veränderung des Klagegrundes bei gleich bleibendem Antrag beruht, seltener sein; Bsp Einl II Rn 31, 32. Klageänderung ist es, wenn die Partei ihr tatsächliches Haupt- u Hilfsvorbringen auswechselt (BGH MDR 81, 1012). Änderung des tatsächlichen Vorbringens in Ehesachen § 611.

4   **b) Keine Klageänderung** ist es, wenn der Kläger den Klageantrag ohne Änderung seines Inhalts lediglich klarer faßt, präzisiert, wenn der Kläger seinen Antrag ohne Auswechslung des Sachverhalts lediglich auf eine andere materiellrechtliche Anspruchsgrundlage, auf einen anderen rechtlichen Gesichtspunkt stützt. Zwar mögen mehrere materiellrechtliche Ansprüche bestehen, es handelt sich aber dennoch um ein und denselben Streitgegenstand (Einl II Rn 15–23; Bsp wie § 260 Rn 5). Keine Klageänderung, wenn der Kläger bei der haftungsausfüllenden Kausalität (§ 287 Rn 4) im Rahmen derselben Schadensart und des verlangten Betrages lediglich die verschiedenen Berechnungsgrundlagen austauscht (BGH NJW-RR 91, 1279; DB 92, 207) und beim Übergang vom „kleinen" zum „großen" Schadensersatzanspruch in §§ 463, 635 BGB aF (BGH 115, 286). Ferner keine Klageänderung, wenn Kläger das tatsächliche Vorbringen nur ergänzt oder berichtigt (§ 264 Nr 1); wenn

er einen früheren Hilfsvortrag zur hilfsweisen Begründung des im Berufungsverfahren verfolgten Klageantrags heranzieht (BGH VersR 83, 60); wenn er die tatsächlichen Behauptungen in Bezug auf ProzVoraussetzungen ändert. Übergang vom Wechsel- zum Urkundenprozess (BGH NJW 93, 3135).

   c) Parteiänderung 12 ff vor § 50.   5

    2. Zulässigkeit der Klageänderung. Die geänderte Klage muss an 6 sich (8–33 vor § 253), außerdem muss die Klageänderung als solche zulässig sein. Das setzt, abgesehen von § 264, voraus entweder – **a) Einwilligung** des Bekl. Sie ist ProzHandlung, in mdl Vhdlg oder schriftsätzlich zu erklären (BGH NJW 92, 2235). Vgl auch § 267. Oder – **b) Sachdienlichkeit.** Sie ist objektiv im Hinblick auf die ProzWirtschaftlichkeit (BGH NJW 85, 1841, 00, 800/803) und nicht kleinlich zu beurteilen. Die Klageänderung ist als sachdienlich zuzulassen, wenn der bisherige Streitstoff eine verwertbare Entscheidungsgrundlage bleibt und die Zulassung die endgültige Beilegung des Streits fördert und einen neuen Proz vermeidet (BGH NJW 00, 800). Nicht gegen die Sachdienlichkeit spricht, auch in 2. Instanz, dass die Zulassung weitere Erklärungen und Beweiserhebung nötig macht (BGH NJW 75, 1228, NJW-RR 94, 1143) Eine gewisse Verzögerung oder Erschwerung für den Bekl ist hinzunehmen, die Erfolgsaussichten für den Kl spielen keine Rolle. – **Sachdienlichkeit kann verneint werden,** wenn der Kläger einen 9 völlig neuen ProzStoff vorträgt, der das Gesicht des Rechtsstreits ändern und das bisherige Ergebnis der Prozessführung unverwertbar machen würde (BGH NJW 85, 1841; 00, 800; zweifelhaft Naumburg NJW-RR 00, 391). – **Entscheidung** darüber nach Ermessen, bei Bejahung der 10 Sachdienlichkeit **muss** es die Klageänderung zulassen. In der Revision nachprüfbar ist, ob der Tatsachenrichter bei Verneinung der Sachdienlichkeit die Voraussetzungen und die Grenzen seines Ermessens verkannt hat (BGH 1, 65/71, WM 96, 1507). Das RevisionsGer darf die Sachdienlichkeit selbst prüfen, wenn der Tatrichter dies unterlassen hat (BGH 123, 132). Hat der Kl die Klage auf Anregung des Ger geändert, so darf er darauf vertrauen, dass das Gericht die Klageänderung als sachdienlich zulässt (BGH NJW 88, 128). – **c)** Klageänderung durch **Streithelfer** 11 § 67 Rn 13. In der **Berufungsinstanz** § 530 Rn 3. **Revisionsinstanz** § 561 Rn 3. – **d) Sondervorschriften** regeln die Änderung der An- 12 tragsgründe in Ehesachen, § 611. Verboten ist die Klageänderung in § 181 InsO erschwert in § 878, in § 115 ZVG und § 246 Abs 1 AktG durch den Ausschluss später entstandener Klagegründe. – **e) Keine** 13 **analoge Anwendung** bei unzulässigem Übergang vom Arrest- oder einstw Verfügungsverfahren in den Hauptsacheprozess; § 920 Rn 3.

    3. Verfahren und Entscheidung. – **a)** Die **Rechtshängigkeit** des 14 neuen Anspruchs richtet sich nach den allg Vorschriften (§ 261 Rn 2–8), auch wenn die Klageänderung unzulässig ist. Gleichzeitig endet mit Einwilligung des Beklagten oder Zulassung der Klageänderung (BGH NJW 92, 2235) die Rechtshängigkeit des früheren An-

trags (BGH NJW 90, 2682). Ist die Klageänderung unzulässig, endet die
Rechtshängigkeit des früheren Antrags außer bei Klagerücknahme nicht
(BGH NJW 88, 128). Bei Klagebeschränkung § 264 Rn 6. Wird die
neue Klage kumulativ oder hilfsweise neben die alte gesetzt, tritt Anspruchshäufung ein (§ 260). Zurückweisung der neuen Klage oder des
tatsächlichen Vorbringens dazu als verspätet (§ 296 Rn 1 ff, § 146 Rn 2)
15 ist unzulässig. – **b)** Alle **Prozessvoraussetzungen** müssen für den
neuen Antrag vorliegen. Dazu gehört auch die Zulässigkeit der Klageänderung. Sie muss deshalb vor der Sachentscheidung geprüft werden. Es
ist unstatthaft, die Frage ihrer Zulässigkeit offen zu lassen und in der
Sache zu entscheiden (BGH LM § 268 Nr. 1). Ebensowenig kann die
Klageänderung als unzulässig und der neue Antrag als unbegründet
abgewiesen werden; diese Abweisung ist wirkungslos (RG 149,
158/167). Dagegen kann die Frage, ob es sich um eine Klageänderung
handelt, offen bleiben, wenn das Gericht sie jedenfalls als sachdienlich
16 zulässt. – **c)** Die **Zulässigkeit der Klageänderung** kann durch Zwischenurt (§ 303) oder in den Gründen des Endurteils festgestellt werden,
auch stillschweigend durch sachliche Vhdlg und Entscheidung über die
geänderte Klage; kein Rechtsmittel, § 268. Bei Klageänderung erst in
zweiter Instanz muss das Berufungsgericht auch bei Zulassung selbst
entscheiden (BGH WM 83, 766); lässt es die schon in erster Instanz
17 geänderte Klage erstmals zu, darf es zurückverweisen. – **d)** Bei **Unzulässigkeit der Klageänderung** ist die geänderte Klage durch Endurteil
ohne Sachprüfung abzuweisen. In beiden Fällen Rn 16 und 17 ist daneben über die ursprüngliche Klage wegen § 308 nicht mehr zu entscheiden, außer wenn sie neben dem neuen Antrag aufrechterhalten
wird (aA LG Nürnberg-Fürth ZZP 91, 490, Borck WRP 87, 8, Walther
NJW 94, 423); das kann sich aus Auslegung je nach Prozesssituation
18 ergeben (BGH NJW 88, 128). – **Bei Zusammentreffen von § 263
und § 264** ist nur die zulässige Klageänderung nach § 264 Nr 2, 3, die
zusätzliche Klagehäufung nach §§ 260, 263 zu beurteilen (BGH WM
96, 1507).

§ 264 Keine Klageänderung

Als eine Änderung der Klage ist es nicht anzusehen, wenn
ohne Änderung des Klagegrundes

1. die tatsächlichen oder rechtlichen Anführungen ergänzt oder
berichtigt werden;
2. der Klageantrag in der Hauptsache oder in bezug auf Nebenforderungen erweitert oder beschränkt wird;
3. statt des ursprünglich geforderten Gegenstandes wegen einer
später eingetretenen Veränderung ein anderer Gegenstand
oder das Interesse gefordert wird.

1   **1. Allgemeines über Klageänderung** § 263 Rn 1–5. § 264 stellt
bei unpräziser Formulierung klar, dass Nr 1 keine, Nr 2, 3 eine zulässige

Klageänderung darstellen. Diese Änderungen sind also in erster und zweiter Instanz stets ohne weiteres zulässig, im RevVerfahren jedoch nur noch eine Beschränkung des Antrags (§ 559 Rn 3). Alle drei Fälle haben zur Voraussetzung, dass der Klagegrund (§ 253 Rn 10; Einl II Rn 24 ff) derselbe bleibt (BGH NJW 96, 2869). Erhebt der Kläger zusätzlich zu der Änderung nach Nr 2, 3 einen neuen prozessualen Anspruch, beurteilt sich insoweit die Klageänderung nach § 263 (BGH aaO).

2. Das tatsächliche Vorbringen (Nr 1) darf ergänzt u berichtigt 2 werden, zB Angabe näherer Einzelheiten; genaue Substantiierung; Nachträge; Neuordnung; Berichtigung von Wert- oder Zahlenangaben, Namen, Parteibezeichnung bei Wahrung der Identität des Vorgangs bzw der Person. Abgrenzung zur Veränderung des Klagegrundes § 263 Rn 3. Bloße Veränderung rechtlicher Gesichtspunkte ist keine Klageänderung.

3. Erweiterung oder Beschränkung des Klageantrags (Nr 2) 3 liegt vor bei quantitativer Erhöhung oder Ermäßigung, ferner dann, wenn der Kläger qualitativ mehr bzw weniger erreichen will. – **Beispiele:** Übergang von Feststellungs- zur Leistungsklage und umgekehrt, 4 von der Freistellungs- zur Zahlungsklage, wenn beide sich auf dasselbe Rechtsverhältnis beziehen (BGH NJW 94, 944 und 2896); von der Auskunfts- zur Zahlungsklage (BGH NJW 79, 925); von der Klage auf künftige zu der auf sofortige Leistung; Antrag auf Hinterlegung für die Beteiligten statt Zahlung an sich; statt Zahlung an sich Zahlung an einen Dritten (BGH NJW-RR 90, 505) oder an eine Gesamthand. Hingegen handelt es sich um nachträgliche Anspruchshäufung, wenn ein weiterer prozessualer Anspruch geltend gemacht wird. – **a) Erweiterung.** Der 5 erweiterte Antrag wird rechtshängig nach allg Regeln (§ 261 Rn 2 ff). Für die Verfahrensgebühr gilt § 65 Abs 1 S 3 GKG. Im Falle nachträglich eintretender Unzuständigkeit des AG § 506. – **b) Beschränkung** 6 ändert an der Zuständigkeit nichts. Sie ist, wenn endgültig, als teilweise Erledigterklärung (§ 91 a), Teilrücknahme (§ 269) oder -verzicht (§ 306) auszulegen (BGH NJW 90, 2682). Wenn nicht endgültig, ruht insoweit das Verfahren (§ 251). Klagerücknahme ist anzunehmen, wenn der Kläger erkennen lässt, dass er unberechtigt oder irrtümlich zu viel beantragt hat, Erledigterklärung, wenn vor oder nach Klageerhebung der Anspruch teilweise erfüllt wurde. Dem Beklagten bleibt frei, ob er der Erledigterklärung zustimmt oder den Abweisungsantrag stellt bzw aufrecht erhält, § 91 a Rn 31 ff. Soweit teilweise Klagerücknahme nach Einlassung des Beklagten zur Hauptsache angenommen wird, ist nach dem neben § 264 anwendbaren § 269 die Einwilligung des Beklagten erforderlich (Gross ZZP 75, 93; einschränkend Brammsen/Leible JuS 97, 54/60).

4. Anderer Gegenstand, Interesse (Nr 3). Der Klagegrund (Rn 1) 7 muss, von der nachträglichen Veränderung abgesehen, derselbe geblieben sein. **Nachträglich** bedeutet, dass die Veränderung nach Erhebung der Klage eingetreten oder dem Kläger bekanntgeworden ist (Hamm

MDR 00, 48), mag auch die Unkenntnis auf Fahrlässigkeit beruhen. „**Gegenstand**" ist hier nicht Streitgegenstand (Einl II), sondern das Objekt des prozessualen Anspruchs, also bei Leistungsklage das zu Leis-
8 tende. – **Beispiele:** Kläger verlangt statt der Sache das Surrogat (§ 281 BGB) oder Schadensersatz; statt Vertragserfüllung Vertrauens- oder als Verzugsschaden die Kosten des Rechtsstreits (KG MDR 90, 62), auch mit Feststellungsklage (Hamburg MDR 98, 367); Kläger verlangt wegen angeblich nicht bestehender Schuld statt Herausgabe der Bürgschafts-urkunde nach Zahlung der Bürgschaftssumme deren Rückzahlung we-gen ungerechtfertigter Bereicherung (BGH NJW 96, 2869). Nr 3 und Nr 2 können zusammentreffen.

§ 265 Veräußerung oder Abtretung der Streitsache

(1) **Die Rechtshängigkeit schließt das Recht der einen oder der anderen Partei nicht aus, die in Streit befangene Sache zu ver-äußern oder den geltend gemachten Anspruch abzutreten.**

(2) [1]**Die Veräußerung oder Abtretung hat auf den Prozeß kei-nen Einfluß.** [2]**Der Rechtsnachfolger ist nicht berechtigt, ohne Zustimmung des Gegners den Prozeß als Hauptpartei an Stelle des Rechtsvorgängers zu übernehmen oder eine Hauptinterven-tion zu erheben.** [3]**Tritt der Rechtsnachfolger als Nebeninterve-nient auf, so ist § 69 nicht anzuwenden.**

(3) **Hat der Kläger veräußert oder abgetreten, so kann ihm, sofern das Urteil nach § 325 gegen den Rechtsnachfolger nicht wirksam sein würde, der Einwand entgegengesetzt werden, daß er zur Geltendmachung des Anspruchs nicht mehr befugt sei.**

1 **1. Zweck.** §§ 265, 266 regeln, welche Bedeutung die Veräußerung des streitbefangenen Gegenstandes auf den Proz hat. Da sie den Verlust der Sachlegitimation zur Folge hat, müsste sie ohne gesetzliche Rege-lung zur Klageabweisung als unbegründet und zu einem neuen Proz führen. Dies zu verhindern und den Gegner des Veräußerers zu schüt-zen, indem der Veräußerer grundsätzlich am Proz festgehalten wird, ist der Zweck der gesetzlichen Regelung (eingehend Dinstühler ZZP 112, 61). In Abs 1 ist materiellrechtlich klargestellt, dass Veräußerung und Abtretung nach Rechtshängigkeit zulässig und wirksam sind. Abs 2 ist im markenrechtlichen Widerspruchs- (BGH MDR 99, 109) und im Zustimmungs-Ersetzungs-Verfahren gem § 7 ErbbRVO entsprechend anwendbar (Hamm OLGZ 90, 385).

2 **2. Sache, Anspruch (Abs 1).** – a) **Sache** ist nicht nur körperlich, sondern im Sinne von Gegenstand zu verstehen. Auch Rechte fallen
3 darunter (Brandenburg NJW-RR 96, 724). – b) **Streitbefangen** ist eine Sache, wenn auf der rechtlichen Beziehung zu ihr die Sachlegitima-tion des Klägers oder des Beklagten beruht, wenn also ihre Veräußerung dem Kl die Aktiv-, dem Bekl die Passivlegitimation nimmt. So insbes, wenn Eigentum, ein dingliches Recht oder Besitz streitig sind; ferner

wenn der erhobene Anspruch dem Eigentümer, dinglich Berechtigten, Besitzer als solchem zusteht, zB die Klage aus § 1004 BGB gegen den Störer bei Veräußerung des gestörten Grundstücks (BGH 18, 223; nicht wenn der Miteigentümer des störenden Grundstücks seinen Anteil veräußert, Schleswig SchlHA 62, 130) oder sich gegen ihn als solchen richtet, zB Ansprüche gemäß §§ 566, 578 BGB aus dem Mietverhältnis, die den Erwerber als Eigentümer treffen, Ansprüche aus §§ 809, 810 BGB, aus § 771 (Hamburg MDR 69, 673, bestr). – **Nicht streitbe-** 4 **fangen** ist die Sache, wenn persönliche Ansprüche geltend gemacht werden, zB auf Rückgewähr nach AnfG (Köln ZIP 91, 1369) oder InsO; das Grundstück im Proz über einen durch Vormerkung gesicherten Anspruch gegen den persönlichen Schuldner (BGH 39, 21). – **c) Der geltend gemachte Anspruch** ist nicht prozessual zu verstehen 5 wie Einl II, sondern materiellrechtlich als subjektives Recht jeder Art, vor allem Ansprüche (§ 194 BGB), Herrschaftsrechte.

3. Veräußerung, Abtretung ist jeder Einzelrechtsübergang unter 6 Lebenden, der einen Wechsel in der Sachlegitimation herbeiführt (39 vor § 253). Abs 2 ist auf die Patent-Nichtigkeitsklage entsprechend anwendbar (BGH NJW 93, 203). **Rechtsnachfolger** ist demgemäß jeder, der abgeleitet oder originär die streitbefangene Sache bzw den rechtshängigen Anspruch nach Rechtshängigkeit erwirbt, so dass er nunmehr sachlich legitimiert ist.

a) Darunter fallen: – aa) Rechtsgeschäftliche Übertragung, Be- 7 lastung oder Aufgabe eines Rechts oder Anspruchs. Bsp: §§ 929, 873, 398 BGB; Indossament; Bestellung eines dinglichen Rechts; Veränderung des Gesellschafterbestandes einer BGB-Gesellschaft (BGH NJW 00, 291); Übertragung des mittelbaren Besitzes (§ 868 BGB); Umschreibung in der Patentrolle (BGH GRUR 92, 430); Mitübergang der Hypothek bei Abtretung der Forderung (§ 1153 BGB); Aufgabe eines Rechts (§§ 875, 876 BGB) oder des Eigentums (§§ 928 Abs 1, 959 BGB) und Aneignung (§§ 928 Abs 2, 958 BGB; RG 103, 167). – **bb) Übergang, Belastung kraft Gesetzes,** zB §§ 268 Abs 3, 8 426 Abs 2 (BGH NJW 63, 2067), 566 Abs 1, 774 BGB, § 91 Abs 1 BSHG (Nürnberg FamRZ 95, 236); Entstehung gesetzlicher Pfandrechte. – **cc) Übertragung durch staatlichen Hoheitsakt,** zB Zuschlag 9 in der Zwangsversteigerung; Überweisung der gepfändeten Forderung an Zahlungs statt (§ 835); Übergang des unmittelbaren Besitzes auf den Gerichtsvollzieher nach Sachpfändung (Schleswig SchlHA 75, 47).

b) Darunter fallen nicht Ausschlagung der Erbschaft und Eintritt 10 des Nächstberufenen (BGH NJW 89, 2885). Befreiende Schuldübernahme, weil sie nicht den Übergang der Berechtigung (Sachlegitimation) betrifft (BGH 61, 140; abl Schwab ZZP 87, 97, zust Zeiss JR 74, 157; Henckel ZZP 88, 329), uU Auslegung als gewillkürter Parteiwechsel; das Gleiche gilt für einen sonstigen rechtsgeschäftlichen Schuldnerwechsel (BGH WM 75, 144); ebenso bei Schuldmitübernahme, Vermögensübertragung vor dem 1. 1. 99 gem dem seitdem aufgehobenen

§ 419 BGB (Baumgärtel DB 90, 1905), außer sie hat den Verlust der
Rechtsfähigkeit beim Rechtsvorgänger (jur Person) zur Folge (Stuttgart
NJW 69, 1493). BAG NJW 77, 1119, MDR 91, 648 wendet allerdings
iR des BetrVerfG § 265 Abs 2 iF des Betriebsübergangs nach § 613a
BGB an (Weiterführung des Rechtsstreits gegen den alten Arbeitgeber
mit Rechtskraftwirkung für und gegen den neuen). Aufschiebend be-
dingte Veräußerung sowie Erwerb oder Verlust lediglich der Prozessführungsbefugnis (§ 51 Rn 19 ff; BGH 1, 65, ZIP 93, 1411, RoSchw/
Gottwald § 46 IV 3; aA Nürnberg ZIP 94, 144, StJSchumann 20), weil
sie nicht die Sachlegitimation betreffen; also auch nicht Beendigung des
Insolvenzverfahrens während des Rechtsstreits (BGH WM 92, 1407)
oder Freigabe der Sache, die der Insolvenzverwalter für die Masse in
Anspruch genommen hat (BGH 46, 249; aA Nürnberg OLGZ 94, 544).
Zu helfen ist durch Parteiwechsel. An die Stelle des Insolvenzverwalters
tritt bei Beendigung der Gemeinschuldner oder der neue Gläubiger, an
den er die Forderung abgetreten hat (BGH WM 92, 1407). Hypothekengläubiger und Erwerber eines Grundstücks, das unter Zwangsverwaltung gestanden hat, sind nicht Rechtsnachfolger des Zwangsverwalters
(BGH LM Nr 2).

11   **c) Nach Rechtshängigkeit** (§ 261 Rn 2 ff) muss die Veräußerung
stattgefunden haben. Maßgebend ist der Letzte nach materiellem Recht
zum Rechtserwerb nötige Teilakt (BGH NJW 98, 156), zB Übergabe
des Hypothekenbriefes (§§ 1117, 1154 BGB), Eintritt der Bedingung.
Auf die Veräußerung nach Zustellung des Mahnbescheids ohne Abgabe
nach § 696 Abs 3 ist § 265 nicht anwendbar (BGH NJW 75, 929; aA
Bork/Jacoby JZ 00, 135). Im Arrest- und einstw VfgVerfahren ist er
anwendbar mit Modifikationen, die sich aus dieser besonderen Verfahrensart ergeben können.

12   **4. Regel: – a) Kein Einfluss auf den Prozess (Abs 2 S 1).** Er
wird zwischen den bisherigen Parteien unverändert fortgeführt. Der
Wegfall der Sachlegitimation macht die Klage nicht unbegründet, das
Feststellungsinteresse geht nicht verloren. Der Rechtsvorgänger führt als
Partei im eigenen Namen den Rechtsstreit in gesetzlicher Prozessstand-
schaft weiter, dem Rechtsnachfolger fehlt trotz des Rechtsübergangs auf
ihn die Prozessführungsbefugnis (§ 51 Rn 19 ff). Das gilt für alle Prozesshandlungen einschl der Widerklage und der Geltendmachung von
Gegenansprüchen gem §§ 302 Abs 4 S 3, 4, 600 Abs 2; 717 Abs 3
S 2–4, auch im Prozess auf Vollstreckbarerklärung eines ausländischen
Urteils nach § 722 (BGH 118, 312). Wegen der Wiederaufnahmeklage
vgl § 578 Rn 4, 5. Das Urt wirkt für und gegen den Rechtsnachfolger
Rechtskraft (§ 325) und Vollstreckbarkeit (§ 727, BGH NJW 84, 806),
ein Prozessvergleich bindet ihn. Einer neuen Klage des Rechtsnach-
folgers oder gegen ihn (hier aA Dinstühler ZZP 112, 61/88) steht das
Prozesshindernis der anderweitigen Rechtshängigkeit entgegen. Als
Streithelfer kann er beitreten, trotz Rechtskrafterstreckung aber nur als
einfacher (Abs 2 S 3). Pawlowski JZ 75, 681 hält diese Regelung für

unvereinbar mit Art 103 Abs 1 GG und meint, der Rechtsnachfolger müsse das Recht haben, als streitgenössischer Streithelfer am Verfahren teilzunehmen. – **b)** Den **Klageantrag** muss der Kläger bei Rechtsnach- **13** folge auf seiner Seite der veränderten materiellen Rechtslage anpassen, also Leistung an den Rechtsnachfolger bzw an sich und den Pfandgläubiger (§ 1281 BGB) verlangen. § 265 will den Gegner des Veräußerers vor prozessualen Nachteilen schützen, nicht aber zu einem sachlich unrichtigen Urt führen. Darauf ist gem § 139 hinzuweisen. Stellt der Kläger den Antrag nicht um, ist die Klage auch ohne Einwand des Beklagten als unbegründet mangels Aktivlegitimation abzuweisen (BGH ZIP 86, 583); dies gilt auch bei der Sicherungsabtretung, außer wenn der Zessionar dem Abtretenden, wie iF der stillen Zession, eine Einziehungsermächtigung erteilt hat (BGH WM 82, 1312). Bei **Rechts-** **14** **nachfolge aufseiten des Beklagten** kann der Kläger, da Verurteilung des am Prozess nicht beteiligten Erwerbers unmöglich ist, entweder den Antrag unverändert lassen und Vollstreckungsklausel gegen den Nachfolger gem § 727 oder § 731 erwirken oder den Antrag gem § 264 Nr 3 auf Ersatzansprüche umstellen (Brandenburg NJW-RR 96, 724); dieses Urt wirkt dann nicht gegen den Nachfolger. Bei Feststellungs- und Gestaltungsklagen schlägt Dinstühler ZZP 112, 61/96 iF der Rechtsnachfolge auf der Beklagtenseite nach Urteilserlass die Möglichkeit eines Zusatzurteils zwischen Kläger und Rechtsnachfolger ähnlich § 239 Rn 9, 21 vor, das die Erstreckung der Feststellungs- bzw Gestaltungswirkung auf den Rechtsnachfolger ausspricht. In der **Revisionsinstanz** **15** ist die Änderung des Antrags nur zulässig, wenn das BerUrt die Rechtsnachfolge feststellt (BGH 26, 37). – **c) Einwendungen** aus der Person **16** des Rechtsnachfolgers können dem Veräußerer entgegengehalten und müssen berücksichtigt werden, zB Erfüllung an, Stundung durch den Erwerber; Ausnahmen in §§ 406, 407 BGB.

5. Ausnahme: Übernahme des Prozesses durch den Rechtsnach- **17** folger. – **a) Er darf** anstelle des Veräußerers den Prozess in der gegenwärtigen Lage als Hauptpartei **übernehmen** im Falle des § 266 Abs 1 ohne weiteres; sonst, wenn der Gegner zustimmt (Abs 2 S 2). Die Übernahme wird in mdl Vhdlg oder schriftsätzlich erklärt (StJSchumann 56). Ebenso die Zustimmung, auch durch Einlassung auf die Prozessführung entspr § 267. Sie kann nicht dadurch ersetzt werden, dass das Ger die Übernahme des Proz durch den Rechtsnachfolger für sachdienlich erklärt (BGH NJW 96, 2799; aA Frankfurt NJW-RR 91, 318 falls der Rechtsvorgänger erloschen ist). Eine Zustimmung des Veräußerers verlangt das Gesetz zwar nicht, sie ist aber erforderlich, denn er kann gegen seinen Willen nicht zum Ausscheiden gezwungen werden. Bei Übernahme durch den Rechtsnachfolger scheidet der Veräußerer ohne Entscheidung aus, das Urt ergeht in Hauptsache und Kosten nur für und gegen den Nachfolger. Verweigert der Gegner die Zustimmung, so wird der übernahmebereite Rechtsnachfolger durch Endurteil aus dem Prozess gewiesen und hat dagegen das statthafte Rechtsmittel, zulässig aber

nur mit dem Ziel, den Prozess zu übernehmen (BGH NJW 88, 3209);
18 vgl auch Rn 30 vor § 50. – **b) Der Rechtsnachfolger muss** den
Prozess **übernehmen** im Falle des § 266 Abs 1, wenn der Gegner dies
beantragt.

19   **6. Ausnahme infolge Gutglaubensschutzes (Abs 3). – a) Veräußert der Kläger** nach Rechtshängigkeit und war sein Rechtsnachfolger gutgläubig in doppeltem Sinne, wie § 325 Rn 8 erläutert, so
wirkt das Urt nicht gegen ihn. Infolgedessen hat keine der bisherigen
Parteien mehr ein Interesse an der Fortsetzung des Rechtsstreits. Deshalb
verliert der Kläger die Sachbefugnis (MüKo/Lüke 104, ZöGreger 9)
und erwirbt in Ausnahme der Regel (Rn 12) auch nicht die Prozessstandschaft. Erklärt er die Hauptsache nicht für erledigt, muss die Klage
als unbegründet abgewiesen werden. Der Nachfolger kann selbständige
20 Klage (auch § 64) erheben. – **b) Veräußert der Beklagte** an einen
Gutgläubigen, gilt Abs 3 nicht. Die Klage mit dem bisherigen Antrag
wird also nicht unbegründet. Der Kläger darf zum Ersatzanspruch übergehen (§ 264 Nr 3) oder den Erwerber verklagen.

§ 266 Veräußerung eines Grundstücks

(1) [1]Ist über das Bestehen oder Nichtbestehen eines Rechts,
das für ein Grundstück in Anspruch genommen wird, oder einer
Verpflichtung, die auf einem Grundstück ruhen soll, zwischen
dem Besitzer und einem Dritten ein Rechtsstreit anhängig, so ist
im Falle der Veräußerung des Grundstücks der Rechtsnachfolger
berechtigt und auf Antrag des Gegners verpflichtet, den Rechtsstreit in der Lage, in der er sich befindet, als Hauptpartei zu
übernehmen. [2]Entsprechendes gilt für einen Rechtsstreit über
das Bestehen oder Nichtbestehen einer Verpflichtung, die auf
einem eingetragenen Schiff oder Schiffsbauwerk ruhen soll.

(2) [1]Diese Bestimmung ist insoweit nicht anzuwenden, als ihr
Vorschriften des bürgerlichen Rechts zugunsten derjenigen, die
Rechte von einem Nichtberechtigten herleiten, entgegenstehen.
[2]In einem solchen Falle gilt, wenn der Kläger veräußert hat, die
Vorschrift des § 265 Abs. 3.

1   **1. Anwendungsbereich.** § 266 Abs 1 trifft eine von der Regel des
§ 265 Abs 2 (dort Rn 12–16) abweichende Sonderregelung für folgenden Tatbestand: – **a) Rechtsstreit** zwischen dem Besitzer eines Grundstücks und einem Dritten, in dem entweder das (Nicht)Bestehen eines
Rechts am Grundstück oder einer auf ihm ruhenden Verpflichtung
geltend gemacht wird. Darunter fallen insbes: alle, auch die subjektiv
dinglichen Rechte und Belastungen, nicht jedoch die Erhebung eines
durch Vormerkung gesicherten Anspruchs (BGH 39, 21); nachbarrechtliche Prozesse; Prozesse aus § 894 BGB gegen den Bucheigentümer.
Nicht Klage auf Übereignung, auf Herausgabe; persönliche Ansprüche
2 aus Miete und Pacht. – **b) Der Besitzer veräußert** das Grundstück

nach Rechtshängigkeit an einen Einzelrechtsnachfolger (Begriff wie § 265 Rn 6 ff). Das Gleiche gilt für die Veräußerung eines Schiffs oder Schiffsbauwerks.

2. Zur Übernahme des Prozesses berechtigt ist der Grundstücks- 3 erwerber grundsätzlich in Abweichung von § 265 Abs 2 ohne weiteres. Er ist dazu **verpflichtet** auf Antrag der Gegenpartei. Zur Übernahmeerklärung und ihren Folgen gilt das in § 265 Rn 17 Gesagte außer dem Erfordernis der Zustimmung. Der Erwerber ist zum Termin zu laden. Erscheint er nicht, gilt die Rechtsnachfolge als zugestanden, es kann VersU gegen ihn ergehen.

3. Ausnahme infolge Gutgläubensschutzes. Der Grundstücks- 4 erwerber hat die Rechte und Pflichten gem Abs 1 nicht, wenn er in dem doppelten Sinn, wie § 325 Rn 8 erläutert, gutgläubig war. Er hat kein Interesse an der Übernahme, weil das Urt gem § 325 Abs 2 nicht gegen ihn wirkt. Für die Folgen der Veräußerung durch Kläger bzw Beklagten gilt das in § 265 Rn 19, 20 Gesagte. – **Unterausnahme** sind 5 die Fälle, in denen das Urt gem § 325 Abs 3 ohne Rücksicht auf guten Glauben gegen den Erwerber Rechtskraft wirkt; für sie verbleibt es bei der Regelung des Abs 1 (Rn 1–3).

§ 267 Vermutete Einwilligung in die Klageänderung

Die Einwilligung des Beklagten in die Änderung der Klage ist anzunehmen, wenn er, ohne der Änderung zu widersprechen, sich in einer mündlichen Verhandlung auf die abgeänderte Klage eingelassen hat. 1

Unwiderlegbar vermutet wird die Einwilligung in die Klageänderung, wenn sich der Beklagte ohne Widerspruch eingelassen hat. Ob er sich dessen bewusst ist, bleibt gleich. Die Einlassung muss in mdl Vhdlg (nur in den Fällen der §§ 128 Abs 2, 251 a, 495 a schriftsätzlich) und zur Hauptsache im § 39 geschehen. Bei Säumnis ist sie ausgeschlossen. Dagegen ist sie vorweggenommen, wenn Beklagter eine abweichende Sachdarstellung vorbringt und Kläger sie mit der Klageänderung übernimmt. Auf gewillkürten Parteiwechsel auf der Beklagtenseite in der BerInstanz ist § 267 nicht anwendbar (BGH NJW 74, 750). – **Analog anwendbar,** wenn Beklagter über die vom Kläger erklärte 2 Aufrechnung vorbehaltlos verhandelt (BGH WM 90, 1938).

§ 268 Unanfechtbarkeit der Entscheidung

Eine Anfechtung der Entscheidung, daß eine Änderung der Klage nicht vorliege oder daß die Änderung zuzulassen sei, findet nicht statt.

1. Entscheidung bei Klageänderung § 263 Rn 16. § 268 gilt 1 nicht, falls das Gericht einen Parteiwechsel (12 vor § 50) zugelassen hat (RG 108, 350).

2   **2. Rechtsbehelf: – a) Bei Nichtzulassung** oder wenn das Gericht
auf die geänderte Klage überhaupt nicht eingeht, Anfechtung mit dem
3   Endurteil §§ 512, 557 Abs 2; – **b) Bei Zulassung** ebenso trotz absolu-
4   ten Verbots, zB § 181 InsO; § 268 gilt nicht. – **c) Unanfechtbar sind**
die Entscheidung, dass Klageänderung nicht vorliegt (§ 264) und die
Zulassung (§ 263), gleichviel ob ausdrücklich oder stillschweigend, im
End- oder Zwischenurteil oder nur in den Gründen.

§ 269 Klagerücknahme

(1) **Die Klage kann ohne Einwilligung des Beklagten nur bis
zum Beginn der mündlichen Verhandlung des Beklagten zur
Hauptsache zurückgenommen werden.**

(2) [1]**Die Zurücknahme der Klage und, soweit sie zur Wirksamkeit der Zurücknahme erforderlich ist, auch die Einwilligung des
Beklagten sind dem Gericht gegenüber zu erklären.** [2]**Die Zurücknahme der Klage erfolgt, wenn sie nicht bei der mündlichen
Verhandlung erklärt wird, durch Einreichung eines Schriftsatzes.**
[3]**Der Schriftsatz ist dem Beklagten zuzustellen, wenn seine Einwilligung zur Wirksamkeit der Zurücknahme der Klage erforderlich ist.** [4]**Widerspricht der Beklagte der Zurücknahme der
Klage nicht innerhalb einer Notfrist von zwei Wochen seit der
Zustellung des Schriftsatzes, so gilt seine Einwilligung als erteilt,
wenn der Beklagte zuvor auf diese Folge hingewiesen worden ist.**

(3) [1]**Wird die Klage zurückgenommen, so ist der Rechtsstreit
als nicht anhängig geworden anzusehen; ein bereits ergangenes,
noch nicht rechtskräftiges Urteil wird wirkungslos, ohne dass es
seiner ausdrücklichen Aufhebung bedarf.** [2]**Der Kläger ist verpflichtet, die Kosten des Rechtsstreits zu tragen, soweit nicht
bereits rechtskräftig über sie erkannt ist oder sie dem Beklagten
aus einem anderen Grund aufzuerlegen sind.** [3]**Ist der Anlass zur
Einreichung der Klage vor Rechtshängigkeit weggefallen und
wird die Klage daraufhin unverzüglich zurückgenommen, so
bestimmt sich die Kostentragungspflicht unter Berücksichtigung
des bisherigen Sach- und Streitstandes nach billigem Ermessen.**

(4) **Das Gericht entscheidet auf Antrag über die nach Absatz 3
eintretenden Wirkungen durch Beschluss.**

(5) [1]**Gegen den Beschluss findet die sofortige Beschwerde statt,
wenn der Streitwert der Hauptsache den in § 511 genannten
Betrag übersteigt.** [2]**Die Beschwerde ist unzulässig, wenn gegen
die Entscheidung über den Festsetzungsantrag (§ 104) ein
Rechtsmittel nicht mehr zulässig ist.**

(6) **Wird die Klage von neuem angestellt, so kann der Beklagte
die Einlassung verweigern, bis die Kosten erstattet sind.**

Geändert mWv 1. 1. 2002 durch Art 2 Abs 1 Nr 34 ZPO-RG.

1. Klagerücknahme ist das Gegenstück zur Klageerhebung (1 vor 1
§ 253). Als bloßer Widerruf des Gesuchs um Rechtsschutz in diesem
Verfahren (Frankfurt BauR 96, 587) unterscheidet sie sich vom Klageverzicht (§ 306) und von der Erledigterklärung (§ 91 a). Den materiell-
rechtlichen Anspruch lässt sie völlig unberührt. – **Verpflichtung zur** 2
Klagerücknahme formlos (BGH VersR 93, 714 für Berufung) durch
Prozessvertrag (Einl III Rn 6) durch die Parteien selbst, auch im RA-
Prozess (BGH NJW-RR 89, 802). Aus ihr kann auf Abgabe der Rücknahmeerklärung geklagt werden, im anhängigen Verfahren mit Widerklage; die Rechtskraft des zusprechenden Urteils ersetzt die Erklärung
(§ 894). Oder die Rücknahmeverpflichtung wird einredeweise geltend
gemacht. Das führt zur Klageabweisung als unzulässig (BGH NJW 84,
805 für Berufung). Diese Wirkungen treten nicht ein, wenn der Bekl
die Verpflichtung arglistig herbeigeführt hat, sie treten ein, wenn er den
Eintritt einer vereinbarten Bedingung treuwidrig verhindert hat (BGH
NJW-RR 89, 802).

2. Zulässigkeit (Abs 1). – **a) Gegenständlich** kann die Rücknahme 3
den ganzen prozessualen Anspruch oder einen Teil davon (§ 301
Rn 1–3) betreffen; sie kann als teilweise Klagerücknahme in der An-
tragsbeschränkung gem § 264 Nr 2 liegen (dort Rn 6). Auch Parteiwechsel ist Rücknahme durch den bisherigen Kläger bzw gegen den
bisherigen Beklagten (15 vor § 50). Die Freigabeerklärung des Insolvenzverwalters im Aktivprozess ist entgegen Stuttgart NJW 73, 1756
kein Parteiwechsel (§ 265 Rn 10). – **b) Zeitlich** ist sie möglich ab 4
Rechtshängigkeit (§ 261 Rn 2 ff) bis zu ihrer Beendigung (Bamberg
NJW-RR 97, 1365) ohne Rücksicht auf die Zulässigkeit der Klage;
ferner nach Einreichung, aber vor der dann doch erfolgten Zustellung
(Hamm JMBlNRW 52, 228); nach nicht ordnungsgemäßer Zustellung,
wenn die Klage, bevor der Beklagte von der Rücknahme Kenntnis
erlangt, als zugestellt anzusehen ist (§§ 189 [bis 30. 6. 02 § 187], 295;
Köln MDR 66, 848; einschränkend Nürnberg MDR 99, 1409). Die
Rücknahme ist in jeder Lage des Verfahrens, auch nach Eintritt der
Erledigungsfiktion in § 619 (München NJW 70, 1799), in allen Instanzen (nicht zu verwechseln mit Rücknahme des Rechtsmittels), also auch
noch nach Erlass des BerUrt (Stuttgart VersR 51, 1097) bis zum Eintritt
der Rechtskraft zulässig, bedarf aber im Falle Rn 9, 10 der Einwilligung
des Beklagten. – **Abs 3 gilt nicht** bei „Rücknahme“ einer überhaupt 5
nicht zugestellten Klage (KG NJW 73, 909, Stuttgart NJW-RR 99, 216)
bzw eines Scheidungsantrags (Karlsruhe NJW-RR 86, 1013) samt Folgesachen (Köln FamRZ 86, 278) oder eines Arrestantrags (Dresden
NJW-RR 98, 1688), auch wenn der Beklagte/Antragsgegner auf förmliche Zustellung verzichtet hat (Nürnberg MDR 99, 1409).

3. Erklärung der Rücknahme (Abs 2). – **a)** Als **Prozesshandlung** 6
(Einl III) muss sie nicht ausdrücklich, aber eindeutig und unzweifelhaft
sein (BGH NJW-RR 96, 885). Sie liegt in der Erklärung nach Ablehnung eines PKH-Antrags, die Klage nicht weiterzuverfolgen (Köln

NJW-RR 97, 637). Sie kann in einer Beschränkung der Klage liegen
(§ 264 Rn 6), im Zweifel aber nicht im bloßen, auch teilweisen, Nichtverhandeln (BGH 4, 339). Erledigungserklärung (§ 91 a Rn 2 ff, 9 ff),
Rücknahme des PKH-Gesuchs (Schleswig SchlHA 83, 173), Beschränkung des Rechtsmittelantrags auf einen Teil der Klageforderung (BGH
WM 89, 1354) sind idR keine Klagerücknahme. Die Rücknahmeerklärung durch einen gesetzlichen Vertreter einer jur Person unter offen-
sichtlichem Missbrauch seiner Vertretungsmacht ist unwirksam (BGH
LM § 515 Nr 13). Nach Eröffnung des Insolvenzverfahrens ist die
Rücknahmeerklärung durch Gemeinschuldner unwirksam (BGH WM
78, 521). Bei notwendiger Streitgenossenschaft § 62 Rn 17. –
7 **b) Adressat.** Zu richten in dem zu beendenden Rechtsstreit (BGH
MDR 81, 1002) an das ProzGer entweder in der mdl Vhdlg oder durch
Einreichung eines bestimmenden Schriftsatzes (§ 129 Rn 5 ff), der nur
bei erforderlicher Zustimmung dem Bekl (Rn 9) zuzustellen ist (Abs 2
S 3). Am AG § 496. Anwaltszwang gem § 78, und zwar bis zur Einlegung des Rechtsmittels durch den Anwalt der beendeten Instanz an
diese, ab Einlegung des Rechtsmittels an das RechtsmittelGer; dort kann
der Kl und RechtsmittelBekl, solange sich für ihn noch kein beim
RechtsmittelGer zugelassener RA bestellt hat, die Klage durch seinen
RA in der Vorinstanz zurücknehmen (BGH 14, 210, Koblenz RPfleger
74, 117). Kein Anwaltszwang für Rücknahme durch am AG nicht
vertretenen Kläger nach Verweisung an das LG (Koblenz NJW-RR 00,
1370) und für Rücknahme des Antrags auf Durchführung des streitigen
Verfahrens nach Widerspruch auf Mahnbescheid (§ 696 Abs 5 S 2); dem
steht gleich Klagerücknahme nach Mahnverfahren u Abgabe an das LG
8 (LG Essen JZ 80, 237). – **c) Die Klagerücknahme ist bindend** auch
ohne Einwilligung des Beklagten, kann aber mit dessen Einverständnis,
auch konkludent durch Fortsetzung des Prozesses, zur Vermeidung eines
neuen Rechtsstreits rückgängig gemacht werden (einschränkend Saarbrücken MDR 00, 722, Brammsen/Leible JuS 97, 54/57. Kein Widerruf der Rücknahme des Scheidungsantrags wegen der übrigen Beteiligten im Verbundverfahren (München FamRZ 82, 510).

9   **4. Einwilligung des Beklagten. – a) Erforderlich,** auch nach Einlegung eines Rechtsmittels (BGH NJW 98, 3784), sobald er zur Haupt-
sache mdl verhandelt hat (§ 39 Rn 5–7). Dazu genügt idR einseitige
Verhandlung durch Antrag auf Erlass eines VersU Die Wirkung des
Verhandelns entfällt aber wegen § 342, soweit der Gegner zulässigen
Einspruch eingelegt hat. Sie tritt nicht ein, wenn das Ger dem Antrag
auf Erlass eines VersU wegen § 335 Abs 1 Nr 3 nicht entsprochen,
sondern vertagt hat (BGH NJW 80, 2313, NJW-RR 87, 1534). Kein
Verhandeln ist Vernehmung des nicht vertretenen Antragsgegners im
Scheidungsprozess nach § 613 (Köln FamRZ 85, 1060, Zweibrücken
NJW-RR 97, 833) und der Erlass eines Beweisbeschlusses auf verant-
wortliche Vernehmung der Beklagten, die keinen Antrag gestellt hat
10 (Koblenz FamRZ 81, 260). – **b) Erklärung** der Einwilligung entweder

– **aa) ausdrücklich** als Prozesshandlung, für die alles in Rn 6–8 Gesagte sinngemäß gilt. Sie ist in der nächsten mdl Vhdlg oder durch Einreichung eines Schriftsatzes zu erklären. Im Antrag auf Klageabweisung liegt die Verweigerung (BGH ZIP 90, 1124/1126). – oder **bb)** als **11** **fingierte Erklärung,** wenn der Bekl mit der Zustellung des Rücknahmeschriftsatzes über die Folge des unterlassenen Widerspruchs belehrt wurde und innerhalb einer Notfrist (§ 233) von 2 Wochen nicht widerspricht (Abs 2 S 4). Nach Eintritt der Rechtskraft ist die Einwilligung auch für eine vorher zurückgenommene Klage wirkungslos. – **c)** Auch die **Verweigerung der Einwilligung** ist bindend, sie führt zur **12** Fortsetzung des Prozesses (BGH NJW 98, 3784), ohne dass der Kläger einen früher gestellten Sachantrag wiederholen müsste (BGH 141, 185; aA StJSchumann 17). Sie ist verweigert, wenn bei Rücknahme in der Verhandlung Beklagter nicht bis zu deren Schluss, bei schriftlicher Rücknahme nicht bis zum Beginn der nächsten Vhdlg einwilligt. Einwilligung und Verweigerung können wirksam vor, bindend aber erst nach der Rücknahme erklärt werden.

5. Wirkungen (Abs 3) a) Sämtliche proz **Wirkungen der Rechts-** **13** **hängigkeit** (§§ 261 bis 266) entfallen rückwirkend, eine bereits erhobene Widerklage bleibt rechtshängig (LG München I NJW 78, 953). Die materiellrechtlichen Wirkungen (§ 262) entfallen nach sachlichem Recht, zB §§ 204 Abs 2, 941 S 2 BGB, im Zweifel ebenfalls rückwirkend, nicht aber die im Prozess abgegebenen privatrechtlichen Erklärungen wie Aufrechnung.

b) Noch nicht rechtskräftig gewordene Entscheidungen werden **14** ohne Aufhebung wirkungslos. Entscheidung nach Klagerücknahme ist nichtig (18 vor § 300). Gilt entspr bei Erledigung der Hauptsache (§ 91a Rn 21) und für eine Entscheidung nach wirksamem ProzVergleich (Stuttgart NJW-RR 87, 128). Abs 3 S 1 Hs 2 gilt nicht entspr für Anordnungsbeschluss des Insolvenzverfahrens (Brandenburg NJW-RR 98, 1739).

c) Kosten bei – **aa)** Rücknahme **nach Rechtshängigkeit:** Der Kl **15** hat die ganzen, **nicht** aber die durch Säumnis des Bekl entstandenen (Karlsruhe NJW-RR 96, 383, Habel NJW 97, 2357, München NJW-RR 01, 1150; aA 23. Aufl mwN) Kosten zu tragen; bei teilweiser Rücknahme den entspr Teil, quotenmäßige Teilung im Kostenausspruch des Urteils. Auch nach Rücknahme des Zahlungsantrags einer Stufenklage hat der Kl die ganzen Kosten zu tragen (Hamm NJW-RR 91, 1407; aA Stuttgart FamRZ 94, 1595; § 254 Rn 6). § 96 findet keine Anwendung (Celle NJW 61, 1363). Ermäßigung der Gerichtsgebühr unter gewissen Voraussetzungen (Nr 1211 KV). Für das KfVerfahren ist der Ausspruch über die Pflicht zur Kostentragung bindend (Hamm NJW 72, 1903). – **bb)** Rücknahme **vor Rechtshängigkeit:** Das Ger hat die **16** Kostenentscheidung nach billigem Ermessen zu treffen, wenn der Anlass zur Klageeinreichung weggefallen ist und der Kl deshalb unverzüglich die Klage zurückgenommen hat. Das betrifft vor allem Fälle, in denen

die geschuldete Leistung sich mit der Klageeinreichung kreuzte oder vor
Zustellung der Klage bewirkt wurde. Wenn der Bekl sich im Verzug
befand, wird es nach dem Sach- und Streitstand idR billigem Ermessen
17 entsprechen, die Kosten dem Bekl aufzuerlegen. – cc) **Entsprechende
Anwendung** von Abs 3 S 2 bei Rücknahme aller Anträge mit fakultativer mündlicher Verhandlung (Hamm OLGZ 76, 121), zB des Arrest-
bzw Verfügungsantrags (§ 920 Rn 2), auch bei späterem Obsiegen in
der Hauptsache (BGH NJW-RR 95, 495); des Antrags auf selbständiges
Beweisverfahren (§ 494a Rn 5). Im Mahnverfahren vgl § 690 Rn 6,
18 § 696 Rn 20. – dd) **Ausnahmen:** Im Unterhaltsprozess gemäß § 93d;
für bestimmte Scheidungsfolgesachen gemäß § 626 Abs 12; bereits
rechtskräftig entschiedene und dem Beklagten aufzuerlegende Kosten;
wenn sich die Parteien über die Kosten verglichen haben, s auch § 98
Rn 9.

19   **d) Entscheidung durch Beschluss.** Auf Prozessantrag (wegen Anwaltszwang Rn 6) einer Partei hat das Ger (Vorsitzender der KfH, ER:
§§ 349 Abs 2 Nr 4, 527 Abs 3 Nr 1) die vorgenannten Wirkungen
Rn 11–15 durch deklaratorischen (Frankfurt MDR 83, 675) Beschluss
nach freigestellter mdl Vhdlg (§ 128 Abs 4) auszusprechen. So auch bei
Rücknahme gegen einen von mehreren Beklagten; Tenor für Kostenbeschluss etwa: der Kläger hat die außergerichtlichen Kosten des Bekl zu
2 zu tragen (Köln MDR 76, 496); ebenso Quotelung, wenn einer von
mehreren Klägern die Klage zurücknimmt, auch wenn sie gemeinsamen
RA haben. Eine noch nicht erfüllte vergleichsweise Regelung muss das
Gericht bei Erlass des Beschlusses berücksichtigen (BGH MDR 72,
945). Streitige Einwendungen gegen die Kostenerstattungspflicht kann
der Kl nicht im Rahmen des Abs 4, sondern nur mit VollstrGegenklage
geltend machen (Frankfurt MDR 83, 675). Ist über einen Teil der Kosten durch Urt zu entscheiden, so gilt dies auch (Quotelung) für den auf
die Rücknahme treffenden Teil (BGH NJW-RR 99, 1741), zB bei
Rücknahme einer Stufenklage im Übrigen, wenn der Auskunftsanspruch durch Teilurteil ohne Kostenausspruch zugesprochen war
20 (Köln JMBlNRW 84, 33). – **Rechtsschutzbedürfnis** fehlt für Kostenbeschluss, wenn Bekl bereits einen VollstrTitel besitzt, wenn die Parteien
die Kosten tatsächlich bereits ausgeglichen haben (München MDR 75,
585) oder wenn der Kl eine außergerichtlich vergleichsweise übernommene Kostenpflicht bereits erfüllt hat. Für den Antrag, ein Gestaltungsurteil für wirkungslos zu erklären, kann auch der Kläger ein Rechtsschutzbedürfnis haben (KG NJW 72, 545, Düsseldorf FamRZ 77, 130).
Beschlussmäßige Feststellung der Unwirksamkeit eines Statusurteils ist
im Hinblick auf das öffentliche Interesse auch ohne Antrag zulässig
(Koblenz Rpfleger 74, 117, Karlsruhe Just 76, 513). – Sofortige Beschwerde, auch bei irriger Bezeichnung als Urteil (Hamburg MDR 56,
752), im Kostenpunkt § 567 Abs 2. Dies auch, wenn eine einheitliche
Kostenentscheidung im Urteil nach Teilrücknahme nur insoweit angefochten werden soll, als sie auf § 269 beruht (Düsseldorf FamRZ 82,
723). Unstatthaft gegen Beschluss des OLG und des LG im Berufungs-

und Beschwerdeverfahren (§ 567 Abs 1). Unzulässig (Abs 5 S 2) ist die Beschw nach Rechtskraft des KfB (§ 104). – **Gebühren:** Für Beschluss 21 keine, gehört zum Rechtszug (§ 37 Nr 7 BRAGO); für Beschwerde 1951 KV, § 61 Abs 1 Nr 1 BRAGO.

e) In **Scheidungssachen** gilt bei Antragsrücknahme Abs 3 auch für 22 die Folgesachen (§ 626 Abs 1 S 1), jedoch mit einer Billigkeitsausnahme bei den Kosten für diejenigen Folgesachen, die den Verfahrensregeln der ZPO folgen (§§ 626 Abs 1 S 2, 621 a Abs 1 S 1). Bei teilweiser Rücknahme in einer Folgesache in erster oder zweiter Instanz soll nach Frankfurt FamRZ 85, 823 nicht § 269 Abs 3 S 2, sondern § 93 a als Spezialvorschrift analog gelten. Außerdem Beschluss auf Vorbehalt selbständiger Fortführung einer Folgesache (§ 626 Abs 2).

f) Streit über Wirksamkeit der Klagerücknahme hat das Ger zu 23 entscheiden, und zwar bei Bejahung stets, auch nach mdl Vhdlg durch Beschluss nach Abs 4 wie Rn 19 (BGH NJW 95, 2229 für § 515 Abs 3 aF; aA Gaul ZZP 81, 273, MüKo/Rimmelspacher § 515 Rn 35). Verneint das Ger die Wirksamkeit der Rücknahme, entscheidet es durch Zwischenurteil (§ 303) oder in den Gründen des Endurteils, das auf die fortgesetzte Verhandlung ergeht.

g) Mitteilungspflicht des Ger an Bundeskartellamt, wenn sich eine 23 a Klage nach § 13 oder § 19 AGBG durch Rücknahme erledigt hat, § 20 Abs 1 Nr 3 AGBG.

6. Eine **neue Klage** (Abs 6), bei teilweiser Rücknahme auch erneute 24 Geltendmachung im anhängigen Verfahren (München OLGZ 77, 483) ist zulässig. Sind die Kosten des früheren Prozesses, in dem keine Sachentscheidung ergangen ist (Oldenburg MDR 98, 61), noch nicht erstattet, so kann Bekl die Einlassung zur Hauptsache mit demselben Streitgegenstand verweigern. Das ist auch der Fall, wenn der Kl nicht die frühere Klage (Leistung) wiederholt, sondern mit einer anderen Klage, zB VollstrAbwehrklage gegen einen titulierten Anspruch des Bekl, auch gegen den KfB aus dem Vorprozess, mit dem im Vorprozess geltend gemachten Anspruch aufrechnet (BGH NJW-RR 87, 61, NJW 92, 2034). Werden die Kosten nicht erstattet, ist die Klage als unzulässig abzuweisen.

§ 270 Zustellung von Amts wegen

(1) **Die Zustellungen erfolgen, soweit nicht ein anderes vorgeschrieben ist, von Amts wegen** *(gilt nur bis 30. 6. 02)*.

(2) [1]**Mit Ausnahme der Klageschrift und solcher Schriftsätze, die Sachanträge enthalten, sind Schriftsätze und sonstige Erklärungen der Parteien, sofern nicht das Gericht die Zustellung anordnet, ohne besondere Form mitzuteilen.** [2]**Bei Übersendung durch die Post gilt die Mitteilung, wenn die Wohnung der Partei im Bereich des Ortsbestellverkehrs liegt, an dem folgenden, im übrigen an dem zweiten Werktage nach der Aufgabe zur Post als**

bewirkt, sofern nicht die Partei glaubhaft macht, daß ihr die Mitteilung nicht oder erst in einem späteren Zeitpunkt zugegangen ist.

(3) **Soll durch die Zustellung eine Frist gewahrt oder die Verjährung neu beginnen oder nach § 204 des Bürgerlichen Gesetzbuchs gehemmt werden, so tritt die Wirkung, sofern die Zustellung demnächst erfolgt, bereits mit der Einreichung oder Anbringung des Antrags oder der Erklärung ein** *(gilt nur bis 30. 6. 02).*

Abs 2 geändert mWv 1. 1. 2002 durch Art 2 Abs 1 Nr 35 ZPO-RG; Abs 3 geändert mWv 1. 1. 2002 durch Art 5 Abs 3 Nr 3 SMG; Abs 1 u 3 aufgehoben mWv 1. 7. 2002 durch Art 1 Nr 5 ZustRG.

1   **1.** Die **Amtszustellung** gilt, soweit nichts anderes vorgeschrieben, für alle gerichtlichen Entscheidungen, Schriftsätze und Erklärungen der Parteien. **Ab 1. 7. 02** ergibt sich dies aus **§ 166 Abs 2.** Auch für Urteile an beide Parteien, VersU an die unterlegene Partei (§ 317 Abs 1 S 1), Vollstreckungsbescheide an Schuldner mit der aus § 699 Abs 4 ersichtlichen Ausnahme. Amts- statt Parteizustellung und umgekehrt ist unwirksam, aber nach § 189 (bis 30. 6. 02 § 187) heilbar. Ausführung der Amtszustellung nach §§ 166 ff. Mängel der Zustellung 18 vor § 166. – 2   **Ausnahmen** für Arrest- und einstw Vfg-Beschluss (§§ 922 Abs 2, 936), beim Vollstreckungsbescheid in § 699 Abs 4, für den Beginn der ZwVollstr (§ 750 Abs 1 S 2).

3   **2.** Nach **Abs 2** ist für Schriftsätze und Parteierklärungen (für gerichtliche Verfügungen und Beschlüsse § 329 Abs 2, Abs 3) in den genannten Fällen förmliche Zustellung vorgeschrieben, im Übrigen genügt formlose Mitteilung unter den Parteien oder durch das Gericht. Sachantrag (§ 297 Rn 1) soll hier nach KG NJW 70, 616 nicht nur der sachbestimmende, sondern jeder sachbezogene (im Gegensatz zum reinen Prozessantrag) sein, zB auf Zurückweisung der Berufung. Die Vermutung in S 2 hat Bedeutung im Fall der Säumnis (§ 335 Abs 1 Nr 3). Gilt auch für AG, § 495.

4   **3. Abs 3** (gilt auch für AG, § 495; Mahnverfahren §§ 693 Abs 2, 696 Abs 3) knüpft für die Fristwahrung und Neubeginn oder Hemmung der Verjährung eine **Vorwirkung** bereits an die Einreichung des Antrags, falls die Zustellung demnächst erfolgt. Im Falle einer Abweichung genügt, dass die zugestellte Klageschrift mit der eingereichten bzw angebrachten im Wesentlichen identisch ist, insbes sich auf denselben Sachverhalt stützt (BGH NJW 78, 1058). **Ab 1. 7. 02** ist das inhaltsgleich in **§ 167** geregelt. Deshalb wird auf § 167 Rn 2 ff verwiesen.

§ 271 Zustellung der Klageschrift

(1) **Die Klageschrift ist unverzüglich zuzustellen.**

(2) **Mit der Zustellung ist der Beklagte aufzufordern, einen Rechtsanwalt zu bestellen, wenn er eine Verteidigung gegen die Klage beabsichtigt.**

(3) *(aufgehoben)*

1. Die **Klagezustellung, Abs 1,** geschieht nach Einreichung der 1 Klageschrift (§ 253 Rn 1) von Amts wegen und führt zur Rechtshängigkeit (§ 261). Unverzüglich bedeutet, sobald dies, grundsätzlich nach Einzahlung der Verfahrensgebühr (§ 65 GKG), auch durch den Bekl (Düsseldorf OLGZ 83, 117), im ordentlichen Geschäftsgang möglich ist. Zugestellt wird eine beglaubigte Abschrift nach den Vorschriften in §§ 166 ff. Mitteilung der Klageschrift an BKartellamt nach § 20 Abs 1 Nr 3 AGBG.

2. Die **Aufforderung nach Abs 2** ist nur im Anwaltsprozess (§ 78) 2 vorgeschrieben. Infolge der Änderung von § 78 Abs 1 ist die Aufforderung nicht auf einen beim ProzGer zugelassenen RA zu beschränken. Unterbleiben der Aufforderung ist auf die Wirksamkeit der Zustellung ohne Einfluss.

§ 272 Bestimmung der Verfahrensweise

(1) **Der Rechtsstreit ist in der Regel in einem umfassend vorbereiteten Termin zur mündlichen Verhandlung (Haupttermin) zu erledigen.**

(2) **Der Vorsitzende bestimmt entweder einen frühen ersten Termin zur mündlichen Verhandlung (§ 275) oder veranlaßt ein schriftliches Vorverfahren (§ 276).**

(3) **Die Güteverhandlung und die mündliche Verhandlung sollen so früh wie möglich stattfinden.**

Abs 3 geändert mWv 1. 1. 2002 durch Art 2 Abs 1 Nr 36 ZPO-RG.

1. Der **Haupttermin** (Abs 1) ist das Kernstück des ZivProz. Die 1 Vorschrift will Konzentration, Rationalisierung, Beschleunigung des Proz und Intensivierung der mdl Vhdlg erreichen. Wo es vom Stoff her irgend möglich ist, muss der Haupttermin der Einzige sein. Das ist nur erreichbar, wenn der Richter seine Pflicht zur umfassenden Vorbereitung ernst nimmt und die Prozessbeteiligten mitmachen. Die Möglichkeiten dazu bieten §§ 129 Abs 2, 273, 275 Abs 1, Abs 4, 276 Abs 1, Abs 3, 358 a. Die Prozessförderungspflicht durch Vorbereitung des Termins für die Parteien folgt aus §§ 129, 277 Abs 1, 282 Abs 2, 3, die Sanktionen im Falle der Verletzung ergeben sich aus § 296. Die Fassung „idR" lässt in engen Grenzen Ausnahmen zu, wie sie etwa in §§ 145 Abs 3, 146, 254, 280 Abs 1, 304 vorgesehen sind.

2. Zwischen **2 Verfahrensweisen** (Abs 2) kann der Vorsitzende frei 2 wählen außer in Ehe-, Kindschafts- (§§ 611 Abs 2, 640) und in Arbeitssachen (§ 46 Abs 2 S 2 ArbGG). Das schafft je nach der Fallgestaltung große Beweglichkeit. Maßgebender Gesichtspunkt muss sein, auf welchem Weg im Einzelfall die frühzeitige Sammlung des entscheidungserheblichen Streitstoffs besser herbeizuführen ist. Die Wahl ist spätestens nach Eingang der Klageerwiderung (§ 277 Abs 1 S 2) bzw Ablauf der Frist hierfür zu treffen. Vorheriges rechtliches Gehör dazu ist nicht erforderlich, die getroffene Wahl unanfechtbar (BGH 86, 31, Frankfurt MDR 83, 411), auch wenn der Vorsitzende das schriftliche Vorverfahren durch Terminsbestimmung abbricht (KG MDR 85, 416). Eine spätere Änderung dieser Wahl ist im Interesse klarer prozessualer Verhältnisse unzulässig, für sie besteht auch kein Bedürfnis (ebenso Bischof NJW 77, 1897, Bergerfurth JZ 78, 298, München MDR 83, 324).

3 **a) Früher erster Termin** bedeutet nicht, dass jedenfalls noch ein weiterer Haupttermin stattfinden muss, außer es handelt sich erkennbar um einen sog Durchlauftermin (BGH 86, 31, Karlsruhe OLGZ 83,
4 92). – Er empfiehlt sich als **Haupttermin** (§ 278) in Sachen, in denen ihrer Art nach regelmäßig keine umfangreiche schriftliche Vorbereitung nötig ist, zB Urkundenprozess, Arrest, einstw Vfg, ferner wenn es im Wesentlichen um Rechtsfragen geht oder wenn der Kl schon in der Klage die Einwendungen des Beklagten und seine Replik vorwegnimmt, ferner wenn schon eine weitgehende Klärung und Stoffsammlung in
5 einem vorausgehenden PKH-Verfahren stattgefunden hat. – Als **Vorbereitung des Haupttermins** in Sachen, die wegen der Komplexität, besonderer tatsächlicher oder wirtschaftlicher Schwierigkeit des Sachverhalts oder der schriftlichen Ungewandtheit der Parteien besser mündlich
6 aufzuklären sind. – Schließlich als **Haupt- oder Vorbereitungstermin** in Sachen, in denen sich von vornherein eine nicht streitige, insbes eine vergleichsweise Erledigung anbietet. Terminsbestimmung §§ 216 (Rechtsbehelf dort Rn 11), 274 Abs 1, Abs 3 (Einlassungsfrist). Terminsbestimmung nach Mahnverfahren § 697 Abs 2, Abs 3; bei Mängeln der Klageerhebung § 253 Rn 19–21. Zahlung der Verfahrensgebühr vor Terminsbestimmung § 65 GKG. Vorbereitung des Termins und weiteres Verfahren §§ 273, 275.

7 **b) Schriftliches Vorverfahren** empfiehlt sich, wenn der Verhandlungstermin umfassenderer Vorbereitung bedarf u die Parteien schriftlich gewandt oder durch RAe vertreten sind. Zur erforderlichen Konzentration und Beschleunigung ist es regelmäßig nur geeignet, wenn der Richter zu Beginn des Prozesses die entscheidungserheblichen Fragen und Punkte erarbeitet u den schriftsätzlichen Vortrag durch gezielte Aufklärung darauf lenkt. Nach Mahnverfahren § 697 Abs 3, nach Einspruch § 700 Abs 3 S 2. Terminsbestimmung Abs 3, §§ 216, 274 Abs 3. Vorbereitung und weiteres Verfahren §§ 273, 276.

8 **3. Güteverhandlung und mündliche Verhandlung (Abs 3)** sind, von § 128 Abs 2 und § 331 Abs 3 abgesehen, in beiden Verfahrensweisen nötig. Wie früh die mdl Vhdlg möglich ist, hängt neben der Geschäftslast des Spruchkörpers davon ab, ob früher erster Termin, dieser mit oder ohne Schriftsatzfristen nach § 275 Abs 1, Abs 4 bestimmt wird

oder ob schriftliches Vorverfahren veranlasst und wann in ihm die Sammlung des entscheidungserheblichen Stoffes vollendet ist. Auf jeden Fall hat ihr eine Güteverhandlung vorauszugehen (§ 278 Abs 2). Abs 3 gilt auch, falls die Parteien gerichtliche Auflagen nicht erfüllen (Hamm NJW-RR 99, 575). Er gilt nicht in den Fällen der §§ 612 Abs 1, 640 Abs 1, ferner §§ 246 Abs 3 S 2 AktG, 51 Abs 3 S 4, 96, 112 Abs 1 S 2 GenG. Für erforderlich werdende weitere Termine zur mdl Vhdlg gilt § 136 Abs 3 Hs 2.

§ 273 Vorbereitung des Termins

(1) **Das Gericht hat erforderliche vorbereitende Maßnahmen rechtzeitig zu veranlassen.**

(2) **Zur Vorbereitung jedes Termins kann der Vorsitzende oder ein von ihm bestimmtes Mitglied des Prozeßgerichts insbesondere**
1. **den Parteien die Ergänzung oder Erläuterung ihrer vorbereitenden Schriftsätze aufgeben, insbesondere eine Frist zur Erklärung über bestimmte klärungsbedürftige Punkte setzen;**
2. **Behörden oder Träger eines öffentlichen Amtes um Mitteilung von Urkunden oder um Erteilung amtlicher Auskünfte ersuchen;**
3. **das persönliche Erscheinen der Parteien anordnen;**
4. **Zeugen, auf die sich eine Partei bezogen hat, und Sachverständige zur mündlichen Verhandlung laden sowie eine Anordnung nach § 378 treffen;**
5. **Anordnungen nach den §§ 142, 144 treffen.**

(3) **¹Anordnungen nach Absatz 2 Nr. 4 und, soweit die Anordnungen nicht gegenüber einer Partei zu treffen sind, 5 sollen nur ergehen, wenn der Beklagte dem Klageanspruch bereits widersprochen hat. ²Für die Anordnungen nach Absatz 2 Nr. 4 gilt § 379 entsprechend.**

(4) **¹Die Parteien sind von jeder Anordnung zu benachrichtigen. ²Wird das persönliche Erscheinen der Parteien angeordnet, so gelten die Vorschriften des § 141 Abs. 2, 3.**

Geändert mWv 1. 1. 2002 durch Art 2 Abs 1 Nr 38 ZPO-RG.

1. Zweck, Anwendungsbereich. Die Bestimmung gilt in allen 1 VerfWeisen (§ 272 Abs 2, § 128 Abs 2,). Sie dient der Beschleunigung, Konzentration und Rationalisierung des Prozesses in jeder Phase, insbesondere der Vorbereitung jeder Vhdlg u der schriftl Entscheidung. Sie gibt dem Richter ein gutes Instrument zur gelenkten und frühzeitigen Beschaffung des entscheidungserheblichen Stoffes in die Hand und macht ihm zur Pflicht, davon im normalen Geschäftsgang Gebrauch zu machen; zu Eilanordnungen, um Verspätung der Partei auszugleichen, ist das Ger nicht verpflichtet (BGH NJW 80, 1102). –

2 **Vorbereitende Maßnahmen** (Abs 1) können sich auf die Herbeiführung von Prozesshandlungen, insbes Erklärungen der Parteien und auf die Bereitstellung von Beweismitteln erstrecken (Abs 2 Nr 5). Mit der Anordnung kann Fristsetzung für die Parteien (Abs 2 Nr 1), auch im Zusammenhang mit § 275 Abs 1 S 1, Abs 4, § 276 Abs 1 S 1 Hs 2, Abs 3 verbunden werden. Weitere zulässige Anordnungen sind zB Beibringung von Augenscheinsobjekten (Abs 2 Nr 5, § 144), Nachweis fremden Rechts. Noch weitergehende Maßnahmen kann das Gericht zur Vorbereitung oder Durchführung einer Beweisaufnahme durch Erlass eines Beweisbeschlusses schon vor der mdl Vhdlg nach § 358 a
3 treffen. – **Bei Kollegialgerichten** kann ein Mitglied die Anordnung treffen, wenn das Vorbringen nach seinem Ermessen erheblich sein kann; ob es erheblich ist, entscheidet das Kollegium in der Verhandlung. Dass auf diese Weise ein Zeuge einmal unnötig geladen wird, ist
4 in Kauf zu nehmen (BGH NJW 75, 1744). – **Bei verspätetem Vorbringen** hat das Gericht die Pflicht, die Verspätung durch zumutbare Maßnahmen auszugleichen, also dann, wenn es sich um einfache, klar abgegrenzte Streitpunkte handelt, die sich durch Vernehmung weniger greifbarer Zeugen im Rahmen der mdl Vhdlg ohne unzumutbaren zeitlichen Aufwand klären lassen (BGH NJW 84, 1964; 99, 3272: Unzumutbar 8 Zeugen zu komplexem Beweisthema). Die Vorbereitung einer Beweiserhebung kommt idR nur dann in Betracht, wenn durch einzelne Beweismittel bestimmte Streitpunkte in der Verhandlung geklärt werden können; ihr Zweck ist nicht, eine umfangreiche, nicht überschaubare Beweisaufnahme in der ersten Verhandlung zu ermöglichen, nur um die säumige Partei davor zu bewahren, dass ihr verspätetes Vorbringen unberücksichtigt bleibt (BGH NJW 80, 1102; 84, 1964; aA Deubner NJW 79, 337, Wolf ZZP 94, 310/315). Das gilt auch für die
5 zweite Instanz (Köln NJW-RR 97, 150). – **Gilt nicht** im Arrest- und Verfügungsprozess wegen der Beschränkung auf präsente Glaubhaftmachung (§ 294 Abs 2; München WRP 78, 400), außer eine arme Partei macht glaubhaft, dass sie den Zeugen zum Termin nicht selbst stellen kann (Teplitzky DRiZ 82, 41).

6   **2. Beispiele zulässiger Maßnahmen (Abs 2): Nr 1** ermöglicht **Herbeiführung weiteren Parteivortrags** zur Aufklärung wie § 139 Rn 3–10. Bei Fristsetzung ist die Verfügung zuzustellen (§ 329 Abs 2 S 2). Sanktion iF der Versäumung § 296 Abs 1. Belehrung der Partei über diese Folge ist nicht vorgeschrieben (Düsseldorf MDR 85,
7 417). – **Nr 2.** Die **Amtsauskunft** ist ein zulässiges Beweismittel (BGH BB 76, 480). Sie ersetzt je nach Inhalt die Zeugenvernehmung des Amtsträgers oder ein Sachverständigengutachten (BGH MDR 64, 223). Bei Einverständnis der Parteien auch Auskunft einer ausländischen Behörde. Beweisgebühr fällt erst bei Verwertung des Beweismittels an (KG MDR 87, 858; aA Koblenz MDR 87, 410). Vgl auch § 358 a Nr 2.

Nr 3, persönliches Erscheinen der Parteien, ergänzt § 141, der **8** auch in Abs 1 anwendbar ist.

Nr 4. – a) Zeugen darf das Gericht nur laden, verbunden mit einer **9** Anordnung nach § 378, wenn sich eine Partei auf den Zeugen berufen und der Beklagte dem Klageanspruch widersprochen hat (Abs 3 S 1). §§ 377 Abs 1, Abs 2 und 380 gelten (KG NJW 76, 719). Da die Vorschrift nur der Vorbereitung, nicht der Durchführung der Vernehmung dient, erlaubt sie nicht Vernehmung außerhalb der mdl Vhdlg oder Einholung schriftlicher Auskünfte nach § 377 Abs 3. Dies kann durch Beweisbeschluss schon vor der mdl Vhdlg angeordnet werden (§ 358 a Nr 1, 3). Erst dadurch fällt die Beweisgebühr an (München NJW 72, 2139; KG MDR 75, 500). – **b) Sachverständige** kann das Gericht, **10** ohne dass sich eine Partei darauf berufen hat (§ 144 Abs 1), laden, wenn der Bekl dem Klageanspruch widersprochen hat (Abs 3 S 1). Einholung eines schriftlichen Gutachtens kann durch Beweisbeschluss schon vor mündl Vhdlg angeordnet werden (§ 358 a Nr 4). Erst dadurch fällt die Beweisgebühr an. – **c) Vorschuss** kann nach Maßgabe der §§ 402, 379 **11** (dort Rn 1) verlangt werden (Abs 3 S 2).

Nr 5. Vorlage von Urkunden und Augenscheinsobjekten durch **12** die Parteien oder Dritte gem §§ 142, 144 (s dort) kann angeordnet werden. Auf die Urkunden oder sonstigen Unterlagen muss sich eine Partei bezogen haben (§ 142 Abs 1 S 1). Anordnungen gegenüber Dritten dürfen nur ergehen, wenn der Bekl dem Klageanspruch widersprochen hat (Abs 3 S 1).

3. Richtiger Zeitpunkt für diese Maßnahmen ist so frühzeitig wie **13** möglich (Abs 1 und § 272 Abs 1). Das kann bei Nrn 1, 3 bereits nach Eingang der Klage sein (insoweit falsch Köln OLG 73, 365). Bei Nrn 2, 4, 5 frühestens nach Eingang der Klageerwiderung, weil dann erst feststeht, inwieweit es im Termin einer Beweiserhebung bedarf. Auch die Anwendung des § 296 setzt eine frühere Ladung nicht voraus (BGH NJW 87, 499).

4. Benachrichtigung der Parteien von den angeordneten Maßnahmen nach Abs 4. Verwertung ohne Benachrichtigung ist Verletzung des **14** Rechts auf rechtliches Gehör (BVerfG NJW 94, 1210). Beweisaufnahme ohne Benachrichtigung ist wegen des Überraschungseffekts unzulässig (Schleswig NJW 91, 303; aA Giessler NJW 91, 2885), Rügeverzicht und Heilung (§ 295) möglich. Die **Aufnahme der vorbereiteten Beweise,** auch Einnahme eines Augenscheins folgt den allg Regeln §§ 355 ff. Im **arbeitsgerichtlichen Verfahren** ähnliche Regelung in § 56 ArbGG, der aber die Anwendung des § 273 nicht ausschließt (Grunsky JZ 78, 81).

§ 274 Ladung der Parteien; Einlassungsfrist

(1) Nach der Bestimmung des Termins zur mündlichen Verhandlung ist die Ladung der Parteien durch die Geschäftsstelle zu veranlassen.

(2) Die Ladung ist dem Beklagten mit der Klageschrift zuzustellen, wenn das Gericht einen frühen ersten Verhandlungstermin bestimmt.

(3) [1]Zwischen der Zustellung der Klageschrift und dem Termin zur mündlichen Verhandlung muß ein Zeitraum von mindestens zwei Wochen liegen (Einlassungsfrist). [2]Ist die Zustellung im Ausland vorzunehmen, so hat der Vorsitzende bei der Festsetzung des Termins die Einlassungsfrist zu bestimmen.

1   **1. Ladung** zu jedem Termin von Amts wegen, ausgenommen §§ 218, 497 Abs 2. Bei frühem erstem Verhandlungstermin (§§ 272 Abs 2, 275) ist die Ladung zugleich mit der Klage zuzustellen (Abs 2). Ladung weiterer Beteiligter im Kindschaftsprozeß § 640 e.

2   **2. Die Einlassungsfrist** (Abs 3) ist gesetzliche Zwischenfrist nur gegen Beklagten. Sie wird mit erster Klagezustellung auch in Lauf gesetzt, wenn, zB gem § 276, die Terminsladung erst nach der Klage zugestellt wird, weil die Klage auch ohne Terminsbestimmung mit Zustellung wirksam erhoben ist (BGH 11, 176). Berechnung § 222, Abkürzung § 226. Gilt auch für die höheren Instanzen (§§ 523 Abs 2,
3   553 Abs 2). – **Gilt nicht** im Arrest- und einstw VfgsVerfahren, weil mit ihrem Zweck, rascher Titel, nicht vereinbar. Ferner nicht bei nachträglicher Klageerhebung (§ 261 Rn 3) und Widerklage.

4   **3. Ist die Frist nicht gewahrt,** so hat der Bekl Recht auf Rüge und Vertagung und es darf gegen ihn kein Versäumnisurteil ergehen (§ 335 Abs 1 Nr 3).

§ 275 Früher erster Termin

(1) [1]Zur Vorbereitung des frühen ersten Termins zur mündlichen Verhandlung kann der Vorsitzende oder ein von ihm bestimmtes Mitglied des Prozeßgerichts dem Beklagten eine Frist zur schriftlichen Klageerwiderung setzen. [2]Andernfalls ist der Beklagte aufzufordern, etwa vorzubringende Verteidigungsmittel unverzüglich durch den zu bestellenden Rechtsanwalt in einem Schriftsatz dem Gericht mitzuteilen; § 277 Abs. 1 Satz 2 gilt entsprechend.

(2) Wird das Verfahren in dem frühen ersten Termin zur mündlichen Verhandlung nicht abgeschlossen, so trifft das Gericht alle Anordnungen, die zur Vorbereitung des Haupttermins noch erforderlich sind.

(3) **Das Gericht setzt in dem Termin eine Frist zur schriftlichen Klageerwiderung, wenn der Beklagte noch nicht oder nicht ausreichend auf die Klage erwidert hat und ihm noch keine Frist nach Absatz 1 Satz 1 gesetzt war.**

(4) [1]**Das Gericht kann dem Kläger in dem Termin oder nach Eingang der Klageerwiderung eine Frist zur schriftlichen Stellungnahme auf die Klageerwiderung setzen.** [2]**Außerhalb der mündlichen Verhandlung kann der Vorsitzende die Frist setzen.**

Abs 4 Satz 2 angefügt mWv 1. 1. 2002 durch Art 2 Abs 1 Nr 39 ZPO-RG.

1. Regelungsgehalt, Zweck. Die Vorschrift regelt die Vorberei- 1 tung, vorwiegend durch Fristsetzung, des frühen ersten Termins, der Haupttermin (§ 278) sein kann, ggf des folgenden Haupttermins (§ 272). Das schriftliche Vorverfahren zunächst ohne Terminsbestimmung ist in § 276 geregelt. Zur Wahlmöglichkeit § 272 Rn 2. – **Abs 1** 2 betrifft die Vorbereitung des ersten Termins gegenüber dem Beklagten, **Abs 2** die Vorbereitung des ggf folgenden Haupttermins gegenüber beiden Parteien, **Abs 3** schreibt Fristsetzung gegenüber dem Bekl vor, der im ersten Termin noch nicht ausreichend auf die Klage erwidert hat, **Abs 4** lässt die Fristsetzung gegenüber dem Kl zu. Diese Anordnungen können und sollten zweckmäßigerweise mit Maßnahmen nach §§ 139, 273, sie können geeignetenfalls bereits mit Anordnung und Durchführung einer Beweisaufnahme nach § 358a verbunden werden. – **Ziel** ist 3 Erledigung des Rechtsstreits in einem Haupttermin und so früh wie möglich (§ 272 Abs 1, Abs 3). Dabei kann der frühe erste Termin häufig Haupttermin sein (§ 272 Rn 3–6). In ihm können nicht streitig werdende Sachen durch VersU, AnerkenntnisUrt, Erledigungserklärung, Klagerücknahme, Vergleich erledigt werden. Außerdem bietet der Termin Gelegenheit, mit den Parteien den Streitstoff zu erörtern u einzugrenzen u Beweiserhebungen anzuordnen, falls die Sache noch nicht entscheidungsreif ist. – §§ 275–277 gelten nicht in Arbeitssachen (§ 46 Abs 2 2 ArbGG).

2. Fristsetzung zur Klageerwiderung, Abs 1 S 1, Abs 3. Gilt 4 nicht in Ehe- u Kindschaftssachen, §§ 611 Abs 2, 640. – **a) Vor dem ersten Termin (Abs 1 S 1)** kann der Vorsitzende oder ein von ihm bestimmtes Mitglied des Kollegiums nach Ermessen eine Frist zur Klageerwiderung setzen, am besten gleichzeitig mit der unverzüglichen (§ 216 Abs 2) Bestimmung des Verhandlungstermins. Die Vfg muss ordnungsgemäß unterzeichnet sein – Paraphe genügt nicht (BGH VersR 83, 33) – und ist gem § 329 Abs 2 S 2 zuzustellen, am besten mit der Klage zusammen (§ 271 Abs 1) und der Ladung zum Termin (§ 274 Abs 2), ggf in Verbindung mit Vorbereitungsmaßnahmen nach § 273. Die Fristsetzung ist ein geeignetes Mittel, die Zeit bis zum Verhandlungstermin sinnvoll zu nutzen. Unterbleibt die Fristsetzung, so muss Aufforderung gem Abs 1 S 2 an den Bekl ergehen. – **b) Im ersten** 5

Termin (Abs 3) muss das Gericht (ER §§ 348, 348 a, Vorsitzender der KfH § 349 Rn 1) dem Beklagten eine Frist zur schriftlichen Klageerwiderung setzen, falls er überhaupt noch nicht oder noch nicht ausreichend auf die Klage erwidert hat u ihm vor dem Termin noch keine Frist nach Abs 1 S 1 gesetzt war. Der Beschluss ist zu verkünden (§ 329 Abs 1 S 1), ggf in Verbindung mit weiteren Vorbereitungsmaßnahmen (Abs 2,

6 §§ 139, 273). – **c) Dauer der Frist** in beiden Fällen mindestens 2 Wochen (§ 277 Abs 3) ab Zustellung bzw Verkündung. Diese Mindestfrist ist in RAProz idR zu kurz. Die Fristbemessung richtet sich nach dem Einzelfall (München MDR 80, 147), zB Umfang der Sache u der noch fehlenden Aufklärung, Schwierigkeit bei der Beschaffung nötiger Unterlagen, Wohnort des Beklagten, Besprechung mit RA, Umsetzung in Schriftsatz, dessen Absetzung im Kanzleibetrieb, voraussichtliche Notwendigkeit schriftlicher Erwiderung des Kl. Außerdem ist die Frist mit dem nach der Geschäftslast nächst möglichen (§ 272 Abs 3 für den einzigen, § 278 Abs 4 für weiteren) VhdlgsTermin abzustimmen. Be-

7 rechnung, Änderung der Frist vgl §§ 222 ff. – **d) Bei Fristversäumung** gilt, außer wenn die Frist unangemessen kurz gesetzt war (BGH 124, 71), § 296 Abs 1. Darüber ist der Bekl mit der Fristsetzung zu belehren (§ 277 Abs 2). Verhältnis zur Einspruchsbegründungsfrist § 340 Rn 9.

8   **3. Fristsetzung an Kläger, Abs 4.** Gilt nicht in Ehe- u Kindschaftssachen, §§ 611 Abs 2, 640. – **a) Fälle.** Das Gericht (ER § 348 Rn 1, 2, Vorsitzender der KfH § 349 Rn 1) kann dem Kl eine Frist zur schriftlichen Stellungnahme auf die Klageerwiderung setzen u zwar entweder im ersten Termin durch zu verkündenden Beschluss (§ 329 Abs 1 1) oder nach Eingang der Klageerwiderung; dies kann vor oder nach (Abs 3) dem VhdlgsTermin sein, dann durch zuzustellende Vfg (§ 329 Abs 2 S 2) des Vorsitzenden (Abs 4 S 2). Verbindung mit anderen Vorbereitungsmaß-

9 nahmen nach Abs 2 u §§ 139, 273 ist zweckmäßig. – **b)** Für die **Dauer der Frist** (§ 277 Abs 4) u ihre **Versäumung** gelten Rn 6, 7.

10   **4. Andere Anordnungen, Abs 2,** am besten in Verbindung mit der Fristsetzung, können erforderlich sein, wenn im frühen ersten Termin die mdl Vhdlg noch nicht abgeschlossen werden kann. In Frage kommen Anordnungen im Rahmen der sachlichen Prozessleitung, wie sie in der mdl Vhdlg in § 139, außerhalb der mdl Vhdlg in § 273 vorgesehen sind, ferner Erlass eines Beweisbeschlusses. Ggf ist sofort Haupttermin zu bestimmen. Die Bestimmung eines Verkündungstermins zum Erlass eines Beweisbeschlusses ist iF des § 283 (dort Rn 7) denkbar, aber wegen der Möglichkeit seines Erlasses nach § 358 a in geeigneten Fällen vermeidbar.

§ 276 Schriftliches Vorverfahren

(1) ¹**Bestimmt der Vorsitzende keinen frühen ersten Termin zur mündlichen Verhandlung, so fordert er den Beklagten mit der Zustellung der Klage auf, wenn er sich gegen die Klage**

verteidigen wolle, dies binnen einer Notfrist von zwei Wochen nach Zustellung der Klageschrift dem Gericht schriftlich anzuzeigen; der Kläger ist von der Aufforderung zu unterrichten. ²Zugleich ist dem Beklagten eine Frist von mindestens zwei weiteren Wochen zur schriftlichen Klageerwiderung zu setzen. ³Ist die Zustellung der Klage im Ausland vorzunehmen, so bestimmt der Vorsitzende die Frist nach Satz 1; *(Der folgende Hs gilt nur bis 30. 6. 02)* § 175 gilt entsprechend mit der Maßgabe, daß der Zustellungsbevollmächtigte innerhalb dieser Frist zu benennen ist.

(2) Mit der Aufforderung ist der Beklagte über die Folgen einer Versäumung der ihm nach Absatz 1 Satz 1 gesetzten Frist sowie darüber zu belehren, daß er die Erklärung, der Klage entgegenzutreten zu wollen, nur durch den zu bestellenden Rechtsanwalt abgeben kann.

(3) Der Vorsitzende kann dem Kläger eine Frist zur schriftlichen Stellungnahme auf die Klageerwiderung setzen.

Abs 1 Satz 3 Hs 2 aufgehoben mWv 1. 7. 2002 durch Art 1 Nr 6 ZustRG.

1. **Regelungsgehalt, Zweck.** Die Vorschrift regelt das schriftliche **1** Vorverfahren, während § 275 das Verfahren bei frühem erstem Termin regelt. Wahlmöglichkeit zwischen beiden Verfahrensweisen § 272 Rn 2. Die Abs 1 u Abs 2 schreiben die an den Bekl zu richtende Aufforderung mit einer Notfrist zur Anzeige und einer richterlichen Frist zur Klageerwiderung vor, Abs 3 lässt Fristsetzung für die Replik des Kl zu. Zweck des Vorverfahrens ist, zunächst festzustellen, was nicht streitig wird und diese Sachen nach ergebnislosem Ablauf der Notfrist rasch durch AnerkenntnisUrt oder VersU im schriftlichen Vorverfahren (§§ 307 Abs 2, 331 Abs 3) zu erledigen, sowie zugleich streitig bleibende Sachen durch konzentrierte und gelenkte Stoffsammlung auf schriftlichem Weg so vorzubereiten, dass sie so früh wie möglich in einem Haupttermin erledigt werden können (§ 272 Abs 1, Abs 3). Abs 2 S 2, Abs 3 sind auch im schriftlichen Verfahren nach § 128 Abs 2 anwendbar. § 276 gilt nicht in Ehe-, Kindschafts- (§§ 611 Abs 2, 640 Abs 1) und Arbeitssachen (§ 272 Rn 2).

2. Die **Aufforderung** (Abs 1, Abs 2) muss der Vorsitzende (ER **2** §§ 348, 348 a) zugleich mit der unverzüglich vorzunehmenden Klagezustellung (§ 271 Abs 1) ohne Terminsbestimmung an den Bekl richten. Terminsbestimmung schon jetzt ist entgegen Grunsky JZ 77, 203 unzulässig; das wäre eine Vermengung der zwei vom Gesetz deutlich unterschiedenen Verfahrensweisen (sinngemäß § 272 Rn 2). Die richterliche Vfg, zuzustellen nach § 329 Abs 2 S 2 (BGH 76, 236 u NJW 80, 1960), hat folgenden Inhalt: Aufforderung zur Anzeige binnen Notfrist (Abs 1 S 1), Fristsetzung zur Klageerwiderung (Abs 1 S 2), 2 Belehrungen nach Abs 2 und 2 Belehrungen nach § 277 Abs 2, am AG zusätzlich Belehrung nach § 499. Die Unterrichtung des Kl (Abs 1 S 1 Hs 2)

bezweckt, dass er vom schriftlichen Vorverfahren in Kenntnis gesetzt wird.

3   **3. Die Notfrist zur Anzeige (Abs 1 S 1),** dass Beklagter sich gegen die Kl verteidigen wolle, beträgt 2 Wochen; bei Klagezustellung im Ausland bestimmt sie der Vorsitzende (Abs 1 S 3) zusammen mit der Einlassungsfrist (§ 274 Abs 3 S 2). Die Zustellung der Vfg im Ausland richtet sich nach § 183; Aufforderung zur Benennung eines Zustellungs- bevollmächtigten im Inland ist nach § 184 (bis 30. 6. 02 § 175) möglich. Die Notfrist beginnt mit Zustellung der Klage samt Aufforderung, für Streitgenossen ggf unterschiedlich (§ 61 Rn 1–3, § 62 Rn 1–6). Be- rechnung § 222. Für die Rechtzeitigkeit kommt es auf den Eingang der Anzeige bei dem Gericht als solchem, nicht notwendig bei der Ge- schäftsstelle des zuständigen Spruchkörpers an (Frankfurt MDR 00, 902; s auch Rn 7).

4   **a) Gibt der Beklagte innerhalb der Frist keine Erklärung ab** – im Rahmen des Anwaltsprozesses (§ 78) wirksam nur durch RA –, so folgt auf Antrag des Kl die schriftliche Entscheidung, nämlich VersU gegen Bekl gem § 331 Abs 3 mit der dort genannten Ausnahme oder Klageabweisung durch streitiges Urt (12 vor § 330). Stellt der Kl diesen Antrag nicht, wird Termin zur mdl Vhdlg bestimmt. Über diese Folgen der Versäumung und ggf den RA-Zwang ist der Bekl mit der Aufforde- rung zu belehren (Abs 2); iF des Unterbleibens ist VersU unzulässig 5   (§ 335 Abs 1 Nr 4). – Zum **Schutz eines bedürftigen Beklagten,** der zunächst PKH beantragt, ist die Ausgestaltung der Frist als Notfrist mit der Möglichkeit der Wiedereinsetzung gegen ihre Versäumung keine geeignete Regelung (Rastätter NJW 78, 95, Kramer ZZP 95, 71). Hat ein RA die Anzeige nach Ablauf der Notfrist abgegeben, so bedarf es zur Vermeidung eines VersU eines Wiedereinsetzungsantrages gegen die Versäumung der Notfrist (§ 233) nicht, weil das bei Eingang der Anzeige der GeschSt noch nicht übergebene Urt nicht mehr erlassen werden darf (§ 331 Abs 3); in diesem Fall nimmt das Vorverfahren seinen Fortgang. War das Urt bei Eingang der Anzeige (KG MDR 89, 1003) der GeschSt bereits übergeben, so wird es erlassen (§ 310 Rn 3); dann hilft dem Bekl die Wiedereinsetzung nicht, denn sie beseitigt nicht das VersU, sondern nur die Versäumung der Anzeigefrist (KG NJW-RR 97, 56). Vielmehr ist der gegebene Rechtsbehelf Einspruch gegen das VersU. Hat der Bekl ohne RA die Verteidigungsanzeige bis zum Erlass des Urt (§ 331 Abs 3) erstattet und PKH beantragt, so ist die Entscheidung über den Antrag des Kl auf Erlass eines VersU in entsprechender Anwendung des § 337 bis zur Entscheidung über den PKH-Antrag zurückzustellen (Franzki DRiZ 77, 161, Kramer ZZP 91, 71).

6   **b) Anerkennt der Beklagte** – im Rahmen des § 78 ebenfalls im An- waltszwang – den Klageanspruch, bevor ein schriftliches Urt erlassen ist (Rn 4; ähnlich Bolander NJW 97, 35), so ergeht auf Antrag des Kl schriftliches AnerkenntnisUrt gem § 307 Abs 2; ohne diesen Antrag ist Termin zur mdl Vhdlg zu bestimmen. Kosten bei Anerkenntnis § 93.

c) Geht die **Anzeige** des Bekl vor Erlass eines schriftlichen Urt ein – 7
RA-Zwang im Rahmen des § 78 –, so nimmt das schriftliche Vorverfahren seinen Fortgang. Dabei muss sichergestellt werden, dass das Urt nicht vor dem Zeitpunkt der GeschSt übergeben wird, bis zu dem eine mit der Post oder bei der allgemeinen Einlaufstelle fristgerecht eingegangene Anzeige bei den Akten ist.

d) Im **Mahnverfahren** gelten bei Wahl des schriftlichen Vorverfah- 8
rens nach Widerspruch oder Einspruch §§ 697 Abs 2, 700 Abs 4.

4. Fristsetzung zur Klageerwiderung, Abs 1 S 2. – a) Zu be- 9
stimmen hat die Frist der Vorsitzende gleichzeitig mit der Aufforderung zur Anzeige gem Abs 1 S 1. Entsprechende Vorschrift nach Mahnverfahren in § 697 Abs 2 S 2. Er kann weitere Vorbereitungsmaßnahmen nach §§ 139, 273 damit verbinden. Dass ein vom Vorsitzenden bestimmtes Mitglied des Kollegiums die Frist setzt, ist hier, anders als in §§ 273 Abs 2, 275 Abs 1 S 1, nicht vorgesehen. Trotzdem handelt es sich in solchem Falle um eine wirksame richterliche Fristsetzung (aA, zu formalistisch, BGH NJW 91, 2774; abl Vollkommer EWiR § 296 1/91, 929). Dass die Frist nur für den Fall der Anzeige gemäß Abs 1 S 1 gesetzt sei (so Düsseldorf NJW 81, 2264), ist weder dem Wortlaut noch dem Sinn der Vorschrift zu entnehmen (ebenso Deubner NJW aaO). –
b) Dauer mindestens 2 weitere Wochen ab Ende der Notfrist zur 10
Anzeige in Abs 1 S 1. Iü richtet sich die Bemessung nach dem Einzelfall, vgl ähnlich § 275 Rn 6. Berechnung, Änderung der Frist vgl §§ 222 ff.
– **c) Nach Eingang der Klageerwiderung** innerhalb der Frist setzt, 11
wenn nötig, der Vorsitzende dem Kl eine Frist zur Replik (Abs 3) oder/und bestimmt VhdlgTermin so früh wie möglich (§ 272 Abs 3). Damit sind erforderlichenfalls weitere Vorbereitungsmaßnahmen zu verbinden, wie sie § 139 in, § 273 außerhalb der mdl Vhdlg vorschreiben und wie sie weitergehend § 358 a zulässt. – **d) Im Falle der Fristver-** 12
säumung bestimmt der Vorsitzende VhdlgsTermin so früh wie möglich (§ 272 Abs 3). Die Zulassung späteren Vorbringens richtet sich nach § 296 Abs 1. Darüber ist der Bekl mit der Fristsetzung zu belehren (§ 277 Abs 2). Verhältnis zur Einspruchsbegründungsfrist § 340 Rn 9.

5. Fristsetzung an Kläger, Abs 3. – a) Frist zur Replik kann der 13
Vorsitzende dem Kl durch zuzustellende Vfg (§ 329 Abs 2 S 2) setzen, auch nach Mahnverfahren, § 697 Abs 2 S 2. Dies kann wirksam erst nach Eingang der Klageerwiderung geschehen (BGH NJW 80, 1167), erforderlichenfalls in Verbindung mit weiteren Vorbereitungsmaßnahmen gem §§ 139, 273. Ohne gleichzeitige Zustellung der Klageerwiderung ist die Fristsetzung unwirksam (Nürnberg MDR 91, 357). Ist eine schriftliche Replik nicht veranlasst, bestimmt der Vorsitzende VhdlgsTermin so früh wie möglich (§ 272 Abs 3). Wenn ihm ein Abwarten der Replik nicht veranlasst erscheint, kann er den Vhdlgs-Termin auch schon gleichzeitig mit der Fristsetzung bestimmen. Jedenfalls muss ein längeres Hin- und Herschreiben, zumal ohne richterliche Lenkung ver-

14 mieden werden. Weitergehende Anordnungen lässt § 358 a zu. – **b)** Für die **Dauer** (§ 277 Abs 4) u **Versäumung** gelten Rn 10, 12.

§ 277 Klageerwiderung; Replik

(1) ¹**In der Klageerwiderung hat der Beklagte seine Verteidigungsmittel vorzubringen, soweit es nach der Prozeßlage einer sorgfältigen und auf Förderung des Verfahrens bedachten Prozeßführung entspricht. ²Die Klageerwiderung soll ferner eine Äußerung dazu enthalten, ob einer Entscheidung der Sache durch den Einzelrichter Gründe entgegenstehen.**

(2) **Der Beklagte ist darüber, daß die Klageerwiderung durch den zu bestellenden Rechtsanwalt bei Gericht einzureichen ist, und über die Folgen einer Fristversäumung zu belehren.**

(3) **Die Frist zur schriftlichen Klageerwiderung nach § 275 Abs. 1 Satz 1, Abs. 3 beträgt mindestens zwei Wochen.**

(4) **Für die schriftliche Stellungnahme auf die Klageerwiderung gelten Absatz 1 Satz 1 und Absätze 2 und 3 entsprechend.**

Abs 1 Satz 2 geändert mWv 1. 1. 2002 durch Art 2 Abs 1 Nr 40 ZPO-RG.

1 **1. Regelungsgehalt. Abs 1** gibt inhaltliche Vorschriften für die Klageerwiderung sowohl bei frühem erstem Termin (§ 275) wie im schriftlichen Vorverfahren (§ 276). Entspr Vorschrift für das Vorbringen beider Parteien in der mdl Vhdlg in § 282 Abs 1 S 1. Verteidigungsmittel
2 § 146 Rn 2. – **Abs 3** schreibt eine Mindestdauer von 2 Wochen für die Klageerwiderungsfrist bei frühem erstem Termin vor; Rn 12. Gleiche
3 Mindestfrist im schriftlichen Vorverfahren in § 276 Abs 1 2. – **Abs 4** erweitert die Inhalts- und die Mindestfristvorschrift auf die schriftliche
4 Replik des Klägers; Rn 13. – **Abs 2** schreibt Belehrungen vor; Rn 9–11. – § 277 gilt auch nach Mahnverfahren (§ 697 Abs 2).

5 **2. Für den Inhalt der Klageerwiderung** stellt **Abs 1**, gleichgültig ob eine Frist dafür gesetzt ist oder nicht, eine Prozessförderungspflicht für den Bekl iS einer Konzentration und Beschleunigung derart, dass der Proz in einem einzigen Haupttermin erledigt werden kann. Ger u Kl sollen so frühzeitig wie möglich sehen, worauf die Verteidigung des Bekl hinausläuft. Damit soll tröpfchenweise sukzessives Verteidigungsvorbringen zum Zweck der Prozessverzögerung ausgeschlossen und aus Nachlässigkeit lückenhaftes Verteidigungsvorbringen verhindert werden. –
6 **Abzustellen ist auf die Prozesslage,** dh der Bekl muss in der Klageerwiderung auf die schlüssigen und substantiierten Tatsachenbehauptungen, mit denen der Kl seine Klage begründet und auf ev bereits gemachte Auflagen oder Hinweise des Gerichts eingehen. Soweit er also klagebegründende Behauptungen bestreiten will, muss er dies vollständig und substantiiert, ggf mit seiner eigenen abweichenden Tatsachendarstellung unter Antritt seiner Gegenbeweise tun. Ebenso muss er bereits

in der Klageerwiderung alle Gegenrechte, auf die er sich berufen will, unter Beweisantritt geltend machen, gleichgültig ob es sich um rechtshindernde, -vernichtende oder -hemmende (Rn 45 vor § 253) handelt (vgl „Einwendungen, Einreden, Beweismittel" in § 282 Abs 1). Das gilt auch für Aufrechnung ohne Rücksicht, ob Konnexität besteht oder nicht, einschließlich der Tatsachenbehauptungen und Beweisanträge zu ihrer Rechtfertigung (BGH NJW 91, 293/303) und für Verjährung (Schneider MDR 77, 793). Das ergibt sich aus dem GesWortlaut in §§ 277 Abs 1, 282 Abs 1 und aus der Pflicht, den Rechtsstreit idR in einem Haupttermin zu erledigen (§ 272 Abs 1). Mit der ProzFörderungspflicht vereinbar ist die bloße Angabe des Verteidigungsmittels noch ohne Einzelheiten, verbunden mit der Anregung einer Aufteilung des Proz in den vom Gesetz selbst vorgesehenen Ausnahmefällen (§ 272 Rn 1 aE); will das Gericht diese Anregung nicht aufgreifen, so muss es entspr Hinweis geben und Vervollständigung des Vorbringens verlangen. – **Mitwirkungspflicht des Gerichts,** so frühzeitig wie möglich bei der **7** Stoffsammlung einschl der Beweisangebote mitzuwirken (§§ 139 Abs 1, 273) und rechtliche Hinweise zu geben (§ 139 Abs 1, 2), das notwendige Korrelat zur ProzFörderungspflicht der Parteien. – **Abs 1 Satz 2 8** sichert als Gegenstück zu § 253 Abs 3 aE das rechtliche Gehör des Bekl vor Entscheidung der Sache durch den ER (§§ 348, 348 a). Wie diese Bestimmung bei frühem erstem Termin (§ 275) mit der unverzüglichen Terminsbestimmung (§ 216 Abs 2 vor der Kammer? vor dem ER?) in Einklang zu bringen ist, sagt das Gesetz nicht. Man wird „unverzüglich" verstehen können als nach Eingang der Klageerwiderung bzw Fristablauf, was allerdings mit § 274 Abs 2 wieder nicht zusammenstimmt. – Für Rügen, die die Zulässigkeit der Klage betreffen, Sondervorschrift in § 282 Abs 3 2.

3. Vorgeschriebene Belehrungen des Bekl. – **a) Im RA-Prozess 9** über die Notwendigkeit der Anwaltsbestellung sowohl für die Anzeige innerhalb der Notfrist im schriftlichen Vorverfahren (§ 276 Abs 2) wie für die Klageerwiderung in allen Fällen (Abs 2). – **b) Im RA- u Parteiprozess** über die Folgen der Notfristversäumung zur Anzeige im schrift- **10** lichen Vorverfahren (§ 276 Abs 2) u über die Folgen der Versäumung jeder für die Klageerwiderung gesetzten Frist (Abs 2). Dies auch, wenn der Bekl zZ der Zustellung der Vfg bereits durch einen RA vertreten ist (BGH 88, 180) oder alsbald danach einen RA beauftragt (BGH NJW 86, 133). Versäumungsfolgen § 276 Rn 4, 5, § 275 Rn 7. – **c)** Als **Inhalt** der **11** Belehrung genügt nicht die bloße Wiederholung des Gesetzeswortlauts, außer der Bekl ist selbst zugelassener RA (BGH NJW 91, 493).

4. Die Mindestfrist für Klageerwiderung, Abs 3 beträgt 2 Wo- **12** chen. Sie gilt bei frühem erstem Termin sowohl für die Frist, die der Vorsitzende vor dem ersten Termin setzen kann (§ 275 Rn 4) wie für die Frist, die das Gericht ggf im ersten Termin setzen muss (§ 275 Rn 5). Bemessung richtet sich nach dem Einzelfall wie § 275 Rn 6.

13   5. Für die schriftliche Stellungnahme des Kl zur Klageerwiderung gelten nach Abs 4 die der Prozessförderung dienende Inhaltsvor-
schrift des Abs 1 in jedem Fall und die Mindestfrist des Abs 3 sowohl bei
frühem erstem Termin (§ 275 Rn 8) wie im schriftlichen Vorverfahren
(§ 276 Rn 13), wenn dem Kl eine Frist für die schriftliche Replik
gesetzt wurde, entsprechend. Abs 2, Belehrung über die Folgen der
Fristversäumung, gilt entsprechend.

§ 278 Gütliche Streitbeilegung, Güteverhandlung, Vergleich

(1) Das Gericht soll in jeder Lage des Verfahrens auf eine
gütliche Beilegung des Rechtsstreits oder einzelner Streitpunkte
bedacht sein.

(2) [1] Der mündlichen Verhandlung geht zum Zwecke der gütlichen Beilegung des Rechtsstreits eine Güteverhandlung voraus,
es sei denn, es hat bereits ein Einigungsversuch vor einer außergerichtlichen Gütestelle stattgefunden oder die Güteverhandlung
erscheint erkennbar aussichtslos. [2] Das Gericht hat in der Güteverhandlung den Sach- und Streitstand mit den Parteien unter
freier Würdigung aller Umstände zu erörtern und, soweit erforderlich, Fragen zu stellen. [3] Die erschienenen Parteien sollen
hierzu persönlich gehört werden.

(3) [1] Für die Güteverhandlung sowie für weitere Güteversuche
soll das persönliche Erscheinen der Parteien angeordnet werden.
[2] § 141 Abs. 1 Satz 2, Abs. 2 und 3 gilt entsprechend.

(4) Erscheinen beide Parteien in der Güteverhandlung nicht,
ist das Ruhen des Verfahrens anzuordnen.

(5) [1] Das Gericht kann die Parteien für die Güteverhandlung
vor einen beauftragten oder ersuchten Richter verweisen. [2] In
geeigneten Fällen kann das Gericht den Parteien eine außergerichtliche Streitschlichtung vorschlagen. [3] Entscheiden sich die
Parteien hierzu, gilt § 251 entsprechend.

(6) [1] Ein gerichtlicher Vergleich kann auch dadurch geschlossen
werden, dass die Parteien einen schriftlichen Vergleichsvorschlag
des Gerichts durch Schriftsatz gegenüber dem Gericht annehmen. [2] Das Gericht stellt das Zustandekommen und den Inhalt
eines nach Satz 1 geschlossenen Vergleichs durch Beschluss fest.
[3] § 164 gilt entsprechend.

Neu gefasst mWv 1. 1. 2002 durch Art 2 Abs 1 Nr 41 ZPO-RG.

1   **1. Regelungsgehalt. Abs 1** unterstreicht die Pflicht des Ger zur
2   Förderung einer Einigung der Parteien durch Vergleich. – **Abs 6** regelt
den Abschluss eines Vergleichs durch Austausch von Schriftsätzen. –
3   **Abs 2** schreibt – ähnlich wie im ArbGerichtsverfahren – eine Güteve-
handlung vor der mdl Vhdlg vor und regelt in Verbindung mit **Abs 3, 4**
4   das dabei zu beachtende Verfahren. – **Abs 5 S 1** gibt die Möglichkeit,

die Güteverhandlung einem beauftragten oder ersuchten Richter zu übertragen. Nach S 2 können die Parteien auf außergerichtliche Schlichtung (§ 15 a EGZPO) hingewiesen werden.

2. Sühneversuch soll nach **Abs 1** vorgenommen werden in jeder 5 Lage des Verfahrens, also auch nach Beweisaufnahme, in den Rechtsmittelinstanzen, nach Wiedereröffnung der mdl Vhdlg (§ 156). Vor dem Prozessgericht (Einzelrichter §§ 348, 348 a, 526, 527, Vorsitzender der KfH § 349) formlos. Vertagung zwecks Sühneversuchs vor bes Einigungsämtern § 27 a Abs 10 UWG. Arbeitsgericht §§ 54, 57 Abs 2 ArbGG.

3. Güteverhandlung ist nach **Abs 2** stets **vor** der 1. mdl Vhdlg, das 6 ist früher erster Termin (§ 275) oder Haupttermin nach schriftlichem Vorverfahren (§ 276), durchzuführen, idR vor dem entscheidenden Kollegium. Nach **Abs 5 S 1** kann Güteverhandlung auch vor dem beauftragten oder ersuchten Richter (dann durch Beschluss) angeordnet werden. In beiden letztgenannten Fällen kein Anwaltszwang (§ 78 Abs 3). – **Ausnahmen.** Keine Pflicht zur Güteverhandlung (Abs 2 S 1 Hs 2), 7 wenn entweder ein Einigungsversuch vor einer außergerichtlichen Gütestelle (§ 15 a EGZPO) bereits stattgefunden hat oder wenn nach dem Inhalt von Klage, Klageerwiderung und ggf Replik eine gütliche Beilegung des Rechtsstreits ausgeschlossen erscheint. –

Zur **Durchführung** sind die Parteien persönlich vAw mit dem Hinweis nach § 141 Abs 3 S 3 zu laden (§ 141 Abs 2), außer es liegt ein Fall 8 des § 141 Abs 1 S 2 vor. Erscheint eine geladene Partei nicht, kann gegen sie gem § 141 Abs 3 S 1 Ordnungsgeld verhängt werden, wenn sie nicht einen geeigneten Vertreter (§ 141 Abs 3 S 2) zur Güteverhandlung entsendet. –

Der **Ablauf** der Güteverhandlung entspricht im Wesentlichen dem 9 einer mdl Vhdlg, wie er durch § 139 Abs 1 vorgegeben ist (s dort Rn 1, 3–7). Der Zweck der Erörterung, an der die erschienenen Parteien persönlich zu beteiligen sind (Abs 2 S 3), ist hier allerdings nicht so sehr die Vorbereitung der gerichtlichen Endentscheidung, sondern das Erreichen eines prozessbeendenden Vergleichs.

4. Mögliches Ergebnis der Güteverhandlung: – a) Im Idealfall 10 endet die Güteverhandlung mit dem Abschluss eines gerichtlichen Vergleichs in der Form des § 160 Abs 3 Nr 1. – **b)** Möglicherweise einigen 11 sich die Parteien nur darauf, dass das Gericht ihnen nach Maßgabe gewisser Eckpunkte einen schriftlichen Vergleichsvorschlag unterbreitet. Dann kann ein Vergleich in der Form des Abs 6 (Rn 15) abgeschlossen werden. – **c)** In geeigneten Fällen, wenn etwa die Mithilfe von Steuer- 12 beratern, Sachverständigen oder anderen Experten erforderlich ist, kann das Ger eine außergerichtliche Streitschlichtung entweder nach § 15 a EGZPO oder durch einen Mediator vorschlagen. Gehen die Parteien auf den Vorschlag ein, ist das Ruhen des Verfahrens entsprechend § 251 anzuordnen. – **d)** Führt die Güteverhandlung zu keiner vollständigen 13 Einigung, schließt sich sogleich der frühe erste Termin oder der Haupt-

termin an (§ 279 Abs 1), sofern das erkennende Ger tätig ist. Der beauftragte oder ersuchte Richter gibt in diesem Fall die Akten an das
14 erkennende Ger zurück. – **e)** Wenn beide Parteien zur Güteverhandlung nicht erscheinen, dh säumig sind iS von §§ 330, 331 (1–9 vor § 330), ist nach **Abs 4** das Ruhen des Verfahrens gem § 251 anzuordnen.

15   **5. Vergleichsabschluss im schriftlichen Verfahren ermöglicht** Abs 6. – **a) Formale Voraussetzungen:** ein schriftlicher Vergleichs- vorschlag des Ger muss vorliegen, den beide Parteien durch Schriftsätze an das Ger annehmen. Das Zustandekommen und den Inhalt des Ver- gleichs stellt das Ger durch Beschluss fest. Demnach erscheint es zulässig, dass die Parteien den gerichtlichen Vorschlag mit übereinstimmenden
16 Modifizierungen annehmen. – **b)** Die **Rechtsnatur** eines derartigen schriftlichen Vergleichs unterscheidet sich nicht von dem nach § 160 Abs 3 Nr 1 protokollierten. Er ist wie dieser zugleich Prozesshandlung
17 und materielles Rechtsgeschäft (§ 794 Rn 3). – **c) Wirkung** wie beim protokollierten, nämlich unmittelbare Beendigung des Rechtsstreits (§ 794 Rn 26) und Vollstreckungstitel (§ 794 Rn 27); weitere Wirkun-
18 gen § 794 Rn 28–30. – **d) Streit über Inhalt und Wirksamkeit** des Vergleichs: Der Beschluss des Ger hat die gleiche Funktion wie das Verhandlungsprotokoll, kann wie dieses nach § 164 berichtigt werden (Abs 6 S 3), ist aber nicht anfechtbar mit sofortiger Beschwerde wegen § 567 Abs 1 Nr 1. Zu den Gründen für eine Unwirksamkeit des Ver- gleichs und deren Geltendmachung vgl § 794 Rn 34–41.

§ 279 Mündliche Verhandlung

(1) [1]**Erscheint eine Partei in der Güteverhandlung nicht oder ist die Güteverhandlung erfolglos, soll sich die mündliche Ver- handlung (früher erster Termin oder Haupttermin) unmittelbar anschließen.** [2]**Andernfalls ist unverzüglich Termin zur mündli- chen Verhandlung zu bestimmen.**

(2) **Im Haupttermin soll der streitigen Verhandlung die Be- weisaufnahme unmittelbar folgen.**

(3) **Im Anschluss an die Beweisaufnahme hat das Gericht er- neut den Sach- und Streitstand und, soweit bereits möglich, das Ergebnis der Beweisaufnahme mit den Parteien zu erörtern.**

Neu gefasst mWv 1. 1. 2002 durch Art 2 Abs 1 Nr 41 ZPO-RG.

1   **1. Die streitige Verhandlung (Abs 1)** schließt sich unmittelbar an die Güteverhandlung an, wenn diese nicht zur vollen Prozessbeendigung geführt hat (nur Teilvergleich) oder eine Partei säumig (1–9 vor § 330) ist. Im letzteren Fall kann sofort VersU oder § 330 oder § 331 erlassen
2 werden. – **Terminsbestimmung,** und zwar unverzüglich, hat zu erfol- gen, wenn die Güteverhandlung vor dem beauftragten oder ersuchten Richter stattgefunden hat oder wenn in Erwartung einer gütlichen Einigung die Vhdlg nicht ausreichend vorbereitet wurde.

2. Die Beweisaufnahme (Abs 2), grundsätzlich vor dem Prozess- 3
gericht (§ 355), soll im Haupttermin der streitigen Vhdlg unmittelbar
folgen. Zur Erreichung dieses Ziels ist das Ger gehalten, von den
gegebenen Vorbereitungsmöglichkeiten in §§ 139, 273, 358a angemessenen Gebrauch zu machen. Hinausgehend über § 285 Abs 1 hat das
Ger mit den Parteien erneut den Sach- u Streitstand zu erörtern (Abs 3),
was aus dem Protokoll ersichtlich sein muss (BGH NJW 90, 121), ggf
nochmals auf eine gütliche Erledigung hinzuwirken (§ 278 Abs 1). Die
Ablehnung, einer Partei einen beweiswürdigenden Schriftsatz nachzulas-
sen, verletzt grundsätzlich nicht ihr Recht auf rechtliches Gehör (BGH
NJW 91, 1547; vgl auch § 411 Rn 7).

§ 280 Abgesonderte Verhandlung über Zulässigkeit der Klage

(1) **Das Gericht kann anordnen, daß über die Zulässigkeit der
Klage abgesondert verhandelt wird.**

(2) [1]**Ergeht ein Zwischenurteil, so ist es in betreff der Rechtsmittel als Endurteil anzusehen.** [2]**Das Gericht kann jedoch auf
Antrag anordnen, daß zur Hauptsache zu verhandeln ist.**

1. Abgesonderte Verhandlung kann durch unanfechtbaren Be- 1
schluss angeordnet werden über die Zulässigkeit der Klage. Anlass dazu
besteht, wenn sie zweifelhaft ist oder/und die Parteien darüber streiten.
Zweifel oder Streit können sich auf jede ProzVoraussetzung (Rn 10–33
vor § 253) beziehen, gleichgültig ob vAw oder nur auf Rüge zu prüfen.
Soweit nur auf Rüge zu beachten, §§ 282 Abs 3, 296 Abs 3. Bei der
Wiederaufnahmeklage § 590 Rn 1, 2. Die Anordnung ist jederzeit
zulässig, auch wenn nur einer von mehreren Klagegründen betroffen ist
und leitet einen Zwischenstreit ein. – **Beweislast** Rn 13 vor § 253. 2
Streitwert wie Hauptsache. – **Besonderheiten:** Zulässigkeit des 3
Rechtswegs § 17a GVG. Bei der örtlichen, sachlichen und internationalen Zuständigkeit sind in höheren Rechtszügen zu beachten §§ 513
Abs 2, 545 Abs 2. Bei Streit über Parteifähigkeit oder Existenz der Partei
gilt diese als parteifähig (BGH 24, 91, NJW-RR 86, 157); entsprechend
bei Prozessfähigkeit (BGH 110, 234) und gesetzlicher Vertretung (BGH
111, 219). Unter § 280 fällt auch ein ZwischenUrt, das den vom Kl
beantragten Parteiwechsel auf der Beklagtenseite in der BerInstanz mit
der Wirkung für zulässig erklärt, dass der bisherige Bekl gegen seinen
Willen aus dem Rechtsstreit ausscheidet u der neue Bekl gegen seinen
Willen in das Verfahren einbezogen wird (BGH NJW 81, 989; auch
Rn 27 vor § 50). Schiedsgerichtsklausel § 1032.

2. Entscheidung (Abs 2). – a) Ist die Klage unzulässig, so ist sie 4
durch **Endurteil** abzuweisen. Ausnahmen: Im Falle der Unzulässigkeit
des Rechtswegs, auch für einen von mehreren prozessualen Ansprüchen
(BGH WM 91, 1320), Verweisung vAw durch Beschluss § 17a Abs 2
GVG. Im Falle der Unzuständigkeit auf Antrag Verweisung §§ 281, 506;
im Falle der Ausländer-Sicherheitsleistung ist nach § 113 zu verfahren. –

b) Ist die Klage zulässig, so ist dies in den Entscheidungsgründen des Endurteils auszusprechen oder durch **Zwischenurteil,** bei Zulässigkeit des Rechtswegs durch Beschluss § 17 a Abs 3, Abs 4 GVG. Vorsitzender der KfH § 349 Abs 2 Nr 2. Versäumnisurteil ist unter Beachtung der §§ 335 Abs 1 Nr 1, 347 Abs 2 zulässig. Formulierungsvorschläge für den Tenor: Die Klage ist zulässig. Oder beschränkt auf die streitige Prozessvoraussetzung etwa: Der Rechtsweg ist zulässig; der Rechtsstreit ist nicht durch Schiedsrichter zu entscheiden; die Sache ist nicht ander-

6 weitig rechtshängig. – Das Zwischenurteil ist **selbständig anfechtbar,** ebenso der Beschluss (§ 17 a Abs 4 GVG). Durch Rechtsmittel gegen

7 das Endurteil wird es nicht berührt. – **Nicht anfechtbar** ist ein stattgebendes Zwischenurteil nach § 113 (BGH 102, 232) und ein Zwischenurteil (§ 108 Rn 1), das die zu leistende Sicherheit niedriger bemisst als Bekl dies begehrte (BGH NJW 74, 238). Der Beklagte kann weiterhin die Einlassung wegen ungenügender Sicherheitsleistung verweigern (BGH NJW-RR 90, 378) und nach Leistung der angeordneten Sicherheit ein weiteres Zwischenurteil, das die Klage für zulässig erklärt, erreichen, das dann anfechtbar ist, oder Antrag nach § 112 Abs 3 stellen.

8 Berufungsurteil § 538 Abs 1 Nr 3. – **c) Abgrenzung.** Über einen anderen prozessualen Zwischenstreit als die Zulässigkeit der Klage ist nur unselbständiges Zwischenurteil nach § 303 zulässig.

9   **3. Nach Erlass des Zwischenurteils** kann das Ger auf Antrag nach mdl Vhdlg durch Beschluss Verhandlung zur Hauptsache anordnen. So insbes bei Dringlichkeit oder geringer Erfolgsaussicht des Rechtsmittels gegen das Zwischenurteil. Regelmäßig (KG MDR 71, 588) steht bis zu dessen Rechtskraft das Verfahren still. Gegen die Ablehnung des Antrags, zur Hauptsache zu verhandeln, ist entspr § 252 sofortige Beschwerde statthaft. Gegen die Anordnung der Hauptsacheverhandlung gibt es kein Rechtsmittel (München NJW 74, 1514, Frankfurt MDR 85, 149; aA Karlsruhe NJW 71, 662: sofortige Beschwerde entspr § 252). Nach Rechtskraft des ZwischenUrt hat das Gericht Termin vAw zu bestim-

10 men (BGH NJW 79, 2307 für § 304). – **Rechtsmittel.** Das zur Hauptsache ergehende Endurteil (auch VersU gegen Bekl) ist auflösend bedingt durch die Aufhebung des Zwischenurteils (BGH NJW 73, 467; ähnlich § 302 Rn 17, § 304 Rn 23) und fällt, auch wenn bereits formell rechtskräftig, von selbst weg, wenn das Zwischenurteil in höherer Instanz aufgehoben und die Klage abgewiesen wird. Rechtskraft des Endurteils hindert also nicht Rechtsmittel gegen das Zwischenurteil. Andererseits hindert Rechtsmittel gegen letzteres nicht die Vollstr aus dem Endurteil. Wird das Zwischenurteil aufgehoben und die Klage abgewiesen, ist Kläger nach § 717 Abs 2 schadensersatzpflichtig. Auf Rechtsmittel in der Hauptsache ist die Zulässigkeit des Rechtswegs nicht mehr überprüfbar (§ 17 Abs 5 GVG). Berufung nur gegen das Endurteil ergreift nicht das noch nicht rechtskräftige Zwischenurteil, auch die höhere Instanz ist also an letzteres gebunden.

§ 281 Verweisung bei Unzuständigkeit

(1) ¹Ist auf Grund der Vorschriften über die örtliche oder sachliche Zuständigkeit der Gerichte die Unzuständigkeit des Gerichts auszusprechen, so hat das angegangene Gericht, sofern das zuständige Gericht bestimmt werden kann, auf Antrag des Klägers durch Beschluß sich für unzuständig zu erklären und den Rechtsstreit an das zuständige Gericht zu verweisen. ²Sind mehrere Gerichte zuständig, so erfolgt die Verweisung an das vom Kläger gewählte Gericht.

(2) ¹Anträge und Erklärungen zur Zuständigkeit des Gerichts können vor dem Urkundsbeamten der Geschäftsstelle abgegeben werden. ²Der Beschluß ist unanfechtbar. ³Der Rechtsstreit wird bei dem im Beschluß bezeichneten Gericht mit Eingang der Akten anhängig. ⁴Der Beschluß ist für dieses Gericht bindend.

(3) ¹Die im Verfahren vor dem angegangenen Gericht erwachsenen Kosten werden als Teil der Kosten behandelt, die bei dem im Beschluß bezeichneten Gericht erwachsen. ²Dem Kläger sind die entstandenen Mehrkosten auch dann aufzuerlegen, wenn er in der Hauptsache obsiegt.

Abs 2 Satz 2 aufgehoben mWv 1. 1. 2002 durch Art 2 Abs 1 Nr 42 ZPO-RG.

1. Anwendungsbereich. – a) Innerhalb der ZPO im Urteilsver 1 fahren unmittelbar, sonst entsprechend; auch für Streitsachen nach Abgabe nach Erlass eines Mahn- oder Vollstreckungsbescheids (§§ 696 Abs 5, 700 Abs 3), auch im MahnVerf vor Erlass eines Mahn- (BGH RPfleger 78, 201) bzw VollstrBescheids (Karlsruhe Just 82, 293), im ZwVollstrVerfahren (BayObLG MDR 86, 326), im Aufgebots- (RG 121, 20), PKH- (BGH NJW-RR 94, 706), Arrest- u einstw Vfgs- (BGH FamRZ 89, 847), selbständigen Beweis- § 486 Abs 2 (Frankfurt NJW-RR 98, 1610), für gerichtliche Hilfe im schiedsrichterlichen Verfahren § 1062, soweit es sich um die ursprüngliche **örtliche oder sachliche Unzuständigkeit** handelt. § 281 gilt nicht bei internationaler Unzuständigkeit (Düsseldorf WM 00, 2192) und grundsätzlich nicht – Ausnahme allenfalls unter dem Gesichtspunkt der Meistbegünstigung (BGH NJW-RR 97, 55) und bei abweichender, nicht allgemein bekannter spezialgesetzlicher Regelung der Rechtsmittelzuständigkeit (Köln NJW-RR 97, 1351) – bei funktioneller Unzuständigkeit (Brandenburg OLG-NL 00, 187; Rn 2 vor § 1), zB Verweisung zwischen Rechtsmittelgerichten (BGH NJW 86, 2764), auch vom LG als BerGer an OLG wegen nachträglicher Klageerweiterung (BGH NJW-RR 96, 891), von Proz- zu VollstrGer (BayObLGZ 88, 305), und Geschäftsverteilung (Rn 9 vor § 1). Verweisung bei nachträglich eintretender Unzuständigkeit § 506, in Familiensachen § 621 Abs 3; § 281 gilt auch für den Verweisungsbeschluss eines FamilienGer wegen örtlicher Unzuständigkeit in einem nicht mit einer Scheidungssache verbundenen Ver-

fahren über eine der in § 621 a Abs 1 bezeichneten Familiensachen
(BGH 71, 15); bei Verweisung an das gemäß § 143 Abs 2 PatG zuständige LG (BGH 72, 1), bei Verweisung im Insolvenzverfahren, § 4 InsO.
Verweisung zwischen Zivilkammer und KfH §§ 97–102 GVG. Zwischen Zivil- und Schiedsgericht gibt es keine gegenseitige Verweisung. –

2 **Nachträgliche Parteivereinbarung** eines anderen Gerichts führt nicht
zur Unzuständigkeit des angegangenen zuständigen bzw des Gerichts, an
das das angegangene Gericht verwiesen hat (§ 261 Rn 17) und rechtf-
fertigt deshalb nicht Verweisung bzw Weiter- oder Zurückverweisung
(München NJW 65, 767, Celle Nds RPfl 69, 106); auch nicht, wenn das
zuerst angerufene Gericht nach allgemeinen Regeln zuständig gewesen
wäre (Düsseldorf JMinBlNRW 71, 211). Dagegen hat das angegangene
unzuständige Gericht auf Antrag an das Gericht zu verweisen, dessen
Zuständigkeit die Parteien nach Rechtshängigkeit vereinbart haben
3 (BGH MDR 76, 378). – **b) Im Verhältnis zum Familiengericht** bzw
Familiensenat gibt es beiderseits Abgabe (§ 23 b GVG Rn 6, 7). § 281
ist nicht anwendbar (BGH 71, 264, NJW-RR 93, 1282). Ebenso zwischen Familien- und Vormundschaftsgericht in FGG-Angelegenheiten
(BGH RPfleger 90, 256). Die Abgabe vom LG an das Familiengericht
(auch) nach §§ 18 a, 18 HausratVO ist bindend (Karlsruhe NJW-RR 93,
71). Wegen der Rechtsmittelzuständigkeit vgl § 119 GVG Rn 5. –
4 **c) Im Verhältnis zur freiwilligen Gerichtsbarkeit** gibt es Abgabe in
§ 18 HausratsVO, in § 46 WEG, in § 12 LwVG und analog an die
Spruchstelle nach § 58 DM-BilanzG (BGH 10, 155) und analog § 46
WEG auch Abgabe vom Ger der freiwilligen Gerichtsbarkeit an das
ProzGer vAw mit Bindungswirkung (BGH NJW 89, 714). Gegen
Abgabebeschluss ist Beschwerde unstatthaft (BGH NJW 93, 3326). –
5 **d) Im Verhältnis zu anderen Gerichtszweigen** hat das Zivilgericht
6 vAw gem § 17 a Abs 2 GVG zu verweisen und umgekehrt. – **e)** In
Kartellsachen Verweisung von dem allgemein zuständigen OLG an das
für Berufung in Kartellsachen (§§ 92–94 GWB) zuständige (BGH NJW
68, 351).

7   **2. Zulässigkeit der Verweisung. – a) Antrag des Klägers,** auch
nach Erlass eines Vers- oder TeilanerkenntnisUrt (BGH NJW-RR 92,
1091) und in höherer Instanz auf zulässiges Rechtsmittel (BGH 16, 345),
auch Hilfsantrag (BGH 5, 107), auch im Verf nach § 36 Nr 6 (BGH
NJW 78, 1163). Kein Anwaltszwang (§ 78 Abs 3), außer in mündlicher
8 Verhandlung. Nach Abgabe im MahnVerf § 696 Rn 25. – **b) Von
Amts wegen** Abgabe nach Widerspruch oder Einspruch im Mahnverfahren (§§ 696 Abs 1, 698, 700 Abs 3) ohne Bindungswirkung für das
Gericht, an das abgegeben wird. – **c)** In beiden Fällen muss das örtlich
und sachlich **zuständige Gericht** bezeichnet sein, iF der Rn 7 hat
unter mehreren der Kläger zu wählen. Eine Verweisung, in der das
zuständige Gericht nicht fest bestimmt wird, ist anfechtbar und nicht
9 bindend (Celle MDR 53, 111). – **d) Nur der prozessuale Anspruch**
(Einl II) oder einer von mehreren bei kumulativer Klagehäufung, nicht

wegen einer einzelnen Anspruchsgrundlage (Einl II Rn 15–23) kann verwiesen werden; so BGH 13, 145/153 für teilweise Unzulässigkeit des Zivilrechtswegs, BGH NJW 71, 564, Frankfurt ZIP 82, 1247 für teilweise örtliche, BGH NJW 64, 45 für teilweise sachliche Unzuständigkeit, BGH FamRZ 83, 155 für teilweise Unzuständigkeit des Familiensenats. Verweisung bei eventueller Anspruchshäufung vgl § 260 Rn 17. Alternative Häufung von Klagegründen vgl § 260 Rn 7.

3. Entscheidung durch Beschluss, idR ohne mündliche Verhandlung (§ 128 Abs 4). Auch außerhalb des Urteilsverfahrens nach rechtlichem Gehör (BVerfG NJW 82, 2367). Im Urteilsverfahren ab Rechtshängigkeit (BGH NJW 80, 1281), nicht schon ab Anhängigkeit (§ 261 Rn 1, 2, BayObLG MDR 64, 767). Vorsitzender der KfH § 349 Abs 2 Nr 1. In der Rechtsmittelinstanz durch Urteil, weil die notwendige Aufhebung des Urteils erster Instanz nicht durch Beschluss geschehen kann (BGH NJW 86, 1995); deshalb auch auf mdl Vhdlg. – Die erlassene Entscheidung ist, auch wenn fehlerhaft durch Urt (BGH NJW-RR 00, 1731), grundsätzlich **unanfechtbar,** auch wenn sie auf Rechtsirrtum beruht oder sonst fehlerhaft ist (BGH 2, 278, NJW 93, 1273), insbes die Verweisung unzulässig ist, zB weil das verweisende Gericht irrig annimmt, seine Zuständigkeit könne durch Parteivereinbarung nach Rechtshängigkeit noch beseitigt werden (Düsseldorf OLGZ 76, 475; aA LG Aurich NdsRPfl 79, 147), selbst bei ausschließlicher Zuständigkeit des verweisenden Gerichts (Düsseldorf Rpfleger 75, 102; Frankfurt Rpfleger 79, 390). Die Entscheidung über die Zuständigkeit kann auch nicht mit Rechtsmittel gegen das Urt des neuen Ger angefochten werden. Unanfechtbar ist auch der Beschluss, der den Verweisungsantrag ablehnt („Der Beschluss" in Abs 2 S 2, Oldenburg MDR 92, 518). **Anfechtbar** (aA Scherer ZZP 110, 167) ist die Verweisung vor Rechtshängigkeit (BayObLG NJW-RR 00, 1311); wenn ihr jede gesetzliche Grundlage fehlt, sie also auf Willkür beruht (BGH 1, 341, NJW 93, 1273 u 2810, NJW 96, 3013, Schleswig MDR 00, 1453); wenn der Beschluss mangels Begründung nicht erkennen lässt, ob er auf einer gesetzlichen Grundlage beruht und dies auch nicht aus den Akten zu ersehen ist (KG MDR 93, 176, MDR 98, 618); wenn sie schlechterdings nicht als im Rahmen des § 281 getroffene Anordnung angesehen werden könnte, zB Verweisung des Rechtsstreits an ein OLG als 1. Instanz (BGH 2, 278); wenn die Verweisung an ein unzuständiges Gericht oder bei noch nicht geklärter Zuständigkeit auf einer Versagung des rechtlichen Gehörs beruht (BGH 71, 69, VersR 92, 639, FamRZ 97, 171). Die genannten Entscheidungen sind zT unter dem Stichwort Bindung des Gerichts (Rn 13) ergangen, die Voraussetzungen für ausnahmsweise Anfechtbarkeit und Nichtbindung sind aber dieselben (aA KG MDR 88, 417).

4. Wirkung. – a) Bindung des neuen Gerichts auch höherer Instanz hinsichtlich aller Zuständigkeitsfragen, die das verweisende Ger geprüft und bejaht hat (BGH FamRZ 99, 501), ohne Rücksicht auf Ordnungsmäßigkeit und Richtigkeit der Verweisung (Rn 11). Das bedeutet, das neue Ger und dessen Rechtsmittelinstanzen können weder vAw noch auf Rüge den Verweisungsbeschluss aufheben oder abändern, auch das Verfahren (BGH FamRZ 88, 943) und die Zuständigkeit des verweisenden Ger nicht erneut unter anderen rechtlichen Gesichtspunkten überprüfen (Frankfurt OLGZ 79, 451 u NJW-RR 88, 772). Wenn das verweisende Ger, wie regelmäßig, das sachlich und örtlich zuständige, auch Streit- oder Familiengericht bestimmt hat, kann das Ger, an das verwiesen wurde, grundsätzlich auch nicht an ein drittes Ger weiterverweisen (BGH NJW-RR 98, 1220, FamRZ 99, 501); ebenso wenig kann es aGrd übereinstimmenden Antrags oder Wohnsitzänderungen an das verweisende Ger zurückverweisen (BGH FamRZ 94, 437). Hat das OLG-Familiensenat an das LG-Berufungskammer verwiesen, darf diese nicht an das AG zurückverweisen (Karlsruhe FamRZ 83, 1250). Im PKH-Verfahren bindet der Verweisungsbeschluss nur für dieses, nicht für das nachfolgende Klageverfahren (BGH NJW-RR 91, 1342, 92, 59). Für das verweisende Ger ist der Beschluss mit Eingang der Akten bei dem im Beschluss bezeichneten Ger außer der Berichtigung nach § 319 unabänderlich, weil das Verfahren nunmehr dort anhängig ist (BGH NJW-RR 93, 700).

14   **b) Keine Bindung** tritt ein: vor Rechtshängigkeit (BayObLG NJW-RR 00, 1311); außerhalb des Anwendungsbereichs von § 281 (Rn 1–6); soweit der Beschluss ausnahmsweise anfechtbar ist (Rn 12; aA Scherer ZZP 110, 167/176: nur bei Wirkungslosigkeit); bei Abgabe nach Mahnverfahren, § 696 Abs 5 S 1; bei Verweisung im PKH-Verfahren für das anschließende Streitverfahren (Rn 13); bei Klage- oder Parteiänderung nach Verweisung, wenn nunmehr ein anderes – auch das vordem verweisende – Ger zuständig ist (BGH NJW 90, 53, KG MDR 98, 367); über den Verweisungsgrund hinaus, der auch durch Auslegung zu ermitteln ist, zB nur wegen sachlicher oder auch wegen örtlicher Unzuständigkeit (BayObLG NJW-RR 96, 956); falls das neue Ger sich bereits früher rechtskräftig für sachlich – nicht: örtlich (BGH NJW 97, 869) – unzuständig erklärt hatte, § 11 (München NJW 56, 187). Bei unzulässiger Zurückverweisung gilt § 36 Nr 6 (BGH LM Nr 1).

15   **c) Anhängigkeit vor dem neuen Gericht** ab Eingang der Akten dort, Abs 2 S 3. Das einheitliche Verfahren wird unmittelbar in der Lage fortgesetzt, in der es sich bei der Verweisung befand. Die bisherigen Prozesshandlungen wirken fort. Der Verweisungsbeschluss begründet die sachliche Zuständigkeit des neuen Ger für alle Anspruchsgrundlagen (BGH NJW 64, 45 u 68, 351; BAG NJW 64, 1435). Über ein Rechtsmittel gegen eine dem Verweisungsbeschluss vorausgegangene Entscheidung ist das Ger zuständig, das dem Ger, an das verwiesen wurde, falls dieses nicht selbst abhilft, übergeordnet ist (KG NJW 69, 1816). – Eine

16 **Ausschlussfrist** wird gewahrt, falls die Klage vor Ablauf im falschen Gerichtszweig (§ 17 a Abs 2 GVG), beim örtlich oder sachlich unzuständigen Ger – auch bei ausschließlicher Zuständigkeit – erhoben und auf

Antrag, auch erst nach Fristablauf (BGH 97, 155) verwiesen wird. Die Ausschlussfrist wird nicht gewahrt, falls die Klage vor Zustellung an das zuständige Ger abgegeben, von diesem zugestellt wird, aber nicht von einem dort zugelassenen RA unterschrieben ist (BGH ZIP 84, 487).

d) Auch für die **Kosten** (Abs 3) bildet das Verfahren eine Instanz, **17** auch bei Verweisung nach Abgabe im streitigen Verfahren nach Mahnbescheid (§ 696 Abs 5 S 2) und bei Verweisung in einen anderen Rechtsweg (§ 17 b Abs 2 GVG). Die Entscheidung trifft das neue Ger, über die Rechtsmittelkosten bei Verweisung erst in höherer Instanz das Rechtsmittelgericht (BGH 12, 53/70). – **Mehrkosten** **18** sind diejenigen, die über die Kosten hinausgehen, die auch bei anfänglicher Klageerhebung beim zuständigen Ger entstanden wären (München NJW 69, 1217), zB zusätzliche RA-Kosten bei Vertretung durch eine andere Sozietät vor dem übernehmenden Ger (Frankfurt NJW-RR 99, 435); Mahngebühren des beim unzuständigen Ger tätig gewordenen RAs (Koblenz MDR 75, 936). Sie sind unbeschadet des § 344 stets dem Kläger aufzuerlegen, gegebenenfalls durch ErgänzungsUrt, § 321. Ist das nicht geschehen, bleibt die (unrichtige) Kostenentscheidung bindend, der Rechtspfleger kann im Kostenfestsetzungsverfahren daran nichts ändern (hM, zB Hamburg MDR 65, 495, KG MDR 76, 405, Koblenz MDR 87, 681; aA Saarbrücken NJW 75, 982, Frankfurt MDR 88, 869, wonach Korrektur über die Erstattungsfähigkeit als notwendige Kosten möglich sein soll; abl Schmidt NJW 75, 984).

§ 282 Rechtzeitigkeit des Vorbringens

(1) **Jede Partei hat in der mündlichen Verhandlung ihre Angriffs- und Verteidigungsmittel, insbesondere Behauptungen, Bestreiten, Einwendungen, Einreden, Beweismittel und Beweiseinreden, so zeitig vorzubringen, wie es nach der Prozeßlage einer sorgfältigen und auf Förderung des Verfahrens bedachten Prozeßführung entspricht.**

(2) **Anträge sowie Angriffs- und Verteidigungsmittel, auf die der Gegner voraussichtlich ohne vorhergehende Erkundigung keine Erklärung abgeben kann, sind vor der mündlichen Verhandlung durch vorbereitenden Schriftsatz so zeitig mitzuteilen, daß der Gegner die erforderliche Erkundigung noch einzuziehen vermag.**

(3) [1]**Rügen, die die Zulässigkeit der Klage betreffen, hat der Beklagte gleichzeitig und vor seiner Verhandlung zur Hauptsache vorzubringen.** [2]**Ist ihm vor der mündlichen Verhandlung eine Frist zur Klageerwiderung gesetzt, so hat er die Rügen schon innerhalb der Frist geltend zu machen.**

1 **1. Abs 1 betrifft die mündliche Verhandlung** und begründet eine **allgemeine Prozessförderungspflicht** für die Parteien als Gegenstück zu der Konzentrations- u Beschleunigungspflicht des Ger. Da der erste Termin der frühestmögliche Zeitpunkt ist, kann Vorbringen als solches in ihm nicht verspätet sein (BGH NJW 92, 1965). Die Bedeutung des Abs 1 liegt bei folgenden Terminen. Die Möglichkeit, dass die Prozessförderungspflicht durch fehlende oder verspätete Ankündigung (Abs 2) oder Versäumung einer gesetzten Frist (§ 296 Abs 1) verletzt ist, bleibt bestehen. Dabei ist zu bedenken, dass der frühe erste Termin, wenn er nur die Vorbereitung des Haupttermins bezweckt (§ 272 Rn 6), nicht der Beweisaufnahme dient, die Partei im Rahmen der allgemeinen Proz-Förderungspflicht, dh bei unterbliebener Fristsetzung, also nicht gehalten ist, so frühzeitig vorzutragen, dass das Gericht die Beweisaufnahme für diesen Termin noch vorbereiten kann (BGH NJW 89, 716). Anders, wenn der 1. Termin als Haupttermin bestimmt ist. Keinesfalls besteht die Pflicht, sich vorsorglich gegenüber einem Sachverhalt zu äußern, der nicht den Gegenstand des Rechtsstreits bildet (BVerfG NJW 91, 2275). Die in erster Instanz erfolgreiche Partei verletzt ihre ProzFörderungspflicht nicht, wenn sie eine nach der abweichenden Ansicht des BerGer erforderliche Ergänzung ihres Vorbringens bei unterbliebenem gerichtlichem Hinweis unterlässt (BGH NJW 81, 1378). – **In der Verhandlung** haben demnach die Parteien ihre Angriffs- u Verteidigungsmittel (§ 146 Rn 2), auch die Verjährungseinrede (Hamm NJW-RR 93, 1150) so frühzeitig wie möglich u vernünftig, also konzentriert u nicht tröpfchenweise vorzubringen. Erst damit werden sie ProzStoff. Es ist keine ordnungsgemäße ProzFührung, wenn ein „Kartellanwalt" eine Sache streitig verhandelt, ohne sie zu kennen (Düsseldorf NJW 82, 1888). Zur Vorbereitung des 1. Termins ist die nämliche ProzFörderungspflicht für die schriftliche Klageerwiderung und die Replik des Kl vorgeschrieben (§ 277 Abs 1, Abs 4, dort Rn 5–8). Das gilt ferner für etwaige weitere Termine, soweit es sich um neue oder neu bekannt gewordene Angriffs- oder Verteidigungsmittel handelt; Rechtzeitigkeit der schriftsätzlichen Vorbereitung Rn 3. Der mdl Vhdlg steht im schriftlichen Verf, wenn kein Urt ergeht (sonst: § 296 a) der gemäß § 128 Abs 2 S 2 bestimmte Zeitpunkt gleich. Bei Verstoß gilt § 296 Abs 2.

3 **2. Abs 2 betrifft die schriftsätzliche Vorbereitung: – a) Abgrenzung, Inhalt.** § 129 Abs 1 begründet im Anwaltsprozess die Pflicht zur Terminsvorbereitung durch Schriftsatz. § 132 bestimmt die Frist, die zwischen Zustellung jedes vorbereitenden Schriftsatzes mit neuem Vorbringen und dem Termin liegen muss, damit VersU ergehen kann. Daran ändert § 282 nichts, er betrifft die Fälle, in denen auf Anträge sowie Angriffs- und Verteidigungsmittel eine Gegenerklärung in Frage steht, für die der Gegner erst Erkundigungen einziehen muss (BGH NJW 89, 716). Das neue Vorbringen ist so rechtzeitig schriftsätzlich anzukündigen, dass der Gegner im Termin darauf erwidern kann. Das sind iF der Klagebegründung nach § 697 Abs 1 analog § 274 Abs 3

S 1 zwei Wochen (BGH NJW 82, 1533). Schriftliche Ankündigung ist überflüssig, wenn der Gegner das Vorbringen bereits kennt (BGH MDR 99, 822), insbesondere sich vor der Verhandlung zum einschlägigen Tatsachenstoff schon geäußert hat (BGH WM 84, 924). – **Gilt nicht** für 4 Rechtsausführungen und im Parteiprozess (§ 78 Abs 3), außer bei Anordnung nach § 129 Abs 2 (BVerfG NJW 93, 1319). – **b) Verstoß:** Das 5 Vorbringen kann zurückgewiesen werden, § 296 Abs 2. Wird es zugelassen, so hat die unterlassene Gegenerklärung nicht die Folgen des § 138 Abs 3. Entweder, falls zugleich § 132 verletzt ist, Fristsetzung für nachzureichenden Schriftsatz (§ 283) oder Vertagung (§ 227), ev Verhängung einer Verzögerungsgebühr (§ 34 GKG) oder Kostennachteile (§ 95).

3. Rügen zur Zulässigkeit der Klage (Abs 3) jedweder Art (8 ff 6 vor § 253) müssen im Interesse der ProzBeschleunigung u -Rationalisierung gleichzeitig u für alle Instanzen (BGH NJW 81, 2646) vor der Vhdlg zur Hauptsache in erster Instanz, ggf bereits im Urkundenprozess (Düsseldorf WM 83, 771) vorgebracht werden. Gilt auch am AG. Abs 3 gilt **nicht** für Einrede der Schiedsvereinbarung (BGH NJW 01, 2176). – **a) Falls eine Klageerwiderungsfrist gesetzt war** (§ 275 Abs 1 1, 7 Abs 3 oder § 276 Abs 1 S 2), innerhalb dieser Frist, auch nach Mahnverfahren (§ 697 Abs 3 S 2 Hs 2). Das gilt entspr für den Kl im Falle der Widerklage oder seines Gegenvorbringens gegen die Zulässigkeitsrüge (zB Kündigung des Schiedsvertrages gegen die Berufung des Beklagten auf die Schiedsabrede; vgl Schröder ZZP 91, 302; aA Weth, Die Zurückweisung verspäteten Vorbringens im ZivProz, 1988, S 79) u einer Fristsetzung an ihn (§ 275 Abs 4 oder § 276 Abs 3). Gleiche Regelung in § 101 Abs 1 2 GVG für Verweisungsanträge zwischen Zivilkammer und KfH. Bei Einspruch vgl § 340 Abs 3 S 1, 3. – **b) Sonst im Termin** 8 **vor Verhandlung zur Hauptsache** (§ 39 Rn 5–7). – **c) Im schriftli-** 9 **chen Verfahren** (§ 128 Abs 2) ohne frühere mdl Vhdlg muss die Rüge schriftsätzlich beim Antrag, spätestens bis zu dem Zeitpunkt erhoben werden, der dem Schluss der mdl Vhdlg vor dem ersten Verkündungstermin entspricht (§ 128 Rn 33, 44). Dies dürfte auch der Zeitpunkt sein, den BGH NJW 70, 198 als rechtzeitig bezeichnet. – **d) Gleich-** 10 **zeitig** heißt, dass sämtliche beabsichtigten Rügen bis zum maßgebenden Zeitpunkt (Rn 7–9) erhoben werden müssen. – **e) Verstoß** § 296 11 Rn 39.

§ 283 Schriftsatzfrist für Erklärungen zum Vorbringen des Gegners

[1] Kann sich eine Partei in der mündlichen Verhandlung auf ein Vorbringen des Gegners nicht erklären, weil es ihr nicht rechtzeitig vor dem Termin mitgeteilt worden ist, so kann auf ihren Antrag das Gericht eine Frist bestimmen, in der sie die Erklärung in einem Schriftsatz nachbringen kann; gleichzeitig wird ein Termin zur Verkündung einer Entscheidung anberaumt.

[2] Eine fristgemäß eingereichte Erklärung muß, eine verspätet eingereichte Erklärung kann das Gericht bei der Entscheidung berücksichtigen.

1 **1. Die Nachreichung eines Schriftsatzes** soll die sonst nötige Vertagung vermeiden u hebt das Mündlichkeitsprinzip (§ 128 Rn 1–4) zum Nachteil der Partei auf, die neues Vorbringen nicht rechtzeitig angekündigt hatte. Ihr eine weitere Frist zur Erwiderung auf die nachzureichende Erklärung zu gewähren, lässt § 283 nicht zu, wohl aber § 128 Abs 2 (Schleswig SchlHA 83, 182). Die andere Partei hat wegen ihrer Erklärungspflicht gemäß § 138 Abs 2 kein Recht, die Einlassung ganz zu verweigern u das Ger damit zur Zurückweisung des Vorbringens zu zwingen (BGH 94, 195/213, BVerfG NJW 89, 705). Ob seine Zulassung den Prozess verzögert, kann erst nach Eingang der Erwiderung beurteilt werden (BVerfG aaO, BGH NJW 85, 1556/1558, BAG NJW 89, 2213). Auf das Antragsrecht nach § 283 hat das Gericht hinzuweisen (BGH NJW 85, 1539/1543, Düsseldorf NJW 87, 507). Nichtgewährung einer Schriftsatzfrist trotz Vorliegens der Voraussetzungen ist nicht mit Beschwerde anfechtbar (§ 567 Abs 1), kann aber Berufungsgrund gegen das Urteil sein und kann das Recht auf rechtliches Gehör verletzen (BVerfG NJW 92, 2144). Fristverlängerung gemäß § 225 ist möglich (BGH NJW 83, 2030).

2 **2. Voraussetzungen. – a)** Antrag der durch verspätetes Vorbringen überraschten Partei; **– b)** nicht rechtzeitige Mitteilung neuen Vorbringens durch vorbereitenden Schriftsatz. Gilt für Tatsachenbehauptungen, Anträge, Beweismittel, Einwendungen, Rechtsausführungen (StJLeipold 11, MüKo/Prütting Rn 8, Schneider MDR 98, 137). Auf die Entscheidungserheblichkeit des neuen Vorbringens kommt es nicht an (Schneider aaO; aA Schmeel MDR 97, 1095), weil sich das Ger die Erklärung zu nicht erheblichem Vorbringen auch im Termin anhören müsste. Die Rechtzeitigkeit ist aus § 132, nicht aus § 282 (aA StJLeipold 13) zu entnehmen. **– c)** Dass die Gegenpartei wegen der nicht rechtzeitigen Mitteilung (andere Gründe scheiden aus) nicht in der Lage ist, im Termin auf das neue Vorbringen zu erwidern. Darüber befindet das Ger nach pflichtgemäßen Ermessen. Mit der Fristsetzung ist Ver-
3 kündungstermin zu bestimmen. **– d) Statt der Fristsetzung** ist Vertagung möglich, § 227.

4 **3. Weiteres Verfahren. – a)** Geht der **Schriftsatz fristgemäß** ein, so ist die schriftliche Erklärung zu berücksichtigen; nicht jedoch neue Behauptungen im nachgelassenen Schriftsatz, die mit dem verspäteten Vorbringen nicht in Zusammenhang stehen (BGH FamRZ 79, 573, München BauR 84, 637); ferner nicht neue Klageforderungen, neue verzichtbare Zulässigkeitsrügen (BGH NJW 66, 1657) u ein neuer, auch geänderter Klageantrag ohne Wiedereröffnung der mdl Vhdlg (München NJW 81, 1106, Koblenz NJW-RR 01, 65). Der nachgereichte Schriftsatz ist dem Gegner mitzuteilen, seine Berücksichtigung bei der
5 Entscheidung hängt davon aber nicht ab. **– b)** Geht der **Schriftsatz**

nicht fristgerecht ein, so steht seine Berücksichtigung im Ermessen des Ger. Es kann u sollte, insbes wenn mit der Vorbereitung der Entscheidung noch nicht begonnen ist, bei geringfügiger, zumal entschuldbarer Fristüberschreitung großzügig verfahren. – **c)** Dem **Schluss der** **6** **mündlichen Verhandlung** steht im Hinblick auf das vorbehaltene Vorbringen (Rn 4) aufseiten der Partei, der die schriftliche Erklärung vorbehalten ist, der Ablauf der Schriftsatzfrist, im Falle der Berücksichtigung trotz Fristüberschreitung der Tag des Eingangs bei Gericht gleich. – **d)** Die **Entscheidung** ergeht auf Grund mdl Vhdlg, die im Termin **7** stattgefunden haben muss (Schleswig SchlHA 86, 91; § 333 Rn 2), nicht nach § 128 Abs 2. Es wird sich idR um die Endentscheidung handeln. Dass ein Beweisbeschluss überhaupt nicht in Frage komme (so Knöringer NJW 77, 2336), trifft schon im Hinblick auf den Gesetzeswortlaut „einer Entscheidung" nicht zu. Übergibt zB der Bekl die Klageerwiderung erst im Termin und wird dem Kl eine Frist gesetzt, so ist die Verkündung eines Beweisbeschlusses auf Grund der Replik zulässig. Fehlt die Entscheidungsreife, ist wiederzueröffnen, § 156. Dazu kann auch ein nicht zu berücksichtigender Erwiderungsschriftsatz der Gegenpartei Veranlassung geben. – **e) Rechtsmittel.** Kommt der rechtzeitig **8** eingereichte Schriftsatz nicht zur Kenntnis des Ger, so kommt für die durch die Entscheidung benachteiligte Partei Berufung nach den allgemeinen Vorschriften, bei Beschwer unter der Grenze des § 511 Abs 2 Nr 1 das Abhilfeverfahren nach § 321 a in Betracht.

Vorbemerkung vor § 284
Allgemeines zum Beweis

Übersicht

1. Begriff und Ziel. Beweisführung soll dem Gericht die Überzeu- **1** gung von der Wahrheit oder Unwahrheit einer Tatsachenbehauptung verschaffen. **Beweisbedürftig** sind außer im Falle eines Anerkenntnisses die der Gegenpartei ungünstigen, rechtserheblichen, bestrittenen (§ 313 Rn 16–18) Tatsachenbehauptungen, die noch nicht bewiesen, nicht offenkundig (§ 291) oder nicht Gegenstand einer Vermutung (§ 292) sind. Nicht beweisbedürftig ist also auch sog gleichwertiges (der Gegenpartei günstiges) Vorbringen (§ 138 Rn 6).

2. Die **Beweisführung** vollzieht sich in zwei Stufen. – **a) Beweis-** **2** **antrag** durch die Partei (§§ 371, 373, 403, 420 ff, 445, 447), soweit der

Verhandlungsgrundsatz (Einl I Rn 1–4) gilt, dh Einführung des Beweismittels für eine bestimmte Behauptung (Beweisthema), gleichzeitig mit deren Aufstellung. In der Berufungsinstanz sind die im 1. Rechtszug angeblich fehlerhaft übergangenen Beweisanträge einzeln und ausdrücklich zu wiederholen, eine allgemeine Bezugnahme auf das Vorbringen im 1. Rechtszug genügt grundsätzlich nicht (BGH 35, 103; aA KG NJW 90, 844). Darauf muss das Ger in der mdl Vhdlg hinweisen (BVerfG NJW-RR 95, 828). Allgemeine Bezugnahme genügt, wenn das ErstGer ein unter Beweis gestelltes Vorbringen als unerheblich oder bereits erwiesen behandelt hat und der BerKl gerade diese Rechtsauffassung angreift und/oder das BerGer die Beweisanträge für erheblich hält (BVerfG NJW 87, 485, NJW-RR 95, 828, BGH NJW 82, 581). In diesem Fall hat es nachzufragen (§ 139), bevor es den Antrag für nicht mehr gestellt erachtet (BGH NJW 98, 155), auch kann in der Stellung der Berufungsanträge die konkludente Bezugnahme auf die Beweisanträge liegen (BGH WM 97, 2046). Förderungspflicht des Ger nach §§ 139, 273. Kein Beweisantritt
3 ist nötig für Augenschein und Sachverständige (§ 144). – **b) Beweiserhebung** durch das Ger, nämlich: Ihre **Anordnung** durch formlosen Beschluss, falls der Beweis sofort erhoben werden kann, andernfalls und bei Parteivernehmung durch formellen Beweisbeschluss (§§ 358, 358 a, 450 Abs 1 S 1); dann die **Beweisaufnahme** nach §§ 355–455; endlich die **Beweiswürdigung** (§§ 286, 287).

4   **3. Beweisarten.** Nach Ziel und Verfahren unterscheidet man: – **a) Strengbeweis** soll im Beweisverfahren mit den Beweismitteln gem §§ 355 ff die volle Überzeugung des Richters herbeiführen (§ 286
5 Rn 2). – **b) Glaubhaftmachung** (§ 294), wo das Gesetz sie zulässt. –
6 **c)** Auch beim **Freibeweis** ist die volle Überzeugung des Ger herbeizuführen, lediglich das Verfahren dabei und die Beweismittel stehen im Ermessen des Ger (BGH NJW 97, 3319). Er ist zulässig im Prüfungsverfahren nach § 118 (dort Rn 6–9), zur Feststellung ausländischen Rechts (§ 293 Rn 4), von Erfahrungssätzen (Rn 15; aA Pieper BB 87, 273) und für die Prozess- und Rechtszugvoraussetzungen (BGH NJW 87, 2875, NJW-RR 92, 1338; aA RoSchw/Gottwald § 112 II 3, StJLeipold 21 vor § 355, Peters ZZP 88, 296, Grunsky § 42 I 2). Vorbringen und Beweisanerbieten der Parteien sind vAw voll zu prüfen (BGH NJW 97, 3319). Reichen die vorgelegten eidesstattlichen Versicherungen zur Feststellung der Zulässigkeit des Rechtsmittels nicht aus, muss das Ger darauf hinweisen und der beweisbelasteten Partei Gelegenheit zum Beweisantritt durch andere Beweismittel, auch Zeugen, geben (BGH MDR 00, 290).

7   **4. Beweisrichtung. – a)** Durch den **Hauptbeweis** überzeugt die beweisbelastete Partei das Ger voll von der Wahrheit der Tatsachen, die die Tatbestandsmerkmale der anzuwendenden Rechtsnorm ausfüllen. –
8 **b)** Durch den **Gegenbeweis** versucht die andere Partei, deren Unwahrheit darzutun. Er ist bereits geführt, wenn die Überzeugung des Ger von der Wahrheit der beweisbedürftigen Tatsachen erschüttert ist, die getrof-

fenen Feststellungen unsicher werden (BGH BB 78, 1232, NJW 83, 1740), ohne dass es auf die zeitliche Reihenfolge ankommt. Dazu ist die Parteivernehmung unzulässig (§ 445 Abs 2). – **c)** Der **Beweis des Ge-** 9 **genteils** gegen eine widerlegbare Vermutung (§ 292) ist im vorgenannten Sinne Hauptbeweis. – **d) Unmittelbar (direkt)** können Haupt- 10 und Gegenbeweis geführt werden, dh gerichtet auf Tatsachen, die zum gesetzlichen Tatbestand der anzuwendenden Rechtsnorm gehören. – Oder **mittelbar (indirekt)** durch **Indizien** (Anzeichen), dh gerichtet 11 auf tatbestandsfremde Tatsachen (zB außergerichtliches Geständnis), aus denen der Schluss auf das (Nicht)Vorliegen eines Tatbestandsmerkmals gezogen werden soll. Dazu gehören auch die **Hilfstatsachen** des Beweises. Sie betreffen die (Un)Zulässigkeit oder die Beweiskraft eines Beweismittels und sind vor allem Gegenstand der Beweiseinreden. Der Indizienbeweis ist überzeugungskräftig, wenn andere Schlüsse aus den Indiztatsachen ernstlich nicht in Betracht kommen. Der Richter muss also prüfen, ob er aus der Gesamtheit aller vorgetragenen Indizien, ihre Richtigkeit unterstellt, den möglichen Schluss auf die Wahrheit der Haupttatsachenbehauptung ziehen will. Wenn ja, muss er die angebotenen Indizienbeweise erheben (BGH NJW 89, 2947); wenn nein, lehnt er sie ab (BGH 53, 245/260, NJW 93, 1391). Im Urteil muss er sich mit den Indiztatsachen und dem daraus zu ziehenden Schluss sorgfältig auseinandersetzen (BGH NJW 94, 2289).

5. Beweismittel sind Augenschein, Zeugen, Sachverständige, Ur- 12 kunden, Parteivernehmung (§§ 355 ff), ferner die amtliche Auskunft gem § 273 Abs 2 Nr 2 (BGH BB 76, 480). Tonbandaufnahme Rn 6 vor § 371. Unzulässiges Beweismittel ist der Lügendetektor, auch bei Einwilligung der Testperson (BVerfG NJW 82, 375, LAG Rheinland-Pfalz MDR 98, 1119). Kein Beweismittel ist das Geständnis (§ 288), das den Beweis überflüssig macht.

6. Beweisgegenstand. – a) Tatsachen, die unmittelbaren und mit- 13 telbaren (Rn 10, 11). Das sind die konkreten, nach Raum und Zeit bestimmten, vergangenen oder gegenwärtigen Geschehnisse und Zustände der Außenwelt und des Seelenlebens (BGH NJW 81, 1562), die das objektive Recht zur Voraussetzung einer Rechtswirkung gemacht hat. Dazu gehören auch innere Tatsachen in der Person des Zeugen selbst; solche, die in einer anderen Person eingetreten sind, sind beweiserheblich idR nur, wenn schlüssig dargelegt wird, auf Grund welcher Umstände der Zeuge von ihnen Kenntnis erlangt hat (BGH NJW 92, 2489). Notwendige Substantiierung Rn 18. Nur beim Augenschein nimmt der Richter die Tatsachen unmittelbar wahr. Bei den anderen Beweismitteln nimmt er nur Aussagen über Tatsachen auf. Deshalb können auch hypothetische, negative und unmögliche Tatsachen Beweisgegenstand sein. Sog jur Tatsachen, zB kaufen, Eigentum (Koblenz OLGZ 93, 234), muss der Richter, wenn nötig, in Einzelvorgänge auflösen. Die Tatsachen müssen konkret als bestimmt geschehen behauptet werden. Unzulässig ist im Bereich des Verhandlungsgrundsatzes der

14 Ausforschungsbeweis (§ 284 Rn 3). – **Nicht Beweisgegenstand sind Werturteile.** Sie ordnen Tatsachen unter Rechtsbegriffe ein oder ziehen Schlussfolgerungen auf Grund besonderen Fachwissens. Für die Abgrenzung dient als Maßstab, dass es sich bei Tatsachen um Vorgänge handelt, die als solche einer Überprüfung mit den Mitteln des Beweises zugänglich sind (BGH NJW 82, 2248).

15 **b) Erfahrungssätze** sind Regeln der allg Lebenserfahrung oder besonderer Sach- und Fachkunde. Sie dienen entweder der Feststellung von unmittelbaren Tatsachen im Wege der Folgerung aus Indizien oder der rechtlichen Subsumtion, insbes wenn die Rechtsanwendung von Werturteilen abhängt (zB ausbeuten, wichtiger Grund, höhere Gewalt, gegen die guten Sitten). Zur Feststellung ihm unbekannter Erfahrungssätze bedient sich das Gericht des Sachverständigen oder des Freibeweises. Das Bestehen von Erfahrungssätzen unterliegt dem Untersuchungsgrundsatz (Einl I Rn 6, 7) und der Revision.

16 **c) Rechtssatz** als Beweisgegenstand § 293.

17 **7. Darlegungs- und Beweislast. Schrifttum:** Baumgärtel, Handbuch der Beweislast, 1982, 1. Band in 2. Aufl 1991, Beweislastpraxis im Privatrecht, 1995; Leipold, Beweislastregeln und gesetzliche Vermutungen, Schriften zum Prozessrecht Band 4, 1966, Beweismaß und Beweislast im ZivProz, 1985; Musielak, Gegenwartsprobleme der Beweislast, ZZP 100, 385; Prütting, Gegenwartsprobleme der Beweislast, 1983. – Bei Arrest u einstw Vfg Rn 9 vor § 916.

18 **a)** Der **Anwendungsbereich der Beweislastregeln** betrifft **Tatsachen,** nicht die Ermittlung von Rechtsfolgen (BGH NJW 73, 2207). Stehen alle Tatbestandsmerkmale einer anzuwendenden Rechtsnorm zur Überzeugung des Ger fest, so spielt die Beweislast keine Rolle. Der Tatsachenvortrag muss schlüssig sein (38 vor § 253). Inwieweit Einzelheiten und sonstige Zergliederung notwendig sind, richtet sich nach dem Kenntnisstand der Partei (BGH NJW-RR 88, 1529), nach der Einlassung der Gegenpartei (BGH NJW 84, 2888), nach der Zumutbarkeit (BGH 140, 156) und nach der Bedeutung der näheren Einzelheiten für die Rechtsfolgen (BGH NJW 95, 130), vgl auch 40 vor § 253. Besteht ein Tatbestandsmerkmal einer anspruchsbegründenden Rechtsnorm im Nichtvorhandensein eines tatsächlichen Umstands (Negativbeweis), so kehrt sich die Beweislast nicht um. Vielmehr sind die Umstände zu widerlegen, die nach dem substantiierten Vortrag der Gegenpartei für das positive, dh für das Vorhandensein des tatsächlichen Umstands sprechen (BGH NJW 85, 1774). Steht der Darlegungspflichtige selbst außerhalb des Geschehensablaufs und kann er auch von sich aus den Sachverhalt nicht ermitteln, während die Gegenseite die erforderlichen Informationen hat oder sich leicht beschaffen kann, so genügt nach Treu u Glauben nicht, dass die Gegenseite sich mit einfachem Bestreiten begnügt, sie muss vielmehr im Einzelnen darlegen (sog sekundäre Behauptungslast), dass die von ihr bestrittene Behauptung unrichtig ist, so dass die beweisbelastete Partei den Beweis für die Richtigkeit

antreten kann (BGH 140, 156, VersR 00, 1565: ohne rechtlichen Grund). S auch Rn 37. – Das **Bestehen eines Rechts** ist nie Beweisgegenstand. Wer es für sich in Anspruch nimmt, muss, soweit streitig, die Tatsachen beweisen, die für die Enstehung des Rechts maßgeblich sind. Der Gegner hat ggf den Untergang oder Verlust des Rechts zu beweisen (BGH WM 72, 1064). Stehen zB Entnahmen aus Gesellschaftsvermögen fest, hat der Gesellschafter, der sie getätigt hat, die Vereinbarung darzulegen und zu beweisen, die ihn dazu berechtigt (BGH DB 00, 38). **19**

b) Bedeutung. – Vor dem Urteil hängt von der Beweislast ab, von welcher (richtigen) Partei das Ger Aufklärung oder Bezeichnung der Beweismittel verlangt (§§ 139, 273), ob und wie ein Beweisbeschluss zu erlassen ist und ob eine Parteivernehmung nach § 445 Abs 1 zulässig ist (dort Rn 1). Im Bereich des materiellen Rechts ist auch die Frage der Beweislast materiellrechtlich, keine Verfahrensfrage (BGH BB 88, 799). – **Im Urteil** gewinnt die Beweislast Bedeutung, wenn im Rahmen des Beibringungsgrundsatzes trotz Erschöpfung aller Aufklärung der Sachverhalt in einem wesentlichen Punkt ungewiss bleibt (BGH NJW 73, 2207) und beantwortet die Frage, zu wessen Last die Ungewissheit geht, wer die Folge der Beweislosigkeit zu tragen hat. **20** **21**

c) Das Gesetz bestimmt teilweise die Beweislast. Dies geschieht durch ausdrückliche Vorschriften, wer was zu beweisen hat, zB §§ 179 Abs 1, 2336 Abs 3 BGB, § 1 Abs 4 ProdHaftG. Dem steht in der Wirkung gleich, wenn das Gesetz eine Tatsachen- oder Rechtsvermutung aufstellt (§ 292), zB §§ 130 Abs 3, 131 Abs 2, 132 Abs 3, 133 Abs 1 S 2 InsO. **22**

d) Grundregel, soweit nicht das Gesetz eine Regelung trifft oder aus praktischen Gründen speziellere Regeln (Rn 24–37) eingreifen (ebenso Baumgärtel JA 84, 660): Jede Partei trägt die Behauptungs- und Beweislast dafür, dass der Tatbestand der ihr günstigen Rechtsnorm erfüllt ist. Wer eine Rechtsfolge für sich in Anspruch nimmt, hat die (auch negativen) rechtsbegründenden und rechtserhaltenden Tatsachen zu behaupten und zu beweisen, der Gegner die rechtshindernden (BGH NJW 99, 3481: Nichtentstehung), rechtsvernichtenden oder rechtshemmenden (BGH NJW 86, 2426; 42–45 vor § 253) einschließlich der tatsächlichen Umstände, die Grundlage einer für sie günstigen Auslegung sind (BGH NJW 99, 1702). Die Parteistellung ist dabei ohne Bedeutung, zB bei der negativen Feststellungsklage (BGH WM 92, 313/317). Zu den anspruchsbegründenden Behauptungen gehört bei Streit, ob Bar- oder Abzahlungsgeschäft, die Behauptung der Einigkeit über Barkauf (BGH NJW 75, 206); bei Streit über Vereinbarung einer aufschiebenden Bedingung der unbedingte Vertragsabschluss bzw der Eintritt der vereinbarten Bedingung (BGH NJW 94, 447; bestr). Die Schwierigkeit in der Praxis liegt in der Klarstellung, ob es sich um eine rechtsbegründende negative Tatsache handelt, zB „ohne rechtlichen Grund" in § 812 BGB (BGH 140, 156) oder um eine rechtshindernde (zB Geschäftsunfähigkeit). In der letztgenannten Richtung gibt die Fassung des Gesetzes vielfach einen Hinweis (zB „es sei denn dass", „ist ausgeschlossen **23**

wenn", „gilt nicht, wenn", „beschränkt sich", „wenn nicht"). In den meisten Fällen lässt sich das Verhältnis der rechtsbegründenden zur rechtshindernden Norm zurückführen auf das Verhältnis von Regel und Ausnahme, wie das Gesetz es sieht.

24   e) Dieses **Regel-Ausnahmeverhältnis** ist analog zu dem vorstehend Gesagten auch dort, wo das Gesetz nichts sagt, zur Verteilung der Beweislast verwertbar. Wer entgegen der erfahrungsgemäßen Regel eine Ausnahme für sich in Anspruch nimmt, hat ihre tatbestandlichen Voraussetzungen zu beweisen. Steht zB der Vertragsabschluss fest, so hat das Auftreten in fremdem Namen mit Vertretungsmacht vor Erlöschen der Vollmacht (BGH WM 84, 603) derjenige zu beweisen, der dies behauptet (BGH NJW 75, 775; 92, 1768); ebenso eine Vertragsänderung (BGH WM 95, 81), Unvollständigkeit oder Unrichtigkeit einer Vertragsurkunde durch außerhalb liegende Umstände (BGH NJW 99, 1702). In Zweifelsfällen hat die Betriebsbezogenheit einer Erklärung zu beweisen, wer sie nicht für seine Person gelten lassen will (BGH ZIP 94, 1860). Der Volljährige, der materiellrechtliche Geschäftsunfähigkeit behauptet, hat diese zu beweisen (Saarbrücken NJW 73, 2065).

25   f) **Nach Gefahrenbereichen** verteilt aus praktischen Gründen der Billigkeit und eines gerechten Interessenausgleichs zunehmend die Rechtsprechung die Beweislast. Danach hat derjenige die maßgebenden Tatsachen zu beweisen, in dessen ausschließlicher Einflusssphäre sie sich

26   abgespielt haben. – **aa)** Dies gilt für **Ansprüche aus positiver Vertragsverletzung.** Steht fest – insoweit Beweislast beim Gläubiger (BGH 27, 236, VersR 66, 344, BAG DB 71, 2263), wobei ihm die Regeln des prima facie Beweises zugute kommen können – dass nur eine Schadensursache aus dem Verantwortungsbereich des Schuldners in Betracht kommt, so muss er sich entlasten und zwar sowohl hinsichtlich der objektiven Pflichtwidrigkeit wie des Vertretenmüssens (BGH VersR 95, 805). So entschieden für Beherbergungs- (RG 169, 97) und Gastaufnahmevertrag (RG 160, 155), Beförderungsvertrag (BGH 8, 239), Werkvertrag (BGH 27, 238, VersR 95, 805), Dienstvertrag (BGH 28, 251; vgl aber unten Rn 30), Auftragsvertrag (BGH VersR 87, 663), Verwahrungsverhältnis (BGH 3, 174), je nach Sachlage Mietvertrag (BGH BB 77, 866), Kaufvertrag (BGH LM § 377 HGB Nr 6 Bl 4), Bankvertrag (BGH WM 72, 584), Obhutspflichtverletzung bei Sicherungsübereignung (BGH BB 67, 434), Automatenaufstellungsvertrag (BGH WM 70, 683). Die Beweislastverteilung nach Gefahrenbereichen gilt bei positiver Vertragsverletzung generell (BAG DB 72, 2165) auch im Arbeitsvertragsrecht. So hat bei feststehendem Kassenfehlbestand der Arbeitnehmer die Ausgaben auf Veranlassung und für Rechnung des Arbeitgebers zu beweisen (BAG 19, 1/5); steht Schaden des Arbeitgebers durch vertragswidrige Schlechtleistung einer Akkordgruppe fest, muss der einzelne Arbeitnehmer dieser Gruppe beweisen, dass er selbst einwandfreie Arbeit geleistet, den Schaden nicht durch Verletzung vertraglicher Nebenpflichten mitverursacht hat und dass ihn kein Verschulden

27   trifft (BAG NJW 74, 2255). – **bb) Bei anderen vertraglichen An-**

sprüchen verteilt die Rechtsprechung die Beweislast nach den gleichen Grundsätzen, soweit eine vergleichbare Interessenlage besteht. So bei culpa in contrahendo (BGH NJW 62, 31), bei Schadensersatzansprüchen aus § 635 BGB aF (BGH 48, 310, VersR 74, 261); in § 538 BGB hat der Mieter zu beweisen, dass er die Zerstörung der Mietsache nicht zu vertreten hat (BGH 66, 349); außerhalb des Anwendungsbereichs des AGBG hat der Klauselverwender zu beweisen, dass sich der in AGB vereinbarte pauschalierte Schadensersatz an dem normalerweise entstehenden Schaden orientiert (BGH 67, 312). – **cc)** Auch für **außervertragliche Schadensersatzansprüche** gelten die vorstehenden Grundsätze bei vergleichbarer Interessenlage. Steht bei Ansprüchen aus § 823 BGB der objektive Pflichtverstoß fest, so indiziert dies entweder die Verletzung der inneren Sorgfalt oder der Anscheinsbeweis spricht hierfür (BGH NJW 86, 2757). Verletzung eines Schutzgesetzes und von DIN-Normen vgl Pal/Thomas § 823 Rn 174). Steht bei der deliktischen **Produzentenhaftung** (Pal aaO Rn 220) ein Produktfehler und seine Ursächlichkeit für den entstandenen Schaden fest, so muss der Hersteller beweisen, dass ihn im Hinblick auf den Fehler kein Verschulden trifft (BGH 51, 91). Bei Schaden durch **Immissionen** trägt der Emittent die Behauptungs- und Beweislast dafür, dass seine Emissionen sich im Rahmen der ortsüblichen Grundstücksbenutzung halten und dass er die wirtschaftlich zumutbaren Vorkehrungen zur Eindämmung der Umweltbelastung getroffen hat (BGH 90, 255). – **dd)** Für **ärztliche Behandlungsfehler** (umfassend Müller NJW 97, 3049) gilt unter dem Gesichtspunkt der positiven Vertragsverletzung und der unerlaubten Handlung: Den objektiven **Fehler** und seine **Ursächlichkeit** für den Schaden hat der Patient zu beweisen (BGH NJW 88, 2949, VersR 99, 60). Dabei erfordert der Grundsatz der Waffengleichheit, dass der Arzt dem Patienten Aufschluss über sein Vorgehen in dem Umfang gibt, in dem dies ohne weiteres möglich is u insoweit auch zumutbare Beweise erbringt. Dieser Pflicht genügt der Arzt weithin durch Vorlage einer ordnungsgemäßen Dokumentation im Operationsbericht oder in der Patientenkartei, soweit sie im unmittelbaren Zusammenhang mit der Operation, Behandlung oder Krankenpflege iF eines spezifischen Pflegebedürfnisses erstellt ist (BGH NJW 78, 1681, NJW 86, 2365). – **Unzulänglichkeit oder Unrichtigkeit der ärztlichen Dokumentation** über die für Diagnose und Therapie wesentlichen medizinischen Fakten (BGH NJW 89, 2330) begründet die Vermutung, dass der Arzt nicht dokumentierte Maßnahmen auch nicht getroffen hat und führt deshalb zu Beweiserleichterungen für den geschädigten Patienten bzw seine Erben, die, je nach dem Gewicht der Möglichkeit, dass der Behandlungsfehler zum Misserfolg beigetragen hat und nach dem Ausmaß der Pflichtwidrigkeit bis zu Beweislastumkehr reichen können (BGH 72, 132, NJW 88, 2949; § 286 Rn 18). Der Patient bleibt aber verpflichtet, darzulegen und ggf zu beweisen, dass ein vom Arzt zu vertretender Fehler als Ursache des eingetretenen Schadens ernstlich in Betracht kommt (BGH NJW 83, 332). Die gleichen Beweiserleichterungen tre-

28

29

30

31

ten ein, wenn der Verbleib der Krankenunterlagen nicht aufklärbar ist (BGH NJW 96, 779) oder wenn der Arzt die Erhebung und Sicherung medizinisch zweifelsfrei gebotener Befunde zum Aufschluss über den Behandlungsverlauf unterlassen hat und dadurch die Aufklärung eines immerhin wahrscheinlichen Ursachenzusammenhangs zwischen Behandlungsfehler und Schaden erschwert (BGH NJW 88, 2949). Die Beweiserleichterung besteht darin, dass auf ein reaktionspflichtiges positives Befundergebnis zu schließen ist, wenn ein solches hinreichend wahrscheinlich ist, regelmäßig aber nicht auch auf eine Ursächlichkeit der unterlassenen Befundauswertung für den Gesundheitsschaden des Patienten. Eine Beweiserleichterung dafür setzt voraus, dass sich im Einzelfall zugleich ein so deutlicher und gravierender Befund als wahrscheinlich ergibt, dass seine Verkennung sich als fundamental fehlerhaft (grober Diagnosefehler) darstellen müsste (BGH NJW 96, 1589). Ist die Gesundheit des Patienten bei einer Operation durch einen nicht ausreichend qualifizierten Assistenzarzt oder Berufsanfänger geschädigt worden, so trifft, falls der Einsatz dieses Arztes fehlerhaft war (BGH NJW 98, 2736), die Beweislast dafür, dass die Schädigung nicht auf der mangelnden Qualifikation beruht, den Krankenhausträger und die für die Einteilung des Operateurs verantwortlichen Ärzte (BGH 88, 248). –

32 Steht allerdings fest, dass der Arzt einen **groben Behandlungsfehler** gemacht hat, der generell geeignet ist, auch zusammen mit anderen Ursachen (BGH NJW 97, 796), einen Schaden der Art herbeizuführen, wie er tatsächlich entstanden ist und der konkret die Kausalitätsfeststellung erschwert (BGH 85, 212, NJW 88, 2303 und 2949), so trifft ihn die Beweislast für die fehlende Ursächlichkeit im Einzelfall, soweit durch sein Versehen unmittelbar verursachte, haftungsbegründende Gesundheitsbeschädigungen (Primärschäden) in Frage stehen (BGH NJW 88, 2948). Die Beweislastumkehr entfällt, wenn es gänzlich unwahrscheinlich ist, dass der Fehler zum Schadenseintritt beigetragen hat (BGH NJW 95, 1611; 97, 794). Die Beurteilung eines Behandlungsfehlers als grob ist eine auf tatsächlichen Anhaltspunkten beruhende Wertung, die ohne ausreichende Grundlage in den medizinischen Darlegungen des Sachverständigen nicht getroffen werden kann (BGH MDR 01, 1113 u 1115). Grob ist ein Organisations- (BGH NJW 96, 2429), Diagnose- oder Behandlungsfehler, wenn er im Einzelfall aus objektiver ärztlicher Sicht bei Anlegung des für einen Arzt geltenden Ausbildungs- und Wissensmaßstabs nicht mehr verständlich und verantwortbar erscheint, schlechterdings nicht unterlaufen darf (BGH NJW 96, 2428), wenn das Verhalten des Arztes eindeutig gegen gesicherte und bewährte medizinische Erkenntnisse und Erfahrungen verstieß (BGH NJW 86, 1540), zB Nichtinformation, unterlassene therapeuthische Beratung über eine le-

33 bensbedrohliche Diagnose (BGH NJW 89, 2318). – **Die Beweiserleichterungen gelten nur,** falls sich gerade das Risiko verwirklicht hat, dessen Nichtbeachtung den Fehler als grob erscheinen lässt (BGH NJW 81, 2513). Die Beweislast für die Ursächlichkeit des Primärschadens für Folgeschäden, die erst durch den infolge des Behandlungsfehlers

eingetretenen Gesundheitsschaden entstanden sein sollen (Sekundärschaden), trägt der Verletzte, außer wenn der Sekundärschaden typische Folge des Primärschadens ist (BGH NJW 88, 2948). – Für das **Verschulden,** auch beim Tierarzt (BGH NJW 77, 1102 u VersR 80, 428), gilt die Beweislastregel des § 282 BGB nicht entsprechend, soweit es um Diagnose und Heilbehandlung geht, weil der Arzt nur kunstgerechtes Bemühen, nicht aber Heilerfolg schuldet (BGH MDR 91, 846). Dagegen gilt § 282 BGB entsprechend, soweit es um Risiken geht, die vom Träger der Klinik und dem dort tätigen Personal voll beherrscht werden können, wie die Organisation des Behandlungsgeschehens und der Zustand der dazu benötigten Geräte und Materialien (BGH aaO mit zahlreichen Einzelfällen; auch Pal/Thomas § 823 Rn 169 ff). – Die vorstehend dargestellten Regeln der BewLastverteilung sind verfassungskonform (BVerfG NJW 79, 1925). – **ee)** Für **Verletzung sonstiger Berufspflichten** gilt Gleiches, soweit sie auf die Bewahrung anderer vor Gefahren für Körper und Gesundheit sind, zB Hebamme (Braunschweig VersR 87, 76), Krankenpflegepersonal (BGH NJW 71, 241), Schwimmmeister (BGH NJW 62, 959), Inhaber eines Kioskes auf dem Kirmesplatz (Köln OLGZ 70, 311). **34**

g) Bei **Verletzung vertraglicher Aufklärungs- und Beratungspflicht** trägt die Beweislast für den ursächlichen Zusammenhang zwischen der Vertragsverletzung und dem Schaden grundsätzlich der Geschädigte. Dabei hilft in Verträgen mit rechtlichen Beratern der Anscheinsbeweis zugunsten des Geschädigten, dass er sich bei vertragsgerechter Beratung beratungsgemäß verhalten hätte (BGH NJW 92, 240 u 1159) unter der Voraussetzung, dass im Falle sachgerechter Beratung aus der Sicht eines vernünftig urteilenden Mandanten typischerweise eine bestimmte tatsächliche Reaktion im Sinne der erteilten Auskunft nahegelegen hätte (BGH 123, 311). In anderen Verträgen trägt, sofern Aufklärungs-, Hinweis- und Beratungspflicht gerade dazu dienen, dem Vertragspartner ein bestimmtes Risiko bewusst zu machen und ihm Klarheit über die ins Auge gefassten Maßnahmen zu verschaffen, der Auskunftgeber das Risiko der Unaufklärbarkeit. Ihn trifft also die Beweislast dafür, dass der Geschädigte sich bei vertragsgerechter Beratung nicht beratungsgemäß verhalten hätte (BGH 123, 311), die Verletzung seiner Aufklärungspflicht also nicht schadensursächlich war (BGH NJW 94, 512). – **36**

Nach Treu und Glauben kann es darüber hinaus geboten sein, den besonderen Schwierigkeiten Rechnung zu tragen, die sich ergeben, wenn die darlegungs- und beweisbelastete Partei außerhalb des maßgeblichen Geschehensablaufs steht und den rechtserheblichen Sachverhalt von sich aus nicht ermitteln kann, während die Gegenpartei die erforderlichen Informationen hat oder sich leicht beschaffen kann, etwa bei negativen Tatsachen. Die Gegenpartei hat dann die prozessuale Pflicht, sich in zumutbarer Weise an der Aufklärung des Sachverhalts zu beteiligen, darf sich nicht auf bloßes Bestreiten zurückziehen (oben Rn 18). **37**

38   **h) Parteivereinbarungen über die Beweislast** sind, grundsätzlich
      auch in allgemeinen Geschäftsbedingungen und Formularverträgen, zu-
      lässig, denn die Beweislastregeln sind nicht zwingend (BGH DB 74,
      1283). Sie unterliegen den Gültigkeitsbestimmungen des AGBG, außer-
      halb seines Anwendungsbereichs im üblichen Rahmen der Inhaltskon-
      trolle und den Grenzen, die Treu und Glauben und die guten Sitten
      setzen.

39   **i) Anscheinsbeweis** und **Vereitelung der Beweisführung** und die
      Regeln dazu (§ 286 Rn 12–19) sind keine wirklichen Abweichungen
      von den Prinzipien der Beweislastverteilung, sondern Fragen der Be-
      weiswürdigung.

40   **k) Beweislast für die Prozessvoraussetzungen** 10–33 vor § 253;
      für **ausländisches Recht** und die anderen Fälle des § 293 dort Rn 4.

41   **8. Parteivereinbarungen über die Beweisführung** durch Prozess-
      vertrag (Einl III Rn 6) sind, außer in Verfahren mit Untersuchungs-
      grundsatz (Einl I 2), zulässig, soweit sie den Beweisantritt oder Beweis-
      mittel ausschließen oder beschränken (BGH DB 73, 1451), im Wesentli-
      chen ebenso Schlosser, Einverständliches Parteihandeln im ZivProz,
      1968, S 25, auch soweit sie den Nachweis bestimmter Indizien (zB Post-
      einlieferungsschein gilt als Quittung) genügen lassen wollen. Zulässig
      sind auch Verträge über die Beweislast (Rn 38). Nichtig dagegen sind
      alle Vereinbarungen, die die freie Beweiswürdigung durch das Gericht
      betreffen (RG 96, 59; aA Schlosser aaO S 89).

§ 284 Beweisaufnahme

   **Die Beweisaufnahme und die Anordnung eines besonderen
   Beweisaufnahmeverfahrens durch Beweisbeschluß wird durch
   die Vorschriften des fünften bis elften Titels bestimmt.**

1   **1. Beweisanordnung** formlos oder durch Beschluss §§ 358–360,
      450 Abs 1 S 1. Beweisaufnahme im allg §§ 355–357, 361–370, im bes
      bei den einzelnen Beweismitteln, §§ 371–484.

2   **2. Umfang der Beweiserhebung.** Die angebotenen Beweise sind
      zu erschöpfen (BGH NJW 97, 1988, NJW 00, 2024). Im Bereich des
      Beibringungsgrundsatzes sind auf ordnungsgemäße Beweisanträge kon-
      krete Tatsachen durch bestimmt bezeichnete Beweismittel festzustellen
      (18 vor § 284), im Bereich des Untersuchungsgrundsatzes (Einl I Rn 6,
      7) auch ohne Antrag. In der Berufungsinstanz 2 vor § 284. – Unbeacht-
3   lich ist der **Beweisermittlungsantrag,** der dem **Ausforschungs-
      beweis** dient (KG NJW-RR 99, 1369; aA Schleswig NJW 92, 3275).
      Bei ihm will die Partei sich erst die Grundlage für genügend konkreten
      Tatsachenvortrag beschaffen und ist mangels näherer Bezeichnung der
      unter Beweis gestellten Tatsachen deren Erheblichkeit nicht zu beur-
      teilen oder sie sind lediglich in das Gewand einer bestimmt aufgestellten
      Behauptung gekleidet, aber erkennbar aus der Luft gegriffen, ins Blaue
      hinein aufgestellt, weil jeder tatsächliche Anhaltspunkt fehlt (BGH NJW

92, 1967 u 3106; 95, 2111, NJW-RR 96, 1212). Bei der Annahme solch rechtsmissbräuchlicher Willkür ist Zurückhaltung geboten. Vgl auch § 372 a Rn 3. Keine unzulässige Ausforschung, wenn eine Partei mangels Kenntnis von Einzeltatsachen, über die nur ein Sachkundiger verfügt, nicht umhin kann, eine zunächst nur vermutete Behauptung in den Prozess einzuführen (BGH NJW 95, 1160).

3. Ablehnung eines Beweisantrags ist **zulässig** aus verfahrens- **4** rechtlichen oder beweisrechtlichen Gründen in Anlehnung an § 244 Abs 3, Abs 4 StPO (BGH 53, 245/259, NJW 93, 1391) in folgenden Fällen, im Bereich des Untersuchungsgrundsatzes (BGH NJW 91, 2961) ohne den Fall a – **a)** Wenn der **Beweisantrag** als **verspätet** (§§ 296, 528) oder als **Beweisermittlungsantrag** (Rn 3) zurückzuweisen ist. – **b)** Wenn **Beweiserhebung** oder **Beweismittel 5 unzulässig** ist, zB Vernehmung eines zufällig anwesenden Zeugen, der erst im Termin benannt wird, gegen Widerspruch der anderen Partei (Schleswig NJW 91, 303); bei berechtigter Zeugnisverweigerung; bei bindend festgestellten Tatsachen (§§ 108, 112 SGB VII); Zeugenvernehmung im Urkundenprozess (§§ 592, 595); rechtswidrig gewonnene Beweismittel nach den Grundsätzen in § 286 Rn 7, 8, zB heimliche Tonbandaufnahme (Rn 6–8 vor § 371), Vernehmung eines heimlich in die Wohnung eingeführten (BGH NJW 70, 1848, WM 91, 566) oder eines anderen Lauschzeugen (BGH ZIP 94, 789/795); wenn der Beweisantrag einer Vereinbarung widerspricht, durch die die Beweisführung auf bestimmte Beweismittel beschränkt wird (BGH WM 73, 144); wenn zur Erstellung eines Sachverständigengutachtens eine Operation vorgenommen werden müsste, selbst wenn die Partei damit einverstanden ist (Düsseldorf NJW 84, 2635: Feststellung eines Fehlers bei früherem Sterilisationseingriff). – **c)** Wenn die zu beweisende **Tatsache nicht 6 beweisbedürftig** (Rn 1 vor § 284) oder bereits bewiesen oder zu Gunsten des Antragsteller zu unterstellen ist (BGH NJW 00, 3718). Dass das Gegenteil bereits bewiesen sei, rechtfertigt die Ablehnung nicht. Indizienbeweis vgl Rn 11 vor § 284. – **d)** Wenn das **Beweismittel** auf **7** längere Zeit **unerreichbar** oder völlig **ungeeignet** ist. Vor Feststellung der Unerreichbarkeit muss das Ger sich ernstlich bemühen, den Zeugen beizubringen (BGH NJW 92, 1768, Köln MDR 01, 109). Bei der ausnahmsweisen Zurückweisung des Beweismittels als ungeeignet ist größte Zurückhaltung geboten (BVerfG NJW 93, 254, BGH NJW 00, 3718). Dazu müssen die Umstände festgestellt werden, die die zweifelsfreie Wertlosigkeit des Beweismittels ergeben (BGH NJW 51, 481). Verwandtschaft, Beteiligung, Regresspflicht, frühere Verurteilung wegen Meineids, Zeuge bloß vom Hörensagen (BGH VersR 86, 183) reichen für sich allein dazu nicht aus, auch nicht wahrscheinliche Erfolglosigkeit der Beweisaufnahme (BGH 5, 287). Solche und andere vorweggenommene Beweiswürdigung ist Verfassungsverstoß (BVerfG NJW 93, 254) und Verfahrensfehler (BGH NJW 99, 143). – **e)** Wenn die Beweisauf- **8** nahme in das **Ermessen des Gerichts** gestellt ist, zB § 287, § 114

GVG oder beim Sachverständigenbeweis, wenn das Gericht selbst die nötige, im Urteil darzulegende Sachkunde besitzt (BGH NJW 82, 2874;
9 auch § 412); – f) Nichtberücksichtigung als **willkürliche Vermutung** § 139 Rn 7. **Indizienbeweis** 11 vor § 284.

10   **4. Verstoß** gegen die Pflicht zur Erschöpfung der Beweise verletzt § 286 (BGH NJW 52, 931/933) u kann Rechtsmittel begründen. Außerdem verletzt die Nichtberücksichtigung eines erheblichen Beweisantrags, wenn sie im Prozessrecht keine Stütze findet (Rn 4–9), das Recht auf rechtliches Gehör (BVerfG NJW 79, 413; 91, 285, NJW-RR 95, 441).

§ 285 Verhandlung nach Beweisaufnahme

(1) **Über das Ergebnis der Beweisaufnahme haben die Parteien unter Darlegung des Streitverhältnisses zu verhandeln.**

(2) **Ist die Beweisaufnahme nicht vor dem Prozeßgericht erfolgt, so haben die Parteien ihr Ergebnis auf Grund der Beweisverhandlungen vorzutragen.**

1   **1. Abs 1** stellt sicher, dass die Parteien grundsätzlich gleich im Anschluss an die Beweiserhebung Gelegenheit zur **Verhandlung über das Beweisergebnis** haben. Ausnahmsweise Vertagung § 370 Rn 1. Insbes können sie Beweiseinreden vorbringen. Gilt auch im schriftlichen Verfahren. Ohne diese Gelegenheit darf die Beweisaufnahme im Urteil nicht verwertet werden, außer im Falle der Säumnis bei Entscheidung nach § 251 a. Auf ihr Recht zur Verhandlung über das Beweisergebnis können die Parteien verzichten, eine Wiederholung der Antragstellung ist nicht erforderlich (BGH NJW 74, 2322). Über § 285 hinaus schreibt § 278 Abs 3 dem Gericht nach der Beweisaufnahme eine erneute Erörterung des Sach- und Streitstands vor. – **Verstoß** gegen Abs 1 ist grundsätzlich Verfahrensfehler (BGH MDR 01, 830; kritisch dazu E. Schneider MDR 01, 781).

2   **2.** Nach **Abs 2** ist **Vortrag des Beweisergebnisses** nötig, wenn die Beweisaufnahme vor dem beauftragten, ersuchten oder (entspr) Einzelrichter (§§ 349, 527 je Rn 4) oder im Ausland stattgefunden hat. Gilt nicht, wenn die Beweisaufnahme ohne Antrag angeordnet war (§ 144) oder von Amts wegen zu beachtende Punkte betraf. Bezugnahme auf die Niederschrift nach § 137 Abs 3. Verwertbar ist nur, woran sich alle an der Entscheidung beteiligten Richter erinnern oder, wenn das Gericht in anderer Besetzung als bei der Beweisaufnahme entscheidet, was aktenkundig ist und wozu die Parteien sich erklären konnten. Eindrücke und Vermerke über die Umstände einer früheren Vernehmung, insbesondere in einem anderen Verfahren und zur Glaubwürdigkeit eines Zeugen, die nicht in das Verhandlungsprotokoll aufgenommen worden sind, zu denen also die Parteien auch nicht Stellung nehmen konnten, sind nicht verwertbar (BGH NJW 90, 3088; 97, 1586; 00, 1420), zB persönlicher Eindruck des vernehmen-

den Richters (BGH NJW 91, 1302, 92, 1966), Feststellung im Augenscheinsprotokoll; ebenso nach Richterwechsel (BGH 53, 245, NJW 92, 1712). − **Verstoß** gegen Abs 2 kann Rechtsmittel begrün- 3 den und ist nicht nach § 295 heilbar (BGH ZZP 65, 267), weil Fehler bei Urteilsfällung.

§ 286 Freie Beweiswürdigung

(1) ¹**Das Gericht hat unter Berücksichtigung des gesamten Inhalts der Verhandlungen und des Ergebnisses einer etwaigen Beweisaufnahme nach freier Überzeugung zu entscheiden, ob eine tatsächliche Behauptung für wahr oder für nicht wahr zu erachten sei.** ²**In dem Urteil sind die Gründe anzugeben, die für die richterliche Überzeugung leitend gewesen sind.**

(2) **An gesetzliche Beweisregeln ist das Gericht nur in den durch dieses Gesetz bezeichneten Fällen gebunden.**

Übersicht

1. Allgemeines über Beweisaufnahme, Beweisarten, -mittel, -gegen- 1 stand, -last und Parteivereinbarungen 1 ff vor § 284, Erschöpfung und Ablehnung der Beweisanträge § 284 Rn 2–9.

2. Wesen der freien Würdigung a) Beweismaß. Eine Behauptung 2 ist bewiesen, wenn das Gericht von ihrer **Wahrheit überzeugt** ist, ohne dabei unerfüllbare Anforderungen zu stellen (BGH WM 98, 1689). Hierfür genügt, da eine absolute Gewissheit nicht zu erreichen und jede Möglichkeit des Gegenteils nicht auszuschließen ist, ein für das praktische Leben brauchbarer Grad von Gewissheit (BGH NJW 93, 935), ein für einen vernünftigen, die Lebensverhältnisse klar überschauenden Menschen so hoher Grad von Wahrscheinlichkeit, dass er den Zweifeln Schweigen gebietet, ohne sie völlig auszuschließen (BGH 53, 245/256, NJW 00, 953). Dies gilt auch, wenn das Gesetz „offenbare" Unmöglichkeit (BGH 7, 120) verlangt, auch im Verfahren mit Untersuchungsgrundsatz (BGH NJW 94, 1348) und für die vAw festzustellenden Prozessvoraussetzungen (BGH VersR 77, 721). Bei der Bildung seiner Überzeugung darf das Ger nicht den Grundsatz des rechtlichen Gehörs (Einl I Rn 9 ff) und den Gleichheitsgrundsatz (Art 3 Abs 1 GG) in seiner Ausprägung als Willkürverbot verletzen. Das ist dann der Fall, wenn seine fehlerhafte Rechtsanwendung unter Berücksichtigung

der das GG beherrschenden Gedanken nicht mehr verständlich ist und
sich daher der Schluss aufdrängt, dass sie auf sachfremden Erwägungen
2 a beruht (BVerfG NJW 94, 2279). – Im übrigen unterliegt das Ger, außer
im Falle gesetzlicher Vermutungen und Beweisregeln, keiner Bindung,
beurteilt vielmehr frei den Gang der Verhandlung, den Wert der einzelnen Beweismittel unter Berücksichtigung der ihnen eigenen Fehlerquellen (BGH NJW 98, 2736), legt Zeugenaussagen aus, folgert von bestrittenen auf unbestrittene Behauptungen, zieht Schlüsse aus Indizien, darf
fehlende konkrete Indizien mit Hilfe der allgemeinen Lebenserfahrung
überbrücken (BGH NJW 98, 79), zieht Folgerungen aus dem Verhalten
von Zeugen und Parteien, darf einer Partei mehr glauben als einem
beeideten Zeugen. Es gibt keinen Erfahrungssatz, dass die Aussagen von
Sympathisanten eines Unfallbeteiligten nur im Zusammenhang mit objektiven Gesichtspunkten einen Beweiswert haben (BGH NJW 88, 566).
Zeugen, die für Tatsachen zum Nachweis des äußeren Bildes eines Dieb-
stahls gegenüber der Versicherung benannt sind, müssen vernommen
werden (BGH NJW 97, 1988). Für diesen Nachweis genügt die hohe
Wahrscheinlichkeit eines Entwendungsfalls, überwiegende Wahrscheinlichkeit von über 50% ist nicht erforderlich (BGH NJW-RR 93, 797).
Befindet sich der Versicherungsnehmer in Beweisnot, ist er anzuhören
(§ 141) oder zu vernehmen (§ 448); dann kommt es auf seine Glaubwürdigkeit an (BGH NJW 97, 1988). Beweiswürdigung bei Streitgenossen
§ 61 Rn 12. Anscheinsbeweis Rn 12–16, Beweisvereitelung Rn 17–19.
Überprüfung in der Revisionsinstanz § 546 Rn 11.

3   **b) Die leitenden Gründe** und die wesentlichen Gesichtspunkte für
seine Überzeugungsbildung hat das Ger nachvollziehbar im Urteil darzulegen (BGH NJW 91, 1894, NJW 98, 2736: mechanische Aufzeichnungen), zB auf Grund welcher konkreten Umstände (BGH MDR 78,
826) das Ger einem Zeugen glaubt, dem anderen nicht, dem Gutachten
eines anerkannten Fachgelehrten nicht folgt (BGH NJW 61, 2061).
Entscheidet das Ger eine nicht einfach liegende fachliche Frage ohne
Sachverständigen oder weicht es von dessen Gutachten ab, so muss es
seine Sachkunde darlegen bzw seine abweichende Überzeugung begründen und dabei erkennen lassen, dass die Beurteilung nicht von
einem Mangel an Sachkunde beeinflusst ist (BGH NJW 89, 2948; 97,
4   1446; § 411 Rn 5, § 412 Rn 1). – Ein **medizinisches Gutachten**
über ärztliche Behandlungsfehler und Aufklärung des Patienten einschließlich mündlicher Erläuterung hat der Richter mit besonders kritischer Sorgfalt auf Vollständigkeit und Widerspruchsfreiheit zu überprüfen (BGH NJW 94, 1596; 97, 794). Zweifel u Unklarheiten auf Grund
unterschiedlicher Bekundungen im Lauf des Prozesses hat er durch
gezielte Befragung des Sachverständigen zu klären (BGH NJW 01,
2791). Wenn bei widersprüchlichen u ergänzungsbedürftigen Ausführungen auch eine Anhörung des Sachverständigen keine Klarheit bringt,
muss das Gericht einen anderen Sachverständigen beauftragen (BGH
NJW 01, 1787). Es muss dabei auch klären, ob der Sachverständige in
zurückhaltenden, vorsichtigen Formulierungen zur Vorgehensweise des

Arztes Behandlungsfehler anspricht (BGH NJW 93, 1524) und ob er sich von einer gewissen Voreingenommenheit, beruhend auf überholten Standesregeln, freigemacht hat (BGH NJW 80, 2751). Eine abweichende Meinung auf Grund Studiums medizinischer Fachliteratur kann sich das Ger erst bilden, wenn es sie mit dem Sachverständigen erörtert oder er sonst dazu Stellung genommen hat (BGH NJW 84, 1408). Außerdem ist sie im Urteil zu begründen (Baumgärtel VersR 75, 677). – **Ausführlichkeit.** Dabei muss der Richter nicht auf jedes einzelne Parteivorbringen und Beweismittel ausführlich eingehen, es genügt, dass nach der Gesamtheit der Gründe eine sachentsprechende Beurteilung stattgefunden hat (BGH NJW 87, 1557). Revisionsrechtliche Überprüfung § 546 Rn 11.

3. Grundlage der Würdigung ist der gesamte Inhalt der Verhandlung, das sind das Vorbringen, Handlungen, Unterlassungen, persönlicher Eindruck von den Prozessbeteiligten und ihren Vertretern einschl einer Beweisaufnahme. Bei ihr ist zu unterscheiden zwischen der auf die Sachdarstellung bezogenen Glaubhaftigkeit und der auf die Person bezogenen Glaubwürdigkeit einer Aussage (BGH NJW 91, 3284). Beweisaufnahme darf nur verwertet werden, soweit die Ergebnisse in ordnungsmäßigem Verfahren gewonnen wurden und darüber verhandelt worden ist (§ 285). Das gilt auch, wenn es um Geschäftsgeheimnisse geht, es gibt kein Geheimverfahren (BGH 116, 47, MüKo/Musielak § 357 Rn 9, Prütting/Weth NJW 93, 576). Ein günstiges Ergebnis muss die Partei sich wenigstens zu eigen machen (BGH NJW-RR 90, 507); es spricht eine Vermutung dafür, dass die Partei dies jedenfalls hilfsweise macht (BGH NJW 01, 2177). – **a) In rechtswidriger Weise erlangte Beweismittel.** Ihre Verwertbarkeit ist im Einzelnen streitig (Zeiss ZZP 89, 377, Lenz/Meurer MDR 00, 73, Helle JR 00, 353, Heinemann MDR 01, 137). Ist das Beweismittel schlicht rechtswidrig erlangt, ist es verwertbar, insbes soweit entspr § 422, § 810 BGB eine Vorlegungspflicht ohnehin bestand. Ist das Beweismittel unter Verstoß gegen ein verfassungsrechtlich geschütztes Individualrecht, insbesondere das Persönlichkeitsrecht erlangt, so liegt in seiner Verwertung grundsätzlich ein unzulässiger Eingriff in das Grundrecht aus Art 2 Abs 1 iVm Art 1 Abs 1 GG. Ob dieser ausnahmsweise (BGH WM 97, 2046, Karlsruhe NJW 00, 1577) gerechtfertigt ist, richtet sich nach dem Ergebnis der Abwägung zwischen dem gegen die Verwertung streitenden Persönlichkeitsrecht und einem dafür sprechenden Interesse des Beweisführers (BVerfG NJW 92, 815). Das ist nach den Umständen des Einzelfalls zu entscheiden (BGH NJW 94, 2289). – **Beispiele:** heimliche Tonbandaufnahme grundsätzlich unverwertbar (BGH WM 97, 2046); verwertbar, wenn im Einzelfall das Recht am gesprochenen Wort (Persönlichkeitsschutz des Anrufers) deutlich geringer wiegt als der Ehrenschutz des Angerufenen und dessen Interesse an der Feststellung der Identität des Anrufers wegen einer sonst nicht behebbaren Beweisnot hinsichtlich der telefonisch ausgesprochenen Beleidigungen (BGH NJW 82, 277); ver-

wertbar außerdem bei Einverständnis der davon Betroffenen (Köln
NJW-RR 94, 720); entwendete Tagebuchaufzeichnungen (BGH NJW
64, 1139); heimlicher Zeuge § 284 Rn 5. Ohne Wissen des Täters
angefertigte Videoaufnahme einer Körperverletzung ist mangels anderer
Beweismittel verwertbar (Düsseldorf NJW-RR 98, 241). Unzulässig ist
die Vernehmung eines Zeugen über Mitteilungen, die ihm der Beweispflichtige unter Verletzung seiner Verschwiegenheitspflicht gemacht hat
(Köln NJW-RR 93, 1073). Mithörgeräte bei geschäftlichen und privaten Telefonen sind heute üblich, mit ihnen muss der Gesprächspartner
rechnen. Ein Zeuge darf deshalb grundsätzlich über ein mitgehörtes
Gespräch vernommen werden (BAG NJW 82, 1691, Düsseldorf NJW
00, 1578). Anders, wenn der Gesprächsinhalt vertraulichen Charakter
hat und der Anrufer erkennbar Wert auf die Vertraulichkeit legt (BGH
WM 85, 1481) oder wenn der Angerufene es bewusst und aktiv auf
Täuschung des Gesprächspartners anlegt (BGH NJW 82, 1397). –

9   **b) Persönliche Eindrücke, Wahrnehmungen beim Augenschein,**
wenn nicht das erkennende Gericht in gleicher Besetzung Beweis erhoben hat, § 285 Rn 2. **Private Kenntnisse** darf der Richter für die
Feststellung bestrittener Tatsachen nur verwenden bei Offenkundigkeit
(§ 291), Anwendung allg Erfahrungssätze (15 vor § 284) oder wenn er
seine Kenntnis den Parteien vorher mitgeteilt hat (BGH MDR 67, 745).

10   – **c)** Ob er **Zeugen- bzw Sachverständigen- oder Urkundenbeweis** beantragt, kann der Beweisführer frei wählen. Hat er schriftsätzlich beide Beweisanträge angekündigt und erklärt er sich in mdl Vhdlg
mit der Verwertung der Urkunden aus anderen Verfahren einverstanden,
so ist ein Zeugen- bzw Sachverständigen-Beweisantrag nicht gestellt
(Karlsruhe NJW-RR 86, 846 nimmt Verzicht an, auch für den 2.
Rechtszug, falls nicht ausdrücklich widerrufen). Stellt er diesen Antrag
in der Berufungsinstanz, so kann er als verspätet zurückgewiesen werden

11   (München NJW 72, 2047, KG NJW 74, 373). – **d) Urkunden aus
anderen Akten** (Vernehmungsprotokolle, tatsächliche Feststellungen in
anderen Urteilen, schriftliche Erklärungen, Sachverständigengutachten)
dürfen auf Antrag des Beweisführers nach ordnungsgemäßer Einführung
in den Prozess (BGH NJW 93, 2382, Koblenz NJW-RR 95, 726) als
Urkundenbeweis verwertet und als solcher, nicht als Zeugen-/Sachver-
ständigenbeweis (BGH NJW 95, 2856) frei gewürdigt, die beantragte
Vernehmung kann damit aber nicht abgelehnt werden (BGH 7, 116),
die Verwertung der Urkunden anstelle der beantragten Vernehmung ist
unzulässig (BGH NJW 97, 3096; 00, 420 und 3072). Widerspricht die
Gegenpartei der Verwertung derartiger Urkunden, so kann darin konkludent der notwendige Antrag auf Vernehmung der Zeugen oder Sachverständigen liegen; sonst Hinweis gem § 139. Reichen die Ausführungen eines solchen Gutachtens nicht aus, um die aufklärungsbedürftigen
Fragen einer Partei zu beantworten, muss das Gericht eine Ergänzung
herbeiführen oder einen Sachverständigen zuziehen (BGH NJW 95,
1294; 97, 3381). Verwertet das Gericht Aussagen von Zeugen aus einem
Strafverfahren im Wege des Urkundenbeweises, so darf es die Richtig-

keit der Aussage nicht aus Gründen anzweifeln, die sich nicht aus der Urkunde ergeben und für die sich auch sonst keine belegbaren Umstände finden lassen (BGH NJW-RR 92, 1214). Beurteilung der Glaubwürdigkeit der Zeugenaussage an Hand eines Protokolls aus einem anderen Verfahren § 285 Rn 2. Hinweispflicht des Gerichts, wenn ihm der UrkBeweis nicht genügt, § 139 Rn 8, Verwertungsverbot wegen Verfahrensmangels § 383 Rn 10.

4. Der Anscheinsbeweis (prima facie) 12
a) Bedeutung. Voraussetzung ist, dass sich unter Berücksichtigung aller unstreitigen und festgestellten Einzelumstände und besonderen Merkmale des Sachverhalts ein für die zu beweisende Tatsache nach der Lebenserfahrung **typischer Geschehensablauf** ergibt (BGH NJW 96, 13 1828; 01, 1140). Dann kann von einer feststehenden Ursache auf einen bestimmten Erfolg oder umgekehrt geschlossen werden (BGH NJW 97, 528). Das gilt auch bei der Verletzung von Schutzgesetzen und Unfallverhütungsvorschriften, wenn sich im Schadensfall gerade diejenigen Gefahren verwirklicht haben, denen sie entgegenwirken sollen (BGH NJW 94, 945). Die beweisbelastete Partei muss dann nur den eingetretenen Erfolg streng beweisen, der nach der Lebenserfahrung regelmäßig auf eine bestimmte (behauptete) Ursache hinweist. Die Gegenpartei kann die Überzeugung des Gerichts erschüttern, indem sie konkrete Tatsachen behauptet und nötigenfalls beweist (BGH 8, 239), aus denen sich die ernsthafte (BGH VersR 95, 723) Möglichkeit eines vom gewöhnlichen abweichenden Verlaufs, einer anderen Ursache ergibt. Dies ist eine Frage der tatrichterlichen Würdigung; die RevInstanz kann nur prüfen, ob der Begriff der Ernsthaftigkeit verkannt ist (BGH NJW 69, 277). Diese Erschütterung des Anscheinsbeweises kann die beweisbelastete Partei ihrerseits beseitigen, indem sie für ihre Behauptung nunmehr vollen Beweis erbringt (BGH 6, 169). Es handelt sich also nicht um eine Umkehrung, sondern um eine Erleichterung der Beweislast. Ein Anscheinsbeweis, der mehrere mögliche schuldhafte Verursachungen umfasst, kann erst dann als widerlegt gelten, wenn alle unterstellten Möglichkeiten ausgeräumt sind (BGH VersR 62, 69). Zum Anscheinsbeweis bei überhöhter Telefonrechnung Köln, LGe Oldenburg, Kiel, Saarbrücken, AG Hassfurth NJW-RR 98, 1363–1368.
b) Anwendbar ist der Anscheinsbeweis insbes für Ursachenzusammenhang und Verschulden, zB Fahren eines Kfz an einen Baum für Fahrlässigkeit des Fahrers (BGH 8, 239), Verstoß gegen Unfall- und Brandverhütungsvorschriften (BGH VersR 63, 835). Sind mehrere Ursachen möglich, bestehen aber nur für eine davon konkrete Anhaltspunkte, so spricht die Erfahrung für diese Ursache, mag auch die eingetretene Folge nicht typisch sein (BGH 11, 227). – **Nicht anwendbar** ist der Anscheinsbeweis für individuelle Verhaltensweisen in bestimmten Lebenslagen (BGH NJW 83, 1548/1551) wie Freitod (BGH 100, 214; aA Walter, ZZP 90, 270), vorsätzliche Herbeiführung des Versicherungsfalles in der Absicht, den Versicherer in Anspruch zu nehmen (BGH NJW 88, 2040). 15

Nicht anwendbar auf die Abgrenzung der groben von der einfachen Fahr-
lässigkeit (BGH DB 70, 1223) und wenn von mehreren tatsächlichen
Möglichkeiten eine lediglich die wahrscheinlichere ist (BGH NJW-RR
88, 789). Wer die Gegenpartei in der Möglichkeit beschneidet, den
Anscheinsbeweis zu führen oder zu widerlegen, kann sich nicht auf die
Grundsätze des Anscheinsbeweis berufen (BGH NJW 98, 79).

16   **c) Umkehr der Beweislast** für die Ursächlichkeit im Bereich der
Arzthaftung Rn 30 vor § 284; für die Einwendungen bei VollstrAbwehrklage § 767 Rn 20.

17   **5. Beweisvereitelung.**
        a) Begriff. Man versteht darunter, dass eine Partei dem beweisbelas-
teten Gegner die Beweisführung schuldhaft unmöglich macht oder erschwert, indem sie während des Prozesses oder vorher vorhandene
Beweismittel vernichtet, vorenthält oder ihre Benutzung erschwert oder
indem sie zumindest fahrlässig die Aufklärung eines bereits eingetretenen
Schadensereignisses unterlässt, um dadurch die Entstehung eines Beweismittels zu verhindern, obwohl die spätere Notwendigkeit einer Beweisführung dem Aufklärungspflichtigen bereits erkennbar sein musste
(BGH NJW 86, 59). Dabei ist das Verschulden nicht auf die Vernichtung
des Gegenstands, sondern auf die Vereitelung seiner Beweisfunktion zu
beziehen (BGH VersR 75, 952). Bei fehlendem Verschulden s Rn 18.
Vereitelter Augenschein § 371 Abs 3. Verweigerte Entbindung von der
Schweigepflicht § 383 Rn 8.

18   **b) Folgen.** Das Gesetz trifft keine allgemeine Regelung. Die Rechts-
sprechung berücksichtigt das beweiserschwerende Verhalten der Partei
bei der Beweiswürdigung oder billigt Beweiserleichterungen zu, indem
sie das auf Verschulden einer Partei beruhende Fehlen eines Beweismittels als Indiz für die zu beweisende Tatsache oder die Wahrscheinlichkeit ihres Vorhandenseins als Beweis genügen lässt (BGH NJW 87,
1482). Das kann im Einzelfall bis zur Beweislastumkehr führen, wenn
nämlich dem Geschädigten die auch nur teilweise Beweislast für ein
pflichtwidriges Verhalten des Gegners billigerweise nicht mehr zuzumuten ist, weil dieser das Aufklärungshindernis durch grobes Versäumnis
verschuldet hat (BGH NJW 86, 59, NJW 87, 1482). Ist der Partei die
allein in ihrem Bereich liegende Erschwerung der Beweisführung im
Verhältnis zur beweisbelasteten Gegenpartei nicht als Pflichtverstoß vorwerfbar, so kann es gegen § 242 BGB verstoßen, wenn sie sich auf deren
Beweislast beruft (BGH ZIP 00, 2329: Vernichtung des Versicherungs-
antrags nach Mikroverfilmung zur bürotechnischen Rationalisierung).

19   **c) Beispiele.** Der Beweis kann als geführt angesehen werden, wenn
der RA im Prozess seines Mandanten gegen ihn die Handakten nicht
vorlegt (Köln MDR 68, 674); wenn der Gegner pflichtwidrig die Aufbewahrung einer für die Rechtsbeziehungen der Parteien wichtigen
Unterlage (BGH 6, 224) unterlassen hat; wenn die gebotene ärztliche
Dokumentation (30 vor § 284) lückenhaft oder unzulänglich ist und
deswegen für den Geschädigten die Aufklärung des Sachverhalts unzu-

mutbar erschwert wird (BGH NJW 86, 2365); wenn der Arzt Röntgen-
aufnahmen nicht vorlegt (BGH NJW 63, 389); wenn der Arzt es
schuldhaft unterlassen hat, medizinisch zweifelsfrei gebotene Befunde zu
erheben und zu sichern, sofern dadurch die Aufklärung des immerhin
wahrscheinlichen Ursachenzusammenhangs zwischen Behandlungsfehler
und Gesundheitsschaden erschwert wird und die Befundsicherung gerade wegen des erhöhten Risikos des in Frage stehenden Verlaufs geschuldet war (BGH 99, 391); wenn der Arbeitgeber die gem § 2 Abs 1
Nachweisgesetz vorgeschriebene Zustellung einer Niederschrift über die
Vergütungsvereinbarung mit dem Arbeitnehmer unterlassen hat (LAG
Köln MDR 99, 1074); wenn der Nachweis der Formgültigkeit des Testaments durch dessen Vernichtung unmöglich gemacht ist; wenn der
Bekl die allein ihm bekannte Adresse eines Unfallzeugen nicht angibt
(BGH NJW 60, 821); wenn der Beweisgegner unberechtigt das Bank-
geheimnis ausnützt (BGH NJW 67, 2012); wenn eine Partei ohne
plausiblen Grund den beurkundenden Notar nicht von der Verschwiegenheitspflicht entbindet (München NJW-RR 87, 1021); wenn der Kl
im Arzthaftungsprozeß aus prozeßtaktischen Gründen Ärzte u Kranken-
hauspersonal erst verspätet von der Schweigepflicht entbindet u sich
diese Zeugen deshalb nicht mehr genügend erinnern können (Frankfurt
NJW 80, 2758); wenn der Bekl im Abstammungsprozeß sich der Blut-
entnahme für ein Blutgruppengutachten entzieht (BGH NJW 86, 2371);
wenn die Partei der Gegenpartei den Zutritt verwehrt (§ 357 Rn 1).
Beweislast einschl ihrer Umkehr bei ärztlichen Behandlungsfehlern und
grober Verletzung sonstiger Berufspflichten 30 vor § 284.

6. Gesetzliche Beweisregeln (Abs 2) schließen die freie Beweiswür- **20**
digung aus (aA Britz ZZP 110, 61). Beispiele: Protokoll § 165, Tatbestand § 314, Urkunden §§ 415–418, Zustellung §§ 174 Abs 1 S 2,
184 Abs 2 S 4, 195 Abs 2, 270 S 2, ferner §§ 60, 66 PStG, § 190 StGB
(BGH NJW 85, 2644). An landesrechtlichen Beweisregeln gelten nur
noch EGZPO §§ 16 Nr 1, 17 Abs 2.

§ 287 Schadensermittlung; Höhe der Forderung

(1) **¹Ist unter den Parteien streitig, ob ein Schaden entstanden
sei und wie hoch sich der Schaden oder ein zu ersetzendes Interesse belaufe, so entscheidet hierüber das Gericht unter Würdigung aller Umstände nach freier Überzeugung. ²Ob und inwieweit eine beantragte Beweisaufnahme oder von Amts wegen die
Begutachtung durch Sachverständige anzuordnen sei, bleibt
dem Ermessen des Gerichts überlassen. ³Das Gericht kann den
Beweisführer über den Schaden oder das Interesse vernehmen;
die Vorschriften des § 452 Abs. 1 Satz 1, Abs. 2 bis 4 gelten entsprechend.**

(2) **Die Vorschriften des Absatzes 1 Satz 1, 2 sind bei vermögensrechtlichen Streitigkeiten auch in anderen Fällen entspre-**

**chend anzuwenden, soweit unter den Parteien die Höhe einer
Forderung streitig ist und die vollständige Aufklärung aller hierfür maßgebenden Umstände mit Schwierigkeiten verbunden ist,
die zu der Bedeutung des streitigen Teiles der Forderung in
keinem Verhältnis stehen.**

1   **1. Anwendungsbereich Abs 1.** Vgl Arens, Dogmatik und Praxis
der Schadenschätzung ZZP 88, 1; Gottwald, Schadenszurechnung u
2 Schadensschätzung, 1979. – **a) Schadensersatzanspruch,** gleichgültig
ob vertraglich oder gesetzlich, Verschuldens- oder Gefährdungshaftung.
Gilt auch für **Entschädigungsanspruch** wegen Aufopferung (BGH 29,
95) und Enteignung (BGH 29, 217). Nicht unter Abs 1 fallen zB Minderung (BGH WM 71, 1382), Bereicherung (BGH GRUR 62, 261),
Vertragsstrafe. Der Tatbestand der schädigenden Handlung, ihr Beginn
bei fortgesetzter Schädigungshandlung über einen längeren Zeitraum
hinweg sowie grundsätzlich das darauf bezogene Verschulden des Schädigers fällt nicht unter § 287, sondern unter § 286 (BGH 4, 192, NJW
3 85, 1390, NJW-RR 87, 1019). – **b) Entstehung des Schadens,** etwa
ob ein Gewinn entgangen, das Fortkommen benachteiligt ist. Hängt die
Frage, ob ein Schaden entstanden ist, davon ab, wie ein Gericht oder
eine Behörde hypothetisch entschieden hätte, ist darauf abzustellen, wie
die Entscheidung im Ausgangsverfahren nach Auffassung des jetzt über
den Ersatzanspruch entscheidenden Ger richtigerweise hätte lauten müssen; Abs 1 ist auch dann anwendbar, wenn im Vorprozess der Untersuchungsgrundsatz (Einl I Rn 6, 7) galt (BGH NJW 96, 2501). –
4 **c) Kausalzusammenhang.** Soweit es um die Verletzung der Rechtsgüter in § 823 Abs 1 BGB geht, fällt bei vertraglichen und deliktischen
Ansprüchen die Kausalität des schädigenden Ereignisses für die Rechtsgutverletzung, den ersten Verletzungserfolg, sog Primärschaden (konkreter Haftungsgrund, haftungsbegründende Kausalität) unter § 286 (BGH
NJW 98, 3417: Hirnschaden infolge fehlerhafter Geburtseinleitung).
Erst die Kausalität zwischen Rechtsgutverletzung und eingetretenem
Schaden, also Weiterentwicklung der Schädigung, zB die Ursächlichkeit
der Körperverletzung für folgenden Tod (BGH NJW 92, 3298) oder
Invalidität (BGH NJW 93, 201), Vermögensschäden als Folge der Verletzung bloßer Vermögensinteressen, fallen als haftungsausfüllende Kausalität unter § 287 (BGH NJW 87, 705, NJW 98, 3417). Häufig greift hier
der Anscheinsbeweis ein (§ 286 Rn 12–16). Die Ermittlung, wieweit
ein festgestelltes Verhalten des Geschädigten nach § 254 BGB mitursächlich für die Entstehung des Schadens ist, fällt unter § 286 (BGH NJW
5 68, 985). – **d) Zur Höhe des Schadens** gehören alle Berechnungsgrundlagen wie Datum des Schadensereignisses, mutmaßliche Dauer
einer Rente (BGH JZ 51, 113), Einfluss mitwirkenden Verschuldens,
Verteilung des Schadens soweit keine Gesamtschuldner, Art des Schmerzensgeldes in Kapital oder Rente (BGH NJW 57, 383). Der Anspruch
6 muss nicht auf Geld gehen. – **e) Nicht anwendbar,** wenn Kl nicht die
konkreten Ausgangs- und Anknüpfungstatsachen für die Ausübung des

Ermessens schlüssig darlegt und beweist (BGH NJW 95, 1023) oder gar mit ordnungsgemäßer Substantiierung hartnäckig zurückhält u zumutbare Mitwirkung am Beweisverfahren verweigert (BGH NJW 81, 1554).

2. Anwendungsbereich Abs 2. – a) Sonstiger Anspruch auf **7** **Geld oder vertretbare Sachen,** zB Vertragsansprüche, die nach Ermessen zu bestimmen sind (§§ 315, 319 BGB), Vertragsstrafe (§ 343 BGB), Minderung (Peters BB 83, 1951), Höhe von Mängelschäden (Köln DB 73, 2343), Bereicherung. Die anspruchsbegründenden Tatsachen fallen auch hier unter § 286. – **b) Streit über die Höhe** der **8** Forderung. **Völlige Aufklärung** muss unverhältnismäßig **schwierig** sein im Vergleich zur Bedeutung der ganzen Forderung oder eines Teils davon, zB unverhältnismäßig hohe Kosten einer Beweisaufnahme.

3. Die **freie Beweiswürdigung** geht unter den obengenannten Vo- **9** raussetzungen und in den obengenannten Punkten über § 286 in folgendem Maße hinaus: – **a) Substantiierung** ist von den Parteien nicht so genau wie sonst zu verlangen (BGH DAR 92, 262). Die Klage darf nicht wegen lückenhaften Vorbringens abgewiesen werden, solange, auch unter Gebrauch des Fragerechts, greifbare Anhaltspunkte für die Ausübung des Ermessens vorhanden sind (BGH NJW-RR 00, 1341), wenigstens zur Schätzung eines gewissen Mindestschadens (BGH NJW 04, 589). – **b)** Nach **freier Überzeugung** entscheidet der Richter. Dabei darf er in **10** für die Entscheidung zentralen Fragen nicht auf fachliche Erkenntnisse verzichten, die nach Sachlage unerlässlich sind (BGH VersR 76, 389), darf sich nicht eine Sachkunde zutrauen, über die er nicht verfügen kann (BGH NJW-RR 88, 534). Im übrigen entscheidet der Richter nach pflichtgemäßem Ermessen, ob er eine Beweiserhebung anordnet oder fortsetzt und in welchem Umfang, muss aber die Ablehnung begründen und alles Parteivorbringen würdigen. Ist bisher ein Beweis nicht einmal ansatzweise geführt und erkennbar, dass die noch zur Verfügung stehenden Beweise nicht ausreichen werden, so ist in diesem Rahmen dem Richter eine vorweggenommene Beweiswürdigung ausnahmsweise erlaubt (BGH WM 96, 1830). Lediglich aus Gründen der Prozessökonomie darf, jedenfalls in Abs 1, eine beantragte Beweiserhebung nicht abgelehnt werden (BVerfG JZ 79, 23). Schadensschätzung setzt voraus, dass der Schaden in einem der Höhe nach nicht bestimmbaren, aber jedenfalls erheblichen Ausmaß bereits entstanden ist und dass genügend Anhaltspunkte dafür vorhanden sind, wie sich das schädigende Ereignis als bleibender Vermögensschaden auswirken wird. Ist dies noch nicht möglich, bleibt nur Feststellungsklage (BGH NJW 92, 1035: Verlust des Versicherungsrabatts nach Verkehrsunfall). – **Im Urteil** müssen die **tat-** **11** **sächlichen Grundlagen der Schätzung,** für die der Kl die volle Beweislast trägt (BGH NJW-RR 98, 331), und ihre Auswertung in objektiv nachprüfbarer Weise angegeben werden (BGH 6, 63 und VersR 65, 239), die genaue Angabe der im Einzelnen leitenden Gründe (§ 286 Rn 3) ist nicht nötig (BGH 3, 175). Unterbleiben darf die Schätzung nur, wenn sie mangels jeder konkreter Anhaltspunkte völlig in der Luft hinge und deshalb willkürlich wäre (BGH WM 92, 36). Für die richterliche Überzeugungsbildung kann im Rahmen der haftungsausfüllenden Kausalität je nach Lage des Falls eine höhere oder deutlich höhere Wahrscheinlichkeit genügen (BGH NJW 92, 3298; 95, 1023), eine an Sicherheit grenzende Wahrscheinlichkeit ist nicht zu verlangen. Die Frage nach der Beweislast entsteht erst, wenn sich das Ger trotz seiner freien Stellung vom Kausalzusammenhang zwischen konkretem Haftungsgrund und Schadenerfolg nicht überzeugen kann. Bleibt nach den feststehenden Tatsachen alles offen, besteht auch keine deutlich größere Wahrscheinlichkeit für eine der vorhandenen Kausalmöglichkeiten, so gibt auch § 287 nicht das Recht, zugunsten des Beweisbelasteten einen bestimmten Schadenverlauf zu bejahen (BGH JZ 71, 228) oder einen Mindestschaden zu schätzen (BGH NJW 95, 1023). Nur in besonders gelagerten Fällen kann der Richter dann unter teilweisem Absehen von der Beweislast zu einer echten Schätzung kommen, zB über die wertbildenden Eigenschaften einer zerstörten Sache, über die Teilung des Totalschadens des Erstauffahrenden bei doppeltem Auffahrunfall, wenn ungeklärt ist, ob der Totalschaden schon durch die Frontschäden beim ersten Auffahren oder erst durch das Zweitauffahren eingetreten ist (BGH NJW 73, 1283). Das Ermessen ist vom Revisionsgericht nur daraufhin nachprüfbar, ob das BerGer Rechtsgrundsätze der Schadensbemessung verkannt oder seiner Schätzung unrichtige Maßstäbe zugrunde gelegt (BGH NJW-RR 93, 795) oder wesentliche Tatsachen außer Acht gelassen (BGH 6, 63, NJW 86, 1389) oder gegen Denkgesetze verstoßen hat (BGH NJW 91, 1894). – **c) Schätzungsvernehmung.** Nur im Falle des Abs 1 und dort nur über die Höhe des Schadens gestattet Abs 1 S 3 die Vernehmung der beweisbelasteten Partei und zwar unter Ablehnung anderer Beweismittel, auch wenn der Schaden nicht genau substaniiert ist und ohne die engeren Voraussetzungen des § 448. Für die Beeidigung gilt § 452 ohne dessen Abs 1 S 2.

§ 288 Gerichtliches Geständnis

(1) **Die von einer Partei behaupteten Tatsachen bedürfen insoweit keines Beweises, als sie im Laufe des Rechtsstreits von dem Gegner bei einer mündlichen Verhandlung oder zum Protokoll eines beauftragten oder ersuchten Richters zugestanden sind.**

(2) **Zur Wirksamkeit des gerichtlichen Geständnisses ist dessen Annahme nicht erforderlich.**

1 **1. Begriff und Gegenstand des gerichtlichen Geständnisses.** Es ist Prozeßhandlung (Einl III). Es bezieht sich auf Tatsachen (13 vor § 284), auch solche, die nicht der Wahrnehmung der Partei unterlagen (BGH NJW 87, 1947, 94, 3109), oder auf präjudizielle Rechtsverhältnisse (zB Rechtsnachfolge), nicht aber auf reine Werturteile, Erfahrungs- und Rechtssätze (Rn 15, 16 vor § 284), Auslegung von Erklärungen

und Beweiswürdigung. Tatsachen können auch Rechtsbegriffe oder -verhältnisse als inhaltlich tatsächliches Vorbringen sein, wenn sie einfach und allgemein bekannt sind (BGH NJW 92, 906: Schenkung im konkreten Fall nicht), zB Abschluss eines Vertrages (BGH WM 80, 193). Das Geständnis nimmt dem Ger die Prüfung der Wahrheit einer Behauptung ab, während sich das Anerkenntnis (§ 307) auf den prozessualen Anspruch (Einl II) bezieht und dem Gericht die rechtliche Prüfung abnimmt.

2. Voraussetzungen und Erklärung. – a) Behauptung einer ihr 2 günstigen Tatsache durch die beweisbelastete Partei (17 ff vor § 284). **– b) Zugestehen** kann die Gegenpartei (auch Rn 4) die ihr ungünstige 3 Behauptung. Das muss zwar nicht ausdrücklich, aber nach dem Zusammenhang des Vorbringens unbedingt und unzweifelhaft mit Geständniswillen (BGH 140, 156) geschehen, zB durch bloße Hauptaufrechnung gegen eine schlüssige Klageforderung (BGH NJW-RR 96, 699). Bloßes Schweigen auf die gegnerische Behauptung genügt nicht (BGH NJW 91, 1683; BVerfG NJW 01, 1565). Die bloß negative Erklärung, nicht bestreiten zu wollen, kann als positives Geständnis nur aufgefasst werden, wenn weitere Umstände hinzukommen, die dies nahelegen (BGH NJW 83, 1496; 94, 3109). Als vorweggenommenes hat es die Wirkung der §§ 288 ff erst, wenn die Gegenpartei die Behauptung übernimmt und der zuerst Behauptende darauf nicht Abweichendes vorträgt (BGH NJW 90, 392, NJW-RR 94, 1405). **– c) Die Erklärung** geschieht, gleichgül- 4 tig in welchem sachlichen Zusammenhang (BGH VersR 96, 583), vor dem erkennenden Gericht in mdl Vhdlg, auch bei Säumnis des Gegners, vor dem beauftragten oder ersuchten Richter zu Protokoll. Feststellung im Protokoll gemäß § 160 Abs 3 Nr 3, auch im Wege der Bezugnahme gemäß § 137 Abs 3 (BGH NJW 97, 397). Schriftsätzlich nur in den Fällen der §§ 128 Abs 2, 251 a und bei freigestellter mdl Vhdlg (§ 128 Rn 11–19). Zugestehen kann die Partei bzw ihr gesetzlicher Vertreter, bei Gesamtvertretung alle (BGH NJW 87, 1947), der Prozessbevollmächtigte, jeder Streitgenosse für sich selbst, der Streitgehilfe im Rahmen des § 67. Gilt im RA-Prozess auch dann, wenn die Erklärung des RA davon abweicht (BGH NJW 87, 1947). Erklärungen einer Partei bei der Parteivernehmung enthalten kein Geständnis (BGH NJW 95, 1432; kritisch Hülsmann NJW 97, 617); ebenso bei einer Anhörung nach §§ 137 Abs 4, 141 (Hamm WM 96, 669).

3. Wirkung. – a) Die zugestandene **Tatsache** ist nicht beweisbe- 5 dürftig und vom Richter ungeprüft als **wahr** zu berücksichtigen. Insoweit deckt sich die Wirkung mit dem Nichtbestreiten (§ 138 Abs 3). Darüber hinaus ist die geständige Partei im Rahmen des § 290 **gebunden** (Pawlowski MDR 97, 7), auch für die Berufungsinstanz (§ 532, Düsseldorf MDR 00, 1211). **– b)** Diese **Wirkungen treten nicht ein** 6 im Bereich des Untersuchungsgrundsatzes (Einl I Rn 6, 7) und bei den vAw zu berücksichtigenden Tatsachen (12 vor § 253). Ferner, wenn die zugestandene Tatsache unmöglich, dh jeder Erfahrung zuwider oder ihr

7 Gegenteil offenkundig (§ 291) ist (BGH NJW 79, 2089). – **c) Das
bewusst unwahre Geständnis** ist mit Rücksicht auf die Verfügungsbefugnis der Parteien über den Prozess grundsätzlich wirksam (BGH 37,
154; aA Olzen ZZP 98, 403/416 ff) und bindend auch gegenüber dem
einfachen Streithelfer (Schleswig NJW-RR 00, 356). Unwirksam ist es,
wenn es der Beklagte arglistig im Einverständnis mit dem Kläger zum
Nachteil eines Dritten abgibt (BGH VersR 70, 826, Düsseldorf
NJW-RR 98, 606).

8 **4.** Das **außergerichtliche Geständnis** ist ebenfalls kein Beweismittel, sondern als Hilfstatsache (Rn 11 vor § 284) Beweisgegenstand, zB ist
die Quittung Indiz für den Leistungsempfang. Es kann außerhab des
anhängigen Prozesses abgegeben werden oder in diesem ohne die Form
Rn 4.

§ 289 Zusätze beim Geständnis

(1) **Die Wirksamkeit des gerichtlichen Geständnisses wird dadurch nicht beeinträchtigt, daß ihm eine Behauptung hinzugefügt wird, die ein selbständiges Angriffs- oder Verteidigungsmittel enthält.**

(2) **Inwiefern eine vor Gericht erfolgte einräumende Erklärung
ungeachtet anderer zusätzlicher oder einschränkender Behauptungen als ein Geständnis anzusehen sei, bestimmt sich nach der
Beschaffenheit des einzelnen Falles.**

1 **Umfang des Geständnisses.** Im Falle von Zusätzen oder Einschränkungen gilt der Grundsatz der Teilbarkeit. Selbständige Angriffs- und
Verteidigungsmittel § 146 Rn 2; bei ihnen betrifft der Zusatz einen
anderen Sachverhalt als das Geständnis. Ihre Hinzufügung lässt das Geständnis wirksam (Abs 1). Das Gleiche bestimmt Abs 2 für das qualifizierte Geständnis und verweist im Übrigen auf die allg Regeln über die
Beweislast (Rn 17 ff vor § 284). Nach ihnen richtet sich, wer zusätzliche
oder einschränkende Behauptungen zu beweisen hat. Gesteht zB der
Beklagte den Vertragsabschluss als solchen, behauptet aber in fremdem
Namen aufgetreten zu sein, so ist der Abschluss nicht beweisbedürftig,
der Beklagte hat das Handeln in fremdem Namen zu beweisen (BGH
LM § 517 Nr 1). Die Hinzufügung von Rechtsansichten ist stets belanglos.

§ 290 Widerruf des Geständnisses

[1]**Der Widerruf hat auf die Wirksamkeit des gerichtlichen Geständnisses nur dann Einfluß, wenn die widerrufende Partei beweist, daß das Geständnis der Wahrheit nicht entspreche und
durch einen Irrtum veranlaßt sei.** [2]**In diesem Falle verliert das
Geständnis seine Wirksamkeit.**

1. Anwendungsbereich. Die Bestimmung bezieht sich auf den ein- 1
seitigen Widerruf des gerichtlichen Geständnisses (§ 288 Rn 1, 4), nicht
auf das außergerichtliche und das Nichtbestreiten (vgl § 138 Rn 18),
deren Widerruf jederzeit zulässig und frei zu würdigen ist. Unberührt
bleibt der sofortige Widerruf durch die Partei selbst in §§ 85 Abs 1 S 2
und 90 II. Anfechtung nach materiellrechtlichen Vorschriften ist unzulässig, weil Prozesshandlung (aA Orfanides, Die Berücksichtigung von
Willensmängeln im ZivProz, 1982, § 5). Widerruf mit Einverständnis
des Gegners ist unbeschränkt zulässig.

2. Voraussetzungen des Widerrufs. Die widerrufende Partei muss 2
beweisen, dass die **zugestandene Tatsache unwahr** ist und dass das
Geständnis durch **Irrtum** über die Wahrheit der Tatsache veranlasst ist.
Sie muss also Tatsachen beweisen, die sie an der Erkenntnis des wahren
Sachverhalts hinderten oder die unrichtige Darstellung herbeigeführt
haben (Köln NJW-RR 00, 1478). Daraus folgt, dass das bewusst unwahre Geständnis – soweit überhaupt wirksam (§ 288 Rn 7) – nicht
widerrufbar ist (BGH 37, 154). Ob tatsächlicher oder rechtlicher Irrtum,
verschuldet oder nicht, bleibt gleich. Entscheidend ist der Irrtum der
Partei selbst oder in analoger Anwendung des § 166 BGB ihres Vertreters, der den RA informiert hat (RG 146, 353) oder des RAs, falls er
von sich aus zugestanden hat.

§ 291 Offenkundige Tatsachen

**Tatsachen, die bei dem Gericht offenkundig sind, bedürfen
keines Beweises.**

1. Offenkundigkeit. – a) Allgemeinkundig ist eine Tatsache (1 1
vor § 284), die einer beliebig großen Anzahl von Menschen privat
bekannt oder ohne weiteres zuverlässig wahrnehmbar ist. Informationsquelle können Medien sein. Beispiele: Historische oder Ereignisse des
Zeitgeschehens, Entfernungen, gegenwärtige Börsenkurse, Zahlenangaben in statistischen Jahrbüchern (BGH NJW-RR 93, 1122), der in der
Fachpresse veröffentlichte Lebenshaltungskostenindex (BGH 111, 214),
Verständlichkeit von Abkürzungen (KG WM 93, 501). – **b) Gerichts-** 2
kundig ist eine Tatsache, die das erkennende Ger selbst amtlich wahrgenommen hat, zB in anderen Prozessen (BGH NJW 98, 3498: spezielle
wissenschaftliche Frage), Entzug der RA-Zulassung, oder die ohne weiteres aus Akten desselben Ger ersichtlich ist (BGHSt 6, 292; RoSchw/
Gottwald § 114 I 3 b; aA StJLeipold 5; BLAH 5). Verwertung von Protokollen und Gutachten aus anderen Akten § 286 Rn 11. – **c) Durch** 3
Mehrheitsbeschluss entscheidet in Rn 1 und Rn 2 jeweils das Ger für
die Instanz über die Offenkundigkeit. Die Allgemeinkundigkeit kann,
wenn das Ger sie nicht kennt, als Indiz Beweisgegenstand sein (Rn 11,
13 vor § 284), die Gerichtskundigkeit nicht. Gegenbeweis (Rn 8 vor
§ 284) ist stets zulässig (BGH NJW-RR 90, 1376; aA Pantle MDR 93,
1166). – **d) Im Urteil verwertbar** sind diese Tatsachen nur, wenn das 4

Ger die Parteien dazu gehört hat (BVerfG NJW-RR 96, 183, BGH
NJW-RR 93, 1122).

5   **2. Wirkung** der Offenkundigkeit ist, dass die Tatsache nicht beweisbedürftig ist. Bestreiten, Geständnis und Säumnis sind ohne Bedeutung.
Der Rechtsbegriff der Offenkundigkeit ist revisibel, ebenso das Verfahren zu ihrer Feststellung. Diese selbst ist tatsächlicher Art, bindet also das
Revisionsgericht. An Feststellungen, die im Widerspruch zu offenkundigen Tatsachen stehen, ist es nicht gebunden.

§ 292 Gesetzliche Vermutungen

[1] **Stellt das Gesetz für das Vorhandensein einer Tatsache eine
Vermutung auf, so ist der Beweis des Gegenteils zulässig, sofern
nicht das Gesetz ein anderes vorschreibt.** [2] **Dieser Beweis kann
auch durch den Antrag auf Parteivernehmung nach § 445 geführt
werden.**

1   **1. Gesetzliche Vermutungen** können sich beziehen – **a) auf eine
Tatsache.** Das Gesetz schließt aus einer tatbestandsfremden Tatsache,
meist einem Indiz, auf das Vorliegen eines gesetzlichen Tatbestandsmerkmals, zB aus dem Besitz des Gläubigers am Hypothekenbrief auf seine
Übergabe (§ 1117 Abs 3 BGB). Weitere Beispiele: §§ 938, 1253 Abs 2,
1377 Abs 1, Abs 3, 2009 BGB. An die Stelle freier Beweiswürdigung
tritt für den Richter die Anwendung des bindenden Rechtssatzes. –
2   **b) Auf einen gegenwärtigen Rechtszustand.** Das Gesetz schließt aus
einer Tatsache, vielfach ebenfalls einem Indiz, unmittelbar auf das
(Nicht-) Bestehen eines Rechts für eine bestimmte Person, zB aus der
Tatsache des Besitzes auf das Eigentumsrecht (§ 1006 Abs 1 S 1 BGB).
Weitere Beispiele: §§ 891 (1138, 1155), 921, 1006 (1065, 1227), 1362,
1964 Abs 2, 2365 BGB. Der Richter ist der tatsächlichen Feststellung
(Erwerbs- und Untergangstatsachen für das Recht) und ihrer rechtlichen
Subsumtion enthoben.

3   **2. Wirkung. – a)** Nur die **Ausgangstatsache** (in beiden obigen
Beispielen den Besitz) muss in beiden Fällen der Rn 1, 2 die beweisbelastete Partei (17 ff vor § 284) behaupten und nötigenfalls beweisen. Die
vermutete Tatsache bzw die Entstehungstatsache für das vermutete
4   Recht brauchen nicht einmal behauptet zu werden. – **b)** Der **Beweis
des Gegenteils** ist, wenn nicht gesetzlich ausdrücklich ausgeschlossen
(zB § 267), zulässig. Er ist seiner Natur nach Hauptbeweis (7 vor § 284),
also erst dann geführt, wenn (Rn 1) die Unwahrheit der vermuteten
Tatsache (BGH MDR 59, 114) bzw (Rn 2) Tatsachen voll bewiesen
sind, aus denen sich ergibt, dass der vermutete Rechtszustand nicht oder
anders besteht. Die Beweisführung folgt den allg Regeln.

§ 292 a Anscheinsbeweis bei qualifizierter elektronischer Signatur

Der Anschein der Echtheit einer in elektronischer Form (§ 126 a des Bürgerlichen Gesetzbuchs) vorliegenden Willenserklärung, der sich auf Grund der Prüfung nach dem Signaturgesetz ergibt, kann nur durch Tatsachen erschüttert werden, die ernstliche Zweifel daran begründen, dass die Erklärung mit dem Willen des Signaturschlüssel-Inhabers abgegeben worden ist.

Eingefügt mWv 1. 8. 2001 durch Art 2 Nr 4 FormVAnpG.

1. Die Vorschrift begründet einen **Anscheinsbeweis** (§ 286 Rn 12–14) dafür, dass eine Willenserklärung in elektronischer Form, dh ein elektronisches Dokument mit einer qualifizierten elektronischen Signatur (§ 126 a Abs 1 BGB), vom Inhaber der Signatur stammt. Das Verfahren zur Vergabe solcher Signaturen ist im SigG vom 16. 5. 01 (BGBl I S 876) geregelt (vgl dazu Roßnagel NJW 01, 1817 ff).

2. Gegenstand des Beweises ist die mit dem Dokument verbundene Signatur, dh eine Verschlüsselung, die anhand eines vom Zertifizierungsdiensteanbieter veröffentlichten Verzeichnisses überprüft wird (vgl Hähnchen NJW 01, 2831/2833). Dies geschieht im Weg des Augenscheinsbeweises.

3. Zur **Erschütterung** des Anscheinsbeweises muss der nach der Signatur ausgewiesene Autor der Erklärung konkrete Tatsachen vortragen und ggf beweisen, die nicht nur allgemeine, sondern **ernstliche Zweifel** daran begründen, dass die Erklärung mit dem Willen des Inhabers des Signaturschlüssels abgegeben wurde. Nach der Erschütterung des Anscheinsbeweises kann der Erklärungsempfänger den Vollbeweis führen, dass die Erklärung mit dem Willen des Autors abgegeben wurde.

§ 293 Fremdes Recht; Gewohnheitsrecht; Statuten

¹Das in einem anderen Staate geltende Recht, die Gewohnheitsrechte und Statuten bedürfen des Beweises nur insofern, als sie dem Gericht unbekannt sind. ²Bei Ermittlung dieser Rechtsnormen ist das Gericht auf die von den Parteien beigebrachten Nachweise nicht beschränkt; es ist befugt, auch andere Erkenntnisquellen zu benutzen und zum Zwecke einer solchen Benutzung das Erforderliche anzuordnen.

1. Geltungsbereich – a) Ausländisches Recht. Das ist solches, das in keinem Teil der Bundesrepublik gilt. Dabei ist nicht nur auf die positiven Rechtsnormen abzustellen, sondern auch die Rechtswirklichkeit auf Grund von Lehre und Rspr zu berücksichtigen (BGH WM 01, 502). Gilt nicht für gesetztes Bundesrecht (Spickhoff JZ 99, 302; zweifelhaft BGH aaO 301). – **b) Gewohnheitsrecht,** auch inländisches; es entsteht aus der Rechtsüberzeugung der Beteiligten durch längere

3 Übung. – **c) Statuten,** auch inländische, sind nur die von autonomen
Verbänden schriftlich gesetzten oder geübten Rechtssätze, zB Tarifnor-
men (BAG 4, 39); nicht Vereinssatzungen (BayObLG MDR 77, 491).

4   **2. Verfahren.** Eingehend Spickhoff ZZP 112, 265. – **a) Nachweis.**
Die vorstehenden Rechtssätze sind, wenn der Richter sie nicht kennt,
als auf Selbstverwaltung beruhende Rechtsnormen öffentlichrechtlicher
Körperschaften Beweisgegenstand (BGH NJW 75, 2142; Sommerlad/
Schrey NJW 91, 1377), auch in der Revisionsinstanz (RG 115, 104). Es
gilt aber ohne Rücksicht auf die Beweislast der Untersuchungsgrundsatz
(Einl I Rn 6, 7; BGH 118, 142/162, NJW 98, 1321) und Freibeweis (6
vor § 284; BGH NJW 66, 296). Umfang, Intensität und Grenzen der
Ermittlungspflicht des Gerichts hängen vom Einzelfall ab, wie Komplexität und Fremdheitsgrad des anzuwendenden fremden Rechts, Vortrag
und sonstige Beiträge der Parteien (BGH 118, 151/163). Das Gericht
hat alle zugänglichen Erkenntnisquellen auszuschöpfen und ist gehalten,
das Recht als ganzes zu ermitteln, wie es sich in Rechtsprechung und
Lehre entwickelt hat und in der Praxis angewendet wird (BGH WM 01,
502). Dazu muss es alle in Frage kommenden ausländischen Regelungen
vollständig ermitteln, darf sich nicht auf bloße Auslegung einzelner
Vorschriften beschränken (BGH NJW 92, 3106). Tragen die Parteien
den Inhalt des anzuwendenden ausländischen Rechts übereinstimmend
vor, so kann das Ger diesen Vortrag idR ohne Verletzung seiner Ermittlungspflicht als richtig zugrunde legen (BAG NJW 75, 2160). – Vor
5 allem kommen **Auskünfte** von Behörden oder **Rechtsgutachten** in
Frage, auch im UrkProz (BGH NJW-RR 97, 1154). Bei der Ermittlung
ausländischen Rechts steht es dem Ger frei, sich an ausländische Institute
zu wenden oder gemäß dem Europäischen Übereinkommen vom 7. 6.
1968 (BGBl II 74, 937) mit Ausführungsgesetz (BGBl I 74, 1433) zu
verfahren. Es gilt in Aruba, Belgien, Bulgarien, Costa Rica, Dänemark,
Deutschland, Estland, Finnland, Frankreich, Griechenland, Großbritannien, Island, Italien, Liechtenstein, Litauen, Luxemburg, Malta, Niederlande, Norwegen, Österreich, Polen, Portugal, Rumänien, Slowenien,
Schweden, Schweiz, Slowakei, Slowenien, frühere Sowjetunion, Spanien, Türkei, Ukraine, Ungarn, Zypern. Danach erteilen die Vertragsstaaten auf Anforderung eines Ger grundsätzlich kostenlos Rechtsaus-
künfte über Geltung und Anwendung ihres Zivil-, Handels-, gewerblichen Rechtsschutz-, Urheber-, Patent-, Arbeitsrechts und des
Verfahrens- und Gerichtsverfassungsrechts auf diesen Gebieten. Anhörung der Auskunftsperson zur Erläuterung ist ausgeschlossen, § 4 AusführungsG. Das Ersuchen des deutschen Ger hat außer den Fragen eine
Darstellung des Sachverhalts mit den Angaben zu enthalten, die zum
Verständnis und zur richtigen und genauen Beantwortung erforderlich
sind. Schriftstücke können in Abschrift beigefügt werden. Übermittlungsstellen sind für Bundesgerichte das BJM, sonst die Landesjustiz-
ministerien. Pflichtgemäßes Ermessen erfordert ggf die Einholung eines
schriftlichen oder mündlichen Sachverständigengutachtens (BGH WM

84, 1010, NJW 91, 1418 u 2212); dafür gelten die einschlägigen Vorschriften, auch Anhörung zur Erläuterung (BGH NJW 75, 2142; § 411 Rn 5); Ausnahme siehe vorstehend. – Bei der Ermittlung besteht im Rahmen des Zumutbaren eine **Mitwirkungspflicht der Partei,** insbes 6 wenn sie sich ohne besondere Schwierigkeiten Zugang zu den Erkenntnisquellen des fremden Rechtskreises verschaffen kann (BGH DB 77, 863). Der Auflagebeschluss an eine Partei, ein Gutachten beizubringen, ist nicht beschwerdefähig (Frankfurt MDR 83, 410). – Im **Arrestverfahren** 7 erstreckt sich die Ermittlung und Glaubhaftmachung (Hamburg VersR 89, 1164) auf die präsenten Erkenntnisquellen für das ausländische Recht (Frankfurt NJW 69, 991 mit abl Anmerkung Franz NJW 69, 1539). – Im **Versäumnisverfahren** hält München NJW 76, 489 (abl 8 Küppers aaO) zum Nachweis des ausländischen Rechts für ausreichend, dass der Kläger Beweis für den von ihm behaupteten Inhalt der anzuwendenden Norm anbietet.

b) Anzuwenden ist das deutsche internationale Privatrecht vAw 9 (BGH JZ 98, 1015) und das ausländische Recht so, wie es in dem betreffenden Ausland tatsächlich angewendet wird (BayObLG MDR 72, 876). Läßt sich dies nicht vollständig feststellen, ist das Recht anzuwenden, das dem eigentlich anzuwendenden am nächsten verwandt ist (StJLeipold 63, offengelassen BGH NJW 61, 410). Läßt sich das Bestehen des Rechtssatzes trotz aller Ermittlungen überhaupt nicht feststellen, ist deutsches Recht anzuwenden (Frankfurt FamRZ 00, 37). Führt die Anwendung deutschen oder fremden Rechts nicht zu verschiedenen Ergebnissen, kann es für die Revision, anders als in der Berufungsinstanz, offen bleiben, welches sachliche Recht anzuwenden ist (BGH NJW 91, 2214).

c) Verletzung des § 293 ist revisibel, soweit es sich um die Rechtsbegriffe 10 ausländisches, Gewohnheits- und Satzungsrecht, um die Grenzen pflichtgemäßen Ermessens bei Feststellung des Rechtssatzes und seiner konkreten Ausgestaltung in der Rechtspraxis (BGH NJW 92, 2026/2029, WM 01, 502) und um die Vereinbarkeit des festgestellten Rechtssatzes mit dem ordre public in Art 6 EGBGB handelt. Dass dies geschehen ist, auch was die Auslegungsnormen des ausländischen Rechts angeht, muss sich aus den Entscheidungsgründen des Urteils ergeben (BGH NJW-RR 90, 248). Die Verfahrensrüge ist nur berechtigt, wenn eine Parteibehauptung geeignet war, eine Pflicht zur Ermittlung ausländischen Rechts auszulösen, wobei auch von Bedeutung ist, welche Möglichkeiten des Zugangs zu den Erkenntnisquellen die Parteien selbst haben (BGH NJW 95, 1032). Vgl auch §§ 549 und 562.

§ 294 Glaubhaftmachung

(1) **Wer eine tatsächliche Behauptung glaubhaft zu machen hat, kann sich aller Beweismittel bedienen, auch zur Versicherung an Eides Statt zugelassen werden.**

(2) **Eine Beweisaufnahme, die nicht sofort erfolgen kann, ist unstatthaft.**

1   **1. Glaubhaftmachung** ist eine Beweisführung, die dem Richter einen geringeren Grad von Wahrscheinlichkeit vermitteln soll. Sie kommt nur in Frage für beweisbedürftige Tatsachen (1, 13 vor § 284). Die Erhebung ist nicht an die Formen der ZPO gebunden (zB schriftli-
2 che Zeugenbekundung), muss aber **sofort** möglich sein (Abs 2), dh im Zeitpunkt der Entscheidung über das Gesuch. Es gibt, ausgenommen § 273 und § 118 Abs 2 S 3 keine Ladung von Zeugen, Beiziehung von Urkunden, Einholung von Auskünften. Vielmehr müssen alle Beweismittel von der Partei zur Stelle gebracht sein (BGH NJW 58, 712). Außer den üblichen Beweismitteln sind eidesstattliche Versicherung der Partei oder Dritter mit eigener Darstellung der glaubhaft zu machenden Tatsachen (BGH NJW 88, 2045), anwaltliche Versicherung über Vorgänge, die der RA in seiner Berufstätigkeit wahrgenommen hat (Köln und Koblenz GRUR 86, 196), zulässig, auch Vorlage unbeglaubigter Kopien von Schriftstücken (Köln FamRZ 83, 709). Den Beweiswert würdigt das Gericht frei.

3   **2. Anwendungsbereich.** Glaubhaftmachung gibt es nur, wo das Gesetz sie erfordert (zB §§ 236 Abs 2, 920 Abs 2, §§ 1994 Abs 2 BGB, 15 II FGG) oder genügen lässt. In den letztgenannten Fällen ist auch die nicht sofortige Beweisführung statthaft. In allen Fällen ersetzt die sofortige volle Beweisführung die Glaubhaftmachung. Entspr Anwendung ist grundsätzlich nicht möglich (offengelassen BGH VersR 73, 186); keinesfalls in Verfahren mit notwendiger mdl Vhdlg (StJLeipold 3). Wenn Glaubhaftmachung für eine Partei zulässig ist, gilt sie auch zur Widerlegung für die Gegenpartei.

§ 295 Verfahrensrügen

(1) **Die Verletzung einer das Verfahren und insbesondere die Form einer Prozeßhandlung betreffenden Vorschrift kann nicht mehr gerügt werden, wenn die Partei auf die Befolgung der Vorschrift verzichtet, oder wenn sie bei der nächsten mündlichen Verhandlung, die auf Grund des betreffenden Verfahrens stattgefunden hat oder in der darauf Bezug genommen ist, den Mangel nicht gerügt hat, obgleich sie erschienen und ihr der Mangel bekannt war oder bekannt sein mußte.**

(2) **Die vorstehende Bestimmung ist nicht anzuwenden, wenn Vorschriften verletzt sind, auf deren Befolgung eine Partei wirksam nicht verzichten kann.**

1   **1. Anwendungsbereich.** Die Bestimmung lässt die **Heilung von Verfahrensmängeln** bei einer Prozesshandlung (Einl III) zu, insbes in ihrer Form; nicht dagegen in ihrem Inhalt, zB Versäumnisurteil trotz nichtgewahrter Einlassungsfrist; Berücksichtigung einer nichtprotokol-

lierten Zeugenaussage nach Richterwechsel (BGH ZZP 65, 267). Mängel einer gerichtlichen Prozesshandlung dürfen beide Parteien, solche einer Parteihandlung darf nur der Gegner rügen. Es besteht keine Rechtspflicht des Ger, rechtzeitig zur Heilung von Formmängeln beizutragen (BGH VersR 85, 767). – **a)** Heilbar (Abs 1) sind nur die 2 Mängel, deren Geltendmachung **verzichtbar** ist, zB Fehler bei Aufnahme des Verfahrens nach Unterbrechung (BGH NJW 57, 713), Verletzung des Unmittelbarkeitsgrundsatzes bei der Beweisaufnahme (BGH MDR 79, 567), Vernehmung einer Partei als Zeuge (BGH LM Nr 2), Erstattung eines Gutachtens durch einen anderen als den gerichtlich bestellten Sachverständigen (Zweibrücken NJW-RR 99, 1368), fehlende Parteiöffentlichkeit (BGH LM Nr 7), irrig bejahtes Zeugnisverweigerungsrecht (BGH NJW 64, 449), Verwertung einer Zeugenaussage trotz unterbliebener Belehrung über Aussageverweigerungsrecht (BGH NJW 85, 1470), fehlende Unterschrift unter der Klage (BGH NJW-RR 99, 1251) – anders bei fristgebundenen Prozesshandlungen wie Rechtsmittelschrift nach Fristablauf (BGH 65, 46) –, ungenügende Angaben in einer Streitverkündungsschrift (BGH WM 76, 17: Heilung durch Nichtrüge im Folgeprozess). – **b)** Nicht ver- 3 zichtbar (Abs 2) ist die Einhaltung der dem öffentlichen Interesse dienenden Normen, vor allem also aller vAw zu beachtenden Punkte, zB Prozessvoraussetzungen, die Zulässigkeit der Rechtsmittel (BAG DB 77, 216), die funktionelle Zuständigkeit des RechtsmittelGer (BGH NJW-RR 92, 1152), Einhaltung von Notfristen, Wiedereinsetzung, Urteilszustellung (BGH LM Nr 4), Ausschließung vom Richteramt, Entscheidung durch den gesetzlichen Richter, auch im Verhältnis Kollegium/ER (BGH NJW 93, 600, Jena MDR 99, 501), vorschriftsmäßige Besetzung des Ger (BPatG GRUR 79, 402), Verstoß gegen die Verfahrensvorschriften über die Ablehnung von Richtern (Frankfurt NJW 76, 1545), Verstoß gegen das Gebot nichtöffentlicher Verhandlung (Köln OLGZ 85, 318).

2. Das **Rügerecht geht verloren** bei Mängeln der in Rn 1 genann- 4 ten Art für alle Instanzen (§§ 534, 556) – **a) durch Verzicht** auf die Rüge des Mangels. Er ist Prozesshandlung (Einl III), in mdl Vhdlg ausdrücklich oder konkludent nach dem Verfahrensverstoß zu erklären (München NJW-RR 97, 1425). – **b) Durch Unterlassung rechtzeiti- 5 ger Rüge.** Ein Verzichtswille ist unnötig, sein Fehlen unerheblich (BGH 25, 70). Die Rüge ist nicht rechtzeitig, wenn die Partei in der nächsten mdl Vhdlg, die auf Grund des mangelhaften Verfahrens stattfindet oder in der darauf Bezug genommen wird, erscheint und verhandelt (ohne Rücksicht auf Erscheinen des Gegners, vorbehaltlich des § 342) und den Mangel bis Schluss der Vhdlg nicht rügt, auch konkludent, obwohl er ihr bekannt oder infolge Fahrlässigkeit (§ 95 Rn 2) nicht bekannt war. – Im **schriftlichen Verfahren** geht das Rügerecht 6 mit Einreichung des nächsten Schriftsatzes bzw Ablauf der dafür gesetzten Frist (ähnlich Bischof NJW 85, 1143), für die Partei, der keine Frist bewilligt war, mit der nächsten Entscheidung verloren, wenn bis dahin nicht gerügt ist (ebenso StJLeipold 31).

7 **3.** Die **Wirkung** besteht in der Heilung des Mangels, außer wenn dieser erst aus dem Urteil ersichtlich ist (Schleswig MDR 99, 761). Die fehlerhafte Prozesshandlung ist als von Anfang an gültig zu behandeln (StJLeipold 32). So wahrt die fristgerechte Einreichung der Klage die Verjährungs- oder Ausschlussfrist, wenn nach ihrem Ablauf der Beklagte in der demnächstigen ersten Verhandlung die fehlerhafte Zustellung nicht rügt (BGH NJW 74, 1557). Mängel der Klageerhebung § 253 Rn 19–21.

8 **4.** Einer **Heilung durch offenbare Zweckerreichung** neben der durch Rügeverzicht bzw -verlust redet Vollkommer (Nachweis bei § 129 Rn 6) S 385 ff das Wort. Danach soll ein Formmangel nicht schaden, wenn durch die Prozesshandlung in der vorgenommenen Form der gesetzgeberische Zweck der vorgeschriebenen Form offenbar erreicht wird. Wenn das Gericht, dem gegenüber eine formgebundene Prozesshandlung vorzunehmen war, einen Formmangel übersehen bzw verneint und sachlich entschieden hat, so soll ein (etwaiger) Formmangel geheilt sein und diese Prozesshandlung in einem späteren Prozessstadium nicht mehr als formfehlerhaft beurteilt werden können, auch nicht in höherer Instanz (aaO S 378 ff). Diese Auffassung gibt doch wohl dem Streben nach Einzelfallgerechtigkeit zu sehr den Vorzug vor der Rechtssicherheit.

§ 296 Zurückweisung verspäteten Vorbringens

(1) **Angriffs- und Verteidigungsmittel, die erst nach Ablauf einer hierfür gesetzten Frist (§ 273 Abs. 2 Nr. 1 und, soweit die Fristsetzung gegenüber einer Partei ergeht, 5, § 275 Abs. 1 Satz 1, Abs. 3, 4, § 276 Abs. 1 Satz 2, Abs. 3, § 277) vorgebracht werden, sind nur zuzulassen, wenn nach der freien Überzeugung des Gerichts ihre Zulassung die Erledigung des Rechtsstreits nicht verzögern würde oder wenn die Partei die Verspätung genügend entschuldigt.**

(2) **Angriffs- und Verteidigungsmittel, die entgegen § 282 Abs. 1 nicht rechtzeitig vorgebracht oder entgegen § 282 Abs. 2 nicht rechtzeitig mitgeteilt werden, können zurückgewiesen werden, wenn ihre Zulassung nach der freien Überzeugung des Gerichts die Erledigung des Rechtsstreits verzögern würde und die Verspätung auf grober Nachlässigkeit beruht.**

(3) **Verspätete Rügen, die die Zulässigkeit der Klage betreffen und auf die der Beklagte verzichten kann, sind nur zuzulassen, wenn der Beklagte die Verspätung genügend entschuldigt.**

(4) **In den Fällen der Absätze 1 und 3 ist der Entschuldigungsgrund auf Verlangen des Gerichts glaubhaft zu machen.**

Abs 1 geändert mWv 1. 1. 2002 durch Art 2 Abs 1 Nr 43 ZPO-RG.

1. Anwendungsbereich. Die Bestimmung ist verfassungskonform **1** (BVerfG NJW 85, 3005), weil sie bei richtiger Anwendung eine Zurückweisung von Vorbringen ohne vorwerfbares Verhalten der präkludierten Partei nicht zulässt (BVerfG NJW 92, 680). Sie regelt im Erkenntnisverfahren (München MDR 81, 1025) die Zulassung vor Schluss der mdl Vhdlg (danach § 296 a), aber nicht rechtzeitig vorgebrachter Angriffs- u Verteidigungsmittel (§ 146 Rn 2). Gilt über § 525 auch im Berufungsrechtszug (BGH NJW 81, 1319). – **a) Abs 1 2** schreibt bei Überschreitung bestimmter richterlich gesetzter Fristen die Nichtzulassung zwingend vor, wenn die Zulassung zu einer Verzögerung führen würde (Rn 12–20), außer die Partei entschuldigt die Verspätung (Rn 28). – **b) Abs 2** stellt bei Verletzung allgemeiner **3** Prozessförderungspflichten die Zulassung, wenn sie zu einer Verzögerung führen würde (Rn 15–19), in das Ermessen des Ger, außer die Verspätung beruht nicht auf grober Nachlässigkeit (Rn 37, 38). – **c) Abs 3** enthält eine eigene Regelung für die Präklusion des Bekl **4** mit verzichtbaren Rügen gegen die Zulässigkeit der Klage (Rn 41). Gilt entspr iF des § 101 Abs 1 S 3 GVG. – **d) Nach Abgabe aus 5 dem Mahnverfahren** ist § 296 gemäß § 697 Abs 3 S 2 anwendbar, also nicht Abs 2 bei verspäteter Antragsbegründung (Nürnberg NJW-RR 00, 445). **Nach Einspruch** gegen VollstrBescheid ist § 296 über § 697 Abs 3 S 2 voll (§ 700 Abs 5), nach Einspruch gegen VersU sind die Abs 1 u Abs 3 entspr anwendbar (§ 340 Abs 3 S 3). Verhältnis der Einspruchsbegründungs- zur versäumten Klageerwiderungsfrist § 340 Rn 9. – **e) Anderweitige Regelungen** in Ehe- u **6** Kindschaftssachen (§§ 615 Abs 1, 640), im Berufungs- (§§ 531, 532) und Beschwerdeverfahren (§ 571 Abs 3); bei der Aufrechnung § 145 Rn 18; bei örtlicher u sachlicher Unzuständigkeit § 39; in Arbeitssachen §§ 56 Abs 2, 61 a Abs 5, 67 ArbGG, für die Rechtswahloption im internationalen Deliktsrecht Art 40 Abs 1 S 2, 3 EG BGB. – **f) Abdingbar** durch Parteivereinbarung ist allenfalls Abs 2 (Schneider **7** NJW 79, 2506), weil Kannvorschrift; nicht Abs 1 und 3, weil diese Mußvorschriften nicht nur den Schutz der Partei, sondern auch das öffentliche Interesse an einer beschleunigten Prozesserledigung im Auge haben. – **g) Keine Zurückweisung: Im frühen ersten Termin** des Vorbringens als solchen, allenfalls wegen verspäteter Ankündigung (§ 282 Rn 1). Ferner, wenn es sich nach objektiven Kriterien um einen sog Durchlauftermin handelt (BVerfG NJW 92, 299, BGH 86, 31/39) oder nach der Sach- und Rechtslage eine Streiterledigung

9 in diesem Termin von vornherein ausscheidet (BGH 98, 368). – **Bei unterlassener Mitwirkung des Gerichts,** wenn die Verzögerung des Rechtsstreits durch zumutbare prozeßleitende Maßnahmen nach §§ 139, 273 nach dem Gebot eines fairen Verfahrens (Einl I Rn 30) aufzufangen war (BVerfG NJW 90, 2373; 98, 2044, BGH NJW 89, 717). Dabei darf ein in der Sphäre des Ger liegender Grund für die zögerliche Behandlung des Verfahrens, zB Überlastung, nicht über den Begriff der Zumutbarkeit auf die säumige Partei abgewälzt werden (BVerfG NJW-RR 99, 1079). Zumutbar sind Maßnahmen, wenn es sich um einfache und klar abgrenzbare Streitpunkte handelt, die sich im Rahmen der mdl Vhdlg ohne unangemessenen Zeitaufwand klären lassen, zB Vernehmung eines oder mehrerer greifbarer Zeugen zu einem eingegrenzten Beweisthema im Rahmen eines Verhandlungstermins (BVerfG NJW-RR 95, 1469, BGH NJW 91, 1181, 2759, 99, 3272: Unzumutbar 8 Zeugen zu komplexem Beweisthema), bei dessen langfristiger Festsetzung eine entsprechend weiträumige Verhandlungszeit eingeplant werden muss (BVerfG NJW 92, 299). Ferner, wenn es das Ger unterlassen hat, über einen rechtzeitig gestellten Antrag auf Verlängerung der Klageerwiderungsfrist zu entscheiden (Karlsruhe OLGZ 84, 471) oder wenn es sonst einen für die Verspätung des Vorbringens (BGH ZIP 83, 864) oder die Verzögerung mitursächlichen Fehler begangen hat (BVerfG NJW-RR 95, 377, BGH 75, 138). Dazu gehört zB eine unangemessen kurz gesetzte Frist zur Klageerwiderung (BGH 124, 71), der unterlassene Hinweis, Zeugen, die das Ger nicht od nicht mehr laden kann, zum Termin mitzubringen (BGH NJW 80, 1848), auf die verkannte Beweislast (BVerfG NJW 98, 2044), und die Pflicht des Ger, darauf zu achten, dass in der zur Verfügung stehenden Zeit dem Vorbringen der Parteien Rechnung getragen werden kann (BGH NJW 99, 585: Einholung eines Gutachtens), zB den Termin so zu bestimmen, dass eine zu diesem Zeitpunkt erkennbare Beweisaufnahme möglich ist (BVerfG NJW 89,
10 706). – **Weitere Fälle:** Keine Zurückweisung verspäteten Verteidigungsvorbringens zur Klage, wenn es wegen Sachzusammenhangs (anderenfalls § 145 Abs 2) zugleich zur Begründung einer als sachdienlich zuzulassenden Widerklage dient (BGH NJW 85, 3079; aA Gounalakis MDR 97, 216). Bei Abstandnahme vom Urkundenprozess § 596 Rn 4. Keine Zurückweisung der Zuständigkeitsrüge eines ausländischen Bekl, wenn dadurch deutsche Gerichte trotz fehlender Zuständigkeit nach der EuGVVO entscheiden würden (Köln NJW 88, 2182). Keine Zurückweisung von erneutem Vorbringen in einer späteren Stufe bei einer Stufenklage, nur weil es in einer früheren Stufe als verspätet zurückgewiesen worden ist (Karlsruhe NJW 85,
11 1349). – **h) Keine entsprechende Anwendung** auf im Gesetz nicht ausdrücklich genannte Fälle (BGH NJW 82, 1534). Siehe auch Rn 25.

2. Ursächliche Verzögerung in der Erledigung des ganzen (BGH   **12**
77, 306; aA Prütting/Weth ZZP 98, 131) Rechtsstreits allein infolge der
Zulassung verspätet vorgebrachter Angriffs- und Verteidigungsmittel
(§ 146 Rn 2). Zwischen der Verspätung des Vorbringens und der Verzögerung muss ein ursächlicher Zusammenhang in normativem Verständnis bestehen (BGH NJW 82, 2559; 86, 2319; 87, 502 u, 1949).
Diese Kausalität fehlt, Zurückweisung verspäteten Vorbringens ist also
unzulässig, wenn dieselbe Verzögerung auch bei rechtzeitigem Vorbringen eingetreten wäre (BHG NJW-RR 99, 787), die Verspätung also
nicht allein kausal für die Verzögerung ist (BVerfG NJW 87, 2733; 95,
1417). So auch, wenn es zur Verzögerung aus Gründen kommt, die dem
Prozess allgemein und unabhängig davon innewohnen, ob die Partei
rechtzeitig oder verspätet vorgetragen hat, zB ein verspätet angebotener,
rechtzeitig geladener Zeuge erscheint im Termin nicht (aA Köln ZIP
84, 759, Schneider MDR 86, 1019). Das Ger muss die Verzögerung
nachprüfbar feststellen und erkennen lassen, dass es sich der Möglichkeit
bewusst war, sie durch vorbereitende Maßnahmen aufzufangen (BGH
NJW-RR 91, 767).

a) Maßstab. Ob eine Verzögerung eintritt, stellt das Ger, bezogen   **13**
auf den Zeitpunkt des Vorbringens (BGH 75, 138) nach freier Überzeugung fest. Dadurch soll verhindert werden, dass das Ziel einer
materiell gerechten Entscheidungsfindung stärker als im Interesse der
Verfahrenskonzentration notwendig eingeschränkt wird. Außerdem soll
die Feststellung einer Verzögerung jeder Beweiserhebung entzogen sein,
die ihrerseits den Prozess unnötig verzögern würde. – Es gilt der
absolute Verzögerungsbegriff. Danach ist auf den Vergleich abzu-   **14**
stellen, ob der Rechtsstreit allein (Rn 12) durch Zulassung des verspäteten Vorbringens länger dauern würde als bei seiner Zurückweisung
(BGH 75, 138; 86, 31). Dies soll bei schriftlichem Vorverfahren nicht
gelten (München NJW 90, 1371). Verhältnis zu § 283 dort Rn 1. Das
Gericht hat die Pflicht, durch Anordnungen gem § 273 die Verzögerung aufzufangen.

b) Verzögerung tritt ein, wenn infolge der Zulassung verspäteten   **15**
Vorbringens die Erledigung des Rechtsstreits im ganzen verzögert wird.
– **Beispiele:** Wenn **Vertagung** – außer ganz kurzfristig (Nürnberg   **16**
MDR 75, 849) – nötig wird, zB weil der Gegner sich der Vernehmung
zum Termin mitgebrachter, nicht angekündigter Zeugen widersetzt,
weil er keine Erkundigungen einziehen konnte (Hamm MDR 86, 766).
Wenn der nur der Vorbereitung dienende **frühe erste Termin** (§ 272   **17**
Rn 3) wegen fehlender Vorbereitung (§ 282 Abs 2) nicht funktions-
gerecht zur Förderung des Rechtsstreits genutzt werden kann, so dass ein
weiterer Vorbereitungstermin angesetzt oder der Haupttermin hinausgeschoben werden muss (Hamm u München NJW 83, 401, 402, Lange
NJW 86, 3043; vgl aber Rn 8); wenn im frühen ersten Termin, der
erkennbar nicht bloß Durchlauftermin ist, wegen verspäteter schriftsätzlicher Vorbereitung eine sonst mögliche Endentscheidung nicht ergehen
kann (BGH 86, 31, aA Deubner NJW 83, 1026, Leipold ZZP 97,

18   395/405 ff. – **Beweiserhebung.** Wenn wegen verspäteten Beweisantritts die Ladung dem Zeugen nicht mehr zugeht (BGH NJW 89, 719). Wenn das Ger, statt Vernehmung der gemäß § 273 Abs 2 Nr 4 zu ladenden rechtzeitig benannten Zeugen, wegen der verspäteten Benennung die Zeugen nicht mehr laden konnte und deshalb im Haupttermin Beweisbeschluss (statt sonst: Urteil) erlassen müsste. Wenn sich nach § 273 vorzubereitende Beweisaufnahme wegen ihres Inhalts oder Umfangs im bereits bestimmten Termin nicht durchführen lässt (BGH MDR 69, 643, Celle NJW 89, 3023). Wenn die Vernehmung eines mitgebrachten Zeugen nicht abgeschlossen werden könnte (BGH NJW 86, 2257) oder bei einer günstigen Aussage weitere Vernehmungen nicht präsenter Gegenzeugen erforderlich machen würde (BGH 83, 310) oder andere unter Beweis gestellte Behauptungen entscheidungserheblich würden und für die Erhebung dieser Folgebeweise das Ger neuen Termin anberaumen müsste (BGH 86, 198). Allgemeine Undurchführbarkeit im Termin wegen Auslastung kann das Unterbleiben der Ladung

19   nicht rechtfertigen (BGH NJW 74, 1512). – Verspätete **Aufrechnung** im Falle rechtlichen Zusammenhangs (§ 145 Abs 3). Wenn das Ger eine **beabsichtigte Entscheidung,** auch Grundurteil (BGH MDR 80, 50), nicht aber TeilUrt (BGH 77, 306) zurückstellen muss.

20   **c) Keine Verzögerung** durch Verkündungstermin statt sofortiger Verkündung, lediglich – das übersieht BayVerfGH NJW 90, 1653 – durch Gewährung einer Erwiderungsfrist gemäß § 283 (BVerfG NJW 89, 705, BGH NJW 85, 1556, BAG NJW 89, 2213; § 283 Rn 1). Wenn ein beabsichtigtes TeilUrt nicht erlassen werden kann (BGH 77, 306; abl Deubner NJW 80, 2356, Prütting/Weth ZZP 98, 131). Wenn ein verspätet angetretener Beweis durch eine Anordnung nach § 273 (dort Rn 4) oder § 358 a noch spätestens in der mdl Vhdlg erhoben werden kann; das beurteilt sich aus der Sicht des Zeitpunkts, in dem die Anordnung zu treffen gewesen wäre (BGH 75, 138); doch Verzögerung, wenn die Erhebung der auf das verspätete Vorbringen hin angebotenen Gegenbeweise im bereits bestimmten Termin nicht mehr möglich ist (Köln OLG 86, 488). Auf Eilanordnungen braucht sich das Ger nicht einzulassen (BGH NJW 80, 1102). Kann das Ger, zB bei ausländischen Zeugen, die Anordnung nicht treffen, hat es die Partei aufzufordern, die Zeugen im Termin zu stellen (BGH NJW 80, 1849). Keine Verzögerung durch verspätete Klageerwiderung, wenn der frühe erste Termin vom Ger von vornherein nicht als Haupttermin mit Beweisaufnahme, sondern nur als sog Durchlauftermin vorgesehen war (Karlsruhe NJW 84, 618). Keine Verzögerung, wenn der Rechtsstreit weder bei Zulassung noch bei Nichtzulassung verspäteten Vorbringens im ganzen entscheidungsreif ist (BGH NJW-RR 91, 1214), zB verspätetes Zeugenangebot, wenn ohnehin noch ein Sachverständigengutachten einzuholen ist (BGH NJW-RR 99, 787).

21   **3. Das Gericht muss** Angriffs- u Verteidigungsmittel (§ 146 Rn 2) **zurückweisen (Abs 1),** wenn die Partei sie nach Ablauf bestimmter

richterlicher Fristen (Rn 22–26) vorbringt, ihre Zulassung die Erledigung des Rechtsstreits verzögern würde (Rn 12–20) und die Partei die Verspätung nicht genügend entschuldigt (Rn 28, 29). Dabei geht es in allen Fällen nicht allein darum, dass die Schriftsätze formell innerhalb der gesetzten Frist eingehen, sondern auch darum, dass sie den nach § 277 Abs 1, Abs 4 genügenden Inhalt haben. Verweisung von der Zivilkammer an die KfH ändert an der Präklusionswirkung nichts (Frankfurt NJW-RR 93, 1084). Wenn keine Frist gesetzt war, gilt Abs 2, für Zulässigkeitsrügen Abs 3.

a) Fristen. – aa) Mit vorbereitender Vfg gem **§ 273 Abs 2 Nr 1 und 5** einer Partei gesetzte Frist zur Abgabe einer Erklärung oder Vorlage einer Urkunde (§ 142) oder Vorlegung eines Augenscheinsobjekts (§ 144). – **bb)** Im Verfahren mit frühem erstem Termin eine gem **§ 275 Abs 1 S 1, Abs 3** dem Beklagten zur Klageerwiderung oder eine gem **§ 275 Abs 4** dem Kl zur Replik gesetzte Frist. – **cc)** Eine im schriftlichen Vorverfahren gem **§ 276 Abs 1 2** dem Beklagten zur Klageerwiderung oder gem **§ 276 Abs 3** dem Kl zur Replik gesetzte Frist. – **dd) Entsprechend anwendbar ist Abs 1** gemäß **§§ 340 Abs 3 S 3, 411 Abs 4 S 2, 527, 697 Abs 3 S 2 Hs 2,** wo das Gesetz selbst dies vorschreibt. – **ee) Nicht anwendbar ist Abs 1** in Fällen anderer Fristüberschreitung, zB § 697 Abs 1 S 1 (BGH NJW 82, 1533, Köln NJW 81, 2265, Nürnberg NJW-RR 00, 445), § 283 (BVerfG NJW 92, 679), § 356 (BGH NJW 93, 1926), § 379 (BGH NJW 80, 344; 82, 2559) oder § 132 (BGH NJW 89, 716; 97, 2244). Hier ist allenfalls § 296 Abs 2 anwendbar.

b) Verzögerung Rn 12–20.

c) Ungenügende Entschuldigung. Das Verschulden (§ 95 Rn 2) der Partei, ggf ihres gesetzlichen Vertreters (§ 51 Abs 2) oder ProzBev (§ 85 Abs 2) an der Fristversäumung wird vermutet, die Partei muss sich entlasten, und zwar sofort, spätestens im folgenden Termin (Karlsruhe Just 79, 14). Die Partei ist entschuldigt, wenn ihr das verspätet vorgebrachte Angriffs- oder Verteidigungsmittel bis zum Fristablauf nicht bekannt war und sie es auch nicht unschwer durch Erkundigung ermitteln konnte (BGH NJW 88, 60). Außerdem, wenn sie einen gerichtlichen Hinweis infolge unklarer Formulierung mißverstanden hat (BGH WM 90, 1421). Das Ger kann Glaubhaftmachung verlangen (Abs 4, § 294). Es muss der Partei dann, idR unter Einräumung einer kurzen Frist, Gelegenheit dazu geben, selbst dann, wenn sie Glaubhaftmachung bereits versucht hat, die dem Ger aber nicht ausreicht (BGH NJW 86, 3193). Die Entschuldigung kann sich ohne weiteres aus den Umständen ergeben, zB dass aus nachträglicher Sicht die gesetzliche oder gesetzte Frist (Rn 22–26) oder die Einspruchsbegründungsfrist nicht angemessen war im Hinblick auf die Fülle oder Schwierigkeit des Stoffes (Dresden NJW-RR 99, 214). Auch bei Beteiligung eines Nebenintervenienten kommt es grundsätzlich auf fehlendes Verschulden der Partei selbst an (Schulze NJW 81, 2663). Nachholung in 2. Instanz § 531 Rn 8–11. – **Entscheidung** nach freier Überzeugung, so dass es dazu keine verzögernde Beweiserhebung gibt. Einfluss unterbliebener Anordnungen nach §§ 139, 273 vgl Rn 20.

30   **d)** An **Förmlichkeiten** müssen für die Zurückweisung erfüllt sein (BGH 76, 236, NJW 90, 2389): Klar und wirksam gesetzte Frist (BVerfG NJW 82, 1453, BGH NJW 91, 2773 u 2774); Unterzeichnung der fristsetzenden Verfügung durch den zuständigen Richter (§ 276 Rn 9); bloße Paraphe genügt nicht (BGH VersR 83, 33); deren förmliche Zustellung (§ 329 Abs 2 S 2) an den bestellten Prozessbevollmäch-
31   tigten. – **Belehrung** über die Folgen der Fristversäumung ist für die Klagerwiderung (§ 277 Abs 2) und für die Replik des Klägers (§ 277 Abs 4), nicht für die Verfügungen nach § 273 Abs 2 Nr 1 u 5 vorgeschrieben. Die Belehrung muss der Partei klar machen, dass das Ger grundsätzlich nur fristgerechtes Vorbringen berücksichtigen und dass sie wegen Versäumung der Frist den Prozess verlieren kann; die bloße Mitteilung des Wortlauts des § 296 Abs 1 genügt dem nicht (BGH 86, 218, NJW 91, 2774). Gegenüber einem RA genügt der
32   Hinweis auf § 296 (Hamm NJW 84, 1566). – **Fehlt eine notwendige Förmlichkeit** oder Belehrung oder ist sie inhaltlich falsch oder mißverständlich, darf verspätetes Vorbringen nicht wegen der Fristversäumung zurückgewiesen werden, keine Heilung nach § 295 (BVerfG NJW 82, 1453, BGH 76, 236, NJW 91, 2774).

33   **4. Das Gericht kann** Angriffs- u Verteidigungsmittel (§ 146 Rn 2) **zurückweisen (Abs 2),** auch früher fallengelassene, später wieder aufgenommene, wenn die Partei sie entgegen ihrer allgemeinen Prozessförderungspflicht nicht rechtzeitig (Rn 34, 35) vorgebracht hat, ihre Zulassung die Erledigung des Rechtsstreits verzögern würde (Rn 12–20) und die Verspätung auf grober Nachlässigkeit beruht (Rn 37, 38). Wenn Frist gesetzt war, gilt Abs 1, für Zulässigkeitsrügen Abs 3.
34   **a) Nicht rechtzeitig** bedeutet: – **aa) In der mündlichen Verhandlung** oder was ihr gleichsteht später als es, abgestellt auf die jeweilige Prozesslage, einer sorgfältigen und auf Förderung des Verfahrens bedachten Prozessführung entspricht (§ 282 Rn 2 u § 277 Rn 5, 6). Bringt die Partei verständliche Gründe dafür vor, dass sie gewisses Vorbringen zunächst zurückgehalten hat, so hat das Ger dem nachzugehen
35   (BGH DB 71, 143). – **bb) Vor der mündlichen Verhandlung** (§ 282 Abs 2) in vorbereitenden Schriftsätzen vor jedem Termin später, als dass der Gegner eine erforderliche Erkundigung noch einziehen könnte, § 282 Rn 3, 4. Das gilt auch für Klagebegründung nach Mahnverfahren gem § 697 Abs 2 S 1, ferner für Klageerwiderung und Replik, auch für ihren ausreichenden Inhalt (§ 277 Abs 1, Abs 4), falls keine Frist hierfür gesetzt war (sonst: Abs 1). Auf verfahrensbestimmende Anträge und das Vorbringen zu ihrer Begründung (§ 146 Rn 2) erstreckt sich auch diese Alternative in § 296 Abs 2 nicht.
36   **b) Verzögerung** Rn 12–20.
37   **c)** Die **grobe Nachlässigkeit** muss sich gerade auf die ProzFörderungspflicht gemäß § 282 Abs 1, Abs 2 beziehen (BGH NJW 82,

1533), auf ihr muss die Verspätung beruhen. Das bedeutet prozeßförderungswidriges Verhalten durch ausnehmende Sorglosigkeit, Nichtbeachtung dessen, was jeder Partei nach dem Stand des Verfahrens einleuchten muss (BGH NJW 97, 2244). Darüber entscheidet das Ger nach freier Überzeugung, die Tatsachen hierfür müssen im Urt festgestellt sein (BVerfG NJW 87, 1621, BGH NJW 89, 717). Die Partei muss Gelegenheit gehabt haben, darzulegen, warum diese Tatsachen nicht auf ihrer groben Fahrlässigkeit beruhen (BGH NJW 82, 2559; 89, 717). – **Beispiele:** Die Partei fährt während des Rechtsstreits mehrere **38** Wochen in Urlaub, ohne ihren RA zu verständigen oder lässt ihn zu wichtigen Punkten ganz ohne Information (Köln VersR 72, 985); die Büroorganisation ermöglicht es, dass das Personal ohne Einschaltung des RA eine Akte ins „Kartell" gibt u einen nichtinformierten Untervertreter beauftragt (Düsseldorf NJW 82, 1888). Der verspätet, auch erst in 2. Instanz gestellte Beweisantrag ist nicht grob nachlässig, solange die Partei vertretbar davon ausgeht, dem Ger werden die angebotenen Vernehmungsprotokolle aus beigezogenen Akten zum Nachweis genügen (BGH NJW 83, 999).

5. Rügen zur Zulässigkeit der Klage (Abs 3). Gilt entsprechend **39** iF des § 101 Abs 1 S 3 GVG. Verzichtbare Rügen muss das Ger zurückweisen, wenn sie verspätet (§ 282 Rn 7, 10; dort auch zum Gegenvorbringen des Kl) vorgebracht werden und der Bekl die Verspätung nicht genügend entschuldigt (Rn 28). Auf eine Verzögerung des Rechtsstreits infolge der Zulassung kommt es hier nicht an. Auch gesetzwidrige Zulassung ist mit Rechtsmittel anfechtbar (BGH NJW 85, 743). Bei Einspruch § 340 Abs 3 S 1, 3, dort Rn 9.

a) Nicht verzichtbare Rügen, dh soweit das Ger die Zulässigkeit **40** vAw in jeder Lage des Verfahrens zu prüfen hat (Rn 12, 15–28 vor § 253), braucht der Beklagte überhaupt nicht zu erheben. Die Rüge ist als Anregung jederzeit möglich.

b) Verzichtbar (29–31 vor § 253) sind die Zulässigkeitsrügen der **41** fehlenden Ausländersicherheit §§ 110 ff, der fehlenden Kostenerstattung § 269 Abs 6 und der Schiedsklausel § 1032; außerdem die Zuständigkeitsrüge bei nicht ausschließlicher Zuständigkeit; insoweit geht aber § 39 als Spezialvorschrift vor (Frankfurt ZIP 82, 1490), jedenfalls für die Rüge der internationalen Zuständigkeit (BGH NJW 97, 397); außerdem der fehlenden Vollmacht (§ 88 Abs 1) für die Klageerhebung (LG Münster MDR 80, 853; Rn 16, 34 vor § 253).

6. Verfahren a) Rechtliches Gehör. Vor der Zurückweisung ist **42** Gelegenheit zur Äußerung zu gewähren, das Parteivorbringen dazu ist zur Kenntnis zu nehmen (BVerfG NJW 87, 485, BGH NJW 89, 717). Außerdem ist **Hinweis** im Rahmen des § 139 Abs 2, 3 erforderlich (Bamberg NJW-RR 98, 1607). Hinweis und Gehör haben sich in den Fällen der Abs 1, Abs 2 auf die Frage der Verzögerung und in allen Fällen auf die Frage des Verschuldens an der Verspätung zu erstrecken (Karlsruhe NJW 79, 879). Die Ansicht des OLG Düsseldorf (MDR 85,

417), iF der obligatorischen Zurückweisung des Abs 1 sei ein Hinweis nicht erforderlich, weil das Ger kraft Gesetzes gehalten sei, in bestimmter Weise zu verfahren, ist falsch, wie sich allein aus § 139 Abs 3 ergibt. Außerdem geht es hier wie in anderen Fällen zwingender Rechtsanwendung darum, dass die Voraussetzungen der anzuwendenden Norm vor der Entscheidung mit den Parteien zu erörtern sind.

43   **b) In den Gründen des Urteils** – nicht: Teilurteils (BGH WM 93, 856) – ist die Zurückweisung auszusprechen. Die Tatsachen, die die ges Voraussetzungen für die Zurückweisung ausfüllen, müssen konkret angegeben werden (BGH NJW-RR 96, 961). Das zurückgewiesene Vorbringen bleibt bei der Entscheidung unberücksichtigt. Soweit es zur Begründung von Anträgen oder Einwendungen dient, werden sie sachlich aberkannt (BGH NJW 61, 115).

44   **c) Verstoß.** Die Zulassung neuen Vorbringens entgegen § 296 Abs 2 ist unanfechtbar und für das RechtsmittelGer bindend (BGH NJW 81, 928, NJW 91, 1896). Ebenso ist die unterbliebene Prüfung, ob das Vorbringen zurückzuweisen ist, in der Rechtsmittelinstanz nicht nachholbar (BGH WM 99, 286/289). Mit Rechtsmittel kann als Verfahrensverstoß gerügt werden, dass für die Zurückweisung die nötigen gesetzlichen Voraussetzungen nicht vorlagen, § 531 Rn 10. Soweit es sich um Ermessensentscheidung handelt, ist das Ermessen in zweiter Instanz voll nachprüfbar, in dritter Instanz nur in seinen Voraussetzungen und Grenzen. Verzögerung, Verschulden und grobe Nachlässigkeit sind revisible Rechtsbegriffe. Verstoß gegen Abs 3 vgl Rn 39. Verfassungsbeschwerde gegen nicht rechtsmittelfähige Urteile § § 531 Rn 19.

§ 296 a Vorbringen nach Schluss der mündlichen Verhandlung

[1] Nach Schluß der mündlichen Verhandlung, auf die das Urteil ergeht, können Angriffs- und Verteidigungsmittel nicht mehr vorgebracht werden. [2] § 139 Abs. 5, §§ 156, 283 bleiben unberührt.

Satz 2 geändert mWv 1. 1. 2002 durch Art 2 Abs 1 Nr 44 ZPO-RG.

1   Zurückweisung verspäteten Vorbringens vor Schluss der mdl Vhdlg (§ 136 Abs 4) oder was dem gleichsteht (§ 128 Rn 33; § 283 Rn 6), ist in § 296 geregelt. Vorbringen nach Schluss der mdl Vhdlg außer iF der §§ 139 Abs 5, 283 darf, auch im Tatbestand (Köln NJW-RR 91, 1536), nicht mehr berücksichtigt werden, weil es nicht mehr Gegenstand der Verhandlung geworden ist. Bezugnahme auf dieses Vorbringen in 2. Instanz ist zulässig (BGH NJW-RR 98, 1514). Die Norm ist verfassungskonform (BVerfG NJW 85, 3005). Das Gericht darf und muss uU die mdl Vhdlg wiedereröffnen (§ 156 Rn 2–7). Auch Widerklage und Klageerweiterung sind als solche nach Schluss der mündlichen Verhandlung nicht mehr zulässig (BGH VersR 92, 1245, NJW 00, 2512).

§ 297 Form der Antragstellung

(1) ¹Die Anträge sind aus den vorbereitenden Schriftsätzen zu verlesen. ²Soweit sie darin nicht enthalten sind, müssen sie aus einer dem Protokoll als Anlage beizufügenden Schrift verlesen werden. ³Der Vorsitzende kann auch gestatten, daß die Anträge zu Protokoll erklärt werden.

(2) Die Verlesung kann dadurch ersetzt werden, daß die Parteien auf die Schriftsätze Bezug nehmen, die die Anträge enthalten.

1. Anwendungsbereich. – a) Gilt für Sachanträge. Das sind solche, die den Inhalt der Entscheidung betreffen, zB Klageanträge einschl Änderungen, Erledigungserklärung und Anträge nach Klagerücknahme (§ 269 Abs 4), Anträge des Rechtsmittelklägers (BGH NJW 93, 269), Anträge zur Vollstreckbarkeit nach § 714, Anträge auf Arrest und einstw Vfg bei mdl Vhdlg, auf Widerspruch und Aufhebung (§§ 924, 926, 927). – **b) Gilt nicht für Prozessanträge.** Sie betreffen das Verfahren, zB Beweisanträge, Antrag auf Erlass eines Versäumnis- oder Anerkenntnisurteils. Hierher gehören auch die rein leugnenden Gegenanträge auf Abweisung (BGH NJW 65, 397), weil sie den Inhalt der Entscheidung insofern nicht bestimmen, als auch ohne sie bei Unzulässigkeit oder fehlender Schlüssigkeit abgewiesen werden muss. **1**

2

2. Im Rahmen von Rn 1 ist nötig **Verlesung** der Anträge aus vorbereitenden (§§ 129 ff, 282) oder zur Protokollanlage erklärten (§ 160 Abs 5) Schriftsätzen oder die **Bezugnahme** darauf oder, wenn der Vorsitzende es gestattet, die **Erklärung zu Protokoll.** Feststellung im Protokoll § 160 Abs 3 Nr 2, Beweis der Verlesung §§ 314, 165. Der bloße Formmangel bei der Antragstellung ist nach § 295 heilbar (StJLeipold 20), nicht dagegen der Mangel der Erhebung des Antrags überhaupt nach §§ 253 Abs 2 Nr 2, 308 (§ 253 Rn 20). **3**

§ 298 (aufgehoben)

§ 299 Akteneinsicht; Abschriften

(1) Die Parteien können die Prozeßakten einsehen und sich aus ihnen durch die Geschäftsstelle Ausfertigungen, Auszüge und Abschriften erteilen lassen.

(2) Dritten Personen kann der Vorstand des Gerichts ohne Einwilligung der Parteien die Einsicht der Akten nur gestatten, wenn ein rechtliches Interesse glaubhaft gemacht wird.

(3) ¹Soweit die Prozessakten als elektronische Dokumente vorliegen, ist die Akteneinsicht auf Ausdrucke beschränkt. ²Die Ausdrucke sind von der Geschäftsstelle zu fertigen.

(4) **Die Entwürfe zu Urteilen, Beschlüssen und Verfügungen, die zu ihrer Vorbereitung gelieferten Arbeiten sowie die Schriftstücke, die Abstimmungen betreffen, werden weder vorgelegt noch abschriftlich mitgeteilt.**

Abs 3 eingefügt mWv 1. 8. 2001 durch Art 2 Nr 4 a FormVAnpG.

1   **1.** Die **Parteien** (Begriff 2 vor § 50) einschl der Streithelfer können – **a)** bei Gericht ohne Angabe von Gründen die **Prozessakten einsehen** oder durch beliebige Vertreter einsehen lassen und sich Auszüge und Abschriften anfertigen. Bei elektronischer Aktenführung beschränkt sich das Einsichtsrecht auf Ausdrucke, die von der Geschäftsstelle zu fertigen sind (Abs 3). Dem vertretenden RA sind in großzügiger Ermessensausübung (Hamm ZIP 90, 1369) die Akten in seine Kanzlei auszuhändigen oder zu übersenden (aA Brandenburg OLG-NL 99, 238). Gleiches gilt für den Rechtsbeistand, der Mitglied der RA-Kammer ist (BVerfG BRAK-Mitt 98, 282). Entspr Anordnungen trifft der Vorsitzende. Gegen Ablehnung des Gesuchs in 1. Instanz sofortige Beschwerde nach
2   § 567 Abs 1 Nr 2. – **b)** Außerdem können sich die Parteien durch die Geschäftsstelle **Ausfertigungen** (§ 170) usw **erteilen lassen.** Auch hier kein Anwaltszwang. Rechtliches Interesse ist nicht nötig. Vorschuss für Schreibgebühren § 64 Abs 2 GKG. Verweigert der UrkB die Einsicht: sofortige Erinnerung nach § 573, gegen Gerichtsbeschluss in 1. Instanz: sofortige Beschwerde nach § 567 Abs 1 Nr 2.

3   **2. Dritte** (Abs 2), dh alle, die nicht Partei sind, haben nur das Recht auf Akteneinsicht (Rn 1), wenn sie ein weit aufzufassendes (enger Hamm NJW-RR 97, 1489) rechtliches Interesse (§ 256 Rn 13) glaubhaft machen (§ 294) – nur wirtschaftliches genügt nicht (KG NJW 88, 1738) – oder wenn beide Parteien einverstanden sind. Gegeneinander abzuwägen sind das Interesse der Parteien an der Geheimhaltung des Prozessstoffes und der Ger an rationeller Aktenführung gegen das Interesse des Antragstellers an der gewünschten Information (München OLGZ 84, 477). Entsprechend andwendbar nach § 4 InsO, wobei iR der ermessenfehlerfreien Interessenabwägung dem Schuldner, soweit möglich und zumutbar, Gelegenheit zu geben ist, sein Geheimhaltungsinteresse geltend zu machen (BGH ZIP 98, 961, Köln ZIP 99, 1449). Die Mitteilung von Entscheidungen mit geschwärzten Namen der Beteiligten sollte ohne weiteres zulässig sein (Hirte NJW 88, 1698). Die Genehmigung erteilt der aufsichtsführende Richter bzw Präsident der Gerichtsbehörde. Gegen Verweigerung: Antrag auf gerichtliche Entscheidung nach § 23 Abs 1 1 EGGVG, daneben Dienstaufsichts-
4   beschwerde (KG OLGZ 76, 158). – **Sonderregelungen** für das Schuldnerverzeichnis in § 915 Abs 3, für das Aufgebotsverfahren in §§ 996 Abs 2, 1001, 1016, 1022 Abs 2, 1023, beim Patentamt und
5   Patentgericht §§ 31, 99 Abs 3 PatG (BGH NJW 83, 2448). – **Nicht anwendbar** ist Abs 2 auf Behörden wegen Art 35 GG. Sie können ohne Beschränkung Akten zur Einsicht anfordern. Ebenso Holch ZZP 87, 14/17.

3. Auf die in **Abs 4** genannten Schriftstücke erstrecken sich die vor- 6
genannten Rechte nicht. Ferner nicht auf beigezogene andere Akten,
wenn die übersendende Behörde gebeten hat, sie den Parteien nicht
zugänglich zu machen. Sie dürfen dann freilich auch nicht zum Gegenstand der Verhandlung und Entscheidung gemacht werden (BGH NJW
52, 305). Ein Sachverständigengutachten zur Feststellung, ob Grund zur
Eröffnung eines Insolvenzverfahrens besteht, fällt nicht unter Abs 3
(Düsseldorf ZIP 00, 322; bestr).

§ 299 a Datenträgerarchiv

¹Sind die Prozessakten nach ordnungsgemäßen Grundsätzen
zur Ersetzung der Urschrift auf einen Bild- oder anderen Datenträger übertragen worden und liegt der schriftliche Nachweis
darüber vor, dass die Wiedergabe mit der Urschrift übereinstimmt, so können Ausfertigungen, Auszüge und Abschriften
von dem Bild- oder dem Datenträger erteilt werden. ²Auf der
Urschrift anzubringende Vermerke werden in diesem Fall bei
dem Nachweis angebracht.

Neu gefasst mWv 1. 8. 2001 durch Art 2 Nr 5 FormVAnpG.

Die Vorschrift ermöglicht, an Stelle der Originalakten als deren Ersatz 1
die Mikroverfilmung aufzubewahren oder die Akten elektronisch zu
speichern. Nötig ist ein schriftlicher Nachweis, dass die Wiedergabe mit
dem Original übereinstimmt. Ist dies der Fall, können Ausfertigungen
usw von der Mikroverfilmung oder von dem elektronischen Speicher-
medium erteilt werden. Einzelheiten hat die Justizverwaltung zu regeln.

Titel 2. Urteil

Vorbemerkung

I. Gerichtliche Entscheidungen. – a) Urteile werden in der Form 1
des § 313 und regelmäßig auf Grund notwendiger mdl Vhdlg (§ 128
Rn 1 ff) erlassen. Ausnahmen zB in §§ 922 Abs 1, 936, ferner
§ 128 Abs 2. – **b) Beschlüsse** sind die Entscheidungen des Gerichts, 2
die idR ohne oder auf freigestellte mdl Vhdlg ergehen. – **c) Verfügun-** 3
gen erlässt der Vorsitzende, beauftragte oder ersuchte Richter. Sie sind
meist prozeßleitender Natur.

II. Arten von Urteilen 4

Die Einteilung ist unter verschiedenen Gesichtspunkten möglich.

1. Leistungs-, Feststellungs-, Gestaltungsurteile je nach dem Gegenstand des Rechtsschutzbegehrens. Rn 2–7 vor § 253.

5   **2.** Nach der Rechtskraftwirkung: **Prozessurteile,** die nur über die Zulässigkeit der Klage (8 ff vor § 253), **Sachurteile,** die in der Sache selbst entscheiden.

6   **3.** Nach dem Zustandekommen: **Streitige** und **Versäumnisurteile.** Zu den ersteren gehören auch Verzicht-, Anerkenntnis- und Urteil nach Lage der Akten, zu den letzteren zählen nur die gegen die säumige Partei ergangenen Urteile.

7   **4.** Nach der formalen Bedeutung: – **a) Endurteile** entscheiden für die Instanz endgültig über den Streitgegenstand (Einl II) und zwar entweder zu einem Teil (Teilurteil § 301) oder ganz (Vollendurteil, Schluss-
8 urteil § 300). – **b) Zwischenurteile** (§§ 280, 303) erledigen einzelne Streitpunkte und bereiten damit die endgültige Entscheidung vor. Ein Zwischenurteil bes Art ist die Vorabentscheidung über den Grund
9 (§ 304). – **c) Vorbehaltsurteile** (§§ 302, 599) lassen nur noch bestimmte Einwendungen des Beklagten offen. Sie sind auflösend bedingte Endurteile; ebenso die in § 280 Rn 10 und § 304 Rn 23 genannten Endurteile.

10   **III. Fehlerhafte Entscheidungen,** dh unter Verletzung von Verfahrensvorschriften zustande gekommen, sind regelmäßig als staatliche Hoheitsakte voll wirksam (BGH LM § 554 Nr 3). Sie können, wenn im Einzelnen die Voraussetzungen vorliegen, mit Rechtsmitteln oder Nichtigkeitsklage angefochten werden.

11   **1. Nicht(Schein)Urteile.** Bei ihnen fehlt der äußere Tatbestand eines Urteils: – **a)** Es ist **nicht in Ausübung der Gerichtsgewalt** oder durch ein nicht zur Ausübung der Gerichtsbarkeit bestimmtes Organ
12 erlassen. – **b)** Es ist **noch nicht existent,** weil nicht verkündet bzw zugestellt (BGH NJW 95, 404) oder es erhält ein derartiges Nichturteil
13 aufrecht (BGH NJW 96, 1969). Vgl § 310 Rn 4. – **c) Der Entscheidung fehlt jede Wirkung,** sie beendet die Instanz nicht, erlangt keine auch nur formelle Rechtskraft. Erteilung der Klausel (§ 724) und Zwangsvollstreckung sind unzulässig und über §§ 732 bzw 766 zu
14 beseitigen. – **Rechtsbehelf** ist überflüssig, aber zur Beseitigung des vorhandenen Scheines ohne weitere Zulässigkeitsvoraussetzungen zulässig (BGH NJW 95, 404; 96, 1969). Es erfasst auch das später ergehende wirkliche Urt (BGH NJW 96, 1969, ohne dass der Rechtsbehelf wiederholt werden müsste (BGH VersR 97, 130).

15   **2. Nichtige Urteile.** Im einzelnen sehr streitig, anerkannt aber in folgenden Fällen (RoSchw/Gottwald § 62 II 2): – **a) Die Gerichtsbarkeit fehlt** dem entscheidenden Gericht (gegen Exterritoriale). Fehlende Zuständigkeit gehört nicht hierher. ZwVollstr unzulässig (Rn 40
16 vor § 704). – **b)** Die **ausgesprochene Rechtsfolge** ist dem geltenden Recht überhaupt **unbekannt,** zB Feststellung einer Tatsache, Bestellung

eines dem BGB fremden dinglichen Rechts. − **c)** Das Urt kann **aus** 17
tatsächlichen Gründen keine Wirkung haben, zB gegen nichtexistie-
rende Partei; in sich unverständliches, widerspruchsvolles (BGH 5, 245)
oder inhaltlich unbestimmtes Urt (BGH NJW-RR 96, 659); VersU lässt
auch mit Hilfe der Klagebegründung den erhobenen Anspruch nicht
erkennen (BGH NJW 94, 460). − **d) Urteile im Falle des § 269** 18
Rn 14 und in vergleichbaren Fällen, zB § 343 Rn 7, § 249 Rn 9 trotz
nicht eingetretener Rechtshängigkeit (KG NJW-RR 87, 1214). −
e) Wirkung: In den Fällen von Rn 15−18 ist das Urt nicht schlechthin 19
unbeachtlich wie in Rn 11, 13, vielmehr ist das Ger gebunden, die
Instanz beendet, formelle Rechtskraft kann eintreten, der Anspruch auf
Kostenerstattung entsteht. Materielle Rechtskraft kann die Entscheidung
aber nicht erlangen (BGH NJW 94, 460). Ihre Beseitigung ist innerhalb
der Frist durch Rechtsmittel, danach durch Wiederaufnahme- oder
durch Klage auf Feststellung der Unwirksamkeit möglich, auch kann die
Streitsache neu anhängig gemacht werden. In den Fällen von Rn 16, 17
darf keine Klausel erteilt werden (§ 724 Rn 9). In allen Fällen von
Rn 15−18 ist sie gem § 766 entspr §§ 775 Nr 1, 776 aufzuheben (§ 775
Rn 5), sobald eine neue, die Wirkungslosigkeit feststellende Entscheidung (zB §§ 256, 269 Abs 4) vorgelegt wird.

§ 300 Endurteil

(1) **Ist der Rechtsstreit zur Endentscheidung reif, so hat das
Gericht sie durch Endurteil zu erlassen.**

(2) **Das gleiche gilt, wenn von mehreren zum Zwecke gleichzeitiger Verhandlung und Entscheidung verbundenen Prozessen
nur der eine zur Endentscheidung reif ist.**

1. Das **Endurteil** entscheidet endgültig über die ganze Klage oder das 1
Rechtsmittel und beendet die Instanz. Es muss bei Entscheidungsreife
(Rn 2) erlassen werden. Das Gleiche gilt (Abs 2) für einen von mehreren
nach § 147 verbundenen Prozessen. Für die anderen, weil auf Parteiwillen beruhenden Fälle der Anspruchshäufung (§ 260 Rn 1) gilt das nicht,
dort Teilurteil (§ 301 Rn 2, 2 a). Das EndUrt erübrigt sich bei Klagerücknahme (§ 269), Prozessvergleich (§ 794) und übereinstimmender
Erledigterklärung (§ 91 a).

2. Zur Entscheidung reif ist der Rechtsstreit, wenn nach völliger 2
Aufklärung des Sachverhalts (§ 139) und Erschöpfung der Beweise
(§ 284 Rn 2) oder nach Abschneiden weiteren Vorbringens (§§ 296,
531) der Klage stattzugeben oder sie abzuweisen ist. Stattzugeben ist ihr,
wenn sie zulässig (8 ff vor § 253) und begründet (35 ff vor § 253) ist;
abzuweisen, wenn sie unzulässig oder unbegründet ist. Die Zulässigkeit
darf nicht offen bleiben. Treffen mehrere sachliche Abweisungsgründe
zusammen, hat das Gericht die Wahl. Dringt eine zur Klageabweisung
führende Einwendung durch, braucht die Anspruchsgrundlage nicht
mehr geprüft zu werden. − Bei der **Aufrechnung** muss allerdings wegen 3

der Ausdehnung der Rechtskraft (§ 322 Abs 2) festgestellt werden, ob
die Klageforderung nicht bestand oder ob sie und die Gegenforderung
4 durch Aufrechnung erloschen sind (§ 145 Rn 15). – **Hilfsanträge**
§ 260 Rn 8, 17. Urt unter Vorbehalt ist nur zulässig in den Fällen der
§§ 302, 599.

5 **3. Grundlage der Entscheidung** und maßgebender Zeitpunkt. –
6 **a) Prozessstoff** Rn 35 vor § 253. – **b) Anzuwendendes Recht.**
Maßgebender Zeitpunkt ist der Erlass des Urt (§ 310). Eine Rechtsänderung, die zwischen Schluss der Verhandlung und Urteilsverkündung
eintritt, ist also zu berücksichtigen und zwar auch vom RevGer (BGH
9, 101 u 36, 350) u auch dann, wenn die Vorinstanz die veränderte
Rechtslage noch nicht berücksichtigen konnte (BGH NJW-RR 89,
130).

§ 301 Teilurteil

(1) ¹Ist von mehreren in einer Klage geltend gemachten Ansprüchen nur der eine oder ist nur ein Teil eines Anspruchs oder
bei erhobener Widerklage nur die Klage oder die Widerklage zur
Endentscheidung reif, so hat das Gericht sie durch Endurteil
(Teilurteil) zu erlassen. ²Über einen Teil eines einheitlichen Anspruchs, der nach Grund und Höhe streitig ist, kann durch Teilurteil nur entschieden werden, wenn zugleich ein Grundurteil
über den restlichen Teil des Anspruchs ergeht.

(2) Der Erlaß eines Teilurteils kann unterbleiben, wenn es das
Gericht nach Lage der Sache nicht für angemessen erachtet.

1 **1. Begriff und Zulässigkeit.** Das Teilurteil ist ein Endurteil über
2 einen Teil des Streitgegenstands. – **a) Es ist zulässig,** wenn dieser Teil
selbständig, zur Endentscheidung reif (§ 300 Rn 2) und von der Entscheidung über den Rest des geltend gemachten prozessualen Anspruchs
unabhängig ist, so dass die Gefahr einander widersprechender Entscheidungen, auch teilweise oder durch das RechtsmittelGer, nicht besteht
(BGH 120, 376, NJW 99, 1035 u 1718; 01, 155). Gilt entsprechend,
wenn durch Beschluss entschieden wird (BGH NJW 94, 2235). Dass das
Ger im späteren Urteil die Zulässigkeit der Klage anders beurteilen
kann, steht nicht entgegen (Köln NJW-RR 92, 892). **Beispiele:** Bei
kumulativer Anspruchshäufung (§ 260 Rn 6) Entscheidung über einen
der selbständigen Ansprüche oder über mehrere davon teilweise. Dabei
muss das TeilUrt im Hinblick auf die notwendige Bestimmtheit des
Urteilsgegenstandes und damit der Rechtskraftwirkung klar erkennen
lassen, über welchen der gehäuften Ansprüche es in jeweils welcher
Höhe entscheidet. Das gleiche gilt für die teilweise Entscheidung über
mehrere Aufrechnungsforderungen (BGH NJW 00, 958). Urt für oder
gegen einen der Streitgenossen bei einfacher Streitgenossenschaft (§ 59).
Gegen einen notwendigen Streitgenossen ist TeilUrt zulässig, wenn die
übrigen erklärt haben, zu der eingeklagten Leistung verpflichtet und

bereit zu sein (BGH NJW 62, 1722). Bei Klage und Widerklage (auch nach § 256 Abs 2) Entscheidung nur über eine der beiden (BGH WM 71, 1366) außer im Falle Rn 3. TeilUrt über einen geschätzten Mindestschaden und Anordnung der Beweiserhebung über die Höhe des übersteigenden Schadens unter den besonderen Umständen des Falles (BGH NJW 96, 1478). – **Ein Teil eines einheitlichen Anspruchs (Abs 1** 2 a **S 2)** darf durch TeilUrt nur zugesprochen werden bei gleichzeitigem GrundUrt über den Rest des Anspruchs (BGH NJW 01, 760). Damit ist die Gefahr widersprüchlicher Entscheidungen beseitigt. Der einheitliche Anspruch muss teilbar, der zugesprochene Teil muss quantitativ abgrenzbar und eindeutig individualisierbar sein (BGH 108, 256, NJW 92, 1769), was auch bei einem Unterlassungsanspruch der Fall sein kann (BGH NJW-RR 89, 263). Hauptanwendungsfälle sind ein aus mehreren unselbständigen Rechnungsposten zusammengesetzter einheitlicher Anspruch (BGH 107, 236) und Anspruch auf Abschlagszahlung gemäß § 632 a BGB oder gemäß Vereinbarung. Im Fall teilweiser Aufrechnung mit einer noch nicht entscheidungsreifen Gegenforderung darf über den überschießenden Teil der einheitlichen Klageforderung TeilUrt nur ergehen, wenn über den mit Aufrechnung bekämpften Teil gleichzeitig Vorbehaltsurteil gemäß § 302 ergeht (BHG NJW 96, 395). – **b) Unzu-** 3 **lässig ist das Teilurteil**, auch als TeilVersU (BGH NJW 99, 1718), wenn es davon abhängt, wie der Streit über den Rest ausgeht (BGH 107, 236; 120, 376/380). **Beispiele:** Entscheidung über Hilfsantrag vor Erledigung des Hauptantrags (§ 260 Rn 8, 17), über einen von zwei selbständigen Ansprüchen, die zugleich wechselseitig hilfsweise geltend gemacht sind (BGH NJW 92, 2080, MDR 96, 464) oder im Klagegrund übereinstimmen, weil aus demselben tatsächlichen Geschehen hergeleitet (BGH NJW 97, 2184, Stuttgart MDR 98, 960), bei Häufung von Zahlungs- und Feststellungsantrag, die aus demselben tatsächlichen Geschehen hergeleitet werden, Entscheidung über einen der beiden (BGH NJW 00, 1405; 01, 155). Soweit wegen notwendiger Streitgenossenschaft die Entscheidung (§ 62 Rn 7–10; BGH 131, 376, ZIP 99, 580), oder bei Streitgenossenschaft die Beweiswürdigung (§ 61 Rn 12) einheitlich sein muss (BGH WM 92, 242). Abweisung der Klage gegen beamteten Arzt wegen nur subsidiärer Haftung durch Teilurteil, solange Haftung der mitverklagten Dritten noch offen ist (BGH NJW 93, 784). Bei Provisions- und Ausgleichsanspruch des Handelsvertreters nebeneinander (München NJW-RR 92, 1191). Bei gleichrangigen unterhaltsberechtigten Klägern (Frankfurt FamRZ 87, 1275). Bei Klage auf Erhöhung und Widerklage auf Herabsetzung des Unterhalts (BGH NJW 99, 1718) oder eines Unterhaltstitels gem § 323 für denselben Zeitraum (BGH NJW 87, 441). Bei Klage auf Herabsetzung des titulierten und Gegenklage auf Nachforderung nichttitulierten Unterhaltsanspruchs (Zweibrücken FamRZ 93, 440); ebenso bei Berufung beider Parteien gegen ein Unterhaltsurteil (Koblenz FamRZ 89, 770). Der Klage oder der Widerklage auf gegenläufige Einwilligung in die Auszahlung des selben hinterlegten Betrages darf nicht durch Teilurteil stattgegeben

werden (BGH NJW-RR 92, 1339); wohl auch keine Abweisung, weil
entgegengesetzte Entscheidung des RechtsmittelGer möglich ist (vgl
BGH NJW 87, 441). Bei Nichtigkeits- und Anfechtungsklage mehrerer
Aktionäre gegen einen Hauptversammlungsbeschluss ist TeilUrt über
eine der beiden Klagen oder einen Teil davon unzulässig (BGH NJW 99,
1638). Im Rechtsstreit über Werklohnanspruch kein TeilUrt über die
Widerklage auf Schadensersatz wegen Mängeln, soweit für beide die
Frage der Abnahme des Werks erheblich ist (BGH NJW 97, 453). Wenn
der Zahlungsanspruch aGrd einer Gesamtsaldierung zu ermitteln ist
(Köln FamRZ 89, 296: Versorgungsausgleich). Ferner über nicht quantitativ abgrenzbare Teile, zB eine von mehreren Anspruchsgrundlagen,
bloße Elemente einer Schadensersatzforderung (§ 260 Rn 5; BGH
NJW 92, 2080), einzelne Angriffs- oder Verteidigungsmittel. Wenn dem
Beklagten in Höhe des zugesprochenen Betrags ein Leistungsverweige-
rungsrecht wegen eines Baumangels zusteht, das das BerGer ohne hinreichende Berücksichtigung der Druckfunktion zu gering festgesetzt hat
(BGH NJW 92, 1632). Anschlussberufung § 524 Rn 23.

4   **2. Teilurteil. – a)** Sein **Erlass** soll bei Vorliegen der Voraussetzungen
die Regel sein, kann aber nach nicht überprüfbarem Ermessen des Ger
unterbleiben (Abs 2). Im Falle der Stufenklage (§ 254 Rn 6) und auf
Antrag in den Fällen der Säumnis eines einfachen Streitgenossen, des
Teilverzichts und -Anerkenntnisses (vgl auch § 307 Rn 12) muss es
5 erlassen werden. – **b) Teilkostenentscheidung** ist nur zulässig, soweit
sie unabhängig davon ist, wie der Streit über den Rest ausgeht, zB bei
Ausscheiden eines Streitgenossen über dessen außergerichtliche Kosten
6 (München NJW 69, 1123, Düsseldorf NJW 70, 568). – **c) Rechts-**
mittel wie gegen Endurteil. Berufung § 538 Rn 25. In der Revision
kann die Unzulässigkeit des Teilurteils, außer in Ehesachen, grundsätzlich nur auf eine dem § 551 Abs 3 Nr 2 b entspr Verfahrensrüge berücksichtigt werden (BGH 16, 73, NJW 91, 2084).

7   **3. Wirkung.** Das TeilUrt spaltet den Prozess in voneinander unabhängige Teile. Jedes weitere Vorbringen zu dem erledigten Teil im
Verfahren über den Rest ist ausgeschlossen (§ 318), bei der Entscheidung
über den Rest besteht außer im Falle eines gleichzeitig erlassenen
Grund- oder Vorbehaltsurteils (Rn 2 a) keine Bindung des Gerichts an
seine Rechtsauffassung im TeilUrt. Vollstreckbarkeit, Zulässigkeit von
Rechtsmitteln, vor allem für §§ 511, 542, 544 und der Eintritt der
Rechtskraft beurteilen sich für jedes Teil- und für das Schlussurteil
gesondert und selbständig (BGH VersR 83, 1082, NJW 89, 2757);
Ausnahme bei willkürlicher Trennung (§ 145 Rn 3). Anfechtung des
Kostenausspruchs im SchlussUrt § 99 Rn 8. Zur Verhandlung über den
Rest ist grundsätzlich unverzüglich (Köln JMBlNRW 84, 115) von Amts
wegen Termin zubestimmen; bei Stufenklage § 254 Rn 6. Soweit über
Folgesachen entschieden ist, Sondervorschrift für Wirksamwerden in
§ 629 d.

§ 302 Vorbehaltsurteil

(1) **Hat der Beklagte die Aufrechnung einer Gegenforderung geltend gemacht, so kann, wenn nur die Verhandlung über die Forderung zur Entscheidung reif ist, diese unter Vorbehalt der Entscheidung über die Aufrechnung ergehen.**

(2) **Enthält das Urteil keinen Vorbehalt, so kann die Ergänzung des Urteils nach Vorschrift des § 321 beantragt werden.**

(3) **Das Urteil, das unter Vorbehalt der Entscheidung über die Aufrechnung ergeht, ist in betreff der Rechtsmittel und der Zwangsvollstreckung als Endurteil anzusehen.**

(4) **¹In betreff der Aufrechnung, über welche die Entscheidung vorbehalten ist, bleibt der Rechtsstreit anhängig. ²Soweit sich in dem weiteren Verfahren ergibt, daß der Anspruch des Klägers unbegründet war, ist das frühere Urteil aufzuheben, der Kläger mit dem Anspruch abzuweisen und über die Kosten anderweit zu entscheiden. ³Der Kläger ist zum Ersatz des Schadens verpflichtet, der dem Beklagten durch die Vollstreckung des Urteils oder durch eine zur Abwendung der Vollstreckung gemachte Leistung entstanden ist. ⁴Der Beklagte kann den Anspruch auf Schadensersatz in dem anhängigen Rechtsstreit geltend machen; wird der Anspruch geltend gemacht, so ist er als zur Zeit der Zahlung oder Leistung rechtshängig geworden anzusehen.**

1. Begriff und Zulässigkeit. Das Vorbehaltsurteil will Prozessver- **1** schleppung verhindern. Es ist ein auflösend bedingtes EndUrt (BGH NJW 78, 43). **Voraussetzungen: – a) Aufrechnung** mit einer Gegen- **2** forderung. Sie kann mit der Klageforderung in rechtlichem Zusammenhang stehen oder nicht. Eventualaufrechnung genügt. Trennung nach § 145 Abs 3 braucht nicht beschlossen zu sein. Besonderer Antrag unnötig. **– b) Die Klageforderung** muss **entscheidungsreif** und zwar **3** zur stattgebenden – andernfalls EndUrt auf Klageabweisung – Endentscheidung reif sein (§ 300 Rn 2) außer der Aufrechnung. Entscheidungsreife über den Grund genügt (BGH LM § 304 Nr 6; StJLeipold 7; auch § 304 Rn 7). **– c) Die Aufrechnungsforderung** darf **noch nicht 4 spruchreif** sein. So, wenn Zulässigkeit oder Begründetheit der Aufrechnung noch nicht feststehen. Steht ihre Unzulässigkeit fest, ist EndUrt zu erlassen, der Bekl aber durch VorbehaltsUrt nicht beschwert (BGH 25, 360). Schiedsgerichtsklausel und andere Zuständigkeit § 145 Rn 22–24. **– d) Im Urkundenprozess** § 598 Rn 2, 4. VorbehaltsUrt nach § 302 **5** ist hier zulässig, wenn Bekl sich ausschließlich mit bestrittener Aufrechnungsforderung verteidigt, über die im UrkProz noch Beweis zu erheben ist (Celle NJW 74, 1473).

2. Vorbehaltsurteil. – a) Sein **Erlass** steht im freien, nicht nach- **6** prüfbaren Ermessen des Gerichts, auch zweiter Instanz. Der Vorbehalt ist in die Formel aufzunehmen, er muss die Aufrechnungsforderung möglichst genau bezeichnen, evtl unter Verweisung auf den Tatbestand. Falls

er fehlt (Abs 2): Ergänzungsantrag nach § 321 oder Rechtsmittel des Beklagten. Über Kosten und Vollstreckbarkeit muss nach den allg Regeln entschieden werden. Übersteigt die zugesprochene Klageforderung die geltend gemachte Aufrechnungsforderung, ist der Vorbehalt auf die
7 Höhe der Letzteren zu beschränken. – **b) Wirkung:** ZwVollstr wie aus einem Endurteil, einstw Einstellung während des Nachverfahrens nach § 707. **Bindung** des Ger in allen Instanzen, auch vor Rechtskraft (§ 318). Die Zulässigkeit der Klage (Köln BB 72, 1207) und ihre Begründetheit, ausgenommen nur die Gegenforderung, sind im Nachverfahren schlechthin unnachprüfbar; ebenso die Zulässigkeit der Aufrechnung, soweit im VorbehaltsUrt festgestellt (BGH 35, 248, WM 79, 475), auch wenn wesentliche Gesichtspunkte dazu nicht erörtert wurden oder im Vorbehaltsurteil übersehen sind. Es bleibt nur Rechtsmittel gegen letzteres, der Kläger ist durch die Bindungswirkung beschwert
8 (BGH NJW 61, 1721). **Keine Bindung,** soweit im Nachverfahren die Klage erweitert oder unzulässig wird oder eine neue Einwendung (§ 767 Abs 2) entsteht, ferner, soweit die Zulässigkeit der Aufrechnung
9 nicht geprüft und bejaht ist. – **c) Rechtsmittel** wie gegen ein Endurteil. Mit ihm kann der Beklagte Unzulässigkeit oder Unbegründetheit der Klage und Unzulässigkeit des VorbehaltsUrt (Rn 2, 3), nicht aber seine Unzweckmäßigkeit geltend machen; der Kl die Unzulässigkeit der Aufrechnung mit dem Ziel, dass der Bekl ohne Vorbehalt verurteilt wird
10 (BGH NJW 79, 1046). – **Gegenstand des Rechtsmittelverfahrens** ist grundsätzlich nur der Streitstoff, der im VorbehaltsUrt entschieden ist, nicht die Aufrechnungsforderung. War VorbehaltsUrt unzulässig, weil eine Voraussetzung fehlt, so kann das BerGer entweder aufheben und gem § 538 zurückverweisen (BGH 25, 360, LM Nr 1 unter IV) oder im Rahmen der gestellten Anträge selbst auch über die Aufrechnung entscheiden (BGH ZZP 67, 304, Karlsruhe NJW-RR 87, 254). Aufhebung des VorbehaltsUrt und Klageabweisung erledigen das Nachverfahren und machen ein in ihm ergangenes, auch formell rechtskräftiges Endurteil, weil bedingt durch Aufhebung bzw Rechtskraft des VorbehaltsUrt, ohne weiteres hinfällig (ähnlich § 280 Rn 10, § 304 Rn 23). –
11 **d) Keine materielle Rechtskraft,** § 322 Rn 4.

12   **3.** Im **Nachverfahren** (Abs 4) wird vAw Termin bestimmt, zulässig schon vor Rechtskraft des VorbehaltsUrt. Die Parteirollen ändern sich nicht. Die Klageforderung bleibt anhängig, wegen der Bindungswirkung (Rn 7) ist die Verhandlung aber auf die Gegenforderung beschränkt. Mit einer anderen als der vorbehaltenen Forderung kann der Bekl nicht aufrechnen außer nach Klageänderung oder -erweiterung (München MDR 75, 324). Streithilfe, Widerklage, Klageänderung, Klageerweite-
13 rung sind nicht ausgeschlossen (BGH 17, 31; 37, 131). – **Säumnis des Bekl,** der jetzt Angreifer ist, beschränkt sich auf die Aufrechnungsforderung, also entfällt entspr § 330 der Vorbehalt. Bei Säumnis des Kl gilt entspr § 331 das Vorbringen des Bekl zur Aufrechnungsforderung als
14 zugestanden. – **Endurteil:** Ist die Aufrechnung begründet, so ist das

VorbehaltsUrt (evtl höherer Instanz) aufzuheben und die Klage abzuweisen, über die Kosten neu zu entscheiden. Die Vollstreckbarkeit des VorbehaltsUrt tritt nach § 717 Abs 1 außer Kraft. Hat die Aufrechnung keinen Erfolg, ist das VorbehaltsUrt unter Wegfall des Vorbehalts aufrecht zu erhalten und über die weiteren Kosten zu entscheiden. Einfluss der Aufhebung des VorbehaltsUrt auf Rechtsmittel Rn 17. **Gebühren:** 15 Nr 1014 KV, § 13 BRAGO (Hamm MDR 75, 1025).

4. Schadensersatzanspruch (Abs 4). Materiellrechtliche Vorschrift. Berechtigter und Verpflichteter § 717 Rn 7. Geltendmachung, Umfang, Erlöschen und Hemmung des Anspruchs § 717 Rn 12–15. 16 **Anspruchsbegründende Tatsachen** sind: – **a)** (Teil)Aufhebung des 17 VorbehaltsUrt und Abweisung der Klage im Nachverfahren. Die Einschränkung für OLG-Urteile in § 717 Abs 3 gilt hier nicht (RoSchw/Gottwald § 59 V 5 d gegen Düsseldorf JW 33, 1038). Für Aufhebung auf Rechtsmittel im Vorverfahren gilt § 717 Abs 1. – **b)** Vollstr aus dem (auch bereits rechtskräftigen) VorbehaltsUrt oder eine Leistung zu ihrer Abwendung. – **c)** Dadurch verursachter Schaden.

§ 303 Zwischenurteil

Ist ein Zwischenstreit zur Entscheidung reif, so kann die Entscheidung durch Zwischenurteil ergehen.

1. Begriff. Das Zwischenurteil, seiner Natur nach Feststellungsurteil, 1 entscheidet im Gegensatz zu End- und Teilurteil nicht über den Streitgegenstand, sondern über einen Zwischenstreit und entlastet dadurch das weitere Verfahren und das EndUrt. Ein Zwischenstreit geht entweder zwischen den Parteien oder mit Dritten um einzelne prozessuale, den Fortgang des Verfahrens betreffende Fragen, über die notwendig mündlich zu verhandeln ist. Vollstreckungsfähigen Inhalt hat das ZwischenUrt nicht.

2. Zulässigkeit. – a) Ein **Zwischenurteil** ist **nach § 303 zulässig,** 2 wenn ein Zwischenstreit, noch nicht aber die Hauptsache unter den Parteien entscheidungsreif ist, ausgenommen die Fälle Rn 3. Bsp: Streit über Zulässigkeit eines Rechtsmittels, Rechtsbehelfs oder der Wiedereinsetzung, über Unwirksamkeit eines Prozessvergleichs, wenn der Prozess weitergeht, Widerruf eines Geständnisses. Nicht hierher gehören einzelne Elemente der Begründetheit, etwa die Sachbefugnis (BGH 8, 383), ferner einzelne Angriffs- oder Verteidigungsmittel. Die Erledigung der Hauptsache bei Streit über die Wirksamkeit eines Prozessvergleichs ist durch EndUrt auszusprechen, weil es keine Fortsetzung des Verfahrens gibt (BGH NJW 96, 3345). – **b) Nicht unter § 303 fallen** Zwi- 3 schenurteile, die ergehen können über die Zulässigkeit der Klage (§ 280) einschließlich des Parteiwechsels (§ 280 Rn 3), über den Grund des Anspruchs (§ 304) und zwischen den Parteien und Dritten (§§ 71, 135 Abs 2, 387, 402).

4   **3. Zwischenurteil. – a)** Sein **Erlass** steht im freien, nicht nachprüfbaren Ermessen des Gerichts. Ausnahme: § 280 Rn 3 und § 347 Abs 2.
Zuständigkeit des Vorsitzenden der KfH § 349 Abs 2 Nr 2. Kostenent-
5   scheidung nur in den Fällen der Rn 3. – **b)** Die **Wirkung** liegt in der
Bindung für die Instanz (§ 318). Jede erneute Nachprüfung der erledig-
6   ten Streitpunkte ist ausgeschlossen. – **Keine Bindung** an ein unzulässig
ergangenes ZwischenUrt (BGH 8, 384), zB über einzelne Angriffs- oder
Verteidigungsmittel. Ebenso keine Bindung des BerGer an sein Urt, das
ein unzulässig ergangenes ZwischenUrt bestätigt; Revision ist in diesem
7   Fall trotz Zulassung unzulässig (BGH 3, 247). – **c) Rechtsmittel:**
Gegen ZwischenUrt nach § 303, auch wenn unzulässigerweise ergangen
(BGH 3, 246, zustimmend Tiedtke ZZP 89, 64 75), keines. Anfechtung
nur zusammen mit dem EndUrt (§§ 512, 557 Abs 2); vgl aber § 238
Rn 15. Im Falle des § 304 dort Rn 22, des § 280 dort Rn 6, 7 im
Verhältnis zu Dritten die in Rn 3 aE zitierten Bestimmungen.

§ 304 Zwischenurteil über den Grund

(1) **Ist ein Anspruch nach Grund und Betrag streitig, so kann
das Gericht über den Grund vorab entscheiden.**

(2) **Das Urteil ist in betreff der Rechtsmittel als Endurteil anzusehen; das Gericht kann jedoch, wenn der Anspruch für begründet erklärt ist, auf Antrag anordnen, daß über den Betrag zu
verhandeln sei.**

1   **1. Wesen und Zulässigkeit.** Die Vorabentscheidung über den
Grund ist ein Zwischenurteil eigener Art, das einen Teil des Streitstoffes
– nicht zulässig: einen Teil des Sachverhalts (BGH Warn 85, 211) –
erledigt, den geltendgemachten Anspruch aber weder teilweise zu- noch
aberkennt (BGH VersR 79, 25). Es soll den Prozess vereinfachen, ist also
unzulässig, wenn die Tatsachen für Grund u Höhe annähernd dieselben
sind, sich überschneiden oder in so engem Zusammenhang stehen, dass
die Vorwegnahme der Grundentscheidung verwirrend wäre (BGH
VersR 79, 25, Köln FamRZ 95, 1365, Schleswig FamRZ 99, 27) oder
wenn das GrundUrt nicht zu einer echten Vorentscheidung des Prozesses
2   führt (BGH MDR 80, 925). – **Voraussetzungen: – a) Anspruch auf
Zahlung bezifferter Geldschuld** oder auf Leistung anderer vertretbarer der Höhe nach summenmäßig bestimmter Sachen (BGH NJW 00,
1572), auch mit Anfechtungsklage (BGH NJW 95, 1093), auf Duldung
der ZwVollstr wegen einer solchen, Einwilligung in die Auszahlung
eines hinterlegten Betrages, Befreiung von bezifferter Geldschuld (BGH
NJW 00, 664). Kein GrundUrt über unbezifferten Feststellungsantrag
(BGH NJW 91, 1896; 00, 664 und 1572). Unzulässig bei erbbaurecht-
lichem Heimfallanspruch (BGH NJW 84, 2213) und bei Ansprüchen
aus § 89 b HGB (BGH NJW 67, 2153). Auch über Einwendungen
3   (Aufrechnung) gibt es kein GrundUrt. – **b) Grund und Betrag** müssen
streitig sein. Nur einer von beiden genügt nicht (BGH VRS 76, 340;

aa LG Mannheim MDR 92, 898: Anerkenntnis-Grundurteil). – **c)** Der **4**
Streit über den Grund muss **entscheidungsreif** sein und zwar zur
mindestens teilweise (BGH NJW-RR 92, 1053 für den Fall objektiver
Anspruchshäufung) stattgebenden Endentscheidung (§ 300 Rn 2), andernfalls Klageabweisung (BGH NJW 85, 1359). Dazu genügt, dass mit
hoher Wahrscheinlichkeit der Klageanspruch, wenn er sich aus unselbständigen Einzelposten als einheitlicher Anspruch zusammensetzt (BGH
108, 256, NJW 92, 511), in irgendeiner Höhe besteht (BGH 53, 17/23,
NJW 01, 224). Die Höhe darf noch nicht spruchreif sein, sonst EndUrt.
Kein GrundUrt bei Schiedsgutachtenabrede (Rn 6 vor § 1029).

2. Zum Grund gehören: a) Die Zulässigkeit der Klage (Rn 8 ff **5**
vor § 253).

b) Alle anspruchsbegründenden Tatsachen müssen festgestellt **6**
sein (BGH NJW 01, 224), zB Aktivlegitimation (Abtretung, gesetzlicher
Forderungsübergang), Untergang der Sache im Fall des § 989 BGB
(BGH NJW 64, 2414), haftungsbegründende Kausalität (§ 287 Rn 4),
bei Ersatz des Vertrauensschadens, ob der Getäuschte vom Vertragsabschluss überhaupt abgesehen oder einen günstigeren Preis durchgesetzt
hätte (BGH DB 77, 1042). Wenn der Klageanspruch mit hoher Wahrscheinlichkeit in irgendeiner Höhe besteht (BGH 53, 17/23, NJW 01,
224), ist es zulässig, einzelne im Tenor oder zumindest in den Entscheidungsgründen kenntlich gemachte Fragen, die zum Grund des Anspruchs gehören, der Klärung im Betragsverfahren vorzubehalten (BGH
NJW-RR 96, 700), zB die haftungsausfüllende Kausalität und die Frage
der Ersatzfähigkeit selbständiger Rechnungsposten eines einheitlichen
prozessualen Anspruchs auf Sachschadensersatz aus Rechtsgründen
(BGH NJW 93, 1793); ferner, ob Schadensersatz in Kapital zu leisten ist
oder als Rente möglichst mit Anfangs- und Endtermin (BGH 59, 139)
sowie Ersetzungsbefugnis des Schuldners (BGH NJW 72, 1202).

c) Keine berechtigten Einwendungen gegen den Anspruchsgrund **7**
dürfen bestehen, zB **Forderungsübergang,** außer er ist niedriger als
der Klageanspruch (BGH VersR 67, 1002); **Haftungsbeschränkung**
auf bestimmten Betrag, zB § 158 c Abs 3 VVG (BGH NJW 79, 1046).
Aufrechnung, außer sie ist niedriger als die Klageforderung (BGH 11,
63, NJW-RR 94, 379); dabei genügt summarische Prüfung (BGH
VersR 66, 540). – **Verjährung,** außer sie betrifft nur einen Teil der **8**
Klageforderung (BGH NJW 68, 2105). – **Mitwirkendes Verschulden, 9**
Mitverantwortung gem Art 77 CISG, außer wenn sie zweifelsfrei nicht
zum Haftungsausschluss führen und vorbehalten sind (BGH 110, 196,
NJW 99, 2440), auch bei der Entstehung einzelner Schadensposten
(BGH VersR 74, 1172). Bei einer unbezifferten Feststellungsklage
(BGH NJW 97, 3176) oder wenn zwei wesentlich verschiedene haf-
tungsbegründende Verläufe in Frage stehen, darf die Frage mitwirkenden
Verschuldens nicht dem Betragsverfahren vorbehalten werden (BGH
NJW 79, 1933). – Dagegen hindern **Zug-um-Zug-Einrede** (RG 123, **10**
7), **Pfändung** der Klageforderung (RG 170, 283), **Vorbehalt** be-

schränkter Erbenhaftung (Schleswig SchlHA 69, 231) den Erlass des
GrundUrt nicht.

11   **d) Bei kumulativer Anspruchshäufung** (§ 260 Rn 1, 6) vgl
Rn 18. Über einzelne unselbständige Rechnungsposten eines einheitlichen Anspruchs ist ein Teil-Grundurteil unzulässig, außer über den Rest
des Anspruchs ergeht gleichzeitig Teilurteil (BGH WM 92, 203). –

12 Über **Hilfsantrag** ist GrundUrt nicht zulässig vor Abweisung des
Hauptantrags (BGH NJW-RR 92, 290) oder seiner anderweitigen Erledigung. Unzulässig ist GrundUrt alternativ für Haupt- und Hilfsantrag

13 (BGH NJW 69, 2241). – Bei **Parteienhäufung** (§ 59) muss das Urt
angeben, welchem Kläger welcher Anspruch dem Grund nach zusteht
(BGH 11, 181).

14   **e) Bei alternativen Anspruchsgrundlagen** für ein und denselben
prozessualen Anspruch (§ 260 Rn 5) müssen alle Anspruchsgrundlagen
feststehen, also den geltendgemachten Zahlungsbetrag rechtfertigen
können und inhaltlich dieselben und alle Anspruchspositionen betreffen
(BGH NJW 01, 224). Die Feststellung nur einer Anspruchsgrundlage
genügt, wenn sie allein für die Begründung des eingeklagten Betrags
ausreicht, andere Anspruchsgrundlagen für die Höhe des Betrags ohne
Bedeutung sind (BGH 72, 34). Andernfalls muss der Klageantrag aus
einer bestimmten Anspruchsgrundlage für berechtigt erklärt, wegen der
übrigen in den Gründen verneint werden (BGH LM Nr 5).

15   **3. Grundurteil a)** Sein **Erlass** steht, wenn es zulässig ist, im freien,
nicht nachprüfbaren Ermessen des Gerichts, auch höherer Instanz (BGH
NJW 95, 1093). Formulierung etwa: Der Anspruch des Kl auf Ersatz des
Schadens infolge (konkretes Schadensereignis) ist dem Grunde nach (zur
Hälfte; im Rahmen des StVG; ab einem bestimmten Zeitpunkt, Celle

16 VersR 82, 598) gerechtfertigt. – Ein ziffernmäßig feststehender, nicht
gerechtfertigter Teilbetrag des Klageanspruchs, zB im Falle des § 254
BGB oder bei Anspruchshäufung, kann (Koblenz VRS Band 68 S 179:
muss) **gleichzeitig** durch **Teilurteil** abgewiesen werden. Notwendig
ist, dass dabei jeweils ein quantitativ bestimmter Teil des teilbaren Streitgegenstandes dem abgewiesenen und dem dem Grunde nach gerechtfertigten Teil des Klageanspruchs zugeordnet wird (BGH NJW 89,

17 2745). – Bei Urteilen über **Schmerzensgeld** hält die Rspr teilweise
eine Quotierung (zB die Hälfte des angemessen Schmerzensgeldes) für
zulässig (Bremen NJW 66, 781, Nürnberg NJW 67, 1516), teilweise den
Ausspruch, dass ein angemessenes Schmerzensgeld unter Berücksichtigung des Mithaftungsanteils des Verletzten geschuldet wird (BGH VersR
70, 624, Düsseldorf VersR 75, 1052). Praktisch ist kein großer Unterschied, dogmatisch richtiger ist die zweitgenannte Ansicht, weil keine
Quote eines theoretisch vollen Betrages, sondern ein Betrag zuzusprechen ist, für dessen Billigkeit der Mithaftungsanteil des Verletzten ein

18 bestimmender Bemessungsfaktor ist. – **Teilbeträge, Teilansprüche.**
Wird Zahlung mehrerer Teilbeträge derselben Forderung wegen Abtretung an verschiedene Personen verlangt, so genügt, dass eine Forderung

in Höhe der insgesamt geltend gemachten Beträge als möglich erachtet wird (BGH NJW 60, 2336). Über mehrere im Wege kumulativer Anspruchshäufung zusammengefasste selbständige Ansprüche kann ein einheitliches GrundUrt nur ergehen, wenn feststeht, dass jeder der Ansprüche dem Grunde nach gerechtfertigt ist (BGH 89, 383: Mehrere Verletzte, Personen- und Sachschaden). Wird dagegen der eingeklagte Betrag als Teil eines Gesamtanspruchs auf mehrere selbständige Forderungen in bestimmter Reihenfolge gestützt und sind einzelne davon schlechthin unbegründet, so kann GrundUrt ergehen, wenn zu erwarten ist, dass dem Kläger jedenfalls auf die anderen Forderungen im Nachverfahren ein Betrag zuzusprechen sein wird (BGH NJW 93, 1779/1782). – **Unzulässig** (auch Rn 1) ist ein GrundUrt, das nur 19 einzelne Elemente der Begründetheit feststellt (BGH 72, 34, NJW 89, 2745); ferner über eine hilfsweise erhobene Forderung, solange noch offen ist, ob vorrangige Hauptforderungen begründet sind (BGH NJW 98, 1140); ferner über einen unbezifferten Feststellungsantrag oder Antrag auf Freistellung von einer unbezifferten Verbindlichkeit (BGH NJW 01, 155). Kein Ausspruch über **Kosten** u vorl Vollstreckbarkeit.

b) **Wirkung:** Keine materielle Rechtskraft (BGH VersR 87, 939). – 20 **aa) Bindung** des Gerichts in allen Instanzen (§ 318), soweit der Anspruch in der letzten mdl Tatsachenverhandlung im Grundverfahren anhängig war, als bestehend festgestellt (BGH NJW 85, 496) und rechtlich eingeordnet ist. Was demnach erkannt ist, ergibt die Auslegung der Urteilsformel in Verbindung mit den Entscheidungsgründen (BGH NJW-RR 97, 188). Auf Streitpunkte, die in das Verfahren über den Grund gehören und dort geltend gemacht werden konnten, kann nicht mehr eingegangen werden (BGH WM 82, 1280). – **bb) Keine Bin-** 21 **dung** an ein unzulässig ergangenes GrundUrt (Tiedtke ZZP 89, 64/76), zB über eine Einwendung; ferner soweit im Betragsverfahren die Klage erweitert wird (BGH NJW 85, 496) oder Wiederaufnahmegründe gegen das GrundUrt geltend gemacht werden (BGH NJW 63, 587); soweit Prozessvoraussetzungen oder Anspruchsgrundlagen (BGH ZZP 67, 296) im GrundUrt nicht erörtert oder Streitpunkte, gleich ob fehlsam oder zu Recht (BGH NJW 61, 1465), vorbehalten sind; soweit im Betragsverfahren die Klage unzulässig wird oder neue Einwendungen (§ 767 Abs 2) entstehen; ferner soweit das GrundUrt zur Höhe Ausführungen enthält (BGH 10, 361).

c) **Rechtsmittel** wie gegen ein EndUrt, ausgenommen §§ 61 Abs 3, 22 64 Abs 7 ArbGG. Nachprüfbar sind Zulässigkeit – auch in der Revisionsinstanz von Amts wegen (BGH NJW 75, 1968, NJW-RR 94, 319) – und inhaltliche Richtigkeit, nicht Zweckmäßigkeit des Grundurteils. Der Beschwerdewert (§ 511 Rn 11) richtet sich nach dem bis zum Grundurteil eingeklagten Betrag. BerUrt § 538 Abs 1 Nr 3.

4. Betragsverfahren. Bindung Rn 20. Ausgeschlossen sind auch alle 23 Einwendungen, die vor Erlass des GrundUrt hätten geltend gemacht werden können, zB Aufrechnung mit einer schon vorher aufrechenbaren

Gegenforderung (BGH 42, 38 und NJW 65, 1763), Anfechtung des anspruchsbegründenden Vertrages, § 254 BGB. Bei Säumnis des Kl gelten §§ 330, 347 I, bei Säumnis des Bekl § 331 unter Berücksichtigung der Bindungswirkung, insbes einer Einschränkung im GrundUrt. Klageabweisung, weil kein Schaden festzustellen ist (RG 132, 16) oder weil eine dem Betragsverfahren vorbehaltene Einwendung den Anspruch aufzehrt (BGH VersR 89, 592), bleibt möglich. Im übrigen gelten für die Fortsetzung des Verfahrens und EndUrt vor formeller Rechtskraft des GrundUrt die Ausführungen in § 280 Rn 10.

§ 305 Urteil unter Vorbehalt erbrechtlich beschränkter Haftung

(1) **Durch die Geltendmachung der dem Erben nach den §§ 2014, 2015 des Bürgerlichen Gesetzbuchs zustehenden Einreden wird eine unter dem Vorbehalt der beschränkten Haftung ergehende Verurteilung des Erben nicht ausgeschlossen.**

(2) **Das gleiche gilt für die Geltendmachung der Einreden, die im Falle der fortgesetzten Gütergemeinschaft dem überlebenden Ehegatten nach dem § 1489 Abs. 2 und den §§ 2014, 2015 des Bürgerlichen Gesetzbuchs zustehen.**

1   **1. Prozessuale Stellung des Erben im Passivprozess: – a) Vor Annahme der Erbschaft** ist die Klage mangels Klagbarkeit des Anspruchs (§ 1958 BGB; 33 vor § 253) unzulässig (Pal/Edenhofer § 1958 Rn 1, StJLeipold 1; aA BLAH Rn 3: Unbegründet mangels Passivlegiti-
2   mation). ZwVollstr § 778. – **b) Nach Annahme der Erbschaft** hat er die aufschiebenden Einreden der §§ 2014, 2015 BGB. Ihre Geltendmachung hindert nicht die unbedingte Verurteilung, sondern führt nur zur Aufnahme des Vorbehalts der beschränkbaren Erbenhaftung in die Urteilsformel (näher § 780 Rn 7) auch in der Revisionsinstanz (BGH 17, 69), ohne Prüfung der Begründetheit der Einrede. Bei Säumnis des Bekl nur auf entspr eingeschränkten Antrag des Kl. Ausgenommen § 780 Abs 2, wahrt nur der Vorbehalt dem Erben in der ZwVollstr die Rechte aus §§ 780 Abs 1, 782, 783, 785. Wenn er fehlt: § 321 entspr oder Rechtsmittel des Bekl. Auf die in der Person des Erben entstandenen Kosten ist der Vorbehalt nicht zu erstrecken (Köln NJW 52, 1145). Bei unbeschränktem Antrag gilt § 92. Vgl auch § 308 Rn 3.

3   **2.** Soweit der **überlebende Ehegatte** persönlich nach § 1489 Abs 2 BGB nur wie ein Erbe haftet, gelten die Ausführungen Rn 1, 2 auch für ihn (Abs 2).

§ 305 a Urteil unter Vorbehalt seerechtlich beschränkter Haftung

(1) [1]**Unterliegt der in der Klage geltend gemachte Anspruch der Haftungsbeschränkung nach § 486 Abs. 1 oder 3, §§ 487 bis**

487 d des Handelsgesetzbuchs und macht der Beklagte geltend, daß

1. aus demselben Ereignis weitere Ansprüche, für die er die Haftung beschränken kann, entstanden sind und

2. die Summe der Ansprüche die Haftungshöchstbeträge übersteigt, die für diese Ansprüche in Artikel 6 oder 7 des Haftungsbeschränkungsübereinkommens (§ 486 Abs. 1 des Handelsgesetzbuchs) oder in den §§ 487, 487 a oder 487 c des Handelsgesetzbuchs bestimmt sind,

so kann das Gericht das Recht auf Beschränkung der Haftung bei der Entscheidung unberücksichtigt lassen, wenn die Erledigung des Rechtsstreits wegen Ungewißheit über Grund oder Betrag der weiteren Ansprüche nach der freien Überzeugung des Gerichts nicht unwesentlich erschwert wäre. [2]Das gleiche gilt, wenn der in der Klage geltend gemachte Anspruch der Haftungsbeschränkung nach den §§ 4 bis 5 m des Binnenschiffahrtsgesetzes unterliegt und der Beklagte geltend macht, daß aus demselben Ereignis weitere Ansprüche entstanden sind, für die er die Haftung beschränken kann und die in ihrer Summe die für sie in den §§ 5 e bis 5 k des Binnenschiffahrtsgesetzes bestimmten Haftungshöchstbeträge übersteigen.

(2) Läßt das Gericht das Recht auf Beschränkung der Haftung unberücksichtigt, so ergeht das Urteil

1. im Falle des Absatzes 1 Satz 1 unter dem Vorbehalt, daß der Beklagte das Recht auf Beschränkung der Haftung geltend machen kann, wenn ein Fonds nach dem Haftungsbeschränkungsübereinkommen errichtet worden ist oder bei Geltendmachung des Rechts auf Beschränkung der Haftung errichtet wird,

2. im Falle des Absatzes 1 Satz 2 unter dem Vorbehalt, daß der Beklagte das Recht auf Beschränkung der Haftung geltend machen kann, wenn ein Fonds nach § 5 d des Binnenschiffahrtsgesetzes errichtet worden ist oder bei Geltendmachung des Rechts auf Beschränkung der Haftung errichtet wird.

1. Voraussetzungen des Vorbehalts. – a) Der geltend gemachte Anspruch unterliegt den in Abs 1 genannten see- oder binnenschiffahrtsrechtlichen Haftungsbeschränkungen. – **b)** Der Bekl macht geltend, dass aus demselben Ereignis weitere Ansprüche entstanden sind, für die er die Haftung beschränken kann, und dass die Summe der Ansprüche die Haftungshöchstbeträge übersteigt. – **c)** Die Entscheidung würde bei Berücksichtigung dieser Einwendungen wegen Ungewissheit über Grund oder Betrag der weiteren Ansprüche nicht unwesentlich erschwert. Ob die Voraussetzungen Rn 2, 3 vorliegen, entscheidet das Gericht nach pflichtgemäßem Ermessen ohne sachliche Prüfung im Einzelnen.

4   **2. Bedeutung des Vorbehalts.** Das Urteil verurteilt ohne sachliche Prüfung der Haftungsbeschränkung unbedingt, es ist kein Vorbehaltsurteil. Der Vorbehalt erhält wie in § 305 dem Bekl die Möglichkeit, im Zwangsvollstreckungsverfahren die Haftungsbeschränkung geltend zu machen, § 786 a. Die Fassung des Vorbehalts im Tenor übernimmt zweckmäßigerweise den Gesetzeswortlaut in Abs 2.

§ 306 Verzicht

Verzichtet der Kläger bei der mündlichen Verhandlung auf den geltend gemachten Anspruch, so ist er auf Grund des Verzichts mit dem Anspruch abzuweisen, wenn der Beklagte die Abweisung beantragt.

1   **1. Verzicht,** das prozessuale Gegenstück des Anerkenntnisses (§ 307), ist die unter RA-Zwang stehende (BGH NJW 88, 210) Erklärung des Klägers an das Gericht, dass der geltendgemachte prozessuale Anspruch (Einl II) nicht besteht. Er enthält die endgültige Zurücknahme der aufgestellten Rechtsbehauptung, führt deshalb auf Antrag zur sachlichen Klageabweisung. Erleichterungen bei der Abfassung des Urt § 313 b. Seine materielle Rechtskraft steht der Neuerhebung desselben Anspruchs entgegen; anders bei der bloßen Klagerücknahme (§ 269 Rn 1). Eine Verzichterklärung ist es auch, wenn der Kl als BerBekl den auf Klageabweisung lautenden Antrag des Bekl und BerKl „anerkennt" (Braunschweig NdsRPfl 61, 245).

2   **2. Wirksam** auch in Ehescheidungs- und Aufhebungssachen und Verfahren auf Anfechtung der Ehelichkeit (Braunschweig FamRZ 56, 57). Als Prozesshandlung ist der Verzicht wirksam, auch wenn die nach materiellem Recht erforderliche Genehmigung des Vormundschaftsgerichts nicht erteilt ist (BGH LM Nr 1). Ebenso beim Anerkenntnis. –

3   **Auch ohne Antrag** des Bekl ergeht ohne Sachprüfung Verzichturteil auf Klageabweisung als unbegründet, weil der Bekl kein Rechtsschutzinteresse an streitigem Urt hat (BGH 49, 213), auch wenn noch über die Kosten hinsichtlich rechtskräftig erledigter Teile des Rechtsstreits zu

4   entscheiden ist (BGH 76, 50). – **Kosten** stets § 91. § 93 ist nicht entsprechend anwendbar (BGH LM § 254 Nr 18). Vorl Vollstreckbarkeit § 708 Nr 1. Ermäßigung der Gerichtsgebühr Nr 1211 KV.

§ 307 Anerkenntnis

(1) Erkennt eine Partei den gegen sie geltend gemachten Anspruch bei der mündlichen Verhandlung ganz oder zum Teil an, so ist sie dem Anerkenntnis gemäß zu verurteilen.

(2) Erklärt der Beklagte auf eine Aufforderung nach § 276 Abs. 1 Satz 1, daß er den Anspruch des Klägers ganz oder zum Teil anerkenne, so ist er ohne mündliche Verhandlung dem Anerkenntnis gemäß zu verurteilen.

Geändert mWv 1. 1. 2002 durch Art 2 Abs 1 Nr 45 ZPO-RG.

1. Begriff und Gegenstand. – a) Erklärung des Beklagten an 1
das Gericht, Prozesshandlung (Einl III, BGH 107, 142), dass der vom
Kläger geltend gemachte prozessuale Anspruch (Einl II) besteht, die
aufgestellte Rechtsbehauptung richtig ist. Unterschied zum Geständnis
§ 288 Rn 1. – **b) Gegenstand des Anerkenntnisses** ist der prozes- 2
suale Anspruch selbst, mag er auf Leistung, Feststellung, auch negative
und Erledigungserklärung des Kl (Hamm NJW-RR 95, 1073), oder
richterliche Gestaltung gerichtet sein. Auch ein selbständiger Teil davon
(§ 301 Rn 1). Auf einen nachträglich geänderten Anspruch erstreckt
sich das Anerkenntnis nicht, zB Übergang von Feststellungs- zur Leistungsklage (Frankfurt MDR 78, 583). Die Pflicht zur Tragung der
Prozesskosten ist Gegenstand des Anerkenntnisses nur, wenn die Kosten
zur Hauptsache geworden sind. Außerhalb des § 307 kann im Rahmen
der Dispositionsbefugnis der Parteien ein präjudizielles Rechtsverhältnis
Gegenstand eines Anerkenntnisses sein, das dann zwar nicht Grundlage
eines Anerkenntnisurteils sein, aber das Gericht in der Beurteilung des
vorgreiflichen Rechtsverhältnisses binden kann (Schilken ZZP 90,
157/177).

2. Erklärung und Wirksamkeit. Die Erklärung muss nicht aus- 3
drücklich, aber eindeutig und bedingungslos (BGH NJW 85,
2713/2716) sein, im bloßen Schweigen oder Nichtverhandeln liegt sie
nicht. Einschränkungen oder Vorbehalte sind möglich (eingehend Schilken ZZP 90, 157/175). So Vorbehalt beschränkbarer Erbenhaftung,
denn er bezieht sich nicht auf den prozessualen Anspruch. Ferner Zug
um Zug gegen eine Gegenleistung (BGH 107, 142). Möglich ist hilfs-
weises Anerkenntnis neben Klageabweisungsantrag wegen fehlender
Prozessvoraussetzung, weil sich das Anerkenntnis auf diese nicht bezieht
(BGH DB 76, 1009). Verwahrung gegen die Kosten schadet nicht.
Systemwidrig ist an sich wegen des Vorbehalts und weil es sich nicht auf
den prozessualen Anspruch selbst bezieht, Anerkenntnis im Urkunden-
Proz mit Widerspruch nach § 599 Abs 1, aus praktischen Gründen lässt
es die Rechtsprechung aber zu (§ 599 Rn 5). Das gleiche müsste dann
auch für Anerkenntnis unter Vorbehalt der Aufrechnung (§ 302) gelten.
Annahme durch Gegenpartei ist nicht nötig, wirksam also auch bei
deren Säumnis. Aufnahme in das Protokoll (§ 160 Abs 3 Nr 1) ist nicht
Wirksamkeitsvoraussetzung. – **a)** Nur eine **Partei** (Streitgenosse für sich 4
selbst) kann vor dem erkennenden Gericht, auch Einzelrichter (nicht
Richterkommissar), in jeder Instanz anerkennen. Das Anerkenntnis unterliegt iR des § 78 Abs 1, Abs 2 dem RA-Zwang (BGH WM 87, 1266
für Verzicht). Die Prozesshandlungsvoraussetzungen (Einl III) müssen
bei seiner Erklärung vorliegen. Es ist vor Erlass der Entscheidung –
danach muss Rechtsmittel eingelegt werden – zu erklären in mdl Vhdlg
(auch einseitiger) oder im schriftlichen Vorverfahren (Abs 2) auf die
Aufforderung nach § 276 Abs 1 S 1, auch noch nach Ablauf der Notfrist bis zum Erlass eines Urt (§ 276 Rn. 6) oder im schriftlichen Verfahren nach § 128 Abs 2. – **b) Wirksamkeit.** Nur im Bereich der 5

Dispositionsmaxime (Einl I Rn 5); ausgeschlossen zB in §§ 617, 640 Abs 1; Anerkenntnis einer Nicht-Masseforderung durch Insolvenzverwalter (Düsseldorf NJW 74, 1517). Unwirksam, wenn der streitgenössische Nebenintervenient (§ 69) Klageabweisung beantragt (Schleswig

6 NJW-RR 93, 930). – **c)** Die anerkannte **Rechtsfolge** muss ihrer Art nach **zulässig** sein, dh sie darf nicht dem geltenden Recht überhaupt unbekannt, strafbar oder verboten sein und nicht gegen den ordre public

7 (Art 6 EGBGB) verstoßen. – **d) Zur Wirksamkeit ist nicht nötig, dass** die anerkannte Rechtsfolge mit dem materiellen Recht übereinstimmt. Das arglistig im Zusammenwirken mit der Gegenpartei abgegebene bewusst unrichtige Anerkenntnis ist unwirksam.

8 **3. Wirkung. – a) Bindung der Partei** an das wirksame Anerkenntnis, auch wenn kein Anerkenntnis-, sondern VersU ergeht und nach Einspruch die Parteien streitig verhandeln (BGH NJW 93, 1717). Anfechtung und Kondiktion sind unmöglich (Frankfurt NJW-RR 88, 574, Brandenburg NJW-RR 00, 741). **Widerruf** ist mit Einverständnis des Gegners, ferner bei Rechtsmissbrauch der Berufung auf das Anerkenntnis (Brandenburg aaO) oder wenn das Urteil von einem Restitutionsgrund nach § 580 betroffen ist, ohne die weiteren Voraussetzungen der Wiederaufnahmeklage (BGH 80, 389) oder eines Abänderungsgrundes nach § 323 (Schleswig NJW-RR 93, 1416, Bamberg NJW-RR 93, 1219; aA Karlsruhe NJW-RR 89, 1468) bis zum Erlass des AnerkenntnisUrt möglich, danach im Wege der Berufung (BGH 80, 398, Düsseldorf NJW-RR 99, 1514), nach Erlass des BerUrt nur Restitutionsklage. § 290 ist nicht analog anwendbar (BGH aaO). Soweit das Anerkenntnis durch ein offenbares Versehen, zB Schreibfehler, beeinflusst ist, kann es

9 frei zurückgenommen werden (Karlsruhe MDR 74, 588). – **b)** Es ist Grundlage für den **Erlass eines Anerkenntnisurteils.** Ein Antrag des Kl ist nicht erforderlich.

10 **4. Entscheidung. – a) Anerkenntnisurteil.** Zu prüfen sind nur die Prozessvoraussetzungen (8 ff vor § 253, BGH 10, 335), in höherer Instanz auch die Rechtszugvoraussetzungen (13 ff vor § 511, BGH NJW 94, 944) und die Wirksamkeit des Anerkenntnisses (Rn 5), nicht die Schlüssigkeit und Begründetheit der Klage. Bei fehlender Prozessvoraussetzung ist die Klage abzuweisen (KG FamRZ 88, 300), bei Unwirksamkeit des Anerkenntnisses kann ein AnerkenntnisUrt nicht ergehen. Das AnerkenntnisUrt ist als solches zu bezeichnen (§ 313b Abs 1). –

11 **Ohne Antrag** des Klägers ist es zu erlassen, weil der Kl kein Rechtsschutzbedürfnis am Erlass eines streitigen Urteils hat (BGH 10, 333). –

12 **b) Teilanerkenntnisurteil** ist über einen selbständigen anerkannten Teil des Streitgegenstandes (§ 301 Rn 1, 4) zulässig. Ist nach Anerkenntnis die Entscheidung über die Kosten noch nicht reif, so erlässt die Praxis oft Teil-Anerkenntnisurteil zur Hauptsache und entscheidet über die Kosten gesondert durch Schlussurteil ohne mdl Vhdlg (§ 128 Abs 3); dagegen sofortige Beschwerde, wenn der Hauptsachestreitwert die Berufungssumme (§ 511 Abs 2 Nr 1) übersteigt (§ 99 Abs 2 S 2). Dieses

Verfahren entspricht zwar nicht dem § 301, wohl aber einem praktischen Bedürfnis. – **c) Sonstiges.** Entscheidungsbefugnis des Vorsitzen-　13
den der KfH und des ER §§ 349 Abs 2 Nr 4, 527 Abs 3 Nr 1; Verkündung § 311 Abs 2 S 2, im schriftlichen Vorverfahren Zustellung
§ 310 Abs 3, Abfassung § 313 b. **Kosten** §§ 91, 93, vorl Vollstreckbarkeit § 708 Nr 1. Ermäßigung der Gerichtsgebühr Nr 1211 KV. Anwaltsgebühren: § 33 Abs 1 BRAGO. – **d) Rechtsmittel** wie gegen　14
streitige Endurteile (Düsseldorf NJW-RR 99, 1514) Beschwer des Bekl
Rn 19 vor § 511.

§ 308 Bindung an die Parteianträge

(1) ¹**Das Gericht ist nicht befugt, einer Partei etwas zuzusprechen, was nicht beantragt ist.** ²**Dies gilt insbesondere von Früchten, Zinsen und anderen Nebenforderungen.**

(2) **Über die Verpflichtung, die Prozeßkosten zu tragen, hat
das Gericht auch ohne Antrag zu erkennen.**

1. Die **Bindung des Gerichts an die Sachanträge** (§ 297 Rn 1) ist　1
ein Ausfluss des Dispositionsgrundsatzes (Einl I Rn 5) und gilt in allen
Erkenntnisverfahren, auch im Rahmen des § 938 Abs 1 (dort Rn 1, 2),
auch in den höheren Instanzen (§§ 523, 528 S 2, 557 Abs 1). Bindung
an Eventualstellung § 260 Rn 17.

a) Das Gericht darf nicht mehr (quantitativ, qualitativ) und nicht　2
etwas anderes zusprechen (der Art nach), als beantragt ist und nichts
aberkennen, was nicht (mehr) zur Entscheidung gestellt ist (BGH NJW
91, 1683). Beispiele: VollstrSchutz für Beklagten (§ 712) ohne Antrag,
Rente neben Kapitalabfindung (tendenziell ebenso BGH NJW 98,
3411), Geldersatz statt Naturalherstellung, Verurteilung in der Hauptsache, wenn Kläger für erledigt erklärt, Schadensersatz ohne Inzidentantrag (§§ 302 Abs 4, 717 Abs 2).

b) Das Gericht darf weniger zusprechen als beantragt. Beispiele:　3
Verurteilung Zug um Zug oder unter Vorbehalt der beschränkten Erbenhaftung auf Einrede nach §§ 274, 322 BGB bzw 305, 780 ZPO;
Hinterlegung und Duldung der ZwVollstr statt Leistung (BGH NJW 93,
2846/2849), Feststellung statt Leistung (BGH NJW 84, 2295). In allen
diesen Fällen ist die Klage im Übrigen abzuweisen (BGH 117, 1). – Das
Ger darf bei einheitlichem Streitgegenstand die Einzelnen unselbständigen Posten der Höhe nach ohne Überschreitung der verlangten End-
summe verschieben, auch hinsichtlich einzelner Rechnungsposten über
das Geforderte hinausgehen (BGH MDR 90, 698) und innerhalb derselben Schadensart die verschiedenen Berechnungsgrundlagen im Rahmen
des verlangten Gesamtbetrages austauschen (BGH WM 91, 609). Ermessen bei unbeziffertem Klageantrag § 253 Rn 12.

c) Auf eine andere Anspruchsgrundlage gestützt, also unter　4
einem anderen rechtlichen Gesichtspunkt darf das Gericht das Beantragte zusprechen (BAG ZIP 91, 334). Es ist wohl nicht zulässig, dass der

Kläger die Prüfung bestimmter Anspruchsgrundlagen bindend ausschließt, etwa unerlaubte Handlung (ebenso StJSchumannmann Einl
Rn 297, Kion, Eventualverhältnisse im ZivProzess, 1971, S 120). Die
Verfügungsbefugnis der Parteien über den Streitgegenstand als rein prozessualen Begriff (Einl II Rn 11) kann nicht gut nach den dahinterstehenden materiellrechtlichen Anspruchsgrundlagen bestimmt werden
(Schneider MDR 75, 801).

5   **d) Verstoß** rechtfertigt Rechtsmittel und ist bei zulässigem Rechtsmittel vAw zu beachten (BGH NJW-RR 89, 1087). Heilung ist dadurch
möglich, dass der Kl sich in der Berufungsinstanz die Antragsüberschrei-
tung im ErstUrt auch nur hilfsweise zu eigen macht (BGH NJW 99, 61)
oder Zurückweisung der Ber beantragt (BGH NJW 90, 1910); gilt nicht,
wenn der Kl Zurückweisung der Revision beantragt, weil er in dritter
Instanz die Klage nicht mehr erweitern kann (BGH NJW 93, 925/928).
Ist ein Rechtsmittel nicht statthaft, will Schneider NJW 67, 23 mit
Vollstreckungsabwehrklage helfen, Johlen NJW 67, 1262 mit Nichtigkeitsklage entsprechend § 579 Abs 3 S 1. Folgt man dem nicht, bleibt
Verfassungsbeschwerde gemäß Art 103 Abs 1 GG, § 90 BVerfGG.
Klette ZZP 82, 93 hält bei versehentlichem Verstoß nur UrtErgänzung
in Analogie zu § 321 für zulässig. Zum Streitwert bei Verstoß gegen
§ 308 Schneider MDR 71, 437.

6   **e) Ausnahmen** in § 308 a und § 641 h; ferner in § 106 Abs 1 SachenRÄndG, wonach eine vom Antrag abweichende Feststellung möglich ist, und in § 9 Nrn 3, 4 UKlaG, die im Gegensatz zu den Nrn 1, 2
nicht im Klageantrag enthalten sein müssen (§ 8 Abs 1 UKlaG).

7   **2.** Für die **Kostenentscheidung** sind Anträge überflüssig, außer in
den Fällen des § 269 Abs 4. In keinem Fall ist das Gericht an gestellte
Anträge gebunden. Fehlt die Kostenentscheidung: § 321; wegen
Rechtsmittel dort Rn 6.

§ 308 a Entscheidung ohne Antrag in Mietsachen

(1) [1]**Erachtet das Gericht in einer Streitigkeit zwischen dem
Vermieter und dem Mieter oder dem Mieter und dem Untermieter wegen Räumung von Wohnraum den Räumungsanspruch für
unbegründet, weil der Mieter nach den §§ 574 bis 574 b des
Bürgerlichen Gesetzbuchs eine Fortsetzung des Mietverhältnisses
verlangen kann, so hat es in dem Urteil auch ohne Antrag auszusprechen, für welche Dauer und unter welchen Änderungen
der Vertragsbedingungen das Mietverhältnis fortgesetzt wird.**
[2]**Vor dem Ausspruch sind die Parteien zu hören.**

(2) **Der Ausspruch ist selbständig anfechtbar.**

Abs 1 geändert mWv 1. 9. 2001 durch Art 3 Nr 4 MRG.

1   **1. Bedeutung.** Die Bestimmung stellt eine Ausnahme von § 308 dar
und durchbricht damit den Dispositionsgrundsatz (Einl I Rn 5) und den
weiteren Grundsatz, dass Gegenstand der gerichtlichen Entscheidung

und damit der Rechtskraft nur der Anspruch sein kann, der durch Klage
und Widerklage erhoben und dadurch Streitgegenstand geworden ist
(§ 322 Rn 17 ff). Der Streitgegenstand (Leistungsbegehren des Klägers
auf Räumung) wird durch die Klageabweisung erledigt. Darüber hinaus
ist das Gericht verpflichtet, dem Bekl etwas zuzusprechen, ohne dass er
dies, wie sonst nötig, mit Widerklage oder Gegenantrag (zB
§§ 302 Abs 4, 717 Abs 3 S 2) geltend gemacht hat. Er kann dies natürlich tun, zusätzliche Kosten entstehen dadurch nicht (§ 16 Abs 3, Abs 4
GKG).

2. Voraussetzungen: Prozess zwischen Vermieter und Mieter oder   2
zwischen Mieter und Untermieter auf Räumung (Herausgabe) von
Wohnraum. Die Klage wird vom Gericht für unbegründet erachtet, weil
der Mieter die Fortsetzung des Mietverhältnisses nach §§ 574–574 b
BGB verlangen kann; nicht nötig, dass er sie auch verlangt.

3. Entscheidung. – a) Die unbegründete Räumungsklage ist abzu-   3
weisen. – **b) Die angemessene Weiterdauer des Mietverhältnisses**
muss das Gericht auch ohne Antrag des Bekl in jedem Falle im Urteilstenor rechtsgestaltend (Pal/Weidenkaff § 574 a Rn 8) festsetzen, am
besten durch Bestimmung des Kalendertages, an dem es enden soll. –
c) Nur unter Änderung gewisser Vertragsbedingungen, meist   4
wohl der Höhe des Mietzinses, ist im Einzelfall, aber immer die
Fortsetzung des Mietverhältnisses dem Kläger zumutbar (§ 574 a Abs 1
BGB); dann setzt das Gericht außerdem im Unteilstenor auch ohne
Antrag rechtsgestaltend die veränderten Bedingungen fest. – **d) Recht-** 5
liches Gehör ist vor den Aussprüchen nach Rn 3, 4 zu gewähren (Einl
I Rn 9 ff). Dies brauchte als Selbstverständlichkeit nicht ausdrücklich
bestimmt zu werden. – **e)** Für die **Kosten** enthält § 93 b eine Sonder- 6
regelung. Ist sie nicht einschlägig, gelten die allgemeinen Vorschriften in
§§ 91 ff. **Streitwert** § 16 Abs 3 und 4 GKG. **Vorläufige Vollstreck-**
barkeit nach § 708 Nr 7. Mit formeller Rechtskraft tritt für die Aussprüche in Rn 3, 4 die Rechtskraft- und die **Gestaltungswirkung** des
Urteils ein (§ 322 Rn 2, 3 und 5 vor § 253). – **f) Bei Säumnis des**   7
Beklagten gilt § 331. Trägt demnach der Kl Tatsachen vor, aus denen
sich ergibt, dass der Bekl die Fortsetzung des Mietverhältnisses, sei es
auch unter veränderten Vertragsbedingungen, verlangen kann, so muss
das Ger sie berücksichtigen (§ 331 Rn 5) und entscheiden, wie oben
Rn 3, 4 erläutert. Trägt der Kl keine derartigen Tatsachen vor, ist bei
Schlüssigkeit der Klage VersU zu erlassen. Das Gericht darf nicht vAw
solche Tatsachen ermitteln, denn § 308 a beseitigt nicht den Verhandlungsgrundsatz zugunsten des Untersuchungsgrundsatzes (Einl I Rn 6,
7). – **g)** Auch mit **Widerklage** kann der Bekl seine Gegenrechte   8
geltend machen. Das Rechtsschutzbedürfnis kann nicht bezweifelt werden, wie sich aus der Fassung „auch ohne Antrag" ergibt. Dieser Antrag,
mit dem der Bekl über die Klageabweisung hinaus etwas erreichen will,
ist nach allgemeinen Regeln im Wege der Widerklage zu stellen. Man
wird aber auch einen einfachen Inzidentantrag analog §§ 302 Abs 4,

Art 717 Abs 3 2 für zulässig erachten müssen. Für ihn gilt, was in § 717 Rn 15 gesagt ist, entsprechend. Der Streitwert wird dadurch nicht erhöht, § 16 Abs 3, Abs 4 GKG.

9   **4. Rechtsmittel** ist die Berufung. – **a)** Der **Kläger** kann das klageabweisende Urteil ganz anfechten, also weiterhin seine Räumungsklage verfolgen. Er kann nach Abs 2 die Berufung aber auch auf den Ausspruch über die Fortsetzung des Mietverhältnisses beschränken, also nur darauf abzielen, dass die im Urteil bestimmte Weiterdauer des Mietverhältnisses verringert wird oder dass unterbliebene Vertragsänderungen festgesetzt bzw die festgesetzten zu seinen Gunsten abgeändert werden. Da er der Sache nach insoweit Widerbeklagter ist, genügt materielle Beschwer (19 vor § 511). Sie liegt darin, dass mit der Fortsetzung des Mietverhältnisses sachlich nachteilig gegen ihn entschieden wurde. –

10   **b)** Der **Beklagte** kann das stattgebende Räumungsurteil ganz anfechten. Die Berufung kann sich aber auch beschränken im Falle der Klageabweisung auf den Ausspruch über die Fortsetzung des Mietverhältnisses. Sie zielt dann darauf ab, dass die Weiterdauer gegenüber dem ErstUrt verlängert oder dass die Festsetzung der veränderten Vertragsbedingungen zu seinen Gunsten abgeändert wird oder überhaupt unterbleibt. Die Ber muss, obwohl der Bekl insoweit dem Wesen nach die Stellung eines Widerklägers hat, auch dann für zulässig erachtet werden, wenn das Urt seinem Gegenantrag voll stattgegeben hat. Die sonst nötige formelle Beschwer (19 vor § 511) entfällt hier begrifflich, weil für den Ausspruch kein Antrag nötig, vielmehr von Amts wegen zu entscheiden ist. Materielle Beschwer ist vorhanden, wenn er Abänderung

11   zu seinen Gunsten verlangt. – **c)** Soweit die Voraussetzungen der **§§ 319 bis 321** vorliegen, kann endlich der Ausspruch über die Fortsetzung des Mietverhältnisses berichtigt oder ergänzt werden.

§ 309 Erkennende Richter

Das Urteil kann nur von denjenigen Richtern gefällt werden, welche der dem Urteil zugrunde liegenden Verhandlung beigewohnt haben.

1   **1.** Die Bestimmung ist Ausfluss des Grundsatzes der Mündlichkeit und Unmittelbarkeit. Das Urteil wird „gefällt", dh beschlossen in geheimer Abstimmung nach Beratung gem §§ 192 ff GVG. Auch der ER kann nach mdl Vhdlg vor der Kammer und Zuweisung an ihn nur entscheiden, wenn vor ihm eine weitere Verhandlung stattgefunden hat. Gilt auch für Beschlüsse, die nach mdl Vhdlg ergehen (§ 329 Abs 1). –

2   **Gilt nicht** bei schriftlicher Entscheidung (§ 128 Rn 31), auch wenn früher eine mdl Vhdlg stattgefunden hat (BGH MDR 93, 39), und bei Entscheidung nach Aktenlage (§§ 251 a, 331 a; RG 132, 336) und nicht für die Verkündung, § 310 (BGH 61, 369). Verhinderung oder Wegfall eines Richters zwischen Schlussverhandlung und Beschlussfassung

3   zwingt zur Wiedereröffnung nach § 156 Abs 2 Nr 3. – **Verstoß** gegen

§ 309 ist wesentlicher Verfahrensmangel (Köln NJW 77, 1159, Brandenburg OLG-NL 97, 58), absoluter Revisions- und Nichtigkeitsgrund,
§§ 547 Nr 1, 579 Abs 1 Nr 1; nach Erschöpfung des Rechtswegs Verfassungsbeschwerde wegen Verletzung von Art 101 Abs 1 S 2 GG.

2. Änderung in der **Besetzung der Richterbank nach Be-** 4
schlussfassung, aber vor Verkündung ist bedeutungslos (§ 310 Abs 1).
Änderung **nach Verkündung,** aber vor Unterzeichnung § 315 Rn 1.
Im **schriftlichen Verfahren** kann ein nach Beschlussfassung verändertes
Kollegium ein noch nicht verkündetes Urt (§ 310 Rn 1–3) durch neue
Beschlussfassung ändern (BGH MDR 68, 314, BFH NJW 64, 1591).

§ 310 Termin der Urteilsverkündung

(1) [1]**Das Urteil wird in dem Termin, in dem die mündliche
Verhandlung geschlossen wird, oder in einem sofort anzuberau-
menden Termin verkündet.** [2]**Dieser wird nur dann über drei
Wochen hinaus angesetzt, wenn wichtige Gründe, insbesondere
der Umfang oder die Schwierigkeit der Sache, dies erfordern.**

(2) **Wird das Urteil nicht in dem Termin, in dem die mündliche Verhandlung geschlossen wird, verkündet, so muß es bei der
Verkündung in vollständiger Form abgefaßt sein.**

(3) **Bei einem Anerkenntnisurteil und einem Versäumnisurteil,
die nach § 307 Abs. 2, § 331 Abs. 3 ohne mündliche Verhandlung
ergehen, wird die Verkündung durch die Zustellung des Urteils
ersetzt.**

1. Die Verkündung (Abs 1) ist unverzichtbar auch im schriftlichen 1
Verfahren (§ 128 Abs 2), außer iF des Abs 3. Mit ihr ist das Urteil, bis
dahin nur Entwurf, existent (BGH VersR 84, 1192) und „erlassen"
(§ 318; auch §§ 717 Abs 1, 517, 548). Stets öffentlich (§ 173 Abs 1
GVG), durch den Vorsitzenden (§ 136 Abs 4); im Anschluss an die
Verhandlung vor ordnungsgemäß besetztem Gericht, im späteren Verkündungstermin ebenso, nicht notwendig personengleich mit den erkennenden Richtern, § 309 (BGH NJW 74, 144) oder in Abwesenheit
der Beisitzer (§ 311 Abs 4). Form § 311 Abs 2. Verstoß gegen die Zeitbestimmung in § 310 Abs 1 ist sanktionslos, Anwesenheit der Parteien
nicht nötig (§ 312 Abs 1). Formel und Verkündung sind zu protokollieren (§ 160 Abs 3 Nr 6, 7). Verkündung bei Entscheidung nach Aktenlage § 251 a Abs 2, trotz Unterbrechung § 249 Abs 3. – **Abs 2** will auf 2
beschleunigte Absetzung des schriftlichen Urt drängen. Gilt auch im
schriftlichen Verfahren, weil § 128 Abs 2 einen Zeitpunkt aufweist, der
dem Schluss der mdl Vhdlg entspricht. In vollständiger Form abgefasst
ist das Urt, wenn es in allen seinen Bestandteilen schriftlich niedergelegt
und von den beteiligten Richtern unterschrieben ist (München MDR
86, 62). Verstoß berührt die Wirksamkeit der Verkündung nicht (BGH
NJW 88, 2046, NJW 89, 1156), kann aber Rechtsmittel begründen,

wenn die Absetzung nicht bis zum Beginn der Rechtsmittelbegründungsfrist nachgeholt ist. In Arbeitssachen § 60 ArbGG.

3 **2. Die Zustellung (Abs 3)** einer Ausfertigung des Urt ersetzt die Verkündung bei Anerkenntnis- und VersUrteilen, die im schriftlichen Vorverfahren erlassen werden (§§ 276, 307 Abs 2, 331 Abs 3). Existenz und Wirkungen treten mit der letzten notwendigen Amtszustellung ein (BGH 8, 307, VersR 97, 130). Sie richtet sich nach §§ 166 ff (bis 30. 6. 02 §§ 208 ff). Mit der letzten Zustellung beginnt auch der Lauf der Rechtsmittel- bzw Einspruchsfrist (BGH NJW 94, 3359).

4 **3. Verstoß. – a) Fehlt die Verkündung,** iF des Abs 3 die Zustellung überhaupt, so handelt es sich um einen Entwurf, ein Urt ist noch nicht existent (Rn 12 vor § 300). Sie lässt sich außer nach Ablauf der 3-Monatsfrist in § 128 Abs 2 S 3 (Frankfurt FamRZ 78, 430) jederzeit, auch nach Rechtsmitteleinlegung bis zum Urt der nächsten Rechtsmittelinstanz (BGH 32, 370) für die Zukunft nachholen. Ebenso die fehlende Protokollierung (BGH NJW 58, 1237), alleiniges Beweismittel für die Verkündung, § 165 (BGH VersR 90, 637). Ist ein nicht verkündetes Urt mit Unterschrift versehentlich förmlich zugestellt, handelt es sich um ein Urt mit seinen Rechtswirkungen (BGH ZIP 98, 163).

5 Anfechtung von Scheinurteilen Rn 14 vor § 300. – **b) Fehlerhafte Verkündung** ist zwar wirksam, enthält aber einen Verfahrensverstoß, der nur durch Rechtsmittel gerügt werden kann, im Falle der Revision unter Beachtung von § 551 Abs 3 Nr 2 b und, wenn das Urt auf ihm beruht – regelmäßig nicht (BAG NJW 66, 175) –, zur Aufhebung und Zurückverweisung führt (BGH GrZS 14, 39). Heilung ist möglich durch fehlerfreie Wiederholung der Verkündung, teilweise auch durch 6 Unterlassung der Rüge (RG 161, 63). – **Beispiele:** Verkündung im Beratungszimmer statt im Sitzungssaal (Hamburg MDR 56, 234), Urteil des Kollegiums verkündet durch ER oder umgekehrt (Düsseldorf MDR 77, 144), Verkündung nicht in dem dazu bestimmten oder nicht ordnungsgemäß bekanntgemachten Termin (BGH GrZS 14, 39), statt Verkündung Zustellung nach Abs 3 oder umgekehrt (Frankfurt NJW-RR 95, 511), Bezugnahme auf die Formel statt ihrer Vorlesung (BGH VersR 85, 45) ohne Vorliegen von § 311 Abs 2 S 2, Verkündung nach § 310 Abs 2 ohne vollständige Abfassung, Unterschriften und später als 3 Wochen nach mündlicher Verhandlung (BGH NJW 89, 1156). –

7 **c) Fehlerhafte Zustellung** (Abs 3) ist unwirksam nur bei Verstoß gegen grundlegende Erfordernisse. Das sind: Übereinstimmung der zugestellten Ausfertigung mit der Urschrift, keine fehlenden Seiten (BGH 138, 166), Mitwirkung des UrkBeamten der GeschSt; Veranlassung der Zustellung durch die GeschSt; außerdem muss wenigstens die Urschrift, zurzeit der Zustellung der Ausfertigung von den Richtern unterschrieben sein (BGH 42, 94). Andere als grundlegende Fehler berühren die Wirksamkeit der Zustellung und damit das Existentwerden des Urt 8 nicht. – **Beispiele:** Fehlender Ausfertigungs- oder Beglaubigungsvermerk des UrkBeamten (BGH 15, 142), fehlende Unterschrift des RA

auf dem Empfangsbekenntnis gem §§ 174 Abs 1, 195 Abs 2 (bis 30. 6. 02 § 212 a) (BGH NJW 64, 1523).

§ 311 Form der Urteilsverkündung

(1) **Das Urteil ergeht im Namen des Volkes.**

(2) [1]**Das Urteil wird durch Vorlesung der Urteilsformel verkündet.** [2]**Die Vorlesung der Urteilsformel kann durch eine Bezugnahme auf die Urteilsformel ersetzt werden, wenn bei der Verkündung von den Parteien niemand erschienen ist.** [3]**Versäumnisurteile, Urteile, die auf Grund eines Anerkenntnisses erlassen werden, sowie Urteile, welche die Folge der Zurücknahme der Klage oder des Verzichts auf den Klageanspruch aussprechen, können verkündet werden, auch wenn die Urteilsformel noch nicht schriftlich abgefaßt ist.**

(3) **Die Entscheidungsgründe werden, wenn es für angemessen erachtet wird, durch Vorlesung der Gründe oder durch mündliche Mitteilung des wesentlichen Inhalts verkündet.**

(4) **Wird das Urteil nicht in dem Termin verkündet, in dem die mündliche Verhandlung geschlossen wird, so kann es der Vorsitzende in Abwesenheit der anderen Mitglieder des Prozeßgerichts verkünden.**

Geändert mWv 1. 1. 2002 durch Art 2 Abs 1 Nr 46 ZPO-RG.

Abs 1 betrifft die Überschrift des Urteils. Ihr Fehlen ist ohne Belang. 1 **Abs 2 S 1** stellt sicher, dass die Formel vor der Verkündung schriftlich – 2 stenografisch genügt (BGH NJW 99, 794) – abgefasst, nicht notwendig auch unterschrieben ist. Die Vorlesung kann iF des Abs 1 S 2 durch Bezugnahme ersetzt werden. Protokollierung § 160 Abs 3 Nr 7, unterbliebene oder fehlerhafte Verkündung § 310 Rn 4, 5. – **Abs 2 S 3** ist 3 entspr anwendbar auf Urteile, die nach Rücknahme von Einspruch oder Rechtsmitteln ergehen (§§ 346, 516 Abs 3, 565). – **Abs 3** stellt Bekanntgabe der Gründe in das Ermessen des Vorsitzenden (§ 136 Abs 4). 4 Widerspruch mit den schriftlichen Entscheidungsgründen ist unschädlich. – **Abs 4** erleichtert die Verkündung von Urteilen, die nicht im 5 Anschluss an die mdl Vhdl, sondern in einem späteren Termin verkündet werden. Es geht auch ohne Beisitzer. Das Urt wird existent durch die vorliegende schriftliche Urteilsformel und die Bezugnahme darauf entweder mündlich oder im Protokollvermerk (Jauernig NJW 86, 117).

§ 312 Anwesenheit der Parteien

(1) [1]**Die Wirksamkeit der Verkündung eines Urteils ist von der Anwesenheit der Parteien nicht abhängig.** [2]**Die Verkündung gilt auch derjenigen Partei gegenüber als bewirkt, die den Termin versäumt hat.**

(2) **Die Befugnis einer Partei, auf Grund eines verkündeten Urteils das Verfahren fortzusetzen oder von dem Urteil in anderer Weise Gebrauch zu machen, ist von der Zustellung an den Gegner nicht abhängig, soweit nicht dieses Gesetz ein anderes bestimmt.**

1 Die Verkündung (§§ 310, 311) macht das Urt existent. Ihre Notwendigkeit und ihre Wirksamkeit ist von der Anwesenheit der Parteien unabhängig. Unterbliebene und fehlerhafte Verkündung § 310 Rn 5, 6. Neben der Verkündung ist die Zustellung (§ 317) nötig für den Beginn der Einspruchs- und Rechtsmittelfristen (§§ 339 Abs 1, 517, 548, 569 Abs 1), der Antragsfrist auf Ergänzung (§ 321 Abs 2) und der ZwVollstr (§ 750 Abs 1).

§ 313 Form und Inhalt des Urteils

(1) Das Urteil enthält:
1. **die Bezeichnung der Parteien, ihrer gesetzlichen Vertreter und der Prozeßbevollmächtigten;**
2. **die Bezeichnung des Gerichts und die Namen der Richter, die bei der Entscheidung mitgewirkt haben;**
3. **den Tag, an dem die mündliche Verhandlung geschlossen worden ist;**
4. **die Urteilsformel;**
5. **den Tatbestand;**
6. **die Entscheidungsgründe.**

(2) [1]**Im Tatbestand sollen die erhobenen Ansprüche und die dazu vorgebrachten Angriffs- und Verteidigungsmittel unter Hervorhebung der gestellten Anträge nur ihrem wesentlichen Inhalt nach knapp dargestellt werden.** [2]**Wegen der Einzelheiten des Sach- und Streitstandes soll auf Schriftsätze, Protokolle und andere Unterlagen verwiesen werden.**

(3) Die Entscheidungsgründe enthalten eine kurze Zusammenfassung der Erwägungen, auf denen die Entscheidung in tatsächlicher und rechtlicher Hinsicht beruht.

Übersicht

I. Allgemeines 1

§ 313 enthält die wesentlichen Bestimmungen über den Inhalt des Urt. Er wird ergänzt durch § 311 Abs 1 und § 315 Abs 1, Erleichterungen in §§ 313 a, b, 540, 564. Üblich ist außerdem die Bezeichnung des Urt nach seiner Art (ZwischenUrt, VorbehaltsUrt).

II. Im Kopf (Rubrum) 2

enthält das Urt außer dem Aktenzeichen:

Nr 1. Maßgebender Zeitpunkt ist der Schluss der mdl Vhdlg. Zweck der Vorschrift ist die sichere Feststellung der Identität, die für den Umfang der Rechtskraft und für die Zustellung von Bedeutung ist. Verstoß gegen Nr 1 kann als erheblicher Verfahrensmangel (§ 538 Abs 2 S 1 Nr 1) zur Aufhebung des Urt führen, wenn eine Partei nicht identifizierbar oder das Urt nicht zustellbar ist. – **a) Bezeichnung der 3 Parteien,** dh derjenigen, die tatsächlich eine Parteirolle (Haupt- oder Nebenpartei) innehatten mit Angabe der Parteistellung je nach Verfahrensart (zB Arrestkläger) und Instanz (Kläger und Berufungsbeklagter). Bei Einzelkaufleuten und personenrechtlichen Handelsgesellschaften genügt die Angabe der Firma (§§ 17 Abs 2, 124 Abs 1, 161 Abs 2 HGB); vgl aber § 750 Rn 4. – **b) Bezeichnung der gesetzlichen Vertreter 4** (§ 51 Rn 16), und zwar namentlich. – **c) Bezeichnung der Bevoll- 5 mächtigten,** dh derjenigen, die als solche aufgetreten sind ohne Rücksicht auf den Nachweis der Vollmacht. Die Angaben nach Nr 1 entfallen iF des § 313 b Abs 2 S 3.

Nr 2. Bezeichnung des Gerichts nach Behörde und Abteilung. 6 Die Unterschriften (§ 315 Abs 1) ersetzen die zusätzliche Namensangabe der mitwirkenden Richter im Rubrum, wenn kein Zweifel an der Übereinstimmung bestehen kann (BGH FamRZ 77, 124). Wenn die Namen der mitwirkenden Richter außer bei den Unterschriften auch im Rubrum angegeben sind, müssen sie mit den Unterschriften übereinstimmen. Der Zweck dieser Vorschrift ist ersichtlich aus den Revisionsgründen § 547 Nr 1–3 und aus § 563 Abs 1 S 2. Fehlende oder

falsche Angaben können jederzeit, auch noch nach Einlegung von
Rechtsmitteln nachgeholt oder berichtigt werden, § 319 (BGH 18,
350). Die Namen der Richter sind entbehrlich iF des § 313 b Abs 2 S 2.

7   **Nr 3. Schluss der mündlichen Verhandlung** oder was dem gleichsteht (§ 128 Rn 33; § 251 a Rn 6). Er ist maßgebend für den Zeitpunkt
der materiellen Rechtskraft und für die Präklusionswirkung in
§§ 323 Abs 2, 767 Abs 2.

8   **III. Urteilsformel**

    (Tenor, **Nr 4**). Folgt hinter dem Rubrum äußerlich abgesondert von
Tatbestand und Gründen. Sie soll als Quintessenz des Prozesses so kurz,
bestimmt (§ 253 Rn 11) und klar wie möglich gefasst und muss aus sich
heraus verständlich und der Zwangsvollstreckung zugänglich sein (BGH
NJW-RR 94, 1185). Bezugnahme auf Aktenbestandteile ist nur zulässig,
wenn sie unvermeidbar ist, etwa weil sich der Entscheidungsgegenstand
nicht anders beschreiben lässt (BGH MDR 89, 909, NJW 00, 2207).
Außerdem muss die Bezugnahme, auch auf die Entscheidungsgründe,
den Gegenstand der Verurteilung bestimmt bezeichnen (BGH WM 92,
9   966). – **Inhalt:** Bei Endurteilen muss sie alle in letzter mdl Vhdlg
gestellten Anträge erschöpfend erledigen, weshalb sich vor ihrer Absetzung ein Vergleich daraufhin mit den gestellten Anträgen unter Beachtung von § 308 empfiehlt. Unbestimmter, widerspruchsvoller oder der
Vollstreckung nicht zugänglicher Inhalt der Formel, uU unter Zuhilfenahme der Gründe, führt zur Aufhebung (BGH 5, 240) und erzeugt
weder Rechtskraft noch Vollstreckbarkeit (Rn 16–22 vor 704). Bei
Widerspruch zu den Entscheidungsgründen hat die Formel Vorrang
jedenfalls dann, wenn die Gründe in sich widersprüchlich sind oder
teilweise mit der Formel übereinstimmen (BGH WM 97, 3447). Berichtigung § 319, Ergänzung § 321. Erleichterung iF des § 313 b Abs 2 S 4.
10   – **Formulierung.** Regelmäßig ist in 3 getrennten Ziffern über die zur
Hauptsache gestellten Schlussanträge und von Amts wegen über die
Kosten und die Vollstreckbarkeit zu entscheiden. Eine der Klage stattgebende Formel enthält, auf den Einzelfall abgestellt, die deklarative
oder rechtsgestaltende Form („der Beklagte wird verurteilt", „es wird
festgestellt", „die Zwangsvollstreckung wird für unzulässig erklärt"). Die
Klageabweisung geschieht stets mit der Formulierung „die Klage wird
abgewiesen", ob als unzulässig, unbegründet oder zurzeit unbegründet,
ergibt sich aus den Gründen. Bei teilweisem Obsiegen des Klägers darf
11   die Klageabweisung im Übrigen nicht fehlen. – **Sondervorschriften**
für den teilweise über den Klageantrag hinausgehenden (§ 308 Rn 6)
Inhalt der Urteilsformel enthalten § 308 a, §§ 7, 9 UKlaG.

12   **IV. Tatbestand, Nr 5, Abs 2**

    A. Allgemeines

    Der Tatbestand folgt im Urteil dem Tenor. Er sollte, zumindest bei
umfangreichem tatsächlichem Vorbringen in einem einleitenden Satz

dem mit der Materie fremden Leser verständlich machen, worum im Kern der Streit geht, zB der Kläger verlangt von den Beklagten als Erben die Erfüllung eines angeblich mit ihrem Vater abgeschlossenen Vertrags auf Lieferung von... Dann folgt eine in sich verständliche, knappe Darstellung der erhobenen Ansprüche und der dazu vorgebrachten Angriffs- und Verteidigungsmittel (§ 146 Rn 2) ihrem wesentlichen Inhalt nach aus der Sicht der Parteien (nicht des Gerichts), ausgehend vom tatsächlichen Vorbringen (nicht von der rechtlichen Würdigung) und abgestellt auf den Schluss der mündlichen Verhandlung bzw den entsprechenden Zeitpunkt (§ 128 Rn 33; § 251 a Rn 6). Wenn das Gesetz auf knappe Darstellung nur des Wesentlichen drängt, so will es damit nur die Schreibarbeit erleichtern, nicht die Arbeit, die für den Richter in der gewissenhaften Erfassung und in der gedanklichen Ordnung des Tatbestandes liegt. – **Prozessgeschichte** findet sich im Tatbestand nur **13** insoweit, als sie für die Entscheidung noch gegenwärtige Bedeutung hat, also wo in den Gründen darauf eingegangen werden muss, zB vorangegangene Entscheidungen wie Grundurteil oder Beweisbeschluss, die Tatsachen, aus denen sich die Förmlichkeiten eines Rechtsmittels ergeben, frühere Anträge, wenn der Beklagte sich der Klageänderung widersetzt. – **Entbehrlich** ist der Tatbestand in den Fällen der §§ 313 a, 313 b, **14** 540.

B. Die Reihenfolge der Darstellung bestimmt sich in erster Linie **15** nach der Verständlichkeit für den Leser. Bewährt hat sich folgende Ordnung:

1. Der unstreitige Sachverhalt, gegebenenfalls nach einem einlei- **16** tenden Satz über den Kern des Rechtsstreits. Unstreitig sind der Geschehensablauf, der von beiden Parteien übereinstimmend geschildert wird; die Tatsachenbehauptungen einer Partei, die von der anderen ausdrücklich (§ 288 Abs 1) oder konkludent (§ 138 Abs 2) mit der Erklärung zugestanden werden, sie nicht bestreiten zu wollen; tatsächliche Behauptungen, zu denen sich die Gegenpartei nicht erklärt hat (§ 138 Rn 13–18). Im letzten Fall ist das Vorbringen als Behauptung einer Partei in den Tatbestand aufzunehmen, zu der sich die andere Partei nicht erklärt hat, im Übrigen spielt es keine Rolle, wer behauptet und wer zugestanden hat. – **Maßgebender Zeitpunkt** ist der Schluss der **17** mdl Vhdlg ohne Rücksicht auf früheres Bestreiten und Beweiserhebung dazu. Dagegen wird ein durch Beweiserhebung in bestimmter Richtung geklärter Sachverhalt nur insoweit unstreitig, als die bisher bestreitende Partei sich das Ergebnis der Beweisaufnahme zu eigen macht.

2. Die bestrittenen Tatsachenbehauptungen des Klägers. Das **18** sind die ausdrücklich, konkludent im Ausnahmefall des § 138 Abs 3 und die zulässig mit Nichtwissen bestrittenen Behauptungen (§ 138 Abs 4). In diesen Absatz gehören auch die Beweisangebote des Kl, soweit sie durch Beweiserhebung nicht erledigt sind und die Andeutung seiner Rechtsansichten, soweit zum Verständnis des Streitstandes ausnahmsweise erforderlich.

19   **3. Die zuletzt gestellten Anträge** der Parteien (Abs 2 S 1), am
besten in wörtlicher Wiedergabe und durch Einrücken herausgestellt.
Die Kostenanträge (§ 308 Abs 2) und Anträge zur Vollstreckbarkeit,
soweit das Gericht vAw zu entscheiden hat (§§ 708, 709, 711 S 1),
brauchen nicht wiedergegeben zu werden, früher gestellte Anträge nur,
soweit für die Entscheidung noch von Bedeutung.

20   **4. Das Verteidigungsvorbringen des Beklagten** in logischer Reihenfolge, nämlich zuerst das substantiierte Bestreiten klagebegründender
Behauptungen, dann Einwendungen und Einreden in der Reihenfolge
rechtshindernd, rechtsvernichtend, rechtshemmend (44 vor § 253);
dann bestrittene Behauptungen einer etwaigen Widerklage. Endlich die
nicht erledigten Beweisanträge des Bekl.

21   **5. Die Erwiderung des Klägers,** nämlich sein substantiiertes Bestreiten zum Verteidigungsvorbringen des Bekl, zB von einredebegründenden Tatsachenbehauptungen und seine Replik, zB rechtserhaltende
Einwendungen; endlich Antrag und Verteidigungsvorbringen gegen
eine etwaige Widerklage.

22   **6. Die Prozessgeschichte,** soweit sie bei Abschluss der mdl Vhdlg
noch von Bedeutung ist, zB § 147, nicht erledigte Prozessanträge und
Einverständnis mit schriftlicher Entscheidung, frühere Entscheidungen
wie Zwischen- oder Grundurteil. Hierhin gehört vor allem die Bezugnahme auf Beweisaufnahme ohne jede Beweiswürdigung sowie die
Erklärungen der Parteien zu erhobenen Beweisen, zB § 439 Abs 1.

23   **C.** Ein **Versäumnisurteil** und das Datum seiner Zustellung sowie
der dagegen eingelegte Einspruch nach Form, Adressat, Eingang bei
Gericht sind am besten vor den Anträgen zu bringen, weil diese sonst
nicht verständlich sind. Zweckmäßig werden diese Feststellungen vor
Rn 19 eingeschoben.

24   Im **Berufungsurteil** wird der Tatbestand nach Instanzen getrennt
aufgebaut; vgl im Übrigen § 540.

25   **D. Bezugnahmen** sind im Tatbestand nach **Abs 2 S 2** zur Verminderung der Schreibarbeit vorgeschrieben. Unzulässig ist eine pauschale
Bezugnahme auf eine Vielzahl von Schriftstücken (Hamburg NJW 88,
2678), vielmehr sind bestimmte in Bezug genommene und zu den
Akten gelangte (BGH NJW 95, 1841) Schriftstücke oder Teile von
ihnen zweifelsfrei zu bezeichnen. Aus ihnen muss sich der Sach- und
Streitstand, den das Gericht insoweit feststellen will, richtig und vollständig ergeben. Verstoß kann die Berufung begründen (BGH NJW 95,
1841). Jedenfalls müssen die erhobenen Ansprüche sowie die Angriffs-
und Verteidigungsmittel als der Kern des Prozesses ihrem Wesen nach im
Tatbestand selbst gekennzeichnet sein. Die Vorschrift will sicherstellen,
dass einerseits überflüssige Schreibarbeit vermieden wird, andrerseits der
Tatbestand trotz der Verweisungen im Wesentlichen in sich selbst ver-

ständlich ist. Unbedenklich ist stets die Bezugnahme auf das Ergebnis der Beweisaufnahme. Berufungsurteil § 540 Abs 1.

E. Verstoß. Völliges Fehlen des Tatbestandes, Widersprüche, Un- **26** klarheiten und die fehlende Feststellung der wesentlichen tatsächlichen Grundlagen des Urteils sind ein Verfahrensverstoß, der Berufung und Revision begründen kann (§§ 538 Abs 2 S 1 Nr 1, 545, 546; BAG MDR 71, 248). Berichtigung § 320.

V. Die Entscheidungsgründe, Nr 6, Abs 3 **27**

A. Darstellung, Inhalt

Sie haben die Aufgabe, die bereits gefundene und im voranstehenden Tenor niedergelegte Entscheidung zu begründen, dürfen also nicht im Wege des Gutachtens zu einer erst zu findenden Entscheidung hinführen. Diese Gedankenarbeit ist abgeschlossen, bevor die Niederschrift der Gründe beginnt. Sie müssen vielmehr von der bereits gefundenen Lösung ausgehen und für jede im Tenor getroffene Entscheidung die tragende rechtliche Begründung geben. Alle Ausführungen, die nicht geeignet sind, die getroffene Entscheidung zu stützen, sind fehl am Platz, verkennen das Wesen der Entscheidungsgründe und nehmen ihnen die klare Linie. Auch hier ist auf eine kurze Zusammenfassung der maßgebenden tatsächlichen und rechtlichen Erwägungen zu achten (Abs 3, BGH 39, 333). Kürze ist umso mehr möglich, je eingehender das Gericht im Termin den Streit sachlich u rechtlich erörtert hat, § 139. Der Grundsatz des rechtlichen Gehörs (Einl I Rn 9 ff) und des Willkürverbots (§ 139 Rn 2, § 286 Rn 2) ist zu beachten (BayVerfGH MDR 97, 882). Entscheidungsgrundlage § 128 Rn 6. – **Bezugnahme** **28** auf früher oder gleichzeitig verkündete Entscheidungen zwischen den Parteien, die ihnen bekannt geworden sind, ist zulässig; ebenso auf früher ergangene Entscheidungen in einer anderen Sache, die Gegenstand der mdl Vhdlg waren (BGH WM 91, 789 u 1005). Zulässig ist auch Bezugnahme auf einen Parteischriftsatz, wenn sie ihrer Art und ihrem Inhalt nach eindeutig bestimmt ist (BGH aaO) und auf einen Berichterstattervermerk (§ 161 Rn 5). – **Entbehrlich** sind die Entscheidungsgründe in **29** den Fällen der §§ 313 a, 313 b, 540.

B. Reihenfolge: **30**

1. Die prozeßrechtlichen Ausführungen, insbesondere also die Feststellung, dass und weshalb die Klage zulässig ist, soweit in einem Punkt Zweifel oder Bedenken bestanden haben. Bei Entscheidungen auf Rechtsbehelf stehen an der Spitze die Feststellungen zur Zulässigkeit des Rechtsbehelfs.

2. Materiellrechtlich steht an der Spitze das in der Formel nieder- **31** gelegte **Ergebnis** des Prozesses mit der **Angabe des Rechtssatzes,** der dieses Ergebnis trägt (soweit die Klage Erfolg hat) bzw der Ablehnung der bei der Urteilsfindung als in Frage kommend geprüften Rechtssätze (soweit die Klage abgewiesen wird), zB „der Kläger hat als Eigentümer Anspruch auf Herausgabe gegen den besitzenden Beklagten (§ 985 BGB)". Auf die klare und prägnante Formulierung gerade dieses ersten Satzes sollte besonderer Wert gelegt werden, denn er gibt den folgenden Ausführungen die klare Linie.

32   **3.** Es folgt die **Subsumtion** des konkreten Sachverhalts unter die angewendete Rechtsnorm. Dabei ist auszugehen von den Tatbestandsmerkmalen des angewandten Rechtssatzes, an die die Rechtsfolge geknüpft ist und festzustellen, durch welche konkreten Tatsachen jedes einzelne dieser Tatbestandsmerkmale erfüllt ist. Bei den Tatsachen ist die Grundlage ihrer Feststellung anzugeben, nämlich Geständnis, nicht bestritten, bewiesen (Beweismittel, Beweiswürdigung mit Angabe der lei-

33   tenden Gründe, § 286 Abs 1 S 2). – **Bei abweisenden Urteilen** ist festzustellen, dass es keine Rechtsnorm gibt, die an die vom Kl behaupteten Tatsachen die begehrte Rechtsfolge knüpft (nicht schlüssige Klage), welches Tatbestandsmerkmal der in Frage kommenden Rechtsnorm nicht erfüllt ist oder welche Einwendung die Klage unbegründet macht.

34   **4. Einwendungen.** Nach Feststellung der anspruchsbegründenden Tatsachen folgt, wieder mit vorangestelltem Ergebnis, die Feststellung, dass die erhobenen Einwendungen oder Einreden nicht begründet sind, zB „der Beklagte hat auch kein Recht zum Besitz, § 986 BGB". Das Gleiche gilt für die folgende Behandlung von Repliken des Klägers.

35   **5.** Die Begründung für den Ausspruch von **Nebenfolgen** (zB Zinsen), Kosten und vorl Vollstreckbarkeit folgt zuletzt.

§ 313 a Weglassen von Tatbestand und Entscheidungsgründen

(1) [1]Des Tatbestandes bedarf es nicht, wenn ein Rechtsmittel gegen das Urteil unzweifelhaft nicht zulässig ist. [2]In diesem Fall bedarf es auch keiner Entscheidungsgründe, wenn die Parteien auf sie verzichten oder wenn ihr wesentlicher Inhalt in das Protokoll aufgenommen worden ist.

(2) [1]Wird das Urteil in dem Termin, in dem die mündliche Verhandlung geschlossen worden ist, verkündet, so bedarf es des Tatbestands und der Entscheidungsgründe nicht, wenn beide Parteien auf Rechtsmittel gegen das Urteil verzichten. [2]Ist das Urteil nur für eine Partei anfechtbar, so genügt es, wenn diese verzichtet.

(3) Der Verzicht nach Absatz 1 oder 2 kann bereits vor der Verkündung des Urteils erfolgen; er muss spätestens binnen einer Woche nach dem Schluss der mündlichen Verhandlung gegenüber dem Gericht erklärt sein.

(4) Die Absätze 1 bis 3 finden keine Anwendung:
1. in Ehesachen, mit Ausnahme der eine Scheidung aussprechenden Entscheidungen;
2. in Lebenspartnerschaftssachen nach § 661 Abs. 1 Nr. 2 und 3;

3. in Kindschaftssachen;
4. **im Falle der Verurteilung zu künftig fällig werdenden wiederkehrenden Leistungen;**
5. **wenn zu erwarten ist, dass das Urteil im Ausland geltend gemacht werden wird.**

(5) **Soll ein ohne Tatbestand und Entscheidungsgründe hergestelltes Urteil im Ausland geltend gemacht werden, so gelten die Vorschriften über die Vervollständigung von Versäumnis- und Anerkenntnisurteilen entsprechend.**

Abs 4 Nr 2 eingefügt mWv 1. 8. 2001 durch Art 3 § 16 Nr 7 LPartG; Abs 1, 2, 3, 5 mWv 1. 1. 2002 neu gefasst und eingefügt durch Art 2 Abs 1 Nr 47 ZPO-RG.

1. Zweck. Tatbestand und Entscheidungsgründe dienen der Unter- 1
richtung der Parteien und des Rechtsmittelgerichtes. Der Tatbestand kann deshalb entfallen (Abs 1), wenn ein Rechtsmittel nicht statthaft ist, die Entscheidungsgründe zusätzlich, wenn die Parteien darauf verzichten oder ihr wesentlicher Inhalt in das Protokoll aufgenommen wurde. Ausnahmen bestehen, wenn wegen der Wirkung der Entscheidung ein weitergehendes Interesse vorhanden ist (Abs 4 Nr 1–4) oder wenn später auf die Begründung zurückgegriffen werden muss (Abs 4 Nr 5). Gilt entspr für Beschlüsse (Brandenburg NJW-RR 95, 1212).

2. Erleichterungen im Urteil. – a) Der Tatbestand entfällt in 2
streitigen Urteilen (nicht streitig vgl § 313 b) in allen Instanzen (§§ 525, 555; vgl außerdem §§ 540, 564) unter der einzigen Voraussetzung, dass gegen das Urteil unzweifelhaft die Berufung überhaupt (§ 511 Rn 4) oder mangels BerSumme u BerZulassung (§ 511 Abs 2) unstatthaft und dass auch keine Beschwerde, zB §§ 71 Abs 2, 387 Abs 3, 402, §§ 91a Abs 2, 99 Abs 2, 269 Abs 5 oder ein anderes Rechtsmittel, wie etwa die Nichtzulassungsbeschwerde (§ 544) gegeben ist. Abs 1 deshalb auch anwendbar auf RevUrt und BerUrt, deren Beschwer die Grenze von § 26 Nr 8 EGZPO nicht übersteigt. – **b) Die Entscheidungs-** 3
gründe entfallen zusätzlich bei Verzicht der Parteien. Er ist Prozesshandlung (Einl III), nicht widerrufbar (Frankfurt NJW 89, 841), RA-Zwang im Rahmen des § 78 Abs 1, Abs 2. Kann schon vor UrtVerkündung erklärt werden; sonst in Frist von 1 Woche nach Schluss der mdl Vhdlg oder was dem gleichsteht (§ 128 Rn 33, § 251a Rn 6). Die Frist bezweckt, dem Richter die Möglichkeit rascher Urteilsabsetzung zu erhalten. Ihre Überschreitung macht den Verzicht nicht unwirksam. Die Entscheidungsgründe können ferner entfallen, wenn ihr wesentlicher Inhalt in das Protokoll aufgenommen wurde; ein Verzicht der Parteien ist hierbei nicht erforderlich. – **c) Tatbestand und Entschei-** 4
dungsgründe können auch entfallen bei Urteilsverkündung im Termin der letzten mdl Vhdlg (sog Stuhlurteil), wenn diejenige(n) Partei(en), die das Urt anfechten kann (können), auf Rechtsmittel verzichtet(n). Der

Verzicht kann vor UrtVerkündung oder 1 Woche danach erklärt werden. Dafür Ermäßigung der Gebühren gem Nr 1211 b KV.

5   **3. Ausnahmen:** – **Nr 1** Ehesachen (§§ 606 ff) außer dem Scheidungsausspruch zwischen Inländern, auch in VerbundUrt (BGH FamRZ 81, 947). Fehlen der Entscheidungsgründe für den Ausspruch über Versorgungsausgleich ist wesentlicher Verfahrensmangel (Hamm NJW 79, 434). – **Nr 2** Lebenspartnerschaftssachen (§ 661 Abs 1 Nr 2
6 und 3. – **Nr 3** Kindschaftssachen (§§ 640 ff). – **Nr 4** Verurteilung zu künftig fällig werdenden, wiederkehrenden Leistungen (§ 258). Hier soll im Hinblick auf Leistung erst in der Zukunft und auf die Möglichkeit einer Abänderungsklage (§ 323) die Grundlage des Urteils festgehalten
7 werden. – **Nr 5** bei Geltendmachung des Urteils im Ausland. Das kann
8 ZwVollstr oder sonst eine Wirkung des Urteils sein. – Gem **Abs 5** ist **nachträgliche Vervollständigung** durch Tatbestand u Entscheidungsgründe nach den in den AusführungsG zu internationalen Verträgen enthaltenen Vorschriften, zB § 30 AVAG, über die Vervollständigung von Anerkenntnis- u VersUrteil möglich.

§ 313 b Versäumnis-, Anerkenntnis- und Verzichtsurteil

    (1) ¹**Wird durch Versäumnisurteil, Anerkenntnisurteil oder Verzichtsurteil erkannt, so bedarf es nicht des Tatbestandes und der Entscheidungsgründe. ²Das Urteil ist als Versäumnis-, Anerkenntnis- oder Verzichtsurteil zu bezeichnen.**

    (2) ¹**Das Urteil kann in abgekürzter Form nach Absatz 1 auf die bei den Akten befindliche Urschrift oder Abschrift der Klage oder auf ein damit zu verbindendes Blatt gesetzt werden. ²Die Namen der Richter braucht das Urteil nicht zu enthalten. ³Die Bezeichnung der Parteien, ihrer gesetzlichen Vertreter und der Prozeßbevollmächtigten sind in das Urteil nur aufzunehmen, soweit von den Angaben der Klageschrift abgewichen wird. ⁴Wird nach dem Antrag des Klägers erkannt, so kann in der Urteilsformel auf die Klageschrift Bezug genommen werden. ⁵Wird das Urteil auf ein Blatt gesetzt, das mit der Klageschrift verbunden wird, so soll die Verbindungsstelle mit dem Gerichtssiegel versehen oder die Verbindung mit Schnur und Siegel bewirkt werden.**

    (3) **Absatz 1 ist nicht anzuwenden, wenn zu erwarten ist, daß das Versäumnisurteil oder das Anerkenntnisurteil im Ausland geltend gemacht werden soll.**

1   **1. Tatbestand und Entscheidungsgründe entfallen (Abs 1),** weitergehend als in § 313 a, ausgenommen iF der Rn 2 und des Abs 3, in echten VersU (11 vor § 330), gleichgültig ob gegen Kl oder Bekl ergangen, in Anerkenntnis- (§ 307) u VerzichtsUrt (§ 306). Sie müssen als solche bezeichnet werden (Hamm NJW-RR 95, 186). Gilt für alle Instanzen, bei VersU für jeden Inhalt (zB § 539). Abs 1 gilt nicht für streitige Urteile gegen die nicht erschienene Partei (BGH BauR 90, 771).

2. Abgekürzte Form (Abs 2). In allen Fällen des Abs 1 ermöglicht 2
Abs 2 weitere Arbeitseinsparungen. Das Urt jeden Inhalts kann nach S 1
auf die Klageschrift gesetzt u auch so ausgefertigt oder zur Ausfertigung
vervollständigt werden (§ 317 Abs 4 S 2). Nach S 2 können aus
§ 313 Abs 1 Nr 2 die Namen der Richter, nach S 3 idR die Bezeichnung der Parteien, ihrer gesetzlichen Vertreter u ProzBev (§ 313 Abs 1
Nr 1) fehlen. Wird nach Klageantrag erkannt, genügt für die Formel
(§ 313 Abs 1 Nr 4) Bezugnahme auf die Klageschrift (S 4). VersU bei
unbeziffertem Klageantrag § 331 Rn 9. AnerkenntnisUrt muss wegen
der Beschwerdemöglichkeit nach § 99 Abs 2 eine Begründung enthalten, wenn die Parteien widersprechende Kostenanträge gestellt haben
(Brandenburg OLG-NL 00, 70). Nach Mahnverfahren kann statt der
Klageschrift der Mahnbescheid oder der maschinell erstellte Aktenausdruck zur abgekürzten Herstellung des Urt verwendet werden
(§ 697 Abs 5).

3. Ausnahme (Abs 3). Die Erleichterungen des Abs 1 gelten nicht 3
für Vers- und Anerkenntnisurteile, die im Ausland geltend gemacht
werden sollen (§ 313 a Rn 6). Sie sind in vollständiger Form abzufassen.

4. Nachträgliche Vervollständigung eines in abgekürzter Form 4
abgefassten Vers- oder Anerkenntnisurteils ist gemäß § 317 Abs 4 S 2
und nach den in den Ausführungsgesetzen zu internationalen Verträgen
enthaltenen Vorschriften, zB § 30 AVAG, möglich.

§ 314 Beweiskraft des Tatbestandes

**[1] Der Tatbestand des Urteils liefert Beweis für das mündliche
Parteivorbringen. [2] Der Beweis kann nur durch das Sitzungsprotokoll entkräftet werden.**

1. Die **Beweiskraft des Tatbestandes** einschließlich Verweisungen, 1
auch soweit in den Entscheidungsgründen enthalten (BGH 139, 36/39,
WM 00, 1871), als öffentl Urkunde (§ 418 Abs 1) ist beschränkt auf das
Vorbringen der Parteien in der mdl Vhdlg (BGH NJW 83, 2030), gilt
also im schriftl Verfahren nur für etwaiges Vorbringen in einem Termin,
das schriftlich in den Akten nicht enthalten ist. § 314 gilt auch in
Beschlussverfahren mit mdl Vhdlg für den festgestellten Sachverhalt
(BGH 65, 30). Die Beurkundung beweist positiv, dass etwas vorgetragen
ist und die Reihenfolge, dass eine Behauptung bestritten ist oder nicht.
Das Schweigen des Tatbestandes beweist negativ, dass eine Erklärung
nicht abgegeben worden ist (BGH NJW 83, 885, VersR 90, 974). Bei
den Anträgen und Beweisen wird nur die Tatsache der Verlesung bzw
Erhebung bezeugt. Die Möglichkeit der Berichtigung oder ein entsprechender Antrag (§ 320), auch die Aufhebung des Urt, beseitigen die
Beweiskraft nicht. – **Keine Beweiskraft,** soweit die Feststellungen in 2
sich widersprüchlich sind (BGH WM 97, 1092; 00, 1871). Die Darstellung des Parteivorbringens in 1. Instanz im Tatbestand des BerUrt
beweist nicht die Tatsache dieses Vorbringens; dies ist nur durch den

Tatbestand im ErstUrt zu beweisen (Nürnberg NJW 73, 1049). Der Tatbestand des RevisionsUrt hat keine Beweiskraft, ausgenommen im Falle der Zurückverweisung (BGH NJW 99, 796).

3   **2.** Der **Gegenbeweis** ist über das sonstige Maß (§ 418 Abs 2) hinaus erschwert. Nur ausdrückliche Feststellung im Sitzungsprotokoll, nicht dessen Schweigen (Düsseldorf OLG 66, 178), nimmt der widersprechenden Beurkundung im Tatbestand jede Beweiskraft (BGH VersR 84, 946). Das gilt aber nur, soweit nicht die Beweiskraft des Protokolls selbst nach § 165 widerlegt ist.

§ 315 Unterschrift der Richter

(1) [1]**Das Urteil ist von den Richtern, die bei der Entscheidung mitgewirkt haben, zu unterschreiben.** [2]**Ist ein Richter verhindert, seine Unterschrift beizufügen, so wird dies unter Angabe des Verhinderungsgrundes von dem Vorsitzenden und bei dessen Verhinderung von dem ältesten beisitzenden Richter unter dem Urteil vermerkt.**

(2) [1]**Ein Urteil, das in dem Termin, in dem die mündliche Verhandlung geschlossen wird, verkündet wird, ist vor Ablauf von drei Wochen, vom Tage der Verkündung an gerechnet, vollständig abgefaßt der Geschäftsstelle zu übergeben.** [2]**Kann dies ausnahmsweise nicht geschehen, so ist innerhalb dieser Frist das von den Richtern unterschriebene Urteil ohne Tatbestand und Entscheidungsgründe der Geschäftsstelle zu übergeben.** [3]**In diesem Falle sind Tatbestand und Entscheidungsgründe alsbald nachträglich anzufertigen, von den Richtern besonders zu unterschreiben und der Geschäftsstelle zu übergeben.**

(3) **Der Urkundsbeamte der Geschäftsstelle hat auf dem Urteil den Tag der Verkündung oder der Zustellung nach § 310 Abs. 3 zu vermerken und diesen Vermerk zu unterschreiben.**

1   **1. Unterschrift.** Sämtliche bei der Entscheidung (nicht bei der Verkündung) mitwirkenden Richter müssen das vollständig abgefasste Urteil mit ihrem vollen Namen unterschreiben, auch die überstimmte Minderheit. Nur bei Kollegialgerichten ist die Unterschrift eines Richters, auch zweier Richter (BGH VersR 92, 1155), die nach Beschlussfassung (§§ 192 ff GVG) verhindert oder weggefallen sind, ersetzbar. Der Vermerk muss mit „zugleich" beginnen, die Tatsache und den Grund (BGH VersR 84, 586) der Verhinderung angeben und nach räumlicher Stellung und Fassung zweifelsfrei von dem unterschreibenden Richter stammen (BGH VersR 84, 287). Er soll – bei Fehlen des Wortes „zugleich" muss – vom Vorsitzenden (Beisitzer) unterschrieben sein (BGH NJW 61, 782). Scheidet ein Richter nach der Verkündung aus dem Spruchkörper oder Gericht aus, kann er die Unterschrift nachholen (ebenso Vollkommer Rpfleger 76, 258 mwN; aA Stuttgart OLGZ 76, 241); scheidet er ganz aus dem Richterdienst aus, ist die Unterschrift

nicht nachholbar (BayObLG NJW 67, 1578; abl Vollkommer NJW 68, 1309). Die von einem nicht verhinderten Richter verweigerte Unterschrift ist nicht ersetzbar, Aufhebungsgrund nach § 547 Nr 6 (BGH NJW 77, 765). Für die Leserlichkeit der Unterschrift gelten die Ausführungen in § 129 Rn 8 (KG NJW 88, 2807).

2. Verstöße. – a) Das Urteil selbst ist mit Verkündung wirksam **2** ohne Rücksicht darauf, ob es überhaupt und ob es von den mitwirkenden Richtern unterschrieben ist (BGH NJW 89, 1156, NJW-RR 98, 1065). Fehlende bzw Unterschrift durch einen nichtbeteiligten Richter kann jederzeit, auch noch nach Zustellung und Einlegung von Rechtsmitteln nachgeholt bzw gem § 319 berichtigt werden (BGH 18, 351, WM 98, 932). Kann ein verkündetes Urt, dessen Formel vor der Verkündung schriftlich abgefasst war (§ 311 Abs 2), wegen Verhinderung aller Beteiligten oder des Alleinrichters nicht mehr unterschrieben werden, ist es auszufertigen, zuzustellen und zu vollstrecken, unterliegt aber auf Rechtsmittel der Aufhebung und Zurückverweisung (§ 538). Fehlende Verkündung § 310 Rn 4. – **b) Ob die Zustellung wirksam** ist, **3** richtet sich nach der zugestellten Ausfertigung, nicht nach der Urschrift (BGH NJW 01, 1653). So ist, auch wenn die Urschrift in Ordnung, die Zustellung nach § 317 wirkungslos, wenn das Datum der Ausfertigung vor dem beurkundeten Verkündungsdatum liegt (BGH BB 93, 1174); wenn auf der Ausfertigung keine oder mit dem Rubrum nicht übereinstimmende Unterschriften der Richter angegeben sind (Nürnberg MDR 67, 311); wenn die Unterschrift eines nicht verhinderten Richters ersetzt (BGH NJW 77, 765) oder der Verhinderungsgrund nicht angegeben ist (BGH NJW 80, 1849). Bei Abweichung des Tenors in der Ausfertigung von der Urschrift ist die Zustellung nur dann unwirksam, wenn der Fehler, wäre er in der Urschrift enthalten, über § 319 nur mit der Folge berichtigt werden könnte, dass die Rechtsmittelfrist neu in Lauf gesetzt wird (BGH VersR 82, 70); § 319 Rn 7. Rechtsmittel bleiben aber unbeschränkt zulässig, weil sie schon vor der Zustellung eingelegt werden können. Fehlerhafte Amtszustellung § 310 Rn 7.

3. Die Frist für die Abfassung (Abs 2) in S 1 mit der Ausnahme- **4** regelung in S 2, 3 gilt für im Verhandlungstermin verkündete Urt. Zweck und Verstoß wie bei der Frist für Urt, die in einem späteren Termin verkündet werden, § 310 Rn 1.

4. Der Verkündungsvermerk auf der Urschrift **(Abs 3)** bezeugt **5** die Übereinstimmung mit der verkündeten Formel, ersetzt aber nicht die Feststellung der Verkündung im Sitzungsprotokoll (§ 160 Abs 3 Nr 7, BGH VersR 89, 604, Brandenburg OLG-NL 99, 94). Der Vermerk muss die Identität und die Legitimierung der unterschreibenden Person erkennen lassen (BGH VersR 93, 723). Das Fehlen des Vermerks auf der Ausfertigung begründet für sich allein keinen Mangel des Urt oder der Zustellung (BGH 8, 303, VersR 87, 680). Ersatz der Verkündung von Anerkenntnis- und VersUrteilen im schriftlichen Vorverfahren vgl § 310 Abs 3. Dementsprechend ist nach der Zustellung auf der Urschrift des Urt der Zustellungsvermerk anzubringen.

§ 316 (weggefallen)

§ 317 Urteilszustellung und -ausfertigung

(1) [1]Die Urteile werden den Parteien, verkündete Versäumnisurteile nur der unterliegenden Partei zugestellt. [2]Eine Zustellung nach § 310 Abs. 3 genügt. [3]Auf übereinstimmenden Antrag der Parteien kann der Vorsitzende die Zustellung verkündeter Urteile bis zum Ablauf von fünf Monaten nach der Verkündung hinausschieben.

(2) [1]Solange das Urteil nicht verkündet und nicht unterschrieben ist, dürfen von ihm Ausfertigungen, Auszüge und Abschriften nicht erteilt werden. [2]Die von einer Partei beantragte Ausfertigung eines Urteils erfolgt ohne Tatbestand und Entscheidungsgründe; dies gilt nicht, wenn die Partei eine vollständige Ausfertigung beantragt.

(3) Die Ausfertigung und Auszüge der Urteile sind von dem Urkundsbeamten der Geschäftsstelle zu unterschreiben und mit dem Gerichtssiegel zu versehen.

(4) [1]Ist das Urteil nach § 313 b Abs. 2 in abgekürzter Form hergestellt, so erfolgt die Ausfertigung in gleicher Weise unter Benutzung einer beglaubigten Abschrift der Klageschrift oder in der Weise, daß das Urteil durch Aufnahme der in § 313 Abs. 1 Nr. 1 bis 4 bezeichneten Angaben vervollständigt wird. [2]Die Abschrift der Klageschrift kann durch den Urkundsbeamten der Geschäftsstelle oder durch den Rechtsanwalt des Klägers beglaubigt werden.

1   **1. Amtszustellung (Abs 1)** ist in § 270 Abs 1 für alle Urt aller ordentlichen Gerichte an alle Parteien, für verkündete VersU nur an die unterlegene Partei vorgeschrieben. Amtszustellung, ihre Vornahme, Verhältnis zur Parteizustellung 8, 9 vor § 166, §§ 166 ff (bis 30. 6. 02 §§ 208 ff). Für Vers-, Anerkenntnis- u VerzichtUrt im schriftlichen Vorverfahren tritt an die Stelle der Verkündung die Zustellung an beide Parteien nach § 310 Abs 3, eine weitere Zustellung ist nicht erforderlich (S 2). Alle Zustellungen haben zeitlich im normalen Geschäftsgang zu erfolgen. Da die Zustellung die Rechtsmittel- bzw Einspruchsfrist in Lauf setzt, können die Parteien, wenn sie den Beginn dieser Fristen, zB wegen Vergleichsverhandlungen verzögern wollen, übereinstimmend beim Vorsitzenden den Antrag nach S 3 stellen, ausgenommen in Ehe- (§ 618), Familien- (§ 621 c) u Kindschaftssachen (§ 640 Abs 1) sowie in § 50 Abs 1 S 2 ArbGG. Der Vorsitzende muss dem Antrag entsprechen.

2. Die Ausfertigung (Abs 2–4, § 170 Rn 1) wird vAw vom voll- 2
ständigen Urt erteilt u nach Abs 1 zugestellt. Beantragt die Partei, etwa
zum Zweck der ZwVollstr (§ 750 Abs 1 2) eine Ausfertigung, so enthält
sie nur Rubrum, Formel u Unterschriften. Die Partei kann auch eine
derart abgekürzte beglaubigte Abschrift von einer vollständigen UrtAusfertigung anfertigen u zur Zustellung benützen (BGH MDR 64, 916).
Zustellung vor Verkündung ist wirkungslos, wirksam dagegen Parteizustellung zum Zweck der ZwVollstr nach Verkündung, wenn Tatbestand u Gründe noch nicht vorliegen (BGH 8, 303). – **Abweichun-** 3
gen. Unwirksam ist die Zustellung, wenn die zugestellte Ausfertigung
bzw Abschrift in wesentlichen Punkten nicht mit der UrtUrschrift bzw
-Ausfertigung übereinstimmt. So muss die Ausfertigung oder Abschrift
ersehen lassen, dass die Urschrift überhaupt u von welchen Richtern
unterschrieben ist. Dem ersten Erfordernis genügt nicht, dass die Namen
der Richter in Maschinenschrift in Klammern angegeben sind; diese
Klammerangabe genügt, wenn ein Zusatz „gez" oder ähnlich angebracht
ist; ohne solchen Zusatz genügt die Namensangabe ohne Klammern
(BGH NJW 75, 781, NJW-RR 87, 377). Dass der Name zwischen
Bindestrichen angegeben ist, genügt (BGH FamRZ 90, 1127). Dem
zweiten Erfordernis genügt nicht die Angabe „gez Unterschriften".
Auch bei Unterzeichnung für einen verhinderten durch einen anderen
beteiligten Richter muss die Ausfertigung durch Klammer oder den
Zusatz „gez" erkennen lassen, welcher Richter Urteil und Zusatz unterzeichnet hat (BGH NJW 78, 217). Die Ausfertigung muss außerdem
ersehen lassen, dass der Ausfertigungsvermerk vom UrkBeamten der
GeschSt (BGH VersR 74, 1129) unterschrieben ist, wobei für die Unterschrift die selben Anforderungen wie bei bestimmenden Schriftsätzen
(§ 129 Rn 6–9) gelten (BGH NJW 88, 713). Fehlen oder Unlesbarkeit
für das Verständnis unwesentlicher Teile schadet nicht (BGH NJW 01,
1653). – Eine bestimmte **äußere Form** ist für den Ausfertigungsver- 4
merk nicht vorgeschrieben (BGH VersR 69, 709). Fehlender Hinweis in
der Abschrift auf das auf der Ausfertigung angebrachte Siegel (Abs 3)
macht die Zustellung nicht unwirksam (KG NJW 62, 2161). S auch
§ 315 Rn 3. – Abs 4 lässt für abgekürzte Urt Erteilung der Ausfertigung
in gleicher Weise zu, auch nach Mahnverfahren (§ 697 Abs 5). Eine
Klageabschrift kann auch der RA oder Erlaubnisinhaber (§ 25 EGZPO)
beglaubigen.

3. Unrichtigkeiten der Ausfertigung gegenüber der Urschrift kann 5
der Urkundsbeamte entsprechend § 319 berichtigen; gegen Ablehnung
Anrufung des Gerichts, gegen Entscheidung des Ger Rechtsmittel entsprechend § 319 Abs 3.

§ 318 Bindung des Gerichts

**Das Gericht ist an die Entscheidung, die in den von ihm
erlassenen End- und Zwischenurteilen enthalten ist, gebunden.**

1   **1. Anwendungsbereich. – a) Bindung.** Gebunden ist das Gericht
an gewisse eigene Entscheidungen im selben Verfahren, also innerhalb
der Instanz, gleichgültig in welcher Besetzung; auch das Kollegium an
Entscheidungen des ER. Bindung höherer Instanzen an Entscheidungen
des Untergerichts vgl §§ 512, 557 Abs 2. Die Bindung erstreckt sich nur
auf die Entscheidung selbst, nicht auf tatsächliche Feststellungen und
Gründe. Sie beginnt ohne Rücksicht auf Rechtskraft, mit der sie nichts
zu tun hat, mit dem Erlass (§ 310) und bezieht sich auf End-, zulässig
ergangene Zwischenurteile und grundsätzlich auf Wiedereinsetzungs-
beschlüsse außer bei Verletzung des Rechts auf rechtliches Gehör (BGH
130, 97). Bindung an Vorbehaltsurteil § 302 Rn 7, § 600 Rn 4. –
2 **b) Keine Bindung** an VersU auf Einspruch; früheres EndUrt im Wiederaufnahmeverfahren; verwerfendes RechtsmittelUrt, wenn Wiedereinsetzung gewährt ist; ZwischenUrt über Prozessvoraussetzungen bei
veränderter Sachlage (StJLeipold 7). – **c) Gilt nicht** für Verfügungen
und grundsätzlich nicht für Beschlüsse (§ 329 Rn 12).

3   **2.** Die **Bindungswirkung** hat doppelten Inhalt: – **a) negativ:** das
Ger darf seinen eigenen Entscheidungssatz nicht aufheben oder abän-
4 dern. Berichtigung und Ergänzung §§ 319 ff. – **b) positiv:** das Ger
muss die von ihm ausgesprochene Rechtsfolge für das weitere Verfahren
zugrunde legen, soweit über gestellte Anträge entschieden ist. Gilt auch
für das BerGer in einem 2. BerVerfahren (BGH VersR 87, 939). Neues
Parteivorbringen über entschiedene Punkte darf es nicht zulassen. –
5 **c) Nicht abdingbar** durch Parteivereinbarung im Interesse der Rechtssicherheit (Baumgärtel MDR 69, 173; aA Schlosser Einverständliches
Parteihandeln im Zivilprozess [1968] S 16 ff.

§ 319 Berichtigung des Urteils

(1) **Schreibfehler, Rechnungsfehler und ähnliche offenbare Unrichtigkeiten, die in dem Urteil vorkommen, sind jederzeit von
dem Gericht auch von Amts wegen zu berichtigen.**

(2) **Der Beschluß, der eine Berichtigung ausspricht, wird auf
dem Urteil und den Ausfertigungen vermerkt.**

(3) **Gegen den Beschluß, durch den der Antrag auf Berichtigung zurückgewiesen wird, findet kein Rechtsmittel, gegen den
Beschluß, der eine Berichtigung ausspricht, findet sofortige Beschwerde statt.**

Abs 2 geändert mWv 1. 1. 2002 durch Art 2 Abs 1 Nr 48 ZPO-RG.

1   **1. Gegenstand der Berichtigung** sind Urteile und Beschlüsse
(§ 329), auch Berichtigungsbeschlüsse (BGH NJW-RR 88, 407),
grundsätzlich auch Mahnbescheide (Düsseldorf NJW-RR 98, 1077) in
allen ihren Bestandteilen. Die Bezeichnung einer nicht existierenden
verklagten GmbH kann in OHG (BGH 22, 240/246) oder eine natürliche Person (Frankfurt MDR 90, 639) berichtigt, fehlende Mitglieder
einer BGB-Gesellschaft können nachgetragen werden (BGH NJW 97,

1236). Die Parteibezeichnung kann berichtigt werden, wenn die betreffende Person Partei geworden ist (Stuttgart NJW-RR 99, 216) und ihre Identität unverändert bleibt (Koblenz NJW-RR 97, 1352). Der Tenor darf in sein Gegenteil verkehrt werden, auch wenn dadurch dem Rechtsmittel der Boden entzogen oder es statthaft wird, wie bei Zulassung der Revision (BGH 78, 22). Der vom dem Fehler Betroffene kann, wenn sich der Fehler auf den Tenor oder die Identität der Partei bezieht, ggf auch Rechtsmittel einlegen, § 511 Rn 6. Einen Rechenfehler, der in einem vorgelesenen und genehmigten Vergleich enthalten ist, kann das Gericht nicht berichtigen (Frankfurt MDR 86, 152). § 319 ist analog anwendbar im FGG-Verfahren, auch sein Abs 3 (BGH 106, 370).

2. Voraussetzung ist offenbare Unrichtigkeit. Die Vorschrift ist im **2**
Interesse der Prozesswirtschaftlichkeit und eines besseren Richterspruchs weit auszulegen (BGH NJW 85, 742), außer wenn die Berichtigung ein Merkmal betrifft, an das eine formelle Anknüpfung gebunden ist wie die Zulässigkeit von Rechtsmitteln (BGH MDR 93, 382). Abgrenzung zu § 321 s dort Rn 1. – **a) Unrichtig** in diesem Sinne ist nur eine ver- **3**
sehentliche Abweichung der gerichtlichen Willenserklärung von der Willensbildung, auch ein Eingabefehler durch falschen Knopfdruck bei Verwendung eines Computerprogramms zur Berechnung des Versorgungsausgleichs (Bamberg NJW-RR 98, 1620). Fehler, die auf rechtsirriger Willensbildung beruhen, können außer Rechenfehlern nicht mit § 319 beseitigt werden (BGH ZIP 94, 1388), jedenfalls nicht ohne Verstoß gegen § 318 oder die Grundsätze der Rechtskraft. Das übersieht die Rechtsprechung verschiedentlich oder setzt sich darüber hinweg (Köln FamRZ 93, 456). So ist unzulässig „Berichtigung" des Kostenausspruchs im Urteil nach Änderung der Streitwertfestsetzung (Düsseldorf NJW-RR 92, 1532, Köln OLGZ 93, 446 je mwN; aA Düsseldorf MDR 01, 1074), „Berichtigung" des Kostenausspruchs, der Erhebung und Rücknahme einer Widerklage übersehen hatte (Köln MDR 80, 761), Streichung eines Bekl in Rubrum und Tenor, der in den Gründen verurteilt ist (LG Stade NJW 79, 168). Ferner keine Berichtigung, wenn § 281 Abs 3 S 2 übersehen wurde (München NJW-RR 86, 1447, Hamm NJW-RR 00, 1524). Auch versehentliche Auslassungen im Urteilstenor können unter § 319 fallen, wenn dieser Punkt in den Gründen eindeutig entschieden ist (BGH NJW 64, 1858), zB Teilabweisung oder Kostenausspruch fehlt im Tenor (Bremen VersR 73, 226, Hamm NJW-RR 86, 1444); nicht aber, wenn er auch in den Gründen übergangen ist (dann nur § 321). Dass die Unrichtigkeit von einer Partei veranlasst ist, steht nicht entgegen, zB falsche Parteibezeichnung, nur muss die Identität gewahrt bleiben (Düsseldorf VersR 77, 260, LAG München MDR 85, 170). – **b) Offenbar** ist die Unrichtigkeit, wenn **4**
sich der Fehler bereits unmittelbar aus der Entscheidung selbst (BGH 127, 74, LAG Köln: Verurteilung im Tenor, Klageabweisung in den Entscheidungsgründen) oder aus den Vorgängen bei Erlass und Verkündung auch für Dritte ohne weiteres ergibt (BGH 20, 188/192, 78, 22,

NJW-RR 01, 61), auch aus dem Zusammenhang mit jedermann zugänglichen Tabellen (Düsseldorf FamRZ 97, 1407).

5   **3. Verfahren (Abs 2).** VAw oder auf Antrag. Freigestellte mdl Vhdlg
(§ 128 Rn 11 ff), Anwaltszwang gem § 78. Die Entscheidung ergeht
stets durch Beschluss, der auf der Urschrift und den Ausfertigungen zu
vermerken ist. „Jederzeit" darf das Ger berichtigen, also auch nach
Einlegung eines Rechtsmittels (BGH 18, 350/356) oder selbst zwei Jahre
nach Eintritt der Rechtskraft (Hamm NJW-RR 87, 187, Brandenburg
NJW-RR 00, 1522; aA Lindacher ZZP 88, 64). Zuständig ist dieselbe
Spruchabteilung, die das Urt erlassen hat, nicht notwendig aber in
derselben Besetzung. Jedoch darf das Kollegium nicht ein Urt des ER
berichtigen und umgekehrt. Zuständig für die Berichtigung eines Urt
der Vorinstanz ist auch die Rechtsmittelinstanz, solange der Rechtsstreit
dort schwebt (BGH NJW 64, 1858, BAG NJW 64, 1874, Düsseldorf
MDR 91, 789).

6   **4. Wirkung.** Die berichtigte Fassung ist **rückwirkend** auf die Verkündung grundsätzlich (s aber Rn 7) die allein maßgebende (BGH
NJW 85, 742). Dies kann dazu führen, dass ein zunächst vermeintlich
zulässig eingelegtes Rechtsmittel sich später als unzulässig erweist (BGH
NJW 94, 2832). Bindungswirkung nach Rechtskraft des Beschlusses vgl
Rn 9. Auch der fehlerhafte Berichtigungsbeschluss ist grundsätzlich
wirksam und bindend (BGH 127, 74, NJW 95, 1033), außer wenn
durch die unzulässige Berichtigung der Willensbildung (Rn 3) zwingende Vorschriften über den Instanzenzug und die Statthaftigkeit von
Rechtsmitteln oder über die Abgrenzung zwischen Familien- und allgemeiner Zivilgerichtsbarkeit unterlaufen würden (BGH NJW 94,
7   2832). – **Neue Rechtsmittelfrist** beginnt nur dann, wenn das Urt
insgesamt, also einschließlich der Entscheidungsgründe nicht geeignet ist
als Grundlage für die Entschließungen und das weitere Handeln der
Parteien und für die Entscheidung des Rechtsmittelgerichts (BGH 127,
74, NJW 95, 1033; 01, 211). So wenn sich erst aus der Berichtigung
ergibt, dass die erlassene Entscheidung einem Rechtsmittel zugänglich,
insbesondere eine Partei beschwert (17–20 vor § 511) ist (BGH 17, 149,
NJW 84, 1041; 99, 646). Wird durch die Berichtigung unzulässigerweise
anstelle der bisherigen Partei eine andere gesetzt, so beginnt die Rechtsmittelfrist erst mit Zustellung des berichtigten Urt an diese, die 5-Mo-
natsfrist des § 517 Hs 2 erst mit Erlass des Berichtigungsbeschlusses
(Düsseldorf MDR 90, 930); ebenso, wenn erst die berichtigte Urteils-
fassung klar erkennen lässt, gegen wen das Rechtsmittel zu richten ist
(BGH 113, 228), zB weil von 2 Beklagten einer im Urteilsrubrum nicht
angegeben ist (BGH MDR 99, 499). Wird dem Bekl mit dem Urt ein
Beschluss zugestellt, der den auf einen höheren Betrag lautenden Urteilstenor auf einen niedrigeren Betrag berichtigt, und wird durch spätere
Aufhebung des Berichtigungsbeschlusses klargestellt, dass die ursprüng-
liche, höhere Fassung des Urteilstenors gilt, so beginnt für diese höhere
Beschwer der Lauf der Rechtsmittelfrist erst mit Zustellung des Auf-

hebungsbeschlusses (BGH NJW 86, 935). – **Zwangsvollstreckung** nur 8
aus der berichtigten Fassung. Gegen ZwVollstr aus der alten Fassung:
§ 766. Rückforderung von Beitreibungen nicht nach § 717 Abs 2,
sondern nur durch Klage.

5. Rechtsmittel (Abs 3). – a) gegen Berichtigung sofortige Be- 9
schwerde. Ausnahme: Beschlüsse des OLG und des LG im Berufungs-
oder Beschwerdeverfahren (§ 567 Abs 1), selbst wenn sie jeder gesetzlichen Grundlage entbehren (BGH NJW 89, 2625, NJW-RR 90, 893).
Gegenstand der Überprüfung ist nur die Zulässigkeit der Berichtigung,
nicht ihre inhaltliche Richtigkeit (StJLeipold 18, Zö/Vollkommer 26).
Rechtsbeschwerde nur nach Zulassung durch das BeschwGer (§ 574
Abs 1 Nr 2). Nach Rechtskraft ist der wirksame (Rn 6) Berichtigungsbeschluss auch im Rechtsmittelverfahren gegen das Urt bindend (BGH
WM 84, 1351), außer er würde ohne ges Grundlage die Statthaftigkeit
eines Rechtsmittels (Zulassung der Revision) herbeiführen (BAG NJW
69, 1871) oder wenn eine offenbare Unrichtigkeit weder aus der berichtigten Entscheidung noch aus den Vorgängen bei ihrer Verkündung
erkennbar ist (BGH NJW-RR 88, 407). Beschwerde bei greifbarer
Gesetzwidrigkeit § 567 Rn 7–9. – **b) gegen Ablehnung** der Berichti- 10
gung kein Rechtsmittel. Sof Beschw bei greifbarer Gesetzwidrigkeit
(Koblenz FamRZ 91, 100; Brandenburg NJW-RR 97, 1563; § 567
Rn 7–9).

6. Kosten: solche des Rechtsstreits. **Gebühren:** Keine § 37 Nr 6 11
BRAGO.

§ 320 Berichtigung des Tatbestandes

(1) **Enthält der Tatbestand des Urteils Unrichtigkeiten, die
nicht unter die Vorschriften des vorstehenden Paragraphen fallen, Auslassungen, Dunkelheiten oder Widersprüche, so kann die
Berichtigung binnen einer zweiwöchigen Frist durch Einreichung eines Schriftsatzes beantragt werden.**

(2) **¹Die Frist beginnt mit der Zustellung des in vollständiger
Form abgefaßten Urteils. ²Der Antrag kann schon vor dem Beginn der Frist gestellt werden. ³Die Berichtigung des Tatbestandes ist ausgeschlossen, wenn sie nicht binnen drei Monaten seit
der Verkündung des Urteils beantragt wird.**

(3) **¹Auf den Antrag ist ein Termin zur mündlichen Verhandlung anzuberaumen. ²Dem Gegner des Antragstellers ist mit der
Ladung zu diesem Termin der den Antrag enthaltende Schriftsatz zuzustellen.**

(4) **¹Das Gericht entscheidet ohne Beweisaufnahme. ²Bei der
Entscheidung wirken nur diejenigen Richter mit, die bei dem
Urteil mitgewirkt haben. ³Ist ein Richter verhindert, so gibt bei
Stimmengleichheit die Stimme des Vorsitzenden und bei dessen
Verhinderung die Stimme des ältesten Richters den Ausschlag.**

Buch 2. Verfahren im ersten Rechtszug

⁴**Eine Anfechtung des Beschlusses findet nicht statt.** ⁵**Der Beschluß, der eine Berichtigung ausspricht, wird auf dem Urteil und den Ausfertigungen vermerkt.**

(5) **Die Berichtigung des Tatbestandes hat eine Änderung des übrigen Teils des Urteils nicht zur Folge.**

1   **1. Anwendungsbereich, Abgrenzung.** Berichtigung nach § 320 ist nur zulässig, soweit die unrichtigen Tatbestandsteile, auch wenn sie sich räumlich in den Entscheidungsgründen befinden (BGH NJW 97, 1931), gem § 314 für das Verfahren Beweiskraft haben (BGH NJW 56, 1480 und 83, 2030; einschränkend Celle NJW 70, 53); § 314 Rn 1, 2. Es können berichtigt werden diejenigen tatsächlichen Feststellungen, die nicht unter § 319 fallen, also die auf irriger Willensbildung beruhenden. Mit Rechtsmittel gegen das Urt ist Berichtigung des Tatbestandes nicht zu erreichen (München BauR 84, 637). § 320 gilt entsprechend für den nachträglich abgefassten Tatbestand iF des § 313 b bei Geltendmachung
2   des Urt im Ausland (§ 32 Abs 3 AVAG). – **Unter § 320 fallen nicht** Fehler in der rechtlichen Subsumtion (LAG Köln MDR 85, 171; dafür Rechtsmittel) und Auslassungen im Tenor (dafür § 321). Die Berichtigung des Tatbestandes darf keine Berichtigung der Entscheidung selbst, also im Tenor, oder der Gründe, also im Subsumtionsschluss, zur Folge haben (RG 122, 332). Deshalb ist Berichtigung tatbestandsloser Urteile (§ 540), die Tatbestandsteile in den Entscheidungsgründen enthalten,
3   unzulässig (Köln OLGZ 89, 78). – **Kosten, Gebühren** wie § 319 Rn 11.

4   **2. Verfahren.** Nur auf Antrag, den nach Eröffnung des Insolvenzverfahrens der Gemeinschuldner für ein gegen ihn ergangenes Urt stellen kann (SchlHOLG SchlHA 71, 18). Anwaltszwang gem § 78. Frist zwei Wochen ab Amtszustellung des vollständig abgefassten Urt, auch für Streithelfer mit Zustellung an eine Partei (BGH NJW 63, 1251); längstens drei Monate ab Verkündung, bei Anerkenntnis-, Verzichts- oder VersUrt im schriftlichen Vorverfahren ab Amtszustellung (§ 310 Abs 3). Keine Verlängerung, keine Wiedereinsetzung. Notwendige mdl Vhdlg oder § 128 Abs 2, außer bei Verwerfung des Antrags als unzulässig in der RevInstanz (BGH MDR 99, 434), ohne Beweisaufnahme (Abs 4 S 1). Die Revisionsinstanz kann einen unzulässigen Antrag ohne mdl Vhdlg verwerfen (BGH NJW 99, 796). Maßgebend ist nur die persönliche Erinnerung der Richter. Entscheidung durch Beschluss, in dem ggf der Verhinderungsgrund eines Richters anzugeben ist (Schmidt JR 93, 457). Zuständig ist das Ger in der gleichen Besetzung. Ein verhinderter Richter fällt ersatzlos weg, wegen der Abstimmung für diesen Fall siehe Abs 4 S 3. Verhinderung (§ 315 Rn 1; enger Hirte JR 85, 138) des ER oder aller beteiligten Richter macht Berichtigung unmöglich.

5   **3. Wirkung** wie § 319 Rn 6, 7.

4. Rechtsmittel gegen Berichtigung und gegen Ablehnung keines, **6**
auch nicht im Rahmen von Ber oder Rev.

§ 321 Ergänzung des Urteils

(1) **Wenn ein nach dem ursprünglich festgestellten oder nachträglich berichtigten Tatbestand von einer Partei geltend gemachter Haupt- oder Nebenanspruch oder wenn der Kostenpunkt bei der Endentscheidung ganz oder teilweise übergangen ist, so ist auf Antrag das Urteil durch nachträgliche Entscheidung zu ergänzen.**

(2) **Die nachträgliche Entscheidung muß binnen einer zweiwöchigen Frist, die mit der Zustellung des Urteils beginnt, durch Einreichung eines Schriftsatzes beantragt werden.**

(3) [1]**Auf den Antrag ist ein Termin zur mündlichen Verhandlung anzuberaumen.** [2]**Dem Gegner des Antragstellers ist mit der Ladung zu diesem Termin der den Antrag enthaltende Schriftsatz zuzustellen.**

(4) **Die mündliche Verhandlung hat nur den nicht erledigten Teil des Rechtsstreits zum Gegenstande.**

1. Anwendungsbereich, Abgrenzung. Die Vorschrift lässt Ergän- **1**
zung eines lückenhaften, nicht Richtigstellung eines falschen Urt oder
Beschlusses zu, ist aber auch anwendbar, wenn in der Ergänzung zugleich eine Richtigstellung liegt (BGH NJW-RR 96, 1238). Anwendbar, wenn der Tenor versehentlich ganz oder teilweise (Düsseldorf
FamRZ 97, 1407) nicht über einen auch in den Gründen übergangenen
Haupt- oder Nebenanspruch entscheidet, der im Tatbestand, auch nach
Berichtigung gemäß § 320, als erhoben festgestellt ist oder über die
Kosten (Stuttgart NJW-RR 99, 116: des Nebenintervenienten, Hamm
NJW-RR 00, 1524: Mehrkosten § 281 Abs 3 S 2). – **Nicht anwend-** **2**
bar, wenn über den Anspruch bewusst nicht entschieden ist (Teilurteil)
oder weil das Ger das Begehren der Partei falsch ausgelegt hat (BGH
NJW 80, 840); wenn er in den Gründen behandelt ist, dann § 319
(BGH VersR 82, 70, Hamm NJW-RR 86, 1444 für Kostenausspruch);
wenn die Erhebung des Anspruchs versehentlich im Tatbestand nicht
festgestellt ist (dann § 320); wenn der Tenor entscheidet, aber die
Gründe schweigen; ferner wenn ein Angriffs- oder Verteidigungsmittel
(BGH NJW-RR 96, 379) oder eine Anspruchsgrundlage übergangen ist
(dann Rechtsmittel). – Mit **Rechtsmittel gegen das Urteil** selbst ist **3**
grundsätzlich die Ergänzung nicht zu erreichen, weil die Beschwer nicht
in der getroffenen, sondern in der versehentlich unterlassenen Entscheidung liegt. Möglich ist die Geltendmachung als neuer Anspruch durch
Klageerweiterung in der Berufung. Soweit Übergehung das Urt inhaltlich unrichtig macht (zB § 302 Rn 6, § 305 Rn 2), ist neben § 321
auch Rechtsmittel zulässig (BGH NJW-RR 96, 1238, StJLeipold 15).

4 **2. Verfahren.** Nur auf Antrag, Anwaltszwang gem § 78. Frist zwei Wochen ab Amtszustellung des vollständigen Urt (§ 317). Setzt die Ergänzung eine vorherige Berichtigung des Tatbestands voraus, beginnt die Frist für den Antrag auf UrtErgänzung erst mit Zustellung des Berichtigungsbeschlusses (BGH NJW 82, 1821). Keine Verlängerung, keine Wiedereinsetzung. Sind die Kosten der Streithilfe übergangen, beginnt die Antragsfrist auf Ergänzung für den Streithelfer mit der Zustellung an ihn (BGH NJW 75, 218). Ergänzung ist auf fristgerechte Antragstellung auch noch nach Rechtskraft des Urt möglich (Köln MDR 92, 301). Notwendige mdl Vhdlg oder § 128 Abs 2. Entscheidung durch ErgänzungsUrt. Zuständig ist das selbe Gericht, nicht nötig in der selben Besetzung. Ende der Rechtshängigkeit § 261 Rn 9. –
5 **Kosten, Gebühren** wie § 319 Rn 11.

6 **3. Wirkung, Rechtsmittel.** Das ErgänzungsUrt ist ein selbständiges TeilUrt, das unabhängig vom HauptUrt den normalen Rechtsmitteln unterliegt, deren Zulässigkeit sich nur nach dem Inhalt des Ergänzungs-Urt richtet (BGH NJW 00, 3008). Ausnahme: Enthält es nur die Kostenentscheidung, so ist es trotz § 99 anfechtbar, falls auch das HauptUrt angefochten ist. Die Entscheidung über Kosten und vorl Vollstreckbarkeit im ErgänzungsUrt wird von dem Rechtsmittel gegen das HauptUrt ohne weiteres mitergriffen. Neubeginn der Berufungsfrist gegen Haupt-Urt § 517.

7 **4. Entsprechend anwendbar** ist § 321 ausdrücklich in den Fällen §§ 302 Abs 2, 599 Abs 2, 716, 721 Abs 1; nach allg M auf vergleichbare Lücken, zB Vorbehalt beschränkbarer Haftung (§§ 305, 780, 786), Zug-um-Zug-Verurteilung; schließlich auf urteilsähnliche verfahrensabschließende Beschlüsse (Stuttgart MDR 99, 116), Fristbeginn mit Zugehen
8 (Stuttgart ZZP 69, 428, Hamm Rpfleger 73, 409 für Kfb). – **Nicht entsprechend anwendbar** wegen des Eingriffs in die Rechtskraftwirkung und die Rechtssicherheit auf Zulassung der Revision, § 543 Abs 1 (BGH 44, 395, NJW 81, 2755, Saarbrücken NJW-RR 99, 214).

§ 321 a Abhilfe bei Verletzung des Anspruchs auf rechtliches Gehör

    (1) **Auf die Rüge der durch das Urteil beschwerten Partei ist der Prozess vor dem Gericht des ersten Rechtszuges fortzuführen, wenn**
1. **eine Berufung nach § 511 Abs. 2 nicht zulässig ist und**
2. **das Gericht des ersten Rechtszuges den Anspruch auf rechtliches Gehör in entscheidungserheblicher Weise verletzt hat.**

    (2) [1]**Die Rüge ist durch Einreichung eines Schriftsatzes (Rügeschrift) zu erheben, der enthalten muss:**
1. **die Bezeichnung des Prozesses, dessen Fortführung begehrt wird;**

2. die Darlegung der Verletzung des Anspruchs auf rechtliches Gehör und der Entscheidungserheblichkeit der Verletzung.
[2]Die Rügeschrift ist innerhalb einer Notfrist von zwei Wochen bei dem Gericht des ersten Rechtszuges einzureichen.
[3]Die Frist beginnt mit der Zustellung des in vollständiger
Form abgefassten Urteils, im Falle des § 313 a Abs. 1 Satz 2
jedoch erst dann, wenn auch das Protokoll zugestellt ist.

(3) Dem Gegner ist, soweit erforderlich, Gelegenheit zur Stellungnahme zu geben.

(4) [1]Das Gericht hat von Amts wegen zu prüfen, ob die Rüge
an sich statthaft und ob sie in der gesetzlichen Form und Frist
erhoben ist. [2]Mangelt es an einem dieser Erfordernisse, so ist die
Rüge als unzulässig zu verwerfen. [3]Ist die Rüge unbegründet,
weist das Gericht sie zurück. [4]Die Entscheidungen ergehen
durch kurz zu begründenden Beschluss, der nicht anfechtbar
ist.

(5) [1]Ist die Rüge begründet, so hilft ihr das Gericht ab, indem
es den Prozess fortführt. [2]Der Prozess wird in die Lage zurückversetzt, in der er sich vor dem Schluss der mündlichen Verhandlung befand. [3]§ 343 gilt entsprechend.

(6) § 707 Abs. 1 Satz 1, Abs. 2 ist entsprechend anzuwenden.

Eingefügt mWv 1. 1. 2002 durch Art 2 Abs 1 Nr 49 ZPO-RG.

1. Zweck der Vorschrift ist die Möglichkeit der Selbstkorrektur bei **1**
unanfechtbaren Urteilen der 1. Instanz im Falle der Verletzung des
Anspruchs auf rechtliches Gehör (Art 103 Abs 1 GG) und dadurch
mittelbar eine Entlastung des BVerfG. Diese Selbstkorrektur erfolgt aber
nicht vAw, sondern nur auf Rüge der beschwerten Partei.

2. Voraussetzungen des Rügeverfahrens: – a) Statthaft ist es, **2**
wenn das Urt des Ger in 1. Instanz **unanfechtbar** ist, dh der Wert der
Beschwer der betroffenen Partei darf den in § 511 Abs 2 Nr 1 genannten Wert nicht übersteigen und die Ber darf nicht nach § 511 Abs 2
Nr 2 zugelassen sein. – **b)** Der Anspruch der durch das Urt beschwerten **3**
Partei (16–32 vor § 511) auf rechtliches Gehör (Einl I Rn 13–19) muss
verletzt sein (Einl I Rn 20). – **c)** Der Verstoß gegen das Gebot recht- **4**
lichen Gehörs muss sich auf das Ergebnis des Urt ausgewirkt haben, dh
es müsste möglicher Weise anders ausgefallen sein bei Gehörsgewährung
(Einl I Rn 21).

3. Anforderungen an die Rügeschrift: – a) Form. Sie ist bestim- **5**
mender Schriftsatz (§ 129 Rn 5–14) und muss den fortzuführenden
Prozess bezeichnen, am sichersten wie eine BerSchrift nach Gericht,
Parteien, Verkündungsdatum und Aktenzeichen (§ 519 Rn 13), außerdem darlegen, wodurch der Anspruch auf rechtliches Gehör verletzt
wurde und inwiefern sich dies auf das Ergebnis des Urt ausgewirkt hat. –

6   **b) Frist:** Innerhalb einer Norfrist von 2 Wochen, beginnend mit Zustellung des vollständigen Urt, im Fall von § 313 a Abs 1 S 2 erst, wenn
7   auch das Protokoll zugestellt ist. – **c) Adressat** ist allein das Ger der 1.
Instanz, das den Anspruch auf rechtliches Gehör verletzt haben soll.

8   **4. Verfahren. – a)** Das Ger prüft vAw die **Statthaftigkeit** der Rüge
9   (Rn 2) und ihre **Zulässigkeit** (Rn 5–7). – **b)** Ist die Rüge statthaft und
10   zulässig, prüft das Ger ihre **Begründetheit** (Rn 3, 4). – **c)** Dem **Gegner** ist **rechtliches Gehör** zu gewähren, soweit erforderlich (Abs 3), dh
wenn die Zulässigkeit bejaht und die Begründetheit der Rüge nicht
verneint wird.

11   **5. Mögliche Entscheidungen: – a) Fehlt** die Statthaftigkeit oder
eine andere Voraussetzung der Zulässigkeit, ist die Rüge als unzulässig zu
12   verwerfen (Abs 4 S 2). – **b)** Ist die Rüge zulässig, aber **unbegründet**,
13   ist sie zurückzuweisen (Abs 4 S 3). – **c)** In beiden Fällen ergeht die
Entscheidung durch Beschluss (Abs 4 S 4) mit freigestellter mdl Vhdlg
(§ 128 Abs 4). Es entsteht eine Gebühr nach Nr 1960 KV zum GKG.
Der Beschluss ist kurz zu begründen und mit ordentlichen Rechtsmitteln nicht anfechtbar. Möglich bleibt Verfassungsbeschwerde zum
14   BVerfG. – **d)** Ist die **Rüge begründet**, dh wurde der Anspruch auf
rechtliches Gehör verletzt – auf ein Verschulden des Ger kommt es dabei
nicht an – und beruht das Urt darauf (Rn 4), führt das Ger den Prozess
in gleicher Weise fort (Abs 5) wie nach einem VersU und zulässigem
15   Einspruch (§ 342 Rn 2). – **e)** Die **neue Entscheidung** ergeht, wenn
das rechtliche Gehör nachgeholt wurde, nach den Grundsätzen des
§ 343 (Abs 5 S 3): Entweder ist das ursprüngliche Urt zu bestätigen
oder ganz bzw teilweise aufzuheben und durch eine anderweitige Entscheidung zu ersetzen (vgl § 343 Rn 2–7).

16   **6. Rechtskraft und Vollstreckbarkeit. – a)** Eine Rüge nach
§ 321 a **hemmt** den Eintritt der **formellen Rechtskraft** des Urt (§ 705
17   S 2). – **b)** Die **vorläufige Vollstreckbarkeit** wird dadurch nicht be-
rührt, auf Antrag kann das Ger entsprechend § 707 Abs 1 S 1 die
ZwVollstr gegen oder ohne Sicherheitsleistung vorläufig einstellen.
Nach § 707 Abs 2 ergeht die Entscheidung durch nicht anfechtbaren
Beschluss.
18   **7. Entsprechende Anwendung** von § 321 a kommt in Betracht bei
BerUrteilen, gegen die eine Nichtzulassungsbeschwerde wegen § 26
Nr 8 EGZPO nicht zulässig ist, sowie bei ablehnenden Zulassungs-
beschlüssen des RevGer (§ 544 Abs 5 S 3) und anderen unanfechtbaren
Beschlüssen, wenn der Anspruch auf rechtliches Gehör dabei verletzt
wurde, weil dies der beabsichtigten Entlastung des BVerfG dient.

§ 322 Materielle Rechtskraft

(1) **Urteile sind der Rechtskraft nur insoweit fähig, als über den
durch die Klage oder durch die Widerklage erhobenen Anspruch
entschieden ist.**

(2) **Hat der Beklagte die Aufrechnung einer Gegenforderung geltend gemacht, so ist die Entscheidung, daß die Gegenforderung nicht besteht, bis zur Höhe des Betrages, für den die Aufrechnung geltend gemacht worden ist, der Rechtskraft fähig.**

Übersicht

1. Begriff, Abgrenzung. Formelle Rechtskraft (§ 705) ist Voraussetzung für die materielle Rechtskraft. Diese bedeutet, dass der Inhalt der Entscheidung maßgeblich ist für das Gericht und die Parteien, falls es in einem späteren Verfahren um dieselbe Rechtsfolge geht. Es soll verhindert werden, dass um sie oder ihr Gegenteil wiederholt prozessiert und widersprechend entschieden wird. Die Sicherung des Rechtsfriedens unter den Parteien und die Autorität der Gerichte verlangen, dass jeder Streit einmal ein Ende findet und dass die Entscheidung endgültig ist. Dabei muss als geringeres Übel in Kauf genommen werden, dass sie im Einzelfall unrichtig ist. Von diesem Begriff der materiellen Rechtskraft sind **zu unterscheiden: – a) Vollstreckbarkeit** (§§ 704 ff.); – **b) Gestaltungswirkung** (6 vor § 253); – **c) Tatbestandswirkung.** Sie besteht darin, dass eine Norm die bloße Existenz eines Urt als Tatbestandsmerkmal enthält und daran bestimmte Rechtsfolgen knüpft, zB § 775 Nr 4 BGB; §§ 302 Abs 4 S 2, 3, 717 Abs 2. Außerdem hat das Zivilgericht außerhalb des § 839 BGB (Pal/Thomas Rn 86) einen existent gewordenen Verwaltungsakt seiner Entscheidung zugrunde zu legen (BGH NJW 79, 597, NJW 98, 3055). – **d) Nebeninterventionswirkung** (§ 68). – **e) Bindungswirkung** des Ger an eigene Entscheidungen (§ 318) und an Unterlassungsgebote gemäß § 11 UKlaG; dazu eingehend Gaul, Festschrift für Beitzke, 1979, S 997 ff.

2. Rechtskraftfähigkeit. – a) Der materiellen Rechtskraft fähig sind alle endgültigen und vorbehaltslosen Entscheidungen deutscher Gerichte, auch wenn sie (quantitativ) über den Klageantrag hinausgehen oder über einen nicht erhobenen Anspruch entscheiden (BGH NJW 99, 287). Darunter fallen im Wesentlichen die EndUrt, auch VersU (BGH WM 87, 579), GestaltungsUrt; auch ProzUrt, das die Klage abweist (BGH NJW 85, 2535) bzw Rechtsmittel oder Einspruch verwirft; seine Rechtskraft beschränkt sich auf die darin entschiedene Prozessfrage (BGH NJW 91, 1116); auch § 522 Rn 11. Ferner ZwischenUrt gegen

Dritte (§ 303 Rn 3). Schiedssprüche mit gewissen Abweichungen
(§ 1055 Rn 2). Beschlüsse, die der formellen Rechtskraft fähig sind und
eine zur materiellen Rechtskraft fähige Entscheidung enthalten, zB
Kostenfestsetzungsbeschlüsse; Verwerfungsbeschlüsse nach §§ 522, 552
(BGH NJW 81, 1962); Beschluss, der die Wiedereinsetzung ablehnt;
Beschluss nach § 5 KSchG (BAG MDR 84, 83); Beschluss nach § 888
(RG 167, 332); Zuschlagsbeschluss in der ZwVersteigerung (RG 138,
127). Eintragung in die Insolvenztabelle. VollstrBescheid (bestr; Nachweise Vollkommer, Festschrift für Gaul 1997 S 759), weil er gem
§ 700 Abs 1 einem VersU gleichsteht; dass keine Schlüssigkeitsprüfung
vor seinem Erlass stattfindet, ändert daran nichts (BGH 101, 380; zust
Grunsky WM 87, 349; aA Grüne NJW 91, 2860). Vgl auch Rn 52, 53.
Arrest und einstw Verfügung vgl § 922 Rn 7–11; ausländische Urt vgl
4 § 328. – **b) Nicht der materiellen Rechtskraft fähig** sind Vor-
behalts- (§§ 302, 599) und GrundUrt (§ 304), – in der Wirkung steht
aber die Bindung gem § 318 gleich; ein Urt ohne hinreichend genaue
Bezeichnung des Urteilsgegenstands (BGH NJW-RR 97, 441 u 99, 70).
Urteile des RechtsmittelGer, die aufheben und zurückverweisen
(§§ 538, 563 Abs 1, 2) oder verweisen (§ 281 Rn 10); ZwischenUrt
unter den Parteien (§§ 280, 303).

5   **3. Wesen der materiellen Rechtskraft.** Der Theorienstreit hat für
die Praxis keine Bedeutung. – **a)** Die **materiellrechtliche Theorie**
besagt, dass das richtige Urt der bisherige Rechtslage bestätige und einen
neuen Erwerbs- oder Untergangsgrund schaffe, während das unrichtige
Urt das zuerkannte mat Recht zum Entstehen, das aberkannte zum
6 Erlöschen bringe. – **b)** Die **prozessrechtliche Theorie** (BGH 34, 337,
BAG NJW 55, 476; vermittelnd StJLeipold 19 ff) überwiegt. Danach
spricht das Urteil aus, was Rechtens ist, schafft aber selbst nicht Recht
außer das Gestaltungsurteil. Das Wesen der mat Rechtskraft besteht
demnach darin, dass im Falle eines späteren Prozesses Gericht und
Parteien an die rechtskräftige Entscheidung gebunden sind. – Diese
7 **Bindung** bedeutet, dass eine abweichende Entscheidung verboten und
dass jede neue Verhandlung und Entscheidung über die rechtskräftig
festgestellte Rechtsfolge ausgeschlossen ist (BGH 36, 365, NJW 85,
2535 u 2825). Dieses ne bis in idem ist die entscheidende Aussage der
materiellen Rechtskraft (Schwab JuS 76, 69/73).

8   **4. <u>Wirkung</u> der materiellen Rechtskraft.** Jede neue Verhandlung
und Entscheidung über die rechtskräftig festgestellte Rechtsfolge ist
ausgeschlossen (BGH WM 96, 1101; auch Rn 36–43). Das bedeutet: –
9 **a) Ist die rechtskräftig festgestellte Rechtsfolge vorgreiflich** für die
Entscheidung im späteren Prozess über einen anderen Streitgegenstand
(Einl II), so besteht <u>Bindungswirkung</u> (BGH NJW 95, 2993), das <u>Ger
hat</u> den <u>Inhalt der rechtskräftigen Entscheidung seinem Urt zugrunde zu
legen</u> (BGH NJW 93, 3204), jede Verhandlung, Beweiserhebung und
Entscheidung über diese Rechtsfolge ist unzulässig (BGH NJW 85,
10 2535). – **Beispiele:** Ist das Eigentum des Klägers rechtskräftig festgestellt

(§ 256), so ist es ohne weiteres im späteren Herausgabeprozess (§ 985 BGB) zugrunde zu legen. Dabei ist zu beachten, dass ein Urt über den Grundbuchberichtigungsanspruch in den subjektiven Grenzen der Rechtskraft rechtskräftig über das Bestehen bzw Nichtbestehen eines geltend gemachten dinglichen Rechts in der Person des Kl entscheidet, weil das Grundbuch selbst der Beurkundung der Rechtslage dient und Anspruchsgrundlage einer Klage aus § 894 BGB nur die Inhaberschaft des dinglichen Rechts sein kann (Naumburg OLG-NL 98, 182, StJLeipold 92, 220). Ist der Herausgabeklage aus Eigentum stattgegeben od ist sie abgewiesen, so ist dies bindend, wenn in einem späteren Prozess die Entscheidung über einen anderen Anspruch vom Bestehen od Nichtbestehen des Herausgabeanspruchs abhängt (BGH NJW 81, 1517; 83, 164 für Anspruch auf Herausgabe von nach Rechtshängigkeit gezogenen Nutzungen gemäß §§ 987, 988 BGB). Abweisung einer Schadensersatzklage auf Naturalrestitution (§ 249 S 1 BGB) wegen Fehlens einer Ersatzpflicht schafft Rechtskraft auch für den Anspruch auf Geldersatz (§ 249 S 2 BGB). Ebenso schließt im umgekehrten Fall die Verurteilung zur Freistellung von einer Verbindlichkeit Einwendungen des Verurteilten gegen den Grund seiner Schadensersatzpflicht in einem nachfolgenden Zahlungsprozess aus (BGH NJW 91, 2016). Ist die Ersatzpflicht des Kl für einen bestimmten Unfallschaden festgestellt, kann im späteren Leistungsprozess die Ursächlichkeit des Unfalls für diesen Schaden nicht mehr geprüft werden. Ist der Bekl zur Räumung verurteilt, kann er im folgenden Schadensersatzprozess wegen unterbliebener Räumung nicht einwenden, er sei zur Räumung nicht verpflichtet (BGH NJW 69, 1064). Ist der Bekl zur Unterlassung verurteilt, so steht die Unterlassungspflicht ab Klageerhebung für einen späteren Schadensersatzprozess wegen Zuwiderhandlung fest (BGH 52, 2). Ist der Bekl zur Rechnungslegung verurteilt, so steht dieser Anspruch fest, wenn es im weiteren Verfahren um die Pflicht zur eidesstattlichen Versicherung geht (BGH WM 75, 1086). – **b) Ist der <u>Streitgegenstand</u> im späteren Prozess** **11** **<u>derselbe</u>** (Einl II) wie im rechtskräftig entschiedenen, so ist in den Grenzen der Rechtskraft (Rn 17, 19) die <u>Klage</u> einer früheren Partei, die die selbe oder gegenteilige Rechtsfolge (kontradiktorisches Gegenteil) begehrt, <u>als unzulässig ohne Sachprüfung durch Prozessurteil abzuweisen</u> (BGH NJW 95, 2993), auch wenn Kl oder Bekl säumig ist. Der im früheren Proz Verklagte kann nicht das auf Grund des Urt Geleistete als ungerechtfertigte Bereicherung in einem neuen Proz zurückverlangen mit der Begründung, der Proz sei unrichtig entschieden worden, außer auf Grund von Tatsachen, die nach Schluss der letzten Tatsachenverhandlung entstanden sind (BGH 83, 278 u NJW 95, 967). – **Ausnahme:** **12** Wenn im Einzelfall aus besonderen Gründen ein Bedürfnis nach einem nochmaligen Urt besteht, das dann als Folge der Rechtskraft dem früheren inhaltsgleich sein muss. So wenn der Vollstreckungstitel wegen seines unbestimmten Leistungsausspruchs nicht zur ZwVollstr geeignet (Zweibrücken NJW-RR 97, 1) oder verlorengegangen ist und nicht wieder hergestellt werden kann; war es ein obsiegendes Gestal-

tungsurteil, ist Klage auf Feststellung seines Inhalts zulässig (BGH 4, 314/321). Wenn eine erneute Feststellungsklage der einzige Weg ist, der drohenden Verjährung zu begegnen (BGH 93, 287). Die frühere rechtskräftige Ablehnung der Vollstreckbarerklärung nach § 722 schafft keine Rechtskraft hinsichtlich der Anerkennung nach § 328 (BGH WM 87,
13   445). – c) **Die Rechtskraft ist von Amts wegen zu beachten,** auch in der RevInstanz (BGH NJW 89, 2133). Dass über den nämlichen Streitgegenstand noch nicht rechtskräftig entschieden ist, ist Prozessvoraussetzung. Ihr Vorliegen darf nicht dahingestellt bleiben (BGH WM 75, 1181). Parteivereinbarung kann einer Entscheidung die Rechtskraft weder verleihen noch nehmen (BSG JZ 61, 504; einschränkend Schlosser, Einverständliches Handeln im Zivilprozess [1968] S 14). Abwei-
14   chungen beim Schiedsspruch § 1055 Rn 2. – d) **Maßgebliches Prozessrecht.** Eintritt und Reichweite der Rechtskraft richten sich nach dem Prozessrecht, das zZ des Eintritts der Rechtskraft für den Gerichtsort gilt. Die Wirkung des rechtskräftigen Urt auf den späteren Prozess richtet sich nach dem zu dieser Zeit geltenden Prozessrecht, also sachlich nach §§ 322, 328, persönlich nach §§ 325 ff und den noch geltenden landesrechtlichen Vorschriften (EGZPO § 14, EGBGB Art 55 ff). –
15   e) Über die **Bindung anderer Staatsorgane** an die Rechtskraftwirkung der Zivilurteile und über die Bindung des Zivilrichters an die Rechtskraftwirkung der Entscheidungen anderer Staatsorgane lassen sich keine allg gültigen Regeln aufstellen. Verschiedentlich ist die Frage im Gesetz ausdrücklich geklärt, zB § 121 VwGO, § 108 SGB VII (BGH 129, 195). Das Urteil eines Verwaltungsgerichts, das die Rechtmäßigkeit eines Verwaltungsaktes bejaht, bindet iR seiner Rechtskraftwirkung das Zivilgericht, für das der Gegenstand des VerwaltungsProzesses eine vorgreifliche Vorfrage ist (BGH 95, 28). Vgl § 13 GVG Rn 26. Ein rechtskräftiges Feststellungsurteil ist für das GBA bindend, wenn dort dieselben Beteiligten streiten, wem von ihnen das Recht zusteht (BayObLG 91,
16   334). – f) Ist die **Rechtskraft übersehen** und bestehen zwei sich widersprechende Urteile, so gilt das in § 261 Rn 15 Gesagte.

17   **5. Gegenstand der materiellen Rechtskraft** ist die gerichtliche Entscheidung letzter Instanz (BGH 7, 183) über den erhobenen prozessualen Anspruch (Einl II), dh das Bestehen oder Nichtbestehen der mit der Klage oder Widerklage geltend gemachten Rechtsfolge auf Grund des vorgetragenen Tatsachenkomplexes bei Schluss der mündlichen Tatsachenverhandlung (BGH NJW 95, 967, ZIP 99, 404); anders ausgedrückt der Subsumtionsschluss des Ger (§ 313 Rn 32, 33). Um dies und damit den Gegenstand der rechtskräftigen Entscheidung zu erkennen, ist von der Urteilsformel auszugehen. Soweit sie allein nicht ausreicht, sind auch Tatbestand, Entscheidungsgründe und das zu Grunde liegende Parteivorbringen heranzuziehen (BGH 34, 339, NJW 94, 409, NJW-RR 99, 1006). Bei Klageabweisung ist der aus der Begründung zu ermittelnde, die Rechtsfolge bestimmende, ausschlaggebende Abweisungsgrund Teil des in Rechtskraft erwachsenden Entscheidungssatzes

und nicht allein ein Element der Entscheidungsbegründung (BGH NJW 93, 3204; BayObLGZ 01, 28/37). Im Falle eines sachlich entscheidenden VersU aus Formel und Vorbringen des Kl (BGH WM 87, 579; differenzierend bei VersU auf künftige Unterhaltszahlungen Maurer FamRZ 89, 445). – Im Falle der **Divergenz zwischen Formel und** **18** **Entscheidungsgründen** hat nach hM der Ausspruch in der Formel Vorrang mit der Möglichkeit seiner Berichtigung nach § 319 oder Ergänzung nach § 321; aA Lindacher ZZP 88, 64. – **Nicht Gegen-** **19** **stand der Rechtskraft** sind die tatsächlichen Feststellungen – an sie ist das RevGericht gem § 559 Abs 2 gebunden –; nicht die Urteilselemente wie Vorfragen, bedingende und Gegenrechte (BGH NJW 95, 967; Rn 28 ff); nicht die Anwendbarkeit oder Auslegung einer bestimmten Rechtsnorm als solche; an die rechtliche Beurteilung ist das Untergericht in §§ 563 Abs 2, 566 Abs 8 gebunden. – **Beispiele:** Die Rechts- **20** kraft steht nicht einer Klage entgegen, die aus dem selben Sachverhalt einen anderen prozessualen Anspruch ableitet, zB Leistungsklage nach Rechtskraft des positiven Feststellungsurteils; freilich ist die rechtskräftige Sachabweisung einer Feststellungsklage vorgreiflich (Rn 9) für die spätere Leistungsklage. Andrerseits steht die Rechtskraft entgegen, wenn auf Grund des selben Sachverhalts eine Rechtsfolge begehrt wird, die mit der früher festgestellten in Widerspruch steht (BGH 123, 137, NJW 95, 1757: kontradiktorisches Gegenteil). Wird zB ein konkreter Unterlassungsanspruch rechtskräftig sachlich aberkannt, so wird damit zugleich die Berechtigung des Beklagten zu diesem Handeln bejaht (BGH NJW 66, 42). Wird zu einer konkreten Unterlassung verurteilt, so erstreckt sich die Rechtskraft auf andere, innerhalb des Kerns des Verbots liegende Verletzungsformen (BGH 5, 189; teilw aA Schubert ZZP 85, 29). Lautet das Urteil auf Leistung Zug um Zug gegen eine Gegenleistung und Abweisung der weitergehenden uneingeschränkten Klage, so steht rechtskräftig fest, dass der Anspruch nur in dieser Weise eingeschränkt besteht (BGH 117, 1). Ein Feststellungsurteil, dass der Beklagte den Schaden des Klägers infolge Lohnfortzahlung zu erstatten hat, verhindert eine Abweisung der späteren Leistungsklage mit der Begründung, der Kläger sei zur Lohnfortzahlung nicht verpflichtet (BGH NJW 82, 2257). Weitergehende Bindungswirkung in § 11 UKlaG.

6. Umfang der Rechtskraft (objektive Grenzen). Sie erfasst die **21** Entscheidung über einen durch Klage oder Widerklage erhobenen Anspruch und geht darüber hinaus, wenn das Ger fehlerhaft einen Anspruch zuspricht oder abweist, der nicht geltend gemacht war (BGH WM 85, 1408, VersR 99, 904). Prozessurteil Rn 3.

a) Ist nur über einen Teil des Anspruchs entschieden, erfasst die **22** Rechtskraft nur diesen Teil, wenn der Anspruch seiner Natur nach teilbar ist (BGH NJW 94, 3165: Zugewinnausgleich). – So ist das Ger nach einem **Teilurteil** frei und muss den Grund des Anspruchs erneut prüfen, wenn es um die Entscheidung über den Rest geht (BGH NJW 81, 1045). Vgl auch § 254 Rn 10. – Ebenso bei **Mehrforderungen,** die **23**

der Kl nach rechtskräftiger Entscheidung später aus demselben Sachverhalt gegen denselben Bekl erhebt. Dabei brauchte der Kl grundsätzlich keinen Vorbehalt für weitergehende Ansprüche zu machen (**verdeckte Teilklage**), denn das frühere Urt hatte nur im Rahmen des gestellten Antrags (§ 308 Abs 1) zu entscheiden, die Rechtskraft erstreckt sich nicht auf den nicht eingeklagten Rest des teilbaren Anspruchs oder auf andere Ansprüche aus demselben Sachverhalt, selbst wenn sich das Urt darüber auslässt (BGH 135, 178, NJW 97, 3019). Bei der Einklagung wiederkehrender Leistungen auch für die Zukunft spricht die Vermutung gegen eine verdeckte Teilklage mit der Folge, dass der Kl ausdrücklich oder zumindest erkennbar sich eine Nachforderung vorbehalten muss (BGH 94, 145; NJW 94, 3165: Unterhalt, Hamm MDR 97, 1159: Verdienstausfall). Nach rechtskräftiger Entscheidung über uneingeschränktes Schmerzensgeld ist eine neue Klage wegen späterer Verletzungsfolgen nur zulässig, wenn diese in dem früheren Verfahren nicht berücksichtigt werden konnten, weil sie objektiv nicht erkennbar
24 und ihr Eintreten nicht vorhersehbar waren (BGH NJW 95, 1614). – Anders nur, wenn der Kl den Betrag in das **Ermessen des Gerichts** gestellt hatte, weil das Urt dann ausspricht, dass der Anspruch nur in
25 dieser Höhe besteht. – **Sonderfälle.** Bei Verurteilung zur Einräumung eines Miteigentumsanteils zu einer bestimmten Quote ist wegen der Einheitlichkeit des Rechts die spätere Nachforderung einer weiteren Quote wegen der Rechtskrafterstreckung nach BGH 36, 365 ausgeschlossen. Ablehnend Brox NJW 62, 1203, Pohle ZZP 77, 98; gegen die Rechtskrafterstreckung auf nicht eingeklagte Teile der Forderung auch Zeiss NJW 68, 1305, Zeuner MDR 72, 84; auch BGH NJW 85, 2825 spricht sich gegen ein zu allgemeines Verständnis des vorgenannten Urt aus und erklärt es damit, dass der Klageantrag den ganzen Anspruch
26 zum Inhalt hatte. – Das Urt über eine **offene oder erkennbare Teilklage** steht der späteren Einklagung eines anderen Teils oder des Restes nicht entgegen (BGH NJW 94, 3165; 97, 1990 u 3019). Das gilt auch bei eventueller Klagehäufung mit nur einem Antrag (zB 100 €), der nacheinander auf verschiedene Klagegründe (zB primär 100 € Sachschaden, hilfsweise 100 € Schmerzensgeld aus je 200 € behauptetem Anspruch) gestützt ist (§ 260 Rn 3). Werden im Urt die 100 € als Sachschaden verneint und als Schmerzensgeld zugesprochen, so steht einer erneuten Einklagung von je 100 € Restanspruch keine Rechtskraft entgegen (Batsch ZZP 86, 254/287 ff). Zeiss Rn 581, Ludwig FamRZ 99, 384 wollen bei voller oder teilweiser Abweisung einer Teilklage die Rechtskraftwirkung auf den nicht eingeklagten Rest erstrecken, weil in insoweit zusprechendes späteres Urt das kontradiktorische Gegenteil des früheren (Rn 11, 12) aussprache. Das trifft aber nicht zu, denn die andere Rechtsfolge im 2. Prozess ist nicht gegenteilig, weil die jeweils eingeklagten Beträge nicht identisch sind; das zweite gibt dem Kl nicht das nämliche, was ihm das 1. Urt aberkannt hat. – Ist bei Kla-
27 gehäufung (§ 260) über einen prozessualen Anspruch **versehentlich**

nicht entschieden (auch § 321), tritt insoweit keine Rechtskraftwirkung ein (BGH MDR 66, 187).

b) Nicht in Rechtskraft erwachsen die tatsächlichen Feststellungen und die **Beurteilung vorgreiflicher Rechtsverhältnisse** (BGH ZIP 99, 404) und anderer Vorfragen (BGH 123, 137, NJW 95, 2993), außer wenn sie Gegenstand einer Zwischenfeststellungsklage nach § 256 Abs 2 sind. – **Beispiele:** Nicht rechtskräftig festgestellt werden: Das Eigentum in einem Urt auf Herausgabe (§ 985 BGB); das Nichtbestehen eines dinglichen Wohnrechts bei Verurteilung zur Räumung (BGH NJW-RR 99, 376); die 75%ige Erwerbsminderung bei Verurteilung zu einer Unfallrente (RG 126, 240); Zustandekommen und Rechtswirksamkeit des zugrunde liegenden Vertrages bei Verurteilung zu einer vertraglich geschuldeten Leistung; der Unwirksamkeits- bzw Auflösungsgrund in einem Urteil, das das Nichtbestehen bzw die Auflösung eines Vertrages feststellt (BGH NJW-RR 88, 199); Vorsatz oder Fahrlässigkeit bei Verurteilung zu Schadensersatz (BGH LM Nr 2). 28 29

c) Nicht in Rechtskraft erwächst die **Entscheidung über Einwendungen und Einreden** des Bekl, auch wenn ihnen ein Gegenanspruch zugrunde liegt, solange er nicht seinerseits durch Widerklage zur Entscheidung gestellt ist. Bsp: Zurückbehaltungsrecht (BGH 117, 1); Einrede des nichterfüllten Vertrages, der Wandlung oder Minderung. Für die Aufrechnung Sonderregelung in Abs 2. 30

d) Alle materiellrechtlichen Anspruchsgrundlagen, unter denen die Klage auf Grund des vorgebrachten Sachverhalts zu prüfen war (BGH 117, 1; Einl II Rn 15 ff), sind durch die rechtskräftige Entscheidung über den prozessualen Anspruch erledigt (BGH NJW 00, 3492/3494). Hat das Ger vorgetragenen Prozessstoff tatsächlicher Art als solchen oder seine rechtliche Prüfung unter einer in Frage kommenden Anspruchsgrundlage übersehen, so mag das Urt inhaltlich unrichtig sein, es erwächst aber in Rechtskraft (BGH NJW 00, 3492/3494). – **Beispiele:** Abweisung der Klage des unfallverletzten Fahrgastes auf Schadensersatz aus Haftpflicht und unerlaubter Handlung; die Rechtskraft hindert eine wiederholte Klage, die jetzt auf schuldhafte Verletzung des Beförderungsvertrages gestützt wird. Eine wegen Nichtigkeit des zugrunde liegenden Vertrages rechtskräftig abgewiesene Leistungsklage kann nicht zulässig erneut erhoben werden mit der Begründung, der nichtige Vertrag müsse umgedeutet werden. 31 32

e) Anderer Sachverhalt. Anders als bei Rn 31 steht die rechtskräftige Klageabweisung der Erhebung einer neuen Klage nicht entgegen, die zwar wirtschaftlich dasselbe Ziel mit einem äußerlich gleich lautenden Antrag verfolgt, die aber auf einen anderen, selbständigen, im Vorprozess nicht vorgetragenen Sachverhalt (Einl II Rn 24 ff) gestützt ist. – **Beispiele:** Die Abweisung der Zahlungsklage aus Darlehen bzw Kaufvertrag hindert nicht die Erhebung einer neuen Klage, die auf ein für das Darlehen gegebenes Anerkenntnis bzw auf einen für die Kaufpreisschuld gegebenen Wechsel gestützt ist und umgekehrt; dies auch, wenn die betreffenden selbständigen Sachverhalte im Vorprozess schon hätten vor- 33 34

getragen werden können. Die Abweisung der Klage mangels Aktivlegitimation hindert nicht die Erhebung einer neuen Klage über denselben
Anspruch, gestützt auf nachträgliche Abtretung durch den Berechtigten
an den Kläger (BGH WM 85, 1516).

35   **f) Maßgebender Zeitpunkt** dafür, dass auf Grund des festgestellten
Sachverhalts die begehrte Rechtsfolge eintritt oder nicht, ist der **Schluss
der letzten mündlichen Tatsachenverhandlung** (BGH NJW 85,
2825) oder was dem gleichsteht (§ 128 Rn 33; § 251 a Rn 6; § 283
Rn 6). Daraus ergibt sich die Präklusionswirkung (Rn 36–43).

36   **7. Präklusionswirkung** bedeutet, dass die Parteien mit allem tatsächlichen Vorbringen ausgeschlossen sind, das im Widerspruch zu den
Feststellungen des Urt steht. Die der Rechtskraft innewohnende Präklusionswirkung bleibt unberührt und ist zu unterscheiden von der sog
rechtskraftfremden Präklusionswirkung (BGH 45, 329), wo das Gesetz
sie bestimmt, zB § 767 Abs 3. Die Rechtskraftwirkung hat zwei Seiten:
Die eine wirkt sich auf die spätere rechtliche Beurteilung, die andere auf
spätere tatsächliche Feststellungen aus.

37   **a) Jede abweichende rechtliche Beurteilung** des Prozessstoffes ist
in einem späteren Proz, sei es mit dem nämlichen Streitgegenstand, sei es
als Vorfrage, in den subjektiven Grenzen der Rechtskraft (§§ 325 ff)
ausgeschlossen. Bsp Rn 10, 20, 29, 30, 32, 34.

38   **b) Im Vorprozess vorgebrachte oder festgestellte Tatsachen**
können in einem späteren Proz nicht abweichend festgestellt werden mit
dem Ziel, das Gegenteil der früher festgestellten oder abgelehnten
Rechtsfolge auszusprechen.

39   **c) Neue Tatsachen,** dh solche, die im maßgebenden Zeitpunkt des
VorProz schon vorhanden waren, aber nicht vorgetragen wurden, sind
mit dem Ziel, das kontradiktorische Gegenteil der früher festgestellten
oder abgelehnten Rechtsfolge auszusprechen, insoweit **ausgeschlossen,**
als sie bei natürlicher Anschauung zu dem im VorProz vorgetragenen
Lebensvorgang (Einl II Rn 30 ff) gehören (BGH 117, 1; 123, 137, NJW
40   95, 1757). – **Beispiele:** Der Bekl, der zu einer vertraglich geschuldeten
Zahlung rechtskräftig verurteilt ist, kann nicht in einem neuen Proz das
Geleistete mit der neuen Behauptung zurückverlangen, der Vertrag stelle
eine unsittliche Knebelung dar oder sei nur zum Schein geschlossen
worden. Der Kl, dessen Klage auf Zahlung einer abgetretenen Forderung
rechtskräftig abgewiesen ist, kann nicht in einem neuen Proz die nämliche Forderung einklagen und sie nunmehr auf eine andere Abtretungserklärung desselben Zedenten stützen, die er im VorProz bereits hätte
geltend machen können, aber schuldhaft nicht geltend gemacht hat
41   (BGH WM 75, 1181). – **Nicht ausgeschlossen** sind neue Tatsachen,
die mit dem im VorProz festgestellten Sachverhalt nicht in Zusammen-
42   hang stehen oder ihm nicht widersprechen. – **Beispiele:** Die rechtskräftig abgewiesene Wechselklage steht der Erhebung der Klage auf
Zahlung des dem Wechsel zugrunde liegenden Kaufpreises nicht im
Weg. Ebenso nicht das abweisende Urt über eine rechtsgeschäftliche

Verpflichtungserklärung einer Klage aus Vermögensübernahme, auch wenn beiden Prozessen als Ausgangspunkt derselbe Vertrag zugrundeliegt (BGH JR 82, 68).

d) Nach Schluss der letzten Tatsachenverhandlung entstandene 43 **Tatsachen** sind nicht präkludiert (BGH NJW 95, 1757; 00, 2022), auch dann nicht, wenn sie mit im Vorproz vorgetragenen Tatsachen in Fortsetzungszusammenhang stehen (BGH NJW 98, 374), zB neuer Verstoß gegen ein UnterlassungsUrt (KG NJW-RR 99, 789). Die wegen fehlender Übereignung abgewiesene Herausgabeklage kann erneuert werden mit der Begründung, der Kl sei nach Schluss der Tatsachenverhandlung Alleinerbe des Eigentümers geworden. Der neue Gläubiger kann die wegen fehlender Aktivlegitimation abgewiesene Klage auf Gewährleistung iF der Abtretung nach Schluss der Letzten mdl Vhdlg wiederholen (BGH NJW 86, 1046). Ist eine Klage mangels Fälligkeit oder eine Amtshaftungsklage abgewiesen, weil der Verletzte anderweitig Ersatz erlangen könne (im Zweifel heißt das „zZ unbegründet"), so darf sie erneut erhoben werden mit der Behauptung, Fälligkeit sei inzwischen eingetreten bzw der Versuch anderweitigen Ersatzes sei inzwischen misslungen (BGH 37, 375, WM 01, 369). Ein auf Grund rechtskräftigen Urt bezahlter Unterhalt kann zurückverlangt werden, wenn der Unterhaltsanspruch später wegfällt (BGH 83, 278). Ein FeststellungsUrt auf Ersatzpflicht für künftig entstehende Schäden schließt nicht die Aufrechnung mit später entstandenen Gegenforderungen und nicht mit bereits entstandenen gegen die festgestellte später dann entstandene Ersatzforderung aus (BGH NJW 88, 2542). Auch ein späteres verwaltungsgerichtliches Urt feststellenden Charakters kann eine Veränderung der Tatsachenlage bedeuten (BGH NJW 95, 2993). Würthwein (ZZP 112, 447) will nach Schluss der letzten Tatsachenverhandlung entstandene neue wissenschaftliche Erkenntnisse den neu entstandenen Tatsachen gleichstellen, soweit es um zukünftige Leistungen geht.

8. Aufrechnung (Abs 2). Erklärung, Geltendmachung im Prozess, 44 Bestimmtheitsgrundsatz und Entscheidung § 145 Rn 11 ff. Abs 2 ist eine positive Ausnahmevorschrift und keiner analogen Anwendung auf andere Einwendungen fähig, auch nicht auf Posten im Rahmen eines Abrechnungsverhältnisses (BGH NJW 92, 317). Er gilt auch, wenn der Kl als Schuldner die Aufrechnung erklärt, so bei der auf seine Aufrechnung gegen die Forderung des Bekl gestützten negativen Feststellungs- oder Vollstreckungsabwehrklage (BGH 89, 349, NJW 92, 982). – **Abs 2 gilt nicht,** wenn der Kl als Gläubiger die Aufrechnung erklärt (BGH NJW 92, 982, zust Tiedtke NJW 92, 1473; abl Zeuner NJW 92, 2870, Foerste NJW 93, 1183); wenn der Bekl sich gegenüber der Klageforderung auf eine vom Kl außerhalb des Rechtsstreits erklärte Aufrechnung beruft (BGH 89, 349); ferner nicht, wenn das Urt die Klageforderung aus anderen Gründen abgewiesen hat oder wenn der beklagte Bürge die Aufrechnung mit Gegenforderungen des Hauptschuldners geltend macht (BGH NJW 73, 146). – **a) Die Rechtskraft-** 45

wirkung der Entscheidung erfasst die zur Aufrechnung gestellten Gegenforderungen in der geltend gemachten Reihenfolge und Höhe (BGH NJW 98, 995) bis zur Höhe der Klageforderung (Düsseldorf
46   NJW-RR 94, 1279) und zwar, – **aa)** soweit das der Klage stattgebende Urt die **Aufrechnung** für **unbegründet erklärt,** auch wegen fehlender Substantiierung (BGH 33, 236, NJW 94, 1538); Wert der Be-
47   schwer § 511 Rn 16. – **bb)** soweit das Urt die Klage wegen der **begründet erklärten Aufrechnung** abweist. Auch diese Entscheidung, dass die Aufrechnungsforderung nicht mehr besteht, soweit sie
48   verbraucht ist, erwächst in Rechtskraft (BGH 36, 319). – **cc)** wenn das Gericht das tatsächliche Vorbringen zur **Aufrechnung** als **verspätet** zurückweist (BGH 33, 236, NJW-RR 91, 972; aA Pal/Heinrichs
48 a   § 388 Rn 2). – **b) Keine Rechtskraftwirkung** hins der Aufrechnungsforderung, wenn das Urt den Aufrechnungseinwand als solchen nicht zulässt (§ 533 Rn 8) oder die Aufrechnung für unzulässig hält (BGH NJW 94, 1538) oder ihre Zulässigkeit offen lässt, was wegen Unklarheit über die Rechtskraftwirkung fehlerhaft ist (BGH NJW 88, 3210, WM 91, 731). Hat das Ger die Zulässigkeit der Aufrechnung im Urt verneint, sind Ausführungen über die Begründetheit als nicht
48 b   vorhanden anzusehen (BGH NJW 84, 128). – **c) Abs 2 gilt entsprechend** für Streitverfahren der freiwilligen Gerichtsbarkeit (Stuttgart NJW-RR 89, 841).

49   **9. Beseitigung der Rechtskraft** ist möglich in den vom Gesetz bes zugelassenen Ausnahmefällen: **Wiedereinsetzung** gegen die Versäumung der Frist für Rechtsmittel, Einspruch oder Gehörsrüge (§§ 233 ff). – **Bestimmung des zuständigen Gerichts** in den Fällen des § 36 Nr 5, 6. – **Abänderungs- und Nachforderungsklage** (§§ 323, 324), § 10 a HärteregelungsG für öffentlichrechtlichen Versorgungsausgleich. – **Wiederaufnahmeklage** (§§ 578 ff, 641 i). – **Bei Rechtsänderung,** wenn das neue Gesetz die Erneuerung des Rechtsstreits ausdrücklich zulässt (RG 147, 389).

50   **10. Beseitigung der Rechtskraft mit § 826 BGB.** In besonderen Ausnahmefällen und bei strengen Beweisanforderungen ist eine neue Klage zulässig (abl Prütting/Weth, Rechtskraftdurchbrechung bei unrichtigen Titeln, 1988, Rn 109 ff), mit der der Kl das auf Grund des Urt Geleistete zurückverlangt (BGH NJW 86, 1751 u 2047) oder beantragt, den Bekl zur Unterlassung der ZwVollstr, Herausgabe des Titels oder Schadensersatz (BGH 40, 130) zu verurteilen. Keine Einstellung der Zwangsvollstreckung entsprechend § 769, dort Rn 2.

51   **a) Voraussetzung** ist, dass das Urt unrichtig – außer die Unrichtigkeit ist auf nachlässige Prozessführung durch den Betroffenen zurückzuführen (BGH NJW-RR 88, 957) – und die vollstreckende Partei sich der Unrichtigkeit, auch nachträglich bewusst ist. Hinzukommen müssen besondere Umstände, die das Verhalten des Schädigers als sittenwidrig erscheinen lassen (BGH NJW 99, 1257). So wenn die Partei das Urt oder seine Rechtskraft durch eine rechts- oder sittenwidrige Handlung

im Bewusstsein der Unrichtigkeit herbeigeführt hat oder wenn die Ausnutzung des zwar nicht erschlichenen, aber als unrichtig erkannten Urt in hohem Maße unbillig und geradezu unerträglich ist (BGH 26, 396). Dazu reicht allein der Umstand, dass der Gläubiger mehr erhalten hat, als ihm bei zutreffender Beurteilung der Rechtslage zustand, nicht aus (BGH NJW 112, 54). Ebenso genügt es nicht, dass die unterlegene Partei die Unrichtigkeit des Urt mit den schon im Vorprozess gemachten Ausführungen darlegen oder ihr bisheriges Vorbringen durch tatsächliche Ergänzungen oder zusätzliche Beweisangebote lediglich untermauern will (BGH 40, 130, NJW 74, 557). Gilt auch gegenüber Urt im Einstw-Vfgs-Verfahren (BGH WM 69, 474: Ersatz einer bezahlten Geldstrafe).

b) Vollstreckungsbescheid auf Grund sittenwidrigen Ratenkre- **52** **dit-, Bürgschafts- oder Partnerschaftsvermittlungsvertrages.** Sittenwidrig ist die Erwirkung des VB nur dann, wenn zurzeit des Mahnverfahrens erkennbar war (BGH WM 90, 391), uU beschränkt auf die Berechnung der Verzugszinsen (BGH WM 90, 393), dass bei einer Geltendmachung im Klageweg bereits die gerichtliche Schlüssigkeitsprüfung nach § 331 nach dem Stand der Rspr im Zeitpunkt des Antrags auf Erlass des VB zu einer Ablehnung seines Klagebegehrens führen musste (BGH 101, 380, BVerfG WM 93, 1326); zulässig bleibt die ZwVollstr wegen solcher Beträge, die dem Titelgläubiger auch bei Nichtigkeit des Darlehensvertrages gegen den Ratenkreditnehmer zustehen (BGH WM 89, 170). Auch die bloße Ausnützung eines unrichtigen, nicht erschlichenen VB kann das Rechtsgefühl in schlechthin unerträglicher Weise in Extremfällen verletzen (BGH 112, 54, NJW 98, 2818). All dies gilt nur für Fallgruppen, die nach der Art der zugrunde liegenden Rechtsbeziehungen fallgruppentypische Merkmale der Sittenwidrigkeit aufweisen und in denen ein besonderes Schutzbedürfnis des in Anspruch Genommenen hervortritt (BGH 103, 44, NJW 99, 1257). Diese Grundsätze gelten auch für die unverbindliche Partnerschaftsvermittlung (LG Frankfurt NJW-RR 95, 634, Börstinghaus MDR 95, 551). – **§ 826 BGB ist nicht anwendbar,** wenn der Kreditgeber zur- **53** zeit des Mahnverfahrens nach dem Stand der höchstrichterlichen Rechtsprechung mit der Möglichkeit rechnen konnte, bei Vorgehen im Klageweg ein VersU zu erwirken (BGH WM 89, 169); wenn der Ratenkreditnehmer sich unmittelbar nach Abschluss des Darlehensvertrages noch vor Fälligkeit der 1. Rate und während des späteren Mahnverfahrens anwaltlich hat beraten und vertreten lassen (BGH NJW 87, 3259); wenn sich der Darlehensnehmer lediglich auf Abschluss des Kreditvertrages im Reisegewerbe (§§ 55, 56 I Nr 6 GewO) beruft (Köln NJW-RR 92, 304); wenn der Gläubiger bei Antragstellung auf VB noch nicht von der Unverbindlichkeit seines Anspruchs auf Provision für Partnerschaftsvermittlung (Pal/Sprau § 656 Rn 8) ausgehen musste (BVerfG NJW 93, 1125).

c) Restitutionsgrund. Der Anwendbarkeit des § 826 BGB steht **54** nicht entgegen, dass die vorgetragenen Behauptungen auch einen sachlichen Restitutionsgrund nach §§ 580, 581 ausfüllen (Celle NJW 79, 64, BGH 50, 115; kritisch dazu Zeiss JuS 69, 362, abl Baumgärtel und Scherf JZ 70, 316; aA auch Celle NJW 66, 202).

55 **d) Nicht anwendbar** ist § 826 BGB, wenn das OLG im Klageerzwingungsverfahren nach § 172 StPO die Anklageerhebung wegen Mangels an Beweisen abgelehnt hat (BGH NJW 64, 1672). Ebenso, wenn die unterlegene Partei durch eigene Nachlässigkeit die Vorlage einer Beweisurkunde im VorProz versäumt hat und ihr deswegen die Restitutionsklage (§ 582) gegen die obsiegende Partei verschlossen ist (BGH DB 74, 1158). Nur im Proz gegen sie, nicht gegen einen Dritten, auf den sich die Rechtskraftwirkung des Urt im VorProz nicht erstreckt, ist § 582 entsprechend anwendbar (BGH NJW 89, 1287).

56 **e) Zuständig** ist jedes Ger, in dessen Bezirk ZwVollstrMaßnahmen zu erwarten sind (Hamm NJW-RR 89, 305).

§ 323 Abänderungsklage

(1) **Tritt im Falle der Verurteilung zu künftig fällig werdenden wiederkehrenden Leistungen eine wesentliche Änderung derjenigen Verhältnisse ein, die für die Verurteilung zur Entrichtung der Leistungen, für die Bestimmung der Höhe der Leistungen oder der Dauer ihrer Entrichtung maßgebend waren, so ist jeder Teil berechtigt, im Wege der Klage eine entsprechende Abänderung des Urteils zu verlangen.**

(2) **Die Klage ist nur insoweit zulässig, als die Gründe, auf die sie gestützt wird, erst nach dem Schluß der mündlichen Verhandlung, in der eine Erweiterung des Klageantrages oder die Geltendmachung von Einwendungen spätestens hätte erfolgen müssen, entstanden sind und durch Einspruch nicht mehr geltend gemacht werden können.**

(3) [1]**Das Urteil darf nur für die Zeit nach Erhebung der Klage abgeändert werden.** [2]**Dies gilt nicht, soweit die Abänderung nach § 1360a Abs. 3, § 1361 Abs. 4 Satz 4, § 1585b Abs. 2, § 1613 Abs. 1 des Bürgerlichen Gesetzbuchs zu einem früheren Zeitpunkt verlangt werden kann.**

(4) **Die vorstehenden Vorschriften sind auf die Schuldtitel des § 794 Abs. 1 Nr. 1, 2a und 5, soweit darin Leistungen der im Absatz 1 bezeichneten Art übernommen oder festgesetzt worden sind, entsprechend anzuwenden.**

(5) **Schuldtitel auf Unterhaltszahlungen, deren Abänderung nach § 655 statthaft ist, können nach den vorstehenden Vorschriften nur abgeändert werden, wenn eine Anpassung nach § 655 zu einem Unterhaltsbetrag führen würde, der wesentlich von dem Betrag abweicht, der der Entwicklung der besonderen Verhältnisse der Parteien Rechnung trägt.**

Übersicht

1. Abänderungsklage. – a) Rechtsnatur. Sie lässt ausnahmsweise **1** die Beseitigung der Rechtskraft eines früheren Urteils – insoweit prozessuale Gestaltungsklage (5–7 vor § 253) verbunden mit Leistungsantrag (BGH NJW 01, 2259) – und erneute Entscheidung über denselben Anspruch zu – insoweit gleiche Rechtsnatur und gleicher Streitgegenstand wie die Klage im Vorprozess (Düsseldorf FamRZ 94, 1535, StJLeipold 34; aA RoSchw/Gottwald § 158 I 2, 3, BLAH Rn 40). Einen materiellrechtlichen Anspruch gibt die Norm nicht. **b) Abgrenzung 2 zur Vollstreckungsabwehrklage.** Die dogmatisch richtige Unterscheidung – Abänderungsklage für Wegfall oder Veränderung des anspruchsbegründenden Tatbestands, VollstrAbwehrklage für rechtsvernichtende und rechtshemmende Einwendungen – ist praktisch nicht immer durchführbar, beide können sich überschneiden (BGH NJW 78, 753, FamRZ 89, 159). Im Hinblick auf seinen Zweck und auf die Einschränkungen in Abs 2 u Abs 3 ist § 323 anwendbar, wenn es um die Berücksichtigung der im Laufe der Zeit stets wandelbaren wirtschaftlichen Verhältnisse geht, die bei titulierten Ansprüchen auf wiederkehrende Leistungen typischerweise unter dem Gesichtspunkt des Wegfalls oder der Veränderung der Geschäftsgrundlage von Bedeutung sind, während § 767 anwendbar ist auf eher punktuell eintretende Ereignisse, die eine Erfüllung, ein Erfüllungssurrogat oder einen der Erfüllung wirtschaftlich gleichkommenden Vorgang darstellen (BGH NJW 84, 2826, NJW-RR 91, 1154, StJLeipold 41 ff). So kann der verurteilte Unterhaltsschuldner geltend machen, dass sich die Bedürftigkeit des Gläubigers durch den Bezug einer auf dem Versorgungsausgleich beruhenden Rente vermindert, und zwar für die Zeit ab Klageerhebung nach § 323, für die Zeit davor nach § 767 (BGH FamRZ 89, 159). Ebenso der verurteilte Unterhaltsschuldner nach Abänderungsverhandlungen über rückwirkende Ermäßigung (Frankfurt FamRZ 91, 1328). Nach Titulierung des nachehelichen Unterhalts gemäß § 1579 BGB entstehende Ausschluss- oder Herabsetzungsgründe sind mit Abänderungs-, nicht mit ZwVollstrGegenklage geltend zu machen (KG FamRZ 90, 187); ebenso zeitliche Begrenzung des Unterhaltsanspruches gem §§ 1573 Abs 5, 1578 Abs 1 S 2 (BGH NJW 00, 3789). Umdeutung ist zulässig (Bamberg FamRZ 99, 942). – **c) Hilfsweise Verbindung** eines Klageantrags nach **3** § 323 mit einem Hauptantrag nach § 767 ist zulässig (BGH FamRZ 79, 573, Anm Baumgärtel FamRZ 79, 791).

4   **2. Anwendungsbereich. – a) Gegen Leistungsurteile (Abs 1),** auch Anerkenntnis- und Versäumnisurteile (Hamm FamRZ 92, 1201),
5   Vollstreckungsbescheide, Schiedssprüche. – **b) Gegen andere Titel (Abs 4),** nämlich wirksame (Köln FamRZ 99, 943) gerichtliche Vergleiche, analog gerichtlich bestätigte Einigung über nachehelichen Unterhalt in der früheren DDR (BGH MDR 95, 70), vollstreckbare Urkunden, die zu genügend bestimmten (Zweibrücken FamRZ 99, 33; § 794 Rn 48 ff) wiederkehrenden Leistungen verpflichten, Abänderungsbeschluss nach § 656, eingeschränkt gegen Beschlüsse, gerichtliche Vergleiche und vollstreckbare Urkunden, die den Regelunterhalt von Kindern betreffen (§ 1612 a BGB). Analog gegen vor einem Jugendamt errichtete vollstreckbare Urkunden (BGH NJW 85, 64, Köln FamRZ 00, 905). Für die Abänderung vollstreckbarer Urkunden brauchen die Voraussetzungen des Abs 1 nicht vorzuliegen, maßgebend ist, ob den Parteien nach den Grundsätzen über den Wegfall der Geschäftsgrundlage ein unverändertes Festhalten an den vereinbarten Leistungen nicht mehr
6   zuzumuten ist (BGH NJW-RR 91, 514). – **c) Gegen Unterhaltstitel**
7   **(Abs 5),** Rn 35–38. – **d) Gegen ausländische Urteile.** Der deutsche Richter kann auch ausländische Urteile, die im Inland anzuerkennen sind, mit Wirkung im Inland abändern, sofern das Recht des ausländischen Urteilsstaates eine Anpassung von wiederkehrenden Leistungen an veränderte Verhältnisse kennt (Düsseldorf FamRZ 82, 631, Hamm FamRZ 87, 1302). Die prozessualen Voraussetzungen der Abänderbarkeit richten sich nach § 323 (BGH NJW 92, 438, Düsseldorf NJW-RR 93, 136). Der Maßstab der Anpassung nach Art und Höhe ist nach dem materiellen Recht zu beurteilen, das dem abzuändernden Titel zugrunde-
8   deliegt (BGH NJW 83, 1976, München NJW-RR 90, 649). – **e) Gegen Feststellungsurteile** gleichen Inhalts (Hamm FamRZ 94, 387, 00,
9   544). – **f) Gegen Unterlassungsurteile,** wenn das Verbotene später
10   erlaubt wird (BLAH Rn 79). – **g) Gegen außergerichtliche Vergleiche,** wenn sie vertraglich der Regelung des § 323 unterstellt sind (BGH
11   FamRZ 60, 60, Köln FamRZ 86, 1018). – **h) Unabhängig** von § 323 ist die Abänderungsklage nach § 654 und der Abänderungsantrag nach
12   § 10 a VAHRG (BGH NJW-RR 89, 130). – **i) Nicht anwendbar** gegen Urt auf Kapitalabfindung statt Rente, zB § 843 Abs 3 BGB (BGH 79, 187), auf öffentlichrechtlichen Versorgungsausgleich (BGH NJW 82, 1646) – dafür Härteregelung in § 10 a HärteregelungsG (BGBl 86, 2317, Wagenitz JR 87, 53) –, gegen einstw Vfgn wegen §§ 936, 927 (§ 924 Rn 7, § 936 Rn 6) und gegen einstw Anordnungen nach § 620 Nr 4, 6 oder einen im Anordnungsverfahren geschlossenen Vergleich (BGH NJW-RR 91, 1154), außer er ist endgültig (Stuttgart FamRZ 00, 1377); ggf Umdeutung in Leistungsklage (BGH FamRZ 83, 892). S auch Rn 35–38.

13   **3. Zulässigkeit. – a) Die allgemeinen Prozessvoraussetzungen** (8 ff vor § 253) müssen vorliegen. Für die Zuständigkeit gilt nicht
14   § 767 Abs 1 (BayObLG FamRZ 99, 935). – Das **Rechtsschutz-**

bedürfnis fehlt, wenn die ZwVollstr aus dem früheren Titel beendet ist (KG FamRZ 88, 310, München FamRZ 99, 942). Bis zur Einlegung der Berufung gegen das frühere Urt stehen diese und Klage nach § 323 zur Wahl (KG FamRZ 91, 211). Der Abänderungsklage fehlt das Rechtsschutzbedürfnis, wenn sich die Umstände zwar nach Schluss der mdl Vhdlg, aber zu einem Zeitpunkt geändert haben, in dem der BerKl diese Änderung noch in der aus anderen Gründen ohnehin eingelegten zulässigen Ber (Koblenz FamRZ 88, 302) bzw der BerBekl auf zulässige Ber des Gegners mit AnschlussBer hätte geltend machen können (Hamm FamRZ 96, 1088, Köln FamRZ 97, 507). Die Abänderungsklage wird in diesem Fall erst wieder zulässig nach Rücknahme oder Verwerfung der HauptBer als unzulässig (BGH 96, 205; aA Köln aaO). Maßgebender Zeitpunkt für Abs 3 müsste dann die Einlegung der AnschlussBer sein (zweifelnd Hoppenz FamRZ 86, 226). Das Rechtsschutzbedürfnis fehlt ferner, wenn es sich lediglich um die Neufestsetzung des Regelunterhalts für Kinder gemäß § 645 oder wenn es sich nur um die Anpassung von Unterhaltsrenten Minderjähriger an die Veränderung der allgemeinen wirtschaftlichen Verhältnisse (Rn 35–38) handelt. Die Abänderung des früheren Urt kann nur mit Leistungsklage begehrt werden, für eine Feststellungsklage fehlt das Rechtsschutzbedürfnis (BGH NJW 86, 3112). Zur **Prozessführungsbefugnis** rechnet BGH **15** NJW 83, 684, dass die richtige Partei (Rn 27) verklagt ist. – **b) Beson- 16 dere Prozessvoraussetzungen: – aa)** Es muss sich um einseitige, künftig fällig werdende **wiederkehrende Leistungen** im Sinne des § 258 Rn 1 handeln, also auch Zinsen (Braun ZZP 108, 319). Entspr Anwendung Rn 5. Leistungen, für die die anspruchsbegründenden Tatsachen feststehen, zB Ratenzahlungen, Renten nach §§ 912, 917 BGB, fallen nicht darunter. – **bb)** Über denselben Anspruch muss **bereits ein 17 Titel** gem Rn 4 ff vorliegen. Rechtskraft ist nicht nötig (arg: Abs 2; StJLeipold 11). – **cc)** Der Kl muss eine **wesentliche Veränderung** der **18** Umstände (Rn 19–23) nach dem maßgebenden Zeitpunkt (Rn 24–26) behaupten. Fehlt die Behauptung derartiger Tatsachen, ist die Klage unzulässig (BGH FamRZ 85, 376/378), können sie nicht festgestellt werden oder erweisen sie sich nicht als wesentlich, ist sie unbegründet (BGH FamRZ 84, 353).

4. Begründetheit a) Die **wesentliche Änderung** derjenigen Ver- **19** hältnisse, auf denen vorausschauend Bejahung des Anspruchs, Inhalt oder Umfang der Verurteilung im früheren Urteil beruhen, muss bereits eingetreten sein, eine andere Prognose der künftigen Verhältnisse, die der Verurteilung zugrunde liegt, aus nachträglicher Sicht, reicht nicht aus (BGH 80, 389). Sie kann entweder, abgesehen von den Fällen des Regelunterhalts und der Anpassung im vereinfachten Verfahren (§ 655, Abs 5), allgemeiner Art sein, zB Erhöhung der Lebenshaltungskosten (Zweibrücken NJW 94, 527), grundsätzlich Gesetzesänderung (nicht: Einführung von § 1610 a BGB, Bamberg FamRZ 92, 185) oder andere Auslegung einer Gesetzesbestimmung durch das BVerfG zur Vermei-

dung verfassungswidriger Ergebnisse (BGH NJW 90, 3020/3022), Veränderung des Zinsniveaus (Karlsruhe NJW 90, 1738), oder in der Person
des Berechtigten oder Verpflichteten liegen, zB Erhöhung des Einkommens, nicht nur vorübergehende Arbeitslosigkeit (Brandenburg FamRZ
95, 1220, Dresden FamRZ, 98, 767: 6 Monate) trotz Bemühens um
Arbeit (KG NJW 85, 869), Wiederverheiratung, Wiederzusammenleben
getrennter Ehegatten (Hamm FamRZ 99, 30), Verfestigung des Zusam-
menlebens des unterhaltsberechtigten Ehegatten in einer nichtehelichen
Lebensgemeinschaft (Düsseldorf NJW-RR 91, 1347), Wegfall des Unterhaltsanspruchs wegen § 1573 Abs 5 BGB (Düsseldorf NJW-RR 96,
1348), Aufrücken in eine höhere Lebensaltersstufe der Düsseldorfer
Tabelle (Frankfurt NJW-RR 86, 558, Hamm NJW-RR 89, 968), Eintritt der Volljährigkeit (BGH NJW 84, 1613), idR Strafhaft (BGH NJW
82, 1812), außer wenn ein unterhaltsrechtlicher Bezug zwischen dem
Fehlverhalten und der Unterhaltspflicht besteht (Koblenz NJW 97,
20 1588). – Die **Tatsachen**, iF eines VersU die wirklichen, nicht die auf
Grund der Säumnis fingierten (Oldenburg FamRZ 90, 188), müssen
sich geändert haben. Änderung der tatsächlichen oder rechtlichen Beurteilung, Bewertung (BGH NJW-RR 92, 1091) oder der Rechtsprechung oder neue Beweismöglichkeiten genügen nicht. Die Änderung
im früheren Urt verwendeter Unterhaltsrichtlinien, Tabellen, Vertei-
lungsschlüssel und sonstiger Berechnungsmethoden an sich ist keine
solche Tatsache, in der Berufung darauf liegt aber die Behauptung, die
allgemeinen wirtschaftlichen Verhältnisse hätten sich in einem der Änderung entsprechenden Maße geändert (BGH NJW 95, 534 für Düsseldorfer Tabelle; vgl auch Rn 26). Hat der Kl im früheren Prozess weniger
Unterhalt beantragt als er nach den vom Ger angewendeten Richtlinien
hätte beantragen können, so ist er bei eingetretener Änderung der
Verhältnisse nicht gehalten, im Abänderungsprozess statt des vollen Unterhalts nur den Anteil geltend zu machen, der dem Verhältnis des
seinerzeit verlangten zum damals möglichen Unterhalt entspricht (BGH
NJW 84, 1458). Hat das abzuändernde Urt die ehelichen Lebensverhältnisse nicht festgestellt, hat der Richter den angemessenen Unterhalt zu
21 bestimmen (BGH FamRZ 87, 257). – Die **Beweislast** für eine wesentliche Änderung trägt die AbänderungsKl. Steht sie fest, so hat der Bekl
die Tatsachen zu beweisen, die auf Grund eines anderen Unterhaltstat-
bestandes die Aufrechterhaltung des Titels rechtfertigen (BGH NJW 90,
2752: Wegfall des Anspruchs auf Betreuungsunterhalt, KG FamRZ 94,
22 765, Hamm FamRZ 00, 904: Eintritt der Volljährigkeit). – **Wesentlich**
ist die Änderung, wenn sie, ihre damalige Voraussehbarkeit unterstellt,
nach dem Ermessen des Ger schon früher zu einem Urteil geführt hätte,
das zu einem höheren oder geringeren Betrag gekommen wäre, idR um
10%, im Einzelfall auch weniger (Düsseldorf NJW-RR 94, 520; aA
23 Braun ZZP 108, 319: keine Grenze). – Auch beim **Prozessvergleich**
ist im Abänderungsprozess keine abweichende Beurteilung der zugrunde
liegenden Verhältnisse möglich. Zu berücksichtigen sind aber Änderungen der höchstrichterlichen Rspr (BGH NJW 01, 3618). Ob die Ver-

änderung wesentlich ist – im Einzelfall auch unter 10% (Stuttgart FamRZ 00, 377) – beurteilt sich nach den Grundsätzen bei Wegfall oder Veränderung der Geschäftsgrundlage (BGH NJW 86, 2054), außer wenn die Grundlagen des Vergleichs nicht mehr feststellbar sind (BGH NJW 01, 2259) oder die Parteien im Vergleich die Zulässigkeit einer völligen Neufestsetzung nach Ablauf einer bestimmten Frist vereinbart haben (Zweibrücken FamRZ 92, 839). Auch die Rückforderung materiellrechtlich nicht geschuldeten Unterhalts nach Bereicherungsrecht setzt eine Abänderung des ProzVergleichs voraus (Karlsruhe FamRZ 91, 352).

b) Nachträgliche Veränderung, Abs 2, bedeutet nach Schluss der   **24** Tatsachenverhandlung über einen gestellten Sachantrag (Köln NJW-RR 96, 1349), iF eines VersU nach Ablauf der Einspruchsfrist (BGH NJW 82, 1812), iF nicht eingelegter (BGH NJW 86, 383), unzulässiger (Düsseldorf FamRZ 84, 493) oder vor Sachverhandlung zurückgenommener (BGH MDR 88, 569) Ber nach Schluss der mdl Vhdlg in erster Instanz des Vorprozesses, iF zulässig eingelegter Ber nach Schluss der mdl Vhdlg vor dem BerGer (BGH 96, 205). Ändern sich die Umstände nach Rechtskraft eines TeilUrt während des BerVerfahrens über den Rest, so hat die Partei die Wahl, gegen das TeilUrt Abänderungswiderklage im BerVerfahren oder selbständige Abänderungsklage zu erheben (BGH NJW 93, 1795, Hamm NJW-RR 98, 222). Auf Umstände, die bereits vorher im Vorprozess eingetreten waren, aber nicht vorgetragen worden sind, kann die Abänderungsklage auch dann nicht gestützt werden, wenn die Partei sich dies vorbehalten hat (BGH 136, 374; Ausnahme Rn 25), ebenso nicht auf Fehler, die im VorProz bei der Beurteilung damaliger Verhältnisse unterlaufen sein mögen (BGH NJW-RR 01, 937); gilt auch bei vorausgehendem Anerkenntnis- oder VersUrt (Hamm FamRZ 92, 1201). Dass die Veränderung schon bei Erlass des früheren Urt voraussehbar war, steht der Klage aus § 323 nicht entgegen (BGH NJW 92, 364), soweit die Veränderung dort nicht tatsächlich bereits berücksichtigt ist (Köln NJW 79, 1661; aA anscheinend KG FamRZ 91, 211). – **Im Falle mehrerer Abänderungskla-** **25** **gen** kann, ohne dass es auf die Parteistellung oder Zielrichtung des Vorprozesses ankommt, der Kl die spätere Abänderungsklage, gleichgültig ob auf Erhöhung oder Herabsetzung des Urteilsbetrages gerichtet, nur auf eine Änderung der maßgeblichen Verhältnisse seit Schluss der Tatsachenverhandlung im letzten Abänderungsprozess stützen (BGH NJW 95, 534, MDR 00, 1134); ebenso wenn ein Urt einen vorausgehenden Prozessvergleich abgeändert (BGH NJW 92, 364) oder die Abänderungsklage dagegen abgewiesen hat (Koblenz NJW-RR 99, 1680). Ist danach eine weitere Abänderungsklage zulässig, so schließt Abs 2 sog Alttatsachen, die im früheren Proz nicht vorgetragen wurden, aber bereits vorhanden waren und noch weiter bestehen, nicht aus (BGH 136, 374). Verhältnis zur Berufung Rn 14. Maßgebender Zeitpunkt im schriftlichen Verfahren § 128 Rn 33. – **Abs 2 gilt nicht,** **26** wenn der Unterhaltsgläubiger im VorProz bereits vorhandenes Vermögen verschleiert hat und dies weiterhin tut (Koblenz NJW-RR 97,

1229). Er gilt ferner nicht für die Titel gem Abs 4 (BGH NJW 85, 64)
und nicht für bloßes Verteidigungsvorbringen des Bekl, der selbst keine
Abänderung verlangt, im Abänderungsprozess; er kann also das frühere
Urt mit Gründen verteidigen, die bereits während des VorProz bestanden haben, aber nicht vorgetragen wurden und deshalb unberücksichtigt
geblieben sind (BGH NJW 87, 1201; 00, 3789). Da bei Anwendung
einer Tabelle wegen deren Schematisierung eine Veränderung der allg
wirtschaftlichen Verhältnisse seit ihrer Veröffentlichung bis zum Schluss
der mdl Vhdlg im früheren Proz nicht berücksichtigt ist, gilt insoweit
Abs 2 nicht (BGH NJW 95, 534).

27   c) **Richtige Parteien** sind die des früheren Titels, die, auf die sich
seine Rechtskraftwirkung erstreckt (BGH FamRZ 92, 1060) oder auf
die der Zahlungsanspruch übergegangen ist (BGH NJW 70, 1319,
Zweibrücken NJW 86, 730, Düsseldorf FamRZ 94, 764); wenn nur
teilweise, ist die Abänderungsklage gegen Titelgläubiger und Rechts-
Teilnachfolger gleichzeitig zu richten (Brandenburg FamRZ 99, 1512).
Ob beim ProzVergleich zugunsten eines Dritten auch dieser die richtige
Partei ist, ist streitig (offengelassen mit Nachweisen BGH NJW 83, 684).

28   d) **Entsprechende Abänderung** bedeutet, dass eine Korrektur des
früheren Urteils nur insoweit möglich ist, als sich die Verhältnisse seitdem geändert haben und deshalb eine Korrektur erforderlich ist, im
Übrigen bleibt das frühere Urt bzw der frühere ProzVergleich bindend
(ebenso BGH NJW 79, 1656; aA Hamburg FamRZ 78, 936, Frankfurt
FamRZ 79, 238). Die künftige Entwicklung der Verhältnisse ist vorausschauend zu beurteilen (BGH NJW 82, 1812).

29   **5. Verfahren, Urteil. – a) Streitstoff** sind nur die neuen für Bestand, Höhe und Dauer der Leistungspflicht maßgebenden Umstände.
Die Feststellung der unverändert gebliebenen Verhältnisse ist vorzutragen
30 und ohne erneute Prüfung zugrunde zu legen. – **b) Einstellung der
Zwangsvollstreckung** ist entspr § 769 zulässig (BGH LM § 323 Nr 1),
soweit das frühere Urt abgeändert werden soll. Beschwerde nach überwiegender Ansicht unstatthaft (Brandenburg FamRZ 96, 356). –
31 **c) Zeitliche Schranke, Abs 3.** Das stattgebende Urt hebt das frühere
ausdrücklich auf und entscheidet neu über den Anspruch in den Grenzen von Rn 28, und zwar ab dem Tag der Klagezustellung (BGH NJW
90, 709). Dies auch, soweit Änderung erst während des Prozesses neu
geltend gemacht wird. Auch bei vorgeschaltetem PKH-Verfahren kann
nicht auf den Zugang des Gesuchs oder die Mitteilung der Klage (Bamberg NJW-RR 92, 1413) abgestellt werden (BGH NJW 82, 1050). Hat
die Partei die Veränderung der Umstände im VorProz mit Anschlussberufung geltend gemacht, die dann wegen Rücknahme der Hauptberufung wirkungslos geworden ist, so ist in einem neuen Abänderungsprozess der Zeitpunkt der Anschließung im Vorverfahren maßgebend
(BGH 96, 205 u 103, 393). Abs 3 gilt als verfahrensrechtliche Vorschrift
auch für die Abänderung rechtskräftiger Urteile der früheren DDR-Ge-
32 richte über nacheheliehen Unterhalt (BGH FamRZ 93, 43). – **d) Abs 3**

gilt nicht für die in Satz 2 genannten Unterhaltsansprüche unter Ehegatten und Verwandten. Ferner nicht wegen fehlender Rechtskraftwirkung für Abänderung der in Abs 4 genannten Titel (BGH GS 85, 64, BGH NJW 98, 2433). Dabei ist aber zu beachten, dass der Unterhaltsanspruch nicht durch ProzVergleich, sondern durch Urteil geregelt ist, Abs 3 also gilt, wenn die Parteien in dem ProzVergleich die Berufungen gegen das Abänderungsurteil des Familiengerichts zurücknehmen (BGH NJW 90, 709). Auch der Gesichtspunkt des Vertrauensschutzes für den Titelgläubiger gebietet keine Einschränkung der Rückwirkung aus materiellrechtlichen Gründen (BGH NJW 90, 3274; aA Düsseldorf und Karlsruhe FamRZ 85, 86 und 87, Bamberg FamRZ 88, 640, Braun JuS 93, 353), insbesondere wenn dieser Informationspflichten über die Veränderung der Umstände nicht erfüllt hat (Hamm FamRZ 99, 1163). Die zeitliche Schranke des Abs 3 gilt ebenfalls nicht, soweit die Parteien sich, auch konkludent, geeinigt haben, dass der Bekl einen über den titulierten Anspruch hinausgehenden Betrag zu bezahlen hat (KG FamRZ 95, 892). – **e) Streitwert:** § 9; maßgebend ist die Differenz **33** zwischen dem früheren Urteil und dem jetzigen Antrag. Vollstrbkt bei Rentenurteilen nach § 708 Nr 8.

6. Abs 2 gilt entsprechend im Beschlussverfahren zur Festsetzung **34** des Regelunterhalts (§ 655 Abs 6).

7. Die Anpassung von Unterhaltsrenten an Minderjährige **35** gemäß § 1612a BGB geschieht grundsätzlich im vereinfachten Verfahren gemäß § 655. – Die **Abänderungsklage** ist **eingeschränkt zulässig: 36** im Falle des **Abs 5, § 656,** wenn der Kl vorträgt, dass die Anpassung an die Veränderung der allgemeinen wirtschaftlichen Verhältnisse zu einem Betrag führen würde, der nach oben oder unten wesentlich (Rn 24) von dem Betrag abweicht, der der nachträglichen konkreten subjektiven Entwicklung der Verhältnisse der Parteien seit Erlass des Titels Rechnung trägt. Eine so begründete Klage kann neben dem vereinfachten Beschlussverfahren erhoben, letzteres kann bis zur Erledigung der Abänderungsklage ausgesetzt werden (§ 655 Abs 4), nicht umgekehrt.

8. Neue Klage. Zusammenfassend und kritisch Gottwald FamRZ **37** 93, 1374/1376. Kriterium für die Frage, ob nach Erlass eines Urteils, das über eine Klage auf künftig fällig werdende wiederkehrende Leistungen entscheidet, eine neue Klage zulässig ist, sei es als Abänderungs-, sei es als neue Leistungs-(Nachforderungs-)Klage, ist grundsätzlich die Rechtskraftwirkung des früheren Urt, das ggf auch ein Abänderungsurteil sein kann. Für Titel nach § 794 Abs 1 Nr 5 kommt es entsprechend Abs 4 darauf an, ob der Unterhaltsgläubiger die Verpflichtung des Unterhaltsschuldners in der Urkunde zurzeit ihrer Errichtung erkennbar als anspruchserfüllende – dann neue Leistungsklage zur Erhöhung – angesehen hat oder nicht – dann Abänderungsklage (Zweibrücken NJW 93, 473). **Umdeutung** einer „Abänderungs-" in eine neue Leistungsklage ist möglich und ggf geboten (BGH FamRZ 86, 661). Ebenso umgekehrt trotz fehlenden rechtsgestaltenden Abänderungsantrags, falls der frühere Titel genannt und eine wesentliche Änderung der Verhältnisse behauptet wird (BGH NJW 92, 438), auch nachträglich (Hamm NJW-RR 94, 4). Andernfalls ist ein entsprechender rechtlicher Hinweis nötig (Zweibrücken NJW 93, 473).

38   **a) Verurteilende Urteile. – aa) Abänderungsklage.** Urteile über die Entrichtung einer Unterhaltsrente stellen nicht nur den Rechtszustand in dem für die Entscheidung maßgebenden Zeitpunkt fest, vielmehr entscheiden sie mit Rechtskraftwirkung auch über die erst künftig zu entrichtenden Leistungen, deren Festsetzung auf einer Prognose der künftigen Entwicklung beruht (BGH NJW 85, 1345). Macht der Kläger mit einer neuen Klage eine wesentliche Veränderung der

39   Verhältnisse (Rn 19–23), also eine **von der Prognose des früheren Urteils abweichende tatsächliche Entwicklung** geltend, so handelt es sich um einen Angriff gegen die Richtigkeit des Urteils, das mit Hilfe des § 323 unter Durchbrechung der Rechtskraftwirkung den veränderten Urteilsgrundlagen anzupassen ist. Dabei ist § 323 einschlägig nicht nur, soweit die Rechtskraft des früheren Urteils reicht (§ 322 Rn 22), sondern auch, wenn der Kl einen neuen prozessualen Anspruch geltend macht (BGH 34, 110, NJW-RR 87, 642; aA Roth NJW 88, 1233). Hat der Unterhaltsgläubiger im VorProz einen hinter seinem vollen Unterhalt zurückbleibenden Rentenbetrag geltend gemacht (verdeckte Teilklage, § 322 Rn 23), sei es auch irrtümlich (BGH NJW 86, 3142), und zugesprochen erhalten, so kann er nur, wenn wegen Veränderung der Verhältnisse der Klageweg nach § 323 eröffnet ist, iR dieses Verfahrens nunmehr von dem vollen Unterhaltsanspruch einschl Vorsorgebedarf ausgehen (BGH 94, 145 u 98, 353). Hat der Gläubiger einen Titel auf Zahlung von Vorsorgeleistungen an sich selbst erlangt, so kann der Schuldner den Einwand, wegen bestimmungswidriger Verwendung könne Zahlung nur noch an einen Versicherungsträger verlangt werden, nur im Wege der Abänderungsklage geltend machen (BGH NJW 87, 2229). Auch wenn das frühere Unterhaltsurteil als AnerkenntnisUrt ergangen ist, ist eine neue Klage nur unter den Voraussetzungen des § 323 möglich (aA Bamberg FamRZ 86, 702, weil die Rechtskraft-

40   wirkung des AnerkenntnisUrt weniger weitreichend sei). – **bb) Neue Leistungsklage** ohne die Voraussetzungen des § 323 ist zulässig, wenn sich die für die frühere Verurteilung maßgebenden Verhältnisse objektiv nicht feststellen lassen (Hamm FamRZ 94, 763). Ferner wenn die frühere Klage ausdrücklich oder auf Grund besonderer Umstände erkennbar nur als Teilklage erhoben war (BGH NJW 86, 383, 3142, Karlsruhe NJW 95, 2795, Hamm MDR 97, 1159). Das ist idR bei wiederkehrenden Leistungen nicht anzunehmen (BGH NJW 94, 3165/3166, Hamm VersR 98, 1571), nur ausnahmsweise dann, wenn der Kl Unterhaltsansprüche mit einer zeitlichen Begrenzung geltend macht, für Unterhaltsansprüche in der Folgezeit (Koblenz NJW-RR 86, 1457). Teilklage ist nicht allein deshalb anzunehmen, weil der Unterhaltsgläubiger vorprozessual mehr verlangt hat (Karlsruhe NJW 95,

2795). Ein Urt, das eine Unterhaltsrente über einen freiwillig bezahlten Betrag hinaus zuspricht, entscheidet über eine Teilklage, für Mehrforderungen des Unterhaltsgläubigers oder wenn er den freiwillig bezahlten Unterhalt titulieren lassen will, ist deshalb nicht die Abänderungs-, sondern die Nachforderungsklage gegeben (BGH 93, 330, NJW 91, 429); begehrt der Unterhaltsschuldner eine Herabsetzung des titulierten Betrages, so ist die Abänderungsklage gegeben, falls eine Einschränkung der freiwilligen Zahlungen auf Grund geänderter Verhältnisse nicht mehr ausreicht (BGH NJW 85, 1343). Die Unterhaltsklage für die Zeit nach der Ehescheidung ist nicht eine solche aus § 323 im Verhältnis zu dem Urteil, das über den Unterhalt der getrennt lebenden Ehegatten vor der Scheidung befunden hat (BGH NJW 82, 1875). – **cc) Statt mit Abänderungsklage** kann der Bekl eine Veränderung der Umstände auch in dem nach Zurückverweisung durch das RevGer noch anhängigen BerVerfahren im Wege der AnschlussBer bzw BerErweiterung geltend machen (BGH NJW 85, 2029); ebenso nach Rechtskraft eines TeilUrt im Berufungsverfahren über das SchlussUrt mit Abänderungswiderklage (BGH NJW 93, 1795); ebenso nach Rechtskraft eines TeilanerkenntnisUrt (Hamm FamRZ 97, 890). **41**

b) Klageabweisende Urteile. – aa) Neue Leistungsklage. Ist die frühere Klage abgewiesen, weil der geltend gemachte Unterhaltsanspruch nicht entstanden ist, so liegt der Abweisung keine Prognose der künftigen Entwicklung zugrunde, das Urt hat keine in die Zukunft reichende Rechtskraftwirkung. Tritt hier die früher fehlende Anspruchsvoraussetzung ein, so ist wegen dieser neuen Tatsache eine neue Leistungsklage ohne die Voraussetzungen des § 323 zulässig (BGH 82, 246 für früher fehlende Bedürftigkeit des Klägers, BGH FamRZ 85, 376). Das gleiche gilt, wenn eine Unterhaltsklage als zurzeit unbegründet abgewiesen wurde, weil die künftigen, für die Bemessung maßgebenden Umstände noch nicht überschaubar waren. Für die Feststellung der Rentenhöhe im Rahmen einer neuen Klage auf Grund nunmehr überschaubarer Umstände bestehen keine Bindungswirkungen aus dem früheren Urteil (BGH NJW 67, 2403). Hat das frühere Urt eine Teilklage abgewiesen, mit der eine über einen freiwillig geleisteten Unterhalt hinausgehende Mehrforderung geltend gemacht war, so beruht es nicht auf einer Prognose der künftigen Entwicklung; bei späterer Veränderung der Verhältnisse ist deshalb eine neue Klage ohne die Voraussetzungen des § 323 zulässig (BGH FamRZ 82, 479). – **bb) Abänderungsklage.** Hat dagegen das Gericht im früheren Urt den Unterhaltsanspruch für eine bestimmte Zeit zugesprochen und, etwa wegen der Annahme, dass die Bedürftigkeit später wegfällt, ab einem bestimmten in der Zukunft liegenden Zeitpunkt abgewiesen, so beruht die Abweisung auf der Prognose der künftigen Entwicklung; bei späterer abweichender Entwicklung kann der Unterhaltsgläubiger seinen Anspruch nur unter den Voraussetzungen des § 323 geltend machen (BGH FamRZ 84, 353). Ebenso beruht auf der Prognose der künftigen Entwicklung ein Urt gemäß § 323, das ein früheres verurteilendes Rentenurteil wegen Rück- **42** **43**

gangs oder Fortfalls der Leistungsfähigkeit oder der Bedürftigkeit reduziert oder aufhebt und den Rentenanspruch abweist; eine spätere Klage
auf Erhöhung oder Wiedergewährung der Unterhaltsrente ist deshalb
ebenfalls nur unter den Voraussetzungen des § 323 zulässig (BGH NJW
85, 1345).

§ 324 Nachforderungsklage zur Sicherheitsleistung

**Ist bei einer nach den §§ 843 bis 845 oder §§ 1569 bis 1586 b
des Bürgerlichen Gesetzbuchs erfolgten Verurteilung zur Entrichtung einer Geldrente nicht auf Sicherheitsleistung erkannt,
so kann der Berechtigte gleichwohl Sicherheitsleistung verlangen, wenn sich die Vermögensverhältnisse des Verpflichteten
erheblich verschlechtert haben; unter der gleichen Voraussetzung
kann er eine Erhöhung der in dem Urteil bestimmten Sicherheit**
1 **verlangen.**

Das materielle Recht gibt in §§ 843–845, 1585 a BGB Anspruch auf
Sicherheitsleistung für Renten. § 324 setzt einen derartigen Anspruch
voraus und lässt dafür die Nachforderungsklage zu. Bes Prozessvoraussetzung ist die Behauptung, dass sich die Vermögensverhältnisse des
Schuldners nach Schluss der mdl Vhdlg im Rentenprozess wesentlich
verschlechtert haben. Die Klage ist für die Zukunft begründet, wenn
eine solche Verschlechterung festgestellt wird. Das Urt ist rechtsgestaltend, soweit es eine frühere Abweisung des Antrags auf Sicherheitsleistung aufhebt und LeistungsUrt, soweit es verurteilt. Gleiche Regelung
in §§ 618 Abs 3 BGB, 7 Abs 3 HaftPflG, 13 Abs 3 StVG, 38 Abs 3
LuftVerkG. Entspr Anwendung für Klage des Verpflichteten auf Wegfall
oder Ermäßigung der Sicherheitsleistung.

§ 325 Subjektive Rechtskraftwirkung

**(1) Das rechtskräftige Urteil wirkt für und gegen die Parteien
und die Personen, die nach dem Eintritt der Rechtshängigkeit
Rechtsnachfolger der Parteien geworden sind oder den Besitz
der in Streit befangenen Sache in solcher Weise erlangt haben,
daß eine der Parteien oder ihr Rechtsnachfolger mittelbarer
Besitzer geworden ist.**

**(2) Die Vorschriften des bürgerlichen Rechts zugunsten derjenigen, die Rechte von einem Nichtberechtigten herleiten, gelten
entsprechend.**

**(3) [1]Betrifft das Urteil einen Anspruch aus einer eingetragenen
Reallast, Hypothek, Grundschuld oder Rentenschuld, so wirkt es
im Falle einer Veräußerung des belasteten Grundstücks in Ansehung des Grundstücks gegen den Rechtsnachfolger auch dann,
wenn dieser die Rechtshängigkeit nicht gekannt hat. [2]Gegen den
Ersteher eines im Wege der Zwangsversteigerung veräußerten**

Grundstücks wirkt das Urteil nur dann, wenn die Rechtshängigkeit spätestens im Versteigerungstermin vor der Aufforderung zur Abgabe von Geboten angemeldet worden ist.

(4) **Betrifft das Urteil einen Anspruch aus einer eingetragenen Schiffshypothek, so gilt Absatz 3 Satz 1 entsprechend.**

1. **Subjektive Rechtskraftwirkung** des Urteils.   1

a) **Für und gegen die Partei und die Gegenpartei.** Das sind die Personen, auf die es lautet, nicht zwischen Streitgenossen auf derselben Parteiseite (Düsseldorf NJW-RR 92, 922). Keine Erstreckung der Rechtskraft des Urteils über Vertrag zugunsten eines Dritten auf den Dritten (BGH 3, 385) und des Feststellungsurteils über ein Rechtsverhältnis zu Dritten im Verhältnis zur Vertragspartei (§ 256 Rn 15 aE).

b) **Bei Rechtsnachfolge** in den rechtshängigen Anspruch, nicht in   2
ein kontradiktorisches Gegenrecht (BGH VersR 96, 390). Zwischen dem Rechtsnachfolger einer Partei und der Gegenpartei oder ihrem Rechtsnachfolger, falls die Nachfolge **nach Rechtshängigkeit** (§ 261 Rn 2) eingetreten ist. Die Bestimmung ergänzt § 265. Gilt für Gesamt- und Sondernachfolger (§ 265 Rn 6), also auch denjenigen, der an einer streitbefangenen Sache (§ 265 Rn 3) nach Rechtshängigkeit Eigenbesitz erlangt hat (BGH NJW 81, 1517, WM 91, 1353) oder Besitzmittler für eine Partei geworden ist. – Ausnahme von der Rechtskraftwirkung Rn 8. Gegen den Nachfolger vor Rechtshängigkeit wirkt die Rechtskraft in §§ 407 Abs 2 (keine Wirkung für den Rechtsnachfolger, BGH 52, 150), 408, 413 BGB, 372 Abs 2 HGB.

c) **Bei Nacherbfolge** § 326.   3

d) **Bei Prozessführungsbefugnis** Rechtsfremder (§ 51 Rn 31) er-   4
streckt sich die Rechtskraft auf den Rechtsträger, soweit er der Prozessführung zustimmt, auch wenn die Zustimmung nicht nach außen erteilt und im Rechtsstreit nicht geltend gemacht ist (BGH NJW 85, 2825 für den Fall der Klageabweisung), oder der Prozessführungsbefugte über den Streitgegenstand verfügen darf (BGH ZZP 71, 102). Bsp: Inkassozession (RG 88, 293), § 1422 BGB (Pal/Diederichsen Rn 4). Ohne diese Voraussetzungen keine Erstreckung der Rechtskraft, zB des Urteils auf Abweisung der Klage eines Miteigentümers (§ 1011 BGB) gegen die anderen (BGH 79, 245, 92, 351, BGH NJW 85, 2825).

e) **Rechtskrafterstreckung auf Dritte** in Fällen völliger Abhängig-   5
keit ihrer Haftung, zB bei OHG § 129 Abs 1 HGB (BGH WM 80, 102). Rechtskraft der Klageabweisung gegen Hauptschuldner für Bürgen (§ 768 Abs 1 BGB, BGH NJW 70, 279; zust Fenge NJW 71, 1920, Weber JuS 71, 553). Nicht gegen den Bürgen iF der Verurteilung des Hauptschuldners (BGH 107, 92), außer der Bürge erkennt den Ausgang des Proz als auch für sich verbindlich an (Koblenz MDR 98, 1022); so idR der Prozessbürge, weil bei anderer Auslegung der Sicherungszweck der ProzBürgschaft nicht zu erreichen wäre (BGH NJW 75, 1119). Ferner Eigentümer (§ 1137 BGB) und Verpfänder (§ 1211 Abs 1 BGB). Nach einer in der Literatur vertretenen weitergehenden Meinung (Zu-

sammenfassung: Huber JuS 72, 621) erstreckt sich die Rechtskraft eines
Urteils über ein präjudizielles Rechtsverhältnis dann auf den Dritten, der
am abhängigen Rechtsverhältnis beteiligt ist, wenn die Parteien des
präjudiziellen Rechtsverhältnisses eine entsprechende Wirkung für oder
gegen den Dritten durch Rechtsgeschäft herbeiführen könnten. Für
weitergehende Drittwirkung auch Schwab, Festschrift für Walder (1994)
S 267 ff. Gegen die Erstreckung der Rechtskraftwirkung auf Dritte iF
materiellrechtlicher Abhängigkeit und zusammenhängender Entscheidungen Schuck NJW 88, 865.

6   f) **Weitergehende Rechtskraftwirkung,** wo das Gesetz es bestimmt, zB §§ 640 h, 856 Abs 4, InsO §§ 178 Abs 3, 183 Abs 1, AktG
§ 248, PflVG § 3 Nr 8. Inwieweit dies mit dem Grundrecht auf rechtliches Gehör vereinbar ist, wenn der Dritte am Prozess nicht beteiligt
war und von dem Urteil nachteilig betroffen ist, ist eine bisher nicht
gelöste Frage (Marotzke ZZP 100, 164).

7   g) **Zu unterscheiden** von der Rechtskraftwirkung, wenn auch in
ihren Folgen ähnlich, sind die **Gestaltungswirkung** konstitutiver Urteile (Rn 6 vor § 253), die **Tatbestandswirkung** eines Urteils (§ 322
Rn 2), die **Nebeninterventionswirkung** (§§ 68, 74 Abs 3) und die
Bindungswirkung des Gerichts an eigene Entscheidungen (§ 318) und
an Unterlassungsgebote iF des § 11 UKlaG; dazu eingehend Gaul, Festschrift für Beitzke, 1979, S. 997 ff.

8   **2. Gutglaubensschutz. – a)** Nach **Abs 2** wirkt in Ausnahme von
Abs 1 die Rechtskraft nicht gegen den gutgläubigen Rechtsnachfolger.
Der gute Glaube muss sich beim Erwerb vom Nichtberechtigten auf das
Recht bzw die Verfügungsberechtigung (§ 366 HGB) und auf die fehlende Rechtshängigkeit beziehen (kritisch Olshausen JZ 88, 584), bei
Erwerb vom Berechtigten nur auf letztere. Ob nur positive Kenntnis
(§ 892 BGB) oder auch grobfahrlässige Unkenntnis (§ 932 BGB) bös-
gläubig macht, entscheidet sich nach dem Rechtsgeschäft, das die
Rechtsnachfolge herbeigeführt hat. Bsp: Die Klage des Hypotheken-
gläubigers ist abgewiesen, weil die Hypothek nicht bestehe. Die Rechtskraft des Urt wirkt nicht gegen seinen Rechtsnachfolger nach Rechtshängigkeit, außer diesem war bei der Abtretung die Unrichtigkeit des
Grundbuchs oder die im Grundbuch eintragungsfähige Rechtshängig-
9   keit bekannt. – **b) Abs 3 S 1** (Abs 4) macht von Abs 2 eine Unterausnahme und stellt die Regel des Abs 1 wieder her. Ein Urt über einen
Anspruch aus einem der genannten eingetragenen Rechte wirkt also
auch gegen den gutgläubigen Erwerber des Grundstücks nach Rechtshängigkeit. Das Gesetz schützt den Realgläubiger gegen den Grund-
stückserwerber, weil dieser sich über das Schweben eines Proz erkundi-
10   gen kann. – **c) Abs 3 S 2** macht wieder eine Ausnahme von S 1. Ein
Urt aus einem der genannten Rechte wirkt gegen den Ersteher des
Grundstücks nur dann, wenn spätestens im Versteigerungstermin die
Rechtshängigkeit angemeldet war, mag sie auch dem Ersteher bekannt
gewesen sein (RG 122, 158). Das Gesetz schützt hier den Ersteher gegen

den Realgläubiger, der die Rechtshängigkeit anmelden kann. Gilt nicht entspr, wenn der Prozess im Versteigerungstermin schon rechtskräftig entschieden ist (StJLeipold 46).

§ 326 Rechtskraft bei Nacherbfolge

(1) **Ein Urteil, das zwischen einem Vorerben und einem Dritten über einen gegen den Vorerben als Erben gerichteten Anspruch oder über einen der Nacherbfolge unterliegenden Gegenstand ergeht, wirkt, sofern es vor dem Eintritt der Nacherbfolge rechtskräftig wird, für den Nacherben.**

(2) **Ein Urteil, das zwischen einem Vorerben und einem Dritten über einen der Nacherbfolge unterliegenden Gegenstand ergeht, wirkt auch gegen den Nacherben, sofern der Vorerbe befugt ist, ohne Zustimmung des Nacherben über den Gegenstand zu verfügen.**

1. Rechtskraftwirkung eines Urteils, das im Proz zwischen dem 1
Vorerben und einem Dritten ergangen und **vor Eintritt der Nacherbfolge rechtskräftig** geworden ist: – **a)** Über eine **Nachlassverbindlichkeit** (§§ 1967, 1968 BGB): Das Urt wirkt nur für den Nacherben. § 325 trifft ihn nicht, weil er nicht Rechtsnachfolger des Vorerben ist. –
b) Aktivprozess des Vorerben: Das ihm günstige Urt wirkt für den 2
Nacherben (Abs 1). Das ihm ungünstige Urt wirkt gegen den Nacherben nur, wenn der Vorerbe ohne Zustimmung des Nacherben über den Nachlassgegenstand verfügen darf (Abs 2), insbes also §§ 2112, 2136 BGB. VollstrKlausel § 728 Abs 1.

2. Wenn die **Nacherbfolge vor Rechtskraft** des Urt eintritt, also 3
während der Rechtshängigkeit des Proz zwischen Vorerben und Dritten, gibt es keinerlei Rechtskrafterstreckung für oder gegen den Nacherben. Für Aktivprozesse §§ 242, 246.

§ 327 Rechtskraft bei Testamentsvollstreckung

(1) **Ein Urteil, das zwischen einem Testamentsvollstrecker und einem Dritten über ein der Verwaltung des Testamentsvollstreckers unterliegendes Recht ergeht, wirkt für und gegen den Erben.**

(2) **Das gleiche gilt von einem Urteil, das zwischen einem Testamentsvollstrecker und einem Dritten über einen gegen den Nachlaß gerichteten Anspruch ergeht, wenn der Testamentsvollstrecker zur Führung des Rechtsstreits berechtigt ist.**

1. Rechtskraftwirkung des Urt, das im Prozess zwischen **Testa-** 1
mentsvollstrecker und Drittem ergangen ist: – **a) Aktivprozesse** über ein der Verwaltung des TestVollstr unterliegendes Recht (§ 2212 BGB): Das Urt wirkt für und gegen den Erben (Abs 1). VollstrKlausel

2 § 728 Abs 2. – **b) Nachlassverbindlichkeiten** (§§ 1967, 1968 BGB):
Das Urt wirkt für und gegen der Erben, soweit der TestVollstr prozeßführungsbefugt ist (Abs 2). Das richtet sich nach § 2213 BGB. ZwVollstr
nach §§ 728 Abs 2, 748, 749, 780.

3 **2. Prozessführung des Erben.** – **a)** Für **Aktivprozesse** ist der
Erbe nicht prozeßführungsbefugt (§ 2212 BGB), sie berühren den Test-
4 Vollstr überhaupt nicht. – **b) Prozesse über Nachlassverbindlichkeiten:** Die Rechtskraft des dem Erben günstigen Urt wirkt für den Test-
Vollstr, des dem Erben ungünstigen Urt aber nicht gegen ihn (StJLeipold
7, 8).

§ 328 Anerkennung ausländischer Urteile

(1) **Die Anerkennung des Urteils eines ausländischen Gerichts
ist ausgeschlossen:**
1. **wenn die Gerichte des Staates, dem das ausländische Gericht
angehört, nach den deutschen Gesetzen nicht zuständig sind;**
2. **wenn dem Beklagten, der sich auf das Verfahren nicht eingelassen hat und sich hierauf beruft, das verfahrenseinleitende
Schriftstück nicht ordnungsmäßig oder nicht so rechtzeitig
zugestellt worden ist, daß er sich verteidigen konnte;**
3. **wenn das Urteil mit einem hier erlassenen oder einem anzuerkennenden früheren ausländischen Urteil oder wenn das ihm
zugrunde liegende Verfahren mit einem früher hier rechtshängig gewordenen Verfahren unvereinbar ist;**
4. **wenn die Anerkennung des Urteils zu einem Ergebnis führt,
das mit wesentlichen Grundsätzen des deutschen Rechts offensichtlich unvereinbar ist, insbesondere wenn die Anerkennung mit den Grundrechten unvereinbar ist;**
5. **wenn die Gegenseitigkeit nicht verbürgt ist.**

(2) **Die Vorschrift der Nummer 5 steht der Anerkennung des
Urteils nicht entgegen, wenn das Urteil einen nichtvermögensrechtlichen Anspruch betrifft und nach den deutschen Gesetzen
ein Gerichtsstand im Inland nicht begründet war oder wenn es
sich um eine Kindschaftssache (§ 640) oder um eine Lebenspart-
nerschaftssache im Sinne des § 661 Abs. 1 Nr. 1 und 2 handelt.**

*Abs 2 geänd mWv 1. 8. 2001 durch Art. 3 § 16 LPartG v 16. 2. 2001
(BGBl I S 266).*

1 **1. Anwendungsbereich.** Die Wirkung („Anerkennung"), dh
Rechtskraft-, Gestaltungs- und Tatbestandwirkung (vgl § 325 Rn 7)
ausländischer Urteile tritt bei gegebenen Voraussetzungen ohne Ausspruch (Ausnahme Rn 24) ein; bei Streit ist Feststellungsklage zulässig
(RG 167, 380). Vollstreckbarkeit vgl §§ 722, 723. In ihrem Anwendungsbereich gehen Staatsverträge (Rn 30 ff) und EG-VO (Rn 52) dem

§ 328 vor (BGH FamRZ 90, 1100), es gilt aber das Günstigkeitsprinzip (BayObLG NJW-RR 90, 842; Spickhoff ZZP 108, 475). § 328 setzt – im Gegensatz zur Vollstreckbarerklärung nach autonomen Recht (§ 723 Abs 2 S 1) – keine formelle Rechtskraft voraus (Zö/Geimer 69; StJ/Schu 110; Geimer IZPR Rn 2856; umstr). Die Vorschrift bezieht sich auf rechtskraftfähige Urteile eines ausländischen Zivilgerichts. Anfechtbarkeit schließt die Anerkennung nicht aus (BGH NJW 92, 3098). – **a) Urteil** ist jede Entscheidung, die nach geordnetem Prozessverfahren 2 endgültig über eine aufgestellte Rechtsbehauptung ergeht, Form und Bezeichnung sind belanglos. Nicht Vorbehaltsurteile, Arrest und einstw Vfg außer auf Geldzahlung (§ 940 Rn 7), gerichtliche Vergleiche, bei denen das Gericht nur beurkundende Funktion hatte (Schack IZVR Rn 816; Heß JZ 00, 373 zum US-amerikanischen class action settlement), ausl Vollstreckungsakte (Musielak 5). – **b) Der Rechtskraft** 3 **fähig** ist die Entscheidung, wenn nach ausländischem Recht innerhalb desselben Verfahrens kein Rechtsbehelf mehr möglich ist (BGH NJW 99, 3198). Der Nachweis der formellen Rechtskraft ist mit allen Beweismitteln zulässig (Zö/Geimer § 723 Rn 2). – **c)** Von einem **Zivilgericht** 4 muss die Entscheidung stammen, dh einer Einrichtung, die von dem ausländischen Staat zur Erledigung von privaten Rechtsstreitigkeiten berufen ist, unter diesen Voraussetzungen auch Sonder-, Straf- oder Verwaltungsgerichte, nicht aber die der freiwilligen Gerichtsbarkeit (BGH NJW 77, 150); für diese gilt grds § 16a FGG; ob § 328 oder § 16a FGG anzuwenden ist, ist nach der lex fori zu qualifizieren (BGH aaO). Die Anerkennung und Vollstreckung ausländischer Schiedssprüche richtet sich nach § 1025 Abs 4 iVm § 1061. Für Ehesachen vgl Rn 8c, 24ff, Art 13ff EheVO, § 606a Rn 11ff. – **d) Ausländisch** ist das Gericht, wenn es im Zeitpunkt des Erlasses der Entscheidung außerhalb der politischen Grenzen Deutschlands liegt. § 328 gilt entsprechend auch für anzuerkennende Urteile aus der ehemaligen DDR (BGH NJW 97, 2051; Naumburg FamRZ 01, 1013). – **e) Rechtskraftwirkung** vgl 6 § 322 Rn 11.

2. Die Voraussetzungen für die Anerkennung (hierzu ausführlich 7 Haas IPRax 01, 195) stellt im Rahmen seines Anwendungsbereiches § 328 in negativer Fassung erschöpfend auf. Sie sind von Amts wegen zu prüfen (vgl Rn 12 vor § 253). Darüber hinaus sind schlechthin nichtige oder unwirksame Urteile nicht anerkennungsfähig (BGH NJW 92, 3098). Die Rechtmäßigkeit der Entscheidung ist nicht nachprüfbar. Fehlt eine der folgenden Voraussetzungen, ist sie schlechthin unbeachtlich, kann auch nicht Grundlage einer Klage auf Erfüllung, wohl aber als Urkunde Beweismittel sein (RG 129, 387). Liegen alle Voraussetzungen vor, steht das ausländische Urteil außer für die ZwVollstr (hierfür gelten §§ 722, 723) einem deutschen völlig gleich. Maßgebend ist, soweit nicht im Folgenden anderes gesagt ist, der Zeitpunkt, in dem die Anerkennung im Inland geprüft wird (BGH 22, 27).

8   **Nr 1** meint die **internationale Zuständigkeit** des fremden Staates, nicht die örtliche und sachliche Zuständigkeit des konkreten Gerichts. –

8 a **a) Grundsatz.** Geprüft wird, ob ein Gericht dieses Staates, wenn dort die deutsche ZPO gegolten hätte, zur Entscheidung zuständig gewesen wäre (BGH 120, 334); die Vorschriften, die die internationale Zuständigkeit der deutschen Gerichte begründen, werden also spiegelbildlich auf das ausländische Verfahren übertragen (BayObLG StAZ 01, 174). Auch zulässige Vereinbarung reicht dazu aus (Geimer IZPR Rn 2899); rügelose Einlassung nur, wenn ohne sie das ausländische Gericht unzuständig wäre (BGH aaO; zustimmend Geimer IPRax 94, 187; Basedow IPRax 94, 183; abl Schack ZZP 107, 75) und die Rüge dort nicht aussichtslos wäre (BGH WM 96, 2037); unterbliebene Belehrung entsprechend §§ 504, 39 S 2 steht nicht entgegen (Frankfurt NJW 79, 1787; Musielak 11; einschränkend Schröder NJW 80, 473). Die internationale Zuständigkeit des ausländischen Gerichts ist auch dann selbständig festzustellen, wenn die sie begründenden Tatsachen zugleich die Klageforderung inhaltlich stützen; die schlüssige Behauptung der doppelt relevanten Tatsachen genügt insoweit nicht (BGH 124, 237). Dass auch deutsche oder Gerichte eines anderen Staates zuständig sind, schadet nicht, wohl aber die ausschließliche Zuständigkeit solcher Gerichte. Bei Mehrrechtsstaaten ist zu prüfen, ob sich die Anknüpfungspunkte im jeweiligen Einzelstaat mit autonomer Gesetzgebung und Gerichtsorganisation verwirklicht haben (Hamm, RIW 97, 960; aA BGH NJW 99, 3198 (nur für US-amerikanische Bundesgerichte, ohne jedoch zwischen den Voraussetzungen der verschiedenen Zuständigkeiten der Bundesgerichte zu unterscheiden) mit zu Recht abl Anm Roth ZZP 112, 483 und Stürner/Bormann JZ 00, 81; von Hoffmann/Hau RIW 98, 344; aA Geimer IZPR Rn 2900; Haas IPRax 01, 195). An Feststellungen des ausländischen Gerichts über zuständigkeitsbegründende oder -ausschließende Tatsachen ist das deutsche Gericht nicht gebunden (BGH NJW 69, 1536), zumal für das ausländische Gericht dessen Verfahrensrecht, für das deutsche Gericht deutsches Verfahrensrecht maßgebend ist (BGH

8 b NJW 70, 387; zustimmend Geimer). – **b) Zeitpunkt.** Maßgebend ist der Zeitpunkt der Letzten mündlichen Verhandlung (StJ/Schu Rn 149), wobei § 261 Abs 3 Nr 2 zu beachten ist, soweit er für die internationale

8 c Zuständigkeit gilt (vgl § 261 Rn 16). – **c) Ehesachen.** Nr 1 gilt auch für diese (Bamberg FamRZ 00, 1289; vgl Rn 24 ff), soweit nicht die am 1. 3. 01 in Kraft getretene VO (EG) Nr. 1347/2000 des Rates über die Zuständigkeit und die Anerkennung und Vollstreckung von Entscheidungen in Ehesachen und in Verfahren betreffend die elterliche Verantwortung für die gemeinsamen Kinder der Ehegatten vorrangig anzuwenden ist (EheVO; ABl L 160, 19; Text und Kommentierung im Anh; vgl auch Gruber FamRZ 00, 1129; Hau FamRZ 00, 1333; Kohler NJW 01, 10; Wagner IPRax 01, 79). Die Prüfung nach Nr 1 hat auch dann von Amts wegen zu erfolgen, wenn die bekl Partei des Ehescheidungsverfahrens durch den Antrag auf Anerkennung zu erkennen gibt, die

fehlende internationale Zuständigkeit nicht rügen zu wollen (BayObLG NJW 76, 1037; bestr).

Nr 2 lehnt sich an Art 34 Nr 2 EuGVVO an, so dass beide Vorschriften gleich ausgelegt werden können (BGH LM § 328 Nr 42; vgl Art 34 EuGVVO Rn 3 ff), soweit sie sich decken. Sie schützt bei **Versäumnisentscheidung** den auch ausländischen Bekl ohne Rücksicht auf seinen Wohnsitz. **Keine Anerkennung** einer ausländischen Entscheidung gegen den Bekl unter folgenden Voraussetzungen: – **a) Nichteinlassung** des Bekl auf das Verfahren, dh er hat keine wirksame Prozesshandlung in Bezug auf das Verfahren (zB Zuständigkeitsrüge) oder die Hauptsache vorgenommen (Düsseldorf RIW 96, 1043), auch nicht durch einen gesetzlichen oder rechtsgeschäftlichen Vertreter. Nicht ausreichend ist das Auftreten eines ohne Mitwirken des Bekl bestellten Vertreters (EuGH EuZW 96, 372; Hamm NJW-RR 96, 773). – **b) Geltendmachung,** dh der Bekl beruft sich im Anerkennungsverfahren auf seine Nichteinlassung. Nichteinlegung eines ordentlichen Rechtsmittels gegen die ausl Entscheidung steht der Berufung auf Nr 2 nicht entgegen (BayObLG FamRZ 00, 1170). – **c) Fehlerhafte Zustellung.** Das verfahrenseinleitende Schriftstück (Klage, Antrag; Zustellungen im späteren Verlauf des Verfahrens fallen nicht mehr unter Nr 2, BGH IPRax 87, 236: Erhöhung der Klageforderung, wohl aber unter Nr 4) ist dem Bekl im ausländischen Prozess nicht ordnungsgemäß oder nicht rechtzeitig zugestellt worden. Für die Ordnungsmäßigkeit und die Möglichkeit der Heilung von Zuständigkeitsmängeln sind die am ausländischen Gerichtsort geltenden Zustellungsvorschriften einschl der völkerrechtlichen Verträge maßgebend. Es besteht keine Bindung an die Beurteilung des ausl Gerichts (BayObLG FamRZ 00, 1170). Das Haager Zustellungsübereinkommen vom 15. 11. 65 (BGBl 77, II 1453) sieht keine Heilungsmöglichkeit vor, Verstoß ist nicht entsprechend § 189 nF (= § 187 aF) heilbar (BGH 120, 305; abl Jayme IPRax 97, 195 mwN), außer wenn der Bekl das ausländische Urteil gelten lassen will (BGH NJW 90, 3090: Scheidung). Zur Ordnungsgemäßheit der Zustellung gehört nicht ein bestimmter Klageantrag (BGH NJW 99, 3198/3200). – **d) Rechtzeitigkeit.** Hierfür ist maßgebend, dass der Bekl die nötige Zeit hatte, sich zu verteidigen. Das richtet sich nach dem Einzelfall, wobei auch die Verfahrensart, die Schwierigkeit der Sache, Entfernung zum Gerichtsort, sprachliche Verständigungsschwierigkeiten zu berücksichtigen sind (Düsseldorf RIW 01, 143 zum dagvaarding nach niederländischem Recht). Dies beurteilt der deutsche Richter ohne Bindung an das Erstgericht (Musielak 18), wobei zu fragen ist, ob durch die gesetzte Frist die Möglichkeit zur Verteidigung unzumutbar erschwert wurde (BGH NJW 99, 3198/3120: 20 Tage mit Verlängerungsmöglichkeit zur Verteidigung vor US-amerikanischem Bundesgericht ist ausreichend; nicht aber 32 Tage bei Haft in Belgien, BayObLG FamRZ 00, 1170). Der Versagungsgrund entfällt nicht, wenn der Bekl nach Kenntniserlangung von dem ausländischen Urteil keinen nach der Verfahrensordnung des Urteils-

staates zulässigen Rechtsbehelf eingelegt hat (BGH 120, 305). Nr 2 gilt
nicht für Streitverkündung und für Widerbeklagten; sie können sich auf
Nr 4 berufen (Zö/Geimer Rn 145 a, b).

13   **Nr 3 Entgegenstehende Rechtskraft und anderweitige Rechtshängigkeit.** Keine Anerkennung eines ausländischen Urteils: – **a) Bei
Unvereinbarkeit** mit einem früheren deutschen **Urteil,** also wenn es
mit dessen Ergebnis in Widerspruch steht. Dies gilt auch bei Widerspruch präjudizieller Feststellungen (Musielak 20). Nach dem Gesetzeswortlaut ist Rechtskraft des deutschen Urteils nicht nötig. Hauptanwen-
dungsfall ist aber sicher die entgegenstehende Rechtskraftwirkung eines
früheren deutschen Urteils, (vgl § 322 Rn 8–12). Gleiches gilt, wenn
das jetzt anzuerkennende ausländische Urteil unvereinbar ist mit einem
bereits anerkannten oder einem anzuerkennenden früheren ausländischen Urteil, gleichgültig ob das Anerkennungsverfahren bereits läuft
14   oder nicht. – **b) Bei Unvereinbarkeit** des dem ausländischen Urteil
zugrunde liegende **Verfahrens** mit einem in Deutschland früher rechtshängig gewordenen Verfahren (ausführlich Gruber FamRZ 99, 1563;
Philippi FamRZ 00, 525). Den Zeitpunkt der ausländischen Rechtshängigkeit beurteilt das ausländische Recht (BGH NJW 87, 3083;
NJW-RR 92, 642). Dies gilt auch für den Fall, dass das deutsche Verfahren
bereits anhängig war, bevor das ausländische Verfahren rechtshängig geworden ist (hM Frankfurt FamRZ 00, 35; aA Schack IZVR Rn 757). Das
Anerkennungshindernis nach Nr 3 kann durch Rücknahme der inländischen Klage beseitigt werden (Frankfurt FamRZ 97, 92). Nr 3 setzt
voraus, dass der Streitgegenstand und die Parteien in beiden Verfahren
identisch sind (Hamm FamRZ 01, 1015; vgl § 261 Rn 7). Nicht entscheidend ist die formale Identität der Anträge, sondern die Frage, ob der
Kernpunkt beider Streitigkeiten übereinstimmt (Hamm aaO). Ist
das ausländische Verfahren früher rechtshängig geworden (analog § 261
Abs 3 Nr 1), so steht dieser Einwand dem deutschen Verfahren dann
entgegen, wenn das ausländische Urteil im Inland (voraussichtlich) anerkennungsfähig ist (BGH WM 00, 2399; Bamberg FamRZ 00, 1289).
Versagung von PKH im Inland wegen fehlender Erfolgsaussicht reicht
nicht (BGH JZ 83, 903). – **c)** Die Fälle der Nr 3 können mit Nr 4, unter
die die Rechtsprechung (zB BayObLG NJW 83, 1271 für frühere deutsche Rechtshängigkeit) sie früher eingeordnet hatte, zusammentreffen.

15   **Nr 4 ordre public** (verfahrens- und materiell-rechtlicher). Die Fassung entspricht Art 6 EGBGB. Maßgebender Zeitpunkt ist der der
Entscheidung des deutschen Gerichts über die Anerkennung (BGH 51,
290; 52, 184/192), wobei von den tatsächlichen Feststellungen des ausländischen Gerichts auszugehen ist. Die Richtigkeit der ausländischen
Entscheidung darf grundsätzlich nicht überprüft werden (Verbot der
révison au fond, BGH NJW 92, 3100), soweit sie verfahrensrechtlich
ohne Verletzung des deutschen ordre public getroffen ist (BGH NJW
80, 529). Dabei kommt es nicht auf einen Vergleich zwischen dem
ausländischen und dem deutschen Recht an, sondern nur darauf, ob das

konkrete Ergebnis der Anerkennung des ausländischen Urteils vom Standpunkt des deutschen Rechts iS der nachstehenden Ausführungen zu missbilligen ist (BGH WM 79, 1392). Hierzu ist ergänzender Tatsachenvortrag zulässig (BGH NJW 99, 3198/3201). – **a) Offensichtliche Unvereinbarkeit mit wesentlichen deutschen Rechtsgrundsätzen.** Dieser Begriff reicht weiter als die in der früheren Fassung verwendeten Begriffe gute Sitten und Gesetzeszweck, die er umfasst. Eine solche Unvereinbarkeit besteht, wenn die Anerkennung in ihrem Ergebnis im konkreten Fall die tragenden Grundlagen des deutschen staatlichen, wirtschaftlichen oder sozialen Lebens angreift (BGH 28, 376/385; ZIP 99, 483), wenn das Ergebnis zu den Grundgedanken der deutschen Rechtsordnung und der in ihr liegenden Gerechtigkeitsvorstellungen in so starkem Widerspruch steht, dass wir es in Deutschland für untragbar halten (BGH 50, 370/375; 75, 32/43). Offensichtlich ist die Unvereinbarkeit, wenn sie eklatant, unzweifelhaft ist, auf der Hand liegt. Die Darlegungs- und Beweislast hierfür trägt derjenige, der die Anerkennung verhindern will (BGH NJW 97, 524/527). Die Beseitigung von Verfahrensfehlern des Erstverfahrens muss mit allen Mitteln ohne Erfolg versucht worden sein, um eine Anerkennung zu verhindern (BGH NJW 97, 2051; BayObLG StAZ 01, 174; Zö/Geimer 158; aA Musielak 29). Dasselbe gilt auch im Falle des Prozessbetrugs (Geimer/Schütze EuZVR Art 27 Rn 61 mwN). – **b) Unvereinbarkeit mit den Grundrechten** ist ein Unterfall von Rn 16, wie aus der Gesetzesfassung „insbesondere" ersichtlich. Grundrechte sind die des GG, der Länderverfassungen und der europäischen Menschenrechtskonvention (EuGH NJW 00, 1853 m Anm Geimer ZIP 00, 863; von Bar JZ 00, 725; Piekenbrock IPRax 00, 364; Matscher IPRax 01, 428; BGH IPRax 98, 205 m Anm Piekenbrock S 177; Bruns JZ 99, 278/285; Gross JZ 00, 1068). Die Anerkennung ist zu versagen, wenn ihr konkretes Ergebnis ein Grundrecht verletzt. – **c) Beispiele** aus der Rechtsprechung: **Anerkennung versagt:** Abweichung von den Grundprinzipien des rechtsstaatlichen deutschen Verfahrensrechts (BGH NJW 92, 3098) wie Versagung rechtlichen Gehörs (BayObLG NJW 74, 418; AG Weilburg NJW-RR 99, 1382), dessen Schutz sich aber nicht auf eine bestimmte, verfahrensrechtliche Ausgestaltung erstreckt, insb nicht auf eine Terminsladung (BGH NJW 99, 3198/3201); vielmehr ist auf die Grundsätze abzustellen, die Art 103 Abs 1 GG schützen will; daher hat der Beklagte alles in seiner Macht Stehende zu tun, um sich zu verteidigen (BGH aaO). Fehlende Voraussetzung für eine öffentliche Zustellung nach deutschem Recht (Köln NJW 01, 1576; zweifelhaft). Zurückweisung eines Rechtsanwalts in einem ausländischen Adhäsionsverfahren gegen einen nicht erschienenen, wegen einer vorsätzlichen Straftat angeklagten deutschen Staatsangehörigen (EuGH NJW 00, 1853 m Anm Piekenbrock IPRax 00, 364; BGH NJW 00, 3289 m Anm Gross JZ 00, 1068). Nichtbeachtung der früheren deutschen Rechtshängigkeit (BGH NJW 83, 514; BayObLG FamRZ 83, 501) bei Scheidung von deutschen Staatsangehörigen (nicht aber, wenn die Scheidung durch das Heimatgericht aus-

16

17

18

gesprochen wurde, Bamberg FamRZ 97, 95). Wenn die Anerkennung §§ 20, 21 GWB (BGH 46, 365) oder Art 81 EG (BGH NJW 69, 978) außer acht ließe. Zuerkennung eines pauschalierten, unverhältnismäßig hohen zusätzlichen Strafschadensersatzes („punitive damages") nach amerikanischem Recht (BGH NJW 92, 3102; kritisch Müller DB 01, 83). Ehescheidungsurteil nach Druck ausländischer staatlicher Behörden auf die Eheleute oder deren nahe Angehörige mit dem Ziel, die Scheidung zu erschweren (BayObLG 92, 195). Verurteilung zum Ersatz von Personenschaden einer Person, die gemäß §§ 104–107 SGB VII von der Haftung freigestellt ist (BGH 123, 268). Verurteilung eines Bürgen, wenn dieser durch das ausl Zahlungsgebot in seiner Handlungsfreiheit in verfassungswidriger Weise eingeschränkt wird, was in besonders krassen Fällen der strukturellen Unterlegenheit in Betracht kommt, er also zum wehrlosen Opfer der Fremdbestimmung gemacht wurde und auf Jahre hinaus auf das wirtschaftliche Existenzminimum der Pfändungsfreigrenzen verwiesen wird (BGH IPRax 99, 371 m Anm Schulze S 342 u Roth JZ 99, 1119). Verurteilung zur Zahlung von Zugewinn, der abweichend vom deutschen Recht durch Festhalten einzelner Kontenbewegungen während der Ehezeit berechnet wurde (Köln FamRZ 95, 306). Arglistiges Umgehen der inländischen Gerichtsbarkeit zum Schaden des Bekl (Hamm FamRZ 96, 951). Verbot der Abänderung eines Unterhaltsurteils (Nürnberg FamRZ 96, 353). Verneinung des nachehelichen Unterhalts der geschiedenen Ehefrau im Fall der Betreuung eines Kindes ohne Möglichkeit, den Lebensunterhalt zu verdienen, ohne das Kind zu vernachlässigen (Zweibrücken FamRZ 97, 93). Zielgerichtete Täuschung des ausländischen Gerichts, wobei die Beweislast beim Bekl liegt (BGH NJW 99, 3198/3201), insb durch gefälschte Urkunden oder durch

19 Falschaussagen (BayObLG FamRZ 00, 836). – **Kein Hindernis für Anerkennung:** Ausschluss des Bekl wegen contempt of court (BGH 48, 327). Summarisches Verfahren nach Order 14 (BGH 53, 357 mit Anmerkung Cohn NJW 70, 1506). Nichteinholung eines Abstammungsgutachtens im Statusverfahren (BGH FamRZ 86, 665; BSG FamRZ 97, 1010). Unterbliebene Vernehmung der Kindesmutter zur bestrittenen Frage der Beiwohnung innerhalb der Empfängniszeit (Düsseldorf FamRZ 97, 447). Nichtberücksichtigung des Termin- und Differenzeinwands bei im Ausland geschlossenen Börsentermingeschäften sowohl bei Verträgen zwischen börsentermingeschäftsfähigen Partnern (BGH WM 91, 576) als auch bei nicht aufklärungsbedürftigen, nicht termingeschäftsfähigen Inländern (BGH NJW 98, 2358 [Änd d Rspr] m Anm Fischer IPRax 99, 450). Persönliche Verurteilung eines deutschen Beamten zum Ersatz von Sachschaden wegen im Ausland begangener Amtspflichtverletzung (BGH 123, 268). Dem Urteil vorausgehende „pre-trial-discovery" und fehlende Kostenerstattung für die obsiegende Partei (BGH NJW 92, 3099). Nichteinhaltung des ausländischen Verfahrensrechts (Düsseldorf NJW-RR 97, 572). Vorläufige Zahlungsanordnung nach italienischem Recht (ordinanza ingiuntiva di pagamento; Stuttgart NJW-RR 95, 280; Düsseldorf NJW-RR 01, 1575). Nichtberücksichtigung der Aufrechnungsforderung (Frankfurt IPRax 99, 460 m Anm Hau S 437). Der von einem französischen huissier erstellte titre exécutoire (Saarbrücken IPRax 01, 238 m Anm Reinmüller S 207). Druck auf den scheidungswilligen Ehegatten, um ihn zum Abschluss einer Scheidungsvereinbarung zu bewegen (BayObLG StAZ 01, 174). Verurteilung zur Zahlung eines Erfolgshonorars an ausländische Rechtsanwalt (BGHZ 118, 312; Pisani IPRax 01, 293). – Ob überhöhte Schmerzensgeldbeträge in amerikanischen Urteilen anzuerkennen sind, hängt im Einzelfall vom Grad der Unverhältnismäßigkeit und des Inlandsbezuges der Beteiligten ab (BGH NJW 92, 3100 m Anm Koch S 3073). Art 40 Abs 3 EGBGB (= Art 38 EGBGB aF) ist grundsätzlich im Rahmen von Nr 4 nicht anwendbar (BGH aaO).

Nr 5. Die Gegenseitigkeit ist verbürgt, wenn der ausländische Staat **20** in seiner Anerkennungspraxis, bei ihrem Fehlen in seinem Anerkennungsrecht bei einer Gesamtwürdigung im Wesentlichen gleichwertige Bedingungen für die Vollstreckung eines Urteils gleicher Art schafft (BGH NJW 99, 3198/3201; NJW 01, 524); dies ist auch vom Revisionsgericht festzustellen (BGH 42, 192 u NJW 68, 357). Bei Mehrrechtsstaaten ist auf den konkreten Einzelstaat abzustellen (BGH ZIP 99, 1226/1230; MüKo/Gottwald 119; Schack IZVR Rn 906; Haas/Stangl IPRax 98, 452). Die Darlegungs- und Beweislast für die Gegenseitigkeit trägt der Kläger (BGH aaO S 1231).

Ausnahme (Abs 2) von dem Erfordernis der Gegenseitigkeit für **21** nichtvermögensrechtliche Ansprüche (Einl IV) ohne deutschen Gerichtsstand einschl der Kostenentscheidung (RG 109, 387), für Kindschaftssachen (§ 640) u für die Anerkennung von Entscheidungen, die ihrem Wesen nach der freiwilligen Gerichtsbarkeit zuzurechnen sind, da § 16 a FGG eine der Nr 5 entsprechende Regelung nicht enthält, für die Anerkennung ausländischer Zwangsvergleichsvergleichsverfahren (BGH NJW 97, 524 [527] mAnm Stadler IPRax 98, 91). Die **Gegenseitigkeit ist verbürgt: – a) In Staatsverträgen,** vgl Rn 30 ff. – b) **Außerdem** **22** mit Ägypten (Frankfurt WM 87, 276); Bosnien-Herzegowina (MüKo/ **23** Gottwald 113; die ältere Rspr ist überholt); Botsuana (Schütze JR 78, 54); Brasilien; British Columbia/Kanada (BGH NJW 01, 524 m Anm Schütze IPRax 01, 441); Ecuador u Syrien (BGH 49, 50) für Urteile in vermögensrechtlichen Prozessen; Japan (wegen § 118 jap ZPO, der § 328 entspricht); Jugoslawien (LG München II NJW 75, 1609); Kalifornien (BGH NJW 92, 3100); Kenia für Zahlungsurteile (Schütze JR 85, 52); Malaysia für Urteile auf Geldzahlung außer bei fehlender internationaler Zuständigkeit (Schütze JR 84, 272); Polen für Abänderungsurteile (BGH FamRZ 91, 718); Ruanda (Schütze JR 86, 98); Südafrika für Urteile auf sofortige Zahlung eines bestimmten Geldbetrages (BGH 42, 194), außer wenn sie im Gerichtsstand des Vermögens oder Erfüllungsortes ergangen sind (BGH 52, 251); Tschechien (wegen § 64 Buchst e Gesetz Nr 97/1963); USA (mit Ausnahme von Mississippi) für Zahlungsurteile (Nagel/Gottwald S 411; einschränkend nunmehr

Schütze ZVglRWiss 98, 131). Nicht im Verhältnis zu Lettland, da § 440 lettische ZPO einen bi- oder multilateralen Staatsvertrag verlangt, der mit Deutschland nicht beseht. Weitere Hinweise zur Verbürgung der Gegenseitigkeit bei Zö Anh III; BLAH/Hartmann Anh nach § 328.

24 **3. Sonderbestimmungen in Ehesachen** enthält die am 1. 3. 01 in Kraft getretene VO (EG) Nr. 1347/2000 des Rates über die Zuständigkeit und die Anerkennung und Vollstreckung von Entscheidungen in Ehesachen und in Verfahren betreffend die elterliche Verantwortung für die gemeinsamen Kinder der Ehegatten (EheVO; ABl L 160, 19; Text und Kommentierung im Anh; Gruber FamRZ 00, 1129; Hau FamRZ 00, 1333; Kohler NJW 01, 10; Wagner IPRax 01, 79; Helms FamRZ 01, 257; Hausmann EuLF 00/01, 271 u 345). Diese VO ist im Verhältnis zu den EU-Staaten (mit Ausnahme von Dänemark) gegenüber dem Verfahren aus Art 7 § 1 FamRÄndG (BGBl 61, 1221) vorrangig anzuwenden (Jayme/Kohler IPRax 00, 454/457). Art 7 § 1 FamRÄndG gilt für die Anerkennung von (formell rechtskräftigen, BayObLG FamRZ 90, 897) Entscheidungen aus nicht EU-Staaten und aus Dänemark, die eine Ehe für nichtig erklären, aufheben oder scheiden oder die das (Nicht)Bestehen einer Ehe feststellen. Auch ein Nichtanerkennungsantrag kann gestellt werden. Unter Entscheidung sind nicht nur Urteile staatlicher Gerichte, sondern auch die geistlicher oder religiöser Gerichte zu verstehen. Auch Ehescheidungen durch private Rechtsakte fallen unter Art 7 § 1, sofern eine ausländische Behörde irgendwie, sei es auch nur deklaratorisch mitgewirkt hat (BGH NJW 90, 2194; BayObLG NJW-RR 98, 1538; Stuttgart IPRax 00, 427 m Anm Rau-

25 scher S 391 (talaq-Scheidung)). – **Anerkennungsverfahren nach Art 7 § 1 FamRÄndG.** Eine ausländische Entscheidung dieses Inhalts ist im Inland nur wirksam, wenn die Landesjustizverwaltung festgestellt hat, dass sie anzuerkennen ist. Dies gilt auch bei völlig klarer Rechtslage (Zö/Geimer 227; aA BGH IPRax 83, 292; Köln NJW-RR 99, 81) und wenn die Anerkennung der Scheidung Vorfrage im Rahmen einer anderen Ehesache ist (BGH FamRZ 01, 991). Beiden Ehegatten ist zuvor rechtliches Gehör zu gewähren (BayObLG FamRZ 00, 485). Hat ein Gericht des Heimatstaates beider Ehegatten (bei Mehrstaatern darf keiner die deutsche Staatsangehörigkeit besitzen, BayObLG NJW-RR 98, 1538) entschieden, so ist diese Feststellung nicht nötig (Hamm NJW-RR 96, 773), ein gleichwohl gestellter Antrag auf Anerkennung aber zulässig (BGH NJW 90, 3081; bestr). Wird in diesem Fall erneut im Inland ein Scheidungsantrag gestellt, so sind die Anerkennungsvoraussetzungen nach § 328 inzident im Rahmen des Rechtsschutzbedürfnisses zu prüfen (AG Weilburg FamZR 00, 169). Die Justizverwaltung entscheidet nach bestehenden Staatsverträgen und nach § 328 iVm § 606 a (BayObLG FamRZ 00, 836), die Gegenseitigkeit braucht aber nicht verbürgt zu sein. Für Privatscheidungen gilt Art 17 Abs 1 EGBGB (hierzu BGH NJW 90, 2194; Palandt Art 17 Rn 35). Die Feststellung, die auf den Zeitpunkt der Rechtskraft des ausländischen Urteils zurück-

wirkt (BGH FamRZ 61, 427), oder ihre Ablehnung (Geimer NJW 69, 1649) bindet auch die Gerichte. Der Antrag auf Anerkennung kann vor der Landesjustizverwaltung in einen solchen auf Nichtanerkennung geändert werden und umgekehrt (Düsseldorf OLGZ 76, 291). Vor der Anerkennung ist ein derartiges ausländisches Urteil im Inland nicht zu beachten (BGH 64, 19). Die Landesjustizverwaltung kann ihre Entscheidung analog § 18 FGG oder § 48 VwVFG ändern, wenn die Entscheidung über die Anerkennung durch Täuschung erwirkt wurde (BayObLG FamRZ 00, 836). – **Anfechtung.** Gegen die Entscheidung **26** kann – iF der Ablehnung nur vom Antragsteller (KG NJW 69, 382) – das OLG, in Bayern das BayObLG angerufen werden, das im Streitverfahren der freiwilligen Gerichtsbarkeit mit materieller Rechtskraftwirkung entscheidet (BayObLG MDR 67, 923). In entspr Anwendung kann das Ger auch angerufen werden, wenn die Landesjustizverwaltung es ablehnt, eine früher getroffene antragsgemäße Anerkennungsfeststellung wieder aufzuheben (BayObLG 75, 296). Zurückverweisung an die Landesjustizverwaltung in analoger Anwendung von § 538 ist bei Verfahrensfehlern möglich (BayObLG FamRZ 00, 485). – **Scheidet ein** **27** **ausländisches Gericht deutsche Ehegatten,** so hängt wegen der spiegelbildlichen Anwendung (Rn 8 a) von § 606 a Nr 2 oder 4 (wegen § 606 a Abs 2 S 1 ohne die Einschränkung des 2. Hs von Nr 4) die Anerkennung des Urt davon ab, dass wenigstens einer der Ehegatten im Zeitpunkt der Scheidung seinen gewöhnlichen Aufenthalt im UrtStaat hatte (BayObLG FamRZ 79, 1014). Dieses beurteilt sich ausschließlich nach deutschem Recht (BayObLG NJW 90, 3099). Materiellrechtlich ist ein ausländisches Scheidungsurteil erst dann mit dem ordre public unvereinbar, wenn es für die deutsche Rechtsordnung schlechthin untragbar ist (BayObLG NJW 74, 418). – Ist die Ehe im Ausland rechtskräftig geschieden, so ist ein inländisches Scheidungsverfahren auf Antrag, ggf nach Hinweis gem § 139 (Köln NJW-RR 99, 81), nicht vAw auszusetzen und ggf zur Antragstellung im Anerkennungsverfahren eine Frist zu bestimmen (BGH NJW 83, 514). Ob die Berufung auf die Unwirksamkeit des antragsgemäß ergangenen ausländischen Urteils treuwidrig ist, kann im Anerkennungsverfahren nicht geprüft werden (KG OLGZ 84, 37). – Die Anerkennungsfähigkeit des in einem **Dritt-** **28** **land** ergangenen Ehescheidungsurteils ist an Hand des zurzeit der ausländischen Entscheidung geltenden deutschen Zuständigkeits- und Anerkennungsrechts (BayObLG 90, 217) spiegelbildlich (vgl Rn 8 a) zu prüfen (BayObLG FamRZ 79, 1015); erleichtern sich nach Erlass des ausländischen Urt die deutschen Zuständigkeits- und Anerkennungsvorschriften, so an Hand des im Zeitpunkt der Anerkennung geltenden deutschen Verfahrensrechts (BayObLG NJW 88, 2178, FamRZ 90, 1265). § 606 a Abs 2 S 2 erweitert bei Ausländerehen ohne Beteiligung eines deutschen Staatsangehörigen (MüKoBernreuther § 606 a Rn 175 Fn 280) die Anerkennungsfähigkeit: Selbst wenn in spiegelbildlicher Anwendung von § 606 a Abs 1 eine internationale Zuständigkeit des ausländischen Gerichts nicht bestanden hätte, soll die Anerkennung in

Deutschland möglich sein, wenn die Entscheidung von den Staaten
29 anerkannt wird, den die Ehegatten angehören. – **Folgesachen.** Art 7
§ 1 gilt nicht für ausländische Entscheidungen, die nicht die Ehe selbst
betreffen, sondern mit der Entscheidung über sie getroffen worden sind,
zB den Unterhalt, die Personensorge. Die Anerkennung solcher Entscheidungen über die Ehescheidungsfolgen kann erst ausgesprochen
werden, wenn festgestellt ist, dass die Entscheidung über die Ehe selbst
im Inland anzuerkennen ist (BGH NJW 75, 1072). Geimer NJW 75,
2141 hält bis dahin Aussetzung des Verfahrens über die Anerkennung
der ausländischen Entscheidung über die Ehescheidungsfolgen für angebracht, BGH NJW 83, 514 hält in ähnlichem Fall Aussetzungsantrag für
nötig. – Für die Anerkennung klageabweisender ausländischer Urteile in
Ehesachen gilt § 328 (Habscheid FamRZ 73, 431).

30   **4. Bestehende Staatsverträge**
      a) Kollektivverträge. Für die Kostenentscheidung Art 18 ff **Haager**
Übereinkommen über den Zivilprozess vom 1. 3. 54 (BGBl 59 II
1388; 58 II 577) mit dem deutschen Ausführungsgesetz vom 18. 12. 58
(BGBl 58 I 939), bisher ratifiziert von Ägypten, Argentinien, Armenien,
Belarus, Belgien, Bosnien-Herzegowina, Dänemark, BRD, Finnland,
Frankreich, Georgien, Israel, Italien, Japan, Jugoslawien, Kirgisistan,
Kroatien, Lettland, Libanon, Luxemburg, Marokko, Mazedonien, Moldau, Niederlande einschl niederl Antillen, Norwegen, Österreich, Polen,
Portugal einschl überseeische Gebiete, Rumänien, Russische Föderation, Schweden, Schweiz, Slowakei, Slowenien, Spanien, Suriname,
Tschechische Republik, Türkei, Ungarn, Ukraine, Usbekistan, Vatikan,
31 Zypern. **Revidierte Rheinschifffahrtsakte** vom 17. 10. 1868 idF vom
11. 3. 69 (BGBl 69 II 597) mit dem deutschen Gesetz vom 27. 9. 52
32 (BGBl I 641). **Internationales Übereinkommen über den Eisen-**
bahnfrachtverkehr vom 25. 2. 61 (BGBl 61 II 1520) und vom 7. 2. 70
33 (BGBl 74 II 383) mit Gesetz vom 26. 4. 74 (BGBl II 357). **Internatio-**
nales Übereinkommen über den Eisenbahn-Personen- und Ge-
päckverkehr vom 25. 2. 61 (BGBl 61 II 1898) und vom 7. 2. 70
(BGBl 74 II 495) mit Gesetz zu dem Zusatzübereinkommen dazu vom
34 26. 4. 74 (BGBl II 357). New Yorker **UN-Übereinkommen über die**
Geltendmachung von Unterhaltsansprüchen im Ausland vom
20. 6. 56 (BGBl 59 II 150, Änderung BGBl 71 II 105) mit dem deutschen Zustimmungsgesetz vom 26. 2. 59 (BGBl II 149), bisher in Kraft
in Algerien, Argentinien, Australien, Barbados, Belarus, Belgien, Bosnien-Herzegowina, Brasilien, Burkina Faso, Chile, Dänemark, BRD,
Ecuador, Estland, Finnland, Frankreich, Griechenland, Großbritannien,
Guatemala, Haiti, Irland, Israel, Italien, Jugoslawien, Kap Verde, Kroatien, Luxemburg, Marokko, Mazedonien, Mexiko, Monaco, Neusee-
land, Niederlande einschl Antillen, Niger, Norwegen, Österreich, Pakistan, Philippinen, Polen, Portugal, Rumänien, Schweden, Schweiz, Slowakei, Slowenien, Spanien, Sri Lanka, Suriname, Taiwan, Tschechische
Republik, Tunesien, Türkei, Ungarn, Uruguay, Vatikan, Zentralafrika-

nische Union, Zypern. **Haager Übereinkommen vom 15. 4. 58** 35
**über die Anerkennung und Vollstreckung von Entscheidungen
auf dem Gebiet der Unterhaltspflicht gegenüber Kindern** (BGBl
61 II 1006) mit deutschem Ausführungsgesetz (BGBl 61 I 1033, geänd
d ZPO-RG), wegen des Vorrangs des nachfolgend abgedruckten Übereinkommens ist es nur noch im Verhältnis der BRD zu Belgien, Liechtenstein, Österreich, Suriname und Ungarn anzuwenden. **Haager** 35a
**Übereinkommen über die Anerkennung und Vollstreckung von
Unterhaltsentscheidungen vom 2. 10. 73** (BGBl 86 II 826) iVm
AVAG in Kraft in BRD, Dänemark, Estland, Finnland, Frankreich,
Großbritannien, Italien, Luxemburg, Niederlanden, Norwegen, Polen,
Portugal, Schweden, Schweiz, Slowakei, Spanien, Tschechische Repu-
blik, Türkei. **Übereinkommen der Europäischen Wirtschaftsge-** 36
**meinschaft über die gerichtliche Zuständigkeit und die Vollstre-
ckung gerichtlicher Entscheidungen in Zivil- und Handelssachen**
(EuGVÜ) **vom 27. 9. 68** (BGBl 72 II 773, 73 II 60) in der jeweiligen
Fassung mit Protokoll (BGBl 72 II 845) und AVAG v. 30. 5. 88 (BGBl
88 I, 662). Zum Geltungsbereich vgl 23. Aufl Rn 1 ff vor Art 1
EuGVÜ. Nach Art 26 werden die Entscheidungen, die in einem Vertragsstaat ergangen sind, in den anderen ohne besonderes Verfahren
anerkannt. Art 27, 28 enthalten einen Katalog der Fälle, in denen nicht
anerkannt wird. Das EuGVÜ wird zum 1. 3. 02 durch die EuGVVO
Rn 52) ersetzt (zum Übergangsrecht vgl Art 66 EuGVVO). **Überein-** 36a
**kommen über die gerichtliche Zuständigkeit und die Vollstre-
ckung gerichtlicher Entscheidungen in Zivil- und Handelssachen
vom 16. 9. 88** (Lugano-Übereinkommen, LGVÜ; BGBl 94 II 2658;
95 II 221), vgl hierzu 23. Aufl Rn 17 vor Art 1 EuGVÜ.

     b) Zweiseitige Verträge. – aa) Soweit die **EuGVVO** (Rn 52) zur 37
Anwendung kommt (Rn 5 ff vor Art 1 EuGVVO), kann nicht auf die
nachfolgenden, durch Art 69 EuGVVO außer Kraft gesetzten Verträge
zurückgegriffen werden (BGH NJW 93, 2688). Darüber hinaus gelten
sie weiter (Art 70 EuGVVO). Die zulässigen Rechtsbehelfe gegen die
Vollstreckbarerklärung ergeben sich aus den jeweiligen Ausführungsgesetzen zu den nachfolgenden Staatsverträgen. **Deutsch-belgisches Ab-** 38
kommen über die gegenseitige Anerkennung und Vollstreckung von
gerichtlichen Entscheidungen, Schiedssprüchen und öffentl Urkunden
in Zivil- und Handelssachen vom 30. 6. 58 (BGBl 59 II 766 und 60 II
2408) mit dem deutschen Ausführungsgesetz vom 26. 6. 59 (BGBl I
425, geänd d ZPO-RG). **Deutsch-griechischer Vertrag** über die 39
gegenseitige Anerkennung und Vollstreckung von gerichtlichen Entscheidungen, Vergleichen und öffentlichen Urkunden in Zivil- und
Handelssachen vom 4. 11. 61 (BGBl 63 II 109, 1278) mit dem deutschen Ausführungsgesetz vom 5. 2. 63 (BGBl I 129, geänd d ZPO-
RG). Abkommen zwischen BRD und dem Königreich von **Großbri-** 40
tannien und Nordirland über die gegenseitige Anerkennung und Vollstreckung von gerichtlichen Entscheidungen in Zivil- und Handelssachen vom 14. 7. 60 (BGBl 61 II 302, 1025) mit dem deutschen Aus-

führungsgesetz vom 28. 3. 61 (BGBl I 301, geänd d ZPO-RG).
41 **Deutsch-italienisches Abkommen** über die Anerkennung und Vollstreckung gerichtlicher Entscheidungen in Zivil- und Handelssachen
vom 9. 3. 36 (RGBl 37 II 145, wieder in Kraft BGBl 52 II 986) mit der
deutschen AVO vom 18. 5. 37 (RGBl II 143, geänd d ZPO-RG).
42 Vertrag zwischen der BRD u dem Königreich der **Niederlande** über
die gegenseitige Anerkennung und Vollstreckung gerichtlicher Entscheidungen und anderer Schuldtitel in Zivil- und Handelssachen vom 30. 8.
62 (BGBl 65 II 27, 71 II 11) mit dem deutschen Ausführungsgesetz vom
15. 1. 65 (BGBl I 17 geänd durch d ZPO-RG). Vertrag zwischen der
43 BRD und **Spanien** über die Anerkennung und Vollstreckung von
gerichtlichen Entscheidungen und Vergleichen sowie vollstreckbaren
öffentlichen Urkunden in Zivil- und Handelssachen v 14. 11. 83 (BGBl
44 87 II, 34, 88 II 207). – **bb)** Soweit das **LGVÜ** anzuwenden ist, kann
nicht auf die nachfolgenden, durch Art 55 LGVÜ außer Kraft gesetzten
Verträge zurückgegriffen werden. Darüber hinaus gelten sie weiter
45 (Art 56 LGVÜ). **Deutsch-norwegischer Vertrag** über die gegenseitige Anerkennung u Vollstreckung gerichtlicher Entscheidungen v 17. 6.
77 (BGBl 82 II 341, 901) mit AVAG v 19. 2. 01 (BGBl I S 288).
46 **Deutsch-österreichischer Vertrag** über die gegenseitige Anerkennung und Vollstreckung von gerichtlichen Entscheidungen, Vergleichen
und öffentl Urkunden in Zivil- und Handelssachen vom 6. 6. 59 (BGBl
60 II 1246, 1523) mit dem deutschen Ausführungsgesetz vom 8. 3. 60
47 (BGBl I 169, geänd d ZPO-RG). **Deutsch-schweizerisches Abkommen** über die gegenseitige Anerkennung und Vollstreckung von gerichtlichen Entscheidungen und Schiedssprüchen vom 2. 11. 29 (RGBl
30 II 1066, 1270) mit dem deutschen AVO vom 23. 8. 30 (RGBl II
48 1209, geänd d ZPO-RG). – **cc) Deutsch-israelischer Vertrag** über
die gegenseitige Anerkennung u Vollstreckung gerichtlicher Entscheidungen in Zivil- und Handelsachen v 20. 7. 77 (BGBl II, 80, 925, 1531)
mit AVAG v 19. 2. 01 (BGBl I S 288). Vertrag zwischen BRD und
49 **Tunesien** über die Anerkennung und Vollstreckung gerichtlicher Entscheidungen in Zivil- und Handelssachen sowie über die Handelsschiedsgerichtsbarkeit vom 19. 7. 66 (BGBl 69 II 890, 70 II 125) mit dem
deutschen Ausführungsgesetz vom 29. 4. 69 (BGBl I 333, geänd d ZPO-
RG). Art 8 des Abkommens über allg Fragen der Handels- und Seeschiff-
50 fahrt zwischen der BRD und der ehemaligen **UdSSR** vom 25. 4. 58
(BGBl 59 II 222; enthält Bestimmungen über die Vollstr von Schieds-
51 sprüchen). Art VI Abs 2 des **deutsch-amerikanischen** Freundschafts-,
Handels- und Schifffahrtsvertrages vom 25. 10. 54 (BGBl 56 II 488, 763;
enthält Bestimmungen über die Vollstr von Schiedssprüchen).

52   **5. EG-Recht.** In Ehesachen und Sorgerechtsangelegenheiten vgl die
in Rn 24 genannte VO. In Zivil- und Handelssachen ist ab 1. 3. 02 die
VO (EG) Nr 44/2001 des Rates v 22. 12. 01 anzuwenden (EuGVVO,
Kommentierung im Anhang), die ab diesem Zeitpunkt das EuGVÜ
ersetzt.

§ 329 Beschlüsse und Verfügungen

(1) ¹Die auf Grund einer mündlichen Verhandlung ergehenden Beschlüsse des Gerichts müssen verkündet werden. ²Die Vorschriften der §§ 309, 310 Abs. 1 und des § 311 Abs. 4 sind auf Beschlüsse des Gerichts, die Vorschriften des § 312 und des § 317 Abs. 2 Satz 1, Abs. 3 auf Beschlüsse des Gerichts und auf Verfügungen des Vorsitzenden sowie eines beauftragten oder ersuchten Richters entsprechend anzuwenden.

(2) ¹Nicht verkündete Beschlüsse des Gerichts und nicht verkündete Verfügungen des Vorsitzenden oder eines beauftragten oder ersuchten Richters sind den Parteien formlos mitzuteilen. ²Enthält die Entscheidung eine Terminsbestimmung oder setzt sie eine Frist in Lauf, so ist sie zuzustellen.

(3) Entscheidungen, die einen Vollstreckungstitel bilden oder die der sofortigen Beschwerde oder der Erinnerung nach § 573 Abs. 1 unterliegen, sind zuzustellen.

Abs 3 geändert mWv 1. 1. 2002 durch Art 2 Abs 1 Nr 50 ZPO-RG.

1. Regelungsgehalt. Enthält unvollständige Vorschriften über **Beschlüsse** und **Verfügungen,** und zwar in Abs 1 solche, die nach notwendiger oder freigestellter mdl Vhdlg, in Abs 2 solche, die ohne mdl Vhdlg ergehen. Abs 3 betrifft Entscheidungen, die einen ZwVollstrTitel bilden oder einem befristeten Rechtsbehelf unterliegen. Bezeichnung gerichtlicher Entscheidungen Rn 1–3 vor § 300.   **1**

2. Beschlüsse auf Grund mündlicher Verhandlung (§ 128 Rn 1–17). – **a)** Für die **Beschlussfassung** gelten die Vorschriften über Urteile, §§ 192 ff GVG, 309. – **b) Verkündung** ist nötig, es gelten §§ 310 Abs 1 (dort Rn 1), 311 Abs 4, 312. Protokollierung nach § 160 Abs 3 Nr. 6, 7. § 311 Abs 1–3 gilt nicht. Mit der Verkündung ist der Beschluss existent (erlassen) und den Parteien gegenüber wirksam; Ausnahme für Folgesachen bei Ehescheidung in § 629 d. – **Fehlende, fehlerhafte Verkündung** § 310 Rn 4, 5. Ist statt der notwendigen Verkündung mitgeteilt worden (Abs 2), so ist der Beschluss wirksam, enthält aber einen Rechtsmittel zu rügenden Verfahrensverstoß (München MDR 54, 424; Schleswig SchlHA 57, 158). Für die Ausfertigung gelten § 317 Abs 2 S 1, 3. Anwendbarkeit anderer Urteilsvorschriften Rn 9–13. – **c)** Die **Amtszustellung** (Abs 3, § 270 Abs 1) ist nötig, um die Rechtsbehelfsfristen in §§ 569 Abs 1, 575 Abs 1 in Lauf zu setzen. Zum Beginn der ZwVollstr genügt Parteizustellung (§§ 794 Abs 1 Nr 3, 795, 750 Abs 1).   **2**   **3**   **4**

3. Beschlüsse ohne notwendige mündliche Verhandlung (§ 128 Rn 11–36). – **a) Sie werden existent** (erlassen) und damit beschwerdefähig mit der ersten Hinausgabe aus dem inneren Gerichtsbetrieb, zB Einlegen in das RA- oder Abtragefach der Geschäftsstelle, formlose Mitteilung an eine Partei (BGH NJW-RR 00, 877), telefonische Verständigung der Beteiligten (Frankfurt FamRZ 00, 813) oder des Ge-   **5**

richtsvollziehers. Bis dahin eingegangene Schriftsätze sind zu berücksichtigen (BVerfG NJW 93, 51). Ein die ZwVollstr einstellender Beschluss ist von seiner Existenz an von den VollstrOrganen zu beachten
6 (BGH 25, 62). – **b) Sie werden wirksam** den Parteien und verfahrensbeteiligten Dritten (§ 624 Abs 4 S 2 für Scheidungsfolgesachen) gegenüber mit der gesetzmäßigen Bekanntgabe nach Abs 2. Der Zeitpunkt
kann bei verschiedenen Beteiligten unterschiedlich sein. Ausnahme für
Wirksamwerden in Folgesachen nach Ehescheidung in § 629 d. Rechtskräftig können sie nicht vor der Letzten notwendigen Bekanntgabe
7 werden (BGH FamRZ 95, 552). – **aa) Formlose Mitteilung** genügt
regelmäßig, dh Zugang oder Aushändigung oder Einwerfen des Schriftstücks in den Hausbriefkasten, (fern)mündliche Bekanntgabe (BGH
NJW RR 00, 877), auch ohne Vermerk in den Akten (BGH 14, 152,
8 93, 300). – **bb) Förmliche Zustellung** von Amts wegen (§§ 166 ff; bis
30. 6. 02 §§ 208 ff) ist in den in Abs 2 S 2, Abs 3 und in § 22 ZVG
genannten Fällen erforderlich. Sie ist nicht ersetzbar durch formlose
Mitteilung oder Verkündung, setzt die Frist des § 569 Abs 1 in Lauf
(Nürnberg MDR 72, 429, Frankfurt NJW 68, 404) und genügt als
Voraussetzung zur ZwVollstr (München MDR 72, 698). Ausnahme in
§ 497 Abs 1 S 1. Fehlerhafte Zustellung Rn 14–17 vor § 166.

9   **4. Entsprechende Anwendbarkeit sonstiger Urteilsvorschriften
auf Beschlüsse. § 308** gilt. – **§§ 309** bis **312** siehe Rn 2. – **§ 313** gilt
nicht. Die Sache und die Parteien, um die es geht, müssen, auch in der
Urschrift, erkennbar (Köln BB 01, 1498), die Formel verständlich sein.
10 **Gründe** sind nötig, wo gesetzlich vorgeschrieben, zB §§ 620 d, 922
Abs 1 S 2. Außerdem, wenn das Prinzip der Rechtsstaatlichkeit sie im
Einzelfall erfordert. So, wenn das Ger vom eindeutigen Wortlaut einer
Rechtsnorm abweichen will, sofern der Grund hierfür sich nicht ohne
weiteres erkennbar aus den Besonderheiten des Falles ergibt (BVerfG
NJW 87, 1619). Gleiches gilt für nicht mehr anfechtbare letztinstanzli-
che Entscheidungen (BVerfG NJW 98, 3484). Wenn ein Antrag abgelehnt oder ein Rechtsmittel statthaft ist (Köln NJW-RR 91, 1280, KG
MDR 99, 1151 zu § 11 RPflG; einschränkend Düsseldorf OLG 72,
245, KG NJW 74, 2010: sofern nicht die Begründung sich unmittelbar
aus dem Gesetz, dem Streitstoff selbst oder einer gefestigten Rechtsprechung ergibt). Wenn über ein Rechtsmittel entschieden wird. Wenn der
Beschluss unmittelbar in Rechte der Parteien oder Dritter eingreift. Die
Begründung kann außer bei Beschlüssen, die der sofortigen Beschwerde
unterliegen, im Nichtabhilfebeschluss nachgeholt werden (Karlsruhe Just
11 76, 300). – **§ 313 a** gilt (Brandenburg NJW-RR 95, 1212). – **§§ 314,
315** gelten nicht. Aus dem in § 329 Abs 1 S 2 in Bezug genommenen
§ 317 Abs 2 S 1 ergibt sich aber die Notwendigkeit der **Unterschrift**
(§ 317 Rn 3, Karlsruhe FamRZ 94, 452). Es genügt die des Vorsitzenden oder zusammen mit der des Berichterstatters, wenn deutlich gemacht ist, dass es sich um einen Beschluss des Kollegiums handelt (BGH
NZBau 01, 517; Düsseldorf MDR 80, 943). – **§ 317 Abs 1** siehe Rn 4,

8. – **§ 318** gilt grundsätzlich nicht (arg: § 572 Abs 1 S 1). An erlassene **12** (Rn 2, 5) Beschlüsse ist das Gericht ausnahmsweise **gebunden in folgenden Fällen: – a)** In §§ 281, 506 weil mit Erlass des Verweisungsbeschlusses die Zuständigkeit endet; – **b)** wenn gegen den Beschluss ein anderer Rechtsbehelf als die Beschwerde gegeben ist, ist eine Abänderung nur auf diesem Wege zulässig, zB Mahn- und VollstrBescheid (§§ 694, 700), Arrest (§§ 924, 926, 927) und einstw Vfg (§ 936); – **c)** im Falle des § 522 Rn 3, 6. – **§ 319** gilt (BGH NJW-RR 88, 407), **13** auch für bindende Beschlüsse (Düsseldorf JMBlNRW 51, 172). – **§ 320** gilt für Berichtigungsbeschlüsse (BGH NJW-RR 88, 407). – **§ 321** gilt, Fristbeginn vgl dort Rn 7. – **§§ 322 bis 328** gelten, soweit der Beschluss rechtskraftfähigen Inhalt hat (§ 322 Rn 3). – **§ 540** gilt für Beschlüsse des BeschwGer (Köln JMBlNRW 83, 64).

5. Für **Verfügungen** gilt das über Beschlüsse Gesagte (Rn 2–13). **14** Auch sie müssen also vor der Mitteilung unterschrieben sein, die Ausfertigung muss dies erkennen lassen. **Abweichungen:** Sie müssen, auch wenn sie auf Grund mündlicher Verhandlung ergehen, nicht verkündet werden (Abs 1), Bekanntmachung nach Abs 2, 3 genügt. §§ 308–315, 318, 320–328 gelten nicht.

Titel 3. Versäumnisurteil

Vorbemerkung

1. Begriff und Voraussetzungen der Säumnis. In diesem Titel **1** sind Voraussetzungen und Folgen der Totalversäumnis eines Termins zur mdl Vhdlg und, dem gleichstehend, Versäumung der Anzeigefrist im schriftlichen Vorverfahren (§ 276 Abs 1 S 1) geregelt. Versäumung anderer einzelner Prozesshandlungen §§ 230 ff. – **a) Termin zur not-** **2** **wendigen mündlichen Verhandlung** (§ 128 Rn 1 ff) muss bestimmt sein. Ihr steht gleich die Güteverhandlung (§ 278) sowie die mdl Vhdlg im Arrest- und einstw Vfgs-Verfahren (§§ 922 Abs 1, 936, 937 Abs 2) und im Verfahren auf Vollstreckbarerklärung des Schiedsspruchs (§ 1063 Abs 2). Termin zur Beweisaufnahme vor dem ProzGer (Vorsitzender der KfH: § 349 Abs 2 Nr. 5; ER beim BerGer: § 527 Abs 3 Nr. 2) ist nach deren Erledigung Verhandlungstermin (§ 370). Gleichgültig ist, ob es sich um den ersten oder einen späteren Termin handelt (§ 332). Eine Beschränkung der Vhdlg, zB §§ 280, 347 ist zu beachten; auch § 302 Rn 13 und § 304 Rn 23. – **Vor dem Prozessgericht** (ER: §§ 348, **3** 348 a, 349 Abs 2 Nr 5, 526, 527 Abs 3 Nr 2) muss der Termin bestimmt sein, also nicht vor dem beauftragten oder ersuchten Richter. Auch Sühnetermin gehört nicht hierher, aber Güteverhandlung nach § 278. – **b) Gehörige Anordnung des Termins.** Er muss also entweder ver- **4** kündet (§ 218) oder die säumige Partei ordnungsgemäß geladen sein (§ 335 Abs 1 Nr. 2, BAG NJW 94, 3181). – **c) Säumnis der Partei.** **5** Nach Aufruf am richtigen Ort (§ 219), in richtiger Art und Weise

(§ 220 Rn 4, BVerfG NJW 77, 1443) und nicht vor der festgesetzten Zeit erscheint oder verhandelt sie nicht (§ 333). Im AnwaltsProz ist die Partei nicht erschienen, wenn kein zugelassener RA für sie verhandelt (BGH NJW 99, 2599), am AG, wenn sie weder persönlich noch für sie ein befugter und zugelassener (§ 157 Abs 1) Vertreter auftritt. Dem stehen gleich freiwillige oder sitzungspolizeiliche Entfernung (§ 158) vor der Antragstellung (danach: § 332 Rn 2) und Untersagung der Vhdlg (§ 157 Abs 2) in einem früheren Termin (§ 158 S 2). Die Säumnis wird beseitigt, wenn die Partei bis Schluss der Verhandlung (nicht: des Termins) verhandelt, § 220 Abs 2 (BGH NJW 93, 861) oder wenn ein Streitgehilfe (§ 67) oder notwendiger Streitgenosse (§ 62) verhan-
6 delt. – **d) Rechtzeitige Mitteilung** des tatsächlichen Vorbringens und
7 der Sachanträge an die säumige Partei (§ 335 Abs 1 Nr. 3). – **e) Kein Grund zur Vertagung** von Amts wegen (§ 337) darf vorliegen. Verstoß
8 macht VersU ungesetzlich (BAG DB 77, 919). – **f)** Das **Verfahren** darf
9 **nicht unterbrochen** sein (§§ 239 ff). – **g)** Im **schriftlichen Vorverfahren** muss statt Rn 2–5 die Aufforderung nach § 276 Abs 1 S 1 mit der Belehrung gem Abs 2 zugestellt, die Anzeige des Bekl darf bis zur Übergabe des von den Richtern unterschriebenen VersU an die GeschSt nicht eingegangen sein (§§ 331 Abs 3, § 335 Abs 1 Nr 4).

10   **2. Folge der Säumnis** ist, soweit kein Hindernis nach § 335 Abs 1 Nr 1 besteht, auf Antrag VersU (§§ 330, 331) oder Entscheidung nach Aktenlage (§ 331 a). Die Vereinbarung, kein VersU zu beantragen, ist
11 nichtig. – **Versäumnisurteil** ist nur die gegen die säumige – auch wenn das Ger dies rechtsirrig annimmt (BGH WM 81, 829) – Partei auf Grund der Säumnis ergehende Entscheidung, nicht dagegen (streitiges
12 Endurteil, sog **unechtes Versäumnisurteil**) die gegen die erschienene Partei, zB Abweisung der Klage als unzulässig (BGH NJW 61, 2207), nicht schlüssig bei Säumnis des Bekl oder unbegründet wegen vom Kl vorgetragener berechtigter Einwendung der Verjährung (Düsseldorf NJW 91, 2091) oder die zwar gegen die säumige Partei aber ohne Rücksicht auf ihre Säumnis ergehende Entscheidung, zB Abweisung der Klage als unzulässig (München MDR 88, 973) oder Verwerfung des Einspruchs oder eines Rechtsmittels gegen den säumigen (Rechtsmittel)Kläger (BGH NJW 69, 845; RoSchw/Gottwald § 107 II und III 3 b; StJGrunsky 29 vor § 330). Ein solches streitiges Urt setzt allerdings voraus, dass die säumige Partei Gelegenheit hatte, zu den Bedenken gegen die Zulässigkeit der Klage bzw des Rechtsmittels Stellung zu nehmen (BGH ZIP 86, 740).

§ 330 Versäumnisurteil gegen den Kläger

   Erscheint der Kläger im Termin zur mündlichen Verhandlung nicht, so ist auf Antrag das Versäumnisurteil dahin zu erlassen, daß der Kläger mit der Klage abzuweisen sei.

**1. Voraussetzungen für Versäumnisurteil gegen Kläger. 1
a) Säumnis** (1–9 vor § 330). Sonst ist der Antrag auf VersUrt durch
Beschluss abzulehnen. − **b) Prozessantrag** (§ 297 Rn 2) des Beklagten 2
auf Erlass eines VersU. Er kann stillschweigend im Antrag auf Klageabweisung als unbegründet liegen (BGH 37, 79/83). Statt dessen kann
er Entscheidung nach Aktenlage oder Verweisung nach § 506 (nicht
nach § 281) beantragen. − **c)** Die **Prozessvoraussetzungen** (8 ff vor 3
§ 253) müssen vorliegen oder etwaige Mängel geheilt sein, soweit das
angängig ist, zB § 39; die Einlassung zur Hauptsache liegt vorbehaltlich
des § 342 im Abweisungsantrag aus sachlichen Gründen; in diesem Fall
trifft den Bekl die Beweislast für das Vorliegen der Prozessvoraussetzungen (§ 335 Abs 1 Nr 1), eine Fiktion des Geständnisses wie in § 331
gibt es nicht. Gelingt ihm dieser Beweis nicht oder beantragt er Klageabweisung als unzulässig, so ist die Klage durch streitiges Prozessurteil
abzuweisen (11, 12 vor § 330).

2. Das **Versäumnisurteil** muss bei Vorliegen der Voraussetzungen 4
ergehen und ist als solches zu bezeichnen (§ 313 b Abs 1). Es ist regelmäßig (Ausnahme: § 347 Abs 2) End- und Sachurteil mit voller Rechtskraftwirkung (BGH 35, 340). Es weist die zulässige − andernfalls streitiges Endurteil, Rn 12 vor § 330 − Klage ohne sachliche Prüfung ab
(München MDR 88, 973). Ausnahmen in §§ 632 Abs 4, 640, 881; vgl
§ 612 Rn 9. Vorsitzender der KfH: § 349 Abs 2 Nr 5; ER beim BerGericht § 527 Abs 3 Nr 2. Vorl Vollstrbkt § 708 Nr 2, Verkündung § 311
Abs 2. Abgekürzte Form §§ 313 b, 317 Abs 4. − **Gebühren:** §§ 33, 38 5
BRAGO. **Rechtsbehelf:** § 338. Im **arbeitsgerichtlichen Verfahren**
Abweichungen in §§ 55 Abs 2, 59 ArbGG.

§ 331 Versäumnisurteil gegen den Beklagten

(1) ¹Beantragt der Kläger gegen den im Termin zur mündlichen Verhandlung nicht erschienenen Beklagten das Versäumnisurteil, so ist das tatsächliche mündliche Vorbringen des Klägers
als zugestanden anzunehmen. ²Dies gilt nicht für Vorbringen
zur Zuständigkeit des Gerichts nach § 29 Abs. 2, § 38.

(2) Soweit es den Klageantrag rechtfertigt, ist nach dem Antrag zu erkennen; soweit dies nicht der Fall ist, ist die Klage abzuweisen.

(3) ¹Hat der Beklagte entgegen § 276 Abs. 1 Satz 1, Abs. 2
nicht rechtzeitig angezeigt, daß er sich gegen die Klage verteidigen wolle, so trifft auf Antrag des Klägers das Gericht die Entscheidung ohne mündliche Verhandlung; dies gilt nicht, wenn
die Erklärung des Beklagten noch eingeht, bevor das von den
Richtern unterschriebene Urteil der Geschäftsstelle übergeben
ist. ²Der Antrag kann schon in der Klageschrift gestellt werden.

1. Prozessuale Voraussetzungen für Versäumnisurteil gegen 1
Beklagten. Wie in § 330 Rn 1–3. − **a) Säumnis** im Verhandlungs-

termin (1–9 vor § 330). Dem steht gleich (Abs 3), wenn im schriftlichen Vorverfahren bis zur Übergabe der von den Richtern unterschriebenen Entscheidung trotz wirksamer Fristsetzung (§ 296 Rn 30) samt den erforderlichen Belehrungen keine Anzeige des Bekl gemäß § 276 Abs 1 S 1, Abs 2 eingeht (§ 276 Rn 2, 3) oder wieder zurückgenommen wird
2 (Stoffel/Strauch NJW 97, 2372). – **b) Prozessantrag** des Kl, nicht notwendig ausdrücklich, kann im Sachantrag liegen (Koblenz WM 97, 1566), auch für einen Teil des Anspruchs (§ 301 Rn 2, 2 a). Der Sachantrag darf, soweit dies zulässig ist (§ 253 Rn 12), unbeziffert sein (BGH NJW 69, 1427); s auch Rn 9. Der Antrag kann, muss aber nicht für den Fall des schriftlichen Vorverfahrens (§ 276) schon in der Klageschrift gestellt werden (Abs 3 S 2). Wird er nachträglich gestellt, ist neues rechtliches Gehör nicht erforderlich (KG NJW-RR 94, 1344; aA München MDR 80, 235). Wird er, ggf nach Rückfrage, nicht alsbald nach Ablauf der Anzeigefrist in § 276 Abs 1 1 gestellt, so ist Termin zu
3 bestimmen. – **c) Allgemeine Prozessvoraussetzungen.** Den Kl trifft die Beweislast für ihr Vorhandensein (ähnlich BGH NJW 61, 2207). Nach **Abs 1 Satz 2** gelten nicht als zugestanden diejenigen Behauptungen des Kl, aus denen sich die sachliche, örtliche oder internationale Zuständigkeit des angegangenen Gerichts im Wege einer Vereinbarung über den Erfüllungsort oder über diese Zuständigkeit ergäbe. Der Kl muss schlüssige Tatsachen iS der §§ 29 Abs 2, 38 behaupten, das Ger muss von ihrer Wahrheit überzeugt sein (§ 286). Inwieweit es dafür Beweise verlangt und welcher Art, unterliegt seiner freien Würdigung. Das Gesetz verlangt nicht schlechthin einen urkundlichen Nachweis etwa durch Vorlage eines Handelsregisterauszugs. Das gilt auch für den
4 Urkundenprozess (Frankfurt MDR 75, 232). – **d) Unzulässig ist Versäumnisurteil** gegen Bekl in den Fällen des Abs 3 S 1 2. Hs, des § 335, des § 337, auch in entsprechender Anwendung (§ 276 Rn 4). Unzulässig iF des Abs 3, sobald Verhandlungstermin bestimmt ist (München MDR 83, 324, KG MDR 85, 416; § 272 Rn 2, 3). Nach vorausgegangenem Mahnverfahren § 276 Rn 8. Unzulässig ferner iF der §§ 612 Abs 4, 640. Zeitlich unzulässig ist es in Scheidungs-Folgesachen grundsätzlich vor Erlass des streitigen Scheidungsurteils, §§ 623 Abs 1 S 1, 629 Abs 2 S 1. – Bei nicht behebbaren Mängeln § 330 Rn 3, bei behebbaren Mängeln § 335.

5 **2. Sachliche Voraussetzung ist die Schlüssigkeit der Klage.** Das als zugestanden anzusehende tatsächliche Vorbringen des Kl muss den gestellten Sachantrag rechtfertigen. Das ist nicht der Fall, wenn der Kl nicht alle anspruchsbegründenden Tatsachen behauptet oder rechtshindernde oder rechtsvernichtende Tatsachen oder seinerseits vorträgt, dass der Bekl eine rechtshemmende Einrede geltend gemacht hat (BGH NJW 99, 2120/2123), außer der Kl setzt rechtserhaltende Tatsachenbehauptungen dagegen (38, 45 vor § 253). Die Ergebnisse einer früheren
6 Beweisaufnahme sind nicht verwertbar. – Bei der **Stufenklage** § 254 Rn 6, **Hilfsantrag** § 260 Rn 17. Bei (teilweise) fehlender Schlüssigkeit

ist die Klage (insoweit) durch streitiges Urteil als unbegründet abzuweisen (11, 12 vor § 330). Das gilt, weil das Ger „die Entscheidung" zu treffen, nicht etwa nur VersU gegen den Bekl zu erlassen hat, auch iF des Abs 3 (BayVerfGH NJW 91, 2080, Frankfurt MDR 84, 322, Köln OLGZ 89, 83, LG Berlin NJW-RR 98, 1285; aA Nürnberg NJW 80, 460, Brandenburg NJW-RR, 99, 939). Bei behebbarem Hindernis ist vorheriger Hinweis gemäß § 139 nötig. – **Als zugestanden gilt** das 7 tatsächliche Vorbringen (Rn 13 vor § 284), das dem Beklagten rechtzeitig mitgeteilt war (§ 335 Abs 1 Nr 3), zur Sache und mit Einschränkungen (Rn 3) zur Zuständigkeit. – **Ausgenommen** von der Wirkung 8 dieses unterstellten Geständnisses sind die Fälle, in denen auch ein wirklich abgegebenes Geständnis keine Wirkung hätte (BGH NJW 79, 2089); dazu § 288 Rn 6, 7 und vorstehend Rn 4.

3. Das **Versäumnisurteil** muss als solches bezeichnet sein, Tatbestand 9 und Entscheidungsgründe sind entbehrlich (§ 313 b Abs 1). Da der Tenor den Betrag beziffern muss, kann es bei unbeziffertem Antrag (Rn 2) in der abgekürzten Form nach § 313 b Abs 2 nicht abgesetzt werden; Beschwer des Kl Rn 22 vor § 511. Es kann bei gegebenen Voraussetzungen (§ 301 Rn 2–3) als Teil-VersU zusammen mit einem im Übrigen abweisenden streitigen EndUrt (Rn 5–8) ergehen. Rechtsbehelf für Bekl ist dann Einspruch, für Kl Berufung; beide sind, auch im Fristenlauf (BGH NJW-RR 86, 1326), unabhängig voneinander. Ergeht es im schriftlichen Vorverfahren (§§ 276, 331 Abs 3), tritt an die Stelle der Verkündung die Zustellung (§ 310 Abs 3). VollstrBescheid steht einem VersU gleich (§ 700 Abs 1). Iü gilt das zu § 330 Rn 4 Gesagte, auch für die Gebühren.

§ 331 a Entscheidung nach Aktenlage

[1]**Beim Ausbleiben einer Partei im Termin zur mündlichen Verhandlung kann der Gegner statt eines Versäumnisurteils eine Entscheidung nach Lage der Akten beantragen; dem Antrag ist zu entsprechen, wenn der Sachverhalt für eine derartige Entscheidung hinreichend geklärt erscheint.** [2]**§ 251 a Abs. 2 gilt entsprechend.**

1. Voraussetzungen für Entscheidung nach Aktenlage. – 1
a) Säumnis einer Partei; Rn 1–9 vor § 330. – **b) Prozessantrag** 2 (§ 297 Rn 2) der erschienenen Partei auf Entscheidung nach Aktenlage, auch für einen Teil des Anspruchs (§ 301 Rn 1 bis 2 a). Zulässig auch in Eventualstellung mit Antrag auf VersU für den Fall der Ablehnung des jeweils anderen Antrags; inhaltliche Beschränkungen (zB nur Beweisbeschluss) sind unzulässig. Über den Prozessantrag wird durch Beschluss entschieden; der ablehnende Beschluss ist unanfechtbar (§ 336 Abs 2). – **c) Entscheidungsreife.** Die Sache muss für eine Entscheidung (nicht 3 nötig Urteil) reif sein (S 1 Hs 2). Das ist eine Frage pflichtgemäßen Ermessens. Nur ihre Verneinung rechtfertigt Ablehnung des Antrags, im Falle des § 251 a dagegen freies Ermessen. Die Entscheidungsreife fehlt

auch, wenn sich eine Partei zu erheblichem Vorbringen der anderen
4 noch nicht erklärt hat (§ 335 Rn 7). – **d) Falls ein Urteil erlassen
werden soll,** muss außerdem früher eine mdl Vhdlg stattgefunden
haben und besonderer Verkündungstermin bestimmt werden,
§ 251a Abs 2. Gilt auch für Prozessurteile, gilt nicht für Verwerfung
eines Rechtsmittels (12 vor § 330) bei Säumnis des (Rechtsmittel-)Bekl
(RoSchwGottwald § 108 II 4b; RG 159 361).

5   **2. Entscheidung.** Für ihr Zustandekommen, ihren Inhalt und den
zu berücksichtigenden Prozessstoff gilt das zu § 251a Gesagte. Falls sie
ein Urt ist, gelten auch hier (Ausnahmen in Rn 4) die bes Vorschriften
in § 251a Abs 2. Besetzung des Gerichts § 309 Rn 1. Vorsitzender der
KfH: § 349 Abs 2 Nr 5; ER beim BerGericht: § 527 Abs 3 Nr 2. Vorl
6 Vollstreckbarkeit § 708 Nr. 2. – **Gebühren** des Gerichts: Nr 1201 KV,
des RAs: § 33 BRAGO. – Im **arbeitsgerichtlichen Verfahren** Abwei-
7 chungen in §§ 53, 60 Abs 1 S 3, 64 Abs 7 ArbGG. – Bei **Ablehnung
des Antrags** ist ein neuer Termin zu bestimmen, § 251a Abs 3 gilt
mangels Verweisung nicht (Frankfurt NJW-RR 98, 1288).

§ 332 Begriff des Verhandlungstermins

   **Als Verhandlungstermine im Sinne der vorstehenden Paragra-
phen sind auch diejenigen Termine anzusehen, auf welche die
mündliche Verhandlung vertagt ist oder die zu ihrer Fortsetzung
vor oder nach dem Erlaß eines Beweisbeschlusses bestimmt sind.**

1   **1. Mehrere Termine.** Die Bestimmung stellt wegen der Einheit der
mdl Vhdlg jeden späteren Termin zur Verhandlung der Hauptsache für
die Säumnis dem ersten gleich. Gilt auch für Entscheidung nach Aktenlage (BGH NJW 64, 658). Das Ergebnis früherer Termine (Verzicht,
Geständnis, Anerkenntnis, Beweiserhebung) verliert jede Bedeutung außer der Heilung prozessualer Mängel (§§ 39, 295) und der Bindung des
Gerichts an frühere Urteile (§ 318; auch § 302 Rn 13, § 304 Rn 23).

2   **2. Nach Beweisaufnahme** gilt § 370. Hat im Verhandlungstermin
die Partei zunächst verhandelt, stellt sie aber nach Beweiserhebung (zB
Vernehmung von prozeßleitend geladenen Zeugen) im selben Termin
keinen Antrag mehr, so ist sie nicht säumig; es ergeht streitiges Urteil
(BGH 63, 94; zustimmend Bassenge JR 75, 200).

§ 333 Nichtverhandeln der erschienenen Partei

   **Als nicht erschienen ist auch die Partei anzusehen, die in dem
Termin zwar erscheint, aber nicht verhandelt.**

1   **Völliges Nichtverhandeln** steht dem Nichterscheinen gleich. Ein
teilweises Nichtverhandeln liegt nur, wenn es einen selbständigen Teil
des Anspruchs (§ 301 Rn 1–2a) betrifft, über den ein TeilUrt ergehen
kann (BGH MDR 01, 1371). Sonst liegt **unvollständiges** Verhandeln
vor, für das § 334 gilt. Es genügt jede aktive auf eine Entscheidung in der

Sache gerichtete Beteiligung an der Erörterung des Rechtsstreits (Bamberg NJW-RR 96, 317), zB der örtlichen Zuständigkeit (BGH NJW 67, 728); nicht jedoch Antrag auf Vertagung, Aussetzung, Trennung oder Verbindung, Richterablehnung (BGH WM 86, 1127, Köln NJW-RR 86, 1252) oder der Hinweis auf die noch nicht rechtskräftige Zurückweisung eines Ablehnungsgesuchs (Frankfurt OLGZ 92, 479). Verhandelt die Partei nicht mehr oder tritt der RA für sie nicht mehr auf, nachdem im selben Termin zur Hauptsache verhandelt, die Anträge gestellt und eine Beweiserhebung durchgeführt wurden, liegt kein Fall der Säumnis vor (BGH 63, 94); ebenso wenn die Partei ihr Verhandeln im selben Termin „zurücknimmt" oder widerruft (Frankfurt NJW-RR 92, 1405). – **Die bloße Antragstellung** ist nicht unbedingt, aber jedenfalls dann **2** ein Verhandeln, wenn – wie meistens – darin zugleich eine tatsächliche oder rechtliche Stellungnahme, auch durch stillschweigenden Bezug auf früheres oder schriftliches Vorbringen liegt. Im einzelnen Tatfrage. Kein Verhandeln ist die bloße Antragstellung durch einen erst im Termin auftretenden, über den Gegenstand des Rechtsstreits nicht informierten RA des Bekl, wenn auch eine schriftliche Klageerwiderung noch nicht eingereicht ist (Zweibrücken OLGZ 83, 329, Düsseldorf MDR 87, 852).

§ 334 Unvollständiges Verhandeln

Wenn eine Partei in dem Termin verhandelt, sich jedoch über Tatsachen, Urkunden oder Anträge auf Parteivernehmung nicht erklärt, so sind die Vorschriften dieses Titels nicht anzuwenden.

Unvollständige Erklärung kann nicht zu VersU oder Entscheidung **1** nach Aktenlage führen. Soweit nicht daran das Gesetz bestimmte Folgen knüpft, zB §§ 85, 138 Abs 3, 4, 427, 439 Abs 1, 3, 446, 510, würdigt der Richter die Unterlassungen frei nach § 286.

§ 335 Unzulässigkeit einer Versäumnisentscheidung

(1) Der Antrag auf Erlaß eines Versäumnisurteils oder einer Entscheidung nach Lage der Akten ist zurückzuweisen:
1. **wenn die erschienene Partei die vom Gericht wegen eines von Amts wegen zu berücksichtigenden Umstandes erforderte Nachweisung nicht zu beschaffen vermag;**
2. **wenn die nicht erschienene Partei nicht ordnungsmäßig, insbesondere nicht rechtzeitig geladen war;**
3. **wenn der nicht erschienenen Partei ein tatsächliches mündliches Vorbringen oder ein Antrag nicht rechtzeitig mittels Schriftsatzes mitgeteilt war;**
4. **wenn im Falle des § 331 Abs. 3 dem Beklagten die Frist des § 276 Abs. 1 Satz 1 nicht mitgeteilt oder er nicht gemäß § 276 Abs. 2 belehrt worden ist.**

(2) Wird die Verhandlung vertagt, so ist die nicht erschienene Partei zu dem neuen Termin zu laden.

1   1. **Versäumnisurteil ist unzulässig** in den vier genannten Fällen.
Der Antrag darauf ist durch Beschluss, der nicht in der Sache selbst
entscheidet, abzulehnen. Rechtsmittel § 336.

2   **Nr 1. Von Amts wegen zu berücksichtigen** (Begriff und Beweislast Rn 12, 13 vor § 253) sind vor allem die Proz- und die bes Zulässigkeitsvoraussetzungen für den Erlass eines VersU. Die Bestimmung gilt
nur für Mängel, die die erschienene Partei noch beheben kann und will.
Stehen sie endgültig fest, ist die Klage durch streitiges EndUrt als
unzulässig (§§ 330, 331 Rn 3) bzw unbegründet (§ 331 Rn 5) abzuweisen, im Falle der Unzuständigkeit auf Antrag zu verweisen (§§ 281,
506).

3   **Nr 2. Ordnungsgemäße Ladung** ist eine der Voraussetzungen der
Säumnis (1–9 vor § 330). Gilt nicht, soweit Ladung nicht erforderlich ist
(§ 218, § 497 Abs 2). Die Ordnungsmäßigkeit der Ladung beurteilt sich
nach §§ 214 ff, der Zustellung nach §§ 166 ff (bis 30. 6. 02 §§ 208 ff),
191 ff, die Rechtzeitigkeit nach den Bestimmungen über die Ladungsfristen (§ 217).

4   **Nr 3.** Sachanträge (§ 297 Rn 1) sind gemeint, nicht Prozessanträge,
auch nicht der Antrag, einen Vollstreckungsbescheid aufrechtzuerhalten
(Karlsruhe OLG 68, 292), nur und nur das zu ihrer Begründung notwendige
Tatsachenvorbringen, an das sich die Unterstellung des § 331 Abs 1
knüpft (dort Rn 5). Nr 3 gilt also nur, wenn der Bekl säumig ist. Gegen
den säumigen Kl bedarf es weder eines Sachantrags noch tatsächlichen
Vorbringens zur Klageabweisung, es reicht der Prozessantrag nach § 330.

5   – **Rechtzeitigkeit** §§ 132, 274 Abs 3, 226, nicht § 282. Die Frist in
§ 132 dürfte im Parteiprozess ohne vorbereitende Schriftsätze (§ 129
Abs 2) entspr gelten für Erklärungen zu Protokoll gemäß §§ 496, 129 a.
Der Mitteilung bedarf es nicht, wenn die Tatsache oder der Antrag in
einer früheren Verhandlung in Anwesenheit des Gegners (StJGrunsky
15) vorgebracht war oder im Protokoll festgehalten ist (RoSchw/Gottwald § 107 III S 2 c (3), ZöHerget 4).

6   **Nr 4. Versäumnisurteil im schriftlichen Vorverfahren** (§ 331
Abs 3) ist davon abhängig, dass dem Bekl in der Aufforderung nach § 276
Abs 1 S 1 die Notfrist mitgeteilt und er über die Folge ihrer Versäumung
und ggf über den RA-Zwang belehrt worden ist (§ 276 Abs 2).

7   **2. Entscheidung nach Aktenlage.** Es gelten die Ausführungen in
Rn 1 mit folgenden Abweichungen: Der Ablehnungsbeschluss ist unanfechtbar (§ 336 Abs 2). Zu Nr 1 kann und wird statt des Ablehnungsbeschlusses ein Aufklärungs- und Beweisbeschluss ergehen. Zu Nr 3
muss nur der Sachantrag rechtzeitig mitgeteilt sein. Beim tatsächlichen
Vorbringen spielt der Zeitpunkt der Mitteilung keine Rolle, weil es
ohne Gegenerklärung nicht nach §§ 331 Abs 1, § 138 Abs 3 als zugestanden, andererseits aber auch nicht als bestritten behandelt werden
kann, die Sache also nicht entscheidungsreif ist.

8   **3. Nach Zurückweisungsbeschluss. – a) Tatsächlicher Stillstand** des Verfahrens bis zu neuem Terminsantrag, wenn der Beschluss

in mündlicher Verhandlung ergeht. Ergeht er im schriftlichen Vorverfahren (Abs 1 Nr 4), ist Termin zur mündlichen Verhandlung zu bestimmen. – **b) Pflicht zur Vertagung** besteht für das Ger vor dem Antrag   9
auf VersU nur unter den Voraussetzungen des § 227, nach diesem Antrag
gem § 337. Wird der Vertagungsantrag abgelehnt und kein VersU beantragt, kann das Ger nach § 251a vorgehen. Die erschienene Partei
kann im Termin nach Zurückweisung des Antrags auf VersU oder zu
ihrer Vermeidung Vertagung beantragen. – **c) Neue Ladung.** In allen   10
Vertagungsfällen, in denen eine Versäumungsentscheidung gemäß diesem Paragraphen nicht ergehen darf, ist die säumige Partei trotz § 218
vAw zum neuen Termin zu laden (Abs 2). Dabei ist die Ladungsfrist
einzuhalten (München VersR 74, 674). Das Gleiche gilt bei Zurückweisung des Antrags gem Abs 1 Nr 4.

§ 336 Rechtsmittel bei Zurückweisung

(1) **¹Gegen den Beschluß, durch den der Antrag auf Erlaß des
Versäumnisurteils zurückgewiesen wird, findet sofortige Beschwerde statt. ²Wird der Beschluß aufgehoben, so ist die nicht
erschienene Partei zu dem neuen Termin nicht zu laden.**

(2) **Die Ablehnung eines Antrages auf Entscheidung nach Lage
der Akten ist unanfechtbar.**

Sofortige Beschwerde gegen Zurückweisung des Antrags auf VersU   1
aus jedem Grund. Dazu gehört auch antragswidrige Vertagung, auch
nach § 337 (Nürnberg MDR 63, 507; Hamm NJW 91, 703). Die
Notfrist beginnt mit der Verkündung des Beschlusses, auch wenn dies in
einem besonderen Termin geschieht (§ 569 Abs 1). Beschwerde unstatthaft, wenn OLG oder LG als BerGer entschieden hat. Zulässiges Rechtsmittel bei inkorrekter Entscheidung Rn 9 vor § 511. Auf klagabweisendes sog unechtes VersU (12 vor § 330) ist § 336 nicht anwendbar (BGH
NJW 87, 1204). Der Säumige ist im Beschwerdeverfahren nicht zu
hören. Im Falle der Aufhebung des Beschlusses hat die untere Instanz
von Amts wegen Termin zu bestimmen, zu dem die säumige Partei nicht
zu laden ist (KG MDR 83, 412). Wenn sie trotzdem erscheint, ist sie
aber zur Verhandlung aus Gründen der Prozeßökonomie zuzulassen
(Hamm NJW-RR 91, 703, StJGrunsky 7).

§ 337 Vertagung von Amts wegen

**¹Das Gericht vertagt die Verhandlung über den Antrag auf
Erlaß des Versäumnisurteils oder einer Entscheidung nach Lage
der Akten, wenn es dafür hält, daß die von dem Vorsitzenden
bestimmte Einlassungs- oder Ladungsfrist zu kurz bemessen
oder daß die Partei ohne ihr Verschulden am Erscheinen verhindert ist. ²Die nicht erschienene Partei ist zu dem neuen Termin
zu laden.**

1   **1. Vertagung.** Nach Antragstellung auf VersU oder auf Entscheidung nach Aktenlage muss das Ger vertagen, wenn eine der im Text genannten Voraussetzungen vorliegt, aber auch nur dann.

2   **a)** Die **Einlassungs- oder Ladungsfrist** muss vom Vorsitzenden bestimmt (§§ 226, 239 Abs 3, 274 Abs 3, 520 Abs 3 S 2, 555 Abs 2) und zu kurz bemessen worden sein. Das richtet sich nach den Umständen des Falles. Gilt nicht für die gesetzlichen Fristen (§§ 217, 274 Rn 2).

3   **b) Kein Verschulden** der Partei oder ihres Vertreters (§ 95 Rn 2, § 51 Rn 18, § 85 Rn 7–12) am Nichterscheinen; gilt auch iF des § 345 (BGH NJW 98, 3125). Die **anwaltliche Berufsordnung** oder **ständige Übung** unter den RAen (BGH NJW 99, 2120), sofern sie nicht die Funktionsfähigkeit der Rechtspflege und den Grundsatz der Verhältnismäßigkeit einschränkt (BGH NJW 91, 42), kann für die Frage des Verschuldens von Bedeutung sein. § 13 BerufsO (kein VersU gegen Kollegen ohne vorherige Ankündigung) ist allerdings wegen des Grundrechts der Berufsfreiheit nichtig (BVerfG NJW 00, 347). Kein Verschulden, wenn der RA verspätet oder nicht erscheint im Vertrauen auf eine kollegiale Zusage des Gegenanwalts, zB er werde im Termin irgendeinen RA bitten, für den nicht erschienenen Kollegen aufzutreten (Karlsruhe NJW 74, 1096). Kein Verschulden, wenn Ladung der Partei und Bestellungsanzeige ihres RA sich kreuzen und das Ger diesen trotz seiner Bitte vom Termin nicht verständigt (BAG DB 77, 919), wenn die Terminstunde auf dem Aushang vor dem Sitzungssaal abweichend von der Ladung falsch angegeben ist (Celle MDR 99, 1345). Kein Verschulden, wenn das Ger den PKH-Antrag der Partei so spät ablehnt, dass sie keine genügende Gelegenheit mehr zur der Entscheidung hat, ob sie einen RA beauftragen will (LG Münster MDR 91, 160); anders, wenn ein RA schon bestellt ist (Koblenz MDR 90, 255). Der säumige RA muss alles Zumutbare für die Rechtzeitigkeit seines Erscheinens (Köln MDR 98, 617) und die Vertretung seiner Partei im Termin getan haben, für den erschienenen haben die Interessen seiner Partei Vorrang vor kollegialer Rücksichtnahme (BGH NJW 99, 2120). Den RA trifft Verschulden, wenn er bei kurzfristiger, nicht vorhersehbarer Verhinderung am pünktlichen Erscheinen nicht alles zumutbare tut, um das Ger noch so rechtzeitig, etwa telefonisch, zu verständigen, dass es vertagen kann (Hamm MDR 99, 185). Teilt der RA die kurzfristige Verhinderung (Verkehrsstau) telefonisch mit, muss das Ger mit dem Erlass eines VersU angemessen zuwarten, andernfalls ist das Nichterscheinen unverschuldet (BGH NJW 99, 724).

4   **2. Weiteres Verfahren.** Rechtsmittel gegen Vertagung § 336 Rn 1. VersU oder Entscheidung nach Aktenlage unter Verstoß gegen § 337 ist gesetzwidrig (Einspruch bzw § 513 Abs 2), auch dann, wenn dem Ger die Tatsachen nicht erkennbar waren. Die notwendige Ladung der säumigen Partei zum neuen Termin ist eine Ausnahme von § 218. In diesem Termin kann die vorher säumige Partei zur Sache verhandeln (aA

LAG Düsseldorf NJW 61, 2371: nur zur Frage der Säumnis) und dadurch die Säumnisfolgen abwenden (StJGrunsky 12; LAG Frankfurt NJW 63, 2046).

§ 338 Einspruch

Der Partei, gegen die ein Versäumnisurteil erlassen ist, steht gegen das Urteil der Einspruch zu.

1. Wesen. Der Einspruch ist kein Rechtsmittel, weil er die Sache 1 nicht an die höhere Instanz bringt und nicht zur Nachprüfung des VersU, sondern zur Nachholung der versäumten Verhandlung führt. Er ist der einzige Rechtsbehelf, der die nachteiligen Folgen totaler Säumnis beseitigt.

2. Der Einspruch ist statthaft – a) nur für die **säumige Partei** bei 2 vollständiger (§ 334) Säumnis; die Ausführungen in § 511 Rn 6–8 gelten sinngemäß. – **b) gegen ein echtes Versäumnisurteil,** ausgenom- 3 men §§ 238 Abs 2 und 345 (statt dessen Ber § 514 Abs 2), auch im Rahmen eines VerbundUrt (BGH NJW-RR 95, 257). Nicht gegen ein sog unechtes VersU (12 vor § 330; § 330 Rn 3; § 331 Rn 3, 5) und gegen Entscheidung nach Aktenlage. In diesen Fällen Rechtsmittel. Auf deren Lauf hat iF eines Teilversäumnis-, teilweise streitigen Urt, auch im Verbundverfahren, der statthaft eingelegte Einspruch keinen Einfluss (BGH FamRZ 86, 897). § 99 Abs 1 ist auf den Einspruch nicht anwendbar. Für die Frage, ob streitiges oder VersU erlassen ist, kommt es auf den Inhalt, nicht auf die Bezeichnung an (BGH VersR 76, 251). – **c) Inkorrekte Entscheidung.** Anfechtbarkeit Rn 7 ff vor § 511, 4 **Nichturteil** Rn 11 ff vor § 300.

3. Die Beschränkung des Einspruchs auf einen Teil des Streit- 5 gegenstandes, der einer Entscheidung durch TeilUrt zugänglich sein würde (§ 301 Rn 1, 2), ist zulässig, § 340 Rn 4.

§ 339 Einspruchsfrist

(1) Die Einspruchsfrist beträgt zwei Wochen; sie ist eine Notfrist und beginnt mit der Zustellung des Versäumnisurteils.

(2) Muß die Zustellung im Ausland oder durch öffentliche Bekanntmachung erfolgen, so hat das Gericht die Einspruchsfrist im Versäumnisurteil oder nachträglich durch besonderen Beschluß zu bestimmen.

Abs 2 geändert mWv 1. 1. 2002 durch Art 2 Abs 1 Nr 51 ZPO-RG.

1. Einspruchsfrist (Abs 1) auch am AG zwei Wochen. Beginn für 1 verkündete VersU mit wirksamer (17 vor § 166, § 170 Rn 3, § 315 Rn 3) Amtszustellung an die unterlegene Partei (§ 317 Abs 1 S 1, 2). Einlegung vor Zustellung ist zulässig, nicht aber vor Verkündung des VersU. Beginn für VersU im schriftlichen Vorverfahren mit der letzten

Zustellung (§ 310 Rn 3). Zulässig ist die Einlegung in diesem Fall zur Beseitigung des Rechtsscheins (11–14 vor § 300) auch schon vorher ab erster Hinausgabe durch die GeschSt. Notfrist § 224 Abs 1 S 2, Einreichung § 270 Rn 7.

2   **2. Zustellung im Ausland** (§§ 183 ff, bis 30. 6. 02 §§ 199 ff) kommt nur in Betracht, wenn entgegen § 184 Abs 1 kein Zustellungsbevollmächtigter ernannt und nicht durch Aufgabe zur Post gem § 184 Abs 2 zugestellt ist (BGH NJW 92, 1701); das ist Inlandszustellung, auch wenn der Adressat im Ausland wohnt (BGH NJW 99, 1187 u 1871). –
3   **Öffentliche Zustellung** (§§ 185 ff) nur mit bes Bewilligung, § 186 Abs 1. In beiden Fällen bestimmt das Ger, nicht der Vorsitzende, die Einspruchsfrist. Beginn mit Amtszustellung des Urt bzw des verkündeten Beschlusses, die die Frist bestimmen. Bei nichtverkündetem Beschluss (§ 329 Abs 2) mit seiner Amtszustellung an die säumige Partei, jedoch nicht vor der Amtszustellung des VersU. Die vom Ger bestimmte Frist, iF eines Widerspruchs in 2 Schriftstücken die längere, ist ebenfalls Notfrist und auch dann maßgebend, wenn die Voraussetzungen des Abs 2 zu Unrecht angenommen worden sind (BGH NJW 92, 1701; NJW 99, 1187/1192).

4   **3. Im arbeitsgerichtlichen Verfahren** Abweichungen in §§ 59, 64 Abs 7 ArbGG.

§ 340 Einspruchsschrift

(1) **Der Einspruch wird durch Einreichung der Einspruchsschrift bei dem Prozeßgericht eingelegt.**

(2) [1] **Die Einspruchsschrift muß enthalten:**
1. **die Bezeichnung des Urteils, gegen das der Einspruch gerichtet wird;**
2. **die Erklärung, daß gegen dieses Urteil Einspruch eingelegt werde.** [2] **Soll das Urteil nur zum Teil angefochten werden, so ist der Umfang der Anfechtung zu bezeichnen.**

(3) [1] **In der Einspruchsschrift hat die Partei ihre Angriffs- und Verteidigungsmittel, soweit es nach der Prozeßlage einer sorgfältigen und auf Förderung des Verfahrens bedachten Prozeßführung entspricht, sowie Rügen, die die Zulässigkeit der Klage betreffen, vorzubringen.** [2] **Auf Antrag kann der Vorsitzende für die Begründung die Frist verlängern, wenn nach seiner freien Überzeugung der Rechtsstreit durch die Verlängerung nicht verzögert wird oder wenn die Partei erhebliche Gründe darlegt.** [3] **§ 296 Abs. 1, 3, 4 ist entsprechend anzuwenden.** [4] **Auf die Folgen einer Fristversäumung ist bei der Zustellung des Versäumnisurteils hinzuweisen.**

1   **1. Einlegung des Einspruchs** bei dem Gericht, das das VersU erlassen hat, durch Einreichung (§ 270 Rn 7) der Einspruchsschrift oder

protokollierte Bezugnahme auf sie in mündlicher Verhandlung (BGH 105, 197). Nach Zweibrücken MDR 92, 998 genügt Einlegung durch RA zu richterlichem Protokoll auch ohne Vorhandensein einer Einspruchsschrift, weil die Protokollierung die Schriftform gemäß § 127 a BGB ersetze; dies gilt indes nur für den richterlichen Vergleich. Im Anwaltsprozess (§ 78 Abs 1, 2) durch RA, am AG auch nach §§ 496, 129 a. Ist bestimmender Schriftsatz (BGH ZIP 87, 1012; § 129 Rn 5–14; dort auch über eigenhändige Unterschrift). Im arbeitsgerichtlichen Verfahren Abweichungen in §§ 64 Abs 7, 59 S 2 ArbGG, kein Anwaltszwang in der Berufungsinstanz (BAG GS NJW 57, 1652).

2. Inhalt der Einspruchsschrift. – a) Bezeichnung des ange- 2
fochtenen Urteils nach Datum u Aktenzeichen. – **b)** Die **Erklärung,** 3
Einspruch einzulegen. Die Formulierung entscheidet nicht, es muss nur ersichtlich sein, welche Partei das Urt nicht gelten lassen und das Verfahren fortsetzen will (BGH NJW-RR 94, 1213), zB durch Antrag auf Wiedereinsetzung gegen die Versäumung der Einspruchsfrist (BVerfG NJW 93, 1635). Für unvollständige oder fehlerhafte Angaben gelten die Ausführungen in § 519 Rn 13 und 15 (BGH NJW-RR 99, 938). Dabei sind für die Auslegung des Inhalts mündliche Quellen unbeachtlich (BGH NJW-RR 94, 1213). Die Umdeutung (Einl III Rn 20) einer verspäteten Klageerwiderung mit Abweisungsantrag in Unkenntnis eines ergangenen VersU in einen Einspruch analog § 140 BGB (Braunschweig FamRZ 95, 237 mit Nachweisen auch für die Gegenmeinung) ist trotz logischer Bedenken zumindest im Ergebnis vertretbar. – **c) Bei Teil-** 4
anfechtung die Klarstellung ihres Umfangs. Der Einspruch kann sich auf einen quantitativen oder qualitativen Teil des VersU oder auf einzelne Streitgenossen auf der Gegenseite beschränken. Soweit kein Einspruch eingelegt wurde, wird das Verfahren nicht gem § 342 zurückversetzt und das VersU mit Ablauf der Einspruchsfrist rechtskräftig (Bamberg NJW-RR 95, 580). – **d) Begründung.** In der Einspruchsschrift oder 5
in einem während der Einlegungsfrist eingehenden Schriftsatz ist eine Begründung zu geben, die nach der Regel in § 277 Abs 1 (dort Rn 5–8) die Angriffs- u Verteidigungsmittel (§ 146 Rn 2) einschließlich der Rügen gegen die Zulässigkeit der Klage (§ 282 Abs 3) enthält. Gilt nicht für Einspruch gegen VollstrBescheid (§ 700 Abs 3 S 3). Es handelt sich wie in § 520 Abs 2 S 1 nicht um eine Notfrist (Frankfurt NJW-RR 93, 1151), weil sie nicht als solche bezeichnet ist und weil ihre Versäumung nicht zur Unzulässigkeit des Einspruchs (BGH NJW-RR 92, 957), sondern bei Verzögerung des Prozesses zur Zurückweisung des Vorbringens führt (BGH 75, 138). Welches Vorbringen zur Begründung des Einspruchs nötig ist, richtet sich nach der Lage, in der sich der Prozess befindet. Ist das VersU gegen den Bekl bei Prozessbeginn ergangen, so tritt die Einspruchsbegründung praktisch an die Stelle der Klageerwiderung. Nürnberg NJW 81, 2266 meint deshalb, es gelte nicht die Zweiwochenfrist für die Einspruchsbegründung, sondern dem Bekl müsse die Mindestfrist zur Klageerwiderung von 4 Wochen gegeben

werden (§ 276 Abs 1 S 1, 2), falls die eben genannten Fristen nicht wirksam gesetzt waren und VersU deshalb nicht hätte erlassen werden dürfen. Auf Antrag, der innerhalb der Einlegungsfrist des § 339 gestellt sein muss, kann der Vorsitzende die Frist für die Begründung unter den Voraussetzungen in Abs 3 S 2 verlängern; die Bestimmung entspricht dem § 520 Abs 2 S 2 u 3 (dort Rn 10–15). Auch die verlängerte Begründungsfrist ist keine Notfrist.

6   **3. Verstoß: – a)** Sind die Erfordernisse des **Abs 1, 2 S 1** nicht innerhalb der Einlegungsfrist des § 339 erfüllt, ist der Einspruch unzulässig. –
7   **b)** Verstoß gegen **Abs 3 S 1, 2** macht den Einspruch nicht unzulässig. Sind die Rügen gegen die Zulässigkeit der Klage nicht innerhalb der gesetzlichen Einlegungsfrist des § 339 oder der vom Vorsitzenden verlängerten Begründungsfrist vorgebracht, gilt § 296 Abs 3, Abs 4 (dort Rn 39–44). Sind die sonstigen Angriffs- u Verteidigungsmittel nicht vorgebracht, gilt § 296 Abs 1, 4 (dort Rn 21–32, 42–44). Die, auch gesetzwidrige, Zulassung verspäteten Vorbringens ist unanfechtbar und für das Rechtsmittelgericht bindend (BGH NJW 81, 928). Gemäß
8   **Abs 3 S 4** ist auf die Folgen der Fristversäumung mit der Amtszustellung des VersU an die unterlegene Partei (§§ 317 Abs 1 S 1, 270 Abs 1) hinzuweisen. Für Förmlichkeiten und Inhalt des Hinweises gilt § 296 Rn 30, 31 (Karlsruhe Just 83, 409). Unterbleiben oder Fehlerhaftigkeit des Hinweises lässt die Einspruchsfrist unberührt, macht aber eine Zurückweisung verspäteten Vorbringens im Einspruchstermin unzulässig (Köln VersR 98, 1302).

9   **4. Verhältnis der Einspruchsbegründungs- zu einer versäumten Klageerwiderungsfrist.** Vorbringen zur Einspruchsbegründung darf nur dann zurückgewiesen werden, wenn seine Zulassung die Erledigung des Rechtsstreits verzögert. Das ist idR nur dann der Fall, wenn es nicht im Einspruchstermin erledigt werden kann. Dass dieser Termin selbst bereits den Prozess verzögert, ist eine ges Folge von VersU und Einspruch und hat bei der Beurteilung der Verzögerung durch Vorbringen zur Einspruchsbegründung außer Betracht zu bleiben. Daraus folgt, dass lediglich die frühere Versäumung einer Klageerwiderung, sogar das bewusste Fallenlassen von Vorbringen dazu zur Vermeidung einer Zurückweisung – Flucht in die Säumnis – nicht ausreichen, um nichtverzögerndes Vorbringen zur Einspruchsbegründung zurückzuweisen (BGH 76, 173). Rügen zur Zulässigkeit der Klage, für die es gemäß § 296 Abs 3 nicht auf Verzögerung ankommt, in der Einspruchsbegründung (Abs 3 S 1) dürfen nicht wegen früher versäumter Klageerwiderungsfrist zurückgewiesen werden. Die aA (München NJW-RR 95, 127) übersieht, dass der Bekl, solange er sich auf den Prozess überhaupt nicht einlässt, keine Frist einzuhalten hat und dass die gesetzte und versäumte Klageerwiderungsfrist durch seine totale Säumnis mit ihrer strengeren Sanktion des VersU überholt ist (ebenso Dresden NJW-RR 99, 214). Zur Terminsbestimmung § 341 a Rn 2.

§ 340 a Zustellung der Einspruchsschrift

¹Die Einspruchsschrift ist der Gegenpartei zuzustellen. ²Dabei ist mitzuteilen, wann das Versäumnisurteil zugestellt und Einspruch eingelegt worden ist. ³Die erforderliche Zahl von Abschriften soll die Partei mit der Einspruchsschrift einreichen.

Die Zustellung (S 1) und die Mitteilung (S 2) haben informatori- **1** schen Charakter, für die Wirksamkeit der Einlegung des Einspruchs sind sie nicht Voraussetzung, ihr Fehlen ist nach § 295 heilbar. Zustellungsadressat ist der RA der Gegenpartei (§ 172 Abs 1, bis 30. 6. 02 § 176), sonst die Partei selbst. Die Schrift ist, außer bei beschränkt eingelegtem Einspruch, allen Streitgenossen auf der Gegenseite, zu deren Gunsten das VersU erging, bzw allen Streitgenossen auf der eigenen Seite, zu deren Ungunsten es erging, ferner den Streitgehilfen zuzustellen. Ausführung vAw oder gem § 195 (bis 30. 6. 02 § 198). Fehlende Beglaubigung ist unschädlich.

§ 341 Einspruchsprüfung

(1) ¹Das Gericht hat von Amts wegen zu prüfen, ob der Einspruch an sich statthaft und ob er in der gesetzlichen Form und Frist eingelegt ist. ²Fehlt es an einem dieser Erfordernisse, so ist der Einspruch als unzulässig zu verwerfen.

(2) Das Urteil kann ohne mündliche Verhandlung ergehen.

Abs 2 neu gefasst mWv 1. 1. 2002 durch Art 2 Abs 1 Nr 52 ZPO-RG.

1. Die **Zulässigkeitsprüfung** geschieht vAw (12 vor § 253) u stets **1** vor der sachlichen Prüfung. Beweislast wie Rn 14 vor § 511. Dabei prüft das Gericht in jeder Instanz folgende unverzichtbare **Zulässigkeitsvoraussetzungen** für den Einspruch: – **a)** Statthaftigkeit, § 338; – **b)** Rechtzeitigkeit, § 339; – **c)** Wahrung der Form, § 340 Abs 1, 2; – **d)** kein Verzicht auf den Einspruch, keine Rücknahme, § 346.

2. Entscheidung, dass der Einspruch zulässig ist. – a) Wenn im **2** Termin **beide Parteien verhandeln,** entweder durch ZwischenUrt (§ 303) oder in den Gründen des späteren End-(auch Vers-)Urt. – **b)** Ist **3** der **Gegner** der Partei, die Einspruch eingelegt hat, **säumig,** so ist das VersU aufzuheben, neue Entscheidung (§ 343), ggf VersU gegen ihn zu erlassen und darin die Zulässigkeit des Einspruchs festzustellen. – **c)** Ist **4** die **Partei säumig,** die ihn eingelegt hat, so ist nach § 345 zu verfahren.

3. Die **Entscheidung bei unzulässigem Einspruch** lautet auf Ver- **5** werfung. BerUrt vgl § 538 Abs 2 S 1 Nr 2. – **Stets durch Endurteil,** auch ohne mdl Vhdlg (Abs 2). Es ist in allen Fällen, also auch bei Säumnis der Partei, die den Einspruch eingelegt hat, streitiges Urt (12 vor § 330; BGH NJW 95, 1561; aA StJGrunsky 21, BLAH Rn 9). Jede Sachprüfung ist unzulässig. Kosten: § 97 Abs 1 entsprechend. Vorl Vollstreckbarkeit § 708 Nr 3. Entscheidung nach Aktenlage ist jederzeit

zulässig, weil mdl Vhdlg entbehrlich ist (RG 159, 361 für Berufung). –
6 **Erneute Einlegung** des Einspruchs ist bei noch offener Frist zulässig.
Er wird aber unzulässig, sobald eine frühere den Einspruch als unstatthaft
verwerfende Entscheidung Rechtskraft erlangt (§ 322 Rn 3).

7 **4. Rechtsmittel. – a) Wenn der Einspruch für zulässig erklärt
ist: – aa) Durch Zwischenurteil,** unanfechtbar. Nachprüfung im
8 Rechtsmittelverfahren gegen das EndUrt. – **bb) In den Gründen des
Endurteils.** Rechtsmittel gegen dieses nach allgemeinen Regeln. Hält
das Rechtsmittelgericht den Einspruch für unzulässig, so hebt es das
9 EndUrt auf u verwirft den Einspruch gegen das VersU. – **b) Wenn der
Einspruch als unzulässig durch Urteil verworfen ist:** Rechtsmittel
nach allgemeinen Regeln. –

§ 341 a Einspruchstermin

**Wird der Einspruch nicht als unzulässig verworfen, so ist der
Termin zur mündlichen Verhandlung über den Einspruch und
die Hauptsache zu bestimmen und den Parteien bekanntzumachen.**

Geändert mWv 1. 1. 2002 durch Art 2 Abs 1 Nr 53 ZPO-RG.

1 **1. Kein Termin** wird bei Verwerfung des Einspruchs nach § 341
Abs 2 ohne mdl Vhdlg bestimmt. Ebenso, wenn die Einlegung des
Einspruchs als Prozesshandlung unwirksam ist; es gilt sinngem § 253
Rn 19.

2 **2. Termin.** Sonst bestimmt der Vorsitzende (ER) unverzüglich
(§ 216 Abs 2) Termin auf so früh wie möglich (§ 272 Abs 3), dh der
nächste freie Termin, unter Einhaltung der Ladungsfrist (§ 217) gegenüber beiden Parteien (München VersR 74, 674). Der Termin muss
nicht so weit hinausgeschoben werden, dass noch vorbereitende Anordnungen durchgeführt werden können, um bei verspätetem Vorbringen
in der Einspruchsbegründung eine Verzögerung (§ 340 Rn 9) aufzufangen (BGH NJW 81, 286). Bekanntmachung des Termins u Zustellung der Einspruchsschrift auch an alle Streitgenossen u Streithelfer,
für oder gegen die das VersU ergangen ist. Zeitliche Abfolge bei
Rechtsmittel und Einspruch in Scheidungs- und Folgesachen § 629
Abs 2 S 2.

§ 342 Wirkung des zulässigen Einspruchs

**Ist der Einspruch zulässig, so wird der Prozeß, soweit der
Einspruch reicht, in die Lage zurückversetzt, in der er sich vor
Eintritt der Versäumnis befand.**

1 **Wirkung des zulässigen Einspruchs. – a) Hemmung der
Rechtskraft** (§ 705 S 2). Die ZwVollstr aus dem VersU wird nicht
gehindert, kann aber auf Antrag eingestellt werden (§ 719 Abs 1). –

b) Zurückversetzung des Prozesses in die Lage vor Eintritt der Säumnis (5 vor § 330), falls es zur mdl Vhdlg in Anwesenheit beider Parteien kommt (BGH NJW 99, 2599). Damit werden alle früheren Prozesshandlungen der Parteien und des Ger, die infolge der Säumnis bedeutungslos geworden waren (§ 332 Rn 1), wieder erheblich. Umgekehrt entfällt die Wirkung der Prozesshandlung, die die anwesende Partei im Versäumnistermin vorgenommen hat, insbes die Einlassung zur Hauptsache (§§ 39, 267), die im Antrag des Bekl auf Klageabweisung aus sachlichen Gründen lag (BGH 4, 339, StJGrunsky 2). – **c) Bei** 3 **Teilanfechtung** (§ 340 Abs 2 S 2) treten diese Wirkungen nur ein, soweit der Säumige Einspruch eingelegt hat. Iü wird das VersU mit Ablauf der Einspruchsfrist rechtskräftig. – **d) Das Versäumnisurteil** 4 **selbst** wird durch den Einspruch nicht beseitigt (§ 343).

§ 343 Entscheidung nach Einspruch

[1] Insoweit die Entscheidung, die auf Grund der neuen Verhandlung zu erlassen ist, mit der in dem Versäumnisurteil enthaltenen Entscheidung übereinstimmt, ist auszusprechen, daß diese Entscheidung aufrechtzuerhalten sei. [2] Insoweit diese Voraussetzung nicht zutrifft, wird das Versäumnisurteil in dem neuen Urteil aufgehoben.

1. Anwendungsbereich. Die Bestimmung betrifft nur die Entschei- 1 dung auf zulässigen Einspruch, wenn die Partei, die ihn eingelegt hat, verhandelt. Ist sie säumig, gilt § 345. Ist der Einspruch unzulässig, gilt § 341. Entschieden wird nicht über den Einspruch, sondern über die Klage (in höherer Instanz über das Rechtsmittel) auf Grund der neuen Vhdlg.

2. Die neue Entscheidung. Es kommt nicht darauf an, ob das 2 VersU zulässig war und prozessual ordnungsgemäß ergangen ist, sondern nur darauf, ob es inhaltlich richtig ist, ob das auf Grund der neuen Vhdlg zu erlassende Endurteil zum selben Ergebnis kommt. – **a) Soweit die** 3 **neue Entscheidung übereinstimmt** mit der im VersU enthaltenen, ist das VersU aufrecht zu erhalten, gegebenenfalls auch durch VersU gegen die selbe Partei in einem späteren Termin (§ 345 Rn 2). Ist das VersU teilweise richtig, darf es insoweit nicht aufgehoben und als EndUrt neu erlassen werden, weil der Rang einer Vollstreckungsmaßnahme verloren ginge (§§ 776, 775 Nr 1). Vielmehr ist teilweise aufrechtzuerhalten, wenn nötig unter Neufassung der Formel (ebenso Köln NJW 76, 113). – **b) Soweit die neue Entscheidung abweicht** von der im VersU 4 enthaltenen, ist das VersU aufzuheben und anderweitig zu entscheiden, gegebenenfalls auch durch VersU gegen die andere Partei. – **c) Kosten.** 5 Bei Rn 3 ist über die weiteren, bei Rn 4 über die ganzen Kosten unter Berücksichtigung von § 344 zu entscheiden. **Vorl Vollstreckbarkeit** bei Rn 3 nach § 709 S 2, bei Rn 4 nach § 708 Nr 11 2. Alternative oder nach § 709 S 1 je nach der Höhe der Kosten. – **d) Ergeht auf** 6

Grund der neuen Vhdlg zunächst ein **Zwischenurteil** (§§ 280, 303, 304) oder **Verweisungsbeschluss,** so gilt § 343 nicht, vielmehr entscheidet erst das EndUrt über das Schicksal des VersU. Verweisen darf
7 das Gericht nur, wenn der Einspruch zulässig ist. – **e) Ohne Sachentscheidung** des Gerichts endet die weitere Vhdlg, wenn der Prozess unstreitig durch Erledigterklärung, Klagerücknahme oder Vergleich beendet wird. Dann ist in entsprechender Anwendung von § 269 Abs 3 S 1, Abs 4 durch Beschluss die Wirkungslosigkeit des VersU auszusprechen. Aufhebung oder Aufrechterhaltung des VersUrt kommen in diesen Fällen nur in Betracht, wenn das Gericht bei Streit der Parteien die Beendigung des Prozesses verneint (§ 91 a Rn 31–42; § 269 Rn 20;
8 § 794 Rn 36) und in der Sache entscheidet. – **f)** Ist in einer **Scheidungs- und Folgesache** teils Rechtsmittel, teils Einspruch eingelegt, gilt für die zeitliche Abfolge § 629 Abs 2 S 2.

§ 344 Versäumniskosten

Ist das Versäumnisurteil in gesetzlicher Weise ergangen, so sind die durch die Versäumnis veranlaßten Kosten, soweit sie nicht durch einen unbegründeten Widerspruch des Gegners entstanden sind, der säumigen Partei auch dann aufzuerlegen, wenn infolge des Einspruchs eine abändernde Entscheidung erlassen wird.

1   1. **§ 344 gilt nicht – a)** wenn der Einspruch verworfen wird (§§ 341, 345); – **b)** wenn das VersU aufrechterhalten wird (§ 343 Rn 3), gleichviel ob es in gesetzlicher Weise ergangen war; – **c)** wenn ein nicht in gesetzlicher Weise ergangenes VersU aufgehoben wird. In den Fällen a) und b) bleibt es für die weiteren, im Falle c) für die ganzen
2 Kosten bei der Regel des § 91. – **d) Bei Vergleich** gilt nur die darin getroffene Kostenregelung (München Rpfleger 79, 345), sonst § 98.

3   2. **§ 344 gilt,** wenn ein in gesetzlicher Weise ergangenes (Rn 5) VersU aufgehoben oder abgeändert und zugunsten des Säumigen entschieden wird. Aus den Kosten, die der unterlegene Gegner zu tragen hat, sind die **Kosten der Säumnis** (Habel NJW 97, 2357) einschl des Einspruchs **auszusondern** und der obsiegenden säumigen Partei aufzuerlegen. Formel etwa: „Der Beklagte trägt die Kosten seiner Säumnis, die übrigen Kosten trägt der Kläger" Ebenso, wenn nach Erledigung der Hauptsache nur noch über die Kosten zu entscheiden ist (§ 91 a), und bei Klagerücknahme (§ 269 Rn 15). Übersieht die neue Entscheidung die Aussonderung, so gilt das in § 281 Rn 17, 18 Gesagte sinngemäß. –
4 **Ausgenommen von der Aussonderung** sind die durch unbegründeten Widerspruch des Einspruchsgegners verursachten Kosten, zB wenn der Gegner die Zulässigkeit des Einspruchs bestreitet und deshalb darüber eine Beweisaufnahme nötig wird.

5   3. **In gesetzlicher Weise ergangen** ist das VersU, wenn bei Schluss der einseitigen Verhandlung sämtliche prozessualen (§§ 330, 331

Rn 1–3 bzw 1–4), gegen den Bekl außerdem die sachlichen Voraussetzungen (§ 331 Rn 5–8) erfüllt waren. Das ist für die Kostenentscheidung vAw nach rein objektivem Maßstab zu prüfen. Dass dem Gericht das Fehlen einer Voraussetzung unbekannt war, spielt keine Rolle.

§ 345 Zweites Versäumnisurteil

Einer Partei, die den Einspruch eingelegt hat, aber in der zur mündlichen Verhandlung bestimmten Sitzung oder in derjenigen Sitzung, auf welche die Verhandlung vertagt ist, nicht erscheint oder nicht zur Hauptsache verhandelt, steht gegen das Versäumnisurteil, durch das der Einspruch verworfen wird, ein weiterer Einspruch nicht zu.

1. Voraussetzungen für ein zweites VersU im technischen Sinne. – **a) Zulässiger Einspruch** (§ 341 Rn 1) gegen das erste, existent gewordene (11–13 vor § 300, Dresden OLG-NL 96, 143) VersU bzw VollstrBescheid (§ 700). Ist der Einspruch unzulässig, so ist er nach § 341 zu verwerfen (BGH NJW 95, 1561). – **b) Säumnis der Partei,** die den Einspruch eingelegt hat, im Einspruchstermin. Das ist der nach § 341a bestimmte oder der, auf den vertagt wurde. Für den Begriff der Säumnis gelten die Ausführungen in Rn 1–9 vor § 330, es gilt also auch § 337 (BGH NJW 98, 3125). Verhandeln zur Hauptsache § 333 Rn 1, 2. Verhandeln über die Zulässigkeit des Einspruchs genügt nicht. Um ein technisch erstes VersU handelt es sich dagegen, wenn im Einspruchstermin die andere Partei (Einspruchsgegner) oder wenn in einem späteren Termin die selbe Partei erneut säumig ist, nachdem inzwischen zur Hauptsache verhandelt worden ist; dass dabei die Anträge gestellt wurden, ist nicht erforderlich. Urteilsformel in diesem Fall nach § 343 Rn 2–6. – **c) Geht Vollstreckungsbescheid voraus,** muss, da eine richterliche Prüfung noch nicht stattgefunden hat, seine verfahrensmäßige Zulässigkeit (BGH 73, 87) und die Schlüssigkeit des Anspruchs festgestellt werden (§ 700 Abs 6). – **d) Falls Versäumnisurteil vorausgeht,** sind dessen Gesetzmäßigkeit sowie Zulässigkeit nicht mehr nachprüfbar, § 342 gilt nicht, weil § 345 als lex specialis vorgeht (BGH NJW 99, 2599, MüKo/Prütting 9–15, BLAH 6, Boemke ZZP 106, 371; aA BAG NJW 71, 1198, NJW 74, 1103, Orlich NJW 80, 1782, Braun JZ 99, 1157). Der Beklagte kann es nach BGH aaO (aA Braun aaO) nicht darauf ankommen lassen, sich auf eine unzulässige oder unschlüssige Klage nicht einzulassen; ein bedenkliches, nicht wünschenswertes Ergebnis. – **e) Im Falle der Klageerweiterung** nach Erlass des VersU kann ein zweites VersU nur bis zu dem durch das erste VersU zugesprochenen Teil der Klage, im Übrigen erstes VersU ergehen (Köln NJW-RR 88, 701).

2. Entscheidung. – a) Verwerfung des Einspruchs bei Vorliegen der Voraussetzungen Rn 1, 2 ist echtes VersU, gegen das aber kein Einspruch statthaft ist, sondern nur, falls dafür die übrigen Voraussetzun-

gen vorliegen, Rechtsmittel mit den Beschränkungen gem §§ 514
Abs 2, 565. Weitere Kosten: § 97 Abs 1 entspr. Vorl Vollstrbkt und
7 Gebühren: § 330 Rn 4, 5. – **b) Aufhebung des Vollstreckungsbescheids,** falls eine der Feststellungen gemäß Rn 3 negativ ausfällt. Sog
8 unechtes VersU (12 vor § 330). Kosten § 91. – **c) Unkorrekte Entscheidung** Rn 6–10 vor § 511.

§ **346** Verzicht und Zurücknahme des Einspruchs

**Für den Verzicht auf den Einspruch und seine Zurücknahme
gelten die Vorschriften über den Verzicht auf die Berufung und
über ihre Zurücknahme entsprechend.**

1 Vgl die Rn zu §§ 515 und 516.

§ **347** Verfahren bei Widerklage und Zwischenstreit

**(1) Die Vorschriften dieses Titels gelten für das Verfahren, das
eine Widerklage oder die Bestimmung des Betrages eines dem
Grunde nach bereits festgestellten Anspruchs zum Gegenstand
hat, entsprechend.**

**(2) ¹War ein Termin lediglich zur Verhandlung über einen
Zwischenstreit bestimmt, so beschränkt sich das Versäumnisverfahren und das Versäumnisurteil auf die Erledigung dieses Zwischenstreits. ²Die Vorschriften dieses Titels gelten entsprechend.**

1 **1. Abs 1** stellt die Widerklage auch im VersVerfahren der Klage
gleich. Erhebung erst im Termin § 261 Abs 2. Säumnis im Betragsverfahren § 304 Rn 23, Säumnis nach Vorbehaltsurteil im Nachverfahren
§ 302 Rn 13, § 600 Abs 3.

2 **2. Abs 2** betrifft nicht Zwischenstreit mit Dritten (§ 303 Rn 1). Die
entspr Anwendung der §§ 330 ff besteht darin, dass die Partei, die Ver-
säumnis-Zwischenurteil beantragt, als Kläger, die Gegenpartei als Beklagter behandelt wird.

Titel 4. Verfahren vor dem Einzelrichter

Vorbemerkung

1 Die Zivilkammer entscheidet in 1. Instanz grundsätzlich durch eines
ihrer Mitglieder. Als Kollegium entscheidet sie nur, wenn das zum ER
berufene Mitglied Proberichter im 1. Jahr ist, wenn der Kammer durch
den Geschäftsverteilungsplan ein besonderes Sachgebiet zugeteilt ist oder
wenn der ER die Sache an die Kammer übertragen hat. Außerdem hat
der Vorsitzende der KfH weitgehende Befugnisse ohne Zuziehung der
Handelsrichter, der ER im Berufungsverfahren entscheidende (§ 526)
oder vorbereitende (§ 527) Befugnisse. Ziel dieser Regelung ist eine
Vereinfachung und Beschleunigung insbesondere des landgerichtlichen

Verfahrens 1. Instanz, eine Entlastung der Zivilkammer zugunsten einer intensiveren kollegialen Bearbeitung der besonders schwierigen oder bedeutenden Prozesse. Dabei regeln im Verfahren 1. Instanz §§ 348, 348 a Einsatz und Bestellung des alleinentscheidenden ER in der Zivilkammer, § 349 die Befugnisse des Vorsitzenden der KfH ohne Zuziehung der Handelsrichter, §§ 526, 527 Bestellung und Befugnisse des ER in zweiter Instanz.

§ 348 Originärer Einzelrichter

(1) ¹Die Zivilkammer entscheidet durch eines ihrer Mitglieder als Einzelrichter. ²Dies gilt nicht, wenn

1. das Mitglied Richter auf Probe ist und noch nicht über einen Zeitraum von einem Jahr geschäftsverteilungsplanmäßig Rechtsprechungsaufgaben in bürgerlichen Rechtsstreitigkeiten wahrzunehmen hatte oder
2. die Zuständigkeit der Kammer nach dem Geschäftsverteilungsplan des Gerichtes wegen der Zuordnung des Rechtsstreits zu den nachfolgenden Sachgebieten begründet ist:
   a) Streitigkeiten über Ansprüche aus Veröffentlichungen durch Druckerzeugnisse, Bild- und Tonträger jeder Art, insbesondere in Presse, Rundfunk, Film und Fernsehen;
   b) Streitigkeiten aus Bank- und Finanzgeschäften;
   c) Streitigkeiten aus Bau- und Architektenverträgen sowie aus Ingenieurverträgen, soweit sie im Zusammenhang mit Bauleistungen stehen;
   d) Streitigkeiten aus der Berufstätigkeit der Rechtsanwälte, Patentanwälte, Notare, Steuerberater, Steuerbevollmächtigten, Wirtschaftsprüfer und vereidigten Buchprüfer;
   e) Streitigkeiten über Ansprüche aus Heilbehandlungen;
   f) Streitigkeiten aus Handelssachen im Sinne des § 95 des Gerichtsverfassungsgesetzes;
   g) Streitigkeiten über Ansprüche aus Fracht-, Speditions- und Lagergeschäften;
   h) Streitigkeiten aus Versicherungsvertragsverhältnissen;
   i) Streitigkeiten aus den Bereichen des Urheber- und Verlagsrechts;
   j) Streitigkeiten aus den Bereichen der Kommunikations- und Informationstechnologie;
   k) Streitigkeiten, die dem Landgericht ohne Rücksicht auf den Streitwert zugewiesen sind.

(2) Bei Zweifeln über das Vorliegen der Voraussetzungen des Absatzes 1 entscheidet die Kammer durch unanfechtbaren Beschluss.

(3) ¹Der Einzelrichter legt den Rechtsstreit der Zivilkammer zur Entscheidung über eine Übernahme vor, wenn

1. **die Sache besondere Schwierigkeiten tatsächlicher oder rechtlicher Art aufweist,**
2. **die Rechtssache grundsätzliche Bedeutung hat oder**
3. **die Parteien dies übereinstimmend beantragen.**
[2] **Die Kammer übernimmt den Rechtsstreit, wenn die Voraussetzungen nach Satz 1 Nummer 1 oder 2 vorliegen.** [3] **Sie entscheidet hierüber durch Beschluss.** [4] **Eine Zurückübertragung auf den
Einzelrichter ist ausgeschlossen.**

(4) **Auf eine erfolgte oder unterlassene Vorlage oder Übernahme kann ein Rechtsmittel nicht gestützt werden.**

Neu gefasst mWv 1. 1. 2002 durch Art 2 Abs 1 Nr 54 ZPO-RG.

1   **1. Grundsatz, Abs 1 Satz 1.** In der 1. Instanz entscheidet die Zivilkammer durch eines ihrer Mitglieder, einschließlich des Vorsitzenden,
als originären ER. Deshalb muss im Geschäftsverteilungsbeschluss der
Kammer (§ 21 g GVG) abstrakt bestimmt werden, welches Mitglied für
welche eingehende Sache zuständig ist. Die neu eingegangene Klage ist
von der GeschSt ohne Umweg über den Vorsitzenden dem zuständigen
Kammermitglied zuzuleiten, das sie bis zur Endentscheidung bearbeitet,
sofern es nicht nach Abs 3 verfährt.

2   **2. Ausnahmen:** Die Zivilkammer entscheidet abweichend von
Abs 1 als Kollegium, – **a)** wenn die neu eingegangene Klage ein Kammermitglied trifft, das zu der Zeit als **Richter auf Probe** durch den
Geschäftsverteilungsplan des Ger kürzer als 1 Jahr mit Zivilprozessen
betraut ist (Urlaubs- und Krankheitszeiten werden nicht abgezogen). –
3 **b)** wenn der Rechtsstreit aus einem der in Abs 1 S 2 Nr 2 Buchst a–k
genannten **Sachgebieten** stammt und der Kammer dieses Sachgebiet
durch den Geschäftsverteilungsplan des Ger als Zuständigkeit zugewiesen ist. Ob und in welchem Umfang das Präsidium diese Sachgebiete
einzelnen Kammern als Sonderzuständigkeit zuweist, liegt im pflichtgemäßen, durch Rechtsmittel nicht nachprüfbaren Ermessen des Präsidiums. Dieses hat im Geschäftsverteilungsplan die Sachgebiete nach den
Buchst a–i auch näher zu bestimmen. Die Sachgebiete nach Buchst k
ergeben sich aus dem Gesetz (§ 71 Abs 2 GVG u dort Rn 5). Bei
Zweifeln, ob eine Sache aus einer Sonderzuständigkeit oder eine allgemeine Zivilsache vorliegt, entscheidet die Kammer als Kollegium
4 durch unanfechtbaren Beschluss (Abs 2). – **c)** wenn die Kammer nach
Vorlage durch den originären ER nach Abs 3 S 1 den Rechtsstreit
durch Beschluss (Abs 3 S 3) gem Abs 3 S 2 **übernommen** hat (im
5 Einzelnen dazu Rn 8–12). – **d)** wenn die Kammer nach Vorlage durch
den obligatorischen ER (§ 348 a) den Rechtsstreit durch Beschluss
(§ 348 a Abs 2 S 3) übernommen hat (s dazu § 348 a Rn 12).

6   **3. Stellung und Befugnisse des Einzelrichters. – a)** §§ 348,
348 a betreffen den alleinentscheidenden ER in der Zivilkammer der 1.
Instanz. KfH § 349, Berufungsgericht §§ 526, 527, Arbeitsgericht § 55
ArbGG. In der RevInstanz gibt es keinen ER, § 555 Abs 2.– Vom

Eingang der Klage bis zur Beendigung der Instanz (Abs 1 S 1) bzw bis zur Übernahme durch die Zivilkammer (Abs 3 S 2) ist der ER **Prozessgericht.** Er vereinigt die Funktionen des Kollegiums und des Vorsitzenden, die während der Dauer des Verfahrens vor dem ER von jeder Prozessleitung und Entscheidung ausgeschaltet sind. Die Befugnisse des ER beruhen auf Gesetz und sind nicht beschränkbar, er ist der gesetzliche Richter iS des Art 101 Abs 1 S 2 GG. Entscheidungen durch die Kammer, auch über ein Ablehnungsgesuch gegen einen Sachverständigen, begründen Rechtsmittel, auch wenn der ER an der Entscheidung des Kollegiums mitgewirkt hat (München MDR 83, 498). Die Stellung des ER ist also eine andere als die des beauftragten Richters (§ 355 Rn 2). – **b) Entscheidung.** Ist dem ER eine Sache zugewiesen, so hat 7 er die volle Stellung des Prozessgerichts. Er muss also die Sache, gleichgültig ob vermögensrechtlich oder nicht, bis zur Beendigung der Instanz führen und ggf die Endentscheidung erlassen. Auch für danach noch nötig werdende Entscheidungen, zB Streitwertfestsetzung, über Kosten, Gebühren, Auslagen, Ergänzungsurteil, Einstellung der ZwVollstr nach §§ 707, 719, Einwendungen gegen Erteilung der VollstrKlausel, Beschlüsse im ZwVollstrVerfahren nach §§ 887, 888, 890 bleibt er zuständig (Koblenz MDR 78, 851, Hamm MDR 93, 384). Das ist nicht auf Verfahren mit notwendiger mdl Vhdlg beschränkt, darunter fallen auch andere, zB Arrest-, einstw Verfügungs-, PKH-Verfahren.

4. Übernahme durch die Kammer (Abs 3). Betrifft nur Fälle, in 8 denen nicht ohnehin die Zuständigkeit der Kammer nach Abs 1 S 2 Nr 1 (Rn 2) oder nach Abs 1 S 2 Nr 2 (Rn 3) gegeben ist. – **a) Zu-** 9 **ständig** ist die Kammer, nicht der Vorsitzende (Abs 3 S 2). Mängel sind nicht heilbar durch Rügeverzicht, weil es um die vorschriftsmäßige Besetzung des Ger und damit um den gesetzlichen Richter geht (BGH NJW 93, 600). – **b) Verfahren.** Der ER hat den Rechtsstreit der 10 Kammer zur Entscheidung über eine Übernahme vorzulegen, wenn entweder die Parteien dies übereinstimmend beantragen oder der ER die Voraussetzungen von Abs 3 S 1 Nr 1 oder 2 für gegeben hält (dazu Rn 11, 12). Die Kammer entscheidet dann bei freigestellter mdl Vhdlg (§ 128 Abs 4) durch unanfechtbaren Beschluss, der keiner Begründung bedarf. Die Kammer hat dabei kein Ermessen. Wenn die sachlichen Voraussetzungen (Rn 11, 12) vorliegen, **muss** die Kammer den Rechtsstreit übernehmen. – **c) Sachliche Voraussetzungen,** Abs 3 S 1 Nr 1, 11 2: – **aa) Bei besonderen Schwierigkeiten** tatsächlicher oder rechtlicher Art. Das Adjektiv „besondere" zeigt, dass sie erheblich über dem durchschnittlichen Grad liegen müssen. Darunter kann zB fallen ein in seinen wirtschaftlichen, technischen, wissenschaftlichen Zusammenhängen auffallend schwer überschaubarer und schwer verständlicher Sachverhalt, insbes wenn voraussichtlich eine Beweisaufnahme nötig wird, die zur Würdigung widersprüchlicher Aussagen oder Gutachten führen kann wie etwa im Arzthaftungsprozess (Köln VersR 87, 164); oder die Lösung ganz ausgefallener oder sehr komplizierter Rechtsfragen, zumal

wenn sie in Rechtsprechung und Schrifttum noch wenig erörtert sind. –
12 Oder **bb) Bei grundsätzlicher Bedeutung der Rechtssache.** Begriff
13 § 511 Rn 20. – **d)** Nach Übernahme durch die Kammer ist eine **Rückübertragung** des Prozesses auf den ER ausgeschlossen (Abs 3 S 4). –
14 **e) Rechtsmittel.** Sowohl die Entscheidung des ER, den Rechtsstreit
der Kammer zur Übernahme vorzulegen oder davon abzusehen, als auch
der Beschluss der Kammer, die Sache zu übernehmen oder die Übernahme abzulehnen, sind unanfechtbar und auch mit dem Rechtsmittel
gegen die Endentscheidung nicht überprüfbar (Abs 4).

§ 348 a Obligatorischer Einzelrichter

(1) Ist eine originäre Einzelrichterzuständigkeit nach § 348
Abs. 1 nicht begründet, überträgt die Zivilkammer die Sache
durch Beschluss einem ihrer Mitglieder als Einzelrichter zur Entscheidung, wenn
1. die Sache keine besonderen Schwierigkeiten tatsächlicher
   oder rechtlicher Art aufweist,
2. die Rechtssache keine grundsätzliche Bedeutung hat und
3. nicht bereits im Haupttermin vor der Zivilkammer zur
   Hauptsache verhandelt worden ist, es sei denn, dass inzwischen ein Vorbehalts-, Teil- oder Zwischenurteil ergangen ist.

(2) ¹Der Einzelrichter legt den Rechtsstreit der Zivilkammer
zur Entscheidung über eine Übernahme vor, wenn
1. sich aus einer wesentlichen Änderung der Prozesslage besondere tatsächliche oder rechtliche Schwierigkeiten der Sache
   oder die grundsätzliche Bedeutung der Rechtssache ergeben
   oder
2. die Parteien dies übereinstimmend beantragen.
²Die Kammer übernimmt den Rechtsstreit, wenn die Voraussetzungen nach Satz 1 Nummer 1 vorliegen. ³Sie entscheidet hierüber nach Anhörung der Parteien durch Beschluss. ⁴Eine erneute
Übertragung auf den Einzelrichter ist ausgeschlossen.

(3) Auf eine erfolgte oder unterlassene Übertragung, Vorlage
oder Übernahme kann ein Rechtsmittel nicht gestützt werden.

Eingefügt mWv 1. 1. 2002 durch Art 2 Abs 1 Nr 54 ZPO-RG.

1   **1. Geltungsbereich, Stellung des ER.** § 348 a betrifft Rechtsstreitigkeiten, in denen eine Zuständigkeit des originären ER nach § 348
2 Abs 1 S 2 nicht gegeben ist (dort Rn 2 u 3). – Stellung und Befugnisse
des obligatorischen ER sind die selben wie die des originären ER, s
§ 348 Rn 6 u 7.

3   **2. Übertragung auf den Einzelrichter. a) Zuständig** ist die Zivilkammer, nicht der Vorsitzende. Wer von den Mitgliedern des Kollegiums, den Vorsitzenden eingeschlossen, der zuständige ER ist, bestimmt
sich nach Geschäftsverteilungsbeschluss der Kammer (§ 21 g Abs 3

GVG). Der ER selbst ist für den Übertragungsbeschluss unzuständig. Mängel sind nicht heilbar durch Rügeverzicht, weil es um die vorschriftsmäßige Besetzung des Gerichts und damit um den gesetzlichen Richter geht (BGH NJW 93, 600).

b) Verfahren. Da die Parteien sich gem §§ 253 Abs 3, 277 Abs 1 S 2 **4** zur Frage der Übertragung äußern können, ist zur Übertragung durch Beschluss (Abs 1) weder eine mdl Vhdlg noch eine weitere Anhörung der Parteien erforderlich (Abs 3). Ebensowenig ist ein Recht der Parteien auf Übertragung vorgesehen; sie geschieht im Interesse der Rechtspflege.

c) Die Entscheidung, dass der Rechtsstreit einem ER übertragen **5** wird, darf erst nach Eingang der Äußerung des Bekl gem § 277 Abs 1 S 2 ergehen (Karlsruhe VersR 86, 662). Der Beschluss der Zivilkammer bedarf keiner Begründung. Abgesehen von den Ausnahmen in Rn 7–11 ist die Sache dem ER zu übertragen. – **Bei Zurückverweisung** hebt **6** das BerGer ein Urteil des zulässig bestellten ER auf und verweist an das LG, weder Kammer noch ER (aA Köln NJW 76, 1101: an ER; Karlsruhe Just 79, 15: Rückverweisung an die Kammer, sie kann erneut übertragen; hier aA Schleswig SchlHA 82, 198: fraglich ob Kammer übertragen kann).

d) Die **Übertragung** ist **ausgeschlossen** in den Fällen des Abs 1 **7** Nr 1, 2, 3, Abs 2 S 4. – **aa) Bei besonderen Schwierigkeiten** tatsächlicher oder rechtlicher Art. Das Adjektiv „besondere" zeigt, dass sie erheblich über dem durchschnittlichen Grad liegen müssen. Darunter kann zB fallen ein in seinen wirtschaftlichen, technischen, wissenschaftlichen Zusammenhängen auffallend schwer überschaubarer und schwer verständlicher Sachverhalt, insbes wenn voraussichtlich eine Beweisaufnahme nötig wird, die zur Würdigung widersprüchlicher Aussagen oder Gutachten führen kann wie etwa im Arzthaftungsprozess (Köln VersR 87, 164); oder die Lösung ganz ausgefallener oder sehr komplizierter Rechtsfragen, zumal wenn sie in Rechtsprechung und Schrifttum noch wenig erörtert sind. – **bb) Bei grundsätzlicher Bedeutung der** **8** **Rechtssache.** Begriff § 511 Rn 20. – **cc) Nach dem Haupttermin** **9** (§§ 272 Abs 1, 278) vor der Kammer, in dem zur Hauptsache verhandelt wurde (§ 39 Rn 5–7), was bei Säumnis einer Partei nicht der Fall war. Im frühen ersten Termin ist die Übertragung zulässig, aber nicht mit Beweisbeschluss der Kammer; aA München NJW 86, 1001, aber das war dann eben doch Haupttermin (Brandenburg NJW-RR 00, 1356). Haben die Parteien im frühen ersten Termin ohne Verhandlung zur Hauptsache einen dann widerrufenen Vergleich geschlossen und sich gleichzeitig bereit erklärt, einen modifizierten Vergleich zu schließen, bleibt in dem daraufhin anberaumten Termin die Übertragung zulässig (Düsseldorf NJW-RR 96, 638). Außerdem, wenn durch Vorbehalts-, Teil- oder Zwischenurteil eine teilweise oder eine Vorentscheidung bereits gefallen und der Prozess dadurch in eine neue Phase getreten ist. Nach solchen Urteilen kann an den ER bis zum nächsten Haupttermin vor der Kammer übertragen werden. Übertragung entgegen Abs 3 ist ein Ver-

fahrensfehler, der, weil es sich um den ges Richter handelt (Brandenburg
NJW-RR 00, 1338) nicht gemäß § 295 heilt (Köln VersR 95, 435) und
10 wegen Abs 3 nicht überprüfbar ist. – **dd) Nach Rückübertragung** des
11 Prozesses durch den ER auf die Zivilkammer (Abs 2 S 4). – **ee) Erst im**
Zwangsvollstreckungsverfahren nach §§ 887 ff, wenn im Erkenntnisverfahren die Kammer entschieden hat, weil sie dann das Prozessgericht ist (München MDR 83, 499).

12   **3. Übernahme durch die Kammer (Abs 2).** Es gelten hier die
Rn 9–13 zu § 348 entsprechend mit der Abweichung, dass sich die
sachlichen Voraussetzungen für die Vorlage und Übernahme (§ 348
Rn 11, 12) durch eine wesentliche Änderung der Prozesslage ergeben
müssen, zB durch Klageänderung oder Erhebung einer Widerklage. Vor
dem Übernahmebeschluss ist den Parteien rechtliches Gehör zu gewähren (Abs 2 S 3).

13   **4. Rechtsmittel.** Sowohl die Entscheidung der Kammer, eine Sache
dem obligatorischen ER zu übertragen oder davon abzusehen, als auch
die weiteren Entscheidungen von ER und Kammer über Vorlage und
Übernahme der Sache sind nicht anfechtbar und auch mit dem Rechtsmittel gegen die Endentscheidung nicht überprüfbar (Abs 3).

§ 349 Vorsitzender der Kammer für Handelssachen

(1) [1] **In der Kammer für Handelssachen hat der Vorsitzende die**
Sache so weit zu fördern, daß sie in einer mündlichen Verhand-
lung vor der Kammer erledigt werden kann. [2] **Beweise darf er nur**
insoweit erheben, als anzunehmen ist, daß es für die Beweiserhe-
bung auf die besondere Sachkunde der ehrenamtlichen Richter
nicht ankommt und die Kammer das Beweisergebnis auch ohne
unmittelbaren Eindruck von dem Verlauf der Beweisaufnahme
sachgemäß zu würdigen vermag.

(2) **Der Vorsitzende entscheidet**
  1. **über die Verweisung des Rechtsstreits;**
  2. **über Rügen, die die Zulässigkeit der Klage betreffen, soweit**
     über sie abgesondert verhandelt wird;
  3. **über die Aussetzung des Verfahrens;**
  4. **bei Zurücknahme der Klage, Verzicht auf den geltend ge-**
     machten Anspruch oder Anerkenntnis des Anspruchs;
  5. **bei Säumnis einer Partei oder beider Parteien;**
  6. **über die Kosten des Rechtsstreits nach § 91 a;**
  7. **im Verfahren über die Bewilligung der Prozeßkostenhilfe;**
  8. **in Wechsel- und Scheckprozessen;**
  9. **über die Art einer angeordneten Sicherheitsleistung;**
  10. **über die einstweilige Einstellung der Zwangsvollstreckung;**
  11. **über den Wert des Streitgegenstandes;**
  12. **über Kosten, Gebühren und Auslagen.**

(3) **Im Einverständnis der Parteien kann der Vorsitzende auch im übrigen an Stelle der Kammer entscheiden.**
(4) **Die §§ 348 und 348 a sind nicht anzuwenden.**

Abs 4 neu gefasst mWv 1. 1. 2002 durch Art 2 Abs 1 Nr 55 ZPO-RG.

1. Geltungsbereich, Stellung des Vorsitzenden. § 349 überträgt **1** dem Vorsitzenden der KfH Befugnisse zur Tätigkeit ohne Zuziehung der Handelsrichter. Er bezeichnet ihn dabei zur Vermeidung von Verwechslungen mit dem ER in der Zivilkammer nicht als ER. Gilt nach der systematischen Stellung im 2. Buch für das Verfahren der KfH in erster Instanz, §§ 348, 348 a sind daneben nicht anwendbar (Abs 4). Für die KfH als Berufungsgericht (§ 100 GVG) gelten §§ 526, 527. Soweit der Vorsitzende befugt tätig wird, entspricht seine prozessuale Stellung ganz derjenigen des ER, es gelten die Ausführungen in § 348 Rn 6, 7. Ob der Vorsitzende den ersten Termin vor der vollbesetzten Kammer oder vor sich allein bestimmt, ist seinem Ermessen überlassen.

2. Einer **Übertragung** der Sache auf den Vorsitzenden wie in § 348 a **2** bedarf es nur, wenn sie auf Grund mdl Vhdlg durch das Kollegium beschlossen werden soll. In allen anderen Fällen wird der Vorsitzende tätig, auch ohne dass er sich die Sache förmlich zuweist.

3. Die Befugnisse des Vorsitzenden liegen in der Vorbereitung **3** (Abs 1), im Erlass gewisser Entscheidungen (Abs 2) und im Erlass der Endentscheidung bei Einverständnis (Abs 3).

a) Vorbereitende Tätigkeit. Der Vorsitzende hat den Prozess so zu **4** fördern (Abs 1 S 1), dass das Kollegium nach einer zusammenfassenden Verhandlung entscheiden kann. Das Verfahren vor dem Vorsitzenden ist Teil des einheitlichen Verfahrens in der Instanz und unterscheidet sich von dem vor dem Kollegium nur durch die andere Besetzung der Richterbank. Insbesondere hat der Vorsitzende eine Güteverhandlung nach § 278 durchzuführen und alle prozeßleitenden Anordnungen zu erlassen. Außerdem darf er Beweiserhebung anordnen und mit den beiden aus Abs 1 S 2 ersichtlichen Einschränkungen Beweise allein erheben. Seine persönlichen Eindrücke dabei darf die Kammer bei der Beweiswürdigung nur verwerten, wenn sie im Protokoll niedergelegt sind (§ 285 Rn 2). § 285 Abs 2 gilt. Er ist auch zu allen im Rahmen der Beweiserhebung liegenden Entscheidungen befugt, zB §§ 360, 366, 387, 391. Über den Antrag auf wiederholte Vernehmung vor dem Kollegium entscheidet dieses nach Ermessen (BGH NJW 64, 108). Für die zwingende Beschränkung in der Beweiserhebung durch den Vorsitzenden allein ist maßgebender Zeitpunkt der ihrer Anordnung. Die Beschränkung dient einer weitgehenden Durchsetzung des Unmittelbarkeitsgrundsatzes in § 355. Für die Folgen eines Verstoßes, also bei Beweiserhebung durch den Vorsitzenden allein ohne die Voraussetzungen in Abs 1 S 2, gelten sinngemäß die Ausführungen in § 355 Rn 5, 6. Ist die Sache zur Schlussverhandlung reif, so bestimmt der Vorsitzende Termin hierzu vor der vollbesetzten KfH.

5   **b) Beschränkte Entscheidungsbefugnisse.** Abs 2 überträgt im Interesse einer zügigen Abwicklung des Prozesses dem Vorsitzenden allein die Befugnis zum Erlass der dort genannten weniger weitreichenden Entscheidungen, ohne dass es dazu des Einverständnisses der Parteien bedarf. Keine ausschließliche Zuständigkeitsregelung im Verhältnis Kammer-Vorsitzender. Alle dort genannten Entscheidungen kann, falls sie auf Grund mdl Vhdlg vor ihr ergehen, muss (§§ 329 Abs 2, 309) die vollbesetzte Kammer treffen. Abs 2 trifft auch keine abschließende Regelung, er kann also auf vergleichbare Fälle entsprechend angewendet werden (Bergerfurth NJW 75, 331/334), zB Entscheidung eines Zwischenstreits einer Partei mit einem Dritten (§ 303 Rn 1), Urteile nach §§ 75, 76. Neben Abs 2 gelten andere Bestimmungen, die dem Vorsitzenden allein bestimmte Befugnisse übertragen, wie § 94.

6   **Nr 1** betrifft alle Verweisungen innerhalb der ordentlichen Gerichtsbarkeit und in andere Rechtswege; § 281 Rn 1–6 und § 97 GVG.

7   **Nr 2** betrifft alle Prozessvoraussetzungen, soweit über sie abgesondert verhandelt wurde (§ 280 Rn 1). Die Entscheidung kann Zwischenurteil, Endurteil auf Prozessabweisung oder Verweisung sein. Entsprechend anwendbar auf die Entscheidung jeden Zwischenstreits zwischen den Parteien oder mit Dritten (§ 303 Rn 1) und auf Urteile nach §§ 75–77.

8   **Nr 3** betrifft alle Fälle, in denen das Verfahren nach Vorschriften außerhalb (§ 148 Rn 1) oder in der ZPO auszusetzen oder sein Ruhen anzuordnen ist (§§ 65, 148 ff, 239 ff, 251, 251 a), ausgenommen diejenigen Fälle, in denen das Gericht die Aussetzung zur Herbeiführung einer anderweitigen Entscheidung zu beschließen hat (zB Art 100 Abs 1 GG), weil die Beschlussfassung darüber, ob eine solche anderweitige Entscheidung herbeizuführen ist, der KfH als Prozessgericht obliegt. Der Vorsitzende kann auch Entscheidungen treffen, die etwa über die Ordnungsmäßigkeit der Aufnahme eines ausgesetzten oder unterbrochenen Verfahrens nötig werden.

9   **Nr 4** betrifft die Beschlüsse nach Klagerücknahme, § 269 Abs 4; entsprechend nach Rücknahme des Einspruchs oder Verzicht auf ihn, § 346; ferner alle in Frage kommenden Entscheidungen (§ 307 Rn 10) bei Verzicht und Anerkenntnis, §§ 306, 307.

10   **Nr 5** betrifft bei einseitiger Säumnis echte und sog unechte Versäumnisurteile (11, 12 vor § 330; ebenso StJSchumann 21), Entscheidung nach Lage der Akten (§ 331 a), Beschluss nach § 335; ferner Entscheidungen über die Zulässigkeit des Einspruchs (§§ 303, 341, 345) und über die Wiedereinsetzung gegen die Versäumung der Einspruchsfrist (§§ 233, 238 Abs 2). Bei zweiseitiger Säumnis Entscheidung nach Lage der Akten oder Ruhen des Verfahrens (§ 251 a).

11   **Nr 6** betrifft die abschließende Kostenentscheidung nach übereinstimmender Erledigterklärung (§ 91 a).

12   **Nr 7** betrifft alle Entscheidungen im PKH-Verfahren (§§ 114 ff).

13   **Nr 8** betrifft Wechsel- und Scheckprozesse (§§ 602, 605 a), weil es bei ihnen auf die Sachkunde der Beisitzer nicht ankommt. Der Vor-

sitzende kann jede in Frage kommende Entscheidung (§ 597 Rn 1–4) treffen. Gilt nicht für andere Urkundenprozesse. Seine Entscheidungsbefugnis erstreckt sich nicht auf das Nachverfahren (§ 600; ebenso Bergerfurth NJW 75, 331/334) bzw das Urt nach Abstandnahme vom UrkProz (§ 596).

Nr 9 betrifft nach Anordnung einer Sicherheitsleistung durch die **14** Kammer die Bestimmung ihrer Art nach § 108.

Nr 10 betrifft die Entscheidung über Anträge auf Einstellung der **15** ZwVollstr, soweit sie der KfH als Prozessgericht obliegen, zB §§ 707, 719, 769.

Nr 11 betrifft Streitwertbeschlüsse. **16**

Nr 12 meint alle erstinstanzlichen Entscheidungen, die Kosten, Ge- **17** bühren und Auslagen betreffen, soweit sie in die Zuständigkeit des Richters fallen.

c) Unbeschränkte Entscheidungsbefugnis in Prozessen jeder Art **18** hat der Vorsitzende der KfH bei Einverständnis der Parteien. Für die Einverständniserklärung und ihren Widerruf (BGH 105, 270) gilt das in § 128 Rn 24–27, 29 Gesagte. Das Einverständnis erstreckt sich inhaltlich und zeitlich auf die Endentscheidung (Köln WM 72, 1371) und auf diejenigen Entscheidungen, die danach noch erforderlich werden (§ 348 Rn 7). Erstreckung auf nachträgliche Erweiterung des Streitgegenstandes ist Auslegungsfrage (Nürnberg MDR 78, 323). Es kann auch für Verfahren ohne notwendige mdl Vhdlg erteilt werden. In keinem Falle muss der Vorsitzende bei Einverständnis allein entscheiden. Keines Einverständnisses bedarf es iF des § 944.

§ 350 Rechtsmittel

Für die Anfechtung der Entscheidungen des Einzelrichters (§§ 348, 348 a) und des Vorsitzenden der Kammer für Handelssachen (§ 349) gelten dieselben Vorschriften wie für die Anfechtung entsprechender Entscheidungen der Kammer.

Geändert mWv 1. 1. 2002 durch Art 2 Abs 1 Nr 56 ZPO-RG.

Anfechtbarkeit. Entsprechend der Stellung des ER der Zivilkammer **1** (§ 348 Rn 6, 7, § 348 a Rn 2) und des Vorsitzenden der KfH (§ 349 Rn 1) sind ihre Entscheidungen die des ProzGer und wie solche anfechtbar. Eine Anrufung des Kollegiums gegen sie gibt es nicht. Die Zivilkammer nach Übernahme (§ 348 Abs 3, § 348 a Abs 2) bzw die KfH kann sie allerdings abändern, soweit der ER selbst das dürfte; im Rahmen des § 318 sind sie bindend. Überschreitung seiner Befugnisse macht die Entscheidung nicht nichtig, kann aber Grundlage der Anfechtung sein (§§ 538, 547 Nr 1). Der Mangel ist heilbar, soweit es nicht um die Frage des gesetzlichen Richters geht (Düsseldorf NJW 76, 114).

§§ 351– 354 (weggefallen)

Titel 5. Allgemeine Vorschriften über die Beweisaufnahme

Vorbemerkung

1 Begriff und Ziel, Allgemeines über die Erhebung des Beweises Rn 3
vor § 284; Beweisantrag Rn 2 vor § 284, § 284 Rn 2; Beweisarten
Rn 4–6 vor § 284; Beweisrichtung Rn 7–11 vor § 284; Beweismittel
Rn 12 vor § 284; Beweisgegenstand Rn 13–16 vor § 284; Beweislast
Rn 17–40 vor § 284; Parteivereinbarungen Rn 41 vor § 284; Umfang
der Beweisaufnahme und Ablehnung von Beweisangeboten § 284
Rn 2–9; Beweiswürdigung §§ 286, 287. Der fünfte Titel gibt für alle
Beweismittel der ZPO die Verfahrensvorschriften über Anordnung und
Erhebung der Beweise. Haager Übereinkommen über die Beweisauf-
nahme im Ausland in Zivil- u Handelssachen § 363 Rn 3.

§ 355 Unmittelbarkeit der Beweisaufnahme

(1) [1]Die Beweisaufnahme erfolgt vor dem Prozeßgericht. [2]Sie
ist nur in den durch dieses Gesetz bestimmten Fällen einem
Mitglied des Prozeßgerichts oder einem anderen Gericht zu
übertragen.

(2) Eine Anfechtung des Beschlusses, durch den die eine oder
die andere Art der Beweisaufnahme angeordnet wird, findet
nicht statt.

1 1. Unmittelbarkeitsgrundsatz. Die erkennenden Richter selbst haben die Beweisaufnahme durchzuführen. ProzGer ist auch der ER und
der Vorsitzende der KfH in den Fällen der §§ 348, 348a, 349 (für
Berufung §§ 526, 527). Die Frage, ob Urkunden- oder Zeugenbeweis
zu erheben ist (§ 286 Rn 10), betrifft nicht den Unmittelbarkeitsgrundsatz. **Im arbeitsgerichtlichen Verfahren** Sonderbestimmungen in
§§ 13, 58, 64 Abs 7 ArbGG.

**2 2. Ausnahmen vom Unmittelbarkeitsgrundsatz. – a) Beauf-
tragter Richter.** Übertragung an ein Mitglied des erkennenden Kollegiums ist nur zulässig, wenn im Einzelfall die Voraussetzungen der
§§ 372 Abs 2, 375, 402, 434, 451 vorliegen. Sonst ist die Übertragung
der Beweiserhebung auf ein Mitglied des Kollegiums gesetzwidrig, ihr
Ergebnis unverwertbar (BGH NJW 00, 2024). Dem Vorsitzenden und
Berichterstatter gemeinsam darf die Beweisaufnahme nicht übertragen
3 werden (BGH 32, 233). – **b) Ersuchter Richter.** Die Übertragung an
ein anderes Amtsgericht (§§ 156 ff GVG) ist nur in den in Rn 2 genann-
4 ten Fällen zulässig. – **c) Im Ausland wohnende Zeugen** sind idR
zulässigerweise (§ 363) im Ausland zu vernehmen (Leipold ZZP 105,
507).

5 3. Verletzung. – a) Verfahrensfehler. So, wenn ein Sachverständiger ohne gerichtliche Ermächtigung Zeugen oder eine Partei vernimmt

(§ 404 a Rn 6). Verwertbarkeit von Beweisaufnahmen, die nicht das erkennende Gericht in derselben Besetzung vorgenommen hat, § 285 Rn 2. – **b) Heilung** gemäß § 295 Abs 1 ist im Einzelfall möglich **6** (BGH 40, 179, 86, 104), falls die Parteien gewusst haben, dass das Gericht die fehlerhaft gewonnenen Beweisergebnisse in seiner Entscheidung verwertet (BGH NJW-RR 97, 506). Ob bei systematischer Umgehung des Abs 1 Heilung durch Rügeverzicht oder durch ausdrücklich erklärtes Einverständnis möglich ist, ist streitig: Verneinend Werner und Pastor NJW 75, 329, Schneider Büro 75, 442, Düsseldorf NJW 76, 1103, Köln NJW-RR 98, 1143; einschränkend Dinslage NJW 76, 1509, Frankfurt NJW 77, 301, Düsseldorf NJW 77, 813, Rasehorn NJW 77, 789; bejahend Köln JMBlNRW 78, 67, KG VersR 80, 653. – **c) Nicht** **7** **selbständig anfechtbar** ist die Anordnung der Beweisaufnahme in der einen oder anderen Art und deshalb als solche auch von den Rechtsmittelinstanzen nicht nachprüfbar (§§ 512, 557 Abs 2). Mit der Anfechtung des Urteils kann aber als Verfahrensverstoß, falls nicht nach § 295 Abs 1 geheilt, gerügt werden, dass die Voraussetzungen für die Übertragung der Beweisaufnahme (Rn 2, 3) im Einzelfall nicht vorlagen und dass das Urt auf der Verwertung der Beweisergebnisse beruht (BGH 40, 179). Unter der letztgenannten Voraussetzung kann die regelmäßige Durchführung des Urteils kann aber als beauftragtes Mitglied der Zivilkammer (Rn 6) zur Aufhebung des landgerichtlichen Urt und Zurückverweisung führen (Düsseldorf NJW 76, 1103), und zwar an die Zivilkammer (Dinslage NJW 76, 1509), die dann entweder die Beweise selbst erheben oder die Sache an den alleinentscheidenden ER nach § 348 a Abs 1 zuweisen kann. Köln NJW 77, 249 sieht in der Beauftragung eines Mitglieds des Kollegiums zwar einen wesentlichen Verfahrensfehler, der aber wegen Abs 2 nur dann zur Aufhebung des Urt und Zurückverweisung führe, wenn im Einzelfall das Erstgericht in ganz unvertretbarer Weise vorgegangen sei; ähnlich Düsseldorf NJW 77, 813. Das ist eine praktisch kaum brauchbare Abgrenzung, weil die Kriterien zu wenig konkretisierbar sind.

§ 356 Beibringungsfrist

Steht der Aufnahme des Beweises ein Hindernis von ungewisser Dauer entgegen, so ist durch Beschluss eine Frist zu bestimmen, nach deren fruchtlosem Ablauf das Beweismittel nur benutzt werden kann, wenn nach der freien Überzeugung des Gerichts dadurch das Verfahren nicht verzögert wird.

Geändert mWv 1. 1. 2002 durch Art 2 Abs 1 Nr 57 ZPO-RG.

1. Voraussetzungen für die Fristsetzung. – a) Das Beweismittel **1** muss **rechtzeitig vorgebracht** worden sein; wenn nicht: § 296. – **b)** Es darf sich **nicht** um **Urkunden** in Händen eines Dritten (§§ 142, **2** 431) oder um die **Person des Sachverständigen** (freie Auswahl durch das Gericht) handeln. – **c)** Der Beweisaufnahme muss ein **Hindernis** **3**

von ungewisser Dauer entgegenstehen, gleichgültig aus welchem Grund. Beispiel: Fehlende Namens- oder Adressenangabe für einen Zeugen (BGH NJW 98, 2369); der Beweisführer (Karlsruhe OLGZ 90, 241) oder ein Dritter (Nürnberg MDR 83, 942) lehnt die erforderliche Mitwirkung ab. Unterbliebene Vorschusszahlung fällt nur unter § 379 Abs 2 (MükoMusielak 7; in der Tendenz ebenso BGH NJW 98, 761).

4   **2. Fristsetzung und Folgen. – a) Pflicht des Gerichts.** Bei Vorliegen der Voraussetzungen muss (keine Ermessensfrage, BGH NJW 74, 188) das Ger eine Frist (§§ 224, 225) bestimmen, auch vAw, ohne mdl Vhdlg (§ 128 Abs 4). Die Fristsetzung bedarf förmlicher Zustellung (BGH NJW 89, 227), auf die Ausschlussfolge iF der Versäumung ist hinzuweisen (Braunschweig NJW-RR 92, 124). Gilt auch für Bestimmung eines Termins zur ärztlichen Untersuchung der beweisführenden Partei durch Sachverständigen, der sich die Partei entzogen hatte (BGH NJW 72, 1133), und für Fristsetzung, wenn die beweisführende Partei ihr Einverständnis mit der Verwertung einer Röntgenaufnahme widerrufen hat (BGH NJW 81, 1319). Die Norm ist verfassungskonform **5** (BVerfG NJW 85, 3005). – **b) Versäumung.** Die Partei ist ohne Rücksicht auf Verschulden oder nicht (BVerfG NJW 00, 945) mit dem Beweismittel nach fruchtlosem Fristablauf kraft Gesetzes ausgeschlossen (§§ 230, 231), außer wenn durch seine Benutzung nach der freien Überzeugung des Gerichts keine Verzögerung (§ 296 Rn 12–20) eintritt, zB der Zeuge wird sofort gestellt. Der Ausschluss beschränkt sich auf die Instanz (Karlsruhe NJW-RR 94, 512). § 296 ist nicht anwendbar **6** (BVerfG NJW 00, 945). – **c) Rechtsmittel** gegen Fristsetzung: Keines; gegen ihre Ablehnung: sofortige Beschwerde § 567 Abs 1, weil es sich weder um Anordnung noch um Ablehnung einer Beweiserhebung noch um Änderung eines Beweisbeschlusses handelt (aA Celle NJW-RR 00, 1166). Ablehnung des Beweisangebots oder Zurückweisung als verspätet mangels ladungsfähiger Anschrift ohne vorherige Fristsetzung ist Verfahrensfehler (BGH NJW 93, 1926, Köln NJW-RR 98, 1143); ebenso die Setzung einer unangemessen kurzen Frist (Nürnberg MDR 83, 942). Verfassungsbeschwerde wegen Verletzung des Rechts auf rechtliches Gehör, wenn das Gericht weder ein Hindernis von ungewisser Dauer noch Verzögerung wegen Nichteinhaltung der Frist feststellt (BVerfG NJW 84, 1026, NJW-RR 94, 700).

§ 357 Parteiöffentlichkeit

(1) **Den Parteien ist gestattet, der Beweisaufnahme beizuwohnen.**

(2) [1]**Wird die Beweisaufnahme einem Mitglied des Prozeßgerichts oder einem anderen Gericht übertragen, so ist die Terminsbestimmung den Parteien ohne besondere Form mitzuteilen, sofern nicht das Gericht die Zustellung anordnet.** [2]**Bei Übersendung durch die Post gilt die Mitteilung, wenn die Wohnung**

der Partei im Bereich des Ortsbestellverkehrs liegt, an dem folgenden, im übrigen an dem zweiten Werktage nach der Aufgabe zur Post als bewirkt, sofern nicht die Partei glaubhaft macht, daß ihr die Mitteilung nicht oder erst in einem späteren Zeitpunkt zugegangen ist.

1. Beweistermin. – a) Parteiöffentlichkeit. Die Parteien sind zur 1
Anwesenheit bei der Beweiserhebung berechtigt, ausgenommen sitzungspolizeiliche Entfernung (§ 177 GVG). Sie sind deshalb rechtzeitig zu benachrichtigen, bei erheblichem Grund ist der Termin zu verlegen, § 227. Dies gilt auch für Termine eines Sachverständigen zur Besichtigung eines Gegenstands oder zur Einsichtnahme in Unterlagen zwecks Vorbereitung seines Gutachtens, zur Wahrung rechtlichen Gehörs auch, wenn es um Geschäftsgeheimnisse geht (BGH 116, 47, Köln NJW-RR 96, 1277; § 286 Rn 6). Verhinderung des Zutritts zu ihren Räumen durch eine Partei kann in sorgfältiger Abwägung der hierfür angegebenen Gründe gegenüber dem Grundrecht in Art 13 GG als Beweisvereitelung gewertet werden (München NJW 84, 807, Jankowski NJW 97, 3347). Bei der Untersuchung einer Person durch einen ärztlichen Sachverständigen hat die Parteiöffentlichkeit hinter den Schutz der Menschenwürde zurückzutreten (München NJW-RR 91, 896). Dritte, auch Zeugen (StJBerger § 375 Rn 9) dürfen kraft ihres Hausrechts den Zutritt zu ihren Räumen verwehren. Die Beweisaufnahme kann dann nicht stattfinden. Vgl auch § 357 Rn 1. – **b) Zu benachrichtigen** von dem 2
Termin sind die Prozessbevollmächtigten, § 176. Bei Beweiserhebung vor dem Richterkommissar formlos. Verzicht auf Benachrichtigung ist regelmäßig Verzicht auf Anwesenheit.

2. Verstoß gegen § 357 begründet Recht der Partei auf Wieder- 3
holung der Beweisaufnahme und Rechtsmittel gegen das Urteil, falls es auf Verwertung der Beweise beruht (BGH VersR 84, 946), außer bei Heilung gem § 295.

§ 357a (aufgehoben)

§ 358 Notwendigkeit eines Beweisbeschlusses

Erfordert die Beweisaufnahme ein besonderes Verfahren, so ist es durch Beweisbeschluß anzuordnen.

Jede **Beweiserhebung** bedarf der **Anordnung,** regelmäßig auf 1
Grund mdl Vhdlg, zulässig aber auch schon vorher (§ 358a). Sie ist prozeßleitender Natur und enthält keine Entscheidung über Beweislast und Erheblichkeit der Tatsachen. Ein **formeller Beweisbeschluss** 2
(§ 359) ist erforderlich für die Parteivernehmung (§ 450 Abs 1 S 1) und wenn Vertagung nötig ist, die Beweise also nicht sofort erhoben werden können. – Ist dies möglich, so genügt **formloser Beschluss.** Ebenso, 3
soweit Freibeweis zulässig ist (6 vor § 284, § 293 Rn 4). Anfechtung ist

in jedem Falle unstatthaft. Wegen Beschwerde gegen Beweisbeschluss,
4 der erbbiologische Untersuchung anordnet, § 148 Rn 13. – **Gebühren**
des Gerichts: keine; des RA: § 31 Nr 3 BRAGO.

§ 358 a Beweisbeschluss und Beweisaufnahme vor mündlicher Verhandlung

[1]**Das Gericht kann schon vor der mündlichen Verhandlung
einen Beweisbeschluß erlassen. [2]Der Beschluß kann vor der
mündlichen Verhandlung ausgeführt werden, soweit er anordnet**
**1. eine Beweisaufnahme vor dem beauftragten oder ersuchten
Richter,**
2. die Einholung amtlicher Auskünfte,
**3. eine schriftliche Beantwortung der Beweisfrage nach § 377
Abs. 3,**
4. die Begutachtung durch Sachverständige,
5. die Einnahme eines Augenscheins.

1   **1. Allgemeines.** Nach § 273 hat der Vorsitzende vor dem Termin
Anordnungen zur Vorbereitung der Beweisaufnahme im Termin zu
treffen. § 358 a gibt darüber hinaus dem Ger nach seinem Ermessen
(Koblenz NJW 79, 374) die Möglichkeit, Beweiserhebung bereits vor
jedem, insbesondere dem frühen ersten (§ 272 Abs 2) oder Haupttermin
(§ 278) anzuordnen und die in Nr 1–5 genannten, nicht aber andere
(BGH NJW 86, 2319) Beweiserhebungen auch bereits auszuführen.
Damit hat das Ger ein weiteres Mittel, die Zeit bis zum Haupttermin zu
nutzen u den Proz in einem Termin zu erledigen. Natürlich muss die zu
klärende Frage beweisbedürftig (1 vor § 284) sein. Zu bedenken ist auch,
dass mit Erlass des Beweisbeschlusses, auch wenn er dann nicht ausgeführt wird (Hamburg JurBüro 79, 374), Gebühren anfallen, was den
Abschluss eines ProzVergleichs erschweren kann. Vorschuss kann nach
Maßgabe der §§ 402, 379 (dort Rn 1) verlangt werden. Am Unmittelbarkeitsgrundsatz (§ 355) ändert die Bestimmung nichts. Im arbeitsgerichtlichen Verfahren § 55 Abs 4 ArbGG.

2   **2. Die einzelnen Anordnungen. Nr 1** zulässig nur in den Fällen
des § 355 Rn 2, 3. **Nr 2** wie § 273 Rn 8. **Nr 3.** Beweisgebühr fällt
auch hier an (Hamburg MDR 72, 249). **Nr 4** vgl § 273 Rn 11. **Nr 5**
3 auch ohne Beweisantrag (§ 144 Abs 1). – **Nicht zulässig** ist die Zeugenvernehmung vor dem ProzGer vor mdl Vhdlg (BGH WM 86, 867)
außer im selbständigen Beweisverfahren gem §§ 485 ff.

§ 359 Inhalt des Beweisbeschlusses

Der Beweisbeschluß enthält:
**1. die Bezeichnung der streitigen Tatsachen, über die der Beweis
zu erheben ist;**

2. die Bezeichnung der Beweismittel unter Benennung der zu vernehmenden Zeugen und Sachverständigen oder der zu vernehmenden Partei;
3. die Bezeichnung der Partei, die sich auf das Beweismittel berufen hat.

1. Beweisbeschluss. Rechtsnatur und Notwendigkeit § 358 Rn 1, **1** 2. Er ergeht entweder auf Grund mdl Vhdlg oder im schriftlichen Verfahren (§ 128 Abs 2) und ist in beiden Fällen zu verkünden. Zulässig auch schon vor mdl Vhdlg (§ 358 a), dann nach § 329 bekanntzumachen. Das Ger muss vor einem Erlass die Beweisbedürftigkeit (1 vor § 284) prüfen und gegebenenfalls die beweisbelastete Partei zu sachgemäßem Beweisantritt auffordern. Die Beweise sind möglichst auf einmal im Haupttermin im Anschluss an die mdl Vhdlg zu erheben (§ 278 Abs 2). Der Beweisbeschluss ist **unanfechtbar,** Abänderung § 360.

2. Inhalt. – a) Bezeichnung des Beweisthemas nach Gegenstand, **2** Ort und Zeit hinreichend genau, so dass ein Zeuge von sich aus über den Vorgang berichten (Frankfurt NJW-RR 95, 637: Hergang des nach Ort und Zeit bezeichneten Verkehrsunfalls), ein ersuchter Richter ersehen kann, welche Aufklärung die Vernehmung bringen soll, ohne dass er genötigt ist, sich aus den Akten zusammenzusuchen, was er den Zeugen befragen soll (Koblenz NJW 75, 1036). Bezugnahme auf genau bestimmte Stellen in anderen Schriftstücken genügt nur ausnahmsweise (Hamburg OLGZ 35, 85). – **b) Bezeichnung der Beweismittel,** bei **3** Personen nach Namen, Beruf, Anschrift. Ausnahmen in §§ 372 Abs 2, 405. – **c) Bezeichnung des Beweisführers** wegen § 399, hier ohne **4** Rücksicht auf die Beweislast. – **d) Die Art der Beweiserhebung** ist **5** anzuordnen, §§ 355, 361, 362, 364, 377 Abs 3 und gegebenenfalls Termin zu bestimmen, §§ 361, 370. – **e) Auslagenvorschuss.** Der **6** beweisführenden Partei kann außer bei bewilligter PKH aufgegeben werden, Auslagenvorschuss einzuzahlen. Höhe und Frist sind zu bestimmen (§ 379).

§ 360 Änderung des Beweisbeschlusses

[1]Vor der Erledigung des Beweisbeschlusses kann keine Partei dessen Änderung auf Grund der früheren Verhandlungen verlangen. [2]Das Gericht kann jedoch auf Antrag einer Partei oder von Amts wegen den Beweisbeschluß auch ohne erneute mündliche Verhandlung insoweit ändern, als der Gegner zustimmt oder es sich nur um die Berichtigung oder Ergänzung der im Beschluß angegebenen Beweistatsachen oder um die Vernehmung anderer als der im Beschluß angegebenen Zeugen oder Sachverständigen handelt. [3]Die gleiche Befugnis hat der beauftragte oder ersuchte Richter. [4]Die Parteien sind tunlichst vorher zu hören und in jedem Falle von der Änderung unverzüglich zu benachrichtigen.

1   **1. Nach neuer mündlicher Verhandlung** darf das ProzGer (Einzelrichter) jederzeit, auch ohne Antrag, den Beweisbeschluss als prozeßleitende Anordnung abändern oder aufheben, zB weil es das Beweisthema als unerheblich erkennt.

2   **2. Ohne neue mündliche Verhandlung** dürfen ProzGer (Einzelrichter), beauftragter und ersuchter Richter – **a) auf Antrag** mit Zustimmung der Gegenpartei oder vAw mit Zustimmung beider Parteien den Beweisbeschluss beliebig ändern. Die Zustimmung ist Prozesshandlung (Einl III), schriftlich zu erklären und muss die Änderung inhaltlich
3   decken. – **b) Auf Antrag oder von Amts** wegen ohne Zustimmung – **aa)** die Beweistatsachen berichtigen oder ergänzen. Nicht zulässig ist die Auswechslung des Beweisthemas oder die Ausdehnung auf neue Tatsa-
4   chen, die mit den bisherigen nicht in Zusammenhang stehen; – **bb)** die Zeugen oder Sachverständigen durch andere ersetzen. Bei Zeugen kommt das zB in Frage, wenn das Ger aus einer größeren Zahl von angebotenen zunächst nur einige ausgesucht hatte. Erstattet ein anderer Sachverständiger das Gutachten als das im Beweisbeschluss bezeichnete, so müssen die Parteien Gelegenheit haben, zur Verwertung des Gutachtens oder zur nachträglichen Auswechslung des Sachverständigen Stel-
5   lung zu nehmen (BGH VersR 85, 361). – **c)** Das ProzGer, ferner der Richterkommissar im Rahmen des § 365 dürfen außerdem die Art und Weise der angeordneten Beweiserhebung (§§ 355, 361, 362, 364) abän-
6   dern. – **d) In allen Fällen** sind die Parteien möglichst vor der Änderung zu hören (S 4) und jedenfalls von ihr formlos zu benachrichtigen. Der Mangel heilt nach § 295. Anfechtung ist in jedem Fall unstatthaft (Brandenburg Fam RZ 01, 294).

7   **3. Verhältnis zu § 358 a.** Bei seiner Neueinfügung ist § 360 nicht geändert worden. Wenn das Ger ohne mdl Vhdlg einen Beweisbeschluss neu erlassen kann, so ist als Schluss vom Mehr auf das Weniger gerechtfertigt, dass es erst recht einen erlassenen BewBeschluss nach Anhörung der Parteien beliebig ändern kann. Der Gesetzgeber hat anscheinend übersehen, dass § 360 damit überholt ist (aA MüKoMusielak 11).

§ 361 Beweisaufnahme durch beauftragten Richter

(1) **Soll die Beweisaufnahme durch ein Mitglied des Prozeßgerichts erfolgen, so wird bei der Verkündung des Beweisbeschlusses durch den Vorsitzenden der beauftragte Richter bezeichnet und der Termin zur Beweisaufnahme bestimmt.**

(2) **Ist die Terminsbestimmung unterblieben, so erfolgt sie durch den beauftragten Richter; wird er verhindert, den Auftrag zu vollziehen, so ernennt der Vorsitzende ein anderes Mitglied.**

1   **Beweiserhebung durch den beauftragten Richter** wird nur ausnahmsweise in Frage kommen, § 355 Rn 2. Sie ist anzuordnen vom ProzGer (BGH 86, 104) im Beweisbeschluss (§ 359) oder durch dessen nachträgliche Änderung (§ 360; vgl auch § 365). Die Auswahl trifft der

Vorsitzende, den Termin bestimmt der beauftragte Richter vAw. Er wird entweder sofort verkündet (§ 218) oder später nach § 357 Abs 2 bekanntgemacht. Ladungsfrist muss wegen § 357 Abs 2 nicht gewahrt werden (aA Teplitzky NJW 73, 1675).

§ 362 Beweisaufnahme durch ersuchten Richter

(1) **Soll die Beweisaufnahme durch ein anderes Gericht erfolgen, so ist das Ersuchungsschreiben von dem Vorsitzenden zu erlassen.**

(2) **Die auf die Beweisaufnahme sich beziehenden Verhandlungen übersendet der ersuchte Richter der Geschäftsstelle des Prozeßgerichts in Urschrift; die Geschäftsstelle benachrichtigt die Parteien von dem Eingang.**

Beweiserhebung durch den ersuchten Richter § 355 Rn 3. Sie 1 ist anzuordnen vom ProzGer (auch Einzelrichter) im Beweisbeschluss (§ 359) oder durch dessen nachträgliche Änderung (§ 360; auch § 365). Während seiner Zuständigkeit erlässt der ER das Ersuchungsschreiben. Ablehnung des Ersuchens nur nach § 158 GVG. Terminsbestimmung: § 357 Abs 2, zur Verhandlung nach der Beweisaufnahme: § 370 Abs 2. Abschriften der Beweisprotokolle für die Parteien: § 299.

§ 363 Beweisaufnahme im Ausland

(1) **Soll die Beweisaufnahme im Ausland erfolgen, so hat der Vorsitzende die zuständige Behörde um Aufnahme des Beweises zu ersuchen.**

(2) **Kann die Beweisaufnahme durch einen Bundeskonsul erfolgen, so ist das Ersuchen an diesen zu richten.**

1. Beweiserhebung im Ausland ist bei dort wohnenden Zeugen 1 die Regel (Leipold ZZP 105, 507). Sie besorgt auf Ersuchen des Vorsitzenden (auch Einzelrichters) – **a)** grundsätzlich der **deutsche Konsul,** wenn er dazu gem § 15 KonsularG (BGBl 74 I S 2317) ermächtigt und im Rahmen bestehender Staatsverträge befugt oder der ausländische Staat damit einverstanden ist. – **b)** Im übrigen die zuständige **ausländische Behörde.** Soweit nicht durch zwischenstaatliche Vereinbarung 2 der unmittelbare Geschäftsverkehr zugelassen ist, vermittelt die zuständige deutsche konsularische oder diplomatische Vertretung, im Verkehr mit einigen Staaten die Landesjustizverwaltung die Erledigung der Ersuchen, § 199 Rn 4. – **c)** Das **Haager Übereinkommen über die** 3 **Beweisaufnahme im Ausland in Zivil- u Handelssachen** vom 18. 3. 70 (BGBl II 77, 1472) enthält dazu Verfahrensvorschriften, in Kraft in Argentinien, Australien, Barbados, BRD, Dänemark, Estland, Finnland, Frankreich, Großbritannien, Israel, Italien, Lettland, Luxemburg, Mexico, Monaco, Niederlande, Norwegen, Portugal, Schweden, Schweiz, Singapur, Slowakei, Spanien, Südafrika, Tschechien, Venezue-

4 la, USA, Zypern. – **d)** Für die Beweisaufnahme in einem Mitgliedsstaat
der EU, außer Dänemark, gilt ab 1. 1. 2004 die **EGVO Nr 1206/2001**
5 vom 28. 5. 01 (ABl Nr L 174 vom 27. 6. 01 S 1–24). – **e) Nicht
zulässig** ist die Einholung einer schriftlichen Aussage des ausländischen
Zeugen gem § 377 Abs 3 (BGH NJW 84, 2039).

6   **2. Andere Verfahrensweisen.** Der im Ausland wohnende deutsche
Zeuge kann vor das Prozess- oder ein ersuchtes ausländisches Gericht
geladen werden (§ 199) oder freiwillig erscheinen.

§ 364 Parteimitwirkung bei Beweisaufnahme im Ausland

(1) **Wird eine ausländische Behörde ersucht, den Beweis aufzunehmen, so kann das Gericht anordnen, daß der Beweisführer
das Ersuchungsschreiben zu besorgen und die Erledigung des
Ersuchens zu betreiben habe.**

(2) **Das Gericht kann sich auf die Anordnung beschränken, daß
der Beweisführer eine den Gesetzen des fremden Staates entsprechende öffentliche Urkunde über die Beweisaufnahme beizubringen habe.**

(3) **¹In beiden Fällen ist in dem Beweisbeschluß eine Frist zu
bestimmen, binnen der von dem Beweisführer die Urkunde auf
der Geschäftsstelle niederzulegen ist. ²Nach fruchtlosem Ablauf
dieser Frist kann die Urkunde nur benutzt werden, wenn dadurch das Verfahren nicht verzögert wird.**

(4) **¹Der Beweisführer hat den Gegner, wenn möglich, von
dem Ort und der Zeit der Beweisaufnahme so zeitig in Kenntnis
zu setzen, daß dieser seine Rechte in geeigneter Weise wahrzunehmen vermag. ²Ist die Benachrichtigung unterblieben, so
hat das Gericht zu ermessen, ob und inwieweit der Beweisführer
zur Benutzung der Beweisverhandlung berechtigt ist.**

1   **1. Beweiserhebung im Ausland** betreibt das Gericht vAw. Es überlässt sie dem **Parteibetrieb** nur in Ausnahmefällen, etwa wenn keine
Beziehungen zu dem fremden Staat bestehen, seine Behörden untätig
bleiben oder wenn der Parteibetrieb mehr Erfolg verspricht (BGH
MDR 89, 233). Dazu kann das Ger anordnen, dass der Beweisführer,
auch wenn ihn nicht die Beweislast trifft (BGH NJW 84, 2039), binnen
bestimmter Frist entweder das amtliche Ersuchen erledigt oder selbst das
Ersuchen und seine Erledigung besorgt oder dass er eine dem ausländischen Recht entsprechende öffentliche Urkunde über die Beweisaufnahme vorlegt. Die Fristsetzung ist auch zulässig, wenn die vom Ger
eingeleitete ausländische Zeugenvernehmung über ein Jahr lang auf sich
warten lässt und kaum Aussicht auf ihre Durchführung besteht (BGH
NJW 84, 2039). Abs 3 entspricht § 356.

2   **2. Rechtsmittel, Verwertbarkeit.** Die Anordnung des Partei-
betriebs mit Fristsetzung ist als Bestandteil der Beweisanordnung nicht

mit Beschwerde anfechtbar (LG Neubrandenburg MDR 96, 1186; aA Köln NJW 75, 2349). Im Falle des Abs 4 S 2 ist wegen des rechtlichen Gehörs und des Grundsatzes der Waffengleichheit die Verwertung der Beweiserhebung idR unzulässig.

§ 365 Abgabe durch beauftragten oder ersuchten Richter

¹**Der beauftragte oder ersuchte Richter ist ermächtigt, falls sich später Gründe ergeben, welche die Beweisaufnahme durch ein anderes Gericht sachgemäß erscheinen lassen, dieses Gericht um die Aufnahme des Beweises zu ersuchen. ²Die Parteien sind von dieser Verfügung in Kenntnis zu setzen.**

Weitergabe. Der Richterkommissar darf Auftrag bzw Ersuchen wei- 1 tergeben, wenn ihm Gründe bekannt werden, die die Weitergabe an ein anderes deutsches AG sachgemäß erscheinen lassen, zB Wohnsitzwechsel des Zeugen. Weitergabe an das Ausland ist unstatthaft. Weitergabe durch ausländische Behörden richtet sich nach deren Recht.

§ 366 Zwischenstreit

(1) **Erhebt sich bei der Beweisaufnahme vor einem beauftrag- ten oder ersuchten Richter ein Streit, von dessen Erledigung die Fortsetzung der Beweisaufnahme abhängig und zu dessen Ent- scheidung der Richter nicht berechtigt ist, so erfolgt die Erledi- gung durch das Prozeßgericht.**

(2) **Der Termin zur mündlichen Verhandlung über den Zwi- schenstreit ist von Amts wegen zu bestimmen und den Parteien bekanntzumachen.**

1. Entscheidung des Prozessgerichts (Einzelrichter) auf Grund 1 mdl Vhdlg durch Zwischenurteil über Streitigkeiten aus Anlass der Beweisaufnahme vor dem Richterkommissar. Terminsbestimmung und Ladung der Beteiligten vAw. **Voraussetzungen: – a)** Streit zwischen 2 den Parteien (§ 303) oder zwischen einer Partei und Zeugen oder Sach- verständigen (§§ 387, 389, 400, 402) oder Meinungsverschiedenheiten zwischen den Parteien und dem Richter. – **b)** Von der Erledigung des 3 Streits muss die Fortsetzung der Beweisaufnahme abhängen.

2. Entscheidungsbefugnis des Richterkommissars in folgenden 4 Fällen: Sitzungspolizei und Ordnungsstrafgewalt (§ 180 GVG); Art und Weise der Ausführung des Auftrags; Abänderung des Beweisbeschlusses nach §§ 360, 365; Entscheidungen nach §§ 400, 402, 405, 406 Abs 4; Festsetzung der Zeugengebühren (§ 401).

§ 367 Ausbleiben der Partei

(1) **Erscheint eine Partei oder erscheinen beide Parteien in dem Termin zur Beweisaufnahme nicht, so ist die Beweisauf-**

nahme gleichwohl insoweit zu bewirken, als dies nach Lage der Sache geschehen kann.

(2) Eine nachträgliche Beweisaufnahme oder eine Vervollständigung der Beweisaufnahme ist bis zum Schluß derjenigen mündlichen Verhandlung, auf die das Urteil ergeht, auf Antrag anzuordnen, wenn das Verfahren dadurch nicht verzögert wird oder wenn die Partei glaubhaft macht, daß sie ohne ihr Verschulden außerstande gewesen sei, in dem früheren Termin zu erscheinen, und im Falle des Antrags auf Vervollständigung, daß durch ihr Nichterscheinen eine wesentliche Unvollständigkeit der Beweisaufnahme veranlaßt sei.

1   **1. Abs 1** gilt für ProzGer (auch Einzelrichter) und Richterkommissar, setzt aber gehörige Verkündung des Termins (§ 218) bzw Benachrichtigung der Beteiligten (§§ 176, 357 Abs 2) voraus. IF vorbereitender
2   Maßnahmen ist § 273 Abs 4 S 1 zu beachten. – Als **Folge des Ausbleibens** ist die säumige Partei, wenn die Beweisaufnahme nicht stattfinden konnte, mit dem Beweismittel für die Instanz, wenn sie stattfinden konnte, mit ihrem Fragerecht ausgeschlossen. Ausbleiben bei Parteivernehmung § 454.

3   **2. Nachholung** unterbliebener und **Vervollständigung** durchgeführter Beweisaufnahme ist auf Antrag **zulässig – a)** wenn dadurch keine Verzögerung eintritt; § 296 Rn 12–20; – **b)** wenn die Gegenpartei einwilligt; – **c)** wenn die im Beweistermin säumige Partei beide Tatsachen gem Abs 2 glaubhaft macht (§ 294); Entschuldigung § 296
4   Rn 28. – **d) Nur Vervollständigung**, nicht Nachholung kann unter den vorgenannten Voraussetzungen die nicht gehörig benachrichtigte Partei verlangen, die ihr Rügerecht gem § 295 verloren hat (BGH LM
5   § 13 StVO Nr 7). – **e) Unabhängig von § 367** kann das ProzGer (auch Einzelrichter) und der Richterkommissar nach §§ 398, 402 die wiederholte Vernehmung von Zeugen oder Sachverständigen anordnen.

6   **3. Entscheidung.** Zulassung des Antrags geschieht nach mdl Vhdlg durch Beweisbeschluss, Ablehnung in den Gründen des Endurteils. Bei Streit in beiden Fällen auch durch Zwischenurteil. Die Entscheidung ist stets unanfechtbar. Unterbliebene Nachholung unter **Verstoß** gegen § 367, auf dem das Urteil beruht, begründet Rechtsmittel.

§ 368 Neuer Beweistermin

Wird ein neuer Termin zur Beweisaufnahme oder zu ihrer Fortsetzung erforderlich, so ist dieser Termin, auch wenn der Beweisführer oder beide Parteien in dem früheren Termin nicht erschienen waren, von Amts wegen zu bestimmen.

1   **Amtsbetrieb** herrscht bis zur Erledigung des Beweisbeschlusses. Neue Termine sind zu verkünden, § 218; nicht verkündete förmlich

(§ 329 Abs 2 S 2), beim Richterkommissar formlos (§ 357 Abs 2) mitzuteilen.

§ 369 Ausländische Beweisaufnahme

Entspricht die von einer ausländischen Behörde vorgenommene Beweisaufnahme den für das Prozeßgericht geltenden Gesetzen, so kann daraus, daß sie nach den ausländischen Gesetzen mangelhaft ist, kein Einwand entnommen werden.

Ordnungsgemäß ist die im Ausland vorgenommene Beweisaufnah-   **1** me, wenn sie entweder den Vorschriften des betreffenden ausländischen oder denen des deutschen Rechts entspricht. Genügt sie beiden nicht und ist der Mangel nicht nach § 295 geheilt, so würdigt das Gericht den Mangel und das Ergebnis der Beweisaufnahme frei nach § 286.

§ 370 Fortsetzung der mündlichen Verhandlung

(1) Erfolgt die Beweisaufnahme vor dem Prozeßgericht, so ist der Termin, in dem die Beweisaufnahme stattfindet, zugleich zur Fortsetzung der mündlichen Verhandlung bestimmt.

(2) [1]In dem Beweisbeschluß, der anordnet, daß die Beweisaufnahme vor einem beauftragten oder ersuchten Richter erfolgen solle, kann zugleich der Termin zur Fortsetzung der mündlichen Verhandlung vor dem Prozeßgericht bestimmt werden. [2]Ist dies nicht geschehen, so wird nach Beendigung der Beweisaufnahme dieser Termin von Amts wegen bestimmt und den Parteien bekanntgemacht.

1. Beweistermin vor dem Prozessgericht (Einzelrichter), auch   **1** außerhalb der Gerichtsstelle, ist kraft Gesetzes **auch Verhandlungstermin.** Die Schlussverhandlung (§ 285 Abs 1) soll sich also unmittelbar an die Beweiserhebung anschließen. Das ergibt sich auch aus § 279 Abs 2. Nur unter bes Umständen, wenn es der Grundsatz des rechtlichen Gehörs verlangt, ist Vertagung nach der Beweiserhebung angebracht, zB bei Vorlage schriftlicher Zeugenerklärungen in einer ungeläufigen Fremdsprache erst im Termin (BGH MDR 78, 46), bei Notwendigkeit der Rücksprache des RA mit seiner Partei auf Grund nicht voraussehbaren überraschenden Ergebnisses der Beweisaufnahme (Koblenz NJW-RR 91, 1087). – Die **Verhandlung beginnt** erst nach   **2** Erledigung der Beweisaufnahme, vorher ist auch VersU unzulässig, § 367 Abs 1. Die Beweisaufnahme ist erledigt, wenn der Beweisbeschluss ganz ausgeführt oder unausführbar geworden ist, auch infolge Ausbleibens der Partei, zB bei angeordnetem Augenschein an ihr; ferner nach Aufhebung des Beweisbeschlusses oder Verzicht auf die Beweismittel. Ferner nach Erledigung eines Zwischenstreits (§ 387 Rn 2 aE). Ist zum Termin der Zeuge oder Sachverständige nicht erschienen, so   **3** muss vertagt werden, § 368. – Ein nach Beweiserhebung ergehendes   **3**

Versäumnisurteil berücksichtigt deren Ergebnis nicht (§ 332 Rn 1); streitig für den Fall, dass sich eine Behauptung des Klägers bei Säumnis des Beklagten als bewusst unwahr erwiesen hat (§ 288 Rn 7).

4   **2. Abs 2.** Die spätere Terminsbestimmung zur Verhandlung ist vAw zuzustellen, die Ladungsfrist zu wahren, § 285 Abs 2 zu beachten.

Titel 6. Beweis durch Augenschein

Vorbemerkung

1   **1. Begriff.** Augenschein ist jede unmittelbare Wahrnehmung (durch jeden, nicht nur den Gesichtssinn) über die Beschaffenheit von Personen und Gegenständen oder über Vorgänge. Der Richter bildet sich das Tatsachenurteil selbst. Zeugenaussagen und Urkunden dagegen vermitteln ihm einen Gedankeninhalt (Rn 13 vor § 284). Anordnung des Augenscheins § 371, Einnahme § 372.

2   **2. Duldung und Verweigerung der Augenscheinseinnahme. – a) Nicht erzwingbar,** abgesehen von der Abstammungsuntersuchung (§ 372a), ist die Einnahme des Augenscheins. Dritte sind zur Duldung prozessrechtlich nach Maßgabe des § 144 Abs 2 (dort Rn 4) verpflichtet. Die Parteien sind prozessrechtlich zu ihrer Duldung nicht verpflichtet. Soweit materiellrechtlich eine Vorlegungs- oder Duldungspflicht besteht (zB §§ 809, 810, 495 Abs 2 BGB), kann sie der Beweisführer durch Klage und ZwVollstr (§§ 883, 888, 890) erreichen. Hierzu kann 3 das Gericht eine Frist nach § 356 setzen. – **b) Verweigert der Beweisführer,** bei Anordnung vAw die beweisbelastete Partei (17–40 vor § 284), die Einnahme des Augenscheins, so treten die Ausschlussfolgen der §§ 367, 230 ohne Rücksicht auf den Grund der Verweigerung ein; außerdem kann das Ger die Behauptung des Gegners gem § 371 Abs 2 als bewiesen ansehen. Sonderregelung außerhalb der ZPO (2 vor § 402) in § 641a Abs 4 S 2 BGB, wenn der Werkunternehmer die Besichti- 4 gung des Werks (aaO Abs 3) verweigert. – **c) Verweigert die Gegenpartei** des Beweisführers bzw des Trägers der Beweislast, so kann das Ger dies als Beweisvereitelung nach § 371 Abs 3 werten und erholt gegebenenfalls ein Sachverständigengutachten ohne Augenschein (BGH 5 LM § 32 EheG Nr 3). – **d) Verweigert ein Dritter,** gegen den kein Anspruch auf Duldung besteht, so ist dieses Beweismittel nicht verwertbar. Handelt der Dritte auf Weisung einer Partei, so gelten Rn 3 bzw 4. – **e) Verweigerung des Zutritts** zu den eigenen Räumen § 357 Rn 1.

6   **3. Abnahme technischer Aufzeichnungen** (Lochkarten und -streifen, Schallplatten, Tonbänder und -platten, Bildbänder, audiovisuelle Bänder, Computer, EDV-geführte Handelsbücher). Sie dient der unmittelbaren Wahrnehmung festgehaltener Erklärungen, Geräusche oder Bilder und ist deshalb Augenscheinsbeweis (Pleyer ZZP 69, 322, Baltzer, Gedächtnisschrift für Bruns, 1980, S 73ff, BGH NJW 82, 277). Solche Aufnahmen sind <u>verwertbar, wenn</u> sie <u>mit Kenntnis</u> des Ge-

spächspartners gemacht sind (BGH 27, 284). Ohne Kenntnis nach den Grundsätzen über die Verwertbarkeit rechtswidrig erlangter Beweismittel (§ 286 Rn 7, 8) nur ausnahmsweise, wenn der geschützten Eigensphäre überwiegende berechtigte Interessen entgegenstehen (BVerfG MDR 73, 477 für Strafverfahren). Die Weigerung des Gesprächspartners, der Verwertung einer Tonbandaufnahme zuzustimmen, die unter Verletzung seines Persönlichkeitsrechts entstanden ist, kann bei der Beweiswürdigung nicht gegen ihn ausgelegt werden. Auch **Zeugenvernehmung** **7** **über den Inhalt** heimlicher Tonbandaufnahmen ist unzulässig (Düsseldorf NJW 66, 214 für Strafverfahren), soweit nicht zumutbar ist, die Verletzung des Persönlichkeitsrechts zur Aufklärung der Verletzung eines gleich- oder höherwertigen Rechtsguts hinzunehmen (KG NJW 67, 115). – Die gleichen Grundsätze gelten für die Verwertung privater **8** **Tagebuchaufzeichnungen** als Beweismittel gegen den Willen des Verfassers (BGH NJW 64, 1139 für Strafverfahren).

§ 371 Beweis durch Augenschein

(1) **¹Der Beweis durch Augenschein wird durch die Bezeichnung des Gegenstandes des Augenscheins und durch die Angabe der zu beweisenden Tatsachen angetreten. ²Ist ein elektronisches Dokument Gegenstand des Beweises, wird der Beweis durch Vorlegung oder Übermittlung der Datei angetreten.**

(2) **¹Befindet sich der Gegenstand nach der Behauptung des Beweisführers nicht in seinem Besitz, so wird der Beweis außerdem durch den Antrag angetreten, zur Herbeischaffung des Gegenstandes eine Frist zu setzen oder eine Anordnung nach § 144 zu erlassen. ²Die §§ 422 bis 432 gelten entsprechend.**

(3) **Vereitelt eine Partei die ihr zumutbare Einnahme des Augenscheins, so können die Behauptungen des Gegners über die Beschaffenheit des Gegenstandes als bewiesen angesehen werden.**

Abs 1 Satz 2 angefügt mWv 1. 8. 2001 durch Art 2 Nr 6 FormVAnpG;
Abs 2 u 3 angefügt mWv 1. 1. 2001 durch Art 2 Abs 1 Nr 58 ZPO-RG in
der Fassung von Art 5 Abs 1 a Nr 1 SMG.

1. Anordnung des Augenscheins durch das ProzGer (BGH NJW **1** 90, 2936). – **a) Von Amts wegen,** § 144, insbes auf formlose Anregung der Parteien zur Ortsbesichtigung zwecks allg Unterrichtung des Ger. – **b) Auf Antrag.** Der förmliche Beweisantritt nach § 371 muss die zu **2** beweisenden streitigen Tatsachen und den Gegenstand des Augenscheins genau bezeichnen. Ablehnung dann nur aus den Gründen § 284 Rn 2–9 zulässig; Verstoß ist Verfahrensmangel. – **c) Streit über die Identität 3** oder Unversehrtheit des Augenscheinsobjekts entscheidet das Gericht, die Beweislast für diese Hilfstatsache (11 vor § 284) trägt der Beweisführer, im Falle von Rn 1 die Partei, zu deren Beweislast die durch

Augenschein zu beweisende Tatsache gehört (RoSchw/Gottwald § 120 II S 4).

4   **2. – a)** Wenn ein **elektronisches Dokument** Beweisgegenstand ist, muss die Datei vorgelegt oder dem Ger übermittelt werden, damit sie auf einem Computer des Ger sichtbar gemacht werden kann. Dazu kann **5** das Ger vAw einen Sachverständigen zuziehen (§ 372 Abs 1). – **b)** Befindet sich die Datei in Händen des Gegners, sind §§ 421–427 entsprechend anzuwenden. Ist die Datei bei einer Behörde, gilt § 432 entspre-**6** chend. – **c)** Wenn die Datei für das elektronische Dokument oder ein anderer Gegenstand des Augenscheins sich nach Behauptung des Beweisführers nicht in seinem Besitz befindet, sind §§ 422–432 entsprechend anzuwenden. Das ist das geeignete Verfahren, wenn der Dritte gegenüber dem Beweisführer nach Vorschriften des bürgerlichen Rechts zur Herausgabe oder Vorlegung verpflichtet ist. Wenn eine solche Verpflichtung nicht besteht, kann der Beweisführer eine Anordnung des Ger nach § 144 Abs 1 S 2 beantragen. Eine Durchsetzung einer solchen Anordnung ist allerdings nicht möglich, nur die Verhängung von Ordnungsmitteln (§ 144 Rn 4).

7   **3.** Bei **Vereitelung des Augenscheinsbeweises** durch den Gegner des Beweisführers, etwa durch Verweigerung der Herausgabe, Zerstörung oder Beiseiteschaffen des Objekts, kann das Ger nach Abs 3 die Behauptungen des Beweisführers über die Beschaffenheit des Augenscheinsobjekts als bewiesen ansehen (ähnliche Regelung für Urkunden in § 444).

§ 372 Beweisaufnahme

(1) **Das Prozeßgericht kann anordnen, daß bei der Einnahme des Augenscheins ein oder mehrere Sachverständige zuzuziehen seien.**

(2) **Es kann einem Mitglied des Prozeßgerichts oder einem anderen Gericht die Einnahme des Augenscheins übertragen, auch die Ernennung des zuzuziehenden Sachverständigen überlassen.**

1   **Einnahme des Augenscheins,** auch unter Zuziehung eines gerichtlichen Sachverständigen. – **a) Durch das Prozessgericht.** Falls kein Protokoll aufgenommen wurde, ist das Ergebnis im Tatbestand des Urteils festzustellen (BGH LM § 1362 BGB Nr 2; BAG NJW 57, 1492; wenn nicht: Verstoß gegen § 313 Abs 1 Nr 5), von der Beweiswürdigung abzusondern und nur verwertbar, wenn kein Richterwechsel statt-**2** gefunden hat. – **b) Durch den Richterkommissar** (Abs 2). Die Beschränkungen des § 375 gelten hier nicht (BGH NJW 90, 2936). Fest-**3** stellung des Ergebnisses im Protokoll, § 160 Abs 3 Nr 5. – **c) Durch eine Hilfsperson** in bes Ausnahmefällen zB wenn die Feststellung bes Fachkenntnisse verlangt (Blutgruppenuntersuchung) oder nicht zumutbar ist (körperliche Untersuchung einer Frau). Beim Bericht über die wahrgenommenen Tatsachen ist der Beweismittler sachverständiger Zeuge, soweit er Schlussfolgerungen zieht, Sachverständiger. − **d) Privatgutachter** darf die Partei zu ihrer Beratung zuziehen (München NJW-RR 88, 1534). 4

§ 372 a Untersuchungen zur Feststellung der Abstammung

(1) **Soweit es in den Fällen der §§ 1600 c und 1600 d des Bürgerlichen Gesetzbuches oder in anderen Fällen zur Feststellung der Abstammung erforderlich ist, hat jede Person Untersuchungen, insbesondere die Entnahme von Blutproben zum Zwecke der Blutgruppenuntersuchung, zu dulden, soweit die Untersuchung nach den anerkannten Grundsätzen der Wissenschaft eine Aufklärung des Sachverhalts verspricht und dem zu Untersuchenden nach der Art der Untersuchung, nach den Folgen ihres Ergebnisses für ihn oder einen der im § 383 Abs. 1 Nr. 1 bis 3 bezeichneten Angehörigen und ohne Nachteil für seine Gesundheit zugemutet werden kann.**

(2) **¹Die Vorschriften der §§ 386 bis 390 sind entsprechend anzuwenden. ²Bei wiederholter unberechtigter Verweigerung der Untersuchung kann auch unmittelbarer Zwang angewendet, insbesondere die zwangsweise Vorführung zum Zwecke der Untersuchung angeordnet werden.**

1. Die Anordnung der Untersuchung ist zulässig nach §§ 144 oder 371 (nicht § 273): − **a) Nur zur Feststellung der Abstammung.** Diese muss nicht selbst Streitgegenstand sein, vielmehr in jedem Prozess, auch als Vorfrage, zB Unterhalts-, Erbschaftsprozess. − **b) Nur, soweit die Untersuchung zu diesem Zweck erforderlich ist,** dh wenn die Frage der Abstammung in diesem Prozess entscheidungserheblich und beweisbedürftig ist (Stuttgart NJW 72, 2226, Oldenburg NJW 73, 1419) und regelmäßig erst, wenn andere Beweismöglichkeiten erschöpft sind und weitere Klärung zu erwarten ist (BGH JZ 51, 643). − **c) Die Untersuchung dient der Beweiserhebung** über Geschlechtsverkehr, offenbare Unmöglichkeit der Vaterschaft, Zeugungsunfähigkeit. Es handelt sich dabei um bestimmte Tatsachen, so dass auch im Bereich des Verhandlungsgrundsatzes (Einl I Rn 1−4) ohne Anhaltspunkte für Mehrverkehr nicht von einem unzulässigen Ausforschungsbeweis (§ 284 Rn 3) gesprochen werden kann. Dies gilt nicht nur für die Anordnung einer Blutgruppenuntersuchung (BGH 40, 367, KG NJW 74, 608), sondern auch eines erbbiologischen Gutachtens (BGH NJW 64, 1179, aA Celle NJW 71, 1086). − **d) Rechtsmittel** wie § 380 Rn 12. Rechtsbehelf des zu Untersuchenden Rn 16. 1 2 3 4

2. Die Art der Untersuchung bestimmt das ProzGer, die Durchführung kann es einem ersuchten Ger übertragen (BGH MDR 91, 33). Die medizinische Wissenschaft hat verschiedene Methoden der Vaterschaftsfeststellung entwickelt. Wegen des unterschiedlichen Beweiswerts 5

6 empfiehlt sich folgende Reihenfolge (BGH 61, 170); – **a) Die Blut-gruppenuntersuchung** hat den höchsten Beweiswert. Sie kann bei fehlerfreier Durchführung zum sicheren Ausschluss der Vaterschaft mit absolutem Beweiswert führen. Ihre Anordnung darf deshalb nicht mit der Begründung unterbleiben, die Vaterschaft sei bereits durch beeidete Zeugenaussagen (kein Mehrverkehr) erwiesen (BGH NJW 64, 1179). Andererseits kann wegen des geringeren Beweiswerts der Antrag auf Einholung eines erbbiologischen Gutachtens zur Widerlegung des Vater-

7 schaftsausschlusses abgelehnt werden (BGH 45, 234). – **b) Die sero-statistische Zusatzberechnung,** beruhend auf massenstatistischen Untersuchungen, kann für die positive Vaterschaftsfeststellung einen so hohen Wahrscheinlichkeitsgrad erbringen, dass er zusammen mit anderen Indizien oder für sich allein ausreicht (Hamburg DAVorm 72, 30, KG FamRZ 75, 285; aA Hamburg NJW 73, 2255 bei Ausländern). Sie hat Vorrang vor dem erbbiologischen Gutachten (Stuttgart NJW 74, 1432). Lit: Scholl, Biostatistische Vaterschaftswahrscheinlichkeit u Essen-

8 Möller-Verfahren, NJW 79, 1913. – **c) Das erbbiologisch-anthro-pologische Gutachten,** beruhend auf einer vergleichenden Untersuchung erbbedingter Körpermerkmale, kann zur Feststellung (BGH 40, 378) oder zum Ausschluss der Vaterschaft, auch iS einer offenbaren Unmöglichkeit (BGH 7, 120) führen, es kann entgegenstehende Zeugenaussagen widerlegen (BGH NJW 64, 1179), nicht aber ein Blut-gruppengutachten (BGH 45, 234). Zum Beweiswert Oepen/Ritter

9 NJW 77, 2107 und Roth-Stielow NJW 77, 2114. – **d) Die DNA-Ana-lyse** ist neben den herkömmlichen Untersuchungsmethoden einsetzbar, die dabei gewonnenen Erkenntnisse können zusammen mit den anderen Befunden bei der Klärung der Abstammung zur Feststellung und zum Ausschluss der Vaterschaft verwertet werden (BGH NJW 91, 2961). Zu diesem Zweck kann auch die Exhumierung eines Toten zur Entnahme von Gewebeproben in Betracht kommen (München NJW-RR 00,

10 1603). Zum Beweiswert Hummel/Mutschler NJW 91, 2929. – **e) Die Feststellung der Zeugungsunfähigkeit** kann einen hohen Grad von Wahrscheinlichkeit für die Vaterschaft auf Grund anderer Untersuchun-

11 gen widerlegen. – **f) Augenschein** (§ 372) ist jede dieser Untersuchungen. Die daraus gezogenen Folgerungen sind Sachverständigenbeweis.

12 **3. Duldungspflicht zur Untersuchung** (grundlegend: Sautter AcP 161, 216) besteht für jedermann, wenn die Voraussetzungen Rn 1, 2 vorliegen. Sie ist mit Art 2 Abs 2 3 GG vereinbar (BVerfG 5, 15). Inwieweit die Unzulässigkeit der Beweisanordnung als solcher zur Weigerung berechtigt, ist bestr; bejahend für den Fall, dass die Nicht-Vaterschaft bereits rechtskräftig feststeht, München NJW 77, 341 mwN; verneinend für den Fall, dass die Voraussetzungen des § 384 Nr 2 nicht vorliegen, KG NJW 69, 2208. Auch Exhumierung kann in Betracht

13 kommen (Rn. 9). **Einschränkungen: – a) Aufklärung** muss die Untersuchung nach anerkannten Grundsätzen der Wissenschaft versprechen, dh allgemein und konkret der Klärung der Abstammungsfrage

förderlich sein können. – **b) Zumutbar** muss sie sein, nämlich – 14
aa) ihrer **Art** nach und nach den **Folgen** des Ergebnisses für die zu
untersuchende Person und nahe Angehörige. Gefahr strafgerichtlicher
Verfolgung auf Grund des Untersuchungsergebnisses kann im Einzelfall
Weigerungsgrund sein (Frankfurt NJW 79, 1257: § 81 c StPO gilt
nicht), nicht aber im Kindschaftsprozess bei Verdacht einer Sexualstraftat
des Bekl (Hamm NJW 93, 474) im Hinblick darauf, dass die Mutter
oder Zeugen Mehrverkehr eidlich abgestritten haben (München JZ 52,
426, KG NJW 87, 2311). Sonstige mittelbar nachteilige Folgen sind
kein Weigerungsgrund (Nürnberg NJW-RR 96, 645), zB vermögensrechtliche Nachteile. Der Schutz der Intimsphäre der Mutter hat gegenüber dem vorrangigen Recht des Kindes auf Kenntnis seiner Abstammung zurückzutreten (BGH NJW 82, 381). – **bb) Keinen gesund-** 15
heitlichen Nachteil körperlicher oder psychischer Art (Koblenz NJW
76, 379: Spritzenphobie) nach den bes Verhältnissen des zu Untersuchenden darf die Untersuchung befürchten lassen.

4. Verweigerung der Untersuchung (Abs 2). Das Recht hierzu 16
übt für einen Minderjährigen ohne die erforderliche Verstandesreife der
gesetzliche Vertreter aus (Karlsruhe FamRZ 98, 563). Für ihre Erklärung, Glaubhaftmachung der Gründe, Entscheidung durch Zwischenurteil und seine Anfechtbarkeit gelten §§ 386–389. Ordnungsmittel,
zwangsweise Vorführung und Kosten, wenn kein Weigerungsgrund erklärt wurde, gem § 390; wenn einer erklärt wurde, nach rechtskräftiger
Feststellung der Duldungspflicht gem §§ 386, 387, 390 (Dresden
NJW-RR 99, 84) und nach Belehrung über die Pflichten aus § 372 a
und über die Folgen unberechtigter Verweigerung (Zweibrücken
FamRZ 79, 1072, Frankfurt NJW-RR 88, 714). Ausbleiben im Untersuchungstermin ist regelmäßig Weigerung; Ordnungsmittel für Nichterscheinen gem § 380 Rn 6 sind unzulässig (Nürnberg MDR 64, 242,
Düsseldorf FamRZ 71, 666). Unberechtigte Weigerung kann nach
entspr Hinweis als Beweisvereitelung (§ 286 Rn 17–19) angesehen werden (BGH NJW 86, 2371, BGH 121, 266/277).

Titel 7. Zeugenbeweis

Vorbemerkung

1. Gegenstand der Beweiserhebung sind Wahrnehmungen über 1
vergangene Tatsachen und Zustände (§ 414; auch 13 vor § 284 und 1
vor § 371). Als die Person, die dabei war, sagt der Zeuge über seine
konkreten Wahrnehmungen aus, er kann nicht durch beliebige andere
Personen ersetzt werden. Der Sachverständige dagegen vermittelt dem
Richter fehlendes Fachwissen zur Beurteilung von Tatsachen (BGH
NJW 93, 1796) und ist deshalb durch jede andere Person mit entspr
Wissen ersetzbar. Vgl auch Rn 1 vor § 402. Die Hilfsperson beim
Augenschein wird wie ein Zeuge behandelt (§ 372 Rn 3).

2   **2. Verfahren.** – **a) Beweisantrag** durch eine Partei (§ 373) ist im
3   Bereich des Verhandlungsgrundsatzes (Einl I Rn 1–4) nötig. – **b) An-**
ordnung der Zeugenvernehmung durch oder ohne formellen Beweisbeschluss (Rn zu §§ 358–359). Umfang der Beweiserhebung und
4   Ablehnung eines Beweisantrags § 284 Rn 2–9. – **c) Zeugenverneh-**
mung gemäß §§ 375–401. Verlesung früherer Vernehmungsprotokolle
5   § 286 Rn 11. – **d) Beweiswürdigung** vgl die Rn zu §§ 286, 287.
Verwendung persönlicher Eindrücke, wenn nicht das erkennende Gericht in gleicher Besetzung den Zeugen vernommen hat, § 285 Rn 2
und §§ 349, 524 Rn 4.

6   **3. Zeugnisfähigkeit.** – **a) Zeuge kann nicht sein,** wer im konkreten Proz als Partei zu vernehmen ist (§§ 445 ff), also: regelmäßig die
prozessfähige Partei (Begriff 2 vor § 50), ausgenommen einfache Streitgenossen über solche Tatsachen, die ausschließlich andere Streitgenossen
betreffen (BGH NJW 83, 2508; § 61 Rn 7); der streitgenössische Nebenintervenient (§ 69); regelmäßig jeder im konkreten Fall befugte
gesetzliche Vertreter Prozessunfähiger (§ 51 Rn 3), der aber ausnahmsweise Zeuge sein kann, soweit der Prozessunfähige selbst gem § 455
Abs 2 S 1 als Partei vernommen wird; insoweit kann die prozessunfähige
7   Partei ausnahmsweise nicht Zeuge sein. – **b) Zeuge kann sein,** wer
nicht als Partei zu vernehmen ist, also nicht unter Rn 6 fällt, insbes:
regelmäßig die prozessunfähige Partei (ausgenommen § 455 Abs 2 S 1);
der einfache Streithelfer; der ausgeschiedene Streitgenosse, gegen den
eine belastende Kostenentscheidung nicht mehr denkbar ist (Celle
NJW-RR 91, 62); Dritte, auch wenn der Rechtsstreit um ihre Interessen
geführt wird, zB der Rechtsträger, wenn ein rechtsfremder Prozessfüh-
rungsbefugter den Proz führt (Gemeinschuldner im Proz des Insolvenzverwalters; Erbe im Proz des Testamentsvollstreckers), nicht vertretungs-
berechtigte Organe juristischer Personen (zB Aufsichtsrat der AG außer
im Falle des § 112 AktG), Mitglieder eines verklagten nicht rechtsfähigen Vereins, Kommanditisten (BGH NJW 65, 2253), nicht vertretungs-
berechtigte Gesellschafter einer OHG (BGH 42, 230; aA Hueck, Recht
der OHG § 22 Abs 3: alle Gesellschafter in ihrer Gesamtheit sind
Partei); gewillkürte Vertreter; besondere Vertreter nach § 30 BGB (Bar-
fuss NJW 77, 1273); gesetzliche Vertreter, soweit sie in concreto von der
Vertretung ausgeschlossen sind (zB Eltern, soweit ein Pfleger nach
§ 1909 BGB bestellt ist) oder soweit der Vertretene daneben prozeßfähig
8   bleibt (zB § 455 Abs 2 S 2). – **c) Maßgebender Zeitpunkt** für die
Zeugnisfähigkeit ist die Vernehmung (BGH LM § 448 Nr 4). Die
frühere, ausgeschiedene Partei (ebenso: gesetzlicher Vertreter) kann jetzt
Zeuge sein, auch wenn noch eine nichtstreitige Kostenentscheidung
aussteht (KG MDR 81, 765). Ebenso kann der Gegner des Vorprozesses
Zeuge im RegressProz gegen den RA sein (BGH 72, 328 u NJW 84,
1240). Die Aussage eines Zeugen, der später als Partei in den Proz
eintritt, bleibt Zeugenaussage (Karlsruhe VersR 79, 1033). Ihr Beweis-
9   wert ist eine Frage der Beweiswürdigung. – **d) Verstoß** (Vernehmung

eines Zeugen als Partei und umgekehrt) ist Verfahrensfehler, der aber nach § 295 heilbar ist und regelmäßig keine Partei belastet (BGH WM 77, 1007); anders uU bei Verweigerung der Aussage wegen der verschiedenen Folgen, die sich daran knüpfen können.

4. Zeugnispflicht besteht für jeden, der der deutschen Gerichtsbarkeit unterworfen ist. Sie umfasst grundsätzlich die Pflicht zum Erscheinen (§§ 380–382), zur Aussage und zur Eidesleistung (§§ 391–393). Die Erfüllung dieser öffentlich-rechtlichen Pflichten ist erzwingbar (§§ 380, 390). Pflicht, Untersuchungen zu dulden, § 372a Rn 12. Hat die als Zeuge zu vernehmende Person die Wahrnehmung, über die sie aussagen soll, nicht gemacht, so ist sie als Zeuge ungeeignet und nicht verpflichtet, sich Kenntnis zur Beweisfrage erst zu verschaffen (Köln NJW 73, 1983). **10**

§ 373 Beweisantritt

Der Zeugenbeweis wird durch die Benennung der Zeugen und die Bezeichnung der Tatsachen, über welche die Vernehmung der Zeugen stattfinden soll, angetreten.

Im Bereich des Verhandlungsgrundsatzes (Einl I Rn 1–4) ist **Zeugenbeweis nur auf Antrag zulässig.** Die Person mit ladungsfähiger Anschrift und die zu beweisenden substantiierten Tatsachen (13, 18 vor § 284) sind zu bezeichnen. Der Beweisantrag ist nicht ordnungsgemäß, wenn eine Partei für sich widersprechende Behauptungen Beweis anbietet (BGH VersR 88, 158). Zum Beweis für innere Tatsachen bei einer Person muss die Partei nicht diese selbst als unmittelbaren Zeugen, sie kann auch mittelbare Zeugen benennen, gegenüber denen sich die Person über ihr Wissen und ihre Absichten geäußert hat (BGH NJW 92, 1899). Ausforschungsbeweis § 284 Rn 3. Erforderlichenfalls Hinweis des Gerichts nach § 139 und Fristsetzung nach § 356 (BGH JR 74, 111). Das Angebot eines nicht zeugnisfähigen Zeugen (6 vor § 373) kann in einen Antrag auf Vernehmung als Partei umgedeutet werden (BGH NJW-RR 94, 1143). Anordnung und Ablehnung der Zeugenvernehmung § 284 Rn 2–9 und §§ 358–359. Verwertung früherer Vernehmungsprotokolle § 286 Rn 11. Vorbereitung der Vernehmung §§ 273 Abs 2 Nr 4, 378. **1**

§ 374 (weggefallen)

§ 375 Beweisaufnahme durch beauftragten oder ersuchten Richter

(1) Die Aufnahme des Zeugenbeweises darf einem Mitglied des Prozeßgerichts oder einem anderen Gericht nur übertragen werden, wenn von vornherein anzunehmen ist, daß das Prozeßgericht das Beweisergebnis auch ohne unmittelbaren Eindruck

von dem Verlauf der Beweisaufnahme sachgemäß zu würdigen vermag, und

1. wenn zur Ausmittlung der Wahrheit die Vernehmung des Zeugen an Ort und Stelle dienlich erscheint oder nach gesetzlicher Vorschrift der Zeuge nicht an der Gerichtsstelle, sondern an einem anderen Ort zu vernehmen ist;
2. wenn der Zeuge verhindert ist, vor dem Prozeßgericht zu erscheinen und eine Zeugenvernehmung nach § 128 a Abs. 2 nicht stattfindet;
3. wenn dem Zeugen das Erscheinen vor dem Prozeßgericht wegen großer Entfernung unter Berücksichtigung der Bedeutung seiner Aussage nicht zugemutet werden kann und eine Zeugenvernehmung nach § 128 a Abs. 2 nicht stattfindet.

(1 a) Einem Mitglied des Prozeßgerichts darf die Aufnahme des Zeugenbeweises auch dann übertragen werden, wenn dies zur Vereinfachung der Verhandlung vor dem Prozeßgericht zweckmäßig erscheint und wenn von vornherein anzunehmen ist, daß das Prozeßgericht das Beweisergebnis auch ohne unmittelbaren Eindruck von dem Verlauf der Beweisaufnahme sachgemäß zu würdigen vermag.

(2) Der Bundespräsident ist in seiner Wohnung zu vernehmen.

Abs 1 Nr 2 u 3 ergänzt mWv 1. 1. 2002 durch Art 2 Abs 1 Nr 58 a ZPO-RG.

1   **1. Grundsatz der Unmittelbarkeit** der Beweisaufnahme und die Folgen seiner Verletzung § 355 Rn 1, 5–7. Zeugen, Sachverständige (§ 402) und Parteien (§ 451) sind demnach grundsätzlich vor dem erkennenden Gericht (auch Einzelrichter, § 348 Rn 1, 2) zu vernehmen, notfalls per Videokonferenz nach § 128 a Abs 2. Verwertung früherer Zeugenprotokolle und Gutachten § 286 Rn 11.

2   **2. Ausnahmen. Vernehmung durch den beauftragten oder ersuchten Richter** (§ 355 Rn 2, 3) ist nur zulässig unter den Voraussetzungen des Abs 1 Nr 1–3, bei Nrn 2 u 3 nur dann, wenn eine Zeugenvernehmung per Videokonferenz nach § 128 a Abs 2 nicht möglich ist.

3   **Nr 1. Vernehmung an Ort und Stelle** ist dienlich, zB wenn nur die Aussage am Tatort ein richtiges Bild vom Geschehen vermittelt oder Gegenüberstellung mit einem verhinderten Zeugen nötig ist. Nicht an der Gerichtsstelle zu vernehmen ist der Bundespräsident (Abs 2).

4   **Nr 2. Verhinderung des Zeugen** muss von einiger Dauer sein, zB Krankheit, hohes Alter. Findet die Vernehmung in der Wohnung des Zeugen statt, so muss er wegen § 357 Abs 1 die Parteien zulassen, sein Hausrecht hat zurückzutreten.

5   **Nr 3. Große Entfernung.** Entscheidend ist nicht nur der Km-Abstand, sondern auch die Verkehrsverhältnisse. Unzumutbar ist die Vernehmung vor dem ProzGer zB bei Gebrechlichkeit oder hohem Alter des Zeugen oder wenn der Aufwand an Zeit und Kosten in keinem

Verhältnis steht zur Bedeutung der Aussage, zur Schwierigkeit der Beweisfragen. Die Belastung des ProzGer spielt keine Rolle. Ablehnung des Rechtshilfeersuchens § 158 GVG.

3. Weitere Ausnahme. Dem beauftragten Richter darf die Vernehmung außerdem unter den 2 kumulativen Voraussetzungen in Abs 1a übertragen werden. Zur Vereinfachung zweckmäßig ist dies, wenn dadurch Zeit- und Arbeitsaufwand für alle Beteiligten gespart werden kann. Dies ist nicht der Fall, wenn die Beweisaufnahme im (einzigen) Haupttermin vor dem Kollegium stattfinden kann, was die Regel bleiben soll, oder per Videokonferenz nach § 128a Abs 2 durchgeführt werden kann. Ohne unmittelbaren persönlichen Eindruck kann das Kollegium von vornherein das Beweisergebnis würdigen, zB wenn der Zeuge oder Sachverständige seine Aussage anhand zuverlässiger schriftlicher Unterlagen zu machen hat. Bei der Parteivernehmung kann auf den persönlichen Eindruck idR nicht verzichtet werden (BGH WM 87, 1562). Ebenso, wenn mit widersprüchlichen Zeugenaussagen zu rechnen ist (Köln NJW-RR 98, 1143). Verstoß: § 355 Rn 6. Verwertung im Urteil § 285 Rn 2.

4. Im **arbeitsgerichtlichen Verfahren** Abweichungen in §§ 13, 58, 64 Abs 7 ArbGG.

§ 376 Vernehmung bei Amtsverschwiegenheit

(1) **Für die Vernehmung von Richtern, Beamten und anderen Personen des öffentlichen Dienstes als Zeugen über Umstände, auf die sich ihre Pflicht zur Amtsverschwiegenheit bezieht, und für die Genehmigung zur Aussage gelten die besonderen beamtenrechtlichen Vorschriften.**

(2) **Für die Mitglieder des Bundestages, eines Landtages, der Bundes- oder einer Landesregierung sowie für die Angestellten einer Fraktion des Bundestages oder eines Landtages gelten die für sie maßgebenden besonderen Vorschriften.**

(3) **Eine Genehmigung in den Fällen der Absätze 1, 2 ist durch das Prozeßgericht einzuholen und dem Zeugen bekanntzumachen.**

(4) **Der Bundespräsident kann das Zeugnis verweigern, wenn die Ablegung des Zeugnisses dem Wohl des Bundes oder eines deutschen Landes Nachteile bereiten würde.**

(5) **Diese Vorschriften gelten auch, wenn die vorgenannten Personen nicht mehr im öffentlichen Dienst oder Angestellte einer Fraktion sind oder ihre Mandate beendet sind, soweit es sich um Tatsachen handelt, die sich während ihrer Dienst-, Beschäftigungs- oder Mandatszeit ereignet haben oder ihnen während ihrer Dienst-, Beschäftigungs- oder Mandatszeit zur Kenntnis gelangt sind.**

1   **1. Sonderregelungen für die Vernehmung von Personen im öffentl Dienst** (Abs 1, 2). – **a) Abgeordnete, Richter** und **Beamte der Bundesrepublik** bedürfen gemäß § 44 c des AbgeordnetenG der Genehmigung des Bundestagspräsidenten bzw gem §§ 61, 62 BBG idF vom 31. 3. 99 (BGBl I S 675), § 46 DRiG grundsätzlich der Genehmigung des (bei ausgeschiedenen Beamten: letzten) Dienstvorgesetzten für die Aussage; hilfsweise Genehmigung des Bundesinnenministeriums, Art 13 G vom 28. 11. 52 (BGBl I 749). Das Gericht hat sie einzuholen, Erteilung und Verweigerung ist Verwaltungsakt (OVG Münster NJW 61, 476). Die Aussagegenehmigung darf nur unter bestimmten Voraus-

2   setzungen von der Aufsichtsbehörde versagt werden. – **b)** Für **Bundes-minister** gilt gem §§ 6, 7 BMinG v 27. 7. 71 (BGBl S 1166) eine

3   ähnliche Regelung, Genehmigung durch die Bundesregierung. – **c)** Für **Abgeordnete, Richter** und **Beamte der deutschen Länder** enthalten die einschlägigen Landesgesetze inhaltlich übereinstimmende Rege-

4   lungen. – **d) Sonstige Beamte,** für die die beamtenrechtlichen Regelungen gelten, zB Kommunal-, Kirchenbeamte.

5   Die **Verweigerung der Aussagegenehmigung** gilt im Zweifel für alle Instanzen, der Verwaltungsgerichtsweg steht offen (BGH Warn 69, 20).

6   **2. Schweigepflicht über Vorgänge bei der Beratung und Ab-stimmung** für Richter, auch Laienbeisitzer §§ 43, 45 DRiG, für Schiedsrichter § 1052 Rn 2. Vernehmung von **Angehörigen auslän-discher Streitkräfte** bedarf der Genehmigung iF des Art 38 ZAbkNTS.

7   **3.** Für **Angestellte und Arbeiter** im öffentlichen Dienst besteht zwar eine Schweigepflicht nach den Tarifverträgen, aber kein gesetzlicher Genehmigungsvorbehalt.

§ 377 Zeugenladung

(1) [1]**Die Ladung der Zeugen ist von der Geschäftsstelle unter Bezugnahme auf den Beweisbeschluß auszufertigen und von Amts wegen mitzuteilen.** [2]**Sie wird, sofern nicht das Gericht die Zustellung anordnet, formlos übersandt.**

(2) **Die Ladung muß enthalten:**
1. **die Bezeichnung der Parteien;**
2. **den Gegenstand der Vernehmung;**
3. **die Anweisung, zur Ablegung des Zeugnisses bei Vermeidung der durch das Gesetz angedrohten Ordnungsmittel in dem nach Zeit und Ort zu bezeichnenden Termin zu erscheinen.**

(3) [1]**Das Gericht kann eine schriftliche Beantwortung der Be-weisfrage anordnen, wenn es dies im Hinblick auf den Inhalt der Beweisfrage und die Person des Zeugen für ausreichend erachtet.** [2]**Der Zeuge ist darauf hinzuweisen, daß er zur Vernehmung geladen werden kann.** [3]**Das Gericht ordnet die Ladung des Zeu-**

gen an, wenn es dies zur weiteren Klärung der Beweisfrage für notwendig erachtet.

(4) *(aufgehoben)*

1. Der **Inhalt der Ladung** (Abs 2) soll dem Zeugen die Vorbereitung **1** seiner Aussage ermöglichen und ist wesentlich für Maßnahmen nach § 380. Ladung von Angehörigen ausländischer Streitkräfte § 376 Rn 6.

2. Die schriftliche Beantwortung der Beweisfrage (Abs 3) ist **2** nicht Urkunden-, sondern Zeugenbeweis. – **a) Voraussetzungen.** Das Gericht hat nach pflichtgemäßem Ermessen zu entscheiden, ob die in Abs 3 genannten Voraussetzungen vorliegen. Wenn möglich, ist eine Vernehmung per Videokonferenz nach § 128a Abs 2 vorzuziehen, weil dabei dem Zeugen sofort ergänzende Fragen gestellt werden können (vgl Rn 6). Bei der Beweisfrage ist dies der Fall, wenn sie einfach ist, dh für den Zeugen ohne weiteres verständlich und leicht zu beantworten, weil es sich nicht um schwierige Lebensvorgänge handelt, über die er berichten soll; dann wird auch seine Antwort für die Prozessbeteiligten verständlich sein. Bei der Person des Zeugen spielen seine Bildung und Ausdrucksfähigkeit eine Rolle, außerdem das Fehlen eines persönlichen Eindrucks. Geschäftslast des Ger hat außer Betracht zu bleiben. Das selbständige Zustandekommen der schriftlichen Erklärung muss gewährleistet sein. Erzwingbar ist sie nicht; bei Ausbleiben: Vorladung und Vernehmung des Zeugen. – **b)** Die **Anordnung** schriftlicher Beant- **3** wortung durch das ProzGer (Einzelrichter) geschieht im Beweisbeschluss, zweckmäßigerweise mit Fristsetzung. Zustimmung der Parteien ist nicht erforderlich. Zulässig auch iF des § 495a. Die Anordnung ist auch nachträglich zulässig (Koblenz OLGZ 94, 460). – **c) Verstoß 4** gegen Abs 2, 3 kann mit Rechtsmittel gegen das Urt als Verfahrensverstoß gerügt werden, falls nicht Heilung gem § 295 eingetreten ist. Abs 3 deckt nicht die Verwertung einer schriftlichen Beantwortung, die von der Partei ohne entspr Beschluss des Gerichts besorgt wurde (BGH Warn 69 Nr 290). – **d) Im arbeitsgerichtlichen Verfahren** gering- **5** fügige Abweichungen in § 58 Abs 2 ArbGG.

3. Ladung des Zeugen vAw oder auf Antrag, wenn sich herausstellt, **6** dass die schriftliche Beantwortung nicht ausreichend ist, dass es auf den persönlichen Eindruck ankommt oder wenn eine Partei noch Fragen zu stellen hat, § 397 (LG Berlin NJW-RR 97, 1289). Die Vernehmung ist keine „wiederholte" gem § 398 (MüKoDamrau 17, Schneider MDR 98, 1133; aA früher BGH LM § 377 Nr 4).

§ 378 Aussageerleichternde Unterlagen

(1) ¹Soweit es die Aussage über seine Wahrnehmungen erleichtert, hat der Zeuge Aufzeichnungen und andere Unterlagen einzusehen und zu dem Termin mitzubringen, wenn ihm dies gestattet und zumutbar ist. ²Die §§ 142 und 429 bleiben unberührt.

(2) **Kommt der Zeuge auf eine bestimmte Anordnung des Gerichts der Verpflichtung nach Absatz 1 nicht nach, so kann das Gericht die in § 390 bezeichneten Maßnahmen treffen; hierauf ist der Zeuge vorher hinzuweisen.**

Abs 1 S 2 geändert mWv 1. 1. 2002 durch Art 2 Abs 1 Nr 59 ZPO-RG.

1   **1. Zweck.** Abs 1 will, ebenso wie beim Sachverständigenbeweis § 406 a, den Erfolg der Beweisaufnahme zur raschen Erledigung des Prozesses dadurch sicherstellen, dass der Zeuge sich auf die Vernehmung durch Einsichtnahme in Aufzeichnungen und andere Unterlagen vorbereitet, so dass er über die Vorgänge, über die er aussagen soll und die ihm mit der Ladung gemäß § 377 Abs 2 mitgeteilt sind, voll informiert ist. Außerdem hat er sie zum Termin mitzubringen. Er muss diese Unterlagen nicht selbst in Besitz haben. Befinden sie sich nicht in seinen Händen, so besteht diese Pflicht nur, wenn ihm Einsichtnahme und Mitbringen gestattet ist. Grenze dieser Pflicht ist die Zumutbarkeit. –
2   **Unzumutbar** ist es, wenn die Erfüllung dieser Pflicht für den Zeugen mit großen Lasten und Schwierigkeiten verbunden wäre, auch im Hinblick auf Zeitaufwand, Kosten, andere Pflichten, Alter, Gesundheitszustand, zB wenn die Unterlagen nur schwer erreichbar oder sehr
3   umfangreich sind. – Handelt es sich um **Urkunden in Händen Dritter,** so bleibt ihre Herbeischaffung durch den Beweisführer gemäß §§ 428–431 unberührt. Außerdem kann das Ger durch Anordnung nach § 142 Abs 1 anordnen, dass der Zeuge unabhängig von einer Vernehmung Urkunden und Unterlagen aus seinem Besitz vorlegt.

4   **2. Durchsetzung** (Abs 2). Erfüllt der Zeuge die genannte Verpflichtung ohne Angabe eines Grundes nicht, so treten die Folgen verweigerter Aussage oder Eidesleistung gemäß § 390 ein. Voraussetzung hierfür ist, dass der Zeuge darauf vorher hingewiesen wurde und dass das Gericht eine Anordnung erlassen hatte, in der es die vom Zeugen einzusehenden und mitzubringenden Unterlagen so bestimmt bezeichnet hat, dass kein Zweifel besteht, um welche es sich handelt.

§ 379 Auslagenvorschuss

[1]**Das Gericht kann die Ladung des Zeugen davon abhängig machen, daß der Beweisführer einen hinreichenden Vorschuß zur Deckung der Auslagen zahlt, die der Staatskasse durch die Vernehmung des Zeugen erwachsen.** [2]**Wird der Vorschuß nicht innerhalb der bestimmten Frist gezahlt, so unterbleibt die Ladung, wenn die Zahlung nicht so zeitig nachgeholt wird, daß die Vernehmung durchgeführt werden kann, ohne daß dadurch nach der freien Überzeugung des Gerichts das Verfahren verzögert wird.**

1   **1. Auslagenvorschuss. – a) Die Anordnung** steht im Ermessen des ProzGer (Einzelrichters) zur Deckung der der Staatskasse erwachsen-

den Auslagen. Dabei ist einerseits das Interesse der Staatskasse, bei Beweiserhebung auf Antrag des Bekl auch das Interesse des Kl an der Sicherstellung der Kosten wegen seiner Haftung nach § 49 S 1 GKG, andrerseits eine mögliche Verzögerung des Verfahrens zu berücksichtigen. Der letztgenannte Gesichtspunkt spielt insbes bei Anordnungen nach § 273, ev auch § 358a eine Rolle. Die Vermeidung der Verfahrensverzögerung sollte idR Vorrang haben. Bestimmung der Höhe und der (richterlichen, § 224) Frist in der Verfügung nach § 273, im Beweisbeschluss oder später; falls nicht verkündet, förmliche Zustellung (§ 329 Abs 2 S 2). Die Frist muss angemessen, der Beweistermin so angesetzt sein, dass die Zeugen trotz geringfügiger Verspätung der Vorschusszahlung noch geladen werden können (Frankfurt NJW 86, 731). Auch im ZwangsvollstrVerfahren ist § 379 anwendbar (KG OLG 68, 44). – **b) Vorschusspflichtig** ist der Beweisführer (§ 359 Nr 3). Haben beide **2** Parteien zu demselben Beweisthema dasselbe Beweismittel benannt, dann ist die Partei vorschusspflichtig, die die Beweislast trägt (BGH NJW 99, 2823; 00, 1420). – **c) Keine Vorschusspflicht** außer bei **3** mutwilligem Beweisantrag (Hamm FamRZ 92, 455) gibt es, soweit PKH bewilligt ist (§ 122 Abs 1 Nr 1a, Abs 2); bei Beweiserhebung vAw, zB § 144 Abs 1 (BGH FamRZ 69, 477, Hamburg FamRZ 86, 195). Auf Grund praktischer Übung und ohne gesetzliche Grundlage beseitigt eine Gebührenverzichtserklärung des Zeugen die Vorschusspflicht. Die Erklärung kann wirksam nur widerrufen werden, wenn Täuschung, Drohung, Erklärungsirrtum vorliegt oder die Geschäftsgrundlage entfallen ist. Dieser Widerruf muss unverzüglich und jedenfalls vor der Vernehmung erklärt werden (München NJW 75, 2108). – **d) Rechtsmittel** nach § 127 Abs 2 gegen die Anordnung für beide **4** Parteien, soweit beschwert (KG OLG 71, 423), wenn einer Partei PKH bewilligt ist, weil darin eine teilweise Entziehung liegt. Sonst sind Vorschussanordnung und unterbliebene Zeugenladung nur mit Rechtsmittel gegen die Hauptsacheentscheidung anfechtbar (Hamm MDR 99, 502). – **e)** Beim **Sachverständigenbeweis** ist § 379 mit Einschränkung **5** (§ 402 Rn 1) anwendbar.

2. Fristversäumung führt, abgesehen von den Fällen der Rn 3, zum **6** Unterbleiben der Ladung, außer sie kann trotz verspäteter Zahlung noch nachgeholt werden. Unterbleiben der Ladung und Entscheidung ohne Beweiserhebung verletzt im letztgenannten Fall das Recht auf rechtliches Gehör (BVerfG NJW 86, 833). Der Termin bleibt bestehen. Erscheint der Zeuge freiwillig oder auf Ladung trotz fehlenden Vorschusses, so ist er zu vernehmen (Frankfurt OLG 68, 436). Erscheint er nicht und bleibt der Beweisantrag aufrecht erhalten, kann die Partei mit dem Beweismittel ohne erneute Fristsetzung nur nach § 296 Abs 2 ausgeschlossen werden (BVerfG NJW 00, 1327, BGH NJW 98, 761), außer wenn ohnehin ein weiterer Termin bestimmt und der Vorschuss dazu noch rechtzeitig für eine Ladung des Zeugen einbezahlt wird (Weber MDR 79, 799). Unterlässt das Gericht die Vernehmung wegen Nichteinzahlung, so liegt darin keine Zurückweisung iS der §§ 296, 531 Abs 1 (BGH NJW 80, 343). Je nach Sachlage kann ein Hinweis des Ger auf die Fristversäumung erforderlich sein (Hamm NJW-RR 95, 1151).

§ 380 Folgen des Ausbleibens des Zeugen

(1) [1]Einem ordnungsgemäß geladenen Zeugen, der nicht erscheint, werden, ohne daß es eines Antrages bedarf, die durch das Ausbleiben verursachten Kosten auferlegt. [2]Zugleich wird gegen ihn ein Ordnungsgeld und für den Fall, daß dieses nicht beigetrieben werden kann, Ordnungshaft festgesetzt.

(2) Im Falle wiederholten Ausbleibens wird das Ordnungsmittel noch einmal festgesetzt; auch kann die zwangsweise Vorführung des Zeugen angeordnet werden.

(3) Gegen diese Beschlüsse findet die sofortige Beschwerde statt.

Abs 3 geändert mWv 1. 1. 2002 durch Art 2 Abs 1 Nr 60 ZPO-RG.

1   **1. Voraussetzungen für Maßnahmen. – a) Ordnungsgemäße Ladung,** dh Mitteilung gem § 377 Abs 1 (nicht nötig förmliche Zustellung) und vorgeschriebener Inhalt gem § 377 Abs 2 (Frankfurt MDR 79, 236). Das ist auch bei Zeugen notwendig, die gemäß § 273 geladen werden (Celle OLGZ 77, 366). Nachweis der Mitteilung ist nicht ver-**2** langt. – **b) Erscheinenspflicht** des Zeugen. Ausnahmen von ihr in **3** §§ 375 Abs 2, Art 377 Abs 3, 382, 386 Abs 3. – **c) Nichterscheinen,** dh Abwesenheit bei Aufruf (§ 220 Abs 1) oder Entfernung vor der **4** Vernehmung (auch § 158). – **d) Fehlende Entschuldigung** für das Ausbleiben (§ 381).

5   **2. Folgen des Ausbleibens.** Bei Vorliegen der Voraussetzungen Rn 1–4 hat der Richter, auch der Richterkommissar (§ 400), vAw anzuordnen: – **a)** Verurteilung in die durch das Ausbleiben verursachten vermeidbaren **Kosten,** bei Verspätung an rechtzeitigem Erscheinen Mehrkosten (Nürnberg MDR 98, 1432). Insoweit sind die Parteien **6** antrags- und bei Ablehnung beschwerdeberechtigt. – **b) Ordnungsgeld** kann in Höhe von 5,– bis 1000,– € (Art 6 Abs 1 EGStGB) festgesetzt werden. **Ordnungshaft** von einem Tag bis zu 6 Wochen, zu bemessen nach Tagen (Art 6 Abs 2 EGStGB). Zahlungserleichterungen, Vollstreckung, nachträgliche Anordnungen und Verjährung § 890 Rn 32–34, **7** 23. – **c) Bei wiederholtem Ausbleiben** ist Wiederholung (auch mehrmalige: KG NJW 60, 1726, BLAH 12; aA StJBerger 30, Celle OLGZ 75, 372) und zwangsweise Vorführung (Abs 2) zulässig. Voll-**8** ziehung des früheren Ordnungsmittels ist dazu nicht nötig. – **d) Der Beschluss** ist dem Zeugen förmlich zuzustellen und ist Titel für den **9** Antrag der Parteien auf Kostenfestsetzung. – **e) Maßnahmen sollen unterbleiben,** wenn das Ausbleiben des Zeugen für Parteien oder Gericht keine nachteilige Wirkung hat, zB wenn sich die Vernehmung erübrigt (Frankfurt NJW 72, 2093; weitere Nachweise, aber aA Frankfurt OLGZ 83, 458).

3. Rechtsbehelfe. – a) Aufhebung kann der Zeuge uU mit nachträglicher Entschuldigung beantragen (§ 381 Abs 1 S 2). – **b) Entscheidung des Prozessgerichts** gegen Anordnung des beauftragten oder ersuchten Richters; gegen Entscheidung des Prozessgerichts sofortige Beschwerde (§ 573 Abs 1, 2). – **c) Sofortige Beschwerde** gegen Anordnungen des ProzGer (Einzelrichter) nur in 1. Instanz. Rechtsbeschwerde nach Zulassung gem § 574 Abs 1. Beschwerde hat im Falle Rn 7, 8 aufschiebende Wirkung (§ 570 Abs 1). Die Kosten der erfolgreichen Beschwerde sind entspr §§ 46 OWiG, 467 StPO der Staatskasse aufzuerlegen (Hamm MDR 80, 322, Bamberg MDR 82, 585, LG Heilbronn MDR 95, 753; aA Karlsruhe Just 77, 97; LAG Frankfurt MDR 82, 612: solche des Rechtsstreits, fallen unter §§ 91 ff ohne besonderen Ausspruch; Celle NdsRpfl 82, 45, Frankfurt RPfleger 84, 106, Düsseldorf MDR 85, 60: Erstattungsanspruch nach § 11 ZuSEG). – **d) Kein Anwaltszwang** (§§ 569 Abs 3 Nr 3, 78 Abs 3). **13**

§ 381 Genügende Entschuldigung des Ausbleibens

(1) ¹**Die Auferlegung der Kosten und die Festsetzung eines Ordnungsmittels unterbleiben, wenn das Ausbleiben des Zeugen rechtzeitig genügend entschuldigt wird. ²Erfolgt die Entschuldigung nach Satz 1 nicht rechtzeitig, so unterbleiben die Auferlegung der Kosten und die Festsetzung eines Ordnungsmittels nur dann, wenn glaubhaft gemacht wird, dass den Zeugen an der Verspätung der Entschuldigung kein Verschulden trifft. ³Erfolgt die genügende Entschuldigung oder die Glaubhaftmachung nachträglich, so werden die getroffenen Anordnungen unter den Voraussetzungen des Satzes 2 aufgehoben.**

(2) **Die Anzeigen und Gesuche des Zeugen können schriftlich oder zum Protokoll der Geschäftsstelle oder mündlich in dem zur Vernehmung bestimmten neuen Termin angebracht werden.**

Abs 1 neu gefasst mWv 1. 1. 2002 durch Art 2 Abs 1 Nr 61 ZPO-RG.

1. Unterbleiben und Aufhebung der Maßnahmen nach § 380. – a) Glaubhaftmachung § 294. Bezieht sich nur auf das fehlende Verschulden an der verspäteten Entschuldigung oder Glaubhaftmachung (Abs 1 S 2 u 3). – **b) Unterbleiben** dürfen die Maßnahmen nach § 380 nur, wenn das Ausbleiben des Zeugen rechtzeitig genügend entschuldigt wird. Die Entschuldigung ist **rechtzeitig**, wenn sie dem Ger in einem Zeitpunkt zugeht, in dem die Aufhebung des Termins und die Abladung der anderen ProzBeteiligten noch ohne weiteres möglich ist. **Genügend** ist sie, wenn bei Würdigung aller Umstände dem Zeugen das Erscheinen nicht zugemutet werden kann. Das entscheidet das Ger nach Ermessen. Privaten u beruflichen Pflichten geht die Zeugnispflicht grundsätzlich vor. Außerdem dürfen die Maßnahmen unterbleiben bei **verspäteter**

genügender Entschuldigung, wenn der Zeuge glaubhaft macht (§ 294), dass ihn an der Verspätung der Entschuldigung **kein Verschulden** trifft.

3 – **c) Aufgehoben** werden die Maßnahmen nach § 380, wenn die genügende **Entschuldigung nachträglich** erfolgt und das fehlende Verschulden an verspäteter Entschuldigung glaubhaft gemacht wird. Entsprechendes gilt, wenn die Glaubhaftmachung des fehlenden Verschul-
4 dens nachgeholt wird. – **d) Rechtsbehelf.** Nachträgliche Entschuldigung oder sofortige Beschwerde (§ 380 Abs 3) stehen zur Wahl.

5 **2.** Aus **Abs 2** folgt, dass für die Gesuche und Erklärungen des Zeugen kein Anwaltszwang (§ 78 Abs 3) besteht.

§ 382 Vernehmung an bestimmten Orten

(1) **Die Mitglieder der Bundesregierung oder einer Landesregierung sind an ihrem Amtssitz oder, wenn sie sich außerhalb ihres Amtssitzes aufhalten, an ihrem Aufenthaltsort zu vernehmen.**

(2) **Die Mitglieder des Bundestages, des Bundesrates, eines Landtages oder einer zweiten Kammer sind während ihres Aufenthaltes am Sitz der Versammlung dort zu vernehmen.**

(3) **Zu einer Abweichung von den vorstehenden Vorschriften bedarf es: für die Mitglieder der Bundesregierung der Genehmigung der Bundesregierung, für die Mitglieder einer Landesregierung der Genehmigung der Landesregierung, für die Mitglieder einer der im Absatz 2 genannten Versammlungen der Genehmigung dieser Versammlung.**

1 Zu vernehmen ist an der Gerichtsstelle des betreffenden Ortes. Ob durch ProzGer, beauftragten oder ersuchten Richter, hat der Beweisbeschluss zu bestimmen. Die Genehmigung (Abs 3) ist auch dann erforderlich, wenn der Zeuge zum Erscheinen an der Gerichtsstelle des ProzGer bereit ist. Fehlen der Genehmigung verhindert Maßnahmen nach § 380, ist sonst aber prozessual bedeutungslos.

§ 383 Zeugnisverweigerung aus persönlichen Gründen

(1) **Zur Verweigerung des Zeugnisses sind berechtigt:**
1. **der Verlobte einer Partei;**
2. **der Ehegatte einer Partei, auch wenn die Ehe nicht mehr besteht;**
2 a. **der Lebenspartner einer Partei, auch wenn die Lebenspartnerschaft nicht mehr besteht;**
3. **diejenigen, die mit einer Partei in gerader Linie verwandt oder verschwägert, in der Seitenlinie bis zum dritten Grad verwandt oder bis zum zweiten Grad verschwägert sind oder waren;**

4. **Geistliche in Ansehung desjenigen, was ihnen bei der Ausübung der Seelsorge anvertraut ist;**
5. **Personen, die bei der Vorbereitung, Herstellung oder Verbreitung von periodischen Druckwerken oder Rundfunksendungen berufsmäßig mitwirken oder mitgewirkt haben, über die Person des Verfassers, Einsenders oder Gewährsmanns von Beiträgen und Unterlagen sowie über die ihnen im Hinblick auf ihre Tätigkeit gemachten Mitteilungen, soweit es sich um Beiträge, Unterlagen und Mitteilungen für den redaktionellen Teil handelt;**
6. **Personen, denen kraft ihres Amtes, Standes oder Gewerbes Tatsachen anvertraut sind, deren Geheimhaltung durch ihre Natur oder durch gesetzliche Vorschrift geboten ist, in betreff der Tatsachen, auf welche die Verpflichtung zur Verschwiegenheit sich bezieht.**

(2) **Die unter Nummern 1 bis 3 bezeichneten Personen sind vor der Vernehmung über ihr Recht zur Verweigerung des Zeugnisses zu belehren.**

(3) **Die Vernehmung der unter Nummern 4 bis 6 bezeichneten Personen ist, auch wenn das Zeugnis nicht verweigert wird, auf Tatsachen nicht zu richten, in Ansehung welcher erhellt, daß ohne Verletzung der Verpflichtung zur Verschwiegenheit ein Zeugnis nicht abgelegt werden kann.**

Abs 1 Nr 2 a eingefügt mWv 1. 8. 2001 durch Art 3 § 16 Nr 9 LPartG.

1. Das **Zeugnisverweigerungsrecht** im ganzen ist in § 383, das **1** Recht, einzelne Fragen nicht zu beantworten, ist in § 384 erschöpfend geregelt. Abs 1 Nr 6 wird ergänzt durch Art 47 GG, der den Abgeordneten das Recht gibt, das Zeugnis über Personen zu verweigern, die ihnen in ihrer Eigenschaft als Abgeordnete oder denen sie in dieser Eigenschaft Tatsachen anvertraut haben, ebenso über diese Tatsachen selbst. Von dem Recht kann jederzeit, auch nach früherem Verzicht Gebrauch gemacht werden. Vertraglich übernommene Schweigepflichten geben als solche kein Zeugnisverweigerungsrecht (Nürnberg BayJMBl 54, 66). Die Zeugnisverweigerung schließt die Verwertung von Niederschriften über frühere Vernehmungen (Hamm NVersZ 98, 44) und die Vernehmung früherer Vernehmungspersonen über den Inhalt der Aussage nicht aus (Köln VersR 93, 335). Die Tatsache der Zeugnisverweigerung darf nicht beweiswürdigend berücksichtigt werden (bestr; aA 23. Aufl). – Einem **erneuten Antrag** auf Vernehmung des **2** Zeugen, der von seinem Zeugnisverweigerungsrecht Gebrauch gemacht hat, ist nur stattzugeben, wenn anzunehmen ist, dass er nunmehr aussagen wird (BGH NJW-RR 87, 445); dazu ist grundsätzlich eine Erklärung des Zeugen erforderlich (Köln NJW 75, 2074, LAG Köln MDR 00, 1337).

3   **2. Nr 1–3. Nahe Angehörige** einschl Lebenspartner gemäß LPartG vom 16. 2. 01 (BGBl S 266) haben wegen des Gewissenskonflikts das Verweigerungsrecht schlechthin. Ausnahmen in § 385 Abs 1. Ebenso, wenn das Verhältnis nur zu einem Streitgenossen besteht, ausgenommen die Aussage betrifft nur die übrigen. Nr 1–3 gelten nicht für Angehörige der Partei kraft Amtes (§ 51 Rn 24), weil für sie der Konflikt nicht besteht, und nicht für die Angehörigen des sachlich Betroffenen, weil er nicht Partei ist (zB Gemeinschuldner); in diesem Fall ist aber analoge Anwendung angebracht (StJBerger 32). Das Verlöbnis muss ernstlich und darf nicht sittenwidrig, muss im Übrigen aber nicht unbedingt wirksam sein. Nr 2 und 3 entsprechen § 41 Nr 2 und 3.

4   **3. Nr 4 und 6,** Art 47 GG. **Personen in besonderer Vertrauensstellung** oder im Zusammenhang mit ihr haben, gleichgültig ob die Kenntnis auf einem besonderen Vertrauensakt beruht oder nicht (BGH 91, 392), das Zeugnisverweigerungsrecht, soweit Geheimhaltung von 5 ihnen erwartet werden darf. – Für **Geistliche (Nr 4)** spielt es keine Rolle, auf welche Weise sie in Ausübung der Seelsorge ihre Wahr- 6 nehmungen gemacht haben. – **„Anvertraut" (Nr 6)** bedeutet jede Wahrnehmung auf Grund der Vertrauensstellung (Stuttgart MDR 83, 236). Zu den schweigepflichtigen Personen gehören vor allem Ärzte und andere in der Gesundheitspflege Tätige, Richter (§§ 43, 45 DRiG), Abgeordnete, Beamte, Rechtsanwälte, Verteidiger, Notare (streitig, ob auch über eigene Amtshandlungen, vgl München MDR 81, 853), Bankangestellte, Wirtschaftsprüfer, Steuerberater, auch wenn sie für beide Parteien tätig waren (BGH WM 83, 653), frühere Geschäftsführer einer GmbH (München NJW-RR 98, 1495), Vorstandsmitglieder einer AG nach Beendigung ihrer Tätigkeit (BGH WM 87, 480), sowie das Büro- und Hilfspersonal der Genannten. Die Tatsache muss die vertrauende Person betreffen (Düsseldorf MDR 85, 507). – 7 Der **Umfang der Verschwiegenheitspflicht** richtet sich primär nach Gesetz, sonst nach der Natur der Sache. Was darunter fällt, hat der Richter zu beurteilen; maßgebend sind insbes die Verkehrssitte und die berechtigten Erwartungen der vertrauenden Personen. Die Schweigepflicht des Arztes endet grundsätzlich nicht mit dem Tode des Patienten, kann aber abnehmen. Maßgebend ist in erster Linie eine positive Äußerung des Verstorbenen zu Lebzeiten, ausdrücklich oder konkludent, sonst sein mutmaßlicher Wille, ob er die Offenlegung gebilligt 8 hätte oder nicht (BGH 91, 392, BayObLG NJW 87, 1492). – Für **Nr 4 und 6** besteht **keine Schweigepflicht,** soweit der Zeuge von ihr entbunden (§ 385 Abs 2) oder zur Weitergabe an Dritte ermächtigt ist, in Nr 6 auch, soweit höhere sittliche oder öffentliche Belange entgegenstehen, zB Aussage über gerichtliche Beratung bei Rechtsbeugung (RG 89, 16). Verweigert der Beweisgegner die Entbindung von der Schweigepflicht, so sind die Umstände frei zu würdigen; Beweisvereitelung (§ 286 Rn 17–19) ist nur ein vorwerfbares, missbilligenswertes Verhalten (BGH NJW-RR 96, 1534).

4. Nr 5. Geschützt sind **Redaktionsgeheimnis** und Anonymität der 9
Informationsquelle im Interesse einer eigenständigen, funktionsfähigen
freien Presse (Art 5 Abs 1 GG) unter Verzicht auf volle Ermittlung der
Wahrheit im Einzelfall. Das Zeugnisverweigerungsrecht über die im
Gesetz genannten Wahrnehmungen gilt im redaktionellen Teil, wo vorwiegend Presse und Rundfunk ihre Kontrollfunktion ausüben und ihren
Beitrag zur Meinungsbildung leisten, für den genannten Personenkreis
umfassend. Im Anzeigenteil, der vorwiegend eigenen wirtschaftlichen
Interessen dient, kann im Einzelfall nach dem Grundsatz der Verhältnismäßigkeit ein Zeugnisverweigerungsrecht bestehen (BVerfG BB 83,
1430 zur StPO; aA Kunert MDR 75, 385/387). Für Nr 5 ist die
Entbindung von der Schweigepflicht belanglos, § 385 Abs 2 gilt dafür
nicht; es besteht auch keine Einschränkung des Zeugnisverweigerungsrechts über Mitteilungen mit kriminellem Hintergrund (München NJW
89, 1226) oder in Pressekonferenzen (München OLGZ 89, 327).

5. Die **Belehrung der Angehörigen (Abs 2)** ist in das Protokoll 10
aufzunehmen. Ihr Unterbleiben kann Rechtsmittel begründen, falls
nicht Heilung nach § 295 eingetreten ist. Ebenso darf eine Zeugenaussage aus dem strafrechtlichen Ermittlungsverfahren als Urkundenbeweis bei dort unterbliebener Belehrung nicht verwertet werden, außer
der Mangel ist geheilt (BGH NJW 85, 1158 u 1470).

6. Abs 3. Die unter Nr 4 bis 6 fallenden Personen darf das Ger von 11
vorneherein nicht über Tatsachen befragen, die offensichtlich unter die
Verschwiegenheitspflicht fallen (BGH ZIP 94, 1103/1110), auch wenn
kein Zeugnisverweigerungsrecht geltend gemacht wird. Dazu gehören
auch die Fälle, in denen nicht ein bestimmter Dritter, sondern die
Allgemeinheit an der Schweigepflicht interessiert ist. Das Beweiserhe-
bungsverbot des Abs 3 ist im Falle seiner Verletzung nicht zugleich ein
Verwertungsverbot im Urt (BGH NJW 90, 1734; aA Giessler NJW 77,
1185).

§ 384 Zeugnisverweigerung aus sachlichen Gründen

Das Zeugnis kann verweigert werden:
1. **über Fragen, deren Beantwortung dem Zeugen oder einer
Person, zu der er in einem der im § 383 Nr. 1 bis 3 bezeichneten Verhältnisse steht, einen unmittelbaren vermögensrechtlichen Schaden verursachen würde;**
2. **über Fragen, deren Beantwortung dem Zeugen oder einem
seiner im § 383 Nr. 1 bis 3 bezeichneten Angehörigen zur
Unehre gereichen oder die Gefahr zuziehen würde, wegen
einer Straftat oder einer Ordnungswidrigkeit verfolgt zu werden;**
3. **über Fragen, die der Zeuge nicht würde beantworten können,
ohne ein Kunst- oder Gewerbegeheimnis zu offenbaren.**

1   **1. Allgemeines** § 383 Rn 1, 2. Sachliche Gründe geben in § 384 dem Zeugen das gegenständlich beschränkte Recht, einzelne Fragen nicht zu beantworten. Das setzt voraus, dass ihm zunächst einmal Fragen gestellt werden (BGH NJW 94, 197). Der Zeuge braucht auch dann nicht zu antworten, wenn nur die Bejahung der Frage ihm Unehre bringen würde, er sie aber verneinen könnte (BGH 26, 391). Schlüsse aus der Zeugnisverweigerung für die Beweiswürdigung zu ziehen, erfordert deshalb Vorsicht und Kenntnis der möglichen Motive des Zeugen. Belehrung über das Recht ist nicht vorgeschrieben (Köln OLGZ 86, 59), aber angebracht.

2   **2. Die einzelnen Fälle: Nr 1. Schaden.** Unmittelbare Ursache für ihn ist die Antwort, wenn sie Tatsachen offenbaren würde, die einen Anspruch gegen den Zeugen oder nahe Angehörige begründen oder seine Durchsetzung erleichtern, zB der Mehrverkehrszeuge im Abstammungsprozess (BGH NJW 90, 2758). Beschränkung des Zeugnisverweigerungsrechts in § 385. Verstoß kann Rechtsmittel begründen (BayObLG NJW 57, 386). Die Befürchtung, sich der Gefahr von Repressalien auszusetzen, begründet kein Aussageverweigerungsrecht (Hamm OLGZ 89, 468).

3   **Nr 2. Unehre** bringt die Antwort, wenn die preiszugebenden Tatsachen nach dem sittlichen Bewusstsein der Rechtsgemeinschaft, wie sie in der Wertordnung des GG zum Ausdruck kommt (OVG Lüneburg NJW 78, 1493), die sittliche Wertschätzung des Zeugen oder eines nahen Angehörigen herabmindern könnten. Das kann auch bei einer Ehebruchszeugin der Fall sein (Karlsruhe NJW 94, 528), selbst wenn sie nicht verheiratet ist (Stuttgart FamRZ 81, 67, Dillenburger/Pauly MDR 95, 340). Aussage entgegen einer vereinbarten Verschwiegenheitspflicht **4** ist nicht unehrenhaft (Hamm FamRZ 99, 939). – **Gefahr der Verfolgung** bringt die Antwort, wenn auf Grund der preisgegebenen Tatsachen, auch in Verbindung mit anderen Umständen, möglicherweise ein Straf-, Bußgeld- oder Wiederaufnahmeverfahren (Celle NJW-RR 91, 62) gegen den Zeugen oder nahe Angehörige eingeleitet oder seine Durchführung erleichtert würde. Gleichgültig ist, wie die Frage zu beantworten wäre, Rn 1. Das Zeugnisverweigerungsrecht besteht auch für die Witwe desjenigen, der nach Nr 2 das Zeugnis verweigern konnte, weil § 383 Nr 2 nicht voraussetzt, dass die Ehe noch besteht (Nürnberg MDR 75, 937).

5   **Nr 3. Geheimnis** kann ein eigenes sein oder ein fremdes, zu dessen Wahrung eine Pflicht besteht, zB für Angestellte. Konkurrenz mit § 383 Abs 1 Nr 6 ist möglich. Gewerbegeheimnis betrifft eine auf Erwerb gerichtete Tätigkeit, jedoch ist ausdehnende Auslegung iS von Geschäftsgeheimnis angebracht (Stuttgart WRP 77, 127); dieses muss einen wirtschaftlichen Wert haben (München NJW-RR 98, 1495). Die Entbindung von der Schweigepflicht gegenüber Dritten beseitigt nicht ein eigenes Geheimhaltungsrecht. „Geheimnis" deckt sich mit den ihrer Natur nach geheim zu haltenden Tatsachen in § 383 Abs 1 Nr 6; dort

Rn 6, 7. – Beispiele, Literatur. Produktionsvorgang, Bezugsquellen, **6** Einkaufspreise, den Gewerbebetrieb betreffende steuerliche Verhältnisse (Düsseldorf MDR 78, 147). Eingehend Gottwald, Zur Wahrung von Geschäftsgeheimnissen im Zivilprozess, BB 79, 1780, Stürner, Die gewerbliche Geheimsphäre im Zivilprozess, JZ 85, 453 mit Unterscheidung zwischen Geheimnisschutz für Dritte und für die Prozessparteien, Stadler, Der Schutz von Unternehmensgeheimnissen im Zivilprozess, NJW 89, 1202 (Ausschluss der Gegenpartei vom Beweisverfahren).

3. Bei Verletzung des Persönlichkeitsrechts durch heimliche **7** Tonbandaufnahme (6 vor § 371) hat der Zeuge über den Inhalt des Gesprächs kein Zeugnisverweigerungsrecht, wenn ihm die Verletzung seines Rechtsguts zur Aufklärung der Verletzung eines mindestens gleichwertigen Rechtsguts zuzumuten ist (KG NJW 67, 115).

§ 385 Ausnahmen vom Zeugnisverweigerungsrecht

(1) **In den Fällen des § 383 Nr. 1 bis 3 und des § 384 Nr. 1 darf der Zeuge das Zeugnis nicht verweigern:**
1. **über die Errichtung und den Inhalt eines Rechtsgeschäfts, bei dessen Errichtung er als Zeuge zugezogen war;**
2. **über Geburten, Verheiratungen oder Sterbefälle von Familienmitgliedern;**
3. **über Tatsachen, welche die durch das Familienverhältnis bedingten Vermögensangelegenheiten betreffen;**
4. **über die auf das streitige Rechtsverhältnis sich beziehenden Handlungen, die von ihm selbst als Rechtsvorgänger oder Vertreter einer Partei vorgenommen sein sollen.**

(2) **Die im § 383 Nr. 4, 6 bezeichneten Personen dürfen das Zeugnis nicht verweigern, wenn sie von der Verpflichtung zur Verschwiegenheit entbunden sind.**

Die Bestimmung beschränkt das Zeugnisverweigerungsrecht (§§ 383, **1** 384).

1. Nach **Abs 1** müssen die nahen Angehörigen (§ 383 Abs 1 Nr 1–3) und muss ein Zeuge ohne Rücksicht auf unmittelbaren Vermögensschaden (§ 384 Nr 1) in den 4 genannten Fällen aussagen. Die übrigen Verweigerungsgründe bleiben unberührt. – **Nr 2** betrifft nicht die Zeu- **2** gung (RG 169, 48). Verwandschaft ist nicht erforderlich. – Beispiele für **Nr 3:** Güterrechtliche Vereinbarungen, Unterhaltsansprüche, Über- **3** gabe- und Abfindungsverträge, auch allg Verträge, wenn sie in concreto gerade durch das Familienverhältnis bedingt sind (StJBerger 5; bestr). – **Nr 4.** Wegen Rechtsvorgänger vgl die Ausführungen über Rechtsnach- **4** folge in § 325 Rn 2. Vertreter sind alle gesetzlichen oder gewillkürten, nicht aber Beistände (§ 90), Berater, Wortführer (Köln NJW 55, 1561). Zu den eigenen „Handlungen" gehören auch die damit in Zusammenhang stehenden Wahrnehmungen. Zur Aussagepflicht genügt die bloße Behauptung des Beweisführers, dass von dem Zeugen als Rechtsvorgänger oder Vertreter die betreffenden Handlungen vorgenommen „sein sollen".

5   **2. Entbindung von der Schweigepflicht (Abs 2).** Die Personen bes Vertrauens (§ 383 Abs 1 Nr 4, 6) müssen aussagen, wenn sie wirksam von der Schweigepflicht entbunden sind. Gilt nicht für § 383 Abs 1 Nr 5. Nötig ist Befreiung durch alle, denen ein Recht auf Verschwiegenheit zusteht oder die es an ihrer Stelle ausüben dürfen, zB Erben in vermögensrechtlichen Angelegenheiten (Stuttgart MDR 83, 236), Verwalter im Insolvenzverfahren (Düsseldorf NJW-RR 94, 958), gesetzlicher Vertreter, Generalbevollmächtigter (Celle NJW 55, 1844; bestr); Prozessvollmacht genügt nicht (München OLG 23, 182). Die Befreiung ist dem Zeugen, der Gegenpartei oder dem Gericht gegenüber zu erklären und Prozesshandlung (Einl III). Ihre Versagung ist frei zu würdigen. Schweigepflicht im allg Interesse (zB gerichtliches Beratungsgeheimnis), ein eigenes Schweigerecht (§ 384 Nr 3) und das Erfordernis der Aussagegenehmigung (§ 376) bleiben unberührt.

§ 386 Erklärung der Zeugnisverweigerung

(1) **Der Zeuge, der das Zeugnis verweigert, hat vor dem zu seiner Vernehmung bestimmten Termin schriftlich oder zum Protokoll der Geschäftsstelle oder in diesem Termin die Tatsachen, auf die er die Weigerung gründet, anzugeben und glaubhaft zu machen.**

(2) **Zur Glaubhaftmachung genügt in den Fällen des § 383 Nr. 4, 6 die mit Berufung auf einen geleisteten Diensteid abgegebene Versicherung.**

(3) **Hat der Zeuge seine Weigerung schriftlich oder zum Protokoll der Geschäftsstelle erklärt, so ist er nicht verpflichtet, in dem zu seiner Vernehmung bestimmten Termin zu erscheinen.**

(4) **Von dem Eingang einer Erklärung des Zeugen oder von der Aufnahme einer solchen zum Protokoll hat die Geschäftsstelle die Parteien zu benachrichtigen.**

1   **1. Geltendmachung des Zeugnisverweigerungsrechts.** Keine Berücksichtigung vAw. Erklärung in einer der Formen nach Abs 1 unter Angabe und Glaubhaftmachung der Tatsachen, so dass der Richter die Berechtigung nachprüfen kann. Die Tatsachen können auch andere als die gem §§ 383, 384 sein. Abs 2 gibt neben § 294 ein weiteres Mittel zur Glaubhaftmachung. Sie ist überflüssig, wenn sich der Weigerungsgrund aus der Frage ergibt. Gibt der Zeuge irgendwelche Weigerungsgründe an, so ist nach § 387 zu verfahren; andernfalls nach §§ 380, 390.

2   **2. Abs 3** befreit den Zeugen, der seine Weigerung ordnungsgemäß (Rn 1) vorher erklärt hat, von der Pflicht zum Erscheinen, falls das Weigerungsrecht die ganzen Beweisfragen umfasst. Nur soweit dies nicht

der Fall ist und bei völlig fehlender Angabe von Gründen bleiben
Maßnahmen nach § 380 zulässig. Dass sich die angegebenen Gründe
später als unberechtigt herausstellen, ist unschädlich.

3. Benachrichtigung (Abs 4) ist wegen § 387 erforderlich. Verstoß **3**
ist prozessual belanglos.

§ 387 Zwischenstreit über Zeugnisverweigerung

(1) **Über die Rechtmäßigkeit der Weigerung wird von dem
Prozeßgericht nach Anhörung der Parteien entschieden.**

(2) **Der Zeuge ist nicht verpflichtet, sich durch einen Anwalt
vertreten zu lassen.**

(3) **Gegen das Zwischenurteil findet sofortige Beschwerde
statt.**

1. Zwischenstreit entsteht, wenn der Zeuge die Verweigerung der **1**
Aussage ordnungsgemäß erklärt hat (§ 386 Rn 1; andernfalls §§ 380,
390) und der Beweisführer oder im Falle des § 399 der Gegner das
Zeugnisverweigerungsrecht verneint, ohne vorher rügelos verhandelt zu
haben (BGH NJW-RR 87, 445).

2. Verfahren. Notwendige mdl Vhdlg, bei Anwesenheit des Zeugen **2**
sofort, bei Ausbleiben in einem vAw zu bestimmenden Termin. Schriftliches Verfahren mit Zustimmung der Parteien und des Zeugen (§ 128
Abs 2). Nur für die Parteien Anwaltszwang gem § 78. Säumnisfolgen
treten weder für sie noch für den Zeugen ein (§ 388). Parteien des
Zwischenstreits sind der Beweisführer und der Zeuge, Zustellung des
Urteils an ihn (Frankfurt NJW 68, 1240). Die Gegenpartei des Hauptverfahrens ist Streitgenosse des Zeugen oder des Beweisführers, je nach-
dem, wen sie unterstützt (Köln JMBl NRW 73, 209). Der Zwischen-
streit ist Teil des Beweisverfahrens, erst nach seiner Erledigung ist der
Termin zur mdl Vhdlg bestimmt (§ 370). – **Entscheidung durch** **3**
Zwischenurteil des ProzGer (Vorsitzender der KfH § 349 Rn 7).
Tenor etwa: Der Zeuge XY ist wegen (Angabe des vorgebrachten
Grundes) zur Zeugnisverweigerung (nicht) berechtigt. Kostenentschei-
dung über die zusätzlichen Kosten des Zwischenstreits (München
RPfleger 69, 358) entspr § 91. Soweit Beschwerde nicht statthaft
(Rn 5), Entscheidung auch in den Gründen des Endurteils. Maßnah-
men gegen den Zeugen sind erst nach Rechtskraft des Zwischenurteils
zulässig (§ 390). Sie erstreckt sich nur auf den geltend gemachten
Weigerungsgrund (Hamm FamRZ 99, 939). – **Gebühren:** Keine (§ 37 **4**
Nr 3 BRAGO).

3. Sofortige Beschwerde. Vgl zunächst § 380 Rn 12. Statthaft **5**
auch, soweit fälschlich im Endurteil entschieden. Frist: § 569 Abs 1.
Beginn mit der jeweiligen Zustellung an Zeugen und Parteien. Form:
§ 569 Abs 2, 3. Beschwerdeberechtigt ist bei Verneinung des Zeugnisverweigerungsrechts nur der Zeuge (Frankfurt MDR 83, 236; ähnlich

BFH BB 82, 1353), bei Bejahung der Beweisführer und im Falle des
§ 399 die Gegenpartei. Rechtsbeschwerde nach Zulassung gem § 574
Abs 1 Nr 2.

§ 388 Zwischenstreit über schriftliche Zeugnisverweigerung

**Hat der Zeuge seine Weigerung schriftlich oder zum Protokoll
der Geschäftsstelle erklärt und ist er in dem Termin nicht erschienen, so hat auf Grund seiner Erklärungen ein Mitglied des
Prozeßgerichts Bericht zu erstatten.**

1   **Kein Versäumnisverfahren,** wenn nach Entstehung eines Zwischenstreits (§ 387 Rn 1) der Zeuge im Termin zur mdl Vhdlg darüber
ausbleibt.

§ 389 Zeugnisverweigerung vor beauftragtem oder ersuchtem Richter

**(1) Erfolgt die Weigerung vor einem beauftragten oder ersuch-
ten Richter, so sind die Erklärungen des Zeugen, wenn sie nicht
schriftlich oder zum Protokoll der Geschäftsstelle abgegeben
sind, nebst den Erklärungen der Parteien in das Protokoll aufzunehmen.**

**(2) Zur mündlichen Verhandlung vor dem Prozeßgericht wer-
den der Zeuge und die Parteien von Amts wegen geladen.**

**(3) [1]Auf Grund der von dem Zeugen und den Parteien abge-
gebenen Erklärungen hat ein Mitglied des Prozeßgerichts Bericht zu erstatten. [2]Nach dem Vortrag des Berichterstatters können der Zeuge und die Parteien zur Begründung ihrer Anträge
das Wort nehmen; neue Tatsachen oder Beweismittel dürfen
nicht geltend gemacht werden.**

1   Der **Zwischenstreit** (§ 387 Rn 1) kann auch **vor dem Richterkommissar** entstehen. Erklären die Parteien nichts zu Protokoll
(Abs 1), so ist das kein Verzicht auf den Zeugen (§ 399). Für **Verfahren
vor dem Prozessgericht** und seine Entscheidung gelten Abs 3 und
§ 387. Der Zeuge ist nicht als solcher, sondern als Dritter im Zwischenstreit zu laden und erhält keine Zeugengebühren, außer wenn er im
Termin aussagt. Fehlende Ladung zum Termin begründet Rechtsmittel
gegen das Zwischenurteil. Rügelose Vhdlg, obwohl ein Verfahren nach
§ 389 unterblieben ist, heilt gem § 295. Geschieht die Beweiserhebung
auf Grund eines ausländischen Ersuchens, so entscheidet das deutsche
2   Rechtshilfegericht (Frankfurt NJW-RR 88, 714). **Absatz 3 letzter
Halbsatz** schließt Erläuterung der Tatsachen und neue rechtliche Gesichtspunkte für die Zeugnisverweigerung seitens des Zeugen sowie
neuen Tatsachenvortrag der Parteien für den Ausschluss des Zeugnisverweigerungsrechts nicht aus.

§ 390 Folgen der Zeugnisverweigerung

(1) [1]Wird das Zeugnis oder die Eidesleistung ohne Angabe eines Grundes oder aus einem rechtskräftig für unerheblich erklärten Grund verweigert, so werden dem Zeugen, ohne daß es eines Antrages bedarf, die durch die Weigerung verursachten Kosten auferlegt. [2]Zugleich wird gegen ihn ein Ordnungsgeld und für den Fall, daß dieses nicht beigetrieben werden kann, Ordnungshaft festgesetzt.

(2) [1]Im Falle wiederholter Weigerung ist auf Antrag zur Erzwingung des Zeugnisses die Haft anzuordnen, jedoch nicht über den Zeitpunkt der Beendigung des Prozesses in dem Rechtszuge hinaus. [2]Die Vorschriften über die Haft im Zwangsvollstreckungsverfahren gelten entsprechend.

(3) Gegen die Beschlüsse findet die sofortige Beschwerde statt.

Abs 3 geändert mWv 1. 1. 2002 durch Art 2 Abs 1 Nr 62 ZPO-RG.

1. Voraussetzungen für Maßnahmen. Der Zeuge verweigert im **1** Termin oder vorher das Zeugnis oder die Eidesleistung entweder ohne Angabe eines ernst gemeinten Grundes (bei Angabe eines Grundes: § 387 Rn 1) oder nach Rechtskraft des Urt, das den vorgebrachten Grund für unberechtigt erklärt (§ 387 Rn 3).

2. Folgen der Weigerung bei Vorliegen der Voraussetzungen Rn 1 **2** sind die gleichen wie beim Ausbleiben. Es gilt sinngemäß das in § 380 Rn 5, 6, 8 Gesagte. Die Ordnungsmittel aus §§ 380 und 390 sind unabhängig voneinander. – **Wiederholte Weigerung** (Abs 2) bedeutet: **3** aus demselben Grund nach Verhängung einer Maßnahme gem Abs 1; vollstreckt muss sie noch nicht sein. Nur auf Antrag ordnet das Gericht die **Zwangshaft** ohne bestimmte Dauer an. Sie ist Beugestrafe, es gelten §§ 904 ff. Nochmalige Anordnung nach Abs 1 ist unzulässig. Stellt keine Partei Haftantrag, so liegt darin Verzicht auf den Zeugen. Nochmalige Haftanordnung in höherer Instanz ist zulässig, die Gesamthaft darf aber 6 Monate nicht übersteigen (§ 913). **Gebühren:** Keine. **4**

3. Sofortige Beschwerde ist für den Zeugen gegen alle Maßnahmen **5** gegeben. Es gelten sinngemäß die Ausführungen in § 380 Rn 11, 12. Gegen Ablehnung oder Aufhebung der Zwangshaft (Abs 2) hat die beeinträchtigte Partei sofortige Beschwerde (§ 793).

§ 391 Zeugenbeeidigung

Ein Zeuge ist, vorbehaltlich der sich aus § 393 ergebenden Ausnahmen, zu beeidigen, wenn das Gericht dies mit Rücksicht auf die Bedeutung der Aussage oder zur Herbeiführung einer wahrheitsgemäßen Aussage für geboten erachtet und die Parteien auf die Beeidigung nicht verzichten.

Reichold

1 **1. Beeidigung** steht, von den Verboten (Rn 6–8) abgesehen, im pflichtgemäßen Ermessen des Gerichts (BGH NJW 98, 3355), das nicht als solches, wohl aber in der Einhaltung seiner Grenzen in der Revisi-
2 onsinstanz nachprüfbar ist (BGH NJW 65, 1530). – **Anordnung** durch das ProzGer nach der Vernehmung, zulässig auch beschränkt auf gewisse Teile; bei Aussage vor dem Richterkommissar auch schon vorher im Beweisbeschluss. Dem Richterkommissar steht die Anordnung, außer wenn er vom Prozessgericht ermächtigt ist, nicht zu (RoSchw/Gottwald
3 § 122 VI; aA StJBerger 21). – **Gesichtspunkte für die Ausübung des Ermessens: a) Bedeutung** des Rechtsstreits und der Aussage für seine
4 Entscheidung. – **b) Herbeiführung einer wahrheitsgemäßen Aussage** des Zeugen über seine Wahrnehmungen. Auf seine Wahrnehmungsfähigkeit ist der Eid ohne Einfluss. Beim Arbeitsgericht Abwei-
5 chungen in §§ 58 Abs 2 S 1, 64 Abs 7 ArbGG. – **c) Regelmäßig bleibt der Zeuge unbeeidet.** Beeidigung nur, wenn aus besonderen Gründen nötig (BGH DRiZ 67, 361), nämlich wenn die Aussage bei Widerspruch mit der eines anderen Zeugen oder bei Zweifeln an der Glaubwürdigkeit des Zeugen – nicht zu verwechseln mit Glaubhaftigkeit der Aussage – für die Entscheidung erheblich ist.

6 **2.** Die **Beeidigung hat zu unterbleiben: – a)** Bei **Verbot,** nämlich
7 in den Fällen des § 393. – **b)** Bei **Verzicht der Parteien.** Er ist Prozesshandlung (Einl III) und erstreckt sich auf die gemachte Aussage, nicht auf spätere. Er ist ohne Wirkung im Bereich des Untersuchungsgrund-
8 satzes (§§ 617, 640); – **c)** Bei **Verweigerung,** wenn ein zur Zeugnisverweigerung Berechtigter (§§ 383–385) die Eidesleistung verweigert (BGH 43, 368). Dass dies statthaft ist, folgt aus § 390 Abs 1 S 1 und dem auch im Zivilprozess anwendbaren Rechtsgedanken in § 63 StPO. Die Weigerung ist frei zu würdigen (§ 286).

9 **3. Verstoß. – a)** Bei **Beeidigung trotz Verbots** ist die Aussage als
10 uneidlich zu werten, andernfalls Verfahrensverstoß. – **b) Unterbleiben der Beeidigung** trotz gestellten Antrags ist zu begründen, kann Verfahrensfehler sein, der aber nach § 295 heilt (BVerwG NJW 98, 3369). –
11 **c) Falsche Eidesformel.** Hat das Gericht statt des Sachverständigeneides den Zeugeneid abgenommen oder umgekehrt, so müssen die Aussagen als unbeeidet gewertet oder der richtige Eid muss nachgeholt werden.

§ 392 Nacheid; Eidesnorm

¹Die Beeidigung erfolgt nach der Vernehmung. ²Mehrere Zeugen können gleichzeitig beeidigt werden. ³Die Eidesnorm geht dahin, daß der Zeuge nach bestem Wissen die reine Wahrheit gesagt und nichts verschwiegen habe.

1 Der Eid ist nach Abschluss der Vernehmung und Vorlesung der Aussage zu leisten. Verfahren bei Abnahme des Eides §§ 478 ff. Eidesverweigerung § 391 Rn 8.

§ 393 Uneidliche Vernehmung

Personen, die zur Zeit der Vernehmung das sechzehnte Lebensjahr noch nicht vollendet oder wegen mangelnder Verstandesreife oder wegen Verstandesschwäche von dem Wesen und der Bedeutung des Eides keine genügende Vorstellung haben, sind unbeeidigt zu vernehmen.

1. Das **Verbot der Beeidigung** erstreckt sich auf Eidesunmündige: 1 Minderjährige vor Vollendung des 16. Lebensjahres stets. Dass eine Person über 16 Jahre keine genügende Vorstellung hat, ist im Einzelfall positiv festzustellen.

2. Verstoß § 391 Rn 9–11. Heilung nach § 295 gibt es nicht. Der   2 uneidlichen Vernehmung steht das Beeidigungsverbot nicht im Wege.

§ 394 Einzelvernehmung

(1) Jeder Zeuge ist einzeln und in Abwesenheit der später abzuhörenden Zeugen zu vernehmen.

(2) Zeugen, deren Aussagen sich widersprechen, können einander gegenübergestellt werden.

Abs 1 gilt nicht für Sachverständige und ist nur Ordnungsvorschrift.   1 Verstoß begründet kein Rechtsmittel (Düsseldorf MDR 79, 409). – **Abs 2** gibt den Parteien kein Recht auf Gegenüberstellung; sie steht im   2 freien Ermessen des Gerichts (BAG NJW 68, 566). Gilt auch für Richterkommissar.

§ 395 Wahrheitsermahnung; Vernehmung zur Person

(1) Vor der Vernehmung wird der Zeuge zur Wahrheit ermahnt und darauf hingewiesen, daß er in den vom Gesetz vorgesehenen Fällen unter Umständen seine Aussage zu beeidigen habe.

(2) ¹Die Vernehmung beginnt damit, daß der Zeuge über Vornamen und Zunamen, Alter, Stand oder Gewerbe und Wohnort befragt wird. ²Erforderlichenfalls sind ihm Fragen über solche Umstände, die seine Glaubwürdigkeit in der vorliegenden Sache betreffen, insbesondere über seine Beziehungen zu den Parteien vorzulegen.

Unter **Absatz 1** fällt auch die Belehrung über die Strafbarkeit einer   1 unrichtigen eidlichen oder uneidlichen Aussage. Bloße Ordnungsvorschrift. – **Absatz 2** S 1 schreibt Fragen zur Feststellung der Identität des   2 Zeugen vor. S 2 gestattet weitere Fragen, die für die Glaubwürdigkeit von Bedeutung sein können. Der Eid erstreckt sich auch auf die Angaben nach Abs 2.

§ 396 Vernehmung zur Sache

(1) **Der Zeuge ist zu veranlassen, dasjenige, was ihm von dem Gegenstand seiner Vernehmung bekannt ist, im Zusammenhang anzugeben.**

(2) **Zur Aufklärung und zur Vervollständigung der Aussage sowie zur Erforschung des Grundes, auf dem die Wissenschaft des Zeugen beruht, sind nötigenfalls weitere Fragen zu stellen.**

(3) **Der Vorsitzende hat jedem Mitglied des Gerichts auf Verlangen zu gestatten, Fragen zu stellen.**

1   **1. Vernehmung zur Sache.** Der Zeuge hat zuerst unbeeinflusst mit eigenen Worten im Zusammenhang zu berichten, was ihm über das Beweisthema bekannt ist. Er darf dazu eigene Notizen benützen, auch einen schriftlichen Bericht übergeben, der mit ihm durchzusprechen, zu verlesen und als Anlage dem Protokoll beizufügen ist. Ersatz der Vernehmung durch schriftliche Erklärungen nur nach § 377 Abs 3. Nach der zusammenhängenden Erzählung können Vorsitzender oder Beisitzer weitere Fragen stellen. Sie müssen sich im Rahmen des Beweisbeschlusses,
2   nicht aber engherzig an seinen Wortlaut halten. – **Suggestivfragen,** die dem Zeugen eine bestimmte, beeinflusste Antwort in den Mund legen, sind zu vermeiden. Für den Fall der Beanstandung einer Frage §§ 140, 400. Parteibefragung § 397. – **Verstoß** gegen Abs 1 ist Verfahrensfehler, heilt aber nach § 295.

3   **2.** Das **Protokoll** muss ergeben, dass Abs 1 eingehalten wurde (RG 142, 119). Im übrigen §§ 160 Abs 3 Nr 4, 161–165.

4   **3. Absatz 2** ergänzt und konkretisiert die richterliche Aufklärungspflicht gem § 139. Verstoß kann Verfahrensfehler sein (Koblenz NJW-RR 91, 1471), heilt aber nach § 295.

5   **4. Anwesenheit eines Rechtsbeistands.** BVerfG NJW 75, 103 gibt dem Zeugen aus Art 2 Abs 1 GG ein Recht darauf in einem an strafverfahrensrechtlichen Grundsätzen ausgerichteten justizförmigen Verfahren. Die Rechtslage dürfte im Zivilprozess gleich sein, denn auch hier kann ein besonderes Interesse des Zeugen am Schutz seiner Rechte (Persönlichkeitsrecht, Zeugnis-, Auskunftsverweigerungsrecht ua) bestehen. Nach dem Grundsatz der Verhältnismäßigkeit ist abzuwägen der Anspruch des Zeugen mit dem öffentlichen Interesse an der Effizienz des Zivilprozesses. Der Zeuge bedarf für die Zuziehung eines Rechtsbeistands daher einer besonderen rechtsstaatlichen Legitimation aus der besonderen Lage, die sich für den Zeugen aus den ihm im eigenen Interesse eingeräumten prozessualen Befugnissen bei der Erfüllung der allgemeinen staatsbürgerlichen Zeugenpflichten ergibt. Die Kosten trägt der Zeuge selbst.

§ 397 Fragerecht der Parteien

(1) **Die Parteien sind berechtigt, dem Zeugen diejenigen Fragen vorlegen zu lassen, die sie zur Aufklärung der Sache oder der Verhältnisse des Zeugen für dienlich erachten.**

(2) **Der Vorsitzende kann den Parteien gestatten und hat ihren Anwälten auf Verlangen zu gestatten, an den Zeugen unmittelbar Fragen zu richten.**

(3) **Zweifel über die Zulässigkeit einer Frage entscheidet das Gericht.**

1. Die **Parteien** haben unter dem Aspekt des rechtlichen Gehörs das 1
Recht, einzelne Fragen stellen zu lassen, nicht den Zeugen zu vernehmen (Kreuzverhör). Der Vorsitzende muss auf Verlangen einer Partei dem Zeugen eine zulässige Frage vorlegen, auch wenn er sie nicht für sachdienlich hält (BGH NJW 97, 802). Anspruch auf direkte Fragestellung haben der RA und der Erlaubnisinhaber (§ 25 EGZPO), auch im Parteiprozess (Abs 2).

2. Abs 3 entspricht § 140. Befugnis des Richterkommissars § 400. − 2
Eine **Frage** ist **unzulässig,** wenn das Gesetz sie (§ 383 Abs 3) oder ihre Beantwortung (§ 376) verbietet; wenn sie bereits beantwortet ist; wenn sie nicht auf tatsächliche Wahrnehmungen (13 vor § 284) gerichtet ist; wenn sie in keinerlei Zusammenhang mit dem Gegenstand des Rechtsstreits steht; ferner Suggestiv- (§ 396 Rn 2) und Ausforschungsfragen (§ 284 Rn 3). Der Beschluss ist unanfechtbar. Rechtsirrige Ablehnung oder Zulassung einer Frage durch Beschluss kann bei sonst gegebenen Voraussetzungen Rechtsmittel gegen das Urteil begründen.

§ 398 Wiederholte und nachträgliche Vernehmung

(1) **Das Prozeßgericht kann nach seinem Ermessen die wiederholte Vernehmung eines Zeugen anordnen.**

(2) **Hat ein beauftragter oder ersuchter Richter bei der Vernehmung die Stellung der von einer Partei angeregten Frage verweigert, so kann das Prozeßgericht die nachträgliche Vernehmung des Zeugen über diese Frage anordnen.**

(3) **Bei der wiederholten oder der nachträglichen Vernehmung kann der Richter statt der nochmaligen Beeidigung den Zeugen die Richtigkeit seiner Aussage unter Berufung auf den früher geleisteten Eid versichern lassen.**

1. Wiederholte Vernehmung (Abs 1) desselben Zeugen über den- 1
selben Gegenstand, zu dem er bereits ausgesagt hat (Schleswig OLGZ 80, 58), steht im pflichtgemäßen Ermessen des Tatrichters. Anlass kann sein Unklarheit der früheren Aussage oder der schriftlichen Erklärung gem § 377 Abs 3. Gegenüberstellung mit einem anderen Zeugen (§ 394 Abs 2); ferner wenn es dem Berufungsgericht auf die Aussage ankommt,

deren Glaubwürdigkeit die erste Instanz offengelassen hat (BGH NJW
82, 108). Bei Streitgenossenschaft muss sich wegen der notwendigen
Einheitlichkeit (§ 61 Rn 12) die Wiederholung auf alle Prozessrechtsverhältnisse beziehen (BGH WM 92, 242). Anordnung und Ablehnung
durch unanfechtbaren Beschluss ohne mdl Vhdlg (§ 360 S 2 analog).
Eine „informatorische Anhörung" kann die Vernehmung nicht ersetzen
(BGH NJW-RR 98, 1601).

2　　**2. Wiederholung muss angeordnet werden: – a)** Wenn die **erste
Vernehmung verfahrensrechtlich fehlerhaft** war (BGH NJW 94,
2960; 00, 2024) und durch Rügeverzicht (§ 295) nicht geheilt oder
nicht heilbar ist (BGH NJW 94, 941: Nichtbeeidigung eines Dolmetschers). Vom BerGer, wenn die **Beweiswürdigung der ersten Instanz**
3 **völlig ungenügend** ist (BGH NJW-RR 00, 432). – **b) Bei Ausblei-**
4 **ben einer Partei** unter den Voraussetzungen des § 367 Rn 3. – **c) Bei**
abweichender Würdigung. So, wenn das BerGer die Aussage eines
Zeugen im subjektiven Bereich anders (BGH NJW 98, 385) oder zwar
gleich, aber nicht mit gleichgerichteten Erwägungen (BGH NJW 87,
3205) beurteilen oder die Glaubwürdigkeit eines Zeugen abweichend
beurteilen (BGH NJW 97, 466) will; wenn es Erklärungen anders
auslegen will als die Vorinstanz dies unter Würdigung von Zeugenaussagen getan hat (BGH NJW 96, 663); wenn es eine protokollierte
Aussage anders als das ErstGer verstehen oder ihr ein anderes Gewicht
beimessen will (BGH NJW 98, 385; 99, 2972); wenn es die Aussage des
Zeugen hinsichtlich seiner Erinnerungsfähigkeit sowie des Inhalts und
der Tragweite seiner Bekundungen anders würdigen will (BGH NJW
84, 2629). Ebenso, wenn das BerGer von einer Schadensschätzung der
1. Instanz auf Grund einer Zeugenaussage erheblich abweichen will
(BGH NJW-RR 88, 1371) oder wenn es einer ihrem Wortlaut nach
eindeutigen Stelle in der Vernehmungsniederschrift, zu der das Erstgericht nicht Stellung genommen hat, eine vom Wortsinn abweichende
entscheidungserhebliche Auslegung geben will (BGH NJW 00, 3718).
Hat das Erstgericht einander widersprechende Zeugenaussagen nicht
gewürdigt oder hat ein beauftragter Richter die Zeugen vernommen
und hängt es nur von ihrer persönlichen Glaubwürdigkeit ab, ob eine
Behauptung bewiesen ist, so muss das BerGer sie erneut vernehmen
(BGH NJW-RR 86, 285; 95, 307); ebenso wenn das LG einen in
anderer Besetzung vernommenen Zeugen allein auf Grund der Vernehmungsniederschrift für unglaubwürdig oder die protokollierte Aussage
für widersprüchlich gehalten hat (BGH NJW 95, 1292) oder wenn das
BerGer über den protokollierten Inhalt der Zeugenaussage hinaus allein
aus dem Gang der Vernehmung die Zuverlässigkeit der Aussage beurteilen will, die das Erstgericht objektiv und subjektiv nicht gewürdigt
hat (BGH NJW 86, 2885). Stützt die 1. Instanz eine Feststellung auf die
Aussage mehrerer Zeugen, darf das BerGer eine hiervon abweichende
Feststellung nicht mit der erneuten Vernehmung nur eines dieser Zeu-
5 gen begründen (BGH NJW 00, 1199). – Gleiches gilt iF der **Parteiver-**

nehmung (BGH NJW 99, 363) und wenn das BerGer die Ausführungen des **Sachverständigen** anders als das Erstgericht würdigen (BGH NJW 94, 803) oder dem protokollierten Ergebnis einer **Augenscheinseinnahme** eine abweichende Bedeutung beimessen will (BGH VersR 85, 839). – **d)** Wenn das Ger einen im Wege der **Rechtshilfe** vernommenen Zeugen ohne Anhaltspunkt im Protokoll selbst für persönlich unglaubwürdig halten will (BGH NJW 90, 3088). – **e)** Wenn der Zeuge inzwischen **neue Erkenntnisse** gewonnen hat, die entscheidungserheblich sein können (BGH NJW-RR 86, 284). – **f) Keine „wiederholte"** **Vernehmung** ist diejenige nach schriftlicher Beantwortung der Beweisfragen gem § 377 Abs 3 (dort Rn 6) oder § 495 a. Ferner nicht Vernehmung desselben Zeugen über andere Beweisfragen, Ablehnung nur nach § 284 Rn 2–9.

3. Wiederholung muss nicht angeordnet werden bei abweichender Würdigung der Zeugenaussage nur wegen unterschiedlicher Bewertung objektiver, außerhalb der Aussage liegender Umstände, die weder Urteilsfähigkeit, Erinnerungsvermögen, Wahrheitsliebe des Zeugen noch Vollständigkeit und Widerspruchsfreiheit seiner Aussage betreffen (BGH NJW 91, 3285; 98, 2222), bei Ermittlung des objektiven Erklärungswerts, ausgehend vom Empfängerhorizont, wenn es bei der der Auslegung vorausgehenden Feststellung des Erklärungstatbestands von dem selben Beweisergebnis ausgeht wie die Vorinstanz (BGH NJW 98, 384). Ebenso darf das BerGer eine vom Zeugen bekundete Willenserklärung eines Dritten abweichend auslegen (BGH WM 89, 1344). Hat das BerGer nur einen Teil der Zeugen wiederholt vernommen, darf es das Ergebnis der nicht wiederholten Zeugenvernehmung nur dann unberücksichtigt lassen, wenn die Partei auf das Beweismittel verzichtet hat (BGH NJW 91, 2084).

4. Nachträgliche Vernehmung (Abs 2) im Falle der Ablehnung einer Frage gem § 397 durch den Richterkommissar kann nur das ProzGer anordnen.

5. Über die **Beeidigung** nach wiederholter oder nachträglicher Vernehmung entscheidet das Ger frei gem § 391. Statt der Beeidigung kann es nach seinem Ermessen von der Vorschrift in Abs 3 Gebrauch machen. Soll die zweite Aussage schriftlich gemacht werden, so gilt nur § 377 Abs 3.

§ 399 Verzicht auf Zeugen

Die Partei kann auf einen Zeugen, den sie vorgeschlagen hat, verzichten; der Gegner kann aber verlangen, daß der erschienene Zeuge vernommen und, wenn die Vernehmung bereits begonnen hat, daß sie fortgesetzt werde.

Verzicht auf einen Zeugen durch den Beweisführer (§ 379 Rn 2) ist Prozesshandlung (Einl III) und hat, außer in den Fällen des § 144 und im Bereich des Untersuchungsgrundsatzes (Einl I Rn 6, 7), zur

Folge, dass die Vernehmung unterbleibt, grundsätzlich auch im 2. Rechtszug (Karlsruhe NJW-RR 86, 864). Konkludenter Verzicht ist nur ausnahmsweise anzunehmen, wenn das Gericht vernünftigerweise nicht mehr damit rechnen musste, dass die Partei an dem Beweisantrag festhält (BGH NJW-RR 96, 1459), etwa weil sie aus dem Prozessverlauf erkennen konnte, dass das Ger mit der bisher durchgeführten Beweisaufnahme seine Aufklärungstätigkeit als erschöpft ansieht (BGH NJW 94, 329). Bei erneuter Benennung des Zeugen sind §§ 296, 531 zu berücksichtigen. Der Gegner des Beweisführers kann die Vernehmung bzw ihre Fortsetzung durch entspr Antrag erzwingen. Unterlässt er das und benennt er den Zeugen später selbst, gilt ebenfalls § 296. Nach der Vernehmung gibt es keinen Verzicht auf den Zeugen mehr.

§ 400 Befugnisse des mit der Beweisaufnahme betrauten Richters

Der mit der Beweisaufnahme betraute Richter ist ermächtigt, im Falle des Nichterscheinens oder der Zeugnisverweigerung die gesetzlichen Verfügungen zu treffen, auch sie, soweit dies überhaupt zulässig ist, selbst nach Erledigung des Auftrages wieder aufzuheben, über die Zulässigkeit einer dem Zeugen vorgelegten Frage vorläufig zu entscheiden und die nochmalige Vernehmung eines Zeugen vorzunehmen.

1   **1. Befugnisse des beauftragten und ersuchten Richters:** – **a) Bei Ausbleiben des Zeugen** und Zeugnisverweigerung Maßnahmen nach §§ 380, 390 treffen und wieder aufheben, § 381. Vorläufig über die Zulassung einer Frage (§ 397) entscheiden; endgültig befindet das Prozessgericht, § 398 Abs 2. Wiederholt vernehmen, § 398 Abs 1. Die Aufzählung ist nicht erschöpfend; weitere Befugnisse § 366 Rn 4. –

2   **b) Rechtsbehelf:** Anrufung des ProzGer (§ 576); gegen sitzungspolizeiliche Anordnungen Beschwerde (§ 181 GVG), ebenso gegen Gebührenfestsetzung (§ 16 Abs 2 ZuSEG).

3   **2.** Der **Richterkommissar darf nicht** Zwischenstreit (§§ 366, 386 ff) und über die Frage der Beeidigung (§ 391 Rn 2) entscheiden oder schriftliche Beantwortung anordnen (§ 377 Rn 3).

§ 401 Zeugenentschädigung

Der Zeuge wird nach dem Gesetz über die Entschädigung von Zeugen und Sachverständigen entschädigt.

1   Die Bestimmungen über Umfang, Geltendmachung, Festsetzung, Vorschuss und Wiedereinziehung der Zeugen- und Sachverständigengebühren enthält das ZuSEG. Kurze Erläuterung bei Hartmann Kostengesetze. Ausführlicher Bleutge 3. Aufl 1995, Meyer/Höver/Bach 21. Aufl 2000.

Titel 8. Beweis durch Sachverständige

Vorbemerkung

Neuere Literatur: *Bayerlein,* Praxishandbuch Sachverständigenrecht, 3. Aufl 2002; *Jessnitzer/Ulrich,* Der gerichtliche Sachverständige, 11. Aufl 2000.

1. Gegenstand der Beweiserhebung. Der Sachverständige vermit- **1** telt dem Richter Fachwissen zur Beurteilung von Tatsachen (BGH NJW 93, 1796), auch die fehlende Kenntnis von abstrakten Erfahrungssätzen (15 vor § 284), zB Handelsbräuche, Börsenusancen, seltener von Rechtsnormen (§ 293). Außerdem stellt er, soweit dazu besondere Sachkunde erforderlich ist, Tatsachen fest und zieht im Wege der Wertung aus den zugrunde zu legenden Tatsachen (Rn 6) in Anwendung seines Fachwissens konkrete Schlussfolgerungen (BGH VersR 78, 229). Er beurteilt also die Tatsachen (zB Ursächlichkeit einer Verletzung für eine Erkrankung, Ausmaß und Dauer der Arbeitsunfähigkeit, Übereinstimmung gelieferter Ware mit der Probe). – **Abgrenzung zum Zeugen- 2 beweis** 1 vor § 373. – **Das Verfahren zur Erteilung einer Fertigstellungsbescheinigung nach § 641 a BGB** folgt nicht den Regeln des 8. Titels der ZPO. Es dient nicht der Beweiserhebung in einem Zivilrechtsstreit, sondern der Beschaffung einer Privaturkunde, die zusammen mit dem für die Bescheinigung erforderlichen schriftlichen Werkvertrag dem Unternehmer die Möglichkeit der Vergütungsklage im UrkProz eröffnet (Pal/Sprau § 641 a Rn 3).

2. Verfahren. Es gelten sinngemäß die Ausführungen in Rn 2–5 vor **3** § 373 mit folgenden Abweichungen: Das Gericht kann und muss, falls es nicht selbst die nötige, im Urt im Einzelnen darzulegende Sachkunde für die Beurteilung von Spezialfragen besitzt (BGH NJW 82, 2874; 89, 2821/2823; 00, 1946), Sachverständigenbeweis auch ohne Antrag anordnen (§§ 144 Abs 1, § 372 Abs 1, 273 Abs 2 Nr 4) oder Hinweis nach § 139 geben; andernfalls Verfahrenverstoß (BGH NJW 93, 1796). Andererseits muss der Richter trotz Antrags das fehlende Sachwissen nicht von einem Sachverständigen beziehen, er kann es sich auch verschaffen durch privates Studium der Fachliteratur, soweit sich daraus das gesuchte Ergebnis unmittelbar, ohne Auswertung, die ihrerseits wieder Fachkenntnisse voraussetzt, entnehmen lässt (BGH VersR 77, 819); andernfalls muss er im Urteil darlegen, dass er die für die Auswertung der Fachliteratur erforderliche Sachkunde besitzt, was in Arzthaftungsprozessen idR nicht der Fall ist (BGH NJW 93, 2378; 94, 794 u 2419). Unzulässig auch die Verwertung eines anderwärts früher erholten, nicht verallgemeinerungsfähigen (BGH NJW 00, 1946) Gutachtens zur Beweisfrage. Das Ger muss seine Erkenntnisquelle den Parteien zur Stellungnahme zugänglich machen (BGH NJW 93, 2382) und die Einholung eines Sachverständigengutachtens anordnen, wenn im Arzthaf-

tungsprozess eine Partei die mangelnde Sachkunde der früher tätig
gewordenen Gutachter oder Schlichtungsstelle konkret rügt (BGH NJW
87, 2300). Ablehnung eines Beweisantrags auf Sachverständigengutach-
4 ten § 284 Rn 8. – **Zwingend vorgeschrieben** ist die Einholung eines
Gutachtens bei Streit über Rahmengebühr nach § 12 Abs 2 BRAGO;
Nichtbeachtung kann schwerer Verfahrensverstoß sein (Bamberg OLGZ
76, 351). Beweisgebühr fällt nicht an, selbst wenn die Anordnung als
5 Beweisbeschluss bezeichnet ist (Karlsruhe MDR 99, 766). – **Privatgut-**
achten sind urkundlich belegter substantiierter Parteivortrag; als Sachverständigenbeweis nur mit Zustimmung beider Parteien verwertbar
(BGH NJW 93, 2382). Einem Widerspruch zum gerichtlichen Sachverständigen muss das Ger nachgehen, indem es diesen nochmal anhört
oder ein weiteres Gutachten einholt (BGH NJW 86, 1928; 92, 1459; 01,
77). Bei sich widersprechenden Parteigutachten muss das Gericht, wenn
es keine eigene Sachkunde besitzt, einen gerichtlichen Sachverständigen
zuziehen (BGH NJW 93, 2382).

6   **3. Stellung zu den Parteien.** Zwischen ihnen und dem vom Ger
zugezogenen Sachverständigen besteht kein Vertragsverhältnis; anders im
schiedsrichterlichen Verfahren (§ 1049 Rn 3). Seine Rechtsbeziehung
zum Ger ist öffentlichrechtlicher Natur, er übt aber keine hoheitliche
Gewalt aus. Haftung wegen unrichtigen Gutachtens Palandt/Thomas
§ 823 Rn 117, Haftung für Privatgutachten Palandt/Heinrichs § 328
Rn 34.

§ 402 Anwendbarkeit der Vorschriften für Zeugen

Für den Beweis durch Sachverständige gelten die Vorschriften
über den Beweis durch Zeugen entsprechend, insoweit nicht in
den nachfolgenden Paragraphen abweichende Vorschriften ent-
halten sind.

1   Allgemeines zum Beweisverfahren Rn 3–5 vor § 402, § 404 a Rn 5,
6. – § 373 gilt nicht, dafür § 403. – §§ 375, 376 mit den einschlägigen
beamtenrechtlichen Vorschriften gelten. – § 377 Abs 1, 2 gelten, **Abs 3**
(BGH 6, 399) nicht; statt dessen § 411. – § 379 S 1 gilt nur, soweit
Beweis angetreten ist, nicht aber bei Beweiserhebung vAw (§ 379
Rn 3), die das Ger bei Ausbleiben des Vorschusses beschließen kann
(§ 144 Rn 1). Auch noch nach Beauftragung des Sachverständigen kann
das Ger Zahlung eines weiteren Vorschusses aufgeben (München MDR
78, 412). – § 380 gilt nicht, dafür § 409. – §§ 381–384 gelten. – § 385
gilt nicht. – §§ 386–389 gelten. – § 390 gilt nicht, dafür § 409. – § 391
gilt neben § 410 (BGH MDR 99, 112). – §§ 392, 393 gelten nicht,
dafür § 410. – § 394 Abs 1 gilt nicht. §§ 394 Abs 2–398 gelten. –
§§ 296, 399 gelten, jedoch bleibt Einholung des Gutachtens vAw möglich (§ 144). – § 400 gilt mit der Abweichung, dass nicht nach §§ 380,
390, sondern nur nach § 409 verfahren werden darf. – § 401 gilt nicht,
dafür § 413.

§ 403 Beweisantritt

Der Beweis wird durch die Bezeichnung der zu begutachten-den Punkte angetreten.

Der Beweisantritt ist wegen des in Rn 3–5 vor § 402 Gesagten in 1
Wirklichkeit nur eine Anregung. Es genügt die **summarische** Angabe
der zu begutachtenden Punkte, die Angabe des Ergebnisses, zu dem
der Sachverständige kommen soll; die Angabe des Weges dazu und
wissenschaftliche Substaniierung sind nicht verlangt (BGH NJW 95,
130).

§ 404 Sachverständigenauswahl

(1) [1]**Die Auswahl der zuzuziehenden Sachverständigen und die
Bestimmung ihrer Anzahl erfolgt durch das Prozeßgericht.** [2]**Es
kann sich auf die Ernennung eines einzigen Sachverständigen
beschränken.** [3]**An Stelle der zuerst ernannten Sachverständigen
kann es andere ernennen.**

(2) **Sind für gewisse Arten von Gutachten Sachverständige öffentlich bestellt, so sollen andere Personen nur dann gewählt
werden, wenn besondere Umstände es erfordern.**

(3) **Das Gericht kann die Parteien auffordern, Personen zu
bezeichnen, die geeignet sind, als Sachverständige vernommen
zu werden.**

(4) **Einigen sich die Parteien über bestimmte Personen als
Sachverständige, so hat das Gericht dieser Einigung Folge zu
geben; das Gericht kann jedoch die Wahl der Parteien auf eine
bestimmte Anzahl beschränken.**

1. Auswahl der Sachverständigen nach Zahl und Person ist Teil 1
des Beweisbeschlusses und deshalb unanfechtbar. Anhörung der Parteien
ist wegen § 406 nicht nötig, aber zweckmäßig. Bestimmung des Sachverständigen außerhalb der ZPO in § 641 a BGB (2 vor § 402). –
a) Bei **Einigung der Parteien** und ihrer Anzeige vor Erlass des 2
Beweisbeschlusses ist das Gericht gebunden. Die Anzeige ist Prozesshandlung (Einl III). Neben den vereinbarten kann das Ger wegen § 412
auch von vornherein frei ausgewählte Sachverständige hören. Halten
sich die Parteien nicht an eine vorher oder nachträglich bestimmte
zahlenmäßige Beschränkung (Abs 4 letzter Hs), so gilt Rn 3. –
b) Nach freiem Ermessen wählt sonst das Ger. Änderung in der 3
Person des Sachverständigen § 360 Rn 4. Abs 2 ist nur Ordnungsvorschrift. Die öffentl Bestellung ist teils bundes-, weitgehend landesgesetzlich geregelt.

2. Sachverständige können sein: – a) Einzelpersonen. Als Be- 4
weismittel – auch im Sinne eines Urkundenbeweises – verwertbar ist

ohne Einverständnis der Parteien das schriftliche Gutachten nur, wenn
es derjenige Sachverständige verantwortet, den das Ger bestellt hat
5 (BGH NJW 85, 1399, BSG NJW 85, 1422). – **b) Behörden** oder
sonstige öffentliche Stellen (§ 1 Abs 2 ZuSEG), zB Patentamt (§ 29
PatG, § 58 MarkenG), Gemeindeprüfungsanstalt (BGH NJW 98, 3355),
Gutachterausschuss nach § 192 BauGB (BGH 62, 93), RA-Kammer
(§ 12 Abs 2 BRAO). Bei ihnen ist die Abgrenzung zur amtl Auskunft
unscharf (Stuttgart Just 87, 29). Die Vorschriften der §§ 402 ff gelten
entweder gar nicht, zB §§ 406, 410 (Celle MDR 73, 147, Oldenburg
FamRZ 92, 451) oder nur angepasst, zB § 411 Abs 3 (BGH 62, 93). Ihr
schriftliches Gutachten ist Sachverständigen-, nicht Urkundenbeweis
6 (StJLeipold 11, BGH aaO). – **c) Demoskopisches Gutachten** eines
Meinungsforschungsinstituts, wenn es um das Verständnis der angesprochenen Verkehrskreise geht, ist Sachverständigenbeweis. **Auskunft eines Berufs- oder Fachverbandes** ist das geeignete Beweismittel,
wenn es um das Verständnis der angesprochenen Fachkreise geht.
**Schriftliche Umfrage durch eine Spitzenorganisation der Wirt-
schaft**, zB DIHT unter Einschaltung der Mitgliedskammern oder -ver-
bände, zB IHK, liegt zwischen beiden und ist als Auskunft (nach BGH
NJW 97, 2817 gemäß § 377 Abs 3, der aber nur den Zeugenbeweis
betrifft) in den Prozess einzuführen. Bei der Befragung Dritter setzt die
Verwertung voraus, dass die Grundlagen der Umfrage offengelegt werden. Dazu gehört mindestens die Offenlegung der gestellten Fragen, uU
der Zahl u Art der angesprochenen Personen u des Verhältnisses zwischen Angefragten u Auskunftserteilenden (BGH WM 80, 36; offengelassen: Namen der Angefragten; verneinend Oldenburg BB 73, 19). –
7 **d) Die Auswertung eines Fahrtschreiberdiagramms** durch die
HerstellungsGmbH setzt BGH JZ 63, 586 den vorstehend genannten
Gutachten gleich, obwohl juristische Personen des Privatrechts als solche
nicht Sachverständige sein können (Jessnitzer NJW 71, 1075; Düsseldorf
FamRZ 89, 1101). Man kann aber den Verfasser als Sachverständigen
8 oder den Mangel gemäß § 295 als geheilt ansehen. – **e) Klinik** ist keine
Fachbehörde (München NJW 68, 207). Es ist zulässig, sie als solche zu
bestellen und ihrer Leitung die Beauftragung des Spezialisten zu über-
9 lassen (BVerwG NJW 69, 1591, Koblenz VersR 98, 897). – **f) Sach-
verständigengruppe.** Das Gutachten kann auch in Zusammenarbeit
mehrerer Einzelpersonen (wissenschaftliche Teamarbeit) erstellt werden.
Die Sachverständigen für die verschiedenen Gebiete sind vom Ger zu
bestellen. Bedenklich ist, wenn einer von ihnen die Verantwortung
übernimmt und in der Verhandlung als Sachverständiger vernommen
wird (Jessnitzer/Ulrich Rn 105). Richtiger, jeden Teilgutachter zu dem
von ihm bearbeiteten und verantworteten Teil des Gutachtens zu vernehmen. Nur das entspricht der Unmittelbarkeit der Beweisaufnahme.
Weitergabe des Gutachtenauftrags und Zuziehung von Gehilfen § 407 a
Abs 2. Der vom Ger bestellte Sachverständige muss das Gutachten selbst
verantworten.

§ 404 a Leitung der Tätigkeit des Sachverständigen

(1) **Das Gericht hat die Tätigkeit des Sachverständigen zu leiten und kann ihm für Art und Umfang seiner Tätigkeit Weisungen erteilen.**

(2) **Soweit es die Besonderheit des Falles erfordert, soll das Gericht den Sachverständigen vor Abfassung der Beweisfrage hören, ihn in seine Aufgabe einweisen und ihm auf Verlangen den Auftrag erläutern.**

(3) **Bei streitigem Sachverhalt bestimmt das Gericht, welche Tatsachen der Sachverständige der Begutachtung zugrunde legen soll.**

(4) **Soweit es erforderlich ist, bestimmt das Gericht, in welchem Umfang der Sachverständige zur Aufklärung der Beweisfrage befugt ist, inwieweit er mit den Parteien in Verbindung treten darf und wann er ihnen die Teilnahme an seinen Ermittlungen zu gestatten hat.**

(5) **¹Weisungen an den Sachverständigen sind den Parteien mitzuteilen. ²Findet ein besonderer Termin zur Einweisung des Sachverständigen statt, so ist den Parteien die Teilnahme zu gestatten.**

1. Zweck. Die Bestimmung will, ebenso wie bei der Zeugenvernehmung § 378 Abs 1, den Erfolg der Beweisaufnahme zur raschen Erledigung des Prozesses sicherstellen und gibt dem Gericht zur Erfüllung seiner **Prozessförderungspflicht** eine Reihe von Mitteln in die Hand: eine allgemeine Leitungs- und Weisungsbefugnis (Abs 1), Klarheit schaffen über die Beweisfrage, den Auftrag an den Sachverständigen (Abs 2) und über die der Begutachtung zugrunde zu legenden Tatsachen (Abs 3), Verhinderung späterer Ablehnungsgesuche durch die Festlegung, in welchem Umfang der Sachverständige selbständig zur Aufklärung befugt ist (Abs 4). Schließlich sichert Abs 5 die Unterrichtung der Parteien über getroffene Maßnahmen und ihre Mitwirkung bei der Einweisung des Sachverständigen. Alles zusammen ist geeignet, ohne vermeidbare Zeitverluste eine verwertbare Begutachtung auf sicherer Grundlage zu bekommen, berechtigte Einwendungen oder Ablehnungsgründe zu verhindern und Rechtsmittel gegen das spätere Urteil zu reduzieren. **1**

2. Abs 1. Allgemeine Leitungs- und Weisungspflicht des Ger für Art und Umfang der Sachverständigentätigkeit. Was dazu nötig ist, ergibt sich aus dem Einzelfall, zB Beschädigung der zu untersuchenden Sache zwecks Entnahme von Proben oder Fehlerfeststellung und anschließende Beseitigung der Beschädigung auf Kosten des Antragstellers (Düsseldorf NJW-RR 97, 1360). Dabei ist es Pflicht des Sachverständigen, dass die tatsächlichen Voraussetzungen für die Erfüllung seines Auftrags geschaffen werden und keine schädlichen Folgen zurückbleiben **2**

(Frankfurt NJW-RR 98, 2834). Deshalb sollte der Sachverständige eine
zu untersuchende Sache nur nach Weisung des Ger beschädigen. **Keine
Weisungsbefugnis** des Ger besteht für den Inhalt des Gutachtens.

3   **3. Abs 2** zwingt das Ger, sich selbst und den übrigen Prozessbeteiligten völlige **Klarheit über die Beweisfragen** und den **Inhalt des
Auftrags** an den Sachverständigen zu verschaffen. Besondere Bedeutung
hat dabei die richtige Formulierung der zu begutachtenden Punkte
(§ 403), die dem Richter, der mit dem Fachgebiet nicht oder wenig
vertraut ist, manchmal Schwierigkeiten bereitet. Der Sachverständige
und häufig auch die Parteien (Abs 5), die den Dingen näherstehen,
können dabei wertvolle Hilfe leisten und sollen deshalb im Bedarfsfall
vor Abfassung des Beweisbeschlusses dazu gehört werden, etwa im Arzthaftungsprozess (Scheppokat/Neu VersR 01, 23). Die Einweisung des
Sachverständigen kann darin bestehen, dass das Ger ihm den Kernpunkt
im Streit der Parteien und ihrer unterschiedlichen Beurteilung klarmacht
oder dass es ihn auf die haftungsrechtlichen Kausalitäts- und Beweisanforderungen hinweist (Köln VersR 98, 1249). Bei Zweifeln des Sachverständigen hat es ihm **auf Verlangen den Auftrag zu erläutern,** so
dass der Ausgangspunkt für das Gutachten klar ist.

4   **4. Abs 3** stellt sicher, dass die **tatsächliche Grundlage des Gutachtens** stimmt. Der Sachverständige hat seiner Begutachtung die unstreitigen Tatsachen (§ 313 Rn 16) zugrunde zu legen. Bei streitigen Tatsachenbehauptungen hat das Ger zu bestimmen, welche es durch eine
vorangegangene Beweiserhebung für bewiesen hält und beurteilt haben
möchte, zB bei widersprechenden Zeugenaussagen über den jetzt nicht
mehr feststellbaren tatsächlichen Zustand einer Sache, wenn der Sachverständige deren Wert oder Mangel beurteilen soll.

5   **5. Abs 4** stellt ein **gesetzmäßiges Verfahren des Sachverständigen** bei der Vorbereitung seines Gutachtens sicher. Zur Beantwortung
der Beweisfrage kann weitere tatsächliche Aufklärung erforderlich sein.
Das kann der Sachverständige bei seiner Einweisung (Abs 2, Abs 5) oder
später während der Bearbeitung dem Gericht mitteilen. Dieses hat dann
zu bestimmen, ob es diese Aufklärung selbst vornimmt, zB weitere
Zeugenvernehmung, Augenschein im Beisein des Sachverständigen,
oder dem Sachverständigen überlässt, zB Besichtigung des zu begutachtenden Gegenstandes, Einsichtnahme in Geschäftsbücher, ärztliche
Unterlagen, Konstruktionspläne. Es bestimmt dabei, auch zur Vermeidung eines Ablehnungsgrundes, den Umfang der Befugnisse des Sachverständigen, inwieweit er mit den Parteien in Verbindung treten darf
und wann er ihnen die Teilnahme an seinen Ermittlungen zu gestatten
hat. In der Praxis wird dem Sachverständigen die Durchführung eines
Ortstermins meist stillschweigend übertragen. Außerhalb der ZPO (2
vor § 402) ist mindestens ein Besichtigungstermin vorgeschrieben in
§ 641 a Abs 3 S 1 BGB mit Folgen, wenn der Unternehmer die Besich
6   tigung verweigert (aaO Abs 4). – Zur **Vernehmung von Zeugen oder
Parteien** über wesentliche Streitpunkte ist der Sachverständige ohne

gerichtliche Ermächtigung nicht befugt (BGH NJW 55, 671). Tut er dies dennoch im Einverständnis mit den Parteien zur Vorbereitung des Gutachtens, so muss die Partei, die die gewonnenen Ergebnisse nicht gelten lassen will, Antrag auf gerichtliche Vernehmung stellen. Andernfalls heilt der Verfahrensmangel (BGH 23, 207). Bei der Feststellung gegenwärtiger Tatsachen, die besondere Fachkunde erfordert, ist der Sachverständige Augenscheinsgehilfe (§ 372 Rn 3 und § 414 Rn 1).

6. Abs 5 stellt die **Information der Parteien** über die getroffenen 7 gerichtlichen Maßnahmen und damit ihr rechtliches Gehör und die Möglichkeit ihrer Mitwirkung sicher, insbesondere ihrer Teilnahme an einem Einweisungstermin. Verstoß ist Verfahrensfehler, der Rechtsmittel begründen kann.

§ 405 Auswahl durch den mit der Beweisaufnahme betrauten Richter

¹Das Prozeßgericht kann den mit der Beweisaufnahme betrauten Richter zur Ernennung der Sachverständigen ermächtigen. ²Er hat in diesem Falle die Befugnisse und Pflichten des Prozeßgerichts nach den §§ 404, 404 a.

Soweit nach § 375 (§ 402) ein Richterkommissar mit der Durch- 1 führung der Beweisaufnahme betraut werden darf, kann er auch zur Auswahl der Sachverständigen ermächtigt werden. Auch für ihn gilt dann § 404. Die Ermächtigung ist Teil des Beweisbeschlusses, also unanfechtbar, auch wenn erst nachträglich erteilt.

§ 406 Ablehnung eines Sachverständigen

(1) **¹Ein Sachverständiger kann aus denselben Gründen, die zur Ablehnung eines Richters berechtigen, abgelehnt werden. ²Ein Ablehnungsgrund kann jedoch nicht daraus entnommen werden, daß der Sachverständige als Zeuge vernommen worden ist.**

(2) **¹Der Ablehnungsantrag ist bei dem Gericht oder Richter, von dem der Sachverständige ernannt ist, vor seiner Vernehmung zu stellen, spätestens jedoch binnen zwei Wochen nach Verkündung oder Zustellung des Beschlusses über die Ernennung. ²Zu einem späteren Zeitpunkt ist die Ablehnung nur zulässig, wenn der Antragsteller glaubhaft macht, daß er ohne sein Verschulden verhindert war, den Ablehnungsgrund früher geltend zu machen. ³Der Antrag kann vor der Geschäftsstelle zu Protokoll erklärt werden.**

(3) **Der Ablehnungsgrund ist glaubhaft zu machen; zur Versicherung an Eides Statt darf die Partei nicht zugelassen werden.**

(4) **Die Entscheidung ergeht von dem im zweiten Absatz bezeichneten Gericht oder Richter durch Beschluss.**

(5) **Gegen den Beschluß, durch den die Ablehnung für begründet erklärt wird, findet kein Rechtsmittel, gegen den Beschluß, durch den sie für unbegründet erklärt wird, findet sofortige Beschwerde statt.**

Abs 4 geändert mWv 1. 1. 2002 durch Art 2 Abs 1 Nr 63 ZPO-RG.

1 **1. Ablehnungsgründe** wie gegen Richter; gilt auch gegen Dolmetscher (§ 191 GVG) und Übersetzer (Köln NJW 87, 1091). – **a) Die Fälle, in denen ein Richter kraft Gesetzes ausgeschlossen ist** (§§ 41, 42), ausgenommen § 41 Nr 5. Es bedarf auch in diesen Fällen der Ablehnung, einen Ausschluss des Sachverständigen kraft Gesetzes **2** gibt es nicht. – **b) Besorgnis der Befangenheit.** Begriff § 42 Rn 9. – **aa) Gründe:** Wenn der Sachverständige schon ein entgeltliches Privatgutachten in derselben Sache für eine Partei oder ihre Haftpflichtversicherung (Celle BauR 96, 144) erstattet hat, außer im Arrest- u VfgsVerf, weil das Gesetz selbst Glaubhaftmachung, auch durch Privatgutachten, vorsieht (Nürnberg NJW 78, 954); wenn der Sachverständige Angestellter einer Partei ist oder war außer uU bei Behördenangestellten (OVG Berlin NJW 70, 1390); wenn er sie als Arzt behandelt hat; wenn er wiederholte frühere Tätigkeit als Privatgutachter für die andere Partei verschwiegen hat (Karlsruhe Just 86, 360); wenn der Sachverständige bereits eine ähnliche Tätigkeit für einen am Rechtsstreit beteiligten Dritten erbracht hat und dessen Interessen denen der ablehnenden Partei in gleicher Weise wie der anderen Gegenpartei entgegengesetzt sind (Düsseldorf NJW-RR 97, 1428); grundsätzlich bei Verstoß gegen gerichtliche Weisungen oder Überschreitung erteilter Befugnisse (§ 404 a Abs 2, 4) sowie bei Abweichung vom Beweisbeschluss (München OLGR 97, 10); wenn er bei Ermittlungen nur eine Partei zugezogen (Hamburg MDR 69, 489, Jena MDR 00, 169), wenn er zum Besichtigungstermin nur eine Partei eingeladen hat, außer die andere hatte davon auf andere Weise Kenntnis (Oldenburg MDR 78, 1028); wenn er Informationen (Düsseldorf BB 72, 1248) oder Material (Koblenz MDR 78, 148) verwertet hat, die er sich nur von einer Partei ohne Wissen der anderen ohne namentliche Benennung der Auskunftsperson (§ 407 a Abs 2) verschafft hat (Düsseldorf NJW-RR 86, 740); wenn er bei einer Partei eine Vorrichtung besichtigt, ohne die andere zu verständigen (BGH NJW 75, 1363); wenn er einen fachlichen Berater der Partei zum Ortstermin nicht zulässt (Düsseldorf MDR 79, 409); wenn er ohne Beantwortung der gestellten abstrakten Beweisfrage deren Entscheidungserheblichkeit mangels Schlüssigkeit verneint (Köln NJW-RR 87, 1198); unsachliche Reaktion auf angekündigte Kritik (Zweibrücken NJW 98, 912) oder auf ein von der Partei vorgelegtes Privatgutachten (Oldenburg NJW-RR 00, 1166). Unter Umständen bei geschäftlichen Beziehungen des Sachverständigen zur anderen Partei (München MDR 98, 858) oder zu deren RA (Köln NJW 92, 762). Hält man die Beauftragung einer PrüfungsAG für zulässig, kommt es auf Befangenheitsgründe bei den von ihr bestellten Prüfern an (BayObLG NJW-RR 88,

163). – **bb) Keine Ablehnungsgründe:** Scharfe Reaktion, die durch 3
massive Angriffe einer Partei gegen Leistung und Person des Gutachters
provoziert wurde (Düsseldorf NJW-RR 97, 1353); die Behauptung der
Fehlerhaftigkeit oder mangelnder Qualifikation als solche (München
Rpfleger 80, 303); die Zuziehung desselben Sachverständigen in der
Berufungs- wie in der Vorinstanz (BGH MDR 61, 397); ebenso nicht
allein der Umstand, dass der Sachverständige im örtlichen Bereich der
Partei ein Unternehmen gleicher oder ähnlicher Art betreibt (München
BauR 90, 117); ebenso nicht die zur Wahrung der Menschenwürde
unterbliebene Verständigung der Parteien vom Termin zur Unter-
suchung einer Partei oder eines Dritten durch einen ärztlichen Sachverständigen (München NJW-RR 91, 896) und die Nichtzulassung
einer Partei zum Untersuchungstermin (München NJW 92, 1569). –
c) Unzulässig ist die Ablehnung von Organen und einzelnen Mit- 4
gliedern öffentlich-rechtlicher Körperschaften, zu deren gesetzlichen
Aufgaben die Gutachtenerstattung gehört (Stuttgart NJW-RR 87, 190,
Hamm NJW-RR 90, 1471, Oldenburg FamRZ 92, 449), und von
Hilfspersonen des Sachverständigen (Zweibrücken MDR 86, 417). –
d) Selbstablehnung wie in § 48 gibt es nicht. Der Sachverständige 5
kann aber in den Fällen des § 408 Abs 1 1 S 1 die Begutachtung verweigern, das Gericht kann ihn in anderen Fällen entbinden (§ 408 Abs 1
S 2).

2. Verfahren. – a) Ablehnungsantrag. Zulässig auch im selbständi- 6
gen Beweis- (§ 487 Rn 5) u Arrestverfahren (Nürnberg NJW 78, 954);
bedingungsfeindlich (Stuttgart NJW 71, 1090). Adressat ist das Ger, das
den Sachverständigen ernannt hat (Abs 2 S 1), also ProzGer (auch ER,
§§ 348, 348 a, 526, 527, Vorsitzender der KfH, § 349) in den Fällen des
§ 405 der Richterkommissar. Kein Anwaltszwang (Abs 2 S 3, § 78
Abs 3). – **b) Zeitpunkt:** Wie in Abs 2 S 1 bestimmt. Nach diesem 7
Zeitpunkt nur unter den erschwerten Voraussetzungen des Abs 2 S 2.
Glaubhaftmachung § 294; Abs 3 gilt hier nicht. Sie liegen vor, wenn die
Partei den Ablehnungsgrund erst nach der Vernehmung erfahren hat.
Unter diesen Voraussetzungen ist Ablehnung auch noch nach Erlass,
aber vor Rechtskraft eines rechtsmittelfähigen Urt zulässig (BayObLG
MDR 95, 412, Frankfurt FamRZ 95, 1208). Liegt der Ablehnungs-
grund im schriftlichen Gutachten, so ist er unverzüglich, dh innerhalb
einer angemessenen Überlegungszeit ab Kenntniserlangung (München
OLGR 01, 90, Brandenburg NJW-RR 01, 1433; Anhaltspunkt ist Frist
des Abs 2 S 1) unabhängig von der Prozesslage und vom Erfolg anderer
Anträge geltend zu machen (BayObLG MDR 95, 412, Koblenz
NJW-RR 99, 72). Für den Nebenintervenienten ist auf den für die
unterstützte Partei maßgebenden Zeitpunkt abzustellen (Koblenz MDR
90, 161). Der Ausschluss der Ablehnung im ersten Rechtszug erstreckt
sich auch auf das Beschwerde- (Düsseldorf MDR 00, 1335) und Berufungsverfahren und zwar auch auf einen hier erst zu erläuternden oder
zu ergänzenden Punkt (BayObLG FamRZ 86, 829), außer der Ableh-

nungsgrund ergibt sich erstmals aus dieser Anordnung (Düsseldorf WM 70, 1305). Zeitpunkt bei selbständigem Beweisverfahren § 487 Rn 5, 6.

8   – c) **Glaubhaftmachung** des Ablehnungsgrundes (§ 294), eigene ei-
9   desstattliche Versicherung ist ausgeschlossen (Abs 3). – d) **Entschei-**
dung (Abs 4) nach Anhörung des Sachverständigen jedenfalls dann, wenn die Ablehnung auf Umstände außerhalb des Gutachtens oder der Vernehmungsniederschrift gestützt ist (Koblenz NJW 77, 395, Karlsruhe OLGZ 84, 104), ergeht auf freigestellte mdl Vhdlg (§ 128 Abs 4) durch Beschluss (§ 329), nicht in den Urteilsgründen. Zurückweisung des Ablehnungsgesuchs erst in den Urteilsgründen führt zur Aufhebung und Zurückverweisung (BSG MDR 76, 83, Schleswig MDR 01, 711), außer der Ablehnungsantrag war eindeutig unzulässig (Karlsruhe BB 77, 1424). Zuständigkeit wie Rn 6. – **Gebühren:** Keine (§ 37 Nr 3 BRAGO).

10   **3. Rechtsmittel** (Abs 5). – a) **Unanfechtbar** ist die der Ablehnung stattgebende Entscheidung, auch wenn zuständigerweise vom Richterkommissar erlassen (Ausnahme von § 573); auch wenn irrigerweise in den Urteilsgründen enthalten. Frankfurt MDR 84, 323 lässt sofortige Beschwerde bei Verletzung des Rechts einer Partei auf rechtliches Gehör
11   zu. – b) **Sofortige Beschwerde** gegen den den Ablehnungsantrag (auch als unzulässig) zurückweisenden Beschluss des Ger in 1. Instanz (§ 567 Abs 1), im Falle des § 573 nach vorheriger befristeter Erinnerung; neue Ablehnungsgründe sind unzulässig (Düsseldorf NJW-RR 01, 1434). Kein Rechtsmittel gegen Beschlüsse des LG als BerGer und des OLG (§ 567 Abs 1). Rechtsbeschwerde gegen Beschwerdezurückweisung durch LG oder OLG nur nach Zulassung gem § 574 Abs 1 Nr 2. Anfechtung der zurückweisenden Entscheidung erst mit dem Urteil, auch wenn verfahrenswidrig erst in diesem getroffen, ist ausgeschlossen, §§ 512, 557 Abs 2 (BGH 28, 305, NJW 79, 720).

§ 407 Pflicht zur Erstattung des Gutachtens

(1) **Der zum Sachverständigen Ernannte hat der Ernennung Folge zu leisten, wenn er zur Erstattung von Gutachten der erforderten Art öffentlich bestellt ist oder wenn er die Wissenschaft, die Kunst oder das Gewerbe, deren Kenntnis Voraussetzung der Begutachtung ist, öffentlich zum Erwerb ausübt oder wenn er zur Ausübung derselben öffentlich bestellt oder ermächtigt ist.**

(2) **Zur Erstattung des Gutachtens ist auch derjenige verpflichtet, der sich hierzu vor Gericht bereit erklärt hat.**

1   **Grundsätzlich** besteht **keine Pflicht** zur Gutachtertätigkeit, weil der Sachverständige ersetzbar ist. Davon bestimmt Abs 1 drei **Ausnahmen.**
2   – a) Öffentl Bestellung § 404 Rn 3. – b) Öffentl Ausübung bedeutet der Allgemeinheit gegenüber. Gewerbe ist hier jede auf dauernden
3   Erwerb gerichtete Tätigkeit. – c) Zu dieser Ausübung öffentl bestellt oder ermächtigt sind Personen, die zu ihrer Tätigkeit einer Zulassung

bedürfen zB Dozenten, Ärzte, RAe, auch wenn sie den Beruf nicht ausüben. – **d)** Weitere Ausnahme in Abs 2. Bereiterklären kann sich der **4** Sachverständige auch durch widerspruchslose Annahme des Auftrags. Verweigerungsrecht in den Fällen von Rn 1–3 vgl § 408.

§ 407 a Weitere Pflichten des Sachverständigen

(1) ¹Der Sachverständige hat unverzüglich zu prüfen, ob der Auftrag in sein Fachgebiet fällt und ohne die Hinziehung weiterer Sachverständiger erledigt werden kann. ²Ist das nicht der Fall, so hat der Sachverständige das Gericht unverzüglich zu verständigen.

(2) ¹Der Sachverständige ist nicht befugt, den Auftrag auf einen anderen zu übertragen. ²Soweit er sich der Mitarbeit einer anderen Person bedient, hat er diese namhaft zu machen und den Umfang ihrer Tätigkeit anzugeben, falls es sich nicht um Hilfsdienste von untergeordneter Bedeutung handelt.

(3) ¹Hat der Sachverständige Zweifel an Inhalt und Umfang des Auftrages, so hat er unverzüglich eine Klärung durch das Gericht herbeizuführen. ²Erwachsen voraussichtlich Kosten, die erkennbar außer Verhältnis zum Wert des Streitgegenstandes stehen oder einen angeforderten Kostenvorschuß erheblich übersteigen, so hat der Sachverständige rechtzeitig hierauf hinzuweisen.

(4) ¹Der Sachverständige hat auf Verlangen des Gerichts die Akten und sonstige für die Begutachtung beigezogene Unterlagen sowie Untersuchungsergebnisse unverzüglich herauszugeben oder mitzuteilen. ²Kommt er dieser Pflicht nicht nach, so ordnet das Gericht die Herausgabe an.

(5) Das Gericht soll den Sachverständigen auf seine Pflichten hinweisen.

1. Zweck. Die Vorschrift will zur Prozessbeschleunigung beitragen **1** und unnötigen Zeitverlust vermeiden (Abs 1, Abs 3 S 1, Abs 4), verbietet Weiterübertragung des Gutachtensauftrags und regelt die Beiziehung von Gehilfen (Abs 2), beugt außerdem der Entstehung unerwarteter Kosten vor (Abs 3 S 2). Die Hinweispflicht des Abs 5 ist Ordnungsvorschrift, deren Verletzung keine verfahrensrechtlichen Folgen hat.

2. Kompetenzprüfung (Abs 1). Unverzüglich heißt ohne schuld- **2** haftes Zögern, also innerhalb einer angemessenen Frist, die der Sachverständige zur Erfassung seines Auftrags und dem dazu etwa nötigen Studium der Akten benötigt. Für die Verständigung im Negativfall kann ihm das Gericht eine Frist setzen. Die Vorschrift soll verhindern, dass die Akten beim Sachverständigen unnötigerweise längere Zeit herumliegen und soll dem Ger die Möglichkeit geben, gegebenenfalls einen zusätzlichen Sachverständigen für das einschlägige Fachgebiet zu bestellen.

3 3. **Übertragung, Gehilfen** (Abs 2). Die Ernennung des Sachverständigen ist ausschließlich Aufgabe und Befugnis des Ger. Der Sachverständige darf nicht den Auftrag zur Begutachtung vollständig oder teilweise auf einen anderen übertragen, so dass er (insoweit) aus jeder Tätigkeit ausscheidet. Ist wegen mangelnder Kompetenz die teilweise Übertragung auf einen anderen Sachverständigen nötig, so gilt Rn 2. Verstoß ist heilbar (§ 295 Rn 2). Der Sachverständige darf Hilfskräfte hinzuziehen, zB Vorarbeiten, Durchführung von Messungen, Feststellung eines tatsächlichen Zustands, Exploration, die Ausarbeitung des Gutachtens, soweit es nicht um Beurteilungs- und Ermessensfragen geht, geeigneten Mitarbeiten überlassen, muss aber diese und den Umfang ihrer Tätigkeit dem Ger angeben außer Hilfsdienste von untergeordneter **4** Bedeutung. Seine **persönliche Verantwortung** für das Gutachten insgesamt muss uneingeschränkt gewahrt bleiben (BGH VersR 72, 927, BSG NJW 85, 1422, Frankfurt VersR 94, 610). Dazu genügt die Erklärung, dass er die Arbeit seines qualifizierten Mitarbeiters selbst nachvollzogen hat und sich zu eigen macht (Zweibrücken VersR 00, 605) oder dass das Gutachten unter seiner Oberaufsicht zustandegekommen ist und von ihm vertreten wird (München VersR 00, 639). Dazu genügt nicht, dass er von einem Mitarbeiter unterzeichnetes Gutachten nur mit „einverstanden" unterschreibt (BVerwG NJW 84, 2645).

5 4. **Inhaltszweifel, Kosten** (Abs 3). Die Pflicht des Ger, über Inhalt und Umfang des Gutachtenauftrags völlige Klarheit zu schaffen und die Mittel dazu ergeben sich aus § 404 a Abs 2 (dort Rn 3). Den Sachverständigen trifft die Pflicht, zu dieser Klarheit beizutragen. Die Pflicht des Sachverständigen zum Hinweis auf die Entstehung unverhältnismäßig hoher Kosten oder auf die erhebliche Überschreitung des Vorschusses kann den Parteien Anlass zu der Überlegung geben, ob ihnen die Sache das wert ist.

6 5. **Herausgabe von Unterlagen** (Abs 4). Nur auf Verlangen des Ger hat der Sachverständige die Gerichtsakten, sonstige Unterlagen für die Begutachtung und Untersuchungsergebnisse herauszugeben bzw mitzuteilen. Das kommt nach Fertigstellung des Gutachtens, bei Unterbrechung des Prozesses, bei Verzögerung der Gutachtenserstattung, bei **7** Entziehung des Gutachtenauftrags in Betracht. – **Im Weigerungsfalle** ordnet das Ger durch Beschluss oder Verfügung des Vorsitzenden die Herausgabe der gegenständlich bestimmt zu bezeichnenden Unterlagen an; außerdem Kostensanktion in § 409 Abs 1 S 1.

§ 408 Gutachtenverweigerungsrecht

(1) ¹**Dieselben Gründe, die einen Zeugen berechtigen, das Zeugnis zu verweigern, berechtigen einen Sachverständigen zur Verweigerung des Gutachtens. ²Das Gericht kann auch aus anderen Gründen einen Sachverständigen von der Verpflichtung zur Erstattung des Gutachtens entbinden.**

(2) ¹Für die Vernehmung eines Richters, Beamten oder einer anderen Person des öffentlichen Dienstes als Sachverständigen gelten die besonderen beamtenrechtlichen Vorschriften. ²Für die Mitglieder der Bundes- oder einer Landesregierung gelten die für sie maßgebenden besonderen Vorschriften.

(3) Wer bei einer richterlichen Entscheidung mitgewirkt hat, soll über Fragen, die den Gegenstand der Entscheidung gebildet haben, nicht als Sachverständiger vernommen werden.

1. Der Sachverständige darf das Gutachten verweigern, wenn 1 für ihn keine Pflicht nach § 407 besteht oder aus den Zeugnisverweigerungsgründen (§§ 383, 384). Verfahren nach §§ 386–389. Die Entscheidung des ProzGer erübrigt sich, wenn dieses oder der Richterkommissar den Sachverständigen auswechselt (§ 404 Rn 3, § 360 Rn 4).

2. Befreiung von der Gutachtertätigkeit. – a) Zulässig nach 2 Ermessen des Ger (Abs 1 S 2), auch des Richterkommissars (§ 360 S 3). **– b) Geboten** im Falle des Abs 3. Verletzung ist prozessual belanglos. 3 Hierher gehören auch Mitwirkung in einem Schieds-, Ehren- oder Disziplinargericht. Die §§ 386 ff sind in diesen beiden Fällen nicht anwendbar.

3. Beamte usw (Abs 2) bedürfen zur Gutachtertätigkeit der Genehmigung nach den in § 376 Rn 1 genannten Gesetzen. 4

§ 409 Folgen des Ausbleibens oder der Gutachtenverweigerung

(1) ¹Wenn ein Sachverständiger nicht erscheint oder sich weigert, ein Gutachten zu erstatten, obgleich er dazu verpflichtet ist, oder wenn er Akten oder sonstige Unterlagen zurückbehält, werden ihm die dadurch verursachten Kosten auferlegt. ²Zugleich wird gegen ihn ein Ordnungsgeld festgesetzt. ³Im Falle wiederholten Ungehorsams kann das Ordnungsgeld noch einmal festgesetzt werden.

(2) Gegen den Beschluß findet sofortige Beschwerde statt.

Abs 2 geändert mWv 1. 1. 2002 durch Art 2 Abs 1 Nr 64 ZPO-RG.

1. Voraussetzungen für Maßnahmen bei Nichterscheinen. – 1 **a)** Ladung wie § 380 Rn 1. – **b)** Pflicht des Sachverständigen zum Erscheinen. Sie besteht nur für Personen, die unter § 407 fallen und auch für diese nicht in den Fällen der §§ (402) 375 Abs 2, 382, 386 Abs 3. – **c)** Nichterscheinen und fehlende Entschuldigung wie § 380 Rn 3, 4.

2. Voraussetzung für Maßnahmen bei Weigerung. Wie in § 390 2 Rn 1. Zusätzlich muss der Sachverständige nach § 407 zur Gutachtertätigkeit verpflichtet sein.

3. Voraussetzung für Maßnahmen bei Zurückbehaltung von 3 **Unterlagen.** Es handelt um die in § 407 a Abs 4 (dort Rn 7) genannten

Unterlagen. Das Ger muss die Herausgabe durch Beschluss oder Verfügung unter Hinweis auf die Kostenpflicht angeordnet haben.

4   **4. Folgen** bei Nichterscheinen, Verweigerung des Gutachtens und
Zurückhaltung von Unterlagen: Auferlegung der dadurch verursachten
Kosten durch Beschluss nach rechtlichem Gehör, Ordnungsgeld, auch
5   mehrmals (§ 380 Rn 7; umstr). – **Rechtsmittel** (Abs 2) wie §§ 380
Rn 12, 390 Rn 5.

§ 410 Sachverständigenbeeidigung

(1) [1]**Der Sachverständige wird vor oder nach Erstattung des
Gutachtens beeidigt.** [2]**Die Eidesnorm geht dahin, daß der Sachverständige das von ihm erforderte Gutachten unparteiisch und
nach bestem Wissen und Gewissen erstatten werde oder erstattet
habe.**

(2) **Ist der Sachverständige für die Erstattung von Gutachten
der betreffenden Art im allgemeinen beeidigt, so genügt die
Berufung auf den geleisteten Eid; sie kann auch in einem schriftlichen Gutachten erklärt werden.**

1   **1. § 410 regelt nur das Wie der Beeidigung.** Für die Frage, ob zu
beeidigen ist, gilt wegen § 402 (BGH NJW 98, 3355) das zu § 391
Gesagte mit geringen Abweichungen: Auch Voreid ist zulässig, er deckt
ein späteres schriftliches Gutachten. Bei Zweifeln an der Richtigkeit der
Aussage wird nicht der Eid abzunehmen, sondern ein anderer Sachverständiger zu bestellen sein. Die Eidesverbote des § 393 kommen begrifflich nicht in Betracht. Verfahren bei Abnahme des Eides §§ 478 ff.
Eidesstattliche Versicherung bei schriftlichem Gutachten § 411 Rn 2.
Bei unberechtigter Eidesverweigerung gilt § 409 entspr.

2   **2. Zulässigkeit der allgemeinen Beeidigung** (Abs 2) und das Verfahren dabei sind Sache der Länder.

§ 411 Schriftliches Gutachten

(1) [1]**Wird schriftliche Begutachtung angeordnet, so hat der
Sachverständige das von ihm unterschriebene Gutachten auf der
Geschäftsstelle niederzulegen.** [2]**Das Gericht kann ihm hierzu
eine Frist bestimmen.**

(2) [1]**Versäumt ein zur Erstattung des Gutachtens verpflichteter
Sachverständiger die Frist, so kann gegen ihn ein Ordnungsgeld
festgesetzt werden.** [2]**Das Ordnungsgeld muß vorher unter Setzung einer Nachfrist angedroht werden.** [3]**Im Falle wiederholter
Fristversäumnis kann das Ordnungsgeld in der gleichen Weise
noch einmal festgesetzt werden.** [4]**§ 409 Abs. 2 gilt entsprechend.**

(3) **Das Gericht kann das Erscheinen des Sachverständigen
anordnen, damit er das schriftliche Gutachten erläutere.**

(4) ¹Die Parteien haben dem Gericht innerhalb eines angemessenen Zeitraums ihre Einwendungen gegen das Gutachten, die Begutachtung betreffende Anträge und Ergänzungsfragen zu dem schriftlichen Gutachten mitzuteilen. ²Das Gericht kann ihnen hierfür eine Frist setzen; § 296 Abs. 1, 4 gilt entsprechend.

1. Erstattung des Gutachtens. Nach Ermessen des Gerichts (Köln **1** VRS 99, 322): – **a) Mündlich** durch Vernehmung des Sachverständigen gemäß §§ 402, 395 ff. Handelt es sich um schwierige, insbesondere medizinische Fragen, zu denen die Partei nicht sachkundig ist, muss sie Gelegenheit haben, nach Vorliegen des Vernehmungsprotokolls nochmal nach Einholung sachverständiger Beratung Stellung zu nehmen (BGH NJW 82, 1335). Dies gilt auch für die sachkundige Partei, wenn die mündliche Vernehmung des Sachverständigen neue Beurteilungen ergibt (BGH NJW 01, 2796). Wenn zur Wahrung des Rechts auf rechtliches Gehör nötig, ist dazu neuer Termin zu bestimmen (BGH NJW 88, 2302; § 156 Rn 7). – **b) Schriftlich.** Die Beschränkungen in § 377 **2** Abs 3 gelten nicht (BGH 6, 399), eidesstattliche Versicherung (Fassung nach § 410) kann, muss aber nicht verlangt werden. Fakultative Fristsetzung nach Abs 1 S 1. Das Gutachten ist eigenhändig zu unterschreiben und auf der Geschäftsstelle niederzulegen, sein Inhalt ist von den Parteien vorzutragen (§ 285 Abs 2) oder in Bezug zu nehmen (§ 137 Abs 3). – **c) Privatgutachten** Rn 5 vor § 402. **3**

2. Ordnungsgeld wegen Fristversäumung (Abs 2) ist zulässig **4** nach Setzung einer Nachfrist unter Androhung. Wegen des Ordnungsgeldes, seiner Vollstreckung und Wiederholung sowie Rechtsmittel auch schon gegen die Androhung mit Nachfristsetzung (München VersR 80, 1078) § 380 Rn 5–13. Hartnäckige Fristversäumung kann als Weigerung aufgefasst werden und neben § 411 zu Maßnahmen nach § 409 oder zur Abberufung des Sachverständigen führen.

3. Zur Erläuterung des Gutachtens kann das Gericht vAw den **5** Sachverständigen laden (Abs 3) oder eine schriftliche Gutachtenergänzung herbeiführen. Es muss dies, auch im selbständigen Beweisverfahren (Düsseldorf NJW 00, 3364) tun, wenn das Gutachten in einem entscheidungserheblichen Punkt unklar oder zweifelhaft ist (BGH NJW 82, 2874; 01, 3269), wenn es von einem anderen Sachverhalt ausgeht als dem, den das Ger seiner Entscheidung zugrundelegen will (BGH NJW 81, 2009; 97, 1446 u 3096), oder wenn eine Partei die Befragung des Sachverständigen beantragt (§§ 402, 397), auch wenn das Ger eine Erläuterung für nicht notwendig hält (BVerfG NJW 98, 2273, BGH NJW 97, 802; 98, 162); der Antrag darf nur abgelehnt werden, wenn er verspätet oder rechtsmissbräuchlich gestellt ist (BVerfG aaO), außer wenn das Ger vAw noch Aufklärungsbedarf sieht. Zur Auseinandersetzung mit medizinischen Gutachten § 286 Rn 4. Erläuterung auch, wenn eine Partei substantiierte, nicht von vornherein widerlegbare Einwendungen gegen das Gutachten erhebt (Abs 4, BGH NJW 86,

2886), insbes in Form eines Privatgutachtens (BGH NJW 97, 794, NJW-RR 00, 44). Nichtauseinandersetzung mit abweichenden Privatgutachten kann das Recht auf rechtliches Gehör verletzen (BVerfG NJW 97, 122). Nicht aufgelöste Widersprüche und Abweichungen, die sich aus einzelnen Erklärungen desselben Sachverständigen (BGH NJW 93, 269, 2419) oder mehrerer (BGH NJW 94, 15; 96, 2419), auch privater (BGH NJW 98, 2735, NJW-RR 00, 44) ergeben, muss das Gericht klären (BGH NJW 96, 1597; 97, 794; 01, 3054/3056). Ist der Sachverständige nach Vorlage des Gutachtens verstorben, ist ein anderer zu bestellen (BGH NJW 78, 1633). Für die Erläuterung durch einen ausländischen Sachverständigen gilt § 363 (BGH DB 80, 1794). Sind die Erläuterungen des Sachverständigen zu seinem Gutachten in 1. Instanz nicht nachprüfbar festgestellt worden, so muss ihn das BerGer erneut anhören (BGH NJW-RR 87, 1197) bzw erstmals, wenn die Anhörung verfahrenswidrig unterblieben ist (BGH NJW 96, 788). Vgl
6 auch § 398 Rn 6. – Dem Antrag auf **Vernehmung als sachverständiger Zeuge** über ein beweiserhebliches Thema, zB die Feststellungen des Sachverständigen bei der Besichtigung, muss das Ger jedenfalls stattgeben (BGH ZfBR 90, 277).

7 **4. Einwendungen und Anträge der Parteien,** Abs 4. Die Parteien müssen die für den Einzelfall angemessene Zeit zur Verarbeitung des Gutachtens haben, im Bedarfsfall auch unter Zuziehung eigener Sachverständiger (BGH NJW 82, 1335; 88, 2302). Sie sind dann gehalten, die erläuterungsbedürftigen Punkte hinreichend konkret zu bezeichnen (BVerwG NJW 96, 2318), zB Hinweis auf Lücken, Widerspruch, gegenteilige Auffassung in der Fachliteratur, insbes die zu stellenden Fragen schriftlich anzukündigen; Anträge zu stellen, zB auf Erläuterung oder Ergänzung des Gutachtens im nächsten Termin (BGH NJW 75, 2142), Beeidigung des Sachverständigen, Einholung eines weiteren oder Obergutachtens. Das Ger, nicht allein der Vorsitzende, kann und sollte dafür eine angemessene Frist in unmissverständlicher Form (BGH NJW-RR 01, 1431) setzen. Ihre unentschuldigte Versäumung führt unter den Voraussetzungen des § 296 Abs 1 zur Zurückweisung des verspäteten Vorbringens, außer wenn die Anhörung des Sachverständigen vAw (Rn 5, BGH NJW-RR 97, 1487) geboten ist, auch in 2. Instanz (BGH NJW 92, 1459). Der Antrag ist ferner zurückzuweisen, wenn er rechtsmissbräuchlich gestellt ist, dh wenn er überhaupt nicht oder völlig unsubstantiiert begründet wird (BGH NJW 94, 1286). Gegen Zurückweisung in 1. Instanz sofortige Beschwerde (§ 567 Abs 1 Nr 2).

§ 412 Neues Gutachten

(1) **Das Gericht kann eine neue Begutachtung durch dieselben oder durch andere Sachverständige anordnen, wenn es das Gutachten für ungenügend erachtet.**

(2) **Das Gericht kann die Begutachtung durch einen anderen Sachverständigen anordnen, wenn ein Sachverständiger nach Erstattung des Gutachtens mit Erfolg abgelehnt ist.**

1. Weiteres Gutachten. Jedes Gutachten unterliegt der freien Beweiswürdigung (§ 286), es ist auf seine Verwertbarkeit, Geschlossenheit, fachliche Stichhaltigkeit und Überzeugungskraft frei nachprüfbar. Unverwertbar ist ein Gutachten nach erfolgreicher Ablehnung des Sachverständigen. Außerdem wegen Verletzung des Rechts auf rechtliches Gehör die Ertragswertschätzung eines Grundstücks, wenn der Gutachter die Vergleichsobjekte und -Preise nicht konkret benennt (BGH NJW 94, 2899: neues Gutachten nötig; BverfG NJW 97, 1909: Verstoß gegen Art 2 Abs 1 GG). Grundsätzlich ebenso, wenn das Gutachten auf Geschäftsunterlagen beruht, die eine der Parteien nicht auch dem Gegner zur Verfügung gestellt hat und die im Verfahren nicht offengelegt werden (BGH NJW 92, 1817). Sonst steht die Einholung eines weiteren Gutachtens im Ermessen des Ger und ist nur ausnahmsweise geboten. So darf und muss das Ger, wenn es aus dem Gutachten trotz Ergänzung oder Anhörung des Sachverständigen keine sichere Überzeugung gewinnt (BGH NJW 01, 3054/3056), eine neue Begutachtung anordnen, zB wenn besonders schwierige Fragen zu lösen oder grobe Mängel der vorhandenen Gutachten wie Unvollständigkeit (BGH NJW 96, 730; 01, 1787) nicht zu beseitigen sind, wenn die Sachkunde des früheren Gutachters zweifelhaft ist (BayObLG NJW 86, 2892), wenn es in anderer Weise nicht aufklärbare Widersprüche enthält (BGH VersR 82, 849), wenn der neue Gutachter über überlegene Forschungsmittel verfügt (BGH NJW 99, 1778). – **Verfahren.** Anordnung und Ablehnung eines neuen Gutachtens ergehen ohne mdl Vhdlg, auch durch den Richterkommissar (§ 360 S 2, 3) und sind als Teil des Beweisbeschlusses unanfechtbar (Düsseldorf NJW-RR 98, 933, Köln NJW-RR 00, 729). Mit Widersprüchen der beiden Gutachten muss sich das Urt auseinandersetzen und nachvollziehbar begründen, weshalb es welchem Gutachten folgt (BGH NJW 92, 2291, NJW-RR 96, 783/786).

2. Obergutachten. Die ZPO kennt den Begriff nicht. Das Ger kann es nach pflichtgemäßem Ermessen ausnahmsweise einholen bei besonders schwierigen Fragen (BayObLG RPfleger 80, 189). Wenn mehrere Gutachten (Rn 1) zu unterschiedlichen Ergebnissen kommen und der Richter ohne einleuchtende, logisch nachvollziehbare Begründung nicht dem einen den Vorzug geben kann, muss er die abweichenden tatsächlichen Grundlagen und/oder Wertungen herausarbeiten und versuchen, durch weitere Aufklärung, mündliche Erläuterung, ggf durch Einholung eines Obergutachtens den Widerspruch aufzuklären (BGH VersR 80, 535, NJW 87, 442, Broß ZZP 102, 413/434). Obergutachter sollte ein Sachverständiger sein, der kraft überragender Sachkunde oder besonderer Autorität die durch gegensätzliche Auffassung mehrerer Sachverständiger entstandenen Zweifel klären kann.

§ 413 Sachverständigenentschädigung

Der Sachverständige wird nach dem Gesetz über die Entschädigung von Zeugen und Sachverständigen entschädigt.

1 Vgl die Rn zu § 401.

Der Sachverständige verliert seinen Entschädigungsanspruch, wenn er durch eine vorsätzliche oder grob fahrlässige Pflichtverletzung die Unverwertbarkeit seines Gutachtens herbeiführt, sei es wegen erfolgreicher Befangenheitsablehnung, sei es wegen schwerer inhaltlicher Mängel (Koblenz BB 93, 1975); nicht bei nur leichter Fahrlässigkeit (BGH NJW 76, 1154).

§ 414 Sachverständige Zeugen

Insoweit zum Beweise vergangener Tatsachen oder Zustände, zu deren Wahrnehmung eine besondere Sachkunde erforderlich war, sachkundige Personen zu vernehmen sind, kommen die Vorschriften über den Zeugenbeweis zur Anwendung.

1 **Abgrenzung der Beweismittel Zeuge und Sachverständiger** Rn 1 vor § 373 und Rn 1, 2 vor § 402. Eine Person, die über die Wahrnehmung vergangener Tatsachen berichtet und daraus Schlüsse zieht, ist Zeuge und Sachverständiger, zB der Arzt, der über früher bei der Untersuchung festgestellte Krankheitssymptome berichtet und daraus Schlüsse auf Ursache und Wirkung der Erkrankung zieht. Soweit es **nur** um die Wahrnehmung vergangener Tatsachen oder Zustände geht, bleibt die Vernehmungsperson Zeuge, auch wenn diese Wahrnehmung besondere Sachkunde voraussetzt; es gelten dann nur die Vorschriften über den Zeugenbeweis, nicht §§ 402 ff. Ebenso, wenn ein von einer Partei zugezogener Sachverständiger im Rechtsstreit nur über seine bei der früheren Besichtigung des Streitobjekts getroffenen Feststellungen vernommen wird (BGH MDR 74, 382).

Titel 9. Beweis durch Urkunden

Vorbemerkung

1 **1. Begriff, Beweisgegenstand, Arten. – Urkunde** iS der ZPO ist die Verkörperung einer Gedankenäußerung in Schriftzeichen. Der Begriff ist enger als im Strafrecht. Beweisgegenstand ist der Gedankeninhalt des Schriftstücks. Abgrenzung zum Augenschein Rn 1 vor § 371. Für den Urkundenbegriff spielen keine Rolle das Material, die Art der Herstellung, der Zweck der Errichtung, die Bedeutung des Inhalts und das Fehlen einer Unterschrift (Köln NJW 92, 1774: auch Telefax). Der Art nach sind wegen unterschiedlicher Beweiskraft zu unterscheiden, die öffentliche (§§ 415, 417, 418) und die Privaturkunde (§ 416).

2. Beweisverfahren. – a) Beweisantrag ist im Bereich des Ver- 2
handlungsgrundsatzes (Einl I Rn 1–4) regelmäßig nötig (§§ 420 ff).
Ausnahmen: §§ 142, 143, 273 Abs 2 Nr 1, 2; ferner §§ 258 ff, 102
HGB. Der Beweisantritt ist verschieden, je nachdem sich die Urkunde
in Händen des Beweisführers (§ 420), seines Gegners (§§ 421–427),
eines Dritten (§§ 428–431) oder einer Behörde (§ 432) befindet. Die
Partei muss klarstellen, welche Urkunden oder Aktenteile sie für erheblich hält, der Antrag auf Beziehung von Akten anderer Behörden
schlechthin genügt nicht. Selbst wenn sie trotzdem beigezogen werden,
gehören nur solche Aktenteile zum Prozessstoff, auf die sich eine Partei
erkennbar berufen hat und die einen von den Parteien vorgetragenen
Sachverhalt betreffen (BGH NJW 94, 3295). – **b) Anordnung der** 3
Beweiserhebung entspr den vorgenannten Modalitäten. – **c) Die Be-** 4
weisaufnahme geschieht in mdl Vhdlg durch Vorlage, Vortrag oder
Bezugnahme und Einsichtnahme seitens des Gerichts. Im schriftlichen
und Aktenlageverfahren Mitteilung an die Parteien vom Eingang der
Urkunde entspr § 362 Abs 2. – **d) Beweiswürdigung.** Für sie gelten 5
primär Beweisregeln (§§ 415–418; Rn 6–8), iü die freie Überzeugung
des Ger (§§ 419, 286).

3. Beweiskraft hat die Urkunde nur, wenn ihre Echtheit feststeht 6
(§ 437 Rn 1) – **a) Formelle Beweiskraft.** Für sie stellen §§ 415–418
bindende Regeln auf, durch die § 286 ausgeschlossen ist. Sie bestimmen,
unter welchen Voraussetzungen der Inhalt der Urkunde (die Abgabe der
Erklärung, der Eintritt einer Tatsache) bewiesen ist. – **b) Materielle** 7
Beweiskraft. Die Bedeutung der bewiesenen Tatsache für das Beweisthema und für das Urteil entscheidet der Richter frei durch Subsumtion,
durch Auslegung (zB ob die bewiesene Erklärung ein Bürgschaftsver-
sprechen ist) oder freie Beweiswürdigung (zB ob die Eintragung in das
Geschäftsbuch des Kaufmanns ein genügendes Indiz für den wirklichen
Abschluss des Geschäfts ist). – **c) Verwertung von Urkunden aus** 8
anderen Akten, zB Vernehmungsniederschriften oder Gutachten als
Urkundenbeweis § 286 Rn 11 und Rn 3 vor § 402.

§ 415 Beweiskraft öffentlicher Urkunden über Erklärungen

**(1) Urkunden, die von einer öffentlichen Behörde innerhalb
der Grenzen ihrer Amtsbefugnisse oder von einer mit öffentlichem Glauben versehenen Person innerhalb des ihr zugewiesenen Geschäftskreises in der vorgeschriebenen Form aufgenommen sind (öffentliche Urkunden), begründen, wenn sie über eine
vor der Behörde oder der Urkundsperson abgegebene Erklärung
errichtet sind, vollen Beweis des durch die Behörde oder die
Urkundsperson beurkundeten Vorganges.**

**(2) Der Beweis, daß der Vorgang unrichtig beurkundet sei, ist
zulässig.**

1   **1. Öffentliche Urkunde. – a)** Ausstellung durch eine **öffentliche Behörde,** dh eine Einrichtung, die auf dem am Ort der Ausstellung geltenden öffentl Recht beruht und die nach ihrer Organisation von einzelnen Beamten unabhängig ist (BGH 6, 306; 3, 116), oder durch eine **mit öffentlichem Glauben versehene Person.** Sie sind durch Gesetz allg oder beschränkt zu Beurkundungen ermächtigt, zB Notare, RAe bei Ausstellung eines Empfangsbekenntnisses nach §§ 174, 195 (BGH NJW 90, 2125), Standesbeamte, Gerichtsvollzieher, Urkundsbeamte, Konsuln; nicht Handelsmakler (§§ 93 ff HGB). Keine öffentliche Behörde ist die Deutsche Post AG (VG Frankfurt NJW 97, 3329;
2   aA Frankfurt NJW 96, 3159). – **b) Innerhalb der Grenzen ihrer Amtsbefugnisse,** dh unter Einhaltung der vom Gesetz bestimmten sachlichen Zuständigkeit. In diesem Rahmen sind auch Urkunden über
3   private Rechtsgeschäfte öffentl Urkunden (BGH 6, 307). – **c) In der vorgeschriebenen Form,** dh unter Einhaltung der zwingenden Formvorschriften, zB §§ 8 ff BeurkG, muss die Urkunde ausgestellt sein. Ist sie formunwirksam, kann ihr die Beweiskraft des § 416 zukommen (BGH 136, 357/367).

4   **2. Beweisregel.** Allg Rn 6–8 vor § 415. – **a) Voraussetzung** ist, dass die öffentl Urkunde echt (§§ 437 ff), äußerlich mangelfrei (§ 419) und über eine Erklärung errichtet ist, die vor der Behörde oder Urkundsperson abgegeben wurde (zB Auflassung, Ehekonsens). Gilt nicht für nicht abgezeichnete Änderungen am Rande notarieller Urkunden (BGH NJW 94, 2768). Öffentl Urkunden anderen Inhalts §§ 417 (Willensäußerung der Behörde selbst) und 418 (Beurkundung anderer Tatsa-
5   chen als Erklärungen). – **b) Wirkung:** Die formelle Beweiskraft erstreckt sich ohne Rücksicht auf die Überzeugung des Ger darauf, dass alle Erklärungen, die Rechtswirkungen erzeugen, vollständig und richtig nach Inhalt und Begleitumständen (Zeit, Ort) wiedergegeben sind (BGH NJW-RR 98, 1470). Ob die Erklärung inhaltlich richtig (zB Name und Identität des Erklärenden) und wirksam (zB Anfechtung) ist, unterliegt der freien Würdigung nach § 286. Für außerhalb der Urkunde liegende Umstände trägt die Partei die Beweislast, die sich auf sie beruft (BGH NJW 99, 1702).

6   **3. Gegenbeweis** (Abs 2). – **a) Zulässig** im Umfang der Beweisregel des Abs 1 dahin, dass die Beurkundung objektiv unrichtig ist. Es muss voll bewiesen werden (BGH 16, 227), dass die Erklärung nicht oder nach Zeit, Ort oder Inhalt anders abgegeben wurde. Da für die Beweisregel des Abs 1 die Überzeugung des Ger belanglos ist, genügt für den Gegenbeweis ihre bloße Erschütterung nicht. Durch Parteivernehmung kann er nicht geführt werden, § 445 Abs 2 (BGH NJW 65, 1714). –
7   **b) Ausnahmen** von Abs 2 sind §§ 165 S 2, 314 S 2. – **c) Unabhängig**
8   **von Abs 2** ist jede Beweisführung gegen die Echtheit der Urkunde (§ 437) und gegen ihre materielle Beweiskraft (Rn 7 vor § 415), also gegen die Richtigkeit (zB Quittung, BGH WM 79, 1157) oder die Wirksamkeit (zB Anfechtung, BGH 71, 260) der als abgegeben bewiese-

nen Erklärung. Für diese Beweisführung genügt im Gegensatz zu Rn 6, dass die Überzeugung des Ger erschüttert wird (BGH WM 79, 1157).

§ 416 Beweiskraft von Privaturkunden

Privaturkunden begründen, sofern sie von den Ausstellern unterschrieben oder mittels notariell beglaubigten Handzeichens unterzeichnet sind, vollen Beweis dafür, daß die in ihnen enthaltenen Erklärungen von den Ausstellern abgegeben sind.

1. Begriff. Privaturkunden sind alle Schriftstücke, auch körperlich 1 nicht verbundene Einzelblätter (BGH 136, 357/367), die zwar Urkunde (1 vor § 415), aber nicht öffentliche Urkunde (§ 415 Rn 1) sind. Privaturkunde bleibt sie auch bei Beglaubigung der Unterschrift. Vorzulegen ist das Original (BGH WM 93, 1801).

2. Beweisregel. Vgl auch Rn 6–8 vor § 415. – **a) Voraussetzung** 2 ist, dass die Privaturkunde **echt** (§ 437 Rn 1; BGH 104, 172), äußerlich **mangelfrei** (§ 419) und vom Aussteller **unterschrieben** ist. Die Unterschrift muss den ganzen Text decken, kann auch blanko erteilt sein und darf keinen Zweifel über die Identität lassen. Familienname oder Firma genügen regelmäßig, nach Lage des Falles genügt Vor-, Deck- oder Spitzname. Nicht nötig eigenhändig, ein Vertreter kann mit dem Namen des Vertretenen unterschreiben, wenn dieser das weiß und will. Nicht nötig handschriftlich, Unterstempelung, Telegramm, auch fernmündlich aufgegebenes und zugesprochenes, genügen. Ob die Unterschrift materiellrechtlich wirksam ist, richtet sich nach § 126 BGB. § 416 gilt nicht, auch nicht entsprechend, für eine Unterzeichnung am oberen Rand des Schriftstücks (BGH 113, 48: „Oberschrift") oder neben dem Text (BGH NJW 92, 829: „Nebenschrift"). – **b) Wirkung.** 3 Die formelle Beweiskraft erstreckt sich ohne Rücksicht auf die Überzeugung des Ger (aA Britz ZZP 110, 61) darauf, dass der Aussteller die in der Urkunde enthaltene, nach allgemeinen Regeln auszulegende (BGH NJW 95, 1683) Erklärung abgegeben, dh geäußert und abgesendet hat; nicht dass sie zugegangen, inhaltlich richtig und rechtswirksam ist und – anders in § 415 – nicht auf die Begleitumstände (Zeit und Ort). Für all das gilt § 286 (BGH NJW 86, 3086, WM 93, 1801), wobei allerdings zwischen den Vertragsparteien der Erfahrungssatz besteht, dass unterschriebene Vertragsurkunden die vollständigen Willenserklärungen der Vertragspartner richtig wiedergeben (BGH NJW 99, 1702). Diese Vermutung ist nicht allein dadurch widerlegt, dass die Urkunde nicht an dem angegebenen, sondern an einem späteren Datum unterschrieben wurde (BGH WM 87, 938).

3. Gegenbeweis. – a) Richtung. Er richtet sich gegen die formelle 4 Beweiskraft und ist begrifflich nur dahin denkbar, dass die Urkunde dem Aussteller entzogen worden sei. Parteivernehmung unzulässig (§ 445 Abs 2; § 415 Rn 6). – **b) Unabhängig von § 416** ist zu würdigen die 5 Echtheit der Urkunde (§§ 437 ff), wozu auch Missbrauch einer Blankounterschrift gehört; ferner ihre materielle Beweiskraft (BGH WM 88, 524), also Zugehen, Richtigkeit, Vollständigkeit und Wirksamkeit der Erklärung, zB Anfechtung wegen Täuschung, Erschleichen der Unterschrift, Irrtum, weil nicht gelesen oder nicht verstanden. Beweislast, wer sich darauf beruft (BGH NJW 99, 1702).

§ 417 Beweiskraft öffentlicher Urkunden über amtliche Anordnung; Verfügung oder Entscheidung

Die von einer Behörde ausgestellten, eine amtliche Anordnung, Verfügung oder Entscheidung enthaltenden öffentlichen Urkunden begründen vollen Beweis ihres Inhalts.

1   **1. Voraussetzungen.** Von einer Behörde ausgestellte, öffentliche Urkunde (§ 415 Rn 1). Sie muss echt (§ 437 Rn 1) und äußerlich mangelfrei sein (§ 419). Sie muss in Abgrenzung zu § 415 und § 418 eine Willenserklärung der Behörde selbst enthalten, zB Gerichtsurteil, Verwaltungsanordnung.

2   **2.** Die **Beweiskraft** erstreckt sich darauf, dass die Anordnung, Verfügung oder Entscheidung nach Inhalt und Begleitumständen (Ort, Zeit, Teilnahme) ergangen, nicht dass sie sachlich richtig ist. Gegenbeweis ist insoweit ausgeschlossen, wegen Fehlens einer dem § 415 Abs 2 entspr Vorschrift auch gegen die Begleitumstände (RoSchw/Gottwald § 121 II 2 a (2); StJLeipold 3). Unabhängig von § 417 ist jede Beweisführung gegen die Echtheit der Urkunde und gegen die Wirksamkeit der Anordnung oder Entscheidung (Aufhebung auf Rechtsbehelf).

§ 418 Beweiskraft öffentlicher Urkunden mit anderem Inhalt

(1) Öffentliche Urkunden, die einen anderen als den in den §§ 415, 417 bezeichneten Inhalt haben, begründen vollen Beweis der darin bezeugten Tatsachen.

(2) Der Beweis der Unrichtigkeit der bezeugten Tatsachen ist zulässig, sofern nicht die Landesgesetze diesen Beweis ausschließen oder beschränken.

(3) Beruht das Zeugnis nicht auf eigener Wahrnehmung der Behörde oder der Urkundsperson, so ist die Vorschrift des ersten Absatzes nur dann anzuwenden, wenn sich aus den Landesgesetzen ergibt, daß die Beweiskraft des Zeugnisses von der eigenen Wahrnehmung unabhängig ist.

1   **1. Voraussetzungen.** Öffentl Urkunde (§ 415 Rn 1), auch ausländische (BVerwG NJW 87, 1159). Sie muss echt (§ 437 Rn 1) und äußerlich mangelfrei (§ 419) sein. Sie muss in Abgrenzung zu § 415 und § 417 eine andere Tatsache als die Abgabe einer Erklärung beurkunden, nämlich Wahrnehmungen oder Handlungen der Urkundsper-
2   son oder Dritter (sog Zeugnisurkunde). – **Beispiele:** Augenscheinspro-

tokoll, Zustellungsurkunde durch Postbedienstete oder Justizbedienstete (§ 182 Abs 1 S 2, BGH NJW 98, 1716), Gerichtsvollzieherprotokoll (Köln NJW-RR 86, 863), Wechselprotest gem Art 79 WG (BVerwG NJW 86, 2127), Unterschriftsbeglaubigung, Eingangsstempel der Behörde (BGH NJW 98, 461). – **Nicht hierher gehören** Urkunden, die 3 ein Urteil abgeben, zB Feststellung des Notars über Testierfähigkeit, Konsulatszeugnis über Staatsangehörigkeit und solche beurkundeten Tatsachen oder Wahrnehmungen, von denen nicht gewährleistet ist, dass die Urkundsperson sie selbst verwirklicht oder zuverlässig festgestellt hat, zB dass der Zustellungsempfänger iF der Ersatzzustellung nach § 180 wirklich unter der angegebenen Adresse wohnt (BVerfG NJW 92, 224); die Beurkundung hat insoweit nur Indizwirkung (Düsseldorf MDR 98, 1499). Rückzahlschein an Postsparer (anders früher BGH WM 93, 744).

2. Beweiskraft. – a) Bezeugt die Urkunde eine eigene Wahr- 4 **nehmung** oder Handlung der Behörde oder Urkundsperson, so ist diese voll bewiesen. Das in § 415 Rn 5 Gesagte gilt sinngemäß. Die Zustellungsurkunde beweist nicht, dass der Adressat unter der angegebenen Anschrift wohnt (BGH NJW 92, 1963). – **Gegenbeweis** (§ 415 Rn 6) 5 ist gem Abs 2 zulässig, sofern nicht Bundes- (BGH LM § 418 Nr 3; zB §§ 165 S 2, 314 S 2) oder Landesgesetze ihn beschränken oder ausschließen. Der Beweisantrag muss substantiiert sein, bloßes Bestreiten der in einer Zustellungsurkunde beurkundeten Tatsachen unter Benennung des Zustellungsbeamten genügt nicht (BVerwG NJW 85, 1179). Er kann nicht durch Parteivernehmung geführt werden, § 445 Abs 2 (§ 415 Rn 6). An den Beweis für ein falsches Datum auf dem Empfangsbekenntnis eines RA sind strenge Anforderungen zu stellen (BGH NJW 87, 1334), weniger strenge für gerichtsinterne Vorgänge wie Eingangsstempel (BGH NJW 00, 1872); jedoch genügt die bloße Möglichkeit eines anderen Geschehensablaufs nicht als Gegenbeweis (BGH NJW-RR 01, 280). Es gilt Freibeweis (6 vor § 284, BGH NJW-RR 01, 280). Soweit für die bezeugte Tatsache Glaubhaftmachung genügt, reicht sie auch für die Widerlegung (BGH VersR 73, 186). – **b) Bezeugt die** 6 **Urkunde eine fremde Wahrnehmung** oder Handlung (Abs 3), so ist diese voll bewiesen, soweit Bundes- (zB §§ 60, 66 PStG) oder Landesgesetze das vorschreiben. Iü unterliegen sie freier Beweiswürdigung. **Gegenbeweis** wie Rn 5.

§ 419 Beweiskraft mangelbehafteter Urkunden

Inwiefern Durchstreichungen, Radierungen, Einschaltungen oder sonstige äußere Mängel die Beweiskraft einer Urkunde ganz oder teilweise aufheben oder mindern, entscheidet das Gericht nach freier Überzeugung.

1. Der **Geltungsbereich** erstreckt sich auf öffentl und private Ur- 1 kunden. Ein äußerer Mangel liegt vor, wenn das äußere Erscheinungs-

bild eine Änderung der Urkunde nach Unterzeichnung als möglich
erscheinen lässt (BGH NJW-RR 87, 1151). Das sind außer den Beispielen im Text das Fehlen von Teilen, Risse, Flecken, unleserliche,
zerknitterte oder zusammengeklebte Stellen, auffälliges Schriftbild, un-
gewöhnliche Anordnung der Erklärung auf dem Papier (Köln NJW-RR
99, 1509), Überstempelung des Eingangsstempels mit einem anderen
Datum (BGH WM 91, 2008), Format der Urkunde, das auf nachträgliche Veränderung der ursprünglichen Größe hindeutet (BGH NJW 80,
2   893). Gleich bleibt, ob die Partei den Mangel genehmigt hat. – **Keine
Mängel** sind Änderungen unter Einhaltung gesetzlicher Vorschriften,
die selbst öffentl Urkunden sind (BGH DNotZ 56, 643; zB §§ 12, 22,
29 und 31 PStG). Nicht hierher gehören Formmängel (zB §§ 126 BGB,
8 ff BeurkG).

3   **2. Wirkung** der Mängel ist, dass die Beweisregeln in §§ 415–418
nicht gelten, vielmehr der Grundsatz freier Beweiswürdigung (§ 286)
wiederhergestellt ist, nicht nur für den Mangel, sondern für die Urkunde
als ganzes (BGH NJW 88, 60). Dafür genügt, dass eine nachträgliche
Veränderung der Urkunde nach dem äußeren Erscheinungsbild möglich
ist, sie muss nicht feststehen (BGH NJW 80, 893, NJW-RR 87, 1151).

§ 420 Vorlegung durch Beweisführer; Beweisantritt

Der Beweis wird durch die Vorlegung der Urkunde angetreten.

1   **Anwendungsbereich.** § 420 betrifft den Beweis über den Inhalt
einer Urkunde, die der Beweisführer (§ 379 Rn 2) im unmittelbaren
2   Besitz hat oder sich ohne Hilfe des Ger verschaffen kann. – **Beweisantritt,** Notwendigkeit und Modalitäten Rn 2 vor § 415. Vorzulegen
ist bei Privaturkunden die Urschrift; nur für sie gilt die Beweisregel in
§ 416 (BGH WM 93, 1801). Eine beglaubigte Abschrift unterliegt freier
Beweiswürdigung, § 435 gilt nicht analog (BGH NJW 80, 1047). Das
Anerbieten zur Vorlage genügt als Beweisantritt nur im Falle des § 434.
Bei umfangreichen Urkunden sind die maßgebenden Stellen oder Blätter zu bezeichnen; der Antrag auf Beiziehung ganzer Akten ist kein
echter Beweisantrag (BGH DRiZ 63, 60). Beweisaufnahme Rn 4 vor
§ 415.

§ 421 Vorlegung durch den Gegner; Beweisantritt

**Befindet sich die Urkunde nach der Behauptung des Beweis-
führers in den Händen des Gegners, so wird der Beweis durch
den Antrag angetreten, dem Gegner die Vorlegung der Urkunde
aufzugeben.**

1   **Anwendungsbereich.** § 421 betrifft den Beweis über den Inhalt
einer Urkunde, die der Gegner des Beweisführers angeblich im unmittelbaren oder derart im mittelbaren Besitz hat, dass er sie ohne weiteres
erlangen kann, zB Verwahrungsvertrag (StJLeipold 5). Maßgebender

Zeitpunkt (auch 8 vor § 373) ist die Antragstellung. – Der **Vorlegungs-** 2
antrag (Notwendigkeit und Modalitäten 2 vor § 415, Inhalt: § 424) ist
in mdl Vhdlg, im schriftlichen und Aktenlageverfahren schriftsätzlich zu
stellen, und zwar von der beweisführenden Partei (dem Streitgenossen),
der selbst ein Vorlegungsanspruch zusteht (§§ 422, 423) oder von ihrem
Streithelfer. – **Gegner** sind die Streitgenossen auf der Gegenseite und 3
ihre streitgenössischen Streithelfer (§ 69); die Vorlegungspflicht ist aber
für jeden getrennt zu prüfen. Eigene Streitgenossen und Streithelfer
sowie einfache Streithelfer auf der Gegenseite sind nicht Gegner, sondern Dritte (§§ 428 ff) Beweisanordnung §§ 425, 426; Beweiserhebung
4 vor § 415. – **Unanwendbar** ist § 421 im Urkundenprozess (§ 595 4
Abs 3).

§ 422 Vorlegungspflicht des Gegners nach bürgerlichem Recht

**Der Gegner ist zur Vorlegung der Urkunde verpflichtet, wenn
der Beweisführer nach den Vorschriften des bürgerlichen Rechts
die Herausgabe oder die Vorlegung der Urkunde verlangen kann.**

1. Die prozessuale Vorlegungspflicht des Gegners oder Dritter 1
geht in allen Fällen auf Vorlage der Urkunde an das Gericht. Sie ist im
Prozess überhaupt nicht, durch selbständige Klage nur gegenüber Dritten (§ 429 S 2) erzwingbar (Frankfurt WM 80, 1246). Die Folgen der
Nichterfüllung durch den Gegner regeln §§ 426 ff.

2. Voraussetzungen der Vorlegungspflicht. – **a) Vorlegungs-** 2
anordnung des Ger; – **b)** ein **Beweisinteresse; – c)** unmittelbarer
Besitz an der Urkunde; – **d) Vorlegungsanspruch.** Entstehungstat- 3
bestände für ihn sind – **aa)** prozessrechtlich § 423; – **bb)** die materiell- 4
rechtlichen Ansprüche auf Herausgabe (zB §§ 371, 402, 985, 1144
BGB, Art 50 WG, § 836 Abs 3 ZPO) oder auf Vorlegung der Urkunde
(zB §§ 809, 810 BGB, 118, 166, 233 HGB, 111 Abs 2 AktG und wegen
§ 259 Abs 1 BGB alle Ansprüche auf Rechnungslegung). – **cc)** Öffentl- 5
rechtliche Ansprüche (zB §§ 299, 915, ferner § 258 HGB) genügen
nicht.

§ 423 Vorlegungspflicht des Gegners bei Bezugnahme

**Der Gegner ist auch zur Vorlegung der in seinen Händen
befindlichen Urkunden verpflichtet, auf die er im Prozeß zur
Beweisführung Bezug genommen hat, selbst wenn es nur in
einem vorbereitenden Schriftsatz geschehen ist.**

Die Bestimmung begründet einen selbständigen prozeßrechtlichen 1
Vorlegungsanspruch, § 422 Rn 2, 3. Verlangt ist Bezugnahme auf die
Urkunde als Beweismittel, nicht bloß auf ihren Inhalt. § 134 bleibt
unberührt.

§ 424 Antrag bei Verlegung durch Gegner

[1]Der Antrag soll enthalten:
1. die Bezeichnung der Urkunde;
2. die Bezeichnung der Tatsachen, die durch die Urkunde bewiesen werden sollen;
3. die möglichst vollständige Bezeichnung des Inhalts der Urkunde;
4. die Angabe der Umstände, auf welche die Behauptung sich stützt, daß die Urkunde sich in dem Besitz des Gegners befindet;
5. die Bezeichnung des Grundes, der die Verpflichtung zur Vorlegung der Urkunde ergibt. [2]Der Grund ist glaubhaft zu machen.

1 **1. Bedeutung.** Betrifft den Inhalt des Vorlegungsantrags (§ 421); damit das Gericht Entscheidungs- und Beweiserheblichkeit, Beweiseignung der Urkunde sowie die Verpflichtung zur Vorlage prüfen kann (BGH WM 89, 278).

2 **2. Inhalt des Antrags.** – **Nr 1** bezweckt Feststellung der Identität der Urkunde nach Aussteller und Datum. Ihre Existenz ist nicht zu beweisen, Gegenbeweis ausgeschlossen; das Verfahren richtet sich nach § 426 (StJLeipold 2). – **Nr 2** Tatsachen Rn 13 vor § 284, Ausforschungsbeweis § 284 Rn 3. – **Nr 3** hat Bedeutung wegen § 427. – **Nr 4** soll dem Gegner die Erklärung über seinen unmittelbaren Besitz (§ 425) ermöglichen. – **Nr 5.** Glaubhaftmachung § 294.

§ 425 Anordnung der Vorlegung durch Gegner

Erachtet das Gericht die Tatsache, die durch die Urkunde bewiesen werden soll, für erheblich und den Antrag für begründet, so ordnet es, wenn der Gegner zugesteht, daß die Urkunde sich in seinen Händen befinde, oder wenn der Gegner sich über den Antrag nicht erklärt, die Vorlegung der Urkunde an.

1 **Entscheidung des Gerichts über einen Vorlegungsantrag.** – **a)** Zuerst ist zu prüfen, ob der Antrag § 424 entspricht oder ob ein Ablehnungsgrund nach § 284 Rn 4–9, insbes Rn 5 vorliegt. Gegebenenfalls Ablehnung durch Beschluss, in den Gründen des Endurteils oder,
2 bei Streit über die Zulässigkeit, durch Zwischenurteil (§ 303). – **b)** Gesteht sodann der Gegner den Besitz der Urkunde und die die Vorlegungspflicht begründenden Tatsachen zu (§ 288) oder erklärt er sich nicht (§ 138 Abs 2, Abs 3), ergeht Beweisbeschluss auf Vorlegung der
3 Urkunde. – **c)** Bestreitet der Gegner den Besitz, ist nach § 426 zu
4 verfahren. – **d)** Bestreitet er tatsächlich oder rechtlich seine Vorlegungspflicht (§ 422), Entscheidung durch Zwischenurteil oder in den Gründen des Endurteils. – **e) Kein Rechtsmittel** gegen die Entscheidung
5 über den Vorlegungsantrag.

§ 426 Vernehmung des Gegners über den Verbleib

[1]Bestreitet der Gegner, daß die Urkunde sich in seinem Besitz befinde, so ist er über ihren Verbleib zu vernehmen. [2]In der Ladung zum Vernehmungstermin ist ihm aufzugeben, nach dem Verbleib der Urkunde sorgfältig zu forschen. [3]Im übrigen gelten die Vorschriften der §§ 449 bis 454 entsprechend. [4]Gelangt das Gericht zu der Überzeugung, daß sich die Urkunde im Besitz des Gegners befindet, so ordnet es die Vorlegung an.

1. Entscheidung. – a) Anordnung der Vorlegungsvernehmung. Den Gegner des Beweisführers muss eine Vorlegungspflicht treffen (§ 422 Rn 2–5). Der Vorlegungsantrag darf nicht ohne weiteres gem § 425 Rn 1 ablehnungsreif sein. Der Gegner bestreitet den Besitz oder die Existenz der Urkunde. – **b) Ablehnung der Vernehmung,** auch wenn die Nichtexistenz der Urkunde feststeht (RG 92, 225) durch Beschluss, bei Zwischenstreit durch Zwischenurteil oder in den Gründen des Endurteils. Anfechtung nur zusammen mit letzterem.

2. Für die **Vernehmung** gelten §§ 449–454 und, obwohl nicht mit aufgeführt, § 450 Abs 1 (nicht Abs 2). Sie wird vAw durch Beweisbeschluss angeordnet. Ihr Gegenstand sind Besitz und die Nachforschungen der Partei über den Verbleib der Urkunde. Zu vernehmen ist der Gegner des Beweisführers (§ 421 Rn 3).

3. Entscheidung nach Vernehmung. – a) Besitz bewiesen. Gelangt das Gericht auf Grund der Aussage, ihrer Verweigerung oder der des Eides (§§ 453 Abs 2, 446) oder der Säumnis (§ 454) zu der Überzeugung, dass der Gegner die Urkunde besitzt, ordnet es deren Vorlegung an (S 4). Bei Nichtbefolgung gilt dann § 427. – **b) Besitz nicht bewiesen:** Im Falle arglistiger Beseitigung der Urk § 444. Falls die Nachforschungspflicht nicht erfüllt wurde, § 427. Andernfalls ist der Beweis gescheitert. Das kann durch Ablehnung des Vorlegungsantrags wie § 425 Rn 1 zum Ausdruck kommen. – **c) Keine Beschwerde** gegen Anordnung oder Ablehnung der Vorlegung (S 4).

§ 427 Folgen der Nichtvorlegung durch Gegner

[1]Kommt der Gegner der Anordnung, die Urkunde vorzulegen, nicht nach oder gelangt das Gericht im Falle des § 426 zu der Überzeugung, daß er nach dem Verbleib der Urkunde nicht sorgfältig geforscht habe, so kann eine vom Beweisführer beigebrachte Abschrift der Urkunde als richtig angesehen werden. [2]Ist eine Abschrift der Urkunde nicht beigebracht, so können die Behauptungen des Beweisführers über die Beschaffenheit und den Inhalt der Urkunde als bewiesen angenommen werden.

1. Voraussetzungen. Der Gegner des Beweisführers legt trotz Anordnung nach § 425 oder § 426 S 4 die Urkunde nicht vor oder das

Gericht hält nach freier Überzeugung die Nachforschungspflicht nicht für erfüllt (§ 426 Rn 5).

2 **2. Folgen.** Es gibt keinerlei Zwangsmittel, vielmehr hat das Ger im Endurteil frei zu würdigen, auch wenn die Vorlegung vAw angeordnet war (2 vor § 415). Eine vom Beweisführer vorgelegte Abschrift kann als richtig, andernfalls können seine Behauptungen über Beschaffenheit und Inhalt der Urkunde als bewiesen angesehen werden. Welche Schlüsse daraus für das Beweisthema und das Urteil zu ziehen sind, bestimmt sich nach allg Regeln. Gegenbeweis, aber nicht durch Parteivernehmung, § 445 Abs 2, ist zulässig.

§ 428 Vorlegung durch Dritte; Beweisantritt

Befindet sich die Urkunde nach der Behauptung des Beweisführers im Besitz eines Dritten, so wird der Beweis durch den Antrag angetreten, zur Herbeischaffung der Urkunde eine Frist zu bestimmen oder eine Anordnung nach § 142 zu erlassen.

Geändert mWv 1. 1. 2002 durch Art 2 Abs 1 Nr 65 ZPO-RG.

1 **Anwendungsbereich.** § 428 betrifft den Beweis über den Inhalt einer Urkunde, die angeblich ein Dritter, dh weder der Beweisführer (§ 379 Rn 2) noch sein Gegner (§ 421 Rn 3) im unmittelbaren Besitz
2 hat. – Der **Beweisantrag**, auch schriftlich (Notwendigkeit und Modalitäten 2 vor § 415) ist gerichtet auf Fristsetzung (Inhalt: § 430). Antrag auf Ladung des Dritten als Zeugen mit der Auflage, die Urkunde mitzubringen oder bloßer Antrag auf ihre Herbeischaffung (RG 135, 131)
3 genügen nicht. – **Wahlweise** kann der Beweisführer Antrag auf Vorlegung nach § 142 stellen. Eine Anordnung nach § 142 setzt keinen materiell-rechtlichen Anspruch auf Herausgabe der Urkunde voraus (vgl § 142 Rn 2–4).
4 **Unanwendbar** ist § 428 im Urkundenprozess (§ 595 Abs 3).

§ 429 Vorlegungspflicht Dritter

[1]Der Dritte ist aus denselben Gründen wie der Gegner des Beweisführers zur Vorlegung einer Urkunde verpflichtet; er kann zur Vorlegung nur im Wege der Klage genötigt werden. [2]§ 142 bleibt unberührt.

Satz 2 angefügt mWv 1. 1. 2002 durch Art 2 Abs 1 Nr 66 ZPO-RG.

1 **1. Prozessuale Vorlegungspflicht des Dritten.** Das in § 422 Rn 1–5 Gesagte gilt sinngemäß. An die Stelle der Vorlegungsanordnung tritt hier die Fristbestimmung nach § 430.
2 **2. Durchsetzung** nur durch Klage der Partei, der die Frist nach § 430 gesetzt wurde, gegen den Dritten auf Vorlegung der Urkunde an das Prozessgericht und notfalls ZwVollstr aus dem Urteil nach § 883

(dort Rn 7). § 426 gilt nicht. Für die Zulässigkeit der Klage gilt nichts Besonderes, Begründetheit Rn 1.

3. Anordnung nach § 142 ist daneben möglich und der einzige Weg 1 zur Erlangung von Urkunden, zu deren Vorlegung der Dritte dem Beweisführer gegenüber nicht verpflichtet ist. Zu Voraussetzungen und Verfahren § 142 Rn 2–4.

§ 430 Antrag bei Vorlegung durch Dritte

Zur Begründung des nach § 428 zu stellenden Antrages hat der Beweisführer den Erfordernissen des § 424 Nr. 1 bis 3, 5 zu genügen und außerdem glaubhaft zu machen, daß die Urkunde sich in den Händen des Dritten befinde.

Für den Inhalt des Antrags auf Fristsetzung gilt § 424 außer Nr 4. 1 Außerdem ist, falls streitig, der unmittelbare Besitz des Dritten glaubhaft zu machen (§ 294).

§ 431 Vorlegungsfrist bei Vorlegung durch Dritte

(1) [1]Ist die Tatsache, die durch die Urkunde bewiesen werden soll, erheblich und entspricht der Antrag den Vorschriften des vorstehenden Paragraphen, so hat das Gericht durch Beschluss eine Frist zur Vorlegung der Urkunde zu bestimmen.

(2) Der Gegner kann die Fortsetzung des Verfahrens vor dem Ablauf der Frist beantragen, wenn die Klage gegen den Dritten erledigt ist oder wenn der Beweisführer die Erhebung der Klage oder die Betreibung des Prozesses oder der Zwangsvollstreckung verzögert.

Abs 1 geändert mWv 1. 1. 2002 durch Art 2 Abs 1 Nr 67 ZPO-RG.

1. Fristsetzung durch Beschluss, auch ohne mdl Vhdlg (§ 128 1 Abs 4). Er ist kein Beweisbeschluss, bereitet vielmehr die Beweiserhebung erst vor. **– a) Voraussetzungen:** Die zu beweisende Tatsache muss beweisbedürftig sein (1 vor § 284), der Antrag muss § 430 entsprechen. **– b) Rechtsmittel:** Gegen die Fristsetzung keines, gegen ihre 2 Ablehnung in 1. Instanz sofortige Beschwerde (§ 567 Abs 1 Nr 2); Verkürzung und Verlängerung der Vorlegungsfrist nach §§ 224 ff.

2. Fortsetzung des Verfahrens nur auf Terminsantrag. Der Beweis- 3 führer kann ihn jederzeit stellen und entweder die Urkunde vorlegen oder auf das Beweismittel verzichten. Der Gegner kann ihn nach Frist- ablauf unbeschränkt, vorher nur unter den Beschränkungen gem Abs 2 stellen.

§ 432 Vorlegung durch Behörden oder Beamte; Beweisantritt

(1) Befindet sich die Urkunde nach der Behauptung des Be- weisführers in den Händen einer öffentlichen Behörde oder eines

öffentlichen Beamten, so wird der Beweis durch den Antrag angetreten, die Behörde oder den Beamten um die Mitteilung der Urkunde zu ersuchen.

(2) Diese Vorschrift ist auf Urkunden, welche die Parteien nach den gesetzlichen Vorschriften ohne Mitwirkung des Gerichts zu beschaffen imstande sind, nicht anzuwenden.

(3) Verweigert die Behörde oder der Beamte die Mitteilung der Urkunde in Fällen, in denen eine Verpflichtung zur Vorlegung auf § 422 gestützt wird, so gelten die Vorschriften der §§ 428 bis 431.

1   **1. Anwendungsbereich.** § 432 betrifft den Beweis über den Inhalt der Urkunde, die eine öffentl Behörde (§ 415 Rn 1) oder ein öffentl Beamter, die nicht Prozessgegner sind, im unmittelbaren Besitz hat, außer wenn sich der Beweisführer die Urkunde selbst verschaffen kann (Abs 2), zB Anspruch auf Abschrift, Registerauszug (dann § 420) oder
2   wenn er einen Vorlegungsanspruch hat (Abs 3). – Der **Beweisantrag** (Notwendigkeit und Modalitäten Rn 2 vor § 415) ist in mdl Vhdlg zu stellen, braucht nicht den §§ 424, 428, 430 zu entsprechen, muss aber die Beweistatsachen und Anhaltspunkte für den Besitz der Behörde angeben und die Urkunde so genau bezeichnen, dass die ersuchte Behörde sie auffinden kann. Verhältnis der Anträge auf Verwertung von Urkunden in anderen Akten und Zeugenvernehmung § 286 Rn 11.
3   – **Unanwendbar** im Urkundenprozess, § 595 Abs 3.

4   **2. Entscheidung. – a)** Entspricht der Antrag den Voraussetzungen in Rn 1, 2 und liegt kein Ablehnungsgrund nach § 284 Rn 4–9, insbes Rn 5 vor, ordnet das Gericht durch Beweisbeschluss das Ersuchen an die Behörde an. Andernfalls lehnt es durch Beschluss oder in den Urteils-
5   gründen die Beweiserhebung ab. – **b) Kein Rechtsmittel.** Die Ablehnung kann nur zusammen mit dem Urteil angefochten werden. –
6   **c) Beweisaufnahme** Rn 4 vor § 415.

7   **3.** Die **Mitteilung der Urkunde** durch die ersuchte Behörde an das Gericht im Wege der Amtshilfe (§ 168 GVG) richtet sich nach Verwaltungsrecht. Bei Weigerung keine Beschwerde nach § 159 GVG, ggf Rechtsbehelf nach Verwaltungsrecht oder Zivilklage auf Vorlage (Abs 3, § 422).

§ 433 (weggefallen)

§ 434 Vorlegung vor beauftragtem oder ersuchtem Richter

Wenn eine Urkunde bei der mündlichen Verhandlung wegen erheblicher Hindernisse nicht vorgelegt werden kann oder wenn es bedenklich erscheint, sie wegen ihrer Wichtigkeit und der Besorgnis ihres Verlustes oder ihrer Beschädigung vorzulegen, so

kann das Prozeßgericht anordnen, daß sie vor einem anderen Gericht vorgelegt werde.

Beweiserhebung Rn 4 vor § 415, § 434 ist eine Ausnahme vom **1** Grundsatz der Unmittelbarkeit (§ 355 Abs 1). Das Ger kann statt dessen wahlweise an Ort und Stelle Einsicht in die Urkunde nehmen (§ 219 Abs 1). Ob die Voraussetzungen für § 434 vorliegen, entscheidet es nach freiem Ermessen. In wessen Händen sich die Urkunde befindet, ist gleichgültig. Die Anordnung kann selbständiger Beweisbeschluss im Falle des § 420) oder nachträgliche Abänderung der Art und Weise der Beweiserhebung (§ 360 Rn 5) sein und ist in jedem Falle unanfechtbar. Der Richterkommissar nimmt beglaubigte Abschrift zu den Akten und stellt im Protokoll die für Echtheit und Beweiswert erheblichen Umstände fest.

§ 435 Vorlegung öffentlicher Urkunden in Urschrift oder beglaubigter Abschrift

[1]Eine öffentliche Urkunde kann in Urschrift oder in einer beglaubigten Abschrift, die hinsichtlich der Beglaubigung die Erfordernisse einer öffentlichen Urkunde an sich trägt, vorgelegt werden; das Gericht kann jedoch anordnen, daß der Beweisführer die Urschrift vorlege oder die Tatsachen angebe und glaubhaft mache, die ihn an der Vorlegung der Urschrift verhindern. [2]Bleibt die Anordnung erfolglos, so entscheidet das Gericht nach freier Überzeugung, welche Beweiskraft der beglaubigten Abschrift beizulegen sei.

Privaturkunden sind in Urschrift vorzulegen, § 420. Beglaubigte **1** Abschrift genügt, falls Gegenpartei die Echtheit der Urkunde und die Übereinstimmung der Abschrift mit der Urschrift nicht bestreitet (ebenso St/Leipold 4, Zö/Geimer 1). – **Öffentliche Urkunden** sind in **2** Urschrift oder öffentl beglaubigter Abschrift (auch Ausfertigung) vorzulegen. Letztere steht hinsichtlich der Beweiskraft der Urschrift gleich. Bei Bedenken kann das Ger im Beweisbeschluss oder nachträglich die Anordnung gem S 1 Hs 2 treffen. Nur wenn die Anordnung in beiden Alternativen erfolglos bleibt, entscheidet das Ger frei (§ 286) über die Beweiskraft der beglaubigten Abschrift.

§ 436 Verzicht nach Vorlegung

Der Beweisführer kann nach der Vorlegung einer Urkunde nur mit Zustimmung des Gegners auf dieses Beweismittel verzichten.

Vor der Vorlegung kann der Beweisführer einseitig auf sie verzichten, **1** das Recht des Gegners gem § 423 bleibt davon unberührt. Nach der Beweiserhebung (4 vor § 415) kann dieses Beweismittel nur mit Zustimmung des Gegners als Erkenntnisquelle wieder beseitigt werden und darf dann im Rahmen des Beibringungsgrundsatzes (Einl I Rn 1–4) auch vAw (§§ 142 ff) nicht mehr verwertet werden (StJLeipold 2).

§ 437 Echtheit inländischer öffentlicher Urkunden

(1) Urkunden, die nach Form und Inhalt als von einer öffentlichen Behörde oder von einer mit öffentlichem Glauben versehenen Person errichtet sich darstellen, haben die Vermutung der Echtheit für sich.

(2) Das Gericht kann, wenn es die Echtheit für zweifelhaft hält, auch von Amts wegen die Behörde oder die Person, von der die Urkunde errichtet sein soll, zu einer Erklärung über die Echtheit veranlassen.

1. **Echtheit der Urkunde** ist Voraussetzung für ihre Beweiskraft (§§ 415 ff). Sie ist echt, wenn die Unterschrift dem Namensträger zuzuordnen ist und die darüber stehende Schrift vom Aussteller selbst stammt oder mit dessen Willen dort steht (BGH WM 88, 957). Für die Feststellung der Echtheit gelten bei Privaturkunden die §§ 439, 440, bei öffentl §§ 437, 438; §§ 441 ff gelten für beide Arten. Feststellungsklage § 256.

2. **Für inländische öffentliche Urkunden** (§ 415 Rn 1) gilt die **Vermutung der Echtheit**. Sie erstreckt sich darauf, dass die Urkunde mit ihrem gegenwärtigen Inhalt vom Aussteller herrührt, soweit sie keine äußeren Mängel (§ 419) aufweist. Der Beweis des Gegenteils ist zulässig, § 292. Zweifel kann und muss das Ger vAw durch Anfrage gem Abs 2 zu klären versuchen. Führt sie zu keinem Ergebnis, bleibt es bei der Vermutung. Zu der amtlichen Auskunft ist die Behörde bzw Urkundsperson verpflichtet.

§ 438 Echtheit ausländischer öffentlicher Urkunden

(1) Ob eine Urkunde, die als von einer ausländischen Behörde oder von einer mit öffentlichem Glauben versehenen Person des Auslandes errichtet sich darstellt, ohne näheren Nachweis als echt anzusehen sei, hat das Gericht nach den Umständen des Falles zu ermessen.

(2) Zum Beweise der Echtheit einer solchen Urkunde genügt die Legalisation durch einen Konsul oder Gesandten des Bundes.

1. Für **ausländische öffentliche Urkunden** gilt die Vermutung des § 437 nicht. Über ihre Echtheit entscheidet ohne Rücksicht auf das Parteiverhalten (bestreiten, zugestehen) das Ger frei. Die Legalisation gem Abs 2, dh die Amtsbescheinigung über die Herkunft der Urkunde genügt stets zum Nachweis der Echtheit. Soweit in Staatsverträgen die Legalisation für entbehrlich erklärt ist, stehen die ausländischen Urkun-

den den inländischen gleich. Der Beweis, dass die Legalisation oder die Urkunde unecht ist, ist zulässig.

§ 439 Erklärung über Echtheit von Privaturkunden

(1) **Über die Echtheit einer Privaturkunde hat sich der Gegner des Beweisführers nach der Vorschrift des § 138 zu erklären.**

(2) **Befindet sich unter der Urkunde eine Namensunterschrift, so ist die Erklärung auf die Echtheit der Unterschrift zu richten.**

(3) **Wird die Erklärung nicht abgegeben, so ist die Urkunde als anerkannt anzusehen, wenn nicht die Absicht, die Echtheit bestreiten zu wollen, aus den übrigen Erklärungen der Partei hervorgeht.**

1. Erklärung. Die Echtheit der vorgelegten Privaturkunden unter- 1 liegt der **Parteidisposition.** Deshalb die Pflicht zur Erklärung gem Abs 1, 2. Beweisführer § 379 Rn 2. Fragepflicht gem § 139, am AG § 510. § 296 gilt. Bei nicht unterschriebenen Urkunden bezieht sich die Erklärung auf die Echtheit des Textes.

2. Wirkung. – a) Wird die Echtheit nicht anerkannt oder bestritten, 2 gilt § 440. Wird sie anerkannt, so handelt es sich um ein Geständnis, es treten im Hinblick auf die Echtheit der Urkunde die Wirkungen wie § 288 Rn 5 mit den Ausnahmen dort Rn 6, 7 ein. – **b) Erklärt sich** 3 **der Gegner nicht,** so tritt die Wirkung des unterstellten Geständnisses (Abs 3) wie in § 138 Abs 3 ein, am AG nur nach Aufforderung gemäß § 510. – **c) Erklärung mit Nichtwissen** ist wie in § 138 Abs 4 zu 4 behandeln.

§ 440 Beweis der Echtheit von Privaturkunden

(1) **Die Echtheit einer nicht anerkannten Privaturkunde ist zu beweisen.**

(2) **Steht die Echtheit der Namensunterschrift fest oder ist das unter einer Urkunde befindliche Handzeichen notariell beglaubigt, so hat die über der Unterschrift oder dem Handzeichen stehende Schrift die Vermutung der Echtheit für sich.**

1. Beweis der Echtheit einer Privaturkunde kann durch alle 1 normalen Beweismittel (12 vor § 284) und durch Schriftvergleichung (§§ 441, 442) geführt werden. Freie Beweiswürdigung (Köln DB 83, 104), was die Echtheit des Textes in nicht unterschriebenen Urkunden und die Echtheit der Unterschrift (§ 437 Rn 1) betrifft. Für diese trägt die Beweislast, wer die Echtheit behauptet (BGH NJW 95, 1683).

2. Die Vermutung in Abs 2 setzt voraus, dass die Echtheit der 2 Unterschrift feststeht, also anerkannt gem § 439 Abs 2, 3 oder bewiesen, und dass die Urkunde keine äußeren Mängel aufweist (§ 419). Sie geht dahin, dass der Text über der Unterschrift vom Aussteller stammt oder mit seinem Willen dort steht. Gilt auch bei Blankounterschrift, selbst bei behauptetem Missbrauch (BGH NJW 86, 3086; 00, 1179). Gilt nicht, wenn die Veränderung des Textes nach der Unterzeichnung unstreitig ist (BGH aaO); ferner nicht für „Oberschrift" und „Nebenschrift" (§ 416 Rn 2), nicht für Ergänzungen, die als nach der Unterzeichnung eingefügt feststehen; ob dies mit Willen des Ausstellers geschehen ist, unterliegt der freien Beweiswürdigung (BGH WM 65, **3** 1062, BayObLG RPfleger 85, 106). – Der **Beweis des Gegenteils** ist zulässig (§ 292, BGH 104, 172), etwa dahin, dass der Text verfälscht oder ohne oder gegen eine Vereinbarung nach der Unterzeichnung eingesetzt wurde.

§ 441 Schriftvergleichung

(1) **Der Beweis der Echtheit oder Unechtheit einer Urkunde kann auch durch Schriftvergleichung geführt werden.**

(2) **In diesem Falle hat der Beweisführer zur Vergleichung geeignete Schriften vorzulegen oder ihre Mitteilung nach der Vorschrift des § 432 zu beantragen und erforderlichenfalls den Beweis ihrer Echtheit anzutreten.**

(3) [1]**Befinden sich zur Vergleichung geeignete Schriften in den Händen des Gegners, so ist dieser auf Antrag des Beweisführers zur Vorlegung verpflichtet.** [2]**Die Vorschriften der §§ 421 bis 426 gelten entsprechend.** [3]**Kommt der Gegner der Anordnung, die zur Vergleichung geeigneten Schriften vorzulegen, nicht nach oder gelangt das Gericht im Falle des § 426 zu der Überzeugung, daß der Gegner nach dem Verbleib der Schriften nicht sorgfältig geforscht habe, so kann die Urkunde als echt angesehen werden.**

(4) **Macht der Beweisführer glaubhaft, daß in den Händen eines Dritten geeignete Vergleichungsschriften sich befinden, deren Vorlegung er im Wege der Klage zu erwirken imstande sei, so gelten die Vorschriften des § 431 entsprechend.**

1   **Schriftvergleichung** ist für die Echtheit öffentl oder privater Urkunden zusätzliches Beweismittel. Sie ist Augenscheinsbeweis, der aber ausnahmsweise den Regeln des Urkundenbeweises folgt. Er wird, je nachdem wer die Vergleichsschrift besitzt, durch deren Vorlage (§ 420) oder durch Antrag auf ihre Vorlegung (§§ 421 ff; 428 ff; 432) geführt. Dafür und für die Feststellung ihrer Echtheit gelten die Regeln des Urkundenbeweises. Steht die Echtheit der Schrift oder der Unterschrift fest, so wird sie mit der Urkunde verglichen. Das Gericht kann auch dem Gegner die Anfertigung einer Vergleichsschrift aufgeben und aus seiner Weigerung Schlüsse für die Beweiswürdigung ziehen.

§ 442 Würdigung der Schriftvergleichung

Über das Ergebnis der Schriftvergleichung hat das Gericht nach freier Überzeugung, geeignetenfalls nach Anhörung von Sachverständigen, zu entscheiden.

Das Gericht bildet sich seine Überzeugung frei. Die Zuziehung von 1
Sachverständigen steht, wie sonst (§ 284 Rn 8), in seinem Ermessen, wird aber in aller Regel zweckmäßig sein.

§ 443 Verwahrung verdächtiger Urkunden

Urkunden, deren Echtheit bestritten ist oder deren Inhalt verändert sein soll, werden bis zur Erledigung des Rechtsstreits auf der Geschäftsstelle verwahrt, sofern nicht ihre Auslieferung an eine andere Behörde im Interesse der öffentlichen Ordnung erforderlich ist.

Die Urkunde wird nicht Bestandteil der Gerichtsakten, § 420. Ur- 1
kunden, die möglicherweise unecht oder verfälscht sind, werden jedoch zurückbehalten, um sie im öffentl Interesse an eine andere Behörde (zB Staatsanwaltschaft, Standesamt zur Berichtigung) weitergeben zu können.

§ 444 Folgen der Beseitigung einer Urkunde

Ist eine Urkunde von einer Partei in der Absicht, ihre Benutzung dem Gegner zu entziehen, beseitigt oder zur Benutzung untauglich gemacht, so können die Behauptungen des Gegners über die Beschaffenheit und den Inhalt der Urkunde als bewiesen angesehen werden.

§ 444 enthält einen **allgemeinen Rechtsgedanken** für alle Fälle, in 1
denen der Gegner der beweisbelasteten Partei die Beweisführung arglistig und über den Wortlaut hinaus fahrlässig (BSG NJW 73, 535) vereitelt (§ 286 Rn 17–19). Rechtswidrigkeit wird nicht vorausgesetzt; der Grundsatz gilt also auch, wenn der Gegner eine Urkunde beseitigt, die sein Eigentum ist.

Titel 10. Beweis durch Parteivernehmung

Vorbemerkung

1. Eingehend Coester-Waltjen ZZP 113, 269. 1
Die Parteivernehmung ist subsidiäres Beweismittel. **Beweisgegenstand** ist der gleiche wie beim Zeugenbeweis (1 vor § 373). Ob jemand als **Partei oder Zeuge** zu vernehmen ist und wegen der Folgen bei Verstoß vgl 9 vor § 373. Unterarten der Parteivernehmung, deren Zulässigkeit selbständig geregelt ist, sind die Schätzungsvernehmung (§ 287 Rn 12), Vorlegungsvernehmung (§ 426) und die Vernehmung im Ehe-

2   prozess (§ 613). – **Zu unterscheiden** von der Parteivernehmung als Beweismittel für behauptete, streitige Tatsachen ist die **Anhörung der Partei** nach §§ 141, 118 Abs 1 (BGH WM 87, 1562; gegen diese strikte Unterscheidung Schöpflin NJW 96, 2134), die der Aufklärung dient (§ 139). Mit ihr sollen Unklarheiten und Lücken im Parteivortrag beseitigt und geklärt werden, welche Behauptungen aufgestellt und bestritten werden wollen. Die Aussagen einer Partei hierbei sind nur Prozesserklärungen (Bestreiten, Geständnis, Widerruf), ihre Verwertung als Beweismittel ist ein Verfahrensfehler (BGH MDR 67, 834), iR der Beweiswürdigung dürfen sie verwertet werden (BGH NJW 92, 1558). Die Aussage bei einer Parteivernehmung ist ausschließlich Beweiserhe-
3   bung (vgl aber § 288 Rn 4 aE). – **Unzulässig** ist die Parteivernehmung im PKH-Verfahren, die Parteivernehmung auf Antrag im Urkundenprozess zum Beweis der anspruchsbegründenden Tatsachen (§ 595 Abs 2), im Wiederaufnahmeverfahren zum Beweis der Restitutionsgründe (§ 581 Abs 2) und zum Gegenbeweis (§ 445 Abs 2).
4   **2. Verfahren.** – a) **Beweisantrag** der beweisbelasteten Partei auf Vernehmung des Gegners (§§ 445, 446) oder Beweisantrag einer Partei mit Zustimmung der anderen auf Vernehmung der beweisbelasteten Partei (§ 447). Zum Verhältnis beider zueinander Born JZ 81, 775. –
5   b) **Anordnung** der Parteivernehmung, iF des § 448 auch ohne Antrag stets durch formellen Beweisbeschluss (§ 450 Abs 1 S 1; auch Rn 3 vor
6   § 284); im Berufungsrechtszug § 536 und § 527 Rn 4. – c) Die **Vernehmung** (§ 451) folgt im Wesentlichen den Vorschriften für die Zeugenvernehmung, ist aber nicht erzwingbar. Verlesung früherer Verneh-
7   mungsprotokolle § 286 Rn 11. – d) Die **Beweiswürdigung** ist frei, §§ 286, 287, 446, 453.

§ 445 Vernehmung des Gegners; Beweisantritt

(1) **Eine Partei, die den ihr obliegenden Beweis mit anderen Beweismitteln nicht vollständig geführt oder andere Beweismittel nicht vorgebracht hat, kann den Beweis dadurch antreten, daß sie beantragt, den Gegner über die zu beweisenden Tatsachen zu vernehmen.**

(2) **Der Antrag ist nicht zu berücksichtigen, wenn er Tatsachen betrifft, deren Gegenteil das Gericht für erwiesen erachtet.**

1   **1.** Der **Beweisantrag** muss die zu beweisenden konkreten Tatsachen (13, 20 vor § 284) bezeichnen; Ausforschungsbeweis ist unstatthaft (§ 284 Rn 3). Er ist zu stellen von der beweisbelasteten Partei (17–40 vor § 284) oder ihrem Streitgehilfen und zu richten auf Vernehmung des Gegners (bei Streitgenossen § 449). Der Antrag kann zurückgenommen werden (BAG NJW 74, 1349). Antrag auf eigene Vernehmung § 447, Vernehmung ohne Antrag § 448.

2   **2. Vernehmung des Beweisgegners** ist **zulässig** als subsidiäres Beweismittel auf Antrag der beweisbelasteten Partei, wenn im Zeitpunkt

ihrer Durchführung (BGH JR 65, 146) entweder der Beweis noch nicht vollständig geführt ist (§ 286 Rn 2) oder wenn der Beweisführer andere Beweismittel nicht angeboten hat, was er nicht von vornherein muss. Tut er es, so muss er nach Erhebung der anderen Beweise den Antrag auf Parteivernehmung wiederholen; darauf hat das Gericht ihn hinzuweisen (Oldenburg NJW-RR 90, 125). Werden nachträglich andere Beweise angeboten, verfährt das Gericht zweckmäßig nach § 450 Abs 2; ihre Erhebung ist aber auch noch nach der Parteivernehmung zulässig und nach dem in § 284 Rn 2–9 Gesagten notwendig.

3. Die **Parteivernehmung ist unzulässig** (Abs 2; auch 3 vor § 445) **3** zur Führung des Gegenbeweises (8 vor § 284), also wenn das Gericht vom Gegenteil der zu beweisenden Tatsache bereits überzeugt ist. Diese Überzeugung kann beruhen auf Offenkundigkeit (§ 291), auf einer gesetzlichen Beweisregel (zB §§ 415–418; BGH NJW 65, 1714) oder auf freier Beweiswürdigung (§ 286). Zulässig ist die Parteivernehmung zum Beweis des Gegenteils gegen eine gesetzliche Vermutung (§ 292 Rn 4).

§ 446 Weigerung des Gegners

Lehnt der Gegner ab, sich vernehmen zu lassen, oder gibt er auf Verlangen des Gerichts keine Erklärung ab, so hat das Gericht unter Berücksichtigung der gesamten Sachlage, insbesondere der für die Weigerung vorgebrachten Gründe, nach freier Überzeugung zu entscheiden, ob es die behauptete Tatsache als erwiesen ansehen will.

Die **Parteivernehmung** ist **nicht erzwingbar.** Die Bereitschafts- **1** oder Ablehnungserklärung ist Prozesshandlung (Einl III). Anwaltszwang gem § 78. Trotz Bereitschaftserklärung des RAs muss die Partei nicht aussagen. Protokollierung der Erklärung § 160 Abs 3 Nr 3, am AG § 510 a. Der Ablehnung steht es gleich, wenn die Partei trotz gerichtlichen Verlangens keine Erklärung darüber abgibt, ob sie sich vernehmen lässt. In beiden Fällen unterbleibt die Anordnung der Vernehmung. Das Ger zieht unter Berücksichtigung etwa vorgebrachter Weigerungsgründe in freier Würdigung seine Schlüsse. Sie können zum Nachteil der Partei ausfallen, die ihre Mitwirkung an der Wahrheitsfindung versagt, wenn sie keine überzeugenden triftigen Gründe dafür angibt oder der Wahrung anderer Interessen Vorrang einräumt (BGH JR 94, 361/366).

§ 447 Vernehmung der beweispflichtigen Partei auf Antrag

Das Gericht kann über eine streitige Tatsache auch die beweispflichtige Partei vernehmen, wenn eine Partei es beantragt und die andere damit einverstanden ist.

Die **Voraussetzungen** der Parteivernehmung nach § 447 sind die **1** gleichen wie § 445 Rn 1, 2 mit folgender Abweichung: Zulässig ist die

Vernehmung der beweisbelasteten Partei, falls eine (gleichgültig welche) Partei dies beantragt und die andere damit einverstanden ist. Das Einverständnis ist Prozesshandlung (Einl III), Anwaltszwang gem § 78. Ob das Ger einem zulässigen, übereinstimmenden Antrag stattgeben will, steht in seinem nicht nachprüfbaren Ermessen. Antrag und Einverständnis sind nach der Vernehmung nicht mehr widerrufbar (Hamburg MDR 64, 414).

§ 448 Vernehmung von Amts wegen

Auch ohne Antrag einer Partei und ohne Rücksicht auf die Beweislast kann das Gericht, wenn das Ergebnis der Verhandlungen und einer etwaigen Beweisaufnahme nicht ausreicht, um seine Überzeugung von der Wahrheit oder Unwahrheit einer zu erweisenden Tatsache zu begründen, die Vernehmung einer Partei oder beider Parteien über die Tatsache anordnen.

1   **1. Die Parteivernehmung von Amts wegen** ist für die Beweisführung eine Ausnahme vom Beibringungsgrundsatz (Einl I 1). Sie dient dem Beweis bestrittener Tatsachenbehauptungen (1–4 vor § 284). Ab-
2   grenzung gegenüber der Anhörung nach § 141: 2 vor § 445. – **Voraussetzung,** auch iF der Beweisnot ist, dass im Zeitpunkt der Vernehmung für die zu beweisende Tatsache eine gewisse Anfangswahrscheinlichkeit besteht (BGH NJW 97, 3230; 98, 814), auch ohne Beweisaufnahme auf Grund der Lebenserfahrung (BGH 110, 363, MDR 92, 137). Nur diese Ergänzung der Beweisführung ist dem Ger an die Hand gegeben. Stehen sich Parteibehauptungen gänzlich beweislos gegenüber oder ist einziger Anhaltspunkt die vorprozessuale Rüge der beweisbelasteten Partei, ist § 448 unanwendbar (BGH VersR 69, 220, NJW 89, 3222). Außerdem muss das Ger die Ausräumung seiner restlichen Zweifel von der Vernehmung erwarten (BGH NJW 94, 320). Gegen diese einschränkenden Voraussetzungen sind unter dem Gesichtspunkt der Waffengleichheit (Rn 4) Bedenken angebracht (ebenso Coester-Waltjen ZZP 113, 269/290).

3   **2. Die Anordnung** geschieht stets durch formellen Beweisbeschluss (§ 450 Abs S 1). Das Ger muss sie, falls ihre Voraussetzungen vorliegen, erwägen, bevor es eine Partei für beweisfällig erklärt (BGH NJW-RR 94, 1143). Das Schweigen der Urteilsgründe kann den Schluss zulassen, dass § 448 übersehen wurde (BGH NJW-RR 94, 1143). Jedenfalls muss der Tatrichter im Urt in nachprüfbarer Weise darlegen, weshalb er von einer beantragten Parteivernehmung abgesehen hat, wenn die beweisbelastete Partei sich in Beweisnot befindet (aA Schmidt MDR 92, 637) und für die Richtigkeit ihres Tatsachenvortrags eine gewisse Wahrscheinlichkeit besteht (BGH 110, 363). Ebenso auch ohne Antrag, wenn sich nach dem Ergebnis der Beweisaufnahme eine Parteivernehmung auf-
4   drängt (BGH FamRZ 87, 152). – **Die Vernehmung beider Parteien** oder nur einer und welcher steht ohne Rücksicht auf die Beweislast

grundsätzlich im pflichtgemäßen Ermessen des Ger (BGH NJW 99, 363). Nachprüfbarkeit in der Revision § 546 Rn 12. Maßgebend sind vor allem die Wahrscheinlichkeit der Behauptungen, das bisherige Verhandlungsergebnis, das bisherige Verhalten der Parteien im Proz, die vermutlich bessere Kenntnis der Tatsachen, insgesamt also die größere Vertrauenswürdigkeit. Bei entscheidungserheblichen Gesprächen unter vier Augen zwischen dem Zeugen einer Partei und der anderen Partei persönlich ohne Vorhandensein anderer Beweismittel (BGH NJW 99, 363) gebietet der Grundsatz der Waffengleichheit, wenn schon nicht beide Gesprächspartner unabhängig von ihrer prozessualen Stellung ohne Ermessensspielraum des Ger über den Inhalt des Gesprächs zu vernehmen (so EGMR NJW 95, 1413, Zweibrücken NJW 98, 167, Roth ZEuP 96, 484, Schöpflin NJW 96, 2134), so doch im Rahmen der Ermessensausübung zumindest gemäß § 141 persönlich anzuhören (BGH NJW 99, 363; ähnlich LAG Köln MDR 99, 1085). Ebenso, wenn sich eine Partei durch Abtretung formal die Zeugenstellung verschafft hat (BGH WM 80, 1071). Von der Vernehmung nur der beweispflichtigen Partei ist zurückhaltend und nur dann Gebrauch zu machen, wenn sie alles unternommen hat, den streitigen Sachverhalt auf andere Weise zu klären (Hamburg MDR 70, 58).

3. Verstoß. Parteivernehmung ohne die gesetzlichen Voraussetzungen ist Verfahrensfehler. Heilung durch Rügeverzicht ist möglich, aber für die Parteien wird der Fehler vielfach erst durch die Urteilsgründe erkennbar (BGH NJW 99, 363). 5

§ 449 Vernehmung von Streitgenossen

Besteht die zu vernehmende Partei aus mehreren Streitgenossen, so bestimmt das Gericht nach Lage des Falles, ob alle oder nur einzelne Streitgenossen zu vernehmen sind.

Der Gesetzestext müsste richtig etwa lauten: Stehen auf einer Seite mehrere Streitgenossen. Einfache (§ 61), notwendige (§ 62) Streitgenossen und streitgenössische Streithelfer (§ 69) sind grundsätzlich als Partei, nur ausnahmsweise als Zeugen zu vernehmen, 6, 7 vor § 373, § 61 Rn 7. Für die Parteivernehmung steht es dem Gericht iF des § 448 stets frei, wieviele und welche Streitgenossen es vernehmen will; iF der §§ 445, 447 dann, wenn nicht nur bestimmte Streitgenossen benannt sind. Absehen von ihrer und statt dessen Vernehmung anderer würde den Verhandlungsgrundsatz (Einl I Rn 1–4) verletzen. Sind alle benannt oder die Parteiseite schlechthin, kann das Gericht wählen, Ausnahme vom Grundsatz, dass angebotene Beweise zu erschöpfen sind (§ 284 Rn 2). Nachträgliche Änderung entspr § 360 S 2. 1

§ 450 Beweisbeschluss

(1) ¹**Die Vernehmung einer Partei wird durch Beweisbeschluß angeordnet.** ²**Die Partei ist, wenn sie bei der Verkündung des**

Beschlusses nicht persönlich anwesend ist, zu der Vernehmung unter Mitteilung des Beweisbeschlusses von Amts wegen zu laden. [3] Die Ladung ist der Partei selbst mitzuteilen, auch wenn sie einen Prozeßbevollmächtigten bestellt hat; der Zustellung bedarf die Ladung nicht.

(2) [1] Die Ausführung des Beschlusses kann ausgesetzt werden, wenn nach seinem Erlaß über die zu beweisende Tatsache neue Beweismittel vorgebracht werden. [2] Nach Erhebung der neuen Beweise ist von der Parteivernehmung abzusehen, wenn das Gericht die Beweisfrage für geklärt erachtet.

Abs 1 geändert mWv 1. 1. 2002 durch Art 2 Abs 1 Nr 68 ZPO-RG.

1   **1. Formeller Beweisbeschluss** ist für die Anordnung jeder Parteivernehmung notwendig. Dadurch soll ihre Rechtsgrundlage (zB § 445 oder § 448), auch in Abgrenzung zur bloßen Anhörung (2 vor § 445), klargestellt sein. Erlass und Inhalt § 359 Rn 1–6. Die bei Verkündung nicht anwesende zu vernehmende Partei ist vAw persönlich unter Mitteilung des Beweisbeschlusses zu laden, auch wenn sie einen ProzBevollmächtigt hat. Zustellung der Ladung nicht erforderlich.

2   **2. Zurückstellung (Abs 2).** Jede Parteivernehmung kann als subsidiäres Beweismittel zurückgestellt werden, wenn nach ihrer Anordnung zum gleichen Beweisthema andere, nicht verspätete (§ 296) Beweise angeboten werden. Die Zurückstellung steht im Ermessen des Ger, kann in entspr Anwendung von § 360 S 2 auch ohne mündliche Verhandlung und sollte angeordnet werden, wenn die anderen Beweismittel voraussichtlich eine Klärung der Beweisfrage bringen. Ist dies der Fall, so unterbleibt die Parteivernehmung auch ohne ausdrückliche Aufhebung des Anordnungsbeschlusses. Sämtliche einschlägigen Entscheidungen sind unanfechtbar.

§ 451 Ausführung der Vernehmung

Für die Vernehmung einer Partei gelten die Vorschriften der §§ 375, 376, 395 Abs. 1, Abs. 2 Satz 1 und der §§ 396, 397, 398 entsprechend.

1   **Verfahren.** Für die Parteivernehmung gelten die im Text genannten Bestimmungen über die Zeugenvernehmung entspr. Die nicht für anwendbar erklärten §§ gelten nicht. Der Antrag auf Parteivernehmung kann zurückgenommen werden, was dem Verzicht auf einen Zeugen

2   (§ 399) gleichsteht (BGH NJW-RR 96, 1459). – Anspruch auf **Ersatz der Auslagen** aus der Staatskasse hat die Partei nicht, sie sind aber im Verhältnis zum Gegner notwendige Prozesskosten (§ 91 Abs 1). Ist der Partei PKH gewährt, sind ihr die Auslagen aus der Staatskasse zu ersetzen bzw vorzuschießen.

§ 452 Beeidigung der Partei

(1) ¹Reicht das Ergebnis der unbeeidigten Aussage einer Partei nicht aus, um das Gericht von der Wahrheit oder Unwahrheit der zu erweisenden Tatsache zu überzeugen, so kann es anordnen, daß die Partei ihre Aussage zu beeidigen habe. ²Waren beide Parteien vernommen, so kann die Beeidigung der Aussage über dieselben Tatsachen nur von einer Partei gefordert werden.

(2) Die Eidesnorm geht dahin, daß die Partei nach bestem Wissen die reine Wahrheit gesagt und nichts verschwiegen habe.

(3) Der Gegner kann auf die Beeidigung verzichten.

(4) Die Beeidigung einer Partei, die wegen wissentlicher Verletzung der Eidespflicht rechtskräftig verurteilt ist, ist unzulässig.

1. Für die **Beeidigung** der Partei und ihre Anordnung gilt das in § 391 Rn 1–5 Gesagte. Auch hier kommt es auf die Bedeutung des Prozesses und der Aussage für seine Entscheidung an. Der Vorsitzende der KfH bzw ER beim BerGer sollte, außer in den Fällen der alleinigen Endentscheidung (§§ 349 Abs 3, 526, 527 Abs 4), große Zurückhaltung üben. Eidesabnahme §§ 478 ff. **1**

2. Die **Beeidigung hat zu unterbleiben – a)** bei **Verzicht** des Gegners (Abs 3); auch § 391 Rn 7; – **b) einer Partei,** wenn über dieselbe Tatsache beide vernommen wurden (Abs 1 S 2); welche zu beeiden ist, entscheidet sich ohne Rücksicht auf die Beweislast hier in besonderem Maße nach der größeren Vertrauenswürdigkeit (§ 448 Rn 4). Bei gleicher Vertrauenswürdigkeit wird es richtig sein, die nicht beweisbelastete Partei (17–40 vor § 284) zu beeiden. Nicht zu beeiden ist die Partei, deren Vernehmung nicht zulässig war. Im Berufungsverfahren § 536 Abs 2. – **c)** Bei **Prozessunfähigen,** soweit nicht § 455 Abs 2 die Beeidigung zulässt. – **d) Eidesunfähig** ist die Partei, die wegen irgendeines vorsätzlich begangenen Eidesdelikts rechtskräftig bestraft ist. **2 3 4 5**

3. Bei **Verstoß** gilt § 391 Rn 9–11. **6**

§ 453 Beweiswürdigung bei Parteivernehmung

(1) Das Gericht hat die Aussage der Partei nach § 286 frei zu würdigen.

(2) Verweigert die Partei die Aussage oder den Eid, so gilt § 446 entsprechend.

Parteivernehmung, ihre Ablehnung (§ 446), die Verweigerung der Aussage oder des Eides und Säumnis (§ 454) unterliegen der freien Beweiswürdigung (§ 286). Verwertung persönlicher Eindrücke, falls das Kollegium in anderer Besetzung, ein Richterkommissar oder Einzelrichter vernommen hat, § 285 Rn 2 und §§ 349, 527 Rn 4. **1**

§ 454 Ausbleiben der Partei

(1) **Bleibt die Partei in dem zu ihrer Vernehmung oder Beeidigung bestimmten Termin aus, so entscheidet das Gericht
unter Berücksichtigung aller Umstände, insbesondere auch etwaiger von der Partei für ihr Ausbleiben angegebener Gründe,
nach freiem Ermessen, ob die Aussage als verweigert anzusehen
ist.**

(2) **War der Termin zur Vernehmung oder Beeidigung der
Partei vor dem Prozeßgericht bestimmt, so ist im Falle ihres
Ausbleibens, wenn nicht das Gericht die Anberaumung eines
neuen Vernehmungstermins für geboten erachtet, zur Hauptsache zu verhandeln.**

1   **1. Voraussetzungen der Säumnis. – a)** Der **Termin** muss **zur
Parteivernehmung** oder Eidesleistung bestimmt sein; die bloße Anordnung des persönlichen Erscheinens (§§ 141, 273 Abs 2 Nr 3, 279
2   Abs 2) genügt nicht. – **b) Ordnungsgemäße Verkündung** des Termins in Anwesenheit der Partei oder deren ordnungsgemäße Ladung
3   (§ 450 Abs 1 S 3). – **c) Nichterscheinen der Partei** bis zum Schluss
des Termins. Nichtverhandeln (§ 333) scheidet hier aus.

4   **2. Folgen der Säumnis.** Ordnungsmittel, um die Partei zum Erscheinen zu veranlassen, ebenso Verurteilung in die durch ihr Ausbleiben
verursachten Kosten (Oldenburg Rpfleger 65, 316) gibt es nicht. Anders
im Fall des § 141 Abs 3; zur Abgrenzung vgl 2 vor § 445. Fehlt es an
einer der in Rn 1–3 genannten Voraussetzungen, so muss neuer Termin
zur Parteivernehmung (Beeidigung) bestimmt werden. Liegen die Voraussetzungen Rn 1–3 vor, so entscheidet unter Würdigung etwa vorgebrachter Gründe für das Ausbleiben das ProzGer frei, ob es die Aus-
5   sage (Eidesleistung) als verweigert ansehen will. – **a) Bei verweigerter
Aussage,** auch weil die angegebenen Gründe keine genügende Erklärung für das Ausbleiben sind, treten die weiteren Folgen der §§ 453
6   Abs 2, 446 ein. Es ist zur Hauptsache zu verhandeln (Abs 2). – **b)** Ist das
Ausbleiben genügend entschuldigt, bestimmt das Ger neuen Termin
zur Vernehmung (Beeidigung) unter Beachtung von § 450 Abs 1 S 2.
Zulässigkeit eines Versäumnisurteils richtet sich nach §§ 367 Abs 1,
7   § 370 Abs 1, 330 ff. – **c)** Kann sich das Ger nicht sogleich schlüssig
werden, etwa weil die Partei noch keine Gründe angegeben hat, so wird
es zweckmäßig nach Verhandlung nicht zu nahen Verkündungstermin
ansetzen. Geht keine oder keine genügende Erklärung mehr ein, so gilt
Rn 5, andernfalls wird die Anordnung eines neuen Termins zur Ver-
8   nehmung verkündet. – **d)** Soll die Vernehmung ausnahmsweise vor dem
Richterkommissar stattfinden, steht es in seinem Ermessen, ob er
neuen Termin bestimmt oder etwas zuwartet oder die Akten an das
9   ProzGer zurückleitet. – **e)** Nachholung in der **Berufungsinstanz**
§ 536.

§ 455 Prozessunfähige

(1) ¹Ist eine Partei nicht prozeßfähig, so ist vorbehaltlich der Vorschrift im Absatz 2 ihr gesetzlicher Vertreter zu vernehmen. ²Sind mehrere gesetzliche Vertreter vorhanden, so gilt § 449 entsprechend.

(2) ¹Minderjährige, die das sechzehnte Lebensjahr vollendet haben, können über Tatsachen, die in ihren eigenen Handlungen bestehen oder Gegenstand ihrer Wahrnehmung gewesen sind, vernommen und auch nach § 452 beeidigt werden, wenn das Gericht dies nach den Umständen des Falles für angemessen erachtet. ²Das gleiche gilt von einer prozeßfähigen Person, die in dem Rechtsstreit durch einen Betreuer oder Pfleger vertreten wird.

1. Regelmäßig wird anstelle der prozeßunfähigen Partei ihr befugter   1
Vertreter (§ 51 Rn 3 ff), bei mehreren nach Wahl des Gerichts, vernommen. Abgrenzung zwischen Partei- und Zeugenvernehmung Rn 6, 7 vor § 373.

2. Ausnahmsweise sind prozeßunfähige Minderjährige, die das   2
16. Lebensjahr vollendet haben, und Volljährige, die durch einen Betreuer oder Pfleger vertreten werden, nach Ermessen des Ger als Partei zu vernehmen und zu beeiden, aber nur über eigene Wahrnehmungen. Auf andere prozeßunfähige Personen ist Abs 2 nicht anwendbar.

§§ 456–477 (weggefallen)

Titel 11. Abnahme von Eiden und Bekräftigungen

Vorbemerkung

Der Titel gilt für Zeugen-, Sachverständigen-, Partei- und Dolmet-   1
schereid sowie eidesgleiche Bekräftigung.

§ 478 Eidesleistung in Person

Der Eid muß von dem Schwurpflichtigen in Person geleistet werden.

Jede Vertretung bei Eidesleistung ist unzulässig. Die Identität ist des-   1
halb, soweit nicht schon gem §§ 395 Abs 1, 402, 451 geschehen, festzustellen. Der gesetzliche Vertreter ist selbst schwurpflichtig (§ 455).

§ 479 Eidesleistung vor beauftragtem oder ersuchtem Richter

(1) **Das Prozeßgericht kann anordnen, daß der Eid vor einem seiner Mitglieder oder vor einem anderen Gericht geleistet werde, wenn der Schwurpflichtige am Erscheinen vor dem Prozeß-**

gericht verhindert ist oder sich in großer Entfernung von dessen Sitz aufhält und die Leistung des Eides nach § 128 a Abs. 2 nicht stattfindet.

(2) Der Bundespräsident leistet den Eid in seiner Wohnung vor einem Mitglied des Prozeßgerichts oder vor einem anderen Gericht.

Abs 1 geändert mWv 1. 1. 2002 durch Art 2 Abs 1 Nr 68 a ZPO-RG.

1   Ähnliche Bestimmungen in § 375. Die Beeidigung vor dem Richterkommissar setzt voraus, dass eine Beeidigung per Videokonferenz nicht möglich ist. Anordnung durch unanfechtbaren Beschluss, auch ohne mdl Vhdlg (§ 360 S 2). Zwischenstreit über Eidesleistung vor dem Richterkommissar § 366.

§ 480 Eidesbelehrung

Vor der Leistung des Eides hat der Richter den Schwurpflichtigen in angemessener Weise über die Bedeutung des Eides sowie darüber zu belehren, daß er den Eid mit religiöser oder ohne religiöse Beteuerung leisten kann.

1   Der Hinweis auf die religiöse und staatsbürgerliche Bedeutung des Eides und der eidesgleichen Bekräftigung und die Verwarnung vor Eidesdelikten haben dem Bildungsstand des Schwurpflichtigen zu entsprechen.

§ 481 Eidesleistung; Eidesformel

(1) Der Eid mit religiöser Beteuerung wird in der Weise geleistet, daß der Richter die Eidesnorm mit der Eingangsformel:
„Sie schwören bei Gott dem Allmächtigen und Allwissenden" vorspricht und der Schwurpflichtige darauf die Worte spricht (Eidesformel):
„Ich schwöre es, so wahr mir Gott helfe."

(2) Der Eid ohne religiöse Beteuerung wird in der Weise geleistet, daß der Richter die Eidesnorm mit der Eingangsformel:
„Sie schwören" vorspricht und der Schwurpflichtige darauf die Worte spricht (Eidesformel):
„Ich schwöre es."

(3) Gibt der Schwurpflichtige an, daß er als Mitglied einer Religions- oder Bekenntnisgemeinschaft eine Beteuerungsformel dieser Gemeinschaft verwenden wolle, so kann er diese dem Eid anfügen.

(4) Der Schwörende soll bei der Eidesleistung die rechte Hand erheben.

(5) **Sollen mehrere Personen gleichzeitig einen Eid leisten, so wird die Eidesformel von jedem Schwurpflichtigen einzeln gesprochen.**

Der Richter spricht die Eingangsformel „Sie schwören" und die **1** Eidesnorm vor (Zeugen § 392 S 3, Sachverständige § 410 Abs 1 S 2, Partei § 452 Abs 2, Dolmetscher § 189 Abs 1 GVG). Der Schwurpflichtige spricht mit oder ohne religiöse Beteuerungsformel unter Erhebung der rechten Hand (nur Ordnungsvorschrift) nach „Ich schwöre es".
Eidesgleiche Bekräftigung § 484.

§ 482 (weggefallen)

§ 483 Eidesleistung Stummer

(1) **Stumme, die schreiben können, leisten den Eid mittels Abschreibens und Unterschreibens der die Eidesnorm enthaltenden Eidesformel.**

(2) **Stumme, die nicht schreiben können, leisten den Eid mit Hilfe eines Dolmetschers durch Zeichen.**

Gilt entsprechend für Taube. Ist keine Verständigung möglich, muss **1** die Beeidigung unterbleiben.

§ 484 Eidesgleiche Bekräftigung

(1) ¹**Gibt der Schwurpflichtige an, daß er aus Glaubens- oder Gewissensgründen keinen Eid leisten wolle, so hat er eine Bekräftigung abzugeben.** ²**Diese Bekräftigung steht dem Eid gleich; hierauf ist der Verpflichtete hinzuweisen.**

(2) **Die Bekräftigung wird in der Weise abgegeben, daß der Richter die Eidesnorm als Bekräftigungsnorm mit der Eingangsformel: „Sie bekräftigen im Bewußtsein Ihrer Verantwortung vor Gericht" vorspricht und der Verpflichtete darauf spricht: „Ja".**

(3) **§ 481 Abs. 3, 5, § 483 gelten entsprechend.**

Die Bekräftigung steht für alle, die aus religiösen oder Gewissens- **1** gründen keinen Eid leisten wollen, dem Eid in jeder, auch strafrechtlicher (§ 155 Nr 1 StGB) Beziehung gleich. Die Bekräftigung kann mit religiöser Beteuerungsformel (§ 481 Abs 2 Nr 3) abgegeben werden. Der Richter spricht die Eingangsformel „Sie bekräftigen..." und die Bekräftigungsnorm (wie § 480 Rn 1), der Beteiligte spricht ohne Erhebung der rechten Hand „Ja".

Titel 12. Selbständiges Beweisverfahren

Vorbemerkung

1   **1. Inhalt.** Das selbständige Beweisverfahren lässt über die Feststellung
des Zustands einer Sache hinaus die weiteren Feststellungen gemäß
§ 485 Abs 2 zu. Außerdem kann das Gericht bei Aussicht auf eine
Einigung der Parteien zur mündlichen Erörterung laden und einen
Vergleich zu Protokoll nehmen (§ 492 Abs 3). Wenn noch kein Rechtsstreit anhängig ist, sieht § 494 a vor, dass das Ger auf Antrag nach
Beendigung der Beweisaufnahme Frist zur Klageerhebung zu setzen und
dass der Antragsteller die Kosten zu tragen hat, wenn er dieser Anordnung nicht nachkommt.

2   **2. Zweck.** Das selbständige Beweisverfahren dient der vorsorglichen
Beweiserhebung vor Beginn eines möglichen Prozesses oder während
eines Urteilsverfahrens, in dem Beweiserhebung noch nicht angeordnet
ist oder wegen Ruhens, Aussetzung, Unterbrechung, Anhängigkeit
beim Revisionsgericht nicht angeordnet werden kann. Es hat zum
Inhalt, den Zustand einer Person oder Sache, deren Wert, die Scha-
dens- oder Sachmangelursache und den Aufwand zur Beseitigung eines
Schadens oder Sachmangels zu ermitteln und im Beweisverfahren der
ZPO, also im Rahmen der streitigen Gerichtsbarkeit festzustellen. Diese
Feststellungen lassen meistens die Beurteilung zu, ob ein Anspruch
begründet ist und in welcher Höhe. Damit und mit der Möglichkeit
der mündlichen Erörterung mit dem Ger (§ 492 Abs 3) soll das Verfahren auch dazu dienen, die Parteien unter Vermeidung eines Rechtsstreits zu einer raschen und kostensparenden Einigung zu bringen. Weil
unvereinbar mit diesem Zweck, gilt § 240 nicht (Hamm JW-RR 97,
723).

3   **3. Nebenintervention, Streitverkündung** § 66 Rn 2. **Streitwert**
§ 3 Rn 33. **Entsprechend anwendbar** in Wohnungseigentumssachen
(BayObLG NJW-RR 96, 528).

§ 485 Zulässigkeit

(1) **Während oder außerhalb eines Streitverfahrens kann auf
Antrag einer Partei die Einnahme des Augenscheins, die Vernehmung von Zeugen oder die Begutachtung durch einen Sachverständigen angeordnet werden, wenn der Gegner zustimmt oder
zu besorgen ist, daß das Beweismittel verlorengeht oder seine
Benutzung erschwert wird.**

(2) **[1]Ist ein Rechtsstreit noch nicht anhängig, kann eine
Partei die schriftliche Begutachtung durch einen Sachverständigen beantragen, wenn sie ein rechtliches Interesse daran hat,
daß**

1. **der Zustand einer Person oder der Zustand oder Wert einer Sache,**
2. **die Ursache eines Personenschadens, Sachschadens oder Sachmangels,**
3. **der Aufwand für die Beseitigung eines Personenschadens, Sachschadens oder Sachmangels festgestellt wird.** [2] **Ein rechtliches Interesse ist anzunehmen, wenn die Feststellung der Vermeidung eines Rechtsstreits dienen kann.**

(3) **Soweit eine Begutachtung bereits gerichtlich angeordnet worden ist, findet eine neue Begutachtung nur statt, wenn die Voraussetzungen des § 412 erfüllt sind.**

1. Zulässigkeitsvoraussetzungen nach Absatz 1. – a) Antrag 1 gemäß § 487 an ein zuständiges Gericht (§ 486) während oder außerhalb eines Rechtsstreits auf Anordnung der Beweiserhebung durch die im Text genannten 3 Beweismittel; andere sind in diesem Verfahren unzulässig (Hamm MDR 94, 307). Nach Anordnung, erst recht nach Durchführung (Düsseldorf NJW-RR 97, 1086) ist ein Antrag des Gegners auf Einleitung eines weiteren selbständigen Beweisverfahrens zu demselben Beweisthema außer iF des Abs 3 unzulässig (Köln OLGZ 92, 495). Zulässig, weil vom Gesetz nicht ausgeschlossen und einer raschen und umfassenden Streiterledigung dienlich, sind im Rahmen desselben Tatsachenkomplexes (Nürnberg NJW-RR 01, 859) ein Antrag des Gegners im selben Verfahren auf Erhebung von Gegenbeweis (Köln VersR 94, 1328, Jena MDR 97, 1160, München NJW-RR 96, 1277), Erweiterung der Beweisfrage oder Beweismittel (Düsseldorf BauR 95, 430, RoSchw/Gottwald § 119 III 2, ZöHerget 3) und Ausdehnung auf einen weiteren Antragsgegner bis zur Beendigung des Beweisverfahrens (§ 492 Rn 3, Düsseldorf NJW-RR 95, 1216). – **b) Alternativ aa) Zustim-** 2 **mung des Gegners.** Für ihre Erklärung gilt das in § 486 Rn 1 Gesagte sinngemäß. Grundsätzlich unwiderrufbar. Glaubhaftmachung vgl § 487 Rn 4. – **bb) Gefahr,** dass das Beweismittel verloren geht oder seine 3 Benutzung erschwert wird, zB Verderb der zu besichtigenden Sache oder ihre Veränderung, etwa durch Fortschritt der Bauarbeiten, gefährliche Erkrankung, sehr hohes Alter (Nürnberg NJW-RR 98, 575: 84 Jahre), längere Auslandsreise des Zeugen. Im Einzelfall kann der Antrag rechtsmissbräuchlich sein, wenn die unverändert Erhaltung des Beweismittels möglich und zumutbar ist (Köln OLGZ 94, 349, StJLeipold 10). Nach Ablehnung des Beweismittels in der unteren Instanz genügt die Besorgnis des Verlusts für die obere. – **c) Keine Vorausset-** 4 **zung** ist die Erheblichkeit des Beweisthemas (BGH NJW 00, 960) und die Erfolgsaussicht im Hauptprozess (Düsseldorf MDR 01, 50), über die nur im Urteilsverfahren entschieden werden kann; s aber Rn 7 a. Hat jedoch das Ger letzter Instanz einen Beweisantrag nach mdl Vhdlg unberücksichtigt gelassen, weil es das Beweisthema für unerheblich hält, so kann es auch den nämlichen selbständigen Beweisantrag ablehnen (München OLGZ 75, 52).

5   2. Zulässigkeitsvoraussetzungen nach Absatz 2. – **a) Antrag**
gemäß § 487 an ein zuständiges Ger (§ 486), nur wenn noch kein
Rechtsstreit anhängig ist und nur auf schriftliche Begutachtung durch
6 einen Sachverständigen. – **b) Gegenstand der Beweiserhebung** können nur die in Nr 1 bis 3 des Gesetzestextes genannten Feststellungen
sein, in Nr 1 auch der frühere Zustand (Odenburg MDR 95, 746). Der
Antragsteller muss die Schadstellen und die Schäden beschreiben, die
Ursache der Mängel braucht er nicht zu benennen, damit der Mangel
selbst Gegenstand des Verfahrens wird (BGH NJW-RR 92, 913). Zur
Feststellung der Ursache gehören auch die Verursachungsquote aus technischer Sicht (München MDR 98, 495) und die für die Verantwortlichkeit eines Verursachers massgeblichen Tatsachen (Düsseldorf NJW-RR
97, 1312). Kommen mehrere, auch alternativ, in Betracht, kann der
Antrag gegen alle gerichtet werden (Frankfurt MDR 94, 1244). Eine
Gefahr im Sinn des Abs 1 oder der Veränderung des gegenwärtigen
Zustandes ist nicht erforderlich (Düsseldorf MedR 96, 132). –
7 c) Rechtliches Interesse an den vorstehend genannten Feststellungen
durch einen Sachverständigen. Es ist weit zu fassen, deshalb bereits, aber
nicht nur (Celle BauR 92, 403, Düsseldorf MedR 96, 132), zu bejahen,
wenn sie der Vermeidung eines Rechtsstreits dienen, dh wenn sie
Grundlage für Ansprüche des Antragstellers gegen den Antragsgegner
oder umgekehrt (KG NJW-RR 00, 513) sein können, auch mittelbar.
Für diese Darlegung genügt, dass ein Rechtsverhältnis und ein möglicher
Anspruchsgegner ersichtlich (KG NJW-RR 92, 574, Bamberg
NJW-RR 95, 893) und dass das Gutachten objektiv geeignet ist, die
Chancen einer einvernehmlichen Streitbereinigung zu fördern (Hamm
MDR 99, 184). Auch in Arzthaftungsprozessen fehlt nicht regelmäßig
das rechtliche Interesse (Karlsruhe MDR 99, 496, Stuttgart NJW 99,
874, Düsseldorf und Saarbrücken NJW 00, 3438, 3439; aA Nürnberg
7a MDR 97, 501, Köln NJW 99, 875). – Das **rechtliche Interesse fehlt**
außer bei in Frage kommender Wiederaufnahmeklage mangels poten-
tieller Benutzbarkeit, wenn über den Anspruch bereits rechtskräftig entschieden oder er durch Vergleich erledigt (LG Deggendorf NJW-RR
00, 514) ist, wenn auf der Hand liegt, dass der behauptete Anspruch
nicht bestehen (Karlsruhe MDR 99, 496) oder ein zivilprozessualer
Rechtsstreit nicht entstehen kann (Celle NJW-RR 00, 1100) oder wenn
das Sachverständigengutachten in einem etwa folgenden Prozess keine
Bedeutung hat, weil nach der Parteivereinbarung der Schaden auf andere
Weise festzustellen ist (Hamm NJW 98, 689). Es kann fehlen, wenn
bereits feststeht, dass ein Rechtsstreit nicht zu vermeiden ist (Köln MDR
98, 224). Das rechtliche Interesse an einem gem Abs 2 von einem
anderen Ger angeordneten selbständigen Beweisverfahren (§ 486 Abs 2)
entfällt, wenn das Ger eines später begonnenen Hauptprozesses einen
gleichgelagerten Beweisbeschluss erlässt (ähnlich Dresden NJW-RR 98,
1101), nach LG Hanau NJW-RR 00, 688 bereits mit Klageerhebung im
Hauptsacheprozess. Mündliche Erörterung und Vergleich § 492 Abs 3.
8 – **Beispiele:** Zustand der Sache bei Gefahrübergang bzw Abnahme für

Gewährleistungsansprüche des Käufers bzw Bestellers; Mangelursache für Regressansprüche eines Baubeteiligten gegen einen anderen; Baufortschritt für Höhe des Vergütungsanspruchs bei vorzeitiger Beendigung des Bauvertrages; Zustand der Mietsache, Reparaturkosten bei Rückgabe für Ersatzansprüche des Vermieters; Minderwert eines Kfz nach Unfall; Art der Körperverletzungen; eine Duldungspflicht zur Untersuchung durch den Sachverständigen schafft die Bestimmung nicht (Celle NJW-RR 00, 1100).

3. Erneute Begutachtung ist nach **Abs 3** nur unter den Voraussetzungen des § 412 zulässig, ebenso ein Gegenantrag zu demselben Beweisthema (Köln VersR 92, 1152, Düsseldorf NJW-RR 97, 1086). Die erste Begutachtung kann in einem Prozess oder in einem früheren oder dem nämlichen Beweisverfahren stattgefunden haben.   **9**

4. Entscheidung durch Beschluss (§ 490). Wenn die Voraussetzungen glaubhaft gemacht sind, **muss** das Gericht das Beweisverfahren anordnen. Schiedsvereinbarung (§ 1029) und Schiedsgutachtenvertrag (4, 5 vor § 1029) stehen der Zulässigkeit des Beweisverfahrens nicht entgegen (Koblenz MDR 99, 502, Pauly JR 96, 269, Bernuth ZIP 98, 2081).   **10**

§ 486 Zuständiges Gericht

(1) **Ist ein Rechtsstreit anhängig, so ist der Antrag bei dem Prozeßgericht zu stellen.**

(2) **¹Ist ein Rechtsstreit noch nicht anhängig, so ist der Antrag bei dem Gericht zu stellen, das nach dem Vortrag des Antragstellers zur Entscheidung in der Hauptsache berufen wäre. ²In dem nachfolgenden Streitverfahren kann sich der Antragsteller auf die Unzuständigkeit des Gerichts nicht berufen.**

(3) **In Fällen dringender Gefahr kann der Antrag auch bei dem Amtsgericht gestellt werden, in dessen Bezirk die zu vernehmende oder zu begutachtende Person sich aufhält oder die in Augenschein zu nehmende oder zu begutachtende Sache sich befindet.**

(4) **Der Antrag kann vor der Geschäftsstelle zu Protokoll erklärt werden.**

1. Antrag. – a) Form. Schriftlich, in mündlicher Verhandlung oder zu Protokoll der Geschäftsstelle (Abs 4). Kein Anwaltszwang (§ 78 Abs 3) außer in mdl Vhdlg gem § 78 Abs 1, 2. – **b) Berechtigt** iF der Wohnungseigentümergemeinschaft ist jeder Einzelne ohne Ermächtigung zur Feststellung von Mängeln am Gemeinschaftseigentum (BGH DB 80, 204). – **c) Inhalt** § 487. – **d) Wirkung.** Der Antrag führt nicht zur Rechtshängigkeit. Er hemmt, wenn er nicht als unstatthaft zurückgewiesen worden ist (BGH NJW 98, 1305), die Verjährungsfrist, § 204   **1** **2** **3**

Nr 7 BGB, auch dann, wenn der Sachverständige einen konkret'behaupteten Mangel nicht bestätigt (BGH WM 98, 1980).

4   2. **Zuständigkeit** für Antragstellung und Entscheidung. – **a) Wenn ein Rechtsstreit anhängig ist,** das ProzGer, § 919 Rn 3 und § 943 Rn 1, 2 entsprechend. Auch das Schiedsgericht. Während der Revisionsinstanz entscheidet das BerGer, wenn es sich um Tatsachen handelt,
5   die das RevGer nicht feststellen kann (BGH 17, 117). – **b) Wenn noch kein Rechtsstreit anhängig ist,** das Ger, das – um Streit über die Zuständigkeit zu vermeiden – nach dem Vortrag des Antragstellers zurzeit der Antragstellung, spätere Veränderung unerheblich (München OLGZ 94, 229, Frankfurt NJW-RR 98, 1610), für die Hauptsacheklage zuständig wäre. Das können örtlich mehrere Wahlgerichtsstände sein; iF einer Schiedsgerichtsklausel das Schiedsgericht, wenn es schon bestellt ist oder schnell bestellt werden kann, sonst das AG. Die Zuständigkeit des staatlichen Ger endet mit Beendigung des selbständigen Beweisverfahrens (Nürnberg NJW 89, 235; aA München OLGZ 82, 200, Braunschweig NdsRPfl 83, 141: mit Anhängigwerden des Hauptprozesses). Auf die Unzuständigkeit des Ger des Beweisverfahrens kann sich der Antragsteller im nachfolgenden Streitverfahren vor diesem Ger als Kläger oder Beklagter nicht berufen (Abs 2 S 2, Celle NJW-RR 00, 1737). –
6   **c) Bei dringender Gefahr,** dh wenn eine sofort notwendige Beweiserhebung vor dem an sich zuständigen Ger nicht mehr durchführbar wäre (BayObLG 91, 343), in beiden Fällen auch das in Abs 3 bezeichnete AG der Zwangsbereitschaft. Befinden sich die zu begutachtenden Personen oder Sachen in mehreren Gerichtsbezirken, gilt § 36 Nr 3 entsprechend (BayObLG 91, 343, München NJW-RR 86, 1189). Das AG entscheidet nach pflichtgemäßem Ermessen, ob die Gefahr glaubhaft gemacht ist (§ 487 Nr 4).

§ 487 Inhalt des Antrages

   Der Antrag muß enthalten:
   1. **die Bezeichnung des Gegners;**
   2. **die Bezeichnung der Tatsachen, über die Beweis erhoben werden soll;**
   3. **die Benennung der Zeugen oder die Bezeichnung der übrigen nach § 485 zulässigen Beweismittel;**
   4. **die Glaubhaftmachung der Tatsachen, die die Zulässigkeit des selbständigen Beweisverfahrens und die Zuständigkeit des Gerichts begründen sollen.**

1   **1. Inhalt des Antrags.** Unverzichtbare Erfordernisse. – **Nr 1** wie
2   § 253 Rn 7. Ist die Bezeichnung unmöglich, gilt § 494. – **Nr 2** entspricht §§ 371, 373, 403. Die Tatsachen (13 vor § 284) sind so konkret wie möglich anzugeben, Beweisermittlungsantrag (§ 284 Rn 3) ist unzulässig (KG NJW-RR 99, 1369). Die Beweisbedürftigkeit ist nicht zu
3   prüfen. – **Nr 3** Die Zeugen sind namentlich mit ladungsfähiger An-

schrift zu benennen, ebenso die zu begutachtenden Personen. Das Augenscheinsobjekt ist nach Identität und Aufbewahrungsort zu bezeichnen, ein Sachverständiger nur als Beweismittel, die Auswahl trifft das Gericht gemäß §§ 492 Abs 1, 404. An eine namentliche Benennung im Antrag ist es nicht gebunden (Düsseldorf OLGZ 94, 85, Celle BauR 96, 144; unzutreffend BLAH Rn 6). Andere Beweismittel sind unzulässig. – **Nr 4.** Glaubhaftmachung aller Tatsachen für die Zulässigkeit des selbständigen Beweisverfahrens (§ 485 Rn 1–9, § 487) und für die Zuständigkeit des angerufenen Ger (§ 486 Rn 4–6). 4

2. Ablehnung des Sachverständigen (§ 406) ist zulässig (Celle 5 NJW-RR 96, 1086, Düsseldorf NJW-RR 97, 1428) und geboten, außer der Zweck des Beweisverfahrens würde ausnahmsweise dadurch vereitelt (Köln NJW-RR 93, 63, Frankfurt OLGZ 93, 330, München BauR 93, 636, Hamm VersR 96, 911). Zeitpunkt § 406 Rn 7, Rechtsmittel § 406 Rn 10, 11. – Die **Ablehnung erst im Hauptprozess** ist nur zulässig, 6 wenn die Partei die behaupteten Ablehnungsgründe im Beweisverfahren noch nicht kannte (München NJW 84, 1048, KG BauR 85, 722, Düsseldorf NJW-RR 86, 63, Köln VersR 93, 1502) oder wenn die Instanzgerichte den Ablehnungsantrag im Beweisverfahren mangels Zuständigkeit nicht sachlich verbeschieden haben (München ZIP 83, 1515). Haben sie dies getan, so kann im HauptProz die Ablehnung nur auf neue Tatsachen gestützt werden (Frankfurt MDR 85, 853 und NJW-RR 90, 768). Die vorstehende Beurteilung beruht darauf, dass § 492 uneingeschränkt auf die Vorschriften über die Beweisaufnahme verweist und dass § 406 Abs 2 die frühzeitige Geltendmachung des Ablehnungsgrundes vorschreibt, die auch einem praktischen Bedürfnis, den Regeln fairer ProzFührung und den Interessen aller Beteiligten, auch im Hinblick auf vermeidbare Nachteile wie Kosten, Verzögerung entspricht.

§§ 488, 489 (weggefallen)

§ 490 Entscheidung über den Antrag

(1) **Über den Antrag entscheidet das Gericht durch Beschluss.**

(2) **¹In dem Beschluß, durch welchen dem Antrag stattgegeben wird, sind die Tatsachen, über die der Beweis zu erheben ist, und die Beweismittel unter Benennung der zu vernehmenden Zeugen und Sachverständigen zu bezeichnen. ²Der Beschluß ist nicht anfechtbar.**

Abs 1 geändert mWv 1. 1. 2002 durch Art 2 Abs 1 Nr 69 ZPO-RG.

Entscheidung über den Antrag stets durch Beschluss bei freigestellter 1 mdl Vhdlg (§ 128 Abs 4). Rechtliches Gehör ist außer iF des § 494 zu gewähren (München NJW-RR 86, 1189), notfalls nach Erlass des Anordnungsbeschlusses (Karlsruhe MDR 82, 1026). Er ist beiden Parteien

mitzuteilen; wenn er eine Terminsbestimmung enthält, zuzustellen
2 (§ 329 Abs 2 S 2). – **a) Der stattgebende Beschluss** ist unanfechtbar,
Abs 2 S 2 (Frankfurt NJW-RR 93, 1341; KG NJW-RR 99, 1369; aA
Frankfurt NJW-RR 90, 1023 bei antragsüberschreitender Beweisanordnung). Das Ger kann ihn, auch auf Einwendungen der Gegenpartei,
abändern (KG aaO) oder iF der Rn 3 wieder aufheben. Ausdehnung auf
3 Gegenbeweis ist statthaft (Köln VersR 94, 1328). – **b) Das Gesuch ist
abzulehnen,** wenn es an einer Zulässigkeitsvoraussetzung (§§ 485–487)
fehlt oder wenn der Beweisantrag unzulässig ist (§ 284 Rn 5; BGH
NJW 00, 960). Gegen (teilweise) Ablehnung und Wiederaufhebung des
stattgebenden Beschlusses ist sofortige Beschwerde statthaft (§ 567 Abs 1
Nr 2), wenn die Entscheidung von einem Ger der 1. Instanz erlassen
wurde.

§ 491 Ladung des Gegners

(1) **Der Gegner ist, sofern es nach den Umständen des Falles
geschehen kann, unter Zustellung des Beschlusses und einer
Abschrift des Antrags zu dem für die Beweisaufnahme bestimmten Termin so zeitig zu laden, daß er in diesem Termin seine
Rechte wahrzunehmen vermag.**

(2) **Die Nichtbefolgung dieser Vorschrift steht der Beweisaufnahme nicht entgegen.**

1   Ladung vAw nach den allgemeinen Vorschriften. Eine feste Ladungsfrist ist nicht einzuhalten. Wahrzunehmende Rechte vgl §§ 357, 397,
402. Ist die Ladung unterblieben oder verfahrensfehlerhaft, so wird der
Beweis dennoch erhoben, es tritt die Folge des § 493 Abs 2 ein.

§ 492 Beweisaufnahme

(1) **Die Beweisaufnahme erfolgt nach den für die Aufnahme
des betreffenden Beweismittels überhaupt geltenden Vorschriften.**

(2) **Das Protokoll über die Beweisaufnahme ist bei dem Gericht, das sie angeordnet hat, aufzubewahren.**

(3) **Das Gericht kann die Parteien zur mündlichen Erörterung
laden, wenn eine Einigung zu erwarten ist; ein Vergleich ist zu
gerichtlichem Protokoll zu nehmen.**

1   **1.** Das **Verfahren bei der Beweisaufnahme** folgt den allg Vorschriften (§§ 355–370) und den Regeln für die einzelnen Beweismittel
(§ 371 ff). Die Zeugenvernehmung kann ohne weiteres einem Richterkommissar übertragen werden, § 375 gilt nicht (arg: § 486 Abs 2, 3).
Schriftliche Beantwortung von Zeugenfragen im Rahmen des § 377
Abs 3, schriftliche Begutachtung durch Sachverständige und Ergänzung
sowie Erläuterung des Gutachtens (§ 411 Rn 5, Saarbrücken NJW-RR

94, 787, Düsseldorf NJW 00, 3364) sind im Hinblick auf § 485 Abs 2 und weil § 492 auf die allgemeinen Beweisaufnahmeregeln verweist, zulässig. – **Einwendungen** gegen die Zulässigkeit der Beweisaufnahme 2 entscheidet das Ger, das das Beweisverfahren angeordnet hat, stets durch Beschluss. Er ist anfechtbar nur, soweit §§ 371–414 dies vorsehen. Zwischenurteil gibt es außerhalb des Erkenntnisverfahrens nicht. Ablehnung von Sachverständigen § 487 Rn 5, 6. – Das **Beweisverfahren** 3 **endet** mit der Verlesung des Protokolls bzw seiner Vorlage an die Parteien zur Durchsicht (BGH 60, 212) oder, wenn kein Termin stattfand, mit der Mitteilung des Gutachtens oder, falls der entsprechende Antrag innerhalb einer vom Ger gem § 411 Abs 4 S 2 gesetzten, sonst in angemessener Frist nach Zugang des Gutachtens gestellt war (München NJW-RR 96, 1527, Köln NJW-RR 97, 1220), mit Zugang seiner schriftlichen Ergänzung an die Parteien (BGH 53, 43/46) bzw mit der Verlesung oder der Vorlage zur Durchsicht des Protokolls über die Anhörung des Sachverständigen (BGH 120, 329). Wurde innerhalb gesetzter bzw angemessener Frist von höchstens 2 Monaten (München MDR 01, 531) kein Antrag gestellt, endet das Beweisverfahren mit Fristablauf (Karlsruhe MDR 98, 238); außerdem mit der Rechtskraft des Beschlusses, der den Antrag auf Anordnung des selbständigen Beweisverfahrens als unzulässig ablehnt (Hamburg MDR 78, 845).

　　2. Erörterung, Vergleich. Abs 3 will erreichen, dass die Parteien 4 ihren Streit ohne Proz nach Feststellung der maßgeblichen Tatsachen mit Hilfe des Ger rasch und kostengünstig beilegen. Davon sollte reger Gebrauch gemacht werden. Eine Einigung ist insbesondere dann zu erwarten, wenn der Antragsgegner der Anordnung des Beweisverfahrens zugestimmt hat; sonst sollte das Ger die Erörterung anregen. Für sie ist Termin zu bestimmen. Ein Vergleich ist zu protokollieren (§ 160 Abs 3 Nr 1) oder schriftlich abzuschließen (§ 278 Abs 6). Er ist VollstrTitel (§ 794 Abs 1 Nr 1). **Gebühren:** Nr 1610 KV, RA: § 48 BRAGO.

§ 493 Benutzung im Prozess

　　(1) **Beruft sich eine Partei im Prozeß auf Tatsachen, über die selbständig Beweis erhoben worden ist, so steht die selbständige Beweiserhebung einer Beweisaufnahme vor dem Prozeßgericht gleich.**

　　(2) **War der Gegner in einem Termin im selbständigen Beweisverfahren nicht erschienen, so kann das Ergebnis nur benutzt werden, wenn der Gegner rechtzeitig geladen war.**

　　1. Die **Benutzung der Beweisaufnahme** (Abs 1) eines inländischen 1 (Köln NJW 83, 2779, zweifelnd Meilicke NJW 84, 2017) selbständigen Beweisverfahrens ist **zulässig,** wenn sie selbst gesetzgemäß erfolgt ist, auf die Zulässigkeit der Anordnung des Verfahrens (§§ 485–487) kommt es nicht an. Sie geschieht durch Vortrag oder Bezugnahme in der Verhandlung (§ 285). Sie steht einer Beweiserhebung im Urteilsverfahren gleich, ist also nicht etwa Urkundenbeweis. Ergänzung oder Wiederholung nach § 398 (BGH NJW 70, 1919). Die Beweisgebühr fällt an, wenn das Ger, auch ohne formellen Beweisbeschluss, zum Ausdruck bringt, dass durch die Benutzung des Ergebnisses des selbständigen Beweisverfahrens beweisbedürftige Umstände geklärt werden sollen (Frankfurt MDR 79, 65, Hamburg MDR 99, 765).

2   **2.** Die **Benutzung** ist **untersagt** (Abs 2), wenn der im Beweistermin nicht erschienene Gegner widerspricht (§ 295) und nicht rechtzeitig (§ 491 Abs 2) oder verfahrensfehlerhaft geladen war. Ebenso ist ein Gutachten nicht verwertbar, wenn eine Partei widerspricht, die von einem Ortstermin des Sachverständigen nicht benachrichtigt war (Köln MDR 74, 589). Verwertbar bleibt die Feststellung unstreitiger Tatsachen (Düsseldorf NJW-RR 94, 283). Grundsätzlich unverwertbar ist das Ergebnis des Beweisverfahrens bei bestehender Schiedsgutachtenabrede über denselben Gegenstand, ausgenommen wenn ein Schiedsgutachten nicht mehr eingeholt werden kann und im Fall des § 319 Abs 1 BGB (Bernuth ZIP 98, 2081/2086).

§ 494 Unbekannter Gegner

(1) **Wird von dem Beweisführer ein Gegner nicht bezeichnet, so ist der Antrag nur dann zulässig, wenn der Beweisführer glaubhaft macht, daß er ohne sein Verschulden außerstande sei, den Gegner zu bezeichnen.**

(2) **Wird dem Antrag stattgegeben, so kann das Gericht dem unbekannten Gegner zur Wahrnehmung seiner Rechte bei der Beweisaufnahme einen Vertreter bestellen.**

1   **Glaubhaftmachung** § 294. Zur Verhinderung von Missbrauch sind
2   strenge Anforderungen zu stellen. – Die **Bestellung eines Vertreters** nach Abs 2 steht im Ermessen des Gerichts, er hat die Stellung eines gesetzlichen Vertreters (§ 51). Die Vergütung trägt nicht die Staatskasse (keine Vorschusspflicht nach § 68 GKG), sondern der Antragsteller; sie ist im nachfolgenden Prozess erstattungsfähig nach § 91.

§ 494 a Frist zur Klageerhebung

(1) **Ist ein Rechtsstreit nicht anhängig, hat das Gericht nach Beendigung der Beweiserhebung auf Antrag ohne mündliche Verhandlung anzuordnen, daß der Antragsteller binnen einer zu bestimmenden Frist Klage zu erheben hat.**

(2) [1]**Kommt der Antragsteller dieser Anordnung nicht nach, hat das Gericht auf Antrag durch Beschluß auszusprechen, daß er die dem Gegner entstandenen Kosten zu tragen hat.** [2]**Die Entscheidung unterliegt der sofortigen Beschwerde.**

Abs 2 geändert mWv 1. 1. 2002 durch Art 2 Abs 1 Nr 70 ZPO-RG.

1. Anordnung der Klageerhebung, Abs 1. – a) Antrag des An- **1**
tragsgegners oder seines Rechtsnachfolgers nach Abschluss des Beweisverfahrens, wenn kein Rechtsstreit vor einem inländischen (auch
Schieds-)Gericht oder vor einem ausländischen Ger anhängig ist, dessen
Urteil anzuerkennen ist. Zu richten an das Ger, das die Beweiserhebung
angeordnet hat. Anwaltszwang gem § 78 Abs 1, weil der Antrag nicht
wie in § 486 Abs 4 zu Protokoll der GeschSt zu stellen und weil nicht
der Rechtspfleger zuständig ist (Zweibrücken NJW-RR 96, 573, Mü-
KoSchreiber Rn 2; aA Schleswig BauR 96, 590, Düsseldorf NJW-RR
99, 509, Jena MDR 00, 783, BLAH Rn 4, Schmitz BauR 96, 340). –
b) Anordnung ohne mdl Vhdlg durch Beschluss. Er bestimmt die Frist, **2**
Dauer nach pflichtgemäßem Ermessen, für die Klageerhebung durch
den Antragsteller des Beweisverfahrens oder seinen Rechtsnachfolger,
weist auf die Folgen ihrer Versäumung hin (§ 231 Abs 1) und ist ihm
förmlich zuzustellen. Kein Rechtsmittel (§ 567 Abs 1). – **c) Keine** **3**
Anordnung. Der Antrag ist mangels Rechtsschutzbedürfnisses abzulehnen, wenn er gegenstandslos geworden ist (aA LG Kleve NJW-RR 97,
1356), weil zwischenzeitlich der Antragsgegner des Beweisverfahrens
oder einer von ihnen als Gesamtschuldner (Hamm NJW-RR 00, 732)
den Hauptanspruch erfüllt (Düsseldorf MDR 94, 201) oder weil der
Antragsteller des Beweisverfahrens ihn fallengelassen hat (Karlsruhe
NJW-RR 96, 1343) oder weil die Parteien sich über ihn anderweitig
geeinigt haben (Düsseldorf BauR 95, 279, Dresden NJW-RR 99, 1516).
Dagegen sofortige Beschwerde § 567 Abs 1 Nr 2.

2. Klageerhebung. Es gelten sinngemäß die Erläuterungen in § 926 **4**
Rn 7. Richtige Hauptsacheklage ist nur die der Zielrichtung des Beweisverfahrens entsprechende Klage (Köln NJW-RR 97, 1295; aA Köln
NJW-RR 00, 361). Einzuklagen ist also der Anspruch, dessen Vorbereitung oder Abwehr – dann negative Feststellungsklage – das selbständige
Beweisverfahren dienen sollte. Parteien sind die des Beweisverfahrens
oder ihre Rechtsnachfolger. Zur Fristwahrung ist nur die Erhebung der,
in vorstehendem Sinne verstanden, richtigen Klage geeignet (Nürnberg
OLGZ 94, 240, Düsseldorf BauR 95, 279). Die Fristversäumung ist
entsprechend § 231 geheilt, wenn die Klage bis zum Erlass der Entscheidung über die Kosten zugestellt ist. Anwendbarkeit des § 167 (bis 30. 6.
02 § 270 Abs 3) wie § 926 Rn 8. Ist die Klage eingereicht und liegen
die Voraussetzungen für ihre Zustellung vor, kann der Erlass des Kostenbeschlusses zurückgestellt werden. Einreden wie Zurückbehaltungsrecht
oder Aufrechnung mit der Hauptsacheforderung in einem Prozess umgekehrten Betreffs steht der Klageerhebung nicht gleich (Düsseldorf
MDR 94, 201, Köln NJW-RR 97, 1295; aA Köln NJW-RR 00, 361).

3. Kostenentscheidung gemäß §§ 91 ff. – a) Grundsatz: Keine **5**
Kostenentscheidung, wenn ein Rechtsstreit in der Hauptsache anhängig oder nach Beendigung des Beweisverfahrens noch nicht anhängig
ist, ohne dass ein Antrag gemäß Abs 1 gestellt wurde. Die Kosten
gehören zu denen des Rechtsstreits in der Hauptsache, nicht eines

Eilverfahrens (München NJW-RR 99, 655), und zwar zu den Gerichtskosten (Nürnberg OLGZ 94, 351, Düsseldorf NJW-RR 95, 1108, Jena OLG-NL 00, 115; aA Nürnberg BauR 95, 275; Düsseldorf NJW-RR 97, 856: außergerichtliche Kosten). Das gilt auch bei Klagerücknahme (Frankfurt BB 82, 1171, Koblenz ZIP 84, 375, Düsseldorf BauR 97, 349; aA Koblenz VersR 90, 1135, Köln BauR 94, 411, München NJW-RR 98, 1078). Im Hauptproz ist keine eigene Kostengrundentscheidung über die Kosten des Beweisverfahrens notwendig, vielmehr ist im Rahmen der Kostenerstattung im KfVerfahren zu entscheiden, ob und inwieweit diese Kosten notwendig waren (BGH 132, 96). Das kann nur der Fall sein bei Identität der Parteien und des Streitgegenstandes, soweit das Ergebnis des von einem deutschen Ger angeordneten (Hamburg MDR 00, 53) Beweisverfahrens ganz oder teilweise verwertet wurde. Ggf können die Kosten einem Rechtsstreit nur anteilig zugeordnet werden, zB wenn sich das Beweisverfahren auch auf Gegenstände außerhalb des späteren Rechtsstreits (KG MDR 75, 412, Düsseldorf NJW 76, 115) oder mehrerer späterer Prozesse (München MDR 89, 548) erstreckte oder wenn der Antragsteller im Hinblick auf das für ihn nur teilweise günstige Beweisergebnis mit der Klage einen geringeren Anspruch geltend macht (Koblenz NJW 98, 68, MDR 00, 669). Düsseldorf NJW-RR 98, 358 entscheidet über die restlichen Kosten des Beweisverfahrens anteilsmäßig im Hauptsacheurteil analog § 96, soweit der mit der Klage erhobene Anspruch hinter dem im Beweisverfahren geltend gemachten zurückbleibt. Auch wenn die Höhe des Streitwerts im Hauptsacheprozess hinter der im Beweisverfahren nur wegen anderer Bewertung zurückbleibt oder weil der Kl mit seinem auf dieselben Mängel bezogenen Schadensersatzanspruch aufgerechnet hat, sind die vollen Kosten nach der Entscheidung im Hauptsacheprozess zu erstatten

6 (München NJW-RR 00, 1237). – **b) Ausnahme: Kostenentscheidung.** Ein den Beweisantrag zurückweisender Beschluss darf über die Kosten entscheiden, wenn ein Hauptverfahren noch nicht anhängig (Brandenburg BauR 96, 584, Hamm MDR 00, 790, Karlsruhe MDR 00, 975; aA Koblenz MDR 96, 101) oder nicht mehr zu erwarten ist (Celle MDR 93, 914). Ebenso bei Wiederaufhebung des Beweisanordnungsbeschlusses, zB wegen Nichteinzahlung des Kostenvorschusses (Frankfurt NJW-RR 95, 1150); bei Rücknahme des Antrags (KG NJW-RR 92, 1023, Karlsruhe NJW-RR 92, 1406, Koblenz VersR 00, 478) oder Nichtdurchführung der Beweisaufnahme (München NJW-RR 01, 1439); wenn der Antragsteller den Hauptanspruch fallen lässt (Dresden ZIP 99, 1814, München MDR 01, 108), sodass mangels Rechtsschutzbedürfnis keine Frist zur Erhebung der Hauptsacheklage zu setzen ist (Karlsruhe NJW-RR 96, 1343); bei übereinstimmender Erledigterklärung des Beweisverfahrens (Frankfurt OLGZ 93, 441, München NJW-RR 00, 1455; aA Dresden NJW-RR 99, 1516, Lindacher JR 99, 278); wenn bei mehreren Antragsgegnern derjenige, der den Kostenantrag stellt, den Antrag nach Abs 1 nicht gestellt hatte (Stuttgart MDR

7 00, 1094). – **c) Kostenentscheidung nach Absatz 2.** Beschluss, auch nach fakultativer mdl Vhdlg (§ 128 Abs 4). Voraussetzung ist die unterbliebene Erhebung der Hauptsacheklage trotz wirksamer Anordnung. Rechtliches Gehör ist zu gewähren. – **Der Antrag ist zurückzuweisen,** 8 wenn der Antragsteller des Beweisverfahrens bis zum Erlass der Kostenentscheidung – auch noch nach Ablauf der Frist zur Klageerhebung (München MDR 01, 833) – die Zustellung der Klage nachweist (Rn 4), oder wenn das Ger bis zu diesem Zeitpunkt hätte zustellen können, auch niedriger als im Antrag auf das Beweisverfahren (Düsseldorf NJW-RR 98, 358 u 359). Außerdem, wenn die Anordnung nach Abs 1 nicht hätte ergehen dürfen (Rn 3). – **d) Rechtsmittel** in beiden Fällen sofortige 9 Beschwerde, außer wenn der Beschluss von einem RechtsmittelGer erlassen wurde (§ 567 Abs 1).

4. Für die **Streitwertfestsetzung** (§ 3 Rn 33) sind das Ger, bei dem 10 das Beweisverfahren durchgeführt wurde, und die übergeordneten Rechtsmittelgerichte zuständig, nicht andere, bei denen die Beweisverhandlungen benützt werden (Hamm NJW 76, 116). – **Gebühren:** § 48 BRAGO.

Abschnitt 2. Verfahren vor den Amtsgerichten

§ 495 Anzuwendende Vorschriften

Für das Verfahren vor den Amtsgerichten gelten die Vorschriften über das Verfahren vor den Landgerichten, soweit nicht aus den allgemeinen Vorschriften des ersten Buches, aus den nachfolgenden besonderen Bestimmungen und aus der Verfassung der Amtsgerichte sich Abweichungen ergeben.

Das **amtsgerichtliche Verfahren** entspricht grundsätzlich dem LG- 1 Proz erster Instanz (§§ 253 ff). Verschiedenheiten ergeben sich aus der unterschiedlichen Verfassung und aus der relativ geringeren Bedeutung der Prozesse. Die **wesentlichsten Abweichungen** sind: – **a)** Der 2 Amtsrichter vereinigt in sich die Funktionen des ProzGer und des Vorsitzenden. – **b)** Grundsätzlich kein Anwaltszwang; Ausnahmen § 78 3 Abs 2. Daraus folgt eine weitergehende Fürsorgepflicht für die Parteien (zB §§ 499, 504, 510) und die Entbehrlichkeit vorbereitender Schriftsätze (§ 129). – **c)** Verfahrensvereinfachung (§ 495 a) und Erleichterun- 4 gen für die Parteien (§ 496).

§ 495 a Verfahren nach billigem Ermessen

[1]**Das Gericht kann sein Verfahren nach billigem Ermessen bestimmen, wenn der Streitwert sechshundert Euro nicht übersteigt.** [2]**Auf Antrag muss mündlich verhandelt werden.**

Geändert mWv 1. 1. 2002 durch Art 2 Abs 1 Nr 71 ZPO-RG.

1   **1. Anwendungsbereich.** Streitwert nicht über 600 €. Die gerichtliche Befugnis entsteht auch, wenn ein zunächst höherer Streitwert während des Prozesses auf 600 € sinkt. Sie endet, sobald er 600 € übersteigt. Die Bestimmung gilt nicht im Verfahren vor dem LG.

2   **2. Verfahren** (Abs 1). Das Ger hat die wesentlichen Grundsätze eines rechtsstaatlichen Verfahrens einzuhalten. Insbesondere sind die Öffentlichkeit der Verhandlung, das Recht auf rechtliches Gehör, auf Gleichbehandlung der Parteien, auf die eigene Neutralität und Unvoreingenommenheit und auf ein faires Verfahren (Einl I Rn 30) zu wahren. Im übrigen kann das Ger das Verfahren nach billigem, also pflichtgemäßem Ermessen bestimmen. Die Entscheidung ist im Urteil oder im Protokoll (§ 313 a Abs 1) nachvollziehbar zu begründen, muss sich mit der Rechtslage eingehend auseinandersetzen und darf nicht jedes sachlichen Grundes entbehren, also nicht objektiv willkürlich sein (BVerfG NJW 95, 2911). Bei dieser Auslegung bestehen gegen die Bestimmung keine verfassungsrechtlichen Bedenken (ähnlich Bergerfurth NJW 91, 961; kritisch Kissel NJW 91, 945/952); mdl Vhdlg ist nur notwendig, wenn eine Partei sie beantragt. Für den Fall der Säumnis gelten keine Besonderheiten (ebenso Peglau NJW 97, 2222; aA BLAH Rn 20, 21, 75, AG Ahrensburg NJW 96, 2516). Eine vom Regelverfahren abweichende Verfahrensweise hat das Ger den Parteien unter Wahrung rechtlichen Gehörs (BVerfG NJW-RR 94, 254) bekanntzugeben (ebenso Städing NJW 96, 691).

3   **3. Urteil** (§ 313 a). Bei Streitwert nicht über 600 € (Rn 1) können der Tatbestand ohne weiteres, die Entscheidungsgründe dann entfallen, wenn ihr wesentlicher Inhalt in das Protokoll aufgenommen ist und das AG die Berufung nicht zugelassen hat (§ 511 Abs 2). Im Protokoll geschieht dies im Anschluss an die Feststellung der Urteilsverkündung (§ 160 Abs 3 Nr 6, 7); auch mittels Bezugnahme gemäß § 160 Abs 5, zB auf eine früher gegebene Begründung eines gerichtlichen Vergleichsvorschlags oder auf eine frühere Verfügung mit rechtlichen Hinweisen. Von der Befugnis in § 313 a sollte zur Vermeidung von Schreibarbeit und Aktenumlauf umfassend Gebrauch gemacht werden, denn der Anfertigung des Tatbestandes bedarf es nicht, weil die Parteien ihn kennen, den Kern der Entscheidungsgründe erfahren sie. Unberührt bleibt
4   § 313 b. **Rechtsmittel** ist regelmäßig unstatthaft (§ 511 Abs 2 Nr 1) außer bei Zulassung der Berufung durch das AG gem § 511 Abs 2 Nr 2. Bei Verletzung des Rechts auf rechtliches Gehör ist die Gehörsrüge nach § 321 a möglich (s dort).

5   **4. Kosten, Gebühren.** Es gelten die allgemeinen Vorschriften. Verhandlungsgebühr fällt auch ohne mdl Vhdlg an (LG Stuttgart MDR 93, 86; aA AG Essen RPfleger 94, 519 mit Übersicht über den Meinungsstand).

§ 496 Einreichung von Schriftsätzen; Erklärungen zu Protokoll

Die Klage, die Klageerwiderung sowie sonstige Anträge und Erklärungen einer Partei, die zugestellt werden sollen, sind bei dem Gericht schriftlich einzureichen oder mündlich zum Protokoll der Geschäftsstelle anzubringen.

Gestattet für alle Parteierklärungen und analog für alle Gesuche an das 1 Ger neben der schriftlichen Einreichung (§ 253 Rn 1) wahlweise und abweichend vom LG-Verfahren die Anbringung zu Protokoll der GeschSt. Der UrkB, der Rechtspfleger in den Fällen des § 24 Abs 2 RPflG, muss die Partei sachgemäß belehren und darf wegen §§ 270 Abs 3, 129 a die Niederschrift nicht wegen Unzuständigkeit des Gerichts ablehnen. Klageerhebung § 253, Verbindung mit PKH-Gesuch § 117 Rn 2–4. Im Mahnverfahren § 702.

§ 497 Ladungen

(1) ¹Die Ladung des Klägers zu dem auf die Klage bestimmten Termin ist, sofern nicht das Gericht die Zustellung anordnet, ohne besondere Form mitzuteilen. ²§ 270 Satz 2 *(bis 30. 6. 00: § 270 Abs 2 Satz 2)* gilt entsprechend.

(2) ¹Die Ladung einer Partei ist nicht erforderlich, wenn der Termin der Partei bei Einreichung oder Anbringung der Klage oder des Antrages, auf Grund dessen die Terminsbestimmung stattfindet, mitgeteilt worden ist. ²Die Mitteilung ist zu den Akten zu vermerken.

Abs 1 Satz 2 geändert mWv 1. 7. 2002 durch Art 1 Nr 5 ZustRG.

1. Die **Terminsbestimmung** vAw entspricht dem LG-Verfahren. 1 Vgl dazu und wegen der Ausnahmen § 216. Statt der Bestimmung eines frühen ersten Termins kann der Richter ein schriftliches Vorverfahren einleiten, § 272 Abs 2.

2. Die **Ladung** vAw entspricht dem LG-Verfahren, §§ 214, 274 2 Abs 1. Abs 1 S 1 lässt in Abweichung von § 329 Abs 2 S 2 die Ladung des Klägers zum ersten Termin durch formlose Mitteilung zu.

3. Ladung ist entbehrlich (Abs 2), wenn der Partei (gesetzlicher 3 und bevollmächtigter Vertreter stehen gleich, soweit ihnen zugestellt werden müsste) der Termin mündlich oder schriftlich bei Einreichung bzw Protokollierung des Antrags mitgeteilt wurde. Dass dies geschehen ist, hat der UrkB in den Akten zu beurkunden, ebenso wenn er abgekürzte Einlassungs- oder Ladungsfrist mitgeteilt hat; wichtig für VersU.

§ 498 Zustellung des Protokolls über die Klage

Ist die Klage zum Protokoll der Geschäftsstelle angebracht worden, so wird an Stelle der Klageschrift das Protokoll zugestellt.

1 Am AG kann die Klage schriftlich wie am LG oder zu Protokoll (§ 496) eingereicht werden. Im letztgenannten Fall ist dieses zuzustellen. Im übrigen gelten für Inhalt und Zustellung der Klage, Mängel der Klageerhebung und ihre Heilung §§ 253, 271 Abs 1, 295. Mit der Zustellung ist die Sache rechtshängig, wegen gewisser Vorwirkungen § 167 (bis 30. 6. 02 § 270 Abs 3). Über § 495 gelten für frühen ersten Termin oder schriftliches Vorverfahren, für die Fristsetzungen, Aufforderungen u Hinweise die Vorschriften über das LG-Verfahren (§§ 272 ff) im Rahmen ihres Anwendungsbereichs, soweit vor dem Familiengericht Anwaltszwang besteht (§ 78 Abs 2); ü gelten sie ohne die auf den Anwaltszwang bezüglichen Vorschriften, zusätzlich gilt § 499.

§ 499 Belehrung über schriftliches Anerkenntnis

Mit der Aufforderung nach § 276 ist der Beklagte auch über die Folgen eines schriftlich abgegebenen Anerkenntnisses zu belehren.

1 Die Bestimmung schreibt für den Fall des schriftlichen Vorverfahrens zusätzlich zu § 276 Abs 2 eine Belehrung über die Folgen des schriftlichen Anerkenntnisses (§ 307 Abs 2) vor.

§ 500 (aufgehoben)

§§ 501–503 (weggefallen)

§ 504 Hinweis bei Unzuständigkeit des Amtsgerichts

Ist das Amtsgericht sachlich oder örtlich unzuständig, so hat es den Beklagten vor der Verhandlung zur Hauptsache darauf und auf die Folgen einer rügelosen Einlassung zur Hauptsache hinzuweisen.

1 Die **Hinweispflicht** will die Erschleichung der sachlichen oder örtlichen Zuständigkeit des angegangenen AG verhindern. Unterbleibt der Hinweis und verhandelt der Bekl zur Sache, so wird dadurch die Zuständigkeit des angegangenen AG nicht begründet (§ 39 S 2). Spätere Rüge des Bekl und Verweisung auf Antrag des Kl nach § 281 sind möglich. Gilt auch für die nachträgliche Unzuständigkeit nach § 506 (Müller MDR 81, 11; aA LG Hamburg MDR 78, 940). Gilt für unterbliebene Belehrung einer deutschen Bekl durch ein unzuständiges ausländisches Gericht (Frankfurt MDR 79, 586).

§ 505 (weggefallen)

§ 506 Nachträgliche sachliche Unzuständigkeit

(1) **Wird durch Widerklage oder durch Erweiterung des Klageantrages (§ 264 Nr. 2, 3) ein Anspruch erhoben, der zur Zuständigkeit der Landgerichte gehört, oder wird nach § 256 Abs. 2 die Feststellung eines Rechtsverhältnisses beantragt, für das die Landgerichte zuständig sind, so hat das Amtsgericht, sofern eine Partei vor weiterer Verhandlung zur Hauptsache darauf anträgt, durch Beschluß sich für unzuständig zu erklären und den Rechtsstreit an das zuständige Landgericht zu verweisen.**

(2) **Die Vorschriften des § 281 Abs. 2, Abs. 3 Satz 1 gelten entsprechend.**

1. Anwendungsbereich. § 281 betrifft die ursprüngliche örtliche 1
oder sachliche Unzuständigkeit des Gerichts 1. Instanz in allen Verfahren
der ZPO, **§ 506** die nachträglich eintretende sachliche Unzuständigkeit
des AG im Streitverfahren, verursacht durch Widerklage (§ 33), Klageerweiterung (§ 264 Nr 2, 3) oder Zwischenfeststellungsklage (§ 256
Abs 2). – **Unanwendbar** ist § 506 auf andere Fälle, zB nachträglich 2
erhobene Ansprüche nach §§ 510 b, 302 Abs 4 S 4, 600 Abs 1, 717
Abs 2 S 2, Prozessverbindung nach § 147 (Ausnahme in § 112 Abs 2
GenG), bei Klageerweiterung im landgerichtlichen Berufungsverfahren
(Rn 5). Ist das AG schon für die ursprüngliche Klage nicht zuständig,
kann Verweisung nach §§ 281 und 506 zusammentreffen. Es ist an das
örtlich zuständige LG zu verweisen. Das muss nicht das übergeordnete
sein.

2. Zulässigkeit der Verweisung. – a) Nachträglich eingetretene 3
sachliche Unzuständigkeit, weil in den Fällen Rn 1 der neu erhobene, bei Klageerweiterung der Gesamtanspruch zur Zuständigkeit der
LGe gehört (§ 71 GVG). – **b) Antrag einer Partei.** Er muss, soweit 4
Vereinbarung zulässig ist (§ 38 Rn 4–6), vor Vhdlg des Gegners über
den neuen Antrag (§ 39 Rn 5) gestellt werden. – **c)** Wird erst **in der** 5
Berufungsinstanz (LG) die Klage erweitert od Widerklage erhoben, so
ist Verweisung von der Berufungskammer an das nämliche LG, erstinstanzliche Kammer entgegen Oldenburg NJW 73, 810, LG Stuttgart
NJW-RR 90, 704, LG Kassel NJW-RR 96, 1340, LG Aachen
NJW-RR 99, 143) unzulässig (ebenso MuWittschier 1, ZöHerget 4,
Butzer NJW 93, 2649, Schneider MDR 97, 221), weil es in zweiter
Instanz keine sachliche Zuständigkeit mehr gibt, die § 506 regelt, sondern nur noch eine funktionelle. Die aber fehlt dem Berufungsgericht
nicht, denn bei Klageerweiterung gelten §§ 525, 263 ff, für die Widerklage gilt § 533. Gäbe es für das LG als BerGer aber den Begriff der
sachlichen Zuständigkeit, so wäre sie gegeben, also auch deshalb keine
Verweisung möglich (im Ergebnis ebenso LG Zweibrücken NJW-RR
94, 1087, StJLeipold 16 mwN). Ebenso keine Verweisung von LG als
BerGer an OLG bei nachträglicher Klageerweiterung (BGH NJW-RR
96, 891). – **d) Verweisung nach Versäumnisurteil** kann nach § 281 6

oder § 506 in Frage kommen. In diesem Falle prüft das LG, an das verwiesen wird, die Zulässigkeit des Einspruchs.

7 **3. Entscheidung. – a) Verweisung** durch Beschluss, in höherer Instanz durch Urteil. Das in § 281 Rn 10 Gesagte gilt. Die Bindung des LG erstreckt sich nur auf seine sachliche Zuständigkeit gegenüber dem
8 AG. – **b) Zurückweisung des Antrags** (zB wegen § 39 oder als unbegründet) durch Zwischenurteil (§ 303) oder in den Gründen des End-Urt. Wenn der Gegner des neuen Anspruchs den Verweisungsantrag
9 gestellt hat, durch ZwischenUrt nach § 280. – **c) Ist kein Verweisungsantrag gestellt** und die Unzuständigkeit nicht gerügt, greift § 39 bei gegebenen Voraussetzungen ein, wobei auch hier Belehrung nötig ist (§ 504 Rn 1). Andernfalls ist die ganze erweiterte bzw Wider- bzw Zwischenfeststellungsklage mangels Zuständigkeit als unzulässig abzuweisen.

10 **4. Das weitere Verfahren** vor dem LG folgt sinngem den Erläuterungen in § 281 Rn 13–18; ebenso wegen der Kosten, wobei aber für die Mehrkosten § 281 Abs 3 S 2 nicht gilt (Stuttgart WM 01, 2206).

§§ 507, 508 (aufgehoben)

§ 509 (weggefallen)

§ 510 Erklärung über Urkunden

Wegen unterbliebener Erklärung ist eine Urkunde nur dann als anerkannt anzusehen, wenn die Partei durch das Gericht zur Erklärung über die Echtheit der Urkunde aufgefordert ist.

1 Abweichung von § 439 Abs 3. Die Aufforderung ist im Tatbestand des Urteils festzustellen.

§ 510 a Inhalt des Protokolls

Andere Erklärungen einer Partei als Geständnisse und Erklärungen über einen Antrag auf Parteivernehmung sind im Protokoll festzustellen, soweit das Gericht es für erforderlich hält.

1 Für das Sitzungsprotokoll gelten §§ 159–165. Geständnis und Erklärung über einen Antrag auf Parteivernehmung müssen nach § 160 Abs 3 Nr 3 im Protokoll festgestellt werden. Über die Protokollierung anderer Parteierklärungen entscheidet der Richter nach pflichtgemäßem Ermessen.

§ 510 b Urteil auf Vornahme einer Handlung

Erfolgt die Verurteilung zur Vornahme einer Handlung, so kann der Beklagte zugleich auf Antrag des Klägers für den Fall, daß die Handlung nicht binnen einer zu bestimmenden Frist

vorgenommen ist, zur Zahlung einer Entschädigung verurteilt werden; das Gericht hat die Entschädigung nach freiem Ermessen festzusetzen.

1. Zweck. Hat der Kläger Anspruch auf Vornahme einer Handlung **1** und später für den Fall der Nichterfüllung Anspruch auf Schadenersatz, so kann er mit der Klage auf die Handlung die Klage auf Zahlung des Ersatzes nur verbinden, wenn für letztere die Voraussetzungen des § 259 gegeben sind (Köln NJW-RR 98, 1682). – § 510 b gestattet zur Be- **2** schleunigung in einem Verfahren die **Verbindung** dreier Anträge: Klage auf Vornahme einer Handlung, Antrag auf Fristsetzung für diese Vornahme und Antrag auf Zahlung von Schadenersatz für den Fall fruchtlosen Fristablaufs.

2. Voraussetzungen. – a) Klage auf Vornahme einer Handlung **3** am AG oder Arbeitsgericht (§ 61 Abs 2 ArbGG) bzw in der entspr Berufungsinstanz. Die Handlung müsste nach §§ 887–889 zu vollstrecken sein, auch wenn die ZwVollstr im Einzelfall unzulässig ist (§ 888 Abs 3). Auf Duldungs- (§ 890) und Herausgabeklagen (§ 883 Rn 3) ist § 510 b nicht entspr anwendbar (BAG 5, 78, Köln MDR 97, 1059, StJLeipold 3). – **b) Antrag des Klägers auf Fristsetzung** im Urt zur **4** Vornahme der Handlung ohne nähere Begründung (vgl auch § 255); – **c) Antrag auf Verurteilung zur Zahlung einer Entschädigung** **5** nach fruchtlosem Fristablauf. § 510 b gibt keinen solchen Anspruch, sondern setzt sein Bestehen nach sachlichem Recht voraus (§ 255 Rn 2). Dieser Antrag schafft zwar kumulative Klagehäufung (§ 260 Rn 6), führt aber wegen wirtschaftlicher Zweckgleichheit weder zur Zusammenrechnung der Streitwerte (§ 5) noch, wenn er die sachliche Zuständigkeitsgrenze des AG übersteigt, zur Verweisung nach § 506 (allgM), wohl aber zur Rechtshängigkeit (§ 261) des Schadenersatzanspruchs und deshalb zur rechtskräftigen Entscheidung darüber.

3. Entscheidung über den Entschädigungsantrag. a) Ableh- **6** **nung.** Das AG kann es in den Urteilsgründen ablehnen, über den Antrag auf Entschädigung zu entscheiden, zB wenn nach seinem Ermessen eine große Beweisaufnahme nötig wäre. Auf Berufung kann das LG nach eigenem Ermessen die Entschädigung selbst zusprechen, selbst wenn der Antrag dort erstmals gestellt wird (StJLeipold 9). – **b) Abwei-** **7** **sung als unzulässig,** wenn die Voraussetzungen Rn 3 nicht erfüllt sind. – **c) Abweisung als unbegründet,** wenn der Kl keinen Anspruch auf **8** Schadenersatz hat, falls die Handlung nicht vorgenommen wird. Der Bekl muss alle bestehenden Einwendungen geltend machen (§ 767 Abs 2). Aufrechnen kann er noch nicht, weil der Ersatzanspruch des Kl erst ein künftiger ist. – **d) Verurteilung** zur Vornahme der Handlung, **9** Fristsetzung dafür am besten mit festem Datum und Verurteilung zur Zahlung einer Entschädigung für den Fall fruchtlosen Fristablaufs. Das setzt voraus, dass der Kl nach sachlichem Recht einen durch Einwendungen des Bekl nicht beseitigten Schadenersatzanspruch für diesen Fall

hat. Entstehung und Höhe des Schadens bestimmt, soweit bestritten, das
Ger unter Beachtung von § 308 nach freiem Ermessen (§ 287). Das Urt
ist in allen Teilen nach §§ 708 ff für vorl vollstreckbar zu erklären.

10 **4. Zwangsvollstreckung. – a)** Die **Klausel** ist sofort zu erteilen;
bei kalendermäßiger Bestimmung der Frist § 751 Rn 2–4; auch wenn
die Frist ab Zustellung zu berechnen ist, gilt nicht § 726, weil nicht der
Gläubiger die Nichtvornahme der Handlung zu beweisen hat (§ 726
11 Rn 3). – **b) Die Vornahme der Handlung** darf nicht vollstreckt
12 werden, § 888 a. Statt dessen Entschädigung. – **c) Einwendungen** gegen den Zahlungsanspruch selbst sind nur im Wege und im Rahmen des
§ 767 geltend zu machen, zB dass der Zahlungsanspruch wegen frist-
gerechter Vornahme der Handlung nicht entstanden oder nach Entstehung infolge Aufrechnung erloschen sei.

Buch 3. Rechtsmittel

Vorbemerkung

Übersicht

I. Wesen

Rechtsmittel im Sinne der ZPO sind nur Berufung, Revision und **1** sofortige Beschwerde. Mit ihnen bezweckt eine Partei, in Fortsetzung des Rechtsstreits, eine ihr ungünstige Entscheidung vor Rechtskraft im Wege der Nachprüfung durch ein höheres Gericht zu beseitigen und eine ihr günstige anderweitige Entscheidung zu erreichen. Das Gericht hat den Vortrag sachdienlich so auszulegen, dass die Erreichung dieses Ziels möglich ist. Das Rechtsstaatsprinzip gebietet, den Zugang zu Rechtsbehelfsverfahren nicht in unzumutbarer Weise zu erschweren (BVerfG NJW 93, 1380). Rechtsmittel sind im Gegensatz zu den sonstigen Rechtsbehelfen (Rn 47) gekennzeichnet (aA Gilles ZZP 91, 128) durch:

1. Suspensiv-(Hemmungs-)wirkung. Die fristgerechte Einlegung **2** eines statthaften Rechtsmittels hemmt den Eintritt der formellen Rechtskraft (§ 705 Rn 8; bei teilweiser Anfechtung § 705 Rn 10).

2. Devolutiv-(Abwälzungs-)wirkung. Das Verfahren wird in der **3** höheren Instanz anhängig, diese ist funktionell zur Entscheidung zuständig. So auch bei der Beschwerde (§§ 72, 119 Abs 1 Nr 1 GVG), wenn sie nicht der Erstrichter durch Abhilfe (§ 572 Abs 1 S 1 Hs 1) gegenstandslos macht.

4 **II. Mit Rechtsmittel anfechtbar** sind grundsätzlich Endurteile, gewisse Zwischenurteile und in gewissem Umfang Beschlüsse. Für fehlerhafte Entscheidungen gilt folgendes:

5 **1.** Schein- und nichtige Entscheidungen vgl 10–19 vor § 300.

6 **2. Inkorrekte Entscheidungen** sind ihrer Form nach zweifelhafte oder falsche. Wenn die Partei dadurch objektiv in Unsicherheit über die Art des statthaften Rechtsbehelfs gerät, gilt der Grundsatz der **Meistbegünstigung** (BGH 98, 362, NJW-RR 95, 379 und 380). Danach darf ein Fehler oder eine Unklarheit des Gerichts nicht zu Lasten der **7** Parteien gehen. Daraus folgt: – **a) Gegen eine ihrer Form nach zweifelhafte Entscheidung** ist jedes Rechtsmittel gegeben, das gegen eine der in Frage kommenden Entscheidungsformen statthaft ist. Zur Auslegung, welche Entscheidung vorliegt, sind ihr Inhalt, ihre Bezeichnung, die Verwendung üblicher Formen oder Vordrucke, die Beifügung oder Weglassung von Tatbestand und Entscheidungsgründen oder eines Kostenausspruchs mit heranzuziehen. Beispiele: Ist unklar, ob es sich um ein streitiges oder um ein Versäumnisurteil (BGH NJW 99, 583), ob es sich um ein 1. oder 2. Versäumnisurteil (Frankfurt NJW-RR 92, 1468) uU auch umgekehrt (BGH NJW 97, 1448) handelt: wahlweise Berufung oder Einspruch. Handelt es sich nach Auffassung des Berufungsgerichts um ein VersU, so hebt es auf und verweist zur Behandlung als zulässigen Einspruch zurück (Köln FamRZ 95, 888). Ist zweifelhaft, ob das AG als Streit- oder Familiengericht entschieden hat: Berufung wahlweise zum LG oder OLG (BGH NJW-RR 95, 379 und 380). Hat eine Partei ein Rechtsmittel eingelegt gegen eine Entscheidung, wie sie weder erlassen ist noch hätte erlassen werden müssen, so ist das Rechtsmittel falsch gewählt und als solches unstatthaft; wenn möglich ist das zulässige **8** Rechtsmittel als eingelegt anzusehen (Hamburg ZZP 53, 281). – **b) Gegen eine ihrer Art nach falsch bezeichnete Entscheidung** kann die Partei – **aa) entweder** das Rechtsmittel einlegen, das gegen die tatsächlich erlassene Entscheidung statthaft ist. Beispiele: Gegen Urteil, wenn durch Beschluss zu entscheiden war: Berufung, über die dann durch Beschluss zu entscheiden ist (BGH JR 66, 67 im Falle eines Kosten- „Urteils" nach Erledigung der Hauptsache, vgl § 91a Rn 52); gegen Beschluss, wenn durch Urt hätte entschieden werden müssen: Beschwerde (BGH 21, 147), über die durch Urt zu entscheiden ist (Karlsruhe Just 77, 457). Eine ihrer Art nach unrichtig bezeichnete Entscheidung ist grundsätzlich dann nicht anfechtbar, wenn gegen die in gesetzentsprechender Art ergangene Entscheidung des selben Inhalts ein Rechtsmittel nicht oder nur auf Grund Zulassung statthaft wäre (BGH NJW 69, 845), zB Entscheidung nach § 516 Abs 3 durch Urt statt Beschluss (BGH 46, 112), Entscheidung des OLG durch Beschluss statt durch Urt (BGH NJW-RR 93, 956), Verweisung in erster Instanz durch Urt statt durch Beschluss. Ausnahmsweise ist auch in diesen Fällen die Entscheidung anfechtbar, wenn aus ihr der Partei zusätzliche Nachteile erwachsen (BGH ZZP 92, 362 mit Anm Gottwald: Verurteilg einer

Partei zur Vorlegung von Urkunden durch Teilurteil statt eines Zwischenurteils über die Vorlagepflicht nach § 303). – **bb) Oder wahl-** 9 **weise** kann die Partei auch das Rechtsmittel einlegen, das gegen die Entscheidung bei richtiger Bezeichnung statthaft wäre (BGH 98, 362). Beispiel: Gegen Zwischenurteil aus § 303, wenn die Bezeichnung richtig Teil- (§ 301) oder Grundurteil (§ 304) lauten müsste: Berufung. Auf die inhaltliche Unrichtigkeit der Entscheidung kommt es hier nicht an. Hat das Gericht durch VersU entschieden, weil es die Partei unzutreffend für säumig hielt, so ist die Entscheidung nicht inkorrekt, zulässiger Rechtsbehelf also nur der Einspruch (BGH MDR 94, 199). – **c) In** 10 **allen Fällen** inkorrekter Entscheidung darf die Partei zur Vermeidung von Nachteilen alle in Betracht kommenden Rechtsbehelfe einlegen. Die Überprüfungsmöglichkeiten des Rechtsmittelgerichts richten sich aber nach dem richtigen Rechtsbehelf (Brandenburg NJW-RR 98, 1286; zur Überprüfung eines fälschlich so bezeichneten 2. Versäumnisurteils Düsseldorf MDR 01, 833).

III. Zulässigkeit und Begründetheit

Zum Erfolg jedes Rechtsmittels gehört, dass es zulässig und begründet 11 ist, ähnlich wie bei der Klage (8 ff vor § 253). Die Zulässigkeitsvoraussetzungen sind zuerst zu prüfen, ein unzulässiges Rechtsmittel muss ohne Prüfung seiner Begründetheit (BGH 2, 280) durch Prozessurteil oder Beschluss verworfen werden (§§ 522 u 552 je Abs 1 S 2, 572 Abs 2 S 2). Erst wenn die Zulässigkeit bejaht ist, kann die Begründetheit des Rechtsmittels geprüft werden. Nach aA (Köln NJW 74, 1515; zust Gottwald NJW 74, 2241) kann aus prozesswirtschaftlichen Gründen die Zulässigkeit einer Beschwerde, falls erst nach Beweiserhebung zu beurteilen, offen bleiben, wenn sie jedenfalls unbegründet ist; ebenso KG NJW 76, 2353, wenn die Auswirkungen einer Verwerfung wegen Unzulässigkeit die gleichen sind wie bei einer Zurückweisung als unbegründet. Diese Auffassung ist zwar praktisch, aus den Gründen bei Jauernig, Festschrift für Schiedermair S 289 aber bedenklich. – **Zur** 12 **Zulässigkeit gehört** nur, was unter Rn 13–37 ausgeführt ist. **Zur Begründetheit gehören** zuerst Zulässigkeitsvoraussetzungen und ordnungsgemäßes Verfahren in der vorhergehenden Instanz (vgl § 557 Rn 3), dann die eigentliche Sachprüfung. Insbes haben die Prozessvoraussetzungen in erster Instanz nichts mit der Zulässigkeit des Rechtsmittels zu tun. Unbegründet ist das Rechtsmittel, wenn das Gericht im Ergebnis genau so zu entscheiden hat wie die untere Instanz, sei es auch aus anderen rechtlichen Gründen. Begründet ist das Rechtsmittel, wenn das Gericht zugunsten des Rechtsmittelklägers zu einer abweichenden Entscheidung kommt, entweder weil die der ersten Instanz prozessual unzulässig oder inhaltlich unrichtig war, oder weil sich die Rechtslage auf Grund zulässigen neuen Vorbringens oder Gesetzesänderung geändert hat.

13   **IV. Die Zulässigkeitsvoraussetzungen (Rechtszugsvoraussetzungen)** sind bes Verfahrensvoraussetzungen (32, 33 vor § 253), ausschließlich von deren Vorliegen es abhängt, ob der Verfahrensabschnitt (Rechtszug, Instanz) vor dem Rechtsmittelgericht zulässig eröffnet ist.
14   Sie sind vAw zu prüfen (12 vor § 253). – Die **Beweislast** trägt der Rechtsmittelkläger (BGH VersR 86, 60), wobei uU das Ger zur Aufklärung vAw jedenfalls dann beizutragen hat, wenn es sich um ungeklärte Vorgänge handelt, die möglicherweise in seinem Verantwortungsbereich liegen (BGH VersR 80, 90). Ist ein allein gerichtsinterner Umstand nicht aufklärbar, darf dies nicht zu Lasten des Rechtsmittelführers gehen (BGH MDR 81, 644, NJW 01, 1581). Freibeweis (vgl 6 vor § 284). Hierher gehören:

15   **1. Statthaftigkeit,** dh gegen eine Entscheidung dieser Art muss ein Rechtsmittel überhaupt gegeben (§§ 511, 514 Abs 2, 542–544, 566, 567) und von einer zu seinem Gebrauch befugten Person gegen den richtigen Gegner eingelegt sein (§ 511 Rn 6–10). Für die Art des Rechtsmittels kommt es formal darauf an, in welcher Funktion das Untergericht entschieden hat, nicht in welcher es hätte entscheiden müssen (BGH ZIP 92, 352). Außerdem muss das Rechtsmittel das Urteil in wenigstens einem Punkt statthaft angreifen; wegen unstatthafter Angriffe vgl §§ 70, 513 Abs 2, 545 Abs 2. Verletzung rechtlichen Gehörs vgl Einl I Rn 24 u § 321 a. Ohne die gesetzlichen Statthaftigkeitsvoraussetzungen ist ein Rechtsmittel gegen ein Urt auch bei greifbarer Gesetzwidrigkeit nicht statthaft (BGH NJW 89, 2758, Köln FamRZ 92, 971). Gegen einen Beschluss vgl § 567 Rn 7.

16   **2. Beschwer**
17   **a) Begriff:** Sie gibt regelmäßig das Rechtsschutzbedürfnis für die Anrufung der höheren Instanz (BGH 50, 261). Nur bei besonderer Sachlage fehlt ausnahmsweise das Rechtsschutzbedürfnis für das Rechtsmittel trotz vorhandener Beschwer (BGH WM 74, 665). Sie ist dadurch gekennzeichnet, dass der rechtskraftfähige Inhalt der angefochtenen Entscheidung als solcher für den Rechtsmittelkläger sachlich nachteilig ist. –
18   **Beim Kläger** ist das regelmäßig dann der Fall, wenn dieser Inhalt von seinen Anträgen in der unteren Instanz nachteilig abweicht (BGH NJW-RR 95, 839), formelle Beschwer (BGH NJW 91, 703: Verwerfung einer gar nicht eingelegten Berufung, BGH ZIP 93, 926: Teilweise Klageabweisung unter Verkennung des einheitlichen Streitgegenstands). Das ergibt sich meist aus einem quantitativen oder qualitativen Minus des Urteilstenors im Vergleich zu dem in der unteren Instanz gestellten Antrag. Hatte der Kl allerdings hilfsweise einen Antrag auf mehrere Sachverhalte gestützt (vgl § 260 Rn 3), ergibt sich die Abweisung des primären und damit die formelle Beschwer nicht aus dem Tenor, son-
19   dern aus den Gründen (BGH NJW 99, 3564). – **Beim Beklagten** ist auf die materielle Beschwer abzustellen (aA MüKoRimmelspacher 14, 15 vor § 511), dh jeder nachteilige rechtskraftfähige Inhalt der angefochtenen Entscheidung ohne Rücksicht auf die Vollstreckungsfähigkeit

(Habscheid NJW 64, 234 zutreffend gegen Bremen NJW 64, 259) und auf die in der unteren Instanz gestellten Anträge (BGH NJW 55, 545). Der Grund liegt darin, dass nur der Kl Sachanträge (§ 297 Rn 1) stellt. Nur über sie wird entschieden. Der Prozessantrag des Bekl ist nicht Gegenstand der Entscheidung, mag er auch auf sie von Einfluss sein. Der Bekl kann deshalb auch gegen ein Anerkenntnisurteil Berufung einlegen (BGH NJW 55, 545, Koblenz NJW-RR 93, 462). – **Beim Neben-** **20** **intervenienten** (§ 66 Abs 2) ist Beschwer der unterstützten Partei erforderlich und genügend, nicht jedoch nur ein für ihn nachteiliger Inhalt der Entscheidungsgründe (BGH NJW 97, 2385).

b) Maßgebend ist der rechtskraftfähige Inhalt der Entschei- **21** **dung,** zu entnehmen aus dem Tenor und den Entscheidungsgründen. Die Beschwer kann nie allein den tatsächlichen Feststellungen oder der nicht in Rechtskraft erwachsenden Begründung entnommen werden, zB Entscheidung über präjudizielle Rechtsverhältnisse, Einwendungen. Zur Zulässigkeit der Berufung gehört, dass der Rechtsmittelführer gerade den in der objektiven Beschwer liegenden nachteiligen Inhalt der Entscheidung beseitigen will (BGH NJW 83, 172, NJW 90, 2683). Der Kl muss also wenigstens teilweise den in 1. Instanz abgewiesenen (auch Hilfs-)Anspruch weiter verfolgen, kann nicht mit der Berufung und noch weniger mit der Revision (BGH NJW 99, 1407) im Wege der Klageänderung lediglich einen anderen Anspruch erheben oder den Bekl auswechseln (BGH NJW 96, 527, NJW-RR 96, 1276; 00, 1958, NJW 01, 226; aA StJGrunsky Einl vor § 511 Rn 73; differenzierend Bub MDR 95, 1191); zulässig ist aber Berufung, soweit er seinen erstinstanzlichen Klageantrag nunmehr als Hilfsantrag weiterverfolgt (BGH NJW 01, 226). Ebensowenig kann er nach obsiegendem Feststellungsurteil mit der Berufung lediglich zur schon in 1. Instanz bezifferbaren Leistungsklage übergehen (BGH NJW 88, 827). Dafür gibt es Anschlussberufung und -revision (§§ 524, 554), für deren Zulässigkeit keine Beschwer erforderlich ist. Ist der Kl in 1. Instanz mit der Feststellungsklage als unzulässig abgewiesen, so kann er zulässig die darin liegende Beschwer in der Berufung mit einem auf denselben Lebenssachverhalt gestützten Leistungsantrag beseitigen (BGH NJW 94, 2098). Ist der Kl mit einem von 2 Anträgen abgewiesen und legt er deshalb Berufung ein, so kann er den anderen Antrag erweitern, auch im Verbundverfahren (BGH NJW 83, 172). Bei Abweisung des Auskunfts- oder Feststellungsanspruchs ist Berufung lediglich mit dem geänderten Antrag auf Zahlung oder Herausgabe zulässig, wenn es sich um Vorbereitungsansprüche gehandelt hat (BGH 52, 169, NJW-RR 96, 1020). Zulässig ist auch eine Antragsänderung gem § 264 Nr. 2 (BGH WM 98, 1591). Bekl kann bei Verteidigung gegen die Verurteilung eine Widerklage der 1. Instanz ändern oder durch eine neue ersetzen (BGH NJW 98, 2058), nicht aber ohne Angriff gegen die Verurteilung in 1. Instanz erstmals eine Widerklage erheben (Frankfurt MDR 01, 53).

c) Beispiele für vorhandene Beschwer: aa) Für Kläger, wenn **22** die Klage als unbegründet statt unzulässig (Zweibrücken NJW-RR 99,

1666) oder mit einem prozessualen Anspruch abgewiesen ist, den der Kl nicht (mehr) zur Entscheidung gestellt hat (BGH LM § 511 Nr 8, NJW 91, 1683). Wenn nach Hilfsantrag entschieden, der Hauptantrag abgewiesen wurde, außer wenn beide Anträge ausnahmsweise rechtlich unselbständig und gleichwertig sind, dh die Rechtskraftwirkung einer stattgebenden Entscheidung in beiden Fällen identisch wäre; auf die wirtschaftliche Gleichwertigkeit, zB Rente oder Kapital als Schmerzensgeld, kommt es nicht an (BGH VersR 84, 739; zustimmend Lindacher JR 84, 503). Wenn statt beantragter Erledigung der Hauptsache auf Klageabweisung erkannt ist (§ 91 a Rn 25, 38, 53), auch wenn es dem Kl ausschließlich um eine Änderung der Kostenentscheidung geht (BGH 57, 224). Bei Verurteilung nur Zug um Zug statt unbedingt, vgl § 3 Rn 186. Bei Verurteilung zu späterer statt sofortiger Zahlung (BGH WM 95, 2060). Bei vollem · Erfolg einer Teilklage, wenn diese auf mehrere Positionen gestützt war und einzelne Positionen für unbegründet erklärt wurden (BGH NJW 99, 3564). Eine Erledigung der Hauptsache zwischen den Instanzen, auch nach Einlegung des Rechtsmittels, beseitigt die in der Klageabweisung liegende formelle Beschwer des Kl nicht (BGH NJW-RR 92, 1032, Hamburg NJW-RR 89, 570), auch nicht im summarischen Verfahren (Frankfurt NJW-RR 92, 493; vgl auch § 91 a Rn 25, 53), sie kann aber sein Rechtsschutzbedürfnis für das Rechtsmittel beseitigen, wenn er selbst ohne Zutun des Bekl das erledigende Ereignis herbeigeführt hat (BGH WM 74, 665); hat es der Bekl oder ein Bürge ohne Mitwirkung des Kl herbeigeführt, bleibt dessen Rechtsschutzbedürfnis für das Rechtsmittel bestehen (BGH NJW-RR

23 92, 1032). – **Bei unbeziffertem Klageantrag,** wenn der zuerkannte Betrag wesentlich hinter dem Rahmen zurückbleibt, den der Kl, gegebenenfalls auf Befragen, in seinem Klagevorbringen vor der Rechtsmitteleinlegung gesetzt hat (BGH 45, 91, VersR 83, 1160; BGH NJW 99, 1339); dazu genügt widerspruchslose Hinnahme der erbetenen alsbaldigen Streitwertfestsetzung (BGH VersR 82, 96); seine Beschwer ist die Differenz zwischen der angegebenen Größenordnung (Streitwert) bzw dem auch außerhalb des Klageantrags genannten Mindestbetrag und der UrtSumme (BGH NJW 82, 340, NJW 92, 311). Ohne solche Angabe fehlt dem Kl die Beschwer, wenn er meint, der zugesprochene Betrag entspreche nicht pflichtgemäßem Ermessen oder der Billigkeit (BGH NJW 99, 1339); anders, wenn das Gericht von einem Sachverhalt ausgeht, der vom Tatsachenvortrag abweicht oder ihn grob falsch beurteilt

24 (BGH 45, 91/94). – **Bei Vorbehaltsurteil,** soweit es eine dem Kl sachlich nachteilige Entscheidung mit Bindungswirkung (§ 302 Rn 7, § 600 Rn 4) enthält (BGH 35, 248), so die Zulässigkeit der Aufrechnung (BGH NJW 79, 1046) im Vorbehaltsurteil (vgl § 302 Rn 10). –

25 **Bei Anerkenntnisurteil,** wenn der Tenor nach dem Akteninhalt unklar ist und nicht nach § 319 berichtigt werden kann (Stuttgart Justiz 71,

26 218). – **Bei Grundurteil,** wenn das Gericht, auch ohne Teilabweisung, nur eine schwächere Anspruchsgrundlage bejaht als die vom Kl vorgetragene und sich dies wahrscheinlich auf die Höhe des Anspruchs auswirkt

(Frankfurt NJW-RR 87, 191). – **Im Rechtsmittelverfahren** bei Zu- 27
rückverweisung, selbst wenn sie beantragt war, statt positiver Sachentscheidung (BGH NJW 65, 441). – **bb) Für Beklagten,** wenn die Klage 28
als unzulässig statt unbegründet abgewiesen ist (BGH 28, 349). Die
gegenteilige Auffassung Koblenz NJW 73, 1756 für VollstrAbwehrklage
ist nicht einleuchtend begründet. Wenn wegen Unzulässigkeit des ordentlichen Rechtswegs an ein Verwaltungsgericht verwiesen ist (BGH
NJW 59, 436). Wenn die Klage wegen Eventualaufrechnung statt wegen
Nichtbestehens der Klageforderung abgewiesen ist (BGH WM 77, 416;
wegen Beschwerdewert vgl § 511 Rn 16). Wenn die Klage nicht endgültig, sondern nur als zurzeit unbegründet abgewiesen wurde (BGH
NJW 00, 2988). Wenn zu vollem Schadensersatz statt zu angemessener
Entschädigung wegen Aufopferung verurteilt wurde (BGH 22, 46). Bei
Zurückverweisung statt Sachabweisung (BGH 31, 361, NJW-RR 95,
123). Wenn im Grundurteil die Feststellung der bestrittenen Ursächlichkeit für einzelne unselbständige Schadensposten nicht dem Betragsverfahren vorbehalten ist (BGH LM § 548 Nr 8). Macht der Bekl geltend,
die ihm im Urt zuerkannte Art der Nachbesserung entspreche nicht der
vom Unternehmer geschuldeten Leistung und sei ihr auch nicht im
Wesentlichen gleichzustellen, vielmehr müsse in anderer Weise nach-
gebessert werden, so beschwert ihn das Urt mit dem vollen Wert der
gesamten Mängelbeseitigungskosten (BGH WM 85, 1457). Wenn die
Ehe unter Aufhebung des Verbunds vor der Entscheidung über eine
Folgesache geschieden wird (BGH NJW 79, 1603). Leistung nach Ur-
teilserlass nur zur Abwendung der Zwangsvollstreckung ändert an der
Beschwer nichts (BGH NJW 94, 942). Auch wenn von zwei verurteilten
Gesamtschuldnern einer den Urteilsbetrag zahlt, entfällt dadurch nicht
ohne weiteres die Beschwer des anderen Gesamtschuldners (BGH NJW
00, 1120). Im Falle der **Erledigung der Hauptsache** in der unteren 29
Instanz vgl § 91 a Rn 53. Eine Erledigung der Hauptsache zwischen den
Instanzen beseitigt entgegen BGH LM § 91 a Nr 4 und Warn 75, 234,
Hamm NJW 75, 1843, Hamburg MDR 76, 473 (alle für den Fall der
Erfüllung) eine vorhandene Beschwer des Beklagten nicht (Düsseldorf
BB 74, 64, KG OLGZ 76, 361, KG OLGZ 89, 330), weil sich daran
nichts ändert, dass der Bekl durch das ihm nachteilige Urt materiell
beschwert bleibt. In diesem Fall fehlt auch das Rechtsschutzbedürfnis für
das Rechtsmittel (vgl Rn 17) jedenfalls dann nicht, wenn der Bekl
geltend macht, der Anspruch sei erst im Zeitpunkt der Zahlung fällig
geworden (BGH NJW 75, 539, ähnlich Frankfurt VersR 85, 956).

   d) Beispiele für fehlende Beschwer. – aa) Für Kläger, wenn er 30
bei völligem Obsiegen lediglich eine andere Begründung des Urt erreichen (BGH NJW 94, 2697) oder lediglich den Klageantrag ändern oder
erweitern will (vgl Rn 21). Bei unbeziffertem Klageantrag, wenn Kl im
Antrag oder in der Begründung eine Mindestsumme angegeben hat und
sie zugesprochen erhält (BGH NJW 99, 1339); vgl auch Rn 23. –
bb) Für Beklagten, wenn die Klage als unzulässig wegen fehlenden 31
Rechtsschutzinteresses statt wegen Unzulässigkeit des Rechtswegs abge-

wiesen ist (BGH LM § 511 Nr 6, aA Bettermann aaO S 57). Bei
Klageabweisung als unbegründet statt als unzulässig (Bremen DRZ 49,
308). Wenn die Klage als zurückgenommen erklärt (§ 269 Rn 20) statt
als unzulässig abgewiesen ist (Stuttgart ZZP 76, 318). Lediglich darin,
dass in den Gründen die Verurteilung hilfsweise auf seinen eigenen
32 Sachvortrag gestützt ist (BGH DRiZ 68, 422). – **e) Maßgebender
Zeitpunkt** § 4 Rn 4. **Ehesachen:** § 629 Rn 4.

33 **3. Erwachsenheitssumme (Beschwerdewert).** Für Berufung, au-
ßer die in § 511 Rn 19, 25 genannten Fälle, und teilweise für sofortige
Beschwerde; vgl §§ 511 Abs 2 Nr 1, 567 Abs 2. Berechnung § 2
Rn 14.

34 **4. Einlegung.** Das Rechtsmittel muss in der gesetzlich vorgeschriebenen **Form** (§§ 519, 549, 569 Abs 2, 3) und **Frist** (§§ 517, 548, 569
Abs 1) eingelegt werden.

35 **5. Begründung.** Berufung, Revision und Rechtsbeschwerde müssen
außerdem form- und fristgerecht begründet werden (§§ 520, 551, 575
Abs 2–5), die sofortige Beschwerde soll begründet (§ 571 Abs 1) werden. Bei Einlegung und Begründung müssen die **Prozesshandlungsvoraussetzungen** (34 vor § 253), insbes Partei-, Prozess-, und Postulationsfähigkeit vorhanden oder ihr Fehlen, soweit zulässig, durch spätere
Genehmigung geheilt sein, zB fehlende Vollmacht mit Rückwirkung
(BGH VersR 86, 91). Ist eine vollmachtlos eingelegte Berufung als
unzulässig verworfen, nachdem der ProzBevollmächtigte erfolglos zur
Vorlage der Vollmacht aufgefordert war, so kann der Mangel nicht durch
deren Vorlage in der Revisionsinstanz und Genehmigung geheilt werden
(GemSOGB NJW 84, 2148). Für die Einlegung der Ber muss die
Postulationsfähigkeit bei Unterzeichnung und büroüblicher Weggabe
zur Beförderung, nicht mehr im Zeitpunkt des Eingangs bei Gericht
bestehen (BGH NJW 90, 1305). – Geht der Streit der Parteien aber um
die

36 **Existenz, Partei-, Prozessfähigkeit oder gesetzliche Vertretung,** so ist für diesen Streit bis zu seiner rechtskräftigen Erledigung
die Partei als partei- bzw prozeßfähig bzw richtig vertreten zu behandeln
(vgl 19–21 vor § 253), also auch für die Einlegung (BGH 24, 91; 35, 6;
111, 219, NJW 93, 2943) und Zurücknahme (BGH LM § 52 Nr 3) des
Rechtsmittels, auch wenn sie mit dem Rechtsmittel die Aufhebung eines
Sachurteils wegen ihrer Prozessunfähigkeit begehrt (BGH MDR 72,
220). Auch im Falle des § 53, wenn der Pfleger nicht tätig wird (BGH
MDR 66, 920). Die genannten Prozesshandlungen dürfen nicht wegen
§ 249 Abs 2 unwirksam sein. Kann die Prozessfähigkeit in der Berufungsinstanz nicht bejaht werden, ist nicht die Berufung als unzulässig zu
verwerfen, sondern die Klage als unzulässig abzuweisen (BGH NJW 00,
289).

37 **6. Kein Verzicht** auf das Rechtsmittel darf erklärt sein (§§ 515, 565,
567 Abs 3, 574 Abs 4).

V. Entscheidung 38

1. Es entscheidet das Gericht, an das das Rechtsmittel gerichtet ist oder (iF irriger Adressierung) weitergeleitet wurde.

2. Wenn das Rechtsmittel unzulässig ist, wird es verworfen 39 (§§ 522 Abs 1 S 2, 552 Abs 1 S 2, 572 Abs 2 S 2, 577 Abs 1 S 2). Die Entscheidung ergeht im Beschwerde- und Rechtsbeschwerdeverfahren stets durch Beschluss, im Berufungs- und Revisionsverfahren als Beschluss oder Urteil (§§ 522 Abs 1 S 3, 552 Abs 2). Formel etwa: „Die Berufung des Beklagten gegen das Urteil des AG X vom ... wird verworfen." Kosten § 97 Abs 1.

3. Wenn das Rechtsmittel zulässig, aber unbegründet ist, wird 40 es zurückgewiesen; im Beschwerdeverfahren stets Beschluss, auf Revision stets Urteil, auf Berufung Urteil oder einstimmiger Beschluss nach § 522 Abs 2. Formel etwa: „Die sofortige Beschwerde des Klägers gegen den Beschluss des AG X vom ... wird zurückgewiesen." Kosten § 97 Abs 1.

4. Wenn das Rechtsmittel zulässig und begründet ist, enthält die 41 Formel regelmäßig zwei Aussprüche, am besten in getrennten Ziffern: **a) Aufhebung** der Entscheidung(en) der Vorinstanz(en), soweit sie un 42 richtig (sind). Bei teilweiser Unrichtigkeit Abänderung; im Falle der Unklarheit ausnahmsweise Aufhebung. – **b) Die weitere Entschei-** 43 **dung des Rechtsmittelgerichts** kann sein – **aa)** entweder **Zurück-verweisung** (§§ 538 Abs 2, 563 Abs 1, 572 Abs 3, 577 Abs 4). Dann hat die untere Instanz neu zu verhandeln und zu entscheiden. Sie ist dabei gebunden an die rechtliche Beurteilung, die der Aufhebung zugrunde liegt (§ 563 Abs 2), in den tatsächlichen Feststellungen und der Rechtsanwendung iü frei. Kosten § 97 Rn 10 ff. Hat das untere Gericht seine Zuständigkeit zu Unrecht bejaht, verweist das Rechtsmittelgericht an das zuständige Gericht (§ 281). Oder – **bb) eigene ersetzende** 44 **Entscheidung** (§§ 538 Abs 1, 563 Abs 3, 577 Abs 5). Dann ist das Verfahren abgeschlossen, außer wenn ein weiteres Rechtsmittel (Revision, Rechtsbeschwerde) eingelegt wird. Kosten § 97 Rn 12. Diese weitere Entscheidung ist nötig, wenn der Entscheidung der ersten Instanz ein Antrag zugrunde lag, über den nunmehr, nach Aufhebung der getroffenen Entscheidung, nicht mehr entschieden und deshalb neu zu entscheiden ist. Ist dagegen die Entscheidung erster Instanz ohne Antrag ergangen, zB Trennung, Verbindung (§§ 145, 147), so ist nach ihrer Aufhebung nichts weiter zu entscheiden. – **Formulierungsbeispiele:** 45 „1. Auf die Revision des Klägers wird das (klagabweisende) Urteil des OLG X vom ... aufgehoben. 2. Die Berufung des Beklagten gegen das (verurteilende) Urteil des LG X vom ... wird zurückgewiesen." „1. Auf die sofortige Beschwerde des Beklagten wird der (ablehnende) Beschluss des AG X vom ... aufgehoben. 2. Das Verfahren wird bis ... ausgesetzt."

46   **VI. Berufung** ist das Rechtsmittel gegen Urteile der AG und LG in
erster Instanz. Sie bezweckt unter grundsätzlicher Bindung an die in
erster Instanz getroffenen Tatsachenfeststellungen eine Fehlerkontrolle
und -beseitigung. Neues Vorbringen ist mit Einschränkungen zulässig
(§ 531 Abs 2). Über die Ber gegen Urteile des AG Streitgericht entscheidet eine Zivilkammer oder KfH des übergeordneten LG (§ 72
GVG), soweit nicht die Zuständigkeit des OLG gegeben ist: stets gegen
Urteile des Familiengerichts (§ 119 Abs 1 Nr 1 Buchst a GVG), auch
wenn es sich nicht um eine Familiensache handelt (BGH NJW 93, 1399:
prozessuale Anknüpfung); gegen Urteile des AG mit Auslandsbezug
(§ 119 Abs 1 Nr 1 Buchst b u c GVG); gegen die Urteile des LG (§ 119
Abs 1 Nr 2 GVG), auch iF des § 143 Abs 2 PatG, wenn es sich nicht
um eine Patentstreitsache handelt (BGH 72, 1), in Kartellsachen ggf das
gemeinsame OLG gem §§ 93, 94 GWB; vgl dazu BGH NJW 75, 1840
u BGH 71, 367. Soweit ein Bundesland von § 119 Abs 3 GVG Gebrauch macht, ist das OLG **alleiniges** BerGer. Wegen der Schifffahrtsgerichte vgl § 11 G über das gerichtliche Verfahren in Binnenschiff-
fahrtssachen vom 27. 9. 52 (BGBl I 641) idF vom 14. 5. 65 (BGBl I
389). In Arbeitssachen §§ 64 ff ArbGG.

47   **VII. Rechtsbehelfe. Einspruch** (§ 338) und **Rüge der Verletzung
rechtlichen Gehörs** (§ 321 a) sind Rechtsbehelfe, die zwar den Eintritt
der formellen Rechtskraft hindern, aber nicht zur Überprüfung durch
die höhere Instanz führen.

48   **VIII. Verfassungsbeschwerde** nach §§ 90 ff BVerfGG (eingehend
Stürner JZ 86, 526) ist kein Rechtsmittel. Sie findet erst nach Erschöpfung aller in Frage kommenden anderen Rechtsbehelfe statt (BVerfG
NJW 86, 367 u NJW 88, 1255, BayVerfGH NJW 86, 372), von denen
der Beschwerdeführer auch dann Gebrauch machen muss, wenn ihre
Statthaftigkeit umstritten ist (BVerfG NJW 85, 2249 u 2250). Die beschwerte Partei kann sie nur darauf stützen, dass die gerichtliche Entscheidung Verfassungsrecht verletzt. Das ist dann der Fall, wenn sie auf
einer grundsätzlich unrichtigen Anschauung von der Bedeutung und
Reichweite eines Grundrechts, insbes vom Umfang seines Schutz-
bereichs beruht oder wenn eine fehlerhafte Rechtsauslegung und
Rechtsanwendung bei verständiger Würdigung der das Grundgesetz
beherrschenden Gedanken nicht mehr verständlich ist und sich daher
der Schluss aufdrängt, dass sie auf sachfremden Erwägungen beruht
(BVerfG NJW 86, 575, NJW 88, 1456 Willkürverbot), oder wenn das
Entscheidungsergebnis selbst Grundrechte eines Beteiligten verletzt
(BVerfG NJW 79, 1925).

IX. ZPO-Reform

49   Das folgende Buch 3 der ZPO enthält die Gesetzesfassung, wie sie
gem dem ZPO-RG seit 1. 1. 2002 gilt. Einen Überblick über die

wesentlichen Änderungen enthält Einl VII Rn 3–8. – **Übergangsvorschriften** für Rechtsmittel § 26 Nr 5–10 EGZPO.

Abschnitt 1. Berufung

§ 511 Statthaftigkeit der Berufung

(1) **Die Berufung findet gegen die im ersten Rechtszug erlassenen Endurteile statt.**

(2) **Die Berufung ist nur zulässig, wenn**
1. **der Wert des Beschwerdegegenstandes sechshundert Euro übersteigt oder**
2. **das Gericht des ersten Rechtszuges die Berufung im Urteil zugelassen hat.**

(3) **Der Berufungskläger hat den Wert nach Absatz 2 Nr. 1 glaubhaft zu machen; zur Versicherung an Eides Statt darf er nicht zugelassen werden.**

(4) ¹**Das Gericht des ersten Rechtszuges lässt die Berufung zu, wenn**
1. **die Rechtssache grundsätzliche Bedeutung hat oder**
2. **die Fortbildung des Rechts oder die Sicherung einer einheitlichen Rechtsprechung eine Entscheidung des Berufungsgerichts erfordert.**
²**Das Berufungsgericht ist an die Zulassung gebunden.**

Übersicht

1. Allgemeines. Die Vorschrift regelt die Statthaftigkeit der Berufung sowie die alternativen Zulässigkeitsvoraussetzungen der Berufungssumme und der Zulassung.　**1**

2. Die **Statthaftigkeit** ist eine Voraussetzung dafür, dass die Berufung zulässig ist (13–37 vor § 511). – **a) Berufungsfähig** sind die **Endurteile** (7 vor § 300), die vom AG, in Familiensachen soweit das Verfahren den Regeln der ZPO folgt (§§ 621 Abs 1 Nr 4, 5, 8, 11, 621 a Abs 1, 621 d Abs 1; sonst: Beschwerde § 621 e), oder vom LG (Kolle-　**2**

gium oder Einzelrichter) im ersten Rechtszug erlassen (§ 310 Rn 1 ff)
sind. Zu ihnen gehören insbes auch Teil- (§ 301), Vorbehaltsurteil
(§§ 302, 599), Urteil gem § 321, Zusatzurteil (§ 239 Rn 10). Ferner
Grundurteil (§ 304). Die Statthaftigkeit beurteilt sich für jedes Teil- und
für das Schlussurteil gesondert und selbständig (BGH NJW 89, 2757). –
3 **Scheinurteil** vgl Rn 14 vor § 300. – **Zwischenurteile** über die Zulässigkeit der Klage (§ 280 Rn 4–8), nicht aber andere Zwischenurteile
4 (§ 303); vgl aber § 238 Rn 15. – **b) Nicht berufungsfähige Endurteile** sind regelmäßig Versäumnis- (§ 514), ferner Ausschluss-
(§ 957 Abs 1), Kostenurteil (§ 99 Abs 2), ferner **Berufungsurteil,** auch
wenn es über einen erstmals in 2. Instanz anhängig gemachten Streitgegenstand (BGH NJW-RR 94, 61) oder gegen einen erstmals in 2.
Instanz einbezogenen Zweitbeklagten (BGH NJW 99, 62) entscheidet,
5 und **Revisionsurteil.** – **c) Unstatthaft** ist die **isolierte Kosten-
anfechtung** (§ 99 Abs 1) außer in den Fällen § 99 Rn 8 und die
Berufung in der Hauptsache, die lediglich zur Umgehung des § 99
Abs 1 eingelegt wird, wenn das Rechtsmittel also zur unzulässigen
Anfechtung der Kostenentscheidung missbraucht wird (BGH NJW 76,
1267). Anfechtbarkeit des Kostenausspruchs im Urteil nach Teilerledigterklärung der Hauptsache vgl § 91 a Rn 55.

6 **3. Berufungskläger** kann nur sein: – **a) Die Partei** in erster Instanz,
der Rechtsnachfolger des Kl nur als Streitgehilfe (BGH NJW 96, 2799);
maßgebend dafür ist das Urteil (BGH 4, 331). Bei Verwechslung der
Identität kann Partei derjenige sein, der zwar am Prozess nicht beteiligt
war, gegen den sich das Urt aber richtet (BGH MDR 78, 307). Ferner
eine als solche nicht parteifähige Personenvereinigung, die im Ersturteil
als parteifähig behandelt und durch das Urt beschwert ist; die Klarstellung, welche dahinterstehenden Personen Berufungskläger sind, kann
nach Ablauf der Berufungsfrist geschehen (BGH NJW 93, 2943). Bei
Streit über Existenz der Partei, Partei-, Prozessfähigkeit und gesetzliche
Vertretung vgl 36 vor § 511. Der Berufung fehlt auch nicht das Rechtsschutzbedürfnis, soweit der Fehler nach § 319 berichtigt werden kann,
weil nicht feststeht, ob dies innerhalb der BerFrist geschieht (BGH WM
78, 69). Wenn allerdings berichtigt wird, ist das Rechtsmittel von Anfang an unzulässig (BayObLG 68, 190). Parteiänderung in zweiter Instanz vgl 23, 26 vor § 50. Einfache Streitgenossenschaft § 61 Rn 15,
7 notwendige § 62 Rn 23–29. – **b) Der Beteiligte,** dessen Eintritt als
8 Partei das Urteil abgelehnt hat (§§ 239, 265, 266). – **c) Der Streitgehilfe** (§ 67 Rn 5), auch verbunden mit dem Beitritt; aber nicht,
wenn sein Beitritt bereits rechtskräftig zurückgewiesen ist (BGH NJW
82, 2070) und nicht im Widerspruch mit der unterstützten Partei (BGH
NJW 93, 2944) außer im Falle der streitgenössischen Nebenintervention
(§ 69). Haben Partei und Streithelfer selbständig Ber eingelegt, so handelt es sich um ein einheitliches Rechtsmittel, über das auch nur einheitlich entschieden werden kann; Rücknahme allein durch die Hauptpartei ist ohne Bedeutung (BGH NJW 93, 2944). In der Rücknahme

allein liegt nicht die Erklärung, dass die Partei mit der Ber des Streithelfers nicht einverstanden ist; Widerspruch der Partei macht die Ber des Streithelfers unzulässig (BGH NJW 89, 1357). So, wenn die Partei das Rechtsmittel wegen außergerichtlichen Vergleichs mit dem Gegner zurückgenommen hat (BGH NJW 88, 712). – **d) Pfändungsgläubiger** 9 im Falle der Hinterlegungsklage § 856 Abs 2; vgl 19 vor § 50.

4. Berufungsbeklagter kann nur sein, wer in erster Instanz **Gegen-** 10 **partei** war. Maßgebend ist das Urt. Parteiänderung in zweiter Instanz vgl 23, 26 vor § 50. Unzulässig ist Ber gegen einen eigenen Streitgenossen; aufseiten des Streithelfers gegen die eigene Partei; gegen jeden Dritten, zB Streithelfer.

5. Die **Berufungssumme** (Abs 2 Nr 1) ist außer in den Fällen des 11 Abs 2 Nr 2 und der Rn 25 eine der Voraussetzungen dafür, dass die Ber zulässig ist (33 vor § 511). Sie bestimmt sich nach dem Wert des BeschwGegenstands und muss 600 € übersteigen. Der sog Beschwerdewert (BerStreitwert) entspricht nicht ohne weiteres dem Streitwert der ersten Instanz (vgl näher § 2 Rn 14). Von dessen Festsetzung durch die erste oder auf Beschwerde durch die zweite Instanz hängt die BerSumme nicht ab, weil das BerGer ohne Bindung an diese lediglich kostenrechtliche Festsetzung die BerSumme im Rahmen der Zulässigkeitsprüfung gemäß §§ 2 ff zu beurteilen hat (München VersR 78, 975). Mangels Glaubhaftmachung (Abs 3) hat das BerGer auf Grund eigener Lebenserfahrung und Sachkenntnis nach freiem Ermessen zu schätzen; ein Sachverständigengutachten vAw scheidet aus (BGH NJW-RR 98, 573). Maßgebender Zeitpunkt § 4 Rn 4. – **Berechnung der Berufungs-** 12 **summe** aus zwei Komponenten: Einmal aus der Beschwer, dh dem Zurückbleiben der angefochtenen Entscheidung hinter dem in der unteren Instanz gestellten Antrag (näher 16–32 vor § 511; Beschwer bei unbeziffertem Antrag 23 vor § 511); zum anderen aus dem Ber Antrag (§ 520 Abs 3 S 2 Nr 1), der den Umfang bestimmt, in dem das Urt abgeändert werden soll. Bsp: Klage auf 2000 €, Urt auf 1000 €, Ber-Antrag des Kl auf weitere 500 €; die Beschwer des Kl beträgt 1000 €, der BeschwWert 500 €. Dieser kann nicht höher sein als die Beschwer, die ihrerseits (bei völligem Unterliegen) idR nicht höher als der Streitwert der vorhergehenden Instanz sein kann; bei Klage und Widerklage vgl Rn 17. **Bei beiderseitigem Unterliegen** ist die Beschwer **für jede Partei getrennt** zu berechnen (BGH NJW 94, 2900). **Ohne Beschwer** kann ein BeschwWert nicht geschaffen oder erhöht werden (21 vor § 511).

6. Festsetzung des Beschwerdewerts durch das RechtsmittelGer 13 (§ 2 Rn 9). Bei Bemessung nach § 3 kann das RevGer nur prüfen, ob das BerGer sein Ermessen rechtsfehlerhaft ausgeübt hat (BGH NJW-RR 01, 1571). – **a) Grundsatz:** § 2 Rn 14. **Maßgebender Zeitpunkt:** § 4 Rn 4–6. – **b) Einzelheiten:** Vgl die Kommentierung der §§ 2–9. 14 Anfechtung nach Teil- und Schlussurt: § 301 Rn 7; Grundurt: § 304 Rn 22. Erledigung der Hauptsache: § 91a Rn 57 ff. – Bei **Haupt- u** 15

Hilfsantrag genügt zur Statthaftigkeit, dass einer der beiden die Ber-
16 Summe erreicht (KG OLGZ 79, 348). – **Aufrechnung.** Gibt das Urteil
der Klage statt und entscheidet es gleichzeitig, dass eine hilfsweise zur
Aufrechnung gestellte bestrittene Gegenforderung des Bekl nicht od
nicht mehr besteht, so errechnet sich die Beschwer für den Bekl aus der
Addition der zugesprochenen Klage- und der abgesprochenen Gegenforderung, soweit über sie eine der Rechtskraft fähige Entscheidung
ergeht (§ 19 Abs 3 GKG). Gilt nicht, wenn der bekl Bürge mit einer
Gegenforderung des Hauptschuldners aufrechnet (BGH NJW 73, 146),
ferner nicht wenn der Aufrechnungseinwand nach § 533 nicht zugelassen wurde (BGH NJW 01, 3616). Bejaht das Urt die Klageforderung,
zieht davon aber hilfsweise geltendgemachte bestrittene Aufrechnungsforderungen ab, so bemisst sich die Beschwer für den Bekl nach der
Klageforderung plus selbständigen Aufrechnungsforderungen bis zur
Höhe des Klageantrags (BAG NJW 74, 1264, BGH NJW-RR 95, 508).
Hat dagegen der Bekl die Klageforderung als solche nicht bestritten und
primär die Aufrechnung erklärt, so soll er durch ein der Klage stattgebendes Urteil nur in Höhe der Verurteilung beschwert sein (BGH 57,
301). Dagegen mit beachtlichen Gründen Bettermann NJW 72, 2285:
auch hier Addition, außer die Aufrechnung wurde für unzulässig gehalten. Wird die Klage auf Grund der Aufrechnung abgewiesen, bestimmt
sich die Beschwer des Kl nach der Höhe seiner abgewiesenen Forderung,
die des Bekl nach der Höhe seiner durch Aufrechnung erloschenen
Gegenforderung. Entsprechendes gilt für die Beschwer bei abgewiesener
Vollstreckungsgegenklage, die mit Aufrechnung begründet wurde (BGH
17 48, 356). – Ist bei **Klage und Widerklage,** die nicht denselben Streitgegenstand betreffen, eine Partei in derselben Entscheidung mit beiden
unterlegen, so sind für die Berechnung ihrer Beschwer außer bei wirtschaftlicher Identität die Werte zu addieren (BGH NJW 94, 3292). –
18 Betrifft der Streit in höherer Instanz nur noch die **Zug um Zug** zu
erbringende Gegenleistung, so ist deren Wert als Beschwerdewert maßgebend, nach oben begrenzt durch den Wert des Klageanspruchs (BGH
NJW 73, 654). Auch dafür gilt § 4 Abs 1 Hs 2 (BGH NJW-RR 95,
706). – **Gebührenstreitwert** vgl § 3 Rn 19. Nach übereinstimmender
Teilerledigterklärung vgl § 91 a Rn 58.

19 **7. Voraussetzung der Zulassung.** Gegen berufungsfähige Urteile
(Rn 2, 3), wenn die Beschwer einer Partei (16–32 vor § 511) 600 €
nicht übersteigt, **muss** das Gericht der 1. Instanz für diese Partei (ggf
auch für beide Parteien) die Ber zulassen, wenn **eine** der beiden folgen-
20 den Voraussetzungen erfüllt ist: – **a) Grundsätzliche Bedeutung** der
Rechtssache (Abs 4 S 1 Nr 1) liegt vor, wenn eine für den vorliegenden
Rechtsstreit entscheidungserhebliche Rechtsfrage bisher höchstrichter-
lich oder – bei nicht revisiblem Recht – durch das Berufungsgericht
nicht geklärt und über den zu entscheidenden Einzelfall hinaus bedeutsam ist. Die Auswirkungen der Entscheidung dürfen sich demgemäß in
quantitativer Hinsicht nicht in einer Regelung der Beziehungen der

Parteien oder in einer von vornehrein überschaubaren Anzahl gleichgelagerter Angelegenheiten erschöpfen, sondern müssen eine unbestimmte Vielzahl von Fällen betreffen. In qualitativer Hinsicht dürfen die Auswirkungen der Entscheidung nicht nur auf tatsächlichem Gebiet liegen. So sind etwa Fragen zu nicht mehr geltenden Rechtsnormen in der Regel nicht von grundsätzlicher Bedeutung. – **b)** Die beiden in Abs 4 **21** S 1 Nr 2 genannten weiteren Zulassungsgründe konkretisieren und erweitern zugleich den Zulassungsgrund der grundsätzlichen Bedeutung. Die **Fortbildung des Rechts** erfordert eine Entscheidung des BerGer vor allem dann, wenn eine Rechtsfrage in der Literatur streitig erörtert wird. Die **Sicherung einer einheitlichen Rechtsprechung** erfordert eine Berufungszulassung, wenn Gerichte erster Instanz zu einer Rechtsfrage unterschiedlich entschieden haben oder wenn das Gericht von einer Rechtsprechung eines OLG oder des BGH abweichen will. Denn die Zulassung der Berufung ist auch als erster Schritt zu einer notwendigen Revisionsentscheidung geboten.

8. Entscheidung über die Zulassung – a) Im Urteil des Ge- 22 richts der 1. Instanz, richtiger Weise im Tenor, wirksam auch in den Gründen. Die Nichtzulassung braucht nicht ausdrücklich ausgesprochen zu werden; Schweigen im Urteil genügt jedenfalls dann, wenn keine Partei die Zulassung beantragt hatte. **Berichtigung** ist zulässig bei Vorliegen der Voraussetzungen (§ 319 Rn 2–4), wenn also der Wille die Ber zuzulassen, schon bei UrtErlass in Erscheinung getreten ist (BGH NJW 80, 2813). – **Ergänzung** ist unzulässig (§ 321 Rn 8). – **b) Be- 23 schränkung.** Die Zulassung wirkt für diejenige(n) Partei(en), deren Beschwer 600 € nicht übersteigt. Jede Beschränkung muss sich klar, wenn auch nur aus den Entscheidungsgründen, ergeben (BGH NJW 95, 1955, NJW-RR 98, 505). – **Zulässig** bei Beschwer bis zu 600 € auf rechtlich oder tatsächlich selbständige Teile des Streitstoffs, über die abgetrennt im Wege des Teil- (§ 301), Grund- (§ 304) oder selbstständig anfechtbaren Zwischenurteils (§ 280; nicht § 303) oder durch Beschluss nach § 17 a Abs 3 GVG hätte entschieden werden können (BGH NJW 87, 3264, NJW 93, 1799). – **Unzulässig** ist Beschränkung auf einzelne Rechtsfrage, auf einzelne von mehreren konkurrierenden Anspruchsgrundlagen; Einzelheiten § 543 Rn 8–10. – **c) Wirkung.** Die Zulas- **24** sung macht eine sonst nicht statthafte Ber zulässig, soweit nicht andere Zulässigkeitsvoraussetzungen (13–37 vor § 511) fehlen. Die Entscheidung ist für das BerGer **bindend** (Abs 4 S 2) und für die Parteien **unanfechtbar** (BGH NJW-RR 98, 1445), gleichgültig, ob sie die Ber zulässt oder nicht. – **Keine Bindung,** wenn die Ber bereits kraft Gesetzes zulässig ist (BGH NJW 84, 927).

9. Weder Berufungssumme noch Zulassung ist **erforderlich** – **25 a)** für Ber gegen Urt der **Schifffahrtsgerichte** (§ 9 Abs 1 G v 27. 9. 52, BGBl I 641 idF v 26. 6. 81, BGBl I 553); – **b)** bei Ber gegen ein **zweites Versäumnisurteil** (§ 514 Abs 2 S 2); – **c)** in **Arbeitssachen** gem § 64 Abs 2 Buchst. c ArbGG; – **d)** in all diesen Fällen ist eine bestimmte BerSumme oder die Zulassung nicht erforderlich, das **Erfordernis der Beschwer** (16–32 vor § 511) bleibt.

§ 512 Vorentscheidungen im ersten Rechtszug

Der Beurteilung des Berufungsgerichts unterliegen auch diejenigen Entscheidungen, die dem Endurteil vorausgegangen sind, sofern sie nicht nach den Vorschriften dieses Gesetzes unanfechtbar oder mit der sofortigen Beschwerde anfechtbar sind.

1   **1. Grundsatz.** Die dem Urt vorangegangenen Entscheidungen unterliegen, wenn Ber eingelegt ist, ohne bes Rüge (BGH 4, 7) der Nachprüfung durch das BerGer. Hierher gehören insbes Zwischenurt nach § 303, VersU außer bei Zurückverweisung nach § 538 Abs 1 Nr 2, 6, Beweisbeschlüsse und andere prozeßleitende Beschlüsse (§ 136 Rn 1) des Gerichts (nicht des Vorsitzenden, § 140).

2   **2. Ausnahmen.** Der Nachprüfung des BerGer sind entzogen diejenigen dem Urt vorausgegangenen Entscheidungen, die entweder – **a) selbständig anfechtbar** sind, sei es mit Ber (Zwischenurt nach § 280, Grundurt § 304), sei es mit sofortiger Beschwerde (§ 567). Ob
3   die Vorentscheidung angefochten ist, ist belanglos. Oder – **b) die nicht anfechtbar** sind. Das sind die Fälle, in denen das Gesetz jede Anfechtung ausdrücklich ausschließt, zB §§ 46 Abs 2, 268, 281 Abs 2, 348 Abs 4, 348 a Abs 3. An eine unter Rn 2 oder 3 fallende Entscheidung der Vorinstanz ist das BerGer schlechthin gebunden, auch wenn sie in den UrtGründen getroffen (BGH 46, 112 für § 548) oder im Falle Rn 2 noch nicht rechtskräftig ist.

§ 513 Berufungsgründe

(1) **Die Berufung kann nur darauf gestützt werden, dass die Entscheidung auf einer Rechtsverletzung (§ 546) beruht oder nach § 529 zugrunde zu legende Tatsachen eine andere Entscheidung rechtfertigen.**

(2) **Die Berufung kann nicht darauf gestützt werden, dass das Gericht des ersten Rechtszuges seine Zuständigkeit zu Unrecht angenommen hat**

1   **1. Allgemeines.** Die Vorschrift stellt klar, dass die Berufung nicht eine umfassende zweite Tatsacheninstanz eröffnet, sondern in erster Linie einer Fehlerprüfung dient.

2   **2. Abs 1** beschränkt die Prüfungskompetenz des BerGer auf die Anwendung der Normen des materiellen und des Verfahrensrechts (§ 546 Rn 1, 2, 4–14) und bindet das BerGer an die in 1. Instanz getroffenen Tatsachenfeststellungen, soweit sie nicht nach § 529 Abs 1 Nr 1 (Rn 2–5) vom BerGer erneut festgestellt werden dürfen.

3. Abs 2 untersagt dem BerGer die Prüfung der Zuständigkeit des 3
Ger der 1. Instanz in jeder Hinsicht, also die internationale (aA Geimer
IZPR Rn 1009, 1855), örtliche, sachliche und funktionelle Zuständigkeit (im BeschwVerf vgl § 571 Abs 2 S 2). Dadurch soll vermieden
werden, dass die in 1. Instanz erarbeitete Sachentscheidung wegen fehlender Zuständigkeit hinfällig wird. – **Nicht anwendbar** auf die Frage 4
des Rechtswegs, wenn das Ger der 1. Instanz trotz Rüge eine Vorabentscheidung unterlassen hat (§ 17 a GVG Rn 17). – **Wirkung.** Die Ber ist 5
unzulässig, soweit sie auf eine Verletzung der Normen über die Zuständigkeiten gestützt wird (vgl BGH NJW 98, 1230).

§ 514 Versäumnisurteile

(1) **Ein Versäumnisurteil kann von der Partei, gegen die es
erlassen ist, mit der Berufung oder Anschlussberufung nicht
angefochten werden.**

(2) [1]**Ein Versäumnisurteil, gegen das der Einspruch an sich
nicht statthaft ist, unterliegt der Berufung oder Anschlussberufung insoweit, als sie darauf gestützt wird, dass der Fall der
schuldhaften Versäumung nicht vorgelegen habe.** [2]**§ 511 Abs. 2
ist nicht anzuwenden.**

1. Grundsatz (Abs 1). Unstatthaft sind Berufung und An- 1
schlussberufung (§ 524) gegen ein echtes erstes VersU (11 vor § 330).
Die säumige Partei hat nur den Einspruch (§ 338). Dagegen gibt es
gegen ein unechtes VersU (12 vor § 330; § 331 Rn 4, 6) und Entscheidung nach Aktenlage (§§ 251 a, 331 a) keinen Einspruch, sondern Ber.
Ist die Klage teilweise abgewiesen, der Bekl teilweise durch VersU
verurteilt (Beispiel: § 331 Rn 6), hat Kläger Ber, Beklagter Einspruch.
Rechtsbehelfe bei inkorrekter Entscheidung vgl 8–10 vor § 511.

2. Ausnahme (Abs 2). Statthaft sind Berufung und Anschluss- 2
berufung gegen ein echtes zweites VersU, ohne dass die BerSumme
erreicht sein müsste, S 2. Gilt über § 565 auch für die Revision (BGH
NJW 79, 166). Statthaftigkeitsvoraussetzungen: – **a) Einspruch un-** 3
statthaft. Beim technisch zweiten VersU (§ 345) und bei VersU gegen
denjenigen, der Wiedereinsetzung beantragt hat (§ 238 Abs 2 S 2). –
b) Kein Fall der schuldhaften Versäumung. Der RechtsmittelKl 4
muss bereits in der BerBegründung schlüssige, konkrete Tatsachen dafür
behaupten (BGH NJW 91, 42, Brandenburg NJW-RR 98, 1678), dass
eine der Voraussetzungen für die Säumnis (1–5 vor § 330) im Einspruchstermin (§ 345) gefehlt habe. Ein praktisch bedeutsamer Fall ist
die unverschuldete Terminsversäumung (vgl § 337 Rn 3, 4), wobei die
BewLast beim BerKläger liegt (BGH NJW 99, 2120). Ein Fall der
Versäumung liegt in weiter Auslegung außerdem nicht vor, wenn die
säumige Partei nicht mit einem VersU rechnen musste, zB wenn kein
Prozessantrag auf seinen Erlass gestellt war (BGH NJW 91, 43). Entfernung aus dem Gerichtssaal aus triftigem Grund bei verzögertem

Aufruf (vgl LAG Hamm NJW 73, 1950) wird idR nicht genügen, weil
Vertagung des Termins beantragt werden kann. Weil die Überprüfungs-
pflicht des Einspruchsrichters und des Berufungsrichters übereinstimmen müssen, kann die Berufung gegen ein nach Erlass eines VB ergangenes zweites VersU auch darauf gestützt werden, dass dieses VersU nicht
oder nicht so, weil nicht gesetzmäßig, ergehen durfte, zB weil die Klage
im Zeitpunkt der Entscheidung über den Einspruch unzulässig oder
unschlüssig war (BGH NJW 91, 43). Dies gilt nicht, wenn dem zweiten
ein erstes VersU, kein VB, vorausgegangen ist, weil bei Erlass des ersten
VersU dessen materiellrechtlichen und verfahrensrechtlichen Vorausset-
5 zungen geprüft wurden (BGH NJW 99, 2599, MuBall 9). – **Nicht
hierher gehören** die Fälle, in denen der Erlass des zweiten VersU
unzulässig war wegen § 335 Abs 1 Nr 1, 3; VersU nach Ablehnung einer
6 kurz vorher beantragten Terminsverlegung. – **c) Entscheidung.** Fehlt
die gem Rn 4 erforderliche Behauptung des BerKl oder lässt er sie fallen,
ist die Ber als unstatthaft zu verwerfen (BGH NJW 69, 845). Kann ihre
Wahrheit nicht festgestellt werden, ist die Ber als unbegründet zurückzuweisen. Auf andere Gründe lässt sie sich nicht stützen. Erweist sich die
Behauptung als richtig, ist das VersU aufzuheben und an die untere
Instanz zurückzuverweisen (§ 538 Abs 2 Nr 6), bei Entscheidungsreife
auch zu Ende zu entscheiden (BGH NJW 91, 43). Lag bei Urteilserlass
ein Fall der (ersten) Säumnis vor, so ist auf die Berufung die Bezeichnung („zweites") und der Tenor abzuändern, wie er (statt Verwerfung
des Einspruchs) gemäß § 343 richtig zu fassen gewesen wäre. Dagegen
ist dann Einspruch statthaft (Karlsruhe NJW-RR 93, 383) oder das
BerGer verweist den Rechtsstreit zur Behandlung als Einspruch an die
Vorinstanz zurück (Frankfurt NJW-RR 92, 1468; aA Boemke ZZP 106,
7 371). Inkorrekte Entscheidung vgl 6–10 vor § 511. – **d) Analoge
Anwendung** im schriftlichen Verfahren (§ 128 Abs 2, § 495 a) oder iF
der Verletzung des Rechts auf rechtliches Gehör scheidet wegen des
Abhilfeverfahrens nach § 321 a aus.

§ 515 Verzicht auf Berufung

**Die Wirksamkeit eines Verzichts auf das Recht der Berufung
ist nicht davon abhängig, dass der Gegner die Verzichtsleistung
angenommen hat.**

1 **1. Rechtsmittelverzicht. – a) Wesen.** Prozesshandlung, grundsätzlich unwiderrufbar und unanfechtbar (BGH FamRZ 94, 300). Die
Partei, die ihn erklärt, gibt endgültig (anders bei Rücknahme der Ber
§ 516) das prozessuale Recht auf, eine ihr ungünstige Entscheidung der
2 unteren Instanz nachprüfen zu lassen. – **b) Umfang.** Er kann sich
beziehen auf das ganze Urt oder auf einen selbständigen Teil davon
(§ 301 Rn 1, BGH VersR 89, 602); auch auf ein Ehescheidungsurteil,
3 das dem Gesetz widerspricht (BGH NJW 68, 794). – **c) Für Verzicht
auf andere Rechtsbehelfe,** insbes Revision, Beschwerde, Gehörsrüge

und Einspruch gilt Entsprechendes. Verbundverfahren vgl § 629 a Abs 4. — **d)** Für die **Verpflichtung zum Verzicht** gilt sinngemäß § 269 Rn 2. **4**

2. Verzicht vor oder nach Urteilserlass (vgl § 313 a Abs 2), auch **5** nach Einlegung der Ber, ist nur Prozesshandlung (Einl III) und als einseitige Erklärung mit Zugang an das Gericht perfekt. — **a)** Die **Erklä- 6 rung,** für deren Inhalt und Tragweite auf objektive Betrachtung abzustellen ist (BGH NJW 81, 2816), kann ausdrücklich durch schlüssige Handlung oder stillschweigend erfolgen. In jedem Fall muss aber der klare, eindeutige Wille der Partei zum Ausdruck kommen, sie wolle sich ernsthaft und endgültig mit dem Urteil beruhigen und es nicht anfechten (BGH NJW 74, 1248). Vorsicht bei der Auslegung ist geboten; beschränkte Rechtsmittelanträge enthalten im Zweifel keinen Teilverzicht (BGH NJW 01, 146). Die Wirksamkeit des in der Verhandlung erklärten Rechtsmittelverzichts hängt nicht von der Beachtung der Formvorschriften in §§ 160 Abs 3 Nr 9, 162 Abs 1 ab (BGH FamRZ 84, 372). In Verbundverfahren ist bei beiderseitigem Rechtsmittelverzicht der Verzicht auf Anschlussrechtsmittel bereits vor Einlegung des Hauptrechtsmittels wirksam (BGH NJW 84, 2829). — **Verzicht wurde 7 bejaht** beim beiderseitigen Verzicht auf Begründung der erstinstanzlichen Entscheidung (Hamm NJW-RR 96, 509, Köln MDR 00, 472), bei der Erklärung „Ber wird nicht eingelegt" (BGH NJW-RR 91, 1213), „die Ber wird nur hinsichtlich der Widerklage durchgeführt" als Teilverzicht (BGH VersR 89, 602), ebenso ausdrückliche Beschränkung der Ber auf einen von mehreren Klageanträgen (BGH NJW 90, 1118), uU in einem abschließenden Vergleich nach Erlass eines teils stattgebenden, teils abweisenden Teilurteils (BGH NJW 69, 700). — **Verzicht 8 wurde verneint** in der Erklärung, es sei nicht beabsichtigt, Rechtsmittel einzulegen (BGH LM Nr 8). Die Zahlung auf Grund vorläufig vollstreckbaren Urteils kann wegen ihrer Mehrdeutigkeit nicht als Rechtsmittelverzicht aufgefasst werden, außer der endgültige Erfüllungswille ergibt sich erkennbar aus den Umständen (BGH MDR 94, 1185). Ebenso deren Ankündigung mit der Bitte, nicht zu vollstrecken. — Einwilligung des Berufungsbeklagten ist nicht erforderlich. — **b) Emp- 9 fänger. Das Prozessgericht** (Einzelrichter) schriftlich oder in mdl **10** Vhdlg; nur insoweit Anwaltszwang im Rahmen des § 78. **Der beauf- 11 tragte oder ersuchte Richter;** kein Anwaltszwang (§ 78 Abs 3). **Der Gegner,** auch in Ehesachen (BGH NJW 74, 1248). Mündlich oder schriftlich; kein Anwaltszwang (BGH FamRZ 97, 999). — **c) Widerruf. 12** Der erklärte Rechtsmittelverzicht ist als ProzHandlung unwiderruflich und unanfechtbar, außer bis zur Rechtskraft des Urt, wenn ein Restitutionsgrund (§§ 580, 581) vorliegt; RA-Zwang (BGH NJW 85, 2334, NJW-RR 94, 386). — **d) Wirkung. — aa) Der dem Gericht erklärte 13 Verzicht** macht die Ber unzulässig, sie ist von Amts wegen durch Beschluss zu verwerfen (BGH 27, 60); bei einem teilweisen Verzicht ist ein solcher Beschluss aber nicht möglich, wenn die Ber von Anfang an sich auf diesen Teil gar nicht erstreckte, was an den BerAnträgen fest-

14 zustellen ist (vgl § 519 Rn 17; BGH NJW 68, 2106). – **bb) Der dem Gegner erklärte Verzicht** zeitigt Wirkung erst mit Mitteilung an das
15 Ger (Rn 5). – **cc) Verzicht beider Parteien** führt zur Rechtskraft des Urteils (Düsseldorf NJW 65, 403).

§ 516 Zurücknahme der Berufung

(1) **Der Berufungskläger kann die Berufung bis zur Verkündung des Berufungsurteils zurücknehmen.**

(2) [1] **Die Zurücknahme ist dem Gericht gegenüber zu erklären.** [2] **Sie erfolgt, wenn sie nicht bei der mündlichen Verhandlung erklärt wird, durch Einreichung eines Schriftsatzes.**

(3) [1] **Die Zurücknahme hat den Verlust des eingelegten Rechtsmittels und die Verpflichtung zur Folge, die durch das Rechtsmittel entstandenen Kosten zu tragen.** [2] **Diese Wirkungen sind durch Beschluss auszusprechen.**

1 **1. Zurücknahme der Berufung** ist Widerruf nur des gegenwärtigen Gesuchs um Nachprüfung des angefochtenen Urt auf Grund dieses Rechtsmittels. Sie ist zu unterscheiden von Rechtsmittelverzicht (§ 515), Klagerücknahme (§ 269) in höherer Instanz, Erledigungserklärung (§ 91 a, Beispielsfall BGH NJW 98, 2453) und Klageverzicht (§ 306). Erneute Einlegung der Ber ist nicht ausgeschlossen (Frankfurt
2 NJW 74, 1389). – Für die **Verpflichtung zur Rücknahme** gilt sinngem § 269 Rn 2.

3 **2. Zulässigkeit. – a) Sachlich** kann die Rücknahme den ganzen an die höhere Instanz gebrachten prozessualen Anspruch (Einl II) oder einen selbständigen Teil davon (wie beim Teilurt § 301 Rn 1) betreffen. Teilrücknahme setzt voraus, dass die Ber vorher in weiterem Umfang eingelegt war und die Anträge beschränkt werden. Erweiterung auf diesen Teil ist bei noch offener Frist oder im Rahmen der ursprünglichen BerBegründung zulässig (Düsseldorf MDR 93, 802; vgl § 519
4 Rn 19). – **b) Zeitlich** ist sie möglich ab Einlegung (§ 129 Rn 5; § 270 Rn 4, 7) bis zur Verkündung des Berufungsurteils. Zulässigkeit des Rechtsmittels ist belanglos (BGH FamRZ 88, 496). – **c) Streithelfer** vgl § 511 Rn 8.

5 **3. Erklärung in mündlicher Verhandlung oder durch Schriftsatz.** Bedingungsfeindliche (BGH NJW-RR 90, 67) Prozesshandlung. Es gilt das in § 269 Rn 6–8 Gesagte. Ein beim Berufungsgericht nicht zugelassener RA kann eine von ihm eingelegte Berufung wirksam zurücknehmen (BGH NJW-RR 94, 759). Die Wirksamkeit hängt nicht von der Beachtung der Formvorschriften in §§ 160 Abs 3 Nr 8, 162 Abs 1 ab (vgl § 159 Rn 4; aA Hamm Rpfleger 82, 111). Wirksam auch, wenn der ProzBevollmächtigte versehentlich (BGH VersR 99, 338) oder weisungswidrig (BGH NJW-RR 98, 1446) zurückgenommen hat. Rücknahme durch Prozessunfähigen vgl 36 vor § 511. Beschränkung

des BerAntrags einer antragslos eingelegten Ber ist keine teilweise Zurücknahme (J. Blomeyer NJW 69, 50; vgl § 519 Rn 17); anders bei Beschränkung bereits angebrachter Anträge. Ob Erledigterklärung Rücknahme ist, ist Auslegungsfrage (BGH NJW 61, 775). Da es sich bei mehrfacher Einlegung um ein einziges BerVerfahren handelt, erstreckt sich die Rücknahme auf alle Einlegungsakte außer bei ausdrücklicher Beschränkung auf einen (BSG NJW 98, 2078, München MDR 79, 409). – **Widerruf der Rücknahmeerklärung** ist auch bei Einverständnis des Gegners nur ausnahmsweise zulässig, wenn ein Restitutionsgrund vorliegt (RG 150, 395), bei Gründen aus § 580 Nr 1–5 aber nur, wenn ein Strafverfahren durchgeführt ist (§ 581), falls nicht ein solches unmöglich ist (BGH 12, 286). Im letztgenannten Fall ist Widerruf später als nach Ablauf von 5 Jahren ab Rechtskraft des Urt ausgeschlossen (BGH MDR 58, 670). In jedem Fall, auch wenn ein Strafverfahren noch nicht durchgeführt ist, muss die Rücknahmeerklärung innerhalb eines Monats ab Kenntnis von den zum Widerruf berechtigenden Tatsachen widerrufen werden (BGH 33, 73). Bei weisungswidriger Rücknahme ist Widerruf nur wirksam, wenn der Irrtum des ProzBevollmächtigten für Gegner und Gericht offensichtlich ist (BGH NJW-RR 98, 1446). Darüber hinaus ist ein Widerruf wegen Irrtums im Hinblick auf Rechtskraft und Rechtssicherheit unwirksam (KG NJW 98, 3357). Ist der Irrtum vom Gegner bzw vom Gericht verursacht, hält OLG Koblenz NJW-RR 97, 514 bzw LG Oldenburg VersR 79, 752, dieses nur für eine anwaltschaftlich nicht vertretene Partei, den Widerruf für zulässig. **6**

4. Einwilligung des Berufungsbeklagten ist **nicht** erforderlich. **7**

5. Wirkungen. – a) Verlust. Der RechtsmittelKl verliert für die Zukunft (KG JZ 52, 424) das eingelegte Rechtsmittel. Falls nicht gleichzeitig verzichtet wird (§ 514) und die Frist (§ 516) noch offen ist, kann die Ber erneuert werden (RG GrZS 158, 54; 161, 356). Zeitpunkt, in dem die formelle Rechtskraft des angefochtenen Urt eintritt, vgl § 705 Rn 8, 9. – **b)** Die **Kosten** des Rechtsmittels hat der RechtsmittelKl zu tragen; dies auch, wenn die Verpflichtung zur Rücknahme in einem Vergleich ohne Kostenvereinbarung enthalten ist und die trotzdem nicht zurückgenommene Ber verworfen wird (BGH NJW 89, 39). Umfang und Ausnahmen wie § 269 Rn 15, 18. §§ 92, 101 sind anwendbar, §§ 95–97 nicht. – Die Kosten einer zulässigen unselbständigen **Anschlussberufung** treffen grundsätzlich den **Rechtsmittelkläger** (BGH 4, 229; aA Frankfurt FamRZ 95, 945: § 91a analog), Dies gilt auch dann, wenn die Anschlussberufung eine Erweiterung des Streitgegenstands bezweckte (Frankfurt NJW 01, 935). – Sie treffen den **Anschlussrechtsmittelkläger** in folgenden Fällen: wenn seine Anschließung selbst unzulässig ist, zB wegen Verstoßes gegen § 524 Abs 1, 3; wenn er sich einer im Zeitpunkt der Anschließung unzulässigen Ber anschließt (Nürnberg MDR 89, 648); wenn bei Anschließung die Ber bereits zurückgenommen ist oder er nicht den Nachweis führen kann, **8 9 10 11**

dass die Anschließung vor der BerRücknahme wirksam geworden ist; wenn er die – dann als unzulässig zu verwerfende – Anschlussberufung nach Rücknahme der Hauptberufung weiterverfolgt (BGH NJW 00,
12 3215). Kosten bei mehrfacher Einlegung vgl § 518 Rn 10, 11. – **c) Beschluss.** Die Wirkungen des Abs 3 S 1 hat das BerGer (ER § 526 Abs 1, § 527 Abs 3 Nr 1) **von Amts wegen** durch Beschluss auszusprechen (Abs 3 S 2).– **Gebühren:** Gerichtsgebühr ermäßigt sich unter gewissen Voraussetzungen auf $1/2$ (Nr 1221 KV); RA: Gehört zum
14 zweiten Rechtszug (§ 37 Nr 7 BRAGO). – **d) Rechtsmittel.** Gegen den Beschluss hat das BerGer unter den Voraussetzungen des § 574 Abs 2 (s dort) die Rechtsbeschwerde zuzulassen (§ 574 Abs 3).

§ 517 Berufungsfrist

Die Berufungsfrist beträgt einen Monat; sie ist eine Notfrist und beginnt mit der Zustellung des in vollständiger Form abgefassten Urteils, spätestens aber mit dem Ablauf von fünf Monaten nach der Verkündung.

1 **1. Berufungseinlegung vor Fristbeginn** ist zulässig, nicht aber vor UrtErlass (RG 110, 170, BGH NJW 99, 3269; § 310 Rn 1 ff). Rechtsmittel gegen ein nicht existentes Urt kann aber zur Beseitigung des Scheins zulässig sein (10–19 vor § 300). Ber gegen ein fehlerhaft verkündetes Urt vgl § 310 Rn 5. Einreichung vgl § 270 Rn 7. Wird die Verkündung nach BerEinlegung wirksam nachgeholt, so bezieht sich das eingelegte Rechtsmittel auf das nunmehr mangelfrei erlassene Urt. Eine neue Ber dagegen müsste als unzulässig verworfen werden.

2 **2. Fristbeginn. – a)** Am Tage (BGH NJW 84, 1358) wirksamer (8 vor § 166, § 166 Abs 2, § 170 Rn 1–5, § 172 Rn 13, § 315 Rn 3) **Amtszustellung** (§ 317 Rn 1) einer vollständigen UrtAusfertigung oder beglaubigten Abschrift, auch wenn sie eine unrichtige Rechtsmittelbelehrung enthält (BGH VersR 92, 515). Kein Fristbeginn, wenn das Urt nicht verkündet (BGH VersR 84, 1192) oder nicht mit Tatbestand und Gründen versehen ist, wo das Gesetz dies nicht zulässt (BGH VersR 91, 85). Bei UrtBerichtigung vgl § 319 Rn 7. Bei mehrfacher Zustellung des Urt ist die erste wirksame Zustellung maßgebend (BGH VersR 00, 1038). Kein Fristbeginn bei Fehlen ganzer Seiten in der zugestellten Urteilsausfertigung (BGH NJW 98, 1959), unschädlich hingegen Fehlen der Angabe nach § 313 Abs 1 Nr 3 (BGH VersR 80, 744) oder Fehlen der letzten Buchstaben pro Zeile auf einer Seite (BGH NJW-RR 00, 1665). Bei Streitgenossen beginnt die Frist für jeden gesondert mit Zustellung an ihn (§§ 61 Rn 15, 62 Rn 23); Nebenintervenient vgl § 67 Rn 4; streitgenössischer Nebenintervenient § 69 Rn 3. Neubeginn der Frist bei Ergänzungsurteil § 517, nicht mit Aufhebung eines landgerichtlichen Verwerfungsbeschlusses durch das BVerfG (vgl § 519 Rn 4). An den Gegenbeweis, dass der RA das Datum auf dem Empfangsbekenntnis (§ 174) unrichtig angegeben hat, sind strenge Anforderungen zu stellen (BGH VersR 83, 1080), es muss sich bei seiner Abgabe nicht mehr in seinem Gewahrsam befinden (BGH VersR 92, 516). – Eine wirksame Zustellung kann nicht durch **Parteivereinbarung** unge- 3 schehen gemacht werden, wesentliche Zustellungsmängel sind heilbar (20–22 vor § 166). Wollen die Parteien, zB wegen Vergleichsverhandlungen den Eintritt der Rechtskraft hinausschieben, können sie Antrag nach § 317 Abs 1 S 3 stellen. – **b) Spätestens mit Ablauf von 5 Monaten seit Verkündung** (§ 310 Abs 1). Auch bei fehlerhafter Verkündung (BGH NJW-RR 94, 127, NJW 99, 143; vgl § 310 Rn 1, 5, 6). Zustellung des vollständigen Urteils später als 5 Monate seit Verkündung setzt die BerFrist nicht erneut in Gang. Fehlende Verkündung vgl § 310 Rn 4. Bei Urteilsberichtigung vgl § 319 Rn 7. Diese 5 Monate sind keine eigentliche Frist, insbes keine Notfrist. § 222 Abs 2 gilt für sie nicht (BAG NJW 00, 2835). Unterbrechung des Verfahrens berührt sie nicht (vgl § 249 Rn 2–4; Celle Rpfleger 57, 85). Gilt entspr im Falle des § 569 Abs 1. – **Ausnahme.** Kein Fristbeginn, wenn die beschwerte 5 Partei zu dem Verhandlungstermin nicht ordnungsgemäß geladen und in ihm nicht vertreten war, jedenfalls sie keinen Anlass hatte, sich über den Fortgang des Prozesses zu unterrichten (BGH NJW-RR 94, 1022). – **c) In Familiensachen** vgl §§ 629 a Abs 3, 629 c. 6

3. Fristende einen Monat nach ihrem Beginn. Berechnung vgl 7 § 222 Rn 4–7. Der Bürger ist berechtigt, prozessuale Fristen bis zu ihrer Grenze auszunützen (BVerfG 74, 220). Die Justizbehörden sind verpflichtet, für die Funktionsfähigkeit von Empfangsgeräten auch nach Dienstschluss zu sorgen. Risiken in dieser Richtung dürfen nicht auf den Bürger abgewälzt werden (BVerfG 69, 381, BGH NJW 88, 2788, BGH CR 92, 87). Notfrist § 224 Abs 1 S 2, Wiedereinsetzung §§ 233 ff. Die Wahrung der Frist ist als eine der Zulässigkeitsvoraussetzungen der Ber vAw zu prüfen. Die Beweislast für den rechtzeitigen Eingang beim zuständigen Gericht trägt der Rechtsmittelkläger (BGH NJW 79, 876). – Im **arbeitsgerichtlichen Verfahren** vgl § 66 Abs 1 8 ArbGG.

4. Fristversäumung führt zur Unzulässigkeit der Ber, falls sie nicht 9 für diesen Fall als zulässige AnschlussBer ausgelegt werden kann, was idR dem Parteiwillen entspricht (BGH FamRZ 87, 800).

§ 518 Berufungsfrist bei Urteilsergänzung

¹Wird innerhalb der Berufungsfrist ein Urteil durch eine nachträgliche Entscheidung ergänzt (§ 321), so beginnt mit der Zustellung der nachträglichen Entscheidung der Lauf der Berufungsfrist auch für die Berufung gegen das zuerst ergangene Urteil von neuem. ²Wird gegen beide Urteile von derselben Partei Berufung eingelegt, so sind beide Berufungen miteinander zu verbinden.

1   1. Anwendungsbereich. – a) § 517 gilt für Ber gegen ein Urt, zu dem später ein ErgänzungsUrt ergeht. Über dessen selbstständige Anfechtbarkeit und die Wirkung des Rechtsmittels gegen das HauptUrt vgl § 321 Rn 6. Er gilt ferner für Rechtsmittel gegen andere später ergänzte Entscheidungen, auf die § 321 entspr anwendbar ist (§ 321 Rn 7).
2 Entsprechend anwendbar für die Revision (§ 548). – **b)** § 517 gilt **nicht** im Falle der Berichtigung gem § 319 (BGH MDR 70, 757) oder § 320. Wegen einer Ausnahme vgl aber § 319 Rn 7. Er gilt ferner nicht für das ZusatzUrt (§ 239 Rn 9); nicht für das Urt, das eine beantragte Ergänzung ablehnt; nicht im Umkehrschluss für das ErgänzungsUrt, das mangels wirksamer Zustellung des HauptUrt vor diesem rechtskräftig werden kann (RAG JW 37, 2863).

3   2. Sondervorschriften. – a) Mit Beginn der BerFrist (§ 517 Rn 2) gegen das ErgänzungsUrt beginnt eine **neue Berufungsfrist** gegen das HauptUrt zu laufen, falls sie bei Erlass des ErgänzungsUrt noch nicht abgelaufen war. Dies auch, wenn das ErgänzungsUrt (zB mangels Beschwer RG 151, 304) nicht anfechtbar oder nicht angefochten ist. Oder wenn gegen das HauptUrt bereits Ber eingelegt war, die zurückgenommen oder verworfen wurde. Weil ErgänzungsUrt möglicherweise erst nach Ablauf der BerFrist gegen das HauptUrt ergeht, ist Ber gegen letzteres jedenfalls zu empfehlen. Andererseits ist denkbar, dass die selbstständige BerFrist gegen das HauptUrt (zB mangels wirksamer Amtszustellung) später endet als die gegen das wirksam zugestellte Ergän-
4 zungsUrt. – **b)** Beide Berufungen derselben Partei müssen verbunden werden (§ 147 Rn 8 ff).

§ 519 Berufungsschrift

(1) **Die Berufung wird durch Einreichung der Berufungsschrift bei dem Berufungsgericht eingelegt.**

(2) **Die Berufungsschrift muss enthalten:**
1. die Bezeichnung des Urteils, gegen das die Berufung gerichtet wird;
2. die Erklärung, dass gegen dieses Urteil Berufung eingelegt werde.

(3) **Mit der Berufungsschrift soll eine Ausfertigung oder beglaubigte Abschrift des angefochtenen Urteils vorgelegt werden.**

(4) **Die allgemeinen Vorschriften über die vorbereitenden Schriftsätze sind auch auf die Berufungsschrift anzuwenden.**

1   1. Formgerechte Einlegung (Abs 1) ist Voraussetzung für die Zulässigkeit der Ber (Rn 13 ff, insb 34 vor § 511). Die Verantwortung für die ordnungsgemäße Einlegung trifft allein die Partei und ihren RA. Keine Rechtspflicht des Ger, zur Heilung von Mängeln beizutragen (BGH VersR 85, 767), wohl aber Pflicht des Ger, den RA auf das ersichtlich versehentliche Fehlen einer Anlage hinzuweisen, von der die

Zulässigkeit der Berufung abhängen kann (BGH MDR 91, 1198). –
a) Die **Berufungsschrift** ist bestimmender Schriftsatz (§ 129 Rn 5 ff; **2**
dort auch über eigenhändige Unterschrift durch RA, Vertretung, Zusatz, telefonische, telegrafische und Übermittlung durch Fernschreiber,
Telefax; § 130 a zur elektronischen Form). Der Nachweis, dass die
Schrift von einem beim richtigen BerGer (BGH FamRZ 99, 1497)
zugelassenen RA herrührt, kann nur durch dessen Unterschrift geführt
werden (BGH VersR 73, 636).

   b) Mit ihrer **Einreichung** (§ 270 Rn 7) ist die BerEinlegung perfekt. **3**
Die Zustellung (§ 521) ist für die Wirksamkeit der Ber ohne Belang
(BGH NJW 88, 2046). – Für die Verbindung der Ber mit **Prozess-** **4**
kostenhilfeantrag gilt § 117 Rn 4 sinngem. Entspricht der Schriftsatz
allen gesetzlichen Anforderungen an eine Berufungsschrift, so kann er
nur dann nicht schon als Berufung angesehen werden, wenn sich dies
aus den Begleitumständen mit einer jeden Zweifel ausschließenden
Deutlichkeit ergibt (BGH NJW 95, 2563). So ist eine BerSchrift nicht
„eingereicht", wenn mit einem PKH-Antrag verbunden der Entwurf
einer BerSchrift oder wenn eine ordnungsgemäße BerSchrift mit dem
Zusatz eingereicht wird, Ber werde erst nach Bewilligung der PKH
eingelegt, zu deren Begründung werde auf den Entwurf der anliegenden
BerSchrift Bezug genommen (BGH NJW-RR 00, 879, Stuttgart
FamRZ 00, 240). Einlegung der Ber, falls PKH bewilligt wird, ist als
bedingte Ber unzulässig (BGH NJW 95, 2563), die Rücknahme der
Bedingung kann aber als erneute BerEinlegung aufzufassen sein (BGH
VersR 93, 713). Der Zusatz, die Ber zunächst zu den Akten zu nehmen,
bis über das PKH-Gesuch entschieden ist, ändert nichts an der wirk-
samen BerEinlegung, wenn der Schriftsatz deren Erfordernissen genügt
(BGH NJW 88, 2046).

   c) Richtiger Adressat ist das BerGer, bei Zuständigkeit auswärtiger **5**
Spruchkörper auch das Stammgericht (BGH NJW 67, 107), bei Zustän-
digkeit eines einheitlichen Kartellsenats nach §§ 93, 94 GWB auch das
allgemein zuständige OLG, das dann die Sache abgibt (BGH 71, 367).
Unrichtig adressiert ist die BerSchrift auch bei Verwechslung der beiden
Münchner Landgerichte (BGH NJW-RR 87, 319). Ebenso geht eine
Schrift, die in einem an das LG adressierten Umschlag in den Briefkasten
des OLG eingeworfen wird, bei Weiterleitung an das LG erst mit dessen
Rücksendung an das OLG dort ein (BGH NJW 94, 1354). Entsprechendes gilt bei Angabe einer falschen Telefaxnummer (BAG NJW 95,
2742). Falsche Adressierung an LG schadet nicht, wenn die Schrift nach
Weiterleitung fristgerecht beim OLG eingeht (BGH FamRZ 95, 1134);
in solchem Fall ist Unterschrift eines beim OLG zugelassenen RA
erforderlich (BGH FamRZ 99, 1497). Fristgerechte Einreichung vgl
§ 270 Rn 7. – Ein bei einer **gemeinsamen Einlaufstelle** eingereichter **6**
Schriftsatz ist bei dem Gericht eingegangen, an das er gerichtet ist (BGH
FamRZ 97, 172), bei Fehlen des Adressaten bei dem Ger, das als
Adressat aus dem Schriftsatz selbst eindeutig zu erkennen ist (BGH NJW
92, 1047); nicht jedoch, wenn er an einen RA adressiert ist (BGH NJW

90, 2822). Der an ein unzuständiges Ger adressierte Schriftsatz, auch Telekopie (BGH NJW 90, 990), geht nach Weiterleitung beim zuständigen Ger erst dann ein, wenn er in seine tatsächliche Verfügungsgewalt gelangt ist (BGH NJW-RR 97, 892). Anders, wenn er das Aktenzeichen des zuständigen Ger trägt (BGH NJW 89, 590 für BerBegründung) oder wenn er bei einer nur für das zuständige Ger eingerichteten Briefannahmestelle abgegeben wird (BGH VersR 81, 1182). Ist die nicht irrig an das LG gerichtete Ber rechtzeitig bei der gemeinsamen Einlaufstelle eingegangen, so darf sie nicht ohne Antrag des BerKl oder gerichtl Verweisungsbeschluss kurzhändig an das OLG weitergeleitet werden; dieses kann nicht über die Ber entscheiden (BGH VersR 78, 626). –

7   **Fernschreiben.** Gibt das Rechtsmittelgericht auf seinen Briefbögen der Telexnummer einer anderen Justizbehörde an, so ist ein bei der Fernschreibanlage dieses Ger fristgerecht eingegangenes Rechtsmittel zulässig, auch wenn es erst nach Fristablauf an das RechtsmittelGer weitergeleitet wird (BGH NJW 87, 2586). Einlegung durch Fernschreiben auf einem nicht für das RechtsmittelGer eingerichteten Empfänger macht das Rechtsmittel unzulässig, auch wenn die Empfangsstelle das Fernschreiben an das zuständige Ger durch Boten weiterleitet (BGH

8   NJW-RR 88, 893). – **Sonderregelung in Schifffahrtssachen** § 13 G v 27. 9. 52 (BGBl I 641) idF v 26. 6. 81 (BGBl I 553). Für die Fristwahrung ist entscheidend der Eingang beim Schifffahrtsobergericht

9   (BGH MDR 79, 475). – Für die Abgrenzung zwischen **Familiensachen** und allgemeinen Streitigkeiten gilt die zivilprozessuale Anknüpfung (§§ 72, 119 Abs 1 Nr 1 Buchst a GVG); vgl 46 vor § 511. –

10   **d) Mehrfache Einlegung** derselben Ber, auch durch Telefax und nachgereichten Originalschriftsatz (BGH NJW 93, 3141) ist bei noch offener Frist zulässig (BGH NJW 93, 269, BAG NJW 99, 2989) und kann sich bei Zweifeln über die Ordnungsmäßigkeit der früheren Einlegung empfehlen. Es handelt sich dabei um das nämliche Rechtsmittel, über das das Ger einheitlich zu entscheiden hat (BGH NJW 96, 2659). Die Verlängerung der Begründungsfrist, gleichgültig für welchen Einlegungsakt beantragt, bezieht sich auf die zeitlich erste wirksame Einlegung (BGH NJW 93, 269). Genügt eine Einlegung den gesetzlichen Zulässigkeitserfordernissen, so kommt es auf die Zulässigkeit der übrigen nicht mehr an (BGH VersR 85, 1156). Die isolierte „Zurücknahme" eines Einlegungsaktes betrifft nur diesen, hat deshalb auch nicht die Folgen des § 516 Abs 3 (BGH 24, 179 und MDR 58, 508). Die wiederholte Einlegung, die in der Begründungsschrift gefunden werden kann (BGH 24, 179 und VersR 70, 184), gewinnt Bedeutung erst, wenn der erste Einlegungsakt, zB durch Versäumung der Begründungsfrist, seine Wirkung verliert (BGH NJW 93, 3141). Bei Scheinurteil vgl 13 vor § 300. War die Einlegung wegen Unterbrechung des Verf unwirksam, so kann eine beim RechtsmittelGer eingereichte Aufnahmeerklärung (§ 250) als neue Einlegung des Rechtsmittels angesehen werden (BGH NJW 62,

11   589). – **Entscheidung.** Ist bei Einlegung der zweiten Berufung mit gleichem Sachantrag gegen dasselbe Urt über die zuerst eingelegte Ber noch nicht entschieden, so muss, da nur ein Rechtsmittel anhängig ist, einheitlich, nicht in getrennten Entscheidungen über 2 Berufungen, entschieden werden (BGH 45, 380, NJW 96, 2659). Erneute Einlegung nach rechtskräftiger Verwerfung vgl § 522 Rn 11. – Haben die **Partei** **12** **und ihr Streithelfer** Ber eingelegt, gleichgültig in welcher Reihenfolge, so handelt es sich ebenfalls um eine Ber, nämlich die der Partei; es gelten vorstehende Grundsätze (BGH BB 93, 1837). – **e) Einstellung** **der Zwangsvollstreckung.** § 719 Abs 1 S 1.

2. Notwendiger Inhalt der Berufungsschrift (Abs 2). Jeder Man- **13** gel macht die Ber unzulässig. Mündliche Quellen sind wegen der vorgeschriebenen Schriftform für die Auslegung einer Rechtsmittelschrift unbeachtlich (BGH NJW 85, 2650, NJW-RR 94, 1213).

Nr 1. Das Urt wird zweckmäßig nach Gericht, Parteien, Verkündungsdatum und Aktenzeichen bezeichnet (BGH NJW 01, 1070). Diesen Erfordernissen ist auch bei falscher oder fehlender Bezeichnung genügt, wenn die Identität des angefochtenen Urt, zB durch Beifügung einer Abschrift (BGH NJW-RR 89, 958, BayVerfGH NJW 91, 3140) oder aus anderen Umständen (BGH NJW 89, 2395) feststeht (BGH NJW 01, 1070), für Ger innerhalb der Einlegungsfrist, für Gegner auch danach (BGH NJW 74, 1658). Beispiele: Verwechslung des rechtskräftigen Vorbehaltsurteils im Urkundenprozess mit dem Urt im Nachverfahren (BGH VersR 75, 928), Verwechslung des Aktenzeichens mit einem anderen zwischen den Parteien anhängigen noch nicht entschiedenen Prozess bei sonst richtigen Angaben (BAG NJW 76, 2039). Berichtigung ist innerhalb der BerFrist zulässig (BGH VersR 76, 1157 für Datumsberichtigung bei einem von zwei im gleichen Prozess ergangenen TeilUrt). Lässt sich aus dem Gesamtinhalt der BerSchrift und Begleitumständen innerhalb der Frist nicht feststellen, welches Urt angefochten ist, so ist die Ber unzulässig (BGH NJW-RR 00, 1371, NJW 89, 2396 bei falscher Bezeichnung des Herkunftgerichts). Das BerGer hat dazu keine Aufklärungspflicht, muss aber auf das Fehlen der als Anlage bezeichneten Urteilsabschrift hinweisen, wenn von ihrer Vorlage die Zulässigkeit des Rechtsmittels abhängt (BGH NJW 91, 2081). Angabe der Parteirollen s Rn 15. Auf ein anderes Urt kann später die eingelegte Ber nicht bezogen werden.

Nr 2. Das Wort Berufung muss nicht verwendet werden. Auch **14** falsche Bezeichnung (Einspruch, Beschwerde) schadet nicht, wenn der Wille klar erkennbar ist, dass die höhere Instanz in mündlicher Verhandlung das Urt nachprüfen soll (BGH NJW-RR 98, 507). Außerdem muss innerhalb der Rechtsmittelfrist zumindest aus den Umständen (BGH VersR 87, 261) unzweifelhaft erkennbar sein, für und gegen wen die Ber eingelegt ist (BGH NJW-RR 97, 1020), vor allem, wenn beide Parteien beschwert sind oder wenn auf einer Parteiseite mehrere Personen stehen und nicht für oder gegen alle eingelegt ist (BAG NJW 60, 1319). Wenn mehrere einfache Streitgenossen als Unterlegene BerKläger sein sollen, muss ersichtlich sein, welche Ber einlegen (BGH VersR 85, 970). Siegen

mehrere Streitgenossen, richtet sich die Ber im Zweifel gegen alle (BGH
NJW 69, 928), außer wenn die BerSchrift Beschränkung auf einige
erkennen lässt (BGH NJW 84, 58). Angabe der ladungsfähigen Anschrift
des BerBekl oder seines RA ist nicht erforderlich (BGH 65, 114, BAG
15 GS NJW 87, 1356). – Fehlende **Angabe der Parteirollen** oder unrichtige **Bezeichnung der Parteien** macht die Ber unzulässig (BGH
NJW-RR 00, 1371); es reicht aber, dass sie sich durch interessengerechte
Auslegung (BGH NJW 99, 1554) aus Unterlagen ergibt, die innerhalb
der BerFrist dem BerGer vorliegen, zB das angefochtene Urt (BGH
NJW-RR 00, 1661), die Gerichtsakten (BGH 21, 168), oder dass sie aus
anderen Umständen, wie dem Vorspann der Berufungsschrift (BGH
NJW-RR 99, 1587), unzweifelhaft erkennbar sind (BGH NJW 99, 291),
zB irrtümliche Aufführung eines weiteren Bekl, gegen den die Klage
abgewiesen wurde (BGH NJW-RR 90, 801), BerAnträge in der Ber-
Schrift nur gegen einige der unterlegenen Beklagten (BGH NJW 91,
2775); mündliche oder telefonische Bezeichnung genügt aber nicht
(BGH NJW 97, 3383). Eine Ermittlungspflicht hat das Ger nicht (BAG
NJW 75, 2039, BGH NJW 99, 291). Die Verwerfung der Ber wegen
angeblicher Unerkennbarkeit der Parteirollen ist willkürlich und damit
verfassungswidrig, wenn die Parteirollen erkennbar sind (BVerfG NJW
86, 2101). Fehlerhafte Parteibezeichnung ist unschädlich, wenn der
Fehler für BerGer und Gegner offensichtlich ist und auf Grund der
übrigen Angaben keine Zweifel bestehen, zB versehentliche Bezeichnung der gesetzlichen Vertreter als BerKläger anstelle des klagenden
16 Kindes (BGH NJW 96, 320). – Der **Umfang der Berufung,** insbes
eine Beschränkung ergibt sich erst aus den BerAnträgen (§ 520 Rn 17 f).
Jede **Beifügung einer Bedingung** macht die Ber unzulässig, zB falls
dafür PKH gewährt wird (BGH NJW 99, 2823; siehe auch Rn 4).
Unterschrift durch einen RA vgl Rn 2.

17   **3. Instruktioneller Inhalt.** Abs 3 ist nur Ordnungsvorschrift. Allg
Vorschriften über die vorbereitenden Schriftsätze vgl §§ 130 ff.

§ 520 Berufungsbegründung

(1) **Der Berufungskläger muss die Berufung begründen.**

(2) [1]**Die Frist für die Berufungsbegründung beträgt zwei Monate und beginnt mit der Zustellung des in vollständiger Form
abgefassten Urteils, spätestens aber mit Ablauf von fünf Monaten
nach der Verkündung** [2]**Die Frist kann auf Antrag von dem Vorsitzenden verlängert werden, wenn der Gegner einwilligt** [3]**Ohne
Einwilligung kann die Frist um bis zu einem Monat verlängert
werden, wenn nach freier Überzeugung des Vorsitzenden der
Rechtsstreit durch die Verlängerung nicht verzögert wird oder
wenn der Berufungskläger erhebliche Gründe darlegt.**

(3) [1]**Die Berufungsbegründung ist, sofern sie nicht bereits in
der Berufungsschrift enthalten ist, in einem Schriftsatz bei dem**

Berufungsgericht einzureichen. [2]Die Berufungsbegründung muss enthalten:

1. die Erklärung, inwieweit das Urteil angefochten wird und welche Abänderungen des Urteils beantragt werden (Berufungsanträge);
2. die Bezeichnung der Umstände, aus denen sich die Rechtsverletzung und deren Erheblichkeit für die angefochtene Entscheidung ergibt;
3. die Bezeichnung konkreter Anhaltspunkte, die Zweifel an der Richtigkeit oder Vollständigkeit der Tatsachenfeststellungen im angefochtenen Urteil begründen und deshalb eine erneute Feststellung gebieten;
4. die Bezeichnung der neuen Angriffs- und Verteidigungsmittel sowie der Tatsachen, aufgrund derer die neuen Angriffs- und Verteidigungsmittel nach § 531 Abs. 2 zuzulassen sind.

(4) Die Berufungsbegründung soll ferner enthalten:

1. die Angabe des Wertes des nicht in einer bestimmten Geldsumme bestehenden Beschwerdegegenstandes, wenn von ihm die Zulässigkeit der Berufung abhängt;
2. eine Äußerung dazu, ob einer Entscheidung der Sache durch den Einzelrichter Gründe entgegenstehen.

(5) Die allgemeinen Vorschriften über die vorbereitenden Schriftsätze sind auch auf die Berufungsbegründung anzuwenden.

1. Formgerechte Berufungsbegründung ist Voraussetzung für die   **1**
Zulässigkeit des Rechtsmittels (Rn 13 ff, insb 35 vor § 511). Die Begründung ist bestimmender Schriftsatz (§ 129 Rn 5 ff) und muss entweder in der BerSchrift (§ 519) – auch schon vor Urteilszustellung zulässig (BGH NJW 99, 3269) – oder in einem Schriftsatz enthalten sein, der zur Begründung der Ber bestimmt ist (BGH VersR 86, 91) und innerhalb der Frist (Rn 4–16) ergänzt werden kann. Für Schriftform, Zusätze, Anwaltszwang, Vertretung, Einreichung, Adressat gelten die Ausführungen und Verweisungen in § 519 Rn 2–9. Außerdem muss ersichtlich sein, zu welchem Verfahren die BerBegründung gehört (Karlsruhe VersR 93, 1170). Der Nachweis, dass die BerBegründungsschrift von einem zugelassenen RA herrührt, kann grundsätzlich nur durch seine Unterschrift oder seine qualifizierte elektronische Signatur (§ 130a Abs 1) geführt werden, ausnahmsweise durch ein von dem RA unterzeichnetes Begleitschreiben, das mit der nicht unterschriebenen BerBegründung fest verbunden ist (BGH NJW 86, 1760); nicht dagegen dadurch, dass der RA in einem anderen innerhalb der BerBegründungsfrist eingereichten unterschriebenen Schriftsatz ausführt, er habe die Ber in einem (nicht unterzeichneten) datierten Schriftsatz begründet (BGH 37, 156); auch nicht durch Einreichung von Abschriften, die lediglich mit Handzeichen beglaubigt sind (BGH VersR 01, 915). – Ein an das   **2**

BerGer gerichteter **Antrag auf Prozesskostenhilfe** oder **Einstellung der Zwangsvollstreckung,** der den Erfordernissen des § 520 Abs 3 entspricht, ist dazu bestimmt, als BerBegründung zu dienen, weil keine Partei die mit der Versäumung einer Rechtsmittelfrist verbundenen Nachteile in Kauf nehmen will (BGH NJW 95, 2112, NJW-RR 01, 789). Anders nur, wenn ein anderer Wille ersichtlich ist, zB „Prozesskostenhilfeantrag und Berufungsbegründungsentwurf" (BGH VersR 91, 936) oder wenn der BerKläger in dem PKH-Gesuch, mit dem er die beabsichtigten Berufungsanträge begründet, Verlängerung der Ber-
3 Begründungsfrist beantragt (BGH VersR 95, 1462). – **Die von der Partei eingelegte Ber kann der Streitgehilfe** begründen und umgekehrt. Versäumung der Frist durch die Partei ist deshalb unschädlich, wenn der Streithelfer innerhalb seiner Frist die von ihm eingelegte Ber begründet (BGH NJW 85, 2480). Bei notwendiger Streitgenossenschaft vgl § 62 Rn 23.

4 **2. Die Begründungsfrist.** – **a) Fristbeginn** am Tage wirksamer Amtszustellung einer vollständigen UrtAusfertigung oder beglaubigten Abschrift (vgl § 517 Rn 1), spätestens mit Ablauf von 5 Monaten seit Verkündung (vgl § 517 Rn 4). Daran ändert nichts, dass ein PKH-Antrag eingereicht ist (BGH 7, 280); dass die BerFrist versäumt, Wiedereinsetzung beantragt und dabei die Einlegung der Ber wiederholt ist (BGH NJW 89, 1155); dass die Ber durch Beschluss des OLG verworfen ist (BGH NJW 98, 1155), auch wenn dieser Beschluss auf Beschwerde wieder aufgehoben wird (BGH JZ 67, 448). Wegen mehrfacher Ein-
5 legung der Ber vgl § 519 Rn 10. – **Während Unterbrechung und Aussetzung** des Verfahrens kann die Frist nicht zu laufen beginnen
6 (§ 249 Abs 1). – **Beginn bei Einstellung des Insolvenzverfahrens** vgl § 240 Rn 7.

7 **b) Fristende** zwei Monate nach ihrem Beginn. Berechnung vgl § 222 Rn 4–7. Wahrung durch Einwurf in den gewöhnlichen Gerichtsbriefkasten (BGH 80, 62 u NJW 81, 1790). Sie ist keine Notfrist. Trotzdem ist Wiedereinsetzung statthaft (§ 233), selbst wenn das Rechtsmittel bereits als unzulässig verworfen ist. Diese Verwerfung wird mit Erteilung der Wiedereinsetzung ohne weiteres gegenstandslos (BGH
8 ZZP 71, 400). – **Unterbrechung** und Aussetzung des Verfahrens während des Fristlaufs führt zu ihrer Unterbrechung (§ 249 Abs 1). Ruhen
9 des Verfahrens ist auf die Frist ohne Einfluss (§ 251 Abs 1 S 2). – Die **Beweislast** für den rechtzeitigen Eingang trägt der Rechtsmittelkläger (BGH VersR 78, 960). Zum Beweis reicht eidesstattliche Versicherung idR nicht aus (BGH NJW 00, 814).

10 **c) Verlängerung** nur auf Antrag durch ausdrückliche (BGH NJW-RR 90, 68: nicht stillschweigend) Verfügung des Vorsitzenden. **Kein** Verlängerungsantrag liegt im Antrag auf Ruhen des Verfahrens (BGH NJW-RR 01, 572). Vor Entscheidung über den Antrag darf die Ber nicht wegen Versäumung der Begründungsfrist verworfen werden (BGH VersR 82, 1191). Auch für die Ablehnung des Antrags ist der

Vorsitzende zuständig (Demharter MDR 86, 797). Stattgebende und
ablehnende Vfg sind unanfechtbar (§ 567 bzw § 225 Abs 3). – **Voraus-** 11
setzungen. – aa) Einwilligung des Gegners ermöglicht Verlängerung um mehr als einen Monat. – **bb)** Bis zu einem Monat **keine** 12
Verzögerung. Das entscheidet der Vorsitzende nach freier Überzeugung; idR wird sie eintreten. – Oder **erhebliche Gründe,** die auf
Verlangen (BGH NJW 99, 430) glaubhaft zu machen (§ 224 Abs 2)
sind, soweit nicht gerichtsbekannt, zB Arbeitsüberlastung, Personal-
schwierigkeiten in der RA-Kanzlei. Der RA kann idR erwarten, dass
seinem ordnungsgemäß begründeten Antrag stattgegeben wird (BVerfG
NJW 98, 3703, NJW 00, 1634, BGH NJW 97, 400, BAG NJW 95,
1446), nicht jedoch einem Antrag mit ungenügender (BGH NJW-RR
98, 573) oder ohne Begründung (BGH NJW 92, 2426). Verlängerungs-
grund ist stets, wenn der BerKl bei Einlegung noch nicht im Besitz einer
vollständigen UrtAusfertigung ist (aA Vogg MDR 93, 293), außerdem
Mandatserteilung kurz vor Fristablauf, Vergleichsverhandlungen, Krankheit oder Urlaub des RA oder der Partei (BGH NJW-RR 00, 799),
notwendige Rücksprache mit der Partei (BVerfG NJW 01, 812; BGH
NJW 01, 3552). Ablehnung des Antrags trotz erheblicher Gründe ist
regelmäßig Wiedereinsetzungsgrund (BGH NJW 99, 430). – **Wirksam-** 13
keit. Wirksam auch, wenn Vorsitzender eines nach der GeschVerteilung
nicht zuständigen Senats die Verlängerung verfügt hat (BGH 37, 125),
wenn länger als beantragt verlängert wurde (BAG NJW 62, 1413).
Verlängert der Vorsitzende auf eine kürzere Zeit als beantragt, so liegt
darin idR zugleich die Ablehnung des weitergehenden Antrags (BGH
NJW-RR 89, 1278). Verkürzung ist wegen § 224 Abs 2 ausgeschlossen,
auch Verkürzung der verlängerten Frist (Schleswig SchlHA 76, 28). Für
den Antrag gilt Schriftform und Anwaltszwang (§ 78); fehlender oder
unwirksamer Antrag macht die Verlängerung nicht unwirksam (BGH
NJW 85, 1558, NJW 98, 1155, NJW-RR 99, 286). Auf einen innerhalb
der Frist eingegangenen Antrag kann die Frist auch nach ihrem Ablauf
verlängert werden (BAG GS NJW 80, 309, BGH 83, 217). Wiederholte
Verlängerung nur mit Einwilligung des Gegners. Die bloße Verlängerung wird ohne förmliche Zustellung wirksam, weil sie keine Frist in
Lauf setzt (BGH NJW 90, 1797); auch mit telefonischer Bekanntgabe an
den Antragsteller (BGH NJW 85, 1558; § 329 Rn 5, 14). Aktenvermerk
hierüber ist zweckmäßig, aber nicht notwendig (BGH 14, 152). Die
zugestellte Ausfertigung bzw telefonische Mitteilung ist maßgebend,
wenn sie eine über die Urschrift hinausgehende Verlängerung enthält
(BGH NJW-RR 94, 444, NJW 99, 1036). Enthält die zugestellte Ausfertigung versehentlich das neue Fristende, so ist die Bindung an
das bisherige Fristende aufgehoben, eine Bindung an das neue Fristende
soll nicht eintreten (BGH MDR 87, 651); wann die Frist dann endet,
sagt der BGH nicht. – **Wirkung.** Die Verlängerung wirkt nur für die 14
Partei(en), der (denen) sie in der Verfügung bewilligt wurde (BGH ZZP
70, 82, VersR 72, 1128). Verlängerung für Streithelfer wirkt auch für die
unterstützte Partei, die zulässig Ber eingelegt hat (BGH NJW 82, 2069)

und umgekehrt (BAG ZIP 91, 234). Verlängerung bewirkt nur, dass das
Ende der Frist hinausgeschoben wird. Sie beginnt um 0 Uhr des Tages,
15 der dem Tag des normalen Fristablaufs unmittelbar folgt. – **Keine Verlängerung** auf einen verspätet eingegangenen Antrag wegen der mit
Fristablauf eingetretenen Rechtskraft (BGH NJW 92, 842). Hier hilft
nur Antrag auf Wiedereinsetzung wegen der versäumten Begründungsfrist, wobei insbesondere § 236 Abs 2 S 2 zu berücksichtigen ist (BGH
NJW-RR 94, 1212). Beantragt der RA – irrig – Fristverlängerung nach
Fristablauf, hält BGH VersR 68, 992 Umdeutung in Wiedereinsetzungsantrag nicht für möglich; dagegen mit guten Gründen Vollkommer
DRiZ 69, 244.
16   **d) Wiedereinsetzung** gegen die Versäumung (§ 233) ist **nicht** zulässig wegen der Unterlassung einer einzelnen prozessualen Rüge in der
form- und fristgerecht eingereichten Begründungsschrift (RG 121, 5,
BAG NJW 62, 2030, BGH NJW 97, 1309; aA StJGrunsky § 554
Rn 24, Pentz ZZP 76, 183 mwN), **zulässig** aber bei unvollständig
übermittelter Begründungsschrift (BGH NJW 00, 364).

17   **3. Notwendiger Inhalt der Begründungsschrift (Abs 3) Nr 1.
Berufungsanträge.** Erst aus ihnen ergibt sich der Umfang, insbes eine
Beschränkung der eingelegten Ber oder ein teilweiser Verzicht auf sie
(BGH NJW 83, 1561, BAG DB 94, 1576). Zu empfehlen ist ausdrückliche Formulierung und textliche Absonderung. Jedenfalls muss wegen
§ 528 aus Ber- und Begründungsschrift zusammen Umfang und Ziel
des Rechtsmittels, nötigenfalls durch Auslegung, bestimmt zu entnehmen sein, sodass für BerGer und Gegner ohne weitere Klarstellung
ersichtlich ist, in welchen Grenzen das Urt angefochten bzw gem § 537
für vollstreckbar zu erklären ist (BGH NJW 87, 1335, FamRZ 98, 1576,
NJW-RR 99, 211). Lediglich der Antrag auf Aufhebung und Zurückverweisung genügt regelmäßig, weil mangels entgegenstehender Anhaltspunkte davon auszugehen ist, dass der BerKläger seinen Antrag
erster Instanz weiterverfolgt (BGH NJW-RR 95, 1154). Nur wenn er
Zurückverweisung um ihrer selbst willen ohne Angriff in der Sache
beantragt, fehlt die Beschwer (BGH NJW 94, 2835). Ziel des Antrags
muss Beseitigung der objektiven Beschwer sein, vgl 21 vor § 511. –
18 **Teilanfechtung** in Familiensachen vgl § 629a Abs 3. Ist der BerBegründung eindeutig zu entnehmen, dass der BerKl seinen proz Anspruch jedenfalls zu einem bestimmten Teil weiterverfolgen will, bleibt
die Ber in diesem Umfang zulässig, auch wenn wegen weitergehender
Ansprüche die BerAnträge unklar sind (BGH NJW 75, 2013). – Sind
19 die **Anträge nicht fristgerecht** angegeben, ist die Ber unzulässig.
Änderung, insbes Erweiterung der hinter der Beschwer durch das Erst-
Urt zurückbleibenden BerAnträge nach Fristablauf ist, soweit kein
Rechtsmittelverzicht erklärt war, im Rahmen der BerBegründung, dh
soweit keine neuen Gründe nachgeschoben werden müssen, zulässig
(BGH 12, 67, NJW 93, 269 für Anschlussberufung, NJW-RR 96, 690
für Revision), ohne dass die Erweiterung vorbehalten werden müsste

(BGH NJW-RR 98, 572), kann aber nicht eine ursprünglich nicht vorhandene Beschwer schaffen (21 vor § 511; § 511 Rn 12). Dies gilt auch für Rechtsmittel gegen VerbundUrt (BGH FamRZ 81, 946). Hamburg FamRZ 84, 706, Koblenz FamRZ 88, 302, FamRZ 88, 1072 halten in solchen Fällen Erweiterung auf Grund von Tatsachen, die nach Ablauf der Begründungsfrist neu entstanden sind und die eine Abänderungsklage rechtfertigen, im Verbundverfahren und UnterhaltsProz für zulässig. Wegen Beschränkung vgl auch § 516 Rn 3. Einen Teilbetrag kann der BerKl bis zum Schluss der mdl Vhdlg auf einzelne selbständige Ansprüche aufteilen (vgl § 253 Rn 9). – **Gilt nicht für Klageerweiterung** in der Berufungsinstanz. Anträge und Begründung hierfür richten sich nach §§ 525, 533, 264 Nr 2 (BGH NJW 92, 698).

Nr 2–4. Inhaltliche Begründung. Zweck des Begründungszwangs **20** ist, eine Zusammenfassung und Beschränkung des Rechtsstoffs zu erreichen (BGH NJW 99, 2435 u 3126). Der unterzeichnende RA muss sie nicht selbst verfassen, aber die volle Verantwortung für den Inhalt übernehmen. Das geschieht durch seine Unterschrift (BGH NJW 89, 3022). Jeder einschränkende Zusatz, zB „i. A." macht das Rechtsmittel unzulässig (BGH NJW 88, 210); ebenso wenn Form und Inhalt des Schriftsatzes das Fehlen einer eigenverantwortlichen Prüfung durch den RA klar erkennen lassen (BGH NJW 89, 394). Bei schriftsätzlicher Trennung von BerEinlegung und BerBegründung muss letztere zweifelsfrei erkennen lassen, welche von mehreren zwischen denselben Parteien eingelegten Ber begründet werden soll (BGH VersR 75, 473). – Der BerKl **21** kann die Ber auf **Angriffe gegen das Ersturteil,** dh gegen dessen rechtliche Würdigung oder tatsächliche Feststellungen stützen (Rn 22, 23, 25–34) und/oder (BGH NJW-RR 96, 891) auf **neue Angriffs- und Verteidigungsmittel** (Rn 24), die er in erster Instanz nicht vorgebracht hat. Die Begründung muss aber gerade die durch das Urteil 1. Instanz gegebene Beschwer angreifen (vgl 21 vor § 511).

a) Nr 2 verlangt Angabe der Rechtsverletzung (zum Begriff § 546 **22** Rn 1, 2), die zur inhaltlichen Unrichtigkeit des angefochtenen Urteils geführt hat. Das kann eine unrichtige Anwendung des materiellen Rechts oder ein Verfahrensfehler sein. Wird Verletzung von § 139 gerügt, muss angegeben werden, was BerKl bei gegebenem Hinweis vorgetragen hätte (BGH NJW-RR 88, 477). Für den Angriff wegen eines Verfahrensfehlers sind die verletzte Rechtsnorm und die Tatsachen, in denen die Verletzung liegen soll, zu benennen (BGH VerR 76, 727) Bei einem verspätet begründeten Urteil (§ 547 Rn 11) genügt Rüge dieses Umstands (BAG NJW 96, 1430).

b) Nr 3 ist abgestimmt mit § 529 Abs 1 Nr 1 und verlangt **konkrete 23 Angaben,** aus denen sich Unrichtigkeit oder Unvollständigkeit der Tatsachenfeststellungen in 1. Instanz ergeben. Die Angriffe gegen die Tatsachenfeststellungen müssen so vertieft sein, dass sie aus sich heraus solche Zweifel begründen, die eine ergänzende oder wiederholte Beweiserhebung notwendig erscheinen lassen. Dazu ist etwa erforderlich die Angabe, welche Tatsachenfeststellungen nicht stimmen und weshalb,

in welchen Punkten die Beweiswürdigung falsch ist und weshalb. Ein in
1. Instanz übergangener Beweisantrag muss ausdrücklich gerügt werden.

24   **c) Nr 4** fordert bei **neuen Angriffs- und Verteidigungsmitteln**
(§ 146 Rn 2) deren Angabe und die Darlegung der Umstände, die nach
§ 531 Abs 2 ihre Zulassung ermöglichen (vgl dort Rn 14–16). Klageänderung, Erweiterung oder Widerklage sind keine Anfechtung des Urt
(BGH NJW-RR 91, 1279), für das Vorbringen dazu gilt Abs 3 Nr 4
25   nicht (BGH NJW 94, 944); vgl § 533 Rn 14–17). – **Bei mehreren
Streitgegenständen** muss, soweit Abänderung beantragt ist, für jeden
einzelnen (BGH NJW 93, 3073, WM 97, 2353), **bei teilbarem Streitgegenstand** (§ 301 Rn 1) muss für alle angegriffenen Teile eine Begründung gegeben werden, außer die Entscheidung beruht auf einem
einheitlichen, allen Ansprüchen gemeinsamen Rechtsgrund; dann genügt, wenn die Berufungsbegründung nur diesen insgesamt angreift
(BGH NJW-RR 01, 789, NJW 01, 2464/2466). Andernfalls ist das
Rechtsmittel für den nicht begründeten Teil unzulässig (BGH NJW 90,
1184, NJW-RR 00, 1015); gilt auch für Hilfs- und Nebenanspruch, der
im Urt behandelt ist (BGH 22, 278, FamRZ 95, 1138). Erreicht der mit
Begründung versehene Teil die BerSumme (§ 511 Abs 2 Nr 1) nicht,
dann ist die ganze Ber unzulässig, sofern sie nicht gem § 511 Abs 2 Nr 2
26   zugelassen ist. – Hat **bei nur einem Streitgegenstand** die 1. Instanz
die Klage aus mehreren rechtlichen Gründen abgewiesen, so ist zu
bedenken, dass die Berufungsbegründung iF ihrer Richtigkeit geeignet
sein muss, den Entscheidungsgründen die Tragfähigkeit zu nehmen.
Deshalb ist zu unterscheiden: Ist die Klageabweisung auf die Verneinung
aller infragekommenden Anspruchsgrundlagen gestützt, so genügt zur
Zulässigkeit der Ber, dass sich die Begründung detailliert gegen die
Verneinung nur einer Anspruchsgrundlage wendet. Trägt dagegen in
den Entscheidungsgründen jede einzelne rechtliche Erwägung selbständig und unabhängig von den anderen die Klageabweisung, zB Verneinung des Anspruchsgrundes und Verjährung, so gehört zur Zulässigkeit
der Ber, dass sich die Begründung gegen jede dieser rechtlichen Erwägungen richtet (BGH NJW 98, 1081 u 3126, NJW-RR 00, 685, NJW
00, 947 für Revisionsbegründung). Haben die rechtlichen Erwägungen
für die Klageabweisung aber unterschiedliche Reichweite, zB fehlende
Fälligkeit und Verjährung der Klageforderung, reicht es zur Zulässigkeit,
wenn die BerBegründung nur die Verjährung angreift (BGH NJW 00,
590). Hat die 1. Instanz alle Verteidigungsmittel zurückgewiesen, so
reicht es aus, wenn der BerKl gezielte Anfechtungsgründe gegen eines
von ihnen geltend macht, im Übrigen auf sein Vorbringen in erster
Instanz verweist (BGH WM 92, 485). Der BerKl muss nicht zu allen für
ihn nachteilig beurteilten Streitpunkten Stellung nehmen. Die Ber ist
insgesamt zulässig, wenn sie zu einem den gesamten Streitgegenstand
betreffenden Punkt eine zulässige Begründung enthält, und eröffnet
dann uneingeschränkt die sachliche und rechtliche Prüfung des Kla-
27   geanspruchs (BGH NJW 94, 1656). – **Formalbegründungen** genügen
nicht (BGH NJW 95, 1559 und 1560), so: die Feststellungen seien

unrichtig (BGH NJW 97, 1787) oder Vorbringen sei nicht oder unrichtig gewürdigt worden; die Beweiswürdigung sei einseitig; die Rechtsansichten seien verfehlt; eine bestimmte Norm sei zu Unrecht (nicht)
angewendet worden; Bezugnahme auf „das gesamte erstinstanzliche Vorbringen" und Wiederholung unstreitiger Tatsachen (BGH NJW 00,
1576); antragswidrig seien Akten nicht beigezogen worden, aus denen
sich ein vollständiges Bild ergeben hätte (BGH LM Nr 24). – **Beschränkung** der Ber ist entsprechend der Erläuterung in § 543
Rn 8–10 zulässig (Müller-Rabe NJW 90, 283), Beschränkung auf ein
einzelnes Urteilselement, zB Verschulden, ist unzulässig weil nach hM
die Rechtsanwendung gerade nicht der Dispositionsfreiheit der Parteien
unterliegt (aA Grunsky ZZP 84, 129/148). Beschränkung auf den Ausspruch über die vorl Vollstreckbarkeit ist zulässig (vgl 16 vor § 708,
Nürnberg MDR 89, 363). – In **Ehesachen** (vgl 2–6 vor § 606) muss
ggf ersichtlich sein, dass die obsiegende Partei Aufhebung des Urt
erstrebt und die zur Aufrechterhaltung der Ehe nötigen Prozesserklärungen abgeben wird (BGH NJW 70, 46). – Ist im **Urkundenprozess** der
Bekl ohne Vorbehalt verurteilt, so genügt der als Widerspruch gegen
den Anspruch auszulegende BerAntrag; einer weiteren Begründung
bedarf es nicht, wenn der Bekl lediglich den Vorbehalt seiner Rechte
erreichen will (Hamm MDR 82, 415). – **Bezugnahme** auf andere
Schriftstücke ist **weitgehend unzulässig**. – **Beispiele:** Lediglich **Verweisung auf das Vorbringen in erster Instanz,** selbst wenn es nur
um eine einzelne Rechtsfrage geht (BGH NJW-RR 97, 866) und auf
das angefochtene Urt (BGH NJW 90, 2628); denn die Berufung eröffnet keine zweite Tatsacheninstanz mit voller Prüfung des Urteils der 1.
Instanz, sondern ist auf die Kontrolle und Behebung der gerügten
Mängel beschränkt. Bezugnahme auf übergangene Beweisangebote vgl 2
vor § 284. Die allgemeine Bezugnahme auf das Vorbringen in 1. Instanz
verpflichtet das BerGer nicht, die Akten darauf zu durchforsten, ob
sich in ihnen Vorbringen befindet, das zum Erfolg des Rechtsmittels
geeignet sein könnte (BGH 35, 106). – **Ferner unzulässig die Bezugnahme** auf einen abschriftlich beigefügten PKH-Antrag, den ein beim
BerGer nicht zugelassener RA unterzeichnet hat (BGH 7, 170 u NJW
81, 1620, unrichtig Rostock OLG-NL 97, 77); auf ein vom BerAnwalt
nicht unterzeichnetes Rechts- oder Sachverständigengutachten (BGH
VersR 63, 565); auf Schriftstücke der Partei selbst (BGH VersR 69, 617);
auf einen nicht vom BerAnwalt unterzeichneten Entwurf der Ber-
Begründung (BGH NJW 98, 1647), auf eine zu anderen Akten eingereichte BerBegründung, selbst bei demselben Spruchkörper, bei teilweiser Parteiidentität und Vertretung durch dieselben ProzBevollmächtigten (BGH VersR 77, 1004); auf einen in einem anderen Rechtsstreit
eingereichten Schriftsatz, außer er wird in beglaubigter Abschrift beigefügt (BGH VersR 85, 67). – In engen Grenzen ist **Bezugnahme
zulässig.** Bsp: Auf die ordnungsgemäße Begründung eines Streitgenossen (BGH NJW 93, 3333); auf die mitüberreichte beglaubigte Abschrift
einer BerBegründung in einem parallelen Arrestverfahren (BGH 13,

28

29

30

31

32

33

246); auf einen PKH-Antrag oder einen Einstellungsantrag des Ber-Anwalts in derselben Sache, der den Erfordernissen des § 520 entspricht, zu berücksichtigen auch ohne ausdrückliche Bezugnahme (BGH NJW-RR 89, 184, NJW 95, 2112), oder auf einen PKH bewilligenden Beschluss des BerGer (BGH NJW 93, 3333); auf eine Vielzahl von Urkunden als Anlage, in denen die Partei zur Aufrechnung gestellte Gegenforderungen übersichtlich geordnet belegt (BGH NJW 93, 1866). – **Verstoß:** Fehlen sowohl Gründe der Anfechtung wie neues Vorbringen innerhalb der Frist, ist die Ber unzulässig. Entspricht die Begründungsschrift den inhaltlichen Erfordernissen (Rn 22–30), so dürfen die Gründe auch nach Fristablauf ergänzt und geändert werden (RG 149, 205). Für die Zulassung neuen Vorbringens nach Ablauf der Begründungsfrist gilt § 530.

35 4. **Instruktioneller Inhalt.** – Nach **Abs 4 Nr 1** Angabe des BeschwWertes (§ 511 Rn 11) und nach **Abs 4 Nr 2** eine Äußerung, ob der Übertragung der Sache auf den alleinentscheidenden ER Gründe entgegenstehen (§ 526 Abs 1). Nachholung ist auch nach Fristablauf zulässig. – **Abs 5:** Allg Vorschriften über vorbereitende Schriftsätze vgl §§ 130 ff.

§ 521 Zustellung der Berufungsschrift und -begründung

(1) **Die Berufungsschrift und die Berufungsbegründung sind der Gegenpartei zuzustellen.**

(2) [1]**Der Vorsitzende oder das Berufungsgericht kann der Gegenpartei eine Frist zur schriftlichen Berufungserwiderung und dem Berufungskläger eine Frist zur schriftlichen Stellungnahme auf die Berufungserwiderung setzen.** [2]**§ 277 gilt entsprechend.**

1 Die **Zustellung** (Abs 1) hat informatorischen Charakter, für die Wirksamkeit der BerEinlegung und -begründung sind sie nicht Voraussetzung (BGH 65, 114), ihr Fehlen ist nach § 295 heilbar (BGH 50, 397). Zustellungsadressat ist der RA der 2. Instanz (§ 176), sonst der 1. Instanz (§ 210 a, entfällt ab 1. 7. 02), sonst die Partei selbst. Die Schriften sind, außer bei beschränkt eingelegter Ber, allen Streitgenossen auf der Gegenseite, zu deren Gunsten das Urt erging, bzw allen Streitgenossen auf der eigenen Seite, zu deren Ungunsten es erging, ferner den Streitgehilfen zuzustellen. Ausführung vAw (§ 166 Abs 2).

2 **Schriftsatzfristen** (Abs 2). – **a) Zur Erwiderung an Berufungsbeklagten** kann der Vorsitzende oder das Gericht (ER § 526) eine Frist setzen. Es gelten sinngem die Ausführungen zur Fristsetzung für die **3** Klageerwiderung in § 275 Rn 4. – **b) Zur Replik darauf an Berufungskläger** kann vor jedem Termin der Vorsitzende, im Termin das Gericht eine Frist setzen. Es gelten sinngem die Ausführungen in § 275 **4** Rn 8. – **c) Dauer.** § 277 Abs 3 gilt entsprechend. Änderung der Frist **5** vgl §§ 222 ff. – **d) Im Falle der Fristversäumung** gelten §§ 530, 296

Abs 1, 4. – **e) Inhalt der Schriftsätze.** Gem der Verweisung in Abs 2   **6**
S 2 gilt § 277 Abs 1 S 1, Abs 2, 4 entspr (vgl Rn dort).

§ 522 Zulässigkeitsprüfung; Zurückweisungsbeschluss

(1) [1]**Das Berufungsgericht hat von Amts wegen zu prüfen, ob
die Berufung an sich statthaft und ob sie in der gesetzlichen
Form und Frist eingelegt und begründet ist.** [2]**Mangelt es an
einem dieser Erfordernisse, so ist die Berufung als unzulässig zu
verwerfen.** [3]**Die Entscheidung kann durch Beschluss ergehen.**
[4]**Gegen den Beschluss findet die Rechtsbeschwerde statt.**

(2) [1]**Das Berufungsgericht weist die Berufung durch einstimmigen Beschluss unverzüglich zurück, wenn es davon überzeugt
ist, dass**
1. **die Berufung keine Aussicht auf Erfolg hat,**
2. **die Rechtssache keine grundsätzliche Bedeutung hat und**
3. **die Fortbildung des Rechts oder die Sicherung einer einheitlichen Rechtsprechung eine Entscheidung des Berufungsgerichts nicht erfordert.**
[2]**Das Berufungsgericht oder der Vorsitzende hat zuvor die Parteien auf die beabsichtigte Zurückweisung der Berufung und die
Gründe hierfür hinzuweisen und dem Berufungsführer binnen
einer zu bestimmenden Frist Gelegenheit zur Stellungnahme zu
geben.** [3]**Der Beschluss nach Satz 1 ist zu begründen, soweit die
Gründe für die Zurückweisung nicht bereits in dem Hinweis
nach Satz 2 enthalten sind.**

(3) **Der Beschluss nach Absatz 2 Satz 1 ist nicht anfechtbar.**

I. Zulässigkeitsprüfung (Abs 1)   **1**

1. Sie geschieht von Amts wegen (12 vor § 253; Beweislast beim
BerKläger) und stets vor der Prüfung der Begründetheit (12 vor § 511). –
Ihr **Umfang** ergibt sich aus 13–37 vor § 511. Eine negative Entscheidung kann nicht ergehen, solange Fehlendes noch fristgerecht ergänzt
werden kann. Fehlt eine Voraussetzung, so ist zu prüfen, ob die Ber –
ggf nach Umdeutung (BGH VersR 01, 730) – als unselbstständige
AnschlussBer zulässig (§ 524 Rn 5–11) ist oder noch eingelegt werden
kann (BGH NJW 96, 2659). Befugnis des vorbereitenden Einzelrichters
vgl § 527 Abs 4.

2. Entscheidung nur durch Kammer oder Senat (§ 523 Abs 1   **2**
S 1). Vor ihrem Erlass ist dem Rechtsmittelkläger rechtliches Gehör zu
gewähren (BGH NJW 94, 392). Zustellung der BerSchrift und Antragstellung sind nicht erforderlich (BGH ZIP 91, 42). – **a)** Die **Zulässig-**   **3**
keit der Berufung kann ausgesprochen werden **auf mündliche Verhandlung** in einem ZwischenUrt (§ 303) oder in den Gründen des
EndUrt; **ohne mündliche Verhandlung** durch Beschluss gem Abs 1
S 3: „Die Ber ist zulässig.“ Er steht einem ZwischenUrt gleich, das

Gericht ist also gem § 318 an ihn gebunden (BGH LM § 238 Nr 2,
StJGrunsky 34, MüKoRimmelspacher 13; aA BLAH 8), außer wenn die
4 Ber nach seinem Erlass unzulässig wird. – **Zwischenurteil oder Beschluss** empfehlen sich nur, wenn die Zulässigkeit zweifelhaft oder unter
den Parteien streitig ist. Sie können sich auf den jeweiligen Streitpunkt
beschränken, zB „die Berufungsfrist ist gewahrt". Wiedereinsetzung
5 gegen ihre Versäumung durch Beschluss vgl § 238 Rn 9. – **b)** Die
Unzulässigkeit der Berufung kann ausgesprochen werden **auf
mündliche Verhandlung** nur durch Endurteil. Es ist auch bei Säumnis
des BerKl ein streitiges Urt (12 vor § 330). Formel: „Die Ber wird
verworfen." Entscheidung nach Aktenlage ist jederzeit zulässig, weil mdl
Vhdl entbehrlich ist.

6 **Ohne mündliche Verhandlung** – früher kann eine solche zur Sache
bereits stattgefunden haben (BGH NJW 79, 1891) – nur durch Beschluss.
Wirksamwerden mit förmlicher Zustellung (§ 329 Abs 3). Ohne mdl
Vhdlg sollte nur entschieden werden, wenn die Unzulässigkeit klar und
eine Aussprache mit den Parteien überflüssig ist. Rechtliches Gehör ist vor
Erlass zu gewähren (BGH VersR 75, 899). Das Ger ist an den Beschluss
gebunden (BGH NJW-RR 95, 765), denn er vertritt ein Urt (§ 318) und
7 unterliegt der Rechtsbeschwerde (§ 574). – **Auch bei Tod eines Ehegatten** im Eheprozess nach Einlegung einer unzulässigen Ber ist diese zu
verwerfen, § 619 will nur ein Sachurteil in diesem Fall ausschließen (BGH
NJW 74, 368, im Ergebnis auch Grunsky ZZP 87, 347). – **c) Mehrfache
Berufungseinlegung** § 519 Rn 10–12.

8 **3. Rechtsmittel. – a) Wenn die Berufung für zulässig erklärt
ist, – aa) durch Zwischenurteil oder Beschluss:** Nachprüfung nur
9 auf zugelassene Revision gegen das EndUrt; – **bb) in den Gründen
des Endurteils** ausdrücklich oder stillschweigend: Revision nach allg
10 Regeln. – **b) Wenn die Berufung verworfen ist, – aa) durch Endurteil:** Wie Rn 9; – **bb) durch Beschluss:** Gem Abs 1 S 4 Rechts-
11 beschwerde nach allg Regeln (§ 574 Abs 1 Nr 1). – **c) Erneute Einlegung, Wiedereinsetzung.** In allen Fällen der Rn 10 bleibt möglich,
erneut fehlerfrei Ber einzulegen (BGH NJW-RR 99, 287, § 519 Rn 10)
oder gesondert, dh neben der Beschwerde gegen den Beschl nach Abs 1
(BGH NJW 68, 107), Wiedereinsetzung gegen Versäumung der BerFrist
zu beantragen. Die sie gewährende Entscheidung beseitigt die verwerfende Entscheidung ohne weiteres, es sei denn, dass die letztgenannte auf
einem anderen Grund als der Fristversäumung beruht (BGH 72, 1). Die
erneute Ber ist wegen entgegenstehender Rechtskraft unzulässig, sobald
eine frühere die Ber als unstatthaft (§§ 511, 514 Abs 2) verwerfende
Entscheidung Rechtskraft erlangt (§ 322 Rn 3). Ebenso eine erneute
auf den selben Sachverhalt gestützte Ber, die denselben Mangel enthält,
der der früheren Ber nach dem Inhalt der Verwerfungsentscheidung
12 anhaftete (BGH NJW 91, 1116). – **d) Das Berufungsgericht selbst**
kann den Verwerfungsbeschluss nicht ändern oder aufheben (BGH
NJW-RR 95, 765).

II. Zurückweisung durch Beschluss (Abs 2) 13

1. Allgemeines. Das in Abs 2 geregelte Beschlussverfahren soll das BerGer von unnötigen mündlichen Verhandlungen entlasten und zu schneller Rechtskraft bei offensichtlich aussichtslosen Berufungen führen. Weil der Beschluss nicht anfechtbar ist (Abs 3) und somit mit seinem Erlass zur Rechtskraft des angefochtenen Urt führt, steht der Erlass des Beschlusses nicht im Belieben des BerGer; bei Vorliegen der folgenden materiellen und Verfahrensvoraussetzungen **muss** durch Beschluss entschieden werden.

2. Materielle Voraussetzungen: – a) Die Berufung darf nach Über- 14
zeugung des BerGer **keine Aussicht auf Erfolg** haben. Keine der in § 529 genannten Prüfungspunkte darf die Möglichkeit eines vollen oder teilweisen Erfolgs eröffnen. Das ist regelmäßig zu verneinen bei PKH-Gewährung für den BerKl. – **b)** Es darf keine Rechtssache sein, die die 15
Zulassung der Rev rechtfertigt. Eine nach § 511 Abs 4 zugelassene Ber eignet sich nur ausnahmsweise für das Beschlussverfahren, etwa bei zwischenzeitlicher Klärung der die Zulassung begründenden Rechtsfrage.

3. Verfahrensvoraussetzungen: a) Das BerGer muss die Vorausset- 16
zungen von Rn 14 und 15 **einstimmig** bejahen. Damit scheidet für den ER das Beschlussverfahren aus. – **b)** Vor Erlass des Beschlusses ist die 17
Absicht dazu den Parteien mitzuteilen unter kurzer Darstellung der Gründe dafür. – **c)** Dem BerKl ist zugleich eine Frist zur Stellungnahme 18
zu setzen, die in Anlehnung an § 277 Abs 3 mindestens 2 Wochen betragen sollte. – **d)** Auf die Stellungnahme des BerKl muss der BerBekl 19
rechtl Gehör erhalten (Art 103 Abs 1 GG). – **e)** Dann erst kann der 20
Zurückweisungsbeschluss ergehen; er ist kurz zu begründen, wenn der Hinweis nicht begründet war. Bei Fehlerfreiheit des angefochtenen Urteils reicht Bezugnahme auf dessen UrtGründe.

4. Bei mehreren Streitgegenständen ist Teilzurückweisung der 21
Berufung nach Abs 2 zulässig; der Gesetzeswortlaut steht dem nicht entgegen.

5. Rechtsmittel sind gegen den Beschluss nach Abs 2 nicht gegeben 22
(Abs 3). Der Beschluss ist mit seinem Erlass rechtskräftig (§ 329 Rn 5). Überprüfung allenfalls auf Verfassungsbeschwerde durch das BVerfG.

§ 523 Terminsbestimmung

(1) ¹**Wird die Berufung nicht nach § 522 durch Beschluss ver-worfen oder zurückgewiesen, so entscheidet das Berufungs-gericht über die Übertragung des Rechtsstreits auf den Einzel-richter.** ²**Sodann ist unverzüglich Termin zur mündlichen Ver-handlung zu bestimmen.**

(2) **Auf die Frist, die zwischen dem Zeitpunkt der Bekannt-machung des Termins und der mündlichen Verhandlung liegen muss, ist § 274 Abs. 3 entsprechend anzuwenden.**

1   **1.** Ist die Berufung zulässig und nicht durch Beschluss zurückzuweisen (§ 522 Rn 13–21), hat das BerGer, also die Kammer od der Senat, zu entscheiden, ob die Sache dem entscheidenden (§ 526) oder dem vorbereitenden (§ 527) ER übertragen wird.

2   **2.** Die unverzügliche (§ 121 Abs 1 S 1 BGB) Terminsbestimmung geschieht durch den Vorsitzenden (§ 216 Abs 2) oder in den Fällen der §§ 526, 527 durch den ER.

3   **3.** Mit der Terminsbestimmung, bei der § 274 Abs 3 zu beachten ist, sind ggf gem §§ 139, 273, 358 a Hinweise zu geben und vorbereitende Anordnungen zu treffen.

§ 524 Anschlussberufung

(1) [1] **Der Berufungsbeklagte kann sich der Berufung anschließen.** [2] **Die Anschließung erfolgt durch Einreichung der Berufungsanschlussschrift bei dem Berufungsgericht.**

(2) [1] **Die Anschließung ist auch statthaft, wenn der Berufungsbeklagte auf die Berufung verzichtet hat oder die Berufungsfrist verstrichen ist.** [2] **Sie ist zulässig bis zum Ablauf eines Monats nach der Zustellung der Berufungsbegründungsschrift.**

(3) [1] **Die Anschlussberufung muss in der Anschlussschrift begründet werden.** [2] **Die Vorschriften des § 519 Abs. 2, 4 und des § 520 Abs. 3 sowie des § 521 gelten entsprechend.**

(4) **Die Anschließung verliert ihre Wirkung, wenn die Berufung zurückgenommen, verworfen oder durch Beschluss zurückgewiesen wird.**

1   **1.** Die **Anschließung** gibt es bei Ber, Rev (§ 554) und Beschwerde (§ 567 Abs 3). In Familiensachen vgl § 629 c S 2. Sie ist kein Rechtsmittel (BGH 37, 131). – **a) Wesen und Zweck.** Wenn ein Urt beide Parteien beschwert (16–32 vor § 511), können sie beide Ber einlegen. Das Verfahren bleibt einheitlich. Über die getrennten Ber darf idR durch TeilUrt (§ 301) entschieden werden. Statt des eigenen Rechtsmittels kann sich der BerBekl der vom Gegner eingelegten Ber unselbständig (Abs 4) anschließen. Er muss das tun, wenn er seinerseits im Ergebnis mehr erreichen will als die bloße Verwerfung oder Zurückweisung der gegnerischen Ber (BGH NJW 91, 3029), wenn also auch er eine Abänderung des ErstUrt zu seinen Gunsten erreichen will, zB Klageerweiterung, volle anstelle nur teilweiser oder nur derzeitiger (BGH ZZP 71,

2   120) Klageabweisung, Widerklage. – **Unnötig ist Anschlussberufung,** wenn der BerBekl lediglich eine Abänderung des Urt erreichen will, die kein Mehr darstellt (BGH MDR 78, 398 für Antrag auf Zahlung an Dritten statt an sich selbst; Grunsky ZZP 91, 316 hält hier AnschlussBer für nötig, weil diese Antragsänderung eine Klageänderung ist). Wenn er eine günstigere Kostenentscheidung begehrt oder Schadensersatzansprü-

3   che aus §§ 302 Abs 4, 600 Abs 2, 717 Abs 2, 3 stellt. – **b) Prozess-**

kostenhilfe, die dem BerBekl bewilligt ist, erstreckt sich nicht auf die Anschließung (§ 119 Rn 10). – **c)** Für die **Kosten** gilt die Anschließung 4 als selbständiges Rechtsmittel (§ 97 Rn 6). Besonderheiten bei Zurücknahme der HauptBer § 516 Rn 10, 11.

2. Zulässigkeitsvoraussetzungen für die Anschlussberufung. – 5 **a) Hauptberufung** muss **eingelegt** sein, die noch nicht als unzulässig verworfen, durch Beschluss zurückgewiesen (§ 522) oder zurückgenommen (§ 516) ist. Unkenntnis von der Zurücknahme ändert nichts an der Unzulässigkeit der Anschließung (BGH 17, 398). Anschließung des BerKl an die unselbstständige AnschlussBer des BerBekl ist unzulässig (BGH 88, 360), es handelt sich dann um Erweiterung der Hauptberufung.

b) Die AnschlussBer muss sich **gegen dasselbe Urteil** – nicht not- 6 wendig gegen den nämlichen Anspruch (aA für sozialger Verfahren BSG MDR 70, 271) – oder eine Vorentscheidung davon (§ 512) richten wie die HauptBer. Ist diese gegen das SchlussUrt eingelegt, kann sich die AnschlussBer nicht gegen ein vorausgegangenes Teil-, Grund- oder selbstständig anfechtbares ZwischenUrt (§ 280) richten. Ebenso ist sie unzulässig lediglich zur Abänderung der Gründe (BGH NJW 58, 868).

c) Berechtigt zur Anschließung ist nur der BerBekl oder sein 7 Streitgehilfe (§ 67), nicht ein Beteiligter, der nur in erster Instanz Partei war, gegen den aber keine HauptBer eingelegt ist (BGH NJW 91, 2569). – **Gegner** kann nur sein der BerKl (BGH NJW 91, 2569) oder 8 sein notwendiger Streitgenosse, der gem § 62 Rn 25 Partei in zweiter Instanz geworden ist. Hat bei einfacher Streitgenossenschaft ein verurteilter Bekl Ber eingelegt, so kann sich nicht der Kl anschließen mit dem Ziel, die Verurteilung auch der übrigen Bekl zu erreichen, gegen die die Klage abgewiesen wurde (BGH-VersR 95, 65). Hier hilft nur HauptBer. Gegen einen anderen als den BerKl kann auch dann die AnschlussBer nicht gerichtet werden, wenn die Voraussetzungen einer gewillkürten Parteiänderung in der BerInstanz (23 vor § 50) vorliegen (BGH NJW-RR 91, 510; aA Rosenberg ZZP 68, 1) oder die Parteierweiterung in 1. Instanz wegen unterbliebener Zustellung gescheitert ist (BGH NJW-RR 00, 1114). Ebenso kann sie nicht gegen einen Streithelfer der Vorinstanz gerichtet werden (BGH NJW 95, 198).

d) Auf die Anschließung darf **nicht verzichtet** worden sein (analog 9 § 515).

e) Erklärung der Anschließung. – aa) Zeitpunkt: ein Monat 10 nach Zustellung der Begründungsschrift für die HauptBer (Abs 2 S 2); im Verbundverfahren § 629a Abs 3. – Die **Form** entspricht der der BerEinlegung (Abs 3 S 2). Es gilt das in § 519 Rn 2 Gesagte. – **bb)** Der 11 **Inhalt der Schrift** (Abs 3 S 2) entspricht dem der BerSchrift. Es gilt sinngem das in § 519 Rn 13–17 Gesagte. Ausreichend und notwendig ist die zweifelsfreie Erklärung, dass der BerBekl ebenfalls eine Abänderung des Urt erreichen will, iF der Klageabweisung auf Grund Hilfsaufrechnung, dass sich der BerBekl durch das Urt beschwert fühlt und deshalb durch eigenen Angriff den Streitgegenstand in der BerInstanz

12 erweitert (BGH NJW 90, 447). – **Bedingte Anschließung** ist zulässig,
wenn die Bedingung ein innerprozessualer Vorgang (Einl III Rn 14) ist,
zB Anschließung für den Fall, dass dem Hauptantrag auf Zurückweisung
der Ber nicht entsprochen wird (BGH NJW-RR 86, 874) oder dass
sonst eine bestimmte Entscheidung des Ger ergeht (BGH NJW 84,
1240: falls Ger vollen Erfüllungsanspruch für berechtigt hält) oder dass
die gegen die Abweisung des Hauptantrags gerichtete Hauptberufung
ohne Erfolg ist (BGH NJW 01, 1127/1131). Unzulässig ist Hilfs-
anschlussberufung des Kl für den Fall, dass der Klageanspruch seines
einfachen Streitgenossen auf die Berufung abgewiesen wird (BGH WM
89, 997). Die Schrift darf den Anschluss vorbehalten, der Vorbehalt kann
in mdl Vhdlg aufgegeben werden (BGH 33, 169/174; ablehnend Baur
13 ZZP 74, 209). – **cc)** Für die **Zustellung** der Anschlussschrift (Abs 3
14 S 2) gilt § 521. – **dd)** Die **Rechtshängigkeit** eines neu erhobenen
Anspruchs (Rn 17) richtet sich nach § 261 Abs 2.
15   **f) Begründung** ist ebenfalls Zulässigkeitsvoraussetzung der An-
16 schlussBer. Sie muss in der Anschlussschrift geschehen. – **Inhalt.** Es gilt
sinngem das in § 520 Rn 17 ff Gesagte mit folgender Abweichung: Zur
Zulässigkeit der Anschließung sind einzelne Anfechtungsgründe und
neues Vorbringen nur insoweit nötig, als das Urt angegriffen wird (BGH
FamRZ 95, 1138), nicht aber, soweit neue Anträge (Rn 11) gestellt
werden (RG 153, 104); außerdem nicht, wenn sich die Anschließung
auf einen Punkt bezieht, der den Parteien nach Umfang und Bedeutung
bekannt und mit ihnen erörtert ist (BGH NJW 95, 1560).

17   **3. Weitere Zulässigkeitsvoraussetzungen bestehen nicht.** Insbes
ist keine Beschwer erforderlich (BGH ZZP 89, 199). Anschließen kann
sich also der in erster Instanz siegreiche Kl ausschließlich zum Zwecke
der Klageerweiterung (BSG JZ 66, 532), der siegreiche Bekl ausschließlich zur Erhebung der Widerklage. Die Anschließung kann gerichtet
sein auf eine Abänderung des ErstUrt lediglich im Ausspruch über die
Kosten (BGH 17, 392) oder die vorl Vollstreckbarkeit (KG NJW 61,
2357). Auch die BerSumme (BGH 4, 229) oder eine Zulassung (§ 511
Abs 2) ist nicht erforderlich. Bei nur beschränkt zugelassener Ber (§ 511
Rn 23) ist Anschließung auf einen von der Zulassung nicht erfasster Teil
des Streitgegenstands unzulässig (BGH NJW 95, 2034/2036). Verzicht
auf eigene HauptBer (§ 515), Verwerfung oder Zurücknahme einer
früheren eigenen HauptBer machen die Anschließung nicht unzulässig
(Stuttgart NJW 60, 1161). Anders bei früherer Zurückweisung als unbegründet, weil der Anschließung dann anderweitige Rechtshängigkeit
oder Rechtskraft entgegensteht, außer wenn sie einen anderen Anspruch
betrifft; fehlt es in der Begründung der AnschlussBer am Vortrag entspr
Tatsachen, ist sie unzulässig (BGH NJW 61, 1813).

18   **4. Zulässigkeitsprüfung.** Es gilt § 522 Abs 1 (BGH ZIP 91, 42).
Zeitpunkt der Entscheidung Rn 23. Ein Beschluss, der die Anschlussberufung für wirkungslos erklärt, steht ihrer Verwerfung gleich und ist
mit Rechtsbeschwerde anfechtbar (BGH MDR 85, 125).

5. Die Anschließung verliert ihre Wirkung (Abs 4), ohne dass ein 19 deklaratorischer Ausspruch vom Anschlussberufungskläger mit Revision angefochten werden kann (BGH NJW 98, 2224), – **a)** wenn die **Hauptberufung zurückgenommen** (§ 516) oder auf sie verzichtet (§ 515) ist (München VersR 68, 1072). So auch, wenn sie vor der Anschließung zurückgenommen wurde und AnschlussBerKl davon keine Kenntnis hatte (BGH 17, 398). Gilt nicht bei Erledigterklärung (BGH NJW 86, 852; aA München MDR 84, 320, Habscheid und Lindacher NJW 64, 2395). Rücknahme der restlichen Hauptberufung nach Erlass eines positiven oder negativen Teilurteils über sie führt nicht zur Unwirksamkeit der Anschließung (Celle NJW-RR 86, 357), – **b)** wenn die **Hauptberufung als unzulässig verworfen** oder durch Beschluss als unbegründet zurückgewiesen wird (§ 522 Abs 1, 2). – **c) Analog** gilt Abs 4 21 bei Klagerücknahme, Klageverzicht und bei ProzVergleich über die Hauptsache (BAG NJW 76, 2143), weil auch da eine Entscheidung über die HauptBer nicht mehr möglich ist. – **d) Verwerfung der Anschluss-** 22 **berufung ist nötig** iF ihrer Unzulässigkeit (Zeitpunkt vgl § 521 Rn 13), selbst wenn sie nicht zugestellt worden ist und der AnschlussBerKläger in der mdl Vhdlg keinen Antrag gestellt hat (BGH WM 91, 383); außerdem wenn der BerBekl sie nach wirksamer Rücknahme der Hauptberufung weiterverfolgt (BGH NJW 00, 3215). – **e) Kosten** vgl § 515 R n 10, 11.

6. Entscheidung. – a) Zeitpunkt. Wegen Abs 4 kann vor der Ent- 23 scheidung über die HauptBer nicht durch TeilUrt über die AnschlussBer entschieden werden (BGH 20, 312), weder sachlich noch Verwerfung als unzulässig (BGH NJW 94, 2235). – **b) Fassung der Formel** wie bei 24 der Ber (38–48 vor § 511). Die Aufhebung des angefochtenen Urt kommt nicht in Betracht, soweit die Anschließung nicht das Urt bekämpft, sondern neue Ansprüche geltend macht.

7. Zurückweisung verspäteten Vorbringens. – a) Neue prozes- 25 **suale Ansprüche** und das tatsächliche Vorbringen dazu können nicht zurückgewiesen werden. Widerklage und Aufrechnung vgl § 533. – **b) Unselbstständige Angriffs- und Verteidigungsmittel** (Behaupten, 26 Bestreiten, BewMittel) und das tatsächliche Vorbringen dazu müssen bei Vorliegen der Voraussetzungen des § 531 Abs 2 zurückgewiesen werden.

§ 525 Allgemeine Verfahrensgrundsätze

¹ **Auf das weitere Verfahren sind die im ersten Rechtszuge für das Verfahren vor den Landgerichten geltenden Vorschriften entsprechend anzuwenden, soweit sich nicht Abweichungen aus den Vorschriften dieses Abschnitts ergeben.** ² **Einer Güteverhandlung bedarf es nicht.**

1. Die entspr anzuwendenden Vorschriften finden sich vorwiegend, 1 aber nicht ausschließlich in §§ 253–494. Eine Verurteilung nach § 510 b ist auch in zweiter Instanz möglich. Das erste Buch gilt unmittelbar im BerVerfahren.

2   **2.** Eine eigene Güteverhandlung nach § 278 Abs 2 ist nicht erforderlich; § 278 Abs 1 gilt aber auch im Berufungsverfahren.

§ 526 Entscheidender Richter

(1) **Das Berufungsgericht kann durch Beschluss den Rechtsstreit einem seiner Mitglieder als Einzelrichter zur Entscheidung
übertragen wenn**
1. **die angefochtene Entscheidung von einem Einzelrichter erlassen wurde,**
2. **die Sache keine besonderen Schwierigkeiten tatsächlicher
oder rechtlicher Art aufweist,**
3. **die Rechtssache keine grundsätzliche Bedeutung hat und**
4. **nicht bereits im Haupttermin zur Hauptsache verhandelt worden ist, es sei denn, dass inzwischen ein Vorbehalts-, Teil-
oder Zwischenurteil ergangen ist.**

(2) [1]**Der Einzelrichter legt den Rechtsstreit dem Berufungsgericht zur Entscheidung über eine Übernahme vor, wenn**
1. **sich aus einer wesentlichen Änderung der Prozesslage besondere tatsächliche oder rechtliche Schwierigkeiten der Sache
oder die grundsätzliche Bedeutung der Rechtssache ergeben
oder**
2. **die Parteien dies übereinstimmend beantragen.**
[2]**Das Berufungsgericht übernimmt den Rechtsstreit, wenn die
Voraussetzungen nach Satz 1 Nr. 1 vorliegen.** [3]**Es entscheidet
hierüber nach Anhörung der Parteien durch Beschluss.** [4]**Eine
erneute Übertragung auf den Einzelrichter ist ausgeschlossen.**

(3) **Auf eine erfolgte oder unterlassene Übertragung, Vorlage
oder Übernahme kann ein Rechtsmittel nicht gestützt werden.**

(4) **In Sachen der Kammer für Handelssachen kann Einzelrichter nur der Vorsitzende sein.**

1   **1. Geltungsbereich, Stellung des Einzelrichters.** § 526 betrifft
den alleinentscheidenden ER in der Berufungsinstanz. KfH als Berufungsgericht Abs 4, Arbeitsgericht § 55 ArbGG. In der Revisionsinstanz
2   gibt es keinen ER, § 555 Abs 2. – Von seiner Bestellung bis zur Beendigung der Instanz (Abs 1) bzw bis zur Übernahme durch das Kollegium
(Abs 2) ist der ER das **Prozessgericht**. Er vereinigt die Funktionen des
Kollegiums und des Vorsitzenden, die während der Dauer des Verfahrens
vor dem ER von jeder Prozessleitung und Entscheidung ausgeschaltet
sind. Nach der wirksamen Übertragung der Sache auf ihn beruhen seine
Befugnisse auf Gesetz und sind nicht beschränkbar, er ist der gesetzliche
Richter iS des Art 101 Abs 1 S 2 GG. Entscheidung durch das Kollegium, auch über ein Ablehnungsgesuch gegen einen Sachverständigen,
begründet Rechtsmittel, auch wenn der ER an der Entscheidung durch
das Kollegium mitgewirkt hat (München MDR 83, 498). Die Stellung
des ER ist also eine andere als die des vorbereitenden ER (§ 527).

Beauftragt das Kollegium im Beweisbeschluss den Berichterstatter mit der Beweiserhebung „als ER", so erhält er dadurch nicht die Stellung eines entscheidenden ER, sondern nur die des vorbereitenden ER (BGH NJW 00, 2024).

2. Übertragung auf den Einzelrichter. – a) Zuständig ist das **3** Kollegium, nicht der Vorsitzende. Die Bestimmung des ER aus den Mitgliedern des Kollegiums, einschließlich des Vorsitzenden, geschieht durch den Geschäftsverteilungsbeschluss des Spruchkörpers (§ 21 g Abs 3 GVG); bei der KfH kann nur der Vorsitzende ER sein. Der ER selbst ist für den Übertragungsbeschluss unzuständig. Mängel sind nicht heilbar durch Rügeverzicht, weil es um die vorschriftsmäßige Besetzung des Gerichts und damit um den gesetzlichen Richter geht (BGH NJW 93, 600). – **b) Verfahren.** Da die Parteien sich gem § 520 Abs 4 Nr 2 **4** zur Frage der Übertragung äußern können, ist zur Übertragung weder eine mündliche Verhandlung noch eine weitere Anhörung der Parteien erforderlich (§ 128 Abs 4). Ebensowenig ist ein Recht der Parteien auf Übertragung vorgesehen; sie geschieht im Interesse der Rechtspflege. – **c) Die Entscheidung,** dass der Rechtsstreit einem ER übertragen **5** wird, ergeht nach pflichtgemäßem Ermessen. Der Beschluss bedarf keiner Begründung, außer wenn sich eine Partei der Übertragung widersetzt (Seidel ZZP 99, 64). – **d)** Die **Übertragung** ist **ausgeschlossen 6** gem Abs 1 Nr 1–4 und Abs 2 S 4 in folgenden Fällen: – **aa) Bei Erlass** der angefochtenen Entscheidung durch die **Zivilkammer oder die volle KfH. – bb) Bei besonderen Schwierigkeiten** tatsächlicher oder **7** rechtlicher Art. Das Adjektiv „besondere" zeigt, dass sie erheblich über dem durchschnittlichen Grad liegen müssen. Darunter kann zB fallen ein in seinen wirtschaftlichen, technischen, wissenschaftlichen Zusammenhängen auffallend schwer überschaubarer und schwer verständlicher Sachverhalt, insbes wenn voraussichtlich eine Beweisaufnahme nötig wird, die zur Würdigung widersprüchlicher Aussagen oder Gutachten führen kann wie etwa im Arzthaftungsprozess (BGH NJW 94, 801), oder die Lösung ganz ausgefallener oder sehr komplizierter Rechtsfragen, zumal wenn sie in Rechtsprechung und Schrifttum noch wenig erörtert sind. Übertragung unter Verstoß gegen Abs 1 ist Verfahrensfehler, durch Rügeverzicht nicht heilbar, weil es um den gesetzlichen Richter geht (Nürnberg OLGZ 93, 197). – **cc) Bei grundsätzlicher 8 Bedeutung der Rechtssache.** Begriff § 511 Rn 20. – **dd) Nach dem 9 Haupttermin** vor dem Kollegium, in dem zur Hauptsache verhandelt wurde (§ 39 Rn 5–7), was bei Säumnis einer Partei nicht der Fall war. Übertragung ist wieder zulässig, wenn durch Vorbehalts-, Teil- oder Zwischenurteil eine teilweise oder eine Vorentscheidung bereits gefallen und der Prozess dadurch in eine neue Phase getreten ist. Übertragung entgegen Abs 1 Nr 4 ist ein Verfahrensfehler, der, weil es sich um den ges Richter handelt (Brandenburg NJW-RR 00, 1338), nicht gemäß § 295 heilt (Köln VersR 95, 435) und wegen Abs 3 nicht überprüfbar ist. – **ee) Nach Rückübernahme** des Rechtsstreits durch das Kolle- **10**

11 gium (Abs 2 S 4). – **e) Rechtsmittel.** Die Entscheidung ist **unan-fechtbar,** auch wenn sie unter Verstoß gegen Abs 1 ergangen ist (Düsseldorf NJW 81, 352). Gegen die Übertragung auf den ER gibt es keine Beschwerde (Abs 3) außer bei greifbarer Gesetzwidrigkeit (§ 567 Rn 7–10).

12   **3. Befugnisse des Einzelrichters. – a) Grundsatz: Entschei-dung.** Ist eine Sache auf ihn übertragen, so hat er die volle Stellung des Prozessgerichts. Er muss also die Sache, gleichgültig ob vermögensrecht-lich oder nicht, bis zur Beendigung der Instanz führen und ggf die Endentscheidung erlassen. Auch für danach noch nötig werdende Ent-scheidungen, zB Streitwertfestsetzung, über Kosten, Gebühren, Auslagen, Ergänzungsurteil, Einstellung der ZwVollstr nach §§ 707, 719, Einwen-dungen gegen Erteilung der VollstrKlausel bleibt er zuständig (Koblenz MDR 78, 851, Hamm MDR 93, 384). „Rechtsstreit" in Abs 1 ist nicht auf Verfahren mit notwendiger mündlicher Verhandlung beschränkt, darunter fallen auch andere, zB Arrest-, einstw Verfügungs-, Prozesskos-tenhilfeverfahren. Diese Auslegung lässt der Schluss vom Mehr auf das **13** Weniger und § 349 Abs 2 Nr 7, 9–12 zu. – **b) Ausnahme: Rückübernahme.** Der ER muss die Sache unter den Voraussetzungen des Abs 2 Nr 1 oder 2 auf das Kollegium zurückübertragen. Grundsätzliche Bedeu-tung umfasst hier die Fälle von § 511 Rn 19, 20 (amtl Begründung, BT-Drucks 14/4722 S 99). Nötig ist eine wesentliche Änderung der Prozesslage, zB infolge Klageänderung oder Erhebung einer Widerklage. Ausreichend auch das nachträgliche Auftauchen besonderer tatsächlicher oder rechtlicher Schwierigkeiten oder der übereinstimmende Antrag der Parteien. Der ER legt den Rechtsstreit dem Kollegium vor, dieses ent-scheidet nach Anhörung der Parteien ohne mdl Vhdlg (§ 128 Abs 4). Wenn das Kollegium den Rechtsstreit übernimmt, darf es die Sache nicht **14** erneut auf den ER übertragen (Abs 2 S 4). – **Verstoß.** Rückübernahme außerhalb des Abs 2 S 1, 2 ist ein durch Rügeverzicht nicht heilbarer Verfahrensfehler, weil es um den gesetzlichen Richter geht (BGH NJW 93, 600, Jena MDR 99, 501). Auch die Rückübernahme und ihr Unterbleiben sind nach Abs 3 grundsätzlich unanfechtbar; anders, wenn der Rückübernahme jede gesetzliche Grundlage fehlt

15   **4.** Wenn das **Kollegium** die Sache **nicht** auf den entscheidenden ER **überträgt,** bleibt noch die Möglichkeit der Übertragung auf den vor-bereitenden ER nach § 527.

§ 527 Vorbereitender Einzelrichter

(1) [1]**Wird der Rechtsstreit nicht nach § 526 dem Einzelrichter übertragen, kann das Berufungsgericht die Sache einem seiner Mitglieder als Einzelrichter zur Vorbereitung der Entscheidung zuweisen.** [2]**In der Kammer für Handelssachen ist Einzelrichter der Vorsitzende; außerhalb der mündlichen Verhandlung bedarf es einer Zuweisung nicht.**

(2) [1]Der Einzelrichter hat die Sache so weit zu fördern, dass sie in einer mündlichen Verhandlung vor dem Berufungsgericht erledigt werden kann. [2]Er kann zu diesem Zweck einzelne Beweise erheben, soweit dies zur Vereinfachung der Verhandlung vor dem Berufungsgericht wünschenswert und von vornherein anzunehmen ist, dass das Berufungsgericht das Beweisergebnis auch ohne unmittelbaren Eindruck von dem Verlauf der Beweisaufnahme sachgemäß zu würdigen vermag.

(3) Der Einzelrichter entscheidet
1. bei Zurücknahme der Klage oder der Berufung, Verzicht auf den geltend gemachten Anspruch oder Anerkenntnis des Anspruchs;
2. bei Säumnis einer Partei oder beider Parteien;
3. über die Verpflichtung, die Prozesskosten zu tragen, sofern nicht das Berufungsgericht gleichzeitig mit der Hauptsache hierüber entscheidet;
4. über den Wert des Streitgegenstandes;
5. über Kosten, Gebühren und Auslagen.

(4) Im Einverständnis der Parteien kann der Einzelrichter auch im Übrigen entscheiden.

1. Geltungsbereich, Stellung des Einzelrichters. § 527 regelt die 1 Stellung und die Befugnisse des vorbereitenden ER beim Berufungsgericht (OLG, LG-Zivilkammer und KfH). Er gilt nicht im Verfahren vor dem Baulandsenat (BGH 86, 104) und im arbeitsgerichtlichen Ber-Verfahren, § 64 Abs 6 S 2 ArbGG. In erster Instanz gelten für die Zivilkammer §§ 348, 348 a, für die KfH § 349. In der Revisionsinstanz gibt es keinen ER, § 555 Abs 2. Für Beschwerdeverfahren gilt § 524 nach seiner systematischen Stellung im Abschnitt 1 des Buches 3 nicht, sondern § 568. Für die prozessuale Stellung des ER gilt das in § 349 Rn 3–5 Gesagte.

2. Zuweisung an den Einzelrichter durch Beschluss des Kollegiums 2 (Abs 1 S 1). Die Bestimmung des ER geschieht durch den Geschäftsverteilungsbeschluss des Spruchkörpers (§ 21 g Abs 3 GVG). ER kann in der KfH nur der Vorsitzende(Abs 1 S 2), sonst jedes Mitglied des Kollegiums sein (Abs 1 S 1). Zur Zuweisung ist weder mdl Vhdlg noch Anhörung der Parteien erforderlich. Sie steht im Ermessen des Spruchkörpers. Rechtsmittel gibt es weder gegen die Zuweisung noch gegen ihr Unterbleiben. Es gelten sinngemäß die Ausführungen in § 526 Rn 11.

3. Die Befugnisse des Einzelrichters beim Berufungsgericht lie- 3 gen in der Vorbereitung (Abs 2), im Erlass gewisser Entscheidungen (Abs 3) und im Erlass der Endentscheidung bei Einverständnis (Abs 4). –
a) Für die **vorbereitende Tätigkeit** gilt das in § 349 Rn 4 Gesagte, für 4 die Beweiserhebung mit den folgenden Abweichungen: Der ER darf nur einzelne Beweise erheben, also zB in Arztprozessen nicht die gesamte umfangreiche Beweisaufnahme durchführen (BGH NJW 94,

801). Für die Entscheidung besonders wichtige Beweise hat das volle
Kollegium zu erheben. Auch einzelne Beweise darf der ER nur erheben,
wenn im Zeitpunkt der Beweisanordnung die beiden zwingenden einschränkenden Voraussetzungen in Abs 2 S 2 Hs 2 erfüllt sind; vgl § 375
Rn 6. Ist die Sache zur Schlussverhandlung reif, legt sie der ER dem
5 Kollegium vor; der Vorsitzende bestimmt Termin. – **b) Beschränkte
Entscheidungsbefugnisse.** Abs 3 überträgt im Interesse einer zügigen
Prozessabwicklung dem ER die Befugnis zum Erlass der dort genannten
weniger weitreichenden Entscheidungen, ohne dass dazu das Einver-
6 ständnis der Parteien nötig ist. – **Nr 1** entspricht § 349 Abs 2 Nr 4, vgl
dort Rn 9; außerdem die Beschlüsse nach § 516 Abs 3 S 2 nach Beru-
7 fungszurücknahme. – **Nrn 2, 4, 5** entsprechen § 349 Abs 2 Nr 5, 11,
8 12; vgl dort Rn 10, 16, 17. – **Nr 3** ermächtigt den vorbereitenden ER
zu isolierten Kostenentscheidungen, etwa nach §§ 91a, 98 (vgl dort
Rn 4), 93, wenn das Kollegium AnerkenntnisUrt nur zur Hauptsache
9 erlassen hat. – **c) Unbeschränkte Entscheidungsbefugnis.** Abs 4 entspricht § 349 Abs 3; vgl dort Rn 18. Nach dem Gesetz ist es nicht
ausgeschlossen, dass über die Berufung gegen ein vom Kollegium erlassenes Urteil erster Instanz ein ER entscheidet. Wünschenswert ist dies
jedoch nicht. Erklären dennoch in einem solchen Fall die Parteien ihr
Einverständnis, so sollte der ER, der daran nicht gebunden ist, von
Alleinentscheidung absehen und die Sache dem Kollegium vorlegen.

§ 528 Bindung an die Berufungsanträge

[1]Der Prüfung und Entscheidung des Berufungsgerichts unterliegen nur die Berufungsanträge. [2]Das Urteil des ersten Rechtszuges darf nur insoweit abgeändert werden, als eine Abänderung
beantragt ist.

1   **1.** Der Rechtsstreit fällt nach **Satz 1** der BerInstanz an in den **Grenzen der Anträge** (§ 520 Rn 17–19), die in mdl Vhdlg gestellt wurden
(§ 297). Gegenstand der Vhdlg ist in diesem Rahmen eine Erörterung
der gerügten Mängel des angefochtenen Urt einschl des Verfahrens
(§§ 520 Abs 3 S 2 Nrn 2, 3, 529 Abs 1 Nr 1 u Abs 2) und vorausge-
gangener Entscheidungen (§ 512), ferner das zulässige neue Vorbringen
(§§ 530, 531 Abs 2). Beschränkung des Streitstoffes auf einzelne Urteilselemente vgl § 520 Rn 26.

2   **2. Satz 2** setzt voraus, dass die Ber zulässig und mindestens teilweise
begründet ist und erlaubt eine Änderung des ErstUrt nur in den Grenzen, in denen der Rechtsstreit der 2. Instanz angefallen ist. Sie werden
bestimmt durch die zuletzt gestellten (§ 297) Ber- und Anschließungsanträge. Bei einer wirksamen Beschränkung der Ber (§ 520 Rn 28,
§ 543 Rn 9) auf die Aufrechnungsforderung darf das BerGer die Klageforderung nicht überprüfen (BGH NJW-RR 01, 1572). Ausgenommen
ist wegen § 308 Abs 2 die Kostenentscheidung, auch hinsichtlich eines
am BerVerfahren nicht mehr beteiligten Streitgenossen (BGH NJW 81,

2360). Im Rechtsmittelverfahren über den öffentlichrechtlichen Versorgungsausgleich gilt § 528 S 2 außer iF der beschränkten Rechtsmitteleinlegung bei Teilbarkeit des Verfahrensgegenstandes nicht (BGH NJW 84, 2879).

3. Die Grenzen der Abänderung gelten auch, wenn das BerGer **3** nicht selbst in der Sache entscheidet, sondern aufhebt und zurückverweist (Oldenburg NdsRpfl 84, 144, RoSchw/Gottwald § 140 II 2 g). – **a) Bindung an die Berufungsanträge.** Das Ger darf nicht mehr und nichts anderes zusprechen als der BerKläger beantragt hat. Es gilt § 308 Rn 2. – **b) Verbot der Schlechterstellung.** Das Ger darf das ErstUrt **4** nicht zum Nachteil des BerKl abändern, außer auf AnschlussBer (§ 524). Gilt auch für Anspruch auf Versorgungsausgleich (BGH 85, 180). Was das angefochtene Urt rechtskraftfähig zuerkannt hat, darf das BerUrt auf die Ber des BerKl nicht aberkennen. Schlimmstenfalls riskiert der BerKl die Zurückweisung des Rechtsmittels. Eine Abänderung lediglich der rechtlichen Begründung verbietet § 528 S 2 nicht. – **Beispiele für 5 unstatthafte Schlechterstellung** des BerKl: Hat das ErstUrt der Klage teilweise stattgegeben, darf sie auf die Ber des Kl nicht ganz abgewiesen, auf Ber des Bekl dem Kl nicht mehr zugesprochen werden (RG 161, 171); ist der Bekl zur Leistung Zug um Zug verurteilt, kann auf Ber des Kl nicht die Klage abgewiesen, der Bekl auf seine Ber nicht unbedingt verurteilt werden; ist die Klage wegen Hilfsaufrechnung mit einer Gegenforderung abgewiesen, kann auf Ber nur des Kl die Begründetheit der Klageforderung selbst nicht mehr geprüft werden, auch nicht auf Revision des durch das BerUrt beschwerten Bekl (BGH NJW-RR 95, 240). Dies kann der Bekl nur auf eigene oder AnschlussBer erreichen (BGH 109, 179). Ist bei unstreitiger Klageforderung die Aufrechnungsforderung für teilweise begründet erachtet, kann sie auf Ber des Aufrechnenden nicht für unbegründet oder in geringerer Höhe begründet erklärt werden (BGH 36, 16). – **Bei Verstoß gegen zwingende Ver- 6 fahrensvorschriften:** Legt nur der Kläger iF teilweisen Obsiegens gegen die Teilabweisung Ber ein, so ist streitig, ob das BerGer wegen Fehlens einer unverzichtbaren ProzVoraussetzung aufheben und die Klage ganz abweisen darf (nein: Oldenburg NdsRpfl 84, 144, RoSchw/ Gottwald § 140 II 2 d, StJGrunsky 6, MuBall 7; ja: BGH 18, 198, Köln NJW 67, 114, Bötticher ZZP 65, 467; offengelassen BGH NJW 70, 1683). Hat das BerGer unter Verstoß gegen zwingende Verfahrensvorschriften der Ber teilweise stattgegeben, so ist, wenn der BerKl Revision einlegt, abzuwägen, ob der Beachtung zwingender Verfahrensvorschriften gegenüber dem Verbot der Schlechterstellung Vorrang einzuräumen ist. Das ist nur dann der Fall, wenn der verletzten Norm größeres Gewicht beizumessen ist als dem Verbot der Schlechterstellung (BGH NJW 86, 1494 für Rechtsbeschwerde im Versorgungsausgleichsverfahren: Verbot der Schlechterstellung bejaht). – **c) Verstöße** hat das **7** RevGericht auch ohne Rüge bei zulässiger Revision vAw zu berücksichtigen (BGH 36, 316/319 und § 308 Rn 5).

8 **4. Das Verbot der Schlechterstellung gilt nicht, – a) bei notwendig einheitlicher Sachentscheidung.** So ist ein unzulässiges (§ 62 Rn 22) TeilUrt auf teilweise Verurteilung eines notwendigen Streitgenossen auf Ber des Kl gegen die teilweise Klageabweisung ganz aufzuheben und zurückzuverweisen (Köln VersR 74, 64). – **b) Andere Fälle.**
9 Die Klageabweisung als unzulässig darf das Ger auf Ber des Kl abändern in Abweisung als unbegründet, wenn nach Sachvortrag und getroffenen Feststellungen kein anderes Ergebnis möglich erscheint (BGH 46, 281 u NJW 78, 2031), und umgekehrt (BGH NJW 99, 1113). Ebenso Abänderung von zZ unbegründet in endgültig unbegründet (BGH NJW 88, 1982, WM 96, 1862). In diesen Fällen hat das ErstUrt dem Kl nichts zuerkannt, was ihm aberkannt werden könnte. Ebenso Abänderung der Verwerfung der Ber als unzulässig in Zurückweisung als unbegründet (BGH FamRZ 88, 382). Umgekehrt darf auf Revision des Bekl die Aufhebung des auf Klageabweisung als unzulässig lautenden BerUrt und Zurückverweisung an das OLG zur unbeschränkten Sachprüfung ausgesprochen werden (BGH ZZP 76, 114). Ebenso Korrektur eines wegen unbestimmten Inhalts oder wegen widersprüchlichen Tenors unwirksamen Urteils (17 vor § 300, BGH NJW-RR 96, 659; 01, 1351). –
10 **c)** Für den **Kostenausspruch** wegen § 308 Abs 2.

§ 529 Prüfungsumfang des Berufungsgerichts

(1) **Das Berufungsgericht hat seiner Verhandlung und Entscheidung zugrunde zu legen:**
1. **die vom Gericht des ersten Rechtszuges festgestellten Tatsachen, soweit nicht konkrete Anhaltspunkte Zweifel an der Richtigkeit oder Vollständigkeit der entscheidungserheblichen Feststellungen begründen und deshalb eine erneute Feststellung gebieten;**
2. **neue Tatsachen, soweit deren Berücksichtigung zulässig ist.**

(2) [1]**Auf einen Mangel des Verfahrens, der nicht von Amts wegen zu berücksichtigen ist, wird das angefochtene Urteil nur geprüft, wenn dieser nach § 520 Abs. 3 geltend gemacht worden ist.** [2]**Im Übrigen ist das Berufungsgericht an die geltend gemachten Berufungsgründe nicht gebunden.**

1 **1. Allgemeines.** Die Vorschrift zieht die Folgerungen aus der Beschränkung des Berufungsverfahrens auf eine Fehlerkontrolle und -beseitigung, indem sie das BerGer grundsätzlich an die Tatsachenfeststellungen im Urt der 1. Instanz bindet (Abs 1 Nr 1) und die Überprüfung von Verfahrensmängeln beschränkt (Abs 2 S 1). Unbeschränkt bleibt die Überprüfung der Anwendung des materiellen Rechts (Abs 2 S 2).

2 **2. Die Bindung** des BerGer an die **Tatsachenfeststellungen** im angefochtenen Urt gilt ausnahmsweise nicht, wenn – **a) konkrete Anhaltspunkte** für fehler- oder lückenhafte Feststellungen bestehen. Solche Anhaltspunkte können sich aus der Berufungsbegründung (§ 520

Abs 3 S 2 Nr 3), aber auch aus dem angefochtenen Urt selbst ergeben, wenn etwa die Beweislast verkannt wurde oder beweiswürdigende Darlegungen nachvollziehbarer Grundlagen entbehren oder wenn sie gegen Denkgesetze oder allgemeine Erfahrungssätze verstoßen. Auch gerichtsbekannte Tatsachen, die vom Gericht der 1. Instanz übersehen wurden, können solche Anhaltspunkte bieten. – **b)** durch die konkreten Anhalts- **3** punkte **Zweifel** an der Richtigkeit oder Vollständigkeit der Tatsachenfeststellungen **begründet** werden; dabei ist erforderlich, dass die Anhaltspunkte objektiv geeignet sind, Zweifel zu wecken. Theoretische Bedenken oder die abstrakte Möglichkeit abweichender Tatsachenfeststellungen reichen nicht aus, das BerGer zur Überprüfung zu veranlassen. – **c)** auf Grund der Zweifel sich die **Notwendigkeit neuer Fest- 4 stellungen** durch wiederholte oder ergänzende Beweisaufnahme ergibt. Das bedeutet, dass einerseits Bedenken, die nicht ohne weiteres von der Hand zu weisen sind, gegen die Richtigkeit der festgestellten Tatsachen bestehen müssen, dass andererseits aber eine gewisse Wahrscheinlichkeit gegeben sein muss, zu abweichenden Tatsachenfeststellungen zu gelangen. Das erfordert in gewissem Umfang eine vorweggenommene Beweiswürdigung, etwa durch Abschätzung des Beweiswerts neu benannter Beweismittel. Wenn zB das Erstgericht seine Tatsachenfeststellungen auf die Bekundung von unmittelbaren (Tat-)Zeugen stützt, wird ein neu benannter Zeuge vom Hörensagen kaum Anlass bieten, die Beweisaufnahme zu wiederholen oder zu ergänzen. – **d)** die zweifelhaften Feststel- **5** lungen solche Tatsachen betreffen, die nach der richtigen materiellrechtlichen Beurteilung **entscheidungserheblich** sind.

3. Neue Tatsachen darf und muss das BerGer berücksichtigen, **6** soweit sie nach § 531 Abs 2 (dort Rn 14–17) zuzulassen sind. Die neuen Tatsachen können unabhängig von Zweifeln an den Tatsachenfeststellungen der 1. Instanz eine wiederholte oder ergänzende Beweisaufnahme erforderlich machen.

4. Verfahrensfehler der 1. Instanz sind nach Abs 2 nur zu berück- **7** sichtigen, wenn sie in der Berufungsbegründung (§§ 520 Abs 3, 524 Abs 3) gerügt wurden, außer der Verfahrensmangel ist vAw zu berücksichtigen. Dies ist der Fall, wenn – **a)** eine nicht nur auf Rüge **8** (Rn 29–31 vor § 253) zu prüfende **Prozessvoraussetzung** fehlt. – **Beispiele:** Ist in der Vorinstanz VersUrt ergangen, muss die Zulässigkeit des Einspruchs überprüft werden (BGH NJW 76, 1940), weil andernfalls die Rechtskraft des VersUrt dem weiteren Verfahren entgegensteht. Fehlende Bestimmtheit des Klageantrags, weil mehrere Anträge nicht der Reihenfolge nach als Haupt- und Hilfsanträge klargestellt oder weil eine einheitliche Summe nicht ziffernmäßig verteilt waren (BGH 11, 184, 194; vgl § 253 Rn 8, 9), – **b)** das **Ersturteil nicht zulässig** ist. – **9** **Beispiele für Fehler** in dieser Richtung: Urteil gegen eine Person, die im 2. Rechtszug nicht Partei war (BGH NJW 93, 3067). Unzulässiges Grundurteil (BGH NJW 00, 664, § 304 Rn 11, 19). Urt während Unterbrechung des Verfahrens. Urt unter Verletzung von § 563 Abs 2

(BGH 3, 324, NJW 92, 2831) oder § 308 Abs 1 (BGH NJW-RR 89,
1087). Schlechterstellung des BerKlägers lediglich auf seine Ber, § 528
Rn 4–9. Unverständlichkeit des Urteils, weil widerspruchsvoll (BGH 5,
240/245; 17 vor § 300). Ein Mangel, Lücken, Widerspruch, Unklarheit
im Tatbestand des Urteils, die seine erschöpfende sachliche Nachprüfung
verhindern (BGH 40, 84, NJW 96, 2235; Bsp vgl § 161 Rn 5). Völliges
Fehlen des Tatbestandes (BAG NJW 71, 214). Unbestimmtheit der
Klageanträge (BGH 135, 1/6) oder der Zug-um-Zug-Gegenleistung
(BGH 45, 287).

10   **5.** Die **sonstige Rechtsanwendung** wird in den Grenzen des § 528
vAw und ohne Bindung an die BerBegründung geprüft. Darunter ist zu
verstehen die inhaltliche Richtigkeit des Urt (Gegensatz: Der richtige
Weg zum Urt), die richtige Anwendung der richtigen Norm auf den
abzuurteilenden Gegenstand.

§ 530 Verspätet vorgebrachte Angriffs- und Verteidigungsmittel

**Werden Angriffs- oder Verteidigungsmittel entgegen den
§§ 520 und 521 Abs. 2 nicht rechtzeitig vorgebracht, so gilt § 296
Abs. 1 und 4 entsprechend.**

1   **1. Abgrenzung** vgl § 531 Rn 2. – **Anwendungsbereich:** Angriffs-
u Verteidigungsmittel vgl § 146 Rn 2. Es können solche sein, die schon
im 1. Rechtszug vorgebracht wurden, aber zB nicht zum Erfolg führten
oder vom Gericht für unerheblich gehalten wurden; es können aber
2   auch im BerRechtszug zulässig (§ 531) neue sein. – § 530 regelt den
Fall, dass sie **nicht rechtzeitig vorgebracht** werden – **a)** innerhalb der
3   (auch verlängerten) BerBegründungsfrist (§ 520 Abs 2) – **b)** oder innerhalb einer dem BerBekl zur BerErwiderung bzw dem BerKl zur Replik
darauf gesetzten richterlichen Frist (§ 521 Rn 2–6).

4   **2.** Dieses Vorbringen **muss zurückgewiesen werden** unter den
gleichen Voraussetzungen wie in § 296 Abs 1, Abs 4; vgl sinngem dort
Rn 12–20, 28, 29, 42–44. Gilt nicht in Ehe- u Kindschaftssachen
(§§ 615 Abs 2, 640).

§ 531 Zurückgewiesene und neue Angriffs- und Verteidigungsmittel

(1) **Angriffs- und Verteidigungsmittel, die im ersten Rechtszuge zu Recht zurückgewiesen worden sind, bleiben ausgeschlossen.**

(2) [1]**Neue Angriffs- und Verteidigungsmittel sind nur zuzulassen, wenn sie
1. einen Gesichtspunkt betreffen, der vom Gericht des ersten
Rechtszuges erkennbar übersehen oder für unerheblich gehalten worden ist,**

2. infolge eines Verfahrensmangels im ersten Rechtszug nicht geltend gemacht wurden oder

3. im ersten Rechtszug nicht geltend gemacht worden sind, ohne dass dies auf einer Nachlässigkeit der Partei beruht.

²Das Berufungsgericht kann die Glaubhaftmachung der Tatsachen verlangen, aus denen sich die Zulässigkeit der neuen Angriffs- und Verteidigungsmittel ergibt.

1. Abgrenzung, Anwendungsbereich. – a) § 531 regelt die Zurückweisung neuen Vorbringens (Rn 12, 13) im 2. Rechtszug und unterscheidet dabei zwischen Erneuerung von Vorbringen, das bereits im 1. Rechtszug ausgeschlossen worden ist (Abs 1, Rn 8–11), und neuem Vorbringen, das im 1. Rechtszug infolge eines Fehlers des Gerichts oder unter Verletzung der allgemeinen Prozessförderungspflicht nicht gebracht wurde (Abs 2, Rn 14–16). Der Ausschluss neuen Vorbringens ist verfassungskonform (BVerfG NJW 74, 133). – **b) § 530 regelt** die Zurückweisung von Vorbringen, das innerhalb der BerInstanz nicht während der BerBegründungsfrist oder einer für die BerErwiderung oder die Replik darauf gesetzten richterlichen Frist gebracht wurde; vgl § 530 Rn 2, 3. – **c) §§ 525, 273 Abs 2 Nr 1, 296 Abs 1 regeln** die Zurückweisung einer bestimmten Erklärung nach Ablauf einer dafür vom BerGer gesetzten Frist. – **d) §§ 525, 282, 296 Abs 2 regeln** die Zurückweisung von Vorbringen, das innerhalb der BerInstanz, wenn keine richterlichen Fristen gesetzt waren, später gebracht wurde als nach allgemeiner Prozessförderungspflicht erforderlich (BGH NJW 87, 501). – **e) § 531 gilt nicht,** soweit Sonderregelungen getroffen sind wie in § 532 für Rügen gegen die Zulässigkeit der Klage, § 534 für sonstige Verfahrensrügen, § 533 für Klageänderung, Widerklage und Aufrechnung; er gilt nicht gem §§ 615 Abs 2, Art 640 Abs 1 in Ehe- u Kindschaftssachen. – **f) Parteiänderung** in der BerInstanz (vgl Rn 23, 26 vor § 50) setzt eine zulässige Berufung voraus (BGH NJW 94, 3358). – **g) Keine entsprechende Anwendung** des § 531 auf das Verfahren in erster Instanz oder andere im Gesetz nicht ausdrücklich genannte Fälle (BGH NJW 81, 1217).

2. Werden **im ersten Rechtszug zurückgewiesene Angriffs- und Verteidigungsmittel (Abs 1)** erneut vorgebracht, so ist nur die Berechtigung der Zurückweisung zu prüfen. Dabei ist entscheidend nicht, ob die Partei die Verspätung in erster Instanz iF des § 296 Abs 1 genügend entschuldigt hat (so allerdings grundsätzlich BGH NJW 80, 1102), sondern ob sie aus der jetzigen Sicht des BerGer genügend entschuldigt ist. Das ist sie mit neuen Entschuldigungsgründen nur dann, wenn sie diese trotz rechtlichen Gehörs in 1. Instanz schuldlos nicht mehr vorbringen konnte (BVerfG NJW 87, 2003). Ob die Unterlassung der Begründung für die Verspätung des Vorbringens in 1. Instanz grob fahrlässig war (Fall des § 296 Abs 2), ist ein objektiv festzustellender Umstand, der auf Grund des Vorbringens auch in 2. Instanz vom BerGer zu beurteilen ist (BGH NJW 86, 134). Es ist zu unterscheiden: – **a) Ge-**

schah die Zurückweisung zu Recht, lag also der von der 1. Instanz bejahte Zurückweisungsgrund nach § 296 vor, so bleibt das Vorbringen ohne weitere Voraussetzungen ausgeschlossen. Dem BerGer ist kein Ermessensspielraum eingeräumt. Zu einem zu Recht zurückgewiesenen Vorbringen ist ein Zeuge auch dann nicht zu hören, wenn er zu zugelassenem neuen Vorbringen vernommen werden muss (BGH NJW 80, 1102). Auch erst nach Erlass des Urt 1. Instanz bekanntgewordene Indizien für die Wahrheit des zu Recht zurückgewiesenen Vorbringens bleiben unberücksichtigt (BGH NJW 87, 499). Wird das Vorbringen ausnahmsweise in 2. Instanz unstreitig, muss es berücksichtigt werden, denn alle Zurückweisungsvorschriften betreffen nur streitiges, beweisbe-

10 dürftiges Vorbringen (BGH 76, 133/141). – **b) Geschah die Zurückweisung zu Unrecht,** lag also der von der 1. Instanz bejahte Zurückweisungsgrund nach Auffassung des BerGer nicht vor, so kann es die Zurückweisung nicht mit anderer Begründung aufrechterhalten (BGH 83, 371/378, NJW 91, 2773). Es muss das neue Vorbringen zulassen und kann unter Einbeziehung dieses Prozessstoffs in der Sache entscheiden (§ 538 Abs 1). Beruht das Urt des Erstgerichts auf einer wesentlichen Verletzung des § 296, so kann das BerGer uU das Urt aufheben u die Sache zurückverweisen (§ 538 Abs 2); in die erneute Vhdlg dort muss

11 das Vorbringen einbezogen werden. – **c) Nicht unter Abs 1 fällt** der Ausschluss mit dem Beweismittel kraft Gesetzes gemäß § 356, die bloße Nichtvernehmung von Zeugen wegen unterbliebener Einzahlung des verlangten Vorschusses nach § 379 (BGH NJW 80, 343), ferner Vorbringen nach Schluss der mdl Vhdlg (§ 296 a), das die 1. Instanz nicht zur Wiedereröffnung veranlasst hat. Seine Erneuerung in der BerInstanz, möglich auch durch Bezugnahme (BGH NJW-RR 98, 1514), ist nach Abs 2 zu prüfen (BGH NJW 79, 2109). Ferner, wenn die 1. Instanz verspätetes Vorbringen zulässt, aber als ungenügend substantiiert beurteilt (Köln JMBlNRW 80, 232). Ebenso ist nicht Abs 1, sondern Abs 2 anwendbar, wenn eine Partei trotz Fristsetzung Vorbringen in 1. Instanz zurückgehalten und erstmals in 2. Instanz gebracht hat (BGH NJW 81, 1218).

12   **3. Neues Vorbringen. – a) Angriffs- u Verteidigungsmittel** (§ 146 Rn 2). Nicht darunter fallen auch hier verfahrensbestimmende Anträge, also Ber- und AnschlussBerAntrag mit Klageänderung, -Erweiterung, -Beschränkung, Nachholung der fehlenden, zur Zulässigkeit der Klage notwendigen Aufgliederung (§ 253 Rn 9) des Klageantrags (BGH NJW 97, 870), Widerklage (BGH NJW 85, 3079), -Erweiterung (BGH NJW 86, 2257) und die Ausführung zu ihrer Begründung. Für sie

13 gelten § 533 und über § 525 die §§ 263 ff (BGH 83, 371). – **b) Neu** ist dieses Vorbringen, wenn es im 1. Rechtszug, gleichgültig aus welchem Grund, bis zum Schluss der mdl Vhdlg nicht gebracht (BGH WM 89, 278) – auch ein gemäß § 356 kraft Gesetzes ausgeschlossenes Beweismittel (Karlsruhe NJW-RR 94, 512) – oder dort fallen gelassen wurde (BGH NJW 98, 2977) und im BerRechtszug wieder aufgegriffen wird.

Ebenso wenn es im 1. Rechtszug nur angedeutet und erst im Ber-Rechtszug substantiiert wurde (Koblenz NJW-RR 93, 1408). Maßgebend hierfür sind der Tatbestand des angefochtenen Urt (§ 314), die dort in Bezug genommenen Schriftstücke und die Sitzungsprotokolle (BAG NJW 60, 166). Nicht neu ist ein Vorbringen, wenn es den Vortrag in 1. Instanz lediglich konkretisiert (BGH NJW-RR 91, 1214).

4. Zulassung von neuen Angriffs- und Verteidigungsmitteln im 2. **14** Rechtszug ist **nur möglich,** wenn eine der folgenden Voraussetzungen vorliegt: – **a)** Das BerGer beurteilt den Fall **materiellrechtlich anders** als das Gericht des 1. Rechtszugs; deshalb sind andere Tatsachen erheblich als nach der Beurteilung in 1. Instanz. Das BerGer muss in solchem Fall nach §§ 525, 139 seine abweichende Rechtsansicht den Parteien bekannt machen und ihnen Gelegenheit zu ergänzendem Tatsachenvortrag geben (§ 139 Abs 4, 5). – **b) Angriffs- oder Verteidigungsmittel 15** sind im 1. Rechtszug **unterblieben,** weil sie in Folge fehlerhafter Prozessleitung des Gerichts 1. Instanz unerheblich waren. Das betrifft vor allem Fälle, in denen erforderliche Hinweise nach § 139 unterblieben sind oder irreführend waren. Eine Zulassung von neuem Vorbringen in einem solchen Fall ist nur dann gerechtfertigt, wenn das Urt auf dem Verfahrensfehler beruht. – **c)** Die Partei hat **Vorbringen** im 1. Rechts- **16** zug **unterlassen,** ohne dass dafür ein Fehler des Ger oder eigenes Verschulden ursächlich war. Dieser Fall ist stets gegeben, wenn das neue Angriffs- und Verteidigungsmittel erst nach Schluss der mündlichen Verhandlung entstanden ist. Iü kommt es darauf an, ob der Partei das Angriffs- und Verteidigungsmittel und seine Erheblichkeit für den Fall bis zum Schluss der mdl Vhdlg hätte bekannt sein müssen. Leichte Fahrlässigkeit der Partei oder ihres Prozessbevollmächtigten (§ 85 Abs 2) steht der Zulassung des Vorbringens entgegen. Die Partei muss sich entlasten.

5. Die **Zurückweisung** neuer Angriffs- und Verteidigungsmittel ist **17** **nicht** davon abhängig, dass durch die Zulassung die Erledigung des Rechtsstreits verzögert würde.

6. Für **Verfahren** u **Anfechtung** gelten die Ausführungen in § 296 **18** Rn 42–44. **Abs 2 S 2** ermöglicht dem BerGer durch Verlangen nach Glaubhaftmachung (§ 294) eine frühzeitige Prüfung, ob neu vorgebrachte Angriffs- und Verteidigungsmittel zuzulassen sind. Gelingt dem BerKl, der seine Berufung nur auf neues Vorbringen stützt, die Glaubhaftmachung der Zulassungsvoraussetzungen nicht, so kann bei Vorliegen der weiteren Voraussetzungen nach § 522 Abs 2 verfahren werden. – **Unberechtigte Zurückweisung neuen Vorbringens in 19 nicht rechtsmittelfähigen Urteilen** kann Verfassungsbeschwerde begründen, wenn darin eine Verletzung des Rechts auf rechtliches Gehör (BVerfG NJW 84, 2203, NJW 85, 1150) oder des Gleichheitssatzes in Art 3 Abs 1 GG (BVerfG NJW 80, 1737) liegt; nicht jedoch, soweit sie lediglich auf fehlerhafter Auslegung einfacher Verfahrensvorschriften beruht (BVerfG NJW 80, 277, BayVerfGH NJW 80, 278). Bei Abwei-

chung von höchstrichterlicher Rechtsprechung in der Auslegung von
Präklusionsvorschriften muss das Urteil darlegen, dass dies mit verfassungsrechtlichen Anforderungen vereinbar ist (BVerfG NJW 92, 2556).
Das Recht auf rechtliches Gehör kann bei fehlerhafter Anwendung von
Präklusionsvorschriften nur dann verletzt sein, wenn dadurch eine verfassungsrechtlich erforderliche Anhörung nicht stattgefunden hat
20 (BVerfG NJW 87, 2733). – **Zulassung entgegen § 531** ist unanfechtbar und für das RevGer bindend (BGH NJW 81, 928, NJW 91, 1896;
aA BGH NJW 97, 397 für die Rüge der internationalen Zuständigkeit).

§ 532 Rügen der Unzulässigkeit der Klage

[1] **Verzichtbare Rügen, die die Zulässigkeit der Klage betreffen
und die entgegen den §§ 520 und 521 Abs. 2 nicht rechtzeitig
vorgebracht werden, sind nur zuzulassen, wenn die Partei die
Verspätung genügend entschuldigt.** [2] **Dasselbe gilt für verzichtbare neue Rügen, die die Zulässigkeit der Klage betreffen, wenn
die Partei sie im ersten Rechtszug hätte vorbringen können.**
[3] **Der Entschuldigungsgrund ist auf Verlangen des Gerichts
glaubhaft zu machen.**

1   1. **Abgrenzung** vgl § 531 Rn 5. – **Anwendungsbereich:** Die Vorschrift regelt in Anlehnung an § 296 Abs 3 für den BerRechtszug die
Zulassung von Rügen zur Zulässigkeit der Klage, und zwar in S 1
solcher Rügen, die bereits im 1. Rechtszug vorgebracht waren (Rn 4),
in S 2 solcher, die im BerRechtszug erstmals vorgebracht werden
(Rn 5). S 3 betrifft die Glaubhaftmachung (§ 294).

2   2. **Unbeschränkt zuzulassen** sind – **a) nicht verzichtbare Rügen**
(Rn 15–26 vor § 253). Es gelten die Ausführungen in § 296 Rn 40. –
3 **b) verzichtbare Rügen,** wenn der Tatbestand, auf den sie gestützt
werden, erst während des BerVerfahrens eintritt.

4   3. Das **Gericht muss verzichtbare Rügen zurückweisen** (29–31
vor § 253, München OLGZ 92, 217), und zwar – **a) solche, die
bereits im 1. Rechtszug vorgebracht waren,** wenn der BerKl sie
nicht in der BerBegründung, der BerBeklagte in einer nach § 521 Abs 2
(dort Rn 2–9) gesetzten Erwiderungsfrist vorbringt u die Partei die
Verspätung nicht genügend entschuldigt (§ 296 Rn 28, 29). War eine
Erwiderungsfrist nicht gesetzt, gelten §§ 525, 282 Abs 3 S 1, 296 Abs 3.

5   – **b) Neue Rügen,** dh erstmalig im BerRechtszug erhobene, wenn sie
die Partei im 1. Rechtszug hätte vorbringen können u die Verspätung
nicht genügend entschuldigt (§ 296 Rn 28, 29). Gilt auch für das Verlangen einer weiteren Ausländersicherheit gem § 112 Abs 3 (BGH
NJW-RR 93, 1021). Dass die Partei Argumente für eine ihr günstige
sachliche Entscheidung vorbrachte, ist kein Entschuldigungsgrund für
das Unterlassen der ProzRüge (BGH NJW 85, 743). Auf Verzögerung
kommt es nicht an (BGH NJW 85, 743). Verzicht nur für die 1. Instanz
erhält die Rüge nicht für die BerInstanz (Frankfurt NJW 69, 380). –

c) **Gilt entsprechend** für Gegenvorbringen des Kl gegen die Zulässig- 6
keitsrügen des Beklagten; vgl § 282 Rn 3, 4. – **d) Verstoß,** dh Berück- 7
sichtigung einer Rüge entgegen S 1, 2 kann mit Revision angefochten
werden (BGH NJW 85, 743).

4. Die Rüge der **Unzuständigkeit des Ger des 1. Rechtszugs** ist 8
durch § 513 Abs 2 in jeder Hinsicht ausgeschlossen.

§ 533 Klageänderung; Aufrechnungserklärung; Widerklage

**Klageänderung, Aufrechnungserklärung und Widerklage sind
nur zulässig, wenn
1. der Gegner einwilligt oder das Gericht dies für sachdienlich
hält und
2. diese auf Tatsachen gestützt werden können, die das Berufungsgericht seiner Verhandlung und Entscheidung über die
Berufung ohnehin nach § 529 zugrunde zu legen hat.**

1. Abgrenzung zu anderem neuen Vorbringen in der BerInstanz vgl 1
§ 531 Rn 5.

2. Zulässigkeit von Klageänderung, Aufrechnungserklärung u Wi- 2
derklage ist in der BerInstanz stark eingeschränkt, weil die Ber keine
vollständige 2. Tatsacheninstanz ist, sondern vor allem der Fehlerkontrolle und -beseitigung dient. Die Zulassung setzt in jedem Fall eine
zulässige Berufung, also einen anderweitigen Angriff gegen das erstinstanzliche Urt unter Bekämpfung der Beschwer voraus. Nach Nr 1
muss entweder – **a)** der Gegner **einwilligen** (s dazu § 263 Rn 7) oder 3
– **b)** das BerGer die Zulassung für **sachdienlich** halten. Dafür ist in 4
erster Linie der Gesichtspunkt der Prozesswirtschaftlichkeit maßgebend
(§ 263 Rn 8). Sie kann verneint werden, wenn der spruchreife Prozess
durch Zulassung einer nicht spruchreifen Klageänderung, Aufrechnung
oder Widerklage verzögert würde (BGH WM 76, 1278). Der Verlust
einer Tatsacheninstanz allein ist kein Grund, die Sachdienlichkeit zu
verneinen (BGH NJW 92, 2296).

3. Unzulässig sind Klageänderung, Aufrechnungserklärung u Wi- 5
derklage nach Nr 2 stets, wenn sie nicht auf Tatsachen gestützt werden
können, die das BerGer der Entscheidung über die Ber nach § 529
Abs 1 (dort Rn 2–5 u § 531 Rn 14–17) zugrunde legen darf.

4. Im Falle der Nichtzulassung ist bei Klageänderung u Wider- 6
klage die (Anschluss)Berufung insoweit unbegründet, die geänderte
Klage (Widerklage) als unzulässig abzuweisen.

5. Bei der **Aufrechnung** ist folgendes zu beachten: – **a) Neu ist die** 7
Geltendmachung der Aufrechnung unter den gleichen Voraussetzungen wie § 531 Rn 13 (BGH MDR 75, 1008; aA Düsseldorf NJW-RR
98, 1288), ferner wenn mit einer anderen Forderung aufgerechnet wird
als im 1. Rechtszug. – **Dabei ist zu unterscheiden:** Wird der Aufrech- 8
nungseinwand als solcher im Urteil der 1. Instanz gemäß § 296 zurück-

gewiesen, in zweiter Instanz erneut geltend gemacht und auch hier nicht zugelassen, so ist über die Aufrechnungsforderung nicht entschieden. Hat die 1. Instanz Tatsachenvortrag zur Aufrechnungsforderung gemäß § 296 unberücksichtigt gelassen, der in 2. Instanz erneut vorgetragen, nach § 531 nicht zugelassen wurde, so ist die Aufrechnungsforderung als unsubstantiiert sachlich mit Rechtskraftwirkung aberkannt; vgl § 145 Rn 17, 18. Ist der Aufrechnungseinwand selbst zugelassen, so gelten für die Zurückweisung einzelnen Vorbringens dazu § 530 bzw §§ 525, 282

9   Abs 1, 2, 296 Abs 2. – **b)** Für **Sachdienlichkeit** und **Einwilligung** gelten die Ausführungen in Rn 3, 4. Bei mehreren Aufrechnungsforderungen hintereinander ist die Sachdienlichkeit für jede Aufrechnungsforderung gesondert zu prüfen (BGH NJW 00, 143). Rechtlicher Zusammenhang mit der Klageforderung begründet allein nicht die Sachdienlichkeit (BGH NJW 77, 49). Geht Kl in der BerInstanz vom UrkProzess in den Normalprozess über (§ 596 Rn 2), ist die Aufrechnung regelmäßig zuzulassen, weil der Bekl andernfalls im Nachverfahren in 1. Instanz ebenfalls aufrechnen könnte (BGH 29, 342, NJW 00, 143).

10   **6. Anfechtbarkeit.** Die Zulassung ist mit der Revision nicht anfechtbar (BGH NJW 00, 3273), also unanfechtbar.

11   **7.** § 533 gilt **nicht** für die Fälle des § 264.

§ 534 Verlust des Rügerechts

Die Verletzung einer das Verfahren des ersten Rechtszuges betreffenden Vorschrift kann in der Berufungsinstanz nicht mehr gerügt werden, wenn die Partei das Rügerecht bereits im ersten Rechtszuge nach der Vorschrift des § 295 verloren hat.

1   **1. Abgrenzung.** Vgl § 531 Rn 5. Nicht anwendbar auf Rügen, die die Zulässigkeit der Klage betreffen; hierfür § 532.

2   **2. Ausschlusswirkungen,** die bis zum Schluss der mdl Vhdlg erster Instanz schon eingetreten waren, bleiben im BerRechtszug bestehen. So auch der Rügeverlust gem § 295. Das erklärt sich daraus, dass die BerInstanz eine Fortsetzung der Vhdlg vor dem ErstGer ist. Mängel seit Schluss der Vhdlg 1. Instanz können gerügt werden. § 295 heilt aber über § 525 auch für die BerInstanz selbst.

§ 535 Gerichtliches Geständnis

1   **Das im ersten Rechtszuge abgelegte gerichtliche Geständnis behält seine Wirksamkeit auch für die Berufungsinstanz.**

Ausdrückliches Geständnis (§ 288), Bindungswirkung (§ 290) und fingiertes Geständnis (§ 138 Abs 3) wirken in der BerInstanz fort. Nachprüfbar ist, ob das ErstGer zu Recht ein wirksames Geständnis angenommen hat.

§ 536 Parteivernehmung

(1) **Das Berufungsgericht darf die Vernehmung oder Beeidigung einer Partei, die im ersten Rechtszuge die Vernehmung abgelehnt oder die Aussage oder den Eid verweigert hatte, nur anordnen, wenn es der Überzeugung ist, dass die Partei zu der Ablehnung oder Weigerung genügende Gründe hatte und diese Gründe seitdem weggefallen sind.**

(2) **War eine Partei im ersten Rechtszuge vernommen und auf ihre Aussage beeidigt, so darf das Berufungsgericht die eidliche Vernehmung des Gegners nur anordnen, wenn die Vernehmung oder Beeidigung im ersten Rechtszuge unzulässig war.**

1. Abs 1 ist anwendbar, wenn in 1. Instanz eine Partei vernommen 1 werden sollte (§§ 287 Abs 1 S 3, 445, 447, 448, 426, 613) und entweder die Vernehmung abgelehnt (§ 446) oder die Aussage oder den Eid verweigert hat (§ 453 Abs 2).

2. Parteivernehmung in der Berufungsinstanz ist bei dieser 2 Sachlage nur zulässig, wenn – **a)** die Voraussetzungen dafür nach einer der in Rn 1 genannten Bestimmungen vorliegen und – **b)** nach freier 3 Überzeugung des Ger die Partei zur Weigerung vernünftige Gründe hatte, die seitdem weggefallen sind. Bsp: Ehrenrührige Tatsachen, die inzwischen ohnedies bekannt geworden sind. Die Bestimmung will verhindern, dass die Partei ungünstige Schlüsse, die das ErstUrt gezogen hat, dadurch beseitigt, dass sie jetzt Gewissensbedenken zurückstellt und aussagt. – **c)** Hat das ErstGer das Ausbleiben der Partei als Weigerung 4 aufgefasst (§ 454), muss sich das BerGer zuerst darüber klar werden, ob es dieser Auffassung folgt, und dann nach Rn 2, 3 verfahren.

3. Abs 2 will in Ergänzung zu § 452 Abs 1 S 2 verhindern, dass bei 5 Vernehmung beider Parteien zum selben Beweisthema Eid gegen Eid steht. Gleichgültig ist, wie das ErstGer die beeidigte Aussage gewürdigt hat. Zur Unzulässigkeit der Parteivernehmung vgl § 287 Rn 12 und die Kommentierung zu §§ 445, 447, 448, 613; zur Unzulässigkeit der Beeidigung § 452 Rn 2.

§ 537 Vorläufige Vollstreckbarkeit

(1) **¹Ein nicht oder nicht unbedingt für vorläufig vollstreckbar erklärtes Urteil des ersten Rechtszuges ist, soweit es durch die Berufungsanträge nicht angefochten wird, auf Antrag von dem Berufungsgericht durch Beschluss für vorläufig vollstreckbar zu erklären. ²Die Entscheidung ist erst nach Ablauf der Berufungsbegründungsfrist zulässig.**

(2) **Eine Anfechtung des Beschlusses findet nicht statt.**

1. Abs 1 dient in erster Linie dem Schutz des BerBeklagten und 1 erklärt sich daraus, dass bei teilweiser Anfechtung auch der nicht ange-

fochtene Teil des ErstUrt noch nicht rechtskräftig wird (vgl § 705
2 Rn 10; aA Grunsky ZZP 88, 49/57). – **Voraussetzungen für die
Vollstreckbarerklärung,** wenn das ErstUrt nicht (§ 712 Abs 1 S 2)
oder nicht unbedingt (§§ 709, 711, 712 Abs 1 S 1, Abs 2 S 2) für vorl
vollstreckbar erklärt ist. – **a) Antrag,** auch außerhalb der mdl Vhdlg.
Ihn kann auch der BerKl stellen, wenn das Urt teilweise zu seinen
Gunsten ergangen ist (KG MDR 88, 240, Hamm NJW-RR 90, 1470). –
3 **b) Beschränkte Anfechtung** auf einen selbständigen Teil (wie § 301
Rn 1) des ErstUrt; daher gilt § 537 nicht für die Kostenentscheidung
4 (Schleswig MDR 85, 679 mwN). – **c) Nicht anwendbar** auf Urt, die
ohne Ausspruch vorl vollstreckbar sind, zB Arrest und einstw Vfg (§ 922
Rn 3; § 936 Rn 4).

5   **2. Entscheidung.** Stets durch **Beschluss** ohne mdl Vhdlg (§ 128
Abs 4), aber erst nach Ablauf der BerBegründungsfrist, weil damit erst
der Umfang der Ber feststeht (vgl § 520 Rn 17–19). Bei Vorliegen der
Voraussetzungen muss der nicht angefochtene Teil des ErstUrt unbedingt und ohne Abwendungsbefugnis für vorl vollstreckbar erklärt werden. Der Erfüllungseinwand ist nur zu beachten, wenn die Erfüllung
feststeht (Schleswig SchlHA 87, 172). Der Beschluss muss über die Kos-
6 ten gem § 91 entscheiden (Hamm NJW 72, 2314). – Er ist **unanfechtbar,** gleichgültig ob stattgebend oder zurückweisend. Herabsetzung der
im Ersturteil angeordneten Sicherheitsleistung für die ZwVollstr wegen
7 des angefochtenen Teils ist über § 718 möglich. – **Gebühren:** des
Gerichts keine; des RA §§ 49 Abs 2, 37 Nr 7 BRAGO.

§ 538 Zurückverweisung

(1) **Das Berufungsgericht hat die notwendigen Beweise zu erheben und in der Sache selbst zu entscheiden.**

(2) [1]**Das Berufungsgericht darf die Sache, soweit ihre weitere
Verhandlung erforderlich ist, unter Aufhebung des Urteils und
des Verfahrens an das Gericht des ersten Rechtszuges nur zurückverweisen,**

1. **soweit das Verfahren im ersten Rechtszuge an einem wesentlichen Mangel leidet und aufgrund dieses Mangels eine umfangreiche oder aufwändige Beweisaufnahme notwendig ist,**

2. **wenn durch das angefochtene Urteil ein Einspruch als unzulässig verworfen ist,**

3. **wenn durch das angefochtene Urteil nur über die Zulässigkeit
der Klage entschieden ist,**

4. **wenn im Falle eines nach Grund und Betrag streitigen Anspruchs durch das angefochtene Urteil über den Grund des
Anspruchs vorab entschieden oder die Klage abgewiesen ist, es
sei denn, dass der Streit über den Betrag des Anspruchs zur
Entscheidung reif ist,**

5. wenn das angefochtene Urteil im Urkunden- oder Wechselprozess unter Vorbehalt der Rechte erlassen ist,
6. wenn das angefochtene Urteil ein Versäumnisurteil ist oder
7. wenn das angefochtene Urteil ein entgegen den Voraussetzungen des § 301 erlassenes Teilurteil ist
und eine Partei die Zurückverweisung beantragt. ²Im Fall der
Nummer 3 hat das Berufungsgericht sämtliche Rügen zu erledigen. ³Im Fall der Nummer 7 bedarf es eines Antrags nicht.

1. **Allgemeines.** – a) **Entscheidungsmöglichkeiten** des BerGer 1
vgl Rn 38–45 vor § 511. Grundsätzlich erlässt auf zulässige und begründete Ber das BerGer nach Erhebung der erforderlichen Beweise (§ 529
Abs 1) mit der Aufhebung des ErstUrt die ersetzende Entscheidung
selbst (Abs 1). – b) **§ 538 regelt** abschließend die Zurückverweisung. 2
Aus anderen, insbes Zweckmäßigkeitserwägungen ist sie, auch mit Einverständnis der Parteien, nicht zulässig. Die Zurückverweisung ist die
Ausnahme. – c) **Durch Urteil** geschieht die Zurückverweisung. Es 3
schließt die BerInstanz ab und unterliegt der Revision nach den allg
Vorschriften. An einen anderen Spruchkörper des Erstgerichts kann
nicht zurückverwiesen werden. Was in Rn 43 vor § 511 über die Bindung der unteren Instanz an das BerUrt gesagt ist, gilt auch für das
BerGer selbst, falls die Sache erneut dorthin gelangt, und infolgedessen
auch für das Revisionsgericht (BGH 25, 203). Nebenentscheidungen vgl
§ 97 Rn 12 und § 708 Rn 11.

2. **Anwendungsbereich.** – a) **Den Fällen Nr 2–7 ist gemeinsam,** 4
dass das ErstGer über die Klageforderung sachlich nicht oder nicht
endgültig entschieden hat, den Parteien also ein Rechtszug verlorenginge,
wenn das BerGer dies täte. – b) **Gemeinsame Voraussetzung** ist, 5
dass, außer im Fall von Nr 7, eine Partei die **Zurückverweisung
beantragt** und dass in allen Fällen eine weitere Vhdlg zur Sache nötig,
der Rechtsstreit also noch nicht spruchreif ist (§ 300 Rn 2) ohne Eingehen auf den in erster Instanz vorgebrachten, dort aber nicht entschiedenen Prozessstoff. – c) **§ 538 gilt also nicht,** wenn der Rechtsstreit 6
ohne weitere Vhdlg spruchreif ist (zB Klageabweisung als unzulässig)
und soweit es sich um neues Vorbringen handelt (§ 531 Rn 12, 13).

3. **Die Fälle der Zurückverweisung.** – **Nr 1. Verfahrensmangel** 7
im ersten Rechtszug. – a) **Verfahrensmangel** ist ein Verstoß gegen
eine Verfahrensnorm, ein Fehler, der den Weg zum Urt oder die Art
und Weise seines Erlasses betrifft im Gegensatz zum Fehler bei der
Rechtsfindung, der den Inhalt des Urt betrifft. Ausgangspunkt für die
Prüfung ist der materiellrechtliche Standpunkt des Erstrichters ohne
Rücksicht auf seine Richtigkeit (BGH NJW 93, 2318, NJW 00, 142),
jedoch darf nicht zurückverwiesen werden, wenn sich der Verfahrensmangel nach der eigenen Rechtsauffassung des BerGers nicht auf die
Sachentscheidung auswirkt (BGH WM 72, 1056). – **Kein Verfahrens-** 8
fehler, sondern ein materiellrechtlicher ist es, wenn das ErstGer von

seinem unrichtigen materiellrechtlichen Standpunkt aus folgerichtig keinen Anlass zu Fragen oder Hinweisen hat (BGH NJW 01, 1500), wenn es die Schlüssigkeit (BGH NJW-RR 99, 1289) oder die genügende Substantiierung der Klage zu Unrecht verneint oder eine Beweiserhebung wegen Verkennung der dem materiellen Recht zuzuordnenden Beweislast unterlassen hat (BGH NJW 95, 3258). Ebenso grundsätzlich Fehler bei der Vertragsauslegung infolge fehlerhafter sachlichrechtlicher Würdigung (BGH NJW 93, 538).

9   **b) Wesentlich** ist der Verfahrensmangel, wenn er für das Urt ursächlich ist (BGH NJW-RR 90, 480; vgl § 545 Rn 12), was bei Vorliegen eines absoluten Revisionsgrundes in § 547 unwiderlegbar vermutet wird (BGH NJW 00, 2508). Außerdem muss der Verfahrensfehler für das Ergebnis erheblich sein (BGH WM 96, 1323). Das ist nicht der Fall, wenn er gemäß § 295 oder durch Genehmigung (Verstoß gegen § 308 Abs. 1: BGH NJW 99, 61) geheilt oder wenn das Urt aus anderen Gründen im Ergebnis inhaltlich richtig ist (BGH NJW 00, 2508). Die Formulierung, wesentlich sei der Fehler, wenn das Verfahren nicht als ordnungsgemäße Entscheidungsgrundlage angesehen werden kann (BGH NJW 93, 2318), ist wenig ergiebig (Brehm ZZP 107, 463/474).

10   **c) Beispiele: Verletzung des Rechts auf rechtliches Gehör** oder des Grundsatzes der Waffengleichheit in Art 3 Abs 1 GG durch Ablehnung eines Vertagungsantrags (Köln VersR 72, 179) oder Zurückweisung von Vorbringen ohne die Voraussetzungen des § 296 (BVerfG NJW-RR 95, 1469, Celle aaO 1407). Ebenso, wenn das Gericht den Kern von Parteivorbringen verkennt und deshalb eine entscheidungserhebliche Frage verfehlt oder einen wesentlichen Teil des Klagevortrags 11 übergangen hat (BGH NJW 98, 2053). – **Unterbliebene Aufklärung.** Abstandnahme von einer erforderlichen Beweisaufnahme ohne zulässigen Ablehnungsgrund (Celle NJW-RR 95, 1407, Hamm FamRZ 99, 453), mangelhafte Beweiswürdigung (Köln VersR 97, 712), Nicht- oder Falschanwendung von § 287 ZPO (BGH NJW 96, 2924). Verstoß gegen § 139 (Koblenz NJW 66, 667, München OLGR 00, 325), zB das Erstgericht gibt ohne Hinweis bei Mangel Minderung statt Zurückbehaltungsrecht (Köln MDR 69, 674) oder es tut einen Vortrag als unsubstantiiert ab, ohne vorher Substantiierung verlangt zu haben (Köln NJW-RR 98, 1592). Verstoß gegen § 139 Abs 2 bei ÜberraschungsUrt (Düsseldorf NJW-RR 96, 1021, Bamberg NJW-RR 98, 1608). Unterbliebene Klärung, wer verklagt ist (München NJW 71, 1615). Unterlassene Bemühungen, Unklarheiten und Widersprüche in ärztlichen Gutachten durch Anhörung des Gutachters oder weiteres Gutachten zu 12 klären (Saarbrücken NJW-RR 99, 719). – **Fehler beim Urteil.** Unzulässiger Parteiwechsel im Weg der Rubrumsberichtigung (Frankfurt NJW-RR 90, 1471). Erlass eines Urt gegen den Scheinbeklagten (Hamm NJW-RR 99, 217). Verwertung von Zeugen-, Sachverständigenaussagen und Augenscheinsergebnissen ohne Feststellung im Protokoll oder Tatbestand (Karlsruhe Justiz 73, 246). Behandlung einer Klage als Erstklage, obwohl sie als Abänderungsklage hätte behandelt

werden müssen (Zweibrücken FamRZ 82, 415). Urteil im schriftlichen Verfahren ohne wirksame Zustimmung beider Parteien (Zweibrücken FamRZ 99, 456). Grundsätzlich Erlass von Grund- oder VorbehaltsUrt ohne deren Zulässigkeitsvoraussetzungen (BGH ZIP 96, 330); dies ist vom BerGer vAw zu prüfen (BGH NJW 99, 1035). Fehlen von Tatbestand und Entscheidungsgründen unter Verstoß gegen § 313 a (Hamm MDR 79, 322). Fehlende oder Fehler bei der Verkündung (§ 310 Rn 4–8). Die Fälle des § 547 (BGH NJW 92, 2099, GemSOGB NJW 93, 2603, Frankfurt MDR 95, 311). Verstoß gegen § 322 Abs 2, indem das ErstUrt Rechtskraftwirkung auch für den die Klagesumme des Vorprozesses übersteigenden Teil der Aufrechnungsforderung annimmt und diese deshalb sachlich nicht prüft (Celle OLGZ 70, 5). Auflösung des Verbunds entgegen § 628 Abs 1 Nr 3 (Düsseldorf FamRZ 88, 312). –
d) Eine umfangreiche oder aufwändige Beweisaufnahme muss ferner in Folge des Verfahrensfehlers zur Entscheidungsreife notwendig sein. Umfangreich ist eine Beweisaufnahme, wenn zahlreiche Zeugen oder mehrere Sachverständige zu hören sind; aufwändig ist sie, wenn sie an einem weit entfernten Ort, etwa im Ausland, vorzunehmen ist. **13**

Nr 2, wenn das ErstUrt einen **Einspruch** nach § 341 als unzulässig verworfen hat, das BerGer ihn aber für zulässig hält. Ebenso, wenn das ErstUrt die Wiedereinsetzung gegen Versäumung der Einspruchsfrist abgelehnt hat (§ 238 Abs 2), das BerGer sie aber gewährt. **14**

Nr 3, wenn das ErstUrt nur über die **Zulässigkeit der Klage** entschieden oder sie für zurückgenommen erklärt hat (§ 113 S 2). – **a) Anwendbar** sowohl, wenn das ErstGer die Klage als unzulässig abgewiesen wie auch, wenn es sie durch ZwischenUrt (§ 280) für zulässig erklärt hat, gleichgültig um welche Prozessvoraussetzung es geht. Dem BerGer fällt grundsätzlich nur der Zwischenstreit an (BGH NJW-RR 86, 61). Bestätigt das BerGer ein ZwischenUrt gem § 280 (dort Rn 5), so ist Zurückverweisung weder nötig noch möglich (BGH 27, 15/26), weil die Hauptsache in erster Instanz verblieben ist. Sie ist auch dann nicht notwendig, wenn das ErstGer (unzulässig, 8 ff vor § 253) hilfsweise auch aus sachlichen Gründen die Klage abgewiesen hat (RG 158, 145/155). – **Entsprechend anwendbar,** wenn das BerGer ein AnerkenntnisUrt wegen Unwirksamkeit des Anerkenntnisses aufhebt (LG Nürnberg-Fürth NJW 76, 633, Prütting DRiZ 77, 78); wenn die 1. Instanz wegen entgegenstehender Rechtskraftwirkung die Klage als unbegründet (statt richtig als unzulässig) abweist (BGH NJW 84, 128) und wenn sie eine Nichtigkeitsklage wegen fehlenden Nichtigkeitsgrundes abweist (KG NJW-RR 90, 8; vgl § 590 Rn 2). – **b) Nicht entsprechend anwendbar** ist Nr 3, wenn das BerGer die Klageabweisung in 1. Instanz aus sachlichen Gründen, zB wegen Versäumung einer materiellrechtlichen Ausschlussfrist oder wegen Verjährung, nicht billigt und deshalb eine weitere sachliche Prüfung für nötig hält; diese hat es selbst vorzunehmen (BGH 50, 25, VersR 00, 1391; aA Hamm MDR 77, 585, ferner Braunschweig MDR 75, 671, Frankfurt VersR 86, 1195, LG Frankfurt NJW **16** **17**

87, 784, die Nr 3 oder 4 in diesem Fall für entsprechend anwendbar halten, jedenfalls nach Teilabweisung als verjährt, wenn die nötige Sachaufklärung für diesen und den noch in 1. Instanz anhängigen Teil identisch ist). Ebenso keine Zurückverweisung, wenn die 1. Instanz mangels Aktivlegitimation abgewiesen hat, das BerGer sie aber für gegeben hält (BGH NJW 75, 1785), oder wenn die 1. Instanz wegen Haftungsausschlusses in AGB abgewiesen hat, das BerGer diesen Ausschluss aber für unwirksam hält (BGH 71, 226). Ebenso wenn die 1. Instanz wegen des Einwands einer Schiedsgutachterabrede zu Recht als unbegründet abgewiesen hat, zu Beginn der Berufungsinstanz das Schiedsgutachten aber vorliegt (aA Frankfurt MDR 85, 150).

18   **Nr 4** setzt voraus, dass schon in erster Instanz **Grund und Höhe des Anspruchs streitig** waren und ermöglicht Zurückverweisung in folgenden Fällen: – **a)** Wenn das **Erstgericht Grundurteil** (§ 304) erlas-
19   sen hat, das vom BerGer bestätigt wird. – **b)** Wenn das **Erstgericht die Klage** als unbegründet wegen fehlenden Anspruchsgrundes **abgewiesen** hat und das BerGer dieses Urt aufhebt. Es erlässt dann GrundUrt und verweist zurück zur Vhdlg über die Höhe, ggf auch über die Widerklage, wenn sie mit der Klage in unlöslichem Zusammenhang steht (RG 101, 40). Unzulässig ist die Zurückverweisung ohne Entscheidung über den Grund, wenn das ErstGer die Klage aus einem sachlichen Grund abgewiesen hat (BGH NJW 78, 1430: wegen Haftungsausschlusses in AGB), den das BerGer für unzutreffend hält; unzulässig ist die Zurückverweisung mit GrundUrt auch dann, wenn das ErstGer die Klage mangels Schadens abgewiesen hatte (BGH NJW 98, 613). –
20   **c) Entsprechend anwendbar** auf **Stufenklage** (vgl § 254 Rn 9). Ferner, wenn die 1. Instanz antragsgemäß ein **Feststellungsurteil** erlassen hat und Kl in 2. Instanz zur Leistungsklage übergeht; das ErstUrt hat dann die Bedeutung eines GrundUrt (Frankfurt NJW-RR 87, 1536). Ferner, wenn das ErstGer zur **Rechnungslegung** verurteilt hat und der Kl erst im BerVerfahren mit Klageerweiterung die Zahlungsklage zusätzlich erhebt (BGH WM 74, 1162). Zur analogen Anwendbarkeit bei
21   Abweisung wegen Verjährung vgl Rn 17. – **d) Keine Zurückverweisung** trotz vorstehender Voraussetzungen iF der Entscheidungsreife, außerdem in beiden Fällen der Nr 4 (Koblenz MDR 92, 805), wenn der Streit über den Betrag in dem Zeitpunkt, in dem das BerGer über den Grund entscheidet, spruchreif (§ 300 Rn 2) ist; ferner wenn die Zahlungsklage als Hilfsantrag erst in 2. Instanz erhoben wurde (BGH WM 73, 296/298). Keine Zurückverweisung ohne GrundUrt, wenn Kl in 2. Instanz von der Auskunfts- zur Zahlungsklage übergeht (BGH NJW 79, 925); ferner bei verbundener Zahlungs- mit Feststellungsklage für den Zukunftsschaden hinsichtlich auch der letztgenannten, wenn das BerGer wegen der abgewiesenen Zahlungsklage mit Grundurteil zurückverweist (BGH WM 01, 2268).

22   **Nr 5.** Wenn das BerGer ein in erster Instanz erlassenes **Vorbehaltsurteil** im Urkunden-, Wechsel- oder Scheckprozess (§ 599) bestätigt

oder wenn es selbst unter Aufhebung des klageabweisenden Urt erster
Instanz erstmals ein solches VorbehaltsUrt erlässt, darf es wegen des
Nachverfahrens zurückverweisen (München NJW-RR 87, 1024), wenn
es nicht gemäß Abs 1 davon absehen will (BGH NJW-RR 88, 61). Vgl
auch § 600 Rn 2. Gilt nicht, wenn Kl in der BerInstanz vom UrkProzess
zulässig Abstand genommen hat (§ 596 Rn 2). Nr. 5 gilt entsprechend
für Vorbehaltsurteil nach § 302 (LAG Düsseldorf DB 75, 2040, München MDR 00, 903, BLAH 9, MuBall 17; teilweise aA StJGrunsky 29).

Nr 6, wenn ein **Versäumnisurteil** auf ausnahmsweise statthafte Ber **23**
aufgehoben wird; vgl § 514 Abs 2. Entsprechend anwendbar, wenn ein
trotz fehlenden oder wirksam widerrufenen Anerkenntnisses erlassenes
Anerkenntnisurteil aufgehoben wird (München MDR 91, 795, KG
NJW-RR 95, 958). In **Ehesachen,** wenn ein Urteil aufgehoben wird, **24**
das den Scheidungsantrag abgewiesen hat, notwendige Zurückverweisung in den Fällen des § 629b Abs 1.

Nr 7, wenn das Ger der 1. Instanz ein Teilurteil ohne dessen Voraus- **25**
setzungen erlassen hat (§ 301 Rn 2, 3), weil nur so vermieden werden
kann, dass ein an sich einheitlich zu führender Rstreit in zwei Instanzen
gleichzeitig anhängig ist. **Nicht erforderlich** ein Zurückverweisungs-
antrag einer Partei oder eine weitere Beweisaufnahme.

4. Entscheidung stets durch Urt. Mit der Zurückverweisung muss **26**
das mangelhafte Verfahren aufgehoben werden, gegebenenfalls teilweise,
wenn nur ein selbständiger Teil (§ 301 Rn 1) von dem Fehler betroffen
ist oder ein ZwischenUrt eine klare zeitliche Grenze unter Berücksichtigung des Grundsatzes der Einheitlichkeit der Vhdlg setzt. – **Kosten:** **27**
§ 97 Rn 12. Im Einzelfall kann Niederschlagung der Gerichtsgebühren
der Berufungsinstanz nach § 8 GKG in Betracht kommen (Karlsruhe
FamRZ 98, 1310). – **Rechtsmittel:** Revision nach allg Regeln. Be- **28**
schwert ist jede Partei, die Sachentscheidung erbeten hatte (BGH 31,
358/361, NJW 96, 2155). Die Revision kann darauf gestützt werden,
dass in 1. Instanz kein wesentlicher ursächlicher Verfahrensmangel vorgelegen habe bzw dass er geheilt sei. Sind sachlich-rechtliche Ausführungen Grundlage der Zurückverweisung, so prüft das Revisionsgericht
auch diese nach, allerdings ohne die Bindungswirkung des § 563 Abs 2
(BGH 31, 363 und MDR 83, 749).

5. Wirkung der Zurückverweisung – a) Wiedereröffnung der **29**
1. Instanz. Sie verhandelt in Fortsetzung der früheren Verhandlung den
Rechtsstreit neu nach den Vorschriften des 1. und 2. Buches. – **b)** Für **30**
die **Bindung der ersten Instanz** und ihren Umfang gelten entspr
§ 563 Abs 2 (RoSchw/Gottwald § 140 IV 4) und sinngemäß die Erläuterungen in § 563 Rn 2–10. Außerdem ist die 1. Instanz in Fällen des
Abs 2 Nr 4, 5 an ein erstmals vom BerGer erlassenes Grund- oder
Vorbehaltsurteil gebunden. Das Familiengericht ist gemäß § 629b Abs 1
S 2 gebunden. – **c) Für das neue Urteil** der 1. Instanz gilt sinngemäß **31**
das in § 563 Rn 11 Gesagte.

§ 539 Versäumnisverfahren

(1) **Erscheint der Berufungskläger im Termin zur mündlichen Verhandlung nicht, so ist seine Berufung auf Antrag durch Versäumnisurteil zurückzuweisen.**

(2) [1]**Erscheint der Berufungsbeklagte nicht und beantragt der Berufungskläger gegen ihn das Versäumnisurteil, so ist das zulässige tatsächliche Vorbringen des Berufungsklägers als zugestanden anzunehmen.** [2]**Soweit es den Berufungsantrag rechtfertigt, ist nach dem Antrag zu erkennen; soweit dies nicht der Fall ist, ist die Berufung zurückzuweisen.**

(3) **Im Übrigen gelten die Vorschriften über das Versäumnisverfahren im ersten Rechtszug sinngemäß.**

1   **1. Zuerst** ist die **Zulässigkeit der Berufung** zu prüfen, auch bei Säumnis, gleichgültig welcher Partei. Die Zulässigkeitsvoraussetzungen dafür (13 ff vor § 511) sind von der Partei zu beweisen, die ein VersU (SachUrt) begehrt. Es gilt sinngem das in § 330 Rn 3 bzw § 331 Rn 3 Gesagte. Ergibt sich, dass die Ber unzulässig ist, so ist sie gem § 522 Abs 1 zu verwerfen (Brandenburg NJW-RR 98, 1678). Dieses Urt ist, gleichgültig gegen welche Partei es ergeht, ein streitiges, sog unechtes VersU (12 vor § 330, BGH NJW 69, 845, StJGrunsky 4, 6).

2   **2. Sodann** ist die **Zulässigkeit des Verfahrens erster Instanz** zu prüfen, auch bei Säumnis einer Partei, und zwar: – **a)** Die **Zulässigkeit des Urteils.** Es muss als Grundlage des weiteren Verfahrens geeignet sein. Hat die 1. Instanz die Unzulässigkeit des Einspruchs gegen ein vorangegangenes VersU übersehen, so ist das EndUrt aufzuheben und der Einspruch als unzulässig zu verwerfen. Ein trotz Unterbrechung des Verfahrens erlassenes Urt ist aufzuheben, die Sache zurückzuverweisen (Frankfurt OLGZ 94, 77, Köln ZIP 94, 958). Ebenso, wenn die 1. Instanz auf Einspruch gegen einen VollstrBescheid fehlerhaft (§ 700 Rn 17) eine mdl Vhdlg entschieden hat (Nürnberg NJW-RR 96, 58).
3   – **b)** Die **Zulässigkeit der Klage.** Hat das Erstgericht übersehen, dass eine Prozessvoraussetzung fehlt, ist unter Aufhebung des zusprechenden Urt die Klage als unzulässig abzuweisen, weil jedes VersU eine zulässige
4   Klage voraussetzt. – **c) In beiden Fällen** spielt keine Rolle, welche Partei säumig ist.

5   **3. Versäumnisurteil gegen den Berufungskläger** (Abs 1) setzt, wenn die Voraussetzungen Rn 2, 3 vorliegen, wie in 1. Instanz (§ 330) voraus seine Säumnis (§ 330 Rn 1 und 1 ff vor § 330) und entspr Prozessantrag des BerBekl (§ 330 Rn 2). Das VersU lautet auf Zurückweisung der Ber, auch wenn der BerGegner den Zurückweisungsantrag modifiziert hat (Celle MDR 93, 686). Iü gilt sinngem, was in § 330 Rn 4 gesagt ist.

6   **4. Versäumnisurteil gegen den Berufungsbeklagten** (Abs 2). – **a) Prozessuale Voraussetzungen:** Es müssen die Voraussetzungen der

Rn 1–3 erfüllt sein. Dann Säumnis des BerBeklagten (wie § 330 Rn 1 und 1 ff vor § 330). Endlich ProzAntrag des BerKl (wie § 331 Rn 2). Unzulässig ist VersU gegen Bekl in den Fällen des § 331 Rn 4. – **b) Sachliche Voraussetzung** ist, angeglichen an den 1. Rechtszug, die **7** Schlüssigkeit des Vorbringens des BerKl. Ist es der Kl, so muss sein Klagevortrag schlüssig sein (wie § 331 Rn 5). Ist es der Bekl, so muss sich aus seinem Vortrag die – ggf teilweise – Unbegründetheit der Klage ergeben; § 330 gilt insoweit nicht entsprechend. **Unberücksichtigt** bleibt dabei aber Vorbringen, das nach § 531 Abs 1 ausgeschlossen oder nach § 531 Abs 2 nicht zuzulassen ist.

5. Entscheidung bei Säumnis des Berufungsbeklagten. – a) Ist 8 es der Kläger, so ist unter Aufhebung oder Abänderung des ErstUrt die Klage durch echtes VersU abzuweisen, soweit der Vortrag des Bekl (BerKl) dies rechtfertigt. Soweit dies nicht der Fall ist, ist seine Ber durch streitiges Urteil (vgl § 331 Rn 5) zurückzuweisen. – **b) Ist es der 9 Beklagte,** so ist unter Aufhebung oder Abänderung des ErstUrt durch echtes VersU nach Klageantrag zu erkennen, soweit der Vortrag des Kl (BerKl) dies rechtfertigt. Soweit dies nicht der Fall ist, ist seine Ber durch streitiges Urteil, wie Rn 8, zurückzuweisen; vgl auch § 555 Rn 5. – **c) Entscheidungsgrundlage** ist nur das Vorbringen des BerKl im **10** VhdlgsTermin und ein früheres Geständnis (§ 532). Weiteres früheres Vorbringen des BerBeklagten und Beweisergebnisse beider Instanzen bleiben unberücksichtigt (BGH WM 79, 784). – **d)** In **Familiensachen 11** vgl § 612 Abs 4.

6. Nach **Abs 3** gelten im Übrigen die Vorschriften der §§ 330 ff **12** entsprechend, insbes also auch über die Unzulässigkeit eines VersU und über den Einspruch.

§ 540 Inhalt des Berufungsurteils

(1) ¹**Anstelle von Tatbestand und Entscheidungsgründen enthält das Urteil**
1. **die Bezugnahme auf die tatsächlichen Feststellungen im angefochtenen Urteil mit Darstellung etwaiger Änderungen oder Ergänzungen,**
2. **eine kurze Begründung für die Abänderung, Aufhebung oder Bestätigung der angefochtenen Entscheidung.**
²**Wird das Urteil in dem Termin, in dem die mündliche Verhandlung geschlossen worden ist, verkündet, so können die nach Satz 1 erforderlichen Darlegungen auch in das Protokoll aufgenommen werden.**

(2) **§§ 313 a, 313 b gelten entsprechend.**

1. Hintergrund der Regelung. Die Beschränkung der Berufung **1** auf die Fehlerkontrolle und Fehlerbeseitigung ermöglicht es, von der entsprechenden Anwendung des § 313 auf das Urt des BerGer abzusehen. Die Vorschrift verbietet allerdings nicht, ein BerUrt nach § 313 abzufassen. Dies empfiehlt sich vor allem, wenn eine Veröffentlichung vorgesehen ist.

2   **2. Für jedes Berufungsurteil gilt: a)** der **Tatbestand** kann ersetzt werden durch Bezugnahme auf die tatsächlichen Feststellungen im Urt der 1. Instanz, verbunden mit erforderlichen Berichtigungen, Änderungen und Ergänzungen, die sich aus dem Vortrag der Parteien und aus

3   etwaiger Beweisaufnahme vor dem BerGer ergeben. – **b)** die **Entscheidungsgründe** können beschränkt werden auf die Wiedergabe der wesentlichen Erwägungen, die zur Bestätigung, Abänderung oder Aufhebung der angefochtenen Entscheidung geführt haben. Eine vollständige Darstellung der Rechtslage ist demnach nicht erforderlich, freilich nicht ausgeschlossen.

4   **3.** Wird das Urteil im **Anschluss an die mündliche Verhandlung** verkündet (sog Stuhlurteil), können die Darlegungen gem Rn 2, 3 in das Sitzungsprotokoll aufgenommen werden. Eine gesonderte Urteilsausfertigung entfällt dann.

5   **4. Weitere Erleichterungen** ergeben sich aus der entsprechenden Anwendung von §§ 313a, 313b. – **a) Tatbestand** kann ganz entfalllen, wenn nach § 26 Nr 8 EGZPO eine Nichtzulassungsbeschwerde nicht zulässig ist (§ 313a Abs 1 S 1) oder wenn bei einem Stuhlurteil die beschwerte Partei auf Rechtsmittel verzichtet (§ 313a Abs 2 S 1, 2). –

6   **b)** Zusätzlich können die **Entscheidungsgründe** entfallen, wenn ein Fall des § 26 Nr 8 EGZPO vorliegt **und** die Parteien auf sie verzichten oder der wesentliche Inhalt der Entscheidungsgründe in das Sitzungsprotokoll aufgenommen wurde (§ 313a Abs 1 S 2). Ferner sind die Entscheidungsgründe entbehrlich bei Rechtsmittelverzicht der be-

7   schwerten Partei(en) gem § 313a Abs 2 S 1, 2. – **c) Entsprechend** § 313b können Tatbestand und Entscheidungsgründe und folglich auch ihr Ersatz nach Abs 1 (Rn 2, 3) ganz entfallen beim Vers-, Anerkenntnis- und Verzichtsurteil. Das gilt aber dann nicht, wenn das Vers- oder Anerkenntnisurteil voraussichtlich im Ausland geltend gemacht werden soll (§ 313b Rn 3).

§ 541 Prozessakten

(1) **Die Geschäftsstelle des Berufungsgerichts hat, nachdem die Berufungsschrift eingereicht ist, unverzüglich von der Geschäftsstelle des Gerichts des ersten Rechtszuges die Prozessakten einzufordern.**

(2) **Nach Erledigung der Berufung sind die Akten der Geschäftsstelle des Gerichts des ersten Rechtszuges nebst einer beglaubigten Abschrift der in der Berufungsinstanz ergangenen Entscheidung zurückzusenden.**

1   Die Akten sind auf Anforderung des BerGer auch dann zu übersenden, wenn der Rechtsstreit teilweise noch in erster Instanz schwebt.

Beglaubigte Abschrift des BerUrt oder des Zurückweisungsbeschlusses
(§ 522 Abs 2) ist mitzurückzusenden.

Abschnitt 2. Revision

Vorbemerkung

1. Wesen, Zweck. Revision ist ein Rechtsmittel, für das grundsätz- **1**
lich die Vorbemerkungen vor § 511 gelten. Sie richtet sich im Wesentlichen gegen Berufungsurteile und ermöglicht im Gegensatz zur Ber nicht
eine tatsächliche, sondern nur die rechtliche Nachprüfung. Sie dient
vornehmlich der Wahrung einer einheitlichen Rechtsprechung, die ihrerseits die Rechtssicherheit stärkt, daneben in eingeschränktem Umfang
auch der Einzelfallgerechtigkeit.

2. Revisionsgericht ist der BGH (§§ 123 ff GVG). In Bayern, wenn **2**
im wesentlichen Landesrecht in Betracht kommt, das BayObLG (§ 8
EGGVG, Art 11 bay AGGVG); gilt auch in streitigen Landwirtschaftssachen (§ 48 Abs 1 LwVerfG). Die Bestimmung des zuständigen Revisionsgerichts treffen in Bayern bindend die BerGerichte (§ 7 Abs 1
EGZPO); bei der Nichtzulassungsbeschwerde od dem Antrag auf Zulassung der Sprungrevision entscheidet der BGH bindend, ob das Bay-
ObLG zuständig ist (§ 7 Abs 2 EGZPO).

3. Die **Statthaftigkeit** der Revision ist bei den einschlägigen **3**
§§ 542–544 erläutert. Zu beachten sind die Übergangsvorschriften in
§ 26 Nr 7–9 EGZPO.

§ 542 Statthaftigkeit der Revision

(1) **Die Revision findet gegen die in der Berufungsinstanz erlassenen Endurteile nach Maßgabe der folgenden Vorschriften
statt.**

(2) ¹**Gegen Urteile, durch die über die Anordnung, Abänderung oder Aufhebung eines Arrestes oder einer einstweiligen
Verfügung entschieden worden ist, findet die Revision nicht
statt.** ²**Dasselbe gilt für Urteile über die vorzeitige Besitzeinweisung im Enteignungsverfahren oder im Umlegungsverfahren.**

1. Die **Statthaftigkeit** regelt den Zugang zum Revisionsgericht und **1**
ist eine Zulässigkeitsvoraussetzung (11–37 vor § 511). – **a) Revisions- 2
fähig** sind nach Maßgabe der folgenden §§: – **aa)** End- und GrundUrt
des BerGer. Ausgenommen sind die Fälle in Rn 5. – **bb)** selbständig **3**
anfechtbare ZwischenUrt des BerGer (§ 280 Rn 6), nicht aber die
ZwischenUrt des § 303; vgl aber § 238 Rn 15; – **cc)** Urt des AG und **4**
LG als erste Instanz im Rahmen des § 566 a. – **b) Unstatthaft** ist die **5**
Rev gemäß Abs 2 und in Scheidungsfolgesachen nach Maßgabe des
§ 629 a Abs 1; gegen eine in Urteilsform ergangene gemischte Kosten-

entscheidung nach § 91 a (BGH 113, 362); ferner die isolierte Kosten-
anfechtung (§ 99 Abs 1); wegen der Sonderfälle s dort Rn 8; schließlich
6 grundsätzlich gegen VersU (§§ 565, 514 Abs 2). – **c) Im arbeitsgerichtlichen Verfahren** vgl § 72 ArbGG.

7   **2.** Für **die Beteiligten am Revisionsverfahren** gelten § 511
Rn 5–9, für die erforderliche **Beschwer** 16–32 vor § 511.

§ 543 Zulassungsrevision

(1) **Die Revision findet nur statt, wenn sie**
1. **das Berufungsgericht in dem Urteil oder**
2. **das Revisionsgericht auf Beschwerde gegen die Nichtzulassung zugelassen hat.**

(2) [1]**Die Revision ist zuzulassen, wenn**
1. **die Rechtssache grundsätzliche Bedeutung hat oder**
2. **die Fortbildung des Rechts oder die Sicherung einer einheitlichen Rechtsprechung eine Entscheidung des Revisionsgerichts erfordert.**
[2]**Das Revisionsgericht ist an die Zulassung durch das Berufungsgericht gebunden.**

1   **1. Allgemeines.** Die Revision gegen revisionsfähige Urt (§ 542
Rn 2–4) findet nur nach Zulassung durch das BerGer oder das RevGer
(BGH oder BayObLG) statt.

2   **2. Voraussetzungen der Zulassung.** Abs 2 bestimmt die Zulassungsvoraussetzungen für die Rev wortgleich mit den Voraussetzungen
3 für die Zulassung der Ber nach § 511 Abs 4. – **a)** Für die **Zulassungsentscheidung des BerGer** gelten deshalb die Ausführungen in § 511
4 Rn 20, 21 sinngemäß. – **b)** Für die **Zulassungsentscheidung des
RevGer** ist Abs 2 Nr 1 in gleicher Weise auszulegen (§ 511 Rn 20).
Abs 2 Nr 2 ermöglicht dem RevGer anders als dem BerGer die Berücksichtigung der Einzelfallgerechtigkeit, da Fälle der Verletzung von Ver-
fahrensgrundrechten und der offensichtlichen Unrichtigkeit des BerUrt
zur Sicherung einer einheitlichen Rspr eine Entscheidung des RevGer
erfordern können.

5   **Kein Zulassungsgrund** für das RevGer ist das Vorliegen eines
absoluten RevGrunds iS von § 547 (BAG NJW 01, 3142).

6   **3. Entscheidung über die Zulassung.** – **a)** Im **Urteil des Berufungsgerichts,** richtiger Weise im Tenor, wirksam auch in den Gründen (BAG DB 88, 136). Die Nichtzulassung sollte kurz begründet
werden, weil dagegen die Nichtzulassungsbeschwerde gem § 544 statt-
7 findet. – **Berichtigung** ist zulässig bei Vorliegen der Voraussetzungen
(§ 319 Rn 2–4), also wenn der Wille des Gerichts, die Rev zuzulassen,
schon bei UrtErlass in Erscheinung getreten ist (BGH NJW-RR 01, 61).

8   **b) Beschränkung.** Die Zulassung wirkt für alle Parteien. Jede Beschränkung muss sich klar, sei es auch nur aus den Entscheidungsgrün-

den, ergeben (BGH NJW 95, 1955; 00, 1794/1796). – **Zulässig** auf rechtlich oder tatsächlich selbstständige Teile des Streitstoffs, über die abgetrennt im Wege des Teil- (§ 301), Grund- (§ 304) oder selbstständig anfechtbaren Zwischenurteils (§ 280; nicht: § 303) oder durch Beschluss nach § 17 a Abs 3 GVG hätte entschieden werden können (BGH NJW 87, 3264, NJW 93, 1799). – **Beispiele:** Beschränkung auf eine Prozess- **9** voraussetzung (BGH WM 95, 2046), zB Zulässigkeit der Klage (BGH MDR 90, 607), auf oder gegen einzelne einfache Streitgenossen (BGH LM Nr 9). Auf einen von mehreren selbstständigen vermögensrechtlichen Ansprüchen oder auf einen teilurteilsfähigen Teil des einzigen Anspruchs (BGH NJW 79, 767, NJW 99, 2116). Auf ein Verteidigungsmittel, das einen tatsächlich und rechtlich selbstständigen und abtrennbaren Teil des Gesamtstreitstoffes darstellt, auf den auch die Partei selbst die Revision beschränken könnte (BGH 53, 152), zB auf die Verneinung der Aufrechnungsforderung (BGH NJW 96, 527, NJW-RR 01, 1572). Dazu gehört bei einem nach Grund u Höhe streitigen Anspruch auch Beschränkung auf den Grund, wenn nicht mehrere Anspruchsgrundlagen mit sich daraus ergebenden unterschiedlichen Beträgen in Betracht kommen (BGH NJW 82, 2380), oder auf die Höhe, auch wenn kein GrundUrt erlassen war (BGH NJW 79, 551); durfte es erlassen und dabei ausnahmsweise (§ 304 Rn 7) das mitwirkende Verschulden dem Betragsverfahren vorbehalten werden, so ist auch die Beschränkung darauf zulässig (BGH 76, 397). Unter den vorstehend genannten Voraussetzungen darf die Zulassung der Rev auch in der Weise beschränkt werden, dass sie sich nicht auf das mitwirkende Verschulden bei Entstehung des Schadensereignisses (Zusammenstoß zweier Kfz), sondern nur auf die Entstehung des Schadens aus diesem Ereignis (Verletzung der Anschnallpflicht) erstreckt (BGH NJW 81, 287). Anders, wenn sich der Einwand des Mitverschuldens nicht vom Grund der Haftung trennen lässt, weil Grund u Höhe sich aus einem einheitlich zu würdigenden Schadensereignis ableiten (BGH aaO). Beschränkung auf eine Rechtsfrage, die nur für einen von mehreren entschiedenen Ansprüchen erheblich ist, bedeutet Beschränkung auf diesen Anspruch (BGH 48, 134; zweifelnd BGH Warn 68, 617). – **Unzulässige Beschränkung,** zB auf **10** einzelne von mehreren konkurrierenden Anspruchsgrundlagen (BGH NJW 84, 615, VersR 95, 334), auf die Frage der Verjährung bei einem einzelnen Anspruch (BGH WM 95, 2107), auf die Zulässigkeit der Berufung, weil sie nicht selbstständig anfechtbar ist (BGH NJW 87, 3264), ist wirkungslos, in solchen Fällen volle Nachprüfung (BGH VersR 84, 38, WM 90, 693).

    c) Wirkung. Die Zulassung macht eine sonst nicht statthafte Rev **11** zulässig, soweit nicht andere Zulässigkeitsvoraussetzungen (13–37 vor § 511) fehlen. Die vom BerGer zugelassene Rev bleibt statthaft, auch wenn das RevGer die Entscheidungserheblichkeit der für die Zulassung als wesentlich angesehenen Rechtsfrage verneint (BGH DB 68, 351). Im Fall beschränkter Zulassung darf das RevGer den Streitstoff, soweit er nicht von der Zulassung erfasst wird, in keiner Richtung, auch verfah-

rensrechtlich, mehr nachprüfen; so bei Beschränkung auf einen von
mehreren Ansprüchen iF der Anspruchshäufung nach § 260 (BGH
NJW 69, 50) oder auf die Aufrechnungsforderung (BGH NJW 96, 527). –
12 **d) Die Zulassung durch das Berufungsgericht** ist für das RevGer
bindend (Abs 2 S 2) und für die Parteien unanfechtbar. Die **Nicht-
zulassungsentscheidung** kann vom BerGer nicht abgeändert werden
13 (§§ 525, 318). – **e)** In **Bayern** bestimmen gem § 7 Abs 1 EGZPO die
BerGer zusammen mit der Zulassung nach Abs 1 Nr 1, ob für die
Verhandlung und Entscheidung der Revision der BGH oder das Bay-
ObLG zuständig ist (vgl Rn 2 vor § 542). Ist dies unterblieben, kann
nach dem Meistbegünstigungsgrundsatz die Revision bei jedem dieser
Gerichte eingelegt werden (BGH NJW 94, 1224).

§ 544 Nichtzulassungsbeschwerde

(1) [1]**Die Nichtzulassung der Revision durch das Berufungsgericht unterliegt der Beschwerde (Nichtzulassungsbeschwerde).**
[2]**Die Beschwerde ist innerhalb einer Notfrist von einem Monat
nach Zustellung des in vollständiger Form abgefassten Urteils,
spätestens aber bis zum Ablauf von sechs Monaten nach der
Verkündung des Urteils bei dem Revisionsgericht einzulegen.**
[3]**Mit der Beschwerdeschrift soll eine Ausfertigung oder beglaubigte Abschrift des Urteils, gegen das die Revision eingelegt
werden soll, vorgelegt werden.**

(2) [1]**Die Beschwerde ist innerhalb von zwei Monaten nach
Zustellung des in vollständiger Form abgefassten Urteils, spätestens aber bis zum Ablauf von sieben Monaten nach der Verkündung des Urteils zu begründen.** [2]**§ 551 Abs. 2 Satz 5 und 6 gilt
entsprechend.** [3]**In der Begründung müssen die Zulassungsgründe (§ 543 Abs. 2) dargelegt werden.**

(3) **Das Revisionsgericht gibt dem Gegner des Beschwerdeführ-
rers Gelegenheit zur Stellungnahme.**

(4) [1]**Das Revisionsgericht entscheidet über die Beschwerde
durch Beschluss.** [2]**Der Beschluss soll kurz begründet werden;
von einer Begründung kann abgesehen werden, wenn sie nicht
geeignet wäre, zur Klärung der Voraussetzungen beizutragen,
unter denen eine Revision zuzulassen ist, oder wenn der Beschwerde stattgegeben wird.** [3]**Die Entscheidung über die Beschwerde ist den Parteien zuzustellen.**

(5) [1]**Die Einlegung der Beschwerde hemmt die Rechtskraft des
Urteils.** [2]**§ 719 Abs. 2 und 3 ist entsprechend anzuwenden.** [3]**Mit
der Ablehnung der Beschwerde durch das Revisionsgericht wird
das Urteil rechtskräftig.**

(6) [1]**Wird der Beschwerde gegen die Nichtzulassung der Revision stattgegeben, so wird das Beschwerdeverfahren als Revisionsverfahren fortgesetzt.** [2]**In diesem Fall gilt die form- und frist-**

gerechte Einlegung der Nichtzulassungsbeschwerde als Einlegung der Revision. ³Mit der Zustellung der Entscheidung beginnt die Revisionsbegründungsfrist.

1. Statthaft – a) grundsätzlich gegen jedes BerUrt, das die Rev nicht **1** zugelassen hat. – **b) Ausnahmsweise nicht statthaft** für eine Über- **2** gangszeit bis 31. 12. 2006 gegen BerUrteile, wenn der Wert der mit der Revision geltend zu machenden Beschwer 20 000 € (Berechnung wie § 511 Rn 12) nicht übersteigt, und gegen BerUrteile in Familiensachen (§ 26 Nr 8, 9 EGZPO, dort Rn 9–17).

2. Beschwerdeberechtigt ist diejenige Partei, die durch das BerUrt **3** materiell oder formell beschwert ist (17–20 vor § 511). Ziel der zuzulassenden Revision muss sein, gerade den in der objektiven Beschwer liegenden nachteiligen Inhalt des BerUrt zu beseitigen (wie 21 vor § 511).

3. Einlegungsfrist beginnt – **a)** am Tage wirksamer (17–19 vor **4** § 166) **Amtszustellung** einer vollständigen UrtAusfertigung oder beglaubigten Abschrift, vgl § 517 Rn 2. – **b) Fristende** einen Monat **5** nach ihrem Beginn, vgl § 517 Rn 7. – **c)** bei unterbliebener oder **6** unwirksamer Zustellung eines vollständigen Urt **endet Einlegungsfrist** 6 Monate nach Verkündung (§ 310 Abs 1), auch bei fehlerhafter Verkündung. – **d)** Die Einlegungsfrist ist **Notfrist**, so dass bei Versäumung **7** Wiedereinsetzung möglich, §§ 233 ff.

4. Form der Einlegung. – a) Beschwerdeschrift ist **bestimmender** **8** **Schriftsatz** (§ 129 Rn 5 ff), zu unterzeichnen durch einen beim BGH zugelassenen RA. – **b) Richtiger Adressat** ist allein der BGH (§ 7 **9** Abs 2 EGZPO). – **c)** Für Verbindung mit **PKH-Antrag** gilt § 519 **10** Rn 4 sinngem. – **d) Inhalt** wie bei RevSchrift wegen Abs 6 S 2, § 549 **11** gilt sinngem. Das beizufügende BerUrt (Abs 1 S 3) soll dem BGH die Ermittlung des zuständigen Senats erleichtern.

5. Die Nichtzulassungsbeschwerde muss **begründet** werden – **a)** in **12** einer **Frist** von **2 Monaten** ab Zustellung des vollständigen BerUrt (vgl Rn 4), bei unterbliebener oder unwirksamer Zustellung in einer **Frist** von **7 Monaten** ab UrtVerkündung (vgl Rn 6). Verlängerung der Begründungsfrist wie bei der Rev, § 551 Rn 2; Wiedereinsetzung §§ 233 ff. – **b)** in der Form eines bestimmten Schriftsatzes (§ 129 **13** Rn 5 ff), unterzeichnet wie die Beschwerdeschrift (Rn 8). – **c)** Die **14** Begründung muss enthalten die Darlegung der Zulassungsgründe (Abs 2 S 3) gem § 543 Abs 2, aber auch Ausführungen zur Fehlerhaftigkeit des BerUrt, weil sonst die Beschwer nicht beurteilt werden kann.

6. Verfahren des Revisionsgerichts. – a) Nach **Gelegenheit zur** **15** **Stellungnahme** durch den Gegner (Abs 3) Entscheidung durch Beschluss ohne mdl Vhdlg (§ 128 Abs 4) mit folgenden Möglichkeiten: – **aa) Verwerfung** als **unzulässig,** wenn Form oder Frist der Einlegung **16** oder Begründung nicht eingehalten sind. – **bb) Erklärung eigener** **17** **Unzuständigkeit** und Abgabe der Akten an das BayObLG, wenn die

18 Gründe für die Zulassung im Wesentlichen Normen des bayerischen Landesrechts betreffen (§ 7 Abs 2 S 1 EGZPO). – **cc) Zurückweisung der Beschwerde,** wenn Zulassungsgründe gem § 543 Abs 2 nicht bestehen. Dieser Beschluss ist idR kurz zu begründen, außer wenn er nichts Neues zur Auslegung von § 543 Abs 2 beiträgt (Abs 4 S 2). –
19 **dd) Zulassung** der Revision; Begründung nicht erforderlich (Abs 4
20 S 2). – **b)** Die **Entscheidung** des RevGer ist vAw beiden Parteien **zuzustellen** (Abs 4 S 3).

21 **7. Rechtskraft des Berufungsurteils – a)** wird **gehemmt** durch Einlegung der Beschwerde. Einstweilige Einstellung der Zwangsvollstreckung aus dem BerUrt entspr § 719 Abs 2 wie bei Rev (§ 719
22 Rn 6–11) möglich. – **b) tritt ein** mit Zustellung des die Beschwerde verwerfenden oder zurückweisenden Beschlusses (Abs 5 S 3).

23 **8. Fortsetzung des Beschwerdeverfahrens** als RevVerfahren, wenn die Rev zugelassen wird (Abs 6 S 1). Die Einlegung der Beschwerde gilt dann als RevEinlegung. Die RevBegründungsfrist von 2 Monaten (§ 551 Abs 2 S 2) beginnt mit Zustellung des Zulassungsbeschlusses (Abs 6 S 3). Wenn die Begründung der Beschwerde die Anforderungen an eine RevBegründung erfüllt, kann darauf Bezug genommen werden (§ 551 Abs 3 S 2).

24 **9.** Die Entscheidung des RevGer, gleich welchen Inhalts, ist **unanfechtbar.** Eine Gegenvorstellung, soweit sie statthaft ist, muss innerhalb der Monatsfrist des § 93 Abs 1 BVerfGG erhoben werden (BVerwG NJW 01, 1294). Bei Verletzung des Anspruchs auf rechtliches Gehör kommt entspr Anwendung von § 321 a in Betracht.

§ 545 Revisionsgründe

(1) Die Revision kann nur darauf gestützt werden, dass die Entscheidung auf der Verletzung des Bundesrechts oder einer Vorschrift beruht, deren Geltungsbereich sich über den Bezirk eines Oberlandesgerichts hinaus erstreckt.

(2) Die Revision kann nicht darauf gestützt werden, dass das Gericht des ersten Rechtszuges seine Zuständigkeit zu Unrecht angenommen oder verneint hat.

1 **1. Übersicht.** Zur Zulässigkeit der Rev gehört, dass in der Begründungsschrift die Verletzung irgendeiner Rechtsnorm entspr § 551 Abs 3 S 1 Nr 2 a gerügt wird. Begründet (nur davon handelt § 545 Abs 1) ist die Rev nur, wenn das angefochtene Urt ein revisibles Gesetz (Rn 3–11) verletzt (§ 546) und auf dieser Gesetzesverletzung beruht (Rn 12; § 551). Abs 1 gilt entsprechend im Verfahren nach § 17 a Abs 4 GVG
2 (BGH 133, 240). – **§ 545 gilt nicht** für die Arbeitsgerichtsbarkeit (BAG WM 76, 194).

3 **2. Recht** oder **Vorschrift** ist im materiellen Sinn zu verstehen als Rechtsnorm (§ 546), dh als objektiv allgemein verbindliches Recht,

gültig geschaffen in den vom öffentlichen Recht vorgeschriebenen Formen. Dazu gehören insbes Gesetze ieS, Rechtsverordnungen, Verwaltungsanordnungen, die über innerdienstliche Anweisungen hinaus für Dritte die Grundlage von Rechtsansprüchen darstellen oder die Entstehung einer bindenden rechtlichen Verpflichtung zur Folge haben (BGH MDR 70, 210), Gewohnheitsrecht, Völkerrecht (Art 25 GG), ratifizierte und verkündete Staatsverträge. – **Nicht Vorschrift sind** tatsächliche 4 Feststellungen (zur Abgrenzung vgl § 546) wie Handelsbräuche; Satzungen juristischer Personen des Privatrechts; ferner interne Verwaltungsvorschriften, Dienstanweisungen.

3. Revisibel ist – a) Bundesrecht stets, auch wenn es nicht über ein 5 OLG hinaus gilt. Dazu gehört das von Organen der Bundesrepublik neu geschaffene Recht; früheres Recht, gleichgültig, welche Körperschaft es erlassen hat, dessen Gegenstand entweder heute die ausschließliche Gesetzgebung des Bundes betrifft (Art 124, 73 GG) oder dessen Gegenstand heute die konkurrierende Gesetzgebung von Bund und Ländern betrifft (Art 74 GG), soweit dieses frühere Recht in einer oder mehreren Besatzungszonen einheitlich galt oder soweit es nach dem 8. 5. 45 früheres Reichsrecht abgeändert hat (Art 125 GG). – **b) Sonstiges** 6 **Recht.** Das ist vor allem Landesrecht seit Bestehen der Bundesrepublik und das frühere, soweit es nicht zum Bundesrecht zählt. Es muss in den Bezirken von mindestens 2 OLG gelten, das BerGer braucht nicht dazu zu gehören. Das Recht muss irgendwo in einem OLG-Bezirk anwendbar sein, außerdem in einem anderen OLG-Bezirk der Bundesrepublik (BGH LM Nr 23) gelten oder gegolten haben (BGH 24, 255). Die Rechtsnormen, die nicht Bundesrecht sind, können (BGH WM 88, 1574), müssen aber nicht auf derselben Rechtsquelle beruhen, ihre Übereinstimmung darf nicht nur zufällig, sondern muss gewollt sein (BGH DtZ 97, 357). Bloß tatsächlich übereinstimmende gesetzliche Regelung genügt nicht (BGH NJW 92, 2769). Ferner seit dem Beitritt der früheren DDR das dortige Recht, das im Zeitpunkt der Revisionsverhandlung auf vor dem 3. 10. 90 begründete Schuldverhältnisse über den Bezirk eines BezG hinaus anwendbar war (BGH 120, 10, ZIP 95, 288). – **Maßgebender Zeitpunkt** für die Revisibilität ist die RevVhdlg 7 (BGH 10, 367), so dass auch die nach der letzten BerVhdlg eingetretenen Rechtsänderungen zu berücksichtigen sind (BGH 36, 350; Bettermann ZZP 88, 365/370).

4. Nicht revisibel ist demnach insbesondere – **a) lokales Recht,** 8 das nur im Bezirk eines OLG gilt; auch dann, wenn vergleichbares Ortsrecht bundesweit gilt (BGH 97, 231) und wenn Landesrecht auf Bundesrecht verweist, weil darin regelmäßig nur Übernahme als Landesrecht liegt (BGH 10, 371). Ist solches Recht rechtsirrig vom Berufungsgericht nicht berücksichtigt oder nicht ausgelegt worden, ist es vom Revisionsgericht anzuwenden (BGH NJW 96, 3151, VersR 97, 1420). – **b) Ausländisches Recht** einschließlich Satzungen, dh ob eine seiner 9 Normen richtigerweise angewendet oder nicht angewendet wurde

(BGH WM 71, 1094) einschl Beweislast (BGH WM 69, 858), Auslegungsregeln, allg Rechtsgrundsätzen (BGH WM 69, 1140) und AGB (BGH 112, 204, NJW 94, 1408). Auch wenn es mit dem deutschen Recht übereinstimmt (BGH NJW 59, 1873), auch wenn die Ausführungen des BerGer über das ausländische Recht nicht erschöpfend sind
10 (BGH NJW 88, 647). – **Nachprüfbar ist** die Frage, ob es sich um aus- oder inländisches Recht handelt (BGH 117, 204 für AGB) und ob deutsches oder ausländisches Recht anwendbar ist, also das deutsche IPR (BGH 136, 380/386) und auch diejenigen ausländischen Normen, die auf das deutsche sachliche Recht zurückverweisen (Art 27 EGBGB; BGH NJW 66, 2270), nicht dagegen Weiter- und Rückverweisungen auf anderes ausländisches Recht (BGH 45, 351); nachprüfbar ist, ob das anzuwendende ausländische Recht gegen den deutschen ordre public verstößt. Ferner, ob das BerGer seiner Pflicht, das ausländische Recht zu ermitteln, nachgekommen ist (BGH NJW 88, 647 u 648), ob es Vorbringen, einen Beweisantrag oder das Ergebnis einer Beweiserhebung übersehen hat, auf die es nach seinem Rechtsstandpunkt, den es für das nichtrevisible Recht eingenommen hat, ankam (BGH WM 71, 1094).
11 Wegen der Bindung vgl § 560. – **c)** Die **internationale, örtliche, sachliche und funktionelle Zuständigkeit** des Ger 1. Instanz (Abs 2; für die internationale Zuständigkeit aA Geimer IZPR Rn 1009, 1855).
12 **5. Die Entscheidung beruht auf einer Rechtsverletzung,** materiellrechtlich wenn die richtige Rechtsanwendung zu einem anderen Ergebnis führt, verfahrensrechtlich wenn die Möglichkeit nicht ausgeschlossen werden kann, dass sie ohne die Verletzung anders ausgefallen wäre. Fehlt diese Kausalität, gilt § 561. Das ist vom RevGer frei zu würdigen außer in den Fällen des § 547. Maßgebend ist, ob das Urt auf einer Verletzung desjenigen – auch ausländischen (BGH NJW 62, 961) – Rechts beruht, das auf den abzuurteilenden Anspruch z Zt der RevEntscheidung anzuwenden ist, sodass auch eine Gesetzesänderung nach Erlass des BerUrt zu seiner Aufhebung führen kann, wenn es nachträglich als nicht mehr gesetzeskonform erscheint (BGH NJW 95, 2170).
13 **6. Abs 2** schließt im Interesse der Prozessökonomie und beschleunigung jede Prüfung der internationalen, örtlichen, sachlichen und funktionellen Zuständigkeit des Gerichts des 1. Rechtszugs aus, ebenso, ob das Landwirtschaftsgericht (BGH 114, 277) zuständig war. Eine die Bejahung der örtlichen Zuständigkeit angreifende Revision ist unzulässig (BGH NJW 00, 2822). Wenn das BerGer die Rev wegen der Zuständigkeitsfrage zugelassen hat, ist sie unbegründet (BGH NJW 88, 3267). Abs 2 gilt auch bei örtlicher Zuständigkeit kraft Sachzusammen
14 hangs (BGH NJW 98, 988; aA G. Vollkommer ZZP 99, 102). – **Zulässigkeit des Zivilrechtswegs** ist wegen § 17 a Abs 5 GVG nicht nachprüfbar; Ausnahme dort Rn 22.

§ 546 Begriff der Rechtsverletzung

Das Recht ist verletzt, wenn eine Rechtsnorm nicht oder nicht richtig angewendet worden ist.

1. Die **Rechtsverletzung** kann bestehen – **a) in einem Interpreta-** 1 **tionsfehler,** nämlich darin, dass das Gericht die abstrakten Tatbestandsmerkmale der Rechtsnorm nicht richtig erkennt oder auslegt, zB es lässt für bösen Glauben einfache Fahrlässigkeit genügen, § 932 BGB. Oder – **b) in einem Subsumtionsfehler,** nämlich darin, dass der festgestellte 2 konkrete Sachverhalt die abstrakten Tatbestandsmerkmale der angewendeten Norm nicht oder die Merkmale einer nicht angewendeten Norm ausfüllt, zB die festgestellten Tatsachen ergeben keine grobe Fahrlässigkeit. – **c)** Die Verletzung einer bloßen **Ordnungsvorschrift** begründet die Rev nicht.

2. Tatsachenfeststellung und Rechtsanwendung. Die Grenze ist 3 oft schwer zu ziehen. Das RevGericht ist an die Tatsachenfeststellung gebunden (§ 559), nur die Rechtsanwendung ist nachprüfbar. **Einzelheiten: – a) Auslegung. – aa) Prozesshandlungen,** dh die Bedeu- 4 tung von Handlungen, Unterlassungen oder Erklärungen verfahrensrechtlichen Inhalts in diesem oder einem anderen Verfahren würdigt das RevGericht völlig frei (BGH 4, 328/334, NJW-RR 96, 1210), etwa ob ein Geständnis vorliegt (BGH NJW 01, 2550). – **bb) für behördliche** 5 **Handlungen,** also Entscheidungen, Akte, Erklärungen, Unterlassungen gilt dasselbe. Beispiele: ob Verwaltungsakt oder privatrechtlicher Vertrag (BGH 28, 34). Inhalt eines Verwaltungsaktes (BGH 24, 279/294) und seine Auslegung (BGH NJW 83, 1793), ebenso eines Gemeinderatsbeschlusses (BGH NJW 98, 2138). Art einer zwischenstaatlichen Vereinbarung (BGH 32, 76/84). Ob der Vertrag einer Gemeinde mit einem Bauherren dem öffentlichen oder dem bürgerlichen Recht zugehört (BGH NJW 61, 1355, BGH 32, 214). Inhalt eines Zuschlagsbeschlusses (RG 153, 254) oder einer anderen gerichtlichen oder schiedsgerichtlichen Entscheidung (BGH NJW 57, 791, NJW-RR 90, 194). – **cc) Privatrechtliche Willenserklärungen.** Dazu gehört auch der ma- 6 teriellrechtliche Inhalt eines Prozessvergleichs (BGH MDR 68, 576). Nicht nachprüfbare Tatsachenfeststellung ist die Erklärungshandlung als solche, insbes ihr Wortlaut. Nachprüfbar ist, ob die Erklärung mehrdeutig und damit auslegungsfähig ist (BGH 32, 63, NJW-RR 96, 932); unabhängig von einer Revisionsrüge (BGH NJW 98, 3268/3270), ob die Auslegung gesetzlichen Auslegungsregeln – darunter auch Berücksichtigung alles wesentlichen Auslegungsstoffes (BGH 131, 136, NJW 99, 1022) –, anerkannten Auslegungsgrundsätzen, Erfahrungssätzen, Denkgesetzen oder Verfahrensvorschriften widerspricht (BGH 137, 69/72) und die Interessenlage der Vertragspartner berücksichtigt (BGH NJW 01, 3777). Das Fehlen einer notwendigen Auslegung oder revisible Auslegungsfehler führen dazu, dass eine bindende tatrichterliche Auslegung nicht vorliegt (BGH 131, 297/302). Kommen weitere Feststel-

lungen nicht mehr in Betracht, kann das RevGer die Auslegung, auch als
ergänzende (BGH NJW 98, 1219), selbst vornehmen (BGH 65, 107,
7 NJW 99, 1022). – **dd) Inländische allgemeine Geschäftsbedingungen** und Formularverträge (BGH NJW 01, 1270) sind vom RevGer
nachprüfbar, wenn sie über den Bezirk eines OLG hinaus gelten (BGH
NJW 01, 1270), also nicht, wenn sie eine örtliche Gerichtsstandvereinbarung enthalten (BGH NJW 63, 2227). Für ihre Auslegung ist nicht der
Wille der Parteien im Einzelfall maßgebend, sondern ihr typischer Sinn
nach objektiven Maßstäben unter Beachtung des wirtschaftlichen Zwecks
8 zu ermitteln (BGH NJW 68, 885). – **ee) Vertragswerke, die im Rahmen einer gewerblichen Arbeitsgemeinschaft** zur Regelung einer
Vielzahl von Einzelfällen im gesamten Bundesgebiet erarbeitet wurden,
zB Bankenabkommen zum Überweisungsverkehr, weil hierbei ein Bedürfnis nach einheitlicher Handhabung besteht (BGH NJW 00, 2503). –
9 **ff) Inländische Satzungen.** Von **Stiftungen** stets nachprüfbar, weil
von Anfang an für einen unbestimmten Personenkreis vorgesehen (BGH
NJW 57, 708); von rechtsfähigen und nichtrechtsfähigen (BGH 21, 374)
Vereinen ebenso, falls die Mitglieder über einen OLG-Bezirk hinaus
10 wohnen; von **Kapitalgesellschaften** frei nachprüfbar, soweit sie körperschaftliche Regelungen enthalten, die von Anfang an für einen unbestimmten Personenkreis vorgesehen sind (BGH LM § 549 Nr 25).
11   **b) Beweiswürdigung.** Nachprüfbar sind (Nicht)Anwendung gesetzlicher Beweisregeln, Vermutungen und anerkannter Grundsätze (zB
über den Anscheinsbeweis), rechtliche Möglichkeit, Vollständigkeit und
Freiheit der Würdigung von Widersprüchen, Verstoß gegen Erfahrungssätze und Denkgesetze (BGH NJW 93, 935, NJW 98, 2736), auch
Einhaltung des von § 286 geforderten Beweismaßes (BGH NJW 99,
486); deshalb im BerUrteil Darlegung der wesentlichen Gesichtspunkte
für Überzeugungsbildung erforderlich (BGH NJW 99, 423). Iü gehört
die Beweiswürdigung (§ 286) zur nicht nachprüfbaren Tatsachenfest-
12 stellung. – **c) Denkgesetze und Erfahrungssätze** sind nachprüfbar.
Sie sind zwar keine Normen, aber geben den Maßstab zur Beurteilung
und Wertung von Tatsachen (BGH NJW-RR 93, 653). Anwendung
eines nichtbestehenden und Nichtanwendung eines bestehenden Erfah-
rungssatzes sind nachprüfbar; ebenso die Frage, ob er absolute Geltung
13 und Beweiskraft hat (BGH 12, 25 für Blutgruppengutachten). – **d) Ermessen.** Nachprüfbar ist nur, ob das Gericht es überhaupt ausgeübt hat
(BGH NJW 94, 1143), ob die Voraussetzungen dafür vorlagen und ob
14 die Grenzen eingehalten sind (BGH NJW-RR 92, 866). – **e) Rechtsbegriffe** sind als solche nachprüfbar, nicht aber die Feststellung der sie
ausfüllenden Tatsachen. Beispiel: Arglist, Verstoß gegen Treu und Glauben, Verschulden, grobe Fahrlässigkeit (BGH 10, 14), wichtiger Grund.

§ 547 Absolute Revisionsgründe

**Eine Entscheidung ist stets als auf einer Verletzung des Rechts
beruhend anzusehen,**

1. **wenn das erkennende Gericht nicht vorschriftsmäßig besetzt war;**
2. **wenn bei der Entscheidung ein Richter mitgewirkt hat, der von der Ausübung des Richteramts kraft Gesetzes ausgeschlossen war, sofern nicht dieses Hindernis mittels eines Ablehnungsgesuchs ohne Erfolg geltend gemacht ist;**
3. **wenn bei der Entscheidung ein Richter mitgewirkt hat, obgleich er wegen Besorgnis der Befangenheit abgelehnt und das Ablehnungsgesuch für begründet erklärt war;**
4. **wenn eine Partei in dem Verfahren nicht nach Vorschrift der Gesetze vertreten war, sofern sie nicht die Prozessführung ausdrücklich oder stillschweigend genehmigt hat;**
5. **wenn die Entscheidung aufgrund einer mündlichen Verhandlung ergangen ist, bei der die Vorschriften über die Öffentlichkeit des Verfahrens verletzt sind;**
6. **wenn die Entscheidung entgegen den Bestimmungen dieses Gesetzes nicht mit Gründen versehen ist.**

1. Die **Kausalität der Gesetzesverletzung** für das Urt (§ 545 **1** Rn 12) wird in § 547 bei einigen besonders schweren Verfahrensverstößen **unwiderlegbar vermutet** und insoweit auch § 561 ausgeschaltet. Nachprüfbar ist der Verstoß nur, wenn die Rev zulässig ist (BGH 2, 278). Dazu gehört, soweit es sich nicht um unverzichtbare Prozessvoraussetzungen (15–26 vor § 253) handelt, die ordnungsmäßige Erhebung der Rüge (§ 551 Rn 7). Der Fehler muss, um für das Urt ursächlich zu sein, in der BerInstanz begangen oder es muss von der BerInstanz ein Ergebnis, das auf dem Fehler beruht, vom Ger der 1. Instanz übernommen worden sein. Wo § 547 versagt, bleibt die Kausalität nach § 545 zu prüfen.

2. Die absoluten RevGründe

Nr 1. Vorschriftsmäßige Besetzung des Gerichts. – a) Dazu 2 gehören Befähigung zum Richteramt (§§ 5 ff DRiG) und ordnungsgemäße Bestellung (§§ 8 ff DRiG), richtige Zahl und Vertretung (§§ 22, 70, 75, 105 ff, 116 ff, 122, 192 GVG), richtige Besetzung gem §§ 21 e–g GVG (BGH 126, 63 für § 21 g Abs 2 GVG), 70, 115, 117 GVG (BGH 95, 226 für Hilfsrichter, BGH 95, 246 für Vorsitzenden), § 309 ZPO, Entscheidungsbefugnis des Einzelrichters anstelle des Kollegiums §§ 348, 348 a, 349, 526, 527 (BGH NJW 93, 600; 01, 1357), gesetzmäßiges Zustandekommen der Geschäftsverteilung (BGH NJW 59, 685). Bei Taubheit, ferner Blindheit bei Einnahme eines Augenscheins (BGHSt 4, 191; 5, 354), bei kurzfristiger Abwesenheit eines mitwirkenden Richters (BAG NJW 58, 924) oder Schlaf (BVerwG NJW 66, 467) während der letzten mdl Vhdlg ist das Gericht nicht vorschriftsmäßig besetzt. Wegen Mängeln des Geschäftsverteilungsplans und Fehlern bei seiner Anwendung vgl § 21 e GVG Rn 45–47. – **b) Sie bezieht sich 3 auf das erkennende Gericht** in letzter mdl Vhdlg, im schriftl Ver-

fahren bei letzter Beschlussfassung (BGH NJW 86, 2115, BSG MDR 92, 593). Sie ist nicht vAw, sondern nur auf entspr Verfahrensrüge zu
4   prüfen (BAG NJW 62, 318). – **c) Nicht unter Nr 1 fällt,** wenn ein anderer Spruchkörper statt des nach dem Geschäftsverteilungsplan richtigen entschieden hat (§ 21 e GVG Rn 47); Verletzung des § 39 ArbGG (BAG AP Nr 2 § 39).

5   **Nr 2.** Mitwirkung eines Richters an der Entscheidung, der **vom Richteramt ausgeschlossen** ist (§ 41), außer wenn ein auf diesen Grund gestütztes Ablehnungsgesuch rechtskräftig abgelehnt ist (§ 46 Abs 2).

6   **Nr 3.** Mitwirkung eines Richters an der Entscheidung, der wegen Besorgnis der Befangenheit **erfolgreich abgelehnt** wurde, auch Selbstablehnung (§§ 42–48). Keine analoge Anwendung auf die bloße Möglichkeit erfolgreicher Ablehnung (BGH NJW 81, 1273). Dass der Richter erfolgreich hätte abgelehnt werden können oder die Selbstablehnung hätte erklären müssen, ohne dass dies geschehen ist, genügt nicht als Revisionsgrund (BGH 120, 141); ebenso nicht, dass der Richter wegen eines Verhaltens nach Unterzeichnung, aber vor Verkündung des BerUrt erfolgreich abgelehnt wurde (BGH NJW 01, 1502).

7   **Nr 4. Mangelnde Vertretung** im Prozess. Hierher gehören Auftreten eines Prozessunfähigen ohne gesetzlichen Vertreter. Nicht der richtige gesetzliche Vertreter für den Prozessunfähigen (§ 51 Rn 3) oder nicht der richtige Prozessführungsbefugte (§ 51 Rn 20 f), zB nicht der Insolvenzverwalter (BGH ZIP 88, 446), tritt auf. Jemand anderer tritt unter dem Namen der Partei auf. Fehlende Prozessvollmacht; analog
8   fehlende Parteifähigkeit (§ 50). – Es handelt sich um eine **Schutzvorschrift** für die Partei, die im Vorprozess nicht vorschriftsmäßig vertreten war (StJGrunsky 21). Die Rüge kann bei sonst zulässiger Rev also nur von ihr erhoben werden. Der Gegenpartei fehlt insoweit auch die Beschwer, die für eine im Vorprozess siegreiche Gegenpartei auch nicht aus der Möglichkeit einer Nichtigkeitsklage gegen sie aus § 579 Abs 1
9   Nr 4 hergeleitet werden kann (BGH 63, 78). – **Genehmigung** der Prozessführung heilt den Mangel; vgl § 51 Rn 17.

10   **Nr 5. Verletzung der Öffentlichkeit der Verhandlung** ist erfüllt, wenn während der letzten mdl Vhdlg die Öffentlichkeit entgegen Mussvorschriften des Gesetzes ausgeschlossen (§ 169 GVG) oder zugelassen (§§ 170, 171 Abs 1 HS 1, Abs 2) war. Ferner wenn bei dem Verfahren über den Ausschluss § 174 Abs 1 GVG verletzt wurde (RG 128, 217 für fehlende Begründung gem S 3).

11   **Nr 6. Fehlende Entscheidungsgründe** (§ 313 Rn 27 ff), soweit sie nicht nach §§ 540, 313 a, 313 b entbehrlich sind. Gemeint ist, dass sie überhaupt oder zu wesentlichen Streitpunkten vollständig fehlen, unverständlich oder inhaltslos sind. **Beispiele:** Wenn die UrtGründe bei Ablauf der 5 Monatsfrist in § 548 noch nicht vorliegen, so dass der Partei die 1 Monatsfrist für die Prüfung, ob sie Rev einlegen will, nicht mehr

voll verbleiben würde (BGH NJW 91, 1547, GemSOGB NJW 93, 2603). Gilt entsprechend für Beschlüsse nach mdl Vhdlg (BGH MDR 01, 1184) und Beschwerdeentscheidung des LG in Wohnungseigentumssachen (KG OLGZ 94, 405). Es fehlen vollständig Ausführungen zu einem selbständigen Verteidigungsmittel, das zum Erfolg führen kann (BGH WM 90, 1126/1129, zB eine rechtsvernichtende Einwendung (BGH NJW 83, 2318), Aufrechnung (RG 160, 343), Verjährung (BGH VersR 79, 348). Nicht ersetzbare (vgl § 315 Rn 1) fehlende Unterschrift eines Richters (BGH NJW 77, 765). Wenn bei Auslandsberührung das Urt nicht erkennen lässt, welche Rechtsordnung ihm zugrunde liegt (BGH NJW 88, 3097, MDR 96, 105). – **Nicht unter Nr 6 fallen** 12 Unrichtigkeit, Unklarheit, Unvollständigkeit der Gründe zu einem an sich behandelten Streitpunkt (RG 156, 227); Abfassung der Gründe erst nach Ablauf der Antragsfrist gem § 320 Abs 2 S 3 (BGH 32, 17); Bloße, jedoch nachprüfbare Verweisung auf Rechtsprechung und Schrifttum (BGH NJW 91, 2761); Übergehen eines Verteidigungsvorbringens, das zur Abwehr der Klage ungeeignet ist. – **Fehlender Tatbestand** 13 vgl § 557 Rn 4. **Bezugnahme** auf andere Entscheidungen und auf Aktenstücke (vgl § 313 Rn 27).

§ 548 Revisionsfrist

Die Frist für die Einlegung der Revision (Revisionsfrist) beträgt einen Monat; sie ist eine Notfrist und beginnt mit der Zustellung des in vollständiger Form abgefassten Berufungsurteils, spätestens aber mit dem Ablauf von fünf Monaten nach der Verkündung.

§ 548 entspricht § 517; vgl die Rn dort. Hat das BerGer ein Ergän- 1 zungsurt (§ 321) erlassen, gilt § 518 entspr (BGH LM § 517 Nr 1). Familiensachen vgl § 629 a Abs 3 S 3.

§ 549 Revisionseinlegung

(1) ¹Die Revision wird durch Einreichung der Revisionsschrift bei dem Revisionsgericht eingelegt. ²Die Revisionsschrift muss enthalten:
1. die Bezeichnung des Urteils, gegen das die Revision gerichtet wird;
2. die Erklärung, dass gegen dieses Urteil die Revision eingelegt werde.
³§ 544 Abs. 6 Satz 2 bleibt unberührt.

(2) Die allgemeinen Vorschriften über die vorbereitenden Schriftsätze sind auch auf die Revisionsschrift anzuwenden.

Revisionseinlegung. Entspricht § 519 Abs 1, 2, 4; vgl die Rn dort. 1 Rev ist beim BGH durch einen dort zugelassenen RA, gegen die Urteile bayerischer BerGere, in denen die Rev zum BayObLG zugelassen ist,

nur durch einen bei einem bayer. OLG zugelassenen RA einzulegen.
Die gemäß § 543 Abs 1 S 1 zugelassene Rev ist in Bayern bei dem
RevGer einzulegen, das das BerGer im BerUrteil als zuständig bestimmt
hat, andernfalls ist sie unzulässig (BGH NJW-RR 87, 125, § 7 EGZPO);
vgl 2 vor § 542. Einstellung der ZwVollstr § 719 Abs 2.

2   Führt die Nichtzulassungsbeschwerde zum Erfolg, gilt sie gem § 544
Abs 6 S 2 als Revisionsschrift.

§ 550 Zustellung der Revisionsschrift

(1) Mit der Revisionsschrift soll eine Ausfertigung oder beglaubigte Abschrift des angefochtenen Urteils vorgelegt werden, soweit dies nicht bereits nach § 544 Abs. 1 Satz 4 geschehen ist.

(2) Die Revisionsschrift ist der Gegenpartei zuzustellen.

1   Entspricht §§ 519 Abs 3, 521 Abs 1; vgl die Rn dort.

§ 551 Revisionsbegründung

(1) Der Revisionskläger muß die Revision begründen.

(2) [1]Die Revisionsbegründung ist, sofern sie nicht bereits in
der Revisionsschrift enthalten ist, in einem Schriftsatz bei dem
Revisionsgericht einzureichen. [2]Die Frist für die Revisionsbegründung beträgt zwei Monate. [3]Sie beginnt mit der Zustellung des in vollständiger Form abgefassten Urteils, spätestens
aber mit Ablauf von fünf Monaten nach der Verkündung. [4]§ 544
Abs. 6 Satz 3 bleibt unberührt. [5]Die Frist kann auf Antrag von
dem Vorsitzenden verlängert werden, wenn der Gegner einwilligt. [6]Ohne Einwilligung kann die Frist um bis zu zwei Monate
verlängert werden, wenn nach freier Überzeugung des Vorsitzenden der Rechtsstreit durch die Verlängerung nicht verzögert
wird oder wenn der Revisionskläger erhebliche Gründe darlegt.

(3) [1]Die Revisionsbegründung muss enthalten:
1. die Erklärung, inwieweit das Urteil angefochten und dessen
   Aufhebung beantragt werde (Revisionsanträge);
2. die Angabe der Revisionsgründe, und zwar:
   a) die bestimmte Bezeichnung der Umstände, aus denen sich
      die Rechtsverletzung ergibt;
   b) soweit die Revision darauf gestützt wird, dass das Gesetz in
      Bezug auf das Verfahren verletzt sei, die Bezeichnung der
      Tatsachen, die den Mangel ergeben.
[2]Ist die Revision aufgrund einer Nichtzulassungsbeschwerde zugelassen worden, kann zur Begründung der Revision auf die
Begründung der Nichtzulassungsbeschwerde Bezug genommen
werden.

(4) § 549 Abs. 2 und § 550 Abs. 2 sind auf die Revisionsbegründung entsprechend anzuwenden.

1. Formgerechte Revisionsbegründung ist Voraussetzung für die   1
Zulässigkeit der Rev. Abs 1 und Abs 2 S 1 entsprechen § 520 Abs 1,
Abs 3 S 1; vgl dort Rn 1.

2. Begründungsfrist beträgt zwei Monate; sie beginnt mit Urt-   2
Zustellung, spätestens fünf Monate ab UrtVerkündung wie § 520 Abs 2
S 1. Im Fall einer erfolgreichen Nichtzulassungsbeschwerde beginnt die
Begründungsfrist mit Zustellung des Zulassungsbeschlusses des RevGer
(§ 544 Abs 6 S 3). **Verlängerung** durch Vfg des Vorsitzenden wie in
§ 520 Abs 2 S 2, 3 mit der Abweichung, dass ohne Einwilligung des
Gegners die Begründungsfrist um bis zu zwei Monate verlängert werden
darf.

3. Notwendiger Inhalt der Begründungsschrift. – Nr 1, Revisi-   3
onsanträge, § 520 Rn 17–19 gelten sinngemäß. Die Rev ist unzulässig,
wenn der verurteilte Erblasser sie eingelegt hat und der Erbe sie ohne
jeden Angriff gegen das BerUrt nur zu dem Zweck weiterführt, den
Vorbehalt der beschränkten Erbenhaftung zu erreichen (BGH 54, 204).
– Nr 2. Begründung, weicht von § 520 Abs 3 Nr 2 ab. Was dort   4
Rn 22–32 gesagt ist, außer zu den Angriffen gegen das Urt in tatsächlicher Hinsicht und zum neuen Vorbringen, gilt für die RevBegründung
entspr. Näher Rn 5 ff.

4. Begründung (Abs 3 Nr 2). Vgl auch Rn 4. – **a) Bezeichnung**   5
der Umstände, die die Rechtsverletzung ergeben, prozessual wie
materiell und zwar möglichst bestimmt und genau. Was dafür genügt,
hängt vom Einzelfall ab. Allgemein gültige Regeln gibt es nicht. Die
Begründung muss sich aber mit den tragenden Gründen des Berufungsurteils auseinandersetzen (BAG NJW 98, 2470). Nicht genügend ist
lediglich die Rüge, das materielle Recht sei verletzt (BGH VersR 76,
1063). Angabe einer §-Zahl ist genügend, aber nicht nötig; falsche
Bezifferung schadet nicht. Als genügend ist anzusehen eine Bezeichnung
des Rechtssatzes seinem Gegenstand nach, zB Auslegungsgrundsatz,
Besitzvorschriften. Ist eine Rüge zulässig erhoben, muss im Rahmen der
Anträge die ganze materielle Rechtsanwendung vAw nachgeprüft werden (BGH NJW 99, 2817). – **Beschränkung** des Streitstoffes vgl § 520   6
Rn 28 und § 543 Rn 8–10.

b) Verfahrensrügen betreffen den Weg zum Urt im Gegensatz zum   7
Inhalt des Urt. – Bei ihnen sind die **Einzeltatsachen** anzugeben, in
denen die Gesetzesverletzung gesehen wird. Handelt es sich um gerichtsinterne Vorgänge, muss die Rev zumindest darlegen, dass sie
zweckentsprechende Aufklärung gesucht hat (BGH NJW 92, 512). Der
genaue Prozessvorgang, in dem der Verstoß liegen soll, muss als bestimmt geschehen bezeichnet werden. Ergibt sich daraus nicht ohne
weiteres die **mögliche Kausalität** dieses Vorgangs für das Urt (§ 545
Rn 12), so müssen auch die Tatsachen dafür angegeben werden (BGH
MDR 61, 142). – **Beispiele:** Wer Verletzung von § 139 rügt, muss   8
genau angeben, welche Frage das Ger hätte stellen sollen und wie die
Partei darauf geantwortet hätte (BGH NJW-RR 88, 208). Bei über-

gangenem Beweisangebot muss der Beweisantrag mit Thema und Beweismittel angegeben werden. Im Falle des § 538 muss der RevKläger
angeben, weshalb das BerGer nicht hätte zurückverweisen dürfen, sondern selbst hätte entscheiden müssen (BGH NJW 97, 1710); materiell-
rechtliche Ausführungen im BerUrt kann das RevGer nur nachprüfen,
wenn sie die Grundlage für die Zurückverweisung bilden. Auch in den
Fällen des § 547, soweit es sich nicht um Prozessvoraussetzungen handelt, muss die Rüge ordnungsgemäß erhoben sein (BAG NJW 62, 318;
BGH LM § 551 Ziff 1 Nr 10). Ebenso, dass sich das Ger an die Feststellungen eines Schiedsgerichts gebunden gefühlt habe (BGH 27, 252);
9 Tatsachen für Verkündungsmängel (§ 310 Rn 4–8). – **Keine Rüge ist
erforderlich,** soweit das RevGer vAw zu prüfen hat (§ 557 Rn 3);
ferner, soweit im Eheprozess Beschwer nicht erforderlich ist (§ 629
10 Rn 4). – Soweit die **Begründung der Nichtzulassungsbeschwerde**
diesen Anforderungen genügt, kann im Fall des § 544 Abs 6 die Rev
durch Bezugnahme darauf begründet werden.
11 **c) Verstoß** gegen Abs 3 Nr 2 macht diese Rüge unzulässig und
damit unnachprüfbar. Ist keine Rüge ordnungsgemäß erhoben, ist die
ganze Rev unzulässig (BGH NJW 84, 495). Eine von der Revision
zulässig erhobene Verfahrensrüge kommt der Anschlussrevision nicht
zugute, außer die Angriffe beider Seiten stehen in untrennbarem Zusammenhang (BGH NJW 94, 801).
12 **Abs 5** mit seinen Verweisungen entspricht §§ 520 Abs 5, 521 Abs 1.

13 **5. Neue Revisionsgründe** können innerhalb der Begründungsfrist
formgerecht unbeschränkt nachgebracht werden.
14 **Nach Ablauf der Begründungsfrist** können – **a) neue Verfahrensrügen** nicht mehr erhoben werden, ausgenommen soweit das
RevGer vAw nachprüft (§ 559 Rn 3). Gegen die Versäumung der
Begründungsfrist ist hinsichtlich einzelner Rügen **Wiedereinsetzung**
unzulässig, anders bei unvollständig übermittelter Begründungsschrift
15 (vgl § 520 Rn 16). – **b)** Die **Verletzung materiellen Rechts** kann
unbeschränkt neu gerügt werden, sofern nur die Rev überhaupt zulässig,
insbes also irgendeine prozessuale oder materielle Rüge ordnungsgem
erhoben ist (§ 557 Rn 9).

§ 552 Zulässigkeitsprüfung

(1) [1]**Das Revisionsgericht hat von Amts wegen zu prüfen, ob
die Revision an sich statthaft und ob sie in der gesetzlichen Form
und Frist eingelegt und begründet ist.** [2]**Mangelt es an einem
dieser Erfordernisse, so ist die Revision als unzulässig zu verwerfen.**

(2) **Die Entscheidung kann durch Beschluss ergehen.**

1 Entspricht § 522 Abs 1; vgl dort Rn 1–12.

§ 556 Verlust des Rügerechts

Die Verletzung einer das Verfahren der Berufungsinstanz betreffenden Vorschrift kann in der Revisionsinstanz nicht mehr gerügt werden, wenn die Partei das Rügerecht bereits in der Berufungsinstanz nach der Vorschrift des § 295 verloren hat.

Entspricht § 534. 1

§ 557 Umfang der Revisionsprüfung

(1) Der Prüfung des Revisionsgerichts unterliegen nur die von den Parteien gestellten Anträge.

(2) Der Beurteilung des Revisionsgerichts unterliegen auch diejenigen Entscheidungen, die dem Endurteil vorausgegangen sind, sofern sie nicht nach den Vorschriften dieses Gesetzes unanfechtbar sind.

(3) [1]Das Revisionsgericht ist an die geltend gemachten Revisionsgründe nicht gebunden. [2]Auf Verfahrensmängel, die nicht von Amts wegen zu berücksichtigen sind, darf das angefochtene Urteil nur geprüft werden, wenn die Mängel nach den §§ 551 und 554 Abs. 3 gerügt worden sind.

1. Zuerst ist von Amts wegen die **Zulässigkeit der Revision** zu 1 prüfen; vgl § 552. § 557 setzt eine zulässige Rev voraus und bestimmt den Umfang, in dem ihre Begründetheit (vgl Rn 12 vor § 511) zu prüfen ist. Er wird bestimmt durch eine zulässige Beschränkung der Revisionszulassung im BerUrt (BGH NJW 96, 527) und durch die zuletzt gestellten (§ 297) Revisions- und Anschließungsanträge, Abs 1; vgl § 528. Mit dem prozessualen Anspruch darf sich das RevGer dabei nur insoweit befassen, als die Vorinstanzen darüber entschieden haben (BGH MDR 86, 130). Neue Anträge § 559 Rn 2–6. – **Im Rahmen 2 der Begründetheit der Revision prüft das Gericht** grundsätzlich ohne Bindung an die geltend gemachten RevGründe (Abs 3 S 1):

2. Von Amts wegen die Zulässigkeit des Verfahrens, dh Nach 3 prüfung des bisherigen Verfahrens auf Fehler, die eine Vhdlg und Entscheidung zur Sache in der RevInstanz unzulässig oder unmöglich machen. Hierher gehören: – **a) Zulässigkeit des Berufungsurteils.** Es 4 muss als Grundlage des RevVerfahrens geeignet sein. – **Beispiele für Fehler** in dieser Richtung: Urteil gegen eine Person, die im 2. Rechtszug nicht Partei war (BGH NJW 93, 3067). Unzulässiges Grundurteil (BGH NJW 00, 664, § 304 Rn 11, 19). Urt während Unterbrechung des Verfahrens. Urt unter Verletzung von § 563 Abs 2 (BGH 3, 324, NJW 92, 2831) oder § 308 Abs 1 (RG 156, 376). Schlechterstellung des BerKl lediglich auf seine Ber, § 528 Rn 3–9. Unverständlichkeit des Urt, weil widerspruchsvoll (BGH 5, 240/245, NJW-RR 01, 1351; 17 vor § 300). Ein Mangel, Lücken, Widerspruch, Unklarheit im Tatbestand des Urt, die seine erschöpfende sachliche Nachprüfung verhin-

dern (BGH 40, 84, NJW 96, 2235; Bsp vgl § 161 Rn 5). Völliges
Fehlen des Tatbestandes (BAG NJW 71, 214). Unbestimmtheit der
Klageanträge (BGH 135, 1/6) oder der Zug-um-Zug-Gegenleistung
(BGH 45, 287). In diesen Fällen ist das BerUrt, soweit es den Mangel
enthält (BGH 45, 287), oder ganz (BGH NJW 66, 2356) aufzuheben
5 und zurückzuverweisen. – **b) Zulässigkeit der Berufung** (BGH NJW
01, 226) einschl ev Wiedereinsetzung (BAG NJW 62, 1933, BGH WM
97, 2353) und Zulässigkeit der AnschlussBer. Fehlt eine Zulässigkeitsvoraussetzung für die BerInstanz und lautet das BerUrt anders als auf ihre
Verwerfung, ist es aufzuheben und die Ber zu verwerfen, falls nicht im
Einzelfall das Verbot der Schlechterstellung entgegensteht; vgl § 528
Rn 3–6. Ist der Streitstoff nur teilweise in die Revisionsinstanz gelangt,
so ist das RevGer hinsichtlich des nicht dorthin gelangten Teils wegen
der Rechtskraftwirkung des BerUrt an die Zulässigkeit der Berufung
6 gebunden (BGH NJW 96, 527). – **c)** Die **Prozessvoraussetzungen**
außer den nur auf Rüge zu prüfenden (Rn 29–31 vor § 253). – **Beispiele:** Ist in einer Vorinstanz VersU ergangen, muss die Zulässigkeit des
Einspruchs überprüft werden (BGH NJW 76, 1940), weil andernfalls die
Rechtskraft des VersU dem weiteren Verfahren entgegensteht. Fehlende
Bestimmtheit des Klageantrags, weil mehrere Anträge nicht der Reihenfolge nach als Haupt- und Hilfsanträge klargestellt oder weil eine einheitliche Summe nicht ziffernmäßig verteilt waren (BGH 11, 184, 194;
7 vgl § 253 Rn 8, 9). – **Fehlt eine Prozessvoraussetzung** und lautet das
BerUrt im Ergebnis anders als auf Klageabweisung (bzw Verwerfung des
Einspruchs), ist es aufzuheben und die Klage abzuweisen bzw der Einspruch zu verwerfen. Ist das Fehlen einer Prozessvoraussetzung noch
aufklärungsbedürftig, so kann das RevGer selbst die Aufklärung herbeiführen (BGH ZIP 96, 2090) oder die Sache unter Aufhebung des
BerUrt zurückverweisen (BGH WM 86, 58).

8   **3.** Die **Verfahrensrügen** werden als nächste geprüft. Die Prüfung
beschränkt sich, von der Amtsprüfung in Rn 3–7 abgesehen, auf die
ordnungsgemäß und rechtzeitig gerügten (§ 551 Rn 1, 2, 8, 15) Verfahrensfehler des BerGer (Abs 3 S 2) und auf ihre Kausalität für das Urt.
Fehler der Beweisaufnahme vor dem LG können grundsätzlich nur
gerügt werden, wenn sie vor dem OLG beanstandet wurden (BGH 133,
36/39). Für nicht durchgreifende Verfahrensrügen außer zu § 547
braucht das RevGer im Urteil keine Begründung zu geben, § 564.

9   **4.** Die **sonstige Rechtsanwendung** wird in den Grenzen des § 528
(BGH NJW-RR 95, 240) vAw und ohne Bindung an RevRügen
geprüft. Darunter ist zu verstehen die inhaltliche Richtigkeit des Urt
(Gegensatz: Der richtige Weg zum Urt), die richtige Anwendung der
richtigen Norm auf den abzuurteilenden Gegenstand. Voraussetzung ist
nur, dass eine (auch verfahrensrechtliche) Rüge ordnungsgemäß erhoben
ist. Die Verletzung betrifft hier meist das materielle Recht, etwa die
Anforderungen an eine sustantiierte Darlegung von Anspruchsvoraussetzungen (BGH WM 01, 1225). Der abzuurteilende Gegenstand kann

aber auch prozessrechtlicher Art sein, zB bei der prozessualen Gestaltungsklage des § 767. Anzuwendendes Recht vgl § 545 Rn 12. Beschränkung auf einzelne Urteilselemente § 543 Rn 9.

Abs 2 entspricht teilweise § 512.

5. Unanfechtbare Vorentscheidungen sind vor allem Beschlüsse **10** und Zwischenurteile des BerGer (§ 567 Abs 1; BGH NJW 95, 403), auch die fehlerhafte Verlängerung der Rechtsmittelbegründungsfrist (BGH WM 88, 72). Eine **Bindung des Revisionsgerichts** besteht nur an die Vorentscheidung als solche, nicht an Folgerungen daraus (BGH LM § 548 a F Nr 2). So kann ein abgelehnter Antrag auf Vertagung oder Gewährung von PKH (BGH LM aaO, BSG MDR 98, 1367) oder die Zurückweisung eines Prozessbevollmächtigten gem § 157 (RG 83, 2) als Versagung des rechtlichen Gehörs (Einl I Rn 9 ff) gewertet werden.

§ 558 Vorläufige Vollstreckbarkeit

[1]Ein nicht oder nicht unbedingt für vorläufig vollstreckbar erklärtes Urteil des Berufungsgerichts ist, soweit es durch die Revisionsanträge nicht angefochten wird, auf Antrag von dem Revisionsgericht durch Beschluss für vorläufig vollstreckbar zu erklären. [2]Die Entscheidung ist erst nach Ablauf der Revisionsbegründungsfrist zulässig.

Entspricht § 537 Abs 1. Die dortige Kommentierung gilt sinngem. **1**

§ 559 Beschränkte Nachprüfung tatsächlicher Feststellungen

(1) [1]Der Beurteilung des Revisionsgerichts unterliegt nur dasjenige Parteivorbringen, das aus dem Berufungsurteil oder dem Sitzungsprotokoll ersichtlich ist. [2]Außerdem können nur die im § 551 Abs. 3 Nr. 2 Buchstabe b erwähnten Tatsachen berücksichtigt werden.

(2) Hat das Berufungsgericht festgestellt, dass eine tatsächliche Behauptung wahr oder nicht wahr sei, so ist diese Feststellung für das Revisionsgericht bindend, es sei denn, dass in Bezug auf die Feststellung ein zulässiger und begründeter Revisionsangriff erhoben ist.

Abs 1 Satz 1 in der Fassung von Art 5 Abs 1 a Nr 2 SMG.

1. Allgemeines. § 559 bestimmt im Zusammenhang mit §§ 545, **1** 557 den Prozessstoff der RevInstanz. Da die Nachprüfung nur eine rechtliche ist, schließt § 559 neues Vorbringen weitgehend aus und bindet grundsätzlich das RevGer an die tatsächlichen Feststellungen des BerGer.

2. Neue Ansprüche im Wege der Klageänderung (§ 263), Klageer- **2** weiterung (§ 264 Nr 2, 3), Zwischenfeststellungsklage (§ 256 Abs 2) oder Widerklage (§ 33) können in der RevInstanz grundsätzlich nicht

erhoben werden (BGH 24, 285, NJW 89, 170). Ebenso ist die Erhebung
3 des Hilfsantrags zum Hauptantrag unzulässig (BGH 28, 131). – **Zulässig**
sind – **a) Klageänderung,** für die die zugrunde liegende Tatsache
bereits in einer Vorinstanz festgestellt ist (BGH WM 98, 1689/1691), zB
für Umstellung des Klageantrags auf Zahlung an den Abtretungsempfänger (BGH 26, 31/37), für Übergang von der Leistungs- zur Feststellungsklage, wenn sich das Feststellungsinteresse aus dem im BerUrt
und Sitzungsprotokoll niedergelegten Parteivorbringen ergibt (BGH DB
66, 978). Modifizierte Einschränkung des Klageantrags, wenn sie auf
einen Sachverhalt gegründet ist, den das BerGer bereits in vollem Umfang gewürdigt hat, zB wenn ein bisher kumulierter Hauptantrag nur
4 noch als Hilfsantrag gestellt wird (BGH WM 74, 1185). – **b) Klageerweiterung** auf einen Antrag, über den das BerGer unter Verstoß gegen
§ 308 (dort Rn 2) entschieden hat, wenn auf der Grundlage des festgestellten und unstreitigen Sachverhalts ohne Beschränkung der Vertei-
digungsmöglichkeiten des Gegners eine abschließende Entscheidung
5 möglich ist (BGH NJW 91, 1683). – **c) Feststellung zur Insolvenz-**
6 **tabelle** (§ 180 InsO) statt Zahlung (BGH LM Nr 14). – **d) Neu erhobene Ansprüche** gem §§ 302 Abs 4 S 3, 600 Abs 2, 717 Abs 2, 3.

7   **3. Prozessstoff** ist im Rahmen der RevAnträge (§ 557 Abs 1)
grundsätzlich nur das Parteivorbringen (§ 146 Rn 2), das sich aus dem
BerUrt (nicht nur aus dem Tatbestand) und den nachprüfbaren vorausgegangenen Entscheidungen (§ 557 Abs 2) einschl der Schriftstücke, auf
die in ihnen Bezug genommen ist (BGH NJW 90, 2755), sowie aus den
Sitzungsprotokollen und ihren Anlagen ergibt. Neues Vorbringen darf in
der RevInstanz grundsätzlich nicht berücksichtigt werden (BGH
NJW-RR 93, 774/776), auch dann nicht, wenn es zugestanden ist oder
die Tatsachen erst nach Schluss der BerVhdlg eingetreten sind, zB
Abtretung des erhobenen Anspruchs, Veräußerung der streitbefangenen
Sache; inzwischen eingetretene Fälligkeit, außer der Fälligkeitstag ist im
BerUrt festgestellt (BGH LM § 240 BGB Nr 1); Fortdauer des Ge-
trenntlebens der Ehegatten nach Schluss der mdl Vhdlg im BerVerfahren
(BGH NJW 79, 105). Ausnahmen vgl Rn 8 ff.

8   **4. Neue Tatsachen sind in folgendem Umfang zu berücksichtigen: a) Tatsachen,** von denen die **Zulässigkeit der Revision** selbst
(BGH 22, 372; vgl § 552) oder die Ordnungsmäßigkeit und der Fortgang des RevVerfahrens abhängen. – **Beispiele:** Antrag auf Wiedereinsetzung gegen Versäumung der Rev- oder Begründungsfrist. Gründe für
Unterbrechung des Verfahrens gem §§ 239 ff. Zurücknahme der Rev
oder Verzicht auf sie (BGH WM 68, 377). Klagerücknahme oder
-verzicht. Prozessvergleich in der RevInstanz. Fehlendes Rechtsschutzbedürfnis für die Rev (BGH LM § 546 Nr 21). Wegfall des Feststellungsinteresses (BGH 18, 98). Anerkenntnis. Tatsachen für die neu entstandene Rüge mangelnder Sicherheitsleistung für die Prozesskosten
9 (§§ 110–113). – **b) Tatsachen,** die die vAw zu prüfende **Zulässigkeit
des Verfahrens** betreffen; vgl § 557 Rn 3. – **Beispiele:** Eröffnung,

Einstellung (BGH 28, 13) und Aufhebung (BGH DB 81, 1770) des Insolvenzverfahrens; Wegfall des Rechtsschutzinteresses (BGH ZIP 98, 1324). Prozessfähigkeit, auch in den Vorinstanzen (BGH NJW 70, 1683, WM 86, 58). Prozessführungsbefugnis (§ 51 Rn 19 ff), die Tatsachen hierfür müssen grundsätzlich bis zur letzten Tatsachenverhandlung offengelegt sein (BGH 31, 279, NJW 88, 1585). Tatsachen zur Einhaltung der Ber- und Begründungsfrist (BGH 7, 284). Unzulässigkeit des Einspruchs gegen ein VersU in den Vorinstanzen (BGH NJW 76, 1940).

c) Tatsachen, die **zur Begründung einer Verfahrensrüge** ord- **10** nungsgemäß und rechtzeitig vorgetragen sind (BGH NJW-RR 96, 379); vgl § 551 Rn 1, 2, 8, 15 und § 557 Rn 8. – **d) Tatsachen,** die **zur** **11** **Begründung einer** beim RevGer erhobenen **Wiederaufnahmeklage** (§ 584 Abs 1) dienen oder im schwebenden Rechtsstreit einen Wiederaufnahmegrund gem §§ 579, 580 ausfüllen; soweit nach § 581 erforderlich, nur nach vorausgegangenem StrafUrt (BGH 5, 299). Das gilt bei Auffinden einer Urkunde § 580 Nr 7 b aber nur ganz ausnahmsweise (BGH 5, 240; 18, 59; vgl § 563 Abs 3).

e) Nicht beweisbedürftige materielle Tatsachen seit Schluss **12** **der Berufungsverhandlung** aus prozeßökonomischen Gründen, wenn schützenswerte Belange der Gegenpartei nicht entgegenstehen (BGH NJW 98, 2972/2974; 01, 1272). – **Beispiele:** Behördliche Akte wie **13** Veränderung der Patentlage, wenn endgültiger Patentschutz gewährt oder versagt oder das Patent vernichtet, teilvernichtet, klargestellt, beschränkt oder erloschen ist (BGH NJW 64, 590). Entscheidung des EuGH über den Verstoß gegen eine Vertriebsbindung (BGH WM 85, 241). Rechtskräftige Entscheidung einer für das Revisionsverfahren vorgreiflichen Frage in einem anderen Prozess (BGH WM 85, 263). Erteilung einer landwirtschaftsgerichtlichen (BGH MDR 85, 394) oder gemeindlichen (BGH NJW-RR 98, 1284) Genehmigung. Nichtigerklärung eines Bebauungsplans im Normenkontrollverfahren (BGH Warn 81, 1247). Bestandskräftiger Vermögenszuordnungsbescheid (BGH NJW 98, 989). Gebrauchsmuster (RG 155, 321/326). Erwerb der deutschen Staatsangehörigkeit im Scheidungsprozess (BGH 53, 128). Einbürgerung des angeblichen Vaters im Vaterschaftsfeststellungsprozess (BGH NJW 77, 498). Eintritt der Volljährigkeit, des vom Berufungsgericht festgestellten Fälligkeitstermins (BGH NJW 99, 1261). Eintritt der Verjährung, jedenfalls wenn die Einrede bereits in der Tatsacheninstanz erhoben war (BGH NJW 90, 2754). Haftungsbeschränkung des Erben nach Wegfall der Testamentsvollstreckung (BGH MDR 64, 998) oder nach Eintritt des Erbfalls, außer wenn die noch vom Erblasser eingelegte Revision lediglich zur Aufnahme des Vorbehalts im Berufungsurteil fortgeführt wird (BGH 54, 204). Feststehende materiellrechtliche Auswirkungen der Eröffnung des Insolvenzverfahrens (BGH NJW 75, 442: Wegfall eines Anfechtungsverbots) oder der Rechtsnachfolge (BGH WM 96, 1599). Bindung an eine erst nach Einlegung der Rev ergangene Entscheidung über die Anerkennung eines Arbeitsunfalls

nach § 108 SGB VII (BGH NJW-RR 94, 90). Eröffnung des seerechtlichen Verteilungsverfahrens (BGH 104, 215).

14   **f) Verfahren.** Die unter Rn 8–13 genannten Tatsachen prüft das
Gericht vAw. Begriff: Rn 12 vor § 253. Falls streitig, erhebt das RevGer
Beweis nach allgemeinen Vorschriften; Werp DRiZ 75, 278 hält Freibeweis, insbesondere die Einholung amtlicher Auskünfte und dienstlicher Äußerungen für zulässig.

15   **5. Bindung an die tatsächlichen Feststellungen des Berufungsurteils (Abs 2). – a) Grundsatz.** Tatsächliche Feststellungen des Ber-
Urt binden das RevGer. Die Grundlage der Feststellung ist gleichgültig:
Offenkundigkeit, gesetzliche Vermutung, Auslegungsregel, zugestanden,
16 nicht bestritten, bewiesen auf Grund freier Beweiswürdigung. – **b) Ausnahme. Keine Bindung,** soweit die Beweiskraft des Tatbetands entfällt
(BGH NJW 97, 1917; § 314 Rn 2), das RevGer selbst Tatsachen feststellen (vorstehend Rn 8–14, BGH DB 80, 201) oder eine Willenserklärung bei unterbliebener oder fehlerhafter Auslegung selbst auslegen
darf (BGH NJW-RR 91, 562; vgl § 546 Rn 6). Ferner, wenn der
RevKl zulässig (§ 551 Rn 1, 2, 8, 15) und begründet rügt, die Feststellung beruhe auf Gesetzesverletzung. Keine Bindung auch dann,
wenn das unstreitige Parteivorbringen in sich widersprüchlich ist (BGH
17 NJW 00, 3007). – **Beispiele:** Auslegungsfehler iS von § 546 Rn 6,
ferner bei der Beweiswürdigung, bei (Nicht-)Anwendung von gesetzlichen Vermutungen und Erfahrungssätzen. Verstoß gegen Denkgesetze.
Bezugnahme im Urteil auf Unterlagen, die nicht bei den Akten sind
(BGH NJW 95, 1841). Ermessensmissbrauch. Verkennung von Rechtsbegriffen wie Offenkundigkeit in § 291 (zu allem vgl § 546 Rn 3 ff).
Verletzung der Aufklärungspflicht (§ 139). In sich widersprüchliche
Feststellungen (BGH NJW 00, 3133). Ebenfalls keine Bindung, sondern
Zurückverweisung, wenn der RevBekl bis zum Schluss der RevVer-
handlung Fehler rügt, die er bei der Feststellung solcher ihm ungünstiger
Tatsachen bemängeln will, durch die er infolge Obsiegens in der Vor-
instanz zwar nicht beschwert ist, auf die es aber bei abweichender recht-
licher Beurteilung durch das RevGer ankommt (BGH MDR 76, 138,
BAG NJW 65, 2268).

§ 560 Nicht revisible Gesetze

**Die Entscheidung des Berufungsgerichts über das Bestehen
und den Inhalt von Gesetzen, auf deren Verletzung die Revision
nach § 545 nicht gestützt werden kann, ist für die auf die Revision ergehende Entscheidung maßgebend.**

1   **1. Bindung an die tatsächlichen Feststellungen des Berufungsurteils über Bestehen und Inhalt nichtrevisiblen Rechts** (§ 545
Rn 8–10). Daran ist das RevGer wie an Tatsachenfeststellungen gebunden. Dabei ist gleichgültig, ob es nicht richtig, unvollständig oder widerspruchsvoll angewendet ist (BGH ZZP 74, 110). Dies gilt ausnahmslos

für die Anwendung materiellen Rechts, auch wenn es um eine irrevisible Vorfrage revisibler Rechtssätze geht (BGH 118, 295). Ob Feststellungen des BerGer über den Inhalt irrevisiblen Rechts auch dann bindend sind, wenn sie vAw zu prüfende Prozessvoraussetzungen betreffen, ist vom BGH widerspruchsvoll entschieden. Die Bindung wurde bejaht für die Zulässigkeit des Rechtswegs (BGH 21, 214), für die Parteifähigkeit (NJW 65, 1666). Die Verneinung der Bindung bei der Frage der internationalen Zuständigkeit deutscher Gerichte (BGH NJW 67, 443) ist durch § 545 Abs 2 überholt. – **Auch die Art und Weise,** wie das 2 irrevisible Recht oder Fragen, die nach irrevisiblem Recht zu entscheiden sind, festgestellt wurden, ist nicht nachprüfbar; auch nicht über Rügen, dass dabei Erfahrungssätze, Denkgesetze, allgemeine Rechtsgedanken, Auslegungsgrundsätze, Beweislastregeln oder die §§ 139, 286, 287 verletzt seien (BGH WM 70, 933). – **Nachprüfbar bleibt** die 3 Anwendung deutschen Prozessrechts darauf, ob das BerGer den Tatsachenvortrag der Partei zur Schlüssigkeit nach ausländischem Recht erschöpfend gewürdigt (BGH WM 77, 793) und ob es solche Tatsachen ordnungsgemäß festgestellt hat, die das BerGer selbst nach seiner Auslegung des irrevisiblen Rechts für erheblich ansieht (BGH 3, 346). Ist über solche Fragen Beweis erhoben, so ist nachprüfbar, ob das Verfahren dabei den geltenden Vorschriften entsprach (BGH DB 75, 1937).

2. Keine Bindung. Nachprüfbar ist die Frage, **ob revisibles oder** 4 **nichtrevisibles Recht anzuwenden ist** (vgl § 545 Rn 10). Hat das BerGer letzteres angewendet, obwohl seine Anwendung durch ersteres ausgeschlossen ist, so ist revisibles Recht durch Nichtanwendung verletzt. Nachprüfbar ist eine revisible Vorfrage für einen auf eine irrevisible Anspruchsgrundlage gestützten Anspruch (BGH 118, 295). Hat das OLG anwendbares irrevisibles Recht nicht angewendet, ohne über die Unanwendbarkeit eine Feststellung zu treffen, so kann das RevGer dieses Recht selbst anwenden oder die Sache zurückverweisen (BGH 24, 164; 40, 197).

§ 561 Revisionszurückweisung

Ergibt die Begründung des Berufungsurteils zwar eine Rechtsverletzung, stellt die Entscheidung selbst aber aus anderen Gründen sich als richtig dar, so ist die Revision zurückzuweisen.

Fassung gem Art 5 Abs 1 a Nr 2 SMG.

1. Die **Revision ist unbegründet** und durch Urteil zurückzuweisen 1 **a)** wenn sie nur auf Verletzung nichtrevisiblen Rechts gestützt ist (§ 545); – **b)** wenn die gerügte Rechtsverletzung (§ 551 Abs 3 Nr 2) 2 nicht besteht; – **c)** wenn das BerUrt nicht auf der Rechtsverletzung 3 beruht (§§ 545 bis 547); – **d)** wenn das BerUrt im Ergebnis inhaltlich 4 richtig ist (hierzu eingehend Bettermann ZZP 88, 365/372). Die Zurückweisung der Rev schließt nicht aus, die Formel des BerUrt ohne sachliche Änderung klarzustellen.

5 **2. Unter allen rechtlichen Gesichtspunkten** muss das RevGer
unter Beachtung von § 557 das BerUrt nachprüfen. Kommt es dabei zu
demselben oder zu einem für den RevKl ungünstigeren Ergebnis, ist die
Rev zurückzuweisen. Wegen des Verbots der Schlechterstellung vgl
§ 528 Rn 4 ff.

§ 562 Aufhebung des angefochtenen Urteils

(1) **Insoweit die Revision für begründet erachtet wird, ist das
angefochtene Urteil aufzuheben.**

(2) **Wird das Urteil wegen eines Mangels des Verfahrens aufgehoben, so ist zugleich das Verfahren insoweit aufzuheben, als
es durch den Mangel betroffen wird.**

1 Soweit die Rev begründet ist, ist das BerUrt aufzuheben, in Familiensachen bei Teilaufhebung auf Antrag iF des Zusammenhangs weitergehende Mitaufhebung anderer Teile der Entscheidung, § 629 c. IF des
Abs 2 auch Aufhebung der tatsächlichen Feststellungen. Wegen der
weiteren Entscheidung siehe § 563.

§ 563 Zurückverweisung; eigene Sachentscheidung

(1) [1]**Im Falle der Aufhebung des Urteils ist die Sache zur neuen
Verhandlung und Entscheidung an das Berufungsgericht zurück-
zuverweisen.** [2]**Die Zurückverweisung kann an einen anderen
Spruchkörper des Berufungsgerichts erfolgen.**

(2) **Das Berufungsgericht hat die rechtliche Beurteilung, die
der Aufhebung zugrunde gelegt ist, auch seiner Entscheidung
zugrunde zu legen.**

(3) **Das Revisionsgericht hat jedoch in der Sache selbst zu
entscheiden, wenn die Aufhebung des Urteils nur wegen Rechtsverletzung bei Anwendung des Gesetzes auf das festgestellte
Sachverhältnis erfolgt und nach letzterem die Sache zur Endentscheidung reif ist.**

(4) **Kommt im Fall des Absatzes 3 für die in der Sache selbst zu
erlassende Entscheidung die Anwendbarkeit von Gesetzen, auf
deren Verletzung die Revision nach § 545 nicht gestützt werden
kann, in Frage, so kann die Sache zur Verhandlung und Entscheidung an das Berufungsgericht zurückverwiesen werden.**

1 **1.** Auf **Zurückverweisung** im Rahmen der Aufhebung (§ 562) lautet in der Regel die weitere Entscheidung des RevGer (43–45 vor
§ 511) im Falle einer zulässigen (§ 552) und begründeten (§§ 561, 562)
Rev. Zurückzuverweisen ist auch, wenn das BerUrt die Klage als unzulässig oder nicht schlüssig abweist, das RevGer sie aber für zulässig bzw
schlüssig hält (BGH NJW 86, 2765, NJW 86, 3085, BAG NJW 89, 733;
vgl aber § 528 Rn 9); ebenso wenn das BerGer rechtsirrig die Ber als

unzulässig verworfen statt gem § 539 Abs 1 zurückgewiesen hat (BGH NJW 95, 2563). Hilfsausführungen über die Unbegründetheit gelten als nicht geschrieben (BGH NJW 99, 794) können deshalb nicht Grundlage eigener Sachentscheidung des RevGer sein; Ausnahme vgl Rn 13–15. Zurückverweisung bei Fehlerhaftigkeit nur des Ausspruchs über die Zug-um-Zug-Gegenleistung vgl § 557 Rn 4. Zurückzuverweisen ist an das BerGer; an das Gericht der 1. Instanz nur im Falle einer ersetzenden Entscheidung (Rn 15) oder des § 566. Wird schlechthin zurückverwiesen, kommt die Sache an den nach der Geschäftsverteilung zuständigen Spruchkörper oder ER. Wird an einen bestimmten Spruchkörper zurückverwiesen, bleibt die Sache dort, auch wenn die Geschäftsordnung sich geändert hat. Betrifft die Zurückverweisung ein TeilUrt, hat der bestimmte Senat auch den beim BerGer verbliebenen Rest mit zu erledigen (RG 152, 262). Abs 1 S 2 ist auf BerUrt nicht anwendbar. In Ehesachen muss im Falle des § 629b Abs 1 zurückverwiesen werden. In keinem Fall ist ein Richter ausgeschlossen, weil er am aufgehobenen Urt beteiligt war.

2. Wirkung der Zurückverweisung. – a) Wiedereröffnung der **2** **BerInstanz.** Die Sache wird in Fortsetzung der früheren Vhdlg neu verhandelt. Für das Verfahren gelten §§ 511 ff. Neues Vorbringen ist in den Grenzen der §§ 530 ff zulässig, also auch erstmalige Erweiterung des BerAntrags auf den vollen Umfang der Beschwer (BGH NJW 63, 444).

b) Bindung des Berufungsgerichts bei gleich bleibenden tatsäch- **3** lichen Feststellungen an die rechtliche Beurteilung durch das RevGer, die der Aufhebung zugrunde liegt, außerdem an Tatsachenfeststellungen, die das RevGer ausnahmsweise selbst zu treffen hat (BGH NJW 95, 3115). In Familiensachen § 629b Abs 1 S 2. – **aa) Rechtliche Beur-** **4** **teilung** sind die Rechtsausführungen in ihrer Gesamtheit, vor allem über Inhalt, Gültigkeit, Geltungsbereich, Anwendbarkeit von Rechtsnormen, Erfahrungssätzen und Denkgesetzen auf den festgestellten Tatbestand. Bsp: Zulässigkeit der Rev (BGH 22, 370); Auslegung von Prozesshandlungen, zB Klageantrag (BGH NJW 63, 956); Erheblichkeit einer Tatsache für die anzuwendende Norm; Subsumtion. – **bb) Der** **5** **Aufhebung zugrunde liegt** die rechtliche Würdigung, die für die Aufhebung unmittelbar (Tiedtke JZ 95, 275) ursächlich ist (BGH 132, 6/10). Diese Kausalität besteht, soweit das RevGericht die rechtliche Beurteilung durch das BerGer für rechtsirrig hält und deshalb das BerUrt aufhebt (BGH 3, 326; 6, 76).

c) Keine Bindung besteht – **aa) an die rechtliche Beurteilung** **6** **anderer Ansprüche,** zB neu erhobener oder der restlichen bei Rev gegen ein TeilUrt; wenn sich vor Erlass des neuen Urt die **Rechtslage ändert** (BGH 8, 259) oder das RevGer selbst seine **Rechtsauffassung** inzwischen **geändert** und die Änderung bekanntgegeben hat (Gem-SOGB BGH 60, 392); hinsichtlich der Subsumtion, wenn der jetzt zu beurteilende **Tatbestand** wegen neuen Vorbringens von dem **abweicht,** wie er dem RevGer vorgelegen hat (BGH NJW 51, 524, Oldenburg VersR 90, 1348); – **bb) wenn die rechtliche Beurteilung** **7**

für die Aufhebung nicht ursächlich ist (BGH ZIP 95, 570). Bsp:
Soweit das RevGer die Rechtsauffassung des BerGer billigt (zB Auslegung eines Testaments), aber aus anderen Gründen (zB ungenügende
Prüfung der Irrtumsanfechtung) aufhebt (BGH NJW 69, 661); soweit
das RevGer RevRügen dahingestellt lässt oder die Kausalität festgestellter Rechtsverletzungen für das BerUrt verneint; Richtlinien für die
8 weitere Vhdlg (BGH FamRZ 90, 282). – **cc) wenn es wegen eines
neuen rechtlichen Gesichtspunkts** auf die rechtliche Beurteilung,
wegen deren das RevGer aufgehoben hat, nicht mehr ankommt (Karls-
9 ruhe NJW-RR 95, 237). – **dd)** Keine Bindung ferner an **technische
Regeln** oder **Erfahrungssätze,** die das RevGer seiner rechtlichen
Beurteilung zugrunde legt (BGH NJW 82, 1049).
10 **d) Bindung des RevGerichts selbst** im Rahmen der Rn 3–9, falls
die Sache auf Rev gegen das neue BerUrt noch einmal dorthin gelangt
(BGH 25, 203, BAG WM 77, 828). Das gilt entsprechend für das
BerGer, wenn die Sache nach Aufhebung und Zurückverweisung auf
erneute Berufung wieder dorthin gelangt; das BerGer ist dann an seine
der Aufhebung zugrunde liegende Rechtsauffassung im ersten BerUrt
gebunden, ebenso ist das RevGer auf Revision gegen das zweite BerUrt
11 gebunden (BGH NJW 92, 2831; aA Tiedtke JZ 95, 275). – **Keine
Bindung,** wenn in einer anderen Sache das RevGer vor seiner zweiten
Entscheidung seine Rechtsauffassung geändert und die Änderung bekanntgemacht hat (GemSOGB BGH 60, 392, BAG ZIP 97, 1429).
12 **e) Das neue Urteil des Berufungsgerichts** entscheidet frei, abgesehen von der Bindung Rn 3–9 und an die nicht aufgehobenen eigenen
Entscheidungen gem § 318. Da das Urt des RevGer das BerUrt nur
insoweit aufheben darf, als es dem RevKl nachteilig und deshalb angefochten war, kann bei richtiger Sachbehandlung der Fall kaum eintreten,
dass das BerGer im neuen Urt den RevKl schlechter stellen müsste als in
dem früheren, soweit es aufgehoben wurde. Kommt bei Mitaufhebung
eines nicht mit Rev angefochtenen Teils des BerUrt die Sache an das
BerGer zurück, darf insoweit das neue BerUrt den RevKl ohne Rechtsmittel des Gegners nicht schlechter stellen als das frühere, denn auch das
RevUrt hätte dies nicht gedurft (BGH NJW-RR 89, 1404). Es unterliegt der Rev nach den allg Regeln. Neuer, vAw zu beachtender (BGH
NJW 92, 2831) RevGrund ist die Verletzung von § 563 Abs 2
(vgl § 557 Rn 4). In ihr kann auch ein Verstoß gegen Art 3 Abs 1 GG
liegen (BVerfG NJW 96, 1336: Willkürverbot).

13 **3. Eigene ersetzende Entscheidung (Abs 3).** Hier entscheidet das
RevGer in der Sache selbst anstelle des BerGer, wenn nur wegen eines
Subsumtionsfehlers (§ 546 Rn 2) aufgehoben wird und die Sache
spruchreif ist (§ 300 Rn 2). Alle zur Beurteilung nötigen Anknüpfungstatsachen müssen sich aus dem angefochtenen Urt, das sie lediglich falsch
oder nicht eingeordnet hat, ergeben, ihre rechtliche Würdigung nimmt
14 das RevGericht selbst vor (BGH 122, 308/316). – **Beispiele:** Verwerfung der Ber, die das BerGer für zulässig erachtet hatte. Abweisung der

Klage als unzulässig, wenn beide Instanzen den Bekl verurteilt hatten. Abweisung eines von den Vorinstanzen als unzulässig erachteten Klageantrags als unbegründet, wenn es dazu keiner tatsächlichen Feststellungen bedarf oder hinreichende Feststellungen vom BerGer getroffen und ausnahmsweise verfahrensrechtlich beachtlich sind, nämlich dann, wenn sie der Tatrichter zur Begründung der Abweisung von weiteren Klageanträgen als unbegründet getroffen und dabei den Streitstoff erschöpfend berücksichtigt hat (BGH 46, 281). Zurückweisung der Ber (Abweisung der Klage) als unbegründet, wenn das BerGer (beide Vorinstanzen) sie für begründet erachtet hat. Zusprechen des Klageanspruchs, den die Vorinstanzen sachlich abgewiesen hatten. Zusprechen des Klageanspruchs, den das BerGer als unzulässig abgewiesen hat, wenn das RevGer dem Urt denselben Sachverhalt zugrunde legt, auf dem die ProzAbweisung beruhte und wenn entweder dieser Sachverhalt unstreitig ist (BGH MDR 76, 469) oder die streitigen Tatsachen nicht mehr entscheidungserheblich werden können und weitere Aufklärung nicht erforderlich ist (BGH NJW 92, 436). Zur Zurückverweisung bei Stufenklage vgl § 254 Rn 7 u 9. – Die ersetzende Entscheidung kann **15** aber auch lauten auf **Zurückverweisung an das Ger der 1. Instanz** auf die Ber hin in den Fällen des § 538, wenn das BerGer rechtsirrig selbst entschieden hat (BGH NJW 92, 2099, NJW 00, 575); wenn die Vorinstanzen die Klage für unzulässig hielten (BGH WM 96, 1411); GrundUrt entspr § 538 Abs 1 Nr 4.

4. Abs 4: Ist auf die ersetzende Entscheidung nichtrevisibles Recht **16** anzuwenden (§ 545 Rn 8–11), ohne dass das BerGer dies getan hat, kann das RevGer nach seiner Wahl zurückverweisen oder – einschl der Feststellung des nichtrevisiblen Rechts – selbst entscheiden (BGH NJW-RR 93, 13).

§ 564 Keine Begründung der Entscheidung bei Rügen von Verfahrensmängeln

[1] Die Entscheidung braucht nicht begründet zu werden, soweit das Revisionsgericht Rügen von Verfahrensmängeln nicht für durchgreifend erachtet. [2] Dies gilt nicht für Rügen nach § 547.

Die Regelung dient der Entlastung des BGH von weniger wichtigen **1** Aufgaben. Bezieht sich auf alle gerügten Verfahrensmängel außer den absoluten RevGründen in § 547. Daneben gelten über §§ 555, 525 die Erleichterungen in §§ 540, 313 a.

§ 565 Anzuwendende Vorschriften des Berufungsverfahrens

Die für die Berufung geltenden Vorschriften über die Anfechtbarkeit der Versäumnisurteile, über die Verzichtsleistung auf das Rechtsmittel und seine Zurücknahme, über die Rügen der Unzulässigkeit der Klage und über die Einforderung und Zurücksendung der Prozessakten sind auf die Revision entsprechend anzuwenden.

1   **1. Grundsätzlich** folgt das RevVerfahren dem Verfahren vor dem LG in erster Instanz.

2   **2. Anwendbare Bestimmungen über das Berufungsverfahren. – a) Anfechtbarkeit eines Versäumnisurteils** § 514. Danach ist die Rev gg ein zweites VersU ohne Rücksicht auf Beschwer und Zulassung
3 statthaft (BGH NJW 79, 166). – **b) Verzicht** § 515 und **Rücknahme**
4 **der Revision** §§ 516, 524 Abs 4. – **c) Rügen gegen die Zulässigkeit der Klage** § 532. Neu entstehen kann die Rüge mangelnder Sicherheitsleistung für die Prozesskosten (§§ 110 ff). – **d) Einforderung und Rücksendung der Prozessakten** § 541.

§ 566 Sprungrevision

(1) **[1] Gegen die im ersten Rechtszug erlassenen Endurteile, die ohne Zulassung der Berufung unterliegen, findet auf Antrag unter Übergehung der Berufungsinstanz unmittelbar die Revision (Sprungrevision) statt, wenn**
1. der Gegner in die Übergehung der Berufungsinstanz einwilligt und
2. das Revisionsgericht die Sprungrevision zulässt.
[2] Der Antrag auf Zulassung der Sprungrevision sowie die Erklärung der Einwilligung gelten als Verzicht auf das Rechtsmittel der Berufung.

(2) **[1] Die Zulassung ist durch Einreichung eines Schriftsatzes (Zulassungsschrift) bei dem Revisionsgericht zu beantragen. [2] Die §§ 548 bis 550 gelten entsprechend. [3] In dem Antrag müssen die Voraussetzungen für die Zulassung der Sprungrevision (Absatz 4) dargelegt werden. [4] Die schriftliche Erklärung der Einwilligung des Antragsgegners ist dem Zulassungsantrag beizufügen; sie kann auch von dem Prozessbevollmächtigten des ersten Rechtszuges oder, wenn der Rechtsstreit im ersten Rechtszug nicht als Anwaltsprozess zu führen gewesen ist, zu Protokoll der Geschäftsstelle abgegeben werden.**

(3) **[1] Der Antrag auf Zulassung der Sprungrevision hemmt die Rechtskraft des Urteils. [2] § 719 Abs. 2 und 3 ist entsprechend anzuwenden. [3] Die Geschäftsstelle des Revisionsgerichts hat, nachdem der Antrag eingereicht ist, unverzüglich von der Geschäftsstelle des Gerichts des ersten Rechtszuges die Prozessakten einzufordern.**

(4) **[1] Die Sprungrevision ist nur zuzulassen, wenn**
1. die Rechtssache grundsätzliche Bedeutung hat oder
2. die Fortbildung des Rechts oder die Sicherung einer einheitlichen Rechtsprechung eine Entscheidung des Revisionsgerichts erfordert.
[2] Die Sprungrevision kann nicht auf einen Mangel des Verfahrens gestützt werden.

(5) [1]Das Revisionsgericht entscheidet über den Antrag auf Zulassung der Sprungrevision durch Beschluss. [2]Der Beschluss ist den Parteien zuzustellen.

(6) Wird der Antrag auf Zulassung der Revision abgelehnt, so wird das Urteil rechtskräftig.

(7) [1]Wird die Revision zugelassen, so wird das Verfahren als Revisionsverfahren fortgesetzt. [2]In diesem Fall gilt der form- und fristgerechte Antrag auf Zulassung als Einlegung der Revision. [3]Mit der Zustellung der Entscheidung beginnt die Revisionsbegründungsfrist.

(8) [1]Das weitere Verfahren bestimmt sich nach den für die Revision geltenden Bestimmungen. [2]§ 563 ist mit der Maßgabe anzuwenden, dass die Zurückverweisung an das erstinstanzliche Gericht erfolgt. [3]Wird gegen die nachfolgende Entscheidung des erstinstanzlichen Gerichts Berufung eingelegt, so hat das Berufungsgericht die rechtliche Beurteilung, die der Aufhebung durch das Revisionsgericht zugrunde gelegt ist, auch seiner Entscheidung zugrunde zu legen.

1. Zweck der Sprungrevision ist Beschleunigung des Prozesses, 1 wenn der abzuurteilende Sachverhalt unstreitig, nicht weiter aufklärungsbedürftig ist und die Entscheidung nur von der Beurteilung von Rechtsfragen abhängt. In Arbeitssachen § 76 ArbGG.

2. Zulässigkeitsvoraussetzungen (Abs 1 S 1). – a) Statthaft ist 2 die SprungRev gegen alle (BGH 69, 354) ohne Zulassung berufungsfähigen (§ 511 Abs 2 Nr 1, vgl Rn 2, 3, 19–21)) erstinstanzlichen End-, GrundUrt und selbstständig anfechtbaren ZwischenUrt (§ 280) des AG und LG, ausgenommen Arrest- und Verfügungsurteile § 545 Abs 2. – **b) Die weiteren Zulässigkeitsvoraussetzungen** decken sich mit den 3 in 13–37 vor § 511 genannten. Für Frist und Form der Einlegung gelten §§ 548–550 entsprechend (vgl Anm dort). – **c) Die schriftliche Einwilligung des Gegners,** handschriftlich unterzeichnet (BGH 92, 76; 4 vgl § 129 Rn 6–9), muss entweder mit der RevSchrift oder innerhalb der RevFrist (BGH 16, 194) vorgelegt werden; eine Fristverlängerung ist nicht möglich. Ist Prozesshandlung (Einl III), abzugeben auch von dem am LG bevollmächtigten (BGH VersR 80, 772), in Baulandsachen von jedem RA (BGH NJW 75, 830); bei Urt des AG auch Erklärung zu Protokoll der GeschSt möglich (Abs 2 S 3 Hs 2). Auch in Arbeitssachen RAZwang (BAG 79, 2188). Die Parteien eines bevorstehenden Prozesses können wirksam persönlich vereinbaren, dass gegen das künftige Urt der ersten Instanz nur SprungRev eingelegt werden darf (BGH NJW 86, 198). – **d) Inhalt** des Antrags wie Begründung der Nichtzulassungs- 5 beschwerde (§ 544 Rn 14).

3. Verfahren (Abs 4–7). – a) Das Revisionsgericht entscheidet 6 zunächst über die **Zulassung** durch Beschluss (Abs 5). Zu den Zulassungsgründen vgl § 511 Rn 20 u § 543 Rn 4. – **b) Der mögliche** 7

8   **Inhalt** des Beschlusses entspricht dem über die Nichtzulassungsbeschwerde (vgl § 544 Rn 16–19). – **c) Der Beschluss** ist beiden Parteien **zuzustellen** (Abs 5 S 2).

9   **4. Rechtskraft des BerUrt – a)** wird **gehemmt** durch Antrag auf Zulassung der Sprungrevision (Abs 3 S 1). Einstweilige Einstellung der Zwangsvollstreckung aus dem BerUrt entspr § 719 Abs 2 wie bei Rev

10 (§ 719 Rn 6–11) möglich, – **b) tritt ein** mit Zustellung des die Zulassung ablehnenden Beschlusses (Abs 6).

11   **5. Fortsetzung** als RevVerfahren, wenn die Sprungrev zugelassen wird. Es gelten sinngem die Darlegungen bei der Nichtzulassungsbeschwerde, § 544 Rn 23. – Auf **Verfahrensmängel** kann die Sprung-

12 rev nicht gestützt werden, ebenso nicht eine Anschlussrev (Abs 4 S 2). Das gilt jedoch nicht, soweit Prüfung vAw stattfindet (§ 557 Rn 3).

13   **6.** Als **Verzicht auf Berufung (Abs 1 S 2)** wirken unwiderlegbar und ohne Rücksicht auf einen Verzichtswillen die Einlegung der SprungRev und die Einwilligung des Gegners. Diese Wirkung tritt bindend ein für den RevKl mit Einreichung der RevSchrift, für den RevBekl mit Vorlage der Einwilligungserklärung beim RevGer und Einlegung der Rev durch den Gegner (BGH NJW 97, 2387). Die Verzichtswirkung wird weder durch Unzulässigkeit noch durch Zurücknahme noch durch Nichtzulassung der SprungRev wieder beseitigt (BLAH 4).

14   **7. Zurückverweisung (Abs 8 S 2) nur** an das Gericht der 1. Instanz; entspr § 563 Abs 1 S 2 wohl auch an eine andere Kammer des LG oder einen anderen ER beim LG oder AG. Bindung des Ger der 1. Instanz gem § 563 Abs 2 und eines möglichen nachfolgenden BerGer gem Abs 8 S 3.

15   **8. Abs 3 S 3** will Erteilung des Rechtskraftzeugnisses verhindern und erklärt sich aus § 706 Abs 2 S 2.

Abschnitt 3. Beschwerde

Vorbemerkung

1   **I. Allgemeines.** Die Beschwerde ist ein selbständiges Rechtsmittel, das unabhängig von Berufung und Revision gegen die weniger wichtigen gerichtlichen Entscheidungen stattfindet, nämlich Beschlüsse und Verfügungen, daneben gegen Zwischenurteile (zB § 71 Abs 2; § 387 Abs 3) und Nebenentscheidungen von Endurteilen (zB § 99 Abs 2).

2   **1. Verfahren.** Es ist einfacher gestaltet als die Berufung. Dieser ist die Beschwerde vergleichbar, da neues Tatsachenvorbringen in Grenzen gestattet (vgl § 571 Abs 2 S 1, Abs 3 S 2) und nur bei Rechtsbeschwerden (Rn 11) ausgeschlossen ist. Grundsätzlich gilt das allgemeine Rechtsmittelrecht (4–45 vor § 511). Übergangsvorschrift § 26 Nr 10 EGZPO.

2. Anwendungsbereich. Die §§ 567–577 gelten in der gesamten 3
ZPO. Außerdem schreiben andere Gesetze in verschiedenem Umfang
ihre unmittelbare oder entsprechende Anwendung vor; zB §§ 4, 6, 7
InsO, § 15 Abs 1, § 27 Abs 4 AVAG. Nicht anwendbar sind die
§§ 567–577 auf die Beschwerden nach GBO, FGG, GKG und KostO.

3. Begriffe. Es sind zu unterscheiden: **a) Beschwerdegericht** (ju- 4
dex ad quem) ist das Gericht, das über die Beschwerde entscheidet,
b) Untergericht (judex a quo) ist das Ger, dessen Entscheidung ange- 5
fochten wird. – **c) Beschwerdeführer** heißt derjenige, der Beschwerde 6
eingelegt hat. – **d) Beschwerdegegner** wird genannt, wer Gegenpartei 7
des Beschwerdeführers ist. In bestimmten Fällen gibt es einen solchen
nicht, zB bei Beschwerden von Zeugen (§ 380 Abs 3, § 390 Abs 3).
Niemals ist das Ger, dessen Entscheidung angefochten wird, Beschwerdegegner.

II. Arten der Beschwerde

1. Erstbeschwerde ist eine Beschwerde, mit der erstmals eine be- 8
stimmte Entscheidung angefochten wird. Sie ist entweder unbefristet
(auch einfache Beschwerde genannt) oder als sofortige Beschwerde befristet auf zwei Wochen (§ 569 Abs 1 S 1). Eine Beschwerdefrist von
einem Monat gilt für die PKH-Beschwerde (§ 127 Abs 2 S 3, Abs 3
S 3), die Beschwerde nach § 27 Abs 4 S 2 AVAG, die Nichtigkeitsbeschwerde (§ 569 Abs 1 S 3) und über § 517 die Beschwerde in Familiensachen nach § 621 e Abs 3 S 2.

2. Weitere Beschwerde ist eine Beschwerde, mit der eine Entschei- 9
dung angefochten wird, die über eine erste Beschwerde (Rn 8) getroffen
wurde. Die weitere Beschwerde ist der ZPO unbekannt. Es gibt sie aber
in den Kostengesetzen (vgl zB § 10 Abs 3 BRAGO, § 14 Abs 3 KostO),
in der GBO und im FGG.

3. Anschlussbeschwerde (§ 567 Abs 3) liegt vor, wenn der Be- 10
schwerdegegner (Rn 7) seinerseits Beschwerde einlegt. Sie ist nur als
unselbstständige Anschlussbeschwerde möglich (§ 567 Abs 3 S 2).

4. Rechtsbeschwerde ist eine Beschwerde, die wie eine Revision 11
(§ 545) nur darauf gestützt werden kann, daß in der angefochtenen
Entscheidung das formelle oder materielle Recht verletzt worden sei
(§ 546). Es kann damit also nicht die Tatsachenfeststellung angegriffen
werden, wenn sie ohne Rechtsfehler getroffen wurde (vgl § 559 Abs 2).
Die ZPO kennt als Rechtsmittel gegen Entscheidungen über eine Erstbeschwerde (Rn 8) nur die Rechtsbeschwerde (§§ 574 ff).

III. Abgrenzung zu ähnlichen Rechtsbehelfen

1. Erinnerung ist ein gesetzlicher Rechtsbehelf, der dazu führt, daß 12
eine Entscheidung im selben Rechtszug durch dasselbe Gericht nachgeprüft wird. Für sie gelten die §§ 569 Abs 1 S 1 u 2, Abs 2, 570, 572
entsprechend. Erinnerung ist idR gegen Entscheidungen des beauftragten und ersuchten Richters, des Urkundsbeamten und Rechtspflegers

gegeben. Sie ist für die ZPO allgemein in § 573 geregelt, in § 766 für die ZwVollstr und in § 11 Abs 2 RPflG für Entscheidungen, die der Rechtspfleger trifft. Es ist erst die Entscheidung über die Erinnerung beschwerdefähig in den Fällen der § 573 Abs 2, § 793. Bei der sofortigen Erinnerung (befristet mit 2 Wochen wie die sofortige Beschwerde, § 11 Abs 2 S 1 RPflG) ist die richterliche Entscheidung unanfechtbar, weil sie nur stattfindet, wenn gegen die Entscheidung kein Rechtsmittel gegeben ist (§ 11 Abs 1 S 1 RPflG).

13   **2. Gegenvorstellung** ist ein gesetzlich nicht geregelter formloser Rechtsbehelf, durch den das Gericht, das entschieden hat, veranlaßt werden soll, seine Entscheidung aus übersehenen oder neuen tatsächlichen und rechtlichen Gründen zu ändern. Die Gegenvorstellung wird fast allgemein als statthaft angesehen, da eine Regelungslücke vorliegt (Bauer NJW 91, 1711 mwN). Sie kommt in der Praxis nicht selten vor und muss von der Beschwerde unterschieden werden, da sie nicht in die höhere Instanz führt. Sie ist auch von der Wiederholung der Beschwerde (§ 567 Rn 30) zu unterscheiden und kann nicht in eine sofortige Be-

14 schwerde umgedeutet werden (BGH NJW-RR 01, 279). – **a) Statthaftigkeit:** nur bei Beschlüssen, die nicht mit Beschwerde angefochten werden können, insbes bei Beschwerdeentscheidungen letzter Instanz, soweit Fälle einfacher Beschwerde vorliegen. Bei sofortiger Beschwerde ist Gegenvorstellung nur statthaft wegen Verletzung des rechtlichen Gehörs (vgl Einl I Rn 9 ff; BVerfG NJW 87, 1319; BGH 130, 97; kritisch Kerwer JuS 97, 392), bei Verstößen gegen die Garantie des gesetzlichen Richters (Art 101 Abs 1 S 2 GG; vgl BVerfG NJW 83, 1900 für StPO; Weis NJW 87, 1314) oder gegen das Willkürverbot des Art 20 GG (BGH NJW 00, 590). Nicht genügt der Vortrag, die Entscheidung sei aus rechtlichen oder tatsächlichen Gründen falsch. –

15 **b) Weitere Voraussetzungen.** Eine Wiederholung der Beschwerde (§ 567 Rn 30) muss unzulässig sein (Baumgärtel MDR 68, 970). Die angefochtene Entscheidung darf nicht in materielle Rechtskraft erwachsen, und darf ihrer nicht fähig sein (KG FamRZ 75, 103 mwN). Es darf nicht eine rechtskräftige Entscheidung des Hauptprozesses entgegenstehen (Baumgärtel aaO; vgl § 329 Rn 12). Soweit § 318 gilt, darf keine entgegenstehende Bindung eingetreten sein. Die bloße formelle Rechtskraft hindert die Gegenvorstellung nicht (bestr). Wenn die Gegenvorstellung auf Verletzung rechtlichen Gehörs gestützt wird, ist die Monatsfrist des § 93 Abs 1 BVerfGG einzuhalten (BVerwG NJW 01, 1294). Das allgemeine Rechtsschutzbedürfnis ist wie bei anderen Rechtsbehelfen erforderlich. Soweit §§ 319, 321 anwendbar sind, ist Gegenvorstellung ausgeschlossen, da es sich um eine Sonderregelung handelt. –

16 **c) Verfahren.** Es entspricht dem Beschwerdeverfahren. Es ist rechtliches Gehör (Einl I Rn 9) zu gewähren, aber nur bei möglichem Erfolg der

17 Gegenvorstellung geboten. – **d) Entscheidung.** Formgerechter Beschluß ist nur bei erfolgreicher Gegenvorstellung nötig. Formlose Mitteilung genügt (§ 329 Abs 2 S 1).

3. Dienstaufsichtsbeschwerde ist eine formlose Anregung an den Dienstvorgesetzten eines Richters oder Beamten, dessen dienstliches Verhalten zu überprüfen und ggf Maßnahmen der Dienstaufsicht einzuleiten. Das ist kein Rechtsbehelf der ZPO, sondern gehört zum Justizverwaltungsrecht. Ist die Dienstaufsichtsbeschwerde auf einen Richter bezogen, so ist § 26 DRiG zu beachten. **18**

4. Verwaltungsbeschwerde (Sachaufsichtsbeschwerde) ist ein Rechtsbehelf, der dazu führt, daß Justizverwaltungsakte durch die jeweils übergeordnete Behörde nachgeprüft werden. Auch hierfür gilt die ZPO nicht, sondern Verwaltungsrecht, zT gelten auch Sondervorschriften. Gegen Justizverwaltungsakte findet nach erschöpftem Beschwerdeverfahren (§ 24 Abs 2 EGGVG) Antrag auf gerichtliche Entscheidung statt (§§ 23–30 EGGVG). **19**

Titel 1. Sofortige Beschwerde

§ 567 Sofortige Beschwerde; Anschlussbeschwerde

(1) **Die sofortige Beschwerde findet statt gegen die im ersten Rechtszug ergangenen Entscheidungen der Amtsgerichte und Landgerichte, wenn**
1. **dies im Gesetz ausdrücklich bestimmt ist oder**
2. **es sich um solche eine mündliche Verhandlung nicht erfordernde Entscheidungen handelt, durch die ein das Verfahren betreffendes Gesuch zurückgewiesen worden ist.**

(2) ¹**Gegen Entscheidungen über die Verpflichtung, die Prozesskosten zu tragen, ist die Beschwerde nur zulässig, wenn der Wert des Beschwerdegegenstandes einhundert Euro übersteigt.** ²**Gegen andere Entscheidungen über Kosten ist die Beschwerde nur zulässig, wenn der Wert des Beschwerdegegenstandes fünfzig Euro übersteigt.**

(3) ¹**Der Beschwerdegegner kann sich der Beschwerde anschließen, selbst wenn er auf die Beschwerde verzichtet hat oder die Beschwerdefrist verstrichen ist.** ²**Die Anschließung verliert ihre Wirkung, wenn die Beschwerde zurückgenommen oder als unzulässig verworfen wird.**

I. Statthaftigkeit

1. Allgemeines. § 567 gilt nur für Entscheidungen der AGe und LGe **im 1. Rechtszug.** Beschwerdeführer (6 vor § 567) kann nur sein, wer beschwert ist (17 vor § 511): die Parteien des betreffenden Rechtsstreits, nämlich Kläger, Beklagter, Antragsteller, Antragsgegner, Vollstreckungsgläubiger und -schuldner, Nebenintervenienten und Dritte, die durch die anzufechtende Entscheidung betroffen sind, insbes Zeugen, Sachverständige (§§ 380, 387, 390, 402, 409) und Dritte iS von §§ 142, 144 sowie RAe (§ 135 ZPO; § 10 BRAGO). **1**

2   **2. Statthaft nach ausdrücklicher Vorschrift (Abs 1 Nr 1)** ist die
sofortige Beschwerde in zahlreichen Fällen, zB § 46 Abs 2, § 71 Abs 2,
§ 91a Abs 2, § 99 Abs 2, § 127 Abs 2, 3, § 252, § 269 Abs 5 S 1,
§ 380 Abs 3, § 390 Abs 3, § 409 Abs 2, § 494a Abs 2 S 2, § 793,
§ 934 Abs 4. IdR handelt es sich um Beschlüsse, in einigen Fällen auch
um Urteile, insbes Zwischenurteile, nämlich gegen Dritte (zB
§ 135 Abs 3, § 387 Abs 3). Die Statthaftigkeit der Beschwerde kann
auch durch ein Gesetz außerhalb der ZPO bestimmt sein (2 vor § 567).

3   **3. Statthaft wegen Zurückweisung eines Gesuchs (Abs 1 Nr 2).**
Es ist bei den jeweiligen Paragraphen erörtert, wann die Beschwerde
4   nach dieser Vorschrift stattfindet. Voraussetzungen: **a) Entscheidung**
ohne notwendige mdl Vhdlg (§ 128 Abs 4). Das sind Beschlüsse und
Verfügungen des Gerichts, Vorsitzenden oder Einzelrichters, nicht des
beauftragten oder ersuchten Richters (§ 573). Maßgebend ist nur, daß
die mdl Vhdlg für die Entscheidung nicht notwendig war (§ 128 Abs 4).
Hat sie (als freigestellt, § 128 Abs 4), stattgefunden, steht dies der
5   Anfechtbarkeit nicht entgegen. – **b) Gesuch** (Antrag). Es muss das
Verfahren betreffen. Das ist der jeweilige Rechtsstreit. Das Gesuch kann
vor oder nach Rechtshängigkeit gestellt sein, von jeder am Verfahren
beteiligten Person (Rn 1) ausgehen. Nur der Gesuch(Antrag)steller ist
6   beschwert (vgl 18, 19 vor § 511). – **c) Zurückgewiesen** (gleichbedeutend: abgelehnt oder verworfen): als unzulässig oder unbegründet; auch
nur teilweise. Ist dem Gesuch stattgegeben, so findet Beschwerde, wenn
sie nicht ausdrücklich zugelassen ist (Rn 2), nicht statt, aus Nr 2 auch
nicht für den Gegner, der beantragt hat, das Gesuch zurückzuweisen
(hM) oder eine getroffene Anordnung bei gleichgebliebenen Tatsachen
wieder aufzuheben. Ein Gesuch kann auch stillschweigend dadurch
zurückgewiesen werden, daß eine andere Entscheidung getroffen wird.

7   **4. Statthaft wegen greifbarer Gesetzwidrigkeit** (hM; hierzu kritisch Lotz NJW 96, 2130; Kerwer JuS 97, 592; Wax Fs Lüke 941). Das
Rechtsmittel wird dann auch außerordentliche Beschwerde genannt. Es
ist unanwendbar bei rechtskräftigen Urteilen (München NJW-RR 95,
8   1023 mwN). – **a) Grundsatz.** Ein nach gesetzlichen Vorschriften unanfechtbarer Beschluß (Rn 25–29) kann ausnahmsweise mit der sofortigen Beschwerde anfechtbar sein, wenn die Entscheidung jeder gesetzlichen Grundlage entbehrt und inhaltlich dem Gesetz fremd ist (BGH
109, 41 mwN), insbes wenn die Auslegung des Gesetzes offenbar dem
Wortlaut sowie dem Zweck des Gesetzes widerspricht und zu einer
Anwendung führt, die durch das Gesetz ersichtlich ausgeschlossen werden sollte (BGH NJW 93, 135 mwN = JZ 93, 414 mit abl Anm v
9   Gottwald/Semmelmayer; abl auch Chlosta NJW 93, 2160). – **b) Anwendungsfälle.** Die außerordentliche Beschw ist auf Ausnahmefälle
krassen Unrechts (BGH NJW-RR 94, 62; Stuttgart NJW 97, 64 mwN)
und unzumutbarer Härte (Wax aaO 957) beschränkt. Sie ist nicht schon
dann gegeben, wenn entgegen einer fast allgemeinen, aber nicht ganz
unumstrittenen Meinung entschieden wird (BGH NJW 94, 2363,

NJW-RR 97, 1153, Stuttgart aaO). Verstoß allein gegen wesentliche
Verfahrensvorschriften genügt nicht (BGH aaO), auch nicht ein Verstoß
gegen das rechtliche Gehör (Einl I Rn 24; BGH NJW 90, 838 mwN;
95, 2497; BAG NJW-RR 98, 1528; sehr bestr; vgl die Nachweise bei
E. Schneider in Anm zu BayObLG MDR 98, 1245), wenn der abgelehnte Richter über das Ablehnungsgesuch entscheidet (§ 45 Rn 6;
BGH NJW 92, 984) oder gar eine Entscheidung über die MWSt-Pflicht
von RA-Gebühren (BGH NJW-RR 94, 890). Das Beschwerdegericht
darf nur aufhebend entscheiden (Wax Fs Lüke 953). – **c) Untätigkeits-** 10
beschwerde. Ausnahmsweise zugelassen wird eine Beschw gegen das
Untätigbleiben eines Gerichts, das zur Rechtsverweigerung führt, von
Karlsruhe NJW 84, 985 und Saarbrücken NJW-RR 99, 1290 mwN,
insbes bei tatsächlichem Verfahrensstillstand (§ 252 Rn 6).

II. Zulässigkeit abhängig von Beschwerdewert

Abhängig vom Erreichen einer **Beschwerdesumme** ist die Zuläs- 11
sigkeit (§ 572 Abs 2) von Beschwerden gegen **Kostenentscheidungen**
(Abs 2).

Zu unterscheiden ist:

1. Entscheidungen über die Kostenpflicht (S 1). Das sind Kos- 12
tenentscheidungen (vgl 17–19 zu § 91), die als Beschluss ergehen und
gegen die sofortige Beschwerde stattfindet, insbes gem § 91a Abs 2,
§ 99 Abs 2, § 269 Abs 3. Die Beschwerdesumme beträgt 100,01 €.

2. Andere Kostenentscheidungen (S 2) sind insbes Beschlüsse, 13
gegen die sofortige Beschwerde stattfindet, insbes § 104 Abs 3 und
§ 107 Abs 3, bei § 793. Außerdem wenn in einem Vollstreckungsbescheid gemäß § 699 Abs 3 S 1 (dort Rn 17) Kosten nicht aufgenommen wurden (LG Bremen Rpfleger 88, 538; bestr) oder wenn nur über
die Beitreibung von Kosten der ZwVollstr (§ 788) entschieden wurde
(Köln Rpfleger 93, 146), ferner die Fälle der §§ 5, 25, 34 GKG, § 10,
§ 19 Abs 2, § 128 BRAGO. Die Beschwerdesumme beträgt 50,01 €.

3. Berechnet wird nach § 2 Rn 14. BeschwWert ist also die Diffe- 14
renz zwischen dem erlangten oder auferlegten Kostenbetrag und der mit
der Beschw erstrebten (beantragten) Abänderung. In Betracht kommen
nur die bis zur Einlegung der Beschw angefallenen, nicht aber die
künftig zu erwartenden Kosten. Es kommt nur auf die Kosten an, über
die entschieden ist; daher dürfen mit der sofortigen Erinnerung (§ 11
Abs 2 RPflG) nachgeschobene Kosten nicht hinzugerechnet werden.
Umsatz(Mehrwert)steuerbeträge für RA-Gebühren sind einzurechnen
(hM; Koblenz MDR 92, 196 mwN).

4. Maßgebender Zeitpunkt ist grundsätzlich derjenige der Be- 15
schwerdeeinlegung (§ 4 Rn 4). Wird teilweise abgeholfen, kommt es
nicht auf die ursprüngliche, sondern auf die nach Abhilfe verbliebene
BeschwSumme an (hM; Frankfurt Rpfleger 88, 30). Wird die Beschwerde ohne begründeten Anlass teilweise zurückgenommen (§ 569

Rn 19) und sinkt dadurch der Wert unter die BeschwSumme (Abs 2), so wird das Rechtsmittel unzulässig (hM).

16   **5. Streitwertbeschwerden** (§ 25 GKG; vgl § 2 Rn 11). Beschwerdesumme ist die Kostendifferenz zwischen festgesetztem und erstrebtem Streitwert, nicht die Differenz dieser Streitwerte (allgM).

III. Anschlussbeschwerde

17   **1. Allgemeines.** Die Anschlussbeschwerde ist in Abs 3 gesetzlich in der Weise geregelt, daß § 524 Abs 1 S 2, Abs 2 S 1, Abs 3 wörtlich
18   übernommen wurde. – **a) Anschließung** ist kein Rechtsmittel (vgl § 524 Rn 1). Anwendbar ist § 567 Abs 3 auf alle Arten von Beschwerden (8–11 vor § 567), außer auf die Rechtsbeschwerde (dafür gilt § 574 Abs 4). Die AnschlussBeschw kann nur vom Beschwerdegegner (7 vor § 567) eingelegt werden. Sie muß sich immer auf den mit der Haupt-Beschw angefochtenen Beschluss beziehen und ist auch als Hilfsanschlie-
19   ßung möglich. – **b) Gegenanschließung** liegt vor, wenn der Hauptbeschwerdeführer, nachdem AnschlussBeschw erhoben ist, seine Anträge erweitert, insbes wenn er sein Rechtsmittel auf von ihm nicht angefochtene Teile erstreckt (vgl § 308 Abs 1). Dies ist keine Anschließung iS von § 567 Abs 3 (vgl § 524 Rn 5; umstr), sondern Erweiterung der HauptBeschw. Als Gegenanschließung ist sie nur zulässig im Verbund von Familiensachen und in § 629 a Abs 3 geregelt (dort Rn 25).

20   **2. Unselbständig** ist die Anschlussbeschwerde in jedem Fall, wie sich aus Abs 3 S 2 ergibt.

21   **3. Einlegung** nur durch den Beschwerdegegner (7 vor § 567). Es gilt § 569 Abs 1 S 1, Abs 2, 3 ohne Beschwerdefrist. Nach Vorlage (§ 571 Hs 2) kann aber nur beim BeschwGer (4 vor § 567) eingelegt werden (Köln FamRZ 00, 1027). Zeitpunkt: nicht vor Einlegung der Haupt-Beschw und nur bis das BeschwGer entschieden hat (§ 572 Rn 19, 25; § 329 Rn 2, 5), bei mdl Vhdlg (§ 572 Rn 25) bis zu deren Schluss und nur bis zu einer Rücknahme der HauptBeschw (§ 569 Rn 19).

22   **4. Zulässigkeit (S 1).** Sie erfordert eine ordnungsgemäße Einlegung (Rn 6). Grundsätzlich gilt zwar § 572 Abs 2; jedoch mit erheblichen Abänderungen: Die unselbständige AnschlussBeschw setzt eine gemäß § 572 Abs 2 zulässige HauptBeschw voraus. Es ist keine Beschwer (§ 572 Rn 15) erforderlich und die BeschwSumme muss nicht erreicht sein (vgl § 524 Rn 17). Die unselbstständige AnschlussBeschw ist auch nach Fristablauf zulässig und ein Verzicht steht nicht entgegen (S 1).

23   **5. Entscheidung.** Es gilt § 572 Rn 25. Über HauptBeschw und Anschließung muß nicht zugleich, jedoch darf über die unselbständige Anschließung grundsätzlich nicht vor der HauptBeschw entschieden werden (vgl § 524 Rn 20). Über die Kosten wird einheitlich entschieden, bei erfolglosen Rechtsmitteln gemäß § 97 Rn 5, bei mindestens teilweise erfolgreichen gemäß § 572 Rn 24.

6. Wirkung von Rücknahme oder Verwerfung der HauptBeschw 24
(S 2). Hat der Beschwerdeführer die HauptBeschw wirksam zurückgenommen (§ 569 Rn 19 ff), auf sie nach Einlegung (§ 569) verzichtet
(§ 572 Rn 17) oder hat das BeschwGer die HauptBeschw als unzulässig
verworfen (§ 572 Rn 13), so verliert sie als **unselbständige** ihre Wirkung kraft Gesetzes zu dem Zeitpunkt, an dem das Ereignis, das den
Wirkungsverlust herbeiführt, wirksam wird, zB bei Verwerfung durch
den Beschluss (§ 329 Rn 2, 6). Damit ist die Anschließung erledigt,
über sie wird nicht mehr entschieden, die Instanz ist abgeschlossen und
die angefochtene Entscheidung wird bei der sofortigen Beschwerde
formell rechtskräftig (§ 705 Rn 1, 9). Wird die AnschlussBeschw weiterverfolgt, so ist sie vom BeschwGer wegen versäumter Frist zu verwerfen (vgl § 572 Rn 13 u § 524 Rn 22).

IV. Unanfechtbarkeit 25

Das bedeutet, daß eine Entscheidung nicht beschwerdefähig ist.

1. Allgemein ist die Unanfechtbarkeit (auch bei Entscheidungen des
AG) in zahlreichen Fällen gegeben, zB in § 46 Abs 2, § 127 Abs 2 S 1,
§ 225 Abs 3, § 238 Abs 3, § 268, § 281 Abs 2 S 2, § 348 Abs 4, § 348 a
Abs 3.

2. Entscheidungen des Landgerichts (Abs 1) im Rechtsmittelver- 26
fahren. – **a) Umfaßt** sind alle Beschlüsse und Verfügungen, die im
Berufungs- oder Beschwerdeverfahren ergehen, zB zur Aussetzung
(§ 252), Klagerücknahme (§ 269 Abs 3), Einstellung der ZwVollstr
(§§ 707, 719, 769). Dies gilt auch für die Entscheidungen über das
Rechtsmittel, insbes für § 91 a Abs 2, § 99 Abs 2, § 127 Abs 2 S 2,
Abs 3, § 269 Abs 5 S 1. – **b) Ausgenommen** von der Unanfechtbar- 27
keit ist die Verwerfung der Berufung durch Beschluss (§ 522 Abs 1 S 4).

3. Entscheidungen des Oberlandesgerichts. Betrifft Beschlüsse 28
und Verfügungen. Mit Ausnahme des § 621 e Abs 2, der Verwerfung der
Berufung durch Beschluss und der Verweisungsbeschlüsse wegen Unzulässigkeit des beschrittenen Rechtswegs (§ 17 a Abs 4 GVG; ferner
§ 159 GVG) können Entscheidungen (Urteile, Beschlüsse, Verfügungen)
des OLG nie mit Beschw angefochten werden, selbst wenn der Entscheidung eine gesetzliche Grundlage fehlen sollte, erst recht nicht,
wenn (auch wesentliche) Verfahrensvorschriften verletzt sind (hM; vgl
Rn 9). Der Ausschluss der Beschw betrifft nicht nur die Prozessparteien,
sondern auch Dritte, denen durch Entscheidung des OLG Kosten auferlegt sind (BGH NJW 88, 49; hierzu kritisch Smid NJW 89, 1578). Es
können lediglich unter den Voraussetzungen von Rn 13–15 vor § 567
Gegenvorstellungen erhoben werden (BGH NJW 00, 590).

4. Ermessensentscheidungen des Gerichts sind, sofern die Voraus- 29
setzungen des Ermessens richtig angenommen wurden, unanfechtbar,
selbst wenn ein darauf gerichtetes Gesuch zurückgewiesen wurde (hM),
zB Wahl des schriftlichen Vorverfahrens (§ 276 Abs 1 S 1) und Anordnung freigestellter mdl Vhdlg (§ 128 Abs 4).

V. Wiederholung

30   Beschwerden können grundsätzlich nicht wiederholt oder erneuert werden. Ist einmal über die Begründetheit der Beschw entschieden worden, so ist der Beschwerdeweg erschöpft und eine Wiederholung unzulässig; die Beschw ist verbraucht (Bamberg NJW 65, 2407; Frankfurt Rpfleger 74, 273). Nur wenn sie als unzulässig verworfen wurde, kann eine neue Beschw eingelegt werden. Neue Tatsachen (veränderte Sachlage) oder Gesetzesänderungen können eine gegen den selben Beschluss wiederholte Beschw nicht rechtfertigen; sie können nur einen neuen Antrag an das Untergericht (5 vor § 567) begründen (hM), auch eine Gegenvorstellung (13 vor § 567). Hiervon zu unterscheiden ist die prozessuale Überholung, die eine andere Zulässigkeitsvoraussetzung entfallen läßt, nämlich das Rechtsschutzbedürfnis (§ 572 Rn 18). Bei wiederholten Eingaben von Querulanten wird zweckmäßig das Rechtsschutzbedürfnis verneint.

§ 568 Originärer Einzelrichter

[1] Das Beschwerdegericht entscheidet durch eines seiner Mitglieder als Einzelrichter, wenn die angefochtene Entscheidung von einem Einzelrichter oder einem Rechtspfleger erlassen wurde. [2] Der Einzelrichter überträgt das Verfahren dem Beschwerdegericht zur Entscheidung in der im Gerichtsverfassungsgesetz vorgeschriebenen Besetzung, wenn

1. die Sache besondere Schwierigkeiten tatsächlicher oder rechtlicher Art aufweist oder

2. die Rechtssache grundsätzliche Bedeutung hat.

[3] Auf eine erfolgte oder unterlassene Übertragung kann ein Rechtsmittel nicht gestützt werden.

1   **1. Entscheidender Richter** ist im Beschwerdeverfahren an Stelle der Kammer beim LG oder des Senats beim OLG der **Einzelrichter,** wenn die angefochtene Entscheidung – **a)** entweder vom **Rechtspfle-**
2   **ger** (§ 3 RpflG) – **b)** oder von einem **Einzelrichter** erlassen wurde. Das ist stets der Fall beim AG und beim LG beim Vorliegen von §§ 348 Abs 1 S 1, 348 a Abs 1, 349 Abs 2, 3 (s dort), **nicht** im Fall von § 3 Abs 3 AVAG, weil der Vorsitzende die Sache nicht nach § 348 a Abs 3 der Kammer andienen darf.

3   **2. Die Bestimmung des Einzelrichters** aus den Mitgliedern des Kollegiums des BeschwGer, einschließlich des Vorsitzenden, geschieht durch den Geschäftsverteilungsbeschluss des Spruchkörpers (§ 21 g Abs 3 GVG); bei der KfH kann nur der Vorsitzende ER sein.

4   **3. Befugnisse des Einzelrichters. – a) Grundsatz: Entscheidung.** Der ER hat die volle Stellung des BeschwGer. Er muss also die Sache bis zur Beendigung des BeschwVerf führen und ggf die Endentscheidung erlassen. Auch für danach noch nötig werdende Entscheidungen, zB Streitwertfestsetzung, über Kosten, Gebühren, Auslagen, Ein-

stellung der ZwVollstr, Berichtigung oder Ergänzung der Entscheidung bleibt er zuständig. – **b) Ausnahme: Übertragung** auf das Kollegium. **5** Der ER muss das BeschwVerf unter den Voraussetzungen des S 2 auf die Zivilkammer, die vollbesetzte KfH oder den Senat übertragen: – **aa) Bei 6 besonderen Schwierigkeiten** tatsächlicher oder rechtlicher Art. Das Adjektiv „besondere" zeigt, dass sie erheblich über dem durchschnittlichen Grad liegen müssen. Darunter kann zB fallen ein in seinen wirtschaftlichen, technischen, wissenschaftlichen Zusammenhängen auffallend schwer überschaubarer und schwer verständlicher Sachverhalt, insbes wenn voraussichtlich eine Beweisaufnahme nötig wird, die zur Würdigung widersprüchlicher Aussagen oder Gutachten führen kann; oder die Lösung ganz ausgefallener oder sehr komplizierter Rechtsfragen, zumal wenn sie in Rechtsprechung und Schrifttum noch wenig erörtert sind. – **bb) Bei grundsätzlicher Bedeutung der Rechts- 7 sache.** Begriff § 511 Rn 20.

4. Verstoß. Entscheidung durch den ER ohne Vorliegen von S 1 **8** oder Übertragung auf das Kollegium ohne die Voraussetzungen des S 2 sind durch Rügeverzicht nicht heilbare Verfahrensfehler, weil es um den gesetzlichen Richter geht (BGH NJW 93, 600). Allerdings ist die Übertragung auf das Kollegium und ihr Unterbleiben nach S 3 unanfechtbar.

§ 569 Frist und Form

(1) ¹**Die sofortige Beschwerde ist, soweit keine andere Frist bestimmt ist, binnen einer Notfrist von zwei Wochen bei dem Gericht, dessen Entscheidung angefochten wird, oder bei dem Beschwerdegericht einzulegen. ²Die Notfrist beginnt, soweit nichts anderes bestimmt ist, mit der Zustellung der Entscheidung, spätestens mit dem Ablauf von fünf Monaten nach der Verkündung des Beschlusses. ³Liegen die Erfordernisse der Nichtigkeits- oder der Restitutionsklage vor, so kann die Beschwerde auch nach Ablauf der Notfrist innerhalb der für diese Klagen geltenden Notfristen erhoben werden.**

(2) ¹**Die Beschwerde wird durch Einreichung einer Beschwerdeschrift eingelegt. ²Die Beschwerdeschrift muss die Bezeichnung der angefochtenen Entscheidung sowie die Erklärung enthalten, dass Beschwerde gegen diese Entscheidung eingelegt werde.**

(3) **Die Beschwerde kann auch durch Erklärung zu Protokoll der Geschäftsstelle eingelegt werden, wenn**
1. **der Rechtsstreit im ersten Rechtszug nicht als Anwaltsprozess zu führen ist oder war,**
2. **die Beschwerde die Prozesskostenhilfe betrifft oder**
3. **sie von einem Zeugen, Sachverständigen oder Dritten im Sinne der §§ 142, 144 erhoben wird.**

1. Allgemeines. Die Vorschrift regelt Adressat, Frist und Form der **1** Einlegung der sofortigen Beschwerde.

2   **2. Adressat.** Die sof Beschw kann nach Wahl des BeschwFührers entweder beim **Untergericht** (5 vor § 567) oder beim **BeschwGer** (4 vor § 567) eingelegt werden(Abs 1 S 1). Sinnvoll ist wegen der Abhilfebefugnis nach § 572 Abs 1 S 1 die Einlegung beim Untergericht.

3   **3. Frist (Abs 1 S 1).** Sie ist eine Notfrist (§ 224 Abs 1 S 2); daher findet Wiedereinsetzung statt (§ 233). Die sof Beschw kann erst ab Erlass der Entscheidung, aber schon vor dem Beginn der Frist eingelegt werden. Erlassen ist die Entscheidung mit Verkündung (§ 329 Abs 1 S 1), mangels Verkündung mit der ersten Hinausgabe aus dem Gerichtsbetrieb (§ 329 Rn 5), so dass die Entscheidung schon vor der Zustellung beschwerdefähig ist.

4   **a) Beginn.** Eine formlose Mitteilung verstößt gegen § 329 Abs 3
5   und setzt die Frist nicht in Lauf. – **aa) Mit Verkündung:** 5 Monate nach Verkündung, wenn die Zustellung unterblieben ist oder wenn sie
6   unwirksam war (Abs 1 S 2). – **bb) Mit Zustellung** für jede Partei getrennt (§ 329 Abs 2 S 2). Die zugestellte Ausfertigung oder Abschrift muss auch bei Beschlüssen die Gründe enthalten. Bei verkündeten Beschlüssen beginnt die Frist mit Zustellung gem § 329 Abs 3 (Ausnahmen Rn 4 und § 127 Abs 3 S 3).

7   **b) Dauer:** zu berechnen nach § 222. – **aa) Zwei Wochen** ist der
8   Regelfall (Abs 1 S 1). – **bb) Ein Monat** für die sofortige Beschwerden im PKH-Verfahren (§ 127 Abs 2 S 4, Abs 3 S 3), nach § 27 Abs 4 AVAG, die befristete Beschwerde in Familiensachen (§ 621 e Abs 3) und für die Nichtigkeitsbeschwerde (Abs 1 S 3), bei der die Monatsfrist (§ 586 Abs 1) nach Maßgabe des § 586 Abs 2 S 1 beginnt. Es müssen die Voraussetzungen der §§ 579–582 erfüllt, nicht nur behauptet sein. Der Wiederaufnahmegrund muß also wirklich vorliegen, damit die Nichtigkeitsbeschwerde innerhalb der verlängerten Frist zulässig ist (KG OLGZ 76, 365). Das Rechtsmittel bleibt aber Beschw, so dass es nur gegen Entscheidungen der 1. Instanz gegeben ist. Die Ausschlussfrist des § 586 Abs 2 S 2 ist zu beachten.

9   **4. Beschwerdeschrift (Abs 2 S 1). – a) Schriftform:** § 129 Rn 5–14. – **b) Anwaltszwang.** Wegen § 78 Abs 1 muss der RA bei dem Gericht zugelassen sein, bei dem er Beschwerde einlegt (BGH NJW 00, 3956). Für die Anfechtung einer vom AG erlassenen Entschei
10   dung besteht jedoch kein Anwaltszwang (Rn 13). – **c) Inhalt.** Die angefochtene Entscheidung muss bezeichnet und dass Beschwerde (nicht notwendig wörtlich, BGH NJW 92, 243) eingelegt wird, muss erklärt sein (§ 519 Abs 2 entspr).

11   **5. Einlegung zu Protokoll der Geschäftsstelle** (Abs 3) eines zuständigen Gerichts (Rn 2). Soweit dies zulässig ist, kann ohne Anwalts
12   zwang (Rn 9) die Beschw auch schriftlich eingelegt werden. **a) Form.** Das Protokoll wird grundsätzlich vom Urkundsbeamten (§ 153 GVG) aufgenommen oder vom Rechtspfleger (§ 26 RPflG). Das Protokoll ist erst recht wirksam, wenn es der Richter aufnimmt. Er ist aber keinesfalls verpflichtet, die Einlegung der Beschw zu protokollieren (vgl § 160).

b) Voraussetzungen für die Zulässigkeit (Abs 3 Nr 1–3). – **13**
aa) Rechtsstreit außer Anwaltszwang (§ 78). Das trifft beim AG zu
(§ 79), am Familiengericht jedoch nur unter den Voraussetzungen des
§ 78 Abs 2 und 3. Rechtsstreit ist nicht nur das Urteilsverfahren, sondern jedes Verfahren, das der ZPO unterliegt. Daher ist für Nebenverfahren nicht auf den Hauptsacheprozess abzustellen. Findet es vor dem
Rechtspfleger statt, besteht wegen § 13 RPflG kein Anwaltszwang
(Nürnberg MDR 00, 232). Daher begründet das Erinnerungsverfahren
(§ 766) die Anhängigkeit beim AG, auch wenn das Urteilsverfahren für
den Vollstreckungstitel beim LG begann. War der Rechtsstreit beim AG
anhängig und nicht als Anwaltsprozess zu führen, so gilt Abs 3 Nr 1
auch für die Berufungs- und Beschwerdeinstanz, dh für die in ihr eingelegte Beschw (hM; BGH NJW 84, 2413 und FamRZ 88, 1159). Die
Freistellung von Anwaltszwang gem Abs 3 Nr 1 entfällt aber, wenn das
Verfahren schon im ersten Rechtszug als Anwaltsprozess zu führen war,
zB wenn das AG gem §§ 281, 506, 696, 700 an das LG im ersten
Rechtszug verwiesen oder abgegeben hat (BGH NJW 79, 1658). Wird
ein Antrag auf Arrest oder einstweilige Verfügung vom LG ohne mdl
Vhdlg durch Beschluss abgelehnt, so besteht für die sof Beschw kein
Anwaltszwang (§ 922 Rn 6). – **bb) Prozesskostenhilfe.** Die sof Be- **14**
schwerden nach § 127 Abs 2 S 2 fallen stets darunter (Abs 3 Nr 2).
Ebenso sof Beschwerden gemäß § 78 b Abs 2. – **cc) Zeugen, Sach- 15**
verständige und Dritte iS der §§ 142, 144 (Abs 3 Nr 3), außerdem
Untersuchungspflichtige und Parteien, nach § 141 Abs 3, § 142 Abs 2,
§ 144 Abs 2, § 273 Abs 4, § 279 Abs 2, § 372 a Abs 2 S 1, § 380 Abs 3,
§ 390 Abs 3, § 409 Abs 2, § 411 Abs 2 S 4, § 613 Abs 2. – **dd) Son- 16**
dervorschriften lassen ebenfalls Protokollerklärung zu: § 5 Abs 3
GKG; § 10 Abs 4 BRAGO; § 14 Abs 4, § 156 Abs 4 KostO;
§ 16 Abs 3 ZuSEG.

c) Wirkung. Durch Abs 3 wird der Anwaltszwang durchbrochen **17**
(§ 78 Abs 3). Das gilt für die Einlegung und für das weitere Verfahren
(§ 571 Abs 4 S 2). Außerdem können infolge des Abs 3 in Verbindung
mit § 78 Abs 3 auch beim Gericht nicht zugelassene RAe und andere
Personen schriftlich Beschwerde einlegen (vgl Rn 11).

6. Zeitpunkt. Die Beschw kann ab Erlass der Entscheidung eingelegt **18**
werden. Erlassen ist diese mit Verkündung (§ 329 Abs 1 S 1). Wird sie
nicht verkündet, ist sie erlassen mit der ersten Hinausgabe aus dem
Gerichtsbetrieb (§ 329 Rn 5), sodass die Entscheidung schon vor der
Zustellung beschwerdefähig ist.

7. Rücknahme jeder Art von Beschwerde (8–11 vor § 567) ist eine **19**
Prozesshandlung (Einl III), gesetzlich nicht geregelt, aber zulässig
(allgM), auch wenn sie nur zum Teil erfolgt. – **a) Form:** schriftlich **20**
(§ 129 Rn 5) oder zu Protokoll der Geschäftsstelle (Rn 11), wenn
Rn 13–16 zutreffen; mündlich nur in mdl Vhdlg. Die Rücknahme ist
an das Gericht zu richten, bei dem die Beschwerde anhängig ist; das ist
bis zur Vorlage das Untergericht (vgl § 572 Rn 11). – **b) Anwalts- 21**

zwang (§ 78) besteht grundsätzlich, aber dann nicht, wenn die Beschw außer Anwaltszwang eingelegt werden konnte (Rn 13–17); in diesen Fällen kann sie also auch außer Anwaltszwang zurückgenommen werden
22 (vgl § 571 Rn 9). – **c) Voraussetzungen.** Die Entscheidung über die Beschw darf noch nicht erlassen sein (§ 329 Rn 2, 5; Frankfurt FamRZ 96, 420). Eine Einwilligung des Beschwerdegegners ist nicht notwendig. Ist die Beschwerdeentscheidung erlassen, so ist eine Rücknahme unwirksam, auch wenn das BeschwGer nach § 572 Abs 3 zurückverwiesen hat; jedoch kann die Rücknahme in die eines Antrags umgedeutet
23 werden (Einl III Rn 20). – **d) Entscheidung** ergeht durch Beschluss (entspr § 516 Abs 3) desjenigen Gerichts, bei dem die Beschw zZ
24 der Rücknahme anhängig war (Rn 20), vAw. – **e) Wirkung.** Sie entspricht § 516 Abs 3, so dass eine erneuerte Beschw zulässig sein kann
25 (vgl § 516 Rn 8). – **f) Streit über Wirksamkeit** der Zurücknahme wird durch Beschluss entschieden. Zuständig ist hierfür stets das BeschwGer. Bei wirksamer Rücknahme: Beschluss entspr § 516 Abs 3 (Rn 23). Ist die Rücknahme unwirksam, so wird über die Beschw entschieden und die Rücknahmeerklärung in den Gründen behandelt.

§ 570 Aufschiebende Wirkung; einstweilige Anordnungen

(1) Die Beschwerde hat nur dann aufschiebende Wirkung, wenn sie die Festsetzung eines Ordnungs- oder Zwangsmittels zum Gegenstand hat.

(2) Das Gericht oder der Vorsitzende, dessen Entscheidung angefochten wird, kann die Vollziehung der Entscheidung aussetzen.

(3) Das Beschwerdegericht kann vor der Entscheidung eine einstweilige Anordnung erlassen; es kann insbesondere die Vollziehung der angefochtenen Entscheidung aussetzen.

1   **1. Aufschiebende Wirkung** (Abs 1) hat die Beschwerde grundsätzlich nicht, so dass sie der Vollstreckung des angefochtenen Beschlusses (zB § 794 Nr 2, 3) oder der Fortsetzung des Rechtsstreits im Fall des § 252 nicht entgegensteht. Ausgenommen sind die Beschw gegen Festsetzung von Ordnungs- u Zwangsmitteln einschließlich der zugleich ergangenen Kostenbeschlüsse. Die Beschw wirkt in diesen Fällen aufschiebend, sobald sie eingelegt ist; dies entfällt, sobald über die Beschw entschieden ist. Soll die Vollstreckung eingestellt werden, ist wegen § 775 Nr 2 eine einstweilige Anordnung desjenigen Ger nötig, bei dem die Beschwerde anhängig ist.

2   **2. Aussetzung des Vollzugs** (Abs 2). Auf Antrag oder vAw durch Beschluss; im pflichtgemäßen Ermessen des Ger oder Vorsitzenden („kann"). Gilt bei jeder Art von Beschw (8–11 vor § 567). Zuständig ist das Untergericht (Abs 2) ab Einlegung der Beschw (§ 569 Rn 3) bis zur Vorlage gem § 572 Abs 1 S 1 Hs 2. Von da an das BeschwGer nach Abs 3. Der Beschluss kann vAw, auch durch das BeschwGer, jederzeit

aufgehoben oder geändert werden. Von selbst tritt er mit der Beschwerdeentscheidung außer Kraft. Er ist unanfechtbar (§ 567 Rn 29).

3. Einstweilige Anordnung (Abs 3). Nur durch das BeschwGer (3 **3** vor § 567). Es gilt Rn 2 entsprechend. Inhalt: wie § 707 Rn 10–13. Die Entscheidung kann zB auch in der Anordnung oder Vornahme neuerlicher Pfändung bestehen (wegen § 803 Rn 12; § 829 Rn 50), wenn Beschw gegen einen Beschluss eingelegt ist, der eine Pfändung aufhebt oder die Erinnerung (§ 766) gegen eine Aufhebung zurückweist.

§ 571 Begründung, Präklusion, Ausnahmen vom Anwaltszwang

(1) **Die Beschwerde soll begründet werden.**

(2) [1]**Die Beschwerde kann auf neue Angriffs- und Verteidigungsmittel gestützt werden.** [2]**Sie kann nicht darauf gestützt werden, dass das Gericht des ersten Rechtszuges seine Zuständigkeit zu Unrecht angenommen hat.**

(3) [1]**Der Vorsitzende oder das Beschwerdegericht kann für das Vorbringen von Angriffs- und Verteidigungsmitteln eine Frist setzen.** [2]**Werden Angriffs- und Verteidigungsmittel nicht innerhalb der Frist vorgebracht, so sind sie nur zuzulassen, wenn nach der freien Überzeugung des Gerichts ihre Zulassung die Erledigung des Verfahrens nicht verzögern würde oder wenn die Partei die Verspätung genügend entschuldigt.** [3]**Der Entschuldigungsgrund ist auf Verlangen des Gerichts glaubhaft zu machen.**

(4) [1]**Die Beteiligten können sich im Beschwerdeverfahren auch durch einen bei einem Amts- oder Landgericht zugelassenen Rechtsanwalt vertreten lassen.** [2]**Ordnet das Gericht eine schriftliche Erklärung an, so kann diese zu Protokoll der Geschäftsstelle abgegeben werden, wenn die Beschwerde zu Protokoll der Geschäftsstelle eingelegt werden darf (§ 569 Abs. 3).**

1. Begründung der sof Beschw ist nach Abs 1 erforderlich, damit **1** das BeschwGer sich auf Ziel und Angriffspunkte des Begehrens des BeschwFührers konzentrieren und damit rasch zu einer Sachentscheidung kommen kann. Das Fehlen einer Begründung bedingt zwar nicht die Unzulässigkeit der Beschw („soll"), wird aber idR zu ihrer Unbegründetheit führen. Aus Abs 3 S 1 ist zu schließen, dass eine Frist zur Begründung gesetzt werden kann.

2. Neue Angriffs- und Verteidigungsmittel (§ 146 Rn 2) kann **2** die BeschwBegründung enthalten. Damit ist klargestellt, dass die BeschwInstanz eine vollwertige 2. Tatsacheninstanz ist. – **a) Zurück- 3 zuweisen sind** neue Angriffs- und Verteidigungsmittel, wenn – **aa) sie nach Ablauf** einer nach Abs 3 S 1 gesetzten **Frist** (§ 296 Rn 22, 24, 25, 30–32 gelten entsprechend) vorgebracht werden. BeschwGer ist gem § 568 der ER, sonst die **vollbesetzte** Kammer oder der Senat. –

4 **bb)** durch ihre Zulassung nach der Überzeugung des BeschwGer die
Erledigung des Verfahrens **verzögert** würde (§ 296 Rn 12–20 gelten
5 sinngemäß) **und – cc)** der BeschwFührer das verspätete Vorbringen
nicht ausreichend entschuldigt (wie § 296 Rn 28). Die Entschuldigung obliegt dem BeschwFührer, weil sein Verschulden an der Fristversäumung vermutet wird. Das BeschwGer kann Glaubhaftmachung
6 (§ 294) des Entschuldigungsgrunds verlangen (Abs 3 S 3). – **b) Unzulässig** ist die Rüge der Unzuständigkeit des Untergerichts (vgl § 513
Rn 3–5). Eine allein auf diese Rüge gestützte Beschw ist unzulässig.

7   **3. Anwaltszwang** (§ 78; vgl § 569 Rn 9, 13) ist nach Maßgabe des
8 Abs 4 beschränkt. – **a) Mündliche Verhandlung.** Wird sie angeordnet,
ist auch im Fall Rn 9 ein RA zu bestellen. Er muss aber nicht beim
BeschwGer (OLG) zugelassen sein. Er kann auch alle erforderlichen
9 schriftlichen Erklärungen abgeben. – **b) Protokoll der Geschäftsstelle.** Konnte die Beschw durch Protokollerklärung wirksam eingelegt
werden (§ 569 Rn 13–16), ist aus Abs 4 S 2, der die Erklärung zu
Protokoll zulässt, über § 78 Abs 3 zu schließen, dass Parteien und Vertreter, die nicht RA sind, auch schriftlich alle Prozesshandlungen (Einl
III) vornehmen können.

§ 572 Gang des Beschwerdeverfahrens

(1) ¹**Erachtet das Gericht oder der Vorsitzende, dessen Entscheidung angefochten wird, die Beschwerde für begründet, so
haben sie ihr abzuhelfen; andernfalls ist die Beschwerde unverzüglich dem Beschwerdegericht vorzulegen. ²§ 318 bleibt unberührt.**

(2) ¹**Das Beschwerdegericht hat von Amts wegen zu prüfen, ob
die Beschwerde an sich statthaft und ob sie in der gesetzlichen
Form und Frist eingelegt ist. ²Mangelt es an einem dieser Erfordernisse, so ist die Beschwerde als unzulässig zu verwerfen.**

(3) **Erachtet das Beschwerdegericht die Beschwerde für begründet, so kann es dem Gericht oder Vorsitzenden, von dem
die beschwerende Entscheidung erlassen war, die erforderliche
Anordnung übertragen.**

(4) **Die Entscheidung über die Beschwerde ergeht durch Beschluss.**

I. Abhilfeverfahren

1   **1. Abhilfe** (Abs 1 S 1 Hs 1) ist ein vom Untergericht durchgeführter
Teil des Beschwerdeverfahrens. Abhilfe ist auch allein für die Kosten
2 zulässig. – **a) Voraussetzung** ist eine als Prozesshandlung (Einl III)
gemäß § 569 wirksam eingelegte Beschw. Sie muss gemäß § 567 statt-
3 haft sein, nicht auch iü zulässig (hM; vgl Rn 7). – **b) Entscheidung.**
Bevor das Ger vorlegt (Rn 7), muss es prüfen, ob die Beschw begründet
ist. Neue Tatsachen sind zu berücksichtigen; ggf ist Beweis zu erheben

(vgl § 571 Abs 2 S 1; Frankfurt NJW 68, 57). Nur wenn Abhilfe möglich erscheint, ist der Beschwerdegegner zu hören (Einl I Rn 9 ff). Entschieden wird durch Beschluss; wenn ganz und nicht nur zT abgeholfen wird, auch über die Kosten der Beschw (vgl E. Schneider zu Frankfurt MDR 75, 669), sofern nicht eine Kostenentscheidung überhaupt zu unterbleiben hat (vgl § Rn 24). Es gilt § 329. Hält das Ger seinen Beschluss im Ergebnis für richtig, aber aus einem anderen Grund als im Beschluss dargelegt, so hat es der Beschwerde nicht abzuhelfen, sondern unter Angabe seiner neuen Gründe (gem Rn 10) vorzulegen (hM). – **c) Wirkung.** Der abhelfende Beschluss erledigt die Beschw voll **4** oder zu einem entspr Teil. – **d) Rechtsbehelfe.** Der abhelfende Be- **5** schluss kann vom Beschwerdegegner mit der sof Beschw angefochten werden, wenn sie gem § 567 statthaft ist. – **e) Wert** des Beschwerde- **6** verfahrens. Er wird durch die (auch teilweise) Abhilfe beeinflusst wie die Beschwerdesumme (vgl § 567 Rn 15).

2. Vorlage (Abs 1 S 1 Hs 2). – a) Voraussetzungen: aa) Die **7** Beschw muss (wenigstens möglicherweise) statthaft sein (15 vor § 511), also gemäß § 567, nicht aber iü zulässig (§ Abs 2). Dies zu entscheiden ist Sache des BeschwGer. Bei eindeutig unstatthafter Beschw (zB § 567 Abs 1) entfällt die Vorlagepflicht (bestr). Das Untergericht ist aber nicht gehindert vorzulegen. – **bb)** Das Untergericht hat nicht oder nur **8** zT abgeholfen (Rn 3). – **b) Zeitpunkt.** Unverzüglich (§ 121 Abs 1 **9** BGB) nach abgelehnter oder nur teilweiser Abhilfe. – **c) Entschei-** **10** **dung.** Es ist ein Beschluss notwendig (bestr), der dahin lautet, dass nicht abgeholfen und die Beschw vorgelegt wird. Gründe sind notwendig, wenn die Beschw neues Vorbringen enthält, auf das einzugehen ist (Hamm FamRZ 86, 1127; Celle NdsRpfl 88, 9), oder wenn der angefochtene Beschluss keine Gründe aufweist. Ob § 329 Abs 2 S 1 gilt, ist umstr. Es ist jedenfalls empfehlenswert, den Beschluss mitzuteilen, auch wenn er sich in der Vorlage erschöpft. – **d) Wirkung.** Sobald vorgelegt **11** ist, wird der Rechtsstreit beim BeschwGer (4 vor § 567) anhängig. Eine nachträgliche Abhilfe ist ausgeschlossen.

3. Keine Abhilfe zulässig bei sof Beschw gegen Zwischenurteile (zB **12** § 387 Abs 3) oder gegen Nebenentscheidungen von Endurteilen (etwa § 99 Abs 2), da § 318 entgegensteht.

II. Zulässigkeitsprüfung, Abs 2

1. Allgemeines. Abs 2 gilt für alle Zulässigkeitsvoraussetzungen **13** (Rn 14–18), nicht nur die ausdrücklich genannten (allgM). Wie andere Rechtsmittel (39 vor § 511) wird eine unzulässige Beschw verworfen (Abs 2 S 2). Die Zulässigkeit (11 vor § 511) darf nicht dahingestellt bleiben, wenn die Beschw als unbegründet zurückzuweisen ist (umstr). Prüfung vAw: wie 12 vor § 253. Entscheidung durch Beschluss (Abs 4). Die Kosten der verworfenen Beschw sind dem Beschwerdeführer aufzuerlegen (§ 97 Abs 1).

14   **2. Zulässigkeitsvoraussetzungen.** Sie müssen zZ der Beschwerdeentscheidung (noch) vorliegen. – **a) Statthaftigkeit der Beschwerde:** 15 vor § 511; § 567 Rn 2–7. Sie darf nicht durch § 99 Abs 1
15   ausgeschlossen sein. – **b) Beschwer:** 17 vor § 511; vgl § 567 Rn 1.
Auch die Beschwer muss zZ der Entscheidung (noch) vorliegen. –
c) Beschwerdesumme: 33 vor § 511; nur bei Kostenbeschwerden
16   (§ 567 Abs 2). – **d) Form:** § 569; dabei müssen auch die Prozesshandlungsvoraussetzungen (Einl III Rn 10) erfüllt sein (vgl 34 vor § 511). –
17   **e) Frist:** § 569 Abs 1 (dort Rn 3–8). – **f) Unterbliebener Verzicht.**
Es gilt § 515 mit den dortigen Anm entspr. Der Verzicht auf die
Begründung eines Beschlusses ist noch kein Rechtsmittelverzicht
(Hamm NJW-RR 95, 1213; Schleswig NJW-RR 98, 1371; aA Bran-
18   denburg NJW-RR 95, 1212 jeweils für § 91 a). – **g) Rechtsschutzbedürfnis.** Außer der (fehlenden) Beschwer kann es fehlen wegen
Rechtsmissbrauchs durch prozesshemmende sog Verzögerungs-
beschwerden (Köln Rpfleger 80, 233) und wegen prozessualer Überholung (oft auch als Gegenstandslosigkeit bezeichnet). Danach wird
eine Beschw unzulässig, wenn der Rechtsstreit in eine Lage kommt, in
der die mit der Beschw begehrte Entscheidung zwecklos oder gegenstandslos wird, zB abgelehnte Aussetzung infolge Endurteils; beschlossene Aussetzung durch Klagerücknahme (Frankurt NJW-RR 95, 956);
Ablauf der Frist, deren Abkürzung beantragt war; ausgeführte oder
beendete ZwVollstrMaßnahme, die angefochten war. In diesen Fällen
empfiehlt sich Erledigterklärung (§ 91 a Rn 7, 8). Die Praxis verfährt
unterschiedlich (vgl Frankfurt aaO) und erläßt (ohne gesetzliche
Grundlage) vielfach Beschlüsse vAw, wonach die Beschw gegenstandslos
sei, mit einer Kostenentscheidung analog § 91 a.

III. Begründetheitsprüfung, Abs 3

19   **1. Allgemeines.** Gilt für alle Arten von Beschwerden (4–7 vor
§ 567). Zum Verhältnis Zulässigkeit-Begründetheit: Rn 13; 11, 12 vor
§ 511. Ist die Beschw unbegründet, so wird sie mit der Kostenfolge des
§ 97 Abs 1 zurückgewiesen. Ist sie begründet, so gilt grundsätzlich 12
vor § 511. Diesen Fall regelt Abs 3 nur unvollkommen. Ob das BeschwGer selbst entscheidet oder nach verfährt und zurückverweist, steht
in seinem Ermessen. Ist die Sache entscheidungsreif, so unterbleibt die
Zurückverweisung. Die Beschwerdeentscheidung ist nur ausnahmsweise
anfechtbar (§ 574 Rn 4–8).

20   **2. Zurückverweisung** (43 vor § 511). **a) Voraussetzungen.** Zurückverwiesen werden sollte nur, wenn das Untergericht schwere Verfahrensverstöße begangen hat. Das kann nicht allein im Fehlen von
Beschlussgründen gesehen werden. Außerdem darf die Sache noch nicht
entscheidungsreif sein (Rn 1). Bei Rechtsbeschwerde (§ 574 Abs 1)
21   kann auch an die erste Instanz zurückverwiesen werden. – **b) Wirkung.**
Das Untergericht ist an die rechtliche Beurteilung entspr § 563 Abs 2
gebunden (allgM). Es darf nicht seinerseits an das Erstgericht weiterverweisen (BayObLG NJW-RR 92, 191). Das Verbot der reformatio in

peius gilt für das Untergericht nicht. Im Kostenfestsetzungsverfahren darf der Beschluss des Untergerichts den Beschwerdeführer aber ausnahmsweise dann nicht schlechter stellen, wenn das BeschwGer (fehlerhaft) den angefochtenen Beschluss in weiterem Umfang als beantragt aufgehoben hatte (Köln NJW 75, 2347). – c) **Neuer Beschluss.** Er ist wie der auf- **22** gehobene anfechtbar. Dann ist das BeschwGer oder das Ger der weiteren Beschwerde an seine frühere Auffassung gebunden (wie § 563 Rn 3–11). Selbstverständlich steht die Bindungswirkung wegen § 571 Abs 2 nicht der Berücksichtigung neuer Tatsachen im Wege (BGH 51, 131).

3. Erforderliche Anordnung. Wird sie dem Untergericht übertra- **23** gen, liegt ein Fall der Zurückverweisung vor (Rn 20–22), bei dem das BeschwGer dem Untergericht bindend vorschreibt (BGH 51, 131), entweder nach bestimmten Weisungen in der Sache zu entscheiden, zur Ausführung der getroffenen Entscheidung erforderliche Anordnungen zu treffen oder eine bestimmte Maßnahme auszuführen, zB einen beantragten Pfändungsbeschluss zu erlassen (BGH aaO). Die Anordnung kann, muss aber nicht konkret in der Formel bestimmt werden. Wesentliche Verfahrensmängel setzt diese Art der Zurückverweisung nicht voraus (KG NJW-RR 86, 306).

4. Kostenentscheidung bei erfolgreicher Beschw. Es gilt § 97 **24** Rn 7–13 entspr. Bei teilweiser Abhilfe ist zu beachten, daß die Beschw zT erfolgreich ist (§ 97 Rn 14–17). Eine Kostenentscheidung unterbleibt, wenn in der angefochtenen Entscheidung selbst nicht über Kosten entschieden werden durfte, zB Streitwertbeschluss wegen § 25 Abs 4 GKG. Die Kosten der Beschw sind in diesen Fällen Kosten des zugrundeliegenden Rechtsstreits.

IV. Form der Entscheidung, Abs 4; rechtliches Gehör

1. Entscheidung über die Beschw stets durch **Beschluss,** auch wenn **25** mündliche Verhandlung durchgeführt wird (§ 128 Abs 4). Ihre Anordnung ist in der Praxis ein Ausnahmefall, zB bei Beweisaufnahme. Folge: § 216.

2. Rechtliches Gehör ist zT ausdrücklich vorgeschrieben (zB § 91 a **26** Abs 2, § 99 Abs 2), nach Maßgabe der Einl I Rn 13 zu gewähren; insbes sind Beschwerdeschrift und -begründung dem BeschwGegner mitzuteilen, worin schon die Anordnung schriftlicher Erklärung (§ 571 Abs 4 S 2) gesehen werden kann. Das ist nicht notwendig, wenn die Beschw verworfen oder zurückgewiesen wird (BVerfG 7, 95). Eine Entscheidung, die nur darüber befindet, kann sofort ergehen.

§ 573 Erinnerung

(1) **¹Gegen die Entscheidungen des beauftragten oder ersuchten Richters oder des Urkundsbeamten der Geschäftsstelle kann binnen einer Notfrist von zwei Wochen die Entscheidung des Gerichts beantragt werden (Erinnerung). ²Die Erinnerung ist schriftlich oder zu Protokoll der Geschäftsstelle einzulegen.**

[3] § 569 Abs. 1 Satz 1 und 2, Abs. 2 und die §§ 570 und 572 gelten entsprechend.

(2) **Gegen die im ersten Rechtszug ergangene Entscheidung des Gerichts über die Erinnerung findet die sofortige Beschwerde statt.**

(3) **Die Vorschrift des Absatzes 1 gilt auch für die Oberlandesgerichte und den Bundesgerichtshof.**

1   **1. Allgemeines:** 12 vor § 567. Anwendbar ist § 573 bei ersuchtem und beauftragtem Richter (§§ 279 Abs 1 S 2, 361, 362) sowie beim Urkundsbeamten (§ 153 GVG), auch des OLG und des BGH (Abs 3); nicht beim Vorsitzenden und Einzelrichter. Für Rechtspfleger gilt die Sonderregelung in § 11 Abs 2 RPflG.

2   **2. Einlegung – a) Frist.** Notfrist von 2 Wochen, beginnend wie in
3 § 569 Abs 1 S 2 (dort Rn 4–6). – **b) Adressat.** Entsprechend § 569 Abs 1 S 1 entweder beim beauftragten, ersuchten Richter, beim Urkundsbeamten oder beim **Gericht.** Das ist das Gericht, das ersucht oder beauftragt hat oder dem der Urkundsbeamte angehört. Das kann also zB
4 das VollstreckungsGer sein. – **c) Form:** schriftlich oder zu Protokoll der Geschäftsstelle des Gerichts; außer Anwaltszwang (§ 78 Abs 3). Die Erinnerungsschrift oder die Protokollerklärung muss die angefochtene Absicht bezeichnen und die Absicht, Erinnerung einzulegen, er-
5 kennen lassen (Abs 1 S 3, § 569 Abs 2). – **d) Abhilfe** durch den Richter oder Urkundsbeamten ist entspr § 572 Abs 1 zulässig. Bei Nichtabhilfe ist die Erinnerung unverzüglich dem zuständigen Ger vorzulegen.

6   **3. Aufschiebende Wirkung** hat die Erinnerung wie bei § 570 Abs 1. Wie bei § 570 Abs 2 kann die Vollziehung der angefochtenen Entscheidung ausgesetzt werden (s dort).

7   **4. Entscheidung:** Beschluss auf freigestellte mdl Vhdlg (§ 128 Abs 4). Er kann lauten auf Verwerfung als unzulässig, bei Unbegründetheit auf Zurückweisung. Ist die Erinnerung begründet, wird wie bei einer Beschw verfahren (§ 572 Abs 3). IdR wird der Richter oder Urkundsbeamte angewiesen. Kosten: § 572 Rn 24 entspr.

8   **5. Sofortige Beschwerde (Abs 2).** Ihre Zulässigkeit richtet sich nach den allgemeinen Regeln (§ 567), ist also nur gegeben gegen Erinnerungsentscheidungen in 1. Instanz. Gegen solche in 2. Instanz gibt es unter den Voraussetzungen von § 574 die Rechtsbeschwerde.

Titel 2. Rechtsbeschwerde

Vorbemerkung

1   **1. Allgemeines.** Die Rechtsbeschwerde ermöglicht eine Überprüfung von Beschwerdeentscheidungen von LG oder OLG, von Beschlüssen des LG oder OLG im Berufungsverfahren und von Beschlüssen des OLG in 1. Instanz, wenn die Klärung einer umstrittenen Rechtsfrage durch den BGH oder das BayObLG erforderlich ist. Sie erfordert wie jedes Rechtsmittel eine Beschwer des RechtsBeschwFührers.

2. Verfahren. Das Verfahren ist seinem Zweck entsprechend weitgehend dem Revisionsverfahren nachgebildet. **2**

§ 574 Rechtsbeschwerde; Anschlussrechtsbeschwerde

(1) **Gegen einen Beschluss ist die Rechtsbeschwerde statthaft, wenn**
1. **dies im Gesetz ausdrücklich bestimmt ist oder**
2. **das Beschwerdegericht, das Berufungsgericht oder das Oberlandesgericht im ersten Rechtszug sie in dem Beschluss zugelassen hat.**

(2) **In den Fällen des Absatzes 1 Nr. 1 ist die Rechtsbeschwerde nur zulässig, wenn**
1. **die Rechtssache grundsätzliche Bedeutung hat oder**
2. **die Fortbildung des Rechts oder die Sicherung einer einheitlichen Rechtsprechung eine Entscheidung des Rechtsbeschwerdegerichts erfordert.**

(3) ¹**In den Fällen des Absatzes 1 Nr. 2 ist die Rechtsbeschwerde zuzulassen, wenn die Voraussetzungen des Absatzes 2 vorliegen.** ²**Das Rechtsbeschwerdegericht ist an die Zulassung gebunden.**

(4) ¹**Der Rechtsbeschwerdegegner kann sich bis zum Ablauf einer Notfrist von einem Monat nach der Zustellung der Begründungsschrift der Rechtsbeschwerde durch Einreichen der Rechtsbeschwerdeanschlussschrift beim Rechtsbeschwerdegericht anschließen, auch wenn er auf die Rechtsbeschwerde verzichtet hat, die Rechtsbeschwerdefrist verstrichen oder die Rechtsbeschwerde nicht zugelassen worden ist.** ²**Die Anschlussbeschwerde ist in der Anschlussschrift zu begründen.** ³**Die Anschließung verliert ihre Wirkung, wenn die Rechtsbeschwerde zurückgenommen oder als unzulässig verworfen wird.**

1. Die **Statthaftigkeit** regelt den Zugang zum RechtsBeschwGer als **1** eine der Zulässigkeitsvoraussetzungen (11–37 vor § 511). Sie ist gegeben – **a)** in den im **Gesetz** ausdrücklich genannten Fällen (zB §§ 522 Abs 1 S 4, **2** 621 e Abs 2, 1065 Abs 1 S 1, §§ 101 Abs 2, 102 ZVG, § 7 InsO). Hier ist als weitere Zulässigkeitsvoraussetzung die Zulassung durch das RechtsBeschwGer erforderlich (Abs 2). – **b)** wenn das BeschwGer, BerGer oder **3** das OLG in 1. Instanz (zB § 1062) die RechtsBeschw zugelassen hat.

2. Zulassungsentscheidung. – a) Die Zulassung steht **nicht** im **4** **Ermessen** der Gerichte. Liegt ein Grund vor, muss die RechtsBeschw zugelassen werden. Die **Zulassungsgründe** sind die gleichen wie bei der Revision: – **aa) grundsätzliche Bedeutung** der Rechtssache **5** (§ 543 Rn 4, § 511 Rn 20) oder – **bb) Erfordernis** einer **Entschei- 6**

7 **dung** des RechtsBeschwGer (§ 543 Rn 4, § 511 Rn 21). – **b)** Das
BeschwGer hat über die Zulassung vAw dann zu entscheiden, wenn
8 **kein** Fall des Abs 1 Nr 1 vorliegt. – **c)** Das **RechtsBeschwGer** trifft
eine Zulassungsentscheidung auf Antrag (§ 575 Abs 3 Nr 2) des Rechts-
9 BeschwFührers im Fall des Abs 1 Nr 1. – **d) Anfechtbarkeit.** –
aa) Die **Zulassung** durch das BeschwGer **bindet** das Rechts-
BeschwGer (Abs 3 S 2). Die **Nichtzulassung** ist **unanfechtbar,** außer
10 im Familienverfahren gem § 621 e Abs 2 S 1 Hs 2. – **bb)** Die Nichtzulassung durch das RechtsBeschwGer ist unanfechtbar.

11   **3.** Eine **Anschließung** des RechtsBeschwGegners an die Rechts-
Beschw ist unter den gleichen formellen Voraussetzungen und mit den
gleichen Wirkungen, nämlich nur als **unselbstständige,** wie bei der
Revision (vgl § 554 Rn 1–5) möglich.

§ 575 Frist, Form und Begründung der Rechtsbeschwerde

(1) ¹**Die Rechtsbeschwerde ist binnen einer Notfrist von einem
Monat nach Zustellung des Beschlusses durch Einreichen einer
Beschwerdeschrift bei dem Rechtsbeschwerdegericht einzulegen.** ²**Die Rechtsbeschwerdeschrift muss enthalten:**
1. **die Bezeichnung der Entscheidung, gegen die die Rechtsbeschwerde gerichtet wird und**
2. **die Erklärung, dass gegen diese Entscheidung Rechtsbeschwerde eingelegt wird.**
³**Mit der Rechtsbeschwerdeschrift soll eine Ausfertigung oder
beglaubigte Abschrift der angefochtenen Entscheidung vorgelegt
werden.**

(2) ¹**Die Rechtsbeschwerde ist, sofern die Beschwerdeschrift
keine Begründung enthält, binnen einer Frist von einem Monat
zu begründen.** ²**Die Frist beginnt mit der Zustellung der angefochtenen Entscheidung.** ³**§ 551 Abs. 2 Satz 5 und 6 gilt entsprechend.**

(3) **Die Begründung der Rechtsbeschwerde muss enthalten:**
1. **die Erklärung, inwieweit die Entscheidung des Beschwerdegerichts oder des Berufungsgerichts angefochten und deren
Aufhebung beantragt werde (Rechtsbeschwerdeanträge),**
2. **in den Fällen des § 574 Abs. 1 Nr. 1 eine Darlegung zu den
Zulässigkeitsvoraussetzungen des § 574 Abs. 2,**
3. **die Angabe der Rechtsbeschwerdegründe, und zwar**
  a) **die bestimmte Bezeichnung der Umstände, aus denen sich
die Rechtsverletzung ergibt;**
  b) **soweit die Rechtsbeschwerde darauf gestützt wird, dass das
Gesetz in Bezug auf das Verfahren verletzt sei, die Bezeichnung der Tatsachen, die den Mangel ergeben.**

(4) ¹**Die allgemeinen Vorschriften über die vorbereitenden
Schriftsätze sind auch auf die Beschwerde- und die Begrün-**

dungsschrift anzuwenden. ²Die Beschwerde- und die Begründungsschrift sind der Gegenpartei zuzustellen.

(5) Die §§ 541 und 570 Abs. 1, 3 gelten entsprechend.

1. Einlegung. – **a)** Innerhalb einer **Notfrist** (Wiedereinsetzung 1 nach § 233 möglich) von **einem Monat** ab Zustellung der Beschwerdeentscheidung (Abs 1 S 1); – **b)** nur beim RechtsBeschwGer; das ist für 2 die Einlegung allein der **BGH** (§ 133 GVG, § 7 Abs 2 S 2 EGZPO); – **c)** durch einen **bestimmenden Schriftsatz** (Beschwerdeschrift), der 3 von einem beim BGH zugelassenen RA zu unterschreiben ist.

2. Inhalt der Beschwerdeschrift (Abs 1 S 2, 3). Sie muss erkennen 4 lassen die Person des RechtsBeschwFührers, die angefochtene Entscheidung. Fehlende oder lückenhafte Angaben können aus der beigefügten Beschwerdeentscheidung (Abs 1 S 3) ergänzt werden. Ferner muss der Wille, eine Überprüfung der Beschwerdeentscheidung zu erreichen, zu ersehen sein. Das Wort Rechtsbeschwerde ist nicht erforderlich.

3. Begründung. Eine ordnungsmäßige Begründung der Rechts- 5 Beschw ist Zulässigkeitsvoraussetzung (§ 577 Abs 1 S 2). – **a) Frist: Ein** 6 **Monat** ab Zustellung der Beschwerdeentscheidung (Abs 2 S 1, 2), also dieselbe Frist wie für Beschwerdeeinlegung. Zulässig Verlängerung wie bei Revision gem § 551 Abs 2 S 5, 6 (dort Rn 2). – **b) Form:** Eigener 7 Schriftsatz, sofern Begründung nicht schon in Beschwerdeschrift enthalten; Unterschrift eines beim BGH zugelassenen RA erforderlich. – **c) Inhalt: – aa)** Im Fall von § 574 Abs 1 Nr 1 **Darlegung der Zulas-** 8 **sungsgründe** erforderlich (vgl § 544 Rn 14); - **bb)** im Übrigen sind die Anforderungen die gleichen wie bei der **Revisionsbegründung** (§ 551 Rn 3–9).

4. Verfahren des Rechtsbeschwerdegerichts: – a) Unverzügli- 9 **che Anforderung** der Prozessakten vom BeschwGer nach Eingang der RechtsBeschwSchrift entsprechend § 541 Abs 1. – **b) Zustellung** von 10 Beschw- und Begründungsschrift an RechtsBeschwGegner (Abs 4 S 2). – **c) Aufschiebende Wirkung** und **Aussetzung der Vollziehung** wie 11 in § 570 (s. Anm dort). – **d) Nach Abschluss** des Verf Rücksendung 12 der Akten an Ger der 1. Instanz wie gem § 541 Abs 2.

§ 576 Gründe der Rechtsbeschwerde

(1) Die Rechtsbeschwerde kann nur darauf gestützt werden, dass die Entscheidung auf der Verletzung des Bundesrechts oder einer Vorschrift beruht, deren Geltungsbereich sich über den Bezirk eines Oberlandesgerichts hinaus erstreckt.

(2) Die Rechtsbeschwerde kann nicht darauf gestützt werden, dass das Gericht des ersten Rechtszuges seine Zuständigkeit zu Unrecht angenommen oder verneint hat.

(3) Die §§ 546, 547, 556 und 560 gelten entsprechend.

1   Die RechtsBeschw kann auf die gleichen eingeschränkten Gründe
wie die Rev gestützt werden. Die Anmerkungen zu §§ 545–547, 556,
560 gelten sinngemäß.

§ 577 Prüfung und Entscheidung der Rechtsbeschwerde

(1) [1]Das Rechtsbeschwerdegericht hat von Amts wegen zu
prüfen, ob die Rechtsbeschwerde an sich statthaft und ob sie in
der gesetzlichen Form und Frist eingelegt und begründet ist.
[2]Mangelt es an einem dieser Erfordernisse, so ist die Rechtsbeschwerde als unzulässig zu verwerfen.

(2) [1]Der Prüfung des Rechtsbeschwerdegerichts unterliegen
nur die von den Parteien gestellten Anträge. [2]Das Rechtsbeschwerdegericht ist an die geltend gemachten Rechtsbeschwerdegründe nicht gebunden. [3]Auf Verfahrensmängel, die
nicht von Amts wegen zu berücksichtigen sind, darf die angefochtene Entscheidung nur geprüft werden, wenn die Mängel
nach § 575 Abs. 3 und § 574 Abs. 4 Satz 2 gerügt worden sind.
[4]§ 559 gilt entsprechend.

(3) Ergibt die Begründung der angefochtenen Entscheidung
zwar eine Rechtsverletzung, stellt die Entscheidung selbst aber
aus anderen Gründen sich als richtig dar, so ist die Rechtsbeschwerde zurückzuweisen.

(4) [1]Wird die Rechtsbeschwerde für begründet erachtet, ist die
angefochtene Entscheidung aufzuheben und die Sache zur erneuten Entscheidung zurückzuverweisen. [2]§ 562 Abs. 2 gilt entsprechend. [3]Die Zurückverweisung kann an einen anderen
Spruchkörper des Gerichts erfolgen, das die angefochtene Entscheidung erlassen hat. [4]Das Gericht, an das die Sache zurückverwiesen ist, hat die rechtliche Beurteilung, die der Aufhebung
zugrunde liegt, auch seiner Entscheidung zugrunde zu legen.

(5) [1]Das Rechtsbeschwerdegericht hat in der Sache selbst zu
entscheiden, wenn die Aufhebung der Entscheidung nur wegen
Rechtsverletzung bei Anwendung des Rechts auf das festgestellte
Sachverhältnis erfolgt und nach letzterem die Sache zur Endentscheidung reif ist. [2]§ 563 Abs. 4 gilt entsprechend.

(6) [1]Die Entscheidung über die Rechtsbeschwerde ergeht
durch Beschluss. [2]§ 564 gilt entsprechend.

1   **1. Allgemeines.** Die Regelung des Verfahrens und des Inhalts der
möglichen Entscheidungen folgt weitgehend den Vorschriften des Revi-
sionsverfahrens. Die dortigen Anmerkungen gelten sinngemäß.

2   **2. Im Einzelnen: – a) Abs 1** entspricht § 552 Abs 1. – **b) Abs 2**
entspricht § 557 Abs 1, Abs 3; § 559 gilt entsprechend. – **c) Abs 3**
entspricht § 561. – **d) Abs 4** entspricht §§ 562, 563 Abs 1, 2. – **e)**
Abs 5 entspricht § 563 Abs 3, 4.

3. Form und Begründung der Entscheidung. – a) Durch **Be-** 3
schluss entscheidet der BGH oder das BayObLG (§ 7 Abs 2 EGZPO)
über die RechtsBeschw. – **b)** Eine **Begründung,** außer in den Fällen 4
des § 564 S 1 (dort Rn 1), muss der Beschluss enthalten.

Buch 4. Wiederaufnahme des Verfahrens

Vorbemerkung

1. Wesen, Zweck, Anwendbarkeit. Die Wiederaufnahme des Ver- **1**
fahrens bezweckt, ein rechtskräftiges Urteil zu beseitigen und die Sache
zu neuer Entscheidung neu zu verhandeln. Dafür müssen bestimmte,
abschließend aufgezählte Anfechtungsgründe vorliegen. Die Gründe für
die **Nichtigkeitsklage** (§ 579) liegen in schwersten Verfahrensmängeln
ohne Rücksicht auf ihre Ursächlichkeit für das Urteil, die Gründe für
die **Restitutionsklage** (§ 580) darin, dass es auf einer unrichtigen,
insbes einer verfälschten Grundlage beruht. Beide Klagen begehren ein
prozessuales Gestaltungsurteil (5–7 vor § 253) auf Aufhebung des früheren Urteils mit rückwirkender Kraft. Die Klage, die darüber hinaus neue
Entscheidung der Hauptsache begehrt, hat die gleiche Rechtsnatur wie
die Klage im Vorprozess. Die Wiederaufnahme hat also sachlich Ähnlichkeit mit den Rechtsmitteln, denen sie in mancher Hinsicht nachgebildet ist (zB §§ 583, 587, 589), prozessual leitet die Klage wie jede
andere ein selbstständiges Verfahren ein. – **Analog anwendbar** sind **1 a**
§§ 578 ff auf Entscheidungen in echten Streitverfahren der freiwilligen
Gerichtsbarkeit und auf gerichtliche Entscheidungen in Zulassungs-
sachen nach der BRAO (BGH 125, 288). – **Nicht analog anwendbar**
auf Schiedssprüche (§ 1055 Rn 4), auf Widerruf einer behördlichen
Auskunft (BGH 89, 114), auf einstweilige Anordnungen nach § 769
(Hamm OLGZ 84, 454); ebenso nicht, wenn der EuGH in einem
späteren Urt in anderer Sache eine gegenteilige Rechtsauffassung vertritt
(BFH NJW 78, 511).

2. Das Verfahren wickelt sich wegen der Doppelnatur der Wieder- **2**
aufnahmeklage **in drei Abschnitten** ab, von denen der jeweils folgende
erst geprüft werden darf, wenn der vorhergehende geprüft ist und ein
positives Ergebnis gebracht hat (BGH 2, 247). PKH darf ohne Prüfung
der beiden ersten abgelehnt werden, wenn die Klage im dritten Verfahrensabschnitt keinen Erfolg verspricht (BGH NJW 93, 3140). –
a) Die **Zulässigkeit der Klage** ist als erstes zu prüfen; Rn 6 ff. – **3**
b) Sodann ist von Amts wegen zu prüfen, ob der behauptete **Anfech- 4**
tungsgrund (§§ 579, 580) besteht. – **c) Neue Verhandlung** und Ent- **5**
scheidung des früheren Rechtsstreits, § 590.

3. Zulässigkeitsvoraussetzungen. – **a)** Die **allgemeinen Pro- 6**
zessvoraussetzungen (10–33 vor § 253) müssen vorliegen. Sondervorschriften zur Zuständigkeit in § 584. Der Rechtsweg ist offen, wenn er
für die frühere Klage gegeben war. Wiederverheiratung eines Ehegatten
macht Wiederaufnahmeklage gegen ein ScheidungsUrt nicht unzulässig
(aA im Einzelfall wegen fehlenden Rechtsschutzbedürfnisses Frankfurt
FamRZ 78, 922). Daneben bestehen die folgenden besonderen Prozess-

7 voraussetzungen: – **b) Statthaftigkeit; § 578. – c) Beschwer** des Wie-
deraufnahmeklägers durch das angefochtene Urteil (BGH 39, 179),
ohne dass eine bestimmte Erwachsenheitssumme erreicht sein müsste,
16–33 vor § 511. Die Notwendigkeit der Beschwer ergibt sich aus der
Ähnlichkeit der Wiederaufnahme mit den Rechtsmitteln. Sie soll nicht
in weiterem Umfang zulässig sein als diese. Ausnahme im Kindschafts-
8 prozess § 641 i Abs 2. – **d) Unverschuldete Unmöglichkeit früherer
Geltendmachung   des   Restitutionsgrundes;   § 582.** Koblenz
NJW-RR 89, 827 meint, dies könne offengelassen werden, wenn die
9 Klage unbegründet ist. – **e)** Wahrung der **Klagefrist; § 586. – f) Inhalt
der Klageschrift;** § 587. – **g)** Es muss ein **zulässiger Anfechtungs-
10 grund (§§ 579, 580) behauptet** sein. – **h) In den Fällen des § 580
Nr 1 bis 5** müssen die Voraussetzungen des § 581 erfüllt sein.

§ 578 Arten der Wiederaufnahme

(1) **Die Wiederaufnahme eines durch rechtskräftiges Endurteil
geschlossenen Verfahrens kann durch Nichtigkeitsklage und
durch Restitutionsklage erfolgen.**

(2) **Werden beide Klagen von derselben Partei oder von verschiedenen Parteien erhoben, so ist die Verhandlung und Entscheidung über die Restitutionsklage bis zur rechtskräftigen Entscheidung über die Nichtigkeitsklage auszusetzen.**

1 1. Die **Statthaftigkeit** als bes Prozessvoraussetzung ist im ersten
Abschnitt bei der Zulässigkeit zu prüfen (3, 7 vor § 578). Entscheidung
§ 589. Die Wiederaufnahmeklage findet statt: – **a) Gegen rechtskräftige Endurteile** (§ 705), gleichgültig welcher Rechtsnatur und welchen
Inhalts, auch VersUrt, VollstrBescheid (§ 584 Abs 2), Eintragung in die
Tabelle (§ 178 Abs 3 InsO). Nicht Vorbehalts- (§§ 302, 599) und selbstständiges Zwischenurteil (§ 280), weil hierfür im Hinblick auf § 583 das
Bedürfnis fehlt (RoSchw/Gottwald § 159 III 2, StJGrunsky 4 grundsätzlich). Wiederaufnahmegründe gegen ein Zwischenurteil nach § 304
sind im Betragsverfahren geltend zu machen (BGH NJW 63, 587). –
2 **b)** Analog **gegen Beschlüsse,** die außerhalb eines UrtVerfahrens (wegen § 583) ergehen, rechtskräftig oder unanfechtbar sind und das Verfahren beenden, zB nach § 522 S 3, 552 Abs 2 (BGH 62, 18), 554b
(BGH NJW 93, 3140), über schuldrechtlichen Versorgungsausgleich
(BGH NJW 84, 2364), ferner in der ZwVollstr, ZwVersteigerung
(Hamm OLGZ 84, 454, Oldenburg NJW-RR 91, 61) und in echten
Streitsachen nach FGG (KG OLG 69, 114) und WEG (BayObLG NJW
74, 1147). Gegen Beschlüsse ist die Wiederaufnahme im Beschlussverfahren mit freigestellter mdl Vhdlg (§ 128 Abs 4) zu beantragen (BGH
3 aaO, StJGrunsky 28 vor § 578). – **c) Unstatthaft** ist die Wiederaufnahme nur im Kostenpunkt analog § 99 Abs 1 und gegen Prozessvergleich (BSG NJW 68, 2396).

2. Parteien können grundsätzlich nur die des Vorprozesses sein (Köln 4
VersR 97, 341), Kläger nur die beschwerte Partei (7 vor § 578), nach
Ehenichtigkeitsprozess auch der Staatsanwalt. Es gelten sinngem, auch
für Streithelfer und Streitgenossen, die Ausführungen in § 511 Rn 6–10.
An die Stelle der Partei tritt der Gesamtrechtsnachfolger; in Ehesachen
ist Wiederaufnahme nach dem Tode eines Ehegatten durch oder gegen
die Erben unzulässig (BGH MDR 65, 560). – Bei **Einzelrechtsnach-** 5
folge kann Beklagter stets die Partei des früheren Prozesses – alter
Gläubiger, Rechtsvorgänger – sein, gleichgültig, ob die Einzelnachfolge
während des Prozesses oder nach dessen rechtskräftiger Erledigung eingetreten ist und auch, wenn dem Rechtsnachfolger eine vollstreckbare
Ausfertigung des früheren Urt erteilt worden ist (BGH 29, 329; offen
gelassen, ob auch der Rechtsnachfolger – neuer Gläubiger – verklagt
werden kann). Der Einzelrechtsnachfolger – neuer Gläubiger – kann
nicht Kläger sein (RoSchw/Gottwald § 161 II 2, BLAH 5).

3. Abs 2 enthält ein **Verbot der Klageverbindung.** Die beiden 6
Klagen sind zu trennen (§ 145), die Entscheidung über die Restitutionsklage ist auszusetzen. Anordnung durch Beschluss, grundsätzlich nach
mdl Vhdlg (§ 148 Rn 2).

§ 579 Nichtigkeitsklage

(1) **Die Nichtigkeitsklage findet statt:**
1. **wenn das erkennende Gericht nicht vorschriftsmäßig besetzt
   war;**
2. **wenn ein Richter bei der Entscheidung mitgewirkt hat, der
   von der Ausübung des Richteramts kraft Gesetzes ausgeschlossen war, sofern nicht dieses Hindernis mittels eines
   Ablehnungsgesuchs oder eines Rechtsmittels ohne Erfolg geltend gemacht ist;**
3. **wenn bei der Entscheidung ein Richter mitgewirkt hat, obgleich er wegen Besorgnis der Befangenheit abgelehnt und das
   Ablehnungsgesuch für begründet erklärt war;**
4. **wenn eine Partei in dem Verfahren nicht nach Vorschrift der
   Gesetze vertreten war, sofern sie nicht die Prozeßführung ausdrücklich oder stillschweigend genehmigt hat.**

(2) **In den Fällen der Nummern 1, 3 findet die Klage nicht
statt, wenn die Nichtigkeit mittels eines Rechtsmittels geltend
gemacht werden konnte.**

1. Bedeutung der Nichtigkeitsgründe. Allg zu den Wiederauf- 1
nahmeklagen, Verfahren und Zulässigkeit vor § 578. Zur Zulässigkeit
der Nichtigkeitsklage gehört, dass ein Prozessverstoß behauptet wird,
der unter § 579 eingeordnet werden kann (BFH BB 68, 573, BAG NJW
85, 1485, KG OLG 69, 114 für § 580) und dass er nicht gem Abs 2
unberücksichtigt zu lassen ist. Zur Begründetheit gehört, dass ein solcher
Verstoß festgestellt wird.

2   **2. Die Nichtigkeitsgründe.** Nr 1 bis 4 entsprechen § 547 Nr 1 bis 4. Kl kann nur die Partei sein, die im Vorprozess nicht nach den Vorschriften des Gesetzes vertreten war (BGH 63, 78). Vgl iü § 547 Rn 2 ff. Lediglich in Nr 2 ist hinzugefügt, dass das Ablehnungsgesuch auch nicht durch ein darauf gestütztes Rechtsmittel erfolglos geltend gemacht sein darf. Nr 2 und 3 gelten entspr für UrkBeamte. Nr 4 ist anwendbar auch, wenn im früheren Proz die Prozessfähigkeit ausdrücklich bejaht worden ist (BGH 84, 24). Nr 4 gilt entspr für fehlende Parteifähigkeit und auch, wenn der Bekl unverschuldet bei öffentlicher Zustellung von dem Proz gegen ihn nichts erfahren hat (Hamm MDR 79, 766, KG NJW-RR 87, 1215). Für entspr Anwendung iF der Verletzung des Rechts auf rechtliches Gehör durch ein Versehen des Gerichts Braun NJW 81, 425; aA VGH Kassel NJW 84, 378, Seetzen NJW 82, 2337/2341; erneut Braun NJW 83, 1393.

3   **3. Subsidiär** sind gem Abs 2 die Gründe **Nr 1 und 3.** Die Klage ist unzulässig, wenn der Kl den Nichtigkeitsgrund bei Anwendung der gebotenen Sorgfalt durch Rechtsmittel hätte geltend machen können; dazu § 582. Zum Begriff Rechtsmittel zählen hier auch der Einspruch (RoSchw/Gottwald § 160 I 2, StJGrunsky 9) und die Gehörsrüge nach § 321 a. In den Fällen Nr 2 und 4 kann die Partei wahlweise entweder Rechtsmittel (Einspruch) einlegen oder die Entscheidung rechtskräftig werden lassen und Nichtigkeitsklage erheben (BGH 84, 25).

4   **4. Verfahren.** Ob der behauptete Grund besteht, ist vAw zu prüfen (12 vor § 253) und im Hinblick auf das öffentliche Interesse an der Rechtskraft der Parteidisposition entzogen, ausgenommen lediglich in Nr 4 Genehmigung. Geständnis und Anerkenntnis binden nicht, sind frei zu würdigen. Die Beweislast für den bestehenden Nichtigkeitsgrund trägt der Kläger.

§ 580 Restitutionsklage

Die Restitutionsklage findet statt:

1. **wenn der Gegner durch Beeidigung einer Aussage, auf die das Urteil gegründet ist, sich einer vorsätzlichen oder fahrlässigen Verletzung der Eidespflicht schuldig gemacht hat;**
2. **wenn eine Urkunde, auf die das Urteil gegründet ist, fälschlich angefertigt oder verfälscht war;**
3. **wenn bei einem Zeugnis oder Gutachten, auf welches das Urteil gegründet ist, der Zeuge oder Sachverständige sich einer strafbaren Verletzung der Wahrheitspflicht schuldig gemacht hat;**
4. **wenn das Urteil von dem Vertreter der Partei oder von dem Gegner oder dessen Vertreter durch eine in Beziehung auf den Rechtsstreit verübte Straftat erwirkt ist;**

5. wenn ein Richter bei dem Urteil mitgewirkt hat, der sich in
   Beziehung auf den Rechtsstreit einer strafbaren Verletzung
   seiner Amtspflichten gegen die Partei schuldig gemacht hat;
6. wenn das Urteil eines ordentlichen Gerichts, eines früheren
   Sondergerichts oder eines Verwaltungsgerichts, auf welches
   das Urteil gegründet ist, durch ein anderes rechtskräftiges
   Urteil aufgehoben ist;
7. wenn die Partei
   a) ein in derselben Sache erlassenes, früher rechtskräftig ge-
      wordenes Urteil oder
   b) eine andere Urkunde auffindet oder zu benutzen in den
      Stand gesetzt wird, die eine ihr günstigere Entscheidung
      herbeigeführt haben würde.

1. Übersicht. – a) Wesen und Zweck, Zulässigkeitsvoraussetzun- 1
gen und Dreiteilung des Verfahrens vor § 578. Weitere Zulässigkeitsvoraussetzung für Nr 1 bis 5 ist hier § 581. – **b) Verfahren** wie § 579 2
Rn 4. – **c) Bedeutung der Restitutionsgründe** wie § 579 Rn 1
(BAG NJW 99, 82). Zur Zulässigkeit gehört hier außerdem, dass nicht
§ 582 die Berücksichtigung des Grundes ausschließt. – **d)** Die Rest- 3
Klage ist in jedem Fall **subsidiär,** § 582. – **e) Nr 1–5 haben gemein-** 4
sam, dass für das Urt eine strafbare Handlung ursächlich ist. Nr 6 und 7
betreffen neues Vorbringen, das die Urteilsgrundlage entweder beseitigt
oder vervollständigt.

2. Die Restitutionsgründe: Nr 1, falscher Parteieid. Gemeint ist 5
die Parteivernehmung des Gegners und ein auf die Aussage gem § 452
oder § 426 S 3 geleisteter Meineid (§ 154 StGB) oder fahrlässiger
Falscheid (§ 163 StGB). Beteuerung nach § 484 steht gleich, nicht aber
eidesstattliche Versicherung (Nr 4). Der Eid kann in irgendeinem früheren Proz geleistet sein, auf dessen Urt das angefochtene Urt beruht
(BGH NJW 88, 1914). Es genügt im Hinblick auf die Unglaubwürdig-
keit, dass die Aussage teilweise, nur in Nebenpunkten falsch ist (OGH
NJW 50, 105). Nicht nötig ist, dass bei Fortfall der Aussage das Prozessergebnis für den RestitutionsKl günstiger gewesen wäre.

Nr 2, Urkundenfälschung (§§ 267 ff StGB). Wer sie begangen hat, 6
bleibt gleich.

Nr 3, falsches Zeugnis oder Gutachten, auch bei Vernehmung 7
gem § 377 Abs 3. Darunter fallen Vergehen gem §§ 153–156 und § 163
StGB. Dolmetscher stehen Sachverständigen gleich (§§ 189, 191 GVG).
Im übrigen gilt, was zur Nr 1 gegen Ende gesagt ist.

Nr 4, Urteilserschleichung. Darunter fallen mit Strafe bedrohte 8
Handlungen, hauptsächlich aus §§ 156, 160, 240, 263, 266 StGB, bei
denen der eigene Vertreter (gesetzlicher: § 51 Rn 3 ff; rechtsgeschäftlicher: § 79 Rn 2), der Gegner oder sein Vertreter Täter oder Beteiligte
sind.

Nr 5, Amtspflichtverletzung eines Richters (UrkBeamten), der 9
bei Erlass des Urt (VollstrBescheids) mitgewirkt hat. Gemeint sind Hand-

lungen gem §§ 334, 336, 348 StGB. Aufzuheben ist das ganze Urt, auch
wenn von der Rechtsbeugung nur ein teilurteilsfähiger Teil betroffen ist
(KG NJW 76, 1356).

10   **Nr 6, Urteilsaufhebung.** Bindung an die frühere Entscheidung ist
nicht nötig. Zwischen dem Restitutionsgrund und der mit Restitutionsklage angegriffenen Entscheidung muss ein Ursachenzusammenhang
bestehen (BGH NJW 88, 1914). Das mit Restitutionsklage angefochtene
Urt muss in der aufgehobenen früheren Entscheidung irgendwie seine
Stütze finden (BGH VersR 84, 453), es genügt, dass sie die Feststellung
einer Tatsache, die Beweiswürdigung oder rechtliche Erwägungen mit-
11   bestimmt hat. – **Analoge Anwendbarkeit** 1 a vor § 578.

12   **Nr 7 a, Auffinden eines früheren Urteils,** auch eines anzuerkennenden ausländischen (§ 328) oder eines Schiedsspruchs (§ 1055). Es
muss in derselben Sache erlassen und rechtskräftig sein. Nicht nötig
zwischen denselben Parteien, soweit Rechtskrafterstreckung gem
§§ 325 ff eintritt.

13   **Nr 7 b, andere Urkunde.** Der praktisch wichtigste Restitutionsgrund.

14   **a) Urkunde** (1 vor § 415) zum Beweis von Tatsachen, nicht nur iS
der formellen Beweiskraft, sondern auch mit frei zu würdigendem
Beweiswert (BGH NJW-RR 91, 380). Rechtsvorschriften fallen nicht
darunter. Unbeglaubigte Fotokopie eines Schriftstücks genügt nicht (KG
NJW-RR 97, 123). Als Restitutionsgrund für einen Scheidungsprozess
ist ein später ergangenes Ehelichkeitsanfechtungsurteil nicht geeignet,
weil es nicht als Beweisurkunde für die Abstammung anzusehen ist (KG
FamRZ 75, 624). Einbürgerungsurkunde kann Wiederaufnahmegrund
15   im Vaterschaftsfeststellungsprozess sein (BGH NJW 77, 498). – **Nicht
analog anwendbar** auf andere Beweismittel (BGH 65, 300: Fotografie).
Auch nicht auf Gutachten mit neuen wissenschaftlichen Erkenntnissen
(Koblenz NJW-RR 95, 1278, Würthwein ZZP 99, 447; aA Bamberg
FamRZ 70, 593, rechtspolitisch Foerste NJW 96, 345), denn hier soll
die entscheidungserhebliche Tatsache nicht im Wege des Urkundenbeweises gerade durch die Urkunde und die ihr innewohnende Beweiskraft, sondern im Wege des Sachverständigenbeweises durch Schlussfolgerungen gezogen werden (ähnlich Frankfurt VersR 74, 61). Neues
Gutachten im Kindschaftsprozess § 641 i.

16   **b) Auffinden** bedeutet, dass Existenz oder Verbleib der Urk bis zum
maßgebenden Zeitpunkt (Rn 20) dem RestitutionsKl unverschuldet
(§ 582) unbekannt war. Bloße Unkenntnis des Inhalts genügt nicht. Die
Partei muss sorgfältig suchen. Dagegen genügt, dass die Urk auch bei
Anwendung der gebotenen Sorgfalt nicht als erheblich erkannt werden
konnte (RG 151, 207).

17   **c) Zu benutzen in den Stand gesetzt.** Die Partei kannte Existenz
und Verbleib der Urk, konnte sie aber bis zum maßgebenden Zeitpunkt
(Rn 20) unverschuldet (§ 582) nicht benützen, zB weil sie unzugänglich
oder in Händen eines nicht vorlegungspflichtigen Dritten war. Nr 7 will
den nachträglichen UrkBeweis ermöglichen. Die Möglichkeit der Be-

nutzung besteht, sobald der UrkBeweis zulässig angetreten werden kann (2 vor § 415).

d) Eine günstigere Entscheidung müsste die Urkunde im Vorpro- 18
zess herbeigeführt haben. Das bedeutet Kausalität. Für die Begründetheit der Klage im zweiten Verfahrensabschnitt (4 vor § 578 und § 590) ist nötig, dass eine die Vorentscheidung tragende Tatsachenfeststellung bei Verwendung der Urkunde günstiger ausgefallen wäre. Um diese Feststellung zu treffen, dürfen nur das tatsächliche Vorbringen im Vorprozess und der im Zusammenhang mit der nachträglich aufgefundenen Urkunde, auch iR ihres frei zu würdigenden Beweiswerts (BGH NJW-RR 91, 380) stehende Prozessstoff und als Beweismittel nur die im Vorprozess erhobenen und angetretenen Beweise sowie die neue Urkunde berücksichtigt werden. Eine günstigere Entscheidung konnte grundsätzlich (aber Rn 21) nur durch eine Urkunde herbeigeführt werden, die zZ des Vorprozesses schon vorhanden war (Koblenz NJW-RR 95, 1278). –
Nicht zu berücksichtigen sind Urkunden, die nur in Verbindung mit 19
anderen im Vorprozess nicht vorgetragenen Beweismitteln oder mit der Einlassung des Restitutionsbeklagten zu einer für den Kläger günstigeren Entscheidung führen können (BGH 38, 333 und 31, 351/356, WM 83, 959). Die Restitutionsklage ist nicht zulässig lediglich zu dem Zweck, auf Grund der nachträglich aufgefundenen Urkunde eine im Vorprozess nicht bestrittene Behauptung des Gegners jetzt zu bestreiten (Celle NJW 62, 1401) oder um die Urkunde anstelle des anderen, keinen Restitutionsgrund bildenden Beweismittels oder neben diesem in den Prozess einzuführen, zB ein nachträgliches Gutachten, das anstelle eines Sachverständigenbeweises oder neben diesem eingeführt werden soll (Frankfurt VersR 74, 61), eine eidesstattliche Versicherung, die im Vorprozess nicht vorgelegt wurde (BGH VersR 74, 168). Ebenso kann die Klage nicht auf eine Privaturkunde gestützt werden, mit der durch die schriftliche Erklärung eines Zeugen der Beweis für die Richtigkeit der in der Erklärung bekundeten Tatsachen geführt werden soll (BGH 80, 389/396), und auch nicht auf die Vorlage einer unbeglaubigten Fotokopie eines Schriftstücks mit Angebot eines Zeugenbeweises für die Urkundenerrichtung (KG NJW-RR 97, 123).

e) Maßgebender Zeitpunkt ist der, in dem die Partei die Urkunde 20
spätestens noch hätte benutzen können. Das ist beim nicht berufungsfähigen Urt der Schluss der mdl Vhdlg, beim berufungsfähigen (§ 511 Rn 2, 3) der Ablauf der Berufungsfrist, beim VersUrt der Ablauf der Einspruchsfrist, ggf der Antragsfrist für Wiedereinsetzung. Errichtung der Urkunde nach Schluss der mdl TatsachenVhdlg, aber vor Verkündung eines nicht mehr anfechtbaren Urt stützt die Restitutionsklage regelmäßig nicht, weil Wiedereröffnung der Verhandlung (§ 156) im Ermessen des Gerichts steht (BGH 30, 64). – **Später errichtete Ur-** 21
kunden. In Analogie zu Nr 7 b darf eine Urkunde, die ihrer Natur nach Tatsachen beweist, die einer zurückliegenden Zeit angehören, insbes eine später errichtete, die zurückliegende gesetzliche Empfängniszeit beweisende Geburtsurkunde (BGH 6, 354 und 46, 300) oder ein

Beischreibungsvermerk des Standesbeamten (BGH 5, 157 für Legitimation eines Kindes; KG NJW 76, 245 für nachträgliches Ehelichkeitsanfechtungsurteil; hierzu aA BGH 34, 77) berücksichtigt werden, wenn sich daraus ergibt, dass die Empfängniszeit vor Schluss der mdl Vhdlg – hier wegen der pflichtgemäßen Wiedereröffnung nach § 156 Abs 2 Nr 2 ausnahmsweise vor Verkündung des Urt im Vorprozess (Köln NJW 73, 2031) – liegt, also Ehebruch während des Scheidungsprozesses in Betracht kommt. Auch in diesem Fall ist aber die Restitutionsklage unbegründet, wenn nach den im Eheprozess getroffenen Feststellungen die Verantwortlichkeit der Ehefrau für den Ehebruch zweifelhaft ist (BGH NJW 70, 1320). Analog anwendbar auch auf Feststellungsbescheid über Schwerbehinderteneigenschaft nach Rechtskraft des Urt
22 im Kündigungsschutzprozess (BAG NJW 85, 1485). – **Nicht analog anwendbar** auf einen nachträglich erlassenen Strafbefehl (BGH NJW 80, 1000), auf den Widerruf einer behördlichen Auskunft (BGH 89, 114).

23   **3. Weiterer Restitutionsgrund** in Kindschaftssachen § 641 i.

§ 581 Besondere Voraussetzungen der Restitutionsklage

(1) **In den Fällen des vorhergehenden Paragraphen Nr. 1 bis 5 findet die Restitutionsklage nur statt, wenn wegen der Straftat eine rechtskräftige Verurteilung ergangen ist oder wenn die Einleitung oder Durchführung eines Strafverfahrens aus anderen Gründen als wegen Mangels an Beweis nicht erfolgen kann.**

(2) **Der Beweis der Tatsachen, welche die Restitutionsklage begründen, kann durch den Antrag auf Parteivernehmung nicht geführt werden.**

1   **1. Strafurteil (Abs 1).** Zur Zulässigkeit der Restitutionsklage gehört, dass ein Restitutionsgrund behauptet ist (9 vor § 578), in den Fällen des § 580 Nr 1–5 außerdem grundsätzlich, dass ein rechtskräftiges verurteilendes StrafUrt vorliegt (BGH 85, 32; StJGrunsky 1). Prüfung vAw (12 vor § 253). Aus Billigkeitsgründen ist ein StrafUrt dann nicht Zulässigkeitsvoraussetzung, wenn aus anderen Gründen als Mangel an Beweisen kein Strafverfahren stattgefunden hat, zB wegen Verjährung, Amnestie, Tod des Täters, Geringfügigkeit der Tat. § 581 gilt auch, wenn der Restitutionsgrund im anhängigen Proz geltend gemacht werden soll (BGH 5, 299), zB § 559 Rn 11. – **Unzulässig ist die Klage**
2 bei Freispruch im Strafverfahren. Ebenso, wenn kein Strafverfahren durchgeführt wird, weil strafbare Handlungen nach Ansicht der Strafverfolgungsbehörden nicht vorliegen oder wenn die Staatsanwaltschaft das Ermittlungsverfahren wegen Meineids nach § 153 StPO eingestellt und dabei die Unrichtigkeit der Aussage nur unterstellt hat (Koblenz MDR 79, 410) und bei vorläufiger Einstellung nach § 153 a StPO, solange die Auflagen noch nicht vollständig erfüllt sind (Köln MDR 91, 452). Das Zivilgericht kann insoweit nicht nachprüfen, ob eine strafbare

Handlung begangen worden ist (BGH VersR 62, 175). – **Zulässig ist** 3
die Klage, wenn das Ermittlungsverfahren gegen den Zeugen nach
§ 154 StPO vorläufig eingestellt worden ist (Hamburg MDR 78, 851;
aA für Einstellung nach § 154 Abs 1 StPO Hamm MDR 86, 679).

2. **Beweis (Abs 2).** „Tatsachen, welche die Klage begründen", sind 4
die Feststellung eines Restitutionsgrundes gem § 580 Nr 1–7 und Vorliegen der Voraussetzungen des § 582. Das Ger hat das Vorliegen einer
strafbaren Handlung ohne Bindung an das Strafurteil selbst zu prüfen
(BGH 85, 32). Wegen der nötigen Prüfung des Restitutionsgrundes
vAw (Beweislast beim Kl) haben insoweit Anerkenntnis und Geständnis
keine Wirkung und ist als Beweismittel der Antrag auf Parteivernehmung (§§ 445, 447) verboten. In engen Grenzen ist Parteivernehmung
gem § 448 zulässig (BGH 30, 63), falls dessen Voraussetzungen vorliegen. Ist im Falle des § 580 Nr 7 b erwiesen, dass das Auffinden der
Urkunde einen Restitutionsgrund bildet, so ist zum Beweis für den
Zeitpunkt der Errichtung der Urkunde die Parteivernehmung auf Antrag nicht ausgeschlossen (BGH 30, 62).

§ 582 Hilfsnatur der Restitutionsklage

Die Restitutionsklage ist nur zulässig, wenn die Partei ohne ihr
Verschulden außerstande war, den Restitutionsgrund in dem
früheren Verfahren, insbesondere durch Einspruch oder Beru-
fung oder mittels Anschließung an eine Berufung, geltend zu
machen.

1. **Subsidiarität.** Zur Zulässigkeit der Klage (6 ff vor § 578) gehört 1
(BGH WM 75, 736), dass der Restitutionsgrund nicht früher geltend
gemacht werden konnte (offengelassen Koblenz OLGZ 89, 93; aA
StJGrunsky 1, Köln NJW-RR 99, 363: gehört zur Begründetheit, weil
die fehlende Möglichkeit früherer Geltendmachung als Grund für die
ausnahmsweise Durchbrechung der Rechtskraft nicht der Parteidisposition unterliegt). – Die **Klage ist demnach unzulässig** – **a)** wenn der 2
beweisbelastete Kl nicht dartut, dass er ohne Verschulden außerstande
war, den Restitutionsgrund im früheren Verfahren geltend zu machen; –
b) wenn der Kl im Vorprozess denselben Grund bereits erfolglos geltend 3
gemacht hat und in den Fällen des § 580 Nr 1–5 nach strafgerichtlicher
Verurteilung, wenn diese Erfolglosigkeit auf einem Verschulden der
Partei beruht (Leipold ZZP 81, 69/72). Geltendmachung in der Revisionsinstanz § 559 Rn 11.

2. **Geltendmachung im Vorprozess.** – **a)** Dazu ist die Partei 4
imstande, sobald nach den konkreten Verhältnissen begründete Erfolgsaussicht besteht (StJGrunsky 4). Regelmäßig muss die Partei dazu die
tatsächlichen Geschehnisse, die den Restitutionsgrund abgeben, zuverlässig wissen. – **b) Ohne Verschulden** (des Vertreters: §§ 51, 85 je 5
Abs 2) muss die **Geltendmachung unterblieben** sein. Das ist vAw (12
vor § 253) nach strengem Maßstab zu prüfen. Der Kl trägt die Beweislast

für sein fehlendes Verschulden (BGH WM 74, 264). Nichtgeltendma-
chung trotz Kenntnis des Restitutionsgrundes kann entschuldbar sein, zB
Vergessen einer vor längerer Zeit errichteten Urkunde (AG Berlin
Tempelhof-Kreuzberg FamRZ 97, 568), nichtfahrlässiger Irrtum über
ihre Erheblichkeit (RG 151, 207). Andererseits kann die fehlende
Kenntnis vom Restitutionsgrund auf Verschulden beruhen. So muss die
Partei ihre Geschäftsunterlagen in Ordnung halten und rechtzeitig und
sorgfältig nach dem Verbleib der Urkunde (§ 580 Nr 7 b) geforscht
(BGH DB 74, 1158), in allg zugängliche Urkunde Einsicht genommen,
erfolgversprechende Auskünfte eingeholt haben. Verschulden kann es
sein, dass die Partei im Prozess nicht versucht hat, die auf Prozessbetrug
beruhende Rücknahme eines Rechtsmittels zu widerrufen (BGH LM
6 § 515 Nr 10; § 515 Rn 6). – c) **Maßgebender Zeitpunkt** wie § 580
Rn 18–22.

§ 583 Vorentscheidungen

**Mit den Klagen können Anfechtungsgründe, durch die eine
dem angefochtenen Urteil vorausgegangene Entscheidung derselben oder einer unteren Instanz betroffen wird, geltend gemacht werden, sofern das angefochtene Urteil auf dieser Entscheidung beruht.**

1   **Entspricht §§ 512, 557 Abs 2 mit folgenden Abweichungen:**
Die Anfechtungsgründe können auch Vorentscheidungen der unteren
Instanz betreffen. Dass sie nicht beschwerdefähig oder unanfechtbar sind,
steht nicht entgegen. Nötig ist nur, dass das mit Wiederaufnahmeklage
angefochtene Endurteil mit auf der angegriffenen Vorentscheidung beruht. Gegen diese selbst ist Wiederaufnahmeklage nicht zulässig (§ 578
Rn 1). Ist aber die vom Anfechtungsgrund betroffene Vorentscheidung
von der höheren Instanz erlassen (zB §§ 538, 563 Abs 3), richtet sich die
Wiederaufnahmeklage gegen diese, denn die untere Instanz kann nicht
ein Urteil der höheren nachprüfen.

§ 584 Ausschließliche Zuständigkeit für Nichtigkeits- und Re-
stitutionsklagen

**(1) Für die Klagen ist ausschließlich zuständig: das Gericht, das
im ersten Rechtszuge erkannt hat; wenn das angefochtene Urteil
oder auch nur eines von mehreren angefochtenen Urteilen von
dem Berufungsgericht erlassen wurde oder wenn ein in der Revisionsinstanz erlassenes Urteil auf Grund des § 580 Nr. 1 bis 3, 6,
7 angefochten wird, das Berufungsgericht; wenn ein in der Revisionsinstanz erlassenes Urteil auf Grund der §§ 579, 580 Nr. 4, 5
angefochten wird, das Revisionsgericht.**

**(2) Sind die Klagen gegen einen Vollstreckungsbescheid ge-
richtet, so gehören sie ausschließlich vor das Gericht, das für eine
Entscheidung im Streitverfahren zuständig gewesen wäre.**

1. Das **Gericht erster Instanz** des Vorprozesses ist grundsätzlich 1
örtlich und sachlich **ausschließlich zuständig.** Ebenso in § 641 i
Abs 3. War der frühere Proz eine Familiensache, so ist es auch der
WiederaufnahmeProz in allen drei Verfahrensabschnitten (2–5 vor
§ 578, BGH FamRZ 82, 789). Die Mitwirkg des Richters im früheren
Proz ist kein Ausschlussgrund (BGH Warn 80, 869), kann aber ein
Ablehnungsgrund sein (zutr Zweibrücken NJW 74, 955, zu weitgehend
Düsseldorf NJW 71, 1221, abl Karlsruhe Just 75, 310).

2. Das **Berufungsgericht ist zuständig – a) wenn es eines der** 2
angefochtenen Urteile selbst erlassen hat. Das betrifft nur Urteile,
die die Berufung für zulässig erachtet und selbst in der Sache entschieden
haben. Die Wiederaufnahmeklage geht an die 1. Instanz, wenn das
BerGer die Berufung als unzulässig verworfen hat, außer in der verwerfenden Entscheidung selbst wird der Wiederaufnahmegrund gesehen. –
b) Wenn das Revisionsgericht erkannt hat und es sich um eine 3
Restitutionsklage nach § 580 Nr 1–3, 6, 7 handelt, weil davon tatsächliche Feststellungen betroffen sind; ebenso bei einer Klage nach § 580
Nr 4 gegen Berufungs- und Revisionsurteil, wenn tatsächliche Festel-
lungen des erstgenannten angegriffen werden (BGH 61, 95). Vgl auch
§ 641 i Abs 3.

3. Das **Revisionsgericht ist zuständig,** wenn es das angefochtene 4
Urt oder eines der angefochtenen erlassen hat und es sich um eine
Nichtigkeitsklage (§ 579) oder um eine Klage aus § 580 Nr 4, 5 handelt; auch dann, wenn von den Nichtigkeitsgrund auch die Entscheidungen der Vorinstanzen betroffen sind (BGH WM 80, 1350). –
Ebenso in entsprechender Anwendung, wenn es sich um eine Klage 5
nach § 580 Nr 1–3, 6, 7 gegen ein Urt oder einen Verwerfungsbeschluss
des RevGer handelt, in denen dieses selbst tatsächliche Feststellungen
(§ 559 Rn 11) getroffen hat (BGH 62, 18). Zurückweisung der Revision ist sachliche Entscheidung, also Zuständigkeit des RevGer (BGH
14, 257). Vgl auch § 641 i Abs 3.

4. Gegen **Vollstreckungsbescheid** im Mahnverfahren, der einem 6
VersUrt gleichsteht (§ 700 Abs 1), ist die Wiederaufnahmeklage an das
Gericht zu richten, das im Streitverfahren zuständig gewesen wäre.

§ 585 Allgemeine Verfahrensgrundsätze

**Für die Erhebung der Klagen und das weitere Verfahren gelten
die allgemeinen Vorschriften entsprechend, sofern nicht aus den
Vorschriften dieses Gesetzes sich eine Abweichung ergibt.**

Für das **Verfahren** gelten die allg Vorschriften. Die Klageerhebung 1
richtet sich nach § 253, dessen Abs 2 Nr 2 aber durch §§ 587, 588
ersetzt ist. Anwaltszwang gem § 78. Im VorProz erteilte Vollmacht
(außer in Ehesachen, § 609) gilt für das Wiederaufnahmeverfahren
(§ 81). Zustellungen an den Vertreter vor demselben Gericht im Vor-
Proz (§ 172 Abs 1). Klagehäufung (§ 260) ist zulässig, weil die Wieder-

aufnahme keine bes Prozessart ist, zB Schadensersatz, Rückzahlung (BGH LM Nr 53 § 209 BEG 1956, StJSchumann § 260 Rn 33). Hauptsache (zB für § 269) ist schon der zweite Verfahrensabschnitt (Aufhebung; 4 vor § 578). Mitwirkung des Richters im früheren Proz § 584 Rn 1.

§ 586 Klagefrist

(1) **Die Klagen sind vor Ablauf der Notfrist eines Monats zu erheben.**

(2) **¹Die Frist beginnt mit dem Tage, an dem die Partei von dem Anfechtungsgrund Kenntnis erhalten hat, jedoch nicht vor eingetretener Rechtskraft des Urteils. ²Nach Ablauf von fünf Jahren, von dem Tage der Rechtskraft des Urteils an gerechnet, sind die Klagen unstatthaft.**

(3) **Die Vorschriften des vorstehenden Absatzes sind auf die Nichtigkeitsklage wegen mangelnder Vertretung nicht anzuwenden; die Frist für die Erhebung der Klage läuft von dem Tage, an dem der Partei und bei mangelnder Prozeßfähigkeit ihrem gesetzlichen Vertreter das Urteil zugestellt ist.**

1   **1. Wahrung der Klagefrist** ist Zulässigkeitsvoraussetzung (9 vor § 578). Abs 1 ist Notfrist (§ 224 Abs 1 S 2). Berechnung nach § 222 mit §§ 187 Abs 1, 188 Abs 2 1. Alternative BGB. Klageerhebung zur ersten statt zur höheren Instanz (§ 584) wahrt die Frist (BSG NJW 70, 966); ebenso Klage an ein sonst unzuständiges Ger, falls dieses – auch nach Fristablauf – an das zuständige verweist (Zeihe, NJW 71, 2292). Klageerhebung vor Fristbeginn ist zulässig (KG FamRZ 89, 647). –

2   **a) Die Frist beginnt** mit positiver sicherer Kenntnis der Tatsachen, die den Wiederaufnahmegrund ausfüllen, keinesfalls aber vor Eintritt der Rechtskraft des Urt (§ 705). Diese Kenntnis muss die Partei bzw ihr gesetzlicher Vertreter haben, die des Prozessbevollmächtigten genügt, solange sein Auftrag nicht beendet war (BGH 31, 354). In den Fällen § 580 Nr 1–5 gehört wegen § 581 dazu die Kenntnis, dass eine rechtskräftige Verurteilung ergangen oder ein Strafverfahren unmöglich ist (BGH 1, 155); vorläufige Einstellung des Strafverfahrens genügt nicht (Hamm FamRZ 97, 759). Hierfür genügt die Kenntnis eines zur Erhebung der Restitutionsklage postulationsfähigen RA, der den Auftrag hat, Strafanzeige zur Vorbereitung des angestrebten Restitutionsverfahrens zu erheben (BGH LM Nr 11). Bei Urkunden ist nötig das Auffinden oder sichere Kenntnis von der Benutzbarkeit (§ 580 Rn 17), bei Geburtsurkunde, mit der ein Ehebruch nachgewiesen werden soll, mit Rechtskraft des Urt, das die Nichtehelichkeit des im Ehebruch gezeugten Kindes feststellt (Nürnberg NJW 75, 2024). Bei mehreren Urkunden nacheinander beginnt, solange eine zulässige Klage noch nicht erhoben ist, jedes Mal eine neue Klagefrist, auch wenn mit jeder der Urkunden dieselbe Tatsache bewiesen werden soll (BGH 57, 211).

Die Tatsachen sind glaubhaft zu machen (§ 589 Abs 2) und vAw zu prüfen (12 vor § 253). In keinem Fall ist Kenntnis von der rechtlichen Bedeutung der Wiederaufnahmetatsachen nötig. – **b) Die Frist endet** **3** nach Ablauf eines Monats. Bei rechtzeitiger Geltendmachung eines bestimmten Restitutionsgrundes kann auf einen anderen, für den die Monatsfrist zZ der Klageerhebung bereits verstrichen war, nicht mehr zurückgegriffen werden (BGH VersR 62, 175). – **c) 5 Jahre ab** **4** **Rechtskraft** des Urt im VorProz wird die Klage unzulässig ohne Rücksicht auf die Kenntnis und darauf, ob die Notfrist des Abs 1 schon zu laufen begonnen hat, ausgenommen Abs 3. Uneigentliche Frist (7 ff vor § 214). Keine Verlängerung, keine Wiedereinsetzung, keine Hemmung gem § 203 BGB (BGH 19, 20). – **d)** Für die **Fristwahrung** gilt § 167 **5** (bis 30. 6. 02 § 270 Abs 3).

2. Für **Nichtigkeitsklage wegen mangelnder Vertretung** (Abs 3; **6** § 579 Nr 4) gilt die Fünfjahresfrist des Abs 2 S 2 nicht. Die Notfrist des Abs 1 kann ebenfalls nicht vor Eintritt der Rechtskraft des Urt beginnen, läuft aber für den nicht richtig Vertretenen (nicht auch für seinen Gegner; Schleswig NJW 59, 200) nicht ab Kenntnis vom Wiederaufnahmegrund, sondern ab Zustellung des rechtskräftigen Urt entweder an die prozessfähige Partei oder an den gesetzlichen Vertreter der prozessunfähigen Partei (KG OLG 71, 63). Ist bei dieser Zustellung das Urt noch nicht rechtskräftig, beginnt die Frist mit Eintritt der Rechtskraft, einer erneuten Zustellung danach bedarf es zum Fristbeginn nicht (Köln JMBl NRW 77, 65). Ohne Zustellung läuft keine Frist (BGH FamRZ 63, 131).

3. § 586 **gilt nicht** für die auf ein neues Vaterschaftsgutachten **7** gestützte Restitutionsklage im Kindschaftsprozess nach § 641 i (dort Abs 4). Für Nichtigkeitsklagen gem § 579 gilt sie (BGH NJW 94, 589).

§ 587 Klageschrift

In der Klage muß die Bezeichnung des Urteils, gegen das die Nichtigkeits- oder Restitutionsklage gerichtet wird, und die Erklärung, welche dieser Klagen erhoben wird, enthalten sein.

Notwendiger Inhalt der Klageschrift. Dafür gilt § 253 Abs 2 **1** Nr 1. Nr 2 dagegen ist ersetzt durch § 587. Ausdrückliche Bezeichnung, ob Nichtigkeits- oder RestKlage gewollt ist, ist nicht nötig. Es genügt, dass der Inhalt der Klageschrift die Natur der Klage erkennen lässt.

§ 588 Inhalt der Klageschrift

(1) Als vorbereitender Schriftsatz soll die Klage enthalten:
1. die Bezeichnung des Anfechtungsgrundes;

2. **die Angabe der Beweismittel für die Tatsachen, die den Grund und die Einhaltung der Notfrist ergeben;**
3. **die Erklärung, inwieweit die Beseitigung des angefochtenen Urteils und welche andere Entscheidung in der Hauptsache beantragt werde.**

(2) [1]**Dem Schriftsatz, durch den eine Restitutionsklage erhoben wird, sind die Urkunden, auf die sie gestützt wird, in Urschrift oder in Abschrift beizufügen.** [2]**Befinden sich die Urkunden nicht in den Händen des Klägers, so hat er zu erklären, welchen Antrag er wegen ihrer Herbeischaffung zu stellen beabsichtigt.**

1 **1.** Beim **instruktionellen Inhalt der Klageschrift (Abs 1)** handelt es sich um Ordnungsvorschriften. Verstoß macht die Klage nicht unzulässig.
Nr 1. Mit **Anfechtungsgrund** sind die Tatsachen gemeint. Die Frist des § 586 ist mit Zustellung der Klage gewahrt. Die Gründe können bis zum Schluss der mdl Vdhlg nachgebracht werden, soweit nicht schon bei Klageerhebung die Frist verstrichen war (BGH VersR 62, 175).

2 **Nr 2. Beweismittel** (12 vor § 284) soll die Klage angeben. Der Beweisantritt geschieht in der mdl Vhdlg.

3 **Nr 3. Anträge.** Der zur Hauptsache ist wegen § 308 unentbehrlich. Zur Aufhebung des früheren Urt muss ein ausdrücklicher Antrag nur dann formuliert werden, wenn teilweise Aufhebung begehrt wird (vgl BAG BB 00, 2367).

4 **2. Beifügung von Urkunden (Abs 2)** ist ebenfalls nur Sollvorschrift; zur Zulässigkeit der Klage nicht erforderlich (RG 135, 129).

§ 589 Zulässigkeitsprüfung

(1) [1]**Das Gericht hat von Amts wegen zu prüfen, ob die Klage an sich statthaft und ob sie in der gesetzlichen Form und Frist erhoben sei.** [2]**Mangelt es an einem dieser Erfordernisse, so ist die Klage als unzulässig zu verwerfen.**

(2) **Die Tatsachen, die ergeben, daß die Klage vor Ablauf der Notfrist erhoben ist, sind glaubhaft zu machen.**

1 **1. Die Zulässigkeit der Klage** ist im ersten Verfahrensabschnitt (3 vor § 578) vAw zu prüfen. Die Bestimmung entspricht §§ 522, 552. Entscheidung darüber durch ZwischenUrt (§ 280) oder in den Gründen des EndUrt. Zulässigkeitsprüfung 6 ff vor § 578. Die verworfene Klage kann innerhalb der Frist des § 586 unter Vermeidung des Mangels wiederholt werden.

2 **2. Glaubhaft zu machen** sind in mdl Vhdlg die Tatsachen, aus denen sich die Wahrung der Notfrist des § 586 Abs 1 ergibt. Auch für die Entgegnung des Bekl genügt Glaubhaftmachung (BGH 31, 355).

§ 590 Neue Verhandlung

(1) **Die Hauptsache wird, insoweit sie von dem Anfechtungsgrunde betroffen ist, von neuem verhandelt.**

(2) [1]**Das Gericht kann anordnen, daß die Verhandlung und Entscheidung über Grund und Zulässigkeit der Wiederaufnahme des Verfahrens vor der Verhandlung über die Hauptsache erfolge.** [2]**In diesem Falle ist die Verhandlung über die Hauptsache als Fortsetzung der Verhandlung über Grund und Zulässigkeit der Wiederaufnahme des Verfahrens anzusehen.**

(3) **Das für die Klagen zuständige Revisionsgericht hat die Verhandlung über Grund und Zulässigkeit der Wiederaufnahme des Verfahrens zu erledigen, auch wenn diese Erledigung von der Feststellung und Würdigung bestrittener Tatsachen abhängig ist.**

1. Allgemeines über die **Dreiteilung des Verfahrens** 2 vor § 578. – **a)** Das Ger kann über die **Zulässigkeit** der Wiederaufnahmeklage gesondert verhandeln. Prüfung und Entscheidung § 589 Rn 1. – **b)** Danach oder auch zusammen mit der Zulässigkeit (BGH NJW 79, 427) kann die **Begründetheit der Wiederaufnahme** gesondert verhandelt werden. Dabei ist vAw zu prüfen, ob der behauptete Wiederaufnahmegrund (§§ 579, 580) besteht (BGH WM 72, 27). Wenn nicht, ist die Klage als unbegründet abzuweisen; BSG NJW 69, 1079 (Verwerfung als unzulässig) steht nicht entgegen, weil dort schon kein statthafter Restitutionsgrund behauptet war; dies gehört zur Zulässigkeit (9 vor § 578). Wenn ja, ist durch Zwischenurteil (§ 280, BGH NJW 79, 427) oder in den Gründen des EndUrt das frühere Urt aufzuheben, soweit seine Aufhebung beantragt wurde (BAG BB 00, 2367). Hat das ErstGer den Wiederaufnahmegrund verneint, so kann das BerGer, das ihn bejaht, mit Zwischenurteil entspr § 538 Abs 2 S 1 zurückverweisen oder gemäß § 538 Abs 1 selbst weiterentscheiden (KG FamRZ 89, 647). – **c) Das Revisionsgericht** kann und muss, wenn dort die Klage erhoben ist (§ 584), zu Rn 1, 2 selbst die notwendigen tatsächlichen Feststellungen treffen. Die Entscheidung fällt es durch Zwischenurteil und verweist zur Neuverhandlung der Hauptsache zurück.

2. Die Neuverhandlung der Hauptsache ist eine Fortsetzung des früheren Proz im Zeitpunkt vor Urteilserlass, soweit er von dem Wiederaufnahmegrund betroffen ist. Nicht betroffen kann ein selbständiger oder zeitlich klar abgrenzbarer Teil sein wie in § 538 Rn 26. Neue Behauptungen, Beweismittel und Anträge sind in diesem Verfahrensabschnitt zulässig (BGH WM 83, 959). Bindende Prozesslagen (Geständnis, Anerkenntnis, Mängelheilung gem § 295) bleiben bestehen, soweit nicht der Restitutionsgrund gerade diese Erklärungen betraf. Das Verfahren folgt den Regeln der Prozessart und Instanz, in der es sich befindet.

5   **3. Die neue Entscheidung.** Grundlage ist das Ergebnis der neuen
Verhandlung und was von der früheren bindend geblieben ist. Weicht
das neue Ergebnis vom früheren ab, ist das frühere Urt aufzuheben und
anderweitig zu entscheiden. Kostenentscheidung einheitlich, weil früheres und neues Verfahren eine Einheit sind. Ist das Ergebnis dasselbe, kann
entweder das frühere Urt aufgehoben (Rn 2) und mit gleichem Inhalt
neu erlassen (RoSchwGottwald § 161 IV 3 hält dies für nötig) oder das
frühere Urt wie in § 343 aufrechterhalten werden (StJGrunsky 10). Die
Kosten der Wiederaufnahme trägt der Kl. Was der Bekl des früheren
Prozesses auf Grund des Urt geleistet hat, kann er analog § 717 Abs 3
im Wiederaufnahmeverfahren geltend machen. Bereicherungs- und
Schadensersatzansprüche sind durch eigene Klage geltend zu machen,
die aber mit der Wiederaufnahmeklage verbunden werden kann (§ 585
Rn 1).

6   **4. Versäumnisverfahren.** Zulässigkeit und Begründetheit der Wiederaufnahme (3, 4 vor § 578) sind vAw zu prüfen. Fehlt es an einer
Voraussetzung, ist die Klage bei Säumnis gleichgültig welcher Partei
durch streitiges Endurteil abzuweisen (BGH NJW 59, 1780; 12 vor
§ 330; aA ohne Begründung BGH MDR 66, 40). In der Verhandlung
zur Hauptsache gelten §§ 330, 331. Ist die Klage vor dem BerGer des
VorProz erhoben, gilt § 539 Abs 2. Auch Entscheidung nach Aktenlage
ist möglich.

§ 591 Rechtsmittel

**Rechtsmittel sind insoweit zulässig, als sie gegen die Entschei-
dungen der mit den Klagen befaßten Gerichte überhaupt stattfinden.**

1   Das ersetzende Urt kann je nach der Zuständigkeit (§ 584) von einem
Ger jeder Instanz erlassen sein und ist deshalb hinsichtlich der Rechtsmittel ein Urt der Instanz, die es erlassen hat. Entscheidend ist der
Rechtszustand bei Erlass des neuen Urt (BAG NJW 58, 1605). Gegen
ein Urt des RevGer also kein Rechtsmittel. In einem BerUrt muss die
Revision ggf zugelassen werden (§ 543 Abs 1 Nr 1, Abs 2). Im Falle der
Klageabweisung ist wiederholte Klagerhebung aus einem anderen Anfechtungsgrund zulässig, da die Rechtskraft sich nur auf den geltendgemachten Grund erstreckt.

Buch 5. Urkunden- und Wechselprozess

Vorbemerkung

Der Urkundenprozess ist eine bes Verfahrensart, für deren Zulässig- 1
keit zusätzlich bes Prozessvoraussetzungen erfüllt sein müssen (vgl
§ 592). Verhandlung und Entscheidung sind beschränkt auf den Anspruchsgrund und sofort zu beweisende Einwendungen des Beklagten.
Der Kläger soll rasch zu einem vorl vollstreckbaren (§ 708 Nr 4) Titel
kommen, zur Beschleunigung (§§ 595, 598) sind die Beweismittel beschränkt, Widerklage ist ausgeschlossen. Das Urteil ist in den Fällen der
§§ 597 Abs 2, 599 nur vorläufig. Ein endgültiges Ergebnis bringt erst
das Nachverfahren mit der Gefahr der Schadensersatzpflicht, wenn aus
dem Vorbehaltsurteil vollstreckt wurde (§ 600 Abs 2). – **Eine Unterart** 2
ist der Wechsel- und Scheckprozess, für den die Vorschriften über
den Urkundenprozess gelten. Es tritt eine weitere Beschleunigung durch
kürzere Ladungsfrist (§ 604) und Erleichterung der Beweisführung
(§ 605) ein; Berufung auf Schiedsabrede ist – anders als im normalen
UrkProz – ausgeschlossen (BGH NJW 94, 136; § 1032 Rn 1). – Im
arbeitsgerichtlichen Verfahren gelten die Vorschriften des Buches 5 3
nicht (§ 46 Abs 2 S 2 ArbGG).

§ 592 Zulässigkeit

[1] **Ein Anspruch, welcher die Zahlung einer bestimmten Geld-**
summe oder die Leistung einer bestimmten Menge anderer ver-
tretbarer Sachen oder Wertpapiere zum Gegenstand hat, kann
im Urkundenprozeß geltend gemacht werden, wenn die sämtli-
chen zur Begründung des Anspruchs erforderlichen Tatsachen
durch Urkunden bewiesen werden können. [2] **Als ein Anspruch,**
welcher die Zahlung einer Geldsumme zum Gegenstand hat, gilt
auch der Anspruch aus einer Hypothek, einer Grundschuld, ei-
ner Rentenschuld oder einer Schiffshypothek.

1. Besondere Prozessvoraussetzungen. Erklärung des Klägers, 1
dass er im UrkundenProz klagt (§ 593 Abs 1), bei vorausgehendem
Mahnverfahren § 703 a; **bestimmter Streitgegenstand** (Rn 3, 4); **Be-**
weisbarkeit bestimmter Tatsachen durch bestimmte Beweismittel
(Rn 6). – **Fehlt eine dieser Voraussetzungen,** tritt die Folge des 2
§ 597 Abs 2 ein. Fehlt eine allg Prozessvoraussetzung (8–33 vor § 253),
ist wie sonst die Klage als unzulässig abzuweisen.

2. Nur Leistungsklagen einschl aller Haftungsklagen (vgl 3 vor 3
§ 253) auf **Zahlung einer bestimmten Geldsumme** (wie 2 vor
§ 803) oder Leistung anderer vertretbarer Sachen oder Wertpapiere sind
im UrkundenProz statthaft; auch Mietzinsforderungen können im Urk-

Proz geltend gemacht werden (BGH NJW 99, 1408; aA für Wohnraummiete Eisenhardt MDR 99, 901). Auch auf künftige Leistung
(§§ 257–259); an Dritte; Zug um Zug; auf Leistung einer Sicherheit
4 durch Hinterlegung (BGH NJW 53, 1707). – **Unstatthaft** sind Klagen
auf individuelle Leistung, auf Vornahme einer Handlung oder Unterlassung, ferner Gestaltungs- und Feststellungsklagen (BGH 125, 251), auch
nach § 256 Abs 2 und nach § 180 InsO (München BB 85, 698). Unstatthaft ist idR das Urkundenverfahren für den RückforderungsProz nach
Zahlung für Bürgschaft auf 1. Anfordern (BGH NJW 01, 3549). Die
Wiederaufnahme eines durch Insolvenzverfahren unterbrochenen UrkundenProz gem § 180 Abs 2 InsO leitet ins ordentliche Verfahren über
(Hamm MDR 67, 929; aA StJSchlosser 2 a, Teske ZZP 99, 185). Die
Statthaftigkeit ist vAw zu prüfen und jeder Parteiherrschaft entzogen.

5   **3. Beweisbarkeit.** – **a) Für die Prozessvoraussetzungen und
sonstige prozessuale Fragen,** zB Richterablehnung, Wiedereinsetzung, Kostenausspruch (Karlsruhe Just 85, 442), bleibt es bei der Prüfung
vAw (vgl 12 vor § 253), es gilt weder § 592 noch § 595 (BGH NJW 86,
2765: Schiedsgerichtsklausel, BGH NJW-RR 97, 1154: ausländisches
6 Recht). – **b) Die anspruchsbegründenden Tatsachen,** auch für Zinsen und Nebenansprüche außer in § 605 Abs 2, müssen, wenn sie
beweisbedürftig sind (1 vor § 284, BGH 62, 286, Jena MDR 97, 975),
durch vorlegbare (§§ 593 Abs 2, 595 Abs 3, BGH NJW 94, 3295) Urkunden (1 vor § 415) beweisbar und bewiesen sein. Das gilt auch, wenn
der Bekl im Termin säumig ist. Als zugestanden werden nur die Echtheit
der Urkunde und die Übereinstimmung der Abschrift mit der Urschrift
fingiert, nicht die klagebegründenden Behauptungen (arg: § 597 Abs 2).
Welches die anspruchsbegründenden Tatsachen sind, ergibt die anzuwendende sachlich-rechtliche Norm (vgl 35 ff vor § 253); dazu gehört zB
auch die Vertretungsbefugnis. Die Urkunde muss nicht selbst Träger des
geltend gemachten Rechts sein, es genügt, dass sie es nach den Grundsätzen allgemeiner Auslegung (BGH NJW 95, 1683) und freier Beweiswürdigung mittelbar, zB mittels Indizien (vgl 11 vor § 284) beweist
(BGH NJW 85, 2953, Dresden OLG-NL 97, 117). Der Bekl muss nicht
an der Errichtung der Urkunde beteiligt sein (RG 142, 306), zB Handels-
7 bücher des Kl. – **Für den Urkundenbeweis gelten** §§ 593 Abs 2,
595 Abs 3, 415–420, 434–437. Die Verwendung von Protokollen über
Augenschein und Vernehmungen und die Verwendung von Sachverständigengutachten, auch aus einem vorangegangenen selbstständigen Beweisverfahren (vgl § 493 Rn 1), ist als Urkundenbeweis unzulässig, soweit
dadurch die unmittelbare Beweiserhebung durch die genannten Beweismittel ersetzt werden soll (BGH 1, 220, München MDR 98, 1180; vgl
auch § 286 Rn 11). Ist ein im UrkundenProz unzulässiger Beweis erhoben worden, darf das Ergebnis im Urt nicht verwertet werden, andernfalls
8 Verfahrensfehler (Karlsruhe BB 71, 1384). – **c) Beweisführung für
andere Tatsachen** als anspruchsbegründende und für die Echtheit von
Urkunden vgl § 595 Rn 3.

§ 593 Klageinhalt; Urkunden

(1) **Die Klage muß die Erklärung enthalten, daß im Urkunden-prozeß geklagt werde.**

(2) **¹Die Urkunden müssen in Urschrift oder in Abschrift der Klage oder einem vorbereitenden Schriftsatz beigefügt werden. ²Im letzteren Falle muß zwischen der Zustellung des Schriftsatzes und dem Termin zur mündlichen Verhandlung ein der Einlassungsfrist gleicher Zeitraum liegen.**

1. Die Erklärung nach Abs 1 ist bes Prozessvoraussetzung. Sie muss eindeutig, aber nicht ausdrücklich in der Klageschrift enthalten sein. Nachholung in späterem Schriftsatz oder mdl Vhdlg (Übergang vom Normal- in den UrkundenProz) ist analog § 263 zulässig, aber nur ausnahmsweise sachdienlich (BGH 69, 66). Im Übrigen wird die Klage wie im normalen Verfahren erhoben (§ 253), mit den gleichen Wirkungen wie dort (§ 261). – Eine **vertragliche Verpflichtung** durch Prozessvertrag (Einl III Rn 6–9), den Anspruch nicht im UrkundenProz zu verfolgen, macht den trotzdem eingeleiteten UrkundenProz unstatthaft (BGH WM 73, 144). 1

2

2. Abs 2 dient der Information und dem Schutz des Bekl. – **a) Die notwendigen Urkunden** (§ 592 Rn 6, 7) müssen der Klage oder einem fristgerecht einzureichenden Schriftsatz, auch noch in der Berufungsinstanz im Original oder in beglaubigter Abschrift (Frankfurt WM 95, 2079) beigefügt oder in mdl Vhdlg vorgelegt werden. Formlose Mitteilung des Schriftsatzes genügt (§ 270 Abs 2). – **b) Fehlen diese Urkunden** oder sind sie dem Bekl nicht rechtzeitig mitgeteilt, ist auf seine Rüge antragsgemäß zu vertagen. Ohne Rüge heilt der Mangel, § 295 (RG 114, 371, StJSchlosser 5; aA bei fehlender Mitteilung RG 142, 304, RoSchw/Gottwald § 163 III 1). Bei Säumnis des Bekl ist auf Antrag des Kl zum Zwecke der Nachholung zu vertagen, andernfalls nach § 597 Abs 2 zu verfahren. 3

4

§ 594 (weggefallen)

§ 595 Keine Widerklage; Beweismittel

(1) **Widerklagen sind nicht statthaft.**

(2) **Als Beweismittel sind bezüglich der Echtheit oder Unechtheit einer Urkunde sowie bezüglich anderer als der im § 592 erwähnten Tatsachen nur Urkunden und Antrag auf Parteivernehmung zulässig.**

(3) **Der Urkundenbeweis kann nur durch Vorlegung der Urkunden angetreten werden.**

1   **1. Widerklage** ist, auch wenn zum UrkundenProz geeignet (insoweit aA StJSchlosser 1), **unstatthaft.** Ob sie durch Prozessurteil entspr § 597 Abs 2 abzuweisen oder ob Trennung entspr § 145 Abs 2 möglich ist, ist streitig (Nachweise bei StJSchlosser aaO). Gegenantrag nach § 717 Abs 2 S 2 (dort Rn 15) ist nicht ausgeschlossen, muss aber gemäß § 592 zum UrkundenProz geeignet sein.

2   **2. Zulässige Beweismittel. – a) Für Prozessvoraussetzungen** vgl § 592 Rn 5. – **b) Für die beweisdürftigen anspruchsbegründen-**
3 den Tatsachen vgl § 592 Rn 6. – **c) Andere** als anspruchsbegründende beweisbedürftige (vgl 1 vor § 284) materielle **Tatsachen,** zB rechtsvernichtende Einwendungen des Bekl oder rechtserhaltende des Kl (BGH NJW 86, 2767) sowie die (Un)Echtheit von Urkunden können nur durch Urkunden oder durch Antrag auf Parteivernehmung (§§ 445, 447) bewiesen werden (BGH NJW 85, 2953). Ob der Beweisantrag Vertagung nötig macht, ist gleichgültig. Der Urkundenbeweis kann nur durch Vorlage (§§ 420, 434) oder Bezugnahme auf bereits bei den Gerichtsakten befindliche Urkunden geführt werden, Anträge auf Aktenbeiziehung und Vorlegungsanträge (§§ 421, 428, 432) sind ausgeschlossen (Abs 3, BGH NJW 94, 3295). Dagegen kann Beweis durch Urkunden geführt werden, die bei dem Ger – nicht notwendig bei demselben Spruchkörper – vorhanden sind (BGH NJW 98, 2280). Jedes andere Beweismittel, auch Schriftvergleichung (§ 441) und Parteivernehmung vAw (§ 448), ist unzulässig, auch wenn es sofort benützbar ist.

§ 596 Abstehen vom Urkundenprozess

Der Kläger kann, ohne daß es der Einwilligung des Beklagten bedarf, bis zum Schluß der mündlichen Verhandlung von dem Urkundenprozeß in der Weise abstehen, daß der Rechtsstreit im ordentlichen Verfahren anhängig bleibt.

1   **1. Abstandnahme vom Urkundenprozess** geschieht durch Erklärung des Kl, widerruflich bis Beginn der mdl Vhdlg (Köln WM 95, 1224), bis zu ihrem Schluss in Abwesenheit des Bekl. Der Streitgegenstand ändert sich dadurch nur, wenn der Kl jetzt auch Ansprüche aus dem Grundgeschäft geltend macht (BGH NJW-RR 87, 58). Die Erklärung ist Prozesshandlung (Einl III); hilfsweise Abstandnahme ist unzulässig (Jena OLG-NL 99, 68). Sie muss eindeutig, aber nicht ausdrücklich sein. Nur im Angebot im UrkundenProz unzulässiger Beweismittel liegt sie nicht (BGH WM 79, 803). Sie muss sich auf den ganzen Streitgegenstand oder einen selbständigen Teil davon (vgl § 301 Rn 1) beziehen; in diesem Fall Trennung nach § 145. Dass der UrkundenProz statthaft war, ist nicht Voraussetzung. In 1. Instanz ist Einwilligung des Bekl nicht erforderlich. Hilfsweise Abstandnahme vom Wechselprozess vgl § 602
2 Rn 1. – In der **Berufungsinstanz** ist, auch soweit die Klage als unbegründet abgewiesen wurde (Frankfurt MDR 88, 326), die Zulässigkeit der Abstandnahme analog § 263 zu behandeln (BGH 29, 337 und NJW

65, 1599), weil dem Bekl eine Instanz verlorengeht. Läßt das BerGer die Abstandnahme nicht zu, so bleibt der Proz dort im UrkundenProz anhängig (Frankfurt MDR 88, 326). – In der **Revisionsinstanz** ist 3 Abstand ausgeschlossen. Übergang vom Normal- in den UrkundenProz vgl § 593 Rn 1.

2. Das weitere Verfahren. Der Proz geht ins ordentliche Verfahren 4 über (vgl § 600). Ist der Bekl im Termin anwesend, kann sofort im ordentlichen Verfahren weiterverhandelt oder auf Antrag vertagt werden. Bei Abstandnahme im ersten Termin muss jedenfalls dem Bekl die Möglichkeit zu sachlichen Einwendungen erhalten bleiben (Hamm NJW 74, 1515), Beweisangebote des Bekl dürfen nicht als verspätet zurückgewiesen werden (SächsVerfGH NJW 98, 3266). Bei Säumnis des Bekl kann VersU entspr §§ 335 Abs 1 Nr 3, 264 nur ergehen, wenn ihm die Ankündigung des Abstands rechtzeitig mitgeteilt war. Über die Kosten ist einheitlich zu entscheiden (vgl § 91 Rn 6). Bei zulässiger Abstandnahme in der Berufungsinstanz (vgl Rn 2) wird das in 1. Instanz verbliebene Nachverfahren gegenstandslos und der gesamte Streitstoff in 2. Instanz erledigt, keine Zurückverweisung unter Aufhebung des Vorbehaltsurteils analog § 538 Abs 2 S 1 Nr 5.

§ 597 Klageabweisung

(1) **Insoweit der in der Klage geltend gemachte Anspruch an sich oder infolge einer Einrede des Beklagten als unbegründet sich darstellt, ist der Kläger mit dem Anspruch abzuweisen.**

(2) **Ist der Urkundenprozeß unstatthaft, ist insbesondere ein dem Kläger obliegender Beweis nicht mit den im Urkundenprozeß zulässigen Beweismitteln angetreten oder mit solchen Beweismitteln nicht vollständig geführt, so wird die Klage als in der gewählten Prozeßart unstatthaft abgewiesen, selbst wenn in dem Termin zur mündlichen Verhandlung der Beklagte nicht erschienen ist oder der Klage nur auf Grund von Einwendungen widersprochen hat, die rechtlich unbegründet oder im Urkundenprozeß unstatthaft sind.**

1. Klageabweisung. – **a) Fehlt eine allgemeine Prozessvorausset- 1 zung** (8–33 vor § 253), ist die Klage als unzulässig abzuweisen. Dem Nachverfahren kann die Entscheidung über ihr (Nicht)Vorliegen nicht vorbehalten werden (BGH MDR 86, 130). Rechtskraftwirkung vgl § 322 Rn 3. – **b) Fehlt eine besondere Prozessvoraussetzung** 2 (Statthaftigkeit vgl § 592 Rn 3, 4; notwendige Beweisführung vgl § 592 Rn 6, 7, § 595 Rn 3) oder hat der Kl dem Bekl eine notwendige Urkunde nicht mitgeteilt (vgl § 593 Rn 4), ist die Klage, außer bei Anerkenntnis, als im UrkundenProz unstatthaft abzuweisen; dies auch, wenn der Kl oder Bekl säumig ist oder nur unstatthafte (§ 598) oder unbegründete Einwendungen erhoben (Abs 2) od (analog) die Hilfsaufrechnung erklärt hat; vgl § 598 Rn 3. – **Die Rechtskraftwirkung** 3

verhindert einen neuen UrkundenProz über den gleichen Antrag, wenn
wegen Unstatthaftigkeit des Antrags abgewiesen wurde; wurde wegen
unzulässigen Beweises abgewiesen, ist eine neue UrkKlage mit den
gleichen Beweismitteln unzulässig; im ordentlichen Verfahren kann die
4 Klage neu erhoben werden (RG 148, 201). – **c) Ist die Klage unbegründet** (nicht schlüssig oder wegen berechtigter Einwendungen des
Bekl, Abs 1), so ist sie durch Endurteil in der Sache abzuweisen (Jena
OLG-NL 99, 68); ebenso bei Verzicht (§ 306) und Säumnis des Klägers
(§ 330). Die Rechtskraft hindert jede erneute Geltendmachung des
gleichen Anspruchs. Im Wechselprozess vgl auch § 602 Rn 3.

5   **2. Zusammentreffen mehrerer Abweisungsgründe.** – **a) Fehlende allgemeine Prozessvoraussetzung** (Rn 1) führt stets zur Abweisung als unzulässig, auch wenn Mängel nach Rn 2 oder 4 vorlie-
6 gen. – **b) Fehlt eine besondere Prozessvoraussetzung** des UrkundenProz (Rn 2) **und ist die Klage nach dem unstreitigen
Sachverhalt unbegründet** (Rn 4), so ist sie als unbegründet abzuweisen (BGH JR 76, 376, StJSchlosser 10; aA RoSchw/Gottwald § 163 III
7 5 c). – **c) Fehlt der schlüssigen Klage eine besondere Prozessvoraussetzung** des UrkundenProz (Rn 2) **und bestreitet der Beklagte** eine anspruchsbegründende Behauptung des Kl od bringt er eine
bestrittene erhebliche Einwendung vor (Rn 4), so ist nicht Beweis zu
erheben, sondern sofort die Klage als im UrkundenProz unstatthaft
abzuweisen.

8   **3. Verurteilung** des Beklagten vgl § 599.

§ 598 Zurückweisung von Einwendungen

**Einwendungen des Beklagten sind, wenn der dem Beklagten
obliegende Beweis nicht mit den im Urkundenprozeß zulässigen
Beweismitteln angetreten oder mit solchen Beweismitteln nicht
vollständig geführt ist, als im Urkundenprozeß unstatthaft zurückzuweisen.**

1   **1. Einwendungen** sind hier die materiellrechtlichen (vgl 45 vor
§ 253) und Beweiseinreden.

2   **2. Behandlung der Einwendungen,** für die der Bekl die Beweislast
trägt. – **a)** Wenn sie beweisbedürftig sind (vgl 1 vor § 284), aber ein
zulässiges Beweismittel nicht angeboten (vgl § 595 Rn 3) oder der
Beweis damit nicht voll geführt ist, sind die Einwendungen in den
Gründen des Vorbehaltsurteils als im UrkundenProz unstatthaft zurückzuweisen. Sie können im Nachverfahren weiter verfolgt werden. § 598
gilt auch für die Einwendung der im UrkundenProz nicht zulässig
beweisbaren Aufrechnung, selbst wenn sich diese schon aus den vom Kl
vorgelegten Urkunden ergibt (BGH MDR 72, 41) und schließt insoweit
§§ 145 Abs 3, 302 aus. IF der beweisbaren Aufrechnungsforderung vgl
3 Rn 4. – **b) Unbegründete Einwendungen** (nicht schlüssige, durch
rechtserhaltende Duplik widerlegte) sind in den Gründen des Vor-

behaltsUrt endgültig, also auch mit Wirkung für das Nachverfahren (BGH WM 79, 272) als unbegründet zurückzuweisen. Zulässig bleibt im Nachverfahren der Vortrag neuer Tatsachen für die Schlüssigkeit einer Einwendung, ferner neue Tatsachen und Beweisangebote für ihre Begründetheit sowie gegen die Begründetheit des Klageanspruchs oder gegen rechtserhaltende Dupliken. – **c)** Zur **Beweiserhebung** führt ein zulässiges Beweisangebot für eine beweisbedürftige Einwendung. Ist die Klageforderung entscheidungsreif und kann über die Aufrechnung ein im UrkundenProz zulässiger Beweis nicht sofort erhoben werden, so ist VorbehaltsUrt nach § 302 zulässig. Wird im neuen Termin (noch im UrkundenProz) der Beweis nicht geführt, so ist ein zweites Vorbehalts-Urt, diesmal nach § 599 zu erlassen (Celle NJW 74, 1473). – Werden iF der **Hilfsaufrechnung** zwar die Aufrechnungsforderung, aber nicht die in erster Linie erhobenen Einwendungen mit zulässigen Beweismitteln bewiesen, so ist die Klage als in der gewählten ProzArt unstatthaft abzuweisen (BGH 80, 97).

§ 599 Vorbehaltsurteil

(1) **Dem Beklagten, welcher dem geltend gemachten Anspruch widersprochen hat, ist in allen Fällen, in denen er verurteilt wird, die Ausführung seiner Rechte vorzubehalten.**

(2) **Enthält das Urteil keinen Vorbehalt, so kann die Ergänzung des Urteils nach der Vorschrift des § 321 beantragt werden.**

(3) **Das Urteil, das unter Vorbehalt der Rechte ergeht, ist für die Rechtsmittel und die Zwangsvollstreckung als Endurteil anzusehen.**

1. Ohne Vorbehalt ist der Beklagte zu verurteilen, wenn – a) die allg Prozessvoraussetzungen (8–33 vor § 253) vorliegen und der Bekl den Klageanspruch vorbehaltlos anerkennt (§ 307); dann gibt es kein Nachverfahren (Karlsruhe MDR 91, 991). – **b)** die allg und besonderen (vgl § 597 Rn 2, 3) Prozessvoraussetzungen und die Voraussetzungen für ein Versäumnisurteil gegen den Bekl vorliegen (vgl § 331), auch wenn er in einem früheren Termin dem Anspruch widersprochen hat (ebenso StJSchlosser 2, ZöGreger 6, BLAH 5). Die Gegenmeinung (Naumburg NJW-RR 95, 1087) wertet § 332 falsch, wonach das Ergebnis eines früheren Termins seine Bedeutung verliert (dort Rn 1).

2. Unter Vorbehalt ist der Beklagte zu verurteilen, wenn die allg (8–33 vor § 253) und die besonderen (vgl § 597 Rn 2) Prozessvoraussetzungen erfüllt sind, ferner die Klage begründet ist und der Bekl in mdl Vhdlg dem Anspruch widersprochen hat. – **a) Widerspruch** ist jede Verteidigung gegen bedingungslose Verurteilung, zB Zug-um-Zug-Einrede. Beschränkung der Haftung als Erbe steht nicht entgegen, denn sie betrifft nicht den Anspruch als solchen, sondern die Frage, mit welchem Vermögen der Bekl haftet, also die ZwVollstr. Der Widerspruch muss nicht begründet werden; eine gegebene Begründung ist sachlich nicht zu prüfen, der Vorbehalt auch bei offensichtlich unberechtigtem Widerspruch aufzunehmen. Ebenso in den Fällen des § 598. –

5 **b)** Ob **Anerkenntnisurteil als Vorbehaltsurteil** ergehen kann, ist streitig (vgl § 307 Rn 3). RoSchwGottwald § 163 III 5 d, Häsemeyer ZZP 85, 207/226, Karlsruhe OLGZ 86, 124, LG Hannover NJW-RR 87, 384 verneinen aus systematischen Gründen. Die Praxis ist aus Zweckmäßigkeitsgründen teilweise aA (so München MDR 63, 603, Schwarz JR 95, 1, MuVoit 6). Der Kostenausspruch kann nicht als Vorbehaltsurteil ergehen wegen § 308 Abs 2 (Karlsruhe Justiz 85, 442).

6 **3. Vorbehaltsurteil. Wesen** vgl § 302 Rn 1–5. – **a) Erlass.** Liegen die Voraussetzungen vor (vgl Rn 3), so muss es erlassen werden, auch vom RevGer (BGH WM 99, 1561/1563. Im Tenor ist dem Bekl die Ausführung seiner Rechte ohne nähere Bezeichnung vorzubehalten. Wenn der Vorbehalt fehlt, hilft wahlweise (Hamm BB 92, 236) § 321 oder Rechtsmittel. Kosten nach § 91, vorl Vollstreckbarkeit § 708 Nr 4.

7 Keine materielle Rechtskraft, vgl § 322 Rn 4. – **b) Zwangsvollstreckung** wie aus einem EndUrt. Einstellung ist nach § 707 zulässig, auch 8 bei rechtskräftigen Vorbehaltsurteilen (BGH NJW 78, 43). – **c) Rechtsmittel** vgl § 302 Rn 9, 10 sinngem. Meint der Kl, der Bekl hätte wegen Unwirksamkeit seines Widerspruchs ohne Vorbehalt verurteilt werden müssen, so muss er Berufung gegen das VorbehaltsUrt einlegen (BGH NJW-RR 92, 254). BerBegründung vgl § 520 Rn 22 ff. Übergang ins ordentliche Verfahren in der Berufungsinstanz vgl § 596 Rn 2. BerUrt 9 vgl § 538 Abs 2 S 1 Nr 5. – **d) Nachverfahren** und Bindung an das Vorbehaltsurteil vgl § 600.

§ 600 Nachverfahren

(1) **Wird dem Beklagten die Ausführung seiner Rechte vorbehalten, so bleibt der Rechtsstreit im ordentlichen Verfahren anhängig.**

(2) **Soweit sich in diesem Verfahren ergibt, daß der Anspruch des Klägers unbegründet war, gelten die Vorschriften des § 302 Abs. 4 Satz 2 bis 4.**

(3) **Erscheint in diesem Verfahren eine Partei nicht, so sind die Vorschriften über das Versäumnisurteil entsprechend anzuwenden.**

1 **1.** Das **Nachverfahren** bildet mit dem UrkundenProz eine Einheit. Es kann auch ein Mahnverfahren vorausgegangen sein (§ 703 a Abs 2 Nr 5). Die Wirkungen der Rechtshängigkeit bestehen fort, der Streitgegenstand bleibt derselbe, Klageänderung, -erweiterung und Widerklage sind nicht ausgeschlossen (BGH 17, 31). Die Parteirollen ändern sich nicht. Prozesshandlungen des Ger und der Parteien bleiben wirksam, der Ausschluss einer Partei mit einer Prozesshandlung nur insoweit, als er bereits vor Schluss der mdl Vhdlg im UrkundenProz eingetreten war (zB verspätete Rüge nach §§ 39, 296 Abs 3, 295). Das Nachver-

fahren beginnt mit Erlass des VorbehaltsUrt ohne Rücksicht auf seine Rechtskraft, keine Aussetzung bis zu deren Eintritt (BGH NJW 73, 467). Termin wird auf Antrag bestimmt. Abstand vom UrkundenProz und sofortige Weiterverhandlung vgl § 596. – **Neues Vorbringen** wie 2 Behauptungen, Bestreiten, Beweisangebote sind zulässig (BGH 82, 115), auch wenn im UrkundenProz nach § 296 Abs 1, 2 zurückgewiesen, wenn sie im Nachverfahren rechtzeitig gebracht werden. – **Zuständig** 3 ist das Ger 1. Instanz, grundsätzlich auch wenn das VorbehaltsUrt erstmals in höherer Instanz erlassen wurde (BGH NJW-RR 88, 61, München NJW-RR 87, 1024; aA StJSchlosser 14: Zuständigkeit des BerGer mit Befugnis zur Zurückverweisung); vgl § 538 Rn 22.

2. Das Vorbehaltsurteil. – a) Bindende Wirkung für das Nachverfahren in allen Instanzen (BGH WM 94, 961), soweit es nicht auf den 4 Beschränkungen der Beweismittel im UrkundenProz beruht (BGH 82, 115, NJW 88, 1468); dies gilt auch für ein Anerkenntnisvorbehaltsurteil (Düsseldorf NJW-RR 99, 68). Bindend sind insbes bejaht die Zulässigkeit der Klage im UrkundenProz (BGH NJW 73, 467), die Prozessvoraussetzungen (vgl § 302 Rn 7), auch wenn das Ger sie fehlerhaft ungenügend geprüft hat (BGH DB 93, 1517), so die Zuständigkeit des ordentlichen Ger, auch wenn sich im Nachverfahren herausstellt, dass die Sache ihrer Natur nach zur Zuständigkeit des Arbeitsgerichts gehört (BGH NJW 76, 330). Deshalb muss auch die Schiedsklausel (§ 1032) für einen Wechselanspruch bereits im Wechselprozess, nicht erst im Nachverfahren eingewendet werden (Düsseldorf NJW 83, 2149). Die Schlüssigkeit der Klage (BGH NJW 91, 1117), die Zulässigkeit des Vorbehalts (BGH LM § 599 Nr 2), die Formgültigkeit des Wechsels (BGH WM 69, 1279). Bindend ist auch die rechtliche Einordnung des Klageanspruchs. Stürner ZZP 72, 424 will demgegenüber die Bindungswirkung auf das vorläufige Vollstreckungsrecht wie beim Arresturteil beschränken, also im Wesentlichen auf die Statthaftigkeit des UrkundenProz. Das trifft nicht zu, denn Streit- und UrtGegenstand ist der Anspruch selbst und nicht, wie im ArrestProz, bloß die Zulässigkeit seiner vorläufigen Sicherung. – **b)** Wegen der **Einwendungen** des Bekl vgl 5 § 598 Rn 2–5. – **c) Keine Bindung**, soweit der Bekl eine Tatsachenbe- 6 hauptung neu bestreitet, neue Tatsachen vorträgt, neue Angriffs- und Verteidigungsmittel, auch die Einrede der Verjährung (BGH NJW-RR 92, 254) geltend macht, weil dies noch nicht Gegenstand gerichtlicher Entscheidung im VorbehaltsUrt war und weil der Bekl für seinen Widerspruch gegen den Klageanspruch im UrkundenProz noch keine Begründung geben musste (BGH 82, 115, NJW 88, 1468). Vgl auch § 302 Rn 8.

3. Entscheidung im Nachverfahren. – a) Sind die Einwendun- 7 **gen des Beklagten unbegründet** oder ist er säumig, ist das Vorbehaltsurteil unter Wegfall des Vorbehalts aufrecht zu erhalten, die weiteren Kosten trägt der Bekl, vorl Vollstreckbarkeit § 708 Nr 5. Das gleiche gilt, wenn der Bekl zur Zahlung auf erstes Anfordern (vgl Palandt/Sprau

14 vor § 765 BGB) verurteilt ist, weil er aus materiellrechtlichen Gründen seine Einwendungen gegen die Bürgschaft in Bezug auf die Hauptforderungen nicht im Nachverfahren, sondern erst im Rückforderungs-
8 prozess geltend machen kann (BGH NJW 94, 380). – **b) Bringt die
Einwendung den Klageanspruch zu Fall,** so gilt das in § 302 Rn 14
Gesagte. Die gleiche Entscheidung ergeht nach Abs 3 mit § 330 bei
Säumnis des Kl. Ein sog unechtes Versäumnisurteil gegen ihn (12 vor
§ 330) ist wegen der Bindungswirkung des Vorbehaltsurteils undenkbar,
9 außer wenn die Klage nachträglich unzulässig wird. – **c) Rechtsmittel
des Beklagten** gegen das VorbehaltsUrt wird mangels Beschwer unzulässig, sobald im Nachverfahren End-(auch Versäumnis)Urteil auf Klageabweisung ergeht. Wird im Nachverfahren das VorbehaltsUrt bestätigt, so gilt sinngem das in § 280 Rn 10 Gesagte. Wird in der Rechtsmittelinstanz des UrkundenProz die Klage abgewiesen oder der Bekl
10 ohne Vorbehalt verurteilt, erledigt sich das Nachverfahren. – **d) Gebühren:** Nr 1014 KV, § 39 BRAGO.

11 **4.** Für den **Schadensersatzanspruch** des Bekl bei Aufhebung des
Vorbehaltsurt im Nachverfahren (Abs 2) gelten die Ausführungen in
§ 302 Rn 16, 17.

§ 601 (weggefallen)

§ 602 Wechselprozess

**Werden im Urkundenprozeß Ansprüche aus Wechseln im
Sinne des Wechselgesetzes geltend gemacht (Wechselprozeß), so
sind die nachfolgenden besonderen Vorschriften anzuwenden.**

1 Der **Wechselprozess** ist eine Unterart des UrkundenProz. Übergang
vom Wechsel- in den Urkundenprozess ist keine Klageänderung und
auch in 2. Instanz ohne weiteres zulässig (BGH NJW 93, 3135). Es ist
unzulässig, einen Anspruch primär im Wechselprozess und hilfsweise –
etwa als Schuldversprechen – unter Abstandnahme vom Wechselprozess
im gewöhnlichen UrkundenProz zu verfolgen. Besteht in einem solchen
Fall kein Wechselanspruch, ist die Klage insoweit als unbegründet, im
Übrigen als im Wechselprozess unstatthaft abzuweisen (BGH 82, 200).
Gleichzeitig können solche Ansprüche nur im gewöhnlichen Urkun-
den- oder im NormalProz erhoben werden (BGH NJW 82, 2258).
Hilfsaufrechnung (vgl § 598 Rn 5) ist zulässig (BGH WM 81, 385),
nicht jedoch Einrede des Schiedsvertrags (BGB NJW 94, 136). Die
Vorschriften des UrkundenProz gelten mit folgenden **Abweichun-
2 gen: – a) Erklärung des Klägers,** dass er im Wechselprozess klagt.
3 § 593 Abs 1 ist ersetzt durch § 604 Abs 1. – **b) Streitgegenstand**
muss ein **Anspruch aus einem Wechsel,** insbes ein Zahlungsanspruch sein, der durch die vorzulegende Original-Wechselurkunde
(Frankfurt ZIP 81, 1192) selbst verkörpert wird, ein Bereicherungs-

anspruch nach Art 89 WG (Hamm WM 92, 642) und die nicht auf
Zahlung gerichteten Ansprüche gem Art 64 Abs 3, Art 66 Abs 1 S 2,
68 Abs 1 S 2, 90 Abs 1 S 2 WG. Ebenso Ansprüche des zwar nicht
förmlich (Art 16 Abs 1 WG), aber sachlich berechtigten Wechselinha-
bers auf Grund Zession oder des Pfändungspfandgläubigers. Ferner
Ansprüche gegen Personen, die, ohne selbst Wechselzeichner zu sein,
kraft Gesetzes aus dem Wechsel haften, zB die Erben (§ 1967 Abs 1
BGB), Gesellschafter (§ 128 HGB), Übernehmer des Handelsgeschäfts
(§ 25 HGB), Ehegatte (§ 1437 BGB) oder die Zwangsvollstreckung
wegen des Wechselanspruchs dulden müssen, zB §§ 737, 739, 743,
745 Abs 2, 748 Abs 2. – **Nicht unter § 602 fallen** die Klage gegen   4
den bürgerlichrechtlichen Bürgen, der Herausgabeanspruch nach Art
16 Abs 2 und der Schadensersatzanspruch nach Art 45 Abs 6 WG.
Die Eigenschaft als Scheckprozess endet, wenn der Kläger im Nachverfahren eine zusätzliche Anspruchsgrundlage einführt (BGH
NJW-RR 93, 826). – **c) Besondere örtliche Zuständigkeitsvor-**   5
schriften in § 603. Sachlich sind für Wechsel- u Scheckansprüche,
die im Rahmen eines Arbeitsverhältnisses entstanden sind, die ordentlichen, nicht die Arbeitsgerichte zuständig (Hamm NJW 80, 1399
mwN; bestr). – **d) Verkürzte Ladungsfristen** nach § 604. – **e) Er-**   6
leichterungen in der Beweisführung nach § 605. – **f) Entschei-**
dungsbefugnis des Vorsitzenden der KfH § 349 Abs 2 Nr 8.

§ 603 Gerichtsstand

(1) **Wechselklagen können sowohl bei dem Gericht des Zah-**
lungsortes als bei dem Gericht angestellt werden, bei dem der
Beklagte seinen allgemeinen Gerichtsstand hat.

(2) **Wenn mehrere Wechselverpflichtete gemeinschaftlich ver-**
klagt werden, so ist außer dem Gericht des Zahlungsortes jedes
Gericht zuständig, bei dem einer der Beklagten seinen allgemei-
nen Gerichtsstand hat.

Betrifft nur die **örtliche Zuständigkeit**. Abs 1 gibt wahlweise ne-   1
ben dem allg und den bes Gerichtsständen (§§ 12 ff) den weiteren bes
Gerichtsstand des Zahlungsorts (Art 1 Nr 5, 2 Abs 3 WG; Art 1 Nr 4
ScheckG). Am LG Kammer für Handelssachen, § 95 Nr 2, 3 GVG, falls
beantragt (§§ 96, 98 GVG); zuständig auch der Vorsitzende
(§ 349 Abs 2 Nr 8), aber nicht für das Nachverfahren. – **Abs 2** macht   2
daneben wahlweise für verbundene Wechselklagen gegen mehrere Beklagte das Gericht örtlich zuständig, bei dem ein Bekl seinen allg
Gerichtsstand hat. Die Klage muss gegen den Einen zur Begründung der
Zuständigkeit für die Anderen wirksam erhoben sein; ob sie gegen ihn
zulässig und begründet ist, bleibt gleich, ebenso spätere Veränderungen
(§ 261 Abs 3 Nr 2).

§ 604 Klageinhalt; Ladungsfrist

(1) **Die Klage muß die Erklärung enthalten, daß im Wechsel-prozeß geklagt werde.**

(2) ¹**Die Ladungsfrist beträgt mindestens vierundzwanzig Stunden, wenn die Ladung an dem Ort, der Sitz des Prozeß-gerichts ist, zugestellt wird.** ²**In Anwaltsprozessen beträgt sie mindestens drei Tage, wenn die Ladung an einem anderen Ort zugestellt wird, der im Bezirk des Prozeßgerichts liegt oder von dem ein Teil zu dessen Bezirk gehört.**

(3) **In den höheren Instanzen beträgt die Ladungsfrist minde-stens vierundzwanzig Stunden, wenn die Zustellung der Beru-fungs- oder Revisionsschrift oder der Ladung an dem Ort er-folgt, der Sitz des höheren Gerichts ist; mindestens drei Tage, wenn die Zustellung an einem anderen Ort erfolgt, der ganz oder zum Teil in dem Landgerichtsbezirk liegt, in dem das höhere Gericht seinen Sitz hat; mindestens eine Woche, wenn die Zustellung sonst im Inland erfolgt.**

1   **1. Abs 1** ersetzt § 593 Abs 1. Die Ausführungen dort gelten sinn-gem. Die Bezeichnung als Wechselklage genügt.

2   **2.** Die **Ladungsfrist** ist in § 217 geregelt. – **Abs 2** enthält davon Ausnahmen für die 1. Instanz. Sie beträgt einen Tag bei Zustellung am Ort des ProzGer. In Anwaltsprozessen drei Tage bei Zustellung an einem anderen Ort, der ganz oder teilweise im Bezirk des ProzGer liegt. –

3 **Verkürzung** der Fristen auf Antrag ist zulässig, § 226. – Für die **Ein-lassungsfrist** gilt § 274 Abs 3.

4   **3.** In **höherer Instanz** gilt dieselbe Regelung wie Rn 2.

§ 605 Beweisvorschriften

(1) **Soweit es zur Erhaltung des wechselmäßigen Anspruchs der rechtzeitigen Protesterhebung nicht bedarf, ist als Beweis-mittel bezüglich der Vorlegung des Wechsels der Antrag auf Parteivernehmung zulässig.**

(2) **Zur Berücksichtigung einer Nebenforderung genügt, daß sie glaubhaft gemacht ist.**

1   **Zwei Beweiserleichterungen** in teilweiser Abweichung von § 592 enthält die Bestimmung. – **a) Der Beweis für die Vorlegung des Wechsels,** auch wenn diese anspruchsbegründend ist (zB Verzugszin-sen), kann durch den Antrag auf Parteivernehmung geführt werden, soweit es der Protesterhebung nicht bedarf (Anspruch gegen Akzeptan-ten, Art 53 WG; Rückgriffsanspruch im Falle des Art 46 WG). Bei Säumnis des Beklagten gilt die behauptete Vorlegung als zugestanden. –

2 **b) Für Nebenforderungen** (zB Zinsen, Spesen, Provisionen), soweit beweisbedürftig (vgl 1 vor § 284), genügt Glaubhaftmachung der an-

spruchsbegründenden Tatsachenbehauptungen nach § 294. Volle Beweisführung mit im UrkundenProz zulässigen Beweismitteln bleibt zulässig. Die Glaubhaftmachung genügt auch für Einwendungen gegen Nebenforderungen.

§ 605 a Scheckprozess

Werden im Urkundenprozeß Ansprüche aus Schecks im Sinne des Scheckgesetzes geltend gemacht (Scheckprozeß), so sind die §§ 602 bis 605 entsprechend anzuwenden.

Es gelten die Anmerkungen zu §§ 602–605 ausnahmslos. Bezeichnung der Scheck- als Wechselklage ist unschädlich. **1**

Buch 6. Verfahren in Familiensachen

Einführung

1. Allgemeines. Die Verfahren des 6. Buches umfassen besondere **1** Verfahrensarten der ZPO (Einl V), bei denen wegen des öffentlichen Interesses der Verhandlungsgrundsatz (Einl I Rn 1) eingeschränkt, der Untersuchungsgrundsatz (Einl I Rn 6, 7) stärker ausgebildet und zahlreiche besondere Verfahrensvorschriften aufgestellt sind. Die Verfahren sind grundsätzlich Urteilsverfahren wie vor dem LG (§§ 608, 621 b Abs 3, § 624 Abs 3), finden aber ausschließlich vor dem AG als Familiengericht (§§ 23 a, 23 b GVG) statt. Es gelten grundsätzlich die §§ 253–494, soweit nicht die §§ 606–661 Sonderregeln enthalten. Daneben gibt es auch Beschlussverfahren. In bestimmten Familiensachen (§ 621) gilt teilweise das FGG (§ 621 a).

2. Begriffe. Es sind zu unterscheiden: Ehesachen (2–6 vor § 606), **2** andere Familiensachen (1 vor § 621), Scheidungs- und Folgesachen (1 vor § 622), Eheaufhebungs- und Feststellungsverfahren (1 vor § 631); Kindschaftssachen (1 vor § 640), Unterhaltssachen (§§ 642–660), Lebenspartnerschaftssachen (§ 661).

3. Anwendungsbereich. a) §§ 606–620 g (Allgemeine Vorschrif-**3** ten für Ehesachen) gelten in allen Ehesachen, insbes in den Scheidungs- und Folgesachen, soweit die §§ 622–630 nicht Sonderregeln enthalten. Sie gelten ferner zT in Kindschaftssachen nach Maßgabe des § 640 Abs 1 und in Lebenspartnerschaftssachen gem § 661 Abs. 2. – **b) §§ 621–621 f** (Verfahren in anderen Familiensachen) gelten in allen **4** Familiensachen des § 621 und zT bei den Scheidungsfolgesachen des § 623 Abs 1 S 1; ferner in den Fällen des § 661 Abs 1 Nr 3–7. – **c) §§ 622–630** (Verfahren in Scheidungs- und Folgesachen) gelten nur **5** in diesen Verfahren. Darin werden subsidiär die §§ 606–620 g und zT Vorschriften der §§ 621–621 f angewendet. Wegen § 661 Abs 2 gelten sie auch für die Lebenspartnerschaftssachen. – **d) §§ 631 und 632 6** gelten für Verfahren auf Aufhebung und auf Feststellung des Bestehens oder Nichtbestehens einer Ehe. – **e) §§ 640–641 k** gelten für Kind-**7** schaftssachen. – **f) §§ 642–644** gelten nur für Unterhaltssachen der dort näher bezeichneten Art. – **g) §§ 645–660** gelten für den Unter-**8** halt Minderjähriger. – **h) § 661** gilt ab 1. 8. 01 für die Lebenspart-**9** nerschaftssachen.

Abschnitt 1. Allgemeine Vorschriften für Verfahren in Ehesachen

Vorbemerkung

1   **1. Anwendungsbereich.** Die §§ 606–620 g gelten direkt in allen Ehesachen (Rn 2–6), soweit nicht Sonderregeln für Scheidungs- und Folgesachen (§§ 622–630) sowie Aufhebungsanträge und Ehefeststellungsklagen (§§ 631, 632) vorgehen. Entsprechend gilt ein Teil der Vorschriften in den Kindschaftssachen (§ 640 Abs 1) und den Lebenspartnerschaftssachen (§ 661).

2   **2. Ehesachen** sind (§ 606 Abs 1 S 1). **a) Scheidungsantrag** (§ 622) ist der Gestaltungsantrag, der bezweckt, dass das Gericht die Ehe aus einem Scheidungsgrund (§§ 1564–1568 BGB) scheidet, und zwar ab
3 Rechtskraft des Urteils (§ 1564 S 2 BGB). – **b) Eheaufhebungsantrag** (§ 631) ist der Gestaltungsantrag, der bezweckt, dass das Gericht eine Ehe aus einem Aufhebungsgrund (§ 1314 BGB) auflöst, und zwar ab
4 Rechtskraft des Urteils (§ 1313 S 2 BGB). – **c) Ehenichtigkeitsklage** war eine bis zum Inkrafttreten des EheschlRG (1. 7. 98) zulässige und seitdem gesetzlich nicht mehr vorgesehene Gestaltungsklage, die bezweckte, dass das Gericht eine Ehe aus einem Nichtigkeitsgrund (früher §§ 16–21 EheG) für nichtig erklärt und sie damit rückwirkend vernichtet. Eine solche Klage kann es aber dann geben, wenn das gem Art 13
5 Abs 1 EGBGB anwendbare Recht eine nichtige Ehe kennt. – **d) Feststellungsklage** auf Bestehen oder Nichtbestehen einer Ehe (§ 632). Sie unterliegt insbes dem § 256, erfordert also ein Feststellungsinteresse. –
6 **e) Herstellungsklage.** Sie ist als Leistungsklage auf die persönlichen (nicht auf die vermögensrechtlichen) Ansprüche eines Ehegatten gegen den anderen aus §§ 1353–1359 BGB gerichtet. Das Urteil ist nicht vollstreckbar (§ 888 Abs 3). Auch die negative Feststellungsklage aus dem Recht, die eheliche Lebensgemeinschaft zu verweigern (§ 1353 Abs 2 BGB), gerichtet auf die Feststellung des Rechts zum Getrenntleben (zum Rechtsschutzbedürfnis vgl Karlsruhe NJW-RR 89, 1414), fällt darunter und ist daher Ehesache (allgM).

7   **3. Keine Ehesachen** sind: **a) Vermögensrechtliche Ansprüche** zwischen Ehegatten aus Anlass bestehender oder aufgelöster Ehe, zB Unterhaltsansprüche, Aufwendungsersatz und güterrechtliche Streitigkeiten; sie sind zT Familiensachen (§ 621); ferner Schadensersatzansprüche aus der Verletzung früherer ehelicher Pflichten, die nach Scheidung
8 geltend gemacht werden (Frankfurt FamRZ 80, 274). – **b) Steuerliche Mitwirkungspflichten.** Sie sind kein Herstellungsanspruch (Rn 6), weil sie nicht personenbezogen sind (hM). Bsp: gemeinsame Erstellung der Steuererklärung (Karlsruhe NJW 79, 881); Geldforderung aus pflichtwidrig verweigerter Zustimmung zur gemeinsamen steuerlichen

Veranlagung (Düsseldorf FamRZ 84, 805 mwN; Hamm FamRZ 91, 1070); Anspruch auf Zustimmung zur steuerlichen Zusammenveranlagung (Stuttgart FamRZ 92, 1447; Düsseldorf NJW-RR 90, 1027); Zustimmung zum Antrag auf Lohnsteuerermäßigung und das Verlangen, seinerseits einen solchen Antrag zu stellen (BayObLG FamRZ 85, 947); Herausgabe eines Steuerbescheids (Hamm FamRZ 91, 1070). – c) **Ehestörungsklagen** gegen den Ehegatten und (oder) Dritte auf **9** Unterlassung ehewidriger Handlungen im räumlichen, außerpersönlichen Bereich sind allgemeine nichtvermögensrechtliche Streitigkeiten (hM; ZöPhilippi § 606 Rn 9 mwN); nur die im persönlichen Bereich der ehelichen Lebensgemeinschaften sind Herstellungsklagen (Rn 6).

§ 606 Zuständigkeit

(1) ¹Für Verfahren auf Scheidung oder Aufhebung einer Ehe, auf Feststellung des Bestehens oder Nichtbestehens einer Ehe zwischen den Parteien oder auf Herstellung des ehelichen Lebens (Ehesachen) ist das Familiengericht ausschließlich zuständig, in dessen Bezirk die Ehegatten ihren gemeinsamen gewöhnlichen Aufenthalt haben. ²Fehlt es bei Eintritt der Rechtshängigkeit an einem solchen Aufenthalt im Inland, so ist das Familiengericht ausschließlich zuständig, in dessen Bezirk einer der Ehegatten mit den gemeinsamen minderjährigen Kindern den gewöhnlichen Aufenthalt hat

(2) ¹Ist eine Zuständigkeit nach Absatz 1 nicht gegeben, so ist das Familiengericht ausschließlich zuständig, in dessen Bezirk die Ehegatten ihren gemeinsamen gewöhnlichen Aufenthalt zuletzt gehabt haben, wenn einer der Ehegatten bei Eintritt der Rechtshängigkeit im Bezirk dieses Gerichts seinen gewöhnlichen Aufenthalt hat. ²Fehlt ein solcher Gerichtsstand, so ist das Familiengericht ausschließlich zuständig, in dessen Bezirk der gewöhnliche Aufenthaltsort des Beklagten oder, falls ein solcher im Inland fehlt, der gewöhnliche Aufenthaltsort des Klägers gelegen ist. ³Haben beide Ehegatten das Verfahren rechtshängig gemacht, so ist von den Gerichten, die nach Satz 2 zuständig wären, das Gericht ausschließlich zuständig, bei dem das Verfahren zuerst rechtshängig geworden ist; dies gilt auch, wenn die Verfahren nicht miteinander verbunden werden können. ⁴Sind die Verfahren am selben Tage rechtshängig geworden, so ist § 36 entsprechend anzuwenden.

(3) Ist die Zuständigkeit eines Gerichts nach diesen Vorschriften nicht begründet, so ist das Familiengericht beim Amtsgericht Schöneberg in Berlin ausschließlich zuständig.

1. Allgemeines. § 606 regelt die örtliche Zuständigkeit und die **1** Ausschließlichkeit. Die sachliche Zuständigkeit des AG als Familiengericht folgt aus § 23 a Nr 4 GVG. Die Zuständigkeit ist Prozessvoraussetzung (11 vor § 1) und daher von Amts wegen zu prüfen (Karlsruhe FamRZ 99, 1085); in der Berufungsinstanz wegen § 513 Abs 2 jedoch nicht mehr (§ 513 Rn 3). Die Ausschließlichkeit (10 vor § 1) bezieht sich auf die sachliche (AG, Abteilung Familiengericht, § 23 a Nr 4, § 23 b Abs 1 Nr 1 GVG) und auf die örtliche Zuständigkeit. § 606 bezieht sich nur auf Klagen und Anträge. Das örtlich zuständige deutsche Gericht muss auch nach der EheVO v 29. 5. 00 (vgl Anh) oder gem § 606 a international zuständig sein. Die internationale Zuständigkeit ist vorweg zu prüfen. Fehlt es an einer internationalen Zuständigkeit der deutschen Gerichte, so ist der Antrag unzulässig (vgl insb Art 7 EheVO). Ehesachen: legal definiert in Abs 1 S 1 (2–6 vor § 606). § 606 gilt für Inländer und für Ausländer, soweit die internationale Zuständigkeit gegeben ist.

2   **2. Örtlich zuständig** ist allein (10 vor § 1) das AG des jeweiligen Bezirks in dieser Reihenfolge, wobei die vorgehende Zuständigkeit jede
3   nachfolgende ausschließt: **a) Gemeinsamer gewöhnlicher Aufenthalt beider Ehegatten** (Abs 1 S 1), im Inland, und zwar der gegenwärtige (vgl Abs 1 S 2), dh zZ des Eintritts der Rechtshängigkeit, also der Klage(Antrags)erhebung (§ 261 Abs 1, § 253 Abs 1). Gewöhnlicher Aufenthaltsort: wo sich jemand ständig oder für längere Zeit aufhält, nicht nur vorübergehend (zB Reise, Besuch) wohnt oder nächtigt (BayObLG NJW 90, 3099). Die bloße Absicht, dies zu tun, genügt noch nicht. Vorübergehende Abwesenheit beseitigt den Aufenthaltsort nicht (Frankfurt NJW 61, 1586). Dieser ist vom Willen unabhängig, rein tatsächlich; kann an mehreren Orten zugleich sein (BayObLG 80, 52). An- und Abmeldung beim Einwohnermeldeamt genügt allein nicht (vgl BGH NJW-RR 95, 507). Bei Änderung des Aufenthaltsorts nach Rechtshängigkeit: § 261 Abs 3 Nr 2. Es genügt daher, dass einmal von Klageerhebung bis zur letzten mdl Vhdlg der gemeinsame gewöhnliche Aufenthaltsort im Bezirk des angegangenen Gerichts bestand. Unbekannter Aufenthalt ist dem Fehlen eines gewöhnlichen inländischen
4   Aufenthalts gleichzusetzen (Karlsruhe FamRZ 99, 1085). – **b) Gewöhnlicher Aufenthalt des Ehegatten mit den minderjährigen Kindern** (Abs 1 S 2). Aufenthaltsort: Rn 3. Er muss nicht dem Antragsteller bekannt sein, wenn er dem Gericht bekannt ist (Karlsruhe FamRZ 99, 1085). Maßgebend ist, bei welchem Ehegatten sich alle gemeinsamen minderjährigen Kinder zZ der Klageerhebung nicht nur vorübergehend befinden, dh Aufenthalt und Wohnung mit ihm teilen. Entspr anwendbar, wenn die Kinder zwar nicht bei dem Elternteil leben, aber im selben Gerichtsbezirk ihren gewöhnlichen Aufenthalt haben (Hamm NJW-RR 89, 1486). Sind die Kinder auf die Eltern verteilt, ist Abs 1 S 2 unanwendbar (BGH FamRZ 87, 1020); es gilt dann Abs 2 S 1 (Rn 5), ebenso wenn alle Kinder bei Dritten sind. Ist nur ein Teil der Kinder bei Dritten und sind die anderen bei einem der Ehegatten, so ist Abs 1 S 2 anwendbar (BGH FamRZ 84, 370; Koblenz FamRZ 86, 1119; anders BGH NJW-RR 92, 902 bei Aufenthalt in verschiedenen

Gerichtsbezirken: Abs 2 S 1; Rn 5). Zweck des Abs 1 S 2: Es wird die Zuständigkeitsregel des § 621 Abs 2 Nr 1–4 berücksichtigt und eine gemeinsame Zuständigkeit bewirkt. – **c) Letzter gemeinsamer gewöhnlicher Aufenthalt** der Ehegatten (Abs 2 S 1): wie Rn 3. Besonderheiten: Wenige Tage genügen, wenn sonst kein gemeinsamer Aufenthaltsort bestand. Abs 2 S 1 setzt zwangsläufig das Fehlen einer Zuständigkeit nach Abs 1 (Karlsruhe FamRZ 99, 1085) und Getrenntleben voraus. Zusätzliches Erfordernis: Einer der Ehegatten muss diesen Aufenthaltsort zZ des Eintritts der Rechtshängigkeit (§ 261 Abs 1) noch haben oder wieder haben (StJSchlosser 13). – **d) Gewöhnlicher Aufenthaltsort des Beklagten** (Antragsgegners) im Inland (Abs 2 S 2). Aufenthaltsort: Rn 3. Dem fehlenden Aufenthaltsort des Antragsgegners im Inland steht gleich, dass er allgemein und tatsächlich unbekannten Aufenthalts ist (BGH NJW 83, 285). Maßgebender Zeitpunkt: § 261 Abs 1. Bei Scheidung und Aufhebung ist statt Beklagter der Antragsgegner zu verstehen. Bei beiderseitigen Klagen (Anträgen) kommt es auf denjenigen Beklagten an, dem die Klage-(Antrags)schrift zuerst zugestellt wurde (§ 261 Abs 1). Bei Gleichzeitigkeit (Abs 2 S 4): §§ 36, 37. Das Gericht, bei dem später rechtshängig geworden ist, muss verweisen (§ 281) oder die Klage (den Antrag) wegen fehlender Zuständigkeit als unzulässig abweisen. – **e) Gewöhnlicher Aufenthaltsort des Klägers** (Antragstellers) im Inland (Abs 2 S 2). Aufenthaltsort. Rn 3. Maßgebender Zeitpunkt beiderseitiger Klagen (Anträge) und Folgen: wie Rn 6. Gilt auch, wenn die beklagte Partei (Antragsgegner) unbekannten Aufenthalts ist (hM). – **f) Amtsgericht Schöneberg** in Berlin (Abs 3) ist nur dann zuständig, wenn auch der Kläger (Antragsteller) keinen gewöhnlichen Aufenthaltsort im Inland hat.

§ 606 a Internationale Zuständigkeit

(1) ¹**Für Ehesachen sind die deutschen Gerichte zuständig,**
1. **wenn ein Ehegatte Deutscher ist oder bei der Eheschließung war,**
2. **wenn beide Ehegatten ihren gewöhnlichen Aufenthalt im Inland haben,**
3. **wenn ein Ehegatte Staatenloser mit gewöhnlichem Aufenthalt im Inland ist oder**
4. **wenn ein Ehegatte seinen gewöhnlichen Aufenthalt im Inland hat, es sei denn, daß die zu fällende Entscheidung offensichtlich nach dem Recht keines der Staaten anerkannt würde, denen einer der Ehegatten angehört.**
¹**Diese Zuständigkeit ist nicht ausschließlich.**

(2) ¹**Der Anerkennung einer ausländischen Entscheidung steht Absatz 1 Satz 1 Nr. 4 nicht entgegen, wenn ein Ehegatte seinen gewöhnlichen Aufenthalt in dem Staat hatte, dessen Gerichte entschieden haben. ²Wird eine ausländische Entscheidung von**

den Staaten anerkannt, denen die Ehegatten angehören, so steht Absatz 1 der Anerkennung der Entscheidung nicht entgegen.

1   **1. Allgemeines. a) Anwendungsbereich:** Dieser ist durch die zum 1. 3. 01 in Kraft getretene Verordnung (EG) Nr 1347/2000 des Rates v 29. 5. 00 über die Zuständigkeit und die Anerkennung und Vollstreckung von Entscheidungen in Ehesachen und in Verfahren betreffend die elterliche Verantwortung für die gemeinsamen Kinder der Ehegatten (EheVO; ABl L 160, 19; Text und Kommentierung im Anh) erheblich eingeschränkt (vgl Art 7 EheVO). Die Vorschrift ist noch im Rahmen von Art 8 EheVO (dort Rn 2 ff) von Bedeutung und bei der spiegelbildlichen Prüfung der internationalen Zuständigkeit von Entscheidungen aus Nicht-EG-Staaten und Dänemarks im Rahmen von § 328 Abs 1 Nr 1 (zum Ganzen vgl Hau FamRZ 00, 1333; Kohler NJW 01, 10, Wagner IPRax 01, 73; Puszkajler IPRax 01, 81; Hausmann EuLF 00/01, 271 u 345). Ferner gilt sie ab 1. 8. 01 für Lebenspartnerschafts-

2   sachen nach Maßgabe des § 661 Abs 3. – **b) Regelung.** Sie ist einseitig auf die deutsche Zuständigkeit formuliert, aber in der Weise allseitig (international) gemeint, dass sie bei der Frage der Anerkennungsfähigkeit ausländischer Entscheidungen spiegelbildlich anzuwenden ist. Für Deutsche (auch ehemalige) gilt die Heimatzuständigkeit (Abs 1 Nr 1), für Ausländer und Staatenlose die Aufenthaltszuständigkeit (Abs 1 Nr 2–4). –

3   **c) Art der Zuständigkeit.** Abs 1 betrifft nur die internationale (5 vor § 1). Sie ist nicht ausschließlich (Abs 1 S 2), sondern konkurrierend; daher können sich im Ausland wohnende Deutsche, auch von ausländischen Ehegatten, dort scheiden lassen. Zur Wirksamkeit im Inland bedürfen solche Scheidungen aber der Anerkennung gem Art 7 § 1

4   FamRÄndG (vorbehaltlich der Anwendung der EheVO). – **d) Prüfung** erfolgt von Amts wegen (BGH [GS] 44, 46/48). Maßgebend hierfür ist der Tag, an dem die Rechtshängigkeit eingetreten ist (§ 261 Abs 3 Nr 2 analog; hM; BGH NJW 84, 1305). Die Staatsangehörigkeit ist vom Gericht festzustellen. Bindend hierfür ist nur ein rechtskräftiges Verwaltungsgerichtsurteil. Pass oder Personenausweis können im Einzelfall

5   genügen. – **e) Ausländische Rechtshängigkeit** ist wegen § 261 Abs 1 Nr 1 zu beachten, aber nur, wenn die ausländische Entscheidung im Inland anerkannt werden muss oder müsste (Celle NJW-RR 93, 1413; Schumann IPRax 86, 14 mwN). Außerdem muss Identität des Streitgegenstandes bestehen, die bei Scheidung gegenüber Aufhebung oder

6   Trennung nicht gegeben wäre. – **f) Folgesachen** (§ 623) haben grundsätzlich die Zuständigkeit der Ehesache (§ 621 Abs 2 S 1; BGH PRax 01, 454), wenn nicht zwischenstaatliche Abkommen vorgehen, zB für das Sorgerecht das MSA (BGH NJW 84, 1302) oder für den Unterhalt das EuGVÜ/LGVÜ bzw ab 1. 3. 02 die EuGVVO (vgl Art 1 EuGVVO Rn 2, Art 5 EuGVVO Rn 7).

7   **2. Voraussetzungen.** Die internationale Zuständigkeit ist in folgenden Fällen gegeben: **a) Nr 1. Heimatzuständigkeit.** Deutscher (iS des § 116 Abs 1 GG, vgl Art 9 Abs 2 Nr 5 FamRÄndG) muss einer der

Ehegatten zZ des Beginns der Rechtshängigkeit (§ 261 Abs 1) gewesen, bis zum Schluss der Letzten mdl Vhdlg geworden (BGH NJW 70, 1007) oder (sog Antrittszuständigkeit) bei Eheschließung gewesen sein. Deutschen gleichgestellt sind heimatlose Ausländer, Flüchtlinge und Asylberechtigte (vgl Palandt Anh II nach Art 5 EGBGB) und EU-Ausländer nach Maßgabe des Art 8 Abs 2 EheVO (dort Rn 3). Eine weitere Staatsangehörigkeit neben der deutschen (bei sog Doppel- oder Mehrstaatern) bleibt stets außer Betracht (BGH NJW 79, 1776 mwN; Spellenberg IPRax 88, 1/4). Gleichgültig ist, wer klagt oder den Antrag stellt. – **b) Nr 2. Beiderseitiger Inlandsaufenthalt** von (ausländischen) Ehe- **8** gatten. Ausschließlich nach deutschem Recht, also wie § 606 Rn 3 zu beurteilen (BayObLG NJW 90, 3099 für Nr 4; Zweibrücken NJW-RR 99, 948). Es muss aber nicht ein gemeinsamer Aufenthaltsort bestehen oder bestanden haben. Es genügt nicht der einfache Aufenthalt. In der Praxis werden idR 6 Monate verlangt (hM: ZöGeimer Rn 48 mwN). Für Asylbewerber ist ein längerer Zeitraum erforderlich (vgl Hamm NJW 90, 651 zu Nr 4). – **c) Nr 3. Staatenlose.** Ist dies nur einer der Ehegatten **9** und der andere nicht Deutscher (sonst Rn 7), so genügt, dass er seinen gewöhnlichen Aufenthalt (wie Rn 8) im Inland hat. – **d) Nr 4. Einseiti-** **10** **ger Inlandsaufenthalt** eines der beiden (ausländischen) Ehegatten. Gewöhnlicher Aufenthaltsort: wie Rn 8, auch bei einem US-Armeeangehörigen möglich (Zweibrücken NJW-RR 99, 948); nach längerer Zeit auch bei einem Asylbewerber (vgl Rn 8, Hamm NJW 90, 651; Spickhoff IPRax 90, 225 mwN) aber nicht bei abgelehntem Asylantrag (Bremen FamRZ 92, 962). Die Zuständigkeit ist grundsätzlich gegeben, aber ausnahmsweise ausgeschlossen, wenn die Scheidung offensichtlich (dh ohne nähere Prüfung oder Ermittlung, vgl hierzu Nürnberg OLGR 01, 167; Spellenberg IPRax 88, 1/7) nach dem Heimatrecht keines der beiden Ehegatten anerkannt würde (Celle NJW-RR 93, 1413), insbes wenn danach die Scheidung generell ausgeschlossen oder ausschließlich eigenen Gerichten vorbehalten ist. Bei Doppel- oder Mehrstaatern muss die Anerkennungsprognose nicht bei jedem Staat, sondern nur bei dem der effektiven Staatsangehörigkeit bestehen (Spellenberg aaO 5).

3. Anerkennung ausländischer Entscheidungen (Abs 2) erfolgt **11** verfahrensrechtlich bei Entscheidungen aus EG-Staaten (mit Ausnahme Dänemarks) nach der EheVO (vgl Rn 1), sonst gem Art 7 § 1 FamRÄndG. Die materiellrechtlichen Voraussetzungen der Anerkennung richten sich nach der EheVO (vgl dort), sonst nach § 328. Dessen Abs 1 Nr 1 ist durch Abs 2 abgewandelt; im Übrigen vgl § 328 Rn 24 ff.

§ 607 Prozessfähigkeit; gesetzliche Vertretung

(1) **In Ehesachen ist ein in der Geschäftsfähigkeit beschränkter Ehegatte prozeßfähig.**

(2) **¹Für einen geschäftsunfähigen Ehegatten wird das Verfahren durch den gesetzlichen Vertreter geführt. ²Der gesetzliche**

Vertreter ist jedoch zur Erhebung der Klage auf Herstellung des
ehelichen Lebens nicht befugt; für den Antrag auf Scheidung
oder Aufhebung der Ehe bedarf er der Genehmigung des Vormundschaftsgerichts.

1   Beschränkt Geschäftsfähige (Abs 1): § 106 BGB. **Prozessfähig-**
2 keit: § 52. Geschäftsunfähige (Abs 2): § 104 BGB. Gesetzliche Vertretung: § 51 Rn 3–5. Der gesetzliche Vertreter kann den Scheidungsantrag des prozessunfähigen Ehegatten genehmigen (Hamm FamRZ 90,
166). § 53 bleibt anwendbar (BGH 41, 303; bestr).

§ 608 Anzuwendende Vorschriften

Für Ehesachen gelten im ersten Rechtszug die Vorschriften
über das Verfahren vor den Landgerichten entsprechend.

1   Ehesachen: Vorbem 2–6 vor § 606. Verfahren vor den LGen:
§§ 253–494. Dass nur entspr anzuwenden ist, beruht darauf, dass das
Verfahren vor dem AG (Familiengericht) stattfindet. § 608 bewirkt, dass
die §§ 495–510 b, die sonst anzuwenden wären, ausgeschlossen sind. Die
Spezialregelungen der §§ 607 ff gehen vor. Es gilt grundsätzlich das
1. Buch (§§ 1–252).

§ 609 Besondere Prozessvollmacht

Der Bevollmächtigte bedarf einer besonderen, auf das Verfahren gerichteten Vollmacht.

1   Anwendbar für alle Parteien in allen Ehesachen. Erteilung und
2 Nachweis: wie § 80. **Inhalt:** Die Vollmacht muss die Parteien (Namen)
und die Art der Klage erkennen lassen, nämlich welche Ehesache (Vor-
3 bem 2–6 vor § 606) sie betrifft. **Prüfung:** Es gelten iü die §§ 80–89,
insbes auch § 88, so dass nicht von Amts wegen geprüft wird (hM;
Hamm NJW 79, 2316 mwN), weil ein Anwaltsprozess vorliegt (§ 78
4 Abs 2 Nr 1). **Umfang** der Vollmacht für eine Scheidung: § 624 Abs 1.
Sie umfasst die Verfahren des § 620.

§ 610 Verbindung von Verfahren; Widerklage

(1) Die Verfahren auf Herstellung des ehelichen Lebens, auf
Scheidung und auf Aufhebung können miteinander verbunden
werden.

(2) [1]Die Verbindung eines anderen Verfahrens mit den erwähnten Verfahren, insbesondere durch die Erhebung einer Widerklage anderer Art, ist unstatthaft. [2]§ 623 bleibt unberührt.

1   **1. Allgemeines.** § 610 ist zwingend, von Amts wegen zu beachten.
§ 295 ist unanwendbar. Verfahren auf Herstellung, Scheidung und Aufhebung: 6, 2, 3 vor § 606. Eine Verbindung der Verfahren des Abs 1 ist

nur im Hilfsverhältnis (§ 260 Rn 8) sinnvoll (insbes primär Aufhebung, hilfsweise Scheidung, auch noch im zweiten Rechtszug, Köln NJW-RR 99, 1595) da Voraussetzungen und Ziele sich zT gegenseitig ausschließen. Aufhebung geht der Scheidung stets vor (§ 631 Abs 2 S 3).

2. Verbindung (Abs 1). Von vorneherein durch Antragsteller oder 2 Kläger im Wege des § 260 oder nachträglich durch das Gericht (§ 147). Sie ist zulässig nur gem Abs 1 und soweit gem § 623 eine Verbindung zulässig ist (Abs 2 S 2). Das gilt auch, wenn im Wege der Widerklage und des Gegen- oder Anschlussantrags verbunden wird.

3. Verbindungsverbot (Abs 2 S 1). Es betrifft alle anderen (nicht in 3 Rn 2 aufgeführten) Verfahren, auch wenn sie, was §§ 147, 260 sowieso voraussetzen, in der gleichen Verfahrensart eingeleitet werden oder bereits sind. Das gilt insbes für Widerklagen oder Gegenanträge, soweit sie nicht den Gegenstand des Abs 1 oder Abs 2 S 2 (Rn 2) haben. Stellen die Ehegatten wechselseitig Anträge in Verfahren nach Abs 1, so ist nur ein Verfahren zu führen, soweit der Streitgegenstand identisch ist. Unzulässig gem § 260 verbundene Verfahren sind zu trennen (§ 145), Widerklagen als unzulässig (unstatthaft) abzuweisen (§ 33 Rn 27). Verbund bei Scheidungs- und Folgesachen (§ 623) geht vor (Abs 2 S 2).

§ 611 Neues Vorbringen; Ausschluss des schriftlichen Vorverfahrens

(1) **Bis zum Schluß der mündlichen Verhandlung, auf die das Urteil ergeht, können andere Gründe, als in dem das Verfahren einleitenden Schriftsatz vorgebracht worden sind, geltend gemacht werden.**

(2) **Die Vorschriften des § 275 Abs. 1 Satz 1, Abs. 3, 4 und des § 276 sind nicht anzuwenden.**

1. Allgemeines. a) Zweck: Soll Einheitlichkeit der Entscheidung 1 gewährleisten (Karlsruhe FamRZ 99, 454). – **b) Anwendbar** in allen Ehesachen (2–6 vor § 606), soweit es das uneingeschränkte neue Tatsachenvorbringen betrifft. Daher unanwendbar in der Revision (§ 561). – **c) Klageänderung,** insbes durch Antragsänderung, ist unter den Voraussetzungen des § 263 stets zulässig und durch § 611 erweitert zugelassen, auch in der Berufungsinstanz (Köln FamRZ 00, 820), auch im Verhältnis Herstellungsklage und Aufhebungsantrag sowie Scheidungsantrag zu Feststellungsklage auf Bestehen oder Nichtbestehen der Ehe (hM). Verbindung bleibt wegen § 610 Abs 1 ausgeschlossen.

2. Andere Klagegründe (Abs 1) bedeutet: **a) Neues Tatsachen-** 3 **vorbringen** (auch rechtlich qualifiziertes), das in der Klage- oder Antragsschrift noch nicht enthalten war, ist grundsätzlich zulässig bis zum spätesten Zeitpunkt gem § 296 a. Es muss berücksichtigt werden, soweit ihm nicht § 615 entgegensteht. – **b) Antrags- und Klageänderung** 4 (auch Widerklage und Anschluss- oder Gegenantrag) im Rahmen des

§ 610 Abs 1 und § 632 Abs 2 sind wegen § 611 stets auch ohne die Voraussetzungen des § 263 zulässig. Das gilt auch für die Berufungsinstanz (Karlsruhe FamRZ 99, 454). Bei einverständlicher Scheidung: § 630 Rn 4.

5   **3. Terminsvorbereitung** (Abs 2). Klageerwiderungsfrist (§ 275 Abs 1 S 1) und schriftliches Vorverfahren (§ 276) sind in Ehesachen und im Verbund (§ 623) ausgeschlossen. Auch § 275 Abs 3, 4 passt nicht zu Abs 1. Aus Abs 2 ist zu folgern, dass auch alle anderen Vorschriften, die ihrerseits § 275 Abs 3, 4, § 276 voraussetzen, unanwendbar sind. § 282 ist nicht ausgeschlossen. Zurückweisung von Angriffs- und Verteidigungsmitteln ist nur gem § 615 zulässig.

§ 612 Termine; Ladungen; Versäumnisurteil

(1) **Die Vorschrift des § 272 Abs. 3 ist nicht anzuwenden.**

(2) **Der Beklagte ist zu jedem Termin, der nicht in seiner Gegenwart anberaumt wurde, zu laden.**

(3) **Die Vorschrift des Absatzes 2 ist nicht anzuwenden, wenn der Beklagte durch öffentliche Zustellung geladen, aber nicht erschienen ist.**

(4) **Ein Versäumnisurteil gegen den Beklagten ist unzulässig.**

(5) **Die Vorschriften der Absätze 2 bis 4 sind auf den Widerbeklagten entsprechend anzuwenden.**

1   **a) Anwendbar** in allen Ehesachen (2–6 vor § 606). Im Scheidungs- und Aufhebungsverfahren ist statt Kläger Antragsteller, statt Beklagter Antragsgegner, statt Widerbeklagter (Abs 5) Anschlussantragsgegner zu
2   lesen (§ 622 Abs 3, § 631 Abs 2 S 2). – **b) Terminsbestimmung** (Abs 1). Weil § 272 Abs 3 nicht anzuwenden ist, muss lediglich in einem
3   angemessenen Zeitraum terminiert werden. § 216 Abs 2 gilt. – **c) Ladung** (Abs 2). Dass sie vorzunehmen ist, stellt eine Ausnahme zu § 218 dar. Dies gilt nur für den Beklagten (Antragsgegner) und Widerbeklagten (Abs 5; Anschlussantragsgegner). Wenn der Kläger (Antragsteller) nicht anwesend war, kann Ladung wegen § 218 unterbleiben. Das ist
4   selbstverständlich auf die ProzBev der Parteien zu beziehen. – **d) Öffentliche Zustellung** (Abs 3). Sie muss ordnungsgemäß gewesen sein, daher den §§ 185–188 nF (= §§ 203–206 aF) entsprechen. Nur dann darf die Ladung (Rn 3) unterbleiben.

5   **2. Säumnis des Beklagten** (Antragsgegners, Widerbeklagten oder Anschlussantragsgegners). Es gilt Abs 4, ggf in Verbindung mit Abs 5.
6   **a) Erste Instanz.** Ein Versäumnisurteil (§§ 331, 331 a) ist ohne Ausnahme ausgeschlossen (Abs 4). Es findet einseitige mdl Vhdlg mit dem Kläger statt. Das darauf ergehende Urteil ist streitig und kann je nach
7   Sachlage auch abweisenden Inhalt haben. – **b) Berufung.** Ist sie unzulässig, wird verworfen (§ 522 Abs 1 S 2). Ist sie zulässig und der Beklagte Berufungskläger, kann gegen ihn Versäumnisurteil auf Zurückweisung

der Berufung (§ 539 Abs 1) ergehen (hM; Hamm FamRZ 82, 295; Karlsruhe FamRZ 85, 505; StJSchlosser 12). Ist er Berufungsbeklagter, so ist ein Versäumnisurteil gegen ihn ausgeschlossen (Abs 4; § 539 Abs 3) und nach Rn 3 oder 6 zu verfahren. – **c) Revision:** wie Rn 7 **8** (§ 555 Rn 2–5), so dass auch durch Versäumnisurteil die Revision des Beklagten zurückgewiesen werden kann.

3. Säumnis des Klägers (Antragstellers, Widerklägers oder An- **9** schlussantragstellers). **a) Erste Instanz.** Es gelten §§ 330, 331 a, bei Feststellungsklage auf Bestehen oder Nichtbestehen der Ehe aber § 632 Abs 4. Es kann also in Scheidungs-, Aufhebungs- und Herstellungsverfahren bei Vorliegen der Voraussetzungen die Klage oder der Antrag durch Versäumnisurteil abgewiesen werden (Hamm NJW 86, 2061). Das gilt in Scheidungs- und Aufhebungssachen aber nicht bei Säumnis des Anschlussantragstellers oder -gegners, denn sonst würde der Grundsatz der Entscheidungskonzentration (§ 629) verletzt werden; in diesen Fällen ist wie bei Rn 6 zu verfahren. Das Versäumnisurteil gegen den Kläger ist allein mit Einspruch anfechtbar (§ 338). – **b) Berufung.** Ist **10** sie unzulässig, wird sie verworfen (§ 522 Abs 1 S 2). Ist sie zulässig und der Kläger Berufungskläger, so wird die Berufung durch Versäumnisurteil zurückgewiesen (§ 539 Abs 1). Ist er Berufungsbeklagter, gilt § 539 Abs 2, so dass ein Versäumnisurteil ergehen kann, dem Abs 4 sowieso nicht entgegensteht, auf Grund alten, nach § 617 behandelten Vorbringens auf jeden Fall (StJSchlosser 13; aA Prütting ZZP 91, 207: kein VU sondern streitiges Urteil), zweifelhaft, ob auch auf Grund neuen Vorbringens (bejahend BGH NJW 55, 748). – **c) Revision:** **11** grundsätzlich wie Rn 10. Ist der Kläger Revisionsbeklagter, so ist nach § 555 Rn 2–5 zu verfahren. Versäumnisurteil ist also möglich.

4. Säumnis beider Parteien. Es wird nach § 251 a verfahren; auch **12** im höheren Rechtszug (§§ 525, 555).

§ 613 Persönliches Erscheinen der Ehegatten; Parteivernehmung

(1) [1]Das Gericht soll das persönliche Erscheinen der Ehegatten anordnen und sie anhören; es kann sie als Parteien vernehmen. [2]Sind gemeinschaftliche minderjährige Kinder vorhanden, hört das Gericht die Ehegatten auch zur elterlichen Sorge an und weist auf bestehende Möglichkeiten der Beratung durch die Beratungsstellen und Dienste der Träger der Jugendhilfe hin. [3]Ist ein Ehegatte am Erscheinen vor dem Prozeßgericht verhindert oder hält er sich in so großer Entfernung von dessen Sitz auf, daß ihm das Erscheinen nicht zugemutet werden kann, so kann er durch einen ersuchten Richter angehört oder vernommen werden.

(2) Gegen einen zur Anhörung oder zur Vernehmung nicht erschienenen Ehegatten ist wie gegen einen im Vernehmungs-

termin nicht erschienenen Zeugen zu verfahren; auf Ordnungshaft darf nicht erkannt werden.

1   **1. Allgemeines. a) Anwendbar** in allen Ehesachen (2–6 vor § 606) und nur bei mdl Vhdlg; auch wenn die Partei nicht durch einen RA vertreten ist oder im Ausland lebt (Hamm NJW 89, 2203 mit Anm Geimer). Keine entspr Anwendung auf andere Familiensachen. –

2 **b) Zweck.** § 613 ergänzt und ändert die §§ 141, 448, um eine bessere Aufklärung von Amts wegen (Untersuchungsgrundsatz, § 616) zu ermöglichen. Verletzung der Vorschrift stellt schwerwiegenden Verfah-

3 rensverstoß dar (Hamm FamRZ 00, 898). – **c) Anordnung:** durch das Gericht mit Beschluss in mdl Vhdlg oder Verfügung gem § 273 Abs 2 Nr 3. Sie soll idR ergehen, nur ausnahmsweise aus besonderen Gründen unterbleiben (Abs 1 S 1), zB bei unbekanntem oder Auslandsaufenthalt, ohne dass Rechtshilfe möglich ist (ZöPhilippi 4).

4   **2. Anhörung zur Ehesache** (Abs 1 S 1 Hs 1) erfolgt im Rahmen des § 141 (Brandenburg FamRZ 00, 897), ist keine Beweisaufnahme und von der Parteivernehmung (Rn 5) zu unterscheiden. Sie soll in aller Regel vorgenommen werden (wie Rn 3) und entfällt auch nicht bei Auslandsaufenthalt einer Partei (Hamm FamRZ 00, 898). Sie bietet Gelegenheit für den Hinweis gem § 625 Abs 1 S 2. Die Anhörung ist nicht auf bisher vorgetragene Tatsachen beschränkt. Die Anhörung kann, muss aber nicht gemeinsam erfolgen (Brandenburg MDR 00, 585). Die Partei muss sich nicht äußern (allgM; vgl Hamburg MDR 97, 596 mit Anm E. Schneider 781). Erscheint sie im Termin nicht, kann ihre Anhörung im Einzelfall unterbleiben und die Ehe kann ohne Anhörung geschieden werden (Hamm FamRZ 98, 1123). Dass Anhörung stattgefunden hat, ist gem § 160 Abs 2 zu protokollieren. Der Inhalt der Parteierklärungen ist aufzunehmen, soweit nach § 160 Abs 4 Anlass besteht, iü nach dem Ermessen des Gerichts. Die Erklärungen der Ehegatten können (wie im Schweigen) für § 286 verwertet werden. Die Anhörung ist kein Verhandeln iS des § 269 Abs 1 (Köln FamRZ 85, 1060). Die persönliche Anhörung löst eine Beweisgebühr nach § 31 Abs 1 Nr 3 BRAGO aus (Stuttgart FamRZ 01, 695).

5   **3. Parteivernehmung** (Abs 1 S 1 Hs 2) eines oder beider Ehegatten gem §§ 445–455, von der Anhörung (Rn 4) zu unterscheiden. Sie ist Beweisaufnahme und muss sich auf bestimmte, beweisbedürftige Tatsachen beziehen. Sie ist nur (durch Beschluss) anzuordnen, wenn es für die Entscheidung auf diese Tatsachen ankommt. Abs 1 S 1 Hs 2 gestattet die Parteivernehmung von Amts wegen nach Ermessen des Gerichts und geht dem § 448 vor. Parteivernehmung auf Antrag (§§ 445–447) wird dadurch nicht ausgeschlossen; durchzuführen nach § 451. Beeidigung (§ 452) ist möglich. Protokollierung: § 160 Abs 3 Nr 4.

6   **4. Anhörung zur elterlichen Sorge** (Abs 1 S 2) dient der Aufklärung der Eltern über die rechtliche Gestaltung der elterlichen Sorge (§§ 1671, 1672 BGB) und die Beratungsmöglichkeiten des § 17 KJHG

(Art 1 SGB VIII). Anhörung und Hinweise sind zwingend vorgeschrieben. Rn 4 gilt iü entspr. Die Anhörung löst nur dann eine Beweisgebühr nach § 31 Abs 1 Nr 3 BRAGO aus, wenn ein Sorgerechtsverfahren auf Antrag oder von Amts wegen eingeleitet wurde (hM; Hamm FamRZ 01, 694; Frankfurt FamRZ 01, 506 mwN; Koblenz (15. Zs) FamRZ 01, 1389; Maurer FamRZ 01, 508; aA Koblenz (13. Zs) FamRZ 01, 1390). Zur zweckmäßigen Durchführung der Kindesanhörung als Folge: Bergmann/Gutdeutsch FamRZ 99, 422.

5. Verhinderung der Partei (Abs 1 S 3). Bezieht sich auf das per- 7 sönliche Erscheinen vor dem Prozessgericht. Verhinderung: wie § 375 Abs 1 Nr 2. Große Entfernung: wie § 375 Abs 1 Nr 3, jedoch ist bei § 613 auf Zumutbarkeit abzustellen, die wegen der großen persönlichen Bedeutung der Ehesachen für beide Ehegatten nur in Ausnahmefällen naheliegt, das Erscheinen für unzumutbar anzusehen. Für ersuchte Richter (§§ 451, 375) gelten §§ 156 ff GVG. Eine Anhörung (Rn 4) erfordert nicht, dass das Prozessgericht aufzuklärende Tatsachen bezeichnet (KG OLGZ 90, 379).

6. Ausbleiben eines Ehegatten (Abs 2), dessen persönliches Er- 8 scheinen angeordnet ist (Rn 3). Gilt nur bei Nichterscheinen, nicht wenn nur die Erklärung (Rn 4) oder Aussage (Rn 5) verweigert wird (Hamburg MDR 97, 596 mit Anm E. Schneider 781). Durch die Verweisung auf Zeugen (Abs 2 Hs 1) gelten §§ 380, 381. Wegen der Bedeutung der Anhörung (Rn 2) sind an eine Entschuldigung strenge Anforderungen zu stellen, so dass bei unentschuldigtem Ausbleiben idR ein Ordnungsgeld zu verhängen ist (Brandenburg MDR 00, 585); jedoch darf nicht, auch nicht ersatzweise auf Ordnungshaft erkannt werden (Abs 2 Hs 2). Vorführung (§ 380 Abs 2) ist zulässig. Beim ersuchten Richter gilt § 400.

§ 614 Aussetzung des Verfahrens

(1) **Das Gericht soll das Verfahren auf Herstellung des ehelichen Lebens von Amts wegen aussetzen, wenn es zur gütlichen Beilegung des Verfahrens zweckmäßig ist.**

(2) **¹Das Verfahren auf Scheidung soll das Gericht von Amts wegen aussetzen, wenn nach seiner freien Überzeugung Aussicht auf Fortsetzung der Ehe besteht. ²Leben die Ehegatten länger als ein Jahr getrennt, so darf das Verfahren nicht gegen den Widerspruch beider Ehegatten ausgesetzt werden.**

(3) **Hat der Kläger die Aussetzung des Verfahrens beantragt, so darf das Gericht über die Herstellungsklage nicht entscheiden oder auf Scheidung nicht erkennen, bevor das Verfahren ausgesetzt war.**

(4) **¹Die Aussetzung darf nur einmal wiederholt werden. ²Sie darf insgesamt die Dauer von einem Jahr, bei einer mehr als**

dreijährigen Trennung die Dauer von sechs Monaten nicht überschreiten.

(5) Mit der Aussetzung soll das Gericht in der Regel den Ehegatten nahelegen, eine Eheberatungsstelle in Anspruch zu nehmen.

1   **1. Allgemeines. a) Anwendbar:** in allen Rechtszügen, die Abs 1,
3–5 nur bei Herstellungsklagen (Vorbem 6 vor § 606), die Abs 2–5 nur
bei Scheidungsanträgen (Vorbem 2 vor § 606). Es genügt nicht, dass der
Scheidungsantrag nur hilfsweise nach dem Aufhebungsantrag gestellt
2   wird. Die §§ 148–155, 246–251 gelten außerdem. – **b) Umfang.** Die
Aussetzung umfasst den gesamten Rechtsstreit einschließlich der Folge-
3   sachen (§ 623 Abs 1 S 1). – **c) Wirkung** der Aussetzung: § 249; insbes
gilt dessen Abs 1. Sie endet mit Ablauf der angeordneten Frist (Rn 7)
von selbst. Termin wird dann von Amts wegen bestimmt (§ 216). An-
4   ordnungen gem § 620 bleiben zulässig (StJSchlosser 15). – **d) Verbotene Endentscheidung.** Hat der Kläger (Antragsteller) die Aussetzung beantragt (Rn 8, 10), darf ohne vorangegangene Aussetzung nur
Endurteil ergehen, in dem der Scheidungsantrag abgewiesen wird. –
5   **e) Eheberatungsstelle** (Abs 5). Die Inanspruchnahme sollte, muss aber
nicht im Aussetzungsbeschluss nahegelegt werden. Nicht erzwingbar. –
6   **f) Anordnung des Ruhens** (§§ 251, 251 a) wird durch § 614 nicht
ausgeschlossen (Karlsruhe NJW 78, 1388). Dies kann für den Zweck des
§ 614 (vgl Abs 2 S 1) großzügig gehandhabt werden (Frankfurt FamRZ
78, 919). Die Anordnung ist aber nicht zulässig, wenn Aussetzung nach
§ 614 beantragt ist und der Antragsteller sichtlich darauf vertraut, es
werde nach § 614 verfahren (KG FamRZ 81, 582).

7   **2. Anordnung.** Es gilt grundsätzlich § 248 Rn 2. Bei nicht verkündeten Beschlüssen genügt formlose Mitteilung gem § 329 Abs 2 S 1.
Angeordnet wird auf Antrag des Klägers (Antragstellers) wie des Beklagten (Antragsgegners) oder von Amts wegen (Abs 1, 2), auch schon vor
der mdl Vhdlg, aber idR nur veranlasst, wenn der Kläger (Antragsteller)
es beantragt oder anregt. Es ist eine bestimmte Dauer der Aussetzung
anzugeben. Hierbei sind die (uneigentlichen) Fristen des Abs 4 S 2 zu
beachten (Rn 13). Wiederholung einer Aussetzung ist auch im Anschluss an die Erste zulässig, aber nur einmal (Abs 4 S 1). Eine Fristverlängerung steht wiederholter Aussetzung gleich.

8   **3. Voraussetzungen bei Herstellungsklage** (13 vor § 606). **a) Auf
Antrag** des Klägers sollte, falls kein Rechtsmissbrauch vorliegt (Bamberg
FamRZ 84, 897), ohne weiteres ausgesetzt werden (Abs 3), auch wiederholt (dies wegen Abs 4 S 1 nur einmal) mit Bindung an Höchstdauer
9   (Rn 13). – **b) Von Amts wegen** (Abs 1) nur, wenn es zur gütlichen
Beilegung zweckmäßig erscheint. Das ist nach pflichtgemäßem Ermessen zu entscheiden und erfordert eine auf Tatsachen beruhende konkrete
Aussicht. Die Aussetzung kann einmal wiederholt werden, wenn das
erste Mal auf Antrag ausgesetzt wurde.

4. Voraussetzungen bei Scheidungsantrag (9 vor § 606). **a) Auf** **10** **Antrag** desjenigen Ehegatten, der Scheidung begehrt (Abs 3): wie Rn 8. Haben beide Ehegatten Scheidung beantragt, ist Aussetzungsantrag beider erforderlich. – **b) Von Amts wegen** (Abs 2). Von der **11** Aussicht auf Heilung der Ehe muss das Gericht überzeugt sein (Düsseldorf FamRZ 78, 609). Es kann sich diese Überzeugung frei bilden, ohne irgendwelche Mittel des Beweises oder der Glaubhaftmachung, insbes auf Grund des Parteivorbringens und des Verhaltens der Ehegatten bei der persönlichen Anhörung; ü wie Rn 9. Aussicht auf Heilung kann auch noch nach dreijährigem Getrenntleben trotz § 1566 Abs 2 BGB bestehen (vgl Abs 4). – **c) Verbotene Aussetzung** (Abs 2 S 2). Der **12** Widerspruch (Prozesshandlung, Einl III) nur eines der Ehegatten genügt nicht. Getrenntleben: § 1567 BGB. Der Grund für das Aussetzungsverbot ist, dass die Ehe dann in unwiderlegbarer Vermutung gescheitert ist, wenn beide Ehegatten Scheidung beantragen oder der Antragsgegner zustimmt (§ 1566 Abs 1 BGB).

5. Höchstdauer (Abs 4). Die Berechnung der (uneigentlichen) Fris- **13** ten erfolgt nach § 222. Bei wiederholter Aussetzung muss zusammengerechnet werden. Es kommt auf die tatsächliche, nicht auf die angeordnete Dauer an (Rn 7), wenn die Aussetzung früher endet. Für die Höchstdauer bei dreijähriger Trennung ist auf den Zeitpunkt der Aussetzungsanordnung abzustellen.

6. Aufhebung des Aussetzungsbeschlusses vor Ablauf der darin be- **14** stimmten Dauer ist möglich (§ 150): wenn von Amts wegen ausgesetzt war (Rn 9, 11), bei veränderter Sachlage; wenn auf Antrag geschehen (Rn 8, 10), nur auf Antrag des Klägers (Antragstellers); wenn der Antrag von beiden die Scheidung begehrenden Ehegatten ausgegangen ist (Rn 10), schon auf Antrag eines von beiden.

7. Rechtsmittel. Gegen die Aussetzungsanordnung findet sofortige **15** Beschwerde statt (§ 252). Die Rechtsmittel sind nur bei Beschwer zulässig. Sie fehlt bei Aussetzung dem, der keinen Scheidungsantrag stellt (Hamm FamRZ 98, 1607).

§ 615 Zurückweisung von Angriffs- und Verteidigungsmitteln

(1) **Angriffs- und Verteidigungsmittel, die nicht rechtzeitig vorgebracht werden, können zurückgewiesen werden, wenn ihre Zulassung nach der freien Überzeugung des Gerichts die Erledigung des Rechtsstreits verzögern würde und die Verspätung auf grober Nachlässigkeit beruht.**

(2) **Im Übrigen sind die Angriffs- und Verteidigungsmittel abweichend von den allgemeinen Vorschriften zuzulassen.**

1. Allgemeines. Stellt eine Sonderregelung für nachträgliches Vor- **1** bringen von Angriffs- und Verteidigungsmitteln dar, für den ersten Rechtszug gegenüber § 296, für die Berufungsinstanz gegenüber

2 §§ 530, 531 (Abs 2). – **a) Anwendbar** ist Abs 1 in allen Ehesachen
   (Vorbem 2–6 vor § 606) und in allen Rechtszügen (§§ 525, 555). In der
   Revision ist § 615 wegen § 559 von vornherein eingeschränkt. § 615
3 gilt nicht für die Folgesachen (§ 623 Abs 1 S 1). – **b) Zweck.** Da das
   Eheverfahren als solches nicht dem Ziel einer Beschleunigung unterliegt,
   wird die Präklusion eingeschränkt und den besonderen Bedürfnissen des
4 Eheverfahrens angepasst. – **c) Verhältnis zu anderen Vorschriften.**
   § 616 geht vor und gestattet, auch Vorbringen, das nach § 615 auszuschließen wäre, zu berücksichtigen. § 282 ist anwendbar.

5 **2. Voraussetzungen einer Zurückweisung** (Abs 1). Liegen sie vor,
   so steht die Zurückweisung im Ermessen des Gerichts („können";
   hierzu Völker MDR 01, 1325/1326); geschieht in den Urteilsgründen.
   Angriffs- und Verteidigungsmittel: § 146 Rn 2. Nicht rechtzeitig vorgebracht: § 296 Rn 21–26. Verzögerung infolge Zulassung: § 296
   Rn 12; nach freier Überzeugung (§ 287 Rn 10) zu beurteilen. Grobe
   Nachlässigkeit als Ursache: § 296 Rn 37.

§ 616 Untersuchungsgrundsatz

(1) **Das Gericht kann auch von Amtswegen die Aufnahme von
Beweisen anordnen und nach Anhörung der Ehegatten auch
solche Tatsachen berücksichtigen, die von ihnen nicht vorgebracht sind.**

(2) **Im Verfahren auf Scheidung oder Aufhebung der Ehe oder
auf Herstellung des ehelichen Lebens kann das Gericht gegen
den Widerspruch des die Auflösung der Ehe begehrenden oder
ihre Herstellung verweigernden Ehegatten Tatsachen, die nicht
vorgebracht sind, nur insoweit berücksichtigen, als sie geeignet
sind, der Aufrechterhaltung der Ehe zu dienen.**

(3) **Im Verfahren auf Scheidung kann das Gericht außergewöhnliche Umstände nach § 1568 des Bürgerlichen Gesetzbuchs
nur berücksichtigen, wenn sie von dem Ehegatten, der die Scheidung ablehnt, vorgebracht sind.**

1 **1. Allgemeines.** Anwendbar in allen Ehesachen (Vorbem 2–6 vor
   § 606) im ersten Rechtszug, in der Berufung lediglich eingeschränkt
   durch §§ 528, 529, in der Revision wegen § 559 nicht. Rechtliches
   Gehör (Einl I Rn 10) ist für die von Amts wegen herangezogenen Tatsachen beiden Parteien zu gewähren. Eine Beweisaufnahme richtet sich iü
   nach allgemeinen Regeln. Die Beweislast wird durch § 616 nicht berührt.

2 **2. Untersuchungsgrundsatz** (Abs 1). Er gilt nur im Rahmen der
   Anträge (§ 308 Abs 1) und des Streitgegenstands (Einl II), wobei der
   Gesetzgeber von der Amtsermittlung als Leitmaxime des Eheverfahrens
3 ausgeht. **a) Tatsachen:** nur diejenigen, aber auch alle, welche die Par-
   teien nicht vorgebracht haben und von denen das Gericht, zB bei der
   Anhörung (§ 613 Rn 4), Kenntnis erlangt hat. Ihre Berücksichtigung

steht im Ermessen des Gerichts. Sie müssen vom Gericht zum Gegenstand der Vhdlg gemacht und nach § 286 erwiesen sein. – b) **Beweis** 4 kann nach Ermessen des Gerichts von Amts wegen erhoben werden, auch ohne Beweisangebot und in dem Umfang, wie es das Gericht für erforderlich hält.

3. Einschränkung des Untersuchungsgrundsatzes (Abs 2) gilt nur in 5 den Scheidungs-, Aufhebungs- und Herstellungsverfahren (Vorbem 2, 3, 6 vor § 606). Voraussetzungen sind: a) **Widerspruch** (Prozesshandlung, 6 Einl III) derjenigen Partei, die an der Ehe nicht festhalten will. Kann schon in der Behauptung von Tatsachen liegen, die mit ehefeindlichen Tatsachen unvereinbar sind. Ohne einen Widerspruch ist das Gericht frei. – b) **Ehefeindliche Tatsachen** dürfen vom Gericht nicht berücksichtigt werden, soweit sich der Widerspruch (Rn 6) darauf bezieht. – c) **Beweise** sind in Abs 2 zwar nicht ausdrücklich genannt; jedoch gebietet der Zweck des § 616 über ehefeindliche Tatsachen keinen Beweis von Amts wegen zu erheben (allgM).

4. Ausschluss des Untersuchungsgrundsatzes (Abs 3). In Scheidungssachen (Vorbem 2 vor § 606) ist der Abs 1 für alle Tatsachen zur Härteklausel (§ 1568 Abs 1 2. Alt BGB) ausgeschlossen, jedoch nicht für die Kinderschutzklausel (1. Alt). Es soll dem Antragsgegner bei gescheiterter Ehe überlassen sein, an ihr auf Grund der Härteklausel (§ 1568 BGB) festzuhalten. Belehrung der Partei durch RA und Gericht wird erwartet.

§ 617 Einschränkung der Parteiherrschaft

Die Vorschriften über die Wirkung eines Anerkenntnisses, über die Folgen der unterbliebenen oder verweigerten Erklärung über Tatsachen oder über die Echtheit von Urkunden, die Vorschriften über den Verzicht der Partei auf die Beeidigung der Gegenpartei oder von Zeugen und Sachverständigen und die Vorschriften über die Wirkung eines gerichtlichen Geständnisses sind nicht anzuwenden.

1. Allgemeines. Anwendbar in allen Ehesachen (Vorbem 2–6 vor 1 § 606) und in allen Rechtszügen, soweit nicht § 559 entgegensteht. § 617 verbietet nur die Anwendung der in Rn 2–7 aufgeführten Vorschriften. Anwendbar bleiben insbes die in Rn 8 zusammengestellten. § 617 gebietet nicht, Urteile nur nach Beweiserhebung zu erlassen. Im Rahmen des § 616 kann das (auch fingierte) Geständnis von Tatsachen gem § 286 gewürdigt und die Tatsache für erwiesen erachtet werden.

2. Unanwendbar sind: a) **Anerkenntniswirkung.** Nur ein Aner- 2 kenntnisurteil (§ 307) und das Anerkenntnis als alleinige Urteilsgrundlage entfällt (Brandenburg MDR 00, 1380). Ein abgegebenes Anerkenntnis wird nach § 286 gewürdigt. – b) **Unterlassene Parteierklä- 3 rungen** (§ 138): gleich ob verweigert oder nur unterblieben. Fiktion von Geständnis (§ 138 Abs 3) oder Echtheit (§ 439) entfällt. Folge:

4 § 286. – **c) Beeidigungsverzicht** für Gegenpartei (§ 452 Abs 3), Zeugen (§ 391) und Sachverständige (§ 410). Vereidigung steht daher allein
5 im Ermessen des Gerichts. – **d) Geständniswirkungen.** Es muss sich nicht deshalb der Beweis erübrigen; denn § 288 gilt nicht (vgl Rn 1). Beweis kann, muss aber nicht erhoben werden. Widerruf ist entgegen § 290 frei. Geständnis und Widerruf sind nach § 286 zu würdigen. –
6 **e) Prozessvergleiche** (§ 794 Abs 1 Nr 1) über den Streitgegenstand der Ehesache sind grundsätzlich ausgeschlossen, aber nicht, soweit sie Rücknahme von Klage oder Rechtsmittel, Erledigterklärungen, eine vergleichsweise Aussöhnung oder Zustimmung zur Scheidung zum In-
7 halt haben (StJSchlosser 6). – **f) Materiell-rechtlicher Verzicht** auf Scheidung ist nur insoweit wirksam, als das Scheidungsrecht aus einem bereits entstandenen Scheidungsgrund erlischt, aber aus neuen Tatsachen die Scheidung zulässig ist (hM; BGH NJW 86, 2047 mwN).

8 **3. Anwendbar** oder zulässig (von § 617 unberührt) bleiben insbes: Behauptungs- und Beweislast (17 ff vor § 284), Bindung an Anträge (§§ 308, 528), Verzicht auf Klageanspruch (§ 306), Antrag oder Rechtsmittel nach Verkündung des Urteils; Erledigterklärung der Hauptsache, übereinstimmend (§ 91 a Abs 1) oder einseitig (§ 91 a Rn 31, 32).

§ 618 Zustellung von Urteilen
§ 317 Abs. 1 Satz 3 gilt nicht für Urteile in Ehesachen.

1 Die Zustellung der Urteile findet von Amts wegen statt. Es gilt § 317; nur dessen Abs 1 S 3 ist ausgeschlossen, weil der Zweck dieser Vorschrift (den Parteien Zeit zu Vergleichsverhandlungen zu geben) hier nicht zutrifft (§ 617 Rn 6). Für andere Familiensachen gilt § 621 c.

§ 619 Tod eines Ehegatten
Stirbt einer der Ehegatten, bevor das Urteil rechtskräftig ist, so ist das Verfahren in der Hauptsache als erledigt anzusehen.

1 **1. Allgemeines. a) Anwendbar** in allen Ehesachen (Vorbem 2–6 vor § 606) und in allen Rechtszügen. Bei Wiederaufnahmeklagen gilt
2 § 619 nur für diese. – **b) Voraussetzung:** Tod einer Partei während der Rechtshängigkeit (§ 261). Ist von Amts wegen zu berücksichtigen.

3 **2. Wirkung.** Es ist zu unterscheiden: **a) Tod vor Rechtshängigkeit** (§ 261 Abs 1), dh vor Zustellung der Klage oder des Antrags (§ 253 Abs 1). Die Klage oder der Antrag ist wegen Nichtexistenz der Partei unzulässig (§ 50 Rn 13) und muss abgewiesen werden, wenn nicht
4 Rücknahme erklärt wird. – **b) Tod nach Rechtshängigkeit.** Das Verfahren wird unterbrochen (§ 239) oder gem § 246 ausgesetzt, wenn die verstorbene Partei vertreten war (BGH NJW 81, 686). Es gilt § 249 (ZöPhilippi 3). Mit dem Tod des Ehegatten ist die Hauptsache kraft Gesetzes ohne Erklärung der verbliebenen Partei erledigt. In das Prozessrechtsverhältnis (1 vor § 50) treten die Erben ein (§ 239 Rn 1). Über

die Kosten wird durch Beschluss gem § 93 a entschieden (hM; BGH FamRZ 86, 253; aA Bamberg FamRZ 95, 1073; Karlsruhe FamRZ 96, 880). Ein deklaratorischer Beschluss über die Erledigung der Hauptsache wird für zulässig gehalten (Zweibrücken FamRZ 95, 619; ZöPhilippi 5; bestr). Ergeht eine Entscheidung in Unkenntnis des Todes, gilt Rn 1 (BGH NJW 81, 686). − **c) Tod nach Hauptsacheentscheidung** und 5 vor formeller Rechtskraft (§ 705). Das angefochtene Urteil wird in der Hauptsache wirkungslos; nur die Kostenentscheidung gilt (BGH NJW 81, 686). Ein Rechtsmittel in der Hauptsache ist oder wird wegen fehlender Beschwer unzulässig (BGH aaO). Nach Stuttgart (FamRZ 00, 1029) tritt die Wirkung des § 619 bei bedingter, von der Bewilligung von PKH abhängig gemachter Berufung erst mit der Entscheidung über den Wiedereinsetzungsantrag ein. Gegen die Kostenentscheidung findet sofortige Beschwerde statt, entweder gemäß § 91 a Abs 2 oder § 99 Abs 2 entspr (vgl ZöPhilippi 8 mwN; umstr). Tritt der Tod während des Rechtsmittelverfahrens ein, ist über die Kosten nach § 93 a zu entscheiden (hM; aA Bamberg FamRZ 95, 1073 mwN). − **d) Wiederaufnah-** 6 **meklage** ist nach dem Tode eines Ehegatten unzulässig (hM; BGH 43, 239; ZöPhilippi 16 mwN).

§ 620 Einstweilige Anordnungen

Das Gericht kann im Wege der einstweiligen Anordnung auf Antrag regeln:
1. die elterliche Sorge für ein gemeinschaftliches Kind;
2. den Umgang eines Elternteils mit dem Kinde;
3. die Herausgabe des Kindes an den anderen Elternteil;
4. die Unterhaltspflicht gegenüber einem minderjährigen Kinde;
5. das Getrenntleben der Ehegatten;
6. den Unterhalt eines Ehegatten;
7. die Benutzung der Ehewohnung und des Hausrats;
8. die Herausgabe oder Benutzung der zum persönlichen Gebrauch eines Ehegatten oder eines Kindes bestimmten Sachen;
9. die Maßnahmen nach den §§ 1 und 2 des Gewaltschutzgesetzes, wenn die Beteiligten einen auf Dauer angelegten gemeinsamen Haushalt führen oder innerhalb von sechs Monaten vor Antragstellung geführt haben,
10. die Verpflichtung zur Leistung eines Kostenvorschusses für die Ehesache und Folgesachen.

Geändert mWv 1. 1. 2002 durch Art 4 Nr 2 GewSchG.

1. Allgemeines. Die §§ 620–620 g regeln die einstweilige Anord- 1 nung in allen Ehesachen (Vorbem 2–6 vor § 606) ab deren Anhängigkeit abschließend. Es sollen die rechtlichen Beziehungen der Ehegatten während des Eheprozesses vorläufig geregelt und geschlichtet, den betroffenen Personen rasch geholfen werden können. Verfahren auf Erlass einer einstweiligen Anordnung stellen keine Folgesache dar (Köln FamRZ 99, 853).

2   **2. Anwendungsbereich** der §§ 620–620 g. Sie gelten in allen Ehesachen (Rn 1) und in allen Rechtszügen, auch während der Revision (vgl § 620 a Abs 4 S 2), ab Einreichung der Klage(Antrags)schrift und nicht ohne eine solche (Frankfurt FamRZ 79, 156) oder ab der eines PKHGesuchs (§ 620 a Abs 2) bis zur Rechtskraft (Rn 8; § 620 a Rn 9). Sie gelten auch während einer Aussetzung, zB gem § 614. Die §§ 620 a–g gelten entspr für Prozesskostenvorschüsse in Unterhaltssachen (§ 127 a Abs 2 S 2), die einstweilige Anordnung nach § 644 und in anderen Familiensachen (§ 621 f Abs 2 S 2) außerhalb eines Eheverfahrens. Sie gelten nicht in isolierten (selbständigen) Familiensachen (vgl § 621 a Rn 16). Eine im isolierten Sorgeverfahren nach § 1671 Abs 1 BGB ergangene Regelung darf nicht im Verfahren nach §§ 620 ff auf der Grundlage des § 1696 BGB abgeändert werden (Bamberg NJW-RR 99, 657).

3   **3. Materiell-rechtliche Grundlage** (vgl Rn 10). Eine solche geben die §§ 620–620 g nicht. Sie sind reine Verfahrensvorschriften und schaffen nur einen Vollstreckungstitel (MuBorth 1). Grundsätzlich gelten das BGB und die HausratsVO, ggf anwendbares ausländisches Recht (Art 14–17 EGBGB). Das Gericht darf dem nicht widersprechend regeln (Rn 10). Soweit jedoch eine Regelung fehlt, darf das Gericht allein auf Grund des § 620 ohne materiell-rechtliche Grundlage Anordnungen treffen (ZöPhilippi 8; aA StJSchlosser 2 a; MüKoFinger 10).

4   **4. Verhältnis zu anderen Verfahren,** deren Gegenstand auch unter § 620 fällt: **a) Freiwillige Gerichtsbarkeit.** Im Bereich der Nr 1–3 ist ab Anhängigkeit einer Scheidungssache ein selbständiges FGG-Verfahren in den Familiensachen des § 621 Abs 1 Nr 1–3 nur dann statthaft, wenn die Folgesache gem § 623 Abs 2 S 3 abgetrennt wurde. FGG-Verfahren ist ferner möglich in Hausratssachen, insbes gemäß § 18 a HausratsVO neben und nach einem Verfahren gemäß Nr 7 (vgl Rn 21; Köln FamRZ 94, 632 mwN; bestr). Darin können auf Grund des FGG einstweilige (vorläufige) Anordnungen erlassen werden (hM; Eckebrecht MDR 95, 114 mwN), in Wohnungs- und Hausratssachen (Nr 7) gemäß § 13

5   Abs 4 HausratsVO. – **b) Urteilsverfahren** in der Hauptsache. Das Rechtsschutzbedürfnis für eine Klage aus den Ansprüchen der Nr 4, 6, 9 entfällt grundsätzlich nicht (hM). Sie können als Familiensache außerhalb des anhängigen Eheprozesses geltend gemacht werden, insbes Ansprüche auf Unterhalt (BGH NJW 83, 1330), Prozesskostenvorschuss (BGH NJW 79, 1508), auf Rückforderung gezahlten Unterhalts und Feststellung der Nichtschuld (BGH stRspr FamRZ 83, 355). Da die einstweilige Anordnung in Unterhaltssachen (Nr 4, 6) das Unterhaltsverhältnis mangels materieller Rechtskraft nicht abschließend regelt, ist das materielle Unterhaltsverhältnis in einem Hauptsacheverfahren zu

klären. Das einstweilige Anordnungsverfahren ist materiell-rechtlich bedeutungslos (allgM). − c) **Einstweilige Verfügung** (§§ 935, 940). Sie **6** ist im FGG-Bereich (Nr 1–3 und 7) ausgeschlossen (vgl § 621 a Abs 1 S 1), iü bis zur Anhängigkeit eines Eheverfahrens zulässig (umstr); für Nr 4 und 6 ist jedoch der Vorrang von § 644 zu beachten (§ 644 Rn 1). Der Antragsteller darf nicht darauf verwiesen werden, Klage zu erheben (für Nr 9 Knops NJW 93, 1237/1242 mwN). Sobald das Eheverfahren anhängig ist, bleibt Antrag auf einstweilige Verfügung ausgeschlossen, insbes im Bereich der Nr 6 (Hamm FamRZ 01, 358; Gießler FamRZ 01, 1269/1271), weil die §§ 620 bis 620 g eine abschließende Sonderregelung darstellen (hM; hierzu kritisch Eckebrecht MDR 95, 114 mwN). Das wird anders beurteilt für Gegenstände, die nicht unter § 620 fallen, insbes Belästigungsverbote (Düsseldorf FamRZ 95, 183). Ein Übergang vom Antrag auf einstw Verfügung zu dem aus § 620 sowie eine Überleitung des Verfahrens ist nur bis zur abschließenden Entscheidung erster Instanz möglich (Karlsruhe FamRZ 95, 1424 mwN). − d) **Einstweilige Anordnung nach § 644.** § 620 statuiert keinen Vor- **6 a** rang bei Anhängigkeit einer Ehesache und Unterhaltsklage. Der Unterhaltsberechtigte hat ein Wahlrecht zwischen beiden Regelungen (MuBorth 17).

5. Allgemeine Voraussetzungen. Wenn sie vorliegen, ist eine **7** einstw Anordnung zu erlassen; es steht nicht im Ermessen des Gerichts. Die Aufzählung der regelbaren Angelegenheiten (Nr 1–9) ist erschöpfend. a) **Antrag** eines Ehegatten (§ 620 a Abs 2) ist ausnahmslos nötig, auch bei der elterlichen Sorge (Nr 1), weil nur noch auf Antrag die elterliche Sorge auf einen Elternteil übertragen wird (vgl § 1671 BGB). b) **Anhängigkeit** einer Ehesache (wie Rn 2). Ein eingereichter **8** PKHAntrag gem § 127 a genügt (§ 620 a Abs 2). Die Anhängigkeit reicht bis zur Rechtskraft der Ehesache; auch im Falle einer anhängig gebliebenen Folgesache (§ 628). Nach rechtskräftiger Scheidung ist eine einstw Anordnung ausgeschlossen (hM; MuBorth 33). Dies gilt wegen § 620 a Abs 4 S 2 dann nicht, wenn die Folgesache noch anhängig geblieben ist (MuBorth § 620 a Rn 4; aA 22. Auflage; ferner Karlsruhe FamRZ 92, 1454). Es genügt jedenfalls, dass der Antrag vor Rechtskraft der Scheidung gestellt wurde (Kemnade FamRZ 86, 625 mwN). Ab Rechtskraft sind im vorläufigen Rechtsschutz Arrest und einstw Verfügung, im FGG-Bereich (Rn 4) ist einstw (vorläufige) Anordnung zulässig (Eckebrecht MDR 95, 112 mwN). Der Kostenvorschuss kann nur bis zum Abschluss der jeweiligen Instanz angeordnet werden (Karlsruhe FamRZ 80, 1037). − c) **Regelungsbedürfnis.** Es entspricht dem **9** Rechtsschutzbedürfnis (26 vor § 253) und wird im Einzelfall daran gemessen, ob sofort einzuschreiten ist und nicht bis zur endgültigen Entscheidung abgewartet werden darf (ZöPhilippi 5). − d) **Materielle** **10** **Rechtslage** (vgl Rn 3). Sie muss so gelagert sein, dass der Inhalt der Anordnung nach dem Stand des Verfahrens mit überwiegender Wahrscheinlichkeit der endgültigen Regelung entspricht. Nur ausnahmsweise ist anders zu regeln, wenn der gegenwärtige Zustand eine andere Regelung erfordert. Insoweit besteht Bindung an das materielle Recht (vgl Rn 3; wohl hM; Eckebrecht MDR 95, 9 mwN; Giessler FamRZ 99, 695).

11   **6. Entscheidung.** Der Beschluss (§ 620 a Abs 1) ergeht „im Wege einstweiliger Anordnung" oder wird als einstweilige Anordnung bezeichnet. Er muss als Vollstreckungstitel (§ 794 Abs 1 Nr 3 a oder § 33 FGG) inhaltlich dem Bestimmtheitserfordernis entsprechen (16 vor § 704). § 308 Abs 1 gilt nur für Nr 4–6, 8, 9 (hM). Eine Befristung mit Beginn und Ende der Regelung ist wegen § 620 f, der eine lückenlose Regelung auch über die Scheidung hinaus sichern will, nicht aufzunehmen (aA van Els FamRZ 90, 581). Fehlt eine Voraussetzung (Rn 7–10) oder treffen Nr 1–9 nicht zu, so ist der Antrag zurückzuweisen. Gründe sind nur bei mdl Vhdlg und §§ 620 b, 620 c nötig (Giessler FamRZ 99, 695). Bekanntmachung: § 329 Abs 3 wegen § 620 c und § 794 Abs 1 Nr 3 a. Außerkrafttreten: § 620 f. Kosten: § 620 g. Vollstreckung: Nr 1–3 nach § 33 FGG, Nr 4–9 nach ZPO. § 717 Abs 2, § 945 gelten nicht (BGH NJW 84, 2095), auch nicht §§ 707, 719, 769, da § 620 b eine Sonderregelung darstellt (Hamm NJW 83, 460 mwN; bestr). Aussetzung des Vollzugs: § 620 e.

12   **7. Rechtsbehelfe. a) Antrag** auf Aufhebung oder Änderung ist jederzeit möglich (§ 620 b Abs 1), Antrag auf mdl Vhdlg nur, wenn eine
13 solche noch nicht stattgefunden hat (§ 620 b Abs 2). – **b) Sofortige Beschwerde** (§ 620 c) nur bei den Gegenständen der Nr 1–3 und Nr 7
14 bei vollständiger Wohnungszuweisung. Unanfechtbarkeit iü. – **c) Klagen** gemäß § 767 (dort Rn 10), insbes für den Erfüllungseinwand (Heinze MDR 80, 895). Abänderungsklage (§ 323) ist bei Nr 4 und 6 unzulässig, da Titel nach § 620 in § 323 Abs 4 nicht aufgeführt sind. Unberührt bleibt die Möglichkeit der Hauptsacheklage (vgl Rn 5). Nach Erlass der einstweiligen Anordnung und noch nach Rechtskraft der Ehescheidung wird auch negative Feststellungsklage für zulässig gehalten (vgl § 620 f Rn 3; Zweibrücken NJW-RR 97, 1166; vgl aber § 256 Rn 19).

15   **8. Nr 1: Elterliche Sorge** umfasst die Personen- und Vermögenssorge (§ 1626 Abs 1 BGB) sowie die gesetzliche Vertretung (§ 1629 BGB). Die Anordnung wird wegen der Neuregelung durch das KindRG idR auf Teile beschränkt werden (MüKoFinger 15), zB Erziehung und Aufenthaltsbestimmung (Hamm FamRZ 79, 157). Sie ist am Wohl des Kindes auszurichten. §§ 1671, 1672 BGB sind anzuwenden (allgM).

16   **9. Nr 2: Umgang mit dem Kind.** Es gelten § 1626 Abs 3, § 1632 Abs 2, § 1684 BGB, so dass die Befugnis zum Umgang nicht nur angeordnet, sondern auch beschränkt und ausgeschlossen werden kann. Das Wohl des Kindes hat den Vorrang. Nr 2 umfasst auch die Herausgabe zum Umgang (ZöPhilippi 46). Vollzug: § 33 FGG.

10. Nr 3: Herausgabe des Kindes an den anderen Elternteil im 17 Rahmen des § 1632 Abs 1 BGB, also nur im Verhältnis der Ehegatten zueinander, nicht im Verhältnis zu Dritten. Nr 3 umfasst nicht die Herausgabe zum Umgang (Rn 16). Vollzug: § 33 FGG. Für die Sachen des Kindes gilt Nr 8 oder § 50 d FGG.

11. Nr 4: Unterhaltspflicht gegenüber dem minderjährigen Kind, 18 sofern sie beide Ehegatten trifft (§§ 1601–1603 BGB). Es darf nur ab Antrag, nicht für die vorangegangene Zeit geregelt werden. Nr 4 gilt nur für minderjährige Kinder oder ihnen gleichstehende (§ 1603 Abs 2 S 2 BGB). Die Vertretung richtet sich nach § 1629 Abs 2, 3 BGB. Die Entscheidung wirkt gem § 1629 Abs 3 BGB unmittelbar für und gegen das Kind (Zweibrücken FamRZ 00, 964). Volljährige Kinder müssen vorläufigen Rechtsschutz im Wege des § 644 suchen oder durch Klage außerhalb des Eheverfahrens als isolierte Familiensache (§ 621 Abs 1 Nr 4) mit einstweiliger Anordnung (§ 644) einen Titel gegen die Eltern oder einen Elternteil erwirken. Die Regelung gemäß Nr 4 unterliegt nicht dem § 323 (vgl Rn 20). Der für das Kind prozessführungsbefugte Ehegatte muss den Anspruch im eigenen Namen geltend machen (§ 1629 Abs 3 S 1 BGB), kann ihn aber nur bis zur Volljährigkeit vollstrecken (AG Viersen FamRZ 88, 1306 mwN); danach ist eine Titelumschreibung auf das Kind nötig (MüKoFinger 64). Der Vollstreckungstitel wirkt unmittelbar für und gegen das Kind, so dass dieses auch selbständig die ZwVollstr betreiben kann. Nicht anwendbar ist Nr 4 auf Auskunftsansprüche gemäß § 1605 BGB (Stuttgart FamRZ 80, 1138). Höhe: voller Unterhalt, nicht nur Notbedarf in Höhe des Sozialhilfesatzes (MüKoFinger 37; Luthin FamRZ 01, 357; aA Hamm FamRZ 00, 964).

12. Nr 5: Getrenntleben (§ 1353 Abs 2, § 1567 BGB). Auch wenn 19 das Recht, die eheliche Lebensgemeinschaft (§ 1353 Abs 1 BGB) zu verweigern, für die Scheidung unerheblich ist, kann wie bei negativer Feststellungsklage (Vorbem 5 vor § 606) ein Bedürfnis auf Klarstellung bestehen. Nr 5 ist vor allem, aber mit geringer praktischer Bedeutung, auf die Art und Weise des Getrenntlebens anwendbar. Unzulässig sind Anordnungen, die in die Lebensführung eingreifen (hM), zB das Verbot dritte Personen in die Wohnung mit- oder aufzunehmen (Köln FamRZ 95, 1424).

13. Nr 6: Ehelicher Unterhalt (§§ 1360, 1360 a BGB), insbes bei 20 Getrenntleben (§ 1361 BGB). Soweit die Anordnung nach § 620 f Abs 1 über den Zeitpunkt des Eintritts der Rechtskraft der Ehesache hinauswirkt, werden auch Ansprüche nach §§ 1569 ff BGB erfasst (Mu-Borth 67). Nur ab Antrag, nicht für die vorangegangene Zeit. Regelmäßig ist monatliche Zahlung anzuordnen. Höhe: Rn 18. Für Beträge, die nach materiellem Recht überzahlt sind, besteht ein Bereicherungsanspruch (§ 812 Abs 1 S 1 BGB; BGH NJW 84, 2095; idR steht aber § 818 Abs 3 BGB entgegen, MüKoFinger 55). § 323 gilt nicht (BGH NJW 83, 1330). Auch einmalige und zusätzliche, davon abweichende

Beträge können zugesprochen werden. Nicht anwendbar ist Nr 6 auf den Auskunftsanspruch aus § 1361 Abs 4 S 4, § 1605 BGB (Düsseldorf FamRZ 83, 514). Eine erlassene einstweilige Anordnung kann nicht mit einer negativen Feststellungsklage bekämpft werden, wenn eine nicht mehr einseitig zurücknehmbare Leistungsklage erhoben wurde (Brandenburg FamRZ 99, 1210; vgl § 256 Rn 19). Eine Abänderungsklage (§ 323) ist unzulässig (Bremen FamRZ 00, 1165), wohl aber eine Vollstreckungsabwehrklage (§ 767).

21 **14. Nr 7: Ehewohnungs- und Hausratsverhältnisse** (insbes Benutzung) gem HausratsVO. Rspr-Übersicht: Brudermüller FamRZ 99, 129 und 193. **a) Grundlagen.** Nr 7 setzt voraus, dass die Wohnung noch Ehewohnung ist (Karlsruhe FamRZ 99, 1087) und gilt erst ab Anhängigkeit der Ehesache oder sobald ein PKHAntrag gestellt ist (§ 620 a Abs 2 S 1). Bei bloßem Getrenntleben gelten materiell-rechtlich die §§ 1361 a, 1361 b BGB, verfahrensrechtlich über § 18 a die §§ 11–18 HausratsVO sinngemäß. Zwischen § 620 und § 13 Abs 4 HausratsVO besteht grundsätzlich Wahlmöglichkeit (Brudermüller aaO 200 mwN; bestr). Ob eine einstw Anordnung in einem anderen Verfahren geändert werden kann, ist str (dafür Brandenburg FamRZ 01, 636 mwN). Der (notwendige) Charakter als Ehewohnung muss nicht dadurch verlorengehen, dass einer der Ehegatten endgültig auszieht (Karlsruhe NJW-RR 99, 730). Der Beschluss muss unzweideutig erkennen lassen, ob er auf § 620 oder auf § 13 Abs 4 HausratsVO beruht (Hamm FamRZ 92, 1455). Das Hausratsverfahren wird ab Anhängigkeit der Ehesache nicht unzulässig (KG NJW-RR 90, 1032). Es kann nach
22 § 620 übergeleitet werden (Brudermüller aaO). – **b) Wohnungszuweisung** an einen Ehegatten allein ist nur in Fällen schwerer Härte angebracht (Karlsruhe FamRZ 99, 1087; Brudermüller FamRZ 99, 129 mwN; umstr), auch mit Befristung und Durchführungsmaßnahmen möglich (Karlsruhe FamRZ 94, 1185). Wegen des vorläufigen, summarischen Charakters des einstweiligen Anordnungsverfahrens scheiden Regelungen mit endgültiger Wirkung grds aus (Karlsruhe FamRZ 99, 1087). Neben der Zuweisung ist ein Räumungsanspruch geboten und wegen § 885 Abs 1 erforderlich (LG Itzehoe FamRZ 87, 176). Räumungsfristen gem §§ 2, 15 HausratsVO, nicht nach § 721, sind zulässig (Hamburg FamRZ 83, 1151; Brudermüller FamRZ 87, 109 [122] mwN). Die Wegschaffung von Hausrat fällt dem Gesetzeszweck zufolge
22 a darunter. – **c) Hausrat:** alle beweglichen Sachen, die für die Hauswirtschaft und das Zusammenleben bestimmt sind, also nicht Gegenstände des persönlichen oder beruflichen Gebrauchs (BGH FamRZ 84, 146
23 mwN).– **d) Sonstiges.** Zulässig ist Benutzungsregelung für Pkw, wenn er zum privaten Haushalt gehört (MüKoFinger 76 mwN). Aus praktischen Erwägungen wird die Anwendung von Nr 7 auf Mißhandlungs-, Belästigungs- und Bedrohungsverbote erstreckt (Saarbrücken FamRZ 81, 64 mwN). Das Verbot, die Ehewohnung zu betreten, ist zulässig (Hamm NJW 82, 1108), kommt aber nur äußersten Falls in Betracht

(Frankfurt FamRZ 78, 53), überhaupt nicht ein Verbot, dritte Personen in die zugewiesene Wohnung mit- oder aufzunehmen (Köln FamRZ 95, 1424; vgl Rn 19). Zustimmung zur Auflösung des Mietverhältnisses fällt nicht unter Nr 7 (allgM; Hamburg FamRZ 83, 621 mwN).

15. Nr 8: Persönliche Gebrauchsgegenstände ohne Rücksicht **24** auf Eigentumslage: insbes Kleidung, Körperpflegemittel, Schmuck, Arbeits- und Ausbildungsmittel, Urkunden, Sammlungen. Betrifft nicht Hausrat; dafür gilt Nr 7 (Rn 22 a). Herausgabe bedeutet Übergabe. Ausnahmsweise ist es angebracht, die abwechselnde Benutzung zu regeln.

16. Nr 9: Die Vorchrift wurde mit Art 4 Nr 2 GewSchG eingeführt. **25** Hiermit soll erreicht werden, dass im Rahmen einer Ehesache auf Antrag auch bezüglich der Maßnahmen nach dem GewSchG einstweilige Anordnungen ergehen können.

17. Nr 10: Kostenvorschuss. Das ist der des § 1360 a Abs 4 S 1 **26** BGB (BGH NJW 79, 1508). Der Anspruch muss nach materiellem Recht bestehen, ggf nach ausländischem (hM). Nr 9 gilt neben den Ehesachen für alle Folgesachen (§ 623 Abs 1 S 1), auch solche, die dem Verfahren der freiwilligen Gerichtsbarkeit unterliegen. Für selbständige (isolierte) Familiensachen gilt nicht Nr 9, sondern § 621 f oder § 127 a (BGH NJW 80, 1392). Einer Klage fehlt das Rechtsschutzbedürfnis wegen Nr 9 grundsätzlich nicht (hM; BGH NJW 79, 1508; vgl Rn 5). Auch eine negative Feststellungsklage ist zulässig (Frankfurt FamRZ 81, 65). Aus der Anordnung kann auch noch nach Beendigung des Prozesses vollstreckt werden (BGH 94, 316). Nach Beendigung der Instanz kann der Anspruch auf bereits entstandene Kosten als Anspruch auf Prozesskostenvorschuss weiterverfolgt werden, wenn in der Instanz rechtzeitig ein Antrag auf Erlass einer einstweiligen Anordnung gestellt wurde (Karlsruhe FamRZ 00, 431).

§ 620 a Verfahren bei einstweiliger Anordnung

(1) **Das Gericht entscheidet durch Beschluss.**

(2) [1]**Der Antrag ist zulässig, sobald die Ehesache anhängig oder ein Antrag auf Bewilligung der Prozeßkostenhilfe eingereicht ist.** [2]**Der Antrag kann zu Protokoll der Geschäftsstelle erklärt werden.** [3]**Der Antragsteller soll die Voraussetzungen für die Anordnung glaubhaft machen.**

(3) [1]**Vor einer Anordnung nach § 620 Satz 1 Nr. 1, 2 oder 3 sollen das Kind und das Jugendamt angehört werden.** [2]**Ist dies wegen der besonderen Eilbedürftigkeit nicht möglich, so soll die Anhörung unverzüglich nachgeholt werden.**

(4) [1]**Zuständig ist das Gericht des ersten Rechtszuges, wenn die Ehesache in der Berufungsinstanz anhängig ist, das Berufungsgericht.** [2]**Ist eine Folgesache im zweiten oder dritten Rechtszug anhängig, deren Gegenstand dem des Anordnungs-**

verfahrens entspricht, so ist das Berufungs- oder Beschwerdegericht der Folgesache zuständig. [3] Satz 2 gilt entsprechend, wenn ein Kostenvorschuß für eine Ehesache oder Folgesache begehrt wird, die im zweiten oder dritten Rechtszug anhängig ist oder dort anhängig gemacht werden soll.

1　**1. Allgemeines.** Für das Verfahren gilt: **a) Mündliche Verhandlung** ist freigestellt (§ 128 Abs 4). Es gelten daher die Grundsätze des § 128 Rn 11–17. Persönliches Erscheinen anzuordnen ist idR angebracht. Es können Beweise jeder Art erhoben werden (§ 12 FGG; vgl MüKoFinger 24), ohne Beschränkung auf § 294. Den Umfang bestimmt das Familiengericht nach pflichtgemäßem Ermessen (Düsseldorf
2　FamRZ 95, 182 mwN). – **b) Anwaltszwang** besteht grundsätzlich, weil es sich um einen Teil der Ehesache handelt (§ 78 Abs 2 Nr 1), auch außerhalb einer mdl Vhdlg (bestr). Anträge und Erklärungen zu Protokoll (Rn 8) sind davon ausgenommen (§ 78 Abs 3), auch die mdl Vhdlg wegen Prozesskostenvorschusses gemäß § 620 Nr 9 (hM; ZöPhil-
3　ippi 6 a). – **c) Rechtliches Gehör** (Einl I Rn 10 ff) ist, wenn nicht mündlich verhandelt wird, schriftlich zu gewähren, kann aber bei besonderer Eilbedürftigkeit unterbleiben, weil Änderung oder Aufhebung
4　möglich bleibt (§ 620 b). – **d) Verfahrensgrundsatz.** In den dem FGG unterliegenden Angelegenheiten (§ 620 Nr 1–3, 7) gilt der Amtsermittlungsgrundsatz gemäß § 12 FGG, für die in § 620 Nr 5 und 8 geregelten Sachen § 616 (MüKoFinger 31; umstr); für die Fälle des § 620 Nr 4, 6, 9 gilt uneingeschränkt der Beibringungsgrundsatz (MüKoFinger 28). –
5　**e) Vergleiche** iS des § 794 Abs 1 Nr 1 sind in den Gegenständen des § 620 Nr 1 und 3 unzulässig (Einf 6 vor § 606), jedoch wird eine gerichtlich protokollierte Einigung der Eltern für zulässig gehalten (Zö-Philippi 30). Eine solche gestattet allerdings keine ZwVollstr. In den Fällen von § 620 Nr 2 ist ein gerichtl bestätigter Vergleich zulässig. Darüber hinaus sind Vergleiche insbes in Unterhaltssachen (§ 620 Nr 4
6　und 6) zulässig. – **f) Prozesskostenhilfe** (§§ 114–127 a) muss für das Anordnungsverfahren gesondert beantragt und bewilligt werden (allgM). Sie kommt nur für den Zeitraum ab Antragstellung (Abs 2) in Betracht (Düsseldorf FamRZ 82, 1096). Dass für den Antrag kein Anwaltszwang besteht (Rn 2), schließt die Beiordnung hierfür nicht aus (Bamberg
7　FamRZ 79, 527). – **g) Beteiligung Dritter** in den Angelegenheiten des § 620 Nr 7 unterbleibt (Hamm FamRZ 87, 1277). Die Fälle des Abs 3 (Rn 12) stellen eine Sonderregelung dar. – **h) Schutzschriften** (§ 935 Rn 9) sind zulässig (van Els FamRZ 96, 651 mwN; bestr).

8　**2. Antrag** (Abs 2) einer Partei (nicht notwendig des Klägers oder Antragstellers) ist Prozesshandlung (Einl III) und unabdingbare Voraussetzung (§ 620 Rn 7). **a) Form:** schriftlich oder zu Protokoll (Abs 2
9　S 2); daher kein Anwaltszwang (§ 78 Abs 3). – **b) Zeitraum:** wie
10　§ 620 Rn 8. – **c) Inhalt.** Es ist eine Anordnung bestimmten Inhalts zu beantragen (wie § 620 Rn 11). Bindung: § 620 Rn 11. Glaubhaftmachung von Tatsachen (§ 294) ist nicht zwingend (Abs 2 S 3), aber idR

geboten. – **d) Rücknahme und Erledigterklärung** sind zulässig. Für **11**
die Kosten gilt dann § 620 g.

3. Anhörung (Abs 3). Sie erfolgt nur in den ausdrücklich genannten **12**
Fällen; von Rn 3 zu unterscheiden. Für die des Kindes gilt § 50 b FGG,
die einer Pflegeperson § 50 c FGG. Die nachträgliche Anhörung kann
eine Änderung von Amts wegen (§ 620 b Abs 1 S 2) veranlassen. Ein
Verstoß gegen Abs 3 hat keine prozessualen Folgen.

4. Zuständigkeit (Abs 4). Es ist zu unterscheiden: **a) Ehesachen,** **13**
die nicht Scheidungssachen sind (Vorbem 2–6 vor § 606) und solche
Scheidungssachen, die (ausnahmsweise) isoliert durchgeführt werden:
Zuständig ist in erster Instanz das Familiengericht (§ 23 b Abs 1 S 1
GVG), in der Berufungsinstanz das OLG (Abs 4 S 1). – **b) Folgesachen** **14**
(§ 623 Abs 1 S 1). **aa) Im ersten Rechtszug** ist das Familiengericht
zuständig (Abs 4 S 1), auch wenn nur in der Ehesache ein Rechtsmittel
eingelegt ist; ferner wenn das Anordnungsverfahren noch nicht beendet
ist, bevor Berufung oder Beschwerde eingelegt wird (analog einer perpetuatio fori, BGH FamRZ 80, 670). **bb) Rechtsmittelinstanz.** Be- **15**
findet sich dort die Folgesache im Verbund (§ 623) oder isoliert, so ist
das OLG zuständig (Abs 4 S 2, also nicht der BGH), soweit der Gegenstand der einstw Anordnung dem der Folgesache entspricht. Hierbei ist
auf die Art des begehrten Rechtsschutzes abzustellen; ein rechtlicher
oder tatsächlicher Zusammenhang im weiteren Sinne reicht nicht aus,
zB bei § 621 Abs 1 Nr 1 zu § 620 Nr 2, 3. Hingegen entsprechen sich
die Gegenstände bei § 620 und § 621 jeweils in den Nrn 1–4, § 620
Nr 6 zu § 621 Abs 1 Nr 5 und § 620 Nr 7 zu § 621 Abs 1 Nr 7.
Maßgebend ist eine unmittelbare Kongruenz der Verfahrensgegenstände
(Diederichsen NJW 86, 1462 [1465]). – **c) Kostenvorschuss** (Abs 4 **16**
S 3; § 620 Nr 9). Er muss sich auf die Ehesache und (oder) auf eine
bestimmte Folgesache (§ 623 Abs 1 S 1) beziehen. Zuständig ist das
Rechtsmittelgericht zweiter Instanz (OLG), auch wenn sich die Haupt-
sache in der dritten Instanz befindet (vgl Rn 15).

§ 620 b Aufhebung und Änderung des Beschlusses

(1) ¹**Das Gericht kann auf Antrag den Beschluß aufheben oder
ändern.** ²**Das Gericht kann von Amts wegen entscheiden, wenn
die Anordnung die elterliche Sorge für ein gemeinschaftliches
Kind betrifft oder wenn eine Anordnung nach § 620 Nr. 2 oder 3
ohne vorherige Anhörung des Jugendamts erlassen worden ist.**

(2) **Ist der Beschluß oder die Entscheidung nach Absatz 1 ohne
mündliche Verhandlung ergangen, so ist auf Antrag auf Grund
mündlicher Verhandlung erneut zu beschließen.**

(3) ¹**Für die Zuständigkeit gilt § 620 a Abs. 4 entsprechend.**
²**Das Rechtsmittelgericht ist auch zuständig, wenn das Gericht
des ersten Rechtszuges die Anordnung oder die Entscheidung
nach Absatz 1 erlassen hat.**

1   **1. Voraussetzungen** der Anwendung des § 620 b: **a) Beschluss.** Er
muss gem §§ 620, 620 a ergangen sein. Darin muss eine Anordnung
erlassen, abgelehnt oder bereits auf Grund des § 620 b geändert worden
sein. Entspr anwendbar ist § 620 b bei Vergleichen, die in Verfahren
nach § 620 Nr 4, 6 abgeschlossen wurden (BGH FamRZ 83, 892; 91,
1175), soweit durch dieses nichts anderes ereicht werden soll, als eine
der beantragten einstweiligen Anordnung entsprechende Regelung (vgl
FA-FamG/Gerhardt Kap 6 Rn 632). Das Verfahren kann, so oft wie
notwendig, wiederholt werden. Es findet selbstverständlich auch dann
statt, wenn eine Anordnung auf Grund des § 620, aber außerhalb seiner
Anwendbarkeit erlassen wurde. Die Statthaftigkeit der sofortigen Beschwerde (§ 620 c) schließt § 620 b nicht aus. Unanwendbar ist § 620 b
für Abänderung von anderen Unterhaltstiteln, die vor Ehescheidung
2 ergangen sind; es verbleibt bei § 323. – **b) Antrag** (Abs 1 S 1): grundsätzlich wie § 620 a Rn 8–10, also außer Anwaltszwang. Er muss nach
Erlass der Entscheidung (§ 620 Rn 11), nicht notwendig nach ihrer
Zustellung gestellt werden und setzt keine Beschwer (17–19 vor § 511)
durch diese Entscheidung voraus. Der Antrag ist zu begründen (vgl
§ 620 d) und nur entbehrlich (Abs 1 S 2), wenn der Beschluss den Fall
des § 620 Nr 1 betrifft oder die Anhörung gem § 620 a Abs 3 unter-
3 blieben ist. – **c) Veränderung** der tatsächlichen Verhältnisse wird nicht
vorausgesetzt, da Abs 1 S 1 die neue Entscheidung in das Ermessen des
Gerichts stellt (allgM). Es genügt, dass das Gericht die tatsächlichen und
rechtlichen Umstände anders würdigt, insbes im Rahmen der materiellen Rechtslage (§ 620 Rn 10). Das gilt erst recht für das im Fall des
4 Abs 3 zuständig gewordene Berufungsgericht. – **d) Zeitlich** ist Aufhebung und Änderung möglich bis zum Außerkrafttreten der Anordnung (§ 620 f). Dies kann nicht mehr nach rechtskräftiger Scheidung
geschehen (hM; BGH NJW 83, 1330; vgl § 620 f Rn 5; dies gilt jedoch
nicht für § 644). Ausnahmsweise ist dies aber möglich, wenn die einstweilige Anordnung vor Rechtskraft beantragt und darauf ein Verkündungstermin bestimmt wurde (Stuttgart NJW-RR 86, 558) oder wenn
trotz rechtskräftiger Scheidung noch der Rechtsstreit über den nachehelichen Unterhalt anhängig ist (Düsseldorf FamRZ 01, 1229; MuBorth
§ 620 a Rn 4; MüKo Finger 8; aA ZöPhilippi 6). Neu beantragt werden
kann eine einstweilige Anordnung nach Eintritt der Rechtskraft nicht
5 mehr. – **e) Verhältnis zu Klagen,** die denselben Gegenstand betreffen.
Das Rechtsschutzbedürfnis fehlt nicht deshalb, weil das Verfahren des
§ 620 b billiger und einfacher sei (hM; § 620 Rn 5).

6   **2. Zuständigkeit** (Abs 3). Sie ist dem § 620 a Abs 4 angepasst. Es
gilt grundsätzlich § 620 a Rn 13–16. Daher ist für die Aufhebung und
7 Änderung zuständig: **a) Familiengericht,** solange die Ehesache oder
die betreffende Folgesache bei ihm anhängig ist, also jeweils bis zur
Einlegung des Rechtsmittels (vgl § 620 a Rn 13–15) oder nach vorweg-
genommener Scheidung (§ 628), wenn die Folgesache noch am Familiengericht anhängig geblieben ist (Karlsruhe FamRZ 98, 1380). –

b) Oberlandesgericht, sobald in der Ehesache Berufung oder in der betreffenden Folgesache Rechtsmittel eingelegt ist, wenn der Gegenstand der Anordnung dem der Folgesache entspricht (vgl § 620 a Rn 14, 15). Auch für den Kostenvorschuss ist das OLG zuständig (vgl § 620 a Rn 16). Dieses kann auch Anordnungen des Familiengerichts aufheben oder ändern (Abs 3 S 2).

3. Verfahren. Es ist zu unterscheiden: **a) Aufhebung und Änderung** (Abs 1): grundsätzlich wie § 620 a Rn 1–12. Rückwirkung ist ausgeschlossen, ausnahmsweise möglich für noch nicht bezahlten Unterhalt. Es ist auch im Bereich des § 620 Nr 1–3 das Jugendamt zu hören, ggf erneut. § 717 ist auch nicht entspr anwendbar (Oldenburg NdsRPfl 84, 119). – **b) Antrag auf mündliche Verhandlung** (Abs 2): Prozesshandlung (Einl III); ist erst nach Erlass des ersten Beschlusses zulässig und Ausgleich für die weitgehende Unanfechtbarkeit. Anwaltszwang wie § 620 a Rn 2. Der Antrag ist zu begründen (§ 620 d S 1). Mdl Vhdlg ist dann zwingend vorgeschrieben, wenn die Entscheidung, deren Abänderung beantragt wird, ohne mdl Vhdlg ergangen ist, sei es als erste oder als abändernde Entscheidung (Abs 1). Hierfür ist es gleichgültig, ob diese abändernde Entscheidung (Abs 1) wegen Abs 2 ohne mdl Vhdlg ergehen durfte oder nicht. Lehnt das Gericht entgegen Abs 2 mdl Vhdl ab, findet dagegen sofortige Beschwerde statt (§ 567 Abs 1 Nr 2), die durch § 620 c S 2 nicht ausgeschlossen ist (Koblenz FamRZ 93, 1100). Der Antrag auf mdl Vhdlg ist auch zulässig, wenn das Gericht befugt ist, gem Abs 1 S 2 von Amts wegen zu entscheiden.

4. Entscheidung. Grundsätzlich wie § 620 Rn 11. **a) Formel.** Der vorangegangene Beschluss kann ganz oder teilweise aufgehoben, auch abgeändert werden, an seiner Stelle eine neue Anordnung mit anderem Inhalt erlassen, der Antrag auf Änderung oder Aufhebung ganz oder teilweise zurückgewiesen werden. Bei Antrag auf mdl Vhdlg (Rn 10) ist im erneuten Beschluss der Erste zu bestätigen, aufzuheben oder abzuändern. Unnötig und unangebracht ist es, im Falle der Aufhebung oder Änderung den ersten Antrag ganz oder zT zurückzuweisen; denn im Verfahren nach § 620 b ist nur über die hierzu gestellten Anträge zu entscheiden, nicht über die früheren zum ersten Beschluss. – **b) Gründe** sind wegen § 620 d unentbehrlich.

§ 620 c Sofortige Beschwerde; Unanfechtbarkeit

[1] **Hat das Gericht des ersten Rechtszuges auf Grund mündlicher Verhandlung die elterliche Sorge für ein gemeinschaftliches Kind geregelt, die Herausgabe des Kindes an den anderen Elternteil angeordnet, über einen Antrag nach den §§ 1 und 2 des Gewaltschutzgesetzes oder über einen Antrag auf Zuweisung der Ehewohnung entschieden, so findet die sofortige Beschwerde statt.** [2] **Im übrigen sind die Entscheidungen nach den §§ 620, 620 b unanfechtbar.**

Geändert mWv 1. 1. 2002 durch Art 4 Nr 3 GewSchG.

1   **1. Sofortige Beschwerde** (S 1) gegen Beschlüsse gem §§ 620, 620 b.
Sie steht nur den Parteien des Eheprozesses zu, nicht Dritten (hM;
StJSchlosser 12). Es gelten grundsätzlich §§ 567 ff. Einlegung nur durch
einen zugelassenen RA nach Maßgabe des § 78 Abs 2 Nr 1 (hM;
Koblenz NJW-RR 99, 575 mwN). Dies folgt auch im Umkehrschluss
aus § 569 Abs 3 Nr 1. Abhilfe ist möglich (§ 572 Abs 1 S 1). Beschwerdegericht ist das OLG (§ 119 Abs 1 Nr 1 a GVG); dort der ER (§ 568).
Rechtsbeschwerde ist nur zulässig, wenn das OLG sie nach § 574 Abs 1
Nr 2, Abs 3 zugelassen hat (Übergangsrecht: § 26 Nr 10 EGZPO). Die
sofortige Beschwerde muss innerhalb der Einlegungsfrist begründet wer-
2   den (§ 620 d S 1 Hs 2). Sie setzt zur Statthaftigkeit voraus: **a) Mündliche Verhandlung.** Sie muss für den angefochtenen Beschluss stattgefunden haben, sei es von Amts wegen angeordnet (§ 620 a Rn 1;
§ 620 b Rn 9) oder infolge Antrags (§ 620 b Rn 10). Auf Grund mdl
Vhdlg ist ein Beschluss nicht ergangen, wenn erst danach für die Entscheidung wesentliche Tatsachen ermittelt und berücksichtigt werden
(Karlsruhe FamRZ 94, 1186; aA die hM). Es bleibt dann nur Antrag
3   gem § 620 b Abs 2 (dort Rn 10). – **b) Zulässiger Gegenstand.** Die
Anfechtbarkeit ist in diesen Fällen zugelassen, weil sich die Anordnung
leicht zur endgültigen Gestaltung entwickelt. Enthält der Beschluss darüber hinaus auch andere Regelungen, erstreckt sich das Rechtsmittel
4   nicht darauf. **aa) Elterliche Sorge** (§ 620 Nr 1): ihre Regelung, auch
in Teilbereichen (Bamberg FamRZ 83, 82), zB Aufenthaltsbestimmung
(KG NJW-RR 96, 455). Dazu gehört nicht der Umgang (§ 620 Nr 2;
Hamburg FamRZ 87, 497). Es genügt nicht, wenn die Änderung einer
getroffenen Regelung abgelehnt wurde (Hamm FamRZ 88, 1194;
Hamburg FamRZ 93, 1337; bestr). Wird eine Anordnung aufgehoben,
so ist der Beschluss nur dann anfechtbar, wenn darin eine Sorgeregelung
zugunsten des anderen Ehegatten liegt, sonst nicht (Köln FamRZ 83,
5   733). **bb) Kindesherausgabe** (§ 620 Nr 3): die angeordnete (nicht die
abgelehnte, Düsseldorf FamRZ 81, 480 mwN) und nicht die für den
6   Umgang (Saarbrücken FamRZ 82, 186). **cc) Ehewohnung** (§ 620
Nr 7): materielle Grundlage ist § 1361 b BGB (Karlsruhe NJW-RR 99,
721), somit die vollständige Zuweisung, auch wenn sie nur zeitweise
erfolgt (KG FamRZ 86, 1010); nicht Anordnungen zur gemeinsamen
Benutzung (Zweibrücken FamRZ 84, 916) und die einer Räumungsfrist
(Bamberg FamRZ 93, 1338). Auch die eine Zwesung ablehnende
Entscheidung ist nach der Neufassung der Vorschrift anfechtbar. Das
Rechtsschutzbedürfnis entfällt für eine Beschwerde nicht durch Vollzug
der angefochtenen Entscheidung (Karlsruhe NJW-RR 99, 730 mwN).
6 a **dd) Antrag nach §§ 1 u 2 GewSchG** (§ 620 Nr 9). Die Beschwerde-
befugnis wurde mit der Neufassung auch auf die neuen Verfahrensgegenstände nach § 620 Nr 9 erweitert.

7   **2. Unanfechtbarkeit** (S 2), ist für alle nicht unter S 1 fallenden
Entscheidungen bestimmt (vgl Rn 3), insbes für alle ohne mdl Vhdl
ergangenen und die einen Antrag zurückweisenden Beschlüsse (hM;

KG FamRZ 93, 720 mwN). Das gilt auch für die Nebenentscheidungen, zB über die PKH (hM; vgl § 620 a Rn 6) und eine Zwangsgeldandrohung (Saarbrücken FamRZ 96, 1226; Karlsruhe NJW-RR 99, 7; aA Stuttgart FamRZ 99, 1094: § 19 FGG) § 620 c ist verfassungsrechtlich einwandfrei (BVerfG NJW 80, 386). Als Ersatz einer Anfechtung ist der Antrag auf mdl Vhdlg gedacht (§ 620 b Abs 2). **a) Zweck** der Regelung ist insbes, Störungen im Fortgang des Hauptverfahrens infolge Aktenabgabe an das Beschwerdegericht zu unterbinden. Es ist auch davon auszugehen, dass das Prozessgericht die Parteien und ihre Verhältnisse bereits besser kennt oder erkennen kann. Zudem kann das Berufungsgericht seinerseits gemäß § 620 b anders regeln (dort Rn 8). – **b) Ausnahmen** von der Unanfechtbarkeit werden zugelassen bei offenkundigem Fehlen jeder gesetzlichen Grundlage (hM; Zweibrücken FamRZ 97, 1167). Das ist insbes gegeben bei Auskunftsansprüchen (Düsseldorf FamRZ 83, 514; aA Hamm FamRZ 83, 515), bei Verkennen der gesetzlichen Voraussetzungen (Hamburg FamRZ 79, 528); Fehlen jeglicher Begründung (Hamm FamRZ 93, 219; aA Zweibrücken FamRZ 98, 1379; Giessler FamRZ 99, 695) oder Außerachtlassen des § 620 b (Zweibrücken FamRZ 97, 1167). Ist das rechtliche Gehör entscheidungserheblich verletzt worden, ist § 321 a entsprechend anzuwenden (§ 321 a Rn 18). Berufung findet nach der Meistbegünstigungstheorie auch statt, wenn durch Urteil statt durch Beschluss entschieden wurde (Zweibrücken NJW-RR 92, 904; Brandenburg FamRZ 00, 1421).

§ 620 d Begründung der Anträge und Entscheidungen

[1]In den Fällen der §§ 620 b, 620 c sind die Anträge und die Beschwerde zu begründen; die Beschwerde muß innerhalb der Beschwerdefrist begründet werden. [2]Das Gericht entscheidet durch begründeten Beschluß.

1. Antragsbegründung (S 1 Hs 1). Sie ist nur für die Anträge des § 620 b (auf Aufhebung oder Änderung) vorgeschrieben; auch wenn nur mdl Vhdlg beantragt ist (§ 620 b Abs 2). Die Begründung kann bis zur Entscheidung nachgereicht werden. Es genügt Angabe von Tatsachen; Rechtsausführungen sind nicht notwendig. Ausreichend ist die Angabe von Gründen, aus denen der Antragsteller eine Überprüfung für erforderlich hält (Düsseldorf FamRZ 78, 807). Fehlende Begründung bewirkt Unzulässigkeit des Antrags (allgM).

2. Beschwerdebegründung (S 1 Hs 2). Das ist diejenige für die sofortigen Beschwerden des § 620 c S 1. Diese ist abweichend von § 571 Abs 1 zwingend. Die Begründung muss nicht mit der Einlegung (§ 569) verbunden sein, muss aber dann innerhalb der Frist (§ 569 Abs 1) nachgereicht werden. Im übrigen gilt für die Beschwerdebegründung dasselbe wie für Anträge (Rn 1). § 571 Abs 2 gilt. Eine fehlende Begründung macht die Beschwerde unzulässig (allgM). Es gibt keine selbstständige Begründungsfrist, so dass auch das Gericht nicht verlängern kann. § 571 Abs 3 ist nicht anwendbar, weil diese Vorschrift nur gilt, wenn eine Begründung nicht zwingend vorgeschrieben ist. Verspätete Begründung steht der fehlenden gleich.

3   **3. Entscheidungsgründe** (S 2) sind im Aufhebungs- und Änderungsverfahren (§ 620 b Abs 1) vorgeschrieben, auch wenn lediglich mdl Vhdlg beantragt ist (§ 620 b Abs 2) und bei allen Beschwerdeentscheidungen (§ 620 c S 1). Die Gründe müssen auch die angestellten rechtlichen Erwägungen erkennen lassen. Fehlende oder unzureichende Begründung kann Zurückverweisungsgrund sein (§ 572 Abs 3).

§ 620 e Aussetzung der Vollziehung

Das Gericht kann in den Fällen der §§ 620 b, 620 c vor seiner Entscheidung die Vollziehung einer einstweiligen Anordnung aussetzen.

1   **1. Allgemeines.** § 620 e ist wegen der besonderen Rechtsbehelfe des Verfahrens notwendig, auch deshalb weil § 570 hierfür nicht aus-
2   reicht. **a) Anwendbar:** bei Antrag auf Abänderung oder Aufhebung (§ 620 b Abs 1 S 1) sowie auf mdl Vhdlg (§ 620 b Abs 2), auch wenn von Amts wegen (§ 620 b Abs 1 S 2) eine Aufhebung oder Abänderung in Betracht kommt. Ferner gilt § 620 e bei sofortiger Beschwerde
3   (§ 620 c S 1). – **b) Zuständig** ist das Familiengericht, in den Fällen des § 620 b Abs 3 das OLG als Berufungsgericht, in denen des § 620 c als Beschwerdegericht ab Einlegung (§ 569) der sofortigen Beschwerde.

4   **2. Entscheidung** ergeht durch Beschluss. Sie steht im Ermessen des zuständigen Gerichts, kann ohne Antrag ergehen, jederzeit aufgehoben oder abgeändert werden und tritt von selbst außer Kraft, wenn die Entscheidung gem § 620 b oder die über die Beschwerde (§ 620 c S 1)
5   wirksam wird. **a) Inhalt.** Die Aussetzung der Vollziehung bis zur Entscheidung über den Antrag oder die Beschwerde ist in genau bezeichnetem Umfang auszusprechen, auch für einen Teil des angegriffenen Beschlusses möglich. Eine Anordnung anderen Inhalts (wie bei § 570 Abs 3 zulässig) ist ausgeschlossen, wegen des Wortlauts von § 620 e und weil § 620 e sonst als Spezialregel sinnlos wäre. Keine Kostenentschei-
6   dung. – **b) Bekanntmachung:** § 329 Abs 1 S 1 oder Abs 2 S 1. –
7   **c) Wirkung.** Die Zwangsvollstreckung ist unzulässig, solange der Beschluss über die Aussetzung der Vollziehung Bestand hat (§ 775 Nr 2). Die betroffene Partei ist auch solange nicht gehalten, der angegriffenen
8   aber ausgesetzten Anordnung nachzukommen. – **d) Rechtsmittel.** Der Beschluss ist unanfechtbar (wie § 570 Rn 2 aE; hM; Hamburg FamRZ 90, 423 mwN).

§620f Außerkrafttreten der einstweiligen Anordnung

(1) [1]Die einstweilige Anordnung tritt beim Wirksamwerden einer anderweitigen Regelung sowie dann außer Kraft, wenn der Antrag auf Scheidung oder Aufhebung der Ehe oder die Klage zurückgenommen wird oder rechtskräftig abgewiesen ist oder wenn das Eheverfahren nach § 619 in der Hauptsache als erledigt anzusehen ist. [2]Auf Antrag ist dies durch Beschluß auszusprechen. [3]Gegen die Entscheidung findet die sofortige Beschwerde statt.

(2) Zuständig für die Entscheidung nach Absatz 1 Satz 2 ist das Gericht, das die einstweilige Anordnung erlassen hat.

1. Allgemeines. a) Anwendungsbereich. § 620f gilt für alle Anordnungen, die ergangen sind, entweder nach § 620 oder nach § 620b, auch wenn sie in der Berufung (§ 620a Abs 4) oder auf Beschwerde (§ 620c) erlassen wurden, ferner für Vergleiche, die im Verfahren der einstweiligen Anordnung geschlossen wurden (Frankfurt FamRZ 83, 202). – **b) Wirkung.** Die Anordnung tritt auf Grund des § 620f von selbst außer Kraft, aber nur für die Zukunft, nicht rückwirkend und selbstverständlich nur, soweit sich die Regelungsbereiche decken (Karlsruhe FamRZ 88, 855). § 620f hindert nicht, die Anordnung in der Dauer ihrer Wirksamkeit auf einen anderen bestimmten Zeitpunkt festzulegen, zB Rechtskraft des Scheidungsurteils, Eintritt einer vollstreckbaren Unterhaltsregelung. §§ 717, 945 gelten nicht (hM; BGH NJW 85, 2095 u MDR 00, 336). – **c) Andere Rechtsbehelfe,** die diese Wirkung (Rn 2) herbeiführen sollen, sind grundsätzlich unzulässig. Es darf nicht in der Unterhaltshauptsacheklage über §§ 707, 719 oder 769 die Vollstreckung einstweilen eingestellt werden (Hamm FamRZ 98, 1379 mwN; sehr bestr), insbes nicht über § 323, weil die einstw Anordnung kein Titel iSv § 323 Abs 4 ist (BGH NJW 83, 1330) und § 767 (Düsseldorf FamRZ 91, 721; Köln FamRZ 99, 1000). Andererseits kann die negative Feststellungsklage mit dem Antrag auf einstweilige Einstellung der ZwVollstr aus der einstweiligen Anordnung verbunden werden (BGH FamRZ 83, 355 u MDR 00, 336). Anträge gem § 620b sind offen. Nach Erlass der einstweiligen Anordnung (Köln FamRZ 98, 1427) und insbes nach Rechtskraft der Ehesache kann der Verpflichtete aber auf Feststellung klagen, dass er keinen oder weniger Unterhalt schulde (BGH aaO; Düsseldorf NJW-RR 94, 519; vgl § 620 Rn 14, sofern nicht eine einseitig nicht mehr zurücknehmbare Leistungsklage auf Unterhalt erhoben wurde, Brandenburg FamRZ 99, 1210; vgl § 256 Rn 19). Dann kann auch die ZwVollstr aus der Anordnung nach § 707 oder § 769 einstweilen eingestellt werden (BGH aaO mwN; Düsseldorf aaO mwN). – **d) Rückzahlung** zu viel gezahlten Unterhalts kann durch Klage (Familiensache gem § 621 Abs 1 Nr 5) aus § 812 Abs 1 S 1 BGB verlangt werden (BGH NJW 00, 740). §§ 717 Abs 2, 945 sind nicht analog anwendbar, ebenso nicht § 818 Abs 4 BGB (BGH NJW 00, 740). Zum Anspruchsgrund: Kohler FamRZ 88, 1005.

5   **2. Voraussetzungen** des Außerkrafttretens (Abs 1 S 1) sind (nicht kumulativ): **a) Anderweitige Regelung.** Sie muss rechtskräftig geworden sein (BGH NJW 00, 740). Das gilt sowohl für ein Leistungsurteil (BGH aaO) als auch für ein (negatives) Feststellungsurteil, welches das Bestehen der Unterhaltspflicht verneint (Rn 3) (BGH NJW 91, 705).

6   **aa) Gegeben** ist eine anderweitige Regelung mit Erlass einer anderen gerichtlichen Entscheidung, insbes der im Hauptsacheverfahren (BGH NJW 83, 1330), auch außerhalb des Verbunds (KG FamRZ 85, 722), oder einer abändernden Anordnung (§ 620 b), auch mit Abschluss einer wirksamen Parteivereinbarung, insbes eines (auch außergerichtlichen) Vergleichs (Köln FamRZ 78, 912); ob dieser nur eine vorläufige Regelung enthält, muss im Einzelfall geprüft werden (vgl zum Ganzen FA-FamG/Gerhardt Kap 6 Rn 632). **bb) Fehlen** einer anderweitigen Regelung trotz rechtskräftiger Scheidung ist anzunehmen, wenn wegen unterbliebener Klage keine Entscheidung über den Unterhaltsanspruch, der nach § 620 Nr 6 einstweilen geregelt ist, getroffen wurde, wenn im Termin keine Unterhaltsvereinbarung getroffen wurde oder wenn die Unterhaltsklage als unzulässig abgewiesen worden ist (München FamRZ 87, 610). – **b) Rücknahme** des Scheidungs- oder Aufhebungsantrags oder der Klage (§ 269) in dem Verfahren, in welchem die Anordnung ergangen ist. Bei erforderlicher Einwilligung ist maßgebend der Zeitpunkt, zu dem diese wirksam wird. – **c) Rechtskräftige Abweisung** von Klage, Scheidungs- oder Aufhebungsantrag. Eintritt formeller Rechtskraft: § 705. Wird Wiedereinsetzung gewährt (§ 233), entfällt die Rechtskraft und die Anordnungen werden wieder wirksam. Bei Rechtskraft stattgebender Urteile tritt grundsätzlich die darin getroffene anderweitige Regelung (Rn 6) in Kraft. Wird Scheidungs- oder Aufhebungsantrag nicht erhoben und das PKHGesuch zurückgewiesen, tritt die einstw Anordnung ebenfalls außer Kraft (Stuttgart FamRZ 84, 720; bestr; aA Düsseldorf FamRZ 85, 1271 mwN). – **d) Hauptsacheerledigung** der Ehesache. Das sind alle Fälle des § 619.

11   **3. Entscheidung** (Abs 1 S 2) dient der Klarstellung und der Vorlage für § 775 Nr 1. **a) Zuständig** (Abs 2) ist stets dasjenige Gericht, das die einstw Anordnung gem §§ 620 a, 620 b als Familiengericht oder als Beschwerdegericht (§ 620 c) erlassen hat. – **b) Antrag** (Abs 1 S 2) einer Partei ist notwendig. Es wird nicht von Amts wegen entschieden, selbst wenn die Anordnung von Amts wegen erging oder ergehen konnte. Form: wie § 620 a Rn 8. – **c) Verfahren.** Mdl Vhdlg ist freigestellt (§ 128 Rn 11 ff) und nur bei Streit über das Vorliegen der Voraussetzungen des Abs 1 S 1 veranlasst. Rechtliches Gehör (Einl I Rn 10 ff) ist nach allg Grundsätzen zu gewähren. – **d) Inhalt.** Die einstweilige Anordnung ist genau zu bezeichnen, ebenso Umfang und Datum des Außerkrafttretens. Kostenentscheidung unterbleibt wegen § 620 g Hs 1.

15   **4. Rechtsmittel und Rechtskraft.** Sofortige Beschwerde (§ 569 Abs 1 Nr 1) findet statt (Abs 1 S 3) sowohl gegen den zurückweisenden Beschluss für den Antragsteller (ZöPhilippi 32; bestr) als auch gegen den

stattgebenden für den Antragsgegner. Rechtsbeschwerde findet nach
Maßgabe des § 574 Abs 1 Nr 2, Abs 3 statt. Die Entscheidung (Rn 11)
erlangt formelle Rechtskraft (§§ 569, 705) und ist bindend. Unanfechtbar ist eine vorläufige Maßnahme für eine Entscheidung gemäß § 620 f
(Zweibrücken FamRZ 98, 1378).

§ 620 g Kosten einstweiliger Anordnungen

**Die im Verfahren der einstweiligen Anordnung entstehenden
Kosten gelten für die Kostenentscheidung als Teil der Kosten der
Hauptsache; § 96 gilt entsprechend.**

1. Allgemeines. Im Verfahren über eine Anordnung fallen neben 1
den Gebühren für die Hauptsache noch besondere Gebühren an (KV
1701, 1702; § 41 Abs 1 b und c BRAGO). **a) Grundsatz** (Hs 1). Die
einstw Anordnung enthält keine Kostenentscheidung, weil darüber erst
in der Hauptsacheentscheidung befunden wird. Die Kosten des Anordnungsverfahrens werden dann so verteilt wie die Kosten in der Entscheidung des Hauptsacheprozesses (gemäß § 93 a), also nicht danach, wer im
Verfahren über die Anordnung obsiegt oder unterliegt. Eine Ausnahme
bestimmt Hs 2 (Rn 6). – **b) Hauptsache** ist die Ehesache (2–6 vor 2
§ 606), in der die Entscheidung über die Anordnung ergangen ist (§ 620
Rn 1). Im Scheidungsprozess ist das auch bei Verbund mit Folgesachen
(§ 623) der Scheidungsantrag.

2. Anwendungsbereich des Grundsatzes (Rn 1). **a) Gilt** für das 3
gesamte Anordnungsverfahren (§§ 620–620 f), auch für unzulässige Anträge und wenn der Antrag zurückgenommen wird (Frankfurt FamRZ
80, 387, Düsseldorf FamRZ 94, 1187 mwN), einschließlich der (auch
teilweise) erfolgreichen Beschwerde (vgl § 97 Rn 7 und 14), ferner
wenn die Hauptsache (auch erst im Beschwerdeverfahren, Jena FamRZ
96, 880) erledigt (ZöPhilippi 9; aA Bamberg NJW-RR 96, 771: § 91 a
im Beschwerdeverfahren) und wenn allein das Anordnungsverfahren
ohne besondere Kostenregelung durch Vergleich beendet ist (hM; Stuttgart NJW-RR 87, 253; aA: § 98 geht vor). § 620 g gilt auch, wenn die
Anordnung vom Berufungsgericht erlassen wurde (München MDR 89,
462). – **b) Gilt nicht** für (auch teilweise) erfolglose Beschwerden; denn 4
§ 97 Abs 1 geht dem § 620 g vor (hM; ZöPhilippi 8 mwN). Bei Rücknahme der Beschwerde gilt § 516 Abs 3 entsprechend (BayObLG
FamRZ 95, 184 zu § 515 aF).

3. Kostenentscheidung ergeht im Anordnungsverfahren grundsätz- 5
lich keine, da für die Kosten die Entscheidung in der Hauptsache maßgebend ist (vgl Rn 1). Unzulässige Kostenentscheidung ist nach
§ 620 b Abs 1 aufzuheben (Oldenburg FamRZ 00, 759). Ausnahmsweise ist eine besondere Kostenentscheidung durch nachträglichen Beschluss nötig, wenn in der Hauptsache nicht entschieden wird, insbes bei
Antrags- oder Klagerücknahme ohne Beschluss gemäß § 269 Abs 4,
ferner in der Beschwerdeinstanz bei (auch nur teilweise) erfolgloser

Beschwerde (vgl Rn 4). Unterlässt das Familiengericht eine gebotene Kostenentscheidung, ist sofortige Beschwerde wegen der Kosten zulässig (Hamm FamRZ 81, 189; bestr).

6　　**4. Kosten eines erfolglosen Antrags** (Hs 2), der gem §§ 620, 620 b gestellt wurde, können nach dem Ermessen des Gerichts anders als die Kosten des Hauptsacheverfahrens (Rn 1) einer Partei auferlegt werden, wenn sie diesen Antrag gestellt hat. Das bedeutet die Verweisung auf § 96. Sie gilt nicht nur bei unzulässigen, sondern auch bei offensichtlich unbegründeten Anträgen und erfordert einen gesonderten Ausspruch über die Kosten des Anordnungsverfahrens.

Abschnitt 2. Allgemeine Vorschriften für Verfahren in anderen Familiensachen

Vorbemerkungen

1　　**1. Familiensachen** sind Streitigkeiten und Verfahren zwischen Ehegatten, solche, die ihre Kinder betreffen, sowie zwischen Kindern und mindestens einem Elternteil. Hierfür ist meistens das Familiengericht, im Einzelfall auch das Streit-, Vormundschafts- oder Vollstreckungsgericht zuständig. Der Gesetzgeber hat diejenigen Familiensachen, die in § 23 b Abs 1 S 2 Nr 1–13 GVG aufgeführt sind, als Familiensachen iS der ZPO und des GVG dem Familiengericht zugewiesen. Soweit Familiensachen nicht unter § 23 b Abs 1 S 2 Nr 1–13 GVG fallen, gelten die allgemeinen Zuständigkeits- und Verfahrensvorschriften.

2　　**2. Zweck der gesetzlichen Regelung.** Familiensachen, die ein und dieselbe Familie oder dieselben Eltern betreffen, sollen durch dasselbe Gericht behandelt und entschieden werden. Außerdem soll durch Entscheidungskonzentration (Rn 4) eine einheitliche, ineinander abgewogene Entscheidung ermöglicht werden.

3　　**3. Anwendbare Verfahrensvorschriften.** Ein Teil der Familiensachen unterliegt auf Grund des § 621 a Abs 1 S 1 der ZPO, nämlich Ehesachen, Familiensachen des § 621 Abs 1 Nr 4, 5, 8, 10 mit Ausnahme der Verfahren nach § 1600 e Abs 2 BGB und Nr 11, 12, der andere Teil der freiwilligen Gerichtsbarkeit mit dem Verfahrensrecht des FGG und der HausratsVO, nämlich Familiensachen des § 621 Abs 1 Nr 1–3, 6, 7, 9 sowie von Nr 10 nur die Verfahren nach § 1600 e Abs 2 BGB. Das Familiengericht hat für diejenigen Familiensachen, die allein der ZPO unterliegen, uneingeschränkt die ZPO anzuwenden. Für die dem FGG und der HausratsVO unterliegenden Verfahren gelten FGG und HausratsVO insoweit, als das GVG und die ZPO nicht vorgehende Sonderregelungen enthalten (§ 621 a).

4　　**4. Entscheidungskonzentration** ist bei Scheidungssachen durch den Verbund mit Folgesachen (§ 623 Abs 1) vorgesehen. Dies gilt als Grundsatz nur in Scheidungs- und Folgesachen, nicht in den anderen

Familiensachen, in denen jedoch eine konzentrierte Entscheidung (über § 147) möglich ist und oft zweckmäßig sein kann.

5. Verfahrensüberleitung durch Verweisung oder Abgabe. Der 5
Vorrang der örtlichen Zuständigkeit einer Ehesache (§ 621 Abs 2 S 1) gegenüber der (davon oft abweichenden) örtlichen Zuständigkeit der anderen Familiensachen (§ 621 Abs 1 Nr 1–12) wird durch § 621 Abs 3 dahin ausgedehnt, dass während der Rechtshängigkeit (§ 261 Abs 1) einer Ehesache, solche Familiensachen, die Folgesachen sein können, an das Gericht der Ehesache von Amts wegen verwiesen oder abgegeben werden müssen (§ 621 Abs 3 S 1). Damit wird auch der Grundsatz der Priorität (§ 261 Abs 3 Nr 1) durchbrochen. Die Verfahrensüberleitung von Amts wegen geschieht aber nur im ersten Rechtszug (§ 621 Abs 3 S 1). Dass auch bei größeren Amtsgerichten mit mehreren Familienrichtern alle übergeleiteten Familiensachen an denjenigen Familienrichter gelangen, vor dem die Ehesache verhandelt wird, wird durch § 23 b Abs 2 GVG gewährleistet.

6. Verhältnis zu anderen prozessualen Ansprüchen, die nicht 6
Familiensache sind. **a) Getrennte Behandlung.** Anspruchshäufung (§ 260; dort Rn 2; BGH NJW 79, 426) und Widerklage (§ 33) sind wegen der ausschließlichen Zuständigkeit des Familiengerichts und des unterschiedlichen Rechtsmittelzugs unzulässig. Das gilt auch für eine Verbindung (§ 147). Es ist zu trennen (§ 145), auch im Beschwerdeverfahren (BGH NJW 79, 659). Bei Aufrechnung vgl § 145 Rn 22. – **b) Haupt- und Hilfsverhältnis.** Wird ein Anspruch, der nicht Famili- 7
ensache ist, mit einer Familiensache im Haupt- oder Hilfsverhältnis geltend gemacht (§ 260 Rn 8), hat das für den Hauptanspruch zuständige Gericht zunächst zu entscheiden und, wenn es den Hauptantrag abweist, an das für den Hilfsantrag zuständige Gericht zu verweisen (BGH NJW 80, 1283) oder innerhalb desselben Gerichts abzugeben. Erst nach Abweisung des Hauptanspruchs gibt der hierfür zuständige Richter oder Senat an den für den Hilfsanspruch zuständigen ab (BGH NJW 81, 2417).

§ 621 Zuständigkeit des Familiengerichts; Verweisung oder Abgabe an Gericht der Ehesache

(1) Für Familiensachen, die

1. die elterliche Sorge für ein Kind, soweit nach den Vorschriften des Bürgerlichen Gesetzbuchs hierfür das Familiengericht zuständig ist,
2. die Regelung des Umgangs mit einem Kind, soweit nach den Vorschriften des Bürgerlichen Gesetzbuchs hierfür das Familiengericht zuständig ist,
3. die Herausgabe eines Kindes, für das die elterliche Sorge besteht,
4. die durch Verwandtschaft begründete gesetzliche Unterhaltspflicht,

5. die durch Ehe begründete gesetzliche Unterhaltspflicht,
6. den Versorgungsausgleich,
7. Regelungen nach der Verordnung über die Behandlung der Ehewohnung und des Hausrats;
8. Ansprüche aus dem ehelichen Güterrecht, auch wenn Dritte am Verfahren beteiligt sind,
9. Verfahren nach den §§ 1382 und 1383 des Bürgerlichen Gesetzbuchs,
10. Kindschaftssachen,
11. Ansprüche nach den §§ 1615 l, 1615 m des Bürgerlichen Gesetzbuchs,
12. Verfahren nach § 1303 Abs. 2 bis 4, § 1308 Abs. 2 und § 1315 Abs. 1 Satz 1 Nr. 1, Satz 3 des Bürgerlichen Gesetzbuchs betreffen, ist das Familiengericht ausschließlich zuständig,
13. Maßnahmen nach den §§ 1 und 2 des Gewaltschutzgesetzes, wenn die Beteiligten einen auf Dauer angelegten gemeinsamen Haushalt führen oder innerhalb von sechs Monaten vor Antragstellung geführt haben.

(2) [1]Während der Anhängigkeit einer Ehesache ist unter den deutschen Gerichten das Gericht, bei dem die Ehesache im ersten Rechtszug anhängig ist oder war, ausschließlich zuständig für Familiensachen nach Absatz 1 Nr. 5 bis 9; für Familiensachen nach Absatz 1 Nr. 1 bis 4 und 13 gilt dies nur, soweit sie betreffen
1. in den Fällen der Nummer 1 die elterliche Sorge für ein gemeinschaftliches Kind einschließlich der Übertragung der elterlichen Sorge oder eines Teils der elterlichen Sorge wegen Gefährdung des Kindeswohls auf einen Elternteil, Vormund oder Pfleger,
2. in den Fällen der Nummer 2 die Regelung des Umgangs mit einem gemeinschaftlichen Kind der Ehegatten nach den §§ 1684 und 1685 des Bürgerlichen Gesetzbuchs oder des Umgangs eines Ehegatten mit einem Kind des anderen Ehegatten nach § 1685 Abs. 2 des Bürgerlichen Gesetzbuchs,
3. in den Fällen der Nummer 3 die Herausgabe eines Kindes an den anderen Elternteil,
4. in den Fällen der Nummer 4 die Unterhaltpflicht gegenüber einem gemeinschaftlichen Kind mit Ausnahme von Vereinfachten Verfahren zur Abänderung von Unterhaltstiteln,
5. in den Fällen der Nummer 13 Anordnungen gegenüber dem anderen Ehegatten.
[2]Ist eine Ehesache nicht anhängig, so richtet sich die örtliche Zuständigkeit nach den allgemeinen Vorschriften.

(3) [1]Wird eine Ehesache rechtshängig, während eine Familiensache der in Absatz 2 Satz 1 genannten Art bei einem anderen Gericht im ersten Rechtszug anhängig ist, so ist diese von Amts

wegen an das Gericht der Ehesache zu verweisen oder abzugeben. ²§ 281 Abs. 2, 3 Satz 1 gilt entsprechend.

Geändert mWv 1. 1. 2002 durch Art 4 Nr 4 GewSchG.

1. Allgemeines. Familiensachen (1 vor § 621) können grundsätzlich **1** unabhängig voreinander gerichtlich geltend gemacht werden. Dies kann ohne eine Ehesache (2–6 vor § 606) vor, während oder nach Anhängigkeit einer solchen geschehen. Im Verbund mit einheitlicher Zuständigkeit (§ 623) stehen Familiensachen des Abs 1 Nr 1–9 zwingend nur dann, wenn sie während der Rechtshängigkeit einer Ehesache anhängig sind oder werden (vgl Abs 3). **a) Sachliche Zuständigkeit.** Abs 1 **2** bestimmt lediglich, dass für solche Familiensachen, die unter Nr 1–12 fallen, das Familiengericht ausschließlich zuständig ist (vgl Rn 5). Die sachliche Zuständigkeit des AG als Familiengericht ergibt sich aus § 23a GVG, aus § 11 Abs 1 HausratsVO für die Ehewohnungs- und Hausratssachen (Abs 1 Nr 7) und aus § 64 Abs 1 FGG für die restlichen Familiensachen des Abs 1 (Nr 1–3, 6, 9 und 10 in Verfahren nach § 1600e Abs 1 BGB) sowie Nr 12. – **b) Örtliche Zuständigkeit.** Sie richtet **3** sich danach, ob für dieselbe Familie (Ehegatten mit oder ohne Kinder) eine Ehesache (2–6 vor § 606) bereits anhängig ist oder war (Abs 2 S 1) oder ob dies nicht zutrifft (Abs 2 S 2). Bei Anhängigkeit einer Ehesache soll durch die einheitliche Zuständigkeit auch der Verbund (§ 623) gewährleistet werden (Abs 2 S 1). Im übrigen verbleibt es bei der örtlichen Zuständigkeit bei den allgemeinen Vorschriften (Abs 2 S 2; Rn 42). – **c) Internationale Zuständigkeit.** Sie ist für die Ehesachen vorrangig **4** in der EheVO v 29. 5. 00 (vgl Anh; zum Ganzen Hau FamRZ 00, 1333; Kohler NJW 01, 10; Wagner IPRax 01, 73; Puszkajler IPRax 01, 81; Finger JR 01, 177; Hausmann EuLF 00/01, 271 ff u 345 ff), sonst in § 606 a geregelt. Sind sie im Inland anhängig oder waren sie es (BGH IPRax 01, 454; aA Karlsruhe FamRZ 01, 1012), folgt die Zuständigkeit desselben Familiengerichts für die Familiensachen derselben Familie aus Abs 2 S 1 (BGH FamRZ 90, 32), wo zugleich klargestellt ist, dass dadurch keine ausschließliche internationale Zuständigkeit bewirkt wird. Vorrangig sind bei Nr 1–3 die Zuständigkeiten des MSA, soweit dieses nicht durch Art 3 EheVO verdrängt wird (vgl Art 3 EheVO Rn 1 ff; Art 37 1. Spiegelstrich EheVO; hierzu auch Oelkers/Kraeft FuR 01, 344), bei Nr 4 und 5 die der Art 5 Nr 2 EuGVVO (dort Rn 13 ff; vgl auch Henrich IPRax 01, 437). Iü indiziert die örtliche Zuständigkeit in isolierten Familiensachen die internationale Zuständigkeit, so dass bei Nr 6 § 45 FGG gilt (BGH FamRZ 88, 1160). – **d) Ausschließliche 5 Zuständigkeit** (9 vor § 1). Sie ist für die Familiensachen der Nr 1–9 auf das Familiengericht bezogen, bei dem die Ehesache (2–6 vor § 606) anhängig ist (Abs 2 S 1) und betrifft die sachliche wie die örtliche Zuständigkeit (Rn 2, 3), solange wie die Ehesache anhängig ist (Rn 39).

2. Bestimmung der Familiensache iS des Abs 1 Nr 1–13 (Rn **6** 22–38 b) oder kraft Zusammenhangs (Rn 8–21). Es kommt darauf an, was Streitgegenstand ist (Einl II). Ob eine Familiensache vorliegt, richtet

Hüßtege

sich grundsätzlich nach deutschem Recht (hM; Hamm FamRZ 93, 211 mwN). **a) Grundlage.** Es kommt auf den Antrag und die zu seiner Begründung geltend gemachten Tatsachen an (Einl II Rn 15, 24; BGH stRspr zB FamRZ 84, 35; BayObLG FamRZ 85, 947). Es genügt nicht, dass auf Grund von Einwendungen familienrechtliche Fragen entscheidungserheblich sind (BGH NJW 80, 2476), dass ein rechtlicher Zusammenhang mit einer Familiensache besteht (vgl aber Rn 8) oder dass die Aufrechnungsforderung eine Familiensache ist (6 vor § 621; BayObLG FamRZ 85, 1057). Andererseits muss nicht auch die Anspruchsgrundlage dem Familienrecht entstammen, zB ist die Rückforderung zu viel gezahl-
7 ten Unterhalts aus § 812 Abs 1 BGB Familiensache (Rn 11). – **b) Anspruchskonkurrenz** ist von Anspruchshäufung (§ 260; 6 vor § 621) zu unterscheiden und setzt voraus, dass für den selben prozessualen Anspruch mehrere Anspruchsgrundlagen in Betracht kommen. Fällt davon eine unter § 621, so hat diese Vorrang und es ist für den ganzen prozessualen Anspruch das Familiengericht zuständig (BGH NJW 83, 1913).

8   **3. Familiensachen kraft Sachzusammenhangs.** Zahlreiche Streitigkeiten innerhalb der Familie fallen nicht wörtlich unter die Nr 1–12, hängen mit den darin aufgeführten Familiensachen aber so eng zusammen, dass sie diese Angelegenheiten betreffen iS des Abs 1 und daher auch Familiensachen sind (BGH stRspr seit NJW 78, 1531/1533).
9 **a) Auskunftsansprüche,** die sich auf Familiensachen beziehen, zB §§ 1379, 1587 e, 1605 BGB. Der Auskunftsanspruch muss aber zur Durchsetzung eines prozessualen Anspruchs dienen, der Familiensache ist (BGH NJW 84, 2040), insbes bei Stufenklage (§ 254; KG NJW-RR
10 92, 450). **b) Schadensersatzansprüche** aus Verletzung von Pflichten, die auf Grund einer Familiensache bestehen (Hamm NJW-RR 91, 1349), oder aus Verträgen, durch die Angelegenheiten der Nr 1–12
11 geregelt werden (ZöPhilippi 6 mwN). **c) Rückgewähransprüche,** die sich auf rechtsgrundlos bezahlte Ansprüche (§ 812 Abs 1 BGB) beziehen, die ihrerseits eine Familiensache darstellen, zB Unterhalt (BGH 71, 264), Zugewinnausgleich (Hamm FamRZ 79, 1036) oder Kostenerstattungsanspruch des Scheinvaters gegen den Erzeuger für den von ihm geführten Vaterschaftsprozess (Koblenz FamRZ 99, 658).

12   **4. Familiensachen kraft Prozesszusammenhangs.** Das sind diejenigen Fälle, in denen das Ausgangsverfahren eine Familiensache ist: **a) Abänderungsklagen** (§ 323), wenn der Titel eine Familiensache betrifft, insbes Unterhaltsansprüche der Nr 4 und 5 (BGH NJW 78,
13 1924). – **b) Anhangsverfahren** einer Familiensache: die Festsetzung von Streitwert (vgl § 2 Rn 7) und Kosten (§ 104 Abs 1 S 1; BGH FamRZ 78, 585), auch aus § 19 BRAGO, nicht aber die Klage des RA
14 auf Gebühren und Auslagen (hM; BGH 97, 79; mwN). **c) Arrest und einstweilige Verfügung** (§§ 916, 935), die eine Familiensache betreffen (allgM), auch wenn die Entscheidung am Gerichtsstand der belegenen Sache (§§ 919, 936) beantragt wird (BGH NJW 80, 191). – **d) Beweisverfahren** (§ 485), die sich auf eine Familiensache beziehen, gleich

ob ein Rechtsstreit schon anhängig ist oder nicht (§ 486 Abs 1, 2 S 1; bestr). – **e) Drittwiderspruchsklagen** (§§ 771–774) sind dann Familiensachen, wenn das mit ihnen der ZwVollstr entgegengehaltene Recht auf einer Familiensache beruht (BGH NJW 85, 3066 für § 1477 Abs 2 BGB; Hamm FamRZ 95, 1072 u München FamRZ 00, 365 für § 1365 BGB). Hingegen kommt es nicht auf den Vollstreckungstitel an (Hamburg FamRZ 84, 804 mwN). – **f) Vollstreckungsabwehrklagen,** wenn der Anspruch des § 767 Abs 1 als Familiensache vom Familiengericht entschieden wurde (BGH stRspr zB NJW 81, 346) und wenn im Fall des § 797 die Urkunde eine Familiensache betrifft (BayObLG FamRZ 91, 1455). Hingegen genügt nicht, dass die Aufrechnungsforderung eine Familiensache ist (vgl Rn 6; Hamm FamRZ 97, 1493; ZöPhilippi 17 a; bestr). – **g) Prozesskostenhilfe** (§ 117 Abs 1) für eine Familiensache (allgM), nicht aber die Festsetzung der Vergütung für Beratungshilfe (BGH NJW 85, 2537). – **h) Vollstreckungsklausel.** Alle Rechtsbehelfe auf und gegen ihre Erteilung (§§ 731, 732, 768) sind Familiensache wie der Hauptsachetitel (allgM). – **i) Zwangsvollstreckung.** Sie wird vom Familiengericht nur durchgeführt, wenn es Prozessgericht war (§§ 887, 888, 890; Hamburg FamRZ 83, 1252). Im Übrigen verbleibt die Zuständigkeit des Vollstreckungsgerichts (allgM; BGH NJW 79, 1048). – **k) Zwischenverfahren,** wenn das Ausgangsverfahren Familiensache ist (allgM), insbes Ablehnung von Richtern und Sachverständigen (BGH NJW 79, 1463) und ein Zwischenstreit über Nebenintervention (§ 71 Abs 1) sowie Verweigerung von Zeugnis oder Gutachten (§§ 387 Abs 1, 402).

5. Familiensachen kraft Gesetzes mit ausschließlicher Zuständigkeit des Familiengerichts sind ausschließlich und erschöpfend, außer den Ehesachen (vgl § 23 b Abs 1 S 2 Nr 1 GVG): – **a) Nr 1. Elterliche Sorge:** ihre Regelung bei Kindern, soweit das Familiengericht zuständig ist. Das trifft insbes zu in den Fällen der §§ 1618 S 4 (hM, BGH NJW-RR 00, 665), 1626 c, 1626 e, 1628, 1632, 1640, 1643, 1666, 1667, 1671, 1672, 1678, 1680, 1681, 1682, 1687, 1688, 1696 BGB. Das gilt im Falle des § 1696 BGB auch, wenn bis zum 30. 6. 98 das Vormundschaftsgericht zuständig war (BayObLG MDR 99, 549). Hingegen ist das Vormundschaftsgericht insbes zuständig in den Fällen der §§ 1683, 1690 BGB für die Auswahl und Bestellung des Vormunds oder Pflegers, die auf Grund der §§ 1773, 1909 BGB dem Vormundschaftsgericht obliegt (vgl BT-Dr 13/4899 S 104), wenn nicht das Familiengericht gem § 1697 BGB handelt. Trotz fehlender Anordnung im BGB liegt eine Familiensache auch beim Streit von nicht miteinander verheirateter Eltern um das gemeinsame Sorgerecht für ihr Kind vor (Stuttgart FamRZ 00, 632). – **b) Nr 2. Umgang:** Seine Regelung obliegt dem Familiengericht, soweit sie nach den § 1632 Abs 3, §§ 1684, 1685 BGB ihm zugewiesen ist, ferner in den Fällen des § 1666 BGB (BGH NJW 84, 2824 für § 1666 BGB aF). – **c) Nr 3. Herausgabe des Kindes** gem § 1632 Abs 1 BGB; wenn es die Eltern verlangen

Hüßtege   1021

oder ein Elternteil verlangt. Wenn ein Vormund oder Pfleger das Kind herausverlangt, nur dann, wenn dessen Bestellung Folge der familiengerichtlichen Sorgeregelung gemäß §§ 1773, 1909 BGB ist (ZöPhilippi **26** 37, 37 a mwN; umstr). – **d) Nr 4. Verwandtenunterhalt. aa) Umfaßt** die gesetzliche Unterhaltspflicht zwischen Verwandten auf- und absteigender Linie (§§ 1601–1615 o BGB), auch wenn die gesetzliche Unterhaltspflicht vertraglich geregelt ist, insbes in einem Vergleich anlässlich Scheidung der Eltern (BGH 71, 264 für Nr 4 aF). Umfasst auch die Abänderung der Unterhaltsbestimmung nach § 1612 Abs 2 S 2 BGB (Frankfurt FamRZ 00, 1424); die funktionelle Zuständigkeit hierfür ist umstr, es sprechen jedoch die von Düsseldorf (FamRZ 01, 1306, dort auch zur gegenteiligen Rspr) genannten Argumente für eine Richterzuständigkeit. Ferner den sog Ausgleichsanspruch eines Elternteils gegen den anderen wegen erbrachter, dem anderen obliegender gesetzlicher Unterhaltsleistungen (BGH NJW 78, 2297 für Nr 4 aF) sowie Freistellung hiervon (BGH NJW 79, 552 für Nr 4 aF), auch eine Unterhaltsbeitragspflicht (München FamRZ 78, 704 für Nr 4 aF), ferner wenn die Ansprüche von einem Elternteil gegen den anderen gem § 1629 Abs 3 BGB in gesetzlicher Prozessstandschaft für das Kind geltend gemacht werden und solche, die übergegangen oder übergeleitet sind (ZöPhilippi 39), ferner den Kostenerstattungsanspruch des Scheinvaters für den Ehelichkeitsanfechtungsprozess gegen den Erzeuger (Koblenz 99, 658; aA München FamRZ 78, 439 für Nr 4 aF u 22. Aufl).

27 bb) Unanwendbar auf vor dem 1. 1. 99 (vgl Art 33 Nr 16 EGInsO) entstandene Ansprüche aus § 419 BGB, aber nur, wenn bereits ein vollstreckbarer Unterhaltstitel vorliegt (ZöPhilippi 40; bestr); Klagen Dritter aus Aufwendungsersatz für Unterhalt (BGH NJW 79, 660), ferner Ansprüche gegen die geschiedene Ehefrau (BayObLG NJW 79, 1050 **28** für Nr 4 aF). – **e) Nr 5. Ehegattenunterhalt:** gesetzliche Unterhaltspflicht gem §§ 1360–1361 BGB, auch bei Getrenntleben und die nach Scheidung der Ehe (§§ 1569–1586 b BGB). **aa) Umfaßt** auch Ansprüche auf Schuldbefreiung, Schadensersatz und Bereicherungsausgleich, die ihre Wurzel im unterhaltsrechtlichen Verhältnis haben (BGH NJW 94, 1416 mwN); Rückzahlung eines Prozesskostenvorschusses aus § 1360a Abs 4 BGB (Zweibrücken FamRZ 81, 1096); Erstattung außerprozessualer Kosten für geltendmachte Unterhaltsansprüche (Braunschweig FamRZ 79, 719); Schadensersatzansprüche wegen Verletzung der Unterhaltspflicht (AG Charlottenburg FamRZ 93, 714 mwN); aus Unterhaltsvergleichen, auch wenn sie zugleich die Unterhaltspflichten gegenüber gemeinsamen Kindern im Verhältnis der Ehegatten zueinander regeln (BGH 71, 264; vgl Rn 11); auf Ausgleich von geleistetem Unterhalt, den der andere Elternteil hätte leisten müssen (BGH NJW 78, 2297); Feststellung, dass ein nachehelicher Unterhaltsanspruch nicht bestehe (Hamm FamRZ 82, 721); Anspruch auf Zustimmung zum begrenzten Realsplitting (hM; Hamm FamRZ 87, 489); Ansprüche aus Krankenversicherungsleistungen für den unterhalts- **29** begünstigten Ehegatten (BGH FamRZ 94, 626). **bb) Unanwendbar**

auf eine rein vertraglich begründete Unterhaltsvereinbarung; auf Zahlung einer Abfindung für den Fall der Scheidung (Hamm FamRZ 91, 443); Ansprüche auf Abgabe steuerrechtlicher Erklärungen (Naumburg FamRZ 00, 165), soweit es sich nicht um den Anspruch auf Zustimmung zum begrenzten Realsplitting (Rn 28) handelt (hM; BayObLG FamRZ 85, 947 mwN). – **f) Nr 6. Versorgungsausgleich.** Alle Strei-   30
tigkeiten zwischen den Ehegatten aus den §§ 1587–1587 p BGB, also auch die Auskunftsansprüche (BGH NJW 81, 1508 mwN; vgl Rn 9; bestr) und die nach dem VAHRG vom FamG durchzuführenden Verfahren, insbes die Abänderung gem § 10 a VAHRG. – **g) Nr 7. Ehe-   31
wohnung und Hausrat.** Die Vorschrift wurde durch Art 4 Nr 3 GewSchG geändert. Sie soll sicherstellen, dass von ihr alle Verfahrensgegenstände nach der HausratsVO erfasst werden, insb auch Anordnungen nach § 15 HausratsVO. Dies gilt auch soweit Dritte beteiligt sind. Überblick bei Brudermüller FamRZ 99, 193. In diesem Bereich sind Herausgabeklagen unzulässig; es gilt allein die HausratsVO. **aa) Betrifft** auch die Fälle des § 1361 a BGB, in denen Ehegatten getrennt leben oder getrennt leben wollen und über die Herausgabe oder über die Rückschaffung von eigenmächtig (§§ 858–862 BGB) aus der Ehewohnung entfernten Hausrat streiten (BGH NJW 83, 47; Köln FamRZ 01, 174; bestr) sowie über die Zuweisung der Ehewohnung gem § 1361 b BGB (BLAH 20 mwN), ferner der Zutritt in die Ehewohnung zu diesem Zweck (Düsseldorf FamRZ 85, 497); dies alles auch bei Drittbeteiligung (Frankfurt FamRZ 84, 1118). Es können auch Gegenstände von hohem Wert sein (BGH NJW 84, 1758). **bb) Unanwendbar:** auf   32
Ansprüche aus Verträgen über die Auseinandersetzung von Ehewohnung und Hausrat (hM; Dresden FamRZ 01, 173 mwN), insbes aus einem Räumungsvergleich (Karlsruhe FamRZ 96, 36); Schadensersatzansprüche, die sich auf Hausratsgegenstände beziehen (BGH NJW 80, 192), insbes aus deren Veräußerung (BGH FamRZ 88, 155); idR auf einen Pkw (BGH FamRZ 83, 794); auf Nutzungsentgelt nach § 745 Abs 2 BGB für die Wohnung (BGH NJW 1994, 1721; KG FamRZ 00, 304; anders jedoch, soweit Anspruch auf § 1361 b Abs 2 BGB gestützt wird, LG Waldshut-Tiengen FamRZ 99, 1088, es sei denn, der Anspruch wird für die Vergangenheit eingeklagt, Hamburg FamRZ 82, 941; BLAH 22; vgl Huber FamRZ 00, 129; Erbarth NJW 00, 1379/1385); auf Ausgleichsansprüche aus § 426 BGB grundsätzlich (BayObLG FamRZ 85, 1057). – **h) Nr 8. Güterrechtliche Ansprüche** sind zivil-   33
prozessuale Streitigkeiten, die aus den §§ 1363–1561 BGB folgen (in Einzelfällen umstr) oder dem entspr ausländischen Recht (Hamm FamRZ 92, 963). **aa) Umfasst:** Zugewinnausgleich (§ 1378 Abs 1 BGB; auch vorzeitiger gem §§ 1385 ff BGB, MüKoBernreuther 97); Ansprüche aus ehevertraglichen Vereinbarungen (§ 1408 BGB; BayObLG FamRZ 83, 1248), insbes Ansprüche aus Vereinbarungen, mit denen die Ehegatten bestehende güterrechtliche Ansprüche abändern oder die sie bei der Auseinandersetzung über güterrechtliche Ansprüche treffen (BGH NJW 80, 2530); ein Streit über deren Wirksamkeit (BGH

NJW 80, 2477) oder über eine Unterhaltsrente, die zur Abgeltung eines
Zugewinnausgleichs vereinbart wurde (BGH NJW 82, 941); Auseinan-
dersetzungsklagen der fortbestehenden Gütergemeinschaft aus § 1471
BGB (BGH NJW-RR 98, 1219), Ansprüche aus einem Scheidungsfolgenvergleich über Zugewinnausgleich (BGH NJW 81, 128) und eine
damit in Zusammenhang stehende Geschäftsübergabe zwecks Abgeltung
des Zugewinnausgleichs (BGH FamRZ 84, 35); Ansprüche aus beendeter Eigentums- und Vermögensgemeinschaft gemäß FGB-DDR (BGH
FamRZ 91, 794 und 1174); Anspruch auf Nutzungsentschädigung für
eine in die Gütergemeinschaft eingebrachte Wohnung (Köln NJW-RR
34   93, 904). **bb) Drittbeteiligung.** Sie kann als Partei gegen nur einen der
Ehegatten (BGH 76, 305), als Streitgenosse oder Nebenintervenient
eines der Ehegatten bestehen zB die Streitigkeiten über zustimmungs-
bedürftige Verfügungen des § 1365 Abs 1 BGB (BGH FamRZ 81,
1045; München FamRZ 00, 365; Hamburg FamRZ 00, 1290; Hamm
NJW-RR 01, 869). Bei einem von Ehegatten geschlossenen Vertrag
zugunsten Dritter ist auch der Anspruch des Begünstigten Familiensache
35   (BGH NJW 83, 928). **cc) Unanwendbar** auf Streitigkeiten, für die das
Vormundschaftsgericht zuständig ist, zB § 1365 Abs 2 BGB (BGH NJW
82, 2556), § 1369 Abs 2, §§ 1426, 1452 BGB; Ansprüche aus Rechtsgeschäften der Ehegatten, deren Rechtsfolgen den bestehenden Güterstand unberührt lassen (BGH NJW 78, 1923), zB aus unrechtmäßigen
Verfügungen über Hausratsgegenstände (BGH NJW 80, 2476); Ausgleichsansprüche aus § 426 Abs 2 BGB (hM; Hamburg FamRZ 88, 298
mwN); aus vereinbartem Vermögensausgleich trotz Gütertrennung
(Frankfurt FamRZ 96, 949); Streitigkeiten aus Miteigentum der in
Zugewinngemeinschaft lebenden Ehegatten (BayObLG FamRZ 81, 376
mwN), aus Abhebungen vom Gemeinschaftskonto (Düsseldorf
NJW-RR 99, 1090, aus der Pflicht zur Abführung von Einkünften aus
einer gesellschaftsrechtlichen Beteiligung (BayObLG FamRZ 83, 198),
aus der Auseinandersetzung einer BGB-Gesellschaft (Zweibrücken
36   FamRZ 01, 1011). – **i) Nr 9. Stundung der Ausgleichsforderung
und Anrechnung:** §§ 1382, 1383 BGB. Auch wenn die Ausgleichsforderung durch Vereinbarung als Darlehen gewährt und daraus gestritten wird (Karlsruhe FamRZ 79, 56). Das Verfahren unterliegt im Gegensatz zu Nr 8 dem FGG, so dass Trennung von Nr 8 geboten war. –
37   **k) Nr 10. Kindschaftssachen.** Der Begriff richtet sich nach der Legaldefinition in § 640 Abs 2 (dort Rn 1, 2). Gesetzgeberischer Grund für
die Neuregelung ist der enge Sachzusammenhang mit der Unterhaltssache (Nr 4; Rn 26). Auch die bis 1. 7. 98 der Zuständigkeit des Vormundschaftsgerichts unterliegenden Abstammungssachen nach dem Tod
des Mannes oder Kindes (§ 1600 e Abs 2 BGB), für die das FGG gilt
(§ 621 a Abs 1), sind (somit einheitlich) dem Familiengericht zugewie-
38   sen. – **l) Nr 11. Ansprüche der nicht verheirateten Mutter gegen
den Vater** anlässlich der Geburt auf Unterhalt (§ 1615 l BGB), ferner
auf Beerdigungskosten (§ 1615 m BGB). Die Zuständigkeit des Familiengerichts ist aus dem engen Sachzusammenhang mit Vaterschaft und

Unterhalt des Kindes begründet. – **m) Nr 12. Verfahren aus Anlass** **38 a** **der Eheschließung.** Betrifft die Ehefähigkeit (§ 1303 Abs 2–4 BGB), Befreiung von Eheverboten (§ 1308 Abs 2 BGB) und Zustimmung zur Bestätigung einer aufhebbaren Ehe (§ 1315 Abs 1 S 1 Nr 1, S 3 BGB). Das Verfahren unterliegt dem FGG (§ 621 a Abs 1 S 1). – **n) Nr 13.** **38 b** **Maßnahmen nach §§ 1 u 2 GewSchG.** Die Vorschrift wurde durch Art 4 Nr 3 GewSchG eingeführt. Damit ist klargestellt, dass die in §§ 1, 2 GewSchG genannten Maßnahmen Familiensachen sind.

6. Örtliche Zuständigkeit während einer anhängigen Ehesache **39** (Abs 2 S 1). Diese Zuständigkeit ist ausschließlich (Rn 5) nur, solange die Ehesache (9–13 vor § 606), zu der die Familiensache der Nr 1–9 gehört, anhängig ist. Ist keine Ehesache anhängig, gilt Abs 2 S 2 (Rn 42). **a) Anwendbarkeit: aa)** Alle Familiensachen des Abs I Nr 5–9 (Rn 28–36). Das sind diejenigen, welche nur die Ehegatten betreffen. **bb)** Familiensachen, die ein gemeinschaftliches, eheliches **40** Kind betreffen, nämlich Abs 1 Nr 1–4 (Rn 23–27), soweit sie mit der Ehesache zusammenhängen (Abs 2 S 1 Nr 1–4). Das sind im Einzelnen **(1) Nr 1. Elterliche Sorge:** sämtliche Fälle, deren Gegenstand der (Teil)Entzug der elterlichen Sorge gegenüber einem oder beiden Ehegatten ist, insbes die Übertragung der elterlichen Sorge an einen Ehegatten allein (§§ 1671, 1672 Abs 1 BGB); daneben auch die Übertragung der elterlichen Sorge (oder eines Teils) für ein gemeinschaftliches Kind auf einen Vormund oder Pfleger. **(2) Nr 2. Umgang:** umfasst nicht nur den elterlichen Umgang mit dem gemeinsamen Kind (§ 1684 BGB), sondern auch den Umgang der Großeltern und Geschwister (§ 1685 Abs 1 BGB), auch alle Fälle des § 1685 Abs 2 BGB. Zweck der Vorschrift ist, die Umgangsregelung durch ein und dasselbe Gericht abzustimmen. **(3) Nr 3: Herausgabe** des Kindes, nur die von einem an den anderen Elternteil, nicht der Herausgabeanspruch von und gegen Dritte; zB Vormund, Pfleger, Pflegeeltern. **(4) Nr 4: Unterhalt:** nur der gemeinschaftlicher Kinder. Ausgenommen sind die Vereinfachten Verfahren (§§ 645 ff). Für diese verbleibt es bis zur Überleitung in das streitige Verfahren (§ 642 Abs 2) beim Gerichtsstand des § 642 oder § 660 Abs 1. **cc)** Familiensachen nach Nr 13. Nr 5 wurde eingeführt durch Art 4 Nr 3 GewSchG. – **b) Zeitraum:** ab Einreichung der Klage- oder **41** Antragsschrift in der Ehesache (§ 622 Abs 1), nicht erst ab Zustellung (vgl § 253 Abs 1); ein PKHGesuch genügt nicht (allgM). Wenn die Ehesache im ersten Rechtszug anhängig ist oder war, ist für die örtliche Zuständigkeit aller hier anwendbaren (Rn 39, 40) Familiensachen dasjenige Familiengericht berufen, bei dem die Ehesache noch anhängig ist. Befindet sich diese in höherer Instanz, so ist dasjenige Familiengericht zuständig, welches die Ehesache entschieden hat (Abs 2 S 1). Dadurch wird die gleichlaufende Zuständigkeit der zweiten Instanz erzielt. Dies gilt auch dann, wenn das Familiengericht für die Ehesache nicht örtlich zuständig ist. Die Zuständigkeit erlischt, wenn die Anhängigkeit der Ehesache endet; jedoch gilt § 261 Abs 3 Nr 2 (BGH NJW 81, 126).

Auch wenn dann eine Folgesache anhängig bleibt, wird dadurch nicht die Zuständigkeit anderer Familiensachen begründet (BGH NJW 82, 1000); es gilt dann Abs 2 S 2.

42 **7. Fehlen einer anhängigen Ehesache** (Abs 2 S 2). Anhängigkeit: Rn 41. Sie fehlt auch, wenn die Ehesache rechtskräftig beendet ist. Örtlich zuständig ist für die betreffende in Abs 1 aufgeführte Sache das nach allgemeinen Vorschriften zuständige Familiengericht. Hierfür kommen vor allem in Betracht: in den der ZPO unterliegenden Verfahren (§ 621 a Rn 9–11) die §§ 12, 13, 23 a, 24–29, 33, 35 a, auch §§ 38, 39, weil nur die sachliche, nicht die örtliche Zuständigkeit insoweit ausschließlich ist. In den dem FGG und der HausratsVO unterliegenden Verfahren (§ 621 a Rn 4), insbes die §§ 43, 45, 64 FGG, § 11 HausratsVO. Es können verschiedene Gerichte zuständig sein (vgl BayObLG FamRZ 00, 165 bei doppeltem Wohnsitz von Kindern im Verfahren nach § 1671 BGB).

43 **8. Verweisung und Abgabe** (Abs 3) erfolgen von Amts wegen (auch bei Nichtfamiliensachen, die beim Familiengericht anhängig gemacht worden sind) gemäß § 281 in den ZPO-Verfahren (Abs 1 Nr 4, 5, 8, 10, 11) und gemäß § 64 Abs 2 FGG in den Verfahren Abs 2 Nr 1–3, Abs 1 Nr 9, in Hausratssachen (Nr 7) gemäß § 11 Abs 3 HausratsVO. § 261 Abs 3 Nr 2 gilt also nicht (Hamm FamRZ 00, 841). Dies hat zur Folge, dass die abgegebene oder verwiesene Sache in den Verbund (§ 623 Abs 1) gelangt (§ 623 Abs 4; dort Rn 23), aber nur, wenn die Voraussetzungen vorliegen (§ 623 Rn 6). Sie kann und soll auch mit bereits anhängigen Familiensachen verbunden werden, soweit es § 147 gestattet, weil damit der Zweck (2 vor § 621) besser erreicht wird.

44 **a) Nachfolgende Ehesache** (Abs 3). Wird sie rechtshängig (§ 261 Abs 1) während der Anhängigkeit einer Familiensache (Rn 41), so wird von Amts wegen an dasjenige Gericht verwiesen (in ZPO-Verfahren) oder abgegeben (in FGG-Verfahren), bei dem die Ehesache anhängig ist. Das gilt auch, wenn das Gericht der Ehesache zuvor eine Familiensache verwiesen hat. Eine Bindungswirkung nach § 281 Abs 2 S 5 besteht wegen Vorrang des Abs 3 nicht (Hamm FamRZ 00, 841; aA Zöller/Philippi 99). Damit soll die Entscheidungskonzentration (3 vor § 621) ermöglicht und gefördert werden. Der Verweisungsbeschluss (§ 281 Abs 2) und die Abgabe (§ 64 Abs 2 FGG, § 11 Abs 3, § 18 Abs 1 HausrVO) sind unanfechtbar und binden (Abs 3 S 2; § 281 Abs 2). Dem Kläger (Antragsteller) dürfen Mehrkosten nicht auferlegt werden, da auf § 281 Abs 3 S 2 nicht verwiesen ist (BLAH 35). Eine Verweisung an das Gericht der Ehesache ist in einer der ZPO unterliegenden Familiensache zulässig, solange in erster Instanz noch nicht abschließend entschieden ist (hM; BGH NJW 86, 2058 u 01, 1499 mwN); dies wird bei Abweisung einer Klage wegen örtlicher Unzuständigkeit verneint **45** von Hamburg NJW-RR 93, 1286. – **b) Bereits anhängige Ehesache.** Wird eine andere Familiensache unter Verletzung der ausschließlichen Zuständigkeit des Abs 2 S 1 vor einem deshalb unzuständigen Gericht anhängig gemacht oder (nach FGG) eingeleitet, so ist stets von Amts wegen zu verweisen oder abzugeben. Abs 3 gilt entspr; jedoch ist § 281 Abs 3 S 2 anzuwenden. – **c) Fehlende Ehesache.** Die trotzdem (irr- 46 tümlich) geschehene Verweisung oder Abgabe bindet nicht (BGH NJW-RR 96, 897).

§ 621a Anzuwendende Verfahrensvorschriften

(1) ¹ Für die Familiensachen des § 621 Abs. 1 Nr. 1 bis 3, 6, 7, 9, 10 in Verfahren nach § 1600e Abs. 2 des Bürgerlichen Gesetzbuchs, Nr. 12 sowie 13 bestimmt sich, soweit sich aus diesem Gesetz oder dem Gerichtsverfassungsgesetz nichts Besonderes ergibt, das Verfahren nach den Vorschriften des Gesetzes über die Angelegenheiten der freiwilligen Gerichtsbarkeit und nach den Vorschriften der Verordnung über die Behandlung der Ehewohnung und des Hausrats. ² An die Stelle der §§ 2 bis 6, 8 bis 11, 13, 16 Abs. 2, 3 und des § 17 des Gesetzes über die Angelegenheiten der freiwilligen Gerichtsbarkeit treten die für das zivilprozessuale Verfahren maßgeblichen Vorschriften.

(2) ¹ Wird in einem Rechtsstreit über eine güterrechtliche Ausgleichsforderung ein Antrag nach § 1382 Abs. 5 oder nach § 1383 Abs. 3 des Bürgerlichen Gesetzbuchs gestellt, so ergeht die Entscheidung einheitlich durch Urteil. ² § 629a Abs. 2 gilt entsprechend.

1. Allgemeines. Die Familiensachen des § 621 unterfallen nach ih- 1 rem Gegenstand zum Teil der ZPO (Nr 4, 5, 8, 10 [mit Ausnahme des § 1600e Abs 2 BGB] und 11), zum anderen Teil dem FGG und der HausratsVO (Nr 1–3, 6, 7, 9 und die Ausnahme § 1600e Abs 2 BGB in Nr 10 sowie Nr 12 und 13), so dass im Verbund (§ 623) verschiedenes Verfahrensrecht nebeneinander anzuwenden ist (Rn 5). In den Verfahren nach § 621 Abs 1 Nr 1–3 ist eine besondere Sensibilität für die Problematik der Verfahrensdauer erforderlich (BVerfG NJW 01, 961). Für die unter § 621 Abs 1 Nr 4 fallende Abänderung der Unterhaltsbestimmung nach § 1612 Abs 2 S 2 BGB ist aber das FGG anzuwenden (MuBorth § 621 Rn 70; Frankfurt FamRZ 00, 1424). **a) Grundsatz.** Es ist davon 2 auszugehen, dass für jeden Gegenstand die jeweils zutreffende Verfahrensordnung anzuwenden ist (Einf 3–5 vor § 606). § 621a betrifft die der ZPO unterliegenden Familiensachen nicht, weil dafür die ZPO sowieso uneingeschränkt gilt. – **b) Wirkung** In den zur freiwilligen 3 Gerichtsbarkeit gehörenden Gegenständen von § 621 Abs 1 Nr 1–3, 6, 7, 9 und die Ausnahme § 1600e Abs 2 BGB in Nr 10 sowie Nr 12 und 13 wird sichergestellt, dass sie auch vor dem Familiengericht nach den Grundsätzen der freiwilligen Gerichtsbarkeit (FGG und HausratsVO) behandelt werden (Abs 1 S 1). Zugleich gelten aber (in Form eines Mischsystems) an Stelle bestimmter Vorschriften des FGG die für den Zivilprozess geltenden Verfahrensvorschriften (ZPO und GVG), insbes die §§ 621–621 f und bei Scheidungsfolgesachen Teile der §§ 622–630 als Sonderregeln (Abs 1 S 1 Hs 2, S 2).

4   **2. Vorschriften der freiwilligen Gerichtsbarkeit** (Abs 1 S 1), nämlich des FGG und der HausratsVO. Ihre Anwendung ist für die Gegenstände (Rn 3) der Grundsatz. Das Familiengericht tritt an Stelle des Vormundschaftsgerichts. **a) Geltung** aus dem FGG: § 7 (Wirksamkeit der Handlungen eines örtlich unzuständigen Gerichts oder ausgeschlossenen Richters), § 12 (uneingeschränkter Untersuchungsgrundsatz), § 13 a (Kosten), § 15 (Beeidigung nach Ermessen des Gerichts), § 16 Abs 1 (Wirksamwerden von Entscheidungen, Bremen NJW 79, 1051), § 18 (Änderung von Entscheidungen), § 20 (Beschwerdeberechtigung), § 24 (aufschiebende Wirkung), § 33 (Zwang und Zwangsgeld, aber nicht beim Versorgungsausgleich, hM), die §§ 49 a, 50 a–50 c (Anhörungen), die §§ 52, 52 a (Einvernehmen, Aussetzung, Vermittlung), die §§ 53 b–53 g (Versorgungsausgleich); § 59 (Verfahrensfähigkeit des
5   minderjährigen Kindes); die §§ 7, 12–15, 17, 18 HausratsVO. – **b) Wirkung.** Im Verbund (§ 623 Abs 1) ist je nach Verfahrens- oder Streitgegenstand teils FGG und HausratsVO (im Mischsystem mit ZPO und GVG) oder Zivilprozeßrecht anzuwenden. Diese Rechtslage gebietet oder (mindestens) empfiehlt, bei Verhandlung (insbes im selben Termin) und in der Entscheidung die Gegenstände erkennbar zu trennen. –
6   **c) Zustellungsadressaten** als Beteiligte sind (wegen § 16 Abs 1 FGG) neben dem Antragsteller und -gegner insbes das minderjährige Kind (§ 59 FGG), das örtlich zuständige Jugendamt (§ 49 Abs 3, § 49 a Abs 2 FGG); der Vermieter (HausratsVO), Versicherungsträger oder Besoldungsbehörde, ggf Arbeitgeber, Renten- oder Lebensversicherer (§ 53 b Abs 2 FGG). § 172 gilt nur, wenn ein RA Verfahrensbevollmächtigter
7   ist. – **d) Beteiligung Dritter** am Verfahren nach den Grundsätzen des FGG ist vorgeschrieben, soweit sie betroffen sind, insbes Jugendamt (§ 49 a Abs 1 FGG), Rentenversicherungsträger (§ 53 b Abs 2 FGG). Wird ihnen die Entscheidung zugestellt (Rn 6), so können sie den Verstoß, daß sie bislang nicht zugezogen wurden, nur durch befristete
8   Beschwerde (§ 621 e) geltend machen (BGH NJW 80, 2418). – **e) Beendigung** des Verfahrens geschieht nach allgemeinen Grundsätzen; daher nicht durch Vergleich in Angelegenheiten, die der Disposition entzogen sind, insbes elterliche Sorge, Herausgabe von und Umgang mit Kindern. Es kann nur Rechtsmittelrücknahme oder -verzicht vereinbart werden (vgl BGH FamRZ 88, 277).

9   **3. Vorschriften des Zivilprozeßrechts,** nämlich die ZPO und das GVG sind bei den Verfahren in den Familiensachen des § 621 Abs 1 Nr 4, 5, 10 mit Ausnahme § 1600 e Abs 2 BGB und Nr 11 sowieso uneingeschränkt anzuwenden (Rn 2). Für die Gegenstände des § 621 Abs 1 Nr 1–3, 6, 7, 9, 10 in Verfahren nach § 1600 e Abs 2 BGB sowie Nr 12 gilt Zivilprozeßrecht nur: **a) Auf Grund Sonderregelung** der ZPO oder des GVG (Abs 1 S 1). Das sind die §§ 621–621 f, teilweise in den §§ 623–630, in den §§ 640–641 k, weiter die § 78 Abs 2, § 93 a

Abs 1, 2, §§ 93 c, 93 d sowie § 119 Abs 1 Nr 1 Buchst a), § 133, § 170 GVG. Sie schließen, soweit sie reichen, die Vorschriften des FGG und der HausratsVO aus. – **b) Auf Grund ausdrücklicher Bestimmung** 10 (Abs 1 S 2): statt § 2 FGG die §§ 156–168 GVG; statt § 3 FGG der § 15; statt § 4 FGG der § 261 Abs 3 Nr 1 oder § 35; statt § 5 FGG die §§ 36, 37 (BGH NJW-RR 93, 1091) sowie § 281 (BGH 71, 15); statt § 6 FGG die §§ 41–48; statt §§ 8, 9 FGG die §§ 176–197 GVG; statt § 11 FGG insbes § 78 Abs 3, § 129 und die darauf bezogenen Bestimmungen, auch § 129 a; statt § 13 FGG die §§ 78–90; statt § 14 FGG die §§ 114–127 sowie § 127 a, § 620 S 1 Nr 9, § 621 f; statt § 16 Abs 2 und 3 FGG die § 329 Abs 2, 3 (Bamberg NJW-RR 99, 659), § 621 c und die allgemeinen Zustellungsvorschriften (Bamberg aaO); statt § 17 FGG der § 222, statt § 22 Abs 2 FGG die §§ 233–238 (BGH NJW 79, 109). – **c) Auf Grund fehlender Regelung** im FGG. Beim Versor- 11 gungsausgleich gelten die §§ 239–252 (BGH FamRZ 84, 467), auch die §§ 66–74 (BGH NJW-RR 91, 1092) und es sind feststellende Entscheidungen (entspr § 256) möglich (BGH NJW 82, 387).

4. Einheitliches Urteil bei güterrechtlicher Ausgleichsforde- 12 **rung** (Abs 2) infolge Zugewinngemeinschaft (§ 1378 BGB), die als Familiensache (nach ZPO) unter § 621 Abs 1 Nr 8 fällt, wenn sie mit einem Fall des § 621 Abs 1 Nr 9 (nach FGG) zusammentrifft: **a) An-** **wendbar** (auch in der Berufungsinstanz) nur in einem Rechtsstreit über die Ausgleichsforderung (§ 1378 BGB). Wird darin Stundung (§ 1382 Abs 5 BGB) oder Übertragung von Vermögensgegenständen (§ 1383 Abs 3 BGB) beantragt, schreibt Abs 2 S 1 zwingend einheitliches (End)Urteil vor, damit gleichzeitige Entscheidung. – **b) Anfechtung** 13 (Abs 2 S 2). Das Urteil unterliegt der Berufung (§ 511) und der Revision (§§ 542, 543; Übergangsrecht § 26 Nr 9 EGZPO beachten). Soll aber nur die Stundung (§ 1382 BGB) oder die Übertragung von Ver- mögensgegenständen (§ 1383 BGB) angefochten werden, findet befri- stete Beschwerde oder Rechtsbeschwerde nach Maßgabe des § 621 e (Übergangsrecht § 26 Nr 9 EGZPO beachten) statt (§ 629 a Abs 2 S 1 entspr). Bei nachfolgender Berufung oder Revision in der Hauptsache (Ausgleichsforderung) ist mit der Beschwerdesache wiederum einheitlich zu entscheiden (§ 629 a Abs 2 S 2 entspr).

5. Entscheidungsformen. Hier gilt der Grundsatz, dass in den der 14 freiwilligen Gerichtsbarkeit unterliegenden Gegenständen nach FGG bei schwerwiegenden Eingriffen – wie der Entscheidung über das Sor- gerecht – durch zu begründenden (München FamRZ 99, 520) Beschluss oder Verfügung (vgl § 19 FGG), in den der ZPO unterliegenden grund- sätzlich durch Endurteil (§ 300) zu entscheiden ist, und zwar jeweils getrennt, soweit nicht Abs 2 (Rn 12) und § 629 Abs 1 (Scheidungs- und Folgesachen) als Ausnahme zwingend ein einheitliches Urteil vor- schreiben. Darüber hinaus steht es im Ermessen des Gerichts, in anderen Familiensachen eine verbundene Entscheidung zu erlassen, durch Urteil entspr § 629, wenn darin ein Gegenstand des § 621 Abs 1 Nr 4, 5 oder 8, 10 mit Ausnahme des § 1600 e Abs 2 BGB sowie Nr 11 enthalten ist.

15   **6. Einheitlichkeit der Entscheidung** (im Inhalt) gegenüber allen Beteiligten ist wegen deren Beschwerderechts in den Fällen des § 621 Abs 1 Nr 1–3, 6, 7, 9, 10 in der Ausnahme des § 1600 e Abs 2 BGB sowie Nr 12 erforderlich. Daher darf eine Beschwerdeentscheidung in der Sache erst ergehen, wenn Beschwerde von allen Beteiligten eingelegt oder für die anderen Beteiligten die Rechtsmittelfrist abgelaufen ist (München FamRZ 78, 614).

16   **7. Einstweilige Anordnungen.** Die §§ 620–620 g gelten nur, wenn eine Ehesache anhängig ist. Jedoch kann das Familiengericht nunmehr auf Grund des neu eingeführten § 621 g (dort Rn 1) einstweilige Anordnungen in den Fällen des § 621 Abs 1 Nr 1–3 und 7 ab Einleitung des (Haupt)Verfahrens oder Stellung eines PKH-Antrags erlassen. Dasselbe gilt beim Kostenvorschuss (§ 621 f) und beim Zugewinnausgleich (§ 53 a Abs 3 S 1 FGG). Für die ZPO-Verfahren des § 621 Abs 1 Nr 4, 5 und 11 (Unterhaltssachen) ist einstweilige Anordnung nach § 644 möglich.

§ 621 b   Güterrechtliche Streitigkeiten

In Familiensachen des § 621 Abs. 1 Nr. 8 gelten die Vorschriften über das Verfahren vor den Landgerichten entsprechend.

1   Für isolierte Güterrechtsprozesse (§ 621 Abs 1 Nr 8) gelten die Vorschriften für das LG (§§ 253–495) entspr, nicht die §§ 495–510 b.

§ 621 c   Zustellung von Endentscheidungen

§ 317 Abs. 1 Satz 3 ist auf Endentscheidungen in Familiensachen nicht anzuwenden.

1   Bestimmt dasselbe wie § 618 für Ehesachen. Der Ausschluss des § 317 Abs 1 S 3 durch § 621 c kann sich nur auf Urteile beziehen, weil nur für diese (nicht für Beschlüsse) die Zustellung auf Antrag bis zu 5 Monaten hinausgeschoben werden kann (vgl § 329 Abs 1 S 2).

§ 621 d   Zurückweisung von Angriffs- und Verteidigungsmitteln

[1] In Familiensachen des § 621 Abs. 1 Nr. 4, 5, 8 und 11 können Angriffs- und Verteidigungsmittel, die nicht rechtzeitig vorgebracht werden, zurückgewiesen werden, wenn ihre Zulassung nach der freien Überzeugung des Gerichts die Erledigung des Rechtsstreits verzögern würde und die Verspätung auf grober Nachlässigkeit beruht. [2] Im Übrigen sind die Angriffs- und Verteidigungsmittel abweichend von den allgemeinen Vorschriften zuzulassen.

1. Allgemeines. Die bisher an dieser Stelle stehende Regelung über 1
die Statthaftigkeit der Revision in den zivilprozessualen Familiensachen ist
nunmehr in den allgemeinen Vorschriften über die Zulässigkeit der Revision geregelt (§§ 542–544). In § 26 Nr 9 EGZPO wird jedoch ergänzend
bestimmt, dass die Vorschriften über die Nichtzulassungsbeschwerde bei
bis zum 31. 12. 06 verkündeten, zugestellten oder bekannt gemachten
Entscheidungen nicht anzuwenden sind. Die Neufassung von § 621 d
entspricht einem Bedürfnis der Praxis, verspätetes Vorbringen in den
unterhalts- und güterrechtlichen Streitigkeiten zu präkludieren.

2. Anwendungsbereich. Die Vorschrift ist nur in den in aufgeführ- 2
ten Familiensachen anwendbar und stellt eine Sonderregelung gegenüber §§ 296, 530, 531 dar. Sie entspricht § 615 (vgl dort Rn 1 ff; Völker
MDR 01, 1325/1326).

3. Verbund. Verspätetes Vorbringen kann die Entscheidung iSv 3
§ 621 d über eine im Verbund gem § 623 stehende Folgesache nur dann
verzögern, wenn dadurch die Entscheidung über alle anhängigen Folgesachen hinausgeschoben wird, weil über die Scheidungs- und Folgesache
gem § 629 Abs 1 einheitlich entschieden werden muss (BLAH 1).

§ 621 e Befristete Beschwerde; Rechtsbeschwerde

(1) Gegen die im ersten Rechtszug ergangenen Endentscheidungen über Familiensachen des § 621 Abs. 1 Nr. 1 bis 3, 6, 7, 9,
10 in Verfahren nach § 1600 e Abs. 2 des Bürgerlichen Gesetzbuchs, Nr. 12 sowie 13 findet die Beschwerde statt.

(2) [1]In den Familiensachen des § 621 Abs. 1 Nr. 1 bis 3, 6 und
10 in Verfahren nach § 1600 e Abs. 2 des Bürgerlichen Gesetzbuchs sowie Nr. 12 findet die Rechtsbeschwerde statt, wenn sie
1. das Beschwerdegericht in dem Beschluss oder
2. auf Beschwerde gegen die Nichtzulassung durch das Beschwerdegericht das Rechtsbeschwerdegericht
zugelassen hat; § 543 Abs. 2 und § 544 gelten entsprechend. [2]Die
Rechtsbeschwerde kann nur darauf gestützt werden, dass die
Entscheidung auf einer Verletzung des Rechts beruht.

(3) [1]Die Beschwerde wird durch Einreichung der Beschwerdeschrift bei dem Beschwerdegericht eingelegt. [2]Die §§ 318, 517,
518, 520 Abs. 1, 2 und 3 Satz 1, Abs. 4, §§ 521, 522 Abs. 1,
§§ 526, 527, 548 und 551 Abs. 1, 2 und 4 gelten entsprechend.

(4) [1]Die Beschwerde kann nicht darauf gestützt werden, dass
das Gericht des ersten Rechtszuges seine Zuständigkeit zu Unrecht angenommen hat. [2]Die Rechtsbeschwerde kann nicht darauf gestützt werden, dass das Gericht des ersten Rechtszuges
seine Zuständigkeit zu Unrecht angenommen oder verneint hat.

1. Allgemeines. § 621 e regelt die befristete Beschwerde und die 1
Rechtsbeschwerde gegen die Beschlüsse (Endentscheidungen) in den

der freiwilligen Gerichtsbarkeit unterliegenden Gegenständen des § 621 Abs 1 Nr 1–3, 6, 7, 9, 10 in Verfahren nach § 1600 e Abs 2 BGB sowie Nr 12 und 13. Dadurch wird die Anwendung der §§ 19–30 FGG über § 621 a Abs 1 S 1 als Sonderregelung weitgehend, aber nicht ganz ausgeschlossen. Auch bei einheitlichem Urteil im Verbund des § 623 Abs 1 gilt § 621 e entspr (§ 629 a Abs 2 S 1).

2   **2. Zulässigkeit der befristeten Beschwerde** (Abs 1). Beschwerdegericht ist das OLG (§ 119 Abs 1 Nr 1 a GVG). Dort entscheidet grds der Senat, nicht der ER (vgl Rn 11). **a) Statthaftigkeit. aa) Anwendbar** ist § 621 e auf Endentscheidungen des Familiengerichts im ersten Rechtszug, die Familiensachen der freiwilligen Gerichtsbarkeit betreffen (Abs 1). Das sind Beschlüsse und im Verbund des § 623 Abs 1 Urteile (§ 629 Abs 1, § 629 a Abs 2 S 1), auch Teilendentscheidungen, zB über den Auskunftsanspruch zum Versorgungsausgleich; Bewilligung, Versagung oder Verlängerung einer Räumungsfrist bei Zuweisung der Ehewohnung (Bamberg FamRZ 01, 691 mwN), Einbenennung eines Kindes nach § 1618 BGB (BGH NJW-RR 00, 665; Oelkers/Kreutzfeldt FamRZ 00, 645/647; aA Koblenz FamRZ 00, 690), Entziehung der Vertretungsmacht nach §§ 1629 Abs 2 S 3, 1796 BGB (Köln FamRZ 01, 430), auch Beschlüsse auf einseitige Hauptsacheerledigung in iso-

3   lierten FGG-Familiensachen (Köln FamRZ 83, 1262). **bb) Unanwendbar** ist § 621 e und statt dessen die einfache Beschwerde (§ 19 FGG) gegeben bei Zwischentscheidungen, insbes gegen einstweilige Anordnungen (§ 621 a Rn 16; BGH 72, 169 mwN; Hamm NJW-RR 94, 389), gegen Androhung (BGH NJW 79, 820) und Festsetzung (BGH NJW 81, 177) von Zwangsgeld gem § 33 FGG. In diesen Fällen gilt § 19 FGG. Sofortige Beschwerde (§ 20 a Abs 2 FGG) findet statt gegen isolierte Kostenentscheidungen bei übereinstimmender Erledigterklärung und Antragsrücknahme (hM; BGH FamRZ 90, 1102 mwN). –

4   **b) Form:** Schriftform (Abs 3 S 1); daher nicht ohne Unterschrift (Karlsruhe NJW-RR 96, 1411 mwN), es sei denn § 130 a liegt vor. Eingereicht werden darf wegen Abs 3 S 1 nur beim Beschwerdegericht (abweichend von § 21 Abs 1 FGG und § 569 Abs 1 S 1. Die beim Familiengericht eingereichte Beschwerdeschrift ist unverzüglich dem Beschwerdegericht vorzulegen (Fristwahrung: Rn 5). Für das Rechtsmittel besteht kein Anwaltszwang (§ 569 Abs 3 Nr 1) mit Ausnahme

5   der Folgesachen (§ 623) gem § 78 Abs 2 Nr 1. – **c) Frist** (Abs 3 S 2). **aa) Einlegung:** Notfrist von einem Monat ab Zustellung gem § 517. Die §§ 233–238 gelten auch in den selbständigen (isolierten) FGG-Verfahren (BGH NJW 79, 109 u FamRZ 81, 657). Die 5-Monatsfrist gilt nicht für solche Dritte (zB Versorgungsträger), die am Verfahren nicht beteiligt wurden (Stuttgart FamRZ 01, 549; Naumburg FamRZ 01, 550 u 1542; ZöPhilippi 19 b mwN; bestr). Die Frist wird gewahrt, wenn die beim Familiengericht eingelegte Beschwerde (vgl Rn 4) innerhalb der Frist beim Beschwerdegericht eingeht (BGH NJW 78, 1165). Die Frist gilt auch, wenn gerügt werden soll, dass eine Familiensache nicht vor-

liege (BGH FamRZ 90, 147) oder dass das rechtliche Gehör verletzt wurde (BGH FuR 00, 261). **bb) Begründung.** Diese muss grds binnen zwei Monate nach Zustellung des Beschlusses erfolgen, spätestens 5 Monate nach Verkündung (§ 520 Abs 2 S 1) mit Verlängerungsmöglichkeit nach § 520 Abs 2 S 2 u 3. Wiedereinsetzung ist möglich. – **d) Beschwer.** Die angefochtene Entscheidung muss für den Beschwerdeführer nachteilig sein (17–19 vor § 511), zB durch Ablehnung eines Antrags auf Genehmigung des vereinbarten schuldrechtlichen Versorgungsausgleichs (BGH MDR 99, 548). In Hausratssachen muss sie 600 Euro übersteigen (§ 20 HausratsVO). Der Beschwerdeführer muss beschwerdeberechtigt sein (§ 20 FGG; BGH NJW 99, 3719). Dies gilt auch für beteiligte Dritte, zB Träger der Rentenversicherung (BGH NJW 79, 108). Auch § 57 FGG gilt. – **e) Beschwerdebegründung** ist durch die entspr Anwendung des § 520 Abs 1, 2 u 3 S 1 vorgeschrieben (Abs 3 S 2). Dem § 520 Abs 3 S 2 muss die Beschwerdebegründung daher inhaltlich nicht entsprechen, auch nicht einen bestimmten Antrag enthalten, da auf diese Vorschrift ausdrücklich nicht verwiesen wird. Es muss sich aus ihr aber die Beschwer (Rn 6) ergeben und wie der Beschwerdeführer sie bekämpfen will (BGH NJW 83, 179). Nach Ablauf der Begründungsfrist können neue Anfechtungsgründe nicht mehr vorgebracht werden (Köln FamRZ 98, 762). – **f) Anschlussbeschwerde** (auch unselbstständige) dürfte in isolierten Familiensachen nach allgemeinen Grundsätzen stattfinden, insbes beim Versorgungsausgleich (BGH NJW 82, 224), aber nicht, wenn der Träger der Versorgungslast oder Rentenversicherung das Hauptrechtsmittel eingelegt hat (BGH 92, 207). Dies dürfte gelten, obwohl auf § 524 nicht entsprechend verwiesen wird. Aber auch in der bis 31. 12. 01 geltenden Fassung wurde nicht auf § 521 aF, der die Anschlussbeschwerde regelte, verwiesen. Gleichwohl wurde allgemein von der Statthaftigkeit der Anschlussbeschwerde ausgegangen. Im Verbund (§ 623) gilt die Sonderregelung des § 629a Abs 3.

3. Beschwerdeverfahren. Es beginnt mit Einreichung der Beschwerdeschrift (Rn 4). **a) Abhilfe** ist durch Abs 3 S 2 ausgeschlossen, weil § 318 entspr anwendbar ist. – **b) Zustellung** der Beschwerdeschrift (Rn 4) und der Beschwerdebegründung (Rn 7) ist durch Abs 3 S 2, § 521 Abs 1 vorgeschrieben. Sie hat an alle anderen Beteiligten wegen § 629a Abs 3 zu erfolgen. – **c) Einzelrichter.** Eine Entscheidung durch diesen ist nur unter den in §§ 526, 527 Abs 3 genannten Voraussetzungen zulässig. Auf § 568 wird in Abs 3 nicht verwiesen. Mündliche Verhandlung ist freigestellt, nicht zwingend vorgeschrieben (Ausnahme: § 629a Abs 2 S 2), in Hausratssachen (§ 13 Abs 2 HausratsVO), beim Zugewinnausgleich (§ 53a Abs 1 S 1 FGG) und beim Versorgungsausgleich (§ 53b Abs 1 FGG) nur als Soll-Vorschrift (BGH NJW 83, 824). – **d) Rücknahme** der Beschwerde (auch teilweise) ist zulässig, bis die Beschwerdeentscheidung erlassen ist. Die Rücknahme bedarf nicht der Zustimmung anderer Beteiligter. Für die Kostenentscheidung gilt § 13a FGG (Stuttgart FamRZ 83, 936 mwN; KG

FamRZ 95, 376 mwN; bestr; aA: § 516 Abs 3 entspr; Hamm FamRZ
95, 377: keine Kostenentscheidung). Bei Beschwerden gegen einstweilige Anordnungen (§ 620) ist hingegen § 516 Abs 3 entspr anzuwenden
13 (§ 620 g Rn 4). – **e) Zuständigkeitsprüfung** (Abs 4 S 1). Es gilt das
zu § 513 Abs 2 Gesagte (dort Rn 3). Daraus folgt auch, dass das Beschwerdegericht nicht prüfen darf, ob eine Familiensache vorliegt und
der Familiensenat zuständig ist, wenn das Familiengericht entschieden
14 hat (Bergerfurth FamRZ 01, 1493/1494). – **f) Entscheidungsreife.**
Kann gegenüber mehreren Beteiligten nur einheitlich entschieden werden, darf das Beschwerdegericht über das zulässige Rechtsmittel eines
Beteiligten in der Sache erst entscheiden, wenn die anderen Beteiligten
auf Rechtsmittel verzichten oder wenn die Rechtsmittelfrist für sie
abgelaufen ist. Ist ein weiteres Rechtsmittel von einem anderen Beteiligten eingelegt worden, muss einheitlich verfahren und entschieden
15 werden. – **g) Entscheidungsinhalt.** Im Beschluss (Ausnahme § 629 a
Abs 2 S 2) darf bei Teilanfechtung (Rn 2) nur der angefochtene Teil
abgeändert werden (BGH 92, 5). An Anträge ist das Gericht sonst
grundsätzlich nicht gebunden, insbes nicht beim Versorgungsausgleich
(allgM). Auf § 528 ist nicht verwiesen. Es gilt jedoch das Verbot der
Schlechterstellung beim Versorgungsausgleich (BGH 85, 180 und 92, 5)
und in Hausratssachen, nicht bei § 621 Abs 1 Nr 1–3, weil es auf das
Wohl des Kindes ankommt und dieses vorgeht (ZöPhilippi 36). Für die
Beschlussgründe gilt § 25 FGG. Die Formel richtet sich nach den allgemeinen Regeln. Sie entsprechen den §§ 522 Abs 1, 572 Abs 3. Für die
Kosten ist § 13 a FGG anzuwenden (Karlsruhe FuR 99, 437). Zulassung
16 Rechtsbeschwerde: Rn 17. – **h) Bekanntmachung.** Verkündung ist
nur vorgeschrieben, wenn mdl Vhdlg stattgefunden hat (Rn 11; § 329
Abs 1 S 1). Es muss zugestellt werden (§ 329 Abs 3).

17 **4. Zulässigkeit der Rechtsbeschwerde** (Abs 2, Abs 3 S 2). –
a) Allgemeines. Diese wird in den Fällen des Abs 2 durch Verweisung
auf die Vorschriften über die Revision diesem Rechtsmittel grds gleichgestellt. Sie unterliegt nicht den §§ 574 ff. Diese Vorschriften gelten nur
im Falle der Verwerfung der befristeten Beschwerde als unzulässig (Abs 3
18 S 2 iVm 522 Abs 1 S 4). – **b) Zuständigkeit.** Rechtsbeschwerdegericht ist der BGH (§ 133 GVG). Auch in Bayern ist das Rechtsmittel
beim BGH einzulegen, wenn das OLG die Rechtsbeschwerde zum
BGH zugelassen hat (§ 7 Abs 1 S 1 EGZPO), ferner wenn Nichtzulassungsbeschwerde eingelegt wird (Abs 2 S 1 Nr 2, § 544 iVm § 7 Abs 2
S 1 EGZPO) oder wenn der Erstbeschwerde als unzulässig verworfen
wurde (Abs 3 S 2, 522 Abs 1, 574 Abs 1 Nr 1 iVm § 7 Abs 2 S 1
19 EGZPO). – **c) Statthaftigkeit.** Diese ist gegeben, falls **aa) Zulassung**
durch das OLG (Abs 2 S 1 1. Hs Nr 1). Zulassungsgründe: Abs 2 S 1
2. Hs, § 543 Abs 2 (bei grundsätzlicher Bedeutung oder zur Rechtsfort-
bildung bzw Sicherung einer einheitlichen Rechtsprechung; hierzu
20 § 543 Rn 2 ff u § 511 Rn 19 ff). – **bb) Erfolgreiche Nichtzulassungsbeschwerde** (Abs 2 S 1 1. Hs Nr 2, 2. Hs iVm § 544). Diese

Möglichkeit besteht erst für nach dem 1. 1. 07 ergangene Beschlüsse
(§ 26 Nr 9 EGZPO). – **cc) Verwerfung der Beschwerde** als unzuläs- 21
sig (Abs 3 S 2 iVm § 522 Abs 1), ohne Rücksicht auf die gewählte
Formulierung (BGH NJW 82, 448). Dies gilt aber nur, wenn das
Rechtsmittel verworfen wurde, nicht aber ein Verfahrensantrag als unzulässig erkannt ist (BGH FamRZ 93, 1310). – **dd) Zulässiger Ver-** 22
fahrensgegenstand nach § 621 Abs 1 Nr 1–3 (elterliche Sorge, Umgang mit dem Kind und dessen Herausgabe), Nr 6 (Versorgungsausgleich, soweit nicht durch § 53 g Abs 2 FGG ausgeschlossen), Nr 10 (in
Verfahren nach § 1600 e Abs 2 BGB) und Nr 12 (Verfahren aus Anlass
der Eheschließung). – **d) Unstatthaft** ist die Beschwerde in den Fällen 23
§ 621 Abs 1 Nr 7, 9 (Abs 2 S 1 Hs 1), auch wenn die Rechtsbeschwerde als unzulässig verworfen wurde (BGH NJW 80, 402 und
FamRZ 80, 670). Dies gilt auch in den Fällen des § 53 g Abs 2 FGG
(Versorgungsausgleich). Unstatthaft ist die Rechtsbeschwerde auch bei
Zwischenentscheidungen (BGH 72, 169; Rn 3), bei isolierten Kostenentscheidungen (BGH FamRZ 90, 1102) und bei Vollstreckungsmaßnahmen des § 33 FGG (BGH NJW 83, 2775). Eine Verletzung des
rechtlichen Gehörs (Art 103 Abs 1 GG) macht die Rechtsbeschwerde
nicht statthaft (hM; BGH NJW-RR 86, 1263). – **e) Form:** wie Rn 4. 24
Es besteht aber Anwaltszwang gem § 78 Abs 2 Nr 1 und 3. – **f) Frist.** 25
aa) Einlegung. In allen Fällen grds Notfrist von einem Monat ab
Zustellung. **11) Gegen Verwerfung:** Abs 3 S 2, §§ 522 Abs 1 S 4, 574
Abs 1 Nr 1, 575 Abs 1. **22. Zulassung durch OLG:** Abs 3 S 2, § 548,
spätestens jedoch mit Ablauf von 5 Monaten nach Verkündung.
33) Nichtzulassungsbeschwerde: Abs 2 S 1 2. Hs, 544 Abs 1 S 1,
jedoch spätestens bis zum Ablauf von 6 Monate nach Verkündung. –
bb) Begründung. 11) Verwerfung: Binnen eines Monats nach Zu- 26
stellung des angefochtenen Beschlusses (§ 575 Abs 2 S 1, 2). **22) Zulas-**
sung durch OLG: Grds 2 Monate nach Zustellung des Beschlusses,
spätestens mit Ablauf von 5 Monaten nach Verkündung (Abs 3 S 2,
§ 551 Abs 2 S 1–3). **33) Nichtzulassungsbeschwerde:** Grds 2 Monate nach Zustellung des Beschlusses, spätestens bis zum Ablauf von
7 Monaten nach der Verkündung (Abs 2 S 1 2. Hs, § 544 Abs 2 S 1).
Verlängerung ist jeweils möglich (§§ 544 Abs 2 S 2, 575 Abs 2 S 3
jeweils iVm § 551 Abs 2 S 5 u 6). Wiedereinsetzung ist statthaft (Rn 5).
– **g) Beschwer:** wie Rn 6. Sie muss in der Entscheidung des OLG 27
enthalten sein (BGH NJW 84, 2414). – **h) Ordnungsgemäße Be-** 28
schwerdebegründung. In § 575 (Verwerfung), § 544 Abs 2 (Nichtzulassungsbeschwerde), § 551 Abs 1 (Zulassung) vorgesehen. Die Begründung muss enthalten: **11) Verwerfung:** § 575 Abs 3. **22) Zulas-**
sung durch das OLG: Abs 2 S 2, § 575 Abs 3; es muss eine kausale
Gesetzesverletzung angegeben werden. § 551 Abs 3 gilt nicht, da auf
diese Vorschrift in Abs 3 S 2 nicht verwiesen wird. **33) Nichtzulas-**
sungsbeschwerde: 544 Abs 2 S 3 iVm § 543 Abs 2. – **i) Anschluss-** 29
beschwerde: grundsätzlich wie Rn 8. § 554 Abs 1 gilt entspr (BGH
86, 51). Beschwer ist erforderlich. Eine allein in der Entscheidung erster

Instanz enthaltene Beschwer kann damit nicht bekämpft werden (BGH NJW 83, 1858).

30   **5. Verfahren der Rechtsbeschwerde.** Abhilfe ist ausgeschlossen (Abs 3 S 2, § 318). Die Zustellung der Beschwerdebegründung (Rn 28) an den oder die Gegner ist durch Abs 3 S 2, § 551 Abs 4, § 550 Abs 2 vorgeschrieben. Zuständigkeitsprüfung (Abs 4 S 2): Es gilt das zu Rn 13 Gesagte. Das Gericht prüft auch auf Rüge hin nicht, ob eine Familiensache (§ 621) vorliegt (Abs 4 S 2). Dies entspricht der Regelung für die Revision (§ 545 Abs 2). Anwaltszwang gem § 78 Abs 2 S 1 Nr 1 und 3 besteht auch für die bloße Äußerung der Ehegatten und der anderen Beteiligten. Ausnahme: § 78 Abs 2 S 3.

31   **6. Unanfechtbar** sind Beschwerdeentscheidungen in den Familiensachen des § 621 Abs 1 Nr 7 und 9 auch dann, wenn das Rechtsmittel als unzulässig verworfen wurde (Rn 19). Das gilt infolge der Verweisung in § 629 a Abs 2 auch, wenn im Verbund (§ 623 Abs 1) durch Urteil entschieden wurde und deckt sich im Rechtsmittelzug durch die Revisionsbeschränkung in § 629 a Abs 1.

§ 621 f Kostenvorschuss

(1) **In einer Familiensache des § 621 Abs. 1 Nr. 1 bis 3, 6 bis 9 sowie 13 kann das Gericht auf Antrag durch einstweilige Anordnung die Verpflichtung zur Leistung eines Kostenvorschusses für dieses Verfahren regeln.**

(2) [1]**Die Entscheidung nach Absatz 1 ist unanfechtbar.** [2]**Im übrigen gelten die §§ 620 a bis 620 g entsprechend.**

1   **Allgemeines.** Die Vorschrift ist im Zusammenhang mit § 127 a und § 620 Nr 10 zu sehen. Sie ist daneben als getrennte Regelung notwendig, weil sie hauptsächlich Gegenstände der freiwilligen Gerichtsbarkeit betrifft, daher von Prozessgericht oder Prozesskostenvorschuss nicht geredet werden könnte und die Vorschusspflicht nicht nur zwischen 2 Ehegatten sondern auch einem Kind gegenüber bestehen kann. **Zweck** des § 621 f ist, den Kostenvorschuss in Familiensachen lückenlos zu ermöglichen, auch in den der freiwilligen Gerichtsbarkeit unterliegenden sowie in den von § 127 a und § 620 Nr 10 nicht erfassten Gegenständen. Es sollen Prozesskostenhilfeverfahren beschleunigt werden und sich erübrigen, wenn Unterhaltsverpflichtete genügend leistungsfähig 3 sind. **Anwendbar** ist § 621 f nur bei den in Abs 1 aufgeführten Familiensachen. Damit sollen die nicht schon dem § 127 a oder dem § 620 4 Nr 10 unterliegenden Fälle erfasst werden. **Voraussetzungen** sind ein Antrag des Berechtigten und ein materiell-rechtlicher Anspruch auf den Vorschuss mit überwiegender Wahrscheinlichkeit (vgl § 620 a Abs 2 S 3). Hierfür kommen vor allem § 1360 a Abs 4 S 1, § 1361 Abs 4 S 4 BGB für Ehegatten und §§ 1601, 1610 Abs 2 BGB für Kinder in Betracht. Der Verpflichtete muss leistungsfähig sein. Die Verpflichtung kann auch gegenüber nicht am Streit beteiligten Personen ausgesprochen

werden (zB Großvater). **Entscheidung.** Der Beschluss (einstweilige 5
Anordnung; vgl § 620 Nr 10; § 620 a Abs 1) darf nur für die erforderlichen Kosten derjenigen (ggf mehreren) Gegenstände ergehen, die zu diesem (auch verbundenen) Verfahren gehören. Die Höhe des (voraussichtlich erforderlichen) Geldbetrages ist in inländischer Währung anzugeben. Weitere Beschlüsse, insbes bei nicht ausreichendem Betrag, sind zulässig (§ 620 b). **Rechtsbehelfe.** Wegen der Unanfechtbarkeit (Abs 2 6
S 1) ist auch § 620 c S 1 ausgeschlossen. Hingegen ist § 620 b (Antrag auf mdl Vhdlg) anwendbar (Abs 2).

§ 621 g Einstweilige Anordnungen

[1]Ist ein Verfahren nach § 621 Abs. 1 Nr. 1, 2, 3 oder 7 anhängig oder ist ein Antrag auf Bewilligung von Prozesskostenhilfe für ein solches Verfahren eingereicht, kann das Gericht auf Antrag Regelungen im Wege der einstweiligen Anordnung treffen. [2]Die §§ 620 a bis 620 g gelten entsprechend.

1. Allgemeines. Die Vorschrift wurde durch Art 4 Nr 7 GewSchG 1
eingeführt. Da die §§ 620 ff die Anhängigkeit einer Ehesache voraussetzen (§ 620 Rn 1), sind diese Vorschriften in Familiensachen bisher nicht unmittelbar anwendbar gewesen. Diese Lücke des bisherigen Rechtsschutzsystems, die zuvor schon zT durch Richterrecht geschlossen wurde, soll die Vorschrift beseitigen.

2. Verfahrensgegenstände. a) Diese sind abschließend aufgezählt, 2
nämlich **(1) § 621 Abs Nr 1** (elterliche Sorge für ein gemeinsames Kind, soweit nach dem BGB das FamG zuständig ist), **(2) § 621 Abs 1 Nr 2** (Regelung des Umgangs mit dem Kind, soweit nach dem BGB das FamG zuständig ist), **(3) § 621 Abs 1 Nr 3** (Herausgabe eines Kindes, für das die elterliche Sorge besteht), **(4) § 621 Abs 1 Nr 7** (Regelung der Rechtsverhältnisse an der Wohnung). – **b)** Für die der ZPO unter- 3
liegenden Verfahren nach § 621 Abs 1 Nr 4, 5 und 11 ist eine einstweilige Anordnung nach § 644 möglich.

3. Voraussetzung für den Erlass einer einstweiligen Anordnung ist 4
(1) Anhängigkeit eines Verfahrensgegenstandes nach Rn 2 oder ein PKH-Antrag hierfür. **(2)** Antrag einer Partei.

4. Verfahren. Es gelten die §§ 620 a–620 g entsprechend. 5

Abschnitt 3. Verfahren in Scheidungs- und Folgesachen

Vorbemerkung

1. Verhältnis zu anderen Verfahren in Familiensachen. Das Schei- 1
dungsverfahren gehört zu den Ehesachen (2–6 vor § 606); daher gelten grundsätzlich die §§ 606–620 g. Die Folgesachen (§ 623 Abs 1 S 1) sind andere Familiensachen (§ 621 Abs 1 Nr 1–9); daher gelten für sie die

§§ 621–621 f. Für Scheidungsverfahren und Folgesachen gelten die Sonderregeln der §§ 623–630. Soweit diese nichts anderes bestimmen, gelten für das Scheidungsverfahren subsidiär die §§ 606–620 g, für die Folgesachen subsidiär die §§ 621–621 f.

2 **2. Grundsatz einheitlicher Entscheidung.** Neben den notwendigen Besonderheiten der Scheidungssache (im Unterschied zu den anderen Ehesachen, 2–6 vor § 606) und dem Umstand, dass andere Familiensachen (§ 621 Abs 1 Nr 1–9) idR oder häufig Folge der Scheidung sind, regeln die §§ 623–630 das Verfahren mit dem Ziel einheitlicher Entscheidung (Grundsatz der Entscheidungskonzentration, 4 vor § 621). Dieses ist ausgesprochen in § 623 Abs 1 S 1, § 629 und mit Ausnahmevorbehalt versehen durch die §§ 627, 628. Die durch Rechtsmittel sich ergebenden Besonderheiten sind in den §§ 629 a–629 c berücksichtigt. Ermöglicht wird die einheitliche Entscheidung insbes auch durch die Verfahrensüberleitung von Amts wegen (5 vor § 621).

3 **3. Einverständliche Scheidung** (§ 1566 Abs 1 BGB). Hierfür sind in § 630 Sonderregeln aufgestellt, die den allg Vorschriften vorgehen.

§ 622 Scheidungsantrag

(1) **Das Verfahren auf Scheidung wird durch Einreichung einer Antragsschrift anhängig.**

(2) [1]**Die Antragsschrift muß vorbehaltlich des § 630 Angaben darüber enthalten, ob**
1. **gemeinschaftliche minderjährige Kinder vorhanden sind,**
2. **Familiensachen der in § 621 Abs. 2 Satz 1 bezeichneten Art anderweitig anhängig sind.**
[2]**Im übrigen gelten die Vorschriften über die Klageschrift entsprechend.**

(3) **Bei der Anwendung der allgemeinen Vorschriften treten an die Stelle der Bezeichnungen Kläger und Beklagter die Bezeichnungen Antragsteller und Antragsgegner.**

1 **1. Allgemeines.** Die Scheidungssache ist Ehesache (Vorbem 2 vor § 606). Das Verfahren wird nicht durch Klage, sondern durch Antrag eingeleitet. Dies hat seinen Grund in der Besonderheit des Scheidungsverfahrens gegenüber dem streitigen Zivilprozeß; insbes ist bei einverständlicher Ehescheidung das Ziel der Parteien in ihren Anträgen dasselbe, nämlich die Scheidung. Auch das Verfahren auf Eheaufhebung wird
2 durch eine Antragsschrift anhängig (§ 631 Abs 2 S 1). **a) Anhängigkeit** beginnt mit Einlauf der Antragsschrift bei Gericht (Abs 1). Sie wird zur Rechtshängigkeit mit der unverzichtbaren (Schleswig FamRZ 88, 736) Zustellung der Antragsschrift (Abs 2 S 2; § 261 Abs 1) und endet nach allgemeinen Grundsätzen (§ 261 Rn 9). Wird der Antrag wirksam zurückgenommen, so ist ein zu diesem Zeitpunkt anhängiger, aber mangels Zustellung noch nicht rechtshängiger Gegenantrag als Scheidungs-

antrag zu behandeln (Zweibrücken FuR 99, 295). – **b) Parteistellung** 3 lautet Antragsteller und -gegner (Abs 3), statt Kläger und Beklagter, Anschlussantragsteller und -gegner statt Widerkläger und -beklagter. Das deckt sich mit der Beteiligtenstellung in Folgesachen, die der freiwilligen Gerichtsbarkeit unterliegen, während es bei den zivilprozessualen Folgesachen (Unterhalt und güterrechtliche Ansprüche, § 621 Abs 1 Nr 4, 5, 8) dabei verbleibt, dass sich (Wider)kläger und (Wider)beklagte gegenüberstehen, so dass die Bezeichnung einer Partei zB lauten kann: Antragsteller, Anschlussantragsgegner, Beklagter und Widerkläger, in der Berufung ggf Berufungsführer und -gegner. In den der freiwilligen Gerichtsbarkeit unterliegenden Verfahren können Dritte als Beteiligte hinzukommen (zB § 53b Abs 2 S 1 FGG, § 7 HausratsVO). – **c) Scheidungsantrag** (§ 1564 S 1 BGB). Er muss in der Antragsschrift 4 enthalten sein.

2. Antragsschrift (Abs 2). Sie entspricht grundsätzlich der Kla- 5 geschrift (Abs 2 S 2), so dass subsidiär § 253 gilt, insbes auch dessen Abs 4. Zwingender besonderer Inhalt: **a) Bei einverständlicher Scheidung** gilt § 630 Abs 1, der weitergehenden Inhalt vorschreibt, zusätzlich. – **b) Angabe über minderjährige Kinder** (Nr 1) hat den 6 Zweck, das Gericht darüber zu informieren, ob eine von Amts wegen einzuleitende Regelung der elterlichen Sorge (§ 623 Abs 3), ggf eine Anordnung gem § 620 Nr 1 in Betracht kommen kann und ob Anhörungs- oder Hinweispflichten (§ 613) bestehen. – **c) Anhängigkeit** 7 **anderer Familiensachen** (Nr 2). Diese Angabe bezweckt, den für § 623 Abs 1 vorgeschriebenen Verbund herbeizuführen, indem das Gericht der Scheidungssache das mit der anderen Familiensache befasste Gericht zur Abgabe oder Verweisung (§ 621 Abs 3) veranlasst.

3. Verbindung mit anderen Anträgen und Klagen ist (nach 8 §§ 610, 260) möglich und, wenn sowieso erforderlich, wegen § 623 Abs 1 S 1 erwünscht, aber wegen der besonderen Verfahrensart nur mit Ehesachen (Vorbem 3–6 vor § 606) und anderen Familiensachen (§ 621 Abs 1). Soweit es dabei nicht um FGG-Anträge oder um einen Aufhebungsantrag (§ 631), sondern um Klagen geht, insbes um Unterhaltsansprüche (§ 621 Abs 1 Nr 4, 5), handelt es sich um eine Antrags- und Klageschrift, für die § 253 gilt. Diese Sachen werden nur nach ZPO-Vorschriften rechtshängig (§§ 253, 261 Abs 2; BGH FamRZ 87, 802). FGG-Sachen werden anhängig durch Eingang des Antrags beim AG (Familiengericht) oder durch Verfahrenseinleitung von Amts wegen.

§ 623 Verbund von Scheidungs- und Folgesachen

(1) [1]Soweit in Familiensachen des § 621 Abs. 1 Nr. 5 bis 9 und Abs. 2 Satz 1 Nr. 4 eine Entscheidung für den Fall der Scheidung zu treffen ist und von einem Ehegatten rechtzeitig begehrt wird, ist hierüber gleichzeitig und zusammen mit der Scheidungssache zu verhandeln und, sofern dem Scheidungsantrag stattgegeben

wird, zu entscheiden (Folgesachen). [2]Wird bei einer Familiensache des § 621 Abs. 1 Nr. 5 und 8 und Abs. 2 Satz 1 Nr. 4 ein Dritter Verfahrensbeteiligter, so wird diese Familiensache abgetrennt. [3]Für die Durchführung des Versorgungsausgleichs in den Fällen des § 1587 b des Bürgerlichen Gesetzbuchs bedarf es keines Antrags.

(2) [1]Folgesachen sind auch rechtzeitig von einem Ehegatten anhängig gemachte Familiensachen nach
1. § 621 Abs. 2 Satz 1 Nr. 1 im Fall eines Antrags nach § 1671 Abs. 1 des Bürgerlichen Gesetzbuchs,
2. § 621 Abs. 2 Satz 1 Nr. 2, soweit deren Gegenstand der Umgang eines Ehegatten mit einem gemeinschaftlichen Kind oder einem Kind des anderen Ehegatten ist, und
3. § 621 Abs. 2 Satz 1 Nr. 3.
[2]Auf Antrag eines Ehegatten trennt das Gericht eine Folgesache nach den Nummern 1 bis 3 von der Scheidungssache ab. [3]Ein Antrag auf Abtrennung einer Folgesache nach Nummer 1 kann mit einem Antrag auf Abtrennung einer Folgesache nach § 621 Abs. 1 Nr. 5 und Abs. 2 Satz 1 Nr. 4 verbunden werden. [4]Im Fall der Abtrennung wird die Folgesache als selbständige Familiensache fortgeführt; § 626 Abs. 2 Satz 3 gilt entsprechend.

(3) [1]Folgesachen sind auch rechtzeitig eingeleitete Verfahren betreffend die Übertragung der elterlichen Sorge oder eines Teils der elterlichen Sorge wegen Gefährdung des Kindeswohls auf einen Elternteil, einen Vormund oder einen Pfleger. [2]Das Gericht kann anordnen, daß ein Verfahren nach Satz 1 von der Scheidungssache abgetrennt wird. [3]Absatz 2 Satz 3 gilt entsprechend.

(4) [1]Das Verfahren muß bis zum Schluß der mündlichen Verhandlung erster Instanz in der Scheidungssache anhängig gemacht oder eingeleitet sein. [2]Satz 1 gilt entsprechend, wenn die Scheidungssache nach § 629 b an das Gericht des ersten Rechtszuges zurückverwiesen ist.

(5) [1]Die vorstehenden Vorschriften gelten auch für Verfahren der in den Absätzen 1 bis 3 genannten Art, die nach § 621 Abs. 3 an das Gericht der Ehesache übergeleitet worden sind. [2]In den Fällen des Absatzes 1 gilt dies nur, soweit eine Entscheidung für den Fall der Scheidung zu treffen ist.

1   **1. Verbund** einer Scheidungssache mit Folgesachen wird durch
1 a Abs 1 S 1 bestimmt. **a) Begriff.** Verbund ist die aus materiellrechtlichen Gründen grundsätzlich zwingende (vgl BGH NJW 91, 1616) Zusammenfassung der Scheidungssache mit den Folgesachen in ein und demselben Verfahren. Ein Verstoß hiergegen kann einen wesentlichen Ver
1 b fahrensmangel begründen (KG FamRZ 00, 1292). – **b) Zweck.** Der Verbund würde durch § 147 nicht ermöglicht, weil die Folgesachen

auch Verfahren der freiwilligen Gerichtsbarkeit umfassen. Diese werden nur auf Grund des § 623 mit einem Scheidungsverfahren im selben Prozess verhandelt und dann mit einer einheitlichen Endentscheidung (Urteil) erledigt (§ 629 Abs 1). – **c) Eintritt** (vgl Rn 15). Der Verbund **1 c** besteht auch zwischen den Folgesachen. Er tritt ohne Antrag von selbst ein, indem der Anspruch der Folgesache geltend gemacht oder eine Folgesache auf Antrag oder von Amts wegen eingeleitet wird. – **d) Auf-** **1 d** **lösung** (vgl Rn 18–21) für Folgesachen ist nur möglich durch Abtrennung auf Grund des Abs 1 S 2, Abs 2 S 2, durch Rücknahme des Scheidungsantrags (§ 626 Abs 2) oder durch Urteil in der Scheidungssache (§ 628 Abs 1, § 629 Abs 3). Die unterlassene Stellung eines Antrags zu einer anhängigen Folgesache ist kein Auflösungsgrund, vielmehr darf in der Ehesache kein Urteil ergehen, sofern nicht über die Folgesache nach §§ 330, 331 a entschieden werden kann (Hamm FamRZ 99, 520).

2. Anwendungsbereich: nur Scheidungsanträge, nicht Eheauf- **2** hebungsanträge (§ 631) und Herstellungsklagen (§ 6 vor § 606). Auch wenn diese mit einem Scheidungsantrag verbunden sind (§ 610 Abs 1), treten sie nicht mit Folgesachen in Verbund (Stuttgart FamRZ 81, 579). § 623 gilt auch bei Scheidungssachen, auf die ausländisches Recht anzuwenden ist, für die den deutschen Folgesachen entsprechenden Angelegenheiten (hM; Karlsruhe FamRZ 99, 1680; umstr).

3. Begriff (Abs 1 S 1; Abs 2 S 1; Abs 3 S 1). **a) Folgesache** ist eine **3** Familiensache (§ 621 Abs 1 Nr 1–9) zwischen denselben Ehegatten, in der für den Fall der Scheidung vom Familiengericht entschieden werden muss, weil diese Entscheidung von einem Ehegatten rechtzeitig (Abs 4) begehrt (beantragt) wird (Abs 1 S 1) oder von Amts wegen getroffen werden muss (Abs 1 S 3, Abs 3 S 1). – **b) Keine Folgesachen** (sondern **3 a** selbständige Familiensachen) sind daher insbes Unterhaltsansprüche für die Zeit der noch bestehenden Ehe, auch wenn sie für den Fall eingeklagt werden, dass die Ehe nicht geschieden wird; auch der Vorsorgeunterhalt des § 1361 Abs 1 S 2 BGB ist keine Folgesache (BGH NJW 82, 1988).

4. Vermögensrechtliche Folgesachen (Abs 1 S 1) umfassen (ein- **4** schließlich der Auskunftsansprüche): **a) Ehegattenunterhalt** (§ 621 Abs 1 Nr 5), nur für die Zeit ab Scheidung (vgl Rn 3), sog Scheidungsunterhalt (§§ 1569 ff BGB). Für eine isolierte Unterhaltsklage kann PKH versagt werden (Schleswig FamRZ 00, 430; umstr). – **b) Versor-** **5** **gungsausgleich** (§ 621 Abs 1 Nr 6). Auch ohne Antrag ist der Wertausgleich von Rentenanwartschaften (§ 1587 b BGB) Folgesache (Abs 1 S 3). Findet im Falle des Art 17 Abs 3 S 2 EGBGB ein Versorgungsausgleich nur auf Antrag statt, wird dieser aber nicht oder nicht rechtzeitig gestellt, so hat im Tenor eine Feststellung, dass ein Versorgungsausgleich nicht stattfindet, zu unterbleiben (München FamRZ 00, 165). Der schuldrechtliche Versorgungsausgleich (§§ 1587 f–1587 n BGB) ist Folgesache nur bei Antrag eines Ehegatten und wenn über den Anspruch

(§ 1587 g BGB) bereits entschieden werden kann (ZöPhilippi 20 a). –

6 **c) Ehewohnung und Hausrat** (§ 621 Abs 1 Nr 7). Folgesachen sind nur die endgültige Zuweisung der Ehewohnung und die Hausratsteilung (§§ 1–10 HausratsVO), nicht die Regelung während des Getrenntlebens

7 (§ 12 HausratsVO; § 620 Nr 7; vgl Rn 3 a). – **d) Güterrechtliche Ansprüche** (§ 621 Abs 1 Nr 8). Sie sind in diesem Umfang Folgesachen, wenn sie für den Fall der Scheidung geltend gemacht werden, insbes der Anspruch auf Zugewinnausgleich (§ 1378 Abs 1 BGB). Wegen § 621 Abs 3 trifft dies auch auf den vorzeitigen Zugewinnausgleich

8 zu (umstr, aA KG FamRZ 01, 166). – **e) Stundung der Ausgleichsforderung und Anrechnung** (§ 621 Abs 1 Nr 9). Diese Streitigkeiten sind Folgesachen, wenn der Güterstand durch Ehescheidung beendet

9 wird, nicht auf andere Weise (vgl § 1372 BGB). – **f) Kindesunterhalt** (§ 621 Abs 2 S 1 Nr 4). Folgesache ist nur die Unterhaltspflicht gegenüber einem gemeinschaftlichen Kind im Verhältnis der Ehegatten zueinander, insbes wenn einer von ihnen den Anspruch des Kindes gem § 1629 BGB dem anderen gegenüber geltend macht.

10 **5. Sorge-, Umgangs- und Herausgabeverfahren** (Abs 2), aber nur im Verhältnis von Ehegatten zueinander. Sie sind Folgesachen, auch wenn im Gegensatz zu Abs 1 S 1 in diesen Fällen nicht die Entscheidung für den Fall der Scheidung beantragt wird. Ein isoliertes Sorgeverfahren ist bei Anhängigkeit eines Scheidungsverfahrens automatisch als Verbundverfahren zu führen (hM; vgl München FamRZ 00, 166; Brandenburg FamRZ 00, 1291; Stuttgart FamRZ 01, 166 m zT abl Anm Maurer FamRZ 01, 1225). Im Falle der Abtrennung nach S 4 kann die nunmehr selbständige Familiensache vor Rechtskraft der Scheidung wirksam werden (Bamberg FamRZ 00, 1237). Die Abtrennung (Abs 2 S 2) steht nicht im Ermessen des Gerichts; sie ist zwingend (Frankfurt FamRZ 01, 1227), es sei denn, der Antrag ist rechtsmissbräuchlich (München FamRZ 00, 1291; kritisch hierzu Hamm FamRZ 01, 1229). Abs 2

11 umfasst: **a) Elterliche Sorge** (Abs 2 S 1 Nr 1), wenn die Eltern nicht nur vorübergehend getrennt leben und ein Elternteil beantragt, die elterliche Sorge ihm ganz oder teilweise zu übertragen (§ 1671 Abs 1

12 BGB). – **b) Umgangsregelung** (Abs 2 S 1 Nr 2), soweit es die Ehegatten betrifft, das gemeinschaftliche Kind (§ 1684 BGB) und den Fall

13 des § 1685 Abs 2 BGB. – **c) Herausgabe des Kindes** (Abs 2 S 1 Nr 3) im selben Umfang wie § 621 Abs 2 S 1 Nr 4 (Rn 9), also im Rahmen des § 1632 Abs 1 BGB nur im Verhältnis der Ehegatten zueinander (Herausgabe von einem Elternteil an den anderen).

14 **6. Gefährdung des Kindeswohls** (Abs 3) betrifft die Fälle des § 621 Abs 2 S 1 Nr 1 nur insoweit, als die elterliche Sorge ganz oder zT auf Grund des § 1666 BGB oder iVm § 1671 Abs 3 BGB einem Elternteil allein, einem Vormund oder Pfleger übertragen werden soll, gleich ob das Verfahren auf Antrag oder von Amts wegen eingeleitet worden ist. Auch diese Entscheidungen sollen im Verbund getroffen werden können.

7. Eintritt des Verbunds. Er beginnt sobald die Antrags(Kla- 15 ge)schrift für Scheidungs- und Folgesache bei Gericht eingereicht ist (§ 622 Abs 1). Von da an ist jede weitere Folgesache, die anhängig gemacht wird, im Scheidungsverfahren durch stets zulässige und freigestellte Antragshäufung gerichtlich geltend zu machen (vgl § 622 Rn 9). Verfahren in anderen Familiensachen, die gem § 621 Abs 3 (Verweisung oder Abgabe) übergeleitet werden, treten ohne weiteres in den Verbund (Abs 5), wenn diese Familiensache Folgesache ist (Rn 10–14) oder dadurch wird (Rn 4–9), dass ein Ehegatte die Entscheidung für den Fall der Ehescheidung begehrt (Abs 5 S 2). Der eingetretene Verbund setzt sich im zweiten Rechtszug fort.

8. Rechtzeitigkeit (Abs 4 S 1). Die Scheidungssache muss noch im 16 ersten Rechtszug anhängig und die letzte mdl Vhdlg darf noch nicht geschlossen sein (wie § 296 a). Wird die Folgesache bis dahin vor dem Familiengericht durch Antrag anhängig oder im FGG-Verfahren eingeleitet (auf Antrag oder von Amts wegen), tritt sie in den Verbund. Das gilt auch für die Überleitung gem § 621 Abs 3 (Abs 5). Danach, insbes in der zweiten Instanz, können Folgesachen nicht mehr in den Verbund einbezogen und müssen isoliert in erster Instanz geltend gemacht werden (Hamburg FamRZ 00, 842). Der eingetretene Verbund dauert bis zur Gesamterledigung oder Abtrennung (Rn 18).

9. Zurückverweisung (Abs 4 S 2) der Scheidungssache gem § 629 b 17 in die erste Instanz eröffnet einen neuen Zeitraum für den Verbund (auch neue Folgesachen) bis zum neuerlichen Verhandlungsschluss (§ 296 a; Abs 4 S 1; Rn 16). Daher ist der Verbund auch gegeben, wenn die Folgesache während der Anhängigkeit der Scheidungssache in den ersten Rechtszug zurückverwiesen wird.

10. Abtrennung aus dem Verbund (gem § 145) soll eine frühere 18 Entscheidung der Folgesache oder einen früheren Scheidungsanspruch ermöglichen und führt bei Folgesachen dazu, dass sie als selbstständige Familiensache fortgeführt werden (vgl Abs 2 S 4; Abs 3 S 3; München OLGR 99, 205). Die Voraussetzungen der Abtrennung sind für jede Folgesache, die abgetrennt werden soll, gesondert zu prüfen (Frankfurt FamRZ 88, 966). Abtrennung ist nur in folgenden Fällen möglich: **a) Unzulässigkeit** des Verbunds, weil keine Folgesache vorliegt (vgl 19 Rn 5) oder eine Nichtfamiliensache (Rn 23). – **b) Beteiligung Dritter** am Prozess über einen unterhalts- oder güterrechtlichen Anspruch (Abs 1 S 2; § 621 Abs 1 Nr 5 und 8 sowie Abs 2 Nr 4), also bei zivilprozessualen Folgesachen. Sie führt in sämtlichen Fällen zur Lösung des Verbundes. Beteiligung: als Streitgenosse oder Nebenintervenient. Dritter ist auch ein gemeinschaftliches Kind der Ehegatten. Für dessen Unterhaltsansprüche (§ 621 Abs 1 Nr 4) ist aus dem gleichen Grunde auch die Prozessstandschaft eines Elternteils in § 1629 Abs 3 BGB zwingend vorgesehen. Es sollen nur die Ehegatten Partei des Scheidungsrechtsstreits sein. Wird in diesem Fall das Kind volljährig, tritt es im Wege des Parteiwechsels kraft Gesetzes (16 vor § 50) in den Prozess ein und über-

nimmt ihn ohne weitere Erklärung (Rogner NJW 94, 3325). Der Verbund kann dann nicht bestehen bleiben (BGH FamRZ 85, 471). –
20 **c) Abtrennung auf Antrag** (Abs 2 S 2). Diesen kann nur ein Ehegatte stellen. Damit soll eine Entscheidung in der Hauptsache über elterliche Sorge, Umgang und Herausgabe des Kindes (Rn 10) schon während der Trennung bei anhängigem Scheidungsverfahren ermöglicht werden (ausführlich Hagelstein FamRZ 01, 533). Bei Vorliegen der Voraussetzungen besteht kein Ermessen, ob abgetrennt wird (Hamm FamRZ 01, 554). Abtrennung aber unzulässig, wenn für die Dauer des Getrenntlebens eine Sorgerechtsentscheidung vorliegt (Bamberg FamRZ 99, 1434) oder im Falle des Rechtsmissbrauchs (München OLGR 00, 162), nicht aber bei Einigung über elterliche Sorge (Düsseldorf FamRZ 00, 845). Die getroffene Entscheidung gilt über die Scheidung hinaus fort. Antragsverbindung (Abs 2 S 3) wird für Unterhaltssachen (§ 621 Abs 1 Nr 5 und Abs 2 S 1 Nr 4) zugelassen, weil idR damit ein enger Sachzusammenhang besteht. Auch insoweit besteht für die Abtrennung kein Ermessen (Hamm FamRZ 01, 554). Abs 2 S 4: Fortführung wie Rn 18 (Hs 1). Kosten: Hs 2; wie § 626 Abs 2 S 3 (dort Rn 5). Rechtsmittel bei Antragsablehnung: sofortige Beschwerde gem § 567 Abs 1 Nr 2
21 (Düsseldorf FamRZ 00, 840 zu § 567 aF). – **d) Abtrennung nach Ermessen** (Abs 3 S 2) des Familiengerichts findet bei eingeleiteten Verfahren der Gefährdung des Kindeswohls (§ 1666 BGB) statt, damit eine Hauptsacheentscheidung schon im Zeitraum vor der Scheidung möglich
22 wird. Fortführung und Kosten: wie Rn 20 aE. – **e) Sonstige Fälle:** § 626 Abs 2, § 627 und § 628 führen zu einer faktischen Abtrennung auch ohne besonderen Trennungsbeschluss. Außerdem führt eine zulässige Antragsrücknahme in einer Folgesache zur Abtrennung und gleichzeitig zur Erledigung. Dasselbe gilt für einen Erledigungsstreit in einer
23 Folgesache (Zweibrücken FamRZ 97, 504). – **f) Nichtfamiliensachen,** die mit dem Verbund anhängig gemacht, aber darin zwangsläufig nicht enthalten sind, müssen von Amts wegen auch formell abgetrennt und an das zuständige Prozessgericht oder das zuständige Gericht der Freiwilligen Gerichtsbarkeit verwiesen oder abgegeben werden (vgl § 621 Rn 43).

24 **11. Verfahrensüberleitung** (Abs 5) durch Verweisung (§ 281) oder Abgabe. Damit wird vorgeschrieben, inwieweit gem § 621 Abs 3 übergeleitete Familiensachen zu Folgesachen werden und dadurch in den Verbund gelangen. Das ist unterschiedlich geregelt: **a) Auf Antrag** gem Abs 1 S 1 (Entscheidung für den Fall der Scheidung) werden zu Folgesachen die vermögensrechtlichen Familiensachen des § 621 Abs 1 Nr 5–9, Abs 2 Nr 4 (Rn 4–9). Dieser Antrag muss rechtzeitig (vor Schluss der Letzten mdl Vhdlg, § 296 a) gestellt werden. – **b) Kraft Gesetzes** werden Folgesachen die Verfahren gem Abs 2 S 1 und Abs 3.

25 **12. Prozessgrundsätze.** Im Verbund können für dieselbe Tatsache der Verhandlungsgrundsatz (Einl I Rn 1; § 621 Abs 1 Nr 4, 5, 8), der eingeschränkte Untersuchungsgrundsatz (Einl I Rn 6; §§ 616, 617) und

der Ermittlungsgrundsatz (§ 12 FGG; für § 621 Abs 1 Nr 1, 3, 6, 7, 9) zusammentreffen. Dies kann nur so gelöst werden, dass die über § 12 FGG, § 616 gewonnenen Aufklärungsergebnisse im Verbund auch für die Gegenstände des § 621 Abs 1 Nr 4, 5, 8 verwertbar sind (hM; hierzu Roth ZZP 103, 5). Die Praxis könnte nicht differenzieren und muss die gewonnenen Tatsachenerkenntnisse der Entscheidung insgesamt zugrunde legen.

§ 624 Besondere Verfahrensvorschriften

(1) **Die Vollmacht für die Scheidungssache erstreckt sich auf die Folgesachen.**

(2) **Die Bewilligung der Prozeßkostenhilfe für die Scheidungssache erstreckt sich auf Folgesachen nach § 621 Abs. 1 Nr. 6, soweit sie nicht ausdrücklich ausgenommen werden.**

(3) **Die Vorschriften über das Verfahren vor den Landgerichten gelten entsprechend, soweit in diesem Titel nichts Besonderes bestimmt ist.**

(4) **[1]Vorbereitende Schriftsätze, Ausfertigungen oder Abschriften werden am Verfahren beteiligten Dritten nur insoweit mitgeteilt oder zugestellt, als das mitzuteilende oder zuzustellende Schriftstück sie betrifft. [2]Dasselbe gilt für die Zustellung von Entscheidungen an Dritte, die zur Einlegung von Rechtsmitteln berechtigt sind.**

1. Vollmacht (Abs 1). Die Prozessvollmacht für die Scheidungssache,   1
gem § 609 zu erteilen, erstreckt sich über den gesetzlichen Umfang der §§ 81, 82 hinaus mit allen Wirkungen von selbst auf alle Folgesachen (§ 623 Rn 2). Zweck ist, die Vertretung der Ehegatten in den Folgesachen von vorneherein sicherzustellen. Es ist nicht ausgeschlossen, die Vollmacht auf Scheidung oder auf einzelne Folgesachen beschränkt zu erteilen. Das ist nur zweckmäßig, wenn in einer übergeleiteten Sache (§ 621 Abs 3) bereits ein RA bestellt ist, den der Ehegatte nicht für den Scheidungsprozess bevollmächtigen will.

2. Prozesskostenhilfe (Abs 2). Wird sie für das Scheidungsverfahren   2
bewilligt (§ 119 Abs 1 S 1), erstreckt sie sich von selbst ohne besonderen Ausspruch auf die ohne Antrag einzuleitende Folgesache des § 621 Abs 1 Nr 6. Diese kann jedoch ausdrücklich von der PKH ausgenommen werden. Für alle übrigen Folgesachen (§ 623 Abs 1–3) ist PKH besonders zu prüfen und zu bewilligen, gleich ob sie sofort mit dem Scheidungsantrag oder später anhängig gemacht werden. Bei aussichtsloser oder mutwilliger Rechtsverfolgung ist PKH für Scheidungsantrag und/oder Folgesache(n) abzulehnen. Auch wenn eine Verteidigung gegen den Scheidungsantrag nicht beabsichtigt oder aussichtslos ist, darf dem Antragsgegner für das gesamte Verfahren PKH bewilligt werden

(hM). Die Beiordnung erstreckt sich nicht auf einen außergerichtlichen Scheidungsfolgenvergleich (KG MDR 98, 1484).

3   **3. Verfahren im ersten Rechtszug** (Abs 3). Diese Vorschrift entspricht § 608 und § 621 b. Sie stellt sicher, dass im Verbund (neben den Vorschriften des FGG und der HausratsVO, § 621 a Abs 1) die §§ 253–494 (Verfahren vor dem LG) gelten.

4   **4. Eingeschränkte Bekanntmachung. a) Schriftsätze** (Abs 4 S 1). Die Vertraulichkeit des Scheidungsprozesses soll in der Weise gewährleistet werden, dass Drittbeteiligte (auch Kinder) in den der freiwilligen Gerichtsbarkeit unterliegenden Gegenständen Schriftstücke nur erhalten, soweit es sie oder ihre Aufgaben betrifft. Daher dürfen die Schriftsätze und Entscheidungen in Abschrift oder Ausfertigung an die Dritten nur in einem sie betreffenden Auszug erteilt, mitgeteilt oder zugestellt werden, nie darf es das ganze Schriftstück, wenn es nicht ausschließlich den Gegenstand betrifft, an dem der Dritte (zB Versorgungsträger, Jugendamt, Vermieter) beteiligt ist. § 34 FGG wird über
5   § 621 a Abs 1 S 1 insoweit eingeschränkt. – **b) Entscheidungen** (Abs 4 S 2). Umfasst Urteile und Beschlüsse, Zustellungen (§ 317 Abs 1, § 329 Abs 3) und formlose Mitteilungen (§ 329 Abs 2 S 1). Dies gilt für beschwerdeberechtigte Minderjährige (§ 59 FGG) und auch für andere Beschwerdeberechtigte, insbes Jugendamt, Versorgungsträger, Vermieter.

§ 625 Beiordnung eines Rechtsanwalts

(1) [1]**Hat in einer Scheidungssache der Antragsgegner keinen Rechtsanwalt als Bevollmächtigten bestellt, so ordnet das Prozeßgericht ihm von Amts wegen zur Wahrnehmung seiner Rechte im ersten Rechtszug hinsichtlich des Scheidungsantrags und eines Antrags nach § 1671 Abs. 1 des Bürgerlichen Gesetzbuchs einen Rechtsanwalt bei, wenn diese Maßnahme nach der freien Überzeugung des Gerichts zum Schutz des Antragsgegners unabweisbar erscheint; § 78 c Abs. 1, 3 gilt sinngemäß.** [2]**Vor einer Beiordnung soll der Antragsgegner persönlich gehört und dabei besonders darauf hingewiesen werden, daß die Familiensachen des § 621 Abs. 1 gleichzeitig mit der Scheidungssache verhandelt und entschieden werden können.**

(2) **Der beigeordnete Rechtsanwalt hat die Stellung eines Beistandes.**

1   **1. Allgemeines. a) Zweck.** In Scheidungs- und Folgesachen kann der Anwaltszwang (§ 78 Abs 2) durch den Antragsgegner umgangen werden, indem er keinen RA bestellt und eine Beiordnung im Wege der Prozeßkostenhilfe (§ 121) nicht beantragt. Die Vertretung durch Anwälte ist jedoch in diesen Fällen wegen der Rechtsgefährdung erwünscht
2   und wird durch Abs 1 S 1 ermöglicht. – **b) Anwendbar** nur für Scheidungssachen (§ 622 Rn 1) im ersten Rechtszug, nicht im Verfahren des § 620.

2. Voraussetzungen (Abs 1 S 1) sind außer der Anhängigkeit einer 3
Scheidungssache (§ 622 Rn 1): **a) Unterbliebene Anwaltsbestellung**
aufseiten des Antragsgegners der Scheidung, indem er weder einen RA
bevollmächtigt (§ 80 Rn 2) noch um PKH (§ 114) nachgesucht hat. –
b) Unabweisbares Bedürfnis zum Schutz des Antraggegners. Das hat 4
das Gericht nach freier Überzeugung (§ 287 Rn 10) zu entscheiden und
insbes zu bejahen, wenn der Antragsgegner aus Unkenntnis, mangelnder
Erfahrung oder infolge Beeinflussung durch den anderen Ehegatten
seine Rechte bei der Scheidung und der Übertragung der elterlichen
Sorge (oder eines Teils) auf einen Elternteil allein (§ 1671 BGB) in
unverantwortlicher Weise gar nicht oder unzureichend wahrnimmt
(Hamm FamRZ 98, 1123). Auf die wirtschaftlichen Verhältnisse kommt
es nicht an.

3. Verfahren. Es ist in folgender Reihenfolge vorzugehen: **a) Per-** 5
sönliche Anhörung und Hinweis (Abs 1 S 2). Dies geschieht mündlich (Hamm FamRZ 86, 1122), jedenfalls im ersten Termin zu dessen
Beginn, ist aber auch vorher möglich, wenn feststeht, dass der Antragsgegner eine Anwaltsbestellung unterlassen will. Das Gericht hat den
Hinweis persönlich zu erteilen, insbes über die Tragweite und die Folgen
der Scheidung und ggf der Übertragung der elterlichen Sorge, sowie die
Möglichkeit gleichzeitiger Erledigung im Verbund (§ 623). Dem Antragsgegner ist dabei nahezulegen, einen RA zu bevollmächtigen. Die
Beiordnung ist auch bei dem Unterbleiben des Hinweises wirksam
(„soll"). – **b) Beiordnung** (durch Verfügung, vgl § 78 c Abs 3) soll erst 6
erfolgen, wenn für das Gericht ersichtlich ist, dass der Antragsgegner
keinen RA bestellen wird. Auswahl: § 78 c Abs 1. Anfechtbarkeit:
§ 78 c Abs 3. Beschwerde wird aber auch gegen die Beiordnung als
solche zugelassen (hM; ZöPhilippi 4 mwN). – **c) Umfang.** Abs 1 S 1 7
lässt die Beiordnung nur für den Scheidungsantrag und die Übertragung
der elterlichen Sorge zu, nicht für die anderen Folgesachen und für
§ 620. Für § 621 Nr 2 und 3 ist sie aber wegen des Sachzusammenhangs
geboten (ZöPhilippi 6 mwN; bestr).

4. Wirkung (Abs 2). Der beigeordnete RA hat die Stellung und 8
Befugnisse eines Beistands (§ 90), solange ihm nicht, was dem Antragsgegner jederzeit freisteht, Prozessvollmacht erteilt wird (§ 80 Rn 2).
Vorher kann ihm nicht wirksam zugestellt werden (BGH NJW 95,
1225). Vergütung erhält der RA auch ohne Vollmacht (§ 36 a BRAGO).

§ 626 Zurücknahme des Scheidungsantrags

(1) ¹**Wird ein Scheidungsantrag zurückgenommen, so gilt
§ 269 Abs. 3 bis 5 auch für die Folgesachen, soweit sie nicht die
Übertragung der elterlichen Sorge oder eines Teils der elterlichen Sorge wegen Gefährdung des Kindeswohls auf einen Elternteil, einen Vormund oder einen Pfleger betreffen; in diesem
Fall wird die Folgesache als selbständige Familiensache fort-**

geführt. [2]**Erscheint die Anwendung des § 269 Abs. 3 Satz 2 im Hinblick auf den bisherigen Sach- und Streitstand in den Folgesachen der in § 621 Abs. 1 Nr. 4, 5, 8 bezeichneten Art als unbillig, so kann das Gericht die Kosten anderweitig verteilen.** [3]**Das Gericht spricht die Wirkungen der Zurücknahme auf Antrag eines Ehegatten aus.**

(2) [1]**Auf Antrag einer Partei ist ihr durch Beschluß vorzubehalten, eine Folgesache als selbständige Familiensache fortzuführen.** [2]**In der selbständigen Familiensache wird über die Kosten besonders entschieden.**

1   **1. Rücknahme.** Der Scheidungsantrag kann in jeder Instanz gem § 269 Abs 1, 2 zurückgenommen werden, nach Beginn der mdl Vhdlg also nur mit Zustimmung des anwaltlich vertretenen Antragsgegners, wenn dieser darin der Scheidung nicht entgegengetreten ist (München NJW-RR 94, 201); anders, falls er nicht durch einen RA vertreten ist, selbst wenn er gem § 623 Abs 1 angehört wurde (Zweibrücken FamRZ 97, 1226). Vorausgesetzt ist in § 626, dass durch die Rücknahme des Scheidungsantrags (§ 269 Abs 1, 2) alle Folgesachen gegenstandslos werden, weil nur für den Fall der Scheidung darüber entschieden werden sollte (§ 623 Abs 1 S 1). Eine Ausnahme gilt für die von einem Antrag unabhängigen Folgesachen nach § 623 Abs 3 (dort Rn 14); diese werden stets als selbständige Familiensachen vom zuständigen Familiengericht fortgeführt. Der ausdrücklichen Rücknahme aller oder einzelner Anträge (Klagen) in Folgesachen steht Abs 1 S 1 nicht entgegen. Über Abs 1 gilt auch dann § 269 Abs 3–5. Wird eine Folgesache des § 621 Abs 1 Nr 4, 5, 8 selbständig oder zusammen mit dem Scheidungsantrag zurückgenommen, ist Abs 1 S 2 nicht anwendbar.

2   **2. Wirkung** der Rücknahme (Abs 1). Es tritt die Fiktion des § 269 Abs 3 S 1 ein und erstreckt sich auf die Folgesachen mit Ausnahme der
3   des § 623 Abs 3 (vgl Abs 1 S 1). **a) Kostenpflicht** des Antragstellers (§ 269 Abs 3 S 2) gilt grundsätzlich unter Einschluss der Folgesachen, aber nur wenn sie schon rechtshängig sind (Köln FamRZ 86, 278). Andere Verteilung nur nach Abs 1 S 2 in den zivilprozessualen Familiensachen bei Unbilligkeit (wie § 91 a Rn 48) nach Ermessen („kann") des
4   Gerichts. – **b) Beschluss** über alle Wirkungen (Rn 2, 3) ohne notwendige mdl Vhdlg (§ 269 Abs 4 iVm § 128 Abs 4) ergeht auf Antrag eines Ehegatten, nicht notwendig des Antragsgegners (Abs 1 S 3). Anfechtbar mit sofortiger Beschwerde (§ 269 Abs 5).

5   **3. Vorbehalt der Fortführung von Folgesachen** (Abs 2). Ist nur anwendbar für geeignete Folgesachen (§ 623 Rn 2), zB Unterhalt (§ 621 Abs 1 Nr 5), nicht Versorgungsausgleich (§ 621 Abs 1 Nr 6). Der Beschluss ergeht ohne notwendige mdl Vhdlg (§ 128 Abs 4) und nur auf Antrag einer Partei (Abs 2 S 1), also nur eines Ehegatten. Analoge Anwendung, wenn Scheidungsantrag durch Tod einer Partei gem § 619 gegenstandslos wird (KG FamRZ 00, 1030; MüKoFinger

§ 619 Rn 16). Der Antrag ist bis zur Rechtskraft des Beschlusses (Abs 1 S 3; Rn 4) zulässig (Celle FamRZ 84, 301). Mdl Vhdlg ist nicht ausgeschlossen. Die Folgesache kann, muss aber nicht fortgeführt werden, immer nur als selbständige Familiensache nach den §§ 621 a–621 f. Es ergeht darin besondere Kostenentscheidung nach allgemeinen Grundsätzen (Abs 2 S 3), dh in FGG-Verfahren nach § 13 a FGG (München FamRZ 00, 168), im Übrigen nach §§ 91 ff.

§ 627 Vorwegentscheidung über elterliche Sorge

(1) **Beabsichtigt das Gericht, von dem Antrag eines Ehegatten nach § 1671 Abs. 1 des Bürgerlichen Gesetzbuchs, dem der andere Ehegatte zustimmt, abzuweichen, so ist die Entscheidung vorweg zu treffen.**

(2) **Über andere Folgesachen und die Scheidungssache wird erst nach Rechtskraft des Beschlusses entschieden.**

1. Allgemeines. § 627 ist eine Ausnahme von § 623 Abs 1 S 1 **1** (Entscheidungskonzentration). Die Regelung der elterlichen Sorge ist häufig eine Kernfrage für das Verhalten der Ehegatten im Scheidungsprozess (insbes für die Härteklausel; § 1568 BGB) und bei den Folgesachen (insbes für die Unterhaltsansprüche). § 627 soll eine sichere Grundlage gewährleisten und ist auch im zweiten Rechtszug anwendbar.

2. Voraussetzungen. Liegen sie vor, muss das Gericht vorweg ent- **2** scheiden. **a) Antrag eines Ehegatten** auf (auch nur teilweise) Übertragung der elterlichen Sorge gemäß § 1671 Abs 1 BGB. Die Zustimmung des anderen Ehegatten kann sich insbes aus der Antragsschrift (§ 622) ergeben oder in mdl Vhdlg erklärt sein. – **b) Abweichende 3 Regelung** ist jede anders geartete Regelung der elterlichen Sorge, insbes wegen Widerspruch des Kindes (§ 1671 Abs 2 Nr 1 BGB) oder aus Gründen des § 1671 Abs 3 BGB, zB aufgeteilter elterlicher Sorge oder Übertragung auf Dritte.

3. Wirkung. Abs 1 führt praktisch dazu, dass das Gericht im Rah- **4** men des § 12 FGG vor jeder Endentscheidung prüfen muss, ob eine abweichende Regelung (Rn 3) in Betracht kommt. Das vorweg entschiedene Verfahren bleibt Folgesache. **a) Endentscheidung** ergeht **5** durch FGG-Beschluss (nicht Teilurteil), grundsätzlich auf mdl Vhdlg und darf nur über den Gegenstand des § 1671 BGB befinden, nicht über den Umgang mit dem Kinde oder über dessen Herausgabe (§ 621 Abs 1 Nr 2, 3). Dies kann getrennt durch einstw Anordnung gem § 620 Nr 2, 3 geregelt werden. Der Beschluss gem § 627 beendet die Wirkung einer nach § 620 Nr 1 ergangenen Anordnung (§ 620 f). – **b) Anfechtbar- 6 keit** richtet sich nach § 621 e und ist in keiner Weise eingeschränkt (formelle Rechtskraft gem § 621 e Abs 3, § 705). – **c) Entscheidungs- 7 sperre** (Abs 2). Erst ab formeller Rechtskraft des Beschlusses (vgl Rn 6) darf über die Scheidung und die anderen Folgesachen entschieden werden. – **d) Verletzung** des § 627 begründet die Aufhebung des Ver- **8**

bundurteils (§ 629) und gestattet unter den Voraussetzungen des § 538 Abs 2 Nr 1 die Zurückverweisung.

§ 628 Scheidungsurteil vor Folgesachenentscheidung

[1]Das Gericht kann dem Scheidungsantrag vor der Entscheidung über eine Folgesache stattgeben, soweit

1. in einer Folgesache nach § 621 Abs. 1 Nr. 6 oder 8 vor der Auflösung der Ehe eine Entscheidung nicht möglich ist,
2. in einer Folgesache nach § 621 Abs. 1 Nr. 6 das Verfahren ausgesetzt ist, weil ein Rechtsstreit über den Bestand oder die Höhe einer auszugleichenden Versorgung vor einem anderen Gericht anhängig ist,
3. in einer Folgesache nach § 623 Abs. 2 Satz 1 Nr. 1 und 2 das Verfahren ausgesetzt ist, oder
4. die gleichzeitige Entscheidung über die Folgesache den Scheidungsausspruch so außergewöhnlich verzögern würde, daß der Aufschub auch unter Berücksichtigung der Bedeutung der Folgesache eine unzumutbare Härte darstellen würde.

[2]Hinsichtlich der übrigen Folgesachen bleibt § 623 anzuwenden.

1 **1. Allgemeines.** § 628 ist eine Ausnahme von § 623 Abs 1 S 1 (Verbund) und stellt eine zwingende, abschließende Regelung dar (hM;
2 BGH NJW 91, 1616). **a) Zweck.** Es soll eine frühere rechtskräftige Scheidung trotz Vorliegen von Umständen ermöglicht werden, die eine einheitliche Entscheidung verhindern oder eine Entscheidung, die be-
3 reits ausgesprochen werden kann, unzumutbar verzögern. – **b) Anwendbar** im ersten und zweiten Rechtszug, auch wenn die Scheidungs-
4 sache nicht dorthin gelangt (§ 629 a Abs 2 S 3). – **c) Übrige Folgesachen.** Für diejenigen, welche von § 628 nicht betroffen sind, bleibt es beim Entscheidungsverbund des § 629 Abs 1 (KG FamRZ 90, 646). Sie bleiben Folgesachen mit allen Konsequenzen (Hamm NJW 79, 769), auch in der höheren Instanz (§ 629 a Abs 2).

5 **2. Vorabentscheidung** über den Scheidungsantrag, bedeutet Rückstellung und Abtrennung der noch nicht entscheidungsreifen Folgesachen ab deren Anhängigkeit (vgl § 623 Abs 2 S 1; Zweibrücken FamRZ 98, 1525). **a) Zulässigkeit** ist gegeben, auch wenn nur der Scheidungsantrag in die zweite Instanz gelangt ist (KG NJW 80, 843). –
6 **b) Zeitpunkt.** Ein Beschluss über die Abtrennung kann auch gleichzeitig mit dem Urteil ergehen. Rechtliches Gehör (Einl I Rn 10) muss
7 aber vorher gewährt werden (BGH FamRZ 86, 898). – **c) Anfechtbarkeit. aa) Beschluss.** Der Abtrennungsbeschluss ist nicht selbständig anfechtbar (allgM; Bamberg FamRZ 86, 1011 mwN), ebenso wenig ein Beschluss, der die Abtrennung ablehnt (hM; Oldenburg FamRZ 01, 167 mwN), wenn es nicht einer Aussetzung (§ 252) gleichkommt (Frankfurt FamRZ 97, 1167; ZöPhilippi 11 m Hinweisen auf die aA). Für **außer-**

ordentliche Beschwerde wegen Ermessensfehlgebrauch: Karlsruhe FamRZ 99, 98; Finger MDR 00, 247/250. Bei Verletzung rechtlichen Gehörs gilt § 321a entsprechend (§ 321a Rn 18). **bb) Urteil.** Wird ohne eine der Voraussetzungen (Abs 1 S 1) abgetrennt oder einem Scheidungsantrag vor Entscheidung über die Folgesache stattgegeben, schafft dies eine selbständige Beschwer für die Anfechtung des Urteils (BGH NJW 87, 1772 u NJW-RR 96, 1025). Bei dessen zulässiger Anfechtung bildet ein Verstoß gegen § 628 wegen fehlerhaften Ermessens (KG FamRZ 79, 140) oder irriger Annahme der Voraussetzungen (Rn 8) einen Aufhebungsgrund, der die Zurückverweisung unter den Voraussetzungen des § 538 Abs 2 Nr 1 gestattet (hM zu § 539 aF; Düsseldorf FamRZ 88, 312). 7a

3. Voraussetzungen (S 1 Nr 1–4). Liegen sie vor, steht es im Ermessen des Gerichts, gem § 628 zu verfahren (Frankfurt FamRZ 79, 62 mwN). Die Voraussetzungen sind im Berufungsverfahren voll nachprüfbar (hM; Düsseldorf FamRZ 80, 1050 mwN). Die Abtrennung unterliegt nicht der Parteidisposition (vgl Rn 1), so dass übereinstimmende Anträge nicht genügen (Finger MDR 00, 247), auch nicht bei Folgesachen, über die nur auf Antrag entschieden wird (hM; BGH NJW 91, 1616 mwN). **a) Nr 1: Unmöglichkeit einer Entscheidung** über Versorgungsausgleich oder güterrechtlichen Anspruch (§ 621 Abs 1 Nr 6, 8) bis die Ehe geschieden ist. Das ist selten und liegt dann vor, wenn die Folgesache nur auf Grund einer Änderung tatsächlicher oder rechtlicher Verhältnisse entschieden werden kann, die erst nach der Eheauflösung (durch rechtskräftige Ehescheidung, § 1564 S 2 BGB) eintreten können. – **b) Nr 2: Ausgesetztes Verfahren über den Versorgungsausgleich.** Diese von Familien- oder Berufungsgericht angeordnete Aussetzung muss auf § 53c FGG beruhen und vorangegangen sein. Mit anderen Gerichten sind insbes die Gerichte der Sozial-, Verwaltungs- und Arbeitsgerichtsbarkeit gemeint. – **c) Nr 3: Aussetzung bei elterlicher Sorge oder Umgang.** Das sind nur Verfahren, welche die elterliche Sorge und den Umgang mit Kindern betreffen (§ 623 Abs 2 S 1 Nr 1 und 2; dort Rn 10–12). Die Aussetzung des Verfahrens muss auf § 52 Abs 2 FGG beruhen. – **d) Nr 4: Außergewöhnliche Verzögerung** durch eine Folgesache gleich welcher Art. Sie darf noch nicht entscheidungsreif sein; dies ist im Beschluss (Rn 6) darzulegen (Düsseldorf NJW-RR 91, 5). Wegen des Zwecks ist Nr 4 eng auszulegen (Düsseldorf FamRZ 88, 312). **aa) Verfahrensdauer.** Sie ist grundsätzlich ab Rechtshängigkeit des Scheidungsantrags zu rechnen (Köln FamRZ 00, 1294), und zwar desjenigen Ehegatten, der unzumutbare Härte geltend macht (Stuttgart MDR 98, 290). 1½ bis 2 Jahre sind noch normal (BGH NJW 87, 1772; Düsseldorf NJW-RR 91, 264; Finger MDR 00, 247/248), darüber hinaus kaum noch (vgl Dresden FamRZ 98, 1526). Für den frühesten Eintritt der Verzögerung kommt es auf die Verhältnisse am jeweiligen Familiengericht an (hM; Celle FamRZ 96, 1485 mwN). Die Verzögerung durch eine auf Nr 4 ge- 8 9 10 11 12

stützte Berufung bleibt außer Betracht (Düsseldorf FamRZ 79, 160; aA
Finger aaO S 248), auch derjenige Zeitraum, um den die Scheidungsklage verfrüht (Trennungsjahr) erhoben ist (Frankfurt FamRZ 81, 579),
wobei die Voraussetzungen für jede einzelne Folgesache gesondert zu
13 prüfen sind (Frankfurt NJW-RR 88, 774 mwN). **bb) Unzumutbare
Härte.** Sie ist nach den Umständen des Einzelfalles zu würdigen und
verlangt eine Interessenabwägung; Beispiele bei Finger MDR 00,
247/248 f. Es ist gleich, woraus sie sich ergibt. Sie erfordert besondere
Umstände. Die außergewöhnliche Verzögerung bedeutet für sich allein
noch keine solche Härte (Hamburg FamRZ 01, 1228). Diese sind zu
verneinen bei der bloßen Verzögerung, die normalerweise durch den
Verbund entsteht (Schleswig FamRZ 89, 1106), selbst wenn sie außergewöhnlich sein sollte (Zweibrücken FamRZ 98, 1525) oder wenn die
Parteien die gebotene Verfahrensförderung der Folgesache unterlassen
haben (Hamm FamRZ 97, 825), zB durch Auskunftsverweigerung
(Köln NJW-RR 97, 1367). Die Berücksichtigung der Bedeutung der
Folgesache ist auf Grund einer Interessenabwägung an den Belangen
des anderen Ehegatten und der Kinder zu orientieren (KG FamRZ 01,
928). Bsp: Scheidung nach langjähriger Trennung zum Zweck baldiger
Eheschließung bei Kind aus neuer Partnerschaft (BGH NJW 87, 1772);
titulierter Trennungsunterhalt, der wesentlich niedriger ist als der zu
erwartende Scheidungsunterhalt (BGH NJW 91, 2491).

14 **4. Wirkung.** Die Endentscheidung ergeht einheitlich durch Urteil
(§ 629 Abs 1) über Scheidung und sonstige von Abs 1 Nr 1–4 nicht
berührte Folgesachen, mit Kostenentscheidung (hM) weil abgetrennt ist
15 (vgl Rn 5). **a) Abgetrennte Folgesachen** bleiben als solche anhängig
(allgM), ggf im Teil- oder Restverbund mit weiterer Möglichkeit der
Abtrennung (Zweibrücken FamRZ 97, 1231 mwN), Anwaltszwang
(§ 78 Abs 2; BGH FamRZ 98, 1505) und späterer Kostenentscheidung
gem § 93 a. Es kann darüber schon vor Rechtskraft des Scheidungsausspruchs verhandelt und entschieden werden (BGH NJW 79, 1603); das
16 soll idR geschehen (KG FamRZ 82, 320). – **b) Einstweilige Anordnungen** (§ 620) können vom Familiengericht auf Antrag, auch zugleich
mit Verkündung des Scheidungsurteils (§ 629 Abs 1) erlassen werden.

**§ 629 Einheitliche Endentscheidung; Vorbehalt bei abgewiese-
nem Scheidungsantrag**

(1) **Ist dem Scheidungsantrag stattzugeben und gleichzeitig
über Folgesachen zu entscheiden, so ergeht die Entscheidung
einheitlich durch Urteil.**

(2) [1]**Absatz 1 gilt auch, soweit es sich um ein Versäumnisurteil
handelt.** [2]**Wird hiergegen Einspruch und auch gegen das Urteil
im übrigen ein Rechtsmittel eingelegt, so ist zunächst über den
Einspruch und das Versäumnisurteil zu verhandeln und zu entscheiden.**

(3) [1]**Wird ein Scheidungsantrag abgewiesen, so werden die Folgesachen gegenstandslos, soweit sie nicht die Übertragung der elterlichen Sorge oder eines Teils der elterlichen Sorge wegen Gefährdung des Kindeswohls auf einen Elternteil, einen Pfleger oder einen Vormund betreffen; in diesem Fall wird die Folgesache als selbständige Familiensache fortgeführt.** [2]**Im übrigen ist einer Partei auf ihren Antrag in dem Urteil vorzubehalten, eine Folgesache als selbständige Familiensache fortzusetzen.** [3]**§ 626 Abs. 2 Satz 3 gilt entsprechend.**

1. Stattgebendes Scheidungsurteil (Abs 1). Es ergeht sowohl im 1 ersten wie im zweiten Rechtszug ein einheitliches Endurteil, das die Scheidung und alle Folgesachen umfasst, soweit sie nicht gem § 628 S 1 abgetrennt sind. Damit wird der Verbund des § 623 Abs 1 S 1 in der Endentscheidung verwirklicht. Das Verbundurteil ist allen Beteiligten zuzustellen, dabei § 624 Abs 4 zu beachten. **a) Inhalt.** Die Urteilsfor- 2 mel hat alle anhängigen, nicht abgetrennten Folgesachen (§ 623 Rn 2) zu umfassen. Über die Kosten wird gem § 93 a entschieden. Soweit Dritte beteiligt sind, ist § 13 a FGG oder § 20 HausratVO anwendbar (umstr; vgl § 93 a Rn 1 aE; aA: nur ZPO-Vorschriften). Vorläufige Vollstreckbarkeit kommt trotz § 629 d für Unterhalts- und Güterrechtsansprüche (§ 621 Abs 1 Nr 4, 5 und 8) in Betracht (hM). − **b) Antech-** 3 **tung.** Das Urteil des Familiengerichts unterliegt der Berufung (§ 511) unter Einschluss aller Folgesachen, auch der freiwilliger Gerichtsbarkeit unterliegenden Gegenständen (§ 621 Abs 1 Nr 1−3, 6, 7, 9), so dass mit einer unbeschränkten Berufung alles in den zweiten Rechtszug gelangt, worüber im angefochtenen Urteil entschieden wurde. Sollen nur die der freiwilligen Gerichtsbarkeit unterliegenden Gegenstände angefochten werden, findet die befristete Beschwerde des § 621 e statt (§ 629 a Abs 2 S 1). Das Berufungsurteil ist mit der Revision nur nach Maßgabe des § 543 (Zulassung durch OLG oder erfolgreiche Nichtzulassungsbeschwerde, wobei hierbei das Übergangsrecht gem § 26 Nr 9 EGZPO zu beachten ist) anfechtbar. Die Zulassungsrevision umfasst grundsätzlich auch die Folgesachen, aber nicht die des § 621 Abs 1 Nr 7 und 9, bei denen die Revision überhaupt nicht stattfindet, selbst wenn sie für die Hauptsache und (oder) andere Folgesachen zugelassen wird (§ 629 a Abs 1). Die Teilanfechtung ist in § 629 a geregelt. − **c) Be-** 4 **schwer** als Zulässigkeitsvoraussetzung (16 vor § 511). Grundsätzlich ist für den Antragsteller formelle Beschwer erforderlich; jedoch kann der Antragsteller das Urteil mit dem Ziel anfechten, die Ehe aufrechtzuerhalten (hM; Hamm FamRZ 78, 194 mwN) oder im Falle unzulässiger Abtrennung, mit dem Ziel, das angefochtene Urteil wegen Verletzung der §§ 623, 628, 629 aufzuheben und die Sache zurückzuverweisen (Frankfurt FamRZ 83, 1258). Der Antragsgegner kann gegen den Scheidungsausspruch stets Berufung einlegen, auch mit dem Ziel, die in erster Instanz erklärte Zustimmung zur Scheidung zu widerrufen und die Abweisung des Scheidungsantrags zu begehren (BGH 89, 328).

Hüßtege   1053

5   2. **Versäumnisurteile** (Abs 2) sind bei stattgebenden Scheidungsurteilen nur bei den Unterhalts- und güterrechtlichen Ansprüchen
(§ 621 Abs 1 Nr 4, 5, 8) zulässig (vgl Zweibrücken FamRZ 96, 1483),
weil bei Scheidungsurteilen § 612 Abs 4 entgegensteht und weil bei den
FGG-Verfahren eine Säumnisentscheidung überhaupt nicht möglich ist.
6   § 708 Nr 2 ist trotz § 629 d anwendbar (hM). **a) Einheitliche Entscheidung** (Abs 2 S 1). Sie ergeht als streitiges End- und Versäumnisurteil. Gegen dieses Urteil findet Einspruch statt (§ 338), soweit es (teilweise) als Versäumnisurteil gemäß § 331 ergeht allein der Einspruch,
wenn nur der als Versäumnisurteil ergangene Teil angefochten wird
(BGH NJW-RR 95, 247); im Übrigen findet Berufung oder befristete
7   Beschwerde statt (vgl Rn 3). – **b) Doppelte Anfechtung** (Abs 2 S 2).
Demjenigen, der beschwert ist, steht es frei, ob er nur Einspruch einlegt
oder nur Berufung (bzw Revision), oder statt Berufung befristete Beschwerde gem § 629 a Abs 2 S 1. Für den Fall, dass er außer dem
Einspruch auch gegen das Urteil im übrigen Rechtsmittel (Berufung,
Revision oder Beschwerde) einlegt, muss zuerst über den Einspruch und
den Teil des Urteils entschieden werden, der als Versäumnisurteil ergangen ist. Diese Entscheidung darf nur das Gericht treffen, dessen Urteil
angefochten wird. Es gelten die §§ 338–345. Der eingelegte Einspruch
hat keinen Einfluss auf diejenigen Fristen, die für die mit Rechtsmittel
anfechtbaren Teile der Entscheidung laufen (BGH FamRZ 86, 897).
Erst danach kann das Rechtsmittelverfahren (im Umfang der Anfechtung) weiterbetrieben werden, weil sonst der Verbund (§ 623 Abs 1)
nicht aufrechterhalten werden könnte.

8   3. **Abweisendes Urteil** über den Scheidungsantrag (Abs 3). Es wird
nach allgemeinen Grundsätzen angefochten (Rn 3). § 629 b ist zu beachten. Nur der Antragsteller ist beschwert (vgl Rn 4). – **a) Inhalt.** Es
wird nur der Scheidungsantrag abgewiesen. Die Folgesachen werden
deshalb gegenstandslos (Abs 3 S 1), weil der Antrag nur für den Fall der
Scheidung gestellt wird (vgl § 623 Rn 2). Sie sind daher nicht in der
Formel aufzuführen, da die Wirkung des Abs 3 S 1 von selbst eintritt,
allerdings nur unter der auflösenden Bedingung, dass das Rechtsmittelgericht das abweisende Urteil aufhebt (§ 629 b Abs 1 S 1). Eine Ausnahme besteht (Abs 3 S 1) für die Folgesachen auf Übertragung elterlicher Sorge wegen Kindeswohlgefährdung (§ 1666 BGB; § 623 Abs 3;
dort Rn 14). Diese werden von Amts wegen als selbständige Familiensache fortgeführt. Die Kostenentscheidung des abweisenden Urteils
richtet sich nach § 93 a Abs 2, die Entscheidung über die vorläufige
9   Vollstreckbarkeit nach § 708 Nr 11, § 709. – **b) Vorbehalt der Fortführung** (Abs 3 S 2) einer Folgesache als selbständige Familiensache ist
auf Antrag möglich. Der Vorbehalt ist in das Urteil aufzunehmen. Ist
auch anwendbar, wenn der Scheidungsantrag in einem anderen, insbes
auch einem ausländischen Verfahren, abgewiesen worden ist (BGH
10 NJW 84, 2041). Es gilt § 626 (Rn 5). – **c) Kostenentscheidung** im
Fall der Fortführung (Abs 3 S 3): wie § 626 Rn 5 aE.

§ 629 a Rechtsmittel

(1) **Gegen Urteile des Berufungsgerichts ist die Revision nicht zulässig, soweit darin über Folgesachen der in § 621 Abs. 1 Nr. 7 oder 9 bezeichneten Art erkannt ist.**

(2) **[1]Soll ein Urteil nur angefochten werden, soweit darin über Folgesachen der in § 621 Abs. 1 Nr. 1 bis 3, 6, 7, 9 bezeichneten Art erkannt ist, so ist § 621e entsprechend anzuwenden. [2]Wird nach Einlegung der Beschwerde auch Berufung oder Revision eingelegt, so ist über das Rechtsmittel einheitlich als Berufung oder Revision zu entscheiden. [3]Im Verfahren vor dem Rechtsmittelgericht gelten für Folgesachen § 623 Abs. 1 und die §§ 627 bis 629 entsprechend.**

(3) **[1]Ist eine nach § 629 Abs. 1 einheitlich ergangene Entscheidung teilweise durch Berufung, Beschwerde, Revision oder Rechtsbeschwerde angefochten worden, so kann eine Änderung von Teilen der einheitlichen Entscheidung, die eine andere Familiensache betreffen, nur noch bis zum Ablauf eines Monats nach Zustellung der Rechtsmittelbegründung, bei mehreren Zustellungen bis zum Ablauf eines Monats nach der letzten Zustellung beantragt werden. [2]Wird in dieser Frist eine Abänderung beantragt, so verlängert sich die Frist um einen weiteren Monat. [3]Satz 2 gilt entsprechend, wenn in der verlängerten Frist erneut eine Abänderung beantragt wird. [4]Die §§ 517, 548 und 621e Abs. 3 Satz 2 in Verbindung mit den §§ 517 und 548 bleiben unberührt.**

(4) **Haben die Ehegatten auf Rechtsmittel gegen den Scheidungsausspruch verzichtet, so können sie auf dessen Anfechtung im Wege der Anschließung an ein Rechtsmittel in einer Folgesache verzichten, bevor ein solches Rechtsmittel eingelegt ist.**

1. Allgemeines. In § 629a ist die Anfechtung von Verbundurteilen 1 (§ 629) geregelt. Hierbei ist die besondere Interessenlage der Beteiligten berücksichtigt, die sich bei Teilanfechtungen und aus der Ungewissheit ergibt, ob und inwieweit die Verbundentscheidung von den anderen Beteiligten angefochten wird. **a) Anfechtung.** Es ist davon auszugehen, 2 dass die Entscheidungen in Scheidungs- und Folgesachen (ganz oder teilweise) anfechtbar sind mit Berufung und Revision (§ 629 Rn 3) oder mit befristeter und Rechtsbeschwerde (Abs 2 S 1; § 621e). Die Rechtskraft tritt bei Verbundurteilen (§ 629) grundsätzlich gleichzeitig ein (vgl § 629d). Nur bei Teilanfechtung (Abs 3) können Teile der Verbundentscheidung nacheinander rechtskräftig werden (vgl Rn 13). – **b) Anschlussrechtsmittel** sind nach allgemeinen Regeln zulässig (§ 621e Rn 3 8, 30) und richten sich auf den selben Teil der Verbundentscheidung, der mit dem Hauptrechtsmittel angegriffen wird. Davon zu unterscheiden ist die nachträgliche Teilanfechtung, die sich gegen einen anderen Teil der Verbundentscheidung richtet (vgl Rn 13). – **c) Rechtsmittelver-** 4

zicht (vgl Rn 27) umfasst beim Verbundurteil im Zweifel den Scheidungsausspruch und alle Folgesachen (BGH FamRZ 86, 1089). Er steht aber einer Anschließung nicht entgegen (vgl § 524 Abs 2, § 567 Abs 3). Abs 4 gestattet auch einen wirksamen Verzicht auf die Anschließung (vgl Rn 27). Der Verzicht muss nicht den Antrag des § 629 c umfassen, um wirksam zu sein (Hamm FamRZ 95, 943 mwN; bestr).

5   **2. Berufung.** Sie findet statt (§ 511) gegen das Verbundurteil des Familiengerichts, wenn neben dem Scheidungsausspruch auch die anderen Bestandteile angefochten werden. Die Berufung erstreckt sich auf die dem FGG unterliegenden Folgesachen (§ 623 Rn 2). Berufung findet auch statt, wenn mit Teilanfechtung (Rn 13) nur Entscheidungen mit zivilprozessualem Streitgegenstand (§ 621 Abs 1 Nr 4, 5, 8) angefochten werden.

6   **3. Revision** (Abs 1). Gegen das Berufungsurteil kann vom Berufungsgericht die Revision zugelassen werden nach Maßgabe des § 543 Abs 1 Nr 1, Abs 2 für die Scheidungssache und für die Familiensachen des § 621 Abs 1 Nr 4, 5 und 8. Auf Grund des Abs 1 darf sie aber nie, auch nicht unter den Voraussetzungen des § 543 Abs 1, zugelassen werden, soweit im Berufungsurteil über Familiensachen des § 621 Abs 1 Nr 7 und 9 entschieden ist. Das gilt auch, wenn die Revision iü zugelassen wurde, selbst wenn es in Bezug auf die Ausgleichsforderung geschehen ist; denn dass 1 beendet die Rechtszüge beim Berufungsgericht ebenso wie bei § 542 Abs 2. Auch bei (iü zulässiger) Anfechtung des Gesamturteils gelangt der Rechtsstreit, soweit er dem § 621 Abs 1 Nr 7, 9 unterfällt und daher wegen Abs 1 nicht revisionsfähig ist, nicht in die Revisionsinstanz. Wird die Revision nicht zugelassen, so kann der BGH diese auf Beschwerde (§ 543 Abs 1 Nr 2, § 544) zulassen. Dies gilt jedoch nicht für Entscheidungen, die vor dem 1. 1. 07 erlassen wurden (§ 26 Nr 9 EGZPO).

7   **4. Befristete Beschwerde** (Abs 2 S 1). Sie findet gemäß § 621 e Abs 1 als Erstbeschwerde gegen das Verbundurteil des Familiengerichts statt, wenn die Entscheidung nur insoweit angefochten wird, wie über Gegenstände entschieden wird, die der freiwilligen Gerichtsbarkeit angehören (§ 621 Abs 1 Nr 1–3, 6, 7, 9). Anwaltszwang nur gemäß § 78 Abs 2 Nr 1 (§ 621 e Rn 4). Für die Einlegung der Beschwerde gilt § 621 e (Rn 4), für die Kosten § 13 a FGG (vgl § 621 e Rn 16; bestr), auch bei Rücknahme (§ 621 e Rn 12; vgl Köln MDR 96, 1302 mwN).

8   **5. Rechtsbeschwerde** (Abs 2 S 1) findet (§ 621 e Abs 2) gegen die Entscheidung des Berufungsgerichts statt nach Maßgabe des § 621 e Abs 2, also nur gegen die Folgesachenentscheidungen des § 621 Abs 1 Nr 1–3, 6. Gegen diese kann im Berufungsurteil, auch bei zurückgewiesener Berufung, unter den Voraussetzungen des § 543 Abs 2 die Rechtsbeschwerde (entspr § 621 e Abs 2 S 1) zugelassen werden. Sie ist auch in diesem Fall Rechtsbeschwerde (§ 621 e Abs 2), obwohl sie begrifflich wegen Fehlens einer Erstbeschwerde keine solche ist. Der BGH kann die Rechtsbeschwerde auf Nichtzulassungsbeschwerde

(§§ 621 e Abs 2 S 1 Nr 2, 544) zulassen. Dies gilt gem § 26 Nr 9 EGZPO nur für ab dem 1. 1. 07 erlassene Entscheidungen.

6. Nachfolgende Berufung oder Revision (Abs 2 S 2 und 3). **9** Trifft den Fall, dass Berufung (Rn 5) oder Revision (Rn 6) erst eingelegt werden, nachdem Beschwerde (Rn 7) oder Rechtsbeschwerde (Rn 8) erhoben wurden. Hierbei ist es gleichgültig, ob der Beschwerdeführer oder –gegner das Rechtsmittel einlegt. Der Verbund (§ 623 Abs 1) soll auch in der Rechtsmittelinstanz aufrechterhalten werden. Weil der Scheidungsspruch in der Praxis fast nie angefochten wird, war für die Teilanfechtung des Verbundurteils klarzustellen, dass für alle in die höhere Instanz gelangten Folgesachen der Verbund auch ohne Scheidungssache bestehen bleibt. Das ist durch Abs 2 S 2 und 3 in dreierlei Hinsicht geschehen: **a) Entscheidung durch Urteil** (Abs 2 S 2), einheitlich **10** gem § 629 Abs 1 wie in erster Instanz über alle dem Verbund unterliegenden Sachen, zB Scheidung (§ 622), Personensorge (§ 621 Abs 1 Nr 1) und Versorgungsausgleich (§ 621 Abs 1 Nr 6) oder Unterhaltspflicht (§ 621 Abs 1 Nr 5) und Hausrat (§ 621 Abs 1 Nr 7). Das gilt nicht, wenn nur FGG-Folgesachen in die Rechtsmittelinstanz gelangt sind, weil dann Beschluss ergehen muss. – **b) Fortbestand des Verbunds in verschiedenen Instanzen** (Abs 2 S 3). Der Verbund wird **11** nicht dadurch gelöst oder ausgeschlossen, dass die Ehescheidung sich nicht in derselben Instanz befindet wie die Folgesache(n). Das ergibt sich aus Abs 2 S 3 durch die Verweisung auf § 623 Abs 1 und § 629 (Sedemund-Treiber FamRZ 86, 209). Zweck der Regelung ist es, im Verbund aufeinander abgestimmte Regelungen für die einzelnen Scheidungsfolgen zu ermöglichen und zu erzielen. Dies wäre nicht möglich, wenn der Verbund durch eine Teilanfechtung aufgelöst würde und beliebig unangreifbare Teilentscheidungen ergehen könnten. – **c) Lösung des Verbunds** im höheren Rechtszug (Abs 2 S 3). Sie geschieht **12** so wie in der ersten Instanz. Das sagt die Verweisung auf die §§ 627, 628. So wie der Verbund zwischen Scheidung und Folgesache durch das Gericht mit Vorwegentscheidung gelöst werden kann (§§ 627, 628 S 1), soll auch der Verbund zwischen Folgesachen (§ 628 S 2) im höheren Rechtszug gelöst werden können, indem § 628 S 1 Nr 1–4 anwendbar gemacht wird.

7. Nachträgliche Teilanfechtung (Abs 3). Die einheitliche Verbundentscheidung (§ 623 Abs 1 S 1, § 628 Abs 1 S 2, § 629 Abs 1) **13** kann auf eine oder mehrere der verbundenen Folgesachen (§ 623 Rn 2) beschränkt angefochten werden mit Berufung, Revision, Beschwerde oder Rechtsbeschwerde, während die Verbundentscheidung in einer oder mehreren anderen Folgesachen unangefochten bleibt. Dies setzt Abs 3 als selbstverständlich voraus. Es kommt hinzu, dass auch Dritte (Kinder, Jugendamt, Versorgungsträger) als Beteiligte die Verbundentscheidung anfechten können (§ 621 e Rn 6). Grundsätzlich wird dadurch die Rechtskraft des Scheidungsausspruchs gehindert (Zweibrücken NJW-RR 98, 147); umgekehrt kann die Folgesache vor Rechts-

kraft des Scheidungsausspruchs nicht wirksam werden (§ 629 d).
14 **a) Zweck.** Durch Abs 3 will der Gesetzgeber verhindern, dass das
Prinzip gleichzeitiger Erledigung von Scheidung und Folgesachen
(§ 623 Abs 1) nicht um den Preis durchgesetzt wird, dass die Scheidung,
deren Rechtskraft in der Schwebe bleibt, unzumutbar verzögert würde,
indem insbes Dritte eine Folgesache in die höheren Instanzen bringen.
Dem soll durch Abs 3 begegnet werden. Zudem sollen alle Beteiligten
in die Lage versetzt werden, sich gegen spätere überraschende Anfechtungen anderer Beteiligter angemessen zu wehren. Diejenigen Teile der
Verbundentscheidung, die alle Beteiligten hinnehmen wollen oder er-
streben (insbes die frühzeitige Scheidung), werden gesondert und früher
rechtskräftig, dem Verbund endgültig entzogen oder unabhängig von
einer allein umstritten bleibenden Folgesache (zB dem Versorgungsausgleich) der Rechtskraft zugeführt. Die Rechtskraft soll eine sichere
Grundlage erhalten; insbes sollen Doppelehen vermieden werden. –
15 **b) Anwendbar** ist Abs 3 in allen Rechtszügen, auch in dem der Revision und der weiteren Beschwerde, aber nicht, wenn das Rechtsmittel
unbeschränkt gegen das ganze Urteil gerichtet ist (BGH FamRZ 94,
16 827). – **c) Hauptrechtsmittel.** Damit sind Berufung, Revision, Beschwerde und Rechtsbeschwerde gemeint. Sie bleiben durch die beschränkte nachträgliche Anfechtung (Abs 3 S 1–3) unberührt (Abs 3
S 4), sind also durch Abs 3 nicht beschränkt. Einer Berufungserweite-
rung (auch nach Ablauf der Begründungsfrist) steht Abs 3 nicht entgegen (Koblenz FamRZ 90, 769). Die Monatsfristen des § 517 (Berufung), § 548 (Revision) und § 621 e Abs 3 S 2 (Beschwerde und
Rechtsbeschwerde) gelten für alle Beteiligten, wenn sie die Verbund-
17 entscheidung anfechten wollen. – **d) Voraussetzungen** der befristeten
nachträglichen Anfechtung (Abs 3), auch durch Dritte (hiergegen kritisch Schmitz FamRZ 87, 1101), die aber nur Rechtsmittel einlegen
dürfen, soweit die Verbundentscheidung sie betrifft, zB den Versiche-
18 rungsträger nicht die Scheidung (BGH NJW 98, 2679). **aa) Verbundentscheidung** iS des § 629 Abs 1, gleich ob erster oder zweiter Instanz.
Nur für eine solche gilt Abs 3. Das ist in Abs 3 S I ausdrücklich vorausgesetzt. Damit sind primär Urteile gemeint, die den Scheidungsspruch
umfassen. Weil der Verbund auch für bloße Folgesachen fortbesteht (Rn
9), gilt Abs 3 auch für Urteile und Beschlüsse, die lediglich Folgesachen
betreffen (Grund: einheitliche Regelung). Nicht gilt Abs 3 in isolierten
Familiensachen sowie für Entscheidungen, die ausnahmsweise außerhalb
des Verbunds gesondert ergehen, zB Ablehnung eines Scheidungsantrags
(§ 629 Abs 3), Entscheidungen in einer abgetrennten Folgesache (§ 628
Abs 1 S I) und in einer Folgesache, die allein Gegenstand eines Rechts-
19 mittelverfahrens ist. **bb) Anfechtung durch Hauptrechtsmittel** (Rn
16) eines Ehegatten oder Dritten. Das Rechtsmittel muss sich gegen
einen anderen Teil der Verbundentscheidung richten. Unterbleibt eine
Anfechtung, tritt die Rechtskraft der Verbundentscheidung bereits mit
Ablauf der letzten Frist für alle Hauptrechtsmittel ein (Rn 1, 2). –
20 **e) Wirkung.** Die nachträgliche Anfechtung der Verbundentscheidung

durch Rechtsmittelerweiterung oder -anschließung ist befristet, wenn im Anwendungsbereich (Rn 15) die Voraussetzungen (Rn 16–19) vorliegen. Damit greift Abs 3 S 1–3 für diejenigen Teile der Verbundentscheidung ein, die nicht schon Gegenstand des Hauptrechtsmittels geworden sind. Dies entspricht dem Zweck des Abs 3 (Rn 14), nämlich weitergehende, noch unsichere Anfechtungsmöglichkeiten zu klären. Die Befristung gilt auch für Dritte, betrifft aber nicht den Gegenstand des Hauptrechtsmittels (zB Ehegattenunterhalt § 621 Abs 1 Nr 5), sondern nur die anderen im Verbund entschiedenen Gegenstände, neben Ehescheidung zB Sorgerechtsregelung (§ 621 Abs 1 Nr 1) und Versorgungsausgleich (§ 621 Abs 1 Nr 6) oder andere Folgesachen. Daraus folgt, dass im Hauptrechtsmittelverfahren unbefristet Rechtsmittelerweiterung und -anschließung zulässig sind, soweit dieselbe Angelegenheit betroffen ist (Sedemund-Treiber FamRZ 86, 209). Das ergibt sich aus Abs 3 S 1 unmittelbar für die anderen Folgesachen und mittelbar für den Gegenstand des Hauptrechtsmittels.

8. Frist bei nachträglicher Teilanfechtung (Abs 3) **a) Fristbeginn.** 21
Die Monatsfrist (Abs 3 S 1, für alle Rechtsmittel einheitlich) beginnt mit der zeitlich letzten (BGH NJW 98, 2679/2680) Zustellung der Rechtsmittelbegründung (§ 521 Abs 1, § 550 Abs 2, § 551 Abs 4, § 621 e Abs 3 S 2), so dass keine vorzeitige Teilrechtskraft des Verbundsurteils möglich ist. Daher bei Hauptrechtsmitteln oder mehreren Beteiligten kein gesonderter Fristbeginn, weil gestaffelte Fristabläufe für den ersten Zustellungsadressaten nachteilig sein können (Sedemund-Treiber FamRZ 86, 209/211). Auch aus diesem Grunde muss darauf geachtet werden, dass das Verbundurteil an alle wirklich Beteiligten, auch an die beteiligten Versorgungsträger zugestellt wird, damit der Fristenlauf beginnt (Kemnade FamRZ 86, 625). Das gleiche gilt für die Zustellung der Rechtsmittelbegründung, aber nur an die wirklich Betroffenen (Nürnberg FamRZ 86, 923). Zustellungsbescheinigung wird gemäß § 169 nF (= § 213 a aF) erteilt. – **b) Versäumte Frist.** Wiedereinset- 22
zung (§ 233) ist möglich, weil die Monatsfrist zwar keine Notfrist ist (Frankfurt FamRZ 86, 1122; Köln FamRZ 87, 1059), aber wie eine solche behandelt werden muss (Sedemund-Treiber aaO; Bergerfurth in Anm zu Frankfurt FamRZ 87, 177). Heilung von Zustellungsmängeln gem § 189 nF (= § 187 aF) ist daher ausgeschlossen (Köln aaO). Wird keine Rechtsmittelerweiterung oder -anschließung vorgenommen oder die Frist versäumt und Wiedereinsetzung verweigert, werden alle bislang nicht angegriffenen Teile der Verbundentscheidung rechtskräftig (BGH NJW-RR 93, 260 mwN). Nur soweit zulässig angefochten wurde, wird die Verbundentscheidung Gegenstand des Rechtsmittelverfahrens. –
c) Gewahrte Frist mit zweiter Stufe (Abs 3 S 2). Wird rechtzeitig 23
eine Abänderung der bereits angefochtenen Verbundentscheidung beantragt, so beginnt die zweite Stufe für zusätzliche nachträgliche Anfechtungen der anderen Beteiligten mit der Nachfrist von einem weiteren Monat (analog § 554 Abs 2 S 2), gerechnet ab Fristende (vgl Bergerfurth

FamRZ 86, 940). Eröffnet ist sie den Ehegatten und den betroffenen Drittbeteiligten (Sedemund-Treiber FamRZ 86, 209/211; Philippi FamRZ 89, 1257/1259), jedoch nur im Rahmen des allgemeinen Rechtsmittelrechts, so dass insbes Beschwer gegeben sein muss. Bei Anschlussrechtsmittel ist besser auf eine Art Gegenseitigkeit abzustellen (vgl ZöPhilippi 28); eine Hilfsanschließung genügt (Bergerfurth aaO). Die Anschließungen sind unselbständig mit der Wirkung des § 524 Abs 4 oder § 567 Abs 3 S 2. Fristbeginn: wie Rn 21 (Abs 3 S 3). Wirkung: Unterbleibt eine weitere nachträgliche Anfechtung, so werden die bislang nicht angefochtenen Teile der Verbundentscheidung rechtskräftig (Rn 22). Dagegen eingelegte Rechtsmittel sind als unzulässig zu verwerfen (Frankfurt FamRZ 86, 924).

24   **9. Anschlussrechtsmittel in dritter Stufe** (Abs 3 S 2). **a) Zulässigkeit.** Wird in der zweiten Stufe (Rn 23) rechtzeitig nachträglich angefochten, ist nunmehr in der dritten Stufe die nachträgliche Anfechtung für die anderen Beteiligten eröffnet. Auch sonst entspricht die Rechtslage derjenigen der zweiten Stufe. Weitere Stufen sind theoretisch
25   möglich (Abs 3 S 2), praktisch aber wohl ausgeschlossen. – **b) Gegenanschließung** des Hauptrechtsmittelführers ist zulässig (hM), insbes wenn ein Drittbeteiligter Hauptrechtsmittelführer ist (Philippi FamRZ
26   89, 1257 mwN). – **c) Rücknahme** des zeitlich vorangehenden Rechtsmittels macht die befristete Anschließung (Abs 3) unzulässig (BGH NJW 98, 2679; Hamm FamRZ 89, 414).

27   **10. Verzicht auf Anschlussrechtsmittel** gegen den Scheidungsausspruch (Abs 4). Dadurch soll den Ehegatten ermöglicht werden, die beiderseitig gewünschte Scheidung schnell rechtskräftig werden zu lassen. Ist anwendbar nur bei Verbundverfahren (§ 623 Abs 1, § 629 Abs 1), nicht beim isolierten Scheidungsurteil; dort ist ein wechselseitiger Rechtsmittelverzicht möglich (§ 515). Durch Abs 4 kann der Rechtsmittelverzicht endgültig gemacht werden, indem auf eine Anfechtung im Wege der Anschließung (Rn 3), die im Rahmen einer Folgesachenanfechtung möglich wäre (auch durch Gegenanschließung; Rn 25), von vornherein verzichtet wird, nämlich vor Einlegung eines Rechtsmittels in Folgesachen.

§ 629 b Zurückverweisung

(1) ¹**Wird ein Urteil aufgehoben, durch das der Scheidungsantrag abgewiesen ist, so ist die Sache an das Gericht zurückzuverweisen, das die Abweisung ausgesprochen hat, wenn bei diesem Gericht eine Folgesache zur Entscheidung ansteht.** ²**Dieses Gericht hat die rechtliche Beurteilung, die der Aufhebung zugrunde gelegt ist, auch seiner Entscheidung zugrunde zu legen.**

(2) **Das Gericht, an das die Sache zurückverwiesen ist, kann, wenn gegen das Aufhebungsurteil Revision oder Beschwerde**

gegen die Nichtzulassung der Revision eingelegt wird, auf Antrag anordnen, daß über die Folgesachen verhandelt wird.

1. Allgemeines. Bei abgewiesenem Scheidungsantrag gelangen die 1
Folgesachen wegen § 629 Abs 3 bei Anfechtung des Urteils nicht in die
höhere Instanz. Auch bei einer derartigen Abspaltung der Scheidungssache soll die gleichzeitige Entscheidung mit den Folgesachen (§ 629
Abs 1) ermöglicht werden. Dies ist zum Verständnis des § 629 b zu
beachten. Anwendbar ist § 629 b für aufhebende Urteile des Berufungs-
wie des Revisionsgerichts. Die Vorschrift ist ggü § 538 lex specialis.

2. Voraussetzungen (Abs 1 S 1). **a) Aufhebung** eines Urteils, in 2
dem der Scheidungsantrag abgewiesen wurde (§ 629 Abs 3), durch das
Rechtsmittelgericht. Umfaßt auch diejenigen Fälle, in denen wegen
zwischenzeitlichen Ablauf des Trennungsjahrs (§ 1565 Abs 1 BGB) das
Berufungsgericht infolge des § 529 Abs 1 Nr 2 das Urteil des Familiengerichts aufheben muss (BGH NJW 97, 1007). – **b) Zur Entscheidung** 3
anstehende Folgesachen (§ 623 Rn 2), die vom Untergericht für den
Fall der Scheidung entschieden werden müssten. Es sind solche, die
wegen § 629 Abs 3 auflösend bedingt gegenstandslos wurden. Sie stehen
beim Familiengericht an, wenn dieses den Scheidungsantrag abgewiesen
hat, beim Berufungsgericht, wenn es auf Berufung so entschieden hat,
soweit die Folgesachen in die zweite Instanz gelangt sind. Anstehen setzt
nicht Anhängigkeit oder Einleitung des FGG-Verfahrens voraus.

3. Wirkung des § 629 b. **a) Zwang zur Zurückverweisung** (Abs 1 4
S 1). Liegen die Voraussetzungen (Rn 2, 3) vor, muss zurückverwiesen
werden, um die einheitliche Entscheidung (§ 629 Abs 1) zu ermöglichen (für Ausnahmen, wenn der Zweck des § 629 b nicht zutrifft:
Oldenburg FamRZ 98, 1528 mwN). Zurückzuverweisen ist an das
Berufungs- oder Familiengericht, je nachdem, wo die Folgesachen anstehen (vgl Rn 3). – **b) Bindung an die rechtliche Beurteilung** 5
(Abs 1 S 2) des aufhebenden Urteils. Das Gericht, an das zurückverwiesen wurde, ist in demjenigen Umfang an die rechtliche Beurteilung des
Berufungs- oder Revisionsgerichts gebunden, den dessen Urteil ergibt
(entspr § 563 Abs 2; Düsseldorf FamRZ 81, 808). Ist danach die Ehe zu
scheiden, ergeht einheitliches Urteil gem § 629 Abs 1. – **c) Verhand-** 6
lung in Folgesachen (Abs 2). Hierfür ist davon auszugehen, dass die
Revision oder die Nichtzulassungsbeschwerde gegen ein aufhebendes
und zurückverweisendes Berufungsurteil dessen Wirkung suspendiert (2
vor § 511) und daher das Familiengericht nicht vor Rechtskraft des
Berufungsurteils Termin bestimmen darf. Davon gestattet Abs 2 eine
Ausnahme, nämlich Anordnung der Vhdlg über die anstehende Folgesache (Rn 3); sie muss nicht mündlich sein. Dies geschieht durch Beschluss
auf Antrag einer Partei oder eines an der Folgesache Beteiligten. Die
Anordnung steht im Ermessen des Gerichts („kann"). Abs 2 gestattet
nur die Verhandlung bis zur Entscheidungsreife. Ergehen darf die Endentscheidung auch in diesen Fällen nur gem § 629 Abs 1 im einheitli-

chen Urteil, nachdem auch die Scheidungssache rechtskräftig zurückverwiesen ist.

§ 629 c Erweiterte Aufhebung

[1] **Wird eine Entscheidung auf Revision oder Rechtsbeschwerde teilweise aufgehoben, so kann das Gericht auf Antrag einer Partei die Entscheidung auch insoweit aufheben und die Sache zur anderweitigen Verhandlung und Entscheidung an das Berufungsoder Beschwerdegericht zurückverweisen, als dies wegen des Zusammenhangs mit der aufgehobenen Entscheidung geboten erscheint.** [2] **Eine Aufhebung des Scheidungsausspruchs kann nur innerhalb eines Monats nach Zustellung der Rechtsmittelbegründung oder des Beschlusses über die Zulassung der Revision oder der Rechtsbeschwerde, bei mehreren Zustellungen bis zum Ablauf eines Monats nach der letzten Zustellung beantragt werden.**

1   **1. Allgemeines. a) Zweck.** Entscheidungen der im Verbund stehenden Familiensachen sollen auch dann noch aufeinander abgestimmt werden können, wenn nur eine von ihnen auf Revision oder Rechtsbeschwerde aufgehoben wird. Dies ist geboten, weil diese Rechtsmittel nur insoweit stattfinden, als sie zugelassen werden (§ 543 Abs 1, § 621 e Abs 2). S 2 stimmt die erweiterte Teilaufhebung mit § 629 a Abs 3 ab. –

2   **b) Anwendbar** ist § 629 c nur auf Urteile und Beschlüsse dritter Instanz, also des BGH. Für den Scheidungsausspruch ist S 1 praktisch bedeutungslos geblieben (Sedemund-Treiber FamRZ 86, 209/212), aber möglich (Deneke FamRZ 87, 1214/1217); anders in Folgesachen. –

3   **c) Rechtskraft.** Sie wird durch S 2 hinsichtlich der nicht angefochtenen Teile hinausgeschoben, weil die Scheidung vor endgültiger Regelung der Folgesachen nicht gegen den Willen des Ehegatten rechtskräftig werden und das Verbundprinzip gewahrt bleiben soll (hM; Deneke aaO 1218 mwN).

4   **2. Voraussetzungen.** Auch wenn sie vorliegen, steht die in der Formel auszusprechende, erweiterte Aufhebung im Ermessen des Gerichts: **a) Antrag** einer Partei des Verfahrens der Revision oder eines Beteiligten der Rechtsbeschwerde, auch des Rechtsmittelführers; Prozesshandlung (Einl III) unter Anwaltszwang. Bis zum Schluss der Verhandlung und bereits in der Revisions- oder Beschwerdebegründung (§§ 551, 621 e Abs 3 S 2) zulässig. Der Antrag ist kein Rechtsmittel (hM; Deneke FamRZ 87, 1214/1219). Auch Verzicht auf ihn ist zulässig (hM). Zeitlich begrenzt (S 2) ist er für den Scheidungsausspruch, um dem § 629 a Abs 3 anzupassen. Fristbeginn: wie § 629 a Rn 21. Soweit die Revision auf Nichtzulassungsbeschwerde zugelassen wurde, beginnt
5   die Frist mit Zustellung des Beschlusses gem § 544 Abs 4. – **b) Teilaufhebung** einer Endentscheidung (Urteil oder Beschluss) auf Revision oder Rechtsbeschwerde (§ 621 e Abs 2) über eine Folgesache. Dies

kommt vor allem dann in Betracht, wenn die Entscheidung wegen beschränkter Zulassung (§ 543 Abs 1) nur teilweise angefochten werden konnte. Unerheblich ist, ob das Rechtsmittel in vollem Umfang oder nur teilweise Erfolg hatte. – c) **Zusammenhang** zwischen den Folgesachen, in denen die Entscheidung wegen Anfechtung aufgehoben wird und derjenigen, auf die sich der Antrag (Rn 4) bezieht. Sie müssen aber in die zweite Instanz, nicht in die dritte gelangt sein (hM). Ein tatsächlicher Zusammenhang genügt (Deneke aaO 1216; bestr), damit eine Gesamtentscheidung (§ 629 Abs 1) ergehen kann. **6**

3. Zurückverweisung (S 1). Sie hat an das OLG zu erfolgen und eröffnet die erneute Nachprüfung durch neue Verhandlung und Entscheidung in allen Folgesachen, die zurückverwiesen sind. Eine Bindung an die rechtliche Beurteilung tritt nur nach allgemeinen Grundsätzen ein; sie wird durch § 629 c nicht erweitert. **7**

§ 629 d Wirksamwerden der Entscheidungen in Folgesachen

Vor der Rechtskraft des Scheidungsausspruchs werden die Entscheidungen in Folgesachen nicht wirksam.

1. Allgemeines. Die Entscheidung über die Folgesachen (§ 623 Rn 2) ist von der über die Scheidung abhängig, sowie nur für den Fall der Scheidung getroffen wird (§ 623 Abs 1 S 1) und die Folgesachen mit Ausnahme des § 623 Abs 3 gegenstandslos werden, wenn der Scheidungsantrag abgewiesen wird (§ 629 Abs 3). Deshalb bestimmt § 629 d, dass die Folgesachenentscheidungen, gleich ob im Verbundurteil (§ 629 Abs 1) oder nach Abtrennung (vgl § 628) durch Beschluss getroffen, nicht vor Rechtskraft des Scheidungsurteils wirksam werden. Das gilt auch, wenn sie unanfechtbar geworden sind (vgl § 629 a Rn 2). **1**

2. Rechtskraft des Scheidungsausspruchs tritt mit Unanfechtbarkeit desjenigen Urteils ein, das ihn enthält (vgl § 705). Dies geschieht durch: **(1)** Unterbliebene oder verspätete Anfechtung des Urteils. **(2)** Nach Teilanfechtung des Verbundurteils mit Ablauf der Frist des § 629 a Abs 3 oder des § 629 c S 2 zur Anschließung oder Erweiterung auf den Scheidungsausspruch. **(3)** Rechtsmittelverzicht beider Ehegatten, auch Verzicht auf Anschließung und Erweiterung gemäß § 629 a Abs 4; ferner durch Verzicht auf den Antrag gemäß § 629 c S 2, aber nur dann, wenn die Scheidung Gegenstand einer Berufung ist (ZöPhilippi § 629 a Rn 41). **2**

3. Wirkung. Vollstreckbare Regelungen durch einstweilige Anordnungen (§ 620 oder § 24 Abs 3 FGG) bleiben möglich und werden durch § 629 d nicht ausgeschlossen (allgM). **a) FGG-Folgesachen** (§ 621 Abs 1 Nr 1–3, 6, 7 und 9). Die bis zur Rechtskraft (Rn 2) aufgeschobene Wirksamkeit der Folgesachenentscheidung geht dem § 16 FGG vor, auch im Fall des § 627. – **b) ZPO-Folgesachen** (§ 621 Abs 1 Nr 4, 5, 8). Der Ausschluss vorläufiger Vollstreckbarkeit (§ 704 Abs 2 S 1) gilt nur für den Scheidungsausspruch, nicht für die Folgesa- **3 4 5**

chen. Diese sind daher für vorläufig vollstreckbar zu erklären; jedoch muss aus der Urteilsformel erkennbar sein, dass die Verurteilung erst ab Rechtskraft der Scheidung erfolgt (hM; Bamberg FamRZ 90, 184; ZöPhilippi 12).

§ 630 Einverständliche Scheidung

(1) **Für das Verfahren auf Scheidung nach § 1565 in Verbindung mit § 1566 Abs. 1 des Bürgerlichen Gesetzbuchs muß die Antragsschrift eines Ehegatten auch enthalten:**

1. **die Mitteilung, daß der andere Ehegatte der Scheidung zustimmen oder in gleicher Weise die Scheidung beantragen wird;**
2. **entweder übereinstimmende Erklärungen der Ehegatten, daß Anträge zur Übertragung der elterlichen Sorge oder eines Teils der elterlichen Sorge für die Kinder auf einen Elternteil und zur Regelung des Umgangs der Eltern mit den Kindern nicht gestellt werden, weil sich die Ehegatten über das Fortbestehen der Sorge und über den Umgang einig sind, oder, soweit eine gerichtliche Regelung erfolgen soll, die entsprechenden Anträge und jeweils die Zustimmung des anderen Ehegatten hierzu;**
3. **die Einigung der Ehegatten über die Regelung der Unterhaltspflicht gegenüber einem Kinde, die durch die Ehe begründete gesetzliche Unterhaltspflicht sowie die Rechtsverhältnisse an der Ehewohnung und am Hausrat.**

(2) ¹**Die Zustimmung zur Scheidung kann bis zum Schluß der mündlichen Verhandlung, auf die das Urteil ergeht, widerrufen werden.** ²**Die Zustimmung und der Widerruf können zu Protokoll der Geschäftsstelle oder in der mündlichen Verhandlung zur Niederschrift des Gerichts erklärt werden.**

(3) **Das Gericht soll dem Scheidungsantrag erst stattgeben, wenn die Ehegatten über die in Absatz 1 Nr. 3 bezeichneten Gegenstände einen vollstreckbaren Schuldtitel herbeigeführt haben.**

1   **1. Allgemeines.** § 630 ist als Verfahrensbestimmung auf der materiell-rechtlichen Grundlage der offenen Konventionalscheidung zu sehen, nämlich dass eine Scheidung allein auf Grund einjähriger Trennung (die aber nicht entgegen § 138 Abs 1 wahrheitswidrig behauptet oder zugestanden werden darf) und auf übereinstimmenden Antrag der Ehegatten oder auf Antrag des einen mit Zustimmung des anderen vom Gericht auszusprechen ist (§ 1565 Abs 1 S 1, § 1566 Abs 1 BGB).

2   **2. Anwendungsbereich** ist nur die Scheidung auf Grund einjährigen Getrenntlebens und Einverständnisses der Ehegatten (§ 1565 Abs 1 S 1, § 1566 Abs 1 BGB), auch in der Berufungsinstanz. § 630 gilt nicht für Fälle, in denen ohne einjähriges Getrenntleben und ohne

streitige Anträge der Ehegatten in deren Einverständnis allein nach § 1565 BGB geschieden werden soll; dies ist als streitige Ehescheidung zu behandeln (hM). Auch kann bei einjährigem Getrenntleben streitig geschieden werden, wenn § 630 deshalb nicht anwendbar ist, weil die Ehegatten die in Abs 1 geforderten Voraussetzungen nicht erfüllen (Zö-Philippi 2 mwN).

3. Zweck. Die auch hier gebotene einheitliche Entscheidung (§ 629 Abs 1) soll durch Vereinbarungen der Ehegatten über die wichtigsten Folgesachen vorbereitet, erleichtert und entlastet werden. Außerdem soll die vorangehende, idR notwendige Einigung in den wichtigsten Folgesachen die Ehegatten vor einem übereilten, später sonst bereuten Scheidungsentschluss bewahren.

4. Streitgegenstand. Eine einverständliche Scheidung gemäß § 630 hat keinen anderen Streitgegenstand als eine streitige Scheidung. § 630 stellt auch keine Prozessvoraussetzung dar und macht bei Nichterfüllung der Voraussetzungen den Scheidungsantrag nicht unzulässig (hM). Streitige Scheidungen, die als solche anhängig geworden sind, können nach Eintritt der Voraussetzungen des § 630 im Wege der Antragsänderung (§ 611 Abs 1) als einverständliche Scheidung weitergeführt und erledigt werden. Dasselbe gilt umgekehrt.

5. Inhalt der Antragsschrift (Abs 1). Er kommt zwingend zu dem Inhalt des § 622 Abs 2 hinzu und kann durch ergänzenden (dann zuzustellenden) Schriftsatz nachgeholt werden. Jeder Ehegatte kann die Einigung über die Gegenstände der Nr 1 und 2 frei widerrufen, die zu Nr 3 nur, wenn sie für den Fall einverständlicher Ehescheidung getroffen sind, nicht aber, wenn sie für jeden Fall der Scheidung vereinbart wurde (hM; ZöPhilippi 11 mwN). **a) Nr 1: Mitteilung,** dass der andere Ehegatte entweder zustimmen (Abs 2) oder ebenfalls Scheidung beantragen wird. Stellt sich diese Mitteilung später als unrichtig heraus, kann der Antrag auf streitige Scheidung umgestellt und das Verfahren fortgesetzt werden (Rn 4). – **b) Nr 2: Einigung bei elterlicher Sorge und Umgang.** Das setzt voraus, dass die in § 622 Abs 2 S 1 Nr 1 geforderte Angabe zutrifft, gemeinschaftliche minderjährige Kinder seien vorhanden. Es bestehen als Voraussetzung einer Konventionalscheidung zwei Möglichkeiten: **(1) Einigkeit** über den Fortbestand der gemeinsamen Sorge (§ 1626 Abs 1 BGB) und des elterlichen Umgangs (§ 1626 Abs 2, § 1684 BGB); letzterer muss nicht in Einzelheiten festgelegt sein. Die Erklärungen, dass die Ehegatten keine Anträge zur Übertragung der elterlichen Sorge (§ 1671 BGB) und zum Umgang (§ 1684 Abs 3 BGB) stellen, sind in den Antragsschriftsatz aufzunehmen. Fehlt die Erklärung des Antragsgegners, kann er sie in einem eigenen Schriftsatz dem Familiengericht gegenüber abgeben. Auch der Antragsteller kann die Erklärung bis zum Schluss der mündlichen Verhandlung (§ 296 a) nachholen. Bis dahin kann auch ein Antrag (§ 1671 Abs 1, § 1684 Abs 3 BGB) noch gestellt und damit die Einigung beseitigt werden. **(2) Zustimmung** zum Antrag des anderen Elternteils, der

auf Übertragung der elterlichen Sorge (§ 1671 BGB) oder Regelung des
Umgangs (§ 1684 Abs 3 BGB) gerichtet ist. Für Antrag und Zustimmung gilt Rn 8 entspr. Zur Problematik des Anwaltszwangs für den
Antrag des Scheidungsantragsgegners: Schüller FamRZ 98, 1287. Der
Umgang muss aber im Einzelnen bezeichnet sein. Das Gericht ist in
seiner Entscheidung nicht gebunden, wird aber idR dem Antrag folgen
10 können. – **c) Nr 3: Einigung über die Unterhaltspflicht:** gegenüber
dem Kind gem §§ 1601, 1602 BGB, wer sie erfüllen oder wie sie
zwischen den Ehegatten aufgeteilt werden soll, über die gegenseitige
Unterhaltspflicht gem §§ 1569–1586 b BGB sowie die Höhe, auch
wenn die Ehegatten das Sorgerecht gemeinsam ausüben wollen (KG
FamRZ 94, 514). Ferner müssen sich die Ehegatten über die Gegenstände der HausratsVO geeinigt haben. Die Einigung muss bindend, also
praktisch schriftlich vereinbart vorliegen, am besten, aber nicht notwendig in der Form des Abs 3 (Rn 17). Die bloße Behauptung der Einigung
genügt nicht (hM).

11   **6. Zustimmung** zur Scheidung (Abs 2). Sie ist die des § 1566 Abs 1
2. Alt BGB und ist bei einverständlicher Scheidung für den Fall vorgesehen, dass der Antragsgegner nicht auch seinerseits (übereinstim-
12 mend) Scheidung beantragt (§ 1566 Abs 1 1. Alt BGB). **a) Erklärung**
(Abs 2 S 2). Sie ist eine materiell-rechtliche Willenserklärung und zugleich Prozesshandlung (allgM; BayObLG NJW-RR 96, 650), da ihre
Voraussetzungen und Wirkungen auch im Prozessrecht geregelt sind. Sie
steht außer Anwaltszwang wegen § 78 Abs 3, weil sie auch zu Protokoll
der Geschäftsstelle erklärt werden kann. Es wird auch die in einem
Schriftsatz an das Gericht enthaltene Erklärung eines Ehegatten für
ausreichend gehalten (Stuttgart Rpfleger 93, 244; bestr). Die Zustimmung kann außerdem durch den Ehegatten wirksam in mdl Vhdlg, nicht
notwendig vom Ehegatten persönlich, zu Protokoll des Gerichts erklärt
werden; sie ist darin aufzunehmen (§ 160 Abs 3 Nr 3) und bis zum
Schluss der mdl Vhdlg möglich. Die Zustimmung kann auch wirksam
im Schriftsatz des Anwalts erklärt werden, weil Abs 2 S 2 nur die
13 Erklärung ohne RA ermöglichen soll. – **b) Widerruf** (Abs 2 S 1). Er
hat dieselbe Rechtsnatur wie die Zustimmung (Rn 10) und ist in derselben Form zu erklären. Er steht frei bis zum Schluss der Letzten mdl
Vhdlg (wie § 296 a), auch noch in den Rechtsmittelinstanzen (hM;
BGH NJW 84, 1303). Wird er erklärt, ist das Verfahren als streitige
Scheidung fortzusetzen (Rn 4). Dem Antragsteller steht Rücknahme
des Scheidungsantrags (§ 626) jederzeit frei. Der Widerruf schließt eine
erneute Zustimmung im selben Verfahren nicht aus (allgM). Er ist vom
Widerruf einer Einigung gem Abs 1 Nr 1–3 zu unterscheiden (vgl
Rn 5).

14   **7. Verfahren.** Es ist dasjenige der §§ 622–629 d mit den Sonderregeln des § 630. Das Fehlen der Voraussetzungen des § 630 hindert
nicht den Eintritt der Rechtshängigkeit. Für die Folgesachen gelten in
gleicher Weise die allgemeinen Regeln, daher subsidiär die §§ 621–621 f

und die notwendige Beteiligung Dritter, soweit sie von den Folgesachen betroffen sind, insbes das Kind bei Abs 1 Nr 2 (§ 621 Abs 1 Nr 1–4), der Versorgungsträger beim Versorgungsausgleich (§ 621 Abs 1 Nr 6), der Vermieter, wenn das Mietverhältnis mit einem der Ehegatten fortgesetzt werden soll (§ 7 HausratsVO), was im Titel zwischen den Ehegatten (Abs 3) insoweit nicht mit Wirkung gegen den Vermieter geschehen kann. In diesen Fällen kann auch bei einverständlicher Scheidung noch die rechtsgestaltende Entscheidung (§ 2 HausratsVO) im Rahmen der Folgesache ergehen.

8. Entscheidung. Sie kann auch im zweiten Rechtszug ergehen (Rn 2). **a) Verbund** (§ 623 Abs 1). Für das Urteil gilt § 629, so dass bei einer Folgesache (§ 623 Rn 2) mit einem Gegenstand, der nicht der Disposition der Ehegatten unterliegt (§ 623 Abs 3), das Gericht ggf (vgl § 623 Abs 3) von Amts wegen zugleich über die elterliche Sorge zu entscheiden hat, über andere Folgesachen aber nur, wenn es einer der Ehegatten rechtzeitig beantragt. – **b) Inhalt.** In der Formel sollte die Scheidung als einverständlich gekennzeichnet sein, zB „auf beiderseitigen Antrag" oder „mit Zustimmung des Antragsgegners". Die Begründung zur Scheidung kann sich mit der konkreten Feststellung des dem § 616 unterliegenden einjährigen Getrenntlebens und der Zustimmung oder des beiderseitigen Antrags begnügen. 15 16

9. Vorliegen vollstreckbarer Titel (Abs 3). **a) Voraussetzung.** Sie ist nur für die Gegenstände des Abs 1 Nr 3 (Rn 10) vorgesehen und wegen Ausgestaltung als Soll-Vorschrift zwar keine zwingende Voraussetzung (umstr), das Gericht darf aber nur in Ausnahmefällen davon absehen. Ein Verstoß dagegen begründet kein Rechtsmittel. Das Urteil ist voll wirksam und führt bei Eintritt der Rechtskraft zur Auflösung der Ehe (§ 1564 S 2 BGB). Das Erfordernis entfällt, wenn Ansprüche der in Abs 3 aufgeführten Gegenstände nicht bestehen oder die Ehegatten sich einig sind, dass sie nicht bestehen sollen, zB Erklärung gegenseitigen Unterhaltsverzichts, bereits vollzogene Hausratsteilung. – **b) Titel:** auch Prozessvergleiche vor dem Familiengericht, insbes im selben Verfahren als Teilvergleich abgeschlossen, der trotz Abs 2 S 2 nicht vom Anwaltszwang befreit ist (BGH NJW 91, 1743; bestr). Anwaltsvergleiche (§ 796 a), Vergleiche im PKHVerfahren (ohne Anwaltszwang; ZöPhilippi 15) und notarielle Urkunden (§ 794 Abs 1 Nr 5), nicht Unterhaltsurteile, die während des Getrenntlebens auf Grund des § 1361 BGB ergangen sind, weil es sich dabei um eine andere Anspruchsgrundlage (§ 1569 BGB) und um einen anderen Streitgegenstand handelt (vgl Jost NJW 80, 327/331). Die Titel des Abs 3 dürfen und sollten mit der Bedingung „für den Fall der (einverständlichen) Ehescheidung" versehen sein. 17 18

10. Rechtsmittel. Gegen das Urteil finden Rechtsmittel nach allgemeinen Grundsätzen statt. **a) Abweisung des Scheidungsantrags.** Es kann nur derjenige Ehegatte Rechtsmittel einlegen, der Scheidung beantragt hat. Erklärte Zustimmung (Rn 9) genügt nicht. – **b) Schei-** 19 20

dungsurteil. Beide Ehegatten, auch derjenige der (allein) Scheidungsantrag gestellt, nicht nur zugestimmt hat, können Rechtsmittel einlegen,
aber nur mit dem Ziel, die Ehe aufrechtzuerhalten, insbes durch Rücknahme des Antrags oder Widerruf der Zustimmung (allgM; BGH NJW
84, 1302). Insofern genügt die materielle Beschwer durch den Scheidungsausspruch (§ 629 Rn 4) auch für den Antragsteller. Das Verfahren
kann dann als streitige Scheidung weitergeführt werden (§ 611 Abs 1).
Unzulässig ist ein Rechtsmittel mit dem Ziel, das Verfahren als solches
einverständlicher Scheidung und für ein dementsprechendes Urteil fortzusetzen, sei es in höherer Instanz so abzuschließen oder eine Zurückverweisung zu erreichen. In diesen Fällen fehlt auch die materielle
21 Beschwer. – **c) Folgesachen,** die das Gericht entschieden hat, können
mit der befristeten Beschwerde angefochten werden (§ 621 e Abs 1),
auch von Minderjährigen ab vollendetem 14. Lebensjahr (§ 59 FGG).
Rechtsbeschwerde: § 621 e Abs 2.

Abschnitt 4. Verfahren auf Aufhebung und auf Feststellung des Bestehens oder Nichtbestehens einer Ehe

Vorbemerkung

1 **1. Neuregelung.** Durch Art 3 Nr 8 EheschlRG ist seit 1. 7. 98 der
Vierte Abschnitt (früher Titel) an die Änderungen des BGB angepasst
und neu gefasst worden, indem er nur noch die beiden neuen §§ 631,
632 enthält und die §§ 633 bis 638 stillschweigend aufgehoben sind.
Ehenichtigkeit gibt es nicht mehr.

2 **2. Übergangsregelung** (Art 14 EheschlRG). Sie ist im neuen
Art 226 EGBGB enthalten. Nach dessen Abs 2 sind für diejenigen Ehe-
nichtigkeits- und Aufhebungsklagen, die vor dem 1. 7. 98 erhoben
wurden, die bis 30. 6. 98 geltenden Vorschriften (§§ 631–637) anzuwenden. Für bereits erhobene Feststellungsklagen gilt seit 1. 7. 98 der
neue § 632.

3 **3. Grundsatz.** Eheaufhebungsanträge (§ 631) und Feststellungsklagen auf Bestehen oder Nichtbestehen einer Ehe (§ 632) gehören zu den
Ehesachen (Vorbem 3, 5 vor § 606). Es gelten daher grundsätzlich die
§§ 606–620 g, denen § 631 oder § 632 als Sonderregeln vorgehen.

§ 631 Aufhebung einer Ehe

(1) **Für das Verfahren auf Aufhebung einer Ehe gelten die nachfolgenden besonderen Vorschriften.**

(2) [1]**Das Verfahren wird durch Einreichung einer Antragsschrift anhängig.** [2]§ 622 Abs. 2 Satz 2, Abs. 3 gilt entsprechend.
[3]Wird in demselben Verfahren Aufhebung und Scheidung bean-

tragt, und sind beide Anträge begründet, so ist nur auf Aufhebung der Ehe zu erkennen.

(3) Beantragt die zuständige Verwaltungsbehörde oder bei Verstoß gegen § 1306 des Bürgerlichen Gesetzbuchs der Dritte die Aufhebung der Ehe, so ist der Antrag gegen beide Ehegatten zu richten.

(4) ¹Hat in den Fällen des § 1316 Abs. 1 Nr. 1 des Bürgerlichen Gesetzbuchs ein Ehegatte oder die dritte Person den Antrag gestellt, so ist die zuständige Verwaltungsbehörde über den Antrag zu unterrichten. ²Die zuständige Verwaltungsbehörde kann in diesen Fällen, auch wenn sie den Antrag nicht gestellt hat, das Verfahren betreiben, insbesondere selbständig Anträge stellen oder Rechtsmittel einlegen.

(5) In den Fällen, in denen die als Partei auftretende zuständige Verwaltungsbehörde unterliegt, ist die Staatskasse zur Erstattung der dem obsiegenden Gegner erwachsenen Kosten nach den Vorschriften der §§ 91 bis 107 zu verurteilen.

1. Allgemeines. Die Vorschrift ordnet die Sonderregelung an **1** (Abs 1; Vorbem Rn 3). Die zuständige Verwaltungsbehörde (§ 1316 Abs 1 Nr 1 BGB) tritt an die Stelle des Staatsanwalts (§§ 631, 634 aF). **a) Anwendungsbereich:** alle Verfahren, in denen die Aufhebung der Ehe (§§ 1313–1317 BGB) beantragt wird; nicht in einem (weiteren) Verfahren über die Folgen der Aufhebung (§ 1318 BGB). – **b) Antrag 2** nicht Klage (Abs 2 S 2, § 622 Abs 3). Das ist materiell-rechtlich der Antrag des § 1313 S 1 BGB, prozessual der aus Abs 2 S 1 (Rn 5). Die Antragsberechtigung ergibt sich aus § 1316 (Ehegatten, gesetzliche Vertreter, zuständige Verwaltungsbehörde, bei Doppelehe die dritte Person). Jahresfrist: § 1317 BGB. – **c) Zuständig** ist ausschließlich das AG **3** (Familiengericht) gem § 23a Nr 4, § 23b Abs 1 Nr 1 GVG; örtlich gem § 606; international (nicht ausschließlich) gem § 606a Abs 1, soweit nicht die EheVO vorrangig anzuwenden ist (vgl vor Art 1 Rn 7 und Art 1 Rn 2 EheVO).

2. Verfahren (Abs 2). Grundsätzlich gelten die §§ 606–620g. **4** **a) Anhängigkeit** (Abs 2 S 1). Sie erfordert (wie bei § 622 Abs 1), dass bei Gericht eine Antragsschrift eingereicht ist, in der Eheaufhebung (§§ 1318 ff BGB) beantragt wird. Rechtshängigkeit tritt ein wie bei Klage durch Zustellung der Antragsschrift an den oder die Antragsgegner (§ 261 Abs 1, § 253 Abs 1). – **b) Antragsschrift** (Abs 2 S 2). Es ist nur **5** § 622 Abs 2 S 2 für anwendbar erklärt, obwohl wegen § 1318 Abs 2 S 2 BGB die Anwendbarkeit von § 622 Abs 2 S 1 naheliegt. – **c) Partei-** **6** **stellung** (Abs 2 S 2; § 622 Abs 3). Es gilt § 622 Rn 3 entspr. Auch die zuständige Verwaltungsbehörde kann als Antragsteller Partei sein (vgl Rn 11). – **d) Vorrang der Aufhebung** (Abs 2 S 3). Setzt eine Ver- **7** bindung mit dem Scheidungsantrag gem § 610 Abs 1 voraus (vgl dort Rn 1 und 2). Diese Verbindung, die sich als Gegenantrag bei Ungewiss-

heit über das Ausreichen der Gründe anbietet, muss nicht im Hilfsverhältnis (§ 260 Rn 8) geltend gemacht werden. Die Subsidiarität des
8   Scheidungsantrags ist zwingend. – e) **Rechtskraft** tritt nach allg Vorschriften ein. Rechtskrafterstreckung auf Dritte (früher §§ 636 a, 638
S 2) ist nicht mehr vorgesehen. Davon unabhängig tritt die Gestaltungswirkung ein (§ 1313 BGB; § 325 Rn 7), weil es sich um einen Gestaltungsantrag handelt (5 vor § 253).

9   **3. Antrag gegen beide Ehegatten** (Abs 3). Die Vorschrift beruht auf
der Antragsberechtigung (§ 1316 Abs 1 Nr 1 BGB), derzufolge die zuständige Verwaltungsbehörde mit Ausnahme der Fälle des § 1314 Abs 2
Nr 2–4 BGB bei jedem Aufhebungsgrund, bei Doppelehe (§ 1306 BGB)
auch die dritte Person berechtigt ist, Eheaufhebung zu beantragen. Wird
dieser Antrag gestellt, muss er gegen beide Ehegatten gerichtet werden.
Diese sind als Antragsgegner (Beklagte) notwendige Streitgenossen (§ 62).

10 **4. Beteiligung der zuständigen Verwaltungsbehörde** (Abs 4).
Sie wird durch VO der Länderregierungen bestimmt (§ 1316 Abs 1
Nr 1 S 2 BGB). Abs 4 gilt nur für die Fälle des § 1316 Abs 1 Nr 1
BGB. **a) Unterrichtungspflicht** (Abs 4 S 1). Sie trifft das Gericht, bei
dem der Antrag des Ehegatten oder der dritten Person gem § 1316
11 Abs 1 Nr 1 BGB gestellt worden ist. – **b) Parteistellung** als Antragsteller erlangt die Behörde, wenn sie selbst den Antrag stellt (Rn 6), als
(notwendiger) Streitgenosse einer Partei (§ 62), wenn sie sich durch
eigenen Antrag anschließt oder Rechtsmittel einlegt. Die Behörde unterliegt auch als Partei nicht dem Anwaltszwang (§ 78 Abs 2 S 3; dort
Rn 15). Sie kann für oder gegen den Bestand der Ehe eintreten. –
12 **c) Verfahrensbeteiligung** der zuständigen Behörde (Abs 4 S 2) besteht
auch ohne Parteistellung (Rn 6, 11) in der Weise, dass die Behörde das
Verfahren, insbes durch Anträge und Schriftsätze betreiben kann und an
der mdl Vhdlg teilnimmt. Sie wird dadurch nicht Nebenintervenientin.
Anträge stellen (Rn 11), Rechtsmittel einlegen und damit Partei werden
kann die Behörde auch, wenn sie bisher das Verfahren nicht betrieben
hat. Für Rechtsmittel gelten dann die für die Parteien laufenden Fristen.

13 **5. Kosten** (Abs 5). Entspr dem früheren § 637. **Anwendbar** nur
wenn die Verwaltungsbehörde als Partei aufgetreten ist (Rn 6, 11 und
12). Bei Aufhebung der Ehe ist § 93 a Abs 3 dann nicht anzuwenden
(§ 93 a Abs 4). Es ist nach den §§ 91–101 zu entscheiden. Dasselbe gilt,
wenn die Verwaltungsbehörde unterliegt; dh die Staatskasse hat die
außergerichtlichen Kosten der oder des Antragsgegner(s) zu tragen: für
die Gerichtskosten gilt § 2 GKG. Kostenfestsetzung: §§ 103–107.

§ 632 Feststellung des Bestehens oder Nichtbestehens einer Ehe

(1) **Für eine Klage, welche die Feststellung des Bestehens oder
Nichtbestehens einer Ehe zwischen den Parteien zum Gegenstand hat, gelten die nachfolgenden besonderen Vorschriften.**

(2) **Eine Widerklage ist nur statthaft, wenn sie eine Feststellungsklage der in Absatz 1 bezeichneten Art ist.**

(3) **§ 631 Abs. 4 gilt entsprechend.**

(4) **Das Versäumnisurteil gegen den im Termin zur mündlichen Verhandlung nicht erschienenen Kläger ist dahin zu erlassen, daß die Klage als zurückgenommen gilt.**

Allgemeines. Die Vorschrift ersetzt den früheren § 638. Das Urteil **1** wirkt aber nur inter partes (Habscheid FamRZ 99, 480/482). Für die Feststellungsklage, die keine Unterart von § 256 ist (Habscheid, FamRZ 99, 480), als Ehesache (Vorbem 5 vor § 606) gelten die §§ 606–620 g (Habscheid aaO). § 632 enthält die Sonderregelung (Abs 1). **Anwend- 2 bar** in den (seltenen) Fällen, in denen eine Ehe nicht zustandegekommen, nach früherem Recht für nichtig erklärt, aufgehoben oder geschieden ist und dies unter den (Nicht)Ehegatten streitig ist oder nicht nachgewiesen werden kann. **Parteien** sind nur die Ehegatten und ggf **3** die in § 631 Abs 4 genannten (Abs 3; Habscheid FamRZ 99, 480/481). **Widerklage** (Abs 2). Sie muss dieselbe Ehe betreffen und auf Bestehen oder Nichtbestehen der Ehe gerichtet sein. Identität des Streitgegenstandes liegt als Ausnahme (vgl § 261 Rn 12) nicht vor (aA Habscheid aaO S 482, der die Widerklage für unzulässig hält). **Unterrichtungs- 4 pflicht** (Abs 3); wie § 631 Abs 4 S 1 (dort Rn 10). **Drittbeteiligung** (Abs 3) ist nur der zuständigen Verwaltungsbehörde gestattet, im selben Umfang wie § 631 Abs 4 (dort Rn 12). **Versäumnisurteil** (Abs 4). Die **5** Klage darf nicht abgewiesen werden, damit keine materielle Rechtskraft (§ 256 Rn 23, 24) entsteht. Ein Versäumnisurteil gegen den Beklagten ist wegen § 612 Abs 4 unzulässig. **Rechtskraft:** nur zwischen den Par- **6** teien (wie § 631 Rn 8).

§§ 633–639 (weggefallen)

Abschnitt 5. Verfahren in Kindschaftssachen

Vorbemerkung

Kindschaftssachen sind in § 640 Abs 2 legal definiert. Die dafür **1** geltenden Vorschriften (§§ 640–641 i) sind durch das KindRG seit 1. 7. 98 weitgehend geändert. An Kindschaftssachen besteht ein öffentliches Interesse; daher sind sie vorwiegend den Vorschriften des Eheprozesses unterstellt (§ 640 Abs 1). Im ersten Rechtszug ist das AG zuständig (§ 23 a Nr 1 GVG), für Berufung und Beschwerde das OLG (§ 119 Abs 1 Nr 1 a GVG). Kindschaftssachen gehören seit 1. 7. 98 zu den Familiensachen (§ 23 b Abs 1 S 2 Nr 12 GVG).

§ 640 Kindschaftssachen

(1) **Die Vorschriften dieses Abschnitts sind in Kindschaftssachen mit Ausnahme der Verfahren nach § 1600 e Abs.
2 des Bürgerlichen Gesetzbuchs anzuwenden; die §§ 609, 611 Abs. 2,
die §§ 612, 613, 615, 616 Abs. 1 und die §§ 617, 618, 619 und 632
Abs. 4 sind entsprechend anzuwenden.**

(2) **Kindschaftssachen sind Verfahren, welche zum Gegenstand
haben**
1. **die Feststellung des Bestehens oder Nichtbestehens eines Eltern-Kindes-Verhältnisses; hierunter fällt auch die Feststellung
der Wirksamkeit oder Unwirksamkeit einer Anerkennung der
Vaterschaft,**
2. **die Anfechtung der Vaterschaft oder**
3. **die Feststellung des Bestehens oder Nichtbestehens der elterlichen Sorge der einen Partei für die andere.**

1   **1. Begriff** der Kindschaftssachen (Abs 2). Er gilt für innerhalb und
außerhalb der Ehe geborene Kinder. **a) Nr 1:** Feststellungsklage (aA
Gestaltungsklage, Wieser NJW 98, 2023 mwN) über Bestehen oder
Nichtbestehen eines Eltern-Kind-Verhältnisses. Darunter fallen: Ab-
stammung (§§ 1591–1593 BGB), Annahme als Kind (§ 1741 BGB) und
(Un)Wirksamkeit einer Vaterschaftsanerkennung (§§ 1594–1598 f
BGB), Anerkennungsverfahren hins eines ausländischen Vaterschaftsfest-
stellungsurteils (BGH VersR 00, 613). Die Fälle des § 1600 e Abs 2
BGB (Tod eines Beteiligten) sind auch Kindschaftssachen, aber im FGG-
Verfahren zu behandeln (§ 621 a Abs 1 S 1). Nicht hierunter fällt die
Klage des Kindes gegen seine Mutter auf Auskunft über den Vater
2   (Hamm FamRZ 00, 38). – **b) Nr 2:** Anfechtungsklage (Gestaltungs-
klage, vgl 5 vor § 253). Beruht auf den §§ 1599–1600 c BGB. Erfasst
wird auch die Anfechtung der Vaterschaft von vor dem 1. 7. 98 gebore-
nen Kindern, auch wenn die statusrechtliche Vaterschaft vor diesem
Stichtag bestanden hat (BGH MDR 99, 678).– **c) Nr 3:** Feststellungsklage über Bestehen oder Nichtbestehen der elterlichen Sorge, nur im
Verhältnis der Parteien zueinander, dh Kind zu Eltern oder einem
Elternteil. Unter Nr 3 fällt jeder Streit um Eintritt oder Beendigung der
elterlichen Sorge.

3   **2. Prozessvoraussetzungen.** Es bestehen folgende Besonderheiten:
a) Prozessfähigkeit: § 640 b. – **b) Zuständigkeit** des AG: sachlich
§ 23 a Nr 1 GVG; örtlich und international § 640 a; funktionell (Famili-
4   engericht) § 621 Abs 1 Nr 10. – **c) Feststellungsinteresse** ist für die
Feststellungsklagen (Nr 1, 3) grundsätzlich gegeben, wenn die Klage-
voraussetzungen vorliegen (BGH NJW 73, 51; Habscheid FamRZ 99,
480/482), § 256 gilt nicht. Ein Vollstreckungstitel auf Unterhalt steht
dem Feststellungsinteresse nicht entgegen, ebenso wenig die Anerken-
nungsbereitschaft (KG FamRZ 94, 909).

3. Gestaltung des Verfahrens (Abs 1). Die Ausnahme für die Ver- 5
fahren nach § 1600 e Abs 2 BGB folgt daraus, dass sie dem FGG zugewiesen sind (§ 621 a Abs 1 S 1). Das Kindschaftsverfahren ist eine
besondere Verfahrensart der ZPO. Es ist Urteilsverfahren, für das grundsätzlich das 2. Buch gilt. Die §§ 640–641 i gehen als Sonderregeln vor.
Abs 1 erklärt bestimmte Vorschriften des Eheverfahrens für entspr anwendbar. Insb ist ein Versäumnisurteil gegen den Beklagten (§ 612
Abs 4) unzulässig, gegen den Kläger nur nach Maßgabe des § 632
Abs 4; unzulässig ist ferner ein Anerkenntnisurteil (§ 617 iVm § 307;
vgl § 617 Rn 2).

4. Untersuchungsgrundsatz (§ 616 Abs 1). Da von § 616 nur 6
Abs 1 und nicht Abs 2 anwendbar ist, darf das Gericht von Amts wegen
bei Klagen nach Abs 2 Nr 1 und 3 auch Tatsachen berücksichtigen, die
dem Kindschaftsverhältnis entgegenstehen. Nur für Klagen nach Abs 2
Nr 2 ist wegen § 640 d der Untersuchungsgrundsatz eingeschränkt.
a) Beweismittel. Sie sind von Amts wegen auszuschöpfen soweit sie 7
geeignet sind, insbes Blutgruppenuntersuchung (BGH NJW 94, 2697),
Ähnlichkeitsgutachten und erbbiologische Gutachten (§ 372 a). Sie dürfen idR nicht unterlassen werden (Hamburg FamRZ 75, 107 mwN),
sich anbietende Aufklärungsmöglichkeiten nicht außer Betracht bleiben
(Celle FamRZ 71, 592). Ist ein an sich geeignetes Beweismittel unerreichbar, darf der Rechtsstreit nicht ausgesetzt, sondern muss ohne diese
Beweiserhebung entschieden werden (Bamberg FamRZ 95, 1280). Die
Erstattung eines Gutachtens kann unterbleiben, wenn keine Anhaltspunkte für eine anderweitige Abstammung vorliegen (Köln NJW-RR
93, 455). – **b) Umfang** der Beweisaufnahme. Es müssen nicht alle 8
denkbaren Beweismittel benutzt und die Beweiserhebung kann beendet
werden, sobald das Gericht die volle Überzeugung von der Vaterschaft
erlangt hat (BGH NJW 90, 2312). Nur wenn das Gericht diese Überzeugung trotz vollständiger Beweisaufnahme nicht erlangt hat, greift die
gesetzliche Vaterschaftsvermutung (§ 1600 c BGB) ein (KG FamRZ 73,
270).

5. Wirkung des Urteils: § 640 h.   9

§ 640 a Zuständigkeit

(1) ¹**Ausschließlich zuständig ist das Gericht, in dessen Bezirk
das Kind seinen Wohnsitz oder bei Fehlen eines inländischen
Wohnsitzes seinen gewöhnlichen Aufenthalt hat. ²Erhebt die
Mutter die Klage, so ist auch das Gericht zuständig, in dessen
Bezirk die Mutter ihren Wohnsitz oder bei Fehlen eines inländischen Wohnsitzes ihren gewöhnlichen Aufenthalt hat. ³Haben
das Kind und die Mutter im Inland keinen Wohnsitz oder gewöhnlichen Aufenthalt, so ist der Wohnsitz oder bei Fehlen eines
inländischen Wohnsitzes der gewöhnliche Aufenthalt des Mannes
maßgebend. ⁴Ist eine Zuständigkeit eines Gerichts nach diesen**

Vorschriften nicht begründet, so ist das Familiengericht beim Amtsgericht Schöneberg in Berlin ausschließlich zuständig. [5] **Die Vorschriften sind auf Verfahren nach § 1615 o des Bürgerlichen Gesetzbuchs entsprechend anzuwenden.**

(2) [1] **Die deutschen Gerichte sind zuständig, wenn eine der Parteien**
1. Deutscher ist oder
2. ihren gewöhnlichen Aufenthalt im Inland hat.
[2] **Diese Zuständigkeit ist nicht ausschließlich.**

1   **1. Allgemeines.** § 640 a regelt in Abs 1 die örtliche, in Abs 2 die internationale Zuständigkeit in Kindschaftssachen (§ 640 Rn 1). Die sachliche Zuständigkeit ergibt sich aus § 23 a Nr 1 GVG. Maßgebender Zeitpunkt für das Vorliegen der zuständigkeitsbegründenden Tatsachen: Beginn der Rechtshängigkeit (§ 261 Abs 3 Nr 2).

2   **2. Örtliche Zuständigkeit** (Abs 1). Es besteht ein Vorrang des kind-
3   bezogenen Gerichtsstands. **a) Kindbezogener Gerichtsstand** (Abs 1 S 1); gleich ob das Kind Kläger oder Beklagter ist. Der Gerichtsstand ist ausschließlich (Abs 1 S 1; 9 vor § 1). Wohnsitz des Kindes: § 11 BGB. Gewöhnlicher Aufenthalt: wie § 606 Rn 3. Gilt auch, wenn eine Vormundschaft oder Pflegschaft besteht. Zweck der Regelung ist eine einheitliche Zuständigkeit für alle Verfahren, insbes auch, und mehrere
4   Väter in Betracht kommen. – **b) Mutterbezogener Gerichtsstand** (Abs 1 S 2) ist nur anzuwenden, wenn die Mutter Klägerin ist, insbes bei Anfechtungs- und Feststellungsklagen (§§ 1600, 1600 d BGB), und das Kind nicht Partei ist. Die Zuständigkeit tritt neben die des Abs 1 S 1 und kann gewählt werden (§ 35). Wohnsitz: § 13 Rn 2. Gewöhnlicher
5   Aufenthalt: wie § 606 Rn 3. – **c) Vaterbezogener Gerichtsstand** (Abs 1 S 3). Kommt nur subsidiär in Betracht, wenn Kind und Mutter (Rn 3 und 4) im Inland keinen Wohnsitz und keinen gewöhnlichen Aufenthaltsort haben und daher kein inländisches Gericht zuständig wäre. Gilt also auch, wenn Kind oder Mutter, die sich dauernd im Ausland aufhalten, den als Vater in Anspruch genommenen Mann verklagen. Wohnsitz: § 13 Rn 2. Gewöhnlicher Aufenthalt: wie § 606
6   Rn 3. – **d) Aushilfsgerichtsstand** (Abs 1 S 4) ist ausschließlich das AG Schöneberg für den Fall, dass die internationale Zuständigkeit wegen Abs 2 S 1 Nr 1 besteht, aber keine örtliche Zuständigkeit gem Abs 1 S 1–3.

7   **3. Einstweilige Verfügungen** (Abs 1 S 5) über den 3-Monats-Unterhalt (§ 1615 o BGB) werden dem für die Kindschaftssache gem Abs 1 S 1–4 zuständigen Gericht zugewiesen, das im Abstammungsprozess einheitlich, auch mit einstweiliger Anordnung (§ 641 d), entscheiden kann. Für den anschließenden Unterhaltsprozess in der Hauptsache gilt aber nicht diese, sondern die allgemeine Zuständigkeit, insbes §§ 12, 13, 35 a, 642.

4. Internationale Zuständigkeit (Abs 2). Die EuGVVO (dort 8
Art 1 Abs 2 Nr 1; vgl BGH NJW 85, 552) und die EheVO (dort Art 1
Abs 1 Buchst a; vgl Wagner IPRax 01, 73/76) sind nicht anwendbar. Sie
ist nicht ausschließlich (S 2). Deutscher (Nr 1): wie § 606 a Rn 7.
Gewöhnlicher Aufenthalt (Nr 2): wie § 606 Rn 3, und zwar in
Deutschland. Die Staatsangehörigkeit der Parteien ist gleichgültig.

§ 640 b Prozessfähigkeit bei Anfechtungsklagen

[1]In einem Rechtsstreit, der die Anfechtung der Vaterschaft
zum Gegenstand hat, sind die Parteien prozeßfähig, auch wenn
sie in der Geschäftsfähigkeit beschränkt sind; dies gilt nicht für
das minderjährige Kind. [2]Ist eine Partei geschäftsunfähig oder ist
das Kind noch nicht volljährig, so wird der Rechtsstreit durch
den gesetzlichen Vertreter geführt.

Anwendbar: nur für § 640 Abs 2 Nr 2. Prozessfähigkeit: § 52. Ge- 1
setzliche Vertretung: § 51 Rn 3, 5. Die Vorschrift beruht auf § 1600 a
BGB. Der Aufgabenkreis des Beistandes gem § 1712 Abs 1 Nr 1 BGB
umfasst nicht die Anfechtung eines Vaterschaftsanerkenntnisses (Nürnberg OLGR 01, 166).

§ 640 c Klagenverbindung; Widerklage

(1) [1]Mit einer der im § 640 bezeichneten Klagen kann eine
Klage anderer Art nicht verbunden werden. [2]Eine Widerklage
anderer Art kann nicht erhoben werden. [3]§ 653 Abs. 1 bleibt
unberührt.

(2) Während der Dauer der Rechtshängigkeit einer der in
§ 640 bezeichneten Klagen kann eine entsprechende Klage nicht
anderweitig anhängig gemacht werden.

1. Verbindungsverbot (Abs 1). **a) Zweck.** Wegen der Verschieden- 1
heit des Verfahrens soll vermieden werden, dass Kindschaftssachen mit
anderen Rechtsstreitigkeiten verbunden verhandelt werden. – **b) Aus-** 2
nahmen vom Verbindungs- und Widerklageverbot des S 1: **(1)** Mit
einer Klage auf Regelbetrag (§ 653 Abs 1) darf verbunden werden
(Abs 1 S 3), nicht aber mit einer anderen Unterhaltsklage. **(2)** Kindschaftssachen können miteinander gem § 260 oder §§ 59, 60 verbunden,
auch als Widerklage unter Beachtung von § 33 Abs 2, § 40 Abs 2,
§ 640 a geltend gemacht werden; zB Klage auf Feststellung gem § 640
Abs 2 Nr 1 mit Anfechtung gem § 640 Abs 2 Nr 2, Widerklage auf
Anfechtung (§ 640 Abs 2 Nr 2) gegen Feststellung des Eltern-Kindes-
Verhältnisses (§ 640 Abs 2 Nr 1). – **c) Unzulässige Verbindung.** Es 3
muss getrennt werden (§ 145).

2. Verbot weiterer Rechtshängigkeit (Abs 2). **a) Zweck.** Ab- 4
stammungsverfahren, die dasselbe Kind betreffen, können auf verschiedene Anträge gestützt sein, auch andere Männer betreffen (Gaul FamRZ

00, 1472), daher verschiedene Streitgegenstände haben und deshalb
nicht dem Verbot doppelter Rechtshängigkeit (§ 261 Abs 3 Nr 1) unterliegen. Durch Abs 3 wird vermieden, dass wegen desselben Kindes
Abstammungsverfahren (auch mit verschiedenen Männern) an verschiedenen Gerichten mit möglicherweise widersprechenden Ergebnissen
5 anhängig gemacht werden. – **b) Verstoß.** Die später erhobene Klage ist
als unzulässig abzuweisen; keine Verweisung an das zuerst befasste Ge-
6 richt. – **c) Zulässige Geltendmachung.** Den Klageberechtigten verbleibt Widerklage (§ 33; vgl Rn 2), Beitritt als Streitgenosse (§ 59) oder
Nebenintervenient (§ 640 e Abs 1 S 2).

§ 640 d Einschränkung des Untersuchungsgrundsatz

**Ist die Vaterschaft angefochten, so kann das Gericht gegen den
Widerspruch des Anfechtenden Tatsachen, die von den Parteien
nicht vorgebracht sind, nur insoweit berücksichtigen, als sie geeignet sind, der Anfechtung entgegengesetzt zu werden.**

1   **Zweck.** Der Untersuchungsgrundsatz (§ 640 Abs 1, § 616 Abs 1; vgl
§ 616 Rn 8) ist eingeschränkt, weil kein öffentliches Interesse daran
2 besteht, den Abstammungsstatus zu beseitigen. **Anwendbar:** bei Anfechtungsklagen (§ 640 Abs 2 Nr 2), nicht für Beweismittel (vgl § 616
3 Rn 9). **Tatsachen:** 13 vor § 284. Es fallen auch solche darunter, die von
der beklagten Partei vorgebracht und dem Anfechtungsbegehren günstig
sind, mit dem Tatsachenvortrag des Klägers aber in Widerspruch stehen
(BGH NJW 90, 2813 mwN).

§ 640 e Beiladung; Streitverkündung

(1) ¹**Ist an dem Rechtsstreit ein Elternteil oder das Kind nicht
als Partei beteiligt, so ist der Elternteil oder das Kind unter
Mitteilung der Klage zum Termin zur mündlichen Verhandlung
zu laden.** ²**Der Elternteil oder das Kind kann der einen oder
anderen Partei zu ihrer Unterstützung beitreten.**

(2) ¹**Ein Kind, das für den Fall des Unterliegens in einem von
ihm geführten Rechtsstreit auf Feststellung der Vaterschaft einen
Dritten als Vater in Anspruch nehmen zu können glaubt, kann
ihm bis zur rechtskräftigen Entscheidung des Rechtsstreits gerichtlich den Streit verkünden.** ²**Die Vorschrift gilt entsprechend
für eine Klage der Mutter.**

1   **1. Ladung** des anderen Elternteils oder des Kindes (Abs 1 S 1).
Besteht ein Vertretungshindernis für einen Elternteil, ist ein Ergänzungspfleger gem § 1909 BGB zu bestellen (Hamburg DAVorm 00, 796). Ist
2 anwendbar in allen Kindschaftssachen (§ 640 Abs 2). **a) Durchführung.** Ladung: § 214; schon zum ersten Termin; dann nicht mehr,
wenn nicht beigetreten wird. Ladungsfrist: § 217, keine Einlassungsfrist.
Mitzuteilen ist die Klageschrift (§ 253 Abs 2). Unterbleibt die recht-

zeitige Ladung, kann sie im Verlaufe des Rechtsstreits nachgeholt werden (BGH 89, 121). Es besteht trotz Ladung keine Pflicht, sich am Rechtsstreit zu beteiligen. – **b) Unterbliebene Ladung** nötigt zu neuer Verhandlung, nachdem die Ladung nachgeholt ist; auch im Berufungsrechtszug anzuwenden. Auch Zurückverweisung unter den Voraussetzungen des § 538 Abs 2 Nr 1 bleibt möglich. Pflichtwidrig unterbliebene Ladung macht die Zustellung des Urteils an den zu Ladenden notwendig (BGH 89, 121). Unterbleibt diese oder die Ladung endgültig, wirkt das Urteil nicht gegen den zu Ladenden (§ 640 h). **3**

2. Beitritt (Abs 1 S 2) des anderen Elternteils oder Kindes als Nebenintervenient ist (auch ohne Ladung) bis zum Schluss der mdl Vhdlg (§ 296 a) auch noch in der Berufungsinstanz möglich. Form: §§ 70, 71. Es ist wegen § 640 h eine streitgenössische Nebenintervention (§ 69). Ist die Ladung unterblieben und das Urteil zugestellt (Rn 3), kann der Beitritt nur noch innerhalb der für den Beitrittsbefugten laufenden Berufungsfrist (§ 517) erfolgen, wenn die unterstützte Partei sie ungenutzt hat verstreichen lassen (BGH 89, 121). **4**

3. Streitverkündung (Abs 2). Entspricht dem früheren § 641 b. **5** **a) Anwendbar,** wenn ein Kind Partei eines Rechtsstreits ist, der unter § 640 Abs 2 Nr 1 fällt (S 1) oder wenn in einem solchen Rechtsstreit die Mutter Klägerin ist (S 2). Es kann mehreren Männern der Streit verkündet werden (Wieser NJW 98, 2023). – **b) Zweck.** Praktisch **6** bedeutsam, wenn mehrere Männer als Vater in Betracht kommen. Diese können nicht als Elternteil beigeladen werden. § 640 e erweitert die Zulässigkeit der Streitverkündung (und damit der Nebeninterventionswirkung, § 68), weil § 72 nicht den Fall deckt, dass der richtige Anspruchsgegner ungewiss ist und bei mehreren möglichen Vätern die Alternativität fehlt. – **c) Durchführung:** §§ 72–74, also insbes Eintritt **7** der Nebeninterventionswirkung (§ 68), wenn die Voraussetzungen des Abs 2 vorliegen. – **d) Beitritt** des Streitverkündungsempfängers (§ 66). **8** Er wird streitgenössischer Nebenintervenient (Rn 4; §§ 69, 640 h). Beitritt ist auch ohne Streitverkündung zulässig (Rn 4; BGH NJW 80, 1693 für den früheren § 641 b).

§ 640 f Aussetzung des Verfahrens

¹ **Kann ein Gutachten, dessen Einholung beschlossen ist, wegen des Alters des Kindes noch nicht erstattet werden, so hat das Gericht, wenn die Beweisaufnahme im übrigen abgeschlossen ist, das Verfahren von Amts wegen auszusetzen.** ² **Die Aufnahme des ausgesetzten Verfahrens findet statt, sobald das Gutachten erstattet werden kann.**

Anwendbar in allen Kindschaftssachen (§ 640 Abs 2). **Gutachten:** **1** jeder Art, in erster Linie anthropologisch-erbbiologische, aber auch andere, zB serologische. Sie können auf Antrag oder von Amts wegen (§ 616 Abs 1) eingeholt werden. **Aussetzung:** 8 vor § 239; zwingend **2**

von Amts wegen, aber erst wenn die gesamte übrige Beweisaufnahme abgeschlossen ist. Der Beschluss ist zu begründen. **Rechtsmittel:** § 252
3 (Nürnberg FamRZ 71, 590 mwN). **Aufnahme** (S 2): von Amts wegen (hM), aber erst, sobald ein vom Lebensalter des Kindes abhängiges Gutachten erstattet werden kann.

§ 640 g Tod der klagenden Partei im Anfechtungsprozess

[1] Hat das Kind oder die Mutter die Klage auf Anfechtung oder Feststellung der Vaterschaft erhoben und stirbt die klagende Partei vor Rechtskraft des Urteils, so ist § 619 nicht anzuwenden, wenn der andere Klageberechtigte das Verfahren aufnimmt. [2] Wird das Verfahren nicht binnen eines Jahres aufgenommen, so ist der Rechtsstreit in der Hauptsache als erledigt anzusehen.

1   **Anwendbar** (S 1) nur bei Klagen auf Feststellung und Anfechtung der Vaterschaft (§ 640 Abs 2 Nr 1 und 2), bei denen das Kind oder die Mutter Kläger sind. Bei Tod des Vaters oder Mannes gilt § 619 uneinge-
2 schränkt (§ 640 Abs 1). **Zweck.** Dem anderen Klageberechtigten (vgl § 1600 c BGB) soll ermöglicht werden den Rechtsstreit aufzunehmen
3 und fortzuführen (BT-Dr 13/4899 S 126). **Voraussetzung** (S 1) ist allein Tod der klagenden Partei nach Eintritt der Rechtshängigkeit
4 (§ 261) und vor formeller Rechtskraft (§ 705). **Tod anderer Kläger.** Die Mutter oder das Kind, die nicht Kläger waren, können den (auch gem § 246 ausgesetzten) Rechtsstreit im Wege des Parteiwechsels (17 vor § 50) unabhängig von der Erbfolge aufnehmen (entspr § 250) und
5 treten ggf anstelle des oder der Erben in das Verfahren ein. **Wirkung** (S 2). § 619, der über § 640 Abs 1 anwendbar wäre, bleibt insoweit außer Betracht. Bis zur Aufnahme (Rn 3) oder bis zum Ablauf der Jahresfrist (Berechnung: § 222 Rn 7) bleibt der Rechtsstreit anhängig. Wird nicht fristgerecht aufgenommen, tritt wie bei § 619 (vgl dort Rn 3) Hauptsacheerledigung ein. Klagepartei bleibt der Erbe des Verstorbenen.

§ 640 h Wirkung des Urteils

[1] Das Urteil wirkt, sofern es bei Lebzeiten der Parteien rechtskräftig wird, für und gegen alle. [2] Ein Urteil, welches das Bestehen des Eltern-Kindes-Verhältnisses oder der elterlichen Sorge feststellt, wirkt jedoch gegenüber einem Dritten, der das elterliche Verhältnis oder die elterliche Sorge für sich in Anspruch nimmt, nur dann, wenn er an dem Rechtsstreit teilgenommen hat. [3] Satz 2 ist auf solche rechtskräftigen Urteile nicht anzuwenden, die das Bestehen der Vaterschaft nach § 1600 d des Bürgerlichen Gesetzbuchs feststellen.

1   **1. Allgemeine Rechtskraft. a) Grundsatz** (S 1). Die materielle Rechtskraft (§ 322) wirkt in allen Kindschaftssachen (§ 640 Abs 2)

abweichend von § 325 für und gegen alle. – **b) Anwendbar** auch auf 2
klagabweisende (Habscheid FamRZ 99, 480/483), fehlerhafte und gesetzwidrige Urteile, zB Versäumnisurteile entgegen § 612 Abs 4, § 640
Abs 1 (Bamberg NJW-RR 94, 459). – **c) Umfang.** Die Rechtskraft 3
wirkt auch für andere Verfahren, in denen die Rechtskraft der Kindschaftssache sich nur auf eine Vorfrage erstreckt. Andererseits erwachsen
die dem Urteil zugrundegelegten Tatsachen nicht in Rechtskraft, wirken
auch nicht rechtsgestaltend. Die Abweisung der Klage aus § 640 Abs 2
Nr 2 steht der späteren Nichtabstammungsklage des Kindes gem § 640
Abs 2 Nr 1 nicht entgegen (Düsseldorf NJW 80, 2760 für § 640 Abs 2
Nr 3 aF).

2. Eingeschränkte Rechtskrafterstreckung (S 2) als Ausnahme zu 4
S 1. **a) Anwendbar** nur bei Kindschaftssachen des § 640 Abs 2 Nr 1
und 3, in denen der Klage auf Bestehen des Eltern-Kind-Verhältnisses
oder der elterlichen Sorge stattgegeben ist. Auch für Urteile, in denen
die Klage abgewiesen ist, weil das Gegenteil festgestellt wurde (ZöPhilippi 5). – **b) Voraussetzung** der entgegen S 1 nicht wirkenden Rechts- 5
kraft ist, dass der Dritte an dem Rechtsstreit nicht teilgenommen hat, als
Partei oder Nebenintervenient (§ 69); Ladung (§ 640 e Abs 1) oder
Streitverkündung (§ 640 e Abs 2) genügen nicht (bestr). – **c) Wirkung.** 6
Die Rechtskraft steht, anders als bei S 1, nicht entgegen. Die Klage des
Dritten ist insoweit zulässig. Eine bestehende, durch Streitverkündung
herbeigeführte Nebeninterventionswirkung (§§ 74, 68) ist zu beachten
(weitergehend Habscheid FamRZ 99, 480/483). Das Urteil beseitigt die
Rechtskraft des früheren Urteils, wenn es ihm widerspricht, und hat
Vorrang.

3. Rechtskraft festgestellter Vaterschaft (S 3). Entspricht dem 7
(aufgehobenen) § 641 k und ist als Unterausnahme zu S 2 konzipiert, so
dass gem S 1 die Rechtskraft allgemein wirkt (Rn 3). **a) Zweck.** Die
Abstammung des Kindes von dem als Vater festgestellten Mann soll nicht
erneut in Frage gestellt werden. Das liegt im Interesse des Kindes (BT-
Drucks 13/4899 S 126). – **b) Anwendbar** (wohl sehr selten) wenn ein 8
Dritter, der in der rechtskräftigen Kindschaftssache nicht Partei oder
Nebenintervenient war, die Vaterschaft in Anspruch nehmen will. –
c) Voraussetzung ist, dass die Vaterschaft gemäß § 1600 d BGB rechts- 9
kräftig festgestellt ist. – **d) Wirkung.** Die Rechtskraft des Urteils steht 10
gemäß S 1 schon der Zulässigkeit einer Klage auf Feststellung der Vaterschaft (§ 640 Abs 2 Nr 1; § 1600 d BGB) entgegen. Es gilt iü Rn 3.

§§ 641– 641 b (aufgehoben)

§ 641 c Beurkundung

¹Die Anerkennung der Vaterschaft, die Zustimmung der Mutter sowie der Widerruf der Anerkennung können auch in der
mündlichen Verhandlung zur Niederschrift des Gerichts erklärt

werden. [2]Das gleiche gilt für die etwa erforderliche Zustimmung des Mannes, der im Zeitpunkt der Geburt mit der Mutter des Kindes verheiratet ist, des Kindes oder eines gesetzlichen Vertreters.

1 **Anwendbar** auf die Erklärungen gem §§ 1594, 1595 Abs 1, § 1597 Abs 3 BGB, auch (S 2) für die Zustimmung des Ehemannes der Mutter (§ 1599 Abs 2 S 2 BGB), des Kindes (§ 1595 Abs 2 BGB) und des gesetzlichen Vertreters (§ 1595 BGB). Nicht anwendbar auf ein wegen § 640 Abs 1, § 617 sowieso unzulässiges Anerkenntnis iS des § 307 2 (vgl Rn 3 aE). **Form:** Aufnahme in das Protokoll (§ 159) ersetzt die öffentliche Beurkundung des § 1597 Abs 1 BGB. Es gelten die §§ 159 ff; daher ist Vorlesen über § 162 Abs 1, § 160 Abs 3 Nr 3 3 notwendig. **Wirkung** der Erklärungen. Die materiell-rechtlichen Wirkungen sind der Entscheidung zugrundezulegen und können dazu führen, dass der Rechtsstreit in der Hauptsache erledigt wird. Die Erledigterklärung (§ 91a Rn 6) ist aber zusätzlich notwendig. Die Erklärungen können auch in der Form des § 1597 Abs 1 BGB nachgebracht werden (BLAH 2). Ein Anerkenntnisurteil ist unzulässig (Hamm FamRZ 88, 854).

§ 641 d Einstweilige Anordnung

(1) [1]Sobald ein Rechtsstreit auf Feststellung des Bestehens der Vaterschaft nach § 1600 d des Bürgerlichen Gesetzbuchs anhängig oder ein Antrag auf Bewilligung der Prozeßkostenhilfe eingereicht ist, kann das Gericht auf Antrag des Kindes seinen Unterhalt und auf Antrag der Mutter ihren Unterhalt durch eine einstweilige Anordnung regeln. [2]Das Gericht kann bestimmen, daß der Mann Unterhalt zu zahlen oder für den Unterhalt Sicherheit zu leisten hat, und die Höhe des Unterhalts regeln.

(2) [1]Der Antrag ist zulässig, sobald die Klage eingereicht ist. [2]Er kann vor der Geschäftsstelle zu Protokoll erklärt werden. [3]Der Anspruch und die Notwendigkeit einer einstweiligen Anordnung sind glaubhaft zu machen. [4]Die Entscheidung ergeht auf Grund mündlicher Verhandlung durch Beschluß. [5]Zuständig ist das Gericht des ersten Rechtszuges und, wenn der Rechtsstreit in der Berufungsinstanz schwebt, das Berufungsgericht.

(3) [1]Gegen einen Beschluß, den das Gericht des ersten Rechtszuges erlassen hat, findet die sofortige Beschwerde statt. [2]Schwebt der Rechtsstreit in der Berufungsinstanz, so ist die Beschwerde bei dem Berufungsgericht einzulegen.

(4) Die entstehenden Kosten eines von einer Partei beantragten Verfahrens der einstweiligen Anordnung gelten für die Kostenentscheidung als Teil der Kosten der Hauptsache, diejenigen eines vom Nebenintervenienten beantragten Verfahrens der

einstweiligen Anordnung als Teil der Kosten der Nebenintervention; § 96 gilt insoweit sinngemäß.

1. Allgemeines. § 641 d entspricht den §§ 620 ff, ist aber eine ab- 1
schließende Sonderregelung. **a) Zweck.** Es soll der Unterhalt des Kindes und der nichtehelichen Mutter ohne Rücksicht auf die noch nicht erfolgte Eltern-Kind-Zuordnung und auf die mögliche lange Dauer des Prozesses gesichert werden. – **b) Anwendungsbereich:** nur bei positi- 2
ver Feststellungsklage (auch Widerklage) auf Bestehen der Vaterschaft gemäß § 1592 Nr 3, § 1600 d BGB; auch für die Mutter oder das Kind, die nicht Partei sind, wenn nur das Kind oder nur die Mutter Klage erhoben hat. In jedem Rechtszug zeitlich ab Einreichung der Klageschrift (Abs 2 S 1) oder (wenn früher) ab gestelltem Antrag auf PKH (§ 117) bis zur Rechtskraft oder anderweitigem Ende der Rechtshängigkeit. – **c) Verhältnis zur einstweiligen Verfügung.** Eine solche ist 3
nur für den Unterhalt der Ersten 3 Lebensmonate zulässig (§ 1615 o BGB) sowie für die Mutter 6 Wochen vor und 8 Wochen nach der Geburt (§ 1615 Abs 1 BGB). Eine einstweilige Verfügung ist iü wie bei § 620 (dort Rn 6) ausgeschlossen. Soweit § 1615 o BGB eingreift (3-Monats-Unterhalt), haben Mutter und Kind zwischen einstweiliger Verfügung (§ 1615 o BGB) und § 641 d die Wahl. Mangels Tatbestandsüberschneidung kann sich keine Konkurrenz mit einer einstweiligen Anordnung nach § 620 bzw § 644 ergeben (MüKo Coester-Waltjen 5).

2. Voraussetzungen der Anordnung. **a) Antrag** des Kindes oder 4
der Mutter, auch wenn sie nicht Partei des Abstammungsrechtsstreits sind (vgl Rn 2). Die Mutter kann für sich (erst für die Zeit nach Geburt des Kindes, Büttner FamRZ 00, 781/785) und idR zugleich für das Kind als gesetzliche Vertreterin den Antrag stellen. Der Antrag ist Prozesshandlung (Einl III); zeitlich zulässig wie Rn 2; außer Anwaltszwang (Abs 2 S 2; § 78 Abs 3). Bestimmter Inhalt ist nicht vorgeschrieben. Der Antrag kann auf Sicherheitsleistung beschränkt werden; der auf Zahlung umfasst den auf Sicherheitsleistung. – **b) Anspruch.** Erfasst 5
wird auch der Betreuungsunterhalt nach § 1615 l Abs 2 BGB (Büttner, FamRZ 00, 781/785). Er erfordert die Behauptung der anerkannten (§ 1592 Nr 2 BGB) oder vermuteten (§ 1600 d Abs 2 BGB) Vaterschaft des Antragsgegners. Die Tatsachen für Grund und Höhe sind nach materiellem Recht schlüssig (Büdenbender FamRZ 81, 320 mwN für aF) glaubhaft (§ 294) zu machen (Abs 2 S 3). Das bedeutet, dass die Feststellungsklage hinreichend Aussicht auf Erfolg haben muss. Es sind alle Umstände des Einzelfalls zu würdigen, das voraussichtliche Ergebnis des Abstammungsprozesses sozusagen hochzurechnen. – **c) Notwen-** 6
digkeit einer einstweiligen Anordnung. Auch sie ist glaubhaft (§ 294) zu machen (Abs 2 S 3). Setzt allgemein voraus die Bedürftigkeit des Kindes, auch Zahlungsverweigerung oder Zahlung in nur ungenügender Höhe. Zu unterscheiden ist: **aa) Auf Zahlung.** Die Anordnung 7
ist nur notwendig, wenn das Kind oder die Mutter auf die Zahlungen des Mannes für den Unterhalt angewiesen ist. Daran fehlt es, wenn die

Mutter oder mütterliche Verwandte den Unterhalt aufbringen können (hM). Hingegen bleiben die Sozialhilfe und Unterhaltsvorschussansprüche außer Betracht (allgM). Höhe: grds nur Mindestbedarf der Mutter
8 (Büttner FamRZ 00, 781/785). **bb) Auf Sicherheitsleistung** gerichtet ist die Anordnung notwendig, wenn die Erfüllung der Unterhaltsrückstände gefährdet ist (hM; StJSchlosser 14 mwN). Das ist auch gegeben, wenn der Lebensunterhalt der Mutter oder des Kindes durch die Mutter oder mütterliche Verwandte gewährleistet ist (hM) oder Unterhaltsvorschuss bezahlt wird und Rechtsübergang stattfindet (Düsseldorf NJW-RR 93, 1289 mwN; bestr). Die Notwendigkeit ist idR gegeben, wenn der Mann nicht freiwillig zahlt oder nicht Sicherheit leistet (umstr; aA Büdenbender FamRZ 81, 323 mwN: konkrete Gefahr für die Anspruchsverwirklichung). Dass die Mutter Sozialhilfe bezieht, steht nicht entgegen (allgM; Düsseldorf NJW-RR 94, 709 mwN; StJSchlosser 15 b).

9   **3. Verfahren.** Es gilt Amtsermittlung (§ 616 Abs 1; Düsseldorf FamRZ 95, 1425). **a) Zuständig** (Abs 2 S 5) ist das Gericht der Hauptsache (Feststellung der Vaterschaft) im ersten Rechtszug, ab Einlegung der Berufung das OLG als Berufungsgericht. Ab Einlegung der Revision wieder das Gericht des ersten Rechtszugs (vgl § 620 a Rn 15; Hamm
10 NJW 72, 261). – **b) Verhandlung** ist notwendig mündlich (Abs 2 S 4), nicht freigestellt; beim Berufungsgericht Anwaltszwang, da nur der Antrag (Rn 4) gem § 78 Abs 3 davon ausgenommen ist. Ein Vergleich über Unterhaltszahlung ist möglich (hM). Es gilt (ohne zeitraubende Ermittlungen) der Untersuchungsgrundsatz des § 616 nur für die Vaterschaft, nicht für Tatsachen, die zur Höhe des Anspruchs maßgebend sind (hM;
11 ZöPhilippi 14). – **c) Entscheidung:** stets durch Beschluss (Abs 2 S 4). Das Gericht setzt nach seinem Ermessen in der Formel den zu zahlenden Unterhalt, auch Sonderbedarf, zB Prozesskostenvorschuss (Düsseldorf FamRZ 95, 1426 mwN; bestr) oder die zu leistende Sicherheit in bestimmter Höhe fest. Der Betrag ist nicht gebunden an den Regelbetrag, der aber in dieser Höhe ohne Glaubhaftmachung zugesprochen
12 werden kann. – **d) Vollstreckung.** Titel gemäß § 794 Abs 1 Nr 3. Wird Sicherheitsleistung angeordnet (Rn 8), gilt § 887. Es handelt sich um eine prozessuale Sicherheit (hM). Für deren Art gilt deshalb § 108. Einzahlung auf Sperrkonto ist möglich und praktisch (KG FamRZ 76, 98 mwN), auch Bankbürgschaft (StJSchlosser 21 mwN).

13   **4. Kosten** (Abs 4): wie § 620 g. Sie sind Teil der Kosten der Hauptsache. Ist der andere Klageberechtigte (Mutter oder Kind) als Nebenintervenient beigetreten und hat Antrag auf einstw Anordnung gestellt, gilt § 101. Ist lediglich Antrag auf einstw Anordnung gestellt (Rn 2) muss gesonderte Kostenentscheidung getroffen werden. Gebühren: KV 1703; § 41 BRAGO. Wert: § 20 Abs 2 S 1 GKG.

14   **5. Dauer, Aufhebung und Änderung.** Die Anordnung kann im Laufe des Rechtsstreits jederzeit, aber nur auf Antrag aufgehoben, geändert oder neu erlassen werden, auch rückwirkend (Koblenz FamRZ

75, 229), nicht nur dann, wenn neue Prozessergebnisse oder veränderte tatsächliche Umstände es veranlassen. Die Anordnung tritt außer Kraft nach § 641 e oder § 641 f.

6. Rechtsmittel (Abs 3). Es findet nur sofortige Beschwerde (§ 567 **15** Abs 1 Nr 1) gegen die im ersten Rechtszug erlassenen Beschlüsse statt (Abs 3 S 1) zum OLG (§ 119 Abs 1 Nr 1 a GVG). Einlegung gem § 569, wenn der Hauptsacherechtsstreit im ersten Rechtszug anhängig ist; ab Einlegung der Berufung immer beim Berufungsgericht (Abs 3 S 2). Aussetzung der Vollziehung: § 570 Abs 2, 3.

§ 641 e Außerkrafttreten und Aufhebung der einstweiligen Anordnung

Die einstweilige Anordnung tritt, wenn sie nicht vorher aufgehoben wird, außer Kraft, sobald derjenige, der die Anordnung erwirkt hat, gegen den Mann einen anderen Schuldtitel über den Unterhalt erlangt, der nicht nur vorläufig vollstreckbar ist.

Außerkrafttreten von Anordnungen gem § 641 d. Es geschieht kraft **1** Gesetzes nur nach § 641 e und § 641 f; sonst § 641 d Rn 14. Gilt auch für einstw Anordnungen zugunsten der Mutter, wenn nur das Kind klagt (oder umgekehrt; vgl § 641 d Rn 2). Andere Schuldtitel sind solche auf fortlaufenden Unterhalt aus Vergleich (§ 794 1 Nr 1), vollstreckbarer Urkunde (§ 794 Abs 1 Nr 5), rechtskräftigem Urteil (BGH MDR 00, 336) oder Beschluss über Festsetzung des Unterhalts (§§ 649, 794 Abs 1 Nr 2 a). **Aufhebung** von Anordnungen sowie ihre Änderung ist wäh- **2** rend des Rechtsstreits wie bei § 641 d Rn 14 möglich.

§ 641 f Außerkrafttreten bei Klagerücknahme oder Klageabweisung

Die einstweilige Anordnung tritt ferner außer Kraft, wenn die Klage zurückgenommen wird oder wenn ein Urteil ergeht, das die Klage abweist.

Klagerücknahme: § 269; Beschluss ist nicht erforderlich. Klagabwei- **1** sendes Urteil: Schon mit dessen Verkündung tritt die Wirkung des § 641 f ein. Das Berufungsgericht (§ 641 d Rn 9) kann eine Anordnung erneut erlassen (§ 641 d Rn 14).

§ 641 g Schadensersatzpflicht des Klägers

Ist die Klage auf Feststellung des Bestehens der Vaterschaft zurückgenommen oder rechtskräftig abgewiesen, so hat derjenige, der die einstweilige Anordnung erwirkt hat, dem Manne den Schaden zu ersetzen, der ihm aus der Vollziehung der einstweiligen Anordnung entstanden ist.

1   **Anwendbar** wie § 641 d Rn 2. **Voraussetzungen:** Klagerücknahme (§ 269) oder rechtskräftige Klageabweisung und Vollstreckung einer 2 Anordnung (§ 641 d). **Wirkung:** materiell-rechtlicher Schadensersatzanspruch entspr § 717 Abs 2, § 945, ggf in gesondertem Prozess geltend zu machen.

§ 641 h Inhalt der Urteilsformel

Weist das Gericht eine Klage auf Feststellung des Nichtbestehens der Vaterschaft ab, weil es den Kläger oder den Beklagten als Vater festgestellt hat, so spricht es dies in der Urteilsformel aus.

1   **Zweck.** Die Vorschrift dient der Klarstellung und hilft dem Standesbeamten, dem nur die Urteilsformel vorliegt. **Anwendbar** bei negativen 2 Feststellungsklagen gemäß § 640 Abs 2 Nr 1. **Wirkung.** Es ist für und wegen § 641 h zwischen Fällen eindeutiger Vaterschaftsfeststellung (mit entspr Feststellungsausspruch) und solchen ohne sichere Feststellung nicht zu unterscheiden, weil es im Vaterschaftsprozess non-liquet-Entscheidungen wegen § 1600 d Abs 2 BGB nicht gibt (Gaul, Festschrift für Bosch S 241/250 mwN für § 1600 o BGB). Bei Klagabweisung ist 3 die Feststellung in der Formel stets zu treffen. **Beispiel.** Die Klage wird abgewiesen und es wird festgestellt, dass der Beklagte der Vater des 4 Klägers ist. **Rechtskraftwirkung** der positiven Feststellung: § 640 h.

§ 641 i Restitutionsklage

(1) Die Restitutionsklage gegen ein rechtskräftiges Urteil, in dem über die Vaterschaft entschieden ist, findet außer in den Fällen des § 580 statt, wenn die Partei ein neues Gutachten über die Vaterschaft vorlegt, das allein oder in Verbindung mit den in dem früheren Verfahren erhobenen Beweisen eine andere Entscheidung herbeigeführt haben würde.

(2) Die Klage kann auch von der Partei erhoben werden, die in dem früheren Verfahren obgesiegt hat.

(3) [1] Für die Klage ist das Gericht ausschließlich zuständig, das im ersten Rechtszug erkannt hat; ist das angefochtene Urteil von dem Berufungs- oder Revisionsgericht erlassen, so ist das Berufungsgericht zuständig. [2] Wird die Klage mit einer Nichtigkeitsklage oder mit einer Restitutionsklage nach § 580 verbunden, so bewendet es bei § 584.

(4) § 586 ist nicht anzuwenden.

1   **1. Allgemeines. a) Zweck.** Es soll im Abstammungsprozess die größtmögliche Übereinstimmung des Urteils mit der wahren Abstammung herbeigeführt (BGH 61, 186/190) und dabei der Fortschritt der 2 Wissenschaft genutzt werden können. – **b) Anwendungsbereich.** Es

muss über die Vaterschaft entschieden worden sein. Damit ist auf § 640 Abs 2 Nr 1 und 2 abgestellt. § 641 i gilt auch, wenn prozeßordnungswidrig (§§ 617, 640 Abs 1) durch Anerkenntnisurteil entschieden wurde (BGH NJW 94, 2698). − **c) Parteien:** nur die des Vorprozesses, nicht **3** die Erben (Stuttgart FamRZ 82, 193). Nach dem Tode einer Partei findet nur das FGG-Verfahren (§ 1600 e Abs 2 BGB, § 56 c FGG) statt (Celle FamRZ 00, 1510).

2. Zusätzlicher Restitutionsgrund ist neben § 580 Nr 1–7: **4**
a) Geeignetes Gutachten. Es kann auch ein anderes als zur Blutgruppe oder Erbbiologie sein, insbes eines zur Tragezeit (BGH FamRZ 89, 374). Es muss für den Prozess bereits vorliegen oder bis zum Schluss der mdl Vhdlg vor dem Tatsachengericht vorgelegt werden (BGH NJW 82, 2128). Da erforderliche Untersuchungen für das neue Vaterschaftsgutachten nicht erzwungen werden können, ist es schwierig, ein solches Gutachten beizubringen (vgl Braun FamRZ 89, 1129/1136). −
b) Neues Gutachten ist jedes, das den konkreten Fall beurteilt und das **5** im Vorprozess noch nicht verwertet worden ist (BGH FamRZ 89, 374). Es muss den anerkannten Grundsätzen der Wissenschaft (entspr § 372 a) genügen und kann bis zum Schluss der Letzten mdl Tatsachenverhandlung vorgelegt werden (BGH NJW 82, 2128). Es kommt nicht darauf an, ob in dem früheren Verfahren schon ein Gutachten erstattet wurde und ob die dem neuen Gutachten zugrundeliegenden Erkenntnisse zZ der Entscheidung in den früheren Verfahren schon vorlagen (BGH 61, 186). Es genügt, dass bei Vorliegen des neuen Gutachtens auch nur möglicherweise eine andere Entscheidung ergangen wäre (BGH FamRZ 80, 880 mwN). Das frühere Beweisergebnis muss aber so erschüttert werden, dass frühere Gutachten wenigstens fragwürdig erscheinen oder dass ohne Beweiserhebung nicht hätte entschieden werden dürfen. Es steht nicht entgegen, dass das Gericht des Vorprozesses die Notwendigkeit weiterer Beweiserhebung hätte erkennen müssen (BGH NJW 93, 1928).

3. Zulässigkeitsvoraussetzungen der Restitutionsklage (6–10 vor **6** § 578). Hierfür bestimmt § 641 i abweichend: **a) Beschwer** (Abs 2). Sie ist für die Klage nicht erforderlich. Das gilt auch für die Berufung (hM; einschränkend München NJW-RR 87, 259). − **b) Zuständigkeit** **7** (Abs 3). Sie ist ausschließlich (9 vor § 1) und gilt auch für das Berufungsgericht. Hat im Fall des § 1600 e Abs 2 (früher § 1600 n) BGB das Vormundschaftsgericht entschieden (vgl Karlsruhe NJW-RR 98, 1229), tritt seit 1. 7. 98 an seine Stelle das Familiengericht des örtlich zuständigen AG. − **c) Klagefrist** (Abs 4). Wegen Unanwendbarkeit des § 586 **8** gilt keine Frist. Abs 4 ist auf Klagen aus § 579 nicht anzuwenden (BGH NJW 94, 589).

Abschnitt 6. Verfahren über den Unterhalt

Vorbemerkung

1   **1. Neuregelung.** Durch das KindUG ist das Verfahren über den Unterhalt umfassend neugestaltet worden, indem der Sechste Abschnitt durch Art. 3 Nr. 9 KindUG mit den §§ 642–660 völlig neu gefasst wurde und dadurch die bisherigen §§ 641 l–644 wegfallen, ohne dass sie ausdrücklich aufgehoben werden mussten. Die Neuregelung verfolgt bestimmte Ziele: **(1)** Das Unterhaltsrecht für in der Ehe und außerhalb der Ehe geborene Kinder soll vereinheitlicht werden. **(2)** Die Vorteile des Regelunterhaltssystems sollen weiterentwickelt werden und auch ehelichen Kindern zugutekommen. **(3)** Die Kindesunterhaltsrenten sollen dynamisiert und individuell bemessen werden. **(4)** Auskünfte über die für die Bemessung des Unterhalts maßgeblichen Umstände sollen besser erlangt werden können. **(5)** Eine vorherige Verurteilung zur Zahlung des Regelunterhalts entfällt.

2   **2. Übergangsregelung** (Art 5 KindUG). **a) Anhängige Verfahren.** Waren sie am 1. 7. 98 anhängig oder war zu diesem Zeitpunkt ein PKH Antrag eingereicht worden (Koblenz FamRZ 00, 543), werden sie nach altem Recht weitergeführt (§ 2 Abs 1 Nr 1). Eine mdl Vhdlg kann wiedereröffnet werden (§ 2 Abs 1 Nr 2) und auf Antrag können die Verfahren zugleich für den Zeitraum seit 1. 7. 98 nach neuem Recht behandelt werden (§ 2 Abs 1 Nr 3). Dem stehen Abänderungsklagen (§ 323) und vereinfachte Verfahren zur Abänderung von Unterhaltstiteln sowie zur Festsetzung oder Neufestsetzung von Regelunterhalt gleich 3   (§ 2 Abs 2 Nr 1 und 2). – **b) Abgeschlossene Verfahren.** Entscheidungen und Schuldtitel, in denen für die Zeit seit 1. 7. 98 Unterhaltsleistungen zuerkannt, festgestellt oder übernommen sind, können auf Antrag nach den neuen Vorschriften abgeändert werden (§ 3 Abs 1). Dabei ist das neue Verfahrensrecht anzuwenden (§ 3 Abs 2). Die für das Verfahren nach §§ 645 ff vorgeschriebenen Vordrucke (§ 659) können für diesen Antrag nicht verwendet werden (Naumburg FamRZ 01, 1463).

4   **3. Anwendungsbereich. a) Allgemeine Vorschriften** (1. Titel). Die §§ 642–644 gelten für die Unterhaltsansprüche, die Familiensachen sind, nämlich die des minderjährigen Kindes gegen die Eltern (§ 621 Abs 1 S 1 Nr 4), die der Ehegatten gegeneinander (§ 621 Abs 1 Nr 5) und die der Mutter gegen den Vater (§ 621 Abs 1 Nr 11). Die §§ 642–644 gelten also insbes nicht für den Unterhaltsanspruch gegen das Kind und gegen die Großeltern (§ 621 Rn 27). – **b) Vereinfachtes Verfahren** (2. Titel). Die §§ 645–659 gelten nur für den Unterhalt nach der RegelbetragVO (§ 1612 a BGB; Art 2 KindUG) minderjähriger Kinder, gleich ob ehelich oder nichtehelich.

Titel 1. Allgemeine Vorschriften

§ 642 Zuständigkeit

(1) [1] **Für Verfahren, die die gesetzliche Unterhaltspflicht eines Elternteils oder beider Elternteile gegenüber einem minderjährigen Kind betreffen, ist das Gericht ausschließlich zuständig, bei dem das Kind oder der Elternteil, der es gesetzlich vertritt, seinen allgemeinen Gerichtsstand hat.** [2] **Dies gilt nicht, wenn das Kind oder ein Elternteil seinen allgemeinen Gerichtsstand im Ausland hat.**

(2) [1] **§ 621 Abs. 2, 3 ist anzuwenden.** [2] **Für das vereinfachte Verfahren über den Unterhalt (§§ 645 bis 660) gilt dies nur im Falle einer Überleitung in das streitige Verfahren.**

(3) **Die Klage eines Elternteils gegen den anderen Elternteil wegen eines Anspruchs, der die durch Ehe begründete gesetzliche Unterhaltspflicht betrifft, oder wegen eines Anspruchs nach § 1615 l des Bürgerlichen Gesetzbuchs kann auch bei dem Gericht erhoben werden, bei dem ein Verfahren über den Unterhalt des Kindes im ersten Rechtszug anhängig ist.**

1. Allgemeines. Es besteht für alle Verfahren, die den Unterhaltsanspruch des minderjährigen Kindes gegen seine Eltern betreffen, ein einheitlicher Gerichtsstand. Das Verbundverfahren (§ 623) hat im Falle der Überleitung eines vereinfachten Verfahrens in das streitige Verfahren (§ 651) Vorrang (Abs 2). Der Anwendungsbereich der §§ 23 a, 35 a (zusätzliche Gerichtsstände in Unterhaltssachen) wird durch die ausschließliche Zuständigkeit (Abs 1 S 1) eingeschränkt. Die Vorschrift regelt nur die örtliche Zuständigkeit. Die internationale Zuständigkeit wird durch die EuGVVO (Art 1 [Rn 2] und Art 5 Nr 2 EuGVVO) bestimmt, soweit diese anwendbar ist, sonst nach allgemeinen Regeln (4 vor § 1).   1

2. Ausschließliche Zuständigkeit für Kindesunterhalt (Abs 1). **a) Anwendbar** auf alle Verfahren (insbes auch auf das vereinfachte), welche die Unterhaltspflicht eines oder beider Elternteile betreffen (vgl § 621 Abs 1 S 1 Nr 4). Trotz § 1603 Abs 2 S 2 BGB uanwendbar auf volljährige Kinder (Hamm FamRZ 99, 1022; Naumburg FuR 99, 489; Dresden NJW 99, 797; van Els FamRZ 99, 1212; MuBorth 8), auf Klagen des Kindes gegen Großeltern und auf vertragliche Unterhaltsansprüche. Für eine Vollstreckungsabwehrklage gehen §§ 767 Abs 1, 802 vor (BGH MDR 01, 1432). Gesetzlicher Unterhalt ist die Regelungsmaterie der §§ 1601 ff BGB. – **b) Gerichtsstand** ist der allgemeine Gerichtsstand (2 vor § 12) des Kindes oder des gesetzlich vertretenden Elternteils (§ 1629 Abs 1 S 3, Abs 2 S 2 und Abs 3 S 1 BGB). IdR ist dieser Gerichtsstand (§ 13 ZPO, § 11 S 1 BGB), muss es aber nicht sein (§ 11 S 2 BGB). Ausschließlichkeit: 9 vor § 1. Abs 1 S 1 ist nicht anzuwenden, wenn das Kind oder ein Elternteil (gleich wel-   2   3

cher), den allgemeinen Gerichtsstand im Ausland hat (Abs 1 S 2). Sind
in diesem Fall die deutschen Gerichte international zuständig (5 vor
§ 1), gelten die allg Regeln. War das Kind bei Klageerhebung noch
minderjährig, so verbleibt es hins des Mj-Unterhalts wegen § 261 Abs 3
S 2 bei der Zuständigkeit trotz Eintritts der Volljährigkeit (MuBorth 8).
Wegen des einheitlichen Streitgegenstands bleibt die Zuständigkeit auch
für den nunmehrigen Volljährigenunterhalt bestehen (Hamm FamRZ
01, 1012). Dasselbe gilt, wenn zuvor ein PKH-Verfahren eingeleitet
wurde und das Kind bei Zustellung der Klage volljährig ist (MuBorth 8).

4   **3. Vorrang des Verbundverfahrens** (Abs 2). Um den im § 623
vorgeschriebenen Verbund von Scheidungs- und Folgesachen zu ge-
5 währleisten, ist § 621 Abs 2 und 3 anzuwenden. Das bedeutet: **a) Keine
anhängige Ehesache.** Die örtliche Zuständigkeit richtet sich gemäß
§ 621 Abs 2 S 2 nach § 642, soweit diese Vorschrift anwendbar ist. –
6 **b) Anhängige Ehesache.** Ist sie bereits anhängig oder wird sie anhängig, geht die örtliche Zuständigkeit des Gerichts der Ehesache (§ 621
Abs 2 S 1) vor und die Unterhaltssache ist an dieses Gericht zu ver-
7 weisen (§ 621 Rn 43–45). – **c) Vereinfachte Verfahren** (Abs 2 S 2)
bleiben in jedem Fall beim gemäß § 642 zuständigen Gericht, bis in das
streitige Verfahren übergeleitet wird (§ 651). Von da an ist, wenn eine
Ehesache anhängig ist (Rn 6) an das gem § 621 Abs 2 Nr 4 zuständige
Gericht zu verweisen.

8   **4. Unterhaltsklage eines Elternteils** (Abs 3). Gibt neben dem allgemeinen Gerichtsstand einen weiteren, nicht ausschließlichen Gerichtsstand für die Klage des Ehegatten gegen den anderen (§ 621 Abs 1
Nr 5) und die aus § 1615l BGB (Unterhaltsanspruch der Mutter, wenn
die Eltern nicht miteinander verheiratet sind) oder eines Dritten, auf den
der Anspruch übergegangen ist. Verbindung (§ 147) ist möglich, wenn
nicht schon in Streitgenossenschaft (§ 59) mit dem Kind geklagt wird.
Anhängigkeit: § 253 Rn 1. Ist die Unterhaltsklage des Kindes im höheren Rechtszug, gilt Abs 3 nicht.

§ 643 Auskunftsrecht des Gerichts

(1) **Das Gericht kann den Parteien in Unterhaltsstreitigkeiten
des § 621 Abs. 1 Nr. 4, 5 und 11 aufgeben, unter Vorlage entsprechender Belege Auskunft zu erteilen über ihre Einkünfte
und, soweit es für die Bemessung des Unterhalts von Bedeutung
ist, über ihr Vermögen und ihre persönlichen und wirtschaftlichen Verhältnisse.**

(2) [1]**Kommt eine Partei der Aufforderung des Gerichts nach
Absatz 1 nicht oder nicht vollständig nach, so kann das Gericht,
soweit es zur Aufklärung erforderlich ist, Auskunft einholen
1. über die Höhe der Einkünfte bei
   a) Arbeitgebern,
   b) Sozialleistungsträgern sowie der Künstlersozialkasse,**

c) sonstigen Personen oder Stellen, die Leistungen zur Versorgung im Alter und bei verminderter Erwerbsfähigkeit sowie Leistungen zur Entschädigung oder zum Nachteilsausgleich zahlen, und
d) Versicherungsunternehmen,
2. über den zuständigen Rentenversicherungsträger und die Versicherungsnummer bei der Datenstelle der Rentenversicherungsträger,
3. in Rechtsstreitigkeiten, die den Unterhaltsanspruch eines minderjährigen Kindes betreffen, über die Höhe der Einkünfte und das Vermögen bei Finanzämtern. ²Das Gericht hat die Partei hierauf spätestens bei der Aufforderung hinzuweisen.

(3) ¹Die in Absatz 2 bezeichneten Personen und Stellen sind verpflichtet, den gerichtlichen Ersuchen Folge zu leisten. ²§ 390 gilt in den Fällen des § 643 Abs. 2 Nr. 1 und 2 entsprechend.

(4) Die allgemeinen Vorschriften des Ersten und Zweiten Buches bleiben unberührt.

1. Aufforderung an die Parteien (Abs 1) auf Auskunft vor der mdl Vhdlg. **a) Zweck:** Beschleunigung und Förderung des Verfahrens durch effiziente konkrete Maßnahmen für die richterliche Bemessung des Unterhalts. – **b) Keine Amtsermittlungspflicht** des Gerichts. Daher ist von den Befugnissen zurückhaltend Gebrauch zu machen; es wird lediglich die Aufklärung (§ 139) erleichtert und verbessert (Miesen FamRZ 99, 1397/1399); dies erweitert die daneben fortbestehenden Befugnisse des Gerichts (Rn 14). Abs. 1 ist unanwendbar, soweit die für die Bemessung des Unterhalts notwendigen Angaben unstrittig (§ 138 Abs 3) oder zugestanden (§ 288) sind oder die Auskunft aus materiell-rechtlichen Gründen irrelevant ist (Miesen aaO). – **c) Anwendbar** auf die Streitverfahren wegen gesetzlicher Unterhaltspflicht in Familiensachen (§ 621 Abs 1 Nr 4, 5 und 11); aber auch bei Bereicherungsklagen wegen zu viel gezahltem Unterhalt in den genannten Fällen. – **d) Umfang** der Auskunft sollte in der Aufforderung möglichst konkret bestimmt sein. Die Vorlage von Belegen kann nur für das Einkommen verlangt werden. Entspricht im Wesentlichen dem Auskunftsanspruch, der dem Unterhaltsberechtigten gemäß § 1605 Abs 1 BGB zusteht. – **e) Aufforderung** zur Auskunft erfordert Schriftform, aber keine Zustellung (§ 329 Abs 2), wenn sie ohne Fristsetzung erfolgt. Sie muss den Hinweis auf die unmittelbare Auskunftpflicht (Abs 3) enthalten, wenn nicht schon früher, insbes bei Klagezustellung darauf hingewiesen wurde (Abs 2 S 2). – **f) Nichtbefolgen** der gerichtlichen Aufforderung gibt dem Gericht die Befugnisse aus Abs 2. Die Partei trifft keine Pflicht, nur eine Obliegenheit. Das Gericht kann aus der unterlassenen Mitwirkung Schlüsse ziehen (Miesen FamRZ 99, 1997/1399).

2. Auskünfte von Dritten (Abs 2). Anwendbar wie Rn 3. Erweitert die daneben wegen Abs 4 fortbestehenden Befugnisse des Gerichts aus

8   § 273 Abs 2 Nr 2, § 358 a und § 377 Abs 3 (vgl Rn 14). **a) Voraussetzungen** sind: **(1)** Eine wirksame gem Abs 1 ergangene Aufforderung mit Hinweis (Abs 2 S 2). **(2)** Die Auskunft oder die Belegvorlage muss von der Partei nicht oder (gegenüber dem konkret verlangten Umfang, Rn 4) nicht vollständig erteilt sein, und zwar bis zum Ablauf einer (zweckmäßig) gesetzten richterlichen Frist (9 vor § 214) oder ohne
9   Fristsetzung bis zum Termin zur mdl Vhdlg. – **b) Einholen der Auskunft** steht im pflichtgemäßen Ermessen des Gerichts („kann"). Geschieht durch richterliche Verfügung (§ 329 Rn 14) mit oder ohne Fristsetzung. Der Umfang (Rn 4) ist daran zu messen, ob die Auskunft aufklärungsbedürftige, nicht notwendig schon beweisbedürftige Tatsachen betrifft; das sind alle Tatsachen, die für die Bemessung des Unter
10   halts erheblich sein können. – **c) Auskunftgeber.** Diese sind enumerativ und ausschließlich, auch vollzählig in Abs 2 S 1 Nr 1–3 aufgeführt.
10 a   **d) Auskunft.** Sie ist schriftlich zu erteilen. Soweit die Auskünfte amtlich sind, stellen sie selbst ein zulässiges Beweismittel dar (§ 273 Rn 8). Für private Auskunftgeber gilt grundsätzlich § 416, wenn nicht zugleich nach § 377 Abs 3 verfahren wurde (vgl. Rn 7, 14).

11   **3. Auskunftspflicht Dritter** (Abs 3). Sie entspricht der Zeugenpflicht (4 vor § 373) und damit dem Umstand, dass die Personen und Stellen des Abs 2 S 1 Nr 1 und 2 einem Zeugen entsprechen würden, wenn die formellen Voraussetzungen des Zeugenbeweises (vgl
12   §§ 355–359, 373) gegeben wären. **a) Pflicht** (nicht bloße Obliegenheit) zur Auskunft besteht ohne Zeugnisverweigerungsrecht und ohne Rücksicht auf eine Verschwiegenheitspflicht (wobei für Arbeitgeber (Abs 2 Nr 1) eine analoge Anwendung von §§ 383, 384 erwägenswert ist) allein
13   auf Grund von Abs 3 S 1. – **b) Nichterfüllung.** Wird die Auskunftspflicht nicht oder nicht vollständig erfüllt, ist Zeugniszwang gemäß § 390 zulässig, jedoch nicht bei Finanzämtern (Abs 3 S 2); hier ist ggf über die Dienstaufsicht hinzuwirken. Für die Partei gilt Abs 3 nicht; es ist durch entsprechende Beweiswürdigung zu verfahren (vgl § 286 Rn 17–19).

14   **4. Allgemeine Vorschriften** (Abs 4) bleiben unberührt und sind anwendbar, insbes § 139 (Aufklärungspflicht). §§ 142, 143 (Urkunden- und Aktenvorlage), § 273 (vorbereitende Anordnung), § 301 (Teilurteil, aber dieses ist unzulässig, wenn Entscheidung über Rest von Umständen abhängt, die auch für den bereits ausgeurteilten Teil maßgebend sind und die einer abweichenden Beurteilung unterliegen können, BGH NJW 99, 1718). § 358 a (Beweisbeschluss vor mdl Vhdlg) und § 377 Abs 3 (schriftliche Zeugenvernehmung).

§ 644 Einstweilige Anordnung

¹**Ist eine Klage nach § 621 Abs. 1 Nr. 4, 5 oder 11 anhängig oder ist ein Antrag auf Bewilligung von Prozeßkostenhilfe für eine solche Klage eingereicht, kann das Gericht den Unterhalt**

auf Antrag durch einstweilige Anordnung regeln. [2]**Die §§ 620 a bis 620 g gelten entsprechend.**

    1. Zweck. Es soll (auch ohne Anhängigkeit einer Ehesache, § 620   **1** Nr 4 und Nr 6) für alle Arten von Unterhaltsklagen (isolierte Auskunftsklage reicht nicht, Hamm FamRZ 00, 362), die Familiensachen sind, eine vom (ohnehin damit befassten) Familiengericht für den gesamten anhängig gemachten Unterhaltsanspruch eine vorläufige Regelung ermöglicht werden, durch die eine einstweilige Verfügung (§§ 935, 940) überflüssig wird und ausgeschlossen ist, soweit § 644 gilt (hM, vgl Nürnberg FamRZ 99, 30; Köln FamRZ 99, 631, Zweibrücken FamRZ 99, 662, Hamm FamRZ 99, 1215; Strauß FamRZ 98, 993/1002) und einem Antrag auf einstw Vfg schon vorher das Rechtsschutzbedürfnis nimmt (Bernreuther FamRZ 99, 69/72).

    2. Voraussetzung ist zwar Anhängigkeit (§ 253 Rn 1) der Unter   **2** haltssache durch Einreichung der Klageschrift bei Gericht oder ein wirksamer PKH-Antrag (§ 117) vor einem oder außerhalb eines Verbundes (§ 623 Abs 1). Der Antrag ist aber schon zuvor zulässig, es sei denn, dass das Hauptsacheverfahren nicht anhängig gemacht werden könnte (hM; Nürnberg FamRZ 99, 30; Köln FamRZ 99, 661; München FuR 00, 279). Nach Karlsruhe (FamRZ 00, 106) soll vor Anhängigkeit der Hauptsache gleichwohl eine einstweilige Verfügung zulässig sein (aA Koblenz FamRZ 00, 362). Die der Unterhaltsverpflichtung zugrunde liegende Beziehung, zB die Vaterschaft, muss vor Einreichung des Antrags feststehen (MüKoCoester-Waltjen 1).

    3. Entscheidung durch Beschluss (§ 620 a Abs 1). Die Anordnung   **3** steht im pflichtgemäßen Ermessen des Gerichts („kann") und setzt voraus, dass die Klage begründete Aussicht auf Erfolg hat. Kosten: § 620 g.

    4. Höhe. Die Beschränkungen des § 940 Rn 9 gelten nicht, so dass   **4** der angemessene Unterhalt nach § 1361 Abs 4 BGB oder § 1610 Abs 1 BGB ohne zeitliche Befristung durch Beschluss geregelt werden kann (Zweibrücken FamRZ 99, 662; Johannsen/Heinrich/Büttner § 1361 Rn 168; Niepmann MDR 00, 613/618; einschränkend AG Groß-Gerau FamRZ 99, 661 und AG Marburg FamRZ 99, 660).

    5. Aufhebung und Änderung auf Antrag (§ 620 b Abs 1 S 1).   **5** § 717 Abs 2 ist nicht anwendbar (Miesen FamRZ 99, 1397/1400 mwN). Gem § 644 erlassene Unterhaltssachen werden durch den späteren Verbund nicht berührt und bleiben bestehen.

    6. Unanfechtbarkeit gem § 620 c S 2, Ausnahme: greifbare Gesetz   **6** zeswidrigkeit (Stuttgart NJW-FER 00, 20; Krause FamRZ 01, 464); statt dessen Antrag auf mdl Vhdlg (§ 620 b Abs 2); vgl iü § 620 c Rn 7–9. **Vollziehung** der einstweiligen Anordnung kann ausgesetzt werden (§ 620 e). **Außerkrafttreten:** § 620 f. Einer negativen Feststellungsklage gegen einen Beschluss nach § 644 fehlt das Rechtsschutzbedürfnis, falls die Hauptsacheklage anhängig ist (Köln FamRZ 01, 106). **Vollstreckungsabwehrklage.** Nur zulässig, wenn nachträgliche rechtshem-

mende oder rechtsvernichtende Einwendungen geltend gemacht werden
(Büttner/Niepmann NJW 01, 2215/2228).

Titel 2. Vereinfachte Verfahren über den Unterhalt Minderjähriger

Vorbemerkung

1　**Neuregelung:** Die §§ 645–660 sind eingefügt durch Art 3 Nr 9
KindUG. In Kraft seit 1. 7. 98. Überblick: van Els Rpfleger 99, 297;
FA-FamG/Gerhardt Kap 6 Rn 202. **Anwendungsbereich:** Unterhaltsansprüche (auch rückständige, Brandenburg FamRZ 00, 1159) minderjähriger Kinder (Eintritt der Volljährigkeit während des Verfahrens steht
nicht entgegen, Köln FamRZ 00, 678; aA Graba NJW 01, 249/257),
die mit dem in Anspruch genommenen Elternteil nicht in einem Haushalt leben, für Ansprüche die das Eineinhalbfache des Regelbetrags nicht
2　übersteigen (§ 645 Abs 1). **Zweck.** Unterhaltsberechtigte Kinder sollen
ohne vorherige Verurteilung des Unterhaltsverpflichteten in einem einfachen Verfahren schnell zu einem Vollstreckungstitel gelangen. Das
Verfahren hat Vor- und Nachteile (vgl Strauß FamRZ 98, 993/1002;
3　van Els Rpfleger 99, 297). **Vorrang anderer Verfahren:** § 645 Abs 2.
Einwendungen materiellen Rechts, die gegen den Unterhaltsanspruch
4　erhoben werden, sind eingeschränkt (§ 648 Abs 2). **Überleitung in das
Klageverfahren** nach Erheben materiellrechtlicher Einwendungen
5　(§ 648) ist in vereinfachter Weise vorgesehen (§ 651). **Vollstreckungstitel** ist der Festsetzungsbeschluss (§ 649; § 794 Abs 1 Nr 2 a). Dasselbe
gilt für einen Abänderungsbeschluss (§ 655; vgl dort Rn 16) und eine
6　Zurückweisung (§ 646 Abs 2). **Übergangsregelung** für anhängige vereinfachte Verfahren (§§ 641 l–641 t, 642 a, 642 b aF): Art 5 § 2 Abs 1
7　Nr 3, Abs 2 Nr 2 KindUG. **Verhältnis zum Klageverfahren.** Ist das
vereinfachte Verfahren zulässig (§ 645), so kann eine gleichwohl erhobene Klage nicht mangels Rechtsschutzbedürfnisses abgewiesen werden
8　(van Els Rpfleger 99, 297/298). **Prozesskostenhilfe.** Wird für die
Klage PKH beantragt, kann die Klageerhebung mutwillig sein (§ 114
Rn 7), wenn das vereinfachte Verfahren zulässig ist und mit einem
Übergang in das streitige Verfahren nicht zu rechnen ist (Hamm FamRZ
99, 1213) oder der Fall rechtlich und tatsächlich einfach gelagert ist
(Hamm FamRZ 99, 995; umstr, aA Naumburg FamRZ 99, 1670;
Gerhardt FuR 98, 145; van Els FamRZ 99, 297/298 mwN). Wird für
das vereinfachte Verfahren PKH beantragt, so ist wegen der Kompliziertheit des Antragsverfahrens (hierzu Maurer FamRZ 00, 1578) ein RA
beizuordnen (München – 12. Senat – FamRZ 99, 792; Schleswig MDR
00, 706; Nürnberg MDR 01, 819; van Els FamRZ 99, 1356; einschränkend Dresden FamRZ 01, 634 (Einzelfallprüfung); aA München –
16. Senat – (unter Verkennung der praktischen Schwierigkeiten)
9　FamRZ 99, 1355; KG FamRZ 00, 762). **Streitwert.** § 17 Abs 1, 4
GKG, § 8 Abs 1 BRAGO.

§645 Statthaftigkeit des vereinfachten Verfahrens

(1) **Auf Antrag wird der Unterhalt eines minderjährigen Kindes, das mit dem in Anspruch genommenen Elternteil nicht in einem Haushalt lebt, im vereinfachten Verfahren festgesetzt, soweit der Unterhalt vor Anrechnung der nach §§ 1612 b, 1612 c des Bürgerlichen Gesetzbuchs zu berücksichtigenden Leistungen das Eineinhalbfache des Regelbetrages nach der Regelbetrag-Verordnung nicht übersteigt.**

(2) **Das vereinfachte Verfahren findet nicht statt, wenn zum Zeitpunkt der Zustellung des Antrags oder einer Mitteilung über seinen Inhalt an den Antragsgegner ein Gericht über den Unterhaltsanspruch des Kindes entschieden hat, ein gerichtliches Verfahren anhängig ist oder ein zur Zwangsvollstreckung geeigneter Schuldtitel errichtet worden ist.**

Abs 2 neu gefasst mWv 1. 1. 2002 durch Art 30 Nr 1 Euro-RpflG.

1. Anwendbar: Vorbem 1. Gilt auch für Dritte, auf die der Unter-   1
haltsanspruch übergegangen ist, insbes aus § 91 BSHG und § 7 UVG.
Auch anwendbar für einen geringeren Betrag als das 1¹/₂fache. Die
Beschränkung auf das 1¹/₂fache gilt nicht für die Umstellung von Alttiteln (BVerfG NJW 01, 2160; Düsseldorf FamRZ 00, 1180). Die Anrechnungen der §§ 1612 b, 1612 c BGB (Kindergeld und regelmäßig wiederkehrende kindbezogene Leistungen) bleiben dafür unberücksichtigt, wobei ab 1. 1. 01 die Neuregelung des § 1612 b Abs 5 BGB zu beachten ist (hierzu Graba NJW 01, 249). § 645 hat für das streitige Unterhaltsverfahren keine Präjudizwirkung dahingehend, dass das Kind bis 150% des Regelbetrags ohne Nachweis verlangen kann (Karlsruhe FamRZ 00, 1432).

2. Voraussetzungen: (1) Antrag (§ 646). Vordruck mit Benutzungs-   2
zwang: § 659. **(2)** Das Kind darf mit dem in Anspruch genommenen Elternteil nicht zusammen in einem Haushalt leben (§ 1612 a Abs 1 BGB). Dieser darf auch nicht das alleinige Personensorgerecht besitzen (Karlsruhe FamRZ 01, 767).

3. Unzulässigkeit des vereinfachten Verfahrens (Abs 2). Es besteht   3
der Vorrang anderweitiger gerichtlicher Entscheidungen (jeder Art und jeden Inhalts) über den Unterhaltsanspruch und dessen Anhängigkeit (§ 253 Rn 1), ebenso auch der eines (insbes gem § 794 Abs 1 Nr 5) erteilten Vollstreckungstitels (14 vor § 704), selbst wenn es nur ein Teilanerkenntnisurteil ist (München FamRZ 99, 450). Damit ist klargestellt, dass das vereinfachte Verfahren nur für die Erstfestsetzung von Unterhalt angewendet werden darf. Eine frühere Zurückweisung des Antrags gem § 646 Abs 2 steht dem nicht entgegen, ebenso wenig eine abgewiesene Auskunftsklage (§ 1605 BGB). Die Neuregelung stellt klar, dass eine nach Antragstellung gem § 645 Abs 1 oder Mitteilung hiervon gem § 647 Abs 1 S 1 errichtete Jugendamtsurkunde dem vereinfachten Verfahren nicht entgegensteht (so schon München FamRZ 01, 1076), da

Abs 2 auf einen bei Antragstellung bereits vorliegenden Titel abstellt. Unter Umständen kann sich hierdurch die Hauptsache ganz oder teilweise erledigen. Abs 2 gilt gem Art 5 § 3 Abs 2 KindUG nicht für die Umwandlung eines Alttitels (Nürnberg NJW-RR 01, 5).

4 **4. Einstweilige Verfügung** kommt neben einem vereinfachten Verfahren auf Kindesunterhalt nur in Ausnahmefällen in Betracht, zB bei einer bei Antragstellung nicht voraussehbaren überlangen Verfahrensdauer von mehr als drei Monaten (München FamRZ 00, 1580; aA Gießler FamRZ 01, 1269/1271). Eine einstweilige Anordnung nach § 644 ist unzulässig (FA-FamG/Gerhardt Kap 6 Rn 202 c; Gießler FamRZ 01, 1269/1270).

§ 646 Antrag

(1) **Der Antrag muß enthalten:**

1. **die Bezeichnung der Parteien, ihrer gesetzlichen Vertreter und der Prozeßbevollmächtigten;**
2. **die Bezeichnung des Gerichts, bei dem der Antrag gestellt wird;**
3. **die Angabe des Geburtsdatums des Kindes;**
4. **die Angabe, ab welchem Zeitpunkt Unterhalt verlangt wird;**
5. **für den Fall, daß Unterhalt für die Vergangenheit verlangt wird, die Angabe, wann die Voraussetzungen des § 1613 Abs. 1 oder 2 Nr. 2 des Bürgerlichen Gesetzbuchs eingetreten sind;**
6. **die Angabe der Höhe des verlangten Unterhalts;**
7. **die Angaben über Kindergeld und andere anzurechnende Leistungen (§§ 1612 b, 1612 c des Bürgerlichen Gesetzbuchs);**
8. **die Erklärung, daß zwischen dem Kind und dem Antragsgegner ein Eltern-Kind-Verhältnis nach den §§ 1591 bis 1593 des Bürgerlichen Gesetzbuchs besteht;**
9. **die Erklärung, daß das Kind nicht mit dem Antragsgegner in einem Haushalt lebt;**
10. **die Angabe der Höhe des Kindeseinkommens;**
11. **die Erklärung, dass der Anspruch aus eigenem, aus übergangenem oder rückabgetretenem Recht geltend gemacht wird;**
12. **die Erklärung, dass Unterhalt nicht für Zeiträume verlangt wird, für die das Kind Hilfe nach dem Bundessozialhilfegesetz, Hilfe zur Erziehung oder Eingliederungshilfe nach dem Achten Buch Sozialgesetzbuch, Leistungen nach dem Unterhaltsvorschussgesetz oder Unterhalt nach § 1607 Abs. 2 oder 3 des Bürgerlichen Gesetzbuchs erhalten hat, oder, soweit Unterhalt aus übergangenem Recht oder nach § 91 Abs. 3 Satz 2 des Bundessozialhilfegesetzes oder § 7 Abs. 4 Satz 1 des Unterhaltsvorschussgesetzes verlangt wird, die Erklä-**

rung, dass der beantragte Unterhalt die Leistung an oder für das Kind nicht übersteigt;

13. die Erklärung, daß die Festsetzung im vereinfachten Verfahren nicht nach § 645 Abs. 2 ausgeschlossen ist.

(2) ¹Entspricht der Antrag nicht diesen und den in § 645 bezeichneten Voraussetzungen, ist er zurückzuweisen. ²Vor der Zurückweisung ist der Antragsteller zu hören. ³Die Zurückweisung ist nicht anfechtbar.

(3) Sind vereinfachte Verfahren anderer Kinder des Antragsgegners bei dem Gericht anhängig, so ordnet es die Verbindung zum Zweck gleichzeitiger Entscheidung an.

Nr 10 u 11 eingefügt u Nr 12 (bisher Nr 10) geänd mWv 1. 1. 2002 durch Art 30 Nr 2 Euro-RpflG.

1. Allgemeines. Der Antrag ist Prozesshandlung (Einl III); außer **1** Anwaltszwang (§ 79). Form: schriftlich oder zu Protokoll der Geschäftsstelle (§ 657 S 1). Vordrucke mit Benutzungszwang: § 659. Der Antrag kann bis zur Entscheidung ergänzt und berichtigt werden. Für das Verfahren zuständig ist der Rechtspfleger (§ 20 Nr 10 RPflG).

2. Antragsinhalt (Abs 1). Für vor dem 1. 1. 02 gestellte Anträge vgl **2** § 27 EGZPO. **Nr 1:** wie § 690 Rn 7. Ohne Anschrift des Antragstellers ist der Antrag unzulässig (Hamm FamRZ 01, 107). **Nr 2:** Es ist das gem § 642 zuständige Familiengericht zu bezeichnen. **Nr 3:** Soll die Festsetzung nach der Altersstufe der RegelbetragsVO ermöglichen. **Nr 4:** Ist auf den laufenden Unterhalt zugeschnitten. Es kann aber auch rückständiger Unterhalt geltend gemacht werden (vgl Nr 5), damit hierfür eine Unterhaltsklage vermieden wird. **Nr 5:** Es muss der Zeitpunkt (Datum) und der aus § 1613 Abs 1 und 2 BGB zu entnehmende Fall der Voraussetzung (zB Eintritt des Verzugs) bezeichnet werden. Rückstände sind nachvollziehbar zu erläutern. **Nr 6:** Es muss nicht zwingend der Geldbetrag angegeben werden; der Antrag muss sich im Rahmen des § 645 Abs 1 halten. Dabei hat das Kind die sich aus §§ 1612 Abs 1 S 1, 1612a BGB ergebenden Wahlmöglichkeiten (Geldrente, Prozentsatz eines Regelbetrags, Prozentsatz des jeweiligen, nach Altersstufen gestaffelten Regelbetrags nach der RegelbetragsVO, vgl Zö/Philippi 4). **Nr. 7:** Die Leistungen, soweit es sich nicht um Kindergeld handelt, müssen nach Grund und Betrag bezeichnet werden. Beim anzurechnenden Kindergeld reicht es aus, statt einer Bezifferung der Kindergeldhöhe zu formulieren: „... abzüglich hälftiges Kindergeld für ein erstes Kind." (Gerhard FamRZ 01, 73; umstr., aA Scholz FamRZ 00, 1541, 1547; Vossenkämper FamRZ 00, 1547/1550; Soyka FamRZ 01, 740/742; München FamRZ 01, 1077). Hierfür sprechen Gründe der Praktikabilität, um spätere Abänderungsverfahren nach § 655 zu vermieden. Die Kindergeldbezugsberechtigung ist anzugeben. **Nr 8:** Es muss insbes die Art der Vaterschaft (zB Anerkenntnis mit Datum und Ort der Beurkundung) angegeben werden. **Nr 9:** Die Erklärung ist nötig, weil wegen

§ 1612 a Abs 1 S 1 BGB der Anspruch auf Regelbetragsunterhalt sonst nicht besteht. **Nr 10:** Hierdurch soll die Anrechnung des Kindeseinkommens sichergestellt werden. **Nr 11:** Hiermit wird die Aktivlegitimation in den genannten Fällen klargestellt, um Streitigkeiten hierüber zu vermeiden. **Nr 12:** Dadurch soll vermieden werden, dass Unterhalt geltend gemacht wird, der bereits auf Dritte übergegangen ist (vgl § 645 Rn 1), und der Dritte nicht mehr erhält, als er geleistet hat. **Nr 13:** Die Erklärung ist für die Zulässigkeit des Verfahrens nötig (§ 645 Abs 3).

3   **3. Antragszurückweisung** (Abs 2) wegen Unzulässigkeit. **a) Prüfung** (S 1). Die (erfüllten) Voraussetzungen des Abs 1 und das Fehlen anderer Entscheidung, Anhängigkeit oder Titel (§ 645 Abs 2) sind von Amts wegen und vor Zustellung des Antrags zu prüfen (§ 647 Abs 1).
4 Dabei sind die Angaben des Antragstellers zugrundezulegen. – **b) Anhörung** (S 2) geschieht idR schriftlich mit Angabe der Beanstandungen, damit der Antragsteller Gelegenheit hat, Mängel zu beheben (durch Berichtigung oder Ergänzung) oder den Antrag zurückzunehmen. Frist-
5 setzung ist geboten. – **c) Entscheidung.** Der Beschluss des Rechtspflegers (§ 20 Nr 10 RPflG) weist den Antrag mit Angabe der Gründe zurück. Bei örtlicher Unzuständigkeit ist auf Antrag gem § 281 nach Anhörung des Gegners zu verweisen (ZöPhilippi 10). Andernfalls ist
6 nach § 647 zu verfahren. – **d) Unanfechtbarkeit** (S 3) bedeutet, dass wegen § 11 Abs 2 RPflG nur die sofortige Erinnerung stattfindet. Erst der Beschluss des Richters ist unanfechtbar. Es kann aber ein neuer (nachgebesserter) Antrag gestellt werden; dem steht § 645 Abs 2 nicht entgegen (dort Rn 3 aE).

7   **4. Verfahren anderer Kinder** (Abs 3). Sie müssen im vereinfachten Verfahren bei dem selben Gericht anhängig sein, also noch oder wieder im ersten Rechtszug, auch im zweiten zur selben Zeit. Die Verbindung (Anordnung und Wirkung entspr § 147) ist zwingend vorgeschrieben (MüKoCoester-Waltjen 12; BlAH 8; aA Schumacher/Grün FamRZ 98, 777/792: Soll-Vorschrift). Gleichzeitige Entscheidung ist nicht unbedingt notwendig.

§ 647 Maßnahmen des Gerichts

(1) [1]Erscheint nach dem Vorbringen des Antragstellers das vereinfachte Verfahren zulässig, so verfügt das Gericht die Zustellung des Antrags oder einer Mitteilung über seinen Inhalt an den Antragsgegner. [2]Zugleich weist es ihn darauf hin,
1. von wann an und in welcher Höhe der Unterhalt festgesetzt werden kann; hierbei sind zu bezeichnen
  a) die Zeiträume nach dem Alter des Kindes, für die die Festsetzung des Unterhalts nach den Regelbeträgen der ersten, zweiten und dritten Altersstufe in Betracht kommt;
  b) im Fall des § 1612 a des Bürgerlichen Gesetzbuchs auch der Vomhundertsatz des jeweiligen Regelbetrages;

c) die nach den §§ 1612 b, 1612 c des Bürgerlichen Gesetzbuchs anzurechnenden Leistungen;
2. dass das Gericht nicht geprüft hat, ob der verlangte Unterhalt
  das im Antrag angegebene Kindeseinkommen berücksichtigt;
3. daß über den Unterhalt ein Festsetzungsbeschluß ergehen
  kann, aus dem der Antragsteller die Zwangsvollstreckung betreiben kann, wenn er nicht innerhalb eines Monats Einwendungen in der vorgeschriebenen Form erhebt;
4. welche Einwendungen nach § 648 Abs. 1 und 2 erhoben werden können, insbesondere, daß der Einwand eingeschränkter
  oder fehlender Leistungsfähigkeit nur erhoben werden kann,
  wenn die Auskunft nach § 648 Abs. 2 Satz 3 in Form eines
  vollständig ausgefüllten Vordrucks erteilt wird und Belege
  über die Einkünfte beigefügt werden;
5. daß die Einwendungen, wenn Vordrucke eingeführt sind, mit
  einem Vordruck der beigefügten Art erhoben werden müssen,
  der auch bei jedem Amtsgericht erhältlich ist.
³ Ist der Antrag im Ausland zuzustellen, so bestimmt das Gericht
die Frist nach Satz 2 Nr. 3; [*Fassung bis 30. 6. 02:* § 175 gilt entsprechend mit der Maßgabe, daß der Zustellungsbevollmächtigte
innerhalb dieser Frist zu benennen ist.]
(2) § 167 (*Fassung bis 30. 6. 02:* § 270 Abs. 3) gilt entsprechend.

*Abs 1 S 2 Nr 1 Buchst c geändert und Nr 2 eingefügt mWv 1. 1. 2002
durch Art 30 Nr 3 Euro-RpflG; bisherige Nr 2–4 werden Nr 3–5. Abs 1 S 3
und Abs 2 wurden mWv 1. 7. 2002 durch Art 1 Nr 8 ZustRG geändert.*

1. Behandlung des Antrags (Abs 1). Zuständig ist der Rechtspfle-   1
ger (§ 20 Nr 10 RPflG). Ergibt die Prüfung (§ 646 Rn 3), dass der
Antrag zulässig ist, muss die Zustellung verfügt werden. Zuzustellen ist
eine Abschrift oder (angebracht bei Berichtigung oder Ergänzung,
§ 546 Rn 4) eine zusammengefasste Mitteilung des Inhalts. Zugleich
sind (formularmäßig) die vorgeschriebenen Hinweise (Rn 2) zu geben.
Öffentliche Zustellung (§ 203) ist zulässig; § 688 Abs 2 Nr 3 ist als
Ausnahmevorschrift nicht analogiefähig (van Els Rpfleger 99, 297/
300).

2. Hinweise (Abs 1 S 2). Sie klären den Antragsgegner über Inhalt   2
und Wirkung eines Festsetzungsbeschlusses (§ 649) auf sowie darüber,
welche Einwendungen in bestimmter Form erhoben werden können.
Ein Vordruck (§ 659) ist beizufügen (vgl Nr 4). **Nr 1:** Der Beginn und   3
die Zeiträume sind datumsmäßig anzugeben, soweit bekanntgemacht.
Nr 2: Stellt klar, dass nicht geprüft wurde, ob das gem § 646 Abs 1   4
Nr 10 anzugebende Kindeseinkommen bei den Unterhaltsberechnung
vom Antragsteller berücksichtigt wurde. **Nr 3:** Es ist der Beschluss des   5
§ 649 gemeint mit Hinweis auf § 794 Abs 1 Nr 2 a (Vollstreckungstitel).
Die Einwendungsfrist läuft ab Zustellung. Berechnung: § 222. Keine
Verlängerung (§ 224 Abs 2); wegen § 648 Abs 3 aber keine Ausschluss-

frist (Karlsruhe FamRZ 00, 1159). Form: schriftlich im eingeführten
6 Vordruck (Nr 4 und § 648 Abs 2 Nr 3), auch § 129. **Nr 4:** Die Einwendungen sind im Vordruck (§ 659) nach § 648 Abs 1 und 2 zu
7 differenzieren. **Nr 5:** Der beigefügte Vordruck sollte naturgemäß direkt
benutzbar sein. Der Hinweis auf die Amtsgerichte dient der einfacheren
Beschaffung eines Ersatzexemplars.

8 **3. Auslandszustellung** (Abs 1 S 3). Es gelten die §§ 183 ff nF (=
§§ 199 ff aF), soweit nicht ab 31. 5. 01 die ZustellungsVO (Text im
Anh; vgl hierzu Heß NJW 01, 15; Lindacher ZZP 114, 179) anzuwenden ist. Die Einwendungsfrist (Abs 1 S 2 Nr 2) ist allermindestens 1
Monat (keine Ausschlussfrist, Köln FamRZ 00, 680), naturgemäß länger,
nach den jeweiligen Gegebenheiten zu bemessen. Unterbleibt die Benennung, gilt § 175 mit allen Rechtsfolgen, insbes Aufgabe zur Post
(§ 175 Abs 1 S 3). An die Stelle von § 175 tritt ab 1. 7. 02 § 184 nF.

9 **4. Fristwahrung und Verjährungsunterbrechung** (Abs 2). Die
entspr Anwendung des § 270 Abs 3 (ab 1. 7. 02: § 167 nF) bedeutet,
dass für Fristwahrung und Unterbrechungswirkung auf den Eingang
(§ 167 nF Rn 6) oder die Protokollerklärung (§ 657) des wirksamen
Antrags gem § 646 abzustellen ist. Die Zustellung muss wirksam sein
(wie § 167 nF Rn 9); demnächst: wie § 167 nF Rn 10–13.

§ 648 Einwendungen des Antragsgegners

(1) [1]Der Antragsgegner kann Einwendungen geltend machen
gegen
1. die Zulässigkeit des vereinfachten Verfahrens,
2. den Zeitpunkt, von dem an Unterhalt gezahlt werden soll,
3. die Höhe des Unterhalts, soweit er geltend macht, daß
   a) die nach dem Alter des Kindes zu bestimmenden Zeiträume, für die der Unterhalt nach den Regelbeträgen der
   ersten, zweiten und dritten Altersstufe festgesetzt werden
   soll, nicht richtig berechnet sind oder die angegebenen
   Regelbeträge von denen der Regelbetrag-Verordnung abweichen;
   b) der Unterhalt nicht höher als beantragt festgesetzt werden
   darf;
   c) Leistungen der in den §§ 1612 b, 1612 c des Bürgerlichen
   Gesetzbuchs bezeichneten Art nicht oder nicht richtig angerechnet sind.
[2]Ferner kann er, wenn er sich sofort zur Erfüllung des Unterhaltsanspruchs verpflichtet, hinsichtlich der Verfahrenskosten geltend
machen, daß er keinen Anlaß zur Stellung des Antrags gegeben
hat (§ 93). [3]Nicht begründete Einwendungen nach Satz 1 Nr. 1
und 3 weist das Gericht mit dem Festsetzungsbeschluß zurück,
desgleichen eine Einwendung nach Satz 1 Nr. 2, wenn ihm diese
nicht begründet erscheint.

(2) ¹Andere Einwendungen kann der Antragsgegner nur erheben, wenn er zugleich erklärt, inwieweit er zur Unterhaltsleistung bereit ist und daß er sich insoweit zur Erfüllung des Unterhaltsanspruchs verpflichtet. ²Den Einwand der Erfüllung kann der Antragsgegner nur erheben, wenn er zugleich erklärt, inwieweit er geleistet hat und daß er sich verpflichtet, einen darüber hinausgehenden Unterhaltsrückstand zu begleichen. ³Den Einwand eingeschränkter oder fehlender Leistungsfähigkeit kann der Antragsgegner nur erheben, wenn er zugleich unter Verwendung des eingeführten Vordrucks Auskunft über

1. seine Einkünfte,
2. sein Vermögen und
3. seine persönlichen und wirtschaftlichen Verhältnisse im übrigen

erteilt und über seine Einkünfte Belege vorlegt.

(3) Die Einwendungen sind zu berücksichtigen, solange der Festsetzungsbeschluß nicht verfügt ist.

1. Allgemeines. Im vereinfachten Verfahren dürfen nur in beschränktem Umfang Einwendungen berücksichtigt werden, damit die Entscheidung nicht verzögert wird. Es wird unterschieden, ob das Gericht auch darüber entscheidet, dass die Einwendung auch begründet ist (Abs 1) oder dass nur über die Zulässigkeit der Einwendung entschieden werden darf (Abs 2). Je nach dem richtet sich die gemäß § 648 zu treffende Entscheidung. Vordruck mit Benutzungszwang: § 659. **1**

2. Zulässige Einwendungen (Abs 1) des Antragsgegners sind: **2** **a) Nr 1:** Dazu gehört das Fehlen allgemeiner Prozessvoraussetzungen (17–22 vor § 253) und der Mangel einer der Voraussetzungen der §§ 645, 646. Anderweitige Titelerrichtung nach Antragstellung fällt nicht hierunter (Dresden FamRZ 00, 679; Zweibrücken FamRZ 00, 1160; aA Karlsruhe FamRZ 00, 1159; Maurer FamRZ 00, 1578), da der Spitzenbetrag tituliert werden kann. – **b) Nr 2:** Betrifft insbes den Fall, **3** dass Unterhalt für die Vergangenheit (§ 1613 BGB) erst von einem späteren Zeitpunkt an verlangt werden kann. Nicht darunter fällt das Unterlassen einer zeitlichen Begrenzung auf das 18. Lebensjahr (Stuttgart NJW-RR 00, 1103).– **c) Nr 3:** Die Aufzählung a–c ist enumerativ **4** (Zweibrücken JAmt 01, 94). Buchst a bezieht sich auf § 647 Abs 1 Nr 1 und betrifft Einordnung in eine falsche Altersstufe oder Abweichungen vom Regelbetrag. Buchst b: alle Übertragungs- und Berechnungsfehler, die nicht unter a oder c fallen und zu einer höheren Festsetzung geführt haben. Buchst c: alle Fehler, die auf einer falschen Anrechnung beruhen (§§ 1612b, 1612c BGB). Unter Nr 3 fällt nicht der Einwand, eine abweichende außergerichtliche Vereinbarung getroffen zu haben (Naumburg FamRZ 00, 360). – **d) Kostenlast** (Abs 1 S 2): hierzu Rn 14. **5**

3. Andere Einwendungen (Abs 2). **a) Begriff.** Das sind solche, die **6** von Abs 1 nicht erfasst sind und alle, die nach materiellem Recht gegen

den Unterhaltsanspruch bestehen können. Im vereinfachten Verfahren wird darüber nicht (endgültig) entschieden, sondern nur darüber, ob sie
7 zulässig erhoben sind (Rn 2). – **b) Voraussetzung** der Zulässigkeit einer solchen Einwendung ist: **aa) Allgemein** (S 1) die gleichzeitige Erklärung (Prozesshandlung, Einl III), zur Unterhaltsleistung (in anzugebender Höhe) bereit zu sein und zugleich die Abgabe einer im Umfang entsprechenden Verpflichtungserklärung (Rechtsgeschäft). Den Anforderungen des Abs 2 genügt es, dass der in Anspruch Genommene erklärt, zur Unterhaltszahlung überhaupt nicht fähig zu sein (Düsseldorf
8 FamRZ 01, 765). **bb) Erfüllungseinwand** (S 2), insbes die teilweise Zahlung (§ 362 BGB) erfordert die gleichzeitige Angabe des bisherigen Umfangs der Zahlungen (Zeitraum und Beträge) und die rechtsgeschäftlich wirksame Verpflichtung, den überschießenden Unterhaltsrückstand
9 zu bezahlen. **cc) Unzureichende Leistungsfähigkeit** (S 3) ist die Beschränkung des § 1603 BGB. Dieser Einwand kann nur durch die gleichzeitige Vorlage der Auskunft durch den vollständig ausgefüllten Vordruck mit Belegen wirksam erhoben werden (§ 659 Abs 2, Karlsruhe FamRZ 01, 107). Darauf ist der Antragsgegner von Amts wegen hinzuweisen (Oldenburg FamRZ 01, 1078). Darüber hinaus betrifft S 3 auch die Unterhaltshöhe des Mj als anspruchsbegründende Tatsache (Zweibrücken JAmt 01, 91; ZöPhilippi 11). Nach dem Wortlaut der Vorschrift sind bereinigende Abzugsposten bei der Erklärung der Einkünfte nicht zu belegen. Hierbei dürfte es sich um ein Redaktionsversehen handeln (van Els Rpfleger 99, 296/301). Der Pflichtige kann auch nicht von vornherein ohne Erteilung der notwendigen Auskunft nach S 3 die Durchführung des streitigen Verfahrens nach § 651 beantragen, da dieses zulässig erhobene Einwendungen voraussetzt (FA-FamG/Gerhardt Kap 6 Rn 204 b; vgl auch § 651 Rn 1).

10 **4. Entscheidung.** Der Beschluss (§ 649 Abs 1 S 1) des Rechtspflegers kann ohne mdl Vhdlg ergehen (§ 649 Abs 2). **a) Zulässige Einwendungen** (Abs 1). Es ist zu unterscheiden: **(1)** Begründete Einwendungen gegen die Zulässigkeit des vereinfachten Verfahrens (Abs 1 S 1 Nr 1) führen zur Zurückweisung des Antrags (§ 646 Abs 2, § 645). **(2)** Begründete Einwendungen zu Höhe und Zeitpunkt des Unterhalts (Abs 1 S 1 Nr 2, 3) führen zum Verfahren nach § 650. **(3)** Unbegründete Einwendungen stehen dem Feststellungsbeschluss gem § 649 nicht entgegen. In dem selben Beschluss werden die darin zu bezeichnenden
11 Einwendungen zurückgewiesen (Abs 1 S 3). – **b) Andere Einwendungen** (Abs 2). Auch hier ist zu unterscheiden: **(1) Unzulässig** erhobene Einwendungen (Rn 7–9) stehen dem Festsetzungsbeschluss gem § 649 nicht entgegen und werden darin ausdrücklich zurückgewiesen.
12 **(2) Zulässig** erhobene Einwendungen (Rn 7–9) führen zum Verfahren nach § 650. Ist der Einwand nach Prüfung durch den Rechtspfleger rechtlich unerheblich, insbes ungeeignet, eine Erfüllung zu begründen,
13 ist er als unzulässig zurückzuweisen (wie Rn 11). – **c) Zeitliche Berücksichtigung** (Abs 3). Die Frist des § 647 Abs 1 S 2 Nr 2 ist keine

Ausschlussfrist. Daher müssen die Einwendungen auch nach Ablauf der Frist berücksichtigt werden, solange der Beschluss nicht „verfügt" ist. Darunter ist der Erlass der Entscheidung zu verstehen, also die erste Hinausgabe aus dem inneren Geschäftsbetrieb (Frankfurt FamRZ 01, 109; vgl § 329 Rn 5). Für die Rechtzeitigkeit kommt es auf den Eingang bei Gericht an (Köln FamRZ 01, 1464). **d) Kosten** (Abs 1 S 2). **14** Es ist davon auszugehen, dass über die Kosten des vereinfachten Verfahrens gemäß den §§ 91 ff entschieden wird. Sie werden idR im Beschluss festgesetzt (§ 649 Abs 1 S 3). § 93 ist nur anzuwenden, wenn der Antragsgegner sich sofort wirksam zur Unterhaltszahlung verpflichtet und er keinen Anlass für ein vereinfachtes Verfahren gegeben hat, zB wenn er nicht vorher zu freiwilliger Zahlung des nach der RegelbetragVO berechneten Betrags aufgefordert wurde.

§ 649 Feststellungsbeschluss

(1) [1]**Werden keine oder lediglich nach § 648 Abs. 1 Satz 3 zurückweisende oder nach § 648 Abs. 2 unzulässige Einwendungen erhoben, wird der Unterhalt nach Ablauf der in § 647 Abs. 1 Satz 2 Nr. 3 bezeichneten Frist durch Beschluß festgesetzt.** [2]**In dem Beschluß ist auszusprechen, daß der Antragsgegner den festgesetzten Unterhalt an den Unterhaltsberechtigten zu zahlen hat.** [3]**In dem Beschluß sind auch die bis dahin entstandenen erstattungsfähigen Kosten des Verfahrens festzusetzen, soweit sie ohne weiteres ermittelt werden können; es genügt, wenn der Antragsteller die zu ihrer Berechnung notwendigen Angaben dem Gericht mitteilt.**

(2) **In dem Beschluß ist darauf hinzuweisen, welche Einwendungen mit der sofortigen Beschwerde geltend gemacht werden können und unter welchen Voraussetzungen eine Abänderung im Wege der Klage nach § 654 verlangt werden kann.**

1. Verfahren. Der Beschluss ergeht idR im Büroweg (§ 128 Abs 4). **1** Mdl Vhdlg ist nur in seltenen Fällen erforderlich (Beispiele bei Els Rpfleger 99, 296/300). Findet sie statt, ist auch ein Vergleich möglich (§ 794 Abs 1 Nr 1), wobei mehr als 150% des Regelbetrags vereinbart werden kann (ZöPhilippi 2). Die Anhörung des Antragsgegners geschieht ausreichend durch § 647. Zustellung an beide Parteien: § 329 Abs 3. Wirkung: § 794 Abs 1 Nr 2 a. Rechtsmittel: § 652.

2. Voraussetzungen des Festsetzungsbeschlusses (Abs 1 S 1). **2** **a) Fristablauf.** Die Monatsfrist des § 647 Abs 1 S 2 Nr 2 (dort Rn 4) muss abgelaufen sein. Ein Verstoß ist nur relevant, wenn dadurch rechtzeitig erhobene Einwendungen unberücksichtigt geblieben sind. – **b) Unterbleiben von Einwendungen.** Festgesetzt werden darf, wenn **3** das vereinfachte Verfahren zulässig ist (§ 645) und der Antrag den §§ 645, 646 Abs 1 entspricht (vgl § 646 Abs 2 S 1) und überhaupt keine Einwendungen oder nur solche erhoben sind, die zwar nach § 648

Abs 1 Nr 2, 3 zulässig, aber als unbegründet zurückzuweisen oder we-
4 gen § 648 Abs 2 unzulässig sind. – **c) Berichtigter Antrag.** Ist eine
zulässige Einwendung erhoben und der Antrag (§ 646) entsprechend
berichtigt, kann das Gericht ebenfalls in voll beantragtem Umfang festsetzen, nicht nur beschränkt nach § 650 S 2.

5   **3. Beschlussinhalt. a) Unbegründete Einwendungen** sind durch
zu begründenden Beschluss ausdrücklich zurückzuweisen (§ 648 Abs 1
S 3). – **b) Zahlungsausspruch** (Abs 1 S 2) ist erforderlich, weil der
Festsetzungsbeschluss Vollstreckungstitel ist (§ 794 Abs 1 Nr 2 a) und
eine Verurteilung ersetzt (vgl 14, 15 vor § 704). Der Ausspruch umfasst
die Beträge, Zeiträume und Fälligkeiten. Tenor bei Dynamisierung des
Kindesunterhalts unter Berücksichtigung des anzurechnenden Kindergeldes vgl § 646 Rn 2 (zu Nr 6 und 7). Durch die unbezifferte Kinder-
geldanrechnung werden Abänderungsverfahren nach § 655 vermieden.
6 **c) Kostenentscheidung** (Abs 1 S 3) ergeht nach § 91, ggf § 92 (Teilerfolg) und § 93 (vgl § 648 Abs 1 S 2). Ist die Kostenfestsetzung entscheidungsreif, kann schon im Beschluss die Erstattung auch ohne bezifferten Antrag festgesetzt werden. Hierfür ist nur erforderlich, dass der
Antragsteller die notwendigen Angaben macht und diese nebst Gerichtskosten (KV 1800) sowie RA-Gebühren (§ 44 BRAGO) sofort ermittelt
werden können. Andernfalls wird später gemäß §§ 103 ff festgesetzt. –
7 **d) Hinweis** (Abs 2) entspricht einer Rechtsmittelbelehrung über die
(gemäß § 11 Abs 1 RPflG) unmittelbar gegen die Entscheidung des
Rechtspflegers einzulegende sofortige Beschwerde (§ 652). Angabe der
Form und Frist (§ 569) ist zwar nicht notwendig, aber wohl geboten.
Der Hinweis auf die zulässigen Einwendungen muss konkret sein und
den Gesetzestext des § 648 Abs 1 und 2 umfassen (vgl § 652 Abs 2).
Hinsichtlich der Kostenfestsetzung ist auf die Anfechtbarkeit nach Grund
und Höhe (vgl Rn 6; § 104 Abs 3 S 1; § 567 Abs 2 S 2) hinzuweisen,
auch dass sie allein angefochten werden kann. Sofortige Beschwerde
nach § 567, § 11 RPflG auch, wenn Rpfl den Antrag des Kindes
zurückweist trotz zulässiger Einwendungen des Pflichtigen, den beantragten Unterhalt in voller Höhe festzusetzen. Bei der Abänderungsklage
muss auf § 654 Abs 2 hingewiesen werden. Unterbleibt die Belehrung,
so ist dies folgenlos; (aA in Bezug auf die sofortige Beschwerde Naumburg FamRZ 01, 1464: wegen des Verfahrensfehlers Aufhebung und
Zurückverweisung); bei Fristversäumung aber Wiedereinsetzung (§ 233)
begründet (van Els Rpfleger 99, 296/300).

§ 650 Mitteilung über Einwendungen

¹Sind Einwendungen erhoben, die nach § 648 Abs. 1 Satz 3
nicht zurückzuweisen oder die nach § 648 Abs. 2 zulässig sind,
teilt das Gericht dem Antragsteller dies mit. ²Es setzt auf seinen
Antrag den Unterhalt durch Beschluß fest, soweit sich der Antragsgegner nach § 648 Abs. 2 Satz 1 und 2 zur Zahlung von

Unterhalt verpflichtet hat. ³In der Mitteilung nach Satz 1 ist darauf hinzuweisen.

Allgemeines. Die Vorschrift regelt den Fortgang des Verfahrens, **1** wenn kein Festsetzungsbeschluss gem § 649 ergangen ist, weil Einwendungen entgegenstehen (vgl § 649 Rn 2, 3). **Mitteilung** (S 1) umfasst **2** den Inhalt der Einwendungen (weitergehend van Els Rpfleger 99, 296/301); zweckmäßig in Abschrift der Erklärung des Antragsgegners (§ 648 Abs 1, 2). Die Mitteilung ist zuzustellen, weil die Frist des § 651 Abs 3 in Lauf gesetzt wird (§ 329 Abs 2 S 2; umstr, aA van Els Rpfleger 99, 296/301; ZöPhlippi 5; MüKoCoester-Waltjen 2). Zweckmäßig ist in der Mitteilung aufzunehmen, dass der Unterhalt auch teilweise festgesetzt werden kann, soweit er anerkannt ist (van Els Rpfleger 99, 207/301). **Hinweise** in der Mitteilung sind in S 3 und § 651 Abs 1 S 2 **3** zwingend vorgeschrieben: **(1)** Die Möglichkeit trotz der erhobenen zulässigen Einwendung (§ 648 Abs 2 S 1 und 2) einen der Verpflichtungserklärung entsprechenden Festsetzungsbeschluss durch (neuen) Antrag zu erwirken. **(2)** Durchführung des streitigen Verfahrens (§ 651 Abs 1 S 1) auf Antrag jeder Partei. **Festsetzungsbeschluss** (S 2). Er **4** entspricht dem § 649 (vgl dort), darf aber nur auf (neuen) Antrag in dem Umfang der Verpflichtungserklärung des Antragsgegners (§ 648 Abs 2 S 1 und 2) ergehen, nicht im Fall mangelnder Leistungsfähigkeit (§ 648 Abs 2 S 3). Es genügt der bloße Antrag, ohne Wiederholung des in § 646 vorgeschriebenen Inhalts. Für den Beschluss gilt § 649 Rn 5 u 7 entspr. Der Antrag wird darin nicht iü zurückgewiesen. Es ergeht keine Kostenentscheidung, da nur Teiltitel (Schumacher/Grün FamRZ 98, 777/792; FA-FamG/Gerhardt Kap 6 Rn 204a). **Nicht festgesetz- 5 ter Teil** des ursprünglich beantragten Anspruchs (§ 646) muss im Klageweg weiterverfolgt werden. Hierfür ist § 651 anwendbar.

§ 651 Streitiges Verfahren

(1) ¹Im Falle des § 650 wird auf Antrag einer Partei das streitige Verfahren durchgeführt. ²Darauf ist in der Mitteilung nach § 650 hinzuweisen.

(2) ¹Beantragt eine Partei die Durchführung des streitigen Verfahrens, so ist wie nach Eingang einer Klage weiter zu verfahren. ²Einwendungen nach § 648 gelten als Klageerwiderung.

(3) Der Rechtsstreit gilt als mit der Zustellung des Festsetzungsantrags (§ 647 Abs. 1 Satz 1) rechtshängig geworden.

(4) Ist ein Festsetzungsbeschluß nach § 650 Satz 2 vorausgegangen, soll für zukünftige wiederkehrende Leistungen der Unterhalt in einem Gesamtbetrag bestimmt und der Festsetzungsbeschluß insoweit aufgehoben werden.

(5) Die Kosten des vereinfachten Verfahrens werden als Teil der Kosten des streitigen Verfahrens behandelt.

(6) **Wird der Antrag auf Durchführung des streitigen Verfahrens nicht vor Ablauf von sechs Monaten nach Zugang der Mitteilung nach § 650 Satz 1 gestellt, gilt der über den Festsetzungsbeschluss gemäß § 650 Satz 2 oder die Verpflichtungserklärung des Antragsgegners gemäß § 648 Abs. 2 Satz 1 und 2 hinausgehende Festsetzungsantrag als zurückgenommen.**

Abs 1 u 3 geändert und Abs 6 eingefügt m Wv 1. 1. 2002 durch Euro-RpflG.

1   **1. Allgemeines.** Die Überleitung in das streitige Verfahren entspricht der Situation des Mahnverfahrens nach rechtzeitigem Widerspruch (§ 696). Die Anwendung des § 651 setzt voraus, dass der Antragsgegner Einwendungen erhoben hat, die nach § 648 Abs 1 S 3 nicht zurückzuweisen oder zulässig (§ 648 Abs 2) und daher gem § 650 zu behandeln waren. Für vor dem 1. 1. 02 gestellte Anträge vgl § 27 EGZPO.

2   **2. Übergang** in das streitige Verfahren (Abs 1) erfolgt nicht von
3   Amts wegen, sondern nur auf Antrag einer der beiden Parteien. **a) Antrag.** Er ist Prozesshandlung, schriftlich oder zu Protokoll gem § 657 S 1, außer Anwaltszwang (§ 13 RPflG). Kann nicht schon im Festsetzungsantrag (§ 645 Abs 1, § 646) oder zusammen mit den Einwendungen (§ 648) gestellt werden, weil das Zwischenverfahren des § 650 vorgeschaltet ist, um den Parteien Gelegenheit zu geben, die Rechtslage zu prüfen und sich zu vergleichen. Mit der Verweisung auf § 650 ist klargestellt, dass das streitige Verfahren nur durchgeführt wird, wenn zulässige Einwendungen vorgebracht wurden und eine Festsetzung deshalb unterbleibt. § 651 darf nicht zur Umgehung der Einwendungen iSv § 648 missbraucht werden. Da eine dem § 696 Abs 4 entspr Vorschrift fehlt, kann ab Wirksamwerden des Antrags nicht mehr dieser, sondern wegen Abs 2 S 1 nur die Klage (§ 269) zurückgenommen werden. –
4   **b) Hinweis** (Abs 1 S 2). Die Mitteilungspflicht bezieht sich auf den Antragsteller, weil § 650 nur ihn betrifft. Der Antragsgegner kann, muss aber nicht hingewiesen werden.

5   **3. Weiteres Verfahren** (Abs 2). Es entspricht dem nach erhobener Klage. Es gelten daher grundsätzlich die §§ 253–510 a, denen die besonderen Regelungen der §§ 642–644, 621–629 d vorgehen. Kein Anwaltszwang (§ 78 Abs 2 S 1 Nr 2). Es kann höherer Unterhalt als 150% des
6   Regelbetrags (§ 645 Abs 1) verlangt werden. **a) Voraussetzung** ist allein der wirksame Antrag einer Partei (Rn 3). Dadurch wird der Festsetzungsantrag (§§ 645, 646) zur Klage, dessen Zustellung (§ 647 Abs 1) zur Zustellung der Klageschrift (§ 253 Abs 2) mit rückwirkender
7   Rechtshängigkeit (Abs 3; Rn 8). – **b) Verfahrenslage.** Die Einwendungen (§ 648) werden als Klageerwiderung (§ 277) fingiert, so dass ein schriftliches Vorverfahren (§ 276) entfällt. Das Verfahren ist für den Haupttermin (§ 278) reif, wenn die gebotenen vorbereitenden Anordnung (§§ 643, 273) erlassen und (zB durch Auskunft § 643 Abs 1, 2) erfüllt sind. Gerade bei Unterhaltssachen ist entspr Vorbereitung mit der

Anordnung persönlichen Erscheinens der Parteien (§§ 141, 273 Abs 2 Nr 3) geboten.

4. Rechtshängigkeit (Abs 3). Die Vorschrift ist wegen der Rück- 8 wirkung Sonderregelung zu § 261 Abs 1. Wirkung der Rechtshängigkeit: § 261 Abs 3.

5. Einheitlicher Titel (Abs 4). Es soll vermieden werden, dass für 9 denselben Unterhaltsanspruch zwei Titel (Festsetzungsbeschluss und Urteil) nebeneinander bestehen. Dadurch soll die Zwangsvollstreckung erleichtert werden. Voraussetzung ist, dass der gem § 650 S 2 ergangene (Teil)Festsetzungsbeschluss den Unterhalt für den selben Zeitraum betrifft, wie er im Urteil zugesprochen wird. Abs 4 ist nicht anzuwenden, wenn und soweit der Festsetzungsbeschluss einen anderen, idR früheren Zeitabschnitt betrifft. Die einheitliche Unterhaltsbestimmung durch Gesamtbetrag ist nicht zwingend („soll"); erfolgt sie, muss der Festsetzungsbeschluss (§ 650 S 2) aufgehoben werden. Das wirkt für die Zwangsvollstreckung gem § 775 Nr 1, § 776.

6. Kosten (Abs 5). Grundsätzlich wird im Urteil über die Kosten des 10 streitigen Verfahrens gem §§ 91, 92 entschieden, bei Unterhalt als Folgesache gem § 93 a Abs 1 und 2, bei Rücknahme der Klage gem § 269. Liegen die Voraussetzungen des § 93 d vor, ist diese Vorschrift anzuwenden. Die durch das vorangegangene vereinfachte Verfahren entstandenen Gerichtskosten werden als Teil der Kosten des streitigen Verfahrens behandelt. Für die Anwaltsgebühren gilt § 44 Abs 2 S 1 BRAGO. Diese Regelung entspricht denen des § 281 Abs 3 S 1 und § 696 Abs 1 S 5 und bedeutet, dass über die Kosten des vereinfachten Verfahrens nicht anders entschieden werden darf als über die des streitigen Verfahrens, wenn es dazu kommt. Verbleibt es beim vereinfachten Verfahren gelten dafür §§ 91, 92, 93 (vgl § 648 Abs 1 S 2).

7. Rücknahmefiktion (Abs 6). Zweck der langen Fristbemessung 11 ist, den Parteien Zeit zu lassen, sich in einem Vergleich zu einigen. Nach Ablauf der 6 Monate (Ausschlussfrist) kann der Antrag (Rn 3) nicht mehr mit Rückwirkung gestellt werden. Fristberechnung § 222; vgl § 650 Rn 3. Ein weitergehender Festsetzungsantrag gilt nach Ablauf der Frist als zurückgenommen. Dadurch soll für den Antragsgegner Rechtssicherheit geschaffen werden, dass über den Rest nicht mehr entschieden wird. Kosten §§ 91 ff, 269 Abs 3 S 2.

§ 652 Sofortige Beschwerde

(1) **Gegen den Festsetzungsbeschluß findet die sofortige Beschwerde statt.**

(2) [1]**Mit der sofortigen Beschwerde können nur die in § 648 Abs. 1 bezeichneten Einwendungen, die Zulässigkeit von Einwendungen nach § 648 Abs. 2 sowie die Unrichtigkeit der Kostenentscheidung oder Kostenfestsetzung, sofern sie nach allgemeinen Grundsätzen anfechtbar sind, geltend gemacht werden.**

² **Auf Einwendungen nach § 648 Abs. 2, die nicht erhoben waren, bevor der Festsetzungsbeschluss verfügt war, kann die sofortige Beschwerde nicht gestützt werden.**

Abs 2 geändert mWv 1. 1. 2002 durch Art 30 Nr 6 Euro-RpflG.

1   **1. Sofortige Beschwerde** (§ 567 Abs 1 Nr 1) gegen den Festsetzungsbeschluss (Abs 1). Das ist der des § 649 und des § 650 S 2 (MuBorth 1; MüKoCoester-Waltjen 1). Das Rechtsmittel richtet sich unmittelbar gegen die Entscheidung des Rechtspflegers (§ 11 Abs 1 RPflG). Beschwerdegericht ist das OLG (§ 119 Abs 1 Nr 1 a GVG). Es gelten die §§ 567 ff. Das Rechtsmittel kann auch dem Antragsteller zustehen (Zweibrücken Rpfleger 00, 327). Rechtsbeschwerde findet nur statt, wenn das OLG sie gem § 574 Abs 1 Nr 2 zulässt.

2   **2. Zulässigkeit der Anfechtung** (Abs 2). Die Beschränkung gilt auch für das Kind und seine Rechtsnachfolger (Stuttgart NJW-RR 00, 1103). Sind zulässige Einwendungen (Rn 3) nicht geltend gemacht, ist die sofortige Beschwerde im ganzen unzulässig (§ 572 Abs 2). Sie ist es zum Teil, wenn neben zulässigen Einwendungen der Festsetzungsbeschluss mit anderen Gründen angegriffen wird. Gleichgültig ist, ob die Einwendungen ausdrücklich zurückgewiesen (§ 648 Abs 1 S 3) oder im Beschluss (§§ 649, 650 S 2) übersehen sind. Durch die Einfügung des S 2 mit Wirkung zum 1. 1. 02 ist der bis dahin bestehende Streit, ob wegen § 571 Abs 2 zulässige Einwendungen, mit der Kostenfolge des § 97 Abs 2 auch erstmals mit dem Rechtsmittel erhoben werden können, obsolet. Nach dem nunmehr eindeutigen Wortlaut von § 648 Abs 2 können Auskunft und Belege zur fehlenden Leistungsfähigkeit nicht nachgereicht werden; in der Beschwerde darf nur geprüft werden, ob die vom Pflichtigen rechtzeitig erhobenen Einwendungen vom Rechtspfleger zutreffend behandelt wurden (FA-FamG/Gerhard Kap 6 Rn 204). Verspätete Einwendungen sind mit der Abänderungsklage nach § 654 zu erheben (München FamRZ 01, 1076). Dies war auch bis zum 1. 1. 02 hM. Mit der Änderung von S 2 ist jetzt auch eindeutig klargestellt, dass die Kostenentscheidung, sofern sie nach allgemeinen Regeln isoliert anfechtbar ist, also in den Fällen der §§ 91 a, 93, 99, 269,
3 ebenfalls mit der sofortigen Beschwerde anfechtbar ist. – **a) Zulässige Anfechtungsgründe** sind: **(1)** Unzulässigkeit des vereinfachten Verfahrens (§ 648 Abs 1 Nr 1). **(2)** Fehlerhafte Berechnung des Unterhalts nach Zeitraum und Höhe (§ 648 Abs 1 Nr 2 und 3). **(3)** Zurückweisung von zulässig erhobenen anderen Einwendungen (§ 648 Abs 2), auch soweit über sie in 1. Instanz noch nicht entschieden wurde (ZöPhilippi 9; umstr; vgl oben Rn 2). **(4)** Unrichtige Kostenfestsetzung (§ 649 Abs 1 S 3); dazu gehört auch die Nichtberücksichtigung von § 93 § 648 Abs 1 S 2. Auch die im Festsetzungsbeschluss getroffene Kostengrundentscheidung kann angefochten werden (Brandenburg FuR 01,
4 45). Die Wertgrenzen des § 567 Abs 2 sind zu beachten. – **b) Unzulässige Einwendungen** können nur im Wege der Abänderungsklage (§ 654) geltend gemacht werden (Stuttgart FamRZ 00, 1103). –

c) Ausgeschlossene Beschwerde (wegen Abs 2). Gegen die Festset- 5
zung findet Erinnerung gem § 11 Abs 2 S 1 RPflG statt (Stuttgart
RPfleger 00, 263).

3. Kosten. § 11 Abs 2 GKG, KV 1905; §§ 61 Abs 1 S 1, 31 ff   6
BRAGO.

§ 653 Unterhalt bei Vaterschaftsfeststellung

(1) [1]Wird auf Klage des Kindes die Vaterschaft festgestellt, so
hat das Gericht auf Antrag den Beklagten zugleich zu verurteilen, dem Kind Unterhalt in Höhe der Regelbeträge und gemäß
den Altersstufen der Regelbetrag-Verordnung, vermindert oder
erhöht um die nach den §§ 1612 b, 1612 c des Bürgerlichen Gesetzbuchs anzurechnenden Leistungen, zu zahlen. [2]Das Kind
kann einen geringeren Unterhalt verlangen. [3]Im übrigen kann in
diesem Verfahren eine Herabsetzung oder Erhöhung des Unterhalts nicht verlangt werden.

(2) Vor Rechtskraft des Urteils, das die Vaterschaft feststellt,
wird die Verurteilung zur Leistung des Unterhalts nicht wirksam.

1. Allgemeines. Passt die bisher in § 643 enthaltene Verbindung von 1
Kindschaftsprozess und Regelunterhalt den neuen Vorschriften an. Die
Verurteilung zum Unterhalt ist der Höhe nach nicht endgültig, da die
Parteien gem § 654 in einem neuen Verfahren auf Erhöhung oder
Herabsetzung klagen können. § 653 ist nur anwendbar in Verfahren des
§ 640 Abs 2 Nr 1. Zweck der Regelung ist, dass frühzeitig ein Unter-
haltstitel geschaffen wird.

2. Verurteilung zum Regelbetragsunterhalt im Kindschaftspro- 2
zess (Abs 1). **a) Anwendbar** nur wenn ein minderjähriges Kind auf
Feststellung der Vaterschaft (§ 640 Abs 2 Nr 1) klagt und damit Erfolg
hat, auch noch im zweiten Rechtszug. – **b) Verbindung** als Anspruchs- 3
häufung (§ 260) wird trotz der verschiedenen Prozessarten (Kindschafts-
und Unterhaltssache) durch Abs 1 S 1 zugelassen. Die Rechtsnatur der
Kindschaftssache (§§ 640 ff) wird dadurch nicht berührt. Streitwert:
§§ 12 Abs 2 S 3, Abs 3, 17 Abs 1, 4 GKG. – **c) Voraussetzung** ist ein 4
Klageantrag auf Unterhalt in Höhe eines Regelbetrags nach Altersstufen
(§ 1612 a Abs 1, 3 BGB; §§ 1, 2 RegelbetragVO), erhöht oder vermindert durch die anrechenbaren Leistungen der §§ 1612 b (wobei die
Neufassung des Abs 5 zu beachten ist; hierzu FA-FamG/Gerhardt Kap 6
Rn 147 a ff), 1612 c BGB). – **d) Antragshöhe** (Abs 1 S 2). Das Kind 5
kann keinen höheren Betrag als §§ 1, 2 RegelbetragVO verlangen, aber
einen geringeren, um zu vermeiden, in einer Abänderungsklage (§ 654)
bei beschränkter Leistungsfähigkeit des Vaters kostenpflichtig zu unterliegen. – **e) Ausgeschlossene Gründe** (Abs 1 S 3). Über solche Um- 6
stände, die den Unterhaltsanspruch aus anderen Gründen erhöhen oder
mindern (nach Teilerfüllung), darf nicht verhandelt und entschieden
werden, damit der Kindschaftsprozess nicht unnötig belastet und ver-

zögert wird. Hierfür gilt § 654 (Bremen FamRZ 00, 1164). Anders aber,
wenn dauerhafte Leistungsunfähigkeit eingewandt wird (Brandenburg
7 FamRZ 00, 1581). – **f) Wirkung.** Das Urteil ermöglicht ab Rechtskraft
(Abs 2) unmittelbar die Vollstreckung aus dem Regelbetrag, der nach
Zeitraum und Höhe bestimmt in der Urteilsformel ausgesprochen sein
muss. Keine vorläufige Vollstreckbarkeit (§ 708 Nr 8) wegen Abs 2.

8 **3. Wirksamkeit der Unterhaltsverurteilung** (Abs 2) ist an die
formelle Rechtskraft (§ 705) des Urteils gebunden, durch welches die
Vaterschaft des Beklagten festgestellt wird. Damit teilt die Verurteilung
zum Regelbetragsunterhalt das Ergebnis des Vaterschaftsfeststellungspro-
zesses. Das entspricht der materiell-rechtlichen Regelung des § 1600 d
Abs 4 BGB.

§ 654 Abänderungsklage

(1) **Ist die Unterhaltsfestsetzung nach § 649 Abs. 1 oder § 653
Abs. 1 rechtskräftig, können die Parteien im Wege einer Klage
auf Abänderung der Entscheidung verlangen, daß auf höheren
Unterhalt oder auf Herabsetzung des Unterhalts erkannt wird.**

(2) [1] **Wird eine Klage auf Herabsetzung des Unterhalts nicht
innerhalb eines Monats nach Rechtskraft der Unterhaltsfestsetzung erhoben, darf die Abänderung nur für die Zeit nach Erhebung der Klage erfolgen.** [2] **Ist innerhalb dieser Frist ein Verfahren
nach Absatz 1 anhängig geworden, so läuft die Frist für den
Gegner nicht vor Beendigung dieses Verfahrens ab.**

(3) **Sind Klagen beider Parteien anhängig, so ordnet das Gericht die Verbindung zum Zweck gleichzeitiger Verhandlung
und Entscheidung an.**

1 **Allgemeines.** Die Vorschrift soll den Parteien ermöglichen, die
pauschalen Festsetzungen des Unterhalts, die im Beschluss (§ 649, § 650
S 2, vgl MüKoCoester-Waltjen 2; MuBorth 2; aA FA-FamG/Gerhardt
Kap 6 Rn 205 hins § 650) oder im Anhang an den Kindschaftsprozess
(§ 653) erzielt worden sind, den individuellen Gegebenheiten einschrän-
kungslos anzupassen; denn die Zulässigkeit der Abänderungsklage aus
§ 654 ist nicht an eine wesentliche oder nachträgliche Veränderung der
Verhältnisse gebunden (AG Landshut FamRZ 00, 41). Das ist der Unterschied zu § 323 (§ 654 ist lex specialis) und § 767, da es weder eine
Wesentlichkeitsgrenze noch eine Präklusionswirkung gibt. Für die Umstellung von statischen Alttiteln bestehen Besonderheiten (Stuttgart
2 FamRZ 01, 767). **Voraussetzung** (Abs 1) ist allein, dass einer der
3 genannten Titel (Rn 1) rechtskräftig ist, dh formell iS von § 705. **Frist
für Herabsetzungsklage** (Abs 2 S 1) gilt nicht für eine Erhöhungsklage
des Kindes. Wird die Frist gewahrt (dabei § 167 nF [= § 270 Abs 3 aF]
beachten), ist die Herabsetzung für den ganzen Zeitraum möglich, bei
Fristversäumung nur ab Klageerhebung (§ 253 Abs 1). Die Fristwahrung
4 ist eine besondere Prozessvoraussetzung (32 vor § 253). Fristberechnung:

§ 222. **Fristbeginn:** ab formeller Rechtskraft (§ 705 Rn 6–9 und § 653 Abs 2). Späterer Fristbeginn (Abs 2 S 1) schützt den Unterhaltsverpflichteten, der zunächst die Festsetzung hingenommen und nicht nach Abs 1 auf Herabsetzung geklagt hat, wenn das Kind auf höheren Unterhalt klagt. **Fristablauf** (Abs 2 S 2). Verfahrensbeendigung tritt 5 insbes durch formelle Rechtskraft (§ 705) und Rücknahme der Klage (§ 269) ein. **Verbindung** (Abs 3) erfolgt nach § 147, ist aber zwingend 6 vorgeschrieben. **Gebühren.** Keine Anrechnung im Gegensatz zu § 651 7 Abs 5.

§ 655 Abänderung des Titels bei wiederkehrenden Unterhaltsleistungen

(1) **Auf wiederkehrende Unterhaltsleistungen gerichtete Vollstreckungstitel, in denen ein Betrag der nach den §§ 1612 b, 1612 c des Bürgerlichen Gesetzbuch anzurechnenden Leistungen festgelegt ist, können auf Antrag im vereinfachten Verfahren durch Beschluß abgeändert werden, wenn sich ein für die Berechnung dieses Betrags maßgebender Umstand ändert.**

(2) [1]Dem Antrag ist eine Ausfertigung des abzuändernden Titels, bei Urteilen des in vollständiger Form abgefaßten Urteils, beizufügen. [2]Ist ein Urteil in abgekürzter Form abgefaßt, so genügt es, wenn außer der Ausfertigung eine von dem Urkundsbeamten der Geschäftsstelle des Prozeßgerichts beglaubigte Abschrift der Klageschrift beigefügt wird. [3]Der Vorlage des abzuändernden Titels bedarf es nicht, wenn dieser von dem angerufenen Gericht auf maschinellem Weg erstellt worden ist; das Gericht kann dem Antragsteller die Vorlage des Titels aufgeben.

(3) [1]Der Antragsgegner kann nur Einwendungen gegen die Zulässigkeit des vereinfachten Verfahrens, gegen den Zeitpunkt der Abänderung oder gegen die Berechnung des Betrags der nach den §§ 1612 b, 1612 c des Bürgerlichen Gesetzbuchs anzurechnenden Leistungen geltend machen. [2]Ferner kann er, wenn er sich sofort zur Erfüllung des Anspruchs verpflichtet, hinsichtlich der Verfahrenskosten geltend machen, daß er keinen Anlaß zur Stellung des Antrags gegeben hat (§ 93).

(4) Ist eine Abänderungsklage anhängig, so kann das Gericht das Verfahren bis zur Erledigung der Abänderungsklage aussetzen.

(5) [1]Gegen den Beschluß findet die sofortige Beschwerde statt. [2]Mit der sofortigen Beschwerde können nur die in Absatz 3 bezeichneten Einwendungen sowie die Unrichtigkeit der Kostenfestsetzung geltend gemacht werden.

(6) Im übrigen sind auf das Verfahren § 323 Abs. 2, § 646 Abs. 1 Nr. 1 bis 5 und 7, Abs. 2 und 3, die §§ 647 und 648 Abs. 3 und § 649 entsprechend anzuwenden.

Hüßtege

1   **1. Anwendungsbereich** des vereinfachten Verfahrens zur Abänderung (Abs 1). **a) Unterhaltstitel** minderjähriger Kinder über wiederkehrende Leistungen (§ 258 Rn 2) aller Art (wie § 323 Rn 4–6),
2   sowohl nach altem wie nach neuem Recht. – **b) Festlegung anzu-
rechnender Leistungen,** insbes des Kindergeldes (§§ 1612 b, 1612 c
BGB) muss im Titel vorgesehen sein. Das muss sich insbes aus den
Gründen oder dem Wortlaut des Titels ergeben. Sollen daneben auch
andere Umstände geltend gemacht werden, muss Klage (§ 654 oder
§ 323) erhoben werden. § 655 gilt auch für die zum 1. 1. 01 in Kraft
getretene Änderung des § 1612 b Abs 5 BGB (hierzu Scholz FamRZ
00, 1541; Vossenkämper FamRZ 00, 1547, Gerhardt FamRZ 01, 73;
Graba NJW 01, 249). Diese Anpassung kann erst ab Antragstellung
verlangt werden (§ 2 Unterhaltstitelanpassungsgesetz v. 2. 11. 00 (BGBl
I 1479). Eine rückwirkende Abänderung ist nicht möglich. Beim anzurechnenden Kindergeld reicht es aus, statt einer Bezifferung der
Kindergeldhöhe zu formulieren: „... abzüglich hälftiges Kindergeld für
ein erstes Kind." (Gerhardt FamRZ 01, 73; umstr., aA Scholz FamRZ
00, 1541/1547; Vossenkämper FamRZ 00, 1547/1550; Soyka FamRZ
01, 740/742; München FamRZ 01, 1077). Hierfür sprechen Gründe
der Praktikabilität, um später weitere Abänderungsverfahren nach § 655
zu vermeiden.

3   **2. Voraussetzungen** (Abs 1). **a) Antrag** außer Anwaltszwang (§ 13
RPflG). Antragsteller kann jede Partei des Unterhaltstitels (Rn 1) sein.
Inhalt: Über Abs 6 gilt § 646 Abs 1 Nr 1–5, 7 entspr. Form: schriftlich
oder zu Protokoll der Geschäftsstelle; Vordruck gem § 657, der jedoch
4   bisher nicht eingeführt ist. Anlagen: Abs 5 (Rn 5). – **b) Änderung
eines maßgebenden Umstandes** der in §§ 1612 b, 1612 c BGB aufgeführten Art. Es können auch mehrere Umstände zugleich sein. Die
Änderung muss nicht wesentlich (im Gegensatz zu § 323), aber sie muss
bereits eingetreten sein oder erst zu einem bestimmten künftigen Zeitpunkt wirksam werden, zB infolge der Änderung der Kindergeldverrechnung nach § 1612 b Abs 5 BGB ab 1. 1. 01.

5   **3. Antragserfordernisse** (Abs 2). Form des Antrags: Rn 3. **a) Anlagen.** Sie können nachgereicht werden. Ausfertigung des (letzten, ggf
mit dem Ursprungstitel) Vollstreckungstitels. Bei Urteilen das vollständig
abgefasste gem § 313. Abgekürzte Urteile: § 313 a; wegen dessen Abs 4
Nr 4 nur bei Versäumnis- und Anerkenntnisurteilen denkbar (§ 313 b
Abs 1). Anstatt der gem § 313 b Abs 2 hergestellten Ausfertigung ist
möglich die Vorlage der Klageschrift (§ 253 Abs 1) in beglaubigter
Abschrift mit alleiniger Beglaubigungsbefugnis der Urkundsbeamten der
Geschäftsstelle (§ 153 GVG) des Prozessgerichts, welches das Urteil
6   erlassen hat. – **b) Entbehrlich** (Abs 2 S 3) ist die Vorlage, wenn das
Gericht, bei dem der Antrag (Rn 3) gestellt ist, den Titel maschinell
(§ 658) erstellt hat. Ob das Gericht dem Antragsteller die Vorlage trotz-
dem aufgibt (Abs 2 S 3; Hs 2), steht in seinem Ermessen und ist nur bei
Fehlen eigener Unterlagen oder Unstimmigkeiten veranlasst.

4. Beschränkung der Einwendungen (Abs 3) nach ihrer Art entspricht weitgehend dem § 648. Die zeitliche Beschränkung ist durch Abs 6, § 323 Abs 2 geregelt (Rn 12). **a) Zulässig** (Abs 3 S 1) sind Einwendungen: **(1)** Gegen die Zulässigkeit des vereinfachten Abänderungsverfahrens, nämlich Anwendungsbereich (Rn 1, 2), Voraussetzungen (Rn 3, 4) und die Erfüllung der Antragserfordernisse (Rn 5). **(2)** Gegen den Zeitpunkt der beantragten Abänderung, insbes ein anderer Zeitpunkt des wirklichen Eintritts geänderter Umstände (Rn 4). **(3)** Gegen die Berechnung (Höhe) des nach §§ 1612b, 1612c BGB anzurechnenden Betrags. **(4)** Gegen die Kosten (Abs 3 S 2), soweit der Antragsgegner sich auf § 93 berufen will. Entspricht § 648 Abs 1 S 2 (dort Rn 14). Alle diese Einwendungen sind in der Entscheidung des vereinfachten Abänderungsverfahrens zu berücksichtigen. – **b) Unzulässig** sind alle anderen Einwendungen, insbes zur Leistungsfähigkeit (§ 1603 BGB). Sie werden im Festsetzungsbeschluss (Abs 6, § 649) zurückgewiesen und können im Wege der Abänderungsklage (§ 654), falls Titel nach § 649 Abs 1 oder § 653 Abs 1, bzw durch Abänderungsklage nach § 323 geltend gemacht werden. Der Änderungsbeschluss nach § 655 unterliegt iü der Anpassungskorrekturklage nach § 656.

5. Aussetzung (Abs 4) durch Beschluss (§ 252), auch ohne Antrag, steht im Ermessen des Gerichts („kann"), wenn über denselben Unterhaltsanspruch eine Abänderungsklage (§ 654 oder § 323) anhängig (§ 253 Rn 1) ist. Die Aussetzung ist angebracht, wenn der selbe veränderte Umstand (Rn 4) in dem anhängigen Klageverfahren berücksichtigt werden könnte. Andererseits soll die Aussetzung unterbleiben können, wenn die Abänderungsklage keine hinreichende Erfolgsaussicht hat.

6. Anfechtbarkeit der Entscheidung. a) Abänderungsbeschluss (Abs 5). Es findet sofortige Beschwerde gegen den Beschluss des Rechtspflegers statt (§ 11 Abs 1 RPflG). § 652 Rn 1 gilt entspr. Zulässigkeit der Anfechtung: § 652 Rn 2 entspr. Zulässigkeit der Anfechtungsgründe (vgl § 652 Rn 3): entspr den gem Abs 3 (Rn 7) zulässigen Einwendungen. Wird nur die Kostenentscheidung (Abs 3 S 2) angefochten, gilt § 567 Abs 2 S 1. – **b) Zurückweisung** des Abänderungsantrags. Ein unzulässiger Antrag wird durch Beschluss zurückgewiesen (Abs 6, § 646 Abs 2 S 1). Er ist unanfechtbar nach Maßgabe von § 646 Abs 2 S 3. Gegen den Beschluss des Rechtspflegers findet sofortige Erinnerung statt (§ 11 Abs 2 RPflG). § 646 Rn 6 gilt entsprechend. Abänderungsklagen (§§ 654, 659 oder § 323) bleiben offen.

7. Verfahrensvorschriften (Abs 6). Es gelten grundsätzlich die allgemeinen Vorschriften. Zuständig ist der Rechtspfleger (§ 20 Nr. 10b RPflG). Kein Anwaltszwang (§ 13 RPflG; § 78 Abs 2 S 1 Nr 2). Als Sonderregeln sind anwendbar: **a) Ausschluss von Einwendungen** (§ 323 Abs 2). Die verspätete Geltendmachung der Einwendungen, die schon in früheren Unterhaltsverfahren hätten vorgebracht werden können, führt zur Zurückweisung als unzulässig (vgl Rn 11). – **b) Antrags-**

inhalt (§ 646 Abs 1 Nr 1–5, 7): wie § 646 Rn 2. – **c) Zurückwei-**
14 **sung** des Antrags (§ 646 Abs 2): wie § 646 Rn 3–6. – **d) Verbindung**
mit anhängigen Verfahren anderer Kinder (§ 646 Abs 3): wie § 646
Rn 7. Diese Verfahren können auf Festsetzung (§ 647) oder Abände-
15 rung (§ 655) gerichtet sein. – **e) Verfahren** bei zulässigen Anträgen
(§ 647): wie die Anm zu § 647. – **f) Zeitliche Berücksichtigung** der
16 Einwendungen (§ 648 Abs 3): wie § 648 Rn 13. – **g) Festsetzungs-**
beschluss (§ 649): wie die Anm zu § 649. Wird dem Abänderungsantrag ganz oder teilweise stattgegeben, so ist für den Beschlussinhalt der
abzuändernde Titel maßgeblich. War in diesem ein bezifferter Unterhalt
unter Anrechnung des Kindesgeldes zuerkannt worden, so ist auch im
Änderungsbeschluss ein entsprechender Titel zu schaffen, der sich vom
Ursprungstitel nur durch die Anrechnung eines anderen Kindergeld-
betrags unterscheidet (ZöPhilippi 20). Stand dem Kind nach dem Ursprungstitel ein Prozentsatz der Regelbeträge nach der Regelbetrag-VO
als Unterhalt zu, auf den ein bestimmter Kindergeldbetrag angerechnet
wurde, so ist nur dieser neue Betrag im neuen Teil zu ändern (ZöPhilippi 20). Ein bezifferter Unterhaltstitel darf im Verfahren nach § 655
nicht in einen solchen auf einen Prozentsatz der Regelbeträge umgewandelt werden. Der neue Titel ist nunmehr alleiniger Vollstreckungstitel iSv § 794 Abs 1 Nr 2 a ist (§ 794 Rn 43; MüKoCoester-Waltjen
14; MuLackmann § 794 Rn 43; BLAH 10; ZöPhilippi 20).

17 **8. Kosten.** Abänderung: KV 1801; § 44 BRAGO; sofortige Beschwerde: KV 1906, §§ 61 Abs 1 S 1, 31 ff BRAGO.

§ 656 Klage gegen Abänderungsbeschluss

(1) **Führt die Abänderung des Schuldtitels nach § 655 zu einem**
Unterhaltsbetrag, der wesentlich von dem Betrag abweicht, der
der Entwicklung der besonderen Verhältnisse der Parteien Rech-
nung trägt, so kann jede Partei im Wege der Klage eine entspre-
chende Abänderung des ergangenen Beschlusses verlangen.

(2) [1] **Die Klage ist nur zulässig, wenn sie innerhalb eines Monats**
nach Zustellung des Beschlusses erhoben wird. [2] **§ 654 Abs. 2**
Satz 2 und Abs. 3 gilt entsprechend.

(3) **Die Kosten des vereinfachten Verfahrens werden als Teil der**
Kosten des Rechtsstreits über die Abänderungsklage behandelt.

1   **Zweck:** Wegen Beschränkung der Einwendungen im vereinfachten
Verfahren (§ 658 Rn 7, 8) wird eine rückwirkende Abänderung des
Festsetzungsbeschlusses (§ 658 Rn 16) ermöglicht, um die Festsetzung
2 den individuellen Gegebenheiten anzupassen. **Allgemeine Abände-**
rungsklagen (§ 323) bleiben für die Zukunft zulässig, soweit sie nicht
auf Gründe gestützt werden, die nach § 656 geltend gemacht werden
können (umstr; aA Graba NJW 01, 249/257). § 656 ist auch hinsichtlich
der (erleichterten) Voraussetzungen Sondervorschrift gegenüber § 323.
3 **Verhältnis zu Rechtsmitteln.** Die Klage ist unabhängig von der sofor-

tigen Beschwerde (§ 655 Abs 5) und kann daneben erhoben werden. **Voraussetzungen** der Anpassungsklage sind: **(1)** Ergangener Abände- 4 rungsbeschluss nach § 655; er muss nicht rechtskräftig sein. **(2)** Wesentliche Abweichung des (pauschal) festgesetzten Betrags gegenüber dem Betrag, den die individuellen Verhältnisse der Parteien seit der ursprünglichen oder letzten Festsetzung im Vergleich zu den allgemeinen wirtschaftlichen Verhältnissen ergeben würden (Graba NJW 01, 249/257); dies gilt insbes für den Einwand, durch die neue Kindergeldverrechnung nach § 1612 b Abs 5 BGB nicht mehr leistungsfähig zu sein (FA-FamG/ Gerhardt Kap 6 Rn 147 c). Wesentlich: wie § 323 Rn 19–23 (van Els Rpfleger 99, 296/303). **Zulässigkeit** der Klage. Die Klagefrist des 5 Abs 2 ist besondere Prozessvoraussetzung (32 vor § 253) und Ausschlussfrist. Berechnung: § 222. Entsprechende Anwendung von § 654 Abs 2 S 2: wie § 654 Rn 4. **Verbindung** (Abs 2 S 2) mit anderer Abände- 6 rungs- oder Anpassungsklage: § 654 Abs 3; wie dort Rn 5. **Rückwir-** 7 **kung** der Anpassung ist unbeschränkt, weil § 654 Abs 2 S 1 nicht entspr gilt (Abs 2 S 2). Zu beachten sind aber §§ 655 Abs 6, 323 Abs 2, so dass Fehler in einem rechtskräftigen Festsetzungsbeschluss auch nicht mit der Klage nach § 656 behebbar sind (Graba NJW 01, 249/257). **Kosten** (Abs 3): wie § 651 Abs 5 (dort Rn 10). KV 1201; §§ 31 ff BRAGO. Streitwert: § 17 Abs 1 und 4 GKG.

§ 657 Besondere Verfahrensvorschriften

[1] In vereinfachten Verfahren können die Anträge und Erklärungen vor dem Urkundsbeamten der Geschäftsstelle abgegeben werden. [2] Soweit Vordrucke eingeführt sind, werden diese ausgefüllt; der Urkundsbeamte vermerkt unter Angabe des Gerichts und des Datums, daß er den Antrag oder die Erklärung aufgenommen hat.

Grundsatz: Alle Anträge und Erklärungen können wirksam durch 1 Schriftsatz (wie § 129) und zu Protokoll der Geschäftsstelle (S 1) abgegeben werden. Das gilt auch im Beschwerdeverfahren. **Anzuwenden** ist § 657 auf alle Anträge und Erklärungen, die im vereinfachten Verfahren abgegeben werden und auf den Antrag des § 651 Abs 1. Nicht anwendbar ist § 657 auf die Abänderungklagen (§§ 654, 656) und das streitige Verfahren (§ 651 Abs 2). **Mündliche Erklärung** vor dem Urkunds- 2 beamten des zuständigen Gerichts oder zu Protokoll vor jedem AG (§ 129 a) ist möglich durch Ausfüllen der eingeführten Vordrucke (bisher nur für das vereinfachte Verfahren nach § 645, nicht aber für die Abänderung nach § 655), als Muß-Vorschrift, wenn die Vordrucke gem § 659 eingeführt sind. Soweit für einzelne Anträge oder Erklärungen Vordrucke nicht eingeführt sind, nimmt der Urkundsbeamte sie zu Protokoll. **Vermerk** mit Unterschrift des Urkundsbeamten (S 2 Hs 2) 3 ersetzt das Protokoll und beweist, dass die Erklärung vor ihm abgegeben wurde (§ 415). **Eingang** bei Gericht (und damit Wirksamwerden) 4

erfolgt im Fall des § 129 erst mit Einlauf des Protokolls beim zuständigen
Gericht (§ 129 a Abs 2 S 2).

§ 658 Sonderregelungen für maschinelle Bearbeitung

(1) [1]**In vereinfachten Verfahren ist eine maschinelle Bearbeitung zulässig.** [2]**§ 690 Abs. 3 gilt entsprechend.**

(2) **Bei maschineller Bearbeitung werden Beschlüsse, Verfügungen und Ausfertigungen mit dem Gerichtssiegel versehen; einer Unterschrift bedarf es nicht.**

1   **Zulässigkeit** (Abs 1 S 1): Die Vorschrift entspricht dem § 689 Abs 1
S 2. Die Einführung steht den Landesjustizverwaltungen frei. Ist eingeführt, steht dies im Einzelfall einer außermaschinellen Entscheidung des
2 Rechtpflegers nicht entgegen. **Anträge** (Abs 1 S 2) können durch Da-
3 tenträger übermittelt werden (§ 690 Abs 3; vgl dort Rn 21). **Unter-
schriftenersatz** (Abs 2): Alle für Entscheidungen und ihre Ausfertigungen erforderlichen Unterschriften (§ 329 Rn 11, § 317 Abs 3) werden
durch das (auch schon vorher) aufgedruckte Gerichtssiegel ersetzt.

§ 659 Vordrucke

(1) [1]**Das Bundesministerium der Justiz wird ermächtigt, zur
Vereinfachung und Vereinheitlichung der Verfahren durch
Rechtsverordnung mit Zustimmung des Bundesrates Vordrucke
für die vereinfachten Verfahren einzuführen.** [2]**Für Gerichte, die
die Verfahren maschinell bearbeiten, und für Gerichte, die die
Verfahren nicht maschinell bearbeiten, können unterschiedliche
Vordrucke eingeführt werden.**

(2) **Soweit nach Absatz 1 Vordrucke für Anträge und Erklärungen der Parteien eingeführt sind, müssen sich die Parteien ihrer
bedienen.**

1   **Einführung** (Abs 1): Seit 24. 6. 98 durch Art 1 der VO vom 19. 6.
98 (BGBl 1364, geänd d VO v 19. 12. 01, BGBl I S 3842) Anl 1
(Antrag auf Festsetzung, §§ 645, 646) und Anl 2 (Erhebung von Einwendungen, § 648). Die Vordrucke sollen wegen ihrer Unpraktikabilität
geändert und an § 646 angepasst werden. Letzteres ist durch die
2 1. ÄndVO v 19. 12. 01 geschehen. **Benutzungszwang** (Abs 2). Ein
ohne Vordruck eingereichter Antrag muss auf Vordruck wiederholt
werden; jedoch bleibt für die Fristwahrung der erste Einlauf maßgebend.
Wird der Vordruck nach fruchtlosem Fristablauf nicht benutzt, ist der
Antrag als unzulässig zurückzuweisen; eine abgegebene Erklärung bleibt
unbeachtet. Dies gilt auch im Beschwerdeverfahren nach § 652 Abs 2
(Karlsruhe FamRZ 01, 107).

§ 660 Bestimmung des Amtsgerichts

(1) [1]**Die Landesregierungen werden ermächtigt, die vereinfachten Verfahren über den Unterhalt Minderjähriger durch**

Rechtsverordnung einem Amtsgericht für die Bezirke mehrerer Amtsgerichte zuzuweisen, wenn dies ihrer schnelleren und rationelleren Erledigung dient. [2] Die Landesregierungen können die Ermächtigung durch Rechtsverordnung auf die Landesjustizverwaltungen übertragen.

(2) Bei dem Amtsgericht, das zuständig wäre, wenn die Landesregierung oder die Landesjustizverwaltung das Verfahren nach Absatz 1 nicht einem anderen Amtsgericht zugewiesen hätte, kann das Kind Anträge und Erklärungen mit der gleichen Wirkung einreichen oder anbringen wie bei dem anderen Amtsgericht.

Ermächtigung (Abs 1): Das AG, welches die Landesregierung oder die Landesjustizverwaltung bestimmt, ist auch das für die anderen Amtsgerichtsbezirke zuständige Gericht iS des § 642. **Empfangszuständigkeit** (Abs 2) des eigentlich gemäß § 642 zuständigen AG für alle Anträge und Erklärungen mit fristwahrender Wirkung besteht nur für das Kind, nicht für die anderen Parteien des Verfahrens. **Streitiges Verfahren:** Die Zuständigkeit des Abs 1 gilt nur für das vereinfachte Verfahren, so dass im Falle des § 651 Abs 1 an das örtlich ausschließlich zuständige AG (§ 642) gem § 281 Abs 1 S 1 zu verweisen ist (§ 651 Abs 2 S 1). 1 2 3

Abschnitt 7. Verfahren in Lebenspartnerschaftssachen

§ 661 Lebenspartnerschaftssachen

(1) Lebenspartnerschaftssachen sind Verfahren, welche zum Gegenstand haben
1. die Aufhebung der Lebenspartnerschaft aufgrund des Lebenspartnerschaftsgesetzes,
2. die Feststellung des Bestehens oder Nichtbestehens einer Lebenspartnerschaft,
3. die Verpflichtung zur Fürsorge und Unterstützung in der partnerschaftlichen Lebensgemeinschaft,
4. die durch die Lebenspartnerschaft begründete gesetzliche Unterhaltspflicht,
5. die Regelung der Rechtsverhältnisse an der gemeinsamen Wohnung und am Hausrat der Lebenspartner,
6. Ansprüche aus dem lebenspartnerschaftlichen Güterrecht, auch wenn Dritte an dem Verfahren beteiligt sind,
7. Entscheidungen nach § 6 Abs. 2 Satz 4 des Lebenspartnerschaftsgesetzes in Verbindung mit §§ 1382 und 1383 des Bürgerlichen Gesetzbuchs.

(2) In Lebenspartnerschaftssachen finden die für Verfahren auf Scheidung, auf Feststellung des Bestehens oder Nichtbestehens einer Ehe zwischen den Parteien oder auf Herstellung des ehe-

lichen Lebens und für Verfahren in anderen Familiensachen nach § 621 Abs. 1 Nr. 5, 7, 8 und 9 geltenden Vorschriften jeweils entsprechende Anwendung.

(3) § 606 a gilt mit den folgenden Maßgaben entsprechend:

1. Die deutschen Gerichte sind auch dann zuständig, wenn
   a) einer der Lebenspartner seinen gewöhnlichen Aufenthalt im Inland hat, die Voraussetzungen des Absatzes 1 Satz 1 Nr. 4 jedoch nicht erfüllt sind, oder
   b) die Lebenspartnerschaft vor einem deutschen Standesbeamten begründet worden ist.
2. Absatz 2 Satz 1 findet keine Anwendung.
3. In Absatz 2 Satz 2 tritt an die Stelle der Staaten, denen die Ehegatten angehören, der Register führende Staat.

1   **1. Allgemeines.** Die Vorschrift wurde mit dem LPartG vom 16. 2. 01 (BGBl I S 266) eingeführt und trat am 1. 8. 01 in Kraft. Die Lebenspartnerschaftssachen werden damit den Familiensachen gleichgestellt. Durch Abs 2 wird sichergestellt, dass die verfahrensrechtlichen Vorschriften der §§ 606 ff, 621 ff weitgehend Anwendung finden (Schwab FamRZ 01, 385/391; wesentliche Ausnahme: Herstellungsklage, Schwab aaO).

2   **2. Lebenspartnerschaftssachen** (Abs 1) sind nur die in Abs 1 legal definierten Angelegenheiten, wozu aber auch ausländische Lebenspartnerschaften gehören, selbst wenn sie nicht vollständig den deutschen Vorschriften entsprechen (Wagner Prax 01, 281/292). Andere Formen 3 der Partnerschaften werden aber nicht erfasst (Wagner aaO). **a) Nr 1. Aufhebung** gem § 15 LPartG. Es handelt sich um einen Gestaltungs-4 antrag gem Abs 2 iVm § 622. – **b) Nr 2. Feststellung** des Bestehens oder Nichtbestehens einer Lebenspartnerschaft. Es ist eine Feststellungsklage (§ 256), so dass ein Feststellungsinteresse notwendig ist. Das Verfahren 5 richtet sich gem Abs 2 nach § 632. – **c) Nr 3. Verpflichtung zur Fürsorge und Unterstützung** gem § 2 LPartG. Entspricht dem Regelungsbereich des § 1353 Abs 1 S 2 BGB, so dass ein klagbarer Anspruch des einen Lebenspartners gegen den anderen zur wechselseitigen Unterstützung und Hilfeleistung in allen Lebenslagen besteht. – 6 **d) Nr 4. Gesetzliche Unterhaltspflicht** gem § 5 LPartG. Entspricht 7 § 621 Abs 1 Nr 5 (dort Rn 28). – **e) Nr 5. Wohnung und Hausrat** gem §§ 13, 14, 17, 18, 19 LPartG. Entspricht § 621 Abs 1 Nr 7 (dort 8 Rn 31 ff). – **f) Nr 6. Güterrecht,** also Streitigkeiten aus der Ausgleichsgemeinschaft (§ 6 Abs 2 LPartG), des vereinbarten Lebenspartnerschaftsvertrags (§ 7 LPartG) oder der Vermögenstrennung (§ 6 Abs 3 LPartG). 9 Drittbeteiligung wie § 621 Rn 34. – **g) Nr 7. Entscheidungen nach § 6 Abs 2 S 4 LPartG.** Entspricht § 621 Nr 9 (dort Rn 36).

10   **3. Zuständigkeit** (Abs 2, 3). **a) Sachlich.** AG als FamG gem § 23 a Nr 6, § 23 b Abs 1 S 2 Nr 15 GVG, § 11 Abs 1 HausratsVO, § 64 11 Abs 1 FGG. – **b) Örtlich. aa) Abs 1 Nr 1 und 2.** § 606 gilt entspre-

chend. – **bb) Abs 1 Nr 3–7.** Diese hängt davon ab, ob ein Antrag nach **12** Abs 1 Nr 1 oder 2 anhängig ist. Trifft dies zu, gilt § 621 Abs 2 S 1 iVm § 606; sonst bestimmt sie sich gem § 621 Abs 2 S 2 iVm § 621 a Abs 1 nach den allgemeinen Vorschriften. – **c) International** (Abs 3). **13** **aa) Abs 1 Nr 1 und 2.** Es gilt § 606 a (vgl dort Rn 2 ff) mit der sich aus Abs 3 ergebenden Besonderheit. Die EheVO ist nicht anwendbar, da diese eine Ehe von Mann und Frau voraussetzt (vor Art 1 EheVO Rn 5). – **bb) Abs 1 Nr 3.** Diese beurteilt sich vorrangig nach der EuGVVO. **14** Der Ausschlusstatbestand des Art 1 Abs 2 Nr 1 EuGVVO (eheliche Güterstände; vgl Art 1 EuGVVO Rn 5) greift nicht ein, weil keine Ehe vorliegt. – **cc) Abs 1 Nr 4.** Für Unterhaltssachen beurteilt sich die **15** internationale Zuständigkeit vorrangig nach der EuGVVO (vgl Art 5 EuGVVO Rn 7, 8), sofern deren Anwendungsbereich eröffnet ist. Sonst sind die allgemeinen Regeln anzuwenden, dh bei Anhängigkeit einer Sache nach Nr 1 ergibt sich die Zuständigkeit hieraus, im Übrigen folgt sie der örtlichen Zuständigkeit. – **dd) Abs 1 Nr 5–7.** Vorrangig gilt die **16** EuGVVO (vgl. Rn 14). Sofern diese nicht anwendbar ist, folgt die internationale Zuständigkeit aus der Zuständigkeit für die Angelegenheiten aus Abs 1 Nr 1 und 2, sofern sie mit diesen zusammen geltend gemacht werden. Werden Ansprüche isoliert geltend gemacht, so indiziert in diesen Fällen die örtliche Zuständigkeit die internationale Zuständigkeit deutscher Gerichte. – **d) Ausschließlich.** In den Fällen des **17** Abs 1 Nr 1 und 2 folgt dies aus Abs 2 iVm § 606. In den übrigen Fällen des Abs 1 aus § 621 Abs 1, 2.

4. Verfahren (Abs 2). **a) Abs 1 Nr 1 und 2.** Die §§ 606 ff, 622 ff, **18** 632 gelten entsprechend. – **b) Abs 1 Nr 3–7.** Die §§ 621 ff sind ent- **19** sprechend anzuwenden. Die Verfahren nach Abs 1 Nr 5 und 7 sind auf Grund der Verweisung auf § 621 Abs 1 Nr 7 und 9 FGG-Verfahren (§ 621 a Abs 1 S 1). Bei Nr 5 ist die HausratsVO anzuwenden, soweit sich aus den §§ 18, 19 LPartG nichts Abweichendes ergibt (hierzu Schwab FamRZ 01, 385/398). – **c) Verbund.** §§ 623 ff sind auf die **20** Verfahren nach Abs 1 Nr 4–7 entsprechend anzuwenden, wenn sie zugleich mit einem Aufhebungsantrag eingeleitet werden. – **d) Rechts-** **21** **mittel.** Es gelten die für die Ehe- und Familiensachen vorgesehenen Rechtsmittel entsprechend.

§§ 662– 687 (weggefallen)

Buch 7. Mahnverfahren

Vorbemerkung

I. Allgemeines. Das Mahnverfahren ist eine Prozessart, in der für **1** Geldforderungen voraussichtlich unstreitig und ohne Vhdlg dem Gläubiger ein rechtskräftiger, vollstreckbarer Titel verschafft werden kann. Das Mahnverfahren stellt einen einfachen und billigen Weg zum Vollstreckungstitel (Vollstreckungsbescheid, § 699) dar, indem es das langwierigere und teure Urteilsverfahren erspart. Wird der Anspruch jedoch vom Schuldner durch Widerspruch (§ 694) gegen den Mahnbescheid (§ 692) bestritten, so wird auf Antrag des Gläubigers, ohne dass noch eine Klage zugestellt werden müsste, in das Urteilsverfahren übergegangen (§§ 696, 697). Das Mahnverfahren stellt dann nur eine besondere Form der Prozesseinleitung dar. Die Parteien heißen Antragsteller und Antragsgegner. Zwischen Klage und Mahnverfahren hat der Gläubiger freie Wahl.

II. Anwendung der Allgemeinen Vorschriften (§§ 1–252). **2** Grundsätzlich sind sie anzuwenden; nur dann nicht, wenn Sonderregeln bestehen oder das Wesen des Mahnverfahrens entgegensteht. Wesentliche Einzelheiten sind:

1. Parteiänderung (11–31 vor § 50) mit Ausnahme der Gesamt- **3** rechtsnachfolge, für die Rn 6 gilt. Wechseln Antragsteller oder Antragsgegner nach Erlass des VB oder nach Übergang ins streitige Verfahren, gelten die Regeln der Parteiänderung uneingeschränkt, da Rechtshängigkeit eingetreten ist (§ 700 Abs 2); § 727 ist anwendbar. Diese Regeln gelten aber nicht, wenn die Parteiänderung vor Erlass des VB oder vor Übergang ins streitige Verfahren eingetreten ist (Celle NJW-RR 98, 206: vor Rechtshängigkeit). Auf den bereits erlassenen MB darf nicht VB erteilt werden. Es muss erst vom neuen Antragsteller oder gegen den neuen Antragsgegner ein MB erwirkt werden. Bei Einzelrechtsnachfolge ist die Anwendung des § 265 vor eingetretener Rechtshängigkeit umstritten (§ 265 Rn 11; vgl Bork/Jacoby JZ 00, 135). Bei Tod einer Partei vgl Rn 6–8.

2. Streitgenossenschaft. Es ergehen für und gegen jeden getrennte, **4** teilweise inhaltlich gleich lautende, voneinander unabhängige MB. Rechtsfolgen bei passiver Streitgenossenschaft: § 694 Rn 1; § 696 Rn 9. Bei aktiver Streitgenossenschaft und verschiedenem allgemeinen Gerichtsstand (§ 689) gilt § 35 (BGH NJW 78, 321), aber nur für das Mahnverfahren. § 36 Nr 3 ist anwendbar (§ 36 Rn 8).

3. Antrags- und Anspruchsänderung. Die §§ 263, 264 gelten **5** nicht. Insbes § 264 Nr 2 ist nicht anwendbar, so dass für einen neuen Anspruch oder einen bisher nicht geltend gemachten Anspruchsteil ein neuer MB beantragt werden muss. Klageänderung, insbes eine Klageerweiterung (§ 264 Nr 2) ist erst mit der Anspruchsbegründung (§ 697 Abs 1) wirksam möglich und kann gem § 696 Abs 3 zurückwirken (BGH Rpfleger 88, 194 mit Anm von Vollkommer). Zulässig ist bei einer in inländischer Währung geltend gemachten Fremdwährungsschuld (vgl § 688 Rn 1) die Umstellung des Antrags auf die Fremdwährung (K. Schmidt NJW 89, 65).

6   **4. Tod einer Partei.** Es ist zu unterscheiden: **a) Vor Zustellung** des MB: Grundsätzlich ist er ohne neuen Mahnantrag auf die Erben zu berichtigen und (ggf erneut) an diese oder für diese zuzustellen. Der gegen eine tote Partei erlassene MB kann nie wirksam werden. –

7   **b) Nach Zustellung** des MB bis Widerspruch erhoben oder VB erlassen wird: Es gelten §§ 239, 246, 250 entspr. Aufnahme geschieht auf Seiten des Antragsgegners durch seine Erben ausdrücklich oder stillschweigend mit Widerspruch (§ 694); auf Seiten des Antragstellers durch die Erben mit der Aufforderung zu leisten oder zu widersprechen. Wird die Erbfolge bestritten, ist durch Widerspruch in das streitige Verfahren

8   überzugehen (§ 696 Abs 1). – **c) Nach Widerspruch oder Vollstreckungsbescheid** gelten die §§ 239, 246, 250 direkt (BGH NJW 74, 493).

9   **5. Insolvenz einer Partei. a) Vor Zustellung** des MB ist § 240 unanwendbar. Bei Insolvenz des Antragstellers: Zugestellter MB wirkt für die Insolvenzmasse. Bei Insolvenz des Antragsgegners: Zustellung des MB auf Grund eines vor Eröffnung des Insolvenzverfahrens eingereichten Mahnantrags ist wegen §§ 81, 87 InsO unwirksam. Für § 693 Abs 2 wird die Zustellung dadurch ersetzt, dass nach § 174 InsO angemeldet

10   wird. – **b) Bis zum Widerspruch oder Vollstreckungsbescheid** gilt § 240 entspr. Insolvenz des Antragstellers: § 85 InsO. Insolvenz des Antragsgegners: neuer Rechtsstreit einzuleiten (§ 180 InsO). Der Vorteil

11   des § 693 Abs 2 bleibt erhalten. – **c) Nach Widerspruch oder Vollstreckungsbescheid** gilt § 240 unmittelbar.

12   **6. Prozesskostenhilfe.** Die §§ 114–127a sind grundsätzlich anwendbar (hM; München MDR 97, 890), obwohl im Mahnantrag der Anspruch nur individualisiert werden muss (§ 690 Rn 9). Es entscheidet der Rechtspfleger (§§ 4 Abs 1, 20 Nr 1 RPflG). Die PKH kann auf das Mahnverfahren beschränkt werden (hM; Oldenburg NJW-RR 99, 579). Beiordnung eines RA kommt nur in seltenen Ausnahmefällen in Betracht (hM; Nürnberg Rpfleger 98, 37; Wielgoß NJW 91, 2072). Für das Streitverfahren muss die PKH neu bewilligt werden (hM; Wielgoß aaO mwN).

§ 688 Zulässigkeit

(1) **Wegen eines Anspruchs, der die Zahlung einer bestimmten Geldsumme in Euro zum Gegenstand hat, ist auf Antrag des Antragstellers ein Mahnbescheid zu erlassen.**

(2) Das Mahnverfahren findet nicht statt:

1. für Ansprüche eines Unternehmers aus einem Vertrag gemäß den §§ 491 bis 504 des Bürgerlichen Gesetzbuchs, wenn der nach den §§ 492, 502 des Bürgerlichen Gesetzbuchs anzugebende effektive oder anfängliche effektive Jahreszins den bei Vertragsschluss geltenden Basiszinssatz um mehr als zwölf Prozentpunkte übersteigt;
2. wenn die Geltendmachung des Anspruchs von einer noch nicht erbrachten Gegenleistung abhängig ist;
3. wenn die Zustellung des Mahnbescheids durch öffentliche Bekanntmachung erfolgen müßte.

(3) Müßte der Mahnbescheid im Ausland zugestellt werden, findet das Mahnverfahren nur statt, soweit das Anerkennungs- und Vollstreckungsausführungsgesetz vom 19. Februar 2001 (BGBl. I S. 288) dies vorsieht.

Abs 2 Nr 1 geänd durch Art 5 Abs 3 Nr 4 SchuldRModG.

1. Grundsatz (Abs 1). Es müssen die allgemeinen Prozessvoraussetzungen vorliegen (vgl § 691 Rn 3; ZöVollkommer 1). Das Mahnverfahren ist nur für Euro-Beträge in bestimmter Höhe uneingeschränkt zulässig, wenn die Zustellung des MB an den Antragsgegner im Inland zu erfolgen hat (vgl Abs 3). Es muss ein Zahlungsanspruch sein. Lautet er auf ausländische Währung, so kann er in inländische Währung umgerechnet werden (BGH 104, 268). Das gilt für alle im Inland zu zahlenden Fremdwährungsschulden (K. Schmidt NJW 89, 65). Duldungsansprüche aus Grundpfandrechten gehören nicht dazu (Bublitz WM 77, 574). Anspruch iS des Abs 1 ist der prozessuale Anspruch (Streitgegenstand, Einl II). Er muss fällig und darf nicht aufschiebend bedingt sein (§ 158 Abs 1 BGB). Die Zulässigkeit gem Abs 1 und Nichtvorliegen einer Ausnahme des Abs 2 stellt eine besondere Prozessvoraussetzung des Mahnverfahrens dar. 1

2. Unzulässigkeit (Abs 2) des Mahnverfahrens, obwohl die Voraussetzungen des Abs 1 vorliegen. – **a) Nr 1. Hochverzinsliche Verbraucherkredite.** Hins Altverträge nach dem VerbKrG ist § 28 EG ZPO zu beachten. **aa) Zinsgrenze.** Maßgebend ist die Zeit des Vertragsabschlusses (nach § 151 BGB zu beurteilen) und der im schriftlichen Vertrag anzugebende effektive Jahreszins (§ 492 Abs 1 Nr 5 BGB). **bb) Ansprüche:** alle, die dem Darlehensgeber aus einem den §§ 491 ff BGB unterliegenden Vertrag zustehen, für den § 492 Abs 1 S 3 BGB gilt. Das sind grundsätzlich alle allgemeinen Kreditverträge und Teilzahlungsgeschäfte mit Ausnahme der in § 491 Abs 2 BGB aufgeführten Verträge, des Finanzierungsleasings (§ 500 BGB), des gerichtlich oder notariell beurkundeten Kreditvertrags (§ 491 Abs 3 Nr 2 BGB) und der Verträge mit ausschließlichen Teilzahlungsverkäufern (§ 502 Abs 1 S 2 BGB). Überziehungskredite werden, wenn der (nicht effektive) Jahreszins (§ 493 BGB) über der Grenze liegt, von Abs 2 Nr 1 erfasst. – **b) Nr 2. Abhängigkeit von einer Gegenleistung.** Sie muss 4 2 3

sich auf den Anspruch (Rn 3) beziehen. Besteht oder bestand diese
Abhängigkeit (insbes bei Zug-um-Zug-Leistungspflicht), ist das Mahnverfahren nur dann zulässig, wenn der Antragsteller seine Gegenleistung
bereits erbracht hat. Auf Vorleistungspflicht wird nicht abgestellt. Die
notwendige Angabe im Mahnantrag (§ 690 Abs 1 Nr 4) wird als Forma-
5 lität von Amts wegen geprüft. – **c) Nr 3. Öffentliche Zustellung**
(§ 185 nF (= § 203 a aF)). Wäre sie notwendig, wegen unbekannten
Aufenthalts des Antragsgegners oder weil er exterritorial ist, um überhaupt zuzustellen, bleibt nur Klage. Es darf keine Abgabe analog § 696
an das gem § 690 Abs 1 Nr 5 angegebene Gericht erfolgen (Hamm
MDR 99, 1523 mwN; bestr).

6   **3. Zustellung im Ausland** (Abs 3). Praktischer Überblick: Einhaus
AnwBl 00, 557. Bei notwendiger Zustellung im Ausland ist das Mahnverfahren grundsätzlich unzulässig und darf nur durchgeführt werden,
wenn und soweit das AVAG es zulässt. Für die Zuständigkeit gilt § 703 d.
Statthaft ist das Mahnverfahren, wenn die Zustellung an den Antragsgegner im Vertragsstaat, für den das AVAG anwendbar ist, und das
Mahnverfahren (vgl § 32 AVAG) als zulässig vereinbart wurde. Das ist
insbes im Rahmen der EuGVVO der Fall. Die ausländische Währung
muss nicht eine der Vertragsstaaten oder die am Zustellungsort geltende
sein; sie kann zB auf US-Dollar lauten. Wegen § 32 Abs 3 AVAG beträgt
die Widerspruchsfrist 1 Monat; sie ist in den Hinweis gem § 184 nF
(= § 174 aF) aufzunehmen. Stellt sich nachträglich heraus, dass nicht
zugestellt werden kann, so ist Abgabe (wie Rn 5) zulässig (Busl IPRax
86, 270).

§ 689 Zuständigkeit; maschinelle Bearbeitung

(1) [1]**Das Mahnverfahren wird von den Amtsgerichten durchgeführt.** [2]**Eine maschinelle Bearbeitung ist zulässig.** [3]**Bei dieser
Bearbeitung sollen Eingänge spätestens an dem Arbeitstag erledigt sein, der dem Tag des Eingangs folgt.**

(2) [1]**Ausschließlich zuständig ist das Amtsgericht, bei dem der
Antragsteller seinen allgemeinen Gerichtsstand hat.** [2]**Hat der
Antragsteller im Inland keinen allgemeinen Gerichtsstand, so ist
das Amtsgericht Schöneberg in Berlin ausschließlich zuständig.**
[3]**Sätze 1 und 2 gelten auch, soweit in anderen Vorschriften eine
andere ausschließliche Zuständigkeit bestimmt ist.**

(3) [1]**Die Landesregierungen werden ermächtigt, durch Rechtsverordnung Mahnverfahren einem Amtsgericht für die Bezirke
mehrerer Amtsgerichte zuzuweisen, wenn dies ihrer schnelleren
und rationelleren Erledigung dient.** [2]**Die Zuweisung kann auf
Mahnverfahren beschränkt werden, die maschinell bearbeitet
werden.** [3]**Die Landesregierungen können die Ermächtigung
durch Rechtsverordnung auf die Landesjustizverwaltungen über-**

tragen. [4]**Mehrere Länder können die Zuständigkeit eines Amtsgerichts über die Landesgrenzen hinaus vereinbaren.**

1. Zuständigkeit. Sie ist ausschließlich (9 vor § 1) und geht jeder **1**
anderen ausschließlichen Zuständigkeit (zB §§ 24, 29 a) ausnahmslos vor
(Abs 2 S 3). **– a) Sachlich** (Abs 1 S 1): stets das AG. Im Bereich der **2**
Arbeitsgerichtsbarkeit ist das ArbG zuständig (§ 46 a ArbGG). Funktionell zuständig ist der Rechtspfleger (§ 20 Nr 1 RPflG). – **b) Örtlich** **3**
(Abs 2). Es ist zu unterscheiden: **aa) Allgemeines Mahngericht**
(Abs 2 S 1). Das ist grundsätzlich für alle Forderungen (Ausnahme Rn 5)
das AG oder ArbG für den allgemeinen Gerichtsstand des Antragstellers,
vor allem dessen Wohnsitz (§ 13) oder Sitz (§§ 17, 18), nicht aber die
Niederlassung, da § 21 kein allgemeiner Gerichtsstand ist (BGH NJW
98, 1322). **bb) Besonderes Mahngericht** (Abs 2 S 2). Ist der Antrag- **4**
steller ohne Wohnsitz, Sitz oder Aufenthaltsort im Inland oder hat er im
im Ausland, so ist das AG Schöneberg zuständig, auch wenn sich im
Inland eine Zweigniederlassung befindet (BGH NJW 91, 110). Ausnahmsweise ist das AG zuständig, in dessen Bezirk eine ausländische
Bank oder Versicherungsgesellschaft eine selbständige inländische Niederlassung betreibt (BGH NJW 79, 1785). Hat der Antragsgegner im
Inland keinen allgemeinen Gerichtsstand, gilt § 703 d. **cc) Wohnungs-** **5**
eigentumssachen. Es ist das AG für den Bezirk des belegenen Grundstücks ausschließlich zuständig (§ 46 a Abs 1 S 2 WEG). **dd) Mehrere** **6**
Antragsteller mit verschiedenem allgemeinen Gerichtsstand haben für
einen gemeinsamen MB die Wahl gem § 35 (4 vor § 688). **ee) Zentrale** **7**
Mahngerichte (Abs 3) sind auch über die Landesgrenzen hinaus zuge-
lassen (Abs 3 S 4). Von den Ermächtigungen des Abs 3 S 1 und 3 ist
mehrfach Gebrauch gemacht (vgl Schönfelder § 689 ZPO Fußnote 1).
Die gemäß Abs 3 erweiterte Zuständigkeit erfasst auch die des § 703 d
(BGH NJW 93, 2752) und die Klauselerteilung gemäß § 796 Abs 1
(BGH NJW 93, 3141).

2. Maschinelle Bearbeitung (Abs 1 S 2, 3) durch EDV-Anlagen **8**
(Mayer NJW 83, 92). Einführung und ihren Zeitpunkt bestimmen die
Länder (§ 703 c Abs 3). Sonderregelungen für Ausfertigungen, Verfahrensablaufplan und Vordrucke in § 703 b, § 703 c Abs 1, Abs 2 (VO
vom 6. 6. 78, BGBl I 705; geändert durch Art 8 Abs 5 Kostenrechts-
änderungsG 1994). Der Mahnantrag kann auch durch Datenträgerü-
bergabe gestellt werden (§ 690 Abs 3). Auch bei eingeführter maschineller Bearbeitung bleibt individuelle Entscheidung durch den Rechtspfleger frei, bei zweifelhaften Fällen angebracht. Aktenführung wird durch
die Datenspeicherung ersetzt, aus der ein Aktenausdruck abgerufen
werden kann.

§ 690 Mahnantrag

**(1) Der Antrag muß auf den Erlaß eines Mahnbescheids ge-
richtet sein und enthalten:**

1. die Bezeichnung der Parteien, ihrer gesetzlichen Vertreter und der Prozeßbevollmächtigten;
2. die Bezeichnung des Gerichts, bei dem der Antrag gestellt wird;
3. die Bezeichnung des Anspruchs unter bestimmter Angabe der verlangten Leistung; Haupt- und Nebenforderungen sind gesondert und einzeln zu bezeichnen, Ansprüche aus Verträgen gemäß den §§ 491 bis 504 des Bürgerlichen Gesetzbuchs, auch unter Angabe des Datums des Vertragsschlusses und des nach den §§ 492, 502 des Bürgerlichen Gesetzbuchs anzugebenden effektiven oder anfänglichen effektiven Jahreszinses;
4. die Erklärung, daß der Anspruch nicht von einer Gegenleistung abhängt oder daß die Gegenleistung erbracht ist;
5. die Bezeichnung des Gerichts, das für ein streitiges Verfahren zuständig ist.

(2) Der Antrag bedarf der handschriftlichen Unterzeichnung.

(3) Der Antrag kann in einer nur maschinell lesbaren Form übermittelt werden, wenn diese dem Gericht für seine maschinelle Bearbeitung geeignet erscheint; der handschriftlichen Unterzeichnung bedarf es nicht, wenn in anderer Weise gewährleistet ist, daß der Antrag nicht ohne den Willen des Antragstellers übermittelt wird.

Abs 1 Nr 3 geänd durch Art 5 Nr 5 SchuldRModG.

1   **1. Allgemeines:** Der Mahnantrag ist Prozesshandlung. Für ihn müssen daher die Prozesshandlungsvoraussetzungen vorliegen (Einl III Rn 10–16). Außer dem notwendigen Inhalt (Rn 7–15) ist zu beachten:
2   **a) Form** (Abs 2): eigenhändige Unterschrift des Antragstellers oder seines Vertreters bei der vorgeschriebenen Verwendung von Vordrucken (§ 703 c Abs 2). Ein Telefax genügt nicht (LG Hagen NJW 92, 2036). Entbehrlich ist die Unterschrift nur bei maschineller Bearbeitung gem Abs 3 Hs 2. Grundsätzlich gilt § 702. Für die Vollmacht geht die
3   Sonderregel des § 703 dem § 88 Abs 2 vor. – **b) Mehrheit** von Antragstellern oder -gegnern. Es ist für jeden ein gesonderter Antrag nötig, dabei ein einheitliches MB möglich (4 vor § 688). Nach Abgabe (§ 696 Abs 1, § 700 Abs 3) kann wegen §§ 59, 60 verbunden werden
4   (§ 147). – **c) Mängel** des Mahnantrags führen zur Zurückweisung (§ 691). Sie können nach Übergang im streitigen Verfahren heilen (§ 295). Behebung der Mängel, insbes durch Berichtigung der Parteibezeichnung, ist bis zur Zustellung des MB jederzeit zulässig (vgl auch
5   § 691 Rn 7). – **d) Mitteilung** des Mahnantrags an Antragsgegner unterbleibt (§ 702 Abs 2). Entweder ergeht MB (§ 692) oder der Antrag
6   wird zurückgewiesen (§ 691). – **e) Rücknahme** des Mahnantrags ist (entspr § 269) bis zur Rechtskraft des VB (§ 700 Abs 1) oder bis zum Antrag gem § 696 Abs 1 S 1 ohne Einwilligung des Antragsgegners möglich und grundsätzlich unwiderruflich (ZöVollkommer Rn 24).

Wirkung: Das Mahnverfahren endet, ein MB wird kraftlos, ebenso ein noch nicht rechtskräftiger VB (Fischer MDR 94, 124 mwN). – **f) Zah-** **6 a** **lungen** des Antragsgegners im Laufe des Mahnverfahrens wirken sich je nach dem Stand des Verfahrens unterschiedlich aus. Zur zweckmäßigen Behandlung: Fischer MDR 97, 706.

2. Notwendiger Inhalt (Abs 1). Fehlt etwas, ist nach § 691 zu ver- **7** fahren (vgl Rn 4). – **a) Nr 1. Parteien** wie § 313 Abs 1 Nr 1; Name und ausgeschriebener Vorname mit Postanschrift. Bei Kaufleuten genügt die Firma. Bei prozeßunfähigen Personen muss der gesetzliche Vertreter angegeben sein (§ 51 Rn 3–7). Fehlen Namen bei feststehender Identität der Parteien, steht dies der Wirksamkeit des MB nicht entgegen (BGH NJW 93, 2811 [2813] und NJW 97, 1584). – **b) Nr 2: Mahngericht.** **8** Es ist das gem § 689 Rn 3, 4, 7 örtlich zuständige AG zu bezeichnen. – **c) Nr 3: Anspruch. aa) Bezeichnung.** Die mit Mahnantrag geltend- **9** gemachten Ansprüche müssen so bezeichnet werden, dass sie von ande- ren Ansprüchen (Streitgegenständen, Einl II) nach Art, Grund und Umfang zu unterscheiden und abzugrenzen sind, um die über den VB (§ 700 Abs 1) mögliche materielle Rechtskraft (§ 322) eindeutig fest- stellen zu können (Überblick bei Salten MDR 98, 1144). Der Umfang der Angaben richtet sich nach den Umständen des Einzelfalls, jedenfalls muss der Antragsgegner erkennen können, welcher Anspruch gegen ihn geltend gemacht wird (BGH NJW 01, 305 und 00, 1420). Im Gegensatz zur Klageschrift (§ 253) muss der Anspruch nicht (zur Schlüssigkeits- prüfung) substantiiert, sondern nur individualisiert (unterscheidbar ge- macht) werden (BGH NJW 00, 1420; Vollkommer Fs für Lüke S 865; E. Schneider MDR 98, 1333). Das gilt insbes auch für Schadensersatz- ansprüche (BGH NJW 94, 323 und aaO). Dazu gehört neben dem Gegenstand und dem Datum von Vertrag oder Vorgang idR die Angabe des Rechtsgrunds in Form einer typischen Anspruchsbezeichnung (umstr), zB Restkaufpreis für VW-Golf, Vertrag vom 5. 2. 01 (oder Rechnung vom 5. 3. 01). Eine (überflüssige) rechtliche Einordnung bindet nicht (Vollkommer Fs für E. Schneider S 231/243). Kann im Formular nicht ausreichend bezeichnet werden, empfiehlt sich Klage. **bb) Leistung.** Sie muss bestimmt angegeben werden: der Geldbetrag, **10** die Währung sowie die Zinsen nach Höhe und Laufzeit mit Datum. **cc) Anspruchshäufung** ist möglich (wie bei § 260 Rn 2, 3). Hierbei **11** muss die Zusammensetzung des verlangten Gesamtbetrages aus für den Gegner unterscheidbaren Ansprüchen erkennbar sein (BGH NJW 01, 305). Immer getrennt und einzeln gemäß Rn 9 bezeichnet werden müssen Haupt- und Nebenforderungen (wegen Abs 1 Nr 3 Hs 2 1. Teil). Begriff: § 4 Rn 7, 8. Insbes sind dies Inkassokosten als Verzugs- schaden (Holch NJW 91, 3177/3181 mwN), Bearbeitung, Kontofüh- rung. Hierfür kann aber auf eine beigefügte oder dem Antragsgegner bereits vorliegende Aufstellung Bezug genommen werden. Der Rechts- pfleger prüft lediglich, ob die bezeichnete Nebenforderung geeignet ist, die aufzugebende Zahlung zu rechtfertigen. **dd) Ansprüche** gem **12**

§§ 491 bis 504 BGB (Abs 1 Nr 3 Hs 2 2. Teil). Hins Altverträgen, die
dem VerbrKrG unterliegen vgl § 28 EGZPO. Durch Nr 3 sind die
Ansprüche betroffen, für die § 688 Abs 2 gilt (vgl § 688 Rn 2, 3, 7, 8).
Bei diesen muss zusätzlich zur Bezeichnung (Rn 9) das Datum des
Kreditvertragsabschlusses und der (anfängliche) effektive Jahreszins
(§§ 492, 502 BGB) angegeben werden. Das ist notwendig, damit der
Rechtspfleger die Zulässigkeit des Mahnverfahrens gemäß § 688 Abs 2
Nr 1 prüfen kann, im Vordruck berücksichtigt durch Art 1 Nr 2 VO
vom 18. 7. 91 (BGBl I 1547). Bei Überziehungskredit (§ 493 BGB)
genügt die Angabe, dass für den Vertrag § 493 BGB gilt. Dem Rechtspfleger obliegt aber nicht die Prüfung, ob im Einzelfall die §§ 491–504
BGB anwendbar sind (Holch NJW 91, 3177/3180 mwN; bestr). Nur
bei auffallenden Anhaltspunkten besteht für den Rechtspfleger Anlass zu
einer eingeschränkten (negativen) Schlüssigkeitsprüfung (vgl Bülow
13 Rpfleger 96, 133). – **d) Nr 4. Gegenleistungspflicht.** Ist auf § 688
Abs 2 Nr 2 zugeschnitten (vgl § 688 Rn 4). Hier genügt die bloße,
einfache Behauptung. Es muss weder Art noch Umfang der Gegenleistung (zB Warenlieferung im Versandhandel) noch Datum dafür angegeben werden, wann die Gegenleistung erbracht (zB geliefert) wurde. –
14 **e) Nr 5. Zuständiges Gericht. aa) Sachlich:** das Prozessgericht des
ersten Rechtszugs (AG oder LG), in Wohnungseigentumssachen das AG
15 (§ 43 Abs 1 WEG). **bb) Örtlich:** das Gericht, welches der Antragsteller
für zuständig hält; nicht notwendig das im allgemeinen Gerichtsstand des
Antragsgegners. Sind mehrere Gerichte örtlich zuständig, wird mit der
Bezeichnung die Wahl (§ 35) ausgeübt (BGH NJW 93, 1273). Eine
ausschließliche Zuständigkeit (zB §§ 24, 29 a) ist zu beachten. Ein besonderer Gerichtsstand (zB § 32) kann schon im Mahnantrag gewählt
werden. In Wohnungseigentumssachen ist das gem § 43 Abs 1 WEG
zuständige FGG-Gericht zu bezeichnen (§ 46 a Abs 1 S 3 WEG).

16 **3. Sonstiger Inhalt** des Mahnantrags. – **a) Zusätzliche Anträge.**
Sie können nicht schon auf VB (§ 699 Abs 1 S 2), sondern nur gerichtet
17 sein auf: **aa) Durchführung des streitigen Verfahrens** (§ 696 Abs 1
S 1 und 2) vor dem Prozessgericht (AG oder LG) oder WEG-Gericht
(§ 43 Abs 1 WEG) für den Fall, dass Widerspruch (§ 694) erhoben
18 wird. **bb) Abgabe** des Rechtsstreit an ein anderes Gericht als das gemäß
Abs 1 Nr 5 bezeichnete, wie in § 696 Abs 1 S 1 letzter Hs vorgesehen,
während sonst (ohne übereinstimmenden Antrag) von Amts wegen ab-
19 gegeben wird. **cc) Kammer für Handelssachen.** Der Antrag (§ 96
GVG), im Vordruck (§ 703 c) vorgesehen, kann schon mit dem Mahn-
20 antrag, aber noch in der Anspruchsbegründung (§ 697) gestellt werden. –
b) Kostenberechnung als Grundlage für die gem § 692 Abs 1 Nr 3
eingeforderten Kosten. Der Kostenvorschuss für den MB richtet sich nach
§ 65 Abs 3 GKG (BGH Rpfleger 93, 499). Gerichtsgebühren: KV 1100.
RA-Gebühren: § 43 Abs 1 BRAGO.

21 **4. Antrag bei maschineller Bearbeitung** (Abs 3). Maschinell les-
bare Form betrifft Datenträger. Er muss dem Gericht nicht übergeben,

sondern kann beliebig übermittelt werden. Die Zulassung steht im Ermessen des zuständigen Gericht. Die Unterschrift (Abs 2) ist entbehrlich, wenn der Wille des Antragstellers, gemäß Abs 1 zu verfahren, durch Absprache und technische Einrichtung gewährleistet ist, dh Missbrauch ausgeschlossen (Holch NJW 91, 3177); zB indem schriftlich oder durch Telefax Mahnanträge angekündigt werden (Hansens Rpfleger 91, 133).

§ 691 Zurückweisung des Mahnantrags

(1) ¹Der Antrag wird zurückgewiesen:
1. wenn er den Vorschriften der §§ 688, 689, 690, 703 c Abs. 2 nicht entspricht;
2. wenn der Mahnbescheid nur wegen eines Teiles des Anspruchs nicht erlassen werden kann. ²Vor der Zurückweisung ist der Antragsteller zu hören.

(2) Sollte durch die Zustellung des Mahnbescheids eine Frist gewahrt oder die Verjährung unterbrochen werden, so tritt die Wirkung mit der Einreichung oder Anbringung des Antrags auf Erlaß des Mahnbescheids ein, wenn innerhalb eines Monats seit der Zustellung der Zurückweisung des Antrags Klage eingereicht und diese demnächst zugestellt wird.

(3) ¹Gegen die Zurückweisung findet die sofortige Beschwerde statt, wenn der Antrag in einer nur maschinell lesbaren Form übermittelt und mit der Begründung zurückgewiesen worden ist, daß diese Form dem Gericht für seine maschinelle Bearbeitung nicht geeignet erscheine. ²Im übrigen sind die Entscheidungen nach Absatz 1 unanfechtbar.

1. Allgemeines. Ein Mahnantrag kann nur insgesamt zulässig oder **1** unzulässig sein. Nur das und grundsätzlich nicht den Bestand des Anspruchs muss das Gericht prüfen. – **a) Zulässigkeit des Mahnantrags 2** (Abs 1 S 1 Nr 1). Der Mahnantrag ist von Amts wegen zu prüfen auf: **aa) Zulässigkeitsvoraussetzungen** des Mahnverfahrens. Diese enthalten die in Abs 1 aufgeführten Vorschriften: §§ 688, 689; die Zulassung des Mahnantrags (§ 690; umfasst seine Wirksamkeit als Prozesshandlung) und Benutzung eingeführter Vordrucke (§ 703 c Abs 2). **bb) Prozess- 3 voraussetzungen.** Es werden außer der deutschen Gerichtsbarkeit und der Zuständigkeit (§ 689; BGH Rpfleger 89, 516) lediglich die des § 56 geprüft, also Partei- und Prozessfähigkeit, gesetzliche Vertretung und Prozessführungsbefugnis, aber nur dann, wenn konkreter Anlass besteht. Für die Prüfung anderer Prozessvoraussetzungen fehlt es an geeigneten Grundlagen. Keinesfalls dürfen Angaben zur Darlegung des Rechtsschutzbedürfnisses verlangt werden (BGH NJW 81, 875). **cc) Art des 4 Anspruchs.** Diese ist nur im Rahmen des § 690 Abs 1 Nr 3 zu prüfen. Grundsätzlich dient dies lediglich der Feststellung, ob das Mahnverfahren gemäß § 688 für diesen Anspruch zulässig ist. Darüberhinaus muss er geeignet sein, die Zahlung des Geldbetrags zu rechtfertigen (hM; Zö-

Vollkommer 1). Ungeeignet sind insbes Naturalobligationen und rechtlich unmögliche Ansprüche. Die Erstattbarkeit von Inkassokosten (aus
§ 286 BGB; hM) darf nicht von vornherein verneint werden (Jenisch
5 Büro 89, 721 mwN; Wedel Büro 94, 325; bestr). – **b) Teilweise
Unzulässigkeit** (Abs 1 S 1 Nr 2) führt zur Zurückweisung des gesamten
Mahnantrags. Anspruchsteil ist ein der Höhe nach geringerer. Kein
Anspruchsteil ist einer von mehreren gem § 260 gehäuften Ansprüchen
(§ 690 Rn 11) oder eine Nebenforderung, insbes Zinsen, so dass in
diesen Fällen teilweise zurückgewiesen wird.

6 **2. Zurückweisung des Mahnantrags** (Abs 1) erfolgt durch zu begründenden Beschluss des Rechtspflegers, wenn das Mahnverfahren unzulässig ist (Rn 2–4). Die Kosten sind dem Antragsteller aufzuerlegen
(§ 91). Bei behebbaren Mängeln ist Zwischenverfügung des Rechtspfle-
7 gers möglich (BGH NJW 99, 3717). – **a) Vorherige Anhörung** ist
durch Abs 1 S 2 vorgeschrieben. Damit soll Gelegenheit gegeben werden, Mängel zu beheben, den Mahnantrag zu beschränken (bei Rn 5)
oder zurückzunehmen (§ 690 Rn 6). Wie das Gehör gewährt wird, steht
8 im Ermessen des Rechtspflegers. – **b) Wirkung.** Sie geht über die
Verweigerung des MB nicht hinaus. Eine Art materieller Rechtskraft
(§ 322) kann der Beschluss nur insoweit bewirken, als über die Zulässigkeit des Mahnantrags entschieden ist. Dieser kann, wenn ein behebbarer
9 Mangel vorliegt, in zulässiger Weise neu gestellt werden. – **c) Bekanntmachung** nur an den Antragsteller. Formlose Mitteilung genügt wegen
§ 329 Abs 2 S 2 infolge des Abs 2 nicht mehr, weil die Zustellung des
Beschlusses eine Frist in Lauf setzt (Abs 2). Zustellung gemäß § 329
Abs 3 auch, wenn aus anderen Gründen zurückgewiesen wird (Rn 11).

10 **3. Anfechtbarkeit** (Abs 3). Sie ist eingeschränkt, weil dem Antragsteller der Klageweg freisteht. – **a) Massenmahnantrag** (S 1). Wird er
wegen ungeeigneter maschineller Form zurückgewiesen, findet sofortige
Beschwerde gegen die Entscheidung des Rechtspflegers statt (§ 567
Abs 1 Nr 1, § 11 Abs 1 RPflG). Sie führt nicht zum Erfolg, wenn das
Gericht den Mahnantrag korrigieren müsste (LG Stuttgart NJW-RR 94,
11 1280). – **b) Andere Fälle** der Zurückweisung (S 2). Es findet sofortige
Erinnerung statt (§ 11 Abs 2 RPflG). Erst der Beschluss des Richters ist
unanfechtbar.

12 **4. Fristwahrung und Verjährungsunterbrechung** (Abs 2). Die
Regelung erweitert inhaltlich den § 270 Abs 3. – **a) Zweck.** Dadurch
soll vermieden werden, dass dem Antragsteller durch die Wahl des
Mahnverfahrens (statt Klage) Nachteile entstehen, wenn sich die Unzulässigkeit des Mahnverfahrens herausstellt und der Mahnantrag gem
Abs 1 zurückgewiesen wird. Der Unterschied zu § 693 Abs 2 liegt darin, dass dort der MB nicht zurückgewiesen, sondern erlassen wurde. –
13 **b) Voraussetzungen. (1)** Wille zur Fristwahrung oder Verjährungsunterbrechung: wie § 270 Rn 5. **(2)** Bei Gericht eingereichter oder
(auch maschinell) angebrachter und gem Abs 1 zurückgewiesener
Mahnantrag (§ 690), der den Anspruch gemäß § 690 Abs 1 Nr 3 aus-

reichend bezeichnet hat (spätere Individualisierung reicht nicht, BGH NJW 01, 305 m krit Anm Maniak MDR 01, 347), ggf auch eine gewillkürte Prozessstandschaft (31 vor § 51; Jena MDR 98, 1468 mwN). Gegen überzogene Anforderungen der Praxis: Vollkommer Fs für Lüke S 865. **(3)** Klageeinreichung (§ 253 Rn 1) innerhalb eines Monats (§ 222 Rn 7) ab Zustellung des zurückweisenden Beschlusses (vgl Rn 9). Ein zweiter Mahnantrag genügt nicht. **(4)** Klagezustellung (§ 253 Abs 1) für den selben (bezeichneten) Anspruch (vgl § 690 Abs 1 Nr 3); demnächst (wie § 270 Rn 9). – **c) Wirkung.** Die Frist wird   **14** gewahrt (zB § 89 b Abs 4 S 2 HGB), die Verjährung unterbrochen (§ 209 BGB), bezogen auf den Tag, an dem der Mahnantrag gem Rn 13 (2) eingereicht oder angebracht worden war.

§ 692 Mahnbescheid

(1) **Der Mahnbescheid enthält:**

1. **die in § 690 Abs. 1 Nr. 1 bis 5 bezeichneten Erfordernisse des Antrags;**
2. **den Hinweis, daß das Gericht nicht geprüft hat, ob dem Antragsteller der geltend gemachte Anspruch zusteht;**
3. **die Aufforderung, innerhalb von zwei Wochen seit der Zustellung des Mahnbescheids, soweit der geltend gemachte Anspruch als begründet angesehen wird, die behauptete Schuld nebst den geforderten Zinsen und der dem Betrage nach bezeichneten Kosten zu begleichen oder dem Gericht mitzuteilen, ob und in welchem Umfang dem geltend gemachten Anspruch widersprochen wird;**
4. **den Hinweis, daß ein dem Mahnbescheid entsprechender Vollstreckungsbescheid ergehen kann, aus dem der Antragsteller die Zwangsvollstreckung betreiben kann, falls der Antragsgegner nicht bis zum Fristablauf Widerspruch erhoben hat;**
5. **für den Fall, daß Vordrucke eingeführt sind, den Hinweis, daß der Widerspruch mit einem Vordruck der beigefügten Art erhoben werden soll, der auch bei jedem Amtsgericht erhältlich ist und ausgefüllt werden kann;**
6. **für den Fall des Widerspruchs die Ankündigung, an welches Gericht die Sache abgegeben wird, mit dem Hinweis, daß diesem Gericht die Prüfung seiner Zuständigkeit vorbehalten bleibt.**

(2) **An Stelle einer handschriftlichen Unterzeichnung genügt ein entsprechender Stempelabdruck.**

1. Allgemeines zum MB. – **a) Begriff.** Er ist eine gerichtliche **1** Entscheidung, dem Wesen nach ein Beschluss (§ 329), für den die allgemeinen Vorschriften gelten, insbes auch die §§ 308, 319. – **b) Voraussetzungen.** Der Mahnantrag muss in vollem Umfange zulässig **2** (§ 691 Abs 1), die Gebühr (§ 65 Abs 3 GKG) soll bezahlt sein. –

c) Unterzeichnung (Abs 2) kann durch Abdruck eines Faksimilestempels ersetzt werden. Bei maschineller Bearbeitung entfällt auch dieses Erfordernis (§ 703 b Abs 1). – **d) Zustellung** ist durch § 693 Abs 1
4 vorgeschrieben. – **e) Kosten** werden im Rahmen von Abs 1 Nr 3 beigesetzt. Gerichtskosten: nur die dem Antragsteller tatsächlich erwachsenen (vgl Rn 2), daher nicht solche von Antragstellern, die unter § 2 GKG fallen (Schlemmer Rpfleger 78, 201/204). Gebühren: für das Gericht KV 1100; Anrechnung im Prozessverfahren: KV 1201. Für den RA: § 43 Abs 1 Nr 1 BRAGO. Rechtsbehelf gegen unrichtige Kostenfestsetzung: § 104 Abs 3 S 1; gg die Kostenüberbürdung § 694. Bei ausländischem Antragsgegner: Hök Büro 91, 1605. Kommt es zum VB, gilt § 699 Rn 17. Für eine Festsetzung gemäß § 19 BRAGO ist das (fiktive) Prozessgericht des ersten Rechtszugs zuständig (BGH NJW 91, 2084; ebenso bei Rücknahme des Mahnantrags (Köln NJW-RR 99, 1737).

5 **2. Bestimmender Inhalt** (Abs 1 Nr 1). Er entspricht dem § 690 Abs 1. In den MB sind die auf ihre Zulässigkeit und Vollständigkeit geprüften, ggf berichtigten oder ergänzten Angaben des Antragstellers im Mahnantrag ohne Abänderung zu übernehmen. Dies geschieht beim Vordruck (§ 703 c) im Durchschreibeverfahren, in maschineller Form durch Übernahme der Daten.

6 **3. Hinweise und Aufforderungen** (Abs 1 Nr 2–6). Sie gehören wie die Nr 1 (Rn 5) zum notwendigen Inhalt des MB und sind im Vordruck enthalten: **a) Nr 2:** Unterbliebene Anspruchsprüfung. Der Hinweis geschieht, weil eine Schlüssigkeitsprüfung unterbleibt. –
7 **b) Nr 3:** Aufforderung zu Erfüllung oder Widerspruch. Dem Antragsgegner ist anheimgestellt, das Bestehen des geltend gemachten Anspruches zu überprüfen und Widerspruch einzulegen (§ 694), wenn der Anspruch auch nur zT oder wegen der Zinsen in Zweifel gezogen wird. Begleichen bedeutet Zahlung der Geldschuld (§ 362 Abs 1 BGB) oder einen in Betracht kommenden Erfüllungsersatz (zB Aufrechnung). Der
8 Kostenbetrag ist ziffernmäßig zu bestimmen. – **c) Nr 4:** Möglichkeit eines VB. Dieser ist Vollstreckungstitel (§ 794 Abs 1 Nr 4). Erlass:
9 § 699. Widerspruch: § 694; mit Fristangabe wie bei Nr 3. – **d) Nr 5:** Vordruck für Widerspruch. Einführung von Vordrucken ist auf Grund des § 703 c geschehen. Nr 5 ist als Sollvorschrift ausgestaltet, um sicherzustellen, dass bei Verlust der beigefügten Formulare die Einlegung des Widerspruchs nicht unangemessen erschwert wird. Der Antragsgegner kann Widerspruch auch wirksam in der Form des § 694 Abs 1 (ohne
10 Vordruck) einlegen. – **e) Nr 6:** Ankündigung der Abgabe (§ 696) an dasjenige Gericht (§ 690 Abs 1 Nr 5), das der Antragsteller angegeben hat. Der Hinweis bezieht sich auf § 696 Abs 5 und soll den Antragsgegner darüber aufklären, dass das Gericht, an das abgegeben wird, noch nicht endgültig zuständig ist.

§ 693 Zustellung des Mahnbescheids

(1) **Der Mahnbescheid wird dem Antragsgegner zugestellt.**

(2) **Soll durch die Zustellung eine Frist gewahrt oder die Verjährung unterbrochen werden, so tritt die Wirkung, wenn die Zustellung demnächst erfolgt, bereits mit der Einreichung oder Anbringung des Antrags auf Erlaß des Mahnbescheids ein.**

(3) **Die Geschäftsstelle setzt den Antragsteller von der Zustellung des Mahnbescheids in Kenntnis.**

Abs 2 aufgeh, bish Abs 3 wird Abs 2 mWv 1. 7. 2002 durch Art 1 Nr 9 ZuStRG.

1. Zustellung (Abs 1). Ohne sie ist der MB wirkungslos und kann **1** nicht zu einem VB führen. Sie erfolgt von Amts wegen gem §§ 208–213; öffentliche Zustellung kommt nicht in Betracht (§ 688 Abs 2). Dem Antragsgegner wird eine Ausfertigung oder eine beglaubigte Abschrift des MB, bei maschineller Bearbeitung eine Ausfertigung gem § 703 b Abs 1 zugestellt. Auf der Urschrift des MB wird vermerkt, bei maschineller Bearbeitung eingespeichert, dass und wann die Zustellung veranlasst wurde. Wird entdeckt, dass die Zustellung mangelhaft war (vgl 14 vor § 166), so ist sie wirksam zu wiederholen. Geheilt wird der Mangel grundsätzlich wie nach 15 17 vor § 166; nach § 295 jedoch nicht, bevor in das streitige Verfahren eingetreten wird.

2. Fristwahrung und Verjährungsunterbrechung (Abs 2, Fassung **2** bis zum 30. 6. 02). Entspricht dem § 270 Abs 3 (zukünftig § 167). Mit Streichung des Abs 2 zum 1. 7. 02 gilt § 167 unmittelbar (vgl dort Rn 1 ff). Bei zurückgewiesenem Mahnantrag gilt § 691 Abs 3. Das Verfahren ist für den Antragsteller nicht frei von besonderen Risiken (im einzelnen Fischer Büro 96, 510). – **a) Voraussetzung** ist (im Gegensatz **3** zu § 691 Abs 2) ein wirksamer Mahnantrag (§ 690) erlassener MB (§ 692). Darin muss der Anspruch individualisiert sein (vgl § 690 Rn 9; BGH NJW 92, 1111 u 93, 862 sowie 96, 2152 [Zugewinnausgleich]). Das kann mit verjährungsunterbrechender oder -aufrechterhaltender Wirkung auch durch die Anspruchsbegründung (§ 697) geschehen (BGH NJW 95, 2230 u NJW-RR 96, 885). Heilbare Mängel (§ 187 = § 189 nF) des Mahnantrags stehen nicht entgegen. Erst recht gilt Abs 2, wenn der MB erlassen wird, nachdem Mängel des Mahnantrags behoben sind (BGH NJW 99, 3717). Die Unterschrift des Antragstellers (§ 690 Abs 2) wird für entbehrlich gehalten (ZöVollkommer 3). Es genügt, wenn der Mahnantrag beim unzuständigen Gericht eingereicht und an das zuständige weitergeleitet wird (BGH NJW 93, 862). Demnächst: grundsätzlich wie § 167 nF Rn 10. Zu verfassungsrechtlichen Bedenken hierzu vgl Weimar Rpfleger 01, 521 ff. Der Zeitraum ist vom Tag des Ablaufs der Verjährungsfrist, nicht vom Mahnantrag zu bemessen (BGH NJW 95, 2230). Im Mahnverfahren darf mit der Einzahlung des Kostenvorschusses nicht zu lange zugewartet werden (zB 1 Monat, LG Göttingen NJW-RR 92, 1530). – **b) Wegfall** der Wirkungen des Abs 2: wenn **4**

der MB gemäß § 701 seine Kraft verliert oder der Mahnantrag zurückgenommen wird (§ 690 Rn 6).

5   **3. Benachrichtigung des Antragstellers** (Abs 3; ab 1. 7. 02: Abs 2) oder seines ProzBev (§ 172 Rn 3) durch Blatt 3 des Vordrucks. Es ist der Tag der Zustellung, aber auch die Dauer der Widerspruchsfrist (§ 692 Abs 1 Nr 3) anzugeben. Dem Antragsteller ist auch mitzuteilen, wenn die Zustellung nicht ausgeführt werden konnte.

§ 694 Widerspruch gegen den Mahnbescheid

(1) **Der Antragsgegner kann gegen den Anspruch oder einen Teil des Anspruchs bei dem Gericht, das den Mahnbescheid erlassen hat, schriftlich Widerspruch erheben, solange der Vollstreckungsbescheid nicht verfügt ist.**

(2) [1]**Ein verspäteter Widerspruch wird als Einspruch behandelt.** [2]**Dies ist dem Antragsgegner, der den Widerspruch erhoben hat, mitzuteilen.**

1   **1. Widerspruch** ist Prozesshandlung (Einl III) und der einzige Rechtsbehelf gegen den MB; insbes findet nicht Erinnerung statt (§ 11 Abs 3 S 2 RPflG). Bei Mehrheit von Antragsgegnern (4 vor § 688) muss jeder für sich Widerspruch einlegen; bei notwendiger Streitgenossenschaft (§ 62) wirkt der von einem für die anderen Streitgenossen

2   (Folge: § 696 Rn 9). – **a) Form:** schriftlich, nicht notwendig, aber zweckmäßig durch Ausfüllung des gem § 692 Abs 1 Nr 5 beigefügten Vordrucks (vgl § 703 c Rn 3). Eigenhändige Unterschrift ist auch dann notwendig (LG Hamburg NJW 86, 1997; umstr; aA Musielak/Voit 2 mwN). Widerspruch ist auch durch Telefax, Telebrief und Fernschreiber wirksam möglich (vgl § 129 Rn 11–13), nicht telefonisch oder mündlich. Vor der Geschäftsstelle eines jeden AG (§ 129 a) muss ein Protokoll unter Verwendung von Vordrucken (§ 702 Abs 1). Ein Schriftsatz muss nicht ausdrücklich als Widerspruch bezeichnet sein. Kein Vollmachts-

3   nachweis nötig (§ 703). Abschriften: § 695. – **b) Frist:** § 692 Abs 1 Nr 3. Das bedeutet, dass die Frist 2 Wochen ab Zustellung des MB beträgt, beim ArbG 1 Woche (§ 46 a Abs 3 ArbGG), bei Zustellung im Geltungsbereich des AVAG 1 Monat (§ 32 Abs 3 AVAG). Es kann jedoch wirksam Widerspruch eingelegt werden, bis der VB verfügt ist (Abs 1), dh erlassen (wie § 329 Rn 5), also nicht schon mit der Unterschrift (hM). Daher genügt Eingang des Widerspruchs beim Gericht, bevor der Geschäftsstellenbeamte den VB im Geschäftsgang zum Gerichtsauslauf gibt (BGH NJW 82, 888). Der verspätete Widerspruch wird nicht zurückgewiesen (Abs 2; Rn 9). Ein verfrühter Widerspruch vor Zustellung des Mahnbescheids ist insoweit ohne Wirkung, als nicht schon gem § 694 abgegeben werden muss (LG Oldenburg Rpfleger 83, 118). –

4   **c) Inhalt.** Wird nicht der Vordruck benutzt (§ 703 c Abs 1 S 1), genügt die bloße Erklärung des Widerspruchs oder die Äußerung des Willens, dem MB nicht Folge zu leisten. Empfehlenswert ist, der Aufforderung

gem § 692 Abs 1 Nr 3 nachzukommen und anzugeben, in welchem Umfang die Zahlungspflicht bestritten wird, auch die Angabe von Tatsachen und Beweismitteln. Zulässig ist es auch, nur den Grund für den Widerspruch anzugeben. Antrag auf Durchführung des streitigen Verfahrens (§ 696 Abs 1) ist ebenfalls möglich. Ob der Widerspruch vom oder für den Antragsgegner eingelegt wird, ist durch Auslegung zu ermitteln (BGH NJW-RR 89, 1403).

2. Teilwiderspruch (Abs 1 Hs 2). Der Widerspruch kann auf einen 5 Teil des Anspruchs (wie § 301 Rn 2) beschränkt werden, zB auf die Zinsen oder andere Nebenforderungen, auch auf die Kostenlast (wegen § 93; ZöVollkommer 1). Folge: VB kann erteilt werden, soweit sich der Widerspruch darauf nicht erstreckt; im übrigen Teil wird nach § 696 verfahren. Ergibt sich nicht eindeutig, gegen welchen Teil des MB der Widerspruch sich richtet, ist er bis zur Klarstellung als unbeschränkt eingelegt zu behandeln (BGH 85, 361).

3. Einzelheiten. Zu senden ist der Widerspruch stets und ausschließ- 6 lich an das Mahngericht (§ 689 Rn 3, 4, 7). Nur der rechtzeitige Eingang bei diesem Gericht hindert den VB (§ 699 Abs 1 S 1). – **a) Rücknahme** des Widerspruchs ist möglich (§ 697 Abs 4; dort Rn 14 ff). Hierzu näher Fischer MDR 94, 124. – **b) Verzicht** auf den Widerspruch ist Prozesshandlung (Einl III); formlos; § 702 gilt. Bei Auftreten 7 eines Bevollmächtigten gilt § 703 S 1; bei fehlender Vollmacht ist der Verzicht unwirksam. Er ist erst ab Erlass des MB möglich. Bei wirksamem Verzicht kann sofort, auch vor Ablauf der Widerspruchsfrist, der VB verfügt werden. – **c) Kosten.** Der Kostenausspruch (§ 692 Abs 1 8 Nr 3) kann als aufschiebend bedingte Kostenfestsetzung angesehen und auch wie bei einem VB (§ 699 Rn 20) angefochten werden, wenn nur die Höhe oder eine einzelne Position beanstandet wird. Gebühren: § 43 Abs 1 Nr 2 BRAGO.

4. Verspäteter Widerspruch (Abs 2). Wird der Widerspruch zu 9 spät eingelegt (Rn 3), tritt die Wirkung des Abs 2 ein. Der Widerspruch wird als Einspruch angesehen (Fiktion) und als solcher weiterbehandelt (§ 700 Abs 3). Dasselbe gilt, wenn der Rechtspfleger den VB verfügt, obwohl Widerspruch eingelegt ist, weil ihm dieser nicht vorliegt, er ihn übersieht (KG Rpfleger 83, 489) oder wenn er bei einem unklar gefassten Teilwiderspruch (Rn 5) einen TeilVB erlässt (BGH 85, 361). Die Zurückweisung eines verspäteten Widerspruchs ist ausgeschlossen.

§ 695 Mitteilung des Widerspruchs; Abschriften

[1] **Das Gericht hat den Antragsteller von dem Widerspruch und dem Zeitpunkt seiner Erhebung in Kenntnis zu setzen.** [2] **Wird das Mahnverfahren nicht maschinell bearbeitet, so soll der Antragsgegner die erforderliche Zahl von Abschriften mit dem Widerspruch einreichen.**

1   **Zuständig** ist die Geschäftsstelle. **Form:** schriftlich, zweckmäßig mit Abschrift des Widerspruchs verbunden. **Inhalt:** Es ist auch der Zeitpunkt mitzuteilen, wann der Widerspruch erhoben ist (dh bei Gericht eingelaufen). Auch ein verspäteter Widerspruch (§ 694 Rn 9) ist mitzu-
2 teilen. **Adressat:** der Antragsteller; bei Vertretung der Vertreter, insbes der ProzBev (§ 172 Rn 3). **Wirkung** der Mitteilung. Es endet die
3 Verjährungsunterbrechung (BGH NJW-RR 98, 954). **Widerspruchs-abschriften** (S 2). Fehlen sie, wird die Wirksamkeit des Widerspruchs nicht berührt.

§ 696 Verfahren nach Widerspruch

(1) [1]**Wird rechtzeitig Widerspruch erhoben und beantragt eine Partei die Durchführung des streitigen Verfahrens, so gibt das Gericht, das den Mahnbescheid erlassen hat, den Rechtsstreit von Amts wegen an das Gericht ab, das in dem Mahnbescheid gemäß § 692 Abs. 1 Nr. 1 bezeichnet worden ist, wenn die Parteien übereinstimmend die Abgabe an ein anderes Gericht verlangen, an dieses. [2]Der Antrag kann in den Antrag auf Erlaß des Mahnbescheids aufgenommen werden. [3]Die Abgabe ist den Parteien mitzuteilen; sie ist nicht anfechtbar. [4]Mit Eingang der Akten bei dem Gericht, an das er abgegeben wird, gilt der Rechtsstreit als dort anhängig. [5]§ 281 Abs. 3 Satz 1 gilt entsprechend.**

(2) [1]**Ist das Mahnverfahren maschinell bearbeitet worden, so tritt an die Stelle der Akten ein maschinell erstellter Aktenausdruck. [2]Für diesen gelten die Vorschriften über die Beweiskraft öffentlicher Urkunden entsprechend.**

(3) **Die Streitsache gilt als mit Zustellung des Mahnbescheids rechtshängig geworden, wenn sie alsbald nach der Erhebung des Widerspruchs abgegeben wird.**

(4) [1]**Der Antrag auf Durchführung des streitigen Verfahrens kann bis zum Beginn der mündlichen Verhandlung des Antragsgegners zur Hauptsache zurückgenommen werden. [2]Die Zurücknahme kann vor der Geschäftsstelle zu Protokoll erklärt werden. [3]Mit der Zurücknahme ist die Streitsache als nicht rechtshängig geworden anzusehen.**

(5) **Das Gericht, an das der Rechtsstreit abgegeben ist, ist hierdurch in seiner Zuständigkeit nicht gebunden.**

1   **1. Allgemeines.** Nach § 696 darf nur bei rechtzeitigem Widerspruch (§ 694 Abs 1) verfahren werden. Liegt kein Widerspruch vor, wird auf Antrag VB erlassen (§ 699 Abs 1 S 1). Das Mahngericht behält die Sache, solange nicht Antrag auf streitiges Verfahren (Rn 3) gestellt wird. Sobald der Antrag gestellt ist, wird gem Abs 1 S 1 oder gemäß § 698 am selben Gericht abgegeben. Unterbleibt der Antrag, darf nicht abgegeben werden.

2. Abgabe (Abs 1). Sie ist von einer Verweisung (§ 281) zu unter- **2** scheiden; im Gegensatz zu ihr fehlt eine Bindung (Abs 5). – **a) Vo- 3 raussetzungen: (1)** Rechtzeitiger Widerspruch gemäß § 694 Abs 1. **(2)** Antrag auf Durchführung des streitigen Verfahrens. Ein solcher Antrag liegt nicht in einer Erledigungserklärung (Liebheit NJW 00, 2235). Er kann von jeder Partei gestellt werden, vom Antragsteller bereits im Mahnantrag (Abs 1 S 2), vom Antragsgegner im Widerspruch (§ 694 Rn 4). Für die Form gilt § 702, für die Vollmacht § 703. Rücknahme ist nach Abs 4 möglich (Rn 14). **(3)** Beim Antragsteller Einzahlung der restlichen 2½ Gebühren für das Verfahren im Allgemeinen (KV 1201) gemäß §§ 49, 65 Abs 1 S 2 GKG. Dies gilt nicht für den Antragsgegner, wenn er seinerseits Streitantrag stellt. – **b) Entscheidung.** Die Abgabe erfolgt von Amts wegen (Abs 1 S 1) **4** durch Beschluss oder Verfügung des Rechtspflegers; grundsätzlich an das im MB vom Antragsteller bezeichnete Gericht (§ 692 Abs 1 Nr 1, § 690 I Nr 5), an ein anderes nur, wenn die Parteien dieses übereinstimmend beantragen, was sie nur bis zur Abgabe wirksam können, oder wenn sie inzwischen eine Gerichtsstandsvereinbarung (§ 38 Abs 3 Nr 1) getroffen haben (BayObLG NJW-RR 95, 635). Die Übersendung an das Empfangsgericht (Abs 5) soll unverzüglich erfolgen. – **c) Bekanntmachung** (Abs 1 S 3 Hs 1) an die Parteien durch **5** formlose schriftliche Mitteilung; geht dem § 329 vor, so dass nicht zugestellt werden muss (hM). – **d) Unanfechtbarkeit** (Abs 1 S 3 **6** Hs 2) bezieht sich auf die Entscheidung des Rechtspflegers, so dass Erinnerung gem § 11 Abs 2 RPflG ausscheidet (Musielak/Voit 3). – **e) Wirkung** (Abs 1 S 4): Die Abgabe beendet das Mahnverfahren. **7** Die Parteien werden Kläger und Beklagter. Die Anhängigkeit des Rechtsstreits beim Gericht, an das abgegeben wird, tritt ein mit dortigem Einlauf der Akten oder des Aktenausdrucks (Abs 2 S 1); dies entspr dem § 281 Abs 2 S 1 Hs 2. Zugleich tritt die Rechtshängigkeit ein (Rn 12; ZöVollkommer 5; aA Musielak/Voit 4). Als Anknüpfungspunkt scheidet die Bekanntmachung der Abgabe (Rn 5) schon deshalb aus, weil der Zeitpunkt mangels Zustellung ungewiss ist. – **f) Kosten** (Abs 1 S 5). Es sind die des Mahnverfahrens gemeint. Sie **8** sind solche des anschließenden Rechtsstreits. Das folgt daraus, dass Abs 1 S 5 auf § 281 Abs 3 S 1 verweist. Damit werden die im Rechtsstreit anzuwendenden §§ 91 ff ergänzt (vgl Rn 18). Ausgeschlossen ist eine entspr Anwendung des § 281 Abs 3 S 2, weil das Mahngesuch auch bei Abgabe nicht am unzuständigen Gericht gestellt wurde. Notwendigkeit des Anwaltswechsels: § 91 Rn 37–39. – **g) Passive Streitgenossenschaft** (vgl 4 vor § 688). Legen mehrere **9** Antragsgegner Widerspruch ein (vgl § 694 Rn 1), so wird auch bei notwendiger Streitgenossenschaft an das gemäß § 690 Abs 1 Nr 5 als zuständig bezeichnete Gericht abgegeben. Der Antrag gem § 36 Nr 3 (dort Rn 14) kann noch gestellt werden. Dann kann vom unzuständigen Gericht entspr der bestimmten Zuständigkeit gemäß § 281 (vgl Rn 25) verwiesen werden.

10   **3. Aktenersatz** (Abs 2 S 1). Bei nicht maschineller Bearbeitung gelten die allgemeinen Regeln der AktenO. Der Ausdruck der eingespeicherten Daten ersetzt die Akten. Das setzt voraus, dass alle Daten und Umstände, die eine Akte enthalten muss, eingespeichert werden (vgl hierzu Mayer NJW 83, 92). Beweiskraft (Abs 2): §§ 415, 417.

11   **4. Eintritt der Rechtshängigkeit** (Abs 3). Die materiellrechtliche
12 Vorwirkung (§ 693 Abs 2) bleibt unberührt. – **a) Bei alsbaldiger Abgabe.** Die Rechtshängigkeit mit den Wirkungen des § 261 wird auf die Zustellung (§ 693 Abs 1) zurückbezogen (Fiktion). Maßgebender Zeitpunkt ist der Vollzug der Abgabe, daher der Eingang beim Empfangsgericht (vgl Rn 7). Alsbald: ist wie demnächst iS von § 167 nF zu verstehen (KG MDR 98, 618 mwN und Anm Müther) und bedeutet insbes, dass vom Gericht oder Antragsgegner verursachte Verzögerungen die Rechtsstellung des Antragstellers nicht beeinträchtigen dürfen, wenn er sie nicht schuldhaft herbeigeführt hat (BGH 103, 20). Von ihm ist spätestens nach Kenntnis des Widerspruchs zu erwarten, dass er innerhalb weniger Tage den Antrag (Abs 1 S 1) stellt und die Gebühren (Rn 3 [3]) einzahlt, sofern er dies nicht schon vorher getan hat (vgl BGH aaO). Die Rückwirkung gilt auch für die in Euro geltend gemachte Fremd-
13 währungsschuld (K. Schmidt NJW 89, 65). – **b) Bei späterer Abgabe.** Wird nicht alsbald abgegeben (Rn 12), bleibt die Verjährung unterbrochen und es tritt die Rechtshängigkeit mit vollzogener Abgabe ein, aber nicht rückwirkend (LG Köln NJW-RR 91, 59). Der Zeitpunkt ist im Gesetz nicht ausdrücklich bestimmt und umstritten (vgl Zinke NJW 83, 1081 mwN). Richtig dürfte sein, auf den Vollzug der Abgabe abzustellen (Rn 7, 12), nämlich Eingang der Akten bei dem Gericht, an das abgegeben wurde (KG MDR 98, 618 mit Anm Müther und MDR 00, 1335 mwN; ZöVollkommer 5; aA Frankfurt NJW-RR 92, 447; Musielak/Voit 4: Eintritt der Rechtshängigkeit mit Zustellung der Anspruchsbegründung wegen § 697 Abs 2 S 1).

14   **5. Rücknahme** des Antrags auf Durchführung des Streitverfahrens (Abs 4) kann, je nach dem wer den Antrag gestellt hat, vom Antragsteller oder -gegner erklärt werden. Sie ist von der Rücknahme des Mahnantrags (§ 690 Rn 6) und der des Widerspruchs (§ 697 Abs 4) zu unterscheiden. Die Rücknahme des Antrags enthält im Zweifel nicht die des Mahnantrags und nicht die des Widerspruchs. Eine einseitige Erledigterklärung kann nicht in eine Rücknahme des Antrags umgedeutet werden (München NJW-RR 96, 956 mwN; bestr; vgl § 91 a Rn 6), auch nicht in einen Antrag auf Durchführung des streitigen Verfahrens gemäß
15 Abs 1 S 1 (Liebheit NJW 00, 2235). – **a) Form** der Prozesshandlung: schriftlich oder zu Protokoll der Geschäftsstelle (Abs 4 S 2) eines jeden AG (§ 129 a); außer Anwaltszwang (§ 78 Abs 3). §§ 702, 703 gelten
16 nicht, da das Mahnverfahren mit Abgabe (Rn 7) beendet ist. – **b) Zeitpunkt** (Abs 4 S 1). Er entspricht dem § 39 (dort Rn 5–7). Antragsgegner ist stets der Beklagte. Bis dahin ist die Rücknahme des Antrags jederzeit zulässig; auch vor der Abgabe (Rn 4). Die Rücknahme ist

ausgeschlossen, wenn VB (§ 699) ergangen ist. Dann ist nur Klagerücknahme (§ 269) nach Einspruch (§ 701) möglich (ZöVollkommer 2 aE). – **c) Zuständig** zur Entgegennahme ist das Gericht, bei dem die Sache 17 anhängig ist (Rn 7). – **d) Umfang.** Umfaßt der Antrag aus der An- 18 spruchsbegründung (§ 697 Rn 2) einen geringeren Betrag als der Mahnantrag, liegt darin idR eine teilweise Rücknahme des Antrags auf Durchführung des streitigen Verfahrens. Umstritten ist ob dies kostenmäßig wie eine Teilrücknahme zu behandeln ist (München MDR 92, 187; zu verneinen wegen Rn 20). – **e) Wirkung.** Die Rechtshängigkeit 19 entfällt rückwirkend (Abs 4 S 3). Das streitige Verfahren ist beendet, bleibt aber bei dem Gericht anhängig, an das abgegeben wurde (Düsseldorf MDR 81, 766). Nur wenn auch der Widerspruch zurückgenommen wird (§ 697 Abs 4), darf VB ergehen. Wird der Mahnantrag nicht zurückgenommen, so wird das Verfahren nicht betrieben, ruht und der Akt wird nach Ablauf von 6 Monaten gem AktenO weggelegt. – **f) Kosten.** 20 Der Antragsgegner, der den Widerspruch aufrechterhalten hat, kann bei Rücknahme durch den Antragsteller wegen seiner außergerichtlichen Kosten nicht Antrag entspr § 269 Abs 3 stellen, weil nicht der Mahnantrag zurückgenommen ist (Stuttgart OLGZ 89, 200 mwN; LG Kaiserslautern MDR 94, 417; ZöVollkommer 2; Fischer MDR 94, 124; aA KG NJW-RR 93, 1472). Für die Gerichtsgebühren gilt KV 1202. – **g) Aufnahme des Verfahrens.** 21 Der Antrag auf Durchführung des streitigen Verfahrens kann neu gestellt werden (ZöVollkommer 2 mwN). Das führt zur Terminsbestimmung und Eintritt der Rechtshängigkeit ex nunc nach allg Regeln, ferner zur Aufhebung eines gegen den Antragsteller entspr § 269 Abs 3, 4 daher zu Unrecht (vgl Rn 20) ergangenen Kostenbeschlusses (München NJW-RR 87, 957).

6. Empfangsgericht (Abs 5). Dieses ist das im Abgabebeschluss 22 (Rn 4) bezeichnete Gericht ohne Rücksicht darauf, ob es endgültig oder überhaupt sachlich und örtlich zuständig ist. Das Gericht prüft ab Einleitung des Streitverfahrens (§ 697) seine sachliche und örtliche Zuständigkeit (Rn 25), wie wenn bei ihm Klage erhoben wäre (18 vor § 253). Im einzelnen ist zu beachten: **a) Keine Bindung.** Dies ist 23 ausdrücklich bestimmt (Abs 5) und folgt daraus, dass die Zuständigkeit des Empfangsgerichts bei Abgabe nicht geprüft wird. Dies gilt für die sachliche wie für die örtliche Zuständigkeit. – **b) Wahlrecht** des An- 24 tragstellers (Klägers) hinsichtlich der örtlichen Zuständigkeit (§ 35). Wegen § 690 Abs 1 Nr 5 kann bei mehreren örtlich zuständigen Gerichten der Antragsteller unter ihnen wählen (§ 690 Rn 15). Damit ist das Wahlrecht ausgeübt und erloschen (§ 35 Rn 2; BGH NJW 93, 1273). Es kann nicht mehr durch Verweisungsantrag (§ 281 Abs 1 S 1) ausgeübt werden. – **c) Zuständigkeit.** Sie wird vom Empfangsgericht geprüft 25 (Rn 22), und zwar ohne Bindung (Rn 23). Maßgebender Zeitpunkt ist nicht die fingiert zurückbezogene Rechtshängigkeit (Abs 3; Rn 12), sondern die Anhängigkeit beim Empfangsgericht infolge des Eingangs der Akten gemäß Abs 1 S 4 (hM; Frankfurt NJW-RR 96, 1403; Zö-

Vollkommer 5–7). Das gilt auch für die sachliche Zuständigkeit (KG
NJW-RR 99, 1011). Die Parteien können bis zur Abgabe wirksam den
Gerichtsstand vereinbaren (§ 38 Abs 3 Nr 1), ohne dass § 261 Abs 3
Nr 1 entgegensteht (vgl Rn 4). Es ist dann an das vereinbarte Gericht
abzugeben (BayObLG NJW-RR 95, 635). Spätere Veränderungen sind
(abgesehen von § 506) für die Zuständigkeit unerheblich (KG aaO).
Wird die Hauptsache vorher teilweise für erledigt erklärt, kommt es für
§ 23 Nr 1 GVG auf den Restbetrag an (Frankfurt OLGZ 93, 91 mwN). –

26 **d) Verweisung** (nicht Abgabe, vgl Rn 2) durch das Empfangsgericht
erfolgt nach § 281 allein auf Grund dieser Vorschrift und gemäß § 281
Abs 2 in erleichterter Form. Eine Verweisung, die einem Antrag entspricht, der gesetzwidrig einem erloschenen Wahlrecht folgt, wird von
BGH NJW 93, 1273 als willkürlich und nicht bindend angesehen; ebenso
von KG NJW-RR 99, 1011 die Nichtbeachtung der hM gemäß Rn 25.

27 **– e) Kosten,** die vor dem verweisenden Empfangsgericht entstanden
sind, stellen ihrerseits einen Teil der Kosten vor dem Gericht dar, an das
verwiesen ist (§ 281 Abs 3 S 1); sie folgen der Kostenentscheidung dieses
Gerichts, das § 281 Abs 3 anzuwenden hat, weil eine Verweisung vorlag
und der Antragsteller (Kläger) schon im Mahngesuch das zuständige
Gericht angeben konnte.

§ 697 Einleitung des Streitverfahrens

(1) [1]**Die Geschäftsstelle des Gerichts, an das die Streitsache
abgegeben wird, hat dem Antragsteller unverzüglich aufzugeben, seinen Anspruch binnen zwei Wochen in einer der Klageschrift entsprechenden Form zu begründen.** [2]**§ 270 Abs. 2 Satz 2
gilt entsprechend.**

(2) [1]**Bei Eingang der Anspruchsbegründung ist wie nach Eingang einer Klage weiter zu verfahren.** [2]**Zur schriftlichen Klageerwiderung im Vorverfahren nach § 276 kann auch eine mit der
Zustellung der Anspruchsbegründung beginnende Frist gesetzt
werden.**

(3) [1]**Geht die Anspruchsbegründung nicht rechtzeitig ein, so
wird bis zu ihrem Eingang Termin zur mündlichen Verhandlung
nur auf Antrag des Antragsgegners bestimmt.** [2]**Mit der Terminbestimmung setzt der Vorsitzende dem Antragsteller eine Frist
zur Begründung des Anspruchs; § 296 Abs. 1, 4 gilt entsprechend.**

(4) [1]**Der Antragsgegner kann den Widerspruch bis zum Beginn seiner mündlichen Verhandlung zur Hauptsache zurücknehmen, jedoch nicht nach Erlaß eines Versäumnisurteils gegen
ihn.** [2]**Die Zurücknahme kann zu Protokoll der Geschäftsstelle
erklärt werden.**

(5) [1]**Zur Herstellung eines Urteils in abgekürzter Form nach
§ 313 b Abs. 2, § 317 Abs. 4 kann der Mahnbescheid an Stelle der**

Klageschrift benutzt werden. [2] **Ist das Mahnverfahren maschinell bearbeitet worden, so tritt an die Stelle der Klageschrift der maschinell erstellte Aktenausdruck.**

1. Allgemeines. § 697 regelt den Übergang in das Streitverfahren 1 bei dem Gericht, an das nach Widerspruch abgegeben ist (§ 696 Abs 5). Beim ArbG gilt § 46 a Abs 4 ArbGG, in Wohnungseigentumssachen § 46 a Abs 2 WEG. Nachdem Widerspruch erhoben ist (vgl § 696 Abs 1 S 1), darf kein VB erteilt werden (§ 699 Abs 1 S 1), solange der Widerspruch nicht zurückgenommen ist (Rn 16).

2. Anspruchbegründung. a) Inhalt. Sie entspricht der Klageschrift 2 (Abs 1) und muss daher den Inhalt des § 253 Abs 2 aufweisen. Es gilt auch § 253 Abs 3–5. Der Klageantrag darf nicht durch eine Bezugnahme auf den Mahnantrag oder -bescheid ersetzt werden (bestr). Der Klageantrag muss nicht gleich mit dem Mahnantrag sein. Eine Anspruchserweiterung (§ 264 Nr 2) wirkt über § 696 Abs 3 zurück (BGH Rpfleger 88, 194 m Anm Vollkommer). Auch § 78 muss erfüllt sein (Karlsruhe NJW 88, 2806); schriftliche oder in mdl Vhdlg erklärte Bezugnahme eines RA auf eine eingereichte, auch schon zugestellte und nicht dem § 78 genügende Anspruchsbegründung reicht aus (BGH 84, 136). **b) Zeitpunkt.** Die Anspruchsbegründung kann wirksam bei 3 Gericht eingereicht werden bis zum Urteil (vgl Rn 9). Der Antragsteller kann sie auch (verfrüht) schon vor Abgabe (§ 696 Abs 1) einreichen, das Mahngericht sie zustellen. Sie kann dann für das weitere Verfahren verwendet werden (umstr; offen gelassen von BGH NJW-RR 94, 889 mwN). Entspricht sie nicht dem § 78, kann ein RA wirksam auf sie Bezug nehmen (vgl Rn 2 aE), auch wenn sie das Mahngericht bereits zugestellt hat (BGH 84, 136). – **c) Verfügung,** mit der die Anspruchs- 4 begründung aufgegeben wird (Abs 1). Sie wird als Prozesshandlung des Gerichts erst mit Zugang wirksam (BGH 134, 387). Für diesen gilt § 270 Abs 2 S 2. Das Gericht, an das abgegeben wurde, ist das Empfangsgericht (§ 696 Rn 22). Zuständig ist die Geschäftsstelle, also der Urkundsbeamte (§ 153 Abs 1 GVG). Für die Aufforderung sind Vordrucke eingeführt. Sie muss auf die Anspruchsbegründung mit einem der Klageschrift entsprechenden Inhalt (Rn 2) gerichtet sein und auf die 2-Wochen-Frist (ab Zugang) hinweisen. Wegen dieser Frist ist Zustellung geboten (§ 329 Abs 2 S 2 entspr). Die Fristversäumung gestattet (im Gegensatz zu Abs 3 S 2) keine Zurückweisung gemäß § 296 Abs 1 (Nürnberg NJW-RR 00, 445).

3. Bis Eingang der Anspruchsbegründung. a) Vor Fristablauf. 5 Solange die Frist des Abs 1 noch nicht abgelaufen ist, muss der Akt dem zuständigen Richter vorgelegt werden, wenn Rücknahme des Antrags auf Durchführung des Streitverfahrens (§ 696 Abs 4) oder Rücknahme des Widerspruchs (Abs 4) erklärt ist, aber auch, wenn sonstiger Einlauf vorliegt, insbes ein Antrag des Beklagten auf Durchführung des Streitverfahrens. Eine Terminierung (§ 272 Abs 2, § 216 Abs 1) kommt nicht

6   in Betracht. – **b) Nach Fristablauf** (Abs 3). **aa) Terminsbestim-mung** (§ 272 Abs 1, § 216 Abs 1) unterbleibt, solange die Anspruchsbegründung nicht eingegangen ist. Sie darf nur erfolgen, wenn der Antragsgegner (Beklagte) dies beantragt (Abs 3 S 1). Hierfür genügt der Antrag auf Durchführung des Streitverfahrens (§ 696 Abs 1 S 1) nicht.

7   **bb) Frist zur Anspruchsbegründung** (Abs 3 S 2) muss, wenn der Antragsgner Terminsbestimmung beantragt, vom zuständigen Richter gesetzt werden, zusammen mit der den gewöhnlichen Erfordernissen entsprechenden Terminsbestimmung (gem § 272 Abs 3, § 216). Eine Mindestfrist und eine Belehrung sind nicht vorgeschrieben. § 277 Abs 2 und 3 gilt nur für die Replik (§ 275 Abs 4, § 277 Abs 4), nicht für die Klagebegründung. Es liegt aber nahe, wegen der Anwendbarkeit von § 296 Abs 1, 4 den § 277 Abs 2, 3 für die Anspruchsbegründung entsprechend anzuwenden. Jedenfalls empfiehlt sich, die Frist nicht unter 2 Wochen zu bestimmen.

8   **4. Verspätete oder unterbliebene Anspruchsbegründung.** Sie hat für den Antragsteller und Kläger für sich alleine keine nachteiligen Folgen (Nürnberg NJW-RR 00, 445) Nur im Fall der Terminsbestimmung gemäß Abs 3 S 2 (Rn 7) mit Fristsetzung zur Anspruchsbegründung können die darin enthaltenen Angriffs- und Verteidigungsmittel zurückgewiesen werden, wenn die Voraussetzungen des § 296 Abs 1 gegeben sind (Abs 3 S 2 Hs 2 (Nürnberg aaO). Unterbleibt die Anspruchsbegründung bis zum Schluss der mdl Vhdlg (§ 296 a), so wird die Klage mit dem Streitgegenstand des Mahnantrags (vgl § 688 Rn 1) abgewiesen, und zwar als unzulässig wegen Fehlens ordnungsgemäßer Klageerhebung (16 vor § 253; LG Gießen NJW-RR 95, 62 mwN; aA Musielak/Voit 6), daher auch dann durch streitiges Urteil, wenn der Antragsteller (Kläger) im Termin säumig ist (§ 330 Rn 1).

9   **5. Nach Eingang der Anspruchsbegründung** (Abs 2) ist wie bei einer Klageschrift (§ 253) nach § 272 zu verfahren, gleichgültig, ob die Anspruchsbegründung rechtzeitig (innerhalb der Frist, Rn 7) oder ver-

10   spätet (Rn 8) eingeht. – **a) Noch nicht bestimmter Termin** (Abs 2 S 1). Der Richter hat die freie Wahl (§ 272 Abs 2): **aa) Früher erster Termin** (§ 275). Er wird ohne Rücksicht darauf bestimmt, ob die Anspruchsbegründung den gesetzlichen Erfordernissen entspricht, insbes dem § 78 und dem § 253 Abs 2–4 (vgl Rn 2). Die Einlassungsfrist (§ 274 Abs 3) gilt. Das weitere Verfahren richtet sich nach den

11   §§ 277 ff. **bb) Schriftliches Vorverfahren** (§ 276). Der Vorsitzende (am LG) oder der Richter am AG fordert mit Zustellung der Anspruchsbegründung (statt Klage, § 276 Abs 1 S 1) den Antragsgegner (Beklagten) zur schriftlichen Anzeige auf, ob er sich gegen die Klage verteidigen wolle. Dies ist trotz des vorausgegangenen Widerspruchs (§ 694) geboten, weil der Beklagte jetzt erstmals die (prozessuale) Begründung des erhobenen Anspruchs erfährt und, wenn er die Anzeige unterlässt, ein Versäumnisurteil (§ 331 Abs 3) möglich bleiben soll. Die Aufforderung richtet sich im Übrigen nach § 276 Abs 1 S 1, Abs 2. Ein Hinweis, dass

der Widerspruch noch nicht die Anzeige der Verteidigungsabsicht darstellt, ist geboten (Holch NJW 91, 3177). Die Klageerwiderungsfrist (§ 276 Abs 1 S 2) kann in ihrem Beginn schon auf die Zustellung der Anspruchsbegründung bezogen werden (Abs 2 S 2). Sie muss also nicht auf zwei weitere Wochen nach Ablauf der Anzeigefrist (§ 276 Abs 1 S 2) hinausgeschoben werden. Das weitere Verfahren richtet sich nach den §§ 277 ff. – **b) Bereits bestimmter Termin** (Abs 3 S 2; Rn 6). Die **12** Anspruchsbegründung muss dem Antragsgegner (Beklagten) zugestellt werden (entspr § 253 Abs 1). Kommt sie so knapp vor dem Termin, insbes mit versäumter (richterlicher) Frist des Abs 3 S 2, so dass sie vorher nicht mehr zugestellt werden kann, bleibt Aushändigung im Termin oder in der Geschäftsstelle (§ 173 nF = § 212 b aF) möglich. Dann kann über eine ordnungsgemäß erhobene Klage verhandelt und, falls sie im Übrigen zulässig ist, streitig über ihre Begründetheit entschieden werden, wenn nicht Versäumnisurteil gem § 330 ergeht. Eine Verurteilung des Beklagten wird wegen § 275 Abs 3 idR nur in einem neuen Termin in Betracht kommen. – **c) Eingang nach dem Termin.** **13** Geht die Anspruchsbegründung nach der Verkündung des klagabweisenden Urteils (Rn 8) ein, bleibt sie unbeachtet (§ 296 a S 1). Geht sie vor Verkündung (§ 310 Abs 1 S 1) ein, bleibt Wiedereröffnung der mdl Vhdlg möglich (§ 296 a S 2, § 156).

6. Rücknahme des Widerspruchs (Abs 4) ist eine Prozesshandlung **14** (Einl III). Sie ist von der Rücknahme des Antrags auf Durchführung des Streitverfahrens (§ 696 Abs 4) zu unterscheiden. Die Rücknahme kann auf einen Teil des Widerspruchs (vgl § 694 Rn 5) beschränkt werden. – **a) Form:** im Termin mündlich, außerhalb der Verhandlung **15** schriftlich, ohne Anwaltszwang (wegen § 78 Abs 3), weil die Rücknahme zu Protokoll der Geschäftsstelle erklärt werden kann (Abs 4 S 2); daher auch in mdl Vhdlg vor dem LG ohne RA. Vollmachtnachweis richtet sich nach § 88 Abs 2, da § 703 im Streitverfahren nicht mehr gilt. Die Erklärung zu Protokoll kann vor jedem AG erfolgen (§ 129 a). § 702 gilt nicht, da bereits das Streitverfahren läuft. – **b) Zeitraum** **16** (Abs 4 S 1). Ab Einlegung kann der Widerspruch (§ 694 Rn 1) jederzeit bis zum Beginn der mdl Vhdlg des Antragsgegners (Beklagten) zur Hauptsache (wie § 39 Rn 5–7) zurückgenommen werden, wenn nicht vorher ein Versäumnisurteil (§ 331) ergangen ist. Von dessen Erlass an (unabhängig von der Zustellung) und ab Beginn der mdl Vhdlg zur Hauptsache ist die Rücknahme ausgeschlossen und, wenn sie erklärt wird, unwirksam. Der Beklagte kann anerkennen (§ 307) oder Versäumnisurteil ergehen lassen (§§ 331, 333). Maßgebend ist bei Erklärung der Rücknahme zu Protokoll der Eingang beim Prozessgericht (§ 129 a Abs 2 S 2). – **c) Wirkung** der Rücknahme. Diese ist dem **17** Antragstellen (Kläger) mitzuteilen (Musielak/Voit 8). Ein bereits eingeleitetes Streitverfahren endet (bei Teilrücknahme nur zum betroffenen Teil, vgl Rn 14) und es kann VB erteilt werden (§ 699). Diesen erteilt, um Verzögerungen zu vermeiden, das Gericht, bei dem die Sache

anhängig ist, nach Abgabe der Rechtspfleger des Prozessgerichts (§ 699
18 Abs 1 S 3; § 20 Nr 1 RPflG). – **d) Kosten,** die vor dem Prozessgericht
entstanden sind, werden in den VB aufgenommen (§ 699 Abs 3 S 1).
Gebührenermäßigung: KV 1202.

19 **7. Vereinfachte Urteile** (Abs 5). Anwendbar für Versäumnis-, Aner-
kenntnis- und Verzichturteile (§ 313 b). Herstellung des Urteils gem
§ 313 b Abs 2. Der MB ersetzt die Klageschrift, bei maschineller Bearbeitung (§ 689 Abs 1 S 2) der Aktenausdruck (§ 703 b Abs 1), weil ein
gesonderter MB bei Gericht nicht existiert. Ausfertigungen: § 317
Abs 4.

§ 698 Abgabe des Verfahrens am selben Gericht

**Die Vorschriften über die Abgabe des Verfahrens gelten sinn-
gemäß, wenn Mahnverfahren und streitiges Verfahren bei demselben Gericht durchgeführt werden.**

1 Es gilt § 696 im vollem Umfang entspr, wenn das Mahngericht
(Mahnabteilung) dasselbe AG ist, das gem § 690 Abs 1 Nr 5 als zuständig
bezeichnet wurde. Dessen Streit- oder Familiengericht, an das abzugeben ist, verfährt nach § 697. Wohnungseigentumssachen: § 46 a Abs 1
WEG. Arbeitsgericht: § 46 a Abs 3 ArbGG.

§ 699 Vollstreckungsbescheid

**(1) ¹Auf der Grundlage des Mahnbescheids erläßt das Gericht
auf Antrag einen Vollstreckungsbescheid, wenn der Antragsgegner nicht rechtzeitig Widerspruch erhoben hat. ²Der Antrag
kann nicht vor Ablauf der Widerspruchsfrist gestellt werden; er
hat die Erklärung zu enthalten, ob und welche Zahlungen auf
den Mahnbescheid geleistet worden sind; § 690 Abs. 3 gilt entsprechend. ³Ist der Rechtsstreit bereits an ein anderes Gericht
abgegeben, so erläßt dieses den Vollstreckungsbescheid.**

**(2) Soweit das Mahnverfahren nicht maschinell bearbeitet
wird, kann der Vollstreckungsbescheid auf den Mahnbescheid
gesetzt werden.**

**(3) ¹In den Vollstreckungsbescheid sind die bisher entstande-
nen Kosten des Verfahrens aufzunehmen. ²Der Antragsteller
braucht die Kosten nur zu berechnen, wenn das Mahnverfahren
nicht maschinell bearbeitet wird; im übrigen genügen die zur
maschinellen Berechnung erforderlichen Angaben.**

**(4) ¹Der Vollstreckungsbescheid wird dem Antragsgegner von
Amts wegen zugestellt, wenn nicht der Antragsteller die Übergabe an sich zur Zustellung im Parteibetrieb beantragt hat. ²In
diesen Fällen wird der Vollstreckungsbescheid dem Antragsteller
zur Zustellung übergeben; die Geschäftsstelle des Gerichts vermittelt diese Zustellung nicht. ³Bewilligt das mit dem Mahnver-**

fahren befaßte Gericht die öffentliche Zustellung, so wird der Vollstreckungsbescheid (Fassung ab 1. 7. 02: die Benachrichtigung nach § 186 Abs. 2 Satz 2 und 3) an die Gerichtstafel des Gerichts angeheftet, das in dem Mahnbescheid gemäß § 692 Abs. 1 Nr. 1 bezeichnet worden ist.

Geändert mWv 1. 7. 2002 durch Art 1 Nr 10 ZustRG.

1. Allgemeines. Der VB ist Vollstreckungstitel (§ 794 Abs 1 Nr 4) 1 und steht einem Versäumnisurteil gleich (§ 700 Abs 1). Er ist selbständig, nicht bloße Vollstreckbarerklärung des MB und hat, nicht notwendig den vollen oder gleichen Inhalt des MB. Berichtigung (§ 319) ist möglich.

2. Antrag auf VB (Abs 1) ist Prozesshandlung (Einl III). Er kann nur 2 vom Antragsteller (§ 690) oder von dessen Rechtsnachfolger gestellt werden. – **a) Form.** Es gilt § 702. Unterschrift ist gem dem eingeführ- 3 ten Vordruck erforderlich; dieser muss benutzt werden (§ 703 c Abs 2). Bei maschineller Bearbeitung ist die Unterschrift entbehrlich (Abs 1 S 2 Hs 3, § 690 Abs 3 Hs 2). – **b) Zeitraum.** Der Antrag darf nicht vor 4 Ablauf der Widerspruchsfrist (§ 694 Rn 3; § 692 Abs 1 Nr 3) gestellt werden (Abs 1 S 2 Hs 1). Gestellt ist er mit dem Datum der Erklärung gem Abs 1 S 2 Hs 2 (LG Stade NJW 81, 2366 mwN; LG Düsseldorf Büro 83, 1410; aA Musielak/Voit 3 mwN). Der Antrag darf nicht vorsorglich für den Fall gestellt werden, dass Widerspruch nicht rechtzeitig eingelegt werde. Wirksam gestellt werden kann der Antrag nur bis (verspäteter) Widerspruch eingelegt wird (§ 694 Abs 1), und nur innerhalb der 6-Monats-Frist des § 701. Der Zeitraum wird neu eröffnet durch Rücknahme des Widerspruchs (§ 697 Rn 16). – **c) Inhalt** (Abs 1 5 S 2 Hs 2). Er ist durch Vordruck (§ 703 c) ausgestaltet. Es muss die (wegen § 138 Abs 1 unter Wahrheitspflicht stehende) Erklärung abgegeben werden, welche Zahlungen auf den im MB enthaltenen Anspruch geleistet worden sind, trotz des Wortlauts von Hs 2 selbstverständlich auch solche Zahlungen, die vor Erlass oder Zustellung des MB auf den Anspruch erfolgt sind. Da die Zahlungen berücksichtigt werden müssen, ist der Antrag auf VB entspr beschränkt. Der VB wird dann ggf nur über den Teilbetrag erlassen. – **d) Mitteilung** des Antrags an Antragsgegner 6 unterbleibt (§ 702 Abs 2). – **e) Rücknahme** des Antrags ist nur bis zum 7 Erlass des VB wirksam möglich. Es gelten § 702 Abs 1 S 1 und § 703; also nicht telefonisch. In der Frist des § 701 kann der Antrag erneuert werden (Fischer MDR 94, 124).

3. Zurückweisung des Antrags durch Beschluss des Rechtspflegers 8 (§ 20 Nr 1 RPflG), gem § 702 Abs 2 ohne vorherige Anhörung des Antragsgegners. Führt zum Wegfall der Wirkungen des MB (§ 701 S 2). – **a) Voraussetzungen.** Der Antrag ist unwirksam, verfrüht oder ver- 9 spätet (Rn 4), entspricht inhaltlich nicht der Anforderung des Abs 1 S 2 Hs 2 (Rn 5) oder es fehlt eine sonstige Voraussetzung des VB (Rn 17). Ist vor Erlass des VB noch verspätet Widerspruch eingelegt worden,

sollte vor Zurückweisung des Antrags Gelegenheit zur Rücknahme
(Rn 7) gegeben werden. Es kann auch die Mitteilung genügen, dass
angenommen wird, der Antrag werde nicht mehr aufrechterhalten. –
10   **b) Bekanntmachung** des Beschlusses. Grundsätzlich formlos (§ 329
Abs 2 S 1), aber wegen § 329 Abs 2 S 2 Zustellung an Antragsteller,
11   wenn sofortige Erinnerung stattfindet (Rn 12). – **c) Rechtsbehelfe.**
aa) Gegen Zurückweisung des Antrags auf VB durch Beschluss des
Rechtspflegers sofortige Beschwerde (§ 11 Abs 1 RPflG, § 567 Abs 1
12   Nr 2). **bb)** Gegen die (auch nur teilweise) Zurückweisung von Kosten
(vgl Rn 17) findet je nach Höhe des Beschwerdewerts (§ 567 Abs 2 S 2)
sofortige Beschwerde (§ 104 Abs 3 S 1, § 11 Abs 1 RPflG) oder sofortige Erinnerung (§ 11 Abs 2 RPflG) statt. Die Beschwerdesumme beträgt 50 Euro (§ 567 Abs 2 S 2), wenn es nur um die Höhe, 100 Euro
(§ 567 Abs 2 S 1), wenn es um die Kostenüberbürdung geht.

13   **4. Erlass des Vollstreckungsbescheids** (Abs 1 S 1) bis zur Abgabe
durch den Rechtspfleger (§ 20 Nr 1 RPflG) des Mahngerichts. Ist abgegeben worden, so ist der Rechtspfleger des Prozessgerichts zuständig
(Abs 1 S 3). Das gilt auch dann, wenn kein Widerspruch eingelegt ist
und irrtümlich abgegeben wurde (aA München NJW–RR 89, 128) oder
der Widerspruch als unwirksam erkannt wird (BGH NJW 98, 235). –
14   **a) Voraussetzungen.** Sie sind von Amts wegen zu prüfen. Nicht dazu
gehört der Bestand der Forderung. **(1)** Antrag. Er muss wirksam, rechtzeitig und inhaltlich ordnungsgemäß sein (Rn 2–5). **(2)** Widerspruch
(§ 694) darf zZ der Entscheidung noch nicht eingelegt, muss zurückgenommen sein oder wird als unwirksam erkannt. Die Rücknahme des
Antrags auf streitige Verhandlung (§ 696 Abs 4) genügt nicht (§ 696 Rn
14). **(3)** Widerspruchsfrist (§ 694 Rn 3) muss abgelaufen sein. **(4)**
Wirksame Zustellung des MB (§ 693 Rn 1). **(5)** Mahnbescheid muss
wirksam und noch gem § 701 in Kraft sein. **(6)** Zulässigkeit des VB. Die
in § 691 Rn 2–4 genannten Prozessvoraussetzungen und die besonderen
des Mahnverfahrens (§ 688) müssen vorliegen, insbes die Zuständigkeit
des § 689 Abs 2 (BGH NJW 90, 1119) oder des Empfangsgerichts
15   (Abs 1 S 3). – **b) Form** (Abs 2): Bei maschineller Bearbeitung wird der
VB selbständig gem § 703 b Abs 1 ausgedruckt; andernfalls wird er mit
Unterschrift des Rechtspflegers auf einem selbständigen Formular erstellt. Die Unterschrift ist nicht nachholbar, wenn inzwischen Widerspruch (§ 694 Abs 1) eingelegt wird (München MDR 83, 675). –
16   **c) Inhalt.** Er ergibt sich aus dem Vordruck. Der VB kann auch als
TeilVB erlassen werden (Rn 5). Bestimmung der Einspruchsfrist gemäß
§ 339 Abs 2.

17   **5. Kosten** (Abs 3). – **a) Aufnahme** in den VB. Die notwendigen
Kosten (§ 91) sind ohne besonderen Antrag aufzunehmen und wie bei
§ 104 zu prüfen (LG Stuttgart Rpfleger 88, 537). Die Aufnahme (Abs 3
S 1) stellt gleichzeitig eine Kostenentscheidung und -festsetzung dar. Sie
schließt eine solche nach § 104 aus (hM; KG Rpfleger 95, 424 mwN).
Es sind alle bis zum Erlass des VB entstandenen Kosten aufzunehmen

und stets dem Antragsgegner aufzuerlegen, bei TeilVB nicht die Kosten des MB (LG Hagen Rpfleger 90, 518). – **b) Umfang.** Die Kosten **17 a** umfassen auch die Gerichtsgebühren der gem § 2 GKG davon befreiten Antragsteller (vgl § 692 Rn 4). Eine nachträgliche Ergänzung des VB oder ein von vorneherein darauf gegründeter Kostenfestsetzungsbeschluss werden für zulässig gehalten (München NJW-RR 97, 895; MüKo/Holch 41, 42; aA KG Rpfleger 95, 424). Kostenberechnung (Gebühren und Auslagen) obliegt dem Antragsteller. Glaubhaftmachung oder Versicherung (§ 104 Abs 2) darf nicht verlangt werden. Verzinsung (nur auf Antrag) wird ab Erlass des VB ausgesprochen (entspr § 104 Abs 1 S 2). Hat der Antragsgegner vor dem Antrag auf VB gezahlt, der Antragsteller dies entgegen Abs 1 S 2 Hs 2 nicht angegeben und wird VB erlassen, ist Einspruch einzulegen, um über § 91 a die Kostenfolge abzuwenden. Die sog Inkassokosten können nicht als Kosten, sondern nur als Verzugsschaden (§ 286 BGB) und Nebenforderung geltend gemacht werden. – **c) Gebühren:** Für das Gericht verbleibt es bei den **18** bereits angefallenen aus KV 1100. RA: § 43 Abs 1 Nr 3 BRAGO.

6. Rechtsbehelfe. a) Vollstreckungsbescheid. Es findet Einspruch **19** statt (§ 700 Abs 1, § 338), keine Erinnerung (§ 11 Abs 3 S 2 RPflG), auch soweit der VB nur teilweise erlassen ist. – **b) Kostenfestsetzung 20** (Rn 17). Es finden die gemäß § 104 Abs 3 S 1 vorgesehenen Rechtsbehelfe statt: (sofortige Beschwerde oder sofortige Erinnerung (vgl Rn 12), weil auch gegen die Kostenfestsetzung im VB ein Rechtsbehelf gegeben sein muss und der Einspruch nicht auf Kostenpositionen beschränkt werden kann.

7. Zustellung des VB (Abs 4). – **a) Grundsatz** (Abs 4 S 1 Hs 1). **21** Der VB wird in einer Ausfertigung von Amts wegen zugestellt durch die Geschäftsstelle desjenigen Gerichts, das ihn erlassen hat. Das gilt nur, soweit nicht Rn 22 zutrifft. Ist von Amts wegen zugestellt, erhält der Antragsteller über §§ 795, 724 eine vollstreckbare Ausfertigung des VB, auf der die Zustellung (mit Datum) vom Urkundsbeamten bescheinigt ist. Die Zustellungsurkunde (§ 190) bleibt jedenfalls im Gerichtsakt. – **b) Unterbleiben der Zustellung von Amts wegen** (Abs 4 S 1, **22** 2) ist die Ausnahme. **aa) Voraussetzung** ist Antrag des Antragstellers auf Übergabe des VB zur Zustellung im Parteibetrieb (§ 191 nF Rn 1 ff). Form: § 702. Kann schon im Antrag auf VB (Rn 2) enthalten sein. **bb) Folgen.** Dem Antragsteller wird die Ausfertigung des VB **23** übergeben oder übersandt; er kann die Zustellung im Parteibetrieb (§§ 191 ff nF) vornehmen lassen. Diese Zustellung setzt die Einspruchsfrist in Lauf (Koblenz NJW 81, 408; Bischof NJW 80, 2235) und genügt für § 750 Abs 1 S 2. Für die Zustellung muss der Antragsteller selbst einen Gerichtsvollzieher beauftragen (Abs 4 S 2 Hs 2). – **c) Öffentliche 24 Zustellung** des VB (Abs 4 S 3) kommt nur dann in Betracht, wenn der MB wirksam (also nicht öffentlich) zugestellt wurde (vgl § 688 Abs 1 Nr 3) und danach die Voraussetzungen des § 203 (ab 1. 7. 02: § 185) eingetreten sind. Zuständig ist das Gericht, bei dem das Mahnverfahren hängt; das kann nach Abgabe und nachfolgender Rücknahme des Widerspruchs (§ 697 Abs 4) das Prozessgericht sein (Abs 1 S 3). Die öffentliche Zustellung (§ 204 Abs 2; ab 1. 7. 02: § 186 Abs 2) bewilligt der Rechtspfleger (§ 4 Abs 1, § 20 Nr 1 RPflG). Sie erfolgt durch die Anheftung (der Benachrichtigung gem § 186 Abs 2 S 2 nF) an der Gerichtstafel des im Mahnbescheid gem § 692 Abs 1 Nr 1, § 690 Abs 1 Nr 5 als zuständig bezeichneten Gerichts (Abs 4 S 3).

§ 700 Einspruch gegen den Vollstreckungsbescheid

(1) **Der Vollstreckungsbescheid steht einem für vorläufig vollstreckbar erklärten Versäumnisurteil gleich.**

(2) **Die Streitsache gilt als mit der Zustellung des Mahnbescheids rechtshängig geworden.**

(3) **[1]Wird Einspruch eingelegt, so gibt das Gericht, das den Vollstreckungsbescheid erlassen hat, den Rechtsstreit von Amts wegen an das Gericht ab, das in dem Mahnbescheid gemäß § 692 Abs. 1 Nr. 1 bezeichnet worden ist, wenn die Parteien übereinstimmend die Abgabe an ein anderes Gericht verlangen, an dieses. [2]§ 696 Abs. 1 Satz 3 bis 5, Abs. 2, 5, § 697 Abs. 1, 4, § 698 gelten entsprechend. [3]§ 340 Abs. 3 ist nicht anzuwenden.**

(4) **[1]Bei Eingang der Anspruchsbegründung ist wie nach Eingang einer Klage weiter zu verfahren, wenn der Einspruch nicht als unzulässig verworfen wird. [2]§ 276 Abs. 1 Satz 1, 3, Abs. 2 ist nicht anzuwenden.**

(5) **Geht die Anspruchsbegründung innerhalb der von der Geschäftsstelle gesetzten Frist nicht ein und wird der Einspruch auch nicht als unzulässig verworfen, bestimmt der Vorsitzende unverzüglich Termin; § 697 Abs. 3 Satz 2 gilt entsprechend.**

(6) **Der Einspruch darf nach § 345 nur verworfen werden, soweit die Voraussetzungen des § 331 Abs. 1, 2 erster Halbsatz für ein Versäumnisurteil vorliegen; soweit die Voraussetzungen nicht vorliegen, wird der Vollstreckungsbescheid aufgehoben.**

1   **1. Bedeutung und Wirkung** des VB. – **a) Gleichstehen** mit Versäumnisurteil (Abs 1). **aa) Rechtsbehelf.** Es findet ausschließlich Einspruch statt (§ 338; vgl § 11 Abs 3 S 2 RPflG). Die Zwangsvollstreckung kann bei Einspruch einstweilen eingestellt werden (§§ 719, 707).
2   § 717 ist anwendbar. **bb) Rechtskraft.** Bei ordnungsgem Zustellung des VB tritt mit versäumter Einspruchsfrist Rechtskraft ein, formell (§§ 705, 339 Abs 1) und materiell (§§ 322–327; hM; BGH 101, 380; aA StJSchlosser 10; Grün NJW 91, 2860: nicht für §§ 134, 138 BGB). Es darf gegen eine ZwVollstr allein § 826 BGB zugelassen werden (BGH aaO; Brox/Walker 1349; aA Grün aaO: § 812 BGB und § 767). Das ist nur ausnahmsweise gegeben (BGH 112, 54 und NJW 99, 1257), insbes dann nicht, wenn der Antragsgegner durch einen RA vertreten war

(BGH NJW 87, 3259), der Anspruch keine fallgruppentypischen Merkmale der Sittenwidrigkeit hat (BGH 103, 44 und NJW 98, 2818), unvollkommen war, zB § 656 BGB (aA LG Essen NJW-RR 90, 1209) oder in der Höhe unstimmig begründet ist (BGH NJW 91, 1884). Die Vollstreckungsorgane haben dies nicht zu beachten (allgM; Geißler DGVZ 89, 129 [136]). – **b) Rechtshängigkeit** (Abs 2). Ihr Eintritt 3 wird rückwirkend fingiert, bezogen auf die Zustellung des MB (§ 693 Abs 1). Voraussetzung ist lediglich Erlass des VB (§ 699 Abs 1 S 1), nicht seine Zustellung. Wirkung: § 261 Abs 3. – **c) Klagerücknahme** 4 kann gem § 269 erklärt werden und steht im Gegensatz zur Rücknahme des Antrags auf Durchführung des Streitverfahrens (§ 696 Abs 4, dort Rn 14) unter Anwaltszwang (Koblenz Büro 84, 461).

2. Einspruch gegen den VB findet gemäß § 338 statt (Abs 1). – 5 **a) Form:** § 340; aber nur dessen Abs 1 und 2 gelten, denn Abs 3 S 2 erklärt § 340 Abs 3 (Einspruchsbegründung) für unanwendbar, weil die Anspruchsbegründung noch nicht vorliegt. Für Vollmachtnachweis gilt § 703. Adressat ist das Gericht, das den VB erlassen hat (§ 699 Rn 13). Auch der Einspruch gegen einen VB muss grundsätzlich unterzeichnet sein (BGH 101, 134). Selbst wenn den VB nach Rücknahme des Widerspruchs (§ 697 Abs 4) oder Antrags auf Durchführung des Streitverfahrens das LG erlassen hat (§ 699 Abs 1 S 3), besteht wegen § 88 Abs 2 kein Zwang zum Vollmachtnachweis und kein Anwaltszwang, weil die §§ 703, 702, 78 Abs 3 wieder gelten (hM). – **b) Frist:** Notfrist von 2 6 Wochen ab Zustellung des VB (§ 339 Abs 1), auch wenn sie im Parteibetrieb (§ 699 Rn 23) und ohne Rechtsbehelfsbelehrung erfolgt ist (Karlsruhe Justiz 87, 427). Vor dem ArbG eine Woche (§ 46a Abs 1, § 59 S 1 ArbGG). – **c) Rücknahme des Einspruchs** (hierzu Fischer 7 MDR 94, 124 [126]). Wie jeder Rechtsbehelf kann auch der Einspruch, nachdem er eingelegt ist, ohne Einwilligung des Antragstellers (Klägers) zurückgenommen werden. Durch die Verweisung in Abs 3 S 2 auf § 697 Abs 4 ist er den Regeln unterstellt, die für die Rücknahme des Widerspruchs hinsichtlich Form und Zeitraum gelten (§ 697 Rn 13–15), so dass insbes kein Anwaltszwang besteht. Wegen § 346 gilt § 516 Abs 3 mit Zuständigkeit des Richters (Musielak/Voit 5 mwN). Selbstverständlich kann der Einspruch auch in einem späteren Verfahrensstadium zurückgenommen werden (§§ 516 Abs 1, 346). Mit wirksamer Rücknahme wird der VB rechtskräftig (§ 705 Rn 1) und der Rechtspfleger wieder zuständig (Frankfurt Rpfleger 90, 201).

3. Abgabe (Abs 3 S 1) ist von einer Verweisung zu unterscheiden 8 (wie § 696 Rn 2). – **a) Zuständig** ist der Rechtspfleger (§ 20 Nr 1 RPflG) des Gerichts, das den VB erlassen hat und bei dem der Einspruch einzulegen war (Rn 5). Dieser gibt nur ab und lässt nicht die Einspruchsschrift zustellen. – **b) Voraussetzung** ist lediglich, dass Einspruch eingelegt ist. Er muss nicht zulässig sein; das wird daher nicht geprüft. 9 Abgegeben wird auch innerhalb desselben Gerichts (§ 698). – **c) Entscheidung:** § 696 Rn 4. Bekanntmachung: § 696 Rn 5, weil Abs 3 10

S 2 auf § 696 Abs 1 S 3 verweist. Unanfechtbarkeit: wie § 696 Rn 6, weil Abs 3 S 2 auf § 696 Abs 1 S 3 verweist. Wirkung: wie § 696 Rn 7, weil Abs 3 S 2 auf § 696 Abs 1 S 4 verweist. Kosten: wie § 696 Rn 8,

11   weil Abs 3 S 2 auf § 696 Abs 1 S 5 verweist. – **d) Aktenersatz:** wegen Abs 3 S 2 wie § 696 Rn 10, weil auch auf § 696 Abs 2 verwiesen ist. –

12   **e) Bindung** tritt nicht ein. Das Empfangsgericht (wie § 696 Rn 22) wird durch die Abgabe in seiner Zuständigkeit nicht gebunden (Abs 3 S 2, § 696 Abs 5). Es kann daher den Rechtsstreit verweisen (Rn 14).

13   **4. Verfahren des Empfangsgerichts** (Abs 3 S 2; § 697 Abs 1 und 4). Mit Eingang der Akten (Rn 11) ist infolge des Abgabebeschlusses die Sache beim Empfangsgericht mit richterlicher Zuständigkeit anhängig

14   geworden (Abs 3 S 2, § 696 Abs 1 S 4). Daraus folgt: **a) Zuständigkeit** (örtlich und sachlich). Davon ist auszugehen. Trotz der fehlenden Bindung (Rn 12) darf nicht an ein anderes Gericht verwiesen werden, solange dessen Zuständigkeit nicht feststeht (idR nicht vor Anspruchsbegründung möglich). Es darf keinesfalls ohne Antrag verwiesen werden

15   (§ 281 Abs 1 S 1). – **b) Zustellung** der Einspruchschrift ist gemäß § 340 a von Amts wegen vorzunehmen. – **c) Zulässigkeit** des Einspruchs ist gemäß § 341 Abs 1 S 1 zu prüfen. Ein unzulässiger Einspruch ist durch Beschluss zu verwerfen (§ 341 Abs 1 S 2); es ist weder zur Anspruchsbegründung aufzufordern (Rn 16) noch Termin zu bestimmen (§ 341 a). Stellt sich die Unzulässigkeit später heraus, kann der Einspruch (durch Urteil) verworfen werden, solange eine Sachentschei-

16   dung noch nicht ergangen ist. – **d) Anspruchsbegründung** (Abs 3 S 2; § 697 Abs 1). Begriff, Zeitpunkt und Aufgabe durch die Geschäftsstelle: wie § 697 Rn 4.

17   **5. Eingang der Anspruchsbegründung** (Abs 4). Es ist gleichgültig, ob rechtzeitig (innerhalb der Zwei-Wochen-Frist; Abs 3 S 2, § 697 Abs 1) oder verspätet (Rn 18); auch wenn sie verfrüht erfolgt ist (§ 697 Rn 3). Nur bei zulässigem Einspruch (vgl Rn 15) ist wie bei einer Klage weiter zu verfahren (Abs 4 S 1). Es ist entweder Termin zur mdl Vhdlg zu bestimmen (§ 341 a) oder Frist zur Klageerwiderung zu setzen (§ 276 Abs 1 S 2). § 343 gilt auch für den VB (Abs 1).

18   **6. Unterbliebene Anspruchsbegründung** (Abs 5). Nur wenn der Einspruch zulässig ist (Rn 15), wird Termin bestimmt, von Amts wegen (im Gegensatz zu § 697 Abs 3, also ohne Antrag des Beklagten) und unverzüglich (wie § 216 Abs 2). Zugleich setzt der zuständige Richter dem Kläger eine Frist zur Anspruchsbegründung (wie § 697 Rn 7). Wird die Frist versäumt oder unterbleibt die Anspruchsbegründung ganz, treten dieselben Folgen ein wie bei § 697 Abs 3 S 2 Hs 2, nämlich die Möglichkeit der Präklusion gemäß § 296 Abs 1 (Abs 5 Hs 2).

19   **7. Säumnis des Beklagten** (Einspruchsführers) im Einspruchstermin (Abs 6). Das ist der gemäß § 341 a bestimmte oder der, auf den diese Verhandlung vertagt ist (§ 345). Ist der Beklagte säumig (§ 345

20   Rn 3), so hat das Gericht folgende Möglichkeiten: **a) Verwerfung des Einspruchs,** wenn erst im Einspruchstermin (§ 341 a) dessen Unzuläs-

sigkeit (§ 341 Abs 1 S 1) erkannt wird, durch (streitiges) Endurteil. –
b) Zweites Versäumnisurteil durch Verwerfung des Einspruchs ge- 21
mäß § 345 (Abs 6 Hs 1). Dieses erfordert: **aa)** Alle Voraussetzungen des
§ 345 (vgl dort Rn 1–4). Das sind: **(1)** Zulässiger Einspruch (§ 341
Abs 1 S 1). **(2)** Säumnis des Einspruchsführers (1 vor § 330). **(3)** Ordnungsgemäß ergangener VB (§ 699 Rn 13–16; BGH 73, 87). **bb)** Außerdem müssen wegen Abs 6 Hs 1 die Voraussetzungen des § 331 Abs 1
und 2 Hs 1 vorliegen. Das bedeutet: **(1)** Zulässigkeit der Klage (§ 331
Rn 3). **(2)** Schlüssigkeit (§ 331 Rn 5). **(3)** Antrag auf Versäumnisurteil
(§ 331 Abs 1 S 1). – **c) Aufhebung des Vollstreckungsbescheids** 22
(Abs 6 Hs 2) und Abweisung der Klage durch streitiges Endurteil (sog
unechtes Versäumnisurteil, 12 vor § 330), wenn die Voraussetzungen des
§ 331 Abs 1 und 2 Hs 2 nicht vorliegen, nämlich die Klage unzulässig
oder unschlüssig ist. Dies entspricht der Regelung des § 343 S 2. –
d) Zurückweisung des Antrags auf Versäumnisurteil, wenn eine der 23
Voraussetzungen des § 335 Abs 1 vorliegt. – **e) Vertagung** von Amts 24
wegen gemäß § 227 Abs 1 S 1 oder § 337 S 1, auch auf Antrag des
Klägers (§ 335 Rn 9).

§ 701 Wegfall der Wirkung des Mahnbescheids

**¹Ist Widerspruch nicht erhoben und beantragt der Antragstel-
ler den Erlaß des Vollstreckungsbescheids nicht binnen einer
sechsmonatigen Frist, die mit der Zustellung des Mahnbescheids
beginnt, so fällt die Wirkung des Mahnbescheids weg. ²Dasselbe
gilt, wenn der Vollstreckungsbescheid rechtzeitig beantragt ist,
der Antrag aber zurückgewiesen wird.**

1. Voraussetzungen des Wegfalls der Wirkungen des MB sind alter- 1
nativ: **a) Unterbliebener Antrag** auf VB (S 1), obwohl MB (§ 692)
erlassen ist und Widerspruch (§ 694) nicht eingelegt oder zurückgenommen (§ 697 Abs 4). – **b) Zurückgewiesener Antrag** auf VB (S 2). 2
Das gilt erst mit der Entscheidung des Beschwerdegerichts (vgl § 699
Rn 11, ZöVollkommer 3) und nur dann, wenn aus einem Grund zurückgewiesen ist, der nicht allein in der Unwirksamkeit des Antrags
liegt, insbes Form, Zeitpunkt oder Inhalt (vgl § 699); denn der Antrag
auf VB kann innerhalb der Frist des S 1 wirksam neu gestellt werden.
Weil die Zurückweisung nicht formell rechtskräftig wird (§ 699 Rn 11)
bleiben für die Anwendung von S 2 nur die Fälle, in denen aus § 699
Rn 14 (dort ff) der Antrag auf VB zurückgewiesen wurde (vgl hierzu
Vollkommer in Anm zu LG Frankfurt Rpfleger 82, 295). Wegen der
indirekten Verweisung auf S 1 („dasselbe gilt") ist S 2 nur anwendbar,
wenn Widerspruch nicht eingelegt oder zurückgenommen wurde
(Rn 1).

2. Frist. Sie beginnt mit Zustellung des MB gem § 693 Abs 1 (Zö- 3
Vollkommer 4) und wird nach § 222 berechnet. Sie wird gehemmt,
wenn Widerspruch eingelegt ist und läuft ab Rücknahme des Wider-

spruchs (§ 697 Abs 4) weiter. Gewahrt wird die Frist mit Eingang des
Antrags auf VB (§ 699 Abs 1).

4   **3. Wirkung.** Die des MB fällt weg, auch die des § 693 Abs 2. Für
die Verjährung gilt § 213 BGB. Ein VB kann nicht mehr erteilt werden
(§ 699 Rn 14, dort 5).

§ 702 Form von Anträgen und Erklärungen

(1) ¹**Im Mahnverfahren können die Anträge und Erklärungen
vor dem Urkundsbeamten der Geschäftsstelle abgegeben werden.**
²**Soweit Vordrucke eingeführt sind, werden diese ausgefüllt; der
Urkundsbeamte vermerkt unter Angabe des Gerichts und des
Datums, daß er den Antrag oder die Erklärung aufgenommen
hat.** ³**Auch soweit Vordrucke nicht eingeführt sind, ist für den
Antrag auf Erlaß eines Mahnbescheids oder eines Vollstreckungsbescheids bei dem für das Mahnverfahren zuständigen Gericht
die Aufnahme eines Protokolls nicht erforderlich.**

**(2) Der Antrag auf Erlaß eines Mahnbescheids oder eines Voll-
streckungsbescheids wird dem Antragsgegner nicht mitgeteilt.**

1   **Anwendbar** auf alle Anträge und Erklärungen, insbes Mahnantrag
(§ 690), Widerspruch (§ 694), Antrag auf Durchführung des streitigen
Verfahrens (§ 696 Abs 1), Antrag auf VB (§ 699 Abs 1), Rücknahme
2   dieser Anträge und Erklärungen. **Erklärung vor der Geschäftsstelle**
(Abs 1 S 1). Der Urkundsbeamte nimmt sie entgegen und vermerkt im
Akt mit Angabe des Datums ohne Aufnahme eines Protokolls (§ 129 a),
3   dass die betreffende Erklärung abgegeben wurde. **Vordrucke** (Abs 1
S 2): Sind sie gem § 703 c eingeführt, müssen die Anträge und Erklärungen durch Ausfüllen des Vordrucks abgegeben werden. Hier bestätigt
der Urkundsbeamte, der bei der Ausfüllung helfen kann, die Aufnahme
lediglich durch die Angabe von Gericht, Datum und Unterschrift.
4   **Erklärung zu Protokoll** ist wegen Abs 1 S 3 für Mahnantrag (§ 690)
und Antrag auf VB (§ 699 Abs 1) nur notwendig, wenn die Anträge
gem § 129 a vor einem anderen AG als demjenigen gestellt werden, bei
dem das Mahnverfahren anhängig ist; vor diesem genügt die Erklärung
5   ohne Protokoll (Abs 1 S 1). **Mitteilung** (Abs 2) der Anträge auf MB
(§ 690) und VB (§ 699 Abs 1) an den Antragsgegner unterbleibt. Das
bedeutet eine zulässige Einschränkung des vorherigen rechtlichen Gehörs (Einl I Rn 9).

§ 703 Kein Nachweis der Vollmacht

¹**Im Mahnverfahren bedarf es des Nachweises einer Vollmacht
nicht.** ²**Wer als Bevollmächtigter einen Antrag einreicht oder
einen Rechtsbehelf einlegt, hat seine ordnungsgemäße Bevollmächtigung zu versichern.**

Anwendbar: wie § 702; jedoch gilt § 703 auch für den Einspruch **1**
(§ 700 Rn 1). **Entbehrlicher Vollmachtsnachweis** (S 1). Die Vollmacht muss erteilt sein. Nur ihr Nachweis ist entbehrlich. Eine schriftliche Vollmacht darf vom Gericht (Rechtspfleger und Urkundsbeamter)
bis zum Ende des Mahnverfahrens nicht verlangt werden. **Versicherung 2
der Vollmacht** (S 2): Der Bevollmächtigte (wie § 80) versichert (nicht
eidesstattlich) in der Form des § 702 im Vordruck oder vor dem Urkundsbeamten zwecks Aufnahme in den Akt. Die Versicherung ist aber
nur nötig für Anträge (§ 690, § 696 Abs 1, § 699 Abs 1) und Rechtsbehelfe, nämlich Widerspruch (§ 694), Einspruch (§ 700 Abs 3), Erinnerung (§ 11 RPflG) und sofortige Beschwerde (§ 567 Abs 1). Die Versicherung ersetzt den Vollmachtsnachweis (§ 80), aber nur für das Mahnverfahren, nicht für eine nachfolgende Zwangsvollstreckung, weil § 81
den Nachweis gem § 80 voraussetzt. **Fehlende Vollmacht.** Stellt sich im **3**
weiteren Verfahren heraus, dass die Vollmacht nicht erteilt war, so sind die
vorgenommenen Prozesshandlungen unwirksam (Einl III Rn 10).

§ 703 a Urkunden-, Wechsel- und Scheckmahnverfahren

(1) **Ist der Antrag des Antragstellers auf den Erlaß eines Ur-
kunden-, Wechsel- oder Scheckmahnbescheids gerichtet, so wird
der Mahnbescheid als Urkunden-, Wechsel- oder Scheckmahnbescheid bezeichnet.**

(2) ¹**Für das Urkunden-, Wechsel- und Scheckmahnverfahren
gelten folgende besondere Vorschriften:**

1. **die Bezeichnung als Urkunden-, Wechsel- oder Scheckmahnbescheid hat die Wirkung, daß die Streitsache, wenn rechtzeitig Widerspruch erhoben wird, im Urkunden-, Wechsel- oder
Scheckprozeß anhängig wird;**
2. **die Urkunden sollen in dem Antrag auf Erlaß des Mahnbescheids und in dem Mahnbescheid bezeichnet werden; ist die
Sache an das Streitgericht abzugeben, so müssen die Urkunden in Urschrift oder in Abschrift der Anspruchsbegründung
beigefügt werden;**
3. **im Mahnverfahren ist nicht zu prüfen, ob die gewählte Prozeßart statthaft ist;**
4. **beschränkt sich der Widerspruch auf den Antrag, dem Beklagten die Ausführung seiner Rechte vorzubehalten, so ist der
Vollstreckungsbescheid unter diesem Vorbehalt zu erlassen.**
²**Auf das weitere Verfahren ist die Vorschrift des § 600 entsprechend anzuwenden.**

1. Allgemeines. § 703 a schafft ein besonders ausgestaltetes Mahn- **1**
verfahren, wobei die §§ 592–605 a (Urkundenprozess) berücksichtigt
werden. Es gelten grundsätzlich die §§ 688–703, 703 b–d; jedoch gehen
die Sonderregeln des § 703 a vor oder sie ergänzen. Abstandnahme vom
Urkunden-, Wechsel- und Scheckverfahren gem § 596 mit Übergang in

das gewöhnliche Mahnverfahren ist zulässig und geboten, wenn der Antragsteller eine der Voraussetzungen von § 703 a nicht erfüllen kann.

2   **2. Besonderheiten.** Wegen Abs 1 muss der MB als Urkunden-, Wechsel- oder Scheckmahnbescheid ausdrücklich bezeichnet sein; im Vordruck durch Ausfüllen des Feldes vor MB. Dasselbe gilt für den VB. –
3   **a) Nr 1:** Mit Widerspruch (§ 694) wird der Rechtsstreit ohne weitere Erklärung zum Urkunden-, Wechsel- oder Scheckprozess (§§ 592, 602, 605 a). Die Rechtshängigkeit tritt nach allgemeinen Regeln ein (§ 696
4   Abs 3, § 700 Abs 2), die Fristwahrung nach § 693 Abs 2. – **b) Nr 2.** Hs 1: Die Urkunden müssen identifizierbar bezeichnet sein (BGH NJW 01, 305). Ohne eine ausreichende Bezeichnung darf der MB nicht erlassen werden (§ 691 Abs 1), ist aber auch in diesem Falle wirksam, weil Nr 2 als Sollvorschrift ausgestaltet ist. Hs 2: Besonders bei Wechseln und Schecks ist wegen der Bedeutung des Besitzes dringend zu empfehlen, nur Abschriften (Ablichtungen) einzureichen. Nach Abgabe (§ 696 Abs 1) sind sie der Anspruchsbegründung (§ 697 Abs 1) als Anlage beizufügen, um die Erfordernisse des § 593 Abs 2 zu erfüllen. Für Antrag auf VB sind sie
5   nicht nötig. – **c) Nr 3:** Die Zulässigkeit der Prozessart (§§ 592, 602,
6   605 a) ist im gesamten Mahnverfahren nicht zu prüfen. – **d) Nr 4:** Ist der Widerspruch (§ 694) auf den Vorbehalt (§ 599 Abs 1, § 600 Abs 1) beschränkt, so darf der VB auf Antrag (§ 699 Abs 1) erlassen werden, muss aber den Vorbehalt gem § 600 Abs 1 aufweisen; in diesem Fall findet nicht Einspruch (§ 700 Abs 3) statt, sondern der Rechtsstreit bleibt im gewöhnlichen Streitverfahren anhängig (§ 600 Abs 1), in das gem § 697 übergeleitet wird. Ist der Widerspruch unbeschränkt, gilt Nr 1 und es wird in den Urkunden-, Wechsel- oder Scheckprozess übergeleitet.

§ 703 b Sonderregelungen für maschinelle Bearbeitung

(1) **Bei maschineller Bearbeitung werden Beschlüsse, Verfügungen und Ausfertigungen mit dem Gerichtssiegel versehen; einer Unterschrift bedarf es nicht.**

(2) **Der Bundesminister der Justiz wird ermächtigt, durch Rechtsverordnung mit Zustimmung des Bundesrates den Verfahrensablauf zu regeln, soweit dies für eine einheitliche maschinelle Bearbeitung der Mahnverfahren erforderlich ist (Verfahrensablaufplan).**

1   Abs 1: Es genügt das gedruckte Gerichtssiegel; dieses ersetzt Unterschrift und Stempel. Abs 2: Die VO ist noch nicht erlassen.

§ 703 c Vordrucke; Einführung der maschinellen Bearbeitung

(1) [1]**Der Bundesminister der Justiz wird ermächtigt, durch Rechtsverordnung mit Zustimmung des Bundesrates zur Vereinfachung des Mahnverfahrens und zum Schutze der in Anspruch genommenen Partei Vordrucke einzuführen.** [2]**Für**

1. **Mahnverfahren bei Gerichten, die die Verfahren maschinell bearbeiten,**
2. **Mahnverfahren bei Gerichten, die die Verfahren nicht maschinell bearbeiten,**
3. **Mahnverfahren, in denen der Mahnbescheid im Ausland zuzustellen ist,**
4. **Mahnverfahren, in denen der Mahnbescheid nach Artikel 32 des Zusatzabkommens zum NATO-Truppenstatut vom 3. August 1959 (Bundesgesetzbl. 1961 II S. 1183, 1218) zuzustellen ist,**

können unterschiedliche Vordrucke eingeführt werden.

(2) **Soweit nach Absatz 1 Vordrucke für Anträge und Erklärungen der Parteien eingeführt sind, müssen sich die Parteien ihrer bedienen.**

(3) **Die Landesregierungen bestimmen durch Rechtsverordnung den Zeitpunkt, in dem bei einem Amtsgericht die maschinelle Bearbeitung der Mahnverfahren eingeführt wird; sie können die Ermächtigung durch Rechtsverordnung auf die Landesjustizverwaltungen übertragen.**

Allgemeines. Die Teile des Vordrucksatzes sind auswechselbar. Bloße **1** Kopien ersetzen den Vordruck nicht (LG Stuttgart CR 89, 290 mit Anm von Hoene). **Vordrucke** (Abs 1): S 1 entspricht dem § 659 Abs 1. S 2 **2** dient nur der Klarstellung. Die VO zu Nr 1 ist vom 6. 6. 78 (BGBl I 705), zuletzt geändert durch Art 2 § 3 EuroEG; die zu Nr 2 vom 6. 5. 77 (BGBl I 693), zuletzt geändert durch Art 31 EuroRpflG. Für das arbeitsgerichtliche Mahnverfahren (§ 46 a Abs 7 ArbGG) gilt die VO vom 15. 12. 77 (BGBl I 2625), zuletzt geändert durch Art 32 EuroRpflG. **Benutzungszwang** (Abs 2). Für Antrag auf MB und VB müs- **3** sen die Vordrucke benutzt werden. Andernfalls sind die Anträge nach Fristsetzung als unzulässig zurückzuweisen. Einem neuen Antrag steht das nicht entgegen. Rücknahme des ersten ist geboten; wegen § 691 Abs 2 ggf Klage (vgl Salten MDR 95, 668). Für die zuzustellende Ausfertigung des VB ist der für den Antragsgegner bestimmte Vordruck zu verwenden (LG Darmstadt NJW 86, 1945 und DGVZ 96, 62 mwN; bestr). Obwohl für den Widerspruch Vordrucke eingeführt sind, geht die Soll-Vorschrift des § 692 Abs 1 Nr 5 vor (dort Rn 9). Für Einspruch (§ 700 Rn 5) und Rechtsbehelfe sind Vordrucke nicht vorgesehen. **Maschinelle Bearbeitung** (Abs 3). Ist im Zusammenhang mit § 689 **4** Abs 3 zu sehen; der Zeitpunkt kann dadurch aufeinander abgestimmt werden.

§ 703 d Antragsgegner ohne allgemeinen inländischen Gerichtsstand

(1) **Hat der Antragsgegner keinen allgemeinen Gerichtsstand im Inland, so gelten die nachfolgenden besonderen Vorschriften.**

(2) ¹ Zuständig für das Mahnverfahren ist das Amtsgericht, das
für das streitige Verfahren zuständig sein würde, wenn die Amtsgerichte im ersten Rechtszug sachlich unbeschränkt zuständig
wären. ² § 689 Abs. 3 gilt entsprechend.

1   **Anwendungsbereich** (Abs 1): Die Vorschrift setzt zunächst voraus,
dass die deutschen Gerichte international zuständig sind. Dies beurteilt
sich nach der EuGVVO, dem LGVÜ oder autonomen Recht. Gem
§ 688 Abs 3 muss die Zulässigkeit des Mahnverfahrens eröffnet sein, der
Antragsgegner im Inland keinen allgemeinen Gerichtsstand (§§ 12–18)
haben, aber einen besonderen (§§ 20–32) oder einen vereinbarten
(§ 38), soweit nicht Art 23 EuGVVO entgegensteht (ZöVollkommer 2).
Auf den allgemeinen Gerichtsstand des Antragstellers (§ 689 Abs 2)
kommt es nicht an (BGH NJW 81, 2647). Abs 2 erstreckt den Gerichtsstand nicht auf weitere Antragsgegner als Gesamtschuldner, die im Inland
2   einen allgemeinen Gerichtsstand haben (BGH NJW 95, 3317). **Mahngericht** (Abs 2) ist das AG (im Fall des § 689 Abs 3 das zentrale Mahngericht, BGH NJW 93, 2752), für das der inländische Gerichtsstand
besteht. Sind es mehrere Gerichtsstände, gilt § 35. Das für das Mahnverfahren zuständige AG bleibt nach Widerspruch als Prozessgericht zuständig oder gibt an das übergeordnete LG ab, wenn dieses sachlich zuständig ist.

Buch 8. Zwangsvollstreckung

Übersicht zu den Vorbemerkungen

Vorbemerkungen

1   **I. Allgemeines zur Zwangsvollstreckung**

1. Begriff. Sie ist das Verfahren, in dem Leistungs- und Haftungsansprüche durch staatlichen Zwang verwirklicht werden. Das Vollstreckungsverfahren ist unabhängig vom Erkenntnisverfahren und nicht dessen notwendige Folge, zB wenn der Gläubiger nicht vollstrecken will oder der Schuldner freiwillig leistet. Andererseits gibt es auch Vollstreckung ohne Erkenntnisverfahren, zB bei vollstreckbaren Urkunden (§ 794 Abs 1 Nr 5).

2   **2. Regelung.** Sie ist im 8. Buch enthalten. Dieses gilt grundsätzlich auch für Zwangsvollstreckung aus Titeln der Arbeitsgerichtsbarkeit (§§ 62, 85 ArbGG). Für die Vollstreckung aus Titeln der anderen Gerichtsbarkeiten gelten primär die VwGO, die FGO und das SGG, das 8. Buch der ZPO in diesen Fällen ergänzend. Für Steuerforderungen gelten die §§ 249–346 AO.

3   **3. Vollstreckungsanspruch** ist der Anspruch des Gläubigers gegen den Staat, dass seine Organe (Rn 4–8) die ZwVollstr durchführen. Er ist zu unterscheiden vom vollstreckbaren Anspruch (Rn 50), dem Recht des Gläubigers gegen den Schuldner, ein bestimmtes Tun, Unterlassen oder Dulden zu verlangen. Dieses muss in einem Vollstreckungstitel (Rn 14) enthalten sein.

4   **II. Organe der Zwangsvollstreckung.** Ihre Zuständigkeit ist ausschließlich (§ 802).

5   **1. Gerichtsvollzieher.** Er ist Zustellungs- und Vollstreckungsbeamter (§ 154 GVG). Ihm ist die Vollstreckung übertragen, soweit sie nicht den Gerichten zugewiesen ist (§ 753 Abs 1).

6   **2. Vollstreckungsgericht.** Es ist zuständig, soweit es im Gesetz ausdrücklich bestimmt ist. Vollstreckungsgericht ist idR (Ausnahme § 930 Abs 1 S 3) das Amtsgericht (§ 764 Abs 1), nämlich der Richter oder der Rechtspfleger nach Maßgabe von § 3 Nr 3 a, § 20 Nr 17 RPflG.

7   **3. Prozessgericht.** Es ist dasjenige des ersten Rechtszugs in den Fällen der §§ 887, 888, 890 zuständig.

8   **4. Grundbuchamt** (§ 1 GBO). Es ist das AG, zuständig in den Fällen der §§ 866, 867 und die Schiffsregisterbehörde bei § 870 a.

9   **III. Parteien der Zwangsvollstreckung.** Gläubiger und Schuldner gehören notwendig zu jeder Vollstreckung. Das kann nur sein, wer parteifähig ist (§ 50). Nach hM gilt ein formeller Parteibegriff, wonach es darauf ankommt, wer im Titel oder in der Klausel als derjenige bezeichnet ist, dem ein vollstreckbarer Anspruch zusteht (Gläubiger; Rn 10) oder gegen den sich dieser Anspruch richtet (Schuldner; Rn 11). Nach aA komme es darauf an, wer gegen wen die Vollstreckung beantragt. Zum Meinungsstand vgl Scherer JR 96, 45 mwN. Antragsteller und Antragsgegner kann der Schuldner wie der Gläubiger sein.

1. Vollstreckungsgläubiger ist derjenige, der die ZwVollstr aus dem **10** im Titel (Rn 14 ff) enthaltenen vollstreckbaren Anspruch (Rn 50) betreiben kann. Wer das ist, ergibt sich aus dem Titel selbst oder aus der Vollstreckungsklausel in den Fällen der §§ 727, 728, 742, 749. Dies muss sich wegen § 750 Abs 1 daraus ergeben.

2. Vollstreckungsschuldner ist derjenige, gegen den der im Titel **11** (Rn 14 ff) enthaltene vollstreckbare Anspruch (Rn 50) vollstreckt werden darf. Wer das ist, ergibt sich aus dem Titel oder aus der Vollstreckungsklausel in den Fällen der §§ 727–729, 739, 742, 744, 745 Abs 2, 749. Der Schuldner muss im Titel oder in der Klausel nach § 750 Abs 1 bezeichnet sein.

3. Dritte sind alle anderen Personen, die am Vollstreckungsverfahren **12** beteiligt sind. Wird ihre Rechtsstellung durch die Vollstreckung betroffen, können sie ihre Rechte als Erinnerungsführer (§ 766 Rn 20), Beschwerdeführer (§ 793 Rn 1) oder Drittwiderspruchskläger (§ 771 Rn 9) geltend machen. Ist auf Grund des Titels an einen Dritten zu leisten, kann dieser als Vollstreckungsgläubiger erst dann handeln, wenn der Titel wegen Rechtsnachfolge auf ihn umgeschrieben ist (§ 727).

IV. Voraussetzungen der Zwangsvollstreckung. Sie darf nur be- **13** ginnen, wenn Titel (Rn 14), Klausel (Rn 25), Zustellung (Rn 26) und gegebenenfalls die besonderen Voraussetzungen (Rn 27) vorliegen. Außerdem muss die ZwVollstr zulässig sein (Rn 38).

1. Vollstreckungstitel sind Entscheidungen und beurkundete Erklä- **14** rungen, aus denen durch Gesetz die Zwangsvollstreckung zugelassen ist. Der Titel muss bestehen und wirksam, er darf insbes nicht aufgehoben sein. **a) Arten.** Vollstreckungstitel sind insbes: inländische Urteile **15** (§ 704); ausländische Urteile nach Maßgabe der §§ 722, 723; Arreste und einstweilige Verfügungen (§§ 928, 936); Prozessvergleiche (§ 794 Abs 1 Nr 1), die in § 794 Abs 1 Nr 2–5 aufgeführten Entscheidungen und Urkunden, Anwaltsvergleiche (§ 796 a); Eintragung in die Tabelle (§ 201 Abs 2 InsO); bestätigter Insolvenzplan (§ 257 InsO); Zuschlagbeschluss (§§ 93, 132 ZVG); Entscheidungen und Vergleiche der Arbeitsgerichte (§§ 62, 85 ArbGG); Titel der freiwilligen Gerichtsbarkeit, zB Entscheidungen, Vergleiche und Anordnungen zur Ausgleichsforderung (§ 53 a FGG), Entscheidungen in Wohnungseigentumssachen (§ 43 WEG), Erbauseinandersetzungen (§ 98 FGG), Beschlüsse und Vergleiche in Landwirtschaftssachen (§ 31 LwVG), Kostenberechnung des Notars (§ 155 KostO), ferner Titel auf Grund von Landesgesetzen (vgl § 801). – **b) Bestimmtheit.** Inhalt, Art und Umfang der Vollstreckung **16** müssen sich ebenso wie die Parteien (§ 750 Rn 2) aus dem Titel bestimmt oder bestimmbar ergeben. **aa) Grundsätze.** Was der Schuldner zu leisten oder zu dulden hat, muss allein aus dem Titel, bei Entscheidungen allein aus der Formel erkennbar sein. Daher ist ein Titel unbestimmt, wenn die Leistung nur aus dem Inhalt anderer Schriftstücke, insbes aus dem Gerichtsakt (zB Gutachten, Schriftsatzanlagen) ermittelt werden kann (Hamm NJW 74, 652; Karlsruhe OLGZ 84, 341), zB der Unterhalt aus einer der gebräuchlichen Tabellen (Koblenz FamRZ 87, 1291) oder aus einem Lebenshaltungsindex (Karlsruhe OLGZ 91, 227 mwN; vgl auch § 794 Rn 51; aA LG Kempten DGVZ 96, 28).

17   bb) Lohn und Gehalt. Unzulässig ist es, die Höhe einer Leistung durch einen Bruchteil oder Prozentsatz des jeweiligen Lohnes festzulegen. Urteile, die auf Lohnzahlung einer bestimmten Geldsumme „brutto" lauten, sind bestimmt und zur ZwVollstr geeignet (hM; BAG NJW 85, 646; LG Mainz Rpfleger 98, 530 mwN), sofern dem Titel entnommen werden kann, für welche Personen und Zeiträume der Abzüge vorzunehmen sind (BAG WM 80, 851 [854]). Bruttolohnurteile sind so auszulegen, dass zum vollen angegebenen Betrag verurteilt ist. In diesem Fall sind die Abzüge an Steuern und Sozialversicherung über § 775 Nr 4, 5 oder § 766 zu berücksichtigen (Frankfurt OLGZ 90, **18** 327). **cc) Grundstücke.** Verpflichtung zur Auflassung eines Grundstücksteils muss diesen Teil eindeutig bezeichnen; bloße Angabe eines **19** Bruchteils genügt nicht (Koblenz OLGZ 76, 380). **dd) Kraftfahrzeuge,** die herauszugeben sind, müssen mindestens nach Typ und Baujahr, zusätzlich nach Fahrgestellnummer bezeichnet sein. Polizeiliches **20** Kennzeichen kann im Einzelfall genügen. **ee) Geldforderungen** müssen nach festem Betrag (BGH NJW 96, 2165), Zinsen nach Höhe und Laufzeit (Datum) bezeichnet sein. **ff) Handlungen und Unterlassungen** müssen möglichst konkret, nicht nur mit wiederholtem Gesetzestext umschrieben werden (Düsseldorf NJW-RR 99, 791). Sie können im Titel oft nur so bezeichnet werden, dass die verwendeten Begriffe richterlicher Wertung bedürfen. Das ist grundsätzlich zulässig). –

21   c) Vollstreckungsfähigen Inhalt hat ein Titel nur, wenn der Schuldner eine Leistung erbringen muss, weil nur dann eine Vollstreckung nach §§ 803–898 stattfinden kann. Dabei darf nicht kleinlich am Wortlaut festgehalten werden, wenn Sinn und Zusammenhang von Urteilsformel oder Vergleichswortlaut die zu erbringende Leistung ergeben. Feststellungs- und Gestaltungsurteile haben keinen vollstreckungsfähigen Inhalt.

22   d) Auslegung. Die Vollstreckungsorgane (Rn 4–8) haben den Titel nach allgemeinen Grundsätzen auszulegen, auch dahingehend, wer Gläubiger und Schuldner ist. Es darf dabei nur auf den Inhalt des Titels, nicht auf andere tatsächliche und rechtliche Umstände als gesetzliche Vorschriften oder Anlagen des Titels zurückgegriffen werden (hM; Stuttgart Rpfleger 97, 446 mwN und NJW-RR 99, 791). Für wertgesicherte Vollstreckungstitel vgl Stürner/Münch JZ 87, 178 [181]. Eine Klage auf Feststellung des Titelinhalts oder seiner Reichweite ist zulässig (BGH NJW 97, 2320 mwN), auch dann, wenn der Inhalt der Formel durch eine falsche Bezeichnung des Gegenstandes unrichtig und nicht

vollstreckbar ist, auch eine Berichtigung (§ 319) unmöglich erscheint
(BGH NJW 72, 2268). Ist der Inhalt auch nicht durch Auslegung festzustellen, so ist jede ZwVollstr unzulässig. Es kann aber auch aus dem
zugrundeliegenden Rechtsverhältnis (gegebenenfalls erneut) auf die begehrte Leistung geklagt werden. – **e) Parteienmehrheit** (vgl auch   **23**
§ 724 Rn 11, 12). **aa) Gläubiger** können Teil-, Gesamt- und Mitgläubiger (Gemeinschafts- oder Gesamthandgläubiger) sein. Gesamtgläu-
bigerschaft muss sich auf jeden Fall durch Bezeichnung im Titel ergeben,
weil im Zweifel Teilgläubigerschaft vorliegt (§ 420 BGB). **bb) Schuld-**   **24**
ner können Teil-, Gesamt- oder Gemeinschafts(insbes Gesamthand)-
schuldner sein (vgl Palandt 5–9 vor § 420). Was vorliegt, ist Auslegungsfrage (Rn 22), wenn der Titel keine wörtliche Einordnung aufweist. Im
Zweifel ist bei teilbaren Leistungen Teilschuldnerschaft anzunehmen
(§ 420 BGB). Daher sind mehrere Personen, die ohne Ausspruch der
Gesamtschuldnerschaft verurteilt sind, Teilschuldner zu gleichen Teilen
(§ 420 BGB), auch Ehegatten, soweit sich die Ausnahme des § 427
BGB nicht direkt aus dem Titel ergibt. Bei unteilbarer Leistung gilt
sowieso § 431 BGB.

2. Vollstreckungsklausel Sie ist Voraussetzung wegen § 724 und   **25**
bezeugt, dass der Titel vollstreckungsreif ist, im gewöhnlichen Fall (vgl
§ 725) für und gegen die im Titel bezeichneten Parteien oder in anderen
Fällen (§§ 727 bis 729, 738, 742, 744, 744 a, 745 Abs 2, § 749) gegen
Personen, die nicht im Titel aufgeführt sind.

3. Zustellung. Sie muss nach den §§ 166 ff wirksam ausgeführt sein.   **26**
Zugestellt werden müssen der Vollstreckungstitel (§ 750 Rn 8) und ggf
die in § 750 Abs 2, § 751 Abs 2, §§ 756, 765 bezeichneten Urkunden.
Der jeweils vorgeschriebene späteste Zeitpunkt ist den §§ 750,
751 Abs 2, § 756, 765, 798 zu entnehmen.

4. Besondere Voraussetzungen der Zwangsvollstreckung sind ggf   **27**
der Ablauf des bestimmten Kalendertags (§ 751 Abs 1), die Sicherheitsleistung (§ 751 Abs 2) und die Erfüllung oder das Angebot der Gegenleistung (§§ 756, 765).

V. Dauer der Zwangsvollstreckung. Sie ist oft erheblich.   **28**

1. Beginn. Die Zwangsvollstreckung fängt an mit der ersten Vollstreckungshandlung, die der Gerichtsvollzieher gegen den Schuldner
oder seine Sachen vornimmt (§ 758), wenn ein Gericht Vollstreckungsorgan ist (Rn 6–8), sobald die Vollstreckungsmaßnahme existent geworden ist (vgl § 329 Rn 2, 5), zB der Pfändungsbeschluss (§ 829), das
Zwangsmittel (§ 888), die nachträgliche Androhung (§ 890 Abs 2), die
Terminsbestimmung (§ 900 Abs 2), die Eintragungsverfügung (§§ 866,
867), die Anordnung der Zwangsversteigerung (§ 15 ZVG).

2. Ende. Im Ganzen endet die Zwangsvollstreckung, wenn der Gläu-   **29**
biger durch die Vollstreckung hinsichtlich seines Anspruchs (Rn 50) und
der Kosten (§ 788) voll befriedigt wurde. Einzelne Vollstreckungsmaßnahmen enden, wenn sie vollständig durchgeführt sind, nicht notwendig

Erfolg gehabt haben oder wenn sie ohne Sicherheitsleistung aufgehoben sind, auch auf Freigabe des Gläubigers hin.

30   **VI. Verfahrensgrundsätze.** Als solche sind herauszustellen (nach Stürner ZZP 99, 291):

    1. Dispositionsmaxime (Einl I Rn 5). Es besteht grundsätzlich Parteiherrschaft des Gläubigers (hierzu Wieser NJW 88, 665) über Vollstreckungsbeginn, -art und -gegenstand, insbes durch Antragserfordernis (vgl §§ 753, 887, 888, 890), Freigabe der Pfandsache und Verzicht (§ 843), freie Wahl, ob und in welche bewegliche Sachen, Rechte oder Immobilien vollstreckt wird. Der Schuldner kann erfüllen (Folgen §§ 767, 775 Nr 4, 5), durch Anträge Aufschub erwirken (§ 765 a Abs 1, § 813 b). Die Parteien können einvernehmlich die Vollstreckung beschränken (§ 766 Rn 24, 25). Beeinflusst wird die Parteiherrschaft durch die materielle Prozessleitung gemäß § 139.

31   **2. Verhandlungsgrundsatz** (Einl I Rn 1–3). Das Beibringen des Tatsachenstoffs obliegt den Parteien, bei den Klagen (zB §§ 767, 771) und bei den Rechtsbehelfen nur im Erkenntnisverfahren. Bei der Vollstreckung sind Sachverhaltsaufklärung und Beweisaufnahme beschränkt. Der Gerichtsvollzieher handelt bei der Pfändung nach dem Untersuchungsgrundsatz (Einl I Rn 6, 7).

32   **3. Dezentralisierung.** Die ZwVollstr ist je nach Vollstreckungsart verschiedenen Organen übertragen (Rn 4–8). Dem Gläubiger soll möglichst rasch der direkte Weg zu den fachbezogenen Vollstreckungsorganen offengehalten werden.

33   **4. Formalisierung.** Die Vollstreckungsorgane haben die formalen Voraussetzungen der ZwVollstr (Rn 13–25) und ihre Zulässigkeit zu prüfen (Rn 38), nicht die Rechtmäßigkeit oder gar Richtigkeit des Titels. Auch die Prüfung der Rechte Dritter ist eingeschränkt und formalisiert (vgl §§ 808, 829).

34   **5. Beschleunigung.** Dieser Grundsatz ist nur schwach ausgeprägt. Dem Gläubigerinteresse kommen § 720 a und § 845 ZPO entgegen. Der Gerichtsvollzieher ist durch § 64 GVGA indirekt gehalten, eine Verzögerung zu vermeiden. Der Schuldner kann durch Rechtsbehelfe den Erfolg der ZwVollstr hinausschieben.

35   **6. Beschränkter Zugriff** auf das Schuldnervermögen. Verboten ist die Vollstreckung bei fehlendem Interesse des Gläubigers (zB § 803 Abs 2) und bei erforderlichem Schuldnerschutz, insbes durch die Unpfändbarkeitsvorschriften (zB §§ 811, 850 ff).

36   **7. Priorität.** Ganz überwiegend ist der frühere Zugriff privilegiert (§ 804 Abs 3). Hingegen ist der Gerichtsvollzieher durch § 168 Nr 1 GVGA angewiesen, bei mehreren vorliegenden Titeln verschiedener Gläubiger die Pfändung zugleich für alle zu bewirken (Gruppenprinzip).

8. Effektive Verwertung. Das Pfändungsgut darf nicht verschleudert 37
werden. Hierfür wirken die §§ 812, 813, 817 a bei der Mobiliarvollstreckung, die §§ 30 d, 74 a, 85, 85 a ZVG bei Grundstücken.

VII. Zulässigkeit der Zwangsvollstreckung. Die Vollstreckungs- 38
organe dürfen nur dann Vollstreckungshandlungen vornehmen, wenn
die Vollstreckung zulässig ist. Das haben sie von Amts wegen (wie 10 vor
§ 253) zu beachten und zu prüfen. Vorgenommene Vollstreckungsmaßnahmen trotz Unzulässigkeit der Zwangsvollstreckung sind fehlerhaft
(Rn 57). Die Zulässigkeit setzt im Einzelnen voraus:

1. Vollstreckungsantrag. Er wird beim Gerichtsvollzieher Vollstre- 39
ckungsauftrag genannt (§ 753). Er steht grundsätzlich in der Disposition
des Gläubigers (Wieser NJW 88, 665 [666]) und ist an das Vollstreckungsorgan (Rn 5–8) zu richten, ist Prozesshandlung (Einl III) und
muss als solche wirksam sein. Für die Form gilt beim Gerichtsvollzieher
§ 754. Sind Gerichte zuständig (Rn 6–8), ist grundsätzlich Schriftform
und Erklärung zu Protokoll der Geschäftsstelle einzuhalten. Bei Gesamtschuldnern liegen ebenso viele Vollstreckungsanträge vor, wie Schuldner
gegeben sind, gegen die vollstreckt werden soll.

2. Allgemeine Prozessvoraussetzungen. Sie sind von den Voll- 40
streckungsorganen von Amts wegen zu prüfen. Es sind zu beachten:
a) Deutsche Gerichtsbarkeit (§§ 18–20 GVG und unten Rn 60). –
b) Zulässigkeit des Rechtswegs (§ 13 GVG). Das ist erfüllt, wenn der 41
Titel (vgl Rn 14) aus der ZPO stammt oder insbes in anderen Verfahrensordnungen (ArbGG VwGO, SGG und FGO) die Vorschriften der
ZPO für anwendbar erklärt sind. – **c) Parteifähigkeit** auf Gläubiger- 42
und Schuldnerseite (§ 50 und Rn 9–11). Bei einer gelöschten GmbH
genügt die Möglichkeit, dass Gesellschaftsvermögen vorhanden ist (hM;
LG Braunschweig NJW-RR 99, 1265 mwN. – **d) Prozessfähigkeit** 43
(§ 52) muss auf der Gläubigerseite stets gegeben sein, auf Seiten des
Schuldners ist zu differenzieren: Prozessfähigkeit ist nicht notwendig,
solange es auf die Sicherung oder den rangwahrenden Zugriff des
Gläubigers ankommt (insbes bei Pfändung). Für den Fortgang des Verfahrens muss der Schuldner prozeßfähig oder gesetzlich vertreten sein,
auch der Betreute, wenn die §§ 1902, 1903 BGB zutreffen (vgl Christmann DGVZ 95, 65). Das gilt insbes, wenn der Schuldner handeln oder
mitwirken muss oder ihm gegenüber gehandelt wird, insbes bei §§ 766,
807, 883 Abs 2, §§ 887–890 (Frankfurt Rpfleger 75, 441; aA Schneider
DGVZ 87, 52 mwN: Prozessfähigkeit ist stets notwendig), für Räumung
(§ 885) bejaht von AG Saarbrücken DGVZ 94, 142 (sehr bedenklich).
Bei Zustellungen ist § 170 nF zu beachten. – **e) Prozessführungsbe-** 44
fugnis (§ 51 Rn 20–22) muss gegeben sein, da das Vollstreckungsverfahren zwischen den richtigen Parteien (Rn 9–11) stattfinden muss (vgl
BGH 92, 347). – **f) Rechtsschutzbedürfnis** (26 vor § 253). Es fehlt, 45
wenn der Gläubiger einfacher und billiger zum Vollstreckungsziel gelangen kann oder wenn die ZwVollstr ungeeignet ist und nur als Druckmittel (Rn 52) eingesetzt wird (Wieser DGVZ 90, 177). Das Rechts-

schutzbedürfnis deckt sich zum Teil mit dem Begriff der Erforderlichkeit
der ZwVollstr (vgl Wieser ZZP 100, 146).

46   **3. Voraussetzungen der Zwangsvollstreckung** (Rn 13). Sind Titel, Klausel und Zustellung (Rn 13–26), ggf die besonderen Voraussetzungen (Rn 27). Ferner darf die Vollstreckung nicht kraft Gesetzes
untersagt sein. Hierfür ist insbes § 775 Rn 1–5 zu beachten.

47   **4. Richtige Vermögensmasse.** Nur in diese darf vollstreckt werden,
grundsätzlich in das Vermögen des Schuldners. **a) Beschränkt** sein
kann die ZwVollstr von vornherein auf ein Sondervermögen oder auf
bestimmte Vermögensgegenstände (zB §§ 743, 745 Abs 2, § 748 Abs 1,
§ 749; bei der Hypothek nach §§ 1113, 1118 ff, 1147 BGB). Nachträglich ist beim Erbfall eine Beschränkung der ZwVollstr auf den Nachlass
48 vorgesehen (§§ 780–786). – **b) Erweitert** werden kann der Kreis der
zugriffsfreien Vermögensgegenstände durch erfolgreiche Anfechtung einer den Gläubiger benachteiligenden Rechtshandlung des Schuldners
49 mit Rückgewähr (§ 11 AnfG). – **c) Gewährleistet** wird die Beschränkung auf die richtige Vermögensmasse durch das Gesetz auf verschiedene
Weise. Bei Sachen wird an die Vermutungen des BGB angeknüpft
(§ 1006 BGB und § 808 ZPO, § 1362 BGB und § 739, § 891 BGB
und § 17 Abs 1 ZVG). Solange die Vollstreckungsorgane diesen Vorschriften gemäß handeln, wird bis zu einem Urteil § 771 (Rn 1) oder
einer einstweiligen Anordnung (§ 771 Abs 3) zulässig vollstreckt.

50   **5. Vollstreckbarer Anspruch** (vgl Rn 3). Er muss, um vollstreckbar
zu sein, nicht bestehen. Erst wenn die Vollstreckung für unzulässig
erklärt wird (§ 767 Rn 3, 12), haben das die Vollstreckungsorgane zu
beachten (§ 775 Nr 1, § 776). Die Vorlage bestimmter Urkunden, die
den vollstreckbaren Anspruch betreffen, insbes Erfüllung beweisen, hindert nur, die Vollstreckung fortzusetzen (§ 775 Nr 4, 5; § 776).

51   **6. Zulässigkeit einzelner Vollstreckungsmaßnahmen.** Sie hängt
davon ab, dass das Vollstreckungsorgan (Rn 5–8) sachlich, örtlich und
funktionell zuständig ist und die jeweils vom Gesetz bestimmten Voraussetzungen erfüllt sind. Bsp: Gewahrsam des Schuldners in § 808; Herausgabebereitschaft Dritter in § 809; Pfändbarkeit bei § 811 Abs 1.
Rechtsfolge von Verstößen: Rn 56–58 vor § 704.

52   **7. Verhältnismäßigkeit** der ZwVollstr (vgl Rn 45) bedeutet, dass
die Schäden, die durch sie entstehen, zu dem Nutzen, den der Gläubiger
daraus hat, nicht unverhältnismäßig groß sein dürfen. Es ist im Einzelfall
abzuwägen, ob über die allgemeinen und besonderen Schutzvorschriften
(zB §§ 765 a, 811), ein Anwendungsfall unverhältnismäßiger ZwVollstr
vorliegt. Als Druckmittel darf die ZwVollstr grundsätzlich auch mit dem
Ziel eingesetzt werden, dass der Schuldner zahlt. Nur im Einzelfall kann
dies zur Unzulässigkeit der ZwVollstrMaßnahme führen (vgl Rn 45;
Wieser DGVZ 90, 177 mit Bsp).

53   **VIII. Rechtsbehelfe in der Zwangsvollstreckung.** Sie sind an Art
und Schwere des Eingriffs oder der Interessenverletzung ausgerichtet.

1. Vollstreckungsschuldner. Er kann gegen das Verfahren der Voll- 54
streckungsorgane Erinnerungen (§ 766) erheben, gegen Entscheidungen, die ohne mündliche Verhandlung ergangen sind, sofortige Beschwerde (§ 793) oder die Grundbuchbeschwerde (§ 71 GBO) einlegen.
Falls der Rechtspfleger entschieden hat und sonst kein Rechtsmittel
gegeben ist, kann Erinnerung mit der Folge richterlicher Entscheidung
eingelegt werden (§ 11 Abs 2 RPflG). Der Schuldner kann gegen die
Erteilung der Vollstreckungsklausel klagen (§ 768) oder Erinnerung
(§ 732) erheben, gegen die Vollstreckbarkeit des Titels klagen (§ 767),
wenn der Anspruch erloschen oder gehemmt ist. Er kann, sofern er als
Erbe beschränkt haftet, gegen die Zulässigkeit der Vollstreckung in nicht
zum Nachlass gehörende Gegenstände klagen (§ 785). Schließlich kann
er um Vollstreckungsschutz nachsuchen (insbes § 765 a), und Verwertungsaufschub (§§ 813 a, 813 b) beantragen.

2. Vollstreckungsgläubiger. Er kann vor Beginn der ZwVollstr auf 55
Erteilung der Vollstreckungsklausel klagen (§ 731), bei Rechtspflegerentscheidungen, wenn sonst kein Rechtsmittel stattfindet, Erinnerung
(§ 11 Abs 2 RPflG), Vollstreckungserinnerung (§ 766) und sofortige
Beschwerde (§ 793) einlegen, auf Leistung des Interesses klagen, wenn
er wegen eines Individualanspruchs erfolglos vollstreckt hat (§ 893).

3. Dritte können, soweit die Vollstreckung ihre Rechtsstellung be- 56
einträchtigt, Erinnerung (§ 766) und sofortige Beschwerde (§ 793) einlegen; auf Unzulässigkeit der Vollstreckung in einen bestimmten Gegenstand klagen, wenn sie im Hinblick darauf berechtigt sind (§§ 771–774);
ferner Vorzugsklage (§ 805) erheben, wenn ein Pfand- oder Vorzugsrecht besteht.

IX. Fehlerhafte Zwangsvollstreckung liegt vor, wenn trotz Unzu- 57
lässigkeit (vgl Rn 38–52) vollstreckt wird oder wenn Vollstreckungsmaßnahmen fehlerhaft vorgenommen wurden. Grundsätzlich ist in diesen
Fällen der fehlerhafte Vollstreckungsakt lediglich anfechtbar (Rn 59) und
bis zur Aufhebung wirksam. Er ist nichtig (Rn 58) nur dann, wenn
besonders schwere Mängel vorliegen.

1. Nichtigkeit einer Vollstreckungsmaßnahme ist gegeben: bei funk- 58
tioneller Unzuständigkeit (Rn 5–8), bei fehlender Existenz eines Titels
(allgM) oder bei einem zur jeweiligen ZwVollstr ungeeigneten Titel
(BGH 121, 98). Das ist zu unterscheiden von der nachfolgenden Aufhebung des Titels oder einer Vollstreckung zwischen falschen Personen.
Nichtigkeit ist zu bejahen bei Verletzung wesentlicher Verfahrens- oder
Formvorschriften (StJMünzberg 131 vor § 704), zB Verstoß gegen
§ 808 Abs 1 (dort Rn 16). Nichtige Vollstreckungsakte sind wirkungslos; sie können nicht durch Heilung wirksam werden. Es bleibt nur
fehlerfreie Neuvornahme.

2. Anfechtbarkeit ist bei allen fehlerhaften Vollstreckungsmaßnah- 59
men gegeben, die nicht nichtig sind. Sie sind von Anfang an bis zu ihrer
Aufhebung wirksam (BGH 66, 81). Sie bewirken insbes Verstrickung

und Pfandrecht (bestr; vgl § 803 Rn 7–9), auch die Überweisung gem
§ 835 (BGH aaO). Werden sie unanfechtbar und nicht aufgehoben,
bleibt ihre prozessuale Wirkung unangetastet, ohne Rücksicht darauf,
ob und wann die Mängel nachträglich behoben wurden oder nicht.
Kommt es jedoch auf den Rang an (§ 804 Abs 3), nämlich bei Mehrheit
von Pfandgläubigern, muss insbes im Verteilungsverfahren (§ 878) darauf
abgestellt werden, zu welchem Zeitpunkt der Mangel beseitigt wurde.
Eine Heilung geschieht dann nur mit ex-nunc-Wirkung (hM mit unterschiedlichen Begründungen; dazu kritisch Naendrup ZZP 85, 311
mwN; vgl BGH 53, 116).

60   **X. Geltungsbereich.** Die ZPO gilt für die gesamte Vollstreckung
im Inland, auch wenn ausländische Titel vollstreckt werden (vgl § 723
Anhang). Die grundsätzlich geltende Gleichstellung von in- und ausländischen Vollstreckungstiteln erfordert idR eine Vollstreckbarerklärung
(§ 723 Rn 1–4).

Abschnitt 1. Allgemeine Vorschriften

§ 704 Vollstreckbare Endurteile

(1) **Die Zwangsvollstreckung findet statt aus Endurteilen, die
rechtskräftig oder für vorläufig vollstreckbar erklärt sind.**

(2) **Urteile in Ehe- und Kindschaftssachen dürfen nicht für
vorläufig vollstreckbar erklärt werden.**

1   **1. Vollstreckungsfähig** sind danach Endurteile (§ 300) deutscher
Gerichte. Das sind auch Teilurteile (§ 301), Versäumnis-, Anerkenntnis-
und Vorbehaltsurteile (§ 302 Abs 3, § 599 Abs 3). Es müssen aber Leis-
tungs- oder Haftungsurteile sein, weil nur sie, nicht aber Feststellungs-
und Gestaltungsurteile einen vollstreckbaren Inhalt haben.

2   **2. Rechtskräftig** sind Endurteile, welche mit einem ordentlichen
Rechtsmittel nicht mehr angefochten werden können (vgl § 19 Abs 1
EGZPO). Ordentliche Rechtsmittel in diesem Sinne sind diejenigen,
die an eine Notfrist (§ 224 Abs 1 S 2) gebunden sind; daher auch der
Einspruch (§ 339 Abs 1), obwohl er wegen fehlenden Devolutiveffekts
(3 vor § 511) kein Rechtsmittel ist. Mit Rechtskraft iS des Abs 1 ist die
formelle Rechtskraft gemeint (§ 705).

3   **3. Vorläufig vollstreckbar** erklärt sind Endurteile nur, wenn es in
der Urteilsformel (§ 313 Abs 1 Nr 4) ausgesprochen ist. **a) Erforderlich** ist der Ausspruch grundsätzlich bei allen Urteilen (§§ 708, 709) mit
Ausnahme von solchen, die mit der Verkündung rechtskräftig werden
(§ 705 Rn 6). Der Ausspruch unterbleibt bei Urteilen, die kraft Gesetzes
vorläufig vollstreckbar sind (Rn 5) und wenn der Anspruch verboten ist
4   (Rn 5). – **b) Entbehrlich** (nicht falsch) ist der Ausspruch und unterbleibt deshalb bei Urteilen, die kraft Gesetzes vorläufig vollstreckbar

sind, nämlich die einen <u>Arrest oder eine einstweilige Verfügung</u> anordnen oder bestätigen (§ 922 Rn 3, § 925 Rn 2, § 936), nicht aber ablehnen oder aufheben (§ 708 Nr 6); ferner Urteile der Arbeitsgerichte (§ 62 Abs 1 ArbGG). – c) <u>Verboten</u> (Abs 2) ist der Ausspruch in Ehe- 5 sachen (2–6 vor § 606), Kindschaftssachen (§ 640 Abs 2 Nr 1–3) und bei einer mit der Vaterschaftsfeststellung verbundenen Unterhaltsverurteilung (§ 653 Abs 1) wegen hinausgeschobener Wirksamkeit (§ 653 Abs 2). Diese Urteile dürfen <u>auch nicht im Kostenpunkt</u> für vorläufig vollstreckbar erklärt werden. Abs 2 S 1 gilt nicht für Folgesachen (§ 623 Abs 1 S 1, § 621 Abs 1 Nr 4, 5, 8; vgl § 629 Rn 2).

§ 705 Formelle Rechtskraft

¹Die Rechtskraft der Urteile tritt vor Ablauf der für die Einlegung des zulässigen Rechtsmittels, des zulässigen Einspruchs oder der zulässigen Rüge nach § 321 a bestimmten Frist nicht ein. ²Der Eintritt der Rechtskraft wird durch rechtzeitige Einlegung des Rechtsmittels, des Einspruchs oder der Rüge nach § 321 a gehemmt.

Neu gefasst mWv 1. 1. 2002 durch Art 2 Nr 87 ZPO-RG.

1. Begriffe. Sie sind im Einzelnen umstritten. a) <u>Formelle Rechts-</u> 1 <u>kraft</u> bedeutet, dass eine <u>Entscheidung unangreifbar</u> ist. Häufig wird die formelle Rechtskraft mit der Unanfechtbarkeit (Rn 2) gleichgesetzt. Aus §§ 705, 706 Abs 2 und § 19 Abs 2 EGZPO ist jedoch abzuleiten, dass nur Entscheidungen, die einem befristeten Rechtsmittel, dem Einspruch (§ 338) oder der Gehörsrüge (§ 321 a) unterliegen, formell rechtskräftig werden. Das sind Urteile, Vollstreckungsbescheide und solche Beschlüsse, die der Rechtsbeschwerde (§ 574), der sofortigen oder einer befristeten Beschwerde unterliegen, ferner Entscheidungen der (letzten) Rechtsmittelinstanz, die ein Verfahren mit befristeten Rechtsmitteln abschließen. Nicht formell rechtskräftig werden Entscheidungen, gegen die unbefristete Rechtsbehelfe stattfinden, auch solche, die aus anderen Gründen als Fristablauf oder Beendigung eines Rechtszugs mit fristgebundenen Rechtsmitteln unanfechtbar werden. – b) **Unanfechtbarkeit** 2 bedeutet, dass gegen eine Entscheidung ein Rechtsmittel oder Rechtsbehelf nicht oder nicht mehr stattfindet. Alle formell rechtskräftigen Entscheidungen (Rn 1) sind auch unanfechtbar. Darüber hinaus sind solche Entscheidungen unanfechtbar, bei denen dies ausdrücklich bestimmt ist.

2. Folgen. Nach Rechtskrafteintritt ist zu beachten: a) **Wirkung.** 3 Der Rechtsstreit wird abgeschlossen, die Entscheidung unangreifbar; sie darf nicht mehr abgeändert werden. Rechtsmittel sind unzulässig. <u>Die formelle Rechtskraft ist Voraussetzung der materiellen</u> (§ 322). – b) **Be-** 4 **seitigung** der formellen Rechtskraft ist möglich durch Wiedereinsetzung (§ 233), Wiederaufnahmeklage (§ 578) und Klagen nach §§ 323,

5 324, 654. – c) **Vollstreckung** findet auf Grund der Rechtskraft statt
(§ 704 Abs 1), nicht mehr auf Grund vorläufiger Vollstreckbarkeit gem
§§ 708, 709. Daraus folgt, dass eine Sicherheit, die zur Zwangsvollstreckung geleistet wurde, zurückzugeben ist (§ 715) und auf eine zur
Abwendung der Zwangsvollstreckung geleistete Sicherheit Zugriff genommen werden darf (§ 108 Rn 16; BGH NJW 78, 43).

6 **3. Eintritt der Rechtskraft.** Beim Zeitpunkt ist zu differenzieren:
a) Mit Verkündung bei Urteilen, gegen die kein Rechtsmittel stattfindet, nämlich (soweit sie nicht erste Versäumnisurteile sind): Revi-
sionsurteile des BGH und des BayObLG, ferner bestimmte Zwischenurteile (§ 280; §§ 513 Abs 2, 545 Abs 2). Nicht mit Verkündung
rechtskräftig werden Berufungsurteile des OLG, auch wenn die Revi-
7 sion nicht zugelassen ist. – b) **Vor Ablauf der Rechtsmittel-, Ein-
spruchs- und Gehörsrügefrist** (§ 321), also entgegen dem Wortlaut
von Satz 1: durch beiderseitigen Verzicht auf Rechtsmittel, nicht bloß
auf den materiell-rechtlichen Anspruch (BGH NJW 89, 170), sobald
der zuletzt erklärte Verzicht wirksam ist (vgl §§ 515, 565). Beim Einspruch genügt zwangsläufig der einseitige Verzicht (vgl §§ 338, 346).
8 Einseitiger Rechtsmittelverzicht genügt sonst nie. – c) **Mit Ablauf
der Rechtsmittel-, Einspruchs- und Gehörsrügefrist** (§ 321 a) bei
den Urteilen, die nicht mit Verkündung rechtskräftig werden (Rn 6),
wenn bis dahin kein statthaftes Rechtsmittel, kein Einspruch oder
keine Gehörsrüge (§ 321 a) eingelegt ist, außerdem wenn das Rechtsmittel, der Einspruch oder die Gehörsrüge vor Ablauf der Frist zurückgenommen oder verworfen wurde, da ein Rechtsmittel und auch
ein Einspruch wiederholt eingelegt werden kann (vgl zB § 515 Rn 1;
9 § 567 Rn 15). – d) **Nach Ablauf der Rechtsmittel-, Einspruchs-
oder Gehörsrügefrist** (§ 321 a) mit der Rechtskraft der Entscheidung, die über das eingelegte Rechtsmittel, über den Einspruch oder
über die Gehörsrüge befindet, sofern darin die angefochtene Entscheidung nicht aufgehoben oder der Prozess fortgeführt wird (§ 321 a
Abs 5). Das gilt auch, wenn ein statthaftes Rechtsmittel eingelegt ist,
das aus anderen Gründen unzulässig ist (GemSOGB BGHZ 88, 353).
Ein ohne Zulassung berufungsfähiges Urteil erster Instanz wird rechtskräftig durch den Beschluss, der die Zulassung der Sprungrevision
ablehnt (§ 566 Abs 6). Ferner tritt Rechtskraft ein bei Rücknahme
des Rechtsmittels oder Einspruchs (vgl §§ 516, 565, 346), sobald sie
nach Fristablauf wirksam ist (vgl Rn 8; StJMünzberg 10).

10 **4. Teilanfechtung. a) Eintritt der Rechtskraft.** Der nicht angefochtene Teil wird erst dann rechtskräftig, wenn die Anfechtung nicht
mehr erweitert werden und der Gegner sich nicht mehr anschließen
kann. Das ist idR der Schluss der mündlichen Verhandlung in den
Rechtsmittelinstanzen. Die teilweise Anfechtung hemmt also zunächst
die Rechtskraft des ganzen Urteils (BGH st Rspr NJW 94, 2896), so
dass ein Teilrechtskraftzeugnis nicht erteilt werden darf, solange insoweit
kein Rechtsmittelverzicht erklärt ist (BGH NJW 89, 170) und ein An-

schlussrechtsmittel eingelegt werden kann (Karlsruhe MDR 83, 676). – **b) Einzelheiten.** Sonderregelung in Familiensachen: §§ 629 a–629 c. **11** Wegen vorläufiger Vollstreckbarkeit vgl § 537. Das Rechtsmittel eines einfachen Streitgenossen (§ 61) hindert nicht die Rechtskraft des Urteils gegenüber den anderen (§ 61 Rn 12).

§ 706 Rechtskraft- und Notfristzeugnis

(1) ¹Zeugnisse über die Rechtskraft der Urteile sind auf Grund der Prozeßakten von der Geschäftsstelle des Gerichts des ersten Rechtszuges und, solange der Rechtsstreit in einem höheren Rechtszuge anhängig ist, von der Geschäftsstelle des Gerichts dieses Rechtszuges zu erteilen. ²In Ehe- und Kindschaftssachen wird den Parteien von Amts wegen ein Rechtskraftzeugnis auf einer weiteren Ausfertigung in der Form des § 317 Abs. 2 Satz 2 Halbsatz 1 erteilt.

(2) ¹Insoweit die Erteilung des Zeugnisses davon abhängt, daß gegen das Urteil ein Rechtsmittel nicht eingelegt ist, genügt ein Zeugnis der Geschäftsstelle des für das Rechtsmittel zuständigen Gerichts, daß bis zum Ablauf der Notfrist eine Rechtsmittelschrift nicht eingereicht sei. ²Eines Zeugnisses der Geschäftsstelle des Revisionsgerichts, daß ein Antrag auf Zulassung der Revision nach § 566 nicht eingereicht sei, bedarf es nicht.

Abs 1 S 2 ist angefügt, Abs 2 S 2 geändert mWv 1. 1. 2002 durch Art 2 Nr 88 ZPO-RG.

1. Anwendungsbereich. Gilt nicht nur für Urteile, sondern entsprechend auch für Vollstreckungsbescheide und Beschlüsse, soweit sie der **1** formellen Rechtskraft fähig sind (§ 705 Rn 1), ferner für Kostenfestsetzungsbeschlüsse, sobald das zugrundeliegende Urteil rechtskräftig wird. Die Zeugnisse sind zur ZwVollstr nicht erforderlich; denn diese erfolgt auf Grund der vollstreckbaren Ausfertigung (§ 724).

2. Rechtskraftzeugnis (Abs 1). Es dient zum Nachweis der Rechts- **2** kraft, zB bei §§ 715, 586 und zahlreichen Fällen des materiellen Rechts. Beweiswirkung: § 418. **a) Inhalt.** „Vorstehendes Urteil ist rechtskräf- **3** tig". Eine ähnliche Fassung ist zulässig. Der Tag des Eintritts der Rechtskraft ist nur bei Urteilen in Ehesachen anzugeben. Ein Teilrechtskraftzeugnis ist zulässig. Eine Teilanfechtung hindert aber vorerst den Eintritt der Rechtskraft des ganzen Urteils (vgl § 705 Rn 10). – **b) Zuständig 4** (Abs 1) ist der Urkundsbeamte, grundsätzlich der des Gerichts erster Instanz; der des Rechtsmittelgerichts nur, sobald eine Rechtsmittelschrift eingereicht ist und solange sich dort infolge des Rechtsmittels die Prozessakten befinden (wie § 724 Abs 2). – **c) Erteilung. aa) Antrag.** **5** Grundsätzlich in den Fällen des Abs 1 S 1. Er ist formlos, ohne Anwaltszwang (§ 78 Abs 3). Ein Rechtsschutzbedürfnis muss nicht vorliegen. – **bb) Von Amts wegen** (Abs 1 S 1), also ohne Antrag, nur in Ehe- und Kindschaftssachen (§ 606 Abs 1 S 1 und § 640 Abs 2) wegen des öffent-

lichen Interesses, dem Eintritt der Rechtskraft festzustellen. Das geschieht auf einer weiteren Urteilsausfertigung ohne Tatbestand und
6 Entscheidungsgründe (§ 317 Abs 2 S 2 Hs 1). – **d) Prüfung.** Der Urkundsbeamte prüft selbständig, ob die formelle Rechtskraft (§ 705) eingetreten ist. Grundlage: die Prozessakten und das Notfristzeugnis (Abs 2
S 1), das vom Antragsteller beizubringen ist. Auch bei unzulässigen
Rechtsmitteln muss die Rechtskraft der Entscheidung abgewartet wer
7 den, die das Rechtsmittel verwirft (§ 705 Rn 9). – **e) Wirkung.** Das
Rechtskraftzeugnis hat für die Rechtskraft nur formelle Bedeutung und
bindet die Parteien nicht, ob und wann die Rechtskraft eingetreten ist
(BGH 31, 388 [391]).

8   **3. Notfristzeugnis** (Abs 2 S 1). Es dient zum Nachweis des ungenutzten Ablaufs von Rechtsmittel- und Einspruchsfrist regelmäßig als
9 Grundlage für das Rechtskraftzeugnis. **a) Inhalt:** „In Bezug auf das
Urteil des (Gericht) vom (Datum) ist innerhalb der Notfrist keine
Rechtsmittelschrift eingegangen." Ist der Notfristbeginn oder -ablauf
zweifelhaft, ist es geboten statt „innerhalb der Notfrist" einzusetzen „bis
10 heute." – **b) Zuständig** ist der Urkundsbeamte des für das Rechtsmittel
11 oder den Einspruch zuständigen Gerichts. – **c) Antrag:** wie (Rn 5).
12 Die Parteien müssen keine Urteilsausfertigung vorlegen. – **d) Prüfung.**
Der Urkundsbeamte prüft selbständig den Fristablauf und ob eine
Rechtsmittelschrift rechtzeitig eingelaufen ist, nicht ob das Rechtsmittel
sonst zulässig ist; ebenso wenig ob Wiedereinsetzung (§ 233) beantragt
oder die Rüge nach § 321 a erhoben ist. Erst wenn Wiedereinsetzung
gewährt wurde oder der Prozess fortgeführt wird (§ 321 a Abs 5), muss
das Zeugnis versagt werden.

13   **4. Rechtsbehelfe. a) Erteilung** der Zeugnisse. Es findet Erinnerung
statt (§ 573), sofortige Beschwerde erst nach der Entscheidung über die
14 Erinnerung (§ 573 Abs 2). – **b) Verweigerung** (durch Beschluss des
Urkundsbeamten). Es findet Erinnerung statt (§ 573); danach sofortige
Beschwerde (§ 573 Abs 2). – **c) Rechtsbeschwerde** (§ 574) gegen die
Beschwerdeentscheidung ist nicht ausgeschlossen.

15   **5. Kosten.** Grundsätzlich sind es Kosten des Rechtsstreits (§ 91
Rn 5). Sind sie aber durch die ZwVollstr verursacht, gilt § 788. Der
Urkundsbeamte hat darüber nicht zu entscheiden. Gebühren: für das
Gericht keine. Für den RA gehört es zum Rechtszug und ist keine
besondere Angelegenheit (§ 37 Nr 7, § 58 Abs 2 Nr 1 BRAGO).

§ 707 Einstweilige Einstellung der Zwangsvollstreckung

(1) ¹**Wird die Wiedereinsetzung in den vorigen Stand oder eine
Wiederaufnahme des Verfahrens beantragt oder wird der Rechtsstreit nach der Verkündung eines Vorbehaltsurteils fortgesetzt, so
kann das Gericht auf Antrag anordnen, daß die Zwangsvollstrekkung gegen oder ohne Sicherheitsleistung einstweilen eingestellt
werde oder nur gegen Sicherheitsleistung stattfinde und daß die**

**Vollstreckungsmaßregeln gegen Sicherheitsleistung aufzuheben
seien.** [2]**Die Einstellung der Zwangsvollstreckung ohne Sicherheitsleistung ist nur zulässig, wenn glaubhaft gemacht wird, daß
der Schuldner zur Sicherheitsleistung nicht in der Lage ist und
die Vollstreckung einen nicht zu ersetzenden Nachteil bringen
würde.**

(2) [1]**Die Entscheidung ergeht durch Beschluss.** [2]**Eine Anfechtung des Beschlusses findet nicht statt.**

Abs 2 S 1 ist neu gefasst mWv 1. 1. 2002 durch Art 2 Nr 89 ZPO-RG.

1. Zweck. Es soll der Schuldner vor der ZwVollstr geschützt werden, 1
wenn der Vollstreckungstitel mit Erfolgsaussicht angegriffen und dadurch
möglicherweise später beseitigt wird.

2. Anwendungsbereich. a) Unmittelbar: Wiedereinsetzung (§ 2
233) und Wiederaufnahme bei rechtskräftigen Urteilen (§ 578), ferner
nach Vorbehaltsurteilen gem §§ 302, 600, wenn ein Nachverfahren
stattfindet. **b) Entsprechend:** bei Berufung und Einspruch gegen vor- 3
läufig vollstreckbare Urteile oder Vollstreckungsbescheide (§ 719 Abs 1
S 1), gleichgültig ob das Urteil ohne oder gegen Sicherheitsleistung
vollstreckbar ist; bei Widerspruch gegen Arreste (§ 924 Abs 3), einstweilige Verfügungen (§ 936), auch bei Anträgen gem §§ 927, 936
(§ 927 Rn 2). – **c) Nicht:** bei der Revision, für die allein § 719 Abs 2 4
gilt; bei einstweiligen Anordnungen gemäß § 570 Abs 2, 3; bei einstweiligen Anordnungen in Ehesachen (§ 620 e); bei einer Klage gegen
rechtskräftige Titel, die auf § 826 BGB gestützt wird (Frankfurt NJW-
RR 92, 511); bei Kostenfestsetzungsbeschlüssen aus einstweiliger Verfügung, wenn der Hauptsacheprozess anhängig ist (Karlsruhe OLGZ
73, 486).

3. Zuständig ist das Gericht, das über den Rechtsbehelf oder das im 5
Nachverfahren (§§ 302, 600) zu entscheiden hat. Diese Zuständigkeit
wird nicht wegen § 719 durch eingelegte Rechtsmittel gegen das Vorbehaltsurteil berührt (Nürnberg NJW 82, 392). Zuständig ist der Einzelrichter soweit er gemäß den §§ 348, 348 a zuständig ist, bei der KfH der
Vorsitzende (§ 349 Abs 2 Nr 10).

4. Voraussetzungen. a) Antrag (Abs 1 S 1): schriftlich, zu Proto- 6
koll (§ 496) ohne Anwaltszwang (§ 78 Abs 3) oder in mündlicher Verhandlung; dann gilt § 78 Abs 1, 2. Der Antrag muss vom Schuldner
stammen (11 vor § 704) und auf eine bestimmte Anordnung gerichtet
sein; auch hilfsweise auf eine andere möglich. Die Tatsachen müssen nur
für Abs 1 S 2 glaubhaft gemacht (§ 294) werden. – **b) Rechtsschutz-** 7
bedürfnis (zZ der Entscheidung). Es besteht schon vor Beginn der
ZwVollstr (28 vor § 704) ab Erteilung der Klausel (§ 724) und fällt weg
mit ihrem Ende (29 vor § 704). – **c) Erfolgsaussicht.** Der Rechtsbehelf 8
muss geltend gemacht, zulässig und darf nicht völlig aussichtslos sein;
ebenso das Nachverfahren (§§ 302, 600). – **d) Rechtliches Gehör** ist 9
dem Gläubiger grundsätzlich vor der Entscheidung zu gewähren, sofern

nicht sofortige Entscheidung geboten ist. Es darf nachgeholt werden, weil der Beschluss jederzeit abgeändert werden kann (Rn 14).

10 **5. Entscheidung:** Beschluss des Gerichts. Bekanntmachung: § 329 Abs 3, weil wegen Rn 17–20 Zustellung angebracht ist. **a) Inhalt.** Begründung ist nur dann nicht notwendig, wenn dem Antrag stattgegeben und gegen Sicherheitsleistung eingestellt wird. Es steht im Ermessen des Gerichts, ob und welche Entscheidung es erlässt. Für den Inhalt der Anordnung ist es an den Antrag nicht gebunden. Die Einstellung kann auf einen Teil des Titels beschränkt werden (E. Schneider MDR 73, 358). Höhe und Art der Sicherheitsleistung wird nach § 108 bestimmt.

11 **b) Einstweilige Einstellung** der ZwVollstr gegen oder ohne Sicherheitsleistung des Schuldners. Die gegen Sicherheitsleistung ist der Regelfall. Die allgemein, nicht auf bestimmte Gegenstände beschränkte, angeordnete und geleistete Sicherheit haftet pfandgleich für dasjenige, wozu der Schuldner vorläufig vollstreckbar verurteilt worden ist. Ohne Sicherheit nur, wenn die Voraussetzungen nach Abs 1 S 2 glaubhaft gemacht worden sind (wie § 712; dort Rn 4). Wirkung: § 775 Nr 2, § 776 S 2. –

12 **c) Anordnung von Sicherheitsleistung** durch den vollstreckenden Gläubiger. Das bedeutet, dass die ZwVollstr nur gegen Sicherheitsleistung stattfindet oder fortgesetzt wird, falls sie schon begonnen hat. Dies ist auch bei Geldvollstreckung nicht allein aus dem Grunde abzulehnen, dass der Gläubiger sowieso nur gegen Sicherheit vollstrecken kann. Das sind die Fälle des § 709 S 1 und des § 712 Abs 2 S 2. Wirkung: § 751 Abs 2.

13 **d) Aufhebung von Vollstreckungsmaßregeln** gegen Sicherheitsleistung. Sie müssen genau bezeichnet sein. Die Aufhebung erfolgt durch das Vollstreckungsorgan (5–8 vor § 704) gemäß § 776. Diese Anordnung kann neben der zu Rn 11 und 12 ergehen. Sie ist idR angebracht bei der oft existenzbedrohenden Kontenpfändung.

14 **6. Wirkung.** Die Anordnungen sind nur einstweilig, können daher jederzeit wieder aufgehoben werden (Rn 17) und erfassen auch den Kostenfestsetzungsbeschluss, der auf dem Titel beruht (§ 103 Rn 7).

15 **a) Außerkrafttreten.** Die Beschlüsse treten von selbst außer Kraft: **aa)** im ersten Rechtszug mit Erlass des Endurteils oder mit Rücknahme des Rechtsbehelfs, insbes dem Einspruchs; **bb)** im höheren Rechtszug mit Erlass der Endentscheidung dieser Instanz, vorher mit dem Eintritt der Rechtskraft infolge Rücknahme des Rechtsmittels **16** oder Rechtsbehelfs (§ 705 Rn 9). – **b) Zwangsvollstreckung.** Auswirkung hierauf: § 775 Nr 2; daher genügt Vorlage beim Vollstreckungsorgan, noch bevor der Beschluss den Parteien mitgeteilt oder zugestellt sein muss (Kirberger Rpfleger 76, 8). Die Vollstreckungsorgane haben den Beschluss von Amts wegen zu beachten. Wird das zu vollstreckende Urteil aufgehoben, gilt § 775 Nr 1.

17 **7. Rechtsbehelfe. a) Auf Antrag** jeder Partei kann das Gericht, das den Beschluss erlassen hat, diesen bis zur Endentscheidung (Rn 15) bei Veränderung des Sachverhalts oder der Rechtsansicht aufheben oder **18** abändern. – **b) Unanfechtbar** (Abs 2 S 2) sind grundsätzlich alle Beschlüsse, insbes wegen des nur beschränkt nachprüfbaren Ermessens („kann"). – **c) Sofortige Beschwerde** (§ 793). Damit anfechtbar sind **19** ausnahmsweise nur unzulässige Beschlüsse, dh solche, die die gesetzlichen Voraussetzungen des § 707 (Antrag, zulässiger Rechtsbehelf, zugelassener Entscheidungsinhalt) zu Unrecht bejahen oder verneinen (hM); insbes auch, wenn ein Ermessensfehl- oder -nichtgebrauch vorliegt (Koblenz OLGZ 81, 243; umstr; aA Frankfurt MDR 88, 975). Bloße Verfahrensverstöße genügen nicht, wohl aber, wenn zu den Voraussetzungen des Abs 1 S 2 nichts vorgetragen und trotzdem ohne Sicherheitsleistung eingestellt ist.

8. Kosten. Es sind solche des Rechtsstreits der Hauptsache, nicht der **20** ZwVollstr (§ 788). Eine Kostenentscheidung enthält der Beschluss nicht, da nicht feststeht, wer in der Hauptsache obsiegt. § 97 ist für den Antrag unanwendbar, gilt aber für die erfolglose sofortige Beschwerde (Rn 19; LG Aachen MDR 96, 1196 mwN; bestr). Gebühren: für das Gericht keine neben KV 1201; für RA: § 37 Nr 3, § 49 Abs 1 S 1 BRAGO. Wert: § 3 Rn 188.

Vorbemerkung zu §§ 708–720
Vorläufige Vollstreckbarkeit nichtrechtskräftiger Urteile

1. Allgemeines. Vor Rechtskraft sind Urteile nur vollstreckungsfä- **1** hig, wenn sie in der Formel für vorläufig vollstreckbar erklärt sind (§ 704 Abs 1). Das hat bei allen Urteilen zu geschehen, mit Ausnahme derjenigen, die mit Verkündung rechtskräftig werden (vgl § 705 Rn 6). Vorläufig vollstreckbar zu erklären sind auch klageabweisende Urteile (hM), Urteile, bei denen eine ZwVollstr nicht oder nicht vor Rechtskraft in Frage kommt, zB Feststellungsurteile und die unter § 894 fallenden Leistungsurteile, ferner Gestaltungsurteile, die erst mit Rechtskraft wirken (bestr). Das entspricht dem Wortlaut des Gesetzes, ändert an der Vollstreckungsfähigkeit nichts und ist wegen der Kosten (§ 103 Abs 1) geboten.

2. Arten der Urteile. Für die vorläufige Vollstreckbarkeit, über die **2** von Amts wegen ohne Antrag zu entscheiden ist, zerfallen die Urteile in drei Gruppen: **a) Nicht für vorläufig vollstreckbar** zu erklärende **3** Urteile (§ 705 Rn 6; § 704 Rn 4–6). **b) Ohne Sicherheitsleistung** **4** für vorläufig vollstreckbar zu erklärende Urteile (§ 708). Mit Abwendungsbefugnis des Schuldners bei Urteilen des § 708 Nr 4–11 auf Grund der §§ 711, 712. **c) Gegen Sicherheitsleistung** vorläufig voll- **5** streckbar zu erklärende Urteile (§ 709 S 1).

3. Anträge. Die Parteien können durch Anträge den ohne Antrag **6** erfolgenden Ausspruch über die vorläufige Vollstreckbarkeit beeinflussen (§§ 710, 711 S 2, § 712). **a) Parteistellung.** Gläubiger und Schuldner **7** iS der §§ 709–720 a können der Kläger und auch der Beklagte sein, je nachdem, wer obsiegt hat. In der Formel darf nur die Parteistellung des Rechtsstreits, nicht die Bezeichnung Gläubiger oder Schuldner verwen-

det werden, weil bei Teilerfolg der Klage, auch bei einer Widerklage
8 jede Partei Gläubiger und Schuldner sein kann. – **b) Schuldneranträge**
gem § 712. Dadurch kann die Vollstreckung abgewendet werden. –
9 **c) Gläubigeranträge** gem § 710 und § 711 S 2. Dadurch wird eine
Vollstreckung erleichtert oder ermöglicht.

10 **4. Höhe der Sicherheitsleistung.** Sie ist immer in Geld zu bestimmen. Es gilt § 108. **a) Ermessen.** Es ist an einem möglichen Schadensersatzanspruch (§ 717) zu orientieren (KG NJW 77, 2270), mangels
anderer Anhaltspunkte am Wert des vollstreckbaren Hauptanspruchs
zuzüglich Zinsen und Kosten. Das ist bei Duldungstiteln oft problematisch (E. Schneider MDR 91, 1033). Die Summe ist idR aufzurunden.
11 **b) Teilsicherheiten.** Bei mehreren Ansprüchen (§ 260) kann die Sicherheitsleistung im Urteil getrennt festgesetzt werden (umstr; weitergehend Frankfurt MDR 96, 961: bei berechtigtem Grund überhaupt
für Teilbeträge). Bei Teilvollstreckung ist auch Teilsicherheitsleistung
möglich (§ 752). Seit 1. 1. 2002 zulässig ist es, infolge des § 709 S 2 die
Sicherheit auf den jeweils zu vollstreckenden Betrag abzustimmen.
Zulässig bei Sicherheit, künftig fällig werdenden wiederkehrenden Leistungen zu beziehen auf die fällig werdenden Raten (Düsseldorf
12 FamRZ 99, 308; Musielak/Lackmann § 709 mwN). – **c) Änderungen.** Die Höhe kann wegen § 318 nur das Rechtsmittelgericht ändern,
13 ggf gem § 718. – **d) Nachverfahren.** Bei bestätigenden Urteilen
(§ 600) darf nicht der Hauptsachebetrag des Vorbehaltsurteils zugrunde
gelegt werden, weil dieser aus dem Vorbehaltsurteil vollstreckt wird
(§ 708 Rn 5, 6).

14 **5. Art der Sicherheitsleistung** ist im Regelfall Bankbürgschaft oder
Hinterlegung (§ 108 Abs 1), wenn nicht durch (auch nachträglichen)
Beschluss eine andere Art zugelassen wird (§ 108 Rn 9–14).

15 **6. Kostenentscheidung.** Für diese ist der Ausspruch der vorläufigen
Vollstreckbarkeit des Urteils erforderlich, damit der Kostenerstattungsberechtigte schon vor Rechtskraft (§ 705) einen Kostenfestsetzungsbeschluss erwirken kann (§ 103 Abs 1, § 704 Abs 1, § 794 Abs 1 Nr 2).

16 **7. Rechtsmittel.** Die Anfechtung in der Hauptsache erstreckt sich
auf die vorläufige Vollstreckbarkeit. Über diese ist nach § 718 vorab zu
entscheiden. Für die nicht angefochtenen Teile des Urteils gilt bei Berufung § 537, bei Revision § 558. Die Berufung (nicht die Revision,
§ 718 Abs 2) kann auf den Ausspruch über die vorläufige Vollstreckbarkeit beschränkt werden. Bestätigendes Berufungsurteil in der Hauptsache: § 708 Rn 10.

17 **8. Zahlung zur Abwendung der Zwangsvollstreckung** muss als
solche ausdrücklich bezeichnet werden. Sie ist in allen Fällen vorläufiger
Vollstreckbarkeit möglich. Prozessuale Wirkung: § 775 Nr 4, 5. Eine
Geldschuld wird wegen des Vorbehalts nicht getilgt, weil nicht Erfüllung
vorliegt (§ 362 BGB). Verzugszinsen laufen nicht weiter (BGH NJW 81,
2244).

§ 708 Vorläufige Vollstreckbarkeit ohne Sicherheitsleistung

Für vorläufig vollstreckbar ohne Sicherheitsleistung sind zu erklären:

1. Urteile, die auf Grund eines Anerkenntnisses oder eines Verzichts ergehen;
2. Versäumnisurteile und Urteile nach Lage der Akten gegen die säumige Partei gemäß § 331 a;
3. Urteile, durch die gemäß § 341 der Einspruch als unzulässig verworfen wird;
4. Urteile, die im Urkunden-, Wechsel- oder Scheckprozeß erlassen werden;
5. Urteile, die ein Vorbehaltsurteil, das im Urkunden-, Wechsel- oder Scheckprozeß erlassen wurde, für vorbehaltlos erklären;
6. Urteile, durch die Arreste oder einstweilige Verfügungen abgelehnt oder aufgehoben werden;
7. Urteile in Streitigkeiten zwischen dem Vermieter und dem Mieter oder Untermieter von Wohnräumen oder anderen Räumen oder zwischen dem Mieter und dem Untermieter solcher Räume wegen Überlassung, Benutzung oder Räumung, wegen Fortsetzung des Mietverhältnisses über Wohnraum auf Grund der §§ 574 bis 574 b des Bürgerlichen Gesetzbuchs sowie wegen Zurückhaltung der von dem Mieter oder dem Untermieter in die Mieträume eingebrachten Sachen;
8. Urteile, die die Verpflichtung aussprechen, Unterhalt, Renten wegen Entziehung einer Unterhaltsforderung oder Renten wegen einer Verletzung des Körpers oder der Gesundheit zu entrichten, soweit sich die Verpflichtung auf die Zeit nach der Klageerhebung und auf das ihr vorausgehende letzte Vierteljahr bezieht;
9. Urteile nach §§ 861, 862 des Bürgerlichen Gesetzbuchs auf Wiedereinräumung des Besitzes oder auf Beseitigung oder Unterlassung einer Besitzstörung;
10. Urteile der Oberlandesgerichte in vermögensrechtlichen Streitigkeiten;
11. andere Urteile in vermögensrechtlichen Streitigkeiten, wenn der Gegenstand der Verurteilung in der Hauptsache eintausendzweihundertfünfzig Euro nicht übersteigt oder wenn nur die Entscheidung über die Kosten vollstreckbar ist und eine Vollstreckung im Wert von nicht mehr als eintausendfünfhundert Euro ermöglicht.

Nr 7 mWv 1. 9. 2001 redaktionell geändert durch Art 3 Nr 4 MietRRG.
Nr 11 mWv 1. 1. 2002 redaktionell geändert durch Art 2 Nr 90 ZPO-RG.

1. Allgemeines. Zur Vollstreckbarkeitserklärung: 1 vor § 708. Alle **1**
in § 708 aufgeführten Urteile sind grundsätzlich ohne Sicherheitsleistung für vorläufig vollstreckbar zu erklären. Abwendungsbefugnis kann

bei Nr 4–11 hinzukommen (§ 711). Zur Kostenentscheidung: 15 vor
§ 708. Rechtsmittel: 16 vor § 708. Zahlung des Schuldners zur Abwendung der Vollstreckung: 17 vor § 708.

2 **2. Einzelheiten. a) Nr 1:** Auch Teilurteile, die gem § 306 oder
§ 307 ergehen. Bei einem Urteil mit im Übrigen streitiger Entscheidung
3 muss für diesen Teil ggf gem § 709 entschieden werden. – **b) Nr 2:** Gilt
auch für das Zweite Versäumnisurteil (§ 345), nicht aber für Aktenlageentscheidung (§ 331 a) gegen die nicht säumige Partei. Die (streitigen)
Urteile gem § 343 fallen nicht unter Nr 2; für sie gilt Nr 11 oder § 709
4 S 2. – **c) Nr 3:** Die vorläufige Vollstreckbarkeit bezieht sich hier auf die
Kosten (vgl 6 vor § 708); praktisch nur bedeutsam, soweit nicht sowieso
5 Nr 11 eingreift. – **d) Nr 4:** Umfasst Vorbehaltsurteile (§ 599) und Endurteile, aber nicht die im Nachverfahren (Nr 5). Bei Anerkenntnisurteilen geht Nr 1 vor und § 711 gilt nicht (Koblenz NJW-RR 91, 512). –
6 **e) Nr 5:** Gilt nur für die bestätigenden Urteile gem § 600 Rn 7; die
Hauptsache wird in diesem Fall sowieso aus dem (meist schon rechtskräftigen) Vorbehaltsurteil vollstreckt. Wird das Vorbehaltsurteil aufgehoben,
7 gilt Nr 11 oder § 709. – **f) Nr 6:** Urteile, in denen Arreste oder einstweilige Verfügungen erlassen werden, sind ohne besonderen Ausspruch
vorläufig vollstreckbar. Bei Ablehnung wirkt sich die vorläufige Vollstreckbarkeit nur auf die Kosten aus. Den aufhebenden stehen solche
Urteile gleich, die für den Antragsgegner günstig abändern und somit zT
8 aufheben. – **g) Nr 7:** nur Miet-, nicht Pachtverhältnisse. Für analoge
Anwendung auf Pachtverhältnisse: Schmid ZMR 00, 507. Wohnräume:
wie § 23 Rn 11 GVG. Andere Räume: wie § 29 a Rn 6. Untermiete:
§ 540 BGB. Räumung und Überlassung: § 885 Rn 1. Benutzung:
§ 888 Rn 2. Zurückbehaltung von Sachen: § 561 BGB. Ist auch zur
Zahlung (zB von Miete) verurteilt, gilt insoweit Nr 11 oder § 709. –
9 **h) Nr 8:** jegliche Art von Unterhalt; jedoch nicht die gemäß § 653
ergangenen Urteile (vgl § 704 Rn 5); alle Titel, die auf Grund der
§§ 843, 844 BGB sowie sonstiger Haftungsgesetze ergehen, zB nach
StVG, UmweltHG, LuftVG; auch die Fälle des § 323 (hM). Die zeitliche
Beschränkung wirkt so, dass das Urteil, soweit es Raten für eine frühere
Zeit betrifft, im bestimmt anzugebenden Betrag gem § 709 nur gegen
Sicherheit vorläufig vollstreckbar erklärt wird, soweit nicht Nr 11 zutrifft. Ob Nr 8 auch für vorbereitende Ansprüche gilt (oder § 709),
insbes für Auskunft, ist umstr (bejahend die hM; Musielak/Lackmann 8
10 mwN). – **i) Nr 9:** Gemeint sind stattgebende Urteile, die auf den
11 Anspruchsgrundlagen der §§ 861, 862 BGB beruhen. – **j) Nr 10:** vermögensrechtliche Streitigkeiten (Einl IV Rn 1, 2). Nr 10 umfasst auch
die aufhebenden und zurückverweisenden Urteile (München MDR 82,
238 mwN; Karlsruhe JZ 84, 635). Ein Ausspruch über die vorläufige
Vollstreckbarkeit unterbleibt auch dann nicht, wenn die Revision nicht
zugelassen ist (§ 543); hingegen sind §§ 711, 713 zu beachten. Bestätigt
das OLG ein Urteil erster Instanz, das gem § 709 S 1 nur gegen Sicherheitsleistung vorläufig vollstreckbar ist, so wird dieses, wenn das OLG

nach § 708 verfährt, ebenfalls ohne Sicherheit vorläufig vollstreckbar. Dies gilt nicht bei berufungsverwerfenden Beschlüssen gem § 522. Die Höhe der Sicherheit für § 711 wird unter Einschluss der erstinstanziellen Verurteilung zuzüglich Kosten bestimmt (Höhne MDR 87, 626). – **k) Nr 11:** Wird zu geringeren Leistungen verurteilt, ist der Schaden **12** nach § 717 regelmäßig nicht groß. Die Aussicht, Schadensersatz zu erlangen, ist nicht stark gefährdet, so dass Sicherheit (§ 709 S 1) nicht unbedingt nötig erscheint. Daher wird auf die Höhe des Geldbetrags abgestellt. **aa) Verurteilungsgegenstand:** Es ist zu unterscheiden: **13** **(1) Hauptsache** (1. Alternative). Es kommt für die Wertgrenze nur auf die Hauptsache an, soweit sie vollstreckt werden kann, nicht auf Zinsen, Kosten und andere Nebenforderungen (§ 4). Da die §§ 3–9 anzuwenden sind, ist bei herauszugebenden Sachen auf § 6 abzustellen. **(2) Kos-** **14** **ten** (2. Alternative). Ist nur die Kostenentscheidung vollstreckbar, zB bei abgewiesener Leistungsklage (vgl 1 vor § 708), sowie bei Feststellungs- und Gestaltungsklagen kommt es allein auf den zu schätzenden Kostenerstattungsanspruch (7 vor § 91) an. Die Schätzung darf nicht über 1500 Euro liegen. Erweist sie sich als zu niedrig, wird die Vollstreckbarkeit ohne Sicherheit dadurch nicht berührt und ist insbes nicht unzulässig. **bb) Streitgenossen.** Bei obsiegenden Streitgenossen kommt es **15** darauf an, ob der für den einzelnen (gleich ob Kläger oder Beklagte) vollstreckbare Betrag (als Kläger in der Hauptsache) 1250 Euro oder (als obsiegende Partei für die Kosten) 1500 Euro übersteigt. Die Gesamtsumme ist nicht maßgebend (RoGaul/Schilken § 14 II 1 k); denn es liegen mehrere, lediglich verbundene Prozesse vor und die Wertgrenze ist nicht wegen der Belastung des Schuldners aufgestellt, sondern wegen des Vollstreckungsschadens (§ 717), für den jeder der Streitgenossen getrennt haftet. Auf eine Gesamtsumme kann sowieso nicht abgestellt werden, wenn ein Streitgenosse obsiegt und andere unterliegen.

§ 709 Vorläufige Vollstreckbarkeit gegen Sicherheitsleistung

[1] **Andere Urteile sind gegen eine der Höhe nach zu bestimmende Sicherheit für vorläufig vollstreckbar zu erklären.** [2] **Soweit wegen einer Geldforderung zu vollstrecken ist, genügt es, wenn die Höhe der Sicherheitsleistung in einem bestimmten Verhältnis zur Höhe des jeweils zu vollstreckenden Betrages angegeben wird.** [3] **Handelt es sich um ein Urteil, das ein Versäumnisurteil aufrechterhält, so ist auszusprechen, daß die Vollstreckung aus dem Versäumnisurteil nur gegen Leistung der Sicherheit fortgesetzt werden darf.**

Satz 2 ist eingefügt mWv 1. 1. 2002 durch Art 2 Nr 90 a ZPO-RG.

1. Allgemeines: § 708 Rn 1. **a) Anwendbar** auf alle Urteile, die **1** nicht unter § 708 fallen; also auch alle Urteile in nichtvermögensrechtlichen Streitigkeiten (Einl IV Rn 3) und solche, die nicht für vorläufig vollstreckbar zu erklären sind. S 2 sind die Ausnahmeregelungen zu S 1.

b) Abänderungen hinsichtlich der Sicherheitsleistung sind durch
§ 710 möglich. – **c) Sonstiges.** Auswirkungen auf die Vollstreckung:
§ 751 Abs 2. Höhe der Sicherheit: 10 vor § 708. Rechtsmittel: 16 vor
§ 708. Zahlung zur Abwendung der Vollstreckung: 17 vor § 708.

3   **2. Andere Urteile** (S 1). Das sind solche, bei denen § 708 nicht
zutrifft. Nach S 1 muss die Sicherheit betragsmäßig bestimmt sein (Ausnahme: S 2). Bei teilweisem Obsiegen haben oft beide Parteien einen
vollstreckbaren Anspruch. Dann kann die Sicherheit verschieden hoch
zu bemessen sein. Es ist folgende Fassung zu empfehlen: „Das Urteil ist
vorläufig vollstreckbar, für den Kläger gegen 10 000 Euro, für den Beklagten gegen 6000 Euro Sicherheit". Entfällt für eine Partei wegen
§ 708 Nr 11 eine Sicherheitsleistung: „Das Urteil ist vorläufig vollstreckbar, für den Kläger jedoch nur gegen 3000 Euro Sicherheit". Bei
Streitgenossenschaft (§ 708 Rn 15) ist auch zu bestimmen, für wen oder
wem gegenüber das Urteil gegen die bestimmte Sicherheit (uU verschieden hoch) vorläufig vollstreckbar ist.

4   **3. Verhältnismäßige Sicherheit** (S 2). Nur anwendbar, wenn wegen einer Geldforderung (2 vor § 803) vollstreckt werden kann. Darunter fällt auch der Kostenerstattungsanspruch (§ 708 Rn 14), so dass
S 2 auch bei Klagabweisung sowie bei Feststellungs- und Gestaltungsur-
teilen anwendbar ist. S 2 steht im Zusammenhang mit § 752. Dort wird
die Höhe der Sicherheit im Verhältnis des Teilbetrags zum angeordneten
Gesamtbetrag (S 1) berechnet. S 2 lässt zu, die Sicherheit allgemein in
einem Verhältnis zu dem jeweils zu vollstreckenden Betrag festzulegen,
zB im Verhältnis 7 (Sicherheit) zu 6 (Vollstreckungsbetrag). Formel:
„Das Urteil ist vorläufig vollstreckbar gegen Sicherheitsleistung im Verhältnis von sieben zu sechs des jeweils zu vollstreckenden Betrags". Aus
einer solchen Fassung kann auch der Gesamtbetrag vollstreckt werden.

5   **4. Aufrechterhaltenes Versäumnisurteil** (S 3). Das ist der Fall des
§ 343 S 1. **a) Anwendbar** ist S 3 nur auf Urteile, die unter S 1 fallen
würden. S 3 gilt daher insbes nicht, wenn § 708 Nr 11 zutrifft und das
Urteil, wenn es nicht ein Versäumnisurteil aufrechterhalten würde, auch
6   ohne Sicherheitsleistung vorläufig vollstreckbar wäre. – **b) Ausspruch
in der Formel.** Es ist zunächst das aufzunehmen, was auf Grund des
S 1 (Rn 3) auszusprechen ist. Im Anschluss daran: „Die ZwVollstr aus
dem Versäumnisurteil darf nur fortgesetzt werden, wenn diese Sicherheit
7   geleistet ist". – **c) Wirkung.** Die bisher ohne Sicherheitsleistung (§ 708
Nr 2) durchgeführten Vollstreckungsmaßnahmen bleiben auch ohne
Sicherheitsleistung bestehen. Fortsetzung ist nur gegen Sicherheitsleistung gestattet (§ 775 Nr 2). Eine Nachleistung der Sicherheit kann
unterbleiben. Vollstreckungsschutzmaßnahmen sind zulässig.

§ 710 Ausnahmen von der Sicherheitsleistung des Gläubigers

   **Kann der Gläubiger die Sicherheit nach § 709 nicht oder nur
unter erheblichen Schwierigkeiten leisten, so ist das Urteil auf**

Antrag auch ohne Sicherheitsleistung für vorläufig vollstreckbar
zu erklären, wenn die Aussetzung der Vollstreckung dem Gläubiger einen schwer zu ersetzenden oder schwer abzusehenden
Nachteil bringen würde oder aus einem sonstigen Grunde für
den Gläubiger unbillig wäre, insbesondere weil er die Leistung
für seine Lebenshaltung oder seine Erwerbstätigkeit dringend
benötigt.

Anwendbar bei § 709 S 1 und 2, sowie bei § 711, nicht aber bei 1
§ 712 Abs 2 S 2. **Antrag** ist notwendig; für ihn gilt § 714. **Voraus-** 2
setzungen. Auf Interessen und Belange des Schuldners kommt es nicht
an (vgl aber Rn 5). **(1)** Unmöglichkeit der Sicherheitsleistung für den
Gläubiger, inbes wegen Fehlens von Geldmitteln, mindestens Bestehen
erheblicher Schwierigkeiten für die Sicherheitsleistung. **(2)** Das Unter- 3
bleiben der Vollstreckung muss (1. Alt) voraussichtlich Nachteile der
benannten Art verursachen (zB bevorstehende Auswanderung, drohende
Vermögenslosigkeit des Schuldners) oder (2. Alt) Unbilligkeit für den
Gläubiger. Dabei ist auf angemessene Lebenshaltung abzustellen. Für die
Erwerbstätigkeit kann eine herauszugebende Sache, aber auch Geld zur
Anschaffung von Betriebsmitteln benötigt werden. **Wirkung.** Das Ur- 4
teil wird ohne Sicherheitsleistung für vorläufig vollstreckbar erklärt,
§ 710 in den Gründen abgehandelt. **Gegenantrag des Schuldners** 5
gem § 712 Abs 1 ist möglich. Dann sind die Interessen abzuwägen
(§ 712 Abs 2 S 1). Überwiegen die des Schuldners, wird nach § 712
Abs 1 verfahren und entschieden. **Rechtsmittel:** 16 vor § 708. 6

§ 711 Abwendungsbefugnis

**¹In den Fällen des § 708 Nr. 4 bis 11 hat das Gericht auszuspre-
chen, daß der Schuldner die Vollstreckung durch Sicherheitsleistung oder Hinterlegung abwenden darf, wenn nicht der Gläubiger vor der Vollstreckung Sicherheit leistet. ²§ 709 Satz 2 gilt
entsprechend, für den Schuldner jedoch mit der Maßgabe, dass
Sicherheit in einem bestimmten Verhältnis zur Höhe des aufgrund des Urteils vollstreckbaren Betrages zu leisten ist. ³Für
den Gläubiger gilt § 710 entsprechend.**

Satz 2 mWv 1. 1. 2002 eingefügt durch Art 2 Nr 90 b ZPO-RG.

1. Allgemeines. Anwendbar ist § 711 nur in den Fällen des § 708. 1
Die Abwendungsbefugnis ist von Amts wegen ohne Antrag (§ 714)
anzuordnen. Unterbleibt sie, kann Ergänzung gem § 321 beantragt
werden (§ 716). Rechtsmittel: 16 vor § 708.

2. Voraussetzungen. Es muss sich um eines der genannten, ohne 2
Sicherheitsleistung für vorläufig vollstreckbar zu erklärenden Urteile
handeln und § 713 darf nicht entgegenstehen. Ausspruch in der Formel:
„Das Urteil ist vorläufig vollstreckbar. Der Beklagte (falls er Schuldner
ist, 7 vor § 708), kann die Vollstreckung durch Sicherheit (bei Herausgabe von Sachen auch durch Hinterlegung der herauszugebenden

Sache) in Höhe von 10 000 Euro abwenden, wenn nicht der Kläger (falls er Gläubiger ist, 7 vor § 708) vor der Vollstreckung in gleicher (uU auch in gesondert festgesetzter) Höhe Sicherheit leistet." Höhe der Sicherheit: 10 vor § 708.

3   **3. Verhältnismäßige Sicherheit** (S 2). Für die Abwendungsbefugnis des Schuldners gilt zu seinen Gunsten der § 709 S 2 entspr (dort Rn 3), nur bei Vollstreckung wegen einer Geldforderung (wie § 709 Rn 4). Bsp für eine Urteilsformel: „Der Beklagte kann die Vollstreckung auch zu einem Teilbetrag abwenden, wenn er Sicherheit im Verhältnis von sieben zu sechs des jeweils zu vollstreckenden Betrags leistet". Das gilt auch in dem Fall, dass der Betrag für die Sicherheitsleistung des Gläubigers nach § 709 S 1 bestimmt ist.

4   **4. Wirkung.** Es ist zu unterscheiden: **a) Schuldner.** Leistet er die Sicherheit nicht, ist die ZwVollstr nicht gehindert. Leistet der Schuldner die Sicherheit, ist die ZwVollstr, solange der Gläubiger nicht leistet (Rn 5), unzulässig und darf nicht eingeleitet werden. Eine eingeleitete Vollstreckung muss gem § 775 Nr 3, § 776 eingestellt werden. Außerdem gilt § 720. Diese Wirkung endet mit Rechtskraft, auch der eines Vorbehaltsurteils, selbst wenn noch ein Nachverfahren läuft (BGH NJW
5 78, 43). oder mit Aufhebung (vgl § 717). – **b) Gläubiger.** Leistet er vor der Vollstreckung seinerseits Sicherheit, darf er vollstrecken, bei Hinterlegung herauszugebender Sachen auch auf Herausgabe (§ 883). Die Wirkung gem Rn 4 entfällt oder tritt erst gar nicht ein. Da dann für den Schuldner der Anlass für die Sicherheitsleistung weggefallen ist, kann er Rückgabe der Sicherheit gem § 109 verlangen (Oldenburg Rpfleger 85, 504; Köln MDR 93, 270). Der Gläubiger ist nicht auf Sicherungsvollstreckung (§ 720 a) beschränkt (hM; LG Heidelberg MDR 93, 272 mwN). Dem Antrag des Gläubigers darf erst ab dem Zeitpunkt der Antragstellung stattgegeben werden (Düsseldorf FamRZ 87, 174).

6   **5. Geltung** des § 710 (S 3) bedeutet: Unter den Voraussetzungen des § 710 (dort Rn 2, 3), insbes auf Antrag (§ 714 Abs 1), darf der Gläubiger ohne Sicherheitsleistung vollstrecken. Der Ausspruch im Urteil lautet dann: „Das Urteil ist vorläufig vollstreckbar". Die §§ 711, 710 werden in den Gründen abgehandelt.

§ 712 Schutzantrag des Schuldners

(1) ¹**Würde die Vollstreckung dem Schuldner einen nicht zu ersetzenden Nachteil bringen, so hat ihm das Gericht auf Antrag zu gestatten, die Vollstreckung durch Sicherheitsleistung oder Hinterlegung ohne Rücksicht auf eine Sicherheitsleistung des Gläubigers abzuwenden; § 709 Satz 2 gilt in den Fällen des § 709 Satz 1 entsprechend. ²Ist der Schuldner dazu nicht in der Lage, so ist das Urteil nicht für vorläufig vollstreckbar zu erklären oder die Vollstreckung auf die in § 720 a Abs. 1, 2 bezeichneten Maßregeln zu beschränken.**

(2) ¹**Dem Antrag des Schuldners ist nicht zu entsprechen, wenn ein überwiegendes Interesse des Gläubigers entgegensteht.** ²**In den Fällen des § 708 kann das Gericht anordnen, daß das Urteil nur gegen Sicherheitsleistung vorläufig vollstreckbar ist.**

Abs 1 Satz 1 Halbsatz 2 mWv 1. 1. 2002 eingefügt durch Art 2 Nr 90c ZPO-RG.

1. Allgemeines. a) Anwendbar ist § 712 bei allen Urteilen, die 1 nach § 708 oder § 709 vorläufig vollstreckbar zu erklären sind; auch wenn die Voraussetzungen nur für einen Teil des Urteils zutreffen, zB für einen von mehreren Ansprüchen; dann ist § 712 nur für diesen Teil des Urteils anzuwenden. Die Anwendung von Abs 1 S 1 Hs 2 setzt einen Fall des § 709 S 1 voraus. – **b) Antrag des Schuldners** ist notwendig; 2 § 714 gilt. Der Antrag ist auch in zweiter Instanz zulässig (§ 714 Rn 5). Er kann auf eine bestimmte Art des Schutzes (Rn 7–10) gerichtet werden. Die Interessenabwägung (Abs 2) findet auch ohne Antrag des Gläubigers statt. Er kann hierzu Tatsachen vortragen und soweit erforderlich glaubhaft machen (entspr § 714 Abs 2). Unterlassen des Antrags kann Nachteile für § 719 Abs 2 bewirken (dort Rn 9).

2. Voraussetzungen. a) Statthaftigkeit eines Rechtsmittels iS 3 von § 713; denn diese Vorschrift darf bei § 712 nicht entgegenstehen. – **b) Schutzbedürfnis des Schuldners** (Abs 1 S 1). Ihm müsste durch 4 die Vollstreckung des Urteils ein unersetzbarer Nachteil entstehen. Bsp: Verlust einer zu räumenden Wohnung (Eisenhardt NZM 99, 785); durch Geld nicht zu ersetzender Schaden, weil eine Handlung wie Auskunft oder Widerruf vorzunehmen ist; nicht abzusehender Schaden wie Existenzverlust oder Betriebseinstellung (vgl hierzu Hamm OLGZ 87, 89); aber nicht die drohende Insolvenz einer GmbH oder Genossenschaft in Liquidation (BGH NJW-RR 87, 62 für § 719 Abs 2). Es reicht nicht aus, dass der Gläubiger zahlungsunfähig ist und daher den Anspruch aus § 717 später nicht erfüllen könnte (Hamm FamRZ 97, 1489 und MDR 99, 1404 für § 707); der Schuldner kann dann durch Sicherheitsleistung (Abs 2 S 2) geschützt werden. – **c) Abwägung der Interessen** (Abs 2 5 S 1) des Schuldners am Unterbleiben der Vollstreckung (Rn 4) und des Gläubigers an ihrer Durchführung (das sind insbes die in § 710 Rn 3 aufgeführten Gründe). Die Abwägung muss zu Gunsten des Schuldners ausfallen. Im Zweifel haben die Interessen des Gläubigers Vorrang, insbes bei Unterlassungs- und Auskunftsansprüchen (BGH NJW 95, 197).

3. Entscheidung. Liegen die Voraussetzungen (Rn 3–5) vor, so 6 muss das Gericht (in der Urteilsformel) dem Schutzantrag grundsätzlich stattgeben; denn es ist kein Ermessen eingeräumt (Ausnahme: Abs 2 S 2). **a) Erfolgreicher Schutzantrag. aa) Grundsatz.** Es ist auszu- 7 sprechen: „Der Beklagte (oder Kläger, wenn er Schuldner ist) kann die Vollstreckung durch Sicherheitsleistung in Höhe von … abwenden". **bb) Ausnahmen** (Abs 1 S 2). (1) Wenn der Schuldner die Sicherheit 8 wegen fehlender Mittel (Vermögenslosigkeit und Kreditunfähigkeit)

nicht stellen kann und dies glaubhaft macht, wird der Ausspruch vorläufiger Vollstreckbarkeit ganz unterlassen oder (nicht falsch, aber überflüssig) ausgesprochen: „Das Urteil ist nicht vorläufig vollstreckbar".

9 **(2)** Anstelle des Ausspruchs, aber unter den gleichen Voraussetzungen
und nur bei Urteilen auf Zahlung von Geld (vgl § 720 a) kann entschieden werden: „Das Urteil ist (ohne Sicherheitsleistung, wenn § 708
zutrifft, gegen Sicherheitsleistung, wenn § 709 S 1 zutrifft) vorläufig
vollstreckbar. Die Zwangsvollstreckung ist nach Maßgabe des § 720 a
ZPO beschränkt". Die verschiedenen Beschränkungen des § 720 a entziehen sich wegen ihres Umfangs der konkreten Darstellung in einer für

10 die Urteilsformel geeigneten Fassung. **cc) Überwiegendes Gläubigerinteresse.** Im Falle des Abs 2 S 2 (bei überwiegendem Interesse des
Gläubigers an der Durchführung der Vollstreckung) steht es bei Urteilen,
die unter § 708 fallen, im Ermessen des Gerichts („kann"), wie bei
§ 709 S 1 das Urteil nur gegen Sicherheitsleistung für vorläufig voll-

11 streckbar zu erklären. – **b) Erfolgloser Schutzantrag.** Bei Fehlen einer
Voraussetzung (Rn 3–5) oder überwiegendem Gläubigerinteresse (Abs 2
S 1) verbleibt es beim Ausspruch über die vorläufige Vollstreckbarkeit
bei der nach § 708 oder § 709 zu treffenden Entscheidung. Der Schutzantrag wird nur in den Gründen behandelt.

12 **4. Wirkung** erfolgreicher Schutzanträge auf die Zwangsvollstrek-
13 kung. Sie richtet sich nach dem Inhalt der Entscheidung. **a)** Bei Rn 7:
Wenn der Schuldner die Sicherheit leistet, darf der Gläubiger nicht
vollstrecken und eine eingeleitete Vollstreckung ist gem § 775 Nr 3,
§ 776 einzustellen. Außerdem gilt § 720. Die Wirkung dauert bis zur
14 Rechtskraft oder Aufhebung (vgl § 717). **b)** Bei Rn 8: Vorläufige Vollstreckung ist ausgeschlossen, Vollstreckung erst ab Rechtskraft möglich.
15 **c)** Bei Rn 9: Der Gläubiger darf die Vollstreckung nur unter den Beschränkungen des § 720 a betreiben. Dauer: wie Rn 14. **d)** Bei Rn 10:
Der Gläubiger darf, wie bei § 709 S 1 erst nach Sicherheitsleistung
vollstrecken (§ 751 Abs 2).

16 **5. Rechtsmittel** in der Hauptsache: 16 vor § 708. Der Gläubiger
kann auf Vorabentscheidung (§ 718 Abs 1) hinwirken; auch der Schuldner bei erfolglosem oder nicht voll erfolgreichem Schutzantrag.

§ 713 Unterbleiben von Schuldnerschutzanordnungen

**Die in den §§ 711, 712 zugunsten des Schuldners zugelassenen
Anordnungen sollen nicht ergehen, wenn die Voraussetzungen,
unter denen ein Rechtsmittel gegen das Urteil stattfindet, unzweifelhaft nicht vorliegen.**

1 **Zweck.** Es soll den Parteien der Anreiz genommen werden, durch
ein unzulässiges Rechtsmittel die Rechtskraft und damit die unbedingte
Vollstreckbarkeit hinauszuschieben, um die Schutzanordnungen der
2 §§ 711, 712 länger ausnutzen zu können. **Anwendbar** nur für Schuldnerschutz bei §§ 711, 712, ggf für beide Parteien und nur bei vorläufig

vollstreckbaren Urteilen (hierzu Brocker DGVZ 96, 6). **Voraussetzung** 3
ist allein, dass (nach Ansicht des Gerichts) die Rechtsmittelsumme
(§ 511 Abs 2 Nr 1) nicht erreicht ist und eine Zulassung (§ 511 Abs 2
Nr 2; § 543) nicht in Betracht kommt. Andere Zulässigkeitsvoraussetzungen können bei Urteilserlass noch nicht geprüft werden, und darauf,
ob das Rechtsmittel unbegründet ist, kommt es nach dem Gesetzeswortlaut nicht an. **Urteilsformel:** Der Ausspruch lautet lediglich: Das Urteil 4
ist vorläufig vollstreckbar (hM; Brocker DRiZ 95, 266 mwN). **Verstoß** 5
gegen § 713 lässt die Wirksamkeit der Entscheidung und einer auf ihr
beruhenden Vollstreckung unberührt.

§ 714 Anträge zur vorläufigen Vollstreckbarkeit

(1) **Anträge nach den §§ 710, 711 Satz 3, § 712 sind vor Schluß
der mündlichen Verhandlung zu stellen, auf die das Urteil ergeht.**

(2) **Die tatsächlichen Voraussetzungen sind glaubhaft zu machen.**

Abs 1 mWv 1. 1. 2002 geändert durch Art 2 Nr 90 d ZPO-RG.

1. Anträge (Abs 1). Sie sind Sachanträge iS des § 137 (Koblenz 1
OLGZ 90, 229). Für sie gilt § 297, auch vor dem AG. Wird der Antrag
übergangen, ist über § 716 zu ergänzen. **a) Inhalt.** Es muss, nicht not- 2
wendig wortgetreu, der Antrag aus den §§ 710, 711 S 3 vom Gläubiger
oder aus § 712 vom Schuldner gestellt werden. Die erforderlichen Tatsachen sind glaubhaft zu machen (Abs 2; Rn 4). – **b) Zeitpunkt.** Die 3
Anträge können für die Instanz bis zum Schluss der Letzten mdl Vhdlg
(§ 136 Abs 4, § 296 a) gestellt werden, in der Berufungsinstanz nachgeholt (Rn 5). Im schriftlichen Verfahren entspricht dies dem Zeitpunkt
des § 128 Abs 2.

2. Glaubhaftmachung (Abs 2). Es gilt § 294. Tatsachenvortrag und 4
Mittel der Glaubhaftmachung, insbes eidesstattliche Versicherung auch
der Partei selbst, sind bis zum Zeitpunkt der Rn 3 anzubringen. Die
Gegenpartei kann hierzu ihrerseits Tatsachen vortragen oder bestreiten
und ist zur Glaubhaftmachung im selben Umfange zugelassen.

3. Rechtsmittelinstanz. a) Berufung. Die Anträge können für das 5
angefochtene Urteil im Berufungsverfahren (auch als Anschlussberufung,
Düsseldorf FamRZ 84, 307) nachgeholt werden (Frankfurt FamRZ 90,
539; Hamm NJW-RR 87, 252; Stuttgart MDR 98, 858 mwN; aA
Karlsruhe NJW-RR 89, 1470; KG MDR 00, 478; Edelmann/Hellmann
AnwBl 94, 384; Graf Lambsdorff AnwBl 95, 517 [524]). § 718 ist
anzuwenden. Auch wenn nicht nach § 718 verfahren wird, kann noch
im Berufungsurteil das Urteil erster Instanz so abgeändert werden, dass
es den nachgeholten Anträgen entspricht. – **b) Revision.** Die Anträge 6
sind in Bezug auf das Revisionsurteil wegen dessen Rechtskraft sinnlos,
in Bezug auf das Berufungsurteil ausgeschlossen.

§ 715 Rückgabe der Sicherheit

(1) [1]Das Gericht, das eine Sicherheitsleistung des Gläubigers angeordnet oder zugelassen hat, ordnet auf Antrag die Rückgabe der Sicherheit an, wenn ein Zeugnis über die Rechtskraft des für vorläufig vollstreckbar erklärten Urteils vorgelegt wird. [2]Ist die Sicherheit durch eine Bürgschaft bewirkt worden, so ordnet das Gericht das Erlöschen der Bürgschaft an.

(2) § 109 Abs. 3 gilt entsprechend.

1   **1. Allgemeines.** § 715 ist anwendbar nur auf vom Gläubiger oder für ihn von einem Dritten geleistete Sicherheiten nach § 709 S 1, §§ 711, 712 Abs 2 S 2. Außerdem kann der Gläubiger (umständlicher) die Sicherheit über § 109 zurückverlangen. Der Schuldner (in den Fällen der § 711 S 1, § 712) kann das nur nach § 109.

2   **2. Verfahren. a) Zuständig** ist das Gericht, das die Sicherheitsleistung angeordnet hat. Es entscheidet der Rechtspfleger (§ 20 Nr 3
3   RPflG). – **b) Antrag:** schriftlich oder zu Protokoll der Geschäftsstelle (§ 109 Abs 3 S 1); daher besteht kein Anwaltszwang (§ 78 Abs 3). –
4   **c) Entscheidung** durch Beschluss (Abs 2; § 109 Abs 3 S 2). Rückgabeanordnung (Abs 1 S 1) und Erlöschen der Bürgschaft (Abs 1 S 2): wie § 109 Rn 10–12. Dem Antrag ist bei Vorlage des Rechtskraftzeugnisses (§ 706 Abs 1) stattzugeben.

5   **3. Rechtsbehelfe.** Gegen den Beschluss des Rechtspflegers, durch den die Rückgabe angeordnet wird, findet sofortige Erinnerung statt (§ 11 Abs 2 RPflG), gegen die Ablehnung des Antrags sofortige Beschwerde (§ 567 Abs 1 Nr 2).

§ 716 Ergänzung des Urteils

Ist über die vorläufige Vollstreckbarkeit nicht entschieden, so sind wegen Ergänzung des Urteils die Vorschriften des § 321 anzuwenden.

1   **Anwendbar,** wenn entgegen §§ 708, 709 nicht von Amts wegen über die vorläufige Vollstreckbarkeit oder wenn entgegen § 711 nicht über die Abwendungsbefugnis entschieden wurde, außerdem wenn ein Antrag nach § 710 oder § 712 Abs 1 übersehen wurde. Ferner gilt § 716 entsprechend, wenn die Höhe der Sicherheit (10 vor § 708) nicht
2   festgesetzt ist (StJMünzberg 1). **Voraussetzungen und Verfahren:** § 321. Soll die Entscheidung nach §§ 708, 709, 711 S 1 nachgeholt werden, können die Anträge aus § 714 noch gestellt werden. Wird die Frist des § 321 Abs 2 versäumt, bleiben nur die Berufung und § 718.

§ 717 Wirkungen eines aufhebenden oder abändernden Urteils

(1) Die vorläufige Vollstreckbarkeit tritt mit der Verkündung eines Urteils, das die Entscheidung in der Hauptsache oder die

Vollstreckbarkeitserklärung aufhebt oder abändert, insoweit außer Kraft, als die Aufhebung oder Abänderung ergeht.

(2) ¹Wird ein für vorläufig vollstreckbar erklärtes Urteil aufgehoben oder abgeändert, so ist der Kläger zum Ersatz des Schadens
verpflichtet, der dem Beklagten durch die Vollstreckung des Urteils oder durch eine zur Abwendung der Vollstreckung gemachte
Leistung entstanden ist. ²Der Beklagte kann den Anspruch auf
Schadensersatz in dem anhängigen Rechtsstreit geltend machen;
wird der Anspruch geltend gemacht, so ist er als zur Zeit der
Zahlung oder Leistung rechtshängig geworden anzusehen.

(3) ¹Die Vorschriften des Absatzes 2 sind auf die im § 708
Nr. 10 bezeichneten Urteile der Oberlandesgerichte, mit Ausnahme der Versäumnisurteile, nicht anzuwenden. ²Soweit ein
solches Urteil aufgehoben oder abgeändert wird, ist der Kläger
auf Antrag des Beklagten zur Erstattung des von diesem auf
Grund des Urteils Gezahlten oder Geleisteten zu verurteilen.
³Die Erstattungspflicht des Klägers bestimmt sich nach den Vorschriften über die Herausgabe einer ungerechtfertigten Bereicherung. ⁴Wird der Antrag gestellt, so ist der Anspruch auf Erstattung als zur Zeit der Zahlung oder Leistung rechtshängig geworden anzusehen; die mit der Rechtshängigkeit nach den
Vorschriften des bürgerlichen Rechts verbundenen Wirkungen
treten mit der Zahlung oder Leistung auch dann ein, wenn der
Antrag nicht gestellt wird.

    1. Beseitigung vorläufiger Vollstreckbarkeit ist geregelt in Abs 1. **1**
a) Voraussetzungen. Außerkrafttreten (Abs 1): sobald eine Entscheidung verkündet (§ 311 Abs 2), im Fall des § 310 Abs 3 zugestellt wird,
die das Urteil oder seine vorläufige Vollstreckbarkeit (§ 718 Abs 1)
aufhebt. Auf die Rechtskraft (§ 705) kommt es nicht an. Wird das Urteil
nur abgeändert, so fällt die vorläufige Vollstreckbarkeit im entsprechenden, aufgehobenen Teil weg. Sie tritt nicht wieder ein, wenn das aufhebende Urteil infolge Revision seinerseits aufgehoben und der Rechtsstreit zurückverwiesen wird (KG NJW 89, 3025; Boemke-Albrecht
NJW 91, 1333 mwN; bestr). – **b) Unanwendbarkeit.** Die Wirkungs- **2**
losigkeit eines Urteils infolge Erledigterklärung (§ 91a Rn 30 aE) steht
einer Aufhebung nicht gleich (BGH NJW 88, 1268). Dem Anspruch
aus § 717 steht entgegen, wenn das Urteil erster Instanz, aus dem vollstreckt wurde, aufgehoben, die Sache zurückverwiesen worden ist, dann
aber erneut verurteilt wird und damit das Urteil, aus dem vollstreckt
wurde, wiederhergestellt wird (hM; aA Saenger JZ 97, 222 mwN).
Keine entspr Anwendung auf Feststellungsurteile (BAG NJW 89, 3173),
Urkunden des § 794 Abs 1 Nr 5 (BGH WM 77, 656), Prozessvergleiche
(Düsseldorf Büro 92, 499) oder § 771 Abs 3 und vergleichbare Vorschriften (BGH 95, 10 mwN). – **c) Urteile im Nachverfahren** **3**
(§ 600). Für sie gilt § 717 nicht. **aa) Bestätigung** des Vorbehaltsurteils.

Es bleibt die gem § 708 Nr 4 vorgenommene Vollstreckbarkeitserklä-
4 rung grundsätzlich bestehen (hM). **bb) Aufhebung** unanfechtbar ge-
wordener Vorbehaltsurteile (§ 302 Abs 4, § 600 Abs 2). § 717 gilt auch
nicht, weil Vorbehaltsurteile mit Eintritt formeller Rechtskraft endgültig
vollstreckbar geworden sind (BGH 69, 270) und ihre Vollstreckbarkeit
erst durch ein aufhebendes Urteil im Nachverfahren entfällt (StJMünz-
5 berg 1). – **d) Wirkung.** Die aufhebenden Entscheidungen wirken sich
auf die Vollstreckung über § 775 Nr 1, § 776 aus.

6 **2. Schadensersatzanspruch** (Abs 2). Es ist ein materiell-rechtlicher
Anspruch (hM; StJMünzberg 7–11 mwN). Ähnliche Ansprüche, aber
besonders und darum vorgehend geregelt: § 302 Abs 4, §§ 600, 945.
Entspr anwendbar ist Abs 2 S 1 bei vollstreckbaren Beschlüssen (§ 794
Abs 1 Nr 2, 2 a, 3; StJMünzberg 60). Keine Anwendung auf formell
rechtskräftige, aber inhaltlich unbestimmte Urteile (BGH NJW-RR 99,
1223), auf einstweilige Anordnungen des § 794 Nr 3 a (Musielak/Lack-
mann 7 mwN) und auf Prozessvergleiche (Düsseldorf NJW-RR 92,
7 1531 mwN). **a) Sachbefugnis.** Der Anspruch steht nur dem Vollstreckungsschuldner zu (11 vor § 704); das muss nicht der Beklagte sein.
Der Anspruch ist gerichtet gegen den Vollstreckungsgläubiger (10 vor
§ 704). Das ist nicht notwendig der Kläger. Auch der Prozessbürge
(BGH NJW 97, 2601) und der Rechtsnachfolger kommen in Betracht
8 (Nieder NJW 75, 1000). – **b) Voraussetzungen.** Da es sich um eine
von Verschulden unabhängige Gefährdungshaftung handelt (BGH NJW
97, 2601 mwN), sind anspruchsbegründende Tatsachen lediglich:
aa) Aufhebung oder Abänderung des Urteils (oder anderen Titels,
Rn 6), außer den in § 708 Nr 10 genannten (Abs 3 S 1), nicht Hauptsacheerledigung (Rn 2). Der Grund der Aufhebung ist gleichgültig
(insbes auch aus verfahrensrechtlichen Gründen, BGH NJW 97, 2601),
darf aber nicht nach der Vollstreckung entstanden sein (RG 145, 332);
jedoch ist Abs 2 anwendbar, wenn eine gesetzliche Bestimmung rück-
9 wirkend für verfassungswidrig erklärt wird (BGH 54, 76). **bb) Vollstreckung** aus dem Urteil oder eine (freiwillige) Leistung (auch Unterlassen) zur Abwendung (Abs 2 S 1) einer im Einzelfall bereits drohenden
ZwVollstr (BGH NJW 96, 397; Köln NJW 96, 1290). Unerheblich ist,
10 welche Vollstreckungsmaßnahme, insbes die Pfändung, wirksam war oder
nicht. **cc) Schaden.** Er muss dadurch adäquat verursacht sein (Rn 14).
Dazu gehört nur die Auswirkung des eigentlichen Vollstreckungsein-
griffs (BGH NJW 83, 232); daneben dasjenige, welches zur Abwendung
11 der ZwVollstr geleistet wurde. – **c) Entstehung** des Anspruchs: erst mit
der Aufhebung oder Änderung, bei Aufhebung wegen eines Verfahrensfehlers genügt (Rn 8). Vorher besteht der Anspruch nur bedingt.
12 **d) Erlöschen** des Anspruchs erfolgt durch Tatsachen, die rechtsvernichtende Einwendungen ausfüllen (43 vor § 253), also insbes Aufrechnung,
auch wenn die Gegenforderung rechtshängig ist (BGH NJW 97, 2601
mwN), aber nicht mit derjenigen Forderung, aus der vorläufig vollstreckbar und tituliert vollstreckt wurde (hM; BGH aaO mwN). Der

Anspruch erlischt auch mit Rechtskaft einer Entscheidung, aus der sich ergibt, dass der vollstreckte Anspruch besteht (im Einzelnen umstr; BGH aaO mwN). – **e) Hemmung** des Anspruchs durch Einreden (44 **13** vor § 253). Für die Verjährungsfrist gilt § 852 BGB entspr (allgM). Die Frist beginnt, sobald das aufhebende Urteil erlassen ist, nicht vorher (BGH NJW 57, 1926), aber auch nicht erst mit Rechtskraft (Karlsruhe OLGZ 79, 370). – **f) Inhalt und Umfang** des Anspruchs richten sich **14** auf Ersatz des unmittelbar durch die Vollstreckung entstandenen Schadens (vgl Rn 10). Dazu gehört aber auch der weitere Schaden, der über die Leistung zur Abwendung der ZwVollstr hinausgeht, insbes der Zinsschaden (BGH NJW 97, 2601). Es besteht aber kein Anspruch, wenn der Schuldner eine ohne Ordnungsmittelandrohung titulierte Unterlassungspflicht freiwillig erfüllt (BGH NJW 76, 2162). Der Anspruch umfasst auch nicht Kreditschäden durch Bekanntwerden der ZwVollstr (BGH NJW 83, 232) wegen des fiktiven Verlusts von Kapitalanlagezinsen (BGH NJW 85, 128). Vollstreckt der Gläubiger aus dem Urteil erster Instanz, haftet er aus Abs 2 nur für Schäden, die ihren Grund im Zeitraum bis zum Erlass des Berufungsurteils haben, von da an haftet er nach Abs 3 (BGH 69, 373). – **g) Geltendmachung** geschieht durch Auf- **15** rechnung, durch neue Klage, im noch anhängigen Rechtsstreit nach hM (vgl Krafft JuS 97, 734 mwN), wahlweise durch allgemeine Widerklage (§ 33 Rn 8) oder durch Inzidentantrag (Abs 2 S 2). Dieser ist seiner Natur nach eine privilegierte Widerklage (RoGaul § 15 III 6 b mwN; bestr) mit folgenden Vergünstigungen: Die Rechtshängigkeit (§ 261) wird zurückdatiert auf den Zeitpunkt der Zahlung (vgl § 815 Abs 3, § 819) oder Leistung; der Antrag kann im Urkundenprozess trotz § 595 Abs 1 (dort Rn 1), in der Berufungsinstanz ohne Einschränkungen und sogar noch in der Revisionsinstanz erhoben werden (BGH NJW 94, 2095). Besteht der Schaden lediglich in erstatteten Kosten, wird Rückfestsetzung zugelassen (§ 103 Rn 5; bestr). Sonstiger Schaden ist auf jeden Fall gem Abs 2 S 2 geltend zu machen (Zweibrücken Büro 86, 618 mwN). – **h) Streitwert:** die einfache, vollstreckte Hauptsache- **16** summe, sofern nicht ein weiterer Schaden geltend gemacht wird, aber immer ohne Zinsen und Kosten (hM; BGH 38, 237).

3. Bereicherungsanspruch (Abs 3). Er ist ein bürgerlich-rechtlicher **17** Anspruch, der als Sondervorschrift die Schadensersatzansprüche des Abs 2 ausschließt. **a) Sachbefugnis** hinsichtlich der Aktiv- und Passiv- **18** legitimation: Es gilt Rn 7. – **b) Voraussetzung** ist, dass ein Urteil des **19** OLG nach § 708 Nr 10 vollstreckt wird oder dass geleistet wird, um die Vollstreckung abzuwenden, ferner dass das Urteil später aufgehoben oder abgeändert wird, sei es auch nur aus prozessualen Gründen (hM). – **c) Erlöschen und Hemmung** des Anspruchs tritt ein, wenn rechts- **20** vernichtende Einwendungen (Rn 12) oder Einreden (Rn 13) erfüllt oder geltend gemacht sind. Die Leistung zur Abwendung bewirkt keine Erfüllung, solange nicht der Anspruch aus Abs 2 erhoben wird (BGH NJW 90, 2756). – **d) Inhalt und Umfang** des Anspruchs. Was gezahlt **21**

oder geleistet ist, muss zurückgewährt werden, und zwar nach Maßgabe
des § 818 BGB mit Ausnahme von dessen Abs 3. § 818 Abs 4 BGB ist
immer anwendbar wegen Abs 3 S 4 letzter Hs. Zinsen: lediglich die
gesetzlichen aus § 818 Abs 4, §§ 291, 288 BGB ab Beitreibung (LAG
Hamm NJW 76, 1119). – **e) Geltend gemacht** wird der Anspruch wie
der aus Abs 2 (Rn 15); wie dort auch in der Revisionsinstanz möglich.

§ 718 Vorabentscheidung über vorläufige Vollstreckbarkeit

(1) **In der Berufungsinstanz ist über die vorläufige Vollstreckbarkeit auf Antrag vorab zu verhandeln und zu entscheiden.**

(2) **Eine Anfechtung der in der Berufungsinstanz über die vorläufige Vollstreckbarkeit erlassenen Entscheidung findet nicht
statt.**

1   **1. Vorabentscheidung** (Abs 1). Zuständig ist die Kammer oder der
Senat, nicht der Einzelrichter. Das Teilurteil (§ 301; Karlsruhe FamRZ
87, 497) ergeht nur auf mdl Vhdlg. Es weist entweder die Berufung
zurück, soweit sie die vorläufige Vollstreckbarkeit betrifft oder ändert das
2   angefochtene Urteil in diesem Ausspruch ab. **a) Voraussetzungen** sind
außer der Zulässigkeit der Berufung (§ 522): **aa) Antrag** einer Partei,
auch des Anschlussberufungsklägers. Es gilt § 78; § 297 nicht. Der
Antrag ist unzulässig, wenn die Vollstreckung beendet ist (29 vor § 704),
weil das Rechtsschutzbedürfnis fehlt (Köln MDR 80, 764), nach Frankfurt OLGZ 86, 254 auch, wenn derselbe Erfolg über § 719 Abs 1 erzielt
werden kann. Eine Beschwer durch das Urteil erster Instanz ist nicht
3   erforderlich (Karlsruhe OLGZ 75, 484). **bb) Entscheidung** des Gerichts erster Instanz über die vorläufige Vollstreckbarkeit oder deren
Unterlassen. Dass die Partei einen erforderlichen Antrag iS des § 714
gestellt hat, ist nicht notwendig (vgl § 714 Rn 5). § 718 ist auch anzuwenden, wenn ein Urteil, das nur gegen Sicherheit vorläufig vollstreckbar ist (§ 709), lediglich zT angefochten wird und daher nur gegen eine
geringere Sicherheit vollstreckt werden soll (vgl § 537 nF; Groeger NJW
4   94, 431 für § 534 aF). **cc) Gegenstand** der Berufung oder Anschlussberufung (§ 524) muss die Entscheidung (Rn 3) sein, sei es auch nur
wegen der Höhe der Sicherheit (Frankfurt NJW-RR 88, 189), nicht
wegen ihrer Art, wofür die Vorinstanz zuständig bleibt (§ 108 Rn 2;
Köln MDR 97, 392). Bei Berufung gegen das Schlussurteil des Ur-
kundenprozesses darf das Vorbehaltsurteil nicht über § 718 korrigiert
5   werden (Frankfurt OLGZ 94, 470). – **b) Kosten.** Es fallen keine besonderen Gebühren an. Die Verhandlung gehört grundsätzlich zum
Rechtszug (§ 37 Nr 3 BRAGO; Hamm MDR 75, 501); bei abgesonderter mdl Vhdlg gilt § 49 Abs 1 BRAGO. Angefallene Auslagen sind
Kosten des Rechtsstreits.

6   **2. Unanfechtbarkeit** (Abs 2). Sie bezieht sich auf alle (nicht nur die
in Abs 1 genannten) Entscheidungen des OLG, soweit sie über die
vorläufige Vollstreckbarkeit befinden. Sie sind schlechthin unanfechtbar.

§ **719** Einstweilige Einstellung bei Rechtsmittel und Einspruch

(1) ¹Wird gegen ein für vorläufig vollstreckbar erklärtes Urteil der Einspruch oder die Berufung eingelegt, so gelten die Vorschriften des § 707 entsprechend. ²Die Zwangsvollstreckung aus einem Versäumnisurteil darf nur gegen Sicherheitsleistung eingestellt werden, es sei denn, daß das Versäumnisurteil nicht in gesetzlicher Weise ergangen ist oder die säumige Partei glaubhaft macht, daß ihre Säumnis unverschuldet war.

(2) ¹Wird Revision gegen ein für vorläufig vollstreckbar erklärtes Urteil eingelegt, so ordnet das Revisionsgericht auf Antrag an, daß die Zwangsvollstreckung einstweilen eingestellt wird, wenn die Vollstreckung dem Schuldner einen nicht zu ersetzenden Nachteil bringen würde und nicht ein überwiegendes Interesse des Gläubigers entgegensteht. ²Die Parteien haben die tatsächlichen Voraussetzungen glaubhaft zu machen.

(3) Die Entscheidung ergeht durch Beschluss.

Abs 3 ist neu gefasst mWv 1. 1. 2002 durch Art 2 Nr 91 ZPO-RG.

1. Allgemeines. Die Entscheidungen werden idR vor der mdl Vhdlg 1 der Hauptsache und stets durch Beschluss getroffen (Abs 3). Antrag (§ 707 Rn 6) ist in allen Fällen erforderlich, bei Einspruch und Berufung (Abs 1) wegen § 707, der für Abs 1 infolge Verweisung gilt, bei Revision unmittelbar (Abs 2 S 1). Außerkrafttreten der Beschlüsse: § 707 Rn 15. Rechtsbehelfe nur für Abs 1: wie § 707 Rn 17–20.

2. Berufung (Abs 1 S 1). Die Entscheidung ergeht gemäß § 707. 2 **a) Voraussetzungen:** grundsätzlich wie § 707 Rn 6–9. Dem Antrag fehlt nicht deshalb das Rechtsschutzbedürfnis, weil der Schuldner zur Abwendung der ZwVollstr gezahlt hat (München MDR 85, 1034). Die ZwVollstr sollte nur bei hinreichender Erfolgsaussicht der Berufung eingestellt werden (allgM; Köln NJW-RR 87, 189 mwN), jedenfalls bei Geldforderungen grundsätzlich nicht, wenn der Gläubiger nur gegen Sicherheitsleistung vollstrecken darf (hM; Köln aaO mwN; Saarbrücken MDR 97, 1157; aA Celle MDR 87, 505). Auch in diesen Fällen ist Einstellung aber angebracht, wenn der Schuldner durch die Vollstreckung einen über diese hinausgehenden Schaden erleiden würde (Hamburg NJW-RR 90, 1024). Hierfür genügt nicht, dass die Pfändung beweglicher Sachen droht (Köln aaO). – **b) Besonderheiten.** Bei 3 bestätigter einstw Vfg ist auch über § 719 nur bei besonderen Umständen eine Einstellung gerechtfertigt (vgl § 939; Frankfurt MDR 97, 393). Am Unterlassen eines Antrags gem § 712 darf die Einstellung nicht scheitern (Düsseldorf NJW-RR 87, 702, KG MDR 00, 1455 mwN; MüKo/Krüger 6; Edelmann/Hellmann AnwBl 94, 384; aA Frankfurt NJW 84, 2955; Celle OLGZ 93, 475), insbes nicht bei einer Räumung (aA LG Hanau NZM 99, 801 mit abl Anm von Eisenhardt S 785). – **c) Wirkung:** § 775 Nr 2. Mit der Einstellung der Zwangsvollstreckung 4 gem § 707 Abs 1 ist der Anlass für eine vom Gläubiger bereits gestellte

Sicherheit weggefallen, solange die Zwangsvollstreckung einstweilen eingestellt ist, so dass der Gläubiger Rückgabe seiner Sicherheit verlangen kann (§ 109). Auf Antrag kann das Berufungsgericht den Beschluss aufheben oder abändern (wie § 707 Rn 17). Mit Verkündung des Urteils tritt er von selbst außer Kraft (wie § 707 Rn 15).

5   **3. Einspruch** (Abs 1 S 2). Wird er eingelegt (§§ 340, 700 Abs 3), so gilt grundsätzlich § 707 entspr für das vorläufig vollstreckbare Versäumnisurteil oder den ihm gleichstehenden Vollstreckungsbescheid (§ 700 Abs 1). Das Prozessgericht (§ 707 Rn 5) hat bei seiner Entscheidung (Beschluss) wegen Abs 1 S 2 grundsätzlich nur gegen Sicherheitsleistung (Art und Höhe gem § 108) einstweilen einzustellen. Ausnahmsweise kann unter den Voraussetzungen des § 707 Abs 1 S 2 (hM; Hamburg NJW 79, 1464; KG NJW 84, 316 u MDR 85, 330; aA Celle NJW-RR 00, 1017: muss) ohne Sicherheitsleistung eingestellt werden, wenn entweder das Versäumnisurteil oder der Vollstreckungsbescheid gesetzwidrig ergangen ist (vgl § 344 Rn 5) oder die Säumnis (5 vor § 330) vom Einspruchsführer nicht verschuldet war (§ 51 Abs 2, § 85 Abs 2). Die Tatsachen hierfür sind gem § 294 glaubhaft zu machen. Ist die Einspruchsfrist versäumt und Wiedereinsetzung beantragt, gilt § 707 Abs 1 S 2 direkt (Hamm NJW 81, 132).

6   **4. Revision.** Abs 2 ist eine Sondervorschrift, die § 707 immer ausschließt (BGH st Rspr). Zuständig ist außer dem BGH auch noch das BayObLG, bevor es sich für unzuständig erklärt (BGH NJW 67, 1967).

7   **a) Voraussetzungen: aa) Antrag** (Prozesshandlung Einl III); er steht
8   unter Anwaltszwang (§ 78 Abs 1). **bb) Zulässige Revision** (vgl § 552 Abs 1); sie darf nicht aussichtslos sein (vgl BAG NJW 72, 1775 mwN).
9   **cc) Unersetzbarer Nachteil:** wie § 712 Rn 3. Das sind nicht die regelmäßig mit der Vollstreckung verbundenen Nachteile (BGH NJW 00, 9008) und ist nicht allein die Vorwegnahme des Prozessergebnisses (BGH NJW 91, 186). Es ist aber auch nicht gleich unabwendbar, wie vom BGH in stRspr angenommen. Er versagt für den Regelfall die Einstellung aus Abs 2, wenn in der Berufungsinstanz ein möglicher und zumutbarer Antrag nach § 712 nicht gestellt (BGH NJW 96, 1970 und 2103, 98, 3570) oder nicht begründet wurde, obwohl der unersetzbare Nachteil bereits erkennbar und nachweisbar war (BGH NJW 92, 376 mwN). Ausnahme bei neuen Gründen (BGH NJW 01, 375). Der unersetzbare Nachteil dürfte auch nicht allein deshalb verneint werden, weil der Schuldner einen auf § 711 gerichteten rechtzeitigen Ergänzungsantrag (§ 716) unterlassen hat (aA BGH in st Rspr, zB NJW 90, 2757
10   und NJW-RR 00, 746). **dd) Gläubigerinteressen** dürfen nicht überwiegen: wie § 712 Rn 5. – **b) Wirkung:** wie Rn 5.

11   **5. Entscheidung.** Sie ergeht durch Beschluss (Abs 3) und erfordert bei Revision, dass die Tatsachen für die Voraussetzungen (Rn 7, 8) glaubhaft gemacht (§ 294) werden (Abs 2 S 2), bei Berufung nur gem § 707 Abs 1 S 2. Die Einstellung erfolgt bei Revision stets ohne Sicherheitsleistung. Die Einstellung kann beschränkt werden auf einen Teil des

Urteils, auf bestimmte Vollstreckungsmaßnahmen oder bestimmte Vermögensteile (BGH 18, 219 und 398).

§ 720 Hinterlegung bei Abwendung der Vollstreckung

Darf der Schuldner nach § 711 Satz 1, § 712 Abs. 1 Satz 1 die Vollstreckung durch Sicherheitsleistung oder Hinterlegung abwenden, so ist gepfändetes Geld oder der Erlös gepfändeter Gegenstände zu hinterlegen.

Anwendbar: nur bei Befugnis des Schuldners zur Abwendung der ZwVollstr gem § 711 S 1 und § 712 Abs 1 S 1. **Voraussetzungen:** Im Fall des § 711 darf der Gläubiger die ihm freistehende Sicherheit nicht geleistet haben. Bei § 712 Abs 1 S 1 kommt es nur darauf an, dass der Ausspruch im Urteil enthalten ist, nicht, dass der Schuldner tatsächlich Sicherheit geleistet hat. **Wirkung:** Geld, das weggenommen (§ 815 Abs 3) oder erlöst wird (§ 817 Abs 4 S 1, § 819) und nach diesen Vorschriften nicht als Zahlung des Schuldners gilt, ist zu hinterlegen; der Gläubiger wird also nicht befriedigt; insbes darf auch gepfändetes Geld nicht dem Gläubiger ausgehändigt werden. Forderungspfändung: § 839. 1 2

§ 720 a Sicherungsvollstreckung

(1) ¹Aus einem nur gegen Sicherheit vorläufig vollstreckbaren Urteil, durch das der Schuldner zur Leistung von Geld verurteilt worden ist, darf der Gläubiger ohne Sicherheitsleistung die Zwangsvollstreckung insoweit betreiben, als

a) bewegliches Vermögen gepfändet wird,

b) im Wege der Zwangsvollstreckung in das unbewegliche Vermögen eine Sicherungshypothek oder Schiffshypothek eingetragen wird. ²Der Gläubiger kann sich aus dem belasteten Gegenstand nur nach Leistung der Sicherheit befriedigen.

(2) Für die Zwangsvollstreckung in das bewegliche Vermögen gilt § 930 Abs. 2, 3 entsprechend.

(3) Der Schuldner ist befugt, die Zwangsvollstreckung nach Absatz 1 durch Leistung einer Sicherheit in Höhe des Hauptanspruchs abzuwenden, wegen dessen der Gläubiger vollstrecken kann, wenn nicht der Gläubiger vorher die ihm obliegende Sicherheit geleistet hat.

1. Allgemeines. a) Zweck. Arrestähnlich (vgl § 930) und gegen solche Berufungen gerichtet, die nur zum Zeitgewinn eingelegt werden. § 720 a ermöglicht dem Gläubiger, auch ohne Sicherheitsleistung eine Vollstreckung einzuleiten und so weit zu betreiben, bis er gesichert ist. Zugleich kann der Schuldner durch eine im Urteil gar nicht vorgesehene Sicherheitsleistung diese Vollstreckung innerhalb der Wartefrist (§ 750 Abs 3) abwenden (Rn 10). Das ist eine Ausnahme von § 751 Abs 2. – 1

b) Anwendungsbereich (Abs 1 Hs 1). Es muss ein Urteil vorliegen, das unter § 709 fällt oder einen Schutzausspruch gem § 712 Abs 1 S 2 oder Abs 2 S 2 enthält. Das Urteil muss auf Zahlung (Leistung von Geld) lauten, gleich welcher Währung. Auch anwendbar auf Titel zur Duldung der ZwVollstr in ein Grundstück wegen einer Geldforderung (BayObLG Rpfleger 95, 305). Entspr anwendbar für Kostenfestsetzungs- beschlüsse (§ 795 S 2; Karlsruhe Rpfleger 00, 555).

3   **2. Voraussetzungen** der Sicherungsvollstreckung. Sie können nicht dem § 720 a entnommen werden. **a) Zulässigkeit** der Zwangsvollstre- ckung (38–52 vor § 704), also insbes auch deren allgemeine Voraus- setzungen (14–26 vor § 704; Titel, Klausel, Zustellung). Sie müssen zZ des Vollstreckungsbeginns vorliegen. Die Sicherheit (§ 751 Abs 2) muss 4 nicht geleistet sein. – **b) Besondere Voraussetzungen: aa)** Rechtzei- tige Zustellung (2wöchige Wartefrist) gem § 750 Abs 3 (vgl dort Rn 9, 18). Auch die einfache Vollstreckungsklausel muss für den Beginn der Wartefrist zugestellt werden (§ 750 Rn 18). **bb)** Der Schuldner darf von der Abwendungsbefugnis des Abs 3 (Rn 9) nicht wirksam Gebrauch gemacht haben.

5   **3. Wirkung des § 720 a. a) Zulässige Vollstreckung.** Es ist gestat- tet: **aa) Pfändung** beweglichen Vermögens (Abs 1 S 1a) ohne die Sicherheitsleistung des § 751 Abs 2; auch Vorpfändung (§ 845; BGH 93, 71). Sie umfasst (vgl § 803 Abs 1 S 1) bewegliche Sachen (§ 808), 6 Forderungen (§ 829) und andere Rechte iS des § 857. **bb) Eintragung** einer Sicherungs- oder Schiffshypothek (Abs 1 S 1b) an Grundstücken 7 (§ 866 Abs 3, § 867) oder Schiffen gem § 870 a. – **b) Ausgeschlossene oder beschränkte Verwertung** (Abs 1 S 2; Abs 2) wie bei einem Arrest nach Maßgabe von § 930 Abs 2, 3; aber nur solange nicht die gem § 751 Abs 2 erforderliche Sicherheit geleistet ist. Bis dahin darf aus der Zwangs- oder Schiffshypothek auch nicht die Zwangsversteigerung 8 betrieben werden. – **c) Aussichts- oder fruchtlose Pfändung** gestat- tet Antrag auf Offenbarungsversicherung (§ 807 Abs 1) auch ohne Sicherheitsleistung des Gläubigers (hM; Frankfurt Rpfleger 96, 468; Musielak/Lackmann 4 mwN).

9   **4. Abwendungsbefugnis** (Abs 3). Sie besteht ohne besonderen Aus- spruch des Gerichts (Karlsruhe Rpfleger 00, 555). Es kommt nur 10 darauf an, wer zuerst die Sicherheit geleistet hat (Abs 3). **a) Sicher- heitsleistung des Schuldners** in Höhe der Hauptsache ohne Zinsen und bei einem Kostenfestsetzungsbeschluss (vgl Rn 2) ebenfalls ohne Zinsen. Art der Sicherheitsleistung: § 108. Die Sicherheit haftet für den vollstreckbaren Anspruch wie für den Verzögerungsschaden (Köln NJW- RR 87, 251). Leistet der Schuldner nach Zustellung innerhalb der Frist des § 750 Abs 3 die Sicherheit, kann der Gläubiger auch nicht nach Abs 1 vollstrecken, solange er nicht seinerseits die ihm gem § 709 S 1 aufgegebene Sicherheit leistet. Hat der Gläubiger bereits vollstreckt, gelten § 775 Nr 3, § 776 S 1. Begnügt sich der Gläubiger mit der Sicherheitsleistung in Höhe der Hauptsache, so kann er seine Sicher-

heitsleistung und die Vollstreckung unterlassen bis die Rechtskraft eingetreten oder der Titel aufgehoben wird. – **b) Sicherheitsleistung des**   11
Gläubigers. kann jederzeit erbracht werden, damit er gem § 709 S 1,
§ 751 Abs 2 vollstrecken kann, auch wenn der Schuldner schon vorher
gem Rn 10 Sicherheit geleistet hat. Leistet der Gläubiger Sicherheit, so
ist für eine vorher erbrachte Sicherheitsleistung des Schuldners der Anlass
weggefallen; dann kann der Schuldner Rückgabe verlangen. § 777 ist
unanwendbar. Der Schuldner kann die Vollstreckung nur durch Zahlung
unter Vorbehalt abwenden (17 vor § 708).

§ 721 Räumungsfrist

(1) [1]Wird auf Räumung von Wohnraum erkannt, so kann das
Gericht auf Antrag oder von Amts wegen dem Schuldner eine
den Umständen nach angemessene Räumungsfrist gewähren.
[2]Der Antrag ist vor dem Schluß der mündlichen Verhandlung zu
stellen, auf die das Urteil ergeht. [3]Ist der Antrag bei der Entscheidung übergangen, so gilt § 321; bis zur Entscheidung kann das
Gericht auf Antrag die Zwangsvollstreckung wegen des Räu-
mungsanspruchs einstweilen einstellen.

(2) [1]Ist auf künftige Räumung erkannt und über eine Räumungsfrist noch nicht entschieden, so kann dem Schuldner eine
den Umständen nach angemessene Räumungsfrist gewährt werden, wenn er spätestens zwei Wochen vor dem Tage, an dem
nach dem Urteil zu räumen ist, einen Antrag stellt. [2]§§ 233 bis
238 gelten sinngemäß.

(3) [1]Die Räumungsfrist kann auf Antrag verlängert oder ver-
kürzt werden. [2]Der Antrag auf Verlängerung ist spätestens zwei
Wochen vor Ablauf der Räumungsfrist zu stellen. [3]§§ 233 bis 238
gelten sinngemäß.

(4) [1]Über Anträge nach den Absätzen 2 oder 3 entscheidet das
Gericht erster Instanz, solange die Sache in der Berufungsinstanz
anhängig ist, das Berufungsgericht. [2]Die Entscheidung ergeht
durch Beschluss. [3]Vor der Entscheidung ist der Gegner zu hören.
[4]Das Gericht ist befugt, die im § 732 Abs. 2 bezeichneten Anordnungen zu erlassen.

(5) [1]Die Räumungsfrist darf insgesamt nicht mehr als ein Jahr
betragen. [2]Die Jahresfrist rechnet vom Tage der Rechtskraft des
Urteils oder, wenn nach einem Urteil auf künftige Räumung an
einem späteren Tage zu räumen ist, von diesem Tage an.

(6) Die sofortige Beschwerde findet statt

1. gegen Urteile, durch die auf Räumung von Wohnraum erkannt ist, wenn sich das Rechtsmittel lediglich gegen die Versagung, Gewährung oder Bemessung einer Räumungsfrist
richtet;
2. gegen Beschlüsse über Anträge nach den Absätzen 2 oder 3.

(7) ¹Die Absätze 1 bis 6 gelten nicht für Mietverhältnisse über Wohnraum im Sinne des § 549 Abs. 2 Nr. 3 sowie in den Fällen des § 575 des Bürgerlichen Gesetzbuchs. ²Endet ein Mietverhältnis im Sinne des § 575 des Bürgerlichen Gesetzbuchs durch außerordentliche Kündigung, kann eine Räumungsfrist höchstens bis zum vertraglich bestimmten Zeitpunkt der Beendigung gewährt werden.

Abs 7 ist neu gefasst mWv 1. 9. 2001 durch Art 3 Nr 5 MietRRG. Abs 4 Satz 2 neu gefasst mWv 1. 1. 2002 durch Art 2 Nr 92 ZPO-RG.

1   **1. Anwendungsbereich. a) Gegeben:** nur bei Räumungsurteilen (auch Versäumnisurteilen) über Wohnraum. Das sind Räume, die vom Schuldner (jeder Besitzer) oder seinen Angehörigen tatsächlich bewohnt werden (vgl LG Lübeck ZMR 93, 223), zB auch möbliertes Zimmer und als dauernde Wohnung dienende Wohnwagen, entspr ein sog Frauenhaus (LG Lübeck WuM 96, 718). Bei einheitlichen Mischmietverhältnissen (teils Wohnräume, teils Geschäftsräume) können die Wohnräume auch weniger als gleichwertig sein (Musielak/Lackmann 3 mwN; bestr). Ist die Rückgabe teilbar, kann § 721 jedenfalls für die Wohnräume

2   angewendet werden (LG Hamburg NJW-RR 93, 662 mwN). **b) Unanwendbar** ist § 721 auf: **aa) Andere Räumungstitel,** insbes aus einstweiliger Verfügung (LG Hamburg NJW-RR 93, 1233), Zuschlagsbeschlüsse, einstweilige Anordnungen in Verfahren nach § 620 Nr 7 (Hamburg FamRZ 83, 1151) und nach der HausratsVO, wofür deren § 15 gilt (Stuttgart FamRZ 80, 467 mwN; vgl § 621 e Rn 2) sowie bei Ehestörungsklagen (9 vor § 606; Celle NJW 80, 711). **bb) Mietverhältnisse** (Abs 7) über Wohnraum, der für öffentliche oder soziale Zwecke vermietet ist (§ 549 Abs 2 Nr 3) und bei Mietverhältnissen für bestimmte Zeit (§ 575) mit der Ausnahme (Abs 7 S 2), dass Räumungsfrist nur bis Vertragsende gewährt werden darf.

3   **2. Entscheidung. a) Zuständigkeit** (funktionell): bei Abs 1 das jeweilige Prozessgericht; bei Abs 2, 3 grundsätzlich das Gericht erster Instanz, das Berufungsgericht nur (Abs 4 S 1) ab Einlegung der Berufung (auch wenn der Antrag gem Abs 2, 3 schon vorher gestellt war) bis zur Rücknahme oder Entscheidung über sie. Von da an ist wieder das Gericht erster Instanz zuständig, auch wenn die Hauptsache noch in der

4   Revision ist (BGH NJW 90, 2823). – **b) Voraussetzungen: aa) Urteilsverfahren** (Abs 1); von Amts wegen (auch ohne Antrag) oder auf einen vom Beklagten gestellten Antrag (Prozesshandlung, Einl III). Er ist Sachantrag (§ 297 Rn 1) und kann daher nur bis zum Schluss der mdl

5   Vhdlg gestellt werden (vgl § 296 a). **bb) Beschlussverfahren** (Abs 2–4): nur auf Antrag (Prozesshandlung, Einl III), Form: beim AG § 496, beim LG schriftlich unter Anwaltszwang (§ 78 Abs 1). Frist: nur bei Antrag auf erstmalige Gewährung (Abs 2 S 1) oder auf Verlängerung (Abs 3). Bei versäumter Frist ist der Antrag unzulässig; Wiedereinsetzung ist möglich (Abs 2 S 2; Abs 3 S 3). Fristberechnung: Der letzte Tag der gewährten Räumungsfrist wird in die 2 Wochen eingerechnet (Bsp: Bei

Räumungsfrist bis 30. November kann Antrag bis zum 16. November 24 Uhr gestellt werden). § 222 Abs 2 ist nicht anwendbar (hM; LG Berlin ZMR 92, 324 mwN). **cc) Künftige Räumung** (Abs 2): setzt **6** auch voraus, dass auf künftige Räumung (§ 259) erkannt und über eine Räumungsfrist überhaupt noch nicht (auch nicht ablehnend) entschieden ist. **dd) Veränderte Räumungsfrist** (Abs 3): setzt auch voraus, **7** dass bereits Räumungsfrist gem Abs 1 oder Abs 2 gewährt wurde (StJMünzberg 24 mwN; bestr). **ee) Verzicht** auf die Räumungsfrist ist **8** wirksam möglich und hindert ihre Gewährung. – **c) Form.** Abs 1: im **9** Urteil (auch im Versäumnisurteil) bei gewährter Räumungsfrist in der Formel, bei verweigerter nur in den Gründen. Ergänzungsurteil (Abs 1 S 3, § 321): in der Formel. Abs 2, 3: immer in der Formel des Beschlusses; er ist zu begründen. – **d) Verhandlung:** bei Abs 1 notwendig **10** mündlich; bei Abs 2, 3 freigestellt. Gehör des Gegners: Abs 4 S 3. – **e) Inhalt.** Die Räumungsfrist (auch für den Teil einer Wohnung) wird **11** am besten durch einen bestimmten Kalendertag begrenzt. Das Wort Räumungsfrist ist dabei aufzunehmen (Unterscheidung zu den Fällen des § 259). Es ist zulässig, die Räumungsfrist so zu gewähren, dass sie sich um eine bestimmte Zeit verlängert, wenn die in bestimmter Höhe bezeichnete Nutzungsentschädigung bezahlt wird (hM; StJMünzberg 15). Wird die Räumungsfrist ohne nähere Angabe nach Monaten bemessen, so läuft sie ab Erlass der Entscheidung (LG Mannheim ZMR 70, 205). – **f) Begründung.** Ob Räumungsfrist gewährt und wie lang **12** sie ausgedehnt wird, steht im Ermessen des Gerichts („kann"). Interessenabwägung ist erforderlich (BayObLG ZMR 84, 23) und genügend (LG Heilbronn Rpfleger 92, 529). Maßgebende Umstände: Alter und Bedürfnis des Beklagten; Dauer eines Mietverhältnisses; Bedarf des Gläubigers; Gewähr für Zahlungen gem § 546 a BGB; Bereitstehen von Ersatzwohnraum; Verschulden der Parteien. – **g) Kostenentscheidung.** **13** Im Urteilsverfahren (Abs 1) gilt § 93 b Abs 1, 3. Im Beschlussverfahren (Abs 2, 3) wird selbständig nach den §§ 91–100 entschieden (hM), insbes ist auch § 93 anzuwenden, wenn dem Verlängerungsantrag zugestimmt wird (LG Essen Rpfleger 71, 407). Die Kosten des Beschlussverfahrens sind weder solche des vorangegangenen Rechtsstreits noch solche der ZwVollstr.

3. Dauer. Am besten nach Kalendertag (§ 751 Abs 1) zu bestimmen **14** (Rn 11). **a) Mindestdauer:** keine; aber weniger als etwa ein Monat ab Urteil oder Beschluss ist kaum sinnvoll. – **b) Höchstdauer:** Abs 5. Daraus folgt, dass das erkennende Gericht in seinem Räumungsurteil nicht **15** mehr als ein Jahr Räumungsfrist von Verkündung an gerechnet gewähren darf, da auch das Urteil des AG am Verkündungstag durch Rechtsmittelverzicht rechtskräftig werden kann. Abs 7 S 2 beschränkt zum vertraglichen Ende des Mietverhältnisses auf bestimmte Zeit (§ 575 BGB).

4. Wirkung. Vollstreckung ist vor Ablauf der Räumungsfrist ausge- **16** schlossen (§ 751 Abs 1). Das Mietverhältnis bleibt beendet, auch wenn die Vollstreckung über die Räumungsfrist hinaus unterbleibt (vgl Hamm

NJW 82, 341). Das Abwicklungsverhältnis richtet sich grundsätzlich nach den Regeln des Mietvertrags. Einen Auszug vor Ablauf der gewährten Räumungsfrist muss der Schuldner dem Vermieter rechtzeitig mitteilen (LG Mönchengladbach DWW 92, 215). Schadensersatz sonst nur nach Maßgabe von §§ 546 a, 571 BGB.

17 **5. Vollstreckungsschutz.** Einstweilige Einstellung der Vollstreckung ist möglich: im Urteilsverfahren gem §§ 707, 719, im Ergänzungsverfahren (§ 321) gem Abs 1 S 3 Hs 2; daher nicht, wenn der Antrag in erster Instanz unterblieben ist (Köln MDR 80, 764); im Beschlussverfahren gem § 732 Abs 2 (Abs 4 S 4); allgemein gem § 765 a mit Antragsfrist gemäß § 765 a Abs 3.

18 **6. Rechtsmittel. a) Bei Urteilen.** Die Berufung in der Hauptsache und der Einspruch umfassen auch die Entscheidung über die Räumungsfrist (LG München I NZM 99, 306); jedoch kann dieser Teil bei der Berufung ausgenommen werden. Neben dem Einspruch ist sofortige Beschwerde unzulässig (LG München I aaO). Soll nur die Entscheidung über die Räumungsfrist angegriffen werden, findet nur noch sofortige Beschwerde (§ 567 Abs 1 Nr 1) statt (Abs 6 S 1 Nr 1), sofern das Gericht erster Instanz, auch durch Versäumnisurteil (LG Mannheim MDR 66, 242), entschieden hat (Abs 6 S 2). Die Räumungsfrist ist auch dann versagt, wenn das Urteil hierzu völlig schweigt (LG Köln NJW-RR 87, 143 mwN). Mit der Anschlussberufung kann auch die Gewährung von Räumungsfrist angegriffen werden (LG Nürnberg/Fürth NJW-RR 92, 1251). Mit sofortiger Beschwerde nicht anfechtbar sind Prozessurteile, insbes solche nach § 345, weil darin nicht auf

19 Räumung erkannt ist (LG Dortmund NJW 65, 1385). – **b) Bei Beschlüssen** (Abs 2, 3) findet sofortige Beschwerde statt (Abs 6 S 1 Nr 2). Frist: § 569 Abs 1. Rechtsbeschwerde (§ 574) ist nicht ausgeschlossen.

§ 722 Vollstreckbarkeit ausländischer Urteile

(1) **Aus dem Urteil eines ausländischen Gerichts findet die Zwangsvollstreckung nur statt, wenn ihre Zulässigkeit durch ein Vollstreckungsurteil ausgesprochen ist.**

(2) **Für die Klage auf Erlaß des Urteils ist das Amtsgericht oder Landgericht, bei dem der Schuldner seinen allgemeinen Gerichtsstand hat, und sonst das Amtsgericht oder Landgericht zuständig, bei dem nach § 23 gegen den Schuldner Klage erhoben werden kann.**

§ 723 Vollstreckungsurteil

(1) **Das Vollstreckungsurteil ist ohne Prüfung der Gesetzmäßigkeit der Entscheidung zu erlassen.**

(2) ¹Das Vollstreckungsurteil ist erst zu erlassen, wenn das Urteil des ausländischen Gerichts nach dem für dieses Gericht geltenden Recht die Rechtskraft erlangt hat. ²Es ist nicht zu erlassen, wenn die Anerkennung des Urteils nach § 328 ausgeschlossen ist.

1. Allgemeines. a) Vollstreckungsgrundlagen. Bei der Vollstreckung ausländischer Titel im Inland ist nach den Grundlagen zu unterscheiden: **aa) Vollstreckungsurteil** (§§ 722, 723) eines deutschen Gerichts; das ist der Grundsatz, soweit nicht Rn 3 oder 4 vorliegen. **bb) Vollstreckbarerklärung** des ausländischen Titels durch ein deutsches Gericht; idR durch Beschluss; nur vorgesehen in den internationalen (mehrseitigen) Übereinkommen und (zweiseitigen) Abkommen (Anh zu § 723). **cc) Vollstreckungsklausel** von einem deutschen Gericht erteilt. Das ist nur vorgesehen im Geltungsbereich des AVAG (HÜÜ, EuGVÜ, LGVÜ, EheVO, EuGVVO, Verträge mit Israel, Norwegen und Spanien), des Vertrags mit den Niederlanden und nach § 7 Abs 1 AG zu den Sorgerechtsübereinkommen (BGBl 90 I 701). Ein unzulässiger Antrag auf Erteilung der Vollstreckungsklausel kann nicht in eine Vollstreckungsklage umgedeutet werden (BGH NJW 79, 2477; Musielak/Lackmann § 722 Rn 7). – **b) Anwendungsbereich** der §§ 722, 723: Entscheidungen (nicht nur Urteile) ausländischer Gerichte, soweit sie einen vollstreckbaren Inhalt haben, nämlich dem Schuldner eine Leistung oder Haftung auferlegen (§ 704 Rn 1), also nicht Feststellungsurteile (AG Würzburg FamRZ 94, 1596). Unanwendbar auch auf gerichtliche Vergleiche und Schiedssprüche; für letztere gilt § 1061. Die §§ 722, 723 gelten nicht, soweit die Sonderregeln vorgehen, die im Anhang zu § 723 dargestellt sind. Insoweit fehlt für eine Klage das Rechtsschutzbedürfnis (KG RIW 98, 630). – **c) Leistungsklage** im Inland aus dem ursprünglichen Anspruch ist wegen des Vorrangs der §§ 722, 723 grds unzulässig (Linke, Festschrift für Rolf A. Schütze, 1999 S 427/423 ff). Sie ist aber zulässig, wenn die Anerkennung zweifelhaft ist (BGH NJW 87, 1146); das Rechtsschutzbedürfnis (Rn 12) fehlt dann nicht. Verbindung von Vollstreckungs- und Leistungsklage im Eventualverhältnis (§ 260 Rn 8) ist dann zweckmäßig. Dies ist nur zulässig im Anwendungsbereich der §§ 722, 723, nicht aber, wenn das AVAG anzuwenden ist (Gottwald mit zu Recht abl Anm zu Karlsruhe FamRZ 99, 309).

2. Rechtsnatur. Die Vollstreckungsklage ist eine Gestaltungsklage (5 vor § 253). Sie ist eine gewöhnliche Klage erster Instanz und darauf gerichtet, dass das ausländische Urteil im Inland vollstreckbar wird.

3. Antrag und Urteilsformel. a) Inhalt. Er muss dem Bestimmtheitsgrundsatz (16 vor § 704) entsprechen (BGH NJW 93, 1801). Die nach Gericht, Datum, Aktenzeichen und vollstreckbarem Inhalt genau bezeichnete Entscheidung wird für vollstreckbar erklärt. Das kann auf einen bestimmten Teil der ausländischen Entscheidung beschränkt werden. Für das Verfahren reicht die Vorlage einer beglaubigten Urteilskopie aus (Hamm RIW 97, 960). Eine Umrechnung eines auf ausländische Valuta lautenden Titels in Euro findet nicht statt (Zö/Geimer § 722

9   Rn 36). – **b) Streitgegenstand** (Einl II) ist nicht der Anspruch, über den das ausländische Gericht entschieden hat, sondern die Zulässigkeit der inländischen ZwVollstr aus dem ausländischen Urteil.

10   **4. Zulässigkeit** der Klage erfordert die Prozessvoraussetzungen (10 vor § 253), insbes: **a) Zuständigkeit.** (hierzu Schütze NJW 83, 154). Sie ist ausschließlich (§ 802; Musielak/Lackmann § 722 Rn 6). § 23 ist ohne die in § 23 Rn 2 gemachten Einschränkungen (hinreichender Inlandsbezug) anzuwenden (BGH NJW 97, 325 m Anm Schlosser JZ 97, 364; Munz RIW 97, 238). Sachlich: das AG (dort das Familiengericht, falls eine Familiensache vorliegt, BGH 88, 113) oder die Zivilkammer (nie die KfH) des LG, je nach Streitwert (§ 23 Nr 1 GVG; dessen Nr 2 ist nicht anzuwenden; allgM). Örtlich: der allgemeine

11   Gerichtsstand (§§ 13–19), hilfsweise § 23 (§ 722 Abs 2). – **b) Prozessführungsbefugnis** steht den Vollstreckungsparteien zu (10, 11 vor § 704). Die Abtretung des zuerkannten Anspruchs steht wegen

12   § 265 Abs 2 nicht entgegen (BGH NJW 92, 3096). – **c) Rechtsschutzbedürfnis.** Es fehlt, wenn die ausländische Entscheidung keinen vollstreckungsfähigen Inhalt hat (vgl Rn 5).

13   **5. Begründetheit** der Klage. Hierfür wird die ausländische Entscheidung nicht auf ihre materielle Richtigkeit geprüft (BGH NJW 92, 3100). Begründet ist die Klage, wenn (1) die ausländische Entscheidung rechtskräftig ist (§ 723 Abs 2 S 1; hierzu § 328 Rn 3, Wiedereinsetzungsanträge lassen die Bindungswirkung des Urteils unberührt, Hamm RIW 97, 960), (2) kein Anerkennungshindernis nach § 328 besteht (§ 723 Abs 2 S 2), (3) gegen den vollstreckbaren Anspruch keine entsprechend § 767 Abs 2 zulässige und begründete Einwendung geltend gemacht ist. Der hierfür maßgebliche Zeitpunkt bestimmt sich nach dem Recht des Erststaates (Zö/Geimer § 722 Rn 51). Ob die Einwendung begründet ist, bestimmt das vom Erstgericht auf den Anspruch angewendete Recht.

14   **6. Zwangsvollstreckung.** Sie findet im Inland nur aus dem deutschen Vollstreckungsurteil statt, wenn es den vollstreckbaren Inhalt wiedergibt, sonst in Verbindung mit dem ausländischen Titel. Das Urteil ist nach Maßgabe der §§ 708–714 für vorläufig vollstreckbar zu erklären. Es findet keine Wirkungserstreckung der ausländischen Lohnpfändung statt (BAG BB 97, 1642 m abl Anm Schack IPRax 97, 318). Oldenburg (IPRax 97, 338) verlangt den Nachweis, dass der inländische Schuldner von der ausländischen Forderungspfändung Kenntnis erlangt hat.

15   **7. Sonstiges.** Rechtsbehelfe: wie § 731 Rn 8; Kosten: wie § 731 Rn 9; Gebühren: §§ 722, 723 KV 1430 ff; AVAG KV 1420, 1421; sonstige Staatsverträge KV 1430 ff. RA: grds. § 31 ff BRAGO, soweit nicht wegen der Anwendbarkeit eines Staatsvertrags § 47 BRAGO vorrangig ist. Streitwert: Es gelten §§ 3, 4 Abs. 1. Zinsen werden nie,

Kosten nur dann der Hauptsache zugeschlagen, wenn über sie ziffernmäßig gesondert erkannt ist (BGH ZZP 70, 234).

Anhang nach § 723: Vollstreckbarkeit ausländischer Titel im Inland

Vorbemerkung. Die ZwVollstr aus den ausländischen Titeln richtet 1 sich, wenn Vollstreckungsklausel oder Vollstreckbarerklärung erteilt sind, nach den allgemeinen Vorschriften der ZwVollstr im Inland (60 vor § 704).

1. Vollstreckungsklausel für ausländische Titel. Diese wird in 2 einem vereinfachten Verfahren nach dem AVAG erteilt (vgl hierzu 2 ff vor § 1 AVAG). Anwendungsbereich: § 1 AVAG. Dasselbe gilt für dem deutsch-niederländischen Vertrag (§ 328 Rn 42) unterliegende Entscheidungen.

2. Vollstreckbarerklärung ausländischer Titel. Dieses gegenüber 3 den §§ 722, 723 vereinfachte und verbilligte Verfahren ist nur anwendbar, wenn es durch internationale Verträge zugelassen ist. Das trifft in folgenden Bereichen zu: **a) Kostenentscheidungen** (insbes Kostenfest- 4 setzungsbeschlüsse): Es gilt das HZPÜ v 1. 3. 54 (BGBl 58 II 577) mit AusfG v 18. 12. 58 (BGBl I 939, geändert durch d ZPO-RG); Vertragsstaaten: § 328 Rn 30. – **b) Unterhaltsansprüche.** Für Unterhaltsans- 5 prüche von Kindern ist im Verhältnis zu Belgien, Liechtenstein, Österreich, Suriname und Ungarn das HUÜ v 15. 4. 58 (BGBl 61 II 1005), mit AusfG v 18. 7. 61 (BGBl I 1033, geänd d ZPO-RG) anzuwenden. Nach dessen § 1 ist das AG zuständig, und zwar gem § 621 Abs 1 Nr 4 (nF) das Familiengericht (hM; BGH NJW 86, 1440). Überwiegend ist jedoch das HUÜ v 2. 10. 73 (BGBl 86 II 826; hierzu BGH NJW 90, 2197; Stuttgart FamRZ 99, 312) anzuwenden. Vertragsstaaten: § 328 Rn 35. Es gilt für alle Unterhaltsansprüche. Das Verfahren richtet sich aber nach dem AVAG (§ 1 Abs 1 Nr 1 Buchst c) AVAG; vgl oben Rn 2 und 2 ff vor 1 AVAG). Zuständig ist das LG (Vorsitzender einer Zivilkammer, § 3 AVAG). Daneben gilt das AuslandsunterhaltsG vom 19. 12. 86 (BGBl I 2563), das in § 10 auf §§ 723 Abs 1, 328 Abs 1 Nr 1–4 verweist. – **c) Andere gerichtliche Entscheidungen:** Hierfür sind die 6 in § 328 Rn 37 ff aufgeführten Staatsverträge, die EuGVVO und die EheVO (vgl § 328 Rn 24 u 52) zu beachten (soweit nicht oben Rn 2 vorliegt). Die Rechtsbehelfe gegen die Vollstreckbarerklärung werden durch das Ausführungsgesetze geregelt (hierzu § 328 Rn 37 ff).

3. Frühere DDR. a) Entscheidungen der dortigen Gerichte galten 7 von jeher als nicht ausländisch. Sie sind wirksam geblieben und können seit 3. 10. 1990 auf Grund des Art 18 Abs 1 S 1 EVertr nach neuem Recht vollstreckt werden. Sie bedürfen keiner Vollstreckbarerklärung gem §§ 722, 723 (Hamm FamRZ 91, 1078). § 328 gilt aber (BGH NJW 97, 2051). Sie sind grundsätzlich 2 : 1 umgestellt (Art 10 Abs 5 Staatsvertrag zur Währungs-, Wirtschafts- und Sozialunion). – **b) Voll-** 8

streckungsabkommen. Die der BRep erstrecken sich auf die neuen Länder (Art 11 EVertr). Die der DDR gelten nur vorläufig und unter Vorbehalt weiter (Art 12 EVertr: Arnold BB 91, 2240).

§ 724 Vollstreckbare Ausfertigung

(1) **Die Zwangsvollstreckung wird auf Grund einer mit der Vollstreckungsklausel versehenen Ausfertigung des Urteils (vollstreckbare Ausfertigung) durchgeführt.**

(2) **Die vollstreckbare Ausfertigung wird von dem Urkundsbeamten der Geschäftsstelle des Gerichts des ersten Rechtszuges und, wenn der Rechtsstreit bei einem höheren Gericht anhängig ist, von dem Urkundsbeamten der Geschäftsstelle dieses Gerichts erteilt.**

1   **1. Allgemeines** zur vollstreckbaren Ausfertigung. **a) Begriff.** Sie ist eine Ausfertigung des Urteils (§ 317), die mit „vollstreckbare Ausfertigung" überschrieben ist und am Schluss die Vollstreckungsklausel

2   (§ 725) enthält. – **b) Inhalt.** Die Ausfertigung wird, falls Rechtsmittelentscheidungen vorliegen, von dem Urteil erteilt, das den vollstreckbaren Anspruch (3 vor § 704) enthält. Ergibt sich der vollstreckbare Anspruch infolge Abänderung des angefochtenen Urteils aus zwei verschiedenen Urteilen, so ist die Formel des anderen Urteils in die vollstreckbare Ausfertigung aufzunehmen oder es ist für beide Urteile

3   eine vollstreckbare Ausfertigung nötig. – **c) Wirkung.** Die vollstreckbare Ausfertigung bezeugt Bestehen und Vollstreckungsreife des Titels. Das wird deshalb von den Vollstreckungsorganen nicht mehr geprüft (umstr; vgl Jaspersen Rpfleger 95, 4 mwN). Die mit ihr notwendig verbundene Vollstreckungsklausel ist Voraussetzung der Zwangsvollstreckung (25 vor § 704), die ohne sie unzulässig ist (46 vor § 704). Wird trotzdem vollstreckt, ist zwar die Vollstreckungsmaßnahme wirksam, auf Erinnerung (§ 766) aber aufzuheben (allgM). Ob ein Pfändungspfandrecht entsteht, ist umstritten (§ 803 Rn 9). Die Erteilung der vollstreckbaren Ausfertigung ist keine Vollstreckungsmaßnahme, so dass die Einstellung der ZwVollstr (zB gemäß § 707 oder § 769) die Erteilung nicht hindert.

4   **2. Anwendungsbereich.** Eine vollstreckbare Ausfertigung ist grundsätzlich bei allen Titeln (14, 15 vor § 704) notwendig, ausnahmsweise nicht bei Vollstreckungsbescheid, Arrest und einstweiliger Verfügung zur Vollstreckung gegen die darin bezeichneten Personen (§ 796 Abs 1, § 929 Abs 1, § 936), ferner nicht bei Kostenfestsetzungsbeschlüssen, die auf Urteile gesetzt sind (§ 105 Abs 1, § 795 a).

5   **3. Verfahren.** Zuständig ist grundsätzlich der Urkundsbeamte (Abs 2), in den Fällen des § 20 Nr 12, 13 RPflG der Rechtspfleger des Prozessgerichts (wie § 706 Rn 4). Die vom UrkB anstelle des Rechtspflegers erteilte Klausel ist unwirksam (Frankfurt Rpfleger 91, 12; LG Detmold Rpfleger 96, 12; aA Zweibrücken Rpfleger 97, 369 mwN).

Besondere Zuständigkeit: § 797 Abs 1, 2, § 797 a Abs 4. Kein Gehör des Schuldners (§ 730 Rn 1). Kein Anwaltszwang (§ 78 Abs 3).

4. Voraussetzungen. Stets muss der Titel bestehen, darf also nicht 6 aufgehoben sein. Außerdem muss vorliegen und ist von Amts wegen zu prüfen: **a) Gesuch** (formloser Antrag) derjenigen zur Vollstreckung be- 7 rechtigten Partei, die im Titel angegeben ist (oder § 727), nicht eines Dritten, an den zB bei Prozessstandschaft zu leisten ist (KG Rpfleger 71, 103), ebenso wenig desjenigen, der ohne dem Rechtsstreit zum Zwecke des Vergleichsabschlusses beigetreten zu sein, daraus Rechte ableitet (vgl Frankfurt MDR 73, 321). − **b) Vollstreckungsreife** des Titels. Ein 8 Urteil muss rechtskräftig oder vorläufig vollstreckbar (§ 704), ein sog Widerrufsvergleich (§ 794 Rn 19) darf nicht widerrufen sein. Die angeordnete Sicherheitsleistung muss nicht erbracht sein (§ 726 Abs 1). Außerdem darf § 726 nicht entgegenstehen. Das ist bei einem Ratenzahlungsvergleich mit Verfallklausel (§ 794 Rn 17) für den Gesamtbetrag nicht der Fall, wenn dessen Fälligkeit vom Eintritt des Schuldnerverzugs abhängig gemacht ist, weil das der Gläubiger nicht beweisen muss (Münzberg Rpfleger 97, 413; bestr). − **c) Vollstreckungsfähiger In-** 9 **halt.** Einen solchen haben grundsätzlich nur Leistungsurteile. Urteile, die auf Rechtsmittel ergehen, erhalten nur dann die Vollstreckungsklausel, wenn sie selbst einen vollstreckbaren Inhalt haben, auch wenn sie das angefochtene Urteil lediglich abändern (BGH NJW 98, 613). Feststellungsurteile (4 vor § 253), zu denen alle klageabweisenden Urteile zählen, werden nur dann vollstreckbar ausgefertigt, wenn der Kostenfestsetzungsbeschluss auf sie gesetzt ist (§ 795 a). Nicht vollstreckungsfähig ist ein Titel mit unbestimmtem Inhalt (16−20 vor § 704) und ein nichtiges Urteil (15−18 vor § 300). Nicht vollstreckbar sind Titel, aus deren Inhalt folgt, dass sie nicht vollstreckt werden sollen (Düsseldorf NJW-RR 87, 640).

5. Besonderheiten. a) Teilklausel. Die vollstreckbare Ausfertigung 10 kann für einen von mehreren Ansprüchen oder den bestimmten Teil eines Anspruchs erteilt werden. Das muss dann aus der Klausel ausdrücklich hervorgehen. − **b) Schuldnermehrheit.** Bei Gesamtschuldnern 11 (§ 421 BGB) wird nur eine Ausfertigung erteilt, bei Teilschuldnern (§ 420 BGB) soviele Ausfertigungen wie Schuldner vorhanden sind. − **c) Gläubigermehrheit.** Bei Gesamtgläubigern (§ 428 BGB), Gesamt- 12 handgläubigern und im Falle des § 432 BGB (auch an einen Mitgläubiger allein, KG NJW-RR 00, 1409) wird grundsätzlich nur eine Ausfertigung erteilt (vgl § 733 Rn 6), bei Teilgläubigern (§ 420 BGB) soviele Ausfertigungen wie Gläubiger. − **d) Prozessvergleich.** Es wer- 13 den nur die formellen Voraussetzungen geprüft (Rn 6−9), nicht ob ein wirksamer Vergleich iS des § 779 BGB vorliegt (Schuschke/Walker 6; aA Sauer/Maiendresch Rpfleger 97, 289). Die vollstreckbare Ausfertigung muss den Vorlesungs- und Genehmigungsvermerk (§ 794 Rn 11) aufweisen (LG Essen MDR 75, 937). Wird bei einem Titel über Ratenzahlung mit Verfallklausel (vgl Rn 8; § 726 Rn 2) die Klausel zunächst für die Ratenvollstreckung erteilt, ist für die Gesamt- oder Restforderung ggf über § 733 (dort Rn 3) eine weitere vollstreckbare Ausfertigung zu beantragen.

14   **6. Rechtsbehelfe. a)** Wird die vollstreckbare Ausfertigung erteilt, so stehen dem Schuldner Erinnerung nach § 732 und, soweit diese Vorschrift anwendbar ist, Klage nach § 768 zur Wahl. – **b)** Wird die vollstreckbare Ausfertigung durch Beschluss des Urkundsbeamten verweigert, steht dem Gläubiger Erinnerung offen (§ 573). Danach findet sofortige Beschwerde statt (§ 567 Abs 1 Nr 2), dann unmittelbar, wenn der Rechtspfleger entschieden hat (§ 11 Abs 1 RPflG; LG Stuttgart Rpfleger 00, 537). Dem Gläubiger steht Klage offen (§ 731).

15   **7. Kosten** sind solche der Zwangsvollstreckung (§ 788 Rn 15). Gebühren: für das Gericht keine. RA: § 37 Nr 7, § 58 Abs 2 Nr 1 BRAGO.

§ 725 Vollstreckungsklausel

Die Vollstreckungsklausel: „Vorstehende Ausfertigung wird dem usw. (Bezeichnung der Partei) zum Zwecke der Zwangsvollstreckung erteilt" ist der Ausfertigung des Urteils am Schluß beizufügen, von dem Urkundsbeamten der Geschäftsstelle zu unterschreiben und mit dem Gerichtssiegel zu versehen.

1   **Grundsatz.** Die Vollstreckungsklausel ist notwendiger Bestandteil der
2 vollstreckbaren Ausfertigung. Es gilt daher § 724. **Inhalt.** Der Wortlaut der Klausel muss nicht genau dem § 725 entsprechen, aber den gleichen Sinn ausdrücken. Soll für oder gegen eine andere Person als die, die im Titel genannt ist, vollstreckt werden (zB §§ 727–729, 749), so muss sie in der Klausel namentlich bezeichnet sein (wie § 750 Rn 2, 3). Gesamt-
3 schuld ist anzugeben. **Unterschrift** ist eigenhändig zu leisten, Ort und Datum hinzuzufügen, ferner der Zusatz „als Urkundsbeamter der Geschäftsstelle" oder „Rechtspfleger".

§ 726 Vollstreckbare Ausfertigung bei bedingten Leistungen

(1) Von Urteilen, deren Vollstreckung nach ihrem Inhalt von dem durch den Gläubiger zu beweisenden Eintritt einer anderen Tatsache als einer dem Gläubiger obliegenden Sicherheitsleistung abhängt, darf eine vollstreckbare Ausfertigung nur erteilt werden, wenn der Beweis durch öffentliche oder öffentlich beglaubigte Urkunden geführt wird.

(2) Hängt die Vollstreckung von einer Zug um Zug zu bewirkenden Leistung des Gläubigers an den Schuldner ab, so ist der Beweis, daß der Schuldner befriedigt oder im Verzug der Annahme ist, nur dann erforderlich, wenn die dem Schuldner obliegende Leistung in der Abgabe einer Willenserklärung besteht.

1. Allgemeines. § 726 ist anwendbar bei allen Titeln, für die eine 1
vollstreckbare Ausfertigung nötig ist (§ 724 Rn 4). Der zuständige
Rechtspfleger (§ 20 Nr 12 RPflG; § 724 Rn 5) muss weitere Voraussetzungen außer den in § 724 Rn 5–9 genannten prüfen, bevor er die
vollstreckbare Ausfertigung erteilt. Grundsätzlich gilt alles, was zu § 724
ausgeführt ist. Verfahren: wie § 727 Rn 5. In vollstreckbaren notariellen
Urkunden (§ 794 Abs 1 Nr 5) kann auf den Beweis verzichtet werden
(§ 794 Rn 53).

2. Voraussetzung. Aus dem Titel muss sich ergeben, dass die Voll- 2
streckung von dem Eintritt einer Tatsache abhängig, dh aufschiebend
bedingt ist oder durch ein anderes Ereignis als den Eintritt eines bestimmten Kalendertags (sonst gilt § 751 Abs 1) ungewiss befristet. Eine
Bedingung liegt insbes vor, wenn der vollstreckbare Anspruch (50 vor
§ 704) selbst bedingt ist. Bei Urteilen kommt das sehr selten vor, häufig
aber bei Vergleichen und vollstreckbaren Urkunden (§ 794 Abs 1 Nr 1
und 5), zB Eintritt der Rechtskraft eines Scheidungsurteils für eine im
Vergleich übernommene Zahlungsverpflichtung (München Rpfleger 84, 106). Sicherheitsleistung ist keine Bedingung und ohne Einfluss
auf die Erteilung der Vollstreckungsklausel (§ 751 Abs 2).

3. Beweislast des Gläubigers (vgl 18 ff vor § 284). Sie trifft grund- 3
sätzlich ihn, nur ausnahmsweise dann den Schuldner, wenn die Nichterfüllung eines Anspruchs die Bedingung darstellt, weil der Schuldner für
die Erfüllung grundsätzlich das Beweisrisiko trägt. Das gilt insbes für die
Verfallklausel (vgl § 724 Rn 8), bei der der Schuldner die rechtzeitige
Zahlung beweisen muss und bei der sofortigen Fälligkeit des gesamten
Anspruchs wegen Verzugs mit einer Rate (hM; Münzberg Rpfleger 97,
413; aA Frankenberger/Holz Rpfleger 97, 93), ferner bei Entschädi-
gungszahlung für den Fall, dass der Schuldner eine Handlung nicht
vornimmt (§ 510 b). In diesen Fällen muss der Schuldner die Erfüllung
über § 775 Nr 4, 5 oder § 767 geltend machen. Hingegen trifft den
Gläubiger die Beweislast, wenn nach Erfüllung der Hauptschuld die
Klausel nur für Zinsen erteilt werden soll (BayObLG DNotZ 76, 366).

4. Zug-um-Zug-Leistung (Abs 2). Ist nur bei Urteilen, nicht bei 4
Vergleichen und vollstreckbaren Urkunden (§ 794 Abs 1 Nr 1 und 5)
anzuwenden (hM; Koblenz Rpfleger 97, 445). § 726 gilt wegen
§ 894 Abs 1 S 2 auch dann, wenn der Schuldner Zug um Zug gegen
eine Leistung des Gläubigers eine Willenserklärung abzugeben hat. Bei
anderen Zug-um-Zug-Titeln (vgl §§ 756, 765) gilt § 726 nicht und
wird die vollstreckbare Ausfertigung sofort erteilt, auch bei Urteilen auf
Leistung nach Empfang der Gegenleistung (Karlsruhe MDR 75, 938
mwN).

5. Nachweis. Wird er nicht geführt, muss gemäß § 731 geklagt 5
werden. **a) Erforderlich** ist er grundsätzlich durch öffentliche Urkunden (§§ 415, 417, 418) einschließlich ihrer öffentlich beglaubigten Abschriften oder durch öffentlich beglaubigte Urkunden mit öffentlich
bezeugter Echtheit der Unterschrift (§ 129 BGB, § 40 BeurkG). Hierfür

genügen zB mit Stempel und Unterschrift versehene Zusammenstellungen von Sozialhilfeträgern über erbrachte (nicht nur bewilligte, vgl Düsseldorf FamRZ 97, 826) Leistungen (Bamberg FamRZ 83, 204). Der Gläubiger muss sie vorlegen oder, wenn sie sich beim zuständigen Gericht schon befinden, darauf Bezug nehmen. Beschaffen kann er sie sich nach § 792. Zustellung der Urkunden ist dann notwendig (§ 750 Abs 2). Ist eine Kündigung für eine Klauselerteilung Voraussetzung, genügt der Nachweis der Zustellung einer privatschriftlichen Kündigungserklärung in der vorgeschriebenen Form des Abs 1. –

6 **b) Entbehrlich** ist der Nachweis durch Urkunden, wenn der Eintritt der Tatsache offenkundig ist (§ 291, analog § 727 Abs 1) oder ausdrücklich zugestanden (§ 288; hM; Saarbrücken Rpfleger 91, 161; Münzberg NJW 92, 201 mwN; aA Oldenburg Rpfleger 92, 490; LG Hamburg Rpfleger 94, 423 für § 727). Dass nach geschehener Anhörung gemäß § 730 das bloße Nichtbestreiten auf Grund der Geständnisfunktion des § 138 Abs 3 genüge (so Düsseldorf Rpfleger 91, 465 mwN; Köln MDR 96, 964), ist abzulehnen (überwiegende Meinung; Karlsruhe VersR 96, 391, Köln und Braunschweig jeweils MDR 95, 94 für § 727; Musielak/ Lackmann 5 mwN). Der Urkundennachweis ist entbehrlich, wenn der Gläubiger gegen den Schuldner ein rechtskräftiges oder vorläufig vollstreckbares Urteil nach § 731 erwirkt (Erteilung nach § 724) oder wenn in einem gerichtlichen Vergleich die Parteien eine erleichterte Beweisführung vereinbart haben (Stuttgart NJW-RR 86, 549).

7   **6. Inhalt der Klausel.** Es gilt grundsätzlich § 725. Bei einer Verfallklausel (Rn 2) ist die Erteilung für die Gesamtforderung oder den zu beziffernden Rest aufzunehmen. Zusätzlich aufzunehmen ist die Urkunde (Rn 5), das Geständnis und die Offenkundigkeit (entspr § 727 Abs 2), auch der Rechtsnachfolge (§ 727), wenn sie außerdem vorliegt.

§ 727 Vollstreckbare Ausfertigung für und gegen Rechtsnachfolger

(1) Eine vollstreckbare Ausfertigung kann für den Rechtsnachfolger des in dem Urteil bezeichneten Gläubigers sowie gegen denjenigen Rechtsnachfolger des in dem Urteil bezeichneten Schuldners und denjenigen Besitzer der in Streit befangenen Sache, gegen die das Urteil nach § 325 wirksam ist, erteilt werden, sofern die Rechtsnachfolge oder das Besitzverhältnis bei dem Gericht offenkundig ist oder durch öffentliche oder öffentlich beglaubigte Urkunden nachgewiesen wird.

(2) Ist die Rechtsnachfolge oder das Besitzverhältnis bei dem Gericht offenkundig, so ist dies in der Vollstreckungsklausel zu erwähnen.

1   **1. Allgemeines.** § 727 gilt für alle Vollstreckungstitel (§ 795), auch für vorläufig vollstreckbare Urteile sowie grundsätzlich für Arrest und

einstweilige Verfügung (Loritz ZZP 106, 1 mwN). Zur Vollstreckung müssen die Parteien im Titel oder in der Klausel namentlich bezeichnet sein (§ 750 Abs 1). Bei Rechtsnachfolge aufseiten einer Partei kann über § 727 ein neuer Prozess vermieden werden, nachdem Rechtskrafterstreckung eingetreten ist (§ 325). Wenn der Nachweis der Rechtsnachfolge nicht gemäß § 727 geführt werden kann, muss nach § 731 geklagt werden. Vollstreckt jemand aus einem Titel, der umgeschrieben werden muss, aber noch nicht ist, findet Erinnerung (§ 766) statt, nicht § 767 (vgl § 766 Rn 23; BGH NJW 92, 2159 = JZ 93, 94 mit krit Anm von Münzberg).

2. Auswirkung auf Prozesse. Einer wiederholten Klage mit dem 2 selben Streitgegenstand durch oder gegen den Rechtsnachfolger fehlt, soweit nicht schon die Rechtskraft entgegensteht (§§ 322, 325), grundsätzlich das Rechtsschutzbedürfnis (26 vor § 253; BGH NJW 57, 1111), aber ausnahmsweise nicht bei Vergleichen und vollstreckbaren Urkunden, wenn der Gläubiger mit einer Klage nach § 767 rechnen muss (BGH aaO).

3. Anwendungsbereich. a) Unmittelbar gilt § 727 bei Rechts- 3 nachfolge (Rn 10–13), auch bei einer weiteren und mehrfachen. – **b) Entsprechend** in den Fällen der §§ 728, 729, 738, 742, 744, 745 Abs 2 und § 749; auch wenn eine Partei kraft Amtes in die Rechtsstellung eintritt (vgl § 51 Rn 25), zB der Insolvenzverwalter (Celle NJW-RR 88, 447), der Nachlassverwalter (Jaspersen Rpfleger 95, 243) und bei gewillkürter Prozessstandschaft (§ 51 Rn 31; Becker-Eberhard ZZP 104, 413 [439]), nach hM nur unter gewissen weiteren Voraussetzungen, aber nur wenn der Prozessstandschafter vollstreckt, wozu er bis zur Umschreibung auf den materiell Berechtigten befugt ist (BGH NJW 91, 839), oder wenn er die Vollstreckung nicht durchführt (Köln VersR 93, 1382). Eine bloße Vollstreckungsstandschaft wird für unzulässig gehalten (vgl BGH 92, 347; aA Dresden NJW-RR 96, 444), so dass zB der Sicherungsgeber nicht auf Rechnung des Sicherungsnehmers vollstrecken darf (BGH NJW-RR 92, 61). Für den Testamentsvollstrecker gilt § 727 schon auf Grund des § 749. Vieles spricht dafür, die Vollstreckungsstandschaft zuzulassen, wenn der Inhaber des Vollstreckungstitels einen Vollstreckungsstandschafter ermächtigt und dieser ein rechtsschutzwürdiges Interesse an dieser Vollstreckung hat (Scherer Rpfleger 95, 89). – **c) Unanwendbar** ist § 727, wenn an die Stelle der 4 Partei keine andere Person in die Rechtsstellung eintritt, nämlich bei Wechsel von Namen (Aden MDR 79, 103), Firma oder gesetzlicher Vertretung (vgl KG NJW 73, 2032) sowie Wohnungseigentumsverwaltern (vgl LG Darmstadt NJW-RR 96, 398); Eintritt oder Wechsel von Gesellschaftern, auch bei Ausscheiden aller (Zweibrücken MDR 88, 412); Auflösung einer OHG oder einer KG (vgl § 736 Rn 5); Umwandlung der Vorgesellschaft in eine GmbH (BayObLG MDR 87, 446). In diesen Fällen wird, soweit die Parteibezeichnung (vgl § 750 Rn 2) zu ändern oder zu berichtigen ist, lediglich ein Vermerk in der Klausel

angebracht (hM; LG Berlin MDR 70, 244; Will BWNotZ 78, 156),
wenn der wirkliche Gläubiger nicht im Titel aufgeführt ist, sondern der
Rechtsvorgänger. § 727 ist auch nicht anzuwenden, wenn sich Grund-
stückserwerber und -veräußerer gem § 800 in derselben Urkunde der
ZwVollstr unterworfen haben (KG Rpfleger 88, 30).

5   **4. Verfahren.** Da eine vollstreckbare Ausfertigung erteilt werden soll,
gilt grundsätzlich § 724 Rn 5. Gehör des Schuldners gemäß § 730.
a) Zuständig ist der Rechtspfleger (§ 20 Nr 12 RPflG), bei notariellen
6   Urkunden (§ 794 Abs 1 Nr 5) ist es der Notar (§ 797 Abs 2). – **b)**
Voraussetzungen: die des § 724 Rn 6–9. Außerdem muss auf Gläubi-
ger- oder Schuldnerseite eine Rechtsnachfolge (Rn 10) eingetreten
7   sein. – **c) Nachweis.** Ob er erforderlich oder entbehrlich ist, muss wie
bei § 726 Rn 5, 6 beurteilt werden. Statt auf die Bedingung
(§ 726 Abs 1) bezieht sich der Nachweis auf die Rechtsnachfolge. Soll
auf das Geständnis abgestellt werden (§ 726 Rn 6), müssen die Tatsachen
zur Rechtsnachfolge von dem jeweiligen Antragsgegner zugestanden
werden, also nicht mehr vom früheren Schuldner (Münzberg NJW 92,
201). Ist nachgewiesen, so muss die vollstreckbare Ausfertigung erteilt
8   werden. – **d) Rechtsvorgänger.** Aus „kann“ ist zu folgern, dass der alte
Gläubiger trotz Rechtsnachfolge die vollstreckbare Ausfertigung erhält,
bis sie dem Rechtsnachfolger erteilt wird. Hat der Rechtsvorgänger eine
vollstreckbare Ausfertigung erhalten, muss diese umgeschrieben oder
nach § 733 verfahren werden. Der Titelgläubiger bleibt trotz Abtretung
zur ZwVollstr befugt, wenn er zur Einziehung der Forderung ermächtigt
ist (BGH NJW 93, 1396). Bei einer weiteren Umschreibung (Rn 3)
9   besteht keine Bindung (KG NJW-RR 97, 253). – **e) Inhalt der Klau-**
sel: Abs 2; wie § 726 Rn 7. **f) Rechtsbehelfe:** wie § 724 Rn 14.

10   **5. Rechtsnachfolge.** Darunter ist die Gesamt- oder Sondernach-
folge, gleich aus welchem Rechtsgrund zu verstehen, auch in einen Teil
des Rechts. Umstände, die ihrer Wirksamkeit entgegenstehen und gemäß
Abs 1 nachgewiesen sind, müssen berücksichtigt werden (BayObLG
11   FGPrax 95, 211). **a) Zeitpunkt.** Die Rechtsnachfolge muss nach
Rechtshängigwerden (§ 261 Abs 1) eingetreten sein (BGH NJW 93,
1396), weil § 727 Abs 1 auf § 325 Abs 1 verweist (hM; aA LAG München NJW-RR 87, 956); bei Titeln, die nicht aus einem Rechtsstreit
stammen (zB § 794 Abs 1 Nr 5), nach dem Zeitpunkt ihrer Entstehung
(BGH aaO). Für die Gläubigerseite (Rn 12) gilt das auch (MüKo/Wolf-
12   steiner 7) – **b) Gläubigerseite:** Rechtsnachfolger sind zB der Erbe ab
Anfall der Erbschaft; der neue Eigentümer oder Pfandgläubiger; der
Zessionar des abgetretenen Rechts, auch im Fall des § 265 (hM; BGH
NJW 84, 806 mwN; aA Kion NJW 84, 1601); der Pfändungspfandgläubiger, dem die Forderung gemäß § 835 überwiesen ist (Frankfurt
NJW 83, 2266); der Sozialhilfeträger für nach §§ 90, 91 BSHG über-
gegangene Ansprüche (hM; Stuttgart NJW-RR 01, 868), das Land nach
Übergang des Anspruchs auf Grund des § 7 Abs 1 S 1 Unterhaltsvor-
schussG (Düsseldorf FamRZ 97, 826); der Rechtsschutzversicherer, der

die festgesetzten Kosten bezahlt hat (KG Rpfleger 98, 480). Bei einem Gesamtschuldner, der den Gläubiger befriedigt, muss auch der Umfang der Ausgleichspflicht in der Form des § 727 Abs 1 nachgewiesen werden, was kaum durchführbar ist (Düsseldorf Rpfleger 96, 75). Der Erbschein allein reicht jedenfalls nicht aus (BayObLG NJW 70, 1800). Dass bei Remboursregress (Art 49 WG) Rechtsnachfolge zu bejahen ist, wird von der hM verneint (bejaht von K. Schmidt ZZP 86, 188 mwN; LG Münster MDR 80, 1030; aA Greilich MDR 82, 15). – **c) Schuldnerseite.** **13** Rechtsnachfolger sind zB der Erbe (ab Annahme; beachte aber § 779), auch ein einzelner Miterbe (vgl § 2058 BGB); der neue Eigentümer der streitbefangenen Sache; entspr ab Grundbuchberichtigung der wirkliche Eigentümer (hM; Hamm NJW 99, 1033 mwN; LG Rostock NJW-RR 01, 1024); die Ehefrau des Mieters nach Scheidung und Auszug (LG Münster MDR 73, 934); nicht der Schuldübernehmer bei § 414 BGB (bestr); erst recht nicht der (kumulative) Schuldmitübernehmer oder neu Mithaftende (BGH Rpfleger 74, 260 für Eintritt eines Gesellschafters in das Geschäft eines Einzelkaufmanns). Bei aufgelöster oder auch schon auseinandergesetzter oHG oder KG findet eine Umschreibung auf Gesellschafter wegen § 129 Abs 4 HGB auch nicht in entspr Anwendung des § 727 statt (Rn 4; Hamm NJW 79, 51 mwN; bestr).

6. Besitzer der streitbefangenen Sache iS des § 727 ist nur derjenige, **14** welcher der Partei oder ihrem Rechtsnachfolger den Besitz vermittelt (§ 868 BGB). Das folgt aus der Verweisung auf § 325. Die Besitzmittlerstellung muss nach dem in Rn 11 genannten Zeitpunkt erworben sein. Besitzdiener fallen nicht unter § 727, sondern unter § 808.

7. Gutgläubiger Erwerb. Ob ein solcher gem § 325 Abs 2 vorliegt, **15** ist bei Erteilung der Klausel nicht zu prüfen. Der Rechtsnachfolger des Schuldners muss seinen guten Glauben mit Erinnerung (§ 732) oder Klage (§ 768) geltend machen (allgM). Nur im Falle der Klage trägt der Gläubiger die Beweislast für Bösgläubigkeit (§ 768 Rn 9; MüKo/Wolfsteiner 38 mwN).

§ 728 **Vollstreckbare Ausfertigung bei Nacherbe oder Testamentsvollstrecker**

(1) **Ist gegenüber dem Vorerben ein nach § 326 dem Nacherben gegenüber wirksames Urteil ergangen, so sind auf die Erteilung einer vollstreckbaren Ausfertigung für und gegen den Nacherben die Vorschriften des § 727 entsprechend anzuwenden.**

(2) **¹Das gleiche gilt, wenn gegenüber einem Testamentsvollstrecker ein nach § 327 dem Erben gegenüber wirksames Urteil ergangen ist, für die Erteilung einer vollstreckbaren Ausfertigung für und gegen den Erben. ²Eine vollstreckbare Ausfertigung kann gegen den Erben erteilt werden, auch wenn die Verwaltung des Testamentsvollstreckers noch besteht.**

1   **Allgemeines.** Der Nacherbe ist nicht Rechtsnachfolger des Vorerben, der Erbe nicht der des Testamentsvollstreckers. Daher gilt § 727
2 entsprechend; dort Rn 3. **Vorerbe.** Anwendbar ist Abs 1, wenn ein Urteil nach Maßgabe des § 326 wirkt und die Nacherbfolge eingetreten ist (§ 2139 BGB). Nachweis erfolgt durch einen Erbschein über § 792.
3 **Testamentsvollstrecker.** Abs 2 ist anwendbar nach § 327: bei Titel für den Erben, sobald die Testamentsvollstreckung beendet ist (vgl §§ 2225–2227 BGB). Bei Titel gegen den Erben gilt Abs 2 S 2. Nachzuweisen ist die Erbenstellung (Erbschein, § 792), auch das Ende der Testamentsvollstreckung (zur Form vgl KG NJW-RR 87, 3).

§ 729 Vollstreckbare Ausfertigung gegen Vermögens- und Firmenübernehmer

(1) **Hat jemand das Vermögen eines anderen durch Vertrag mit diesem nach der rechtskräftigen Feststellung einer Schuld des anderen übernommen, so sind auf die Erteilung einer vollstreckbaren Ausfertigung des Urteils gegen den Übernehmer die Vorschriften des § 727 entsprechend anzuwenden.**

(2) **Das gleiche gilt für die Erteilung einer vollstreckbaren Ausfertigung gegen denjenigen, der ein unter Lebenden erworbenes Handelsgeschäft unter der bisherigen Firma fortführt, in Ansehung der Verbindlichkeiten, für die er nach § 25 Abs. 1 Satz 1, Abs. 2 des Handelsgesetzbuchs haftet, sofern sie vor dem Erwerb des Geschäfts gegen den früheren Inhaber rechtskräftig festgestellt worden sind.**

1   **Allgemeines.** Vermögens- und Firmenübernehmer sind nicht Rechtsnachfolger, sondern haften neben dem früheren Inhaber als Gesamtschuldner (§ 25 HGB). Für den durch das EGInsO aufgehobenen § 419 BGB gilt das nur, wenn das Vermögen vor dem 1. 1. 1999 übernommen wurde (Art 223 a EGBGB). Bei Titeln gegen die Übernehmer gilt § 727 daher entsprechend. Urteile müssen jedoch (abweichend von § 727) rechtskräftig sein (§ 705 Rn 1), bevor das Vermögen oder das Handelsgeschäft übernommen wurde. Die Vollstreckungsabwehrklage (§ 767) steht den Übernehmern zu und ist durch § 767 Abs 2 nicht eingeschränkt, weil die Präklusion nicht gegen sie
2 wirkt (hM; BGH NJW 87, 2863 mwN). **Vermögensübernahme** (Abs 1). Es ist der vor dem 1. 1. 1999 geschlossene Vertrag (§ 419 BGB; vgl Rn 1), zB durch notarielle Urkunde (§ 792) nachzuweisen. Abs 1 gilt entspr bei einem Erbschaftskauf (§ 2371 BGB), wenn ein
3 Titel gegen Erblasser oder Erben vorliegt. **Firmenübernahme.** Es gilt Abs 2, aber nur soweit nach § 25 HGB gehaftet wird (Köln NJW 94, 1118). Nachzuweisen ist die Übernahme (Handelsregister, § 792). Das Übrige muss sich aus dem Titel selbst ergeben. Abs 2 gilt entspr für den
4 Fall des § 28 HGB. **Inhalt der Klausel:** wie § 726 Rn 7. Die gesamtschuldnerische Haftung ist zu erwähnen, dabei § 724 Rn 11 zu beach-

ten. Ferner ist gegen Kommanditisten (bei § 28 HGB) auf die Haftsumme zu beschränken.

§ 730 Anhörung des Schuldners

In den Fällen des § 726 Abs. 1 und der §§ 727 bis 729 kann der Schuldner vor der Erteilung der vollstreckbaren Ausfertigung gehört werden.

Der Schuldner kann nach Ermessen des Gerichts schriftlich oder 1
mündlich gehört werden. Damit wird ihm Gelegenheit gegeben, seine Einwendungen gegen den Nachweis zu erheben, aber auch, bevor der Antrag abgelehnt wird, die nachzuweisenden Tatsachen zuzugestehen (§ 726 Rn 6). Eine Anhörungspflicht ist daraus nicht abzuleiten (umstr; vgl Hamm Rpfleger 91, 161 mit Anm von Münzberg). Aus § 730 folgt, dass bei § 724 der Schuldner nicht gehört wird.

§ 731 Klage auf Erteilung der Vollstreckungsklausel

Kann der nach dem § 726 Abs. 1 und den §§ 727 bis 729 erforderliche Nachweis durch öffentliche oder öffentlich beglaubigte Urkunden nicht geführt werden, so hat der Gläubiger bei dem Prozeßgericht des ersten Rechtszuges aus dem Urteil auf Erteilung der Vollstreckungsklausel Klage zu erheben.

1. Allgemeines. Anwendbar ist § 731 nur in den Fällen der 1
§ 726 Abs 1, §§ 727–729, 738, 742, 744, 745 Abs 2, § 749. Es ist eine Feststellungsklage (hM; Wüllenkemper Rpfleger 89, 87 mwN). Sie nimmt, wenn sie zulässig ist, einer neuen Klage aus dem zugrundeliegenden Rechtsverhältnis gegen den Schuldner das Rechtsschutzbedürfnis (StJMünzberg 6; aA BGH NJW 87, 2863).

2. Wirkung. Das stattgebende Urteil erübrigt nicht die Klauselerteilung (Rn 9). Die Rechtskraft des stattgebenden Urteils schließt alle Einwendungen für §§ 732, 767, 768 aus, die bis zum maßgebenden Zeitpunkt der materiellen Rechtskraft (§ 322 Rn 35) entstanden sind. Rechtskraft des abweisenden Urteils schließt die Erteilung der Klausel aus den bis dahin entstandenen Gründen aus.

3. Antrag und Urteilsformel lauten idR: „Die Vollstreckungsklau- 3
sel zum (genau bezeichneten Titel) ist für (oder gegen) den Kläger (oder Beklagten) zu erteilen." Auf begründete Einrede des Schuldners ist die beschränkte Erbenhaftung (§ 780) vorzubehalten. Das Urteil wird nach Maßgabe der §§ 708–714 für vorläufig vollstreckbar erklärt.

4. Zulässigkeit der Klage. Es müssen die allgemeinen Prozessvoraus- 4
setzungen (10 vor § 253) vorliegen, insbes: **a) Zuständigkeit.** Sie ist ausschließlich (§ 802). Bei Urteilen und Vergleichen (§ 794 Abs 1 Nr 1) ist das Prozessgericht erster Instanz zuständig (Kammer oder Abteilung nach Geschäftsverteilung), bei anderen gerichtlichen Entscheidungen das

Gericht, das entschieden hat. Ist es ein AG und übersteigt der Streitwert dessen sachliche Zuständigkeit (§ 23 Nr 1 GVG), so ist das vorgeordnete LG zuständig (entspr § 796 Abs 3). Bei Vollstreckungsbescheiden gilt § 796 Abs 3, bei vollstreckbaren Urkunden § 797 Abs 5, § 800 Abs 3, bei Anwaltsvergleichen § 797 Abs 6, bei Gütestellenvergleichen
5   § 797 a Abs 3. – **b) Prozessführungsbefugnis.** Sie steht idR als Kläger dem Gläubiger (10 vor § 704), als Beklagtem dem Schuldner zu,
6   gegen den die Klausel erteilt werden soll. – **c) Rechtsschutzbedürfnis.** § 256 gilt unmittelbar. Es fehlt, wenn der Gläubiger die Urkunden leicht beschaffen kann (hM) oder wenn er gegen den Beschluss des Rechtspflegers nicht sofortige Beschwerde (§ 11 Abs 1 RPflG, § 567 Abs 1 Nr 2) eingelegt hat (hM). Auch wenn die Tatsache nicht durch Urkunden zu beweisen ist, muss grundsätzlich erst die Klausel beim Rechtspfleger erfolglos beantragt sein, da der Nachweis entbehrlich sein kann (vgl § 726 Rn 6; umstr; vgl Brox/Walker 133).

7   **5. Begründetheit** der Klage (46 vor § 253) erfordert zunächst die allgemeinen Voraussetzungen der Klauselerteilung (§ 724 Rn 6–9). Zudem muss jeweils die besondere Voraussetzung der Klauselerteilung vorliegen, zB Eintritt der Tatsache (§ 726 Abs 1) oder der Rechtsnachfolge (§ 727 Abs 1). Außerdem darf keine nach Maßgabe des § 767 zulässige Einwendung vorliegen (hM; StJMünzberg 13); denn mit der Entscheidung wird eine neue Klage nach § 767 vermieden. Anerkenntnis (§ 307) ist möglich (hM).

8   **6. Rechtsbehelfe.** Berufung (§ 511) und Revision (§ 542) sowie Einspruch (§ 338) finden nach den allgemeinen Vorschriften statt.

9   **7. Sonstiges.** Der Urkundsbeamte (§ 724; Napierala Rpfleger 89, 493 mwN; aA LG Stuttgart Rpfleger 00, 537: Rechtspfleger) erteilt die vollstreckbare Ausfertigung des Titels, für den die Klausel begehrt wird. Kosten: §§ 91 ff, nicht § 788. Der Streitwert entspr dem Wert des zu vollstreckenden Anspruchs (Köln Rpfleger 69, 247).

§ 732 Erinnerung gegen Erteilung der Vollstreckungsklausel

(1) [1]**Über Einwendungen des Schuldners, welche die Zulässigkeit der Vollstreckungsklausel betreffen, entscheidet das Gericht, von dessen Geschäftsstelle die Vollstreckungsklausel erteilt ist.** [2]**Die Entscheidung ergeht durch Beschluss.**

(2) **Das Gericht kann vor der Entscheidung eine einstweilige Anordnung erlassen; es kann insbesondere anordnen, daß die Zwangsvollstreckung gegen oder ohne Sicherheitsleistung einstweilen einzustellen oder nur gegen Sicherheitsleistung fortzusetzen sei.**

Abs 1 Satz 2 ist geändert mWv 1. 1. 2002 durch Art 2 Nr 93 ZPO-RG.

1   **1. Allgemeines.** Die Klauselerinnerung ist dem Schuldner in allen Fällen eingeräumt, in denen eine Vollstreckungsklausel erteilt wurde,

auch im Normalfall des § 724. Sie ist ein beonderer Rechtsbehelf und geht dem § 573 (beim Urkundsbeamten) und dem § 11 RPflG (beim Rechtspfleger) vor. Die Klauselerinnerung kann insbes bei Titeln erhoben werden, die von vorneherein unwirksam sind (BGH stRspr, zB NJW-RR 87, 1149). Abhilfe durch den Urkundsbeamten oder den Rechtspfleger entspr §§ 573, 572 Abs 1 zuzulassen (so Musielak/Lackmann 9 für § 576 aF) ist umstritten und bedenklich.

2. Entscheidung. Das Gericht entscheidet durch richterlichen Beschluss (Abs 1 S 2). Die Formel lautet (entspr der Antrag): „Die vom (Gericht) am (Datum) gegen den Erinnerungsführer erteilte vollstreckbare Ausfertigung zum (genau bezeichneter Titel) und die ZwVollstr aus ihr wird unzulässig". Wirkung: §§ 775 Nr 1, 776. Andernfalls wird die Erinnerung zurückgewiesen. 2

3. Zulässigkeit der Erinnerung erfordert **a) Ordnungsgemäße** 3 **Form.** Der Rechtsbehelf unterliegt nicht dem Anwaltszwang. Es gilt § 78 Abs 3. – **b) Zuständigkeit** ist ausschließlich (§ 802) und ergibt 4 sich aus Abs 1 S 1. Das gilt auch, wenn nicht der Urkundsbeamte, sondern der Rechtspfleger die Klausel erteilt hat. Bei vollstreckbaren Urkunden und Anwaltsvergleichen gilt § 797 Abs 3, 6, bei Gütestellenvergleichen § 797a Abs 4 S 3. – **c) Rechtsschutzbedürfnis** tritt ein, 5 sobald die Klausel erteilt ist, und entfällt, wenn die Vollstreckung beendet ist (29 vor § 704). – **d) Rechtskraft** eines nach § 731 stattgeben- 6 den oder nach § 768 abweisenden Urteils darf nicht entgegenstehen.

4. Begründetheit der Erinnerung ist gegeben, wenn eine der in 7 § 724 Rn 6–9 genannten Voraussetzungen fehlt; wenn zB die Tatsache (§ 726 Abs 1) oder die Rechtsnachfolge (§ 727) nicht eingetreten ist; wenn die Klausel inhaltlich falsch ist oder an einem formellen Mangel leidet, zB fehlender Zuständigkeit, Verstoß gegen § 16 Abs 1, § 20 Abs 1 S 1 BNotO. Maßgebender Zeitpunkt ist der der Entscheidung (hM; KG NJW-RR 87, 3 mwN). Nicht begründet werden kann die Erinnerung mit Einwendungen, die wegen entspr Anwendung des § 767 Abs 3 ausgeschlossen sind, und nicht mit solchen gegen das Bestehen des Anspruchs, weil hierfür Klage (§ 767) vorgeschrieben ist (Rn 9).

5. Verhältnis zu Klagen. a) Klauselgegenklage (§ 768). Bei § 732 8 ist der Anwendungsbereich weiter; denn er erstreckt sich auf alle Ausfertigungen (Rn 1). Auch kann die Erinnerung auf jeden Fehler und auf den Mangel einer jeden Voraussetzung zur Erteilung der Vollstreckungsklausel gestützt werden (Rn 7). Die Klage nach § 768 findet nur statt, wenn der Rechtspfleger, nicht auch der Urkundsbeamte zur Erteilung der Klausel zuständig ist (§ 768 und § 20 Nr 12 RPflG) und der Schuldner den Eintritt der Tatsache (§ 726 Abs 1) oder der anderen Voraussetzungen (§§ 727–729) bestreitet. Mit der Klage kann er, was bei § 732 ausgeschlossen ist (Rn 7 aE), Einwendungen nach § 767 verbinden. Ist sowohl § 732 als auch § 768 anwendbar, hat der Schuldner die Wahl (§ 768 letzter Hs). – **b) Vollstreckungsabwehrklage** (§ 767) wird 9 durch die Zulässigkeit der Klauselerinnerung nicht ausgeschlossen (BGH 92, 347). Die Unwirksamkeit des Titels kann nach § 732 geltend gemacht werden (Hamm NJW-RR 91, 1151); daneben bleibt eine Gestaltungsklage (§ 767 Rn 8 a) zulässig (Köln NJW-RR 99, 431).

10   **6. Rechtsbehelfe.** Weist das Gericht die Einwendungen zurück, hat der Schuldner die sofortige Beschwerde gemäß § 567 Abs 1 Nr 2. Gegen die Beschwerdeentscheidung kann Rechtsbeschwerde zugelassen werden (§ 574).

11   **7. Einstweilige Anordnungen** (Abs 2) können ohne Antrag erlassen werden, sind aber nur angebracht, wenn die Erinnerung nicht aussichtslos ist. Inhalt: wie § 707 Rn 10–12. Das Gericht darf keine Vollstreckungsmaßnahmen aufheben. Bekanntmachung: § 329 Abs 3. Rechtsbehelfe: grundsätzlich keine Anfechtung (§ 707 Rn 17–19; hM; Köln Rpfleger 96, 324 mwN). Hat der Rechtspfleger entschieden, gilt § 11 Abs 2 RPflG (Köln NJW-RR 01, 69). Außerkrafttreten wie § 707 Rn 15.

12   **8. Kosten:** § 97 Abs 1 entspr; Kosten der erfolgreichen Erinnerung trägt der Erinnerungsgegner (§ 91 Abs 1 S 1). § 788 gilt nicht (Hamburg Büro 95, 547). Gebühren: für das Gericht keine; für RA § 58 Abs 3 Nr 1 BRAGO. Wert: wie § 731 Rn 9.

§ 733 Weitere vollstreckbare Ausfertigung

(1) Vor der Erteilung einer weiteren vollstreckbaren Ausfertigung kann der Schuldner gehört werden, sofern nicht die zuerst erteilte Ausfertigung zurückgegeben wird.

(2) Die Geschäftsstelle hat von der Erteilung der weiteren Ausfertigung den Gegner in Kenntnis zu setzen.

(3) Die weitere Ausfertigung ist als solche ausdrücklich zu bezeichnen.

1   **1. Allgemeines.** § 733 bezweckt wie § 757, den Schuldner vor wiederholter ZwVollstr zu schützen. Es wird eine vollstreckbare Ausfertigung erteilt, so dass § 724 gilt. Soll nach einer Teilklausel (§ 724 Rn 10) für den Rest eine vollstreckbare Ausfertigung erteilt werden, so ist das eine erste Ausfertigung, nicht der Fall des § 733. Hingegen ist bei Teilabtretung § 733 anwendbar (§ 727 Rn 8).

2   **2. Verfahren.** Zuständigkeit: wie § 724 Rn 5. Es entscheidet der Rechtspfleger (§ 20 Nr 12 RPflG). Bei vollstreckbaren Urkunden und Anwaltsvergleichen gilt § 797 Abs 3, 6; auch dann entscheidet für das Gericht der Rechtspfleger (§ 20 Nr 13 RPflG). Gehör des Schuldners wie in § 730. Es entfällt, wenn der Gläubiger die erste vollstreckbare Ausfertigung zurückgibt (Abs 1). Verständigung des Schuldners (Abs 2) ist zwingend.

3   **3. Voraussetzungen** für Erteilung. **a) Bei Rückgabe.** Gibt der Gläubiger die erste Ausfertigung zurück, so muss nur das vorliegen, was

§ 724 Rn 6–9 voraussetzt. – **b) Bei unterbliebener Rückgabe.** Der 4
Gläubiger muss einen schutzwürdigen Grund für eine weitere Ausfertigung darlegen und diesen mindestens glaubhaft machen (§ 294). **aa)** 5
Beispiele: Verlust der vollstreckbaren Ausfertigung (Düsseldorf FamRZ
94, 1271); unrechtmäßige oder versehentliche Aushändigung an den
Schuldner (Hamm Rpfleger 79, 431; aA LG Hechingen Rpfleger 84,
151 und LG Dortmund Rpfleger 94, 308: Beweis, dass weitere Ansprüche vollstreckt werden dürfen); Vollstreckung wegen weiterer Kosten
(§ 788) als Restforderung (Frankfurt Rpfleger 78, 104); gleichzeitige
ZwVollstr durch verschiedene Organe (4–8 vor § 704) an verschiedenen
Orten (Koblenz MDR 87, 676) oder gegen Gesamtschuldner (LG Augsburg Rpfleger 99, 137); Herausgabeverweigerung durch früheren Proz-
Bev (Stuttgart Rpfleger 95, 220; Hamm FamRZ 98, 640; bestr).
bb) Einzelheiten. Bei mehreren Gläubigern kann das Bedürfnis für 6
eine weitere Ausfertigung gegeben sein (Köln Rpfleger 90, 82). Bei
Rechtsnachfolge (§ 727) wird eine weitere Ausfertigung nur unter en-
gen Voraussetzungen erteilt (Frankfurt NJW-RR 88, 512: aA Stuttgart
NJW-RR 90, 126) auch beim Pfändungs- und Überweisungsgläubiger
(Jena Rpfleger 00, 76). Rückgabe wird nicht für erforderlich gehalten
von Hamm FamRZ 91, 965.

4. Inhalt. Die Ausfertigung ist in der Überschrift und in der Klausel 7
als zweite (bzw dritte usw) Ausfertigung zu bezeichnen.

5. Rechtsbehelfe. Grundsätzlich wie § 724 Rn 14. Es ist keine 8
Klage aus § 731 möglich, wohl aber auf Herausgabe der Ersten, an den
Schuldner hinausgegebenen Ausfertigung (Stuttgart Rpfleger 76, 144).

6. Kosten: § 788 Abs 1, wenn Verlust der ersten Ausfertigung nicht 9
in die Risikosphäre des Gläubigers fällt (München Büro 92, 431; Hansens Büro 85, 1121). Gebühren: für RA § 58 Abs 3 Nr 2 BRAGO; für
Gericht nur KV 1906 bei erfolgloser Beschwerde.

§ 734 Vermerk über Ausfertigungserteilung auf der Urteilsur-
schrift

**Vor der Aushändigung einer vollstreckbaren Ausfertigung ist
auf der Urschrift des Urteils zu vermerken, für welche Partei und
zu welcher Zeit die Ausfertigung erteilt ist.**

Anzugeben ist ggf ferner, für welchen Teil oder gegen wen erteilt ist 1
(§ 724 Rn 10–12). Wird beim Rechtsmittelgericht vollstreckbar ausgefertigt, kommt der Vermerk auch auf das im Akt verbleibende Urteil.

Vorbemerkung zu §§ 735–749

1. Zweck. Mit dem Vollstreckungstitel darf grundsätzlich nur in das 1
Vermögen des Schuldners vollstreckt werden. Neben Vorschriften über
die Vollstreckungsklausel regeln die §§ 735–749 gegen wen Titel erforderlich sind, um in ein Vermögen zu vollstrecken, das mehreren
zusteht (zB §§ 735, 736, 740) oder das der Verwaltung oder Nutzung

einer anderen Person unterliegt (zB §§ 737, 748). Nicht in diesen Zusammenhang gehört § 739 (vgl dort Rn 1).

2 **2. Notwendigkeit des Titels.** Dass die in den §§ 735–749 geforderten Titel vorliegen, ist Zulässigkeitsvoraussetzung der Zwangsvollstreckung (47 vor § 704) und vom Vollstreckungsorgan zu prüfen (hM). Wird ohne den erforderlichen Titel vollstreckt, kann der betroffene Dritte die ihm zustehenden Rechtsbehelfe ergreifen (56 vor § 704).

§ 735 Zwangsvollstreckung gegen nicht rechtsfähigen Verein

Zur Zwangsvollstreckung in das Vermögen eines nicht rechtsfähigen Vereins genügt ein gegen den Verein ergangenes Urteil.

1 **Titel gegen den Verein.** Der nichtrechtsfähige Verein ist passiv parteifähig (§ 50 Abs 2). Daher kann (entgegen § 54 BGB, § 736) aus einem Titel gegen ihn vollstreckt werden, aber nur in das Vereinsvermögen, das seine Organe als solche in Gewahrsam haben, ferner in Forderungen (zB Mitgliederbeiträge). Bei ZwVollstr nach §§ 883 ff gilt § 735 auch. Vollstreckungsmaßnahmen sind nur gegen die Vereinsorgane zu richten.

2 **Titel gegen alle Vereinsmitglieder** wegen einer Schuld des Vereins gestattet ZwVollstr wie bei § 736, dh in das Vereinsvermögen kann bei allen Mitgliedern, nicht nur bei den Organen vollstreckt werden (§ 100 Nr 2 GVGA).

§ 736 Zwangsvollstreckung gegen BGB-Gesellschaft

Zur Zwangsvollstreckung in das Gesellschaftsvermögen einer nach § 705 des Bürgerlichen Gesetzbuchs eingegangenen Gesellschaft ist ein gegen alle Gesellschafter ergangenes Urteil erforderlich.

1 **1. BGB-Gesellschaft** (§ 705 BGB; Wertenbruch DGVZ 01, 97). Wird in Gesellschaftsvermögen unter Verstoß gegen § 736 vollstreckt, ist die Vollstreckungsmaßnahme anfechtbar, nicht nichtig oder wirkungslos (BGH 66, 79 für fehlende Zustellung des Titels). Für die ZwVollstr ist zu unterscheiden: **a) Titel gegen alle Gesellschafter,** die es zZ des Vollstreckungsbeginns sind (§ 101 GVGA), gestattet Zwangsvollstreckung (auch nach §§ 883 ff) bei allen Gesellschaftern in das gesamte Gesellschaftsvermögen (§ 718 BGB), daneben auch Vollstreckung in das Privatvermögen der Gesellschafter, insbes in den Gesellschaftsanteil (§ 859 Abs. 1). Es können mehrere Titel, es muss nicht

3 ein einheitlicher sein. **b) Titel gegen einzelne Gesellschafter** berechtigt nicht zur ZwVollstr in das Gesellschaftsvermögen, sondern nur in das Privatvermögen des Gesellschafters; hierzu gehört der Gesellschaftsanteil (§ 859 Abs 1). – **c) Titel gegen die Gesellschaft.** Entgegen der bisher hM erklärt der BGH NJW 01, 1056 die nach außen im Rechtsverkehr hervorgetretene BGB-Gesellschaft für parteifähig. Dem wird die Praxis folgen. Mit einem Titel gegen die Gesellschaft kann

daher in das Gesellschaftsvermögen (§ 718 BGB) vollstreckt werden. Der Wortlaut und Zweck des § 736 steht dem nicht entgegen (BGH aaO). Die ZwVollstr mit Titel gegen alle Gesellschafter (Rn 2) bleibt zulässig.

2. Offene Handelsgesellschaft und Kommanditgesellschaft 5 (entspr die Partnerschaftsgesellschaft, § 7 PartGG). Anwendbar ist nicht § 736, sondern § 124 Abs 2 und § 161 Abs 2 HGB. Ein Titel gegen die (parteifähige) Gesellschaft genügt, ist aber auch notwendig, um in das Gesellschaftsvermögen zu vollstrecken. Ein Titel gegen die Gesellschafter (auch gegen alle) genügt nicht; nur dann (nach Umschreibung), wenn eine BGB-Gesellschaft nach Entstehung des Titels sich unter Wahrung ihrer Identität zur oHG oder KG entwickelt (Eickmann Rpfleger 70, 113). Umgekehrt kann mit dem Titel gegen die Gesellschaft nicht gegen die Gesellschafter vollstreckt werden (§ 129 Abs 4 HGB); es findet auch keine Umschreibung des Titels statt, wenn die oHG oder KG aufgelöst ist (vgl § 727 Rn 13).

§ 737 Zwangsvollstreckung bei Vermögens- oder Erbschaftsnießbrauch

(1) **Bei dem Nießbrauch an einem Vermögen ist wegen der vor der Bestellung des Nießbrauchs entstandenen Verbindlichkeiten des Bestellers die Zwangsvollstreckung in die dem Nießbrauch unterliegenden Gegenstände ohne Rücksicht auf den Nießbrauch zulässig, wenn der Besteller zu der Leistung und der Nießbraucher zur Duldung der Zwangsvollstreckung verurteilt ist.**

(2) **Das gleiche gilt bei dem Nießbrauch an einer Erbschaft für die Nachlaßverbindlichkeiten.**

Voraussetzungen. Der Schuldner muss an seinem Vermögen (oder 1 seiner Erbschaft, Abs 2) einen Nießbrauch bestellt haben (§§ 1085, 1089 BGB). Die Verbindlichkeit (dh die Forderung, vgl § 1086 BGB) muss vor der Nießbrauchbestellung entstanden sein. **Titel gegen den** 2 **Nießbraucher** ist notwendig neben dem Titel gegen den Schuldner; das ist der Besteller. Er lautet auf Duldung der ZwVollstr. Er wird erlangt: durch Klage (Anspruchsgrundlage § 1086 BGB), über § 794 Abs 2, durch Umschreiben der Klausel (über §§ 265, 727) oder über § 738.

§ 738 Vollstreckbare Ausfertigung gegen Nießbraucher

(1) **Ist die Bestellung des Nießbrauchs an einem Vermögen nach der rechtskräftigen Feststellung einer Schuld des Bestellers erfolgt, so sind auf die Erteilung einer in Ansehung der dem Nießbrauch unterliegenden Gegenstände vollstreckbaren Ausfertigung des Urteils gegen den Nießbraucher die Vorschriften der §§ 727, 730 bis 732 entsprechend anzuwenden.**

(2) **Das gleiche gilt bei dem Nießbrauch an einer Erbschaft für die Erteilung einer vollstreckbaren Ausfertigung des gegen den Erblasser ergangenen Urteils.**

1 **Zweck.** Der wegen § 737 nötige Duldungstitel kann über § 727
2 auch erlangt werden, wenn § 265 nicht zutrifft. **Verfahren:** wie § 727. Nachzuweisen ist anstatt Eintritt der Rechtsnachfolge die Nießbrauchsbestellung (§ 792), ihr Zeitpunkt und die Rechtskraft (§ 705).

§ 739 Gewahrsamsvermutung bei Zwangsvollstreckung gegen Ehegatten und Lebenspartner

(1) **Wird zugunsten der Gläubiger eines Ehemannes oder der Gläubiger einer Ehefrau gemäß § 1362 des Bürgerlichen Gesetzbuchs vermutet, daß der Schuldner Eigentümer beweglicher Sachen ist, so gilt, unbeschadet der Rechte Dritter, für die Durchführung der Zwangsvollstreckung nur der Schuldner als Gewahrsamsinhaber und Besitzer.**

(2) **Absatz 1 gilt entsprechend für die Vermutung des § 8 Abs. 1 des Lebenspartnerschaftsgesetzes zugunsten der Gläubiger eines der Lebenspartner.**

Abs 2 ist angefügt mWv 1. 8. 2001 durch Art 3 § 16 Nr 11 G vom 16. 2. 01 (BGBl I S. 266).

1 **1. Allgemeines.** § 739 passt nicht in den Zusammenhang der §§ 735–749, weil nichts für die Notwendigkeit eines bestimmten Titels geregelt wird, sondern nur etwas für den nach §§ 808, 809, 883, 886 erforderlichen Gewahrsam. § 739 wird verbreitet für verfassungswidrig gehalten (Brox/Walker 241; Pawlowski DGVZ 88, 97 mwN).

2 **2. Anwendungsbereich. a) Ehegatten** (Abs 1): bei allen Güterständen (vgl §§ 1363, 1414, 1415 BGB), insbes auch bei Gütertrennung (AG Berlin-Wedding DGVZ 88, 45 mwN) sowie bei fortgeltender Eigentums- und Vermögensgemeinschaft (Art 234 § 4 Abs 2 EGBGB; § 744 a). Bei Gütergemeinschaft (§ 1415 BGB) jedoch nur für erwiesenes Sonder- und Vorbehaltsgut (§§ 1417, 1418 BGB); für das Gesamtgut gelten die §§ 740–745. – **b) Lebenspartner** (Abs 2): nur eingetragene gem § 1 LPartG. Im Rahmen der Vermutung des § 8 Abs 1 LPartG gilt Abs 1 entspr.

3 **3. Eigentumsvermutung** des § 1362 BGB oder des § 8 Abs 1
4 LPartG. Nur soweit sie reicht (vgl § 1362 BGB), gilt § 739, daher insbes nicht in folgenden Fällen: **a) Bei Getrenntleben** für die Sachen, die der andere Ehegatte im Besitz hat (§ 1362 Abs 1 S 2 BGB). Das Getrenntleben muss erkennbar sein (LG Münster DGVZ 78, 12). Es trifft zB zu bei
5 Strafhaft (Düsseldorf Rpfleger 95, 119 mwN). – **b) Persönliche Gebrauchsgegenstände** eines Ehegatten (§ 1362 Abs 2 BGB). Das sind insbesondere Kleidungsstücke, Schmuck, Armbanduhren, Arbeitsgeräte;
6 idR nicht ein Auto (LG Essen NJW 62, 2307). – **c) Erwerbsgeschäft.**

Wird es vom Haushalt räumlich getrennt geführt und betreibt es ein Ehegatte erkennbar als alleiniger Inhaber, so gilt § 1362 BGB nicht (StJMünzberg 18).

4. Ehegatten oder Lebenspartner. Nur bei solchen gilt § 739, **7** nicht wenn andere Personen (zB Kinder und sonstige Angehörige) in der Wohnung der Ehegatten Sachen in Besitz haben. Auf eheähnliche Verhältnisse sollte wegen der gleichen Besitzlage § 739 analog angewendet werden, um die nichteheliche Lebensgemeinschaft gegenüber der ehelichen nicht zu privilegieren (Bosch in Anm FamRZ 86, 876; Pawlowski DGVZ 88, 97; Thran NJW 95, 1458; aA die wohl hM; StJMünzberg 11; Köln FamRZ 90, 632; für Wohnungsräumung bejahend Battes JZ 88, 957; LG Frankfurt NJW 86, 729).

5. Bewegliche Sachen. Nur bei ZwVollstr in solche (§§ 808 ff; 883) **8** gilt § 739. Neben der Sachpfändung besteht bei gemeinschaftlichem Eigentum der Ehegatten oder Lebenspartner die Möglichkeit, den Miteigentumsanteil zu pfänden (§ 857); hierfür ist § 739 bedeutungslos.

6. Wirkung. Sollen Sachen gepfändet (§ 808) oder herausgegeben **9** (§ 883) werden, so ist der allein- oder mitbesitzende Ehegatte oder Lebenspartner nicht Dritter iS der §§ 809, 886, sondern der Ehegatte, der Vollstreckungsschuldner ist (11 vor § 704), ist auch Gewahrsamsinhaber und Besitzer. Das wird für die ZwVollstr unwiderlegbar vermutet („gilt"; vgl Düsseldorf DGVZ 81, 114). Der Gerichtsvollzieher führt dann die ZwVollstr gegen den Ehegatten, der Schuldner ist, nach § 808 oder § 883 durch, auch wenn der andere Ehegatte Alleinbesitz hat (Düsseldorf Rpfleger 95, 119). Scheidung ohne Trennung der Wohnung hindert die Fortsetzung der ZwVollstr nicht. Ändert sich der Gewahrsam, besteht die Pfändung fort (§ 809 Rn 8). Für Lebenspartner gilt das alles entspr (Abs 2).

7. Rechtsbehelfe. Der Ehegatte oder Lebenspartner, der nicht **10** Schuldner ist, kann Widerspruchsklage (§ 771) erheben, wenn er ein solches Recht hat (§ 771 Rn 14), insbes Miteigentum (vgl LG Münster MDR 89, 270). Er kann die Erinnerung (§ 766) nicht darauf stützen, er sei Alleineigentümer, sondern nur darauf, dass der Gerichtsvollzieher entgegen der Eigentumsvermutung (Rn 3–6) vollstreckt hat (hM; Kilian Büro 96, 67).

§ 740 Zwangsvollstreckung in das Gesamtgut

(1) **Leben die Ehegatten in Gütergemeinschaft und verwaltet einer von ihnen das Gesamtgut allein, so ist zur Zwangsvollstreckung in das Gesamtgut ein Urteil gegen diesen Ehegatten erforderlich und genügend.**

(2) **Verwalten die Ehegatten das Gesamtgut gemeinschaftlich, so ist die Zwangsvollstreckung in das Gesamtgut nur zulässig, wenn beide Ehegatten zur Leistung verurteilt sind.**

1   **1. Anwendungsbereich.** Jede Art der ZwVollstr, auch die von Prozesskosten (Stuttgart FamRZ 87, 304), aber nur bei bestehender Gütergemeinschaft und Vollstreckung in das Gesamtgut (§ 1416 BGB), auch wenn die Gütergemeinschaft nicht im Güterrechtsregister eingetragen ist, weil § 1412 BGB in der ZwVollstr nicht gilt (LG München II DGVZ 82, 188). Entspr anwendbar ist § 740 gem § 744 a. Nicht: hinsichtlich des Sonder- und Vorbehaltsgutes (vgl § 739 Rn 2) und im Falle des § 741. Ist der andere Ehegatte Gläubiger, vgl Kleinle FamRZ 97, 1194.

2   **2. Alleinverwaltung** (Abs 1). Ein Titel (14 vor § 704) gegen den verwaltenden Ehegatten (§ 1421 BGB) ist notwendig und genügt. Das Alleinverwaltungsrecht muss der Gläubiger nachweisen, wenn er nur gegen diesen Ehegatten einen Titel hat (LG Frankenthal Rpfleger 75, 371). Es ist daneben kein Titel gegen den nichtverwaltenden Ehegatten nötig, auch (abgesehen von § 741) nie genügend, auch nicht bei §§ 1428, 1429 BGB (hM). Das folgt aus § 1422 S 1 BGB. Ein Duldungstitel genügt. Er wird erlangt über § 742 oder durch Klage. Anspruchsgrund bei Schuld des anderen Ehegatten ist § 1437 Abs 2 S 1 BGB.

3   **3. Gemeinschaftliche Verwaltung** (Abs 2; § 1421 S 2 BGB). Es ist ein Leistungstitel gegen beide Ehegatten nötig. Das folgt aus § 1450 Abs 1 S 1 BGB. Duldungstitel genügt nicht (bestr). Erlangt wird der Titel gegen den nicht schuldenden Ehegatten wie bei Rn 2, nur ist der Anspruchsgrund hier § 1459 Abs 2 S 1 BGB. Titel gegen beide Ehegatten sind auch im Fall der §§ 1454, 1455 Nr 7–9 BGB notwendig und gegen den anderen über § 1460 Abs 1, § 1459 Abs 1, 2 S 1 BGB zu erlangen. Das gilt auch im Fall des § 1460 Abs 2 BGB (Stuttgart FamRZ 87, 304).

4   **4. Wirkung.** Ohne die erforderlichen Titel ist die ZwVollstr unzulässig (40 vor § 704). Liegt bei Abs 1 der Titel vor, so ist der andere Ehegatte nicht Dritter iS der §§ 809, 886.

5   **5. Rechtsbehelfe.** Wird ohne einen erforderlichen Titel vollstreckt, haben beide Ehegatten die Erinnerung (§ 766). Der Ehegatte, gegen den der Titel fehlt, kann aus § 771 klagen. Dies ist aber unbegründet (§ 771 Rn 14), wenn das Gesamtgut nach § 1437 Abs 1, § 1459 Abs 1 BGB haftet.

§ 741 Zwangsvollstreckung in das Gesamtgut bei Erwerbsgeschäft

Betreibt ein Ehegatte, der in Gütergemeinschaft lebt und das Gesamtgut nicht oder nicht allein verwaltet, selbständig ein Erwerbsgeschäft, so ist zur Zwangsvollstreckung in das Gesamtgut ein gegen ihn ergangenes Urteil genügend, es sei denn, daß zur Zeit des Eintritts der Rechtshängigkeit der Einspruch des anderen Ehegatten gegen den Betrieb des Erwerbsgeschäfts oder der Widerruf seiner Einwilligung zu dem Betrieb im Güterrechtsregister eingetragen war.

1. Anwendungsbereich. § 741 gilt bei bestehender Gütergemein- **1** schaft (bei beendeter geht § 743 vor) und jeder Art von ZwVollstr in das Gesamtgut (§ 1416 BGB), auch wegen jeder Verbindlichkeit, nicht nur Geschäftsschulden (allgM; BayObLG Rpfleger 83, 407). Entsprechend anwendbar gemäß § 744 a.

2. Voraussetzungen. a) Selbständiges Erwerbsgeschäft. Der **2** Ehegatte, der nicht oder nur gemeinschaftlich das Gesamtgut verwaltet (§ 1421 BGB), muss zZ des Beginns der ZwVollstr (BayObLG Rpfleger 96, 63) als Allein- oder Mitunternehmer ein Erwerbsgeschäft betreiben, nämlich ein Gewerbe (auch landwirtschaftlicher Betrieb, BayObLG aaO) oder einen freien Beruf. Die Liquidation wird davon erfasst (BayObLG aaO). Ein selbständiger Betrieb ist auch der von dem das Gesamtgut gemeinschaftlich verwaltenden Ehegatten (BayObLG Rpfleger 83, 407). – **b) Einverständnis** des anderen Ehegatten. Einspruch **3** oder Widerruf darf im Güterrechtsregister nicht eingetragen sein (§ 1431 Abs 3, § 1456 Abs 3, § 1412 BGB). Maßgebender Zeitpunkt: Rechtshängigkeit (§ 261), bei anderen Titeln die Entstehung. Diese Voraussetzung prüft das Vollstreckungsorgan vor der ZwVollstr nicht; fehlt sie aber, ist die Erinnerung begründet (Rn 5).

3. Wirkung. Die Vollstreckung ist (entgegen § 740) auf Grund des **4** einen Titels zulässig, auch wenn sich die Sachen im Gewahrsam des anderen Ehegatten befinden.

4. Rechtsbehelfe. Erinnerung (§ 766) für beide Ehegatten. Sie ist **5** begründet, wenn § 741 nicht anwendbar ist (Rn 1) oder die sonstigen Voraussetzungen (Rn 2, 3) nicht vorliegen. Widerspruchsklage (§ 774) kann der Ehegatte des Gewerbetreibenden erheben.

§ 742 Vollstreckbare Ausfertigung bei Gütergemeinschaft während des Rechtsstreits

Ist die Gütergemeinschaft erst eingetreten, nachdem ein von einem Ehegatten oder gegen einen Ehegatten geführter Rechtsstreit rechtshängig geworden ist, und verwaltet dieser Ehegatte das Gesamtgut nicht oder nicht allein, so sind auf die Erteilung einer in Ansehung des Gesamtgutes vollstreckbaren Ausfertigung des Urteils für oder gegen den anderen Ehegatten die Vorschriften der §§ 727, 730 bis 732 entsprechend anzuwenden.

Allgemeines. § 742 soll auf einfache Weise, nämlich ohne neue **1** Klage einerseits dem Gläubiger den nach § 740 erforderlichen Titel gegen den allein- oder mitverwaltenden Ehegatten verschaffen, andererseits diesem zu dem erforderlichen Titel gegen die Schuldner von Gesamthandforderungen verhelfen, damit er das Gesamtgut verwalten kann (§§ 1422, 1450 BGB). **Voraussetzung** ist neben denen des § 724 **2** Rn 6–9: Die Gütergemeinschaft (bei § 744 a die Eigentums- und Vermögensgemeinschaft) muss bei Urteilen nach Rechtshängigkeit (§ 261 Abs 1), bei anderen Titeln nach Entstehen eingetreten sein

(§ 1408 BGB). Der Titel muss für oder gegen den nicht oder nicht allein
3 verwaltenden Ehegatten bestehen. **Verfahren.** Es entspricht dem § 727
Rn 5–9. Nachzuweisen (möglich über § 792) ist: Zeitpunkt der Rechtshängigkeit (§ 261 Abs 1) und des Eintritts der Gütergemeinschaft
(§ 1408 BGB). Wird die Klausel gegen den anderen Ehegatten gestellt,
ist nur eine einzige vollstreckbare Ausfertigung zu erteilen, da Gesamtschuld vorliegt (vgl § 724 Rn 11). **Rechtsbehelfe:** wie § 724 Rn 14.

§ 743 Beendete Gütergemeinschaft

**Nach der Beendigung der Gütergemeinschaft ist vor der Aus-
einandersetzung die Zwangsvollstreckung in das Gesamtgut nur
zulässig, wenn beide Ehegatten zu der Leistung oder der eine
Ehegatte zu der Leistung und der andere zur Duldung der
Zwangsvollstreckung verurteilt sind.**

1 **Allgemeines.** § 743 folgt daraus, dass bei beendeter Gütergemeinschaft eine gemeinsam verwaltende Gesamthand fortbesteht, bis ausein-
2 andergesetzt ist (§ 1472 BGB). **Anwendbar:** bei beendeter Gütergemeinschaft (durch Vertrag, § 1408 BGB, Urteil, § 1470 BGB, Auflösung
der Ehe) und ZwVollstr in das Gesamtgut, also bis auseinandergesetzt ist.
Danach findet ZwVollstr nach allgemeinen Vorschriften statt. § 743 gilt
entspr bei beendeter Eigentums- und Vermögensgemeinschaft (§ 744 a:
3 §§ 39–41 DDR-FGB). **Voraussetzungen.** Es sind Titel gegen beide
Ehegatten erforderlich (auch zwei getrennte Titel), beide oder einer
(gleichgültig gegen wen) auf Leistung, dann der andere auf Duldung.
Dieser kann auch nach § 794 Abs 2 erlangt werden, der notwendige
4 zweite auch über § 744. **Rechtsbehelfe.** Fehlt ein Titel, so ist die
ZwVollstr unzulässig (47 vor § 704) und es haben beide Ehegatten die
Erinnerung (§ 766). Derjenige, gegen den kein Titel vorliegt, hat auch
die Widerspruchsklage (§ 771).

§ 744 Vollstreckbare Ausfertigung bei beendeter Gütergemein-
schaft

**Ist die Beendigung der Gütergemeinschaft nach der Beendi-
gung eines Rechtsstreits des Ehegatten eingetreten, der das Gesamtgut allein verwaltet, so sind auf die Erteilung einer in Ansehung des Gesamtgutes vollstreckbaren Ausfertigung des Urteils
gegen den anderen Ehegatten die Vorschriften der §§ 727, 730 bis
732 entsprechend anzuwenden.**

1 **Allgemeines.** § 744 soll dem Gläubiger ohne neue Klage gegen den
nicht verwaltenden Ehegatten den nach § 743 zusätzlich nötigen Titel
2 verschaffen. Grund: § 1422 S 1 BGB. **Anwendbar:** nur bei Alleinverwaltung eines Ehegatten, nicht bei gemeinschaftlicher Verwaltung; entspr
bei Beendigung der Eigentums- und Vermögensgemeinschaft (§ 744 a,
3 §§ 39–41 DDR-FGB). **Voraussetzungen:** wie § 724 Rn 6–9. Ende der

Gütergemeinschaft (wie § 743 Rn 2). Erteilt wird bei Entscheidungen nach Rechtskraft (§ 705), bei anderen Titeln nach ihrem Entstehen. **Verfahren:** wie bei § 727 Rn 5–9. Nachzuweisen (möglich über § 792) ist: Ende der Gütergemeinschaft und Rechtskraft des Titels sowie der Zeitpunkt. Da stets Gesamtschuld besteht, wird nur eine Ausfertigung mit Klausel gegen beide Ehegatten erteilt (§ 724 Rn 11).

§ 744 a Zwangsvollstreckung bei Eigentums- und Vermögens- gemeinschaft

Leben die Ehegatten gemäß Artikel 234 § 4 Abs. 2 des Ein- führungsgesetzes zum Bürgerlichen Gesetzbuch im Güterstand der Eigentums- und Vermögensgemeinschaft, sind für die Zwangsvollstreckung in Gegenstände des gemeinschaftlichen Ei- gentums und Vermögens die §§ 740 bis 744, 774 und 860 entspre- chend anzuwenden.

Anwendbar nur, wenn mindestens einer der Ehegatten bis spätestens 1 3. 10. 1992 einem Kreisgericht (od AG in Berlin) gegenüber wirksam erklärt hat, dass der bisherige gesetzliche Güterstand (§§ 13–16 FGB) fortgelten solle (Art 234 § 4 Abs 2 S 1 EGBGB). Ist die Erklärung nicht oder nicht rechtzeitig abgegeben worden, gilt nicht § 744 a, sondern ist der gesetzliche Güterstand (§ 1363 Abs 1 BGB) eingetreten. **Materielle** 2 **Rechtslage.** An den Sachen gemeinschaftlichen Eigentums besteht nunmehr Miteigentum zu gleichen Bruchteilen (Art 234 § 4 a EGBGB). Die Miteigentumsanteile sind gemäß § 857 pfändbar (dort Rn 2). Ei- gentum und Inhaberschaft (an Rechten) richten sich nach §§ 13, 14 DDR-FGB, die Haftung nach § 16 DDR-FGB, Diese Vorschriften gelten insoweit fort, während für die ZwVollstr die ZPO gilt. **Wirkung.** 3 Es gilt § 739 mit der Eigentumsvermutung des § 1362 BGB auch für das gemeinschaftliche Eigentum des § 13 Abs 1 DDR-FGB. Außerdem gelten die Vorschriften über die Gütergemeinschaft, nämlich §§ 740, 741 (ZwVollstr in das Gesamtgut), §§ 742–744 (Vollstreckungsklausel), § 774 (Drittwiderspruchsklage) und § 860 (Pfändung des Anteils), weil der Güterstand der Eigentums- und Vermögensgemeinschaft mit der Gütergemeinschaft vergleichbar ist. **Titel** gegen beide Ehegatten sind 4 bei § 740 Abs 2 erforderlich (umstr), wobei der eine ein Duldungstitel sein kann (Arnold DGVZ 92, 17 [25]). **Rechtsbehelfe:** § 774 sowie 5 § 771 bei Alleineigentum; nicht § 766.

§ 745 Zwangsvollstreckung bei fortgesetzter Gütergemein- schaft

(1) Im Falle der fortgesetzten Gütergemeinschaft ist zur Zwangsvollstreckung in das Gesamtgut ein gegen den überleben- den Ehegatten ergangenes Urteil erforderlich und genügend.

(2) Nach der Beendigung der fortgesetzten Gütergemeinschaft gelten die Vorschriften der §§ 743, 744 mit der Maßgabe, daß an

die Stelle des Ehegatten, der das Gesamtgut allein verwaltet, der überlebende Ehegatte, an die Stelle des anderen Ehegatten die anteilsberechtigten Abkömmlinge treten.

1 Abs 1 entspricht § 740 Abs 1, da der überlebende Ehegatte allein verwaltet (§ 1487 Abs 1 BGB). Abs 2 gilt, wenn die fortgesetzte Gütergemeinschaft beendet ist; dann §§ 743, 744.

§ 746 (aufgehoben)

§ 747 Zwangsvollstreckung in ungeteilten Nachlass
Zur Zwangsvollstreckung in einen Nachlaß ist, wenn mehrere Erben vorhanden sind, bis zur Teilung ein gegen alle Erben er-gangenes Urteil erforderlich.

1 **Allgemeines.** § 747 beruht auf der Gesamthandberechtigung der
2 Miterben (§ 2032 Abs 1, § 2033 Abs 2 BGB). **Anwendungsbereich:** nur bei Zwangsvollstreckung in den Nachlass, sofern er einer Erbengemeinschaft (§ 2032 BGB) zusteht, bis zur vollzogenen Auseinandersetzung (vgl § 2042 BGB) für jede Art von ZwVollstr, die beim Tode des Erblassers noch nicht begonnen war (28 vor § 704). Begann sie vorher, gilt § 779. Nicht anwendbar beim unbeschränkten Testamentsvollstrecker (§ 748 Abs 1) und anderen Parteien kraft Amtes (§ 51 Rn 25). Zum Verhältnis § 747 zu § 748 ausführlich: Garlichs Büro 98, 243).
3 **Voraussetzung** ist ein Titel (14 vor § 704) gegen alle Miterben, nicht notwendig ein Urteil oder ein einheitlicher Titel. Er kann über § 727 erlangt werden, wenn ein Titel gegen den Erblasser vorliegt. Der vollstreckbare Anspruch ist idR eine Nachlassverbindlichkeit (§ 1967 BGB), kann aber auch ein anderer Anspruch sein, für den die Erben aus demselben Rechtsgrund als Gesamtschuldner haften (BGH 53, 110). Vorbehalt der Erbenhaftung (§ 780 Abs 1) hindert die ZwVollstr nicht.
4 **Wirkung.** Fehlt der Titel gegen einen Miterben, ist die ZwVollstr unzulässig (46 vor § 704) und vom Vollstreckungsorgan zu unterlassen. Eine Ausnahme besteht für den Miterben, der selbst der Gläubiger ist.
5 **Rechtsbehelfe.** Fehlt ein Titel, steht allen Erben Erinnerung zu (§ 766). Der Erbe, gegen den kein Titel vorliegt, kann klagen (§ 771).

§ 748 Zwangsvollstreckung bei Testamentsvollstrecker
(1) Unterliegt ein Nachlaß der Verwaltung eines Testamentsvollstreckers, so ist zur Zwangsvollstreckung in den Nachlaß ein gegen den Testamentsvollstrecker ergangenes Urteil erforderlich und genügend.

(2) Steht dem Testamentsvollstrecker nur die Verwaltung einzelner Nachlaßgegenstände zu, so ist die Zwangsvollstreckung in diese Gegenstände nur zulässig, wenn der Erbe zu der Leistung,

der Testamentsvollstrecker zur Duldung der Zwangsvollstrekkung verurteilt ist.

(3) **Zur Zwangsvollstreckung wegen eines Pflichtteilsanspruchs
ist im Falle des Absatzes 1 wie im Falle des Absatzes 2 ein sowohl
gegen den Erben als gegen den Testamentsvollstrecker ergangenes Urteil erforderlich.**

Allgemeines. Ist Testamentsvollstreckung angeordnet, gilt § 748 ab 1
Tod des Erblassers, wegen § 2211 BGB nicht erst ab Annahme des
Amtes, § 2202 BGB. § 748 folgt aus der fehlenden Verfügungsbefugnis
der Erben (§ 2211 BGB). Ist der Testamentsvollstrecker selbst Nachlassgläubiger, genügt ein Titel gegen den oder die Erben. **Unbeschränkte** 2
Verwaltung (Abs 1). Soll in den Nachlass vollstreckt werden, ist ein
Titel gegen den Testamentsvollstrecker notwendig (bei Titeln gegen
den Erblasser nach § 749 zu erlangen); ein Titel gegen den oder die
Erben ist entbehrlich, aber nur soweit sie der Testamentsvollstreckung
unterliegen (Garlichs Büro 98, 243). Gewahrsam des Erben steht bei
§§ 808, 883 nicht entgegen, denn der Erbe ist nicht Dritter iS der
§§ 809, 886. Liegt Leistungstitel gegen den Erben vor, genügt Duldungstitel gegen den Testamentsvollstrecker (§ 2213 Abs 3 BGB). **Be-** 3
schränkte Verwaltung (Abs 2) nach § 2208 Abs 1 S 2 BGB. Hier
sind Titel gegen Erben und Testamentsvollstrecker nötig. Beim Erben
muss es, beim Testamentsvollstrecker kann es ein Leistungs- oder Duldungstitel sein. Er wird erlangt (abgesehen von einer Klage): gegen den
Erben über § 727, gegen den Testamentsvollstrecker über § 749 (bei
Titel gegen den Erblasser) oder über § 794 Abs 2. **Pflichtteilsan-** 4
spruch (Abs 3). Er ist immer gegen den Erben zu richten (§ 2213
Abs 1 S 3 BGB); es sind auf jeden Fall Titel gegen den Erben und den
Testamentsvollstrecker nötig. Es gilt Rn 3. **Rechtsbehelf** bei Verstoß 5
gegen § 748 ist die Erinnerung des § 766 (hierzu ausführlich Garlichs
Rpfleger 99, 60). Der Testamentsvollstrecker kann, wenn der erforderliche Titel gegen ihn fehlt, Erinnerung (§ 766) einlegen und Klage
nach § 771 erheben. Fehlt der erforderliche Titel gegen den Erben,
steht diesem § 766 zu (hM; Garlichs aaO), auch wenn der Titel gegen
den Testamentsvollstrecker fehlt (umstr; aA Garlichs aaO). Gegen die
Art und Weise der ZwVollstr steht dem Erben die Erinnerung nicht zu,
soweit der betroffene Gegenstand der Verwaltung des Testamentsvollstreckers unterliegt (umstr; vgl Garlichs aaO).

§ 749 Vollstreckbare Ausfertigung für und gegen Testaments-
vollstrecker

[1] **Auf die Erteilung einer vollstreckbaren Ausfertigung eines für
oder gegen den Erblasser ergangenen Urteils für oder gegen den
Testamentsvollstrecker sind die Vorschriften der §§ 727, 730 bis
732 entsprechend anzuwenden.** [2] **Auf Grund einer solchen Ausfertigung ist die Zwangsvollstreckung nur in die der Verwaltung**

**des Testamentsvollstreckers unterliegenden Nachlaßgegenstände
zulässig.**

1   **Zweck.** Der nötige Titel für den Testamentsvollstrecker (§ 2212
BGB) und gegen ihn (§ 748) soll ohne neue Klage verschafft werden.
§ 727 gilt entsprechend, da der Testamentsvollstrecker nicht Erbe ist.
2   **Voraussetzungen:** wie § 724 Rn 6–9. Ein Titel (nicht nur Urteile) für
oder gegen den Erblasser. Eintritt der Testamentsvollstreckung setzt Erbfall (§ 1922 Abs 1 BGB) und Annahme des Amtes voraus (§ 2202 Abs 1
BGB). Der Testamentsvollstrecker muss Verwaltungsbefugnis haben
(§ 2208 BGB), weil nur dann ein Titel gegen ihn nötig sein kann
3   (§ 748). **Verfahren:** wie § 727 Rn 5–9. Nachzuweisen sind die Voraussetzungen (Rn 2), durch Testamentsvollstreckerzeugnis (§ 2368 BGB),
über § 792 zu erlangen. In die Klausel ist die Stellung als Testamentsvollstrecker aufzunehmen. Das Vollstreckungsorgan muss S 2 berücksichtigen.

§ 750 Voraussetzung der Zwangsvollstreckung

(1) [1]Die Zwangsvollstreckung darf nur beginnen, wenn die
Personen, für und gegen die sie stattfinden soll, in dem Urteil
oder in der ihm beigefügten Vollstreckungsklausel namentlich
bezeichnet sind und das Urteil bereits zugestellt ist oder gleichzeitig zugestellt wird. [2]Eine Zustellung durch den Gläubiger
genügt; in diesem Fall braucht die Ausfertigung des Urteils Tatbestand und Entscheidungsgründe nicht zu enthalten.

(2) Handelt es sich um die Vollstreckung eines Urteils, dessen
vollstreckbare Ausfertigung nach § 726 Abs. 1 erteilt worden ist,
oder soll ein Urteil, das nach den §§ 727 bis 729, 738, 742, 744,
dem § 745 Abs. 2 und dem § 749 für oder gegen eine der dort
bezeichneten Personen wirksam ist, für oder gegen eine dieser
Personen vollstreckt werden, so muß außer dem zu vollstrek-
kenden Urteil auch die ihm beigefügte Vollstreckungsklausel
und, sofern die Vollstreckungsklausel auf Grund öffentlicher
oder öffentlich beglaubigter Urkunden erteilt ist, auch eine Abschrift dieser Urkunden vor Beginn der Zwangsvollstreckung
zugestellt sein oder gleichzeitig mit ihrem Beginn zugestellt
werden.

(3) Eine Zwangsvollstreckung nach § 720 a darf nur beginnen,
wenn das Urteil und die Vollstreckungsklausel mindestens zwei
Wochen vorher zugestellt sind.

1   **1. Allgemeines.** Die Vorschrift ist anwendbar auf alle Titel (14–24
vor § 704). Die Voraussetzungen des § 750 sind durch das Vollstreckungsorgan von Amts wegen zu prüfen, aber nur dahin, ob sie vorliegen, nicht ob sie zulässig und richtig zustandegekommen sind. Fehlt
eine der Voraussetzungen des § 750, darf die ZwVollstr nicht beginnen

(28 vor § 704) und ist unzulässig (46 vor § 704). Auf Zustellung kann im Voraus nicht wirksam verzichtet werden (hM; StJMünzberg 9 mwN). Rechtsbehelf: § 766.

2. Bezeichnung der Parteien (Abs 1). Die Personen sind Gläubiger 2 und Schuldner (9–11 vor § 704). Bei Prozessstandschaft (§ 51 Rn 45) ist nicht der Rechtsträger Partei, sondern der Prozessstandschafter. Die Parteien müssen im Titel selbst oder in der Vollstreckungsklausel (§ 724 Rn 2) aufgeführt sein. Darauf kann nur ganz ausnahmsweise verzichtet werden, zB bei Räumungsvollstreckung gegen Hausbesetzer (Gerland DGVZ 91, 182 mwN). Weicht die Identität (Rn 3) zwischen Titel und Klausel ab, so ist allein maßgebend, wer in der Klausel als Partei angegeben ist. Einwendungen gegen die Zulässigkeit der Klausel sind nicht im Vollstreckungsverfahren sondern nur nach § 732 oder § 768 geltend zu machen (hM; Hamm FamRZ 81, 199 mwN). **a) Identität.** Die Be- 3 zeichnung der Personen muss so genau sein, dass die Identität eindeutig festgestellt werden kann (Karlsruhe NJW-RR 01, 67). Das Vollstreckungsorgan hat sie selbständig zu prüfen, muss aber nicht von sich aus Ermittlungen anstellen. Es genügt idR, wenn Familienname, Vorname und Wohnort (auch Straße und Hausnummer) angegeben sind. So setzen es auch § 313 Abs 1 Nr 1, § 646 Abs 1 Nr 1 und § 690 Nr 1 voraus. Ausnahmsweise kann der Zusatz jun oder sen nötig sein. Es hängt von den Umständen ab, ob es für § 750 genügt, wenn der volle Vorname oder die genaue Anschrift fehlt, im Einzelfall, wenn der Vorname falsch angegeben ist, zB Hubert statt Herbert (AG Bonn DGVZ 94, 95). Bei seltenen Familiennamen kann das im Einzelfall bejaht werden. Auch ein Künstlername kann genügen, wenn damit die Identität festgestellt werden kann. Bei Namensänderung steht der nunmehr im Titel falsch gewordene Name nicht entgegen (Aden MDR 79, 103); für den Nachweis genügt Auszug aus dem Melderegister (LG Braunschweig Rpfleger 95, 306). Auch eine falsche Schreibweise des Namens schadet nicht (LG Hannover Büro 80, 774). Bei Zweifel an der Identität darf der Gerichtsvollzieher trotz Weisung des Gläubigers nicht vollstrecken. Der Gläubiger kann dann nach § 766 vorgehen und die Identität gerichtlich prüfen lassen (Petermann DGVZ 76, 84). – **b) Firma.** Ist neben oder unter 4 dieser eine Person (insbes Einzelkaufmann) angegeben, ist diese Partei (Köln NJW-RR 96, 292). Ist eine Firma ohne Bezeichnung eines Inhabers angegeben, so ist damit nicht der jeweilige Inhaber, sondern derjenige benannt, der geklagt hat oder (auf der Beklagtenseite) derjenige, der bei Eintritt der Rechtshängigkeit (§ 261 Abs 1) Firmeninhaber war (KG Rpfleger 82, 191 mwN), auch wenn er zwischenzeitlich unter dieser Firma eine KG betrieben (Köln BB 77, 510) oder eine Handelsgesellschaft übernommen hat (vgl LG Berlin Rpfleger 78, 106). Zur ZwVollstr gegen eine GmbH & Co KG genügt nicht ein Titel gegen die GmbH (BayObLG NJW 86, 2578). – **c) Berichtigung.** Ist die Bezeich- 5 nung ungenau oder falsch, kann Titel oder Klausel nach § 319 berichtigt werden. Ist § 319 nicht anwendbar, kann ausnahmsweise analog nach

§ 727 (Schüler DGVZ 82, 65) oder § 731 verfahren werden; zB wenn bei einem Titel gegen eine Firma der frühere Inhaber hinzugefügt wird (Frankfurt Rpfleger 73, 64). Das ist aber nicht zulässig bei bloßer Namensänderung; hier kann bei feststehender Identität ohne irgendwelche Berichtigung oder Umschreibung vollstreckt werden (Rn 3). Ebensowenig darf der Titel auf eine andere Person als die darin bezeichnete und identifizierte, umgeschrieben werden (LG Koblenz Rpfleger 72, 458 mit Anm Petermann); auch wenn unklar oder zweifelhaft ist, gegen welche
6 Person sich der Titel richtet. – **d) Gesetzliche Vertreter** (§ 51 Rn 4) müssen nicht angegeben sein. Hierbei ist zu beachten, dass sie wechseln können. Die Bezeichnung als gesetzlicher Vertreter im Titel bindet das Vollstreckungsorgan nicht, wenn die ZwVollstr gegen den gesetzlichen Vertreter gerichtet wird (Frankfurt Rpfleger 76, 27).

7 **3. Mehrheit** (vgl 23, 24 vor § 704). **a) Gläubiger.** Identität und Beteiligungsverhältnis (insbes Gesamthand) müssen klargestellt sein; zB genügt nicht RA Schulze und Partner (LG Bonn Rpfleger 84, 28; LG Gießen DGVZ 95, 88). Sind mehrere Gläubiger im Titel benannt, ohne als Gesamtgläubiger (§ 428 BGB) bezeichnet zu sein, müssen alle Gläubiger den Vollstreckungsauftrag erteilen, insbes bei einer Gesamthand
7a (AG Wedding DGVZ 78, 31). – **b) Schuldner.** Es gelten die §§ 420, 421 BGB, außerdem die §§ 735–749 als Sonderregeln bei Schuldnermehrheit und Gesamthandvermögen, ferner § 2039 BGB. Vollstreckung gegen einen von mehreren Gesamtschuldnern erfordert nicht die Vorlage der gegen die anderen erteilten vollstreckbaren Ausfertigungen (LG Bremen DGVZ 82, 76; LG Stuttgart Justiz 83, 76 für Vollstreckungsbescheide; aA AG Mönchengladbach DGVZ 82, 79).

8 **4. Zustellung** des Titels (Abs 1; 14 vor § 704). Die einmalige Zustellung genügt, auch wenn später aus anderen Ausfertigungen vollstreckt wird. Sie ist entbehrlich bei § 929 Abs 3, § 936 (Arrest und einstw
9 Verfügung) und bei § 845 Abs 2 (Vorpfändung). **a) Zeitpunkt:** im Grundsatz spätestens mit Beginn der ZwVollstr (26 vor § 704). Aus-
10 nahmsweise bestehen Wartefristen: (Rn 18). – **b) Empfänger** der Zustellung ist der Schuldner oder sein Vertreter (§§ 170–172 nF). Bei Schuldnermehrheit (Rn 7) muss an alle zugestellt werden. Es genügt aber auch, dass der Schuldner den Titel seinerseits dem Gläubiger hat zustellen lassen (Frankfurt OLGZ 82, 251). Bei Prozessunfähigen muss dem gesetzlichen Vertreter (§ 51 Rn 4), wenn ein ProzBev bestellt ist, muss an diesen zugestellt werden (§ 172 nF; Münzberg DGVZ 00, 177). Fehlt die Prozessfähigkeit (§ 52) und ist sie im Titel nicht geprüft, kann sie das Vollstreckungsorgan prüfen und ggf die Unwirksamkeit nach
11 § 170 Abs 1 S 2 annehmen. – **c) Zustellungsart.** Zustellung von Amts wegen (§§ 166–190 nF) oder auf Betreiben der Parteien (§§ 191–195 nF) genügt in gleicher Weise (Abs 1). Für Abs 3 ist es wegen der Vollstreckungsklausel zwangsläufig eine Parteizustellung. Auch der Zweck der Zustellung ist gleichgültig, insbes genügt auch eine verkündungser-
12 setzende (§ 310 Abs 3, § 329 Abs 2). – **d) Nachweis** der Zustellung

geschieht durch Urkunde (§ 182 nF), Empfangsbekenntnis (§ 174 Abs 1 S 2, § 195 Abs 2 S 1 nF), Zustellungsbescheinigung (§ 169 Abs 1, § 195 Abs 2 S 2 nF) oder andere geeignete Beweismittel (Frankfurt Rpfleger 78, 134). – **e) Verstöße.** Wird vollstreckt, obwohl die Zu- **13** stellung fehlt oder unwirksam ist (18, 19 vor § 166), so ist die Vollstreckungsmaßnahme nur anfechtbar (59 vor § 704), nicht nichtig (58 vor § 704; BGH 66, 81). Wird die Wartefrist nicht eingehalten, gilt § 798 Rn 3 entspr (Rn 18).

5. Zuzustellende Schriftstücke (Abs 2). Ob sie wirksam zugestellt **14** sind oder gleichzeitig mit Beginn der ZwVollstr zugestellt werden, hat das Vollstreckungsorgan von Amts wegen zu prüfen (Frankfurt Rpfleger 73, 323). Zuzustellen ist: **a) Vollstreckungstitel** (14–24 vor § 704), **15** insbes das Urteil in Ausfertigung oder beglaubigter Abschrift, bei § 317 Abs 1 das vollständige Urteil (vgl Abs 1 S 2 Hs 2). Nachweis: Rn 12. – **b) Vollstreckungsklausel** außerdem in den Fällen des Abs 2. Das be- **16** deutet, dass eine beglaubigte Abschrift der vollstreckbaren Ausfertigung mit der Vollstreckungsklausel (§ 725) zu übergeben ist (§ 169 Abs 2 nF). **c) Urkunden,** öffentliche oder öffentlich beglaubigte (vgl § 726 Rn 5) **17** im Falle der Rn 16, diejenigen gem § 751 Abs 2, § 756 Abs 1 und § 765 Nr 1 in vollständiger Abschrift, welche die Beglaubigung umfassen muss (Hamm Rpfleger 94, 173), auch die Vollmacht im Fall des § 794 Abs 1 Nr 5 (LG Bonn Rpfleger 90, 374); eine Ausfertigung, zB die eines Erbscheins (LG Aachen DGVZ 91, 42). Dass die Urkunden in der Klausel aufgeführt sind, macht ihre Zustellung nicht entbehrlich (StJMünzberg 39, 40), wohl aber dann, wenn ihr voller Inhalt in der Klausel steht. Angabe des wesentlichen Inhalts genügt nicht, schon gar nicht eine Bezugnahme (Frankfurt Rpfleger 77, 416; LG Stuttgart DGVZ 01, 121). Ausnahmen sonst nur nach §§ 799, 800 Abs 2.

6. Wartefrist. Sie besteht nur als Ausnahme. Berechnung: § 222. Sie **18** dauert zwei Wochen (Abs 3) bei Vollstreckung nach § 720 a oder § 798. Sie beginnt mit Zustellung des Urteils. Außerdem muss die Vollstreckungsklausel zugestellt werden und zwar auch die einfache (vgl § 720 a Rn 4; hM; Düsseldorf MDR 97, 392 mwN). Vorzeitige und daher fehlerhafte Vollstreckungsmaßnahmen heilen mit Ablauf der Frist (vgl Rn 13), wenn der Schuldner nicht rechtzeitig Sicherheit gemäß § 720 a Abs 3 leistet (Hamm FGPrax 97, 86).

§ 751 Bedingungen für Vollstreckungsbeginn

(1) Ist die Geltendmachung des Anspruchs von dem Eintritt eines Kalendertages abhängig, so darf die Zwangsvollstreckung nur beginnen, wenn der Kalendertag abgelaufen ist.

(2) Hängt die Vollstreckung von einer dem Gläubiger obliegenden Sicherheitsleistung ab, so darf mit der Zwangsvollstreckung nur begonnen oder sie nur fortgesetzt werden, wenn die Sicherheitsleistung durch eine öffentliche oder öffentlich beglau-

bigte Urkunde nachgewiesen und eine Abschrift dieser Urkunde bereits zugestellt ist oder gleichzeitig zugestellt wird.

1   **1. Allgemeines.** Hängt die ZwVollstr vom Eintritt eines bestimmten Kalendertages oder einer Sicherheitsleistung ab, wird die Vollstreckungsklausel sofort, auch ohne Nachweis erteilt (vgl § 726 Abs 1). § 751 soll verhindern, dass zu früh oder ohne Sicherheitsleistung vollstreckt werden kann. Folge von Verstößen: Anfechtbarkeit (59 vor § 704); keine Nichtigkeit (Hamburg MDR 74, 321). Rechtsbehelf: § 766.

2   **2. Kalendertag** (Abs 1). Er muss bestimmt oder nach dem Kalender bestimmbar sein. Die ZwVollstr darf dann erst am darauf folgenden Tag
3   beginnen. **a) Anzuwenden** insbes bei Räumungsfrist (§ 721); Urteil auf künftige Leistung (§§ 257–259); bei im Vergleich vereinbarter Fälligkeit, insbes beim Ratenzahlungsvergleich (§ 794 Rn 17); im Fall des
4   § 510 b; bei Renten und Unterhaltsansprüchen. – **b) Ausnahme.** Nach § 850 d Abs 3 findet eine Vorratspfändung statt, wenn bei bestimmten Unterhaltsansprüchen und Renten Arbeitseinkommen gepfändet wird. Das ist analogiefähig für Pfändung anderer Vermögenswerte (Hamm NJW-RR 94, 895 mwN; bestr; vgl § 850 d Rn 13, 14).

5   **3. Sicherheitsleistung** (Abs 2) des Gläubigers (bei §§ 709, 711, 712
6   Abs 2); vgl 10 vor § 708. **a) Nachweis.** Für Hinterlegung genügt nur eine Bescheinigung der Hinterlegungsstelle (§ 83 GVGA). Für Bürgschaft genügt einfache Schriftform (vgl § 108) und dass der Gerichtsvollzieher vor der ZwVollstr dem Schuldner (oder dessen ProzBev) zum Zwecke der Zustellung eine beglaubigte Abschrift übergibt (§ 192 Abs 2 nF), iü nach § 193 nF verfährt. Dem Sicherungsberechtigten ist das Original, nicht nur eine Ausfertigung oder beglaubigte Abschrift der Bürgschaftsurkunde zu verschaffen, wenn die Bürgschaft nach ihrem Inhalt mit der Rückgabe der Urkunde erlischt (Kotzur DGVZ 90, 65). Nur die Übergabe der Bürgschaftsurkunde, nicht der Abschluss des Bürgschaftsvertrags bedarf des Nachweises durch öffentliche Urkunde (hM; Kotzur aaO mwN). Eine Beglaubigung der Unterschrift und Nachweis der Vertretungsmacht ist nicht erforderlich (hM; Koblenz Rpfleger 93, 355 mwN). Wird die Bürgschaftserklärung vorher zugestellt, so genügt zum Nachweis die Zustellungsurkunde (hM; Kotzur aaO 68 mwN), auch die gem § 195 Abs 2 S 1 nF (hM; Koblenz aaO mwN; LG Augsburg NJW-RR 98, 1368). Ist an den RA zugestellt, so ist eine weitere Zustellung (Rn 7) entbehrlich (hM; Koblenz aaO). § 172 nF gilt nicht (hM; LG Bochum Rpfleger 85, 33 mwN für § 176
7   aF). – **b) Zustellung.** Die Urkunden, die den Nachweis erbringen, müssen grundsätzlich in vollständiger Abschrift zugestellt werden; hierfür gilt § 172 nF, wenn nicht vorher an den RA zugestellt wurde (vgl Rn 6
8   aE). – **c) Rechtskraft des Urteils** (Nachweis: § 706 Abs 1). Ihr Eintritt führt dazu, dass Sicherheitsleistung nicht mehr nötig ist (§ 704 Abs 1). Falls sie schon erbracht ist, erfolgt Rückgabe nach § 715.
9   **d) Wirkung.** Solange die Sicherheit nicht geleistet ist, darf die

ZwVollstr, mit Ausnahme der Sicherungsvollstreckung (§ 720 a, Düsseldorf DGVZ 90, 156), nicht beginnen. Die Fortsetzung (über die Pfändung hinaus) ist bei § 720 a nur nach Leistung der Sicherheit zulässig.

§ 752 Sicherheitsleistung bei Teilvollstreckung

[1] **Vollstreckt der Gläubiger im Fall des § 751 Abs. 2 nur wegen eines Teilbetrages, so bemißt sich die Höhe der Sicherheitsleistung nach dem Verhältnis des Teilbetrages zum Gesamtbetrag.** [2] **Darf der Schuldner in den Fällen des § 709 die Vollstreckung gemäß § 712 Abs. 1 Satz 1 abwenden, so gilt für ihn Satz 1 entsprechend.**

Allgemeines. Die Vorschrift ist eingefügt durch Art 1 Nr 4 1 2. ZwVollstrNov; in Kraft seit 1. 1. 1999. **Zweck.** Es ist davon auszugehen, dass für den Gläubiger ein Bedürfnis bestehen kann, auch in den Fällen wegen eines Teilbetrags zu vollstrecken (zB bei Teilerfüllung), in denen für die gesamte Schuld nur ein einziger Sicherheitsbetrag bestimmt und kein Ausspruch gemäß § 709 S 2 erfolgt ist. Das ist anders als bei 11 vor §§ 708–720, wenn die Sicherheitsleistung von vornerein getrennt auf Teilbeträge festgesetzt worden ist. **Anwendbar** nur bei 2 Geldforderungen; auch bei Forderungspfändung (§ 829) und nur soweit § 751 Abs 2 (dort Rn 1, 5) anwendbar ist. Für den Schuldner (vgl S 2) ist § 752 nur anwendbar auf die defensive Abwendungsbefugnis (§§ 709, 712 Abs 1 S 1), nicht auf den Fall offensiver Abwendungsbefugnis (§ 708 Nr 4–11, § 711 S 1). **Begriff** der Teilvollstreckung. Sie liegt 3 auch vor, wenn nur die Hauptsache oder nur der Kostenerstattungsanspruch vollstreckt wird. Berechnung der Höhe: nach Rn 6 (vgl hierzu Rehbein Rpfleger 00, 55). **Wiederholte Teilvollstreckung** ist durch 4 § 752 nur gedeckt, wenn eine neue, weitere Sicherheit gestellt wird. Der Gläubiger darf mit dem durch die ZwVollstr erlangten Teilbetrag erneut Sicherheit leisten und eine weitere Teilvollstreckung durchführen. **Voraussetzungen.** Für den Gläubiger (S 1): Vollstreckungsauftrag über 5 einen betragsmäßig bestimmten Teil der vollstreckbaren Forderung (wie § 753 Rn 11) und Zustellung des Nachweises der Sicherheitsleistung gem § 751 Abs 2. Für den Schuldner (S 2): erfolgreicher Schutzantrag gem § 712 Abs 1 S 1 (dort Rn 7). **Höhe:** Verhältnis des zu vollstre- 6 ckenden Teilbetrags (5000) zur Hauptforderung (10 000) entspricht der zu leistenden Sicherheit (6500) zur angeordneten Gesamtsicherheit (13 000). **Wirkung:** Der Gläubiger darf über den betreffenden Teilbetrag 7 im Verhältnis der geleisteten Sicherheit vollstrecken (S 1). Für den die Sicherheit leistenden Schuldner: § 712 Rn 13.

§ 753 Vollstreckung durch Gerichtsvollzieher

(1) **Die Zwangsvollstreckung wird, soweit sie nicht den Gerichten zugewiesen ist, durch Gerichtsvollzieher durchgeführt, die sie im Auftrag des Gläubigers zu bewirken haben.**

(2) ¹Der Gläubiger kann wegen Erteilung des Auftrags zur Zwangsvollstreckung die Mitwirkung der Geschäftsstelle in Anspruch nehmen. ²Der von der Geschäftsstelle beauftragte Gerichtsvollzieher gilt als von dem Gläubiger beauftragt.

1   **1. Allgemeines.** Der Gerichtsvollzieher ist Beamter (§ 154 GVG). **a) Stellung.** Für die ZwVollstr ist er Vollstreckungsorgan (5 vor § 704). Er kann von der Amtsausübung ausgeschlossen sein (§ 155 GVG). Er übt als Organ der Rechtspflege öffentliche Gewalt aus, ist dabei selbständig und insoweit grundsätzlich weisungsfrei (hM; Musielak/Lackmann 3; vgl Rn 15). Er prüft in eigener Verantwortung, ob die ZwVollstr zulässig ist (38 vor § 704) und wie er zu verfahren hat, nicht aber materiellrechtliche Einwendungen (allgM; zB LG Münster NJW-RR 92, 1531). Er unterliegt nur der Nachprüfung durch das Vollstreckungsgericht (§§ 764, 766). Die GVGA bindet den Gerichtsvollzieher nur in der Weise, dass er sie dienstrechtlich zu beachten hat (§ 1 GVGA). Er untersteht nicht einem allgemeinen Weisungsrecht des Gläubigers, nur be-
2   schränkt im Rahmen des Auftrags gem Rn 15. – **b) Dienstgeschäfte.** Der Gerichtsvollzieher teilt insbes bei Überlastung die Reihenfolge ein, in der er die Dienstgeschäfte erledigt (§ 6 GVGA). Darin darf dort die
3   Dienstaufsicht nicht eingreifen. – **c) Dienstaufsicht.** Außerhalb der Tätigkeit als Vollstreckungsorgan untersteht der Gerichtsvollzieher der Dienstaufsicht der Justizverwaltung nach der jeweils geltenden GVO. –
4   **d) Gebühren** fallen nach GVKostG an. Der Gerichtsvollzieher regelt seinen Geschäftsbetrieb einschließlich des Sachaufwands nach pflichtgemäßem Ermessen auf eigene Kosten (§§ 45 ff GVO). – **e) Rechtsbehelf:** § 766, insbes auch, wenn der Gerichtsvollzieher den Auftrag ablehnt.

5   **2. Zuständigkeit. a) Sachlich** (und funktionell): für jede ZwVollstr, die nicht den Gerichten zugewiesen ist (6–8 vor § 704). Wichtigste
6   Fälle: §§ 808–827, 883–885, 899–909. – **b) Örtlich:** je nach dem zuge-
7   wiesenen Gerichtsvollzieherbezirk (§§ 16 ff GVO). – **c) Verstoß** gegen die sachliche Zuständigkeit macht die Vollstreckungsmaßnahme nichtig (hM; 58 vor § 704), gegen die örtliche Zuständigkeit und gegen § 155 GVG nur anfechtbar (59 vor § 704; StJMünzberg 3).

8   **3. Vollstreckungsauftrag.** Das ist der Vollstreckungsantrag (39 vor § 704). Er ist insbes auf Sachpfändung (§ 808), Herausgabe (§ 883), Räumung (§ 885) oder Offenbarungsversicherung (§ 900) zu richten. Zur Situation in der Praxis vgl Seip NJW 94, 752. **a) Form:** schriftlich, auch Telekopie mit Unterschrift, kein Faksimilestempel (hM; LG Coburg DGVZ 94, 62; LG Ingolstadt DGVZ 94, 92; Müller DGVZ 93, 7 mwN) oder mündlich (§ 754), auch telefonisch zulässig, sogar konkludent, jedoch ist dann bei der Auslegung zurückhaltend zu verfahren (vgl LG Berlin DGVZ 85, 59). Der Auftrag ist an den Gerichtsvollzieher unmittelbar oder an die Verteilungsstelle des Vollstreckungsgerichts zu
9   richten (§§ 33–39 GVO). – **b) Inhalt.** Der Gläubiger bezeichnet (als

Mindestinhalt) den Vollstreckungstitel (14 vor § 704) Weisungen (Rn 15) sind möglich. Zur zweckmäßigen Gestaltung des Antrags: Seip NJW 94, 752; vielfach aA Behr NJW 92, 2738. – **c) Dauerauftrag,** zB **10** für Kassenpfändung ist grundsätzlich zulässig (LG Bonn DGVZ 74, 56). **d) Teilbetrag.** Der Gläubiger kann den Auftrag auf einen Teil der voll- **11** streckbaren Forderung beschränken. Das ist für Geldbeträge durch § 752 geregelt und wird bei § 709 S 2 vorausgesetzt, ist aber auch bei Heraus- gabevollstreckung möglich. Beim Auftrag ist § 752 Rn 4 zu beachten. – **e) Restforderung.** Ihre Einziehung wird vom Auftrag des Gläubigers **12** umfasst (LG Berlin DGVZ 86, 153). Es kann auch nur ein kleiner Prozentsatz sein (LG München II DGVZ 84, 28). Soll mit einem neuen Auftrag ein Restbetrag vollstreckt werden, hat der Gläubiger eine prüf- bare Abrechnung beizufügen (LG Gießen Rpfleger 85, 245; LG Hagen DGVZ 94, 91 mwN). Der Gerichtsvollzieher hat zu prüfen, ob Kosten (§ 788) in die Restforderung eingegangen sind (AG Schöneberg DGVZ 91, 77). – **f) Bagatellbeträge** sind beizutreiben, wenn der Gläubiger es **13** beantragt (LG Wuppertal NJW 80, 297 mwN; AG Karlsruhe DGVZ 86, 92). Missbrauch bei Kleinstforderungen bejaht E. Schneider DGVZ 83, 132 mwN. Eine andere Ansicht verneint Rechtsmissbrauch und Treu- widrigkeit, wenn der Gläubiger vor Vollstreckung den Schuldner erfolg- los zur Zahlung aufgefordert hat (LG Hannover DGVZ 91, 190; Sibben DGVZ 88, 181 mwN).

4. Rechtsverhältnis. Der Auftrag begründet (ohne Ausnahme) zwi- **14** schen dem Gerichtsvollzieher und dem Gläubiger keinen privatrechtli- chen Geschäftsbesorgungsvertrag, sondern ein öffentlich-rechtliches Ver- hältnis (hM; vgl Rn 1). Der Gerichtsvollzieher handelt grundsätzlich in Amtsstellung (LG Kiel Rpfleger 70, 71 mwN; bestr), nur ausnahmsweise oder daneben (Fahland ZZP 92, 432 [456]) als Vertreter des Gläubigers iS der §§ 164 ff BGB, wenn ihn dieser über die kraft Gesetzes ein- tretenden amtlichen Befugnisse hinaus für bestimmte Handlungen be- vollmächtigt, zB Annahme einer Leistung an Erfüllungs Statt oder er- füllungshalber.

5. Weisungen des Gläubigers (zB bestimmte Sachen zu pfänden oder **15** nicht zu pfänden) hat der Gerichtsvollzieher zu berücksichtigen, soweit sie nicht dem Gesetz oder der GVGA widersprechen (§ 58 Abs 2 GVGA). Sie müssen aus dem Auftrag eindeutig erkennbar sein (LG Augsburg DGVZ 95, 154). Der Gläubiger kann das Verfahren auch ruhen lassen (30 vor § 704; Wieser NJW 88, 665 [667]). Zwecklose Pfändungen darf der Gerichtsvollzieher trotz Weisung nicht vornehmen (§ 803 Abs 2); jedoch muss er auf Weisung des Gläubigers einen Voll- streckungsversuch unternehmen, auch mit Adressenermittlung (LG Lü- beck DGVZ 97, 140) und wenn er damit rechnet, dass er erfolglos sein werde (LG Essen DGVZ 81, 22; LG Göttingen DGVZ 86, 174), nicht aber, wenn erst vor kurzer Zeit ein erfolgloser Vollstreckungsversuch unternommen wurde (LG Hannover DGVZ 84, 90).

6. **Mitteilungspflicht** über das Ergebnis der Zwangsvollstreckung, auch ohne Weisung: § 760 Rn 3. Protokollabschrift: § 762.

16   7. **Haftung** des Staates für Gerichtsvollzieher gegenüber Gläubiger, Schuldner und Dritten richtet sich nach § 839 BGB und Art 34 GG. Die Amtspflichten in der ZwVollstr ergeben sich aus ZPO und GVGA, auch aus besonderer Anweisung durch das Vollstreckungsgericht. Der Gläubiger haftet nur, wenn er durch Weisungen (Rn 15) widerrechtlich Schaden verursacht hat, aus §§ 823, 826 oder aus dem Rechtsverhältnis mit dem Schuldner (RG 143, 118).

§ 754 Vollstreckungsauftrag

In dem schriftlichen oder mündlichen Auftrag zur Zwangsvollstreckung in Verbindung mit der Übergabe der vollstreckbaren Ausfertigung liegt die Beauftragung des Gerichtsvollziehers, die Zahlungen oder sonstigen Leistungen in Empfang zu nehmen, über das Empfangene wirksam zu quittieren und dem Schuldner, wenn dieser seiner Verbindlichkeit genügt hat, die vollstreckbare Ausfertigung auszuliefern.

1   1. **Voraussetzungen** sind Vollstreckungsauftrag (§ 753 Rn 8) und Übergabe der vollstreckbaren Ausfertigung (§ 724), einer einfachen Ausfertigung nur, wenn die Klausel entbehrlich ist (§ 724 Rn 4).

2   2. **Wirkung.** Sie entfällt mit Rücknahme des gem § 753 erteilten Auftrags. Der Gerichtsvollzieher ist gegenüber Gläubiger, Schuldner und Dritten kraft Gesetzes ermächtigt (§ 755), auch materiell-rechtlich 3 wirksam in folgendem Umfang zu handeln: a) **Empfangnahme** der aus dem Titel geschuldeten Leistung. Der Gerichtsvollzieher handelt dabei als Amtsperson (Amtstheorie), nicht als Vertreter des Gläubigers (hM; Musielak/Lackmann 3 mwN). Erfüllungswirkung: § 815 Rn 4. Für die Ermächtigung ist gleichgültig, ob der Schuldner nur teilweise, freiwillig oder zur Abwendung der ZwVollstr leistet. Der Gerichtsvollzieher darf auch Geld zum Zwecke der Hinterlegung zur Sicherheit entgegennehmen (Schmidt-v. Rhein DGVZ 81, 145); auch die Lösungssumme bei Arrest (§ 923) ist unverzüglich zu hinterlegen (§ 193 4 Nr 9 GVGA). – b) **Rateninkasso** wird nach erfolgter Pfändung über den Verwertungsaufschub (vgl §§ 813 a, 813 b) als zulässig angesehen (vgl § 141 Nr 2 GVGA). Bei erfolglos versuchter Pfändung ist § 806 b 5 anzuwenden. – c) **Teilzahlung** ist jede nicht voll ausreichende Leistung. Der Schuldner hat kein Tilgungsbestimmungsrecht gemäß § 366 Abs 1 BGB (BGH NJW 99, 1704). Vollstreckt nur ein Gläubiger, so wird § 366 Abs 2 für anwendbar gehalten (Palandt § 366 Rn 9). Bei Zinsen und Kosten gilt BGB. Bei mehreren Gläubigern vgl § 827 Rn 7. 6 d) **Quittung** wird nach Maßgabe des § 757 Abs 1 erteilt, die vollstreckbare Ausfertigung an den Schuldner nur bei voller Leistung ausgehändigt (§ 757 Abs 1).

3. Fehlende Befugnisse. Der Gerichtsvollzieher darf eine im Titel 7 nicht vorgesehene Ersatzleistung (§ 364 Abs 1 BGB) ohne besondere Ermächtigung des Gläubigers nicht annehmen (vgl § 753 Rn 15), nicht die Leistung stunden (vgl aber § 813 a Abs 1) und keine Aufrechnungserklärung (§ 388 S 1 BGB) entgegennehmen; hierzu müsste ihn der Gläubiger besonders bevollmächtigen.

§ 755 Ermächtigung des Gerichtsvollziehers

¹**Dem Schuldner und Dritten gegenüber wird der Gerichtsvollzieher zur Vornahme der Zwangsvollstreckung und der im § 754 bezeichneten Handlungen durch den Besitz der vollstreckbaren Ausfertigung ermächtigt.** ²**Der Mangel oder die Beschränkung des Auftrags kann diesen Personen gegenüber von dem Gläubiger nicht geltend gemacht werden.**

Vertretungsnachweis (S 1). Die kraft Gesetzes eintretende Ermäch- 1 tigung des Gerichtsvollziehers (§ 754 Rn 2–6) wird dem Schuldner und Dritten gegenüber unwiderlegbar vermutet, solange der Gerichtsvollzieher die vollstreckbare Ausfertigung besitzt, nicht notwendig bei sich trägt. **Ausschluss von Einwendungen** (S 2). Ist der Auftrag (§ 753 2 Rn 8) unterblieben, beschränkt oder zurückgenommen, so wird der Schuldner, der geleistet hat (vgl § 754 Rn 3), jedenfalls befreit (§ 362 Abs 1 BGB).

§ 756 Zwangsvollstreckung bei Leistung Zug um Zug

(1) **Hängt die Vollstreckung von einer Zug um Zug zu bewirkenden Leistung des Gläubigers an den Schuldner ab, so darf der Gerichtsvollzieher die Zwangsvollstreckung nicht beginnen, bevor er dem Schuldner die diesem gebührende Leistung in einer den Verzug der Annahme begründenden Weise angeboten hat, sofern nicht der Beweis, daß der Schuldner befriedigt oder im Verzug der Annahme ist, durch öffentliche oder öffentlich beglaubigte Urkunden geführt wird und eine Abschrift dieser Urkunden bereits zugestellt ist oder gleichzeitig zugestellt wird.**

(2) **Der Gerichtsvollzieher darf mit der Zwangsvollstreckung beginnen, wenn der Schuldner auf das wörtliche Angebot des Gerichtsvollziehers erklärt, daß er die Leistung nicht annehmen werde.**

Abs 2 ist angefügt mWv 1. 1. 1999 durch Art I Nr 5 2. ZwVollstrNov.

1. Allgemeines. Bei Zug-um-Zug-Titeln wird grundsätzlich die 1 vollstreckbare Ausfertigung sofort erteilt (Ausnahme: § 726 Abs 2). Das gilt auch für Titel auf Leistung nach Empfang der Gegenleistung (§ 726 Rn 4). Daher muss der Gerichtsvollzieher (wie das Vollstreckungsgericht, § 765) prüfen, ob der Gläubiger seine Leistung erbracht oder verzugsbegründend angeboten hat. Gemäß Abs 2 genügt auch das wörtliche Angebot der Leistung durch den Gerichtsvollzieher, wenn der Schuldner erklärt, die Leistung nicht annehmen zu wollen (Rn 11). Ein Verstoß gegen § 756 macht die ZwVollstr unzulässig (38 vor § 704). Rechtsbehelf: § 766.

2 **2. Anwendungsbereich.** Grundsätzlich alle Zug-um-Zug-Titel, die der Gerichtsvollzieher vollstreckt. Ist das Vollstreckungsgericht, Prozessgericht oder Grundbuchamt zuständig, gilt § 765. § 756 ist unanwendbar bei Verurteilung gegen Aushändigung des Wechsels oder Schecks, weil keine Gegenleistung sondern ein besonders ausgestaltetes Recht auf Quittung vorliegt. Das gilt auch, wenn der Titel auf Zug-um-Zug lautet (allgM). Jedoch ist der Wechsel oder Scheck dem Vollstreckungsorgan mit dem Titel vorzulegen (Frankfurt OLGZ 81, 261 mwN).

3 **3. Umfang.** Das Zug-um-Zug-Verhältnis umfasst nur die im Titel bestimmten Leistungen, so dass bei Nachbesserung nicht andere Mängel geltend gemacht werden dürfen (LG Bonn DGVZ 89, 12). Auch wenn nur ein Teilbetrag vollstreckt wird, ist die Gegenleistung nachzuweisen oder anzubieten (LG Wuppertal DGVZ 86, 90). Prozesskosten dürfen in das Zug-um-Zug-Verhältnis nicht einbezogen werden.

4 **4. Beginn der Zwangsvollstreckung** (wie 28 vor § 704) oder ihre Fortsetzung ist nur zulässig, wenn die Voraussetzungen des tatsächlichen Angebots (Rn 5), des wörtlichen (Rn 11) oder des Nachweises (Rn 9) erfüllt sind. Fehlt es daran, so hat der Gerichtsvollzieher die ZwVollstr zu unterlassen oder abzubrechen. Bei Verstoß: § 766.

5 **5. Tatsächliches Angebot der Gegenleistung** ist nötig, wenn sie
6 nicht nachgewiesen wird (Rn 9). **a) Voraussetzung.** Das Angebot erfolgt durch den Gerichtsvollzieher und muss den Annahmeverzug begründen (§§ 294–299 BGB). Das Angebot muss idR tatsächlich geschehen (§ 294 BGB), so dass bei Übereignung einer beweglichen Sache die Übergabe (§ 929 BGB) angeboten werden muss. Das Angebot der Abtretung gemäß § 931 BGB genügt nicht (Köln Rpfleger 92, 527). –
7 **b) Prüfung.** Die Gegenleistung muss im Titel bestimmt (wie 16 vor § 704) bezeichnet sein (BGH NJW 93, 324 und 3206; Frankfurt Rpfleger 79, 432 mwN; Düsseldorf NJW-RR 99, 793), so dass es Gegenstand einer Leistungsklage sein könnte (KG NJW-RR 98, 424 mwN). Der Gerichtsvollzieher prüft (oft überfordert, zB bei EDV-Software, KG Rpfleger 94, 309), ob die angebotene Gegenleistung richtig, insbes identisch (LG Kleve DGVZ 91, 12) und vollständig ist (§ 84 GVGA), da er sonst nicht vollstrecken darf. Der Gerichtsvollzieher handelt hierbei in eigener Verantwortung und hat die Vollstreckung abzulehnen, wenn er die Gegenleistung nicht für ordnungsgemäß hält (vgl Rn 11). Ist der Gerichtsvollzieher außerstande, die Identität der Gegenleistung zu bestimmen, bleibt nur eine Feststellungsklage (vgl LG Darmstadt DGVZ 89, 71; LG Landau DGVZ 95, 86). Falls erforderlich, hat der Gerichtsvollzieher einen Sachverständigen hinzuzuziehen, um festzustellen, ob die Gegenleistung, zB Nachbesserung (Hamm DGVZ 95, 182 mwN) ordnungsgemäß erbracht ist (hM; LG Heidelberg DGVZ 77, 91; aA LG

Hamburg DGVZ 84, 10: § 767). – **c) Einwendungen** des Schuldners. **8** Ist die Gegenleistung Übereignung oder Übergabe einer bestimmten Sache, kann der Schuldner nicht einwenden, sie sei mangelhaft (Stuttgart DGVZ 91, 8). Im Erinnerungsverfahren (§ 766) kann nur nachgeprüft werden, ob der Gerichtsvollzieher im Rahmen seines Ermessens gehandelt hat (hM; LG Hannover DGVZ 84, 152 mwN).

6. Beweis der Gegenleistung oder des Annahmeverzugs ersetzt **9** das Angebot (Rn 5). Der Annahmeverzug (§§ 293–299 BGB) kann schon vor Entstehung des Titels eingetreten sein. **a) Nachweis** durch **10** öffentliche oder öffentlich beglaubigte Urkunden (vgl § 726 Rn 5), zB Protokoll nach § 762 über früheres Angebot (Köln NJW-RR 91, 383); notariell beglaubigte Quittung des Schuldners; Urteil auf unbedingte Duldung der ZwVollstr (vgl BGH NJW 62, 2004). Nachweis durch den Tatbestand des zu vollstreckenden Leistungsurteils ist möglich (vgl KG NJW 72, 2052; Köln aaO), am besten durch Feststellung des Annahmeverzugs in der Formel (Christmann DGVZ 90, 1), aber auch durch Formel oder Tatbestand und Entscheidungsgründe eines anderen Urteils (KG MDR 75, 149), insbes eines Feststellungsurteils (Koblenz Rpfleger 93, 28). Es genügt aber nicht die Wiedergabe des Klageantrags auf Zug-um-Zug-Verurteilung und des Klageabweisungsantrags (LG Düsseldorf DGVZ 80, 187 mwN). – **b) Zustellung** einer vollständigen Abschrift **11** dieser Urkunden (wie § 765 Rn 4), auch gleichzeitig und spätestens mit Vollstreckungsbeginn (28 vor § 704) ist außerdem nötig.

7. Wörtliches Angebot der Gegenleistung durch den Gerichts- **12** vollzieher (Abs 2) vor Beginn der ZwVollstr (28 vor § 704) ersetzt das tatsächliche Angebot (Rn 5) wie den Nachweis (Rn 9) auch eines vorherigen, den Annahmeverzug begründenden, wörtlichen Angebots (§ 295 BGB) des Vollstreckungsgläubigers (Schuldner der Zug-um-Zug-Gegenleistung). Abs 2 erweitert die Möglichkeiten eines wörtlichen Angebots für die Fälle, dass der Schuldner nicht leisten kann und schon deshalb in Annahmeverzug gerät (§ 298 BGB), so dass das (oft teure) tatsächliche Angebot unterbleiben kann (Gilleßen/Coenen DGVZ 98, 167). Der Gerichtsvollzieher muss vom Gläubiger beauftragt, zum wörtlichen Angebot aber nicht ausdrücklich ermächtigt sein. Rügt der Schuldner, die Gegenleistung sei nicht ordnungsgemäß, darf der Gerichtsvollzieher nicht vollstrecken, bevor er sie nicht geprüft (Rn 6) und als ordnungsgemäß befunden hat. Das Angebot muss ausdrücklich erklärt und protokolliert werden (§ 762 Abs 2 Nr 2). Dasselbe gilt für die Ablehnungserklärung des Vollstreckungsschuldners. Schweigen des Schuldners ist keine Ablehnungserklärung.

8. Kosten. Gebühr: § 30 Abs 1 GVKostG. Für die Gegenleistung **13** entstandene Transportkosten fallen unter § 788 (Noack DGVZ 75, 145, 148), aber nur soweit sie diejenigen Kosten übersteigen, die den Gläubiger auch ohne ZwVollstr treffen würden. Für die Wegschaffung der Hauptleistung entstehende Kosten fallen unter § 788 nur, wenn der Titel dem Schuldner diese Leistung, insbes Versendung auferlegt (hM).

§ 757 Übergabe des Titels und Quittung

(1) **Der Gerichtsvollzieher hat nach Empfang der Leistungen dem Schuldner die vollstreckbare Ausfertigung nebst einer Quittung auszuliefern, bei teilweiser Leistung diese auf der vollstreckbaren Ausfertigung zu vermerken und dem Schuldner Quittung zu erteilen.**

(2) **Das Recht des Schuldners, nachträglich eine Quittung des Gläubigers selbst zu fordern, wird durch diese Vorschriften nicht berührt.**

1   **Anwendbar** auf jede Leistung von Geld oder anderen beweglichen Sachen, freiwillig, zur Abwendung der ZwVollstr oder zwangsweise.
2   **Vollstreckbare Ausfertigung** (§ 724 Rn 1). Sie ist dem Schuldner nur auszuliefern, wenn er oder ein Dritter voll, einschließlich Kosten
3   (§ 788 Abs 1) geleistet hat. **Gesamtschuld** (§ 421 BGB). Die vollstreckbare Ausfertigung erhält derjenige, der geleistet hat. Haben mehrere je einen Teil getilgt, behält der Gerichtsvollzieher die Ausfertigung, wenn sich die Gesamtschuldner über den Verbleib nicht einigen (§ 106 Nr 4 GVGA). Bestehen gegen Gesamtschuldner mehrere Titel, muss zur Vollstreckung gegen einen nicht der Titel gegen die anderen vorgelegt werden (LG Augsburg Rpfleger 99, 137; bestr). **Quittung** wird bei
4   jeder, auch einer teilweisen Leistung dem Schuldner übergeben. Eine Teilleistung wird daneben ohne Aufschlüsselung nach § 367 BGB (LG Hannover DGVZ 79, 72) auf der vollstreckbaren Ausfertigung vermerkt, die in diesem Fall beim Gerichtsvollzieher bleibt. Quittung des Gläubigers (Abs 2) kann der Schuldner außerdem verlangen (§ 368 BGB).
5   **Rechtsbehelf:** § 766.

§ 758 Durchsuchung; Gewaltanwendung

(1) **Der Gerichtsvollzieher ist befugt, die Wohnung und die Behältnisse des Schuldners zu durchsuchen, soweit der Zweck der Vollstreckung dies erfordert.**

(2) **Er ist befugt, die verschlossenen Haustüren, Zimmertüren und Behältnisse öffnen zu lassen.**

(3) **Er ist, wenn er Widerstand findet, zur Anwendung von Gewalt befugt und kann zu diesem Zwecke die Unterstützung der polizeilichen Vollzugsorgane nachsuchen.**

1   **1. Allgemeines.** Die richterliche Anordnung der Durchsuchung bei fehlender Einwilligung des Schuldners ist in § 758 a geregelt, ebenso die Duldungspflicht Dritter. Die Anwendung des § 758 beschränkt sich auf die Befugnisse des Gerichtsvollziehers zu Durchsuchung und Gewaltanwendung. Anwendbar ist § 758 grundsätzlich auf jede Zwangsvollstreckung durch den Gerichtsvollzieher, insbes auf Pfändung (§ 808), Herausgabe (§ 883), Räumung (§ 885), Verhaftung (§ 901), ferner § 892 a.

2. Voraussetzungen sind (nicht kumulativ): **a) Einwilligung** des 2 Schuldners zu Durchsuchung (Abs 1) und Öffnung (Abs 2). Dass sie genügt, ergibt sich indirekt aus § 758 a Abs 1 S 1. Die Einwilligung ist eine geschäftsähnliche Handlung, formlos, jederzeit widerruflich und für jede, auch erneute Durchsuchung vom Gerichtsvollzieher einzuholen. Ist der Schuldner abwesend, können mitwohnende Personen oder Bevollmächtigte (Musielak/Lackmann § 758 a Rn 4) die Einwilligung für ihn wirksam abgeben. Ob die Vertretung wirksam ist, muss im Einzelfall festgestellt werden. – **b) Entbehrlichkeit richterlicher Anordnung** 3 infolge § 758 a Abs 2 (dort Rn 6), dh bei Vollstreckung außerhalb einer Wohnung (§ 758 a Rn 7), Räumung (§ 885), Verhaftung (§ 901) oder bei Gefahr im Verzug (§ 758 a Abs 1 S 2; dort Rn 9–13). – **c) Erlas-** 4 **sene richterliche Anordnung** (§ 758 a Abs 1 S 1; dort Rn 14–19). In diesem Falle hat der Gerichtsvollzieher die Befugnisse des § 758 in vollem Umfang.

§ 758 a Richterliche Durchsuchungsanordnung; Vollstreckung zur Unzeit

(1) ¹**Die Wohnung des Schuldners darf ohne dessen Einwilligung nur auf Grund einer Anordnung des Richters bei dem Amtsgericht durchsucht werden, in dessen Bezirk die Durchsuchung erfolgen soll.** ²**Dies gilt nicht, wenn die Einholung der Anordnung den Erfolg der Durchsuchung gefährden würde.**

(2) **Auf die Vollstreckung eines Titels auf Räumung oder Herausgabe von Räumen und auf die Vollstreckung eines Haftbefehls nach § 901 ist Absatz 1 nicht anzuwenden.**

(3) ¹**Willigt der Schuldner in die Durchsuchung ein oder ist eine Anordnung gegen ihn nach Absatz 1 Satz 1 ergangen oder nach Absatz 1 Satz 2 entbehrlich, so haben Personen, die Mitgewahrsam an der Wohnung des Schuldners haben, die Durchsuchung zu dulden.** ²**Unbillige Härten gegenüber Mitgewahrsamsinhabern sind zu vermeiden.**

(4) ¹**Der Gerichtsvollzieher nimmt eine Vollstreckungshandlung zur Nachtzeit und an Sonn- und Feiertagen nicht vor, wenn dies für den Schuldner und die Mitgewahrsamsinhaber eine unbillige Härte darstellt oder der zu erwartende Erfolg in einem Mißverhältnis zu dem Eingriff steht, in Wohnungen nur auf Grund einer besonderen Anordnung des Richters bei dem Amtsgericht.** ²**Die Nachtzeit umfasst die Stunden von einundzwanzig bis sechs Uhr.**

(5) **Die Anordnung nach Absatz 1 ist bei der Zwangsvollstreckung vorzuzeigen.**

Eingefügt mWv 1. 1. 1999 durch Art 1 Nr 6 2. ZwVollstrNov; Abs 4 Satz 2 ist angefügt mWv 1. 7. 2002 durch Art 1 Nr 11 ZustellungsreformG v. 26. 6. 2001 (BGBl I S 1206).

1   **1. Allgemeines.** Die Rechtsprechung des BVerfG (grundlegend
NJW 79, 1539) und die seitdem bestehende Meinungsvielfalt bei Folgerungen und Einzelheiten war Anlass, die Materie im Rahmen der verfassungsrechtlichen Vorgaben (Art 13 Abs 2 GG, § 31 Abs 1 BVerfGG)
praxisgerecht zu regeln. Dabei wurde von einem unveränderten § 758,
einer Aufhebung des § 761 und davon ausgegangen, dass nicht jede
Einzelheit in der neuen Vorschrift behandelt werden könne. Immerhin
sind mehrere Streitfragen geklärt.

2   **2. Zweck.** Es soll einerseits gegenüber § 758 die Unverletzlichkeit
der Wohnung (Art 13 Abs 1 GG) des Schuldners im Rahmen des
Art 13 Abs 2 GG (Durchsuchungsvoraussetzungen) gewährleistet werden; andererseits soll die Regelung eine schnelle und effektive Durchsetzung der Rechte des Gläubigers auch bei renitenten Schuldnern
ermöglichen. In diesem Zusammenhang behält die Vollstreckung zur
Nachtzeit (Abs 4 S 2), sowie an Sonn- und Feiertagen ihren Ausnahmecharakter (früher § 761).

3   **3. Anwendungsbereich** (vgl Rn 6). **a) Art der Vollstreckung.** Da
§ 758 a im Abschnitt Allgemeine Vorschriften steht, gilt er grundsätzlich
für alle Arten der Zwangsvollstreckung, praktisch anwendbar für Pfändung (§§ 803 ff), Herausgabe (§§ 883 ff) und Haft (§§ 901 ff). Zwei
4   Ausnahmen hiervon bestimmt der Abs 2 (vgl Rn 6). – **b) Personen:**
nur der Vollstreckungsschuldner (11 vor § 704), nicht Dritte; für diese
gilt bei Pfändung § 809, bei Herausgabe § 886. Nach der hM können
auch juristische Personen des Privatrechts Träger des Grundrechts aus
Art 13 Abs 1 sein, obwohl sie keine Wohnung haben, sondern Geschäftsräume. Der Gesetzgeber hat diese Anwendbarkeit in § 758 a nicht
eingeschränkt.

5   **4. Erforderlichkeit richterlicher Anordnung** zur Durchsuchung
der Wohnung (Rn 7). **a) Fehlende Einwilligung** des Vollstreckungsschuldners oder seines gesetzlichen Vertreters (Abs 1 S 1). Die Einwilligung (§ 758 Rn 3) fehlt, wenn der Schuldner selbst sie ausdrücklich
verweigert hat oder sie wiederholt verweigert wird von Personen, die als
Vertreter in Betracht kommen. Mindestens zweimal wird zu verlangen
sein, dass der Gerichtsvollzieher Zutritt gesucht und (nach Vorankündi-
gung) niemand angetroffen hat (Goebel DGVZ 98, 161 [164]). –
6   **b) Anwendbarkeit** von Abs 1. Sie ist zunächst nach Rn 3 und 4 festzustellen. Darüberhinaus ist sie durch Abs 2 beschränkt. Abs 1 ist danach
unanwendbar bei der Räumungsvollstreckung (§ 885), gleich aus welchem Vollstreckungstitel (hM; Schultes DGVZ 98, 177 [184]) sowie bei
einem Haftbefehl aus § 901. In diesen Fällen fehlt es schon an einer
Durchsuchung. Offengeblieben ist die Anwendung auf Herausgabe beweglicher Sachen (§ 883). Befinden sie sich in der Wohnung des nicht
zur Herausgabe bereiten Schuldners, so ist die Durchsuchungsanordnung
notwendig, nachdem § 883 in Abs 2 nicht aufgenommen wurde (Goe-
7   bel aaO). – **c) Wohnung** ist Wohnraum iS des bürgerlichen Rechts,
einschließlich Garage (hM). Darüber hinaus umfasst der Begriff für

§ 758 a nach hM auch Geschäfts-, Arbeits- und Betriebsräume wegen der weiten Auslegung des Art 13 Abs 1 GG (hM; Rn 4; Goebel DGVZ 98, 161 mwN). Nicht erfasst werden während der Geschäftszeit zugängliche Läden und Verkaufsräume. – **d) Betroffene Person.** Inhaber oder **8** Mitinhaber der zu durchsuchenden Wohnung muss der Vollstreckungsschuldner (11 vor § 704) sein. Gegen dritte Personen, die Mitgewahrsam an der Wohnung haben (Ehegatten und andere Mitbewohner, vgl Rn 20) muss keine Durchsuchungsanordnung ergehen, da sie die Durchsuchung zu dulden haben (Abs 3 S 1). Dagegen bestehen wegen Art 13 Abs 2 GG Bedenken (Münzberg DGVZ 99, 177). – **e) Verhält-** **8a** **nismäßigkeit** des Eingriffs ist erforderlich (BVerfG DGVZ 98, 25). Sie fehlt zB, wenn zu erwarten ist, dass die Durchsuchung (insbes wegen Unpfändbarkeit, Goebel DGVZ 98, 161 mwN) erfolglos bleibt.

5. Entbehrlichkeit der Anordnung (Abs 1 S 2) beruht auf Art 13 **9** Abs 2 GG. Der richterlichen Anordnung bedarf es danach nicht, wenn „Gefahr im Verzug" besteht. Das wird durch Abs 1 S 2 (dem BVerfG NJW 79, 1539 folgend) konkret umschrieben. **a) Voraussetzung** ist **10** die Gefährdung des Durchsuchungserfolgs, nämlich das Auffinden pfändbarer Sachen oder solcher, die der Schuldner gem § 883 herauszugeben hat. Das ist insbes gegeben, wenn anzunehmen ist, dass der Schuldner die Sachen wegschafft, bei bevorstehender Wohnungsauflösung und wenn der Schuldner sich auf Dauer ins Ausland begeben will (LG Kaiserslautern DGVZ 86, 67). Die Verzögerung, die dadurch eintritt, dass beim konkret zu erwartenden Verlauf vorher die Anordnung (Rn 18) eingeholt wird, muss für die Gefährdung mitursächlich sein. Die bloße Zutrittsverweigerung genügt nicht. – **b) Prüfung.** Der Ge- **11** richtsvollzieher beurteilt im Rahmen des Vollstreckungsversuchs das Vorliegen der Voraussetzungen (Goebel DGVZ 98, 161 [168]) und nimmt sie zu Protokoll (§ 762 Abs 2 Nr 2). IdR sind die Voraussetzungen (Rn 10) gegeben bei Arrest und einstweiliger Verfügung (umstr; aA Schuschke/Walker § 758 Rn 4 mwN). Es genügt nicht, dass der Schuldner die Einwilligung zur Durchsuchung lediglich verweigert (van den Hövel NJW 93, 2031). Es müssen konkrete, verdachterregende Umstände, insbes auf Grund des persönlichen Verhaltens hinzukommen. – **c) Wirkung.** Bejaht der Gerichtsvollzieher die Voraussetzungem, ist er **12** berechtigt, gem § 758 zu verfahren. Einer nachträglichen Genehmigung durch den Richter bedarf es nicht. – **d) Verstoß.** Nimmt der Gerichts- **13** vollzieher irrig die Voraussetzungen des Abs 1 S 2 an, muss eine Erinnerung (§ 766) des Schuldners Erfolg haben. Eine vorgenommene Pfändung ist dann anfechtbar (59 vor § 704). Auch der Gläubiger kann Erinnerung (§ 766) einlegen, wenn der Gerichtsvollzieher die Voraussetzungen (Rn 9) verneint.

6. Entscheidung über die Anordnung. **a) Zuständigkeit** des Rich- **14** ters ist zwingend (Art 13 Abs 2 GG), die des Rechtspflegers ausgeschlossen (Goebel DGVZ 98, 161 [165] mwN; bestr), die des AG (§ 22 Abs 1 GVG) ist auch örtlich ausschließlich (§ 802). Die örtliche

Zuständigkeit deckt sich nicht notwendig, aber idR praktisch mit der des Vollstreckungsgerichts (§ 764 Abs 1). Der anordnende Amtsrichter handelt nicht als Vollstreckungsgericht; das AG kann und wird aber idR identisch sein. Es kommt jedenfalls darauf an, in welchem Bezirk die zu
15 durchsuchende Wohnung liegt. – **b) Antrag** des Vollstreckungsgläubigers (nicht des Gerichtsvollziehers, Goebel DGVZ 98, 161) ist im Gesetz (ungenannte) Voraussetzung (hM; Musielak/Lackmann 11 mwN). Der Antrag ist formfrei, muss sich aber auf eine bestimmte Wohnung und
16 Vollstreckungshandlung beziehen. – **c) Verfahren.** Mdl Vhdlg ist möglich, aber in aller Regel nicht angezeigt. Dasselbe gilt für das rechtliche Gehör (Einl I Rn 9), da der Schuldner sonst durch Wegschaffen pfändbarer oder herauszugebender Sachen den Durchsuchungserfolg vereiteln könnte und dadurch die Situation des Abs 1 S 2 herbeigeführt würde.
17 **d) Rechtsschutzbedürfnis** für eine Anordnung ist Zulässigkeitsvoraussetzung. Es fehlt nur, wenn die Anordnung nicht erforderlich ist
18 (Rn 6–8). – **e) Entscheidung** ergeht durch Beschluss. Inhalt der Anordnung: genaue Bezeichnung der Wohnung und der bestimmten Vollstreckungsmaßnahme (Pfändung, Herausgabe der bezeichneten Sache) sowie die Durchsuchungserlaubnis. Bekanntmachung: § 329 Abs 3 wegen § 793. Das Vorzeigen gemäß Abs 5 (Rn 33) gestattet die Durchsuchung vor der Zustellung des Beschlusses. Beschlussgründe: wie § 329
19 Rn 10. – **f) Rechtsmittel:** sofortige Beschwerde (§ 793) gegen Ablehnung des Antrags wie gegen die Anordnung. Ist bereits durchsucht, fehlt das Rechtsschutzbedürfnis (Rn 17).

20   **7. Duldungspflicht Dritter** (Abs 3) als Mitbewohner. **a) Anwendbar** bei erteilter Einwilligung des Vollstreckungsschuldners oder seines Vertreters (Rn 5) sowie bei Entbehrlichkeit einer Durchsuchungsanordnung (Rn 9) und bei erlassener richterlicher Anordnung (Rn 18). –
21 **b) Voraussetzung.** Der Vollstreckungsschuldner muss Allein- oder Mitgewahrsam haben. Die erlassene Anordnung muss sich gegen ihn richten. Die betroffenen Dritten können Mitgewahrsam haben oder nur mitbewohnen (vgl § 885 Rn 4). Untermieter fallen nicht unter Abs 3. –
22 **c) Wirkung.** Der Widerspruch des Dritten ist unbeachtlich und hindert die Durchsuchung gem § 758 auch nicht in Räumen, die dem Dritten allein vorbehalten sind. Abs 3 ist eine konkrete Ausgestaltung des § 755.
23 **d) Unbillige Härten** (Abs 3 S 2) sind sowohl bei der Entscheidung (Rn 18) wie bei der Durchsuchung (§ 758) zu vermeiden. Sie müssen sich auf Mitgewahrsamsinhaber, können sich auch auf andere mitwohnende Dritte beziehen (vgl Rn 21), nicht aber auf den Schuldner selbst (für diesen gilt § 765 a). Unbillige Härte kann sich insbes aus akuter
24 schwerer Erkrankung ergeben. – **e) Rechtsbehelfe:** § 793, wenn gegen die Anordnung oder ihre Ablehnung gerichtet, iü § 766 für Schuldner, Gläubiger und Dritte.

25   **8. Vollstreckung zur Nachtzeit sowie an Sonn- und Feiertagen** (Abs 4). Die Regelung ersetzt den zugleich aufgehobenen § 761. **a) Anwendbar** auf alle Vollstreckungshandlungen des Gerichtsvollzie-

hers, sowohl gegen natürliche wie juristische Personen, an jedem Ort, nicht nur in Wohnungen (bestr; aA Münzberg DGVZ 99, 177). Gilt auch für Räumung gem § 885 (Schultes DGVZ 98, 177 [187]). – **b) Zeitraum.** Die Nachtzeit (vgl vor Rn 1) ist von 21 bis 6 Uhr **26** gesetzlich festgelegt (Abs 4 S 2). Feiertage: wie § 188 Rn 1. – **c) Grundsatz.** Außerhalb von Wohnungen (Rn 7) ist die Vollstre- **27** ckungshandlung erlaubt. Ankündigung ohne Zeitpunkt und Ort wird für erforderlich gehalten (Goebel DGVZ 98, 161 [165]). Da der Begriff Wohnung in § 758 a auch Geschäftsräume umfasst (Rn 7), ist die Voll- streckungsmöglichkeit während der geschützten Zeit ohne richterliche Anordnung (Rn 5) von vornherein sehr eng. – **d) Unbillige Härte.** **28** Das ist nicht schon die bloße Störung der Nacht- oder Feiertagsruhe, kann aber bei einer Erkrankung vorliegen und setzt allgemein voraus, dass eine Vollstreckung zu anderer Zeit keinen Erfolg verspricht. **e) Mißverhältnis.** Es ist an den konkreten Umständen zu messen, **29** soweit sie erkennbar sind. Eingriff ist die Störung des Schuldners wie der Mitgewahrsamsinhaber. – **f) Prüfung** der Voraussetzungen durch den **30** Gerichtsvollzieher: wie Rn 11. – **g) Richterliche Anordnung:** wie **31** Rn 14–19. Wohnung: wie Rn 7. Eine (besondere) Anordnung ist erfor- derlich (LG Regensburg DGVZ 99, 173; bestr). Sie kann gleichzeitig mit der Durchsuchungsanordnung, muss aber getrennt geschehen. Sie setzt voraus, dass eine Vollstreckung durch den Gerichtsvollzieher außer- halb der Nachtzeit (Rn 26) oder am Werktag keinen Erfolg erwarten lässt. – **h) Rechtsbehelfe:** wie Rn 24. **32**

9. Vorzeigen der Anordnung (Abs 5) bei nicht notwendig vor der **33** Vollstreckungshandlung, in Ausfertigung, auch ohne Verlangen des Schuldners. Ist nicht nur bei der Anordnung des Abs 1 S 1, sondern auch bei der des Abs 4 anzuwenden, obwohl dies vom Wortlaut des Abs 5 nicht gedeckt ist (LG Regensburg DGVZ 99 173), weil Abs 4 zu Abs 1 in engem Bezug steht. Vorzeigen bedeutet nicht übergeben und ersetzt nicht die Zustellung (vgl Rn 18).

§ 759 Zuziehung von Zeugen

Wird bei einer Vollstreckungshandlung Widerstand geleistet oder ist bei einer in der Wohnung des Schuldners vorzunehmen- den Vollstreckungshandlung weder der Schuldner noch eine zu seiner Familie gehörige oder in dieser Familie dienende erwach- sene Person anwesend, so hat der Gerichtsvollzieher zwei er- wachsene Personen oder einen Gemeinde- oder Polizeibeamten als Zeugen zuzuziehen.

Allgemeines: Die Vorschrift ist zwingend (hM). Ein Verstoß liegt **1** nicht vor, wenn es unmöglich war, Zeugen zuzuziehen. **Anwesenheit:** **2** Bezieht sich direkt auf die Vollstreckungshandlung. **Erwachsen** (§ 178 Abs 1 Nr 1 nF) muss auch das Familienmitglied sein. Volljährigkeit ist nicht notwendig (AG Limburg DGVZ 75, 174). **Wohnung:** wie § 758 **3**

Rn 4. **Zeuge** kann nicht der Gläubiger sein (bestr); denn er ist Partei
(vgl § 108 Nr 2 GVGA), wohl aber der Schlosser und eine beim
4 Gerichtsvollzieher beschäftigte Person. **Protokoll:** Es ist § 762 Abs 2
Nr 4 zu beachten. **Verstoß** bewirkt weder Nichtigkeit noch Anfechtbarkeit (StJMünzberg 2; bestr).

§ 760 Akteneinsicht; Aktenabschrift

**Jeder Person, die bei dem Vollstreckungsverfahren beteiligt ist,
muß auf Begehren Einsicht der Akten des Gerichtsvollziehers
gestattet und Abschrift einzelner Aktenstücke erteilt werden.**

1 **Beteiligt** sind die Parteien (10, 11 vor § 704) und Dritte (sowie die
Bevollmächtigten), die Rechte an dem Vollstreckungsgegenstand haben.
2 **Akten:** auch die Register des Gerichtsvollziehers. Aktenstück ist zB das
3 Pfändungsprotokoll (§ 762). **Mitteilungen** über das Vollstreckungs-
ergebnis an den Gläubiger hat der Gerichtsvollzieher auf Grund des
erteilten Vollstreckungsauftrags (§ 753) zu machen (LG Hannover
DGVZ 81, 39; LG Köln DGVZ 95, 170). Dem steht § 760 nicht
4 entgegen. **Rechtsbehelf** gegen Ablehnung: § 766. **Gebühren:** § 36
Abs 1 Nr 1 GVKostG.

§ 761 (aufgehoben)

§ 762 Protokoll über Vollstreckungshandlungen

**(1) Der Gerichtsvollzieher hat über jede Vollstreckungshand-
lung ein Protokoll aufzunehmen.**

(2) Das Protokoll muß enthalten:

1. Ort und Zeit der Aufnahme;
**2. den Gegenstand der Vollstreckungshandlung unter kurzer Er-
   wähnung der wesentlichen Vorgänge;**
3. die Namen der Personen, mit denen verhandelt ist;
**4. die Unterschrift dieser Personen und den Vermerk, daß die
   Unterzeichnung nach Vorlesung oder Vorlegung zur Durchsicht und nach Genehmigung erfolgt sei;**
5. die Unterschrift des Gerichtsvollziehers.

**(3) Hat einem der unter Nummer 4 bezeichneten Erforder-
nisse nicht genügt werden können, so ist der Grund anzugeben.**

1 **1. Protokoll.** (Abs 1). Es ist es für jede Vollstreckungshandlung vorgeschrieben. Der Gläubiger erhält auch ohne Antrag eine Abschrift
(Mager DGVZ 89, 182). Wird für mehrere Gläubiger zugleich vollstreckt, ist nur ein gemeinsames Protokoll aufzunehmen (hM; Holch
DGVZ 88, 177 mwN). Dies gilt auch, wenn die Vollstreckung erfolglos
bleibt. Es erhält jeder Gläubiger auf Antrag eine vollständige Protokollabschrift (Krauthausen DGVZ 91, 133).

2. Inhalt (Abs 2). Er richtet sich auch nach Abs 3 und § 763 sowie 2
nach der GVGA. Inwieweit Abs 2 Nr 2 erfordert, dass nicht gepfändete
Sachen in das Protokoll aufzunehmen sind, richtet sich nach § 135 Nr 6
GVGA. Der Gerichtsvollzieher ist nicht verpflichtet, im Protokoll einer
erfolglosen Pfändung alle vorgefundenen Sachen aufzuführen (hM; einschränkend LG Bonn DGVZ 93, 41), insbes nicht die, welche unter
§ 811 Abs 1 Nr 1 und 2 fallen (Holch DGVZ 93, 145; aA die hM),
während die anderen wegen § 811 Abs 1 nicht gepfändeten Sachen,
insbes wegen dessen Nr 5, aufzuführen sind (hM; LG Saarbrücken
DGVZ 94, 30). Im Einzelnen ist der Protokollierungsumfang umstr (vgl
Seip NJW 94, 752 [755]). Richtig dürfte sein, diejenigen Sachen aufzuführen, die der Gläubiger als zu pfänden bezeichnet hatte, wenn § 810
Abs 1 S 2, § 811 a, § 811 b oder § 811 c in Betracht kommen (Holch
aaO mwN; zT gegen die hM).

3. Beweiskraft des Protokolls: §§ 415, 418. Fehlt etwas, das Abs 2 3
Nr 1, 4, 5 fordert, ist die Beweiskraft zerstört. Das gilt auch, wenn der
Grund bei Nr 4 fehlt (Abs 3). Im übrigen wird die Beweiskraft nicht
durch eine bloß mögliche Unrichtigkeit ausgeräumt, sondern nur durch
den Ausschluss möglicher Richtigkeit (Köln OLGZ 86, 481).

4. Wirkung. Die Anschlusspfändung setzt ein beweiskräftiges Pro- 4
tokoll (Rn 3) voraus (§ 826 Rn 5). Alle anderen Vollstreckungshandlungen sind wirksam, auch wenn kein Protokoll errichtet ist oder seine
Beweiskraft fehlt (Rn 3).

§ 763 Aufforderungen und Mitteilungen

(1) **Die Aufforderungen und sonstigen Mitteilungen, die zu
den Vollstreckungshandlungen gehören, sind von dem Gerichtsvollzieher mündlich zu erlassen und vollständig in das Protokoll
aufzunehmen.**

(2) [1]**Kann dies mündlich nicht ausgeführt werden, so hat der
Gerichtsvollzieher eine Abschrift des Protokolls zuzustellen oder
durch die Post zu übersenden.** [2]**Es muß im Protokoll vermerkt
werden, daß diese Vorschrift befolgt ist.** [3]**Eine öffentliche Zustellung findet nicht statt.**

Abs 2 S 1 ist geändert durch Art 1 Nr 12 Zustellungsreformgesetz
vom 26. 6. 01 (BGBl 1206); in Kraft ab 1. 7. 2002.

1. Aufforderungen (Abs 1) erfolgen nach GVGA, zB zu freiwilliger 1
Leistung (AG München DGVZ 81, 141). Mitteilungen (zB
§ 808 Abs 3, § 811 b Abs 3, § 826 Abs 3) können Schuldner, Gläubiger
und Dritte betreffen.

2. Mitteilungspflicht (Abs 2) Sie bezieht sich nur auf die Aufforde- 2
rungen und Mitteilungen des Abs 1, nicht auf die Mitteilungen über
Vollstreckungshandlungen (§ 760 Rn 3). Dem abwesenden Schuldner
ist eine Protokollabschrift zu übersenden. Der Gerichtsvollzieher darf

nicht von sich aus (ohne Antrag) dem Gläubiger (gebührenpflichtig) das Protokoll übersenden (§ 110 Nr 6 GVGA). Die Abschrift wird idR durch einfachen Brief übersandt (§ 110 Nr 5 GVGA), nur aus besonderem Grund zugestellt. Der Gläubiger hat keinen Anspruch auf eine Mitteilung des Vollstreckungsergebnisses (LG Dortmund DGVZ 75, 74).

§ 764 Vollstreckungsgericht

(1) **Die den Gerichten zugewiesene Anordnung von Vollstreckungshandlungen und Mitwirkung bei solchen gehört zur Zuständigkeit der Amtsgerichte als Vollstreckungsgerichte.**

(2) **Als Vollstreckungsgericht ist, sofern nicht das Gesetz ein anderes Amtsgericht bezeichnet, das Amtsgericht anzusehen, in dessen Bezirk das Vollstreckungsverfahren stattfinden soll oder stattgefunden hat.**

(3) **Die Entscheidungen des Vollstreckungsgerichts ergehen durch Beschluss.**

Abs 3 ist neu gefasst mWv 1. 1. 2002 durch Art 2 Nr 95 ZPO-RG.

1   **1. Zuständigkeit.** Sie ist ausschließlich (§ 802) und geht auch der des Familiengerichts vor (BGH NJW 79, 1048). Sie umfasst nicht die
2   des § 758 a Abs 1 S 1. **a) Sachlich:** das AG (Abs 1; Ausnahme: § 930 Abs 1 S 3) für alle Titel, die nach der ZPO vollstreckt werden (15 vor § 704). Das Vollstreckungsgericht entscheidet durch den Richter (§ 21
3   GVG) oder den Rechtspfleger (§ 20 Nr 17 RPflG). – **b) Örtlich:** grundsätzlich wie Abs 2; anders durch gesetzliche Vorbehalte, nämlich § 828 Abs 2, § 848 Abs 1, §§ 853–855, 858 Abs 2, §§ 872, 899 Abs 1, § 902. Maßgebender Zeitpunkt: Vornahme der Vollstreckungshandlung. Wechselt der Schuldner den Wohnsitz, ist für weitere Vollstreckungshandlungen der neue Wohnort maßgebend (StJMünzberg 4). Für Rechtsbehelfe (§§ 766, 793) bleibt das jeweils übergeordnete Gericht
4   zuständig. **c) Funktionell:** soweit das Gesetz dem Vollstreckungsgericht Aufgaben zuweist. Dies ist bei den einzelnen Vorschriften erläutert. Die funktionelle Zuständigkeit geht durch den Devolutiveffekt (3 vor § 511) auf das Rechtsmittelgericht (§ 793) über.

5   **2. Folge von Verstößen.** Gegen funktionelle Zuständigkeit (zB Gerichtsvollzieher statt Gericht; Vollstreckungs- statt Prozessgericht): Nichtigkeit der Vollstreckungsmaßnahme (hM; 58 vor § 704). Gegen sachliche und örtliche Zuständigkeit: die wirksame Maßnahme (vgl 38 vor § 704) ist unzulässig und anfechtbar gem §§ 766, 793 (59 vor § 704).

6   **3. Verfahren.** Mündliche Verhandlung ist nicht nötig, aber zur Tatsachenfeststellung oft zweckmäßig (vgl 31 vor § 704). Entschieden wird durch Beschluss (Abs 3), für den § 329 gilt.

4. Rechtsbehelfe: gegen Entscheidungen sofortige Beschwerde 7 (§ 793), auch wenn sie der Rechtspfleger erlassen hat (§ 11 Abs 1 RPflG); gegen Vollstreckungsmaßnahmen Erinnerung nach § 766.

§ 765 Vollstreckungsgerichtliche Anordnungen bei Leistung Zug um Zug

Hängt die Vollstreckung von einer Zug um Zug zu bewirkenden Leistung des Gläubigers an den Schuldner ab, so darf das Vollstreckungsgericht eine Vollstreckungsmaßregel nur anordnen, wenn
1. **der Beweis, daß der Schuldner befriedigt oder im Verzug der Annahme ist, durch öffentliche oder öffentlich beglaubigte Urkunden geführt wird und eine Abschrift dieser Urkunden bereits zugestellt ist; der Zustellung bedarf es nicht, wenn bereits der Gerichtsvollzieher die Zwangsvollstreckung nach § 756 Abs. 1 begonnen hatte und der Beweis durch das Protokoll des Gerichtsvollziehers geführt wird; oder**
2. **der Gerichtsvollzieher eine Vollstreckungsmaßnahme nach § 756 Abs. 2 durchgeführt hat und diese durch das Protokoll des Gerichtsvollziehers nachgewiesen ist.**

Neu gefasst mWv 1. 1. 1999 durch Art 1 Nr 8 2. ZwVollstrNov.

1. Allgemeines. Die Vorschrift ist dem § 756 Abs 2 insofern ange- 1 passt, als die Zwangsvollstreckung unter den gleichen Voraussetzungen (Ablehnung der vom Gerichtsvollzieher wörtlich angebotenen Gegenleistung) beginnen darf. – **a) Inhalt.** Die Vorschrift entspricht dem 2 § 756 (dort wie Rn 1–3), der gilt, wenn der Gerichtsvollzieher Vollstreckungsorgan ist (5 vor § 704). § 765 ist darauf zugeschnitten, dass das Vollstreckungs- und das Prozessgericht oder das Grundbuchamt (7, 8, vor § 704) anders als der Gerichtsvollzieher die Gegenleistung nicht anbieten kann (vgl § 756 Rn 4). Diese muss im Titel bestimmt bezeichnet sein (wie § 756 Rn 5). – **b) Anzuwenden** ist § 765 bei jeder 3 Zug-um-Zug-Leistung (wie § 756 Rn 2).

2. Voraussetzung jeder Vollstreckungsmaßregel (zB Pfändungs- 4 beschluss, § 829) ist zusätzlich zu 13–27 vor § 704 und alternativ: **a) Nr 1. Erbrachte Gegenleistung oder Annahmeverzug des** 5 **Schuldners: aa) Beweis** der erbrachten Gegenleistung oder des Annahmeverzugs (wie § 756 Rn 8, 9) bedeutet, dass das Gericht davon überzeugt sein muss (§ 286 Rn 2). Geführt werden kann der Beweis nur durch Urkunden (wie § 756 Rn 8), auch durch das Protokoll des Gerichtsvollziehers (§ 762) mit dem Angebot der Gegenleistung gem § 756. Auch der Annahmeverzug muss in der Form des § 29 GBO nachgewiesen werden (Hamm Rpfleger 83, 393). Für den Annahmeverzug genügt der Klagabweisungsantrag im zu vollstreckenden Urteil nicht (hM; LG Wuppertal Rpfleger 88, 153 mwN). Besteht die Gegenleistung in der Löschungsbewilligung einer Auflassungsvormerkung, ge-

nügt deren Eingang beim Grundbuchamt, wenn dieses bei § 867 Vollstreckungsorgan ist (BayObLG Rpfleger 76, 67). Wird der Beweis nicht
geführt, ist der Gläubiger wie bei § 756 (dort Rn 8) auf eine Feststellungsklage zu verweisen (LG Mainz Rpfleger 93, 253 mwN).
6 **bb) Zustellung** (§§ 166 ff); wie bei § 756 (dort Rn 9): die einer beglaubigten Abschrift (§ 169 Abs 2 nF) der einen oder der mehreren
Urkunden, mit denen der Beweis geführt wird. Entbehrlich (Nr 1 Hs 2)
ist die Zustellung der Urkunden, wenn der Gerichtsvollzieher die
ZwVollstr begonnen hat (§ 756 Rn 4, 5; 28 vor § 704), weil er die
Gegenleistung angeboten hatte oder sie ihm bereits nachgewiesen war.
Es entfällt auch die Zustellung des Gerichtsprotokolls (Köln Rpfleger
7 86, 396). – **b) Nr 2. Durchgeführte Zwangsvollstreckung** des Gerichtsvollziehers auf Grund des § 756 Abs 2. Es müssen alle Vorauset-
zungen des § 756 Abs 2 (dort Rn 11) erfüllt sein. Deren Nachweis durch
durch das Protokoll des Gerichtsvollziehers (§ 762) ist notwendig und
muss dem Gericht vorliegen. Einer Zustellung des Protokolls bedarf es
nicht. Nr 2 wird nur praktisch, wenn die Zwangsvollstreckung durch
den Gerichtsvollzieher (§ 756) nicht oder nicht vollständig zur Befriedigung des Gläubigers geführt hat.

8 **3. Rechtsbehelfe. a) Einwendungen** des Schuldners: wie § 756
Rn 7. – **b) Sofortige Beschwerde** (§ 793) gegen Anordnung wie
Ablehnung der Vollstreckungsmaßnahme (zB Pfändung, Ordnungsgeld)
durch das Vollstreckungsgericht, auch wenn der Rechtspfleger entschieden hat (§ 11 Abs 1 RPflG), und durch das Prozessgericht (7 vor
§ 704). – **c) Einfache Beschwerde** (§ 71 GBO), wenn das GBA Vollstreckungsorgan ist (8 vor § 704). Beanstandet der Vollstreckungsschuldner das Vorliegen von Voraussetzungen der Nr 2, muss er nicht
auch Erinnerung (§ 766; vgl § 756 Rn 1 aE) gegen das Verfahren des
Gerichtsvollziehers gem § 756 eingelegt haben oder einlegen.

§ 765 a Vollstreckungsschutz

(1) [1] **Auf Antrag des Schuldners kann das Vollstreckungsgericht
eine Maßnahme der Zwangsvollstreckung ganz oder teilweise
aufheben, untersagen oder einstweilen einstellen, wenn die Maßnahme unter voller Würdigung des Schutzbedürfnisses des Gläubigers wegen ganz besonderer Umstände eine Härte bedeutet,
die mit den guten Sitten nicht vereinbar ist.** [2] **Es ist befugt, die in
§ 732 Abs. 2 bezeichneten Anordnungen zu erlassen.** [3] **Betrifft
die Maßnahme ein Tier, so hat das Vollstreckungsgericht bei der
von ihm vorzunehmenden Abwägung die Verantwortung des
Menschen für das Tier zu berücksichtigen.**

(2) **Eine Maßnahme zur Erwirkung der Herausgabe von Sachen kann der Gerichtsvollzieher bis zur Entscheidung des Vollstreckungsgerichts, jedoch nicht länger als eine Woche, aufschieben, wenn ihm die Voraussetzungen des Absatzes 1 Satz 1 glaub-**

haft gemacht werden und dem Schuldner die rechtzeitige Anrufung des Vollstreckungsgerichts nicht möglich war.

(3) **In Räumungssachen ist der Antrag nach Absatz 1 spätestens zwei Wochen vor dem festgesetzten Räumungstermin zu stellen, es sei denn, daß die Gründe, auf denen der Antrag beruht, erst nach diesem Zeitpunkt entstanden sind oder der Schuldner ohne sein Verschulden an einer rechtzeitigen Antragstellung gehindert war.**

(4) **Das Vollstreckungsgericht hebt seinen Beschluß auf Antrag auf oder ändert ihn, wenn dies mit Rücksicht auf eine Änderung der Sachlage geboten ist.**

(5) **Die Aufhebung von Vollstreckungsmaßregeln erfolgt in den Fällen des Absatzes 1 Satz 1 und des Absatzes 4 erst nach Rechtskraft des Beschlusses.**

Abs 1 Satz 2 ist eingefügt, Abs 2 ist redaktionell geändert, Abs 3 eingefügt, die Abs 3 und 4 sind Abs 4 und 5 geworden, Abs 5 ist redaktionell geändert mWv 1. 1. 1999 durch Art 1 Nr 9 2. ZwVollstrNov.

1. Allgemeines. Der Schuldner kann nicht im Voraus auf den Schutz des § 765 a verzichten. **a) Auslegung.** Es handelt sich um eine Ausnahmevorschrift. Sie ist daher eng auszulegen (BGH 44, 138 [143]). Zu beachten ist, dass der Schuldner im Regelfall sowieso schon ausreichend geschützt wird: bei Pfändung von Sachen durch §§ 811, 813 a und von Arbeitseinkommen durch §§ 850 a–i, bei Räumung von Wohnraum durch § 721 und § 794 a. – **b) Zweck** des § 765 a ist, aus sozialen Gründen bei besonderen Härtefällen den Schuldner vor Eingriffen zu schützen, die dem allgemeinen Rechtsgefühl widersprechen und unangemessen sind (BVerfG NJW 79, 2607). 1 2 3

2. Anwendungsbereich. a) Maßnahmen eines jeden Vollstreckungsorgans (4–8 vor § 704), nicht die ZwVollstr im Allgemeinen (1 vor § 704; Köln NJW 94, 1743); auch solche nach dem ZVG (hM; BGH 44, 138) einschließlich der entspr Anwendung auf die Teilungsversteigerung nach § 180 ZVG (KG NJW-RR 99, 434; Köln Rpfleger 91, 197; LG Stuttgart Rpfleger 92, 491; Karlsruhe Rpfleger 94, 223; bestr). Gilt auch bei Zwangsräumung (vgl Abs 2) und bei den Maßnahmen gem § 885 Abs 2–4 (KG DGVZ 86, 168). – **b) Titel** (14–24 vor § 704): bei allen. Auf Mängel des Titels oder des vollstreckbaren Anspruchs (50 vor § 704) und auf materiell-rechtliche Einwendungen (Hamburg MDR 70, 426) kann eine Anwendung des § 765 a keinesfalls gestützt werden (allgM). Dagegen wird in der Praxis nicht selten verstoßen. 4 5

3. Antrag (Abs 1 S 1) ist Voraussetzung einer Entscheidung des Vollstreckungsgerichts. **a) Form:** als Prozesshandlung (Einl III) formlos wirksam, aber zweckmäßig schriftlich oder zu Protokoll der Geschäftsstelle zu erklären. – **b) Frist** (Abs 3; vgl hierzu Weyhe NZM 00, 1147/50). Der Antrag kann ab Anordnung (Brandenburg Rpfleger 01, 6 7

91) der Maßnahme (Rn 4) grundsätzlich bis zum Ende der ZwVollstr (29 vor § 704) gestellt werden. **aa) Anwendbar** (Abs 3): nur in Räumungssachen (§ 885). Sie ist der Frist für den Antrag auf Verlängerung von Räumungsfristen (§ 721 Abs 3 S 2, § 794 a Abs 1 S 2) nachgebildet und läuft zwei Wochen vor dem Räumungstermin ab, so dass der Gerichtsvollzieher gehalten ist, dem Schuldner den Termin entspr früh mitzuteilen, zweckmäßig etwa 3 Wochen vorher (Schultes DGVZ 99, **7 a** 1). **bb) Berechnung:** wie § 721 Rn 5. Statt vom Ablauf der Räumungsfrist ist vom festgesetzten Räumungstermin (§ 885 Rn 7) rückwärts zu rechnen. Für die Bestimmung des letzten Tages, an dem der Antrag rechtzeitig gestellt werden kann, darf der Räumungstermin nicht **7 b** eingerechnet werden. **cc) Ausnahmen.** Die Voraussetzungen, bei denen die Verspätung des Antrags seiner Berücksichtigung nicht entgegensteht, sind vom Schuldner darzulegen und ggf zu beweisen. Verschulden: wie § 233 Rn 12 ff. Das ist keine Wiedereinsetzung (Weyhe NZM 00, 1147).

8   **4. Sittenwidrige Härte** der Maßnahme ist weitere Voraussetzung. Sie kann auch in der Weise bestehen, dass die ZwVollstr gegen nahe Angehörige für den Schuldner eine solche Härte darstellt (Köln NJW 94, 1743); gleichgültig ob für Dritte (hM). **a) Grundsätze.** Es ist auf die betreffende Vollstreckungsmaßnahme (Rn 4; zB Räumung einer Wohnung) und auf die Umstände des Einzelfalles abzustellen. Die Maßstäbe der §§ 138, 826 BGB sind nicht ohne weiteres anwendbar. Den Gläubiger muss nicht ein moralischer Vorwurf treffen. Ihm dürfen auch nicht Aufgaben der Sozialhilfe überbürdet werden (vgl Düsseldorf NJW-RR 86, 1512). Der Schuldner kann die Härte, die ihn trifft, selbst verschuldet haben (StJMünzberg 6). Er kann sich in einem Vergleich gerade zu der Leistung (insbes Räumung), die vollstreckt werden soll, verpflichtet haben (Hamm NJW 65, 1386). Außer acht bleibt, ob die Entscheidung des Gerichts, die vollstreckt wird, falsch war oder für falsch **9** gehalten wird (Rn 5). – **b) Beispiele**, insbes für Zwangsräumung (hierzu Bindokat NJW 92, 2872; E. Schneider Büro 94, 321; Walker/Gruß NJW 96, 352; Weyhe NZM 00, 1147): wenn der Schuldner oder sein mitwohnender Angehöriger ernst erkrankt ist, insbes lebensbedrohend (Frankfurt NJW-RR 74, 81), altersbedingt gebrechlich (KG NZM 98, 452; Walker/Gruß aaO), auch schwerwiegend psychisch erkrankt (LG Lübeck DGVZ 80, 26), aber keinesfalls bei bloßer Gefahr psychogener Erkrankung (Köln MDR 88, 152). Gefahr für Leben und Gesundheit (insbes Suizidgefahr, Scherer DGVZ 95, 33) muss hinreichend wahrscheinlich sein (zu den Anforderungen Köln Rpfleger NJW 93, 2248; LG Mainz NJW-RR 98, 1451), auch gerade auf die drohende Vollstreckungsmaßnahme zurückzuführen (BVerfG NJW 91, 3207 liefert zugleich das Rezept hierfür). Das ist mindestens sorgfältig aufzuklären (BVerfG NJW 94, 1272; KG NJW-RR 95, 848), uU durch Sachverständigenbeweis, auch bei Suizidgefahr ohne psychische Erkrankung (BVerfG NJW 94, 1719). Eine bevorstehende Entbindung kann genügen

(Frankfurt Rpfleger 81, 24). Drohende Obdachlosigkeit allein genügt nicht; die behördliche Obdachlosenfürsorge besteht unabhängig neben § 765 a (Ewer/v. Detten NJW 95, 353). Vorher gewährte Räumungsfrist (§ 721) steht nicht entgegen (Köln ZMR 95, 535).

5. Weitere Voraussetzungen einer Einstellung oder Aufhebung der **10** ZwVollstr sind: **a) Vorliegen ganz besonderer Umstände.** Das betont den Ausnahmecharakter der Vorschrift (Rn 2). Diesen missachtet die Praxis weitgehend zugunsten des Schuldners. § 765 a erfordert eine Interessenabwägung, die eindeutig zugunsten des Schuldners ausfallen muss (LG Braunschweig DGVZ 91, 187). – **b) Schutzbedürfnis des** **11** **Gläubigers** darf nicht entgegenstehen. Es steht entgegen, wenn der Gläubiger selbst dringend darauf angewiesen ist, dass der vollstreckbare Anspruch (50 vor § 704) erfüllt wird, zB erheblicher Zahlungsrückstand bei Zwangsräumung (LG Hildesheim NJW-RR 95, 1164), oder wenn der Schuldner erfüllen könnte, aber nicht will oder hierfür nicht alles getan hat.

6. Tierschutz (Abs 1 S 3). Jede Vollstreckungsmaßnahme muss mit **12** § 1 S 1 TierschutzG in Einklang stehen, unabhängig von Interessen des Gläubigers oder Schuldners, so dass die Maßnahme keine Härte gegen den Schuldner darstellen muss. Bei Haustieren im engeren Sinne besteht Unpfändbarkeit (§ 811 c), so dass § 765 a nur bei Herausgabe (§ 883) und Unterlassung oder Handlung (§§ 887–890) praktisch wird.

7. Verfahren. a) Zuständig ist ausschließlich (§ 802) das Vollstre- **13** ckungsgericht (§ 764), gleichgültig welches Vollstreckungsorgan (5–8 vor § 704) tätig war. Es entscheidet der Rechtspfleger (§ 20 Nr 17 RPflG). Das LG (auf sofortige Beschwerde, § 793) kann die Anordnungen selbst treffen oder nach § 572 Abs 3 zurück verweisen. Das gilt auch dann, wenn die Voraussetzungen des § 765 a erstmals in der Beschwerdeinstanz auftreten (hM). **b) Mündliche Verhandlung:** wie § 764 **14** Rn 6. Gehör des Gläubigers ist praktisch unumgänglich, wenn dem Antrag stattgegeben werden soll.

8. Einstweilige Anordnung (Abs 1 S 2) vor der Entscheidung des **15** Vollstreckungsgerichts erweist sich als notwendig, wenn die Entscheidung über den Antrag wegen Anhörung des Gläubigers oder aus anderen Gründen nicht rechtzeitig vor der Vollstreckungsmaßnahme ergehen konnte. Ist eine einstw Anordnung ergangen, wird sie ohne ausdrückliche Aufhebung durch die Entscheidung (Rn 16, 17) wirkungslos.

9. Entscheidung. Sie ergeht durch Beschluss. **a) Inhalt.** Es können **16** einzelne, genau bestimmte Vollstreckungsmaßnahmen (nicht die ZwVollstr im Ganzen) völlig oder zum Teil (zB einzelne Räume einer Wohnung, Herausgabe einer von mehreren Sachen) einstweilen (also zeitlich begrenzt) eingestellt werden (Regelfall) oder aufgehoben, auch vor ihrem Erlass untersagt werden, idR zeitweilig, bei Zwangsräumung auch auf Dauer denkbar (BVerfG NJW 92, 1155). Über die Kosten muss nur entschieden werden, wenn sie gem § 788 Abs 3 ausnahmsweise dem

17 Gläubiger auferlegt werden (§ 788 Rn 4). – **b) Abänderung,** auch Aufhebung des Beschlusses (Abs 4) durch das Vollstreckungsgericht ist, selbst wenn das LG entschieden hat (Rn 13), auf Antrag jeder Partei möglich, aber nur wenn die tatsächliche Lage sich ändert oder die
18 Entscheidung arglistig erwirkt wurde. – **c) Ablehnung** des Antrags, wenn er unzulässig oder unbegründet ist.

19   **10. Wirkung. a) Aufschub** durch den Gerichtsvollzieher (Abs 2). Schon vor dem Antrag (Rn 6) möglich, aber nur bei Herausgabe von Sachen und Personen (§ 113 Nr 1 GVGA), nicht bei Pfändung oder
20 Haft. Dauer: längstens eine Woche. – **b) Einstweilige Einstellung.** Sie ist im Regelfall angeordnet (Rn 16). Es gilt § 775 Nr 2 unmittelbar. –
21 **c) Untersagung.** Künftige Vollstreckungsmaßnahmen der bestimmten Art dürfen nicht vorgenommen werden. Ist dies bereits geschehen, gilt
22 § 775 Nr 1 entspr. – **d) Aufhebung** der Vollstreckungsmaßnahme. Wird sie angeordnet, so muss dabei Abs 5 beachtet werden, der bezweckt, dass Pfandrecht und Rang (§ 804) nicht vor Rechtskraft (§ 705) der aufhebenden Entscheidung verlorengehen. Die Verstrickung des Pfandgegenstandes (§ 803 Rn 7) darf nicht vor diesem Zeitpunkt beseitigt werden, dh der Gerichtsvollzieher darf die Beschlagnahme nicht eher aufheben. Beim Pfändungsbeschluss muss wegen § 829 Rn 50 die Aufhebung an die Rechtskraft des Beschlusses gebunden werden.

23   **11. Rechtsbehelfe. a) Sofortige Beschwerde** (§ 793) unmittelbar gegen die Entscheidung des Rechtspflegers (§ 11 Abs 1 RPflG); für jede Partei, sofern sie beschwert ist. – **b) Vollstreckungserinnerung** (§ 766) gegen das Verfahren des Gerichtsvollziehers.

24   **12. Kosten.** Grundsätzlich trägt sie der Schuldner (§ 788 Abs 1). Werden sie dem Gläubiger auferlegt (§ 788 Abs 4), so ist dies im Beschluss auszusprechen. § 788 gilt auch bei Erledigterklärung (Düsseldorf NJW-RR 96, 637). Gebühren: für Gericht KV 1641. RA: §§ 57, 58 Abs 3 Nr 3 BRAGO. Wert: § 3; Interesse an der begehrten Schutzmaßnahme (bestr).

§ 766 Erinnerung gegen Art und Weise der Zwangsvollstreckung

(1) ¹Über Anträge, Einwendungen und Erinnerungen, welche die Art und Weise der Zwangsvollstreckung oder das vom Gerichtsvollzieher bei ihr zu beobachtende Verfahren betreffen, entscheidet das Vollstreckungsgericht. ²Es ist befugt, die im § 732 Abs. 2 bezeichneten Anordnungen zu erlassen.

(2) Dem Vollstreckungsgericht steht auch die Entscheidung zu, wenn ein Gerichtsvollzieher sich weigert, einen Vollstreckungsauftrag zu übernehmen oder eine Vollstreckungshandlung dem Auftrag gemäß auszuführen, oder wenn wegen der von dem Gerichtsvollzieher in Ansatz gebrachten Kosten Erinnerungen erhoben werden.

Abschnitt 1. Allgemeine Vorschriften　　**§ 766**

1. Allgemeines. a) Begriff. Die Vollstreckungserinnerung ist ein 1
Rechtsbehelf für das Verfahren der ZwVollstr, wenn nicht eine Entscheidung des Gerichts angefochten werden soll (vgl § 793 Rn 3). Gegen
eine solche findet sofortige Beschwerde statt (§ 793). Die Abgrenzung
ist nicht unproblematisch (hierzu K. Schmidt JuS 92, 90). – **b) Rechts-** 2
pflegererinnerung (§ 11 RPflG). Gegen Vollstreckungsmaßnahmen,
die der Rechtspfleger erlassen hat (zB § 829), findet die Erinnerung
nach § 766 statt (hM). Grund hierfür ist, dass für Vollstreckungsmaßnahmen, auch wenn sie als Entscheidungen iS des § 11 Abs 1 RPflG
angesehen werden, § 766 Spezialgesetz ist (hM). Der Rechtspfleger ist
lediglich an Stelle des Richters getreten und auch gegen dessen Vollstreckungsmaßnahmen würde allein § 766 anzuwenden sein. Gegen Entscheidungen des Rechtspflegers, durch die Vollstreckungsmaßnahmen,
insbes im Wege der Abhilfe, aufgehoben oder abgeändert werden, auch
gegen Vollstreckungsmaßnahmen, die als Entscheidungen ergehen (vgl
§ 829 Rn 55), findet über § 11 Abs 1 RPflG sofortige Beschwerde statt
(§ 793). – **c) Sofortige Beschwerde** (§ 793). Liegt eine Entscheidung 3
des Richters oder Rechtspflegers vor, die keine bloße Vollstreckungsmaßnahme darstellt (vgl § 793 Rn 3), gilt allein § 793 (vgl § 11 Abs 1
RPflG), nicht § 766 (hM; Wittschier JuS 99, 585). – **d) Materiell-** 4
rechtliche Einwendungen. § 766 dient nicht dazu, Einwendungen
gegen den vollstreckbaren Anspruch (hierfür § 767) oder aus einem der
ZwVollstr entgegenstehenden Recht (hierfür § 771) geltend zu machen,
zB Übergang der Forderung auf einen anderen Gläubiger. Wird eine
Erinnerung darauf gestützt, so ist sie unbegründet (Wittschier JuS 99,
585). – **e) Dienstaufsichtsbeschwerde** (18 vor § 567). Sie ist im 5
Anwendungsbereich des § 766 (Rn 6) grundsätzlich ausgeschlossen;
denn in das Vollstreckungsverfahren darf im Wege der Dienstaufsicht
nicht eingegriffen werden, nur ausnahmsweise zu dem Zweck, den
Gerichtsvollzieher von einer Dienstpflichtverletzung abzuhalten.

2. Anwendungsbereich. a) Anwendbar ist § 766 grundsätzlich 6
auf jede Vollstreckung, die nach der ZPO durchgeführt wird, auch wenn
der Titel auf einem anderen Gesetz beruht (15 vor § 704); auf das
Verfahren des Vollstreckungsgerichts, soweit es keine Entscheidung getroffen hat (Rn 2), also insbes Vollstreckungsmaßnahmen (zB Pfändungsbeschlüsse, § 829) und auf das Verfahren des Gerichtsvollziehers,
soweit es die ZwVollstr betrifft, ferner auf vom Gläubiger durchgeführte
Vorpfändungen (§ 845) und Einwendungen im Rahmen des § 21
AVAG. – **b) Unanwendbar** ist § 766, soweit die ZwVollstr vom Pro- 7
zessgericht und vom Grundbuchamt durchgeführt wird (vgl 7, 8 vor
§ 704), ferner bei Handlungen des Gläubigers und wenn der Gerichtsvollzieher außerhalb der ZwVollstr tätig wird, zB beim bürgerlich-rechtlichen Pfandverkauf (Frankfurt DGVZ 98, 121).

3. Verfahren. Grundsätzlich gilt § 764 Rn 6. Das Vollstreckungs- 8
rechtsverhältnis besteht zwischen den Parteien (9 vor § 704; umstr; vgl
K. Schmidt JuS 92, 90 [92] mwN). **a) Zuständigkeit** (vgl § 764

Rn 1–4). Das AG entscheidet durch den Richter (§ 20 Nr 17 RPflG), auch wenn er selbst die Vollstreckungsmaßnahme getroffen hat. –

9 **b) Einzelheiten.** Der Beschluss ist rechtskraftfähig (§§ 705, 793). Vor der Entscheidung sind einstw Anordnungen zulässig (Abs 1 S 2); wie § 732 Rn 11. Abhilfe (entspr § 573 Abs 1 S 3, § 572 Abs 1) ist möglich. Vor Abhilfe ist Anhörung des Erinnerungsgegners geboten. Die Erinnerung kann jederzeit zurückgenommen werden.

10   **4. Beschlussformel.** Ihr möglicher Inhalt ist: **a) Zurückweisung.** Die Erinnerung ist zurückzuweisen, wenn sie unzulässig (Rn 14–22) oder unbegründet (Rn 23) ist. Bei fehlender Zuständigkeit (Rn 8) ist

11 Abgabe an ein anderes Gericht möglich. – **b) Unzulässigerklärung** der ZwVollstr in genau bestimmtem Umfang (wegen § 775 Nr 1), soweit sie dies ist (38 vor § 704). In diesen Fällen ist es geboten, den Vollzug der Entscheidung bis zum Eintritt der Rechtskraft (§ 705) auszusetzen (entsprechend § 570 Abs 2; E. Schneider MDR 84, 371 für

12 § 572 aF). **c) Aufhebung** einer Vollstreckungsmaßnahme (zB eines Pfändungsbeschlusses), sofern das Vollstreckungsgericht Organ der ZwVollstr ist (6 vor § 704). Aussetzung des Vollzugs der Entscheidung:

13 wie Rn 11. – **d) Anordnung** einer bestimmten Maßnahme, zB indem der Gerichtsvollzieher angewiesen wird, den Vollstreckungsauftrag auszuführen oder eine Pfändung aufzuheben.

14   **5. Zulässigkeit.** Die Erinnerung ist zulässig, und zwar ohne Rücksicht auf den Inhalt ihrer Begründung (vgl Rn 4), wenn vorliegt:

15 **a) Statthaftigkeit.** Im Rahmen des Anwendungsbereichs (Rn 6) findet die Erinnerung statt für Gläubiger, Schuldner und Dritte; bei Testamentsvollstreckung vgl § 749 Rn 5). **aa) Tätigkeit des Vollstreckungsgerichts (§ 764).** Gegen jede seiner Anordnungen und Maßnahmen, aber wie (vgl Rn 7) gegen Entscheidungen des Prozessgerichts (§§ 887–890) oder des GBA (§ 866). Das Vollstreckungsgericht entscheidet dann durch den Richter über eine Maßnahme des Rechtspflegers. Das gilt nicht für Vollstreckungsmaßnahmen des Beschwerdegerichts (vgl

16 Rn 29). **bb) Verhalten des Gerichtsvollziehers.** Gegen jedes auf die ZwVollstr bezogene Verhalten des Gerichtsvollziehers, auch wenn es privatrechtlich ist (Wittschier JuS 99, 185). Dies entspricht den beiden ersten Alternativen des Abs 2. Es sind Maßnahmen und Unterlassungen; auch eine vorgenommene unzulässige, aber wirksame Zustellung oder eine verweigerte zulässige und erforderliche Zustellung; die Herausgabe des Erlöses und von Sachen, die der Gerichtsvollzieher durch die Vollstreckung erlangt hat, zB durch Sequestration (aA LG Bremen DGVZ 78, 139: Herausgabeklage gegen den Gerichtsvollzieher); nicht die bloße Verzögerung wegen Arbeitsüberlastung (AG Rosenheim DGVZ 97,

17 141). **cc) Kostenansatz.** Gegen den Kostenansatz durch Gerichtsvollzieher (Abs 2) oder Vollstreckungsgericht: gemeint sind die Kosten des § 788. Die Erinnerung kann sich auf Grund, Höhe, Vorschuss und Rückerstattung der Kosten beziehen. Ist jedoch ein Kostenfestsetzungsbeschluss durch den Rechtspfleger ergangen (§ 788 Abs 2 S 1), gilt

§ 104 Abs 3. **dd) Vorpfändung** (§ 845). Sie stellt eine Vollstreckungs- 18
maßnahme der Gläubiger dar, die unter Abs 1 S 1 fällt. – **b) Form:** 19
schriftlich mit eigenhändiger Unterschrift (LG Berlin MDR 76, 407)
oder zu Protokoll der Geschäftsstelle. – **c) Frist:** keine (allgM). **d)** 20
Beschwer. Nur wer beschwert ist, hat die Erinnerungsbefugnis (im
Einzelnen Wittschier JuS 99, 585) und kann zulässig Erinnerung erheben. Das kann der Schuldner, der Gläubiger, aber auch ein Dritter sein,
der durch die ZwVollstr betroffen wird, zB Drittschuldner bei § 829,
Dritte bei §§ 809, 886; grundsätzlich nicht (hM), sondern nur ausnahmsweise der Gerichtsvollzieher (vgl Rn 28). – **e) Rechtsschutzbedürfnis.** 21
Maßgebend ist der Zeitpunkt der Entscheidung. **aa) Für den Schuldner und Dritte** (vgl Rn 15), die unmittelbar betroffen sind (vgl Köln
OLGZ 93, 113), liegt es grundsätzlich vor: von Beginn der ZwVollstr (28
vor § 704; Köln Büro 89, 866 mwN) bis zum Ende der einzelnen Vollstreckungsmaßnahme (29 vor § 704), bei § 811 zB bis zur Auszahlung
des Versteigerungserlöses (LG Rottweil DGVZ 93, 57). Ausnahmsweise
besteht das Rechtsschutzbedürfnis schon vorher, wenn eine Vollstreckungsmaßnahme unmittelbar bevorsteht, nach ihrem Ende nur noch,
wenn sie fortwirkt (zB wegen § 807), noch aufgehoben werden kann
und dies für den Schuldner oder den Dritten Abhilfe schafft (LG Düsseldorf DGVZ 85, 152); zB Kostenansatz (Rn 17). Der Schuldner darf sich
auf Dritteigentum berufen, soweit ihm rechtmäßiger Besitz (zB Werkvertrag) entzogen werden könnte (aA München DGVZ 95, 11). **bb) Für** 22
den Gläubiger besteht das Rechtsschutzbedürfnis, sobald und solange
die vollstreckbare Ausfertigung (§ 724) erteilt ist. Das Rechtsschutzbedürfnis wird nicht dadurch ausgeschlossen, dass der Erinnerungsführer
daneben Klage aus § 771 erheben könnte (vgl § 771 Rn 2).

6. Begründetheit. Maßgebend sind die Verhältnisse zZ der Ent- 23
scheidung (hM; Wittschier JuS 99, 585 mwN). Begründet ist die Erinnerung je nachdem, was damit erstrebt wird (vgl Rn 9–12; zahlreiche
Bsp bei Wittschier aaO), insbes wenn die ZwVollstr überhaupt oder die
sie betreffende Vollstreckungsmaßnahme unzulässig ist (vgl 38 vor
§ 704), zB ZwVollstr aus einem Titel, der gemäß § 727 umgeschrieben
werden müsste (BGH NJW 92, 2159); wenn das Vollstreckungsorgan
(insbes der Gerichtsvollzieher) den Vollstreckungsantrag oder eine Weisung befolgen muss, es aber abgelehnt hat; ferner wenn Kosten der
ZwVollstr (§ 788 Abs 1) zu Unrecht angesetzt oder nicht beigetrieben
wurden (vgl Rn 17).

7. Vollstreckungsbeschränkende Vereinbarungen der Parteien 24
sind als Prozessvertrag (Einl III Rn 6) zulässig (vgl 30 vor § 704) und
haben unmittelbare vollstreckungsrechtliche Wirkung (hM; K. Schmidt
JuS 92, 90 [96]). **a) Inhalt:** die Verpflichtung, eine bestimmte Vollstre- 25
ckungsmaßnahme oder überhaupt eine Zwangsvollstreckung nicht zu
betreiben oder sie bis zu einem bestimmten Zeitpunkt zu unterlassen
(BGH NJW 91, 2295). Bsp: Stundung der vollstreckbaren Forderung
(Hamm MDR 77, 675); Vereinbarung, bestimmte Gegenstände nicht

pfänden zu lassen; keinen Auftrag auf Abgabe einer Offenbarungsversicherung (§ 900) zu erteilen; nicht vor Rechtskraft oder nur nach Eintritt einer Bedingung zu vollstrecken; bestimmte Rechtsbehelfe nicht zu ergreifen; Abschluss einer Ratenzahlungsvereinbarung nach Erlass des Vollstreckungstitels (Karlsruhe MDR 75, 234). – **b) Grenzen.** Keine vollstreckungsbeschränkende Vereinbarung ist die Sicherungsabrede zu
26 einer Grundschuld (Hamm Rpfleger 99, 231). – **c) Rechtsbehelfe.** Es ist von jeher umstritten, ob Erinnerung (§ 766) oder Klage (§ 767) in diesen Fällen der richtige Rechtsbehelf ist, wenn gegen die Vereinbarung verstoßen wird. Die Rspr ist uneinheitlich (Nachweise bei Wittschier JuS 99, 585). Der BGH neigt dazu, eine Klage mit und ohne Einschränkung durch § 767 Abs 2 zuzulassen (vgl BGH 16, 180 u NJW 91, 2295; Karlsruhe NJW-RR 99, 941; Schuschke/Walker 9). Sonst wird im Schrifttum vielfach die Anwendung von § 766 befürwortet (StJMünzberg 21 mwN). Außerdem gibt es eine differenzierte Betrachtungsweise, die überwiegend auf die Funktion der jeweiligen Vereinbarung abstellt und grundsätzlich § 766 anwendet, wenn Vollstreckungsorgane vorliegende Vollstreckungsvereinbarungen nicht beachten oder nicht befolgen (Karlsruhe NJW 74, 2242; Frankfurt OLGZ 81, 112). Anstatt der Erinnerung (§ 766) kann der Schuldner wahlweise Klage nach § 767 erheben (K. Schmidt JuS 92, 90 [96]), jedenfalls wenn man der Anspruch selbst betroffen ist, zB die ZwVollstr ganz ausgeschlossen sein soll.

27   **8. Rechtsmittel.** Es ist zu unterscheiden: **a) Einstweilige Anord-**
28 **nungen** (Abs 1 S 2): wie § 732 Rn 11. – **b) Beschluss,** durch den über die Erinnerung entschieden wird: sofortige Beschwerde (§ 793). Sie kann für einen Dritten (Rn 20), auch für den Gerichtsvollzieher zulässig sein, aber nur falls und soweit er beschwert ist (vgl Geißler DGVZ 85, 129). Das trifft zu, wenn es um seine Gebührenrechte geht (wohl hM; aA LG Frankfurt DGVZ 93, 74), nicht aber, wenn er sich gegen die Anordnung einer beantragten oder angeordneten Amtshandlung wenden will (Düsseldorf NJW 80, 1111 mwN und NJW-RR 93, 1280). Ist über Kosten entschieden, gilt § 567 Abs 2 S 2 (Beschwerde-
29 wert: 50 Euro). – **c) Vollstreckungsmaßnahmen,** die das LG auf sofortige Beschwerde (§ 793) anordnet: Es kann die Rechtsbeschwerde zugelassen werden (§ 574).

30   **9. Kosten.** Entscheidung im Beschluss (Rn 8) ergeht gemäß §§ 91 ff (hM; BGH Rpfleger 89, 79); die Kosten dürfen auch im Fall der Rn 17 nicht dem Gerichtsvollzieher auferlegt werden (Hamm DGVZ 93, 27 mwN). Gebühren: für das Gericht keine; für den RA § 57 Abs 1 S 1 BRAGO; keine besondere Angelegenheit, daher § 58 Abs 1 BRAGO. Wert: § 57 Abs 3 BRAGO.

§ 767 Vollstreckungsabwehrklage

(1) **Einwendungen, die den durch das Urteil festgestellten An-**
spruch selbst betreffen, sind von dem Schuldner im Wege der

Klage bei dem Prozeßgericht des ersten Rechtszuges geltend zu machen.

(2) **Sie sind nur insoweit zulässig, als die Gründe, auf denen sie beruhen, erst nach dem Schluß der mündlichen Verhandlung, in der Einwendungen nach den Vorschriften dieses Gesetzes spätestens hätten geltend gemacht werden müssen, entstanden sind und durch Einspruch nicht mehr geltend gemacht werden können.**

(3) **Der Schuldner muß in der von ihm zu erhebenden Klage alle Einwendungen geltend machen, die er zur Zeit der Erhebung der Klage geltend zu machen imstande war.**

1. Allgemeines. Die Vollstreckungsabwehrklage (auch Vollstreckungsgegenklage genannt) ist wegen dogmatischer Einordnung und zahlreicher Einzelfragen immer wieder Gegenstand wissenschaftlichen Streits (Geißler NJW 85, 1865). Es handelt sich um eine prozessuale Gestaltungsklage (hM), die nicht den Vollstreckungstitel, sondern nur dessen Vollstreckbarkeit beseitigt (BGH 118, 229 mwN). Sie leitet einen neuen Rechtsstreit ein und setzt nicht den früheren fort. Mit ihr kann nicht die Unwirksamkeit des Titels (insbes des § 794 Abs 1 Nr 5) geltend gemacht werden (BGH aaO). Es sind grundsätzlich die allgemeinen Vorschriften des 1. bis 4. Buches anzuwenden. § 767 bestimmt nur in Abs 1 die ausschließliche (§ 802) Zuständigkeit und beschränkt in den Abs 2, 3 die Zulässigkeit von Einwendungen (Rn 20–23), die gegen den vollstreckbaren Anspruch erhoben werden. **1**

2. Zweck. Der Fortbestand des vollstreckbaren Anspruchs (50 vor § 704) ist für die ZwVollstr zwar grundsätzlich bedeutungslos. Dem Schuldner muss aber die Möglichkeit bleiben, das Erlöschen oder die Hemmung des Anspruchs geltend zu machen, wenn dies zwischen den Parteien umstritten ist oder vom Gläubiger nicht beachtet wird. Die Vollstreckungsabwehrklage beseitigt nur die Vollstreckbarkeit des Titels (Rn 9–11) und berührt nicht die Rechtskraft des Urteils. Dementsprechend kann die Klage auch nur auf solche Einwendungen gegen den materiellen Anspruch des jeweiligen Vollstreckungstitels gestützt werden, die nach der letzten mündlichen Tatsachenverhandlung entstanden sind (Präklusionswirkung, Abs 2); denn das ist der maßgebende Zeitpunkt für die materielle Rechtskraft (§ 322 Rn 35). **2**

3. Streitgegenstand ist die Unzulässigkeit der ZwVollstr aus dem Titel (hM; MüKo/K. Schmidt 41), weil dessen vollstreckbarer Anspruch durch die geltend gemachten Einwendungen erloschen oder gehemmt sei. Das Bestehen des vollstreckbaren Anspruchs (50 vor § 704) ist nicht Streitgegenstand (hM); jedoch kann ihn der Beklagte durch Zwischenfeststellungsklage (§ 256 Abs 2) dazu machen (StJMünzberg 5). Dem Streitgegenstand entspricht die materielle Rechtskraft (§ 322 Abs 1). Sie nimmt dem betroffenen Titel rechtsgestaltend die Vollstreckbarkeit. **3**

4   **4. Abgrenzung** zu anderen Klagen und sonstigen Rechtsbehelfen.
a) Wiederaufnahme- und Abänderungsklagen. Eine Wiederaufnahmeklage (§§ 579, 580) bezweckt, das vorangegangene Urteil zu
beseitigen, die Abänderungsklage (§ 323), es zu ändern. Bei beiden wird
die Rechtskraft durchbrochen. Die Wiederaufnahme wird auf Mängel
des vorangegangenen Verfahrens oder Urteils gestützt, die Abänderungsklage auf die Veränderung des klagebegründenden Tatsachenkomplexes
durch Änderung der wirtschaftlichen Verhältnisse. Die Vollstreckungsabwehrklage erfasst dagegen nur die später entstandenen rechtsvernichtenden und rechtshemmenden Einwendungen (Rn 20). Auch daher
schließen sich die Klagen aus § 323 und § 767 gegenseitig aus (Graba
NJW 89, 481 [486] mwN). Für künftig fällig werdende Leistungen
verdrängt die Klage aus § 323 die aus § 767 (Graba aaO), jedoch können
die Klagen im Hilfsverhältnis erhoben werden (BGH FamRZ 79, 573
[575]). Für Einwendungen, die vor der Zeitschranke des § 323 Abs 3
wirken, bleibt § 767 jedenfalls anwendbar (BGH FamRZ 89, 159). –

5   **b) Auslegung des Vollstreckungstitels** (22 vor § 704) wird bei einem
Prozessvergleich als zulässiger Gegenstand der Vollstreckungsabwehr-
klage angesehen (BGH NJW 77, 583; BVerwG NJW 92, 192 mit abl
Anm von Renck 2208). Das ist bei Urteilen wegen Abs 2 bedenklich.
Hierfür stehen eher die Rechtsbehelfe der ZwVollstr (§§ 766, 793) oder
6   eine Feststellungsklage (Rn 8) offen (BGH NJW 73, 803). – **c) Klage
auf Herausgabe** der vollstreckbaren Ausfertigung. Sie ist analog § 371
BGB nach Befriedigung des Gläubigers, zumindest nach erfolgreicher
Durchführung der Vollstreckungsabwehrklage zulässig (hM; BGH NJW
94, 3225 mwN). Für die Begründetheit der Klage reicht nicht allein aus,
dass die ZwVollstr für unzulässig erklärt worden ist (BGH aaO), auf
jeden Fall aber, wenn Erlöschen der Titelschuld und Unzulässigkeit der
7   ZwVollstr unstreitig sind (BGH NJW 94, 1161). – **d) Klage auf Rückzahlung** des zu viel Geleisteten als Schadensersatz oder aus Bereicherung (verlängerte Vollstreckungsabwehrklage) kann durch Klageänderung (Rn 16) oder einen Hilfsantrag verbunden werden (§ 260 Rn 8;
vgl BGH 100, 211). Diesem Anspruch steht die Rechtskraft des Titels
(Bestehen des vollstreckbaren Anspruchs) ebenso entgegen wie der Voll-
8   streckungsabwehrklage, insbes der Einwendungsausschluss (Rn 21). **e)
Feststellungsklage** (§ 256 Abs 1) auf die Reichweite des Titels ist
möglich (22 vor § 704; BGH NJW 97, 2320), auch darauf, dass der
vollstreckbare Anspruch nicht (mehr) bestehe. Diese Klage kann bei
bestehendem Feststellungsinteresse (§ 256 Rn 13) zulässig sein, auch
neben der Klage aus § 767 und verbunden (§ 260). Sie berührt nicht die
Vollstreckbarkeit des Titels, sondern nur den vollstreckbaren Anspruch.
8 a **f) Gestaltungsklage** auf Unzulässigkeit der ZwVollstr wegen Unwirksamkeit des Titels (Köln NJW-RR 99, 22 und 431), zB inhaltlicher
Unbestimmtheit des Streitgegenstandes (Einl II) und damit wegen fehlender materiellen Rechtskraft (§ 322). Hierfür darf nur Abs 1 entspr,
nicht aber dürfen Abs 2, 3 angewendet werden (BGH 124, 164 Anm
von Foerste ZZP 107, 370). § 732 (dort Rn 9) steht nicht entgegen

(Köln NJW-RR 99, 431). Verbindung mit der Klage aus § 767: wie Rn 8 (Köln aaO).

5. Vollstreckungstitel. Die Klage richtet sich stets gegen einen 9 solchen. Der richtige Kläger ist der Vollstreckungsschuldner (11 vor § 704; MüKo/K. Schmidt 44). **a) Urteile.** Dafür gilt § 767 unmittelbar. Grundsätzlich für alle Leistungs- und Haftungsurteile, auch Vollstreckungsurteile (§ 723), nicht gegen Feststellungs- und Gestaltungsurteile (vgl 3–5 vor § 253). Wegen § 700 Abs 1 steht der Vollstreckungsbescheid einem Urteil gleich. Arrest und einstweilige Verfügung: Rn 11. **b) Vollstreckungstitel des § 794** (über § 795), soweit sie vollstre- 10 ckungsfähig sind, insbes Prozessvergleiche (hM; BAG NJW 97, 1868 mwN). Ist der vollstreckungsfähige Titel aus materiell-rechtlichen Gründen nicht wirksam, steht dies der Klage aus § 767 nicht entgegen (BGH NJW 92, 2161). Vollstreckungstitel sind auch Kostenfestsetzungsbeschlüsse (BGH NJW 94, 3292; vgl aber Rn 25). – **c) Sonstige Voll-** 11 **streckungstitel** (15 vor § 704), insbes Zuschlagbeschlüsse (§§ 93, 132 ZVG), Teilungspläne (§ 115 ZVG; BGH NJW 80, 2585). Bei einstweiliger Verfügung vgl § 936. Für Arrest gilt § 767 nicht. Hierfür ist der Aufhebungsantrag nach § 927 vorgesehen (§ 924 Rn 7).

6. Antrag und Urteilsformel sind so zu fassen, dass die ZwVollstr 12 aus dem genau bezeichneten Vollstreckungstitel für unzulässig erklärt wird oder für zulässig nur Zug-um-Zug gegen eine Leistung (Rn 20; BGH NJW-RR 97, 1272). Bezieht sich die Einwendung nur auf einen Teil des Anspruchs, ist entspr zu beschränken. Antrag und Urteilsformel dürfen sich nicht auf eine Zwangsvollstreckungsmaßnahme beziehen. Einstweilige Anordnungen zur ZwVollstr sind möglich (§ 770).

7. Zulässigkeit der Klage. Es müssen die allgemeinen Prozessvoraus- 13 setzungen vorliegen (15–31 vor § 253), insbes: **a) Zuständigkeit.** Prozessgericht erster Instanz: wie § 731 Rn 4. Daher ist Prozessgericht auch das Familiengericht, das den Vollstreckungstitel geschaffen hat, nicht notwendig das Gericht der Ehesache (BGH NJW 80, 1393). Unabhängig vom Geschäftsverteilungsplan sind Spruchkörper zuständig, die eine eigene gesetzliche Zuständigkeit haben, zB Kammern für Handelssachen, Kammern für Baulandsachen (BGH NJW 75, 829). Wird die Klage im zweiten Rechtszug in eine Vollstreckungsabwehrklage geändert (§§ 263, 523), steht § 802 entgegen (für Ausnahmen: Frankfurt NJW 76, 1982). – **b) Rechtsschutzbedürfnis** (vgl. 26 vor § 253). 14 **aa) Es tritt ein,** sobald ein Titel (Rn 9–11) vorliegt, der zur ZwVollstr geeignet ist (BGH NJW 92, 2160 und 97, 2887), auch wenn die Vollstreckungsklausel (§ 725) nicht erteilt, wenn sie nicht gemäß § 727 umgeschrieben ist (BGH NJW 92, 2159) oder wenn die Unterwerfungsklausel (§ 794 Abs 1 Nr 5) fehlt (BGH NJW-RR 99, 1080). Das gilt ohne Rücksicht auf den Beginn der Zwangsvollstreckung (28 vor § 704), sofern eine konkrete Vollstreckungsmaßnahme bevorsteht (Hamm DGVZ 83, 137). **bb) Es fehlt,** wenn der Schuldner gegen den 15 Vollstreckungstitel einen statthaften Rechtsbehelf ergriffen hat, zB Berufung eingelegt; wenn er die Unwirksamkeit eines Vergleichs geltend machen will, weil dann der alte Rechtsstreit fortzusetzen ist (§ 794 Rn 36). Vorher stehen aber Vollstreckungsabwehrklage und der jeweils statthafte Rechtsbehelf zur Wahl, wenn der Schuldner eine durch Abs 2 nicht ausgeschlossene Einwendung geltend machen will. Klageerhebung ohne drohende ZwVollstr kann Kostenüberbürdung gemäß § 93 be-

16 ' gründen. **cc) Es entfällt,** sobald die ZwVollstr als Ganzes beendet ist (29 vor § 704; hM; dagegen krit Brehm ZIP 83, 1420), zB mit Eintritt der Fiktion des § 894 (Hamburg MDR 98, 1051); sobald die vollstreckbare Ausfertigung dem Vollstreckungsschuldner ausgehändigt wurde (§ 757 Abs 1) oder auch dem Notar unter Rücknahmeverzicht (BGH NJW 94, 1161) und der Gläubiger aus dem Titel befriedigt ist (StJMünzberg 42). Solange der Gläubiger den Titel in Händen hat, entfällt das Rechtsschutzbedürfnis auch dann nicht, wenn Gläubiger und Schuldner sich einig sind, dass eine Zwangsvollstreckung nicht mehr in Betracht komme (BGH WM 75, 1213). Ist die titulierte Forderung teilweise erloschen, entfällt das Rechtsschutzbedürfnis noch nicht, wenn der Gläubiger sich für teilweise befriedigt erklärt und auf weitere ZwVollstr verzichtet (BGH NJW 92, 2148), sondern nur, wenn für den Rest eine ZwVollstr unzweifelhaft nicht mehr droht (BGH NJW-RR 89, 124). Ausnahmen bei Titel über wiederkehrende Unterhaltsleistungen: BGH FamRZ 84, 470. Später begründen Einwendungen nur noch bürgerlich-rechtliche Ansprüche, zB aus §§ 812 ff BGB (allgM), die mit Klageänderung geltend gemacht werden können (Rn 7 und 17). –

17 **c) Klageänderung** (§ 263) liegt insbes vor, wenn Einwendungen ausgewechselt oder nachgeschoben werden. Umstritten ist, ob sie auch dann nur nach den §§ 263, 264 zu behandeln ist (BGH 45, 231) oder nach Abs 3 als spezielle Präklusionsnorm für das Nachschieben von Einwendungen (so zutreffend K. Schmidt JR 92, 89 [92] mwN). Wird die Klageänderung nicht zugelassen, so bleibt die Zahlungsklage (Rn 7;

17a vgl BGH aaO). – **d) Schiedsklausel.** § 1027a aF oder § 1032 nF sind anzuwenden, wenn die Einwendung von einem Schiedsvertrag (§ 1025 aF oder § 1029 nF) erfasst wird (BGH 99, 143 und NJW-RR 96, 508; StJSchlosser § 1025 Rn 27 e mwN; bestr).

18   **8. Begründet** kann die Klage bei Urteilen und Vollstreckungsbescheiden (§ 700 Abs 1; vgl Rn 20) nur dann sein, wenn eine nicht ausgeschlossene Einwendung feststeht und nicht infolge einer Replik (45

19 vor § 253) wirkungslos ist. Voraussetzungen sind: **a) Sachbefugnis** (39 vor § 253; Wittschier JuS 97, 450). Der Kläger muss Vollstreckungsschuldner, der Beklagte Vollstreckungsgläubiger sein (10, 11 vor § 704). Das ist, wer im Titel als solcher steht, für oder gegen wen die Klausel erteilt oder auf wen sie umgeschrieben ist. Nach einer Forderungsabtretung kann schon vor Umschreibung gegen den geklagt werden, der die

20 ZwVollstr androht (BGH NJW 93, 1396). – **b) Bestehen einer Einwendung. aa) Allgemeines.** Es kommen wegen Abs 2 (Rn 21) nur rechtsvernichtende und rechtshemmende Einwendungen (43, 44 vor

§ 253) in Betracht, weil nur solche nach Schluss der letzten Tatsachenverhandlung (§ 296 a) entstehen können. Dem entspricht als maßgebender Zeitpunkt im schriftlichen Verfahren § 128 Abs 2, bei nachgereichten Schriftsätzen § 283. Unterliegt die Einwendung aber einer Schiedsabrede (§ 1029), so greift dagegen die Einrede des Schiedsvertrags durch
(Rn 17 a). **bb) Einwendungen** sind: Erfüllung und Erfüllungssurrogate **20 a**
grundsätzlich, auch bei einem titulierten Nachbesserungsanspruch
(BGH NJW 93, 1394 mwN); dies gilt auch bei einer gegen mehrere
Gesamtschuldner titulierten Forderung (Frankfurt MDR 82, 934);
Schutz des Schuldners vor doppelter Inanspruchnahme infolge einer
Zession (verneinend BGH NJW 01, 231), wenn Hinterlegung unverschuldet ausscheidet (Rensen MDR 01, 858); Unmöglichkeit der Leistung nur, wenn sie schuldbefreiend ist (Köln NJW-RR 91, 1022); wenn
der Bürge sich auf Verjährung der Hauptforderung beruft (BGH NJW
99, 278), aber nicht für den nach § 128 HGB verurteilten Gesellschafter,
wenn später die Forderung gegen die Gesellschaft verjährt (BGH 104,
76); bei Urteil auf künftige Räumung die nachträglich ausgeübte Mietoption (BGH 94, 29); vollstreckungsbeschränkende Vereinbarung (§ 766
Rn 26 mwN); bei einer vollstreckbaren Urkunde (§ 794 Abs 1 Nr 5),
wenn die materielle Forderung geringer ist als die titulierte (BGH NJW
97, 2887) oder wenn eine Sicherungsabrede zur bestellten Grundschuld
entgegensteht (Hamm Rpfleger 99, 231); bei einem Ratenzahlungsvergleich, wenn der Schuldner den Eintritt des Verzugs bestreitet (hM;
Münzberg Rpfleger 97, 413); unzulässige Rechtsausübung (BGH Rpfleger 76, 354); sittenwidriger Erwerb einer titulierten Forderung (Köln JZ
96, 313 mit Anm von Münzberg); Übergang des vollstreckbaren Anspruchs auf einen anderen Gläubiger (BGH NJW-RR 92, 61 mit Anm
von Münzberg NJW 92, 1867); auch schon die Pfändung (Münzberg
DGVZ 85, 145), insbes bei Pfändungs- und Überweisungsbeschluss
(BAG NJW 97, 1868); Widerrufs- und Rückgaberechte (§§ 361 a,
361 b BGB); Zurückbehaltungsrechte (zB § 273 BGB), dann nur Zug-
um-Zug (BGH NJW-RR 97, 1272; Rn 12); Scheidung der Ehe für
einen ehelichen Unterhaltsanspruch (BGH NJW 81, 978). Nicht die
nachträgliche Änderung des Zinsniveaus (BGH 100, 211). – **c) Beweis-** **20 b**
last richtet sich nach dem materiellen Recht. Sie wird nicht dadurch
geändert, dass sich der Schuldner der ZwVollstr unterwirft (BGH NJW
01, 2096). Nur für die Einwendungstatsachen trägt sie grundsätzlich der
Kläger (hM; einschränkend Münch NJW 91, 795); auch bei Titeln des
§ 794 (BGH NJW 91, 1617). Hingegen trägt der Beklagte als Gläubiger
die Beweislast für das Entstehen des Anspruchs, insbes die Hingabe des
Geldbetrags als Darlehen (BGH NJW 01, 2096).

9. Ausschluss (Präklusion) erhobener Einwendungen (Abs 2). **21**
a) Grundsatz. Ausgeschlossen ist die Einwendung (Rn 20), die im
Rechtsstreit über den Titel bis Schluss der mdl Vhdlg (§ 296 a) oder dem
entspr Zeitpunkt (§ 128 Abs 2) nicht vorgebracht wurde, obwohl sie
bereits entstanden war, da die sie begründenden Tatsachen bereits einge-

treten waren (Rn 22). Die Einwendung ist auch ausgeschlossen, wenn sie wegen Verspätung gem § 296 Abs 1, 2 oder § 530 präkludiert wurde (BGH NJW 94, 2769 mwN), nicht aber, wenn sie wegen § 559 in der Revisionsinstanz nicht vorgebracht worden ist (BGH NJW 98, 2972 und 99, 278 für § 561 aF). Der letzte Hs des Abs 2 betrifft nur Versäumnisurteile (§ 338) und Vollstreckungsbescheide (§ 700), für die eine entspr Sonderregel in § 796 Abs 2 gilt. Dies bedeutet, dass nur solche Einwendungen zugelassen sind, die bis zum Ablauf der Einspruchsfrist (§ 339) nicht geltend gemacht werden konnten. Der Einspruchsführer ist also gehalten, alle bis zum Einspruch entstandenen Einwendungen in der Begründung (§ 340 Abs 3) geltend zu machen. Für eine Ausnahme, wenn trotz Erfüllung vor Ablauf der Einspruchsfrist später vollstreckt

22 wird: Hamm NJW-RR 00, 659 (vgl § 796 Rn 2 aE). – **b) Entstehen der Einwendung** ist nach materiellem Recht zu beurteilen. Dies gilt auch für den Zeitpunkt. Auf Kennen oder Kennenmüssen der den Einwendungen zugrundeliegenden Tatsachen kommt es nicht an (BGH 61, 26). Ausnahme bei Abtretung wegen § 407 BGB MüKo/K. Schmidt 77,

22 a aA BGH NJW 01, 231). **aa) Gestaltungsrechte.** Entstanden sind die Gründe, also die Tatsachen, auf denen die Einwendungen beruhen, bei Gestaltungsrechten (zB Aufrechnung, Rücktritt, Anfechtung, Minderung), vollständig erst dann, wenn diese ausgeübt sind, weil erst dadurch der Anspruch vernichtet wird, gleichgültig, ob es sich um vertraglich vereinbarte oder gesetzliche Gestaltungsrechte handelt. Das ist hM im Schrifttum (zB St/Münzberg 32 ff mwN; Musielak/Lackmann 37). Anders die hRspr (zB BGH 34, 274 sowie NJW 80, 2527 und Hamm NJW 93, 140), die darauf abstellt, wann das Gestaltungsrecht entstanden ist und ausgeübt werden konnte, ohne Rücksicht auf die Kenntnis. Bei der Mietoption ist jedenfalls maßgebend der Zeitpunkt der Ausübung

22 b (BGH 94, 29). **bb) Widerruf und Rückgabe** (§§ 355–357 BGB) sind als rechtsvernichtende Einwendungen geregelt. Sie sind Gestaltungsrechte (Rn 22 a). Die Streitfrage wegen der früher angenommenen schwebenden Unwirksamkeit (vgl 22. Aufl) ist hinfällig. Die Präklusion muss auch nach der Rspr des BGH (131, 82) nicht immer durchgreifen (K. Schmidt JuS 00, 1096). Für die im Belieben des Verbrauchers stehenden Widerrufs- und Rückgaberechte ist für den Zeitpunkt der Präklusion auf die Ausübung abzustellen (K. Schmidt aaO).

23 **10. Innerprozessuale Präklusion** (Abs 3; MüKo/K. Schmidt 85). Die Klage muss alle Einwendungen umfassen, die berücksichtigt werden sollen. Entgegen dem Wortlaut dürfen Einwendungen bis zum Schluss der mdl Vhdlg auch noch in der Berufung (Geißler NJW 85, 1865 [1869]) nachgeschoben werden und müssen nicht schon in der Klageschrift aufgenommen sein (hM; K. Schmidt JR 92, 89 [92] mwN). Dies kann nicht wegen fehlender Einwilligung oder Sachdienlichkeit als unzulässig angesehen werden (vgl Rn 17). Abs 3 tritt neben die Konzentrationsvorschriften der §§ 272, 273, 282, 296. Bei Verstoß gegen Abs 3 ist die Einwendung ausgeschlossen (MüKo/K. Schmidt 88).

11. Eingeschränkter Einwendungsausschluss (anders als Rn 21) **24**
ergibt sich aus Abs 2 für diejenigen Titel, die nicht Urteile oder Vollstreckungsbescheide sind (vgl Rn 18), mit den Ausnahmen der Rn 26. Für
diese Titel (Rn 25) gilt nur Abs 3, nicht Abs 2. In bestimmten Fällen
gilt nur Abs 3 (Rn 23), nicht aber Abs 2 (Rn 21). Dies bedeutet, dass
für die nachstehend genannten Titel die Präklusion des Abs 2 nicht
anzuwenden ist, sondern nur eine Präklusion nach Abs 3 (Rn 23).
a) Titel. Es kommen, weil hier keine Rechtskraft eintritt, in Betracht: **25**
vollstreckungsbeschränkende Vereinbarungen (BGH NJW 91, 2295;
Karlsruhe NJW-RR 99, 941; vgl § 766 Rn 24, 25); vollstreckbare
Urkunden (§ 797 Abs 4); Prozessvergleiche (BGH NJW-RR 87, 1022);
Anwaltsvergleiche (§ 796 a; vgl § 796 b Rn 4) und Vergleiche vor Gütestellen (trotz § 797 a, der § 797 Abs 4 nicht erwähnt). Ferner Kostenfestsetzungsbeschlüsse (insbes § 103), weil in diesem Verfahren keine
Gelegenheit besteht, solche Einwendungen zu erheben, ausgenommen
die Kostenfestsetzung nach § 19 BRAGO (hM; BGH NJW 94, 3292).
Bei anderen Vollstreckungstiteln ist Abs 2 nur dann entspr anwendbar,
wenn und soweit im vorangegangenen Verfahren Einwendungen vorgebracht und berücksichtigt werden konnten. – **b) Einwendungen.** **26**
Gegen diese Titel kann jede Einwendung, auch eine rechtshindernde
(44 vor § 253), geltend gemacht werden, sogar fehlende Passivlegitimation (Düsseldorf OLGZ 84, 93), soweit sie nicht durch eine Vereinbarung im Rahmen der Vertragsfreiheit ausgeschlossen ist. Weiter ist die
Präklusion bei allen Titeln nicht durch Abs 2 eingeschränkt bei Einwendungen, die keinen Erfolg haben konnten (BGH WM 69, 1303), und
bei einer Aufrechnung, die im Vorprozess aus prozessualen Gründen für
unwirksam angesehen wurde (KG ZZP 86, 441 mit Anm v Grunsky).

12. Wiederholte Vollstreckungsabwehrklage. Sie ist nach Abwei- **27**
sung der Ersten grundsätzlich zulässig und nicht durch Abs 2 oder Abs 3
ausgeschlossen; diese schließen lediglich Einwendungen aus, so dass die
wiederholte Klage nur auf neu entstandene Einwendungen gestützt
werden kann (hierzu K. Schmidt JR 92, 89/93). Es ist zu unterscheiden:
a) Entgegenstehende Rechtskraft (§ 322 Abs 1). Über alle Einwen- **28**
dungen, über die in der ersten Vollstreckungsabwehrklage rechtskräftig
dahin entschieden wurde, dass sie nicht bestehen (Rn 20) oder ausgeschlossen sind (Rn 21) darf nicht nochmals und schon gar nicht anders
entschieden werden, so dass sie die neue Vollstreckungsabwehrklage
nicht begründen können, zB wenn eine aus Beweiswürdigung abgewiesene Klage mit neuen Beweismitteln wiederholt wird (Düsseldorf
NJW-RR 92, 1216). Die Rechtskraftwirkung besteht nicht bei Rücknahme (§ 269) oder übereinstimmender Erledigterklärung (§ 91 a Abs 1;
BGH NJW 91, 2280). – **b) Einwendungsausschluss.** Abs 2 gilt zwar **29**
unmittelbar nur im Verhältnis von Leistungsurteil (Vorprozess) zur Vollstreckungsabwehrklage, ist aber entspr anwendbar im Verhältnis der
ersten zur zweiten Vollstreckungsabwehrklage (K. Schmidt JR 92, 89
[93]), so dass auch die bislang nicht geltend gemachten Einwendungen

ausgeschlossen sind, die in der ersten Vollstreckungsabwehrklage hätten geltend gemacht werden können (K. Schmidt aaO; aA die hM und BGH aaO, die sich nur auf Abs 3 stützen; Burgard ZZP 106, 23 mwN). Selbstverständlich sind auch die Einwendungen ausgeschlossen, die unter das Bündelungsgebot des Abs 3 fielen (Rn 23). Nicht geltend gemachte Einwendungen können sich nach Beendigung der ZwVollstr in einer Bereicherungsklage fortsetzen (BGH NJW 93, 3399 mwN).

30   **13. Zwangsvollstreckung.** Das Urteil ist nach Maßgabe der §§ 708–714 für vorläufig vollstreckbar zu erklären. Sonst könnte die für unzulässig erklärte ZwVollstr nicht vor Rechtskraft nach § 775 Nr 1 eingestellt oder beschränkt werden, sofern nichts gem § 770 angeordnet ist. Die Vollstreckung aus dem angegriffenen Titel kann nach § 769 schon vor Klage und Urteil eingestellt werden.

31   **14. Rechtsmittel:** wie § 731 Rn 8. Beschwer: Bei Aufrechnung ist, wenn die Klage abgewiesen wird, die Aufrechnungsforderung, soweit aberkannt, hinzuzurechnen (BGH 48, 356).

32   **15. Sonstiges.** Kosten und Gebühren: wie § 731 Rn 9. Streitwert (§ 3): Wert des vollstreckbaren Anspruchs oder eines Teiles, soweit sich die Klage nur darauf bezieht (BGH NJW-RR 88, 444; Hamm Rpfleger 91, 387); dies gilt auch für Titel gem § 794 (BGH NJW 62, 806). § 17 GKG ist anwendbar (Karlsruhe Büro 82, 1718), ebenso § 19 Abs 3 GKG (Karlsruhe MDR 95, 643). Wegen § 4 dürfen Zinsen nur dann hinzugerechnet werden, wenn ihnen keine Hauptforderung mehr zugrundeliegt (Celle Büro 71, 1066). Die Kostenentscheidung bleibt außer Betracht (BGH NJW 95, 3318).

§ 768 Klage gegen Vollstreckungsklausel

Die Vorschriften des § 767 Abs. 1, 3 gelten entsprechend, wenn in den Fällen des § 726 Abs. 1, der §§ 727 bis 729, 738, 742, 744, des § 745 Abs. 2 und des § 749 der Schuldner den bei der Erteilung der Vollstreckungsklausel als bewiesen angenommenen Eintritt der Voraussetzung für die Erteilung der Vollstreckungsklausel bestreitet, unbeschadet der Befugnis des Schuldners, in diesen Fällen Einwendungen gegen die Zulässigkeit der Vollstreckungsklausel nach § 732 zu erheben.

1   **1. Allgemeines.** Die Klage gegen die Zulässigkeit der Vollstreckungsklausel ist der Vollstreckungsabwehrklage (§ 767) nachgebildet und wie diese eine prozessuale Gestaltungsklage (§ 767 Rn 1). Sie richtet sich (negativ) gegen die Zulässigkeit der ZwVollstr aus der erteilten Vollstreckungsklausel, im Gegensatz zur Klage aus § 731, die (positiv) auf Erteilung der Klausel zielt.

2   **2. Anwendungsbereich.** Die Vorschrift gilt bei einer Bedingung im Titel (§ 726 Abs 1) und bei Titeln, die gegen Personen vollstreckt werden sollen, welche darin nicht bezeichnet sind (§§ 727–729, 738,

742, 744, § 745 Abs 2, § 749), aber nur wenn der Eintritt einer der Voraussetzungen dieser Vorschriften bestritten wird (Koblenz NJW 92, 378), nicht wenn die Voraussetzungen des § 724 bestritten werden (dann ggf § 732 oder § 767). Dem Schuldner steht die Klage nach § 768 neben § 732 zur Wahl (vgl § 732 Rn 8; MüKo/K. Schmidt 4). Bei formellen Einwendungen gegen die Klausel gilt nur § 732 (Koblenz aaO).

3. Zulässig ist die Klage, wenn die Prozessvoraussetzungen vorliegen **3** (10 vor § 253), insbes: **a) Zuständigkeit:** wie § 767 Rn 13. – **b) Rechtsschutzbedürfnis.** Es tritt ein, sobald die Klausel erteilt ist **4** (Rn 6), nicht erst mit Beginn der ZwVollstr, und fällt weg, wenn die ZwVollstr als Ganzes beendet ist (29 vor § 704). – **c) Rechtskraft** darf **5** nicht entgegenstehen, so dass die Klage unzulässig ist, wenn die Klausel auf Grund eines nach § 731 ergangenen rechtskräftigen Urteils erteilt worden ist (§ 731 Rn 2) und die Klage nicht auf neue Tatsachen (vgl § 322 Rn 41, 43) gestützt wird. – **d) Klauselerteilung** in den von **6** § 768 genannten Fällen ist besondere Prozessvoraussetzung (32 vor § 253).

4. Begründet ist die Klage, wenn die Voraussetzungen zur Erteilung **7** der Klausel (auch die in § 724 Rn 6–9) bei den in Rn 2 genannten Fällen zu Unrecht angenommen wurden, zB wenn die in § 726 Abs 1 geforderte Tatsachen nicht eingetreten sind oder der Kläger bei denen von § 727 Abs 1 gutgläubig iS von § 325 Abs 2 war. **a) Maßgebender** **8** **Zeitpunkt** ist die letzte mündliche Verhandlung (vgl § 296 a). Ausgeschlossen sind Einwendungen entspr § 767 Abs 3 (dort Rn 23). Hingegen gilt § 767 Abs 2 nicht. – **b) Sachbefugnis:** wie § 767 Rn 19. – **c) Beweislast** für den Eintritt der klagebegründenden Tatsachen trägt **9** mit Ausnahme der Bösgläubigkeit in den Fällen des § 325 Abs 2 der klagende Vollstreckungsschuldner (MüKo/K. Schmidt 10; bestr; aA Köln NJW-RR 94, 893 mwN). Der Beweis muss im Prozess nicht in den Formen geführt werden, die § 726 Abs 1 und § 727 Abs 1 vorschreiben. Es gilt § 286.

5. Inhalt von Antrag und Urteilsformel. Die ZwVollstr gegen den **10** Kläger aus der (genau nach Gericht, Urteil und Datum bezeichneten) vollstreckbaren Ausfertigung wird für unzulässig erklärt. Daneben kommen Anordnungen zur ZwVollstr aus § 770 in Betracht.

6. Sonstiges. Rechtsmittel, Zwangsvollstreckung und Kosten: wie **11** § 767 Rn 30–32. Streitwert: nach § 3 Interesse des Klägers am Ausschluss der ZwVollstr (vgl Köln MDR 80, 852).

§ 769 Einstweilige Anordnungen

(1) ¹**Das Prozeßgericht kann auf Antrag anordnen, daß bis zum Erlaß des Urteils über die in den §§ 767, 768 bezeichneten Einwendungen die Zwangsvollstreckung gegen oder ohne Sicherheitsleistung eingestellt oder nur gegen Sicherheitsleistung**

fortgesetzt werde und daß Vollstreckungsmaßregeln gegen Sicherheitsleistung aufzuheben seien. [2]Die tatsächlichen Behauptungen, die den Antrag begründen, sind glaubhaft zu machen.

(2) [1]In dringenden Fällen kann das Vollstreckungsgericht eine solche Anordnung erlassen, unter Bestimmung einer Frist, innerhalb der die Entscheidung des Prozeßgerichts beizubringen sei. [2]Nach fruchtlosem Ablauf der Frist wird die Zwangsvollstreckung fortgesetzt.

(3) Die Entscheidung über diese Anträge ergeht durch Beschluss.

Abs 3 ist neu gefasst mWv 1. 1. 2002 durch Art 2 Nr 95 ZPO-RG.

1   **1. Allgemeines.** Die Vorschrift ähnelt den §§ 707, 719. Es soll verhindert werden, dass aus einem Titel vollstreckt wird, dessen endgültiger Bestand fraglich ist.

2   **2. Anwendungsbereich.** Die Vorschrift gilt unmittelbar bei den Klagen nach §§ 767, 768, 785, kraft Gesetzes entspr bei den Klagen nach §§ 771–774, 786, 806 und bei anderen Titeln als Urteilen (vgl 14 vor § 704), soweit auf die §§ 724–793 verwiesen ist (zB § 795), insbes auch bei Arrest (hM), ferner im Falle des § 323 (vgl dort Rn 30). Sie gilt nicht im PKHVerfahren (vgl Rn 7) und nicht bei einer Klage auf Schadensersatz wegen Urteilsmissbrauchs aus § 826 BGB (Frankfurt NJW-RR 92, 511; Stuttgart NJW-RR 98, 70; aA Zweibrücken NJW 91, 3041; MüKo/K. Schmidt 4 mwN).

3   **3. Zuständigkeit. a) Prozessgericht** (Abs 1): das Gericht, bei dem die Klage zZ des Antrags anhängig ist (uU auch das Revisionsgericht, BGH NJW 52, 546). Für die Klage zuständig muss das Gericht nicht sein (hM). Es entscheidet das AG, die Kammer oder der Senat, ggf der Einzelrichter (vgl §§ 348, 348a), bei der KfH der Vorsitzende (§ 349 4 Nr 10). – **b) Vollstreckungsgericht** (Abs 2; § 764): dessen Rechtspfleger (§ 20 Nr 17 RPflG), nur in dringenden Fällen, nämlich dann, wenn das Prozessgericht nicht mehr rechtzeitig entscheiden kann, bevor eine Vollstreckungsmaßnahme durchgeführt wird, die nicht mehr rückgängig gemacht werden kann (zB Versteigerung). Örtlich zuständig ist das Gericht, in dessen Bezirk die ZwVollstr stattfindet.

5   **4. Voraussetzungen. a) Antrag.** Er ist Prozesshandlung (Einl III), muss vom Schuldner (11 vor § 704), also dem Kläger ausgehen, ist schriftlich, in der Verhandlung mündlich oder nach § 496 zu Protokoll 6 der Geschäftsstelle zu stellen. Es gilt § 78 Abs 1. – **b) Rechtsschutzbedürfnis.** Es ist gegeben, sobald die vollstreckbare Ausfertigung erteilt ist. Die ZwVollstr muss nicht begonnen haben (28 vor § 704), darf aber 7 noch nicht als Ganzes beendet sein (29 vor § 704). – **c) Klageschrift.** Sie muss (nicht bei Abs 2) eingereicht sein (hM), nicht notwendig zugestellt. Ein Antrag auf PKH allein genügt nicht (Karlsruhe FamRZ 84, 186; bestr); hier verbleibt es in dringenden Fällen bei Abs 2 (Rn 4).

– **d) Erfolgsaussicht** der Klage. Sie muss mindestens zulässig sein und   8
möglicherweise begründet. – **e) Glaubhaftmachung** gem § 294 ist für
die Tatsachen, die den Antrag begründen, nach Abs 1 S 2 erforderlich.

5. Entscheidung. Sie ergeht durch Beschluss (Abs 3). Zustellung ist   9
wegen § 793 erforderlich (Rn 18; § 329 Abs 3), aber nicht für die Einstellung der ZwVollstr, weil hierfür Vorlage genügt (§ 775 Nr 2). **a) In-**   10
halt. Fehlt die Zuständigkeit (Rn 3, 4) oder eine der Voraussetzungen
(Rn 5–8), wird der Antrag abgelehnt. Ob ihm stattgegeben wird, steht im
Ermessen des Gerichts (vgl Rn 8). Einstellung ohne Sicherheitsleistung
nur ganz ausnahmsweise bei besonderem Schutzbedürfnis des Schuldners
(Hamm Büro 94, 308). Gründe sind idR nötig (Stuttgart MDR 98, 620;
Frankfurt MDR 99, 504 mwN). **b) Formel.** Sie lautet (entspr der
Antrag) wahlweise: **(1)** Die ZwVollstr gegen den Kläger (oder Antrag-   11
steller) aus dem (genau bezeichneten) Titel wird gegen (oder ohne)
Sicherheit in Höhe von (zu bemessen nach dem Schaden, der dem
Gläubiger entstehen kann) bis zum Erlass des Urteils eingestellt. Wirkung:
§ 775 Nr 2; denn „bis zum Erlass des Urteils" ist wie einstweilen. **(2)** Die   12
ZwVollstr darf nur gegen Sicherheitsleistung des Beklagten (oder Antragsgegners) fortgesetzt werden. Wirkung: § 751 Abs 2. **(3)** Es werden ein-   13
zelne Vollstreckungsmaßnahmen gegen Sicherheit des Schuldners (Höhe
wie Rn 11) aufgehoben. Wirkung: § 776 S 2 letzter Hs. – **c) Vollstre-**   14
ckungsgericht (Abs 2; Rn 4). Es muss bei seinen Anordnungen eine
Frist bestimmen. Sie kann verlängert werden (§ 224 Abs 2). Mit ihrem
Ablauf tritt die Anordnung des Vollstreckungsgerichts außer Kraft, vorher
schon, sobald das Prozessgericht nach Abs 1 entscheidet. – **d) Unzuläs-**   15
sig ist es, die Wirksamkeit der Anordnung davon abhängig zu machen,
dass der Antragsteller den Kostenvorschuss (§ 65 GKG) bezahlt (aA
StJMünzberg 7). – **e) Aufhebung und Änderung** eines erlassenen Be-   16
schlusses ist auf Antrag wegen veränderter Umstände zulässig, insbes durch
neue Erkenntnisse in der Hauptsache, Unterlassen des Betreibens der
Klage, insbes wegen unterbliebener Bezahlung gem § 65 GKG. Es ist
auch Erhöhung der Sicherheit zulässig.

6. Außer Kraft treten die Anordnungen des Prozessgerichts von   17
selbst mit Erlass des Urteils. Von da an gilt, was gemäß § 770 entschieden
ist. Anordnungen des Vollstreckungsgerichts treten gemäß Rn 14 außer
Kraft.

7. Rechtsbehelfe. a) Sofortige Beschwerde findet gegen den Be-   18
schluss (auch einen abändernden oder ablehnenden, Hamburg FamRZ
90, 431) des Prozessgerichts (Abs 1) statt (§ 793; Köln NJW-RR 92,
632 mwN; sehr bestr; zum Meinungsstand vgl Köln FamRZ 95, 1003
und Lemke MDR 00, 13; aA insbes Hamburg FamRZ 89, 298 und
Köln aaO). Bei Beschluss des Vollstreckungsgerichts (Abs 2): Rn 19.
Die sofortige Beschwerde ist aber wegen der gleichen Interessenlage wie
bei § 719 Abs 1 nach Maßgabe des § 707 Abs 2 S 2 beschränkt auf
greifbar gesetzwidrige Entscheidungen (vgl § 707 Rn 19; Nürnberg
NJW-RR 93, 1216; Rostock OLG-NL 95, 286; Dresden Büro 97, 102),

auch auf Verkennen der Ermessensvoraussetzungen, auf Ermessensfehlgebrauch (Köln NJW-RR 98, 365; Naumburg NJW-RR 98, 366
mwN) oder Ermessensmissbrauch (München NJW-RR 91, 63; sehr
umstr). Das muss schlüssig vorgetragen werden (Köln FamRZ 97, 1093).
Fehlende Begründung (Rn 10) allein reicht nicht (Karlsruhe FamRZ
88, 634; Köln NJW-RR 01, 647; vgl § 707 Rn 19), wohl aber ausnahmsweise bei weitreichenden Folgen (zB Unterhaltstitel, Stuttgart
19 MDR 98, 620). – **b) Sofortige Erinnerung** findet in jedem Fall statt,
wenn der Rechtspfleger des Vollstreckungsgerichts (Rn 14) gem Abs 2
20 entschieden hat (§ 11 Abs 2 RPflG). – **c) Auf Antrag** jeder Partei kann
das Gericht die Anordnung jederzeit ändern oder aufheben; auch dieser
Beschluss ist nur nach Maßgabe der Rn 18 anfechtbar.

21   **8. Kosten.** Hierüber wird im Beschluss nicht entschieden. Sie sind
solche des anhängigen Rechtsstreits (allgM; München Rpfleger 87, 36).
Findet er nicht statt (nur bei Abs 2 möglich), sind es Kosten der
ZwVollstr (§ 788 Abs 1 S 1). Gebühren: nur § 49 Abs 1 BRAGO.
Wert: § 3 Rn 188 Einstellung. Beschwerdeentscheidung: § 97 (Dresden
OLG-NL 98, 285).

§ 770 Einstweilige Anordnungen im Urteil

**¹Das Prozeßgericht kann in dem Urteil, durch das über die
Einwendungen entschieden wird, die in dem vorstehenden Paragraphen bezeichneten Anordnungen erlassen oder die bereits
erlassenen Anordnungen aufheben, abändern oder bestätigen.
²Für die Anfechtung einer solchen Entscheidung gelten die Vorschriften des § 718 entsprechend.**

1   **1. Allgemeines.** Mit Erlass des Urteils treten die gemäß § 769 erlassenen Anordnungen außer Kraft (§ 769 Rn 17). Auf Grund des § 770
können dann einstweilige Anordnungen erlassen werden, die bis zur
Rechtskraft wirken und mit ihr außer Kraft treten. Anwendungsbereich:
wie § 769 Rn 2.

2   **2. Entscheidung** ergeht im Urteil, auf Antrag oder von Amts wegen.
a) Anlass. Sinn haben die Anordnungen nur, soweit nicht mit dem
vorläufig vollstreckbaren Urteil über § 775 Nr 1 das Gleiche erreicht
werden kann. Sie wirken nach § 775 Nr 2, sind daher von der (zB nach
§ 709) angeordneten Sicherheit unabhängig und für den Kläger güns-
3 tiger. – **b) Inhalt:** Erlass von Anordnungen wie § 769 Rn 9–16. Die
gem § 769 getroffenen Anordnungen können aufgehoben (wegen § 769
Rn 17 nur deklaratorisch), abgeändert oder aufrecht erhalten werden.

4   **3. Anfechtbar** sind die Anordnungen, da sie Bestandteil des Urteils
sind, mit Einspruch oder Berufung, nicht mit Revision (S 2; § 718
Abs 2), zusammen mit dem ganzen Urteil (§ 338 oder § 511). Auf
Antrag kann Vorabentscheidung nach § 718 Abs 1 ergehen (S 2).

§ 771 Drittwiderspruchsklage

(1) **Behauptet ein Dritter, daß ihm an dem Gegenstand der Zwangsvollstreckung ein die Veräußerung hinderndes Recht zustehe, so ist der Widerspruch gegen die Zwangsvollstreckung im Wege der Klage bei dem Gericht geltend zu machen, in dessen Bezirk die Zwangsvollstreckung erfolgt.**

(2) **Wird die Klage gegen den Gläubiger und den Schuldner gerichtet, so sind diese als Streitgenossen anzusehen.**

(3) ¹**Auf die Einstellung der Zwangsvollstreckung und die Aufhebung der bereits getroffenen Vollstreckungsmaßregeln sind die Vorschriften der §§ 769, 770 entsprechend anzuwenden.** ²**Die Aufhebung einer Vollstreckungsmaßregel ist auch ohne Sicherheitsleistung zulässig.**

1. Allgemeines. Darstellung aller wesentlichen Probleme bei Prüt- 1 ting/Weth JuS 88, 505. Die Widerspruchsklage ist eine prozessuale Gestaltungsklage (hM; RoGaul § 41 II S 2; aA Prütting/Weth aaO: eigenständiger Klagetypus) und leitet einen neuen Rechtsstreit (erster Instanz) ein. Es gilt grundsätzlich das 1. bis 4. Buch. § 771 bestimmt die ausschließliche (§ 802) Zuständigkeit (Abs 1). Die Widerspruchsklage bewirkt, dass mit vorläufiger Vollstreckbarkeit oder Rechtskraft des stattgebenden Gestaltungsurteils die ZwVollstr unzulässig wird (vgl 38 vor § 704), weil sie auf Gegenstände erstreckt wurde, die nicht zum Vermögen des Schuldners gehören.

2. Andere Rechtsbehelfe des Dritten (12 vor 704): Es kommen in 2 Betracht: **a) Erinnerung (§ 766)**, wenn Verfahrensvorschriften verletzt sind. Mit § 771 wird hingegen nur das materielle, die Veräußerung hindernde Recht geltend gemacht. Beide Rechtsbehelfe sind daher nebeneinander (auch kumulativ) zulässig (MüKo/K. Schmidt 9 mwN). **b) Klage gegen den Schuldner** (zB auf Herausgabe des Gegenstandes, 3 vgl Rn 18) kann mit der Klage nach § 771 gegen den Gläubiger (Rn 9) verbunden werden (Abs 2). Es liegt dann einfache Streitgenossenschaft vor (§ 60). – **c) Klagen gegen den Gläubiger** aus materiellem Recht 4 auf Herausgabe oder Unterlassung der ZwVollstr (§ 823 Abs 1, §§ 985, 1004 BGB) sind durch § 771 verdrängt und unzulässig, bis die ZwVollstr beendet ist (29 vor § 704; allgM; BGH NJW 89, 2542; MüKo/Schmidt 12). Solange kann aber eine Vorzugsklage (§ 805) hilfsweise erhoben werden (MüKo/Schmidt 11), zB aus Vermieterpfandrecht. Ist die ZwVollstr durchgeführt, kann der Gläubiger Ansprüche aus § 812 oder § 816 BGB (StJMünzberg 73) oder bei Verschulden aus § 823 Abs 1 BGB geltend machen (hM), wobei für den vertretenden RA nicht § 831 BGB gilt, sondern § 166 BGB neben § 278 BGB (StJMünzberg 77 a), weil ein gesetzliches Schuldverhältnis zwischen Gläubiger und Drittem angenommen wird (BGH 58, 207). – **d) Klage gegen den Dritt-** 5 **schuldner** (insbes auf Herausgabe, § 985 BGB) bei Pfändung eines Herausgabeanspruchs (§ 846) kann von dem, der Dritter iS des § 771 ist, ohne vorherige Drittwiderspruchsklage erhoben werden (KG MDR 73, 233), weil sonst ein an der Zwangsvollstreckung Unbeteiligter mit 2 Prozessen belastet würde (BGH NJW 77, 384).

6   **3. Anwendungsbereich.** Jeder Vollstreckungstitel (14, 15 vor § 704) und jede Art von Zwangsvollstreckung in Sachen und Vermögensrechte sowie alle Vollstreckungsmaßnahmen, durch die ein Dritter (12 vor § 704) betroffen wird. Auch Vollstreckung von Steuerforderungen (§ 262 AO).

7   **4. Antrag und Urteilsformel** lauten dahin, dass die bestimmte Vollstreckungsmaßnahme (insbes Pfändung) aus dem (genau bezeichneten) Titel in den (genau bezeichneten) betreffenden Gegenstand für unzulässig erklärt wird. Anträge, die anders lauten, aber das gleiche Ziel betreffen, sind so auszulegen. Einstweilige Anordnungen (§ 770) sind möglich (Abs 3 S 1).

8   **5. Zulässigkeit** der Klage. Die allgemeinen Prozessvoraussetzungen (15 vor § 253) müssen vorliegen, insbes: **a) Zuständigkeit.** Das AG oder LG (§ 23 Nr 1, § 71 Abs 1 GVG), je nach sachlicher Zuständigkeit. Örtlich (Abs 1; ausschließlich, § 802): das AG oder LG, in dessen Bezirk die Sache gepfändet, bei Rechten der Pfändungsbeschluss erlassen, die Zwangsversteigerung (nach ZVG) oder sonst die ZwVollstr **9** durchgeführt wurde. – **b) Prozessführungsbefugnis.** Sie steht idR (vgl § 51 Rn 20) auf Klägerseite dem Dritten (12 vor § 704) zu, nie dem Gläubiger; dem Schuldner ausnahmsweise, wenn er nur mit bestimmten Vermögensmassen haftet, zB die Partei kraft Amtes (§ 51 Rn 25), der Erbe (§ 780 Rn 1). Der gesetzliche Vertreter des Schuldners (§ 51 Rn 3) ist Dritter, wenn in sein eigenes Vermögen vollstreckt wird. Auf der Beklagtenseite ist prozessführungsbefugt der Gläubiger (10 vor **10** § 704). – **c) Rechtsschutzbedürfnis. aa) Eintritt:** idR sobald die ZwVollstr begonnen hat (hM; Prütting/Weth JuS 88, 505 [508]). Das ist bei Herausgabe bestimmter Sachen (§ 883) spätestens ab Vollstreckungsantrag der Fall, bei Pfändung des Herausgabeanspruchs (§§ 847, 848) mit Erlass des Pfändungsbeschlusses (BGH 72, 334), bei Geldforderungen regelmäßig erst mit der Pfändung (§ 829) oder der Vorpfändung (§ 845). Dass die Vollstreckungsmaßnahme unwirksam ist, schließt das Rechtsschutzbedürfnis nicht aus; auch die nur scheinbar wirksame Pfändung gefährdet das Recht des Forderungsinhabers (BGH WM 81, 649 **11** mwN). **bb) Wegfall:** sobald die ZwVollstr beendet ist (29 vor § 704). Geschieht dies durch Verwertung und hat der Dritte Ansprüche aus §§ 812 ff, 823 ff BGB, kann er den Antrag umstellen (§ 264 Nr 3). Vollzogene Freigabe durch den beklagten Gläubiger erledigt außer dem Wegfall des Rechtsschutzbedürfnisses die Hauptsache (§ 91 a Rn 4; **12** Hamm NJW-RR 91, 1343). – **d) Ordnungsgemäße Klageerhebung.** Es kann stets an den für den vorangegangenen Prozess Bevollmächtigten des beklagten Gläubigers wirksam zugestellt werden (§ 81 Hs 1). **13** **e) Rechtskraft** kann nur entgegenstehen, soweit früher ein Urteil auf Klage nach § 771 ergangen ist; denn der prozessuale Anspruch ist hier das Recht, die Unzulässigkeit der ZwVollstr herbeizuführen, nicht das klagebegründende („die Veräußerung hindernde") Recht selbst. Die Rechtskraft (§ 322 Abs 1) bezieht sich auf die bestimmte ZwVollstr und auf den maßgebenden Zeitpunkt (§ 322 Rn 35). Wird derselbe Gegenstand nach Freigabe §§ 776, 775 Nr 1 nochmals gepfändet, steht das rechtskräftige erste Urteil nur insoweit nicht entgegen, wie der Dritte nach dem für das Ersturteil maßgebenden Zeitpunkt das veräußerungshindernde Recht verloren haben kann. Die Rechtskraft beschränkt sich nicht allein auf die Vollstreckungsmaßnahme, die im stattgebenden Urteil für unzulässig erklärt wurde (W. Müller DGVZ 76, 1).

6. Begründet ist die Klage (vgl 35 ff vor § 253), wenn dem Kläger **14** ein Recht iS des Abs 1 zusteht, sowohl zZ der Vollstreckungsmaßnahme (auch rückwirkend, zB § 184 Abs 1 BGB) als auch zZ der letzten Tatsachenverhandlung (37 vor § 253). Das Recht darf nicht durch Einwendungen ausgeschlossen sein (vgl 48, 49 vor § 253). Das trifft insbes zu, wenn der Kläger für die vollstreckbare Forderung aus anderen Gründen haftet, wenn dem Beklagten an der Sache ein Pfandrecht zusteht (zB aus § 559 BGB) oder der Kläger die ZwVollstr dulden muss (MüKo/ K. Schmidt 48), zB auf Grund des § 11 Abs 1 AnfG (K. Schmidt JZ 87, 889 [891] für § 5 aF); für die Einmann-GmbH, wenn ihr Alleingesellschafter Schuldner der Pfändungsforderung ist (Hamm NJW 77, 1159; einschränkend Düsseldorf NJW-RR 01, 542). Rechte iS des Abs 1 sind solche, die bewirken, dass der Gegenstand nicht zum Vermögen des Schuldners gehört. Dabei ist auf das Abstraktionsprinzip abzustellen, insbes bei Willensmängeln (Grigoleit AcP 199, 379/91). – **a) Eigentum 15** (selbst wenn auflösend bedingt); auch Miteigentum (RG 144, 241) und Sicherungseigentum (hM; BGH 12, 232 [234]; RG 124, 73; RoGaul § 41 VI 4 b; bestr; aA Klage nach § 805). Der Sicherungsgeber ist nur nach Maßgabe der Rn 19 berechtigt. Wegen anderer Fälle von Treuhandeigentum vgl RoGaul aaO. Dem Eigentum gleich steht für § 771 die Anwartschaft auf das Eigentum, insbes dann, wenn gegen den Vorbehaltsverkäufer vollstreckt wird (hM; BGH 55, 20). – **b) Inhaber- 16 schaft** aller Rechte (allgM; BGH NJW 77, 384), zB Forderung, Hypothek, Gesamthandanteil, Anspruch auf Rückübertragung einer nicht valutierten Grundschuld (Hamm ZIP 83, 806), wenn jenes Recht unmittelbar von der ZwVollstr betroffen wird (Frankfurt NJW 88, 1408 für Rückgewähr hinterlegten Geldes). Auch bei Forderungen, die von der Pfändung wegen Unwirksamkeit nicht erfasst oder betroffen werden (vgl § 829 Rn 28), wird die Anwendbarkeit von § 771 bejaht (hM), zB bei Pfändung gem § 847 (BGH NJW 77, 384). Bei der Inkassozession ist der Zedent (Treugeber) zur Klage nach § 771 berechtigt; bei Sicherungsabtretung der Sicherungsnehmer (wie Rn 15 für Sicherungseigentum). Keine solchen Rechte sind: das des Mitinhabers eines gepfändeten Oder-Kontos (Wagner WM 91, 1145; aA Koblenz NJW-RR 90, 1385); des Mandanten, wenn sein RA den eingezogenen Forderungsbetrag auf sein allgemeines Konto buchen lässt (BGH NJW 71, 559). – **c) Be- 17**

schränkte dingliche Rechte am Gegenstand nur, soweit sie durch die ZwVollstr beeinträchtigt werden, zB das Pfandrecht durch Wegnahme der Sache (§ 883), aber nicht durch eine Pfändung, die sowieso im Rang nachfolgt (§ 804 Abs 3); die Hypothek und die Grundschuld durch Pfändung von Grundstückszubehör (vgl § 1120 BGB), aber nicht durch eine Zwangshypothek (§ 867) am selben Grundstück, weil diese

18 (wie das Pfandrecht) schlechteren Rang hat. – **d) Schuldrechtliche Ansprüche** auf den Gegenstand der ZwVollstr kommen nach allgM nur in Betracht, soweit es sich um Herausgabeansprüche aus Überlassung von Gegenständen handelt, zB Mietverhältnis (§ 546 Abs 1 BGB), Leihe (§ 604 Abs 1 BGB), Verwahrung (§ 695 BGB), Auftrag (§ 667 BGB). Bloße Verschaffungsansprüche, wie zB Kauf (§ 433 Abs 1 S 1 BGB) oder Vermächtnis (§ 2174 BGB) sind kein veräußerungshinderndes Recht, weil der Gegenstand zum Vermögen des Schuldners gehört und aus diesem zu leisten ist (Prütting/Weth JuS 88, 505). Dies gilt auch, wenn ein Verschaffungsanspruch durch Vormerkung gesichert ist (BGH

19 NJW 94, 128). – **e) Treuhandverhältnisse.** Sie müssen im Einzelfall nicht offenkundig sein (BGH NJW 93, 2622). Grundsätzlich ist der Anspruch des Treugebers gegen den Treuhänder auf den Gegenstand ein Recht iS des Abs 1 (BGH 11, 41), zB bei der Inkassozession (vgl Rn 16), bei der Sicherungsübereignung; aber nur bis zum Eintritt der Verwertungsreife (BGH 72, 141; sehr umstr). Erfüllt der Sicherungsgeber die Forderung, so erwirbt er das Eigentum sofort (über § 158 BGB) zurück und ist sowieso aus Eigentum berechtigt (Rn 15). Mandantengelder müssen von einem RA auf Anderkonto gebracht sein (vgl Rn 16 aE) und begründen die Widerspruchsklage auch dann, wenn dem RA gestattet ist, in Höhe seiner Honorarforderungen darüber für sich zu verfügen (BGH NJW 96, 1543). Bei der Verwaltungstreuhand kann nur der Treugeber gem § 771 klagen, wenn Gläubiger des Treu-

20 händers bei diesem vollstrecken (vgl RoGaul § 41 VI 4 a mwN). – **f) Sondervermögen:** zB Insolvenzmasse, Zwangsverwaltungsmasse, Nachlass, Gesamtgut oder bestimmte Gegenstände (zB Grundstück bei Hypothek). Muss die ZwVollstr darauf beschränkt werden, wird sie aber darüber hinaus ausgedehnt, kann auch der Schuldner nach § 771 klagen (vgl Rn 9), aber nur auf Grund eines in Rn 15–18 aufgeführten Rechts. Ebenso die Verwalter fremden Vermögens (zB Insolvenz-, Zwangs- und Nachlassverwalter, Testamentsvollstrecker), wenn ohne Titel gegen sie in

21 das verwaltete Vermögen vollstreckt wird. – **g) Besitz** ist kein Recht iS des Abs 1. Für unbewegliche Sachen ist das hM; für bewegliche Sachen muss das Gleiche gelten, weil aus dem Besitz als bloß tatsächlichem Verhältnis nicht folgt, dass die Sache, wie gefordert, zum Vermögen des Schuldners gehört (hM; RoGaul § 41 VI 6 b; Prütting/Weth JuS 88, 505 [511]). Der Dritte ist hier durch §§ 809, 886, 766 geschützt.

22 **h) Anfechtbarkeit** (§§ 3–6 AnfG und §§ 129 ff InsO). Betreibt ein Gläubiger des Erwerbers einer anfechtbar veräußerten Sache in diese die ZwVollstr, so wird dem anfechtungsberechtigten Gläubiger des Veräußerers die Klagebefugnis gem § 771 eingeräumt (hM; MüKo/K. Schmidt

44), da es sich nicht nur um einen schuldrechtlichen Verschaffungsanspruch (Rn 18) handelt (aA aber BGH NJW 90, 990; dagegen K. Schmidt JZ 90, 619).

7. Freigabeerklärung des Gläubigers erledigt die Hauptsache **23** (§ 91 a). Dem Dritten ist wegen der auch durch § 93 für ihn ungünstig beeinflussbaren Kostenentscheidung (§ 91 a) zu empfehlen, sein Recht spätestens auf Verlangen des Gläubigers glaubhaft zu machen.

8. Zwangsvollstreckung. Das Urteil wird für vorläufig vollstreckbar **24** erklärt (wie § 767 Rn 30). Für stärkeren Schutz des Drittwiderspruchsklägers: KG Rpfleger 87, 510. Im Fall des Abs 3 keine entspr Anwendung von § 717 Abs 3 (BGH 95, 10; dagegen zutreffend Häsemeyer NJW 86, 1028). Die Sicherheit haftet nur für den Schaden, dessen Sicherung sie bezweckt (München NJW-RR 89, 1471).

9. Streitwert ist grundsätzlich nach § 6 zu bestimmen, so dass der **25** Betrag der Forderung, für die gepfändet wurde, maßgebend ist, der Wert des gepfändeten Gegenstandes, wenn er geringer ist als der Wert dieser Forderung. Bei mehreren Beklagten kann der Streitwert zusammenzurechnen sein (§ 5 Rn 1; München Büro 89, 848) und der Gegenstandswert (§ 7 Abs 1 BRAGO) gesondert in Höhe der jeweiligen Vollstreckungsforderung zu bestimmen. Ausnahmsweise kann § 3 gelten (LG Frankfurt Rpfleger 75, 322).

10. Sonstiges. a) Rechtsmittel: Berufung (§ 511) und Revision **26** (§ 542) finden nach allgemeinen Vorschriften statt. – **b) Kosten:** wie § 731 Rn 9. Bei Anerkenntnis vgl § 93 Rn 6.

§ 772 Drittwiderspruchsklage bei Veräußerungsverbot

[1] Solange ein Veräußerungsverbot der in den §§ 135, 136 des Bürgerlichen Gesetzbuchs bezeichneten Art besteht, soll der Gegenstand, auf den es sich bezieht, wegen eines persönlichen Anspruchs oder auf Grund eines infolge des Verbots unwirksamen Rechtes nicht im Wege der Zwangsvollstreckung veräußert oder überwiesen werden. [2] Auf Grund des Veräußerungsverbots kann nach Maßgabe des § 771 Widerspruch erhoben werden.

1. Veräußerungsverbot. Nur ein solches, das zugunsten bestimmter **1** Personen wirkt (relatives, §§ 135, 136 BGB), sowie § 938 Abs 2. Nicht: Vormerkung (§ 883 BGB), Widerspruch (§ 899 BGB); alle absoluten Veräußerungsverbote, da sie unter § 134 BGB fallen.

2. Voraussetzungen. Ein Veräußerungsverbot (Rn 1) muss wirksam **2** erlassen sein und noch bestehen. Es darf nicht wieder aufgehoben sein. Die ZwVollstr muss wegen eines persönlichen Anspruchs oder wegen eines dinglichen Rechts erfolgen, das vom Veräußerungsverbot erfasst wird; also nicht, wenn das Recht vor dem Erlass oder nachher gutgläubig erworben wurde (§ 135 Abs 2 BGB).

3   **3. Wirkung.** Wird gegen S 1 (Ordnungsvorschrift) verstoßen, ist die Vollstreckungsmaßnahme wirksam. Ablehnen soll das Vollstreckungsorgan nicht die Pfändung, sondern lediglich die Veräußerung, nämlich Versteigerung (§ 817), freihändigen Verkauf (§ 825), Zwangsversteigerung (§ 35 ZVG) und Überweisung (§ 835). Ist der Gegenstand eine Forderung, darf dagegen nicht aufgerechnet werden (vgl § 394 BGB).

4   **4. Rechtsbehelfe. a) Widerspruchsklage** (S 2; § 771) steht dem zu, den das Veräußerungsverbot schützt. Es gelten die Anmerkungen zu § 771 sinngemäß. An Stelle des Rechts iS des § 771 Abs 1 treten die Voraussetzungen des § 772 S 1 (Rn 2). Antrag und Formel lauten dahin, dass für unzulässig erklärt wird, den Gegenstand im Wege der ZwVollstr
5   zu veräußern oder zu überweisen. – **b) Vollstreckungserinnerung** (§ 766) für den Dritten und den Gläubiger, wenn die Veräußerung abgelehnt wird; nicht für den Schuldner (Hamburg MDR 66, 515 mwN; bestr).

§ 773 Drittwiderspruchsklage des Nacherben

[1]**Ein Gegenstand, der zu einer Vorerbschaft gehört, soll nicht im Wege der Zwangsvollstreckung veräußert oder überwiesen werden, wenn die Veräußerung oder die Überweisung im Falle des Eintritts der Nacherbfolge nach § 2115 des Bürgerlichen Gesetzbuchs dem Nacherben gegenüber unwirksam ist.** [2]**Der Nacherbe kann nach Maßgabe des § 771 Widerspruch erheben.**

1   Der Gegenstand der ZwVollstr muss zu einem Nachlass gehören, bei dem Nacherbfolge (§ 2100 BGB) angeordnet, aber noch nicht eingetreten ist. Die Veräußerung oder Überweisung muss nach § 2115 BGB unwirksam werden, wenn die Nacherbfolge eintritt. Wirkung und Rechtsbehelfe: wie § 772 Rn 3–5. Bei klagenden Nacherben besteht keine notwendige Streitgenossenschaft (vgl § 62 Rn 13), weil vor dem Nacherbfall keine Erbengemeinschaft vorliegt (BGH NJW 93, 1582).

§ 774 Drittwiderspruchsklage des Ehegatten

Findet nach § 741 die Zwangsvollstreckung in das Gesamtgut statt, so kann ein Ehegatte nach Maßgabe des § 771 Widerspruch erheben, wenn das gegen den anderen Ehegatten ergangene Urteil in Ansehung des Gesamtgutes ihm gegenüber unwirksam ist.

1   **Anwendbar** nur, wenn in das Gesamtgut auf Grund des § 741 vollstreckt wird. Das kann zulässig sein, obwohl das Gesamtgut materiellrechtlich nicht haftet (vgl § 1438 Abs 1, § 1460 Abs 1, §§ 1431, 1456 BGB); denn das hat das Vollstreckungsorgan nicht zu prüfen, kann es
2   idR auch nicht. Daher ist Klage nötig. **Wirkung.** Für die Klage gelten die Anmerkungen zu § 771 sinngemäß. Kläger ist der allein- oder mitverwaltende Ehegatte des Gewerbetreibenden. An die Stelle des

Rechts iS des § 771 Abs 1 tritt der Umstand, dass das Gesamtgut nicht haftet.

§ 775 Einstellung oder Beschränkung der Zwangsvollstreckung

Die Zwangsvollstreckung ist einzustellen oder zu beschränken:

1. wenn die Ausfertigung einer vollstreckbaren Entscheidung vorgelegt wird, aus der sich ergibt, daß das zu vollstreckende Urteil oder seine vorläufige Vollstreckbarkeit aufgehoben oder daß die Zwangsvollstreckung für unzulässig erklärt oder ihre Einstellung angeordnet ist;
2. wenn die Ausfertigung einer gerichtlichen Entscheidung vorgelegt wird, aus der sich ergibt, daß die einstweilige Einstellung der Vollstreckung oder einer Vollstreckungsmaßregel angeordnet ist oder daß die Vollstreckung nur gegen Sicherheitsleistung fortgesetzt werden darf;
3. wenn eine öffentliche Urkunde vorgelegt wird, aus der sich ergibt, daß die zur Abwendung der Vollstreckung erforderliche Sicherheitsleistung erfolgt ist;
4. wenn eine öffentliche Urkunde oder eine von dem Gläubiger ausgestellte Privaturkunde vorgelegt wird, aus der sich ergibt, daß der Gläubiger nach Erlaß des zu vollstreckenden Urteils befriedigt ist oder Stundung bewilligt hat;
5. wenn der Einzahlungs- oder Überweisungsnachweis einer Bank oder Sparkasse vorgelegt wird, aus dem sich ergibt, daß der zur Befriedigung des Gläubigers erforderliche Betrag zur Auszahlung an den Gläubiger oder auf dessen Konto eingezahlt oder überwiesen worden ist.

Nr 5 ist neu gefasst mWv 1. 1. 1999 durch Art 1 Nr 10 2. ZwVollstrNov.

1. Allgemeines. § 775 enthält eine erschöpfende Regelung, die **1** grundsätzlich eine entspr Anwendung auf andere Fälle verbietet (aA KG NJW-RR 00, 1523). Eingestellt ist die ZwVollstr, wenn sie nicht fortgesetzt oder überhaupt nicht begonnen wird. Beschränkt ist sie, wenn eine einzelne Vollstreckungsmaßnahme nicht fortgesetzt oder eingeleitet wird, andere Maßnahmen aber nicht gehindert sind. § 775 umfasst nicht die Aufhebung von Vollstreckungsmaßnahmen; hierfür gilt § 776.

2. Verfahren. Die zuständigen Vollstreckungsorgane (5–8 vor § 704) **2** haben die ZwVollstr, soweit sie zulässig ist (38 vor § 704), bis zum Erfolg durchzuführen. Die Einstellung oder Beschränkung der ZwVollstr (vgl Rn 1) geschieht von Amts wegen auch ohne Antrag des Schuldners. Die Entscheidungen, die unter Nr 1 und 2 fallen, sind von ihrer Existenz an (vgl § 329 Rn 5) zu beachten (BGH 25, 65). Die Ausfertigungen (Nr 1, 2) und Urkunden (Nr 3–5; im Original oder beglaubigter Kopie), sind dem zuständigen Vollstreckungsorgan vorzulegen. Befinden sich die

Urkunden schon in dessen Akten, genügt Bezugnahme. Die Aufhebung
von Vollstreckungsmaßnahmen richtet sich nach § 776.

3 **3. Vollstreckungshindernde Entscheidungen (Nr 1).** Die dem
Vollstreckungsorgan vorzulegende Ausfertigung muss nicht eine voll-
4 streckbare (§ 724) sein. **a) Arten:** rechtskräftige (§ 705) und vorläufig
vollstreckbare Urteile (§ 704 Abs 1), Beschlüsse (§ 794 Nr 3). Ist nach
einem Urteil ein Vergleich geschlossen worden, gilt § 775 nicht (allgM).
Wenn der Gläubiger aus dem Vergleich vollstreckt, muss der Schuldner
5 nach § 732 vorgehen. – **b) Inhalt: aa) Aufhebung** des zu vollstreckenden Urteils oder anderen Titels, auch allein seiner vorläufigen Vollstreckbarkeit (§ 717 Abs 1, § 718 Abs 1); ferner Feststellung der Nichtigkeit
des vollstreckten Urteils (19 vor § 300). Eine im aufhebenden Urteil
angeordnete Sicherheitsleistung muss wegen § 717 Abs 1 nicht nachgewiesen werden. Es genügt nicht, dass nur hinsichtlich der Sicherheits-
6 leistung abgeändert wurde. **bb) Unzulässigerklärung** der ZwVollstr,
insbes in den Fällen der §§ 732, 766, 767, 768, 771. Ist hier das Urteil
nur gegen Sicherheit vorläufig vollstreckbar, so ist die Sicherheitsleistung
7 nachzuweisen (vgl Nr 3; unten Rn 10). **cc) Einstellung** der ZwVollstr
durch Anordnung in der Entscheidung, nicht nur einstweilen (vgl
Rn 8), insbes nach § 765 a oder § 766.

8 **4. Einstweilige Einstellung und Sicherheitsleistung (Nr 2).** Es
ist zu unterscheiden: **a) Einstweilige Einstellung** (1. Alt). Die Entscheidung muss nicht vollstreckbar sein. Es genügt, dass sie erlassen ist.
Anwendbar insbes bei § 570 Abs 3, § 707, § 719, § 732 Abs 2, § 765 a,
Abs 1 S 2, § 766 Abs 1 S 2, § 769, § 770. Der Beschluss des Prozessgerichts (zB § 719) wirkt unmittelbar, insbes bei Forderungspfändung
für den Drittschuldner (Fink/Ellefret MDR 98, 1272). Ist nur gegen
Sicherheit einstweilen eingestellt, so ist nachzuweisen, dass sie geleistet
ist. Vollstreckungsmaßnahmen sind nur dann aufzuheben, wenn dies
ausdrücklich angeordnet ist (§ 776). Bis dahin bleiben die Maßnahme,
Verstrickung und Pfandrecht bestehen; nur die Verwertung bleibt ausgesetzt, weil die Vollstreckung nicht fortgesetzt werden darf (LG Berlin
9 Rpfleger 73, 64). – **b) Fortsetzung gegen Sicherheitsleistung**
(2. Alt); ist auf die § 709 S 3, § 707 Abs 1, § 719 Abs 1, § 732 Abs 2,
§ 769 Abs 2 zugeschnitten. Die ZwVollstr darf erst nach Sicherheitsleistung und Nachweis gem § 751 Abs 2 weiter betrieben werden.

10 **5. Geleistete Sicherheit (Nr 3).** Der Nachweis erfolgt idR durch
öffentliche Urkunde (§§ 415, 418). Eine öffentlich beglaubigte Urkunde
(§ 129 Abs 1 BGB) reicht nicht (hM). Anwendbar ist Nr 3 insbes bei
§§ 711, 712 Abs 1, § 720 a Abs 3. IdR ist die Bescheinigung der Hinterlegungsstelle nötig. Für Bankbürgschaft genügt der Nachweis, dass die
Bürgschaftserklärung dem Gläubiger im Original oder beglaubigter Abschrift vom Gerichtsvollzieher übergeben ist (vgl § 751 Rn 6).

11 **6. Befriedigung und Stundung (Nr 4). a) Urkunde.** Öffentliche:
wie Rn 10. Private: sie muss vom Gläubiger unterschrieben sein
(§ 416). Die Echtheit der Urkunde ist von Amts wegen zu prüfen.

Zweifel kann das Vollstreckungsorgan durch (auch telefonische) Anhörung des Gläubigers beheben. Es genügt die Urkunde eines Dritten, wenn nach dem Titel an ihn zu leisten ist; zB für Steuer- und Sozialversicherungsabzüge beim Lohn (StJMünzberg 19). Aus der Urkunde muss sich die volle Befriedigung des Gläubigers auch für Kosten und Zinsen ergeben. – **b) Befriedigung:** jede Art der Erfüllung, insbes **12** Erlass und Aufrechnung, auch ein Verzicht des Gläubigers (Schuschke/ Walker 10 mwN) und schuldbefreiende Hinterlegung (AG Worms DGVZ 97, 60), bei Arbeitsentgelt durch abgeführte Lohnsteuer und Sozialversicherungsbeiträge. Es muss wegen des vollen Betrags und der Kosten befriedigt sein. Dem steht gleich, wenn die vollstreckbare Forderung (50 vor § 704) vom Schuldner gepfändet und ihm überwiesen ist (hM; Noack DGVZ 75, 97 mwN), nicht aber wenn ein Gläubiger des Vollstreckungsgläubigers dessen Forderung gegen einen Dritten gepfändet hat (vgl Schmidt-v. Rhein DGVZ 88, 65 mwN). Ist nur teilweise befriedigt, ist die ZwVollstr auf die wegen der Restschuld nötigen Maßnahmen zu beschränken. Die Befriedigung muss sich direkt aus der Urkunde (regelmäßig Quittung, § 368 BGB) ergeben. – **c) Stundung 13** ist das Hinausschieben der Fälligkeit. Sie muss noch für die Zeit gewährt sein, zu der die ZwVollstr eingestellt oder beschränkt wird. – **d) Zeit- 14 punkt.** Dem Erlass des Urteils (Verkündung oder Zustellung gem § 310 Abs 3) entspricht bei anderen Titeln die Entstehung (zB § 329 Rn 5), im Mahnverfahren entgegen § 700 Abs 1 die Zustellung des Mahnbescheids (LG Kiel DGVZ 83, 24; MüKo/K. Schmidt 20; aA die hM: die des Vollstreckungsbescheids).

7. Bank- oder Sparkassenbeleg (Nr 5). Als Empfänger muss der **15** Gläubiger vermerkt sein. Bei Teilbetrag ist wie in Rn 12 zu verfahren. Maßgebender Zeitpunkt: wie Rn 14. Umfaßt alle Banken und Sparkassen. Als Überweisungsbeleg muss nach der heutigen Bankpraxis auch der Kontoauszug des Schuldners genügen. Als zeitliche Schranke wird man, da „nach dem Erlass des Urteils" (wie Rn 14) weggefallen ist, beim Urteil auf den Schluss der mdl Vhdlg, sonst auf die Entstehung des Titels abstellen müssen (Musielak/Lackmann 10).

8. Fortsetzung der Zwangsvollstreckung nach Einstellung oder **16** Beschränkung (Nr 1–5): **a) Von Amts wegen** in den Fällen der §§ 769 Abs 2 S 2, 815 Abs 2 S 2 durch das jeweils zuständige Vollstreckungsorgan. – **b) Auf Antrag** des Gläubigers, der in den Fällen der **17** Nr 4, 5 zu befolgen ist, wenn der Gläubiger die Befriedigung bestreitet (LG Frankfurt DGVZ 89, 42 mwN). Bei Restforderung ist wie bei § 753 Rn 12 zu verfahren. Dem Schuldner bleibt Klage nach § 767 mit der Möglichkeit, die einstweilige Einstellung der ZwVollstr über § 769 zu erwirken. Neben dem Antrag des Gläubigers ist in den Fällen der Nr 1, 2 eine gerichtliche Entscheidung nötig, solange die Entscheidung, auf der die Einstellung beruht, nicht aufgehoben oder außer Kraft getreten ist (vgl zB § 769 Rn 17; § 707 Rn 15, 17).

18 **9. Verstöße.** Wird weiter vollstreckt, obwohl die Voraussetzungen des § 775 vorliegen, so ist die Vollstreckungsmaßnahme nicht unwirksam, aber auf Rechtsbehelf (Rn 19) aufzuheben. Das gilt auch, wenn das Vollstreckungsorgan die Einstellungsvoraussetzungen (zB Beschluss gem Nr 2) nicht kennt (BGH 25, 65; LG Berlin MDR 75, 672; Kirberger Rpfleger 76, 8).

19 **10. Rechtsbehelfe.** Jedem, der beschwert ist, steht gegen Vornahme oder Unterbleiben von Vollstreckungsmaßnahmen die Erinnerung (§ 766) zu, bei Entscheidungen die sofortige Beschwerde (§ 793). Für den Gläubiger ist Fortsetzungsantrag (Rn 17) oft zweckmäßiger (Behr Büro 96, 175).

§ 776 Aufhebung von Vollstreckungsmaßregeln

[1]In den Fällen des § 775 Nr. 1, 3 sind zugleich die bereits getroffenen Vollstreckungsmaßregeln aufzuheben. [2]In den Fällen der Nummern 4, 5 bleiben diese Maßregeln einstweilen bestehen; dasselbe gilt in den Fällen der Nummer 2, sofern nicht durch die Entscheidung auch die Aufhebung der bisherigen Vollstreckungshandlungen angeordnet ist.

1 **1. Aufhebung** von bestehenden Vollstreckungsmaßnahmen kann nur durch das zuständige Vollstreckungsorgan erfolgen und nur bis zum
2 Ende der Maßnahme (29 vor § 704). **a) Voraussetzungen.** Aufgehoben wird: **(1)** wenn der Gläubiger Freigabe erklärt oder den Vollstreckungsantrag zurücknimmt (39 vor § 704); **(2)** in den Fällen, die S 1 aufführt, also § 775 Nr 1 und 3; **(3)** bei unbestrittener teilweiser Erfüllung, soweit andere Gegenstände gepfändet bleiben und die Restforderung so niedrig ist, dass gegen § 803 Abs 1 S 2 verstoßen werden würde.
3 – **b) Verfahren.** Aufgehoben wird zB durch Abnahme der Pfandsiegel (hierzu kann der Gerichtsvollzieher den Schuldner ermächtigen), Aufhebung des Pfändungsbeschlusses, der Haftanordnung oder des Beschlusses nach § 890 Abs 1. Da § 776 ausdrücklich die Aufhebung „zugleich" vorschreibt, darf die Rechtskraft der in § 775 genannten Entscheidun-
4 gen nicht abgewartet werden (vgl § 775 Rn 4, 8). – **c) Wirkung.** Der Pfandgegenstand wird entstrickt (vgl § 803 Rn 11). Die Vollstreckungsmaßnahme wird ohne Rücksicht auf die formelle Rechtskraft der aufhebenden Entscheidung (BGH NJW 76, 1453) beseitigt, lebt nicht wieder auf und kann (auch auf Rechtsbehelf) nur neu mit Wirkung ex nunc vollzogen werden. Einer erneuten Pfändung steht die vorangegangene Aufhebung nicht entgegen, auch nicht im Falle des § 775 Nr 1 bei einer erfolgreichen Klage aus § 771.

5 **2. Fortbestand.** Bestehen bleiben die Vollstreckungsmaßnahmen bei § 775 Nr 4, 5 immer, bei Nr 2 grundsätzlich. Die Aufhebung wird hier erreicht durch Freigabe des Gläubigers (Rn 2), bei § 775 Nr 4, 5 durch Klage gemäß § 767 über § 775 Nr 1.

§ 777 Erinnerung bei genügender Sicherung des Gläubigers

¹Hat der Gläubiger eine bewegliche Sache des Schuldners im Besitz, in Ansehung deren ihm ein Pfandrecht oder ein Zurückbehaltungsrecht für seine Forderung zusteht, so kann der Schuldner der Zwangsvollstreckung in sein übriges Vermögen nach § 766 widersprechen, soweit die Forderung durch den Wert der Sache gedeckt ist. ²Steht dem Gläubiger ein solches Recht in Ansehung der Sache auch für eine andere Forderung zu, so ist der Widerspruch nur zulässig, wenn auch diese Forderung durch den Wert der Sache gedeckt ist.

1. Allgemeines. § 803 Abs 1 S 2 verbietet die Überpfändung, § 777 ermöglicht dem Schuldner, eine erstmalige Pfändung zu beseitigen, wenn der Gläubiger schon nach materiellem Recht gesichert ist. **1**

2. Anwendungsbereich. a) Unmittelbar: bei ZwVollstr wegen Geldforderungen (§§ 803–882) und nur bei bestehender Sicherheit an beweglichen Sachen, zB Pfandrechte jeder Art (außer Pfändungspfandrecht, vgl § 803 Abs 1 S 2), Zurückbehaltungsrechte (§§ 273, 1000 BGB, § 369 HGB; hM), Sicherungseigentum bei unmittelbarem Besitz des Gläubigers oder wenn die Sache einem herausgabebereiten Dritten zur Verwertung übergeben worden ist (StJMünzberg 3 a mwN). **b) Entsprechend:** Pfandrechte an Forderungen nur dann, wenn sie gegen den Staat gerichtet sind (hM), zB bei Hinterlegung (§ 233 BGB). Bürgschaft genügt nicht. Für Anwendung auf Mietkaution: LG München I DGVZ 84, 77. **2 3**

3. Voraussetzungen. Der Gläubiger muss die Sache mittelbar (§ 868 BGB) oder unmittelbar besitzen oder Mitbesitzer sein. Die gesicherte Forderung muss diejenige sein, wegen der vollstreckt wird. **4**

4. Verfahren. Das Vollstreckungsorgan (5, 6, 8 vor § 704) hat bei Vornahme der ZwVollstr den § 777 nicht zu beachten, denn dafür ist Erinnerung (§ 766) des Schuldners vorgesehen. Begründet ist diese, wenn die Forderung (50 vor § 704), bei S 2 auch die andere, durch Sicherheiten (Rn 2, 3) gedeckt ist. Dann ist auf Unzulässigkeit der Vollstreckungsmaßnahme zu erkennen (§ 766 Rn 11). Bei der Offenbarungsversicherung (§ 807) geht der Widerspruch (§ 900 Abs 4) als spezieller Rechtsbehelf der Erinnerung (§ 766) vor (LG Stuttgart Rpfleger 00, 28 mwN). Wirkung: § 775 Nr 1. **5**

§ 778 Zwangsvollstreckung vor Erbschaftsannahme

(1) **Solange der Erbe die Erbschaft nicht angenommen hat, ist eine Zwangsvollstreckung wegen eines Anspruchs, der sich gegen den Nachlaß richtet, nur in den Nachlaß zulässig.**

(2) **Wegen eigener Verbindlichkeiten des Erben ist eine Zwangsvollstreckung in den Nachlaß vor der Annahme der Erbschaft nicht zulässig.**

1 **1. Allgemeines.** § 778 gilt für jede Art von ZwVollstr in Vermögen. Der Erbe darf die Erbschaft noch nicht angenommen haben (vgl § 1944 BGB). Solange sind sein Vermögen und der Nachlass noch getrennt.

2 **2. Nachlassverbindlichkeiten** (Abs 1; § 1967 Abs 2 BGB). Abs 1 gilt auch, wenn die ZwVollstr in das Vermögen des Erblassers noch nicht begonnen hat (vgl § 779 Abs 1). Sie darf nach dem Tode des Schuldners **3** (11 vor § 704) begonnen werden: **a) Vor der Annahme** nur in den Nachlass und nur wenn ein Nachlasspfleger, der auch auf Antrag des Gläubigers zu bestellen ist (§ 1961 BGB), ein Testamentsvollstrecker oder Nachlassverwalter (§ 1975 BGB) vorhanden ist. Der Titel kann durch Klage gegen sie erlangt werden. Lag er schon gegen den verstorbenen Schuldner vor, ist nur die Klausel umzustellen (vgl § 727 Abs 1, **4** § 749). – **b) Nach der Annahme,** auch mit einem Titel (ggf umgeschrieben nach § 727 Abs 1) gegen den Erben in dessen übriges Vermögen und in den Nachlass. Die beschränkte Erbenhaftung muss gemäß den §§ 781–785 geltend gemacht werden. Ist das Urteil noch gegen den Erblasser ergangen, ist ein Vorbehalt gem § 780 weder möglich noch nötig. Nur wenn der Erbe oder die Erbengemeinschaft verurteilt wird, bedarf es für die beschränkte Haftung des Vorbehalts (§ 780; vgl Celle NJW-RR 88, 133).

5 **3. Eigenverbindlichkeiten** des Erben (Abs 2). **a) Vor der Annahme** ist die ZwVollstr in den Nachlass verboten; das schützt den **6** (möglicherweise anderen) endgültigen Erben. – **b) Nach der Annahme** darf auch in den Nachlass vollstreckt werden.

7 **4. Rechtsbehelfe.** Erinnerung (§ 766) findet statt wegen Verstoßes gegen den § 778 für jeden Betroffenen (auch Nachlassgläubiger), Widerspruchsklage (§ 771) nur für den Erben (ggf Nachlasspfleger, Nachlassverwalter, Testamentsvollstrecker) vor der Annahme (Rn 3).

§ 779 Fortsetzung der Zwangsvollstreckung nach dem Tod des Schuldners

(1) **Eine Zwangsvollstreckung, die zur Zeit des Todes des Schuldners gegen ihn bereits begonnen hatte, wird in seinen Nachlaß fortgesetzt.**

(2) [1]**Ist bei einer Vollstreckungshandlung die Zuziehung des Schuldners nötig, so hat, wenn die Erbschaft noch nicht angenommen oder wenn der Erbe unbekannt oder es ungewiß ist, ob er die Erbschaft angenommen hat, das Vollstreckungsgericht auf Antrag des Gläubigers dem Erben einen einstweiligen besonderen Vertreter zu bestellen.** [2]**Die Bestellung hat zu unterbleiben, wenn ein Nachlaßpfleger bestellt ist oder wenn die Verwaltung des Nachlasses einem Testamentsvollstrecker zusteht.**

1 **1. Fortsetzung der Zwangsvollstreckung** (Abs 1). Gilt für jede Art der ZwVollstr, die in den Nachlass erfolgt. Wegen Handlungen und

Unterlassungen (§§ 887, 888, 890) muss sie gegen den Erben grundsätzlich neu begonnen werden (vgl Obermaier DGVZ 73, 145). Sie
muss vor dem Tod des Schuldners begonnen haben (28 vor § 704);
wenn nicht, gilt § 778 Abs 1. Der Titel (gegen den Schuldner) muss
nicht gem § 727 umgeschrieben werden (LG Stuttgart DGVZ 87, 12).
Annahme der Erbschaft ist bedeutungslos. Es dürfen nicht nur begonnene Vollstreckungsmaßnahmen durchgeführt, sondern auch neue eingeleitet, sogar auf andere Nachlassgegenstände erstreckt werden; denn
Abs 1 betrifft die ZwVollstr im Ganzen, nicht die einzelne Vollstreckungsmaßnahme (hM; LG Dortmund NJW 73, 374). Die ZwVollstr
soll von vorneherein auf die erkennbar zum Nachlass gehörenden Gegenstände beschränkt werden. Rechtsbehelfe: § 766, bei Entscheidungen § 793, § 11 Abs 1 RPflG.

2. Einstweiliger Vertreter des Erben (Abs 2), nicht des Nachlasses. **2**
Zuständig für die Bestellung ist der Rechtspfleger (§ 20 Nr 17 RPflG).
Kosten: § 788. **a) Voraussetzungen** der Bestellung sind dem Abs 2 zu **3**
entnehmen. Nötig ist sie insbes, wenn an den Schuldner zugestellt, wenn
er gehört oder in Kenntnis gesetzt werden muss, zB in § 808 Abs 3,
§ 829 Abs 2, § 844 Abs 2. – **b) Fortsetzung** der ZwVollstr ist erst **4**
dann zulässig, wenn der Vertreter bestellt ist (§ 92 Nr 1 GVGA). –
c) Gesetzliche Vertretung (§ 51 Rn 3) erstreckt sich auf alle mit der **5**
ZwVollstr nötig werdenden Handlungen (insbes Rechtsbehelfe) und
erlischt, sobald der Erbe, ein Nachlasspfleger, Nachlassverwalter oder
Testamentsvollstrecker in das Verfahren eintritt. **d) Rechtsbehelf** gegen **6**
Bestellung oder deren Ablehnung: § 793; § 11 Abs 1 RPflG; nicht
Erinnerung (§ 766).

§ 780 Vorbehalt der beschränkten Erbenhaftung

(1) **Der als Erbe des Schuldners verurteilte Beklagte kann die
Beschränkung seiner Haftung nur geltend machen, wenn sie ihm
im Urteil vorbehalten ist.**

(2) **Der Vorbehalt ist nicht erforderlich, wenn der Fiskus als
gesetzlicher Erbe verurteilt wird oder wenn das Urteil über eine
Nachlaßverbindlichkeit gegen einen Nachlaßverwalter oder einen
anderen Nachlaßpfleger oder gegen einen Testamentsvollstrecker, dem die Verwaltung des Nachlasses zusteht, erlassen wird.**

1. Allgemeines. Mit einem Titel gegen den Erben kann in dessen **1**
gesamtes Vermögen vollstreckt werden (§ 778 Rn 4). Bei Nachlassverbindlichkeiten kann der Erbe (nach BGB) seine Haftung auf den Nachlass beschränken. Geltend machen kann er das bereits im Rechtsstreit
(K. Schmidt JR 89, 45) oder erst in der ZwVollstr durch Klage (§ 785),
jedoch nur, wenn im Titel der Vorbehalt des § 780 Abs 1 steht.

2. Anwendungsbereich. a) Personen: Erben, auch Miterben **2**
(§ 2059 BGB), Nacherben ab Eintritt der Nacherbfolge (vgl § 2144
BGB) und Erbschaftskäufer (vgl § 2383 BGB). – **b) Titel:** auch alle von **3**

§ 795 erfassten (LG Bückeburg MDR 97, 978; MüKo/ K. Schmidt 3).
Bei Leistungsklagen (3 vor § 253) kann schon im Grundurteil (§ 304,
Köln VersR 68, 380) der Vorbehalt herbeigeführt werden. Im Mahnverfahren kann durch Widerspruch (§ 694), Antrag auf Durchführung
(§ 696 Abs 1 S 1) oder Einspruch (§ 700) das streitige Verfahren herbeigeführt werden, damit der Vorbehalt aufgenommen werden kann. –
4/5 **c) Beschränkte Erbenhaftung.** Jeder Fall: Nachlassinsolvenzverfahren
und -verwaltung (§ 1975 BGB), Erschöpfungseinreden (§§ 1973, 1974
BGB), Dürftigkeitseinreden (§§ 1990, 1992 BGB; BGH NJW 91,
2839), bei Miterben die Einrede aus § 2059 BGB (vgl Rn 2). Für die
aufschiebenden Einreden (§§ 2014, 2015 BGB) gelten § 305 Abs 1,
§§ 782, 783.

6   **3. Vorbehalt im Titel. a) Erforderlich** ist der Vorbehalt, wenn der
Erbe (abgesehen von Abs 2) eine der Einreden (Rn 4) erhoben hat. Das
geschieht wie bei 49 vor § 253, ohne besonderen Antrag (BGH NJW
64, 2298 [2300]), bis zum Schluss der letzten Tatsachenverhandlung (im
schriftlichen Verfahren vgl § 128 Abs 2), nur ausnahmsweise in der
Revisionsinstanz (vgl BGH 54, 204); dann auch ohne besondere Rüge
7 (BGH NJW 83, 2378). – **b) Inhalt.** Die Entscheidung lautet stattgebend: „Dem Beklagten bleibt die beschränkte Erbenhaftung vorbehalten" (also ohne Angabe von Nachlassgegenständen). Ihn „als Erbe" zu
verurteilen, genügt nicht; ebenso wenig im Prozessvergleich als Erbe
bezeichnet zu sein (BGH NJW 91, 2839). Weil der Erbe für die Prozesskosten, die nicht schon durch den Erblasser entstanden sind, unbeschränkt haftet, darf der Vorbehalt in diesen Fällen nicht auf die Kosten-
8 entscheidung erstreckt werden (Frankfurt Büro 77, 1626). – **c) Prüfung.** Das Gericht muss nicht prüfen, ob die Einrede begründet ist,
kann es aber. Steht danach fest, dass der Erbe unbeschränkt haftet, so ist
der Vorbehalt nicht aufzunehmen und die Einrede in den Gründen
abzuhandeln. Steht fest, dass keine Nachlassgegenstände vorhanden sind,
9 ist die Klage abzuweisen (hM). – **d) Entbehrlich** ist der Vorbehalt in
den Fällen des Abs 2, weil die Haftung zwangsläufig auf den Nachlass
beschränkt ist; soweit die Einrede dem Erben in der Revisionsinstanz
verwehrt war (BGH 54, 204). Ferner bei Individualansprüchen in Bezug
10 auf Nachlassgegenstände, zB auf Herausgabe. – **e) Ergänzung.** Wird
der Vorbehalt übergangen, so gilt § 321 (dort Rn 7).

11   **4. Wirkung.** Der Vorbehalt hindert nicht die ZwVollstr in das gesamte Vermögen des Erben (§ 781). Dieser kann aber nach § 785 durch
Vollstreckungsabwehrklage (§ 767) die beschränkte Haftung geltend machen. Nur der Vorbehalt erhält ihm diese Einrede, die sonst durch
§ 767 Abs 2 ausgeschlossen wäre.

§ 781 Beschränkte Erbenhaftung in der Zwangsvollstreckung

**Bei der Zwangsvollstreckung gegen den Erben des Schuldners
bleibt die Beschränkung der Haftung unberücksichtigt, bis auf**

Grund derselben gegen die Zwangsvollstreckung von dem Erben Einwendungen erhoben werden.

1. Vor dem Urteil gemäß § 785 findet die ZwVollstr in den Nach- **1** lass und das gesamte übrige Vermögen des Erben statt. Eine beschränkte Haftung bleibt unberücksichtigt. Ist der Vorbehalt im Titel, darf § 894 nicht angewandt werden; die Abgabe der Willenserklärung ist nach § 888 zu vollstrecken (hM). Durch einstweilige Anordnungen nach § 769 kann die ZwVollstr in das Erbenvermögen aber schon vor dem Urteil eingestellt oder beschränkt werden.

2. Nach dem Urteil gemäß § 785 wird, wenn es der Klage des **2** Erben stattgibt, die ZwVollstr in diejenigen Gegenstände des Erbenvermögens unzulässig, auf die sich das Urteil erstreckt.

§ 782 Einreden des Erben gegen Nachlassgläubiger

¹Der Erbe kann auf Grund der ihm nach den §§ 2014, 2015 des Bürgerlichen Gesetzbuchs zustehenden Einreden nur verlangen, daß die Zwangsvollstreckung für die Dauer der dort bestimmten Fristen auf solche Maßregeln beschränkt wird, die zur Vollziehung eines Arrestes zulässig sind. ²Wird vor dem Ablauf der Frist die Eröffnung des Nachlaßinsolvenzverfahrens beantragt, so ist auf Antrag die Beschränkung der Zwangsvollstreckung auch nach dem Ablauf der Frist aufrechtzuerhalten, bis über die Eröffnung des Insolvenzverfahrens rechtskräftig entschieden ist.

Voraussetzung. § 782 gilt nur bei Nachlassverbindlichkeiten **1** (§ 1967 Abs 2 BGB). Die Einreden nach §§ 2014, 2015 BGB, die beschränkbare, aber noch nicht beschränkte Haftung voraussetzen, müssen nach § 305 Abs 1 im Urteil vorbehalten sein. **Wirkung.** Wie bei **2** § 781 (dort Rn 1) wird die ZwVollstr zunächst in das gesamte Vermögen des Erben durchgeführt. Mit Klage nach § 785 (sehr unpraktisch) kann der Erbe nur erreichen, dass keine anderen Vollstreckungsmaßnahmen als bei Arrestvollzug (§§ 930–932) vorgenommen werden dürfen, solange er die (zeitlich beschränkten) Einreden hat. Die Frist kann verlängert werden, auch durch Klage (§ 785) gemäß S 2.

§ 783 Einreden des Erben gegen persönliche Gläubiger

In Ansehung der Nachlaßgegenstände kann der Erbe die Beschränkung der Zwangsvollstreckung nach § 782 auch gegenüber den Gläubigern verlangen, die nicht Nachlaßgläubiger sind, es sei denn, daß er für die Nachlaßverbindlichkeiten unbeschränkt haftet.

Für Nachlassverbindlichkeiten (§ 1967 Abs 2 BGB) gilt § 782, für **1** sonstige Verbindlichkeiten des Erben § 783. Danach ist § 782 anzuwen-

den; nur dann nicht, wenn der Erbe bereits unbeschränkt haftet (letzter
Hs). Die Beweislast hierfür trägt der Gläubiger.

§ 784 Zwangsvollstreckung bei Nachlassverwaltung und -insolvenzverfahren

(1) **Ist eine Nachlaßverwaltung angeordnet oder das Nachlaßinsolvenzverfahren eröffnet, so kann der Erbe verlangen, daß Maßregeln der Zwangsvollstreckung, die zugunsten eines Nachlaßgläubigers in sein nicht zum Nachlaß gehörendes Vermögen erfolgt sind, aufgehoben werden, es sei denn, daß er für die Nachlaßverbindlichkeiten unbeschränkt haftet.**

(2) **Im Falle der Nachlaßverwaltung steht dem Nachlaßverwalter das gleiche Recht gegenüber Maßregeln der Zwangsvollstreckung zu, die zugunsten eines anderen Gläubigers als eines Nachlaßgläubigers in den Nachlaß erfolgt sind.**

1   **Gemeinsames** (von Abs 1 und 2). Es ist Klage zu erheben (§ 785).
Die Urteilsformel ist an § 775 Nr 1 auszurichten (§ 785 Rn 2, 3); daher
ist nicht Aufhebung von Vollstreckungsmaßnahmen zu beantragen.
2   **Zwangsvollstreckung in das Erbenvermögen** (Abs 1), das nicht
zum Nachlass gehört, muss wegen einer Nachlassverbindlichkeit (§ 1967
Abs 2 BGB) erfolgt sein. Der Vorbehalt (§ 780) muss bestehen. Der
Erbe haftet endgültig beschränkt (§ 1975 BGB). Abs 1 bestimmt (über
§ 781 hinaus), was bei beschränkter Haftung und erfolgter ZwVollstr zu
geschehen hat; gilt entsprechend für die anderen Fälle beschränkter
3   Haftung (§ 780 Rn 4; hM). **Zwangsvollstreckung in den Nachlass**
(Abs 2) wegen sonstiger Verbindlichkeiten des Erben berechtigt den
Nachlassverwalter nur zur Klage nach § 785 (§ 1984 Abs 2 BGB).
Nachlassinsolvenzverfahren: § 321 InsO.

§ 785 Vollstreckungsabwehrklage des Erben

Die auf Grund der §§ 781 bis 784 erhobenen Einwendungen werden nach den Vorschriften der §§ 767, 769, 770 erledigt.

1   **1. Allgemeines.** Es gilt grundsätzlich § 767. Nur durch Klage, nicht
durch Erinnerung (§ 766) darf der Erbe seine beschränkte Haftung
(gemäß §§ 780–784) geltend machen.

2   **2. Antrag und Urteilsformel.** Es ist zu unterscheiden (vgl
K. Schmidt JR 89, 45): **a) Interventionsklage.** Im Falle der §§ 781,
784 wird die ZwVollstr aus dem (genau bezeichneten) Titel in den
(genau bezeichneten) Gegenstand (StJMünzberg 3; aA Celle NJW-RR
3   88, 133) für unzulässig erklärt. – **b) Haftungsbeschränkende Klage.**
Bei §§ 782, 783 wird die ZwVollstr statt für unzulässig erklärt nach
Maßgabe des § 782 Rn 2 beschränkt und die Zeitdauer angegeben.

3. Zulässig ist die Klage, wenn die allgemeinen Prozessvoraussetzun- 4
gen (10 vor § 253) vorliegen, insbes: **a) Zuständigkeit:** wie § 767
Rn 13. – **b) Prozessführungsbefugnis** (§ 51 Rn 20). Sie steht idR 5
zu: als Kläger dem Erben, weil er Vollstreckungsschuldner ist (11 vor
§ 704), oder dem Testamentsvollstrecker, uU dem Nacherben oder Erbschaftskäufer (§ 780 Rn 2), bei § 784 Abs 2 nur dem Nachlassverwalter.
Als Beklagtem nur dem Gläubiger (10 vor § 704). – **c) Rechtsschutz-** 6
bedürfnis. Es tritt ein, wenn die ZwVollstr in den betreffenden Gegenstand beginnt (28 vor § 704) oder droht, sofern es vor Beginn feststeht.
Es dauert bis die ZwVollstr beendet ist (29 vor § 704). Dies gilt nur für
die Interventionsklage (Rn 2; K. Schmidt JR 89, 45 [47]; bestr). Das
Rechtsschutzbedürfnis entfällt nicht dadurch, dass gegen den Vollstreckungstitel ein Rechtsmittel eingelegt ist (Frankfurt NJW-RR 92, 32).

4. Begründet ist die Klage, wenn der Vorbehalt gem § 780 besteht; 7
im Regelfalle (insbes bei § 784 Abs 1), wenn die Erbenhaftung wirksam
beschränkt und in den Nachlass vollstreckt ist, bei § 782, wenn die
Einreden noch zeitlich bestehen und bei § 786 auch, wenn kein Vermögen übernommen wurde (Frankfurt NJW-RR 92, 32).

5. Sonstiges. Zwangsvollstreckung, Rechtsmittel, Kosten: wie § 767 8
Rn 30–32. Einstellung der ZwVollstr: § 775 Nr 1.

§ 786 Vollstreckungsabwehrklage bei beschränkter Haftung

**Die Vorschriften des § 780 Abs. 1 und der §§ 781 bis 785 sind
auf die nach § 1489 des Bürgerlichen Gesetzbuchs eintretende
beschränkte Haftung, die Vorschriften des § 780 Abs. 1 und der
§§ 781, 785 sind auf die nach den §§ 1480, 1504, 1629 a, 2187 des
Bürgerlichen Gesetzbuchs eintretende beschränkte Haftung entsprechend anzuwenden.**

An die Stelle des Nachlasses treten: bei § 1489 BGB das Gesamtgut, 1
bei § 1480 BGB und § 1504 BGB die zugeteilten Gegenstände, bei
§ 1629 a BGB der Bestand des bei Eintritt der Volljährigkeit vorhandenen Vermögens, bei § 2187 BGB das aus dem Vermächtnis Erlangte.
§ 786 ist auf andere Fälle beschränkbarer Haftung analog anzuwenden
(bestr). Bsp für Urteilsformel: „Die Beschränkung der Haftung auf den
Nachlass bleibt vorbehalten."

§ 786 a See- und Binnenschifffahrtsrechtliche Haftungsbe-
schränkung

(1) **Die Vorschriften des § 780 Abs. 1 und des § 781 sind auf die
nach § 486 Abs. 1, 3, §§ 487 bis 487 d des Handelsgesetzbuchs
oder nach den §§ 4 bis 5 m des Binnenschiffahrtsgesetzes eintretende beschränkte Haftung entsprechend anzuwenden.**

(2) **Ist das Urteil nach § 305 a unter Vorbehalt ergangen, so
gelten für die Zwangsvollstreckung die folgenden Vorschriften:**

1. Wird die Eröffnung eines Seerechtlichen oder eines Binnenschiffahrtsrechtlichen Verteilungsverfahrens nach der Schiffahrtsrechtlichen Verteilungsordnung beantragt, an dem der
   Gläubiger mit dem Anspruch teilnimmt, so entscheidet das
   Gericht nach § 5 Abs. 3 der Schiffahrtsrechtlichen Verteilungsordnung über die Einstellung der Zwangsvollstreckung;
   nach Eröffnung des Seerechtlichen Verteilungsverfahrens sind
   die Vorschriften des § 8 Abs. 4 und 5 der Schiffahrtsrechtlichen Verteilungsordnung, nach Eröffnung des Binnenschiffahrtsrechtlichen Verteilungsverfahrens die Vorschriften des
   § 8 Abs. 4 und 5 in Verbindung mit § 41 der Schiffahrtsrechtlichen Verteilungsordnung anzuwenden.
2. [1] Ist nach Artikel 11 des Haftungsbeschränkungsübereinkommens (§ 486 Abs. 1 des Handelsgesetzbuchs) von dem Schuldner oder für ihn ein Fonds in einem anderen Vertragsstaat des
   Übereinkommens errichtet worden, so sind, sofern der Gläubiger den Anspruch gegen den Fonds geltend gemacht hat, die
   Vorschriften des § 50 der Schiffahrtsrechtlichen Verteilungsordnung anzuwenden. [2] Hat der Gläubiger den Anspruch nicht
   gegen den Fonds geltend gemacht oder sind die Voraussetzungen des § 50 Abs. 2 der Schiffahrtsrechtlichen Verteilungsordnung nicht gegeben, so werden Einwendungen, die auf Grund
   des Rechts auf Beschränkung der Haftung erhoben werden,
   nach den Vorschriften der §§ 767, 769, 770 erledigt; das gleiche gilt, wenn der Fonds in dem anderen Vertragsstaat erst bei
   Geltendmachung des Rechts auf Beschränkung der Haftung
   errichtet wird.
3. [1] Ist von dem Schuldner oder für diesen ein Fonds in einem
   anderen Vertragsstaat des Straßburger Übereinkommens über
   die Beschränkung der Haftung in der Binnenschiffahrt – CLNI
   (BGBl. 1988 II S. 1643) errichtet worden, so ist, sofern der
   Gläubiger den Anspruch gegen den Fonds geltend gemacht
   hat, § 52 der Schiffahrtsrechtlichen Verteilungsordnung anzuwenden. [2] Hat der Gläubiger den Anspruch nicht gegen den
   Fonds geltend gemacht oder sind die Voraussetzungen des § 52
   Abs. 3 der Schiffahrtsrechtlichen Verteilungsordnung nicht gegeben, so werden Einwendungen, die auf Grund des Rechts auf
   Beschränkung der Haftung nach den §§ 4 bis 5 m des Binnenschiffahrtsgesetzes erhoben werden, nach den Vorschriften der
   §§ 767, 769, 770 erledigt; das gleiche gilt, wenn der Fonds in
   dem anderen Vertragsstaat erst bei Geltendmachung des
   Rechts auf Beschränkung der Haftung errichtet wird.

(3) Ist das Urteil eines ausländischen Gerichts unter dem Vorbehalt ergangen, daß der Beklagte das Recht auf Beschränkung
der Haftung geltend machen kann, wenn ein Fonds nach Artikel 11 des Haftungsbeschränkungsübereinkommens oder nach

Artikel 11 des Straßburger Übereinkommens über die Beschränkung der Haftung in der Binnenschiffahrt errichtet worden ist oder bei Geltendmachung des Rechts auf Beschränkung der Haftung errichtet wird, so gelten für die Zwangsvollstreckung wegen des durch das Urteil festgestellten Anspruchs die Vorschriften des Absatzes 2 entsprechend.

Die Vorschrift passt die Zwangsvollstreckung den Beschränkungen an, die sich aus einem Vorbehaltsurteil ergeben, das auf Grund des § 305 a ergangen ist (vgl dort). 1

§ 787 Zwangsvollstreckung bei herrenlosem Grundstück oder Schiff

(1) Soll durch die Zwangsvollstreckung ein Recht an einem Grundstück, das von dem bisherigen Eigentümer nach § 928 des Bürgerlichen Gesetzbuchs aufgegeben und von dem Aneignungsberechtigten noch nicht erworben worden ist, geltend gemacht werden, so hat das Vollstreckungsgericht auf Antrag einen Vertreter zu bestellen, dem bis zur Eintragung eines neuen Eigentümers die Wahrnehmung der sich aus dem Eigentum ergebenden Rechte und Verpflichtungen im Zwangsvollstreckungsverfahren obliegt.

(2) Absatz 1 gilt entsprechend, wenn durch die Zwangsvollstreckung ein Recht an einem eingetragenen Schiff oder Schiffsbauwerk geltend gemacht werden soll, das von dem bisherigen Eigentümer nach § 7 des Gesetzes über Rechte an eingetragenen Schiffen und Schiffsbauwerken vom 15. November 1940 (Reichsgesetzbl. I S. 1499) aufgegeben und von dem Aneignungsberechtigten noch nicht erworben worden ist.

Voraussetzungen: wie § 58. 1

§ 788 Kosten der Zwangsvollstreckung

(1) [1]Die Kosten der Zwangsvollstreckung fallen, soweit sie notwendig waren (§ 91), dem Schuldner zur Last; sie sind zugleich mit dem zur Zwangsvollstreckung stehenden Anspruch beizutreiben. [2]Als Kosten der Zwangsvollstreckung gelten auch die Kosten der Ausfertigung und der Zustellung des Urteils. [3]Soweit mehrere Schuldner als Gesamtschuldner verurteilt worden sind, haften sie auch für die Kosten der Zwangsvollstreckung als Gesamtschuldner; § 100 Abs. 3 und 4 gilt entsprechend.

(2) [1]Auf Antrag setzt das Vollstreckungsgericht, bei dem zum Zeitpunkt der Antragstellung eine Vollstreckungshandlung anhängig ist, und nach Beendigung der Zwangsvollstreckung das Gericht, in dessen Bezirk die letzte Vollstreckungshandlung erfolgt ist, die Kosten gemäß § 103 Abs. 2, den §§ 104, 107 fest.

² **Im Falle einer Vollstreckung nach den Vorschriften der §§ 887, 888 und 890 entscheidet das Prozeßgericht des ersten Rechtszuges.**

(3) **Die Kosten der Zwangsvollstreckung sind dem Schuldner zu erstatten, wenn das Urteil, aus dem die Zwangsvollstreckung erfolgt ist, aufgehoben wird.**

(4) **Die Kosten eines Verfahrens nach den §§ 765 a, 811 a, 811 b, 813 b, 829, 850 k, 851 a und 851 b kann das Gericht ganz oder teilweise dem Gläubiger auferlegen, wenn dies aus besonderen, in dem Verhalten des Gläubigers liegenden Gründen der Billigkeit entspricht.**

Abs 1 Satz 3 ist eingefügt, Abs 2 neu gefasst und Abs 4 geändert mWv 1. 1. 1999 durch Art I Nr 11 2. ZwVollstrNov.

1   **1. Allgemeines.** § 788 regelt die Kostenpflicht im Verhältnis Gläubiger und Schuldner. Davon zu unterscheiden ist die Kostenschuld gegenüber dem Gericht (§§ 49, 54 GKG) und dem Gerichtsvollzieher (§ 3 GVKostG). **a) Begriff.** Kosten der ZwVollstr sind die Aufwendungen

2 der Parteien (9 vor § 704), die aus Einleitung und Durchführung der Vollstreckung entstehen. Sie gehören nicht zu den Kosten des Rechtsstreits (2–4 vor § 91), insbes nicht, wenn diese in einem nachfolgenden

3 Vergleich geregelt werden (KG MDR 79, 408). – **b) Anwendbar:** alle Titel, die nach der ZPO vollstreckt werden (14, 15 vor § 704); bei jeder Art von ZwVollstr, aber nicht bei Räumungsfristverfahren (§§ 721, 794 a). Anwendbar bei Arrest und einstweiliger Verfügung. Ferner bei den Verfahren nach §§ 765 a, 811 a, 811 b, 813 a, 829, 850 k, 851 a, 851 b (Abs 4).

4   **2. Kostenverteilung.** Sie ist unabhängig von der Kostenentscheidung des zugrundeliegenden Rechtsstreits. Eine Kostenentscheidung ist nur erforderlich, wenn gem Abs 3 zugunsten des Schuldners verfahren wird. Eine entspr Anwendung des § 91 a ist auch bei Erledigung einer Vollstreckungsmaßnahme ausgeschlossen (Braunschweig Büro 99, 46).

5   **a) Kostenpflicht des Schuldners.** Sie umfasst die notwendigen Kosten der ZwVollstr, die durch den Beginn (28 vor § 704) und danach entstehen, grundsätzlich unter Einschluss der Kosten von Vollstreckungsmaßnahmen (Rn 31). Leistet der Schuldner vorher freiwillig, trägt er die Kosten einer Vorbereitung der Vollstreckung (Rn 15–20), wenn er durch sein Verhalten Anlass zur Annahme gab, dass eine ZwVollstr nötig sein werde. Ist aus einem Urteil vollstreckt worden, das auf Rechtsmittel zT aufgehoben wird, stehen dem Gläubiger nur diejenigen Kosten zu, welche auf Grund des aufrechterhaltenen Teils entstanden wären (KG

6 Büro 94, 313). – **b) Kostenpflicht des Gläubigers.** Sie umfasst die von ihm veranlassten Kosten, soweit die ZwVollstr nicht notwendig war, entweder überhaupt nicht oder nicht in der eingeleiteten sowie durchgeführten Art und Weise, zB aus einem Urteil in voller Höhe des zuerkannten Betrags, wenn dieser später durch Vergleich herabgesetzt

wird (München Rpfleger 99, 151). Der Schuldner kann den Kostenerstattungsanspruch (auch den gem Abs 2, 3) nicht unmittelbar auf Grund des § 788 vollstrecken, sondern benötigt hierzu einen Vollstreckungstitel, insbes einen Kostenfestsetzungsbeschluss (vgl Rn 13). Eine Kostenpflicht des Gläubigers kann insbes in den Fällen der Abs 3, 4 erwachsen (Rn 34–37). – **c) Mehrheit von Schuldnern. aa) Teil-** 7 **schuldner.** Jeder einzelne Schuldner trägt die Kosten, die durch ZwVollstr ihm gegenüber entstanden sind; das folgt aus § 425 BGB (hM; LG Kassel Rpfleger 85, 153; LG Lübeck DGVZ 91, 156; aA mit beachtlichen Argumenten Alisch DGVZ 84, 36 und Schimpf MDR 85, 102 sowie DGVZ 85, 177). **bb) Gesamtschuldner** (Abs 1 S 3). Der 8 Verurteilung (wie § 100 Rn 10) steht die Verpflichtung (§ 794 Abs 1 Nr 1 oder 5) gleich. Das führt dazu, dass bei einem fruchtlosen Vollstreckungsversuch gegen einen der Gesamtschuldner diese (zusätzlichen) Kosten in die Haftung der anderen fallen. Es können dann alle Kosten gegen jeden der Gesamtschuldner geltend gemacht werden (Verweisung auf § 100 Abs 4), ohne Rücksicht darauf in welcher Höhe, ganz oder zT gegen die einzelnen Gesamtschuldner vollstreckt wird, weil auf § 100 Abs 2 nicht verwiesen ist (Schimpf DGVZ 98, 132). Eine Ausnahme besteht nur für die Kosten eines Rechtsmittels oder einer Einwendung, die nur ein Gesamtschuldner im Zwangsvollstreckungsverfahren eingelegt oder erhoben hat (Verweisung auf § 100 Abs 3; Schimpf aaO). Dafür haften die anderen Gesamtschuldner nicht. – **d) Mehrheit von** 9 **Gläubigern.** Führen mehrere Gläubiger desselben Vollstreckungstitels getrennt die ZwVollstr durch, wird die Kostenpflicht unabhängig voneinander beurteilt. Wird die ZwVollstr von mehreren Gläubigern gemeinsam veranlasst oder findet sie zugleich gegen mehrere Schuldner statt, tritt Kostenpflicht nach Kopfteilen ein (München NJW 74, 957). – **e) Dritte** (11 vor § 704). Im Verhältnis zu diesen gilt § 788 nicht, insbes 10 nicht bei Forderungspfändung für Kosten des Drittschuldners, die dieser aus dem Verhältnis zum Schuldner fordern kann, zB aus dem Arbeitsvertrag.

3. Beitreibung der Kosten ohne Kostenfestsetzung. Das ist der 11 Grundsatz (gemäß Abs 1 S 1). Die Kosten werden beigetrieben mit dem vollstreckbaren Anspruch (3 vor § 704) auf Grund des für diesen bestehenden Vollstreckungstitels, auch wenn der Hauptanspruch nicht oder nicht mehr vollstreckt wird oder nicht auf Geldzahlung lautet. **a) Voraussetzungen.** Der Titel muss bestehen und es müssen die Vo- 12 raussetzungen der ZwVollstr vorliegen (13–27 vor § 704). Der Titel darf nicht aufgehoben sein (KG MDR 79, 408). Kosten können nicht im Verfahren der Offenbarungsversicherung (§ 900) beigetrieben werden (LG Berlin DGVZ 92, 28). – **b) Durchführung.** Das jeweilige Vollstre- 13 ckungsorgan (4–8 vor § 704) berechnet die Kosten, prüft, ob sie notwendig sind (Köln DGVZ 83, 9), und setzt sie an; das gilt nicht nur für die Kosten der gerade durchgeführten Vollstreckungsmaßnahme, sondern auch für die vorausgegangenen Vollstreckungshandlungen, sofern sie auf demselben Titel beruhen. Geltend gemachte Kosten, die nicht entstanden sind oder nicht notwendig waren, bleiben unberücksichtigt (LG Oldenburg DGVZ 93, 156). Reicht der beigetriebene Betrag nicht aus, gilt § 367 BGB (umstr; vgl Schilken DGVZ 91, 1). Sind Kosten vom Gläubiger nach Teilzahlung verrechnet, sind sie nicht mehr vom Vollstreckungsorgan auf Notwendigkeit zu prüfen (LG Essen DGVZ 92, 172). – **c) Zeitraum.** Die Kosten können auch nach Beendigung der Hauptsachevollstreckung gem Abs 1 S 1 Hs 2 beigetrieben werden, solange der Titel noch in Händen des Gläubigers ist (LG Stade DGVZ 91, 119; bestr). Hat eine ZwVollstr noch nicht begonnen, weil die Hauptsache erfüllt wurde, können Kosten nicht gemäß Abs 1 beigetrieben werden (KG DGVZ 91, 170). – **d) Zinsen** (§ 104 Abs 1 S 2) können nicht mit beigetrieben werden, sondern müssen festgesetzt werden (Rn 15).

15   **4. Kostenfestsetzung** (Abs 2) gem §§ 103, 104, 107 ist die Ausnahme. Erforderlich ist nur ein Antrag (§ 103 Abs 2). Das weitere Verfahren richtet sich nach § 104, bei geändertem Wert nach § 107. **a) Zuständigkeit** (Abs 2 S 1). Das Prozessgericht des ersten Rechtszugs ist zuständig bei Vollstreckung von Ansprüchen (§§ 887, 888, 890), das Vollstreckungsgericht (§ 764 Abs 1) bei jeder anderen Zwangsvollstreckung, auch wenn das GBA Vollstreckungsorgan ist (zB bei § 867). Zur Abgrenzung: Jüling MDR 01, 490. Die wegen § 802 ausschließliche örtliche Zuständigkeit ist unterschiedlich. Es kommt § 802 nicht auf den Zeitpunkt der Zwangsvollstreckungsmaßnahme an, sondern auf den des Festsetzungsantrags (§ 104 Abs 1; München Rpfleger 00, 117). Zuständig ist bei Anhängigkeit (ab Antrag, § 753) einer Vollstreckungshandlung das gem § 764 Abs 2 örtlich zuständige Gericht; stets erster Instanz. Ist die ZwVollstr beendet, im ganzen oder eine einzelne Maßnahme (vgl 29 vor § 704), so ist das Gericht zuständig, in dessen Bezirk die letzte ZwVollstrMaßnahme (gleich ob erfolgreich oder nicht) stattgefunden hat. Es ist unschädlich wenn das Prozessgericht statt des zuständigen Vollstreckungsgerichts entschieden hat (KG Rpfleger 00, 556 für § 10 aF). – **b) Rechtsfolgen.** Der maßgebende Vollstreckungstitel ist der Kostenfestsetzungsbeschluss (§ 794 Abs 1 Nr 2). Festgesetzte Kosten können nicht mehr nach Rn 11 beigetrieben werden. Auf Antrag sind Zinsen zuzusprechen (§ 104 Abs 1 S 2). Vor einem Vergleich entstandene Vollstreckungskosten können in der Höhe festgesetzt werden, wenn aus dem gemäß Vergleich verbliebenen Betrag vollstreckt worden wäre (hM; Stuttgart Rpfleger 94, 118 mwN; München NJW-RR 99, 797). – **c) Mehrere Kostenfestsetzungen** aus einem Titel sind möglich. Dabei kann die Zustandigkeit wechseln. Doppelte Festsetzungen sind von vornherein zu vermeiden (praktische Hinweise Jüling MDR 01, 490). Zu diesem Zweck können bei entspr Anhaltspunkten Erklärungen und Abschriften früherer Festsetzungen eingefordert werden.

19   **5. Notwendigkeit** (Abs 1 S 1). Die Kosten müssen unmittelbar auf die ZwVollstr zurückzuführen sein (hM; hierzu kritisch und für eine

Orientierung daran, ob sie geeignet, erforderlich und verhältnismäßig waren: Johannsen DGVZ 89, 1 mwN). Nicht notwendig sind die Kosten von erkennbar unzulässiger oder aussichtsloser ZwVollstr, auch die unnötigen Mehrkosten einer zulässigen und gerechtfertigten ZwVollstr, zB die durch eine vom Gläubiger angegebene verschuldet falsche Anschrift des Schuldners verursachten Kosten (AG Augsburg DGVZ 94, 78). Wer die Kosten einer ZwVollstr trägt, die unnötig ist, weil der Schuldner inzwischen geleistet hat, ist nach den Umständen des Einzelfalles zu entscheiden. Grundsätzlich trägt der Schuldner das Risiko, dass die Erfüllung beim Gläubiger nicht rechtzeitig eingeht (umstr; vgl Rn 30 und ZöStöber 9 mwN). Bei Rücknahme des Vollstreckungsantrags kommt es auf den Einzelfall an (LG Hannover Rpfleger 95, 371). Die Kosten notwendiger Vollstreckungsmaßnahmen umfassen die hierfür anfallenden RA-Gebühren, auch wenn ein Notar Gläubiger ist (AG Essen DGVZ 93, 77; bestr).

6. Vorbereitungskosten. Sie umfassen die RA-Gebühren der notwendigen Maßnahmen. Diese dürfen aber nicht vor Erteilung der vollstreckbaren Ausfertigung vorgenommen sein (Köln Büro 93, 624). **a) Ausfertigung und Zustellung** (Abs 1 S 2) des Titels (§ 795), auch der vollstreckbaren Ausfertigung (§ 724; LG Göttingen DGVZ 95, 73), nicht ohne weiteres einer zweiten (vgl § 733 Rn 9), und derjenigen Fälle, auf welche die §§ 726, 727 anwendbar sind, einschließlich der erforderlichen Urkunden und Zeugnisse (vgl §§ 706, 726 Abs 1, § 727 Abs 1). Kosten der Zustellung nur, soweit nicht die Bescheinigung (§ 213a) der Amtszustellung genügt (Gilleßen/Jakobs DGVZ 77, 110). – **b) Zahlungsaufforderung** durch RA. Deren Kosten sind notwendig, wenn die Voraussetzungen der ZwVollstr (13–27 vor § 704) vorlagen, insbes auch § 750 Abs 2 erfüllt war (LG Göttingen DGVZ 95, 73), dem Schuldner nachgewiesen waren und ihm danach ein angemessener Zeitraum zur freiwilligen Erfüllung gegeben war (hM; BVerfG NJW 99, 778; Koblenz Rpfleger 95, 313), zB bei einem Kostenfestsetzungsbeschluss 22 Tage nach Zustellung (Nürnberg NJW-RR 93, 1534). Dies gilt auch für Androhungen gem § 888 oder § 890 (vgl Bremen NJW 71, 58). – **c) Anschriftenermittlung.** Ist es notwendig, die neue Anschrift zu ermitteln, sind ausnahmsweise Detektivkosten erstattungsfähig, wenn einfachere Mittel nicht genügen (AG Bad Hersfeld DGVZ 93, 116 mwN). – **d) Vollstreckungsauftrag** (§ 753): die dadurch entstehenden Gebühren des Gerichtsvollziehers wegen einer bis dahin wegen Schuldnerverzugs (Schilken DGVZ 88, 49 [55]) notwendig erscheinenden ZwVollstr. – **e) Sicherheitsleistung:** Kosten für eine zur ZwVollstr erforderliche Sicherheit, insbes Hinterlegungskosten (nicht aber der Zinsverlust, Rn 20), Bürgschaftsprovision (hM; BGH NJW 74, 693; Karlsruhe NJW-RR 87, 128; Hamburg MDR 97, 788) und andere Bankspesen (hM; Frankfurt NJW 73, 375), nicht aber die Kosten einer Rückbürgschaft (Hamburg Büro 90, 1677). Nur für den Zeitraum, in dem Anlass zur Sicherheitsleistung besteht (München Rpfleger 69, 62).

f) Vorpfändung. Kosten einer solchen (§ 845) nur, wenn für den
Gläubiger begründete Besorgnis bestand, er werde ohne Vorpfändung
die Forderung nicht realisieren können (München NJW 73, 2070; aA
KG Rpfleger 87, 216: regelmäßig; Zweibrücken Büro 88, 929: nach
26 fruchtloser Zahlungsaufforderung). – **g) Nicht notwendig** sind Kosten
einer Grundschuldbestellung, die ihrerseits die bürgende Bank sichern
soll (München NJW 74, 957; bestr); Zinsverlust bei Hinterlegung von
Eigengeld (Düsseldorf Rpfleger 81, 122 mwN; Hamm MDR 82, 416;
Köln Rpfleger 95, 520; bestr); Zinsen für Darlehen, das der Sicherheitsleistung dient (hM; München Büro 91, 598); Kosten einer Ratenzahlungsvereinbarung (vgl Rn 26).

27   **7. Durchführungskosten. a) Grundsatz.** Notwendig sind alle Gebühren der Vollstreckungsorgane (5–8 vor § 704) und des bevollmächtigten RAs (§§ 57, 58 BRAGO) für Vollstreckungsmaßnahmen, auch
erfolglose und solche, die früher auf Grund des selben Titels vorgenommen oder versucht wurden, einschließlich der Zustellungskosten, insbes
bei Vorpfändung (§ 845) sowie Pfändungs- und Überweisungsbeschlüs-
sen (§ 829, § 835; Karlsruhe DGVZ 93, 26), ferner Aufwendungen, zB
28 bei Ersatzvornahme (§ 887 Abs 2). – **b) Einzelheiten:** Transportkosten
für eine vom Schuldner laut Titel als Schick- oder Bringschuld herauszugebende Sache (vgl Rn 24) oder wegen an einer Sache vorzunehmenden Handlung (Frankfurt MDR 81, 1025); Lagerkosten bei Herausgabe
an Sequester (KG DGVZ 86, 182; aA Hamm Büro 97, 160); Verwah-
rungskosten eines nach Pfändung wegen der Rechte Dritter vom Gläubiger freigegebenen PKW (Stuttgart Büro 76, 523); Kosten für einen
zuzuziehenden Sachverständigen (LG Münster DGVZ 95, 184); Steuer-
beraterkosten für und bei Pfändung des Anspruchs auf Lohnsteuerjahresausgleich (Hansens Büro 85, 1), jedenfalls bei besonderen Schwierigkeiten (LG Gießen DGVZ 94, 8); Kosten der Sequestration (§§ 848,
938), einschließlich der Vergütung und Verwahrung (Karlsruhe Rpfleger
29 81, 157). – **c) Rechtsstreit.** Wird ein solcher auf Grund der ZwVollstr
notwendig (anders Rn 31), fallen auch diese Kosten unter Abs 1, zB
Kosten eines Rechtsstreits gegen den Drittschuldner (hM; Koblenz
Rpfleger 87, 385 mwN und Anm Kreppel; Düsseldorf Rpfleger 90,
527; aA Schleswig Büro 92, 500; München Rpfleger 90, 528), jedenfalls
bei hinreichender Erfolgsaussicht (Karlsruhe Rpfleger 94, 117) und trotz
§ 12a Abs 1 S 1 ArbGG (LG Saarbrücken Büro 95, 271), auch die einer
Androhung der Drittschuldnerklage (Köln Büro 92, 267). Gerichtskosten für eine auf Grund einstw Vfg im Grundbuch eingetragene Vor-
30 merkung (KG Rpfleger 91, 433 mwN; bestr). – **d) Nicht notwendig**
sind Kosten des Abbaus, der Verpackung und des Transports einer Sache
zum Gläubiger, wenn sie lediglich nach § 883 herauszugeben war
(München MDR 97, 882; Koblenz NJW-RR 90, 1152; umstr) und sich
die Pflicht zur Versendung nicht aus dem Titel ergibt (vgl Rn 28;
Bamberg DGVZ 90, 40 mwN; Düsseldorf DGVZ 95, 86); Kosten eines
bei beabsichtigter Pfändung vorsorglich zugezogenen Transportunter-

nehmens (vgl LG Koblenz DGVZ 87, 58); grundsätzlich bei mehreren Ausnahmen die Hebegebühr des § 22 BRAGO (umstr; vgl LG Koblenz DGVZ 84, 42 mwN); Kosten eines vom Gläubiger für die Begutachtung der Gegenleistung (§ 756) beauftragten Sachverständigen (Köln MDR 86, 1033).

8. Sonstige Kosten. Hier ist zu unterscheiden: **a) Prozesse und** **31** **Rechtsbehelfe.** Nicht unter § 788 fallen Kosten von Klagen, die aus Anlass der ZwVollstr entstehen (zB §§ 731, 767, 771), und Kosten der Vorbereitung solcher Prozesse (vgl Koblenz Rpfleger 77, 66); Kosten, die durch Anträge auf Einstellung der ZwVollstr (zB § 769) entstanden sind (München Rpfleger 00, 127; aA Schleswig Büro 93, 622); Kosten erfolgloser Rechtsbehelfe; für diese gilt § 97 Abs 1 (München NJW 59, 393). Hingegen ist § 788 anzuwenden, wenn eine erforderliche sofortige Beschwerde (§ 793) des Gläubigers erfolgreich geblieben ist. – **b) Aufwendungen,** die mittelbar der ZwVollstr dienen, insbes ihren **32** Ertrag sichern oder erhöhen sollen, fallen nicht unter § 788 (StJMünzberg 14), zB Zahlung zwecks Bedingungseintritts bei Eigentumsvorbehalt (Noack DGVZ 72, 81), RA-Gebühren für einen Vergleich (Düsseldorf Rpfleger 94, 264: § 98), einer Ratenzahlungsvereinbarung (Stuttgart Rpfleger 94, 367; LG München I Rpfleger 98, 531; LG Münster DGVZ 95, 168; AG Schöneberg DGVZ 91, 77; LG Essen DGVZ 93, 56; aA Zweibrücken Rpfleger 92, 408; LG Darmstadt DGVZ 95, 45; Ottersbach Rpfleger 90, 283; Lorenz DGVZ 97, 129), die nicht immer ein Vergleich (§ 779 BGB) sein muss (Lorenz aaO 136). Kosten eines zur Vollstreckung tätig gewordenen Inkassounternehmens fallen unter § 788 nur, soweit erstattungsfähige RA-Kosten vermieden werden (ähnlich LG Wiesbaden DGVZ 89, 13) und nicht, wenn ein RA eingeschaltet wurde (Dresden DGVZ 94, 167). Keinesfalls sind Erfolgshonorare erstattbar (Eimer DGVZ 76, 6), soweit sie die durch Einschaltung eines Inkassounternehmens ersparten RA-Gebühren übersteigen. – **c) Beendete Zwangsvollstreckung.** Nicht unter § 788 **33** fallen alle nach dem Ende der ZwVollstr (29 vor § 704) verursachten Kosten, zB die der Grundbucheintragung, nachdem zur Abgabe einer Eintragungsbewilligung verurteilt und die Wirkung der §§ 894, 895 eingetreten ist (Celle NJW 68, 2246); die Löschung der Zwangshypothek (Stuttgart Rpfleger 81, 158; LG Berlin Rpfleger 88, 547). Wird aber der Vollstreckungsauftrag vor Gutschrift beim Gläubiger erteilt, sind die dadurch entstehenden, durch Rücknahme des Auftrags nicht mehr vermeidbaren Kosten notwendig iS von § 788 (vgl Rn 19; LG Münster NJW-RR 88, 128).

9. Erstattungsanspruch des Schuldners (Abs 3). Verpflichtet ist **34** nur der Gläubiger (10 vor § 704). Ein Titel ist notwendig (Rn 6). **a) Voraussetzungen.** Das Urteil oder der sonstige Titel (15 vor § 704), nicht nur seine Vollstreckbarkeit muss ganz oder zT aufgehoben sein. Abs 3 gilt also nicht bei § 767 (Düsseldorf Rpfleger 93, 172) und bei § 771, weil da nur die ZwVollstr für unzulässig erklärt wird. Abs 3 ist

aber anwendbar, wenn der Titel später durch Vergleich entfällt; die darin getroffenen Vereinbarung geht vor. Fehlt sie oder umfasst sie nicht die ZwVollstrKosten, muss diese der Gläubiger tragen (Karlsruhe MDR 94,
35 734 mwN; bestr). – **b) Umfang:** alle Kosten, nicht nur die beigetriebenen, auch die dem Schuldner selbst erwachsenen. Unanwendbar auf Kosten, die durch eigene Anträge des Schuldners veranlasst wurden (München Rpfleger 94, 128). Bei Teilaufhebung sind nur die Mehrkosten zu erstatten, die dadurch entstanden sind, dass die Vollstreckung nicht von vorneherein auf den Betrag in der später titulierten Höhe beschränkt wurde (KG Rpfleger 93, 464 mwN). Zur Abwendung der ZwVollstr aufgewendete Kosten, insbes einer Bürgschaft fallen nicht unter Abs 2, sondern unter § 91 (dort Rn 53; Düsseldorf NJW-RR 98,
36 1455; München NJW-RR 00, 517). – **c) Geltendmachung.** Feststehende, unumstrittene Kosten können im Kostenfestsetzungsverfahren (vgl Rn 6) berücksichtigt werden (hM; KG MDR 91, 258 mwN). Sonst ist neue Klage nötig oder § 717 Abs 2 S 2 anwendbar; dies auf jeden Fall für den über die Kosten hinausreichenden Schaden.

37 **10. Kostenpflicht des Gläubigers** (Abs 4). Grundsätzlich trägt gemäß Abs 1 die Kosten der Schuldner, jedoch mit Ausnahmen in den aufgeführten Fällen. Abs 4 ist als Ausnahmevorschrift eng auszulegen und gilt auch für erfolgreiche Beschwerdeverfahren (Köln NJW-RR 95, 1164) sowie bei Erledigterklärung (Düsseldorf NJW-RR 96, 638). Erfordert eine Entscheidung des für das betreffende Verfahren zuständigen Vollstreckungsgerichts. Die Gründe müssen vom Gläubiger nicht verschuldet sein, aber in seinem Verhalten oder dem des von ihm beauftragten Gerichtsvollziehers liegen. Auch notwendige Kosten (Abs 1) können dann ausnahmsweise dem Gläubiger auferlegt werden, zB bei ergebnisloser Forderungspfändung (§ 829), wenn sie mit Rechtsmissbrauch erfolgt. Dies prüft das Gericht nach pflichtgemäßem Ermessen.

38 **11. Rechtsbehelfe.** Es ist zu unterscheiden: **a) Kostenansatz.** Gegen den Ansatz oder Nichtansatz durch den Gerichtsvollzieher haben Schuldner oder Gläubiger die Erinnerung (§ 766); bei anderen Vollstreckungsorganen kann § 793 oder § 71 GBO anzuwenden sein, solange die ZwVollstr im Ganzen (29 vor § 704) noch nicht beendet ist (umstr; vgl Noack DGVZ 75, 145 [153] mwN). Das gilt auch, wenn der Rechtspfleger entschieden hat (§ 11 Abs 1 RPflG); dann kann bei einem Wert bis einschließlich 50 Euro nur die sofortige Erinnerung zulässig sein (§ 11 Abs 2 RPflG; § 567 Abs 2 S 2). Sind Vollstreckungskosten nach § 104 festgesetzt worden (Rn 13), gilt nicht § 766,
39 sondern § 104 Abs 3. – **b) Einwendungen.** Bei Erfüllung, Aufrechnung und sonstigen materiell-rechtlichen Einwendungen (§ 767 Rn 20) kann der Schuldner nach § 767 klagen (vgl § 794 Abs 1 Nr 2, § 795).

§ 789 Einschreiten von Behörden

Wird zum Zwecke der Vollstreckung das Einschreiten einer Behörde erforderlich, so hat das Gericht die Behörde um ihr Einschreiten zu ersuchen.

Die Vorschrift macht die Rechts- und Amtshilfepflicht (Art 35 GG) **1** für die ZwVollstr nutzbar. Gericht ist grundsätzlich das Vollstreckungsgericht (§ 764), ausnahmsweise das Prozessgericht oder Grundbuchamt (6, 7 vor § 704).

§ 790 (weggefallen)

§ 791 Zwangsvollstreckung im Ausland

(1) Soll die Zwangsvollstreckung in einem ausländischen Staate erfolgen, dessen Behörden im Wege der Rechtshilfe die Urteile deutscher Gerichte vollstrecken, so hat auf Antrag des Gläubigers das Prozeßgericht des ersten Rechtszuges die zuständige Behörde des Auslandes um die Zwangsvollstreckung zu ersuchen.

(2) Kann die Vollstreckung durch einen Bundeskonsul erfolgen, so ist das Ersuchen an diesen zu richten.

Die Vorschrift ist praktisch gegenstandslos, weil deutsche Urteile im **1** Ausland nicht mehr unmittelbar vollstreckt werden können. Will der Gläubiger im Ausland vollstrecken, muss er es selbst bei den zuständigen ausländischen Behörden beantragen und den nötigen ausländischen Vollstreckungstitel erwirken. Wesentliche Erleichterungen bestehen im Rahmen von EuGVO, AVAG sowie internationaler Übereinkommen, Abkommen und Verträgen.

§ 792 Erteilung von Urkunden an Gläubiger

Bedarf der Gläubiger zum Zwecke der Zwangsvollstreckung eines Erbscheins oder einer anderen Urkunde, die dem Schuldner auf Antrag von einer Behörde, einem Beamten oder einem Notar zu erteilen ist, so kann er die Erteilung an Stelle des Schuldners verlangen.

1. Allgemeines. a) Anwendungsbereich: Urkunden, insbes Erb- **1** schein (§ 2353 BGB) und andere Zeugnisse (zB §§ 1507, 2368 BGB). Bei jeder ZwVollstr, zu ihrer Vorbereitung und Durchführung. Unabhängig von dem Recht, Urkunden nach anderen Vorschriften zu erlangen, zB § 9 Abs 2 HGB, § 34 FGG, § 12 Abs 2 GBO. – **b) Rechts- 2 behelfe:** nicht nach der ZPO, sondern nach der einschlägigen Verfahrensordnung, zB bei Erbschein nach FGG. – **c) Kosten:** § 788 Abs 1; **3** dort Rn 20.

4   **2. Voraussetzungen. a) Antrag** des Gläubigers (10 vor § 704);
Form und Inhalt, wie für die betreffende Urkunde vorgeschrieben (zB
§ 2353 BGB, § 11 FGG). Die erforderlichen Angaben, Erklärungen,
eidesstattlichen Versicherungen (zB §§ 2354–2356 BGB) kann der
5   Gläubiger für den Schuldner abgeben. – **b) Vollstreckungstitel** (14, 15
vor § 704) ist vorzuweisen, nicht notwendig in vollstreckbarer Ausfer-
6   tigung (§ 724). – **c) Rechtsschutzbedürfnis.** Es darf nicht deshalb
verneint werden, weil die beabsichtigte ZwVollstr im konkreten Falle
7   unzulässig sei. – **d) Sonstige Erfordernisse,** die für die jeweilige Urkunde verlangt sind, zB Nachweise (§ 2356 Abs 1 S 1 BGB).

§ 793 Sofortige Beschwerde

**Gegen Entscheidungen, die im Zwangsvollstreckungsverfah-
ren ohne mündliche Verhandlung ergehen können, findet sofortige Beschwerde statt.**

Abs 2 ist aufgehoben mWv 1. 1. 2002 durch Art 2 Nr 96 ZPO-RG.

1   **1. Allgemeines.** § 793 regelt nur die Statthaftigkeit der sofortigen
Beschwerde (§ 567 Abs 1 Nr 1). Für die anderen Zulässigkeitsvoraussetzungen gilt § 572 Abs 2, insbes wegen der Form und der Frist (§ 569)
sowie der Beschwerdesumme (§ 567 Abs 2). In der Zwangsversteigerung gelten die §§ 95–104 ZVG. Ist das GBA Vollstreckungsorgan (8 vor
§ 704), so geht § 71 GBO dem § 793 vor (MüKo/K. Schmidt 2).

2   **2. Sofortige Beschwerde.** Sie findet auch gegen die Entscheidung
des Rechtspflegers statt (§ 11 Abs 1 RPflG): **a) Zwangsvollstreckungsverfahren.** Es beginnt mit dem Anfang der ZwVollstr (28 vor
§ 704). Es endet, sobald die ZwVollstr im Ganzen beendet ist (29 vor
3   § 704). – **b) Entscheidungen** sind Beschlüsse des Vollstreckungs- oder
Prozessgerichts, nie Urteile, da sich § 793 auf freigestellte mündliche
Verhandlung bezieht. Unter § 793 fallen aber nicht solche Beschlüsse,
die für sich selbst Vollstreckungsmaßnahmen darstellen, ohne Interessenabwägung zwischen Gläubiger und Schuldner sowie ohne Gehör des
Schuldners ergehen, zB Pfändungsbeschlüsse (§ 829). Dagegen findet
4   Erinnerung (§ 766) statt. Zur Abgrenzung: § 766 Rn 3. – **c) Rechtsbeschwerde** (§ 574) findet gegen die Beschwerdeentscheidung nur bei
Zulassung statt.

§ 794 Weitere Vollstreckungstitel

(1) [1]**Die Zwangsvollstreckung findet ferner statt:**
1. **aus Vergleichen, die zwischen den Parteien oder zwischen
einer Partei und einem Dritten zur Beilegung des Rechtsstreits seinem ganzen Umfang nach oder in betreff eines Teiles
des Streitgegenstandes vor einem deutschen Gericht oder vor
einer durch die Landesjustizverwaltung eingerichteten oder
anerkannten Gütestelle abgeschlossen sind, sowie aus Verglei-**

chen, die gemäß § 118 Abs. 1 Satz 3 oder § 492 Abs. 3 zu richterlichem Protokoll genommen sind;

2. aus Kostenfestsetzungsbeschlüssen;

2 a. aus Beschlüssen, die in einem vereinfachten Verfahren über den Unterhalt Minderjähriger den Unterhalt festsetzen, einen Unterhaltstitel abändern oder den Antrag zurückweisen;

2 b. *(aufgehoben)*

3. aus Entscheidungen, gegen die das Rechtsmittel der Beschwerde stattfindet; dies gilt nicht für Entscheidungen nach § 620 Nr. 1, 3 und § 620 b in Verbindung mit § 620 Nr. 1, 3;

3 a. aus einstweiligen Anordnungen nach den §§ 127 a, 620 Nr. 4 bis 10, dem § 621 f und dem § 621 g Satz 1, soweit Gegenstand des Verfahrens Regelungen nach der Verordnung über die Behandlung der Ehewohnung und des Hausrats sind, sowie nach dem § 644;

4. aus Vollstreckungsbescheiden;

4 a. aus Entscheidungen, die Schiedssprüche für vollstreckbar erklären, sofern die Entscheidungen rechtskräftig oder für vorläufig vollstreckbar erklärt sind;

4 b. aus Beschlüssen nach § 796 b oder § 796 c;

5. aus Urkunden, die von einem deutschen Gericht oder von einem deutschen Notar innerhalb der Grenzen seiner Amtsbefugnisse in der vorgeschriebenen Form aufgenommen sind, sofern die Urkunde über einen Anspruch errichtet ist, der einer vergleichsweisen Regelung zugänglich, nicht auf Abgabe einer Willenserklärung gerichtet ist und nicht den Bestand eines Mietverhältnisses über Wohnraum betrifft, und der Schuldner sich in der Urkunde wegen des zu bezeichnenden Anspruchs der sofortigen Zwangsvollstreckung unterworfen hat.

(2) Soweit nach den Vorschriften der §§ 737, 743, des § 745 Abs. 2 und des § 748 Abs. 2 die Verurteilung eines Beteiligten zur Duldung der Zwangsvollstreckung erforderlich ist, wird sie dadurch ersetzt, daß der Beteiligte in einer nach Absatz 1 Nr. 5 aufgenommenen Urkunde die sofortige Zwangsvollstreckung in die seinem Rechte unterworfenen Gegenstände bewilligt.

Abs 1 Nr 5 ist neu gefasst mWv 1. 1. 1999 durch Art 1 Nr 12 2. ZwVollstrNov; Abs 1 Nr 3 und 3 a geändert mWv 1. 1. 2002 durch Art 2 Nr 97 ZPO-RG, Nr 3 a außerdem durch Art 4 Nr 8 GewSchG.

Übersicht

I. Allgemeines. Für die Vollstreckungstitel des § 794 gelten grund- **1**
sätzlich 16–24 vor § 704. Über § 795 sind die §§ 724–793 anwendbar.
Für die ZwVollstr ist insbes die Vollstreckungsklausel und die Zustellung
nötig (25, 26 vor § 704). Dafür gelten die Sondervorschriften der
§§ 795–801.

II. Vergleiche (Nr 1). Dazu gehören auch die gemäß § 278 Abs 6 **2**
zustandegekommenen gerichtlichen Vergleiche, die Vergleiche vor Güte-
und Schlichtungsstellen (von den Landesjustizverwaltungen eingerichtet,
zB Einigungsstellen nach § 27 a UWG), Vergleiche, die im Verfahren der
PKH (§ 118 Abs 1 S 3) und im selbständigen Beweisverfahren (§ 492
Abs 3) geschlossen werden. Für schiedsrichterliche Vergleiche, die nach
altem Recht abgeschlossen wurden, gilt die Übergangsregelung Art 4 § 1
Abs 4 SchiedsVfG. Anwaltsvergleiche fallen unter Nr 4 b.

1. Rechtsnatur. Der Prozessvergleich ist ein Prozessvertrag (Einl III **3**
Rn 6), sowohl Prozesshandlung als auch materielles Rechtsgeschäft, eine
untrennbare Einheit, **Doppelnatur** (hM; BGH stRspr, zB NJW 00,
1943; BVerwG NJW 94, 2306; RoSchwGottwald § 131 III 1 c; Salje
DRiZ 94, 285 [289]; Häsemeyer ZZP 108, 289). Prozesshandlung ist
der Vergleich, weil er unmittelbar den Rechtsstreit beendet (vgl Rn 26),
materielles Rechtsgeschäft, weil er als privatrechtlicher Vertrag (§ 779
BGB) das materiell-rechtliche Verhältnis der Parteien in Bezug auf den
Streitgegenstand (Einl II) regelt (Rn 27). Wegen dieser **Doppelfunk-
tion** wird nach einer vielfach vertretenen Ansicht der Prozessvergleich je
nach dem Rechtsgebiet beurteilt, dem die prozessualen oder materiell-
rechtlichen Bestandteile angehören, **Doppeltatbestand.** Die Streitigkeiten über die Wirksamkeit des Vergleichs sind materiell-rechtlich und
prozessual einheitlich zu beurteilen (BGH NJW 88, 65).

2. Praktischer Wert. Ein Vergleich kann den (oft persönlichen) **4**
Streit der Parteien ausgleichen, Kosten ersparen und das Prozessrisiko

beseitigen. Diesen Vorzügen steht gegenüber, dass eine Partei auf Ansprüche verzichten kann, die ihr (oft entscheidungsreif) rechtlich zustehen. Die Gerichte sollen in jeder Lage des Verfahrens auf eine gütliche
Erledigung des Streits bedacht sein (§ 278). Eine gewisse Zurückhaltung
ist dabei geboten. Drängt der Richter zum Vergleich, gerät er leicht in
Verdacht, sich in erster Linie die Arbeit des Urteils sparen zu wollen.
Keinesfalls darf auf den Willen einer Partei mit der Äußerung eingewirkt
werden, ein Urteil bestimmten Inhalts sei bereits beschlossen und werde
verkündet, wenn die Parteien sich nicht vergleichen (BGH NJW 66,
2399).

5   **3. Arten. a) Prozessvergleich.** Er umfasst idR den ganzen Rechtsstreit. Ein Teilvergleich (Rn 14) betrifft und erledigt nur einen Teil des
Streitgegenstands oder einen von mehreren Streitgegenständen. Ein
Zwischenvergleich umfasst nur prozessuale oder materiell-rechtliche
Gegenstände (zB Anspruchsvoraussetzungen, Verpflichtungen), die nicht
Streitgegenstand sind. Er erledigt daher den Rechtsstreit auch nicht zT
6   (vgl KG NJW 74, 912). – **b) Außergerichtliche Vergleiche** wirken
nicht unmittelbar auf den Rechtsstreit, insbes nicht auf die in ihm
ergangenen Entscheidungen, sondern nur auf die rechtlichen Beziehungen der Parteien, die dann ihre Rechte aus diesem Vergleich im Rechtsstreit geltend machen können. Übereinstimmende Erledigterklärung ist
oft angezeigt (§ 91 a Rn 22).

7   **4. Anwendungsbereich** für den Abschluss von Prozessvergleichen.
a) Gericht. Es muss in irgend einer Weise mit dem Gegenstand des
Vergleichs befasst (RoSchwGottwald § 132 I S 1), nicht notwendig
vorschriftsmäßig besetzt sein (BGH 35, 309), so dass der Vergleich nicht
deshalb unwirksam ist, weil er nach streitiger Verhandlung vor der
Kammer oder vor dem Senat allein vor dem Vorsitzenden geschlossen
wird. Gericht iS der Nr 1 sind auch die Kammer für Baulandsachen
(München MDR 76, 150), Vollstreckungs- und Versteigerungsgerichte
(RG 165, 161), Gerichte der freiwilligen Gerichtsbarkeit (BGH 14, 381;
vgl Rn 27). Gericht ist auch der Einzelrichter, der beauftragte und
ersuchte Richter, ferner im Rahmen seiner Zuständigkeit der Rechts-
8   pfleger. – **b) Prozessart und Zeitraum:** in jeder Verfahrensart (Einl V)
und in jedem Verfahrensstadium (§ 278 Abs 1). Sobald das Verfahren
anhängig ist, auch bei Arrest und einstweiliger Verfügung, in der
ZwVollstr, im Verfahren über Anordnungen nach §§ 620, 620 b, 644 bis
das Verfahren rechtskräftig abgeschlossen ist; ausnahmsweise wenn der
Vergleich im Zusammenhang mit dem Rechtsstreit unmittelbar nach
Rücknahme des Rechtsmittels protokolliert wird (München NJW 97,
2331 mwN; bestr). Zwischen den Instanzen (nach Urteil und vor
Rechtsmitteleinlegung) ist ein Prozessvergleich zulässig und nimmt dem
Urteil die Wirkung (hM). Zuständig ist das Gericht der unteren Instanz.

9   **5. Voraussetzungen.** Die <u>Klage muss nicht zulässig sein (8 vor
§ 253)</u>. **a) <u>Parteien</u>** (oder Beteiligte) des jeweiligen Verfahrens müssen
den Vergleich abschließen, weil sonst der Rechtsstreit nicht beendet

werden kann; es kann aber jeder (auch am Verfahren nicht beteiligte) Dritte am Vergleich teilnehmen (Rn 12). Bei Streitgenossen wirkt der Vergleich nur für und gegen den, der ihn abschließt (§ 61). Bei notwendiger Streitgenossenschaft (§ 62) ist der Vergleich, den nur einer schließt, wirkungslos, wenn der Vergleich nicht nach materiellem Recht für und gegen die anderen Streitgenossen wirkt (RoSchwGottwald § 131 I 4). Zum Widerruf bei Streitgenossenschaft vgl Rn 22. – **b)** <u>**Vertrag.**</u> Da **10** der Prozessvergleich auch ein Vertrag ist (Rn 3), gelten für das Zustandekommen die §§ 145–156 BGB. – **c)** <u>**Form.**</u> Sie ist zwingend. Ist sie **11** nicht eingehalten, so ist der <u>Vergleich nichtig</u> (vgl Rn 36). Der Prozessvergleich muss <u>vor</u> einem <u>Gericht (Rn 7)</u> geschlossen werden. Die <u>Vergleichspartner (Rn 9)</u> müssen grundsätzlich <u>gleichzeitig anwesend</u> oder vertreten sein. Der Vergleich muss im gerichtlichen Protokoll <u>ordnungsgemäß beurkundet</u> sein (hM; BGH 16, 388), das <u>Protokoll</u> insbes <u>ordnungsgemäß unterschrieben (§ 163 Abs 1 S 1)</u>, ferner <u>vorgelesen und genehmigt</u> (Köln FamRZ 94, 1048 mwN) sowie dies <u>vermerkt</u> sein (§ 162 Abs 1, § 160 Abs 3 Nr 1; vgl aber Rn 30). Das gilt für den gesamten Inhalt des Vergleichs (Rn 14), auch für den Vorbehalt des Widerrufs (Rn 19) und des Rücktritts. Bei vorläufiger Aufzeichnung durch <u>Tonaufnahmegerät</u> genügt das <u>Abspielen (§ 163 Abs 1 S 2)</u>. Danach ist gem § 163 Abs 1 S 2 zu verfahren. Ein schriftlich niedergelegter <u>außergerichtlicher Vergleich</u> (Rn 6) <u>muss</u>, um ein gerichtlicher Vergleich zu werden, <u>vorgelesen</u>, von den Parteien danach <u>genehmigt</u> und als Anlage zu Protokoll (§ 160 Abs 5) genommen werden. Diese Form wird im Rahmen gütlicher Streitbeilegung ersetzt durch § 278 Abs 6. – **d) Prozesshandlungsvoraussetzungen.** Die Erklärungen müssen als **12** Prozesshandlungen wirksam, deren Voraussetzungen (Einl III Rn 10–13) daher erfüllt sein. Insbes gilt <u>Anwaltszwang</u> nach Maßgabe des § 78, da der Abschluss des Vergleichs auch Prozesshandlung ist (hM). Kein Anwaltszwang besteht für Dritte, die dem Rechtsstreit zum Vergleichsabschluss beitreten (BGH 86, 160 mwN; bestr). Bei Scheidungsfolgenvergleich: § 630 Rn 16. – **e) Verfügungsbefugnis.** Da der Vergleich **13** auch zugleich materielles Rechtsgeschäft ist (Rn 3), müssen zudem die <u>Wirksamkeitsvoraussetzungen des bürgerlichen Rechts</u> erfüllt sein, die sich allerdings zT mit den Prozesshandlungsvoraussetzungen decken (so bei Rechts- und Geschäftsfähigkeit sowie bei Vertretung). Die Parteien müssen die Verfügungsbefugnis iS der Dispositionsfreiheit haben, soweit sie im Vergleich verfügen oder sich verpflichten. Dies entspricht der Schiedsfähigkeit (§ 1030).

6. Inhalt sind rechtsfeststellende und (oder) rechtsbegründende Ver- **14** einbarungen der Parteien (hierzu Häsemeyer ZZP 108, 289). Sie können auch solche Rechtsverhältnisse umfassen, die nicht Prozessgegenstand sind. Soweit der Vergleich Leistungen enthält, die der ZwVollstr zugänglich sind, muss er mit vollstreckungsfähigem Wortlaut formuliert werden (16–21 vor § 704), bei notwendiger Bezugnahme auf Schriftstücke diese als Anlage zu Protokoll beigefügt (Zweibrücken Rpfleger 92, 441).

a) Prozesszusammenhang. Der Vergleich muss den Streitgegenstand (Einl II) ganz oder teilweise betreffen und erledigen. Prozessfremde Gegenstände dürfen einbezogen werden (BGH 14, 387), auch die Kosten anderer Prozesse, selbst wenn sie rechtskräftig entschieden sind (München NJW 69, 2149; aA KG Rpfleger 72, 64). Ehesachen: § 617 Rn 6. Wenn die Hauptsache für erledigt erklärt ist (§ 91a Abs 1), kann sich der Vergleich auf die Prozesskosten beschränken. Ein Zwischenvergleich (Rn 5) muss den Streitgegenstand des Rechtsstreits in der Weise betreffen, dass er einen tatsächlichen oder rechtlichen Zusammen-
15 hang mit ihm aufweist. – **b) Gegenseitiges Nachgeben.** Der Streit oder die subjektive Ungewissheit der Parteien über ein Rechtsverhältnis (im weitesten Sinne) muss durch gegenseitiges Nachgeben beseitigt werden, wie bei § 779 BGB (hM). Es genügt jedes tatsächliche Nachgeben, zB Ratenzahlung zu gewähren, einen Teil der Kosten zu tragen. Hingegen ist die bloße Klagerücknahme ohne irgendein Nachgeben des Gegners, das im Vergleich seinen Niederschlag gefunden hat, kein Vergleich iS des § 794 Abs 1 Nr 1 oder § 779 BGB (hM; München MDR
16 85, 327). – **c) Verbotswidriger Inhalt.** Der Streitgegenstand muss vergleichsfähig sein (Rn 13). Der Vergleich darf inhaltlich nicht gegen gesetzliche Verbote (§ 134 BGB) oder die guten Sitten (§ 138 BGB) verstoßen (hM). Es ist zulässig, dass eine Partei sich verpflichtet, einen
17 Strafantrag oder auch eine Strafanzeige zurückzunehmen. – **d) Materieller Inhalt.** Bedingungen und Befristungen (§§ 158, 163 BGB) dürfen aufgenommen werden, auch die aufschiebende Bedingung, dass der Vergleich nur wirksam ist, wenn er innerhalb einer bestimmten Frist von einer oder beiden Parteien schriftlich bestätigt wird. Häufig ist der Ratenzahlungsvergleich mit Verfallklausel bei Schuldnerverzug. Zur
18 Vollstreckungsklausel vgl § 724 Rn 8, § 726 Rn 3. – **e) Kosten.** Wird darüber im Vergleich nichts geregelt, gilt § 98; werden sie im Vergleich übernommen oder verteilt, so sind darunter nur notwendige Kosten iS des § 91 zu verstehen (Celle NJW 63, 1014), auch bei Verweisung gem § 281 (Hamm NJW 68, 403). Bei Urkundenprozess und Nachverfahren umfasst die Übernahme der Kosten des Rechtsstreits im Zweifel die Kosten des gesamten Rechtsstreits (Hamm Rpfleger 75, 322).

19 **7. Widerruf** des Vergleichs (Bergerfurth NJW 69, 1797; Scharpenack MDR 96, 883). Er wird in der Prozesspraxis sehr häufig als Vorbehalt vereinbart. Das geschieht insbes dann, wenn die vertretene Partei bei
20 Abschluss durch den ProzBev nicht anwesend ist. **a) Frist** (E. Schneider MDR 99, 595). Sie ist eine Handlungsfrist (7 vor § 214) und bei Widerrufsvorbehalt notwendiger Inhalt des Vergleichs. Berechnung: § 222 (dort Rn 1). Zweckmäßig ist, ihr Ende auf ein Datum zu legen, nicht eine bestimmte Dauer festzulegen. Die Frist kann nur durch Parteivereinbarung abgekürzt und verlängert werden (§ 224 Rn 1). Die Frist beginnt im Zweifel bereits mit dem Vergleichsabschluss, nicht erst mit Zugang des Terminprotokolls (Schleswig NJW-RR 87, 1022). –
21 **b) Form.** Der Widerruf ist im Zweifel formlos, sogar telefonisch mög-

lich (BAG NJW 60, 1364), statt Schriftsatz auch mit Telekopie (§ 130 Nr 6) und elektronisches Dokument, soweit es zugelassen ist (§ 130 a). Er ist dem Gegner oder Gericht gegenüber zu erklären (vgl Düsseldorf NJW-RR 87, 255 und Koblenz MDR 97, 883). Die vereinbarte Form, meist schriftlich an das Gericht, geht vor (allgM). Diese erfordert Unterschrift (BAG NJW 89, 3035), damit die Schriftform des § 126 BGB, ggf auf der Telekopie. Ist Widerruf an das Gericht vereinbart, kann die Frist iZw nicht durch Widerruf an den Prozessgegner gewahrt werden (BAG NZA 92, 134; München NJW 92, 3042). – **c) Erklärung** des Widerrufs ist eine Prozesshandlung (Einl III). Sie ist unwiderruflich (allgM); zu den Rechtsfolgen eines widerrufenen Widerrufs: LAG Köln NZA-RR 97, 105. Erklärungsempfänger sind iZw der Gegner und das Gericht (vgl Rn 21). Auch bei Gericht genügt ein Zugang iS des § 130 Abs 1 S 1 BGB (BGH NJW 80, 1752; vgl § 222 Rn 3). Bei Streitgenossen wirkt er nur im jeweiligen Prozess (vgl Rn 9). Ausnahme: Der Widerruf des Kfz-Haftpflichtversicherers wirkt iZw auch für den mitverklagten Kfz-Halter (§ 3 Nr 8 PflVersG; BGH 46, 279). – **d) Fristwahrung:** 10 vor § 214. Wird die Widerrufsfrist versäumt, ist der Vergleich wirksam. Es gibt keine Wiedereinsetzung (hM; BGH st Rspr, zB NJW 95, 521 mwN; BAG NJW 98, 2844; Hamm NJW-RR 92, 121). Diesem Risiko kann dadurch begegnet werden, dass statt Widerruf die Bestätigung (Rn 17) gewählt oder die Anwendung der Wiedereinsetzungsvorschriften (§§ 233 ff) vereinbart wird (Scharpenack MDR 96, 883 [885]). Ist vereinbart, dass der Widerruf bei einem bestimmten Gericht oder Spruchkörper eingehen muss, dann genügt nicht der Eingang bei einer allg Einlaufstelle (vgl BGH NJW 80, 1753), keinesfalls die Erklärung gegenüber dem Prozessgegner (BAG NJW 98, 2844). – **e) Verzicht** auf den Widerruf ist stets formlos wirksam; kann an Gegner oder Gericht erklärt werden, so wie der Widerruf selbst (Rn 22). Er führt dazu, dass der trotzdem erklärte nachfolgende Widerruf unwirksam ist und nicht mehr nach einem wirksamen Widerruf erklärt werden kann, wohl aber angefochten (LAG Hamm NZA-RR 98, 276). – **f) Zweckmäßige Fassung:** Beide Parteien können den Vergleich durch einen Schriftsatz (ihres ProzBev) widerrufen, der bis (Datum eines Werktags) 24 Uhr bei (Bezeichnung des Gerichts) einläuft.

8. Wirkung des Prozessvergleichs. **a) Rechtshängigkeit.** Der Vergleich beendet den Rechtsstreit und damit die Rechtshängigkeit. Diese Wirkung wird nicht dadurch ausgeschlossen, dass der Vergleich wegen bestimmter Mängel (vgl Rn 32) nicht vollstreckbar ist (Zweibrücken NJW-RR 98, 1680). Die Rechtshängigkeit wird auch nicht durch einen nachträglich vereinbarten Widerrufsvorbehalt (Rn 19) beseitigt (Koblenz MDR 93, 687). Sie wird aber durch einen Teilvergleich beendet, soweit er den Streitgegenstand betrifft (Rn 5). Hingegen beendet ein Zwischenvergleich den Rechtsstreit nicht zT (Rn 5). Bei einem Gesamtvergleich endet auch die Rechtshängigkeit der anderen, nicht vor dem protokollierenden Gericht anhängigen Prozesse, soweit deren

Streitgegenstände mitverglichen sind (StJMünzberg 32 d) und die Parteien nichts anderes vereinbaren (RoSchwGottwald § 131 II 2 a). –

27 **b) Vollstreckungstitel** (15 vor § 704) ist der Vergleich auf Grund des Abs 1 Nr 1 grundsätzlich zwischen den Parteien (Rn 9). Aus ihm können Dritte, für die im Vergleich ein Anspruch gem § 328 BGB besteht, nur dann vollstrecken, wenn sie dem Rechtsstreit beigetreten sind und den Vergleich mit abgeschlossen haben (umstr; vgl BGH FamRZ 80, 342 mwN). Gegen beigetretene Dritte kann nur vollstreckt werden, wenn sie dem Inhalt des Vergleichs zufolge aus ihm verpflichtet sind (vgl Köln Rpfleger 85, 305). Im Verfahren der freiwilligen Gerichtsbarkeit bildet der Vergleich nur im Rahmen gegebener Dispositionsbefugnis (Einl I Rn 5) einen Vollstreckungstitel (BayObLG Rpfleger 98, 31; Bassenge/Herbst FGG Einl VI 5). Bei Willenserklärungen: § 894 Rn 3.

28 **c) Urteile,** die im Rechtsstreit ergangen, aber noch nicht rechtskräftig sind, werden ohne weiteres wirkungslos (allgM; zB Düsseldorf NJW-RR 99, 943); jedoch können die Parteien andere Vereinbarungen treffen, insbes dass aus einem Urteil weiter vollstreckt werden darf (Kniffka JuS

29 90, 969). – **d) Bindung.** Rechtskraft bewirkt der Vergleich nicht; daher nimmt er einer Leistungsklage aus der im Prozessvergleich enthaltenen Verpflichtung nicht das Rechtsschutzbedürfnis (26 vor § 253), wenn ohnehin mit einer Vollstreckungsabwehrklage (§ 767) gerechnet werden muss (hM; Hamm NJW 76, 246 mwN). Die Parteien sind insoweit gebunden, als sie den im Vergleich festgestellten oder ihm zugrundeliegenden Anspruch später nicht außergerichtlich auswechseln können

30 (BGH NJW 82, 2072). – **e) Materiellrechtlich.** Der Vergleich wirkt als Rechtsgeschäft (Rn 3) auf die rechtlichen Beziehungen der Parteien, wobei jede rechtlich vorgeschriebene Form erfüllt ist, insbes auch die notarielle Beurkundung (§ 127 a BGB), selbst wenn der Vorlesungs- und Genehmigungsvermerk (Rn 11) unterblieben ist (BGH NJW 99, 2806). Die Rechtslage zwischen den Parteien wird neu geordnet und ein Rückgriff auf die frühere (ungewisse oder streitige) Rechtslage ist ihnen

31 verboten (Häsemeyer ZZP 108, 289 [297]). **f) Gesamtschuld** kann auf Grund des § 427 BGB angenommen werden, wenn mehrere sich gemeinschaftlich zur Zahlung verpflichten (KG MDR 89, 77).

32 **9. Zwangsvollstreckung.** Der Vergleich ist Vollstreckungstitel (15 vor § 704). **a) Umfang.** Nur was im Vergleich selbst vollstreckbar und bestimmt (16–21 vor § 704) enthalten ist, kann unmittelbar vollstreckt werden. Das ist zB bei einer über den freiwillig bezahlten Betrag einer Unterhaltsrente (Sockelbetrag) hinaus zu zahlender Spitzenbetrag nur dieser, wenn es im Vergleich so beurkundet ist (BGH NJW 93, 1995), im Arrestverfahren das Anerkenntnis eines Teilbetrags, wenn sich der Schuldner der ZwVollstr unterwirft (BGH NJW-RR 91, 1021); nicht aber eine Vertragsstrafe (§ 339 BGB), die im Falle der Verwirkung erst eingeklagt werden müsste (allgM). Ist die Leistung unbestimmt (16 vor § 704), muss neu auf Leistung geklagt werden (Zweibrücken NJW-RR

33 98, 1680). – **b) Vollstreckungsklausel** wird nach §§ 724 ff erteilt

(§ 795). Zuständigkeit wie § 724 Rn 5. Im Rahmen des § 724 Rn 6 wird insbes geprüft, ob der Vergleich ordnungsgemäß beurkundet ist (Rn 11) und nicht vor Ablauf der Frist wirksam widerrufen, falls Widerruf vorbehalten war (Rn 19).

10. Unwirksame Vergleiche. a) Ursprünglich. Von vornherein 34 nichtig oder schwebend unwirksam ist der Vergleich, wenn eine der Voraussetzungen (Rn 9–13) fehlt oder wenn er aus materiell-rechtlichen Gründen nichtig ist (Rn 16). Liegt ein Formmangel vor, so kann der Prozessvergleich im Wege der Umdeutung (Einl III Rn 20) als formfreier außergerichtlicher Vergleich aufrechterhalten werden (BGH NJW 85, 1962), insbes wenn der Formfehler einen Dritten betrifft (BAG NJW 73, 918). Auch wenn die Parteien den Vergleich lang unbeanstandet lassen, kann jede Partei sich auf Formnichtigkeit noch berufen (Reinicke NJW 70, 306; aA BAG NJW 70, 349). – **b) Nachfolgend.** 35 Ein Widerruf (Rn 19) beseitigt den Vergleich, ebenso die Anfechtung gemäß §§ 119, 123 BGB (hM; BAG NZA 98, 33 mwN), auch der Eintritt der auflösenden Bedingung (BGH NJW 72, 159) und der endgültige Ausfall der aufschiebenden Bedingung (§ 158 BGB). Nicht beseitigt wird der Vergleich durch einen nicht vorbehaltenen Rücktritt (BayObLG FGPrax 99, 98 mwN; bestr) oder Aufhebungsvertrag. Hiervon wird lediglich der materiell-rechtliche Vertrag der Parteien, nicht aber die Prozesshandlung (Rn 3) betroffen (BGH 41, 310; aA BAG NJW 83, 2212). – **c) Rechtsfolgen. aa) Fortsetzung** des alten Rechtsstreits ist 36 notwendig, wenn die Voraussetzungen für eine Unwirksamkeit des Vergleichs vorliegen (Rn 34, 35) und eine Partei dies geltend macht (Rn 37; hM; BGH stRpr NJW 99, 2903 mwN; RoSchw/Gottwald § 131 II 1 b; StJMünzberg 56; bei materiell-rechtlicher Unwirksamkeit einschränkend Schöpflin JR 00, 397). Das gilt auch, wenn der Vergleich eine Regelung enthält, die über den Gegenstand des Rechtsstreits hinausging (BGH MDR 74, 567), oder wenn neben Anfechtung der Rücktritt erklärt wird (Hamburg ZMR 96, 266). **bb) Neues Verfahren.** Es 36 a ist zulässig und auch notwendig, wenn der Anfechtungsgrund nur einen prozeßfremden Gegenstand betrifft (BGH 87, 227). Vielfach wird angenommen, die Rechtshängigkeit bestünde fort (vgl StJMünzberg 47). Ein neuer Rechtsstreit ist insbes einzuleiten, wenn der Vergleich im Verfahren auf Arrest oder einstweilige Verfügung geschlossen wurde (Hamm ZIP 80, 1104). Auch wenn die Parteien nur um die Auslegung oder Erfüllung des Vergleichs streiten, ist ein neuer Rechtsstreit nötig (ggf nach § 767, BGH NJW 77, 583).

11. Fortsetzung des alten Rechtsstreits (vgl Rn 36) erfolgt bei dem 37 Gericht, vor dem der Vergleich geschlossen wurde, auch in der Revisionsinstanz (BAG NZA 98, 33). Fortgesetzt wird durch Bestimmung eines Termins (§ 216). **a) Antrag** hierauf muss von derjenigen Partei ausgehen, welche die Unwirksamkeit des Vergleichs behauptet. Dieser Antrag bedarf als Prozesshandlung der Voraussetzungen gemäß Einl III Rn 10. Fehlt eine, zB die Prozessfähigkeit (§ 52), so ist der Fortsetzungs-

antrag als unzulässig abzuweisen (BGH 86, 184; aA Hager ZZP 97, 174). Einem Antrag, die Wirksamkeit des Prozessvergleichs und die Beendigung des Rechtsstreits festzustellen, fehlt stets das Rechtsschutzbedürfnis, weil diese Rechtsfolgen durch den Prozessvergleich sowieso feststehen, solange nicht eine andere Entscheidung vorliegt. Ebenfalls unzulässig ist eine Leistungsklage auf Rückzahlung des auf Grund Vergleichs Geleis-
38 teten (BGH NJW 99, 2903). – **b) Feststellungsklage** auf Wirksamkeit des Prozessvergleichs. Einer solchen fehlt das Rechtsschutzbedürfnis (Rn 37; § 256 Abs 1; aA Frankfurt MDR 75, 584), solange es nur um die Wirkung geht, dass der Prozess mit dem Vergleich des protokollierten Inhalts beendet ist, denn diese Rechtsfolge ist im fortgesetzten Verfahren
39 zu prüfen. – **c) Entscheidung.** Wird die Wirksamkeit des Vergleichs verneint (Zwischenurteil nach § 303 möglich), so ist danach über die Klage zu entscheiden, nicht aber über diejenigen Gegenstände, die nicht rechtshängig waren, aber in den Vergleich aufgenommen wurden (vgl Rn 14; Häsemeyer ZZP 108, 289 [316]). Wird die Wirksamkeit bejaht (kein Zwischenurteil möglich, BGH NJW 96, 3345), so ist im Urteil zu entscheiden, dass der Rechtsstreit durch den Vergleich erledigt oder beendet ist (vgl BGH 16, 167 [171] und 46, 277). Mit Rechtskraft dieses Prozessurteils steht fest, dass mit dem Fortsetzungsantrag verbundene Sachanträge nicht rechtshängig geworden sind (BGH WM 85, 673) und es kann auch nicht mehr die materiell-rechtliche Wirkung des Vergleichs in Frage gestellt werden (BGH 79, 71; aA Pecher ZZP 97, 139). –
40 **d) Kosten.** Die neu entstandenen sind entspr § 91 Abs 1 demjenigen aufzuerlegen, der sich auf die Unwirksamkeit des Vergleichs berufen hat.
41 – **e) Zwangsvollstreckung** aus dem Vergleich, die nicht gehindert ist (Frankfurt NJW-RR 95, 703), kann gemäß § 707 einstweilen eingestellt werden (hM; MüKo/Wolfsteiner 72 mwN).

42 **12. Abänderung** des Inhalts von Vergleichen durch gerichtliche Entscheidung ist bei Unterhaltsrenten gemäß § 323 Abs 4 (dort Rn 23) oder bei vereinfachten Verfahren gemäß § 655 möglich.

43 **III. Gerichtliche Entscheidungen (Nr 2–4 b).** Darunter fallen: **Kostenfestsetzungsbeschlüsse** (Nr 2) gemäß §§ 104, 105, 788 Abs 2. Für Sicherheitsleistung (§ 751 Abs 2) ist die des zugrundeliegenden Urteils maßgebend (§ 104 Rn 19). Wartefrist: § 798. **Vereinfachtes Verfahren über den Unterhalt Minderjähriger** (Nr 2 a): Festsetzungsbeschlüsse (§ 649), Abänderungsbeschlüsse (§ 655) und Zurückweisungsbeschlüsse (§ 648 Abs 1 S 3). Wartefrist: § 798. **Beschwerdefähige Entscheidungen** (Nr 3). Das ist im weitesten Sinne zu verstehen, nämlich dass Beschwerde nach der ZPO gegen eine Entscheidung dieses Inhalts überhaupt stattfindet, mag sie auch im Einzelfalle ausgeschlossen sein (zB nach § 567 Abs 2). Vollstreckungsfähiger Inhalt (16–21 vor § 704) und Klausel (§ 724 Rn 4) sind selbstverständlich nötig. Wegen Hs 2 werden einstweilige Anordnungen gem § 620 Nr 1, 3 (Herausgabe des Kindes und Umgang mit ihm), auch wenn sie gem § 620 b erlassen sind, nicht nach der ZPO vollstreckt, sondern nach § 33 FGG. **Einst-**

weilige Anordnungen in Familiensachen (Nr 3 a) gemäß den angeführten §§. Sie werden nach der ZPO vollstreckt, so zB Geldforderungen nach §§ 803 ff, unvertretbare Handlungen nach § 888. **Vollstreckungsbescheide** (Nr 4; § 700). Für diese gilt die Sonderregel des § 796. **Vollstreckbar erklärte Schiedssprüche** (Nr 4 a). Das geschieht durch gerichtlichen Beschluss gem § 1064 und umfasst den Schiedsspruch mit vereinbartem Wortlaut (Schiedsvergleich) gem § 1053. Für die nach altem Recht (vor dem 1. 1. 1998) ergangenen Vollstreckbarkeitsentscheidungen von Schiedssprüchen und Schiedsvergleichen gilt die alte Regelung (vgl 20. Aufl) weiter (Übergangsregelung Art 4 § 1 Abs 2–4 SchiedsVfG). **Vollstreckbar erklärte Anwaltsvergleiche** (Nr 4 b). Das sind Fälle des § 796 b (gerichtliche Vollstreckbarerklärung) und des § 796 c (notarielle Vollstreckbarerklärung). Für die nach altem Recht geschlossenen Anwaltsvergleiche (§ 1044 b aF), für das schiedsrichterliche Verfahren entspr gilt (§ 1044 b aF), ist für die Vollstreckung als Übergangsregelung Art 4 § 1 Abs 4 SchiedsVfG anzuwenden. **44**

IV. Vollstreckbare Urkunden (Abs 1 Nr 5). Da die Neufassung auf Art 1 Nr 12 2. ZwVollstrNov beruht und erst am 1. 1. 1999 in Kraft trat, ist die alte Fassung der Nr 5 (vgl 21. Aufl) auch über den 1. 1. 1999 hinaus anzuwenden, wenn die Urkunde noch vorher errichtet wurde (Art 3 Abs 4 2. ZwVollstrNov). **45**

1. Zuständigkeit für Aufnahme der Urkunde und Erteilung der vollstreckbaren Ausfertigung (§ 797). **a) Gericht:** Das ist nur das AG für die in § 62 BeurkG aufgeführten Ansprüche (§ 56 Abs 4 BeurkG). – **b) Notar:** §§ 1, 20 Abs 1 BNotO. Er ist grundsätzlich zuständig (§ 56 Abs 4 BeurkG). Nur deutsche Notare. Von ausländischen Notaren errichtete Urkunden können auf Grund von Staatsverträgen für vollstreckbar erklärt werden. **46 47**

2. Anspruch (wie 16 vor § 704). **a) Umfang.** Er muss ziffernmäßig feststehen oder sofort aus der Urkunde feststellbar sein (BGH 22, 54), nicht erst in Verbindung mit anderen Unterlagen oder durch Bestimmung im Verfahren nach § 726 (Nürnberg Rpfleger 90, 306). – **b) Bestimmtheit.** Es gilt grundsätzlich Rn 16–20 vor § 704. Das Bestimmtheitserfordernis gilt insbes für den Geldzahlungsanspruch (BGH NJW 97, 2887), die Zinsen und sonstigen Nebenleistungen. Der Zinsbeginn muss bestimmt oder bestimmbar sein (BGH NJW-RR 00, 1358). Die Unterwerfung „bis zu" einem bestimmten Höchstzinssatz ist zulässig (BGH NJW 83, 2262). Ausreichend bestimmt ist ein Zahlungsanspruch, wenn er aus offenkundigen Umständen (zB aus dem BGBl oder Grundbuch) errechenbar ist (BGH NJW 95, 1162). Nicht ausreichend bestimmt ist eine Rente in Höhe eines (nach Besoldungsordnung, Besoldungsgruppe und Dienstalterssstufe festgelegten) Beamtengrundgehalts (BGH 22, 54). Solche Urkunden geben nur einen klagbaren Anspruch. Bei einer Höchstbetragshypothek ist der Anspruch nicht bestimmt, nur ausnahmsweise sind es feststehende Teilbeträge (BayObLG NJW-RR 89, 1467; vgl Hornung NJW 91, 1649 mwN). **48 49**

c) Art des Anspruchs. Er muss „einer vergleichsweisen Regelung zugänglich" sein. Das deckt sich mit der Schiedsfähigkeit (§ 1030). Der Anspruch muss daher der Verfügungs(Dispositions)befugnis der Parteien unterliegen. Dem können §§ 134, 138 BGB oder im Einzelfall die Art des Anspruchs entgegenstehen (vgl § 617 Rn 6). Dieser kann auch öffentlich-rechtlich sein (BVerwG NJW 95, 1104); bedingt, befristet oder künftig, insbes auf Zahlung, Leistung, Hinterlegung (KG NJW-RR 00, 1409) oder Haftung (Abs 2, Duldung der ZwVollstr) gerichtet. Die Willenserklärung, aus der sich der Anspruch ergibt, bedarf nicht der Form des Abs 1 Nr 5 (BGH 73, 157 mwN; bestr). –

51   **d) Ausnahmen.** Unwirksam ist die Beurkundung in folgenden Fällen: **aa) Ansprüche auf Abgabe einer Willenserklärung:** wie § 894 Rn 5. Hingegen kann die Abgabe der Willenserklärung beurkundet werden. **bb) Wohnraummietverhältnisse** (wie § 721 Rn 1). Deren Bestehen oder Nichtbestehen darf der Anspruch nicht betreffen, so dass Herausgabe- und Räumungsansprüche (§ 885) ausgeschlossen sind. Mit „Bestand" (wie § 1030 Abs 2) ist das gegenwärtige oder künftige Mietverhältnis als Voraussetzung des Anspruchs gemeint. Beurkundungsfähig sind zurückliegende Mietzinsansprüche, alle Ansprüche aus Kauf von Wohnraum, Geschäftsraummiete (praktische Hinweise Groh NZM 99, 698), auf Herausgabe von Wohnraum, die nicht auf Miete beruht, bei Mischmietverhältnissen (§ 23 GVG Rn 12) mit gewerblichem oder geschäftlichem Schwerpunkt (Schultes DGVZ 98, 177).

52   **3. Unterwerfung** unter die sofortige ZwVollstr ist eine Prozesshandlung (Einl III; hM; BGH NJW 85, 2423 mwN), die vom Berechtigten erklärt werden muss. Sie kann nicht angefochten und nur mit Zustim-
53   mung des Gläubigers widerrufen werden. **a) Inhalt.** Die Unterwerfung kann auch mit Wirkung gegen den jeweiligen Eigentümer erklärt werden (§ 800) und für den Fall, dass der sich Unterwerfende das Grundstück erst nachträglich erwirbt (§ 800 Rn 2). Sie kann weiter gefasst werden als der zugrundeliegende Anspruch (BGH NJW 00, 951 für Zinsen). Wird der Sicherungszweck einer vollstreckbaren Grundschuld erweitert, liegt keine Änderung der Unterwerfungserklärung vor (BGH NJW 97, 2320). Die Unterwerfung ist teilbar, wenn sie zT unwirksam ist (BGH NJW 89, 831 [833]; Hamm NJW-RR 91, 1151). Sie ist auch in der Weise zulässig, dass dem Gläubiger eine vollstreckbare Ausfertigung ohne Nachweis des Entstehens und Fälligwerdens der Schuld erteilt werden soll (München NJW-RR 95, 783; Rastätter NJW 91, 392 mwN; bestr). Keine Unterwertung ist die Annahme eines Verkaufsangebots, das unter der Voraussetzung erklärt ist, dass sich der Annehmende der sofortigen ZwVollstr unterwirft (Dresden OLG-NL 99, 186). –
54   **b) Wirksamkeit.** Erfordert das Vorliegen der Prozesshandlungsvoraussetzungen (Einl III Rn 10–15). Handelt ein Vertreter, so muss für die ZwVollstr die Vollmacht durch öffentliche oder öffentlich beglaubigte Urkunde nachgewiesen werden (allgM; Stöber Rpfleger 94, 393). In

dieser Form muss genehmigt sein, wenn der Vertreter vollmachtlos gehandelt hat (Stöber aaO mwN). Wirksam ist die Unterwerfung ohne Rücksicht auf die Wirksamkeit der zugrundeliegenden Verpflichtung; denn § 139 BGB ist unanwendbar (hM; BGH NJW 94, 2755 mwN). Nicht wirksam erklärt werden kann die Unterwerfung wegen der persönlichen Schuld gegenüber künftigen und unbestimmten Inhabern von Grundpfandrechten (KG Rpfleger 75, 471), auch nicht unter einer (echten) Bedingung, wohl aber in der Weise, dass von der Urkunde nur unter bestimmten Voraussetzungen Gebrauch gemacht werden darf (BGH 16, 180). Eine unwiderrufliche Vollmacht zur Unterwerfung erfordert notarielle Beurkundung (Dux WM 94, 1145).

4. Urkunde. Gerichtlich oder notariell gemäß BeurkG muss sie die **55** Verpflichtung des Schuldners (Rn 49, nicht den Schuldgrund) und seine Unterwerfung (Rn 52) enthalten. Sie muss nach den Formvorschriften des BeurkG auch wirksam errichtet sein. Wird die Urkunde später durch eine andere erweiternd abgeändert oder ergänzt, so findet die ZwVollstr aus beiden Urkunden statt; auch die neue Urkunde muss die Unterwerfung (mindestens durch Bezugnahme) enthalten.

5. Identität des Anspruchs (Rn 48) ist notwendig. Daher umfasst **56** insbes die Miete nicht die Nutzungsentschädigung (vgl Frankfurt ZMR 87, 177). Hat sich der Schuldner wegen einer Kaufpreisforderung unterworfen, so deckt dies nicht einen an dessen Stelle tretenden Anspruch auf Schadensersatz (BGH NJW 80, 1050). Vertragliche Beschränkung von Einwendungen gegen den verbrieften Anspruch ist zulässig (BGH WM 76, 907).

6. Wirkung. a) Leistungsklage aus dem beurkundeten Anspruch. **57** Ihr fehlt grundsätzlich das Rechtsschutzbedürfnis (26 vor § 253). Es ist aber ausnahmsweise gegeben, wenn ein Vollstreckungsorgan (5–8 vor § 704) die ZwVollstr aus der Urkunde verweigert oder der Schuldner Einwendungen erhebt und deshalb mit einer Klage gem §§ 767, 768 zu rechnen ist. – **b) Bei Schuldübernahme.** Wird die persönliche Schuld, **58** für welche die vollstreckbare Urkunde besteht, befreiend übernommen (§ 414 BGB; bei Grundstücksveräußerung mit Hypothekenübernahme häufig), muss sich der Schuldübernehmer selbst ausdrücklich der ZwVollstr unterwerfen. Die Vollstreckungsklausel erteilt der Notar, der die vollstreckbare Urkunde verwahrt (§ 797 Abs 2). – **c) Kosten** der **59** Vollstreckung werden beigetrieben und festgesetzt nach den Grundsätzen von § 788 (vgl § 795).

7. Rechtsbehelfe. a) Gegen Erteilung der vollstreckbaren Ausfer- **60** tigung (§ 797): Erinnerung gem §§ 732, 797 Abs 3, zB wegen Unwirksamkeit der Unterwerfung (Rn 54) und damit des Titels (hM; Hamm NJW-RR 91, 1151 mwN), auch wegen § 733 (weitere Ausfertigung); wahlweise Klage gemäß § 768 mit Zuständigkeit des § 797 Abs 3. Wurde auf Anweisung des Beschwerdegerichts erteilt, gilt § 797 Rn 12. Keine negative Feststellungsklage (Windel ZZP 102, 175 [223]). – **b) Bei Einwendungen** gegen den Anspruch, sofern der Titel wirksam **61**

ist (vgl Rn 60): Klage gemäß § 767 über § 795 (BGH NJW 97, 2887)
ohne Beschränkung des § 767 Abs 2 (§ 797 Abs 4). **c) Gegen Verwei-**
62 **gerung** der vollstreckbaren Ausfertigung: § 797 Rn 11. – **d) Gegen
Vollstreckung** trotz fehlender Voraussetzungen: § 766, soweit nicht
§ 732 gilt (vgl Düsseldorf NJW-RR 88, 698). § 767 auch bei Unwirksamkeit des Titels bejaht von Zweibrücken NJW-RR 00, 548.

§ 794 a Zwangsvollstreckung aus Räumungsvergleich

(1) ¹Hat sich der Schuldner in einem Vergleich, aus dem die
Zwangsvollstreckung stattfindet, zur Räumung von Wohnraum
verpflichtet, so kann ihm das Amtsgericht, in dessen Bezirk der
Wohnraum belegen ist, auf Antrag eine den Umständen nach
angemessene Räumungsfrist bewilligen. ²Der Antrag ist spätestens zwei Wochen vor dem Tage, an dem nach dem Vergleich zu
räumen ist, zu stellen; §§ 233 bis 238 gelten sinngemäß. ³Die
Entscheidung ergeht durch Beschluss. ⁴Vor der Entscheidung ist
der Gläubiger zu hören. ⁵Das Gericht ist befugt, die im § 732
Abs. 2 bezeichneten Anordnungen zu erlassen.

(2) ¹Die Räumungsfrist kann auf Antrag verlängert oder ver-
kürzt werden. ²Absatz 1 Sätze 2 bis 5 gilt entsprechend.

(3) ¹Die Räumungsfrist darf insgesamt nicht mehr als ein Jahr,
gerechnet vom Tage des Abschlusses des Vergleichs, betragen.
²Ist nach dem Vergleich an einem späteren Tage zu räumen, so
rechnet die Frist von diesem Tage an.

(4) Gegen die Entscheidung des Amtsgerichts findet die sofortige Beschwerde statt.

(5) ¹Die Absätze 1 bis 4 gelten nicht für Mietverhältnisse über
Wohnraum im Sinne des § 549 Abs. 2 Nr. 3 sowie in den Fällen
des § 575 des Bürgerlichen Gesetzbuchs. ²Endet ein Mietverhältnis im Sinne des § 575 des Bürgerlichen Gesetzbuchs durch außerordentliche Kündigung, kann eine Räumungsfrist höchstens
bis zum vertraglich bestimmten Zeitpunkt der Beendigung gewährt werden.

*Abs 5 Satz 1 ist redaktionell geändert, Satz 2 neu mWv 1. 9. 2001 durch
Art 3 Nr 6 MietRRG; Abs 1 Satz 3 ist geändert mWv 1. 1. 2001 durch
Art 2 Nr 98 ZPO-RG.*

1   **1. Allgemeines. a) Zweck.** § 794 a soll den Abschluss von Räu-
mungsvergleichen erleichtern, indem dem Räumungsschuldner ermöglicht wird, unabhängig vom Willen des Gläubigers allein durch das Ge-
2   richt Räumungsfrist zu erlangen. – **b) Anwendbar** nur bei Prozessvergleichen (§ 794 Rn 2), in denen sich eine Partei zur Räumung von
Wohnraum (§ 721 Rn 1) verpflichtet hat; nicht bei außergerichtlichen
Vergleichen (MüKo/Wolfsteiner 3). Ist bereits im Vergleich eine Räumungsfrist vereinbart, dürfte § 794 a nur dann anzuwenden sein, wenn

auf Grund solcher Tatsachen verlängert werden soll, die seit Vertragsabschluss eingetreten sind (umstr; vgl AG Marburg ZMR 94, 373). Nach Abs 5 ist § 794 a im selben Umfang unanwendbar wie § 721 (dort Rn 2).

2. Entscheidung durch Beschluss (Abs 1 S 3). **a) Zuständig** ist das **3** AG, in dessen Bezirk der Wohnraum liegt (Abs 1 S 1), und zwar das Prozess-, nicht das Vollstreckungsgericht (LG Essen NJW 71, 2315), daher der Richter, nicht der Rechtspfleger und nicht das ArbG. – **b) Voraussetzungen.** Antrag: Prozesshandlung (Einl III) des Räu- **4** mungsschuldners. Form: § 496. Frist: Abs 1 S 2. Fristberechnung: wie § 721 Rn 5. Verpflichtet sich der Schuldner im Vergleich, sofort oder früher als 14 Tage nach Abschluss des Vergleichs zu räumen, entfällt wegen der Antragsfrist des Abs 1 S 2 die Anwendung des § 794 a (bestr). Wiedereinsetzung (§§ 233–238) bei versäumter Frist ist möglich (Abs 1 S 2 Hs 2). Ob die Parteien im Vergleich eine Räumungsfrist vereinbart haben, ist gleichgültig. Abs 2 setzt voraus, dass bereits vorher eine Entscheidung nach Abs 1 ergangen ist. Keine entspr Anwendung auf die Abkürzung einer im Vergleich vereinbarten Räumungsfrist (hM; LG Stuttgart WuM 92, 32); nur die verlängerte Frist darf abgekürzt werden (Abs 2). – **c) Verfahren.** Mdl Vhdlg ist freigestellt (Abs 1 S 3), dem **5** Gläubiger stets Gehör zu gewähren (Abs 1 S 4). – **d) Inhalt:** zur Räu- **6** mungsfrist wie § 721 Rn 11. Gründe: wie § 721 Rn 12. Kostenentscheidung: wie § 721 Rn 13.

3. Dauer der Räumungsfrist (Abs 3). Mindestdauer: wie § 721 **7** Rn 14. Höchstdauer: insgesamt ein Jahr (bei Abs 2 zu beachten). Bei Mietverhältnissen auf bestimmte Zeit (Abs 5 S 2; § 575 BGB) gilt § 721 Rn 15 entspr. Die im Vergleich gewährte Frist darf nicht eingerechnet werden (hM). Nach LG München I WoM 87, 66 ist dies durch Parteivereinbarung abdingbar.

4. Wirkung. Materiell-rechtlich: nur der Ausschluss weitergehenden **8** Verzugsschadens (§ 546 a Abs 2 BGB). Vollstreckung: § 751 Abs 1.

5. Vollstreckungsschutz. Einstweilige Einstellung der ZwVollstr ist **9** möglich, während des Beschlussverfahrens gem § 732 Abs 2 (Abs 1 S 5) und allgemein in der ZwVollstr gem § 765 a.

6. Rechtsmittel: sofortige Beschwerde (§ 567 Abs 1 Nr 1) gegen **10** den Beschluss des AG (Abs 4) für den, der beschwert ist. Gegen die Beschwerdeentscheidung kann die Rechtsbeschwerde zugelassen werden (§ 574).

§ 795 Anwendung der allgemeinen Vorschriften auf die weiteren Vollstreckungstitel

¹Auf die Zwangsvollstreckung aus den in § 794 erwähnten Schuldtiteln sind die Vorschriften der §§ 724 bis 793 entsprechend anzuwenden, soweit nicht in den §§ 795 a bis 800 abweichende Vorschriften enthalten sind. ²Auf die Zwangsvollstreckung aus den in § 794 Abs. 1 Nr. 2 erwähnten Schuldtiteln ist

§ 720 a entsprechend anzuwenden, wenn die Schuldtitel auf Urteilen beruhen, die nur gegen Sicherheitsleistung vorläufig vollstreckbar sind.

1   S 1: Die §§ 795 a–800 gehen den §§ 724–793 vor. Besonderheiten für die Titel des § 794 sind auch bei den §§ 724–793 erläutert. S 2: Die zugrundeliegenden Urteile müssen unter § 709 oder § 712 Abs 1 S 2, 2. Alt fallen. Dazu gehören auch die klagabweisenden Urteile (Köln Rpfleger 96, 358).

§ 795 a Zwangsvollstreckung aus Kostenfestsetzungsbeschluss

Die Zwangsvollstreckung aus einem Kostenfestsetzungsbeschlusse, der nach § 105 auf das Urteil gesetzt ist, erfolgt auf Grund einer vollstreckbaren Ausfertigung des Urteils; einer besonderen Vollstreckungsklausel für den Festsetzungsbeschluß bedarf es nicht.

1   Gilt nicht nur bei Urteilen, sondern bei allen Titeln, für die § 105 (dort Rn 1) anwendbar ist.

§ 796 Zwangsvollstreckung aus Vollstreckungsbescheiden

(1) Vollstreckungsbescheide bedürfen der Vollstreckungsklausel nur, wenn die Zwangsvollstreckung für einen anderen als den in dem Bescheid bezeichneten Gläubiger oder gegen einen anderen als den in dem Bescheid bezeichneten Schuldner erfolgen soll.

(2) Einwendungen, die den Anspruch selbst betreffen, sind nur insoweit zulässig, als die Gründe, auf denen sie beruhen, nach Zustellung des Vollstreckungsbescheids entstanden sind und durch Einspruch nicht mehr geltend gemacht werden können.

(3) Für Klagen auf Erteilung der Vollstreckungsklausel sowie für Klagen, durch welche die den Anspruch selbst betreffenden Einwendungen geltend gemacht werden oder der bei der Erteilung der Vollstreckungsklausel als bewiesen angenommene Eintritt der Voraussetzung für die Erteilung der Vollstreckungsklausel bestritten wird, ist das Gericht zuständig, das für eine Entscheidung im Streitverfahren zuständig gewesen wäre.

1   **1. Vollstreckungsklausel** (Abs 1). Bei Vollstreckungsbescheiden ist eine vollstreckbare Ausfertigung mit Klausel (§ 724 Abs 1) nur nötig in den Fällen der §§ 727–729, 738, 742, 744, 749. Zuständig ist hierfür das zentrale Mahngericht des § 689 Abs 3 (hM; BGH NJW 93, 3141 mit abl Anm von Hintzen; aA Koblenz Rpfleger 94, 307). Die Vollstreckungsklausel wird erteilt nach den jeweils dort angemerkten Voraussetzungen. Außerdem ist wegen § 33 AVAG die Vollstreckungsklausel bei

allen Vollstreckungsbescheiden nötig, die im Geltungsbereich des AVAG (dort § 35) vollstreckt werden sollen.

2. Ausschluss von Einwendungen (Abs 2). Das ist eine Sonder- **2** regelung gegenüber § 767 Abs 2 (dort Rn 21) und bedeutet, dass der Antragsgegner seine Einwendungen gegen den Anspruch geltend machen muss, indem er Einspruch einlegt (§ 700 Abs 3), auch wenn die Einwendung erst nach Zustellung des Vollstreckungsbescheids entstanden ist. Unterlässt er den Einspruch, ist er mit der Einwendung ausgeschlossen, seine Klage aus § 767 (dort Rn 21) unbegründet. Das gilt auch bei sittenwidrigen Ratenzahlungsverträgen (BGH 101, 380; Geißler NJW 87, 1661 mwN; bestr). Es bleibt § 826 BGB (hM; vgl § 700 Rn 2).

3. Zuständigkeit (Abs 3). Sie betrifft die Klagen aus §§ 731, 767, **3** 768 und ist sachlich wie örtlich ausschließlich (§ 802). Die Zuständigkeit für das Streitverfahren ergibt sich sachlich und örtlich aus den allgemeinen Vorschriften (3, 4 vor § 1).

§ 796 a Voraussetzungen für die Vollstreckbarerklärung des Anwaltsvergleichs

(1) **Ein von Rechtsanwälten im Namen und mit Vollmacht der von ihnen vertretenen Parteien abgeschlossener Vergleich wird auf Antrag einer Partei für vollstreckbar erklärt, wenn sich der Schuldner darin der sofortigen Zwangsvollstreckung unterworfen hat und der Vergleich unter Angabe des Tages seines Zustandekommens bei einem Amtsgericht niedergelegt ist, bei dem eine der Parteien zur Zeit des Vergleichsabschlusses ihren allgemeinen Gerichtsstand hat.**

(2) **Absatz 1 gilt nicht, wenn der Vergleich auf die Abgabe einer Willenserklärung gerichtet ist oder den Bestand eines Mietverhältnisses über Wohnraum betrifft.**

(3) **Die Vollstreckbarerklärung ist abzulehnen, wenn der Vergleich unwirksam ist oder seine Anerkennung gegen die öffentliche Ordnung verstoßen würde.**

1. Allgemeines. Anwaltsvergleiche, die vor dem 1. 1. 1998 abge- **1/2** schlossen sind, werden nach dem früher geltenden Recht für vollstreckbar erklärt (vgl 22. Aufl). Anwendbar ist § 796 a grundsätzlich auf alle einem materiell-rechtlichen Vergleich (§ 779 BGB) zugänglichen Rechtsverhältnisse und Ansprüche (vgl § 794 Rn 13), auch in Arbeitssachen (Voit/Geweke NZA 98, 400: über § 62 Abs 2 S 1 ArbGG). Ausdrücklich ausgenommen (Abs 2) sind Ansprüche auf Abgabe einer Willenserklärung (wie § 894 Rn 5) und Wohnraummietverhältnisse (wie § 794 Rn 51). Bei Geschäftsräumen sind Räumungsvergleiche zulässig (vgl Lebek/Latinovic NZM 99, 14).

3   **2. Voraussetzungen** der Vollstreckbarerklärung (Abs 1). **a) Antrag**
einer Partei, nicht formbedürftig, außer Anwaltszwang (§ 78 Abs 3);
liegt nicht in der Niederlegung (Rn 7), sondern muss idR ausdrücklich
4   erklärt werden. – **b) Vorliegen eines Vergleichs,** und zwar eines außergerichtlichen (§ 779 BGB) mit vollstreckbarem Inhalt (wie § 794
Rn 49). Für die Form ergibt sich aus Abs 1 (wegen der Niederlegung),
dass Schriftform erforderlich ist (ZöGeimer 13), sofern sich nicht aus
anderen Vorschriften (insbes § 311 b Abs 1 BGB) die notarielle Form
ergibt. Die Unterschrift der RAe ist notwendig, die der Parteien nicht
5   vorgeschrieben, aber oft zweckmäßig. – **c) Anwaltsbeteiligung** ist für
alle Parteien zwingend. Die RAe müssen im Namen der Partei und mit
Vollmacht (§ 164 Abs 1 BGB) handeln und unterschreiben. Die Prozessvollmacht deckt dies ab (§ 81 Rn 5). Der übereinstimmende Wille
der RAe muss sich beziehen auf den Abschluss des Vergleichs
(§ 779 Abs 1, § 151 S 1 BGB), der mit der Letzten erforderlichen
6   Unterschrift zustandekommt. **d) Unterwerfungserklärung.** Sie muss
im Vergleich erfolgen und sich auf die sofortige Zwangsvollstreckung aus
7   dem Vergleich beziehen. § 794 Rn 52–54 gilt enspr. – **e) Niederlegung** des Vergleichs in Urschrift oder notarieller Ausfertigung beim
zuständigen AG. Für den Tag des Vergleichsabschlusses genügt das Datum des Vergleichs. Eine Frist für die Niederlegung ist nicht vorgesehen.
Zuständig ist nach Wahl der niederlegenden Partei das AG, bei dem eine
der Vergleichsparteien bei Vergleichsabschluss ihren allgemeinen Gerichtsstand hatte (§§ 13–19 a).

8   **3. Besondere Ablehnungsgründe** (Abs 3). Abzulehnen durch Entscheidung gem § 796 b ist nicht nur, wenn eine der Voraussetzungen
9   (Rn 3–6) fehlt, sondern auch bei: **a) Unwirksamkeit** des Vergleichs.
Sie kann sich aus vielerlei Gründen ergeben (vgl Palandt § 779
10   Rn 13–28), insbes aus den §§ 134, 138, 142 BGB. – **b) Verstoß gegen
die öffentliche Ordnung** entspricht wörtlich dem § 1059 Abs 2
Nr 2 b (vgl dort) und inhaltlich dem § 328 Abs 1 Nr 4 (dort Rn 15–19).
Dieser Ablehnungsgrund führt nicht zur Unwirksamkeit des Vergleichs.

§ 796 b Vollstreckbarerklärung durch das Prozessgericht

(1) **Für die Vollstreckbarerklärung nach § 796 a Abs. 1 ist das
Gericht als Prozeßgericht zuständig, das für die gerichtliche
Geltendmachung des zu vollstreckenden Anspruchs zuständig
wäre.**

(2) [1] **Vor der Entscheidung über den Antrag auf Vollstreckbarerklärung ist der Gegner zu hören.** [2] **Die Entscheidung ergeht
durch Beschluß.** [3] **Eine Anfechtung findet nicht statt.**

*Abs 2 Satz 1 ist geändert mWv 1. 1. 2002 durch Art 2 Nr 99 ZPO-
RG.*

Anwendbar: wenn ein Anwaltsvergleich bei Gericht niedergelegt ist **1** (§ 796 a Abs 1). **Zuständig** (Abs 1) ist das Prozessgericht (nicht der Rechtspfleger), das im ersten Rechtszug für den im Anwaltsvergleich enthaltenen, für vollstreckbar zu erklärenden prozessualen Anspruch zuständig wäre. Das liegt für die sachliche Zuständigkeit (§§ 23, 23 a, 71 GVG) fest. Örtlich können mehrere Gerichte zuständig sein. Dann steht die Wahl (§ 35) dem Antragsteller zu, da § 802 nicht zutrifft. Prorogation (§§ 38–40) ist zu beachten. **Antrag** einer Partei: wie § 796 a Rn 3. **2** **Verfahren** (Abs 2 S 1). Mdl Vhdlg ist nicht ausgeschlossen. Rechtliches Gehör (vgl Einl I Rn 9 ff) ist zwingend. **Einwendungen,** die sich gegen den Fortbestand des Anspruchs richten (zB Erfüllung), können nur über § 767 geltend gemacht werden (vgl Rn 4, LG Halle NJW 99, 3567, bestr; aA Deubner JuS 00, 579). **Entscheidung** ergeht durch Beschluss, **3** auch bei mdl Vhdlg (Abs 2 S 2). Die Vollstreckbarerklärung wird abgelehnt (vgl § 796 a Abs 3), wenn eine Voraussetzung (§ 796 a Rn 3–6) fehlt oder § 796 a Abs 3 zutrifft. Formlose Mitteilung (§ 329 Abs 2 S 1). Andernfalls ist der genau bezeichnete Vergleich für vollstreckbar zu erklären; mit Zustellung (§ 329 Abs 3). Kostenentscheidung gem den §§ 91, 92, 100. **Rechtsbehelfe** gegen den Beschluss sind ausgeschlossen **4** (Abs 2 S 3; dagegen krit Münzberg NJW 99, 1357). Es verbleiben über § 795 die Rechtsbehelfe des 8. Buchs, insbes die Vollstreckungsabwehrklage ohne die Beschränkungen des § 767 Abs 2 (dort Rn 25). **Gebühren:** für Gericht KV 1647. Für den RA: § 46 Abs 1 S 1, § 118 Abs 2 **5** S 3, § 132 Abs 2 S 3 BRAGO.

§ 796 c Vollstreckbarerklärung durch einen Notar

(1) [1]Mit Zustimmung der Parteien kann ein Vergleich ferner von einem Notar, der seinen Amtssitz im Bezirk eines nach § 796 a Abs. 1 zuständigen Gerichts hat, in Verwahrung genommen und für vollstreckbar erklärt werden. [2]Die §§ 796 a und 796 b gelten entsprechend.

(2) [1]Lehnt der Notar die Vollstreckbarerklärung ab, ist dies zu begründen. [2]Die Ablehnung durch den Notar kann mit dem Antrag auf gerichtliche Entscheidung bei dem nach § 796 b Abs. 1 zuständigen Gericht angefochten werden.

1. Allgemeines. a) Zweck: bietet den Parteien eines Anwaltsver- **1** gleichs eine Alternative zur Niederlegung (§ 796 a Rn 6) und die Möglichkeit, ohne Beteiligung des Gerichts die Vollstreckbarkeit herbeizuführen. – **b) Anwendbar** nur, wenn alle Voraussetzungen eines An- **1 a** waltsvergleichs erfüllt sind (§ 796 a Rn 4–6); denn § 796 a gilt entsprechend (Abs 1 S 2).

2. Voraussetzungen für die Verwahrung (Abs 1) der Urschrift **2** eines Anwaltvergleichs. Sie wird wie bei § 25 BNotO vorgenommen. **a) Zustimmung** aller Parteien des Vergleichs. Diese Erklärung wird (muss aber nicht) im Vergleich abgegeben; dann nur mit Anwaltsbetei-

ligung wirksam. Andernfalls muss sie vor dem Notar erklärt oder dem Notar nachgewiesen werden, idR durch private Urkunde (§ 416). Die
3 Zustimmung ist unwiderruflich (Einl III Rn 22). – **b) Zuständigkeit** des Notars. Er muss seinen Amtssitz (§ 10 BNotO) im Bezirk eines der gem § 796 a Rn 7 zuständigen AGe haben. Der Notar kann bei der Zustimmung im Vergleich von den Parteien ausgewählt werden, andernfalls im Rahmen der später erklärten Zustimmung (Rn 2). Der Notar darf wegen § 15 BNotO die Verwahrung nur wegen Unzuständigkeit verweigern.

4 **3. Vollstreckbarerklärung** (Abs 1) setzt voraus: **a) Antrag** einer am Vergleich beteiligten Partei, die Gläubiger ist (10 vor § 704). Dafür gilt § 796 a Rn 3. Der Antrag kann gleichzeitig mit dem auf Verwahrung
5 (Rn 2) gestellt werden. – **b) Zustimmung** der Vergleichsparteien zur Verwahrung (Rn 2) und zwangsläufig damit zur Befugnis des Notars, eine Vollstreckbarerklärung vorzunehmen, wenn die Voraussetzungen
6 (Rn 6) hierfür vorliegen. – **c) Voraussetzungen.** Sie decken sich infolge der Verweisung auf § 796 a in Abs 1 S 2 mit denen der Rn 4–6 des
7 § 796 a. – **d) Verfahren.** Die Verweisung in Abs 1 S 2 auf § 796 b greift wegen der Besonderheiten notarieller Zuständigkeit nur für das recht-
8 liche Gehör (§ 796 b Abs 2 S 1 Hs 2). – **e) Vollstreckbarerklärung** geschieht durch Beschluss (wegen § 797 Abs 6) auf der verwahrten Urkunde unter Bezug auf den vorstehenden Vergleich. Erteilung der
9 Ausfertigung: § 797 Abs 6. Wartefrist: § 798. – **f) Unanfechtbarkeit** folgt aus § 796 b Abs 2 S 2 (dort Rn 4). – **g) Gebühren:** für den Notar: § 148 a Abs 1 S 1 KostO; für den RA: wie § 796 b Rn 5.

10 **4. Ablehnung** (Abs 2) hat zu erfolgen, wenn eine Voraussetzung (Rn 6) fehlt oder ein besonderer Ablehnungsgrund (§ 796 a Rn 8–10)
11 vorliegt. **a) Verfahren.** Eine Stellungnahme des Gegners ist wie rechtliches Gehör (Rn 7) nicht notwendig, weil in Abs 2 auf § 796 b nicht verwiesen ist. Die Entscheidung des Notars ist zu begründen (Abs 2
12 S 2); Zustellung im Rahmen von § 20 Abs 1 BNotO. – **b) Anfechtbarkeit** (Abs 2 S 2). Der Antrag auf gerichtliche Entscheidung bei dem nach § 796 b Abs 1 zuständigen Prozessgericht ist der allein zulässige Rechtsbehelf. Dieses verfährt nach § 796 b. Der Beschluss ist unanfechtbar (wie § 796 b Rn 5). – **c) Gebühren:** wie § 796 b Rn 5.

§ 797 Verfahren bei vollstreckbaren Urkunden

(1) **Die vollstreckbare Ausfertigung gerichtlicher Urkunden wird von dem Urkundsbeamten der Geschäftsstelle des Gerichts erteilt, das die Urkunde verwahrt.**

(2) [1]**Die vollstreckbare Ausfertigung notarieller Urkunden wird von dem Notar erteilt, der die Urkunde verwahrt.** [2]**Befindet sich die Urkunde in der Verwahrung einer Behörde, so hat diese die vollstreckbare Ausfertigung zu erteilen.**

(3) **Die Entscheidung über Einwendungen, welche die Zulässigkeit der Vollstreckungsklausel betreffen, sowie die Entscheidung über Erteilung einer weiteren vollstreckbaren Ausfertigung wird bei gerichtlichen Urkunden von dem im ersten Absatz bezeichneten Gericht, bei notariellen Urkunden von dem Amtsgericht getroffen, in dessen Bezirk der im zweiten Absatz bezeichnete Notar oder die daselbst bezeichnete Behörde den Amtssitz hat.**

(4) **Auf die Geltendmachung von Einwendungen, die den Anspruch selbst betreffen, ist die beschränkende Vorschrift des § 767 Abs. 2 nicht anzuwenden.**

(5) **Für Klagen auf Erteilung der Vollstreckungsklausel sowie für Klagen, durch welche die den Anspruch selbst betreffenden Einwendungen geltend gemacht werden oder der bei der Erteilung der Vollstreckungsklausel als bewiesen angenommene Eintritt der Voraussetzung für die Erteilung der Vollstreckungsklausel bestritten wird, ist das Gericht, bei dem der Schuldner im Inland seinen allgemeinen Gerichtsstand hat, und sonst das Gericht zuständig, bei dem nach § 23 gegen den Schuldner Klage erhoben werden kann.**

(6) **Auf Beschlüsse nach § 796 c sind die Absätze 2 bis 5 entsprechend anzuwenden.**

1. Allgemeines. Die vollstreckbare Ausfertigung (§ 724) wird ausschließlich nach den Vorschriften der ZPO erteilt (vgl § 52 BeurkG). Es gelten auch die §§ 726–734 (§ 795), insbes zur sog Umschreibung (vgl Will BWNotZ 78, 156). Es werden zur Erteilung die in § 724 Rn 6–9 aufgeführten Voraussetzungen geprüft, also nicht das Bestehen des Anspruchs (Schuschke/Walker Rn 5 mwN; aA Sauer/Maiendresch Rpfleger 97, 289) und dessen Fälligkeit, sofern sie sich nicht bereits aus der Urkunde ergeben (KG OLGZ 83, 205). Bei Vertretung ist auch die Vollmacht in der Form des § 726 Abs 1 nachzuweisen (hM; LG Bonn Rpfleger 90, 374 mwN). 1

2. Zuständigkeit bei gerichtlichen Urkunden (Abs 1). Das sind nur die des § 794 Abs 1 Nr 5, soweit sie von einem deutschen Gericht aufgenommen sind. **a) Vollstreckbare Ausfertigung:** der Urkundsbeamte der Geschäftsstelle, an seiner Stelle bei § 20 Nr 12 RPflG der Rechtspfleger, dieser auch bei einer weiteren vollstreckbaren Ausfertigung (§ 733; Abs 3; § 20 Nr 13 RPflG). – **b) Erinnerung** nach § 732: Hierfür ist zuständig das die Urkunde verwahrende Gericht (Abs 2). **c) Klagen** nach §§ 731, 767, 768: das AG oder LG (nach §§ 23, 23 a, 23 b, 71 GVG); das ArbG, wenn der Anspruch in seine Zuständigkeit fällt (Frankfurt MDR 85, 330). Allgemeiner Gerichtsstand: 2 vor § 12. Er ist ausschließlich (§ 802). Wollen Schuldner als Streitgenossen klagen, besteht Wahlrecht gemäß § 35 (BGH NJW 91, 2910 mwN). 2 3 4

5   **3. Zuständigkeit bei notariellen Urkunden** (Abs 2). Das sind die des § 794 Abs 1 Nr 5. **a) Vollstreckbare Ausfertigung** erteilt der Notar, der die Urkunde verwahrt. Ist er verhindert, erteilt sie das AG als Streitgericht (Urkundsbeamter oder Rechtspfleger, Rn 2), in dessen Bezirk der Notar seinen Amtssitz hat (Abs 3 analog). Weitere Ausfertigung (§ 733): Die Entscheidung über die Erteilung wird von dem AG getroffen, in dessen Bezirk der Notar seinen Amtssitz hat (Abs 3). Sie ist vom Notar herbeizuführen (BayObLG Rpfleger 00, 74 Anm Gruner). Die weitere vollstreckbare Ausfertigung selbst wird vom Notar auf Anweisung des Gerichts erteilt (Abs 3; Düsseldorf DNotZ 77, 571). Gibt der Gläubiger die erste Ausfertigung zurück, kann der Notar ohne gerichtliche Entscheidung die weitere Ausfertigung erteilen (Düsseldorf aaO). Verwahrt eine Behörde die Urkunde, so erteilt sie (Abs 2 S 2). –

6 **b) Erinnerung** nach § 732: zuständig ist das Gericht, das die Urkunde
7 verwahrt (Abs 3). Das AG entscheidet als Streitgericht. – **c) Klagen** nach §§ 731, 767, 768: wie Rn 4. Ist eine Ehesache anhängig, geht § 621 Abs 2 vor (§ 621 Rn 16, 17, 19). – **d) Kostenfestsetzung** bei
8 ZwVollstr: § 788 Abs 2. – **e) Öffentliche Zustellung** wird von dem AG bewilligt, in dessen Bezirk der Notar seinen Sitz hat (BayObLG NJW-RR 90, 64).

9   **4. Zuständigkeit bei Anwaltsvergleichen** (Abs 6). Eine vollstreckbare Ausfertigung kann vom Notar nur dann erteilt werden, wenn er die Originalurkunde des Vergleichs verwahrt und für vollstreckbar erklärt hat (§ 796 c Abs 1). Es gelten Rn 5–8, 13 entspr.

10   **5. Rechtsbehelfe. a) Gegen Erteilung:** Erinnerung gemäß § 732 mit der Zuständigkeit von Abs 3 oder Klage gemäß § 768 mit der
11 Zuständigkeit des Abs 5. – **b) Gegen Verweigerung** der vollstreckbaren Ausfertigung durch Notar oder AG, insbes GBA: Beschwerde nach GBO oder FGG zum LG gemäß § 54 BeurkG (BayObLG Rpfleger 00, 74) und weitere Beschwerde gemäß § 27 FGG (Frankfurt Rpfleger 81, 314), aber nicht für den Schuldner (Hamm NJW-RR 99, 861). Daneben findet wahlweise Klage nach § 731 mit der Zuständigkeit des
12 Abs 5 statt. – **c) Gegen Anweisung** durch das Beschwerdegericht, die vollstreckbare Ausfertigung zu erteilen, kann die Rechtsbeschwerde zugelassen werden (§ 574).

13   **6. Vollstreckungsabwehrklage** (Abs 4). Grundsätzlich sind keine Einwendungen ausgeschlossen, weil § 767 Abs 2 nicht gilt. Jedoch können insbes bei Aufnahme der Urkunde, Einwendungen gegen den verbrieften Anspruch in bestimmtem Umfang durch Vertrag beschränkt werden (BGH WM 76, 907; vgl § 767 Rn 26). Ein nach § 313 S 2 BGB geheilter Kaufvertrag ist nicht mehr für eine Klage aus § 767 geeignet (BGH NJW 85, 2423). Die Unwirksamkeit des Titels kann nicht mit der Klage aus § 767, sondern nur mit Feststellungsklage (§ 767 Rn 8) oder einer prozessualen Gestaltungsklage (§ 767 Rn 8 a) geltend gemacht werden (BGH 118, 229 mwN).

§ 797 a Verfahren bei Gütestellenvergleichen

(1) **Bei Vergleichen, die vor Gütestellen der im § 794 Abs. 1 Nr. 1 bezeichneten Art geschlossen sind, wird die Vollstreckungsklausel von dem Urkundsbeamten der Geschäftsstelle desjenigen Amtsgerichts erteilt, in dessen Bezirk die Gütestelle ihren Sitz hat.**

(2) **Über Einwendungen, welche die Zulässigkeit der Vollstreckungsklausel betreffen, entscheidet das im Absatz 1 bezeichnete Gericht.**

(3) **§ 797 Abs. 5 gilt entsprechend.**

(4) [1]**Die Landesjustizverwaltung kann Vorsteher von Gütestellen ermächtigen, die Vollstreckungsklausel für Vergleiche zu erteilen, die vor der Gütestelle geschlossen sind.** [2]**Die Ermächtigung erstreckt sich nicht auf die Fälle des § 726 Abs. 1, der §§ 727 bis 729 und des § 733.** [3]**Über Einwendungen, welche die Zulässigkeit der Vollstreckungsklausel betreffen, entscheidet das im Absatz 1 bezeichnete Gericht.**

1. Allgemeines. § 797 a ist unmittelbar anwendbar für Vergleiche, **1** die vor den Gütestellen geschlossen werden (§ 794 Rn 2) und entspr für Einigungsstellen (§ 27 a Abs 7 S 2 UWG). Die vollstreckbare Ausfertigung wird nach den in § 797 Rn 1 dargelegten Grundsätzen erteilt. Rechtsbehelfe: wie § 797 Rn 10, 11.

2. Zuständigkeit. a) Vollstreckbare Ausfertigung: das AG **2** (Streitgericht) am Sitz der Gütestelle (Abs 1), durch Urkundsbeamten oder Rechtspfleger (wie § 797 Rn 2). Wenn nach Abs 4 S 1 besonders ermächtigt, ist der Vorsteher der Gütestelle zuständig, aber nur für die normale vollstreckbare Ausfertigung (Abs 4 S 2). − **b) Erinnerung 3** (§ 732): AG (Streitgericht) am Sitz der Gütestelle (Abs 2 und 4 S 3). − **c) Klagen** nach §§ 731, 767, 768: wie § 797 Rn 4 auf Grund des **4** Abs 3, der auf § 797 Abs 5 verweist.

§ 798 Wartefrist

Aus einem Kostenfestsetzungsbeschluß, der nicht auf das Urteil gesetzt ist, aus Beschlüssen nach § 794 Abs. 1 Nr. 2 a und § 794 Abs. 1 Nr. 4 b sowie aus den nach § 794 Abs. 1 Nr. 5 aufgenommenen Urkunden darf die Zwangsvollstreckung nur beginnen, wenn der Schuldtitel mindestens zwei Wochen vorher zugestellt ist.

1. Anwendbar auf Kostenfestsetzungsbeschlüsse (§§ 104, 794 Nr 2), **1** die nicht auf das Urteil gesetzt sind (§ 105), auf Beschlüsse, die im vereinfachten Verfahren (§§ 645 ff) ergangen sind (§ 794 Abs 1 Nr 2 a), auf Beschlüsse, die Anwaltsvergleiche (§§ 796 b, 796 c) vollstreckbar erklären (§ 794 Abs 1 Nr 4 b) und auf vollstreckbare Urkunden

(§ 794 Abs 1 Nr 5). § 798 ist eine Ausnahme von § 750 und gilt für jede ZwVollstr, aber nicht für die Vorpfändung (§ 845). Auf Zustellung und Wartefrist kann der Schuldner nicht im Voraus wirksam verzichten (hM: Schilken DGVZ 97, 81 mwN für vollstreckbare Urkunden).

2   **2. Frist.** Sie hat den Zweck, dass der Schuldner durch rechtzeitige Zahlung eine ZwVollstr vermeiden kann und wird nach § 222 ZPO, § 187 Abs 1, § 188 BGB berechnet. Bsp: Ist am Mittwoch zugestellt, läuft die Frist am Mittwoch der übernächsten Woche ab; am Donnerstag darf vollstreckt werden. Keine Notfrist (§ 224 Abs 1 S 2), sondern eine uneigentliche Frist (7 vor § 214); sie kann als gesetzliche Frist nicht verlängert werden (§ 224 Abs 2), insbes nicht um die übliche Laufzeit einer Überweisung (vgl Christmann DGVZ 91, 108).

3   **3. Verstoß. a) Rechtsfolgen.** Wird die Wartefrist nicht eingehalten, so wird die Vollstreckungsmaßnahme erst mit Ablauf der 2-Wochenfrist wirksam, verschafft auch von diesem Zeitpunkt an den Rang (hM; RG 125, 286). Das gilt auch, wenn der Schuldner noch vor Fristablauf Erinnerung (§ 766) einlegt (Hamm NJW 74, 1516). –
4   **b) Kosten** einer trotz Zahlung oder vorzeitig eingeleiteten ZwVollstr. Ob sie den Gläubiger treffen, ist nach § 788 Abs 1 zu beurteilen und hängt von der Kenntnis des Gläubigers ab (umstr; Christmann DGVZ 91, 108 mwN). Sie treffen jedenfalls dann den Schuldner, wenn der Gläubiger befürchten musste, längeres Zuwarten könne den Vollstreckungserfolg gefährden (AG Ellwangen DGVZ 92, 45).

§ 798 a Zwangsvollstreckung aus Unterhaltstiteln trotz weggefallener Minderjährigkeit

Soweit der Verpflichtete dem Kind nach Vollendung des achtzehnten Lebensjahres Unterhalt zu gewähren hat, kann gegen den in einem Urteil oder in einem Schuldtitel nach § 794 festgestellten Anspruch auf Unterhalt im Sinne des § 1612 a des Bürgerlichen Gesetzbuchs nicht eingewendet werden, daß Minderjährigkeit nicht mehr besteht.

1   **Zweck.** Es soll dem Kind die ZwVollstr aus einem Unterhaltstitel über den Eintritt der Volljährigkeit hinaus ermöglicht werden, bis der
2   Titel durch eine Abänderungsklage (§§ 323, 654) korrigiert wird. **Anwendbar** bei Urteilen und Titeln des § 794 Abs 1 Nr 1, 2 a, 4 b, 5, in denen einem minderjährigen Kind Unterhalt nach der RegelbetragsVO
3   (§ 1612 a BGB) zu zahlen ist. **Voraussetzung** ist, dass der Schuldner als Elternteil dem Kind auch nach Vollendung des 18. Lebensjahres Unter-
4   halt gemäß §§ 1601 ff BGB zu leisten hat. **Wirkung.** Der Unterhalt kann in der festgesetzten Höhe weiter verlangt und vollstreckt werden, bis der Titel im Wege des § 323 oder § 654 abgeändert ist. Mit der Einwendung, die Minderjährigkeit sei weggefallen, ist der Unterhaltsschuldner auch im Wege einer Vollstreckungsabwehrklage (§§ 767, 795, 797 Abs 3, 4) ausgeschlossen.

§ 799 Vollstreckbare Urkunde bei Rechtsnachfolge

Hat sich der Eigentümer eines mit einer Hypothek, einer Grundschuld oder einer Rentenschuld belasteten Grundstücks in einer nach § 794 Abs. 1 Nr. 5 aufgenommenen Urkunde der sofortigen Zwangsvollstreckung unterworfen und ist dem Rechtsnachfolger des Gläubigers eine vollstreckbare Ausfertigung erteilt, so ist die Zustellung der die Rechtsnachfolge nachweisenden öffentlichen oder öffentlich beglaubigten Urkunde nicht erforderlich, wenn der Rechtsnachfolger als Gläubiger im Grundbuch eingetragen ist.

Gilt nur bei vollstreckbaren Urkunden (§ 794 Abs 1 Nr 5) über **1** Grundpfandrechte und macht die in § 750 Abs 2 vorgeschriebene Zustellung von Urkunden entbehrlich, nicht die der Vollstreckungsklausel.

§ 800 Vollstreckbare Urkunde gegen den jeweiligen Grundstückseigentümer

(1) ¹Der Eigentümer kann sich in einer nach § 794 Abs. 1 Nr. 5 aufgenommenen Urkunde in Ansehung einer Hypothek, einer Grundschuld oder einer Rentenschuld der sofortigen Zwangsvollstreckung in der Weise unterwerfen, daß die Zwangsvollstreckung aus der Urkunde gegen den jeweiligen Eigentümer des Grundstücks zulässig sein soll. ²Die Unterwerfung bedarf in diesem Falle der Eintragung in das Grundbuch.

(2) Bei der Zwangsvollstreckung gegen einen späteren Eigentümer, der im Grundbuch eingetragen ist, bedarf es nicht der Zustellung der den Erwerb des Eigentums nachweisenden öffentlichen oder öffentlich beglaubigten Urkunde.

(3) Ist die sofortige Zwangsvollstreckung gegen den jeweiligen Eigentümer zulässig, so ist für die im § 797 Abs. 5 bezeichneten Klagen das Gericht zuständig, in dessen Bezirk das Grundstück belegen ist.

1. Unterwerfung (Abs 1) ist eine Prozesshandlung (§ 794 Rn 52). **1**
a) Umfang. Abs 1 ergänzt den § 794 Abs 1 Nr 5 dahin, dass bei Grundpfandrechten sich der Eigentümer mit Wirkung auch gegen die späteren Eigentümer der ZwVollstr unterwerfen kann, aber nur wegen des dinglichen Rechts (in der Urkunde zB: „aus der Hypothek"). Wegen der persönlichen Schuld kann die Unterwerfung in derselben Urkunde erklärt werden (Düsseldorf Rpfleger 77, 67), aber nur mit Wirkung gegen den betreffenden Schuldner, nicht gegen die jeweiligen Eigentümer. Die Unterwerfung ist bis zu einem bestimmten Höchstzinssatz zulässig (vgl BGH NJW 83, 2262) und nicht erneut nötig, wenn Hypothek oder Grundschuld umgewandelt werden (hM; LG Bonn Rpfleger 98, 34). –
b) Voraussetzungen: aa) Eigentümerstellung. Der sich Unterwer- **2**
fende muss grundsätzlich zZ der Erklärung Eigentümer sein; er kann aber

die Erklärung auch schon abgeben, bevor er das Eigentum an dem Grundstück erworben hat (allgM; KG Rpfleger 88, 31 mwN). Außerdem wird für die Unterwerfung § 185 Abs 1 BGB für entspr anwendbar gehalten (Köln Rpfleger 91, 13 mwN; bestr). Im Übrigen gilt, was in § 794
3 Rn 52–54 ausgeführt ist. **bb) Eintragung** in das Grundbuch (Abs 1 S 2). Bezugnahme auf die Eintragungsbewilligung genügt nicht; denn die Unterwerfung ist nicht Inhalt des Rechts. Eingetragen wird nach der
4 GBO (Antragsverfahren). – **c) Inhalt** (wörtlich oder sinngemäß): Die jeweiligen Eigentümer sind der sofortigen Zwangsvollstreckung unterworfen. Unzureichend: „vollstreckbar gem § 800 ZPO". Es genügt der sog Mithaftvermerk, wenn der Eigentümer eines mit Grundschuld und Unterwerfungsklausel belasteten Grundstücks erklärt, dass auch ein hin-
5 zuerworbenes Grundstück hafte (BayObLG Rpfleger 92, 196). – **d) Teilbetrag.** Auch insoweit ist die Unterwerfung ohne Teilung der Grundschuld grundsätzlich möglich. Teilung ist nur erforderlich, wenn die Unterwerfung für den letztrangigen Teil geschieht (Hamm NJW 87, 1090). Die Unterwerfung kann auch wegen eines „zuletzt zu zahlenden Teilbetrags" erklärt werden (BGH NJW 90, 258).

6   **2. Zustellung** (Abs 2). Sie ist entbehrlich für Urkunden über den Eigentumserwerb. Das ist eine Ausnahme von § 750 Abs 2. Weil § 750 Abs 1 gilt, muss der neue Eigentümer in der vollstreckbaren Ausfertigung genannt sein (vgl § 727).

7   **3. Zuständigkeit** (Abs 3). Für Klagen nach §§ 731, 767, 768 ist Titeln, die unter § 800 fallen (im Gegensatz zu § 797 Abs 5) das AG oder LG (§§ 23, 71 GVG) der belegenen Sache (wie § 24) örtlich ausschließlich (§ 802) zuständig, nicht nur für den dinglichen, sondern auch für den persönlichen Anspruch (hierzu aA KG NJW 89, 1407: § 797 Abs 5).

§ 800 a Vollstreckbare Urkunde für Schiffshypothek

(1) **Die Vorschriften der §§ 799, 800 gelten für eingetragene Schiffe und Schiffsbauwerke, die mit einer Schiffshypothek belastet sind, entsprechend.**

(2) **Ist die sofortige Zwangsvollstreckung gegen den jeweiligen Eigentümer zulässig, so ist für die im § 797 Abs. 5 bezeichneten Klagen das Gericht zuständig, in dessen Bezirk das Register für das Schiff oder das Schiffsbauwerk geführt wird.**

§ 801 Landesrechtliche Vollstreckungstitel

Die Landesgesetzgebung ist nicht gehindert, auf Grund anderer als der in den §§ 704, 794 bezeichneten Schuldtitel die gerichtliche Zwangsvollstreckung zuzulassen und insoweit von diesem Gesetz abweichende Vorschriften über die Zwangsvollstreckung zu treffen.

1   Die Titel müssen den Anforderungen von 16–21 vor § 704 genügen.

§ 802 Ausschließlichkeit der Gerichtsstände

Die in diesem Buche angeordneten Gerichtsstände sind ausschließliche.

Anwendbar für das gesamte 8. Buch, auch für Arrest und Einst- 1
weilige Verfügung (§§ 916–945). **Umfang:** § 802 gilt für die sachliche 2
und örtliche Zuständigkeit; jedoch ist wiederholt (zB § 771) nur die
örtliche ausdrücklich bestimmt. Die sachliche ist dann nicht ausschließlich und richtet sich nach §§ 23, 23 a, 71 GVG oder Vereinbarung
(§ 38). **Wirkung:** 9 vor § 1. **Verstöße:** 11 vor § 1. 3

Abschnitt 2. Zwangsvollstreckung wegen Geldforderungen

Vorbemerkung

1. Zwangsvollstreckung wegen Geldforderungen ist in den 1
§§ 803–882 a geregelt und erfolgt in das bewegliche Vermögen durch
Pfändung (§ 803 Abs 1 S 1), in das unbewegliche Vermögen nach
§ 866 Abs 1 durch Eintragung einer Sicherungshypothek (Zwangshypothek, § 867), Zwangsversteigerung und Zwangsverwaltung (im ZVG
geregelt), allein oder nebeneinander (§ 866 Abs 2).

2. Geldforderungen sind Forderungen auf Leistung einer Geldsum- 2
me. Sie sind darauf gerichtet, dass Geld in bestimmter Menge gezahlt, dh
übereignet oder überwiesen wird. Es wird nur der summenmäßig bestimmte Wert geschuldet. Auch Forderungen in ausländischer Währung
sind Geldforderungen iS der §§ 803–882 a (Düsseldorf NJW 88, 2185;
umstr; vgl Maier-Reimer NJW 85, 2049); ebenso die Haftungs- und
Duldungsansprüche für Geldleistungen (zB aus Hypothek, Grundschuld,
Pfandrecht), ferner die Forderungen auf Geldzahlung an einen Dritten
und auf Hinterlegung einer bestimmten Geldsumme. Keine Geldforderungen sind: die Geldsortenschuld (Übereignung von Stücken einer bestimmten Münzsorte); der Anspruch auf Sicherheitsleistung und der auf
Befreiung von einer Geldschuld (vgl § 887 Rn 2).

Titel 1. Zwangsvollstreckung in das bewegliche Vermögen

Untertitel 1. Allgemeine Vorschriften

§ 803 Pfändung

(1) ¹**Die Zwangsvollstreckung in das bewegliche Vermögen
erfolgt durch Pfändung. ²Sie darf nicht weiter ausgedehnt werden, als es zur Befriedigung des Gläubigers und zur Deckung der
Kosten der Zwangsvollstreckung erforderlich ist.**

(2) **Die Pfändung hat zu unterbleiben, wenn sich von der Verwertung der zu pfändenden Gegenstände ein Überschuß über die Kosten der Zwangsvollstreckung nicht erwarten läßt.**

1   **1. Begriff.** Die Pfändung ist staatliche Beschlagnahme eines Gegenstandes zu dem Zweck, den Gläubiger zu befriedigen. Sie kann am selben Gegenstand mehrmals erfolgen (§§ 826, 853).

2   **2. Anwendungsbereich.** § 803 gilt nur für die ZwVollstr wegen Geldforderungen (2 vor § 803). Bewegliches Vermögen sind alle beweglichen Sachen und Rechte, auch solche an unbeweglichen Sachen, nicht aber Rechte, die unter §§ 864, 865 fallen; Früchte auf dem Halm (§ 810). Abs 1 S 2 und Abs 2 finden keine entspr Anwendung auf die Zwangsversteigerung (hM; LG Detmold Rpfleger 98, 35).

3   **3. Voraussetzungen** einer Pfändung sind allgemein die der Zulässigkeit einer ZwVollstr (38 vor § 704), die Zuständigkeit des Vollstreckungsorgans (4–8 vor § 704) und das Vorliegen der vom Gesetz aufgestellten besonderen Voraussetzungen der Pfändung, zB Gewahrsam des Schuldners (§ 808), Herausgabebereitschaft des Dritten (§ 809), Pfändbarkeit (§§ 811, 812). Fehlt eine dieser Voraussetzungen, muss die Pfändung abgelehnt werden.

4   **4. Durchführung.** Gepfändet werden: **a) Sachen,** indem der Gerichtsvollzieher sie in Besitz nimmt (§ 808 Abs 1, § 831) oder die Pfändung durch Inbesitznahme ersichtlich macht, zB durch Pfandsiegel
5   (§ 808 Abs 2). – **b) Rechte,** indem das Vollstreckungsgericht einen Pfändungsbeschluss erlässt und dieser Beschluss dem Drittschuldner zu-
6   gestellt wird (§§ 829, 857). – **c) Tiere:** wie Sachen (§ 90 a S 2 BGB, § 811 c).

7   **5. Wirkung.** Die Folge der Pfändung ist: **a) Verstrickung.** Sie bedeutet, dass die staatliche Verfügungsmacht über den Gegenstand begründet wird und der privatrechtlich Berechtigte über ihn nicht mehr verfügen, ihn insbes nicht veräußern darf (§§ 135, 136 BGB). Dieses
8   Verfügungsverbot folgt aus der Pfändung (hM). – **b) Pfändungspfandrecht** (§ 804 Abs 1). Dieses ist die notwendige und ausnahmslose Folge einer wirksamen Pfändung. Es ist derart mit der Verstrickung verbunden, dass es mit ihr entsteht und erlischt. Das Pfändungspfandrecht entsteht insbes auch, wenn die vollstreckbare Forderung nicht besteht oder wenn der Pfandgegenstand nicht dem Schuldner gehört (sog öffentlich-rechtliche Theorie; vgl die Nachweise bei BGH 119, 75, der aA ist). Dieses Pfandrecht hat aber gegenüber dem Eigentümer, der nicht Schuldner ist, nicht die volle Wirkung eines Pfandrechts, so dass insbes die Klage aus § 771 begründet ist. Der Gläubiger hat das Recht, im Falle der Verwertung den Erlös ausbezahlt zu erhalten, jedoch darf er ihn nicht behalten (überwiegende Meinung; BGH 119, 75 mwN; vgl § 817 Rn 13). Bösgläubigkeit ist für den Pfandrechtserwerb belanglos; denn § 1207 BGB gilt nicht. Nach jetzt wohl hM (BGH 119, 75 mwN) ist

gutgläubiger Erwerb des Pfandrechts allein durch Pfändung nicht möglich. Zu den umstrittenen Theorien: § 804 Rn 2.

6. Bestand von Verstrickung und Pfändungspfandrecht setzt voraus: **9** **a) Entstehung. aa) Zu bejahen** ist sie, wenn eine Pfändung durchgeführt wird, ohne Rücksicht darauf, ob ihre Voraussetzungen und die Zulässigkeit (Rn 3) gegeben waren (im Einzelnen sehr bestr). Nach hM steht jedenfalls der Verstrickung (Rn 7) insbes nicht entgegen: die Aufhebung des Titels, die fehlende Zugehörigkeit der Sache zum Schuldnervermögen (anders bei Rechten, insbes Forderungen; hM; vgl § 829 Rn 28); die vom Vollstreckungsorgan vorgenommene unrichtige Beurteilung des Gewahrsams (§ 808), der Herausgabebereitschaft (§ 809), der Zubehöreigenschaft (§ 865 Abs 1 S 1) oder der Unpfändbarkeit (§ 811 Abs 1); die Pfändung unter Verstoß gegen § 758 oder § 758 a. **bb) Zu** **10** **verneinen:** wenn nicht das funktionell zuständige Vollstreckungsorgan (4–8 vor § 704) gepfändet hat; wenn nicht ordnungsgemäß gepfändet ist, zB die Sache nicht in Besitz genommen (§ 808), dem Drittschuldner nicht zugestellt ist (§ 829 Abs 3). – **b) Erlöschen** von Verstrickung und **11** Pfandrecht tritt in folgenden Fällen ein: **(1)** Sobald die Verwertung des Pfandgegenstandes beendet, zB die versteigerte Sache an den Ersteher abgeliefert ist (§ 817 Abs 2). Erlös: § 819 Rn 2. **(2)** Sobald die Pfändung wirksam vom Vollstreckungsorgan aufgehoben ist (Entstrickung). Dies erfolgt gem § 776 (zB über § 766) oder auf Freigabeerklärung des Gläubigers (vgl § 30 vor § 704), die eine Prozesshandlung darstellt (Einl III). **(3)** Sobald das gepfändete Recht erlischt (zB § 364 Abs 1 BGB), die gepfändete Sache untergeht, verbunden (§ 946 BGB) oder verarbeitet (§ 950 BGB) wird. **(4)** Sobald die Sache von einem Dritten lastenfrei gutgläubig erworben wird (§§ 936, 136, 135 Abs 2 BGB). Dabei ist § 935 Abs 1 BGB zu beachten. – **c) Bestehenbleiben** von Verstri- **12** ckung und Pfandrecht ist zu bejahen: wenn die Pfandsache dem Besitz des Gerichtsvollziehers ohne dessen Willen entzogen wird, wenn das Pfandsiegel unbefugt entfernt, der Vollstreckungstitel aufgehoben oder die ZwVollstr für unzulässig erklärt wird (zB auf Grund einer Klage gemäß § 767). – **d) Wiederaufleben** der gemäß Rn 11 bereits erlo- **12 a** schenen Pfandrechte und Verstrickungen (auch auf Rechtsbehelf hin) ist ausgeschlossen. Es kann nur mit Wirkung ex tunc neu gepfändet werden.

7. Pfändungsverbote. § 803 enthält lediglich die allgemeinen Pfän- **13** dungsverbote. Verstöße dagegen berühren die Wirksamkeit der Pfändung nicht. Daneben gibt es besondere Pfändungsverbote, zB § 811 Abs 1, § 811 c Abs 1, § 850 in Sondergesetzen. **a) Überpfändung** (Abs 1 **14** S 2) ist nicht nur bei Sachen, sondern auch bei Forderungen und sonstigen Rechten verboten. **aa) Schätzung.** Der Vollstreckungsforderung **15** ist der voraussichtliche Erlös der Pfandgegenstände gegenüberzustellen, nämlich der bei Verwertung vermutlich zu erzielende Erlös. Diesen schätzt grundsätzlich der Gerichtsvollzieher (vgl § 132 Nr 8 GVGA). Vorgehende Rechte Dritter (vgl §§ 771, 805) sind dabei zu berücksichti-

gen, auch voraussichtliche, insbes vom Schuldner angekündigte Schutzanträge (zB § 813 b). Das Vollstreckungsgericht (§ 828) hat den tatsächlichen Wert eines Rechts abzuschätzen, insbes die Aussicht, dieses realisie-
16 ren zu können. **bb) Umfang** der Pfändung. Es kann angebracht und
zulässig sein, sofort mehrere Forderungen zu pfänden, aber keine über
den Vollstreckungsbetrag hinaus (umstr). Regelmäßig hat der Gerichtsvollzieher so viel zu pfänden und dies auch ohne besonderen Antrag
nachzuholen, bis der Vollstreckungsbetrag gedeckt wird (§ 132 Nr 9
GVGA). Ist nur ein einziger Gegenstand vorhanden, der zur Pfändung
geeignet ist, muss er gepfändet werden, auch wenn sein Wert die Forderung weit übersteigt (Schuschke/Walker 2). Abs 1 S 2 gilt auch, wenn
nach Pfändung durch teilweise Erfüllung des vollstreckbaren Anspruchs
bei aufrechterhaltener Pfändung eine Überpfändung entsteht (vgl § 776
Rn 2); dies muss das Vollstreckungsorgan aber nicht laufend von Amts
17 wegen prüfen. – **b) Nutzlose Pfändung** (Abs 2). Das Verbot gilt wie bei
Rn 13 bei jeder Pfändung von beweglichem Vermögen, aber nicht bei
der Anschlusspfändung (§ 826), da sie Erstpfändung werden kann (hM;
§ 167 Nr 5 GVGA; vgl Brehm DGVZ 85, 65 mwN; dagegen krit Wieser
ZZP 98, 427). Bei gleichzeitiger Pfändung für mehrere Gläubiger ist
§ 827 Abs 3 zu beachten (vgl Maaß DGVZ 83, 42). Rechte Dritter
bleiben unberücksichtigt (Wieser DGVZ 85, 37 mwN; bestr). Die Nutz-
losigkeit kann auch erst nach Pfändung eintreten; dann ist die Pfändung
aufzuheben und die Sache dem Schuldner zur Abholung gegen Bezahlung der Vollstreckungskosten anzubieten. Verwertung: jede mögliche
Art. § 825 ist zu berücksichtigen, also auch Übernahme durch den Gläubiger (LG Köln DGVZ 88, 60). Kosten der ZwVollstr: § 788; auch für
Transporte, Lagerung und Versteigerung (LG Köln aaO). Die Pfändung
von Computer-Software ist idR nutzlos (Breidenbach CR 89, 873).
18   **8. Rechtsbehelfe.** Es findet Erinnerung (§ 766) statt. Sie ist begründet, wenn ohne die Voraussetzungen (Rn 3) oder entgegen den Verboten (Rn 9–12) vollstreckt wird.

§ 804 Pfändungspfandrecht

**(1) Durch die Pfändung erwirbt der Gläubiger ein Pfandrecht
an dem gepfändeten Gegenstande.**

**(2) Das Pfandrecht gewährt dem Gläubiger im Verhältnis zu
anderen Gläubigern dieselben Rechte wie ein durch Vertrag erworbenes Faustpfandrecht; es geht Pfand- und Vorzugsrechten
vor, die für den Fall eines Insolvenzverfahrens den Faustpfand-
rechten nicht gleichgestellt sind.**

**(3) Das durch eine frühere Pfändung begründete Pfandrecht
geht demjenigen vor, das durch eine spätere Pfändung begründet
wird.**

1   **1. Allgemeines.** Das Pfändungspfandrecht entsteht allein durch die
Pfändung (Abs 1; § 803). Es können wegen derselben Forderung an

demselben Gegenstand ein Vertragspfandrecht oder ein gesetzliches Pfandrecht und ein Pfändungspfandrecht nebeneinander bestehen. Der Gläubiger hat dann die Wahl, ob er den Pfandgegenstand nach BGB oder nach ZPO verwerten lassen will (Frankfurt MDR 75, 228).

2. Rechtsnatur des Pfändungspfandrechts. Sie ist umstritten. 2 **a) Theorien.** Im wesentlichen werden vertreten (Übersicht bei Ro- Schilken § 50 III Nr 3 a): die öffentlich-rechtliche Theorie (Verstrickung als alleinige Voraussetzung eines öffentlich-rechtlichen, vom BGB wesensverschiedenen nicht akzessorischen Pfandrechts) und die gemischt privat-öffentlich-rechtliche Theorie (Rechtswirkungen zwischen den Verfahrensbeteiligten entsprechend dem akzessorischen BGB-Pfandrecht, Verstrickung nur Voraussetzung für Entstehung des Pfandrechts und Grundlage der Verwertung). – **b) Ergebnisse.** Die Theorien haben 3 sich einander angenähert und folgende einheitlichen Ergebnisse erzielt: **(1)** Entstehung des Pfandrechts auch an schuldnerfremden Sachen und ohne Rücksicht auf den Bestand der vollstreckbaren Forderung (§ 803 Rn 8). Das wird von BGH 119, 75 abgelehnt. **(2)** Anwendung des § 936 BGB. **(3)** Rückwirkung für den Rang bei Heilung fehlerhafter Pfändung. **(4)** Anwendung des § 185 BGB; das ist bei Sachpfändung für die öffentlich-rechtliche Theorie unnötig.

3. Inhalt des Pfändungspfandrechts (Abs 1, 2 Hs 1) nach der öffent- 4 lich-rechtlichen Theorie: **a) Unabhängigkeit** von der vollstreckbaren Forderung. Das Pfändungspfandrecht entsteht und besteht unabhängig vom Bestand der vollstreckbaren Forderung (§ 803 Rn 8). Es geht (außer Erbfolge, § 1922 BGB) nicht nach § 401 BGB sofort mit der vollstreckbaren Forderung auf den neuen Gläubiger über, sondern erst, wenn die Vollstreckungsklausel gem § 727 umgeschrieben ist (hM; StJMünzberg 31 b mwN). Das Pfändungspfandrecht entsteht auch dann (vgl § 803 Rn 8, 9), wenn die Sache nicht zum Vermögen des Schuldners gehört (abgelehnt von BGH 119, 75 mwN) oder wenn die ZwVollstr und damit die Pfändung unzulässig ist (§ 803 Rn 9 und 59 vor § 704; sehr bestr). Selbstverständlich entsteht bei nichtiger Pfändung (58 vor § 704) weder Verstrickung noch Pfandrecht. – **b) Fortbestand.** 5 Das Pfandrecht setzt sich am Surrogat, insbes am Versteigerungserlös fort und bei Hinterlegung am Rückforderungsanspruch, erfasst auch die Erzeugnisse der Sache (§ 1212 BGB analog). – **c) Rechtsstellung** des 6 Gläubigers (Abs 2). Ihm steht zu: **(1)** Dritten (nicht dem Eigentümer) gegenüber wie ein vertragliches Faustpfandrecht an Sachen (§§ 1204 ff BGB) und Rechten (§§ 1273 ff BGB), im Wesentlichen die Rechte aus § 1227 BGB, also insbes auf Herausgabe (§ 985 BGB), aber nur an den Gerichtsvollzieher. **(2)** Besitzschutz (§§ 861, 862, 869 BGB) bei Sachen; denn der Gläubiger ist mittelbarer Besitzer (§ 808 Rn 15). **(3)** Ansprüche aus § 823 Abs 1 BGB als sonstiges Recht. **(4)** Absonderungsrecht im Insolvenzverfahren (§ 50 InsO). – **d) Verwertung** des Pfandgegen- 7 standes erfolgt nur nach den Vorschriften der ZPO (zB § 814, § 815 Abs 1, §§ 825, 835), nicht nach BGB.

8   **4. Rang** (Abs 2 Hs 2, Abs 3). Er richtet sich grundsätzlich nach der
Reihenfolge, wie die Pfandrechte entstehen, auch im Verhältnis zu Vertragspfandrechten (BGH 52, 99; vgl Rn 1). Mit dem Verlust des Pfandrechts geht auch der Rang verloren und die nachgehenden Pfandrechte
rücken auf. Für freiwillige Zahlungen des Schuldners gilt Abs 3 nicht. Er
9   kann daher frei bestimmen, an welchen Gläubiger er zahlt. **a) Vorrang**
hat das Pfändungspfandrecht, das gemäß § 803 Abs 1 früher entstanden
ist (§ 803 Rn 9). Der erste Gläubiger wird vor dem zweiten voll befriedigt. Entsteht zwischen den Gläubigern Streit über die Verteilung des
Erlöses, ist das Verteilungsverfahren (§§ 872–882) durchzuführen
(§ 827 Abs 2, §§ 853, 854 Abs 2). Bei Pfändung fortlaufender Bezüge
(vgl § 832) reicht der Vorrang nur so weit, wie der Gläubiger bei richtig
errechnetem pfändbaren Lohnanteil bisher noch nicht zu befriedigen war
10 (BGH 113, 27). – **b) Gleichrang** haben die Pfändungspfandrechte, die
durch gleichzeitige Pfändung zugleich entstanden sind, zB indem der
Gerichtsvollzieher für mehrere Titel verschiedener Gläubiger dieselbe
Sache zugleich pfändet. Das geschieht für alle vor der Pfändung einlaufenden Aufträge (§ 168 Nr 1 GVGA). Der Erlös wird dann im Verhältnis der
vollstreckbaren Forderungen verteilt, bei Streit unter den Gläubigern im
Verteilungsverfahren nach §§ 872–882 (über § 827 Abs 3, §§ 853, 854
11 Abs 2). – **c) Nachrang** (geltend zu machen über § 805) hat das erste
Pfändungspfandrecht gegenüber den früher entstandenen Pfand- und
Vorzugsrechten, die in §§ 50, 51 InsO aufgeführt sind, und den später
gutgläubig über § 1208 BGB erworbenen Vertragspfandrechten. –
12 **d) Pfändung bei bestehendem Pfandrecht.** Wird ein Gegenstand
wegen einer Forderung gepfändet, für die an diesem Gegenstand schon
ein vertragliches oder gesetzliches Pfandrecht besteht, so erlangt das Pfändungspfandrecht den besseren Rang dieses Pfandrechts (allgM).

§ 805 Klage auf vorzugsweise Befriedigung

(1) **Der Pfändung einer Sache kann ein Dritter, der sich nicht
im Besitz der Sache befindet, auf Grund eines Pfand- oder Vorzugsrechts nicht widersprechen; er kann jedoch seinen Anspruch
auf vorzugsweise Befriedigung aus dem Erlös im Wege der Klage
geltend machen, ohne Rücksicht darauf, ob seine Forderung
fällig ist oder nicht.**

(2) **Die Klage ist bei dem Vollstreckungsgericht und, wenn der
Streitgegenstand zur Zuständigkeit der Amtsgerichte nicht gehört, bei dem Landgericht zu erheben, in dessen Bezirk das Vollstreckungsgericht seinen Sitz hat.**

(3) **Wird die Klage gegen den Gläubiger und den Schuldner
gerichtet, so sind diese als Streitgenossen anzusehen.**

(4) [1]**Wird der Anspruch glaubhaft gemacht, so hat das Gericht
die Hinterlegung des Erlöses anzuordnen.** [2]**Die Vorschriften der
§§ 769, 770 sind hierbei entsprechend anzuwenden.**

1. Allgemeines. Die Vorzugsklage nach § 805 ist eine prozessuale 1
Gestaltungsklage, für die das 1.–4. Buch gilt. **a) Zweck.** Die Vorzugs- 2
klage bewirkt, dass der Gläubiger mit einem Pfand- oder Vorzugsrecht
besseren Ranges (§ 804 Rn 9) mit Vorrang befriedigt wird. – **b) Ab-** 3
grenzung gegenüber § 771. Die Widerspruchsklage führt dazu, dass die
ZwVollstr unzulässig wird; die Vorzugsklage hat das in Rn 2 genannte
Ziel. Dem besitzenden Pfandgläubiger steht grundsätzlich die Klage
nach § 771 offen; sie wird nur in seltenen Fällen begründet sein
(vgl § 771 Rn 17, 21). Hingegen passt stets die Vorzugsklage nach
§ 805. Der besitzlose Pfand- und Vorzugsrechtsgläubiger hat nur die
Vorzugsklage. – **c) Anwendungsbereich:** nur bei Pfändung (§ 803 4
Abs 1), nicht bei anderen Vollstreckungsmaßnahmen; nur bei Sachen
(§ 803 Rn 4), nicht bei Pfändung von Rechten.

2. Antrag und Urteilsformel sind darauf zu richten, dass der Kläger 5
aus dem Reinerlös (also nach Abzug der Vollstreckungskosten) des am
(Datum) gepfändeten (genau bezeichneten) Gegenstandes bis zum Betrag von DM . . .; ggf nebst Zinsen bis zum Tag der Auszahlung vor dem
Beklagten zu befriedigen ist. Auf Grund des Urteils zahlt der Gerichtsvollzieher (vgl § 827 Rn 4) oder die Hinterlegungsstelle (§ 13 Nr 2
HinterlO) den Erlös insoweit an den Kläger aus.

3. Zulässig ist die Klage, wenn die allgemeinen Prozessvoraussetzun- 6
gen (10 vor § 253) vorliegen, insbes: **a) Zuständigkeit** (Abs 2). Sie ist
örtlich ausschließlich (§ 802). Sachlich zuständig ist das AG oder das LG
(vgl §§ 23, 71 GVG), örtlich das Gericht, in dessen Bezirk die Pfändung
stattgefunden hat (§ 764 Abs 2). – **b) Rechtsschutzbedürfnis** (26 vor 7
§ 253). Es fehlt, wenn der Beklagte in die Auszahlung des Erlöses an den
Kläger dem Gerichtsvollzieher gegenüber eingewilligt hat. Es tritt ein,
sobald die Sache gepfändet, es fällt weg, wenn der Erlös ausbezahlt ist.
Danach bestehen nur schuldrechtliche Ansprüche, zB aus § 812 BGB.

4. Begründet ist die Klage, wenn dem Kläger ein Pfand- oder 8
Vorzugsrecht zusteht, das einen besseren Rang hat als das Pfändungspfandrecht des Beklagten oder den gleichen Rang (§ 804 Rn 10), der
aber nicht eingeräumt wird. **a) Pfand- und Vorzugsrechte** sind die in 9
den §§ 50, 51 InsO aufgeführten Rechte, insbes alle Vertragspfandrech-
te, gesetzlichen Pfandrechte (zB das Vermieterpfandrecht) und Pfändungspfandrechte, aber nur solche an der Sache, nicht am Anwartschaftsrecht (BGH NJW 54, 1325), ferner das kaufmännische Zurückbehaltungsrecht (§§ 369, 370 HGB). Die Forderung muss nicht fällig,
sie kann auch aufschiebend bedingt sein; der Erlösanteil des Klägers darf
dann aber nicht ausbezahlt, sondern muss bis zur Fälligkeit oder bis zum
Eintritt der Bedingung hinterlegt werden. Antrag und Formel (Rn 5)
sind dementsprechend zu fassen. – **b) Rangverhältnis** wird nach den 10
Grundsätzen bestimmt, die in § 804 Rn 8–12 stehen. – **c) Sachbefug-** 11
nis (39 vor § 253) hat auf Beklagtenseite der Pfändungspfandgläubiger;
daneben auch der Schuldner, wenn er einer Auszahlung an den Kläger
widerspricht. Sie können gemeinsam verklagt werden (Abs 3; § 59). –

d) Beweislast für seinen Anspruch und für die Pfand- oder Vorzugsrechte trägt der Kläger, für deren Erlöschen der Beklagte (BGH NJW 86, 2426 = JZ 86, 687 mit Anm v Baumgärtel).

13   **5. Einstweilige Anordnung** (Abs 4). Anspruch bedeutet hier Bestehen des Pfand- oder Vorzugsrechts (Rn 9) und des Vor- oder Gleichrangs (Rn 8 und 10). Glaubhaft zu machen (§ 294) sind die Tatsachen. Sind die Voraussetzungen erfüllt, muss das Gericht die Hinterlegung des Erlöses zugunsten der Parteien durch den Gerichtsvollzieher anordnen. Verfahren, Zuständigkeit und Kosten: §§ 769, 770.

14   **6. Sonstiges.** Das Urteil ist nach Maßgabe der §§ 708–714 vorläufig vollstreckbar zu erklären. Rechtsbehelfe und Kosten: wie § 731 Rn 8, 9. Streitwert: derjenige der niedrigeren vollstreckbaren Forderung, ohne Zinsen und Kosten (hM) oder der Wert des Pfandgegenstandes, wenn dieser niedriger ist (§ 6 S 2).

§ 806 Keine Gewährleistung bei Pfandveräußerung

Wird ein Gegenstand auf Grund der Pfändung veräußert, so steht dem Erwerber wegen eines Mangels im Recht oder wegen eines Mangels der veräußerten Sache ein Anspruch auf Gewährleistung nicht zu.

1   **Anwendbar:** bei Veräußerung; das ist jede Verwertung (insbes nach §§ 814, 820, 825, 844) von Sachen und Rechten. Eine Pfändung (§ 803 Abs 1) muss zugrunde liegen, mindestens die Fortschaffung der Sache
2   durch den Gerichtsvollzieher (Karlsruhe MDR 79, 237). **Rechts- und Sachmängel** sind die der §§ 434, 435 nF BGB; zu beachten ist § 445
3   nF BGB. **Schadensersatz** für Sach- und Rechtsmangel kann der Erwerber nur erlangen: vom Staat wegen Amtspflichtverletzung des Gerichtsvollziehers § 839 BGB), vom Gläubiger oder Schuldner durch besonderen Gewährleistungsvertrag oder nach §§ 823, 826 BGB.

§ 806a Mitteilungen und Befragung durch den Gerichtsvollzieher

(1) Erhält der Gerichtsvollzieher anläßlich der Zwangsvollstreckung durch Befragung des Schuldners oder durch Einsicht in Schriftstücke Kenntnis von Geldforderungen des Schuldners gegen Dritte und konnte eine Pfändung nicht bewirkt werden oder wird eine bewirkte Pfändung voraussichtlich nicht zur vollständigen Befriedigung des Gläubigers führen, so teilt er Namen und Anschriften der Drittschuldner sowie den Grund der Forderungen und für diese bestehende Sicherheiten dem Gläubiger mit.

(2) ¹Trifft der Gerichtsvollzieher den Schuldner in der Wohnung nicht an und konnte eine Pfändung nicht bewirkt werden oder wird eine bewirkte Pfändung voraussichtlich nicht zur vollständigen Befriedigung des Gläubigers führen, so kann der Ge-

richtsvollzieher die zum Hausstand des Schuldners gehörenden erwachsenen Personen nach dem Arbeitgeber des Schuldners befragen. [2]Diese sind zu einer Auskunft nicht verpflichtet und vom Gerichtsvollzieher auf die Freiwilligkeit ihrer Angaben hinzuweisen. [3]Seine Erkenntnisse teilt der Gerichtsvollzieher dem Gläubiger mit.

1. Allgemeines. Aus § 806 a ist nur die Befugnis, nicht die Pflicht 1 abzuleiten, den Schuldner zu befragen (hM). § 806 a begründet auch keine Auskunftspflicht für den Schuldner und Hausstandsangehörige (MüKo/Schilken 7). Anwendbar nur bei ZwVollstr wegen Geldforderungen (2 vor § 803) durch den Gerichtsvollzieher, Abs 2 nur bei natürlichen Personen, die Arbeitnehmer sein können.

2. Kenntnis durch den Schuldner (Abs 1). **a) Voraussetzungen.** 2 Selbstverständlich muss dafür die ZwVollstr zulässig sein (38 vor § 704). **aa) Keine Pfändung.** Sie muss gemäß § 808 unternommen worden 3 sein und sie konnte überhaupt nicht bewirkt werden (§ 808), zB weil nur unpfändbare (§ 811 Abs 1) oder ungeeignete (§ 803 Abs 2) Sachen vorgefunden wurden. Es genügt, wenn zwar gepfändet wurde, aber der voraussichtliche Erlös (vgl § 819 Rn 1) nach Meinung des Gerichtsvollziehers nicht ausreichen werde. Ist volle Befriedigung zu erwarten, muss die Mitteilung (Rn 5) unterbleiben (Krauthausen DGVZ 95, 68). **bb) Kenntnis** des Gerichtsvollziehers. Sie muss bei der ZwVollstr, insbes 4 bei der Pfändung, kann aber auch schon vor dieser erlangt sein (zB durch Pfändungen Dritter, AG Bad Iburg DGVZ 95, 173) und muss sich auf Geldforderungen (2 vor § 803) gegen Dritte (12 vor § 704) beziehen, insbes den Arbeitgeber als Drittschuldner für § 829. Zu diesem Zweck (Erlangen der Kenntnis) darf der Gerichtsvollzieher nur den Schuldner oder dessen gesetzlichen Vertreter (§ 51 Rn 3) befragen. Die Kenntnis aus Schriftstücken kann auch bei Durchsuchung gemäß § 758 Abs 1 beiläufig erlangt werden. Es besteht keine Pflicht des Schuldners, Schriftstücke vorzulegen. – **b) Mitteilung.** Sie darf nur an den oder die Gläubi- 5 ger zugeleitet werden, die diesen Vollstreckungsauftrag erteilt haben. Sie ist nicht ausdrücklich als Pflicht ausgestaltet (aA MüKo/Schilken 4), aber jedenfalls als Befugnis. Inhalt: Name und zustellungsfähige Anschrift, Grund der Forderung (wie § 829 Rn 7). Sicherheiten für die Geldforderung: alle selbständigen und unselbständigen Sicherungsrechte (vgl Palandt § 401 Rn 3–5), auch Sicherungs- und Vorbehaltseigentum. Eine Form ist für die Mitteilung nicht vorgeschrieben. Schriftliche ist zu empfehlen. Mitteilung an den Schuldner ist nicht geboten (Krauthausen DGVZ 95, 68), erst recht nicht Übergabe einer Abschrift (ZöStöber 10).

3. Kenntnis durch Hausstandsangehörige (Abs 2). Entspricht 6 dem Personenkreis des § 178 Abs 1 Nr 1 nF. **a) Voraussetzungen:** grundsätzlich wie Rn 2–4; außerdem: **aa) In seiner Wohnung** muss 7 der Schuldner nicht angetroffen worden sein; auch die gemeinsam mit anderen bewohnte. Er muss nicht Mieter sein. **bb) Befragen** der zum 8

Hausstand (Familie oder Wohngemeinschaft) gehörenden (mitwohnenden) erwachsenen Personen. Der nichteheliche Lebensgemeinschafts-
partner gehört dazu. Zweifelhaft ist, ob Minderjährige erfasst sind (wohl
zu Recht ablehnend Krauthausen DGVZ 95, 68; umstr). Die Befragung
steht im Ermessen („kann") des Gerichtsvollziehers und darf nur auf den
Arbeitgeber gerichtet werden. Für Anwendung auf Lohnersatzleistun-
gen: Krauthausen aaO [70]. Der Hinweis auf Freiwilligkeit muss so
verbunden werden, dass die Antwort nicht vor dem Hinweis erfolgen
9 kann (Abs 2 S 2). – **b) Mitteilung** (Abs 2 S 3). Unter Erkenntnissen ist
alles zu verstehen, was der Gerichtsvollzieher erfahren hat und was für
die Lohnpfändung (§ 850 Abs 1) erheblich ist. Sonst wie Rn 5. Abschrift der Mitteilung an den Schuldner ist wegen § 763 Abs 2 geboten.

§ 806 b Gütliche und zügige Erledigung

**¹Der Gerichtsvollzieher soll in jeder Lage des Zwangsvollstre-
ckungsverfahrens auf eine gütliche und zügige Erledigung hinwirken. ²Findet er pfändbare Gegenstände nicht vor, versichert
der Schuldner aber glaubhaft, die Schuld kurzfristig in Teilbeträgen zu tilgen, so zieht der Gerichtsvollzieher die Teilbeträge ein,
wenn der Gläubiger hiermit einverstanden ist. ³Die Tilgung soll
in der Regel innerhalb von sechs Monaten erfolgt sein.**

Eingefügt mWv 1. 1. 1999 durch Art 1 Nr 13 2. ZwVollstrNov.

1   **1. Gütliche und zügige Erledigung** (S 1; § 114a GVGA). Die
Vorschrift ist wegen der Stellung im 2. Abschnitt nur bei ZwVollstr
wegen Geldforderungen anzuwenden; zT wird damit der Beschleuni-
gungsgrundsatz (34 vor § 704) ausgestaltet, nicht als Pflicht des Gerichtsvollziehers, sondern als Ermächtigung zu geeigneten Maßnahmen, insbes Aufforderung zu freiwilliger Leistung mit Hinweis auf nachteilige
Folgen des zwangsweisen Handelns. Zügig: Ausschöpfen der gebotenen
Möglichkeiten im Rahmen des Vollstreckungsversuchs; geeignete und
nahe liegende Terminswahl. Auch ungesicherte Schecks sind entgegenzunehmen (§ 106 Nr 2 S 3 GVGA).

2   **2. Tilgung in Teilbeträgen** (S 2 und 3) ist von § 813a (gleichzeitige Pfändung) und § 900 Abs 3 (Offenbarungsversicherung) zu
unterscheiden. Kommt bei Sicherungsvollstreckung (§ 720a) oder bei Arrest (§ 930) nicht in Frage. Anwendung von S 2 ist bei Mehrheit von
Gläubigern problematisch (vgl Schilken DGV2 98, 145 [148]). Jedenfalls
ist die Vereinbarung einheitlich für alle Gläubiger möglich, das fehlende
Einverständnis nachrangiger Gläubiger kein Hindernis (Helwig DGVZ
3 00, 105). Voraussetzungen des S 2 sind: **a) Nichtvorfinden** pfändbarer
Gegenstände im Rahmen der §§ 808–812, so dass eine Pfändung nicht
stattfinden kann. Dem steht ein nur teilweise erfolgreicher Vollstre-
4 ckungsversuch gleich (Schilken DGV2 98, 145). – **b) Formlose Versicherung** des Schuldners, die Schuld wegen welcher der Gerichtsvollzieher vollstrecken soll, kurzfristig (im zeitlichen Rahmen des S 3) mit

maßvoller Überschreitung (Harnacke DGVZ 99, 21) zu tilgen. Keine Glaubhaftmachung iS von § 294 (Schilken aaO; Harnacke DGVZ 99, 81; aA Musielak/Lackmann 2). Die Versicherung ist mehr als eine bloße Absichtserklärung und umfasst eine substantiierte Darlegung, wie und womit die Teilzahlungen zur Tilgung (auch durch Dritte, Schilken aaO) führen sollen und können; § 114a Nr 3 GVGA; umfasst Höhe, Zeitpunkt und Zahlungsweise der Raten. Protokollierung: § 762 Abs 2 Nr 2. – **c) Einverständnis** des Gläubigers: formlos, auch unter Bedingungen möglich (Schilken aaO); grundsätzlich unwiderruflich (Harnacke DGVZ 99, 81). Es kann schon vor dem ersten Vollstreckungsversuch erklärt werden (vgl § 813a Abs 2) und führt, soweit es mit dem Tilgungsangebot des Schuldners übereinstimmt zu einer vollstreckungsbeschränkenden Vereinbarung (§ 766 Rn 24; Schilken aaO). Liegt das Einverständnis zZ des Pfändungsversuchs nicht vor, kann der Gerichtsvollzieher unter Vorbehalt nach S 2 verfahren (§ 114a Nr 5 GVGA; Harnacke DGVZ 99, 81) und das Einverständnis nachträglich einholen. Wird es verweigert, was dem Gläubiger freisteht, bleibt die Teilerfüllung wirksam; für den Gläubiger ist dann § 807 offen. – **d) Wirkung.** Zahlt der Schuldner vereinbarungsgemäß (Rn 5) pünktlich, ist eine weitere ZwVollstr unzulässig (§ 766 Rn 24).

§ 807 Eidesstattliche Versicherung

(1) **Der Schuldner ist nach Erteilung des Auftrags nach § 900 Abs. 1 verpflichtet, ein Verzeichnis seines Vermögens vorzulegen und für seine Forderungen den Grund und die Beweismittel zu bezeichnen, wenn**

1. **die Pfändung zu einer vollständigen Befriedigung des Gläubigers nicht geführt hat,**
2. **der Gläubiger glaubhaft macht, daß er durch die Pfändung seine Befriedigung nicht vollständig erlangen könne,**
3. **der Schuldner die Durchsuchung (§ 758) verweigert hat oder**
4. **der Gerichtsvollzieher den Schuldner wiederholt in seiner Wohnung nicht angetroffen hat, nachdem er einmal die Vollstreckung mindestens zwei Wochen vorher angekündigt hatte; dies gilt nicht, wenn der Schuldner seine Abwesenheit genügend entschuldigt und den Grund glaubhaft macht.**

(2) ¹**Aus dem Vermögensverzeichnis müssen auch ersichtlich sein**

1. **die in den letzten zwei Jahren vor dem ersten zur Abgabe der eidesstattlichen Versicherung anberaumten Termin vorgenommenen entgeltlichen Veräußerungen des Schuldners an eine nahestehende Person (§ 138 der Insolvenzordnung);**
2. **die in den letzten vier Jahren vor dem ersten zur Abgabe der eidesstattlichen Versicherung anberaumten Termin von dem Schuldner vorgenommenen unentgeltlichen Leistungen, sofern sie sich nicht auf gebräuchliche Gelegenheitsgeschenke**

geringen Werts richteten.[2] **Sachen, die nach § 811 Abs. 1 Nr. 1, 2 der Pfändung offensichtlich nicht unterworfen sind, brauchen in dem Vermögensverzeichnis nicht angegeben zu werden, es sei denn, daß eine Austauschpfändung in Betracht kommt.**

(3) [1]**Der Schuldner hat zu Protokoll an Eides Statt zu versichern, daß er die von ihm verlangten Angaben nach bestem Wissen und Gewissen richtig und vollständig gemacht habe.** [2]**Die Vorschriften der §§ 478 bis 480, 483 gelten entsprechend.**

Abs 1 S 1 und 3 sind neu gefasst mWv 1. 1. 1999 durch Art 1 Nr 14 2. ZwVollstrNov, Abs 1 S 2 durch Art 18 Nr 8 EGInsO.

1   **1. Allgemeines. a) Begriff.** Die eidesstattliche (Offenbarungs)Versicherung (früher Offenbarungseid) ist ein Hilfsmittel zur ZwVollstr wegen Geldforderungen (1 vor § 803); ihre Abnahme und die dazu dienenden Handlungen des Gerichts (§ 899) sind Vollstreckungsmaßnahmen. § 807 begründet die Pflicht zur Abgabe der OffenbVers (Abs 1 S 1). Verfahren: §§ 899–915. Auskunft: § 915 b. – **b) Übergangsregel.** Bei Abs 1 Nr. 3, 4 bleiben Vollstreckungsversuche, die vor dem 1. 1. 99 stattgefunden haben, außer Betracht (Art 3 2. ZwVollstr Nov).

2   **2. Anwendungsbereich.** Nur bei ZwVollstr wegen Geldforderungen (1 vor § 803), nicht bei Herausgabe bestimmter Sachen, wofür § 883 Abs 2 gilt. Im Insolvenzverfahren geht § 153 InsO vor. Sicherungsmaßnahmen (§ 21 InsO) stehen nicht entgegen (LG Frankfurt Rpfleger 88, 111 für § 106 KO). Die bürgerlich-rechtliche Pflicht zur eidesstattlichen Versicherung (zB § 259 Abs 2, § 260 Abs 2, § 2006, § 2028 BGB) hat mit § 807 nichts zu tun.

3   **3. Voraussetzungen** der Pflicht zur Abgabe der eidesstattlichen Versicherung (Abs 1 S 1). Voraussetzungen sind: Auftrag des Gläubigers (§ 900 Abs 1 S 1); Zulässigkeit der ZwVollstr (Rn 4–6) und das Vorliegen einer der besonderen Voraussetzungen des Abs 1 Nr 1–4 (Rn 7–13). Das Verfahren ist in den §§ 899–915 geregelt.

4   **4. Zulässigkeit der Zwangsvollstreckung** (38 vor § 704). Es müssen deren allgemeine Voraussetzungen vorliegen (13 vor § 704); denn die Abnahme der eidesstattlichen Versicherung und das hierfür eingeleitete
5   Verfahren ist ZwVollstr. **a) Titel** (14, 15 vor § 704). Er muss auf eine Geldforderung gerichtet sein (Rn 2). Das ist auch ein Arrest und eine einstweilige Verfügung, die auf eine Geldforderung lautet (allgM; § 940 Rn 7–11). Eine Sicherungsvollstreckung (§ 720 a) genügt (hM; vgl § 720 a Rn 8), nicht aber, wenn dabei ohne besonderen Titel Kosten gemäß § 788 Abs 1 beigetrieben werden (KG Rpfleger 92, 31). Den Titel
6   und die Zustellung ersetzt ein Antrag gemäß § 7 JBeitrO. – **b) Parteifähigkeit** kann auch bei einer wegen Vermögenslosigkeit gelöschten GmbH bejaht werden (30 vor § 704; LG Braunschweig NJW-RR 99,
6 a   1265). – **c) Rechtsschutzbedürfnis** (45 vor § 704). Es fehlt nur dann, wenn der Gläubiger das ganze Vermögen des Schuldners schon kennt oder sicher weiß, dass dieser keines hat (hM; LG Köln Rpfleger 87, 511).

Das ist nur ganz ausnahmsweise gegeben. Ein Rechtsschutzbedürfnis entfällt insbes nicht, wenn ein allg Veräußerungsverbot (§ 21 Abs 2 Nr 2 InsO) verhängt ist (LG Hannover Rpfleger 97, 490 mwN für § 106 KO; bestr), wenn der Gläubiger im Offenbarungstermin durch Angaben des Schuldners neue Vollstreckungsmöglichkeiten erfährt (LG Verden Rpfleger 86, 186), der Schuldner nur den Fragebogen ausfüllt und seine Richtigkeit eidesstattlich versichert (LG Frankenthal Rpfleger 85, 33) oder durch seinen RA anwaltlich versichern lässt (LG Köln aaO).

5. Fruchtlose Pfändung (Abs 1 Nr 1). Diese an sich unrichtige **7** Bezeichnung ist seit langem üblich. Die Pfändung muss erfolglos oder nur zT erfolgreich verlaufen sein, ggf in der Wohnung und in den Geschäftsräumen des Schuldners, bei mehreren örtlich getrennten Geschäftsräumen in allen (Köln Rpfleger 00, 281). Bei mehrfachem Wohnsitz genügt der Pfändungsversuch am Hauptwohnsitz (Behr Rpfleger 88, 1 [6] mwN). Nachgewiesen wird die fruchtlose Pfändung idR durch Bescheinigung des Gerichtsvollziehers (sog Fruchtlosigkeitsbescheinigung, § 63 Nr 1 GVGA), die idR nicht viel älter als 6 Monate sein soll. Außerdem kann ein Protokoll (§ 762) mit konkreten Angaben über die nur teilweise erfolgreiche oder ergebnislose Pfändung geeignet sein (umstr; vgl Behr Rpfleger 88, 1 [5] mwN). Glaubhaftmachung (§ 294) durch eidesstattliche Versicherung des Gläubigers genügt nicht. Gepfändete Forderungen bleiben außer Betracht, nur bei Lohn- und Gehaltsforderungen der Gläubiger nachweisen; dass die Pfändung keinen ausreichenden Erfolg erwarten lässt (hM; LG Heilbronn 93, 292 mwN). Wird die Verwertung ausgesetzt (§ 813 a), so ist die Pfändung deshalb nicht erfolglos.

6. Aussichtslosigkeit einer Pfändung (Abs 1 Nr 2). Es genügt, dass **8** der Gläubiger glaubhaft macht (§ 294), eine Pfändung werde nicht zur völligen Befriedigung des Gläubigers führen. Es muss also keine Pfändung versucht sein. **a) Grundsatz.** Glaubhaft gemacht wird regelmäßig **9** durch Bescheinigung des Gerichtsvollziehers (sog Unpfändbarkeitsbescheinigung), etwa dahin, dass seines Wissens der Schuldner keine pfändbare Habe besitze oder dass für andere Gläubiger erfolglos gepfändet sei. Nicht ausreichend ist, dass der Gerichtsvollzieher erklärt, der Vollstreckungsauftrag könne in absehbarer Zeit nicht ausgeführt werden (LG Neubrandenburg MDR 94, 305). – **b) Anforderungen.** Sie sollten **10** nicht überspannt werden (Jenisch Rpfleger 88, 459). Es kann eine Bezugnahme auf gerichtsbekannte Tatsachen genügen, insbes die Eintragung im Schuldnerverzeichnis oder in anderer Sache ergangene unerledigte Haftbefehle (LG Kassel Rpfleger 95, 512; LG Braunschweig Rpfleger 98, 77; Jenisch aaO 465 mwN; aA LG Heilbronn Rpfleger 93, 356 mit Anm von Hintzen); Wohnungslosigkeit; unverhältnismäßig hohe Verschuldung; Zutrittsverweigerung durch den Schuldner (umstr). Abgelehnte Durchsuchungsanordnung (§ 758 a) nur, wenn ein neuer Antrag aussichtslos erscheint. Bei mehrfachem Wohnsitz des Schuldners genügt die Bescheinigung des Gerichtsvollziehers (§ 63 GVGA) am Hauptwohnsitz (Frankfurt Rpfleger 77, 145). Die Bescheinigung darf auch älter als

6 Monate (LG Frankenthal MDR 87, 65), aber nicht zu alt sein (gegen-
11 über Fristen kritisch Behr Rpfleger 88, 1 [5] mwN). – **c) Einzelheiten.**
Aussichten einer Zwangsvollstreckung im Ausland sind unerheblich
(Frankfurt Büro 78, 131). Einwendungen gegen die Unpfändbarkeitsbescheinigung sind nach Beginn des Verfahrens durch Widerspruch
(§ 900 Abs 4) geltend zu machen (LG Lübeck DGVZ 91, 190).

12 **7. Durchsuchungsverweigerung** (Abs 1 Nr 3). Es muss vorher
keine Anordnung (§ 758 a Abs 1) beantragt worden sein. Die Verweigerung muss vom Schuldner ausgehen, von seinem gesetzlichen Vertreter
(hM) oder von ihm Bevollmächtigten (Harnacke DGVZ 01, 58 mwN);
die von Mitbewohnern genügt nicht. Ausreichend ist, dass der Schuldner
nur teilweise (zB das Öffnen von Behältnissen) verweigert. Die später
erklärte Bereitschaft des Schuldners, nunmehr die Wohnung oder die
Geschäftsräume doch gem § 758 durchsuchen zu lassen, beseitigt die
Offenbarungspflicht nicht. Nachweis: idR durch das Protokoll (§ 762).

13 **8. Wiederholtes Nichtantreffen** (Abs 1 Nr 4) des Schuldners oder
des gesetzlichen Vertreters in Wohnung oder Geschäftsraum. Der erforderliche Nachweis wird durch die Protokolle (§ 762) und beglaubigte
Abschrift der fristgemäßen Ankündigung des Gerichtsvollziehers geführt. Der Gerichtsvollzieher hat die Ankündigung beim ersten vergeblichen Versuch vorzunehmen (LG Lüneburg DGVZ 00, 25); jedoch ist
hierfür auch der Auftrag gemäß § 900 Abs 1 erforderlich (LG Wiesbaden DGVZ 00, 91; LG Tübingen DGVZ 00, 120). Die Ankündigungs-
frist ist auch als uneigentliche Frist (7 von § 214) nach § 222 zu berechnen (Hascher DGVZ 01, 105). Der Vollstreckungsversuch muss mindestens zweimal, die schriftliche Ankündigung (keine Zustellung) nur
einmal vor dem zweiten Versuch vorgenommen sein. Es muss nicht
derselbe Gerichtsvollzieher handeln. Nr 4 gilt auch bei Wechsel der
Wohn- und Geschäftsräume. Hs 2: genügende Entschuldigung (glaubhaft zu machen, § 294; vgl LG Stuttgart DGVZ 01, 120); insbes Krankheit (mit ärztlichem Attest), berufliche Abwesenheit; dringende familiäre
Angelegenheit. Die Abwesenheit des Schuldners wird nicht berücksichtigt und zählt nicht, auch dann, wenn die Entschuldigung aus vertret-
barem Grund nachfolgt.

14 **9. Persönliche Abgabe** (Abs 3). Die Pflicht trifft den Schuldner
persönlich (11 vor § 704). **a) Gesetzliche Vertreter.** Ist der Schuldner
prozeßunfähig (§ 52), müssen der oder die gesetzlichen Vertreter (§ 51
Rn 3), bei Gesamtvertretung nicht notwendig alle (vgl LG Frankfurt
Rpfleger 93, 502 mwN) für den Schuldner und in dessen Namen
handeln (hierzu näher Limberger DGVZ 84, 129), und zwar diejenigen,
die gesetzliche Vertreter zZ der OffenbVers sind, also zu der des vom
Gericht festgesetzten Termins (hM; Bamberg DGV2 98, 75; KG ZIP
96, 289 mwN; Köln Rpfleger 00, 399). Dasselbe gilt wegen § 53 für
15 den Betreuer. – **b) Handelsgesellschaften.** Fehlende Eintragung des
gesetzlichen Vertreters im Handelsregister steht nicht entgegen (Frankfurt Rpfleger 76, 27). Der Geschäftsführer einer GmbH bleibt auch nach

Abberufung oder Niederlegung des Amts (insbes, wenn es wegen des Verfahrens der Offenbarungsversicherung geschehen ist, Köln Rpfleger 00, 399) bis zur Bestellung eines neuen Geschäftsführers verpflichtet (Stuttgart OLGZ 84, 177; LG Hannover DGVZ 81, 60; aA LG Bonn DGVZ 89, 120), vor allem bei Scheinniederlegung (Behr Rpfleger 88, 1 [3] mwN). Bei zweckorientierter Niederlegung bleibt jedenfalls der bisherige Geschäftsführer verpflichtet (Hamm Rpfleger 85, 121). Bei einer GmbH, die wegen Vermögenslosigkeit gelöscht ist, muss die OffenbVers der letzte Geschäftsführer abgeben (hM; LG Braunschweig NJW-RR 99, 1265; LG Zweibrücken Rpfleger 96, 209 mwN) oder der letzte Liquidator, der die Gesellschaft vertreten hat (KG NJW-RR 91, 933; aA Stuttgart NJW-RR 94, 1064 mwN: neu zu bestellender Liquidator). Es muss dann das noch vorhandene Gesellschaftsvermögen offengelegt werden (KG aaO). − **c) Verweigerung.** Erklärt der gesetzliche **16** Vertreter, das Vermögen der vertretenen Person sei ihm nicht bekannt, liegt keine OffenbVers vor; es kann gem § 901 verfahren werden (umstr: Behr Rpfleger 88, 1 [4]). − **d) Mehrheit** von gesetzlichen Vertretern. **17** Bei Einzelvertretungsmacht hat derjenige die OffenbVers abzugeben, den der Gläubiger benennt oder den das Vollstreckungsgericht bestimmt (Behr aaO mwN). Bei Gesamtvertretung sind es ggf zwei. − **e) Parteien 18 kraft Amtes** (§ 51 Rn 25) sind selbst wie Schuldner zu behandeln; ihre Offenbarungspflicht bezieht sich aber nur auf das verwaltete Vermögen.

10. Form (Abs 3). Der Schuldner oder sein gesetzlicher Vertreter **19** (Rn 15) haben die Offenbarungsversicherung in Person abzugeben (§ 478), auch vor einem anderen AG möglich (§ 479) und erst nach Belehrung (§ 480). Die Formel ist an Abs 3 S 1 auszurichten. Sie umfasst die Angaben zur Person, soweit sie für den Zugriff auf das Vermögen des Schuldners erheblich sind (BGH NJW 58, 677 für den Offenbarungseid), und dass das Vermögensverzeichnis (Rn 21) richtig und vollständig sei.

11. Vermögensverzeichnis (Abs 1 und 2). Es ist zu erstellen und **20** vorzulegen. Es muss das gesamte Aktivvermögen des Schuldners umfassen, also alle geldwerten Sachen und Rechte (auch im Ausland belegen, Heß Rpfleger 95, 89) ohne Rücksicht auf die Höhe des Wertes und darauf, ob sich der Schuldner durch die Offenbarung einer strafbaren Handlung bezichtigen würde. Es muss auch die anfechtbaren Verfügungen des Schuldners enthalten (Rn 28). IdR genügt es, dass der Schuldner bloß den amtlichen Vordruck ausfüllt (LG Marburg DGVZ 00, 152). **a) Bewegliche Sachen. aa) Anzugeben** mit Ortsbezeichnung (BGH **21** 7, 287) sind: **(1)** Alle im Eigentum (auch Miteigentum) des Schuldners stehenden, auch im Besitz eines Dritten befindliche Sachen (Noack DGVZ 72, 81). **(2)** Anwartschaftsrechte auf das Eigentum und treuhänderisch, insbes zur Sicherung übereignete Sachen, auf die ein Rückgabeanspruch besteht, einschließlich des Grundes (LG Krefeld Rpfleger 79, 146). **(3)** Sachen, die der Schuldner besitzt, ohne Eigentümer zu sein, insbes auch solche aus Leasingvertrag (aA RoSchilken § 60 II 4 a). Der Schuldner muss dazu angeben, wer seines Wissens Eigentümer ist.

bb) Nicht anzugeben (Abs 2 S 2) sind Sachen, die offensichtlich gem § 811 Abs 1 Nr 1, 2 unpfändbar sind. Damit ist durch Umkehrschluss klar, dass iü ohne Rücksicht auf Unpfändbarkeit alle Sachen angegeben werden müssen. Offensichtlich: Das ist objektiv zu bestimmen (Müller NJW 79, 905) und als Rechtsbegriff durch das Vollstreckungsgericht nachprüfbar. Bestehen Zweifel, so ist anzugeben. Dies kann durch einen entspr ausgestalteten Vordruck geschehen. Auch Sachen, bei denen Austauschpfändung möglich ist (§ 811 a), sind anzugeben (Arnold MDR 79,
23 358). – **b) Unbewegliche Sachen** (vgl § 864). Diese sind nur anzugeben, wenn sie dem Schuldner gehören oder wenn er auf sie einen Anspruch hat, ebenso die Anwartschaft darauf. Belastungen sind offen-
24 zulegen (LG Berlin Rpfleger 78, 228). – **c) Forderungen** sind möglichst genau anzugeben, mit ihrer Höhe (LG Koblenz DGVZ 92, 75), auch künftige, bedingte, zweifelhafte, uneinbringliche und unpfändbare. Sie müssen nicht auf Geld, jedoch auf eine geldwerte Leistung gerichtet
25 sein. **aa) Umfang** der Angaben. Es ist alles anzugeben, was der Gläubiger wissen muss, um die Forderung pfänden zu können (zB zustellungsfähige Anschrift des Drittschuldners, LG Hamburg MDR 81, 61), insbes auch Umstände, die den Zugriff des Gläubigers erschweren können
26 (BGH NJW 57, 718). **bb) Einzelheiten.** Anzugeben sind alle Bankkonten, auch wenn sie debitorisch sind (hM; LG Kaiserslautern Büro 99, 325). Bestehende Arbeitsverhältnisse sind stets (mit Brutto- und Nettolohn, LG Köln Rpfleger 88, 322), beendete nur dann anzugeben, wenn der Schuldner daraus noch Ansprüche hat (BGH NJW 68, 1388). Bei verschleiertem Arbeitseinkommen (§ 850 h) auch Angaben über Art und Umfang (LG Kassel NJW-RR 94, 508), ebenso bei sog Schwarzarbeit (LG Wuppertal DGVZ 99, 120). Künftige Renten müssen nach Versicherungsträger und -nummer angegeben werden (LG Bonn Rpfleger 93, 90 mwN; LG Hannover Rpfleger 93, 168), aber nicht zu sehr fern liegende (LG Tübingen Rpfleger 97, 176; LG Siegen Rpfleger 95, 425 für 33jährigen; weitergehend Schmidt Rpfleger 98, 357 mwN). Bei selbständiger Tätigkeit wird in der Rspr Angabe der Geschäftsbeziehungen in den letzten 12 Monaten verlangt (LG Münster Rpfleger 97, 73). Zu den Anforderungen bei Maklern vgl BGH Rpfleger 91, 377, bei Handelsvertretern vgl Hamm Rpfleger 79, 468, bei Honoraransprüchen von Ärzten Brötel NJW 98, 3387, Steuerberatern Köln MDR 93, 1007 mwN, Unternehmensberatern LG Münster Rpfleger 93, 501 und EDV-Beratern LG Stade FamRZ 99, 1002. Anzugeben sind auch Unterhaltsansprüche, insbes der Unterhalt gewährende Ehegatte (hM; LG Karlsruhe DGVZ 93, 92 mwN), wegen des Taschengeldanspruchs (Scherer DGVZ 95, 81) grundsätzlich auch dessen Einkommen (München Büro 99, 606 mwN; Köln NJW 93, 3335; LG Saarbrücken Büro 97, 323 mwN; aA LG Augsburg und LG Hildesheim DGVZ 94, 88). Nicht anzugeben ist der Partner der nichtehelichen Lebensgemeinschaft (LG Memmingen Rpfleger 97, 214). Anzugeben sind Ansprüche auf Sozialleistungen wegen § 54 Abs 3 SGB I (Koblenz MDR 77, 323) sowie der Anspruch auf Lohnsteuerjahresausgleich (LG Köln MDR 76, 150).

Gelegenheitsarbeiter müssen diejenigen Arbeitgeber angeben, für die sie idR arbeiten (LG Frankfurt NJW-RR 88, 383). – **d) Sonstige Rechte:** 27 zB beschränkte dingliche Rechte, Anwartschaftsrechte (Rn 22), Erbanteile, geldwerte Mitgliedschaftsrechte, insbes ein Gesellschafteranteil. Die Rechte sind so genau anzugeben wie Forderungen (Rn 25). Keine Rechte sind Erwerbsmöglichkeiten, wie das bloße Betreiben eines Handelsgeschäfts (BGH Rpfleger 80, 339).

12. Anfechtbare Verfügungen (Abs 2 S 1). Es ist zu unterscheiden: 28 **a) Entgeltlicher Vertrag** (Abs 2 S 1 Nr 1) mit einer nahe stehenden Person iS des § 138 InsO. Das ist auf § 3 Abs 2 AnfG zugeschnitten. Als Verträge kommen hier insbes Kauf, Werkvertrag, Geschäftsbesorgung, Miete, Pacht in Betracht. – **b) Unentgeltliche Leistung** (Abs 2 S 1 29 Nr 2): jede Leistung iS des § 241 BGB, insbes Schenkung, Leihe. Die Vorschrift ist auf § 4 AnfG zugeschnitten.

13. Ergänzung (Vervollständigung, Nachbesserung) des Vermögens- 30 verzeichnisses (Rn 21). **a) Voraussetzungen.** Ist das Vermögensverzeichnis unvollständig, falsch (LG Koblenz DGV2 98, 76) oder ungenau (vom Gläubiger glaubhaft zu machen), hat der Schuldner seine Pflicht aus § 807 nicht erfüllt. Auf Antrag des Gläubigers hat das Gericht Termin zu bestimmen und darf den Gläubiger nicht auf den Haftbefehl verweisen (LG Koblenz MDR 87, 945). Der Schuldner muss das Vermögensverzeichnis auf Antrag des Gläubigers, wegen § 903 auch eines anderen (hM; LG Saarbrücken DGV2 98, 77 mwN), ergänzen und erneut eidesstattlich versichern (hM; KG DGVZ 91, 23). Bei bewusst falscher OffenbVers bleibt dem Gläubiger ein neues Verfahren zur Wahl (§ 903 Rn 6). – **b) Durchführung.** Es wird das alte Verfahren fortgesetzt. Daher bleibt 31 die Zuständigkeit des § 899 (hM; Behr Rpfleger 88, 1 [2] mwN für § 899 aF) und fallen keine neuen Gebühren an (LG Frankenthal Rpfleger 84, 194). Die Voraussetzungen (Abs 1 Nr 1–4) müssen nicht erneut vorliegen. Ausbleiben des Schuldners im Termin begründet unter den Voraussetzungen des § 901 die Haft. Der Gläubiger darf schriftlich vorbereitete Fragen stellen (allgM; zu Einzelheiten Goebel DGVZ 01, 49). Die ergänzenden Angaben sind auf den Zeitpunkt der abgegebenen OffenbVers zurückzubeziehen und erneut eidesstattlich zu versichern. Eine nachträgliche schriftliche Vervollständigung des Vermögensverzeichnisses beseitigt diese Pflicht nicht (LG Berlin Rpfleger 73, 74). – **c) Einzelheiten.** Die 32 Ergänzungspflicht begründen: Striche und Auslassungen in den Antwortspalten, sowie widersprüchliche Antworten (LG Hagen MDR 70, 853); fehlende Angaben zur notwendigen Identifizierung eines Anspruchs (LG Berlin Rpfleger 71, 325) oder einer Sache (zB Kennzeichen eines Pkw); unvollständige Angaben über ein Arbeitsverhältnis (LG München I Rpfleger 88, 491); Verdacht auf verschleiertes Arbeitseinkommen iS des § 850 h Abs 2 (LG Landau Rpfleger 91, 27); fehlende Angaben über die Aufbewahrung von Sparbüchern (Frankfurt Rpfleger 75, 442), Wertpapieren und Beweisurkunden für Rechte; fehlende Angabe des Standorts von Sachen, die der Schuldner in Besitz hat.

Untertitel 2. Zwangsvollstreckung in körperliche Sachen

§ 808 Pfändung beim Schuldner

(1) **Die Pfändung der im Gewahrsam des Schuldners befindlichen körperlichen Sachen wird dadurch bewirkt, daß der Gerichtsvollzieher sie in Besitz nimmt.**

(2) [1] **Andere Sachen als Geld, Kostbarkeiten und Wertpapiere sind im Gewahrsam des Schuldners zu belassen, sofern nicht hierdurch die Befriedigung des Gläubigers gefährdet wird.** [2] **Werden die Sachen im Gewahrsam des Schuldners belassen, so ist die Wirksamkeit der Pfändung dadurch bedingt, daß durch Anlegung von Siegeln oder auf sonstige Weise die Pfändung ersichtlich gemacht ist.**

(3) **Der Gerichtsvollzieher hat den Schuldner von der erfolgten Pfändung in Kenntnis zu setzen.**

1   **1. Allgemeines.** Die Sachpfändung ist in der Praxis meistens aussichtslos. Begriff und Voraussetzungen der Pfändung: § 803 Rn 1 und 3. **a) Anwendbar** ist § 808 nur bei beweglichen Sachen. Für Miteigentumsanteile daran gilt § 857. Unanwendbar ist § 808 bei beweglichen Sachen, die gemäß § 865 der ZwVollstr in das unbewegliche Vermögen unterliegen, insbes Bestandteile (§ 864 Rn 2) und Zubehör (§ 865 Rn 2) oder für die Sonderregeln bestehen, zB eingetragene Luftfahrzeuge (hypothekenähnliches Registerpfandrecht nach dem LuftfahrzeugRG). Gebäude, die Scheinbestandteile sind (§ 95 BGB), fallen unter § 808 (hierzu Noack ZMR 82, 97). Bei Einbauküchen kommt es auf den Einzelfall an (Holch DGV2 98, 65). Echte Wertpapiere (vgl §§ 821, 831), nämlich Inhaber- und Orderpapiere, bei denen das Recht aus dem Papier dem Recht am Papier folgt, werden als bewegliche Sachen gepfändet, so dass § 808 Abs 1 gilt (§ 831). Das Softwarepaket (Programm mit Zubehör) ist im Gegensatz zum Softwarerecht (§ 857 Rn 6) wie die Hardware eine Sache, also sehr häufig steht § 803 Abs 2 entgegen. Zur Pfändung: Paulus DGVZ 90, 151; Roy/Palm NJW 95, 690; Weimann
2   Rpfleger 96, 12 und DGVZ 96, 1. – **b) Hilfspfändung** wird ein in § 156 GVGA geregelter Vorgang genannt, durch den der Gerichtsvollzieher beim Schuldner Urkunden wegnimmt. Soweit sich die Urkunden auf Forderungen beziehen, gilt § 836 Abs 3 S 3. Bei Kfz-Briefen und -Scheinen folgt das Recht zur Wegnahme im Rahmen der Pfändung des Kfz durch den Gerichtsvollzieher aus § 952 Abs 1 S 2 BGB, da § 952 BGB für diese Papiere entspr gilt (vgl Rn 13 aE).

3   **2. Gewahrsam** (Abs 1) ist die rein tatsächliche Herrschaft über die Sache und ist vom Besitz des BGB zu unterscheiden. Mittelbarer Besitz (§ 868 BGB), Mitbesitz (§ 866 BGB) und der nicht tatsächlich ausgeübte Erbenbesitz (§ 857 BGB) stellen keinen Gewahrsam her. Der Besitzdiener (§ 855 BGB) hat keinen eigenen Gewahrsam (hM).

a) Mitgewahrsam liegt vor, wenn neben dem Schuldner zugleich ein Dritter Gewahrsam hat. In diesen Fällen gilt § 809 (hM). Das ist bei gemeinsamen Bewohnern eines Raumes nicht ohne weiteres gegeben. Es kommt auf die Umstände des Einzelfalles an. – **b) Einzelheiten.** Es 5 haben Gewahrsam: Der Inhaber von Geschäftsräumen oder einer Wohnung (ob Eigentümer oder Mieter) an den darin befindlichen Sachen mit Ausnahme der Räume, die andere Personen unter Ausschluss des Wohnungsinhabers (wie zB Untermieter) allein innehaben. Der Betreiber eines Automaten an dessen Inhalt, am Automaten nur der Besitzer des Raumes, in dem er aufgestellt ist (LG Aurich DGVZ 90, 136). Jeder hat Gewahrsam an dem, was er in Taschen, Mappen und Koffern bei sich führt; auch an dem Kraftfahrzeug, das er gerade fährt oder ausschließlich benutzt, auch wenn es auf der Straße abgestellt ist (Düsseldorf DGVZ 97, 57). Gewahrsam hat der Spediteur oder Frachtführer am übernommenem Frachtgut sowie der im Gewerbebetrieb tätige Geschäftsinhaber an den dazu gehörenden und darin befindlichen Sachen. **c) Gesetzliche Vertretung** (§ 51 Rn 3). Wird der Schuldner gesetzlich 6 vertreten, so sind diejenigen Sachen, die der gesetzliche Vertreter (zB Geschäftsführer, Vorstand, Vormund) als solcher in Gewahrsam hat, so zu behandeln als habe der Schuldner daran Gewahrsam (§ 118 Abs 1 GVGA), zB in den Privaträumen des Geschäftsführers einer GmbH (LG Mannheim DGVZ 83, 119), in den Geschäftsräumen der Betriebsgesellschaft einer GmbH & Co KG (LG Düsseldorf Büro 87, 1425). – **d) Soldaten.** Es gelten grundsätzlich die allgemeinen Vorschriften und die 7 Nr 30–38 Erlass vom 16. 3. 82 (abgedruckt bei BLAH Schlussanhang S 2).

3. Pfandsache iS des § 808 ist die gesamte Sache einschließlich ihrer 8 Bestandteile, nicht nur der wesentlichen iS des § 93 BGB. Die Eigentumslage ist für die Pfändung grundsätzlich gleichgültig (Ausnahme: § 811 Abs 2). Zu prüfen hat der Gerichtsvollzieher nur den Gewahrsam des Schuldners (Rn 3, 5) und bei Parteien kraft Amtes (§ 51 Rn 25) die Zugehörigkeit der Sache zum verwalteten Sondervermögen. **a) Rechte** 9 **Dritter** (§ 771 Rn 14–20), auf die der Schuldner oder der Dritte verweisen, hat der Gerichtsvollzieher grundsätzlich nicht zu berücksichtigen, nur ausnahmsweise dann, wenn das Recht des Dritten offenbar entgegensteht, zB die für Kunden des Schuldners reparierten Sachen, beim Spediteur die zu versendenden Güter. Telekommunikationssendegeräte gehören häufig dem Schuldner (vgl Schmittmann DGVZ 94, 49). Wird die Sache eines Dritten gepfändet, steht ihm die Klage nach § 771 offen, falls der Gläubiger nicht freigibt (§ 771 Rn 23 und § 776 Rn 2). **b) Sachen des Gläubigers.** Er kann auch ihm selbst gehörende Sachen 10 pfänden lassen (allgM). Bei Eigentumsvorbehalt an verkauften Sachen (§ 449 nF BGB) ist das häufig. Dann steht auch die Unpfändbarkeit gemäß § 811 Abs 2 (dort Rn 11) nicht im Wege. – **c) Pfändbarkeit.** 11 Die Pfandsache darf nicht unpfändbar sein (§ 811 Abs 1).

12   **4. Durchführung.** Nachdem der Gerichtsvollzieher den Schuldner
zur freiwilligen Leistung aufgefordert hat (§ 105 Nr 2 GVGA), lässt er
sich die Habe des Schuldners vorzeigen und pfändet (§§ 130–140
13 GVGA). Gepfändet wird auf zweierlei Weise: **a) Inbesitznahme** (Abs 1)
durch den Gerichtsvollzieher bei Geld, wobei § 757 beachtet werden
muss, Wertpapieren (§§ 821, 831) und Kostbarkeiten (§ 813 Rn 5).
Diese Sachen nimmt der Gerichtsvollzieher dem Schuldner weg und
verwahrt sie idR in der Pfandkammer oder im Banksafe (LG Koblenz
DGVZ 86, 28). Auf diese Sachen ist die Pfändung in erster Linie zu
richten (§ 131 Nr 2 GVGA). Andere Sachen (zB Möbel, Computer-
Hard- und Software, Fernsehgeräte, Kraftfahrzeuge) werden grundsätzlich weggenommen und sind allein damit gepfändet (Karlsruhe MDR 79,
237). Praktisch wird idR aber nach Abs 2 (Rn 14) verfahren. Kraftfahrzeuge nimmt der Gerichtsvollzieher grundsätzlich dem Schuldner weg
(nebst Schein und Brief; §§ 157–160 GVGA; Rn 2; KG Büro 94, 502
14 mwN). – **b) Belassen beim Schuldner** (Abs 2). Die Sachen werden im
Gewahrsam des Schuldners belassen (Abs 2 S 1). Das ist die Regel (LG
Coburg DGVZ 90, 89), wenn dadurch, was vom Gerichtsvollzieher zu
prüfen ist, die Befriedigung des Gläubigers nicht gefährdet wird, indem
der Schuldner die Sache zB veräußern, beschädigen oder verbrauchen
könnte. Es ist kenntlich zu machen (Abs 2 S 2), dass der Gerichtsvollzieher Besitz ergriffen hat, wenn möglich, an der Sache selbst, wahlweise
durch Anlegen von Pfandsiegeln (nicht notwendig auffallend) oder Anheften einer vom Gerichtsvollzieher gesiegelten und unterschriebenen
Pfandanzeige an einer Stelle, die den Pfandsachen räumlich nahe ist; oder
auf andere geeignete Weise. Das Anlegen von Siegeln muss haltbar und
bei gewöhnlicher Aufmerksamkeit zu erkennen sein. Wird die Pfändung
später unkenntlich (zB durch Abfallen, auch Entfernen des Pfandsiegels
oder der Pfandanzeige) und geschieht dies ohne Wissen und Wollen des
Gerichtsvollziehers, so besteht die Pfändung fort (allgM); jedoch sind die
Pfandzeichen vom Gerichtsvollzieher unverzüglich zu erneuern. –
14 a **c) Verwahrung durch Dritte.** Darf die Sache beim Schuldner nicht
belassen werden, weil sonst die Befriedigung des Gläubigers gefährdet ist
(vgl Rn 14), wird durch privatrechtlichen Vertrag bei Dritten verwahrt.
Den Vertrag schließt der Gerichtsvollzieher als Vertreter des Justizfiskus
(BGH NJW 99, 2597; vgl § 885 Rn 17).

15   **5. Wirkung und Wirksamkeit.** Es ist zu unterscheiden: **a) Sachen
des Schuldners. aa) Besitzlage.** Neben Verstrickung und Pfandrecht
(§ 803 Rn 7, 8) erlangt der Gerichtsvollzieher bei Inbesitznahme
(Rn 13) unmittelbaren Besitz und vermittelt ihn dem Gläubiger (allgM).
Wird die Sache im Gewahrsam des Schuldners belassen (Rn 14), nimmt
die hM an, dass der Schuldner, nachdem ihm der Gerichtsvollzieher den
Besitz wieder einräumt, unmittelbar besitzt und den Besitz dem Gerichtsvollzieher in erster, dem Gläubiger in zweiter Stufe vermittelt. Dies ist
16 wichtig wegen § 935 Abs 1 BGB (vgl § 803 Rn 11 aE). **bb) Wirksamkeit.** Unwirksam ist die Pfändung, wenn der Gerichtsvollzieher die

Sachen nicht in Besitz nimmt, wie es Abs 1 vorschreibt (vgl Rn 13). Wirksam, aber anfechtbar ist die Pfändung, wenn der Gerichtsvollzieher den Gewahrsam falsch beurteilt oder irrtümlich annimmt, die Befriedigung des Gläubigers sei ungefährdet (Rn 14). – **b) Sachen Dritter.** **17** Werden sie gepfändet, ist die Pfändung wirksam. Der Dritte kann nach § 771 klagen. Das Anwartschaftsrecht des Schuldners wird aber von der Pfändung der Sache nicht erfasst und bedarf nach hM der Pfändung gem § 857 (dort Rn 4). Daneben, vorher oder nachher darf die Sache gepfändet werden (hM). – **c) Sachen des Gläubigers.** Die Pfändung ist wirk- **17 a** sam (Rn 10), auch bei unpfändbaren Sachen (§ 811 Rn 11).

6. Mitteilung (Abs 3) im Fall des § 809 durch Übersenden einer **18** Protokollabschrift (§ 762). Abs 3 ist Ordnungsvorschrift; Verstoß unschädlich.

7. Sonstiges. Rechtsbehelfe für Gläubiger, Schuldner und betroffene **19** Dritte: Erinnerung (§ 766). Für Dritte als Eigentümer: § 771. Kosten: § 788. Gebühren: § 17 GVKostG.

§ 809 Pfändung beim Gläubiger oder bei Dritten

Die vorstehenden Vorschriften sind auf die Pfändung von Sachen, die sich im Gewahrsam des Gläubigers oder eines zur Herausgabe bereiten Dritten befinden, entsprechend anzuwenden.

1. Allgemeines. Gilt auch, wenn die Sache bereits gemäß § 808 **1** gepfändet wurde (umstr; LG Bochum DGVZ 90, 73 mwN). Die Pfändung erfolgt wie bei § 808. Gewahrsam: wie § 808 Rn 3. Gläubiger: 10 vor § 704. Bei Ehegatten ist § 739 zu beachten. Mitgewahrsam (§ 808 Rn 4) des Dritten genügt.

2. Dritter kann nur sein, wer weder Schuldner noch Gläubiger ist **2** (10–12 vor § 704; hM). Es kann also auch einer von deren Angestellten sein. Der gesetzliche Vertreter (§ 51 Rn 3) ist aber nur dann Dritter, wenn er die Sache in eigenem persönlichen Gewahrsam hat (LG Berlin DGVZ 72, 113). Hingegen ist der gesetzliche Vertreter nicht Dritter, sondern nach § 808 zu behandeln, soweit er die Sache für die von ihm vertretene Person in Gewahrsam hat (vgl § 808 Rn 6). Dritter iS von § 809 kann auch der Gerichtsvollzieher sein (Brox/Walker 250; aA RoSchilken § 51 I 3 mwN; differenzierend StJMünzberg 2).

3. Herausgabebereitschaft ist eine Prozesshandlung (Einl III), die **3** erklärt werden muss. Sie muss sich auf die Herausgabe (zur Verwertung), nicht nur auf die Pfändung beziehen (Baur/Stürner 449). Lediglich beim Gläubiger genügt, dass er der Pfändung nicht widerspricht (Schilken DGVZ 86, 145). Die Herausgabebereitschaft ist ausdrücklich oder stillschweigend (zB durch Unterzeichnen des Pfändungsprotokolls), aber immer vorbehaltlos zu erklären (umstr; vgl Schilken DGVZ 86, 145 [148]), vor oder nach der Pfändung. Wird für mehrere Gläubiger gepfändet, kann sie auf einzelne Gläubiger beschränkt werden, weil sonst wegen der Möglichkeit der Pfändung des Herausgabeanspruchs (§ 847) und einer Anschlusspfändung (§ 826) die Reihenfolge der Pfandgläubiger unklar werden könnte. Die Herausgabebereitschaft ist nach geschehener Pfändung unwiderruflich (Schilken aaO) und für eine Anschlusspfändung nötig (§ 826 Rn 2).

4   **4. Wirkung. a) Bei unberechtigtem Besitz.** Das Fehlen der Herausgabebereitschaft ist auch dann nicht unbeachtlich, wenn der Dritte sich vor der Pfändung im Zusammenwirken mit dem Schuldner den Gewahrsam verschafft hat oder wenn der Dritte zur Herausgabe an Schuldner oder Gläubiger offensichtlich oder unstreitig verpflichtet ist; denn der Gerichtsvollzieher kann dies weder übersehen noch zuverlässig prüfen (hM; Baur/Stürner 449; RoSchilken § 51 I 3; Werner DGVZ 86, 49 [53]). Der Gläubiger kann den Herausgabeanspruch pfänden (Rn 9
5   aE). – **b) Klagen.** Die Herausgabebereitschaft nimmt dem Dritten nicht die Klage nach § 805 (allgM). Ob dieser dadurch auch die Widerspruchsklage (§ 771) verliert, hängt von den Umständen ab (Brox/Walker 255). Jedenfalls behält der Dritte die Klage aus § 771, wenn er irrtümlich eine
6   Sache herausgibt oder dies ein unbefugter Angestellter tut. – **c) Verbleib** der gepfändeten Sachen. Der Gläubiger kann verlangen, dass der Gerichtsvollzieher sie wegschafft (vgl § 137 GVGA). Zum Verwahrungsvertrag zwischen Dritten und Gerichtsvollzieher vgl Schilken DGVZ 86,
7   145 [150]. – **d) Verstoß** gegen § 809 macht die Pfändung anfechtbar (vgl Rn 9), nicht etwa nichtig (58 vor § 704).

8   **5. Gewahrsamsänderung.** Verschafft sich ein Dritter nach der Pfändung den Gewahrsam der Sache und besteht die Verstrickung fort (vgl § 803 Rn 12), so kann der Gerichtsvollzieher ihm die Sache im Verfolgungsrecht auch gegen seinen Willen ohne besonderen Titel wegnehmen (hM; Wasner ZZP 79, 113; LG Saarbrücken DGVZ 75, 170; aA aus verfassungsrechtlicher Sicht Pawlowski DGVZ 76, 33). Das ist keine neue Pfändung und hat mit § 809 nichts zu tun.

9   **6. Rechtsbehelfe.** Erinnerung (§ 766) findet statt für den Dritten bei Pfändung trotz fehlender Herausgabebereitschaft, für den Gläubiger, wenn der Gerichtsvollzieher die Pfändung ablehnt, obwohl Herausgabebereitschaft erklärt ist. Keine Erinnerungsbefugnis des Schuldners (Schilken DGVZ 86, 145 [148]). Ist der Dritte nicht herausgabebereit, kann der Gläubiger den Herausgabeanspruch pfänden (§§ 846, 847).

§ 810 Pfändung ungetrennter Früchte

(1) ¹**Früchte, die von dem Boden noch nicht getrennt sind, können gepfändet werden, solange nicht ihre Beschlagnahme im Wege der Zwangsvollstreckung in das unbewegliche Vermögen erfolgt ist.** ²**Die Pfändung darf nicht früher als einen Monat vor der gewöhnlichen Zeit der Reife erfolgen.**

(2) **Ein Gläubiger, der ein Recht auf Befriedigung aus dem Grundstück hat, kann der Pfändung nach Maßgabe des § 771**

widersprechen, sofern nicht die Pfändung für einen im Falle der Zwangsvollstreckung in das Grundstück vorgehenden Anspruch erfolgt ist.

1. Allgemeines. Die Vorschrift ist eine Ausnahme von § 94 BGB **1** und § 864. Bis zur Trennung sind die Früchte unbewegliche Sachen. Unpfändbarkeit nach § 811 Abs 1 Nr 2–4 möglich. Verwertung: § 824.

2. Voraussetzungen der Pfändung sind: **a) Früchte** (§ 99 Abs 1 **2** BGB) sind nur solche, die periodisch geerntet werden, Getreide, Kartoffeln, Obst; nicht: Holz und Bodenbestandteile. – **b) Gewahrsam** des **3** Schuldners oder Dritter (§ 808 Rn 3, 5; § 809 Rn 2). Gewahrsam hat der Besitzer des Grundstücks, nicht notwendig der Eigentümer, sondern insbes der Pächter. Damit wird regelmäßig sichergestellt, dass die gepfändeten Früchte in das Eigentum des Schuldners fallen (§§ 953–956 BGB). – **c) Monatsfrist** vor Reifezeit (Abs 1 S 2). Sie ist nach dem **4** Durchschnitt der örtlichen Verhältnisse zu berechnen (§ 152 Nr 3 GVGA). – **d) Beschlagnahme** zur Zwangsversteigerung und -verwal- **5** tung (§§ 20, 21, 148 ZVG) darf noch nicht erfolgt sein. Ausnahme beim Pächter (§ 21 Abs 3 ZVG, § 956 BGB; vgl Rn 7).

3. Durchführung. Gepfändet wird nach den Grundsätzen des § 808 **6** Rn 14. Kenntlich gemacht wird zweckmäßig durch Tafeln mit Pfandanzeige (vgl §§ 151, 152 GVGA).

4. Widerspruchsklage (Abs 2; § 771) rangbesserer Realgläubiger **7** (§§ 10–12 ZVG) ist zulässig, auch noch nachdem die gepfändeten Früchte geerntet sind, und ist begründet, auch wenn die Beschlagnahme (§§ 20, 21, 148 ZVG) der Pfändung nachfolgt. Unbegründet ist die Widerspruchsklage, wenn der Schuldner, bei dem gemäß § 810 gepfändet wurde, Pächter ist, weil dann die Früchte nicht beschlagnahmt werden (§ 21 Abs 3 ZVG, § 956 BGB; vgl Rn 5).

5. Rechtsbehelfe. Erinnerung (§ 766) für den Schuldner, wenn eine **8** Voraussetzung (Rn 2–5) fehlt. Die Pfändung ist in diesem Fall wirksam, bis sie aufgehoben wird (§ 776). Für den Gläubiger findet Erinnerung (§ 766) statt, wenn die Pfändung abgelehnt wird.

§ 811 Unpfändbare Sachen

(1) Folgende Sachen sind der Pfändung nicht unterworfen:
1. die dem persönlichen Gebrauch oder dem Haushalt dienenden Sachen, insbesondere Kleidungsstücke, Wäsche, Betten, Haus- und Küchengerät, soweit der Schuldner ihrer zu einer seiner Berufstätigkeit und seiner Verschuldung angemessenen, bescheidenen Lebens- und Haushaltsführung bedarf; ferner Gartenhäuser, Wohnlauben und ähnliche Wohnzwecken dienende Einrichtungen, die der Zwangsvollstreckung in das bewegliche Vermögen unterliegen und deren der Schuldner oder seine Familie zur ständigen Unterkunft bedarf;

2. die für den Schuldner, seine Familie und seine Hausangehö-
   rigen, die ihm im Haushalt helfen, auf vier Wochen erforderlichen Nahrungs-, Feuerungs- und Beleuchtungsmittel oder,
   soweit für diesen Zeitraum solche Vorräte nicht vorhanden
   und ihre Beschaffung auf anderem Wege nicht gesichert ist,
   der zur Beschaffung erforderliche Geldbetrag;
3. Kleintiere in beschränkter Zahl sowie eine Milchkuh oder
   nach Wahl des Schuldners statt einer solchen insgesamt zwei
   Schweine, Ziegen oder Schafe, wenn diese Tiere für die
   Ernährung des Schuldners, seiner Familie oder Hausange-
   hörigen, die ihm im Haushalt, in der Landwirtschaft oder
   im Gewerbe helfen, erforderlich sind; ferner die zur Fütte-
   rung und zur Streu auf vier Wochen erforderlichen Vorräte
   oder, soweit solche Vorräte nicht vorhanden sind und ihre
   Beschaffung für diesen Zeitraum auf anderem Wege nicht
   gesichert ist, der zu ihrer Beschaffung erforderliche Geldbetrag;
4. bei Personen, die Landwirtschaft betreiben, das zum Wirt-
   schaftsbetrieb erforderliche Gerät und Vieh nebst dem nötigen Dünger sowie die landwirtschaftlichen Erzeugnisse, soweit sie zur Sicherung des Unterhalts des Schuldners, seiner
   Familie und seiner Arbeitnehmer oder zur Fortführung der
   Wirtschaft bis zur nächsten Ernte gleicher oder ähnlicher
   Erzeugnisse erforderlich sind;
4 a. bei Arbeitnehmern in landwirtschaftlichen Betrieben die ihnen als Vergütung gelieferten Naturalien, soweit der Schuldner ihrer zu seinem und seiner Familie Unterhalt bedarf;
5. bei Personen, die aus ihrer körperlichen oder geistigen Arbeit
   oder sonstigen persönlichen Leistung ihren Erwerb ziehen,
   die zur Fortsetzung dieser Erwerbstätigkeit erforderlichen
   Gegenstände;
6. bei den Witwen und minderjährigen Erben der unter Nummer 5 bezeichneten Personen, wenn sie die Erwerbstätigkeit
   für ihre Rechnung durch einen Stellvertreter fortführen, die
   zur Fortführung dieser Erwerbstätigkeit erforderlichen Gegenstände;
7. Dienstkleidungsstücke sowie Dienstausrüstungsgegenstände,
   soweit sie zum Gebrauch des Schuldners bestimmt sind,
   sowie bei Beamten, Geistlichen, Rechtsanwälten, Notaren,
   Ärzten und Hebammen die zur Ausübung des Berufes erforderlichen Gegenstände einschließlich angemessener Kleidung;
8. bei Personen, die wiederkehrende Einkünfte der in den
   §§ 850 bis 850 b bezeichneten Art beziehen, ein Geldbetrag,
   der dem der Pfändung nicht unterworfenen Teil der Einkünfte für die Zeit von der Pfändung bis zu dem nächsten
   Zahlungstermin entspricht;

9. die zum Betrieb einer Apotheke unentbehrlichen Geräte, Gefäße und Waren;

10. die Bücher, die zum Gebrauch des Schuldners und seiner Familie in der Kirche oder Schule oder einer sonstigen Unterrichtsanstalt oder bei der häuslichen Andacht bestimmt sind;

11. die in Gebrauch genommenen Haushaltungs- und Geschäftsbücher, die Familienpapiere sowie die Trauringe, Orden und Ehrenzeichen;

12. künstliche Gliedmaßen, Brillen und andere wegen körperlicher Gebrechen notwendige Hilfsmittel, soweit diese Gegenstände zum Gebrauch des Schuldners und seiner Familie bestimmt sind;

13. die zur unmittelbaren Verwendung für die Bestattung bestimmten Gegenstände;

14. *(aufgehoben)*

(2) [1]Eine in Absatz 1 Nr. 1, 4, 5 bis 7 bezeichnete Sache kann gepfändet werden, wenn der Verkäufer wegen einer durch Eigentumsvorbehalt gesicherten Geldforderung aus ihrem Verkauf vollstreckt. [2]Die Vereinbarung des Eigentumsvorbehaltes ist durch Urkunden nachzuweisen.

Abs 2 ist angefügt mWv 1. 1. 1999 durch Art 1 Nr 15 2. ZwVollstrNov.

1. Allgemeines. Die Vorschrift dient dem Schutz des Schuldners aus   1
sozialen Gründen im öffentlichen Interesse. Sie ist eine Ausnahmevorschrift und darf nicht entspr angewandt oder zu weit ausgelegt werden. Der allgemein gehobene Lebensstandard ist zu berücksichtigen, ältere Rechtsprechung daher nur beschränkt oder überhaupt nicht anzuwenden. In Härtefällen ist der Schuldner durch § 765 a geschützt.

2. Anwendungsbereich: unmittelbar bei Pfändung (§ 808), auch   2
bei Arrest (§ 930) und bei Anschlusspfändung (§ 826); nicht bei Herausgabe von Sachen (§§ 883 ff) oder bei Pfändung von Herausgabeansprüchen (§ 847). Für Tiere gilt § 811 c, soweit nicht Nr 3 zutrifft. Bei gesetzlichen Pfandrechten ist entsprechende Anwendung in § 562 Abs 1 S 2, § 592 S 3, § 704 S 2 BGB vorgeschrieben. Sie wird für andere gesetzliche Pfandrechte grundsätzlich bejaht von Bechtloff ZIP 96, 985, nicht aber für (freiwillige) Verpfändung (Bechtloff aaO).

3. Grundsätze. a) Von Amts wegen muss der Gerichtsvollzieher   3
§ 811 beachten, die Voraussetzungen im Einzelfall selbständig prüfen und im Zweifel pfänden, wenn nicht andere Pfandstücke in ausreichendem Maße vorhanden sind (§ 120 GVGA). – **b) Maßgebender Zeitpunkt.** Die Voraussetzungen des § 811 müssen grundsätzlich zZ der Pfändung vorliegen (allgM). Ist eine Sache vor Pfändung unpfändbar und wird sie nach Pfändung durch Veränderung der tatsächlichen Verhältnisse pfändbar, kommt es auf den Zeitpunkt der Entscheidung über die Erinnerungen an (§ 766 Rn 23). Das ergibt auch die Zulässigkeit

der Vorwegpfändung (§ 811 d). Eine vor und bei Pfändung pfändbare Sache wird aber durch eine Veränderung der tatsächlichen Verhältnisse nach der Pfändung nicht unpfändbar (hM); sonst könnte der Schuldner durch Veräußerung oder Zerstörung von Sachen die Unpfändbarkeitsvoraussetzungen herbeiführen (LG Berlin Rpfleger 77, 262 mwN). In

4 Härtefällen hilft § 765 a. – **c) Eigentumslage.** Wem die Sache gehört, ist mit Ausnahme des Eigentumsvorbehalts (Abs 2; Rn 38) grundsätzlich gleichgültig. Auch wenn der Gläubiger Eigentümer ist, kann sich der Schuldner auf § 811 berufen (hM; Brox/Walker 299 mwN), insbes wenn die Sache dem Gläubiger vom Schuldner zu Sicherungseigentum übertragen ist (LG Heilbronn NJW 88, 148 mwN; bestr). Grund hierfür ist, dass der Gerichtsvollzieher die Eigentumslage oft nicht zuverlässig prüfen kann und dass dem Prozessgericht nicht die Entscheidung über den Herausgabeanspruch entzogen werden darf (Münzberg DGVZ 80,

5 72). – **d) Verzicht** auf den Schutz des § 811 ist grundsätzlich nichtig (allgM). Das gilt auch für den Zeitraum bei und nach Pfändung (Brox/ Walker 303 mwN; umstr; einschränkend Kleffner DGVZ 91, 108). Grund hierfür ist der öffentliche, sozialpolitische Zweck (Rn 1; BayOblG NJW 50, 697). Der Verzicht gestattet nur ausnahmsweise den Arglisteinwand, wenn er von vornherein zu dem Zweck erfolgt, den Gläubiger zu schädigen, insbes ihn von weiteren Vollstreckungsmaßnah-

6 men abzuhalten (BayOblG aaO). – **e) Wirkung.** Eine Pfändung unter Verstoß gegen § 811 ist wirksam (hM), bis sie auf Rechtsbehelf für unzulässig erklärt und nach § 776 aufgehoben wird.

7   **4. Persönlicher Gebrauch und Haushalt. Nr 1.** Sachen des persönlichen Gebrauchs: auch für alle in der häuslichen Gemeinschaft des Schuldners lebenden, von ihm abhängigen Personen, insbes Familienmitglieder. Ganz unentbehrlich müssen die Sachen nicht sein. Dem Schuldner nicht gehörende, aber ungestört benutzbare Sachen sind zu berücksichtigen (Celle DGVZ 69, 151). Bei Kleidungsstücken ist jedenfalls eine angemessene Zahl von Ersatzstücken zu belassen. Daneben wird bei Hausrat, insbes Kleidung, der Pfändung meist § 812 entgegen-

8 stehen. **a) Unpfändbar** ist: eine Nähmaschine (nur bei Nachweis häufigeren Gebrauchs), ein Fahrrad, eine Uhr (München DGVZ 83, 140 für Armbanduhr), Staubsauger, Rundfunkgerät (allg M) und Fernsehgerät, auch wenn daneben ein Rundfunkgerät vorhanden ist (BFH NJW 90, 1871; wohl hM; aA AG Wiesbaden DGVZ 97, 59; LG Frankfurt DGVZ 94, 43; Lüke/Beck JuS 94, 22: Einzelfallabwägung), Kühlschrank, Waschmaschine (hM; LG Berlin NJW-RR 92, 1038; aA LG

9 Darmstadt DGVZ 91, 25); Wäscheschleuder. – **b) Pfändbar** ist: ein sog FamilienPKW (vgl Pardey DGVZ 87, 162); Telekommunikationsgerät, zB ein Anrufbeantworter (Schmittmann DGVZ 94, 49 mwN); als Scheinbestandteil (§ 95 Abs 1 BGB) ein Wochenendhaus (LG Bremen DGVZ 86, 186); eine Stereoanlage (LG Duisburg MDR 86, 682); Videorecorder, CD- und Kassettenabspielgerät (VGH Mannheim NJW 95, 2804). Bei Haushaltsmaschinen wird, wenn nicht § 812 zutrifft, oft

§ 803 Abs 2 entgegenstehen (LG Duisburg MDR 86, 682), insbes auch bei Elektrogrill, Bügel- und Geschirrspülmaschine, Mikrowellenherd.

5. Vorräte und Haushaltungsgeld. Nr 2. Der erforderliche Geld- **10** betrag kann auf andere Weise auch durch bevorstehende Lohnzahlung gesichert sein. In diesem Falle muss, je nach Fälligkeit, auf einen kürzeren Zeitraum abgestellt werden.

6. Zur Ernährung erforderliche Tiere. Nr 3. Die Vorschrift gilt **11** auch für Nichtlandwirte und ist praktisch nahezu bedeutungslos.

7. Landwirtschaft. Nr 4 und 4 a. Hierzu Diedrich AgrarR 92, 124. **12** Die Vorschriften sind kaum noch zeitgemäß. Darunter fallen auch Forstwirtschaft, Fischzucht (hierzu Röder DGVZ 95, 38), Garten-, Obst- und Weinbau. **a) Viehzucht,** insbes von Geflügel und Schlachtvieh muss so betrieben werden, dass eine entsprechende Bodenfläche dabei genutzt und das Futter im Wesentlichen auf fremdem Grund angeschafft wird (hM). Daher fällt die Intensivhaltung von Mastvieh und Legehennen nicht unter Nr 4, insbes dann nicht, wenn dieser Betrieb keinen wesentlichen wirtschaftlichen Zusammenhang mit dem landwirtschaftlichen Betrieb hat. Dasselbe gilt für Pferdezucht (LG Koblenz DGVZ 97, 89; LG Frankenthal NJW-RR 89, 896). – **b) Nebenerwerbslandwirte** **13** fallen unter Nr 4; jedoch muss die Landwirtschaft zZ der Vollstreckung betrieben werden (AG Schopfheim DGVZ 76, 62). Ein gewerblicher Betrieb des Landwirts ist nach Nr 5 geschützt. – **c) Gerät.** Landwirt- **14** schaftliche Maschinen sind weitgehend unentbehrlich, Kraftfahrzeuge können es sein (Pardey DGVZ 87, 180 mwN). – **d) Vieh.** Es muss **15** soviel bleiben, dass der Gesamtbetrieb noch wirtschaftlich arbeiten kann (vgl LG Rottweil MDR 85, 1034). – **e) Erzeugnisse.** Die zum Verkauf **16** bestimmten fallen nicht darunter (LG Kleve DGVZ 80, 38). Infolge der allgemein eingetretenen Spezialisierung müsste ein zur Anschaffung erforderlicher Geldbetrag geschützt werden.

8. Schutz persönlicher Arbeitsleistung. Nr 5. Die Rspr ist un- **17** übersehbar, fast immer auf den Einzelfall abgestellt und mit Vorsicht anzuwenden. Der technische und wirtschaftliche Fortschritt ist zu berücksichtigen. **a) Anwendungsbereich:** nur natürliche Personen, **18** gleichgültig ob Haupt- oder Nebenberuf; nicht für eine GmbH (hM), eine oHG oder KG, auch wenn die Gesellschafter persönlich die Voraussetzungen erfüllen (vgl Rn 22). **aa) Arbeitnehmer;** denn sie verdienen **19** nur durch Arbeit oder persönliche Leistungen. **bb) Künstler und freie** **20** **Berufe;** zB Architekten, Steuer- und Unternehmensberater, Musiker, Schauspieler, Schriftsteller. Für Ärzte und Rechtsanwälte gilt aber Nr 7. **cc) Handwerker,** soweit sie handwerklich mitarbeiten. Die Anwen- **21** dung von auch automatischen Maschinen schließt den handwerklichen Charakter des Betriebes nicht aus (StJMünzberg 46; LG Hamburg DGVZ 84, 26; AG Sinzig NJW-RR 87, 757 [Werkzeugmaschinen]). Betriebsmittel und Kapitaleinsatz: wie Rn 23. **dd) Kaufleute** (vgl § 1 **22** HGB) gehören grundsätzlich nicht zum geschützten Personenkreis, denn sie ziehen trotz persönlicher Arbeitsleistung ihren Erwerb im

Wesentlichen aus Warenumsatz und Nutzung ihrer sachlichen Betriebsmittel oder ihres Kapitals (hM). Im Einzelfall kann Nr 5 anwendbar sein, wenn die persönliche Arbeitsleistung die Ausnutzung der sachlichen Betriebsmittel überwiegt, zB Fuhr- und Taxiunternehmer, die selbst fahren oder transportieren (zutreffend verneint aber bei 3–4 Mitarbeitern von Hamburg DGVZ 84, 57); Gastwirte, die selbst bedienen; kleine Pensionen (zu weitgehend LG Berlin DGVZ 76, 71). Für Fleischer (Metzger), Bäcker und andere Handwerker gilt Rn 21. Handelsvertreter können, sofern sie nicht mehrere Untervertreter beschäftigen, auch dann geschützt sein, wenn sie Kaufleute sind. Nicht geschützt sind: Einzelhändler, die ihren Erwerb aus Warenumsatz ziehen (allgM; LG Düsseldorf DGVZ 85, 74 mwN); eine Videothek (LG Augsburg DGVZ 89, 138); Zimmervermieter, auch wenn sie selbst bedienen (bestr), da der
23 Erwerb vorwiegend aus der Raumüberlassung erzielt wird. **ee) Sonstige Gewerbetreibende.** Es gelten die bei Rn 21 und 22 dargelegten Grundsätze. Der Kapitaleinsatz oder der Nutzwert der Betriebsmittel darf nicht den Wert der persönlichen Arbeitsleistung überwiegen (LG Augsburg DGVZ 97, 27). Für Schausteller vgl AG Hannover DGVZ 75, 15. Für Zuchtstuten des Pferdezüchters verneint vom LG Oldenburg DGVZ 80, 170 und für Sonnenbänke eines Bräunungsstudios in DGVZ
24 93, 12. **ff) Berufsvorbereitung** (Auszubildende, Schüler, Studenten,
25 Referendare) fällt regelmäßig unter Nr 5. – **b) Grundsätze. aa) Ausübung** der Erwerbstätigkeit ist notwendig. Es genügt, dass ihre Aufnahme unmittelbar bevorsteht (LG Hannover NJW 53, 1717). Sie kann Nebenerwerb betreffen (LG Rottweil DGVZ 93, 57). Es schadet nicht, dass die Erwerbstätigkeit vorübergehend (zB wegen Krankheit, kurzen Freiheitsentzugs, mangels Aufträgen) nicht ausgeübt wird (allgM; LG Wiesbaden DGVZ 97, 59). Besteht keine Aussicht auf Wiederaufnahme,
26 entfällt der Schutz. **bb) Mitarbeiter.** Dass solche beschäftigt werden, schließt Nr 5 nicht aus (allgM). Es ist dem Schuldner soviel zu belassen, wie er für sich und einige Mitarbeiter benötigt (StJMünzberg 50). –
27 **c) Erforderliche Gegenstände.** Damit sind Sachen (§ 90 BGB) gemeint. Beim Vergleich zwischen persönlicher Arbeitsleistung und Nutzungswert des Arbeitsmittels muss das Schwergewicht auf der persönlichen Arbeitsleistung beruhen (LG Hildesheim DGVZ 76, 27). Die verbleibenden Gegenstände müssen dem Schuldner eine wettbewerbsfähige und auch genügend ertragreiche Erwerbstätigkeit gestatten (vgl LG Regensburg DGVZ 78, 45). Sind gleichartige Gegenstände doppelt oder mehrfach vorhanden und auch als Ersatzstücke nicht erforderlich, so trifft
28 der Gerichtsvollzieher die Auswahl. **aa) Unpfändbar** sind: Werkzeuge, Maschinen, Transportmittel, insbes Kraftfahrzeuge (Pardey DGVZ 87, 180 mwN), jedenfalls wenn bei Benutzung öffentlicher Verkehrsmittel wesentlich mehr Zeit aufgewendet werden muss (LG Rottweil DGVZ 93, 57); Halbfertigerzeugnisse (Noack DB 77, 195), Schreib-, Diktier- und Zeichengeräte, Musikinstrumente, Möbel; Waage des Fleischers, einziger LKW des Fuhrunternehmers, einziger PKW des Handelsvertreters, Schreibmaschine eines Gewerbetreibenden oder Schriftstellers; Te-

lekommunikationsendegeräte, zB Telefaxgerät (Schmittmann DGVZ 94, 49) und Anrufbeantworter (LG Düsseldorf DGVZ 86, 44); Kopiergerät des Architekten (LG Frankfurt DGVZ 90, 58), Hard- und Software (vgl Weimann Rpfleger 96, 12 mwN), zB bei einem Steuerberater (Schuschke/Walker 21), einem Elektrotechniker (LG Heilbronn NJW-RR 95, 255), insbes wenn nur die Geräte die Konkurrenzfähigkeit gewährleisten (LG Koblenz Büro 92, 264), zB Personal-Computer. **bb) Pfändbar** **29** **sind:** Geld, mit Ausnahme von Hartgeld als Wechselgeld (vgl AG Horbach DGVZ 89, 78); zum Vermieten bestimmte Video-Kassetten (NJW-RR 88, 1471); zur Veräußerung bestimmte Waren (LG Göttingen DGVZ 94, 89; LG Kassel Büro 96, 215).

9. Fortführung einer Erwerbstätigkeit. Nr 6. Sie muss noch vom **30** Erblasser begonnen und für diesen der Schutz der Nr 5 bestanden haben. Umfang des Schutzes: wie Rn 25–29.

10. Dienstkleidung und Berufsausrüstung. Nr 7. Mit Dienst ist **31** der öffentliche Dienst gemeint. Sachen zur Berufsausübung: Außer den genannten Personengruppen gehören auch Richter, Patentanwälte, Zahn- und Tierärzte dazu. Allgemein müssen für eine Arztpraxis die durchschnittlich notwendigen medizinischen Geräte unpfändbar sein, auch EDV-Anlagen zur Abrechnung. Es gelten die gleichen Grundsätze wie in Rn 25–29, zB ist der PKW eines Arztes, der Hausbesuche machen muss, unpfändbar (Pardey DGVZ 87, 180; verneint für Hautarzt vom FinG Bremen DGVZ 94, 14), auch das Kopiergerät und eine angemessene EDV-Anlage eines RA (umstr; vgl LG Frankfurt DGVZ 94, 28).

11. Bezahlte Arbeitsvergütung. Nr 8. Damit wird der unpfänd- **32** bare Teil des Arbeitseinkommens und der entsprechenden Bezüge (§§ 850, 850a, 850b) auch nach Auszahlung geschützt (vgl Gilleßen/Jakobs DGVZ 78, 129). Gilt für Bargeld. Es ist unerheblich, ob das Geld aus der Lohn- oder Gehaltszahlung stammt. Bei dem auf ein Geldinstitut überwiesenem Arbeitseinkommen gilt § 850k. Für Bargeld, das aus Sozialleistungen stammt, ist § 55 Abs 4 SGB I anzuwenden. Der Gerichtsvollzieher muss den Zeitpunkt der nächsten Zahlung von dem Tag der Pfändung aus berücksichtigen.

12. Apotheken. Nr 9. Ist auch anwendbar, wenn eine juristische **33** Person, oHG oder KG Inhaber der Apotheke ist. Unpfändbar sind alle verkaufsbereiten Arzneimittel. Zu Nr 9 im Einzelnen und kritisch Kotzur DGVZ 89, 165.

13. Bücher. Nr 10. Betrifft auch nicht erforderliche Bücher. Unter- **34** richtsanstalten: auch private Schulen. Die Bücher müssen für diesen Zweck bestimmt sein. Andere Bücher können nach Nr 1 oder 5 unpfändbar sein.

14. Höchstpersönliche Sachen. Nr 11. Zu den Büchern zählen **35** auch Quittungen, Korrespondenzen und schriftliche Aufzeichnungen ohne selbständigen Vermögenswert; eine Kundenkartei (Frankfurt

OLGZ 79, 338); Eheringe: unabhängig vom Bestand der Ehe. Familienpapiere: dazu gehören Familienbilder, soweit sie keinen selbständigen
Vermögenswert darstellen.

36   **15. Körperliche Hilfsmittel. Nr 12.** Ist großzügig auszulegen und
umfasst alles, was eine körperliche Behinderung ausgleichen oder vermindern soll, insbes ein Rollstuhl (LG Düsseldorf DGVZ 89, 14);
Drehsessel (LG Kiel SchlHA 84, 75), aber nur unter besonderen Umständen ein Kfz (Köln DGVZ 86, 13; LG Hannover DGVZ 85, 121; vgl
Pardey DGVZ 87, 162 [171]; Schuschke/Walker 39 mwN).

37   **16. Bestattung. Nr 13.** Zu den Gegenständen gehören auch Grab-
steine und Zubehör (Dillenburger/Pauly DGVZ 94, 180; umstr; zur
Gesamtproblematik Pauly JuS 96, 682). Pfändbar ist der Grabstein für
die Werklohnansprüche auf Grund der Herstellung jedenfalls bei Eigentumsvorbehalt (LG Braunschweig NJW-RR 01, 715 mwN; LG Mönchengladbach DGVZ 96, 139 mwN; aA LG Oldenburg DGVZ 92, 92)
und sind es die Sachen von Beerdigungsinstituten oder Herstellerfirmen
für deren Ansprüche.

38   **17. Privileg des Vorbehaltsverkäufers** (Abs 2) Die Eigentumslage
ist grundsätzlich gleichgültig (vgl Rn 4), da es bei § 811 auf Besitz und
Gebrauchsnotwendigkeit ankommt, auch der Gerichtsvollzieher mit
der materiell-rechtlichen Prüfung von Eigentumserwerb und -verlust
überfordert wäre. Davon macht Abs 2 eine praktisch bedeutsame Ausnahme, um einen weiteren Prozess wegen Herausgabe (§ 985 BGB)
39 mit anderer Vollstreckung (§ 883) zu ersparen. **a) Anwendbar** nur
und ausschließlich bei Nr 1, 4, 5–7. Gilt nicht für § 812. Keine entspr
Anwendung auf Sicherungseigentum und die möglichen anderen Fälle
40 des Abs 1 (zB Nr 9). – **b) Voraussetzungen.** Der vollstreckbare Anspruch, für den gepfändet wird, muss die Kaufpreisforderung (§ 433
Abs 2 BGB) sein, die der Eigentumsvorbehalt (§ 449 Abs 1 BGB nF)
sichert. Es muss ein einfacher Eigentumsvorbehalt sein. Alle Formen
41 eines erweiterten Eigentumsvorbehalts genügen nicht. – **c) Nachweis**
(Abs 2 S 2). Der Gerichtsvollzieher prüft im Rahmen der Pfändung
von Amts wegen die Voraussetzungen (Rn 41). Der Gläubiger ist für
die Vereinbarung des Eigentumsvorbehalts auf den Urkundenbeweis
(§ 416) beschränkt. IdR genügt die Kaufvertragsurkunde; aus der auch
42 die zu pfändende Sache identifiziert werden kann. – **d) Wirkung.**
Pfändungsschutz entfällt. Nimmt der Gerichtsvollzieher die Voraussetzungen (Rn 41, 42) zu Unrecht an, verbleibt es beim Grundsatz der
Rn 6. Dem Gläubiger bleibt der Herausgabeanspruch (§ 985 BGB)
vorbehalten.

43   **18. Rechtsbehelf** ist ausschließlich die Vollstreckungserinnerung
(§ 766), für den Schuldner gegen die Pfändung, für den Gläubiger,
wenn er bestimmte Sachen pfänden lassen will, für Dritte, wenn sie
durch § 811 unmittelbar geschützt sind, zB Familienangehörige.

§ 811 a Austauschpfändung

(1) **Die Pfändung einer nach § 811 Abs. 1 Nr. 1, 5 und 6 un-pfändbaren Sache kann zugelassen werden, wenn der Gläubiger dem Schuldner vor der Wegnahme der Sache ein Ersatzstück, das dem geschützten Verwendungszweck genügt, oder den zur Beschaffung eines solchen Ersatzstückes erforderlichen Geld-betrag überläßt; ist dem Gläubiger die rechtzeitige Ersatz-beschaffung nicht möglich oder nicht zuzumuten, so kann die Pfändung mit der Maßgabe zugelassen werden, daß dem Schuld-ner der zur Ersatzbeschaffung erforderliche Geldbetrag aus dem Vollstreckungserlös überlassen wird (Austauschpfändung).**

(2) ¹**Über die Zulässigkeit der Austauschpfändung entscheidet das Vollstreckungsgericht auf Antrag des Gläubigers durch Be-schluß.** ²**Das Gericht soll die Austauschpfändung nur zulassen, wenn sie nach Lage der Verhältnisse angemessen ist, insbeson-dere wenn zu erwarten ist, daß der Vollstreckungserlös den Wert des Ersatzstückes erheblich übersteigen werde.** ³**Das Gericht setzt den Wert eines vom Gläubiger angebotenen Ersatzstückes oder den zur Ersatzbeschaffung erforderlichen Betrag fest.** ⁴**Bei der Austauschpfändung nach Absatz 1 Halbsatz 1 ist der fest-gesetzte Betrag dem Gläubiger aus dem Vollstreckungserlös zu erstatten; er gehört zu den Kosten der Zwangsvollstreckung.**

(3) **Der dem Schuldner überlassene Geldbetrag ist unpfändbar.**

(4) **Bei der Austauschpfändung nach Absatz 1 Halbsatz 2 ist die Wegnahme der gepfändeten Sache erst nach Rechtskraft des Zulassungsbeschlusses zulässig.**

Abs 1 Hs 1 ist redaktionell geändert mWv 1. 1. 1999 durch Art 1 Nr 16 2. ZwVollstrNov.

1. Allgemeines. Die Austauschpfändung (legal definiert in Abs 1) ist   1
eine Ausnahme vom Pfändungsverbot des § 811 Abs 1 Nr 1, 5, 6. Eine entsprechende Anwendung auf die anderen Fälle des § 811 Abs 1 ist abzulehnen (hM; aA für Nr 4 und 7 Pardey DGVZ 87, 180 [183]). Vertretbar ist sie immerhin beim Kfz eines Behinderten, wenn es gemäß § 811 Nr 12 unpfändbar ist (Köln DGVZ 86, 13).

2. Voraussetzungen. Der Zulassungsbeschluss (Rn 4) darf nur erge-   2
hen bei: **a) Angemessenheit** der Austauschpfändung nach den Verhält-nissen des Einzelfalles (Abs 2 S 2). Es ist der gesamte Erlös maßgebend. Unerheblich ist dessen Verhältnis zur Höhe der Forderung des Gläubi-gers. – **b) Ersatz.** Der Gläubiger muss dem Schuldner entweder ein   3
brauchbares Ersatzstück durch Übergabe übereignen, zB anderes Kfz (Köln DGVZ 86, 13), funktionsfähige gegen goldene Armbanduhr (München OLGZ 83, 325; vgl Pardey DGVZ 89, 54), oder den hierfür erforderlichen Geldbetrag sogleich verschaffen. Nur ausnahmsweise (Abs 1 Hs 2) darf zugelassen werden, dass der Schuldner den nötigen Geldbetrag erst aus dem Vollstreckungserlös erhält.

4 **3. Verfahren.** Der Antrag des Gläubigers ist Prozesshandlung (Einl III). Zuständig ist stets das Vollstreckungsgericht (§ 764). Es entscheidet durch den Rechtspfleger (§ 20 Nr 17 RPflG). Der Beschluss muss, wenn er die Austauschpfändung zulässt, in der Formel genau bezeichnen: die zu pfändende Sache, das Ersatzstück und dessen Wert oder den Geldbetrag (Abs 2 S 3). Fehlt eine Voraussetzung (Rn 2, 3), ist der Antrag zurückzuweisen.

5 **4. Wirkung. a) Gepfändet** werden darf die Sache schon vor Rechtskraft des Zulassungsbeschlusses (§ 705), weggenommen aber erst, nachdem durch den Gerichtsvollzieher Ersatzstück oder Geldbetrag überlassen (Abs 1), bei verweigerter Annahme angeboten ist. Wird der Geldbetrag aus dem Vollstreckungserlös überlassen, darf erst nach Rechtskraft weggenommen, aber schon vorher gepfändet werden **6** (Abs 4). – **b) Geldbeträge** (Rn 3) sind dem Vollstreckungserlös im Vo- **7** raus zu entnehmen und zu erstatten (Abs 1 Hs 2; Abs 2 S 4). – **c) Ersatzstück** (Rn 3). Hierfür leistet der Gläubiger Gewähr (§§ 433 Abs 1 S 2, 434, 435 nF BGB entspr), aber nicht auf Rücktritt oder Wandelung (StJMünzberg 28, 29).

8 **5. Rechtsbehelfe:** gegen den Beschluss des Rechtspflegers sofortige Beschwerde (§ 793; § 11 Abs 1 RPflG), gegen das Verfahren des Gerichtsvollziehers Erinnerung (§ 766).

9 **6. Kosten:** grundsätzlich § 788 Abs 1. Sie können dem Gläubiger auferlegt werden (§ 788 Abs 3). Gebühren: § 58 Abs 3 Nr 4 BRAGO.

§ 811 b Vorläufige Austauschpfändung

(1) ¹Ohne vorgängige Entscheidung des Gerichts ist eine vorläufige Austauschpfändung zulässig, wenn eine Zulassung durch das Gericht zu erwarten ist. ²Der Gerichtsvollzieher soll die Austauschpfändung nur vornehmen, wenn zu erwarten ist, daß der Vollstreckungserlös den Wert des Ersatzstückes erheblich übersteigen wird.

(2) Die Pfändung ist aufzuheben, wenn der Gläubiger nicht binnen einer Frist von zwei Wochen nach Benachrichtigung von der Pfändung einen Antrag nach § 811 a Abs. 2 bei dem Vollstreckungsgericht gestellt hat oder wenn ein solcher Antrag rechtskräftig zurückgewiesen ist.

(3) Bei der Benachrichtigung ist dem Gläubiger unter Hinweis auf die Antragsfrist und die Folgen ihrer Versäumung mitzuteilen, daß die Pfändung als Austauschpfändung erfolgt ist.

(4) ¹Die Übergabe des Ersatzstückes oder des zu seiner Beschaffung erforderlichen Geldbetrages an den Schuldner und die Fortsetzung der Zwangsvollstreckung erfolgen erst nach Erlaß des Beschlusses gemäß § 811 a Abs. 2 auf Anweisung des Gläubigers. ²§ 811 a Abs. 4 gilt entsprechend.

Es gelten grundsätzlich die Anmerkungen zu § 811 a (vgl auch § 124 **1** GVGA) mit folgenden Besonderheiten: Gerichtsvollzieher pfändet vor dem Beschluss (Abs 1); Antragsfrist (Abs 2); Benachrichtigungspflicht (Abs 3). Aufgehoben wird die Pfändung (Abs 2) durch den Gerichtsvollzieher (§ 124 Nr 3 b GVGA).

§ 811 c Unpfändbarkeit von Haustieren

(1) **Tiere, die im häuslichen Bereich und nicht zu Erwerbszwecken gehalten werden, sind der Pfändung nicht unterworfen.**

(2) **Auf Antrag des Gläubigers läßt das Vollstreckungsgericht eine Pfändung wegen des hohen Wertes des Tieres zu, wenn die Unpfändbarkeit für den Gläubiger eine Härte bedeuten würde, die auch unter Würdigung der Belange des Tierschutzes und der berechtigten Interessen des Schuldners nicht zu rechtfertigen ist.**

Anwendbar: nur Tiere, die ohne Erwerbszweck in räumlicher Nähe **1** zum Schuldner gehalten werden, nicht notwendig eine domestizierte Art (Lorz MDR 90, 1057). Häuslicher Bereich umfasst Wohnung, Haus und Garten (Lorz aaO). Für Nutztiere gilt § 811 Abs 1 Nr 3 und 4. **Wirkung** wie § 811 Rn 6. **Ausnahme** (Abs 2). Hoher Wert: er muss **2** einen Betrag von 250 Euro beträchtlich übersteigen. Interessenabwägung: neben Gläubiger und Schuldner ist auch der Tierschutzgedanke zu berücksichtigen. **Verfahren:** wie § 811 Rn 4.

§ 811 d Vorwegpfändung

(1) ¹**Ist zu erwarten, daß eine Sache demnächst pfändbar wird, so kann sie gepfändet werden, ist aber im Gewahrsam des Schuldners zu belassen.** ²**Die Vollstreckung darf erst fortgesetzt werden, wenn die Sache pfändbar geworden ist.**

(2) **Die Pfändung ist aufzuheben, wenn die Sache nicht binnen eines Jahres pfändbar geworden ist.**

Die Vorschrift gilt in allen Fällen des § 811 und ist im Zusammenhang **1** mit § 811 Rn 3 zu sehen. Es darf vorerst nur gepfändet werden, weggenommen und verwertet erst nach Wegfall der Unpfändbarkeit (Abs 1 S 2). Aufgehoben (Abs 2) wird durch den Gerichtsvollzieher (§ 122 Nr 1 GVGA). Rechtsbehelf: § 766.

§ 812 Pfändung von Hausrat

Gegenstände, die zum gewöhnlichen Hausrat gehören und im Haushalt des Schuldners gebraucht werden, sollen nicht gepfändet werden, wenn ohne weiteres ersichtlich ist, daß durch ihre Verwertung nur ein Erlös erzielt werden würde, der zu dem Wert außer allem Verhältnis steht.

Putzo   1351

1   Von Amts wegen vom Gerichtsvollzieher zu beachten. Er darf (trotz
„sollen") nicht pfänden, wenn § 812 erfüllt ist (hM). Hausrat: Möbel,
Geschirr, Wäsche, auch Kleidungsstücke (StJMünzberg 1); nicht gewerblich gebrauchte Sachen (hM). Nur bedeutsam für Sachen, die nicht
schon unter § 811 Abs 1 Nr 1 fallen. Rechtsbehelf: wie § 811 Rn 43.

§ 813 Schätzung

(1) [1]Die gepfändeten Sachen sollen bei der Pfändung auf ihren
gewöhnlichen Verkaufswert geschätzt werden. [2]Die Schätzung
des Wertes von Kostbarkeiten soll einem Sachverständigen übertragen werden. [3]In anderen Fällen kann das Vollstreckungsgericht auf Antrag des Gläubigers oder des Schuldners die Schätzung durch einen Sachverständigen anordnen.

(2) Ist die Schätzung des Wertes bei der Pfändung nicht möglich, so soll sie unverzüglich nachgeholt und ihr Ergebnis nachträglich in der Niederschrift über die Pfändung vermerkt werden.

(3) Zur Pfändung von Früchten, die von dem Boden noch
nicht getrennt sind, und zur Pfändung von Gegenständen der in
§ 811 Abs. 1 Nr. 4 bezeichneten Art bei Personen, die Landwirtschaft betreiben, soll ein landwirtschaftlicher Sachverständiger
zugezogen werden, sofern anzunehmen ist, daß der Wert der zu
pfändenden Gegenstände den Betrag von 500 Euro übersteigt.

(4) Die Landesjustizverwaltung kann bestimmen, daß auch in
anderen Fällen ein Sachverständiger zugezogen werden soll.

Abs 3 ist redaktionell geändert mWv 1. 1. 1999 durch Art 1 Nr 17
2. ZwVollstrNov und mWv 1. 1. 2002 durch Art 1 Nr 1 7. Pfändungsfrei-
grenzenÄndG.

1   **1. Allgemeines.** Die Vorschrift dient der Durchführung des § 817 a.
Das Ergebnis der Schätzung ist immer, bei Abs 2 nachträglich, in das
Pfändungsprotokoll (§ 762) einzutragen. Neuschätzung ist nur bei we-
2   sentlichen Veränderungen angebracht. **a) Gewöhnlicher Verkaufswert**
(Abs 1 S 1) ist der Preis, der bei freiem Verkauf erfahrungsgemäß erzielt
wird. Die allgemeinen wirtschaftlichen, örtlichen und zeitlichen Verhält-
3   nisse sind zu berücksichtigen. **– b) Nachträgliche Schätzung** (Abs 2).
Unverzüglich: wie § 121 Abs 1 S 1 BGB. Das Ergebnis ist den Parteien
mitzuteilen (§ 132 Nr 8 GVGA).

4   **2. Zuständig** ist grundsätzlich der Gerichtsvollzieher (§ 753 Abs 1).
Nur ausnahmsweise ist die Schätzung einem Sachverständigen zu über-
5   tragen, und zwar: **a) Bei Kostbarkeiten.** Das sind die im Verhältnis zu
ihrer Größe besonders wertvollen Sachen, zB aus Edelmetall oder -stein;
Münzen (vgl Köln NJW 92, 50); Kunstwerke; Antiquitäten (KölnVersR
98, 1376); Briefmarkensammlungen (BGH NJW 53, 902). Hierfür wird
die Schätzung vom Gerichtsvollzieher übertragen (§ 132 Nr 8 GVGA),
der nach pflichtgemäßen Ermessen entscheidet, ob eine Kostbarkeit vor-

liegt (Köln Rpfleger 98, 353). – **b) Bei anderen Sachen** (Abs 1 S 3) auf 6
Beschluss des Vollstreckungsgerichts (Rechtspfleger, § 20 Nr 17 RPflG),
der auf Antrag von Gläubiger oder Schuldner ergeht. Ohne diesen Beschluss darf der Gerichtsvollzieher den Sachverständigen nicht beauftragen
(LG Konstanz DGVZ 94, 140; aA Schultes DGVZ 94, 161: nach seinem
Ermessen). Der Sachverständige überprüft die Schätzung des Gerichts- 7
vollziehers. – **c) Bei landwirtschaftlichen Sachen** (Abs 3). Landwirtschaft: § 811 Rn 12. Den Sachverständigen wählt der Gerichtsvollzieher 8
aus. – **d) Bei Anordnung der Landesjustizverwaltung** (Abs 4).

3. Rechtsbehelfe. Gegen Anordnungen des Gerichts: sofortige Be- 9
schwerde (§ 793; § 11 Abs 1 RPflG). Gegen Zuziehung und Nichtzuziehung von Sachverständigen: § 766. Gegen die Schätzung des Sachverständigen: § 766 (bestr). Gegen behauptete Schätzungsfehler des Gerichtsvollziehers findet nur Antrag nach Abs 1 S 3 statt (hM; LG Aachen
Büro 86, 1256 mwN).

§ 813 a Aufschub der Verwertung

(1) ¹Hat der Gläubiger eine Zahlung in Teilbeträgen nicht ausgeschlossen, kann der Gerichtsvollzieher die Verwertung gepfändeter Sachen aufschieben, wenn sich der Schuldner verpflichtet, den Betrag, der zur Befriedigung des Gläubigers und zur Deckung der Kosten der Zwangsvollstreckung erforderlich ist, innerhalb eines Jahres zu zahlen; hierfür kann der Gerichtsvollzieher Raten nach Höhe und Zeitpunkt festsetzen. ²Einen Termin zur Verwertung kann der Gerichtsvollzieher auf einen Zeitpunkt bestimmen, der nach dem nächsten Zahlungstermin liegt; einen bereits bestimmten Termin kann er auf diesen Zeitpunkt verlegen.

(2) ¹Hat der Gläubiger einer Zahlung in Teilbeträgen nicht bereits bei Erteilung des Vollstreckungsauftrags zugestimmt, hat ihn der Gerichtsvollzieher unverzüglich über den Aufschub der Verwertung und über die festgesetzten Raten zu unterrichten. ²In diesem Fall kann der Gläubiger dem Verwertungsaufschub widersprechen. ³Der Gerichtsvollzieher unterrichtet den Schuldner über den Widerspruch; mit der Unterrichtung endet der Aufschub. ⁴Dieselbe Wirkung tritt ein, wenn der Schuldner mit einer Zahlung ganz oder teilweise in Verzug kommt.

Eingefügt mWv 1. 1. 1999 durch Art 1 Nr 18 2. ZwVollstrNov.

1. Allgemeines. Durch § 813 a mit § 141 Nr 2–10 GVGA wird die 1
bisherige Praxis legalisiert und perfektionistisch geregelt. **a) Verhältnis
zu anderen Vorschriften.** § 806 b setzt voraus, dass nicht gepfändet
werden konnte. § 813 a geht von geschehener Pfändung aus und verlangt für einen Verwertungsaufschub Verpflichtung des Schuldners, innerhalb eines Jahres die gesamte Vollstreckungsschuld zu bezahlen und

außerdem, dass der Gläubiger Teilzahlungen nicht ausgeschlossen hat. § 813 b verlangt (bei Zuständigkeit des Vollstreckungsgerichts) eine erfolgreiche Pfändung und gewährt Verwertungsaufschub allein nach Inte-
2 ressenabwägung. – **b) Anwendbar** nur bei Vollstreckung wegen Geldforderung durch den Gerichtsvollzieher, nicht aber bei § 720 a und § 930 (Schilken DGVZ 98, 143 [149]). Problematisch bei mehreren Gläubigern (vgl Schilken 152). Bei Auftrag zur Offenbarungsversicherung geht § 900 Abs 3 vor.

3   **2. Voraussetzungen.** (Abs 1 S 1). Die Verwertung gepfändeter Sachen darf der Gerichtsvollzieher (auch ohne Antrag, aber zweckmäßig mit Belehrung des Schuldners) ab Pfändung bis zur Verwertung (§ 814)
4 nur aufschieben, wenn gegeben ist: **a) Pfändung** von Sachen gem §§ 808–810 und nicht vollzogene Verwertung (§§ 814, 821–825). War
5 der Pfändungsversuch erfolglos, gilt § 806 b. – **b) Kein Ausschluss von Teilzahlungen** durch den Gläubiger. Diesem soll die Disposition über den Verwertungsaufschub verbleiben; jedoch wird dem Gerichtsvollzieher die Befugnis zum Aufschub eingeräumt, wenn der Gläubiger im Vollstreckungsauftrag (§ 753) Teilzahlungen (§ 754 Rn 4, 5) nicht ausdrücklich ausgeschlossen hat oder bis zum Aufschub (Rn 7) nicht ausschließt. Der Gläubiger muss also nicht zustimmen (§ 806 b Rn 5); sein Einverständnis wird zunächst unterstellt, sein Schweigen genügt. –
6 **c) Verpflichtung** des Schuldners zur Zahlung innerhalb eines Jahres, ab Verpflichtung gerechnet. Eine mündliche Erklärung des Schuldners nimmt der Gerichtsvollzieher zu Protokoll (§ 762 Abs 1 Nr 2, 4). Der Schuldner muss keine Ratenzahlung anbieten, auch keine sofortige Zahlung leisten, jedoch muss seine Verpflichtung (bis zum Versteigerungstermin möglich, Schilken DGVZ 98, 143 [149]) den vom Gerichtsvollzieher errechneten gesamten Vollstreckungsbetrag umfassen.
6 a **d) Mehrere Gläubiger.** Einheitliche Ratenzahlungsregelung ist zulässig. Widerspruch (Rn 10) nachrangiger Gläubiger hindert den Verwertungsaufschub (Rn 7) nicht, solange der Schuldner zahlt (Helwich DGVZ 00, 105). Widersprechende Gläubiger können die ZwVollstr unabhängig von anderen Gläubigern weiterbetreiben.

7   **3. Verwertungsaufschub** (Abs 1) geschieht durch Anordnung des Gerichtsvollziehers. Zur Rechtsnatur: Schilken DGVZ 98, 143 [150]. Sie steht im pflichtgemäßen Ermessen des Gerichtsvollziehers (vgl Harnacke DGVZ 99, 81/84), ist auch wiederholt möglich und umfasst: **a) Ratenzahlung** (Abs 1 S 1 Hs 2), zwingend nach Höhe und Zeitpunkt, diesen am besten datumsmäßig bestimmt. Die gepfändeten Gegenstände sind zu bezeichnen. An eine vorliegende Zustimmung des Gläubigers zu Höhe und Zeitpunkt ist der Gerichtsvollzieher gebunden. Die Fälligkeiten dürfen nicht länger als ein Jahr ab Festsetzung der Raten (Harnacke aaO 85) hinausgeschoben, auch kürzer bemessen werden (Schilken DGVZ 98, 143 [149]. Keine Festsetzung von Ratenzahlung, wenn der Schuldner sich zur Zahlung des Gesamtbetrags an einem
8 bestimmten Datum verpflichtete. – **b) Terminsbestimmung** (Abs 1

S 2) für die Verwertungsmaßnahme, insbes für eine Versteigerung
(§ 818) kann zunächst unterbleiben (aA ZöStöber 6), auf einen Termin
nach erster fälliger Zahlung vorgenommen oder verlegt (nicht aufgehoben) werden. Zwischen dem Termin der Zahlung und dem der Versteigerung soll mindestens eine Woche liegen (§ 141 Nr 4 S 1 GVGA). –
c) Unterrichtung des Gläubigers (Abs 2 S 1) ist schon wegen § 760   **9**
(dort Rn 3) geboten, unverzüglich (wie § 121 BGB) und mit den
Angaben über Ratenzahlung (Rn 7) sowie Terminsbestimmung (Rn 8),
wenn im Vollstreckungsauftrag (§ 753 Rn 8) noch keine Zustimmung
(Rn 5) erklärt ist. Belehrung über Widerspruch (Rn 10) ist zulässig und
sinnvoll (Schilken DGVZ 98, 143/151). – **d) Protokollierung:** § 762   **9 a**
Abs 2 Nr 2, § 141 Nr 6 GVGA.

4. Widerspruch des Gläubigers (Abs 2 S 2, 3) ist formlose Prozess-   **10**
handlung (Einl III), an den Gerichtsvollzieher zu richten, ist widerruflich (Schilken aaO) und setzt voraus, dass der Gläubiger der Teilzahlung
nicht schon im Vollstreckungsauftrag zugestimmt hat (Rn 5) oder nur
mit anderer Ratenzahlung einverstanden war. An eine erteilte Zustimmung ist der Gläubiger gebunden (Schilken DGVZ 98, 143 [150]). Der
Schuldner ist durch den Gerichtsvollzieher (nicht notwendig unverzüglich, vgl Rn 9) zu unterrichten. Zustellung ist erforderlich, wenn der
Schuldner nicht bei der Protokollierung mündlich unterrichtet wurde
(§ 141 Nr 8 GVGA). Dem Schuldner verbleibt Antrag gem § 813 b.
Darüber ist er zu belehren (Harnacke DGVZ 99, 81/85). Bei teilweisem
Widerspruch kann der Gerichtsvollzieher den Verwertungsaufschub
(Rn 7) anpassen (Harnacke aaO 86).

5. Ende des Verwertungsaufschubs (Abs 2 S 3, 4) und damit Fort-   **11**
setzung der ZwVollstr durch Verwertungsmaßnahmen (§§ 814,
821–825) tritt ohne weiteres ein mit der Unterrichtung des Schuldners
(Zugang des Schriftstücks oder telekommunikative Mitteilung) oder mit
dem Unterbleiben der Zahlung unter Schuldnerverzug (aA Schilken
aaO), auch nur zum Teil (Abs 2 S 4). Maßgebender Zeitpunkt: Zah-
lungseingang.

6. Rechtsbehelfe. Es ist gegen die Maßnahmen des Gerichtsvoll-   **12**
ziehers ausschließlich Erinnerung (§ 766) zulässig. Gegen die Entscheidung des Vollstreckungsgerichts findet sofortige Beschwerde statt
(§ 793). Der Schuldner kann Antrag auf zeitweiligen Verwertungsaufschub durch das Vollstreckungsgericht stellen (§ 813 b).

§ 813 b Aussetzung der Verwertung

(1) **¹Das Vollstreckungsgericht kann auf Antrag des Schuldners
die Verwertung gepfändeter Sachen unter Anordnung von Zahlungsfristen zeitweilig aussetzen, wenn dies nach der Persönlich-
keit und den wirtschaftlichen Verhältnissen des Schuldners sowie
nach der Art der Schuld angemessen erscheint und nicht über-**

wiegende Belange des Gläubigers entgegenstehen. [2]**Es ist befugt, die in § 732 Abs. 2 bezeichneten Anordnungen zu erlassen.**

(2) [1]Wird der Antrag nicht binnen einer Frist von zwei Wochen gestellt, so ist er ohne sachliche Prüfung zurückzuweisen, wenn das Vollstreckungsgericht der Überzeugung ist, daß der Schuldner den Antrag in der Absicht der Verschleppung oder aus grober Nachlässigkeit nicht früher gestellt hat. [2]Die Frist beginnt im Falle eines Verwertungsaufschubs nach § 813 a mit dessen Ende, im übrigen mit der Pfändung.

(3) Anordnungen nach Absatz 1 können mehrmals ergehen und, soweit es nach Lage der Verhältnisse, insbesondere wegen nicht ordnungsmäßiger Erfüllung der Zahlungsauflagen, geboten ist, auf Antrag aufgehoben oder abgeändert werden.

(4) Die Verwertung darf durch Anordnungen nach Absatz 1 und Absatz 3 nicht länger als insgesamt ein Jahr nach der Pfändung hinausgeschoben werden.

(5) [1]Vor den in Absatz 1 und in Absatz 3 bezeichneten Entscheidungen ist, soweit dies ohne erhebliche Verzögerung möglich ist, der Gegner zu hören. [2]Die für die Entscheidung wesentlichen tatsächlichen Verhältnisse sind glaubhaft zu machen. [3]Das Gericht soll in geeigneten Fällen auf eine gütliche Abwicklung der Verbindlichkeiten hinwirken und kann hierzu eine mündliche Verhandlung anordnen. [4]Die Entscheidungen nach den Absätzen 1, 2 und 3 sind unanfechtbar.

(6) In Wechselsachen findet eine Aussetzung der Verwertung gepfändeter Sachen nicht statt.

Der frühere § 813 a wurde mWv 1. 1. 1999 § 813 b; Abs 1 S 2 ist angefügt und Abs 2 neu gefasst durch Art 1 Nr 19 2. ZwVollstrNov.

1   **1. Anwendungsbereich** umfasst nur die Pfändung von Sachen (§ 808), unabhängig und neben § 813 a (Aufschub durch Gerichtsvollzieher) sowie § 765 a (hM); nicht bei Titeln, die in Wechselsachen, nicht notwendig im Wechselprozess (§ 602) erwirkt sind (Abs 6); entspr für Scheck (StJMünzberg 7). § 813 a gilt auch nicht bei Arrestpfändung, weil nicht verwertet wird (§ 930). Die Vorschrift gehört systematisch zum Vollstreckungsschutz und hat in der Praxis nur geringe Bedeutung.

2   **2. Voraussetzungen. a) Antrag.** Er ist Prozesshandlung (Einl III). Antragsberechtigt ist nur der Schuldner. Frist: 2 Wochen. Beginn (Abs 2 S 2) grundsätzlich mit Pfändung (§ 808), nur bei vorausgegangenem Verwertungsaufschub gemäß § 813 a mit dessen Ende (§ 813 a Rn 11). Fristberechnung § 222 Rn 2. Verspätete Anträge kann das Gericht zulassen und in der Sache entscheiden, wenn es die Voraussetzungen des Abs 2 S 1
3   annimmt. Es findet keine Wiedereinsetzung (§ 233) statt. − **b) Angemessenheit** (Abs 1) nach folgenden Umständen: **(1)** Person des Schuldners (11 vor § 704): unredliche, böswillige, unzuverlässige sind nicht

schutzwürdig. **(2)** Wirtschaftliche Verhältnisse des Schuldners: Er muss einerseits zur sofortigen vollen Leistung unfähig, andererseits zum Einhalten der Zahlungsfristen in der Lage sein. **(3)** Art der Schuld: zB ist bei Unterhaltsanspruch Verwertungsaussetzung unangebracht. – **c) Belange** **4** **des Gläubigers** (Abs 1) dürfen nicht überwiegen. Sie stehen insbes entgegen, wenn er das Geld dringend benötigt oder er mehr geschädigt würde, als dem Schuldner der Aufschub nützt. – **d) Tatsachen** für Rn 4 **5** und 5 sind nach Abs 5 S 2 glaubhaft zu machen (§ 294).

3. Verfahren und Entscheidung. Zuständig ist das Vollstreckungs- **6** gericht (§ 764 Abs 2); es entscheidet der Rechtspfleger (§ 20 Nr 17 RPflG) durch Beschluss idR nach Gehör des Gegners, das schriftlich oder mündlich gewährt wird (Abs 5 S 1). Möglich sind Güteversuch (Abs 5 S 3) und gemäß Abs 1 S 2 einstweilige Anordnung nach § 732 Abs 2 (dort Rn 11). **a) Zurückzuweisen** sind Anträge, die außerhalb der **7** Anwendbarkeit (Rn 1) gestellt wurden oder als Prozesshandlung unwirksam (Rn 2), daher unzulässig sind sowie überwiegend, wenn eine Voraussetzung (Rn 3–5) fehlt. – **b) Anordnung** des Verwertungs- **8** aufschubs nach pflichtgemäßem Ermessen („kann") ergeht durch Beschluss dahin, dass die Verwertung der (genau bezeichneten) gepfändeten Sache bis (Datum) ausgesetzt wird, sofern der Schuldner den Vollstreckungsbetrag (einschließlich Kosten, § 788 Abs 1) zu genau bezeichneten Daten ganz oder in bestimmten Teilbeträgen bezahlt. Länger als für ein Jahr nach Pfändung (nicht ab Antrag) darf insgesamt (auch bei Rn 10) nur ausgesetzt werden, wenn der Gläubiger damit einverstanden ist (Abs 4). – **c) Mehrmalige Anordnung** sowie Aufhebung und Abänderung getrof- **9** fener Anordnungen ist unter Beachtung der Jahresfrist (Abs 4) auf Antrag jederzeit möglich (Abs 3). Der abgelehnte Antrag (Rn 7) kann nur auf Grund neuer Tatsachen wiederholt werden. – **d) Unzulässig** ist es, die **10** Wirksamkeit der Anordnung von rechtzeitiger Zahlung abhängig zu machen (aA die hM; StJMünzberg § 813 a Rn 21; Seither Rpfleger 69, 232 mwN); denn es ist oft zweifelhaft, ob rechtzeitig gezahlt ist, und für den Gerichtsvollzieher müssen klare Verhältnisse bestehen.

4. Wirkung. Die Verwertung wird ausgesetzt. Die Pfändung bleibt **11** bestehen (§ 775 Nr 2, § 776). Hält der Schuldner die Zahlungsfristen nicht ein, kann der Beschluss gemäß Abs 3 aufgehoben werden (Rn 9). Die vollstreckbare Forderung und ihre Fälligkeit bleiben unberührt. Außer Kraft tritt die Anordnung von selbst mit Fristablauf, nicht schon dann, wenn der Schuldner zu spät zahlt, selbst wenn dies unzulässigerweise (Rn 10) im Beschluss bestimmt ist.

5. Rechtsbehelfe. a) Sofortige Erinnerung (§ 11 Abs 2 RPflG); **12** denn die Entscheidung des Richters wäre grundsätzlich unanfechtbar (Abs 5 S 4). Ähnlich wie bei § 707 Rn 19 gilt dies aber nur für die Ermessensentscheidung (Rn 9) über die Voraussetzungen (Rn 4–6). – **b) Sofortige Beschwerde,** gegen den Beschluss des Rechtspflegers **13** (§ 11 Abs 1 RPflG, § 793) nur, wenn Anwendungsbereich (Rn 1), Antrag (Rn 2), Zuständigkeit (Rn 6) oder Abs 3, 4 verkannt sind, weil

nur die Ermessensentscheidung (Rn 8) unanfechtbar (Abs 5 S 4) sein
soll (Rn 12; hM). Das Beschwerdegericht darf bei begründeter Beschwerde nicht selbst nach § 813 b anordnen, sondern muss zurückverweisen (§ 575).

14   **6. Kosten.** Grundsätzlich gilt § 788 Abs 1. Dem Gläubiger dürfen
die Kosten nur ausnahmsweise nach § 788 Abs 4 überbürdet werden.
Gebühren: KV 1642; § 58 Abs 3 Nr 3 BRAGO. Wert: § 3; idR die
Differenz zwischen Wiederbeschaffungswert und geschätztem Versteigerungserlös.

§ 814 Öffentliche Versteigerung

**Die gepfändeten Sachen sind von dem Gerichtsvollzieher öf-
fentlich zu versteigern.**

1   **1. Allgemeines.** Die öffentliche Versteigerung ist eine Vollstreckungsmaßnahme. Der Gerichtsvollzieher handelt ausschließlich als Beamter (vgl § 753 Rn 1). Die Versteigerung erfolgt ohne besonderen
Antrag und ist der normale Weg, gepfändete bewegliche Sachen zu
verwerten. Ausnahmen in § 815, § 817 a Abs 3, §§ 821, 825.

2   **2. Voraussetzungen.** Die ZwVollstr muss zulässig sein (38 vor
§ 704) und die Pfändung bestehen (§ 808 Rn 9–12). Die Verwertung
(und damit die öffentliche Versteigerung) darf nicht dauernd oder auf
Zeit ausgeschlossen sein, insbes nicht gemäß den §§ 930, 813 a, 813 b,
765 a, 772, 773, auch nicht wegen § 775 Nr 2, 4, 5 (vgl § 776) oder
infolge einstweiliger Einstellung der ZwVollstr (zB §§ 707, 719, 769).

3   **3. Durchführung.** a) Zuständig ist der Gerichtsvollzieher, der gepfändet hat. Geht bei § 826 eine Pfändung der Finanzbehörde vor, so ist
4   nach § 308 AO zu verfahren. – b) Versteigerung. Es gelten die
§§ 816–819 und die Dienstvorschriften der Gerichtsvollzieher, insbes
5   §§ 142–146 GVGA. – c) Öffentlich. Es ist jeder zuzulassen, soweit es
Raum und Ordnung gestatten. Wird dagegen verstoßen, so ist die
Versteigerung unwirksam und es findet kein Eigentumsübergang statt
(allgM).

§ 815 Gepfändetes Geld

(1) **Gepfändetes Geld ist dem Gläubiger abzuliefern.**

(2) [1] **Wird dem Gerichtsvollzieher glaubhaft gemacht, daß an
gepfändetem Geld ein die Veräußerung hinderndes Recht eines
Dritten bestehe, so ist das Geld zu hinterlegen.** [2] **Die Zwangsvollstreckung ist fortzusetzen, wenn nicht binnen einer Frist von
zwei Wochen seit dem Tage der Pfändung eine Entscheidung des
nach § 771 Abs. 1 zuständigen Gerichts über die Einstellung der
Zwangsvollstreckung beigebracht wird.**

(3) **Die Wegnahme des Geldes durch den Gerichtsvollzieher gilt als Zahlung von seiten des Schuldners, sofern nicht nach Absatz 2 oder nach § 720 die Hinterlegung zu erfolgen hat.**

1. **Ablieferung** gepfändeten Geldes (Abs 1). **a) Voraussetzungen.** 1
Das Geld muss gepfändet (§ 808 Abs 1), nicht freiwillig oder zur Abwendung der ZwVollstr gezahlt sein (Rn 5). Außerdem müssen dieselben Voraussetzungen wie bei § 814 Rn 2 vorliegen. – **b) Geld:** 2
inländische geltende Zahlungsmittel. Ausländisches Geld wechselt der Gerichtsvollzieher um (§ 821). Münzen können Kostbarkeiten sein (§ 813 Rn 5). – **c) Wirkung** der Ablieferung. Sie ist Übereignung 3
durch den Staat kraft hoheitlicher Gewalt, daher öffentlich-rechtlich, somit bedingungsfeindlich. Die §§ 929–936 BGB gelten nicht (wie § 817 Rn 7). Bis zur Ablieferung besteht am Geld das alte Eigentum fort, belastet mit dem Pfandrecht. Einstellung der ZwVollstr oder Anschlusspfändung (§ 827) sind möglich (hM). Der Gläubiger erwirbt aber immer das Eigentum am Geld, auch wenn es dem Schuldner nicht zustand (hM). – **d) Vertretung** des Gläubigers erfolgt nach den allge- 4
meinen Regeln, insb durch den ProzBev (§ 81 Rn 8). Nachweis gemäß § 172 BGB idR durch Vorlage der Vollmacht (vgl LG Braunschweig DGVZ 77, 22).

2. **Freiwillige Zahlung** des Schuldners (nicht die eines Dritten, 5
Naumburg DGVZ 00, 36) an den Gerichtsvollzieher, auch um die ZwVollstr abzuwenden. Abs 1 gilt nicht. Eigentum am Geld wird nach §§ 929–935 BGB erworben (im Einzelnen umstr; vgl Wieser DGVZ 88, 129). Der Gerichtsvollzieher ist insoweit ermächtigt, in Vertretung für den Gläubiger zu handeln (§ 754 Rn 3). Ein vom Schuldner begebener Scheck ist vom Gerichtsvollzieher einzulösen (vgl LG Gießen DGVZ 91, 173). Abs 3 ist entspr anzuwenden (Brox/Walker 314 mwN), so dass der Schuldner mit Zahlung oder Gutschrift auf den Gläubiger- oder Dienstkonto des Gerichtsvollziehers erfüllt (Scherer DGVZ 94, 129), nicht schon mit Belastung des Schuldnerkontos (aA Scherer DGVZ aaO). Zur Leistungsgefahr vgl Geißler DGVZ 91, 166. Bei mehreren Gläubigern gilt § 827 Rn 7.

3. **Hinterlegung** (Abs 2). Diese Vorschrift kann nicht für die Voll- 6
streckung auf Herausgabe (§§ 883 ff) und Verschaffung (§ 897), auch nicht entspr angewendet werden (W. G. Müller DGVZ 75, 104). **a) Zweck.** Wegen des kurzen Zeitraumes bis zur Ablieferung wäre die 7
Klage aus § 771 sonst vereitelt. – **b) Veräußerung hinderndes Recht:** wie § 771 Rn 14–22. Abs 2 gilt analog auch für Klageberechtigte nach § 781 und § 805 (allgM). Das Vermieterpfandrecht erlischt nur nach § 562a BGB. – **c) Glaubhaft gemacht** wird gemäß § 294. Dies ist bis 8
zur Ablieferung möglich und kann auch durch einen anderen geschehen als den berechtigten Dritten (12 vor § 704). Ob ein Recht (Rn 7) glaubhaft gemacht ist, entscheidet der Gerichtsvollzieher. Bejaht er es, so hinterlegt er oder liefert das Geld ab (Abs 1). – **d) Entscheidung** des 9

Prozessgerichts ist beizubringen. Diese kann nach § 771 Abs 3, § 769 Abs 1, § 770 S 1 ergangen sein.

10   **4. Wirkung der Wegnahme** (Abs 3). Der Schuldner wird befreit. Die Erfüllung gem § 362 Abs 1 BGB wird fingiert (umstr; vgl Musielak/Becker 4 mwN; aA: nur Gefahrtragungsregel; Schuschke/Walker 9), wenn das Geld nicht gem Abs 2 oder § 720 hinterlegt werden muss. Hat der GerVollz schuldnerfremdes Geld weggenommen, gilt Abs 3 nicht (hM; Brox/Walker 421 mwN).

§ 816 Zeit und Ort der Versteigerung

(1) **Die Versteigerung der gepfändeten Sachen darf nicht vor Ablauf einer Woche seit dem Tage der Pfändung geschehen, sofern nicht der Gläubiger und der Schuldner über eine frühere Versteigerung sich einigen oder diese erforderlich ist, um die Gefahr einer beträchtlichen Wertverringerung der zu versteigernden Sache abzuwenden oder um unverhältnismäßige Kosten einer längeren Aufbewahrung zu vermeiden.**

(2) **Die Versteigerung erfolgt in der Gemeinde, in der die Pfändung geschehen ist, oder an einem anderen Ort im Bezirk des Vollstreckungsgerichts, sofern nicht der Gläubiger und der Schuldner über einen dritten Ort sich einigen.**

(3) **Zeit und Ort der Versteigerung sind unter allgemeiner Bezeichnung der zu versteigernden Sachen öffentlich bekanntzumachen.**

(4) **Bei der Versteigerung gelten die Vorschriften des § 1239 Abs. 1 Satz 1, Abs. 2 des Bürgerlichen Gesetzbuchs entsprechend.**

1   **Wochenfrist** (Abs 1): § 222 Rn 6. Sie kann nur durch die den Gerichtsvollzieher bindenden Ausnahmen des Abs 1 abgekürzt werden, zB bei verderblicher Ware angebracht (Fleischmann/Rupp Rpfleger 87, 8). Mit Zustimmung des Gläubigers kann der Gerichtsvollzieher vorerst davon absehen, einen Versteigerungstermin zu bestimmen (bestr); mit dieser Zustimmung kann er den Termin auch verlegen oder aufheben 2   (Wieser DGVZ 87, 49; bestr). **Versteigerungsort** (Abs 2). Der Gerichtsvollzieher bestimmt im Bezirk des Vollstreckungsgerichts (§ 764) die am besten geeignete Gemeinde nebst Platz oder Lokal. Maßgebende Gesichtspunkte: versteigerungsnahe, zugängliche Lage für Bieter, Vermeiden unnötiger Transport- und Lagerkosten, bessere Vorführmöglichkeit. Vereinbarung von Gläubiger und Schuldner (Prozessvertrag, Einl III Rn 6) oder eine Anordnung nach § 825 gehen vor. In der Wohnung des Schuldners darf ohne dessen Zustimmung nicht versteigert werden 3   (Hamm NJW 85, 75). **Bekanntmachung** (Abs 3): § 143 GVGA. Benachrichtigung von Schuldner und Gläubiger erfolgt gem § 142 Nr 4 GVGA. Übersandtes Pfändungsprotokoll (§ 762) genügt (LG Detmold DGVZ 96, 120). Eine Bekanntmachung ist entbehrlich bei unbekanntem

Aufenthalt (LG Essen MDR 73, 414). **Mitbieten** durch Gläubiger und 4
Eigentümer ist zugelassen (Abs 4). **Verstöße** gegen Abs 1, 2 und 4
begründen nicht Unwirksamkeit der Versteigerung, sondern nur eine
Erinnerung (§ 766; Schuschke/Walker 8) oder eine Amtspflichtverletzung (§ 839 BGB); anders ein Verstoß gegen Abs 3 (vgl § 814 Rn 5).

§ 817 Zuschlag und Ablieferung

(1) **Dem Zuschlag an den Meistbietenden soll ein dreimaliger
Aufruf vorausgehen; die Vorschriften des § 156 des Bürgerlichen
Gesetzbuchs sind anzuwenden.**

(2) **Die Ablieferung einer zugeschlagenen Sache darf nur gegen
bare Zahlung geschehen.**

(3) [1]**Hat der Meistbietende nicht zu der in den Versteigerungs-
bedingungen bestimmten Zeit oder in Ermangelung einer solchen Bestimmung nicht vor dem Schluß des Versteigerungstermins die Ablieferung gegen Zahlung des Kaufgeldes verlangt, so
wird die Sache anderweit versteigert.** [2]**Der Meistbietende wird
zu einem weiteren Gebot nicht zugelassen; er haftet für den
Ausfall, auf den Mehrerlös hat er keinen Anspruch.**

(4) [1]**Wird der Zuschlag dem Gläubiger erteilt, so ist dieser von
der Verpflichtung zur baren Zahlung so weit befreit, als der Erlös
nach Abzug der Kosten der Zwangsvollstreckung zu seiner Befriedigung zu verwenden ist, sofern nicht dem Schuldner nachgelassen ist, durch Sicherheitsleistung oder durch Hinterlegung
die Vollstreckung abzuwenden.** [2]**Soweit der Gläubiger von der
Verpflichtung zur baren Zahlung befreit ist, gilt der Betrag als
von dem Schuldner an den Gläubiger gezahlt.**

1. Allgemeines. In der öffentlichen Versteigerung (§ 814) wird die 1
gepfändete Sache durch zwei Vorgänge veräußert: Zuschlag (Abs 1) und
Ablieferung (Abs 2). Beide sind öffentlich-rechtlicher Natur (hM; BGH
119, 75 mwN). Sie entsprechen nur in ihrer Wirkung dem Kaufvertrag
(§ 433 BGB) und der Übereignung (§ 929 BGB).

2. Zuschlag (Abs 1) ist die Annahme des Meistgebots (Angebot). Er 2
führt zu einem Vertrag (Abs 1 Hs 2; § 156 BGB; umstr; aA: einseitiger
staatlicher Akt des Gerichtsvollziehers), und zwar zu einem öffentlich-
rechtlichen (Rn 1). Er kommt zwischen dem Staat (vertreten durch den
Gerichtsvollzieher, § 753 Rn 1) und dem Meistbietenden (Rn 4) zustande, indem der Gerichtsvollzieher dem wirksamen Meistgebot den
Zuschlag erteilt. Der Meistbietende erlangt daraus einen Anspruch gegen den Staat auf Übereignung der Sache. Diese geschieht durch Ablieferung (Rn 7). Der Anspruch erlischt mit Schluss des Versteigerungstermins oder einem anders bestimmten Zeitpunkt, falls der Meistbietende bis dahin nicht die Ablieferung gegen bare Zahlung verlangt (vgl
Abs 3).

3   **3. Gebot** ist eine Prozesshandlung (Einl III) und daher nur wirksam, wenn die Prozesshandlungsvoraussetzungen vorliegen. Es ist ein bedingungsfeindliches Vertragsangebot (Rn 2) und kann nicht wirksam vor dem Termin schriftlich abgegeben werden. Das Gebot erlischt durch ein Übergebot (Rn 6), durch zuschlaglosen Schluss der Versteigerung
4   oder wenn es der Gerichtsvollzieher zurückweist. **a) Meistgebot** ist das höchste abgegebene Gebot. Es gibt kein Recht auf den Zuschlag
5   (anders bei § 81 Abs 1 ZVG). – **b) Mindestgebot:** Legaldefinition in § 817a Abs 1. – **c) Untergebot** ist ein Gebot, dessen Nennbetrag unter einem vorangegangenen Gebot oder unter dem Mindestgebot
6   (§ 817a Abs 1) liegt. Es ist unzulässig. – **d) Übergebot** ist ein Gebot, das über dem Nennbetrag eines vorangegangenen Gebotes liegt.

7   **4. Ablieferung** (Abs 2) bedeutet Übereignung durch den Staat kraft hoheitlicher Gewalt, also öffentlich-rechtlich (hM; Rn 1) und bedingungsfeindlich. Die §§ 929–936 BGB gelten auch nicht entspr (hM; BGH 119, 75; StJMünzberg 21; Baur/Stürner 473; Brox/Walker 411).
8   **a) Durchführung** erfolgt Zug um Zug gegen Barzahlung, indem der Gerichtsvollzieher den unmittelbaren Besitz mit Übereignungswillen überträgt (RG 153, 257), daher grundsätzlich nicht in den Formen der §§ 930, 931 BGB. Für Ausnahmen: StJMünzberg 22. Mit einem Grundstück nicht gemäß § 93 BGB verbundene Sachen, insbes Scheinbestandteile (§ 95 BGB) müssen vor Ablieferung getrennt oder ausgebaut werden (RG aaO; aA Köln Rpfleger 96, 296). Ausnahme:
9   § 824. – **b) Eigentumserwerb** tritt ein, wenn ordnungsgemäß abgeliefert (Rn 8), die Barzahlung (Rn 11) geleistet (KG DGVZ 56, 55) und versteigert ist (hM; § 814). Außerdem muss als Grundlage der Verwertung die Verstrickung (§ 803 Rn 7) bestehen (hM; Brox/Walker 412; Geißler DGVZ 94, 33). Fehlt sie, so erwirbt der Ersteigerer kein Eigentum (Schuschke/Walker 7). Eigentumserwerb wird insbes nicht gehindert (im Einzelnen bestr) durch fehlende Gläubigerforderung, fehlendes Eigentum des Schuldners, Bösgläubigkeit des Erstehers (hM; BGH 55, 20 [25]; StJMünzberg 24; Brox/Walker 411; aA Marotzke NJW 78, 133 mwN) und auch nicht bei Versteigerung trotz eingestellter ZwVollstr
10 sowie bei Verstößen gegen § 817a Abs 1 und 3. – **c) Rechtsstellung des Erstehers.** Das Eigentum wird stets lastenfrei übertragen; der Ersteher ist nicht Rechtsnachfolger des früheren Eigentümers.

11 **5. Barzahlung.** Sie ist zwingend (Abs 2), ein öffentlich-rechtlicher Vorgang und bedingungsfeindlich. Sie ist Voraussetzung des Eigentumserwerbs (Rn 9). Stunden darf der Gerichtsvollzieher nur bei Einverständnis von Gläubiger und Schuldner (StJMünzberg 12).

12 **6. Zuschlag an den Gläubiger** (Abs 4). **a) Barzahlung** (Rn 11). Hat der Gläubiger ersteigert, muss er nur die Kosten der ZwVollstr (§ 788 Abs 1), einschließlich der der Versteigerung und dazu den die vollstreckbare Forderung überschießenden Betrag bar entrichten. Die titulierte Forderung darf verrechnet werden. Volle Barzahlung muss im Falle der §§ 711, 712 Abs 1 S 1, § 720 erfolgen, aber auch wenn vor-

gehende oder gleichberechtigte Gläubiger vorhanden sind (vgl §§ 826, 827 Abs 2, 3). – **b) Eigentumslage.** Auch im Falle des Abs 4 wird 13 nicht geprüft, ob die Sache dem Schuldner gehört und wem der Versteigerungserlös zusteht (hM; BGH NJW 87, 1880). Gehörte die Sache nicht dem Schuldner, so haftet der Gläubiger, soweit mit seiner Vollstreckungsforderung verrechnet wurde, gem § 812 I BGB (allgM; vgl Rn 15 und § 803 Rn 8).

7. Verstöße des Gerichtsvollziehers machen die Versteigerung nicht 14 unwirksam. Sie können nur eine Schadensersatzpflicht nach § 839 BGB begründen. Erinnerung (§ 766), an sich statthaft, ist wegen Beendigung der ZwVollstr meist unzulässig (§ 766 Rn 21).

8. Rechte Dritter. Ein Eigentümer der versteigerten Sache, der 15 nicht Schuldner ist, hat gegen den Gläubiger als Empfänger des Erlöses einen Anspruch aus § 812 BGB (hM; § 803 Rn 8; BGH NJW 87, 1880), auch wenn er Klage aus § 771 oder § 805 unterlassen hat (vgl § 819 Rn 3–9).

§ 817 a Mindestgebot

(1) ¹Der Zuschlag darf nur auf ein Gebot erteilt werden, das mindestens die Hälfte des gewöhnlichen Verkaufswertes der Sache erreicht (Mindestgebot). ²Der gewöhnliche Verkaufswert und das Mindestgebot sollen bei dem Ausbieten bekanntgegeben werden.

(2) ¹Wird der Zuschlag nicht erteilt, weil ein das Mindestgebot erreichendes Gebot nicht abgegeben ist, so bleibt das Pfandrecht des Gläubigers bestehen. ²Er kann jederzeit die Anberaumung eines neuen Versteigerungstermins oder die Anordnung anderweitiger Verwertung der gepfändeten Sache nach § 825 beantragen. ³Wird die anderweitige Verwertung angeordnet, so gilt Absatz 1 entsprechend.

(3) ¹Gold- und Silbersachen dürfen auch nicht unter ihrem Gold- oder Silberwert zugeschlagen werden. ²Wird ein den Zuschlag gestattendes Gebot nicht abgegeben, so kann der Gerichtsvollzieher den Verkauf aus freier Hand zu dem Preise bewirken, der den Gold- oder Silberwert erreicht, jedoch nicht unter der Hälfte des gewöhnlichen Verkaufswertes.

1. Mindestgebot. Legal definiert in Abs 1 S 1. § 817 a dient dem 1 Schutz des Schuldners. Die Sonderregelung für Gold und Silber (Abs 3) bewirkt nur eine Erhöhung des Mindestgebots. Gewöhnlicher Verkaufswert: § 813 Rn 2. Abdingbarkeit: Abs 1 und 3 gelten nicht, wenn Gläubiger und Schuldner mit geringerem Gebot einverstanden sind (hM), ferner wenn Ausnahmen des § 816 Abs 1 vorliegen.

2. Erneuter Versteigerungstermin (Abs 2 S 2) findet nur auf be- 2 sonderen Antrag des Gläubigers statt. Versprechen weitere Verwertungs-

versuche keinen Erfolg, kann der Gerichtsvollzieher die Pfändung aufheben (wie § 803 Abs 2; § 145 Nr 3 c GVGA).

3 **3. Verstöße** berühren die Wirksamkeit von Zuschlag und Ablieferung nicht (vgl § 817 Rn 14; Brox/Walker 416; aA bei Zuschlag unter
bekanntgegebenem Mindestgebot: MüKo/Schilken 3; dagegen Geißler
DGVZ 94, 33 [37]). Die Verstöße begründen nur Ansprüche gegen den
Staat (§ 839 BGB, Art 34 GG) oder die Erinnerung (§ 817 Rn 14),
keine Bereicherungsansprüche gegen Ersteher oder Gläubiger (hM) und
keine Amtspflichtverletzung gegenüber dem Eigentümer (Düsseldorf
MDR 92, 1035).

§ 818 Einstellung der Versteigerung

**Die Versteigerung wird eingestellt, sobald der Erlös zur Befrie-
digung des Gläubigers und zur Deckung der Kosten der Zwangsvollstreckung hinreicht.**

1 Setzt eine Mehrheit gepfändeter Sachen voraus. Zu berücksichtigen
ist auch das Recht des Anschlusspfandgläubigers (§ 826), wenn die
Wochenfrist (§ 816 Abs 1) für ihn abgelaufen ist.

§ 819 Wirkung des Erlösempfanges

**Die Empfangnahme des Erlöses durch den Gerichtsvollzieher
gilt als Zahlung von seiten des Schuldners, sofern nicht dem
Schuldner nachgelassen ist, durch Sicherheitsleistung oder durch
Hinterlegung die Vollstreckung abzuwenden.**

1 **1. Erlösempfang** durch den Gerichtsvollzieher wirkt wie § 815
Abs 3 (dort Rn 3). Eigentümer des Erlöses ist derjenige, der Eigentümer
der Sache bis zu ihrer Ablieferung war (§ 817 Rn 7), und zwar wegen
dinglicher Surrogation entspr § 1247 S 2 BGB (hM). Verstrickung und
Pfandrecht (§ 803 Rn 7, 8) setzen sich am Erlös fort. Anschlusspfändung
(§ 826) ist bis zur Ablieferung oder Hinterlegung des Übererlöses möglich (LG Berlin DGVZ 83, 93; Schuschke/Walker 3).

2 **2. Ablieferung** des Erlöses an den Gläubiger erfolgt nach Abzug der
Vollstreckungskosten (§ 788 Abs 1) durch den Gerichtsvollzieher gem
§ 815 Abs 1 (vgl § 170 GVGA). Damit erlöschen Verstrickung und
Pfandrecht am Erlös (vgl Rn 1). Nicht abliefern darf der Gerichtsvoll-
zieher in den Fällen der §§ 720, 805 Abs 4, § 827 Abs 2, 3, § 854
Abs 2, § 930 Abs 3. Den Rest des Erlöses (Überschuss) erhält der
Schuldner oder der Eigentümer der versteigerten Sache (vgl Rn 1).

3 **3. Rechtsfolgen bei schuldnerfremden Sachen.** Dass die Sache
nicht dem Vollstreckungsschuldner, sondern einem Dritten gehörte,
hindert nicht die Verstrickung (§ 803 Rn 7); nach umstrittener Ansicht
nicht das Entstehen des Pfändungspfandrechts (§ 803 Rn 8) und auch
nicht eine wirksame Ablieferung mit Eigentumserwerb des Erstehers

(§ 817 Rn 9). **a) Eigentumslage** am Erlös. Er gehört infolge der Sur- 4
rogation (Rn 1) dem früheren Eigentümer der versteigerten Sache.
Soweit der Gläubiger den Erlös vom Gerichtsvollzieher erhält, erwirbt er
ihn wirksam (Rn 2; § 815 Rn 3) zu Eigentum (Bargeld) oder als Forde-
rungsinhaber (Geldüberweisung). Das ist weitgehend unstreitig. –
b) Weitere Rechtsfolgen. Sie sind umstritten. Es ist zu unterscheiden: 5
aa) Ersteher (Ersteigerer, Erwerber). Er erwirbt originär vom Staat 6
(Gerichtsvollzieher) unangreifbares Eigentum; umstritten, ob auch dann,
wenn er beim Erwerb wußte, dass die Sache nicht dem Schuldner gehört
(vgl § 817 Rn 9). Umstritten ist auch, ob er mit Rechtsgrund (§ 812
Abs 1 BGB) erwirbt oder ob nur Ansprüche aus §§ 823, 826 BGB
denkbar sind. **bb) Gläubiger.** Ist er zugleich Ersteher (Rn 6), so schul- 7
det er die gem § 817 Abs 4 unterbliebene Barzahlung als ungerechtfertigte Bereicherung (§ 812 Abs 1 BGB) dem Eigentümer, wenn dieser
mit dem Schuldner nicht identisch ist (Schuschke/Walker § 817 Rn 10;
aA Pinger JR 73, 94: Eigentumserwerb ausgeschlossen). Hat der Gläubiger den Erlös erhalten (Rn 2), muss er ihn an den Eigentümer gem
§ 812 Abs 1 BGB herausgeben (hM; vgl § 817 Rn 10; Kaehler JR 72,
445 mwN; aA Gloede MDR 72, 291 u JR 73, 99 mwN: Anspruch des
Eigentümers nur gegen den Schuldner). **cc) Schuldner.** Er ist dem 8
Eigentümer gegenüber ungerechtfertigt bereichert, soweit die vollstreckbare Forderung erlischt, weil der Gläubiger den Erlös empfängt, der
Schuldner dadurch von der titulierten Schuld befreit wird (entspr
§§ 816, 818 BGB). Das setzt voraus, dass der Eigentümer durch Genehmigung (§ 185 BGB) dem Gläubiger den Erlös belässt (Kaehler JR 72,
445 [451]). **dd) Eigentümer.** Er kann nur vor Ablieferung der Sache 9
(§ 817 Rn 7) aus § 771 vorgehen. Danach bestehen Ansprüche aus
§§ 812, 816 BGB gegen Gläubiger oder Schuldner (Rn 7, 8; § 817
Rn 15); auch aus § 823 Abs 1 BGB gegen einen bösgläubigen Ersteher,
gegen den Staat nur bei Amtspflichtverletzung des Gerichtsvollziehers
(§ 839 BGB; Art 34 GG).

4. Rechtsbehelfe bis zur Ablieferung des Erlöses (Rn 1). Schuldner: 10
§§ 766, 767, 793. Gläubiger: §§ 766, 793. Dritte: §§ 766, 793, 771,
805.

§ 820 (aufgehoben)

§ 821 Verwertung von Wertpapieren

**Gepfändete Wertpapiere sind, wenn sie einen Börsen- oder
Marktpreis haben, von dem Gerichtsvollzieher aus freier Hand
zum Tageskurse zu verkaufen und, wenn sie einen solchen Preis
nicht haben, nach den allgemeinen Bestimmungen zu versteigern.**

Wertpapiere iS des § 821 sind nur solche, bei denen das Recht aus 1
dem Papier dem Recht am Papier folgt, zB Aktien, Investmentanteile und
Immobilienzertifikate, Inhaberschuldverschreibungen, ausländische

Banknoten. Gepfändet werden sie gemäß § 808 (dort Rn 1, 13) oder im
2 Bank-Depot gem § 857 Abs 1, § 829 (ZöStöber 2). **Keine Wertpapiere**
iS des § 821 sind diejenigen, die unter § 831 fallen (insbes Wechsel und
Scheck), ferner die Legitimationspapiere, zB Sparbücher, Hypotheken-
briefe, Schuldscheine. **Verkauf durch Makler** geht nur über § 825.

§ 822 Umschreibung von Namenspapieren

**Lautet ein Wertpapier auf Namen, so kann der Gerichtsvoll-
zieher durch das Vollstreckungsgericht ermächtigt werden, die
Umschreibung auf den Namen des Käufers zu erwirken und die
hierzu erforderlichen Erklärungen an Stelle des Schuldners abzugeben.**

1 Antrag von Gerichtsvollzieher oder Gläubiger. Vollstreckungsgericht:
Rechtspfleger, § 20 Nr 17 RPflG. § 822 gilt auch für ein Indossament,
wenn § 831 nicht zutrifft. Kosten: § 788 Abs 1.

§ 823 Außer Kurs gesetzte Inhaberpapiere

**Ist ein Inhaberpapier durch Einschreibung auf den Namen
oder in anderer Weise außer Kurs gesetzt, so kann der Gerichtsvollzieher durch das Vollstreckungsgericht ermächtigt werden,
die Wiederinkurssetzung zu erwirken und die hierzu erforderlichen Erklärungen an Stelle des Schuldners abzugeben.**

§ 824 Verwertung ungetrennter Früchte

[1] **Die Versteigerung gepfändeter, von dem Boden noch nicht
getrennter Früchte ist erst nach der Reife zulässig.** [2] **Sie kann vor
oder nach der Trennung der Früchte erfolgen; im letzteren Falle
hat der Gerichtsvollzieher die Aberntung bewirken zu lassen.**

1 **Anwendbar** auch bei einer Baumschule (LG Bayreuth DGVZ 85,
2 42). **Reife:** Das ist hier die tatsächliche Reife; anders § 810. **Aberntung**
(S 2 Hs 2): § 153 Nr 2 GVGA. Wird vor Trennung versteigert, hat der
Ersteher innerhalb bestimmter Frist abzuernten (§ 153 Nr 3 GVGA).
3 **Eigentum** erwirbt der Ersteher mit Barzahlung und Übergabeerklä-
rung, die derjenigen der Ablieferung entspricht (vgl § 817 Rn 7), auch
schon vor der Trennung. § 93 BGB wird insoweit durchbrochen (hM;
4 Schuschke/Walker 3). **Erlös** darf erst ausbezahlt werden, wenn die
Früchte weggeschafft sind oder die Aberntungsfrist abgelaufen ist (§ 153
Nr 3 GVGA); denn Beschlagnahme durch Zwangsversteigerung und
Zwangsverwaltung (§ 810 Rn 5) gehen vor, bis die Früchte vom Boden
getrennt sind (§ 21 Abs 1 ZVG). Ausnahme beim Pächter (§ 21 Abs 3
ZVG). Wegen Widerspruchsklage vgl § 810 Rn 7.

§ 825 Andere Verwertungsart

(1) ¹Auf Antrag des Gläubigers oder des Schuldners kann der Gerichtsvollzieher eine gepfändete Sache in anderer Weise oder an einem anderen Ort verwerten, als in den vorstehenden Paragraphen bestimmt ist. ²Über die beabsichtigte Verwertung hat der Gerichtsvollzieher den Antragsgegner zu unterrichten. ³Ohne Zustimmung des Antragsgegners darf er die Sache nicht vor Ablauf von zwei Wochen nach Zustellung der Unterrichtung verwerten.

(2) Die Versteigerung einer gepfändeten Sache durch eine andere Person als den Gerichtsvollzieher kann das Vollstreckungsgericht auf Antrag des Gläubigers oder des Schuldners anordnen.

Die Vorschrift ist neu gefasst mWv 1. 1. 1999 durch Art 1 Nr 20 2. ZwVollstrNov.

1. Allgemeines. a) Zweck: Es soll der im Einzelfall mögliche höhere Vollstreckungserlös als bei regelmäßiger Verwertung (insbes öffentliche Versteigerung; § 814) erzielt werden. Zugleich soll zur Vereinfachung und Beschleunigung die Befugnis beim Gerichtsvollzieher bleiben (Abs 1) und nur bei Interessenkollision dem Vollstreckungsgericht übertragen sein (Abs 2). – **b) Anwendbar:** grundsätzlich bei jeder Sache, die gepfändet ist und zur Verwertung ansteht. Die anderweitige Verwertung kann auch während des Verwertungsaufschubs (§§ 813 a, 813 b) vorbereitet werden. **1**

2. Zuständigkeit des Gerichtsvollziehers (Abs 1) und zwar desjenigen, der gepfändet hat (§ 814 Rn 3). Er handelt selbständig im Rahmen seiner Zuständigkeit. **a) Voraussetzungen** sind: **aa) Antrag** einer Partei, nicht eines Dritten. Formlose Prozesshandlung (Einl III). Bei Mehrheit von Gläubigern oder Schuldnern (zB § 826) genügt Antrag von einem. **bb) Zulässigkeit der Zwangsvollstreckung** (38 vor § 704) und wirksame Pfändung (§ 803 Rn 9). **cc) Bessere Verwertung** als durch öffentliche Versteigerung (§ 814) muss durch die andere Verwertungsart zu erwarten sein. – **b) Andere Art** der Verwertung. Es kommen in Betracht: **aa) Freihändiger Verkauf** (auch durch einen Dritten) mit Mindestpreis des § 817 a Abs 1, 3. Anders als § 817 Abs 2 darf gestundet werden. **bb) Eigentumszuweisung** an eine bestimmte Person, nur in geeigneten Ausnahmefällen an den Gläubiger, zB im Fall des § 811 Abs 2, selbstverständlich nur im Einvernehmen (auch im Preis) mit dem Erwerber. – **c) Anderer Ort** der öffentlichen Versteigerung, abweichend von § 816 Abs 2, ist ausdrücklich vorgesehen (Abs 1 S 1). – **d) Unterrichtung des Antraggegners** (Abs 1 S 2) über die beabsichtigte Verwertungsart, umfasst alle konkreten Einzelheiten, insbes den Mindestpreis, aber auch die Information zur Wartefrist (Rn 10). Entspricht dem rechtlichen Gehör. Dem Antragsgegner muss genügend Zeit zur Stellungnahme oder zur Erinnerung (§ 766) verbleiben. Zustellung wegen der Wartefrist erforderlich (Rn 10). – **e) Warte-** **3** **4** **5** **6** **7** **8** **9** **10**

frist (Abs 1 S 3). Die Zustimmung ist formlose Prozesshandlung (Einl III). Der Antragsgegner kann hierzu aufgefordert werden. Berechnung: § 222. Ohne Zustimmung darf die andere Verwertung nicht eingeleitet, darf aber, soweit nötig, vorbereitet werden, zB Bereitschaft Dritter zur
11 Mitwirkung einholen. – **f) Durchführung.** Der Gerichtsvollzieher verschafft das Eigentum auch beim freihändigen Verkauf (Rn 6) wie bei der Ablieferung öffentlich-rechtlich (§ 817 Rn 7). Protokollierung der wesentlichen Vorgänge: § 762. Nur wenn eine Privatperson als Dritter verkauft (Rn 6), richten sich die Erfüllung und die Ansprüche nach dem BGB (Schuschke/Walker 12), wenn nicht der Gerichtsvollzieher das Eigentum überträgt oder der Dritte bei der Veräußerung auf die Verwertung gemäß § 825 hinweist; dann gilt § 806 (Gilleßen/Coenen DGVZ 98, 167). Den Erlös hat der Dritte an den Gerichtsvollzieher
12 abzuführen, dieser an den Gläubiger gemäß § 819. – **g) Rechtsbehelfe:** allein Erinnerung (§ 766), danach § 793. – **h) Gebühren:** § 21 Abs 5 S 1 GVKostG; § 58 Abs 3 Nr 4 a BRAGO.

13 **3. Zuständigkeit des Vollstreckungsgerichts** (Abs 2) und zwar des Rechtspflegers (§ 20 Nr 17 RPflG). **a) Zweck.** Es soll ein Interes-
14 senkonflikt des Gerichtsvollziehers vermieden werden. – **b) Anwendbar:** wie Rn 2 und nur auf die Versteigerung durch eine andere Person, insbes einen Kunstauktionator. – **c) Voraussetzungen:** wie Rn 4, 5. –
15 **d) Verfahren:** zum Antrag ist der Antragsgegner mit ausreichender Frist zu hören. Mdl Vhdlg ist nicht ausgeschlossen. – **e) Entscheidung** durch Beschluss. Ist zuzustellen wegen § 329 Abs 3. Die Person muss namentlich bestimmt sein. Zweckmäßig nimmt der Rechtspfleger vorher Kontakt auf, um sicherzustellen, dass Bereitschaft besteht die Geschäftsbesorgung (§ 675 BGB) zu übernehmen. – **f) Durchführung.** Die Eigentumsverschaffung erfolgt wie bei Rn 11. – **g) Rechtsbehelf:** sofortige Beschwerde (§ 793) gegen den Beschluss des Rechtspflegers (§ 11 Abs 1
16 RPflG). – **h) Gebühren:** § 21 Abs 5 S 2 GVKostO; § 58 Abs 3 Nr 4 a BRAGO.

§ 826 Anschlusspfändung

(1) **Zur Pfändung bereits gepfändeter Sachen genügt die in das Protokoll aufzunehmende Erklärung des Gerichtsvollziehers, daß er die Sachen für seinen Auftraggeber pfände.**

(2) **Ist die erste Pfändung durch einen anderen Gerichtsvollzieher bewirkt, so ist diesem eine Abschrift des Protokolls zuzustellen.**

(3) **Der Schuldner ist von den weiteren Pfändungen in Kenntnis zu setzen.**

1 **1. Anwendungsbereich.** § 826 gilt nur für Pfändung von Sachen, die schon gegen den selben Schuldner gepfändet sind (hM), für den selben oder einen anderen Gläubiger. Ist die erste Pfändung an derselben Sache gegen einen anderen Schuldner vorgenommen worden, gilt für

die erneute Pfändung (sog Doppelpfändung) nicht § 826. Sie ist wie eine Erstpfändung (§ 808) vorzunehmen, dabei ggf § 809 zu beachten.

2. Voraussetzungen. a) Allgemein müssen die der Pfändung vorliegen (§ 803 Rn 3). Im Fall des § 809 muss die Herausgabebereitschaft noch gegeben sein (vgl § 167 Nr 3 GVGA; Düsseldorf OLGZ 73, 51 mwN; bestr). § 803 Abs 2 gilt nicht (hM; aA Wunner DGVZ 85, 37). – **b) Erstpfändung.** Sie muss noch bestehen (§ 803 Rn 9–12). Dass sie auch wirksam ist, muss nicht sein (StJMünzberg 8; aA Musielak/Becker 2). Fehlt die Verstrickung, ist die Anschlusspfändung in der Form des Abs 1 (Rn 5) unwirksam; es ist Erstpfändung vorzunehmen. Der Übererlös kann bis zur Ablieferung noch nach § 826 gepfändet werden (vgl § 819 Rn 1; LG Berlin DGVZ 83, 93).

3. Durchführung. Es steht zur Wahl: **a) Erneute Pfändung** nach § 808. Dann müssen nur die Voraussetzungen einer Erstpfändung (Rn 2) vorliegen. Diese Pfändungsform ist angebracht, wenn die Wirksamkeit der Erstpfändung (Rn 3) fraglich ist (§ 167 Nr 4 GVGA). – **b) Vereinfachte Form** nach Abs 1. Sie ist idR vorzuziehen. Protokoll: § 762. Die Erklärung muss nicht angesichts der Pfandsachen erfolgen (AG Fürth DGVZ 77, 14 mwN) und nicht vom Gerichtsvollzieher der Erstpfändung ausgehen (vgl Abs 2). – **c) Wirksam** ist die Anschlusspfändung auch, wenn gegen Abs 2 und 3 verstoßen wird.

4. Wirkung. Die Anschlusspfändung verschafft die volle Stellung eines Pfändungspfandgläubigers. Rang: § 804 Rn 8. Bei der Verwertung ist § 827 zu beachten. Sie kann selbständig betrieben werden. Rechtsbehelfe, Kosten, Gebühren: wie § 808 Rn 19.

§ 827 Verfahren bei mehrfacher Pfändung

(1) ¹**Auf den Gerichtsvollzieher, von dem die erste Pfändung bewirkt ist, geht der Auftrag des zweiten Gläubigers kraft Gesetzes über, sofern nicht das Vollstreckungsgericht auf Antrag eines beteiligten Gläubigers oder des Schuldners anordnet, daß die Verrichtungen jenes Gerichtsvollziehers von einem anderen zu übernehmen seien. ²Die Versteigerung erfolgt für alle beteiligten Gläubiger.**

(2) ¹**Ist der Erlös zur Deckung der Forderungen nicht ausreichend und verlangt der Gläubiger, für den die zweite oder eine spätere Pfändung erfolgt ist, ohne Zustimmung der übrigen beteiligten Gläubiger eine andere Verteilung als nach der Reihenfolge der Pfändungen, so hat der Gerichtsvollzieher die Sachlage unter Hinterlegung des Erlöses dem Vollstreckungsgericht anzuzeigen. ²Dieser Anzeige sind die auf das Verfahren sich beziehenden Schriftstücke beizufügen.**

(3) **In gleicher Weise ist zu verfahren, wenn die Pfändung für mehrere Gläubiger gleichzeitig bewirkt ist.**

1 **1. Allgemeines. a) Anwendbar** ist § 827, wenn eine Sache gegen den selben Schuldner für mehr als einen Gläubiger gepfändet wurde (§ 826 Rn. 4, 5). § 827 betrifft das Verhältnis der Gläubiger zueinan-
2 der. – **b) Zuständig** ist für den Zeitraum nach Pfändung bis zum Abschluss der Verwertung grundsätzlich nur derjenige Gerichtsvollzieher, der zuerst gepfändet hat (Abs 1 S 1). Einen anderen bestimmen kann das Vollstreckungsgericht (Rechtspfleger, § 20 Nr 17 RPflG). Örtliche Zuständigkeit: § 764 Abs 2, auch für die Anzeige des Abs 2.

3 **2. Verwertung.** Hierfür gelten die §§ 814–825. Jeder Gläubiger kann die Verwertung selbständig betreiben (§ 826 Rn 6), so dass auch für die Versteigerung der Antrag von einem der Gläubiger genügt. Versteigert wird aber dann für alle beteiligten Gläubiger (Abs 1 S 2).
4 **a) Erlösverteilung** geschieht nach dem Rang (§ 804 Rn 8). Alle Gläubiger, für die gepfändet ist, sind zu beteiligen, soweit der Erlös reicht. Reicht der Erlös nicht, so hat der Gerichtsvollzieher nach Abs 2 zu verfahren, wenn sich nicht alle beteiligten Gläubiger auf eine andere
5 Verteilung einigen. – **b) Kosten** der Verwertung. Sie treffen wegen Abs 1 S 2 alle Gläubiger und sind deshalb vorweg abzuziehen. Dazu gehören alle Versteigerungskosten, nicht nur die Gebühren aus §§ 6, 21 GVKostG (hM). Die anderen, bei den einzelnen Gläubigern entstandenen Kosten der ZwVollstr teilen den Rang der Forderung des jeweiligen
6 Gläubigers (vgl § 367 BGB, § 169 Nr 2, 3 GVGA). – **c) Rechtsbehelf:** § 766, insbes mit dem Ziel, dass der Gerichtsvollzieher nach Abs 2 hinterlegt. Folge: § 872.

7 **3. Freiwillige Zahlung** des Schuldners an den Gerichtsvollzieher, auch um die ZwVollstr abzuwenden. Es gilt § 815 Rn 4. Wenn der Betrag nicht für alle Gläubiger ausreicht, muss der Schuldner an alle gleichrangigen Gläubiger nach dem Anteil ihrer Forderungen leisten. Andernfalls muss der Gerichtsvollzieher das Geld pfänden (§ 168 GVGA). Entgegen dem Pfändungsrang kann der Schuldner erst recht nicht bestimmen, für welchen Gläubiger er zahlt (Musielak/Becker 6; aA Stolte DGVZ 88, 145). Das kann er gemäß, § 366 BGB indem er außerhalb der ZwVollstr leistet.

Untertitel 3. Zwangsvollstreckung in Forderungen und andere Vermögensrechte

§ 828 Zuständigkeit des Vollstreckungsgerichts

(1) **Die gerichtlichen Handlungen, welche die Zwangsvollstreckung in Forderungen und andere Vermögensrechte zum Gegenstand haben, erfolgen durch das Vollstreckungsgericht.**

(2) **Als Vollstreckungsgericht ist das Amtsgericht, bei dem der Schuldner im Inland seinen allgemeinen Gerichtsstand hat, und sonst das Amtsgericht zuständig, bei dem nach § 23 gegen den Schuldner Klage erhoben werden kann.**

(3) ¹Ist das angegangene Gericht nicht zuständig, gibt es die Sache auf Antrag des Gläubigers an das zuständige Gericht ab. ²Die Abgabe ist nicht bindend.

Abs 3 ist angefügt mWv 1. 1. 1999 durch Art 1 Nr 21 2. ZwVollstrNov.

1. Zuständigkeit. Sie ist ausschließlich (§ 802). **a) Funktionell:** **1** grundsätzlich das Vollstreckungsgericht (Abs 1; § 764), für alle gerichtlichen Handlungen der §§ 829–863, soweit nach der ZPO vollstreckt wird (14, 15 vor § 704), in bestimmten Fällen der Gerichtsvollzieher zB in §§ 830, 831, 847. Lehnt das Vollstreckungsgericht die Pfändung ab, kann das Beschwerdegericht pfänden (§ 829 Rn 52). – **b) Sachlich:** **2** grundsätzlich das AG (Abs 2; § 764 Abs 1). Es entscheidet durch den Rechtspfleger (§ 20 Nr 17 RPflG). Bei Arresten ist Vollstreckungsgericht stets das Arrestgericht (§ 930 Abs 1 S 3), auch für § 766 (hM; vgl § 930 Rn 2). Für einstweilige Verfügungen gilt § 930 Abs 1 S 3 nicht (hM; § 936 Rn 13). Im Rechtsmittelzug (vgl § 793) tritt an Stelle des AG das LG (Rn 1), falls es nicht gem § 572 Abs 3 zurückverweist. – **c) Örtlich** **3** (Abs 2): allgemeiner Gerichtsstand des Schuldners: §§ 13–19a. Hilfsweise gilt § 23, sodass dann bei Forderungen der Wohnsitz des Drittschuldners (§ 829 Rn 23, 24) maßgebend ist (§ 23 S 2). Sind nach Abs 2 mehrere AG zuständig, hat der Gläubiger die Wahl (§ 35). Die örtliche Zuständigkeit gilt auch für die Erinnerung (§ 766). Wohnsitzwechsel berührt die örtliche Zuständigkeit nicht (vgl § 764 Rn 3). – **d) International.** **4** Auch dafür gilt Abs 2 (StJBrehm 7). Folgt grundsätzlich der örtlichen Zuständigkeit (Rn 3) und ergibt sich für die ZwVollstr gegen Inländer (gleich welcher Staatsangehörigkeit) in Forderungen gegen Ausländer aus dem allg Gerichtsstand (§§ 13–17) des Schuldners. Eine ausländische Lohnpfändung wirkt nicht auf ein inländisches Arbeitsverhältnis (BAG MDR 97, 71). Zur ZwVollstr gegen Ausländer (gleich welcher Staatsangehörigkeit) genügt grundsätzlich, dass der Drittschuldner seinen (Wohn)Sitz oder der Schuldner einen Gerichtsstand (insbes gem § 23 S 2) im Inland hat (hM; Gottwald IPRax 91, 285 [289] mwN).

2. Verstöße bewirken bei funktioneller Zuständigkeit die Nichtigkeit **5** der Pfändung (allgM; 58 vor § 704). Wird gegen die sachliche oder örtliche Zuständigkeit verstoßen, so ist die Pfändung wirksam, aber unzulässig und anfechtbar (59 vor § 704; StJBrehm 10; bestr). Dasselbe gilt für die internationale Zuständigkeit (hM).

3. Unzuständigkeit (Abs 3). Das unzuständige Gericht muss die **6** Pfändung ablehnen (§ 829 Rn 4), wenn der Gläubiger nicht Abgabe beantragt hat. Der Abgabeantrag kann schon hilfsweise im Pfändungsantrag (§ 829 Rn 5, 6) gestellt werden. Der Gläubiger muss im Antrag nicht das Gericht bezeichnen, an das abgegeben wird, wenn sich das angegangene Gericht für örtlich unzuständig hält. Wegen der fehlenden Bindung (Abs 3 S 2) ist eine weitere Abgabe zulässig. Wegen § 834 findet keine Anhörung des Schuldners statt. Bei Zuständigkeitsstreit sind die §§ 36, 37 anwendbar.

§ 829 Pfändung einer Geldforderung

(1) ¹Soll eine Geldforderung gepfändet werden, so hat das Gericht dem Drittschuldner zu verbieten, an den Schuldner zu zahlen. ²Zugleich hat das Gericht an den Schuldner das Gebot zu erlassen, sich jeder Verfügung über die Forderung, insbesondere ihrer Einziehung, zu enthalten. ³Die Pfändung mehrerer Geldforderungen gegen verschiedene Drittschuldner soll auf Antrag des Gläubigers durch einheitlichen Beschluß ausgesprochen werden, soweit dies für Zwecke der Vollstreckung geboten erscheint und kein Grund zu der Annahme besteht, daß schutzwürdige Interessen der Drittschuldner entgegenstehen.

(2) ¹Der Gläubiger hat den Beschluß dem Drittschuldner zustellen zu lassen. ²Der Gerichtsvollzieher hat den Beschluß mit einer Abschrift der Zustellungsurkunde dem Schuldner sofort zuzustellen, sofern nicht eine öffentliche Zustellung erforderlich wird. ³Ist die Zustellung an den Drittschuldner auf unmittelbares Ersuchen der Geschäftsstelle durch die Post erfolgt, so hat die Geschäftsstelle für die Zustellung an den Schuldner in gleicher Weise Sorge zu tragen. ⁴An Stelle einer an den Schuldner im Ausland zu bewirkenden Zustellung erfolgt die Zustellung durch Aufgabe zur Post.

(3) Mit der Zustellung des Beschlusses an den Drittschuldner ist die Pfändung als bewirkt anzusehen.

In Abs 1 wurde Satz 3 angefügt mWv 1. 1. 1999 durch Art 1 Nr 22 2. ZwVollstrNov.

1   **1. Allgemeines.** Pfändung: § 803 Rn 1. **a) Anwendungsbereich.** Er umfasst die ZwVollstr wegen Geldforderungen (wie § 803 Rn 2). § 829 gilt unmittelbar bei Pfändung von Geldforderungen (2 vor § 803), entsprechend bei Pfändung von Herausgabeansprüchen (§ 846) und anderen Vermögensrechten (§ 857 Abs 1), nicht bei Forderungen aus 2 indossablen Papieren (§ 831). – **b) Mehrfache Pfändung** (Anschlusspfändung) wird wie die Erstpfändung durchgeführt. Es gibt keine dem § 826 entsprechende Vorschrift. Die Folgen richten sich nach den 3 §§ 853–856. Rang: § 804 Rn 8. – **c) Teilbetrag.** Soll wegen eines solchen vollstreckt werden (vgl § 752), so ist die Gesamtforderung berechnet anzugeben (wie § 753 Rn 11).

4   **2. Voraussetzungen** eines Pfändungsbeschlusses sind (vgl § 803 Rn 3): die Zulässigkeit der Zwangsvollstreckung (38 vor § 704); die Zuständigkeit des Vollstreckungsorgans (hier § 828); der Antrag (Rn 5); eine Geldforderung (2 vor § 803) als Pfändungsgegenstand (Rn 10); deren Pfändbarkeit (Rn 13) und das Rechtsschutzbedürfnis (Rn 9). Fehlt eine Voraussetzung, so ist die Pfändung durch Beschluss abzulehnen, bei behebbaren Mängeln aber erst, wenn dem Gläubiger ergebnislos eine Frist gesetzt worden ist.

3. Antrag (39 vor § 704). **a) Form:** schriftlich oder zu Protokoll der   5
Geschäftsstelle, ohne Anwaltszwang. – **b) Inhalt:** die genaue Bezeich-   6
nung des Schuldners und Drittschuldners (mit Anschrift) sowie der
Forderung oder des Rechts (§ 857). Die Identität des Schuldners muss
zweifelsfrei sein (wie § 750 Rn 5). Auch für den Gläubiger genügt die
zweifelsfreie Identität, notfalls ohne Anschrift (vgl KG Rpfleger 94,
425). Zu richten ist der Antrag auf Pfändung, idR zugleich auf Überweisung (§ 835), nicht aber bei Arrest (§ 930 Abs 1) und bei Sicherungsvollstreckung (§ 720 a). Antrag auf Abgabe für den Fall der Unzuständigkeit (§ 828 Abs 3) ist bereits zulässig – **c) Bestimmtheit.** Die   7
Forderung muss nach Rechtsverhältnis oder Schuldgrund allgemein
umrissen sein (RG 157, 321; BGH 13, 42), jedenfalls so genau, dass die
Forderung von anderen Forderungen zweifelsfrei unterschieden werden
kann, auch durch andere Personen als die unmittelbar Beteiligten (BGH
Rpfleger 78, 247 mwN). Die Bezeichnung „aus jedem Rechtsgrund"
genügt nie. Das Recht muss objektiv zu identifizieren sein (BGH NJW
95, 326). Übermäßige Anforderungen dürfen andererseits nicht gestellt
werden (BGH NJW 83, 886). Nicht genügt: „Anspruch auf Rückübertragung aller gegebenen Sicherheiten" (hM; Fink MDR 98, 749 mwN);
„Forderungen aus Lieferungen und sonstigen Leistungen" (Karlsruhe
NJW 98, 549). Ist die Forderung zweifelsfrei zu identifizieren, so schadet
es nicht, wenn der Rechtsgrund oder der Gläubiger der zu pfändenden
Forderung falsch (BGH NJW 67, 821) oder die Höhe nicht (Hamm
FamRZ 90, 547) bezeichnet ist, weil der Pfändungsbeschluss (auch
durch das Revisionsgericht) ausgelegt werden darf (BGH NJW 88,
2543). Dabei dürfen aber außerhalb des Beschlusses liegende Umstände
nicht herangezogen werden (BGH NJW 95, 326 mwN). – **d) Bank-**   8
konten (Rn. 41–49). Es muss die kontoführende Stelle, insbes die Bank
bezeichnet sein. Für die Pfändung künftiger Kontokorrentsalden genügt
die Bezeichnung des Kontokorrentverhältnisses (BGH 80, 172). Sie
kann auf alle Konten des Schuldners gerichtet sein (Köln NJW-RR 99,
1224). Eine Kontonummer muss nicht angegeben werden. Ist sie angegeben, muss deshalb nicht die Pfändung auf dieses Konto beschränkt sein
(BGH NJW 88, 2543).

4. Rechtsschutzbedürfnis (45 vor § 704). Es fehlt nur dann, wenn   9
die Forderung, die gepfändet werden soll, gewiss und erkennbar nicht
besteht (Frankfurt OLGZ 78, 363) oder inzwischen durch Zahlung an
den Gläubiger nach Vorpfändung (§ 845) erloschen ist (LG Frankenthal
Rpfleger 85, 245). Es fehlt trotz § 3 Nr 1 PflVG nicht, wenn der Befreiungsanspruch gegen den Haftpflichtversicherer gepfändet werden soll
oder eine zur Sicherung abgetretene Forderung (Köln OLGZ 94, 477).

5. Geldforderung. Im Falle des § 846 tritt an deren Stelle der   10
Anspruch auf eine Sache, bei § 857 ein anderes Vermögensrecht. Pfändung eines Kontos: Rn 41–49. **a) Allgemeines.** Die Forderung muss
nicht fällig und kann bedingt sein (allgM). Künftige Forderungen (§ 259
Rn 3) werden von der Pfändung nur erfasst, wenn der Beschluss ergibt,

dass er sich darauf erstreckt (Karlsruhe NJW-RR 93, 242). Sie müssen nach Rechtsgrund und Drittschuldner bestimmt sein (hM; Rn 7). Ihre Entstehung darf nicht erst in ferner Zukunft zu erwarten sein (LG Frankfurt Rpfleger 92, 441). Das gilt auch für Rentenansprüche (LG Marburg Rpfleger 99, 33). Ab wann die Pfändbarkeit bejaht werden kann, ist im Einzelfall zu entscheiden. Jedenfalls ist auch die künftige Altersrente grundsätzlich pfändbar (hM; LG Braunschweig Rpfleger 00, 508 mwN). Die bloße Erwartung, eine Forderung könne entstehen,
11 genügt nicht (Köln Rpfleger 87, 28). – **b) Parteistellung.** Der pfändende Gläubiger kann statt des Schuldners Gläubiger der gepfändeten Forderung sein (Musielak/Becker 8; bestr), auch selbst Drittschuldner. Er kann die gegen ihn gerichtete Forderung pfänden und sich überweisen lassen, jedenfalls dann, wenn er nicht aufrechnen kann (Stuttgart
12 Rpfleger 83, 409). – **c) Forderungsmehrheit.** Mehrere Forderungen des Schuldners können wegen einer einzigen zu vollstreckenden Forderung gepfändet werden, auch in ein und demselben Beschluss (Schuschke/Walker 41), jedenfalls auf Antrag des Gläubigers. Das ist zweckmäßig bei Identität des Drittschuldners, zB mehrere Konten des Schuldners bei derselben Bank (LG Oldenburg Rpfleger 82, 112). Es können auch mehrere Beschlüsse ergehen. Von der Pfändung wird dann jede Forderung bis zur Höhe der vollstreckbaren Schuld erfasst (Rn 32), wenn die Pfändung auf Teile beschränkt wird (Teilpfändung), nur jeweils zu diesem Teil. Zur Zustellung: Rn 24. Der Gläubiger muss in keinem Fall seine vollstreckbare Forderung auf die Einzelnen gepfändeten Forderungen verteilen (BGH NJW 75, 738), auch wenn die gepfändeten Forderungen insgesamt die vollstreckte Forderung übersteigen. Dem Schuldner bleibt überlassen, dann Überpfändung geltend zu machen (§ 803 Rn 13, 14). –
12 a **d) Drittschuldnermehrheit** (Abs 1 S 3; Parallelpfändung). Es ist zulässig die Pfändung von Forderungen gegen mehrere Drittschuldner in einem Beschluss zusammenzufassen. Sie ist an bestimmte Voraussetzungen geknüpft. Geboten erscheint die Parallelpfändung, wenn sie die ZwVollstr fördert und effizient macht, zB durch Information der Drittschuldner untereinander. Schutzwürdige Interessen, die entgegenstehen, können insbes aus dem Recht auf informationelle Selbstbestimmung abzuleiten sein, zB das von Patienten, wenn ein Arzt Schuldner ist. Für den Antrag gilt Rn 5, 6. Die Entscheidung steht im pflichtgemäßen Ermessen („kann") des Gerichts. Zur Zustellung: Rn 24.

13   **6. Pfändbarkeit.** Sie besteht, wenn die Geldforderung nicht der ZwVollstr in das unbewegliche Vermögen unterliegt (§ 865 Rn 1) und kein Pfändungsverbot besteht. Pfändungsverbote ergeben sich insbes aus den §§ 850 a–i, 851, 852, § 859 Abs 1 S 2, Abs 2, §§ 860, 863. Auch außerhalb der ZPO kommen häufig Pfändungsverbote in Betracht:
14 **a) Sozialleistungen** sind gemäß § 54 SGB I pfändbar. Soweit sie pfändbar sind, werden laufende Geldleistungen wie Arbeitseinkommen (§§ 850 ff) gepfändet (§ 54 Abs 4 SGB I). Pfändungsschutz besteht auch, wenn auf Konten bei einem Geldinstitut überwiesen ist (§ 55 SGB I;

Rn 10; BFH NJW 92, 855; Hornung Rpfleger 94, 442), jedenfalls ab
Antrag (Köln NJW 92, 3307). **aa) Arbeitslosengeld** und andere Ent- 15
geltersatzleistungen (§ 116 SGB III [Arbeitsförderung] sind wie Sozialleistungen pfändbar (Rn 14). **bb) Geldleistungen für Kinder.** Kinder- 16
geld (§ 62 EStG) ist nur ganz beschränkt nach Maßgabe des § 76 EStG
pfändbar. Kinderzuschläge und vergleichbare Rentenzuschläge dürfen
nur nach Maßgabe des § 54 Abs 5 SGB I gepfändet werden, nämlich nur
wegen gesetzlicher Unterhaltsansprüche eines Kindes, das bei der Festsetzung der Geldleistung berücksichtigt wird, sowie in bestimmter Höhe
und Verteilung. Zusammenrechnung mit Arbeitseinkommen: § 850 e
Nr 2 a. **cc) Wohngeld** (§ 3 Abs 1 WoGG) fällt unter § 54 Abs 4 SGB I
und ist pfändbar wie Arbeitseinkommen (hM; LG Koblenz NJW-RR 01,
716 mwN; LG Heilbronn Rpfleger 99, 455; bestr) über Zusammenrechnung gemäß § 850 e Nr 2 a (LG Augsburg Rpfleger 97, 121; LG Heilbronn aaO). **dd) Erziehungsgeld** ist unpfändbar, insbes der Anspruch
darauf sowie vergleichbare Leistungen der Länder (§ 54 Abs 3 Nr 1 SGB
I). **ee) Pflegegeld:** das gesetzliche, gem SGB XI gewährte, auch das an
die Pflegeperson unmittelbar gezahlte wegen § 54 Abs 3 Nr 3 SGB I
(Sauer/Maiendresch NJW 96, 765). – **b) Strafgefangene.** Grundsätzlich 17
pfändbar ist der Anspruch auf Auszahlung des sog Eigengeldes auf dem
Haftkonto (hM; LG Detmold Rpfleger 99, 34 mwN) und des Arbeits-
entgelts. Unpfändbar ist der Anspruch auf das Überbrückungsgeld (§ 54
Abs 1 S 1 StVollzG) sowie auf das sog Hausgeld gem § 47 StVollzG (hM;
LG Münster MDR 92, 521). – **c) Steuererstattungsansprüche** sind 18
pfändbar (§ 46 Abs 1 AO), aber nicht bevor der Anspruch entstanden ist
(§ 46 Abs 6 AO). Drittschuldner ist das zuständige Finanzamt (§ 46
Abs 7 AO). Überblick und Einzelheiten: Musielak/Becker 27–30.

7. Pfändungsbeschluss des zuständigen Vollstreckungsgerichts 19
(§ 828). Er ergeht idR zusammen mit dem Überweisungsbeschluss
(§ 835), grundsätzlich ohne Gehör des Schuldners (§ 834) und enthält
Gründe nur in den Fällen vorheriger Anhörung. **a) Prüfung** der Vor- 20
aussetzungen (Rn 4) erfolgt von Amts wegen durch den Rechtspfleger.
Sind sie erfüllt, so ist der Pfändungsbeschluss zu erlassen. Der Rechtspfleger prüft nicht, ob die zu pfändende Forderung (Rn 10) wirklich
besteht. Es genügt, dass sie nach den Behauptungen des Gläubigers
bestehen und dem Schuldner zustehen könnte (allgM). Ist aber sicher,
dass die Forderung nicht besteht, fehlt das Rechtsschutzbedürfnis
(Rn 9). – **b) Inhalt. (1)** Pfändungsausspruch. Darin ist der vollstreck- 21
bare Anspruch (3 vor § 704) nach Vollstreckungstitel und Betrag sowie
die zu pfändende Forderung nach Maßgabe der Rn 7 zu bezeichnen,
ggf sind gesetzliche Pfändungsbeschränkungen anzugeben, insbes die für
Arbeitseinkommen (zB § 850 c) und eine gesamtschuldnerische Haftung. **(2)** Verbot des Abs 1 S 1 (Arrestatorium). **(3)** Gebot des Abs 1
S 2 (Inhibitorium). – **c) Erstreckung.** Die Rechte aus einem Pfän- 22
dungs- und Überweisungsbeschluss, der für die gepfändete Forderung
besteht, werden als unselbständige Nebenrechte der zugrundeliegenden

Forderung von der Pfändung miterfasst und sind einer isolierten Pfändung nicht zugänglich (Stuttgart Rpfleger 83, 409 mwN). Zulässig ist
bei Pfändung von Forderungen, für die ein Pfändungspfandrecht besteht,
der Ausspruch, dass die Pfändung sich kraft Gesetzes (§ 401 BGB, vgl
Rn 32) auf das für die gepfändete Forderung bestehende Pfändungspfandrecht erstreckt, damit der Gläubiger auf diese Weise die Wirkung
des § 407 BGB besser ausschließen kann, wenn er den Beschluss dem
betreffenden Drittschuldner mitteilt (LG Frankfurt Rpfleger 76, 26).

23   **8. Zustellung des Pfändungsbeschlusses** (Abs 2). **a) Gläubiger.**
Ihm wird der Pfändungsbeschluss nur formlos mitgeteilt (§ 329). Zugestellt werden muss ihm wegen § 329 Abs 3 nur der Beschluss, der die
24   Pfändung ablehnt (Rn 4). – **b) Drittschuldner** (Abs 2 S 1). Das ist der
Schuldner des zu pfändenden Rechts. Die Zustellung an ihn ist wegen
Abs 3 unentbehrlich und erfolgt nur auf Betreiben des Gläubigers (Abs 2
S 1), wobei die Geschäftsstelle nach § 192 Abs 3 nF vermittelt. Es gelten
die §§ 191–195 nF, insbes auch § 178 nF (BGH NJW 81, 2256 für § 170
aF) und § 189 nF; ferner § 173 GVGA. Öffentliche Zustellung
(§§ 185–188 nF) ist unzulässig, da der Drittschuldner nicht Partei ist
(allgM). Bei mehreren Forderungen und Drittschuldnern (Rn 12 und
12 a) ist auf eine möglichst gleichzeitige Zustellung zu achten (Zimmermann DGVZ 97, 85). Bei Gesamtschuldnern wirkt die Zustellung an
jeden getrennt (BGH NJW 98, 2904). Sind Gesamthänder Drittschuldner
(zB bei Miterbenanteil), ist grundsätzlich erst dann gepfändet, wenn dem
letzten Drittschuldner zugestellt ist (BGH aaO; StJBrehm 56). Die Zustellung an einen von mehreren gesetzlichen Vertretern genügt (§ 170
Abs 3 nF). Für § 128 HGB genügt Zustellung an die Gesellschaft (Ahrens
ZZP 103, 34). Ist der Gläubiger zugleich Drittschuldner (Rn 11), wird
25   die Pfändung auch erst durch Zustellung an ihn wirksam. – **c) Schuldner**
(Abs 2 S 2–4). Diese Zustellung ist sofort, nachdem die Zustellung an
den Drittschuldner bewirkt ist, mit Abschrift der Urkunde über diese
Zustellung an den Schuldner vorzunehmen. Die Zustellung an den
Schuldner ist für die Wirksamkeit der Pfändung (Abs 3) und dient
nur dazu, den Schuldner von der Pfändung in Kenntnis zu setzen,
damit er das Gebot des Abs 1 S 2 befolgt. Auch wird die Anfechtungsfrist
(Rn 55) in Lauf gesetzt (Köln Rpfleger 91, 360; aA LG Frankfurt Rpfleger 93, 57: nur bei Zustellung von Amts wegen). Die Zustellung erfolgt
im Parteibetrieb (Abs 2 S 1; §§ 191–195 nF), nicht von Amts wegen,
auch wenn der Schuldner vorher gehört und der Beschluss begründet
wurde (hM; Dressel Rpfleger 93, 100 mwN). Wegen § 172 nF muss an
den Prozessbevollmächtigten zugestellt werden. Müßte öffentlich zugestellt werden (§ 185 nF), kann dies unterbleiben (Abs 2 S 2).

26   **9. Wirksamkeit** einer Pfändung. Dies setzt voraus: **a) Erlass eines
Pfändungsbeschlusses** durch das Vollstreckungsgericht mit Pfändungsausspruch und Arrestatorium (Rn 19–21) sowie wirksamer Zustellung
27   an den Drittschuldner (Rn 24). – **b) Bestehen der Forderung.** Diese
muss nicht fällig und kann bedingt sein, auch eine künftige Forderung

(Rn 10). Sie muss aber bestehen und darf nicht nach materiellem Recht
erloschen sein, zB gemäß § 362 Abs 1, § 389 BGB. Besteht die Forderung nicht oder zZ der Zustellung an den Drittschuldner (Abs 3) nicht
mehr, so ist die Pfändung gegenstandslos (allgM). – **c) Inhaberschaft**   **28**
an der Forderung. Diese muss dem Schuldner zZ der Zustellung an den
Drittschuldner zustehen. Steht die Forderung nicht dem Schuldner zu,
sondern einem Dritten, ist die Pfändung gegenstandslos (allgM). Das
Verhältnis des wirklichen Gläubigers zum Drittschuldner wird durch die
gegenstandslose Pfändung nicht berührt (KG MDR 73, 233). Ein solcher Gläubiger kann Drittwiderspruchsklage erheben (§ 771 Rn 16).
aa) Zeitpunkt. Die Forderung muss dem Schuldner zZ der Pfändung
(Rn 30) zustehen. Es genügt nicht, dass der Schuldner das Recht vorher
innegehabt (allgM; Düsseldorf NJW-RR 99, 1406) oder später erworben
hat, zB durch Abtretung oder Rückabtretung (hM; BGH 56, 339 [350]
mwN; aA Tiedtke NJW 72, 748; K. Schmidt ZZP 87, 316: für Anwendung des § 185 BGB). Auch eine frühere Sicherungsabtretung geht der
Pfändung vor; für diesen Fall empfiehlt sich eine (gleichzeitig zulässige)
Pfändung des Rückübertragungsanspruchs (Behr Rpfleger 90, 243
mwN). **bb) Abtretung.** Hat der Vollstreckungsschuldner die Forderung   **29**
vor Pfändung abgetreten, so ist die Pfändung unwirksam (BAG NJW 93,
2699 mwN) und wird auch nicht durch eine erfolgreiche Gläubigeranfechtung (§ 2 AnfG) nachträglich wirksam (BGH 100, 36; aA K. Schmidt
JZ 87, 889 [893]; Marotzke KTS 87, 569 [586]; Tiedtke JZ 93, 73). Das ist
wegen § 832 bei laufenden Bezügen anders, so dass bei Rückabtretung
die Pfändung wirksam wird (BAG NJW 93, 2699). – **d) Dauer.** Die   **30**
Pfändung tritt mit wirksamer Zustellung gemäß Abs 3 ein und bleibt
bestehen, bis die gepfändete Forderung erlischt (vgl Rn 28), bis zur
Aufhebung (Rn 50) oder bis zum Verzicht (§ 843).

10. Wirkung der Pfändung. Rechtsstellung der Beteiligten: **31**
Rn 33–40. **a) Eintritt.** Verstrickung und Pfandrecht entstehen nach
den Grundsätzen des § 803 Rn 7–9. Da in der Praxis Pfändung und
Überweisung idR (nicht aber bei § 930 und § 720 a) im selben Beschluss vorgenommen werden, treten die Wirkungen von Pfändung und
Überweisung zugleich ein (Rn 26). Fehlen andere Voraussetzungen (vgl Rn 4), zB die Pfändbarkeit (Rn 13),
so ist die Pfändung zwar unzulässig, aber bis zur Aufhebung (Rn 50)
wirksam. – **b) Umfang.** Verstrickung und Pfandrecht ergreifen die   **32**
Forderung nebst Zinsen und Nebenrechten (§ 401 BGB), wie sie zZ der
Pfändung bestehen, auch Verzugszinsen, rückständige Zinsen (Düsseldorf Rpfleger 84, 473), ferner später entstehende Nebenrechte (§ 401
BGB) nur dann, wenn sie ausdrücklich gepfändet sind. Sie werden nur
in Höhe der Vollstreckungsforderung und der Kosten (§ 788 Abs 1)
erfasst, wenn dies im Pfändungsausspruch (Rn 21) steht (allgM). Ggf
bleibt ein pfandfreier Restbetrag. Fehlt ein beschränkender Ausspruch,
so ist die gesamte Forderung gepfändet (hM; RG 151, 279 [285]; BGH
NJW 75, 738; dagegen kritisch Paulus DGVZ 93, 129). Die Pfändung

von Schadensersatzansprüchen aus Nichterfüllung eines Kaufvertrags umfasst nicht die Kaufpreisforderung (BGH NJW 00, 1268). Sind mehrere Forderungen gepfändet (Rn 12, 12 a), unterfallen sie in voller Höhe dem Pfandrecht, wenn sie insgesamt den Vollstreckungsbetrag nicht erreichen (BGH aaO). Später fällige fortlaufende Bezüge, werden über § 832, § 833 Abs 1 erfasst.

33   **11. Rechtsstellung des Schuldners.** Er bleibt Inhaber des Rechts, darf aber nichts mehr tun, was die Rechtsstellung des Gläubigers beeinträchtigt. Er darf insbes nicht einziehen, aufrechnen, erlassen, stunden. Tut er es trotzdem, gelten die §§ 135, 136 BGB. Er darf aber kündigen, auf Feststellung klagen, im Insolvenzverfahren anmelden, einen Arrest erwirken. Zahlung und Hinterlegung verlangen darf er nur an den Gläubiger und sich gemeinsam (RG 108, 318).   ʃ 36 Ⅱ

34   **12. Rechtsstellung des Gläubigers.** Er kann, solange nicht überwiesen ist (§ 835), nicht über das Recht verfügen, insbes nicht einziehen, erlassen, aufrechnen, kündigen, weil ihm das Recht nicht zusteht. Er darf aber alles tun, um sein Pfandrecht und damit die gepfändete Forderung zu erhalten, insbes gegen den Drittschuldner auf Feststellung klagen, im Insolvenzverfahren anmelden, entspr § 1281 BGB Hinterlegung für sich und den Schuldner gemeinsam verlangen. Er hat aber gegen den Drittschuldner keinen Anspruch auf Ersatz der RA-Kosten aus der Vertragsabwicklung (BGH NJW 85, 1155) und bei Kontenpfändung auf Zusendung der Auszüge (LG Frankfurt MDR 86, 594).

35   **13. Rechtsstellung des Drittschuldners.** Hinterlegung gem § 372
36 BGB ist immer zulässig. **a) Zum Schuldner.** Der Drittschuldner darf nicht an ihn leisten, ihm gegenüber aufrechnen nur unter den Voraussetzungen des § 392 BGB (BAG NJW 67, 459), so dass bei wirksamer Aufrechnung die gepfändete Forderung erlischt (§ 389 BGB); bei Kontokorrent (vgl Rn 46) verrechnen nur nach § 357 HGB. Leistet der Drittschuldner trotzdem, erlischt im Verhältnis zum Schuldner die For-
37 derung (§ 362 Abs 1 BGB). – **b) Zum Gläubiger. aa) Erfüllung.** Leistet der Drittschuldner an den Schuldner, wird er wegen §§ 135, 136 BGB dem Gläubiger gegenüber nicht befreit, nur ausnahmsweise dann (analog §§ 1275, 407 BGB), wenn er die Pfändung nicht kannte, zB bei Ersatzzustellung (hM). Beweislast hierfür trägt der Drittschuldner. Hat der Drittschuldner in Unkenntnis der Pfändung die Leistung vorgenommen, ist er, wenn er danach Kenntnis erlangt, nicht verpflichtet, den Leistungserfolg zu verhindern (BGH 105, 358 = JZ 89, 299 mit Anm
38 von Brehm). **bb) Rechtshängige Forderung.** Leistet der Drittschuldner auf eine rechtshängige gepfändete Forderung auch nach Verurteilung auf Zahlung an den Schuldner, kann er dem Gläubiger gegenüber nicht Erfüllung einwenden, wenn er die Pfändung im Rechtsstreit nicht geltend gemacht hat, um auf Leistung an den Gläubiger verurteilt zu
39 werden (BGH NJW 83, 886). **cc) Einwendungen.** Wenn der Drittschuldner entgegen dem Verbot (Abs 1 S 1) an den Schuldner leistet, kann er die gegen den Schuldner gerichteten Einwendungen nicht dem

Gläubiger entgegensetzen und nicht mehr mit einer Forderung gegen den Schuldner dem Gläubiger gegenüber aufrechnen (aA BGH 58, 25 mwN); denn die Forderung des Schuldners ist erloschen, daher Aufrechnung nicht möglich (§ 387 BGB). Jede Einwendung gegen die erloschene Forderung des Schuldners ist gegenstandslos; dem Gläubiger gegenüber ist wegen §§ 135, 136 BGB nur die Leistung (Zahlung) unwirksam. Der Drittschuldner ist ihm gegenüber deshalb nicht befreit (im Ergebnis ebenso Reinicke NJW 72, 793 und 1698; aA differenzierend Denck NJW 79, 2375). **dd) Klagen.** Der Drittschuldner kann **40** auch grundsätzlich gegen den Gläubiger auf Feststellung klagen, dass die Forderungspfändung unwirksam sei (allgM); zB weil eine Forderung nicht bestehe, nachdem er vom Gläubiger vergeblich einen Verzicht gem § 843 verlangt hat (BGH 69, 148). Einer solchen negativen Feststellungsklage fehlt jedoch das Rechtsschutzbedürfnis, wenn die Unwirksamkeit des Pfändungsbeschlusses über § 766 ausreichend (nämlich mit Wirkung ex nunc) geltend gemacht werden kann (BGH aaO; vgl Rn 50).

14. Kontenpfändung. Die Pfändung von Bankkonten hat große **41** praktische Bedeutung. Es bestehen Besonderheiten. **a) Grundsatz.** Das Konto muss bereits errichtet (Liesecke WM 75, 314, 317) und der Schuldner muss Kontoinhaber sein. Das ist er auch bei einem Ander-konto (Noack DGVZ 76, 112 mwN), bei dem der Dritte nach § 771 klagen kann. – **b) Geldforderung** (Rn 10). Das ist der Anspruch auf **42** Zahlung aus dem Konto, nicht der Anspruch auf Gutschrift, der nur bewirkt, dass der eingehende Betrag dem Konto gutgeschrieben werden muss. Auch nicht der Anspruch auf Überweisung an einen Dritten (Rn 49), der bei einem Konto im Sollbereich nur greift, wenn dem Kontoinhaber ein Kredit eingeräumt ist, auf den er bereits Anspruch hat (umstr; BGH 93, 315 mwN = JZ 85, 487 mit krit Anm von Grunsky). Keine Geldforderung und nicht selbständig pfändbar sind die Ansprüche auf Rechnungslegung und auf Kontoauszüge (LG Itzehoe NJW 88, 1394; bestr). Auch die Pfändung einer Kreditlinie ist unzulässig (Rn 49). – **c) Inhaberschaft.** Es ist zu unterscheiden: **aa) Allein-** **43** **Konto.** Inhaber ist eine einzige Person, für die es als Eigen- oder Ander-Konto geführt wird. **bb) Oder-Konto.** Inhaber sind zwei oder **44** mehrere Personen (meist Ehegatten oder BGB-Gesellschaft) mit alleiniger Verfügungsbefugnis eines jeden Mitinhabers. Pfändung gegen einen der Inhaber ist zulässig und gibt den anderen Kontoinhabern kein Interventionsrecht über § 771. Sie können bis zur Auszahlung an den Gläubiger nicht über den gepfändeten Teil verfügen (offen gelassen von BGH NJW 85, 1218; umstr vgl Gernhuber WM 97, 646/9 mwN). **cc) Und-Konto.** Es besteht nur gemeinschaftliche Verfügungsbefugnis **45** der Konteninhaber. Pfändung gegen einen von ihnen sperrt das Konto ganz. – **d) Saldopfändung.** Es muss unterschieden werden: **aa) Zu-** **46** **stellungssaldo.** Die Pfändung kann nur den Guthaben-Saldo ergreifen, nicht einzelne Forderungen des Kontokorrents; diese sind kontokorrentgebunden, unabtretbar und unpfändbar (§ 355 HGB; BGH 80, 172 [175]). Die nach der Pfändung gutgeschriebenen Beträge sind kontokorrentgebundene Habenposten und werden nicht selbständig von der Pfändung umfasst (BGH 84, 371 [376]). Auf jeden Fall erfasst wird der Saldo zZ des Wirksamwerdens der Pfändung, der zurzeit der Zustellung an den Drittschuldner (Abs 3), sog Zustellungssaldo (hM; BGH 80,

47 172). **bb) Künftiger Guthabensaldo.** Bezieht sich der Pfändungsanspruch ausdrücklich auf künftige Ansprüche, werden die in der Folgezeit entstehenden Guthaben-Salden erfasst (BGH aaO). Bei Pfändung künftiger Salden wird nicht nur der nächste vertragliche oder gesetzliche (§ 355 Abs 2 HGB) Abschluss, der ein Guthaben aufweist, erfasst, sondern jedes künftige, zu den vertraglichen oder gesetzlichen Abschlüssen entstehende Guthaben bis zur vollen Befriedigung des Gläubigers (BGH aaO). Das gilt nicht für ein beim selben Drittschuldner neu errichtetes

48 Konto (Celle OLGZ 66, 313; bestr). **cc) Tagessaldo.** Er bestimmt sich grundsätzlich nach dem erteilten Tagesauszug (Frankfurt WM 94, 684). Von der Pfändung erfasst wird unabhängig von den Verrechnungsabschnitten (Abschlüssen), ein dazwischen entstehendes Guthaben des Schuldners über das Girokonto für Konten ohne (hM; BGH 84, 325)

49 und mit Kontokorrentabrede (BGH NJW 82, 2194). **dd) Debitorische Girokonten** (Überziehungs- und Dispositionskredite). Aktuelle Übersicht Bitter WM 01, 889. Die vereinbarte Kreditlinie ist nicht pfändbar (LG Dortmund NJW 86, 997; LG Münster WM 96, 1847; Schleswig NJW 92, 579; Schuschke ZIP 01, 1084: umstr; vgl Wagner JZ 85, 718; David MDR 93, 108 mwN). Umstritten ist die Pfändbarkeit des Anspruchs auf Durchführung von Überweisungen an Dritte (Rn 42; vgl Häuser WM 90, 129 mwN). Gepfändet werden kann der Auszahlungsanspruch beim vereinbarten und abgerufenen Dispositionskredit (hM; BGH NJW 01, 1937). Hierfür genügt nicht eine bloß geduldete Kontenüberziehung (Frankfurt NJW-RR 94, 878).

50 **15. Aufhebung** des Pfändungsbeschlusses erfolgt insbes auf Erinnerung (§ 766), sofortige Beschwerde (§ 793) oder wegen § 776 durch Beschluss des Vollstreckungs- oder des Beschwerdegerichts, wobei im Fall einer unzulässigen, aber wirksamen Zustellung der Beschluss, nicht die Zustellung aufzuheben ist (Münzberg Fs Zöllner 1203). Die Aufhebung ist idR in der Unzulässigerklärung der betreffenden Pfändung zu sehen, da das Vollstreckungsgericht zugleich Vollstreckungsorgan ist. Der Beschluss wirkt, sobald er nach § 329 wirksam ist, unabhängig von seiner Rechtskraft, aber nicht rückwirkend (hM). Wird der aufhebende Beschluss aufgehoben, so lebt die Pfändung nicht wieder auf und muss neu erfolgen (Saarbrücken OLGZ 71, 425). Sie wirkt auch nur ex nunc (wichtig für § 804 Abs 3).

51 **16. Änderung** des Pfändungsbeschlusses geschieht wie die Aufhebung (vgl Rn 50). Dabei sollte ausdrücklich bestimmt werden, ob die Änderung zurückwirkt oder nicht. Änderungen des gepfändeten Betrages, die auf Rechtsbehelf hin beschlossen werden, wirken grundsätzlich

nicht zurück; jedoch kann im Beschluss Rückwirkung insoweit angeordnet werden, als die begründenden Umstände schon früher vorlagen.
Im Zweifel ist Rückwirkung abzulehnen (vgl BAG NJW 62, 510).
Keine Änderung ist die bloße Berichtigung (§ 319; § 329 Rn 13), die
aber wie eine Änderung zu behandeln ist, wenn sie den Pfändungsumfang betrifft.

17. Rechtsbehelfe gegen abgelehnte Pfändung. Sie stehen nur   52
dem Gläubiger zu. **a) Vollstreckungsgericht.** Es findet sofortige Beschwerde statt (hM; § 11 Abs 1 RPflG; § 793). Das gilt auch, wenn
der Rechtspfleger dem Antrag nur teilweise stattgibt (Koblenz Rpfleger
89, 276). Wird die Pfändung auf Erinnerung (§ 766) des Schuldners
oder Drittschuldners (vgl Rn 55) vom Vollstreckungsgericht für unzulässig erklärt, aufgehoben oder geändert (Rn 50, 51), so steht dem
Gläubiger die sofortige Beschwerde zu (§ 793). Sie ist nicht wegen
fehlenden Rechtsschutzbedürfnisses unzulässig, obwohl neue Pfändung
nötig ist (vgl Rn 50); denn auch das Beschwerdegericht kann pfänden
(§ 828 Rn 2) und das Vollstreckungsgericht muss nicht erst über einen
neuen Pfändungsantrag des Gläubigers entscheiden. – **b) Beschwerde-**   53
gericht. Hebt es die Pfändung auf und lehnt den Pfändungsantrag ab,
so kann Rechtsbeschwerde zugelassen werden (§ 574). Diese darf aber
nur das Ziel haben, das Vollstreckungsgericht anzuweisen, einen neuen
Pfändungsbeschluss zu erlassen; denn die aufgehobene Pfändung kann
nicht rückwirkend wiederhergestellt werden (Koblenz Rpfleger 86,
229).

18. Rechtsbehelfe gegen den Pfändungsbeschluss. Es muss un-   54
terschieden werden, wer ihn erlassen hat: **a) Vollstreckungsgericht.**
aa) Erinnerung (§ 766), auch für den Drittschuldner (hM; BGH
121, 98 mwN) und nachpfändenden Gläubiger (BGH NJW-RR 89,
636). Es kann abgeholfen werden (§ 766 Rn 9). **bb) Sofortige**   55
Beschwerde findet nur ausnahmsweise gemäß § 793, § 11 Abs 1
RPflG statt, wenn der Beschluss nach vorheriger Anhörung des
Schuldners (§ 834) ergangen ist (Köln NJW-RR 01, 69; LG Zweibrücken Rpfleger 94, 244), zB bei Pfändung von Sozialleistungen
(Frankfurt Rpfleger 93, 57) oder wenn der Rechtspfleger auf Erinnerung des Schuldners (§ 766) durch Abhilfe (Rn 54) den Pfändungsbeschluss aufgehoben hat (Koblenz MDR 83, 413). Das gilt auch für
den Drittschuldner (Bamberg NJW 78, 1389). – **b) Beschwerdege-**   56
richt. Weist es die sofortige Beschwerde zurück oder erlässt es den
Pfändungsbeschluss (§ 828 Rn 2), kann Rechtsbeschwerde zugelassen
werden (§ 574).

19. Kosten. Die Erstattung richtet sich nach § 788. Kostenpflicht des   57
Gläubigers ist über § 788 Abs 4 bei sog Verdachtpfändung (Hornung
Rpfleger 98, 381 [397] und Mehrfachpfändung (Hornung aaO) mög-
lich. Für die Gebühren gelten: Gericht KV 1640; RA § 57 Abs 1, 2
Nr 1 BRAGO.

§ 830 Pfändung; Hypothekenforderung

(1) [1] Zur Pfändung einer Forderung, für die eine Hypothek besteht, ist außer dem Pfändungsbeschluß die Übergabe des Hypothekenbriefes an den Gläubiger erforderlich. [2] Wird die Übergabe im Wege der Zwangsvollstreckung erwirkt, so gilt sie als erfolgt, wenn der Gerichtsvollzieher den Brief zum Zwecke der Ablieferung an den Gläubiger wegnimmt. [3] Ist die Erteilung des Hypothekenbriefes ausgeschlossen, so ist die Eintragung der Pfändung in das Grundbuch erforderlich; die Eintragung erfolgt auf Grund des Pfändungsbeschlusses.

(2) Wird der Pfändungsbeschluß vor der Übergabe des Hypothekenbriefes oder der Eintragung der Pfändung dem Drittschuldner zugestellt, so gilt die Pfändung diesem gegenüber mit der Zustellung als bewirkt.

(3) [1] Diese Vorschriften sind nicht anzuwenden, soweit es sich um die Pfändung der Ansprüche auf die im § 1159 des Bürgerlichen Gesetzbuchs bezeichneten Leistungen handelt. [2] Das gleiche gilt bei einer Sicherungshypothek im Falle des § 1187 des Bürgerlichen Gesetzbuchs von der Pfändung der Hauptforderung.

1   **1. Allgemeines.** § 830 stellt für die Pfändung von Hypothekenforderungen neben § 829 zusätzliche Erfordernisse auf und passt sie den Vorschriften des BGB an, insbes dem § 1153. Es müssen alle Voraussetzungen der Forderungspfändung vorliegen (§ 829 Rn 4). Auch für die Durchführung, Wirksamkeit und Wirkung der Pfändung gelten grundsätzlich die Anmerkungen zu § 829.

2   **2. Anwendungsbereich. a) Anwendbar** ist die Vorschrift nur, wenn die Hypothek zum Zeitpunkt der Pfändung besteht. Dies ist nach BGB zu beurteilen. Entsteht die Hypothek nach Forderungspfändung, wird sie von dieser Pfändung erfasst (§ 829 Rn 32). – **b) Entsprechend anwendbar** ist § 830 bei Reallasten, Grund- und Rentenschulden (§ 857 Abs 6; dort Rn 11). – **c) Nicht anwendbar** ist § 830 bei der Wertpapierhypothek (Abs 3; § 1187 BGB). Diese wird nach § 831 gepfändet. § 830 gilt auch nicht für Nebenleistungen, insbes rückständige Zinsen (§ 1159 BGB), für die allein § 829 anzuwenden ist.

3   **3. Durchführung bei Briefhypothek.** Erforderlich ist ein wirksamer Pfändungsbeschluss (§ 829 Rn 26–29). Zur Bestimmbarkeit des Grundpfandrechts (§ 829 Rn 7) muss das Grundstück nach dem Grundbuch (Band und Blatt), mindestens nach Postanschrift angegeben werden

4   (BGH NJW 75, 980). **a) Drittschuldner** sind sowohl der persönliche Schuldner als auch der Eigentümer, uU also zwei Personen. Die Zustellung an den Drittschuldner ist zwar entbehrlich, da sie durch Übergabe oder Wegnahme des Briefs (Rn 5, 6) ersetzt wird, aber zweckmäßig wegen § 407 BGB und der Fiktion des Abs 2. Diese setzt voraus, dass

5   Übergabe oder Eintragung wirklich nachfolgen. – **b) Vollendet** und trotz Überweisung (§ 837) bis dahin unwirksam (BGH NJW 94, 3225)

ist die Pfändung erst mit: **aa) Übergabe** des Briefs (auch freiwillig) durch einen Dritten an den Gläubiger oder den Gerichtsvollzieher. **bb) Wegnahme** des Briefs durch den Gerichtsvollzieher (Abs 1 S 2)   6 erfolgt nach den §§ 883, 886 (hM). Vollstreckungstitel ist der Pfändungsbeschluss, der nicht vollstreckbar ausgefertigt, aber zugestellt sein muss (§ 829 Rn 25). Wird statt dessen (unrichtig) der Herausgabeanspruch über §§ 846, 847 gepfändet, tritt jedenfalls Verstrickung ein mit Vorrang gegenüber späteren Zessionaren und Pfändungsgläubigern (BGH NJW 79, 2045). **cc) Mitbesitz:** wenn er bei Anschlusspfändung   7 (§ 829 Rn 2) durch den vorangehenden Pfandgläubiger (auch über § 886) eingeräumt wird. **dd) Aushändigung** des Pfändungsbeschlusses,   8 wenn der Gläubiger den Brief schon mit Willen des Schuldners besitzt. – **c) Teilhypothek.** Es ist, solange kein Teilbrief ausgestellt ist, mit   9 dem Vollbrief nach Rn 5–8 zu verfahren. Wird eine Hypothekenforderung nur zT gepfändet (§ 829; Rn 32), hat der Gläubiger Anspruch auf einen Teilbrief (Oldenburg Rpfleger 70, 100). – **d) Dauer.** Verstrickung   10 und Pfandrecht (§ 829 Rn 31) dauern, solange Gläubiger oder Gerichtsvollzieher den Brief besitzen (RG 92, 265).

4. Durchführung bei Buchhypothek. Erforderlich ist ein wirk-   11 samer Pfändungsbeschluss (wie Rn 3). Vollendet wird die Pfändung (Rn 5) hier durch Eintragung ins Grundbuch, und zwar auf Antrag des Gläubigers im Verfahren nach GBO. Das Grundbuchamt ist hier nicht Vollstreckungsorgan (hM). Der Pfändungsbeschluss ersetzt die Eintragungsbewilligung (§ 19 GBO). Die fehlende Voreintragung (§ 39 GBO), zB weil der Schuldner nicht als Hypothekengläubiger eingetragen ist, kann dadurch ersetzt werden, dass der Gläubiger die Berichtigung des Grundbuchs über §§ 14, 22, 29 GBO herbeiführt.

5. Wirksamkeit einer Pfändung. Es gilt grundsätzlich § 829   12 Rn 26–29. Anstatt Zustellung (§ 829 Rn 24) muss bei der Briefhypothek Übergabe oder ihr Ersatz (Rn 5–8), bei der Buchhypothek die Eintragung (Rn 11) erfolgen. Wie bei § 829 Rn 29 entstehen Verstrickung und Pfandrecht nicht, wenn nicht der Schuldner, sondern ein Dritter Hypothekengläubiger ist (BGH NJW 81, 1941).

6. Wirkung (Abs 2). Sie entspricht dem § 829 Rn 31 und 32. Ist der   13 Pfändungsbeschluss bei Zustellung nicht wirksam (Rn 12), tritt eine Rückwirkung nur ein, wenn die Pfändung noch wirksam wird (BGH NJW 94, 3225 mwN). Verstrickung und Pfandrecht erlöschen (vgl § 803 Rn 11) entweder mit Aufhebung des Pfändungsbeschlusses (§ 829 Rn 50), mit Rückgabe des Briefes (Rn 10) oder Löschung der Pfändung im Grundbuch.

7. Rangverhältnisse. a) Pfandrechte: § 804 Abs 3. Auch die Pfän-   14 dung gem §§ 846, 847 kann den Rang wahren (vgl Rn 6). Bei der Buchhypothek entscheidet die Reihenfolge der Eintragungen (Köln Rpfleger 91, 241 mwN und krit Anm Hintzen). – **b) Teilpfändung.** Es gilt § 879   15 BGB; daher besteht zwischen dem gepfändeten Teil und dem Rest Gleichrang, wenn der Pfändungsbeschluss nichts anderes bestimmt. Der

Gläubiger hat nur gegenüber dem Schuldner Anspruch auf Vorrang. Er kann auf Antrag den Teilbetrag mit Vorrang vor dem Rest pfänden.

16 **8. Rechtsbehelfe.** Es gilt grundsätzlich § 829 Rn 50–56. Gegen das Verfahren des Grundbuchamts findet Beschwerde statt (§ 71 GBO).

§ 830 a Pfändung; Schiffshypothekenforderung

(1) **Zur Pfändung einer Forderung, für die eine Schiffshypothek besteht, ist die Eintragung der Pfändung in das Schiffsregister oder in das Schiffsbauregister erforderlich; die Eintragung erfolgt auf Grund des Pfändungsbeschlusses.**

(2) **Wird der Pfändungsbeschluß vor der Eintragung der Pfändung dem Drittschuldner zugestellt, so gilt die Pfändung diesem gegenüber mit der Zustellung als bewirkt.**

(3) [1]**Diese Vorschriften sind nicht anzuwenden, soweit es sich um die Pfändung der Ansprüche auf die im § 53 des Gesetzes über Rechte an eingetragenen Schiffen und Schiffsbauwerken vom 15. November 1940 (Reichsgesetzbl. I S. 1499) bezeichneten Leistungen handelt.** [2]**Das gleiche gilt, wenn bei einer Schiffshypothek für eine Forderung aus einer Schuldverschreibung auf den Inhaber, aus einem Wechsel oder aus einem anderen durch Indossament übertragbaren Papier die Hauptforderung gepfändet wird.**

1   Die Regelung entspricht der bei der Buchhypothek (§ 830 Rn 11).

§ 831 Pfändung indossabler Papiere

Die Pfändung von Forderungen aus Wechseln und anderen Papieren, die durch Indossament übertragen werden können, wird dadurch bewirkt, daß der Gerichtsvollzieher diese Papiere in Besitz nimmt.

1   **1. Pfändung** von Recht und Papier (hierzu Geißler DGVZ 86, 110). **a) Vornahme.** Sie geschieht nicht nach § 829, sondern nach § 808, indem der Gerichtsvollzieher das Papier in Besitz nimmt (§ 175 GVGA). Es gelten die §§ 809, 826. Die Pfändung unterbleibt, wenn der Schuldner nach dem Inhalt des Papiers eindeutig nicht Berechtigter ist (§ 808 Rn 9). Die Verwertung erfolgt über § 835, also anders als bei § 821. – 2   **b) Pfändungsbeschluss** (nach § 829 oder § 847) ist unnötig, wenn er erlassen wird, fehlerhaft, daher auch von Amts wegen aufzuheben, aber als behördliche Anweisung wirksam und zu befolgen. Dies wird vom Schrifttum verneint, vom BGH in MDR 80, 1016 für den Fall bejaht, dass eine Pfandverstrickung an der Sache eintritt.

3   **2. Indossable Papiere.** Nur solche über Forderungen, insbes kaufmännische Orderpapiere (§ 363 HGB), Wechsel und Schecks. Ob der Inhaberscheck unter § 831 fällt, ist umstr (vgl Geißler aaO mwN).

§ 832 Pfändungsumfang bei fortlaufenden Bezügen

Das Pfandrecht, das durch die Pfändung einer Gehaltsforderung oder einer ähnlichen in fortlaufenden Bezügen bestehenden Forderung erworben wird, erstreckt sich auch auf die nach der Pfändung fällig werdenden Beträge.

1. Anwendbar bei einer einheitlichen Rechtsbeziehung, aus der 1 fortlaufend Leistungen (nicht notwendig Geld) fällig werden, zB ständige Arbeits- und Dienstverhältnisse, Sozialleistungen, Ruhegehalt, Provisionen eines Handelsvertreters, Zinsen, Miete und Pacht (hM). Dass Forderungen entstanden und fällig sind, wird nicht vorausgesetzt (hM; BAG NJW 93, 2699).

2. Wirkung. Sofern ohne Beschränkung eine Rate wirksam gepfän- 2 det wird (§ 829 Rn 26–29), erstreckt sich die Pfändung auf die künftig fällig werdenden Raten, auch wenn sie im Pfändungsausspruch (§ 829 Rn 21) nicht erwähnt sind. Sie können darin auch ausdrücklich aufgenommen werden (§ 829 Rn 10; Behr Rpfleger 90, 243). Wird ein Arbeits- oder Dienstverhältnis beendet, ist die Pfändung gegenstandslos (allgM). Wird es bald danach fortgesetzt oder steht es in innerem Zusammenhang, so wirkt die Pfändung weiter (hM; BAG NJW 93, 2701).

§ 833 Pfändungsumfang bei Arbeits- und Diensteinkommen

(1) ¹**Durch die Pfändung eines Diensteinkommens wird auch das Einkommen betroffen, das der Schuldner infolge der Versetzung in ein anderes Amt, der Übertragung eines neuen Amtes oder einer Gehaltserhöhung zu beziehen hat. ²Diese Vorschrift ist auf den Fall der Änderung des Dienstherrn nicht anzuwenden.**

(2) Endet das Arbeits- oder Dienstverhältnis und begründen Schuldner und Drittschuldner innerhalb von neun Monaten ein solches neu, so erstreckt sich die Pfändung auf die Forderung aus dem neuen Arbeits- oder Dienstverhältnis.

Abs 2 wurde Abs 1 Satz 2 und Abs 2 ist angefügt mWv 1. 1. 1999 durch Art 1 Nr 23 2. ZwVollstrNov.

Anwendbar nur bei Dienst-, insbes Arbeitseinkommen (wie § 850 1 Rn 6). Amt ist jede Arbeitsstelle. Änderung des Arbeitgebers oder Dienstherrn (Abs 1 S 2) erfordert einen neuen Pfändungsbeschluss.
Voraussetzungen: wirksame Pfändung (§ 829 Rn 26–29). Dienstherr 2 ist der Arbeitgeber oder Dienstberechtigte (§ 611 BGB). Bei juristischen Personen des öffentlichen Rechts ist jede selbständig; daher gilt § 833 nicht, wenn zB vom Staat zu einer Gemeinde gewechselt wird (Abs 1 S 2). Gesamtrechtsnachfolge, auch Fusion und Umwandlung (zB von oHG zu GmbH) ist keine Änderung iS des Abs 1 S 2. Das wird auch für den Übergang gemäß § 613a BGB angenommen (LAG Frankfurt

3 MDR 00, 232). **Unterbrochenes Dienst- oder Arbeitsverhältnis** (Abs 2) liegt insbes bei saisonbedingter Arbeit und bei wechselnder Auftragslage vor. Es darf nicht länger als 9 Monate unterbrochen sein. Berechnung: § 222 Abs 1 und 2, so dass insbes § 188 BGB gilt. Die Frist läuft vom Ende bis zum (Wieder) Beginn des Arbeitsverhältnisses. Unerheblich ist der Zeitpunkt der Kündigung und des Vertragsschlusses. Die Pfändung wirkt fort und lebt wieder auf. Es kommt nicht auf die tatsächliche Beschäftigung, sondern auf den rechtlichen Bestand des Dienst- oder Arbeitsverhältnisses an. **Übergangsvorschrift:** Abs 2 gilt nicht für Arbeits- und Dienstverhältnisse, die vor dem 1. 1. 99 beendet waren (Art 3 Abs 6 2. ZwVollstrNov).

§ 834 Keine Anhörung des Schuldners

Vor der Pfändung ist der Schuldner über das Pfändungsgesuch nicht zu hören.

1   **Zweck.** Es soll dem Schuldner erschwert werden, die Zwangsvollstreckung zu vereiteln. Art 103 Abs 1 GG steht nicht entgegen, auch wenn der Pfändungs- und Überweisungsbeschluss einheitlich ergeht (hM;

2 Kahlke NJW 91, 2688). **Anwendbar** auch im Rechtsmittelverfahren nach abgelehnter Pfändung (hM; KG Rpfleger 94, 425; Köln NJW-RR 88, 1467) Die Anhörung vor Überweisung (§ 835) wird durch § 834

3 jedoch nicht verboten (Münzberg Rpfleger 82, 329 mwN). **Ausnahmen:** § 850 b Abs 3 und § 54 Abs 5 SGB I. Beantragt der Gläubiger die Anhörung, muss der Schuldner gehört werden (Celle MDR 72, 958).

§ 835 Überweisung einer Geldforderung

(1) Die gepfändete Geldforderung ist dem Gläubiger nach seiner Wahl zur Einziehung oder an Zahlungs Statt zum Nennwert zu überweisen.

(2) Im letzteren Falle geht die Forderung auf den Gläubiger mit der Wirkung über, daß er, soweit die Forderung besteht, wegen seiner Forderung an den Schuldner als befriedigt anzusehen ist.

(3) ¹Die Vorschriften des § 829 Abs. 2, 3 sind auf die Überweisung entsprechend anzuwenden. ²Wird ein bei einem Geldinstitut gepfändetes Guthaben eines Schuldners, der eine natürliche Person ist, dem Gläubiger überwiesen, so darf erst zwei Wochen nach der Zustellung des Überweisungsbeschlusses an den Drittschuldner aus dem Guthaben an den Gläubiger geleistet oder der Betrag hinterlegt werden.

1   **1. Allgemeines.** Die Überweisung ist der normale Weg, die Forderung zu verwerten. Eine andere Verwertungsart kann angeordnet werden (§ 844). Ausgeschlossen ist Überweisung bei Arrest (§ 930 Rn 1) mit Folge der Nichtigkeit im Falle des Verstoßes (BGH 121, 98) und bei

Sicherungsvollstreckung (§ 720a Abs 1). Die Überweisungsarten des
Abs 1 stehen zur Wahl. Die Voraussetzungen entsprechen denen der
Pfändung (§ 829 Rn 4). Außerdem muss die Forderung schon für den
Gläubiger gepfändet sein (§ 829 Rn 26) oder gleichzeitig gepfändet
werden.

2. Durchführung. In der Regel ist Pfändungs- und Überweisungs- 2
beschluss verbunden. Zum Pfändungsausspruch (§ 829 Rn 21) tritt die
Überweisungsanordnung. Im übrigen wird die Überweisung wie die
Pfändung durchgeführt (§ 829 Rn 19–25). Sie muss ausdrücklich nach
ihrer Art, nämlich zur Einziehung oder an Zahlungs Statt bestimmt sein
(Abs 1), im Fall der Abwendungsbefugnis (§ 839) auch die Anordnung
enthalten, dass zu hinterlegen ist. Wirksam wird die Überweisung wie der
Pfändungsbeschluss (§ 829 Rn 26–29); außerdem muss die Pfändung
wirksam sein (BGH NJW 94, 3225 mwN). Urkunden, die gemäß § 836
Abs 3 herauszugeben sind, müssen bezeichnet werden (§ 836 Rn 15).

3. Wirkung. Die Überweisung ergreift auch die Nebenrechte (§ 401 3
BGB; § 829 Rn 32), insbes den Anspruch gegen den Drittschuldner auf
Auskunft (§ 402 BGB; Karlsruhe NJW-RR 98, 990 für Bankgiro). Der
Gläubiger kann vom Schuldner Herausgabe von Pfandstücken verlangen,
auch Übertragung von Sicherungseigentum, wenn nicht eine Abrede
mit dem Sicherungsgeber entgegensteht (Palandt § 101 Rn 5). Weitere
Wirkungen: § 836.

4. Überweisung zur Einziehung ist die normale, im Falle des 4
§ 839 zwingende Überweisungsart. Sie ist vom Gläubiger im Zweifel
beantragt, also so auszulegen und nicht gemäß Rn 5. Die ZwVollstr
wird erst beendet, wenn der Gläubiger vom Drittschuldner Zahlung
erlangt (29 vor § 704).

5. Überweisung an Zahlungs Statt (Abs 2) wirkt wie eine Abtre- 5
tung der gepfändeten Forderung (§§ 398 ff BGB). Sie führt dazu, dass
der Gläubiger zugleich wegen der Vollstreckungsforderung als befriedigt
gilt, sofern die gepfändete Forderung besteht (Abs 2) und nicht durch
Einwendungen (43, 44 vor § 253) vernichtet oder gehemmt wird (§ 404
BGB). Dass die Forderung eingebracht werden kann, geht auf Gefahr
des Gläubigers. Wegen dieses Risikos kommt diese Überweisungsart fast
gar nicht vor. Möglich ist sie nur bei Geldforderungen (2 vor § 803; vgl
auch §§ 839, 849).

6. Leistungssperre (Abs 3 S 2). Sie ist im Zusammenhang mit der 6
Überweisungswirkung des § 836 zu sehen. Die Vorschrift soll dem
Schuldner die Wirkung des Antrags gem § 850k sichern, ist hierfür
jedoch zu weit gefasst (vgl Rn 8). Einschränkende Auslegung ist geboten. **a) Anwendbar:** nur auf Geldguthaben von natürlichen Personen 7
(§ 1 BGB), die sie bei Banken, Sparkassen und anderen Kreditinstituten
haben. – **b) Voraussetzungen** sind Pfändung (§ 829) und Überweisung 8
(§ 835) eines (Geld)Guthabens des Schuldners, gleichgültig welcher Art
und Herkunft (Hornung Rpfleger 78, 352 [360]). Der Schutz des Abs 3

9 umfasst daher nicht nur den einer Forderung aus § 850 k. – **c) Wirkung.** Erst 2 Wochen (Berechnung: § 222; zwingende gesetzliche Frist) nach Zustellung an den Drittschuldner darf dieser leisten oder hinterlegen (§ 839). Wegen des Zwecks (Rn 6) wird dem Drittschuldner vorher auch die Aufrechnung mit Forderungen gegen den Gläubiger (§ 836 Rn 3) zu versagen sein. Die sonstigen Wirkungen der Überweisung

10 (§ 836) bleiben unberührt. – **d) Verstoß** begründet einen Schadensersatzanspruch aus § 823 Abs 2 BGB, aber nur, wenn der Schuldner den Antrag aus § 850 k rechtzeitig stellt.

11 　**7. Sonstiges.** Aufhebung: wie § 829 Rn 50. Kosten: § 788 Abs 1. Gebühren: für Gericht KV 1640; für RA § 58 Abs 1 BRAGO. Rechtsbehelfe: wie bei der Pfändung (§ 829 Rn 52–56). Bei Überweisung an Zahlungs Statt ist jedoch die Erinnerung (§ 766) wegen Beendigung der ZwVollstr unzulässig (LG Düsseldorf Rpfleger 82, 112).

§ 836 Wirkung der Überweisung

　(1) **Die Überweisung ersetzt die förmlichen Erklärungen des Schuldners, von denen nach den Vorschriften des bürgerlichen Rechts die Berechtigung zur Einziehung der Forderung abhängig ist.**

　(2) **Der Überweisungsbeschluß gilt, auch wenn er mit Unrecht erlassen ist, zugunsten des Drittschuldners dem Schuldner gegenüber so lange als rechtsbeständig, bis er aufgehoben wird und die Aufhebung zur Kenntnis des Drittschuldners gelangt.**

　(3) [1]**Der Schuldner ist verpflichtet, dem Gläubiger die zur Geltendmachung der Forderung nötige Auskunft zu erteilen und ihm die über die Forderung vorhandenen Urkunden herauszugeben.** [2]**Erteilt der Schuldner die Auskunft nicht, so ist er auf Antrag des Gläubigers verpflichtet, sie zu Protokoll zu geben und seine Angaben an Eides Statt zu versichern.** [3]**Die Herausgabe der Urkunden kann von dem Gläubiger im Wege der Zwangsvollstreckung erwirkt werden.**

Abs 3 Satz 2 ist eingefügt und Abs 3 Satz 3 ergänzt mWv 1. 1. 1999 durch Art 1 Nr 24 2. ZwVollstrNov.

1 　**1. Allgemeines.** Die Wirkung der Überweisung (Abs 1) tritt erst mit Zustellung an den Drittschuldner ein. Der Überweisungsbeschluss überträgt die Forderung entweder unbeschränkt (§ 835 Rn 5) oder nur zur Einziehung (§ 835 Rn 4). Ersetzt wird nach Abs 1 insbes der § 1154 Abs 1 BGB und das Inkassoindossament (Art 18 WG), nicht das Vollindossament. Ist an Zahlungs Statt überwiesen (§ 835 Rn 5), so tritt der Gläubiger in vollem Umfang an die Stelle des Schuldners. Anders ist das, wenn zur Einziehung überwiesen ist (vgl Rn 2–8).

2 　**2. Rechtsstellung des Schuldners.** Er bleibt Inhaber der Forderung; diese bleibt verstrickt. Er darf darüber verfügen, aber nicht zum

Nachteil des Gläubigers. Daher darf er gegen den Drittschuldner auf Feststellung des Bestehens der Forderung (hM) auf Leistung an den oder die Gläubiger nach Rangfolge (§ 804 Abs 3) klagen (BGH NJW 01, 2178), für den nicht gepfändeten Rest der Forderung auf Zahlung an sich (BGH aaO), auch auf Hinterlegung für den Gläubiger und sich gemeinsam, aber nicht auf Leistung an sich und den Gläubiger. Wird die Forderung an den Gläubiger überwiesen, während der Schuldner sie einklagt, muss dieser den Antrag auf Leistung an den Gläubiger umstellen (LG Berlin MDR 86, 327).

3. Rechtsstellung des Gläubigers. Durch den Überweisungs- **3** beschluss erlangt er die Einziehungsbefugnis. Er darf im eigenen Namen die Forderung kündigen, einziehen und auf Leistung an sich klagen, auf Leistung an den Schuldner aber dann, wenn das Recht auf Abtretung einer Forderung (§ 857 Abs 1) gepfändet und überwiesen ist (BGH NJW 98, 2969). Bei Arbeitseinkommen sind die Arbeitsgerichte zuständig (zur Schlüssigkeit der Klage vgl LAG Hamburg NJW-RR 86, 743), bei Dienst- und Versorgungsbezügen von Beamten die Verwaltungsgerichte (VGH Kassel NJW 92, 1253). Außerdem kann der Gläubiger gegen eine Forderung des Drittschuldners diesem gegenüber aufrechnen (RG 58, 105 [107]), auch einen Arrest erwirken. Er darf nicht: die Forderung erlassen (§ 397 BGB), abtreten (§ 398 BGB) oder stunden, dies ausnahmsweise dann, wenn er die finanziellen Auswirkungen der Stundung übernimmt (BGH NJW 78, 1914) oder sich bei Erlass oder Abtretung in der entsprechenden Höhe dem Schuldner gegenüber für befriedigt erklärt (RG 169, 54). Für andere Verfügungen gilt § 185 BGB.

4. Rechtsstellung des Drittschuldners. a) Leisten darf er nur **4** noch an den Vollstreckungsgläubiger (Rn 3), aber an diesen und den Schuldner nur gemeinsam, wenn die ZwVollstr einstweilen eingestellt ist (§ 775 Nr 2; BGH NJW 99, 953). – **b) Aufrechnung.** Mit einer Forderung gegen den Vollstreckungsgläubiger darf er diesem gegenüber aufrechnen. Er darf nach Maßgabe des § 406 BGB auch mit einer gegen den Schuldner bestehenden Forderung aufrechnen (vgl hierzu BGH NJW 80, 584). Die Aufrechnungserklärung (§ 388 S 1 BGB) muss dem (iS des § 406 BGB neuen) Gläubiger gegenüber abgegeben werden. § 392 BGB hindert die Aufrechnung mit Forderungen, die nach Beschlagnahme erworben wurden. – **c) Zahlung.** Zahlt der Drittschuld- **5** ner, gilt insoweit die Vollstreckungsforderung als erfüllt (vgl § 815 Abs 3, § 819). Wenn er an den Schuldner leistet, wird er nur befreit, wenn er die Pfändung und Überweisung nicht kannte (§ 829 Rn 37; § 407 BGB). Der Drittschuldner leistet auf eigene Gefahr (Rn 2; BGH NJW 88, 495). Bei mehrfacher Überweisung gilt § 408 BGB. Der Drittschuldner hat keinen Anspruch aus § 812 BGB gegen einen nachrangigen (§ 804 Abs 3) Gläubiger, an den er in Kenntnis der vorrangigen Pfändung geleistet hat (München NJW 78, 1438). Bei Leistung an den Gläubiger gilt Abs 2. – **d) Einwendungen** (Rn 42–44 vor § 253) darf **6** der Drittschuldner geltend machen, wie sie ihm gegen den Schuldner

zustehen (§ 404 BGB), zB einen Anspruch auf Freistellung von der überwiesenen Forderung (BGH NJW 85, 1768), nicht aber solche, die dem
Schuldner gegen den Gläubiger (also gegen die Vollstreckungsforderung)
zustehen (BAG NJW 89, 1053). Dass die Überweisung nichtig und damit
unwirksam sei (§ 835 Rn 2), kann der Drittschuldner gegen den Gläubiger im Prozess verteidigend geltend machen (BGH NJW 76, 851; BAG
NJW 89, 2148), ohne dass der Überweisungsbeschluss aufgehoben sein
muss. Ist er nur fehlerhaft, so muss erst die Aufhebung über § 766 herbeigeführt werden (umstr; vgl Brox/Walker 653). Hat der Drittschuldner
damit Erfolg, ist die Klage wegen fehlender Sachbefugnis unbegründet
(vgl Rn 3). Diese Rechtsfolgen ergeben sich daraus, dass die Stellung des
Drittschuldners durch die Überweisung nicht beeinträchtigt werden darf.

7   – **e) Nichtbestehen** der gepfändeten Forderung. Dem Drittschuldner,
der an den Gläubiger geleistet hat, steht der Anspruch aus § 812 Abs 1
BGB nur gegen den Schuldner zu, weil dieser Inhaber der Forderung ist
8   (Buciek ZIP 86, 890 mwN; aA die hM). – **f) Abtretung.** Pfändung und
Überweisung sind unwirksam, wenn der Schuldner die Forderung vorher
abgetreten hat (§ 829 Rn 29). Das Rechtsverhältnis zwischen Zessionar,
Schuldner (Zedent) und Drittschuldner richtet sich nach den §§ 404 ff
BGB (hierzu Oerke DGVZ 93, 147 mwN).

9   **5. Schutz des Drittschuldners** (Abs 2). Die Vorschrift ist anwendbar, soweit die Forderung überwiesen ist (§ 835 Rn 2), unanwendbar
bei nichtiger Überweisung (58 vor § 704; BGH 121, 98); jedoch nur,
wenn die Nichtigkeit offenkundig ist (BGH 127, 146). Zu Unrecht
erlassen ist der Beschluss, wenn er fehlerhaft und deshalb anfechtbar ist
(59 vor § 704), zB weil die Forderung unpfändbar ist (BAG NJW 66,
10   222). **a) Wirkung.** Ist die Überweisung unwirksam (§ 835 Rn 2) oder
aufgehoben (§ 835 Rn 10) und kennt dies der Drittschuldner nicht,
wird er durch Leistung an den Gläubiger befreit, aber nur dann, wenn
die überwiesene Forderung dem Schuldner zusteht. Nicht befreit wird
der Drittschuldner, wenn die Forderung dem Vollstreckungsschuldner
nie zugestanden hat, sondern einem Dritten zusteht (BGH NJW 88,
495). Abs 2 gilt entspr im Verhältnis des Drittschuldners zum Pfändungsgläubiger für den Rang der Überweisung (BGH 66, 394), nicht
aber zugunsten eines Drittschuldners, der die Zahlung verschwiegen hat,
wenn der Pfändungs- und Überweisungsbeschluss aufgehoben oder der
11   Rang geändert wird (BAG NJW 90, 2641). – **b) Kenntnis** erlangen
(letzter Hs) kann der Drittschuldner auch durch formlose Vorlegung
eines Beschlusses, in dem die ZwVollstr einstweilen eingestellt wird (zB
nach § 769; RG 128, 81). Erfährt der Drittschuldner aber, dass die
Pfändung aufgehoben ist, kann er an den Schuldner befreiend leisten
12   (BGH 66, 394). – **c) Doppel- und Überzahlung** des Drittschuldners
führen zum Rückzahlungsanspruch gegen den Schuldner aus § 812
Abs 1 S 1 BGB, jedoch auch aus §§ 670, 683 BGB denkbar (Seibert
13   WM 84, 521). – **d) Kosten** der Übersendung und Bearbeitung kann
der Drittschuldner nur vom Schuldner, nicht vom Gläubiger fordern.

6. Schuldnerpflichten (Abs 3). Überblick und Rechtsfolgen: Stö- **14**
ber MDR 01, 301. **a) Auskunft** (Abs 3 S 1). Der Anspruch steht
selbständig neben § 840 (LG Koblenz DGVZ 97, 126). Auf Tatsachen,
die einer Verschwiegenheitspflicht unterliegen, erstreckt sich der Anspruch nicht (Stuttgart NJW 94, 2838). – **b) Herausgabe** (Abs 3 S 1). **15**
Erfüllt sie der Schuldner nicht freiwillig, wird nach § 883 vollstreckt
(Abs 3 S 3), ggf über § 883 Abs 2. Vollstreckungstitel ist der Überweisungsbeschluss, der die Urkunde bezeichnen muss (§ 174 GVGA),
in Verbindung mit dem Titel, aus dem die Pfändung und Überweisung
erwirkt wurde. Ist die Urkunde im Überweisungsbeschluss nicht bezeichnet, so ist er durch das Vollstreckungsgericht auf Antrag zu ergänzen (§ 321 entspr; vgl § 329 Rn 13; LG Hannover Rpfleger 94, 221;
LG Koblenz DGVZ 97, 126). – **c) Offenbarung** (Abs 3 S 2). Die **16**
Vorschrift orientiert sich an § 883 Abs 2, allerdings unvollständig. Es
erübrigt sich eine Klage auf Auskunft (mit Vollstreckung über § 888),
weil der Gläubiger ohne einen weiteren Titel das Verfahren nach
§§ 899 ff einleiten kann. **aa) Voraussetzungen** sind die wirksame **17**
Überweisung (§ 835) und die Verweigerung von (verlangter) vollständiger Auskunft (Rn 14); dazu gehört auch, wo nicht herausgegebene
Urkunden (Rn 15) sich befinden. **bb) Abzugeben** ist die Auskunft zu **18**
Protokoll des Gerichtsvollziehers (§ 762). Das Verfahren richtet sich
nach den §§ 899 ff.

7. Urkunden iS des Abs 3 **a) Beispiele:** Vollstreckungstitel der **19**
gepfändeten Forderung wegen § 727; vorhandene auf das Arbeitseinkommen bezogene Pfändungsbeschlüsse (LG Bielefeld Büro 95,
384); Sparbuch, Schuldschein, Versicherungsschein (LG Darmstadt
DGVZ 91, 9); fortlaufende die Lohnabrechnung (Hamm DGVZ 94,
188; LG Berlin Rpfleger 93, 294 mit Anm von Hintzen; LG Münster
Rpfleger 94, 472 mwN; LG Koblenz DGVZ 97, 126; Scherer Rpfleger
95, 446; aA Zweibrücken DGVZ 95, 148); Lohnabtretung (LG Ans-
bach Rpfleger 95, 511). – **b) Lohnsteuererstattungsanspruch** (vgl
§ 850 Rn 12–14). Es war nach bisher hM die Lohnsteuerkarte heraus-
zugeben, weil diese für den Veranlagungsantrag vorgelegt werden muss
(LG Koblenz Rpfleger 97, 223; LG Stuttgart Rpfleger 95, 264; LG
Münster Rpfleger 97, 222 Anm Schmidt mwN; LG Heilbronn ua
Rpfleger 97, 224; LG Bochum MDR 97, 596; Behr Büro 97, 349)
Inzwischen hat der BFH NJW 99, 1056 = Rpfleger 99, 338 mit abl
Anm Riedel das Antragsrecht des Pfandgläubigers verneint, so dass eine
Herausgabepflicht entfiele. Es müssten auch die steuermindernden Un-
terlagen herausgegeben werden (hM; LG Berlin NJW 94, 3303; Behr/
Spring NJW 94, 3257 mwN), die bestimmt bezeichnet sein müssen (LG
Augsburg Rpfleger 95, 372).

8. Herausgabepflicht Dritter. Besitzt ein Dritter die Urkunde, gilt **20**
§ 886 (bestr). Versagt § 886, ist Klage gegen den Dritten möglich.
Verweigert der Gerichtsvollzieher die Herausgabe an den Gläubiger,
findet Erinnerung statt (§ 766).

§ 837 Überweisung einer Hypothekenforderung

(1) [1] Zur Überweisung einer gepfändeten Forderung, für die eine Hypothek besteht, genügt die Aushändigung des Überweisungsbeschlusses an den Gläubiger. [2] Ist die Erteilung des Hypothekenbriefes ausgeschlossen, so ist zur Überweisung an Zahlungs Statt die Eintragung der Überweisung in das Grundbuch erforderlich; die Eintragung erfolgt auf Grund des Überweisungsbeschlusses.

(2) [1] Diese Vorschriften sind nicht anzuwenden, soweit es sich um die Überweisung der Ansprüche auf die im § 1159 des Bürgerlichen Gesetzbuchs bezeichneten Leistungen handelt. [2] Das gleiche gilt bei einer Sicherungshypothek im Falle des § 1187 des Bürgerlichen Gesetzbuchs von der Überweisung der Hauptforderung.

(3) Bei einer Sicherungshypothek der im § 1190 des Bürgerlichen Gesetzbuchs bezeichneten Art kann die Hauptforderung nach den allgemeinen Vorschriften gepfändet und überwiesen werden, wenn der Gläubiger die Überweisung der Forderung ohne die Hypothek an Zahlungs Statt beantragt.

1   **1. Allgemeines.** In der Praxis werden Pfändung und Überweisung in einem Beschluss verbunden erlassen (§ 835 Rn 2). Dieses Verfahren ist nach BGH 127, 146 unzulässig, weil erst die wirksam gepfändete Forderung überwiesen werden dürfe (BGH aaO). Gleichwohl wird die Überweisung wirksam, wenn die Pfändung nachfolgt (BGH aaO). Bei Verstoß wird der Drittschuldner über § 836 Abs 2 geschützt (BGH aaO). Diese Rspr des BGH ist auf entschiedene Kritik gestoßen (Stöber NJW 96, 1180 mwN). Danach soll der verbundene Pfändungs- und Überweisungsbeschluss weiterhin zulässig sein.

2   **2. Briefhypothek.** Überwiesen (§ 836 Rn 1) ist mit Aushändigung des Überweisungsbeschlusses, wenn zu diesem Zeitpunkt schon gepfändet ist (vgl § 835 Rn 2), daher praxisüblich im Regelfall (verbundener Beschluss, vgl Rn 1) doch erst mit Übergabe oder Wegnahme des Briefes (§ 830 Rn 5–8), also gleichzeitig mit der Pfändung.

3   **3. Buchhypothek.** Im Regelfall (Überweisung zur Einziehung; § 835 Rn 4) gilt Abs 1 S 1, doch an Stelle der Briefübergabe (§ 836 Rn 5) tritt Eintragung der Pfändung (§ 830 Rn 11). Die Überweisung darf nur eingetragen werden, wenn die Forderung an Zahlungs Statt überwiesen wird. Die Überweisung wirkt ab Eintragung (BGH 127, 146 mwN). Diese ist wie bei § 830 Rn 11 vorzunehmen.

4   **4. Überweisung.** Nach § 835 (nicht nach § 837) werden die in Abs 2 genannten Forderungen überwiesen. Bei der Höchstbetragshypothek (Abs 3) steht zur Wahl: Pfändung und Überweisung von Forderung und Hypothek über §§ 830, 837 (Buchhypothek) oder der Forderung (ohne Hypothek) nach §§ 829, 835; aber nur an Zahlungs Statt.

§ 837 a Überweisung einer Schiffshypothekenforderung

(1) [1]Zur Überweisung einer gepfändeten Forderung, für die eine Schiffshypothek besteht, genügt, wenn die Forderung zur Einziehung überwiesen wird, die Aushändigung des Überweisungsbeschlusses an den Gläubiger. [2]Zur Überweisung an Zahlungs Statt ist die Eintragung der Überweisung in das Schiffsregister oder in das Schiffsbauregister erforderlich; die Eintragung erfolgt auf Grund des Überweisungsbeschlusses.

(2) [1]Diese Vorschriften sind nicht anzuwenden, soweit es sich um die Überweisung der Ansprüche auf die im § 53 des Gesetzes über Rechte an eingetragenen Schiffen und Schiffsbauwerken vom 15. November 1940 (Reichsgesetzbl. I S. 1499) bezeichneten Leistungen handelt. [2]Das gleiche gilt, wenn bei einer Schiffshypothek für eine Forderung aus einer Schuldverschreibung auf den Inhaber, aus einem Wechsel oder aus einem anderen durch Indossament übertragbaren Papier die Hauptforderung überwiesen wird.

(3) Bei einer Schiffshypothek für einen Höchstbetrag (§ 75 des im Absatz 2 genannten Gesetzes) gilt § 837 Abs. 3 entsprechend.

Überweisung wie bei der Buchhypothek (§ 837 Rn 2).   **1**

§ 838 Einrede des Schuldners bei Faustpfand

Wird eine durch ein Pfandrecht an einer beweglichen Sache gesicherte Forderung überwiesen, so kann der Schuldner die Herausgabe des Pfandes an den Gläubiger verweigern, bis ihm Sicherheit für die Haftung geleistet wird, die für ihn aus einer Verletzung der dem Gläubiger dem Verpfänder gegenüber obliegenden Verpflichtungen entstehen kann.

Pfändung und Überweisung einer Forderung wirkt auch auf das dafür   **1**
bestehende Pfandrecht (§ 401 BGB; § 829 Rn 32). Folge: Herausgabeanspruch nach § 1251 BGB; durch Klage erzwingbar, nicht § 836 Abs 3 S 3 entspr (hM). Dagegen gibt § 838 eine aufschiebende Einrede (44 vor § 253) wegen der Pflicht aus § 1251 Abs 2 BGB. Sicherheit nach § 232 BGB, nicht gemäß § 108 ZPO.

§ 839 Überweisung bei Abwendungsbefugnis

Darf der Schuldner nach § 711 Satz 1, § 712 Abs. 1 Satz 1 die Vollstreckung durch Sicherheitsleistung oder Hinterlegung abwenden, so findet die Überweisung gepfändeter Geldforderungen nur zur Einziehung und nur mit der Wirkung statt, daß der Drittschuldner den Schuldbetrag zu hinterlegen hat.

Entspricht den §§ 720, 815 Abs 3, § 819 und ist nur im Fall der   **1**
§ 711 S 1, § 712 Abs 1 S 1 anwendbar. Dass der Drittschuldner nicht

zahlen, sondern nur hinterlegen darf, ist in den Überweisungsbeschluss aufzunehmen (§ 835 Rn 2). Der Schuldner erwirbt die Forderung gegen die Hinterlegungsstelle, der Gläubiger ein Pfandrecht daran (§ 804 Rn 5); der Drittschuldner wird befreit.

§ 840 Erklärungspflicht des Drittschuldners

(1) **Auf Verlangen des Gläubigers hat der Drittschuldner binnen zwei Wochen, von der Zustellung des Pfändungsbeschlusses an gerechnet, dem Gläubiger zu erklären:**
1. **ob und inwieweit er die Forderung als begründet anerkenne und Zahlung zu leisten bereit sei;**
2. **ob und welche Ansprüche andere Personen an die Forderung machen;**
3. **ob und wegen welcher Ansprüche die Forderung bereits für andere Gläubiger gepfändet sei.**

(2) **¹Die Aufforderung zur Abgabe dieser Erklärungen muß in die Zustellungsurkunde aufgenommen werden. ²Der Drittschuldner haftet dem Gläubiger für den aus der Nichterfüllung seiner Verpflichtung entstehenden Schaden.**

(3) **¹Die Erklärungen des Drittschuldners können bei Zustellung des Pfändungsbeschlusses oder innerhalb der im ersten Absatz bestimmten Frist an den Gerichtsvollzieher erfolgen. ²Im ersteren Fall sind sie in die Zustellungsurkunde aufzunehmen und von dem Drittschuldner zu unterschreiben.**

1   **1. Allgemeines.** Die Drittschuldnererklärung (Abs 1) ist eine Obliegenheit oder Handlungslast des Drittschuldners. Sie dient dem Interesse des Vollstreckungsgläubigers (BGH NJW 99, 2276 mwN). Es wird keine einklagbare Auskunftspflicht begründet (BGH 91, 126; wohl hM; vgl Schuschke/Walker 1 mwN; aA Staab NZA 93, 439: Auskunftsanspruch und Stufenklage). Bei Fehlverhalten des Drittschuldners entsteht eine Schadensersatzpflicht (Abs 2 S 2; Rn 13).

2   **2. Voraussetzungen** des Abs 1 (Rn 1). **a) Pfändungsbeschluss.** Er muss wirksam sein (§ 829 Rn 26); daran fehlt es im Einzelfall, wenn der Vollstreckungsschuldner insbes wegen falscher Anschrift für den Drittschuldner nicht identifizierbar ist (Stuttgart WM 93, 2021). Überweisung (§ 835) ist nicht erforderlich (BGH NJW 77, 1199). Vorpfändung 3 (§ 845) genügt nicht (hM; BGH aaO mwN). – **b) Aufforderung** zur Auskunft. Der Gläubiger muss den Drittschuldner in der Zustellungsurkunde auffordern (Abs 2 S 1) oder dies durch besondere Zustellung eines Schreibens nachholen. Wegen Abs 3 muss stets der Gerichtsvollzieher mit der entspr Aufforderung zustellen (hM).

4   **3. Umfang** der Auskunft richtet sich nach der Aufforderung, reicht aber nicht weiter als Abs 1 Nr 1–3 und ist in vielen Einzelfragen 5 umstritten (Behr Büro 98, 626). **a) Anerkenntnis. Nr 1.** Der Dritt-

schuldner muss den Rechtsgrund (zB Arbeitslohn) und die Höhe der Forderung angeben, sich darüber erklären, ob er sie anerkenne oder nicht. Einwendungen, Fälligkeit und Gestaltungsrechte (zB Aufrechnung) müssen nicht angegeben werden (hM; dagegen kritisch Foerste NJW 99, 904). Bei Lohnpfändung sind der bereinigte Betrag, Steuerklasse (aA LAG Düsseldorf Büro 95, 478) und die Zahl der Unterhaltsberechtigten anzugeben. Es besteht kein Anspruch auf eine vollständige Lohnabrechnung (LG Mainz Rpfleger 94, 309; bestr), auf Vorlage von Urkunden und Belegen nur über § 836 Abs 3 (hM). – **b) Andere** **6** **Gläubiger. Nr 2.** Anlass kann insbes Abtretung oder Übergang kraft Gesetzes sein. Es sind Name und Anschrift des anderen Gläubigers sowie Rechtsgrund und Betrag anzugeben. Gilt auch, wenn der Anspruch bestritten oder zweifelhaft ist. – **c) Andere Pfändung. Nr 3.** Neben den Angaben wie bei Nr 2 (Rn 6) ist der Pfändungsbeschluss genau zu bezeichnen, nämlich nach Gericht und Datum. Auch Vorpfändungen (§ 845) sind anzugeben.

4. Erfüllung. a) Form. Die Erklärung ist dem Gläubiger gegenüber **7** stets schriftlich abzugeben (Abs 1), dem Gerichtsvollzieher gegenüber bei der Zustellung auch mündlich (Abs 3 S 1), dann zu protokollieren (Abs 3 S 2), innerhalb 2 Wochen auch schriftlich möglich (Abs 3 S 1). – **b) Frist** (Abs 1). Berechnung: § 222. Wird die Auskunft schriftlich **8** erteilt, muss sie innerhalb der Frist zugehen (BGH NJW 81, 990; bestr; aA: Absendung genügt). – **c) Erklärungsempfänger.** Der Drittschuld- **9** ner hat die Wahl, ob er dem Gläubiger oder dem Gerichtsvollzieher gegenüber die Erklärung abgibt. Der Gerichtsvollzieher ist aber nicht verpflichtet, sich auf Weisung des Gläubigers zum Drittschuldner zu begeben, um die Erklärung entgegenzunehmen (hM; Schuschke/Walker 6 mwN). – **d) Inhalt.** Die Auskunft muss weder ergänzt noch wieder- **10** holt werden, auch wenn sie unvollständig oder unrichtig ist (BGH 86, 23; bestr). Der Gläubiger ist auf den Schadensersatzanspruch (Abs 2 S 2) beschränkt. Auf bestehende oder möglich erscheinende Einwendungen (vgl Rn 5) sollte der Drittschuldner wegen Abs 2 S 2 hinweisen (Benöhr NJW 76, 174). Eine Pflicht hierzu bejaht Foerste NJW 99, 904. – **e) Wirkung.** Wird die Forderung als begründet anerkannt (Abs 1 **11** Nr 1), liegt darin eine tatsächliche Auskunft (Wissenserklärung, BGH 69, 328), durch die die Beweislast umgekehrt wird (hM).

5. Kosten seiner Erklärung kann der Drittschuldner vom Gläubiger **12** grundsätzlich nicht verlangen (BAG NJW 85, 1181; BVerwG Rpfleger 95, 261; Schuschke/Walker 12 mwN; Marly BB 99, 1140 [keinesfalls]; umstr; vgl BGH NJW 99, 2296 mwN). Solche Kosten sind jedenfalls nicht zuzugestehen, wenn der Drittschuldner aus eigenem Interesse die Pfändung bekämpft oder Einwendungen gegen die Forderung erhebt (BGH NJW 85, 1155). Auch gegen den Schuldner hat der Drittschuldner keinen gesetzlichen Vergütungsanspruch (BGH NJW 99, 2276). Im Umfang, wie der Gläubiger für verpflichtet angesehen wurde und die

Kosten dem Drittschuldner ersetzt hat, kann er sie gem § 788 Abs 1 vom Schuldner verlangen (vgl Hansens Büro 87, 1785).

13 **6. Schadensersatzpflicht** (Abs 2 S 2; hierzu Brüne/Liebscher BB 96, 743). Sie kann bei Vorsatz im Einzelfall aus § 826 BGB abgeleitet
14 werden (BGH 98, 291). **a) Voraussetzungen. aa) Entstehen** der Auskunftsobliegenheit (Rn 2, 3). Sie entfällt insbes, wenn dem Drittschuldner durch die Post, nicht durch den Gerichtsvollzieher (vgl Rn 3)
15 zugestellt wurde (LG Tübingen MDR 74, 677). **bb) Verletzung** des Abs 1 durch den Drittschuldner, indem er die Auskunft nicht, unrichtig
16 (zB unvollständig) oder verspätet erteilt. **cc) Kausalität.** Die Obliegen-
17 heitsverletzung (Rn 15) muss für den Schaden kausal sein. **dd) Verschulden** (§§ 276, 278 BGB, BGH 79, 275), sowohl bei unrichtiger (hM; BGH 98, 291) wie bei unterbliebener oder verspäteter Auskunft (BGH 79, 275). Fehlender Hinweis auf bestehende oder mögliche Einwendungen (Rn 10) stellt eine unvollständige Auskunft dar (Benöhr NJW 76, 174). Dies ist insbes bei Lohnpfändung wegen der Ermittlung von Pfändungsfreigrenzen für den Drittschuldner problematisch (vgl hierzu Rixecker Büro 82, 1761). § 254 BGB ist anwendbar (Schuschke/
18 Walker 13) – **b) Umfang:** § 249 BGB, insbes die Kosten eines verlorenen Prozesses, die auch die vor den Arbeitsgerichten entstandenen Anwaltskosten (hM; BAG NJW 90, 2643) sowie Ersatz für Zeitversäumnis umfassen (LAG Kiel NJW 66, 800; LAG Düsseldorf DB 72, 1396; aA BAG NJW 73, 1061), ferner Ausfall infolge unterlassener Maßnahmen gegen den Drittschuldner (BGH 98, 291), die wegen einer unrichtigen (BGH aaO), falsch ergänzenden (BGH NJW 83, 687) oder zu günstigen Auskunft (zB fehlender Hinweis auf Einwendungen) unterblieben sind und die zu einem Vollstreckungserfolg geführt hätten (Benöhr NJW 75, 1731). Nicht: die Kosten eines Hauptsacheverfahrens, das der Gläubiger einer Arrestpfändung gegen den Schuldner durchgeführt hat (BGH 68, 289); der Vermögensschaden des Gläubigers, welcher dadurch entsteht, dass er eine Pfändung aus weiteren Titeln unterlässt (BGH 98, 291). –
19 **c) Geltendmachung.** Für die Klage auf Schadensersatz ist das ordentliche Gericht zuständig, das Arbeitsgericht oder das Sozialgericht nur, wenn die dort erhobene Auskunftsklage auf Schadensersatz wegen falscher oder nicht erteilter Auskunft umgestellt wird (BSG NJW 99, 894; Schuschke/Walker 14 mwN). Darlegungslast des Drittschuldners, insbes einer Bank ist im Prozess erhöht (vgl BGH 86, 23). Die Beweislast für fehlendes Verschulden trägt der Drittschuldner (BGH NJW 81, 990).

§ 841 Pflicht zur Streitverkündung

Der Gläubiger, der die Forderung einklagt, ist verpflichtet, dem Schuldner gerichtlich den Streit zu verkünden, sofern nicht eine Zustellung im Ausland oder eine öffentliche Zustellung erforderlich wird.

Gemeint ist die Forderung gegen den Drittschuldner. Streitverkündung: §§ 72, 73. Wird sie vorgenommen, gelten §§ 74, 68. Wird sie unterlassen, ist Schadensersatzanspruch möglich. **1**

§ 842 Schadenersatz bei verzögerter Beitreibung

Der Gläubiger, der die Beitreibung einer ihm zur Einziehung überwiesenen Forderung verzögert, haftet dem Schuldner für den daraus entstehenden Schaden.

Der Anspruch setzt einen Rechtsverlust des Schuldners gegenüber dem Drittschuldner voraus (BGH NJW 96, 47) Beitreibung: sowohl außergerichtliche Einziehung als auch Klage und ZwVollstr. Verzögern (insbes verjähren lassen) muss schuldhaft geschehen (§§ 276, 278 BGB). Der Schaden ist nach § 249 BGB zu beurteilen. **1**

§ 843 Verzicht des Pfandgläubigers

¹Der Gläubiger kann auf die durch Pfändung und Überweisung zur Einziehung erworbenen Rechte unbeschadet seines Anspruchs verzichten. ²Die Verzichtleistung erfolgt durch eine dem Schuldner zuzustellende Erklärung. ³Die Erklärung ist auch dem Drittschuldner zuzustellen.

1. Verzicht (S 1) ist Prozesshandlung (Einl III). Dem steht die Rücknahme des Antrags (§ 829 Rn 5) gleich (Köln Rpfleger 95, 370). **a) Form:** schriftlich, da Zustellung an Schuldner vorgeschrieben ist (S 2). Als formloses Rechtsgeschäft kann der Verzicht wegen der notwendigen Rechtssicherheit für die Beteiligten, insbes den Drittschuldner, nicht wirksam erklärt werden (StJBrehm 4; aA die hM, insbes BGH NJW 83, 886). Die Erklärung ist auch dem Drittschuldner zuzustellen (S 3). – **b) Umfang.** Verzicht auf die Pfändung umfasst **2** zwangsläufig den auf Überweisung (§ 835 Rn 2). Es kann allein auf Überweisung verzichtet werden (hM) und allein auf Einziehung; auch teilweise, zB durch die Vereinbarung, es werde vom Lohn nur ein bestimmter Betrag, oberhalb der Pfändungsgrenze abgeführt (vgl BAG NJW 75, 1575). **1**

2. Wirkung (S 2). Erst mit der Zustellung an den Schuldner (hierfür unerheblich die an den Drittschuldner, S 3) erlöschen Verstrickung und Pfandrecht, auch ohne Aufhebung des Pfändungs- und Überweisungsbeschlusses, die aber ohne weiteres zulässig ist (StJBrehm 5 mwN). Die Rechte nachrangiger Pfandgläubiger werden dadurch nicht berührt. Sie rücken in die freigewordene Stellung nach. Das gilt insbes auch, wenn der vorrangige Gläubiger auf die Überweisung oder Einziehung nur teilweise verzichtet hat (Rn 2; BAG NJW 75, 1575). **3**

§ 844 Andere Verwertungsart

(1) **Ist die gepfändete Forderung bedingt oder betagt oder ist ihre Einziehung wegen der Abhängigkeit von einer Gegenleistung oder aus anderen Gründen mit Schwierigkeiten verbunden, so kann das Gericht auf Antrag an Stelle der Überweisung eine andere Art der Verwertung anordnen.**

(2) **Vor dem Beschluß, durch welchen dem Antrag stattgegeben wird, ist der Gegner zu hören, sofern nicht eine Zustellung im Ausland oder eine öffentliche Zustellung erforderlich wird.**

1 **1. Voraussetzungen.** Sie entsprechen dem § 825 Rn 2–4. Außerdem muss Abs 1 erfüllt sein. Andere Gründe sind zB Zahlungsunfähigkeit des Drittschuldners, die Rechtsstellung aus einem GmbH-Anteil (hM; Polzius DGVZ 87, 17 [35]) oder Miterbenanteil (Eickmann DGVZ 84, 65), eine Sammelverwahrung (Erk Rpfleger 91, 236).

2 **2. Verfahren. a) Zuständig** ist das Vollstreckungsgericht (§ 828; der Rechtspfleger, § 20 Nr 17 RPflG). Gehör (Abs 2), schriftlich oder mündlich, ist vorgeschrieben. Gegner ist jeder Schuldner oder Gläubi-

3 ger, nie der Drittschuldner. – **b) Anordnung** ergeht durch Beschluss (§ 764 Abs 3). Sie ersetzt den Überweisungsbeschluss (§ 835), steht im Ermessen des Gerichts (Düsseldorf Rpfleger 400), jedoch sind die Voraussetzungen (Rn 1) bindend. Es kann angeordnet werden: freihändiger Verkauf; eine öffentliche Versteigerung (entspr §§ 816 ff) durch den Gerichtsvollzieher; Überweisung an Zahlungs Statt zum Schätzwert. Der für § 817 a maßgebende Wert ist durch das anordnende Vollstreckungsgericht festzusetzen (AG Witzenhausen DGVZ 95, 174 mwN). –

4 **c) Kosten:** § 788 Abs 1. Gebühren § 21 GVKostG; für den RA § 58 Abs 1 BRAGO.

5 **3. Rechtsbehelf.** Es findet sofortige Beschwerde statt (§ 793; § 11 Abs 1 RPflG) für jeden, der beschwert ist, bei Anordnung auch für den Drittschuldner (hM), zB für die GmbH bei gepfändetem Geschäftsanteil (Frankfurt Rpfleger 76, 372). Keine Erinnerung nach § 766, weil eine Entscheidung (§ 793) vorliegt (LG Limburg DGVZ 76, 88).

§ 845 Vorpfändung

(1) [1]**Schon vor der Pfändung kann der Gläubiger auf Grund eines vollstreckbaren Schuldtitels durch den Gerichtsvollzieher dem Drittschuldner und dem Schuldner die Benachrichtigung, daß die Pfändung bevorstehe, zustellen lassen mit der Aufforderung an den Drittschuldner, nicht an den Schuldner zu zahlen, und mit der Aufforderung an den Schuldner, sich jeder Verfügung über die Forderung, insbesondere ihrer Einziehung, zu enthalten.** [2]**Der Gerichtsvollzieher hat die Benachrichtigung mit**

den Aufforderungen selbst anzufertigen, wenn er von dem Gläubiger hierzu ausdrücklich beauftragt worden ist. ³Der vorherigen Erteilung einer vollstreckbaren Ausfertigung und der Zustellung des Schuldtitels bedarf es nicht.

(2) ¹Die Benachrichtigung an den Drittschuldner hat die Wirkung eines Arrestes (§ 930), sofern die Pfändung der Forderung innerhalb eines Monats bewirkt wird. ²Die Frist beginnt mit dem Tage, an dem die Benachrichtigung zugestellt ist.

1. Allgemeines. Die Vorpfändung ist eine private ZwVollstrMaß- 1
nahme des Gläubigers. **a) Zweck.** Es sollen mögliche Verzögerungen
bei § 829 unschädlich gemacht werden. – **b) Anwendbar** ist § 845   1 a
nur bei ZwVollstr wegen Geldforderungen (2 vor § 803) sowie in
Forderungen und sonstige Rechte (§ 846, § 857 Abs 1), soweit sie
nicht der ZwVollstr in das unbewegliche Vermögen unterliegen
(§ 865). § 845 gilt auch nicht, wenn nach § 831 zu pfänden ist (hM;
StJBrehm 26).

2. Voraussetzungen. a) Notwendig sind: **(1)** Vollstreckungstitel 2
auf Geldforderung (Rn 1), also auch Arrestbefehle und einstweilige
Verfügungen nach § 940 Rn 7–11. Nicht notwendig ist, dass der
Gläubiger den Titel in Besitz hat (LG Frankfurt Rpfleger 84, 32).
(2) Die besonderen Voraussetzungen der ZwVollstr (27 vor § 704),
wegen § 720 a aber nicht Sicherheitsleistung (§ 751 Abs 2; KG MDR
81, 412). Es gilt auch nicht die Wartefrist des § 750 Abs 3 (KG aaO;
LG Frankfurt Rpfleger 84, 32; Münzberg DGVZ 79, 164; bestr),
ebenso wenig die 2-Wochenfrist des § 798 (hM; BGH NJW 82,
1150). **(3)** Eintritt der Bedingung im Falle des § 726 Abs 1.
(4) Pfandgegenstand muss eine pfändbare Forderung sein. – **b) Ent-** 3
behrlich sind (Abs 1 S 3): vollstreckbare Ausfertigung des Titels
(§ 724), auch bei Rechtsnachfolge sowie bei §§ 728, 729; Zustellung
des Titels und der Urkunden gem § 726, § 750 Abs 3, § 751 Abs 2,
§§ 756, 765.

3. Durchführung (Abs 1). **a) Zuständig** ist der Gläubiger (Abs 1 4
S 1) oder sein Vertreter, insbes der ProzBev (§ 81). An seiner Stelle der
Gerichtsvollzieher nur (Abs 1 S 2), wenn ihn der Gläubiger ausdrücklich
auch zur Vorpfändung beauftragt. Das ist zweckmäßig, weil der Ge-
richtsvollzieher die Verhältnisse des Schuldners oft besser kennt. Der
Gerichtsvollzieher faßt die Erklärung ab, unterzeichnet, stellt zu (Arnold
MDR 79, 358) und handelt als Vertreter des Gläubigers (Münzberg
DGVZ 79, 163). Die Verantwortung und die Pflicht, die Vorausset-
zungen (Rn 2, 3) zu prüfen, trägt der Gläubiger (Münzberg aaO; aA
Gilleßen/Jakobs DGVZ 79, 103). – **b) Schriftliche Erklärung.** Sie 5
tritt an Stelle des Pfändungsbeschlusses, kann dem Gerichtsvollzieher per
Telefax übermittelt werden (Müller DGVZ 96, 85) und muss enthalten:
(1) Titel und vollstreckbare Forderung. **(2)** Bezeichnung der zu pfändenden Forderung so genau und bestimmt wie § 829 Rn 7 (BGH NJW

01, 2976). **(3)** Benachrichtigung, dass Pfändung bevorstehe. **(4)** Aufforderung an Drittschuldner, nicht an den Schuldner zu zahlen. **(5)** Aufforderung an den Schuldner, nicht mehr über die Forderung zu ver-
6 fügen. – **c) Zustellung** der Erklärung (Rn 5) an den Drittschuldner (§ 829 Rn 24) und an den Schuldner (vgl aber Rn 8) stets und notwendig durch den Gerichtsvollzieher (Abs 1 S 1; LG Hechingen DGVZ 86, 188), der aber dabei nicht zu prüfen hat, ob die Voraussetz-
7 zungen (Rn 2, 3) erfüllt sind. – **d) Hypothekenforderungen** (§ 830). Es bedarf nicht der Briefübergabe oder Eintragung. Sie ist aber, ggf nach Briefvorlage (§ 41 GBO) möglich. Die Eintragung im Grundbuch ist berichtigend.

8 **4. Wirksamkeit** der gesamten Pfändung. Diese setzt voraus: **a) Durchgeführte Vorpfändung.** Sie muss dem Abs 1 entsprechen (Rn 4–7) und die Voraussetzungen (Rn 2) aufweisen. Wirksam wird die Vorpfändung mit Zustellung an den Drittschuldner (vgl Abs 2, § 829 Abs 3). Nur die Aufforderung (Rn 5 aE) und die Zustellung an den Schuldner sind entbehrlich (allgM); jedoch sind diese vorgeschrieben und vorzunehmen, schon um ihm den Rechtsbehelf (Rn 12) zu ermög-
9 lichen. – **b) Fristgemäße Pfändung.** Innerhalb eines Monats muss eine wirksame (§ 829 Rn 26) Vollpfändung nachfolgen (Abs 2). Es kann eine Sicherungspfändung (§ 720 a) sein (BGH 93, 71). Sie muss dieselbe Forderung betreffen, die von der Vorpfändung erfasst wurde (Düsseldorf MDR 74, 409). Andernfalls wird die Vorpfändung nach der Monatsfrist völlig wirkungslos. Fristberechnung: § 222; § 187 BGB. Bei wiederholter Vorpfändung wirkt nur diejenige, die innerhalb der Monatsfrist liegt. Die Wirksamkeit der nachfolgenden Vollpfändung ist von der der Vorpfändung unabhängig. Erhöht sich in der Zwischenzeit die vorgepfändete Forderung, so erstreckt sich die Vollpfändung auf den erhöhten Betrag. Die Vollpfändung unterbleibt wegen § 829 Rn 9, wenn der Drittschuldner nach Vorpfändung bereits gezahlt hat (LG Frankenthal Rpfleger 85, 245).

10 **5. Wirkung.** Sie entspricht einer auflösend bedingten Arrestpfändung (hM; § 930). Auflösende Bedingung ist Unterbleiben der Pfändung innerhalb eines Monats. Verstrickung und Pfandrecht treten also ein (§ 803 Rn 9), sobald die Vorpfändung wirksam durchgeführt ist (Rn 8), bei Buchhypothek nicht ohne Eintragung (Köln Rpfleger 91, 241 mit krit Anm von Hintzen). Sie behalten Umfang und Rang entspr diesem Zeitpunkt (§ 804 Abs 3; BGH NJW 01, 2976). Bis zur Vollpfändung ist noch keine Drittschuldnererklärung abzugeben (§ 840). Unpfändbarkeitsvorschriften (§ 829 Rn 13–18) sind zu beachten.

11 **6. Kosten** einer zulässigen Vorpfändung fallen unter § 788 Abs 1 (dort Rn 19). Gebühren: für RA § 57 Abs 1, § 58 Abs 1 BRAGO; für Gerichtsvollzieher § 16 a GVKostG.

12 **7. Rechtsbehelfe:** § 766 für Gläubiger insbes, wenn der Gerichtsvollzieher die Zustellung ablehnt; § 766 auch für Schuldner und Dritt-

schuldner; für Dritte § 771. Die Vorpfändung kann aber mit dem Ziel, die rangsichernde Wirkung zu beseitigen, mit der Erinnerung (§ 766) nur wegen solcher Mängel erfolgreich angefochten werden, die der nachfolgende Pfändungsbeschluss nicht aufweist (Hamm Rpfleger 71, 113). Ist die Pfändung nicht nachgefolgt, kann die deshalb unwirksam gewordene Vorpfändung nicht mehr zulässig angefochten werden (Köln Rpfleger 91, 261). Ein Beschluss, der die Vorpfändung aufhebt, kann nicht zulässig angefochten werden, weil diese nicht wiederherstellbar ist (Köln DGVZ 89, 39).

§ 846 Zwangsvollstreckung in Herausgabeansprüche

Die Zwangsvollstreckung in Ansprüche, welche die Herausgabe oder Leistung körperlicher Sachen zum Gegenstand haben, erfolgt nach den §§ 829 bis 845 unter Berücksichtigung der nachstehenden Vorschriften.

Herausgabe ist Besitzübertragung. Leistung ist Übereignung. Die Ansprüche können dinglich oder schuldrechtlich sein. Praktisch bedeutsam: Anspruch auf Rückübereignung einer vom Schuldner sicherungsübereigneten Sache (hierzu Noack DGVZ 72, 81). Die Sachen müssen im Pfändungsbeschluss identifizierbar bezeichnet sein. Durchgeführt wird die ZwVollstr nach den Vorschriften für Geldforderungen, insbes also Pfändung nach § 829, Überweisung nach § 835. **1**

§ 847 Herausgabeanspruch auf eine bewegliche Sache

(1) Bei der Pfändung eines Anspruchs, der eine bewegliche körperliche Sache betrifft, ist anzuordnen, daß die Sache an einen vom Gläubiger zu beauftragenden Gerichtsvollzieher herauszugeben sei.

(2) Auf die Verwertung der Sache sind die Vorschriften über die Verwertung gepfändeter Sachen anzuwenden.

1. Allgemeines a) Anwendbar ist § 847 bei Herausgabe- und Leistungsansprüchen (§ 846 Rn 1), die auf bewegliche Sachen, auch Wertpapiere gerichtet sind (§ 808 Rn 1), aber nicht, wenn der § 831 gilt oder der Anspruch ein Recht betrifft (BGH NJW 98, 2969). – **b) Voraussetzungen** Sie entsprechen denen der Forderungspfändung (§ 829 Rn 4). Außerdem darf die Sache nicht gemäß § 811 Abs 1 unpfändbar sein (hM), und zwar mit Bezug auf den Schuldner, nicht den Drittschuldner. – **c) Durchführung** der Pfändung erfolgt gemäß § 829 (dort Rn 19–25; vgl § 176 GVGA). Hinzu tritt die Anordnung, an den Gerichtsvollzieher herauszugeben (Abs 1). Unterbleibt diese Anordnung, ist die Pfändung trotzdem wirksam. Bei mehrfacher Pfändung gilt § 854. **1** **2** **3**

2. Wirkung einer wirksamen Pfändung (wie § 829 Rn 26–30) sind Verstrickung und Pfändungspfandrecht (§ 829 Rn 31). Sie treten ein: **4**

a) Mit Pfändung des Anspruchs. Es ist nur das Recht, nicht die Sache gepfändet. Der Drittschuldner darf aber nicht hinterlegen oder an Schuldner und Gläubiger gemeinsam leisten, sondern nur an den Gerichtsvollzieher herausgeben (StJBrehm 8). Auch auf Grund der Überweisung (§ 835) darf der Gläubiger nur Herausgabe an den
6 Gerichtsvollzieher verlangen. – **b) Mit Herausgabe** an den Gerichtsvollzieher. Diese kann vom Drittschuldner nicht etwa auf Grund des Pfändungsbeschlusses erzwungen werden, sondern nur durch einen neuen Titel über § 883. Es entsteht ohne weiteres an der Sache Verstrickung und Pfandrecht (vgl § 848 Abs 2 S 2; BGH 67, 378), auch wenn nach § 831 hätte gepfändet werden müssen (BGH MDR 80, 1016). War der Schuldner vorher nicht Eigentümer und ging sein Anspruch auf Übereignung, so erwirbt er Eigentum, wobei ihn der Gerichtsvollzieher vertritt (vgl § 848 Abs 2 S 1). Gibt der Schuldner die Sache freiwillig an einen anderen Vollstreckungsgläubiger heraus, wird dadurch die ZwVollstr nicht beendet (29 vor § 704; BGH NJW 79, 373).

7 **3. Sonstiges. a) Verwertung** (Abs 2) erfolgt, wie wenn die Sache beim Schuldner gepfändet wäre, nach §§ 814–825. – **b) Gebühren:** für Gericht KV 1640; für RA § 57 Abs 1, § 58 I BRAGO; für Gerichtsvollzieher § 18 GVKostG. – **c) Rechtsbehelfe:** wie § 829 Rn 52–56. Für Dritte, die Rechte an der Sache haben, Klage gemäß § 771 schon ab Pfändung des Anspruchs.

§ 847 a Herausgabeanspruch auf ein Schiff

(1) **Bei der Pfändung eines Anspruchs, der ein eingetragenes Schiff betrifft, ist anzuordnen, daß das Schiff an einen vom Vollstreckungsgericht zu bestellenden Treuhänder herauszugeben ist.**

(2) **[1]Ist der Anspruch auf Übertragung des Eigentums gerichtet, so vertritt der Treuhänder den Schuldner bei der Übertragung des Eigentums. [2]Mit dem Übergang des Eigentums auf den Schuldner erlangt der Gläubiger eine Schiffshypothek für seine Forderung. [3]Der Treuhänder hat die Eintragung der Schiffshypothek in das Schiffsregister zu bewilligen.**

(3) **Die Zwangsvollstreckung in das Schiff wird nach den für die Zwangsvollstreckung in unbewegliche Sachen geltenden Vorschriften bewirkt.**

(4) **Die vorstehenden Vorschriften gelten entsprechend, wenn der Anspruch ein Schiffsbauwerk betrifft, das im Schiffsbauregister eingetragen ist oder in dieses Register eingetragen werden kann.**

1   Entspricht dem § 848. Treuhänder entspricht Sequester (§ 848 Rn 1).

§ 848 Herausgabeanspruch auf eine unbewegliche Sache

(1) **Bei Pfändung eines Anspruchs, der eine unbewegliche Sache betrifft, ist anzuordnen, daß die Sache an einen auf Antrag des Gläubigers vom Amtsgericht der belegenen Sache zu bestellenden Sequester herauszugeben sei.**

(2) ¹**Ist der Anspruch auf Übertragung des Eigentums gerichtet, so hat die Auflassung an den Sequester als Vertreter des Schuldners zu erfolgen.** ²**Mit dem Übergang des Eigentums auf den Schuldner erlangt der Gläubiger eine Sicherungshypothek für seine Forderung.** ³**Der Sequester hat die Eintragung der Sicherungshypothek zu bewilligen.**

(3) **Die Zwangsvollstreckung in die herausgegebene Sache wird nach den für die Zwangsvollstreckung in unbewegliche Sachen geltenden Vorschriften bewirkt.**

1. Allgemeines. Zu unterscheiden sind: **a) Ansprüche.** Gepfändet 1 werden die auf Herausgabe oder Leistung einer unbeweglichen Sache (§ 864), insbes der Auflassungsanspruch (Abs 2; Rn 5) nach den Grundsätzen von § 847 Rn 1. An Stelle des Gerichtsvollziehers tritt ein Sequester (verwaltender Treuhänder). Bei mehrfacher Pfändung gilt § 855. Nicht anwendbar ist § 866 Abs 3 (hM). – **b) Anwartschafts-** 2 **rechte.** Diese können schon vor Eintragung im Grundbuch (nach § 857) gepfändet werden, auch zusammen mit dem Anspruch auf Übereignung (Rn 5; Frankfurt NJW-RR 97, 1309), wenn die Auflassung bereits erklärt, der Antrag auf Eintragung beim GBA gestellt und (oder) eine Auflassungsvormerkung eingetragen ist (hM; BGH 49, 197 und 106, 108). Der Pfändungsbeschluss muss nicht dem Eigentümer zugestellt werden. § 829 Abs 2, 3 gilt auch nicht entspr (hM). Die Wirkung einer solchen Pfändung entfällt mit Zurückweisung des Umschreibungsantrags, weil damit auch das Anwartschaftsrecht erlischt (BGH Rpfleger 75, 432). Die Pfändung des Anspruchs auf Übereignung (Auflassungsanspruch, Rn 5) wird dadurch nicht berührt oder ausgeschlossen (hM).

2. Sequesterbestellung (Abs 1) erfolgt durch Beschluss nur auf 3 Antrag des Gläubigers. Zuständig ist das AG (Rechtspfleger, § 20 Nr 17 RPflG), in dessen Bezirk das Grundstück liegt. Ist das Gericht auch zur Pfändung zuständig, kann die Sequesterbestellung damit verbunden werden. Der Sequester (eine geeignete natürliche oder juristische Person) kann nicht gezwungen werden, das Amt zu übernehmen. Seine Vergütung wird durch das Gericht festgesetzt (§ 153 ZVG entspr; hM). Kosten: § 788 Abs 1. Gebühren: für Gericht KV 1640; für RA § 57 Abs 1, § 58 Abs 2 Nr 4 BRAGO. Rechtsbehelfe: gegen Ernennung § 766; gegen Ablehnung des Antrags § 11 Abs 1 RPflG, § 793.

3. Pfändung des Herausgabeanspruchs ist mit Herausgabe an den 4 Sequester vollzogen und erledigt. Eine Sicherungshypothek (Abs 2) entsteht nicht. Daher und wegen Abs 3, § 17 Abs 1, § 146 ZVG hat diese Pfändung dann Sinn, wenn der Gläubiger dem Drittschuldner den Besitz entziehen will oder damit der Drittschuldner das Grundstück nicht an den Schuldner herausgeben muss.

5   **4. Pfändung des Übereignungsanspruchs** (Abs 2; Eigentumsverschaffungsanspruch) ist zu unterscheiden von der Pfändung des Anwartschaftsrechts (Rn 2). **a) Übereignung.** Der Anspruch kann insbes auf § 433 Abs 1 BGB beruhen. Eine bereits erklärte Auflassung steht der Pfändung nicht entgegen (Jena Rpfleger 96, 100), da der Anspruch bis zur Eintragung des neuen Eigentümers im Grundbuch fortbesteht (Frankfurt NJW-RR 97, 1308). Verweigert der Drittschuldner die Übereignung, muss der Gläubiger klagen. Übereignet wird nach § 873 Abs 1, § 925 BGB an den Schuldner, der dabei durch den Sequester vertreten wird (Abs 2 S 1), so dass der Schuldner bei der Auflassung 6 nicht mitwirken muss (BGH WM 78, 12). – **b) Sicherungshypothek** (Abs 2 S 2). Mit Eigentumserwerb des Schuldners entsteht kraft Gesetzes für den Gläubiger eine Sicherungshypothek (§ 1184 BGB). Gesichert sind Vollstreckungsforderung und Kosten der ZwVollstr. Die (berichtigende) Eintragung beantragt der Gläubiger im GBO-Verfahren. Die Bewilligung (§ 19 GBO) gibt der Sequester ab (Abs 2 S 3). Die Sicherungshypothek entsteht nur bei wirksamer Pfändung des Anspruchs (allgM), jedoch ist der Eigentumsübergang auf den Schuldner davon unabhängig (bestr). Eine für den Erwerb bewilligte Kaufgeldhypothek geht der Sicherungshypothek im Range vor (allgM; BayObLG Rpfleger 72, 182).

7   **5. Sonstiges. a) Verwertung** über Abs 3 nach § 866 Abs 1 durch Zwangsversteigerung oder Zwangsverwaltung. – **b) Gebühren:** KV 1640; § 57 Abs 1, § 58 Abs 2 Nr 4 BRAGO). – **c) Rechtsbehelfe:** wie § 847 Rn 7; außerdem im Verfahren des Grundbuchamts die Beschwerde (§ 71 GBO).

§ 849 Keine Überweisung an Zahlungs statt

Eine Überweisung der im § 846 bezeichneten Ansprüche an Zahlungs Statt ist unzulässig.

1   Bezieht sich auf die praktisch bedeutungslose Überweisungsart des § 835 Abs 1 2. Alt; dort Rn 5.

§ 850 Pfändungsschutz für Arbeitseinkommen

(1) Arbeitseinkommen, das in Geld zahlbar ist, kann nur nach Maßgabe der §§ 850 a bis 850 i gepfändet werden.

(2) Arbeitseinkommen im Sinne dieser Vorschrift sind die Dienst- und Versorgungsbezüge der Beamten, Arbeits- und Dienstlöhne, Ruhegelder und ähnliche nach dem einstweiligen oder dauernden Ausscheiden aus dem Dienst- oder Arbeitsver-

hältnis gewährte fortlaufende Einkünfte, ferner Hinterbliebenen-
bezüge sowie sonstige Vergütungen für Dienstleistungen aller
Art, die die Erwerbstätigkeit des Schuldners vollständig oder zu
einem wesentlichen Teil in Anspruch nehmen.

(3) Arbeitseinkommen sind auch die folgenden Bezüge, soweit
sie in Geld zahlbar sind:

a) Bezüge, die ein Arbeitnehmer zum Ausgleich für Wettbewerbsbeschränkungen für die Zeit nach Beendigung seines
Dienstverhältnisses beanspruchen kann;

b) Renten, die auf Grund von Versicherungsverträgen gewährt
werden, wenn diese Verträge zur Versorgung des Versicherungsnehmers oder seiner unterhaltsberechtigten Angehörigen eingegangen sind.

(4) Die Pfändung des in Geld zahlbaren Arbeitseinkommens
erfaßt alle Vergütungen, die dem Schuldner aus der Arbeits-
oder Dienstleistung zustehen, ohne Rücksicht auf ihre Benennung oder Berechnungsart.

1. Allgemeines. Die Pfändung von Arbeitseinkommen ist durch 1
§§ 850 a–k beschränkt. Diese sind sozialpolitische Schutzvorschriften
und auch im öffentlichen Interesse erlassen. Sie sind daher von Amts
wegen (12 vor § 253) zu beachten (allg M), auf Antrag nur die Ausnahmen § 850 f Abs 1, § 850 i Abs 1, § 850 k. **a) Unabdingbarkeit.** 2
Ein Verzicht auf den Pfändungsschutz oder eine Vereinbarung zuungunsten des Schuldners sind unzulässig; eine Verwirkung ist ausgeschlossen. –
b) Pfändung erfolgt gemäß § 829. Maßgebender Zeitpunkt für die 3
Feststellung der Unpfändbarkeit ist derjenige der Pfändung, bei künftigen Forderungen (vgl § 832) ist es deren Fälligkeit (StJBrehm 13). –
c) Art der Forderung. Die Lohn- oder Gehaltsforderungen (gegen 4
den Arbeitgeber) sind durch die §§ 850–850 h geschützt, sonstige
Dienstleistungsvergütungen durch § 850 i, Forderungen gegen Geld-
institute auf Konten aus Dienst- und Arbeitseinkommen durch § 850 k.
Das ausbezahlte Geld ist nach Maßgabe des § 811 Abs 1 Nr 8 unpfändbar. – **d) Verstöße.** Wird entgegen den §§ 850 a–k gepfändet, ist die 5
Pfändung wirksam, aber anfechtbar (§ 766), begründet bis zur Aufhebung Verstrickung und Pfandrecht (§ 803 Rn 9–11; StJBrehm 19;
bestr).

2. Arbeitseinkommen. Der Begriff ergibt sich aus Abs 2 Hs 1: aus 6
Dienst- und Arbeitsverträgen (§ 611 BGB), gleichgültig ob Haupt- oder
Nebenberuf, einschließlich des fortgezahlten Bezüge (Rn 11). **a) Dazu
gehören:** Abfindungen nach §§ 9, 10 KSchG (BAG MDR 80, 346)
und aus § 112 BetrVG (Sozialplanabfindung, BAG NJW 92, 1664),
Bezüge von Vorstandsmitgliedern einer AG (BGH NJW 78, 756) und
Geschäftsführern einer GmbH (Rostock NJW-RR 95, 173); neben
Beamten auch Richter, bei Soldaten deren Wehrsold (hM; Musielak/
Becker 3 mwN). Leistungen der Altersversorgung stellen ebenfalls

Dienst- und Arbeitsentgelt dar (BAG NZA 91, 157). – **b) Nicht dazu
gehören:** bei Gehaltsumwandlung die Versicherungsprämie anstelle des
Lohns (BAG NZA 98, 707), der aus der Arbeitsleistung eines Straf-
gefangenen stammende Anspruch auf Auszahlung des Eigengeldes
(Karlsruhe Rpfleger 94, 370 mwN; Schleswig Rpfleger 95, 30;
StJBrehm 28).

7   **3. Sonstige Vergütungen** (Abs 2 S 2. Hs) sind ebenfalls Arbeitseinkommen. Es handelt sich um Rechtsverhältnisse für Dienstleistungen in
wirtschaftlicher und sozialer Selbständigkeit mit einem oder mehreren
Vertragspartnern (insbes Auftraggeber, Dienstberechtigte), sofern die
Vergütungen (insbes Provision) wiederkehrend, aber nicht notwendig in
gleichen Abständen und Beträgen zahlbar sind. Bsp: Handelsvertreter
(Treffer MDR 98, 384); Ärzte; Zahnärzte (vgl BGH 96, 324); Architekten, Steuerberater und -bevollmächtigte, RAe, Wirtschaftsprüfer; auch
fortlaufend gezahlter Werklohn, soweit dadurch die Erwerbstätigkeit des
Schuldners zum wesentlichen Teil in Anspruch genommen wird (BAG
Rpfleger 75, 220).

8   **4. Fortlaufende Bezüge** (Abs 3). Sie sind Arbeitseinkommen iS des
Abs 1. **a) Karenzentschädigungen** (lit a). Das sind Vergütungen für
pflichtgemäß unterlassene Erwerbstätigkeit, insbes aus § 74 HGB. –
9   **b) Versicherungsrenten** (lit b): nur solche, die ein Ruhegehalt oder
die Hinterbliebenenversorgung, die unter Abs 2 fallen (Rn 6), ersetzen
oder ergänzen, aber nicht von Selbständigen (LG Braunschweig
NJW-RR 98, 1690), insbes nicht Kapitallebensversicherungen (hM;
BFH NJW 92, 527 mwN) und Berufsunfähigkeitszusatzversicherung
(Oldenburg NJW-RR 94, 479; bestr). Für Sozialversicherungsrenten
gilt über § 850 i Abs 4 das SGB I. Unterhalts- und Schadensersatzrenten
9 a fallen unter § 850 b Nr 2. – **c) Umfang:** Die gesamte Vergütung nach
Abzug von Sozialversicherungsbeiträgen und Steuern.

10   **5. Abgrenzung** (Abs 4). Die jeweils gewählte Bezeichnung der Vergütung ist unerheblich. Maßgebend ist allein, dass es sich um Dienst(Ar-
11   beits)leistungsentgelt handelt (Rn 6–9). **a) Fortgezahlte Vergütung:**
bei Krankheit (EntgeltfortzahlungsG und § 616 BGB). Urlaubsentgelt
(Palandt § 611 Rn 140) und Urlaubsabgeltung (Palandt § 611 Rn 144)
gehören zum gewöhnlichen Dienst(Arbeits)entgelt (vgl Gaul NZA 87,
473), so dass dafür Rn 6 gilt. Die daraus folgende Pfändbarkeit ist nicht
unbestritten (vgl zum Meinungsstand Hohmeister BB 95, 2110; Pfeifer
12   NZA 96, 738) – **b) Lohnsteuerjahresausgleich** (Antragsveranlagung).
Dieser öffentlichrechtliche Anspruch ist kein Arbeitseinkommen. Er
wird von dessen Pfändung nicht erfasst und unterliegt bei der Pfändung
nicht den Beschränkungen der §§ 850 ff (hM). Er ist pfändbar wie
andere Steuererstattungsansprüche (§ 829 Rn 19). Drittschuldner ist das
zuständige Finanzamt (§ 46 Abs 7 AO), der Arbeitgeber nur dann, wenn
er den Lohnsteuerjahresausgleich durchführt (ZöStöber § 829 Rn 33).
Auf Antrag ist im Pfändungs- und Überweisungsbeschluss auch die
Herausgabe der Lohnsteuerkarte an den Gläubiger anzuordnen (vgl

§ 836 Rn 16). – **c) Vermögensbildung von Arbeitnehmern.** 13
aa) Vermögenswirksame Leistungen. Der Anspruch gegen den Arbeitgeber auf vermögenswirksame Leistungen ist Arbeitseinkommen und bis zur Höhe von jährlich 624 oder 936 DM unübertragbar (§ 2 Abs 7 5. VermögensbildungsG idF vom 4. 3. 94 BGBl 407) somit wegen § 851 unpfändbar. Kein Arbeitseinkommen und pfändbar ist das angelegte Geld, insbes das Sparguthaben (hM). Es darf auch vor Ablauf der Sperrfrist gekündigt und verwertet werden. **bb) Arbeitnehmer-** 14
Sparzulage (vom Staat gewährt) gem § 13 5. VermögensbildungsG (idF vom 4. 3. 94 BGBl 407). Da sie nicht Arbeitseinkommen ist (§ 13 Abs 3), sondern dieses voraussetzt, wird sie von einer Pfändung des Arbeitseinkommens nicht erfasst. Drittschuldner ist das Finanzamt.

6. Rechtsbehelfe. In allen Fällen der Lohnpfändung gilt grundsätz- 15
lich § 829 Rn 52–56. Besonderheiten bestehen, wenn wegen Unterhaltsansprüchen gepfändet wird (§ 850 d Rn 6).

§ 850 a Unpfändbare Bezüge

Unpfändbar sind
1. zur Hälfte die für die Leistung von Mehrarbeitsstunden gezahlten Teile des Arbeitseinkommens;
2. die für die Dauer eines Urlaubs über das Arbeitseinkommen hinaus gewährten Bezüge, Zuwendungen aus Anlaß eines besonderen Betriebsereignisses und Treuegelder, soweit sie den Rahmen des Üblichen nicht übersteigen;
3. Aufwandsentschädigungen, Auslösungsgelder und sonstige soziale Zulagen für auswärtige Beschäftigungen, das Entgelt für selbstgestelltes Arbeitsmaterial, Gefahrenzulagen sowie Schmutz- und Erschwerniszulagen, soweit diese Bezüge den Rahmen des Üblichen nicht übersteigen;
4. Weihnachtsvergütungen bis zum Betrage der Hälfte des monatlichen Arbeitseinkommens, höchstens aber bis zum Betrage von 500 Euro;
5. Heirats- und Geburtsbeihilfen, sofern die Vollstreckung wegen anderer als der aus Anlaß der Heirat oder der Geburt entstandenen Ansprüche betrieben wird;
6. Erziehungsgelder, Studienbeihilfen und ähnliche Bezüge;
7. Sterbe- und Gnadenbezüge aus Arbeits- oder Dienstverhältnissen;
8. Blindenzulagen.

Nr 4 geändert mWv 1. 1. 2002 durch Art 1 Nr 2 7. PfändungsfreigrenzenG.

1. Allgemeines. Das pfändbare Einkommen wird ohne die in 1
§ 850 a aufgeführten Bezüge berechnet. (§ 850 e Nr 1). Sie dürfen nicht für sich allein gepfändet werden. Die Pfändung des Arbeitseinkommens erstreckt sich nicht darauf, auch wenn sie der Pfändungsbeschluss im Pfändungsausspruch (§ 829 Rn 21) nicht ausdrücklich ausnimmt. Die

Berechnung obliegt dem Drittschuldner. Es sind die Nettobezüge bei der Berechnung zugrundezulegen (§ 850 e Nr 1). Ausnahmen für Nr 1, 2, 4 sind in § 850 d Abs 1 angeordnet. Streit zwischen Gläubiger und Drittschuldner über (Un)Pfändbarkeit wird nach § 766 entschieden.

2   **2. Anwendungsbereich. a) Nr 1:** Mehrarbeit ist die über die vertragliche Arbeitszeit eines Vollarbeitsverhältnisses hinaus geleistete Arbeit, insbes Überstunden. Darunter fällt auch die Tätigkeit bei einem anderen Arbeitgeber als Nebenverdienst. Dies gilt aber nicht, wenn
3   Schwarzarbeit vorliegt. – **b) Nr 2:** Urlaubsentgelt und -abgeltung fallen nicht darunter (§ 850 Rn 11), nur das vom Arbeitgeber zusätzlich zu Lohn und Gehalt gewährte Urlaubsgeld. Der Rahmen des Üblichen ist nicht am betreffenden, sondern allgemein an gleichartigen Unternehmen zu messen. Eine entsprechende Anwendung der Grenzen der Nr 4 ist gerechtfertigt (Henze Rpfleger 80, 456; aA Pfeifer NZA 96, 738). –
4   **c) Nr 3:** Im Rahmen des Üblichen hält sich das, was in der Höhe der nach den Lohnsteuerrichtlinien anerkannten lohnsteuerfreien Pauschbeträge liegt. Aufwandsentschädigungen sind insbes Reisespesen, Trennungsentschädigungen, Berufskleidungs-, Schmutz- und Erschwerniszulagen, auch Vergütung für ehrenamtliche Tätigkeit (ZöStöber 7 aE). Mehrere Aufwandsentschädigungen, die dem selben Zweck dienen, sind zusammenzurechnen (BezG Frankfurt/Oder Rpfleger 93, 457). Nr 3 ist unanwendbar bei Pfändung von Ansprüchen eines Zahnarztes gegen die kassenärztliche Vereinigung; es ist über § 850 f Abs 1 a zu verfahren
5   (BGH 96, 324 = JZ 86, 498 mit Anm von Brehm). – **d) Nr 4:** Der überschießende Betrag ist dem Arbeitseinkommen (§ 850) hinzuzurechnen. Nr 4 gilt auch, wenn die Weihnachtsvergütung mit Vorbehalt für
6   die Zukunft gewährt wird. – **e) Nr 5** ist entsprechend anzuwenden für Beihilfen, die aus solchem Anlass im öffentlichen Dienst gewährt werden
7   (LG Münster Rpfleger 94, 473). – **f) Nr 6:** Kindergeld und die Ausbildungsvergütung (§ 10 BerBiG) gehören nicht dazu (hM), auch nicht Erziehungsgeld, das auf Grund des BErzGG bezahlt wird (Hamm Rpfle-
8   ger 88, 31). Gleichgültig ist, wem das Geld zufließt. – **g) Nr 7:** Der Bezieher muss nicht Erbe sein. Umfaßt auch die den Hinterbliebenen gewährten 3-Monats-Bezüge nach dem Tod, insbes von Beamten, nicht die unter § 850 b Abs 1 Nr 4 fallenden Bezüge. – **h) Nr. 8:** Kann nur diejenigen Zulagen betreffen, die nicht schon auf Grund von Sozialgesetzen unpfändbar sind.

§ 850 b Bedingt pfändbare Bezüge

(1) **Unpfändbar sind ferner**
1. **Renten, die wegen einer Verletzung des Körpers oder der Gesundheit zu entrichten sind;**
2. **Unterhaltsrenten, die auf gesetzlicher Vorschrift beruhen, sowie die wegen Entziehung einer solchen Forderung zu entrichtenden Renten;**

3. fortlaufende Einkünfte, die ein Schuldner aus Stiftungen oder sonst auf Grund der Fürsorge und Freigebigkeit eines Dritten oder auf Grund eines Altenteils oder Auszugsvertrags bezieht;

4. Bezüge aus Witwen-, Waisen-, Hilfs- und Krankenkassen, die ausschließlich oder zu einem wesentlichen Teil zu Unterstützungszwecken gewährt werden, ferner Ansprüche aus Lebensversicherungen, die nur auf den Todesfall des Versicherungsnehmers abgeschlossen sind, wenn die Versicherungssumme 3579 Euro nicht übersteigt.

(2) Diese Bezüge können nach den für Arbeitseinkommen geltenden Vorschriften gepfändet werden, wenn die Vollstreckung in das sonstige bewegliche Vermögen des Schuldners zu einer vollständigen Befriedigung des Gläubigers nicht geführt hat oder voraussichtlich nicht führen wird und wenn nach den Umständen des Falles, insbesondere nach der Art des beizutreibenden Anspruchs und der Höhe der Bezüge, die Pfändung der Billigkeit entspricht.

(3) Das Vollstreckungsgericht soll vor seiner Entscheidung die Beteiligten hören.

Abs 1 Nr 4 ist geändert mWv 1. 1. 2002 durch Art 1 Nr 3 7. PfändungsfreigrenzenÄndG.

1. Allgemeines. Die Bezüge des § 850 b sind grundsätzlich un- **1** pfändbar (Abs. 1). Insoweit gilt § 850 a Rn 1. Die Unpfändbarkeit setzt sich am Auszahlungsanspruch gegen den bevollmächtigten Empfänger fort (BGH 113, 90). Ausnahmsweise pfändbar sind die Bezüge nach Abs 2 wie Arbeitseinkommen (§ 850) gemäß § 850 c oder § 850 d.

2. Voraussetzungen einer Pfändung (Abs 2): **a) Unvollständige** **1 a** **Befriedigung** des Gläubigers (wie § 807 Rn 7, 8). – **b) Billigkeit** der Pfändung des Anspruchs. Das ist wegen Abs 1 die Ausnahme. Im Rahmen der Billigkeit sind auch die wirtschaftlichen Verhältnisse des Gläubigers und der Zweck zu berücksichtigen, dem das beizutreibende Geld dient. Bei freiwilligen Leistungen Dritter (Nr 3) kommt es auf deren Willen an (Köln FamRZ 94, 1272).

3. Verfahren. a) Zuständig ist, auch bei Abtretung (BGH NJW 70, **2** 282), das Vollstreckungsgericht (§ 828; der Rechtspfleger, § 20 Nr 17 RPflG), aber nicht außerhalb eines Vollstreckungsverfahrens (LG Hamburg MDR 84, 1035). – **b) Gehör** (Abs 3) soll, entgegen § 834, auch **3** dem Schuldner gewährt werden, außerdem jedem Dritten, der betroffen wird. Das Unterlassen der Anhörung muss durch konkrete Umstände begründet sein; kein freies Ermessen. – **c) Tatsachengrundlage.** Der **4** Gläubiger muss für die Billigkeit der Pfändung nur soviel an Tatsachen vortragen, wie ihm zugemutet werden kann. Es besteht Äußerungslast des Schuldners (Hamm NJW 79, 1369). Die Tatsachen für Abs 2 müssen bewiesen, nicht nur glaubhaft gemacht sein (Hamm MDR 75, 587). Die Beweislast trägt der Gläubiger. – **d) Entscheidung** Entweder ist Pfän- **5** dungsbeschluss (§ 829) zu erlassen oder der Antrag abzulehnen. Ein sog

Blankettbeschluss (§ 850 c Rn 2) ist unzulässig und daher unwirksam (Hülsmann NJW 95, 1521). Im Falle der Anhörung (Abs 3) ist der Beschluss zu begründen (LG Düsseldorf Büro 83, 1575). Zustellung
6 wegen § 329 Abs 3. – **e) Rechtsbehelf:** sofortige Beschwerde gegen den Beschluss des Rechtspflegers (§ 11 Abs 1 RPflG; § 793); auch gegen den Pfändungsbeschluss, für jeden Beteiligten (Abs 3; Rn 3).

7   **4. Anwendungsbereich** (Abs 1). In allen Fällen werden auch die rückständigen Leistungen erfasst. **a) Nr 1.** **Renten,** sowohl bei gesetzlicher als auch bei vertraglicher Grundlage (BGH 70, 206), insbes gem § 843 BGB, § 13 StVG sowie die Berufsunfähigkeitszusatzversicherung (Oldenburg NJW-RR 94, 479; Hülsmann MDR 94, 537). Das gilt auch wenn die Beträge als Rückstände in einer Summe gezahlt werden (BGH NJW 88, 819). Für Sozialleistungen gilt Unpfändbarkeit gem § 54 Abs 1
8 Nr 3 SGB I. – **b) Nr 2. Unterhalt. aa) Allgemein:** alle Forderungen, die auf Grund gesetzlicher Unterhaltsverpflichtung geschuldet werden, selbst wenn vertraglich ausgestaltet, auch einmalige Zahlungen (BGH NJW 97, 1441); Unterhaltsrückstände (Bamberg FamRZ 96, 1487); der Unterhaltsanspruch des Ehegatten gem §§ 1360, 1360 a BGB als einmalige Unterhaltsleistung (Sonderbedarf), ohne als Geldrente konkretisiert zu sein (Düsseldorf FamRZ 82, 498; bestr). Pfändbar ist ein Freistellungsanspruch (vgl KG MDR 80, 676) und die zur Erfüllung des Unterhaltsanspruchs abgetretene Rente (hM; vgl Stuttgart Rpfleger 85, 338). Mit dem 2. Hs der Nr 2 ist § 844 BGB gemeint. **bb) Taschengeldanspruch** des Ehegatten ist (auch als unselbständiger Teil des Unterhaltsanspruchs) pfändbar; wenn er als bestimmter oder bestimmbarer Anspruch ausgestaltet ist (hM; Köln NJW 93, 3335 mwN; KG NJW 00, 149; Büttner FamRZ 94, 1433 mwN; Scherer DGVZ 95, 81 mwN; aA LG Braunschweig Rpfleger 97, 394) und so bezeichnet (Karlsruhe Büro 92, 570), auch in der Höhe (Büttner aaO) aber nur bis zu einem gewissen Restbetrag (Karlsruhe aaO: $^3/_{10}$; vgl Mayer Rpfleger 90, 281 mwN), nach Sauer/Meiendresch FamRZ 94, 1441 nur, soweit er den Freibetrag des § 850 c übersteigt (bestr). Die Pfändung kann auch wegen der Höhe an Abs 2 scheitern (vgl LG Köln NJW-RR 92, 835), weil sie oft unbillig ist (hierzu Stuttgart Rpfleger 97, 447; Nürnberg Rpfleger 98, 294; Sauer/Meiendresch aaO mwN). Zur Prüfung der Voraussetzungen: Celle NJW 91, 1960; zur Darlegungslast: Hamm FamRZ 89, 616.
9 **c) Nr 3. Fortlaufende Einkünfte:** auch auf letztwilliger Verfügung beruhende, aber nicht die als Vorerbe bezogenen Einkünfte (LG Gießen Rpfleger 00, 169); Altenteile; dinglich gesichert oder schuldrechtlich vereinbart (BGH NJW 70, 282). Es wird eine persönliche Beziehung vorausgesetzt; daher fällt eine Rente aus Restkaufpreis nicht darunter
10 (Hamm OLGZ 70, 49). Bei freiwilliger Leistung vgl Rn 1. – **d) Nr 4. Unterstützungsbezüge** (aus öffentlichen und privaten Kassen), nur vertragliche; auch das Pflegegeld; dieses ist idR gemäß Abs 2 (vgl Rn 1 a) unpfändbar (Sauer/Meiendresch NJW 96, 765). Auch einmalige Leistungen (KG Rpfleger 85, 73 mwN; bestr). Bei gesetzlichen Sozial-

leistungen, insbes Krankengeld aus der Sozialversicherung, (Köln NJW 89, 2956) gelten jedoch die §§ 18–29 SGB I (§ 829 Rn 14). Lebensversicherung: Pfändbarkeit tritt nach dem Tode des bisherigen Bezugsberechtigten ein (KG aaO). Wegen des niedrigen Freibetrags hat Nr 4 nur noch geringe praktische Bedeutung. Mehrere Versicherungsforderungen werden zusammengerechnet (hM; vgl Smid NJW 92, 1935).

§ 850 c Pfändungsgrenzen für Arbeitseinkommen

(1) [1]Arbeitseinkommen ist unpfändbar, wenn es, je nach dem Zeitraum, für den es gezahlt wird, nicht mehr als

930 Euro monatlich,
217,50 Euro wöchentlich oder
43,50 Euro täglich

beträgt.
[2]Gewährt der Schuldner auf Grund einer gesetzlichen Verpflichtung seinem Ehegatten, einem früheren Ehegatten, seinem Lebenspartner, seinem früheren Lebenspartner oder einem Verwandten oder nach §§ 1615 l, 1615 n des Bürgerlichen Gesetzbuchs einem Elternteil Unterhalt, so erhöht sich der Betrag, bis zu dessen Höhe Arbeitseinkommen unpfändbar ist, auf bis zu

2060 Euro monatlich,
478,50 Euro wöchentlich oder
96,50 Euro täglich,

und zwar um

350 Euro monatlich,
81 Euro wöchentlich oder
17 Euro täglich

für die erste Person, der Unterhalt gewährt wird, und um je

195 Euro monatlich,
45 Euro wöchentlich oder
9 Euro täglich

für die zweite bis fünfte Person.

(2) [1]Übersteigt das Arbeitseinkommen den Betrag, bis zu dessen Höhe es je nach der Zahl der Personen, denen der Schuldner Unterhalt gewährt, nach Absatz 1 unpfändbar ist, so ist es hinsichtlich des überschießenden Betrages zu einem Teil unpfändbar, und zwar in Höhe von drei Zehnteln, wenn der Schuldner keiner der in Absatz 1 genannten Personen Unterhalt gewährt, zwei weiteren Zehnteln für die erste Person, der Unterhalt gewährt wird, und je einem weiteren Zehntel für die zweite bis fünfte Person. [2]Der Teil des Arbeitseinkommens, der 2851 Euro monatlich (658 Euro wöchentlich, 131,58 Euro täglich) übersteigt, bleibt bei der Berechnung des unpfändbaren Betrages unberücksichtigt.

(2 a) [1]Die unpfändbaren Beträge nach Absatz 1 und Absatz 2 Satz 2 ändern sich jeweils zum 1. Juli eines jeden zweiten Jahres, erstmalig zum 1. Juli 2003, entsprechend der im Vergleich zum jeweiligen Vorjahreszeitraum sich ergebenden prozentualen Entwicklung des Grundfreibetrages nach § 32 a Abs. 1 Nr. 1 des Einkommensteuergesetzes; der Berechnung ist die am 1. Januar des jeweiligen Jahres geltende Fassung des § 32 a Abs. 1 Nr. 1 des Einkommensteuergesetzes zugrunde zu legen. [2]Das Bundesministerium der Justiz gibt die maßgebenden Beträge rechtzeitig im Bundesgesetzblatt bekannt.

(3) [1]Bei der Berechnung des nach Absatz 2 pfändbaren Teils des Arbeitseinkommens ist das Arbeitseinkommen, gegebenenfalls nach Abzug des nach Absatz 2 Satz 2 pfändbaren Betrages, wie aus der Tabelle ersichtlich, die diesem Gesetz als Anlage beigefügt ist, nach unten abzurunden, und zwar bei Auszahlung für Monate auf einen durch 10 Euro, bei Auszahlung für Wochen auf einen durch 2,50 Euro oder bei Auszahlung für Tage auf einen durch 50 Cent teilbaren Betrag. [2]Im Pfändungsbeschluß genügt die Bezugnahme auf die Tabelle.

(4) Hat eine Person, welcher der Schuldner auf Grund gesetzlicher Verpflichtung Unterhalt gewährt, eigene Einkünfte, so kann das Vollstreckungsgericht auf Antrag des Gläubigers nach billigem Ermessen bestimmen, daß diese Person bei der Berechnung des unpfändbaren Teils des Arbeitseinkommens ganz oder teilweise unberücksichtigt bleibt; soll die Person nur teilweise berücksichtigt werden, so ist Absatz 3 Satz 2 nicht anzuwenden.

Die Anlage zu § 850 c ist abgedruckt in BGBl 2001 I S 3641. Abs 1 Satz 2 ist geändert mWv 1. 8. 2001 durch Art 3 § 16 Nr 12 G vom 16. 2. 2001 (BGBl I S 266); Abs. 2 a eingefügt und die Beträge geändert mWv 1. 1. 2002 durch Art 1 Nr 4 7. G zur Änderung der Pfändungsfreigrenzen.

1   **1. Allgemeines.** Anwendbar ist § 850 c für jede Pfändung des Anspruchs auf Arbeitseinkommen nach §§ 850, 850 a, 850 b und 850 h, aber nicht solches, das unter § 850 i fällt, und nicht das ausbezahlte (§ 850 Rn 4). Die Sonderregelung für Ansprüche auf Unterhalt (§ 850 d) und aus vorsätzlicher unerlaubter Handlung (§ 850 f Abs 2) geht vor. § 850 c legt lediglich den unpfändbaren Geldbetrag fest, der demgemäß in der Tabelle (Anlage zur ZPO) für den praktischen Gebrauch errechnet ist. Durch § 850 e ist festgelegt, wie das Arbeitseinkommen errechnet wird.

2   **2. Durchführung.** Im Pfändungsbeschluss (§ 829 Rn 19) werden der Umfang des pfändungsfreien Betrags nur (abstrakt) durch Bezugnahme auf die Tabelle, die dem Beschluss nicht beigefügt wird, und die Freibeträge für Unterhaltsberechtigte bestimmt (Abs 3 S 2; Blankettbeschluss). Die Beträge zu ermitteln (idR durch die Lohnsteuerkarte) und Änderungen zu berücksichtigen, ist Sache des Drittschuldners

(§ 829 Rn 24). Er muss hierzu den Schuldner befragen (vgl Liese DB 90, 2065). Weitere Unterhaltsberechtigte kann der Schuldner jederzeit nachweisen. Der Drittschuldner hat auch den pfändungsfreien Betrag nach der Tabelle zu berechnen und gem Abs 3 abzurunden. Er kann über § 766 einen klarstellenden Beschluss des Vollstreckungsgerichts herbeiführen (hM; Behr Büro 97, 292 mwN).

3. Pfändungsfreier Grundbetrag (Abs 1). Für den alleinstehenden **3** Schuldner gilt S 1. Gewährt er Unterhalt, ist S 2 anzuwenden, aber nur bei gesetzlicher Unterhaltspflicht, die im Einzelfall auch tatsächlich bestehen muss (BAG NJW 87, 1573), bei vertraglicher dann, wenn eine gesetzliche ohnehin bestünde. Es wird vorausgesetzt, dass der Betreffende außerstande ist, sich selbst zu erhalten (vgl § 1602 BGB). Der Unterhalt muss tatsächlich geleistet werden (allgM). Bei eigenen Einkünften der unterhaltsberechtigten Person gilt Abs 4 (Rn 6–11). Grundsätzlich können beide Ehegatten den erhöhten pfändungsfreien Betrag in Anspruch nehmen, wenn beide gemeinschaftlichen Kindern Unterhalt gewähren (BAG NJW 75, 1296). Die von den Ehegatten getroffene Wahl der Steuerklasse ist für den Pfandgläubiger grundsätzlich bindend (LG Osnabrück FamRZ 99, 1003; bestr).

4. Pfändungsfreier Mehrlohn (Abs 2). **a) Überschießender Betrag** ist das, was nach Abzug des pfändungsfreien Grundbetrages (Abs 1; **4** Rn 3) vom Nettolohn (aber nur bis zu den Beträgen des Abs 2 S 2) verbleibt. – **b) Pfändungsfreier Anteil** (Abs 2 S 1). Er wird durch **5** Zehntel des überschießenden Betrages (Rn 4) festgelegt, gestaffelt nach dem Umfang der Unterhaltspflicht.

5. Einkünfte von Unterhaltsberechtigten (Abs 4). Nur anzuwenden, wenn der Schuldner Unterhalt tatsächlich gewährt. **a) Grundsatz.** **6** Auch mitverdienende und Vermögenserträge beziehende Unterhaltsberechtigte (insbes Ehegatten, Lebenspartner, Kinder) werden mitgezählt (vgl Rn 3). Nur über Abs 4 können in einem besonderen Verfahren Unterhaltsberechtigte bei Abs 1 S 2 ausgeschieden werden. – **b) Voraussetzungen.** Sie muss der Gläubiger ermitteln. Hierzu und zu **7** Auskunftsfragen: Hintzen NJW 95, 1861. **aa) Eigene Einkünfte** muss der Unterhaltsberechtigte haben, gleich welcher Art und Höhe, auch Unterhaltsansprüche, zB gegen den anderen Elternteil (LG Detmold Rpfleger 01, 142 mwN), aber fortlaufend, nicht einmalig. Der Unterhaltsbedarf wird zweckmäßig nach dem unpfändbaren Grundfreibetrag bemessen (LG Detmold Rpfleger 98, 256; sehr umstr; aA: Sozialhilfesatz um 20% erhöht). Sind die Bezüge niedriger als der Grundfreibetrag, ist eine teilweise Berücksichtigung geboten (LG Erfurt Rpfleger 96, 469 Anm von Hintzen). **bb) Billigem Ermessen** muss die Nichtberück- **8** sichtigung entsprechen (vgl hierzu Henze Rpfleger 81, 52). Die Bedürfnisse des Unterhaltsberechtigten sind im Einzelfall zu berücksichtigen. Bsp: Die Ehefrau verdient etwa gleich viel oder mehr. Das auszubildende Kind erhält eine die Anrechnungsquote wesentlich übersteigenden Ausbildungsvergütung (LG Osnabrück Büro 96, 271). – **c) Ver-** **9**

fahren. Der Antrag des Gläubigers ist Prozesshandlung (Einl III). Das
Vollstreckungsgericht (Rechtspfleger, § 20 Nr 17 RPflG) prüft von
Amts wegen (§ 850 Rn 1) und entscheidet (nicht vor Erlass des Pfändungsbeschlusses) bei freigestellter mdl Vhdlg durch Beschluss, bei dem
zugleich mit Pfändung gestellten Antrag wegen § 834 ohne, bei nach-
träglichem Antrag erst nach Anhörung des Schuldners, nicht erforderlich der des Unterhaltsberechtigten (Henze Rpfleger 81, 52). Inhalt:
Der Pfändungs- und Überweisungsbeschluss wird geändert, beim Teilbetrag wegen Unanwendbarkeit des Abs 3 S 2 der pfändungsfreie Betrag
angegeben oder der Antrag zurückgewiesen (zur Fassung vgl Hornung
10   Rpfleger 78, 353) – **d) Wirkung:** keine neue Pfändung. Der mehr
gepfändete Betrag hat den Rang der ursprünglichen Pfändung (§ 804
Abs 3), aber nur zugunsten desjenigen Gläubigers, der den Beschluss
erwirkt hat (LAG Hamm DB 82, 1676). Keine Drittwirkung für nie
11   gegen andere Gläubiger (Musielak/Becker 13). – **e) Rechtsbehelfe:**
Gegen den Beschluss des Rechtspflegers findet sofortige Beschwerde
statt (§ 11 Abs 1 RPflG, § 793; aA: ohne Anhörung des Schuldners
§ 766). Dem Unterhaltsberechtigten steht die Erinnerung (§ 766), zu,
nicht der Antrag nach § 850 g S 2 (Oldenburg Rpfleger 91, 261).

§ 850 d Pfändbarkeit bei Unterhaltsansprüchen

(1) [1] **Wegen der Unterhaltsansprüche, die kraft Gesetzes einem
Verwandten, demEhegatten, einem früheren Ehegatten, dem Lebenspartner, einem früheren Lebenspartner oder nach §§ 1615 l,
1615 n des Bürgerlichen Gesetzbuchs einem Elternteil zustehen,
sind das Arbeitseinkommen und die in § 850 a Nr. 1, 2 und 4
genannten Bezüge ohne die in § 850 c bezeichneten Beschränkungen pfändbar.** [2] **Dem Schuldner ist jedoch so viel zu belassen,
als er für seinen notwendigen Unterhalt und zur Erfüllung seiner laufenden gesetzlichen Unterhaltpflichten gegenüber den
dem Gläubiger vorgehenden Berechtigten oder zur gleichmäßi-
gen Befriedigung der dem Gläubiger gleichstehenden Berechtigten bedarf; von den in § 850 a Nr. 1, 2 und 4 genannten
Bezügen hat ihm mindestens die Hälfte des nach § 850 a unpfändbaren Betrages zu verbleiben.** [3] **Der dem Schuldner hier-
nach verbleibende Teil seines Arbeitseinkommens darf den Betrag nicht übersteigen, der ihm nach den Vorschriften des
§ 850 c gegenüber nicht bevorrechtigten Gläubigern zu verbleiben hätte.** [4] **Für die Pfändung wegen der Rückstände, die länger
als ein Jahr vor dem Antrag auf Erlaß des Pfändungsbeschlusses
fällig geworden sind, gelten die Vorschriften dieses Absatzes
insoweit nicht, als nach Lage der Verhältnisse nicht anzunehmen
ist, daß der Schuldner sich seiner Zahlungspflicht absichtlich
entzogen hat.**

(2) **Mehrere nach Absatz 1 Berechtigte sind mit ihren Ansprüchen in folgender Reihenfolge zu berücksichtigen, wobei meh-**

rere gleich nahe Berechtigte untereinander gleichen Rang haben:

a) **die minderjährigen unverheirateten Kinder, der Ehegatte, ein früherer Ehegatte und ein Elternteil mit seinem Anspruch nach §§ 1615 l, 1615 n des Bürgerlichen Gesetzbuchs; für das Rangverhältnis des Ehegatten zu einem früheren Ehegatten gilt jedoch § 1582 des Bürgerlichen Gesetzbuchs entsprechend; das Vollstreckungsgericht kann das Rangverhältnis der Berechtigten zueinander auf Antrag des Schuldners oder eines Berechtigten nach billigem Ermessen in anderer Weise festsetzen; das Vollstreckungsgericht hat vor seiner Entscheidung die Beteiligten zu hören;**

b) **der Lebenspartner und ein früherer Lebenspartner;**

c) **die übrigen Abkömmlinge, wobei die Kinder den anderen vorgehen;**

d) **die Verwandten aufsteigender Linie, wobei die näheren Grade den entfernteren vorgehen.**

(3) Bei der Vollstreckung wegen der in Absatz 1 bezeichneten Ansprüche sowie wegen der aus Anlaß einer Verletzung des Körpers oder der Gesundheit zu zahlenden Renten kann zugleich mit der Pfändung wegen fälliger Ansprüche auch künftig fällig werdendes Arbeitseinkommen wegen der dann jeweils fällig werdenden Ansprüche gepfändet und überwiesen werden.

Abs 1 Satz 1 ist geändert, Abs 2 Buchstabe b eingefügt mWv 1. 8. 2001, durch Art 3 § 16 Nr 13 G vom 16. 2. 2001 (BGBl I S 266).

1. Allgemeines. § 850 d schafft in Abs 3 eine Ausnahme zu § 751, **1** ist daher eng auszulegen und nicht analog anzuwenden (hM). Zur Sicherstellung gesetzlicher Unterhaltsansprüche wird der pfändungsfreie Betrag für die Bezüge nach §§ 850, 850 a Nr 1, 2, 4, § 850 b und § 850 h verringert.

2. Anwendungsbereich. Es muss sich unmittelbar aus dem Vollstre- **2** ckungstitel oder einem späteren Urteil (vgl § 850 f Rn 5) ergeben, dass ein Unterhaltsanspruch der in Abs 1 bezeichneten Art vorliegt (hM; Hoffmann NJW 73, 111 mwN). § 850 d gilt auch dann, wenn Unterhaltsansprüche kraft Gesetzes auf einen Dritten übergegangen sind und geltend gemacht werden, zB durch Sozialhilfeträger (hM; LG Aachen Rpfleger 83, 360 mwN; LG Stuttgart Rpfleger 96, 119; StJBrehm 12), auch solche wie die §§ 91 ff KJHG (LG Erfurt Rpfleger 97, 474 = FamRZ 97, 510 mit Anm Schmidt). § 850 d ist auch anwendbar, wenn wegen gesetzlichen Unterhalts ein Anspruch auf laufende Geldleistungen, die Sozialleistungen darstellen (§§ 18–29 SGB I), gepfändet werden soll (§ 54 Abs 3 Nr 1 SGB I); auch bei Arbeitslosengeld (BSG FamRZ 87, 274). Keine entspr Anwendung auf Pfändung von Bankkonten (LG Berlin Rpfleger 82, 434; vgl Rn 1).

3   **3. Antrag** (§ 829 Rn 5). Darin hat der Gläubiger, wenn er das Vorrecht des § 850 d verlangt, dessen tatsächliche Voraussetzungen darzulegen. Sie sind weder glaubhaft zu machen noch zu beweisen, solange der Schuldner nicht die Unterhaltspflicht bestreitet.

4   **4. Pfändung.** Im Beschluss (§ 829 Rn 19) ist der dem Schuldner verbleibende Betrag nach dem Ermessen des Vollstreckungsgerichts zu beziffern. Die Pfändung darf nach Maßgabe der jeweiligen gesetzlichen Bestimmungen auch auf die in § 850 i Abs 4 (dort Rn 6) aufgeführten Bezüge erstreckt werden. Berechnet wird in 3 Stufen (vgl LG Hamburg Rpfleger 91, 515): **(1)** Ermittlung des notwendigen Unterhalts (Abs 1 S 2). **(2)** Errechnung des pfändungsfreien Betrags gem § 850 c. Ist er niedriger, gilt Abs 1 S 3. **(3)** Entscheidung über den Antrag des Schuldners gemäß § 850 f Abs 1.

5   **5. Unterhaltsberechtigte. a) Personenkreis** (Abs 1 S 1). Dieser darf nicht analog ausgedehnt werden (Rn 1). Er umfasst alle Personen,
6   die Unterhaltsansprüche (Rn 6) gegen den Schuldner haben. – **b) Unterhaltsansprüche:** gesetzliche (nach BGB) oder an deren Stelle getretene vertragliche. Nicht dazu gehören die Kosten des Unterhaltsrechtsstreits (umstr), wohl aber die Kosten der ZwVollstr (hM; Musielak/Becker 2 mwN).

7   **6. Rang.** Er ergibt sich aus Abs 2, setzt eine Pfändung voraus und gilt auch für die Rückstände (Rn 11; LG Berlin Rpfleger 95, 222). **a) Folge.** Die Ansprüche von Personen, welche der schlechteren Rangklasse angehören, bleiben unberücksichtigt, wenn bei der Pfändung für den Gläubiger der pfandfreie Betrag des Schuldners errechnet wird. Das gilt insbes zugunsten der erstehelichen Kinder gegenüber der zweiten Ehe-
8   frau (Köln FamRZ 92, 845). – **b) Mehrere Gläubiger.** Pfänden mehrere der in Abs 2 bezeichneten Personen, gilt für den Rang zunächst § 804 Abs 3. Die Freibeträge werden aber getrennt berechnet, die Beschlüsse dann nach § 850 g geändert und der Rangfolge des Abs 2 angepasst. Es wird danach ohne Rücksicht auf § 804 Abs 3 gleichmäßig festgesetzt, aber nur im Bereich des durch Abs 2 gewährten Vorrechts (hM; LG Aurich Rpfleger 90, 307), nach dem jeweiligen Unterhaltsanteilen berechnet und der jeweiligen Vollstreckung unterworfen (Köln NJW-RR 93, 1156). Bei Zusammentreffen mit gewöhnlichen Gläubigern gilt § 850 e Nr 4. Es gehen Abtretungen späteren Pfändungen
9   vor. – **c) Änderung** durch Beschluss (Abs 2 a) wirkt in beschränktem Umfang zurück (BAG NJW 90, 2641 und 91, 1774).

10   **7. Umfang der Unpfändbarkeit** (Abs 1 S 2). Eine Erhöhung ist nach § 850 f möglich. **a) Notwendiger Unterhalt** umfasst Nahrung, Wohnung mit Licht und Heizung, Kleidung, Hausrat, auch Taschengeld in bescheidenem Umfang. Ein früherer gehobener Lebensstandard darf nicht berücksichtigt werden (allgM). Die Höhe ist nach den konkreten Umständen des Einzelfalls zu bemessen (Büttner FamRZ 94, 1433), so dass die Verhältnisse am Wohnort maßgebend sind. Bei Wohnsitzwechsel ist ggf zu ändern (LG Hamburg MDR 88, 154 Anm Schultz 241). Es

darf nicht mehr sein, als nach § 850 c pfändungsfrei ist (Abs 1 S 3), und nicht unbedingt weniger. Ein Teil der Praxis (KG NJW-RR 87, 132 mwN) orientiert sich am doppelten Eckregelsatz der Sozialhilfe (vgl KG Rpfleger 94, 373) oder am Existenzminimum (Köln NJW-RR 93, 1156). Besser erscheint eine konkrete Berechnung des vollstreckungsrechtlichen Existenzminimums (hierzu Büttner FamRZ 94, 1433). Zu berücksichtigen sind die gesetzlichen Unterhaltspflichten (Abs 1 S 2; Rangfolge wie in Rn 8). Bei der Bemessung ist das Kindergeld einzubeziehen (hM), auch ohne Antrag gem § 850 e Nr 2 a. – **b) Rückstände.** **11** Grundsätzlich gilt das Vorrecht des § 850 d zeitlich unbeschränkt (Abs 1 S 4). Die überjährigen Rückstände sind als Ausnahme vom Vorrecht ausgeschlossen und nach Maßgabe von § 850 c pfändbar, wenn nicht anzunehmen ist, dass der Schuldner sich der Zahlungspflicht absichtlich entzogen hat. Beim Pfändungsbeschluss ist davon auszugehen, dass das Vorrecht des Unterhaltsberechtigten auch die überjährigen Rückstände ergreift. Erst auf Erinnerung des Schuldners entscheidet das Vollstreckungsgericht, ob das Vorrecht aberkannt werden muss (Kabath Rpfleger 91, 292; bestr; aA KG MDR 86, 767). Für die Annahme der absichtlichen Entziehung genügt der gerechtfertigte Schluss; es ist kein Beweis nötig (aA Köln NJW-RR 93, 1157). IdR ist die Absicht gegeben, wenn der Schuldner trotz Zahlungsfähigkeit nicht leistet (KG MDR 86, 767). Bevorrechtigt sind die Ansprüche, welche fällig geworden sind, nachdem das absichtliche Entziehen hervorgetreten ist. – **c) Abtretungen** durch den Schuldner in Kenntnis der Unterhaltspflicht **12** können dazu führen, dass der Abtretungsbetrag unberücksichtigt bleibt (LG Saarbrücken Rpfleger 86, 23 mit abl Anm von Lorenschat 309).

8. Vorratspfändung (Abs 3), auch Dauerpfändung genannt, ist eine **13** Ausnahme von § 751 Abs 1. Sie ist von der nicht rangwahrenden Vorauspfändung (Rn 14 aE; StJMünzberg § 751 Rn 4) zu unterscheiden. **a) Anwendbar:** auch auf Renten aus Körperverletzung (wie **14** § 850 b Nr 1). Nicht auf andere wiederkehrende Forderungen, schon gar nicht auf einmalig fällige Forderungen oder Rechte (sehr umstr; aA LG Düsseldorf Rpfleger 85, 119), zB die Einkünfte eines selbständig Tätigen, die auf sein Bankkonto überwiesen werden (LG Hannover Büro 87, 463). Hingegen dürfen als Vorauspfändung statt des Arbeitseinkommens auch andere wiederkehrende Leistungen (zB Miete), sogar ein (auch künftiger) Anspruch auf eine einmalige Leistung gepfändet werden, wenn die Pfändung an den auf die jeweilige Fälligkeit folgenden Tag angeordnet wird (Hamm NJW-RR 94, 895 mwN; bestr; vgl § 751 Rn 4). – **b) Voraussetzung** ist, dass bei Erlass des Pfändungsbeschlusses **15** mindestens eine Rate fällig und noch nicht beglichen ist; denn dies stellt ein Indiz für künftigen Zahlungsverzug dar. Das kann im Einzelfall verneint werden (Naumburg DGVZ 95, 57). Außerdem muss wegen mindestens einer rückständigen Rate gleichzeitig zusammen gepfändet werden (hM; Düsseldorf WM 83, 1069 mwN). Sind die Voraussetzungen des § 829 (dort Rn 4) ü erfüllt, so muss (nicht „kann") das Vollstre-

ckungsgericht pfänden. Die Pfändung sollte aber unterbleiben, wenn der
Zahlungsverzug auf entschuldbarem Irrtum beruht (Bamberg FamRZ
16 94, 1540). – **c) Wirkung.** Zu leisten ist erst, wenn die Unterhaltsraten
fällig sind, gepfändet ist aber wegen § 832 sofort. Aufgehoben (vgl § 829
Rn 50) wird nur über § 776, aber nicht allein schon dann, wenn die
fälligen Beträge bezahlt sind und laufend bezahlt werden.

17   **9. Verhältnis Gläubiger zu Drittschuldner.** Der ziffernmäßig festgesetzte Betrag (vgl Rn 4) ist für das im Einziehungsprozess erkennende
Arbeitsgericht bindend, wenn der Gläubiger die überwiesene Forderung
gegen den Drittschuldner einklagt (BAG NJW 62, 510; bestr), so dass
dieser eine unrichtige Festsetzung des Freibetrages nur über § 766 angreifen kann (BAG aaO; aA LG Essen NJW 69, 668: auch nicht § 766).
Dies gilt auch bei Änderungsbeschlüssen (BAG aaO). Folgerichtig muss
es dem Drittschuldner im Einziehungsprozess auch verwehrt sein, geltend zu machen, § 850 d sei nicht anwendbar (vgl BAG NJW 71, 2094).

18   **10. Rechtsbehelfe.** Gegen den Pfändungsbeschluss steht dem
Schuldner, dem Drittschuldner und dem Unterhaltsberechtigten die
Erinnerung zu (§ 766). Gegen die auch teilweise Ablehnung des Pfän-
dungsantrags findet für den Gläubiger die sofortige Beschwerde statt
(§ 11 Abs 1 RPflG; § 793), auch dann, wenn der Rechtspfleger der
Erinnerung abgeholfen hat (§ 766 Rn 9; hM).

§ 850 e Berechnung des pfändbaren Arbeitseinkommens

**Für die Berechnung des pfändbaren Arbeitseinkommens gilt
folgendes:**
1. ¹Nicht mitzurechnen sind die nach § 850 a der Pfändung
   entzogenen Bezüge, ferner Beträge, die unmittelbar auf
   Grund steuerrechtlicher oder sozialrechtlicher Vorschriften
   zur Erfüllung gesetzlicher Verpflichtungen des Schuldners
   abzuführen sind. ²Diesen Beträgen stehen gleich die auf den
   Auszahlungszeitraum entfallenden Beträge, die der Schuldner
   a) nach den Vorschriften der Sozialversicherungsgesetze zur
      Weiterversicherung entrichtet und
   b) an eine Ersatzkasse oder an ein Unternehmen der privaten
      Krankenversicherung leistet, soweit sie den Rahmen des
      Üblichen nicht übersteigen.
2. ¹Mehrere Arbeitseinkommen sind auf Antrag vom Vollstreckungsgericht bei der Pfändung zusammenzurechnen. ²Der
   unpfändbare Grundbetrag ist in erster Linie dem Arbeitseinkommen zu entnehmen, das die wesentliche Grundlage der
   Lebenshaltung des Schuldners bildet.
2 a. ¹Mit Arbeitseinkommen sind auf Antrag auch Ansprüche auf
   laufende Geldleistungen nach dem Sozialgesetzbuch zusammenzurechnen, soweit diese der Pfändung unterworfen sind.

²Der unpfändbare Grundbetrag ist, soweit die Pfändung nicht wegen gesetzlicher Unterhaltsansprüche erfolgt, in erster Linie den laufenden Geldleistungen nach dem Sozialgesetzbuch zu entnehmen. ³Ansprüche auf Geldleistungen für Kinder dürfen mit Arbeitseinkommen nur zusammengerechnet werden, soweit sie nach § 76 des Einkommensteuergesetzes oder nach § 54 Abs. 5 des Ersten Buches Sozialgesetzbuch gepfändet werden können.

3. ¹Erhält der Schuldner neben seinem in Geld zahlbaren Einkommen auch Naturalleistungen, so sind Geld- und Naturalleistungen zusammenzurechnen. ²In diesem Falle ist der in Geld zahlbare Betrag insoweit pfändbar, als der nach § 850c unpfändbare Teil des Gesamteinkommens durch den Wert der dem Schuldner verbleibenden Naturalleistungen gedeckt ist.

4. ¹Trifft eine Pfändung, eine Abtretung oder eine sonstige Verfügung wegen eines der in §850d bezeichneten Ansprüche mit einer Pfändung wegen eines sonstigen Anspruchs zusammen, so sind auf die Unterhaltsansprüche zunächst die gemäß § 850d der Pfändung in erweitertem Umfang unterliegenden Teile des Arbeitseinkommens zu verrechnen. ²Die Verrechnung nimmt auf Antrag eines Beteiligten das Vollstreckungsgericht vor. ³Der Drittschuldner kann, solange ihm eine Entscheidung des Vollstreckungsgerichts nicht zugestellt ist, nach dem Inhalt der ihm bekannten Pfändungsbeschlüsse, Abtretungen und sonstigen Verfügungen mit befreiender Wirkung leisten.

1. Allgemeines. § 850e schreibt vor, wie der pfändbare Teil des Arbeitseinkommens nach § 850c und § 850d zu berechnen ist. Die Vorschrift gilt auch für § 850h und § 850i. Einzelheiten: Behr Büro 96, 234. Rechtsbehelf bei Streit oder Ungewissheit über Bewertung oder Berechnung: § 766 Rn 15.

2. Unpfändbare Bezüge. Nr 1. Sie sind abzusetzen, auch wenn es im Pfändungsbeschluss nicht erwähnt ist. Sie werden nach dem Bruttoprinzip abgezogen, danach die vom Bruttoarbeitseinkommen zu zahlenden Steuern und Sozialabgaben ungekürzt abgesetzt (vgl Napriela Rpfleger 92, 49 mwN). Nicht abgerechnete Lohnabschlagszahlungen und -vorschüsse werden bei nachfolgender Pfändung grundsätzlich auf den pfändungsfreien Betrag angerechnet (BAG NZA 87, 485). Steuern, die der Arbeitnehmer im Ausland abzuführen hat können nur nach § 850f berücksichtigt werden (BAG NJW 86, 2208). Beiträge zur privaten Krankenversicherung sind ohne Bindung an die in Höhe der gesetzlichen Krankenversicherung zu berücksichtigen (Musielak/Becker 4; bestr).

3. Zusammenrechnung mehrerer Arbeitseinkommen. Nr 2: Dazu gehören nicht sonstige Einkünfte. **a) Anwendbar** bei mehreren Drittschuldnern und mehreren Renten, auch bei Unterhaltspfändung

gem § 850 d (LG Frankfurt Rpfleger 83, 449; bestr), nicht bei einmalig
zahlbarer Arbeitsvergütung (hM; Grunsky ZIP 83, 908). Die Abtretung
des pfändbaren Teils eines Einkommens steht nicht entgegen (Grunsky
4 aaO). – **b) Verfahren.** Die Anordnungen trifft das Vollstreckungsgericht
(§ 828; Rechtspfleger, § 20 Nr 17 RPflG) in den Pfändungsbeschlüssen
auf Antrag des Gläubigers, aber auch des Schuldners, ggf auf Erinnerung
(§ 766). Die Voraussetzungen muss der Gläubiger nachweisen (Behr
Büro 96, 234). Die Zusammenrechnung kann auch nachträglich vorgenommen werden (Mertes Rpfleger 84, 453 mwN). Der Beschluss
wird an Gläubiger, Schuldner und Drittschuldner zugestellt (§ 329
Abs 2, 3). Rechtsbehelf: sofortige Beschwerde (§ 11 Abs 1 RPflG,
5 § 793). – **c) Berechnung.** Das Einkommen des Ehegatten bleibt außer
Betracht; es gilt § 850 c Abs 4. Die Zusammenrechnung setzt nicht
voraus, dass die beiden (oder mehreren) Arbeitseinkommen gepfändet
sind. Sie ist nicht notwendig bei mehrfacher Altersversorgung und Aufrechnung (§ 394 BGB) außerhalb eines Vollstreckungsverfahrens (BAG
NZA 91, 147).

6   **4. Zusammenrechnung bei Sozialleistungen. Nr 2 a.** Antrag
und Anordnungsbefugnis wie bei Nr 2 (Rn 4). Sozialleistungen:
§§ 18–29 SGB I. Die Pfändbarkeit von Sozialleistungen richtet sich
nach § 54 SGB I (§ 829 Rn 14). Unpfändbar sind laufende Geldleistungen nach Maßgabe des § 54 Abs 3 Nr 1–3 SGB I (Erziehungs- und
Mutterschaftsgeld bis zur Höhe des Erziehungsgeldes) sowie für Mehr-
aufwand wegen Körper- und Gesundheitsschadens (Hornung Rpfleger
94, 442). Im übrigen können laufende Geldleistungen wie Arbeitseinkommen gepfändet werden (§ 54 Abs 4 SGB I) und unterliegen daher
der Zusammenrechnung. Für einmalige Sozialleistungen verbleibt es bei
§ 54 Abs 2 SGB I (Billigkeitspfändung). Die Zusammenrechnung gem
Nr 3 bleibt unberührt. Ist zusammenzurechnen, kann Nr 2 S 2 entspr
angewendet werden (LG Aachen Büro 86, 1258; bestr), wirkt aber nur
unter den Verfahrensbeteiligten. Wird angeordnet, dass zusammenzurechnen ist, wirkt das nur für den Gläubiger, zu dessen Gunsten die
Anordnung ergangen ist (BAG NJW 97, 478).

7   **5. Naturalleistungen. Nr 3.** Nur solche, die Dienstvergütung darstellen; daher nicht Altenteilsleistungen (Frankfurt OLGZ 91, 461);
auch solche, für die nur eine unverhältnismäßig kleine Vergütung bezahlt
wird. Auch Sachbezüge von Soldaten fallen darunter.

8   **6. Zusammentreffen mit Unterhaltsansprüchen. Nr 4.** Der
Rang (§ 804 Abs 3) wird dadurch nicht berührt. Aber der Unterhaltsberechtigte (§ 850 d) mit schlechterem Rang kann die Differenz zwischen dem notwendigen Unterhalt (§ 850 d Rn 10) und dem allgemeinen Pfändungsfreibetrag (§ 850 c) pfänden. Hat er den besseren Rang,
muss er zuerst auf diese Differenz zugreifen, damit der gewöhnliche
Gläubiger erst nach ihm zum Zuge kommt. Das Vollstreckungsgericht
(§ 828; Rechtspfleger, § 20 Nr 17 RPflG) verrechnet gemäß S 2 auf
Antrag von Gläubiger, Schuldner oder Drittschuldner durch Beschluss.

Rechtsbehelf: Rn 4. Entsprechendes gilt, wenn zugunsten eines gewöhnlichen Gläubigers das Arbeitseinkommen (soweit zulässig, § 851)
oder der Anspruch auf Sozialleistungen (soweit zulässig, § 53 SGB I)
abgetreten oder sonstwie darüber verfügt ist (umstr; vgl LG Gießen
Rpfleger 85, 370 mwN). Pfänden mehrere Unterhaltsberechtigte, ist
§ 850 d Rn 8 anzuwenden.

§ 850 f Änderung des unpfändbaren Betrages

(1) **Das Vollstreckungsgericht kann dem Schuldner auf Antrag
von dem nach den Bestimmungen der §§ 850 c, 850 d und 850 i
pfändbaren Teil seines Arbeitseinkommens einen Teil belassen,
wenn**
a) **der Schuldner nachweist, daß bei Anwendung der Pfändungsfreigrenzen entsprechend der Anlage zu diesem Gesetz (zu
§ 850 c) der notwendige Lebensunterhalt im Sinne der Abschnitte 2 und 4 des Bundessozialhilfegesetzes für sich und für
die Personen, denen er Unterhalt zu gewähren hat, nicht gedeckt ist,**
b) **besondere Bedürfnisse des Schuldners aus persönlichen oder
beruflichen Gründen oder**
c) **der besondere Umfang der gesetzlichen Unterhaltspflichten
des Schuldners, insbesondere die Zahl der Unterhaltsberechtigten, dies erfordern und überwiegende Belange des Gläubigers nicht entgegenstehen.**

(2) **Wird die Zwangsvollstreckung wegen einer Forderung aus
einer vorsätzlich begangenen unerlaubten Handlung betrieben,
so kann das Vollstreckungsgericht auf Antrag des Gläubigers den
pfändbaren Teil des Arbeitseinkommens ohne Rücksicht auf die
in § 850 c vorgesehenen Beschränkungen bestimmen; dem
Schuldner ist jedoch so viel zu belassen, wie er für seinen notwendigen Unterhalt und zur Erfüllung seiner laufenden gesetzlichen Unterhaltspflichten bedarf.**

(3) [1]**Wird die Zwangsvollstreckung wegen anderer als der in
Absatz 2 und in § 850 d bezeichneten Forderungen betrieben, so
kann das Vollstreckungsgericht in den Fällen, in denen sich das
Arbeitseinkommen des Schuldners auf mehr als monatlich
2815 Euro (wöchentlich 641 Euro, täglich 123,50 Euro) beläuft,
über die Beträge hinaus, die nach § 850 c pfändbar wären, auf
Antrag des Gläubigers die Pfändbarkeit unter Berücksichtigung
der Belange des Gläubigers und des Schuldners nach freiem
Ermessen festsetzen.** [2]**Dem Schuldner ist jedoch mindestens so
viel zu belassen, wie sich bei einem Arbeitseinkommen von
monatlich 2815 Euro (wöchentlich 641 Euro, täglich 123,50
Euro) aus § 850 c ergeben würde.** [3]**Die Beträge nach den Sätzen 1 und 2 werden entsprechend der in § 850 c Abs. 2 a getroffe-**

nen Regelung jeweils zum 1. Juli eines jeden zweiten Jahres, erstmalig zum 1. Juli 2003, geändert.

Abs 3 Satz 3 ist mWv 1. 1. 2002 angefügt und die Beträge geändert durch Art 1 Nr 5 7. G zur Änderung der Pfändungsfreigrenzen.

1   **1. Allgemeines.** Der Antrag ist Prozesshandlung (Einl III). Er ist von § 766 zu unterscheiden (vgl Köln NJW-RR 89, 189). **a) Zuständig** ist das Vollstreckungsgericht (§ 828; Rechtspfleger, § 20 Nr 17 RPflG), ggf das Insolvenzgericht (Köln Rpfleger 01, 92), nicht das Arbeitsgericht (BAG NJW 01, 1443) oder die Finanzbehörde (aA App ZIP 90, 910). – **b) Anwendbar** ist § 850f auch bei Pfändung von Sozialleistungen (Frankfurt Rpfleger 78, 265) und bei der Vollstreckung von Unterhalt (hM; Frankfurt NJW-RR 00, 220). Ob bei Lohnabtretungen die Heraufsetzung des pfändungsfreien Betrags durch Klage geltend gemacht werden muss (so Köln NJW-RR 98, 1689) oder ob § 850f entspr angewendet werden kann (so LG Heilbronn Rpfleger 01, 190; Winter Rpfleger 00, 149 mwN), ist umstr und offen gelassen von BAG NJW 91, 2040.

2   **2. Erhöhung des unpfändbaren Betrags** (Abs 1) erfolgt auf Antrag (Rn 1) des Schuldners oder eines Unterhaltsberechtigten. Die Darlegungslast wird idR durch eine Bescheinigung des zuständigen Sozialamts erfüllt. Das Gericht ist daran nicht gebunden (Köln Rpfleger 99, 548). Mit Erhöhung des unpfändbaren Betrags wird die Pfändung zu diesem Teil sofort aufgehoben, nicht erst mit Rechtskraft (Köln FamRZ 92, **3** 845; vgl § 829 Rn 50). **a) Nicht gedeckter Lebensbedarf** (Abs 1 lit a). Dadurch wird der § 54 Abs 3 SGB I praktisch umgesetzt, insbes auch für die Pfändung künftiger Sozialansprüche (Nieuwenhuis NJW 92, 2007). Unterhaltsberechtigte müssen tatsächlich einen Unterhaltsanspruch haben (Köln NJW 92, 2836). Zuschläge zum Regelsatz für einmalige Leistungen sind pauschal bei Schuldner und Unterhaltsberech- **4** tigten angebracht (Köln Rpfleger 96, 118). – **b) Bedürfnisse** (Abs 1 lit b): persönliche, insbes aus Krankheit oder Behinderung; berufliche, zB für außergewöhnliche Kleidung. Die bereits in §§ 850c, 850d berücksichtigten Bedürfnisse dürfen nicht herangezogen werden (Hamm Rpfleger 77, 224). Es müssen besondere, dh den Durchschnitt erheblich übersteigende Bedürfnisse vorliegen. Sie müssen konkret nachgewiesen werden (LG Hamburg Rpfleger 91, 515) und dürfen grundsätzlich nicht längere Zeit zurückliegen (vgl Hamm Rpfleger 77, 110) Mietkosten sind am Wohngeldrecht zu orientieren (Köln Rpfleger 99, 548). Abs 1 lit b trifft besonders bei praxisbedingten Aufwendungen von freiberuflich **5** Tätigen zu (v. Glasow Rpfleger 87, 289). – **c) Unterhaltspflichten** (Abs 1 lit c). Sie beziehen sich auf die Berechtigten gemäß § 850c Abs 1 **6** S 2, auch bei Krankheit eines Unterhaltsberechtigten. – **d) Überwiegende Belange** des Gläubigers (Interessenabwägung) sind zu beachten (Celle Rpfleger 90, 376), insbes bei gesetzlichen Unterhaltsgläubigern.

Auf jeden Fall muss ihm ein Teil zur Pfändung verbleiben (Hornung Rpfleger 92, 331; aA LG Duisburg Rpfleger 98, 355 mwN).

3. Herabsetzung des unpfändbaren Betrags (Abs 2, 3) erfolgt nur 7 auf Antrag des Gläubigers, ohne Anhörung (§ 834), wenn er zugleich mit dem Pfändungsantrag (§ 829) gestellt ist (LG Bochum Rpfleger 97, 395; bestr). Die Herabsetzung darf nicht unter dem Sozialhilfesatz liegen (LG Hannover Rpfleger 91, 212). Zusammenrechnung ist zu beachten (§ 850 e Nr 2). **a) Unerlaubte Handlung** (Abs 2). Entspricht den 8 §§ 823 ff BGB. **aa) Ausmaß** der Pfändung wie § 850 d Rn 10. Die Höhe des Freibetrags muss stets angegeben werden, nicht die Höhe des pfändbaren Betrages (LG Stuttgart MDR 85, 150). Die Einschränkung - des § 850 d Abs 1 S 3 ist hinzuzufügen (LG Berlin Rpfleger 74, 167). **bb) Rechtsgrund.** Dass der Anspruch auf vorsätzlicher unerlaubter 8 a Handlung beruht, muss sich grundsätzlich aus dem Vollstreckungstitel (14 vor § 704) ergeben, insbes aus den Entscheidungsgründen (umstr; vgl BGH 109, 275). Ein Vollstreckungsbescheid genügt grundsätzlich (hM; einschränkend Büchmann NJW 87, 172 mwN). Für die Prozesskosten gilt Abs 2, 3 nicht (hM; LG Hannover Rpfleger 82, 232 mwN). **cc) Bindung.** Das Vollstreckungsgericht kann unter Verwendung der 8 b Prozessakten auslegen, darf aber keine selbständige Prüfung vornehmen (LG Düsseldorf Rpfleger 87, 319; LG Bonn Rpfleger 94, 264; Hager KTS 91, 1; aA Celle Büro 98, 272 mit Anm Behr), darf insbes keine Beweise erheben (BGH aaO; Stuttgart MDR 00, 1098; bestr) und ist jedenfalls an die Rechtskraft gebunden (Hager aaO). **dd) Ungewiss-** 8 c **heit.** Wenn die Auslegung versagt, ist der Gläubiger auf Feststellungsklage zu verweisen (hM), die wegen dieser Ungewissheit zulässig ist (BGH 109, 275; Oldenburg NJW-RR 92, 573; Künzl JR 91, 91; aA mit guten Gründen Hager aaO). Dabei kann aber ein Schuldversprechen (§ 780 BGB) nicht in einen Anspruch aus der zugrundegelegten unerlaubten Handlung umgeschaffen werden (LG Bonn NJW-RR 99, 50). – **b) Sonstige Ansprüche** (Abs 3) sind alle anderen als die aus Abs 2 9 (Rn 8–8 c) und § 850 d. **aa) Voraussetzung.** Die erhöhte Pfändbarkeit sollte nur dann zugelassen werden, wenn für den Gläubiger in der Beschränkung auf die Grenzen des § 850 c eine unangemessene Härte liegt. **bb) Mindestbetrag** bei sonstigen Ansprüchen (Abs 3 S 2): Das 10 Kindergeld ist voll zu berücksichtigen (Düsseldorf MDR 76, 410).

4. Rechtsbehelfe. In allen Fällen findet sofortige Beschwerde statt 11 (§ 11 Abs 1 RPflG, § 793), da eine Entscheidung des Rechtspflegers, keine Vollstreckungsmaßnahme vorliegt (Hamm NJW 73, 1333; Christmann Rpfleger 88, 458 [459] mwN).

§ 850 g Änderung der Unpfändbarkeitsvoraussetzungen

[1] **Ändern sich die Voraussetzungen für die Bemessung des unpfändbaren Teils des Arbeitseinkommens, so hat das Vollstreckungsgericht auf Antrag des Schuldners oder des Gläubigers**

den Pfändungsbeschluß entsprechend zu ändern. ^{2}**Antragsberechtigt ist auch ein Dritter, dem der Schuldner kraft Gesetzes Unterhalt zu gewähren hat.** ^{3}**Der Drittschuldner kann nach dem Inhalt des früheren Pfändungsbeschlusses mit befreiender Wirkung leisten, bis ihm der Änderungsbeschluß zugestellt wird.**

1 **Zuständig** ist das Vollstreckungsgericht (§ 828; Rechtspfleger, § 20 Nr 17 RPflG), das den Pfändungsbeschluss erlassen hat (hM; BGH Rpfleger 90, 308), ggf das Insolvenzgericht (Köln Rpfleger 01, 92).
2 **Antrag** eines der Beteiligten (S 1 und 2), auch des Drittschuldners (aA MüKo/Smid 5) ist erforderlich. Er leitet kein neues Vollstreckungsverfahren ein (Köln FamRZ 94, 1272) und kann auch auf Tatsachen gestützt werden, die nach Erlass des Pfändungsbeschlusses entstanden
3 sind (wohl hM; MüKo/Smid 4 mwN). **Rechtsbehelfe:** sofortige Beschwerde (§ 11 Abs 1 RPflG; § 793). Werden ältere Tatsachen geltend gemacht, insbes die von vorneherein unrichtig angenommenen Bemessungsgrundlagen, liegt Erinnerung (§ 766) vor (vgl Christmann Rpfle
4 ger 88, 458 [460]). **Wirkung.** Der alte Pfändungsbeschluss wirkt bis zur Aufhebung (vgl § 829 Rn 50). Die Wirkung zugunsten des Drittschuldners reicht bis zur Zustellung an ihn (S 3).

§ 850 h Verschleiertes Arbeitseinkommen

(1) ^{1}Hat sich der Empfänger der vom Schuldner geleisteten Arbeiten oder Dienste verpflichtet, Leistungen an einen Dritten zu bewirken, die nach Lage der Verhältnisse ganz oder teilweise eine Vergütung für die Leistung des Schuldners darstellen, so kann der Anspruch des Drittberechtigten insoweit auf Grund des Schuldtitels gegen den Schuldner gepfändet werden, wie wenn der Anspruch dem Schuldner zustände. ^{2}Die Pfändung des Vergütungsanspruchs des Schuldners umfaßt ohne weiteres den Anspruch des Drittberechtigten. ^{3}Der Pfändungsbeschluß ist dem Drittberechtigten ebenso wie dem Schuldner zuzustellen.

(2) ^{1}Leistet der Schuldner einem Dritten in einem ständigen Verhältnis Arbeiten oder Dienste, die nach Art und Umfang üblicherweise vergütet werden, unentgeltlich oder gegen eine unverhältnismäßig geringe Vergütung, so gilt im Verhältnis des Gläubigers zu dem Empfänger der Arbeits- und Dienstleistungen eine angemessene Vergütung als geschuldet. ^{2}Bei der Prüfung, ob diese Voraussetzungen vorliegen, sowie bei der Bemessung der Vergütung ist auf alle Umstände des Einzelfalles, insbesondere die Art der Arbeits- und Dienstleistung, die verwandtschaftlichen oder sonstigen Beziehungen zwischen dem Dienstberechtigten und dem Dienstverpflichteten und die wirtschaftliche Leistungsfähigkeit des Dienstberechtigten Rücksicht zu nehmen.

1. Allgemeines. a) Zweck: Lohnschiebungen entgegenzuwirken. – **1**
b) Wirkung. In beiden Fällen (Rn 5 und 6) wird fingiert, dass ein
Lohnanspruch dem Schuldner überhaupt oder in größerer Höhe als
vereinbart zusteht. Diese Fiktion gilt aber nur im Verhältnis Gläubiger
zu Drittschuldner, daher nicht zugunsten eines Dritten, dem der Lohnanspruch abgetreten ist. – **c) Pfändung** geschieht nach § 829. Daher **2**
prüft das Vollstreckungsgericht nicht den Bestand der Forderung (§ 829
Rn 20), auch nicht, ob die Voraussetzungen des § 850 h vorliegen. Da
es sich um Arbeitseinkommen handelt, darf nur in den Grenzen von
§ 850 c und § 850 d gepfändet werden. Angabe des pfandfreien Betrags:
wie § 850 c Rn 2 und § 850 d Rn 4. Durch die Überweisung wird der
Gläubiger Rechtsnachfolger des Schuldners (BGH NJW 77, 853) und
kann gegen den nicht zahlenden Drittschuldner klagen. – **d) Vorausset- 3**
zungen. Es genügt die objektive Sachlage des Abs 1 oder Abs 2 und ein
Titel gegen den Schuldner. Subjektive Merkmale (zB Benachteiligungs-
absicht) verlangt § 850 h nicht (BGH NJW 79, 1600 [1602]). Fiktive
Gehaltsrückstände sind nicht pfändbar (hM; LAG Hamm MDR 90,
747). – **e) Mehrfache Pfändung.** Das Rangverhältnis des § 804 Abs 3 **4**
gilt in allen Fällen der Pfändung einer fiktiven Vergütung und unabhängig davon, ob der Gläubiger den Anspruch auf die Arbeitsvergütung
durchsetzt (hM; BGH 113, 27 mwN; BAG NJW 95, 414).

2. Zahlung an Dritte (Abs 1). Zwischen dem zur Arbeits- oder **5**
Dienstleistung verpflichteten Vollstreckungsschuldner und dem Empfänger dieser Leistung muss ein Rechtsverhältnis bestehen, aus dem der
Empfänger eine Gegenleistung schuldet (allgM; BAG MDR 96, 1155
mwN), zB der Ehefrau des Schuldners. Bloße Abtretung (§ 398 BGB)
genügt daher nicht. Die Pfändung ist ohne die in Abs 1 S 3 genannten
Zustellungen wirksam (vgl § 829 Rn 26). Die Dienste müssen tatsächlich geleistet werden; es genügt nicht, dass der Schuldner beschäftigt
werden könnte und sollte (BAG FamRZ 73, 627 mit Anm von Fenn).
An den Beweis tatsächlicher Beschäftigung sollten nicht zu strenge
Anforderungen gestellt werden (BAG NJW 78, 343 aE). Teilzeitbeschäf-
tigung genügt (LAG Hamm BB 88, 488 und 1754 mit Anm von Smid).

3. Unentgeltliche Dienstleistung (Abs 2). Setzt (anders als bei **6**
Abs 1) ein ständiges Verhältnis voraus, nicht notwendig ein Arbeitsverhältnis (hM). Üblicherweise (objektiv zu bestimmen) vergütet werden
zB die Dienste des Geschäftsführers einer GmbH (Düsseldorf NJW-RR
89, 390), auch im Falle fremdnütziger Treuhand (Hamm NJW-RR 98,
1567). Eine familienrechtliche Mitarbeitspflicht schließt die Anwendung
des Abs 2 nicht aus, insbes nicht bei Ehegatten (BAG NJW 78, 343). Zu
den Besonderheiten hierbei Menken DB 93, 161. Das gilt auch, wenn
die Ehegatten in gesellschaftsrechtlicher Beziehung zueinander stehen
(vgl Düsseldorf OLGZ 79, 223). Bei wirtschaftlicher Abhängigkeit ist
die Annahme begründet, der Familienangehörige sei eine arbeitnehmer-
ähnliche Person (BGH NJW 77, 853). Beweislast für Grund und Höhe
des fingierten Zahlungsanspruchs trägt grundsätzlich der klagende Gläu-

biger (LAG Hamm BB 88, 1754 mit Anm von Smid), auch für die wirtschaftliche Leistungsfähigkeit des Dienstberechtigten und Drittschuldners (Oldenburg MDR 95, 344). Die gerichtliche Zuständigkeit für den Anspruch gegen den Drittschuldner richtet sich nach dem Rechtsverhältnis, das der Dienst- oder Arbeitsleistung zugrundeliegt.

§ 850 i Pfändungsschutz bei sonstigen Vergütungen

(1) [1]Ist eine nicht wiederkehrend zahlbare Vergütung für persönlich geleistete Arbeiten oder Dienste gepfändet, so hat das Gericht dem Schuldner auf Antrag so viel zu belassen, als er während eines angemessenen Zeitraums für seinen notwendigen Unterhalt und den seines Ehegatten, eines früheren Ehegatten, seines Lebenspartners, eines früheren Lebenspartners, seiner unterhaltsberechtigten Verwandten oder eines Elternteils nach §§ 1615 l, 1615 n des Bürgerlichen Gesetzbuchs bedarf. [2]Bei der Entscheidung sind die wirtschaftlichen Verhältnisse des Schuldners, insbesondere seine sonstigen Verdienstmöglichkeiten, frei zu würdigen. [3]Dem Schuldner ist nicht mehr zu belassen, als ihm nach freier Schätzung des Gerichts verbleiben würde, wenn sein Arbeitseinkommen aus laufendem Arbeits- oder Dienstlohn bestände. [4]Der Antrag des Schuldners ist insoweit abzulehnen, als überwiegende Belange des Gläubigers entgegenstehen.

(2) Die Vorschriften des Absatzes 1 gelten entsprechend für Vergütungen, die für die Gewährung von Wohngelegenheit oder eine sonstige Sachbenutzung geschuldet werden, wenn die Vergütung zu einem nicht unwesentlichen Teil als Entgelt für neben der Sachbenutzung gewährte Dienstleistungen anzusehen ist.

(3) Die Vorschriften des § 27 des Heimarbeitsgesetzes vom 14. März 1951 (Bundesgesetzbl. I S. 191) bleiben unberührt.

(4) Die Bestimmungen der Versicherungs-, Versorgungs- und sonstigen gesetzlichen Vorschriften über die Pfändung von Ansprüchen bestimmter Art bleiben unberührt.

Abs 1 Satz 1 ist geändert mWv 1. 8. 2001 durch Art 3 § 16 Nr 14 G vom 16. 2. 2001 (BGBl I S 266).

1   **1. Allgemeines.** Zuständig ist das Vollstreckungsgericht (§ 828; der Rechtspfleger, § 20 Nr 17 RPflG). Antrag des Schuldners oder eines Unterhaltsberechtigten auf Festsetzung des Freibetrags ist erforderlich. Zu belassen ist ein Betrag, der dem notwendigen Unterhalt entspricht (§ 850 d Rn 10). Interessenabwägung (Abs 1 S 4) ist zu beachten. Rechtsbehelf gegen den Beschluss: § 11 Abs 1 RPflG, § 793, nicht § 766 (Christmann Rpfleger 88, 458 [466]).

2   **2. Nicht wiederkehrend zahlbare Vergütung** (Abs 1). Setzt persönlich geleistete Dienste voraus **a) Anwendungsbereich.** Geschützt werden insbes freie Berufe (zB Ärzte, RAe, Künstler) und Handwerker.

Auch Handelsvertreter können darunterfallen, wenn die Provisionen nicht wiederkehrend abgerechnet werden (vgl § 850 Rn 7); bei Arbeitnehmern die Abfindungsansprüche aus §§ 9, 10 KSchG (BAG MDR 80, 346) und §§ 112, 113 BetrVG (Sozialplanabfindungen; BAG Rpfleger 92, 442); Entlassungsgeld des Wehrpflichtigen oder Zivildienstleistenden (hM; LG Detmold Rpfleger 97, 448 mwN), das von der Pfändung des Wehrsolds erfasst wird (Dresden Rpfleger 99, 283). – **b) Umfang.** Ist in der Abfindung die auf die vorangehende Zeit entfallende Vergütung enthalten, so kann auch der Unterhaltsbedarf berücksichtigt werden (Stuttgart MDR 84, 947). Umfang des zu belassenden Betrags: LG Berlin Rpfleger 95, 170; LG Essen Rpfleger 98, 297.

3. Sachbezüge (Abs 2). Die Vorschrift gilt für die gemischten Bezü- 4 ge. Auch hier müssen der Schuldner (oder seine Angehörigen) persönliche Dienste leisten. Bsp: Mietwagenfahrer, Zimmervermieter. Der Pfändungsschutz erstreckt sich auf die gesamte Vergütung.

4. Sonstiges. Für die Heimarbeitsvergütung gilt grundsätzlich 5 § 850 c. Abs 4: Hier gelten für Sozialleistungen gem §§ 18–29 SGB I die §§ 54, 55 SGB I. Zur Pfändung: § 829 Rn 14.

§ 850 k Pfändungsschutz für Kontoguthaben aus Arbeitsaufkommen

(1) **Werden wiederkehrende Einkünfte der in den §§ 850 bis 850 b bezeichneten Art auf das Konto des Schuldners bei einem Geldinstitut überwiesen, so ist eine Pfändung des Guthabens auf Antrag des Schuldners vom Vollstreckungsgericht insoweit aufzuheben, als das Guthaben dem der Pfändung nicht unterworfenen Teil der Einkünfte der Zeit von der Pfändung bis zu dem nächsten Zahlungstermin entspricht.**

(2) **¹Das Vollstreckungsgericht hebt die Pfändung des Guthabens für den Teil vorab auf, dessen der Schuldner bis zum nächsten Zahlungstermin dringend bedarf, um seinen notwendigen Unterhalt zu bestreiten und seine laufenden gesetzlichen Unterhaltspflichten gegenüber dem Gläubiger vorgehenden Berechtigten zu erfüllen oder die dem Gläubiger gleichstehenden Unterhaltsberechtigten gleichmäßig zu befriedigen. ²Der vorab freigegebene Teil des Guthabens darf den Betrag nicht übersteigen, der dem Schuldner voraussichtlich nach Absatz 1 zu belassen ist. ³Der Schuldner hat glaubhaft zu machen, daß wiederkehrende Einkünfte der in den §§ 850 bis 850 b bezeichneten Art auf das Konto überwiesen worden sind und daß die Voraussetzungen des Satzes 1 vorliegen. ⁴Die Anhörung des Gläubigers unterbleibt, wenn der damit verbundene Aufschub dem Schuldner nicht zuzumuten ist.**

(3) **Im übrigen ist das Vollstreckungsgericht befugt, die in § 732 Abs. 2 bezeichneten Anordnungen zu erlassen.**

1   **1. Allgemeines. a) Zweck:** Schutz des bargeldlos bezahlten, überwiesenen Arbeitseinkommens, bevor es abgehoben ist. Die Vorschrift ist
1 a   in Verbindung mit § 835 Abs 3 S 2 zu sehen. – **b) Maßnahmen.**
Pfändungsaufhebung (Abs 1), Vorabfreigabe (Abs 2) und einstweilige
Anordnungen (Abs 3) sind nebeneinander möglich. Zuständig ist das
Vollstreckungsgericht (§ 828 Rn 1–3: der Rechtspfleger, § 20 Nr 17
1 b   RPflG). – **c) Debetsaldo.** Der Betrag aus überwiesenen Arbeitseinkommen ist nicht kontokorrentfähig, so dass die Forderung (analog
§ 850 k) durch Verrechnung nicht erlischt (LG Heidelberg NJW-RR
99, 1426, sehr bestr; aA LG Landshut WM 01, 1151).

2   **2. Anwendungsbereich:** alle wiederkehrenden Einkünfte der
§§ 850–850 b. § 850 k gilt nicht bei § 850 i und bei einmaligen Leistungen (BGH NJW 88, 2670; aA LG Oldenburg Rpfleger 83, 33). Es muss
ein Konto des Schuldners sein (Rn 4). Gleichgültig ist, woher die Überweisung stammt (Hornung Rpfleger 78, 353 [360]). Wegen künftiger
Gutschriften: Rn 7. Für Sozialleistungen gehen die Sonderregelungen
des § 55 SGB I vor.

3   **3. Voraussetzungen der Aufhebung.** (Abs 1). **a) Antrag** des
Schuldners (Prozesshandlung, Einl III), nicht von Amts wegen im Pfändungsbeschluss (LG Koblenz Rpfleger 98, 76); nicht fristgebunden, aber
wegen der 2-wöchigen Sperrfrist des § 835 Abs 3 S 2 praktisch an dieser
auszurichten, weil das Geldinstitut als Drittschuldner sonst auszuzahlen
4   hat. – **b) Konto** bei einem Geldinstitut (Bank oder Sparkasse), auf das
der Schuldner seine wiederkehrenden Einkünfte (§§ 850–850 b) laufend
überweisen lässt. Zur Kontenpfändung: § 829 Rn 41–49. § 850 g gilt
auch für die Erste Überweisung dieser Art auf dieses Konto. Guthaben
des Schuldners aus anderen Mitteln oder Restbestände früherer Überweisungen wiederkehrender Einkünfte stehen nicht entgegen. –
5   **c) Pfändungsschutz** gemäß den §§ 850 ff müsste bestehen, wenn
Drittschuldner nicht das Geldinstitut, sondern der Arbeitgeber oder die
sonst nach §§ 850–850 b schuldende Person wäre.

6   **4. Wirkung. a) Aufhebung** der Pfändung durch Beschluss des Vollstreckungsgerichts (§ 829 Rn 50) nach Anhörung des Gläubigers in
folgendem Umfang: pfändungsfreier Betrag (§§ 850 c–850 e) für den
Zeitraum von Pfändung (Zustellung des Pfändungsbeschlusses an das
Geldinstitut, § 829 Abs 3) bis zum nächsten regelmäßigen Überwei-
sungstermin (Tag der Gutschrift) der wiederkehrenden Einkünfte. Dieser
Betrag ist vom Vollstreckungsgericht konkret zu errechnen (allgM; LG
Darmstadt Rpfleger 88, 419) und zu beziffern (LG Augsburg Rpfleger
7   97, 489). – **b) Künftige Guthabenforderung.** War sie gepfändet (vgl
§ 832), ist für die künftigen Zahlungsabschnitte der den §§ 850 c–850 e
entsprechende bestimmte Betrag im Voraus für pfandfrei zu erklären
(hM; KG Rpfleger 92, 307 mwN; LG Augsburg aaO), auch wenn der
Gesetzeswortlaut dies nicht vorsieht; denn sonst wäre eine meist monatliche Wiederholung des Antrags nötig, falls der Schuldner die Überweisung nicht sofort auf ein anderes Konto veranlasst oder der Gläubiger

nicht direkt beim Drittschuldner als Schuldner der wiederkehrenden Einkünfte pfändet (StJBrehm 21). Zweifelhaft ist die Wirkung bei debitorisch geführten Konten (§ 829 Rn 49; Behr Rpfleger 89, 52).

5. Vorabfreigabe (Abs 2) stellt sich gegenüber der Pfändungsaufhebung als vereinfachtes Eilverfahren dar. Sie ist nur für einen einzigen Auszahlungszeitraum, nicht laufend für künftige Zeiträume zulässig. **a) Voraussetzungen: aa) Antrag:** Rn 3; jedoch ist ein eigens auf Vorabfreigabe gerichteter Antrag zulässig. **bb) Aufhebungsvoraussetzungen** Abs 1; Rn 3–5. Sie müssen vorliegen; die der Rn 4 muss der Schuldner glaubhaft machen (§ 294). **cc) Dringender Bedarf** (Abs 1 S 1) für den notwendigen Unterhalt (§ 850 d Rn 10) des Schuldners und zur Erfüllung der laufenden Unterhaltspflichten (wie § 850 d Rn 5, 6). Bestehen und Umfang sind glaubhaft zu machen (§ 294). **cc) Höhe.** Der Betrag darf nicht höher, muss aber gleich hoch sein wie der des Abs 1 (Rn 6). Voraussichtlich: was zZ der Entscheidung für die Pfändungsaufhebung zu erwarten ist. Der vorab aufgehobene Betrag hat sich an dem aus § 850 d folgenden zu orientieren. Abs 2 S 2 bestimmt nur die Höchstgrenze. – **b) Wirkung.** Möglich ist Aufhebung (§ 829 Rn 5) der Pfändung ohne vorherige Anhörung des Gläubigers (Abs 2 S 4). Der Drittschuldner (Geldinstitut) darf und muss (nach BGB) an den Schuldner den vorab freigegebenen Betrag auszahlen, sobald der Beschluss vorgelegt ist. Darin ist der Betrag anzugeben. Übersteigt er das Guthaben, ist es insgesamt auszuzahlen.

6. Einstweilige Anordnung (Abs 3): grundsätzlich wie § 732 Rn 11. Ein besonderer Antrag ist nicht nötig, aber zulässig. Die Anordnung ist nur als Sofortmaßnahme nach Eingang des Antrags (Rn 3) sinnvoll, wenn die Sperrfrist des § 835 Abs 3 S 2 abzulaufen droht, bevor eine Vorabfreigabe (Abs 2) oder Pfändungsaufhebung (Abs 1) erlassen werden kann. Sicherheitsleistung ist idR nicht anzuordnen. Inhalt: Die Leistung des Drittschuldners aus der dem X-Bank am (Datum) gepfändeten Forderung des Schuldners (Konto-Nr X) hat bis zur Entscheidung über den Antrag des Schuldners zu unterbleiben.

7. Kosten. Grundsätzlich gilt § 788 Abs 1, ausnahmsweise § 788 Abs 4. Die Entscheidung ist gerichtsgebührenfrei. RA: § 57 Abs 1, § 58 Abs 1 BRAGO.

8. Rechtsbehelfe: sofortige Beschwerde (§ 11 Abs 1 RPflG, § 793) gegen alle Entscheidungen des Rechtspflegers; keine Erinnerung (§ 766).

§ 851 Nicht übertragbare Forderungen

(1) **Eine Forderung ist in Ermangelung besonderer Vorschriften der Pfändung nur insoweit unterworfen, als sie übertragbar ist.**

(2) **Eine nach § 399 des Bürgerlichen Gesetzbuchs nicht übertragbare Forderung kann insoweit gepfändet und zur Einziehung**

überwiesen werden, als der geschuldete Gegenstand der Pfändung unterworfen ist.

1   **1. Allgemeines.** Forderungen, die gesetzlich für unübertragbar (Rn 2) erklärt sind, dürfen nicht gepfändet werden (Abs 1), solche die gesetzlich für unpfändbar erklärt sind (zB § 850 a, § 54 SGB I), dürfen nicht übertragen werden (§ 400 BGB). Abs 1 und § 400 BGB wirken wechselseitig. Doch kann kraft Gesetzes die Unübertragbarkeit ohne Unpfändbarkeit bestimmt werden (Abs 1, „in Ermangelung"). Zweck des Abs 2 ist zu verhindern, dass der Schuldner durch Abtretungen sein Vermögen dem Gläubigerzugriff entziehen kann. § 851 gilt nicht, wenn die Übertragbarkeit durch Rechtsgeschäft oder Satzung ausgeschlossen ist.

2   **2. Unübertragbare Forderungen** oder Rechte (vgl § 857 Abs 1). **a) Absolut unpfändbar** sind diejenigen, die unübertragbar sind (Abs 1), zB § 717 S 1 BGB, der Anspruch auf Urlaub (hM; vgl Pfeifer NZA 96, 738 mwN). Soweit vertraglich die Übertragbarkeit vereinbart werden kann (zB § 613 S 2, § 664 Abs 2, § 540 Abs 1 S 1 BGB), ist der Anspruch nur pfändbar, wenn Übertragbarkeit vereinbart ist. Ein Pfandrecht ist wegen seiner Akzessorietät (§ 1250 BGB) nicht ohne die Forderung pfändbar. Nicht unübertragbar und daher pfändbar sind Honoraransprüche der Ärzte (Berger NJW 95, 1584 [1588]), Steuerberater (BGH Rpfleger 99, 336) und RAe (Stuttgart NJW-RR 94, 2838; aA

3 wegen § 49 b BRAO Diepold MDR 95, 23). – **b) Zweckgebundene Ansprüche** fallen unter Abs 1. Das sind solche, die nur von dem gepfändet werden dürfen, für den die Mittel aus der Forderung bestimmt sind. Diese Zweckbindung kann nicht einseitig (BGH NJW 98, 746) oder durch bloße Abrede zwischen Schuldner und Drittschuldner herbeigeführt werden (Hillebrand Rpfleger 86, 464). Bsp: Mietnebenkosten (Celle ZMR 9, 697 mit Anm Lützenrath); Anspruch auf Unterhalt aus § 1629 Abs 3 BGB (BGH 113, 90) und aus § 1360 a Abs 4 BGB auf Prozesskostenvorschuss (BGH NJW 85, 2263), den aber Staatskasse und RA für Prozesskosten pfänden dürfen; treuhänderisch zweckgebundene Ansprüche (BGH NJW 98, 746 und 00, 1270); ferner Freistellungsansprüche, wozu Ansprüche gegen eine Rechtsschutzversicherung nicht gehören (Hamm WM 84, 704); Haftentschädigung bis zur rechtskräftigen Entscheidung (§ 13 StrEG; Koblenz NJW-RR 99, 508).

4   **3. Bedingt unpfändbar** (Abs 2) sind Forderungen, für die § 399 BGB zutrifft. Sie dürfen gepfändet werden, wenn der geschuldete Gegenstand (Sache oder Recht) nicht unpfändbar ist, zB die Sache nicht unter § 811 Abs 1 fällt, das Recht nicht unter § 857 Rn 7. Wird nachträglich die vertragliche Unabtretbarkeit (zB durch Einverständnis des Forderungsschuldners) aufgehoben, wirkt dies nicht auf die vor einer gem Abs 2 ausgebrachten Pfändung vorgenommene Abtretung zurück (BGH NJW 78, 813). Der Pfändung steht nicht entgegen, dass die Überlassung der Nießbrauchsausübung vertraglich ausgeschlossen ist (BGH NJW 85, 2827). Die gem Abs 2 zulässige Pfändung darf nicht

wegen überwiegender Interessen des Drittschuldners dem Gläubigerzugriff entzogen werden (BGH Rpfleger 78, 247).

4. Wirkung. Ergibt § 851 die Unpfändbarkeit, ist eine Pfändung 5
abzulehnen. Rechtsbehelf: § 11 Abs 1 RpflG; § 793. Wird nach Abs 2
gepfändet, darf nur zur Einziehung (nie an Zahlungs Statt) überwiesen
werden (§ 835). Die verbotswidrige Pfändung ist nur anfechtbar (Koblenz NJW-RR 99, 508). Es findet Erinnerung (§ 766) statt.

§ 851 a Pfändungsschutz für Landwirte

(1) **Die Pfändung von Forderungen, die einem die Landwirtschaft betreibenden Schuldner aus dem Verkauf von landwirtschaftlichen Erzeugnissen zustehen, ist auf seinen Antrag vom
Vollstreckungsgericht insoweit aufzuheben, als die Einkünfte
zum Unterhalt des Schuldners, seiner Familie und seiner Arbeitnehmer oder zur Aufrechterhaltung einer geordneten Wirt-
schaftsführung unentbehrlich sind.**

(2) **Die Pfändung soll unterbleiben, wenn offenkundig ist, daß
die Voraussetzungen für die Aufhebung der Zwangsvollstreckung
nach Absatz 1 vorliegen.**

Landwirtschaft: wie § 811 Rn 11. Der Verkauf muss Erzeugnisse 1
aus dem Betrieb des Schuldners betreffen. Geordnete Wirtschaftsfüh-
rung umfasst auch Reparaturen und Anschaffungen. **Wirkung.** Die 2
Forderungen sind abtretbar und grundsätzlich pfändbar. Abs 2 gestattet,
§ 851a schon bei der Pfändung zu berücksichtigen (§ 834 beachten)
und sie abzulehnen. Offenkundig: § 291. **Aufhebung der Pfändung** 3
(§ 829 Rn 50) erfolgt durch das Vollstreckungsgericht (§ 764; der
Rechtspfleger § 20 Nr 17 RPflG) nur auf Antrag (keine Erinnerung,
§ 766) des Schuldners und wenn die Voraussetzungen des Abs 1 zZ der
Entscheidung noch vorliegen. Vorher ist eine einstweilige Anordnung
gem § 766 Abs 1 S 2 möglich. **Kosten:** § 788 Abs 1, ausnahmsweise 4
§ 788 Abs 4; gerichtsgebührenfrei; RA: § 57 Abs 1, § 58 Abs 3 Nr 3
BRAGO. **Rechtsbehelf:** § 11 Abs 1 RPflG, § 793. 5

§ 851 b Pfändungsschutz bei Miete und Pacht

(1) **¹Die Pfändung von Miete und Pacht ist auf Antrag des
Schuldners vom Vollstreckungsgericht insoweit aufzuheben, als
diese Einkünfte für den Schuldner zur laufenden Unterhaltung
des Grundstücks, zur Vornahme notwendiger Instandsetzungs-
arbeiten und zur Befriedigung von Ansprüchen unentbehrlich
sind, die bei einer Zwangsvollstreckung in das Grundstück dem
Anspruch des Gläubigers nach § 10 des Gesetzes über die
Zwangsversteigerung und die Zwangsverwaltung vorgehen würden. ²Das gleiche gilt von der Pfändung von Barmitteln und**

Guthaben, die aus Miet- oder Pachtzahlungen herrühren und zu den in Satz 1 bezeichneten Zwecken unentbehrlich sind.

(2) ¹Die Vorschriften des § 813 b Abs. 2, 3 und Abs. 5 Satz 1 und 2 gelten entsprechend. ²Die Pfändung soll unterbleiben, wenn offenkundig ist, daß die Voraussetzungen für die Aufhebung der Zwangsvollstreckung nach Absatz 1 vorliegen.

Abs 1 Satz 1 und 2 ist redaktionell geändert mWv 1. 9. 2001 durch Art 3 Nr 7 MietRRG.

1   **1. Anwendbar** für Miet- und Pachtforderungen, einschließlich der Nebenkosten (Schmid ZMR 00, 144), daraus stammende Barmittel und Guthaben (Abs 1 S 2), die dem Schuldner (zB als Eigentümer, Pächter, Nießbraucher) zustehen; entspr anwendbar auf Untermietforderungen (hM). § 851 b gilt auch für einen Schuldner, der die Teilungsversteigerung betreibt (Köln Rpfleger 91, 427).

2   **2. Voraussetzungen. a) Verwendungszweck** (Abs 1 S 1). Er umfasst insbes Grundstücksgebühren, Hausmeistervergütungen, Reinigung, Strom, Versicherung; notwendige Reparaturen; bei vorgehenden Rechten (§ 10 ZVG), insbes Grundpfandrechten die Zins- und Tilgungs-
3   raten. – **b) Unentbehrlich** bedeutet, dass die für Rn 2 erforderlichen Geldmittel dem Schuldner nicht aus anderen Quellen zur Verfügung stehen (KG NJW 69, 1860).

4   **3. Verfahren. a) Pfändung** ist durch das Vollstreckungsgericht (bei Barmitteln durch den Gerichtsvollzieher) abzulehnen (vgl § 829 Rn 4), wenn die Voraussetzungen (Rn 23) offenkundig (§ 291) erfüllt sind
5   (Abs 2 S 2). – **b) Aufhebung** (Abs 1 S 1), erfolgt ggf zT, nach geschehener Pfändung nur auf nach § 813 b Abs 2 befristeten Antrag (nicht § 766) des Schuldners, durch Beschluss des Vollstreckungsgerichts (§ 764; § 20 Nr 17 RPflG). Bei Forderungen wirkt dies wie § 829 Rn 50, bei Barmitteln über § 776. Die tatsächlichen Voraussetzungen (Rn 2, 3) sind glaubhaft zu machen (§ 294; Abs 2, § 813 b Abs 5 S 2).
6   **c) Vorherige Anhörung** des Gläubigers: Abs 2, § 813 b Abs 5 S 1. Einstweilige Anordnung bleibt möglich gemäß § 766 Abs 1 S 2
7   entspr. – **d) Abänderung** und mehrmalige Anordnung nach Abs 2 S 1,
8   § 813 b Abs 3. – **e) Rechtsbehelf:** sofortige Beschwerde (§ 11 Abs 1 RPflG, § 793). Sie ist nicht wie bei § 813 b Abs 5 S 4 beschränkt. – **f) Kosten:** wie § 851 a Rn 4.

§ 852 Beschränkt pfändbare Forderungen

(1) **Der Pflichtteilsanspruch ist der Pfändung nur unterworfen, wenn er durch Vertrag anerkannt oder rechtshängig geworden ist.**

(2) **Das gleiche gilt für den nach § 528 des Bürgerlichen Gesetzbuchs dem Schenker zustehenden Anspruch auf Herausgabe**

des Geschenkes sowie für den Anspruch eines Ehegatten auf den Ausgleich des Zugewinns.

Grund. Ob Pflichtteilsanspruch (§ 2303, entspr der aus § 2329 1
BGB), Zugewinnausgleichsforderung (§ 1378 BGB) und Schenkungs-
rückforderung (§ 528 BGB) geltend gemacht werden, soll dem Berechtigten überlassen sein. **Voraussetzung:** Rechtshängigkeit (§ 261) oder 2
vertragliches Anerkenntnis (zwischen Erben und pflichtteilsberechtigtem
Vollstreckungsschuldner, Düsseldorf FamRZ 00, 367), auch ohne die
Schriftform des § 781 BGB (hM; Düsseldorf aaO). BGH 123, 183
(Anm von Kuchinke NJW 94, 1769) hält eine Pfändung des durch die
gesetzlichen Voraussetzungen aufschiebend bedingten Pflichtteilan-
spruchs für möglich. Eine Überweisung (§ 835) ist erst nach Eintritt der
Voraussetzungen zulässig (Kuchinke aaO; bestr), erst recht eine Verwertung (BGH NJW 97, 2384). **Wirkung.** Die Pfändung ist auf den 3
aufschiebend bedingten Anspruch zu richten, falls die Voraussetzungen
noch nicht vorliegen, andernfalls abzulehnen (§ 829 Rn 4). Wird trotzdem gepfändet: wie § 850 Rn 5.

§ 853 Mehrfache Pfändung einer Geldforderung

**Ist eine Geldforderung für mehrere Gläubiger gepfändet, so ist
der Drittschuldner berechtigt und auf Verlangen eines Gläubigers, dem die Forderung überwiesen wurde, verpflichtet, unter
Anzeige der Sachlage und unter Aushändigung der ihm zugestellten Beschlüsse an das Amtsgericht, dessen Beschluß ihm
zuerst zugestellt ist, den Schuldbetrag zu hinterlegen.**

1. Grundsätze. a) Mehrfache Pfändung einer Forderung ist mög- 1
lich, in gleicher Form nach § 829. Rang: § 804 Abs 3; richtet sich nach
dem Zeitpunkt der Zustellung an den Drittschuldner (§ 829 Rn 31). –
b) Berechtigt zu hinterlegen ist der Drittschuldner, sobald mehrfach 2
gepfändet ist. Treffen Pfändung und Abtretung zusammen, gilt § 853
nicht, sondern ggf § 372 BGB (allgM; RG 144, 393). – **c) Verpflichtet** 3
zu hinterlegen ist der Drittschuldner, wenn bei mehrfacher Pfändung ein
Pfandgläubiger, dem überwiesen wurde (§ 835), Hinterlegung verlangt.
Diese kann nach § 856 erzwungen werden. – **d) Hinterlegt** wird zu- 4
gunsten aller Pfandgläubiger beim AG des Leistungsorts (§ 374 Abs 1
BGB; StJBrehm 1). Die §§ 372 ff BGB gelten iü nicht (StJBrehm 3, 10).
Rücknahmeverzicht ist unnötig, die Rücknahme nicht möglich (allgM).
Der Drittschuldner muss dabei dem zuständigen AG (Rn 5) die mehr-
fache Pfändung und die Hinterlegung anzeigen (Prozesshandlung, Einl
III), auch die Pfändungsbeschlüsse aushändigen. – **e) Zuständig** ist das 5
Vollstreckungsgericht (§§ 828, 802; § 20 Nr 17 RPflG), das zuerst ge-
pfändet hat. Hat eine Finanzbehörde vollstreckt, gilt § 320 Abs 2 AO. Hat
zuerst ein LG oder OLG als Arrestgericht gepfändet, so ist es nur zur
Entgegennahme der Anzeige zuständig (hM); es leitet wegen § 872 an das
AG seines Sitzes weiter. – **f) Ablehnung** durch das Gericht, die Anzeige 6

und (oder) die Hinterlegung des Drittschuldners entgegenzunehmen, unterliegt der sofortigen Beschwerde gem § 11 Abs 1 RPflG; § 793.

7   **2. Wirkung der Hinterlegung. a) Schuldverhältnis.** Es erlischt; der Drittschuldner wird befreit. Dem Schuldner steht der Rückforderungsanspruch gegen die Hinterlegungsstelle zu; daran setzen sich die Pfändungspfandrechte und Überweisungen (§ 835) fort (§ 804 Rn 5), aber ebenso der Pfändungsschutz der §§ 850 ff, wenn der Drittschuldner auch die pfändungsfreien Anteile hinterlegt (LG Düsseldorf WM 77, 1366). Die Rechte aus der Überweisung (§ 835) sind gegenstandslos, da 8 die überwiesene Forderung erloschen ist. – **b) Verteilung.** Reicht der hinterlegte Betrag für alle Gläubiger aus, kann ohne weiteres ausbezahlt werden (§ 13 Abs 1 HinterlO) oder die Gläubiger müssen sich gegenseitig die Auszahlung bewilligen (§ 13 Abs 2 Nr 1 HinterlO). Reicht er 9 nicht, kommt es zum Verfahren nach § 872. – **c) Kosten** der Hinterlegung sind solche der ZwVollstr (§ 788). Der Drittschuldner, den sie nicht treffen, kann die Kosten vorweg abziehen; später gilt § 812 BGB oder § 874 Abs 2 (Frankfurt Rpfleger 77, 184).

10   **3. Zahlung** (statt Hinterlegung) durch den Drittschuldner an den falschen, insbes irrtümlich an den nachrangigen Gläubiger (§ 804 Abs 3) befreit ihn nicht, gibt ihm aber gegen den Zahlungsempfänger einen Anspruch aus § 812 BGB (BGH NJW 82, 173).

§ 854 Mehrfache Pfändung eines Anspruchs auf bewegliche Sachen

(1) [1]**Ist ein Anspruch, der eine bewegliche körperliche Sache betrifft, für mehrere Gläubiger gepfändet, so ist der Drittschuldner berechtigt und auf Verlangen eines Gläubigers, dem der Anspruch überwiesen wurde, verpflichtet, die Sache unter Anzeige der Sachlage und unter Aushändigung der ihm zugestellten Beschlüsse dem Gerichtsvollzieher herauszugeben, der nach dem ihm zuerst zugestellten Beschluß zur Empfangnahme der Sache ermächtigt ist.** [2]**Hat der Gläubiger einen solchen Gerichtsvollzieher nicht bezeichnet, so wird dieser auf Antrag des Drittschuldners von dem Amtsgericht des Ortes ernannt, wo die Sache herauszugeben ist.**

(2) [1]**Ist der Erlös zur Deckung der Forderungen nicht ausreichend und verlangt der Gläubiger, für den die zweite oder eine spätere Pfändung erfolgt ist, ohne Zustimmung der übrigen beteiligten Gläubiger eine andere Verteilung als nach der Reihenfolge der Pfändungen, so hat der Gerichtsvollzieher die Sachlage unter Hinterlegung des Erlöses dem Amtsgericht anzuzeigen, dessen Beschluß dem Drittschuldner zuerst zugestellt ist.** [2]**Dieser nzeige sind die Schriftstücke beizufügen, die sich auf das Verfahren beziehen.**

(3) **In gleicher Weise ist zu verfahren, wenn die Pfändung für mehrere Gläubiger gleichzeitig bewirkt ist.**

Herausgabe (Abs 1). Es gilt § 853 Rn 1–3; anstatt Hinterlegung ist **1** dort Herausgabe an den Gerichtsvollzieher zu lesen. Wirkung: § 847 Rn 3. Gebühren: § 18 GVKostG. Ernennung nach S 2 durch den Rechtspfleger (§ 20 Nr 17 RPflG) des AG am Erfüllungsort (§ 269 BGB). Gebühren: § 58 Abs 2 Nr 4 BRAGO. **Hinterlegung** (Abs 2): **2** Der Gerichtsvollzieher verwertet (§§ 814–825). Danach gilt dasselbe wie bei § 827. Die Anzeige ist an das Gericht zu senden, das nach § 853 Rn 5 zuständig ist.

§ 855 Mehrfache Pfändung eines Anspruchs auf eine unbewegliche Sache

Betrifft der Anspruch eine unbewegliche Sache, so ist der Drittschuldner berechtigt und auf Verlangen eines Gläubigers, dem der Anspruch überwiesen wurde, verpflichtet, die Sache unter Anzeige der Sachlage und unter Aushändigung der ihm zugestellten Beschlüsse an den von dem Amtsgericht der belegenen Sache ernannten oder auf seinen Antrag zu ernennenden Sequester herauszugeben.

Es gilt § 853 Rn 1–3; anstatt Hinterlegung ist dort Herausgabe zu **1** lesen. Wirkung: § 848 Rn 4–6. Verwertung: § 848 Rn 7. Den Sequester bestellt der Rechtspfleger (§ 20 Nr 17 RPflG). Gebühren: § 58 Abs 2 Nr 4 BRAGO.

§ 855 a Mehrfache Pfändung eines Anspruchs auf ein Schiff

(1) Betrifft der Anspruch ein eingetragenes Schiff, so ist der Drittschuldner berechtigt und auf Verlangen eines Gläubigers, dem der Anspruch überwiesen wurde, verpflichtet, das Schiff unter Anzeige der Sachlage und unter Aushändigung der Beschlüsse dem Treuhänder herauszugeben, der in dem ihm zuerst zugestellten Beschluß bestellt ist.

(2) Absatz 1 gilt sinngemäß, wenn der Anspruch ein Schiffsbauwerk betrifft, das im Schiffsbauregister eingetragen ist oder in dieses Register eingetragen werden kann.

Es gilt sinngemäß die Anm zu § 855. Vgl ferner § 847 a. **1**

§ 856 Klage bei mehrfacher Pfändung

(1) Jeder Gläubiger, dem der Anspruch überwiesen wurde, ist berechtigt, gegen den Drittschuldner Klage auf Erfüllung der nach den Vorschriften der §§ 853 bis 855 diesem obliegenden Verpflichtungen zu erheben.

(2) **Jeder Gläubiger, für den der Anspruch gepfändet ist, kann sich dem Kläger in jeder Lage des Rechtsstreits als Streitgenosse anschließen.**

(3) **Der Drittschuldner hat bei dem Prozeßgericht zu beantragen, daß die Gläubiger, welche die Klage nicht erhoben und dem Kläger sich nicht angeschlossen haben, zum Termin zur mündlichen Verhandlung geladen werden.**

(4) **Die Entscheidung, die in dem Rechtsstreit über den in der Klage erhobenen Anspruch erlassen wird, ist für und gegen sämtliche Gläubiger wirksam.**

(5) **Der Drittschuldner kann sich gegenüber einem Gläubiger auf die ihm günstige Entscheidung nicht berufen, wenn der Gläubiger zum Termin zur mündlichen Verhandlung nicht geladen worden ist.**

1   **1. Klage** (Abs 1). Sie löst die Pflicht aus, dem Schuldner den Streit zu verkünden (§ 841). Klagen mehrere Gläubiger gemeinsam, sind sie notwendige Streitgenossen (Abs 4; § 62). Antrag und Formel lauten dahin, dass der Beklagte (der Drittschuldner) verurteilt wird, den Schuldbetrag zu hinterlegen bzw die bestimmte Sache an den bestimmten Gerichtsvollzieher (oder Sequester) herauszugeben hat, bei Übereignungsansprüchen außerdem an den Schuldner zu übereignen.

2   **2. Anschluss** (Abs 2) als Streitgenosse (§ 59) ist eine Prozesshandlung (Einl III) und erfolgt wie bei § 261 Abs 2, indem der Gläubiger den Anschluss in der mündlichen Verhandlung erklärt oder indem ein Schriftsatz zugestellt wird (StJBrehm 2). Folge: Parteibeitritt mit kumulativer Nachfolge in das Prozessrechtsverhältnis, ein Sonderfall (RoSchwGottwald § 52 II S 1); notwendige Streitgenossenschaft (Rn 1). Die Möglichkeit zum Anschluss bewirkt, dass eine selbständige Klage anderer Gläubiger unzulässig ist, wohl wegen § 261 Abs 3 Nr 1 (hM; StJBrehm 2; aA: fehlendes Rechtsschutzbedürfnis).

3   **3. Beiladung** (Abs 3) ist keine Streitverkündung (§ 72). Der Drittschuldner muss der Geschäftsstelle die anderen Gläubiger benennen. Danach gelten § 270 Abs 1, § 497 Abs 1. Wirkung: Abs 5. Ob die beigeladenen Gläubiger sich anschließen (Abs 2), ist ihnen überlassen.

4   **4. Rechtskraft** wirkt das Urteil: **a) Zugunsten** aller Gläubiger stets (Abs 4). Folge: vollstreckbare Ausfertigung für Gläubiger, die sich nicht angeschlossen haben (§ 727 analog; Saarbrücken NJW-RR 90, 1472). –
5   **b) Gegen** einen Gläubiger nur, soweit er geklagt, sich angeschlossen hat oder beigeladen wurde (Abs 5).

§ 857 Zwangsvollstreckung in andere Vermögensrechte

(1) **Für die Zwangsvollstreckung in andere Vermögensrechte, die nicht Gegenstand der Zwangsvollstreckung in das unbeweg-**

liche Vermögen sind, gelten die vorstehenden Vorschriften entsprechend.

(2) Ist ein Drittschuldner nicht vorhanden, so ist die Pfändung mit dem Zeitpunkt als bewirkt anzusehen, in welchem dem Schuldner das Gebot, sich jeder Verfügung über das Recht zu enthalten, zugestellt ist.

(3) Ein unveräußerliches Recht ist in Ermangelung besonderer Vorschriften der Pfändung insoweit unterworfen, als die Ausübung einem anderen überlassen werden kann.

(4) ¹Das Gericht kann bei der Zwangsvollstreckung in unveräußerliche Rechte, deren Ausübung einem anderen überlassen werden kann, besondere Anordnungen erlassen. ²Es kann insbesondere bei der Zwangsvollstreckung in Nutzungsrechte eine Verwaltung anordnen; in diesem Falle wird die Pfändung durch Übergabe der zu benutzenden Sache an den Verwalter bewirkt, sofern sie nicht durch Zustellung des Beschlusses bereits vorher bewirkt ist.

(5) Ist die Veräußerung des Rechtes selbst zulässig, so kann auch diese Veräußerung von dem Gericht angeordnet werden.

(6) Auf die Zwangsvollstreckung in eine Reallast, eine Grundschuld oder eine Rentenschuld sind die Vorschriften über die Zwangsvollstreckung in eine Forderung, für die eine Hypothek besteht, entsprechend anzuwenden.

(7) Die Vorschrift des § 845 Abs. 1 Satz 2 ist nicht anzuwenden.

1. Anwendungsbereich. Alle Vermögensrechte, dh geldwerte Rechte, die nicht Geld- oder Sachforderungen (§§ 829, 846–848) sind, soweit sie nicht unbewegliches Vermögen (§§ 864, 865) darstellen, insbes: **a) Anteilsrechte** an einer Gesellschaft, oHG KommG und Partnerschaftsgesellschaft (§ 859 Abs 1), GmbH (im einzelnen Heuer ZIP 98, 405) und Genossenschaft; Anteile am Nachlass (§ 859 Abs 2), am Gesamtgut (nur nach § 860 Abs 2), an Sachen und Rechten, bei denen Gemeinschaft besteht (§ 741 BGB), zB Miteigentumsanteil (hM), Mitinhaberschaft, Mitgläubigerschaft (BayObLG NJW-RR 92, 1369). So kann der Anspruch eines Miteigentümers auf Aufhebung der Gemeinschaft sowie Teilung und Auszahlung des Erlöses gepfändet und überwiesen werden (BGH 90, 207 [215], umstr; vgl Hamm NJW-RR 92, 665). – **b) Beschränkte dingliche Rechte:** Grundpfandrechte (Abs 6); Nießbrauch und beschränkte Dienstbarkeiten in ihrer Ausübung (Abs 3; § 1059 S 2, § 1092 Abs 1 S 2 BGB); Dauerwohnrecht (§ 33 Abs 1 WEG). – **c) Anwartschaftsrechte** auf das Eigentum an beweglichen Sachen (hM; BGH NJW 54, 1325; § 808 Rn 17; Musielak/Becker 7 mwN; aber nur, wenn die Sache selbst nicht gem § 811 Abs 1 (vgl dort Rn 3) unpfändbar ist. Bei Grundstücken: § 848 Rn 2. – **d) Immate-**

rielle Schutzrechte. Pfändbar sind Patentrechte (§ 15 PatentG; BGH NJW 94, 3099), Markenrechte (§ 29 Abs 1 Nr 2 MarkenG; Repenn NJW 94, 175 für Warenzeichen), Gebrauchs- und Geschmacksmuster sowie Urheberrechte (hierzu Röder/App Büro 96, 342) mit den Be-
6 schränkungen der §§ 113–119 UrhG. – **e) Sonstige Rechte.** Sie müssen vermögensrechtlich sein und wenigstens nach privatrechtlichen Grundsätzen übertragbar (BGH NJW 90, 2931). Bsp: Softwarerecht als immaterielles Rechtsgut (Weinmann Rpfleger 96, 12); Internet-Domain (Lwowski/Dahm WM 01, 1135; aA LG München I CR 01, 341 Anm Hanloser mwN); Ansprüche auf Bestellung und Übertragung von Rechten; zB Abtretung einer Forderung aus Treuhandverhältnis (BGH NJW 98, 2969); Nutzungsrecht des Leasingnehmers (hM; Teubner/Lelley ZMR 99, 151: auch seine Kaufoption), für das aber idR § 851 Abs 2 zutrifft (Düsseldorf NJW 88, 1676); Sondernutzungsrecht eines Wohnungseigentümers, aber nur für ein anderes Mitglied der Wohnungseigentümergemeinschaft (Schuschke NZM 99, 830); Anspruch auf Abgabe einer Willenserklärung; Freistellungs-(Schuldbefreiungs)ansprüche, die sich mit Überweisung in den Anspruch auf die geschuldete Leistung (insbes Zahlung) verwandeln (KG NJW 80, 1342 mwN); Anteil an Geldmarktfonds (Röder DGVZ 95, 110); Bestellung von Sicherheiten; Eintragung eines Grundpfandrechts (Hamburg Rpfleger 83, 289); der Grundbuchberichtigungsanspruch (§ 894 BGB) nur ausnahmsweise, sofern er (mittelbar) durch Eintragung des Schuldners zur Befriedigung des Gläubigers führt; der Anspruch des Meistbietenden auf Erteilung des Zuschlags in der Zwangsversteigerung (Krammer/Riedel Rpfleger 89, 144); Rechte an sammelverwahrten Wertpapieren (Erk Rpfleger 91, 236).

7   **2. Unpfändbare Rechte** sind: **a) Unselbständige Nebenrechte,** die nur zusammen mit dem Hauptrecht gepfändet werden können, zB Pfandrecht (vgl § 1250 BGB); Rangvorbehalt (BGH 12, 241); Kündigungsrecht (LG Essen Rpfleger 73, 147); Recht auf Einzug einer Forderung (LG Leipzig Rpfleger 00, 401); Herausgabeanspruch auf einen Hypotheken- oder Grundschuldbrief (LG Berlin Rpfleger 78, 331); Ansprüche auf Auskunft und Rechnungslegung, zB gegen eine Bank
8 (hM; LG Stuttgart Rpfleger 94, 471 mwN). – **b) Personenrechte:** personenbezogene Familienrechte; das Namensrecht; Mitgliedschaftsrechte an Idealvereinen.

9   **3. Voraussetzungen.** Es sind dieselben wie für Pfändung einer Geldforderung (§ 829 Rn 4). Für die Überweisung gilt § 835. Auch bedingte und künftige Rechte sind pfändbar; zB eine auflösend bedingte Eigentümergrundschuld bei Höchstbetragshypothek hinsichtlich des Teils, für den noch keine Forderung besteht (StJBrehm 69; umstr)

10   **4. Durchführung.** Es gilt grundsätzlich § 829 Rn 19–23 und für die Überweisung § 835 Rn 2 mit folgenden Besonderheiten: **a) Fehlender Drittschuldner** (Abs 2). Es wird die Pfändung mit hier unent-

behrlicher Zustellung des Gebots (§ 829 Rn 21, 25) an den Schuldner wirksam. Drittschuldner ist jeder am gepfändeten Recht Beteiligte, zB ein anderer Anteilsberechtigter, wie der Miterbe (vgl § 859 Abs 2); der Eigentümer der belasteten Sache; die GmbH bei Pfändung eines GmbH-Anteils (hM; Polzius DGVZ 87, 17 [34] mwN); bei Anwartschaftsrecht (Rn 4) an beweglichen Sachen der gegenwärtige Inhaber des Rechts (BGH NJW 54, 1325), insbes der Vorbehaltsverkäufer. Bei Pfändung des Anwartschaftsrechts auf ein Grundstück (§ 848 Rn 2) ist Zustellung an den Veräußerer nicht erforderlich (BGH 49, 197). –
b) Grundpfandrechte (Abs 6). Bei Grund- und Rentenschulden so- **11** wie Reallasten gilt § 830 (Überweisung: § 837); es ist also Übergabe des Briefes oder Eintragung erforderlich. Das gilt auch für die Eigentümergrundschuld (hM; vgl Celle NJW 68, 1682). Ist sie entstanden, aber noch nicht durch Grundbuchberichtigung eingetragen (Fälle der § 1163 Abs 1 S 2, § 1177 BGB; nicht als Fremdhypothek entstandenes Grundpfandrecht), steht § 39 GBO entgegen; jedoch kann Nachweis gem § 29 GBO genügen (Hamburg Rpfleger 76, 371). Auch bei künftiger oder auflösend bedingter Eigentümergrundschuld (Rn 9) steht § 39 GBO meist der sofortigen Eintragung entgegen. Folgt sie nach, wird die Pfändung erst damit wirksam (§ 830 Rn 12); aber es gilt auch § 830 Abs ? Neben Pfändung der Grundschuld ist Pfändung der gesicherten Forderung (nach § 829) möglich und empfehlenswert. Erlöschen in der Zwangsversteigerung Grundpfandrechte wegen § 91 ZVG, so ist das Ersatzrecht am Erlös nicht nach Abs 6 gem § 830 zu pfänden, sondern nach Abs 1, 2 gem § 829 (BGH 58, 298). Ist der Erlös hinterlegt, so ist auch bei einer Eigentümergrundschuld die Hinterlegungsstelle Drittschuldner (BGH aaO). – **c) Nutzungsrechte** (Rn 3). Die Pfändung **12** muss nicht in das Grundbuch eingetragen werden, weil Abs 6 und damit § 830 nicht entspr anwendbar sind (BGH 62, 133 und BayObLG NJW-RR 98, 1168 für Nießbrauch). Die Pfändung des Nießbrauchs an einem Grundstück gibt keinen Anspruch auf Räumung und Herausgabe (Düsseldorf Rpfleger 97, 315). Bei Anordnung einer Sequestration kann auch durch Übergabe gepfändet werden (Abs 4 S 2; vgl LG Lübeck Rpfleger 93, 360).

5. Wirkung. Es gilt grundsätzlich § 829 Rn 31–40. Immer erfasst **13** die Pfändung das Recht mit dem Inhalt und den Einwendungen, die sich aus dem Rechtsverhältnis von Schuldner zum Drittschuldner ergeben. Bei gepfändetem Anwartschaftsrecht (Rn 4) entsteht Verstrickung und Pfandrecht an der Sache erst mit ihrer Pfändung (§ 808), nicht durch den Eigentumserwerb des Schuldners (BGH NJW 54, 1325). Auch der Rang (§ 804 Abs 3) richtet sich danach. Bei Pfändung einer Eigentumsanwartschaft an einem Grundstück gilt § 848 Abs 2 entspr (BGH NJW 68, 493), auch wenn der Anteil an einem Auflassungsanspruch gepfändet wurde (BayObLG NJW-RR 92, 1369).

6. Verwertung erfolgt grundsätzlich nach §§ 835, 844. Überweisung **14** ist nur möglich, wenn auch der Gläubiger an Stelle des Schuldners das

Recht ausüben kann (StJBrehm 108), nicht bei einem GmbH-Anteil, für den § 844 gilt (dort Rn 1). Bei Nutzungsrechten (Rn 3) kommt Verwaltung und Verpachtung in Betracht (Abs 4).

15   **7. Sonstiges.** Aufhebung: wie § 829 Rn 50. Vorpfändung durch den Gerichtsvollzieher (§ 845 Abs 1 S 2) ist unzulässig (Abs 7). Für Rechtsbehelfe, Kosten, Gebühren gelten die Anmerkungen zu den §§ 828–856.

§ 858 Zwangsvollstreckung in Schiffspart

(1) **Für die Zwangsvollstreckung in die Schiffspart (§§ 489 ff. des Handelsgesetzbuchs) gilt § 857 mit folgenden Abweichungen:**

(2) **Als Vollstreckungsgericht ist das Amtsgericht zuständig, bei dem das Register für das Schiff geführt wird.**

(3) **¹Die Pfändung bedarf der Eintragung in das Schiffsregister; die Eintragung erfolgt auf Grund des Pfändungsbeschlusses. ²Der Pfändungsbeschluß soll dem Korrespondentreeder zugestellt werden; wird der Beschluß diesem vor der Eintragung zugestellt, so gilt die Pfändung ihm gegenüber mit der Zustellung als bewirkt.**

(4) **¹Verwertet wird die gepfändete Schiffspart im Wege der Veräußerung. ²Dem Antrag auf Anordnung der Veräußerung ist ein Auszug aus dem Schiffsregister beizufügen, der alle das Schiff und die Schiffspart betreffenden Eintragungen enthält; der Auszug darf nicht älter als eine Woche sein.**

(5) **¹Ergibt der Auszug aus dem Schiffsregister, daß die Schiffspart mit einem Pfandrecht belastet ist, das einem andern als dem betreibenden Gläubiger zusteht, so ist die Hinterlegung des Erlöses anzuordnen. ²Der Erlös wird in diesem Fall nach den Vorschriften der §§ 873 bis 882 verteilt; Forderungen, für die ein Pfandrecht an der Schiffspart eingetragen ist, sind nach dem Inhalt des Schiffsregisters in den Teilungsplan aufzunehmen.**

1   Schiffspart ist der Anteil des Mitreeders an der Reederei (§§ 489 ff HGB). Für die Pfändung gilt, was zu § 857 ausgeführt ist, entsprechend. Wirksam wird sie erst mit Eintragung (Abs 3). Verwertet wird stets durch Veräußerung (Abs 4 S 1): freihändiger Verkauf oder öffentliche Versteigerung durch den Gerichtsvollzieher (wie bei § 844 Rn 3).

§ 859 Pfändung von Gesamthandanteilen

(1) **¹Der Anteil eines Gesellschafters an dem Gesellschaftsvermögen einer nach § 705 des Bürgerlichen Gesetzbuchs eingegangenen Gesellschaft ist der Pfändung unterworfen. ²Der Anteil eines Gesellschafters an den einzelnen zu dem Gesellschaftsvermögen gehörenden Gegenständen ist der Pfändung nicht unterworfen.**

(2) **Die gleichen Vorschriften gelten für den Anteil eines Miterben an dem Nachlaß und an den einzelnen Nachlaßgegenständen.**

1. Gesellschaftsanteil (Abs 1). Darunter ist nur der Gewinnanteil 1
und das (künftige) Auseinandersetzungsguthaben zu verstehen, nicht der
(unveräußerliche) eigentliche Gesamthandanteil (K. Schmidt JR 77,
177; aA BGH 97, 392; Smid JuS 88, 613 [615]). Diese übertragbaren
Einzelansprüche können auch selbständig gepfändet werden (allgM;
Musielak/Becker 6). **a) Anwendbar** für die BGB-Gesellschaft unter 2
Einschluss der Innengesellschaft und der Partnerschaftsgesellschaft, oHG,
KommG, nichtrechtsfähigen Vereins, auch wenn sie sich in Auseinandersetzung befinden. – **b) Pfändung.** Hierzu H. Roth ZGR 00, 187. Sie 3
ist nach § 857 vorzunehmen, auch wenn der Gesamthand ein Grundstück gehört. Drittschuldner ist stets die Gesamthand (hM; BGH 97,
392). Zuzustellen ist bei oHG, KG und Partnerschaftsgesellschaft an den
geschäftsführenden Gesellschafter oder den Vorstand des nichtrechtsfähigen Vereins. Auch bei der BGB-Gesellschaft genügt die Zustellung an
den geschäftsführenden Gesellschafter (hM; BGH aaO; Smid JuS 88, 613
[617]). – **c) Wirkung.** Von der Pfändung des Gesellschaftsanteils werden 4
alle pfändbaren Gesellschafterrechte des Schuldners erfasst, insbes der
Auseinandersetzungsanspruch (BGH NJW 92, 830), auch wenn dieser
vorher abgetreten wurde (Köln NJW-RR 94, 1517). Das entspricht dem
Begriff des Anteils (Rn 1). Auf Grund der Pfändung kann der Gläubiger,
der nicht etwa Gesellschafter wird, die Gesellschaft kündigen nach Maßgabe des § 725 Abs 1 BGB, bei oHG und KommG erst nach Überweisung (§ 135 HGB). Diese (§ 835) darf nur zur Einziehung erfolgen.
Danach darf der Gläubiger den Gewinnanteil (§§ 721, 725 Abs 2 BGB)
und nach Kündigung das Auseinandersetzungsguthaben (§ 734 BGB)
verlangen (§ 717 S 2 BGB; vgl BGH aaO). Andere Rechte des Gesellschafters (zB Stimmrecht, Auskunftsrecht) erlangt er nicht (§ 717 S 1
BGB; § 851). Die Pfändung hindert nicht die Verfügung über einzelne
Gegenstände des Gesellschaftsvermögens (Hamm WM 87, 972), sofern
sie den Gläubiger nicht benachteiligt (Smid JuS 88, 613 [616]). –
d) Verwertung geschieht durch Einziehung des Gewinnanteils (auch 5
Veräußerung gem § 857 Abs 5, § 844) und Auseinandersetzungsguthabens, nachdem der Anteil (Rn 1) überwiesen ist. Unter engeren Voraussetzungen wird auch Teilungsversteigerung (§ 180 ZVG) zugelassen
(BGH NJW 92, 830 mwN; umstr).

2. Miterbenanteil (Abs 2). Die Vorschrift ist auch für den Anteil 6
eines Vor- oder Nacherben anwendbar. **a) Pfändung** ist nach § 857 7
vorzunehmen, auch wenn ein Grundstück zum Nachlass gehört. Sie
kann (berichtigend) eingetragen werden (BayObLG 59, 50). Die Eintragung hindert weitere Eintragungen auf Bewilligung des verfügungsbefugten Rechtsträgers nicht. Soweit sie den Pfändungsgläubiger beeinträchtigen, sind sie ihm gegenüber relativ unwirksam (§ 136 BGB).
Bei der Pfändung beweglicher Sachen ist es zweckmäßig, eine Anord-

nung gem § 847 hinsichtlich solcher Sachen zu beantragen, die bei der
Auseinandersetzung auf denjenigen Miterben entfallen, der Schuldner
8 ist (vgl Rn 10). – **b) Drittschuldner** sind die übrigen Miterben, der
Testamentsvollstrecker (RG 86, 294) oder der Nachlassverwalter. –
9 **c) Wirkung.** Der Gläubiger wird nicht Gesamthänder, erlangt kein
Pfandrecht an Nachlassgegenständen (BGH NJW 67, 200). Über
§ 804 Abs 2 gilt insbes § 1276 BGB, ferner § 1258 BGB (bestr).
Schon die Pfändung gibt das Recht, die Auseinandersetzung zu beantragen (§ 86 Abs 2 FGG; RG 95, 231). Mit dem überwiesenen Anteil
geht auch das Auskunftsrecht über, insbes das der §§ 2027, 666, 681
S 2 BGB (hM). Das Auskunftsrecht (§ 2057 BGB) ist daneben hilfs-
10 weise (nach § 857 Rn 7) pfändbar. – **d) Verwertung:** Nach Überweisung kann der Gläubiger gem § 86 FGG vorgehen oder auf Auseinandersetzung klagen (§ 2042 BGB). Sein Pfandrecht setzt sich an den
zugeteilten Forderungen stets (BGH NJW 69, 1347), an beweglichen
Sachen nur dann fort, wenn gem § 847 verfahren wurde (Liermann
NJW 62, 2190).

§ 860 Pfändung von Gesamtgutanteilen

(1) ¹**Bei dem Güterstand der Gütergemeinschaft ist der Anteil
eines Ehegatten an dem Gesamtgut und an den einzelnen dazu
gehörenden Gegenständen der Pfändung nicht unterworfen.** ²**Das
gleiche gilt bei der fortgesetzten Gütergemeinschaft von den An-
teilen des überlebenden Ehegatten und der Abkömmlinge.**

(2) **Nach der Beendigung der Gemeinschaft ist der Anteil an
dem Gesamtgut zugunsten der Gläubiger des Anteilsberechtigten der Pfändung unterworfen.**

1　　**Gesamtgutanteil** (Abs 1). Die Gläubiger können nur direkt in das
2 Gesamtgut vollstrecken (§§ 740, 745). **Beendete Gemeinschaft**
(Abs 2) gibt neben § 743 die Möglichkeit, den Anteil zu pfänden. Dritt-
schuldner sind der andere Ehegatte oder die Abkömmlinge (§ 1483
Abs 1 BGB). Verwertung: über § 99 Abs 1, § 86 Abs 2 FGG oder durch
Klage (§§ 1471 ff BGB) ist Auseinandersetzung zu betreiben.

§§ 861, 862 (aufgehoben)

§ 863 Pfändungsbeschränkungen bei Erbschaftsnutzungen

(1) ¹**Ist der Schuldner als Erbe nach § 2338 des Bürgerlichen
Gesetzbuchs durch die Einsetzung eines Nacherben beschränkt,
so sind die Nutzungen der Erbschaft der Pfändung nicht unterworfen, soweit sie zur Erfüllung der dem Schuldner, seinem Ehegatten, seinem früheren Ehegatten, seinem Lebenspartner, einem
früheren Lebenspartner oder seinen Verwandten gegenüber gesetzlich obliegenden Unterhaltspflicht und zur Bestreitung seines**

standesmäßigen Unterhalts erforderlich sind. ²Das gleiche gilt, wenn der Schuldner nach § 2338 des Bürgerlichen Gesetzbuchs durch die Ernennung eines Testamentsvollstreckers beschränkt ist, für seinen Anspruch auf den jährlichen Reinertrag.

(2) Die Pfändung ist unbeschränkt zulässig, wenn der Anspruch eines Nachlaßgläubigers oder ein auch dem Nacherben oder dem Testamentsvollstrecker gegenüber wirksames Recht geltend gemacht wird.

(3) Diese Vorschriften gelten entsprechend, wenn der Anteil eines Abkömmlings an dem Gesamtgut der fortgesetzten Gütergemeinschaft nach § 1513 Abs. 2 des Bürgerlichen Gesetzbuchs einer Beschränkung der im Absatz 1 bezeichneten Art unterliegt.

Abs 1 Satz 1 ist geändert mWv 1. 8. 2001 durch Art 3 § 16 Nr 15 G vom 16. 2. 2001 (BGBl I S 266).

Anwendbar für alle Gläubiger der Erben, nach Abs 2 nur nicht für 1 Nachlassgläubiger (unter den Voraussetzungen der §§ 1967, 2115, 2213 BGB). **Unpfändbarkeit** (Abs 1 S 1): Unterhaltspflichten der §§ 1360, 2 1361, 1569, 1601 BGB, §§ 5, 12, 16 LPartG. Der Grund der Anordnung muss in der Verfügung von Todes wegen enthalten sein, zB eine Anordnung gem § 2338 BGB (Bremen FamRZ 84, 213). **Rechts-** 3 **behelf:** § 766 für Schuldner und Unterhaltsberechtigte.

Titel 2. Zwangsvollstreckung in das unbewegliche Vermögen

Vorbemerkung

Die §§ 864–871 betreffen nur die ZwVollstr wegen Geldforderungen 1 (2 vor § 803). Zwangsversteigerung und Zwangsverwaltung sind im ZVG geregelt (§ 869); das ist im Inhalt ein Teil der ZPO. Die ZwVollstr in das unbewegliche Vermögen ist im Einzelnen besonders beschränkt, zB bei Erbbaurecht § 8 ErbbRVO, bei Wohnungseigentum § 12 Abs 3 WEG, bei Vollstreckung durch Finanzbehörden § 322 AO. Die §§ 864–871 gelten nicht, soweit die ZwVollstr kraft Vorbehalts (EGBGB) durch Landesrecht geregelt ist (allgM; § 871).

§ 864 Gegenstand der Immobilienvollstreckung

(1) Der Zwangsvollstreckung in das unbewegliche Vermögen unterliegen außer den Grundstücken die Berechtigungen, für welche die sich auf Grundstücke beziehenden Vorschriften gelten, die im Schiffsregister eingetragenen Schiffe und die Schiffsbauwerke, die im Schiffsbauregister eingetragen sind oder in dieses Register eingetragen werden können.

(2) Die Zwangsvollstreckung in den Bruchteil eines Grundstücks, einer Berechtigung der im Absatz 1 bezeichneten Art

oder eines Schiffes oder Schiffsbauwerks ist nur zulässig, wenn
der Bruchteil in dem Anteil eines Miteigentümers besteht oder
wenn sich der Anspruch des Gläubigers auf ein Recht gründet,
mit dem der Bruchteil als solcher belastet ist.

1   **1. Grundstück** (Abs 1). Es muss selbständig sein; das ist es nach
     Maßgabe der §§ 3, 4 GBO, § 890 BGB. Für Wohnungseigentum gilt
2   Abs 2 (vgl Rn 6). **a) Umfang:** § 905 BGB, sowie die nach §§ 93, 94
     BGB wesentlichen Bestandteile (Ausnahme: § 810), aber auch die un-
     wesentlichen Bestandteile, ferner die subjektiv-dinglichen Rechte (§ 96
3   BGB). – **b) Scheinbestandteile** (§ 95 BGB) gehören nicht dazu. Sie
     unterliegen allein der ZwVollstr in das bewegliche Vermögen, sofern sie
     nicht Grundstückszubehör (§§ 97, 98 BGB) sind (§ 865). Schein-
     bestandteile können im Einzelfall auch Gebäude sein (Noack ZMR 82,
4   97; LG Frankenthal DGVZ 76, 86). – **c) Verstoß** gegen § 864. Ob
     dadurch Nichtigkeit oder nur Anfechtbarkeit eintritt, ist umstritten (vgl
     BGH 104, 298; Gaul NJW 89, 2509).

5   **2. Sonstige Rechte** (Abs 1), die der ZwVollstr in das unbewegliche
     Vermögen unterliegen, sind insbes grundstücksgleiche Rechte, zB das
     Erbbaurecht (§ 11 ErbbRVO) und nach Landesrecht insbes Bergwerks-
     eigentum, selbständige Fischereirechte, auch Schiffe und Schiffsbau-
     werke (zB Dock), aber nur wenn sie eingetragen sind (§ 162 ZVG).
     Ausnahme bei Arrest (vgl § 931); ferner Luftfahrzeuge, die in die Lfz-
     Rolle eingetragen sind (§ 171 a ZVG).

6   **3. Bruchteile** (Abs 2) von Grundstücken oder Rechten (Rn 2, 6).
     ZwVollstr nach §§ 864–871 nur, wenn die Voraussetzungen des Abs 2
     vorliegen; sonst zB bei Gesamthand, nach §§ 857–860. Miteigentum
     (§ 1008 BGB) ist auch (besonders ausgestaltet) das Wohnungseigentum
     (§§ 1, 2 WEG), entspr das Wohnungs- und Teilerbbaurecht (§ 30
     WEG). Der 2. Fall des Abs 2 liegt auch vor, wenn nur ein Anteil
     belastet, aber der Schuldner später Alleinberechtigter geworden ist.

§ 865 Verhältnis zur Mobiliarzwangsvollstreckung

(1) **Die Zwangsvollstreckung in das unbewegliche Vermögen
umfaßt auch die Gegenstände, auf die sich bei Grundstücken und
Berechtigungen die Hypothek, bei Schiffen oder Schiffsbauwerken die Schiffshypothek erstreckt.**

(2) [1]**Diese Gegenstände können, soweit sie Zubehör sind, nicht
gepfändet werden.** [2]**Im übrigen unterliegen sie der Zwangsvollstreckung in das bewegliche Vermögen, solange nicht ihre Beschlagnahme im Wege der Zwangsvollstreckung in das unbewegliche Vermögen erfolgt ist.**

1   **1. Umfang** der ZwVollstr in unbewegliches Vermögen (Abs 1). Er
     reicht, soweit sich die Hypothek erstreckt: Erzeugnisse und bisherige
     Bestandteile (§§ 1120–1122 BGB, § 31 Abs 3, § 79 SchiffsG); Zubehör

(Begriff: §§ 97, 98 BGB) nach §§ 1120–1122 BGB; Miet- und Pacht-
zinsforderungen (§§ 1123–1125 BGB); Rechte auf wiederkehrende
Leistungen (§ 1126 BGB); Versicherungsforderungen (§§ 1127–1130
BGB; §§ 32, 80 SchiffsG).

2. Verhältnis zur Vollstreckung in bewegliches Vermögen 2
(Abs 2). Betrifft die §§ 808–863. **a) Zubehör** (Rn 1), das dem Grund-
stückseigentümer gehört (§ 1120 BGB), darf nicht gepfändet werden
(Abs 2 S 1), auch nicht durch dingliche Gläubiger. Es unterliegt aus-
schließlich der ZwVollstr nach §§ 864–871 solange es nicht von der
Hypothekenhaftung frei geworden ist oder wäre (§§ 1121, 1122 BGB,
§ 31 Abs 2, § 79 SchiffsG). Rechtsfolgen bei einem Verstoß: wie
Rn 5. – **b) Beschlagnahme** erfolgt durch Anordnung von Zwangsver- 3
steigerung (§ 20 Abs 1 ZVG) oder Zwangsverwaltung (§§ 146, 151
ZVG). Ihr Umfang ergibt sich bei Zwangsversteigerung aus § 20 Abs 2,
§ 21 ZVG, umfasst also insbes nicht Miet- und Pachtzins sowie die vom
Boden getrennten Bestandteile. Bei Zwangsverwaltung ergibt sich der
Umfang aus § 148 Abs 1 ZVG, ist also unbeschränkt (wie Rn 1), umfasst daher auch die Miet- und Pachtzinsforderungen. Zwangsversteigerung und Zwangsverwaltung sind daher wegen § 148 Abs 2 ZVG oft
nebeneinander zweckmäßig. Darüber hinaus erfasst die Zwangsverwaltung alle Nutzungen und die sich aus ihr und der Zwangsverwaltung des
Grundstücks ergebenden Forderungen. – **c) Vor der Beschlagnahme** 4
darf außer Zubehör (Rn 2) alles im Wege der Mobiliarvollstreckung
gepfändet werden (Abs 2 S 1). Verstrickung und Pfandrecht, die dadurch
entstanden sind (§ 803 Rn 9), werden durch die nachfolgende Beschlagnahme nicht berührt; doch darf wegen § 772 nicht verwertet werden
(zB nach § 814 oder § 825). Der Pfandgläubiger muss sein Recht nach
§ 37 Nr 4 ZVG anmelden und wird nach Rangordnung des § 10 ZVG
bei geringstem Gebot (§ 44 Abs 1 ZVG) oder Verteilung des Erlöses
(§§ 105 ff ZVG) berücksichtigt, und zwar vor demjenigen Gläubiger,
der mit einem persönlichem Titel die Beschlagnahme erwirkt hat. –
d) Nach der Beschlagnahme (Rn 3) ist jede ZwVollstr in das beweg- 5
liche Vermögen (§§ 803–863), also insbes Pfändung und Verwertung
unzulässig (Abs 2 S 2). Sie ist vom Vollstreckungsorgan abzulehnen.
Wird sie trotzdem durchgeführt, so ist sie wirksam, aber anfechtbar
(hM). Es entstehen Verstrickung und Pfandrecht (vgl Rn 4), bis die
Pfändung aufgehoben wird (für Verstrickung hM; Brox/Walker 207; für
Pfandrecht sehr bestr; vgl Baur/Stürner 429 ff und 442).

3. Rechtsbehelfe. a) Erinnerung (§ 766) gegen unzulässige Pfän- 6
dung steht zu: dem Schuldner, jedem dinglichen Gläubiger und dem
Zwangsverwalter. – **b) Widerspruchsklage** (§ 771, uU § 772) wegen 7
unzulässiger Pfändung oder Verwertung steht jedem dinglichen Gläubiger nach Beschlagnahme zu (§ 771 Rn 17), im Falle des § 772 auch
dem die Zwangsversteigerung oder Zwangsverwaltung betreibenden
persönlichen Gläubiger. – **c) Vorzugsklage** (§ 805) kann bei zulässiger 8
Pfändung (Rn 4) der rangbessere Gläubiger (§ 10 ZVG) erheben.

§ 866 Arten der Vollstreckung

(1) **Die Zwangsvollstreckung in ein Grundstück erfolgt durch Eintragung einer Sicherungshypothek für die Forderung, durch Zwangsversteigerung und durch Zwangsverwaltung.**

(2) **Der Gläubiger kann verlangen, daß eine dieser Maßregeln allein oder neben den übrigen ausgeführt werde.**

(3) ¹**Eine Sicherungshypothek (Absatz 1) darf nur für einen Betrag von mehr als siebenhundertfünfzig Euro eingetragen werden; Zinsen bleiben dabei unberücksichtigt, soweit sie als Nebenforderung geltend gemacht sind.** ²**Auf Grund mehrerer demselben Gläubiger zustehender Schuldtitel kann eine einheitliche Sicherungshypothek eingetragen werden.**

Abs 3 Satz 1 Hs 1 ist geändert mWv 1. 1. 1999 durch Art 1 Nr 26 2. ZwVollstrNov und mWv 1. 1. 2002 durch Art 1 Nr 6 7. PfändungsfreigrenzenÄndG.

1   **1. Arten** der ZwVollstr in das unbewegliche Vermögen (Abs 1). Bei Zwangsversteigerung wird der Gläubiger durch die Verwertung der Grundstückssubstanz befriedigt, bei Zwangsverwaltung durch die Erträge; bei der Sicherungshypothek (Zwangshypothek) wird der Gläubiger nur gesichert (Verwertung: § 867 Rn 14). § 866 gilt für dingliche und persönliche Gläubiger.

2   **2. Wahl** (Abs 2). Der Gläubiger hat freie Wahl, die bei Arrest aber durch § 932 eingeschränkt ist. Zwangshypothek hat nur Sinn für persönliche (nicht dingliche) Gläubiger. Zwangsversteigerung und -verwaltung oder Pfändung sind wegen des Umfangs der Beschlagnahme (§ 865 Rn 3) oft nebeneinander zweckmäßig.

3   **3. Mindestbetrag** (Abs 3). **a) Zweck.** Das Grundbuch soll übersichtlich gehalten werden. Daneben kommt in Betracht, dass der Schuldner in seinem meist wichtigsten Vermögensteil vor einem Zugriff wegen 4 Kleinforderungen geschützt werden soll. – **b) Unanwendbar** ist Abs 3, wenn eine Sicherungshypothek kraft Gesetzes entsteht (§ 848) oder ein Anspruch auf ihre Bestellung verwirklicht wird (zB § 648 BGB); denn das keine ZwVollstr wegen Geldforderung, sondern zur Abgabe von 5 Willenserklärungen (§ 894). Abs 3 gilt nicht bei § 867 Abs 2. – **c) Berechnung.** Mehrere Titel desselben Gläubigers dürfen zusammengerechnet werden (allgM). Dazu gehören auch die festgesetzten Kosten (§ 794 Nr 2). Nebenforderungen (§ 4 Rn 8) werden hinzugerechnet, Zinsen nur dann, wenn sie als Hauptforderung verlangt und tituliert sind (Abs 3 S 1 Hs 2). Solange die Hauptforderung besteht, darf nicht gesondert für die kapitalisierten Zinsen die Zwangshypothek eingetragen werden (Schleswig Rpfleger 82, 300 mit Anm v Hellmig). Die Kosten 6 der Eintragung (§ 867 Rn 13) werden nicht mitgerechnet. – **d) Verstoß** gegen Abs 3: trotz Eintragung entsteht die Zwangshypothek nicht (hM; § 867 Rn 4).

§ 867 Zwangshypothek

(1) ¹Die Sicherungshypothek wird auf Antrag des Gläubigers in das Grundbuch eingetragen; die Eintragung ist auf dem vollstreckbaren Titel zu vermerken. ²Mit der Eintragung entsteht die Hypothek. ³Das Grundstück haftet auch für die dem Schuldner zur Last fallenden Kosten der Eintragung.

(2) ¹Sollen mehrere Grundstücke des Schuldners mit der Hypothek belastet werden, so ist der Betrag der Forderung auf die einzelnen Grundstücke zu verteilen. ²Die Größe der Teile bestimmt der Gläubiger; für die Teile gilt § 866 Abs. 3 Satz 1 entsprechend.

(3) Zur Befriedigung aus dem Grundstück durch Zwangsversteigerung genügt der vollstreckbare Titel, auf dem die Eintragung vermerkt ist.

Abs 2 ist geändert und Abs 3 angefügt mWv 1. 1. 1999 durch Art 1 Nr 27 2. ZwVollstrNov.

1. Allgemeines. Die Zwangshypothek ist stets Sicherungshypothek (§ 1184 BGB) und privatrechtlich (allgM), also anders als bei der Pfändung (§ 804 Rn 2). Umwandlung in eine Verkehrshypothek ist möglich (§ 1186 BGB), aber nur durch Einigung von Gläubiger und Eigentümer (bestr).

2. Voraussetzungen. Sie sind vom GBA selbständig und von Amts wegen zu prüfen (§ 12 FGG; BayObLG Rpfleger 82, 466). Fehlt eine, so ist der Eintragungsantrag zurückzuweisen oder bei einem behebbaren Hindernis Zwischenverfügung zu erlassen. **a) Antrag.** Es gilt § 13 GBO. Er muss vom Gläubiger ausgehen. Eine Prozessvollmacht (§ 81) erstreckt sich darauf. Für die Rücknahme gilt die Form des § 29 S 1 GBO (Hamm Rpfleger 85, 231; bestr; vgl Hintzen Rpfleger 91, 286). – **b) Eintragungsfähigkeit.** Es muss insbes der Mindestbetrag des § 866 Abs 3 gegeben sein. Sie fehlt nicht trotz des Verbots der Gesamthypothek (Abs 2), wenn die Forderung schon an einem anderen Grundstück gesichert ist (BayObLG Rpfleger 91, 53). – **c) Zulässigkeit der Zwangsvollstreckung** (38 vor § 704). Es müssen insbes ihre Voraussetzungen (13 vor § 704) vorliegen (BayObLG Rpfleger 82, 466). Sie ersetzt die Eintragungsbewilligung des § 19 GBO. Die ZwVollstr darf nicht eingestellt sein (LG Saarbrücken Rpfleger 75, 328). Fehlt es an der Zulässigkeit der ZwVollstr, so darf keine Zwischenverfügung ergehen und keine Vormerkung nach § 18 GBO eingetragen werden, da sonst ein ungerechtfertigter Rang gewahrt wird; der Antrag ist sofort zurückzuweisen (BGH 27, 310). Unzulässig (wegen 45 vor § 704) ist die Eintragung einer Zwangshypothek für eine Forderung, die schon am selben Grundstück gesichert ist (Verbot der Doppelsicherung, Köln FGPrax 96, 13), auch bei einer Arresthypothek (LG Hechingen Rpfleger 93, 169 mwN). – **d) Voreintragung** nach § 39 GBO. Betroffen ist der wirkliche Eigentümer des Grundstücks. Das ist idR der Schuldner. Gehört es ihm nicht, gilt Rn 10 aE.

7 **3. Eintragung** ist Vollstreckungsmaßnahme des Grundbuchamts (Rechtspfleger, § 3 Abs 1 Nr 1 h RPflG) als Vollstreckungsorgan (8 vor § 704). Es verfährt nach der GBO, das Schiffsregistergericht nach der Schiffsregisterordnung. Die Eintragung ist zugleich ein Akt der Freiwilligen Gerichtsbarkeit (hM). **a) Inhalt.** Dass die Sicherungshypothek eine Zwangshypothek ist, muss hervorgehoben werden (zB Zwangssicherungshypothek). Auf den Schuldtitel wird Bezug genommen. Es gelten §§ 1115, 1184 BGB. Funktion des Vermerks (Abs 1 S 1, Hs 2): Der Vermerk ersetzt für die Verwertung einen Duldungstitel (Abs 3; Rn 18). Außerdem soll die Eintragung weiterer Zwangshypotheken vermieden werden, damit keine Gesamthypothek entsteht (vgl Abs 2). –

9 **b) Rang** der Hypothek ergibt sich aus § 879 BGB. Der Gläubiger kann einen Rangvorbehalt des Schuldners nicht nutzen (hM).

10 **4. Wirksamkeit.** Die Hypothek entsteht, sobald sie eingetragen wird (Abs 1 S 2). Es müssen aber die Voraussetzungen (Rn 2–6) mit Ausnahme der Voreintragung (§ 39 GBO) und der Sicherheitsleistung (wegen § 720 a Abs 1 S 1 b) erfüllt sein. Fehlt eine, zB Titel, Zustellung (§ 750), Annahmeverzug (§ 765; Hamm Rpfleger 83, 393), so entsteht die Hypothek nicht und das Grundbuch ist unrichtig (im Einzelnen bestr, aber im Wesentlichen hM). Treten aber die Voraussetzungen nach der Eintragung ein, so entsteht die Hypothek (Hamm Rpfleger 97, 393 mwN) rückwirkend zum Zeitpunkt der Eintragung, die damit den Rang wahrt (StJMünzberg 15 a mwN; bestr). Gehört das Grundstück nicht dem Schuldner, so entsteht die Hypothek nicht (hM); denn § 892 BGB gilt nur bei rechtsgeschäftlichem Erwerb.

11 **5. Wirkung.** Es ist zu unterscheiden: **a) Sicherungshypothek.** Sie entsteht nach § 1184 BGB (allgM) und folgt vom Zeitpunkt der Eintragung ab den Vorschriften des BGB. Sie wird daher sofort Eigentümergrundschuld über § 1163 Abs 1 S 1, § 1177 Abs 1 S 1 BGB, wenn die vollstreckbare Forderung nicht besteht. Der Schuldner kann dies allerdings nur nach Maßgabe des § 767 Abs 2 oder § 796 Abs 2 geltend machen (hM; BGH NJW 88, 828 mwN), in gleicher Weise derjenige, der das Grundstück (vollstreckungsbefangenen Gegenstand) vom Schuldner erwirbt (Batsch ZZP 87, 1; vgl den ähnlichen Fall § 878 Rn 5). – **b) Ende der Zwangsvollstreckung** (29 vor § 704). Mit der bloßen Eintragung der Zwangshypothek wird die ZwVollstr erst eingeleitet (BGH NJW 95, 2715), weil der Gläubiger nur gesichert wird. Erst mit durchgeführter Zwangsversteigerung oder Zwangsverwaltung wird die ZwVollstr beendet (BGH aaO). – **c) Eintragungskosten.** Kraft Gesetzes haftet das Grundstück (Abs 1 S 3), da sie Kosten der ZwVollstr sind (§ 788 Abs 1). Der Kostenbetrag ist daher nicht eintragungsbedürftig und -fähig (hM). Davon zu unterscheiden sind die Kosten einer anderen, insbes früheren ZwVollstr; sie müssen festgesetzt (§ 103) oder nach § 788 Abs 1 beigetrieben, dann gem § 29 GBO nachgewiesen

werden (umstr; LG Regensburg Rpfleger 79, 147). – **d) Verwertung.** 14
Die Zwangshypothek sichert den Gläubiger nur. Verwerten kann er sie
durch Zwangsversteigerung und -verwaltung (§ 866 Abs 1). Will er
diese mit dem Rang der Hypothek betreiben, muss er gemäß Abs 1 S 1
Hs 2 auf dem Titel die Eintragung vermerken lassen (Abs 3; Rn 8, 18)
oder einen eigenen dinglichen Titel erwirken (hM; hierzu Holch Rpfleger 93, 140 mwN). Unberührt bleibt das Wahlrecht des § 866 Abs 2
auch nach Eintragung der Hypothek. Der Gläubiger kann also auch
noch danach Zwangsversteigerung und -verwaltung auf Grund des ursprünglichen vollstreckbaren Titels betreiben.

6. Mehrere Grundstücke (Abs 2). Gilt nicht, wenn Grundstück 15
und Gebäude getrennt gebucht sind (Brandenburg FGPrax 97, 9 mwN.
a) Verbot der Gesamthypothek (§ 1132 BGB). Gilt auch für Miteigentumsanteile (§ 864 Rn 6; Oldenburg Rpfleger 96, 242). Es besteht
eine Ausnahme, wenn die Grundstückseigentümer für die Forderung als
Gesamtschuldner haften (BGH NJW 61, 1352). Zu den Rechtsfolgen
im Fall des § 868: Deimann Rpfleger 00, 193. – **b) Verteilung** des 16
Betrags auf die einzelnen Grundstücke muss der Gläubiger schon in
Antrag vornehmen (BGH NJW 91, 2022). Auch wenn sie fehlt, entsteht
keine Gesamthypothek (BGH 27, 310), sondern der Antrag muss zu-
rückgewiesen werden (Rn 5). Das gilt auch dann, wenn die Grund-
stücke nacheinander belastet werden sollen (Düsseldorf Rpfleger 90, 60).
Der Mindestbeitrag (§ 866 Abs 3 S 1) ist für jede Teilforderung und
damit für jede einzelne Zwangshypothek vorgeschrieben (Abs 2 S 2
Hs 2), weil nur so Kleinhypotheken vermieden werden können (§ 866
Rn 3). – **c) Verzicht** (§ 1168 BGB) auf die bereits eingetragene 17
Zwangshypothek ermöglicht Zugriff auf ein anderes Grundstück des
Schuldners (Bruder NJW 90, 1163).

7. Entbehrlichkeit des Duldungstitels (Abs 3). Früher (bis 31. 12. 18
98) musste nach hM der Gläubiger einen (weiteren) dinglichen Duldungstitel erwirken, um die Zwangsversteigerung oder -verwaltung
(§ 866 Abs 1) betreiben zu können (vgl Rn 14). Das kann ersetzt
werden durch den Vermerk (Abs 1 S 1 Hs 2), so dass aus dem (ursprünglichen) Vollstreckungstitel in Verbindung mit dem Vermerk unmittelbar
die Zwangsversteigerung des Grundstücks betrieben werden kann, solange der Schuldner Eigentümer ist (vgl § 17 ZVG). Die Vollstreckungsklausel für den Titel, mit dem die Zwangshypothek erwirkt ist, reicht
aus und muss nicht erneut zugestellt werden. Für die Zwangsverwaltung
gilt Abs 3 nicht.

8. Rechtsbehelfe. a) Beschwerde findet gegen die Eintragung oder 19
ihre Ablehnung statt nach § 71 GBO oder § 75 SchiffsregisterO; denn
die Entscheidungen ergehen im Verfahren der GBO (hM; KG NJW-RR
87, 592). Damit kann aber zunächst nur Widerspruch oder Löschung
nach § 53 GBO verlangt werden (§ 71 Abs 2 GBO), weil auch eine
Zwangshypothek von Dritten gutgläubig erworben werden kann (hM).
Ausnahmsweise ist die Beschwerde auf Löschung daher zulässig, wenn

sie sich gegen eine inhaltlich zulässige Eintragung richtet, an die sich ein
20 gutgläubiger Erwerb nicht anschließen kann (BGH 64, 194). – **b) Erinnerung und sofortige Beschwerde** (§§ 766, 793) gegen die Eintragung sind ausgeschlossen. Es findet nur die Beschwerde gem § 71
Abs 2 S 2 GBO statt (Rn 19; hM; KG NJW-RR 87, 592 mwN). –
21 **c) Grundbuchberichtigung** verlangen (§ 894 BGB), wenn die Hypothek nicht entstanden ist (vgl Rn 10), können der Schuldner und Dritte.

§ 868 Erwerb der Zwangshypothek durch den Eigentümer

(1) **Wird durch eine vollstreckbare Entscheidung die zu vollstreckende Entscheidung oder ihre vorläufige Vollstreckbarkeit
aufgehoben oder die Zwangsvollstreckung für unzulässig erklärt
oder deren Einstellung angeordnet, so erwirbt der Eigentümer
des Grundstücks die Hypothek.**

(2) **Das gleiche gilt, wenn durch eine gerichtliche Entscheidung die einstweilige Einstellung der Vollstreckung und zugleich
die Aufhebung der erfolgten Vollstreckungsmaßregeln angeordnet wird oder wenn die zur Abwendung der Vollstreckung nachgelassene Sicherheitsleistung oder Hinterlegung erfolgt.**

1   **1. Voraussetzungen** (Abs 1, 2). Sie entsprechen den § 776, S 1,
§ 775 Nr 1–3, so dass ein Prozessvergleich nicht genügt (§ 775 Rn 4;
BayObLG NJW-RR 99, 506). Es bedarf hier der in § 775 Nr 3 vorgeschriebenen Urkundenvorlage nicht. Die Zwangshypothek muss entstanden sein (§ 867 Rn 10). Steht sie bereits dem Eigentümer zu (§ 867
Rn 11), kommt § 868 nicht zur Anwendung (StJMünzberg 1).

2   **2. Wirkung.** Die Hypothek wird durch den Eigentümer des Grundstücks erworben, ohne Eintragung kraft Gesetzes (Folge: § 1177 Abs 1
S 1 BGB) mit Erlass der Entscheidung (Abs 1 und 2 1. Alt) oder Sicherheitsbestellung, insbes Hinterlegung (Abs 2 2. Alt). Erwerber ist, wer zZ
dieses Ereignisses Eigentümer ist. Wird die Entscheidung, die den Übergang bewirkt, aufgehoben, so verwandelt sich die Eigentümergrundschuld nicht in eine Zwangshypothek zurück, sondern kann als solche
vom Gläubiger nach § 857 gepfändet werden.

§ 869 Zwangsversteigerung und Zwangsverwaltung

**Die Zwangsversteigerung und die Zwangsverwaltung werden
durch ein besonderes Gesetz geregelt.**

1   Das ist das ZVG. Es gibt auch landesrechtliche Ausführungsgesetze.
161

§ 870 Grundstücksgleiche Rechte

**Auf die Zwangsvollstreckung in eine Berechtigung, für welche
die sich auf Grundstücke beziehenden Vorschriften gelten, sind**

die Vorschriften über die Zwangsvollstreckung in Grundstücke entsprechend anzuwenden.

Vgl § 864 Rn 5 und 1 vor § 864.   1

§ 870a Zwangsvollstreckung in ein Schiff oder Schiffsbauwerk

(1) Die Zwangsvollstreckung in ein eingetragenes Schiff oder in ein Schiffsbauwerk, das im Schiffsbauregister eingetragen ist oder in dieses Register eingetragen werden kann, erfolgt durch Eintragung einer Schiffshypothek für die Forderung oder durch Zwangsversteigerung.

(2) § 866 Abs. 2, 3, § 867 gelten entsprechend.

(3) [1]Wird durch eine vollstreckbare Entscheidung die zu vollstreckende Entscheidung oder ihre vorläufige Vollstreckbarkeit aufgehoben oder die Zwangsvollstreckung für unzulässig erklärt oder deren Einstellung angeordnet, so erlischt die Schiffshypothek; § 57 Abs. 3 des Gesetzes über Rechte an eingetragenen Schiffen und Schiffsbauwerken vom 15. November 1940 (Reichsgesetzbl. I S. 1499) ist anzuwenden. [2]Das gleiche gilt, wenn durch eine gerichtliche Entscheidung die einstweilige Einstellung der Zwangsvollstreckung und zugleich die Aufhebung der erfolgten Vollstreckungsmaßregeln angeordnet wird oder wenn die zur Abwendung der Vollstreckung nachgelassene Sicherheitsleistung oder Hinterlegung erfolgt.

Zwangsverwaltung ist unzulässig. An Stelle von § 868 tritt Abs 3.   1
Wird die Eintragung abgelehnt, so findet einfache Beschwerde nach § 75 Abs 1 SchiffsregisterO statt (BayObLG Rpfleger 92, 28). Bei nicht eingetragenen Schiffen gelten die §§ 808 ff.

§ 871 Landesrechtlicher Vorbehalt bei Eisenbahnen

Unberührt bleiben die landesgesetzlichen Vorschriften, nach denen, wenn ein anderer als der Eigentümer einer Eisenbahn oder Kleinbahn den Betrieb der Bahn kraft eigenen Nutzungsrechts ausübt, das Nutzungsrecht und gewisse dem Betriebe gewidmete Gegenstände in Ansehung der Zwangsvollstreckung zum unbeweglichen Vermögen gehören und die Zwangsvollstreckung abweichend von den Vorschriften des Bundesrechts geregelt ist.

Beruht auf Art 112 EGBGB. Wird sehr selten praktisch.   1

Titel 3. Verteilungsverfahren

§ 872 Voraussetzungen

Das Verteilungsverfahren tritt ein, wenn bei der Zwangsvollstreckung in das bewegliche Vermögen ein Geldbetrag hinterlegt ist, der zur Befriedigung der beteiligten Gläubiger nicht hinreicht.

1 **1. Voraussetzungen** des Verteilungsverfahrens sind: **a) Zwangsvollstreckung in bewegliches Vermögen.** Das sind bewegliche Sachen oder Rechte (§§ 803–863). Das Verteilungsverfahren nach §§ 105 ff,
2 156 ff ZVG ist von dem nach den §§ 872 ff zu unterscheiden. – **b) Mehrere Pfändungsgläubiger** (§ 827, § 853) müssen beteiligt sein. Es können auch solche aus Vorpfändung (§ 845) und Arrestpfändung (§ 930) sein. Gläubiger von gesetzlichen und vertraglichen Pfand- oder Vorzugsrechten nehmen am Verfahren nicht teil und müssen ihre Rechte nach § 805 Abs 1 oder § 771 geltend machen. § 872 ist unanwendbar, wenn der Schuldner die gepfändete Forderung abgetreten hat (LG Müns
3 ter Rpfleger 95, 78). – **c) Hinterlegter Geldbetrag** (Masse) auf Grund der § 827 Abs 2, §§ 853, 854 Abs 2, § 858 Abs 5 oder auch § 805 Abs 4 S 1. Wird zugleich gem § 372 BGB hinterlegt, ist das Verteilungsverfahren unzulässig (hM), soweit die hinterlegte Summe die der Abtretungen (§ 853 Rn 2) nicht übersteigt (LG Gießen NJW 67, 1138 Anm
4 Hothorn). – **d) Unzureichende Masse.** Das ist der Fall, wenn nicht alle Pfändungspfandgläubiger (Rn 2) befriedigt werden können. Andernfalls ordnet, wenn trotzdem hinterlegt ist (zB bei § 853) und die Gläubiger sich nicht gegenseitig die Auszahlung bewilligen (§ 853 Rn 8), das Verteilungsgericht (§ 873) die Auszahlung an oder die Hinterlegung (§ 930 Abs 2) und leitet kein Verteilungsverfahren ein. Das gleiche gilt, wenn sich die Gläubiger erst nach der Hinterlegung einigen (§ 827 Rn 4).

5 **2. Wirkung.** Das Verteilungsverfahren tritt, wenn die Voraussetzungen (Rn 1–4) vorliegen, kraft Gesetzes ein und ist vom zuständigen Gericht (§ 873) ohne Antrag von Amts wegen zu betreiben.

6 **3. Rechtsbehelfe.** Die beteiligten Gläubiger können ihre Rechte vor Beendigung des Verteilungsverfahrens nur in diesem, nicht durch Klage geltend machen (RG 131, 203). Erinnerung (§ 766) können sie nur bis zum Verteilungstermin erheben (Münzberg Rpfleger 86, 252). Für die Gläubiger findet gegen die Ablehnung des Verfahrens sofortige Beschwerde (§ 11 Abs 1 RPflG; § 793).

7 **4. Sonstiges.** Kosten: § 788 Abs 1; Gebühren: Gericht KV 1610; Wert § 3 Rn 161. RA: § 57 Abs 2 Nr 1; § 60 BRAGO.

§ 873 Aufforderung des Verteilungsgerichts

Das zuständige Amtsgericht (§§ 827, 853, 854) hat nach Eingang der Anzeige über die Sachlage an jeden der beteiligten Gläubiger die Aufforderung zu erlassen, binnen zwei Wochen eine Berechnung der Forderung an Kapital, Zinsen, Kosten und sonstigen Nebenforderungen einzureichen.

Die Zuständigkeit ist ausschließlich (§ 802) Sie ergibt sich aus § 827 **1**
Rn 2, § 853 Rn 5, § 854 Rn 2 und § 858 Abs 2. Das AG handelt
durch den Rechtspfleger (§ 20 Nr 17 RPflG). Im Falle des § 805 Abs 4
gilt § 764 Abs 2, für die Aufforderung § 329 Abs 3, für die Frist § 222;
hierzu § 874 Abs 3 beachten. Nebenforderungen: vgl § 4 Rn 8.

§ 874 Teilungsplan

(1) **Nach Ablauf der zweiwöchigen Fristen wird von dem Gericht ein Teilungsplan angefertigt.**

(2) **Der Betrag der Kosten des Verfahrens ist von dem Bestand der Masse vorweg in Abzug zu bringen.**

(3) **¹Die Forderung eines Gläubigers, der bis zur Anfertigung des Teilungsplanes der an ihn gerichteten Aufforderung nicht nachgekommen ist, wird nach der Anzeige und deren Unterlagen berechnet. ²Eine nachträgliche Ergänzung der Forderung findet nicht statt.**

Teilungsplan (Abs 1). Er wird nach dem Rang (§ 804 Abs 3) auf- **1**
gestellt. Ob die Forderungen bestehen, wird nicht geprüft, ihre Höhe
nach Gläubigerberechnung (§ 873) und Abs 3 festgestellt. Rechtsbehelf:
nur Widerspruch (§ 876 Rn 1). **Kosten** (Abs 2) sind nur die gemein- **2**
schaftlichen (insbes Gerichtsgebühr, Versteigerungs- und Hinterlegungskosten). Die Kosten der einzelnen Gläubiger stehen bei ihrer Forderung.
Säumige Gläubiger (Abs 3): Anfertigung bedeutet Niederlegung auf **3**
der Geschäftsstelle (hM; StJMünzberg 5 mwN). Bis dahin darf die
Berechnung (§ 873) trotz Fristablauf eingereicht, ergänzt oder berichtigt
werden.

§ 875 Terminsbestimmung

(1) **¹Das Gericht hat zur Erklärung über den Teilungsplan sowie zur Ausführung der Verteilung einen Termin zu bestimmen. ²Der Teilungsplan muß spätestens drei Tage vor dem Termin auf der Geschäftsstelle zur Einsicht der Beteiligten niedergelegt werden.**

(2) **Die Ladung des Schuldners zu dem Termin ist nicht erforderlich, wenn sie durch Zustellung im Ausland oder durch öffentliche Zustellung erfolgen müßte.**

Zu laden sind alle beteiligten Gläubiger (§ 872 Rn 2) und der Schuld- **1**
ner (aber Abs 2 beachten). Ladungsfrist: § 217 Abs 1 S 2 ist nur Ordnungsvorschrift.

§ 876 Termin zur Erklärung und Ausführung

¹Wird in dem Termin ein Widerspruch gegen den Plan nicht erhoben, so ist dieser zur Ausführung zu bringen. ²Erfolgt ein

Widerspruch, so hat sich jeder dabei beteiligte Gläubiger sofort zu erklären. [3]**Wird der Widerspruch von den Beteiligten als begründet anerkannt oder kommt anderweit eine Einigung zustande, so ist der Plan demgemäß zu berichtigen.** [4]**Wenn ein Widerspruch sich nicht erledigt, so wird der Plan insoweit ausgeführt, als er durch den Widerspruch nicht betroffen wird.**

1　　**Verfahren.** Es wird mündlich verhandelt. **Widerspruch** (Prozesshandlung, Einl III) kann im Termin bis zu dessen Ende mündlich, vor dem Termin schriftlich oder zu Protokoll erklärt werden, nie vom Schuldner. Der Widerspruch muss die gewünschte Änderung des Teilungsplanes enthalten; kann auch noch nach dem Termin zurückgenommen werden (§ 881). Die Erklärungspflicht (S 2) trifft nur die Gläubiger, die der Widerspruch betrifft. Das Verteilungsgericht darf nicht über den Widerspruch entscheiden; dieser hemmt nur die Ausführung des Plans

2　(Rn 2). **Ausführung.** Sie erfolgt vollständig nur dann, wenn kein Widerspruch erhoben ist, teilweise nach S 4, wenn der Widerspruch den Teil des Plans nicht betrifft. Ausgeführt wird, indem das Verteilungsgericht die Hinterlegungsstelle gemäß § 15 HinterlO um Auszahlung ersucht. Nach Berichtigung des Plans (S 3) wird er ebenfalls ausgeführt,

3　trotz Widerspruchs nach Maßgabe des § 878 Abs 1 S 2. **Rechtsbehelfe** gegen den Teilungsplan. Mit dem Ziel, einen besseren Rang zu erreichen, gegen Rang, Bestand und Höhe vorgehender Forderungen gerichtet, findet lediglich Klage nach § 878 statt. Wird das Verfahren beanstandet, ist insbes die eigene Forderung zu niedrig angesetzt, können alle Beteiligten sofortige Beschwerde einlegen (§ 11 Abs 1 RPflG, § 793; aA § 766; danach differenzierend, ob angehört wurde).

§ 877 Säumnisfolgen

(1) **Gegen einen Gläubiger, der in dem Termin weder erschienen ist noch vor dem Termin bei dem Gericht Widerspruch erhoben hat, wird angenommen, daß er mit der Ausführung des Planes einverstanden sei.**

(2) **Ist ein in dem Termin nicht erschienener Gläubiger bei dem Widerspruch beteiligt, den ein anderer Gläubiger erhoben hat, so wird angenommen, daß er diesen Widerspruch nicht als begründet anerkenne.**

1　　Abs 1 und 2 enthalten unwiderlegbare Vermutungen. Abs 1 gilt auch für den, der zwar im Termin erscheint, aber keinen Widerspruch (§ 876 Rn 1) erhebt (RG 166, 249). Ansprüche aus § 812 BGB bleiben unberührt (RG aaO).

§ 878 Widerspruchsklage

(1) [1]**Der widersprechende Gläubiger muß ohne vorherige Aufforderung binnen einer Frist von einem Monat, die mit dem**

Terminstag beginnt, dem Gericht nachweisen, daß er gegen die
beteiligten Gläubiger Klage erhoben habe. [2]Nach fruchtlosem
Ablauf dieser Frist wird die Ausführung des Planes ohne Rücksicht auf den Widerspruch angeordnet.

(2) Die Befugnis des Gläubigers, der dem Plan widersprochen
hat, ein besseres Recht gegen den Gläubiger, der einen Geldbetrag nach dem Plan erhalten hat, im Wege der Klage geltend
zu machen, wird durch die Versäumung der Frist und durch die
Ausführung des Planes nicht ausgeschlossen.

1. Allgemeines. Die Widerspruchsklage ist eine prozessuale Gestal-   1
tungsklage (bestr; aA: Feststellungsklage). Sie leitet einen Rechtsstreit
erster Instanz ein. Der Klagantrag muss die begehrte Abänderung des
Teilungsplanes genau bezeichnen. Für die Urteilsformel ist § 880 zu
beachten, beim Versäumnisurteil § 881. Einfache Streitgenossenschaft
(§ 61) besteht, wenn mehrere Gläubiger (Rn 5) verklagt werden.

2. Aufschiebende Wirkung (Abs 1 S 2). Die Ausführung des Tei-   2
lungsplanes (§ 876 Rn 2) wird nur gehindert, wenn der Nachweis nach
Abs 1 rechtzeitig erbracht ist; hierfür genügt, dass die Klage anhängig,
Kostenvorschuss bezahlt oder ein PKHGesuch eingereicht ist (ZöStö-
ber 1). Für die Frist (hierzu Schuler NJW 61, 1601) gilt § 222. Die
Klage ist auch nach versäumter Frist zulässig, aber nur bis der Plan
ausgeführt ist (Rn 3). Danach ist Antragsänderung (§ 264 Nr 3) gem
Rn 7 geboten (Abs 2).

3. Zulässig ist die Klage, wenn die allgemeinen Prozessvoraussetzun-   3
gen (10 vor § 253) vorliegen. Die Zuständigkeit folgt aus § 879. Rechtsschutzbedürfnis tritt ein, sobald Widerspruch erhoben ist, und fällt weg,
sobald der Teilungsplan ausgeführt ist (BGH NJW-RR 87, 890;).

4. Begründet ist die Klage unter folgenden Voraussetzungen: 4
a) Sachbefugnis. Aktiv legitimiert ist der widersprechende Gläubiger,
passiv legitimiert sind die betroffenen Gläubiger, sofern sie den Widerspruch bestritten haben. Sie sind alle zu verklagen (vgl Rn 1), wenn die
Ausführung des Teilungsplanes über Abs 1 gehindert werden soll. –
b) Vorgehendes Recht am Erlös. Es muss dem Kläger im Verhältnis   5
zu dem betreffenden Beklagten zustehen, zB dass er einen besseren Rang
hat (§ 804 Rn 9) oder dass die für einen Beklagten vorgenommene
Pfändung unwirksam ist. Umstritten ist, ob der Kläger geltend machen
kann, dass die vollstreckbare Forderung des Beklagten nicht oder nur zT
besteht. Das hängt davon ab, ob sich die Rechtskraft des Titels (über
§ 325 hinaus) auch auf die anderen Gläubiger erstreckt (sog Drittwirkung der Rechtskraft; vgl U. Huber JuS 72, 621 [628] mwN). Dies ist zu
bejahen (BGH 63, 62; Baur/Stürner 562) wegen (Teil)Rechtsnachfolge
in den vollstreckungsbefangenen Gegenstand (bestr). Der Kläger kann
Einwendungen des Schuldners nur mit der Beschränkung des § 767
Abs 2 geltend machen, vor Rechtskraft noch so wie der Schuldner selbst
(Batsch ZZP 87, 1). Vom Standpunkt der öffentlich-rechtlichen Theorie

aus (§ 804 Rn 2) darf es folgerichtig auf das Bestehen der vollstreckbaren
6 Forderung überhaupt nicht ankommen (U. Huber aaO). – **c) Zeitliche
Grenze.** Die Klage kann nur auf Tatsachen gestützt werden, die zZ des
Verteilungstermins schon eingetreten waren (Düsseldorf NJW-RR 89,
599 mwN).

7 **5. Bereicherungsklage** (Abs 2). **a) Voraussetzungen** hierfür sind:
(1) Die Nachweisfrist (Abs 1) muss versäumt und der Teilungsplan ausgeführt sein. **(2)** Der Widerspruch (§ 876) ist unterlassen worden (bestr).
(3) Später eingetretene und ausgeschlossene (Rn 6) Tatsachen liegen
8 vor. – **b) Wirkung.** Sind die Voraussetzungen (Rn 7) erfüllt, so geht
nur das Recht verloren, am Verteilungsverfahren teilzunehmen, nicht
der Anspruch aus §§ 812 ff BGB (hM; StJMünzberg 38).

9 **6. Sonstiges.** Kosten: §§ 91 ff. Vorläufige Vollstreckbarkeit:
§§ 708–714, aber § 882. Streitwert: § 3; Interesse an bevorrechtigter
Befriedigung (§ 879 Rn 2).

§ 879 Zuständigkeit für die Widerspruchsklage

(1) **Die Klage ist bei dem Verteilungsgericht und, wenn der
Streitgegenstand zur Zuständigkeit der Amtsgerichte nicht ge-
hört, bei dem Landgericht zu erheben, in dessen Bezirk das
Verteilungsgericht seinen Sitz hat.**

(2) **Das Landgericht ist für sämtliche Klagen zuständig, wenn
seine Zuständigkeit nach dem Inhalt der erhobenen und in dem
Termin nicht zur Erledigung gelangten Widersprüche auch nur
bei einer Klage begründet ist, sofern nicht die sämtlichen beteiligten Gläubiger vereinbaren, daß das Verteilungsgericht über
alle Widersprüche entscheiden solle.**

1   **Anwendbar** nur auf die Widerspruchsklage des § 878. **Zuständig**
(ausschließlich, § 802) ist das für den Bezirk des Verteilungsgerichts
(§ 873) zuständige AG oder LG, nie die KfH (StJMünzberg 4). Auf den
für die Vollstreckungsforderungen zulässigen Rechtsweg kommt es nicht
2 an. **Wert** des Streitgegenstandes (Abs 1) ist der Betrag, um den eine
bessere Zuteilung als im Plan vorgesehen verlangt wird (§ 878 Rn 9).

§ 880 Inhalt des Urteils

**¹In dem Urteil, durch das über einen erhobenen Widerspruch
entschieden wird, ist zugleich zu bestimmen, an welche Gläubiger und in welchen Beträgen der streitige Teil der Masse auszuzahlen sei. ²Wird dies nicht für angemessen erachtet, so ist die
Anfertigung eines neuen Planes und ein anderweites Verteilungsverfahren in dem Urteil anzuordnen.**

1   Ist der Widerspruch und damit die Klage unbegründet, wird diese
abgewiesen. Ist er begründet, wird in der Formel grundsätzlich nach S 1
zu verfahren. Nur wenn dies schwierig ist, sollte nach S 2 angeordnet

werden. Der neue Teilungsplan hat die ergangenen rechtskräftigen Urteile und den alten Teilungsplan (im unangefochtenen Teil) zugrundezulegen (§ 882).

§ 881 Versäumnisurteil

Das Versäumnisurteil gegen einen widersprechenden Gläubiger ist dahin zu erlassen, daß der Widerspruch als zurückgenommen anzusehen sei.

Es gelten die §§ 331–347. An Stelle von § 330 bestimmt § 881 einen **1**
anderen Inhalt der Urteilsformel.

§ 882 Verfahren nach dem Urteil

Auf Grund des erlassenen Urteils wird die Auszahlung oder das anderweite Verteilungsverfahren von dem Verteilungsgericht angeordnet.

Auszahlung (iF des § 880 S 1) erst nach Rechtskraft (allgM) durch **1**
Ersuchen (§ 15 HinterlO). Im Fall der 2. Alt wird ein neues Verteilungsverfahren eingeleitet (vgl § 880 R n 1).

Titel 4. Zwangsvollstreckung gegen juristische Personen des öffentlichen Rechts

§ 882 a Zwangsvollstreckung wegen einer Geldforderung

(1) [1]Die Zwangsvollstreckung gegen den Bund oder ein Land wegen einer Geldforderung darf, soweit nicht dingliche Rechte verfolgt werden, erst vier Wochen nach dem Zeitpunkt beginnen, in dem der Gläubiger seine Absicht, die Zwangsvollstreckung zu betreiben, der zur Vertretung des Schuldners berufenen Behörde und, sofern die Zwangsvollstreckung in ein von einer anderen Behörde verwaltetes Vermögen erfolgen soll, auch dem zuständigen Minister der Finanzen angezeigt hat. [2]Dem Gläubiger ist auf Verlangen der Empfang der Anzeige zu bescheinigen. [3]Soweit in solchen Fällen die Zwangsvollstreckung durch den Gerichtsvollzieher zu erfolgen hat, ist der Gerichtsvollzieher auf Antrag des Gläubigers vom Vollstreckungsgericht zu bestimmen.

(2) [1]Die Zwangsvollstreckung ist unzulässig in Sachen, die für die Erfüllung öffentlicher Aufgaben des Schuldners unentbehrlich sind oder deren Veräußerung ein öffentliches Interesse entgegensteht. [2]Darüber, ob die Voraussetzungen des Satzes 1 vorliegen, ist im Streitfall nach § 766 zu entscheiden. [3]Vor der Entscheidung ist der zuständige Minister zu hören.

(3) [1]Die Vorschriften der Absätze 1 und 2 sind auf die Zwangsvollstreckung gegen Körperschaften, Anstalten und Stiftungen des öffentlichen Rechtes mit der Maßgabe anzuwenden, daß an die Stelle der Behörde im Sinne des Absatzes 1 die gesetzlichen Vertreter treten. [2]Für öffentlich-rechtliche Bank- und Kreditanstalten gelten die Beschränkungen der Absätze 1 und 2 nicht.

(4) *(aufgehoben)*

(5) Der Ankündigung der Zwangsvollstreckung und der Einhaltung einer Wartefrist nach Maßgabe der Absätze 1 und 3 bedarf es nicht, wenn es sich um den Vollzug einer einstweiligen Verfügung handelt.

1   **Anwendbar** nur für ZwVollstr wegen Geldforderungen; iü gelten die allgemeinen Vorschriften. Bei Gemeinden (hierzu Willenbruch ZIP 98, 817) und Gemeindeverbänden geht Landesrecht vor (§ 15 Nr 3 **2** EGZPO). **Anzeige** (Abs 1 S 1) ist Prozesshandlung (Einl III), formlos und muss nur die allgemeine Ankündigung der ZwVollstr enthalten. Sie ist wahlweise an die Behörde oder an deren ProzBev (§ 81) zu richten (E. Schneider MDR 85, 640). Sie ist eine vollstreckungsvorbereitende Maßnahme; die Kosten fallen unter § 788 (Zweibrücken Rpfleger 73, **3** 68). **Frist.** Damit sie in Lauf gesetzt wird, müssen alle Voraussetzungen der ZwVollstr (13 vor § 704) vorliegen (Frankfurt Rpfleger 81, 158).

Abschnitt 3. Zwangsvollstreckung zur Erwirkung der Herausgabe von Sachen und zur Erwirkung von Handlungen oder Unterlassungen

Vorbemerkung

1   Es ist zu unterscheiden: Herausgabe und Leistung von Sachen (§§ 883–886); Handlungen, vertretbare (§ 887) und unvertretbare (§§ 888, 889); Unterlassung und Duldung (§ 890); Abgabe von Willenserklärungen (§§ 894–898).

§ 883 Herausgabe bestimmter beweglicher Sachen

(1) Hat der Schuldner eine bewegliche Sache oder eine Menge bestimmter beweglicher Sachen herauszugeben, so sind sie von dem Gerichtsvollzieher ihm wegzunehmen und dem Gläubiger zu übergeben.

(2) Wird die herauszugebende Sache nicht vorgefunden, so ist der Schuldner verpflichtet, auf Antrag des Gläubigers zu Protokoll an Eides Statt zu versichern, daß er die Sache nicht besitze, auch nicht wisse, wo die Sache sich befinde.

(3) **Das Gericht kann eine der Sachlage entsprechende Änderung der eidesstattlichen Versicherung beschließen.**

(4) **Die Vorschriften der §§ 478 bis 480, 483 gelten entsprechend.**

1. Allgemeines. Die Vorschrift ist nur anzuwenden, wenn ein Titel 1 (14 vor § 704) vollstreckt wird, der auf die Herausgabe (Rn 3), nicht auf die Entfernung von beweglichen Sachen (Rn 2) gerichtet ist (§ 887 Rn 2), auch als Wahlschuld (§ 262 BGB). Die Herausgabevollstreckung erfolgt nur nach § 883, nicht nach § 888 (allgM; zB Frankfurt DGVZ 93, 153). Auf Personen ist § 883 nicht anzuwenden. Ist ein Kind herauszugeben, insbes auf Grund des § 1632 BGB, so gilt § 33 FGG. Bei Auskunftspflicht zur Herausgabe von Urkunden nach Forderungsüberweisung gilt § 836 Abs 3 S 2.

2. Bewegliche Sachen: § 808 Rn 1. Vertretbare (vgl § 884) und 2 unvertretbare (vgl Schilken DGVZ 88, 49 [51]); auch solche, die zur Herausgabe erst beweglich gemacht werden. Sachgesamtheiten (zB Bibliothek, Ladeneinrichtung) fallen darunter. Der Begriff Hausrat genügt nicht dem Bestimmtheitserfordernis (16 vor § 704). Eine bestimmte Menge (Abs 1) ist zB 100 Rollen Papier einer bestimmten Sorte. Vertretbare Sachen: § 884.

3. Herausgabe bedeutet körperliche Übergabe, auch an einen Dritten. Auf den Wortlaut kommt es nicht an. Die Verurteilung zur Übereignung, welche die Übergabe umfasst (§ 929 BGB), fällt darunter (vgl § 897); ebenso Zurückbringen einer beweglichen Sache (LG Frankenthal DGVZ 85, 184) und Übergabe am Wohnsitz des Gläubigers (Frankfurt NJW 83, 1685). Sequestration (§ 938) bedeutet Herausgabe an den Gerichtsvollzieher (LG Heidelberg DGVZ 77, 44). § 883 ist mindestens entsprechend anzuwenden bei Versendung, Hinterlegung und Vorlegung (Schilken DGVZ 88, 49 [52]), insbes von Urkunden, auch zum Zweck der Auskunft (hM; Hamm NJW 74, 653; Köln NJW-RR 88, 1210), soweit nicht § 936 Abs 3 S 2 oder § 888 anwendbar sind. Bei Verbindung mit Handlungspflichten (zB Reparatur, Montage): Koblenz NJW-RR 90, 1152; Schilken aaO.

4. Voraussetzungen der Herausgabevollstreckung (Abs 1). Sie sind 4 vom Gerichtsvollzieher selbständig zu prüfen. **a) Anwendbarkeit** des § 883. Dies erfordert, dass der Titel (Rn 1) die Herausgabe (Rn 3) einer beweglichen Sache (Rn 2) anordnet. – **b) Zulässigkeit** der ZwVollstr 5 (38 vor § 704). Die Sache muss im Titel genau bestimmt sein (16 vor § 704). Ein unzulässiger Vollstreckungsmissbrauch kann vorliegen, wenn der Herausgabetitel dazu benutzt wird, mittelbar den Schuldner zur Zahlung einer Forderung zu zwingen, insbes durch (wiederholte) Weisung an den Gerichtsvollzieher (§ 753 Rn 15), bei (Teil)Zahlung die Vollstreckung zu unterlassen oder zu verschieben (vgl Wieser NJW 88, 665 [669] mwN und DGVZ 90, 177). – **c) Gewahrsam** des Schuld- 6 ners: wie § 808 Rn 3–7. Bei Mitgewahrsam eines Dritten gilt § 886 (hM; Schilken DGVZ 88, 50 mwN).

7   **5. Durchführung.** Es gelten §§ 757–763 sowie § 179 GVGA. Wegnahme ist Übergang des Gewahrsams auf den Gerichtsvollzieher, der dem Gläubiger von da an den Besitz vermittelt bis zur Übergabe an ihn; möglichst an Ort und Stelle; ggf ist zu versenden. Bei Zusammentreffen von Herausgabevollstreckung mit Pfändungsauftrag: § 179 Nr 4, 5 GVGA. Kosten: § 788 Rn 22, 24. Gebühren: §§ 22, 23 GVKostG. Wert für RAGebühren: § 57 Abs 2 Nr 2 BRAGO.

8   **6. Eidesstattliche Versicherung** (Abs 2–4). **a) Voraussetzungen** sind: Antrag (39 vor § 704). Zulässigkeit der ZwVollstr: 38 vor § 704. Die Sache darf beim Schuldner nicht vorgefunden worden sein. Das Rechtsschutzbedürfnis fehlt, wenn der Gläubiger schon weiß, wo die Sache ist, insbes bei einem Dritten. Persönliche Abgabe: § 807
9   Rn 14–18. Form: Abs 2, 4 (wie § 807 Rn 19). – **b) Verfahren.** Es gelten §§ 899–913, soweit sie nicht allein auf § 807 zugeschnitten sind. Die eidesstattliche Versicherung ist einziges Zwangsmittel. Die §§ 888, 890 sind unanwendbar.

10   **7. Rechtsbehelfe.** Erinnerung (§ 766) findet gegen das Verfahren des Gerichtsvollziehers statt. Für Dritte ist auch Klage gemäß § 771 möglich, wenn ihnen ein veräußerungshinderndes Recht zusteht. Für den Gläubiger, wenn Herausgabe nicht zu verwirklichen ist: § 893.

§ 884 Leistung einer bestimmten Menge vertretbarer Sachen

Hat der Schuldner eine bestimmte Menge vertretbarer Sachen oder Wertpapiere zu leisten, so gilt die Vorschrift des § 883 Abs. 1 entsprechend.

1   **Leisten** ist Übereignung (vgl § 897), aber auch Besitzübertragung allein. **Vertretbare Sachen:** § 91 BGB. **Wertpapiere:** § 821 Rn 1.
2   **Voraussetzungen:** § 883 Rn 1–6 gelten sinngemäß. **Wirkung:** wie § 243 Abs 2 BGB. § 884 erweitert für Fälle, die nur bei vertretbaren Sachen vorkommen. Bleibt die Vollstreckung ergebnislos, kann sie gemäß § 886 versucht (hM) oder es kann Klage aus § 893 erhoben
3   werden. **Beugemittel** sind unzulässig (§ 887 Abs 3).

§ 885 Herausgabe von Grundstücken oder Schiffen

(1) ¹Hat der Schuldner eine unbewegliche Sache oder ein eingetragenes Schiff oder Schiffsbauwerk herauszugeben, zu überlassen oder zu räumen, so hat der Gerichtsvollzieher den Schuldner aus dem Besitz zu setzen und den Gläubiger in den Besitz einzuweisen. ²Der Gerichtsvollzieher hat den Schuldner aufzufordern, eine Anschrift zum Zweck von Zustellungen oder einen Zustellungsbevollmächtigten zu benennen. ³Bei einer einstweiligen Anordnung nach dem § 620 Nr. 7, 9 oder dem

§ 621 g Satz 1, soweit Gegenstand des Verfahrens Regelungen nach der Verordnung über die Behandlung der Ehewohnung und des Hausrats sind, ist die mehrfache Vollziehung während der Geltungsdauer möglich. ⁴Einer erneuten Zustellung an den Schuldner bedarf es nicht.

(2) Bewegliche Sachen, die nicht Gegenstand der Zwangsvollstreckung sind, werden von dem Gerichtsvollzieher weggeschafft und dem Schuldner oder, wenn dieser abwesend ist, einem Bevollmächtigten des Schuldners oder einer zu seiner Familie gehörigen oder in dieser Familie dienenden erwachsenen Person übergeben oder zur Verfügung gestellt.

(3) ¹Ist weder der Schuldner noch eine der bezeichneten Personen anwesend, so hat der Gerichtsvollzieher die Sachen auf Kosten des Schuldners in das Pfandlokal zu schaffen oder anderweit in Verwahrung zu bringen. ²Unpfändbare Sachen und solche Sachen, bei denen ein Verwertungserlös nicht zu erwarten ist, sind auf Verlangen des Schuldners ohne weiteres herauszugeben.

(4) ¹Fordert der Schuldner nicht binnen einer Frist von zwei Monaten nach der Räumung ab oder fordert er ab, ohne die Kosten zu zahlen, verkauft der Gerichtsvollzieher die Sachen und hinterlegt den Erlös; Absatz 3 Satz 2 bleibt unberührt. ²Sahen, die nicht verwertet werden können, sollen vernichtet werden.

In Abs 3 ist Satz 2 angefügt und Abs 4 neu gefasst mWv 1. 1. 1999 durch Art 1 Nr 28 2. ZwVollstrNov. In Abs. 1 sind Sätze 2–4 angefügt mWv 1. 1. 2002 durch Art 4 Nr 9 GewSchG.

1. Allgemeines. § 885 umfasst die Herausgabe (§ 883 Rn 3), Überlassung des Besitzes (wie § 854 Abs 1 BGB) oder Mitbesitzes (§ 866 BGB) und die Räumung, nämlich die Übergabe einer unbeweglichen Sache oder Teilen davon (insbes Wohnungen, Geschäftsräume, unbebaute Grundstücke) unter Wegschaffung der beweglichen Sachen. Das Zubehör (§ 97 BGB) verbleibt. Keine Räumung ist die Beseitigung (Abbruch) eines Gebäudes. Dafür ist ein Titel gemäß § 887 erforderlich. Entsprechend anwendbar ist § 885 wenn bewegliche Sachen zu räumen sind, insbes Scheinbestandteile (§ 95 Abs 1 BGB), Schiffe, Wohnwagen oder -container. **1**

2. Voraussetzungen. Es gilt grundsätzlich § 883 Abs 1; denn auch § 885 ist Herausgabevollstreckung. Der Gerichtsvollzieher hat die Zulässigkeit der ZwVollstr (38 vor § 704) zu prüfen. Einer richterlichen Durchsuchungsanordnung bedarf es nicht (§ 758 a Abs 2). Insbes muss beachtet werden: **a) Vollstreckungstitel.** Er muss das Grundstück bestimmt bezeichnen (München DGVZ 99, 56) und eindeutig auf Herausgabe, Überlassung oder Räumung gerichtet sein (Nies MDR 99, 1113). Es kann eine einstweilige Anordnung nach § 620 Nr 7 sein, wenn sie **2** **3**

einen Räumungsausspruch enthält (Hamburg FamRZ 83, 1151); bei
solchen Titeln gilt nur Abs 1 (KG FamRZ 87, 1290). Es genügt auch
ein Zuschlag- oder Räumungsbeschluss (§§ 93, 149 ZVG), ein Prozessvergleich. Die Räumungsfrist (§§ 721, 794 a) muss abgelaufen sein. –
4 **b) Schuldner. aa) Grundsatz.** Der Titel muss gegen jeden Gewahrsamsinhaber gerichtet sein (vgl Rn 5). Das ist bei Familien und Wohngemeinschaften oft problematisch (zum Meinungsstand: Schuschke
4 a DGVZ 97, 49). **bb) Andere Personen.** IdR genügt ein Titel gegen
den Schuldner, insbes den Mieter, um auch andere Personen, die nicht
Mitmieter sind und die keinen eigenen Gewahrsam haben, aus der
Wohnung zu setzen (grundlegend: Schuschke NZM 98, 58 mwN; Pauly
DGVZ 00, 17 mwN), insbes den Ehegatten (LG Oldenburg DGVZ 91,
26; LG Heidelberg DGVZ 94, 9; Schilken DGVZ 88, 49 [56] mwN; aA
Oldenburg NJW-RR 94, 714; LG Mannheim ZMR 92, 253; LG
Hamburg NJW-RR 93, 146 mwN) und die Kinder, auch volljährige
(Hamburg NJW-RR 91, 909; KG DGVZ 94, 25); ebenso Besucher und
Gäste. Der Titel gegen den Mieter genügt auch gegen den in nicht-
ehelicher Lebensgemeinschaft mitwohnenden Partner des Mieters (hM;
MüKo/Schilken 11 mwN; de Riese ZMR 94, 549; aA LG Mönchen-
gladbach DGVZ 96, 74 mwN; Köln DGVZ 97, 119) nebst seinen
Kindern (AG Neuß NJW 85, 2427), weil er nicht besser zu stellen ist als
ein Ehegatte. Das alles wird zunehmend in Frage gestellt (vgl KG
NJW-RR 94, 713; Düsseldorf DGVZ 98, 140; Becker-Eberhard
FamRZ 94, 1296 mwN; Derleder Büro 94, 1 [4]), so dass es sich
empfiehlt, gegen Ehegatten und (Lebens)Partner sogleich einen Titel zu
4b erwirken (Nies MDR 99, 1113/1115). **cc) Rechtswidrige Besitzer-
langung.** Keinesfalls ist ein Titel erforderlich gegen den, der ohne
Wissen und Willen des Vermieters Mitbesitz erlangt und danach nicht
offengelegt hat (Hamburg NJW 92, 3308). Bei Hausbesetzung ist ein
Räumungstitel mit unbestimmter Personenangabe zuzulassen (Geißler
DGVZ 87, 65 [68]; Scherer DGVZ 93, 132 mwN; bestr; einschränkend
BezG Potsdam OLGZ 93, 324 mwN). Das gilt auch beim Zuschlagbeschluss (LG Krefeld DGVZ 77, 24; LG Mainz MDR 78, 765). –
5 **c) Dritte** (vgl Schuschke DGVZ 97, 49). Ausnahmsweise ist auch ein
Titel gegen einen Angehörigen, insbes den Ehegatten nötig, aber nur
wenn er aus eigenem Recht mitbesitzt, insbes Mitmieter ist (Rn 4; hM;
aA LG Mannheim ZMR 92, 253: auch wenn er es nicht ist). Gegen
Untermieter ist ein eigener Titel erforderlich (Celle DGVZ 88, 171;
bestr), auch wenn Untermiete nicht offengelegt ist (AG Lübeck DGVZ
95, 92). Umschreibung (§ 727) ist möglich, wenn der Untermieter nicht
herausgabebereit ist.

6 **3. Vermieterpfandrecht** (§§ 562–562 d, 578 BGB) geht vor. Da-
runterfallende pfändbare Sachen sind auf dem Grundstück zu belassen,
wenn das Pfandrecht unbestritten bleibt, andernfalls vom Gerichtsvollzieher zu verwahren (Schilken DGVZ 88, 49 [58]; umstr; vgl Geißler

DGVZ 87, 65 [69]). Sind die Sachen unpfändbar (§ 562 Abs 1 S 2 BGB, § 811 Abs 1), ist nach Abs 2–4 zu verfahren (Schilken aaO).

4. Durchführung (Abs 1). Es gelten die §§ 180, 181 GVGA. **7**
a) Räumungstermin. Er ist dem Gläubiger immer, dem Schuldner idR mitzuteilen (§ 180 Nr 2 GVGA) und darf schon vor Ablauf der Fristen aus §§ 721, 765 a bestimmt werden (Nies MDR 99, 1113/1117). –
b) Aus dem Besitz gesetzt werden Schuldner und Angehörige (Rn 5) **8** möglichst schonend, aber notfalls mit Gewalt (§ 758 Abs 3). Es muss so geschehen, dass der Gläubiger die tatsächliche Gewalt über das Grundstück oder die Wohnung gem § 854 BGB ungehindert ausüben kann. Es muss insbes die Wohnungseinrichtung entfernt werden (LG Hildesheim DGVZ 87, 78), nicht aber hinterlassener Sperrmüll (AG Bremen DGVZ 99, 63). Aufschüttungen und Anpflanzungen (Düsseldorf NJW-RR 00, 535). Bewegliche Sachen sind nach Abs 2–4 weiter zu behandeln. Der Vollstreckungsauftrag kann idR nicht in der Weise beschränkt werden, dass nur die Personen (ohne die Sachen) entfernt werden (AG Wedding DGVZ 86, 123). Als zweckmäßig kann geduldet werden, dass der Schuldner in Person mit seinen nötigsten Sachen aus dem Besitz gesetzt wird und das Mobiliar für etwa 2 Wochen zur Abholung verbleibt (sog Hamburgische Räumung; Nies MDR 99, 1113/1120). Ist ein Grundstück herauszugeben, so muss der Schuldner auch ein von ihm darauf errichtetes Gebäude räumen (Hamm NJW 65, 2207). – **c) In den Besitz einge- 9 wiesen** wird der Gläubiger durch eine die Übergabe enthaltende Erklärung des Gerichtsvollziehers, aber auch durch Übergabe der Schlüssel oder durch Auswechseln der Schlösser, wenn vom Schuldner nicht alle Schlüssel zu erlangen sind. Der Gläubiger muss bei der Zwangsräumung nicht anwesend sein (§ 180 Abs 2 GVGA; LG Osnabrück DGVZ 97, 13), sollte aber (Nies MDR 99, 1113). – **d) Drohende Obdachlosigkeit 10** hindert die Räumung nicht. Sie ist lediglich den zuständigen Behörden mitzuteilen (§ 181 Nr 2 GVGA). Zum Verhältnis der Zuständigkeiten: Geißler DGVZ 96, 161. Aufschub durch den Gerichtsvollzieher nur nach § 765 a Abs 2. Eine behördliche Einweisung in die Wohnung verbraucht den Räumungstitel nicht (hM; Schönenbroicher MDR 93, 97 mwN; aA Pawlowski DGVZ 92, 97 mwN). – **e) Neue Anschrift** des Räumungs- **10 a** schuldners (Abs 1 S 2). Sie soll schon bei der Räumung ermittelt werden, um weitere Zustellungen zeitsparend veranlassen zu können. Der Gerichtsvollzieher muss den Schuldner auffordern (ggf wiederholt), seine künftige, zustellungsfähige Anschrift (entspr dem Vordruck, § 190 nF) zu Protokoll (§ 763 Abs 1) anzugeben. Die Benennung eines Zustellungsbevollmächtigten (§ 184 nF) steht zur Wahl und ist geboten, wenn eine neue Anschrift noch nicht feststeht. – **f) Mehrfacher Vollzug der Räu- 10 b mung** (Abs 1 S 3, 4) ist bei Räumungstiteln (§ 794 Abs 1 Nr 3 a) möglich, die als einstweilige Anordnung zwischen Ehegatten (§ 620 Nr 7, § 621 g S 1) oder Beteiligten ergangen sind, die ohne verheiratet zu sein, einen gemeinsamen Haushalt führen oder innerhalb des bestimmten Zeitraums geführt haben (§ 620 Nr 9). Keine entspr Anwendung auf

andere Titel. Der Räumungsgläubiger kann ohne Verbrauch des Titels (Rn 26) wiederholt vollstrecken, wenn der andere Ehegatte oder Beteiligte in die Wohnung eindringt oder wieder aufgenommen wurde. Dafür genügt die erste Zustellung (§ 750 Abs 1). Demgegenüber bleibt unberührt die Aufhebung oder Änderung der gerichtlichen Entscheidung über § 620 b und § 646 b FGG auf Antrag des Räumungsschuldners. Damit kann im Einzelfall die wiederholte Räumung verhindert werden. –

11 **g) Kosten.** Es gilt § 788 Abs 1. Der Gläubiger haftet hierfür dem Gerichtsvollzieher als Auftraggeber (§ 3 Abs 1 Nr 1 GVKostG; LG Bonn DGVZ 94, 76). Für den Vorschuss gilt § 5 GVKostG, für die Gebühr § 24 GVKostG. Der Gläubiger ist Kostenschuldner auch dann, wenn die Aufwendungen wegen Einstellung des ZwVollstr oder wegen behördlicher Wiedereinweisung nutzlos waren, aber vom Gerichtsvollzieher für notwendig gehalten werden durften (hM; Schilken DGVZ 93, 1 mwN). Gebühren des RA: § 57 Abs 1, 2 Nr 2 BRAGO.

12 **5. Bewegliche Sachen** (Abs 2–4). **a) Begriff:** § 90 BGB. Dazu gehört auch Unrat und Müll (LG Berlin DGVZ 96, 171; vgl Rn 13 aE). Das Zubehör (§ 97 BGB) verbleibt beim Grundstück oder Schiff. Das 13 Vermieterpfandrecht geht vor (Rn 6). – **b) Tiere** (§ 90 a BGB), die der Schuldner nicht mitnimmt, um sie zu versorgen, sind, sofern es sich um eine überschaubare Zahl handelt, wie sonstige Sachen zu behandeln, in Ausnahmefällen aber der zuständigen Ordnungsbehörde zur Verfügung zu stellen (Karlsruhe NJW 97, 1789 = JZ 97, 573 mit krit Anm von Braun; VG Freiburg DGVZ 97, 185; einschränkend Fest DGVZ 97, 177; Geißler DGVZ 95, 145; aA Loritz DGVZ 97, 150: wie tote Sachen zu behandeln). – **c) Kosten der Wegschaffung.** Es gilt § 788 (hierzu 14 Brossette NJW 89, 963). Bei nutzlosen Aufwendungen: wie Rn 11. Dem Gerichtsvollzieher haftet grundsätzlich auch der Gläubiger als Auftraggeber (§ 3 Abs 1 Nr 1 GVKostG; LG Koblenz DGVZ 94, 91), jedoch nur für angemessene Dauer der Verwahrung (LG Hamburg DGVZ 83, 122; umstr; vgl LG Duisburg NZM 98, 303). Dies auch dann, wenn die Sachen an den zahlungsunfähigen Schuldner herausgegeben werden (AG Fürth DGVZ 88, 175). Auch für notwendige Folgekosten der Räumung, zB Transport und Einlagerung für angemessene Zeit (LG Hamburg DGVZ 83, 122) kann Vorschuss verlangt werden (§ 5 GVKostG). Der Gerichtsvollzieher hat dafür zu sorgen, dass überhöhte Transport- und Lagerkosten vermieden werden (Geißler DGVZ 87, 65). Wertloses Räumungsgut ist wegzuschaffen, darf aber zunächst nicht vernichtet werden, sondern erst unter den Voraussetzungen 15 des Abs 4 S 2 (Rn 25). – **d) Auftrag.** Den Spediteur hat der Gerichtsvollzieher auszuwählen und zu beauftragen (LG Stuttgart DGVZ 90, 172), nachdem der Gläubiger Vorschuss geleistet hat. Der Gerichtsvollzieher muss nicht einen vom Gläubiger beauftragten Spediteur tätig werden lassen (LG Düsseldorf Büro 87, 464). Das Angebot des Gläubigers, durch dessen Arbeitskräfte und -gerät die Räumung durch-

zuführen und die Sachen bei ihm einzulagern, kann der Gerichtsvollzieher ablehnen (AG Hannover DGVZ 75, 124).

6. Übergabe der Sachen (Abs 2) an den Schuldner erfolgt im Anschluss an die Entfernung aus den Räumen außerhalb dieser. Bei Abwesenheit des Schuldners darf an die in Abs 2 benannten Dritten übergeben werden, wenn sie zur Übernahme bereit sind (hM; Schilken DGVZ 88, 49, 57). Bevollmächtigt ist auch der Prozessbevollmächtigte (MüKo/Schilken 23; bestr). Zur Familie gehörende erwachsene Person: § 178 Abs 1 Nr 1 nF. Zur Verfügung stellen bedeutet nicht, dass der Gerichtsvollzieher die Sachen auf der Straße stehen lassen darf (hM); er darf sie aber an die neue Andresse zuschicken (Geißler DGVZ 87, 65, 68), wenn sie bekannt ist (LG Aschaffenburg DGVZ 97, 155). Der Gerichtsvollzieher muss jedenfalls die Möglichkeiten zur Übergabe ausschöpfen, bevor er Verwahrung (Abs 3) vornimmt MüKo/Schilken 23 aE).

7. Verwahrung (Abs 3 S 1). Das kann auch durch Belassen in den herauszugebenden Räumen oder Verwahrung durch den Gläubiger erfolgen (LG Ulm DGVZ 90, 123). Der Gerichtsvollzieher schließt den Verwahrungsvertrag als bevollmächtigter Vertreter des Justizfiskus (BGH NJW 99, 2597; bestr) mit dem Lagerhalter privatrechtlich (BGH NJW 84, 1759 mwN; Köln DGVZ 94, 171). Ohne Kostenvorschuss muss er nicht, kann aber (vgl Schüler DGVZ 73, 85) die Sachen in die neue Wohnung des Schuldners schaffen lassen (LG Aschaffenburg DGVZ 97, 155; Mümmler DGVZ 73, 49). Hierfür besteht keine Vorschuss- und Kostenpflicht des Gläubigers (LG Essen MDR 74, 762). Ebensowenig wie für Haustiere des Schuldners, die dieser nicht mitnehmen kann oder will (vgl LG Oldenburg DGVZ 95, 44 und Rn 13).

8. Herausgabe an den Schuldner. a) Grundsatz Es besteht idR ein Anspruch des Schuldners aus § 985 oder § 1007 BGB gegen den Gerichtsvollzieher. Dieser hat bei offenen Kosten am Räumungsgut ein Zurückbehaltungsrecht an pfändbaren Sachen, dem Schuldner gegenüber auch dann, wenn die Kosten durch Vorschuss gedeckt sind (Schultes DGVZ 99, 1 mwN), ferner gegenüber Dritten, insbes dem Eigentümer (AG Hildesheim DGVZ 74, 59). Er kann auch dem Dritten gegenüber die Herausgabe des eingelagerten Räumungsguts von der Zahlung der anteilig entstandenen Transport- und Lagerkosten abhängig machen (LG Berlin DGVZ 74, 156). Die Herausgabe an Dritte ist nur mit Einwilligung des Schuldners zulässig (AG Berlin-Wedding DGVZ 75, 159). – **b) Sofortige Herausgabe** (Abs 3 S 2) kann der Schuldner verlangen, damit er mit den notwendigen Sachen versorgt ist und der Verwahrungsaufwand gesenkt werden kann. Das Verlangen des Schuldners ist formlos, muss an den Gerichtsvollzieher gerichtet sein und ist im Protokoll (§ 762) zu vermerken. Unpfändbar: § 811 Abs 1. Es darf kein Verwertungserlös zu erwarten sein; dabei sind die Kosten der Verwahrung und der Verwertung (§§ 817, 825) zu berücksichtigen. Für den Abtransport muss der Schuldner sorgen. Der Gerichtsvollzieher kann jedenfalls sein Zurückbehaltungsrecht (Rn 5) nicht geltend machen. Der

16

17

18

19

Schuldner kann die Herausgabe jederzeit (Abs 4 S 1 Hs 2) bis zum
Verkauf oder bis zur Vernichtung (Abs 4) verlangen.

20   **9. Verkauf** des verwahrten Räumungsgutes (Abs 4 S 1) steht im
(pflichtgemäßen) Ermessen des Gerichtsvollziehers, der von Amts wegen
handelt. Er berücksichtigt Lagerkosten, zu erwartenden Erlös und Wie-
21   derbeschaffungswert. **a) Voraussetzungen: aa)** Unterbliebene Abforderung (Herausgabeverlangen) des Schuldners oder Abforderung, ohne
22   die aufgelaufenen Kosten (der Verwahrung) zu zahlen. **bb)** Ablauf der
Wartefrist von 2 Monaten (Berechnung § 222) ab Beendigung der
Räumung. **cc)** Anhörung oder Ankündigung ist nicht vorgeschrieben;
aber jedenfalls dem Schuldner gegenüber bei Übernahme des Räumguts
23   durch den Gerichtsvollzieher zweckmäßig. – **b) Verkauf** der Sachen
erfolgt als Selbsthilfeverkauf entspr den §§ 383–386 BGB (Müko/Schil-
24   ken 30 mwN). – **c) Hinterlegung** des Erlöses geschieht nach Abzug
der durch den Vorschuss des Gläubigers nicht gedeckten Kosten von
Räumung, Verwahrung und Verkauf. Es wird für den Schuldner als
vermuteten Eigentümer (§ 1006 BGB) hinterlegt. Der Gläubiger kann
den Anspruch des Schuldners auf Auszahlung des Erlöses und der Hin-
terlegungssumme nach § 829 pfänden lassen (Schuschke/Walker 17
mwN).

25   **10. Vernichtung** unverwertbarer Sachen (Abs 4 S 2) geschieht von
Amts wegen. Auch wertloses und unverwertbares Räumungsgut ist
zunächst zur Abforderung innerhalb der Wartefrist (Rn 7) bereitzuhal-
ten. Erst wenn die Voraussetzungen für einen Verkauf vorliegen (Rn 7),
dürfen und sollen diese Sachen vernichtet werden. Die Beurteilung, ob
die Sache unverwertbar ist, obliegt dem Gerichtsvollzieher entspr den
Grundsätzen des § 813 Abs 1 S 1. Ein erfolgloser Verwertungsversuch
muss nicht vorangehen. Der Gerichtsvollzieher kann als Ausnahmefall
(Schultes DGVZ 99, 1 [6]) in pflichtgemäßem Ermessen auch nach
Ablauf der Wartefrist die Verwahrung der Sachen fortsetzen, zB wenn
der Schuldner die Absicht, die Sache bald abzuholen, angekündigt hat.

26   **11. Verbrauch des Titels.** Wird die ZwVollstr voll durchgeführt,
wozu Abs 2 und 3 erfüllt sein müssen, ist der Titel verbraucht. Ausnahme: Abs 1 S 3; Rn 10 b. Erlangt der Schuldner danach erneut Besitz, ist
ein neuer Titel nötig (Stuttgart NJW 56, 1844); nicht aber bei behördlicher Beschlagnahme und Wiedereinweisung (vgl Rn 10).

27   **12. Rechtsbehelfe.** Gegen das Verfahren des Gerichtsvollziehers findet Erinnerung (§ 766) statt, auch für Dritte, die von der Räumung
betroffen sind (Köln DGVZ 97, 119); dann jedoch auch für den Schuldner (aA Köln aaO). Dritten kann die Klage aus § 771 zustehen, Pfandgläubigern die Vorzugsklage (§ 805).

§ 886 Herausgabe bei Gewahrsam eines Dritten

   Befindet sich eine herauszugebende Sache im Gewahrsam eines Dritten, so ist dem Gläubiger auf dessen Antrag der An-

spruch des Schuldners auf Herausgabe der Sache nach den Vorschriften zu überweisen, welche die Pfändung und Überweisung
einer Geldforderung betreffen.

Anwendbar, soweit die §§ 883–885 anwendbar sind und wenn der 1
Dritte herausgabebereit ist (wie § 809 Rn 3; Schilken DGVZ 88, 49
mwN). **Fehlende Herausgabebereitschaft.** Der Gläubiger kann den 2
Herausgabeanspruch des Schuldners gegen den Dritten pfänden und sich
überweisen lassen (§§ 829, 835). Die §§ 846–848 gelten nicht. Der
Gläubiger kann dann Herausgabe an sich verlangen, einen Titel erwirken
und nach §§ 883–885 vollstrecken. Statt Überweisung des Anspruchs
kann der Gläubiger ggf seinen Titel nach § 727 gegen den Dritten
umschreiben lassen.

§ 887 Vertretbare Handlungen

(1) **Erfüllt der Schuldner die Verpflichtung nicht, eine Handlung vorzunehmen, deren Vornahme durch einen Dritten erfolgen kann, so ist der Gläubiger von dem Prozeßgericht des ersten
Rechtszuges auf Antrag zu ermächtigen, auf Kosten des Schuldners die Handlung vornehmen zu lassen.**

(2) **Der Gläubiger kann zugleich beantragen, den Schuldner
zur Vorauszahlung der Kosten zu verurteilen, die durch die Vornahme der Handlung entstehen werden, unbeschadet des Rechts
auf eine Nachforderung, wenn die Vornahme der Handlung einen größeren Kostenaufwand verursacht.**

(3) **Auf die Zwangsvollstreckung zur Erwirkung der Herausgabe oder Leistung von Sachen sind die vorstehenden Vorschriften nicht anzuwenden.**

1. Anwendungsbereich. Er umfasst solche Handlungen (Rn 2), die 1
von einem Dritten an Stelle des Schuldners vorgenommen werden
können (Abs 1), insbes Werk- und Dienstleistungen, soweit nicht § 888
anzuwenden ist. **a) Abgrenzung.** § 887 gilt nicht, wenn die Vornahme 1 a
der Handlung davon abhängt, dass ein Dritter mitwirkt oder sie freiwillig
duldet (allgM), zB der Mieter, wenn der Vermieter als Vollstreckungsschuldner eine Handlung an der Mietsache vornehmen soll (BayObLG
NJW-RR 89, 462). Hat in diesen Fällen der Schuldner gegen den
Dritten einen durchsetzbaren Anspruch auf Duldung oder Mitwirkung,
ist § 888 anzuwenden (hM; Zweibrücken NJW-RR 98, 1768). –
b) Unanwendbar ist § 887 auf Herausgabe oder Leistung von Sachen 1 b
(Abs 3). Es gelten hierfür ausschließlich die §§ 883–886, 894–897. –
c) Wahlmöglichkeit. Bei Handlungen, die wiederholt, anhaltend oder 1 c
fortlaufend vorzunehmen sind (zB Beheizung), ist die Vollstreckung
(Unterlassen entgegenstehenden Handlungen) auch über § 890 möglich
(LG Koblenz NJW-RR 86, 506; umstr; aA Musielak/Lackmann 6
mwN).

2   **2. Vertretbare Handlungen** können sein: **a) Werkverträge.** Anfertigung oder Reparatur von Sachen (Stuttgart NJW-RR 99, 792) insbes Erstellung (BGH NJW 95, 3189), Nachbesserung (BGH NJW 93, 1394)
2 a sowie der Abbruch eines Bauwerks (Köln DGVZ 92, 170). – **b) Abrechnung und Bewertung:** eine Handelsbilanz, wenn sie ohne Mitwirkung des Schuldners erstellt werden kann (Zweibrücken DGVZ 98, 9; Köln NJW-RR 98, 716: sonst § 888; bestr); Buchauszug (Koblenz NJW-RR 94, 358: nur durch Wirtschaftsprüfer oder vereidigten Buchsachverständigen); Wertermittlung gemäß § 1379 Abs 1 S 2 BGB (Bamberg NJW-RR 99, 577); Rechnungslegung des Verwalters gemäß § 2 Abs 4 WEG (hM; Düsseldorf NZM 99, 842 mwN, aA Nies NZM 99, 832); Provisionsabrechnung (hM; Köln NJW-RR 96, 100), ausnahmsweise auch (§ 888 (vgl Zweibrücken Büro 96, 327); Lohnabrechnung
2 b (LAG Hamm ZIP 83, 1253). – **c) Freistellung** von einer hinreichend bestimmten (Stuttgart Büro 98, 324; vgl 17 vor § 704) Verbindlichkeit, insbes Befreiung von einer Geldschuld, selbst wenn sie noch nicht fällig ist (Köln FamRZ 94, 1048 mwN; Bischof ZIP 84, 1444 [1446]); von der Pflicht, eine Bürgschaft zu stellen (hM; Karlsruhe MDR 91, 454)
2 c oder Unterhalt zu leisten (Hamburg FamRZ 83, 212). – **d) Rechts- und Tathandlungen:** Kauf einer Sache zum Listenpreis bis zu einem bestimmten Zeitpunkt (Köln MDR 75, 586); Beseitigung bestimmter Immissionen (Hamm OLGZ 84, 184), zB Abwehr von Feuchtigkeit (hM; Düsseldorf NJW-RR 98, 1768); ebenso die Entfernung von Sachen, auch eines Haustiers (LG Hamburg NJW-RR 86, 158); Sperre einer Grundstückszufahrt (Bamberg DGVZ 99, 135).

3   **3. Voraussetzungen** der Ermächtigung zur Ersatzvornahme (Rn 6, 8): **a) Zulässigkeit** der Zwangsvollstreckung (38 vor § 704). Hierfür ist insbes Prozessfähigkeit des Schuldners Voraussetzung (Frankfurt Rpfleger 75, 441). Ein Fall des § 510 b darf jedoch nicht vorliegen (§ 888 a). –
4 **b) Verweigerung** der Handlung. Sie muss unterblieben sein. Dem steht gleich, dass sie nicht erfüllungsgemäß erbracht ist, zB gänzlich unbrauchbar (Köln NJW-RR 96, 100 für Buchauszug). Der Schuldner muss sie auch seit Eintritt der Vollstreckbarkeit objektiv vornehmen können. Dies braucht der Gläubiger lediglich zu behaupten. Den Erfüllungseinwand kann der Schuldner nur über § 767 geltend machen (Rn 17; umstr). Das gilt auch, wenn er sich auf Unvermögen beruft (Hamm MDR 84, 591), zB verweigerte Zustimmung eines Dritten (Düsseldorf MDR 91, 260; vgl Rn 1), oder darauf, der titulierte Anspruch bestehe
5 nicht (Bamberg NJW-RR 98, 716). – **c) Antrag** des Gläubigers (39 vor § 704): schriftlich oder im Verfahren vor dem AG auch zu Protokoll der Geschäftsstelle; Anwaltszwang nach Maßgabe des § 78 (hM; § 891 Rn 2). Es ist die begehrte Handlung so genau zu bezeichnen wie bei Titeln (16–24 vor § 704; Köln NJW-RR 90, 1087 mwN; Koblenz NJW-RR 98, 1770); Bamberg NJW-RR 00, 358). Ist im Titel ein bestimmter Erfolg geschuldet, muss der Antrag die zu ergreifenden Maßnahmen bezeichnen (Stuttgart NJW-RR 99, 792). Der Antrag kann

bis zur Rechtskraft des Beschlusses (Rn 10 a) zurückgenommen werden. Umdeutung eines auf § 888 gerichteten Antrags in einen auf § 887 und umgekehrt ist unzulässig (Hamm NJW 85, 274).

4. Ermächtigung (Abs 1) zur Ersatzvornahme. **a) Zuständigkeit.** **6** Ausschließlich zuständig (§ 802) ist das Prozessgericht erster Instanz, das Familiengericht in Familiensachen (Düsseldorf FamRZ 81, 577), das Arbeitsgericht oder auch das Gericht der Freiwilligen Gerichtsbarkeit, wenn die Vollstreckung nach der ZPO vorzunehmen ist, insbes gemäß §§ 44, 45 WEG (hM). Das Gericht erster Instanz ist auch zuständig, wenn der Rechtsstreit in der Rechtsmittelinstanz anhängig ist. Bei einstweiligen Verfügungen ist das Gericht der Hauptsache (§ 937 Rn 1) zuständig, auch im Falle des § 942 (hM). Es entscheidet im LG die Kammer, der Einzelrichter aber dann, wenn er im Erkenntnisverfahren gem § 348, 348 a zuständig war (allgM). – **b) Verfahren.** Gehör des **7** Schuldners ist zwingend (§ 891 S 2), mündliche Verhandlung freigestellt. Anwaltszwang: § 891 Rn 2. – **c) Beschluss** (§ 891 S 1). Er **8** weist entweder den Antrag zurück, wenn eine Voraussetzung (Rn 3–5) fehlt, zB wenn der Schuldner unstreitig erfüllt hat (vgl Rn 4), oder er ermächtigt den Gläubiger, die genau zu bezeichnende Handlung (vgl Rn 5) vornehmen zu lassen oder selbst vorzunehmen (Rn. 11). Ein bestimmter Dritter wird idR nicht genannt. Der Schuldner kann noch wirksam einwenden, er wolle nunmehr erfüllen (Frankfurt OLGZ 89, 104). Zuzustellen gemäß § 329 Abs 3. – **d) Kostenvorauszahlung** **9** (Abs 2). Kann nicht mehr nach Vornahme der Handlung angeordnet werden (Hamm MDR 72, 615). Die Anordnung der Höhe steht im Ermessen des Gerichts. Gegenansprüche des Schuldners sind zu berücksichtigen (LG Würzburg Rpfleger 80, 160). Auf Vorauszahlung kann im selben Beschluss (auch wiederholt) erkannt werden. Die voraussichtliche Höhe der Kosten (vgl Rn 13) ist vom Gläubiger zu substantiieren (Köln Büro 97, 159), bei Streit unter Heranziehung eines Sachverständigen zu schätzen (BGH NJW 93, 1394 mwN). Der Beschluss wird nach § 794 Nr 3, §§ 803 ff vollstreckt. Gebühren: nur für den RA gemäß § 57 Abs 1, § 58 Abs 3 Nr 7 BRAGO, wenn der Schuldner nicht freiwillig vorauszahlt. – **e) Kostenentscheidung** in Beschlüssen nach Abs 1 und **10** 2: § 891 S 3. Davon zu unterscheiden sind die Vollstreckungskosten (Rn 13).

5. Rechtskraft. Formell (§ 705) tritt sie über § 793 ein. Auch mate- **10 a** rielle Rechtskraft ist für die Fälle der §§ 887, 888, 890 zu bejahen (§ 329 Rn 13; LG Wiesbaden NJW 86, 939), so dass ein neuer Antrag nur bei veränderten Tatsachen zulässig ist (Zweibrücken Büro 96, 443). Das ändert nichts an der Befugnis des Schuldners, noch freiwillig zu erfüllen (Rn 11; BGH NJW 95, 3189).

6. Durchführung der Ersatzvornahme auf Grund einer Ermächti- **11** gung (Rn 8). **a) Vornahme** der Handlung. Sie ist nunmehr dem Gläubiger überlassen, der geeignete Personen, auch den Gerichtsvollzieher beauftragen kann. Der Schuldner kann noch erfüllen, auch in anderer

Weise als im Beschluss bestimmt (BGH NJW 95, 3189), mit dieser
Begründung aber nicht erfolgreich den Beschluss anfechten (Frankfurt
12 NJW-RR 89, 59; vgl Rn 8 aE). – **b) Dulden** muss der Schuldner alle
erforderlichen Handlungen; dies kann über § 892 erzwungen werden.

13   **7. Kosten** der Durchführung (Rn 11) und Mehrkosten im Falle der
Vorauszahlung (Abs 2). **a) Mit Ermächtigungsbeschluss** durchgeführte Ersatzvornahme. Anders als beim Beschluss (vgl Rn 10) gilt
§ 788 Abs 1, so dass es auf die Notwendigkeit ankommt. Die Kosten
werden nach § 788 beigetrieben oder festgesetzt. Auch dabei ist die
Notwendigkeit Maßstab (Zweibrücken Rpfleger 95, 172; KG Rpfleger
94, 31) und die Angemessenheit zu prüfen (Nürnberg Rpfleger 93, 85).
Zu den Kosten der Ersatzvornahme können auch Finanzierungskosten
(Düsseldorf MDR 84, 323) und bei einem Freistellungsanspruch die an
den Dritten gezahlten Beträge gehören (München NJW-RR 98,
14 1768). – **b) Ohne Ermächtigungsbeschluss** durchgeführte Ersatzvornahme. Deren Kosten können nicht über § 788 Abs 1 beigetrieben
werden, weil keine ZwVollstr vorliegt. Für solche Kosten ist ein gesonderter Titel zu erwirken, idR durch Klage (Köln Rpfleger 93, 84
mwN).

15   **8. Rechtsbehelfe. a) Sofortige Beschwerde** (§ 793) findet gegen
den Beschluss (Rn 8 und 10) statt, in der freiwilligen Gerichtsbarkeit
zwar nach deren Instanzenzug (BayObLG Rpfleger 75, 130), aber nach
16 der ZPO (Demharter Rpfleger 87, 369 mwN). – **b) Erinnerung**
(§ 766) ist gegen das Verfahren des Gerichtsvollziehers zulässig. –
17 **c) Vollstreckungsabwehrklage** (§ 767) oder Rechtsmittel in der
Hauptsache für den Schuldner, der Erfüllung behauptet (BGH NJW 95,
3189; Köln NJW-RR 88, 1212 mwN). Er kann eine vom Gläubiger
bestrittene Erfüllung nicht im Verfahren nach Abs 1 oder 2 einwenden
(Rn 4; München NJW-RR 88, 22 mwN; aA Nürnberg NJW-RR 95,
18 63 mwN; Köln MDR 95, 1064). – **d) Klagen des Gläubigers.** Anstelle des ZwVollstr steht § 893 zur Wahl. Ist ein Buchauszug (§ 87 c
Abs 2 HGB) lediglich unvollständig oder mangelhaft, muss auf Bucheinsicht (§ 87 c Abs 4 HGB) geklagt oder vollstreckt werden (Karlsruhe
OLGZ 73, 375).

§ 888 Nicht vertretbare Handlungen

(1) ¹**Kann eine Handlung durch einen Dritten nicht vorgenommen werden, so ist, wenn sie ausschließlich von dem
Willen des Schuldners abhängt, auf Antrag von dem Prozeßgericht des ersten Rechtszuges zu erkennen, daß der Schuldner
zur Vornahme der Handlung durch Zwangsgeld und für den Fall,
daß dieses nicht beigetrieben werden kann, durch Zwangshaft
oder durch Zwangshaft anzuhalten sei. ²Das einzelne Zwangsgeld darf den Betrag von fünfundzwanzigtausend Euro nicht**

übersteigen. [3] **Für die Zwangshaft gelten die Vorschriften des Vierten Abschnitts über die Haft entsprechend.**

(2) **Eine Androhung der Zwangsmittel findet nicht statt.**

(3) **Diese Vorschriften kommen im Falle der Verurteilung zur Eingehung einer Ehe, im Falle der Verurteilung zur Herstellung des ehelichen Lebens und im Falle der Verurteilung zur Leistung von Diensten aus einem Dienstvertrag nicht zur Anwendung.**

Abs 2 ist eingefügt, Abs 3 redaktionell geändert mWv 1. 1. 1999 durch Art 1 Nr 29 2. ZwVollstrNov, Abs 1 mWv 1. 1. 2002 durch Art 1 Nr 7 7. G zur Änderung der Pfändungsfreigrenzen.

1. Anwendungsbereich: solche Handlungen, die ein Dritter nicht 1 vornehmen darf oder kann, oder nicht so vornehmen kann, wie es dem Schuldner möglich ist (Rn 2). Auslegung des Titelinhalts (22 vor § 704) ist zulässig, insbes soweit es die Kosten (§ 788) betrifft (BGH NJW-RR 93, 1154). Die Handlung muss ausschließlich vom Willen des Schuldners abhängen (Abs 1 S 1; Rn 3) und darf nicht unter Abs 3 fallen (Rn 4). Für Herausgabe von Sachen oder Vorlegung von Urkunden zur Einsicht gilt § 888 nicht (§ 883 Rn 3).

2. Unvertretbare Handlungen (Rn 1) sind zB: Auskunft zu erteilen 2 (hM), idR schriftlich und im Zweifel für die Zeit ab Klagezustellung bis Urteilserlass (Frankfurt FamRZ 84, 271); Rechnung zu legen (hM; KG NJW 72, 2093 mwN; Köln WuM 98, 375), was nicht ohne weiteres die Vorlage von Belegen umfasst (Zweibrücken NJW-RR 98, 715); ein Nachlassverzeichnis zu erstellen (Hamm JMBlNRW 77, 67); eine Gegendarstellung abzudrucken (Brandenburg OLG-NL 00, 191), ein Einzelhandelsgeschäft zu betreiben (Celle NJW-RR 96, 585; Düsseldorf NJW-RR 97, 650; vgl aber Rn 3); Erklärungen tatsächlichen Inhalts und der Widerruf einer Behauptung (vgl § 894 Rn 5); Mitteilung an Empfänger eines Rundbriefs, die darin aufgestellten Behauptungen nicht aufrechtzuerhalten (Frankfurt Büro 93, 749); Ausstellung von Zeugnissen (vgl Geißler DGVZ 88, 17); geistige, künstlerische und wissenschaftliche Leistungen; Abgabe von Willenserklärungen, soweit nicht § 894 gilt (vgl dort Rn 5); (Weiter)Beschäftigung eines Arbeitnehmers (LAG Köln NZA 96, 108 mwN); Entfernen von Personen aus einer Wohnung (BGH FamRZ 63, 553); Zuweisung einer Wohnung zur alleinigen Benutzung gem § 18a HausratVO (Köln FamRZ 83, 1231); Mitwirkung des Ehegatten bei Steuererklärung (LG Zweibrücken MDR 76, 144).

3. Unanwendbarkeit von § 888. **a) Willensunabhängige Hand-** 3 **lungen** (Abs 1). Trifft zu, wenn die Handlung nicht ausschließlich vom Willen des Schuldners abhängt. Behauptungslast: Schuldner. Erforderliches Geld muss er sich sich notfalls durch Kredit beschaffen. Kann er die Handlung nur vornehmen, wenn andere Personen mitwirken, zB bei einer Auskunft (BayObLG NJW 75, 740) oder bei Instandsetzungsmaßnahmen an einer Eigentumswohnung (KG OLGZ 90, 467), muss er solche Personen zur Mitwirkung veranlassen (KG NJW 73, 1135), dies

mindestens versuchen (BayObLG NJW-RR 89, 462), notfalls klagen.
Willensunabhängig kann im Einzelfall die Betriebspflicht für ein Laden-
geschäft sein (Naumburg NJW-RR 98, 873). In diesen Fällen ist
ZwVollstr nach § 888, insbes jedes Zwangsmittel ausgeschlossen, wenn
der Schuldner vorher mit der gebotenen Intensität versucht hat, die
Handlung vorzunehmen (BayObLG aaO). Es bleibt Klage nach § 893
4 möglich. – **b) Persönliche Handlungen** (Abs 3). Dem Dienstvertrag
stehen Geschäftsbesorgung (§ 675 BGB) und Auftrag (§ 662 BGB)
gleich (hM). Für vertretbare Handlungen daraus gilt § 887. Entsprechend angewendet wird Abs 3 auf den Abschluss eines Erbvertrags
(Frankfurt Rpfleger 80, 117). Das ist nicht vertretbar für die Auskunft
der Mutter über den Vater eines nichtehelichen Kindes (Bremen NJW
00, 963; Hamm NJW 01, 1870).

5   **4. Voraussetzungen.** Dazu gehört nicht eine Androhung der
6 Zwangsmittel (Abs 2). **a) Zulässigkeit der Zwangsvollstreckung**
muss gegeben sein (38 vor § 704). Insbes muss der Titel sich auf eine
unvertretbare Handlung (Rn 2) richten und so bestimmt sein (16 vor
§ 704), dass sich zB der Umfang der Auskunft aus ihm ergibt (BayObLG
NJW-RR 89, 932) oder die Vorlage bestimmter Belege (Bamberg
FamRZ 94, 1048). Welche Handlung vorzunehmen ist, kann auch (vgl
7 22 vor § 704) durch Auslegung ermittelt werden. – **b) Verweigerung**
der Handlung: wie § 887 Rn 4. Die Vornahme muss dem Schuldner
also möglich sein (hM; Hamm NJW-RR 88, 1087 und FamRZ 97,
1094), und zwar zZ der Zwangsmittelfelstsetzung (Celle MDR 98, 923).
Der Schuldner muss zur Vornahme alles Zumutbare unternommen
haben (Köln NJW-RR 92, 633). Bei Unmöglichkeit gilt § 893. Auf
Verschulden kommt es iü nicht an. Der Einwand, die geschuldete Handlung sei vorgenommen, ist im Zwangsgeldverfahren nur dann zulässig,
wenn dies unbestritten oder durch Urkunden bewiesen ist (hM; Köln
NJW-RR 89, 188 und VersR 93, 1294; aA Stuttgart NJW-RR 86,
1501; Bischoff NJW 88, 1957); iü kann nur nach § 767 vorgegangen
8 werden (Reischl JR 97, 404 [407] mwN). – **c) Antrag** des Gläubigers:
wie § 887 Rn 5. Der Antrag muss die Handlung bestimmt oder wenigstens bestimmbar bezeichnen (hM), nicht ein bestimmtes Zwangsmittel
(Zwangsgeld oder -haft) oder dessen Höhe; keine zu strengen Anforde-
9 rungen (Düsseldorf Büro 89, 277). – **d) Auslandsvollstreckung.** Die
Handlung kann im Ausland vorzunehmen sein; der Zwang wird im
Inland ausgeübt (60 vor § 704).

10   **5. Entscheidung über Zwangsmittel** (Abs 1 S 1 und 2). Es unterbleibt (anders als bei § 890) eine Androhung des Zwangsmittels, sowohl
im Vollstreckungstitel wie im Beschlussverfahren des § 888 (Abs 2).
11 Zuständigkeit: wie § 887 Rn 6. Verfahren: wie § 887 Rn 7. **a) Beschluss** (§ 891 S 1). Er weist den Antrag zurück, wenn eine der Voraussetzungen (Rn 5–8) fehlt. Liegen sie vor, so setzt das Gericht die
Zwangsmittel sofort fest, und zwar für den Fall, dass die Handlung nicht
bis zu einem bestimmten Zeitpunkt (Datum oder Frist ab Zustellung)

vorgenommen wird. Der Festsetzungsbeschluss ist Vollstreckungstitel (§ 794 Abs 1 Nr 3) und ist zuzustellen (§ 329 Abs 3). – **b) Inhalt.** Die 12 vorzunehmenden Handlungen müssen bestimmt sein (Rn 6), uU auch eingeschränkt oder noch mehr konkretisiert (vgl Zweibrücken OLGZ 74, 317). Auch die Höhe des Zwangsgeldes muss bestimmt sein, höchstens 25 000 Euro (Abs 1 S 3). Verhältnismäßigkeit ist geboten, der Wert der Hauptsache geeigneter Maßstab (Karlsruhe MDR 00, 229). Die Höhe der Haft ist unbestimmt, 1 Tag bis längstens insgesamt 6 Monate (Abs 1 S 3; § 913). Zwangsgeld und -haft sind nur alternativ, nicht nebeneinander zugelassen, für weiteres Nichtbefolgen wiederholt, aber erst nach Vollstreckung aus vorausgegangenem Zwangsmittel (Karlsruhe FamRZ 94, 1274), auch unter Wechsel der Zwangsmittelart möglich (allgM). Es ist von vornherein für den Fall, dass das Zwangsgeld nicht beigetrieben werden kann (Abs 1 S 2), Zwangshaft anzuordnen. – **c) Kostenentscheidung** ergeht im Beschluss. Dafür gilt § 891 S 3. 13 Davon zu unterscheiden sind die Kosten der Durchführung (Rn 17).

6. Durchführung. Die ZwVollstr aus dem Zwangsgeldbeschluss 14 wird nicht von Amts wegen eingeleitet, sondern nur auf Antrag des Gläubigers (BGH NJW 83, 1859).Es steht dem Gläubiger frei, die Vollstreckung des Beschlusses (Titel gemäß § 794 Nr 3) zu beantragen (39 vor § 704). Das ist nicht mehr zulässig, wenn der Schuldner inzwischen die Handlung unstreitig vorgenommen hat (allgM; Grund: Beugezweck), wenn die ZwVollstr unzulässig geworden (38 vor § 704) oder wenn sie eingestellt ist (§ 775). **a) Zwangsgeld** wird auf Antrag des 15 Gläubigers (nicht von Amts wegen) nach den allg Regeln des Vollstreckungsrechts beigetrieben (BGH NJW 83, 1859; Stuttgart FamRZ 97, 1495 mwN). Der Zwangsgeldbeschluss bedarf der Vollstreckungsklausel (§§ 795, 724; AG Arnsberg DGVZ 94, 78; ZöStöber 14). Das beigetriebene Geld fällt der Staatskasse an (BGH NJW 83, 1859) und ist vom Vollstreckungsorgan unmittelbar dorthin zu überweisen (KG Rpfleger 80, 199). Der Schuldner kann es gem § 812 BGB zurückfordern, wenn der Beschluss aufgehoben wird oder der Gläubiger auf seine Rechte verzichtet (hM; BAG NJW 90, 2579 mwN; aA Frankfurt Büro 91, 1554: § 776 analog). – **b) Zwangshaft** wird gem §§ 901–913 (Abs 1 16 S 3) auf Grund eines Haftbefehls des Prozessgerichts vollstreckt (LG Kiel DGVZ 83, 155). Ist der Schuldner prozeßunfähig, so wird das Zwangsgeld in sein Vermögen, die Zwangshaft gegen den gesetzlichen Vertreter (§ 51 Rn 3) vollstreckt (hM). – **c) Kosten.** Notwendige Vollstreckungs- 17 kosten, die dem Gläubiger nach dem Beschluss (vgl Rn 13) aus der Durchführung erwachsen sind, werden nach § 788 Abs 1 beigetrieben oder festgesetzt. Bei Beschwerden (Rn 18) gilt § 97.

7. Rechtsbehelfe. a) Sofortige Beschwerde (§ 793) findet gegen 18 den Beschluss (Rn 11) statt, der festsetzt sowie gegen die Haftanordnung (Rn 16), auch gegen die Ablehnung des Antrags, das Zwangsgeld beizutreiben (München NJW 83, 947). Auch ein unzulässiger Androhungsbeschluss (Rn 10) kann angefochten werden (BayObLG NJW-RR 97,

489), mindestens wegen der Kosten (Karlsruhe FamRZ 94, 54). –
19 **b) Erinnerung** (§ 766) gegen das Verfahren des Gerichtsvollziehers
20 und der Gerichtskasse (vgl Rn 15; § 6 Abs 1 Nr 1 JBeitrO). – **c) Vollstreckungsgegenklage** (§ 767) steht dem Schuldner bei behaupteter Erfüllung zu (vgl Rn 7). – **d) Klagen des Gläubigers:** § 893 anstelle der ZwVollstr.

§ 888 a Keine Handlungsvollstreckung bei Entschädigungspflicht

Ist im Falle des § 510 b der Beklagte zur Zahlung einer Entschädigung verurteilt, so ist die Zwangsvollstreckung auf Grund der Vorschriften der §§ 887, 888 ausgeschlossen.

1 Gilt auch für § 889. Für Arbeitsgerichte: § 61 Abs 2 S 2 ArbGG.

§ 889 Eidesstattliche Versicherung nach bürgerlichem Recht

(1) ¹Ist der Schuldner auf Grund der Vorschriften des bürgerlichen Rechts zur Abgabe einer eidesstattlichen Versicherung verurteilt, so wird die Versicherung vor dem Amtsgericht als Vollstreckungsgericht abgegeben, in dessen Bezirk der Schuldner im Inland seinen Wohnsitz oder in Ermangelung eines solchen seinen Aufenthaltsort hat, sonst vor dem Amtsgericht als Vollstreckungsgericht, in dessen Bezirk das Prozeßgericht des ersten Rechtszuges seinen Sitz hat. ²Die Vorschriften der §§ 478 bis 480, 483 gelten entsprechend.

(2) Erscheint der Schuldner in dem zur Abgabe der eidesstattlichen Versicherung bestimmten Termin nicht oder verweigert er die Abgabe der eidesstattlichen Versicherung, so verfährt das Vollstreckungsgericht nach § 888.

1 **1. Allgemeines.** Die bürgerlich-rechtliche Offenbarungpflicht kann sich insbes ergeben aus den §§ 259, 260, 2028 BGB und ist von der nach §§ 807, 883 Abs 2 und § 836 Abs 3 S 2 zu unterscheiden. Soll sie freiwillig, ohne oder vor Erlass eines Vollstreckungstitels (14 vor § 704) erfüllt werden, gelten für das Verfahren § 261 BGB sowie § 163 FGG. Auch nach Erlass des Vollstreckungstitels können sich die Parteien auf dieses Verfahren einigen.

2 **2. Verfahren** (Abs 1). Dieses ist noch keine Zwangsvollstreckung (allgM; Düsseldorf Rpfleger 93, 494). **a) Zuständigkeit.** Sie ist ausschließlich (§ 802). Sachlich zuständig ist das Vollstreckungsgericht (§ 764 Abs 1). Es handelt grundsätzlich der Rechtspfleger (§ 20 Nr 17 RPflG). Örtlich: wie § 899 Rn 2. Hat der Schuldner keinen Wohnsitz im Inland und hält er sich im Ausland auf, ist das Vollstreckungsgericht
3 im Bezirk des Prozessgerichts erster Instanz zuständig. – **b) Termin** wird auf Antrag bestimmt. Es gelten die §§ 217–220. Zulässigkeit der Zwangsvollstreckung (38 vor § 704) ist auch im Termin nicht zu prüfen,

weil der Schuldner noch freiwillig handelt, wenn er zum Termin er- 4
scheint und die Versicherung abgibt (vgl Abs 2). – **c) Abgabe der
Versicherung.** Ihr Inhalt richtet sich nach der Formel des Urteils.
Entsprechende Anwendung der §§ 478–480, 483: Die Versicherung ist
in Person abzugeben, bei Prozessunfähigkeit des Schuldners durch den
gesetzlichen Vertreter (§ 478). Anordnung der Abnahme durch ein
anderes AG ist möglich (§ 479). Belehrung ist wegen der Strafdrohung
des § 156 StGB vorgeschrieben (§ 480). Bei Verweigerung der Abgabe:
Abs 2.

3. Zwangsvollstreckung (Abs 2). **a) Voraussetzungen:** Antrag des 5
Gläubigers (§ 888 Abs 1; dort Rn 8). Erforderlich ist auch, dass im
Termin (vgl § 220) der Schuldner (oder sein gesetzlicher Vertreter, § 51
Rn 3) nicht erscheint oder im Termin die Abgabe der Versicherung (so
wie er verurteilt ist) verweigert. Deshalb ist vorher eine Erinnerung
gemäß § 766 unstatthaft (hM; LG Heilbronn Rpfleger 95, 122 mwN). –
b) Verfahren. Es ist gemäß § 888 durchzuführen, setzt Zulässigkeit der 6
Zwangsvollstreckung (38 vor § 704) voraus und darf nur durch den
Richter des Vollstreckungsgerichts (Rn 2) durchgeführt werden (§ 4
Abs 2 Nr 2 RPflG). Für den verhafteten Schuldner gilt § 902. Gebühren: KV 1643. RA: § 58 Abs 3 Nr 8 BRAGO.

§ 890 Erzwingung von Unterlassungen und Duldungen

(1) [1]**Handelt der Schuldner der Verpflichtung zuwider, eine
Handlung zu unterlassen oder die Vornahme einer Handlung zu
dulden, so ist er wegen einer jeden Zuwiderhandlung auf Antrag
des Gläubigers von dem Prozeßgericht des ersten Rechtszuges
zu einem Ordnungsgeld und für den Fall, daß dieses nicht beigetrieben werden kann, zur Ordnungshaft oder zur Ordnungshaft bis zu sechs Monaten zu verurteilen.** [2]**Das einzelne Ordnungsgeld darf den Betrag von zweihundertfünfzigtausend Euro,
die Ordnungshaft insgesamt zwei Jahre nicht übersteigen.**

(2) **Der Verurteilung muß eine entsprechende Androhung
vorausgehen, die, wenn sie in dem die Verpflichtung aussprechenden Urteil nicht enthalten ist, auf Antrag von dem Prozeßgericht des ersten Rechtszuges erlassen wird.**

(3) **Auch kann der Schuldner auf Antrag des Gläubigers zur
Bestellung einer Sicherheit für den durch fernere Zuwiderhandlungen entstehenden Schaden auf bestimmte Zeit verurteilt werden.**

1. Allgemeines. Die Unterlassungs- oder Duldungspflicht muss in 1
der Formel der Entscheidung oder im sonstigen Vollstreckungstitel (15
vor § 704) ausgesprochen sein, aus sich heraus verständlich und die zu
unterlassende Verletzungshandlung für jeden Dritten erkennbar (allgM;
zB Zweibrücken NJW-RR 87, 1526 mwN). Ihr genauer Umfang kann
durch Auslegung der Urteilsformel, auch aus den Gründen ermittelt

2 werden (22 vor § 704). – a) **Unterlassen** ist jedes Verhalten, das den
Nichteintritt oder die Beseitigung eines Zustandes bewirkt. Das ist in
zwei Formen möglich: Unterlassen (im engeren Sinne als Grundform)
durch ein Verhalten, das einen bestimmten Kausalablauf nicht beeinflusst, durch Belassen eines Zustands oder Ändernlassen eines Zustands
ohne eigenes Zutun oder (und) durch eine Handlung, nämlich ein
Verhalten, das in einen Kausalablauf eingreift, durch Bewirken oder
Verhindern einer Veränderung. Daher kann die Unterlassungspflicht
häufig nur durch (zusätzliches) aktives Handeln, auch gegenüber Dritten
(BayObLG NZM 99, 769), erfüllt werden, wenn das Bewirken oder
3 Verhindern einer Veränderung notwendig ist. – b) **Dulden** ist eine
Form der Unterlassung, die darin besteht, die Vornahme einer Handlung
nicht zu behindern. Auch hierfür kann eine Handlung des Duldungs-
pflichtigen im Einzelfall notwendig sein. Erzwungen werden kann die
Duldung neben § 890 bei Widerstand des Schuldners über § 892 (vgl
Brackhahn DGVZ 92, 145).

4 **2. Anwendungsbereich. a) Abgrenzung** zu § 887 oder § 888 ist
oft schwierig. Bei Unterlassungsansprüchen, die sich aus der Grundform
des Unterlassens und aus Handeln zusammensetzen, insbes aus der Beseitigung eines rechtswidrigen Zustands, ist die Vollstreckung nach
§ 890 auch für Unterlassen dieser Beseitigung zulässig, wahlweise neben
Handlungsvollstreckung gemäß §§ 887, 888 (Brehm ZZP 89, 179;
umstr; aA Jauernig NJW 73, 1671: nur §§ 887, 888, 894). Für Dauer-
verpflichtung zur Vornahme von Handlungen, zB Beheizen von Räumen (Köln MDR 95, 95), Betrieb eines Ladengeschäfts, mit Ausnahmen
(Düsseldorf NJW-RR 97, 648) ist § 890 nicht anwendbar (aA Peters/
Welkerting ZMR 99, 369); hierfür gelten je nach Einzelfall entweder
§ 887 oder auch § 888 (Hamm NJW 73, 1135; vgl § 888 Rn 3). –
4 a **b) Anwendungsfälle.** Praktisch wichtige Unterlassungs- und Dul-
dungspflichten folgen aus Störung dinglicher Rechte (vgl §§ 906, 1004,
1227 BGB), aus unerlaubten Handlungen, aus Wettbewerbs-, Urheber-
und Patentrecht, Unterbinden von Immissionen (§§ 906, 1004 BGB),
zB Hundegebell (Köln OLGZ 94, 313); aber auch § 887 oder § 888
möglich (Saarbrücken NJW-RR 01, 163 für Geruchsbelästigung).

5 **3. Voraussetzungen** eines Ordnungsmittelbeschlusses (Rn 23). Sie
sind von Amts wegen zu prüfen. Zuständig ist das Prozessgericht erster
Instanz (wie § 888 Rn 10). Erforderlich sind: Antrag des Gläubigers
(wie § 888 Rn 8), die Zulässigkeit der ZwVollstr (Rn 6–9), eine Zuwiderhandlung (Rn 10–14), die Androhung (Rn 17–21) und dass die Verjährung nicht eingetreten ist (Rn 22). Fehlt eine Voraussetzung, ist der
Antrag zurückzuweisen (Rn 24).

6 **4. Zulässigkeit der Zwangsvollstreckung** (38 vor § 704). Sie erfordert insbes: **a) Titel.** Er muss zZ der Zuwiderhandlung (Rn 11)
vollstreckbar sein. Erfolgt die Androhung (Rn 18) später, muss dieser
Beschluss erst zugestellt sein (Bork WRP 89, 360). Auch der mit
Androhung versehene Verfügungsbeschluss (§§ 936, 921 Abs 1) muss

vorher zugestellt sein (Bork aaO). Das bedeutet: Es genügt die Verkündung, wenn das Urteil rechtskräftig (§ 705) oder ohne Sicherheit vorläufig vollstreckbar ist (umstr; vgl Altmeppen WM 89, 1157). – **b) Zustellung** ist entgegen § 750 Abs 1 nur bei nicht verkündeten Beschlüssen (§ 329 Abs 2) notwendig (hM; StJBrehm 20); Amtszustellung genügt (BGH NJW 90, 122; bestr). – **c) Vollstreckungsklausel** (§ 724) muss erteilt sein (hM). – **d) Sicherheit** des Gläubigers muss geleistet (hM; BGH NJW 96, 397; Frankfurt NJW-RR 90, 124) und der Schuldner darüber nicht nur mündlich unterrichtet sein (BGH aaO). Es muss jedoch nicht gemäß § 751 Abs 2 nachgewiesen werden (StJBrehm 19; bestr; vom BGH aaO offen gelassen). Sicherheitsleistung des Schuldners (§ 712 Abs 1 S 1) steht der Zulässigkeit der ZwVollstr entgegen (StJBrehm 19 mwN). – **e) Prozessfähigkeit** (43 vor § 704). Die ZwVollstr wird gegen den oder die gesetzlichen Vertreter des prozessunfähigen Schuldners betrieben (vgl Rn 12), insbes gegen die Organe von juristischen Personen (hM; BGH NJW 92, 750 mwN). – **f) Rechtsschutzbedürfnis** (45 vor § 704) muss nur zZ der Zuwiderhandlung gegeben sein und besteht dann fort (wohl hM; Karlsruhe MDR 94, 728). Es ist nicht erforderlich zZ des Beschlusses oder der Vollstreckung der Ordnungsmittel (umstr). Diese werden insbes auch verhängt: bei Strafverfolgung (BGH NJW 98, 1138); bei befristetem Verbot, wenn die Frist zZ des Beschlusses (Rn 23) abgelaufen ist (München NJW 60, 1726; LG Essen MDR 83, 500), eine weitere Zuwiderhandlung ausgeschlossen (Hamm NJW 90, 1086; aA Köln Büro 95, 269), der vollstreckbare Anspruch erloschen (Bamberg MDR 79, 680) oder die Hauptsache nach Zuwiderhandlung erledigt ist (BayObLG NJW-RR 95, 1040 mwN; Stuttgart MDR 75, 322; Frankfurt NJW 77, 1204; aA Hamm MDR 85, 591; Düsseldorf NJW-RR 88, 510; vgl auch Rn 22). Eine zugleich verfallene Vertragsstrafe (§ 339 BGB) schließt das Rechtsschutzbedürfnis grundsätzlich nicht aus. Sie sind nebeneinander zulässig (hM; BGH NJW 98, 1138 und Köln NJW-RR 86, 1191). Es ist aber bei der Höhe das eine wie das andere zu berücksichtigen.

5. Zuwiderhandlung gegen die Unterlassungs- oder Duldungspflicht (Rn 2, 3) kann auch durch bloßes Unterlassen geschehen. Es muss daraus nicht ein Schaden entstanden sein; es genügt, dass er entstehen könnte, sofern der Gläubiger vor einem derartigen Schaden geschützt werden soll (Köln Büro 93, 627). **a) Begehen** muss sie der Schuldner selbst (BVerfG NJW 81, 2457), bei juristischen Personen ein gesetzlicher Vertreter (§ 51 Rn 3), also nicht nur ein Angestellter oder Beauftragter (Hamm MDR 78, 585). Es genügt aber ein Zuwiderhandeln durch Dritte (Köln NJW-RR 86, 1191), wenn es dem Schuldner zuzurechnen ist und ihn ein Verschulden trifft, zB wenn ein Arbeitnehmer oder eine andere abhängige Person nicht abgehalten wird, gegen das Unterlassungsgebot zu verstoßen (München NJW-RR 86, 638), oder wenn für eine GmbH, an der der Schuldner beteiligt ist, von dritten Personen zuwidergehandelt wird (Zweibrücken NJW-RR 88, 1341). –

b) Zeitpunkt. Die Ordnungsmittel müssen vorher angedroht gewesen sein (vgl Rn 18) und zwar ab Verkündung oder der sie ersetzenden Zustellung (Rn 7). Die ZwVollstr muss zulässig sein (Rn 6–10). –

14 **c) Mehrfache Zuwiderhandlung.** Es kann durch eine einzige Handlung gegen mehrere Unterlassungstitel verstoßen werden (vgl Hamm NJW 77, 1203). Es kann auch gegen mehrere Verletzer als Gesamtschuldner ein einheitliches Ordnungsgeld verhängt werden (Hamm

15 NJW-RR 87, 383). – **d) Verschulden.** Im Gegensatz zum Zwangsgeld (Beugezweck) herrscht bei Ordnungsmitteln ein repressiver strafähnlicher Zweck vor (hM; BayObLG NJW-RR 95, 1040; Musielak/Lackmann 5 mwN). Daher ist strafrechtliche Schuld, insbes Vorsatz oder Fahrlässigkeit erforderlich (hM; BVerfG NJW 81, 2457 mwN), auch Zurechnungsfähigkeit (hierzu Celle NJW 73, 1136), ohne dass strafprozessuale Beweisanforderungen zu stellen sind und daher auch ein Anscheinsbeweis genügen kann (BVerfG NJW 91, 3139). Das Verschulden kann fehlen, wenn der Schuldner ein nicht eindeutiges Unterlassungsgebot in einem vertretbaren, die Zuwiderhandlung ausschließenden Sinne deutet (Köln OLGZ 76, 250). Positive Kenntnis des Unterlassungstitels ist nicht unbedingt erforderlich (Frankfurt Büro 78, 132). Der Rat eines RA entlastet den Schuldner grundsätzlich nicht (Hamm WRP 78, 223). Hat ein Angestellter oder Beauftragter zuwidergehandelt (Rn 12), so kommt es allein auf das Verschulden des Vollstreckungs-

16 schuldners an (StJBrehm 27 mwN). – **e) Versuch.** Er stellt nur dann eine Zuwiderhandlung dar, wenn sich die Androhung auf den Versuch

17 erstreckt (Musielak/Lackmann 47). – **f) Spätere Änderungen** der Verletzungsform werden von der Urteilswirkung dann erfasst, wenn der Kern der Verletzungsform unberührt bleibt und die Handlung sich in den durch Auslegung (22 vor § 704) zu ermittelnden Grenzen hält (BGH 5, 189; dazu krit Schubert ZZP 85, 29).

18 **6. Androhung** (Abs 2) bereits im Urteil (ist noch keine ZwVollstrMaßnahme, BGH NJW 92, 750) oder nachher durch zuzustellenden Beschluss. Damit beginnt die ZwVollstr (BGH NJW 79, 217; BayObLG NJW-RR 96, 780). Das steht dem Gläubiger zur Wahl (BGH NJW 96, 198). Androhung in einem Vergleich genügt nicht (hM; Hamm MDR

19 88, 506; Schuschke/Walker 15 mwN). **a) Voraussetzungen.** Die Androhung im nachträglichen Beschluss ergeht nur auf Antrag des Gläubigers (39 vor § 704). Vorausgesetzt wird die Unterlassungs- oder Duldungspflicht und die Zulässigkeit der ZwVollstr (38 vor § 704: hM; Frankfurt DGVZ 81, 86 mwN). Für die Androhung wird ein Rechtsschutzbedürfnis (Rn 10) verlangt (vgl KG NJW-RR 87, 507). Nicht erforderlich ist, dass eine Zuwiderhandlung bereits vorliegt (BayObLG NZM 99, 769). Der Antrag kann im Wege der Umdeutung (Einl III Rn 20) in einem Antrag auf Zwangsmittelfestsetzung (§ 888 Rn 8)

20 gesehen werden (BayObLG aaO). – **b) Inhalt.** Die Person, der angedroht wird, muss bestimmt sein. Es genügt zB bei einer GmbH die Angabe „gegen einen der Geschäftsführer" (BGH NJW 92, 750). Für

Ordnungsgeld muss nicht ersatzweise Ordnungshaft angedroht werden (Hamm MDR 92, 411). Die Art des Ordnungsmittels und irgendein bestimmtes Höchstmaß muss angegeben werden (allgM). Nicht genügt: „gem § 890", „in entsprechender" (Hamm MDR 80, 150) oder „in gesetzlich zulässiger Höhe" (Köln VersR 79, 967; Hamm NJW 80, 1289). Regelmäßig ist der gesetzliche Ordnungsmittelrahmen anzudrohen (Hamm NJW-RR 88, 960). – **c) Kenntnis.** Der Schuldner muss **21** die Androhung aus dem Titel (Rn 18) oder dem Beschluss (Rn 19) kennen oder aus Fahrlässigkeit nicht kennen. – **d) Zeitpunkt.** Die **22** Androhung muss zZ der Zuwiderhandlung bestehen. Dass sie (insbes durch Aufhebung des Titels) danach wegfällt, steht nicht entgegen (vgl Rn 35; München NJW 71, 1756; aA Frankfurt NJW 77, 302); das folgt aus dem strafähnlichen Charakter der Ordnungsmittel (vgl Rn 15). Eine einstweilige Verfügung muss gem § 929 Abs 2 rechtzeitig vollzogen sein (Schleswig MDR 99, 1404, bestr). – **e) Kosten.** Darüber wird nach **22 a** § 891 S 3 entschieden (vgl dort).

7. Verjährung. Sie richtet sich nach Art 9 EGStGB: 2 Jahre für jede **23** einzelne Zuwiderhandlung, dh ab Beendigung der untersagten Handlung (Hamm MDR 78, 765), sowohl für die Festsetzung (Art 9 Abs 1 S 1 EGStGB) wie für die Vollstreckung des festgesetzten Ordnungsmittels (Art 9 Abs 2 S 1 EGStGB). Ruhen der Verjährung: Art 9 Abs 2 S 4 EGStGB. Art 9 EGStGB ist Sonderregelung; auch bei presserechtlichen Zuwiderhandlungen gelten Verjährungsvorschriften eines PresseG nicht.

8. Entscheidung. Sie ergeht durch Beschluss (§ 891 S 1). Zustän- **24** digkeit und Verfahren: wie § 887 Rn 6, 7. Der Antrag muss nicht auf eine bestimmte Ordnungsmittelart und -höhe gerichtet werden. Das Gericht ist daran nicht gebunden. Der Beschluss ist jedenfalls zu begründen. **a) Zurückgewiesen** wird der Antrag, wenn eine der Vorausset- **25** zungen (Rn 6) fehlt, wenn die Zuwiderhandlung nicht bewiesen (§ 286) oder die ZwVollstr unzulässig geworden ist. – **b) Ordnungs- 26 mittelbeschluss** ist andernfalls (vgl Rn 25) zu erlassen. Die Ordnungsmittel dürfen aber nicht anders und nicht höher als angedroht verhängt werden (hM). **aa) Höhe.** Sie muss bestimmt sein. Mindestmaß: 5 DM, 1 Tag (Art 6 EGStGB). Höchstmaß: 250 000 Euro (Abs 1 S 2), 6 Monate für eine Zuwiderhandlung (Abs 1 S 1), 2 Jahre insgesamt (Abs 1 S 2), bei mehreren Zuwiderhandlungen auch als Gesamthaft. Es kann für eine Zuwiderhandlung nur das eine oder andere Ordnungsmittel verhängt werden. Auf die Bemessung des Ordnungsgeldes ist der Streitwert der Hauptsache ohne unmittelbare Bedeutung (BGH NJW 94, 45). **bb) Mehrere Handlungen,** auch fahrlässig begangene, können, wenn **27** sie gleichartig sind, einen einzigen Fall der Zuwiderhandlung darstellen (Frankfurt NJW 95, 2567 mwN; Schuschke/Walker 25 mwN; aA Nürnberg NJW-RR 99, 723). Dem muss BGH GSSt NJW 94, 1663 nicht entgegenstehen (Celle NJW-RR 96, 902). Ein Fortsetzungszusammenhang wird erst durch die Zustellung des Ordnungsmittelbeschlusses unterbrochen (Stuttgart NJW-RR 93, 25; Frankfurt aaO). Mehrfache

28 Zuwiderhandlung: siehe auch Rn 14. **cc) Gründe** des Beschlusses. Sie müssen die Zuwiderhandlung darlegen und Zumessungserwägungen enthalten (Frankfurt NJW 69, 58). Die Zuwiderhandlung muss unstreitig oder bewiesen (§ 286) sein. Auch wenn der Titel eine einstweilige Verfügung (§ 935) ist, genügt eine Glaubhaftmachung (§ 294) nicht.
29 **dd) Ersatzhaft.** Für den Fall, dass das Ordnungsgeld nicht beigetrieben werden kann, ist Ordnungshaft festzusetzen, auch nachträglich (Art 8 EGStGB); hierfür gilt auch dasselbe Höchstmaß des Abs 1 und Mindestmaß des Art 6 EGStGB. Für eine Haftanordnung ist die Person eindeutig zu bezeichnen (Düsseldorf MDR 92, 411; KG MDR 97, 195). Das Verhältnis von Haft zu Geld (Tagessatz) steht im Ermessen des Gerichts (Frankfurt OLGZ 88, 490). Eine verfallene Vertragsstrafe kann ggf
30 berücksichtigt werden (Düsseldorf NJW-RR 88, 1216). – **c) Bestellung einer Sicherheit** kann auf besonderen Antrag des Gläubigers dem Schuldner auferlegt werden (Abs 3), nicht etwa für die Ordnungsmittel, sondern nur für den drohenden Schaden. Art und Höhe: § 108. Rück-
31 gabe: § 109. Gebühren: § 58 Abs 3 Nr 10 BRAGO. – **d) Kostenentscheidung.** § 891 S 3 ist anzuwenden. Wird ein Vergleich vollstreckt, so ist die darin getroffene Kostenregelung für Kosten der ZwVollstr grundsätzlich unbeachtlich (Hamm NJW 66, 2415).

32 **9. Durchführung** des Beschlusses (Rn 23). **a) Vollstreckung** aus dem Beschluss (§ 794 Abs 1 Nr 3). Ordnungsmittel werden von Amts wegen vollstreckt, Ordnungsgeld wird nach § 1 Abs 1 Nr 3 JBeitrO durch den Rechtspfleger des Prozessgerichts (vgl § 31 Abs 3 RPflG) beigetrieben. Vollstreckungsbehörde (§ 2 JBeitrO) ist der Vorsitzende des Prozessgerichts (nicht die Staatsanwaltschaft) auf Grund der Einforderungs- und BeitreibungsAO vom 25. 11. 74 (BAnz Nr 230), durch JMBekanntmachung auch in den Ländern in Kraft gesetzt. Vollstreckt wird die Ordnungshaft nach der StrVollstrO (hM; StJBrehm 44; aA
33 München Rpfleger 88, 540). – **b) Zahlungserleichterungen** durch Bewilligung von Zahlungsfristen und Teilzahlung können nur nach Art 7 EGStGB gewährt werden. Das ist Rechtspflegergeschäft (§ 31
34 Abs 3 RPflG; Karlsruhe NJW-RR 97, 1767). – **c) Nachträgliche Entscheidungen** über Umwandlung in Ordnungshaft und Unterbleiben der Vollstreckung durch das Prozessgericht sind auf Grund Art 8 EGStGB möglich. Eine Begnadigung findet daneben idR nicht statt
35 (Holch Justiz 79, 227 mwN). – **d) Fortbestand.** Beschlüsse, die Ordnungsmittel verhängen, können nach formeller Rechtskraft (§ 705) grundsätzlich nicht wieder aufgehoben werden (Schuschke/Walker 45 mwN). Ausnahme bei rückwirkender Aufhebung und § 578 entspr. Sie werden auch vollstreckt und verhängt (vgl Rn 22), wenn nach der Zuwiderhandlung die ZwVollstr unzulässig wird, zB wegen § 775 (aA KG NJW-RR 00, 1523) oder nach Ablauf der Frist für die Unterlassungspflicht (umstr; aA Hamm NJW 80, 1399 mit abl Anm v Lindacher), selbst wenn der Titel wegfällt, die Hauptsache später für erledigt erklärt (Zweibrücken MDR 88, 871; aA KG NJW-RR 99, 790 mwN),

gegenstands- oder wirkungslos wird (Brehm NJW 76, 1730 mwN; München NJW 71, 1756; Frankfurt OLGZ 80, 336; Hamburg NJW-RR 87, 1024; sehr bestr). Es kann auch nicht wirksam geltend gemacht werden, der Vollstreckung des Titels stehe § 826 BGB entgegen (vgl BGH NJW-RR 88, 1530). Das gilt nicht, ebenso wenn der Antrag nach deren Erlass zurückgenommen wird (Karlsruhe MDR 79, 150). – **e) Prozessunfähige** (Rn 9). Ist der Schuldner prozeßunfähig (§ 52), wird das Ordnungsgeld gegen ihn, das Ordnungsgeld gegen den zuwiderhandelnden gesetzlichen Vertreter verhängt und vollstreckt (hM). – **f) Sicherheitsbestellung** (Abs 3). Sie wird über § 794 Nr 3 nach § 887 vollstreckt. Das ist vom Gläubiger zu betreiben, erfordert keinen bestimmten Antrag und auch keine Androhung (Frankfurt Rpfleger 78, 267). – **g) Verjährung** (vgl Rn 23) Die Vollstreckung bereits verhängter Ordnungsmittel verjährt in 2 Jahren, sobald das Ordnungsmittel vollstreckbar ist (Art 9 EGStGB). – **h) Rückzahlung** des Ordnungsgeldes kommt vor Aufhebung des Ordnungsmittelbeschlusses keinesfalls in Betracht (BGH NJW-RR 88, 1530). – **i) Kosten** der ZwVollstr, die nach Erlass des Beschlusses (Rn 31) aus der Durchführung entstehen, werden nach § 788 Abs 1 behandelt. **36**

10. Rechtsbehelfe. a) Sofortige Beschwerde (§ 793) gegen Beschlüsse, die Ordnungsmittel androhen (Rn 18), auch mit dem Ziel, den Ordnungsmittelrahmen zu ändern (Hamm NJW-RR 88, 960), und solche, die den Antrag zurückweisen (Rn 25) oder Ordnungsmittel verhängen (Rn 26). Die Ordnungsmittelandrohung in der Hauptsacheentscheidung (insbes im Urteil) kann nur mit dem dagegen statthaften Rechtsmittel angefochten werden (bestr; vgl Hamm aaO). – **b) Erinnerung** (§ 766) gegen die Art und Weise der Durchführung (Rn 32), bei Ordnungsgeld gem § 6 Abs 1 Nr 1 JBeitrO. Gegen die Erinnerungsentscheidung (§ 766 Rn 28) findet sofortige Beschwerde statt (Karlsruhe NJW-RR 97, 1567). – **c) Einwendungen** des Schuldners gegen Anordnungen gemäß Rn 33 entscheidet das Prozessgericht (Art 7 Abs 4 EGStGB); solche gegen den vollstreckbaren Anspruch wegen veränderter Umstände sind gemäß § 767 geltend zu machen. **40 41 42**

§ 891 Verfahren; Anhörung des Schuldners; Kostenentscheidung

[1]Die nach den §§ 887 bis 890 zu erlassenden Entscheidungen **ergehen durch Beschluss.** [2]**Vor der Entscheidung ist der Schuldner zu hören.** [3]**Für die Kostenentscheidung gelten die §§ 91 bis 93, 95 bis 100, 106, 107 entsprechend.**

Satz 3 ist angefügt mWv 1. 1. 1999 durch Art 1 Nr 30 2. ZwVollstrNov; Satz 1 ist geändert mWv 1. 1. 2002 durch Art 2 Nr 100 ZPO-RG.

1. Anwendungsbereich: stattgebende und zurückweisende Entscheidungen über Ermächtigung (§ 887 Abs 1), Kostenvorauszahlung **1**

(§ 887 Abs 2), Zwangsmittel (§ 888 Abs 1), Ordnungsmittel (§ 890 Abs 1) und deren Androhung (§ 890 Abs 2), Sicherheitsbestellung (§ 890 Abs 3). § 891 gilt nicht (sondern § 788) für die Maßnahmen, mit denen die ZwVollstr aus diesen Beschlüssen durchgeführt wird (vgl § 794 Abs 1 Nr 3, zB § 892, § 808 (vgl § 887 Rn 9), § 909 (vgl § 888 Abs 1 S 3).

2. Verfahren (S 1). **a) Allgemeines.** Eine mdl Vhdlg ist freigestellt. Entschieden wird stets durch Beschluss (S 1), für den § 329 gilt. – **b) Anwaltszwang** besteht für das Verfahren, auch außerhalb der mdl Vhdlg nach Maßgabe des § 78 Abs 1, also vor dem LG als Prozessgericht erster Instanz (hM; München NJW 77, 909 mwN; Hamm MDR 85, 242) und dem Familiengericht, soweit § 78 Abs 2 reicht (hM; Köln FamRZ 95, 312 mwN). Das gilt auch, wenn aus einer einstweiligen Verfügung nach den §§ 887 bis 890 vollstreckt wird (hM; aA Jena OLG-NL 95, 185). Das Verfahren steht nicht wegen § 920 Abs 3 außer Anwaltszwang (§ 78 Abs 3) bis zur Anordnung mdl Vhdlg (§ 922 Rn 1) oder bis zum Widerspruch (§ 924), wenn diese Anordnung oder der Widerspruch unterbleibt. In diesen Fällen tritt auch in den Verfahren des § 891 Anwaltszwang ein (hM). – **c) Beschwerdeverfahren.** Es gelten die §§ 567–572. Rechtsbeschwerde kann zugelassen werden (§ 574).

3. Gehör des Schuldners (S 2). Es wird bei mdl Vhdlg gewährt, indem geladen wird, sonst indem der Antragsschrift dem Schuldner oder dessen ProzBev zugeleitet und eine Äußerungsfrist eingehalten wird. Es genügt, wenn der ProzBev sich äußert.

4. Kostenentscheidung (S 3). Gilt für alle Entscheidungen, auf die § 891 anwendbar ist (Rn 1). Es ist auf den Vollstreckungsantrag des Gläubigers abzustellen. Ist er nur teilweise erfolgreich, gilt § 92. Nachfolgende Kostenfestsetzung (§§ 103–105) wird vorausgesetzt. Die Anwendung von § 788 ist ausgeschlossen. Diese Vorschrift ist nur auf die Durchführungsmaßnahmen anwendbar (Rn 1 aE).

§ 892 Widerstand des Schuldners

Leistet der Schuldner Widerstand gegen die Vornahme einer Handlung, die er nach den Vorschriften der §§ 887, 890 zu dulden hat, so kann der Gläubiger zur Beseitigung des Widerstandes einen Gerichtsvollzieher zuziehen, der nach den Vorschriften des § 758 Abs. 3 und des § 759 zu verfahren hat.

Widerstand ist das auf Verhinderung eines bestimmten Erfolgs gerichtete vorsätzliche Verhalten. Es ist mehr als bloßes Zuwiderhandeln (Brackhahn DGVZ 92, 145). **Gerichtsvollzieher.** Er darf nur tätig werden, wenn die ZwVollstr zulässig ist (§ 38 vor § 704; § 185 GVGA), aber bei Zuziehung nicht vom Gläubiger den Nachweis verlangen, dass der Schuldner Widerstand beabsichtigt (AG Münster DGVZ 79, 28). **Rechtsbehelf:** § 766. **Kosten:** § 788 Abs 1 (vgl § 891 Rn 1); Gebühren: § 24 Abs 1 Nr 3 GVKostG; RA: § 58 Abs 1 BRAGO.

§ 892 a Unmittelbarer Zwang in Verfahren nach dem Gewalt-schutzgesetz

¹Handelt der Schuldner einer Verpflichtung aus einer Anord-nung nach § 1 des Gewaltschutzgesetzes zuwider, eine Handlung zu unterlassen, kann der Gläubiger zur Beseitigung einer jeden andauernden Zuwiderhandlung eines Gerichtsvollzieher zuzie-hen. ²Der Gerichtsvollzieher hat nach § 758 Abs. 3 und § 759 zu verfahren. ³§§ 890 und 891 bleiben daneben anwendbar.

Eingefügt mWv 1. 1. 2002 durch Art 4 Nr 10 GewSchG.

Zweck. Die verletzte Person, die einen Unterlassungstitel auf Grund   **1** des § 1 GewSchG erwirkt hat, soll wirksamer als gemäß § 890 möglich, durch unmittelbaren Zwang gegen den Schuldner geschützt werden. **Anwendbar** bei Titeln, die eine Unterlassungsverpflichtung (§ 890 Rn 1–4) zum vollstreckbaren Inhalt haben, gleich ob Urteil, einstweilige Verfügung oder Anordnung durch Beschluss (§ 794 Abs 1 Nr 3 a); der Titel muss auf § 1 GewSchG beruhen. **Voraussetzungen** sind neben der Zulässigkeit der ZwVollstr (28–32 vor § 704): **(1)** Eine Zuwider-handlung (§ 890 Rn 11), die noch andauert, zB Aufenthalt in der Wohnung trotz des Verbots, sie zu betreten. **(2)** Der Gläubiger muss den Gerichtsvollzieher zuziehen, formlos durch Antrag gem § 753. Der Gerichtsvollzieher hat nicht gegen den Willen des Gläubigers einzugrei-fen. **Verfahren** (S 2). Der Gerichtsvollzieher kann, um die Zuwider-handlung zu beenden, selbst Gewalt anzuwenden oder durch die Polizei handeln lassen (§ 758 Abs 3). Er muss Zeugen zuziehen und protokol-lieren (§ 759). **Unterlassungsvollstreckung** nach § 890 durch Ord-nungsmittel bleibt daneben zulässig (S 3). **Kosten:** § 788 Abs 1.

§ 893 Klage auf Leistung des Interesses

(1) **Durch die Vorschriften dieses Abschnitts wird das Recht des Gläubigers nicht berührt, die Leistung des Interesses zu ver-langen.**

(2) **Den Anspruch auf Leistung des Interesses hat der Gläubiger im Wege der Klage bei dem Prozeßgericht des ersten Rechts-zuges geltend zu machen.**

Anwendbar auf die Fälle der §§ 883–890, insbes wenn der Schuldner   **1** von der Leistungspflicht gemäß § 275 nF BGB befreit ist. § 893 gilt nicht für § 894. **Wirkung.** § 893 gestattet verfahrensrechtlich die Gel-   **2** tendmachung von Schadensersatz trotz des bereits erstrittenen Titels, der auf die Individualleistung gerichtet ist, zB Herausgabe (Wittig NJW 93, 635). Die Klage leitet einen Rechtsstreit erster Instanz ein. Interesse ist Schadensersatz. **Zulässig** ist die Klage, wenn die Prozeßvoraussetzungen   **3** (10 vor § 253) vorliegen, insbes die wegen § 802 ausschließliche Zustän-digkeit (Abs 2; wie § 887 Rn 6). Abs 2 regelt auch die internationale

Zuständigkeit (BGH NJW 97, 2245). Für das Rechtsschutzbedürfnis ist
nicht nötig, dass die ZwVollstr nach §§ 883–890 versucht wurde
4 (allgM). **Begründet** ist die Klage, wenn der Schadensersatzanspruch
nach materiellem Recht besteht.

§ 894 Fiktion der Abgabe einer Willenserklärung

(1) **¹Ist der Schuldner zur Abgabe einer Willenserklärung verurteilt, so gilt die Erklärung als abgegeben, sobald das Urteil die
Rechtskraft erlangt hat. ²Ist die Willenserklärung von einer Gegenleistung abhängig gemacht, so tritt diese Wirkung ein, sobald
nach den Vorschriften der §§ 726, 730 eine vollstreckbare Ausfertigung des rechtskräftigen Urteils erteilt ist.**

(2) **Die Vorschrift des ersten Absatzes ist im Falle der Verurteilung zur Eingehung einer Ehe nicht anzuwenden.**

1   **1. Allgemeines.** § 894 gibt für die ZwVollstr den einfachsten Weg.
Der Schuldner wird nicht durch Zwangsmittel angehalten (§ 888), die
Willenserklärung abzugeben, sondern mit Rechtskraft wird fingiert, dass
die Willenserklärung abgegeben ist. Dies beruht auf Vollstreckungswirkung und ist keine Rechtsgestaltung; denn es liegt ein Leistungsurteil,
kein Gestaltungsurteil zugrunde (1, 3 vor § 253).

2   **2. Anwendungsbereich. a) Urteile.** Vor Rechtskraft (Rn 4) gilt
§ 894 nicht. Ist das Urteil vorläufig vollstreckbar (§§ 708, 709), wirkt
dies für Eintragungen im Grundbuch (§ 895) und Handelsregister (§ 16
HGB). Enthält das Urteil einen Vorbehalt (§ 780), gilt nicht § 894,
3 sondern § 888. – **b) Vergleiche** (§ 794 Abs 1 Nr 1). § 894 gilt nicht
(allgM). Ist die Willenserklärung schon im Vergleich abgegeben, erübrigt
sich jede ZwVollstr. Hat sich der Schuldner darin zur Abgabe verpflichtet, ist entweder nach § 888 zu vollstrecken (Köln MDR 75, 586; LG
Koblenz DGVZ 86, 43) oder Klage auf Abgabe der Willenserklärung
infolge der Verpflichtung im Vergleich zu erheben. Ihr fehlt wegen des
unsicheren Erfolgs bei § 888 nicht das Rechtsschutzbedürfnis (BGH
NJW 86, 2706).

4   **3. Voraussetzungen.** Sie müssen für den Eintritt der Fiktion (Rn 2)
gegeben sein. **a) Rechtskraft** (§ 705) eines Urteils oder eines Beschlusses. Bei einem Schiedsspruch kommt es auf die Rechtskraft der gerichtlichen Vollstreckbarerklärung an (§ 1060 Abs 1). Bei einstweiligen Verfügungen gilt § 894 nur dann, wenn sich die Willenserklärung im
Rahmen der bloß vorläufigen Regelung und Sicherung hält (§ 938
Rn 3; umstr; vgl Köln NJW-RR 97, 59). Die Willenserklärung ist dann
5 mit Vollziehung abgegeben (§§ 929, 936). – **b) Verurteilung zur Abgabe einer Willenserklärung.** Darunter fallen die rechtsgeschäftlichen
Erklärungen; zB Einigung, Auflassung, Abtretungserklärung, Zustimmung zur Änderung eines Gesellschaftsvertrags (Bremen NJW 72, 1952)
oder zur Veräußerung gemäß § 12 WEG (BayObLG Rpfleger 77, 173),
auch höchstpersönliche Willenserklärungen, zB zum Ehenamen gemäß

§ 1355 BGB (LG München I FamRZ 00, 1168). Ferner rechtsgeschäftsähnliche Erklärungen (zB Urlaubsgewährung BAG NJW 62, 270) darunter Prozesshandlungen (Einl III) der streitigen und freiwilligen Gerichtsbarkeit, zB Klagerücknahme, Eintragungsbewilligung, Stimmabgabe aus Stimmrechtsbindungsverträgen (BGH 48, 163; bestr). Es können einseitige oder empfangsbedürftige Willenserklärungen sein, zB Genehmigung gemäß § 177 BGB (Köln NJW-RR 00, 880), auch wenn sie gegenüber Dritten (BGH NJW 63, 900) oder einer deutschen Behörde abzugeben sind (Frankfurt FamRZ 89, 1321). Erklärungen tatsächlichen Inhalts (zB eidesstattliche Versicherungen) und deren Widerruf fallen nicht unter § 894, sondern unter § 888 (BGH 37, 187; Zweibrücken NJW 91, 304 mwN; Frankfurt MDR 98, 986 mwN; aA Hamm NJW-RR 92, 634 mwN: entspr Anwendung des § 894). – **c) Gegenleistung** (Abs 1 S 2). Zusätzlich zur Rechtskraft muss eine **6** vollstreckbare Ausfertigung (§ 724) erteilt sein, wenn die Abgabe der Willenserklärung von einer Gegenleistung abhängt und bei Rechtsnachfolge (Rn 10; § 726 Abs 2). Die vollstreckbare Ausfertigung und die übrigen Voraussetzungen der ZwVollstr (13 vor § 704) müssen bei Unabhängigkeit von einer Gegenleistung nicht vorliegen (BayObLG NJW 52, 28).

4. Wirkung. a) Eintritt: mit Rechtskraft (§ 705); später nur dann, **7** wenn die vollstreckbare Ausfertigung (Rn 6) zu erteilen ist. Damit ist die ZwVollstr auch schon beendet (Ausnahme: § 897). Die Wirkung entfällt nur dann, wenn das rechtskräftige Urteil später wieder aufgehoben wird (über § 233 oder §§ 579, 580), dann aber rückwirkend. – **b) Umfang:** Abgabe der Willenserklärung (Rn 5), wobei jede Form **8** ersetzt und gewahrt ist (allgM). Der Inhalt der Erklärung muss sich eindeutig aus der Formel ergeben (Bestimmtheitsgrundsatz: 16 vor § 704; vgl BGH NJW 95, 463); jedoch darf sie mittels der Gründe ausgelegt werden (allgM). Verurteilung zur Übereignung umfasst Einigung oder Auflassung. Entbehrlich sind solche behördlichen Genehmigungen, die Wirksamkeitsvoraussetzung der Willenserklärung sind, zB die des Vormundschaftsgerichts (hM; Schuschke/Walker 10 mwN). Bei Prozessunfähigen wird die Erklärung des gesetzlichen Vertreters fingiert. Die fingierte Willenserklärung ist rechtsgeschäftlicher Natur (vgl § 898), so dass insbes § 185 BGB gilt (vgl Rn 9). Ersetzt wird durch § 894 auch der Zugang an den Gläubiger, wenn er der Prozessgegner war. – **c) Nicht ersetzt** wird: die erforderliche rechtsgeschäftliche Genehmi **9** gung eines Dritten (BayObLG Rpfleger 83, 390); der Zugang (§ 130 BGB) der Erklärung an eine Dritten oder an eine Behörde; dies bewirkt der Gläubiger am besten durch Übersenden einer Ausfertigung oder Abschrift; bei Übereignung die Übergabe (vgl § 897) oder Eintragung (vgl § 896); bei Verträgen (wichtig bei Auflassung, § 925 BGB) die Erklärung des Erwerbers (das ist meist der Gläubiger). – **d) Für und** **10** **gegen Dritte** (12 vor § 704) wirkt das Urteil nur, sofern es nach §§ 727 ff umgeschrieben ist.

11   **5. Rechtsbehelfe.** Es kann lediglich die Rechtskraft durch Rechtsmittel gehemmt, durch Wiedereinsetzung (§ 233) oder Wiederaufnahme (§§ 579, 580) beseitigt werden.

§ 895 Willenserklärung zwecks Eintragung bei vorläufig vollstreckbarem Urteil

[1] **Ist durch ein vorläufig vollstreckbares Urteil der Schuldner zur Abgabe einer Willenserklärung verurteilt, auf Grund deren eine Eintragung in das Grundbuch, das Schiffsregister oder das Schiffsbauregister erfolgen soll, so gilt die Eintragung einer Vormerkung oder eines Widerspruchs als bewilligt.** [2] **Die Vormerkung oder der Widerspruch erlischt, wenn das Urteil durch eine vollstreckbare Entscheidung aufgehoben wird.**

1   **1. Voraussetzungen. a) Verurteilung** zur Abgabe einer Willenserklärung (§ 894 Rn 5), auf die eine Grundbucheintragung erfolgen soll, zB Auflassung, Hypothekenbestellung, auch zugunsten eines Dritten (KG Rpfleger 79, 198), eine Eintragungsbewilligung, aber dann nicht, wenn sie lediglich die Eintragung einer Vormerkung betrifft (Bay
2   ObLG Rpfleger 97, 525). – **b) Vorläufige Vollstreckbarkeit** des Urteils (§§ 708, 709) oder Rechtskraft (§ 705). Außerdem muss eine erforderliche Sicherheit (§§ 709, 711) vom Gläubiger geleistet sein. Die ZwVollstr darf nicht gemäß §§ 711, 712 abgewendet, beschränkt oder eingestellt sein. Eine vollstreckbare Ausfertigung ist nicht erforderlich (BGH Rpfleger 69, 425).

3   **2. Wirkung.** Sie tritt mit Verkündung oder Zustellung (§ 310) ein und ist eine Fiktion, enger als § 894; denn sie bezieht sich nur darauf, dass vom Schuldner die Eintragung von Sicherungsmitteln (Vormerkung, § 883 BGB und Widerspruch, § 899 BGB) bewilligt ist (§ 19 GBO).

4   **3. Durchführung. a) Eintragung.** Sie ist keine ZwVollstr, richtet sich nach GBO (Antragsverfahren) und erfolgt auf Antrag des Gläubigers. Eine Vormerkung ist einzutragen, wenn ein dingliches Recht einzuräumen ist (§ 883 BGB), ein Widerspruch, wenn zur Bewilligung der Grundbuchberichtigung verurteilt ist (§ 899 BGB). Die Kosten
5   fallen nicht unter § 788 (Celle NJW 68, 2246). – **b) Löschung.** Vormerkung und Widerspruch erlöschen von selbst, sobald das Urteil (oder seine vorläufige Vollstreckbarkeit) aufgehoben ist (S 2). Im Grundbuch wird auf Antrag des Schuldners dann berichtigend gelöscht (§ 25 S 2
6   GBO). – **c) Rechtsbehelfe:** nur nach GBO.

§ 896 Erteilung von Urkunden an Gläubiger

Soll auf Grund eines Urteils, das eine Willenserklärung des Schuldners ersetzt, eine Eintragung in ein öffentliches Buch oder Register vorgenommen werden, so kann der Gläubiger an Stelle

des Schuldners die Erteilung der im § 792 bezeichneten Urkunden verlangen, soweit er dieser Urkunden zur Herbeiführung der Eintragung bedarf.

Gilt für §§ 894, 895. Da die Eintragung keine Vollstreckungsmaßnahme ist, wird in § 896 der § 792 wiederholt. **1**

§ 897 Übereignung; Verschaffung von Grundpfandrechten

(1) Ist der Schuldner zur Übertragung des Eigentums oder zur Bestellung eines Rechtes an einer beweglichen Sache verurteilt, so gilt die Übergabe der Sache als erfolgt, wenn der Gerichtsvollzieher die Sache zum Zwecke der Ablieferung an den Gläubiger wegnimmt.

(2) Das gleiche gilt, wenn der Schuldner zur Bestellung einer Hypothek, Grundschuld oder Rentenschuld oder zur Abtretung oder Belastung einer Hypothekenforderung, Grundschuld oder Rentenschuld verurteilt ist, für die Übergabe des Hypotheken-, Grundschuld- oder Rentenschuldbriefs.

1. Bewegliche Sachen (Abs 1). **a) Übereignung.** Ist hierzu verurteilt, so wird die Einigung (§ 929 BGB) nach § 894 ersetzt, die notwendige Übergabe durch die Wegnahme nach § 883; denn die Verurteilung zur Übereignung enthält auch die Herausgabepflicht (BayObLG Rpfleger 98, 32; vgl Rn 5). – **b) Erwerb des Eigentums** (nach § 929 BGB) tritt ein, sobald das Urteil rechtskräftig ist (wegen § 894), der Gläubiger die Einigung erklärt hat (§ 894 Rn 9) und die Wegnahme durch den Gerichtsvollzieher (§ 883 Rn 3) erfolgt. Der Eigentumserwerb tritt also nicht erst bei Übergabe an den Gläubiger ein (§ 883 Rn 7). Die Wegnahme ist bei vorläufiger Vollstreckbarkeit schon vor Rechtskraft möglich. – **c) Rechte** an beweglichen Sachen: §§ 1032, 1205 BGB; Rn 1, 2 gelten entsprechend. **3**

2. Grundpfandrechte (Abs 2). **a) Anwendbar** nur bei Briefrechten. Ihr Erwerb erfordert auch Briefübergabe (§ 1117 Abs 1, § 1154 Abs 1, § 1192 Abs 1, § 1274 Abs 1 BGB). – **b) Durchführung.** Den Brief nimmt der Gerichtsvollzieher nach § 883 weg (vgl Rn 1). Das Grundpfandrecht wird entspr dem in Rn 2 bestimmten Zeitpunkt erworben. Ist der Schuldner auch nach § 1117 Abs 2 BGB verurteilt, bedarf es keiner Übergabe oder Wegnahme. Das Recht wird sofort mit der Eintragung erworben. **4 5**

§ 898 Gutgläubiger Erwerb

Auf einen Erwerb, der sich nach den §§ 894, 897 vollzieht, sind die Vorschriften des bürgerlichen Rechts zugunsten derjenigen, die Rechte von einem Nichtberechtigten herleiten, anzuwenden.

1   **Zweck.** § 898 folgt daraus, dass der Erwerb nach §§ 894, 897 rechtsgeschäftlich ist (§ 894 Rn 8). **Entsprechende Anwendung** auf § 895
wird überwiegend bejaht (StJBrehm 1; Schuschke/Walker 1 mwN).
2 **Erwerb.** Es gelten insbes §§ 892, 893, 932–936 BGB, § 366 HGB. Es
kommt darauf an, dass der Gläubiger gutgläubig ist. § 166 BGB ist für
den Gerichtsvollzieher unanwendbar, auch bei freiwilliger Übergabe
3 (hM; MüKo/Schilken 5. **Maßgebender Zeitpunkt** für guten Glauben:
dem BGB entsprechend. Interventionsberechtigten, deren Rechte über
§§ 771, 769 nur noch zu spät geltend gemacht werden könnten, bleibt
die Möglichkeit, durch Benachrichtigung die Gutgläubigkeit zu beseitigen (StJBrehm 4).

Abschnitt 4. Eidesstattliche Versicherung und Haft

Vorbemerkung

1   **1. Anwendungsbereich** des Abschnitts. Die §§ 899 ff gelten nur für
die eidesstattliche Versicherung, die in § 807 (Offenbarungsversicherung), § 833 Abs 2 und § 836 Abs 3 S 2 vorgesehen ist, nicht für die
eidesstattliche Versicherung als Beweismittel (vgl § 294). Außerdem sind
Vorschriften des Vierten Abschnitts anzuwenden, soweit in der ZPO
(§ 390 Abs 2 S 2, 3, § 888 Abs 1, § 889 Abs 2) und anderen Gesetzen
(zB § 284 Abs 7 AO; § 33 Abs 2 S 5 FGG, § 98 Abs 3 InsO) darauf
verwiesen ist. Der Vierte Abschnitt gilt hingegen nicht für Ordnungshaft
in den Fällen der §§ 380, 390 Abs 1, § 890 Abs 1.

2   **2. Neuregelung.** Durch die am 1. 1. 99 in Kraft getretene
2. ZwVollstrNov sind die §§ 899–915 weitgehend neu gefasst und
geändert worden. Vor allem ist die Zuständigkeit für die Abnahme der
Offenbarungsversicherung dem Gerichtsvollzieher übertragen (§ 899
Abs 1 nF) und dem Rechtspfleger (§ 20 Nr 17 RPflO) im Wesentlichen
nur noch die Entscheidung über die Pflicht zur Abgabe der eidesstattlichen Versicherung belassen (§ 900 Abs 4). Nur für die Haftentschei-
dungen (§ 901) und die Erinnerung (§ 766) ist der Richter zuständig.
Von der Neuregelung versprach sich der Gesetzgeber eine Straffung des
Verfahrens durch die Möglichkeit sofortiger Abnahme der eidesstattlichen Versicherung (§ 900 Abs 2 S 1), dadurch eine schnellere Befriedigung des Gläubigers und außerdem (oder vor allem) eine Entlastung des
Rechtspflegers, der seit 1. 1. 99 durch die InsO stärker beansprucht ist.

3   **3. Übergangsregelung.** Eine solche hat zunächst gefehlt (vgl Art 3
2. ZwVollstrNov). Im Reparaturweg ist dem Gesetz zur Änderung des
EGInsO vom 19. 12. 98 (BGBl 3836) in Art 8 Nr 2 dem Art 3 2. Zu-
VollstrNov ein Abs 9 angefügt worden. Danach finden auf Anträge
(§ 900 Abs 1 aF), die vor dem 1. 1. 99 gestellt wurden, die bis 31. 12. 98
geltenden §§ 807, 899, 900 aF mit Zuständigkeit des Rechtspflegers
weiterhin Anwendung, auch bei verhafteten Schudnern (LG Berlin und

LG Frankfurt/Main DGVZ 99, 78; LG Heilbronn NJW-RR 00, 537). Das neue Recht ist für Aufträge (an den Gerichtsvollzieher) anzuwenden, wenn sie seit 1. 1. 99 erteilt sind. Die §§ 901–915 h sind dann auch für alte Verfahren in der neuen Fassung anzuwenden.

§ 899 Zuständigkeit

(1) **Für die Abnahme der eidesstattlichen Versicherung in den Fällen der §§ 807, 836 und 883 ist der Gerichtsvollzieher bei dem Amtsgericht zuständig, in dessen Bezirk der Schuldner im Zeitpunkt der Auftragserteilung seinen Wohnsitz oder in Ermangelung eines solchen seinen Aufenthaltsort hat.**

(2) **¹Ist das angegangene Gericht nicht zuständig, gibt es die Sache auf Antrag des Gläubigers an das zuständige Gericht ab. ²Die Abgabe ist nicht bindend.**

Neu gefasst mWv 1. 1. 1999 durch Art 1 Nr 31 2. ZwVollstrNov.

1. Zuständigkeit (Abs 1): **a) Abnahme** der eidesstattlichen Ver- **1** sicherung. Es ist allein und ausschließlich (§ 802) der Gerichtsvollzieher zuständig. Der Rechtspfleger wird nur tätig (mit Ausnahme des Richtervorbehalts, § 4 Abs 2 Nr 2 RPflG), wenn das Gericht zu entscheiden hat (§ 20 Nr 17 RPflG). – **b) Örtlich.** Es kommt auf den Bezirk des **2** AG an, dem der Gerichtsvollzieher nach Anordnung der Landesjustizverwaltung (§ 154 GVG) zugeteilt ist (§§ 16 ff GVO). Das ist (anders als § 764 Abs 2) das AG, in dessen Bezirk der Schuldner seinen Wohnsitz (§ 13) oder Aufenthaltsort (§ 16) hat. Bei mehr als einem Wohnsitz hat der Gläubiger die Wahl (§ 35). Fehlt es an einem Wohnsitz, ist der Aufenthaltsort (§ 16) maßgebend, bei juristischen Personen der Sitz (§ 17), bei prozessunfähigen Personen deren Wohnsitz oder Aufenthalt, nicht der des gesetzlichen Vertreters. Maßgebender Zeitpunkt ist der Auftrag (§ 900 Rn 5), der dem Gerichtsvollzieher erteilt wird, dh bei ihm eingeht. Späterer Wechsel von Wohnsitz oder Aufenthalt ist unerheblich (BayObLG Rpfleger 94, 471 mwN. – **c) International.** § 899 **3** gilt auch für Ausländer und ausländische juristische Personen wegen § 21 (Heß Rpfleger 96, 89).

2. Abgabe des Auftrags (Abs 2) setzt die Unzuständigkeit des Ge- **4** richtsvollziehers voraus. Dabei ist zu unterscheiden: **a) Unzuständiges Amtsgericht** (vgl Rn 2). Die Abgabe erfolgt durch das angegangene Gericht, für das der Rechtspfleger handelt (§ 20 Nr 17 RPflG). Zu diesem Zweck legt der Gerichtsvollzieher dem Rechtspfleger den Auftrag zur Abgabe vor, wenn der Gläubiger es beantragt (Musielak/Voit 5; bestr; aA: von Amts wegen). Die Abgabe ist keine Verweisung gemäß § 281. Sie ist daher nicht bindend (Abs 2 S 2). Das Gericht, an das abgegeben ist, kann weiter abgeben, auch zurückgeben. Bei Streit kann § 36 Abs 1 Nr 6 entspr angewendet werden, da die Gerichte beteiligt sind, nicht die Gerichtsvollzieher. Stellt der Gläubiger den Antrag nicht, lehnt der Gerichtsvollzieher den Auftrag ab (§ 900 Rn 9). – **b) Unzuständiger Ge-** **4 a**

richtsvollzieher. Liegt dessen Bezirk zwar in dem des gemäß Abs 1
zuständigen AG, umfasst aber nicht den Wohnsitz oder Aufenthaltsort des
Schuldners, so gibt er den Auftrag von Amts wegen und formlos an den
zuständigen Gerichtsvollzieher (§ 185 c Nr 2 S 3 GVGA). Einen Zuständigkeitsstreit entscheidet der aufsichtsführende Richter.

5   **3. Verstöße und Rechtsbehelfe. a) Abnahme** der Offenbarungsversicherung vom örtlich unzuständigen Gerichtsvollzieher ist voll wirksam. Sie kann wegen dieses Fehlers nicht angefochten und muss nicht
6   wiederholt werden. – **b) Abgabe** durch Beschluss des AG ist mit sofortiger Beschwerde (§ 11 Abs 1 RPflG; § 793) anfechtbar, da Unanfechtbarkeit (im Gegensatz zu § 696 Abs 1 S 3 und § 621 Abs 3) im Gesetz
nicht bestimmt ist, sofortige Erinnerung (§ 11 Abs 2 RPflG) daher nicht
7   stattfindet. – **c) Verfahren** des Gerichtsvollziehers bis zur Abnahme
(Rn 5). Es unterliegt der Erinnerung (§ 766), zB bei unterlassener Vorlage zur Abgabe bei behaupteter Unzuständigkeit (Rn 4), bei Ablehnung
des Auftrags wegen angenommener Unzuständigkeit.

§ 900 Verfahren zur Abnahme der eidesstattlichen Versicherung

   (1) [1]Das Verfahren beginnt mit dem Auftrag des Gläubigers
zur Bestimmung eines Termins zur Abgabe der eidesstattlichen
Versicherung. [2]Der Gerichtsvollzieher hat für die Ladung des
Schuldners zu dem Termin Sorge zu tragen. [3]Er hat ihm die
Ladung zuzustellen, auch wenn dieser einen Prozeßbevollmächtigten bestellt hat; einer Mitteilung an den Prozeßbevollmächtigten bedarf es nicht. [4]Dem Gläubiger ist die Terminsbestimmung
nach Maßgabe des § 357 Abs. 2 mitzuteilen.

   (2) [1]Der Gerichtsvollzieher kann die eidesstattliche Versicherung abweichend von Absatz 1 sofort abnehmen, wenn die Voraussetzungen des § 807 Abs. 1 vorliegen. [2]Der Schuldner und
der Gläubiger können der sofortigen Abnahme widersprechen.
[3]In diesem Fall setzt der Gerichtsvollzieher einen Termin und
den Ort zur Abnahme der eidesstattlichen Versicherung fest.
[4]Der Termin soll nicht vor Ablauf von zwei Wochen und nicht
über vier Wochen hinaus angesetzt werden. [5]Für die Ladung des
Schuldners und die Benachrichtigung des Gläubigers gilt Absatz 1 entsprechend.

   (3) [1]Macht der Schuldner glaubhaft, daß er die Forderung des
Gläubigers binnen einer Frist von sechs Monaten tilgen werde, so
setzt der Gerichtsvollzieher den Termin zur Abgabe der eidesstattlichen Versicherung abweichend von Absatz 2 unverzüglich
nach Ablauf dieser Frist an oder vertagt bis zu sechs Monaten
und zieht Teilbeträge ein, wenn der Gläubiger hiermit einverstanden ist. [2]Weist der Schuldner in dem neuen Termin nach,
daß er die Forderung mindestens zu drei Vierteln getilgt hat, so

kann der Gerichtsvollzieher den Termin nochmals bis zu zwei
Monate vertagen.

(4) [1]Bestreitet der Schuldner im Termin die Verpflichtung zur
Abgabe der eidesstattlichen Versicherung, so hat das Gericht
durch Beschluß zu entscheiden. [2]Die Abgabe der eidesstattlichen
Versicherung erfolgt nach dem Eintritt der Rechtskraft der Entscheidung; das Vollstreckungsgericht kann jedoch die Abgabe
der eidesstattlichen Versicherung vor Eintritt der Rechtskraft
anordnen, wenn bereits ein früherer Widerspruch rechtskräftig
verworfen ist, wenn nach Vertagung nach Absatz 3 der Widerspruch auf Tatsachen gestützt wird, die zur Zeit des ersten Antrags auf Vertagung bereits eingetreten waren, oder wenn der
Schuldner den Widerspruch auf Einwendungen stützt, die den
Anspruch selbst betreffen.

(5) Der Gerichtsvollzieher hat die von ihm abgenommene eidesstattliche Versicherung unverzüglich bei dem Vollstreckungsgericht zu hinterlegen und dem Gläubiger eine Abschrift zuzuleiten.

*Die Vorschrift ist neu gefasst durch Art 1 Nr 32 2. ZwVollstrNov. Abs 1
Satz 2 und 3 sind geändert mWv 1. 1. 1999 durch Art 8 Nr 1 G zur Änderung
des EGInsO und anderer Gesetze vom 19. 12. 1998 (BGBl I S 3836).*

1. Allgemeines. a) Anzuwenden ist § 900 auf die eidesstattliche   1
Versicherung gem § 807; auf die nach § 836 Abs 3 S 2 und § 883 Abs 2
sind es nur die Abs 1, 4 und 5 direkt, Abs 2, wenn überhaupt, dann nur
entspr (vgl Rn 15). – **b) Voraussetzungen.** Sie sind den §§ 807, 836   2
Abs 3 S 2 oder § 883 Abs 2 zu entnehmen und aus gegebenem Anlass
in jeder Lage des Verfahrens zu prüfen. – **c) Pflicht zur Abgabe** trifft   3
den Schuldner oder seinen gesetzlichen Vertreter in Person (wie § 807
Rn 15). Er muss tatsächlich (seelisch und körperlich) in der Lage sein,
die verlangten Angaben zu machen und eidesstattlich zu versichern. Das
ist gegen den Schuldner streng und ohnr unangemessene Schonung zu
prüfen (Köln MDR 78, 59; Frankfurt NJW 68, 1194); uU ist Termin in
der Wohnung oder in der Klinik möglich (§ 219 Abs 1). Bloße Gesund-
heitsgefährdung schließt die Pflicht zur Abgabe der OffenbVers nicht
aus. – **d) Mehrheit von Gläubigern.** Sie sind Gesamt- oder Mitgläubi-   4
ger und können das Verfahren gemeinsam betreiben. Auch Gläubiger
mit verschiedenen Titeln können den Auftrag (Rn 5) nebeneinander
und unabhängig voneinander erteilen bis zur ersten Abnahme; von da an
gilt § 903. Bei mehreren Aufträgen nimmt der Gerichtsvollzieher die
eidesstattliche Versicherung für mehrere Gläubiger zugleich ab.

2. Beginn des Verfahrens (Abs 1 S I). **a) Auftrag** des Gläubigers;   5
entspricht dem Vollstreckungsauftrag des § 753 (dort Rn 8); denn das
Verfahren auf Abgabe der eidesstattlichen Versicherung ist ZwVollstr.
Der Auftrag kann auch von einem Inkassounternehmen gestellt werden
(AG Hamburg-Blankenese DGVZ 00, 120; LG Bremen DGVZ 01, 62;

Caliebe NJW 00, 1623; Nies MDR 00, 625 mwN). Form: Es gilt
grundsätzlich § 753 Rn 8; jedoch genügt eine stillschweigende Auftragserteilung nicht. Der Auftrag ist auf Bestimmung eines Termins zur
Abgabe der eidesstattlichen Versicherung zu richten; das umfasst auch
die sofortige Abnahme gem Abs 2 S 1. Der in Abs 2 S 2 vorgesehene
Widerspruch kann schon im Auftrag erklärt werden, wenn der Gläubiger auf jeden Fall die Abgabe im Termin will. Er kann auch sein
Einverständnis mit sofortiger Abnahme (Abs 2 S 2) erklären. –

6 **b) Gleichzeitiger Auftrag** ist möglich, dh der Gläubiger kann den
Vollstreckungsauftrag auf Pfändung (§ 808) mit dem auf Terminsbestimmung verbinden, um dem Gerichtsvollzieher die sofortige Abnahme
(Abs 2 S 1) zu ermöglichen, wenn die Voraussetzungen des § 807 Abs 1
erfüllt sind. Gleichzeitig beauftragen kann der Gläubiger auch bei der
Herausgabevollstreckung (§ 883) für den Fall, dass sie erfolglos bleibt;
jedoch ist die sofortige Abnahme ausgeschlossen (Abs 2 S 1; Rn 15).

7 **3. Terminsbestimmung** (Abs 1 S 2–4). Nach Eingang des Antrags
prüft der Gerichtsvollzieher von Amts wegen seine Zuständigkeit (§ 899
Abs 1), die Wirksamkeit des Auftrags (Rn 5, 6) und die Voraussetzungen
des § 807 Abs 1 oder der §§ 836 Abs 3 S 2, 883 Abs 2). Zu diesen
Voraussetzungen gehört immer die Zulässigkeit der Zwangsvollstreckung
8 (vgl 38 vor § 704. **a) Vorlage** an das Gericht. Hält sich der Gerichtsvollzieher des AG für örtlich unzuständig (§ 899 Rn 4), legt er den
Vorgang zur Abgabe (§ 899 Abs 2) dem Gericht vor, wenn der Gläubi-
9 ger Abgabeantrag stellt (§ 899 Rn 4). – **b) Ablehnung des Auftrags**
erklärt der Gerichtsvollzieher (wegen der Rechtssicherheit schriftlich)
unter Angabe der Gründe, wenn eine Voraussetzung (Rn 7) fehlt.
Formlose Mitteilung, nur an den Gläubiger. Vor Ablehnung ist es bei
behebbar erscheinenden Mängeln zweckmäßig, dem Gläubiger mit Frist
aufzugeben, erforderliche Angaben und Nachweise einzureichen. –
10 **c) Terminsbestimmung** ist vorzunehmen, wenn alle Voraussetzungen
erfüllt sind (vgl Rn 7). § 216 gilt entsprechend. Der Gerichtsvollzieher
legt Zeit (Datum und Uhrzeit) sowie den Ort fest. § 219 gilt nicht (vgl
Abs 2 S 3). Er kann als Ort das Gebäude des AG, dem er zugeteilt ist,
seinen Geschäftsraum, aber auch die Wohnung oder den Geschäftsraum
11 des Schuldners bestimmen. – **d) Ladung** des Schuldners (Abs 2 S 2)
enthält die Aufforderung zu erscheinen, sowie Belehrung über die
Folgen des Nichterscheinens (§ 901), Zeit, Ort und Zweck des Termins,
Gläubiger und Vollstreckungstitel. Die Ladungsfrist beträgt 3 Tage
12 (§ 217). – **e) Zustellung** (2 vor § 166) der Ladung nimmt der Gerichtsvollzieher selbst vor (§ 193 nF) und zwar auf Grund des Auftrags (Rn 5;
§ 192 nF), oder er lässt sie durch die Post vornehmen (§ 194 nF). Die
Ladung ist stets dem Schuldner zuzustellen, auch wenn er einen Prozessbevollmächtigten bestellt hat; denn § 172 nF gilt nicht (Abs 1 S 3 Hs 1).
Die Terminsbestimmung und Ladung ist dem Prozessbevollmächtigten
13 auch nicht mitzuteilen (Abs 1 S 2 Hs 2). – **f) Gläubiger** (Abs 1 S 3).
Ihm ist die Terminsbestimmung „ohne besondere Form mitzuteilen"

(§ 357 Abs 2 S 1), wenn der Gerichtsvollzieher nicht zustellt. Zugangsfiktion („gilt") gem § 357 Abs 2 S 2.

4. Sofortige Abnahme der eidesstattlichen Versicherung (Abs 2) vor 14
dem bestimmten Termin und auch vor Terminsbestimmung (Rn 10)
steht im Ermessen („kann") des Gerichtsvollziehers. Erfordert Auftrag
zur Sachpfändung und zur Abnahme der eidesstattlichen Versicherung.
a) Voraussetzungen: Die sofortige Abnahme ist nur bei der Offen- 15
barungsversicherung des § 807 zulässig. Deren Voraussetzungen (§ 807
Abs 1) müssen für den Gerichtsvollzieher nach Prüfung von Amts wegen
vorliegen, insbes der Auftrag (Rn 5), auch die Zulässigkeit der ZwVollstr
(Rn 7). Außerdem dürfen weder Schuldner noch Gläubiger der sofortigen Abnahme widersprochen haben (Abs 2 S 2). Widerspruch:
Rn 17. – **b) Zeitpunkt.** „Sofort" bedeutet nicht nur außerhalb des 16
bestimmten Termins (abweichend von Abs 1), sondern auch im Rahmen eines Pfändungsversuchs. Dadurch soll für alle Beteiligten Zeit-
ersparnis bewirkt werden. – **c) Ort.** Es ist jeder für die Ausfüllung des
Vermögensverzeichnisses geeignete Raum zulässig, sofern die gebotene
Diskretion gewahrt wird; jedenfalls nicht öffentlich (Steden Rpfleger 98,
409 [415]). – **d) Widerspruch** (Abs 2 S 2) von Schuldner oder Gläubi- 17
ger hindert die sofortige Abnahme. Der Widerspruch ist formlose Prozesshandlung, vom Gerichtsvollzieher zu protokollieren (§ 762 Abs 2
Nr 2); kann vom Gläubiger schon im Auftrag erklärt werden (Rn 5).
Bei Widerspruch wird entweder Termin bestimmt (Rn 18) oder ein
bestehender Termin (Rn 10) belassen. – **e) Terminsfestsetzung** (Abs 2 18
S 3–5) entspricht der Terminsbestimmung (Rn 10). Die Fristen (2 und
4 Wochen) sind nach § 222 zu berechnen. Fristbeginn: die versuchte
Abnahme der eidesstattlichen Versicherung. Ein Verstoß gegen die Fristen macht die Terminsbestimmung nicht unwirksam. Ladung: wie
Rn 11. § 218 gilt nicht (vgl LG Karlsruhe DGVZ 00, 89). Die Zustellung kann vom Gerichtsvollzieher an Ort und Stelle bewirkt werden
(§ 191, 177 nF). Gläubigerbenachrichtigung: wie Rn 13. Dem anwesenden Gläubiger kann also formlos übergeben werden. Protokollierung
gem § 762 Abs 2 Nr 2 ist geboten.

5. Späterer Termin und Vertagung bei Tilgungsabsicht (Abs 3 19
S 1; § 185 h GVGA). Beide Fälle sind zu unterscheiden. Abweichend
von Abs 2 hat der Gerichtsvollzieher den Termin später anzusetzen als
Abs 2 S 3 (Rn 18) vorschreibt oder den bereits bestimmten Termin
(Abs 1; Rn 10) zu vertagen. Das steht nicht im Ermessen (Schilken
DGVZ 98, 143 [154]; aA Behr Büro 00, 178 mwN). **a) Vorausset-** 20
zung ist außer dem Einverständnis des Gläubigers (Rn 24) und einem
Antrag des Schuldners (Musielak/Voit 18) stets, dass der Schuldner
glaubhaft macht (§ 294), er werde die Schuld, wegen der vollstreckt
wird, innerhalb von 6 Monaten tilgen, dh erfüllen (§ 362 BGB), nicht
notwendig in gleichen Teilbeträgen. Ab wann dieser Zeitraum (Frist) zu
berechnen ist, verrät das Gesetz nicht. Man wird im Fall des Abs 2 ab
der verweigerten sofortigen Abnahme berechnen müssen, beim bereits

bestimmten Termin ab diesem (Musielak/Voit 18; aA Schilken: DGVZ 98, 143 [153]: ab Terminbestimmung, Rn 18). Der Schuldner muss mindestens die Möglichkeit der Tilgung durch konkrete Tatsachen, die er dem Gerichtsvollzieher gegenüber glaubhaft machen muss (§ 294), ausreichend belegen. Eine erste Teilzahlung (idR etwa $^1/_6$ der vollstreckbaren Forderung; § 185 h Nr 2, Abs 2 GVGA) ist hierfür ein taugliches Indiz. –

21 **b) Terminsbestimmung** (Abs 3 S 1 1. Alt) ist beim Verfahren gemäß Abs 2 nach der Glaubhaftmachung (Rn 20) unverzüglich (wie § 121 BGB) vorzunehmen. Der Termin ist auf mindestens 6 Monate (wie Rn 20) oder unverzüglich danach, dh auf den nächsten danach möglichen (freien) Termin anzusetzen; denn „unverzüglich" bezieht sich auch auf den zu bestimmenden Termin (umstr, vgl Münzberg DGVZ 00, 53). Für eine spätere Terminsbestimmung (statt einer Vertagung) ist kein neuer

22 Antrag des Gläubigers erforderlich (Münzberg aaO). – **c) Vertagung** (Abs 3 S 1 2. Alt) ist die Bestimmung eines neuen Termins, nachdem der angesetzte Termin (Rn 10) begonnen hatte (vgl § 227 Rn 1) und der Schuldner im Termin seine Tilgungsbereitschaft (Rn 20) glaubhaft gemacht hat. Es wird, vom Termin an gerechnet, bis längstens auf 6 Monate vertagt. Gilt auch für die Terminsverlegung (Schilken DGVZ 98, 143 [153]). Ein näherer Termin setzt voraus, dass die voraussichtliche Tilgung bis dahin wenigstens behauptet ist. Es ist neue Ladung nötig (vgl Rn 25). Für entspr Anwendung von § 218: Harnacke DGVZ 99, 81/87. –

23 **d) Teilbeträge** (wie § 806 b S 2) einziehen kann der Gerichtsvollzieher
24 bei beiden Alternativen des Abs 3 S 1 (Rn 21 und 22). – **e) Einverständnis** des Gläubigers (wie § 806 b Rn 5), bei mehreren von allen (Helwick DGVZ 00, 105), muss sich nur auf die Teilzahlung richten, nicht auch auf die Terminsbestimmung oder die Vertagung (Schilken
24 a DGVZ 98, 143 [153]. – **f) Benachrichtigung** des Gläubigers. Protokollabschnitt ist zu übersenden (vgl § 762).

25   **6. Weitere Vertagung** (Abs 3 S 2). Neuer Termin ist derjenige, auf den bestimmt (Rn 21), vertagt oder verlegt (Rn 22) ist. Forderung ist der Betrag, aus dem der Gläubiger vollstrecken will (einschließlich Nebenforderungen und Vollstreckungskosten, § 788). Unter Tilgung ist Erfüllung (§ 362 BGB) zu verstehen. Nachweis erfordert idR Quittung oder Bankbeleg (wie § 775 Nr 5). Der $^3/_4$-Betrag ist zwingend. Auch die weitere Vertagung erfordert keine neue Ladung (wie Rn 11), wenn § 218 entspr anwendbar ist (so Harnacke DGVZ 99, 81/87). Die weitere Vertagung steht im pflichtgemäßen Ermessen („kann") des Gerichtsvollziehers. Für den Gläubiger gilt Rn 13. Einverständnis des Gläubigers mit der Vertagung (vgl Rn 24) ist nicht nötig. Benachrichtigung: wie Rn 24 a.

26   **7. Verfahren im Termin** (Abs 4). Der Schuldner oder sein gesetzlicher Vertreter muss persönlich erscheinen. Ist er säumig, wird nach § 901 verfahren. Hierfür ist dem gemäß § 899 Abs 1 zuständigen Amtsgericht vorzulegen. Der Termin ist nicht öffentlich. Es bestehen folgende
27 Möglichkeiten: **a) Abnahme** der eidesstattlichen Versicherung nach den Vorschriften der §§ 807, 836 Abs 3 S 2, § 883 Abs 2–4. Das bedeu-

tet zu Protokoll des Gerichtsvollziehers (§ 807 Abs 3 S 1, § 883 Abs 2). Im Falle des § 807 sollte das Vermögensverzeichnis besprochen werden. Fragen und Vorhalte des Gläubigers sind zuzulassen. Seine Anwesenheit ist nicht erforderlich. Bei Verweigerung der Abgabe: § 901. – **b) Vertagung** durch den Gerichtsvollzieher gem Abs 2 S 1 2. Alt (Rn 22) oder von Amts wegen, wenn der Schuldner nicht erschienen und nicht ordnungsgemäß geladen (Rn 11) oder sonst entschuldigt ist, zB wegen Krankheit. – **c) Ablehnung der Vertagung** gem Rn 22. Dann muss der Schuldner die eidesstattliche Versicherung abgeben (wie Rn 27). Verweigert er sie ohne Grund, ist nach § 901 zu verfahren. – **d) Vorlage** an das gem § 899 Abs 1 zuständige Amtsgericht, wenn der Schuldner im Termin durch Widerspruch (vgl Abs 4 S 3 Hs 2) bestreitet, zur Abgabe der eidesstattlichen Versicherung verpflichtet zu sein. **aa) Voraussetzungen** der Vorlage. Es genügt, dass sich der Schuldner darauf beruft, es fehle eine der notwendigen Voraussetzungen zur Abgabe der eidesstattlichen Versicherung (Rn 2). Ladungsmängel genügen nicht. Übersicherung (§ 777) kann geltend gemacht werden (LG Stuttgart Rpfleger 00, 28; bestr). **bb) Widerspruch** ist Prozesshandlung (Einl III). Er muss im Termin erhoben werden und ist zu Protokoll zu nehmen (§ 762 Abs 2 Nr 2). Schriftlicher Widerspruch vor dem Termin ist möglich, genügt aber nicht (LG Hannover DGVZ 99, 90). Der Gerichtsvollzieher legt dem Gericht vor (Rn 30), ohne zu prüfen, ob der Widerspruch gerechtfertigt ist. Bietet der Schuldner Raten an, darf der Gerichtsvollzieher nicht nach Abs 3 verfahren (aA Harnacke DGVZ 99, 81/88). Erkennt er aber auf Grund des Widerspruchs bei der laufend gebotenen Prüfung von Amts wegen, dass eine Voraussetzung (Rn 2) fehlt, hat er den Termin aufzuheben oder zu vertagen, wenn der Gläubiger den erst jetzt erkannten Mangel beheben kann.

8. Entscheidung des Gerichts (Abs 4 S 1) durch Beschluss des Rechtspflegers (§ 20 Nr 17 RPflG). Eine mdl Vhdlg ist nicht ausgeschlossen. Zustellung wegen § 329 Abs 3. Die Entscheidung kann lauten auf: **a) Verwerfung des Widerspruchs** (Abs 4 S 2 Hs 2), wenn die Voraussetzungen für die Abgabe der eidesstattlichen Versicherung (Rn 2) vorliegen oder wenn der Widerspruch unzulässig ist, zB wegen entgegenstehender Rechtskraft eines früheren Beschlusses (vgl Rn 33). – **b) Anordnung der Abgabe** der eidesstattlichen Versicherung (Abs 4 S 2 Hs 2), auch schon vor formeller Rechtkraft (§§ 705, 793) neben der Verwerfung des Widerspruchs (Rn 32), um einer Verschleppung entgegenzuwirken; aber nur bei Vorliegen einer der drei folgenden Voraussetzungen (Abs 4 S 2 Hs 2): **(1)** Früherer Widerspruch rechtskräftig verworfen; ohne Rücksicht darauf, aus welchen Gründen dies geschah. **(2)** Widerspruch nach erster oder weiterer Vertagung (Abs 3 S 1 2. Alt und S 2), der auf Gründe gestützt wird, die schon damals eingetreten waren. **(3)** Widerspruch, der allein mit Einwendungen begründet wird, die sich gegen den vollstreckbaren Anspruch selbst richten. Dafür sind nämlich die Rechtsbehelfe (Klagen) aus §§ 767, 768 vorgesehen. –

c) Ablehnung (oder Zurückweisung) des Auftrags (Abs 1 S 1), wenn mindestens eine Voraussetzung (Rn 2) fehlt. Das Gericht kann vor dieser Entscheidung dem Gläubiger Gelegenheit geben, den Mangel zu beheben. – **d) Abgabe** des Verfahrens (§ 899 Abs 2) im Falle örtlicher
35 Unzuständigkeit. – **e) Anfechtung:** sofortige Beschwerde (§ 11 Abs 1 RPflG, § 793; Düsseldorf NJW-RR 00, 68); auch bei Abgabe (Rn 34; vgl § 899 Rn 6).

9. Verfahren nach Abnahme (Abs 5). **a) Hinterlegen** bedeutet Ablieferung zur aktenmäßigen Verwahrung und Behandlung gem § 915; hinterlegt wird das Protokoll (§§ 762, 807 Abs 2, § 883 Abs 2) und im Falle des § 807 auch das ausgefüllte Vermögensverzeichnis. Unverzüg-
36 lich: wie § 121 BGB. – **b) Vollstreckungsgericht** ist das gem § 899 Abs 1 zuständige Amtsgericht, bei dem der Gerichtsvollzieher seinen
37 Bezirk hat. – **c) Zuleitung an den Gläubiger** umfasst in beglaubigter Abschrift dasjenige, was der Gerichtsvollzieher hinterlegt hat. Die Mitteilung geschieht formlos.

38 **10. Sonstiges. a) Rechtsbehelfe.** Gegen die Pflicht, die Offenbarungsversicherung abzugeben, findet nur Widerspruch statt (Abs 4), gegen das Verfahren des Gerichtsvollziehers, dh gegen seine Maßnahmen (oder ihr Unterlassen), Vollstreckungserinnerung (§ 766), ausgenommen die Terminsbestimmung als solche (Zweibrücken DGVZ 01, 117). Entscheidungen des Rechtspflegers: Rn 35 – **b) Gebühren:** KV 1643; § 27 a GerVKostG; § 57 Abs 2 Nr 4, § 58 Abs 1, 3 Nr 11 BRAGO. – **c) Kosten:** § 788 Abs 1–3.

§ 901 Erlass eines Haftbefehls

¹ Gegen den Schuldner, der in dem zur Abgabe der eidesstattlichen Versicherung bestimmten Termin nicht erscheint oder die Abgabe der eidesstattlichen Versicherung ohne Grund verweigert, hat das Gericht zur Erzwingung der Abgabe auf Antrag einen Haftbefehl zu erlassen. ² In dem Haftbefehl sind der Gläubiger, der Schuldner und der Grund der Verhaftung zu bezeichnen. ³ Einer Zustellung des Haftbefehls vor seiner Vollziehung bedarf es nicht.

Neu gefasst m Wv 1. 1. 1999 durch Art 1 Nr 33 2. Zw VollstrNov.

1 **1. Allgemeines.** Die Neufassung hebt die bisherige Trennung von Haftanordnung (§ 901 aF) und Haftbefehl (§ 908) auf und beseitigt das Erfordernis einer Zustellung des Haftbefehls vor seiner Vollziehung. Dadurch sollen Verzögerungen vermieden werden. Die Haft ist auch bei feststehender Leistungsunfähigkeit des Schuldners nicht verfassungswidrig (BVerfG NJW 83, 559). Zuständig ist der Richter (§ 4 Abs 2 Nr 2 RPflG) am gem § 899 Abs 1 zuständigen Amtsgericht (dort Rn 2), auch bei nachfolgendem Wohnungswechsel (LG Köln Rpfleger 99, 549).

2 **2. Voraussetzungen** des Haftbefehls (S 1). Dazu gehört nicht die Haftfähigkeit des Schuldners (§ 906 Rn 1; Karlsruhe DGVZ 99, 116).

a) Antrag des Gläubigers. Prozesshandlung (Einl III); kann schriftlich, zu Protokoll des Gerichtsvollziehers (§ 762 Abs 2 Nr 2) oder der Geschäftsstelle des Amtsgerichts erklärt werden. Er kann schon im Termin zur Abnahme (§ 900 Abs 1 S 1), aber auch nach dem Termin gestellt werden. – **b) Bestehen der Pflicht** zur Abgabe der eidesstattlichen **3** Versicherung. Das bedeutet, dass auch die ZwVollstr allgemein zulässig sein muss (38 vor § 704) und die Voraussetzungen des § 807, des § 883 Abs 2 oder § 836 Abs 3 S 2 vorliegen müssen. Das hat der Richter von Amts wegen an Hand des vorliegenden Akts zu prüfen. Ist ein Widerspruch erhoben (§ 900 Abs 4 S 1) und verworfen oder zurückgewiesen worden, muss die formelle Rechtskraft (§ 705) eingetreten oder Anordnung gem § 900 Abs 4 S 2 Hs 2 ergangen sein. Der Richter prüft nicht, ob über den Widerspruch richtig entschieden ist. – **c) Nichterscheinen 4 oder grundlose Verweigerung** der eidesstattlichen Versicherung im Termin, den der Gerichtsvollzieher zur Abnahme der eidesstattlichen Versicherung bestimmt hat (§ 900 Abs 1 S 1), auch in dem Termin, auf den vertagt wurde (§ 900 Abs 3). Schuldlose Verhinderung (wie § 337) oder schuldlose Unkenntnis vom Termin (wie § 233; KG OLGZ 93, 358 mwN) muss glaubhaft gemacht werden (§ 294) und schließt dann den Haftbefehl aus. Grundlose Verweigerung: umfasst bei § 807 auch die Erstellung des Vermögensverzeichnisses. Das trifft zu, wenn der Widerspruch (§ 900 Abs 4) vom Gericht als unzulässig oder als unbegründet verworfen worden ist (§ 900 Rn 33). – **d) Ordnungsgemäße 5 Ladung** im Fall des Nichterscheinens. Es müssen die Voraussetzungen des § 900 Rn 11 und 12 erfüllt sein. Dazu gehört die Ladung. Bei Vertagung ist § 218 nicht anwendbar (vgl § 900 Rn 23, 25).

3. Haftbefehl (S 2). **a) Inhalt.** Entspricht dem bisherigen § 908. **6** Der Haftbefehl ergeht als Beschluss und muss aufweisen: **aa) Datum** wegen § 909 Abs 2. **bb) Parteibezeichnung:** Gläubiger und Schuldner mit gesetzlichen Vertretern und Prozessbevollmächtigten, so genau bezeichnet, wie es § 750 Abs 1 S 1 verlangt. **cc) Haftanordnung** mit Angabe ihrer Höchstdauer (§ 913). **dd) Verhaftungsgrund:** Vollstreckungstitel, Haftgrund (S 1; Rn 4 oder § 903); wegen § 902 Inhalt der abzugebenden eidesstattlichen Versicherung (je nach dem: § 807, § 836 Abs 2 S 2 oder § 883 Abs 2). – **b) Ablehnung** des Antrags auf Haftbe- **7** fehl (bei Fehlen einer Voraussetzung) ergeht durch Beschluss des Richters (nicht des Rechtspflegers), weil ihm der Antrag zur Entscheidung vorzulegen ist. – **c) Bekanntmachung** geschieht spätestens durch **8** Übergabe des Haftbefehls gemäß § 909 Abs 1 S 2. Die Zustellung an den Schuldner vor seiner Verhaftung ist nicht erforderlich (S 3), aber wegen § 329 Abs 3 und wegen der Beschwerdefrist (§ 569 Abs 1 S 1, § 793) geboten, auch weil dem Schuldner nicht die Möglichkeit genommen werden soll, den Haftbefehl anzufechten, schon bevor er verhaftet wird. – **d) Anfechtung:** sofortige Beschwerde (§ 793) gegen **9** Erlass (LG Münster Rpfleger 99, 405) wie gegen Ablehnung. Die Frist beginnt mit Zustellung (§ 569 Abs 1 S 2). Das ist sehr bestr (aA Musie-

lak/Voit 10 mwN: mit Übergabe gem § 909 Abs 1 S 2). Dass die
Notfrist schon vor Zustellung mit der Übergabe des Haftbefehls (§ 909
Abs 1 S 2) beginne, hat der Gesetzgeber nicht gewollt oder hat es über-
sehen, dies in § 909 oder § 569 Abs 1 zu bestimmen.

10   **4. Verbrauch des Haftbefehls. a) Eintritt: aa) Mit Abgabe** der
eidesstattlichen Versicherung, insbes gem § 902, aber auch (bei § 807),
wenn der Schuldner auf Betreiben eines anderen Gläubigers die eidesstattliche Versicherung abgibt (§ 902 Abs 2). **bb) Mit Erfüllung** des
Anspruchs, wofür das Verfahren betrieben wird, zB Zahlung des Voll-
streckungsbetrags einschließlich der Kosten (§ 788). **cc) Mit Antrag**
des Gläubigers, den Schuldner aus der Haft zu entlassen (§ 911).
dd) Mit Haftdauer von 6 Monaten (§ 913). **ee) Mit Ablauf** der
11 3-Jahresfrist des § 909 Abs 2. – **b) Rechtsfolge.** Der Haftbefehl ist
verbraucht und von Amts wegen durch das zuständige Gericht (§ 899
Abs 1) aufzuheben. Das kann wirksam durch den Rechtspfleger geschehen, weil § 4 Abs 2 Nr 2 RPflG nicht entgegensteht.

§ 902 Eidesstattliche Versicherung des Verhafteten

(1) [1]**Der verhaftete Schuldner kann zu jeder Zeit bei dem
zuständigen Gerichtsvollzieher des Amtsgerichts des Haftortes
verlangen, ihm die eidesstattliche Versicherung abzunehmen.**
[2]**Dem Verlangen ist ohne Verzug stattzugeben.** [3]**Dem Gläubiger
ist die Teilnahme zu ermöglichen, wenn er dies beantragt hat
und die Versicherung gleichwohl ohne Verzug abgenommen
werden kann.**

(2) **Nach Abgabe der eidesstattlichen Versicherung wird der
Schuldner aus der Haft entlassen und der Gläubiger hiervon in
Kenntnis gesetzt.**

(3) [1]**Kann der Schuldner vollständige Angaben nicht machen,
weil er die dazu notwendigen Unterlagen nicht bei sich hat, so
kann der Gerichtsvollzieher einen neuen Termin bestimmen und
die Vollziehung des Haftbefehls bis zu diesem Termin aussetzen.**
[2]**§ 900 Abs. 1 Satz 2 bis 4 gilt entsprechend.**

*Abs 1 ist neu gefasst und Abs 3 angefügt mWv 1. 1. 1999 durch Art 1
Nr 34 2. ZwVollstrNov.*

1   **1. Allgemeines. a) Stellung des Schuldners.** Vor Erlass eines
Haftbefehls oder vor Verhaftung kann der Schuldner, der bisher die
Abgabe der eidesstattlichen Versicherung verweigert hat, aber nunmehr
freiwillig bereit ist, jederzeit beim Gerichtsvollzieher eine Terminsbestimmung (§ 900 Abs 1 S 1; dort Rn 10) beantragen. Ab Verhaftung
1 a gilt ausschließlich § 902. – **b) Rechtsbehelf** gegen (auch unterlassene)
Maßnahmen des Gerichtsvollziehers: § 766.

2   **2. Abnahme** der eidesstattlichen Versicherung (Abs 1) und zwar nur
der vollständigen (vgl Abs 3) **a) Verlangen des Schuldners.** Es ist

formlos und zu jeder Zeit möglich, solange der Schuldner verhaftet ist. –
b) Zuständig ist der Gerichtsvollzieher, in dessen Bezirk der Haftort 3
liegt, nicht notwendig, aber idR derjenige, welcher nach § 899 Abs 1
zuständig ist. Im Fall des § 284 AO ist das Finanzamt zuständig. –
c) Stattgeben (Abs 1 S 2) hat ohne Verzug zu geschehen (ohne schuld- 4
haftes Zögern, wie § 121 BGB). Das umfasst die Benachrichtigung des
Gerichtsvollziehers und sein Erscheinen in derjenigen Haftanstalt, wo
die Abnahme der eidesstattlichen Versicherung vorgenommen wird. –
d) Anwesenheit des Gläubigers (Abs 1 S 3) ist nicht zwingend erfor- 5
derlich, aber unter zwei Voraussetzungen zu ermöglichen, dh mindestens
zu versuchen: **aa) Antrag** des Gläubigers, formlos, auch telefonisch,
schon im Auftrag (§ 900 Abs 1) und auch dann noch möglich, wenn der
Gläubiger vom Verlangen des Schuldners (Rn 2) benachrichtigt wird.
bb) Ohne Verzug muss die Abnahme der eidesstattlichen Versicherung
geschehen können. Das bedeutet, dass der Gerichtsvollzieher den Gläubiger unverzüglich benachrichtigen muss und ggf einige Stunden mit
der Abnahme der eidesstattlichen Versicherung zuwarten kann, bis der
Gläubiger die Anfahrt bewältigt.

3. Entlassung des Schuldners (Abs 2) erfolgt von Amts wegen 6
sofort nach Abgabe der eidesstattlichen Versicherung und (bei § 807) des
ausgefüllten Vermögensverzeichnisses (vgl Rn 2). Damit ist der Haftbefehl verbraucht (§ 901 Rn 11). Die Entlassung ist zu protokollieren
(§ 762 Abs 2 Nr 2). Ist der Gläubiger nicht anwesend, muss er (formlos)
benachrichtigt werden. Sein Protokoll (§ 762) und den (verbrauchten)
Haftbefehl sendet der Gerichtsvollzieher an das zuständige Gericht
(§ 899 Abs 1).

4. Terminsbestimmung und Aussetzung des Haftbefehls 7
(Abs 3) stehen im pflichtgemäßen Ermessen („kann") des Gerichtsvollziehers. **a) Voraussetzung.** Der Schuldner muss außerstande sein, die
notwendigen Angaben zu machen, insbes das Vermögensverzeichnis
(§ 807) zu erstellen, weil er die notwendigen Unterlagen nicht bei sich
hat, sondern zu Hause oder in den Geschäftsräumen. – **b) Termins-** 8
bestimmung nach Maßgabe des § 900 Abs 1 S 2–4 (dort Rn 9–13) ist
sofort erforderlich, wenn der Gerichtsvollzieher nach Abs 3 verfährt. Sie
ist auch möglich, wenn die Vollziehung des Haftbefehls nicht ausgesetzt
wird; dann muss sich der Schuldner die notwendigen Unterlagen in die
Haftanstalt bringen lassen. Der Termin sollte möglichst nah angesetzt
werden. Ist der in Haft gebliebene Schuldner vor dem Termin fertig,
steht im jederzeit ein neues Verlangen (Rn 2) offen. – **c) Aussetzung** 9
der Vollziehung des (bestehen bleibenden) Haftbefehls obliegt dem Gerichtsvollzieher und geschieht durch tatsächliche (vorläufige) Entlassung
und Vermerk im Protokoll (§ 762 Abs 2 Nr 2). Einverständnis des
Gläubigers ist nicht erforderlich, nur geboten, wenn zu erwarten ist, dass
der Schuldner ohne persönliche Anwesenheit in seinen Räumen die
notwendigen Unterlagen nicht erhalten oder einsehen kann. Im ange-

setzten Termin ist eine Vertagung nicht vorgesehen; insbes ist § 900 Abs 3 nicht anwendbar.

§ 903 Wiederholte eidesstattliche Versicherung

[1]**Ein Schuldner, der die in § 807 dieses Gesetzes oder in § 284 der Abgabenordnung bezeichnete eidesstattliche Versicherung abgegeben hat, ist, wenn die Abgabe der eidesstattlichen Versicherung in dem Schuldnerverzeichnis noch nicht gelöscht ist, in den ersten drei Jahren nach ihrer Abgabe zur nochmaligen eidesstattlichen Versicherung einem Gläubiger gegenüber nur verpflichtet, wenn glaubhaft gemacht wird, daß der Schuldner später Vermögen erworben hat oder daß ein bisher bestehendes Arbeitsverhältnis mit dem Schuldner aufgelöst ist.** [2]**Der in § 807 Abs. 1 genannten Voraussetzungen bedarf es nicht.**

Satz 2 ist angefügt mWv 1. 1. 1999 durch Art 1 Nr 35 2. ZwVollstrNov.

1 **1. Allgemeines.** Andere Gläubiger können den Gerichtsakt, in dem das Vermögensverzeichnis liegt, einsehen (§ 807 Rn 1; Gebühr: KV 1645), auch nach Löschung im Schuldnerverzeichnis (Köln Rpfleger 69, 138). Abschriften des Vermögensverzeichnisses werden anderen Gläubigern erteilt, wenn die Voraussetzungen des § 750 vorliegen (Gebühr: KV 1644). Daher besteht für eine erneute OffenbVers in den ersten 3 Jahren auch für andere vollstreckungsbereite Gläubiger grundsätzlich kein Bedürfnis. Die früher geleistete OffenbVers steht der erneuten Pflicht zur Abgabe somit entgegen, aber nur wenn sie keine 3 Jahre zurückliegt und noch nicht im Verzeichnis gelöscht ist (§ 915 a). Das ist nur auf Vorbringen des Schuldners, nicht von Amts wegen zu prüfen (Musielak/Voit § 900 Rn 8 mwN; bestr).

2 **2. Neues Verfahren.** Die Vorschrift ist auf § 807 zugeschnitten. Wird wiederholte OffenbVers verlangt (vom selben oder einem anderen Gläubiger) so wird ein neues Verfahren nach § 900 eingeleitet. Die Voraussetzungen (Rn 3) sind von Amts wegen vor Terminsbestimmung zu prüfen. Es ist vom Schuldner ein vollständiges, neues Vermögensverzeichnis anzufertigen. Teilweise Bezugnahme ist nur zulässig, wenn das alte Vermögensverzeichnis vorliegt (Musielak/Voit 7 mwN). Davon zu unterscheiden ist die Ergänzung des eidesstattlich versicherten unvollständigen oder ungenauen Vermögensverzeichnisses (§ 807 Rn 30).

3 **3. Voraussetzungen.** Es muss die Pflicht zur Abgabe der OffenbVers gemäß § 807 bestehen (vgl aber Rn 7). Außerdem muss wenigstens eine der folgenden Voraussetzungen vorliegen: **a) Ablauf der Sperrfrist.** Seit Abgabe der OffenbVers müssen 3 Jahre abgelaufen sein. Auf Haftanordnung (§ 901) kommt es nicht an. Maßgebend ist die letzte OffenbVers, bei einer ergänzten (§ 807 Rn 30) die Abgabe derjenigen, die ergänzt wurde (LG Lübeck Rpfleger 91, 119). Fristberechnung:
4 § 222. – **b) Späterer Erwerb von Vermögen** iS von § 807, dh von Vermögensgegenständen. Sie müssen pfändbar sein (allgM) und dem

Schuldner noch gehören. Kann bei selbständiger Erwerbstätigkeit nach 6 Monaten angenommen werden (LG Heilbronn Rpfleger 00, 170; differenzierend Stuttgart DGVZ 01, 116). Eine Auslandsreise ist kein geeignetes Indiz (LG Köln Büro 87, 1812). – **c) Auflösung eines** 5 **Arbeitsverhältnisses** (iS des § 850 Abs 2), das zZ der abgegebenen OffenbVers bestand. **aa) Zu bejahen:** wenn der Schuldner aus dem Beamtenverhältnis ausscheidet, eine Witwen(r)pension oder Sozialrente verliert (Hamm Rpfleger 83, 322), ein eigenes Gewerbe oder einen freien Beruf aufgibt (hM; LG Hamburg Rpfleger 84, 363 mwN) oder eine von zwei selbständigen Erwerbsquellen (Frankfurt Rpfleger 90, 174); wenn ein Schuldner in arbeitsfähigem Alter bei der letzten OffenbVers arbeitslos war (Stuttgart OLGZ 79, 116) und soviel Zeit verstrichen ist, dass ein arbeitswilliger Schuldner unter den gegebenen Umständen wieder hätte Arbeit finden können (umstr; vgl LG Gießen DGVZ 95, 42); wenn der Gläubiger glaubhaft macht, der damals arbeits- lose Schuldner sei wieder in Arbeit (LG Kassel MDR 85, 63) oder sei nunmehr freiberuflich tätig (LG Frankenthal Rpfleger 85, 450). **bb) Zu verneinen:** bei bloßer Fortführung eines Gewerbebetriebs (LG Düssel- dorf Büro 87, 466; aA Zimmermann Rpfleger 96, 441), wofür aber Rn 4 anwendbar wäre; bei Wegfall von Arbeitslosengeld oder -hilfe (LG Berlin Rpfleger 91, 118; bestr).

4. Falsche Offenbarungsversicherung. Hat der Schuldner in der 6 OffenbVers wissentlich falsche Angaben gemacht, muss er auf Antrag des Gläubigers in einem neuen Verfahren die eidesstattliche Versicherung wiederholen (§ 807 Rn 30 aE; hM; KG MDR 90, 1124). Das ist von der bloßen Ergänzung (§ 807 Rn 30) zu unterscheiden. Die Vorausset- zungen des § 807 Abs 1 müssen nicht erneut nachgewiesen werden.

5. Entbehrlichkeit (S 2) der Voraussetzungen des § 807 Abs 1 7 Nr 1–4. Sie müssen nicht erneut behauptet und nachgewiesen werden; es genügt, dass sie beim vorangegangenen Verfahren (§ 900) vorlagen. Es ist davon auszugehen, dass der Schuldner der in der Zwischenzeit pfänd- bares Vermögen erworben hat, die Vollstreckungsforderung begleichen kann und bei fehlendem Erwerb dadurch geschützt ist. dass er die Vo- raussetzungen des § 903 bestreiten könnte.

§ 904 Unzulässigkeit der Haft

Die Haft ist unstatthaft:
1. **gegen Mitglieder des Bundestages, eines Landtages oder einer zweiten Kammer während der Tagung, sofern nicht die Ver- sammlung die Vollstreckung genehmigt;**
2. *(weggefallen)*
3. **gegen den Kapitän, die Schiffsmannschaft und alle übrigen auf einem Seeschiff angestellten Personen, wenn sich das Schiff auf der Reise befindet und nicht in einem Hafen liegt.**

1   Für Bundestagsabgeordnete geht Art 46 Abs 3, Abs 4 GG vor. Für Landtagsabgeordnete gilt die Landesverfassung. Für Mitglieder der Nato-Streitkräfte ist Haftanordnung unzulässig (Art 34 Abs 2 Zusatzabkommen zum Truppenstatut); ebenso für ihre Familienmitglieder (LG Hagen DGVZ 76, 138). § 904 betrifft nur den Haftvollzug, nicht die Haftanordnung (§ 901).

§ 905 Haftunterbrechung

Die Haft wird unterbrochen:

1. gegen Mitglieder des Bundestages, eines Landtages oder einer zweiten Kammer für die Dauer der Tagung, wenn die Versammlung die Freilassung verlangt;

2. *(weggefallen)*

§ 906 Haftaufschub

Gegen einen Schuldner, dessen Gesundheit durch die Vollstreckung der Haft einer nahen und erheblichen Gefahr ausgesetzt wird, darf, solange dieser Zustand dauert, die Haft nicht vollstreckt werden.

1   **Anwendbar:** nur für Schuldner, nicht dritte, von ihm abhängige Personen. **Wirkung:** § 906 gilt schon für die Verhaftung, nicht nur für den Vollzug. Die Haftanordnung bleibt zulässig und unberührt; auch die Pflicht zur Abgabe der eidesstattlichen Versicherung. § 906 betrifft nur
2 die Vollstreckung (Köln DGVZ 95, 7; bestr). **Entscheidung** über die Voraussetzungen des § 906 (Haftfähigkeit) und Prüfung von Amts wegen erfolgt durch den Gerichtsvollzieher nach eigenem Ermessen oder nach amtsärztlichem Zeugnis (Midderhoff DGVZ 82, 81). Der Gerichtsvollzieher muss schriftlich konkrete Feststellungen treffen, welche Umstände ihn veranlasst haben, den Schuldner für haftunfähig anzusehen; er muss ggf weitere Atteste einholen (LG Hannover DGVZ 90, 59). Strenger Maßstab gegen den Schuldner ist anzulegen (Hamm DGVZ 83, 137; LG Düsseldorf DGVZ 80, 38). Güterabwägung ist geboten (Köln DGVZ 95, 7). Abnahme der eidesstattlichen Versicherung im Krankenhaus (Jena Rpfleger 97, 446) oder in der Wohnung bleibt zulässig (Köln DGVZ 95, 7), jedoch darf der haftunfähige Schuldner nicht zur Abgabe der eidesstattlichen Versicherung zwangsweise vorgeführt werden (Bam-
3 berg DGVZ 90, 39; Hamm aaO; umstr). **Gesundheit:** psychisch wie physisch. Es findet keine Vollstreckung in Anstaltskrankenhäusern oder -abteilungen statt (hM; Karlsruhe DGVZ 93, 8 mwN). **Rechtsbehelf:** § 766. Die Maßnahme des Gerichtsvollziehers (Rn 2) ist voll überprüfbar, nicht nur sein Ermessen (hM; Köln DGVZ 957).

§§ 907, 908 (aufgehoben)

§ 909 Verhaftung

(1) ¹**Die Verhaftung des Schuldners erfolgt durch einen Gerichtsvollzieher. ²Dem Schuldner ist der Haftbefehl bei der Verhaftung in beglaubigter Abschrift zu übergeben.**

(2) **Die Vollziehung des Haftbefehls ist unstatthaft, wenn seit dem Tage, an dem der Haftbefehl erlassen wurde, drei Jahre vergangen sind.**

Der bisherige Wortlaut wird Abs 1, dessen Satz 2 geändert und Abs 2 angefügt mWv 1. 1. 1999 durch Art 1 Nr 37 2. ZwVollstrNov.

1. Zuständigkeit (Abs 1 S 1). Funktionell zuständig ist ausschließlich der Gerichtsvollzieher, örtlich nicht notwendig der für die Abnahme der eidesstattlichen Versicherung gemäß § 899 Abs 1 zuständige, sondern derjenige des Ortes, an dem die Verhaftung durchgeführt werden soll; denn bei Wechsel des Wohnsitzes oder bei jedem augenblicklichen Aufenthaltsort ist es notwendig, dass der Gläubiger die Verhaftung durch den für diesen Bezirk zuständigen Gerichtsvollzieher durchführen kann. **1**

2. Voraussetzungen der Verhaftung sind neben der Zulässigkeit der Zwangsvollstreckung (38 vor § 704): **a) Auftrag** des Gläubigers. Form: wie § 753 Rn 8. Er kann schon vor Erlass des Haftbefehls (§ 901) erteilt werden. Der Auftrag darf nicht bedingt erteilt, kann aber auf einen Teil der Vollstreckungsforderung beschränkt werden. – **b) Haftbefehl** (§ 901). Er muss wirksam erlassen sein. Ob er zu Recht erlassen ist (§ 901 Rn 2–4), hat der Gerichtsvollzieher nicht zu prüfen. Ein Verbrauch des Haftbefehls (§ 901 Rn 10) steht entgegen. Der Gerichtsvollzieher hat dies aber nur (von Amts wegen) zu beachten, wenn Anhaltspunkte vorliegen. Der Gläubiger muss nicht von sich aus darlegen, dass der Haftbefehl unverbraucht ist. – **c) Vollziehbarkeit des Haftbefehls.** Es darf die 3-Jahresfrist des Abs 2 (Rn 10) noch nicht abgelaufen sein. Der Schuldner darf sich nicht in Straf- oder Untersuchungshaft befinden, weil diese immer vorgeht (allgM; LG Essen DGVZ 95, 91. – **d) Auslagenvorschuss** des Gläubigers. Es gilt § 68 Abs 1 S 1 und 2 GKG; KV 9011. **2 3 4 5**

3. Durchführung. Es gelten die allgemeinen Vorschriften, insbes §§ 754, 755, 757, 758, 759, 762 sowie § 187 GVGA. **a) Übergabe des Haftbefehls** (Abs 1 S 2) in beglaubigter Abschrift (§ 170 Rn 2) an den Schuldner bei der Verhaftung, nicht etwa vor ihrem Beginn. Ein Vorzeigen genügt nicht. Die Zustellung des Haftbefehls wird nicht erübrigt (§ 901 Rn 8; aA Musielak/Voit § 901 Rn 9). – **b) Verhaftung.** Wo der Schuldner sich befindet, ist gleichgültig. Der Gerichtsvollzieher bedarf für die Öffnung der Wohnung des Schuldners (§ 758) keiner gerichtlichen Anordnung (§ 758 a Abs 2). In Wohn- oder Geschäftsräumen Dritter darf der Gerichtsvollzieher wegen des Hausrechts nur mit Zustimmung des Inhabers handeln. Schon unmittelbar nach der Verhaftung kann der Schuldner Abnahme der eidesstattlichen Versicherung verlangen (§ 902 Abs 1). Tut er es nicht, ist er in die Justizvollzugsanstalt **6 7 8**

9   einzuliefern. – **c) Kosten.** Es gilt § 788 Abs 1. Auslagenvorschuss: Rn 5. Kosten der Haft: KV 1911. Gebühren: § 57 Abs 1, 2 Nr 4; § 58 Abs 3 Nr 11 BRAGO; § 26 GVKostG. Auslagen: § 36 Abs 1 Nr 3 GVKostG.

10   **4. Absehen von Verhaftung** kann der Gerichtsvollzieher mit Einverständnis des Gläubigers, wenn der Schuldner nach Maßgabe des § 900 Abs 3 Tilgung verspricht und glaubhaft macht (§ 186 Nr 6, § 114a Nr 1 GVGA). Die Termine werden dann fortgesetzt oder es wird vertagt gemäß § 900 Abs 3 S 1 oder S 2.

11   **5. Vollziehungsfrist** (Abs 2). Die Regelung ist mit § 929 Abs 2 vergleichbar. Die Frist läuft ab Erlass des Haftbefehls (§ 901), also ab dessen Datum (§ 901 Rn 6). Berechnung: § 222: Die Länge (3 Jahre) passt zu § 903, § 914 Abs 2 und § 915 b Abs 2. Mit Ablauf der Frist ist eine Verhaftung unzulässig (Rn 4), der Haftbefehl verbraucht (§ 901 Rn 10).

12   **6. Rechtsbehelfe.** Gegen das Verfahren des Gerichtsvollzieher (getroffene oder unterlassene Maßnahmen) findet Erinnerung (§ 766) zum Vollstreckungsgericht (§ 764) statt; das ist das Amtsgericht, zu dessen Bezirk der Gerichtsvollzieher gehört (§ 899). Will sich der Schuldner gegen den Haftbefehl (§ 901) wenden, muss er sofortige Beschwerde (§ 793) einlegen (§ 901 Rn 9).

§ 910 Anzeige vor der Verhaftung

[1] Vor der Verhaftung eines Beamten, eines Geistlichen oder eines Lehrers an öffentlichen Unterrichtsanstalten ist der vorgesetzten Dienstbehörde von dem Gerichtsvollzieher Anzeige zu machen. [2] Die Verhaftung darf erst erfolgen, nachdem die vorgesetzte Behörde für die dienstliche Vertretung des Schuldners gesorgt hat. [3] Die Behörde ist verpflichtet, ohne Verzug die erforderlichen Anordnungen zu treffen und den Gerichtsvollzieher hiervon in Kenntnis zu setzen.

1   Die Haftanordnung ist nicht beschränkt. Die Vorschrift gilt nicht für Lehrer an Privatschulen (hM). Auslagen: § 36 Abs 1 Nr 3 GVKostG. Rechtsbehelf: § 766. Für Soldaten gilt Abschnitt E des Erlasses vom 16. 3. 82 (abgedruckt bei BLAH Schlussanhang II).

§ 911 Erneuerung der Haft nach Entlassung

Gegen den Schuldner, der ohne sein Zutun auf Antrag des Gläubigers aus der Haft entlassen ist, findet auf Antrag desselben Gläubigers eine Erneuerung der Haft nicht statt.

1   **1. Unzulässig** ist die erneute Haft in demselben Verfahren, wenn folgende Voraussetzungen vorliegen: **a) Entlassung** auf Antrag des betreffenden Gläubigers, also nicht von Amts wegen. Bei Beschränkung des Verhaftungsauftrags auf einen Teilbetrag ist auch für die Zahlung des Schuldners auf diesen Betrag abzustellen (hM; § 909 Rn 2). Die Aussetzung der Haft durch Antrag des Gläubigers kann wegen 52 vor § 704 unzulässig sein, wenn sie gegen Ratenzahlung ohne Verzicht auf die Vollstreckung des Rests erfolgt (Wieser DGVZ 90, 177; umstr; aA Oerke DGVZ 92, 130 mwN). – **b) Ohne Zutun** des Schuldners. Er 2 darf insbes nicht durch Erfüllungszusagen an den Gläubiger seine Entlassung bewirkt haben.

2. Zulässig ist die erneute Haft auf Antrag eines jeden anderen 3 Gläubigers; ferner auf Antrag auch desselben Gläubigers, wenn ein anderes Verfahren mit anderer Haftanordnung (Haftbefehl) zugrundeliegt, insbes wenn eine andere Forderung vollstreckt wird oder im Fall des § 903.

§ 912 (weggefallen)

§ 913 Haftdauer

¹**Die Haft darf die Dauer von sechs Monaten nicht übersteigen.** ²**Nach Ablauf der sechs Monate wird der Schuldner von Amts wegen aus der Haft entlassen.**

Die Höchstdauer gilt nur für denselben Haftbefehl (KG DGVZ 00, 1 59) und denselben Schuldtitel. Bei mehreren Titeln, insbes mehreren Gläubigern (Celle DGVZ 99, 33), sind für jeden 6 Monate möglich (aber § 390 Abs 2, § 914 beachten).

§ 914 Wiederholte Verhaftung

(1) Ein Schuldner, gegen den wegen Verweigerung der Abgabe der eidesstattlichen Versicherung nach § 807 dieses Gesetzes oder nach § 284 der Abgabenordnung eine Haft von sechs Monaten vollstreckt ist, kann auch auf Antrag eines anderen Gläubigers von neuem zur Abgabe einer solchen eidesstattlichen Versicherung durch Haft nur angehalten werden, wenn glaubhaft gemacht wird, daß der Schuldner später Vermögen erworben hat oder daß ein bisher bestehendes Arbeitsverhältnis mit dem Schuldner aufgelöst ist.

(2) Diese Vorschrift ist nicht anzuwenden, wenn seit der Beendigung der Haft drei Jahre verstrichen sind.

Erneute Haft (Abs 1): Die wiederholte Haftanordnung erfordert ein 1 neues Verfahren nach § 900. Auch bei einem anderen Titel desselben Gläubigers gilt § 914. Späterer Vermögenserwerb: wie § 903 Rn 4. Aufgelöstes Arbeitsverhältnis: wie § 903 Rn 5. Glaubhaftmachung: § 294. **3-Jahres-Frist** (Abs 2): Berechnung nach § 222. Haftanordnung 2 (Haftbefehl), nicht notwendig der Antrag, ist erst nach Fristablauf zuläs-

3 sig. **Rechtsbehelf** gegen Haftanordnung: § 793, aber nur Erinnerung
(§ 766) bei Verhaftung unter Verstoß gegen § 914 (Musielak/Voit 3).

§ 915 Schuldnerverzeichnis

(1) ¹Das Vollstreckungsgericht führt ein Verzeichnis der Personen, die in einem bei ihm anhängigen Verfahren die eidesstattliche Versicherung nach § 807 abgegeben haben oder gegen die
nach § 901 die Haft angeordnet ist. ²In dieses Schuldnerverzeichnis sind auch die Personen aufzunehmen, die eine eidesstattliche
Versicherung nach § 284 der Abgabenordnung abgegeben haben.
³Die Vollstreckung einer Haft ist in dem Verzeichnis zu vermerken, wenn sie sechs Monate gedauert hat. ⁴Geburtsdaten der
Personen sind, soweit bekannt, einzutragen.

(2) Wer die eidesstattliche Versicherung vor dem Gerichtsvollzieher eines anderen Amtsgerichts abgegeben hat, wird auch in
das Verzeichnis dieses Gerichts eingetragen, wenn er im Zeitpunkt der Versicherung in dessen Bezirk seinen Wohnsitz hatte.

(3) ¹Personenbezogene Informationen aus dem Schuldnerverzeichnis dürfen nur für Zwecke der Zwangsvollstreckung verwendet werden, sowie um gesetzliche Pflichten zur Prüfung der wirtschaftlichen Zuverlässigkeit zu erfüllen, um Voraussetzungen für
die Gewährung von öffentlichen Leistungen zu prüfen oder um
wirtschaftliche Nachteile abzuwenden, die daraus entstehen können, daß Schuldner ihren Zahlungsverpflichtungen nicht nach-
kommen, oder soweit dies zur Verfolgung von Straftaten erforderlich ist. ²Die Informationen dürfen nur für den Zweck verwendet
werden, für den sie übermittelt worden sind. ³Nichtöffentliche
Stellen sind darauf bei der Übermittlung hinzuweisen.

*Abs 2 wurde eingefügt mWv 1. 1. 1999 durch Art 1 Nr 38 2. ZwVoll-
strNov.*

1 **1. Führung** des Schuldnerverzeichnisses (Abs 1 S 1) ist Gerichtsbarkeit, nicht Justizverwaltung (allgM); anders §§ 915 d–f. Zuständig ist das
AG als Vollstreckungsgericht (§ 764), das nach § 899 zuständig ist, nicht
notwendig dasjenige, bei dem das Verfahren mit Abnahme der eidesstattlichen Versicherung des § 807 oder die Anordnung der Haft (§ 901)
stattgefunden hat. Weitere Zuständigkeit: Abs 2; Rn 6. Anstelle des
gemäß Abs 1 S 1 zuständigen Gerichts tritt ein nach § 915 h Abs 2 Nr 1
bestimmtes Gericht. Funktionell zuständig ist der Urkundsbeamte
(§ 153 GVG).

2 **2. Eintragung** des Schuldners (Aufnahme) in das Schuldnerverzeichnis erfolgt von Amts wegen. **a) Voraussetzung** ist die (vollzogene)
Abgabe der OffenbVers gemäß § 807 (dort Rn 15, 20) oder die Haftanordnung (§ 901). Die Haft muss nicht vollstreckt, ihr Vollzug nicht
eingeleitet sein. Der gesetzliche Vertreter (vgl § 807 Rn 15) ist nicht
einzutragen (§ 1 Abs 3 SchuVVO). Einzutragen ist auch auf Grund der

amtlichen Mitteilung einer Abgabe der OffenbVers vor dem Finanz- oder Hauptzollamt gemäß § 284 AO (Abs 1 S 2). – **b) Inhalt** der 3 Eintragung. Er richtet sich nach der auf Grund des § 915 h Abs 1 Nr 1 erlassenen SchuVVO (§ 1 Abs 1). Dass das Geburtsdatum eingetragen werden kann, ist gesetzlich klargestellt (Abs 1 S 4), zugleich dass der Schuldner es nur freiwillig anzugeben hat (vgl § 1 Abs 1 Nr 2 SchuVVO). Wegen Bedeutsamkeit der Identität ist diese Eintragung auch nachholbar (Hornung Rpfleger 95, 233). – **c) Haftvermerk** 4 (Abs 1 S 3) ist nur dann einzutragen, wenn die Höchstdauer des § 913 vollstreckt wurde (praktisch höchst selten). – **d) Anfechtbarkeit.** Die 5 Eintragung oder ihre Ablehnung durch den Urkundsbeamten (Rn 1 aE) ist mit Erinnerung (§ 573) anfechtbar. Die sofortige Beschwerde ist ausgeschlossen (§ 915 c).

3. Weitere Eintragung (Abs 2). Neben der Eintragung beim primär 6 zuständiges Amtsgericht (Abs 1 S 1; Rn 1) wird eine weitere Eintragung (wie Rn 2–4) beim anderen Amtsgericht notwendig, wenn der Schuld- ner (insbes infolge Wohnsitzwechsels) die eidesstattliche Versicherung des § 807 vor dem Gerichtsvollzieher eines anderen Amtsgerichts abge- geben hat (auch im Falle der §§ 902 und 909), aber nur wenn der Schuldner zZt der Abgabe im Bezirk dieses Amtsgerichts seinen (alleini- gen) Wohnsitz (wie § 13 Rn 2) oder einen von mehreren hatte. Das zuständige Amtsgericht hat diese Voraussetzungen bei entsprechenden Anhaltspunkten von Amts wegen zu ermitteln.

4. Verwendungsbeschränkung (Abs 3) bezieht sich nur auf die 7 personenbezogene Informationen, gleich welchen Inhalts und welcher Form, insbes Geburtsdatum, Anschriften. Selbstverständlich gehören dazu nicht die Angaben zur Abgabe der OffenbVersicherung (wann und wo), sowie der Haftvermerk.

§ 915 a Löschung

(1) ¹**Eine Eintragung im Schuldnerverzeichnis wird nach Ab- lauf von drei Jahren seit dem Ende des Jahres gelöscht, in dem die eidesstattliche Versicherung abgegeben, die Haft angeordnet oder die sechsmonatige Haftvollstreckung beendet worden ist. ²Im Falle des § 915 Abs. 2 ist die Eintragung auch im Verzeichnis des anderen Gerichtes zu löschen.**

(2) **Eine Eintragung im Schuldnerverzeichnis wird vorzeitig gelöscht, wenn**

1. **die Befriedigung des Gläubigers, der gegen den Schuldner das Verfahren zur Abnahme der eidesstattlichen Versicherung be- trieben hat, nachgewiesen worden ist oder**
2. **der Wegfall des Eintragungsgrundes dem Vollstreckungs- gericht bekanntgeworden ist.**

Abs 1 Satz 2 wurde angefügt mWv 1. 1. 1999 durch Art 1 Nr 39 2.
ZwVollstrNov.

1   **1. Verfahren.** Zuständigkeit für die Löschung wegen Zeitablaufs: wie
§ 915 Rn 1. Gilt auch für das andere AG (§ 915 Abs 2). Nur für die
vorzeitige Löschung ist der Rechtspfleger zuständig (§ 20 Nr 17 RPflG;
ZöStöber 6), sonst der Urkundsbeamte der Geschäftsstelle (§ 915 Rn 1
aE). Die Löschung erfolgt in allen Fällen von Amts wegen ohne Antrag
des Schuldners. Die Löschung kann nur mit der Erinnerung (§ 573)
oder der sofortigen Erinnerung (§ 11 Abs 2 RPflG) angefochten werden; denn die sofortige Beschwerde ist ausgeschlossen (§ 915 c). Dasselbe gilt für die Ablehnung eines Antrags auf Löschung. Gelöscht wird
durch Unkenntlichmachen der Schrift, Vernichtung des Karteiblatts
oder Korrektur des Datenträgers; im Einzelnen nach der SchuVVO
(§ 915 h Abs 1 Nr 3).

2   **2. Löschung wegen Zeitablaufs** (Abs 1) ist der Regelfall. Zuständigkeit: Rn 1. Voraussetzung ist der Ablauf von 3 Jahren seit dem Schluss
des Kalenderjahres, in dem die OffenbVers abgegeben (§ 807 Rn 15,
20), die Haft angeordnet (§ 901) oder eine sechs Monate lang vollstreckte Haft (§ 913) abgelaufen ist. Auf den Zeitpunkt der Eintragung
kommt es nicht an (vgl Hornung Rpfleger 95, 233), wohl aber bei der
Auskunft (§ 915 b Abs 2). Nur wenn es zur vollen Haftvollstreckung
kommt (§ 913), ist deren Ablauf, nicht die Haftanordnung maßgebend.

3   **3. Vorzeitige Löschung** (Abs 2) geschieht ebenfalls von Amts wegen
(vgl Rn 1) durch Entscheidung des Vollstreckungsgerichts (Rn 1). Sie
steht einer Wiedereintragung nicht im Wege, wenn bei der Löschung die
Voraussetzungen zu Unrecht angenommen wurden oder ihrerseits wegfallen (zB Rn 5 aE). Unterrichtungspflicht gemäß § 915 g Abs 2. **a) Be-**
4 **friedigung des Gläubigers** (Nr 1) für den Titel, aus dem er das Verfahren der eidesstattlichen Versicherung betrieben hat (§ 807 Rn 5). Dies
entspricht dem § 775 Rn 12. Erlass (§ 397 BGB) der Vollstreckungsforderung steht dem gleich (LG Hannover Rpfleger 70, 442), nicht aber
eine Stundung (LG Tübingen Rpfleger 86, 24). Nachweis: Er ist nicht
notwendig vom Schuldner zu führen, zB kann sich der Gläubiger bei
Befriedigung verpflichten, den Nachweis zu erbringen. Nachgewiesen
wird idR wie bei § 775 Nr 4 (dort Rn 11). Bei Zweifeln, insbes beim
Überweisungsbeleg, sollte der Gläubiger gehört werden (vgl MüKo/
5 Eickmann § 915 Rn 9). – **b) Wegfall des Eintragungsgrundes** (Nr 2).
aa) Weggefallen ist insbes, wenn nach Eintragung (§ 915 Rn 2) der
Vollstreckungstitel (§ 807 Rn 5) oder die Haftanordnung (§ 901) aufgehoben ist. Das gleiche gilt, wenn die ZwVollstr aus dem Titel (§ 807
6 Rn 5) für unzulässig erklärt ist (§ 775 Nr 1, § 776 S 1). **bb) Bekannt-**
geworden. Es genügt, wenn dem Vollstreckungsgericht Urkunden vorliegen, die jeden Zweifel ausschließen. Reichen die vorliegenden Anhaltspunkte nicht aus, so ist zu ermitteln. Dem Schuldner steht es frei, von
sich aus Beweise (idR eine öffentliche Urkunde) vorzulegen.

§ 915 b Auskunft; Löschungsfiktion

(1) ¹Der Urkundsbeamte der Geschäftsstelle erteilt auf Antrag Auskunft, welche Angaben über eine bestimmte Person in dem Schuldnerverzeichnis eingetragen sind, wenn dargelegt wird, daß die Auskunft für einen der in § 915 Abs. 3 bezeichneten Zwecke erforderlich ist. ²Ist eine Eintragung vorhanden, so ist auch das Datum des in Absatz 2 genannten Ereignisses mitzuteilen.

(2) Sind seit dem Tage der Abgabe der eidesstattlichen Versicherung, der Anordnung der Haft oder der Beendigung der sechsmonatigen Haftvollstreckung drei Jahre verstrichen, so gilt die entsprechende Eintragung als gelöscht.

Abs 1 Satz 1 geändert mWv 1. 1. 2002 durch Art 1 Nr 9 7. G zur Änderung der Pfändungsfreigrenzen.

Auskunftserteilung (Abs 1). Zuständig ist der Urkundbeamte **1** (§ 153 GVG). Handelt an seiner Stelle der Rechtspfleger, so ist das ohne Belang (vgl § 8 Abs 5 RPflG). Eine Anhörung des Schuldners findet nicht statt. **Voraussetzungen** sind: ein Antrag und Darlegung (dh **2** Angabe von Tatsachen, keine Glaubhaftmachung, § 294) eines der in § 915 Abs 3 aufgeführten 5 Zwecke (ZwVollstr, gesetzliche Prüfungspflicht, Gewährung öffentlicher Leistungen, Nachteilsabwendung, Strafverfolgung). **Inhalt** der Auskunft. Sie lautet, dass keine Eintragung **3** besteht oder sie erstreckt sich auf den gesamten Inhalt der Eintragung (§ 915 Rn 2), auch auf das Datum (Abs 1 S 2) der Abgabe (§ 807 Rn 15, 20; § 900 Rn 29), eine Haftanordnung (§ 901) und die Beendigung einer sechsmonatigen Haft (§ 913). **Rechtsbehelf** gegen Ableh- **4** nung des Auskunftsantrags oder wegen unvollständiger Auskunft ist die Erinnerung (§ 573). Keine Beschwerde (§ 915 c). Gegen die Auskunftserteilung ist die Erinnerung unzulässig wegen Gegenstandslosigkeit. **Löschungsfiktion** (Abs 2). Anders als bei der Löschung wird der Ab- **5** lauf von 3 Jahren nicht vom Jahresschluss, sondern vom Tag der Abgabe der Haftanordnung (§ 901) oder des Vollstreckungsendes (§ 913) berechnet. Wirkung ist die Fiktion („gilt") der Löschung mit der Folge, dass die Auskunft lautet, es bestehe keine Eintragung.

§ 915 c Ausschluss der Beschwerde

Gegen Entscheidungen über Eintragungen, Löschungen und Auskunftsersuchen findet die Beschwerde nicht statt.

Dadurch wird nicht die Erinnerung (§ 11 Abs 2 RPflG oder § 573 **1** Abs 1) berührt. Es wird nur die sofortige Beschwerde (§ 567 Abs 1 und § 793) ausgeschlossen, so dass es bei der Entscheidung des Amtsrichters (§ 764 Abs 1, § 22 Abs 1 GVG) über die Erinnerung sein Bewenden hat. Entscheidungen des Präsidenten auf Grund der SchuVVO unterliegen mit Einschränkungen der Anfechtung gemäß den §§ 23–30 EGGVG nach Maßgabe des § 20 SchuVVO.

§ 915 d Erteilung von Abdrucken

(1) [1]Aus dem Schuldnerverzeichnis können nach Maßgabe des § 915 e auf Antrag Abdrucke zum laufenden Bezug erteilt werden, auch durch Übermittlung in einer nur maschinell lesbaren Form. [2]Bei der Übermittlung in einer nur maschinell lesbaren Form gelten die von der Landesjustizverwaltung festgelegten Datenübertragungsregeln.

(2) Die Abdrucke sind vertraulich zu behandeln und dürfen Dritten nicht zugänglich gemacht werden.

(3) Nach der Beendigung des laufenden Bezugs sind die Abdrucke unverzüglich zu vernichten; Auskünfte dürfen nicht mehr erteilt werden.

1   Für Löschungen gilt über § 915 g Abs 1 der § 915 a. Die Abdrucke werden in einem Bewilligungsverfahren erteilt (§§ 2–8 SchuVVO). Zuständig ist der Präsident des AG oder der des LG, wenn das verzeichnisführende AG keinen Präsidenten hat (§ 3 SchuVVO).

§ 915 e Empfänger von Abdrucken; Auskünfte aus Abdrucken; Listen; Datenschutz

(1) Abdrucke erhalten
a) Industrie- und Handelskammern sowie Körperschaften des öffentlichen Rechts, in denen Angehörige eines Berufes kraft Gesetzes zusammengeschlossen sind (Kammern),
b) Antragsteller, die Abdrucke zur Errichtung und Führung zentraler bundesweiter oder regionaler Schuldnerverzeichnisse verwenden, oder
c) Antragsteller, deren berechtigtem Interesse durch Einzelauskünfte, insbesondere aus einem Verzeichnis nach Buchstabe b, oder durch den Bezug von Listen (§ 915 f) nicht hinreichend Rechnung getragen werden kann.

(2) [1]Die Kammern dürfen ihren Mitgliedern oder den Mitgliedern einer anderen Kammer Auskünfte erteilen. [2]Andere Bezieher von Abdrucken dürfen Auskünfte erteilen, soweit dies zu ihrer ordnungsgemäßen Tätigkeit gehört. [3]§ 915 d gilt entsprechend. [4]Die Auskünfte dürfen auch im automatisierten Abrufverfahren erteilt werden, soweit diese Form der Datenübermittlung unter Berücksichtigung der schutzwürdigen Interessen der Betroffenen wegen der Vielzahl der Übermittlungen oder wegen ihrer besonderen Eilbedürftigkeit angemessen ist.

(3) [1]Die Kammern dürfen die Abdrucke in Listen zusammenfassen oder hiermit Dritte beauftragen. [2]Sie haben diese bei der Durchführung des Auftrages zu beaufsichtigen.

(4) [1]In den Fällen des Absatzes 1 Satz 1 Buchstabe b und c gilt für nicht-öffentliche Stellen § 38 des Bundesdatenschutzgesetzes

mit der Maßgabe, daß die Aufsichtsbehörde auch die Verarbeitung und Nutzung dieser personenbezogenen Daten in oder aus Akten überwacht und auch überprüfen kann, wenn ihr keine hinreichenden Anhaltspunkte dafür vorliegen, daß eine Vorschrift über den Datenschutz verletzt ist. [2]Entsprechendes gilt für nicht-öffentliche Stellen, die von den in Absatz 1 genannten Stellen Auskünfte erhalten haben.

Inhalt von Abdrucken: § 9 SchuVVO. Inhalt von Listen: § 12 **1** SchuVVO. Anschluss: §§ 11, 14 SchuVVO. Auskünfte im automatisierten Abrufverfahren: § 17 SchuVVO. Ausschluss vom Abrufrecht: § 19 SchuVVO.

§ 915f Überlassung von Listen; Datenschutz

(1) [1]Die nach § 915e Abs. 3 erstellten Listen dürfen den Mitgliedern von Kammern auf Antrag zum laufenden Bezug überlassen werden. [2]Für den Bezug der Listen gelten die §§ 915d und 915e Abs. 1 Buchstabe c entsprechend.

(2) Die Bezieher der Listen dürfen Auskünfte nur jemandem erteilen, dessen Belange sie kraft Gesetzes oder Vertrages wahrzunehmen haben.

(3) Listen sind unverzüglich zu vernichten, soweit sie durch neue ersetzt werden.

(4) § 915e Abs. 4 gilt entsprechend.

§ 915g Löschung von Abdrucken, Listen und Aufzeichnungen

(1) Für Abdrucke, Listen und Aufzeichnungen über eine Eintragung im Schuldnerverzeichnis, die auf der Verarbeitung von Abdrucken oder Listen oder auf Auskünften über Eintragungen im Schuldnerverzeichnis beruhen, gilt § 915a Abs. 1 entsprechend.

(2) [1]Über vorzeitige Löschungen (§ 915a Abs. 2) sind die Bezieher von Abdrucken innerhalb eines Monats zu unterrichten. [2]Sie unterrichten unverzüglich die Bezieher von Listen (§ 915f Abs. 1 Satz 1). [3]In den auf Grund der Abdrucke und Listen erstellten Aufzeichnungen sind die Eintragungen unverzüglich zu löschen.

Verfahren und Kontrolle von Löschungen: §§ 15, 16 SchuVVO. **1**

§ 915h Verordnungsermächtigungen

(1) Das Bundesministerium der Justiz wird ermächtigt, durch Rechtsverordnung mit Zustimmung des Bundesrates
1. Vorschriften über den Inhalt des Schuldnerverzeichnisses, über den Bezug von Abdrucken nach den §§ 915d, 915e und

das Bewilligungsverfahren sowie den Bezug von Listen nach § 915 f Abs. 1 zu erlassen,

2. Einzelheiten der Einrichtung und Ausgestaltung automatisierter Abrufverfahren nach § 915 e Abs. 2 Satz 4, insbesondere der Protokollierung der Abrufe für Zwecke der Datenschutzkontrolle, zu regeln,

3. die Erteilung und Aufbewahrung von Abdrucken aus dem Schuldnerverzeichnis, die Anfertigung, Verwendung und Weitergabe von Listen, die Mitteilung und den Vollzug von Löschungen und den Ausschluß vom Bezug von Abdrucken und Listen näher zu regeln, um die ordnungsgemäße Behandlung der Mitteilungen, den Schutz vor unbefugter Verwendung und die rechtzeitige Löschung von Eintragungen sicherzustellen,

4. zur Durchsetzung der Vernichtungs- und Löschungspflichten im Falle des Widerrufs der Bewilligung die Verhängung von Zwangsgeldern vorzusehen; das einzelne Zwangsgeld darf den Betrag von 25 000 Euro nicht übersteigen.

(2) [1]Die Landesregierungen werden ermächtigt, durch Rechtsverordnung zu bestimmen, daß

1. anstelle des Schuldnerverzeichnisses bei den einzelnen Vollstreckungsgerichten oder neben diesen ein zentrales Schuldnerverzeichnis für die Bezirke mehrerer Amtsgerichte bei einem Amtsgericht geführt wird und die betroffenen Vollstreckungsgerichte diesem Amtsgericht die erforderlichen Daten mitzuteilen haben;

2. bei solchen Verzeichnissen automatisierte Abrufverfahren eingeführt werden, soweit dies unter Berücksichtigung der schutzwürdigen Belange des betroffenen Schuldners und der beteiligten Stellen angemessen ist; die Rechtsverordnung hat Maßnahmen zur Datenschutzkontrolle und Datensicherung vorzusehen. [2]Sie werden ermächtigt, diese Befugnisse auf die Landesjustizverwaltungen zu übertragen.

1   Die RechtsVO zu Abs 1 ist ergangen am 15. 12. 94, BGBl I 3822 (SchuVVO), zuletzt geändert mWv 1. 1. 2002 durch Art 1 Nr 10 7. G zur Änderung der Pfändungsfreigrenzen. Schönfelder, Deutsche Gesetze Nr 102.

Abschnitt 5. Arrest und einstweilige Verfügung

Vorbemerkung

1   **1. Wesen.** Es handelt sich um summarische Verfahren zur Sicherung des Gläubigers für einen Anspruch. Entsprechend seiner Zielsetzung zerfällt das Verfahren in zwei Teile, nämlich in die Anordnung und in die Vollziehung der Sicherung.

Streitgegenstand ist nicht der Anspruch selbst, sondern die Zulässig- 2
keit seiner zwangsweisen Sicherung, wie sie der Gläubiger beantragt
bzw, falls kein bestimmter Antrag gestellt wird, wie sie das Ger bestimmt
hat (Stuttgart NJW 69, 1721). Anträge in diesen Verfahren führen deshalb nicht zur Rechtshängigkeit des Anspruchs selbst, Entscheidungen
nicht zu einer Rechtskraftwirkung über ihn im Hauptsacheprozess. Vgl
auch § 945 Rn 8, 9. Übergang vom Arrest- in Hauptsacheprozess ist –
wenn überhaupt zulässig (§ 920 Rn 3) – Klageänderung (Frankfurt
FamRZ 89, 296). Auf eine Schiedsgerichtsklausel kann sich der Beklagte
im Arrest- und VfgsProzess nicht berufen (§ 1033). – **Die Sicherung** 3
ist zulässig während des Hauptprozesses und vor diesem, aber nicht
mehr nach seiner rechtskräftigen Entscheidung. Voraussetzung für das
Sicherungsverfahren ist aber, dass für den Hauptanspruch der Rechtsweg
zulässig ist.

2. Anordnung. Sie geschieht in einem Erkenntnisverfahren, dem 4
Arrestprozess (§§ 916–927). Für ihn gelten die normalen Vorschriften,
jedoch ist die mündl Verhandlung freigestellt und an die Stelle voller
Beweisführung tritt die Glaubhaftmachung. Der Arrestbefehl ist der
Titel, der zur **Vollziehung** des Arrestes berechtigt, die mit einigen 5
Sonderregeln den Regeln der ZwVollstr folgt (§§ 928–934), jedoch
ohne Befriedigung des Gläubigers. Gesetzestechnisch wird bei der
einstwVfg für Anordnung und Vollziehung mit einigen Abweichungen
auf die Arrestvorschriften verwiesen (§ 936).

3. Abgrenzung. – a) Der Arrest dient der Sicherung der ZwVollstr 6
wegen einer Geldforderung oder eines Anspruchs, der in eine solche
übergehen kann (§ 916). – **b) Die einstweilige Verfügung** dient der 7
Sicherung eines Individualanspruchs auf gegenständliche Leistung
(§ 935) oder des Rechtsfriedens (§ 940), ausnahmsweise auch der vorläufigen Befriedigung eines Anspruchs (§ 940 Rn 7–11), nicht der Aufrechterhaltung eines Zustands zur Beweissicherung (Köln VersR 96,
733). – **c) Gegenseitiger Ausschluss.** Arrest und einstw Vfg als zuläs- 8
siges Sicherungsmittel für ein und denselben Anspruch schließen sich
deshalb gegenseitig grundsätzlich aus. Eine Wahl zwischen beiden oder
beide nebeneinander sind nur denkbar, wenn der Individualanspruch
selbst und die eventuelle Ersatzforderung in Geld gefährdet sind (ebenso
Köln JMBl NRW 84, 9). Der falsch gewählte Antrag ist unzulässig
(Düsseldorf NJW 77, 1828), nur unter besonderen Umständen kann
Antrag auf einstw Vfg in Arrestantrag umgedeutet werden (Köln NJW
70, 1883). Zulässig ist, mit Rechtsmittel gegen eine Entscheidung, die
den Erlass eines Arrestbefehls ablehnt, den Erlass einer einstw Vfg zu
beantragen (Düsseldorf NJW 91, 2030) und umgekehrt (KG NJW 61,
1978).

4. Die Behauptungs- und Beweislast folgt iF rechtlichen Gehörs 9
vor Entscheidung über den Antrag den allgemeinen Regeln (17–40 vor
§ 284, Frankfurt BB 91, 96; aA Hirtz NJW 86, 110: stets und nur der
Antragsteller). Lediglich bei Beschlussentscheidung ohne rechtliches Ge-

hör ist zum Ausgleich dieses Nachteils für den Antragsgegner abweichend von den allgemeinen Regeln zu verlangen, dass der Antragsteller, falls sich aus seinem Vortrag Hinweise ergeben, dass dem Antragsgegner möglicherweise eine Einwendung zusteht, auch diejenigen Behauptungen aufstellt und glaubhaft macht, aus denen sich ergibt, dass der zu sichernde Anspruch einwendungsfrei besteht (StJGrunsky § 920 Rn 10, 11, MuHuber § 920 Rn 4; Teplitzky WRP 80, 373).

§ 916 Arrestanspruch

(1) Der Arrest findet zur Sicherung der Zwangsvollstreckung in das bewegliche oder unbewegliche Vermögen wegen einer Geldforderung oder wegen eines Anspruchs statt, der in eine Geldforderung übergehen kann.

(2) Die Zulässigkeit des Arrestes wird nicht dadurch ausgeschlossen, daß der Anspruch betagt oder bedingt ist, es sei denn, daß der bedingte Anspruch wegen der entfernten Möglichkeit des Eintritts der Bedingung einen gegenwärtigen Vermögenswert nicht hat.

1   **1. Arrest.** Wesen und Streitgegenstand vgl 1–3 vor § 916. Auch hier ist, wie bei der Klage, zwischen Zulässigkeit und Begründetheit zu
2   unterscheiden (J. Blomeyer ZZP 81, 20 37 ff). – **Der Antrag ist zulässig,** wenn die allg Prozessvoraussetzungen (15–31 vor § 253) vorliegen, ferner ein Arrestanspruch (in Abgrenzung zum VfgsAnspruch, 6–8 vor § 916) und ein Arrestgrund behauptet ist. **Das Rechtsschutzbedürfnis fehlt,** wenn der Gläubiger bereits dingliche Sicherheiten besitzt, die ihm wirtschaftlich gleichen Schutz gewähren (vgl §§ 923, 777), ferner, wenn er ohne SL, insbes durch Sicherungsvollstreckung nach § 720 Abs 1 (München OLGR 97, 236), einen VollstrTitel verwirklichen oder auf sich umschreiben lassen kann (Köln FamRZ 95, 824). Sicherungsmöglichkeit durch Maßnahmen anderer Behörden, zB §§ 1667 ff BGB,
3   schließen das Rechtsschutzbedürfnis nicht aus. – **Der Antrag ist begründet,** wenn Arrestanspruch und Arrestgrund glaubhaft gemacht sind.

4   **2. Arrestanspruch** kann nur eine Geldforderung (vgl 2 vor § 803) oder ein Individualanspruch sein, der in eine solche übergehen kann, insbes in den Fällen der Nicht- oder Schlechterfüllung und der §§ 887, 893. Konkurrenz zur einstw Vfg 8 vor § 916. Der Anspruch kann betagt oder bedingt sein, außer er hat keinen gegenwärtigen Vermögenswert,
5   was vom Schuldner glaubhaft zu machen ist. – Dasselbe gilt für **künftige Ansprüche,** falls sie klagbar (§ 926) sind (Düsseldorf NJW-RR 94, 450 und 453, Karlsruhe FamRZ 95, 822). Dazu gehören Unterhaltsansprüche von Kindern und Ehegatten (§ 258) einschließlich Trennungs- und ScheidungsUnterhalt (Hamm FamRZ 95, 1427), der Anspruch auf vorzeitigen Ausgleich des Zugewinns (§§ 1385–1389 BGB), insbes auf SL nach § 1389 BGB (Celle FamRZ 96, 1429, MuHuber 12; aA Koblenz

FamRZ 99, 97: nur einstw Vfg) und ab Rechtshängigkeit des Verbundverfahrens (§§ 621 Abs 1 Nr 5, 8, 623 Abs 1) der Anspruch auf nachehelichen Unterhalt (§ 1578 BGB) und auf Zugewinnausgleich § 1378
Abs 3 BGB (Hamm FamRZ 97, 181, Karlsruhe NJW 97, 1017; aA
Stuttgart NJW-RR 96, 961). – **Nicht zulässig** wegen § 926 ist der   **6**
Arrest für Ansprüche, die (noch) nicht klagbar sind, zB gegen den Erben
vor Erbschaftsannahme (§ 1958 BGB) und wenn für einstweilige Regelungen Sondervorschriften bestehen (§ 935 Rn 2).

§ 917 Arrestgrund bei dinglichem Arrest

(1) **Der dingliche Arrest findet statt, wenn zu besorgen ist, daß
ohne dessen Verhängung die Vollstreckung des Urteils vereitelt
oder wesentlich erschwert werden würde.**

(2) [1] **Als ein zureichender Arrestgrund ist es anzusehen, wenn
das Urteil im Ausland vollstreckt werden müßte.** [2] **Dies gilt nicht,
wenn das Urteil nach dem Übereinkommen vom 27. September
1968 über die gerichtliche Zuständigkeit und die Vollstreckung
gerichtlicher Entscheidungen in Zivil- und Handelssachen und
den Beitrittsübereinkommen dazu oder dem Übereinkommen
vom 16. September 1988 über die gerichtliche Zuständigkeit und
die Vollstreckung gerichtlicher Entscheidungen in Zivil- und
Handelssachen (BGBl. 1994 II S. 2658, 3772) vollstreckt werden
müßte.**

*Abs 2 Satz 2 eingefügt durch Art 2c des 3. Gesetzes z. Änderung des
RPflG vom 6. 8. 1998 (BGBl I S 2030); zur neuen Rechtslage im Einzelnen Kropholler/Hartmann in Festschrift für Drobnig S 337–359.*

1. Arrestgrund. – a) Bejahung. Der Arrest dient nicht dazu, die   **1**
Lage des Gläubigers gegenüber dem Vermögen des Schuldners zu verbessern, sondern nur ihre Verschlechterung zu verhindern (BGH 131,
95 105; aA StJGrunsky 1). Maßgebend ist das objektive Urteil eines
verständigen, gewissenhaft prüfenden Menschen. Die Gefahr liegt in der
drohenden Veränderung der Vermögensverhältnisse (Koblenz ZIP 86,
1559). Verschulden ist nicht nötig. Die ungünstige Veränderung oder
der Eintritt ihrer Wirkung muss unmittelbar bevorstehen, darf nicht
schon abgeschlossen sein. Solche Umstände sind vor allem: Verschwen-
dungssucht oder leichtfertige Geschäftsführung des Schuldners, Ver-
schleuderung, auffallende Belastung oder beabsichtigte Veräußerung des
Vermögens (Karlsruhe NJW 97, 1017), häufiger Wechsel des Wohnsitzes, eine gegen das Vermögen des Gläubigers gerichtete strafbare
Handlung, wenn Wiederholung zu befürchten ist (Düsseldorf NJW-RR
86, 1192, Dresden NJW-RR 98, 1769; unklar BGH WM 83, 614) und
die Voraussetzungen von Abs 1 konkret vorliegen (Düsseldorf NJW-RR
99, 1592, Köln NJW-RR 00, 69); grob falsche Auskunft über das
Endvermögen im Zugewinnausgleichsverfahren (Frankfurt FamRZ 96,
747). – **b) Kein Arrestgrund** sind als solche schlechte Vermögenslage   **2**

des Schuldners, Konkurrenz anderer Gläubiger (BGH 131, 95/105,
ZöVollkommer 9; aA StJGrunsky 1), vertragswidriges Verhalten ohne
konkrete Anhaltspunkte, dass der Schuldner sein Vermögen dem Gläubigerzugriff entziehen werde (BGH VersR 75, 763).

3   **2. Notwendigkeit späterer Vollstreckung im Ausland. a) Sie ist
Arrestgrund,** außer wenn in Deutschland genügend Vermögen vorhanden ist und keine Gefahr der Wegschaffung besteht (Düsseldorf NJW
77, 2034, Stuttgart NJW-RR 96, 775). Dass der Schuldner überhaupt
inländisches Vermögen besitzt, ist nicht erforderlich (Celle NJW 69,
1541). Beide Parteien können Ausländer sein (Stuttgart NJW 52, 831).
Abs 2 S 1 gilt nicht, soweit die EuGVVO, das EuGVÜ oder das LGVÜ
anwendbar ist (Vorb EuGVVO Rn 1, 17), dh nicht gegenüber Mit-
gliedsstaaten der EuGVVO, des EuGVÜ und des LGVÜ (Abs 2 S 2 u
Art 68 Abs 2 EuGVVO), der Arrestgrund ist nach Abs 1 zu prüfen
4   (Frankfurt FamRZ 95, 823). – **b) Kein Arrestgrund** besteht, wenn
dem Gläubiger ausreichende Sicherheiten eingeräumt sind, mögen sie
sich auch im Ausland befinden (BGH NJW 72, 1044) oder wenn die
ausländische Linienreederei regelmäßig deutsche Häfen bedient (Bremen
OLGZ 72, 247) oder sonst ständig Forderungen gegen Schuldner im
Inland hat und haben wird (Hamburg VersR 82, 341). Die Ausländer-
eigenschaft als solche ist kein Arrestgrund. Keine Vollstreckung im Ausland ist es, wenn dort der Drittschuldner seinen Wohnsitz hat (Frankfurt
MDR 76, 321). Der Arrest ergreift auch das Vermögen des Schuldners
im Ausland (Karlsruhe OLGZ 73, 58). Ob er dort vollziehbar ist, richtet
sich nach dortigem, ggf nach internationalem Prozessrecht (Karlsruhe
5   aaO). – **c) Vollstreckung inländischer Urteile** im Ausland will Abs 2
sichern (aA Thümmel NJW 96, 1930), er ist also nicht anwendbar, wenn
es um die Vollstreckung eines ausländischen Urteils im Ausland geht
(München NJW-RR 88, 1023, Hamburg NJW 90, 1425). Zur Frage,
ob Urteile aus Vertragsstaaten der EuGVVO, des EuGVÜ und des
LGVÜ inländischen gleichzustellen sind, vgl Art 31 EuGVVO Rn 4.

§ 918 Arrestgrund bei persönlichem Arrest

**Der persönliche Sicherheitsarrest findet nur statt, wenn er
erforderlich ist, um die gefährdete Zwangsvollstreckung in das
Vermögen des Schuldners zu sichern.**

1   Der **persönliche Arrest** ist zur Sicherung der ZwVollstr in das
Vermögen nur subsidiär zulässig, also wenn andere Mittel nicht genü-
2   gen. – **Beispiele:** Schuldner will sich der Ladung zur Offenbarungsversicherung entziehen (München NJW-RR 88, 382), verweigert Angaben über Verbleib wesentlichen Vermögens (Karlsruhe NJW-RR 97,
450); Verbleib der Vermögensstücke ist nicht bekannt und es ist zu
befürchten, dass Schuldner sie beiseite schafft. Ihre Herbeischaffung
kann nicht erreicht werden. Zulässig auch gegen Ausländer (Art 26
HZPÜ). Vgl iü die Rn zu §§ 916, 917. Vollziehung nach § 933.

§ 919 Arrestgericht

Für die Anordnung des Arrestes ist sowohl das Gericht der Hauptsache als das Amtsgericht zuständig, in dessen Bezirk der mit Arrest zu belegende Gegenstand oder die in ihrer persönlichen Freiheit zu beschränkende Person sich befindet.

1. Anwendungsbereich. Die Bestimmung regelt die ausschließliche 1 (§ 802) Zuständigkeit für die Anordnung des Arrestes (4 vor § 916). Das Arrestgericht bleibt zuständig für die Entscheidung auf Widerspruch (§ 925), die Anordnung der Frist zur Erhebung der Hauptsacheklage (§ 926 Abs 1), die Aufhebung wegen Fristversäumung (§ 926 Abs 2) und wegen veränderter Umstände (§ 927; Ausnahme: § 927 Abs 2), für die Anordnung der Rückgabe einer Sicherheit (§ 109; Ausnahme § 943 Abs 2), für die Klage auf Erteilung der Vollstreckungsklausel (§§ 929 Abs 1, 731) und für die Pfändung von Geldforderungen in Vollziehung des Arrestes (§§ 930 Abs 1 S 3, 934).

2. Gericht der Hauptsache. – a) Ist die Hauptsache noch nicht 2 anhängig (vgl § 253 Rn 1, § 261 Rn 1), ist jedes deutsche Ger zuständig, vor dem sie nach den allgemeinen Zuständigkeitsvorschriften eingeklagt werden kann. Schiedsgericht vgl § 1041. Zur Hauptsache gehören auch die vorbereitenden Maßnahmen, die den Rechtsstreit erst ermöglichen sollen, so das Verlangen auf Prozesskostenvorschuss für Ehelichkeitsanfechtungsprozess; zuständig ist dazu der dessen zuständige Ger (Düsseldorf MDR 68, 425). – **b) Ist die Hauptsache anhängig,** kommt es 3 darauf an, wo sie schwebt (vgl § 943), auch im Mahnverfahren. Ob das Ger für die Haupsache zuständig ist, spielt grundsätzlich keine Rolle (Nürnberg GRUR 57, 296), ebenso wenn es nach Eingang des Arrestantrages seine Zuständigkeit für die Hauptsache verneint oder verliert, § 261 Abs 3 Nr 2. Zu prüfen hat das ArrestGer allerdings, ob es für die Hauptsacheklage international zuständig und ob der Zivilrechtsweg zulässig ist (Koblenz ZIP 91, 1098; kritisch Otte aaO 1048) mit der Folge, dass uU ein Verfahren nach § 17a GVG durchzuführen ist (BAG NJW 00, 2524). – **c) Bei Kollegialgerichten** kann in dringenden Fällen 4 ohne mdl Vhdlg der Vorsitzende allein entscheiden (§ 944). Einzelrichter vgl § 348 Rn 1, 2. – **d) Das Familiengericht** ist ArrestGer, soweit 5 die Hauptsache Familiensache ist (BGH NJW 80, 191). Frankfurt NJW-RR 88, 1350 hält wahlweise daneben das AG der belegenen Sache für zuständig. – **e) Auch im Bereich der EU** ist nach Art 31 EuGVVO 6 das deutsche Ger der Hauptsache für die Anordnung zuständig, das ohne die Regelung in Art 2 ff EuGVVO für die Hauptsache selbst zuständig wäre (Düsseldorf NJW 78, 2034, Dittmar NJW 78, 1720; aA Koblenz NJW 76, 2081 mit abl Anm Schlafen).

3. Das Amtsgericht ist wahlweise zuständig ohne Rücksicht auf 7 die Anhängigkeit der Hauptsache und den Streitwert, für einstw Vfg aber nur in dringenden Fällen (§ 942 Abs 1). Einer der Gegenstände (vgl § 23 Rn 8) muss sich zZ der Antragstellung oder spätestens der

gerichtlichen Entscheidung im Bezirk des AG befinden. Der Arrest ist
nicht beschränkt auf Gegenstände oder Personen im Bezirk des AG
8 (StJGrunsky 13, Thümmel NJW 85, 472). – § 919 gilt auch in **Arbeitssachen** (LG Fulda NJW 96, 265, StJGrunsky 17).

§ 920 Arrestgesuch

(1) **Das Gesuch soll die Bezeichnung des Anspruchs unter Angabe des Geldbetrages oder des Geldwertes sowie die Bezeichnung des Arrestgrundes enthalten.**

(2) **Der Anspruch und der Arrestgrund sind glaubhaft zu machen.**

(3) **Das Gesuch kann vor der Geschäftsstelle zu Protokoll erklärt werden.**

1 **1. Der Antrag** muss bestimmt sein und die Tatsachen bezeichnen,
aus denen sich der zu sichernde Anspruch (§ 916) und der Arrestgrund
(§§ 917, 918) ergeben. Außerdem ist wegen § 923 die Angabe des
Geldbetrages oder -wertes nötig. Mit Eingang ist der Arrestprozess
rechtshängig (Düsseldorf NJW 81, 2824), nicht aber der zu sichernde
Anspruch selbst. Befreiung vom Anwaltszwang (Abs 3, § 78 Abs 3) nur
2 für das Gesuch selbst. – **Rücknahme** ist gemäß § 269 ohne Einwilligung des Antragsgegners auch noch nach mdl Vhdlg (Düsseldorf NJW
82, 2452), beim LG dann unter Anwaltszwang zulässig. Wenn das Gesuch dem Gegner nicht mitgeteilt war, wird § 269 Abs 3 S 3 entspre-
3 chend anzuwenden sein. Ermäßigung der Kosten KV Nr 1312. – **Übergang in den Hauptsacheprozess** ist weder entspr § 596 noch § 263
zulässig wegen der Verschiedenheit von Streitgegenstand und Verfahrensart, auch im Hinblick auf § 926 (Hamm NJW 71, 387, Karlsruhe
OLGZ 77, 484, StJGrunsky 3; aA Braunschweig MDR 71, 1017,
Teplitzky DRiZ 82, 41: zulässig bei Zustimmung beider Parteien).

4 **2. Die Glaubhaftmachung** (Abs 2, § 294) bedeutet gegenüber der
Beweisführung im normalen Verfahren eine Erleichterung, ist entbehrlich in den Fällen des § 921 Abs 2 (vgl auch § 935 Rn 6–8). Sie genügt
auch in der mdl Vhdlg für andere notwendige Tatsachen als Anspruch
und Grund (zB Prozessvoraussetzungen) und für den Gegner zur Widerlegung, verlangt aber sofortige Beweisaufnahme (Hamm FamRZ 98,
687, § 294 Abs 2). Zulässig ist Bezugnahme auf die Akten des Hauptprozesses. Nicht zulässig ist Antrag auf selbständiges Beweisverfahren
(Frankfurt NJW 85, 811). Mit Glaubhaftmachung sind die Tatsachen
und ausländisches Recht (vgl § 293 Rn 1, Hamburg VersR 89, 1164)
gemeint, iü ist die Intensität der rechtlichen Prüfung nicht erleichtert.
Behauptungs- und Beweislast vgl 9 vor § 916. Anwendbarkeit des § 273
vgl dort Rn 5.

§ 921 Entscheidung über das Arrestgesuch

[1]Das Gericht kann, auch wenn der Anspruch oder der Arrest-grund nicht glaubhaft gemacht ist, den Arrest anordnen, sofern wegen der dem Gegner drohenden Nachteile Sicherheit geleistet wird. [2]Es kann die Anordnung des Arrestes von einer Sicherheitsleistung abhängig machen, selbst wenn der Anspruch und der Arrestgrund glaubhaft gemacht sind.

1. Sicherheitsleistung. Das Ger hat im Beschluss- und Urteilsver-fahren folgende **Möglichkeiten: – a)** Anordnung des Arrestes ohne SL; – **b)** Beschluss, dem Gegner nicht mitzuteilen (§ 922 Abs 3), auf vor-herige SL und Anordnung des Arrestes nach ihrem Nachweis; – **c)** An-ordnung des Arrestes, aber Vollziehung nur gegen SL (S 1, § 751 Abs 2). In den beiden erstgenannten Fällen ist kein Erbieten des Gläubigers zur SL erforderlich. Sie ersetzt nur die volle Glaubhaftma-chung der Tatsachen zu Anspruch, Grund oder beiden, nicht aber den schlüssigen Vortrag der Tatsachen, aus denen sich Anspruch und Grund ergeben (Hamm Rpfleger 95, 468). Bestimmung der Sicherheit nach § 108. 1 2 3

2. Rechtsbehelf bei Anordnung gegen SL vgl § 922 Rn 5, 6. 4

§ 922 Arresturteil und Arrestbeschluss

(1) [1]Die Entscheidung über das Gesuch ergeht im Falle einer mündlichen Verhandlung durch Endurteil, andernfalls durch Be-schluß. [2]Die Entscheidung, durch die der Arrest angeordnet wird, ist zu begründen, wenn sie im Ausland geltend gemacht werden soll.

(2) Den Beschluß, durch den ein Arrest angeordnet wird, hat die Partei, die den Arrest erwirkt hat, zustellen zu lassen.

(3) Der Beschluß, durch den das Arrestgesuch zurückgewiesen oder vorherige Sicherheitsleistung für erforderlich erklärt wird, ist dem Gegner nicht mitzuteilen.

1. Über Anordnung **mündlicher Verhandlung** entscheidet das Ger, nicht der Vorsitzende. Ein bedingter Arrestantrag nur für den Fall, dass keine mdl Vhdlg angeordnet wird, ist in Wahrheit ein unbedingter, wirksamer Antrag mit bedingter und deshalb unzulässiger Rücknahme für den Fall, dass mdl Vhdlg angeordnet wird. 1

2. Urteilsverfahren. Das Gericht kann mdl Vhdlg anordnen. La-dungsfrist (§ 217) ist zu wahren, Einlassungsfrist nicht (§ 274 Rn 3). Es muss dann durch Urteil entscheiden. Normales Erkenntnisverfahren, in dem aber an die Stelle der Beweisführung die Glaubhaftmachung tritt. Das bedeutet im Hinblick auf § 294 Abs 2 auch, dass nur ein einziger Termin stattfindet, Vertagung und Schriftsatzfrist zur Erwiderung grund-sätzlich nicht zulässig, § 296 allenfalls in seinem Abs 2 anzuwenden ist, 2 wenn die Gegenpartei auf das verspätete Vorbringen im Termin nicht erwidern kann (StJGrunsky 23, Koblenz GRUR 87, 319). Zur Anwendbarkeit des § 273 vgl dort Rn 5. Urteilsgrundlage können die Sachlage bei Schluss der Verhandlung, Säumnis, Verzicht und Anerkenntnis sein. Keine Vorwegleistung der Prozessgebühr. Widerklage und Zwischenfeststellungsklage sind wegen der verschiedenen Prozessart und weil der Anspruch selbst nicht rechtshängig ist, ausgeschlossen; ebenso Übergang in den Hauptsacheprozess (vgl § 920 Rn 3) und Gegenantrag auf Anordnung des Arrestes.

3   **3. Beschlussverfahren.** Schriftliche Anhörung des Gegners ist zulässig, aber nicht nötig. Auch für sie kein Anwaltszwang entspr § 571 Abs 4 S 2. In dringenden Fällen kann der Vorsitzende allein entscheiden, § 944. Der anordnende Beschluss ist dem Antragsteller zuzustellen (§§ 329 Abs 2 S 2, 929 Abs 2), von diesem im Parteibetrieb dem Gegner (Abs 2). Eine fehlerhafte Zustellung an den Gegner kann nicht nach § 187 S 1 geheilt werden (KG NJW-RR 99, 71). Er bedarf der Begründung nur iF den Abs 1 S 2 (Nürnberg NJW 76, 1101, MüKo/Heinze 4, StJGrunsky 5, Bischof NJW 80, 2236, Herr NJW 93, 2287; aA Nägele NJW 93, 1045, Lippold NJW 94, 1110). Der ablehnende Beschluss ist, weil beschwerdefähig, zu begründen, dem Gegner nicht mitzuteilen. Abs 3 schließt Anhörung des Antragsgegners im Beschwerdeverfahren unter Mitteilung des ablehnenden Beschlusses nicht aus (München NJW 74, 1517). Behauptungs- und Beweislast 9 vor § 916.

4   **4. Entscheidung. – a) Anordnung des Arrestes** ohne oder gegen SL (vgl § 921 Rn 2–4). Beschluss und Urteil (= Arrestbefehl) sind ohne Ausspruch vorl vollstreckbar und müssen über die Kosten nach §§ 91 ff, nicht § 788 entscheiden. Der Arrestbefehl muss die Geldforderung nach Grund und Betrag, die Art des Arrestes (§§ 917, 918) und die Lösungssumme (§ 923) angeben; soll er im Geltungsbereich des EuGVÜ (dort 1 vor Art 1) in einem anderen Staat geltend gemacht werden, ist ihm eine **5** Begründung beizufügen, § 32 Abs 4 AVAG. Oder – **b) Zurückweisung des Antrags,** auch hier mit Kostenausspruch. Der Beschluss ist ohne weiteres vorl vollstr; für das Urt gelten die allgemeinen Vorschriften §§ 708 ff, insbes § 708 Nr 6.

6   **5. Rechtsbehelfe. – a) Gegen Urteil** des AG oder LG in erster Instanz für beide Parteien Berufung nach allgemeinen Vorschriften. Das BerGer entscheidet im UrtVerfahren, kann also iF der Ber gegen ein abweisendes Urt nicht durch Beschluss den Arrest erstmals erlassen. Revision ist unstatthaft (§ 542 Abs 2). Gegen Urt des LG oder OLG als Berufungsgericht der Hauptsache (§ 943 Abs 1) oder wenn es erst in 2. Instanz im Arrestverfahren mdl Vhdlg angeordnet und durch Urteil **7** entschieden hat, kein Rechtsmittel. – **b) Gegen Beschluss,** gleichgültig ob 1. oder 2. Instanz, bei Anordnung des Arrestes ohne oder gegen SL für den Schuldner Widerspruch (§ 924). Bei Anordnung gegen SL und bei Ablehnung durch erste Instanz oder durch LG als BerGer der Hauptsache (§ 943 Abs 1) für Gläubiger sofortige Beschwerde (§ 567 Abs 1), für die ein Beschwerdewert analog § 511 Abs 2 Nr 1 nicht erreicht sein muss (aA LG Konstanz NJW-RR 95, 1102). Kein RA-Zwang wegen §§ 78, 569 Abs 3 Nr 1 (BGH NJW 84, 2413, KG NJW-RR 92, 576, Karlsruhe NJW-RR 93, 1470, München BauR 95, 875; aA Bergerfurth NJW 81, 353; Hamm NJW-RR 97, 763, Frankfurt MDR 99, 186). Gegen ablehnenden Beschluss des LG als BeschwGer im Arrestverfahren und gegen ablehnenden Beschluss des OLG Rechtsbeschwerde nach Zulassung (§ 574 Abs 1 Nr 2). Wegen des zulässigen Rechtsmittels bei irriger Bezeichnung der Entscheidung vgl 6–10 vor § 511. Hat die 1. Instanz trotz mdl Vhdlg durch Beschluss entschieden, so ist Berufung, nicht Widerspruch zulässig, weil eine erneute mdl Vhdlg in 1. Instanz auch bei richtiger Bezeichnung der Entscheidung nicht möglich wäre (Karlsruhe NJW 87, 509).

6. Materielle Rechtskraftwirkung (§ 322 Rn 8–16) hinsichtlich 8 eines späteren gleich lautenden Arrestantrags kommt in beschränktem Umfang auch den Entscheidungen nach Rn 4, 5 zu (Frankfurt NJW 68, 2112, OVG Münster FamRZ 75, 293). – **a)** Konnte der erlassene 9 Arrest in der Frist des § 929 Abs 2 nicht vollzogen werden, so steht seinem Neuerlass nichts entgegen (§ 929 Rn 5). – **b)** Ist der Antrag 10 zurückgewiesen, weil Arrestanspruch oder -grund nicht glaubhaft gemacht sind, so ist neuer Antrag nur mit neuer Glaubhaftmachung zulässig, die der Antragsteller im ersten Verfahren nicht vorbringen konnte (weitergehend Bongen/Renaud NJW 91, 2886). – **c)** Ist der 11 Antrag zurückgewiesen, weil Arrestanspruch oder -grund verneint sind, so ist seine Wiederholung nur zulässig, wenn er auf neue, nach der ersten Beschlussfassung entstandene Tatsachen gestützt ist (KG MDR 79, 64); dies auch, wahlweise statt der Berufung, wenn das zurückweisende Urt noch nicht rechtskräftig ist (Zweibrücken FamRZ 82, 413). – **d)** Wegen der Rechtskraftwirkung der Entscheidung für den 12 Hauptsacheprozess vgl 2 vor § 916, für den Schadensersatzprozess § 945 Rn 8–10.

7. Kosten: Nr 1310, 1311 KV, § 40 BRAGO. Auch bei Zurück- 13 weisung des Antrags sind die notwendigen Kosten des Antraggegners erstattungsfähig, wenn das Gericht ihm Gelegenheit zur Stellungnahme gegeben oder er sonst Kenntnis von dem Antrag erlangt hat (KG MDR 93, 481 mwN). **Streitwert** nach § 3 (vgl dort Rn 16).

§ 923 Abwendungsbefugnis

In dem Arrestbefehl ist ein Geldbetrag festzustellen, durch dessen Hinterlegung die Vollziehung des Arrestes gehemmt und der Schuldner zu dem Antrag auf Aufhebung des vollzogenen Arrestes berechtigt wird.

1. Die Lösungssumme ist von Amts wegen im Arrestbefehl anzuge- 1 ben. Die Höhe entspricht dem Geldbetrag der zu sichernden Forderung mit Nebenforderungen. Bestimmung der SL nach § 108. Bei fehlender Angabe ist der Titel wirksam, aber entspr § 321 (Hamburg NJW 58, 1145) oder auf Rechtsbehelf des Schuldners zu ergänzen.

2   **2. Bedeutung.** Gegen Nachweis der SL gem § 775 Nr 3 ist der Schuldner berechtigt, die Vollziehung des Arrestbefehls zu verhindern und die Aufhebung der Vollziehungsmaßnahmen beim VollstrGer (§ 934) gem § 766 zu beantragen. Die Anordnung des Arrestes (Arrestbefehl) bleibt unberührt bis zur Aufhebung in den dafür vorgesehenen Verfahren. Rückgabe der Sicherheit erst nach dieser Aufhebung, auch wenn dagegen Berufung eingelegt oder wenn Hauptsacheklage erhoben ist (Düsseldorf NJW-RR 87, 511). Auf die Kostenfestsetzung und ihre Vollstreckung ist die SL ohne Einfluss. Materiellrechtliche Wirkung: § 233 BGB.

3   **3. § 923 gilt nicht** für einstw Vfg (§ 939).

§ 924 Widerspruch

(1) **Gegen den Beschluß, durch den ein Arrest angeordnet wird, findet Widerspruch statt.**

(2) [1]**Die widersprechende Partei hat in dem Widerspruch die Gründe darzulegen, die sie für die Aufhebung des Arrestes geltend machen will.** [2]**Das Gericht hat Termin zur mündlichen Verhandlung von Amts wegen zu bestimmen.** [3]**Ist das Arrestgericht ein Amtsgericht, so ist der Widerspruch unter Angabe der Gründe, die für die Aufhebung des Arrestes geltend gemacht werden sollen, schriftlich oder zum Protokoll der Geschäftsstelle zu erheben.**

(3) [1]**Durch Erhebung des Widerspruchs wird die Vollziehung des Arrestes nicht gehemmt.** [2]**Das Gericht kann aber eine einstweilige Anordnung nach § 707 treffen; § 707 Abs. 1 Satz 2 ist nicht anzuwenden.**

1   **1. Widerspruch** ist der Rechtsbehelf des Schuldners oder seines Rechtsnachfolgers (nicht Dritter) gegen den Beschluss, gleichgültig welcher Instanz, der den Arrest angeordnet hat. Er führt zu notwendiger mdl Vhdlg über die Rechtmäßigkeit des Arrestbefehls. Einlegung schriftlich, Anwaltszwang gem § 78 (Koblenz NJW 80, 2588), beim AG auch zu Protokoll unter Angabe der Begründung. Nicht fristgebunden, auch schon vor Zustellung des Arrestbefehls und noch nach Ablauf der Vollziehungsfrist § 929 Abs 2. Die Einlegung nach vielen Monaten kann Rechtsmissbrauch sein (Frankfurt MDR 56, 622, KG GRUR 85, 237), aber nicht solange der Hauptsacheprozess läuft (BGH NJW 92, 2297). Beschränkung auf die Kosten ist als Verzicht auf Rechtsbehelf in der Sache anzusehen (Hamm MDR 91, 357) bzw als Anerkenntnis mit Gebührenermäßigung nach KV Nr 1312b (Frankfurt NJW-RR 96,

1535). Ermäßigung der Gebühr bei Rücknahme entspr KV Nr 1312 (Koblenz MDR 96, 425).

2. Zuständig ist das Gericht, das den Arrestbeschluss erlassen hat. **2** Hat ihn erst das BeschwGer (nicht das BerGer der Hauptsache, § 943) erlassen bzw die untere Instanz zum Erlass angewiesen, so ist der Widerspruch bei der 1. Instanz einzulegen, die auch darüber entscheidet (Hamm OLGZ 88, 492). Entscheidung vgl § 925.

3. Zulässig ist der Widerspruch, wenn die allg Prozessvorausset- **3** zungen (8–33 vor § 253) gegeben und die Formerfordernisse (Rn 1) erfüllt sind. – **Er hat Erfolg,** wenn bei Schluss der mdl Vhdlg eine **4** Voraussetzung für den Erlass des Arrestbefehls fehlt (vgl § 916 Rn 2, 3), wenn die Hauptsacheklage nicht fristgemäß erhoben wurde (§ 926 Abs 2) oder wenn sich seit Erlass die Umstände verändert haben (§ 927). – **Gegen eine einstweilige Verfügung** außerdem, wenn die **5** Voraussetzungen des § 939 vorliegen (Köln NJW 75, 454).

4. Andere Rechtsbehelfe: – a) Gegen die Anordnung des Ar- 6 restes kann der Schuldner wahlweise und neben dem Widerspruch Aufhebungsantrag nach §§ 926 Abs 2, 927 stellen. Ist auf einen dieser Rechtsbehelfe der Arrest aufgehoben oder die einstw Vfg in der Hauptsache durch Urt oder vor den Parteien für erledigt erklärt, so ist ein nochmaliger anderer Rechtsbehelf unzulässig, auch wenn dessen Folgen günstiger wären (Düsseldorf NJW 71, 812). – **b) Gegen die Vollzie- 7 hung des Arrestes** kann der Schuldner nach § 923 oder § 766, ein Dritter nach § 771 vorgehen. Durch § 927 sind ausgeschlossen VollstrAbwehrklage (§ 767), außer bei LeistungsVfg (§ 936 Rn 15) und Abänderungsklage (§ 323); ebenso die Wiederaufnahmeklage außer für den Gläubiger gegen arrestaufhebende Urteile (München NJW 56, 427).

5. Einstweilige Einstellung der Zwangsvollstreckung (Abs 3 S 2 **8** mit § 707 ohne dessen Abs 1 S 2) ist analog auch in den Fällen der §§ 926 Abs 1 und 942 Abs 1, 2 zulässig (Düsseldorf NJW 70, 254), außer bei gewissen einstw Vfgen auf Unterlassung, § 940 Rn 14.

6. Verzicht auf Widerspruch, auf Antrag nach § 926 Abs 1, auf **9** Aufhebungsantrag nach §§ 926 Abs 2, 927 macht diese Rechtsbehelfe unzulässig. Er beseitigt das Rechtsschutzbedürfnis für die Hauptsacheklage, vgl § 926 Rn 7, 8. – Zur Abgabe der Verzichtserklärung kann der **10** Antragsteller dem Antragsgegner eine angemessene Frist setzen (sog **Abschlussschreiben**). Ist sie zu kurz bemessen, wird die angemessene in Lauf gesetzt. Angemessen ist in Anlehnung an § 517 ein Monat ab Zustellung der einstw Vfg; ist diese Monatsfrist bei Zugang des Abschlussschreibens bereits verstrichen, 2 Wochen ab Zugang (KG WRP 78, 451).

§ 925 Entscheidung nach Widerspruch

(1) **Wird Widerspruch erhoben, so ist über die Rechtmäßigkeit des Arrestes durch Endurteil zu entscheiden.**

(2) **Das Gericht kann den Arrest ganz oder teilweise bestätigen, abändern oder aufheben, auch die Bestätigung, Abänderung oder Aufhebung von einer Sicherheitsleistung abhängig machen.**

1   **1. Das Verfahren** hat zum Gegenstand die Rechtmäßigkeit der Arrestanordnung (4 vor § 916 und § 924 Rn 4, 5) und entspricht völlig dem Urteilsverfahren in § 922 Abs 1 (dort Rn 2). Die Parteirollen ändern sich nicht. Verbindung mit Verfahren nach §§ 926 Abs 2, 927 ist zulässig. Stellt sich die Unzuständigkeit des Ger heraus, ist auf Antrag ohne Aufhebung des Arrestbefehls zu verweisen (Stuttgart MDR 58, 171); LG Arnsberg NJW-RR 93, 318, Bernaerts MDR 79, 97 und Teplitzky DRiZ 82, 41 halten mdl Vhdlg, Aufhebung des Arrestbefehls u dann Verweisung für richtig. Sie übersehen, dass über die Rechtmäßigkeit des erlassenen Arrestes das zuständige Ger zu entscheiden hat. Auswechslung des Arrestanspruchs ist Klageänderung, das Ger hat über die Rechtmäßigkeit des alten und die Begründetheit des neuen Arrestantrags zu entscheiden (Frankfurt NJW-RR 88, 319).

2   **2. Das Urteil** entscheidet mit den Möglichkeiten in Abs 2 über den Arrest, nicht über den Widerspruch. Nur wenn dieser unzulässig ist (§ 924 Rn 3), ist er in Analogie zu § 341 Abs 1 S 2 zu verwerfen. Bei Aufhebung des Arrestbefehls ist der Arrestantrag zurückzuweisen. Sie wirkt ab Verkündung, nicht erst ab Zustellung oder Rechtskraft (Schleswig NJW-RR 92, 317, KG NJW-RR 96, 1088, StJGrunsky 19) und beseitigt den Titel; diese Wirkung kann nicht gem §§ 707, 719 ZPO gehemmt werden (KG aaO, Bremen MDR 98, 677, Frankfurt FamRZ 98, 689). Bestätigende Urteile sind wie der Arrestbeschluss ohne Ausspruch vorl vollstr auch wegen der Kosten. Für Urt, die den Arrest aufheben und den Antrag auf Erlass ablehnen, gilt § 708 Nr 6. Einstellung 3   und Aufhebung der Arrestvollziehung nach §§ 775 Nr 1, 3, 776. – **Kostenentscheidung** nach §§ 91 ff, bei Rücknahme des Widerspruchs ist § 516 Abs 3 analog anzuwenden (hM). – **Streitwert** wie § 922 Rn 13. – 4   **Rechtsmittel** § 922 Rn 6. War Widerspruch nur wegen der Kosten eingelegt und ergeht daraufhin Kostenurteil, ist sofortige Beschwerde analog § 99 Abs 2 statthaft (Brandenburg NJW-RR 94, 1022, Koblenz NJW-RR 97, 893; aA München NJW 72, 954, Oldenburg MDR 76, 674). Nach Einlegung der Berufung sind bei bestätigtem Arrest einstw Anordnungen nach §§ 719, 707 zulässig; nicht aber analog, wenn das Urt den Arrest aufgehoben und den Antrag auf seinen Erlass abgelehnt hat (KG NJW-RR 96, 1088, Bremen VersR 99, 378; Schuschke/Walker 13; aA KG MDR 94, 727). Hat die 1. Instanz auf Widerspruch den Arrestbefehl aufgehoben, so hat ihn bei anderer Beurteilung das BerGer neu zu erlassen (aA Düsseldorf BB 81, 394: bestätigen).

§ 926 Anordnung der Klageerhebung

(1) **Ist die Hauptsache nicht anhängig, so hat das Arrestgericht auf Antrag ohne mündliche Verhandlung anzuordnen, daß die Partei, die den Arrestbefehl erwirkt hat, binnen einer zu bestimmenden Frist Klage zu erheben habe.**

(2) **Wird dieser Anordnung nicht Folge geleistet, so ist auf Antrag die Aufhebung des Arrestes durch Endurteil auszusprechen.**

1. Anordnung. – a) Zuständig ist der Rechtspfleger (§ 20 Nr 14 **1** RPflG) des Arrestgerichts (§ 924 Rn 2), außer im Fall des § 942 (Rn 5). In welcher Instanz ein Widerspruchs- oder Aufhebungsverfahren nach § 927 schwebt, ist gleichgültig. – **b) Zulässig** ist die Anordnung nur auf **2** Antrag des Schuldners ohne Anwaltszwang, solange die Hauptsacheklage noch nicht vor einem inländischen (auch Schieds-) oder vor einem ausländischen Ger, dessen Urteil anzuerkennen ist (Frankfurt Rpfleger 81, 118), anhängig oder gar schon rechtskräftig entschieden ist (BGH WM 87, 367) und solange der Arrestbefehl (Beschluss oder Urteil, auch auf Widerspruch) noch besteht. Die Abwendung der Vollziehung nach § 923 steht nicht entgegen. Die allg Prozessvoraussetzungen müssen gegeben sein. – Das **Rechtsschutzbedürfnis** fehlt, wenn die zeitlich **3** begrenzte Dauer der einstw Vfg abgelaufen ist (Hamm MDR 86, 418); wenn der Arrest durch Urt für erledigt erklärt ist; wenn die Hauptsacheklage bereits anhängig oder das Verfahren über sie bereits abgeschlossen ist; wenn die Anordnung einer Hauptsacheklage in Frage steht, die in diesem Zeitpunkt nach dem beiderseitigen Vorbringen nicht begründet sein würde (zB Wegfall der Wiederholungsgefahr, Erfüllung des Anspruchs), sofern der VerfKl den VerfBekl vor jeder künftigen Inanspruchnahme aus der einstw Vfg (dem Arrest) sichergestellt hat, zB durch Erledigterklärung (BGH NJW 74, 503, Karlsruhe NJW-RR 88, 251), durch Gestattung der mit einstw Vfg verbotenen Handlung (Hamburg NJW-RR 86, 1122). Verzicht auf den Antrag vgl § 924 Rn 9. Zur Zulässigkeit der Anordnung iF einstw Vfg nach § 1615 o BGB vgl § 936 Rn 6. – **c) Entscheidung** ohne mdl Vhdlg durch Beschluss. Recht- **4** liches Gehör ist zweckmäßig zur Prüfung des Rechtsschutzbedürfnisses (nach MuHuber 10 immer notwendig). Der Beschluss lehnt den Antrag ab oder bestimmt die Frist und weist auf die Folgen ihrer Versäumung hin. Er ist dem Gläubiger zuzustellen (§ 329 Abs 2 S 2). Eine Bindungswirkung, dass die Fristsetzung zulässig war, besteht für das Aufhebungsverfahren nicht (LG Göttingen Rpfleger 93, 440). – **d) Gebühren:** Bei **5** Gericht keine; § 40 BRAGO. – **e) Rechtsmittel:** Für Gläubiger bei **6** Anordnung durch Rechtspfleger sofortige Erinnerung gem § 11 Abs 2 S 1 RPflG. Für Schuldner bei Ablehnung oder zu langer Frist sofortige Beschwerde (§ 11 Abs 1 RPflG, § 567 Abs 1 Nr 2).

2. Der **Klageerhebung,** auch vor dem Schiedsgericht, auf Leistung, **7** gegebenenfalls auf Feststellung steht Zustellung eines Mahnbescheides

gleich (Köln OLGZ 79, 118), nicht dagegen Antrag auf PKH (Düsseldorf MDR 87, 771, Hamm OLGZ 89, 322; aA ZöVollkommer 32). Dem hilfsbedürftigen Arrestgläubiger kann in Wahrung des Gleichheitsgrundsatzes dadurch geholfen werden, dass Termin im Aufhebungsverfahren nicht vor Entscheidung über seinen PKH-Antrag bestimmt wird. Ferner steht nicht gleich einseitige Erledigungserklärung des Vfgs-Prozesses durch Kl (Hamburg MDR 65, 49). Die Anordnung der Klageerhebung macht nicht eine Klage zulässig, die bereits anderweit rechtshängig oder über die schon rechtskräftig entschieden ist (BGH WM 87, 367), sie ersetzt nicht fehlendes Rechtsschutzbedürfnis, erst recht nicht fehlende materielle Voraussetzungen (Hamburg MDR 70, 935). Der erlassene, auch auf Widerspruch bestätigte Arrest nimmt der Hauptsacheklage grundsätzlich weder das Rechtsschutzbedürfnis noch die Veranlassung (Hamburg GRUR 71, 282). Verzicht auf Antrag nach Abs 1 nimmt der Klage das Rechtsschutzbedürfnis nur, wenn der Kl durch diesen Verzicht in derselben Weise gesichert ist wie durch ein Urt in der
8 Hauptsache (BGH NJW-RR 89, 426). – Die **Frist** ist noch gewahrt, wenn die Hauptsacheklage fristgerecht eingereicht ist, demnächst zugestellt wird (§ 167; bis 30. 6. 02 § 270 Abs 3) und der Kl glaubhaft macht, dass er alles für eine alsbaldige Zustellung Erforderliche getan hat (Hamburg WRP 78, 907, ZöVollkommer 32, BLAH 11; aA Frankfurt GRUR 87, 650, Koblenz NJW-RR 95, 443). Die Fristversäumung ist geheilt, wenn die Hauptsacheklage bis zum Schluss der mdl Vhdlg über den Aufhebungsantrag in 1. Instanz erhoben, dh zugestellt ist, § 231 Abs 2 (KG MDR 71, 767).

9   **3. Aufhebung. – a)** nur auf schriftlichen **Antrag** des Schuldners, Anwaltszwang gem § 78, beim AG auch zu Protokoll; notwendige mdl
10 Vhdlg. – **b) Zuständig** ist das ArrestGer (wie § 924 Rn 2) bzw das BerGer, wenn dort der ArrestProz schon aus anderen Gründen schwebt (Koblenz NJW-RR 95, 443); aA ohne Begründung Karlsruhe NJW 73, 1509: Das BerGer, wenn von ihm die einstw Vfg erlassen wurde. –
11 **c)** Der **Antrag ist zulässig,** solange der Arrest (die einstw Vfg) besteht, also zB nicht mehr, auch nicht analog § 926, nachdem das ArrestGer den Arrestantrag rechtskräftig durch Urt für erledigt erklärt (BGH NJW 73, 1329) oder aufgehoben hat. Der Aufhebungsantrag bleibt zulässig, wenn der ArrestKl gegen das den Arrest aufhebende Urt Berufung eingelegt hat, weil die Aufhebung bis zur Rechtskraft des Urt nur vorläufige Wirkung hat (Hamburg WRP 76, 77, LG Arnsberg MDR 86, 328). Außerdem müssen die allg Prozessvoraussetzungen (8–33 vor § 253) erfüllt sein. Dazu gehört auch Rechtsschutzbedürfnis für Fristsetzung zur Hauptsacheklage (vgl Rn 3) und für Aufhebungsantrag
12 (BGH NJW 74, 503). – **Rechtsschutzbedürfnis fehlt,** wenn die Hauptsacheforderung, bei Vormerkung für Bauhandwerkerhypothek die zugrundeliegende Zahlungsforderung erloschen ist; Aufhebungsantrag nach § 927 bleibt zulässig (LG Mainz NJW 73, 2294). Das Rechtsschutzbedürfnis fehlt ferner, wenn sich die Hauptsache vor Fristsetzung

(Hamburg aaO) oder vor Stellung des Aufhebungsantrags (LG Aachen MDR 73, 506) erledigt hat. – **d)** Der **Antrag ist begründet,** wenn der **13** Schuldner vorträgt, dass die Frist verstrichen ist (Rn 8) oder analog glaubhaft macht, dass die Hauptsacheklage zurückgenommen oder als unzulässig abgewiesen ist oder dass der Gläubiger auf die Rechte aus dem Arrestbefehl verzichtet hat. Im letztgenannten Fall ist der Aufhebungsantrag jedoch insoweit unbegründet, als der Kl im Hauptsache-Proz einen den Arrest ersetzenden Titel od ein Unterlassungsversprechen des Bekl erhält und deshalb auf seine Rechte aus dem Arrestbefehl verzichtet (Frankfurt NJW 72, 1330). Der Aufhebungsantrag ist außer- **14** dem begründet, wenn der Gläubiger nicht die **richtige Hauptsacheklage** erhebt, zB iF des § 648 BGB den Werklohn einklagt statt Einräumung der Hypothek (Frankfurt NJW 83, 1129, Oldenburg NJW-RR 86, 322; vgl auch Düsseldorf MDR 88, 976). Die Erhebung der Hauptsacheklage hat der Gläubiger glaubhaft zu machen (Frankfurt Rpfleger 81, 118). – **e) Das Urteil** lautet auf Aufhebung des Arrestes **15** oder Zurückweisung des Antrags. Die Aufhebung ist rückwirkend. – **Die Kostenentscheidung** nach §§ 91 ff, nicht § 788, umfasst bei **16** Aufhebung des Arrestes das ganze Arrestverfahren, einschließlich eines Berufungsverfahrens (München NJW-RR 97, 832). Wird der Aufhebungsantrag zurückgenommen, abgewiesen oder übereinstimmend für erledigt erklärt (Frankfurt WRP 86, 685), so ist über die Kosten des Aufhebungsverfahrens gesondert zu entscheiden. – **Vorläufige Voll-** **17** **streckbarkeit** bei Aufhebung § 708 Nr 6, bei Zurückweisung § 708 Nr 11 oder § 709 S 1 je nach der Höhe der Kosten. – **f) Gebühren:** **18** Nr 1310, 1311 KV; § 40 BRAGO. Streitwert vgl § 922 Rn 12. – **g) Rechtsmittel:** Berufung, keine Revision (§ 542 Abs 2). Folge der **19** Aufhebung: § 945.

4. Andere Rechtsbehelfe. Der Schuldner kann auch negative Fest- **20** stellungsklage erheben und nach obsiegendem Urt Aufhebung nach § 927 verlangen (offengelassen, aber mit gleicher Tendenz BGH NJW 78, 2157). Der Aufhebungsantrag nach § 926 Abs 2 kann auch im Widerspruchs- oder im Aufhebungsverfahren nach § 927 gestellt werden, auch in der BerInstanz. Hebt das ArrestGer nach Erlass eines ArrestUrt auf, so erledigt sich der Arrestantrag in der BerInstanz. Im Übrigen vgl § 924 Rn 6, 7.

5. Vorläufige Einstellung der Zwangsvollstreckung durch das **21** Arrestgericht vgl § 924 Rn 8.

§ 927 Aufhebung wegen veränderter Umstände

(1) **Auch nach der Bestätigung des Arrestes kann wegen ver-**
änderter Umstände, insbesondere wegen Erledigung des Arrest-
grundes oder auf Grund des Erbietens zur Sicherheitsleistung die
Aufhebung des Arrestes beantragt werden.

(2) **Die Entscheidung ist durch Endurteil zu erlassen; sie ergeht durch das Gericht, das den Arrest angeordnet hat, und wenn die Hauptsache anhängig ist, durch das Gericht der Hauptsache.**

1   **1. Gegenstand des Verfahrens ist** die Rechtmäßigkeit der Fortdauer des Arrestes, nicht seiner Anordnung und entspricht mit notwendiger mdl Vhdl dem Urteilsverfahren in § 922 Abs 1. Die Parteirollen
2   vertauschen sich hier aber. − **a) Einleitung auf Antrag des Schuldners** oder seines Gesamtrechtsnachfolgers; Anwaltszwang gem § 78, beim AG auch zu Protokoll; einstw Anordnungen sind entspr § 924 Abs 3 S 2 zulässig (Zweibrücken FamRZ 81, 698). Verzicht auf den
3   Antrag vgl § 924 Rn 9. − **b) Zuständig** ist ausschließlich (§ 802) das Gericht der Hauptsache (§ 943), falls diese anhängig ist. Ist die Hauptsache nicht mehr anhängig, ist das Ger zuständig, das den Arrest erlassen hat, also das BerGer der rechtkräftig erledigten Hauptsache, wenn dieses den Arrest erstmals erlassen hat (Hamm MDR 92, 302). Ist die Hauptsache noch nicht anhängig, soll das ArrestGer erster Instanz zuständig sein, auch wenn erst das RechtsmittelGer den Arrest erlassen hat (Düsseldorf MDR 84, 324, Hamm OLGZ 88, 492); das BerGer, wenn gegen
4   den Arrest Berufung eingelegt ist (Hamburg MDR 69, 931). − **c) Der Antrag ist zulässig,** wenn die allg Prozessvoraussetzungen (8–33 vor § 253) vorliegen. Der Arrestbefehl (Beschluss oder Urteil, auch auf Widerspruch) muss noch bestehen. Das Rechtsschutzbedürfnis fehlt, wenn gegen den Arrestbefehl Widerspruch oder Berufung eingelegt wird, weil sie zur umfassenderen Prüfung führen und auf veränderte Umstände gestützt werden können (Hamm GRUR 78, 611, Koblenz GRUR 89, 373); ferner, wenn der Gläubiger auf die Rechte aus dem Arrestbefehl verzichtet, den Titel herausgegeben und sich verpflichtet hat, die Kosten des Arrestanordnungsverfahrens zu erstatten (Hees
5   MDR 94, 438, Ahrens ZZP 107, 519). − **d) Der Antrag ist begründet,** wenn der Schuldner glaubhaft macht, dass sich die Umstände
6   verändert haben (Frankfurt NJW-RR 00, 1236). − **e) Das Urteil** kann auf Aufhebung, Abänderung des Arrestbefehls oder auf Zurückweisung
7   des Antrags lauten. Die Aufhebung wirkt nicht zurück. − **Der Kostenausspruch** nach §§ 91 ff, auch § 93 bei Verzicht auf die Rechte aus der einstw Vfg oder bei Anerkenntnis des Aufhebungsanspruchs (Frankfurt OLGZ 85, 442), betrifft anders als in §§ 924, 925 grundsätzlich nur das Aufhebungsverfahren (München NJW 65, 1183, Frankfurt
8   OLGZ 82, 346). − **Die Kosten auch des Anordnungsverfahrens** sind dem ArrestKl aufzuerlegen, wenn der Arrest aufgehoben wird, weil seine Anordnung von vorneherein unrechtmäßig war, wenn er im Widerspruchsverfahren nach § 925, selbst wegen veränderter Umstände (Hamburg NJW 64, 600, Frankfurt OLGZ 80, 258) aufgehoben wird, ferner im Falle der Rn 12, wenn die Hauptsacheklage als von Anfang an unbegründet abgewiesen wurde (BGH NJW 93, 2685) und endlich, wenn die veränderten Umstände darin liegen, dass der ArrestKl die Vollziehungsfrist nach § 929 Abs 2 versäumt hat, weil er damit zu

erkennen gibt, dass er auf den Arrest nicht angewiesen war (Hamm NJW-RR 90, 1214, Schleswig NJW-RR 95, 896, StJGrunsky 16; aA München NJW-RR 86, 998). – **Vorläufige Vollstreckbarkeit** wie **9** § 926 Rn 17. – **f) Gebühren:** Wie § 926 Rn 18; Streitwert wie § 922 **10** Rn 13, höchstens aber der Wert, den der aufzuhebende Titel bei Erhebung der Aufhebungsklage noch hat (Celle Rpfleger 69, 96). – **g) Rechtsmittel** wie § 926 Rn 19. Bei Aufhebung ist hier § 945 nicht **11** anwendbar.

2. Veränderte Umstände. Es genügt, wenn der Schuldner die **12** veränderte Sachlage erst nach Erlass des Arrestbefehls erfahren hat. Die Veränderung kann betreffen: – **a)** den **Arrestanspruch,** zB Erlöschen; Abweisung im HauptProz als unbegründet schon vor Eintritt der Rechtskraft, wenn mit einem Erfolg eines gegen das Urt eingelegten Rechtsmittels nicht zu rechnen ist (BGH WM 76, 134, Düsseldorf NJW-RR 87, 993); auch Abweisung der Hauptsacheklage als unzulässig, wenn der Kl die Klage nicht mit Aussicht auf Erfolg erneuern kann (StJGrunsky 6); negatives Feststellungsurteil; gerichtliche Feststellung der Verfassungswidrigkeit der Rechtsvorschrift, aus der der VfgsAnspruch hergeleitet wird (KG GRUR 85, 236); – **b)** den **Arrestgrund,** zB rechtskräftiges – nicht schon: gegen SL vorl **13** vollstreckbares (Hamm NJW RR 90, 1536) – obsiegendes Urt in der Hauptsache (KG WRP 79, 547, Hamm OLGZ 88, 321), außer der ArrestKl ist zur SL in der Lage (Karlsruhe NJW-RR 96, 960) oder es sind noch Ordnungsmittelverfahren anhängig, denen Vorfälle aus der Zeit vor Erlass des Hauptsachetitels zugrunde liegen (Düsseldorf MDR 90, 732); Möglichkeit der ZwVollstr im Inland (§ 917 Abs 2), Abgabe der Offenbarungsversicherung im Fall des § 918; – **c) Si-** **14** **cherheitsleistung** durch Schuldner. Die Aufhebung ist gegen Nachweis der erfolgten oder aufschiebend bedingt durch die angebotene SL mit Fristsetzung auszusprechen. Bestimmung der Sicherheit nach § 108; – **d)** die **Vollziehbarkeit,** zB Ablauf der Frist in § 929 Abs 2 **15** (Schleswig NJW 72, 1056, Hamm FamRZ 94, 1479), auch wenn Antragsteller eine angeordnete SL nicht innerhalb dieser Frist erbracht hat (Frankfurt WRP 80, 423), Eröffnung des Insolvenzverfahrens (§ 89 InsO) über das Vermögen des Schuldners (MuHuber Rn 7). In allen Fällen ist die Arrestanordnung, nicht nur die Vollziehung aufzuheben (4, 5 vor § 916 und § 923).

3. Andere Rechtsbehelfe vgl § 924 Rn 6, 7 und § 926 Rn 20. **16** Eine Mindermeinung hält Aufhebung nach § 927 nicht für zulässig, solange der Gegner Widerspruch erheben kann (Nachweise bei Teplitzky DRiZ 82, 41 45). Statt des Aufhebungsantrags kann Widerspruch oder Ber eingelegt und auf veränderte Umstände gestützt werden (Koblenz GRUR 89, 373), ihre Einlegung macht das Aufhebungsverfahren mangels Rechtsschutzbedürfnisses unzulässig (Düsseldorf NJW-RR 88, 188, Hamm FamRZ 95, 824).

§ 928 Vollziehung des Arrestes

Auf die Vollziehung des Arrestes sind die Vorschriften über die Zwangsvollstreckung entsprechend anzuwenden, soweit nicht die nachfolgenden Paragraphen abweichende Vorschriften enthalten.

1   **1.** Zum Unterschied zwischen Arrestanordnung und **Arrestvollziehung** 4, 5 vor § 916. Letzteres geschieht grundsätzlich nach den Regeln der ZwVollstr (13 ff vor § 704). Titel ist der Arrestbefehl. Die Vollziehung darf aber nur zur Sicherung, nicht zur Befriedigung des Gläubigers führen. Es gelten folgende Abweichungen: Für die Klausel § 929 Abs 1, Zustellung § 929 Abs 3, Frist § 929 Abs 2; Pfändung von Fahrnis und Forderungen § 930, von Schiffen § 931. Vollziehung in das unbewegliche Vermögen § 932, Vollziehung des persönlichen Arrestes § 933. Unzulässig ist die Vollziehung nach Eröffnung des Insolvenzverfahrens (§ 89 InsO). Vollziehung der einstw Vfg vgl § 936 Rn 7 ff. §§ 928 ff gelten auch im Arbeitsrecht.

2   **2. Rechtsbehelfe** § 924 Rn 7 und § 934.

3   **3. Kosten** § 788; im Übrigen vgl bei den einzelnen ZwVollstr-Maßnahmen.

§ 929 Vollstreckungsklausel; Vollziehungsfrist

(1) Arrestbefehle bedürfen der Vollstreckungsklausel nur, wenn die Vollziehung für einen anderen als den in dem Befehl bezeichneten Gläubiger oder gegen einen anderen als den in dem Befehl bezeichneten Schuldner erfolgen soll.

(2) Die Vollziehung des Arrestbefehls ist unstatthaft, wenn seit dem Tage, an dem der Befehl verkündet oder der Partei, auf deren Gesuch er erging, zugestellt ist, ein Monat verstrichen ist.

(3) [1]Die Vollziehung ist vor der Zustellung des Arrestbefehls an den Schuldner zulässig. [2]Sie ist jedoch ohne Wirkung, wenn die Zustellung nicht innerhalb einer Woche nach der Vollziehung und vor Ablauf der für diese im vorhergehenden Absatz bestimmten Frist erfolgt.

1   **1. Vollstreckungsklausel (Abs 1)** ist in Abweichung von § 724 nur nötig in den Fällen des § 727 und seiner entspr Anwendung (vgl § 727 Rn 3, 4); außerdem dann, wenn die Zwangsvollstreckung in einem ausländischen Vertragsstaat stattfinden soll, § 31 AVAG. Das Gleiche ist in anderen deutschen Ausführungsgesetzen zu zweiseitigen Verträgen über die gegenseitige Anerkennung gerichtlicher Entscheidungen (vgl § 328 Rn 37 ff) vorgesehen.

2   **2. Vollziehungsfrist (Abs 2). – a) Bedeutung.** Sie soll Vollstr nach Veränderung der Umstände und Überrumpelung des Schuldners verhin-

dern. Sie ist von Amts wegen zu beachten, aber nicht vAw zu ermitteln (Zweibrücken MDR 98, 123), und unverzichtbar; kann nicht verlängert werden. Bei Versäumung gibt es keine Wiedereinsetzung. Heilung vgl § 189 (bis 30. 6. 02 § 187). Einstellung der ZwVollstr unterbricht die Vollziehungsfrist (Düsseldorf OLGZ 87, 367). – **b) Beginn** bei Urt mit 3 Verkündung bzw Zustellung nach § 310, bei Beschluss mit Zustellung oder Aushändigung (StJGrunsky 3) an den Gläubiger; auch dann, wenn das ArrestGer trotz Antrags innerhalb der Frist keine vollstreckbare Ausfertigung erteilt (Hamm OLGZ 87, 458; verfassungsrechtlich unbedenklich, BVerfG NJW 88, 3141). Berichtigung gemäß § 319 setzt keine neue Frist in Lauf (Düsseldorf DB 81, 1926). Wird der noch nicht vollzogene Arrestbefehl im Widerspruchs- oder Berufungsverfahren voll oder mit Abänderungen bestätigt, so läuft ab Erlass der bestätigenden Entscheidung die Monatsfrist zur Vollziehung neu, ebenso bei Erlass eines aufgehobenen Arrestbefehls auf Einspruch oder Berufung (Celle NJW-RR 87, 64, Koblenz ZIP 90, 1570, Düsseldorf NJW-RR 00, 68, Grunsky ZZP 104, 1). War der Arrest bereits vollzogen, ist erneute Vollziehung nicht erforderlich, außer das bestätigende Urt enthält eine wesentliche Änderung (Hamm Rpfleger 95, 467, Brandenburg OLG-NL 99, 218). Wird der Arrestbefehl nur gegen SL bestätigt, muss der Gläubiger innerhalb der neu beginnenden Frist die Sicherheit leisten (Hamm OLGZ 94, 243), eine erneute Vollziehung ist nicht erforderlich (aA Grunsky aaO). Berechnung nach § 222. – **c) Wahrung.** Die bestimmte 4 ZwVollstrMaßnahme muss innerhalb der Frist nicht vollzogen sein, es genügt vielmehr, wenn sie fristgerecht beantragt und ohne vom Arrestgläubiger zu verantwortende Verzögerung eingeleitet wurde (BGH NJW 91, 496). Das gilt bei wiederkehrenden Leistungen auch für die konkrete Teilleistung (Hamm FamRZ 91, 583, Koblenz aaO 589: ein Monat ab Fälligkeit). Ist fristgerecht eine VollstrMaßnahme eingeleitet, aber erfolglos geblieben, so trägt derselbe Arrestbefehl nicht eine andere, nach Ablauf der Monatsfrist beantragte neue Vollstreckungsmaßnahme (BGH NJW 91, 496). Vorpfändung innerhalb eines Monats wahrt im Rahmen des § 845 die Vollziehungsfrist. Ohne Parteizustellung ist die Frist auch dann versäumt, wenn der Kl die vollständige Urteilsausfertigung erst nach Ablauf der Vollziehungsfrist erhält (Düsseldorf und Frankfurt NJW-RR 87, 763 und 764). Bei Arrest in Vermögen, das gem § 111 b StPO beschlagnahmt ist, muss Zulassung nach § 111 g StPO nicht innerhalb der Frist beantragt werden (BGH NJW 00, 2027). – **d) Nach Fristablauf** 5 ist erste Vollziehung unzulässig, der Arrestbefehl auf Widerspruch oder Antrag des Schuldners nach § 927 aufzuheben, die Vollziehungsmaßnahme unwirksam (BGH NJW 91, 496); das gilt auch für Einforderung der Gerichtskosten beim ArrestBekl (Koblenz NJW-RR 00, 732). Ist die Frist versäumt, kann Neuerlass beantragt werden, falls die Voraussetzungen dafür noch vorliegen (KG NJW-RR 92, 318). Zuständig ist die 1. Instanz (Frankfurt NJW-RR 87, 764, KG aaO, Brandenburg MDR 99, 1219; aA LG Wuppertal NJW-RR 92, 319). – **e) Bei einstweiliger** 6 **Verfügung** § 936 Rn 7 ff.

7   **3.** Die **Parteizustellung** des Arrestbeschlusses (§ 922 Abs 2) und anderer Urkunden **(Abs 3)** ist in Abweichung von §§ 750, 751 nicht Voraussetzung seiner Vollziehung, sie muss aber innerhalb einer Woche seit der Vollziehung – das ist bei Forderungspfändung die Zustellung gem § 829 Abs 3 (Frankfurt NJW-RR 99, 1446) – und außerdem innerhalb der Monatsfrist des Abs 2 nachgeholt werden (Celle NdsRPfl 87, 8). Bei Urt reicht Amtszustellung aus (Koblenz FamRZ 91, 589; vgl auch § 936 Rn 7 ff). Zustellung einer Ablichtung des Protokolls über die mdl Vhdl mit Urteilsverkündung ist kein wirksamer Ersatz für die Zustellung des Urt (Frankfurt NJW-RR 95, 445). Erneute Zustellung nach Aufhebung des Arrestbefehls auf Widerspruch und Wiedererlass durch das BerGer ist nicht erforderlich (Celle NJW-RR 87, 64; aA Celle GRUR 89, 541). Versäumung der Wochenfrist führt zur Unwirksamkeit der jeweiligen VollstrMaßnahme (BGH NJW 99, 3494), die deshalb auch zur Wahrung der Frist des Abs 2 nicht mehr geeignet ist (Koblenz FamRZ 88, 190; aA Celle FamRZ 88, 524). Rechtsbehelfe für Schuldner und Dritte § 766, für Schuldner auch Widerspruch, aber nur, wenn auch die Frist des Abs 2 versäumt ist. Solange die Monatsfrist des Abs 2 noch läuft, kann die Vollziehung wiederholt werden.

8   **4. Gilt nicht** für die Vollstr wegen der Kosten des Arrestbefehls.

§ 930 Vollziehung in bewegliches Vermögen und Forderungen

(1) [1]Die **Vollziehung des Arrestes in bewegliches Vermögen wird durch Pfändung bewirkt.** [2]**Die Pfändung erfolgt nach denselben Grundsätzen wie jede andere Pfändung und begründet ein Pfandrecht mit den im § 804 bestimmten Wirkungen.** [3]**Für die Pfändung einer Forderung ist das Arrestgericht als Vollstreckungsgericht zuständig.**

(2) **Gepfändetes Geld und ein im Verteilungsverfahren auf den Gläubiger fallender Betrag des Erlöses werden hinterlegt.**

(3) **Das Vollstreckungsgericht kann auf Antrag anordnen, daß eine bewegliche körperliche Sache, wenn sie der Gefahr einer beträchtlichen Wertverringerung ausgesetzt ist oder wenn ihre Aufbewahrung unverhältnismäßige Kosten verursachen würde, versteigert und der Erlös hinterlegt werde.**

1   **1. Die Pfändung** folgt den Vorschriften der §§ 808 ff (körperliche Sachen), 829 ff (Geld- und Hypothekenforderungen), 846 (Ansprüche auf Herausgabe oder Leistung körperlicher Sachen), 857 ff (andere Vermögensrechte). Unzulässig sind Befriedigung des Gläubigers und Verwertung, insbes also Versteigerung (Ausnahme: Abs 3) und Überweisung gemäß § 835; ein trotzdem erlassener Überweisungsbeschluss ist nichtig wie bei fehlendem Titel (BGH 121, 98; aA Schultes JR 95, 136); Ausnahme: Überweisung des Anspruchs auf Herausgabe des Hypothekenbriefes, weil zur Pfändung gehörig (RG JW 34, 2763). Kein An-

waltszwang. – Für die **Forderungspfändung** (§§ 829, 846, 857) ist in 2
Abweichung von § 828 ausschließlich zuständig das ArrestGer, demgemäß auch für das weitere Verfahren wie Entscheidung auf Erinnerung
§ 766 (Stuttgart Rpfleger 75, 497) und Aufhebung §§ 775 ff, 934 (BGH
NJW 76, 1453). Arrestbefehl ohne SL und Pfändungsbeschluss können
verbunden werden, für das weitere Verfahren bleibt es dann bei der
Richterzuständigkeit (München Rpfleger 75, 34). Für späteren Pfändungsbeschluss ist der Rechtspfleger beim ArrestGer zuständig (§ 20
Nr 16 RPflG). Der Arrestbefehl ist unter den Voraussetzungen des
§ 807 auch geeigneter Titel für den Antrag auf Offenbarungsversicherung.

2. Das Arrestpfandrecht hat gleichen Inhalt wie in § 804 außer 3
dem Recht auf Verwertung (Rn 1). Mit Vorliegen der Voraussetzungen für die ZwVollstr aus dem obsiegenden Titel in der Hauptsache
geht das Arrestpfandrecht ohne weiteres unter Wahrung seines Ranges
in das normale VollstrPfandrecht über (BGH WM 92, 1040/1045),
das zu Verwertung und Befriedigung führt. Nicht schon Aufhebung
des Arrestbefehls (RG 121, 349), sondern erst Aufhebung der Arrestpfändung gemäß § 776 beseitigt das Arrestpfandrecht. Der Rang
des Pfandrechts auf Grund des Hauptsachetitels richtet sich nach dem
Tag, an dem die Voraussetzungen der ZwVollstr aus ihm vorlagen
(StJGrunsky 12). Obsiegt der Schuldner in der Hauptsache, so kann er
Aufhebung des Arrestbefehls (§ 927) und seiner Vollziehung verlangen
(§ 776).

3. Die Versteigerung im Falle des Abs 3 hat das VollstrGer, nicht 4
das ArrestGer im Verfahren nach § 764 anzuordnen. Wertverringerung
kann auch bei Wertpapieren in Frage kommen. – **Rechtsbehelf:** sofor- 5
tige Beschwerde gegen Entscheidung des Rechtspflegers (§ 11 Abs 1
RPflG, § 793).

§ 931 Vollziehung in eingetragenes Schiff oder Schiffsbauwerk

(1) **Die Vollziehung des Arrestes in ein eingetragenes Schiff
oder Schiffsbauwerk wird durch Pfändung nach den Vorschriften
über die Pfändung beweglicher Sachen mit folgenden Abweichungen bewirkt:**

(2) **Die Pfändung begründet ein Pfandrecht an dem gepfändeten Schiff oder Schiffsbauwerk; das Pfandrecht gewährt dem
Gläubiger im Verhältnis zu anderen Rechten dieselben Rechte
wie eine Schiffshypothek.**

(3) **Die Pfändung wird auf Antrag des Gläubigers vom Arrestgericht als Vollstreckungsgericht angeordnet; das Gericht hat
zugleich das Registergericht um die Eintragung einer Vormerkung zur Sicherung des Arrestpfandrechts in das Schiffsregister
oder Schiffsbauregister zu ersuchen; die Vormerkung erlischt,
wenn die Vollziehung des Arrestes unstatthaft wird.**

(4) **Der Gerichtsvollzieher hat bei der Vornahme der Pfändung das Schiff oder Schiffsbauwerk in Bewachung und Verwahrung zu nehmen.**

(5) **Ist zur Zeit der Arrestvollziehung die Zwangsversteigerung des Schiffes oder Schiffsbauwerks eingeleitet, so gilt die in diesem Verfahren erfolgte Beschlagnahme des Schiffes oder Schiffsbauwerks als erste Pfändung im Sinne des § 826; die Abschrift des Pfändungsprotokolls ist dem Vollstreckungsgericht einzureichen.**

(6) [1] **Das Arrestpfandrecht wird auf Antrag des Gläubigers in das Schiffsregister oder Schiffsbauregister eingetragen; der nach § 923 festgestellte Geldbetrag ist als der Höchstbetrag zu bezeichnen, für den das Schiff oder Schiffsbauwerk haftet.** [2] **Im übrigen gelten der § 867 Abs. 1 und 2 und der § 870 a Abs. 3 entsprechend, soweit nicht vorstehend etwas anderes bestimmt ist.**

1   **Die Vollziehung des Arrestes in eingetragene Schiffe** (Ausnahme § 482 HGB) und Schiffsbauwerke folgt in Abweichung von § 864 den Regeln über die Pfändung beweglicher Sachen (§ 808) mit einigen Abweichungen: Anordnung der Pfändung durch das ArrestGer als VollstrGericht (Rechtspfleger, § 20 Nr 16 RPflG), gleichzeitig vAw Ersuchen um Eintragung einer Vormerkung im Register (Abs 3), Vollziehung durch den GerVollz nach Abs 4. Wirkung: Abs 2, Ausnahme von § 8 SchiffsG. Die Eintragung (Abs 6) hat nur deklaratorische Bedeutung. Arrestvollziehung nach Eröffnung des Zwangsversteigerungsverfahrens ist als zweite (§ 808) oder als Anschlusspfändung (§ 826) zu bewirken (Abs 5).

§ 932 Arresthypothek

(1) [1] **Die Vollziehung des Arrestes in ein Grundstück oder in eine Berechtigung, für welche die sich auf Grundstücke beziehenden Vorschriften gelten, erfolgt durch Eintragung einer Sicherungshypothek für die Forderung; der nach § 923 festgestellte Geldbetrag ist als der Höchstbetrag zu bezeichnen, für den das Grundstück oder die Berechtigung haftet.** [2] **Ein Anspruch nach § 1179 a oder § 1179 b des Bürgerlichen Gesetzbuchs steht dem Gläubiger oder im Grundbuch eingetragenen Gläubiger der Sicherungshypothek nicht zu.**

(2) **Im übrigen gelten die Vorschriften des § 866 Abs. 3 Satz 1, des § 867 Abs. 1 und 2 und des § 868.**

(3) **Der Antrag auf Eintragung der Hypothek gilt im Sinne des § 929 Abs. 2, 3 als Vollziehung des Arrestbefehls.**

1   **1. Die Arresthypothek** ist das einzig zulässige Mittel zur Vollziehung des Arrestes in Grundstücke und grundstücksgleiche Rechte

(§ 864 Rn 5). Für die Eintragung müssen die Voraussetzungen der ZwVollstr (13–27 vor § 704), abgewandelt durch § 929, und die der GBO vorliegen (vgl § 867 Rn 2–6). Es gelten §§ 867, 868 und die Wertgrenze des § 866 Abs 3. Höchstbetrag ist die Lösungssumme (§ 923), in die Nebenforderungen miteinzubeziehen sind (§ 1190 Abs 2 BGB). Stellung in der Zwangsversteigerung und -verwaltung vgl §§ 14, 146 ZVG, beim geringsten Gebot § 48 ZVG, im Teilungsplan §§ 114, 119, 124 ff ZVG. Die Arresthypothek gibt wie die Zwangshypothek dem Gläubiger das Recht, gem § 1147 BGB auf Duldung der Zwangsvollstreckung zu klagen (BGH NJW 97, 3230/3233). Das ist noch keine Verwertung der Arresthypothek, weil der Gläubiger im Duldungsprozess das Bestehen der Forderung beweisen muss (StJGrunsky 3, ZöVollkommer 1). Hat der Arrestgläubiger im Hauptsacheprozess einen vollstreckbaren Titel erwirkt, kann er die Umschreibung der Arresthypothek in eine gewöhnliche Zwangshypothek beantragen, die dann gem § 867 Abs 3 die Zwangsversteigerung ermöglicht. War die Arresthypothek mit der Eintragung wirksam entstanden (§ 867 Rn 10), so wird sie mit Aufhebung des Arrestbefehls oder der Arrestvollziehung oder mit Leistung der Sicherheit nach § 923 (StJGrunsky 15) zur Eigentümergrundschuld. – **Nach Abs 1 S 2** steht dem wahren oder dem Buchgläubiger 2 einer Arresthypothek kein Anspruch gegen den Grundstückseigentümer auf Löschung einer vor- oder gleichrangigen Hypothek oder der Arresthypothek zu, sobald sie sich mit dem Eigentum in einer Person vereinigen.

   2. Die Fiktion in Abs 3 gilt nur zur Wahrung der Vollziehungs- 3 fristen in § 929 Abs 2, Abs 3 S 2. Maßgebend Eingang des Antrags beim AG; § 13 Abs 2 u 3 GBO gelten nicht (BGH NJW 01, 1134; ZöVollkommer 7). Die Hypothek entsteht erst mit der Eintragung – iF fehlender Voraussetzung vgl § 867 Rn 10 –, die für ihren Rang und für die Berechnung der Anfechtungsfrist oder der Sperrfrist in § 88 InsO (BayObLG NJW 55, 144) allein maßgebend ist. Der Antrag muss alle zur Eintragung nötigen Unterlagen enthalten oder ist auf Zwischenverfügung (zu ihrer Zulässigkeit vgl § 867 Rn 5) innerhalb der Vollziehungsfrist zu ergänzen. – **Die Nachholungsfrist für die Zustellung** 4 (§ 929 Abs 3 S 2) ist vom GBA nicht zu prüfen. Ihre Versäumung macht die Eintragung nicht gesetzwidrig oder unzulässig, also weder Widerspruch vAw noch Löschung (§ 53 Abs 1 GBO), wohl aber von Anfang an unrichtig (§§ 894, 899 BGB, 22 GBO, BayObLG RPfleger 93, 397), so dass weder Arresthypothek noch Eigentümergrundschuld entstehen kann.

§ 933 Vollziehung des persönlichen Arrestes

   [1]Die Vollziehung des persönlichen Sicherheitsarrestes richtet sich, wenn sie durch Haft erfolgt, nach den Vorschriften der §§ 901, 904 bis 913 und, wenn sie durch sonstige Beschränkung der persönlichen Freiheit erfolgt, nach den vom Arrestgericht zu

treffenden besonderen Anordnungen, für welche die Beschränkungen der Haft maßgebend sind. [2] In den Haftbefehl ist der
nach § 923 festgestellte Geldbetrag aufzunehmen.

1   **1. Die Art der Vollziehung** des persönlichen Arrestes (§ 918) hat
das Arrestgericht im Arrestbefehl oder später durch Beschluss anzuordnen. Zulässig sind Haft (§ 901) oder geringere Freiheitsbeschränkungen,
zB Meldepflicht, Wegnahme der Ausweispapiere, Hausarrest.

2   **2. Für die Vollziehung gelten** im Falle der Haft §§ 904–913, nicht
914, sonst die gerichtlichen Anordnungen. Auch sie sind durch die
vorgenannten Bestimmungen begrenzt.

§ 934 Aufhebung der Arrestvollziehung

(1) **Wird der in dem Arrestbefehl festgestellte Geldbetrag hinterlegt, so wird der vollzogene Arrest von dem Vollstreckungsgericht aufgehoben.**

(2) **Das Vollstreckungsgericht kann die Aufhebung des Arrestes
auch anordnen, wenn die Fortdauer besondere Aufwendungen
erfordert und die Partei, auf deren Gesuch der Arrest verhängt
wurde, den nötigen Geldbetrag nicht vorschießt.**

(3) **Die in diesem Paragraphen erwähnten Entscheidungen ergehen durch Beschluss.**

(4) **Gegen den Beschluß, durch den der Arrest aufgehoben
wird, findet sofortige Beschwerde statt.**

1   **1. Aufhebung der Arrestvollziehung,** nicht der Anordnung (4, 5
vor § 916) ist zulässig gegen den Nachweis, dass in Höhe der Lösungssumme Sicherheit geleistet ist (vgl § 923) oder wenn der Gläubiger die
nötigen Kosten nicht vorschießt, zB Lagerung. Der Vollstr wegen der
Kosten des Arrestbefehls steht die Aufhebung nach § 934 nicht entgegen
(München MDR 57, 238). Aufhebung des Arrestbefehls selbst nach
§§ 924, 926, 927.

2   **2. Verfahren. – a) Zuständig in beiden Fällen** ist das VollstrGer
(§ 764), für Aufhebung einer Forderungspfändung das ArrestGer (§ 930
Rn 2), im Falle des Abs 1 der Rechtspfleger (§ 20 Nr 15 RPflG). – Im
Falle des Abs 1 nur auf Antrag des Schuldners, ohne Anwaltszwang. – Im
3   Falle des Abs 2 auch vAw. – **b) Entscheidung** durch Beschluss, dem
Gläubiger zuzustellen; mdl Vhdlg nicht notwendig (§ 128 Abs 4).

4   **3. Rechtsmittel.** Gegen Aufhebung und gegen Ablehnung sofortige
Beschwerde (Abs 4, § 567 Abs 1 Nr 2, § 11 Abs 1 RPflG).

5   **4. Kosten:** Keine bes Entscheidung; § 788 gilt (München OLG 25,
223). **Gebühren:** Keine (§§ 57–59 BRAGO).

§935 Einstweilige Verfügung bezüglich Streitgegenstand

Einstweilige Verfügungen in bezug auf den Streitgegenstand sind zulässig, wenn zu besorgen ist, daß durch eine Veränderung des bestehenden Zustandes die Verwirklichung des Rechtes einer Partei vereitelt oder wesentlich erschwert werden könnte.

1. **Verfügungsantrag. – a) Zulässig,** wenn die allg Prozessvoraus- 1
setzungen (8–33 vor § 253) vorliegen. Außerdem muss ein durch einstw Vfg sicherbarer Anspruch (in Abgrenzung zum Arrestanspruch, 6–8 vor § 916) behauptet und für diesen der ordentliche Rechtsweg offen sein. Das Rechtsschutzbedürfnis (vgl § 916 Rn 2) wird durch ein Selbsthilfe-recht nicht ausgeschlossen (Celle NJW-RR 87, 447). Der Hauptsache-Proz braucht noch nicht anhängig zu sein. – **b) Unzulässig** ist der 2
Antrag dort, wo für einstw Regelungen besondere Vorschriften beste-hen, zB §§ 127a, 620ff ab Anhängigkeit einer Ehesache oder eines hierauf gerichteten PKH-Antrags (Düsseldorf NJW 78, 895, Koblenz FamRZ 97, 1412), 621f (hier nach Hamm NJW 78, 2515 bereits vor Erhebung der Unterhaltsklage), 641d–641f, 707, 719 ua, wenn sich mit ihnen das erstrebte Ziel gleichfalls erreichen lässt, ferner § 18a Abs 4 HausratsVO (Düsseldorf FamRZ 94, 390). Ebenso gibt es gegen die Anordnung einer einstw Vfg keine neue einstw Vfg, sondern nur Wi-derspruch. Das einstw VfgsVerfahren bleibt zulässig, wenn nach dem Antrag die Ehesache oder ein darauf gerichteter PKH-Antrag anhängig wird (Koblenz NJW-RR 89, 904), es geht nicht in ein Verfahren nach §§ 620ff über (Hamburg FamRZ 82, 408, Düsseldorf FamRZ 87, 497). – **c) Zweck** der einstw Vfg ist hier, die Verwirklichung eines 3
Rechts dadurch zu sichern, dass der bestehende Zustand in Bezug auf einen bestimmten Streitgegenstand erhalten bleibt. Die Abgrenzung zu § 940 (vorläufige Regelung eines streitigen Rechtsverhältnisses) ist un-scharf und ohne praktische Bedeutung. Wesen und Streitgegenstand Rn 1, 2 vor § 916. Leistungsverfügung vgl § 940 Rn 6ff. – **d) Be-** 4
gründet ist der Antrag, wenn VfgsAnspruch u Grund glaubhaft gemacht sind.

2. **Verfügungsanspruch** ist hier jeder zivilrechtliche Individual- 5
anspruch. Abgrenzung zum Arrestanspruch vgl 6–8 vor § 916. Beispiele: Anspruch auf Herausgabe, Bearbeitung von Sachen, auf Bestellung, Änderung oder Übertragung von Rechten, auf Abgabe von Willens-erklärungen in Ausnahmefällen (§ 894 Rn 4, § 938 Rn 3), auf Unter-lassung, auf Duldung, zB der ZwVollstr nach § 11 AnfG (Koblenz NJW-RR 93, 1343), auf Rückgewähr nach § 11 AnfG (Köln VersR 97, 466). Sicherung des Anspruchs auf Zugewinnausgleich gem § 1389 BGB vgl § 916 Rn 5. Der Anspruch auf Rückgabe von Vermögens-werten in den ostdeutschen Ländern nach dem Ges zur Regelung offener Vermögensfragen ist öffentlichrechtlicher Natur und durch einstw Vfg nicht sicherbar (BGH NJW 92, 1757, KG DB 92, 525, Uechtritz DB 92, 1329; aA BezG Frankfurt/Oder, Meiningen, Mag-

deburg, Erfurt DtZ 91, 250–252, BezG Gera DB 92, 424, Kohler
NJW 91, 465). Wegen bedingter, betagter und künftiger Ansprüche
vgl § 916 Rn 4, 5. Fehlt es am VfgsAnspruch, ist der Antrag unbegründet.

6   **3. Verfügungsgrund.** Wie in § 940 Rn 5 muss zur Abwendung
einer Gefährdung der Gläubigerinteressen eine vorläufige Sicherung im
Eilverfahren notwendig sein. Es müssen Umstände bestehen, die nach
dem objektiven Urteil eines vernünftigen Menschen befürchten lassen,
dass die Verwirklichung des Individualanspruchs durch bevorstehende
Veränderung des bestehenden Zustandes gefährdet ist. Dass Schuldner
7 Ersatz leisten könnte, ist belanglos. – **Beispiele:** Veräußerung, Wegschaffung, Belastung, Verarbeitung, wesentliche Substanzveränderung
oder Wertverringerung durch Benutzung (Köln ZIP 88, 445, Karlsruhe
WM 94, 1983), Zerstörung der geschuldeten Sache, bevorstehender
Eingriff in Rechte, etwa durch Veröffentlichung in Presse, Rundfunk. –
8 **Glaubhaftmachung der Gefährdung** ist in Abweichung von
§ 920 Abs 2 nicht erforderlich in den Fällen der §§ 885 Abs 1 S 2, 899
Abs 2 S 2, 1615 o BGB, § 25 UWG (nicht entsprechend anwendbar auf
Urheberrechtsverletzungen, KG BB 94, 1596), §§ 11 Abs 1 S 2, 21
Abs 2 S 2 SchiffsG. Für einen Verbraucherverband, der im allgemeinen
Interesse einen Unterlassungsanspruch gemäß § 3 UKlaG im Wege der
einstw Vfg geltend macht, ist § 25 UWG nicht anwendbar, die Dringlichkeit vielmehr im Einzelfall zu prüfen (Düsseldorf NJW 89, 1487,
Frankfurt NJW 89, 1489; aA Marly NJW 89, 1472: Dringlichkeit aus
der Natur der Sache). – Sicherungsmittel: § 938. Verfahren und Vollziehung: § 936.

9   **4.** Die **Schutzschrift** ist im Gesetz nicht vorgesehen, aber in der
Praxis, insbesondere in Wettbewerbssachen, gebräuchlich; in Familiensachen nicht ausgeschlossen (von Els FamRZ 96, 651). Sie ist ein
vorbeugendes Verteidigungsmittel gegen einen erwarteten Antrag auf
Erlass einer einstw Vfg. Ihr Ziel ist mindestens zu erreichen, dass das
Ger keinen besonders dringenden Fall annimmt und deshalb nicht
ohne mdl Vhdlg entscheidet (§ 937 Abs 2), oder, darüber hinausgehend, dass das Ger bei seiner Entscheidung über den Antrag die Ausführungen in der Schutzschrift berücksichtigt, was unter dem Gesichtspunkt des Rechts auf rechtliches Gehör zulässig und geboten ist (ebenso
May, Die Schutzschrift im Arrest- und Einstw-Vfg-Verfahren, 1983; aA
Leipold RdA 83, 164). Kommen für den Antrag auf Erlass mehrere
zuständige Gerichte in Betracht, kann es zweckmäßig sein, die Schutz-
10 schrift bei ihnen einzureichen. – Die **Kosten** sind, falls kein Antrag auf
Erlass einer einstw Vfg gestellt wird, nach § 91 nicht erstattungsfähig.
Kommt es vor oder nach Eingang der Schutzschrift zur Einreichung
eines Antrags und wird er zurückgenommen oder zurückgewiesen, ist
die Erstattungsfähigkeit der Kosten nach § 91 streitig. Nach Koblenz
(GRUR 95, 171) löst in diesem Fall die Hinterlegung der Schutzschrift
stets einen Kostenerstattungsanspruch aus, nach Düsseldorf (JZ 95, 315)

nur, wenn die Schutzschrift von einem bei diesem Gericht zugelassenen RA stammt, nach Frankfurt (NJW-RR 96, 1215), wenn die Schutzschrift zu den Akten genommen wurde. Nach Düsseldorf (MDR 89, 549) gibt es keinen Erstattungsanspruch nach § 91. Nach einer Mittelmeinung (Düsseldorf NJW 93, 1604) hängt die Erstattungsfähigkeit davon ab, ob die Schutzschrift zur zweckentsprechenden Rechtsverteidigung notwendig war, was dann der Fall ist, wenn der Antragsgegner in das Verfahren hineingezogen (Frankfurt NJW-RR 87, 254) oder vorher abgemahnt wurde.

5. Eine **Abmahnung** ist weder materiellrechtliche Voraussetzung 11 noch Prozessvoraussetzung für eine Unterlassungsverfügung. Sie wird jedoch im Wettbewerbs- und Presserecht sowie im gewerblichen Rechtsschutz als Obliegenheit des Verletzten angesehen, dessen Nichtbeachtung Kostennachteile mit sich bringt (§ 93 Rn 6 b). Zum notwendigen Inhalt einer Abmahnung vgl Schmukle in Schuschke/Walker Anh § 935 Rn 3–10.

§ 936 Anwendung der Arrestvorschriften

Auf die Anordnung einstweiliger Verfügungen und das weitere Verfahren sind die Vorschriften über die Anordnung von Arresten und über das Arrestverfahren entsprechend anzuwenden, soweit nicht die nachfolgenden Paragraphen abweichende Vorschriften enthalten.

1. Für die **Anordnung** der einstw Vfg gelten die Arrestvorschriften 1 entspr mit folgenden Abweichungen: – **a)** Für die **Zuständigkeit** treten an die Stelle des § 919 die §§ 937, 942; § 944 gilt. – **b)** Die 2 **Voraussetzungen für den Erlass** in §§ 916–918 sind ersetzt durch §§ 935, 940; § 916 Abs 2 gilt entspr. – **c)** Für **Antrag** und **Glaubhaftmachung** gilt § 920. Glaubhaftmachung entbehrlich im Falle des § 921 Abs 2 S 1, für den Vfgsgrund außerdem in den Fällen § 935 Rn 8. Ein Gegenantrag ist hier im Gegensatz zum Arrestverfahren zulässig (StJGrunsky 27 vor § 935). – **d)** Für die **mündliche Verhandlung** ist § 921 Abs 1 durch § 937 Abs 2 ersetzt. – **e)** Für die **Form** 4 **der Entscheidung** gilt § 922, in den Fällen des § 942 aber stets durch Beschluss. Inhalt §§ 921 Abs 2, 938. – **f) Abwendungsbefugnis:** 5 § 923 gilt wegen § 939 nicht.

2. Für die **Aufhebung** und **Rechtsbehelfe** gelten die Arrestvorschrif- 6 ten (§ 922 Rn 7, §§ 924–927) mit folgenden Abweichungen: – **a)** Gegen die einstw Vfg im Falle des § 942 gibt es keinen Widerspruch, sondern nur das dort bestimmte Verfahren. – **b)** In §§ 925 Abs 2 und 927 Abs 1 (Sicherheitsleistung) ist das Ermessen durch § 939 eingeschränkt. – **c)** Hat das nichteheliche Kind eine einstw Vfg nach § 1615 o BGB erwirkt, so ist Hauptsache die Unterhalts-, nicht die Vaterschaftsklage mit der Folge, dass vor Feststellung der Vaterschaft wegen § 1600 d

Abs 4 BGB Frist zur Erhebung der Hauptsacheklage nach § 926 nicht gesetzt werden darf (näher: Göppinger FamRZ 75, 196).

7   **3. Für die Vollziehung gelten §§ 928, 929,** wenn nicht die einstw Vfg zu einer Geldzahlung verurteilt (Rn 13–15). Eingehend, teilweise aA Pohlmann KTS 94, 49 u WM 94, 1277. Sie ist nur gegen den Antragsgegner oder Rechtsnachfolger, nicht gegen Dritte zulässig (BayObLG NJW 86, 2578). §§ 931, 932 Abs 1, 2 kommen nicht in Betracht, § 933 ist anwendbar, wenn Freiheitsbeschränkungen angeordnet sind. **Die Frist des § 929 Abs 2** ist bei Anordnung einer Unterlassung, bei Geboten und Verboten (Düsseldorf und Frankfurt NJW-RR 87, 763 und 764) mit oder ohne Ordnungsmittelandrohung (Hamm OLGZ 91, 368, München MDR 95, 1167), bei Anordnung des Abdrucks einer presserechtlichen Gegendarstellung (München NJW-RR 89, 180) mit wirksamer Parteizustellung, ohne dass noch ZwVollstrMaßregeln hinzutreten müssten (BGH NJW 90, 122, Addicks MDR 94, 225), gewahrt, auch wenn die vorl Vollstreckbarkeit (nicht: die Vollziehung) von einer SL abhängig ist (Hamm MDR 82, 762). Für die Zustellung gilt § 172 Abs 1 (bis 30. 6. 02 § 176) (Düsseldorf NJW-RR 99, 795). Heilung vgl § 189 (bis 30. 6. 02 § 187). –

8   **Ohne Parteizustellung genügt zur Vollziehung** einer durch Urt oder Beschluss (BGH NJW 93, 1076) erlassenen Unterlassungsverfügung deren Amtszustellung und dass außerdem der VfgsKläger innerhalb der Vollziehungsfrist von ihr Gebrauch macht, indem er die Parteizustellung versucht oder einen Antrag nach § 890 stellt (BGH NJW 90, 122 mwN, Düsseldorf MDR 98, 1180, Altmeppen WM 89, 1157, Addicks MDR 94, 225). Die Amtszustellung oder gar die Verkündung des Urt mit Ordnungsmittelandrohung (Stuttgart OLGZ 94, 364) allein, auch verbunden mit mündlicher Leistungsaufforderung unter Bezugnahme auf den Titel, ist keine Vollziehung (BGH NJW

9   93, 1076, München MDR 98, 1243). – **Bei der Anordnung von realen Handlungen** ist die Frist gewahrt mit dem Beginn ihrer Vornahme (vgl § 929 Rn 4), zB Antrag nach §§ 883, 887, 888 (Zweibrücken OLGZ 83, 466, Hamm NJW-RR 93, 959; Frankfurt NJW-RR 98, 1007 lässt für Auskunftsverfügung Parteizustellung genü-

10   gen). – **Bei Eintragung in Register oder Grundbuch** auf Antrag des Gläubigers oder auf Ersuchen des Ger (§ 941) gelten §§ 932 Abs 3, 929 Abs 3 entspr (RG 151, 156). Zuständig ist, soweit die Vollstr durch das Ger erfolgt, das VollstrGer, das Ger der einstw

11   Vfg nur in den Fällen der §§ 887 ff. – **Sonstige Fälle.** Ein VfgsUrteil, das eine einstw Vfg mit wesentlicher Änderung bestätigt, ist erneut im Parteibetrieb zuzustellen (Hamm NJW-RR 00, 971). Eine nach § 102 Abs 5 S 2 BetrVerfG durch Urt erlassene einstw Vfg, die den Arbeitgeber rechtsgestaltend von der Verpflichtung zur Weiterbeschäftigung entbindet, bedarf keiner Vollziehung, sondern wird mit Verkündung

12   verbindlich (LAG Hamm BB 87, 1536). – **Aufhebung der Vollziehung** nach § 934 Abs 1 ist durch § 939 ausgeschlossen. §§ 934 Abs 2–4, 775

Abs 1, 776 sind anwendbar. Sonst zulässige Einwendungen gegen die Vollstr vgl § 924 Rn 7.

4. Die Vollstr einer auf **Geldzahlung** gerichteten einstw Vfg (§ 940 **13** Rn 7–11) folgt den Regeln über die ZwVollstr aus vollstr Urt, es gilt jedoch § 929 Abs 1 und 3. Ob alle anderen Vorschriften, insbes auch §§ 929 Abs 2, 930 Abs 1 S 3 gelten, ist im Einzelnen streitig. Für einmalige Zahlungen gelten sie sicher.

Bei wiederkehrenden Leistungen muss die einstw Vfg innerhalb **14** der Frist zumindest im Parteibetrieb zugestellt, nach aA (Celle FamRZ 84, 1248, Hamm FamRZ 97, 1496) wegen der ersten Teilleistung vollzogen sein, sonst ist sie insgesamt nicht mehr vollziehbar (Hamm FamRZ 83, 1254 u 1256, Köln FamRZ 85, 508, 1062, 1063, Hamburg FamRZ 88, 521; aA Bamberg aaO 509, Köln FamRZ 92, 75). Die Vollziehung wegen der konkreten Einzelleistung muss dann jeweils einen Monat ab Fälligkeit beginnen (Schleswig FamRZ 81, 456, Oldenburg FamRZ 83, 1256, StJGrunsky § 938 Rn 38). – **Vollstreckungs-** **15** **abwehrklage** ist im Gegensatz zur nur sichernden einstw Vfg und zum Arrest (vgl § 924 Rn 7) zulässig und steht gegebenenfalls neben § 927 zur Wahl.

5. Streitwert. § 3 Rn 52. Wo die einstw Vfg bereits Befriedigung **16** gewährt (§ 940 Rn 6 ff), kann der Wert der Hauptsache erreicht werden.

§ 937 Zuständiges Gericht

(1) **Für den Erlaß einstweiliger Verfügungen ist das Gericht der Hauptsache zuständig.**

(2) **Die Entscheidung kann in dringenden Fällen sowie dann, wenn der Antrag auf Erlaß einer einstweiligen Verfügung zurückzuweisen ist, ohne mündliche Verhandlung ergehen.**

1. Zuständig ist abweichend von § 919 regelmäßig das Ger der **1** Hauptsache (§ 919 Rn 2–6). Hauptsache ist hier die zu sichernde Individualleistung oder das zu befriedende Rechtsverhältnis (§ 940). Ergänzende Zuständigkeit des AG in § 942.

2. Entscheidung durch Beschluss ohne mdl Vhdlg ist zulässig, **2** wenn – insoweit abweichend von § 921 Abs 1 – der Erlass der einstweiligen Verfügung dringend oder wenn der Antrag zurückzuweisen ist. Der Fall ist, abgesehen von der Dringlichkeit, die eine vorläufige Sicherung oder Regelung überhaupt notwendig macht (§ 935 Rn 6–8, § 940 Rn 5), zusätzlich dringend, wenn nach Ermessen des Ger die Anordnung der mdl Vhdlg den Zweck der einstw Vfg gefährden würde, weil der Antragsteller nur durch einen möglichst rasch erwirkten Titel zur Sicherung seines Anspruchs kommen kann. Ist der Erlass nicht dringend, so ist mündliche Verhandlung zu bestimmen. – **Zurückweisung des** **3** **Antrags** ohne mdl Vhdlg durch Beschluss ist ohne Rücksicht auf besondere Dringlichkeit nach pflichtgemäßem Ermessen zulässig (KG MDR 91, 1194). Hauptfall ist nicht zu beseitigendes Fehlen einer Voraussetzung für den Erlass der einstw Vfg. Behauptungs- und Beweislast vgl 9 vor § 916. Rechtsmittel § 922 Rn 7.

§ 938 Inhalt der einstweiligen Verfügung

(1) **Das Gericht bestimmt nach freiem Ermessen, welche Anordnungen zur Erreichung des Zweckes erforderlich sind.**

(2) **Die einstweilige Verfügung kann auch in einer Sequestration sowie darin bestehen, daß dem Gegner eine Handlung geboten oder verboten, insbesondere die Veräußerung, Belastung oder Verpfändung eines Grundstücks oder eines eingetragenen Schiffes oder Schiffsbauwerks untersagt wird.**

Literatur: Jauernig, Der zulässige Inhalt einstweiliger Verfügungen ZZP 79, 321.

1   **1. Inhalt** der einstw Vfg. Die Tatsachen für den zu sichernden Anspruch und für die Notwendigkeit seiner Sicherung und damit den Streitgegenstand bestimmt der Antragsteller. Die zu seiner Sicherung notwendigen Sicherungsanordnungen bestimmt das Gericht nach freiem Ermessen. Das gilt einschließlich der folgenden Grenzen auch für Unterlassungsverfügungen (Borck WRP 77, 457). Es ordnet dazu konkrete Maßnahmen an, nicht generell die Beseitigung der Beeinträchtigung (Köln NJW 53, 1592). Dem Ermessen sind folgende **Grenzen** gesetzt: – 2 **a) Im Rahmen des gestellten Antrags** muss sich die Maßnahme halten. Zwar besteht keine strenge Bindung, es darf aber nicht ein anderer Anspruch gesichert oder zu seiner Sicherung mehr zugesprochen werden, als was beantragt ist. – **b) Nicht zur Befriedigung** des 3 Gläubigers darf die Maßnahme führen, außer in den Fällen des § 940 Rn 6–17, und keine endgültige Vollziehung enthalten, zB Löschung im Handelsregister oder Grundbuch (KG OLG 40, 433; München OLG 23, 238), Verkauf des streitigen Gegenstandes, Abgabe einer endgültigen Willenserklärung (Hamburg NJW-RR 91, 382; aA Köln NJW-RR 97, 4 59). – **c) Nicht über den Hauptanspruch hinausgehen** darf die Maßnahme, nicht mehr geben als ein obsiegendes Urt, zB nicht in Rechte Dritter eingreifen oder ihnen Pflichten auferlegen (Düsseldorf WM 78, 359), kein Gebot oder Verbot an Behörden oder Notare enthalten (Hamm BB 76, 531), nicht die Ausübung des Stimmrechts in einer Gesellschafter- oder Hauptversammlung untersagen (Koblenz NJW 91, 1119, Frankfurt BB 82, 274: uU Ausführung des Beschlusses verhindern), außer zur Durchsetzung von Stimmbindungsverträgen (Koblenz NJW 86, 1693, Stuttgart NJW 87, 2449), nicht auf die Ausübung des Stimmrechts in der Gesellschafterversammlung Einfluss nehmen (Frankfurt BB 82, 274; krit Gerkan ZHR 85, 167), ausgenommen bei eindeutiger Rechtslage oder besonderem Schutzbedürfnis (Saarbrücken

NJW-RR 89, 1512, Koblenz DB 90, 2413; weitergehend Hamburg NJW 92, 186: bei Verpflichtung zur Ausübung in bestimmter Weise auf Grund Gesellschaftsvertrages oder gesellschafterlicher Treuepflicht, Schmitt ZIP 92, 1212: generell zulässig), keine inhaltlich unzulässige Eintragung in das Grundbuch, keine Eintragung gegen einen Betroffenen anordnen, der nicht Antragsgegner ist (BayObLG NJW 86, 2578). Sicherung des Ausgleichsanspruchs vor Beendigung des ges Güterstandes gem § 1389 BGB vgl § 916 Rn 5. – **d) Was nicht vollzogen werden** **5** **kann,** darf die Maßnahme nicht anordnen, zB Strafandrohung gem § 888 Abs 2, Haft im Falle des § 883. – **e) Weitere unzulässige Maß-** **6** **nahmen** vgl § 935 Rn 2. – **f) Grundsatz der Verhältnismäßigkeit** **7** § 940 Rn 5. Die Maßnahme muss zur Erreichung des Zwecks einerseits erforderlich, andererseits genügend sein.

2. Zulässige Maßnahmen nennt in Form von Beispielen Abs 2. **8** Verbot der Verfügung über ein Grundstück zugunsten des Käufers gegen eine Gemeinde ist zulässig, solange ihr Bescheid über die Ausübung ihres Vorkaufsrechts nicht rechtsbeständig ist (Hamm NJW-RR 94, 1042). Ferner Vormerkung und Widerspruch (§§ 885 Abs 1 S 1, 899 Abs 2 S 1 BGB, 11, 21 SchiffsG), Erwerbs-, Bezugs-, (Frankfurt GRUR 89, 71), Benutzungsverbot (Karlsruhe WM 94, 1983), Verbot der Antragstellung zum GBA, der Ausführung rechtlicher oder anfechtbarer Gesellschafterbeschlüsse (Koblenz NJW-RR 86, 1039), Unterlassungsgebote (Frankfurt NJW-RR 91, 174), Duldungsgebote, Gebot an den vertragsbrüchigen Arbeitnehmer zur Rückkehr an den Arbeitsplatz ohne Strafandrohung (§ 888 Abs 2) oder Entschädigung gem § 61 Abs 2 ArbGG (LAG Düsseldorf BB 63, 144, LAG Baden-Württemberg BB 63, 516; bestr), unter engen Voraussetzungen auch Untersagung eines Arbeitskampfes (LAG Ba-Wü MDR 73, 1055) und Untersagung von Kündigungen infolge von Produktionsstilllegung zur Sicherung der Beteiligungsrechte des Betriebsrats (LG Frankfurt ZIP 85, 367), Abgabe einer Willenserklärung, die sich auf eine vorläufige Sicherung oder Regelung beschränkt (Stuttgart NJW 73, 908); nur in besonderen Ausnahmefällen gibt es vorläufigen Rechtsschutz gegen Wechselansprüche (Beisswingert und Vossius BB 86, 2358). – **Vollziehung** vgl § 936 Rn 7–15 und **9** § 941. Für einen bestellten **Sequester** hat das Ger die Aufgaben festzulegen und ihn zu überwachen oder die Überwachung dem VollstrGer zu übertragen (München MDR 84, 62), außerdem die Vergütung festzusetzen (München MDR 85, 855, Köln MDR 86, 768, Frankfurt NJW-RR 87, 63); dagegen sofortige Beschwerde (Celle NdsRpfl 69, 182).

§ 939 Aufhebung gegen Sicherheitsleistung

Nur unter besonderen Umständen kann die Aufhebung einer einstweiligen Verfügung gegen Sicherheitsleistung gestattet werden.

1   **1. Aufhebung.** Die Bestimmung ersetzt teilweise §§ 925 Abs 2 und 927 und ganz §§ 923, 934 Abs 1. Aufzuheben ist die einstw Vfg selbst, nicht nur ihre Vollziehung. Die Aufhebung gegen genau zu bezeichnende SL setzt nicht voraus, dass die Sicherheit bereits geleistet ist, vielmehr tritt nach Aufhebung die einstw Vfg mit Leistung der Sicherheit außer Kraft; dies ist aus dem von § 934 Abs 1 abweichenden Wortlaut und der schutzwürdigen Interessenlage der Parteien zu schließen

2 (Köln NJW 75, 454). – Über die **besonderen Umstände** befindet das Ger nach freiem Ermessen. In der Person des Gläubigers liegen sie darin, dass seinem Sicherungsbedürfnis durch die SL genügt wird. Das ist bei der LeistungsVfg auf Befriedigung eines dringenden Geldanspruchs (§ 940 Rn 7–11) nicht der Fall, bei anderen Ansprüchen allenfalls dann, wenn nicht das Interesse des Gläubigers an der individuellen Leistung, sondern sein Vermögensinteresse im Vordergrund steht wie bei der Vormerkung für eine Bauhandwerker-Sicherungshypothek (Köln NJW 75, 454, Saarbrücken BauR 93, 348). Beim Schuldner müssen Umstände hinzukommen, die über die normale Schädigung infolge Vollziehung hinausgehen.

3   **2. Verfahren.** Aufhebung gegen SL nur nach mdl Vhdlg im Verfahren nach § 924 oder § 927, auch im Berufungsverfahren über die erlassene oder bestätigte einstw Vfg (Köln NJW 75, 454, Frankfurt MDR 83, 585).

§ 940 Einstweilige Verfügung zur Regelung eines einstweiligen Zustandes

Einstweilige Verfügungen sind auch zum Zwecke der Regelung eines einstweiligen Zustandes in bezug auf ein streitiges Rechtsverhältnis zulässig, sofern diese Regelung, insbesondere bei dauernden Rechtsverhältnissen zur Abwendung wesentlicher Nachteile oder zur Verhinderung drohender Gewalt oder aus anderen Gründen nötig erscheint.

1   **1. Zulässigkeit** vgl § 935 Rn 1, 2. Erlass gegen Unbekannt, wenn der Antragsteller sich nicht in zumutbarer Weise den Namen seines Antragsgegners beschaffen kann, mag zulässig sein (LG Kassel NJW-RR 91, 382: Hausbesetzer). – Der **Zweck** der einstw Vfg ist hier, durch eine vorübergehende Regelung den Rechtsfrieden bis zur Entscheidung des streitigen Rechtsverhältnisses zu sichern. An die Stelle eines Zahlungs-(§ 916) oder eines bestimmten Individualanspruchs (§ 935) und der Sicherung seiner Verwirklichung tritt hier ein streitiges Rechtsverhältnis und seine einstw Zwischenregelung (Leipold, Grundlagen des einstw Rechtsschutzes S 84).

2   **2. Das Rechtsverhältnis** muss zwischen den Parteien bestehen (Düsseldorf WM 78, 359), kein Eingriff in die Belange Dritter. Es braucht nicht vermögensrechtlicher Natur zu sein, es kann absoluter oder schuldrechtlicher Art sein, auf Vertrag oder auf Gesetz beruhen. Nicht nötig ist, dass bestimmte Ansprüche daraus schon entstanden sind, es genügt, dass sie entstehen können (Koblenz NJW-RR 86, 1039) und dass der Antragsteller ein Recht gerade auf die Herstellung des angeordneten Zustands oder auf die angeordnete Handlung oder Unterlassung hat. Das Rechtsverhältnis muss aber auf einen Zustand insbes von längerer Dauer gerichtet sein. – **Streitig** ist das Rechtsverhältnis, wenn es 3 (auch ohne Verletzung) bestritten oder wenn es (auch ohne Bestreiten) verletzt worden ist. – **Beispiele:** Streit über gesellschaftsrechtliche Ge- 4 schäftsführungsbefugnisse, auch zur Sicherung der Rechte von Aufsichtsratsmitgliedern einer mitbestimmten GmbH bei Abberufung von Geschäftsführern unter schweren Verfahrensfehlern (Stuttgart WM 85, 600), bei Streit über Nutzungsrechte, Verletzung von Patent- oder ähnlichen Rechten, Arbeitsverhältnis; insoweit enthält § 102 BetrVerfG eine Sonderregelung für den Fall des Widerspruchs durch den Betriebsrat gegen eine Kündigung. Ob, insbes wenn kein Betriebsrat vorhanden ist, er nicht widersprochen hat oder der Widerspruch unzulässig ist, für die Dauer des Kündigungsschutzprozesses der Arbeitnehmer die Weiterbeschäftigung oder der Arbeitgeber das Gegenteil mit § 940 durchsetzen kann, ist bestritten (vgl Löwisch DB 75, 349, Großmann DB 77, 1363, Schaub NJW 81, 1807, Schwerdtner ZIP 85, 1361). Jedenfalls sind an die Glaubhaftmachung von Verfügungsanspruch und -grund strenge Anforderungen zu stellen (LAG Hamburg MDR 83, 963, LAG Hamm MDR 98, 1036). Hat die 1. Instanz die Unwirksamkeit der Kündigung festgestellt, so hat der Arbeitnehmer für die Dauer des Proz Anspruch auf die Weiterbeschäftigung (BAG BB 85, 1978). Dieser Anspruch ist mit einstw Vfg sicherbar. Zur Vollziehung s § 936 Rn 11. Einstw Vfg gegen Einigungsstellenspruch nur, wenn er offensichtlich rechtswidrig ist (LAG Köln BB 00, 987). Einstw Vfg gegen eingeleitete Betriebsratswahl nur, wenn die Nichtigkeit der Wahl droht (LAG Köln MDR 01, 1176).

3. Verfügungsgrund. Die einstw **Regelung** muss **notwendig** sein. 5 Dabei ist grundsätzlich vom Interesse des Gläubigers auszugehen, wie es sich auf Grund der tatsächlichen Lage objektiv darstellt. Jedoch darf der Vorteil für ihn nicht außer Verhältnis zum Nachteil des Schuldners stehen, Grundsatz der Verhältnismäßigkeit (Frankfurt DB 85, 1738, KG BB 94, 1596: in der Regel kein Verbot bei behaupteter Patent- und Urheberrechtsverletzung, ähnlich KG WM 92, 1861: keine einstw Vfg gegen Treuhandanstalt). Die Dringlichkeit fehlt, wenn der Antragsteller in Kenntnis der maßgeblichen Umstände untätig bleibt u den Antrag auf Erlass der einstw Vfg erst nach längerer Zeit stellt (Hamburg MDR 74, 148: 6 Monate; München GRUR 76, 150: 5 Wochen in Wettbewerbssachen, Frankfurt WRP 88, 744: 2 Monate, auch bei Vorgehen eines Verbandes im öffentlichen Interesse), wenn er in Wettbewerbssachen die BerBegründungsfrist um 3 Wochen verlängern lässt (München MDR 91, 157) oder gar eine 2monatige Verlängerung der BerBegründungsfrist

voll ausschöpft (KG DB 80, 1394). Als Beispiel für die Notwendigkeit
nennt das Gesetz Abwendung wesentlicher Nachteile oder drohender
Gewalt. Wegen der Maßnahmen vgl § 938, Glaubhaftmachung § 935
Rn 8, Verfahren und Vollziehung § 936.

6   **4. Leistungsverfügung.** Die Rechtsprechung lässt über die Sicherung eines Anspruchs und die vorläufige Regelung eines streitigen
Rechtsverhältnisses hinaus ausnahmsweise eine teilweise Befriedigung
zu, wenn der Antragsteller auf die sofortige Erfüllung so dringend
angewiesen ist, dass er ein ordentliches Verfahren nicht abwarten kann,
ohne unverhältnismäßig großen, gar irreparablen Schaden zu erleiden
(ähnlich Köln NJW-RR 95, 546 und 1088, Düsseldorf NJW-RR 96,
123). An die Glaubhaftmachung sind strenge Anforderungen zu stellen
(Bamberg OLGZ 71, 438); außerdem muss die einstw Vfg vollstreckbar
sein (Naumburg NJW-RR 98, 873). Dass derartige einstw Vfgn von der
Berufungsinstanz nach Erlass des verurteilenden Urt 1. Instanz mit VollstrSchutz für Beklagte erlassen werden dürfen (KG JR 69, 463), folgt
7   schon aus § 943. – **a) Befriedigung wegen eines Geldanspruchs**
gewährt die einstw Vfg im Falle des § 1615 o BGB. Ausgehend davon
und von § 620 lässt die Rechtsprechung zur Abwendung wesentlicher
Nachteile auch in anderen Fällen die Verurteilung zu Geldzahlungen zu,
auch wenn für diese Ansprüche schon ein vorl vollstr Urt mit Abwen-
8   dungsbefugnis vorliegt (KG NJW 69, 2019). – So auf **Prozesskostenvorschuss** gem § 1360 a Abs 4 BGB oder vor Erhebung der Eheschei-
dungsklage (Düsseldorf NJW 78, 895; aA Oldenburg NJW 78, 1593);
zuständig ist das Familiengericht gem § 23 b Nr 6 GVG. Ferner bei
Dauerverhältnissen, wenn der Gläubiger prozessual unverschuldet nicht
rechtzeitig zu einem endgültigen Titel kommen kann (Koblenz FamRZ
9   86, 77). – **Abschlagszahlungen** auf periodisch wiederkehrende Leistungen wie laufende Unterhalts-, Lohn- und Gehaltsansprüche in Höhe
des notwendigen Unterhalts auf die Dauer bis zu 6 Monaten ab Eingang
des Antrags (Hamm NJW-RR 86, 943, Koblenz FamRZ 88, 189, Karlsruhe FamRZ 95, 1424; aA Hamm FamRZ 88, 527, Celle NJW-RR 96,
257: erst ab dem Zeitpunkt der Entscheidung), auf die der Gläubiger
dringend angewiesen ist. Bei Unterhaltsansprüchen ist eine Leistungsverfügung neben dem vereinfachten Verfahren idR unzulässig (München
FamRZ 00, 1580, aA Gießler FamRZ 01, 1269/1271), iü wegen
§§ 127 a, 644 nur zulässig, wenn Hauptsacheklage unmöglich oder unzumutbar ist (Nürnberg NJW 98, 3787, Köln NJW-RR 99, 795, Düsseldorf FamRZ 99, 1215; weitergehend Bernreuther FamRZ 99, 69:
§ 644 schließt einstw Vfg generell aus; so auch Zweibrücken FamRZ
99, 662; aA Karlsruhe FamRZ 00, 106: einstw Vfg nur ausgeschlossen,
wenn Hauptsacheverfahren anhängig). Erhält der VfgsKläger Sozialhilfe,
die seinen Notbedarf deckt, oder kann er sie in Anspruch nehmen, so
fehlt es idR am VfgsGrund (Frankfurt FamRZ 97, 1090, KG NJW-RR
98, 1381, Hamm MDR 00, 847; aA Koblenz FamRZ 88, 189, Köln
FamRZ 96, 1430; differenzierend Oldenburg NJW-RR 87, 1480,

Bamberg NJW-RR 95, 579), ebenso wenn der VfgsKläger die Hauptsacheklage ungebührlich spät einreicht (Oldenburg FamRZ 97, 182). –
Wirtschaftsgeld vor Anhängigkeit eines Scheidungsverfahrens (Düssel- 10
dorf FamRZ 83, 1121). – Und sogar einmalige Zahlungen, auf die der 11
Gläubiger zur Abwendung ernster Dauerschäden angewiesen ist, zB
Heilungs- und **Kurkosten** nach Unfällen (Braunschweig NdsRpfl 54,
217, Köln MDR 59, 398). – **b) Herausgabe einer Sache** an den 12
früheren Besitzer darf im Falle verbotener Eigenmacht angeordnet werden (Hamm NJW-RR 91, 1526, Köln VersR 97, 465 und § 940 a);
darüber hinaus kann in besonderen Fällen zur Sicherung des Gläubigers
eine einstweilige Befriedigung in Form der Herausgabe zum Gebrauch
– nicht Verbrauch – (Frankfurt BauR 80, 193: Bauunterlagen; Köln
NJW-RR 97, 57: Lebensakte für Flugzeug) oder zur Aufbewahrung im
eigenen Lager (Düsseldorf MDR 84, 411) geboten sein. – **c) Gebot** 13
einer presserechtlichen Gegendarstellung ist nach den gesetzlichen
Regelungen meist nur durch einstw Vfg zulässig (Seitz/Schmidt/Schoe-
ner, Gegendarstellung, NJW-Schriften 33, 3. Aufl. 1998 Rn 567 ff),
auch in den ostdeutschen Ländern. – **d) Unterlassungsgebot** kann in 14
Wettbewerbssachen erlassen werden, wenn die Entscheidung nur von
einer Rechtsfrage abhängt (Frankfurt WRP 73, 225 für Benutzung
einer Firmenbezeichnung); eine einstweilige Einstellung der Zwangsvollstreckung ist grundsätzlich unzulässig, weil mit der Funktion einer
solchen einstw Vfg nicht vereinbar (Koblenz WRP 85, 657, Nürnberg
GRUR 83, 469); sie ist unter bes Umständen ausnahmsweise zulässig
(KG WRP 90, 366), zB wenn sich aus dem eigenen Verhalten des
VfgsKlägers die fehlende Dringlichkeit ergibt (Köln GRUR 82, 504).
Gebot auf Antrag des Garantieauftraggebers gegen den Begünstigten auf
Unterlassung der Inanspruchnahme der Bankgarantie in Fällen offensichtlichen Rechtsmissbrauchs (BGH WM 87, 367, Jedzig WM 88,
1469). – **e) Vornahme einer Handlung** kann Gegenstand einer 15
einstw Vfg sein, wenn die geschuldete Handlung so kurzfristig zu
erbringen ist, dass die Erwirkung eines Titels im ordentlichen Verfahren
nicht ausreicht, zB Fixgeschäfte (StJGrunsky 55 vor § 935, ZöVollkommer 6); außerdem in engen Grenzen, wenn die Handlung dazu dient,
die Fortwirkung eines schädigenden Verhaltens zu verhindern (Frankfurt WRP 89, 103). – **f) Arbeitsverhältnis** vgl Rn 4. – **g) In ande-** 16
ren Fällen ist Befriedigung unzulässig, zB **Abschlagszahlungen** 17
auf Vertragserfüllung (aA Rostock OLG-NL 96, 283 zur Abwendung
des Insolvenzverfahrens einer juristischen Person), wie Miete oder Pacht
(Celle NJW 52, 1221); aA für Schmerzensgeld Spickhoff VersR 94,
1155. **Erhöhter Unterhalt** (Celle FamRZ 97, 182). **Arbeitszeitver-**
ringerung nach dem Teilzeit- und Befristungsgesetz (Flatten/Coeppi-
cus ZIP 01, 1477/1482). Gebot des vorläufigen **Widerrufs** einer unwahren Tatsachenbehauptung (hM, vgl Teplitzky DRiZ 82, 41/45; aA
Stuttgart NJW 62, 2066, Köln JMBl NRW 73, 29). **Auskunft** (KG
GRUR 88, 403; aA Karlsruhe NJW 84, 1905); vgl auch § 938 Rn 3.
Vollziehung § 936.

§ 940 a Räumung von Wohnraum

Die Räumung von Wohnraum darf durch einstweilige Verfügung nur wegen verbotener Eigenmacht oder bei einer konkreten Gefahr für Leib und Leben angeordnet werden.

Geändert mWv 1. 1. 2002 durch Art 4 Nr 11 GewSchG.

1   **Inhalt.** Ausnahme von dem Grundsatz der Rechtsprechung, dass durch einstw Vfg keine Maßnahmen angeordnet werden dürfen, die zur Befriedigung des Gläubigers führen (§ 938 Rn 3). Wenn die Voraussetzungen des § 940 vorliegen, darf die Räumung oder das Verbot des Betretens eines Wohnraumes nur im Falle verbotener Eigenmacht und bei ernst zu nehmender körperlicher Bedrohung angeordnet werden; da verdient der (Mit)Benützer keinen Schutz. Deshalb ist auch § 721 (Räumungsfrist) nicht anwendbar (LG Hamburg NJW-RR 93, 1233). Die Bestimmung betrifft nicht nur Mietwohnverhältnisse (§ 257 Rn 3; aA Hamm MDR 80, 856).

§ 941 Ersuchen um Eintragungen im Grundbuch usw

Hat auf Grund der einstweiligen Verfügung eine Eintragung in das Grundbuch, das Schiffsregister oder das Schiffsbauregister zu erfolgen, so ist das Gericht befugt, das Grundbuchamt oder die Registerbehörde um die Eintragung zu ersuchen.

1   Neben dem **Eintragungsantrag** des Gläubigers kann an seiner Stelle das Ger, das die einstw Vfg erlassen hat – zweckmäßigerweise in der einstw Vfg selbst –, nach freiem Ermessen vAw das GBA schriftlich um die Eintragung von Vormerkung, Widerspruch, Veräußerungsverbot oder Löschung ersuchen. Ein gesondertes Eintragungsersuchen muss von den Richtern unterschrieben werden, ein solches der Geschäftsstelle ist unwirksam (Demharter Rpfleger 98, 133).

2   **Wirkung.** § 932 Abs 3 gilt entspr, jedoch muss die Zustellung binnen Wochenfrist nachgeholt werden (§ 929 Abs 3 S 2); deshalb Mitteilung des Ersuchens an Gläubiger erforderlich. Das GBA hat nur die grundbuchrechtlichen Eintragungsvoraussetzungen nachzuprüfen.

3   **Entsprechend anwendbar** auf Eintragungen in das Register für Pfandrechte an Luftfahrzeugen (§ 99 Abs 1 LuftfzRG).

4   **Rechtsmittel.** Bei unterlassenem Ersuchen durch Ger kein Rechtsmittel für Gläubiger; bei Ablehnung der Eintragung Beschwerde für Ger und Gläubiger nach § 71 GBO.

§ 942 Zuständigkeit des Amtsgerichts der belegenen Sache

(1) In dringenden Fällen kann das Amtsgericht, in dessen Bezirk sich der Streitgegenstand befindet, eine einstweilige Verfügung erlassen unter Bestimmung einer Frist, innerhalb der die Ladung des Gegners zur mündlichen Verhandlung über die

Rechtmäßigkeit der einstweiligen Verfügung bei dem Gericht der Hauptsache zu beantragen ist.

(2) ¹Die einstweilige Verfügung, auf Grund deren eine Vormerkung oder ein Widerspruch gegen die Richtigkeit des Grundbuchs, des Schiffsregisters oder des Schiffsbauregisters eingetragen werden soll, kann von dem Amtsgericht erlassen werden, in dessen Bezirk das Grundstück belegen ist oder der Heimathafen oder der Heimatort des Schiffes oder der Bauort des Schiffsbauwerks sich befindet, auch wenn der Fall nicht für dringlich erachtet wird; liegt der Heimathafen des Schiffes nicht im Inland, so kann die einstweilige Verfügung vom Amtsgericht in Hamburg erlassen werden. ²Die Bestimmung der im Absatz 1 bezeichneten Frist hat nur auf Antrag des Gegners zu erfolgen.

(3) Nach fruchtlosem Ablauf der Frist hat das Amtsgericht auf Antrag die erlassene Verfügung aufzuheben.

(4) Die in diesem Paragraphen erwähnten Entscheidungen des Amtsgerichts ergehen durch Beschluss.

1. Wahlweise Zuständigkeit des AG neben der Ger der Hauptsache (§ 937 Abs 1) nur für die Anordnung, die Aufhebung wegen Fristversäumung (Abs 3) und das Eintragungsersuchen (§ 941). Für alle anderen gerichtlichen Maßnahmen, insbes Aufhebung (§§ 924–927), Vollziehung nach §§ 887 ff, Einstellung der Zwangsvollstreckung (vgl § 924 Rn 8) bleibt allein das Ger nach § 937 Abs 1 zuständig. Lempp NJW 75, 1920 hält bis zum Eingang des Terminsantrags beim Ger der Hauptsache das AG für befugt, die Vollziehung der einstw Vfg auszusetzen. Wohl überflüssig, weil der Terminsantrag sofort gestellt werden kann. – **a)** Nach **Abs 1** ist das **AG der belegenen Sache** für einstw Vfgn jeden Inhalts zuständig, wenn ein dringender Fall glaubhaft gemacht wird, dh wenn die Anrufung des Ger der Hauptsache für den Gläubiger eine nachteilige Verzögerung brächte. Maßgeblich ist bei körperlichen Sachen der Verbleib im Zeitpunkt der Anordnung der einstw Vfg, bei Handlungen und Unterlassungen, wo sie vorzunehmen sind; bei Forderungen gilt § 23 S 2 entspr. – **b)** Nach **Abs 2** ist für die **Anordnung von Vormerkungen und Widersprüchen** auch ohne Dringlichkeit das AG zuständig. Heimathafen und Heimatort vgl § 480 HGB, § 6 BinnSchG.

2. Verfahren. Freigestellte mdl Vhdlg (Abs 4, § 128 Abs 4)), Entscheidung stets durch Beschluss, also kein Säumnisverfahren. Im Falle des Abs 1 muss vAw (notfalls Ergänzung nach § 321), im Falle des Abs 2 auf Antrag Frist zur Ladung des Schuldners vor das Ger der Hauptsache über die Rechtmäßigkeit der einstw Vfg bestimmt werden. Fristbeginn mit Zustellung (Aushändigung) an Gläubiger, Wahrung durch Eingang des Ladungsantrags. – **Rechtsbehelfe:** Bei Zurückweisung sofortige Beschwerde (§ 567 Abs 1); bei Erlass iF des Abs 1 kein Rechtsbehelf,

weil die Frist zur Ladung des Antragsgegners zum Rechtfertigungsverfahren vAw zu bestimmen ist, iF des Abs 2 Antrag des Antragsgegners
auf Fristbestimmung zur Ladung für das Rechtfertigungsverfahren. Widerspruch mit Verweisungsantrag ist als solcher Antrag aufzufassen. Vor
dem AG, außer es ist Ger der Hauptsache, kann auch bei rügeloser
Einlassung das Widerspruchsverfahren nicht stattfinden mangels funktioneller Zuständigkeit (LG Frankfurt NJW 75, 1932, StJGrunsky 11,
Jacobs NJW 88, 1365; aA zu Unrecht LG Frankfurt NJW 80, 1759). Bei
ergebnislosem Verstreichen der Frist Aufhebungsantrag nach Abs 3; daneben Antrag nach § 926 beim Hauptsachegericht (Schleswig NJW-RR
97, 829).

6   **3. Aufhebung** (Abs 3). Zuständig ist nur das AG. Nur auf Antrag des
Schuldners, freigestellte mdl Vhdlg, Anhörung des Gläubigers ist stets
geboten. Die Frist ist nach § 231 Abs 2 gewahrt, wenn der Terminsantrag beim HauptsacheGer von einer der beiden Parteien bis zum Schluss
der mdl Vhdlg, sonst bis zum Erlass der Entscheidung gestellt ist. Ent-
7 scheidung stets durch Beschluss (Abs 4). — **Kosten:** Bei Ger keine,
8 § 40 Abs 2 BRAGO. — **Rechtsbehelfe:** Gegen Aufhebung sofortige
Beschwerde in Analogie zu § 934 Abs 4 (Brandenburg OLG-NL 95,
184), gegen Ablehnung sofortige Beschwerde (§ 567 Abs 1 Nr 2). Folge
der Aufhebung: § 945.

9   **4.** Das **Rechtfertigungsverfahren** vor dem HauptsacheGer folgt
ganz dem Widerspruchsverfahren; vgl §§ 924, 925. Die Nichteinhaltung
der gesetzten Frist kann wegen § 231 Abs 2 nicht gerügt werden.

§ 943 Gericht der Hauptsache

(1) **Als Gericht der Hauptsache im Sinne der Vorschriften dieses Abschnitts ist das Gericht des ersten Rechtszuges und, wenn
die Hauptsache in der Berufungsinstanz anhängig ist, das Berufungsgericht anzusehen.**

(2) **Das Gericht der Hauptsache ist für die nach § 109 zu treffenden Anordnungen ausschließlich zuständig, wenn die Hauptsache anhängig ist oder anhängig gewesen ist.**

1   **1. Gericht der Hauptsache:** vgl § 919 Rn 2–6 und § 937 Rn 1.
– In **erster Instanz** endet die Zuständigkeit mit der Einlegung der
Berufung und beginnt wieder mit der Rechtskraft des BerUrt bzw
2 mit der Einlegung der Revision (BGH WM 76, 134 u 1201). – **Die
Zuständigkeit des Berufungsgerichts** dauert von der Einlegung der
Berufung bis zur Rechtskraft des BerUrt oder bis zur Einlegung der
Revision. Ist der Grund des Anspruchs in zweiter, die Höhe in erster
Instanz anhängig, so sind beide Gerichte zuständig (Karlsruhe MDR
54, 425 bestr); im Falle der Berufung gegen ein Zwischenurteil nach
§ 280 ist nur das Ger der 1. Instanz zuständig (StJGrunsky § 919
Rn 6).

2. Rückgabe einer Sicherheit. Wegfall der Veranlassung vgl § 109. **3**
Die SL des Gläubigers bezweckt, den Schuldner für Ansprüche aus
§ 945 zu sichern. Diese Veranlassung entfällt, wenn der Gläubiger in der
Hauptsache rechtskräftig obsiegt hat, wenn der Arrest nicht vollzogen
oder nicht angefochten wird. Die SL des Schuldners bezweckt Abwendung oder Aufhebung der Arrestvollziehung. Diese Veranlassung entfällt,
wenn der Arrestbefehl außer wegen SL aufgehoben (Düsseldorf
NJW-RR 87, 511) oder der Gläubiger befriedigt ist, ferner nach rechtskräftiger Abweisung der Hauptsacheklage als unbegründet (München
BB 75, 764).

§ 944 Entscheidung des Vorsitzenden bei Dinglichkeit

**In dringenden Fällen kann der Vorsitzende über die in diesem
Abschnitt erwähnten Gesuche, sofern deren Erledigung eine
mündliche Verhandlung nicht erfordert, anstatt des Gerichts entscheiden.**

Dringender Fall bedeutet, dass die Entscheidung durch das Kolle- **1**
gium für den Gläubiger eine nachteilige Verzögerung mit sich bringt.
Nicht zuständig ist der Vorsitzende, soweit über Gesuche nur nach mdl
Vhdlg entschieden werden kann (§§ 925, 926 Abs 2, 927, 942 Abs 1)
und bei fehlender Dringlichkeit (vgl auch § 937 Rn 2). Einzelrichter
vgl § 348 Rn 13. Rechtsbehelfe wie gegen die Entscheidungen des
Gerichts.

§ 945 Schadensersatzpflicht

**Erweist sich die Anordnung eines Arrestes oder einer einst-
weiligen Verfügung als von Anfang an ungerechtfertigt oder wird
die angeordnete Maßregel auf Grund des § 926 Abs. 2 oder des
§ 942 Abs. 3 aufgehoben, so ist die Partei, welche die Anordnung
erwirkt hat, verpflichtet, dem Gegner den Schaden zu ersetzen,
der ihm aus der Vollziehung der angeordneten Maßregel oder
dadurch entsteht, daß er Sicherheit leistet, um die Vollziehung
abzuwenden oder die Aufhebung der Maßregel zu erwirken.**

1. Voraussetzungen des Schadensersatzanspruchs: – a) Entwe- **1**
der die **Anordnung des Arrestes** (einstw Vfg) war zZ des Erlasses von
Anfang an ganz oder teilweise **ungerechtfertigt,** weil es an einer Voraussetzung dafür fehlte (§ 916 Rn 2, 3; § 935 Rn 1, 4; § 940 Rn 1,
2, 5); auch dann, wenn die dem Erlass zugrundegelegte Norm vom
BVerfG für nichtig erklärt wird (BGH 54, 76, Düsseldorf MDR 87,
771). Vgl weiter Rn 6–9. – Oder die **Anordnung** wurde nach **2**
§ 926 Abs 2 oder § 942 Abs 3 **aufgehoben.** Vgl weiter Rn 10. Ver-
schuldensunabhängige Haftung (BGH NJW-RR 92, 998), ohne Belang
ist, ob der Antragsteller die Unrechtmäßigkeit kannte oder kennen
musste. Verwandte Vorschrift in § 641 g, § 717 Abs 2. – **b)** Der Gläu- **3**

biger hat die angeordnete **Maßregel vollzogen,** zumindest damit
begonnen (BGH NJW 90, 122), oder der Schuldner hat zur Abwen-
4 dung oder Aufhebung der Vollziehung Sicherheit geleistet. – **c)** Dem
Schuldner ist dadurch **Schaden verursacht** worden, wobei nicht erforderlich ist, dass die begonnene Vollziehung auch vollendet wurde
5 (BGH NJW 90, 122). – **d) Entsprechend anwendbar,** wenn der
Schuldner unter Vollstreckungsdruck (vgl Rn 6) freiwillig erfüllt hat
(BGH NJW 93, 593). Ferner wenn einem Wohnungseigentümer Schaden entstanden ist durch die Vollziehung einer einstweiligen Anordnung nach § 44 Abs 3 WEG, die sich nachträglich als von Anfang an
unbegründet erweist (BGH NJW 93, 593). Ferner auf Steuerarrest,
Rechtsweg zulässig (BGH 63, 277; abl Schwarz NJW 76, 215). Ferner
wenn eine auf Grund landesrechtlichen PresseG erwirkte und durch-
gesetzte gerichtliche Anordnung auf Veröffentlichung einer Gegendarstellung im Berufungsverfahren als von Anfang an unrichtig aufgehoben
6 wird (BGH 62, 7; abl Kreuzer JZ 74, 507). – **e) Keine entsprechende
Anwendung,** wenn der Schuldner freiwillig noch ohne Vollstreckungsdruck leistet, nämlich wenn noch eine Vollstreckungsvorausset-
zung fehlt wie die Strafandrohung gemäß § 890 Abs 2 (BGH 120, 73
82), auch wenn die einstw Vfg im Parteibetrieb zugestellt wurde (BGH
NJW 96, 198). Ferner auf andere als die im Gesetzestext genannten
Tatbestände (BGH NJW-RR 92, 998), auf einstw Anordnungen anderer Art, zB §§ 127 a, 620 ff (BGH NJW 84, 2095), auf § 85 Abs 2 S 2
in Angelegenheiten des BetrVerfG. Nicht anwendbar auf den umgekehrten Fall: Abweisung oder Rücknahme des Arrest- bzw VfgsAntrags
und späteres Obsiegen im Hauptsacheprozess (BGH 45, 251, NJW-RR
95, 495); auf Vergleich, dessen Bestand vom Ausgang des Hauptverfahrens abhängt, denn die Parteidisposition ist nicht einer gerichtlichen
Entscheidung gleichzusetzen (Karlsruhe OLGZ 79, 370; aA Frankfurt
FamRZ 88, 88).

7 **2. Ungerechtfertigte Anordnung.** Das prozessuale Schicksal des
Arrestbefehls ist ohne Belang. Maßgebend ist, dass die tatsächlichen und
rechtlichen Voraussetzungen im Zeitpunkt des Erlasses nicht vorlagen,
wozu genügt, dass sie nicht beweisbar waren (BGH WM 88, 1352). Das
ist zu beurteilen nach dem Sachverhalt bei Schluss der Verhandlung im
Schadensersatzprozess (Düsseldorf MDR 61, 606), zB nachträgliche
Löschung eines Gebrauchsmusters, Versagung eines Patents nach be-
kanntgemachter Anmeldung (BGH 75, 116). Bei Prüfung ist das Ger im
ErsatzProz frei, wenn weder im HauptsacheProz über den Anspruch
(BGH NJW-RR 92, 998) noch im ArrestProz über die Rechtmäßigkeit
der Anordnung eine rechtskräftige Entscheidung ergangen ist. Auch ein
Vergleich, in dem der Gläubiger die unrechtmäßige Anordnung des
8 Arrestes anerkannt hat, bindet das Ger im ErsatzProz nicht. – **a) Vorausgegangene Entscheidung im Hauptsacheprozess.** Ist der Anspruch als zurzeit der Arrestanordnung bestehend oder nicht bestehend
rechtskräftig festgestellt, so ist das Ger im Schadensersatzprozess im

Umfang der materiellen Rechtskraftwirkung gebunden (BGH NJW 93, 2685), auch wenn die zugrunde liegende Rechtsnorm später als verfassungswidrig aufgehoben wurde (BGH NJW 89, 106). Frei bleibt es hinsichtlich des Arrestgrundes, weil über ihn das Hauptsacheurteil nicht entscheidet. – **b) Vorausgegangene Entscheidung im Arrestprozess.** Was den **Arrestanspruch** betrifft, besteht keine Bindung, wenn über den Arrestantrag durch Beschluss entschieden wurde, weil er nicht der formellen Rechtskraft fähig ist. Aber auch bei Bestätigung des Arrestbefehls oder bei seiner Aufhebung durch Urt wegen von Anfang an fehlenden Anspruchs besteht keine Bindung, weil der Anspruch im ArrestProz nicht Streitgegenstand ist (2 vor § 916). Ist das Gericht im HauptsacheProz demgemäß in seiner Entscheidung, ob der Anspruch besteht oder nicht, frei, so muss dies auch für den SchadensersatzProz gelten, in dem das Nichtbestehen des Anspruchs im Zeitpunkt der Arrestanordnung nur eine Anspruchsvoraussetzung ist, die auch aus rechtsstaatlichen Gründen nicht in einem summarischen, sondern nur in einem normalen Erkenntnisverfahren endgültig festgestellt werden kann (ebenso StJGrunsky 29, 32, ZöVollkommer 9, MuHuber 5; Karlsruhe Justiz 84, 95; KG NJW-RR 87, 448). Die gegenteilige Auffassung verneint Bindungswirkung für den Anspruch im SchadensersatzProz, wenn das Urt den Arrest bestätigt hat, bejaht sie inkonsequent aber, wenn das Urt den Arrest wegen von Anfang an fehlenden Anspruchs aufgehoben hat (BGH NJW 92, 2297, Hamburg VersR 87, 356, BLAH 10; offengelassen BGH NJW 94, 2765), was sich allerdings aus dem Urt selbst ergeben müsse (BGH WM 71, 1129: Nicht bei VersU, BGH NJW 98, 1651: Nicht bei VezichtsUrt). Am Schaden und seiner Verursachung durch die ungerechtfertigte Anordnung fehlt es, wenn eine auf Unterlassung lautende einstw Vfg vollzogen und später aufgehoben wurde, der Schuldner aber materiellrechtlich zur Unterlassung verpflichtet war (BGH 15, 356, NJW 94, 2765). – **c) Arrestgrund.** Die überwiegende Meinung bejaht Bindung an sein (Nicht-)Bestehen, wenn das ArrestUrt ihn verneint bzw bejaht (Hamburg MDR 56, 304, Schwerdtner NJW 70, 597, BLAH 11), jedenfalls dann, wenn das ArrestGer den Arrest wegen von Anfang an fehlenden Arrestgrundes aufgehoben hat (BGH 75, 1/5). Auch hier ist indessen eine Bindung des Richters im SchadensersatzProz an eine rechtskräftige Entscheidung im ArrestProz aus jedenfalls teilweise denselben Gründen wie vorstehend Rn 9 zu verneinen (StJGrunsky 30, 32, ZöVollkommer 9, MuHuber 5).

3. An die **Aufhebung** nach **§ 926 Abs 2, § 942 Abs 3** ist das Ger im Ersatzprozess gebunden. Rechtmäßigkeit der Anordnung und Bestehen des Hauptanspruchs sind hier ohne Belang.

4. Der Ersatzanspruch ist in einem eigenen Proz auf Leistung oder negative Feststellung (BGH NJW 94, 2765) geltend zu machen, lediglich bei auf Zahlung lautenden einstw Vfgn (§ 940 Rn 7–11) auch im Verfahren über deren Rechtmäßigkeit, soweit die Höhe der

Reichold 1553

zurückzugewährenden Leistung unstreitig ist. Der Bekl trägt die Beweislast dafür, dass sein Antrag auf Erlass des Arrestes (einstw Vfg) von Anfang an gerechtfertigt war (BGH NJW-RR 92, 998). –

13 **Anspruchsberechtigt** ist nur der Antragsgegner wegen des Schadens auf Grund der Arrestvollziehung gegen ihn selbst (BGH NJW 94, 1413/1416). Unter Umständen kann er Liquidierung des Schadens verlangen, der einem Dritten gesetzwidrig durch diese Vollziehung entstanden ist. Ist die einstw Vfg gesetzwidrig nicht gegen den Schuldner, sondern einen Dritten ergangen (zB Gebot), so ist dieser an-

14 spruchsberechtigt (StJGrunsky 12). – **Verpflichtet** ist der Antragsteller. Für Gerichtsstand gelten die Vorschriften über unerlaubte Handlung (BGH 75, 1). Rechtsweg zum ZivilGer auch, wenn im Ausgangsverfahren gem § 123 VwGO ein VerwaltungsGer entschieden hat (BGH 78, 127).

15 **5. Der Umfang der Ersatzpflicht** richtet sich nach §§ 249 ff BGB (BGH NJW 93, 593). Zu ersetzen sind auch die durch zu weite Fassung eines Unterlassungsgebots verursachten Nachteile (BGH NJW 81, 2579) und die erforderlichen Aufwendungen zur Minderung der Schadensfolgen aus der zu Unrecht erlassenen einstw Vfg (BGH NJW 93, 2685). Bei Anwendung des § 254 BGB ist zu berücksichtigen, dass die Vollziehung des noch nicht endgültigen Titels auf Gefahr des Gläubigers geht. An überwiegendes Verschulden des Schuldners sind deshalb hohe Anforderungen zu stellen, ganz entfallen kann sein Ersatzanspruch nur, wenn er den Arrestantrag geradezu provoziert hat (BGH NJW 90, 2689) oder wenn er einen Widerspruch unterlassen hat (München GRUR 96, 998). Der im VfgsVerfahren unterlegene Bekl, der im Hauptprozess obsiegt, kann die auf Grund der Kostenentscheidung im VfgsVerfahren entstandenen eigenen Kosten nicht nach § 945 als Schadensersatz zurückverlangen, weil sie nicht durch die Vollziehung, sondern durch die Anordnung der einstw Vfg entstanden sind; zur Erstattung dieser Kosten kommt der Bekl über einen entsprechenden Antrag im Aufhebungsverfahren gem § 927 (dort Rn 8, BGH NJW 93, 2685, Ahrens ZZP 107, 519). Die dem VfgsKläger erstatteten Kosten kann er, weil Vollstreckungsschaden, nach § 945 zurückverlangen (Vollkommer WM 94,

16 51). – **Verjährungsfrist** gem § 199 Abs 1, 3 BGB, Fristbeginn mit rechtskräftiger Abweisung des Arrest-/Verfügungsantrags (BGH NJW 92, 2297) bzw mit rechtskräftigem Abschluss des Hauptsacheprozesses (BGH NJW 93, 863).

Buch 9. Aufgebotsverfahren

Vorbemerkung

1. Allgemeines. Das Aufgebotsverfahren, durch die Regelung in der **1**
ZPO kein Gegenstand der freiwilligen Gerichtsbarkeit, ist eine besonde-
re Prozessart (Einl V). Grundsätzlich gilt das ganze Erste bis Dritte
Buch, soweit nicht die §§ 946–1024 Sonderregeln enthalten (RG 121,
20). Das Verfahren ist vom Gesetz ausführlich geregelt. Sein Zweck ist
eine gegenüber allen wirkende Feststellung in Bezug auf bestimmte
Rechte. Für das Aufgebotsverfahren selbst ist das AG zuständig (§ 23
Nr 1 h GVG), funktionell der Rechtspfleger mit Ausnahmen (§ 20 Nr 2
RPflG), für die Anfechtungsklage das LG (§ 957).

2. Anwendungsbereich. Es ist zu unterscheiden: Ausschließung ei- **2**
nes Grundeigentümers (§§ 977–981 a). Ausschließung von Grundpfand-
gläubigern und anderen dinglich Berechtigten (§§ 982–988). Ausschließung von Nachlass-, Gesamtgut- und Schiffsgläubigern (§§ 989–1002).
Kraftloserklärung von Urkunden (§§ 1003–1023). Die allgemeinen Vorschriften §§ 946–959 gelten grundsätzlich für alle Arten von Aufgebotsverfahren.

§ 946 Statthaftigkeit; Zuständigkeit

(1) **Eine öffentliche gerichtliche Aufforderung zur Anmeldung
von Ansprüchen oder Rechten findet mit der Wirkung, daß die
Unterlassung der Anmeldung einen Rechtsnachteil zur Folge
hat, nur in den durch das Gesetz bestimmten Fällen statt.**

(2) **Für das Aufgebotsverfahren ist das durch das Gesetz bestimmte Gericht zuständig.**

Abs 1: gibt zugleich den Begriff des Aufgebots. Abs 2: sachlich und **1**
funktionell: 1 vor § 946. Örtlich: für jeden Fall besonders gesetzlich
bestimmt.

§ 947 Antrag; Inhalt des Aufgebots

(1) **¹Der Antrag kann schriftlich oder zum Protokoll der Geschäftsstelle gestellt werden. ²Die Entscheidung kann ohne
mündliche Verhandlung ergehen.**

(2) **¹Ist der Antrag zulässig, so hat das Gericht das Aufgebot zu
erlassen. ²In das Aufgebot ist insbesondere aufzunehmen:
1. die Bezeichnung des Antragstellers;
2. die Aufforderung, die Ansprüche und Rechte spätestens im
Aufgebotstermin anzumelden;**

3. die Bezeichnung der Rechtsnachteile, die eintreten, wenn die Anmeldung unterbleibt;

4. die Bestimmung eines Aufgebotstermins.

1   **Antrag:** Prozesshandlung (Einl III); bis zum Erlass des Ausschlussurteils rücknehmbar. Er muss die schlüssige Behauptung enthalten, die das Gesetz für den betreffenden Fall fordert (vgl § 946 Abs 1), soweit vorgeschrieben. Glaubhaftmachung gemäß § 294 (§§ 980, 985, 986,
2   1007). **Entscheidung:** ein Beschluss. Abs 2 bestimmt dessen Mindestinhalt. **Rechtsbehelfe:** gegen Ablehnung sofortige Beschwerde gemäß § 11 Abs 1 RPflG; § 567 Abs 1 Nr 2. **Gebühren:** KV 1144; § 45 BRAGO.

§ 948 Öffentliche Bekanntmachung

(1) **Die öffentliche Bekanntmachung des Aufgebots erfolgt durch Anheftung an die Gerichtstafel und durch einmalige Einrückung in den Bundesanzeiger, sofern nicht das Gesetz für den betreffenden Fall eine abweichende Anordnung getroffen hat.**

(2) **Das Gericht kann anordnen, daß die Einrückung noch in andere Blätter und zu mehreren Malen erfolge.**

§ 949 Gültigkeit der öffentlichen Bekanntmachung

Auf die Gültigkeit der öffentlichen Bekanntmachung hat es keinen Einfluß, wenn das anzuheftende Schriftstück von dem Ort der Anheftung zu früh entfernt ist oder wenn im Falle wiederholter Bekanntmachung die vorgeschriebenen Zwischenfristen nicht eingehalten sind.

§ 950 Aufgebotsfrist

Zwischen dem Tage, an dem die Einrückung oder die erste Einrückung des Aufgebots in den Bundesanzeiger erfolgt ist, und dem Aufgebotstermin muß, sofern das Gesetz nicht eine abweichende Anordnung enthält, ein Zeitraum (Aufgebotsfrist) von mindestens sechs Wochen liegen.

1   Dauer: Sondergesetze gehen vor. Berechnung: § 222.

§ 951 Angebot nach Aufgebotstermin

Eine Anmeldung, die nach dem Schluß des Aufgebotstermins, jedoch vor Erlaß des Ausschlußurteils erfolgt, ist als rechtzeitig anzusehen.

1   Anmeldung: Prozesshandlung (Einl III); schriftlich oder zu Protokoll. Bestimmter Inhalt nur, wenn er besonders vorgeschrieben ist (zB § 996).

§ 952 Ausschlussurteil; Zurückweisung des Antrags

(1) **Das Ausschlußurteil ist in öffentlicher Sitzung auf Antrag zu erlassen.**

(2) **Einem in der Sitzung gestellten Antrag wird ein Antrag gleichgeachtet, der vor dem Aufgebotstermin schriftlich gestellt oder zum Protokoll der Geschäftsstelle erklärt worden ist.**

(3) **Vor Erlaß des Urteils kann eine nähere Ermittlung, insbesondere die Versicherung der Wahrheit einer Behauptung des Antragstellers an Eides Statt angeordnet werden.**

(4) **Gegen den Beschluß, durch den der Antrag auf Erlaß des Ausschlußurteils zurückgewiesen wird, sowie gegen Beschränkungen und Vorbehalte, die dem Ausschlußurteil beigefügt sind, findet sofortige Beschwerde statt.**

Zuständig: immer der Richter (§ 20 Nr 2 RPflG). Ausschlussurteil 1 (Gestaltungsurteil) ergeht nur unter folgenden **Voraussetzungen: (1)** 2 Zulässigkeit des Aufgebotsverfahrens (§ 946 Abs 1) zZ der Letzten mdl Vhdlg, also zZ der betreffenden Sitzung. **(2)** Begründetheit des Aufgebots; dh es müssen die materiellen Voraussetzungen für die Ausschließung (zB §§ 927, 1170 BGB) vorliegen. Hierbei herrscht der Untersuchungsgrundsatz (Einl Rn 4; vgl Abs 3). **(3)** Fehlen einer entgegenstehenden Anmeldung. Steht sie teilweise entgegen, so wird beschränkt bzw vorbehalten (Abs 4). **(4)** Antrag (Abs 1, 2). Prozesshandlung (Einl III) und neben dem Aufgebotsantrag (§ 947) erforderlich. **Mögliche** 3 **Entscheidungen: (1)** Ausschlussurteil, ggf mit Beschränkung und Vorbehalt eines angemeldeten Rechts (§ 953); die Formel ist nach dem maßgebenden materiellen Recht zu fassen (zB §§ 927, 1170 BGB). Es gelten §§ 309–321 a. Kosten: grundsätzlich dem Antragsteller aufzuerlegen, aber kein Kostenerstattungsanspruch (LG Weiden Rpfleger 98, 532). **(2)** Beschluss: Zurückweisung des Antrags auf Erlass des Ausschlussurteils, wenn eine der Voraussetzungen (Rn 2) fehlt. **(3)** Aussetzungsbeschluss im Falle des § 953. **Rechtsbehelfe.** Gegen das Aus- 4 schlussurteil, das mit Verkündung rechtskräftig wird, findet kein Rechtsmittel statt (§ 957 Abs 1), nur Anfechtungsklage (§ 957 Abs 2); keine Nichtigkeitsklage (§ 579; hM; BGH NJW 94, 214 mwN); daher ist die Ausschließung mit Verkündung sofort wirksam. Gegen den Zurückweisungsbeschluss sofortige Beschwerde gemäß Abs 4, § 567 Abs 1 Nr 1, gegen Aussetzungsbeschluss gemäß § 252.

§ 953 Wirkung einer Anmeldung

Erfolgt eine Anmeldung, durch die das von dem Antragsteller zur Begründung des Antrags behauptete Recht bestritten wird, so ist nach Beschaffenheit des Falles entweder das Aufgebotsverfahren bis zur endgültigen Entscheidung über das angemeldete

Recht auszusetzen oder in dem Ausschlußurteil das angemeldete Recht vorzubehalten.

1   Die endgültige Entscheidung über das vorbehaltene Recht ist im normalen Klageverfahren herbeizuführen. In diesem Verfahren kann derjenige, dem das Recht vorbehalten ist, nicht geltend machen, die Voraussetzungen eines Ausschlussurteils (§ 952) hätten nicht vorgelegen (BGH 76, 169).

§ 954 Fehlender Antrag

[1] **Wenn der Antragsteller weder in dem Aufgebotstermin erschienen ist noch vor dem Termin den Antrag auf Erlaß des Ausschlußurteils gestellt hat, so ist auf seinen Antrag ein neuer Termin zu bestimmen.** [2] **Der Antrag ist nur binnen einer vom Tage des Aufgebotstermins laufenden Frist von sechs Monaten zulässig.**

1   Mit fruchtlosem Ablauf der 6-Monats-Frist erlischt das Aufgebotsverfahren; neuer Antrag gem § 947 ist jederzeit möglich.

§ 955 Neuer Termin

Wird zur Erledigung des Aufgebotsverfahrens ein neuer Termin bestimmt, so ist eine öffentliche Bekanntmachung des Termins nicht erforderlich.

1   Gilt auch für neue Termine gemäß § 952 Abs 3, § 953. Im übrigen gilt § 216.

§ 956 Öffentliche Bekanntmachung des Ausschlussurteils

Das Gericht kann die öffentliche Bekanntmachung des wesentlichen Inhalts des Ausschlußurteils durch einmalige Einrückung in den Bundesanzeiger anordnen.

§ 957 Anfechtungsklage

(1) **Gegen das Ausschlußurteil findet ein Rechtsmittel nicht statt.**

(2) **Das Ausschlußurteil kann bei dem Landgericht, in dessen Bezirk das Aufgebotsgericht seinen Sitz hat, mittels einer gegen den Antragsteller zu erhebenden Klage angefochten werden:**
1. **wenn ein Fall nicht vorlag, in dem das Gesetz das Aufgebotsverfahren zuläßt;**
2. **wenn die öffentliche Bekanntmachung des Aufgebots oder eine in dem Gesetz vorgeschriebene Art der Bekanntmachung unterblieben ist;**
3. **wenn die vorgeschriebene Aufgebotsfrist nicht gewahrt ist;**

4. wenn der erkennende Richter von der Ausübung des Richteramts kraft Gesetzes ausgeschlossen war;
5. wenn ein Anspruch oder ein Recht ungeachtet der Anmeldung nicht dem Gesetz gemäß in dem Urteil berücksichtigt ist;
6. wenn die Voraussetzungen vorliegen, unter denen die Restitutionsklage wegen einer Straftat stattfindet.

1. Zulässigkeit der Anfechtungsklage (gewöhnliche Gestaltungsklage, 5 vor § 253). Neben den anderen allgemeinen Prozessvoraussetzungen müssen insbes vorliegen: **a) Zuständigkeit:** Abs 2; sie ist ausschließlich (9 vor § 1). − **b) Rechtsschutzbedürfnis** hat jeder Kläger, dessen Rechtsstellung durch das Ausschlussurteil betroffen wird (BGH LM Nr 1). − **c) Frist** des § 958 ist eine besondere Prozessvoraussetzung. 1 2 3 4

2. Begründet ist die Anfechtungsklage nur dann, wenn einer der Gründe des Abs 2 vorliegt. Wem das Recht wirklich zusteht, ist bedeutungslos. **Nr 1** bezieht sich allein auf die Zulässigkeit iS des § 946 Abs 1 (vgl BGH NJW 80, 2529), ggf nach Landesrecht. **Nr 2:** insbes Verstoß gegen § 947 Abs 2, auch gegen anderes Bundes- oder Landesrecht; ferner die Benachrichtigung bestimmter Personen, zB § 994 Abs 2 (RoSchwGottwald § 170 II 9 a; bestr). **Nr 3.** § 950. **Nr 4:** § 41. **Nr 5:** wirksame Anmeldung gem § 951. **Nr 6:** § 580 Nr 1–5. § 581 gilt entsprechend. 5

3. Entscheidung. Sie ist ein Gestaltungsurteil, wenn die Klage nicht ganz abgewiesen wird; in dessen Formel ist das Ausschlussurteil insoweit aufzuheben, als der Kläger darin mit seinem Recht ausgeschlossen wird; insoweit ergänzt es das Auschlussurteil (RoSchwGottwald § 170 II 9 f). Öffentliche Bekanntmachung ist in § 1017 vorgesehen. Streitwert: Wert des betreffenden Rechts (§ 3). Kosten: §§ 91 bis 101. Gebühren: die gewöhnlichen. Rechtsmittel: Berufung, ggf Revision. 6

§ 958 Klagefrist

(1) ¹Die Anfechtungsklage ist binnen der Notfrist eines Monats zu erheben. ²Die Frist beginnt mit dem Tage, an dem der Kläger Kenntnis von dem Ausschlußurteil erhalten hat, in dem Falle jedoch, wenn die Klage auf einem der im § 957 Nr. 4, 6 bezeichneten Anfechtungsgründe beruht und dieser Grund an jenem Tage noch nicht zur Kenntnis des Klägers gelangt war, erst mit dem Tage, an dem der Anfechtungsgrund dem Kläger bekannt geworden ist.

(2) Nach Ablauf von zehn Jahren, von dem Tage der Verkündung des Ausschlußurteils an gerechnet, ist die Klage unstatthaft.

Berechnung: § 222. Abs 2: Die Ausschlussfrist läuft unabhängig von einer Kenntnis des Klägers (BGH DtZ 94, 214). Sie ist keine Notfrist, 1

daher keine Wiedereinsetzung (§ 233) möglich. Auch keine Ablaufhem-
mung der Verjährung (BGH aaO).

§ 959 Verbindung mehrerer Aufgebote

Das Gericht kann die Verbindung mehrerer Aufgebote anordnen, auch wenn die Voraussetzungen des § 147 nicht vorliegen.

§§ 960–976 (weggefallen)

§ 977 Aufgebot des Grundstückseigentümers

Für das Aufgebotsverfahren zum Zwecke der Ausschließung
des Eigentümers eines Grundstücks nach § 927 des Bürgerlichen
Gesetzbuchs gelten die nachfolgenden besonderen Vorschriften.

§ 978 Zuständigkeit

Zuständig ist das Gericht, in dessen Bezirk das Grundstück
belegen ist.

§ 979 Antragsberechtigter

Antragsberechtigt ist derjenige, der das Grundstück seit der im
§ 927 des Bürgerlichen Gesetzbuchs bestimmten Zeit im Eigenbesitz hat.

§ 980 Glaubhaftmachung

Der Antragsteller hat die zur Begründung des Antrags erforderlichen Tatsachen vor der Einleitung des Verfahrens glaubhaft
zu machen.

§ 981 Inhalt des Aufgebots

In dem Aufgebot ist der bisherige Eigentümer aufzufordern,
sein Recht spätestens im Aufgebotstermin anzumelden, widrigenfalls seine Ausschließung erfolgen werde.

§ 981 a Aufgebot des Schiffseigentümers

[1]Für das Aufgebotsverfahren zum Zwecke der Ausschließung
des Eigentümers eines eingetragenen Schiffes oder Schiffsbauwerks nach § 6 des Gesetzes über Rechte an eingetragenen Schiffen und Schiffsbauwerken vom 15. November 1940 (Reichsgesetzbl. I S. 1499) gelten die §§ 979 bis 981 entsprechend. [2]Zu-

tändig ist das Gericht, bei dem das Register für das Schiff oder Schiffsbauwerk geführt wird.

§ 982 Aufgebot des Grundpfandrechtsgläubigers

Für das Aufgebotsverfahren zum Zwecke der Ausschließung eines Hypotheken-, Grundschuld- oder Rentenschuldgläubigers auf Grund der §§ 1170, 1171 des Bürgerlichen Gesetzbuchs gelten die nachfolgenden besonderen Vorschriften.

§ 983 Zuständigkeit

Zuständig ist das Gericht, in dessen Bezirk das belastete Grundstück belegen ist.

§ 984 Antragsberechtigter

(1) Antragsberechtigt ist der Eigentümer des belasteten Grundstücks.

(2) Im Falle des § 1170 des Bürgerlichen Gesetzbuchs ist auch ein im Range gleich- oder nachstehender Gläubiger, zu dessen Gunsten eine Vormerkung nach § 1179 des Bürgerlichen Gesetzbuchs eingetragen ist oder ein Anspruch nach § 1179 a des Bürgerlichen Gesetzbuchs besteht, und bei einer Gesamthypothek, Gesamtgrundschuld oder Gesamtrentenschuld außerdem derjenige antragsberechtigt, der auf Grund eines im Range gleich- oder nachstehenden Rechtes Befriedigung aus einem der belasteten Grundstücke verlangen kann, sofern der Gläubiger oder der sonstige Berechtigte für seinen Anspruch einen vollstreckbaren Schuldtitel erlangt hat.

§ 985 Glaubhaftmachung

Der Antragsteller hat vor der Einleitung des Verfahrens glaubhaft zu machen, daß der Gläubiger unbekannt ist.

§ 986 Besonderheiten im Fall des § 1170 des Bürgerlichen Gesetzbuchs

(1) Im Falle des § 1170 des Bürgerlichen Gesetzbuchs hat der Antragsteller vor der Einleitung des Verfahrens auch glaubhaft zu machen, daß nicht eine das Aufgebot ausschließende Anerkennung des Rechtes des Gläubigers erfolgt ist.

(2) ¹Ist die Hypothek für die Forderung aus einer Schuldverschreibung auf den Inhaber bestellt oder der Grundschuld- oder

Rentenschuldbrief auf den Inhaber ausgestellt, so hat der Antragsteller glaubhaft zu machen, daß die Schuldverschreibung oder der Brief bis zum Ablauf der im § 801 des Bürgerlichen Gesetzbuchs bezeichneten Frist nicht vorgelegt und der Anspruch nicht gerichtlich geltend gemacht worden ist. [2]Ist die Vorlegung oder die gerichtliche Geltendmachung erfolgt, so ist die im Absatz 1 vorgeschriebene Glaubhaftmachung erforderlich.

(3) Zur Glaubhaftmachung genügt in den Fällen der Absätze 1, 2 die Versicherung des Antragstellers an Eides Statt, unbeschadet der Befugnis des Gerichts, anderweitige Ermittlungen anzuordnen.

(4) In dem Aufgebot ist als Rechtsnachteil anzudrohen, daß der Gläubiger mit seinem Recht ausgeschlossen werde.

(5) Wird das Aufgebot auf Antrag eines nach § 984 Abs. 2 Antragsberechtigten erlassen, so ist es dem Eigentümer des Grundstücks von Amts wegen mitzuteilen.

§ 987 Besonderheit im Fall des § 1171 des Bürgerlichen Gesetzbuchs

(1) Im Falle des § 1171 des Bürgerlichen Gesetzbuchs hat der Antragsteller sich vor der Einleitung des Verfahrens zur Hinterlegung des dem Gläubiger gebührenden Betrages zu erbieten.

(2) In dem Aufgebot ist als Rechtsnachteil anzudrohen, daß der Gläubiger nach der Hinterlegung des ihm gebührenden Betrages seine Befriedigung statt aus dem Grundstück nur noch aus dem hinterlegten Betrag verlangen könne und sein Recht auf diesen erlösche, wenn er sich nicht vor dem Ablauf von dreißig Jahren nach dem Erlaß des Ausschlußurteils bei der Hinterlegungsstelle melde.

(3) Hängt die Fälligkeit der Forderung von einer Kündigung ab, so erweitert sich die Aufgebotsfrist um die Kündigungsfrist.

(4) Das Ausschlußurteil darf erst dann erlassen werden, wenn die Hinterlegung erfolgt ist.

§ 987 a Aufgebot des Schiffshypothekengläubigers

[1]Für das Aufgebotsverfahren zum Zwecke der Ausschließung eines Schiffshypothekengläubigers auf Grund der §§ 66, 67 des Gesetzes über Rechte an eingetragenen Schiffen und Schiffsbauwerken vom 15. November 1940 (Reichsgesetzbl. I S. 1499) gelten die §§ 984 bis 987 entsprechend; an die Stelle der §§ 1170, 1171, 1179 des Bürgerlichen Gesetzbuchs treten die §§ 66, 67, 58 des genannten Gesetzes. [2]Zuständig ist das Gericht, bei dem das Register für das Schiff oder Schiffsbauwerk geführt wird.

§ 988 Aufgebot des Berechtigten bei Vormerkung, Vorkaufsrecht, Reallast

[1] Die Vorschriften des § 983, des § 984 Abs. 1, des § 985, des § 986 Abs. 1 bis 4 und der §§ 987, 987a gelten entsprechend für das Aufgebotsverfahren zum Zwecke der in den §§ 887, 1104, 1112 des Bürgerlichen Gesetzbuchs, § 13 des Gesetzes über Rechte an eingetragenen Schiffen und Schiffsbauwerken vom 15. November 1940 (Reichsgesetzbl. I S. 1499) für die Vormerkung, das Vorkaufsrecht und die Reallast bestimmten Ausschließung des Berechtigten. [2] Antragsberechtigt ist auch, wer auf Grund eines im Range gleich- oder nachstehenden Rechtes Befriedigung aus dem Grundstück oder dem Schiff oder Schiffsbauwerk verlangen kann, sofern er für seinen Anspruch einen vollstreckbaren Schuldtitel erlangt hat. [3] Das Aufgebot ist dem Eigentümer des Grundstücks oder des Schiffes oder Schiffsbauwerks von Amts wegen mitzuteilen.

§ 989 Aufgebot von Nachlassgläubigern

Für das Aufgebotsverfahren zum Zwecke der Ausschließung von Nachlaßgläubigern auf Grund des § 1970 des Bürgerlichen Gesetzbuchs gelten die nachfolgenden besonderen Vorschriften.

§ 990 Zuständigkeit

[1] Zuständig ist das Amtsgericht, dem die Verrichtungen des Nachlaßgerichts obliegen. [2] Sind diese Verrichtungen einer anderen Behörde als einem Amtsgericht übertragen, so ist das Amtsgericht zuständig, in dessen Bezirk die Nachlaßbehörde ihren Sitz hat.

§ 991 Antragsberechtigter

(1) Antragsberechtigt ist jeder Erbe, sofern er nicht für die Nachlaßverbindlichkeiten unbeschränkt haftet.

(2) Zu dem Antrag sind auch ein Nachlaßpfleger und ein Testamentsvollstrecker berechtigt, wenn ihnen die Verwaltung des Nachlasses zusteht.

(3) Der Erbe und der Testamentsvollstrecker können den Antrag erst nach der Annahme der Erbschaft stellen.

§ 992 Verzeichnis der Nachlaßgläubiger

Dem Antrag ist ein Verzeichnis der bekannten Nachlaßgläubiger mit Angabe ihres Wohnortes beizufügen.

§ 993 Nachlaßinsolvenzverfahren

(1) Das Aufgebot soll nicht erlassen werden, wenn die Eröffnung des Nachlaßinsolvenzverfahrens beantragt ist.

(2) Durch die Eröffnung des Nachlaßinsolvenzverfahrens wird das Aufgebotsverfahren beendigt.

§ 994 Aufgebotsfrist

(1) Die Aufgebotsfrist soll höchstens sechs Monate betragen.

(2) ¹Das Aufgebot soll den Nachlaßgläubigern, die dem Nachlaßgericht angezeigt sind und deren Wohnort bekannt ist, von Amts wegen zugestellt werden. ²Die Zustellung kann durch Aufgabe zur Post erfolgen.

§ 995 Inhalt des Aufgebots

In dem Aufgebot ist den Nachlaßgläubigern, die sich nicht melden, als Rechtsnachteil anzudrohen, daß sie, unbeschadet des Rechtes, vor den Verbindlichkeiten aus Pflichtteilsrechten, Vermächtnissen und Auflagen berücksichtigt zu werden, von dem Erben nur insoweit Befriedigung verlangen können, als sich nach Befriedigung der nicht ausgeschlossenen Gläubiger noch ein Überschuß ergibt.

§ 996 Forderungsanmeldung

(1) ¹Die Anmeldung einer Forderung hat die Angabe des Gegenstandes und des Grundes der Forderung zu enthalten. ²Urundliche Beweisstücke sind in Urschrift oder in Abschrift beizufügen.

(2) Das Gericht hat die Einsicht der Anmeldungen jedem zu gestatten, der ein rechtliches Interesse glaubhaft macht.

§ 997 Mehrheit von Erben

(1) ¹Sind mehrere Erben vorhanden, so kommen der von einem Erben gestellte Antrag und das von ihm erwirkte Ausschlußurteil, unbeschadet der Vorschriften des Bürgerlichen Gesetzbuchs über die unbeschränkte Haftung, auch den anderen Erben zustatten. ²Als Rechtsnachteil ist den Nachlaßgläubigern, die sich nicht melden, auch anzudrohen, daß jeder Erbe nach der Teilung des Nachlasses nur für den seinem Erbteil entsprechenden Teil der Verbindlichkeit haftet.

(2) Das Aufgebot mit Androhung des im Absatz 1 Satz 2 bestimmten Rechtsnachteils kann von jedem Erben auch dann

beantragt werden, wenn er für die Nachlaßverbindlichkeiten unbeschränkt haftet.

§ 998 Nacherbfolge

Im Falle der Nacherbfolge ist die Vorschrift des § 997 Abs. 1 Satz 1 auf den Vorerben und den Nacherben entsprechend anzuwenden.

§ 999 Gütergemeinschaft

¹Gehört ein Nachlaß zum Gesamtgut der Gütergemeinschaft, so kann sowohl der Ehegatte, der Erbe ist, als auch der Ehegatte, der nicht Erbe ist, aber das Gesamtgut allein oder mit seinem Ehegatten gemeinschaftlich verwaltet, das Aufgebot beantragen, ohne daß die Zustimmung des anderen Ehegatten erforderlich ist. ²Die Ehegatten behalten diese Befugnis, wenn die Gütergemeinschaft endet. ³Der von einem Ehegatten gestellte Antrag und das von ihm erwirkte Ausschlußurteil kommen auch dem anderen Ehegatten zustatten.

§ 1000 Erbschaftskäufer

(1) ¹Hat der Erbe die Erbschaft verkauft, so kann sowohl der Käufer als der Erbe das Aufgebot beantragen. ²Der von dem einen Teil gestellte Antrag und das von ihm erwirkte Ausschlußurteil kommen, unbeschadet der Vorschriften des Bürgerlichen Gesetzbuchs über die unbeschränkte Haftung, auch dem anderen Teil zustatten.

(2) Diese Vorschriften gelten entsprechend, wenn jemand eine durch Vertrag erworbene Erbschaft verkauft oder sich zur Veräußerung einer ihm angefallenen oder anderweit von ihm erworbenen Erbschaft in sonstiger Weise verpflichtet hat.

§ 1001 Aufgebot der Gesamtgutsgläubiger

Die Vorschriften der §§ 990 bis 996, 999, 1000 sind im Falle der fortgesetzten Gütergemeinschaft auf das Aufgebotsverfahren zum Zwecke der nach dem § 1489 Abs. 2 und dem § 1970 des Bürgerlichen Gesetzbuchs zulässigen Ausschließung von Gesamtgutsgläubigern entsprechend anzuwenden.

§ 1002 Aufgebot der Schiffsgläubiger

(1) Für das Aufgebotsverfahren zum Zwecke der Ausschließung von Schiffsgläubigern auf Grund des § 110 des Gesetzes,

betreffend die privatrechtlichen Verhältnisse der Binnenschiffahrt, gelten die nachfolgenden besonderen Vorschriften.

(2) Zuständig ist das Gericht, in dessen Bezirk sich der Heimathafen oder der Heimatort des Schiffes befindet.

(3) Unterliegt das Schiff der Eintragung in das Schiffsregister, so kann der Antrag erst nach der Eintragung der Veräußerung des Schiffes gestellt werden.

(4) Der Antragsteller hat die ihm bekannten Forderungen von Schiffsgläubigern anzugeben.

(5) Die Aufgebotsfrist muß mindestens drei Monate betragen.

(6) In dem Aufgebot ist den Schiffsgläubigern, die sich nicht melden, als Rechtsnachteil anzudrohen, daß ihre Pfandrechte erlöschen, sofern nicht ihre Forderungen dem Antragsteller bekannt sind.

§ 1003 Aufgebot zur Kraftloserklärung von Urkunden

Für das Aufgebotsverfahren zum Zwecke der Kraftloserklärung einer Urkunde gelten die nachfolgenden besonderen Vorschriften.

1   Bei Urkunden findet das Aufgebotsverfahren nur in den bundesgesetzlich zugelassenen Fällen statt: §§ 799, 808 BGB (vgl Art 102 EGBGB), Art 59 ScheckG, Art 90 WG; §§ 363, 365, 424, 447, 644, 684, 784 HGB; ferner Aktien, Zwischenscheine, Hypotheken-, Grund- und Rentenschuldbriefe. Nicht: Scheckkarten- und Scheckformulare (Kümpel NJW 75, 1549).

§ 1004 Antragsberechtigter

(1) Bei Papieren, die auf den Inhaber lauten oder die durch Indossament übertragen werden können und mit einem Blankoindossament versehen sind, ist der bisherige Inhaber des abhanden gekommenen oder vernichteten Papiers berechtigt, das Aufgebotsverfahren zu beantragen.

(2) Bei anderen Urkunden ist derjenige zu dem Antrag berechtigt, der das Recht aus der Urkunde geltend machen kann.

§ 1005 Gerichtsstand

(1) ¹Für das Aufgebotsverfahren ist das Gericht des Ortes zuständig, den die Urkunde als den Erfüllungsort bezeichnet. ²Enthält die Urkunde eine solche Bezeichnung nicht, so ist das Gericht zuständig, bei dem der Aussteller seinen allgemeinen Gerichtsstand hat, und in Ermangelung eines solchen Gerichts dasjenige,

bei dem der Aussteller zur Zeit der Ausstellung seinen allgemeinen Gerichtsstand gehabt hat.

(2) Ist die Urkunde über ein im Grundbuch eingetragenes Recht ausgestellt, so ist das Gericht der belegenen Sache ausschließlich zuständig.

§ 1006 Bestelltes Aufgebotsgericht

(1) [1] Die Erledigung der Anträge, das Aufgebot zum Zwecke der Kraftloserklärung eines auf den Inhaber lautenden Papiers zu erlassen, kann von der Landesjustizverwaltung für mehrere Amtsgerichtsbezirke einem Amtsgericht übertragen werden. [2] Auf Verlangen des Antragstellers wird der Antrag durch das nach § 1005 zuständige Gericht erledigt.

(2) Wird das Aufgebot durch ein anderes als das nach § 1005 zuständige Gericht erlassen, so ist das Aufgebot auch durch Anheftung an die Gerichtstafel des letzteren Gerichts öffentlich bekanntzumachen.

(3) Unberührt bleiben die landesgesetzlichen Vorschriften, durch die für das Aufgebotsverfahren zum Zwecke der Kraftloserklärung von Schuldverschreibungen auf den Inhaber, die ein deutsches Land oder früherer Bundesstaat oder eine ihm angehörende Körperschaft, Stiftung oder Anstalt des öffentlichen Rechts ausgestellt oder für deren Bezahlung ein deutsches Land oder früherer Bundesstaat die Haftung übernommen hat, ein bestimmtes Amtsgericht für ausschließlich zuständig erklärt wird.

§ 1007 Antragsbegründung

Der Antragsteller hat zur Begründung des Antrags:
1. entweder eine Abschrift der Urkunde beizubringen oder den wesentlichen Inhalt der Urkunde und alles anzugeben, was zu ihrer vollständigen Erkennbarkeit erforderlich ist;
2. den Verlust der Urkunde sowie diejenigen Tatsachen glaubhaft zu machen, von denen seine Berechtigung abhängt, das Aufgebotsverfahren zu beantragen;
3. sich zur Versicherung der Wahrheit seiner Angaben an Eides Statt zu erbieten.

§ 1008 Inhalt des Aufgebots

[1] In dem Aufgebot ist der Inhaber der Urkunde aufzufordern, spätestens im Aufgebotstermin seine Rechte bei dem Gericht anzumelden und die Urkunde vorzulegen. [2] Als Rechtsnachteil ist anzudrohen, daß die Urkunde für kraftlos erklärt werde.

§ 1009 Öffentliche Bekanntmachung

(1) Die öffentliche Bekanntmachung des Aufgebots erfolgt durch Anheftung an die Gerichtstafel und in dem Lokal der Börse, wenn eine solche am Sitz des Aufgebotsgerichts besteht, sowie durch einmalige Einrückung in den Bundesanzeiger.

(2) Das Gericht kann anordnen, daß die Einrückung noch in andere Blätter und zu mehreren Malen erfolge.

(3) [1] Betrifft das Aufgebot ein auf den Inhaber lautendes Papier und ist in der Urkunde vermerkt oder in den Bestimmungen, unter denen die erforderliche staatliche Genehmigung erteilt worden ist, vorgeschrieben, daß die öffentliche Bekanntmachung durch bestimmte andere Blätter zu erfolgen habe, so muß die Bekanntmachung auch durch Einrückung in diese Blätter erfolgen. [2] Das gleiche gilt bei Schuldverschreibungen, die von einem deutschen Land oder früheren Bundesstaat ausgegeben sind, wenn die öffentliche Bekanntmachung durch bestimmte Blätter landesgesetzlich vorgeschrieben ist.

§ 1010 Wertpapiere mit Zinsscheinen

(1) Bei Wertpapieren, für die von Zeit zu Zeit Zins-, Renten- oder Gewinnanteilscheine ausgegeben werden, ist der Aufgebotstermin so zu bestimmen, daß bis zu dem Termin der erste einer seit der Zeit des glaubhaft gemachten Verlustes ausgegebenen Reihe von Zins-, Renten- oder Gewinnanteilscheinen fällig geworden ist und seit seiner Fälligkeit sechs Monate abgelaufen sind.

(2) Vor Erlaß des Ausschlußurteils hat der Antragsteller ein nach Ablauf dieser sechsmonatigen Frist ausgestelltes Zeugnis der betreffenden Behörde, Kasse oder Anstalt beizubringen, daß die Urkunde seit der Zeit des glaubhaft gemachten Verlustes ihr zur Ausgabe neuer Scheine nicht vorgelegt sei und daß die neuen Scheine an einen anderen als den Antragsteller nicht ausgegeben seien.

§ 1011 Zinsscheine für mehr als 4 Jahre

(1) [1] Bei Wertpapieren, für die Zins-, Renten- oder Gewinnanteilscheine zuletzt für einen längeren Zeitraum als vier Jahre ausgegeben sind, genügt es, wenn der Aufgebotstermin so bestimmt wird, daß bis zu dem Termin seit der Zeit des glaubhaft gemachten Verlustes von den zuletzt ausgegebenen Scheinen solche für vier Jahre fällig geworden und seit der Fälligkeit des letzten derselben sechs Monate abgelaufen sind. [2] Scheine für Zeitabschnitte, für die keine Zinsen, Renten oder Gewinnanteile gezahlt werden, kommen nicht in Betracht.

(2) ¹Vor Erlaß des Ausschlußurteils hat der Antragsteller ein nach Ablauf dieser sechsmonatigen Frist ausgestelltes Zeugnis der betreffenden Behörde, Kasse oder Anstalt beizubringen, daß die für die bezeichneten vier Jahre und später etwa fällig gewordenen Scheine ihr von einem anderen als dem Antragsteller nicht vorgelegt seien. ²Hat in der Zeit seit dem Erlaß des Aufgebots eine Ausgabe neuer Scheine stattgefunden, so muß das Zeugnis auch die im § 1010 Abs. 2 bezeichneten Angaben enthalten.

§ 1012 Vorlegung der Zinsscheine

¹Die Vorschriften der §§ 1010, 1011 sind insoweit nicht anzuwenden, als die Zins-, Renten- oder Gewinnanteilscheine, deren Fälligkeit nach diesen Vorschriften eingetreten sein muß, von dem Antragsteller vorgelegt werden. ²Der Vorlegung der Scheine steht es gleich, wenn das Zeugnis der betreffenden Behörde, Kasse oder Anstalt beigebracht wird, daß die fällig gewordenen Scheine ihr von dem Antragsteller vorgelegt worden seien.

§ 1013 Abgelaufene Ausgabe der Zinsscheine

Bei Wertpapieren, für die Zins-, Renten- oder Gewinnanteilscheine ausgegeben sind, aber nicht mehr ausgegeben werden, ist, wenn nicht die Voraussetzungen der §§ 1010, 1011 vorhanden sind, der Aufgebotstermin so zu bestimmen, daß bis zu dem Termin seit der Fälligkeit des letzten ausgegebenen Scheines sechs Monate abgelaufen sind.

§ 1014 Aufgebotstermin bei bestimmter Fälligkeit

Ist in einer Schuldurkunde eine Verfallzeit angegeben, die zur Zeit der ersten Einrückung des Aufgebots in den Bundesanzeiger noch nicht eingetreten ist, und sind die Voraussetzungen der §§ 1010 bis 1013 nicht vorhanden, so ist der Aufgebotstermin so zu bestimmen, daß seit dem Verfalltag sechs Monate abgelaufen sind.

§ 1015 Aufgebotsfrist

¹Die Aufgebotsfrist muß mindestens sechs Monate betragen. ²Der Aufgebotstermin darf nicht über ein Jahr hinaus bestimmt werden; solange ein so naher Termin nicht bestimmt werden kann, ist das Aufgebot nicht zulässig.

§ 1016 Anmeldung der Rechte

[1] Meldet der Inhaber der Urkunde vor dem Aufgebotstermin seine Rechte unter Vorlegung der Urkunde an, so hat das Gericht den Antragsteller hiervon zu benachrichtigen und ihm die Einsicht der Urkunde innerhalb einer zu bestimmenden Frist zu gestatten. [2] Auf Antrag des Inhabers der Urkunde ist zu ihrer Vorlegung ein Termin zu bestimmen.

§ 1017 Ausschlussurteil

(1) In dem Ausschlußurteil ist die Urkunde für kraftlos zu erklären.

(2) [1] Das Ausschlußurteil ist seinem wesentlichen Inhalt nach durch den Bundesanzeiger bekanntzumachen. [2] Die Vorschriften des § 1009 Abs. 3 gelten entsprechend.

(3) In gleicher Weise ist nach eingetretener Rechtskraft das auf die Anfechtungsklage ergangene Urteil, soweit dadurch die Kraftloserklärung aufgehoben wird, bekanntzumachen.

§ 1018 Wirkung des Ausschlussurteils

(1) Derjenige, der das Ausschlußurteil erwirkt hat, ist dem durch die Urkunde Verpflichteten gegenüber berechtigt, die Rechte aus der Urkunde geltend zu machen.

(2) Wird das Ausschlußurteil infolge einer Anfechtungsklage aufgehoben, so bleiben die auf Grund des Urteils von dem Verpflichteten bewirkten Leistungen auch Dritten, insbesondere dem Anfechtungskläger, gegenüber wirksam, es sei denn, daß der Verpflichtete zur Zeit der Leistung die Aufhebung des Ausschlußurteils gekannt hat.

1   **Wirkung.** Sie tritt nur für die Stellung als Berechtigter ein; die des Verpflichteten ergibt sich allein aus dem materiellen Recht. Die für kraftlos erklärte Urkunde hat nur noch Beweiswert; sie verkörpert nicht mehr das Recht und legitimiert nicht mehr. Das Ausschlussurteil ersetzt die Urkunde nur in der Weise, dass sie den Antragsteller allen Verpflichteten gegenüber so legitimiert wie die für kraftlos erklärte Urkunde, zB
2   gem § 16 Abs 1 WG. **Mängel** der Urkunde werden durch das Ausschlussurteil nicht geheilt, da es die Urkunde nur so ersetzt, wie sie war. Daraus folgt, dass aus dem Urteil nicht mehr Rechte abgeleitet werden können als aus der für kraftlos erklärten Urkunde (Hamm WM 76, 198).

§ 1019 Zahlungssperre

(1) [1] Bezweckt das Aufgebotsverfahren die Kraftloserklärung eines auf den Inhaber lautenden Papiers, so hat das Gericht auf

Antrag an den Aussteller sowie an die in dem Papier und die von dem Antragsteller bezeichneten Zahlstellen das Verbot zu erlassen, an den Inhaber des Papiers eine Leistung zu bewirken, insbesondere neue Zins-, Renten- oder Gewinnanteilscheine oder einen Erneuerungsschein auszugeben (Zahlungssperre); mit dem Verbot ist die Benachrichtigung von der Einleitung des Aufgebotsverfahrens zu verbinden. [2]Das Verbot ist in gleicher Weise wie das Aufgebot öffentlich bekanntzumachen.

(2) Das an den Aussteller erlassene Verbot ist auch den Zahlstellen gegenüber wirksam, die nicht in dem Papier bezeichnet sind.

(3) Die Einlösung der vor dem Verbot ausgegebenen Zins-, Renten- oder Gewinnanteilscheine wird von dem Verbot nicht betroffen.

§ 1020 Zahlungssperre vor Einleitung des Verfahrens

[1]Ist die sofortige Einleitung des Aufgebotsverfahrens nach § 1015 Satz 2 unzulässig, so hat das Gericht die Zahlungssperre auf Antrag schon vor der Einleitung des Verfahrens zu verfügen, sofern die übrigen Erfordernisse für die Einleitung vorhanden sind. [2]Auf den Antrag sind die Vorschriften des § 947 Abs. 1 anzuwenden. [3]Das Verbot ist durch Anheftung an die Gerichtstafel und durch einmalige Einrückung in den Bundesanzeiger öffentlich bekanntzumachen.

§ 1021 Entbehrlichkeit des Zeugnisses nach § 1010 Abs. 2

Wird die Zahlungssperre angeordnet, bevor seit der Zeit des glaubhaft gemachten Verlustes Zins-, Renten- oder Gewinnanteilscheine ausgegeben worden sind, so ist die Beibringung des im § 1010 Abs. 2 vorgeschriebenen Zeugnisses nicht erforderlich.

§ 1022 Aufhebung der Zahlungssperre

(1) [1]Wird das in Verlust gekommene Papier dem Gericht vorgelegt oder wird das Aufgebotsverfahren in anderer Weise ohne Erlaß eines Ausschlußurteils erledigt, so ist die Zahlungssperre von Amts wegen aufzuheben. [2]Das gleiche gilt, wenn die Zahlungssperre vor der Einleitung des Aufgebotsverfahrens angeordnet worden ist und die Einleitung nicht binnen sechs Monaten nach der Beseitigung des ihr entgegenstehenden Hindernisses beantragt wird. [3]Ist das Aufgebot oder die Zahlungssperre öffentlich bekanntgemacht worden, so ist die Erledigung des Verfahrens oder die Aufhebung der Zahlungssperre von Amts wegen durch den Bundesanzeiger bekanntzumachen.

(2) Im Falle der Vorlegung des Papiers ist die Zahlungssperre erst aufzuheben, nachdem dem Antragsteller die Einsicht nach Maßgabe des § 1016 gestattet worden ist.

(3) Gegen den Beschluß, durch den die Zahlungssperre aufgehoben wird, findet sofortige Beschwerde statt.

§ 1023 Hinkende Inhaberpapiere

[1] Bezweckt das Aufgebotsverfahren die Kraftloserklärung einer Urkunde der im § 808 des Bürgerlichen Gesetzbuchs bezeichneten Art, so gelten die Vorschriften des § 1006, des § 1009 Abs. 3, des § 1017 Abs. 2 Satz 2 und der §§ 1019 bis 1022 entsprechend. [2] Die Landesgesetze können über die Veröffentlichung des Aufgebots und der im § 1017 Abs. 2, 3 und in den §§ 1019, 1020, 1022 vorgeschriebenen Bekanntmachungen sowie über die Aufgebotsfrist abweichende Vorschriften erlassen.

§ 1024 Vorbehalt für die Landesgesetzgebung

(1) Bei Aufgeboten auf Grund der §§ 887, 927, 1104, 1112, 1162, 1170, 1171 des Bürgerlichen Gesetzbuchs, des § 110 des Gesetzes betreffend die privatrechtlichen Verhältnisse der Binnenschiffahrt, der §§ 6, 13, 66, 67 des Gesetzes über Rechte an eingetragenen Schiffen und Schiffsbauwerken und der §§ 13, 66, 67 des Gesetzes über Rechte an Luftfahrzeugen können die Landesgesetze die Art der Veröffentlichung des Aufgebots und des Ausschlußurteils sowie die Aufgebotsfrist anders bestimmen, als in §§ 948, 950, 956 vorgeschrieben ist.

(2) Bei Aufgeboten, die auf Grund des § 1162 des Bürgerlichen Gesetzbuchs ergehen, können die Landesgesetze die Art der Veröffentlichung des Aufgebots, des Ausschlußurteils und des im § 1017 Abs. 3 bezeichneten Urteils sowie die Aufgebotsfrist auch anders bestimmen, als in den §§ 1009, 1014, 1015, 1017 vorgeschrieben ist.

Buch 10. Schiedsrichterliches Verfahren

Abschnitt 1. Allgemeine Vorschriften

Neufassung mWv 1. 1. 1998 durch Art 1 Nr 6 des G zur Neuregelung des Schiedsverfahrensrechts (SchiedsVfG) vom 22. 12. 1997 (BGBl I S 3224), zuletzt geändert durch ZPO-RG (vgl Einl VII) und Art 2 EGG vom 20. 12. 2001 (BGBl I S 3721).

Vorbemerkung

1. Gesetzliche Neuregelung. – a) Vorgeschichte. Die weltweite **1** Ausdehnung der Handelsbeziehungen machte eine Harmonisierung der nationalen Schiedsverfahrensrechte wünschenswert. Dies führte schließlich dazu, dass die Kommission für internationales Handelsrecht der Vereinten Nationen (UNCITRAL) ein ModellG über internationale Handelsschiedsgerichtsbarkeit entwarf. Die Vollversammlung der UN fasste am 11. 12. 85 eine Resolution, in der den Mitgliedstaaten die Berücksichtigung des ModellG bei Neugestaltungen des Schiedsverfahrensrechts empfohlen wurde. Die Neufassung des 10. Buchs, beruhend auf Vorarbeiten einer Kommission, der BRegierung und ganz überwiegendem Konsens beteiligter Kreise, übernimmt weitgehend den Inhalt des UNCITRAL-ModellG und zwar für alle internationalen und nationalen (nicht nur Handels-)Schiedsstreitigkeiten. – **b) Anliegen.** Da **2** eine große Anzahl anderer Staaten ebenfalls das UNCITRAL ModellG in ihr nationales Recht übernommen haben (BT-Drucksache 13/5274 S 24), fügt sich das 10. Buch in die wünschenswerte Harmonisierung ein, die auf weltweitem Konsens beruht, es bietet aus internationaler Sicht ein vertrautes Regelwerk und wertet Deutschland als bisher vernachlässigten Austragungsort für Schiedsstreitigkeiten auf. Es entspricht modernem internationalem Standard und bietet eine einheitliche Regelung für nationale und internationale (auch Handels-)Schiedsverfahren. Außerdem beseitigt es Schwächen der früheren Regelung, die teilweise in Praxisferne (2 Schiedsrichter als Regel), in Lücken (kaum Verfahrensvorschriften), in Kompliziertheit (Vollstreckbarerklärung, Aufhebung, Rechtsmittel) lagen, und schafft dadurch auch mehr Rechtssicherheit. – **c) Literatur.** Aufsätze: Voit JZ **97,** 120, Weigend WiB 97, 1273, **3** Kreindler/Mahlich NJW 98, 563, Ebbing NZG 98, 281, Habscheid JZ 98, 445, Gottwald/Adolphsen DStR 98, 1017, Kronke RIW 98, 258, Borges ZZP 111, 487, Kröll NJW 01, 1173. Bücher: Lachmann, Handbuch für die Schiedsgerichtspraxis, Berger, Das neue Recht der Schiedsgerichtsbarkeit, Schütze, Schiedsgericht und Schiedsverfahren 3. Aufl 1999, Lörcher/Lörcher, Das Schiedsverfahren – national/international – nach neuem Recht, 1998, Pfaff (Hrsg), Schriften zur Schiedsgerichtsbarkeit (Zentral- und Osteuropa) mit Besprechung Walter ZZP 113, 259.

4   **2. Aufbau, wesentlicher Inhalt.** Das 10. Buch gliedert sich in 10 Abschnitte. Der **1. Abschnitt** enthält allgemeine Vorschriften, darunter in § 1025 den sachlichen und territorialen Anwendungsbereich. Der **2. Abschnitt** regelt die Schiedsvereinbarung nach Inhalt (§ 1029), objektiver Schiedsfähigkeit (§ 1030), Form (§ 1031) und Wirkung (§§ 1032). Der **3. Abschnitt** betrifft die Bildung des Schiedsgerichts, nämlich Zusammensetzung (§ 1034), Bestellung der Schiedsrichter (§ 1035), Ablehnung eines Schiedsrichters (§§ 1036, 1037), Folgen der Untätigkeit oder Unmöglichkeit der Aufgabenerfüllung (§ 1038) und Bestellung eines Ersatzschiedsrichters (§ 1039). Der **4. Abschnitt** befasst sich mit der Zuständigkeit des Schiedsgerichts zur Entscheidung über die eigene Zuständigkeit einschließlich Bestehens und Gültigkeit der Schiedsvereinbarung (§ 1040) und für Maßnahmen des einstweiligen Rechtsschutzes (§ 1041). Der **5. Abschnitt** enthält eine geschlossene Regelung für die Durchführung des Verfahrens, nämlich allgemeine Verfahrensregeln (§ 1042), Ort (§ 1043), Beginn (§ 1044), Sprache (§ 1045), Klage und Klagebeantwortung (§ 1046), mündliche Verhandlung und schriftliches Verfahren (§ 1047), Säumnis einer Partei (§ 1048), Sachverständigenbeweis (§ 1049) und Hilfe durch die staatlichen Gerichte (§ 1050). Der **6. Abschnitt** regelt den Schiedsspruch und die Beendigung des Verfahrens, nämlich anwendbares Recht (§ 1051), Kollegialentscheidung (§ 1052), Vergleich (§ 1053), Form und Inhalt des Schiedsspruchs (§ 1054), seine Wirkungen (§ 1055), Verfahrensbeendigung (§ 1056), Kostenentscheidung (§ 1057), Berichtigung, Ergänzung und Auslegung des Schiedsspruchs (§ 1058). Der **7. Abschnitt** bestimmt als einziger Rechtsbehelf gegen den Schiedsspruch den Aufhebungsantrag an ein Gericht (§ 1059). Der **8. Abschnitt** regelt Anerkennung und Vollstreckung von in- und ausländischen Schiedssprüchen durch ein Gericht (§§ 1060, 1061). Der **9. Abschnitt** enthält die Vorschriften über die im 10. Buch vorgesehene Mitwirkung staatlicher Gerichte, nämlich Zuständigkeit (§ 1062), allgemeine Verfahrensvorschriften (§ 1063), Besonderheiten bei der Vollstreckbarerklärung von Schiedssprüchen (§ 1064) und Rechtsmittel (§ 1065). Im **10. Abschnitt** sind die Vorschriften des 10. Buches auf außervertragliche Schiedsgerichte für entsprechend anwendbar erklärt.

5   **3. Übergangsregelung,** Art 4 SchiedsVfG. Die Neuregelung ist in Kraft seit 1. 1. 98 – **a) Die Wirksamkeit von Schiedsvereinbarungen,** die vor diesem Termin geschlossen worden sind, beurteilt sich nach **6** dem bis dahin geltenden Recht; vgl 20. Auflage. – **b)** Für **laufende schiedsrichterliche Verfahren,** die am 1. 1. 98 begonnen, aber noch nicht beendet waren, ist das bisher geltende Recht anzuwenden mit der Ausnahme, dass an die Stelle des schiedsrichterlichen Vergleichs (§ 1044a aF) der Schiedsspruch mit vereinbartem Wortlaut tritt (§ 1053 nF). Die Parteien können die Anwendung des neuen Rechts

vereinbaren (BayObLG NJW-RR 00, 360). – **c)** In **Verfahren vor den** 7
staatlichen Gerichten, die am 1. 1. 98 anhängig waren, ist das bis
dahin geltende Recht weiter anzuwenden. Für gerichtliche Verfahren,
die nach dem 1. 1. 98 anhängig wurden, gilt das neue Recht (BayObLG
98, 219, 99, 55, 00, 57). – **d) Zwangsvollstreckung** aus für vorläufig 8
vollstreckbar erklärten schiedsrichterlichen Vergleichen, die vor dem
1. 1. 98 geschlossen worden sind, findet statt, wenn die Entscheidung
über die Vollstreckbarkeit rechtskräftig oder für vorläufig vollstreckbar
erklärt worden ist. Ist dies nicht geschehen, können die Parteien beim
Schiedsgericht einen Schiedsspruch mit vereinbartem Wortlaut beantragen, der dann vom OLG für vollstreckbar erklärt werden kann. Anderenfalls bleibt nur Leistungsklage vor dem staatlichen Gericht mit dem
früheren Schiedsvergleich als Anspruchsgrundlage (Saenger MDR 99,
662).

§ **1025** Anwendungsbereich

(1) **Die Vorschriften dieses Buches sind anzuwenden, wenn der
Ort des schiedsrichterlichen Verfahrens im Sinne des § 1043
Abs. 1 in Deutschland liegt.**

(2) **Die Bestimmungen der §§ 1032, 1033 und 1050 sind auch
dann anzuwenden, wenn der Ort des schiedsrichterlichen Verfahrens im Ausland liegt oder noch nicht bestimmt ist.**

(3) **Solange der Ort des schiedsrichterlichen Verfahrens noch
nicht bestimmt ist, sind die deutschen Gerichte für die Ausübung
der in den §§ 1034, 1035, 1037 und 1038 bezeichneten gerichtlichen Aufgaben zuständig, wenn der Beklagte oder der Kläger
seinen Sitz oder seinen gewöhnlichen Aufenthalt in Deutschland
hat.**

(4) **Für die Anerkennung und Vollstreckung ausländischer
Schiedssprüche gelten die §§ 1061 bis 1065.**

Abs 2 geändert durch Gesetz vom 22. 6. 98 (BGBl I S 1474).

1. Sachlicher Geltungsbereich des ganzen 10. Buches. Gemäß 1
Abs 1 gilt es zwingend (BT-Drucksache 13/5274 S 31) nach dem
Territorialprinzip für alle schiedsrichterlichen Verfahren, national und
international, Handels- und andere Streitigkeiten, wenn der Ort des
schiedsrichterlichen Verfahrens (§ 1043 Abs 1) in Deutschland liegt. Die
Parteien können für inländische Verfahren keine ausländische Verfahrensordnung im ganzen vereinbaren. Wenn sie dies wollen, können sie
einen ausländischen Ort als Sitz des Schiedsgerichts vereinbaren. Ob die
Parteien eines ausländischen Schiedsverfahrens die Geltung des 10. Buches vereinbaren können, richtet sich nach dem Recht des maßgeblichen Staates.

2. Sachlicher Geltungsbereich einzelner Vorschriften, Abs 2 2
bis 4. – a) §§ 1032, 1033, 1050, also Unzulässigkeit der Klage vor dem

deutschen staatlichen Gericht, dessen Zuständigkeit für die Anordnung vorläufiger und sichernder Maßnahmen und für sonstige richterliche Handlungen zur Unterstützung des Schiedsgerichts gelten in Durchbrechung des Territorialprinzips auch dann, wenn der Ort des Schiedsverfahrens im Ausland liegt oder noch nicht bestimmt ist (§ 1043 Abs 1).

3   **– b) §§ 1034, 1035, 1037, 1038,** also Mitwirkung des deutschen Gerichts bei der Zusammensetzung und Bildung des Schiedsgerichts und bei der Ablehnung eines Schiedsrichters einschließlich dem Verfahren dabei gelten, solange der Ort des Schiedsverfahrens noch nicht bestimmt ist (§ 1043 Abs 1), wenn eine der Parteien ihren Wohnsitz (§ 13, § 7 Abs 1 BGB) bzw Sitz (Juristische Personen, Firmen, §§ 17, 21) oder ihren gewöhnlichen Aufenthalt (Palandt/Heinrichs § 7 Rn 3)

4   in Deutschland hat. – **c) §§ 1061 bis 1065** gelten für die Anerkennung und Vollstreckung ausländischer Schiedssprüche und das gerichtliche Verfahren dabei. Völkerrechtliche Verträge (§ 1061 Rn 4 ff) haben Vorrang.

§ 1026 Umfang gerichtlicher Tätigkeit

Ein Gericht darf in den in den §§ 1025 bis 1061 geregelten Angelegenheiten nur tätig werden, soweit dieses Buch es vorsieht.

1   **Mitwirkung der staatlichen Gerichte.** Das 10. Buch unterscheidet strikt zwischen „Gericht" – das ist immer ein staatliches – und „Schiedsgericht", das, wo immer es gemeint ist, auch so bezeichnet wird. Ein Gericht darf im schiedsrichterlichen Verfahren nur tätig werden, wo das 10. Buch dies vorsieht. Eine erschöpfende Aufzählung dieser Tätigkeiten befindet sich in §§ 1050, 1062 Abs 1 Nr 1–4.

§ 1027 Verlust des Rügerechts

¹Ist einer Bestimmung dieses Buches, von der die Parteien abweichen können, oder einem vereinbarten Erfordernis des schiedsrichterlichen Verfahrens nicht entsprochen worden, so kann eine Partei, die den Mangel nicht unverzüglich oder innerhalb einer dafür vorgesehenen Frist rügt, diesen später nicht mehr geltend machen. ²Dies gilt nicht, wenn der Partei der Mangel nicht bekannt war.

1   **1. Anwendungsbereich.** Die Vorschrift regelt, angelehnt an § 295 und an Art 4 ModG, die allgemeine Präklusion der Rüge von Verfahrensmängeln bei einer Prozeßhandlung (Einl III). Fehler des Schiedsgerichts können beide Parteien, solche einer Parteihandlung nur die Gegenpartei rügen. Eine Rechtspflicht des Schiedsgerichts zur Heilung von Formmängeln beizutragen, besteht nicht (BGH VersR 95, 767). –

2   **a) Anwendbar** bei Verstoß gegen nicht zwingende gesetzliche Verfahrensvorschriften. Das sind solche, auf deren Einhaltung die Parteien

wirksam verzichten können (Beispiele § 295 Rn 2), insbesondere solche des 10. Buches, die einen Vorbehalt anderweitiger Parteivereinbarung enthalten. Außerdem anwendbar bei Verstoß gegen ein zulässig vereinbartes schiedsgerichtliches Verfahrenserfordernis. – **b) Nicht anwendbar** in den Fällen vorrangiger gesetzlicher Spezialregelung, nämlich bei der Rüge, die Schiedsvereinbarung verstoße gegen Formvorschriften (§ 1031 Abs 6) und das Schiedsgericht sei unzuständig oder habe seine Befugnisse überschritten (§ 1040 Abs 2). Außerdem bei Verstoß gegen Verfahrensvorschriften, auf deren Einhaltung die Parteien nicht verzichten können, wie Partei- und Prozessfähigkeit, §§ 1034 Abs 2, 1042 Abs 1, 2. **3**

2. Verlust des Rügerechts im Falle der Rn 2. – **a) Durch Verzicht,** ausdrücklich oder konkludent. Er ist Prozesshandlung (Einl III), nach dem Verfahrensverstoß zu erklären – **b) Durch Unterlassung rechtzeitiger Rüge.** Verzichtswille ist nicht nötig, sein Fehlen unerheblich (BGH 25, 70). Die Rüge muss innerhalb einer etwa dafür vom Schiedsgericht oder in der Schiedsvereinbarung vorgesehenen Frist, sonst unverzüglich (Palandt/ Heinrichs § 121 Rn 3) erhoben werden, das ist idR in der nächsten mündlichen Verhandlung wie § 295 Abs 1 oder, wenn keine festgesetzt ist, im nächsten ausstehenden, sonst in einem sogleich einzureichenden Schriftsatz – **c) Kennen.** Das Rüge **6** recht geht nur dann verloren, wenn die Partei den Mangel positiv kannte. **4** **5**

3. Wirkung. Mit Verlust des Rügerechts ist der Mangel rückwirkend **7** geheilt (StJL § 295 Rn 32). Keine Partei kann den Verfahrensverstoß als solchen später mehr geltend machen, auch nicht im Aufhebungs- und Vollstreckbarerklärungsverfahren.

§ 1028 Empfang schriftlicher Mitteilungen bei unbekanntem Aufenthalt

(1) **Ist der Aufenthalt einer Partei oder einer zur Entgegennahme berechtigten Person unbekannt, gelten, sofern die Parteien nichts anderes vereinbart haben, schriftliche Mitteilungen an dem Tag als empfangen, an dem sie bei ordnungsgemäßer Übermittlung durch Einschreiben gegen Rückschein oder auf eine andere Weise, welche den Zugang an der letztbekannten Postanschrift oder Niederlassung oder dem letztbekannten gewöhnlichen Aufenthalt des Adressaten belegt, dort hätten empfangen werden können.**

(2) **Absatz 1 ist auf Mitteilungen in gerichtlichen Verfahren nicht anzuwenden.**

1. Geltungsbereich. Die Zugangsfiktion gilt mangels abweichender **1** Vereinbarung für schriftliche Mitteilungen jeder Art und jedes Absenders an eine Partei. Sie gilt nicht im gerichtlichen Verfahren gemäß §§ 1062 ff; dafür gelten §§ 185 ff.

2   **2. Voraussetzungen. – a) Unbekannter Aufenthalt** der Partei
oder eines für sie Empfangsberechtigten (§ 185 Rn 6, 7). –

3   **b) Dokumentierter Zugang** des Schriftstücks, zB durch Einschreiben gegen Rückschein, an eine der 3 im Text genannten Adressen.
Niederlassung § 21 Rn 2, Aufenthalt § 20 Rn 1.

4   **3. Wirkung.** Das Schriftstück gilt an dem Tag des nachgewiesenen
Zugangs (Rn 3) unter der angegebenen Adresse als empfangen.

Abschnitt 2. Schiedsvereinbarung

Vorbemerkung

1   **1. Allgemeines.** Das **Gelegenheitsschiedsgericht** wird für einzelne
Streitigkeiten gebildet. Die Internationale Handelskammer in Paris und
die Deutsche Institution für Schiedsgerichtsbarkeit eV halten für Schiedsverfahren die ICC- bzw DIS-Schiedsgerichtsordnung zur Verfügung
(Weigand NJW 98, 2081), die Deutsche Notarverein GmbH Berlin den
Schlichtungs- und Schiedsgerichtshof Deutscher Notare mit eigenem
Statut samt Kostenordnung. Vereinbaren die Parteien ein derartiges **insti-
tutionelles Schiedsgericht,** auch bei einer wirtschaftlichen Institution
für bestimmte Streitigkeiten dauernd eingerichtet, so unterwerfen sie sich
damit auch ohne Bezugnahme idR der vorgefassten Schiedsgerichtsordnung in der jeweils geltenden Fassung; vereinbaren sie eine bestimmte
Fassung, so bezieht sich dies auf die zZt der Vereinbarung geltende, nicht
auf spätere grundlegende Änderungen (BGH NJW-RR 86, 1059). – Ob

2   **Schiedskommissionen** von Vereinen, Verbänden, politischen Parteien,
Religionsgemeinschaften (BGH NJW 00, 1555, Nolte NJW 00, 1844)
Schiedsgerichte sind, hängt von den Statuten über ihr Zustandekommen
und ihr Verfahren ab. Die Schiedskommission der SPD und die Parteige-
richte der CDU sind keine Schiedsgerichte (Frankfurt NJW 70, 2250,

3   Köln NJW 92, 122). – **Nicht unter das 10. Buch fallen** Arbeitsstreitigkeiten. §§ 101 ff ArbGG enthalten eigene Vorschriften über Schiedsvereinbarung und schiedsrichterliches Verfahren. Ferner durch Gesetz oder
VO eingesetzte Schiedsgerichte, außer wenn seine Geltung ausdrücklich
angeordnet ist. Außerdem Gutachter-, Schieds- und Schlichtungsstellen
(Schwab/Walter Kap 1 Rn 4, 6).

4   **2. Schiedsgutachtenvertrag. – a) Abgrenzung.** Das Schiedsgericht entscheidet anstelle des Staatsgerichts endgültig, hat also eine
Rechtsfolge auszusprechen. Dagegen vereinbaren im Schiedsgutachtenvertrag (Pal/Heinrichs § 317 Rn 3 ff) die Parteien, dass ein Schiedsgutachter Tatsachen festzustellen hat – in diesem Rahmen kann ihm die
Entscheidung von rechtlichen Vorfragen übertragen werden (BGH 48,
25) –, von denen die Entscheidung einer Streitigkeit abhängt (BGH 6,
335/338), oder dass er eine geschuldete Leistung gemäß §§ 317 ff BGB
bestimmen soll. Ob die Parteien Schieds- oder Schiedsgutachtenvertrag

gewollt haben, ist durch Auslegung zu ermitteln. Sie hat in erster Linie darauf abzustellen, welche Wirkung sie dem Spruch des Schiedsorgans zumessen wollen (Habscheid u Calavros KTS 79, 1/11). Deshalb kann grundsätzlich keine Schiedsvereinbarung gewollt sein, wenn die Richtigkeit der Schiedsentscheidung nach § 319 BGB durch das Staatsgericht überprüfbar sein soll (BGH ZIP 81, 1098). Hat bei Entscheidungsreife der Schiedsgutachter die festzustellenden Tatsachen noch nicht festgestellt, so ist die Klage als zZ unbegründet abzuweisen oder eine Frist zur Beibringung des Schiedsgutachtens zu setzen. Grundurteil ist unzulässig (BGH NJW-RR 88, 1405). Das Hauptanwendungsgebiet sind Wert-, Preis- oder Schadensfeststellungen. – **b) Wirkung.** Während die 5 berechtigte Berufung auf die Schiedsklausel zur Unzulässigkeit der Klage führt (§ 1032), hat die Berufung auf einen Schiedsgutachtenvertrag, ohne den Zivilrechtsweg auszuschließen (BGH 9, 138, WM 82, 543), nur die Wirkung, dass das Gericht die vom Gutachter festzustellenden Tatsachen nicht selbst oder in anderer Weise feststellen darf und für die Entscheidung an sie gebunden ist (Frankfurt VersR 82, 759), auch wenn über dieselben Fragen ein selbständiges Beweisverfahren stattgefunden hat (Bernuth ZIP 98, 2081/2086). Für die Grenzen der Bindung gelten §§ 317–319 BGB und §§ 64 Abs 1, 184 Abs 1 VVG, dh Nachprüfbarkeit auf offenbare Unbilligkeit bzw Unrichtigkeit (BGH NJW 79, 1885, WM 01, 1863, Pal/Heinrichs § 319 Rn 4–7). Beweiserhebung darüber setzt voraus, dass die Partei Tatsachen behauptet, die für das Gericht schlüssige Mängel in der Leistungsbestimmung ergeben (BGH NJW 84, 43, NJW-RR 93, 1034). Bei Wegfall des Schiedsgutachters wird die Leistung durch gerichtliches Urteil analog § 319 Abs 1 S 2 Hs 2 BGB bestimmt (BGH BB 72, 12). Die Vorschriften des zehnten Buches finden keine Anwendung, rechtl Gehör muss aber gewährt werden (Habscheid KTS 70, 1/12, Kornblum KTS 70, 244; aA BGH 6, 335/339). Verstoß dagegen oder Neutralitätsverletzung sind ein wichtiger Kündigungsgrund (BGH DB 80, 967). Verstoß gegen § 307 BGB führt zur Unwirksamkeit (BGH 115, 329).

3. Schiedsgutachtervertrag. ist der Vertrag zwischen den Parteien 6 einerseits und dem Gutachter andererseits. Er entspricht seinem Wesen nach dem Schiedsrichtervertrag. Im Vertrag kann das Recht, den Schiedsgutachter wegen Besorgnis der Befangenheit abzulehnen, vereinbart werden. Dann ist es ein Ablehnungsgrund, wenn der Schiedsgutachter während der Erarbeitung seines Gutachtens von der Gegenpartei in einer anderen Sache als Beisitzer in einem Schiedsgericht bestellt wird (BGH NJW 72, 827). – **Haftung** des Gutachters setzt voraus, dass das 7 Schiedsgutachten auf Grund einer Pflichtverletzung offenbar unrichtig, deshalb für die Parteien nicht bindend und damit wertlos ist (BGH 43, 374, 81, 237).

4. Schiedsrichtervertrag. – a) Rechtsnatur, Abschluss. Es ist der 8 Vertrag zwischen den Parteien und den Schiedsrichtern. Er ist privatrechtlich (BGH NJW 86, 3077 mit Pflichtenkatalog), nämlich Geschäftsbesorgungs-Dienstvertrag mit Modifikationen. Er kommt stets zwischen allen Parteien und jedem Schiedsrichter zustande, gleichgültig welche Partei ihn ernannt hat (BGH 42, 315) und zwar auf Seiten des Schiedsrichters mit der (auch konkludenten) Annahme, auf Seiten der Partei, die ihn nicht ernannt hat, mit Zugang der Ernennungsanzeige (§ 1035 Abs 2). Seine Wirksamkeit ist unabhängig von der der Schiedsvereinbarung. Ob ein Verstoß gegen § 40 Abs 1 S 2 DRiG ihn unwirksam macht, ist streitig (offengelassen BGH 55, 313, bejahend Breetzke NJW 71, 1458, Habscheid KTS 72, 209). Bei Auslandsbezug Art 27, 28 EGBGB. – **b) Die Haftung des Schiedsrichters** bestimmt sich nach allgemeinen schuldrechtlichen Grundsätzen, die Haftungsbeschränkung gem § 839 Abs 2 BGB gilt aber ohne weiteres als stillschweigend vereinbart (BGH 42, 313). – **c) Vergütungsanspruch.** Der Schiedsrichter hat mit Beendigung des Verfahrens Anspruch auf die vereinbarte, sonst auf übliche Vergütung und auf Auslagenersatz (§§ 675 Abs 1, 670 BGB) gegen beide Parteien als Gesamtschuldner, § 427 BGB, ebenso im Zweifel **Anspruch auf Vorschuss.** Im Innenverhältnis sind die Parteien je zur Hälfte verpflichtet, auch die bedürftige Partei hat grundsätzlich keinen Anspruch gegen die Gegenpartei auf Zahlung in voller Höhe an das Schiedsgericht (BGH 55, 345). Dieses kann seine Tätigkeit von der Zahlung des Vorschusses abhängig machen, sie aber nicht im Schiedsverfahren anordnen (BGH 94, 92). Die Parteien haben gegeneinander aus der Schiedsvereinbarung einen vor dem Staatsgericht einklagbaren Anspruch auf Erfüllung der Mitwirkungs- und Förderungspflicht, also auch auf Vorschusszahlung an das Schiedsgericht (BGH 94, 92). Die Schiedsrichter können den Vorschuss nicht einklagen (BGH aaO), weil sie den Fortgang des Verfahrens nicht erzwingen können. Für die Angemessenheit können die Sätze der BRAGO als Richtschnur dienen. Der Vergütungsanspruch ist unabhängig von der Rechtsbeständigkeit des Schiedsspruchs und durch Klage geltend zu machen. Die Schiedsrichter selbst können ihre Vergütung nicht festsetzen, auch nicht mittelbar durch Streitwertfestsetzung (BGH 94, 92). – **d) Beendigung.** Entweder mit jederzeit zulässiger Kündigung durch beide Parteien oder aus wichtigem Grund durch den Schiedsrichter, §§ 626, 627, 671 BGB. Der Vertrag endet außerdem mit erfolgreicher Ablehnung (§ 1036) und in den Fällen des § 1038.

§ 1029 Begriffsbestimmung

(1) **Schiedsvereinbarung ist eine Vereinbarung der Parteien, alle oder einzelne Streitigkeiten, die zwischen ihnen in bezug auf ein bestimmtes Rechtsverhältnis vertraglicher oder nichtvertraglicher Art entstanden sind oder künftig entstehen, der Entscheidung durch ein Schiedsgericht zu unterwerfen.**

(2) **Eine Schiedsvereinbarung kann in Form einer selbständigen Vereinbarung (Schiedsabrede) oder in Form einer Klausel in einem Vertrag (Schiedsklausel) geschlossen werden.**

1. Rechtsnatur. Die Schiedsvereinbarung ist eine privatrechtliche 1
Willenserklärung (BGH 48, 35/46) vertraglicher Art mit prozessualen
Wirkungen (Einl III Rn 6, BGH NJW 87, 651: Prozessvertrag). Sie
begründet eine einklagbare Mitwirkungs- und Förderungspflicht (Oldenburg NJW 71, 1461).

2. Die Schiedsvereinbarung (Oberbegriff) kann gemäß Abs 2 ge- 2
troffen werden entweder in Form einer selbständigen Vereinbarung, die
sich ausschließlich mit dem schiedsrichterlichen Verfahren befasst
(Schiedsabrede). So die Regel für bereits entstandene Streitigkeiten.
Oder im Rahmen eines anderen Vertrages **(Schiedsklausel).** Diese
Terminologie hält das Gesetz strikt ein. Die 2. Variante ist eingeschränkt
durch § 1031 Abs 5. Daneben gibt es die Anordnung des Schiedsgerichts durch einseitige, insbesondere letztwillige Verfügung, § 1066. –
International: Art 27, 28 EGBGB (Kronke RIW 98, 257).

3. Inhalt. Die Schiedsvereinbarung bestimmt, dass ein Schiedsgericht 3
unter Ausschluss der staatlichen Gerichte eine Rechtsstreitigkeit der
Parteien entscheidet (Koblenz NJW-RR 00, 1365). Der Rechtsweg zu
den Gerichten muss zumindest alternativ (BGH NJW 76, 852) oder
nach Wahl des Klägers ersetzt sein (BGH 115, 324). Eine Schiedsvereinbarung in AGB mit Wahlrecht nur des Beklagten ist nur dann wirksam, wenn es den Verwender als künftigen Beklagten verpflichtet, auf
Aufforderung des anderen Teils sein Wahlrecht schon vorprozessual auszuüben; außerdem muss die Vereinbarung die Folgen einer verweigerten
oder verspäteten Wahl regeln (BGH NJW 99, 282). Trifft in AGB eine
Gerichtsstands- mit einer Schiedsgerichtsvereinbarung zusammen, so
geht grundsätzlich die letztgenannte vor. Sehen die Parteien einverständlich von ihr ab oder ist sie unwirksam, gilt die Gerichtsstandvereinbarung (BGH NJW 69, 1536, WM 84, 380). Einen Instanzenweg
zwischen Schieds- und Staatsgericht und eine Aufteilung einzelner
Rechtsfragen, die den Prozess insgesamt entscheiden, zwischen Staats-
und Schiedsgericht, gibt es nicht (BGH NJW 60, 1462).

4. Wirksamkeit. – a) Schiedsfähigkeit § 1030, **Form** § 1031. – 4
b) Das Schiedsgericht muss als solches vereinbart (Rn 3) und
eindeutig bestimmt, zumindest bestimmbar sein (BGH NJW 83, 1267: 2
ständige Schiedsgerichte). – **c) Bestimmtes Rechtsverhältnis.** Es 5
muss nicht bürgerlichrechtlicher Natur (BT-Drucksache 13/5274 S 35),
kann vertraglicher oder nicht vertraglicher Art sein, es kann sich um alle
oder einzelne Streitigkeiten daraus handeln, die Ansprüche daraus können bereits entstanden sein oder erst künftig entstehen. Es muss gegenständlich bestimmbar sein, worauf sich die konkrete Schiedsvereinbarung
und damit die Zuständigkeit des Schiedsgerichts bezieht. Der im
Schiedsprozess zur Entscheidung gestellte Streitgegenstand muss von der
Schiedsvereinbarung gedeckt sein. – Ob dies der Fall ist, ist durch
Auslegung nach allgemeinen Grundsätzen anhand des erkennbaren 6
Parteiwillens bei Abschluss der Schiedsvereinbarung zu ermitteln (BGH
40, 320). Im Zweifel ist die Reichweite großzügig auszulegen, weil die

umfassende Beilegung des Streits dem Interesse der Parteien entspricht (BGH BB 71, 369, München NJW-RR 91, 602). – So ist das Schieds-
7 gericht für **Schadensersatzansprüche aus unerlaubter Handlung** zuständig, wenn sie sich tatbestandlich mit einer Vertragsverletzung deckt (BGH NJW 65, 300). Ebenso für **Rückabwicklungsansprüche** bei unwirksamem Hauptvertrag (BGH 53, 315), wie **Ansprüche aus ungerechtfertigter Bereicherung,** die im Zusammenhang mit dem Hauptvertrag stehen, jedenfalls bei weitgefasster Schiedsvereinbarung
8 (München NJW-RR 91, 602). – **Wechsel- und Scheckansprüche** unterfallen einer Schiedsvereinbarung, wenn sie dafür ausdrücklich oder im zugrundeliegenden Vertrag umfassend getroffen worden ist; der Wechselprozess vor dem Staatsgericht bleibt trotzdem zulässig (BGH NJW 94, 136).

9   d) **Aufrechnung** vor dem Schiedsgericht. Unterfällt auch die schiedsfähige (§ 1030) Gegenforderung, über die noch nicht rechtskräftig entschieden ist, einer Schiedsvereinbarung (Rn 5), was ebenfalls im Wege großzügiger Auslegung zu ermitteln ist, so hat das Schiedsgericht über sie zu entscheiden. Unterfällt sie keiner Schiedsvereinbarung, so lässt das Schiedsgericht die Aufrechnung mit einer bestrittenen, noch nicht rechtskräftig entschiedenen Gegenforderung unberücksichtigt, weil ihm insoweit jede Befugnis zu einer privatautonomen Rechtsprechungsfunktion (§ 1031 Rn 15) fehlt. Diese Auffassung hat den Vorzug, dass sie der Situation im umgekehrten Fall, Aufrechnung vor dem Staatsgericht mit einer mit Schiedsklausel versehenen Gegenforderung entspricht (§ 145 Rn 23). Das Schiedsgericht darf nach § 148 das Verfahren bis zu einer Entscheidung des Gerichts über die Aufrechnungsforderung aussetzen. Sonst erlässt es Schiedsspruch unter Vorbehalt der Entscheidung des Gerichts über die Aufrechnungsforderung (§ 1054 Rn 1), wenngleich § 302 Abs 4 Satz 1 nicht passt. Oder es erlässt endgültigen Schiedsspruch nur über die Klageforderung ohne Berücksichtigung der Aufrechnung. Dem Schiedsbeklagten bleibt dann selbständige Einklagung seiner Gegenforderung vor dem Gericht oder Vollstreckungsabwehrklage (§ 1060 Rn 3). Der Meinungsstand zu vorstehender Problematik ist sehr umstritten und differenziert. Im Wesentlichen wie hier StJ/Schlosser § 1025 aF Rn 25, MüKo/Peters § 145 Rn 35, Zö/Geimer § 1029 Rn 73; Busse MDR 01, 729/732, wohl auch BGH NJW 63, 273 je mwN; aA BGH 23, 17, RoSchw/Gottwald § 172 VI 1 a, BLAH § 1029 Rn 22, Schwab/Walter Kap 3 Rn 12 je mwN.

10   e) **Die allgemeinen Regeln** gelten, zB Rechts- und Geschäftsfähigkeit der Parteien der Schiedsvereinbarung (international vgl § 1059 Abs 2 Nr 1 a), §§ 119 ff, 134, 138 BGB. So ist eine Schiedsvereinbarung nichtig, die die wirtschaftliche Entschließungs- und Bewegungsfreiheit einer Partei in sachlich nicht gerechtfertigter Weise übermäßig einschränkt, so dass ein wirkungsvoller Rechtsschutz nicht mehr besteht, etwa wenn nur eine Partei zu entscheiden hat, ob ein Zivil- oder ein Schiedsgerichtsverfahren durchzuführen ist mit der weiteren Vereinbarung, dass immer nur ein Verfahren mit einem Streitwert von maximal

7000 DM gleichzeitig zulässig und Vertretung durch RAe unzulässig sein soll (BGH 106, 336). Ein unzulässiger Zwang zum Abschluss einer Schiedsvereinbarung überhaupt kann bei vornormierten Verträgen oder Satzungen, auf deren Abschluss der Partner aus beruflichen oder wirtschaftlichen Gründen angewiesen ist, schon darin liegen, dass der Stärkere ohne gleichzeitige Schiedsabrede den Hauptvertrag nicht abschließt (Preis DB 72, 1723, Nicklisch BB 72, 1285). Übergewicht bei der Zusammensetzung des Schiedsgerichts § 1034 Rn 2, 3.

f) Mängel der Schiedsvereinbarung nach Rn 4–10 führen zu ihrer **11** Unwirksamkeit, sofern der Mangel nicht nach §§ 1027, 1031 Abs 6, 1040 Abs 2 geheilt ist. Neuabschluss ohne den Mangel bleibt möglich. Die Berufung einer Partei auf fehlende Schiedsvereinbarung kann treuwidrig sein, wenn sie sich vorprozessual auf eine solche berufen und dadurch die Schiedsklage veranlasst hat (BGH WM 87, 1084).

g) Streit über die Wirksamkeit der Schiedsvereinbarung § 1040. **12**

5. Wirkung der Schiedsvereinbarung. – a) Materiellrechtlich. **13** Mitwirkungs- und Förderungspflicht der Parteien zur Herbeiführung eines Schiedsspruchs (Oldenburg NJW 71, 1461), zB Vorschussleistung (Rn 10 vor § 1029). – **b) Persönlich** wirkt die Schiedsvereinbarung **14** zwischen den Parteien sowie für und gegen Dritte, die an die Vereinbarung gebunden sind wie Erben, Insolvenzverwalter, Gesellschafter einer OHG, falls diese die Schiedsvereinbarung getroffen hatte, für Gesellschaftsansprüche (BGH MDR 91, 737), Handelsmakler iF des § 95 Abs 3 HGB, weil sie Vertragspartner werden (BGH 68, 358), Vertrag zugunsten Dritter. Geschäftsführer einer jur Person, die als solche in Anspruch genommen werden, sind an eine von der jur Person getroffene Schiedsvereinbarung allenfalls dann gebunden, wenn sie selbst als deren Organe am Abschluss beteiligt waren (weitergehend München NJW-RR 98, 198). – **Bei Rechtsnachfolge** in einen Vertrag gehen **15** idR, wenn nicht ein abweichender Wille nachgewiesen ist, die Rechte und Pflichten aus einer mit ihm verbundenen Schiedsvereinbarung auf den Erwerber über (BGH 76, 852, WM 91, 384), ohne dass es eines gesonderten Beitritts bedarf (BGH 77, 32). Ebenso bei Vertragsübernahme auf den Eintretenden und iF des § 566 BGB (BGH NJW 00, 2346), bei Übernahme eines Geschäftsanteils an einer GmbH (BGH NJW 79, 2567) und bei Ausübung eines Eintrittsrechts in einem OHG-Vertrag (BGH NJW 80, 1797). Nicht dagegen Bürgen, Schuldübernehmer, Mitschuldner, Hypotheken- und Pfandgläubiger (BGH MDR 91, 737); idR nicht vollmachtlose Vertreter iF des § 179 BGB wegen der differenzierten Einstandspflicht. – **c) Prozessual** § 1032. **16**

6. Beendigung der Schiedsvereinbarung. Denkbar ist Kündigung **17** der Schiedsvereinbarung aus wichtigem Grund, zB wenn sie undurchführbar (§ 1032 Abs 1, BGH 41, 104) oder das Festhalten an ihr unzumutbar geworden ist (BGH NJW 92, 3107: Krieg). Das kann der Fall sein, wenn die Partei wegen nachträglicher Verschlechterung ihrer wirtschaftlichen Verhältnisse die erforderlichen Kostenvorschüsse nicht mehr

aufbringen kann oder wenn sie bereits bei Abschluss der Vereinbarung
dazu außerstande war, aber erwarten konnte, die nötigen Mittel aus der
Durchführung des Hauptvertrags zu erzielen oder wenn die Durchführung des Schiedsgerichtsverfahrens da noch ungewiss war (BGH
NJW-RR 94, 1214). Die Gegenpartei kann die Kündigung verhindern,
indem sie sich bereit erklärt, die Kosten des Verfahrens einschließlich der
RAKosten vorläufig vorzuschießen; verpflichtet dazu ist sie nicht (BGH
aaO).

§ 1030 Schiedsfähigkeit

(1) [1]Jeder vermögensrechtliche Anspruch kann Gegenstand einer Schiedsvereinbarung sein. [2]Eine Schiedsvereinbarung über nichtvermögensrechtliche Ansprüche hat insoweit rechtliche Wirkung, als die Parteien berechtigt sind, über den Gegenstand des Streites einen Vergleich zu schließen.

(2) [1]Eine Schiedsvereinbarung über Rechtsstreitigkeiten, die den Bestand eines Mietverhältnisses über Wohnraum im Inland betreffen, ist unwirksam. [2]Dies gilt nicht, soweit es sich um Wohnraum der in § 549 Abs. 2 Nr. 1 bis 3 des Bürgerlichen Gesetzbuchs bestimmten Art handelt.

(3) Gesetzliche Vorschriften außerhalb dieses Buches, nach denen Streitigkeiten einem schiedsrichterlichen Verfahren nicht oder nur unter bestimmten Voraussetzungen unterworfen werden dürfen, bleiben unberührt.

*Abs 2 S 2 ist geändert mWv 1. 8. 2001 durch Art 3 Nr 8 MietRReformG
vom 19. 6. 2001 (BGBl I S 1149).*

1   **1. Begriff.** Schiedsfähigkeit besagt, welche Streitigkeiten generell
Gegenstand einer Schiedsvereinbarung sein können. In Abgrenzung
dazu bedeutet Zuständigkeit des Schiedsgerichts, dass der mit der
Schiedsklage geltend gemachte Streitgegenstand unter die konkrete
Schiedsvereinbarung fällt, von ihr gedeckt ist (§ 1029 Rn 5).

2   **2. Schiedsfähig sind** (Abs 1): – a) **Vermögensrechtliche Ansprüche** (Einl IV Rn 1, 2) grundsätzlich jeder Art. Auf die Verfügungs- oder
Vergleichsberechtigung über sie kommt es nicht an. Sie müssen nicht
privatrechtlicher Natur sein, öffentlichrechtliche Ansprüche sind
schiedsfähig, soweit ein Gesetz die Möglichkeit schiedsrichterlicher Entscheidung vorsieht, zB § 30 Abs 2 VermG, § 14 VZOG, oder soweit die
Parteien darüber einen öffentlichrechtlichen Vertrag schließen können,
zB über die Höhe eines Entschädigungsanspruchs (amtliche Begründung
S 35). Auch die ausschließliche Zuständigkeit bestimmter Staatsgerichte
schließt die Schiedsfähigkeit nicht aus, denn sie bezieht sich nur auf
Zuständigkeit innerhalb der Gerichte (Hamm DB 00, 1118, K. Schmidt
ZGR 88, 523). Da Schiedsgerichte auch rechtsgestaltende Entscheidungen erlassen können, meint die amtliche Begründung, dass entgegen
früherer Rechtsprechung (BHG NJW 96, 1753) jetzt auch gesellschafts-

rechtliche Anfechtungs- und Nichtigkeitsklagen gegen AG und GmbH schiedsfähig seien (ebenso Schwab/Walter Kap 4 Rn 4, Labes/Lörcher MDR 97, 420, Bender DB 98, 1900, Kröll NJW 01, 1173/1177, K. Schmidt BB 01, 1857). Das ist aber nach wie vor zu bezweifeln, weil erhebliche Bedenken dagegen bestehen, dass der Schiedsspruch, ohne dass das Gesetz die §§ 248, 249 je Abs 1 S 2 AktG für entsprechend anwendbar erklärt, Rechtskraftwirkung für und gegen Dritte nicht am Verfahren und der Schiedsabrede Beteiligte haben kann (ebenso BGH NJW 96, 1753, Gottwald/Adolphsen DStR 98, 1017). – **b) Nicht-ver-** **3** **mögensrechtliche Ansprüche** sind schiedsfähig, soweit die Parteien objektiv und subjektiv berechtigt sind, über den Gegenstand des Streits einen Vergleich zu schließen (BGH VersR 98, 112). So die meisten der in Einl IV Rn 4 genannten Beispiele.

3. Nicht schiedsfähig sind – a) Mietstreitigkeiten nach Abs 2. **4** Die Bestimmung will zum Schutz des sozial schwächeren Mieters ein Ausweichen vor der staatlichen Gerichtsbarkeit verhindern. Es muss sich um Streit um den Bestand eines Mietverhältnisses über Wohnraum handeln, der nicht unter § 549 Abs 2 Nr 1–3 BGB fällt. Das sind Klage auf Feststellung des (Nicht)Bestehens eines Mietvertrages oder der (Un-) Wirksamkeit seiner Beendigung, insbesondere Kündigung, ferner Räumungs- und Herausgabeklagen einschließlich der Anträge auf Fortsetzung eines Mietverhältnisses nach §§ 574 a–c BGB. Schiedsvereinbarungen über andere Ansprüche aus dem Mietvertrag sind wirksam. – **b) Andere** **5** **Streitigkeiten,** für die ein Gesetz außerhalb des 10. Buches die Schieds- gerichtsbarkeit ausschließt oder einschränkt, zB § 1822 Nr 12 BGB, § 160 Nr 3 InsO, § 28 BörsenG (dazu Ebbing WM 99, 1264). Sonder- regelung in §§ 101 ff ArbGG. – **c) Der Parteidisposition entzogene** **6** **Streitigkeiten** wie Ehe- (Vorbemerkung Rn 2–6 vor § 606) und Kind- schaftssachen (§ 640 Abs 2) und solche Vermögensrechte, die kraft Ver- waltungsakt erteilt sind und für die das Gesetz besondere Gerichte einge- richtet hat wie Nichtigerklärung oder Zurücknahme von Patenten, zumal diese Entscheidungen für und gegen jedermann wirken – **d) Verstoß.** **7** Schiedsvereinbarungen in den Fällen der Rn 4–6 sind nichtig, Heilung ist nicht möglich. Im Fall der Rn 5 sind sie bis zur Erteilung einer erforder- lichen Genehmigung schwebend unwirksam.

§ 1031 Form der Schiedsvereinbarung

(1) **Die Schiedsvereinbarung muß entweder in einem von den Parteien unterzeichneten Schriftstück oder in zwischen ihnen gewechselten Schreiben, Fernkopien, Telegrammen oder ande- ren Formen der Nachrichtenübermittlung, die einen Nachweis der Vereinbarung sicherstellen, enthalten sein.**

(2) **Die Form des Absatzes 1 gilt auch dann als erfüllt, wenn die Schiedsvereinbarung in einem von der einen Partei der ande- ren Partei oder von einem Dritten beiden Parteien übermittelten**

Schriftstück enthalten ist und der Inhalt des Schriftstücks im Fall eines nicht rechtzeitig erfolgten Widerspruchs nach der Verkehrssitte als Vertragsinhalt angesehen wird.

(3) Nimmt ein den Formerfordernissen des Absatzes 1 oder 2 entsprechender Vertrag auf ein Schriftstück Bezug, das eine Schiedsklausel enthält, so begründet dies eine Schiedsvereinbarung, wenn die Bezugnahme dergestalt ist, daß sie diese Klausel zu einem Bestandteil des Vertrages macht.

(4) Eine Schiedsvereinbarung wird auch durch die Begebung eines Konnossements begründet, in dem ausdrücklich auf die in einem Chartervertrag enthaltene Schiedsklausel Bezug genommen wird.

(5) [1] Schiedsvereinbarungen, an denen ein Verbraucher beteiligt ist, müssen in einer von den Parteien eigenhändig unterzeichneten Urkunde enthalten sein. [2] Die schriftliche Form nach Satz 1 kann durch die elektronische Form nach § 126 a des Bürgerlichen Gesetzbuches ersetzt werden. [3] Andere Vereinbarungen als solche, die sich auf das schiedsrichterliche Verfahren beziehen, darf die Urkunde oder das elektronische Dokument nicht enthalten; dies gilt nicht bei notarieller Beurkundung.

(6) Der Mangel der Form wird durch die Einlassung auf die schiedsgerichtliche Verhandlung zur Hauptsache geheilt.

Abs 5 neu gefasst mWv 21. 12. 2001 durch Art 2 EGG (BGBl 2001 I S 3721).

1 **1. Regelungsgehalt.** Die Bestimmung enthält die Formvorschriften, von deren Beachtung die Wirksamkeit der Schiedsvereinbarung mit abhängt. Die einfachere Form in den Abs 1–4, nämlich Sicherstellung eines Nachweises, ist in Abs 5 erschwert, nämlich besondere, eigenhändig unterzeichnete Urkunde, falls an der Schiedsvereinbarung eine Person beteiligt ist, die bei dem zugrundeliegenden Geschäft nicht im Rahmen ihrer gewerblichen oder selbständigen beruflichen Tätigkeit gehandelt hat. Abs 6 lässt Heilung des Formmangels zu.

2 **2. Form im gewerblichen Bereich.** Er reicht weiter als „Handelsgeschäft" im früheren § 1027 Abs 2. Bezieht sich die Schiedsvereinbarung auf ein Geschäft, bei dem die Beteiligten zu einem Zweck gehandelt haben, der ihrer gewerblichen Tätigkeit zugerechnet werden kann, so muss sie in einer Nachrichtenübermittlung enthalten sein, die ihren Nachweis sicherstellt. Das ist eine einfache, moderner Telekommunikation gerecht werdende Form. Mündlich können auch Kaufleute im Rahmen eines Handelsgeschäfts eine gültige Schiedsvereinbarung nicht treffen. Die Abs 1–4 sehen für den schriftlichen Nachweis folgende Möglichkeiten vor: – **a) Beiderseits unterzeichnetes Schriftstück** (Abs 1), das die Schiedsvereinbarung vollständig enthält. Das ist die Schriftform des § 126 BGB und die sie ersetzende elektronische Form (§§ 126 Abs 3, 126 a BGB). Eine für den Hauptvertrag vor-

3

geschriebene Form muss nicht zusätzlich gewahrt werden (BGH 69, 260). Verwendung des Wortes „Schiedsvereinbarung" ist nicht erforderlich, es muss sich aber inhaltlich unzweifelhaft um eine solche handeln. Die Urkunde darf daneben andere Vereinbarungen enthalten (§ 1029 Abs 2). – **b) Zwischen den Parteien gewechselte Schriftstücke.** 4 Abs 1 nennt als Beispiele gewechselte Schreiben, Fernkopien, Telegramme oder andere Formen der Nachrichtenübermittlung, die einen sicheren Nachweis der Schiedsvereinbarung, also Angebot und Annahme, erlauben. – **c) Schweigen auf ein Schriftstück (Abs 2),** das das 5 Angebot zu einer Schiedsvereinbarung enthält oder eine angeblich bereits getroffene bestätigt und das eine Partei der anderen oder das ein Dritter beiden Parteien übermittelt hat, wenn ohne rechtzeitigen Widerspruch das Schweigen nach der Verkehrssitte als Annahme des Angebots oder Zustimmung anzusehen ist. Dies beurteilt sich nach materiellem Recht (Pal/Heinrichs Einf Rn 7–12 vor § 116, Pal/Heldrich EGBGB Art 31 Rn 5). Darunter fallen insbesondere kaufmännische Bestätigungsschreiben mit Schiedsgerichtsklausel (BGH KTS 71, 37, Pal/Heinrichs § 148 Rn 8 ff). – **d) Bezugnahme, Abs 3.** Sie muss in 6 einem Vertrag enthalten sein, der den Formerfordernissen der Abs 1 oder 2 entspricht. In ihm muss auf ein Schriftstück, auch die Rückseite des Vertragsblattes (BayObLG NJW-RR 99, 644), Bezug genommen sein, das seinerseits eine Schiedsklausel enthält und zwar der Art, dass sie diese Klausel zu einem Bestandteil des Vertrages macht. Darunter fällt insbesondere die Einbeziehung von AGB mit Schiedsklausel in den Vertrag (§§ 305, 305 a BGB, international § 29 a EG). Die in Bezug genommene Klausel muss wirksam sein (Spieker ZIP 99, 2138, Lachmann/Lachmann BB 00, 1633). Mü (NJW-RR 96, 1532) verlangt darüber hinaus, dass die in Bezug genommene Schiedsklausel dem Vertragspartner zur Kenntnis gebracht worden ist. – **e) Begebung eines** 7 **Konnossements, Abs 4** (§§ 642 ff HGB), in dem ausdrücklich Bezug genommen ist auf die in einem Chartervertrag zwischen Verfrachter und Befrachter (§ 557 HGB) enthaltene Schiedsklausel. Eine allgemeine Verweisung auf den Chartervertrag genügt nicht.

3. Form im nichtgewerblichen Bereich. Abs 5 dient dem Ver- 8 braucherschutz. Gilt nicht für Schiedsklauseln gemäß § 1066. Die strengere Form ist einzuhalten, wenn an dem zugrunde liegenden Geschäft ein Verbraucher beteiligt ist. Das ist eine natürliche Person, die dabei nicht zu einem Zweck gehandelt hat, der ihrer gewerblichen oder selbständigen beruflichen Tätigkeit zugerechnet werden kann (§ 13 BGB). Nötig sind – **a) Schriftform** gemäß § 126 BGB oder die sie ersetzende 9 elektronische Form gemäß § 126 a BGB (wie Rn 3). Bezugnahme auf eine zwischen den Parteien bereits bestehende Schiedsabrede (§ 1029 Abs 2, Oldenburg MDR 51, 690) oder auf eine bestimmte laut Verbandssatzung schon bestehende Schiedsgerichtsordnung (Hamm WM 72, 984) genügt, nicht dagegen allgemeine Bezugnahme auf Satzungen oder AGB. – **b) Besondere Urkunde.** Sie muss die vollständige 10

Schiedsabrede oder die Bezugnahme auf sie enthalten, darf andere Vereinbarungen nicht enthalten und muss räumlich vom Hauptvertrag getrennt oder bei räumlicher Verbindung gesondert unterschrieben sein (BGH 38, 155). Änderungen und Ergänzungen bedürfen derselben

11 Form. – **c) Bei notarieller Beurkundung** der Schiedsvereinbarung bedarf es keiner gesonderten Urkunde, weil der Notar die Beteiligten über ihre Bedeutung belehrt. Eingehend Tröder Mitteilungen Rheinische Notarkammer 00, 379.

12 **4. Heilung,** Abs 6. Es ist zu unterscheiden (eingehend Schmidt, Heilung, Neuabschluss und Erklärungsbewusstsein beim Schiedsvertrag, MDR 72, 989, Wackenhut, Zur Behandlung der rügelosen Einlassung in nationalen u internationalen Schiedsverfahren, KTS 85, 425): –

13 **a) Bloße Formmängel** werden durch rügelose Einlassung zur Hauptsache (§ 39) rückwirkend geheilt, auch wenn sich die Parteien dieser Wirkung nicht bewusst sind (BGH 48, 35/45). Die ursprüngliche Formunwirksamkeit wird auch geheilt durch späteren Schriftwechsel, aus dem sich der beiderseitige Wille entnehmen lässt, dass das Schiedsgericht über den streitigen Anspruch entscheiden soll (Hamburg

14 NJW-RR 99, 1738). – **b) Andere Unwirksamkeitsgründe.** Hier ist vor Verfahrensbeginn eine Schiedsvereinbarung getroffen, die aber aus anderen Gründen als wegen Formmangels unwirksam ist. In der Erhebung der Schiedsklage und der rügelosen Einlassung kann der konkludente Neuabschluss einer Schiedsvereinbarung liegen, wenn die Parteien ein entsprechendes rechtsgeschäftliches Erklärungsbewusstsein haben. Es kann aber auch an eine entspr Anwendung von Abs 6 gedacht werden, der dieses Bewusstsein nicht verlangt. Anknüpfungspunkt ist, dass wie beim Formmangel ein Erklärungsbewusstsein bei Vertragsabschluss vorhanden war. Sowohl für Neuabschluss wie für Heilung ist Voraussetzung, dass im Zeitpunkt der rügelosen Einlassung der frühere Nichtigkeitsgrund nicht mehr besteht. Die überwiegende Meinung neigt, häufig allerdings ohne saubere dogmatische Abgrenzung, der zweitgenannten Auffassung zu, was aus praktischen Gründen zu billigen

15 ist. – **c) Bei Fehlen einer Schiedsvereinbarung überhaupt** ist Abs 6 auch nicht entspr anwendbar. Klageerhebung und rügelose Einlassung kann als konkludenter Erstabschluss einer Schiedsvereinbarung aufgefasst werden, wenn die Parteien ein entsprechendes Erklärungsbewusstsein hatten (BGH 48, 35/ 46 und 88, 314). Fehlt es im Einzelfall, bleibt zu prüfen, ob in Klage und Einlassung ein vom Erklärungsbewusstsein unabhängiger Verzicht auf die prozessuale Rüge der Unzuständigkeit des Schiedsgerichts liegt, ähnlich §§ 39, 295. Die Rspr (Nachweise bei Schmidt MDR 72, 989) neigt zu diesem Ergebnis. Dagegen bestehen Bedenken (ebenso Wackenhut KTS 85, 425), weil ohne jede vom Erklärungsbewusstsein abhängige Schiedsvereinbarung keine privatautonome Rechtsprechungsfunktion entstehen kann, die Einlassung also nicht vor einem unzuständigen, sondern vor einem Nicht-Schiedsgericht erfolgt.

§ 1032 Schiedsvereinbarung und Klage vor Gericht

(1) **Wird vor einem Gericht Klage in einer Angelegenheit erhoben, die Gegenstand einer Schiedsvereinbarung ist, so hat das Gericht die Klage als unzulässig abzuweisen, sofern der Beklagte dies vor Beginn der mündlichen Verhandlung zur Hauptsache rügt, es sei denn, das Gericht stellt fest, daß die Schiedsvereinbarung nichtig, unwirksam oder undurchführbar ist.**

(2) **Bei Gericht kann bis zur Bildung des Schiedsgerichts Antrag auf Feststellung der Zulässigkeit oder Unzulässigkeit eines schiedsrichterlichen Verfahrens gestellt werden.**

(3) **Ist ein Verfahren im Sinne des Absatzes 1 oder 2 anhängig, kann ein schiedsrichterliches Verfahren gleichwohl eingeleitet oder fortgesetzt werden und ein Schiedsspruch ergehen.**

1. Unzulässigkeit der Klage vor dem Staatsgericht, Abs 1, ist 1 die prozessuale Folge einer wirksamen Schiedsvereinbarung (§ 1029) bzw -anordnung (§ 1066). Anwendbar auch im normalen Urkundenprozeß (Wolf DB 99, 1101). Es gibt keine Verweisung an das Schiedsgericht, Aussetzung nach § 148 bis zur Entscheidung des Schiedsgerichts gemäß § 1040 wäre ermessensfehlerhaft im Hinblick auf die Kompetenz-Kompetenz des Staatsgerichts (§ 1040 Rn 8). Nicht anwendbar im Wechselprozeß wegen der funktionsnotwendig raschen Durchsetzbarkeit von Wechselansprüchen (BGH NJW 94, 136), im Arrest- und Verfügungs- (§ 1033, Rn 1 vor § 916) und im selbständigen Beweisverfahren (§ 485 Rn 10). – **Reihenfolge der Prüfung:** 2 **a) Rüge des Beklagten.** Das Gericht prüft und berücksichtigt die Zuständigkeit des Schiedsgerichts nicht von Amts wegen, sondern nur auf Rüge des Beklagten. Sie ist vor Beginn der mündlichen Verhandlung zur Hauptsache (§ 39 Rn 5–7, § 137 Rn 1, § 333 Rn 2), im schriftlichen Verfahren vor schriftlicher Einlassung zur Hauptsache (§ 39 Rn 1) vorzubringen. Abs 1 ist Sonderregelung. § 282 Abs 3 S 2 gilt insoweit nicht (BGH NJW 01, 2176). Eine verspätete Rüge ist nicht zu beachten. Treuwidrig und damit unbeachtlich ist die Rüge idR, wenn der Beklagte die Zahlung der im schiedsrichterlichen Verfahren geforderten Kostenvorschüsse wegen Mittellosigkeit (BGH 102, 199) oder Unwilligkeit (BGH NJW 99, 642) verweigert oder im schiedsrichterlichen Verfahren, uU auch außerhalb (Köln JMBl NRW 85, 261), geltend gemacht hat, das Staatsgericht sei zuständig, außer die gegensätzliche Einlassung erscheint sachlich verständlich und gerechtfertigt (BGH 50, 191). – **b) Wirksamkeit und Durchführbarkeit der Schiedsvereinbarung.** Trotz der Fassung „es sei denn" handelt es sich um von Amts wegen zu prüfende Voraussetzungen für die Begründetheit der Rüge. Die Klage ist zulässig, wenn die Schiedsvereinbarung bzw -Anordnung nichtig, unwirksam oder undurchführbar (§ 1029 Rn 11, 17) ist. Im letztgenannten Fall ist die Schiedseinrede unbegründet, wenn das Gericht entsprechend dem Vortrag des Klägers, auch ohne dessen Kündi-

gung der Schiedsvereinbarung deren Undurchführbarkeit feststellt (BGH NJW 00, 3720). International ist dafür das anwendbare materielle Recht maßgebend (BGH NJW-RR 93, 1519). Gilt nicht für Schiedsgutachten
4   (Rn 5 vor § 1029, BGH 9, 138, NJW 82, 1878). – **c) Der Streitgegenstand der Klage** muss unter die konkrete Schiedsvereinbarung fallen, von ihr gedeckt sein, ggf im Wege der Auslegung zu ermitteln (§ 1029 Rn 5 ff). Das kann auch teilweise der Fall sein, dann ist die Klage insoweit unzulässig.

5   **2. Antrag zum Staatsgericht, Abs 2.** Bis zur Bildung, dh Konstituierung des Schiedsgerichts (§ 1035 Rn 6) kann jede Partei bei Gericht die positive oder negative Feststellung beantragen, dass das schiedsrichterliche Verfahren im Ganzen (un)zulässig ist, somit auch, dass eine Schiedsvereinbarung (nicht) besteht oder dass sie (un)wirksam ist (BGH 7, 184). Umfang der Prüfungspflicht wie Abs 1, Rn 1–4 (BayObLG 99, 255). Nach der Konstituierung kann die Rüge der Unzuständigkeit des Schiedsgerichts oder der Überschreitung seiner Befugnisse nur noch vor dem Schiedsgericht (§ 1040), im Aufhebungs- (§ 1059) oder Vollstreckbarerklärungsverfahren (§ 1060) geltend gemacht werden. Die rechtskräftige Feststellung macht einen vorher erlassenen Schiedsspruch (Abs 3) ohne weiteres unwirksam, er darf nicht für vollstreckbar erklärt werden. Zuständiges Gericht § 1062 Abs 2, Verfahren und Entscheidung § 1063.

6   **3. Einwirkung auf das schiedsrichterliche Verfahren, Abs 3.** Rechtshängigkeit der Hauptsacheklage (Abs 1) oder Anhängigkeit eines Feststellungsantrags nach Abs 2 können die Einleitung, Fortsetzung des schiedsrichterlichen Verfahrens und den Erlass eines Schiedsspruchs nicht verhindern. Da aber 2 Parallelverfahren und -entscheidungen unerwünscht sind, sollte das Schiedsgericht wegen der Kompetenz-Kompetenz des Gerichts (§ 1040 Rn 8) in Ausübung pflichtgemäßen Ermessens sein Verfahren idR gemäß § 148 aussetzen, außer es handelt sich um Verzögerungstaktik aufseiten des Beklagten.

§ 1033 Schiedsvereinbarung und einstweilige gerichtliche Maßnahmen

Eine Schiedsvereinbarung schließt nicht aus, daß ein Gericht vor oder nach Beginn des schiedsrichterlichen Verfahrens auf Antrag einer Partei eine vorläufige oder sichernde Maßnahme in Bezug auf den Streitgegenstand des schiedsrichterlichen Verfahrens anordnet.

1   **1. Vorläufige oder sichernde Maßnahmen** sind Arrest und einstweilige Verfügung, §§ 916 ff.

2   **2. Der Antrag zum Staatsgericht** auf ihre Anordnung vor oder nach Beginn des schiedsrichterlichen Verfahrens, durch Parteivereinbarung wegen des besseren Rechtsschutzes durch sofortige Vollstreckbarkeit nicht ausschließbar (Musielak Rn 1, Wolf DB 99, 1101; aA

Frankfurt NJW-RR 00, 1117/1119), ist in Abweichung von § 1032 Abs 1 nicht deshalb unzulässig, weil der Streitgegenstand der Hauptsache einer Schiedsvereinbarung unterliegt. Für das Verfahren gelten §§ 916 ff. Gericht der Hauptsache ist das Gericht, in dessen Bezirk der Ort des Schiedsgerichts (§ 1043) liegt (Hamburg NJW 97, 749), jedenfalls wenn er vereinbart ist.

3. Das Schiedsgericht ist neben dem Gericht zur Anordnung derartiger Maßnahmen befugt, Verfahren § 1041 Abs 1, abweichende Fassung der Anordnung, Zulassung ihrer Vollziehung durch das Gericht § 1041 Abs 2. **3**

4. Die beiden Zuständigkeiten nebeneinander sind originär, nicht subsidiär. Praktisch ist der Antrag zum Staatsgericht wegen seiner Abänderungsbefugnis und der notwendigen Zulassung der Vollziehung (§ 1041 Abs 2) vorzuziehen. Wegen dieses besseren Rechtsschutzes fehlt das Rechtsschutzbedürfnis nicht, wenn ein gleichgerichteter Antrag auch an das Schiedsgericht gestellt ist oder wird. In umgekehrter Richtung § 1041 Rn 2. **4**

Abschnitt 3. Bildung des Schiedsgerichts

§ 1034 Zusammensetzung des Schiedsgerichts

(1) [1]Die Parteien können die Anzahl der Schiedsrichter vereinbaren. [2]Fehlt eine solche Vereinbarung, so ist die Zahl der Schiedsrichter drei.

(2) [1]Gibt die Schiedsvereinbarung einer Partei bei der Zusammensetzung des Schiedsgerichts ein Übergewicht, das die andere Partei benachteiligt, so kann diese Partei bei Gericht beantragen, den oder die Schiedsrichter abweichend von der erfolgten Ernennung oder der vereinbarten Ernennungsregelung zu bestellen. [2]Der Antrag ist spätestens bis zum Ablauf von zwei Wochen, nachdem der Partei die Zusammensetzung des Schiedsgerichts bekannt geworden ist, zu stellen. [3]§ 1032 Abs. 3 gilt entsprechend.

1. Die Zahl der Schiedsrichter bestimmt sich primär nach der Schieds- oder einer formgerechten (§ 1031) nachträglichen Vereinbarung bzw Anordnung (§ 1066). Sonst nach gesetzlicher Regelung drei. **1**

2. Übergewicht einer Partei. – a) Begriff. Immer, wenn eine Partei durch die Schieds- oder eine nachträgliche Vereinbarung gegenüber der anderen benachteiligt ist, soweit es um die Zusammensetzung des Schiedsgerichts geht. Abs 2 will gleiche Behandlung der Parteien (§ 1042 Abs 1) und ein unabhängiges, unparteiisches Schiedsgericht (§ 1035 Abs 5 S 1) sicherstellen. – **b) Beispiele:** Eine Partei hat auf die Zahl der Schiedsrichter, auf die Ernennung des Einzel- oder des **2**

3

3. Schiedsrichters größeren Einfluss als die andere. Alleinige Ernennung durch eine Partei (BGH NJW 89, 1477), auch für den Fall, dass die andere Partei ihr Ernennungsrecht versäumt hat (BGH 54, 392). Bestellung einer Partei selbst, ihres gesetzlichen Vertreters oder eines Mitglieds ihres Organs in eigener Sache. Dass dies für ein gemeinsam bestelltes Mitglied des Vertretungsorgans einer Partei nicht gelten soll, weil keine Partei gegen ihre eigene freie Entscheidung geschützt zu werden brauche (so BGH 65, 59; zust Schlosser JZ 76, 247), ist abzulehnen. Es gibt keine abgestufte Anforderung an die Unparteilichkeit und diese dient nicht allein dem Schutz der Parteien, sondern auch der Gewähr einer integren Rechtsprechung. Unterwerfung unter ein Schiedsgericht eines Verbandes, dem nur die andere Partei angehört und das nur mit Verbandsmitgliedern besetzt ist (Karlsruhe NJW 57, 1036); ebenso wenn ein nur mit Mitgliedern eines Vereins besetztes Schiedsgericht über einen Streit zwischen Vereins- und Nicht-Mitgliedern zu entscheiden hat (BGH 51, 255). Ob die Vereinbarung vor oder nach Eintritt des Konfliktfalls getroffen ist, macht keinen Unterschied (aA München KTS 85, 154). Die Abrede, dass alle Schiedsrichter oder der Obmann vom Vorstand oder Beauftragten eines Vereins ernannt werden, wenn nur eine Partei Vereinsmitglied ist (München KTS 83, 166). Dies gilt entgegen Hamburg BB 70, 53 im Hinblick auf die vorrangige Gewähr der Überparteilichkeit auch dann, wenn den Parteien die Schiedsrichter namentlich und persönlich bekannt sind (aA Bülow NJW 70, 585) und entgegen Hamburg MDR 75, 409 (abl Habscheid KTS 76, 1), ohne dass es darauf ankommt, ob im Einzelfall konkrete Tatsachen für eine Befangenheit des Schiedsgerichts festgestellt sind. Derartige Bestellung zugunsten einer Partei durch einen vertraglich vorgesehenen Dritten. Unbedenklich ist die Vereinbarung, dass über Meinungsverschiedenheiten aus einem Praxisübernahmevertrag zwischen einem RA und den Erben eines anderen RA ein vom Präsidenten der RA-Kammer bestelltes Vorstandsmitglied dieser Kammer entscheiden soll (BGH NJW 73, 98).

4 **c) Rechtsfolge** ist nicht Nichtigkeit, sondern ein Antragsrecht der benachteiligten Partei an das Gericht auf abweichende Schiedsrichterbestellung. Nichtigkeit der Schiedsvereinbarung aus anderen Gründen § 1029 Rn 10.

5 **3. Bestellung durch das Gericht. – a) Antrag** der benachteiligten Partei an das örtlich zuständige OLG (§ 1062 Abs 1 Nr 1). Frist 2 Wochen ab Bekanntwerden der Zusammensetzung des Schiedsgerichts. Für die Einwirkung des Antrags auf das Schiedsgerichtsverfahren gilt **6** § 1032 Rn 6 sinngemäß. – **b) Beschlussverfahren** § 1063 Rn 1. Die Entscheidung lehnt den unzulässigen oder unbegründeten Antrag ab. Ist er begründet, bestellt das Gericht unter Beachtung von § 1035 Abs 5 einen anderen Schiedsrichter, auch abweichend von der vereinbarten **7** Ernennungsregelung. Kein Rechtsmittel, § 1065 Abs 1 S 2. – **c) Kosten, Streitwert, Gebühren** § 1063 Rn 5.

§ 1035 Bestellung der Schiedsrichter

(1) **Die Parteien können das Verfahren zur Bestellung des Schiedsrichters oder der Schiedsrichter vereinbaren.**

(2) **Sofern die Parteien nichts anderes vereinbart haben, ist eine Partei an die durch sie erfolgte Bestellung eines Schiedsrichters gebunden, sobald die andere Partei die Mitteilung über die Bestellung empfangen hat.**

(3) **¹Fehlt eine Vereinbarung der Parteien über die Bestellung der Schiedsrichter, wird ein Einzelschiedsrichter, wenn die Parteien sich über seine Bestellung nicht einigen können, auf Antrag einer Partei durch das Gericht bestellt. ²In schiedsrichterlichen Verfahren mit drei Schiedsrichtern bestellt jede Partei einen Schiedsrichter; diese beiden Schiedsrichter bestellen den dritten Schiedsrichter, der als Vorsitzender des Schiedsgerichts tätig wird. ³Hat eine Partei den Schiedsrichter nicht innerhalb eines Monats nach Empfang einer entsprechenden Aufforderung durch die andere Partei bestellt oder können sich die beiden Schiedsrichter nicht binnen eines Monats nach ihrer Bestellung über den dritten Schiedsrichter einigen, so ist der Schiedsrichter auf Antrag einer Partei durch das Gericht zu bestellen.**

(4) **Haben die Parteien ein Verfahren für die Bestellung vereinbart und handelt eine Partei nicht entsprechend diesem Verfahren oder können die Parteien oder die beiden Schiedsrichter eine Einigung entsprechend diesem Verfahren nicht erzielen oder erfüllt ein Dritter eine ihm nach diesem Verfahren übertragene Aufgabe nicht, so kann jede Partei bei Gericht die Anordnung der erforderlichen Maßnahmen beantragen, sofern das vereinbarte Bestellungsverfahren zur Sicherung der Bestellung nichts anderes vorsieht.**

(5) **¹Das Gericht hat bei der Bestellung eines Schiedsrichters alle nach der Parteivereinbarung für den Schiedsrichter vorgeschriebenen Voraussetzungen zu berücksichtigen und allen Gesichtspunkten Rechnung zu tragen, die die Bestellung eines unabhängigen und unparteiischen Schiedsrichters sicherstellen. ²Bei der Bestellung eines Einzelschiedsrichters oder eines dritten Schiedsrichters hat das Gericht auch die Zweckmäßigkeit der Bestellung eines Schiedsrichters mit einer anderen Staatsangehörigkeit als derjenigen der Parteien in Erwägung zu ziehen.**

1. Parteivereinbarung im Schiedsvertrag oder später bzw die Anordnung (§ 1066) hat Vorrang im Verfahren zur Bestellung des Schiedsgerichts. Übergewicht einer Partei § 1034 Abs 2. Schiedsrichter kann jede nicht geschäftsunfähige Person sein, Behörden und juristische Personen als solche mangels eigener Handlungsfähigkeit nicht, wohl aber ihre Organe (aA BGH BB 55, 296: Behörde). Verstoß gegen § 42 Abs 1 2 DRiG s Rn 8 vor § 1029. – **a) Beispiele:** Gemeinschaftliche Bestel- 2

lung durch beide Parteien; Bezeichnung eines bereits bestehenden institutionellen Schiedsgerichts (Rn 1 vor § 1029) oder bestimmter Personen in bestimmter Reihenfolge; Ermächtigung eines bestimmten
3 Dritten zur Bestellung (BGH NJW 69, 978). – **b) Bei Hindernissen** in
einem vereinbarten Bestellungsverfahren greift primär eine von den
Parteien selbst vorgesehene Ersatzregelung ein, andernfalls hilft auf Antrag einer Partei das Gericht aus, auch wenn die vereinbarte Ersatzregelung nicht durchführbar ist (BayObLG NJW-RR 99, 1085). Die
Fälle sind in Abs 4 aufgezählt. Darunter fällt in zumindest entsprechender Anwendung auch, dass eine Einigung mehrerer Parteien auf einer
Seite (Rn 5) nicht zustandekommt.

4 **2. Hilfsweise gesetzliche Regelung mangels Parteivereinbarung. – a) Einzelschiedsrichter.** Bestellung durch Einigung der
5 Parteien, ersatzweise durch das Gericht. – **b) Drei Schiedsrichter.** Jede
Parteiseite bestellt einen. Notwendige Streitgenossen können nur einen
gemeinsamen bestellen (KG KTS 66, 100). Wenn die Schiedsvereinbarung zwischen mehreren Parteien im Wege der Auslegung einfache
Streitgenossenschaft zulässt, können die Streitgenossen ebenfalls nur einen Schiedsrichter gemeinsam bestellen; andernfalls sind entsprechend
mehrere Schiedsverfahren mit je nur einer Person auf jeder Seite durchzuführen (Nicklisch BB 01, 789/792, ähnlich Hohner BB 79, 581,
Schwab BB 92, Heft 28 Beilage 15 S 17). Die einseitige Bestellung
erfolgt durch Mitteilung an die andere Partei und wird mit deren Empfang mangels anderweitiger Vereinbarung bindend. Der Bestellte muss
das Amt noch nicht angenommen haben. Die andere Partei bestellt
innerhalb eines Monats nach Zugang der Aufforderung den zweiten
Schiedsrichter. Die beiden so ernannten Schiedsrichter bestellen innerhalb eines Monats den Vorsitzenden. Auch in diesen Fällen bestellt
6 ersatzweise das Gericht. – **c) Kompetenzbegründend ernannt** ist der
Schiedsrichter mit der vorstehend genannten Bindungswirkung und
dem Zugang seiner Annahmeerklärung an die Partei(en) bzw (beim
Vorsitzenden) an die anderen Schiedsrichter; ersatzweise mit Zugang der
gerichtlichen Ernennung.

7 **3. Gerichtliche Mitwirkung. – a) Fälle:** Bei Hindernissen, die der
Durchführung eines von den Parteien vereinbarten (Abs 1, 4, Rn 1–3)
oder mangels Vereinbarung des gesetzlichen Bestellungsverfahrens
8 (Abs 3, Rn 4–6 entgegenstehen. – **b) Antrag** einer Partei an das örtlich
zuständige OLG (§ 1062 Abs 1 Nr 1). Frist 1 Monat ab Empfang der
Aufforderung zur Bestellung eines Schiedsrichters bzw der Anzeige, dass
sich die beiden ernannten nicht auf den Vorsitzenden einigen. Die
Versäumung der Monatsfrist in Abs 3 S 3 ist bis zur Antragstellung an
9 das Gericht heilbar. – **c) Beschlussverfahren** wie § 1034 Rn 6. Der
Antrag ist abzulehnen, wenn offensichtlich kein wirksamer Schiedsvertrag vorliegt (BayObLG DB 99, 1785). – **d) Grundsätze für die
Schiedsrichterbestellung** in Abs 5. Zu den von den Parteien vorgeschriebenen Voraussetzungen können gehören Alter, Zugehörigkeit

zu einer bestimmten Berufsgruppe, Befähigung zum Richteramt. Das Gericht lässt sich zweckmäßig die Bereitschaft der von ihr ausgewählten Person zur Übernahme des Amts erklären, verständigt dann, schon um spätere Ablehnung zu vermeiden, die Parteien zur Bekanntgabe etwaiger Bedenken wegen der nötigen Unparteilichkeit und bestellt dann durch Beschluss den Schiedsrichter. Ein Ausländer kann sich zum Beispiel empfehlen, wenn der Streit nach ausländischem materiellen Recht zu entscheiden ist. Der gesetzliche Vertreter oder ein Bevollmächtigter der Partei darf nicht bestellt werden, auch nicht ein Mitglied des Organs einer Partei. – **e) Kosten, Streitwert, Gebühren** § 1063 Rn 5.   10

§ 1036 Ablehnung eines Schiedsrichters

(1) ¹**Eine Person, der ein Schiedsrichteramt angetragen wird, hat alle Umstände offenzulegen, die Zweifel an ihrer Unparteilichkeit oder Unabhängigkeit wecken können. ²Ein Schiedsrichter ist auch nach seiner Bestellung bis zum Ende des schiedsrichterlichen Verfahrens verpflichtet, solche Umstände den Parteien unverzüglich offenzulegen, wenn er sie ihnen nicht schon vorher mitgeteilt hat.**

(2) ¹**Ein Schiedsrichter kann nur abgelehnt werden, wenn Umstände vorliegen, die berechtigte Zweifel an seiner Unparteilichkeit oder Unabhängigkeit aufkommen lassen, oder wenn er die zwischen den Parteien vereinbarten Voraussetzungen nicht erfüllt. ²Eine Partei kann einen Schiedsrichter, den sie bestellt oder an dessen Bestellung sie mitgewirkt hat, nur aus Gründen ablehnen, die ihr erst nach der Bestellung bekannt geworden sind.**

1. Die Anzeigepflicht des Schiedsrichters über die Umstände   1
gemäß Abs 1 besteht vor und nach Annahme des Amts auch dann, wenn ersatzweise das Gericht gemäß § 1035 die Bestellung vorzunehmen oder vorgenommen hat. Maßgebend ist, ob nach den gegebenen Umständen, vom Standpunkt einer Partei aus objektiv und vernünftig betrachtet, Zweifel an der Unabhängigkeit oder Unparteilichkeit bestehen können. Bestätigt die Partei die Zweifel, sollte der Schiedsrichter im Interesse des Vertrauens in die Rechtspflege das Amt nicht annehmen bzw niederlegen. Die Unterlassung der gebotenen Anzeige kann bei bestehendem Ablehnungsgrund zur Aufhebung des Schiedsspruchs führen (§ 1059 Abs 2 Nr 1 d).

2. Ablehnung des Schiedsrichters. Abs 2 nennt 2 Ablehnungs-   2
gründe. – **a) Berechtigte Zweifel an der Unparteilichkeit oder Unabhängigkeit.** Das ist nicht anders zu verstehen als die Besorgnis der Befangenheit in § 42. Dazu gehören ohne weiteres die Gründe für den gesetzlichen Ausschluss vom Richteramt (§ 41 Rn 2–7); außerdem Umstände, die objektiv geeignet sind, Misstrauen gegen die Unparteilichkeit und Unabhängigkeit eines Schiedsrichters zu rechtfertigen (§ 42 Rn 9–13). Da das Schiedsgericht anstelle des Gerichts entscheidet

(§ 1029 Rn 3) und die Unparteilichkeit der oberste Grundsatz rechtsstaatlicher Rechtspflege ist, dürfen an Schiedsrichter, auch Beisitzer keine geringeren Anforderungen als an Richter gestellt werden; es gibt
3 keine abgestufte Unparteilichkeit. – **b) Fehlen vorgeschriebener Voraussetzungen** gemäß Schieds- oder späterer Vereinbarung bzw Anord-
4 nung (§ 1066). Beispiele § 1035 Rn 9. – **c) Zeitpunkt** der Ablehnung. Bis zum Erlass des Schiedsspruchs 2 Wochen nach Bekanntwerden des Ablehnungsgrundes (§ 1037 Abs 2 S 1; dort Rn 9).

5   **3. Eingeschränktes Ablehnungsrecht** im Falle des Abs 2 S 2. Betrifft nur die Partei, die bei der Bestellung des abzulehnenden Schiedsrichters zumindest mitgewirkt hat. Sie kann die Ablehnung nicht auf Gründe stützen, die sie bis zur Bestellung positiv kannte, Verbot widersprüchlichen Verhaltens. Grobfahrlässige Unkenntnis bis zur Bestellung schadet nicht.

6   **4. Auf Schiedsgutachter** (Rn 6 vor § 1029) nicht entsprechend anwendbar. Erst wenn auf Grund des Schiedsgutachtens auf Leistung geklagt wird, kann die fehlende Verbindlichkeit wegen Befangenheit eingewendet werden (München BB 76, 1047).

§ 1037 Ablehnungsverfahren

(1) **Die Parteien können vorbehaltlich des Absatzes 3 ein Verfahren für die Ablehnung eines Schiedsrichters vereinbaren.**

(2) **[1] Fehlt eine solche Vereinbarung, so hat die Partei, die einen Schiedsrichter ablehnen will, innerhalb von zwei Wochen, nachdem ihr die Zusammensetzung des Schiedsgerichts oder ein Umstand im Sinne des § 1036 Abs. 2 bekannt geworden ist, dem Schiedsgericht schriftlich die Ablehnungsgründe darzulegen. [2] Tritt der abgelehnte Schiedsrichter von seinem Amt nicht zurück oder stimmt die andere Partei der Ablehnung nicht zu, so entscheidet das Schiedsgericht über die Ablehnung.**

(3) **[1] Bleibt die Ablehnung nach dem von den Parteien vereinbarten Verfahren oder nach dem in Absatz 2 vorgesehenen Verfahren erfolglos, so kann die ablehnende Partei innerhalb eines Monats, nachdem sie von der Entscheidung, mit der die Ablehnung verweigert wurde, Kenntnis erlangt hat, bei Gericht eine Entscheidung über die Ablehnung beantragen; die Parteien können eine andere Frist vereinbaren. [2] Während ein solcher Antrag anhängig ist, kann das Schiedsgericht einschließlich des abgelehnten Schiedsrichters das schiedsrichterliche Verfahren fortsetzen und einen Schiedsspruch erlassen.**

1   **1. Ein vereinbartes Ablehnungsverfahren** hat Vorrang. Die Parteien sind in der Verfahrensgestaltung frei. Die gerichtliche Überprüfung im Falle des Abs 3 können sie nicht ausschließen.

2. Das gesetzliche Ablehnungsverfahren gilt, soweit die Parteien 2
nichts Abweichendes vereinbart haben. – **a) Ablehnungsgesuch** an das
Schiedsgericht, auch wenn es ein Einzelschiedsrichter ist. Schriftlich
unter Darlegung der Umstände, aus denen die Partei den Ablehnungsgrund herleitet (§ 1036 Abs 2). Frist 2 Wochen ab Kenntnis vom Ablehnungsgrund. – **b) Äußerungen.** Tritt der abgelehnte Schiedsrichter 3
zurück oder stimmt die andere Partei der Ablehnung zu, so ist das
Gesuch erfolgreich und nichts mehr zu entscheiden, sondern ein neuer
Schiedsrichter zu bestellen. (§ 1039). – **c) Entscheidung des Schieds-** 4
gerichts ist nötig, wenn der Abgelehnte nicht zurücktritt oder die
andere Partei der Ablehnung nicht zustimmt. An der Entscheidung wirkt
der abgelehnte Schiedsrichter nicht mit, weil niemand Richter in eigener Sache sein kann und weil Abs 2 im Gegensatz zu Abs 3 letzter Satz
dazu schweigt. Handelt es sich um einen Einzelschiedsrichter, kann nur
das Gericht entscheiden. Bei Stimmengleichheit in einem mehrglied-
rigen Schiedsgericht ist das Gesuch abgelehnt (§ 1052 Abs 1).

3. Gerichtliche Entscheidung bei erfolgloser Ablehnung ist unab- 5
dingbar. – **a) Antrag** der ablehnenden Partei an das örtlich zuständige
OLG (§ 1062 Abs 1 N 1). Frist mangels abweichender Parteivereinbarung ein Monat ab Kenntnis von der das Ablehnungsgesuch zurückweisenden Entscheidung des Schiedsgerichts. Einwirkung auf das
schiedsgerichtliche Verfahren wie § 1032 Rn 6, ggf unter Mitwirkung
des abgelehnten Schiedsrichters. – **b) Beschlussverfahren** § 1063 6
Rn 1. Die Entscheidung lehnt den unzulässigen oder unbegründeten
Antrag ab. Ist er begründet, hebt das Gericht die anderslautende Entscheidung des Schiedsgerichts auf und erklärt das Ablehnungsgesuch für
begründet. Kein Rechtsmittel, § 1065 Abs 1 S 2. – **c) Kosten, Streit-** 7
wert, Gebühren § 1063 Rn 5. – **d) Wirkung.** Gibt das OLG dem 8
Ablehnungsgesuch statt, ist gemäß § 1039 ein Ersatzschiedsrichter zu
bestellen. Die Zurückweisung des Ablehnungsgesuchs hat materielle
Rechtskraftwirkung. Die Partei kann also dieselben Ablehnungsgründe
im Vollstreckbarerklärungs- und Aufhebungsverfahren nicht erneut geltend machen. – **e) Die Versäumung der Frist** für den Antrag hat 9
Präklusionswirkung. Die Partei kann ihr vor Erlass des Schiedsspruchs
bekannte Ablehnungsgründe im Vollstreckbarerklärungs- und Aufhebungsverfahren nicht mehr geltend machen, ausser wenn es ihr nicht
möglich oder nicht zumutbar war, das Ablehnungsverfahren zu betreiben
(BGH NJW-RR 01, 1059; vgl auch § 1061 Rn 6). Nach Erlass des
Schiedsspruchs bekanntgewordene Ablehnungsgründe sind im Interesse
des Rechtsfriedens und der Rechtssicherheit ebenfalls grundsätzlich ausgeschlossen. Davon mag es Ausnahmen geben, wenn ein besonders
schwerwiegender und eindeutiger Fall von Befangenheit vorliegt, der es
rechtfertigt, die Bildung des Schiedsgerichts als Verstoß gegen § 1036
Abs 1 anzusehen (§ 1059 Abs 2 Nr 1 d, ähnlich BGH 141, 90, Weigel
MDR 99, 1360 zum entsprechenden früheren § 1041 Abs 1 Nr 1), oder
wenn ein schwerwiegender Verstoß gegen § 1059 Abs 2 Nr 2 b (ordre

public) festzustellen ist, etwa wenn der Schiedsrichter Vertretungsorgan
einer Partei war und damit in eigener Sache entschieden hat (BGH 65,
59 zum früheren Recht, amtliche Begründung S 42).

§ 1038 Untätigkeit oder Unmöglichkeit der Aufgabenerfüllung

(1) ¹Ist ein Schiedsrichter rechtlich oder tatsächlich außerstande, seine Aufgaben zu erfüllen, oder kommt er aus anderen
Gründen seinen Aufgaben in angemessener Frist nicht nach, so
endet sein Amt, wenn er zurücktritt oder wenn die Parteien die
Beendigung seines Amtes vereinbaren. ²Tritt der Schiedsrichter
von seinem Amt nicht zurück oder können sich die Parteien
über dessen Beendigung nicht einigen, kann jede Partei bei Gericht eine Entscheidung über die Beendigung des Amtes beantragen.

(2) Tritt ein Schiedsrichter in den Fällen des Absatzes 1 oder
des § 1037 Abs. 2 zurück oder stimmt eine Partei der Beendigung des Schiedsrichteramtes zu, so bedeutet dies nicht die
Anerkennung der in Absatz 1 oder § 1036 Abs. 2 genannten
Rücktrittsgründe.

1   1. **Beendigung des Schiedsrichteramts. – a) Mit Beendigung
des Schiedsrichtervertrages** (Rn 11 vor § 1029), weil damit die
2 Ermächtigung zur Ausübung richterlicher Funktion entfällt. – **b) Mit
3 erfolgreicher Ablehnung. – c) Mit Rücktritt des Schiedsrichters
oder Parteivereinbarung** aus einem der drei in Abs 1 genannten
Gründe. Rechtlich außerstande ist der Schiedsrichter zB, wenn er geschäftsunfähig oder Vertretungsorgan einer Partei wird; tatsächlich außerstande bei schwerer Erkrankung, Wegzug in ein weit entferntes Land,
Tod eines Schiedsrichters oder des vertraglich bestimmten Dritten, der
ihn ernennen sollte (Karlsruhe NJW 58, 1148) bzw Wegfall der Institution oder des Amts, denen er angehört, falls es den Parteien darauf für
die Ernennungsbefugnis entscheidend ankam (BGH 125, 7); ferner Auflösung des vereinbarten institutionellen Schiedsgerichts, zB bei der
Kammer für Außenhandel der früheren DDR (BGH 125, 7). Natürlich
gibt es in diesen Fällen keinen Rücktritt des Schiedsrichters. Dritter
Grund ist, dass er nicht in angemessener Zeit seine Aufgaben erfüllt.
Darin kann zugleich eine schuldhafte Verletzung des Schiedsrichterver-
trags liegen. Welche Zeit angemessen ist, hängt von der jeweiligen
Aufgabe, ihrer Schwierigkeit, etwaigen Vereinbarungen im Schiedsrich-
4 tervertrag, der Komplexität des Rechtsstreits im Ganzen ab. – **d) Mit
gerichtlicher Entscheidung** auf Antrag einer Partei. Für diesen und
das Beschlussverfahren gelten sinngemäß die Ausführungen in § 1037
Rn 5, 6.

5   2. **Abs 2** will den Rücktritt oder die Parteivereinbarung über die
Beendigung des Schiedsrichteramts erleichtern (amtliche Begründung
S 43).

§ 1039 Bestellung eines Ersatzschiedsrichters

(1) [1]Endet das Amt eines Schiedsrichters nach den §§ 1037, 1038 oder wegen seines Rücktritts vom Amt aus einem anderen Grund oder wegen der Aufhebung seines Amtes durch Vereinbarung der Parteien, so ist ein Ersatzschiedsrichter zu bestellen. [2]Die Bestellung erfolgt nach den Regeln, die auf die Bestellung des zu ersetzenden Schiedsrichters anzuwenden waren.

(2) Die Parteien können eine abweichende Vereinbarung treffen.

1. Wegfall eines Schiedsrichters. – a) Erfolgreiche Ablehnung 1
gemäß §§ 1036, 1037. – **b) Beendigung des Schiedsrichteramts** 2
durch Rücktritt des Schiedsrichters, Vereinbarung der Parteien oder Gerichtsbeschluss aus einem der in § 1038 genannten Gründe. – **c) Rücktritt des Schiedsrichters** aus einem anderen Grund oder 3 **Aufhebung des Amts** durch Parteivereinbarung. Abs 1 geht ohne weiteres von deren Zulässigkeit aus, betrifft aber nur das Schiedsrichteramt. Für den Schiedsrichtervertrag gibt es mit dem Kündigungsrecht für beide Seiten gemäß § 627 BGB eine fast parallele Regelung, die ebenfalls zum Wegfall des Schiedsrichters führt. Im Rücktritt des Schiedsrichters vom Amt liegt idR zugleich die Kündigung des Schiedsrichtervertrages und umgekehrt, in der Aufhebung des Amts durch beide Prozessparteien die gemeinsame Kündigung des Schiedsrichtervertrages. Der grundlose Rücktritt zur Unzeit kann demzufolge zum Schadensersatzanspruch gemäß § 627 Abs 2 BGB führen.

2. Ersatzregelung. – a) Parteivereinbarung in der Schieds- oder 4 einer formgerechten (§ 1031) nachträglichen Abrede hat Vorrang. Das gilt auch für eine einseitige Anordnung gemäß § 1066 und für eine Schiedsgerichtsordnung, der sich die Parteien unterworfen haben (Rn 1 vor § 1029). Die Ersatzregelung kann auch auf Wegfall der Schiedsvereinbarung und damit Freigabe des Rechtsweges lauten. – **b) Gesetzli-** 5 **che Regelung** mangels abweichender Parteivereinbarung. Es ist ein Ersatzschiedsrichter zu bestellen und zwar nach den Regeln, die auf die Bestellung des weggefallenen Schiedsrichters anzuwenden waren (§§ 1034, 1035).

Abschnitt 4. Zuständigkeit des Schiedsgerichts

§ 1040 Befugnis des Schiedsgerichts zur Entscheidung über die eigene Zuständigkeit

(1) [1]Das Schiedsgericht kann über die eigene Zuständigkeit und im Zusammenhang hiermit über das Bestehen oder die Gültigkeit der Schiedsvereinbarung entscheiden. [2]Hierbei ist eine Schiedsklausel als eine von den übrigen Vertragsbestimmungen unabhängige Vereinbarung zu behandeln.

(2) [1]Die Rüge der Unzuständigkeit des Schiedsgerichts ist spätestens mit der Klagebeantwortung vorzubringen. [2]Von der Erhebung einer solchen Rüge ist eine Partei nicht dadurch ausgeschlossen, daß sie einen Schiedsrichter bestellt oder an der Bestellung eines Schiedsrichters mitgewirkt hat. [3]Die Rüge, das Schiedsgericht überschreite seine Befugnisse, ist zu erheben, sobald die Angelegenheit, von der dies behauptet wird, im schiedsrichterlichen Verfahren zur Erörterung kommt. [4]Das Schiedsgericht kann in beiden Fällen eine spätere Rüge zulassen, wenn die Partei die Verspätung genügend entschuldigt.

(3) [1]Hält das Schiedsgericht sich für zuständig, so entscheidet es über eine Rüge nach Absatz 2 in der Regel durch Zwischenentscheid. [2]In diesem Fall kann jede Partei innerhalb eines Monats nach schriftlicher Mitteilung des Entscheids eine gerichtliche Entscheidung beantragen. [3]Während ein solcher Antrag anhängig ist, kann das Schiedsgericht das schiedsrichterliche Verfahren fortsetzen und einen Schiedsspruch erlassen.

1   **1. Zuständigkeitsprüfung, Abs 1. – a) Befugnis.** Das Schiedsgericht ist zur Prüfung der eigenen Zuständigkeit und zur Entscheidung darüber befugt. Sie hängt vom Bestehen und der Gültigkeit der Schiedsvereinbarung ab (§ 1029 Rn 4 ff), die ihrerseits in Abweichung von § 139 BGB nicht von der Wirksamkeit des Hauptvertrags abhängt, auch wenn die Schiedsklausel dessen Bestandteil ist (Satz 2). Zuständigkeit für Rückabwicklungsansprüche bei unwirksamem Hauptvertrag § 1029 2   Rn 7). – **b) Verpflichtung.** Über die Befugnis hinaus ist das Schiedsgericht zur Prüfung seiner Zuständigkeit bei Beginn des Verfahrens verpflichtet, denn von ihrer Bejahung hängt ab, dass es überhaupt richterlich tätig werden darf. Außerdem ist Fehlen oder Ungültigkeit der Schiedsvereinbarung und damit die Unzuständigkeit des Schiedsgerichts ein Aufhebungsgrund gemäß § 1059 Abs 2 Nr 1 a, c, Nr 2 a, sodass das Gebot eines fairen Verfahrens (Einl II Rn 30) die Prüfung und ggf zumindest einen rechtzeitigen Hinweis auf das Rügerecht gemäß Abs 2 verlangt.

3   **2. Zuständigkeitsrüge, Abs 2.** Sonderregelung zu § 1027. – **a) Unzuständigkeit schlechthin.** Die Partei muss die Rüge, nicht ausgeschlossen durch Mitwirkung bei der Schiedsrichterbestellung, spätestens in der Klagebeantwortung vorbringen. Die Berufung auf fehlende Schiedsvereinbarung kann treuwidrig sein, wenn sich die Partei vorprozessual auf eine solche berufen und dadurch die Schiedsklage 4   veranlasst hat (BGH WM 87, 1084). – **b) Überschreitung der Befugnisse** muss die Partei rügen, sobald die betreffende Angelegenheit im Verlauf des Verfahrens erörtert wird. Gemeint ist, dass der Streitgegenstand teilweise nicht unter die Schiedsvereinbarung fällt (§ 1029 Rn 5). 5   Aufhebungsgrund gemäß § 1059 Abs 2 Nr 1 a, c. – **c) Folge verspäteter Rüge** ist in beiden Fällen, dass die Partei im Schiedsgerichtsver-

fahren, nicht auch im Aufhebungs- und Vollstreckbarerklärungsverfahren vor dem Gericht damit ausgeschlossen ist, weil das Gesetz, anders als in §§ 1027, 1032 Abs 2, 1060 Abs 2 keine solche Bestimmung enthält, weil das Gericht die endgültige Entscheidung über die Zuständigkeit des Schiedsgerichts zu treffen hat (Rn 8) und weil mangels Zuständigkeit dem Schiedsgericht jede schiedsrichterliche Befugnis schlechthin fehlt (aA Zö/Geimer Rn 11, Labes/Lörcher MDR 97, 420 [423], Borges ZZP 111, 487 [490], alle nur unter Bezugnahme auf die amtliche Begründung; differenzierend Musielak Rn 3). Bei genügender Entschuldigung kann und muss das Schiedsgericht nach pflichtgemäßem Ermessen die verspätete Rüge zulassen, andernfalls Verfahrensfehler, ggf Aufhebungsgrund § 1059 Abs 2 Nr 1 d. Ein Entschuldigungsgrund ist auch, dass das Schiedsgericht bei zweifelhafter Zuständigkeit keinen Hinweis gegeben hat (Rn 2).

3. Entscheidung bei Zuständigkeit, Abs 3: – a) Regel: Zwi- **6** **schenentscheid,** weil die Zuständigkeitsfrage möglichst in einem frühen Verfahrensstadium geklärt werden soll. Er ist kein Schiedsspruch, weil er nicht in der Sache entscheidet, vergleichbar dem Zwischenurteil gemäß § 280. Der Tenor kann lauten: Die Schiedsklage ist zulässig oder das Schiedsgericht ist zuständig. – **b) Ausnahme: In den Gründen** **7** **des Schiedsspruchs** als prozessuale Vorfrage. So, wenn die Rüge der Unzuständigkeit oder Überschreitung der Befugnisse keine Erfolgsaussicht hat oder ersichtlich der Verfahrensverzögerung dient. – **c) Rechts-** **8** **behelfe.** Gegen den Zwischenentscheid kann jede Partei binnen eines Monats ab seiner schriftlichen Mitteilung beim örtlich zuständigen OLG (§ 1062 Abs 1 Nr 2) Entscheidung über die Zuständigkeit des Schiedsgerichts beantragen. Das Schiedsgericht kann währenddessen sein Verfahren fortsetzen und einen Schiedsspruch erlassen, um eine Verzögerung zu vermeiden. Es kann nach pflichtgemäßem Ermessen aber auch die Entscheidung des OLG abwarten, um sicherzugehen. Bejaht erst der Schiedsspruch die schiedsrichterliche Zuständigkeit, ist die Überprüfung im Aufhebungs- und Vollstreckbarerklärungsverfahren (§ 1059 Abs 2 Nr 1 a, c, 1060 Abs 2) vor dem OLG (§ 1062 Abs 2 Nr 4) möglich. Die **Kompetenz-Kompetenz** liegt also letztlich bei den Gerichten. Im Hinblick auf Abs 3 ist es nicht mehr zulässig wie im früheren Recht, dass die Parteien in einer abweichenden zusätzlichen Schiedsvereinbarung das Schiedsgericht ermächtigen, über die eigene Zuständigkeit endgültig zu entscheiden (Borges ZIP 111, 487 [491]. Auch diese Vereinbarung war auf ihre Wirksamkeit gerichtlich nachprüfbar (BGH 68, 358, NJW 91, 2215).

4. Entscheidung bei Unzuständigkeit. Ein Zwischenentscheid ist **9** nicht möglich, weil im Gesetz nicht vorgesehen und weil es keinen Fortgang des Verfahrens gibt. Ein Schiedsspruch in der Sache ist ebenfalls nicht möglich. Es verbleibt die Mitteilung an die Parteien, dass das Schiedsgericht mangels Zuständigkeit nicht tätig werden kann. Die amtliche Begründung S 44 und Gottwald/Adolphsen DStR 98, 1017 halten einen „Prozessschiedsspruch", also Abweisung der Schiedsklage als unzulässig mit Kostenentscheidung für richtig. Das ist eine praktikable, auch im Interesse der Parteien an rascher, endgültiger Erledigung liegende Lösung. Gegen sie bestehen allerdings Bedenken, weil dem Schiedsgericht jedwede Entscheidungsbefugnis fehlt (München KTS 74, 174, Habscheid KTS 76, 1 [5]). Eben das ist dann ein Aufhebungsgrund gemäß § 1059 Abs 2 Nr 1 a, c, Nr 2 a, zumindest für den Kostenausspruch außer im Fall des § 1057 Rn 9. Aus anderen Gründen unzulässige Schiedsklage § 1054 Rn 3.

§ 1041 Maßnahmen des einstweiligen Rechtsschutzes

(1) [1]Haben die Parteien nichts anderes vereinbart, so kann das Schiedsgericht auf Antrag einer Partei vorläufige oder sichernde Maßnahmen anordnen, die es in Bezug auf den Streitgegenstand für erforderlich hält. [2]Das Schiedsgericht kann von jeder Partei im Zusammenhang mit einer solchen Maßnahme angemessene Sicherheit verlangen.

(2) [1]Das Gericht kann auf Antrag einer Partei die Vollziehung einer Maßnahme nach Absatz 1 zulassen, sofern nicht schon eine entsprechende Maßnahme des einstweiligen Rechtsschutzes bei einem Gericht beantragt worden ist. [2]Es kann die Anordnung abweichend fassen, wenn dies zur Vollziehung der Maßnahme notwendig ist.

(3) Auf Antrag kann das Gericht den Beschluß nach Absatz 2 aufheben oder ändern.

(4) [1]Erweist sich die Anordnung einer Maßnahme nach Absatz 1 als von Anfang an ungerechtfertigt, so ist die Partei, welche ihre Vollziehung erwirkt hat, verpflichtet, dem Gegner den Schaden zu ersetzen, der ihm aus der Vollziehung der Maßnahme oder dadurch entsteht, daß er Sicherheit leistet, um die Vollziehung abzuwenden. [2]Der Anspruch kann im anhängigen schiedsrichterlichen Verfahren geltend gemacht werden.

1   **1. Vorläufige und sichernde Maßnahmen** sind insbesondere (Schütze BB 98, 1650, Kronke RIW 98, 257 [264]), aber nicht nur Arrest und Einstweilige Verfügung (§§ 916 ff). Eingehend Bandel, Einstweiliger Rechtsschutz im Schiedsverfahren, 2000.

2   **2. Zuständigkeit des Schiedsgerichts** (Abs 1) mangels abweichender Parteivereinbarung nur für die **Anordnung** des einstweiligen Rechtsschutzes nach rechtlichem Gehör (§ 1042 Abs 1 S 2; Schütze BB 98, 1650; aA Wolf DB 99, 1101) durch Beschluss (aA Wolf aaO: vorläufiger Schiedsspruch). Wahlweise kann der Antrag auch an ein Gericht gestellt werden (§ 1033 Rn 2, 4). Ist dies geschehen, so fehlt für einen gleichgerichteten Antrag an das Schiedsgericht das Rechtsschutzbedürfnis; in umgekehrter Richtung § 1033 Rn 4. Bei den Voraussetzungen für die Anordnung ist das Schiedsgericht („für erforderlich hält") freier

gestellt, im Übrigen hat es sich bei der Anordnung, Zulässigkeit der Maßnahmen und den Grenzen an den §§ 916 ff und der Vollziehbarkeit zu orientieren, darf nicht in Rechte Dritter eingreifen. Sicherheitsleistung (§§ 936, 921 Abs 2 S 2) kann es beiden Parteien auferlegen, zur Abnahme eidesstattlicher Erklärungen zwecks Glaubhaftmachung ist es nicht befugt. Ein Widerspruchsverfahren (§ 924) gibt es nicht.

3. Gerichtliche Mitwirkung (Abs 2, 3) ist auf Antrag für die Voll- 3 ziehbarkeit der nach deutschem Schiedsverfahrensrecht (Schütze BB 98, 1650) angeordneten Sicherungsmaßnahmen nötig. Zuständigkeit § 1062 Abs 1 Nr 3. Entscheidung nach pflichtgemäßem Ermessen. Die Wirksamkeit der Schiedsvereinbarung ist zu prüfen, wenn nicht bereits früher geschehen. Das Rechtsschutzbedürfnis fehlt, wenn bereits ein entsprechender Antrag auf einstweiligen Rechtsschutz bei einem Gericht gestellt ist. Das OLG kann die Anordnung des Schiedsgerichts auch ohne Antrag anders fassen, insbesondere im Hinblick auf ihre Verhältnismäßigkeit und Vollziehbarkeit. Auf Antrag kann es seinen Vollziehbarkeitsbeschluss ändern oder aufheben, insbesondere wegen veränderter Umstände (§ 927 Rn 12, 13).

4. Schadensersatz (Abs 4), geltend zu machen auch im anhängigen 4 schiedsrichterlichen Verfahren. Die Vorschrift entspricht § 945 Abs 1 1. Alternative. Vgl die Anmerkungen dort.

Abschnitt 5. Durchführung des schiedsrichterlichen Verfahrens

§ 1042 Allgemeine Verfahrensregeln

(1) ¹**Die Parteien sind gleich zu behandeln.** ²**Jeder Partei ist rechtliches Gehör zu gewähren.**

(2) **Rechtsanwälte dürfen als Bevollmächtigte nicht ausgeschlossen werden.**

(3) **Im Übrigen können die Parteien vorbehaltlich der zwingenden Vorschriften dieses Buches das Verfahren selbst oder durch Bezugnahme auf eine schiedsrichterliche Verfahrensordnung regeln.**

(4) ¹**Soweit eine Vereinbarung der Parteien nicht vorliegt und dieses Buch keine Regelung enthält, werden die Verfahrensregeln vom Schiedsgericht nach freiem Ermessen bestimmt.** ²**Das Schiedsgericht ist berechtigt, über die Zulässigkeit einer Beweiserhebung zu entscheiden, diese durchzuführen und das Ergebnis frei zu würdigen.**

1. Regelungsgehalt. Für den Ablauf des Verfahrens gelten in erster 1 Linie die zwingenden gesetzlichen Vorschriften, in zweiter Linie die Parteivereinbarungen, in Ermangelung solcher die dispositiven gesetzlichen Regelungen und, wo auch sie fehlen, das schiedsrichterliche Ermessen.

2   **2. Absatz 2** enthält die unverzichtbaren Grundlagen für ein ordnungsgemäßes Verfahren. Gleiche Behandlung der Parteien ist ein Gebot fairen Verfahrens (Einl I Rn 30) und der Unparteilichkeit (§ 1035 Abs 5 S 1). Rechtliches Gehör Einl I Rn 9 ff. Verletzung ist Aufhebungsgrund gemäß § 1059 Abs 2 Nr 1 b, d, 2 b.

3   **3. Rechtsanwälte** dürfen als Bevollmächtigte oder Beistände weder vom Schiedsgericht noch durch Parteivereinbarung ausgeschlossen werden. Die Zurückweisung ungeeigneter Vertreter (§ 157) steht im Ermes-
4 sen des Schiedsgerichts. – **Juristische Berater** können die Schiedsrichter mangels entgegenstehender Parteivereinbarung am Verfahren beteiligen und bei Beratung und Abfassung des Schiedsspruchs zur Formulierungshilfe zuziehen, nicht aber als Berater eines Oberschiedsgerichts die nämliche Person, die bereits das Schiedsgericht des ersten Rechtszugs beraten hat (BGH 110, 105, Düsseldorf BB 76, 251). Die Feststellung und rechtliche Würdigung des Sachverhalts und die vollständige Abfassung eines Schiedsspruchs samt Begründung kann nicht einem Dritten überlassen (Schwab/Walter Kap 19 Rn 8, Habscheid/Calavros KTS 79, 1 [7], tendenziell ebenso, aber kein Verstoß gegen den ordre public bei einem ausländischen Schiedsspruch (BGH 110, 105).

5   **4. Verfahrensregelung durch Parteivereinbarung.** Abgesehen von den zwingenden gesetzlichen Vorschriften können die Parteien das Schiedsverfahren durch Vereinbarung regeln. Zwingend sind diejenigen gesetzlichen Vorschriften, die weder ausdrücklich noch ihrem Sinn und Zweck nach eine anderweitige Regelung durch die Parteien zulassen. Die Verfahrensgestaltung durch die Parteien kann, soweit nicht zwingende Gesetzesvorschriften entgegenstehen, punktuell sein oder das Verfahren im Ganzen betreffen, auch durch Bezugnahme auf eine Schiedsgerichtsordnung, wie sie bei institutionalisierten Schiedsgerichten (Rn 1 vor § 1029) bereitliegt.

6   Ein – **Urkundenverfahren** (§§ 592 ff) können die Parteien nicht vereinbaren (aA Wolf DB 99, 1101), weil es im 10. Buch nicht vorgesehen ist und weil ein Vorbehaltsschiedsspruch keine vorläufige oder sichernde Maßnahme (§ 1041 Abs 1), sondern eine Streitentscheidung in der Sache wäre, die aber wegen des Vorbehalts nicht endgültig wäre und deshalb nicht für vollstreckbar erklärt werden könnte (§ 1054 Rn 3).

7   **5. Verfahrensregelung durch das Schiedsgericht** nach freiem, dh pflichtgemäßem Ermessen gilt, soweit keine zwingende gesetzliche Vorschrift zu beachten ist, keine Parteivereinbarung besteht und keine dispositive gesetzliche Regelung eingreift. Zum pflichtgemäßen Ermessen gehört im Rahmen des Verhandlungsgrundsatzes die Ermittlung des der Klage zugrunde liegenden Sachverhalts einschließlich Erhebung der notwendigen Beweise (BGH 94, 92). Abs 4 S 2, für das deutsche Recht selbstverständlich, ist zur Klarstellung im Hinblick auf eine andere Praxis

in den Staaten des common law eingefügt (amtliche Begründung S 46). Die Parteien müssen Gelegenheit zur Mitwirkung und Stellungnahme haben. An die Beweismittel und das Beweisverfahren der ZPO ist das Schiedsgericht nicht gebunden, Geständnis, Anerkenntnis und Verzicht binden es. Zwangsgewalt zur Durchführung der Beweiserhebung kann das Schiedsgericht nicht ausüben. Unterstützung durch das Gericht § 1050.

§ 1043 Ort des schiedsrichterlichen Verfahrens

(1) ¹**Die Parteien können eine Vereinbarung über den Ort des schiedsrichterlichen Verfahrens treffen. ²Fehlt eine solche Vereinbarung, so wird der Ort des schiedsrichterlichen Verfahrens vom Schiedsgericht bestimmt. ³Dabei sind die Umstände des Falles einschließlich der Eignung des Ortes für die Parteien zu berücksichtigen.**

(2) **Haben die Parteien nichts anderes vereinbart, so kann das Schiedsgericht ungeachtet des Absatzes 1 an jedem ihm geeignet erscheinenden Ort zu einer mündlichen Verhandlung, zur Vernehmung von Zeugen, Sachverständigen oder der Parteien, zur Beratung zwischen seinen Mitgliedern, zur Besichtigung von Sachen oder zur Einsichtnahme in Schriftstücke zusammentreten.**

1. Bedeutung des Schiedsorts. Liegt er in Deutschland, ist als **1** Verfahrensrecht das 10. Buch anzuwenden (§ 1025 Abs 1), es handelt sich um einen inländischen Schiedsspruch (§ 1060). Nach dem Schiedsort richtet sich mangels Parteivereinbarung die örtliche Zuständigkeit des zur Mitwirkung berufenen OLG (§ 1062 Abs 1). Er ist im Schiedsspruch anzugeben (§ 1054 Abs 3).

2. Bestimmung des Schiedsorts. – a) Parteivereinbarung in der **2** Schiedsabrede oder später hat Vorrang. **– b) Durch das Schieds-** **3** **gericht,** falls eine Parteivereinbarung bis zu seiner Konstituierung fehlt. Dabei sind alle Umstände des Falls, nicht nur die Eignung des Orts für die Parteien zu berücksichtigen, zB die Verkehrsanbindung des Orts für alle Beteiligten, in internationalen Fällen etwaige Erschwernisse bei der Anerkennung oder Vollstreckbarerklärung des Schiedsspruchs.

3. Ort einzelner Verfahrenshandlungen. Das sind die in Abs 2 **4** genannten. Auch hier hat für die Frage des Ob und des Wo Parteivereinbarung Vorrang, anderenfalls bestimmt das Schiedsgericht einen ihm geeignet erscheinenden Ort.

§ 1044 Beginn des schiedsrichterlichen Verfahrens

¹**Haben die Parteien nichts anderes vereinbart, so beginnt das schiedsrichterliche Verfahren über eine bestimmte Streitigkeit mit dem Tag, an dem der Beklagte den Antrag, die Streitigkeit**

einem Schiedsgericht vorzulegen, empfangen hat. ²Der Antrag
muß die Bezeichnung der Parteien, die Angabe des Streitgegenstandes und einen Hinweis auf die Schiedsvereinbarung enthalten.

1   1. Der **Beginn des schiedsrichterlichen Verfahrens** beurteilt sich
primär nach der Vereinbarung der Parteien in der Schiedsabrede oder
später. Mangels abweichender Vereinbarung beginnt es, sobald der
Schiedsbeklagte den Antrag des Schiedsklägers empfangen hat, die Streitigkeit einem Schiedsgericht vorzulegen, meist verbunden mit der Mitteilung über die Bestellung des Schiedsrichters (§ 1035 Abs 2). Der
Antrag muss zu seiner Wirksamkeit die Parteien bezeichnen (§ 253
Rn 7), den Streitgegenstand angeben und auf die Schiedsvereinbarung
hinweisen. Zur Angabe des Streitgegenstandes ist nötig und genügt die
Individualisierung des Anspruchs (wie beim Mahnantrag § 690 Rn 9)
und die Angabe, was der Schiedskläger verlangt, zB Herausgabe, Abgabe
einer Willenserklärung, Zahlung, Feststellung.

2   **2. Bedeutung.** Der Empfang des Antrags, die Streitigkeit einem
Schiedsgericht vorzulegen, hemmt die Verjährungsfrist, § 204 Abs 1
Nr 11 BGB. Rechtshängig (§ 261 Abs 1) wird damit der Anspruch
allerdings noch nicht (aA anscheinend die amtliche Begründung S 48),
weil vor der Konstituierung des Schiedsgerichts keine Rechtshängigkeit
vor ihm eintreten kann.

§ 1045 Verfahrenssprache

(1) ¹Die Parteien können die Sprache oder die Sprachen, die
im schiedsrichterlichen Verfahren zu verwenden sind, vereinbaren. ²Fehlt eine solche Vereinbarung, so bestimmt hierüber
das Schiedsgericht. ³Die Vereinbarung der Parteien oder die
Bestimmung des Schiedsgerichts ist, sofern darin nichts anderes
vorgesehen wird, für schriftliche Erklärungen einer Partei,
mündliche Verhandlungen, Schiedssprüche, sonstige Entscheidungen und andere Mitteilungen des Schiedsgerichts maßgebend.

(2) Das Schiedsgericht kann anordnen, dass schriftliche Beweismittel mit einer Übersetzung in die Sprache oder die Sprachen versehen sein müssen, die zwischen den Parteien vereinbart
oder vom Schiedsgericht bestimmt worden sind.

1   1. Die Verfahrenssprache hat Bedeutung in internationalen Schiedsverfahren. Maßgebend ist primär eine Vereinbarung, die die Parteien in
der Schiedsabrede oder später getroffen haben. Sonst bestimmt hierüber
(auch mehrere Sprachen) das Schiedsgericht nach pflichtgemäßem Ermessen. Kriterien hierfür können sein die Sprache im zugrunde liegenden Vertrag, die Landessprache am Schiedsort (§ 1043), die Mutter-
sprache der Mehrzahl der Verfahrensbeteiligten, Anregungen der Partei-

en. Die Verfahrenssprache gilt für die mündliche Verhandlung, den Schriftverkehr zwischen Schiedsgericht und Parteien, alle Entscheidungen.

2. Übersetzungen. Für schriftliche Beweismittel gilt Abs 1 nicht. **2** Hierfür kann das Schiedsgericht die Vorlage einer Übersetzung in die Verfahrenssprache(n) anordnen. Es handelt sich um notwendige Kosten (§ 1057 Abs 1 S 1).

§ 1046 Klage und Klagebeantwortung

(1) ¹Innerhalb der von den Parteien vereinbarten oder vom Schiedsgericht bestimmten Frist hat der Kläger seinen Anspruch und die Tatsachen, auf die sich dieser Anspruch stützt, darzulegen und der Beklagte hierzu Stellung zu nehmen. ²Die Parteien können dabei alle ihnen erheblich erscheinenden Schriftstücke vorlegen oder andere Beweismittel bezeichnen, derer sie sich bedienen wollen.

(2) Haben die Parteien nichts anderes vereinbart, so kann jede Partei im Laufe des schiedsrichterlichen Verfahrens ihre Klage oder ihre Angriffs- und Verteidigungsmittel ändern oder ergänzen, es sei denn, das Schiedsgericht läßt dies wegen Verspätung, die nicht genügend entschuldigt wird, nicht zu.

(3) Die Absätze 1 und 2 gelten für die Widerklage entsprechend.

1. Klage. – a) Frist. Die Parteien können für die Klageerhebung **1** eine Frist nach Beginn und Dauer vereinbaren. Sonst kann das Schiedsgericht sie bestimmen. Folge der Versäumung ist Beendigung des Verfahrens gemäß §§ 1048 Abs 1, Abs 4, 1056 Abs 2 N 1 a. – **b) Notwen- 2 diger Inhalt.** Zwingend, denn durch ihn bestimmt der Kläger den Streitgegenstand mit seiner zentralen Bedeutung für den Prozess (Einl II Rn 2). Die Erfordernisse decken sich im Wesentlichen mit denen einer Klage zum staatlichen Gericht (§ 253 Abs 2 Nr 2). „Anspruch" deckt sich mit „bestimmte Angabe des Gegenstands" (§ 253 Rn 8, 9) mit der Erleichterung, dass ein formulierter Antrag, wenngleich stets zu empfehlen, nicht verlangt werden kann, wenn aus dem sonstigen Vorbringen des Klägers Rechtsschutzform und Rechtsfolge, die er für sich in Anspruch nimmt (Einl II Rn 15), unzweifelhaft bestimmbar sind. „Die Tatsachen, auf die sich dieser Anspruch stützt" meint wie „Grund des erhobenen Anspruchs" (§ 253 Abs 2 Nr 2, Rn 10) den Lebensvorgang, das tatsächliche Geschehen (Einl II Rn 24–33), aus dem der Kläger die begehrte Rechtsfolge ableitet. – **c) Inhaltsmangel.** Wird das Fehlende **3** nicht nachgeholt, ist die Schiedsklage unzulässig, weil der Streitgegenstand nicht feststeht (§ 253 Rn 20).

2. Klagebeantwortung. – a) Für die **Frist** gilt sinngemäß Rn 1. **4** Folge der Versäumung ist Fortsetzung des Verfahrens nach Maßgabe des

5   § 1048 Abs 2. – **b) Inhalt.** Stellungnahme zur Klage, also das Verteidigungsvorbringen (wie § 313 Rn 20).

6   **3. Sollinhalt von Klage und Klagebeantwortung.** Abs 1 S 2 dient der Konzentration des Vorbringens und damit der Verfahrensbeschleunigung. Verstoß kann zu nachteiligen Folgen gemäß § 1048 Abs 1 führen.

7   **4. Klageänderung. – a) Begriff,** Vorliegen, Beispiele § 263 Rn 1–4. – **b) Zulässigkeit.** Mangels entgegenstehender Parteivereinbarung jederzeit ohne weiteres, insoweit abweichend von § 263. Freilich

8   muss der geänderte bzw zusätzliche Streitgegenstand schiedsfähig sein (§ 1030), außerdem durch die Schiedsvereinbarung gedeckt (§ 1029 Rn 5), soweit nicht durch rügelose Einlassung des Beklagten dieser Fehler geheilt ist (§ 1031 Rn 12 ff). – **c) Nichtzulassung durch das**

9   **Schiedsgericht** ist über die Befugnis des Gerichts hinaus (§ 296 Rn 21, § 146 Rn 2) möglich wegen nicht genügend entschuldigter Verspätung. Auf eine Verfahrensverzögerung, wie in § 296 Abs 1, Abs 2, kommt es primär nicht an. Kriterium für die genügende Entschuldigung sollte in Anlehnung an § 282 Abs 1 sein, ob der Zeitpunkt der Klageänderung nach der Prozesslage einer sorgfältigen und auf Förderung des Verfahrens bedachten Prozessführung entspricht. Dazu ist der Klagepartei rechtliches Gehör zu gewähren. Eine Rolle spielt auch, ob das Schiedsgericht einen sachdienlichen Hinweis gegeben hat oder geben musste (§ 139 Rn 3 ff). Falls der Beklagte in die Klageänderung einwilligt, was zu ihrer Zulässigkeit nicht nötig ist, und wenn sie nicht zu einer Verzögerung führt, wäre ihre Nichtzulassung wegen Verspätung ermessensfehlerhaft. – **d) Entscheidung.** Die Erläuterungen in § 263 Rn 16, 17 gelten

10   sinngemäß, einen Zwischenschiedsspruch gibt es allerdings nicht.

11   **5. Angriffs- und Verteidigungsmittel** (§ 146 Rn 2) dürfen mangels entgegenstehender Parteivereinbarung jederzeit geändert und ergänzt werden, das Schiedsgericht kann sie aber wegen nicht genügend entschuldigter Verspätung (wie Rn 9) nach Gewährung rechtlichen Gehörs in Ausübung pflichtgemäßen Ermessens nicht zulassen. Sie bleiben dann als Prozessstoff außer Betracht. – **Aufrechnung** § 1029 Rn 9.

12   **6. Für die Widerklage** gelten Abs 1, 2 und die vorstehenden Erläuterungen entsprechend.

§ 1047 Mündliche Verhandlung und schriftliches Verfahren

(1) [1]Vorbehaltlich einer Vereinbarung der Parteien entscheidet das Schiedsgericht, ob mündlich verhandelt werden soll oder ob das Verfahren auf der Grundlage von Schriftstücken und anderen Unterlagen durchzuführen ist. [2]Haben die Parteien die mündliche Verhandlung nicht ausgeschlossen, hat das Schiedsgericht eine solche Verhandlung in einem geeigneten Abschnitt des Verfahrens durchzuführen, wenn eine Partei es beantragt.

(2) **Die Parteien sind von jeder Verhandlung und jedem Zusammentreffen des Schiedsgerichts zu Zwecken der Beweisaufnahme rechtzeitig in Kenntnis zu setzen.**

(3) **Alle Schriftsätze, Schriftstücke und sonstigen Mitteilungen,
die dem Schiedsgericht von einer Partei vorgelegt werden, sind
der anderen Partei, Gutachten und andere schriftliche Beweismittel, auf die sich das Schiedsgericht bei seiner Entscheidung
stützen kann, sind beiden Parteien zur Kenntnis zu bringen.**

1. Mündliche Verhandlung oder schriftliches Verfahren. Ab- 1
weichend von § 128 Abs 2 ist vorrangig maßgebend dafür eine Parteivereinbarung. Sonst entscheidet das Schiedsgericht, muss aber mündlich
verhandeln, wenn eine Partei dies beantragt. Selbst wenn die Parteien
dies ausgeschlossen haben, darf das Schiedsgericht mündlich verhandeln,
wenn der Grundsatz des rechtlichen Gehörs es erfordert. „In einem
geeigneten Abschnitt des Verfahrens" macht deutlich, dass das Verfahren
teils mündlich, teils schriftlich geführt werden kann. Schriftstücke werden dann Prozessstoff, auch wenn die Parteien in der Verhandlung nicht
darauf Bezug nehmen.

2. Absätze 2 und 3 sind unter dem Gesichtspunkt des rechtlichen 2
Gehörs eine Selbstverständlichkeit und bedürfen keiner Kommentierung.
Die Parteien müssen auch Gelegenheit zur Stellungnahme bekommen.

§ 1048 Säumnis einer Partei

(1) **Versäumt es der Kläger, seine Klage nach § 1046 Abs. 1
einzureichen, so beendet das Schiedsgericht das Verfahren.**

(2) **Versäumt es der Beklagte, die Klage nach § 1046 Abs. 1 zu
beantworten, so setzt das Schiedsgericht das Verfahren fort,
ohne die Säumnis als solche als Zugeständnis der Behauptungen
des Klägers zu behandeln.**

(3) **Versäumt es eine Partei, zu einer mündlichen Verhandlung
zu erscheinen oder innerhalb einer festgelegten Frist ein Schriftstück zum Beweis vorzulegen, so kann das Schiedsgericht das
Verfahren fortsetzen und den Schiedsspruch nach den vorliegenden Erkenntnissen erlassen.**

(4) [1]**Wird die Säumnis nach Überzeugung des Schiedsgerichts
genügend entschuldigt, bleibt sie außer Betracht.** [2]**Im Übrigen
können die Parteien über die Folgen der Säumnis etwas anderes
vereinbaren.**

1. Für alle Fälle der Versäumung gilt gemäß Abs 4 S 2, dass die 1
Parteien die Rechtsfolgen vereinbaren können, lediglich die Heilung
durch genügende Entschuldigung können sie nicht ausschließen. Mangels Vereinbarung regeln Abs 1–3 die Rechtsfolgen von Versäumung
und Säumnis.

2   **2. Versäumung der Klageeinreichung. – a) Vorliegen.** Wenn
eine dafür vereinbarte oder vom Schiedsgericht gesetzte (§ 1046 Abs 1),
sonst eine nach den Umständen angemessene Frist ungenützt verstrichen
ist. Ist keine Frist vereinbart oder gesetzt, kann das Schiedsgericht die
Fristsetzung nachholen. Jedenfalls die schiedsrichterliche Frist ist auf
Antrag gemäß § 224 Abs 2 verlängerbar. Wegen Gewährung rechtlichen
Gehörs und im Hinblick auf die Entschuldigungsmöglichkeit muss das
Schiedsgericht, bevor es Rechtsfolgen zieht, der Klagepartei die Möglichkeit zur Äußerung innerhalb angemessener Frist, die sich für die
3 Klageeinreichung als Nachfrist darstellt, geben. – **b) Rechtsfolge.** Das
Schiedsgericht stellt, falls nicht der Kläger die Versäumung genügend
entschuldigt (§ 1046 Rn 9 sinngemäß), gemäß § 1056 Abs 2 Nr 1 durch
Beschluss die Beendigung des Verfahrens fest.

4   **3. Versäumung der Klagebeantwortung. – a) Vorliegen.** Es gel-
5 ten sinngemäß die Erläuterungen in Rn 2. – **b) Rechtsfolge.** Es gibt
kein Säumnisverfahren und keinen Versäumnisschiedsspruch. Die Behauptungen des Klägers gelten nicht als zugestanden, das Schiedsgericht
darf sie aber auf Grund der Gesamtumstände des Falls so behandeln. Es
setzt das Verfahren fort, kann aufklären und Beweis erheben, auch bereits
einen Schiedsspruch erlassen, wenn es den Beklagten zur Wahrung
rechtlichen Gehörs darauf unter Fristsetzung zur Stellungnahme hingewiesen hat und der Beklagte die Versäumung nicht genügend entschuldigt (§ 1046 Rn 9 sinngemäß).

6   **4. Säumnis in der mündlichen Verhandlung. – a) Vorliegen.**
Eine der Parteien erscheint nicht, die Voraussetzungen der Säumnis
7 (Rn 1–8 vor § 330, § 1047 Abs 2) müssen erfüllt sein. – **b) Rechtsfolge.** Es gibt kein Säumnisverfahren und keinen Versäumnisschiedsspruch, §§ 330, 331 gelten nicht. Das Schiedsgericht setzt das Verfahren
fort und kann ohne weiteren Hinweis einen Schiedsspruch „nach den
vorliegenden Erkenntnissen" erlassen. Die Grundlage dieser Entscheidung ist die gleiche wie bei der Entscheidung nach Lage der Akten
(§ 251 a Rn 5).

8   **5. Versäumung einer Vorlagefrist. – a) Vorliegen.** Das Schiedsgericht hat einer Partei zur Vorlage eines Schriftstücks zum Beweis nach
seinem Ermessen gemäß § 1042 Abs 4 S 1 eine Frist gesetzt, die unge-
9 nutzt abgelaufen ist. Im übrigen gilt sinngemäß Rn 2. – **b) Rechtsfolge.** Das Schiedsgericht setzt das Verfahren fort. Dabei wird es die
Behauptung, die durch Vorlage des Schriftstücks bewiesen werden sollte,
als nicht bewiesen ansehen, falls nicht die Partei die Fristversäumung
genügend entschuldigt (§ 1046 Rn 9) und die Vorlage nachholt.

§ 1049 Vom Schiedsgericht bestellter Sachverständiger

(1) [1]Haben die Parteien nichts anderes vereinbart, so kann das
**Schiedsgericht einen oder mehrere Sachverständige zur Erstat-
tung eines Gutachtens über bestimmte vom Schiedsgericht fest-**

zulegende Fragen bestellen. ²Es kann ferner eine Partei auffordern, dem Sachverständigen jede sachdienliche Auskunft zu erteilen oder alle für das Verfahren erheblichen Schriftstücke oder Sachen zur Besichtigung vorzulegen oder zugänglich zu machen.

(2) ¹Haben die Parteien nichts anderes vereinbart, so hat der Sachverständige, wenn eine Partei dies beantragt oder das Schiedsgericht es für erforderlich hält, nach Erstattung seines schriftlichen oder mündlichen Gutachtens an einer mündlichen Verhandlung teilzunehmen. ²Bei der Verhandlung können die Parteien dem Sachverständigen Fragen stellen und eigene Sachverständige zu den streitigen Fragen aussagen lassen.

(3) Auf den vom Schiedsgericht bestellten Sachverständigen sind die §§ 1036, 1037 Abs. 1 und 2 entsprechend anzuwenden.

1. Sachverständigenbeweis. Gegenstand der Beweiserhebung Rn 1 vor § 402. Abgrenzung zum Zeugenbeweis Rn 1 vor § 373. Notwendigkeit Rn 3 vor § 402. Gerichtliche Unterstützung § 1050. 1

2. Schiedsgerichtlicher Sachverständiger – a) Keine Zuziehung, wenn die Parteien als Ausfluss ihrer Dispositionsfreiheit sie ausgeschlossen haben, zB zur Vermeidung der Kosten. Die Folge ist, dass die zu klärenden Fragen unbeantwortet, die strittigen Punkte unbewiesen bleiben, falls nicht das Schiedsgericht durch eigene Beurteilung oder Schätzung (§ 287) abhelfen kann. Darauf sollte es die Parteien hinweisen. – **b) Zuziehung,** falls nicht durch Parteivereinbarung ausgeschlossen, nach pflichtgemäßem Ermessen (§ 1042 Abs 2), auch ohne Antrag. Auswahl des oder der Sachverständigen nach persönlicher (§ 404 Rn 4–8) und fachlicher Eignung und Unparteilichkeit, am besten in Absprache mit den Parteien. Den Auftrag an den Sachverständigen erteilt das Schiedsgericht im Namen und in Vollmacht der Parteien, mit denen ein Werkvertrag zustande kommt. Haftung des Sachverständigen, wenn nicht anders vereinbart, wie bei dem vom Staatsgericht beauftragten (Rn 6 vor § 402). – **c) Anleitung** seitens des Schiedsgerichts wenigstens durch bestimmte und konkret festzulegende Fragen. Darüber hinaus ist im Interesse eines Erfolges der Beweisaufnahme und ihrer raschen Erledigung zu empfehlen, dass das Schiedsgericht von den Möglichkeiten des § 404a Gebrauch macht. – **d) Aufforderung an die Parteien** gemäß Abs 1 S 2. Dabei ist darauf zu achten, dass zur Wahrung des rechtlichen Gehörs (auch § 1047 Abs 2, Abs 3) die andere Partei die Möglichkeit erhält, an diesen Ermittlungen teil- und von ihren Ergebnissen Kenntnis zu nehmen (BGH 116, 47). Verweigert die aufgeforderte Partei ihre Mitwirkung, so kann dies dazu führen, dass ein klärungsbedürftiger Punkt unbewiesen bleibt oder dass das Schiedsgericht ihr Verhalten als Beweisvereitelung beurteilt (§ 286 Rn 17–19). – **e) Anhörung.** Mangels entgegenstehender Parteivereinbarung hat der Sachverständige nach Erstattung seines mündlichen oder schriftlichen 6

Gutachtens an einer mündlichen Verhandlung teilzunehmen, wenn eine Partei es beantragt. Dasselbe kann und muss geschehen, wenn das Schiedsgericht es für erforderlich hält. Zweck ist die Erläuterung des Gutachtens (§ 411 Rn 5). Sie kann, wenn keine Partei es anders beantragt, auch durch schriftliche Gutachtenergänzung auf Grund präziser Fragen geschehen. Nach Ermessen kann das Schiedsgericht den Parteien für Anträge in dieser Richtung eine Frist setzen. Weiteres und Obergut-
7 achten wie § 412 Rn 1, 3. – **f) Ablehnung** (Abs 3). Für die Offenlegungspflicht des Sachverständigen, die Ablehnungsgründe und das Verfahren gelten §§ 1036, 1037 Abs 1, 2 und die Randnummern dort. Eine gerichtliche Entscheidung über den Ablehnungsantrag im Falle erfolgloser Ablehnung (§ 1037 Abs 3) gibt es nicht, die Geltendmachung von Ablehnungsgründen im Vollstreckbarerklärungs- oder Aufhebungsverfahren (§§ 1059–1061) bleibt möglich.

8 **3. Parteisachverständiger.** Im Gegensatz zum gerichtlichen Verfahren (Rn 5 vor § 402) sieht Abs 2 S 2 den von einer Partei in der mündlichen Verhandlung befragten, von ihr zugezogenen Sachverständigen als Beweismittel an, ein Kompromiss mit den Staaten des angelsächsischen Rechtskreises (amtliche Begründung S 50). Das Gleiche muss dann auch für die Vorlage eines schriftlichen Gutachtens gelten. Da von ihm wegen seiner Nähe zur Partei von vornherein Unabhängigkeit und Unparteilichkeit nicht zu erwarten sind, kann er nicht abgelehnt werden (Abs 3). Seine Ausführungen können im Rahmen der Beweiswürdigung sachlich kein dem schiedsrichterlich bestellten Sachverständigen vergleichbares Gewicht haben, wohl aber dazu führen, dass dieser seine Begutachtung erläutert, ergänzt, präzisiert, Zweifel behebt oder aber, falls ihm dies nicht gelingt, dass die Überzeugungskraft seiner Begutachtung leidet.

§ 1050 Gerichtliche Unterstützung bei der Beweisaufnahme und sonstige richterliche Handlungen

[1]Das Schiedsgericht oder eine Partei mit Zustimmung des Schiedsgerichts kann bei Gericht Unterstützung bei der Beweisaufnahme oder die Vornahme sonstiger richterlicher Handlungen, zu denen das Schiedsgericht nicht befugt ist, beantragen. [2]Das Gericht erledigt den Antrag, sofern es ihn nicht für unzulässig hält, nach seinen für die Beweisaufnahme oder die sonstige richterliche Handlung geltenden Verfahrensvorschriften. [3]Die Schiedsrichter sind berechtigt, an einer gerichtlichen Beweisaufnahme teilzunehmen und Fragen zu stellen.

1 **1. Gerichtliche Mitwirkung** in den Fällen des S 1, auch wenn das Schiedsverfahren im Ausland stattfindet, § 1025 Abs 2. Das sind insbesondere Ladung und Vernehmung von Zeugen und Sachverständigen, die nicht freiwillig vor dem Schiedsgericht erscheinen, erforderlichenfalls mit Zwang, Abnahme von Eiden oder eidesstattlichen Erklärungen, die

auswärtige Vernehmung im Wege der Rechtshilfe, öffentliche oder Auslandszustellung, Ersuchen an Behörden wie im Fall des § 432, Einholung der Aussagegenehmigung nach § 376.

2. Verfahren. Antrag des Schiedsgerichts oder einer Partei mit dessen 2 Zustimmung an das zuständige AG. Dieses prüft die Zulässigkeit des Antrags nach S 1 und die allgemeinen Prozessvoraussetzungen, darunter die eigene örtliche (§ 1062 Abs 4) und internationale (§ 1025 Abs 2) Zuständigkeit und die Zulässigkeit, nicht auch die Zweckmäßigkeit der schiedsrichterlichen Anordnung und ihrer Ausführung. Die Wirksamkeit der Schiedsvereinbarung hat es nicht zu prüfen, weil dies meist in einem früheren Stadium zu geschehen hat (§§ 1032 Abs 2, 1040 Abs 2) und weil dafür das OLG zuständig ist (§ 1062 Abs 1 Nr 2 und Nr 4 iVm § 1059 Abs 2 Nr 1 a, c, Nr 2). Entscheidung, soweit eine solche erforderlich ist, über die Ausführung oder nicht durch Beschluss; dagegen sofortige Beschwerde gemäß § 567 Abs 1 Nr 2. Auszuführen sind die Maßnahmen nach den einschlägigen Vorschriften der ZPO. Die Schiedsrichter sind berechtigt, an einer Beweisaufnahme teilzunehmen und Fragen zu stellen und deshalb vom Termin zu benachrichtigen. Abschriften des Protokolls legen ggf die Parteien dem Schiedsgericht vor. Mängel des gerichtlichen Verfahrens können ein Grund für die Aufhebung des Schiedsspruchs nach § 1059 Abs 2 Nr 1 b (rechtliches Gehör) oder 2 b bzw für die Ablehnung seiner Vollstreckbarerklärung sein (§ 1060 Abs 2).

Abschnitt 6. Schiedsspruch und Beendigung des Verfahrens

§ 1051 Anwendbares Recht

(1) ¹Das Schiedsgericht hat die Streitigkeit in Übereinstimmung mit den Rechtsvorschriften zu entscheiden, die von den Parteien als auf den Inhalt des Rechtsstreits anwendbar bezeichnet worden sind. ²Die Bezeichnung des Rechts oder der Rechtsordnung eines bestimmten Staates ist, sofern die Parteien nicht ausdrücklich etwas anderes vereinbart haben, als unmittelbare Verweisung auf die Sachvorschriften dieses Staates und nicht auf sein Kollisionsrecht zu verstehen.

(2) Haben die Parteien die anzuwendenden Rechtsvorschriften nicht bestimmt, so hat das Schiedsgericht das Recht des Staates anzuwenden, mit dem der Gegenstand des Verfahrens die engsten Verbindungen aufweist.

(3) ¹Das Schiedsgericht hat nur dann nach Billigkeit zu entscheiden, wenn die Parteien es ausdrücklich dazu ermächtigt haben. ²Die Ermächtigung kann bis zur Entscheidung des Schiedsgerichts erteilt werden.

(4) **In allen Fällen hat das Schiedsgericht in Übereinstimmung mit den Bestimmungen des Vertrages zu entscheiden und dabei bestehende Handelsbräuche zu berücksichtigen.**

1   **1. Das anzuwendende sachliche Recht,** das dem Schiedsspruch zugrundezulegen ist, hat besondere Bedeutung in internationalen Schiedsverfahren. Es bestimmt sich in der Reihenfolge der Abs 1–3. Für Verbraucher- bzw Arbeitsverträge schränken Art 29 bzw 30 je Abs 1 EGBGB als Spezialregelungen die freie Rechtswahl ein (Pal/Heldrich Rn 1–6 bzw 4–6), während die Abs 2 aaO die Anknüpfungskriterien für das anzuwendende Recht abändern.

2   **2. Parteieinbarung hat Vorrang.** Inhaltlich übereinstimmend mit Art 27 Abs 1 S 1 EGBGB. Sie ist in der Schiedsabrede oder später zu treffen und abänderbar. Sie kann die gesamte Rechtsordnung eines bestimmten Staates oder einzelne Rechtsvorschriften, auch aus verschiedenen Staaten oder internationale, zum Inhalt haben. Grenze der freien Rechtswahl in Art 6, 34 EGBGB (ordre public, zwingendes deutsches Recht). Zweifel sind durch Auslegung zu klären. Mangels ausdrücklicher anderweitiger Vereinbarung bezieht sich die Bezeichnung des Rechts oder der Rechtsordnung auf das sachliche Recht, nicht auf die Kollisionsnormen eines bestimmten Staates.

3   **3. Mangels Parteivereinbarung** hat das Schiedsgericht das sachliche Recht des Staates anzuwenden, mit dem der Gegenstand des Verfahrens **die engsten Verbindungen** aufweist. Diese Regelung wiederholt inhaltlich den Art 28 Abs 1 S 1 EGBGB (Pal/Heldrich Rn 1–4, 7–22). Auch auf dessen widerlegbare Vermutungen in den Abs 2–4 für die Auslegung des unbestimmten Rechtsbegriffs „engste Verbindung" ist zurückzugreifen (amtliche Begründung S 53), falls nicht die Gesamtheit der Umstände ergibt, dass der Hauptvertrag engere Verbindungen zu einem anderen Staat aufweist, Art 28 Abs 5 EGBGB.

4   **4. Billigkeitsentscheidung** ohne Bindung an eine Rechtsordnung ist dem Schiedsgericht nur erlaubt, wenn die Parteien es bis zur Entscheidung ausdrücklich dazu ermächtigt haben. Auch die nachträgliche Ermächtigung bedarf zu ihrer Wirksamkeit als inhaltlicher Teil der Schiedsabrede der Form des § 1031 mit der dort in Abs 4 vorgesehenen Heilungsmöglichkeit.

5   **5. Bestimmungen des Hauptvertrages und Handelsbräuche** sind gemäß Abs 4 in allen Fällen, also auch im Rahmen einer Billigkeitsentscheidung zu berücksichtigen, natürlich nur, soweit nicht zwingende gesetzliche Vorschriften einer anzuwendenden nationalen Rechtsordnung entgegenstehen.

§ 1052 Entscheidung durch ein Schiedsrichterkollegium

(1) **Haben die Parteien nichts anderes vereinbart, so ist in schiedsrichterlichen Verfahren mit mehr als einem Schiedsrich-**

ter jede Entscheidung des Schiedsgerichts mit Mehrheit der Stimmen aller Mitglieder zu treffen.

(2) ¹Verweigert ein Schiedsrichter die Teilnahme an einer Abstimmung, können die übrigen Schiedsrichter ohne ihn entscheiden, sofern die Parteien nichts anderes vereinbart haben. ²Die Absicht, ohne den verweigernden Schiedsrichter über den Schiedsspruch abzustimmen, ist den Parteien vorher mitzuteilen. ³Bei anderen Entscheidungen sind die Parteien von dem Abstimmungsverweigerung nachträglich in Kenntnis zu setzen.

(3) Über einzelne Verfahrensfragen kann der vorsitzende Schiedsrichter allein entscheiden, wenn die Parteien oder die anderen Mitglieder des Schiedsgerichts ihn dazu ermächtigt haben.

1. Beratung und Abstimmung richten sich primär nach einer darüber getroffenen Parteivereinbarung, zB Stichentscheid des Vorsitzenden, andernfalls ist für jede Entscheidung absolute Stimmenmehrheit erforderlich. Zuziehung von Beratern § 1042 Rn 4. Ergibt sich die nötige Mehrheit nicht, erklärt das Schiedsgericht das Verfahren gemäß § 1056 Abs 2 Nr 3 durch Beschluss für beendet. **1**

2. Das Beratungsgeheimnis ist zu wahren. Das Staatsgericht darf die Abstimmung nicht nachprüfen, die Schiedsrichter, auch wenn die Parteien sie von der Wahrung des Beratungsgeheimnisses entbunden haben, jedenfalls dann nicht als Zeugen über Beratung und Abstimmung vernehmen, wenn nicht auch sie auf das Beratungsgeheimnis verzichten (BGH 23, 138). Ausnahme, wenn es um die Klärung von Umständen geht, die geeignet sind, das Ergebnis des schiedsrichterlichen Verfahrens ernsthaft in Frage zu stellen (BGH NJW 86, 3077), insbesondere Rechtsbeugung. **2**

3. Verweigerung durch einen Schiedsrichter. Mangels abweichender Parteivereinbarung können die übrigen Schiedsrichter ohne ihn abstimmen, über den Schiedsspruch unter vorheriger Mitteilung an die Parteien, damit sie auf ihn einwirken oder eine abweichende Vereinbarung treffen können. Bei anderen Abstimmungen genügt nachträgliche Information der Parteien, auch im Schiedsspruch. Für die Entscheidung ist gemäß Abs 1 die absolute Mehrheit der verbleibenden Stimmen, bezogen auf die Gesamtzahl der Schiedsrichter, erforderlich. **3**

4. Befugnisse des Vorsitzenden. – a) Für den **äußeren Geschäftsbetrieb** hat er ohne weiteres zu sorgen, zB Übermittlung von Schriftstücken, Bereitstellung eines Verhandlungsraumes, Terminierung. – **b) Einzelne Verfahrensfragen** kann er mit Ermächtigung durch die Parteien oder die anderen Schiedsrichter allein entscheiden. Das sind insbesondere Fragen im Zusammenhang mit der Vorbereitung eines Termins oder einer Entscheidung im Interesse eines zügigen, konzentrierten Verfahrensablaufs in Anlehnung an § 139 und in angepasster Weise an § 273. Hierfür genügt eine generelle Ermächtigung, wenn **4 5**

man sie überhaupt für nötig hält. Die amtliche Begründung S 54 spricht die Entscheidung über mündliche Verhandlung oder schriftliches Verfahren, über die Verfahrenssprache, über die Zuziehung von Sachverständigen an und verlangt hierfür zu Recht eine Einzelermächtigung.

§ 1053 Vergleich

(1) ¹Vergleichen sich die Parteien während des schiedsrichterlichen Verfahrens über die Streitigkeit, so beendet das Schiedsgericht das Verfahren. ²Auf Antrag der Parteien hält es den Vergleich in der Form eines Schiedsspruchs mit vereinbartem Wortlaut fest, sofern der Inhalt des Vergleichs nicht gegen die öffentliche Ordnung (ordre public) verstößt.

(2) ¹Ein Schiedsspruch mit vereinbartem Wortlaut ist gemäß § 1054 zu erlassen und muss angeben, dass es sich um einen Schiedsspruch handelt. ²Ein solcher Schiedsspruch hat dieselbe Wirkung wie jeder andere Schiedsspruch zur Sache.

(3) Soweit die Wirksamkeit von Erklärungen eine notarielle Beurkundung erfordert, wird diese bei einem Schiedsspruch mit vereinbartem Wortlaut durch die Aufnahme der Erklärungen der Parteien in den Schiedsspruch ersetzt.

(4) ¹Mit Zustimmung der Parteien kann ein Schiedsspruch mit vereinbartem Wortlaut auch von einem Notar, der seinen Amtssitz im Bezirk des nach § 1062 Abs. 1, 2 für die Vollstreckbarerklärung zuständigen Gerichts hat, für vollstreckbar erklärt werden. ²Der Notar lehnt die Vollstreckbarerklärung ab, wenn die Voraussetzungen des Absatzes 1 Satz 2 nicht vorliegen.

1   **1. Verfahrensbeendigung bei Vergleich.** Mit Vergleichsabschluss unter oder ohne Mitwirkung des Schiedsgerichts, möglich auch als Anwaltsvergleich (§ 796 a) oder als Ergebnis einer erfolgreichen Mediation (näher: Lörcher DB 99, 789), ist das Verfahren beendet. Dies stellt das Schiedsgericht durch Beschluss gemäß § 1056 Abs 2 Nr 2 fest. Auf Antrag nach Abs 1 S 2 erlässt es einen Schiedsspruch mit vereinbartem Wortlaut. Diese Regelung hat ihren Sinn in der gesicherten Vollstreckbarkeit im Ausland. Der Vergleich ist ein privates Rechtsgeschäft zwischen den Parteien, der Schiedsspruch eine Prozesshandlung nur des Schiedsgerichts ohne Doppelnatur wie der Prozessvergleich. Er nimmt den Vergleich im Wortlaut in sich auf.

2   **2. Schiedsspruch mit vereinbartem Wortlaut.** Eingehend Mankowski ZZP 114, 37. – **a) Erlass,** ggf nach ergebnislosem Ablauf einer Vergleichswiderrufsfrist, auf Antrag der Parteien, auch nur einer von ihnen mit Zustimmung der Übrigen. Der Wortlaut des Vergleichs wird entweder in der mündlichen Verhandlung formuliert und steht dann im Protokoll oder die Parteien haben ihn schriftlich abgefasst und unter-

schrieben. Wirksamkeitsvoraussetzungen sind das aber nicht. Das Schiedsgericht prüft den äußeren Tatbestand des Konsenses zwischen den Parteien. Einziger Ablehnungsgrund ist ein Verstoß des Vergleichsinhalts, also materiellrechtlich, gegen den deutschen nationalen ordre public (Mankowski aaO 43, 52, 54; § 1059 Rn 16), wozu hier auch Schiedsunfähigkeit (§ 1030) und Vergleichsfähigkeit (§ 1030 Rn 3) gehören (Mankowski aaO 48, 61). – **b) Form und Inhalt** wie § 1054. **3** Notwendig ist Bezeichnung als Schiedsspruch, Begründung nicht (§ 1054 Abs 2). Inhaltlich kann der Schiedsvergleich und damit der Schiedsspruch über die Schiedsabrede und den Streitgegenstand des schiedsrichterlichen Verfahrens hinausgehen, wenn man – nahe liegend – insoweit in dem Vergleich und dem Antrag auf Erlass des Schiedsspruchs mit vereinbartem Wortlaut eine formwirksame (§§ 1031, 1053 Abs. 3) Erweiterung der Schiedsabrede sehen kann. Entsprechendes gilt für den Hinzutritt bisher am Verfahren nicht Beteiligter zum Vergleich, wenn darin – ebenfalls nahe liegend – ein formwirksamer Beitritt zur Schiedsabrede zu sehen ist (Mankowski aaO 62). – **c) Wirkung** wie **4** jeder andere Schiedsspruch (Abs 2 S 2), also Verfahrensbeendigung (§ 1056 Abs 1), Rechtskraftwirkung (§ 1055 und die Rn dort). Er ersetzt gemäß Abs 3 die notarielle Beurkundung, soweit sie für die Parteierklärungen vorgeschrieben ist. – **d) Vollstreckbarerklärung** **5** durch das zuständige OLG gemäß §§ 1060 ff oder mit Zustimmung durch einen gemäß Abs 4 zuständigen Notar. Einziger Ablehnungsgrund auch für ihn ist Verstoß gegen den ordre public. – **e) Beseiti-** **6** **gung.** Da der Schiedsspruch mit vereinbartem Wortlaut materielle Rechtskraftwirkung hat, kann Streit über die Wirksamkeit des darin enthaltenen Vergleichs der Parteien nicht durch Fortsetzung des schiedsgerichtlichen Verfahrens oder Feststellungsklage zum Staatsgericht ausgetragen werden. Möglich ist nur Aufhebungsantrag nach § 1059 oder Einwendung im Vollstreckbarerklärungsverfahren nach § 1060 Abs 2, falls der Streitpunkt einen Aufhebungsgrund darstellt, der weder geheilt noch präjudiziert ist. – **f) Für arbeitsgerichtliche Schiedsvergleiche** **7** Sonderregeln in §§ 107, 109 ArbGG.

§ 1054 Form und Inhalt des Schiedsspruchs

(1) ¹**Der Schiedsspruch ist schriftlich zu erlassen und durch den Schiedsrichter oder die Schiedsrichter zu unterschreiben.** ²**In schiedsrichterlichen Verfahren mit mehr als einem Schiedsrichter genügen die Unterschriften der Mehrheit aller Mitglieder des Schiedsgerichts, sofern der Grund für eine fehlende Unterschrift angegeben wird.**

(2) **Der Schiedsspruch ist zu begründen, es sei denn, die Parteien haben vereinbart, daß keine Begründung gegeben werden muß, oder es handelt sich um einen Schiedsspruch mit vereinbartem Wortlaut im Sinne des § 1053.**

(3) ¹Im Schiedsspruch sind der Tag, an dem er erlassen wurde, und der nach § 1043 Abs. 1 bestimmte Ort des schiedsrichterlichen Verfahrens anzugeben. ²Der Schiedsspruch gilt als an diesem Tag und diesem Ort erlassen.

(4) Jeder Partei ist ein von den Schiedsrichtern unterschriebener Schiedsspruch zu übersenden.

1   1. **Schiedsspruch.** – a) **Begriff.** Nur die endgültige Entscheidung über den Streitgegenstand im ganzen oder über einen abgrenzbaren Teil davon (BGH 10, 325) im Rahmen der gestellten Anträge, wenn auch nicht in strenger Bindung an ihren Wortlaut. Dazu gehört eine Entscheidung über den Grund (§ 304) nur dann, wenn das Schiedsgericht nach der Schiedsvereinbarung lediglich über den Grund, nicht auch über die Höhe des Anspruchs zu entscheiden hat; eine Entscheidung unter Vorbehalt der Aufrechnung nur dann, wenn über diese Gegenforderung das Staatsgericht zu entscheiden hat (Schwab/Walter Kap 3 Rn 14). – Wird

2 von einem vorgesehenen **Instanzenweg** Gebrauch gemacht, so ist die Entscheidung der ersten Instanz durch die Bestätigung aufschiebend bedingt (Schwab/Walter Kap 22 Rn 11) und erst die Entscheidung des Oberschiedsgerichts der Schiedsspruch im Sinne des § 1054 (Düsseldorf

3 BB 76, 251). – **Kein Schiedsspruch ist** ein Zwischenentscheid nach § 1040 Abs 3 oder über den Grund des Anspruchs, ferner ein Spruch unter Vorbehalt der Aufrechnung im Nachverfahren (BGH 10, 325), wenn das Schiedsgericht selbst insoweit noch zu entscheiden hat. Entscheidung bei fehlender Zuständigkeit des Schiedsgerichts § 1040 Rn 9. Die Abweisung der Schiedsklage als unzulässig aus anderen Gründen ist ein Schiedsspruch (RoSchwGottwald § 175 I 2), denn er entscheidet

4 zuständigerweise über den Streitgegenstand. – b) **Inhalt** des Schiedsspruchs kann der gleiche sein wie bei Urteilen (Rn 2–7 vor § 253). **Kostenentscheidung** § 1057.

5   2. **Förmlichkeiten des Schiedsspruchs.** – a) Er muss **schriftlich**
6 abgefasst sein. – b) **Unterschriften.** Er muss grundsätzlich von allen Schiedsrichtern unterschrieben werden. Im Falle der Weigerung können die Parteien die Unterzeichnung einklagen, Vollstreckung nach § 888 Abs 1. Mit der Unterschrift sind die Schiedsrichter untereinander gebunden. Zurücknahme oder Abänderung also nur noch durch einstimmigen Beschluss. Ist bei einem mehr als zweigliedrigen Schiedsgericht trotz Bemühens von einem, bei 5 Schiedsrichtern auch von zweien, die an der Abstimmung mitgewirkt haben, die Unterschrift, aus welchem Grund auch immer, nicht zu erlangen, so reichen die Unterschriften der absoluten Mehrheit aller Mitglieder des Schiedsgerichts aus, wenn der Grund für das Fehlen der Unterschrift – es kann auch die des Vorsitzen-
7 den sein – angegeben wird. – c) **Begründung** ist mangels abweichender Parteivereinbarung erforderlich, außer es handelt sich um einen Schiedsspruch mit vereinbartem Wortlaut gemäß § 1053. Sie muss zu den wesentlichen vorgebrachten Angriffs- und Verteidigungsmitteln

Stellung nehmen und darf nicht ganz inhaltlos oder offenbar widersinnig sein oder im Widerspruch zur Entscheidung stehen (BGH WM 83, 1207), sonst kann Aufhebung gemäß § 1059 Abs 2 Nr 1 d in Frage kommen. Nicht nachprüfbar ist, ob die Begründung sachgemäß und richtig ist. Zuziehung Dritter bei der Abfassung § 1042 Rn 4. – **d) Tag 8 des Erlasses und Schiedsort** (§ 1043 Abs 1) sind anzugeben. An diese Angaben knüpft eine unwiderlegbare Fiktion an, falls sie tatsächlich nicht stimmen. – **e) Übersendung an die Parteien.** Eine Form ist 9 dafür mit Rücksicht auf Schwierigkeiten bei Auslandszustellungen nicht vorgeschrieben, empfehlenswert Einschreiben mit Rückschein, auch schriftliche Empfangsbestätigung. Es kann, muss aber nicht an die Prozessbevollmächtigten (§ 176) zugesandt werden. Der Vorsitzende gilt als von den Schiedsrichtern zur Übersendung ermächtigt, außer es treten nach der Unterzeichnung des Schiedsspruchs neue Tatsachen auf, zB ein Ablehnungsgrund (Düsseldorf WM 84, 1209). Mit der Übersendung sind die Schiedsrichter auch den Parteien gegenüber an den Spruch gebunden, wird er diesen gegenüber existent.

3. Bedeutung der Förmlichkeiten. Die vorstehend genannten 10 Förmlichkeiten sind zwingend, soweit nicht abweichende Parteivereinbarung ausdrücklich zugelassen ist. Sie sind im Vollstreckbarerklärungs- und Aufhebungsverfahren, auch in der Revisionsinstanz, von Amts wegen zu prüfen (BGH DB 80, 201). Erst ihre Erfüllung macht den Schiedsspruch wirksam, Fehlendes ist nachholbar. Bis dahin ist das Schiedsverfahren nicht abgeschlossen und kann im Prozess vor dem Staatsgericht die Schiedsgerichtsklausel geltend gemacht werden (§ 1032 Abs 1).

§ 1055 Wirkungen des Schiedsspruchs

Der Schiedsspruch hat unter den Parteien die Wirkungen eines rechtskräftigen gerichtlichen Urteils.

1. Die formelle Rechtskraft des Schiedsspruchs (§ 705) tritt mit 1 Erfüllung aller Förmlichkeiten des § 1054 ein, ggf nach Ausschöpfung der in der Schiedsabrede vorgesehenen Instanzen. Rechtsmittel an das Staatsgericht gibt es nicht. Berichtigung, Auslegung, Ergänzung § 1058.

2. Die materielle Rechtskraft wirkt wie beim Urteil (§ 322) mit 2 folgenden **Abweichungen: – a) Nur Einrede.** Weil der Schiedsspruch kein Hoheitsakt ist, wird die Rechtskraft nicht von Amts wegen berücksichtigt (BGH NJW 58, 950). Die Parteien können sie durch Vereinbarung aufheben (Bay ObLG MDR 84, 496, Bremen NJW 57, 1035; aA Schwab/Walter Kap 21 Rn 6, 7, Loritz ZZP 105, 1). – **b) Wirkung** nur zwischen den Parteien. Gegen Dritte nur, soweit der 3 Schiedsvertrag auch sie bindet (§ 1029 Rn 14). §§ 325 ff gelten im Übrigen nicht (BGH BB 75, 582). – **c) Beseitigung** nicht im Wieder- 4 aufnahmeverfahren, sondern durch Aufhebung des Schiedsspruchs

5 (§§ 1059, 1060 Abs 2 S 1). – **d) Vollstreckungstitel, Gestaltungs-wirkung,** Eintragung in Register § 1060 Rn 7.

§ 1056 Beendigung des schiedsrichterlichen Verfahrens

(1) **Das schiedsrichterliche Verfahren wird mit dem endgülti-gen Schiedsspruch oder mit einem Beschluß des Schiedsgerichts nach Absatz 2 beendet.**

(2) **Das Schiedsgericht stellt durch Beschluß die Beendigung des schiedsrichterlichen Verfahrens fest, wenn**
1. der Kläger
   a) es versäumt, seine Klage nach § 1046 Abs. 1 einzureichen und kein Fall des § 1048 Abs. 4 vorliegt, oder
   b) seine Klage zurücknimmt, es sei denn, daß der Beklagte dem widerspricht und das Schiedsgericht ein berechtigtes Interesse des Beklagten an der endgültigen Beilegung der Streitigkeit anerkennt; oder
2. die Parteien die Beendigung des Verfahrens vereinbaren; oder
3. die Parteien das schiedsrichterliche Verfahren trotz Aufforde-rung des Schiedsgerichts nicht weiter betreiben oder die Fort-setzung des Verfahrens aus einem anderen Grund unmöglich geworden ist.

(3) **Vorbehaltlich des § 1057 Abs. 2 und der §§ 1058, 1059 Abs. 4 endet das Amt des Schiedsgerichts mit der Beendigung des schiedsrichterlichen Verfahrens.**

1 **1. Verfahrensbeendigung durch Schiedsspruch.** Er muss endgül-tig sein (§ 1054 Rn 1–3). Auch hier gilt der Vorbehalt in Abs 3.

2 **2. Verfahrensbeendigung durch Beschluss** vor Erlass des Schieds-spruchs nach Gewährung rechtlichen Gehörs (§ 1042 Abs 1 S 2) am besten mit Setzung einer Äußerungsfrist in den Fällen des Abs 2.

3 **Nr. 1 a.** Mangels abweichender Vereinbarung (§ 1048 Abs 4), wenn der Kläger innerhalb vereinbarter oder gesetzter Frist unentschuldigt bis zum Ablauf der Äußerungsfrist keine Klage einreicht.

4 **Nr. 1 b.** Nach ohne weiteres zulässiger Klagerücknahme, ausgenom-men der Beklagte widerspricht und hat ein berechtigtes Interesse an endgültiger Beilegung der Streitigkeit, was das Schiedsgericht nach pflichtgemäßem Ermessen zu beurteilen hat. Bloßes Kosteninteresse genügt im Hinblick auf § 1057 Abs 2 S 2 nicht.

5 **Nr. 2.** Eine Vereinbarung der Parteien über die Vefahrensbeendigung liegt nahe, wenn sie sich außerhalb des Verfahrens verglichen haben oder wenn der Beklagte erfüllt hat.

6 **Nr. 3.** Die Nichtweiterbetreibung ist dem Ruhen des Verfahrens vergleichbar und ein Unterfall der Unmöglichkeit seiner Fortsetzung. Weitere Fälle können Stimmengleichheit bei Abstimmung über den Schiedsspruch oder Erlöschen der Schiedsvereinbarung sein.

3. Beendigung des Schiedsrichteramtes mit Verfahrensbeendi- 7
gung. Möglich und ggf nötig bleiben ein Kostenschiedsspruch (§ 1057
Abs 2), ein nachträglicher Schiedsspruch in den Fällen des § 1058 und
die Fortsetzung des Verfahrens nach Aufhebung des Schiedsspruchs und
Zurückverweisung durch das OLG (§ 1059 Abs 4).

§ 1057 Entscheidung über die Kosten

(1) ¹Sofern die Parteien nichts anderes vereinbart haben, hat
das Schiedsgericht in einem Schiedsspruch darüber zu entscheiden, zu welchem Anteil die Parteien die Kosten des schiedsrichterlichen Verfahrens einschließlich der den Parteien erwachsenen
und zur zweckentsprechenden Rechtsverfolgung notwendigen
Kosten zu tragen haben. ²Hierbei entscheidet das Schiedsgericht
nach pflichtgemäßem Ermessen unter Berücksichtigung der
Umstände des Einzelfalles, insbesondere des Ausgangs des Verfahrens.

(2) ¹Soweit die Kosten des schiedsrichterlichen Verfahrens feststehen, hat das Schiedsgericht auch darüber zu entscheiden, in
welcher Höhe die Parteien diese zu tragen haben. ²Ist die Festsetzung der Kosten unterblieben oder erst nach Beendigung des
schiedsrichterlichen Verfahrens möglich, wird hierüber in einem
gesonderten Schiedsspruch entschieden.

1. Kostengrundentscheidung. – a) Vorrang hat eine **Parteiver-** 1
einbarung, auch durch Unterwerfung unter eine Schiedsordnung
(Rn 1 vor § 1029) mit Kostenregelung darüber, ob das Schiedsgericht
überhaupt über die Verfahrenskosten zu entscheiden hat, ggf in welcher
Form und nach welchem Maßstab. Die Parteien können auch die
Geltung der §§ 91 ff, 269 Abs 3 S 2 vereinbaren. – **b) Mangels Partei-** 2
vereinbarung Entscheidung durch **Schiedsspruch.** Das kann der in
der Hauptsache sein oder ein ergänzender (§ 1058 Rn 10) oder ein
gesonderter in den Fällen des § 1056 Abs 2. Die Kostengrundentscheidung umfasst ohne weiteres im Abs 1 S 1 genannten Kosten und legt
fest, zu welchen Bruchteilen die Parteien sie zu tragen haben. Maßstab
hierfür ist das pflichtgemäße Ermessen des Schiedsgerichts, wobei alle
Umstände des Falls, insbesondere der Ausgang des Verfahrens zu berücksichtigen sind; insoweit kann und sollte die Quotelung sich an §§ 91 ff
anlehnen, wobei der Wortlaut des Gesetzes „zu welchem Anteil" nicht
ausschließt, dass das Schiedsgericht die ganzen Verfahrenskosten einer
Partei auferlegt, etwa im Fall der Rücknahme einer nicht veranlassten
Klage.

2. Entscheidung über die Höhe der Kosten, also welchen Betrag 3
welche Partei der anderen zu erstatten hat, ist mangels abweichender
Parteivereinbarung nötig, weil es keine Kostenfestsetzung durch den
Rechtspfleger gibt. Sie ist zu treffen – **a) im Schiedsspruch über die** 4
Hauptsache, wenn die Höhe bereits feststeht; – **b) in gesondertem** 5

Kostenschiedsspruch, wenn der Ausspruch über die Höhe unterblieben oder erst nach Verfahrensbeendigung (§ 1056 Abs 2) möglich ist. –

6   **c) Erstattungsfähig** (Abs 1, 2 je S 1) sind nur die zur zweckentsprechenden Rechtsverfolgung notwendigen Kosten, vom Schiedsgericht in Anlehnung an § 91 Rn 9–35, 42 ff zu entscheiden. Außerdem müssen sie vorschussweise bezahlt sein und der Höhe nach feststehen, weil das Schiedsgericht nicht befugt ist, seine eigene und die Vergütung zwischen Dritten (RA-Gebühren, Sachverständigenvergütung, Zeugenauslagen) festzusetzen (BGH 92, 94). Diese Kosten stehen der Höhe nach fest, wenn sie zwischen den Beteiligten zumindest nach dem Berechnungsmodus vereinbart oder unstreitig sind, auch konkludent durch vorbehalt-

7 lose Zahlung der Vorschüsse. – **d) Bei quotenmäßiger Kostenverteilung** empfiehlt sich Verrechnung der beiderseitigen Kosten und Festsetzung eines einheitlichen (überschießenden) Betrages, wie § 106

8 Rn 1–4. – **e) Aufhebung des Schiedsspruchs in der Sache** führt ohne weiteres zur Unwirksamkeit jeden Kostenausspruchs. Zwischen den Parteien geleistete Beträge sind nach § 812 BGB zurückzuzahlen, der Vergütungsanspruch der Schiedsrichter wird davon nicht berührt.

9   **3. Bei Fehlen einer wirksamen Schiedsvereinbarung** (§ 1029 Rn 4 ff), falls der Mangel nicht geheilt ist, kann das Schiedsgericht grundsätzlich auch keine Kostenentscheidung treffen, weil ihm jede Befugnis zur Ausübung der Schiedsgerichtsbarkeit fehlt (§ 1040 Rn 8, 9). Die Schiedsvereinbarung kann aber dahin auszulegen sein, dass das Schiedsgericht über die Verfahrenskosten auch und gerade dann befinden soll, wenn das schiedsrichterliche Verfahren in der Hauptsache unzulässig ist, weil es an einer wirksamen Schiedsvereinbarung fehlt (BGH NJW 73, 191). Eine Schiedsvereinbarung mit Kompetenz-Kompetenzklausel (§ 1040 Rn 8) ist so auszulegen. Die §§ 91 ff sind bei Scheitern des schiedsrichterlichen Verfahrens nicht entsprechend anwendbar (BGH NJW-RR 98, 234).

§ 1058 Berichtigung, Auslegung und Ergänzung des Schiedsspruchs

(1) **Jede Partei kann beim Schiedsgericht beantragen,**
1. **Rechen-, Schreib- und Druckfehler oder Fehler ähnlicher Art im Schiedsspruch zu berichtigen;**
2. **bestimmte Teile des Schiedsspruchs auszulegen;**
3. **einen ergänzenden Schiedsspruch über solche Ansprüche zu erlassen, die im schiedsrichterlichen Verfahren zwar geltend gemacht, im Schiedsspruch aber nicht behandelt worden sind.**

(2) **Sofern die Parteien keine andere First vereinbart haben, ist der Antrag innerhalb eines Monats nach Empfang des Schiedsspruchs zu stellen.**

(3) **Das Schiedsgericht soll über die Berichtigung oder Auslegung des Schiedsspruchs innerhalb eines Monats und über die**

Ergänzung des Schiedsspruchs innerhalb von zwei Monaten entscheiden.

(4) **Eine Berichtigung des Schiedsspruchs kann das Schiedsgericht auch ohne Antrag vornehmen.**

(5) **§ 1054 ist auf die Berichtigung, Auslegung oder Ergänzung des Schiedsspruchs anzuwenden.**

1. Berichtigung. – a) Auf oder ohne Antrag. Unabdingbar. Antragsfrist nach Parteivereinbarung, sonst ein Monat nach Empfang des Schiedsspruchs. Berechnung § 222, §§ 187 Abs 2, Abs 3 BGB. – **b) Voraussetzung** ist ein **Fehler** im Sinne des Abs 1 Nr 1. Das entspricht teilweise dem Wortlaut in § 319 Abs 1, im Übrigen der Sache nach dem, was dort mit offenbarer Unrichtigkeit bezeichnet ist, vgl dort Rn 2–4. – **c) Gegenstand der Berichtigung** kann der Schiedsspruch in allen seinen Teilen sein. Der Tenor darf in sein Gegenteil verkehrt werden (BGH 78, 22). Die Bezeichnung einer nicht existierenden verklagten GmbH kann in OHG (BGH 22, 240/246) oder eine natürliche Person (Frankfurt MDR 90, 639) berichtigt werden. Einen Vergleich, der in einem Schiedsspruch mit vereinbartem Wortlaut enthalten ist (§ 1053), kann das Schiedsgericht allenfalls auf Antrag im Einverständnis beider Parteien berichtigen, sonst nur diese selbst durch Neuabschluss. – **d) Verfahren** nach § 1042 mit rechtlichem Gehör. – **e) Entscheidung.** Frist ein Monat ab Eingang des Antrags bzw Feststellung des Fehlers. Ein unbegründeter Antrag ist durch Beschluss zurückzuweisen. Die Berichtigung ergeht gemäß Abs 5 in der Form des § 1054, denn es handelt sich um einen Bestandteil des ursprünglichen Schiedsspruchs. Kein Rechtsmittel. Die berichtigte Fassung ist rückwirkend die allein maßgebende (BGH NJW 85, 742 für Urteil).

2. Auslegung. – a) Nur auf Antrag. Im übrigen gilt Rn 1. – **b) Voraussetzung** ist Auslegungsbedürftigkeit und -fähigkeit (Pal/ Heinrichs § 133 Rn 6) bestimmter Teile des Schiedsspruchs, insbesondere wenn die Parteien über Inhalt und Sinn unterschiedlicher Auffassung sind, weil der Wortlaut Anlass zu Zweifeln oder Missverständnissen geben kann. – **c) Gegenstand der Auslegung** kann der Schiedsspruch in potentiell allen seinen Teilen sein. – **d) Verfahren** wie Rn 4. – **e) Entscheidung** wie Rn 5. Darin stellt das Schiedsgericht ggf mit Stimmenmehrheit (§ 1052) klar, welchen objektiven Erklärungsinhalt es der verwendeten Formulierung der betreffenden Passage beigemessen hat. Zu einer inhaltlichen Änderung darf dies nicht führen.

3. Ergänzung. – a) Nur auf Antrag. Im Übrigen gilt Rn 1. – **b) Anwendungsbereich, Abgrenzung.** § 321 Rn 1, 2 gelten sinngemäß. Entsprechend anwendbar auf vergleichbare Lücken wie Vorbehalt beschränkbarer Erbenhaftung (§§ 305, 780, 786), Zug-um-Zug-Verurteilung, fehlende Kostengrundentscheidung (§ 1057 Abs 1). – **c)** Verfahren wie Rn 4. – **d) Entscheidung** wie Rn 5 mit der Abweichung, dass die Frist hier 2 Monate beträgt und dass der Ergänzungs-

schiedsspruch selbständig, nicht Bestandteil des ursprünglichen ist, der
durch ihn zum Teilschiedsspruch werden kann. Beide sind selbständig
für vollstreckbar zu erklären (§§ 1060, 1061).

Abschnitt 7. Rechtsbehelf gegen den Schiedsspruch

Vorbemerkung

1 Die **Formulierung des § 1059** ist an das UNCITRAL-Modellgesetz
2 angepasst. – **Die wesentlichen Änderungen** gegenüber dem früheren
Recht: Der Aufhebungsantrag ist fristgebunden (§ 1059 Abs 3 S 1, 2).
Über ihn entscheidet das OLG, in Bayern BayObLG, im Beschlussverfahren (§§ 1062 Abs 1, 1063 Abs 1). Gegen seine Entscheidung gibt es
die Rechtsbeschwerde zum BGH (§ 1065). Die Aufhebungsgründe sind
in § 1059 Abs 2 erschöpfend aufgezählt. Die früher in § 1041 Abs 1
Nr 3, 4 und 6 genannten fallen fort, weil sie von der ordre-public-Klau-
sel in § 1059 Abs 2 Nr 2 b erfasst werden (BT-Drucksache 13/5274 S
59). Die beiden Aufhebungsgründe im früheren § 1041 Abs 1 Nr 1 sind
in § 1059 Abs 2 Nr 1, 2 a in mehrere Unterfälle aufgespalten. Die
Aufhebung des Schiedsspruchs führt nicht mehr ohne weiteres zur
Zuständigkeit der staatlichen Gerichtsbarkeit, sondern im Zweifel zum
Wiederaufleben der Schiedsvereinbarung (§ 1059 Abs 5).

§ 1059 Aufhebungsantrag

(1) **Gegen einen Schiedsspruch kann nur der Antrag auf gerichtliche Aufhebung nach den Absätzen 2 und 3 gestellt werden.**

(2) **Ein Schiedsspruch kann nur aufgehoben werden,**
1. **wenn der Antragsteller begründet geltend macht, dass**
   a) **eine der Parteien, die eine Schiedsvereinbarung nach den
   §§ 1029, 1031 geschlossen haben, nach dem Recht, das für
   sie persönlich maßgebend ist, hierzu nicht fähig war, oder
   daß die Schiedsvereinbarung nach dem Recht, dem die
   Parteien sie unterstellt haben oder, falls die Parteien hierüber nichts bestimmt haben, nach deutschem Recht ungültig ist oder**
   b) **er von der Bestellung eines Schiedsrichters oder von dem
   schiedsrichterlichen Verfahren nicht gehörig in Kenntnis
   gesetzt worden ist oder dass er aus einem anderen Grund
   seine Angriffs- oder Verteidigungsmittel nicht hat geltend
   machen können oder**
   c) **der Schiedsspruch eine Streitigkeit betrifft, die in der
   Schiedsabrede nicht erwähnt ist oder nicht unter die Bestimmungen der Schiedsklausel fällt, oder dass er Entscheidungen enthält, welche die Grenzen der Schiedsvereinbarung überschreiten; kann jedoch der Teil des Schieds-**

spruchs, der sich auf Streitpunkte bezieht, die dem schiedsrichterlichen Verfahren unterworfen waren, von dem Teil,
der Streitpunkte betrifft, die ihm nicht unterworfen waren,
getrennt werden, so kann nur der letztgenannte Teil des
Schiedsspruchs aufgehoben werden; oder

d) die Bildung des Schiedsgerichts oder das schiedsrichterliche Verfahren einer Bestimmung dieses Buches oder einer
zulässigen Vereinbarung der Parteien nicht entsprochen hat
und anzunehmen ist, dass sich dies auf den Schiedsspruch
ausgewirkt hat; oder

2. wenn das Gericht feststellt, dass

a) der Gegenstand des Streites nach deutschem Recht nicht
schiedsfähig ist oder

b) die Anerkennung oder Vollstreckung des Schiedsspruchs
zu einem Ergebnis führt, dass der öffentlichen Ordnung
(ordre public) widerspricht.

(3) ¹Sofern die Parteien nichts anderes vereinbaren, muss der
Aufhebungsantrag innerhalb einer Frist von drei Monaten bei
Gericht eingereicht werden. ²Die Frist beginnt mit dem Tag, an
dem der Antragsteller den Schiedsspruch empfangen hat. ³Ist ein
Antrag nach § 1058 gestellt worden, verlängert sich die Frist um
höchstens einen Monat nach Empfang der Entscheidung über
diesen Antrag. ⁴Der Antrag auf Aufhebung des Schiedsspruchs
kann nicht mehr gestellt werden, wenn der Schiedsspruch von
einem deutschen Gericht für vollstreckbar erklärt worden ist.

(4) Ist die Aufhebung beantragt worden, so kann das Gericht
in geeigneten Fällen auf Antrag einer Partei unter Aufhebung des
Schiedsspruchs die Sache an das Schiedsgericht zurückverweisen.

(5) Die Aufhebung des Schiedsspruchs hat im Zweifel zur Folge, daß wegen des Streitgegenstandes die Schiedsvereinbarung
wiederauflebt.

1. Wesen, andere Rechtsbehelfe. Der Antrag ist rechtsgestaltend 1
(Rn 5–7 vor § 253) mit dem Ziel, den Schiedsspruch oder einen teilurteilsfähigen Teil davon (Abs 2 Nr 1 d, BGH VersR 82, 92) rückwirkend
zu beseitigen. Das selbe Ziel ist verteidigungsweise im Vollstreckbarerklärungsverfahren zu erreichen (inländisch § 1060 Abs 2 S 1, ausländisch § 1061 Abs 2). Anrufung eines vorgesehenen Oberschiedsgerichts
§ 1054 Rn 2. Ein im Voraus erklärter Verzicht auf Aufhebungsantrag ist
außer im Falle des Abs 2 Nr 1d bei unterbliebener Begründung des
Schiedsspruchs (§ 1054 Abs 2) unwirksam (BGH WM 85, 1487). –
Arbeitsstreitigkeiten § 110 ArbGG.

2. Zulässigkeit des Antrags – a) Allgemeine Prozessvorausset- 2
zungen, darunter die Zuständigkeit gemäß § 1062 Abs 1 Nr 4. –
b) Antragsfrist Abs 3 S 1–3. Sie beginnt mit Empfang des Schieds- 3

spruchs (§ 1054 Rn 9) durch den Antragsteller. Sie endet gemäß § 222 Abs 1, §§ 187 Abs 1, 188 Abs 2 1. Alternative BGB mangels abweichender Parteivereinbarung nach drei Monaten mit Ablauf des Tages, der durch seine Zahl dem Tag des Empfangs entspricht außer den Samstagen und allgemeinen Feiertagen (§ 222 Abs 2). Fehlt der maßgebende Tag, endet die Frist mit Ablauf des letzten Tages dieses Monats (§ 188 Abs 3 BGB); Beispiel: Empfang am 30. November, Fristende 28. bzw 29. Februar. Im Fall des § 1058 verlängert sich die Frist um höchstens einen Monat ab Zugang der Entscheidung über den Berichtigungsantrag. Sie verlängert sich also nicht, wenn die Einmonatsfrist in S 3
4   innerhalb der Dreimonatsfrist des S 1 abläuft. – **c) Beschwer** ist nicht erforderlich (BGH JZ 57, 630), das **Rechtsschutzbedürfnis** fehlt aber für den obsiegenden Schiedskläger idR. Es fehlt außerdem wegen § 1060 Abs 2 S 1, sobald Antrag auf Vollstreckbarerklärung gestellt und dieses Verfahren nicht ausgesetzt ist (§ 1060 Rn 2). – **d) Unzulässig** ist
5   gemäß Abs 3 S 4 der Antrag nach Vollstreckbarerklärung des Schiedsspruchs. Nach dem Wortlaut des § 1062 Abs 2 kann das OLG auch einen **ausländischen Schiedsspruch** aufheben. Das widerspricht aber dem international anerkannten Grundsatz, dass die Zuständigkeit dafür nur den Gerichten des Ursprungslandes zusteht. Es widerspricht außerdem der Regelung in § 1025 Abs 1 und dem Umstand, dass in § 1025 Abs 2 und Abs 4 der § 1059 unter den Vorschriften, die auch für ausländische schiedsrichterliche Verfahren gelten, nicht genannt ist (Zö/Geimer Rn 14, Borges ZZP 111, 487/498). In die gleiche Richtung weist § 1061 Abs 2 im Vergleich zu § 1060 Abs 2 S 1.

6   **3. Aufhebungsgründe.** Abs 2 zählt sie abschließend und einschränkend (Sandrock BB 01, 2173) auf, unter Nr 1 die vom Antragsteller begründet geltend zu machenden (BGH 142, 204, NJW 01, 373), unter Nr 2 die von Amts wegen zu berücksichtigenden (BGH aaO, BayObLG NJW-RR 00, 1359), auch nach Ablauf der Fristen in §§ 1059 Abs 3, 1060 Abs 2 S 3 (BGH aaO). „Begründet" bedeutet, dass der Antragsteller einen der in Abs 2 Nr 1 lit a bis d beschriebenen Tatbestände schlüssig, ggf mit Beweisangebot vortragen muss. Ehricke (ZZP 113, 453) verlangt darüber hinaus Benennung der relevanten Rechtsnorm mit Bindungswirkung für das Gericht; aber: Die richtige Rechtsanwendung auf den vorgetragenen Sachverhalt ist Aufgabe des Gerichts. Ein Aufhebungsgrund versagt, wenn er durch gerichtliche Entscheidung (zB §§ 1032 Abs 2, 1037 Abs 3, 1040 Abs 3 S 3) bereits rechtskräftig verneint, zulässig geheilt (§§ 295, 1031 Abs 4) oder präkludiert ist, zB § 1027. Die **Beweislast** für einen Aufhebungsgrund trägt im Aufhebungs- und Vollstreckbarerklärungsverfahren ohne Rücksicht auf die Parteistellung derjenige, der hieraus einen Anspruch oder Einwand herleitet (BGH WM 79, 1006).

7   **Nr 1 a, ungültige Schiedsvereinbarung** bzw einseitige Anordnung (§ 1066), und zwar: – **a) In subjektiver Hinsicht,** weil eine der Parteien nach dem für sie maßgebenden Recht, international nach den einschlägigen Kollisionsnormen zu ermitteln, dazu nicht fähig war, zB fehlende Rechts- (BGH NJW 98, 2452), Geschäfts-, Testierfähigkeit. – **b) In objektiver Hinsicht.** Vgl § 1029 Rn 4 ff. Die fehlende Schieds-   **8** fähigkeit fällt auch unter Nr 2 a. Die Ungültigkeit beurteilt sich primär nach dem Recht, dem die Parteien die Schiedsvereinbarung unterstellt haben, sonst nach deutschem Recht. Sie kann von Anfang an bestanden haben oder später eingetreten sein, zB durch Anfechtung, ohne dass der Mangel geheilt ist, zB § 1031 Abs 6. Maßgebender Zeitpunkt ist die Entscheidung des OLG, im Falle der Rechtsbeschwerde (§ 1065) des BGH (BGH 30, 97 für das frühere Recht). Die Entscheidung des Schiedsgerichts über die Gültigkeit der Schiedsvereinbarung, auch im Zusammenhang mit der Entscheidung über seine Zuständigkeit (§ 1040) ist für das Gericht nicht bindend, weil diesem letztlich die Kompetenz-Kompetenz zusteht (§ 1040 Rn 8).

Nr 1 b, verfahrensfehlerhafte Behinderung des Antragstellers   **9** durch nicht gehörige Inkenntnissetzung von der Bestellung eines Schiedsrichters (§ 1035) oder von dem schiedsrichterlichen Verfahren (§§ 1044, 1046); außerdem Behinderung in der Geltendmachung von Angriffs- oder Verteidigungsmitteln. Es handelt sich hier in Überschneidung mit Buchstabe d durchwegs um Verfahrensmängel, die das Verfahren im ganzen oder einzelne Verfahrenshandlungen bzw Unterlassungen betreffen und überdies eine Verletzung des Rechts auf rechtliches Gehör darstellen können, die unter Nr 2 b fällt. Die amtliche Begründung S 59 erklärt diese Umständlichkeit mit der Angleichung an das UNCITRAL-Modellgesetz.

Nr 1 c, Unzuständigkeit des Schiedsgerichts und zwar entwe-   **10** der – **a) im Ganzen,** weil der mit der Schiedsklage geltend gemachte Streitgegenstand, über den der Schiedsspruch entscheidet, nicht unter die konkrete Schiedsabrede bzw Schiedsklausel (§ 1029 Abs 2) fällt, von ihr nicht gedeckt ist. Dies ist durch Auslegung zu ermitteln (§ 1029 Rn 6); oder – **b) teilweise,** weil dies teilweise nicht der Fall ist. Falls   **11** sich der Schiedsspruch nach Zuständigkeit und Unzuständigkeit des Schiedsgerichts trennen lässt, ist nur sein letztgenannter Teil aufzuheben, zB bei Anspruchshäufung (§ 260), einfacher Streitgenossenschaft (§ 59), Schiedsklage und Widerklage.

Nr 1 d, sonst unzulässiges Verfahren. Vgl auch Rn 9. Das Rüge-   **12** recht darf nicht bereits verloren sein (§ 1027 Rn 7). – **a)** Für den **Fehler** sind maßgebend primär eine zulässig getroffene Parteivereinbarung, sonst die Bestimmungen des Buches 10 (BGH NJW 86, 1436). Er kann die Bildung des Schiedsgerichts (§§ 1034, 1035, 1039), das Schiedsgerichtsverfahren im ganzen, wozu auch Nr 1 c gehört, oder einzelne Verfahrenshandlungen oder Unterlassungen betreffen. – **b) Beispiele:** Das   **13** Schiedsgericht wendet nicht die richtige für das Verfahren geltende deutsche (BayObLG BB 99, 1187) oder es wendet eine ausländische Verfahrensordnung (§ 1025 Rn 1) oder nicht die gemäß § 1051 Abs 1, Abs 2, 4 richtige materielle Rechtsordnung an (BGH 96, 40 zum früheren Recht) oder entscheidet entgegen § 1051 Abs 3 nach Billigkeit (BGH WM 85, 1487); Geschäftsunfähigkeit eines Schiedsrichters (BGH NJW 86, 3079), aber keine Pflicht zu psychiatrischer Untersuchung (BGH NJW 86, 3077); Mitwirkung des erfolgreich abgelehnten Schiedsrichters (§§ 1036, 1037); unwirksame Vertretung einer Partei; Entscheidung ohne erforderliche Beweiserhebung, weil die Partei den eingeforderten Vorschuss auf die Vergütung der Schiedsrichter nicht bezahlt hat (BGH 94, 92); entgegen § 1054 Abs 2 fehlende Begründung des Schiedsspruchs. Wohl nicht bei Verstoß gegen § 40 Abs 1 2 DRiG

14 (BGH NJW 71, 755 lässt offen). – **c) Kausalität.** Der Verfahrensfehler muss sich auf den Schiedsspruch „ausgewirkt" haben. Das ist begrifflich nicht anders auszulegen als das „beruhen" in §§ 545 Abs 1, 1065 Abs 2 S 1. Die Bestellung des Alleinschiedsrichters durch eine Partei soll nach BGH NJW 86, 3027 (zustimmend Walter JZ 87, 156, Winterfeld NJW 87, 3059) nur dann ein Aufhebungsgrund sein, wenn sich im Einzelfall gegen seine Person oder Amtsführung konkrete Bedenken ergeben. Das wird dem Anliegen überparteilicher Rechtspflege nicht gerecht (so auch Kornblum NJW 87, 1105), wie es insbesondere auch in §§ 1035 Abs 3, Abs 5, 1042 Abs 1 zum Ausdruck kommt.

15   **Nr. 2 a, mangelnde Schiedsfähigkeit** (§ 1030) nach deutschem Recht, auch dann, wenn die Parteien die Schiedsvereinbarung einem anderen Recht unterstellt haben. Unabdingbar.

16   **Nr. 2 b, ordre public.** Unabdingbar. – **a) Der Begriff** entspricht bei etwas abweichender Formulierung im Wesentlichen dem in § 328 Abs 1 Nr 4, EGBGB Art 6. Vgl sinngemäß § 328 Rn 15–17. Gemeint ist die deutsche öffentliche Ordnung, den den internationalen ordre public umfasst (amtliche Begründung S 59). Der Schiedsspruch ist auch dann aufzuheben, wenn er Art 81 EGV widerspricht, sofern er wegen Verletzung deutscher Rechtsvorschriften, die der öffentlichen Ordnung zuzurechnen sind, aufgehoben werden müsste (EuGH WM 00, 38). Maßgebender Zeitpunkt ist der der Entscheidung über den Aufhebungsantrag (BGH 51, 290, 52, 184/192 für die Anerkennung eines ausländischen Urteils). Das OLG prüft ohne Bindung an die tatsächlichen Feststellungen oder Rechtsauffassungen des Schiedsgerichts (BGH 30, 94, NJW 72, 2180). Der deutsche verfahrensrechtliche internationale ordre public ist nur dann verletzt, wenn die Entscheidung des ausländischen Schiedsgerichts auf Grund eines Verfahrens ergangen ist, das von den Grundprinzipien des deutschen Verfahrensrechts in solchem Maße abweicht, dass sie nach der deutschen Rechtsordnung nicht als in einem geordneten rechtsstaatlichen Verfahren ergangen angesehen werden kann

17 (BGH 98, 70). – **b) Beispiele** (positiv und negativ) soweit für Schiedsverfahren einschlägig, § 328 Rn 18, 19; nicht gehörige gesetzliche Vertretung der Partei; die Parteien haben die Namen der Schiedsrichter nicht erfahren (Köln ZZP 91, 318); Schiedsrichter in eigener Sache; Restitutionsgründe (BGH NJW 90, 2199), allerdings nur unter den Einschränkungen in §§ 581 ff (BGH NJW 01, 373). Mitwirkung eines

juristischen Beraters des Schiedsgerichts 1042 Rn 4. Sittenwidrige
Schädigung § 1060 Rn 2. – c) **Verletzung verneint:** Die Unpartei- 18
lichkeit der bei ausländischen Handelskammern errichteten ständigen
Schiedsgerichte kann nicht schon wegen der unterschiedlichen Wirt-
schaftssysteme verneint werden (BGH 52, 184). Überschreitung einer
für die Absetzung des Schiedsspruchs festgesetzten Frist (BGH 104, 178).
Nichtbeachtung des Differenzeinwands gegenüber verbindlichen Börsentermingeschäften zwischen Börsentermingeschäftsfähigen (BGH DB
91, 2384).

**4. Entscheidung durch Beschluss (§ 1063 Abs 1). – a) Ableh- 19
nung des Antrags,** wenn bzw soweit er unzulässig (Rn 2–5) oder
unbegründet ist (Rn 6 ff). – **b) Aufhebung des Schiedsspruchs** oder 20
eines Teils davon (Rn 11). Seine Abänderung ist nicht möglich. –
c) Zurückverweisung an das Schiedsgericht (Abs 4) unter Auf- 21
hebung des Schiedsspruchs. „Geeigneter Fall", wenn Aufhebungsgrund
ein reparabler Verfahrensverstoß ist. Dasselbe Schiedsgericht, dessen Amt
mit Erlass des Schiedsspruchs in diesem Fall nicht beendet war (§§ 1056
Abs 3, 1059 Abs 4), hat dann unter Vermeidung desselben Fehlers neu
zu entscheiden. Denkbar ist auch, dass sich die Parteien vor dem
Schiedsgericht vergleichen wollen (§ 1053). – **d) Kosten, Streitwert,** 22
Gebühren § 1063 Rn 5.

5. Wirkung der Aufhebung rechtsgestaltend, rückwirkend. – **Wie- 23
deraufleben der Schiedsvereinbarung (Abs 5).** Auslegungsregel,
wenn nicht ein entgegenstehender Wille der Parteien ersichtlich ist. Da
das Amt des Schiedsgerichts mit Erlass des Schiedsspruchs beendet war
(§ 1056 Abs 1, 3; abweichend Rn 21), müssen die Parteien dasselbe
oder ein anderes Schiedsgericht neu bestellen. Lebt die Schiedsvereinbarung nicht wieder auf, ist der Weg zu den Gerichten frei.

Abschnitt 8. Voraussetzungen der Anerkennung und Vollstreckung von Schiedssprüchen

§ 1060 Inländische Schiedssprüche

(1) **Die Zwangsvollstreckung findet statt, wenn der Schiedsspruch für vollstreckbar erklärt ist.**

(2) [1]**Der Antrag auf Vollstreckbarerklärung ist unter Aufhebung des Schiedsspruchs abzulehnen, wenn einer der in § 1059
Abs. 2 bezeichneten Aufhebungsgründe vorliegt.** [2]**Aufhebungsgründe sind nicht zu berücksichtigen, soweit im Zeitpunkt der
Zustellung des Antrags auf Vollstreckbarerklärung ein auf sie
gestützter Aufhebungsantrag rechtskräftig abgewiesen ist.** [3]**Aufhebungsgründe nach § 1059 Abs. 2 Nr. 1 sind auch dann nicht
zu berücksichtigen, wenn die in § 1059 Abs. 3 bestimmten Fris-**

ten abgelaufen sind, ohne daß der Antragsgegner einen Antrag auf Aufhebung des Schiedsspruchs gestellt hat.

1   **1. Zulässigkeit des Antrags.** Betrifft inländische Schiedssprüche (§ 1025 Rn 1). Die allgemeinen Prozessvoraussetzungen (Rn 8–33 vor § 253) müssen vorliegen, bei Unzuständigkeit (§ 1062 Abs 2 Nr 4) Verweisung § 281. Kein Anwaltszwang (§§ 1063 Abs 4, 78 Abs 3). Es muss sich um einen wirklichen Schiedsspruch handeln (§ 1054 Rn 1, 2), vollstreckungsfähiger Inhalt ist nicht nötig (BayObLG BB 99, 1948, Hamburg MDR 64, 853).

2   **2. Begründetheit des Antrags. – a) Kein Aufhebungsgrund** (§ 1059 Abs 2) darf bestehen (Abs 2 S 1). Prüfung von Amts wegen (arg: § 1063 Abs 2 aE). Dabei dürfen wegen entgegenstehender Rechtskraft Aufhebungsgründe nicht berücksichtigt werden, soweit ein auf sie gestützter Aufhebungsantrag im Zeitpunkt des Antrags auf Vollstreckbarerklärung (richtig wohl: im Zeitpunkt der Entscheidung darüber) rechtskräftig abgewiesen ist; vorher ist Aussetzung des Verfahrens bis zur Entscheidung über den Aufhebungsantrag zulässig, § 148. Aufhebungsgründe nach § 1059 Abs 2 Nr 1 sind nicht zu berücksichtigen, wenn sie durch ungenutzten Ablauf der in § 1059 Abs 3 bestimmten Frist zur Stellung des Aufhebungsantrags präkludiert sind. Dagegen sind die Aufhebungsgründe in § 1059 Abs 2 Nr 2 (fehlende Schiedsfähigkeit, ordre public) immer, also auch noch nach Ablauf der genannten Frist von Amts wegen zu berücksichtigen (BGH NJW 01, 373). Analog den in § 1059 Abs 2 bezeichneten Aufhebungsgründen ist der Antrag auf Vollstreckbarerklärung abzulehnen, wenn zugunsten des Antragsgegners der Einwand der sittenwidrigen vorsätzlichen Schädigung (§ 826 BGB) durch Erschleichung des Schiedsspruchs oder durch Gebrauchmachen von ihm greift (BGH NJW 01, 373). Betrifft ein Aufhebungsgrund nur einen Teil des Schiedsspruchs, kann der andere Teil (§ 301 Rn 1–3) für
3   vollstreckbar erklärt werden (BGH DB 80, 873). – **b) Materiellrechtliche Einwendungen** gegen den im Schiedsspruch zuerkannten Anspruch selbst, die in den Anwendungsbereich der Vollstreckungsabwehrklage fallen, sind entgegen der Rspr zum früheren Recht (BGH 38, 259, NJW 90, 3210, WM 97, 1720) **nicht mehr zulässig,** weil in Abs 2 nicht genannt, weil über sie systemwidrig das Obergericht als Eingangsgericht in einziger Tatsacheninstanz im Beschlussverfahren zu entscheiden hätte, §§ 1062 Abs 1 Nr 4, 1063 Abs 1, und das Rechtsmittel gegen die Entscheidung beschränkt ist, § 1065. Es bleibt nur noch Vollstreckungsabwehrklage (BayObLG NJW-RR 00, 1359, Stuttgart MDR 01, 595; aA MüKo/Münch Rn 14, Musielak/Voit Rn 12). Wagner JZ 00, 1171 meint, sie sei entweder beim Schiedsgericht oder beim OLG (BayObLG) als dem Gericht des 1. Rechtszugs zu erheben, also könne der Einwand auch im Vollstreckbarerklärungsverfahren erhoben werden. Eine entsprechende Anwendung des § 797 Abs 5 (allgemeiner Gerichtsstand des Schuldners, ersatzweise Gerichtsstand des Vermögens) lehnt er ab. Dagegen Peters JZ 01, 59: nur Vollstreckungsabwehrklage. Zuständig

ist entweder das Schiedsgericht, wenn die Gegenforderung (Aufrechnung) der Schiedsvereinbarung unterliegt oder, wenn nicht: AG oder LG (je nach Streitwert) in entsprechender Anwendung der Zuständigkeitskriterien des § 1062 Abs 1, 2. Wagner JZ 01, 599 „Schlusswort" bleibt bei seiner Meinung, meint aber, Peters habe de lege ferenda „viel für sich". Zur sittenwidrigen Schädigung s Rn 2. – **c) Beweislast** 4 § 1059 Rn 6.

3. Verfahren. Zuständigkeit § 1062. Beschlussverfahren §§ 1063, 5 1064. Rechtsmittel § 1065.

4. Ablehnender Beschluss. Ein unzulässiger oder unbegründeter 6 Antrag ist, ggf nach Hinweis gemäß § 139, unter Aufhebung des Schiedsspruchs, wenn ein Aufhebungsgrund gemäß § 1059 Abs 2 vorliegt, abzulehnen. Er ist ohne weiteres vorläufig vollstreckbar (§§ 1065 Abs 1, 794 Abs 1 Nr 3).

5. Stattgebender Beschluss. Er lautet etwa: Der Schiedsspruch 7 (genaue Bezeichnung, am besten mit Wiedergabe der Formel) ist vollstreckbar. Mit Rechtskraft oder vorläufiger Vollstreckbarkeit wird er zum Vollstreckungstitel (§ 794 Abs 1 Nr 4 a). Er ist seinerseits ohne Sicherheitsleistung für vorläufig vollstreckbar zu erklären, § 1064 Abs 2. Mit seiner Rechtskraft ist jede Anfechtung des Schiedsspruchs, auch einredeweise, ausgeschlossen. Erst dann ist die rechtsgestaltende Auflösung einer Gesellschaft durch Schiedsspruch im Handelsregister einzutragen (BayObLG BB 84, 746; aA Zö/Geimer Rn 2, Vollmer BB 84, 1774, Borges ZZP 111, 487 [501]. Für und gegen andere Personen als die Parteien des Schiedsverfahrens kann der Schiedsspruch in Analogie zu §§ 727 ff für vollstreckbar erklärt werden (BGH MDR 69, 567).

6. Kosten, Streitwert, Gebühren § 1063 Rn 5.   8

7. Andere Rechtsbehelfe. Der Gläubiger kann wegen der Rechts- 9 kraftwirkung des Schiedsspruchs (§ 1055) nicht aus dem zugrundeliegenden materiellen Rechtsverhältnis und mangels Rechtsschutzbedürfnis weder auf Erfüllung des Schiedsspruchs noch auf Feststellung seiner Wirksamkeit klagen. Einer Vollstreckungsgegenklage des Schuldners fehlt ab Antragstellung auf Vollstreckbarerklärung des Schiedsspruchs das Rechtsschutzbedürfnis (BGH 38, 259, 262). Wegen Einwendungen, die nach der Vollstreckbarerklärung entstanden sind, ist sie in den Grenzen des § 767 zulässig.

§ 1061 Ausländische Schiedssprüche

(1) [1]**Die Anerkennung und Vollstreckung ausländischer Schiedssprüche richtet sich nach dem Übereinkommen vom 10. Juni 1958 über die Anerkennung und Vollstreckung ausländischer Schiedssprüche (BGBl. 1961 II S. 121).** [2]**Die Vorschriften in anderen Staatsverträgen über die Anerkennung und Vollstreckung von Schiedssprüchen bleiben unberührt.**

(2) Ist die Vollstreckbarerklärung abzulehnen, stellt das Gericht fest, daß der Schiedsspruch im Inland nicht anzuerkennen ist.

(3) Wird der Schiedsspruch, nachdem er für vollstreckbar erklärt worden ist, im Ausland aufgehoben, so kann die Aufhebung der Vollstreckbarerklärung beantragt werden.

UN-Übereinkommen über die Anerkennung und Vollstreckung ausländischer Schiedssprüche vom 10. 6. 58, BGBl 61 II S. 122

Art. I. (1) [1]Dieses Übereinkommen ist auf die Anerkennung und Vollstreckung von Schiedssprüchen anzuwenden, die in Rechtsstreitigkeiten zwischen natürlichen oder juristischen Personen in dem Hoheitsgebiet eines anderen Staates als desjenigen ergangen sind, in dem die Anerkennung und Vollstreckung nachgesucht wird. [2]Es ist auch auf solche Schiedssprüche anzuwenden, die in dem Staat, in dem ihre Anerkennung und Vollstreckung nachgesucht wird, nicht als inländische anzusehen sind.

(2) Unter „Schiedssprüchen" sind nicht nur Schiedssprüche von Schiedsrichtern, die für eine bestimmte Sache bestellt worden sind, sondern auch solche eines ständigen Schiedsgerichtes, dem sich die Parteien unterworfen haben, zu verstehen.

(3) [1]Jeder Staat, der dieses Übereinkommen unterzeichnet oder ratifiziert, ihm beitritt oder dessen Ausdehnung gemäß Artikel X notifiziert, kann gleichzeitig auf der Grundlage der Gegenseitigkeit erklären, dass er das Übereinkommen nur auf die Anerkennung und Vollstreckung solcher Schiedssprüche anwenden werde, die in dem Hoheitsgebiet eines anderen Vertragsstaates ergangen sind. [2]Er kann auch erklären, dass er das Übereinkommen nur auf Streitigkeiten aus solchen Rechtsverhältnissen, sei es vertraglicher oder nicht vertraglicher Art, anwenden werde, die nach seinem innerstaatlichen Recht als Handelssachen angesehen werden.

Art. II. (1) Jeder Vertragsstaat erkennt eine schriftliche Vereinbarung an, durch die sich die Parteien verpflichten, alle oder einzelne Streitigkeiten, die zwischen ihnen aus einem bestimmten Rechtsverhältnis, sei es vertraglicher oder nichtvertraglicher Art, bereits entstanden sind oder etwa künftig entstehen, einem schiedsrichterlichen Verfahren zu unterwerfen, sofern der Gegenstand des Streites auf schiedsrichterlichem Wege geregelt werden kann.

(2) Unter einer „schriftlichen Vereinbarung" ist eine Schiedsklausel in einem Vertrag oder eine Schiedsabrede zu verstehen, sofern der Vertrag oder die Schiedsabrede von den Parteien

unterzeichnet oder in Briefen oder Telegrammen enthalten ist, die sie gewechselt haben.

(3) Wird ein Gericht eines Vertragsstaates wegen eines Streitgegenstandes angerufen, hinsichtlich dessen die Parteien eine Vereinbarung im Sinne dieses Artikels getroffen haben, so hat das Gericht auf Antrag einer der Parteien sie auf das schiedsrichterliche Verfahren zu verweisen, sofern es nicht feststellt, dass die Vereinbarung hinfällig, unwirksam oder nicht erfüllbar ist.

Art. III. [1]Jeder Vertragsstaat erkennt Schiedssprüche als wirksam an und läßt sie nach den Verfahrensvorschriften des Hoheitsgebietes in dem der Schiedsspruch geltend gemacht wird, zur Vollstreckung zu, sofern die in den folgenden Artikeln festgelegten Voraussetzungen gegeben sind. [2]Die Anerkennung oder Vollstreckung von Schiedssprüchen, auf die dieses Übereinkommen anzuwenden ist, darf weder wesentlich strengeren Verfahrensvorschriften noch wesentlich höheren Kosten unterliegen als die Anerkennung oder Vollstreckung inländischer Schiedssprüche.

Art. IV. (1) Zur Anerkennung und Vollstreckung, die im vorangehenden Artikel erwähnt wird, ist erforderlich, daß die Partei, welche die Anerkennung und Vollstreckung nachsucht, zugleich mit ihrem Antrag vorlegt:
a) die gehörig legalisierte (beglaubigte) Urschrift des Schiedsspruches oder eine Abschrift, deren Übereinstimmung mit einer solchen Urschrift ordnungsgemäß beglaubigt ist;
b) die Urschrift der Vereinbarung im Sinne des Artikel II oder eine Abschrift, deren Übereinstimmung mit einer solchen Urschrift ordnungsgemäß beglaubigt ist.

(2) [1]Ist der Schiedsspruch oder die Vereinbarung nicht in einer amtlichen Sprache des Landes abgefaßt, in dem der Schiedsspruch geltend gemacht wird, so hat die Partei, die seine Anerkennung und Vollstreckung nachsucht, eine Übersetzung der erwähnten Urkunden in diese Sprache beizubringen. [2]Die Übersetzung muss von einem amtlichen oder beeidigten Übersetzer oder von einem diplomatischen oder konsularischen Vertreter beglaubigt sein.

Art. V. (1) Die Anerkennung und Vollstreckung des Schiedsspruches darf auf Antrag der Partei, gegen die er geltend gemacht wird, nur versagt werden, wenn diese Partei der zuständigen Behörde des Landes, in dem die Anerkennung und Vollstreckung nachgesucht wird, den Beweis erbringt,
a) dass die Parteien, die eine Vereinbarung im Sinne des Artikel II geschlossen haben, nach dem Recht, das für sie persönlich maßgebend ist, in irgend einer Hinsicht hierzu nicht fähig waren, oder dass die Vereinbarung nach dem Recht, dem die

Parteien sie unterstellt haben, oder falls die Parteien hierüber
nichts bestimmt haben, nach dem Recht des Landes, in dem
der Schiedsspruch ergangen ist, ungültig ist, oder

b) dass die Partei, gegen die der Schiedsspruch geltend gemacht
wird, von der Bestellung des Schiedsrichters oder von dem
schiedsrichterlichen Verfahren nicht gehörig in Kenntnis gesetzt worden ist oder dass sie aus einem anderen Grund ihre
Angriffs- oder Verteidigungsmittel nicht hat geltend machen
können, oder

c) dass der Schiedsspruch eine Streitigkeit betrifft, die in der
Schiedsabrede nicht erwähnt ist oder nicht unter die Bestim-
mungen der Schiedsklausel fällt, oder dass er Entscheidungen
enthält, welche die Grenzen der Schiedsabrede oder der
Schiedsklausel überschreiten; kann jedoch der Teil des
Schiedsspruches, der sich auf Streitpunkte bezieht, die dem
schiedsrichterlichen Verfahren unterworfen waren, von dem
Teil, der Streitpunkte betrifft, die ihm nicht unterworfen wa-
ren, getrennt werden, so kann der erstgenannte Teil des
Schiedsspruches anerkannt und vollstreckt werden, oder

d) dass die Bildung des Schiedsgerichtes oder das schiedsrichterliche Verfahren der Vereinbarung der Parteien oder, mangels
einer solchen Vereinbarung, dem Recht des Landes, in dem
das schiedsrichterliche Verfahren stattfand, nicht entsprochen
hat, oder

e) dass der Schiedsspruch für die Parteien noch nicht verbindlich
geworden ist oder dass er von einer zuständigen Behörde des
Landes, in dem oder nach dessen Recht er ergangen ist, aufgehoben oder in seinen Wirkungen einstweilen gehemmt worden ist.

(2) Die Anerkennung und Vollstreckung eines Schiedsspruches
darf auch versagt werden, wenn die zuständige Behörde des
Landes, in dem die Anerkennung und Vollstreckung nachgesucht
wird, feststellt,

a) dass der Gegenstand des Streites nach dem Recht dieses Landes nicht auf schiedsrichterlichem Wege geregelt werden
kann, oder

b) dass die Anerkennung oder Vollstreckung des Schiedsspruches
der öffentlichen Ordnung dieses Landes widersprechen würde.

Art. VI. Ist bei der Behörde, die im Sinne des Artikels V
Absatz 1 Buchstabe e) zuständig ist, ein Antrag gestellt worden,
den Schiedsspruch aufzuheben oder ihn in seinen Wirkungen
einstweilen zu hemmen, so kann die Behörde, vor welcher der
Schiedsspruch geltend gemacht wird, sofern sie es für angebracht
hält, die Entscheidung über den Antrag, die Vollstreckung zuzulassen, aussetzen; sie kann aber auch auf Antrag der Partei,

welcher die Vollstreckung des Schiedsspruches begehrt, der anderen Partei auferlegen, angemessene Sicherheit zu leisten.

Art. VII. (1) Die Bestimmungen dieses Übereinkommens lassen die Gültigkeit mehrseitiger oder zweiseitiger Verträge, welche die Vertragsstaaten über die Anerkennung und Vollstreckung von Schiedssprüchen geschlossen haben, unberührt und nehmen keiner beteiligten Partei das Recht, sich auf einen Schiedsspruch nach Maßgabe des innerstaatlichen Rechts oder der Verträge des Landes, in dem er geltend gemacht wird, zu berufen.

(2) Das Genfer Protokoll über die Schiedsklauseln von 1923 und das Genfer Abkommen zur Vollstreckung ausländischer Schiedssprüche von 1927 treten zwischen den Vertragsstaaten in dem Zeitpunkt und in dem Ausmaß außer Kraft, in dem dieses Übereinkommen für sie verbindlich wird.

1. Ausländischer Schiedsspruch. – a) Ausländisch ist er nach 1 dem Territorialprinzip (§ 1025 Rn 1), wenn der Ort des Schiedsverfahrens (§ 1043 Abs 1) nicht in Deutschland liegt, auch dann, wenn die Parteien für das Schiedsverfahren im Ausland deutsches Verfahrensrecht vereinbart haben. Auf das angewandte oder anzuwendende materielle Recht kommt es nicht an. – **b) Schiedsspruch.** Es muss sich 2 inhaltlich um einen solchen handeln (§ 1054 Rn 1). Er muss verbindlich sein, Art V Abs 1 lit e UN-Übk. Das ist er, wenn er nach dem maßgebenden ausländischen Recht keinem Rechtsbehelf an ein Schiedsober- oder staatliches Gericht mehr unterliegt (BGH WM 01, 971). Die selbständige Möglichkeit, ihn durch einen dem § 1059 entsprechenden Aufhebungsantrag zu beseitigen, ändert nichts an der Verbindlichkeit (BGH 52, 184, NJW 84, 2763). – **c)** Ist eine **Exequaturentscheidung** eines ausländischen Gerichts ergangen, die den Schiedsspruch bestätigt und die darin ausgesprochene Verurteilung enthält, so hat die obsiegende Partei die Wahl, Schiedsspruch oder Exequaturentscheidung für vollstreckbar erklären zu lassen (BGH NJW 84, 2763: New York).

2. Vollstreckbarerklärung nach dem UN-Übereinkommen 4 **über die Anerkennung und Vollstreckung ausländischer Schiedssprüche. – a) Vertragsstaaten.** Ihre Aufzählung ist entbehrlich, weil in der Anwendbarkeit auf sie und auf Nichtvertragsstaaten kein Unterschied besteht (Rn 5). – **b) Anwendungsbereich.** Es gilt für alle aus- 5 ländischen Schiedssprüche in Handels- und anderen Streitigkeiten und zwar im Verhältnis zu den Vertragsstaaten des Übk staatsvertraglich, zu den Nicht-Vertragsstaaten als nationales Recht. Den Vertragsstaatenvorbehalt hat die Bundesregierung zurückgenommen (BGBl II 99, 7). – **c) Voraussetzungen** für die Anerkennung (bei nicht vollstreckungs- 6 fähigem Inhalt) und Vollstreckbarerklärung. Nach **Art IV** des Übk sind die legalisierte Urschrift des Schiedsspruchs oder eine ordnungsgemäß beglaubigte Abschrift davon und die Schiedsvereinbarung (Schriftform gem Art II vgl § 1031, Hamburg NJW-RR 99, 1738) in beglaubigter Ur- oder Abschrift je mit deutscher Übersetzung gemäß Abs 2 vorzulegen, wobei allerdings das Günstigkeitsprinzip (Rn 7) zu beachten ist (BayObLG 00, 233). Beglaubigte deutsche Übersetzung § 142 Abs 3. Abs 1 lit a ist bloße Beweismittelregelung für die Existenz und Authentizität des Schiedsspruchs. Sind sie unstreitig, so genügt die Vorlage einer beglaubigten, wenn auch nicht von einer legalisierten Urschrift gefertigten Abschrift (BGH NJW 00, 3650). Ebenso kann von der Vorlage der Schiedsvereinbarung abgesehen werden, wenn der Gegner deren behaupteten Inhalt nicht bestreitet (BGH WM 01, 971). **Art V** bestimmt, dass die Vollstreckbarerklärung nur aus den dort genannten Gründen versagt werden darf. Da § 1059 dem Art V des Übk nachgebildet ist, decken sich mit im Wesentlichen redaktionellen Abweichungen die Versagungsgründe in Abs 1 a bis d und Abs 2 inhaltlich mit den Versagungsgründen für inländische Schiedssprüche (§ 1060 Abs 2 S 1), die ihrerseits auf die Aufhebungsgründe in § 1059 Abs 2 Nr 1 a bis d, Nr 2 verweisen (dort Rn 7 ff). Abweichend von § 1059 Abs 2 Nr 1 a, d ist in Art V Abs 1 a, d das ausländische Recht maßgebend, falls nicht die Parteien deutsches Recht vereinbart haben. Unter dem Gesichtspunkt des ordre public können Ablehnungsgründe wegen Befangenheit eines Schiedsrichters nur geltend gemacht werden, wenn dies im ausländischen Schiedsverfahren oder vor den Gerichten des Erlassstaates unmöglich oder erfolglos versucht worden sind; außerdem muss erwiesen sein, dass der befangene Schiedsrichter gegenüber einer Partei voreingenommen war und sich bei seiner Entscheidung hiervon hat leiten lassen (BGH NJW-RR 01, 1059). Hinzu kommt der Versagungsgrund in Abs 1 e. Verbindlichkeit s oben Rn 2. Einem ausländischen Schiedsspruch darf auch gegenüber nicht börsentermingeschäftsfähigen Inländern die Anerkennung nicht mehr wegen Nichtbeachtung des Differenzeinwands versagt werden (BGH 138, 331).

7   **3. Vollstreckbarerklärung nach anderen Staatsverträgen und nach nationalem Recht** (§ 1064 Abs 1) bleibt gemäß § 1061 Abs 1 S 2, Art VII S 1 des Übk möglich. Soweit andere Staatsverträge nicht durch das Übk mit seinem umfassenden Anwendungsbereich (Rn 5) gegenstandslos geworden sind, gilt das Meistbegünstigungsprinzip, wonach das anerkennungsfreundlichere Regelwerk anzuwenden ist (BayObLG 00, 233, Gottwald/Adolphsen DStR 98, 1017). An Staatsver-
8   trägen bestehen: – **a) Multilaterale Verträge. Genfer Protokoll über Schiedsklauseln im Handelsverkehr** vom 24. 9. 23 (RGBl 25 II 47);
9   **Genfer Abkommen zur Vollstreckung ausländischer Schiedssprüche** vom 26. 9. 27 (RGBl 30 II 1068), gültig zwischen BRD und Anguilla, Bahamas, Malta, Mauritius, Myanmar, Pakistan. Im Übrigen wegen Art VII Abs 2 des nachfolgend genannten Übereinkommens
10   nicht mehr anwendbar. **Europäisches Übereinkommen über die internationale Handelsschiedsgerichtsbarkeit** vom 21. 4. 61 (BGBl 64 II 425). Das Übk ist für die *Bundesrepublik Deutschland* am

25.1. 65 im Verhältnis zu *Bulgarien, Jugoslawien, Österreich, Polen, Rumänien,* der ehemaligen *Sowjetunion (Ukraine, Weißrussland),* der vormaligen *Tschechoslowakei* und *Ungarn* in Kraft getreten (Bek v 21. 1. 65, BGBl II, S 107). Es gilt heute ferner für *Burkina Faso* (seit 26. 4. 65, BGBl II, S 1598), *Kuba* (seit 30. 11. 65, BGBl 67 II S 2156), *Frankreich* (seit 16. 3. 67, BGBl II, S 1194), *Italien* (seit 1. 11. 70, BGBl 71 II, S 230), *Dänemark* (seit 22. 3. 73, BGBl II, S 160), *Spanien* (seit 10. 8. 75, BGBl II, S 929), *Belgien (seit 7. 1. 76,* BGBl II, S 138), *Luxemburg* (seit 24. 6. 82, BGBl II, S 671), die *Russische Föderation* (seit 24. 12. 91, BGBl 92 II, S 1016), die *Türkei* (seit 23. 4. 92, BGBl 93 II, S 14), *Slowenien* (seit 25. 6. 91, BGBl 93 II, S 196), *Mazedonien* (seit 17. 9. 91, BGBl 94 II, S 3691), *Kroatien* (seit 8. 10. 91, BGBl 94 II, S 978), *Bosnien-Herzegowina* (seit 6. 3. 92, BGBl 94 II, S 978), die *Slowakei* und die *Tschechische Republik* (jeweils seit 1. 1. 93, BGBl 94 II, S 978), *Brunei Darussalam (seit* 23. 10. 96, BGBl II S 2794), *Moldau,* Republik (seit 3. 6. 98, BGBl II S 1175). – **b) Zweiseitige Verträge** § 328 Rn 37 ff. **11**

4. Verfahren. Zuständigkeit § 1062. Beschlussverfahren §§ 1063, **12** 1064, Rechtsmittel § 1065.

5. Entscheidung. Im ablehnenden Beschluss ist abweichend von **13** § 1060 Rn 6 festzustellen, dass der Schiedsspruch im Inland nicht anzuerkennen ist (Abs 2). Stattgebender Beschluss wie § 1060 Rn 7.

6. Aufhebung der Vollstreckbarerklärung gemäß Abs 3 auf An- **14** trag, wenn der Schiedsspruch im Ausland aufgehoben wird; gemeint ist das Ursprungsland (Borges ZZP 111, 487/510). Beschlussverfahren gemäß §§ 1062 ff, eine Antragsfrist besteht nicht.

Abschnitt 9. Gerichtliches Verfahren

§ 1062 Zuständigkeit

(1) **Das Oberlandesgericht, das in der Schiedsvereinbarung bezeichnet ist oder, wenn eine solche Bezeichnung fehlt, in dessen Bezirk der Ort des schiedsrichterlichen Verfahrens liegt, ist zuständig für Entscheidungen über Anträge betreffend**
1. **die Bestellung eines Schiedsrichters (§§ 1034, 1035), die Ablehnung eines Schiedsrichters (§ 1037) oder die Beendigung des Schiedsrichteramtes (§ 1038);**
2. **die Feststellung der Zulässigkeit oder Unzulässigkeit eines schiedsrichterlichen Verfahrens (§ 1032) oder die Entscheidung eines Schiedsgerichts, in der dieses seine Zuständigkeit in einem Zwischenentscheid bejaht hat (§ 1040);**
3. **die Vollziehung, Aufhebung oder Änderung der Anordnung vorläufiger oder sichernder Maßnahmen des Schiedsgerichts (§ 1041);**

4. die Aufhebung (§ 1059) oder die Vollstreckbarerklärung des Schiedsspruchs (§§ 1060 ff.) oder die Aufhebung der Vollstreckbarerklärung (§ 1061).

(2) Besteht in den Fällen des Absatzes 1 Nr. 2 erste Alternative, Nr. 3 oder Nr. 4 kein deutscher Schiedsort, so ist für die Entscheidungen das Oberlandesgericht zuständig, in dessen Bezirk der Antragsgegner seinen Sitz oder gewöhnlichen Aufenthalt hat oder sich Vermögen des Antragsgegners oder der mit der Schiedsklage in Anspruch genommene oder von der Maßnahme betroffene Gegenstand befindet, hilfsweise das Kammergericht.

(3) In den Fällen des § 1025 Abs. 3 ist für die Entscheidung das Oberlandesgericht zuständig, in dessen Bezirk der Kläger oder der Beklagte seinen Sitz oder seinen gewöhnlichen Aufenthalt hat.

(4) Für die Unterstützung bei der Beweisaufnahme und sonstige richterliche Handlungen (§ 1050) ist das Amtsgericht zuständig, in dessen Bezirk die richterliche Handlung vorzunehmen ist.

(5) [1] Sind in einem Land mehrere Oberlandesgerichte errichtet, so kann die Zuständigkeit von der Landesregierung durch Rechtsverordnung einem Oberlandesgericht oder dem obersten Landesgericht übertragen werden; die Landesregierung kann die Ermächtigung durch Rechtsverordnung auf die Landesjustizverwaltung übertragen. [2] Mehrere Länder können die Zuständigkeit eines Oberlandesgerichts über die Ländergrenzen hinaus vereinbaren.

1   **1. Zuständigkeit der Oberlandesgerichte.** Die Mitwirkung staatlicher Gerichte im Schiedsgerichtsverfahren ist gemäß § 1026 auf die im Buch 10 vorgesehenen Fälle beschränkt. Abs 1 Nr 1–4 bestimmt abschließend und zwingend die erstinstanzielle Zuständigkeit der Oberlandesgerichte; s auch Rn 9. Verfahren §§ 1063 ff, Rechtsmittel § 1065.

2   **2. Örtliche Zuständigkeit des OLG. – a) Primär** das in der Schiedsvereinbarung bezeichnete. Die Vereinbarung kann auch später getroffen werden, ihre Wirksamkeit sollte nicht an der Formvorschrift in 3   § 1031 scheitern. – **b) Mangels Parteivereinbarung** das OLG, in dessen Bezirk der Ort des schiedsrichterlichen Verfahrens liegt (§ 1043 4   Abs 1). – **c) Besteht kein deutscher Schiedsort** (Abs 2 mit den dort geannten Fällen), ist örtlich wahlweise das OLG zuständig, in dessen Bezirk eines der in Abs 2 bezeichneten Merkmale zutrifft. Sitz und gewöhnlicher Aufenthalt § 1025 Rn 3, Vermögen § 23 Rn 6. Der mit der Schiedsklage in Anspruch genommene Gegenstand (zB die herausverlangte Sache) muss nicht identisch sein mit dem Streitgegenstand iS der Einl II (zB der Anspruch auf Herausgabe), er kann es aber (zB bei der Eigentumsfeststellungsklage). Trifft keines der verlangten Merkmale 5   zu, ist das KG zuständig. – **d) Ist der Schiedsort noch unbestimmt**

(Abs 3), weil das Schiedsgericht ihn noch nicht bestimmt hat (§ 1043 Abs 1 S 2), wahlweise das OLG, in dessen Bezirk Kläger oder Beklagter Wohnsitz, Sitz oder gewöhnlichen Aufenthalt hat (§ 1025 Rn 3).

3. Zuständigkeit des AG. – a) Sachlich in den Fällen des § 1050 **6** S 1 (dort Rn 1). – **b) Örtlich** das AG, in dessen Bezirk die richterliche **7** Handlung vorzunehmen ist. – **c) Verfahren** § 1050. **8**

4. Konzentrationsermächtigung in Abs 5. In Bayern seit 1. 7. 98 **9** Oberstes Landesgericht, § 6 a Gerichtliche ZuständigkeitsVO idF vom 15. 6. 98 (GVBl S 356).

§ 1063 Allgemeine Vorschriften

(1) ¹Das Gericht entscheidet durch Beschluss. ²Vor der Entscheidung ist der Gegner zu hören.

(2) Das Gericht hat die mündliche Verhandlung anzuordnen, wenn die Aufhebung des Schiedsspruchs beantragt wird oder wenn bei einem Antrag auf Anerkennung oder Vollstreckbarerklärung des Schiedsspruchs Aufhebungsgründe nach § 1059 Abs. 2 in Betracht kommen.

(3) ¹Der Vorsitzende des Zivilsenats kann ohne vorherige Anhörung des Gegners anordnen, daß der Antragsteller bis zur Entscheidung über den Antrag die Zwangsvollstreckung aus dem Schiedsspruch betreiben oder die vorläufige oder sichernde Maßnahme des Schiedsgerichts nach § 1041 vollziehen darf. ²Die Zwangsvollstreckung aus dem Schiedsspruch darf nicht über Maßnahmen zur Sicherung hinausgehen. ³Der Antragsgegner ist befugt, die Zwangsvollstreckung durch Leistung einer Sicherheit in Höhe des Betrages, wegen dessen der Antragsteller vollstrecken kann, abzuwenden.

(4) Solange eine mündliche Verhandlung nicht angeordnet ist, können zu Protokoll der Geschäftsstelle Anträge gestellt und Erklärungen abgegeben werden.

1. Beschlussverfahren (Abs 1, 2) vor dem OLG mit rechtlichem **1** Gehör bei in der Regel freigestellter mündlicher Verhandlung (§ 128 Rn 11–19). Notwendige mündliche Verhandlung (§ 128 Rn 1–10) stets bei Antrag auf Aufhebung eines Schiedsspruchs im förmlichen Aufhebungsverfahren nach § 1059 Abs 1 (BGH 142, 204) und im Anerkennungs- und Vollstreckbarerklärungsverfahren immer dann, wenn Aufhebungsgründe in Betracht kommen (BayObLG NJW-RR 00, 807), dh entweder gemäß § 1059 Abs 2 Nr 1 begründet geltend gemacht (BGH 142, 204) oder gemäß Nr 2 von Amts wegen zu beachten sind. Anwaltszwang besteht erst ab Anordnung mündlicher Verhandlung, Abs 4 mit § 78 Abs 3. **Entscheidung** stets durch Beschluss (Abs 1, § 329). In den Fällen des § 1062 Abs 2 Nr 2 und 4 muss der Beschluss die tatsächlichen Feststellungen enthalten, die für die rechtliche Beurteilung durch das

Rechtsbeschwerdegericht (§ 1065) erforderlich sind (BGH 142, 204). – **Rechtsmittel** § 1065.

2   **2. Vorläufige Anordnungen des Vorsitzenden** (Abs 3) bis zur Entscheidung über den Antrag sind ohne rechtliches Gehör zulässig, sogar bei Antrag auf Aufhebung des Schiedsspruchs (§ 1062 Abs 1 Nr 4 1. Alternative) und bei Antrag auf Vollziehung, Aufhebung oder Änderung vorläufiger oder sichernder Maßnahmen des Schiedsgerichts
3   (§ 1062 Abs 1 Nr 3). – **a) Im erstgenannten Fall** kann der Vorsitzende die Zwangsvollstreckung aus dem noch nicht für vollstreckbar erklärten Schiedsspruch (§ 1060 Abs 1) zulassen, aber nicht über die Sicherung des Antragstellers hinaus, sie darf nicht zu seiner Befriedigung führen. Beispiel: Wegnahme der Sache durch den GerVollz, aber keine Herausgabe; Pfändung einer Forderung, aber keine Überweisung an Gläubiger. Abwendungsbefugnis des Antragsgegners bei ZwVollstr we-
4   gen Geldforderung gemäß Abs 3 letzter Satz. – **b) Im zweitgenannten Fall** kann der Vorsitzende die Vollziehung der vom Schiedsgericht gemäß § 1041 Abs 1 angeordneten Maßnahme vorläufig zulassen.

5   **3. Kosten.** Ausspruch gemäß §§ 91 ff. – **Streitwert.** In den Fällen des § 1062 Abs 2 Nr 4 wie die Hauptsache, über die der Schiedsspruch erkannt hat (Frankfurt NJW 61, 735). Im Falle des § 1062 Abs 4 wie Hauptsache, soweit sie von der Beweisaufnahme oder sonstigen richterlichen Handlung betroffen ist. Im Falle des § 1062 Abs 2 Nr 3 nach § 3 zu schätzen, sinngemäß dort Rn 16, 52. In den Fällen des § 1062 Abs 2 Nr 1 und 2 ebenfalls nach § 3 zu schätzen, ein Bruchteil der Hauptsache. **Gebühren.** Nr 1630 ff KV, § 46 Abs 1 BRAGO.

§ 1064 Besonderheiten bei der Vollstreckbarerklärung von Schiedssprüchen

(1) [1]Mit dem Antrag auf Vollstreckbarerklärung eines Schiedsspruchs ist der Schiedsspruch oder eine beglaubigte Abschrift des Schiedsspruchs vorzulegen. [2]Die Beglaubigung kann auch von dem für das gerichtliche Verfahren bevollmächtigten Rechtsanwalt vorgenommen werden.

(2) Der Beschluß, durch den ein Schiedsspruch für vollstreckbar erklärt wird, ist für vorläufig vollstreckbar zu erklären.

(3) Auf ausländische Schiedssprüche sind die Absätze 1 und 2 anzuwenden, soweit Staatsverträge nicht ein anderes bestimmen.

1   **1. Absatz 1.** Ein vorzulegendes Original des Schiedsspruchs hat die Partei gemäß § 1054 Abs 4 in Händen. Beglaubigte Abschrift § 170 Rn 2–6, beglaubigen kann auch der RA im Vollstreckbarerklärungsverfahren.

2   **2. Der Vollstreckungsbeschluss** (§ 1060 Rn 7) ist gemäß Abs 2 seinerseits ohne Sicherheitsleistung für vorläufig vollstreckbar zu erklären und dem Schuldner von Amts wegen zuzustellen, dem Gläubiger mit-

zuteilen (§ 329 Abs 3, Abs 2 S 1). Zur ZwVollstr ist Vollstreckungsklausel nötig. Rechtsmittel § 1065.

3. Ausländische Schiedssprüche, Abs 3. Für sie gelten 3
§§ 1061–1065 (§ 1025 Abs 4), die Abs 1 und 2 sind anzuwenden,
anderweitige Regelungen in Staatsverträgen gehen aber vor, wobei der
Vorbehalt des günstigeren Rechts zu beachten ist (§ 1061 Rn 7 ff).

§ 1065 Rechtsmittel

(1) ¹**Gegen die in § 1062 Abs. 1 Nr. 2 und 4 genannten Entscheidungen findet die Rechtsbeschwerde statt. ²Im Übrigen
sind die Entscheidungen in den in § 1062 Abs. 1 bezeichneten
Verfahren unanfechtbar.**

(2) ¹**Die Rechtsbeschwerde kann auch darauf gestützt werden,
dass die Entscheidung auf einer Verletzung eines Staatsvertrages
beruht. ²Die §§ 707, 717 sind entsprechend anzuwenden.**

*Die Neufassung gilt für Beschlüsse, die ab 1. 1. 2002 verkündet bzw der
GeschSt übergeben worden sind, § 26 Nr 10 EG.*

**1. Rechtsbeschwerde gegen Entscheidung des OLG gemäß 1
§ 1062 Abs 1 Nr 2 und 4.** Das sind Beschlüsse betreffend die (Un-)
Zulässigkeit des schiedsrichterlichen Verfahrens (§ 1032), einen Zwischenentscheid des Schiedsgerichts über seine Zuständigkeit (§ 1040),
die Aufhebung oder Vollstreckbarerklärung des Schiedsspruchs
(§§ 1059–1061), auch ein entsprechend § 280 nach abgesonderter Verhandlung über die Zulässigkeit eines Aufhebungsantrags ergangener Beschluss (BGH BB 01, 2606), und die Aufhebung der Vollstreckbarerklärung (§ 1061 Abs 3). Im selben Umfang **Anschlussrechtsbeschwerde**
gemäß § 574 Abs 4. **a) Statthaft,** Abs 1 S 1 unter den einschränkenden 2
Voraussetzungen in § 574 Abs 2. – **b) Einlegung** schriftlich zum BGH 3
durch einen dort zugelassenen RA mit dem in § 575 Abs 1 S 2 vorgeschriebenen Inhalt. **Notfrist** ein Monat ab Zustellung des Beschlusses
gemäß § 1062 Abs 1 Nr 2 oder 4. – **c) Begründung** schriftlich durch 4
RA am BGH mit dem in § 575 Abs 3, 4 vorgeschriebenen Inhalt. Die
Rechtsbeschwerde kann außer auf die in § 576 Abs 1 genannten Gründe
zusätzlich auf die Verletzung eines Staatsvertrages gestützt werden,
§ 1065 Abs 2. **Frist** ein Monat ab Zustellung der angefochtenen Entscheidung, § 575 Abs 2 S 1, 2; auf Antrag verlängerbar, §§ 575 Abs 2
S 3, 551 Abs 2 S 5 und 6. – **d) Verfahren.** Der BGH kann eine einst- 5
weilige Anordnung gemäß §§ 575 Abs 5, 570 Abs 1 erlassen. Im Übrigen gelten die zwangsvollstreckungs- und schadensersatzrechtlichen Vorschriften, auf die Abs 2 verweist. – **e) Umfang der Nachprüfung.** 6
Nur rechtlich, nämlich ob der angefochtene Beschluss auf einer Verletzung des Bundesrechts, einer anderen Vorschrift gemäß § 576 Abs 1
oder eines Staatsvertrages beruht § 1065 Abs 2 S 1. Überprüfung nur im
Rahmen der gestellten Anträge, § 577 Abs 2 S 1 bei Bindung des BGH
an den im Beschluss des OLG und im Sitzungsprotokoll festgestellten

Tatbestand, §§ 577 Abs 2 S 1, 2. Wie im Revisionsrechtszug sind neue Tatsachen, die die prozessuale Rechtslage erst während des Rechtsbeschwerdeverfahrens verändern oder die von Amts wegen zu prüfen sind, zu berücksichtigen (BGH NJW 01, 1730). Für die Nachprüfbarkeit von Verfahrensmängeln gelten §§ 577 Abs 3, 574 Abs 4 S 2, 559. –

7   **f) Entscheidung** durch Beschluss (§ 577 Abs 6 S 1) mit folgenden Möglichkeiten: Unzulässige Rechtsbeschwerde: § 577 Abs 1 S 2. Unbegründete Rechtsbeschwerde: § 577 Abs 3. Begründete Rechtsbeschwerde: § 577 Abs 4, 5. Unbegründete Verfahrensrügen: §§ 577 Abs 6, 564.

8   **2. Unanfechtbar** sind gemäß Abs 1 S 2 alle anderen Entscheidungen, nämlich **Beschlüsse des OLG gemäß § 1062 Abs 1 Nr 1 und 3** über Anträge betreffend Bestellung (§§ 1034, 1035), Ablehnung eines Schiedsrichters (§ 1037), Beendigung seines Amts (§ 1038) sowie vorläufige oder sichernde Maßnahmen des Schiedsgerichts (§ 1041).

Abschnitt 10. Außervertragliche Schiedsgerichte

§ 1066 Entsprechende Anwendung der Vorschriften des Zehnten Buches

Für Schiedsgerichte, die in gesetzlich statthafter Weise durch letztwillige oder andere nicht auf Vereinbarung beruhende Verfügungen angeordnet werden, gelten die Vorschriften dieses Buches entsprechend.

1   **1. Anwendungsbereich.** Inländische und ausländische Schiedsgerichte, die durch privatrechtliche (BGH 48, 35/43), nicht-vertragliche Rechtsgeschäfte angeordnet sind. Hierunter fallen vor allem Testamente (eingehend Schulze MDR 00, 314) für Streitigkeiten zwischen Erben untereinander, zwischen Erben und Vermächtnisnehmern, nicht zwischen den Parteien eines Erbvertrags (Hamm NJW-RR 91, 455), zwischen Erben und Nachlassgläubigern. Mit den dafür geltenden Beschränkungen, zB § 2065 BGB, kann der Testamentsvollstrecker zum Schiedsrichter bestellt werden (RG 100, 76). Ferner Auslobung, Stiftungsakt; die Satzung von jur Personen für körperschaftsrechtliche Streitigkeiten der jur Person mit ihren Mitgliedern (Hamm OLGZ 90, 453; aA EuGH RIW 92, 492 für Gerichtsstandsklausel); die Satzung eines, auch nicht rechtsfähigen (BGH WM 79, 1428) Vereins, wobei diese selbst oder eine zu ihrem Bestandteil gemachte Schiedsordnung alle wesentlichen Punkte enthalten muss, insbesondere Zusammensetzung des Schiedsgerichts, Auswahl und Bestellung der Schiedsrichter (BGH 88, 314, Hamm NJW-RR 93, 1535). Die nachträgliche Veränderung einer Vereinssatzung durch Einsetzung einer Schiedsklausel bindet grundsätzlich auch die Mitglieder, die nicht zugestimmt haben, weil sie austreten können; anders ist dies, wenn das Mitglied diese Freiheit nicht

hat, auf die Mitgliedschaft angewiesen ist (BGH NJW 00, 1713 zum gleich lautenden früheren § 1048, Musielak/Voit Rn 8). – **Nicht hierunter fallen** Schiedsklauseln in Satzungen für Individual- (Gegensatz: körperschaftsrechtliche) Streitigkeiten (BGH 38, 155) in Personen-Gesellschaftsverträgen, zB Beitritt zu PublikumsKG mit Schiedsklausel (BGH NJW 80, 1049; aA K. Schmidt BB 01, 1857/1862). Schließlich durch Gesetz oder Verordnung eingesetzte sog Schiedsgerichte. 2

2. Das zehnte Buch gilt entsprechend außer den Vorschriften, die nach ihrem Zweck eine Schiedsvereinbarung voraussetzen. So gelten nicht die Formvorschriften in § 1031, wohl aber die für das Rechtsgeschäft selbst vorgeschriebene Form, zB Testament. § 1034 Abs 2 ist anwendbar, so mit Recht die überwiegende Meinung für den vergleichbaren früheren § 1025 Abs 2. 3

Gesetz, betreffend die Einführung der Zivilprozeßordnung

Vom 30. März 1877 (RGBl 244), zuletzt geändert
durch Art 4 Siebtes Gesetz zur Änderung der Pfändungsfreigrenzen
vom 13. 12. 2001 (BGBl I S 3638)
Stand: 1. 1. 2002

§ 1 [Inkrafttreten]

Die Zivilprozeßordnung tritt im ganzen Umfange des Reichs gleichzeitig mit dem Gerichtsverfassungsgesetz in Kraft.

§ 2 [Kostenwesen]

Das Kostenwesen in bürgerlichen Rechtsstreitigkeiten wird für den ganzen Umfang des Reichs durch eine Gebührenordnung geregelt.

§ 3 [Geltungsbereich der ZPO]

(1) Die Zivilprozeßordnung findet auf alle bürgerlichen Rechtsstreitigkeiten Anwendung, welche vor die ordentlichen Gerichte gehören.

(2) Insoweit die Gerichtsbarkeit in bürgerlichen Rechtsstreitigkeiten, für welche besondere Gerichte zugelassen sind, durch die Landesgesetzgebung den ordentlichen Gerichten übertragen wird, kann dieselbe ein abweichendes Verfahren gestatten.

§ 4 [Kein Ausschluß des Rechtsweges]

Für bürgerliche Rechtsstreitigkeiten, für welche nach dem Gegenstand oder der Art des Anspruchs der Rechtsweg zulässig ist, darf aus dem Grunde, weil als Partei der Fiskus, eine Gemeinde oder eine andere öffentliche Korporation beteiligt ist, der Rechtsweg durch die Landesgesetzgebung nicht ausgeschlossen werden.

§§ 5, 6 *(gegenstandslos)*

§ 7 [Oberstes Landesgericht; Rechtsmitteleinlegung]

(1) ¹Ist in einem Land auf Grund des § 8 des Einführungsgesetzes zum Gerichtsverfassungsgesetz für bürgerliche
Rechtsstreitigkeiten ein oberstes Landesgericht eingerichtet, so
entscheidet das Berufungsgericht, wenn es die Revision zulässt, oder das Gericht, das die Rechtsbeschwerde zulässt,
gleichzeitig über die Zuständigkeit für die Verhandlung und
Entscheidung über das Rechtsmittel. ²Die Entscheidung ist
für das oberste Landesgericht und den Bundesgerichtshof bindend.

(2) ¹Die Nichtzulassungsbeschwerde, der Antrag auf Zulassung der Sprungrevision oder die Rechtsbeschwerde im Falle
des § 574 Abs. 1 Nr. 1 der Zivilprozessordnung ist bei dem
Bundesgerichtshof einzureichen. ²Betreffen die Gründe für
die Zulassung der Revision oder der Rechtsbeschwerde im
Wesentlichen Rechtsnormen, die in den Landesgesetzen enthalten sind, so erklärt sich der Bundesgerichtshof durch Beschluss zur Entscheidung über die Beschwerde oder den Antrag für unzuständig und übersendet dem obersten Landesgericht die Prozessakten. ³Das oberste Landesgericht ist an
die Entscheidung des Bundesgerichtshofes über die Zuständigkeit gebunden. ⁴Es gibt Gelegenheit zu einer Änderung
oder Ergänzung der Begründung der Beschwerde oder des
Antrags.

Neufassung durch Art. 3 Nr 1 ZPO-RG.

1. Anwendungsbereich. Ein oberstes Landesgericht ist nur in Bayern 1
(BayObLG) errichtet (§ 8 Abs 1 EGGVG, Art 10, 11 BayAGGVG), so
dass § 7 nur für Rechtsmittel gegen die Entscheidungen der OLGe Bamberg, München, Nürnberg gilt. Übergangsrecht: § 26 Nr 7 EGZPO.

2. Zulassung (Abs 1) von Revisionen (§ 543 Abs 1 Nr 1) und 2
Rechtsbeschwerden (§ 574 Abs 1 Nr 2; § 621 e Abs 2 S 1 1. Hs Nr 1).
Die gilt auch in streitigen Landwirtschaftssachen (§ 52 Abs 4 LwVG).
a) Zuständigkeit. In denjenigen Fällen, in denen die Berufung bzw 3
sofortige oder befristete Beschwerde zulässig war und das Berufungs-
bzw Beschwerdegericht in der Sache entschieden hat, legt dieses Gericht
bindend fest (S 2), ob das Rechtsmittel zum BGH oder zum BayObLG
einzulegen ist. – **b) Entscheidung.** Diese ist idR im Tenor aufzuneh- 4
men, kann aber auch in den Gründen enthalten sein (BLAH 3). Erfolgt
die Zulassung ohne Angabe des Revisions- oder Rechtsbeschwerdegerichts, kann dies durch Urteils- oder Beschlussberichtigung (§ 319
Abs 1) bindend nachgeholt werden. Bis dahin kann wegen des Meist-
begünstigungsgrundsatzes (8 vor § 511) die Revision oder Rechtsbeschwerde zulässig zum BGH und zum BayObLG eingelegt werden
(allgM; BGH NJW 94, 1224). Mit Zustellung des Berichtigungsbeschlusses beginnt eine neue Begründungsfrist zu laufen (BGH NJW

5 98, 3571). – **c) Prozesskostenhilfeantrag.** Dieser ist für eine beabsichtigte Revision (vgl § 117 Abs 1, § 119 ZPO) bei dem Gericht zu stellen,
6 bei dem die Revision einzulegen wäre. – **d) Einlegung** des Rechtsmittels muss durch einen bei dem Gericht, zu dem die Revision oder
Rechtsbeschwerde zugelassen wurde, zugelassenen Rechtsanwalt erfolgen (§ 78 Abs 1 ZPO).

7 **3. Nicht durch das OLG zulassungsbedürftige Rechtsmittel**
(Abs 2). **a) Zuständigkeit** (S 1). Die Nichtzulassungsbeschwerde
(§§ 543 Abs 1 Nr 2, 544, 621 e Abs 2 S 1 1. Hs Nr 2 ZPO; wegen
§ 26 Nr 9 EGZPO findet diese in Familiensachen nicht für vor dem
1. 1. 07 ergangene Entscheidungen statt), die Rechtsbeschwerde (§ 574
Abs 1 Nr 1 ZPO; hierunter fällt auch die Verwerfung der Berufung als
unzulässig durch Beschluss gem § 522 Abs 1) und der Antrag auf Zulassung der Sprungrevision (§ 566 ZPO) sind unmittelbar beim BGH
durch einen dort zugelassenen Rechtsanwalt (§ 78 Abs 1 ZPO) einzulegen. Bis zur Entscheidung des BGH nach S 2 sind weitere Prozesshandlungen, wie zB Wiedereinsetzungsanträge, Rechtsmittelbegründungen,
PKH-Anträge, Anschlussrechtsmittel, Anträge auf Einstellung der
ZwangsVollstr dort einzureichen. Die Einlegung des Rechtsmittels beim
8 BayObLG wahrt die Einlegungsfrist nicht. – **b) Entscheidung** des
BGH (S 2, 3). Betrifft die Nichtzulassungsbeschwerde, die Sprungrevision oder die Rechtsbeschwerde im Wesentlichen Normen des Landesrechts (§ 8 Abs 2 EGGVG), so stellt der BGH bindend (S 3) seine
Unzuständigkeit fest und übersendet die Akten dem BayObLG. Solange
der BGH seine Unzuständigkeit nicht festgestellt hat, ist er nicht gehindert, diese in einem späteren Verfahrensstadium auszusprechen, wenn er
feststellt, dass die Revision im Wesentlichen Landesrecht betrifft. –
9 **c) Verfahren vor dem BayObLG** (S 4). Das Rechtsmittelverfahren
wird dort nach Abgabe fortgesetzt. Anträge und Begründungen können
durch einen beim BayObLG zugelassenen Rechtsanwalt ergänzt oder
geändert werden.

§ 8 *(aufgehoben durch Art 3 Nr 2 ZPO-RG)*

§ 9 [Bestimmung des zuständigen Gerichts]

**Das oberste Landesgericht für bürgerliche Rechtsstreitigkeiten
bestimmt das zuständige Gericht auch dann, wenn nach § 36
Abs. 2 der Zivilprozeßordnung ein in seinem Bezirk gelegenes
Oberlandesgericht zu entscheiden hätte.**

1   Diese Regelung hängt damit zusammen, dass der BGH für die Ge-
richtsstandsbestimmungen (§ 36 Abs 1) nicht mehr zuständig ist, sondern das OLG, zu dessen Bezirk das zuerst mit der Sache befasste
Gericht gehört (§ 36 Abs 2). Ist dieses OLG ein bayerisches, ist das
BayObLG zuständig, auch im Verhältnis zu Gerichten anderer Bundes-

länder. Bayerische OLGe entscheiden in Zuständigkeitssachen des § 36 nur für Gerichte ihres Bezirks.

§ 10 *(gegenstandslos)*

§ 11 [Vorbehalt für landesrechtliche Aufgebotsverfahren]

Die Landesgesetze können bei Aufgeboten, deren Zulässigkeit auf landesgesetzlichen Vorschriften beruht, die Anwendung der Bestimmungen der Zivilprozeßordnung über das Aufgebotsverfahren ausschließen oder diese Bestimmungen durch andere Vorschriften ersetzen.

§ 12 [Begriff des Gesetzes]

Gesetz im Sinne der Zivilprozeßordnung und dieses Gesetzes ist jede Rechtsnorm.

Die Vorschrift entspricht dem Art 2 EGBGB. Rechtsnorm (umfasst **1** auch das EG-Recht): Das sind Gesetze im formellen Sinne einschließlich Staatsverträgen, RechtsVOen, autonomen Satzungen und Tarifverträgen; Gewohnheitsrecht.

§ 13 [Fortgeltung von Reichsgesetzen]

(1) Die prozeßrechtlichen Vorschriften der Reichsgesetze werden durch die Zivilprozeßordnung nicht berührt.

(Abs 2 bis 4 gegenstandslos)
Abs 1 gilt für alle Reichs- und Bundesgesetze, die in einzelnen Vor- **1** schriften prozeßrechtlichen Inhalt haben, zB §§ 23–27 UWG.

§ 14 [Aufhebung landesrechtlicher Vorschriften]

(1) Die prozeßrechtlichen Vorschriften der Landesgesetze treten für alle bürgerlichen Rechtsstreitigkeiten, deren Entscheidung in Gemäßheit des § 3 nach den Vorschriften der Zivilprozeßordnung zu erfolgen hat, außer Kraft, soweit nicht in der Zivilprozeßordnung auf sie verwiesen oder soweit nicht bestimmt ist, daß sie nicht berührt werden.

(2) Außer Kraft treten insbesondere:
1. die Vorschriften über die bindende Kraft des strafgerichtlichen Urteils für den Zivilrichter;
2. die Vorschriften, welche in Ansehung gewisser Rechtsverhältnisse einzelne Arten von Beweismitteln ausschließen oder nur unter Beschränkungen zulassen;

3. die Vorschriften, nach welchen unter bestimmten Voraussetzungen eine Tatsache als mehr oder minder wahrscheinlich
anzunehmen ist;
4. die Vorschriften über die Bewilligung von Moratorien, über
die Urteilsfristen und über die Befugnisse des Gerichts, dem
Schuldner bei der Verurteilung Zahlungsfristen zu gewähren;
5. die Vorschriften, nach welchen eine Nebenforderung als aberkannt gilt, wenn über dieselbe nicht entschieden ist.

§ 15 [Landesrechtliche Vorbehalte]

Unberührt bleiben:
1. die landesgesetzlichen Vorschriften über die Einstellung des
Verfahrens für den Fall, daß ein Kompetenzkonflikt zwischen
den Gerichten und den Verwaltungsbehörden oder Verwaltungsgerichten entsteht;
2. die landesgesetzlichen Vorschriften über das Verfahren bei
Streitigkeiten, welche die Zwangsenteignung und die Entschädigung wegen derselben betreffen;
3. die landesgesetzlichen Vorschriften über die Zwangsvollstreckung wegen Geldforderungen gegen einen Gemeindeverband
oder eine Gemeinde, soweit nicht dingliche Rechte verfolgt
werden;
4. die landesgesetzlichen Vorschriften, nach welchen auf die
Zwangsvollstreckung gegen einen Rechtsnachfolger des
Schuldners, soweit sie in das zu einem Lehen, mit Einschluß
eines allodifizierten Lehens, zu einem Stammgute, Familien-
fideikommiß oder Anerbengute gehörende Vermögen stattfinden soll, die Vorschriften über die Zwangsvollstreckung
gegen einen Erben des Schuldners entsprechende Anwendung
finden.

1   **Nr 1** ist gegenstandslos infolge der neugefassten §§ 17–17 b GVG.
Nr 2. Die Geltung dieser Vorschrift ist durch Art 14 Abs 3 GG nur
eingeschränkt. Insbes bleiben Ausschlussfristen und ausschließliche Gerichtsstände möglich. **Nr 3.** Es gilt § 882 a, aber nur für Geldforderungen. Für andere ZwVollstr (Herausgabe, Unterlassung usw) gelten die
§§ 883–897. **Nr 4** ist praktisch gegenstandslos.

§ 15 a [Außergerichtliche Streitbeilegung]

(1) [1]Durch Landesgesetz kann bestimmt werden, dass die Erhebung der Klage erst zulässig ist, nachdem von einer durch die
Landesjustizverwaltung eingerichteten oder anerkannten Gütestelle versucht worden ist, die Streitigkeit einvernehmlich beizulegen

1. in vermögensrechtlichen Streitigkeiten vor dem Amtsgericht über Ansprüche, deren Gegenstand an Geld oder Geldeswert die Summe von 750 Euro nicht übersteigt,
2. in Streitigkeiten über Ansprüche aus dem Nachbarrecht nach den §§ 910, 911, 923 des Bürgerlichen Gesetzbuchs und nach § 906 des Bürgerlichen Gesetzbuchs sowie nach den landesgesetzlichen Vorschriften im Sinne des Artikels 124 des Einführungsgesetzes zum Bürgerlichen Gesetzbuche, sofern es sich nicht um Einwirkungen von einem gewerblichen Betrieb handelt,
3. in Streitigkeiten über Ansprüche wegen Verletzung der persönlichen Ehre, die nicht in Presse oder Rundfunk begangen worden sind.

²Der Kläger hat eine von der Gütestelle ausgestellte Bescheinigung über einen erfolglosen Einigungsversuch mit der Klage einzureichen. ²Diese Bescheinigung ist ihm auf Antrag auch auszustellen, wenn binnen einer Frist von drei Monaten das von ihm beantragte Einigungsverfahren nicht durchgeführt worden ist.

(2) Absatz 1 findet keine Anwendung auf
1. Klagen nach den §§ 323, 324, 328 der Zivilprozessordnung, Widerklagen und Klagen, die binnen einer gesetzlichen oder gerichtlich angeordneten Frist zu erheben sind,
2. Streitigkeiten in Familiensachen,
3. Wiederaufnahmeverfahren,
4. Ansprüche, die im Urkunden- oder Wechselprozess geltend gemacht werden,
5. die Durchführung des streitigen Verfahrens, wenn ein Anspruch im Mahnverfahren geltend gemacht worden ist,
6. Klagen wegen vollstreckungsrechtlicher Maßnahmen, insbesondere nach dem Achten Buch der Zivilprozessordnung.

²Das gleiche gilt, wenn die Parteien nicht in demselben Land wohnen oder ihren Sitz oder eine Niederlassung haben.

(3) ¹Das Erfordernis eines Einigungsversuchs vor einer von der Landesjustizverwaltung eingerichteten oder anerkannten Gütestelle entfällt, wenn die Parteien einvernehmlich einen Einigungsversuch vor einer sonstigen Gütestelle, die Streitbeilegungen betreibt, unternommen haben. ²Das Einvernehmen nach Satz 1 wird unwiderleglich vermutet, wenn der Verbraucher eine branchengebundene Gütestelle, eine Gütestelle der Industrie- und Handelskammer, der Handwerkskammer oder der Innung angerufen hat. ³Absatz 1 Satz 2 gilt entsprechend.

(4) ¹Zu den Kosten des Rechtsstreits im Sinne des § 91 Abs. 1, 2 der Zivilprozessordnung gehören die Kosten der Gütestelle, die durch das Einigungsverfahren nach Absatz 1 entstanden sind.

(5) ¹Das Nähere regelt das Landesrecht; es kann auch den Anwendungsbereich des Absatzes 1 einschränken, die Aus-

schlussgründe des Absatzes 2 erweitern und bestimmen, dass die Gütestelle ihre Tätigkeit von der Einzahlung eines angemessenen Kostenvorschusses abhängig machen und gegen eine im Gütetermin nicht erschienene Partei ein Ordnungsgeld festsetzen darf.

(6) [1] Gütestellen im Sinne dieser Bestimmung können auch durch Landesrecht anerkannt werden. [2] Die vor diesen Gütestellen geschlossenen Vergleiche gelten als Vergleiche im Sinne des § 794 Abs. 1 Nr. 1 der Zivilprozessordnung.

Eingefügt mWv 1. 1. 2000 durch Art 1 G zur Förderung der außergerichtlichen Streitbeilegung vom 15. 12. 1999, Abs 1 Nr 1 geänd durch Art 8 Nr 1 EuroRpflG.

1 **Zweck.** Es sollen die Gerichte erster Instanz entlastet und für die Parteien soll eine außergerichtliche Streitvermittlung ermöglicht werden. Inwieweit die Vorschrift eine größere praktische Bedeutung er-
2 langt, ist noch nicht abzusehen. **Wirkung** für den Zivilprozess: § 15 a stellt eine besondere Prozessvoraussetzung auf (32 vor § 253), die im Zeitpunkt der (letzten) mündlichen Verhandlung vorliegen muss. Ist dies nicht der Fall, so ist die Klage als unzulässig abzuweisen. Eine Aussetzung des Verfahrens oder die Anordnung des Ruhens des Verfahrens, um die außergerichtliche Streitbeilegung nachzuholen, würde den gesetzlichen Zweck der Vorschrift verfehlen (so zu Recht AG Nürnberg NJW 01, 3489; aA Unberath JR 01, 356). Die obligatorische Streitschlichtung kann nicht dadurch umgangen werden, dass zunächst in unzulässiger Weise im Mahnverfahren eingeleitet wird (AG Rosenheim MDR 01, 1132). Ob § 15 a anwendbar und im Einzelfall erfüllt ist, muss daher von
3 Amts wegen geprüft werden. **Anwendungsbereich.** Er wird im Grundsatz durch Abs 1 bestimmt. **Nr 1.** Vermögensrechtliche Streitigkeit: Einl IV Rn 1, 2. Wert des Gegenstandes: §§ 2 ff ZPO. **Nr 2.** Bei § 906 BGB und den landesrechtlichen Vorschriften (Art 124 EGBGB) werden nur die privat und freiberuflich verursachten Einwirkungen erfasst. **Nr 3:** Unterlassungs-, Widerrufs- und Schadensersatzansprüche; Verletzung der Ehre; nur die einer natürlichen Person. Rundfunk um-
4 fasst Fernsehen und Internet. **Ausgenommene Streitigkeiten** (Abs 2). **Nr 1:** jede Widerklage. Klagefrist: nur eine gesetzliche oder gerichtliche. **Nr 2:** § 621. **Nr 3:** § 578. **Nr 4:** auch der Scheckprozess wegen § 605 a. **Nr 5:** bereits die Abgabe in das streitige Verfahren (§ 696) schließt die Anwendung von Abs 1 aus. Das Mahnverfahren muss aber zulässig gewesen sein (AG Rosenheim MDR 01, 1132). **Nr 6:** insbes §§ 767, 768, 771; auch Schadensersatzansprüche aus ZwVollstrMaßnah-
5 men. **Identisches Bundesland** (Abs 2 S 2). Wohnsitz: § 13; Sitz: § 17;
6 Niederlassung: § 21. **Gütestellen** (Abs 3): § 797 a, § 794 Rn 2; ersetzt Abs 1. **Erfolgloses Güteverfahren** (Abs 1 S 2, 3). Die Bescheinigung der Gütestelle ist der Klageschrift (§ 253) zum Nachweis der Prozessvoraussetzung (Rn 2) beizufügen. **Kosten** (Abs 4). Bezieht sich auf einen erfolglosen Versuch gem Abs 1. Betrifft im Wortlaut nur die Kosten der Gütestelle; die Notwendigkeit iS des § 91 Abs 1, 2 wird vom

Gesetz unterstellt. **Landesrecht** (Abs 5). Übersicht: Zietsch/Rosch-   7
mann Beilage zu NJW 01, Heft 51, S 3 ff. Eine möglichst einheitliche
Regelung wäre wünschenswert. **Vollstreckungstitel** (Abs 6). Alle von
den anerkannten Gütestellen geschlossenen Vergleiche sind Titel iS des
§ 794 Abs 1 Nr 1. **Schlichtungsgesetze** haben erlassen: Bayern; G   8
vom 25. 4. 00 (GVBl 268); Nordrhein-Westfalen; G vom 9. 5. 00
(GVBl 476); Baden-Württemberg; G vom 28. 6. 00 (GVBl 470); Brandenburg; G vom 5. 10. 00 (GVBl 134); Hessen; G vom 6. 2. 01 (GVBl I
S 98); Saarland; G v 30. 5. 01 (ABl 532); Sachsen-Anhalt; G v 17. 5. 01
(GVBl LSA 20/01, S 174); Schleswig-Holstein; G v 16. 11. 01.

§ 16 [Fortgeltung bürgerlich-rechtlicher Vorschriften]

Unberührt bleiben:
1. **die Vorschriften des bürgerlichen Rechts über die Beweiskraft
   der Beurkundung des bürgerlichen Standes in Ansehung der
   Erklärungen, welche über Geburten und Sterbefälle von den
   zur Anzeige gesetzlich verpflichteten Personen abgegeben
   werden;**
2. **die Vorschriften des bürgerlichen Rechts über die Verpflichtung zur Abgabe einer eidesstattlichen Versicherung;**
3. **die Vorschriften des bürgerlichen Rechts, nach welchen in
   bestimmten Fällen einstweilige Verfügungen erlassen werden
   können.**

§ 17 [Beweiskraft von Urkunden]

(1) **Die Beweiskraft eines Schuldscheins oder einer Quittung
ist an den Ablauf einer Zeitfrist nicht gebunden.**

(2) **Abweichende Vorschriften des bürgerlichen Rechts über
die zur Eintragung in das Grund- oder Hypothekenbuch bestimmten Schuldurkunden bleiben unberührt, soweit sie die Verfolgung des dinglichen Rechts betreffen.**

§ 18 *(Übergangsvorschrift)*

§ 19 [Begriff der Rechtskraft]

(1) **Rechtskräftig im Sinne dieses Gesetzes sind Endurteile,
welche mit einem ordentlichen Rechtsmittel nicht mehr angefochten werden können.**

(2) **Als ordentliche Rechtsmittel im Sinne des vorstehenden
Absatzes sind diejenigen Rechtsmittel anzusehen, welche an eine
von dem Tage der Verkündung oder Zustellung des Urteils laufende Notfrist gebunden sind.**

Gehört zu den Übergangsvorschriften und betrifft die formelle   1
Rechtskraft des § 705.

§ 20 [Pfändung]

(1) [1]Für eine vor dem 1. Januar 2002 ausgebrachte Pfändung sind hinsichtlich der nach diesem Zeitpunkt fälligen Leistungen die Vorschriften des § 850 a Nr. 4, § 850 b Abs. 1 Nr. 4, § 850 c und § 850 f Abs. 3 der Zivilprozessordnung in der ab diesem Zeitpunkt geltenden Fassung anzuwenden. [2]Auf Antrag des Gläubigers, des Schuldners oder des Drittschuldners hat das Vollstreckungsgericht den Pfändungsbeschluss entsprechend zu berichtigen. [3]Der Drittschuldner kann nach dem Inhalt des früheren Pfändungsbeschlusses mit befreiender Wirkung leisten, bis ihm der Berichtigungsbeschluss zugestellt wird.

(2) [1]Soweit die Wirksamkeit einer Verfügung über Arbeitseinkommen davon abhängt, dass die Forderung der Pfändung unterworfen ist, sind die Vorschriften des § 850 a Nr. 4, § 850 b Abs. 1 Nr. 4, § 850 c und § 850 f Abs. 3 der Zivilprozessordnung in der ab dem 1. Januar 2002 geltenden Fassung hinsichtlich der Leistungen, die nach diesem Zeitpunkt fällig werden, auch anzuwenden, wenn die Verfügung vor diesem Zeitpunkt erfolgt ist. [2]Der Drittschuldner kann nach den bis zum 1. Januar 2002 geltenden Vorschriften so lange mit befreiender Wirkung leisten, bis ihm eine entgegenstehende vollstreckbare gerichtliche Entscheidung zugestellt wird oder eine Verzichtserklärung desjenigen zugeht, an den der Schuldner nach den ab diesem Zeitpunkt geltenden Vorschriften weniger zu leisten hat.

Neu gefasst mWv 1. 1. 2002 durch 7. Gesetz zur Änderung der Pfändungsfreigrenzen.

§§ 21–23 *(Übergangsvorschriften)*

§ 24 [Übergangsvorschrift für Räumungsprozesse]

Auf einen Räumungsrechtsstreit, der vor dem 1. September 2001 rechtshängig geworden ist, finden § 93 b Abs. 1 und 2, § 721 Abs. 7 sowie § 794 a Abs. 5 der Zivilprozessordnung in der bis zu diesem Zeitpunkt geltenden Fassung Anwendung.

Eingefügt durch Art. 4 MietrechtsreformG.

§ 24 a [Vordrucke für das Zustellungsverfahren]

(1) Das Bundesministerium der Justiz wird ermächtigt, durch Rechtsverordnung mit Zustimmung des Bundesrates Vordrucke zur Vereinfachung und Vereinheitlichung der Zustellung nach den Vorschriften der Zivilprozessordnung in der durch Gesetz vom 25. Juni 2001 (BGBl. I S. 1206) geänderten Fassung einzuführen.

Die Vorschrift wurde mit Art 5 Abs. 2a Nr 1 SchuldRModG einge-   1
fügt und tritt gem Art 9 Abs. 2 SchuldRModG am 1. 7. 02 außer Kraft
und wird durch § 190 nF ersetzt.

§ 25 [Erlaubnisinhaber]

Der in die Rechtsanwaltskammer gemäß § 209 der Bundes-
rechtsanwaltsordnung aufgenommene Erlaubnisinhaber steht im
Sinne der § 88 Abs. 2, § 121 Abs. 2, § 133 Abs. 2, §§ 135, 157
Abs. 1 Satz 1 und Abs. 2 Satz 1, (ab 1. 7. 02:) **§ 169 Abs. 2, §§ 174,**
178 Abs. 1 Nr. 2, §§ 195 (bis 30. 6. 02: § 170 Abs. 2, § 183 Abs. 2,
§§ 198, 212a), **§ 317 Abs. 4 Satz 2, § 397 Abs. 2, § 811 Nr. 7 der**
Zivilprozeßordnung einem Rechtsanwalt gleich.

Geändert mWv 1. 7. 2002 durch Art. 2 Abs. 7 Nr. 2 ZustRG.

Der Erlaubnisinhaber (Rechtsbeistand) muss Mitglied der RA-Kam-   1
mer sein (§ 209 BRAO). Die Vorschrift verschafft den Erlaubnisinhabern die weitgehende Gleichstellung mit RAen, ändert aber nichts am
Anwaltszwang (§ 78).

§ 26 [Übergangsvorschriften zum ZPO-RG]

Für das Gesetz zur Reform des Zivilprozesses vom 27. Juli
2001 gelten folgende Übergangsvorschriften:
  1. **§ 78 der Zivilprozessordnung ist in Berufungen und Be-**
     schwerden gegen Entscheidungen der Amtsgerichte, die vor
     dem 1. Januar 2008 eingelegt werden und nicht familien-
     gerichtliche Entscheidungen zum Gegenstand haben, mit
     der Maßgabe anzuwenden, dass ein bei einem Landgericht
     zugelassener Rechtsanwalt bei dem Oberlandesgericht als
     zugelassen gilt.
  2. **¹Für am 1. Januar 2002 anhängige Verfahren finden die §§ 23,**
     105 Abs. 3 des Gerichtsverfassungsgesetzes und § 92 Abs. 2,
     §§ 128, 269 Abs. 3, §§ 278, 313a, 495a der Zivilprozessord-
     nung sowie die Vorschriften über das Verfahren im ersten
     Rechtszug vor dem Einzelrichter in der am 31. Dezember
     2001 geltenden Fassung weiter Anwendung. ²Für das Ord-
     nungsgeld gilt § 178 des Gerichtsverfassungsgesetzes in der
     am 31. Dezember 2001 geltenden Fassung, wenn der Be-
     schluss, der es festsetzt, vor dem 1. Januar 2002 verkündet
     oder, soweit eine Verkündung nicht stattgefunden hat, der
     Geschäftsstelle übergeben worden ist.
  3. **¹Das Bundesministerium der Justiz gibt die nach § 115**
     Abs. 3 Nr. 2 Satz 1 vom Einkommen abzusetzenden Beträge
     für die Zeit vom 1. Januar 2002 bis zum 30. Juni 2002 neu
     bekannt. ²Die Prozesskostenhilfebekanntmachung 2001 ist
     insoweit nicht mehr anzuwenden.

Hüßtege   1653

4. Ist die Prozesskostenhilfe vor dem 1. Januar 2002 bewilligt worden, gilt § 115 Abs. 1 Satz 4 der Zivilprozessordnung für den Rechtszug in der im Zeitpunkt der Bewilligung geltenden Fassung weiter.

5. [1] Für die Berufung gelten die am 31. Dezember 2001 geltenden Vorschriften weiter, wenn die mündliche Verhandlung, auf die das anzufechtende Urteil ergeht, vor dem 1. Januar 2002 geschlossen worden ist. [2] In schriftlichen Verfahren tritt an die Stelle des Schlusses der mündlichen Verhandlung der Zeitpunkt, bis zu dem Schriftsätze eingereicht werden können.

6. § 541 der Zivilprozessordnung in der am 31. Dezember 2001 geltenden Fassung ist nur noch anzuwenden, soweit nach Nummer 5 Satz 1 über die Berufung nach den bisherigen Vorschriften zu entscheiden ist, am 1. Januar 2002 Rechtsfragen zur Vorabentscheidung dem übergeordneten Oberlandesgericht oder dem Bundesgerichtshof vorliegen oder nach diesem Zeitpunkt noch vorzulegen sind.

7. [1] Für die Revision gelten die am 31. Dezember 2001 geltenden Vorschriften weiter, wenn die mündliche Verhandlung auf die das anzufechtende Urteil ergeht, vor dem 1. Januar 2002 geschlossen worden ist. [2] In schriftlichen Verfahren tritt an die Stelle des Schlusses der mündlichen Verhandlung der Zeitpunkt, bis zu dem Schriftsätze eingereicht werden können.

8. § 544 der Zivilprozessordnung in der Fassung des Gesetzes zur Reform des Zivilprozesses vom 27. Juli 2001 (BGBl. I S. 1887) ist bis einschließlich 31. Dezember 2006 mit der Maßgabe anzuwenden, dass die Beschwerde gegen die Nichtzulassung der Revision durch das Berufungsgericht nur zulässig ist, wenn der Wert der mit der Revision geltend zu machenden Beschwer zwanzigtausend Euro übersteigt.

9. In Familiensachen finden die Bestimmungen über die Nichtzulassungsbeschwerde (§ 543 Abs. 1 Nr. 2, §§ 544, 621 e Abs. 2 Satz 1 Nr. 2 der Zivilprozessordnung in der Fassung des Gesetzes zur Reform des Zivilprozesses vom 27. Juli 2001, BGBl. I S. 1887) keine Anwendung, soweit die anzufechtende Entscheidung vor dem 1. Januar 2007 verkündet oder einem Beteiligten zugestellt oder sonst bekannt gemacht worden ist.

10. Für Beschwerden und für die Erinnerung finden die am 31. Dezember 2001 geltenden Vorschriften weiter Anwendung, wenn die anzufechtende Entscheidung vor dem 1. Januar 2002 verkündet oder, soweit eine Verkündung nicht stattgefunden hat, der Geschäftsstelle übergeben worden ist.

11. Soweit nach den Nummern 2 bis 5, 7 und 9 in der vor dem 1. Januar 2002 geltenden Fassung Vorschriften weiter anzuwenden sind, die auf Geldbeträge in Deutscher Mark Bezug nehmen, sind diese Vorschriften vom 1. Januar 2002 an mit

der Maßgabe anzuwenden, dass die Beträge nach dem Umrechnungskurs 1 Euro = 1,95583 Deutsche Mark und den Rundungsregeln der Verordnung (EG) Nr. 1103/97 des Rates vom 17. Juni 1997 über bestimmte Vorschriften im Zusammenhang mit der Einführung des Euro (ABl. EG Nr. L 162 S. 1) in die Euro-Einheit umgerechnet werden.

1. Allgemeines. Die Vorschrift wurde mit Art 3 Nr 3 ZPO-RG   **1** eingeführt und enthält Übergangsvorschriften in Zusammenhang mit dem Inkrafttreten des ZPO-RG zum 1. 1. 02, soweit nicht Art 53 ZPO-RG für § 104 ZPO, für die Vordrucke für das Mahnverfahren und für das KV zum GKG Sonderregelungen enthält. Die Vorschrift gilt nicht nur für die Änderungen der ZPO, sondern für sämtliche, durch das ZPO-RG vorgenommene Gesetzesänderungen.

2. Nr. 1 betrifft die Fälle des § 119 Nr 1 b) und c), Abs 3 GVG (zum   **2** OLG einzulegende Berufungen und Beschwerden gegen Entscheidungen des Amtsgerichts mit Ausnahme des Familiengerichts) und gewährt Rechtsanwälten, die bisher in Berufungs- und Beschwerdeverfahren gegen Entscheidungen des Amtsgerichts vor den Landgerichten postulationsfähig waren, für eine Übergangszeit bis zum 31. 12. 07 nach dem Wegfall der zweitinstanzlichen Zuständigkeit der Landgerichte in diesen Fällen Bestandsschutz für diesen bisherigen Tätigkeitsbereich. Sie sind insoweit auch vor dem übergeordneten OLG postulationsfähig.

3. Nr. 2. a) Am 1. 1. 02 anhängige Verfahren (S 1). Für diese   **3** sind die aufgeführten bisherigen Vorschriften weiterhin anzuwenden. Die neuen Vorschriften, die die Prozessleitung des Gerichts und insbesondere das Verfahren in der ersten Instanz stärken (§§ 139, 142, 144, 156, 371, 428), sind auf bereits anhängige Verfahren anzuwenden. – **b) Ordnungsgeld** (S 2). Für dieses ist § 178 GVG aF weiterhin anzuwenden, wenn der Festsetzungsbeschluss vor dem 1. 1. 02 ergangen ist.

4. Nr. 3 u 4. Diese Vorschriften betreffen vor allem die Umstellung   **4** auf den Euro. Die Verweisung in Nr 3 ist falsch; gemeint ist § 115 Abs 1 S 3 Nr 2. Die PKHB 2001 v. 13. 6. 01 (BGBl I S 1204) regelt auch die Beträge für die Zeit vom 1. 1. 02–30. 6. 02. Soweit nach Nr 4 DM-Beträge zu berücksichtigen sind, sind diese im Verhältnis 1,95583 DM = 1 Euro umzurechnen. Zur Rundung vgl Nr 11

5. Nr. 5. Die Vorschrift regelt das auf die **Berufung** anzuwendende   **5** Verfahrensrecht. **a) Maßgeblicher Zeitpunkt** für die Anwendung der neu durch das ZPO-RG eingeführten Vorschriften in der Berufung ist der Schluss der mündlichen Verhandlung vor dem AG oder LG oder was ihm gem § 128 Abs 2 ZPO gleichsteht. Dieses Datum ist dem angefochtenen Urteil gem § 313 Abs 1 Nr 3 ZPO zu entnehmen. Ist die mündliche Verhandlung beim AG bzw LG vor dem 1. 1. 02 geschlossen worden, ist weiterhin das bis zum 31. 12. 01 geltende Verfahrensrecht anzuwenden. Für die Form des Berufungsurteils gilt § 540 ZPO also nicht, sondern § 543 ZPO aF. – **b) Zulassung der Revision** (§ 543 Abs 1   **6**

Nr 1 ZPO). Hierfür ist im Berufungsurteil Nr 7 zu beachten, dh für die Frage, ob die Revision zuzulassen ist, gelten die am 1. 1. 02 in Kraft getretenen Vorschriften, wenn die mündliche Verhandlung vor dem Berufungsgericht nach dem 31. 12. 01 geschlossen wurde, selbst wenn das angefochtene erstinstanzliche Urteil auf einer vor dem 1. 1. 02 geschlossenen mündlichen Verhandlung beruht. Denn damit wird über die Statthaftigkeit der Revision entschieden, die gem Nr 7 sich nach den neuen Vorschriften beurteilt, wenn die mündliche Verhandlung, auf die das angefochtene Urteil ergangen ist, nach dem 31. 12. 01 geschlossen wurde.

7   **6. Nr. 6.** Die Vorschrift betrifft den Rechtsentscheid nach § 541 ZPO aF (hierzu 23. Aufl § 541 Rn 1 ff) und stellt klar, dass von den Berufungskammern der LG das Rechtsentscheidsverfahren nach § 541 ZPO aF nur noch in den am 1. 1. 02 anhängigen oder nach der Übergangsvorschrift der Nr 5 S 1 noch anhängig werdenden Berufungen alten Rechts stattfindet und dass vor dem OLG/BayObLG oder dem BGH anhängige oder noch anhängig werdende Rechtsentscheidsverfahren fortzuführen sind. Die Überleitungsvorschrift erstreckt sich auch auf das Rechtsentscheidsverfahren in Angelegenheiten des Schuldrechtsanpassungsgesetzes, nach dessen § 56 die Vorschrift des § 541 Abs 1 ZPO aF entsprechend anzuwenden ist.

8   **7. Nr. 7.** Die Vorschrift regelt das auf die **Revision** anzuwendende Verfahrensrecht. Sie entspricht der Regelung für die Berufung gem Nr 5. Die Zulassung der Revision durch das Berufungsgericht beurteilt sich demgemäß nach § 543 Abs 1 Nr 1 ZPO, wenn das Berufungsurteil auf Grund einer nach dem 31. 12. 01 geschlossenen mündlichen Verhandlung oder was dem gem § 128 Abs 2 ZPO gleichsteht, beruht.

9   **8. Nr. 8** macht die Zulässigkeit der Nichtzulassungsbeschwerde zum BGH (§ 544 ZPO) für eine Übergangszeit bis zum 31. 12. 06 davon abhängig, dass der Beschwerdewert der mit der Revision geltend zu machenden Beschwer 20 000 Euro übersteigt. Daraus folgt, dass der Wert der Beschwer nicht im Berufungsurteil festzusetzen ist, sondern vom Revisionskläger in der Nichtzulassungsbeschwerde schlüssig zu behaupten ist (Büttner MDR 01, 1201/1206). Unklar ist jedoch die zeitliche Grenze von Nr 8. In Anlehnung an Nr 7 dürfte der Schluss der mündlichen Verhandlung maßgeblich sein (aA Büttner MDR 01,
10   1201/1207: Nr 9 analog). **a) Bedeutung.**Wenn der Wert der Beschwer in vermögens- und nicht vermögensrechtlichen Streitigkeiten (für Familiensachen vgl Nr 9) 20 000 Euro übersteigt, ist die Nichtzulassungs-
11   beschwerde auch vor dem 1. 1. 07 zulässig. – **b) Begriff.** Es kommt im Gegensatz zur Berufungs- oder Beschwerdesumme (§§ 511 Abs 2 Nr 1, 567 Abs 2 ZPO) nur darauf an, ob der rechtskraftfähige Inhalt der angefochtenen Entscheidung wertmäßig mehr als 20 000 Euro hinter dem Berufungsantrag des Klägers zurückbleibt (BGH NJW-RR 94, 701) bzw ob dieser Inhalt den Beklagten wertmäßig mehr als 20 000 Euro materiell belastet und ob der RevKläger mindestens in

dieser Höhe Revision einlegen will. – **c) Berechnung der Beschwer** 12
gem §§ 2–9. – aa) Kläger. Für diesen ist maßgebend die Wertdifferenz
zwischen seinem zuletzt gestellten Antrag und dem Tenor des BerUrt
(BGH NJW-RR 94, 701). Die Werte von Haupt- und Hilfsanträgen bei
mehreren voneinander unabhängigen Forderungen aus selbständigen
Rechtsverhältnissen sind im Falle der Klageabweisung zu addieren
(BGH NJW-RR 94, 701); außer Betracht bleibt dabei die Beschwer
durch eine selbständige Kostenentscheidung (§§ 91 a, 93 ZPO), weil die
Rev insoweit unstatthaft ist (BGH NJW 01, 230). – **bb) Beklagter.** Für 13
diesen ist maßgebend der Wert des UrtTenors, soweit er ihm nachteilig
ist. Die Beschwer mehrerer Teilurteile oder von Teil- und Schlussurteil
darf grds nicht addiert werden (BGH NJW 00, 217), auch dann nicht,
wenn infolge der Aufspaltung des Prozesses der Wert der Beschwer nicht
erreicht wird und darüberhinaus der Erlass eines Teilurteils wegen der
Gefahr des inhaltlichen Widerspruchs zum Schlussurteil unzulässig war
(BGH ZIP 96, 1843). Bei wegen Missbrauchs unzulässiger Trennung
(§ 145 ZPO Rn 3) ist die Gesamtbeschwer maßgebend (BVerfG NJW
97, 649; BGH NJW 95, 3120). – **cc) Beiderseitiges Unterliegen.** 14
Hier ist die Beschwer für jede Partei getrennt zu berechnen (BGH NJW
94, 2900), weil sie regelmäßig das Rechtsschutzbedürfnis für die Anrufung der höheren Instanz gibt und deshalb parteibezogen ist. –
dd) Streitgenossen. Für die Beschwer von diesen gilt über § 2 ZPO 15
der § 5 Hs 1 ZPO, dh bei Gesamtbeschwer über 20 000 Euro, soweit
nicht die Streitgegenstände wirtschaftlich identisch sind, ist die Nichtzulassungsbeschwerde des einzelnen Streitgenossen auch dann zulässig,
wenn seine Beschwer darunter liegt (BGH WM 97, 1483). Haben
Streitgenossen infolge Prozessverbindung nicht die gleiche Parteirolle, so
ergibt sich die Beschwer aus der Addition (BGH BB 69, 295). –
ee) Maßgebender Zeitpunkt ist wegen Rn 9 der Zeitpunkt der Ein- 16
legung der Nichtzulassungsbeschwerde.

9. Nr. 9 betrifft Familiensachen (§ 621 Abs 1 ZPO) und lässt die 17
Nichtzulassungsbeschwerde in den genannten Fällen für eine Über-
gangsfrist für bis zum 31. 12. 06 ergangene Entscheidungen nicht zu.

10. Nr. 10 bestimmt für Beschwerden und Erinnerungen für vor 18
dem 1. 1. 02 ergangene Entscheidungen die Weitergeltung der bisherigen Vorschriften. Erfasst werden alle Beschwerden und Erinnerungen
nach altem Recht, also die einfache, die sofortige Beschwerde, die
weitere Beschwerde, die Rechtsbeschwerde (zB nach § 1065 ZPO, § 7
InsO, § 17 AVAG). Die Beschränkung der Entscheidung über die Zulässigkeit des Einspruchs gegen ein Versäumnisurteil oder einen Vollstreckungsbescheid (§§ 341 Abs 2, 700 Abs 1 ZPO) auf die Urteilsform
tritt in anhängigen Verfahren sofort in Kraft. Insoweit findet die sofortige
Beschwerde nach § 341 Abs 2 S 2 ZPO aF nur noch übergangsweise in
den Fällen statt, in denen der den Einspruch verwerfende Beschluss vor
dem 1. 1. 02 verkündet bzw der Geschäftsstelle übergeben worden ist.

19   **11. Nr. 11** hat deklaratorischen Inhalt. Sie weist zu den nach Nr 2 bis 5, 7 und 9 übergangsweise in der bisherigen Fassung weiter geltenden Vorschriften, die auf Geldbeträge in DM Bezug nehmen, klarstellend auf Rechtsfolgen hin, die sich aus den Verordnungen zur Einführung des Euro ergeben.

§ 27 [Vereinfachtes Unterhaltsverfahren]

Auf vereinfachte Verfahren über den Unterhalt Minderjähriger (§§ 645 bis 660 der Zivilprozessordnung), in denen der Antrag auf Festsetzung von Unterhalt vor dem 1. Januar 2002 eingereicht wurde, finden die Vorschriften über das vereinfachte Verfahren über den Unterhalt Minderjähriger in der am 31. Dezember 2001 geltenden Fassung weiter Anwendung.

Eingefügt m Wv 1. 1. 2002 durch Art 8 Nr 2 EuroRpflG.

§ 28 [Mahnverfahren und Verbraucherkreditgesetz]

(1) **Das Mahnverfahren findet nicht statt für Ansprüche eines Unternehmers aus einem Vertrag, für den das Verbraucherkreditgesetz gilt, wenn der nach dem Verbraucherkreditgesetz anzugebende effektive oder anfängliche effektive Jahreszins den bei Vertragsschluss geltenden Basiszinssatz um mehr als zwölf Prozentpunkte übersteigt.**

(2) **§ 690 Abs. 1 Nr. 3 der Zivilprozessordnung findet auf Verträge, für die das Verbraucherkreditgesetz gilt, mit der Maßgabe Anwendung, dass an die Stelle der Angabe des nach den §§ 492, 502 des Bürgerlichen Gesetzbuchs anzugebenden effektiven oder anfänglichen effektiven Jahreszinses sie Angabe des nach dem Verbraucherkreditgesetz anzugebenden effektiven oder anfänglichen effektiven Jahreszinses tritt.**

Eingefügt durch Art 5 Abs 2 a Nr 2 SchuldRModG.

1   Gem Artikel 5 Abs 3 Nr 4 und 5 SchuldRModG werden § 688 Abs 2 Nr 1 und § 690 Abs 1 Nr 3 an die Integration der Vorschriften über den Verbraucherkredit in das BGB und die Bezugnahme auf den Basiszinssatz anstelle des Diskontsatzes der Deutschen Bundesbank angepasst. Durch § 28 EGZPO wird eine Übergangsregelung für Altverträge, für die noch das Verbraucherkreditgesetz gilt, geschaffen. Danach können Ansprüche aus Verbraucherkrediten, auf die weiterhin gem Artikel 229 § 5 EGBGB das Verbraucherkreditgesetz anwendbar ist, unter den genannten Voraussetzungen nicht im Mahnverfahren verfolgt werden. Nach Artikel 229 § 7 Abs 2 EGBGB findet für die Zeit vor dem 1. 1. 02 das Diskontsatz-Überleitungs-Gesetz vom 9. 6. 98 (BGBl I S 1242) weiterhin Anwendung. Nach dessen § 2 bezeichnet eine Bezugnahme auf das Basiszinssatz für den Zeitraum vor Inkrafttreten, also vor dem 1. 1. 99 den Diskontsatz der Deutschen Bundesbank.

Gerichtsverfassungsgesetz

In der Fassung der Bekanntmachung vom 9. Mai 1975 (BGBl I S 1077),
zuletzt geändert durch Art 3 Gesetz zur Verbesserung des zivilgericht-
lichen Schutzes bei Gewalttaten und Nachstellungen sowie
zur Erleichterung der Überlassung der Ehewohnung
bei Trennung vom 11. 12. 2001 (BGBl I S 3513)

Stand: 1. Januar 2002

Vorbemerkung

Das GVG regelt die deutsche Gerichtsverfassung nur für die Gerichts- **1**
barkeit der ordentlichen Gerichte. Für die anderen Zweige der Gerichtsbarkeit (Verfassungs-, Verwaltungs-, Arbeits-, Sozial- und Finanzgerich-
te) gelten besondere Gesetze und das GVG in einzelnen Teilen nur,
soweit in diesen Gesetzen darauf verwiesen ist. Die Gerichtsverfassung
der ordentlichen Gerichte wird aber durch das GVG nicht erschöpfend
geregelt. Es gelten insbes Vorschriften des FGG, des DRiG, des RPflG,
der BRAO, ferner Einzelbestimmungen in zahlreichen weiteren Gesetzen. Das GVG selbst gilt in Teilen für die gesamte ordentliche Gerichtsbarkeit, zu einem Teil nur für die Zivilgerichtsbarkeit, und zu einem
weiteren Teil nur für die Strafgerichtsbarkeit.

Erster Titel. Gerichtsbarkeit

§ 1 [Unabhängigkeit der Gerichte]
**Die richterliche Gewalt wird durch unabhängige, nur dem
Gesetz unterworfene Gerichte ausgeübt.**

Die Gerichte üben die richterliche Gewalt durch Richter aus. Dass **1**
diese unabhängig und nur dem Gesetz unterworfen sind, garantieren GG
(Art 97) und Länderverfassungen. Den Status der Richter regeln das
DRiG, ergänzend die von den Ländern für die Richter im Landesdienst
erlassenen Richtergesetze. Die rechtsprechende Gewalt der Gerichte
wird ferner durch Rechtspfleger ausgeübt, die insoweit auch nur dem
Gesetz unterworfen sind (§ 9 RPflG).

§§ 2–9 *(weggefallen)*

§ 10 [Tätigkeit von Referendaren]

¹Unter Aufsicht des Richters können Referendare Rechtshilfeersuchen erledigen und außer in Strafsachen Verfahrensbeteiligte anhören, Beweise erheben und die mündliche Verhandlung leiten. ²Referendare sind nicht befugt, eine Beeidigung anzuordnen oder einen Eid abzunehmen.

1   **Stellung.** Der Referendar tritt für diese Tätigkeiten an Stelle des funktionell zuständigen Richters. Die Ausübung ist von der jederzeit widerruflichen Übertragung durch den jeweils funktionell zuständigen Richter
2   abhängig. **Aufsicht.** Der Richter hat die Tätigkeit des Referendars zu überwachen und auf die sachgerechte, richtige Erledigung einschließlich der Protokollierung hinzuwirken. Dies erfordert idR die ständige Anwesenheit des Richters, an dessen Stelle der Referendar tätig wird. Keines
3   falls genügt die bloße nachträgliche Durchsicht des Protokolls. **Verstoß.** Die betroffene Prozesshandlung des Gerichts ist unwirksam.

§ 11 *(aufgehoben)*

§ 12 [Ordentliche Gerichte]

Die ordentliche streitige Gerichtsbarkeit wird durch Amtsgerichte, Landgerichte, Oberlandesgerichte und durch den Bundesgerichtshof (den obersten Gerichtshof des Bundes für das Gebiet der ordentlichen Gerichtsbarkeit) ausgeübt.

§ 13 [Zulässigkeit des ordentlichen Rechtswegs]

Vor die ordentlichen Gerichte gehören alle bürgerlichen Rechtsstreitigkeiten und Strafsachen, für die nicht entweder die Zuständigkeit von Verwaltungsbehörden oder Verwaltungsgerichten begründet ist oder auf Grund von Vorschriften des Bundesrechts besondere Gerichte bestellt oder zugelassen sind.

1   **1. Allgemeines.** Die Zulässigkeit des Rechtswegs ist eine unverzichtbare allgemeine Prozessvoraussetzung (25 vor § 253). Sie ist von Amts wegen zu prüfen (wie 12 vor § 253), infolge der §§ 17, 17 a GVG grundsätzlich nur noch im ersten Rechtszug, nur ausnahmsweise in den
2   Rechtsmittelinstanzen. **a) Zulässigkeit des Rechtswegs.** Sie muss im ersten Rechtszug bis zum Schluss der mdl Vhdlg (vgl § 296 a) eingetreten sein; sie dauert fort (§ 17 Abs 1 S 1 GVG). Das Gericht des ersten Rechtszugs (AG oder LG) kann nach seinem Ermessen durch (anfechtbaren) Beschluss (Vorabentscheidung) vorab aussprechen, dass der ordentliche Rechtsweg zulässig ist (§ 17 a Abs 3 S 1 GVG). Es muss dies tun, wenn die Zulässigkeit des Rechtswegs gerügt wird (§ 17 a Abs 3 S 2 GVG). Entscheidet das Gericht über die als zulässig erkannte Klage,

wird (mindestens stillschweigend) im Urteil auch die Zulässigkeit des Rechtswegs bejaht. Dies gilt auch, wenn die Klage wegen Fehlens einer anderen Prozessvoraussetzung als unzulässig abgewiesen wird. – **b) Unzulässigkeit des Rechtswegs.** Erkennt das Gericht des ersten **3** Rechtszugs (AG oder LG), dass der ordentliche Rechtsweg nicht zulässig ist, muss es auch ohne Antrag, aber erst nach Anhörung der Parteien, den (anfechtbaren) Beschluss gemäß § 17a Abs 2 S 1 GVG erlassen. Eine andere Entscheidung kommt nicht in Betracht, insbes nicht ein klagabweisendes Urteil. Ist der Rechtsweg bei Anspruchshäufung nicht für alle Ansprüche unzulässig oder nur für Klage oder Widerklage, muss vorher getrennt werden (§ 145; vgl § 17 GVG Rn 7).

    2. Rechtsweg. a) Begriff. Das ist das gesetzlich eröffnete Verfahren, **4** in dem die staatliche Gerichtsbarkeit Rechtsschutz gewährt. Dieser Begriff des Rechtsweges beruht auf Art 19 Abs 4 GG und umfasst alle Zweige der Gerichtsbarkeit, die Art 92, 95 GG vorsehen. Diese sind, bei Vorrang der Verfassungsgerichtsbarkeit, untereinander gleichberechtigt. § 13 GVG umreißt den sog ordentlichen Rechtsweg, der andererseits (negativ) abgegrenzt wird durch § 40 Abs 1 VwGO zu den Verwaltungsgerichten, sowie durch die Zuständigkeiten der Arbeits-, Sozial- und Finanzgerichtsbarkeit. – **b) Umfang.** Der ordentliche Rechtsweg umfasst die Zivil- und die Strafgerichtsbarkeit. Die Zivilgerichtsbarkeit zerfällt in die streitige und die freiwillige. Die freiwillige Gerichtsbarkeit hat eigene Verfahrensordnungen (zB FGG, GBO, LwVG). Für den Bereich der streitigen Zivilgerichtsbarkeit hat man zu unterscheiden: Die Gerichtsbarkeit der ordentlichen Gerichte (§ 12), die sich auf bürgerlichrechtliche Streitigkeiten (Rn 7) erstreckt, soweit nicht andere Gerichte zuständig sind (insbes Arbeitsgerichte gemäß § 2 ArbGG), und auf Zivilprozesssachen kraft Zuweisung (Rn 19) sowie die Gerichtsbarkeit der besonderen Gerichte des § 14 GVG.

    3. Verweisung. Jedes staatliche Gericht des ersten Rechtszugs der **6** ordentlichen, der Verwaltungs-, Sozial-, Finanz- und Arbeitsgerichtsbarkeit entscheidet über die Zulässigkeit des zu ihm beschrittenen Rechtswegs auf Grund der §§ 17, 17a GVG. Mit der Rechtskraft dieser Entscheidung ist das Gericht, an das der Rechtsstreit verwiesen ist, daran gebunden und darf nicht weiterverweisen (§ 17a Abs 2 S 3 GVG).

    4. Begriff der bürgerlichen Rechtsstreitigkeit. Eine solche ist gege- **7** ben, wenn der Streitgegenstand (Einl II) eine unmittelbare Rechtsfolge des Zivilrechts ist. Eine öffentlich-rechtliche Streitigkeit (iS des § 40 Abs 1 VwGO) liegt vor, wenn der Streitgegenstand eine unmittelbare Rechtsfolge des öffentlichen Rechts ist. – **a) Einordnung.** Es **8** kommt auf den Tatsachenvortrag des Klägers an (BGH stRspr; zB 115, 275), weil nur dieser den Streitgegenstand bestimmt. Bei negativer Feststellungsklage ist auch auf den Vortrag des Beklagten abzustellen (GemSOG NJW 88, 2295). Maßgebend ist demnach die Art (Natur) des Rechtsverhältnisses, aus dem der Klaganspruch abgeleitet wird (GemSOG NJW 86, 2359), ob dieses dem privaten oder dem öffent-

lichen Recht angehört. Das gilt auch bei gemischten Verträgen (BGH
9 NJW 98, 909). – **b) Bestimmungsmethoden.** Die Rspr hierzu ist
nicht zu überschauen, zum großen Teil auch überholt. Im Schrifttum
bestehen verschiedenartige Auffassungen. Zu praktisch brauchbaren Ergebnissen führt eine gemischte Anwendung der Subjektionstheorie mit
der Interessentheorie. Danach gehören nicht zum privaten, sondern zum
öffentlichen Recht diejenigen Rechtsverhältnisse (im weitesten Sinne),
bei denen ein Beteiligter dem anderen (insbes dem Staat) infolge dessen
10 hoheitlicher Gewalt untergeordnet ist **(Subjektionstheorie).** Soweit
die Beteiligten des Rechtsverhältnisses gleichgeordnet und gleichberechtigt sich gegenüberstehen, gehört es dem öffentlichen Recht an, wenn
der Zweck der Rechtsnormen, die für das Rechtsverhältnis gelten, überwiegend den Interessen des Staates oder einer anderen juristischen Person des öffentlichen Rechts dient, dem privaten Recht, wenn ihr Zweck
11 dem individuellen Interesse des einzelnen dient **(Interessentheorie).**
Einen praktisch brauchbaren Weg bietet auch die Differenzierung danach, auf welchem Rechtsgebiet der Schwerpunkt der rechtlichen Beurteilung des Streitgegenstands liegt **(Schwerpunkttheorie).** Bei der Einordnung muss auf den Einzelfall abgestellt werden.

12   **5. Bürgerliche Rechtsstreitigkeiten** sind insbes solche aus Rechtsverhältnissen des BGB, HGB, StVG, WEG, AktG, GmbHG, GenG, WG,
ScheckG, VVG, PatG, UWG, ferner solche, die der ZPO, InsO, dem
13 ZVG und AnfG entspringen. **Beispiele:** Ansprüche aus dem Dienstverhältnis eines GmbH-Geschäftsführers (§ 5 I S 3 ArbGG), wenn nicht
ausnahmsweise ein auch (nur ruhendes) Arbeitsverhältnis vorliegt (BAG
NJW 95, 675); aus Rechtsgeschäft (zB Kauf) einer juristischen Person des
öffentlichen Rechts, das diese abgeschlossen hat, um einen im öffentlichen Interesse liegenden Zweck zu erreichen (BGH 20, 77); Benutzung
der Bahn (allgM) und der Post (allgM), auch aus deren Beförderungs-
vorbehalt (BGH NJW 95, 2295), sowie öffentlicher Kliniken, sofern nicht
der Patient durch die öffentliche Fürsorge eingewiesen ist; Rückforde-
rungsansprüche der BRep aus Hermes-Bürgschaft (BGH NJW 97, 328);
14 Rückforderungsanspruch aus einem öffentlich geförderten Bankdarlehen
(BGH NJW 00, 1042); Immissionsabwehrklagen gegen die Deutsche
Bahn (BGH NJW 97, 744); Ansprüche wegen ärztlicher Behandlungsfehler (Tiemann NJW 85, 2169); Unterlassungsanspruch eines Verbrau-
cherschutzverbandes gegen gesetzliche Krankenkasse (BGH NJW 98,
9413); Wettbewerbsverstöße eines öffentlich-rechtlichen Versicherungs-
trägers (Hamburg OLGZ 94, 366); Streitigkeiten aus einem Pacht- oder
Nutzungsvertrag (Art 232 § 3 EGBGB) zwischen dem Rat der Stadt oder
des Kreises der früheren DDR mit einem privaten Unternehmer (Rostock DtZ 94, 217); Anspruch aus einer Bürgschaft für rückständige
Sozialversicherungsbeiträge (BGH NJW 84, 1622); Ansprüche aus Verletzung des Persönlichkeitsrechts gegen Rundfunk- und Fernsehanstalten
(BGH 66, 182); Namensschutz einer politischen Partei (BGH 43, 245);
15 Anspruch auf zusätzliche Leistungen aus § 25 Abs 1 WohnBindG (BGH

NJW 74, 145); Anspruch aus UWG gegen juristische Personen des öffentlichen Rechts, wenn diese gleichgeordnet im Wettbewerb gegenüberstehen (KG NJW 94, 2701), zB Sozialversicherungsträger (Köln NJW 74, 804), Landesärztekammer (BGH [GS] 67, 81; hierzu Scholz NJW 78, 16); Anspruch auf Pachtzins oder Nutzungsentgelt für einen **16** tatsächlich öffentlichen Weg (BayObLG 74, 226); Benutzung der Mülldeponie einer Gemeinde, wenn Satzung fehlt (BGH NJW 75, 106); Anspruch auf Ausstellung einer die MWSt ausweisenden Rechnung gem § 14 UStG (BGH NJW 75, 310); Wettbewerbsverhältnis zwischen städtischer Bestattungsanstalt und privatem Bestattungsunternehmen (BayObLG 74, 494); Zahlung des Unterschiedsbetrags aus festgesetztem und vereinbartem Entgelt für einen Binnenschifffahrttransport (BGH 64, 159); Zulassung zur Belieferung mit Heil- und Hilfsmitteln auf Grund von Verträgen zwischen Krankenversicherungsträgern und Verbänden von Leistungserbringern (GemSOGB BGH 97, 312); Ansprüche auf Vergütung gegen gesetzliche Krankenversicherer (GemSOGB NJW 88, 2295/7).

6. Keine bürgerlichen Rechtsstreitigkeiten sind insbes die den **17** Arbeits-, Verwaltungs-, Finanz- und Sozialgerichten zugewiesenen Sachen, ferner wenn aus einem öffentlich-rechtlichen Rechtsverhältnis Ansprüche aus ungerechtfertigter Bereicherung geltend gemacht werden. **Beispiele:** Unwirksamkeit besatzungsrechtlicher Enteignungen **18** (BGH NJW 96, 591); Rückzahlung von staatlichen Ausbildungsbeihilfen, selbst wenn der Anspruch notariell beurkundet ist (BGH NJW 94, 2620); Benutzung öffentlicher Versorgungseinrichtungen für Gas, Wasser, Strom, Müllabfuhr uä, wenn das Benutzungsverhältnis vom Träger des Unternehmens dem öffentlichen Recht unterstellt, insbes das Entgelt als Abgabe (Gebühr oder Beitrag) ausgestaltet ist (vgl aber Rn 19, 20); Streitigkeiten aus öffentlich-rechtlichen Verträgen (vgl auch Rn 20) einschließlich Fehlens oder Wegfalls der Geschäftsgrundlage (BGH 87, 9); Unterlassung oder Widerruf von Empfehlungen der AOK an Kassenärzte (BGH NJW 64, 2208); Vertragsstreitigkeiten (auch Schadensersatzansprüche) zwischen Krankenkassen und sog Leistungserbringern (BSG NJW-RR 95, 1275); Rückerstattung von Leistungen der Bundesanstalt für Arbeit (BGH NJW 88, 1731).

7. Zivilprozesssachen kraft Zuweisung. Das sind öffentlich-recht- **19** liche Streitigkeiten, die den ordentlichen Gerichten ausdrücklich zugewiesen sind. Es ist in jedem Fall eine ausdrückliche bundes- oder landesgesetzliche Zuweisung gem § 40 VwGO nötig. Insbes wird hingewiesen auf: **a) Zuweisung kraft Überlieferung** (§ 40 Abs 2 VwGO), näm- **20** lich Ansprüche aus Aufopferung (BGH NJW 95, 964), aus öffentlichrechtlicher Verwahrung und aus Amtspflichtverletzung, wenn der Anspruch gegen den Beamten geltend gemacht wird (§ 839 BGB). Davon umfasst werden nur die Ansprüche auf Geldersatz, nicht die auf Folgenbeseitigung, nämlich der Beschwer aus dem vollzogenen Verwaltungsakt, insbes dessen Rücknahme. – **b) Staatshaftung** auf Schadensersatz aus **21**

Verletzung einer öffentlich-rechtlichen Pflicht auf Grund des Art 34 GG, aber nur auf Schadensersatz in Geld, nicht auf Folgenbeseitigung, für die der Rechtsweg zu den anderen Gerichtsbarkeiten gegeben ist. In den Zivilrechtsweg gehören auch Schadensersatzansprüche aus öffentlich-rechtlichen Verträgen und culpa in contrahendo (BGH NJW 86,

22 1109). – **c) Enteignungsentschädigung** nach Grund, Art und Höhe (Art 14 Abs 3 S 4 GG); nicht die Rechtmäßigkeit der Enteignung selbst. Für diese ist der Rechtsweg zu den Verwaltungsgerichten gegeben. Dass diese auch für die Entschädigung bei enteignenden und enteignungsgleichen Eingriff zuständig seien, wird angenommen von BVerwG NJW 93, 2149 und Lege NJW 95, 2745, jeweils gegen BGH NJW 95, 964. –

23 **d) Weitere Zuweisungen** durch gesetzliche Vorschriften: Baulandsachen nach § 219 BauGB (Zuständigkeit der LGe, Kammern für Baulandsachen). Anwaltssachen (Zuständigkeit des BGH für Revision gegen Entscheidungen des Anwaltsgerichtshofs in den Angelegenheiten der BRAO). Patentsachen: Anfechtung von Entscheidungen des Bundespatentgerichts (an den BGH). Kartellsachen: Anfechtung von Einspruchsbescheiden der Kartellbehörde und Verfügungen des Bundeswirtschaftsministers nach dem GWB (an OLG und BGH). Justizverwaltungsakte: Anfechtung gemäß §§ 23–30 EGGVG.

24 **8. Öffentlich-rechtliche Vorfragen,** insbes bedingende (präjudizielle) Rechtsverhältnisse. Darüber haben im Rahmen des ihnen zugewiesenen Rechtswegs die ordentlichen Gerichten zu entscheiden (§ 17

25 Abs 2 GVG). **a) Grundsatz.** Ob das ordentliche Gericht den Rechtsstreit entscheidet oder gemäß § 148 aussetzt, steht in seinem Ermessen. Es darf aber grundsätzlich nur prüfen, ob der Verwaltungsakt, der die Vorfrage darstellt, besteht (dh erlassen und nicht aufgehoben ist) oder nicht besteht (dh nicht erlassen, nichtig oder aufgehoben ist). Verschlossen ist den ordentlichen Gerichten die Prüfung, ob der Verwaltungsakt rechtmäßig ist und mit oder ohne Erfolg angefochten werden kann

26 (BGH 24, 386; ZöGummer 45). – **b) Ausnahme.** Die ordentlichen Gerichte dürfen auch die Rechtmäßigkeit des Verwaltungsaktes nachprüfen in den Fällen der Rn 22 und 23, weil seine Anfechtung ihnen zugewiesen ist; ferner in den Fällen der Rn 20, 21, wenn der zugewiesene Anspruch in seinem Bestand von der Frage abhängt, ob der schadenverursachende Verwaltungsakt rechtswidrig war oder nicht (hM), wegen der Bindung an die Rechtskraft (Rn 30) aber nur dann, wenn die Rechtmäßigkeit des Verwaltungsaktes nicht in einem verwaltungsgerichtlichen Verfahren rechtskräftig festgestellt ist (BGH stRspr zB

27 NJW 92, 1384/1386). – **c) Aufrechnung** mit öffentlich-rechtlicher Forderung. Das ordentliche Gericht ist grundsätzlich nicht auf Grund des § 17 GVG befugt darüber zu entscheiden (vgl § 17 Rn 9).

28 **9. Bindung** der ordentlichen Gerichte an Entscheidungen der anderen Gerichtszweige und der Verwaltungsbehörden besteht in folgenden Fällen: **a) Rechtsgestaltende Verwaltungsakte.** Das sind zB behördliche Genehmigungen, Einbürgerung, bei Beamten Anstellung, Verset-

zung (allgM). – **b) Kraft gesetzlicher Anordnung.** Sie muss aus- 29
drücklich sein (zB § 17a Abs 2 S 3 GVG). – **c) Tatbestandswirkung**
des Bestehens oder des Nichtbestehens eines Verwaltungsaktes (vgl
Rn 25). – **d) Materielle Rechtskraft** (§ 322), die auch bei den Urtei- 30
len wirkt, die in einem anderen Gerichtszweige ergangen sind. Dies gilt
freilich immer nur, soweit die Rechtskraft zwischen den selben Parteien
wirkt (vgl § 325).

§ 13a *(aufgehoben)*

§ 14 [Schiffahrtsgerichte]

**Als besondere Gerichte werden Gerichte der Schiffahrt für die
in den Staatsverträgen bezeichneten Angelegenheiten zugelassen.**

Darunter fallen die Rheinschifffahrtsgerichte (Revidierte Rhein- 1
schifffahrtsakte vom 17. 10. 1868; idF der Bekanntmachung vom 11. 3.
1969 (BGBl II 597). Die Schifffahrtsgerichte für Binnenschifffahrts-
sachen (G vom 27. 9. 1952, BGBl 641) gehören zur ordentlichen Gerichtsbarkeit.

§ 15 *(aufgehoben)*

§ 16 [Ausnahmegerichte; gesetzlicher Richter]

**Ausnahmegerichte sind unstatthaft. Niemand darf seinem ge-
setzlichen Richter entzogen werden.**

1. Bedeutung. § 16 entspricht wörtlich dem Art 101 Abs 1 GG. 1
Ausnahmegerichte sind lediglich solche Gerichte, die nur zu dem Zweck
zusammengestellt werden, über bestimmte Einzelfälle oder bestimmte
Personen zu entscheiden (BVerfG 8, 174/182).

2. Gesetzlicher Richter. Das ist das Gericht, dh der durch Zustän- 2
digkeitsordnung und Geschäftsverteilung zur Entscheidung im jeweiligen Einzelfall berufene Spruchkörper und Richter (BVerfG NJW 97,
1497). Dies bezieht sich auf jede Art richterlicher Tätigkeit (BVerfG 4,
412). Nicht erforderlich ist, dass die Zahl der erkennenden Richter stets
unverändert bleibt, wenn diese durch den Geschäftsverteilungsplan
(§ 21e GVG) hinreichend bestimmt sind (BVerfG 19, 52) und kein
Verstoß gegen die Überbesetzung vorliegt (BVerfG 19, 145).

3. Entziehen setzt ein Tätigwerden (auch bewusstes Unterlassen) im 3
einzelnen Fall voraus (BAG NJW 61, 1740), das (nicht notwendig
absichtlich) bewirkt, dass ein anderer als der gesetzliche Richter in dem
betreffenden Rechtsstreit tätig wird. **a) Personen.** Nur solche können 4
entziehen, wenn sie außerhalb der Gerichtsorganisation stehen, inner-

halb der Gerichtsorganisation solche, die allgemein oder in einer bestimmten Sache keine gerichtliche Funktion ausüben dürfen, insbes auch Richter. Wenn eine solche Person den Senat, die Kammer oder den Einzelrichter, der die Sache zu behandeln und zu entscheiden hat, bestimmt oder zusammensetzt, insbes darauf irgendeinen ursächlichen Einfluss ausübt, dann ist gegen Art 101 Abs 1 S 2 GG und § 16 GVG
5 verstoßen (BVerfG 4, 412/417). – **b) Willkür.** Präsidium und Richter, sofern sie gerichtliche Funktionen ausüben dürfen und daher nicht unter Rn 4 fallen, sowie die Justizverwaltung entziehen nur dann dem gesetzlichen Richter, wenn sie dabei (objektiv) willkürlich handeln (BVerfG in stRspr), zB durch Nichtbeachten einer Vorlagepflicht (BVerfG NJW 88, 1015). Hingegen begründet ein bloßer Verfahrensirrtum keinen Verstoß (BVerfG 29, 45; BGH NJW 62, 1396).

6 **4. Folgen. a) Auskunftspflicht** der Justizverwaltungsorgane besteht dahingehend, ob der Richter das Richteramt überhaupt und ob er es in
7 dem betreffenden Verfahren ausüben durfte. – **b) Rechtsbehelfe.** Bei Verstoß sind begründet: Berufung (§ 538 Rn 9), Beschwerde (§ 572 Rn 20) oder Revision (§ 547 Nr 1), nach Rechtskraft Nichtigkeitsklage (§ 579 Abs 1 Nr 1). Wenn die Rechtsmittel erschöpft sind: Verfassungsbeschwerde. Beschwerdeführer kann nur die Prozesspartei, nicht der
8 Richter selbst sein (BVerfG NJW 63, 899). – **c) Wirkung.** Sofern § 16 GVG verletzt ist, ist die Entscheidung, bei der ein ungesetzlicher Richter mitgewirkt hat, aufzuheben ohne Rücksicht darauf, ob die Entscheidung inhaltlich richtig ist.

§ 17 [Zulässigkeit des Rechtswegs]

(1) ¹Die Zulässigkeit des beschrittenen Rechtsweges wird durch eine nach Rechtshängigkeit eintretende Veränderung der sie begründenden Umstände nicht berührt. ²Während der Rechtshängigkeit kann die Sache von keiner Partei anderweitig anhängig gemacht werden.

(2) ¹Das Gericht des zulässigen Rechtsweges entscheidet den Rechtsstreit unter allen in Betracht kommenden rechtlichen Gesichtspunkten. ²Artikel 14 Abs. 3 Satz 4 und Artikel 34 Satz 3 des Grundgesetzes bleiben unberührt.

1 **1. Allgemeines.** Die Entscheidung über die Zulässigkeit des Rechtswegs und ihre Folgen ist durch § 17 a GVG geregelt. Es kann bereits im ersten Rechtszug auch für die Rechtsmittelgerichte bindend entschieden werden, welcher Rechtsweg zulässig ist (§ 17 a Abs 5 GVG). Dafür wird in Kauf genommen, dass im Einzelfall durch ein Rechtsmittelgericht über einen Rechtsstoff entschieden wird, für den eigentlich die Gerichte eines anderen Rechtswegs zuständig wären. Diese Fälle sind verhältnismäßig selten, erzeugen aber oft schwierige Rechtsfragen (Windel ZZP 111, 3).

2. Anwendungsbereich. § 17 GVG gilt nicht nur für die ordentli- 2
chen Gerichte (§ 12 GVG), sondern entsprechend auch für die Gerichte
der anderen Rechtswege, nämlich der Verwaltungs-, Finanz-, Sozial-
und Arbeitsgerichtsbarkeit (§ 173 VwGO, § 155 FGO, § 202 SGG,
§ 48 Abs 1 ArbGG), dort auch für die sachliche und örtliche Zuständigkeit (§ 83 S 1 VwGO, § 70 S 1 FGO, § 98 S 1 SGG, § 48 Abs 1
ArbGG). Die entspr Anwendung ist auch im Verhältnis zwischen streitiger und freiwilliger Gerichtsbarkeit zu bejahen (allgM; BGH NJW 01,
2181 mwN), selbst wenn der kontradiktorische Charakter des FG-Ver-
fahrens nicht im Vordergrund steht (BGH aaO). § 17 GVG gilt für alle
Verfahren des jeweiligen Rechtswegs, insbes Mahnverfahren, selbstständige Beweisverfahren, auch für den vorläufigen Rechtsschutz, also für
Arrest und einstweilige Verfügung (hM; BGH NJW 01, 2181), nicht
aber für das PKHVerfahren (vgl § 17 a Rn 3).

3. Wirkungen (Abs 1). **a) Fortdauer** der Zulässigkeit des Rechts- 3
wegs (S 1). Dies entspricht der sog perpetuatio fori des § 261 Abs 3
Nr 2 (vgl dort). Der beschrittene Rechtsweg muss bis zum Schluss der
mdl Vhdlg nur einmal zulässig geworden sein (vgl § 13 GVG Rn 2).
Jede Änderung von tatsächlichen Verhältnissen, Rechtsvorschriften und
Klageanträgen ist für die Zulässigkeit des Rechtswegs dann unerheblich,
wenn sie nach Rechtshängigkeit (§ 261 Rn 2–4) eingetreten ist (Piekenbrock NJW 00, 3476). Das ist vom BGH in NJW 00, 2749 nicht
beachtet. – **b) Rechtswegsperre** durch das Verbot anderweitiger An- 4
hängigkeit der selben Sache (Abs 1 S 2). Damit ist derselbe Streitgegenstand (Einl II) gemeint (wie § 261 Rn 12). Das trifft auch insoweit zu,
als sich der Streitgegenstand nur teilweise deckt. Die später erhobene
Klage muss als unzulässig abgewiesen werden; es kommt daher auf den
Zeitpunkt der Klagezustellung an (§ 261 Abs 1) oder auf den entsprechenden Vorgang des § 261 Abs 2.

4. Entscheidungbefugnis (Abs 2) steht den Gerichten eines jeden 5
Rechtswegs zu, welches den Rechtsstreit in der Sache entscheidet.
Dieses Gericht ist das des zulässigen Rechtswegs, nämlich des vom
Kläger beschrittenen, auf Grund des Parteivorbringens und auch ohne
besondere Entscheidung als zulässig erkannten Rechtswegs oder das des
bindend für zulässig erklärten (§ 17 a Rn 1, 2 S 3 GVG). Diese Ent-
scheidungsbefugnis gilt nur für das betreffende Rechtsverhältnis eines
Streitgegenstands (Einl II), nicht für eine Mehrheit prozessualer Ansprü-
che (allgM; BGH NJW 91, 1686; vgl Rn 7 und 8. **a) Grundsatz** (Abs 2 6
S 1). Das Gericht entscheidet umfassend den Rechtsstreit mit den gestellten Anträgen unter allen rechtlichen Gesichtspunkten (mit Tat- und
Rechtsfragen), auch Anspruchsgrundlagen, soweit sie in Betracht kommen, insbes geltend gemacht werden, auch alle Vorfragen (§ 13 GVG
Rn 24) ohne Rücksicht darauf, welchem Rechtsgebiet sie angehören
und ob das Gericht derjenigen Gerichtsbarkeit angehört, die für den
Rechtsweg zuständig ist. Das Gericht wendet dabei seine Verfahrensordnung an (hM; vgl Deckers ZZP 110, 341), das ordentliche Gericht

also die ZPO, ausnahmsweise einzelne Vorschriften anderer Verfahrensordnungen nur dann, wenn es die Art des Anspruchs erfordert (aA
Deckers aaO: ausnahmslos eigene Verfahrensordnung), zB die Amtsermittlung anstatt des Verhandlungsgrundsatzes (Einl I Rn 1; § 86 Abs 1
7 VwGO). – **b) Umfang** (Abs 2 S 1) der Entscheidungsbefugnis.
Sie erstreckt sich auf den jeweiligen prozessualen Anspruch (Streitgegenstand, Einl II; vgl Rn 5 aE.) auch dann, wenn er auf Grundlagen beruht
oder beruhen kann, die verschiedenen Rechtswegen zugeordnet sind
8 (ZöGummer 6). – **c) Grenzen.** Die Entscheidungsbefugnis erstreckt
sich nicht auf weitere Ansprüche, die verbunden (§ 260) eingeklagt
werden (allgM; BGH 114, 1), nicht auf die Widerklage (§ 33), schon gar
nicht auf Streitgenossen (§§ 59, 60; Frankfurt NJW-RR 95, 319 für
einfache). In solchen Fällen gilt § 145 (Trennung) und § 17 a Abs 2
GVG (Verweisung). Bei Haupt- und Hilfsbegründung kommt es allein
auf die Hauptbegründung an; deren Rechtsweg muss beschritten werden
9 (ZöGummer 7). – **d) Aufrechnung** mit einer rechtswegfremden Gegenforderung. Diese entspricht einem selbständigen prozessualen Anspruch und ist kein rechtlicher Gesichtspunkt iS des Abs 2 S 1 (vgl
Rupp NJW 93, 3274; ZöGummer 10; aA Gaa NJW 97, 3343), so dass
sich die Entscheidungskompetenz des angegangenen, einem anderen
Rechtsweg angehörenden Gerichts nicht darauf erstreckt (Musielak JuS
94, 817 mwN). Das ist iS einer umfassenden Entscheidungskompetenz
mit guten Gründen bestritten von VGH Kassel NJW 95, 1107; Schenke/
Ruthig NJW 92, 2505 und 93, 1376; Mayerhofer NJW 92, 1602; Hoffmann ZZP 107, 1; Hager Fs für Kissel S 327; Schwab Fs für Zeuner
S 499; Gaa NJW 97, 3343. Auch danach darf auf keinen Fall gegen die
Rechtsweggarantie des Art 34 GG verstoßen werden (Gaa aaO); es ist
ggf auszusetzen (VGH Mannheim NJW 97, 3344). Kissel (NZA 95,
345/357) stellt die Entscheidung in das Ermessen des Gerichts. Es ist
grundsätzlich nach § 145 Rn 24 zu verfahren. Das Gericht kann jedenfalls die Aufrechnung berücksichtigen, wenn die Forderung rechtskräftig
festgestellt oder unbestritten ist (BVerwG NJW 93, 2255).

10 **5. Vorrang des ordentlichen Rechtswegs** ist in Abs 2 S 2 als Ausnahme zu S 1 (Rn 6) angeordnet, weil dies insoweit durch das Grundgesetz garantiert und zwingend ist. **a) Umfang.** Nur die ordentlichen
Gerichte dürfen entscheiden über die Höhe der Enteignungsentschädigung (Art 14 Abs 3 S 4 GG) sowie über den Schadensersatz und den
11 Rückgriff bei Amtspflichtverletzungen (Art 34 S 3 GG). – **b) Wirkung.** Das Gericht eines anderen Rechtswegs darf über diese Ansprüche
auch dann nicht befinden, wenn es bindend für zuständig erklärt sein
sollte (§ 17 a Abs 2 S 3 GVG). Da eine Weiterverweisung ausscheidet,
ist die Klage (als unbegründet) abzuweisen, wenn der erhobene Zahlungsanspruch nicht aus anderen Gründen zugesprochen werden kann.
Die Klage aus den von Abs 2 S 2 betroffenen Ansprüchen kann jederzeit
beim ordentlichen Gericht erhoben werden.

§ 17 a [Entscheidung über den Rechtsweg]

(1) **Hat ein Gericht den zu ihm beschrittenen Rechtsweg rechtskräftig für zulässig erklärt, sind andere Gerichte an diese Entscheidung gebunden.**

(2) ¹**Ist der beschrittene Rechtsweg unzulässig, spricht das Gericht dies nach Anhörung der Parteien von Amts wegen aus und verweist den Rechtsstreit zugleich an das zuständige Gericht des zulässigen Rechtsweges.** ²**Sind mehrere Gerichte zuständig, wird an das vom Kläger oder Antragsteller auszuwählende Gericht verwiesen oder, wenn die Wahl unterbleibt, an das vom Gericht bestimmte.** ³**Der Beschluß ist für das Gericht, an das der Rechtsstreit verwiesen worden ist, hinsichtlich des Rechtsweges bindend.**

(3) ¹**Ist der beschrittene Rechtsweg zulässig, kann das Gericht dies vorab aussprechen.** ²**Es hat vorab zu entscheiden, wenn eine Partei die Zulässigkeit des Rechtsweges rügt.**

(4) ¹**Der Beschluß nach den Absätzen 2 und 3 kann ohne mündliche Verhandlung ergehen.** ²**Er ist zu begründen.** ³**Gegen den Beschluß ist die sofortige Beschwerde nach den Vorschriften der jeweils anzuwendenden Verfahrensordnung gegeben.** ⁴**Den Beteiligten steht die Beschwerde gegen einen Beschluß des oberen Landesgerichts an den obersten Gerichtshof des Bundes nur zu, wenn sie in dem Beschluß zugelassen worden ist.** ⁵**Die Beschwerde ist zuzulassen, wenn die Rechtsfrage grundsätzliche Bedeutung hat oder wenn das Gericht von der Entscheidung eines obersten Gerichtshofes des Bundes oder des Gemeinsamen Senats der obersten Gerichtshöfe des Bundes abweicht.** ⁶**Der oberste Gerichtshof des Bundes ist an die Zulassung der Beschwerde gebunden.**

(5) **Das Gericht, das über ein Rechtsmittel gegen eine Entscheidung in der Hauptsache entscheidet, prüft nicht, ob der beschrittene Rechtsweg zulässig ist.**

1. Allgemeines. § 17 a regelt das Verfahren des Gerichts, das im 1 Einzelfall über die Zulässigkeit des beschrittenen Rechtswegs zu entscheiden hat, zugleich die Wirkung dieser Entscheidung. **a) Zweck.** Es 2 soll früh und bindend die Zuständigkeit desjenigen Gerichts festgelegt werden, das unabhängig von der wirklichen Zulässigkeit des Rechtswegs über die Sache entscheidet. Durch die Vorabentscheidung und das Rechtsmittel (Abs 4 S 3) soll gewährleistet werden, dass die Rechtswegentscheidung richtig ist. Die erwünschte Vereinfachung und Beschleunigung des von Rechtswegfragen betroffenen Verfahrens ist damit nicht erzielt worden (Ressler JZ 94, 1035). – **b) Anwendbar** ist § 17 a im 3 selben Umfang wie § 17 GVG (vgl dort Rn 2) und nicht im PKH-Verfahren (VGH Mannheim NJW 95, 1915 mwN; von BAG NJW 93, 751 mwN offengelassen).

4   **2. Bindung** bei für zulässig erklärtem Rechtsweg (Abs 1). **a) Voraussetzung** ist eine formell rechtskräftige Entscheidung (§ 705), in der das Gericht den zu ihm beschrittenen Rechtsweg für zulässig erklärt, entweder durch Vorabentscheidung (Abs 3; Rn 12) oder im Endurteil (BGH NJW 93, 388), ausdrücklich oder stillschweigend, indem über die
5 Begründetheit der Klage entschieden wird. – **b) Wirkung.** Jedes andere Gericht eines jeden Rechtswegs ist an die (vorher ergangene) Entscheidung gebunden (allgM), auch wenn sie falsch sein sollte, und muss daher eine bei ihm erhobene Klage über denselben Streitgegenstand (Einl II; § 17 GVG Rn 7) als unzulässig abweisen, weil der (nunmehr beschrittene) Rechtsweg nicht zulässig ist.

6   **3. Unzulässigkeit des Rechtswegs** (Abs 2), in dem geklagt wird. Festgestellt wird die Unzulässigkeit für die ordentlichen Gerichte auf Grund des § 13 GVG, für die Gerichte der anderen Rechtswege aus der für sie geltenden Verfahrensordnung (VwGO, SGG, FGO und ArbGG),
7 weil es kein einheitliches Gerichtsverfassungsgesetz gibt. **a) Prüfung** der Zulässigkeit und Feststellung der Zulässigkeit oder Unzulässigkeit des Rechtswegs geschieht von Amts wegen (12 vor § 253) durch das Gericht des ersten Rechtszugs (AG und LG), nicht durch die Rechtsmittelgerichte (LG, OLG, BayObLG und BGH), wenn die Zulässigkeit des Rechtswegs im ersten Rechtszug der ordentlichen Gerichtsbarkeit ausdrücklich oder stillschweigend bejaht wurde (Abs 5; vgl § 13 Rn 2). –
8 **b) Verfahren.** Hält das Gericht den zu ihm beschrittenen Rechtsweg für unzulässig, muss es die Parteien oder deren ProzBev unter Hinweis auf die Tatsachen, die anzuwendenden Vorschriften und die Rechtsfragen zur Äußerung auffordern („nach Anhörung"). Mdl Vhdlg ist nicht notwendig (Abs 4 S 1), aber bei frühem ersten Termin (§ 275) angebracht. Bei Aufforderung zu schriftlicher Äußerung ist Fristsetzung möglich (§ 275 Abs 1 S 1, Abs 3 und 4, § 276 Abs 1 S 2, Abs 3). –
8 a **c) Entscheidungsgrundlage.** Die Tatsachen für die Zulässigkeit des Rechtswegs (25 vor § 253) müssen vom Kläger zur Prüfung (Rn 7) schlüssig vorgetragen sein (BGH NJW 96, 3012 mwN). Das ist grundsätzlich ausreichend (Köln NJW 97, 470) und genügt nur dann nicht, wenn eine für die Zuständigkeit erhebliche Tatsache bestritten wird (hM; vgl Jaeger NZA 98, 961). Dann muss Beweis erhoben werden (BAG NJW 94, 1172: Kissel NZA 95, 345/353 mwN; sehr bestr; differenzierend BAG NJW 96, 2948 mwN; aA BAG NJW 97, 542) und die zuständigkeitsbegründende Tatsache bewiesen sein (Windel ZZP 111, 3/20).

9   **4. Entscheidung bei unzulässigem Rechtsweg** (Rn 6). Sie ergeht durch Beschluss (Abs 4 S 1) von Amts wegen (ohne Antrag; Abs 2 S 1), auch durch das Berufungsgericht, wenn das Gericht erster Instanz trotz Rüge (unrichtig, Abs 3 S 2; Rn 13) in der Sache entschieden hat, weil es den Rechtsweg für zulässig hielt (BGH NJW 96, 591). Das Berufungsgericht darf die Vorabentscheidung nicht allein schon deshalb unterlassen, weil sein Urteil der Revision unterliegt (BGH NJW 96, 1890).

a) Voraussetzungen. Eine vorangegangene Verweisung innerhalb des Rechtswegs (§ 281) steht der Verweisung in einen anderen Rechtsweg nicht entgegen (BAG NJW 93, 1878). An ein Verwaltungsgericht darf nicht verwiesen werden, wenn das Verwaltungsverfahren noch läuft (BGH NJW 93, 332). – **b) Inhalt.** Beispiel für eine Formel (Abs 2 S 1): 10 „Der ordentliche Rechtsweg ist unzulässig. Der Rechtsstreit wird an das Verwaltungsgericht Berlin verwiesen." Es ergeht keine Kostenentscheidung wegen § 17 b Abs 2 GVG. Gründe sind zwingend vorgeschrieben (Abs 4 S 2). Die Entscheidung wird in mdl Vhdlg verkündet (§ 329 Abs 3) und (oder) zugestellt (§ 329 Abs 2 S 2); erforderlich wegen befristeter Anfechtbarkeit mit sofortiger Beschwerde (Abs 4 S 3). – **c) Mehrere zuständige Gerichte** (Abs 2 S 2). Damit sind insbes ver- 11 schiedene örtlich zuständige Gerichte in derjenigen Gerichtsbarkeit gemeint, für die der Rechtsweg als zulässig angesehen wird. Verwiesen wird an das vom Kläger (Antragsteller) gewählte Gericht. Dies entspricht dem Grundsatz des § 35. – **d) Bindung** (Abs 2 S 3) tritt erst bei 12 formeller Rechtskraft des Beschlusses (§ 705) und nur hinsichtlich des Rechtswegs ein, so dass nicht in einen dritten Rechtsweg weiterverwiesen werden darf. Das gilt auch bei gesetzwidriger Verweisung (BGH NJW 00, 1343). Diese Bindung ist auch im Verfahren des § 36 Abs 1 Nr 6 zu beachten (BAG NJW 93, 751). Wird dagegen verstoßen, ist der Weiterverweisungsbeschluss unwirksam; es tritt keine vorgehende Zweitbindung ein. Keine Bindung besteht in der sachlichen oder örtlichen Zuständigkeit, so dass innerhalb des Rechtswegs weiterverwiesen werden kann (BAG NJW 96, 742 mwN). Es kommt zur Bindung nur für das Gericht, an das als sachlich oder örtlich zuständiges weiterverwiesen wurde (§ 281 Abs 2 S 5; vgl Rn 9). Auch hinsichtlich des Verfahrens gemäß §§ 23 ff EGGVG besteht keine Bindung (KG MDR 95, 288).

5. Vorabentscheidung bei zulässigem Rechtsweg (Abs 3). Sie hat zu 13 geschehen durch das Gericht des ersten Rechtszugs (BGH NJW 91, 1686). Die Vorabentscheidung tritt an die Stelle eines Zwischenurteils (§ 280). **a) Voraussetzung** ist, dass das Gericht den zu ihm beschritte- 14 nen Rechtsweg für zulässig hält, bei den ordentlichen Gerichten also gemäß § 13 GVG (vgl Rn 6). – **b) Verfahren.** Es entspricht der Rn 8 15 (vgl Abs 4 S 1). Eine Anhörung muss auch ohne ausdrückliche Vorschrift erfolgen. – **c) Entscheidung.** Der Beschluss steht grundsätzlich 16 im Ermessen des Gerichts („kann"). Es sollte entscheiden, wenn die Rechtslage unklar ist. Ob es entscheiden muss (so Boin NJW 98, 3747), ist umstr. Bei einer (nicht notwendig in mdl Vhdlg) erhobenen Rüge muss jedenfalls das Gericht entscheiden. (BGH NJW 99, 651). Dies gilt auch, wenn der Kläger (Antragsteller) rügt (Abs 3 S 2). Eine Rüge kann in einem Verweisungsantrag liegen (Boin aaO). Formel für die ordentlichen Gerichte: „Der Rechtsweg zu den ordentlichen Gerichten ist zulässig." Es ergeht keine Kostenentscheidung wegen § 17 b GVG. Gründe, Erlass und Zustellung des Beschlusses: wie Rn 10. – **d) Bin-** 17

dung. Der rechtskräftige (§ 705) Beschluss bindet gemäß Rn 4, 5 (Abs 1). Die Bindung tritt aber nicht ein, wenn das Gericht trotz Rüge eine Vorabentscheidung (Rn 16) unterlässt und die Zulässigkeit des Rechtswegs nur in den Gründen des Endurteils bejaht (Rn 4, 7; BGH NJW 93, 1799 und 99, 651) oder darüber nicht befindet (BGH NJW 96, 1890).

18 **6. Rechtsmittel** (Abs 4 S 3–6). Sie stehen einem Streitgenossen nicht im (verbundenen) Prozess des anderen zu (Köln NJW-RR 96, 60; vgl § 61 Rn 10). **a) Gegen Beschlüsse,** welche die Zulässigkeit des Rechtswegs verneinen (Abs 2 S 1; Rn 10) oder bejahen (Abs 3; Rn 16), ist Gegenstand des Beschwerdeverfahrens nur die Zulässigkeit des
19 Rechtswegs (BGH NJW 01, 2181). Es findet statt: **aa) Sofortige Beschwerde** (Abs 4 S 3) in der ordentlichen Gerichtsbarkeit gem § 567 gegen die Beschlüsse des AG und LG mit Anwaltszwang (§ 78) nach Maßgabe des § 569 Abs 2, 3 (Saarbrücken NJW-RR 98, 1612). Unzulässig ist die sofortige Beschwerde mit dem Ziel, an ein anderes Gericht des anderen Rechtswegs zu verweisen (BAG NJW 96, 742). Das Beschwerdegericht ergibt sich aus §§ 72, 119 GVG. Hat das OLG als Berufungsgericht (gesetzwidrig) eine Vorabentscheidung (Rn 13) getroffen und die sofortige, nicht die Rechtsbeschwerde zugelassen, ist der BGH daran gebunden (BGH NJW 93, 388). Diese Bindung besteht erst recht, wenn das Berufungsgericht die vom Gericht erster Instanz pflichtwidrig unterlassene Vorabentscheidung trifft und die Rechtsbeschwerde nicht zulässt (Rn 9; BGH NJW 96, 591). Kostenentscheidung ist geboten (BSG MDR 97, 1066). Erfolgloses Rechtsmittel: § 97 Abs 1 ZPO.
20 Hat es Erfolg, gilt § 17 b Abs 2 GVG. – **bb) Rechtsbeschwerde** (Abs 4 S 4, 5). Sie ist eine befristete (§ 575 Abs 1). Im Verfahren von Arrest und einstw Verfügung (§§ 916, 935) ist die Rechtsbeschwerde gegen den Beschluss des OLG nicht ausgeschlossen (BGH NJW 99, 3785 u NJW 01, 2181). Statthaft ist die Rechtsbeschwerde auch gegen einen Beschluss des OLG, wenn das LG im ersten Rechtszug zuständig gewesen wäre. Die Rechtsbeschwerde muss aber im Beschluss des OLG zugelassen sein (Abs 4 S 4); nur dadurch wird § 574 Abs 1 Nr 1 erfüllt. § 545 Abs 1 ist entspr anwendbar (BGH NJW 96, 3012 zu § 549 aF). Die Voraussetzungen der Zulassung sind in Abs 4 S 5 speziell geregelt.
21 Kosten: wie Rn 19 aE. – **b) Gegen Urteile,** in denen statt Verweisung in den zulässigen Rechtsweg (Abs 2) die Klage als unzulässig abgewiesen wird oder in denen statt Vorabentscheidung zu treffen (Abs 3) über die Klage entschieden wird, findet das gegebene Rechtsmittel statt, nämlich Berufung (§ 511; Frankfurt NJW-RR 97, 1564) oder Revision (§ 542). Entscheidet das Gericht erster Instanz trotz Rüge nicht durch Beschluss (Rn 16), sondern in den Gründen des Endurteils, findet wahlweise sofortige Beschwerde oder Berufung statt (BAG NJW 95, 2310; aA ZöGummer mwN). Das Rechtsmittelgericht trifft unmittelbar die gebotene Entscheidung (BAG aaO). Es kann auch gemäß Abs 2 S 1 entscheiden (BGH NJW 99, 651; Oldenburg NJW-RR 93, 255) und

zugleich das ergangene Urteil aufheben (Frankfurt aaO); in der Revisionsinstanz muss der BGH an das Berufungsgericht zurückverweisen, damit dieses die Vorabentscheidung nachholt (BGH aaO).

6. Unterbleiben der Zulässigkeitsprüfung durch das Rechtsmittelgericht (Abs 5). **a) Grund.** Diese Beschränkung der Prüfungskompetenz ist dadurch gerechtfertigt, dass die Zulässigkeit des Rechtswegs vorab geprüft wird und darüber im Beschwerdeverfahren entschieden werden kann (Rn 18–20). Daraus folgt, dass Abs 5 nicht gilt, wenn trotz Rüge entgegen Abs 3 S 2 nicht vorab entschieden wurde (BGH NJW 93, 470; BayObLG NJW-RR 96, 912; Frankfurt NJW-RR 97, 1564; vgl Rn 24 aE). – **b) Entscheidung in der Hauptsache** liegt vor, wenn über die Frage des Rechtswegs hinaus über eine weitere Sachfrage entschieden ist (BGH NJW 93, 470). – **c) Wirkung.** Ist die Zulässigkeit des Rechtswegs bejaht (vgl Rn 4, 7), muss das Rechtsmittelgericht dies hinnehmen (BGH NJW 91, 1686; BAG NZA 99, 319; auch im Fall des § 17 a Abs 2 S 2), sogar das Revisionsgericht (Boin NJW 98, 1750). Ist die Zulässigkeit des Rechtswegs nur konkludent bejaht, weil das Gericht erster Instanz keinen Anlass hatte, eine Vorabentscheidung (Rn 16) zu treffen, so darf das Berufungsgericht auch die Frage des Rechtswegs inhaltlich nicht überprüfen (BGH NJW 93, 389; BAG NJW 96, 3430 und 97, 1025). Dies gilt aber nur, wenn das Gericht nicht gegen Abs 3 S 2 verstoßen hat (Rn 21, 22 aE; Oldenburg NJW-RR 93, 255; aA LG Hanau NJW-RR 98, 1773: im Verhältnis streitiger zu freiwilliger Gerichtsbarkeit immer). Dann kann das Berufungsgericht direkt in den anderen Rechtsweg verweisen (Köln NJW-RR 95, 910).

§ 17 b [Wirkung der Verweisung; Kosten]

(1) ¹Nach Eintritt der Rechtskraft des Verweisungsbeschlusses wird der Rechtsstreit mit Eingang der Akten bei dem im Beschluß bezeichneten Gericht anhängig. ²Die Wirkungen der Rechtshängigkeit bleiben bestehen.

(2) ¹Wird ein Rechtsstreit an ein anderes Gericht verwiesen, so werden die Kosten im Verfahren vor dem angegangenen Gericht als Teil der Kosten behandelt, die bei dem Gericht erwachsen, an das der Rechtsstreit verwiesen wurde. ²Dem Kläger sind die entstandenen Mehrkosten auch dann aufzuerlegen, wenn er in der Hauptsache obsiegt.

Anwendbar: wie § 17 GVG Rn 2. **Anhängigkeit** (Abs 1 S 1) des Rechtsstreits beim Gericht, an welches als das zuständige gem § 17 Abs 2 S 1 GVG verwiesen wurde (Folgen wie § 281 Rn 15), setzt voraus: **(1)** Formelle Rechtskraft (§ 705 Rn 1) des Verweisungsbeschlusses (§ 17 a GVG Rn 9). **(2)** Eingang der Akten; geschieht idR mit Einlauf des Verweisungsbeschlusses. **Wirkungen der Rechtshängigkeit** (Abs 1 S 2). Sie sind im Bereich der ordentlichen Gerichtsbarkeit in § 261 Abs 3 und § 262 geregelt. Es bleiben also insbes auch die

3 fristwahrenden Wirkungen bestehen. **Bindung**. Das Gericht, an das
   verwiesen wurde, darf nicht an das Gericht eines anderen Rechtszugs
4 weiterverweisen (§ 17 a GVG Rn 11). **Kosten** (Abs 2). Entspricht abgesehen von der vorausgesetzten Verweisung dem § 281 Abs 3 wörtlich.
   S 1: Wie das Verfahren bilden die Kosten des (nun zwangsläufig) ersten
   Rechtszugs eine Einheit, so dass zB den Unterlegenen gem § 91 Abs 1
   S 1 auch die Kosten treffen, die vor dem Gericht entstanden sind, das
   verwiesen hat, wenn nicht S 2 entgegensteht. S 2: sog Mehrkosten (wie
5 § 281 Rn 18) **Streitwert:** Bruchteil der Hauptsache (BGH NJW 98,
   909: $^1/_3$–$^1/_5$; bestr).

§ 18 [Mitglieder diplomatischer Missionen]

**[1] Die Mitglieder der im Geltungsbereich dieses Gesetzes er-
richteten diplomatischen Missionen, ihre Familienmitglieder
und ihre privaten Hausangestellten sind nach Maßgabe des Wiener Übereinkommens über diplomatische Beziehungen vom
18. April 1961 (Bundesgesetzbl. 1964 II S. 957 ff) von der deutschen Gerichtsbarkeit befreit. [2] Dies gilt auch, wenn ihr Entsendestaat nicht Vertragspartei dieses Übereinkommens ist; in diesem Falle findet Artikel 2 des Gesetzes vom 6. August 1964 zu
dem Wiener Übereinkommen vom 18. April 1961 über diplomatische Beziehungen (Bundesgesetzbl. 1964 II S. 957) entsprechende Anwendung.**

Zur Durchsetzung zivilrechtlicher Ansprüche: Dahlhoff BB 97, 321;
Leipold Fs Lüke S 353.

§ 19 [Mitglieder konsularischer Vertretungen]

**(1) [1] Die Mitglieder der im Geltungsbereich dieses Gesetzes
errichteten konsularischen Vertretungen einschließlich der Wahl-
konsularbeamten sind nach Maßgabe des Wiener Übereinkommens über konsularische Beziehungen vom 24. April 1963 (Bundesgesetzbl. 1969 II S. 1585 ff) von der deutschen Gerichtsbarkeit
befreit. [2] Dies gilt auch, wenn ihr Entsendestaat nicht Vertragspartei dieses Übereinkommens ist; in diesem Falle findet Artikel 2 des Gesetzes vom 26. August 1969 zu dem Wiener Übereinkommen vom 24. April 1963 über konsularische Beziehungen
(Bundesgesetzbl. 1969 II S. 1585) entsprechende Anwendung.**

**(2) Besondere völkerrechtliche Vereinbarungen über die Be-
freiung der in Absatz 1 genannten Personen von der deutschen
Gerichtsbarkeit bleiben unberührt.**

1 Bestehen Zweifel an der Amtsimmunität, so ist sie von Amts wegen
   zu prüfen und darüber mündlich zu verhandeln; daher ist die Klageschrift zuzustellen und zu laden (LG Hamburg NJW 86, 3034).

§ 20 [Sonstige Exterritoriale]

(1) Die deutsche Gerichtsbarkeit erstreckt sich auch nicht auf Repräsentanten anderer Staaten und deren Begleitung, die sich auf amtliche Einladung der Bundesrepublik Deutschland im Geltungsbereich dieses Gesetzes aufhalten.

(2) Im übrigen erstreckt sich die deutsche Gerichtsbarkeit auch nicht auf andere als die in Absatz 1 und in den §§ 18 und 19 genannten Personen, soweit sie nach allgemeinen Regeln des Völkerrechts, auf Grund völkerrechtlicher Vereinbarungen oder sonstiger Rechtsvorschriften von ihr befreit sind.

Die Immunität richtet sich nach völkerrechtlichen Regeln und ist nur **1** ausnahmsweise durchbrochen (Geiger NJW 87, 1124 mwN).

§ 21 *(aufgehoben)*

Zweiter Titel. Allgemeine Vorschriften über das Präsidium und die Geschäftsverteilung

§ 21a [Zusammensetzung des Präsidiums]

(1) Bei jedem Gericht wird ein Präsidium gebildet.

(2) Das Präsidium besteht aus dem Präsidenten oder aufsichtführenden Richter als Vorsitzenden und
1. **bei Gerichten mit mindestens achtzig Richterplanstellen aus zehn gewählten Richtern,**
2. **bei Gerichten mit mindestens vierzig Richterplanstellen aus acht gewählten Richtern,**
3. **bei Gerichten mit mindestens zwanzig Richterplanstellen aus sechs gewählten Richtern,**
4. **bei Gerichten mit mindestens acht Richterplanstellen aus vier gewählten Richtern,**
5. **bei den anderen Gerichten aus den nach § 21b Abs. 1 wählbaren Richtern.**

Abs 2 ist neugefasst mWv 1. 1. 2000 durch Art 1 Nr 1 G vom 22. 12. 1999 (BGBl I S 2598).

1. Präsidium (Abs 1). Dieses ist ein unabhängiges, gerichtliches **1** Selbstverwaltungsorgan, in dessen Tätigkeit die Justizverwaltung nicht durch Anweisung oder personelle Anregungen eingreifen darf; sie kann lediglich unterbliebene, notwendige Maßnahmen anmahnen und auf Mängel hinweisen. Ein Präsidium besteht an allen Gerichten, auch an den kleineren Amtsgerichten (vgl Abs 2 Nr 5).

2. Zusammensetzung (Abs 2). Sie richtet sich ohne Unterschied **2** für alle Gerichte allein nach der Zahl der zugewiesenen Richterplanstellen, ohne Rücksicht darauf, ob sie besetzt sind oder nicht (hM;

Koblenz DRiZ 96, 329). Maßgebender Zeitpunkt: § 21 d Abs 1 GVG.
3 Veränderung: § 21 d Abs 2, 3 GVG. **a) Gewähltes Präsidium** (Abs 2
Nr 1–4). Es besteht aus 10, 8, 6 oder 4 Mitgliedern. Der Präsident des
Gerichts oder der aufsichtführende Richter (Direktor des AG) gehören
ohne Wahl kraft Gesetzes dem Präsidium jeweils als Vorsitzender an. Alle
anderen Mitglieder müssen nach § 21 b GVG gewählt werden. – **b) Un-
gewähltes Präsidium** kleinerer Gerichte (Abs 2 Nr 5). Es besteht aus
allen wählbaren Richtern, gleichgültig, wie viele es sind. Den Vorsitz
führt ein Präsident wegen § 22 a GVG beim AG auch dann, wenn ein
aufsichtführender Richter (Direktor) vorhanden ist. Durch die führende
Mitwirkung einer von der Arbeitsaufteilung unberührten Person soll
eine möglichst gleichmäßige Arbeitsbelastung der Richter gewährleistet
werden.

§ 21 b [Wahl des Präsidiums]

(1) [1]Wahlberechtigt sind die Richter auf Lebenszeit und die
Richter auf Zeit, denen bei dem Gericht ein Richteramt übertragen ist, sowie die bei dem Gericht tätigen Richter auf Probe,
die Richter kraft Auftrags und die für eine Dauer von mindestens
drei Monaten abgeordneten Richter, die Aufgaben der Rechtsprechung wahrnehmen. [2]Wählbar sind die Richter auf Lebenszeit und die Richter auf Zeit, denen bei dem Gericht ein Richteramt übertragen ist. [3]Nicht wahlberechtigt und nicht wählbar
sind Richter, die für mehr als drei Monate an ein anderes Gericht
abgeordnet, für mehr als drei Monate beurlaubt oder an eine
Verwaltungsbehörde abgeordnet sind.

(2) Jeder Wahlberechtigte wählt höchstens die vorgeschriebene
Zahl von Richtern.

(3) [1]Die Wahl ist unmittelbar und geheim. [2]Gewählt ist, wer
die meisten Stimmen auf sich vereint. [3]Durch Landesgesetz können andere Wahlverfahren für die Wahl zum Präsidium bestimmt
werden. In diesem Fall erlässt die Landesregierung durch Rechtsverordnung die erforderlichen Wahlordnungsvorschriften; sie
kann die Ermächtigung hierzu auf die Landesjustizverwaltung
übertragen.[4]Bei Stimmengleichheit entscheidet das Los.

(4) [1]Die Mitglieder werden für vier Jahre gewählt. [2]Alle zwei
Jahre scheidet die Hälfte aus. [3]Die zum ersten Mal ausscheidenden Mitglieder werden durch das Los bestimmt.

(5) Das Wahlverfahren wird durch eine Rechtsverordnung geregelt, die von der Bundesregierung mit Zustimmung des Bundesrates erlassen wird.

(6) [1]Ist bei der Wahl ein Gesetz verletzt worden, so kann die
Wahl von den in Absatz 1 Satz 1 bezeichneten Richtern angefochten werden. [2]Über die Wahlanfechtung entscheidet ein Senat
des zuständigen Oberlandesgerichts, bei dem Bundesgerichtshof

ein Senat dieses Gerichts. [3] **Wird die Anfechtung für begründet erklärt, so kann ein Rechtsmittel gegen eine gerichtliche Entscheidung nicht darauf gestützt werden, das Präsidium sei deswegen nicht ordnungsgemäß zusammengesetzt gewesen. [4] Im übrigen sind auf das Verfahren die Vorschriften des Gesetzes über die Angelegenheiten der freiwilligen Gerichtsbarkeit sinngemäß anzuwenden.**

Abs 1 S 3, Abs 2 und Abs 3 sind neu gefasst mWv 1. 1. 2000 durch Art 1 Nr 2 G vom 22. 12. 1999 (BGBl I S 2598).

1. Allgemeines. Die Wahl ist nach der WahlO (Rn 10) durchzuführen. Sie ist bei gleichem Stimmrecht aller Richter zwingend unmittelbar und geheim (Abs 3 S 1).   **1**

2. Wahlberechtigung (Abs 1 S 1, 3). **a) Personen.** Zu unterscheiden ist: **aa) Wahlberechtigt** sind alle Richter des Gerichts, selbst wenn sie nur Verwaltungs- oder Ausbildungsaufgaben wahrnehmen; auch Vorsitzende und Präsidenten. **bb) Nicht wahlberechtigt** sind abgeordnete Richter, solche die kürzer als 3 Monate an das Gericht abgeordnet sind oder zwar länger abgeordnet sind, aber keinerlei Rechtsprechungs- sondern ausschließlich Verwaltungsaufgaben wahrnehmen, sowie Richter des Gerichts, die an ein anderes Gericht oder eine andere Behörde länger als 3 Monate abgeordnet oder länger als 3 Monate beurlaubt sind. Der Anlass des Urlaubs ist gleichgültig. Nicht wahlberechtigt sind die ehrenamtlichen Richter und Berufsrichter anderer Gerichtsbarkeiten, zB die Verwaltungsrichter der Kammern für Baulandsachen (hM; BGH NJW 77, 1821). – **b) Maßgebender Zeitpunkt** ist der Tag der Wahl. Für die Abordnung und den Urlaub ist der in Verfügung bezeichnete Zeitraum entscheidend.   **2** **3** **4**

3. Wählbarkeit (Abs 1 S 2). Gegenüber der Wahlberechtigung ist die Wählbarkeit beschränkt. Sie setzt das Richteramt auf Lebenszeit oder Zeit an diesem Gericht voraus. Wählbar ist auch der Vertreter des Präsidenten (Vizepräsident) oder aufsichtführenden Richters (hM; vgl § 21 c Abs S 2 GVG). Nicht wählbar sind: Richter auf Probe (§ 12 DRiG) und kraft Auftrags (§ 14 DRiG), abgeordnete Richter eines anderen Gerichts und Richter, die für mehr als 3 Monate beurlaubt oder woanders hin abgeordnet sind. Zeitpunkt und Zeitraum: wie Rn 4.   **5**

4. Wahlgrundsätze (Abs 2 und 3). Es ist insbes zu beachten: **a) Wahlpflicht** der Wahlberechtigten (Rn 2) ist aus Abs 2 („wählt") zu entnehmen, da sonst die gesetzmäßige Errichtung des Präsidiums gefährdet sein könnte (hM; BVerwG DRiZ 75, 375 mwN). Nur Krankheit und sonstige persönliche Verhinderung befreien von der Wahlpflicht. – **b) Stimmabgabe** (Abs 2). Jeder Wahlberechtigte darf nicht mehr („höchstens") als soviele Richter auf seinem Stimmzettel ankreuzen, wie das Präsidium Mitglieder haben muss. Andererseits darf er eine geringere Anzahl Richter wählen (Kissel NJW 00, 461). Ungültigkeit von Stimm-   **6** **7** **8**

9 zetteln: § 8 Abs 3 WahlO. – **c) Annahme** des Amts durch den gewählten Richter ist nicht erforderlich. Er ist mit der Wahl kraft Gesetzes
Mitglied des Präsidiums, kann das Amt nicht ablehnen oder niederlegen
und scheidet nur unter den Voraussetzungen des § 21 c Abs 2 GVG aus.
– **d) Amtszeit** (Abs 4). Sie beträgt grundsätzlich 4 Jahre. Der zweijäh-
rige Wechsel soll Kontinuität gewährleisten. Das Losverfahren führt der
Wahlvorstand durch (§ 2 WahlO).

10 **5. Wahlverfahren** Es gilt gemäß Abs. 5 die VO (WahlO) vom 19. 9.
72 (BGBl I 1821); abgedruckt BLAH Anh nach § 21 b GVG. **a) Län-
dervorbehalt** (Abs 3 S 3). Anstatt des reinen Mehrheitswahlrechts
(Abs 3 S 2) kann jedes Bundesland (nur durch Gesetz) einen anderen
Wahlmodus einführen, das kleineren Gruppierungen den Zugang zum
Präsidium ermöglicht. Wird davon Gebrauch gemacht, muss die WahlO
11 im Verordnungsweg angepasst werden. – **b) Zeitpunkt.** Die Wahl muss
vor Ablauf des Geschäftsjahres stattfinden (vgl § 3 WahlO; VGH Kassel
NJW 87, 1219).

12 **6. Wahlanfechtung** (Abs 6). **a) Voraussetzungen** (S 1). Mit Gesetz
ist jede Rechtsnorm gemeint (vgl § 12 EGZPO), auch die gem Abs 5
erlassene WahlO. Zur Anfechtung berechtigt ist jeder wahlberechtigte
Richter für sich allein oder mit anderen gemeinsam. Eigene Rechte des
anfechtenden Richters müssen nicht verletzt sein (BVerwG DRiZ 75,
13 375). – **b) Verfahren** (S 2 und 4). Über die Anfechtung einer Wahl am
AG, LG oder OLG entscheidet stets das OLG. Der zuständige Senat ist
durch die Geschäftsverteilung (§ 21 e GVG) zu bestimmen. Gegen den
Beschluss findet trotz S 4 keine Beschwerde statt (BGH 88, 143; bestr).
14 § 28 Abs 2 und 3 FGG gelten entspr (BGH 112, 330). – **c) Wirkung.**
Bei begründeter Anfechtung ist neu zu wählen. Das hat keinen Einfluss
auf Entscheidungen des Gerichts wegen der durch den Geschäftsverteilungsplan des anfechtbar gewählten Präsidiums vorgenommenen Besetzung (S 3); erst recht nicht, wenn eine Anfechtung unterblieben ist
(Kissel 21).

§ 21 c [Vertretung und Wechsel im Präsidium]

(1) ¹**Bei einer Verhinderung des Präsidenten oder aufsichtführenden Richters tritt sein Vertreter (§ 21 h) an seine Stelle.** ²**Ist
der Präsident oder aufsichtführende Richter anwesend, so kann
sein Vertreter, wenn er nicht selbst gewählt ist, an den Sitzungen
des Präsidiums mit beratender Stimme teilnehmen.** ³**Die gewählten Mitglieder des Präsidiums werden nicht vertreten.**

(2) **Scheidet ein gewähltes Mitglied des Präsidiums aus dem
Gericht aus, wird es für mehr als drei Monate an ein anderes
Gericht abgeordnet oder für mehr als drei Monate beurlaubt,
wird es an eine Verwaltungsbehörde abgeordnet oder wird es
kraft Gesetzes Mitglied des Präsidiums, so tritt an seine Stelle der
durch die letzte Wahl Nächstberufene.**

Abs 2 ist neu gefasst mWv 1. 1. 2000 durch Art 1 Nr 3 G vom 22. 12. 1999 (BGBl I S 2598).

1. Vertretung (Abs 1) findet nur beim Präsidenten statt oder beim aufsichtführenden Richter (Direktor des AG). Hierzu berufen ist der Vertreter gemäß § 21 h GVG, so dass selbst bei mehrfacher Verhinderung der Vorsitzende immer vertreten wird, auch durch ein gewähltes Mitglied des Präsidiums, das seinerseits dann nicht vertreten wird (Abs 1 S 3). Verhinderung: Krankheit, Urlaub, in Ausnahmefällen andere unaufschiebbare Dienstgeschäfte, vorübergehende Nichtbesetzung der Planstelle.

2. Wechsel (Abs 2). Betrifft nur die gewählten Mitglieder, da der Vorsitzende des Präsidiums sich durch die Stellenbesetzung ergibt.
a) Gründe für den Wechsel eines Präsidiumsmitglieds: Sie sind erschöpfend. Auch längere Krankheit ist kein Grund. Das Amt kann insbes nicht niedergelegt werden (Kissel 5). Bei Rückkehr des gewählten Mitglieds (auch nach Abordnung) lebt sein Amt nicht wieder auf (hM). –
b) Nachrücken. Es tritt der durch die letzte Wahl, nicht der in derjenigen Wahl Nächstberufene an die Stelle, in welcher der Ausgeschiedene gewählt wurde. Wer nachrückt, stellt das Präsidium fest (BGH 112, 330). Einen Streit darüber, wer nachrückt, entscheidet das Gericht des § 21 b Abs 6 GVG (BGH aaO). Ein für mehr als 3 Monate abgeordneter Richter verliert für den Zeitraum seiner Abordnung auch die Eigenschaft als Nächstberufener (hM). Sind für den Eintritt Nächstberufener keine Wahlberechtigten mehr vorhanden, auf die nicht mindestens eine Stimme entfallen ist, findet eine Nachwahl statt (§ 14 WahlO).

§ 21 d [Größe des Präsidiums]

(1) **Für die Größe des Präsidiums ist die Zahl der Richterplanstellen am Ablauf des Tages maßgebend, der dem Tage, an dem das Geschäftsjahr beginnt, um sechs Monate vorhergeht.**

(2) [1] **Ist die Zahl der Richterplanstellen bei einem Gericht mit einem Präsidium nach § 21 a Abs. 2 Nr. 1–3 unter die jeweils genannte Mindestzahl gefallen, so ist bei der nächsten Wahl, die nach § 21 b Abs. 4 stattfindet, die folgende Zahl von Richtern zu wählen:**
1. **bei einem Gericht mit einem Präsidium nach § 21 a Abs. 2 Nr. 1 vier Richter,**
2. **bei einem Gericht mit einem Präsidium nach § 21 a Abs. 2 Nr. 2 drei Richter,**
3. **bei einem Gericht mit einem Präsidium nach § 21 a Abs. 2 Nr. 3 zwei Richter,**
[2] **Neben den nach § 21 b Abs. 4 ausscheidenden Mitgliedern scheidet jeweils ein weiteres Mitglied, das durch das Los bestimmt wird, aus.**

(3) Ist die Zahl der Richterplanstellen bei einem Gericht mit
einem Präsidium nach § 21 a Abs. 2 Nr. 2 bis 4 über die für die
bisherige Größe des Präsidiums maßgebende Höchstzahl gestie-
gen, so ist bei der nächsten Wahl, die nach § 21 b Abs. 4 stattfindet, die folgende Zahl von Richtern zu wählen:
1. bei einem Gericht mit einem Präsidium nach § 21 a Abs. 2
   Nr. 2 sechs Richter,
2. bei einem Gericht mit einem Präsidium nach § 21 a Abs. 2
   Nr. 3 fünf Richter,
3. bei einem Gericht mit einem Präsidium nach § 21 a Abs. 2
   Nr. 4 vier Richter,
[2] Hiervon scheidet jeweils ein Mitglied, das durch das Los bestimmt wird, nach zwei Jahren aus.

Abs 2 und 3 sind neu gefasst mWv 1. 1. 2000 durch Art 1 Nr 4 G vom
22. 12. 1999 (BGBl I S 2598).

1   **Geschäftsjahr** ist das Kalenderjahr; davon kann nicht abgewichen wer-
2   den (vgl Kissel 3 mwN; bestr). **Verminderung** der Richterplanstellen
    (Abs 2). Die Zahl der Präsidiumsrichter bleibt bis nächst fälliger Wahl
    (gleich ob nach zwei oder vier Jahren, § 21 b Abs 4) unverändert beste-
3   hen. **Erhöhung** der Richterplanstellen (Abs 3). Bis zur nächsten Wahl
    (wie Rn 2) wird die Zahl der Präsidiumsrichter nicht erhöht.

§ 21 e [Aufgaben des Präsidiums; Geschäftsverteilung]

(1) [1] Das Präsidium bestimmt die Besetzung der Spruchkörper,
bestellt die Ermittlungsrichter, regelt die Vertretung und verteilt
die Geschäfte. [2] Es trifft diese Anordnungen vor dem Beginn des
Geschäftsjahres für dessen Dauer. [3] Der Präsident bestimmt, welche richterlichen Aufgaben er wahrnimmt. [4] Jeder Richter kann
mehreren Spruchkörpern angehören.

(2) Vor der Geschäftsverteilung ist den Richtern, die nicht Mitglieder des Präsidiums sind, Gelegenheit zu einer Äußerung zu
geben.

(3) [1] Die Anordnungen nach Absatz 1 dürfen im Laufe des
Geschäftsjahres nur geändert werden, wenn dies wegen Überlastung oder ungenügender Auslastung eines Richters oder
Spruchkörpers oder infolge Wechsels oder dauernder Verhinderung einzelner Richter nötig wird. [2] Vor der Änderung ist den
Vorsitzenden Richtern, deren Spruchkörper von der Änderung
der Geschäftsverteilung berührt wird, Gelegenheit zu einer Äußerung zu geben.

(4) Das Präsidium kann anordnen, daß ein Richter oder
Spruchkörper, der in einer Sache tätig geworden ist, für diese
nach einer Änderung der Geschäftsverteilung zuständig bleibt.

(5) Soll ein Richter einem anderen Spruchkörper zugeteilt
oder soll sein Zuständigkeitsbereich geändert werden, so ist ihm,

außer in Eilfällen, vorher Gelegenheit zu einer Äußerung zu geben.

(6) Soll ein Richter für Aufgaben der Justizverwaltung ganz oder teilweise freigestellt werden, so ist das Präsidium vorher zu hören.

(7) ¹Das Präsidium entscheidet mit Stimmenmehrheit. ²§ 21: Abs. 2 gilt entsprechend.

(8) ¹Das Präsidium kann beschließen, dass Richter des Gerichts bei den Beratungen und Abstimmungen des Präsidiums für die gesamte Dauer oder zeitweise zugegen sein können. ²§ 171 b gilt entsprechend.

(9) Der Geschäftsverteilungsplan des Gerichts ist in der von dem Präsidenten oder aufsichtführenden Richter bestimmten Geschäftsstelle des Gerichts zur Einsichtnahme aufzulegen; einer Veröffentlichung bedarf es nicht.

Abs 2 und 7 sind neu gefasst, Abs 8 ist eingefügt mWv 1. 1. 2000 durch Art 1 Nr 5 G vom 22. 12. 1999 (BGBl I S 2598).

1. Allgemeines. Größe des Präsidiums, seine Zusammensetzung und **1** Vertretung: §§ 21 a–d GVG, beim AG außerdem § 22 a GVG. Beschlussfähigkeit und eilige Anordnung: § 21 i GVG. Das Präsidium kann sich eine Geschäftsordnung geben, muss es aber nicht (hM). Unzulässig ist es, die Befugnis zur Entscheidung auf einzelne oder mehrere Mitglieder zu übertragen. Es findet keine Ausschließung oder Ablehnung wegen Besorgnis der Befangenheit statt (hM).

2. Anhörung. Vor der Entscheidung hat das Präsidium Gelegenheit **2** zu einer schriftlichen oder auch mündlichen Äußerung zu geben bei: **a) Jahresgeschäftsverteilung** (Abs 2): allen Richtern, soweit sie nicht dem Präsidium angehören. Sie müssen die Gelegenheit zur Äußerung dem Präsidium gegenüber haben, können aber darauf verzichten oder sich nur gegenüber dem Vorsitzenden des Präsidiums äußern. – **b) Änderung** der Geschäftsverteilung. Dem von ihr betroffenen Vorsitzenden **3** (Abs 3 S 2) und Richtern (Abs 5) sind die vorgesehenen Änderungen mitzuteilen.

3. Entscheidung des Präsidiums. Sie wird Präsidialbeschluss ge- **4** nannt. **a) Zustandekommen.** Der Beschluss wird in einer Sitzung gefasst. Beschlussfähigkeit: § 21 i Abs 1 GVG. **aa) Stimmenmehrheit:** (Abs 7). Es genügt einfache Mehrheit. Bei Stimmengleichheit gibt nicht die Stimme des Vorsitzenden den Ausschlag. Es kommt zu einer Änderung der bestehenden (früheren) Entscheidung erst, wenn bei einer folgenden Sitzung eine Mehrheit zustandekommt. Solange ist, wenn erforderlich, durch eine Anordnung entspr § 21 i Abs 2 GVG zu regeln. **bb) Form:** schriftlich als Ergebnisprotokoll mit Unterschrift aller mit- **5** wirkenden Präsidiumsmitglieder. Die schriftliche Abfassung kann später erfolgen. Demgegenüber hält das BVerfG (NJW 84, 575) eine freie

Verfahrensgestaltung durch das Präsidium für zulässig, nicht einmal Schriftform für nötig. Es sollte jedoch (schon um die Relation zur Bedeutung des gesetzlichen Richters zu wahren) an Sitzung und Protokollierung festgehalten werden, weil die Beschlussfähigkeit voraussetzt, dass eine bestimmte Zahl von Mitgliedern „anwesend" ist (§ 21 i Abs 1 GVG). Für Entscheidungen, die außerhalb eines zumutbaren Sitzungsturnus notwendig werden, bietet sich § 21 i Abs 2 GVG an.

6 **cc) Schriftliches Umlaufverfahren.** Es wird häufig geübt und verschiedentlich als „bewährt" bezeichnet, ist aber unzulässig (aA die hM; BVerwG NJW 92, 254), weil dabei eine Anwesenheit nicht festgestellt werden kann und aus nahe liegenden Gründen keine echte Entscheidung des Gremiums gewährleistet ist. Es widerspricht deshalb dem Sinn der gesamten, auf Mitwirkung der gewählten Präsidiumsmitglieder bedachten Regelung. Die hM verlangt immerhin eine Sitzung des Präsidiums, wenn auch nur ein Mitglied es verlangt (ZöGummer § 21 i Rn 3).

7 **dd) Praxis.** Sie handelt aus unterschiedlichen Motiven nicht einheitlich. Die Auffassungen in der Justizverwaltung und im Schrifttum sind geteilt (vgl Kissel 36–39 mwN). Für Beratung und Abstimmung gelten die §§ 192–197 GVG nicht. Stimmenthaltung ist ausgeschlossen (Kissel 66; bestr). Das Beratungs- und Abstimmungsgeheimnis ist auf Grund des 8 § 43 DRiG zu wahren (Funk DRiZ 73, 260). **ee) Öffentlichkeit** (Abs 8). Sie ist grundsätzlich ausgeschlossen, kann aber nach Ermessen durch Mehrheitsbeschluss des Präsidiums (Rn 5) zugelassen werden, allgemein oder nur für bestimmte Richter. Die Verweisung auf § 171 b GVG führt bei Vorliegen des Schutzbedürfnisses zwingend zum Ausschluss. Für den Regelfall ist von einer öffentlichen Sitzung dringend abzuraten, weil der Rest an unbefangener Aussprache und echter Beratung dabei verlorengeht. – **b) Bekanntmachung.** Für den Geschäftsverteilungsplan mit allen Änderungen und Ergänzungen gilt Abs 9.

9 **4. Anfechtung.** Früher wurde der Geschäftsverteilungsplan für unanfechtbar gehalten. Inzwischen ist ständige Rspr geworden, dass der Verwaltungsrechtsweg gegeben sei, aber nur für den betroffenen Richter und bei Beeinträchtigung von dessen Rechten (BVerwG NJW 76, 1224; BGH NJW 91, 425 mwN). Das Richterdienstgericht kann nicht angerufen werden (BGH aaO). Die Feststellungsklage ist gegen den Dienstherrn (Bund oder Land), nicht gegen das Präsidium (OVG Hamburg NJW 87, 1215), und darauf zu richten, dass der Richter dem Geschäftsverteilungsplan nicht nachzukommen brauche (BVerwG aaO). Bis zum rechtskräftigen Urteil muss er es aber, weil die Klage keine aufschiebende Wirkung hat (hM; ZöGummer 55, 56). Auch vorläufiger Rechtsschutz, wofür das Präsidium passiv legitimiert sein soll, wird für zulässig gehalten (VG Hannover NJW 90, 3227).

10 **5. Befugnis des Präsidenten.** Er kann unter den Voraussetzungen des § 21 i Abs 2 GVG an Stelle des Präsidiums die in § 21 e GVG vorgesehenen Anordnungen zur Geschäftsverteilung treffen. Unter bestimmten Voraussetzungen kann er bei Kollision von Dienstgeschäften

eines Richters den Vorrang festlegen (vgl BGH NJW 73, 1291). Als Vorsitzender des Präsidiums hat er dafür zu sorgen, dass die gesetzlichen Äußerungs- und Anhörungsrechte (Rn 2, 3) gewährt werden. Er muss irgendeine richterliche Aufgabe wahrnehmen; welche, bestimmt er allein (Abs 1 S 3). Daher darf der Präsident vor dem Präsidialbeschluss bestimmen, was er übernimmt, denn andernfalls könnte ihm das Präsidium nur eine einzige Aufgabe übrig lassen.

6. Geschäftsverteilung. Sie umfasst die Besetzung der Spruchkörper (Rn 15), die Vertretungsregelung (Rn 20) und die Verteilung der richterlichen Aufgaben (Rn 24) einschließlich Einteilung von Bereitschaftsdienst (Rn 22), auch im Falle des § 22 c Abs 1 S 3 GVG. Verhältnis zur gerichtlichen Zuständigkeit: 9 vor § 1. **a) Wesen.** Die Geschäftsverteilung ist gerichtliche Selbstverwaltung, in die die Justizverwaltung grundsätzlich nicht eingreifen darf (§ 21 a Rn 1). Der Geschäftsverteilungsplan ist keine Rechtsnorm (BayVerfGH NJW 86, 1673). § 21 e gilt nur für die richterlichen Geschäfte. Die Geschäftsverteilung für die nichtrichterlichen Geschäfte (insbes die der Rechtspfleger und UrkB) wird gesondert durch die Präsidenten oder aufsichtführenden Richter geregelt. – **b) Zeitpunkt** (Abs 1 S 2). Die Geschäftsverteilung muss jedes Jahr vor Beginn des Geschäftsjahres (§ 21 d Rn 1) in vollem Umfang neu beschlossen werden (allgM). Sie tritt mit Ende des Jahres ohne weiteres außer Kraft (BVerwG NJW 85, 822). – **c) Umfang.** Vorgegeben ist durch die Justizverwaltung die Zahl der Richterstellen und ihre Besetzung durch ernannte Richter. Wer die Zahl der Spruchkörper (Kammern und Senate) bestimmt, ist für den BGH in § 130 Abs 1 GVG geregelt, für die anderen Gerichte landesrechtlich. Sie nimmt entweder die Justizverwaltung oder der jeweilige Gerichtspräsident vor. Das Präsidium ist hierfür nicht zuständig. Das Gesetz bestimmt die das Gericht treffende Zuständigkeit und die daraus anfallenden Aufgaben. Für deren erschöpfende Aufteilung (hM; Kissel 80 mwN) auf Spruchkörper und Richter hat das Präsidium ebenso zu sorgen, wie für die Besetzung jedes Spruchkörpers und den richterlichen Zuständigkeitsbereich (sog Referat oder Dezernat). Das kann auch in der Weise geschehen, dass ein Richter mehreren Spruchkörpern angehört (Abs 1 S 4). Es empfiehlt sich, eine Auffang- oder Subsidiärzuständigkeit festzulegen, um Lücken der Geschäftsverteilung zu vermeiden.

7. Besetzung der Spruchkörper (Kammer, Senat). Jedem muss ein Vorsitzender (§ 21 f GVG), mindestens die gesetzliche Zahl von weiteren Richtern (Beisitzer) und ehrenamtlichen Richtern zugewiesen werden. **a) Zuweisung.** Sie darf erst nach Ernennung des Richters und nur für die Dauer des Geschäftsjahres geschehen, nicht von vornherein für bestimmte oder bestimmbare Zeit (vgl Kissel 95), wohl aber für die Dauer einer von vornherein begrenzten Zuweisung oder Abordnung; keinesfalls zur Erledigung bestimmter Verfahren. Grundsätzlich ist jeder Richter des Gerichts einem oder mehreren Spruchkörpern zuzuweisen, auch wenn schon feststeht, dass er ganz oder weitgehend am Dienst

11
12
13
14
15
16

verhindert ist oder nur für einen Teil des Geschäftsjahres am Gericht verbleiben wird. Richter auf Probe, kraft Auftrags und abgeordnete Richter sind im Geschäftsverteilungsplan als solche zu bezeichnen (§ 29
17 S 2 DRiG). – **b) Besonderheiten.** Wird ein Richter mehreren Spruchkörpern zugewiesen (hierzu BVerfG 17, 294 [300]), ist schon im Geschäftsverteilungsplan die Rangfolge der Dienstgeschäfte zu regeln (BGH NJW 73, 1291). Ist ein Richter ständig nur zu einem Bruchteil seiner Arbeitskraft dem Gericht zugewiesen (zB Hochschullehrer als Richter im Nebenamt), so muss der Umfang seiner Verhinderung schon im Geschäftsverteilungsplan festgestellt werden (BGH NJW 74, 656). Ausnahmsweise unterbleibt eine Zuweisung, wenn der Richter zu Beginn des Geschäftsjahres anderswohin abgeordnet ist oder ausschließlich
18 mit Verwaltungsaufgaben betraut wird. – **c) Überbesetzung** ist zulässig (hM). Die Zahl der zugewiesenen ständigen Beisitzer durfte aber am LG und OLG vier grundsätzlich nicht übersteigen (BVerfG 17, 294; BGH NJW 65, 1434). Diese Rspr ist durch BVerfG NJW 97, 1497 gelockert und im Wesentlichen aufgegeben worden, wenn durch die spruchkörperinterne Geschäftsverteilung der gesetzliche Richter ausreichend garantiert wird (vgl ZöGummer 9). Auf jeden Fall dürfen mehr als 4 ehrenamtliche Richter, insbes der KfH zugewiesen werden, weil die ehrenamtlichen Richter sonst zu stark mit Zeitaufwand belastet sein würden.
19 – **d) Ordnungsmäßige Besetzung.** Es ist § 29 DRiG zu beachten. Bei Ausnahmen von § 29 DRiG wird zusätzlich für die Zuteilung zum Spruchkörper und Einteilung der Sitzgruppe (§ 21 g) eine sachliche Notwendigkeit gefordert (BGH NJW 95, 2791). In den neuen Bundesländern gilt die Beschränkung des § 29 DRiG bis 31. 12. 2004 nicht: es ist § 3 Abs 1 RPflAnpG idF des Änderungsgesetzes vom 22. 12. 99 (BGBl 2598) anzuwenden.

20   **8. Vertretungsregelung.** Sie bezieht sich auf den Vorsitz (vgl § 21 f Abs 2 S 1 GVG), auf die weiteren und ehrenamtlichen Richter.
21 **a) Festlegung** muss so geschehen, dass der Vertreter für jeden Vertretungsfall eindeutig feststeht und dass mehrere Vertreter in bestimmter Reihenfolge für den Fall weiterer Verhinderungen feststehen. Die Richter können namentlich bestimmt oder in bestimmter Reihenfolge durch Bezeichnung eines anderen (Vertreter)Spruchkörpers festgelegt werden, hilfsweise auch dadurch, dass alle Richter des Gerichts in festgelegter Reihenfolge (zB Dienst- und Lebensalter, Alphabet) als Vertreter bestimmt werden. Für den Vorsitz verbleibt es beim § 21 f Abs 2 GVG
22 (dort Rn 5–7). – **b) Umfang.** Zur Vertretungsregelung gehört nicht die Bestimmung des gem § 192 GVG beizuziehenden Ergänzungsrichters (vgl BGH NJW 76, 1547) und die Einteilung von Bereitschaftsdienst (BGH NJW 87, 1198). Dies ist für das ganze Geschäftsjahr im Vorhinein in bestimmter Reihenfolge festzulegen, nicht notwendig für die Bereit-
23 schaftstage oder -fälle. – **c) Unzureichende Vertretungsregelung.** Während des Geschäftsjahres darf nur gemäß Abs 3 verfahren werden; auch ein sog zeitweiliger Vertreter darf nur in diesem Rahmen (Rn 28)

bestellt werden (BGH NJW 77, 1696), und nur wenn der Anlass für diese Maßnahme bei Aufstellung des Geschäftsverteilungsplans noch nicht vorauszusehen war (vgl BGH NJW 88, 1921). Ist eine Vertretung nicht möglich, ist nach § 70 Abs 1 GVG zu verfahren.

9. Verteilung der richterlichen Aufgaben. Sie wird auf die **24** Spruchkörper (Kammern und Senate) vorgenommen, beim AG (sowie bei Untersuchungs- und Ermittlungsrichtern) durch Festlegung der Zuständigkeitsbereiche der Einzelrichter (§ 22 Abs 1 GVG). Die Verteilung muss nach allgemeinen Merkmalen erfolgen (BVerwG NJW 84, 2961) und ist insbes nach Anfangsbuchstaben der Namen von Beklagten zweckmäßig, aber auch nach dem Gegenstand des Prozesses, nach räumlichen Bezirken (Katholnigg NJW 92, 2256 mwN) oder nach dem Eingangsdatum (BAG NZA 99, 107). Grundsätzlich darf zwar nicht nach zeitlicher Reihenfolge des Einlaufs oder Aktenzeichens verteilt werden, wohl aber dann, wenn am Einlauftag nach Reihenfolge der Anfangsbuchstaben oder blindlings erteilten Kennziffern eingetragen wird (BGH 40, 91). Nie darf nach Umfang und Schwierigkeitsgrad der Prozesse verteilt oder darf eine bestimmte einzelne Sache zugeteilt werden; jedoch darf sich der neue Geschäftsverteilungsplan so auswirken, dass anhängige Prozesse zu Beginn des Geschäftsjahres auf andere Spruchkörper oder Richter übergehen (BVerwG NJW 91, 1370).

10. Geschäftsverteilungsplan (Abs 9) ist die schriftlich dargestellte **25** Geschäftsverteilung. **a) Inhalt.** Die Grundsätze, die Regeln für Auslegung und die Erläuterung der verwendeten Begriffe sollten vorangestellt werden. Diese Regeln werden bei den einzelnen Gerichten im Allgemeinen von Jahr zu Jahr übernommen, bei Bedarf (aber nur zu Beginn des Geschäftsjahres) auch geändert oder ergänzt. Weiter ist die möglichst genaue und eindeutige Bezeichnung der verteilten Geschäfte, hierzu die zuständigen Spruchkörper, ihre Besetzung und die Vertretungsregelung notwendig, schließlich die Unterschrift aller mitwirkenden Präsidiumsmitglieder (Rn 5). – **b) Bekanntmachung.** Das Min- **26** desterfordernis stellt Abs 9 auf. Abschriften des Geschäftsverteilungsplans sollten zweckmäßig bei jeder Geschäftsstelle des Gerichts zur Einsichtnahme bereitliegen. Einsehen darf außer RAen jeder Rechtsuchende.

11. Änderung der Geschäftsverteilung. Anhörung: gemäß Rn 3. **27** **a) Vor Beginn des Geschäftsjahres.** Sie ist im Rahmen neuer Geschäftsverteilung uneingeschränkt zulässig, ohne besondere Voraussetzungen auch nach beschlossener neuer Geschäftsverteilung bis zum Beginn des Geschäftsjahres. – **b) Nach Beginn des Geschäftsjahres 28** (Abs 3). Die Änderung ist auch bei Zuweisung neuer oder Entzug bisheriger Geschäftsaufgaben sowie zur Korrektur von Fehlern zulässig (Kissel 97), nicht ohne weiteres zur Fort- oder Ausbildung jüngerer Richter (BVerwG NJW 85, 2491). Sie setzt iü (alternativ) voraus: **aa) Überlastung** eines Richters oder Spruchkörpers, insbes wegen **29** übermäßigen Geschäftsanfalls oder zeitweiliger Richterverhinderung.

Ob Überlastung vorliegt, entscheidet das Präsidium nach seinem Ermessen und kann weitere Richter zuweisen, auch sog zeitweilige Vertreter (BGH NJW 77, 1696), Geschäfte auf andere Spruchkörper oder Richter übertragen oder eine Hilfskammer bilden. Soweit Geschäfte übertragen werden, auch auf die Hilfskammer, darf dies nur nach allg Merkmalen (Rn 24) geschehen, insbes nach den innerhalb eines bestimmten Zeitraums anhängig gewordenen Prozessen oder nach einem

30 durch Aktenzeichen bestimmten Teil anhängiger Sachen. **bb) Ungenügende Auslastung** von Spruchkörpern oder Richtern. Es gelten

31 die zu Rn 29 dargestellten Regeln sinngemäß. **cc) Richterwechsel:** Ausscheiden (zB Tod, Eintritt in den Ruhestand, Versetzung), Ernennung zum Vorsitzenden und Zuweisung eines neuen (Vorsitzenden) Richters, auch Zuweisung allein ohne Ausscheiden eines anderen Richters. Es besteht kein Zwang, nur die Stelle des ausgeschiedenen mit dem neu zugewiesenen zu besetzen. Die Geschäftsverteilung darf aus diesem Anlass auch anderweitig verändert werden, soweit ein sachlicher oder personeller Zusammenhang mit dem den Anlass bildenden Wechsel das erforderlich macht (BGH NJW 78, 1444). Bloße Zweckmäßigkeit genügt hierfür nicht, wohl aber das Ziel, eine Verbesserung der Funktion des Gerichts herbeizuführen oder eine Verschlechterung zu vermeiden. Es genügt nicht als Grund die Fortbildung von Richtern auf Probe durch einen Austausch zwischen Zivil- und Strafkammer

32 (BGH NJW 76, 2029). **dd) Dauernde Verhinderung,** nicht die vorübergehende (BGH NJW 86, 1884) eines Vorsitzenden oder weiteren Richters. Sie muss voraussichtlich einen längeren Zeitraum (idR mehrere Monate) andauern; zB Abordnung, langwierige Erkrankung mit Ungewissheit über die Rückkehr in den Dienst (vgl BGH NJW

33 89, 843), Sonderurlaub. Rn 31 gilt sinngemäß. **– c) Durchführung.** Für die Entscheidung des Präsidiums gilt Rn 4–9. Anhörungspflichten: Abs 3 S 2; Abs 5 (Rn 2, 3).

34 **12. Fortdauer der Zuständigkeit** (Abs 4). **a) Anwendungsbereich:** alle Richter (auch Untersuchungs- und Ermittlungsrichter) und alle Spruchkörper. Nicht nur bei Änderung im Laufe des Geschäftsjahres, sondern auch bei der jährlichen Geschäftsverteilung vor Jahresbeginn. Ohne eine anderslautende Anordnung folgen auch alle

35 anhängigen Sachen der neuen Geschäftsverteilung. **– b) Voraussetzungen.** Das Tätigwerden umfasst auch die Vorbereitung einer Verhandlung, insbes die Terminsbestimmung, nicht notwendig eine Verhandlung. **– c) Durchführung.** Die Anordnung ergeht idR im Rah-

36 men des Präsidialbeschlusses (Rn 4). Sie kann sich auf eine einzelne, auf mehrere bestimmte, auch auf mehrere eindeutig bestimmbare Sachen beziehen.

37 **13. Anhörung des Präsidiums** (Abs 6). Aufgaben der Justizverwaltung: beim Gericht selbst (insbes Tätigkeiten innerhalb der sog Verwaltungsabteilungen oder -referate eines Gerichts; Ausbildungsleiter) oder bei der Justizverwaltungsbehörde (Ministerium, Senatsverwaltung), dann

idR durch Abordnung. Anzuhören hat der Gerichtspräsident oder diejenige Behörde (durch ihr zuständiges Organ), welche die Verwendung des Richters innerhalb der Justizverwaltung anordnet. Es besteht keine Bindung an die (schriftliche oder mündliche) Äußerung des Präsidiums. Bei Abordnung besteht Zustimmungserfordernis des Richters (§ 37 DRiG), nicht bei Nebentätigkeit in der Gerichtsverwaltung (§ 42 DRiG).

14. Übernahme der sachlichen Aufgabe nach Maßgabe des Geschäftsverteilungsplans im Einzelfall erfolgt durch denjenigen Richter (beim Spruchkörper durch den Vorsitzenden), in dessen Einlauf die Rechtssache gelangt. Die Registrierung und Zuleitung durch die Einlaufstelle begründet keinerlei Bindung. Für die vorschriftsmäßige Besetzung ist sowieso der Zeitpunkt der Entscheidung maßgebend (BVerwG NJW 85, 822). **a) Zuständigkeitsprüfung.** Hält der Vorsitzende oder Richter sich oder den Spruchkörper für unzuständig, hat er den als zuständig erkannten Richter (oder Spruchkörper) um Übernahme zu ersuchen oder an ihn abzugeben. – **b) Zuständigkeitsstreit** (Kompetenzkonflikt). Können sich die Beteiligten nicht einigen, wer die Sache übernimmt oder behält, hat derjenige Richter (oder Vorsitzende), bei dem die Sache anhängig ist, die Entscheidung des Präsidiums zu beantragen. Es entscheidet durch Auslegung des Geschäftsverteilungsplans und, wenn dies nicht möglich ist, nach Ermessen, jedenfalls wenn der Geschäftsverteilungsplan einen entsprechenden Vorbehalt aufweist (BGH NJW 75, 1424) oder auch keinen (BGHSt 25, 242/244). Für die Entscheidung gilt Rn 2, 3. Die Befugnis hierzu darf nicht auf jemanden übertragen werden. Das gilt auch dann, wenn der (regelmäßig negative) Kompetenzkonflikt allein darum geht, ob die sachlichen Voraussetzungen einer Zuweisung vorliegen, weil in solchen Fällen die Sache sonst liegen bliebe, wenn die am Kompetenzkonflikt beteiligten Richter sich nicht einigen (hM). Eine entspr Anwendung des § 281 ist deshalb ausgeschlossen. – **c) Auffangzuständigkeit.** Unterbleibt der Präsidiums-Vorbehalt, sollten diejenigen Sachen, für die der Geschäftsverteilungsplan wegen einer Lücke (aber nicht wegen eines Auslegungs- oder Subsumtionsstreits) keine Zuständigkeit vorsieht, einem bestimmten Spruchkörper (oder Richter) zugewiesen werden (Rn 14 aE).

15. Vertretung. Jeder Eintritt eines Vertreters (Rn 21) setzt die Verhinderung eines Richters (einschließlich eines Vorsitzenden, § 21 f Abs 2 GVG) voraus. Sie kann vorübergehend oder (bis zur Änderung gemäß Rn 28) auch dauernd sein. Bei Spruchkörpern muss sie eine ordnungsgemäße Besetzung unmöglich machen. **a) Verhinderung.** Sie kann insbes beruhen auf Urlaub, Krankheit, Dienstbefreiung, Überlastung, termingebundener Arbeit. Ist der Verhinderungsfall unzweifelhaft und bekannt, tritt der Vertreter ohne weiteres ein, dh ohne förmliche Feststellung. Ist die Feststellung des Verhinderungsfalls eine Ermessensfrage und kann der Verhinderungsfall nicht innerhalb des Spruchkörpers

durch Vertretung behoben werden, so hat derjenige, der die Vertretung feststellt, herbeiführt oder übernimmt, die Gründe durch einen Akten-
44 vermerk niederzulegen (vgl BGH NJW 88, 1922). – **b) Entscheidung** von Streit- und Zweifelsfällen der Verhinderung oder Übernahme der Vertretung. Hierfür ist der Präsident zuständig (hM; BGH NJW 74, 870 mwN). Die Entscheidung ist formlos und zweckmäßig aktenkundig zu machen (BGH aaO). Einen unbedingten Vorrang bestimmter Dienst-geschäfte gibt es nicht (BGH NJW 63, 1260). Eine vom Geschäftsvertei-lungsplan abweichende, freiwillige Übernahme der Vertretung ist unzu-lässig.

45   **16. Mängel der Geschäftsverteilung** und ihre Rechtsfolgen. **a) Bei der Vornahme** der Geschäftsverteilung (Rn 11–14). Ein Verstoß, der sich unmittelbar auf die Besetzung und die Zuteilung der sachlichen Aufgaben auswirkt, führt dazu, dass grundsätzlich die getroffene Entschei-dung wegen nicht ordnungsgemäßer Besetzung des Gerichts auf den jeweils statthaften Rechtsbehelf hin aufzuheben ist: Berufung (§ 538 Abs 2 Nr 1), Revision (§ 547 Nr 1; aber nicht bei Sprungrevision, § 566 Abs 4 S 2), Beschwerde (§ 572 Abs 3, vgl dort Rn 20) und auf Nichtig-keitsklage (§ 579 Abs 1 Nr 1, Abs 2), wobei das Berufungs- und das Beschwerdegericht nicht gehindert ist, in der Sache selbst zu entscheiden (§ 538 Abs 1). Verfassungsbeschwerde ist nur zulässig, wenn der Rechts-mittelzug erschöpft ist und dem gesetzlichen Richter entzogen wurde (§ 16 GVG; Art 101 Abs 1 GG). Voraussetzung ist, dass die Besetzung des Gerichts vom Verstoß des Präsidiums unmittelbar beeinflusst ist, so dass ein Verstoß nicht ohne weiteres den gesamten Geschäftsvertei-lungs-
46 plan fehlerhaft macht (BVerfG NJW 92, 224). – **b) Bei der Änderung** (Rn 27–32). Wurde die Geschäftsverteilung geändert, obwohl die Vo-raussetzungen (Rn 29–32) nicht vorlagen und ist die Besetzung des Ge-richts davon beeinflusst (wie Rn 45) so treten die gleichen Rechtsfolgen wie bei Rn 45 ein. Beschränkt ist die Nachprüfung lediglich in der Revision. Diese darf sich nicht auf die tatsächlichen Voraussetzungen erstrecken, sondern lediglich darauf, ob ein Rechtsbegriff (zB dauernde Verhinderung) verkannt, das Ermessen missbraucht oder unterlassen wur-
47 de. – **c) Bei der Anwendung** (Rn 38 und 42). Grundsätzlich ist jede richterliche Handlung trotz fehlerhafter Anwendung der Geschäftsvertei-lung wirksam (vgl § 22 d GVG). Rechtsbehelfe sind nur dann begründet, wenn (mit unmittelbarem Einfluss, wie Rn 45) vom Richter (oder Spruchkörper) sachliche Aufgaben übernommen wurden, ohne dass der Geschäftsverteilungsplan angewendet wurde oder wenn willkürlich von ihm abgewichen worden ist. Dies gilt auch, wenn ein Verhinderungsfall nicht vorlag und die erforderliche Ermessensentscheidung unterlassen, fehlerhaft oder unter Ermessensmissbrauch getroffen wurde, ferner wenn willkürlich ein falscher Vertreter herangezogen worden ist. Ist der Ge-schäftsverteilungsplan nur aus Irrtum falsch angewendet worden, wie regelmäßig anzunehmen sein wird, können die Rechtsbehelfe darauf nicht mit Erfolg gestützt werden (BGH NJW 76, 1688).

§ 21 f [Vorsitz]

(1) **Den Vorsitz in den Spruchkörpern bei den Landgerichten, bei den Oberlandesgerichten sowie bei dem Bundesgerichtshof führen der Präsident und die Vorsitzenden Richter.**

(2) ¹**Bei Verhinderung des Vorsitzenden führt den Vorsitz das vom Präsidium bestimmte Mitglied des Spruchkörpers.** ²**Ist auch dieser Vertreter verhindert, führt das dienstälteste, bei gleichem Dienstalter das lebensälteste Mitglied des Spruchkörpers den Vorsitz.**

1. Ordentlicher Vorsitz (Abs 1). Der Vorsitzende soll neben den **1** geschäftsmäßigen Aufgaben (zB § 216 Abs 2 und § 21 g GVG) auch Qualität und Stetigkeit der Rspr des Spruchkörpers gewährleisten (BGH NJW 92, 46 mwN). **a) Spruchkörper:** Senat und Kammer, **2** die KfH (§ 105 GVG), die kleine Strafkammer (§ 76 Abs 2 GVG) müssen mit einem Vorsitzenden Richter besetzt sein. Ausnahme: § 106 GVG. Dies gilt nicht für vorübergehend gebildete Spruchkörper, wie Hilfskammern oder -senate (BGH NJW 83, 2952 mwN; bestr). – **b) Bestimmung** des Vorsitzenden. Der Präsident entscheidet selbst, **3** welchen Vorsitz er übernimmt (§ 21 e Abs 1 S 3 GVG). Die anderen Vorsitzenden (einschließlich den vom Vizepräsidenten einzunehmenden Vorsitz) bestimmt das Präsidium im Rahmen der Geschäftsverteilung (§ 21 e GVG). Einem Vorsitzenden kann der gleichzeitige Vorsitz in mehreren Spruchkörpern übertragen werden (BGH NJW 67, 1566), wenn die Voraussetzungen der Rn 4 eingehalten werden. Mehrfacher Vorsitz in einem Spruchkörper ist unzulässig. Vorübergehend unbesetzt bleiben kann der Vorsitz eines Spruchkörpers, wenn die Planstelle erst geschaffen werden muss oder vorübergehend unbesetzt ist, zB wegen Eintritts in den Ruhestand (BVerwG NJW 86, 1366), jedenfalls unbedenklich bis zu 3 Monaten (BVerfG NJW 83, 1541), aber unzulässig bei Verzögerung durch eine haushaltsrechtliche Wiederbesetzungssperre (BGH 95, 246 und 96, 258). Jedem Vorsitzenden muss der Vorsitz in mindestens einem Spruchkörper übertragen werden. – **c) Belastungs-** **4** **umfang.** Es muss gewährleistet sein, dass es dem Vorsitzenden möglich ist, richtungweisenden Einfluss auf Geschäftsgang und Rechtsprechung auszuüben (vgl Rn 1). Daher darf er durch Vorsitz in mehreren Spruchkörpern, Nebentätigkeit in der Justizverwaltung und ständige Überlastung nicht in der Vorsitzendentätigkeit so beschränkt werden, dass er sich zu mehr als einem Viertel vertreten lassen muss (BGH GS 37, 210, ferner 49, 64 und NJW 73, 205; BSG DRiZ 75, 377). – **d) Neue Bundesländer.** Bis zum Ablauf des am 31. 12. 2004 enden- **5** den Geschäftsjahrs gilt die Sonderregelung des § 10 Abs 4 RPflAnpG idF des Dritten RPflÄndG vom 6. 8. 98 (BGBl 2030). Danach dürfen auch andere Richter auf Lebenszeit den Vorsitz führen und können hierzu vom Präsidium bestimmt werden. Auch sie haben die Äußerungsbefugnis des § 21 e Abs 2, 3 S 2.

6 **2. Vertretung** (Abs 2). Voraussetzung ist die Verhinderung des Vorsitzenden (wie § 21 e GVG Rn 43). Sie wird nicht durch das Präsidium, sondern durch ihn selbst festgestellt (allgM; BGH NJW 93, 1406). Dies darf er auch für das Jahr im Voraus zur turnusmäßigen Vertretung wegen Teilverhinderung festlegen (BGH NJW 95, 335). Das liegt im pflicht-
7 gemäßen Ermessen (BGH aaO und NJW 95, 332). **a) Regelmäßiger Vertreter.** Er wird im Rahmen des § 21 e Abs 1 S 1 GVG durch das Präsidium bestimmt. Es muss ein Richter auf Lebenszeit sein (§ 28 Abs 2 S 2 DRiG), bei der KfH nicht ein Vorsitzender Richter (BGH VersR 78, 460). Das Präsidium sollte den am besten geeigneten, nicht wie in der Praxis idR üblich den (dienst)ältesten Richter auswählen. Es kann auch weitere Vertreter in bestimmter Reihenfolge bestellen. –
8 **b) Ersatzvertreter.** Er tritt ein, wenn der vom Präsidium bestellte Vertreter verhindert ist, bei mehreren der zuletzt berufene. Solange noch ein Richter auf Lebenszeit als ständiges Mitglied des Spruchkörpers tätig ist, führt dieser den Vorsitz, auch wenn die vertretenden Richter dienst- oder lebensälter sind.

9 **3. Mängel.** War der Vorsitz unter Verstoß gegen § 21 f GVG verteilt oder geführt, so ist die von diesem Spruchkörper erlassene Entscheidung auf Rechtsbehelf hin aufzuheben (wie § 21 e Rn 45). Dabei kommt es in Zivilsachen nur auf die Besetzung zurzeit der Letzten mdl Vhdlg an (BGH 10, 130). Nur schwerwiegende Fehler begründen die Nichtigkeitsklage gemäß § 579 Abs 1 Nr 1 (BGH NJW 95, 932).

§ 21 g [Geschäftsverteilung im Spruchkörper]

(1) [1]**Innerhalb des mit mehreren Richtern besetzten Spruchkörpers werden die Geschäfte durch Beschluss aller dem Spruchkörper angehörenden Berufsrichter auf die Mitglieder verteilt.** [2]**Bei Stimmengleichheit entscheidet das Präsidium.**

(2) **Der Beschluss bestimmt vor Beginn des Geschäftsjahres für dessen Dauer, nach welchen Grundsätzen die Mitglieder an den Verfahren mitwirken; er kann nur geändert werden, wenn es wegen Überlastung, ungenügender Auslastung, Wechsels oder dauernder Verhinderung einzelner Mitglieder des Spruchskörpers nötig wird.**

(3) **Absatz 2 gilt entsprechend, soweit nach den Vorschriften der Prozessordnungen die Verfahren durch den Spruchkörper einem seiner Mitglieder zur Entscheidung als Einzelrichter übertragen werden können.**

(4) **Ist ein Berufsrichter an der Beschlussfassung verhindert, tritt der durch den Geschäftsverteilungsplan bestimmte Vertreter an seine Stelle.**

(5) **§ 21 i Abs. 2 findet mit der Maßgabe entsprechende Anwendung, dass die Bestimmung durch den Vorsitzenden getroffen wird.**

(6) **Vor der Beschlussfassung ist den Berufsrichtern, die von dem Beschluss betroffen werden, Gelegenheit zur Äußerung zu geben.**

(7) **§ 21 e Abs. 9 findet entsprechende Anwendung.**

Völlig neu gefasst mWv 1. 1. 2000 durch Art 1 Nr 6 G vom 22. 12. 1999 (BGBl I S 2548).

1. Allgemeines. Die Neufassung beseitigt die Geschäftsverteilungs- 1 kompetenz des Vorsitzenden und stellt ihn, soweit wie möglich, den Richtern des Spruchkörpers gleich. Daher ist er auch bei der Bestimmung des Einzelrichters gem Abs 3 im angemessenen Umfang zu berücksichtigen (ZöGummer 10; MüKo/Wolf 4) **a) Zweck.** 2 Durch die im Voraus für das Geschäftsjahr festgelegte Verteilung soll wie bei der Geschäftsverteilung des Präsidiums der gesetzliche Richter (§ 16 S 2 GVG) garantiert, eine zweckmäßige, effiziente Erledigung ermöglicht und eine gleichmäßige Arbeitsbelastung erzielt werden. – **b) Anwendungsbereich.** Alle Kammern und Senate (auch 3 der obersten Bundesgerichte), die mit mehreren (auch ehrenamtlichen) Richtern besetzt sind; nicht nur die überbesetzten Spruchkörper.

2. Beschluss des Richterkollegiums im Senat oder in der Kammer. 4 **a) Besetzung.** Es entscheiden alle Berufsrichter, die dem Spruchkörper zZ des Beschlusses durch das Präsidium zugeteilt sind (§ 21 e Rn 15, 16, 18). Ist einer verhindert, so tritt der Vertreter (§ 21 e Rn 21) an seine Stelle (Abs 4). – **b) Zuständigkeit.** Sie umfasst die 5 gesamte richterliche Mitwirkung (auch der ehrenamtlichen Richter) bei Verhandlung und Entscheidung der anhängigen und anhängig werdenden Sachen. Das gilt für den Beisitz, die Zuständigkeit des ER nach § 348 u § 568 und auch für die Berichterstattung, weil hierfür eine Befugnis des Vorsitzenden nicht vorbehalten ist. Nur der Vorsitz liegt kraft Gesetzes und Zuweisung durch Präsidiumsbeschluss fest (§ 21 f). Den Berichterstatter im Voraus festzulegen, kann je nach Aufgabenbereich des Spruchkörpers schwierig sein. Im Einzelfall kann im Laufe des Jahres geändert werden (Rn 14). – **c) Verfahren.** Dass 6 es der Vorsitzende leitet, wird wohl vorausgesetzt. Bevor die Berufsrichter entscheiden (Rn 4), also schon vor der „Beschlussfassung" (Abs 6), ist den betroffenen Richtern Gelegenheit zur (idR mündlichen) Äußerung zu geben. Betroffen ist innerhalb des Spruchkörpers praktisch jeder von allem. Das Gehör wird durch Offenlegen des Inhalts der in Betracht kommenden Entscheidung (Vorschlag) gewährt. Der Richter kann sich dann in der Beratung äußern. Ein Richter, der vertreten wird (Abs 4), muss vorher angehört werden. Er wird nämlich nur bei der Entscheidung (Rn 7) vertreten. – **d) Ent-** 7 **scheidung** ergeht durch Beschluss (Abs 2 S 1). Er muss vor Beginn des Geschäftsjahres erlassen werden und ist in einer gemeinsamen Sitzung zu fassen. Ein schriftliches Umlaufverfahren (vgl § 21 e Rn 6)

8 wäre eine Farce. – **e) Abstimmung** (Abs 1 S 2). Mehrheit ist erforderlich. Wenn Stimmengleichheit entsteht und das Präsidium entscheiden muss, stimmt die Zusammenarbeit im Spruchkörper nicht mehr.
9 – **f) Form.** Der Beschluss muss schriftlich ausgefertigt werden, weil Abs 7 und § 21 e Abs 9 anzuwenden sind. Unterzeichnung durch alle Richter ist geboten. – **g) Bekanntmachung.** Auslegen zur Einsichtnahme: Abs 7 (wie § 21 e Rn 8). – **h) Anfechtung** müsste auch ohne ausdrückliche gesetzliche Regelung ausgeschlossen sein. Eine gegenläufige Praxis ist zu befürchten (vgl § 21 e Rn 9).

10 **3. Inhalt des Beschlusses** (Abs 2). Es ist zu unterscheiden zwischen: **a) Jahresgeschäftsverteilung** Abs 2 Hs 1). Sie muss Grundsätze enthalten, wonach die Richter bei Erledigung der Geschäfte mitwirken. Die Jahresgeschäftsverteilung muss die gesamten vom Präsidium zugewiesenen Geschäftsaufgaben erschöpfen. Es darf keine Restzuständigkeit verbleiben. Ergibt sich eine solche im Laufe des Geschäftsjahres, ent-
11 scheiden die Berufsrichter wie bei einer Änderung (Rn 14). **aa) Geschäfte.** Das ist die richterliche Mitwirkung bei der Vorbereitung, Verhandlung und Entscheidung der Sache und die Einzelrichtertätigkeit
12 nach §§ 348, 348 a, 568. **bb) Besetzung** umfasst Beisitz und Berichterstattung. Für den Vorsitz gilt allein § 21 f. Hingegen wird der Einzelrichter gemäß § 21 g bestimmt (Abs 3). Hierbei ist auch der Vorsitzende im angemessenenen Umfang zu berücksichtigen (allgM; ZöGummer 10; MüKo/Wolf 4). Abs 2 gilt auch für die Berufungsgerichte (§ 526 Rn 3). Für das Beschwerdeverfahren ist der Einzelrichter gem § 568 ebenfalls
13 nach Abs 2 zu bestimmen (§ 568 Rn 3). **cc) Vertretung** innerhalb des Spruchkörpers wird nach den Grundsätzen des § 21 e Rn 21 geregelt. Es muss für jedes Mitglied ein Vertreter aus dem Spruchkörper bestimmt werden, ggf eine Reihenfolge. Erst wenn diese erschöpft ist, kommt Vertretung gemäß Präsidiumsbeschluss (§ 21 e Rn 21) in Betracht. –
14 **b) Änderung** (Abs 2 Hs 2). **aa) Voraussetzungen.** Sie müssen nach Beginn des Geschäftsjahrs eingetreten sein und sich auf ein einzelnes Mitglied beziehen, nicht auf den Spruchkörper als solchen. Die Änderung muss nötig sein. Überlastung: wie § 21 e Rn 29. Ungenügende Auslastung: wie § 21 e Rn 30. Richterwechsel: wie § 21 e Rn 31. Dauernde Verhinderung: wie § 21 e Rn 32. **bb) Durchführung:** nur während des Geschäftsjahrs. Sobald die Voraussetzung eingetreten ist, muss Beschluss (Rn 7) gefasst werden.

15 **4. Ersatzanordnungen** (Abs 5) gemäß § 21 i. Solange das Kollegium nicht entscheidet, ist der Vorsitzende ersatzweise befugt.

16 **5. Mängel.** Wird der Geschäftsverteilungsplan überhaupt nicht erlassen, nicht ordnungsgemäß erlassen, dh unter Verstoß gegen die Grundsätze des Abs 2 (Rn 5, 6), wird er unzulässig geändert (Rn 14) oder wird im Einzelfall von ihm abgewichen, so ist das Gericht nicht ordnungsgemäß besetzt. Rechtsfolgen: wie § 21 e Rn 45–47.

§ 21 h [Vertretung des Präsidenten und aufsichtführenden Richters]

[1] Der Präsident oder aufsichtführende Richter wird in seinen durch dieses Gesetz bestimmten Geschäften, die nicht durch das Präsidium zu verteilen sind, durch seinen ständigen Vertreter, bei mehreren ständigen Vertretern durch den dienstältesten, bei gleichem Dienstalter durch den lebensältesten von ihnen vertreten. [2] Ist ein ständiger Vertreter nicht bestellt oder ist er verhindert, wird der Präsident oder aufsichtführende Richter durch den dienstältesten, bei gleichem Dienstalter durch den lebensältesten Richter vertreten.

Anwendungsbereich. Er betrifft in erster Linie die Geschäfte im 1 Rahmen des Präsidiums (§§ 21 a–21 i GVG), nicht die durch das Präsidium im Rahmen der Geschäftsverteilung (§ 21 e GVG) übertragenen Geschäfte der Rechtsprechung. Dabei wird der Präsident gemäß § 21 f GVG Rn 5–7 oder gemäß § 21 e GVG Rn 20 vertreten. Beim dienstaufsichtführenden Richter (Direktor des AG) wird nur gemäß § 21 e GVG Rn 20, 21 vertreten. § 21 h gilt nicht für Aufgaben der Justizverwaltung (ZöGummer 3), wie zB Ziehen der Lose für die Schöffen. **Vertretung.** Sie setzt stets eine Verhinderung (wie § 21 e GVG Rn 43) 2 voraus. Der ständige Vertreter des Präsidenten ist der Vizepräsident. Kommt es auf das Dienstalter an (S 2), hat die höhere Besoldungsstufe Vorrang (hM; ZöGummer 4). Ist der berufene Vertreter ein (gewähltes) Präsidiumsmitglied, wird er seinerseits nicht vertreten (§ 21 c GVG Rn 1). Seine Zugehörigkeit zum Präsidium ist auch kein Verhinderungsgrund iS des S 2.

§ 21 i [Entscheidung des Präsidiums; Ersatzanordnung]

(1) Das Präsidium ist beschlußfähig, wenn mindestens die Hälfte seiner gewählten Mitglieder anwesend ist.

(2) [1] Sofern eine Entscheidung des Präsidiums nicht rechtzeitig ergehen kann, werden die in § 21 e bezeichneten Anordnungen von dem Präsidenten oder aufsichtführenen Richter getroffen. [2] Die Gründe für die getroffene Anordnung sind schriftlich niederzulegen. [3] Die Anordnung ist dem Präsidium unverzüglich zur Genehmigung vorzulegen. [4] Sie bleibt in Kraft, solange das Präsidium nicht anderweit beschließt.

1. Beschlussfähigkeit des Präsidiums (Abs 1). Die Präsidial- 1 beschlüsse müssen in Sitzungen gefasst werden, da Anwesenheit vorgeschrieben ist (vgl § 21 e Rn 5, 6; ebenso Kissel 5; aA die hM; ZöGummer 3: Umlaufverfahren zulässig). Der Vorsitzende des Präsidiums muss stets anwesend sein. Ist der ordentliche Vorsitzende verhindert, sorgt die erschöpfende Vertretungsregelung des § 21 h GVG dafür, dass immer ein Vorsitzender vorhanden ist. Bei der Hälfte der gewählten

Mitglieder, deren Anwesenheit erforderlich ist, braucht nicht eine Mindestzahl von Vorsitzenden anwesend zu sein (§ 21 a Abs 2 S 2 GVG).

2   **2. Ersatzanordnung** (Abs 2) durch den Präsidenten, dienstaufsichtführenden Richter (Direktor des AG) oder dessen Vertreter (§ 21 h
3 GVG). **a) Voraussetzungen** (Abs 2 S 1). Entscheidungen des Präsidiums zur Geschäftsverteilung müssen vorliegen, bevor der Spruchkörper
oder der Richter dementsprechend tätig wird. Nur wenn bis zu diesem
Zeitpunkt ein gem Abs 1 beschlussfähiges Präsidium nicht zusammentreten kann, darf nach Abs 2 verfahren werden. Das wird idR nur dann
der Fall sein, wenn das Präsidium wegen einer zu kurzen Zeitspanne
auch nicht mehr telefonisch zusammengerufen werden kann oder wenn
so viele gewählte Mitglieder verhindert sind (insbes wegen Krankheit,
Urlaub oder Dienstreise), dass die Beschlussfähigkeit des Abs 1 nicht
4 erreicht wird. – **b) Verfahren** (Abs 2 S 2, 3). Wer die Anordnung
erlässt, hat folgendes zu tun: **(1)** Anhörung gem § 21 e Abs 3, 5 GVG
(Ausnahme: Eilfall). **(2)** Die Anordnung mit Gründen schriftlich niederzulegen. Das umfasst die konkrete Darstellung der Voraussetzungen
(Rn 3) und die Motive für die getroffene Entscheidung. **(3)** Vorlage an
das Präsidium. Unverzüglich (wie § 121 Abs 1 BGB) bedeutet hier, dass
das Präsidium einzuberufen ist, sobald es beschlussfähig zusammentreten
5 kann. – **c) Wirkung** (Abs 2 S 4). Die Anordnung ist wirksam, ohne
Rücksicht darauf, ob das Präsidium sie genehmigt. Erst wenn das Präsidium einen von dieser Anordnung inhaltlich abweichenden Beschluss
faßt, verliert die Ersatzanordnung ihre Wirkung, aber nur ex nunc. Bis
dahin ist die gemäß der Ersatzanordnung getroffene Geschäftsverteilung
zu befolgen und wird durch den Präsidialbeschluss nicht rückwirkend
6 beseitigt. – **d) Verstöße.** Werden die Voraussetzungen (Rn 3) aus Willkür oder Missbrauch zu Unrecht angenommen oder wird das Verfahren
(Rn 4) nicht eingehalten, sind die getroffenen gerichtlichen Entscheidungen nach den Grundsätzen des § 21 e Rn 45 anfechtbar.

Dritter Titel. Amtsgerichte

§ 22 [Besetzung der Amtsgerichte]

(1) **Den Amtsgerichten stehen Einzelrichter vor.**

(2) **Einem Richter beim Amtsgericht kann zugleich ein weiteres Richteramt bei einem anderen Amtsgericht oder bei einem
Landgericht übertragen werden.**

(3) [1]**Die allgemeine Dienstaufsicht kann von der Landesjustizverwaltung dem Präsidenten des übergeordneten Landgerichts
übertragen werden.** [2]**Geschieht dies nicht, so ist, wenn das Amtsgericht mit mehreren Richtern besetzt ist, einem von ihnen von
der Landesjustizverwaltung die allgemeine Dienstaufsicht zu
übertragen.**

(4) **Jeder Richter beim Amtsgericht erledigt die ihm obliegenden Geschäfte, soweit dieses Gesetz nichts anderes bestimmt, als Einzelrichter.**

(5) ¹**Es können Richter kraft Auftrags verwendet werden.** ²**Richter auf Probe können verwendet werden, soweit sich aus Absatz 6, § 23 b Abs. 3 Satz 2 oder § 29 Abs. 1 Satz 2 nichts anderes ergibt.**

(6) **Ein Richter auf Probe darf im ersten Jahr seiner Ernennung Geschäfte in Insolvenzsachen nicht wahrnehmen.**

1. Einzelrichterprinzip (Abs 1, 4). Der Richter, der das AG in der 1 gerichtlichen Zuständigkeit repräsentiert, können auch der Präsident und der dienstaufsichtführende Richter (Direktor) sein; auch Richter auf Probe und kraft Auftrags (Abs 5; §§ 13, 14 DRiG), die auf Probe aber erst ein Jahr nach ihrer Ernennung in Familiensachen (§ 23 b Abs 3 S 2 GVG) und Insolvenzsachen (Abs 6). In Zivilsachen wird der Richter am AG immer allein tätig (Abs 4). Mit dem Einzelrichter der §§ 348–350 hat § 22 GVG nichts zu tun.

2. Doppelernennung (Abs 2). **a) Zulässigkeit.** Eine Doppelernen- 2 nung ist in der Weise möglich, dass einem Richter beim AG gemäß § 27 Abs 2 DRiG ein weiteres Richteramt (daneben und zusätzlich) übertragen werden darf, aber nur an einem anderen AG oder einem LG, nicht notwendig beim übergeordneten. Es bedarf der Zustimmung des Richters nur, wenn das weitere Richteramt mehr als die Hälfte seiner Arbeitskraft beansprucht (BGH NJW 77, 248). – **b) Wirkung.** Der 3 Richter hat an jedem Gericht, bei dem ihm ein Richteramt übertragen ist, für die Präsidialverfassung die vollen Rechte. Für die Richterplanstellen (§ 21 a Abs 2 GVG) ist die Doppelernennung unerheblich. Sonderregelung für auswärtige KfH: § 106 GVG.

3. Dienstaufsicht (Abs 3). Ob die Dienstaufsicht dem Präsidenten 4 des LG, einem Präsidenten oder Direktor dieses (oder eines anderen) AG übertragen wird, steht im Ermessen der betreffenden Landesjustizverwaltung. Die gemäß S 2 übertragene Dienstaufsicht umfasst nicht die über Richter; diese verbleibt beim Präsidenten des LG.

§ 22 a [Präsidium des Amtsgerichts]

Bei Amtsgerichten mit einem aus allen wählbaren Richtern bestehenden Präsidium (§ 21 a Abs 2 Satz 1 Nr. 5) gehört der Präsident des übergeordneten Landgerichts oder, wenn der Präsident eines anderen Amtsgerichts die Dienstaufsicht ausübt, dieser Präsident dem Präsidium als Vorsitzender an.

Verweisung geändert mWv 1. 1. 2000 durch Art 1 Nr 7 G vom 22. 12. 1999 (BGBl I S 2598).

1   **Anwendungsbereich:** nur AG mit weniger als 8 Richterplanstellen.
2   **Zweck:** wie § 21 a GVG Rn 4. **Wirkung:** Es ist immer ein Gerichtspräsident Vorsitzender, auch dann, wenn ein aufsichtführender Richter
(Direktor) ernannt ist.

§ 22 b [Vertretung am Amtsgericht]

(1) **Ist ein Amtsgericht nur mit einem Richter besetzt, so
beauftragt das Präsidium des Landgerichts einen Richter seines
Bezirks mit der ständigen Vertretung dieses Richters.**

(2) **Wird an einem Amtsgericht die vorübergehende Vertretung durch einen Richter eines anderen Gerichts nötig, so beauftragt das Präsidium des Landgerichts einen Richter seines Bezirks längstens für zwei Monate mit der Vertretung.**

(3) **¹In Eilfällen kann der Präsident des Landgerichts einen
zeitweiligen Vertreter bestellen. ²Die Gründe für die getroffene
Anordnung sind schriftlich niederzulegen.**

(4) **Bei Amtsgerichten, über die der Präsident eines anderen
Amtsgerichts die Dienstaufsicht ausübt, ist in den Fällen der
Absätze 1 und 2 das Präsidium des anderen Amtsgerichts und im
Falle des Absatzes 3 dessen Präsident zuständig.**

1   **Ständige Vertretung** (Abs 1). Ist nur bei einem Ein-Mann-Gericht
anwendbar. Ein solches ist nicht die Zweigstelle; diese ist Teil des AG.
Anstatt des LG-Präsidiums kann nach Abs 4 ein AG-Präsidium zuständig
2   sein. **Vorübergehende Vertretung** (Abs 2). Voraussetzung: Es müssen
so viele Verhinderungsfälle (§ 21 e GVG Rn 43) vorliegen, dass kein
Vertreter (§ 21 e GVG Rn 21) an diesem AG mehr eintreten kann.
Zuständigkeit: wie Rn 1. Vertretender Richter kann ein (auch Vorsitzender) Richter des LG sowie ein Richter eines zum LG-Bezirk gehö-
3   renden AG sein. **Zeitweiliger Vertreter** (Abs 3). Ein Eilfall liegt idR
nur vor, wenn eine Entscheidung des Präsidiums nicht rechtzeitig ergehen kann (vgl § 21 i GVG Rn 3). **Zuständigkeit** (Abs 4): der Präsident
des LG oder der aufsichtführende Präsident des anderen AG. Anhörung
gem § 21 e Abs 5 GVG kann unterbleiben, wenn es der Eilfall gebietet.
Genehmigung des Präsidiums (§ 21 i Abs 2 S 3 GVG) ist nicht vorgesehen (hierzu krit Kissel 7).

§ 22 c [Bereitschaftsdienst]

(1) **¹Die Landesregierungen werden ermächtigt, durch Rechtsverordnung ein Amtsgericht zu bestimmen, das für mehrere
Amtsgerichte im Bezirk des Landgerichts Geschäfte des Bereitschaftsdienstes an dienstfreien Tagen ganz oder teilweise wahrnimmt, wenn dies zur Sicherstellung einer gleichmäßigeren Belastung der Richter mit Bereitschaftsdiensten angezeigt ist. ²Zu
dem Bereitschaftsdienst sind die Richter der in Satz 1 bezeichne-**

ten Amtsgerichte heranzuziehen. ³Über die Verteilung der Geschäfte des Bereitschaftsdienstes beschließt nach Maßgabe des § 21 e das Präsidium des Landgerichts.

(2) Die Landesregierungen können die Ermächtigung nach Absatz 1 auf die Landesjustizverwaltungen übertragen.

Die Vorschrift bezweckt in Abs 1 S 1 bei unterschiedlich stark besetz- **1** ten AGen benachbarter oder örtlich nahe liegender Bezirke, eine möglichst gleichmäßige Belastung der Richter mit Bereitschaftsdienst zu ermöglichen. Zugleich wird in Abs 1 S 2 klargestellt, dass die Richter aller betroffenen AGe zum Bereitschaftsdienst eingeteilt werden können. Abs 1 S 3 ergänzt § 21 e Abs 1 S 1 GVG dahin, dass nicht das Präsidium des gemäß Abs 1 S 1 bestimmten AGs die Geschäftsverteilung (§ 21 e Abs 1 S 1 GVG) vornimmt, sondern das Präsidium des übergeordneten LGs.

§ 22 d [Unrichtig angewandte Geschäftsverteilung]

Die Gültigkeit der Handlung eines Richters beim Amtsgericht wird nicht dadurch berührt, daß die Handlung nach der Geschäftsverteilung von einem anderen Richter wahrzunehmen gewesen wäre.

Bedeutet, dass die Entscheidung als solche des AG wirksam ist; dies ist **1** ein in § 22 d GVG konkretisierter Grundsatz, der auch für alle Kollegialgerichte gilt (BGH NJW 62, 1396). § 16 GVG bleibt davon unberührt (hM; Kissel 2 mwN), ebenso die Anfechtbarkeit wegen nicht ordnungsgemäßer Besetzung des Gerichts (vgl § 21 e GVG Rn 47).

§ 23 [Sachliche Zuständigkeit des Amtsgerichts]

Die Zuständigkeit der Amtsgerichte umfaßt in bürgerlichen Rechtsstreitigkeiten, soweit sie nicht ohne Rücksicht auf den Wert des Streitgegenstandes den Landgerichten zugewiesen sind:
1. Streitigkeiten über Ansprüche, deren Gegenstand an Geld oder Geldeswert die Summe von fünftausend Euro nicht übersteigt;
2. ohne Rücksicht auf den Wert des Streitgegenstandes:
   a) Streitigkeiten über Ansprüche aus einem Mietverhältnis über Wohnraum oder über den Bestand eines solchen Mietverhältnisses; diese Zuständigkeit ist ausschließlich;
   b) Streitigkeiten zwischen Reisenden und Wirten, Fuhrleuten, Schiffern oder Auswanderungsexpedienten in den Einschiffungshäfen, die über Wirtszechen, Fuhrlohn, Überfahrtsgelder, Beförderung der Reisenden und ihrer Habe und über Verlust und Beschädigung der letzteren sowie Streitig-

**keiten zwischen Reisenden und Handwerkern, die aus An-
laß der Reise entstanden sind;**

c) *(gestrichen durch Art 5 Abs. 1 SchuldR ModG)*

d) **Streitigkeiten wegen Wildschadens;**

e) *(weggefallen)*

f) *(weggefallen)*

g) **Ansprüche aus einem mit der Überlassung eines Grundstücks in Verbindung stehenden Leibgedings-, Leibzuchts-,
Altenteils- oder Auszugsvertrag;**

h) **das Aufgebotsverfahren.**

1   **1. Allgemeines.** Die Zuständigkeit ist nicht ausschließlich (10 vor
2   § 1), nur die der Nr 2a. a) **Weitere Zuständigkeit** des AG folgt aus
den §§ 23a, 23b GVG und aus der ZPO (vgl § 27 GVG) oder aus
Sondergesetzen (zB §§ 51, 52 WEG; § 55 SchuldrechtsanpassungsG). –
b) **Bürgerliche Rechtsstreitigkeiten:** solche des § 13 GVG Rn 7,
3   13–16. – c) **Zuweisung** an das LG ohne Rücksicht auf den Streitwert
4   ist in § 71 Abs 2, 3 GVG vorgeschrieben (dort Rn 3–7). – d) **Klagenverbindung** (§ 260) von Ansprüchen, die unter Nr 1 fallen (Rn 5–7),
mit solchen, für die Nr 2 gilt (Rn 8–11), führt nicht über § 5 zur
Zuständigkeit des LG. Es ist vielmehr zu trennen (§ 145), auf Antrag zu
verweisen (§ 281) oder die Klage als zT unzulässig abzuweisen. Das ist
5   auch durch Teilurteil möglich (§ 301). – e) **Teilklage.** Dem Kläger steht
es grundsätzlich frei, nur einen Teil seines (teilbaren) Anspruchs einzuklagen, auch wenn dadurch das AG statt des LG zuständig ist (hM; LG
Gießen MDR 96, 527 mwN). Ausnahmsweise unzulässig wegen fehlender Zuständigkeit ist es, einen Anspruch geteilt gleichzeitig einzuklagen (StJRoth § 2 Rn 32).

6   **2. Streitwertabhängige Zuständigkeit** des AG (Nr 1). Übergangsrecht: § 26 Nr 2, 11 EGZPO; die auf DM lautende bisherige Streitwert-
grenze ist hierfür im Verhältnis 1,95583 DM = 1 Euro umzurechnen.
Bei einem Wert von genau 5 000 Euro ist noch das AG zuständig. Eine
zur Aufrechnung gestellte Gegenforderung ist in ihrer Höhe für die
Zuständigkeit belanglos. Diese umfasst Ansprüche aller Art (Einl IV
Rn 1–4), deren Wert (§ 2 Rn 13), ggf gemäß § 5 zusammengerechnet,
7   5000 Euro nicht übersteigt. a) **Vermögensrechtliche Streitigkeiten**
(Einl IV Rn 1, 2): alle, die nicht auf einem zur Nr 2 (Rn 8–11) gehörenden Rechtsverhältnis beruhen. Das AG ist ferner zuständig bei einem
Wert bis 5 000 Euro für Streitigkeiten aus Miete oder aus Pacht von
anderen Räumen (§ 29a Rn 6), insbes gewerblich genutzten. –
8   b) **Nichtvermögensrechtliche Streitigkeiten** (Einl IV Rn 3, 4). Deren Wert ist nach § 12 Abs 2 GKG zu bemessen (§ 3 Rn 109); denn
Zuständigkeits- und Gebührenstreitwert (§ 2 Rn 8, 10) sollten möglichst nicht unterschiedlich sein. Zunächst liegt die (unverbindliche)
Wertangabe beim Kläger (§ 253 Abs 3). Danach hat das AG oder LG
über die Zuständigkeit zu befinden (§ 2 Rn 7, 8). Jedenfalls ist die Erste
wirksame Unzuständigkeitsverweisung bindend (§ 281 Abs 2 S 5).

3. Streitwertunabhängige Zuständigkeit des AG (Nr 2), nämlich 9
bei jedem Streitwert. Buchst b ist antiquiert. Die übrigen Zuständigkeiten sind problemlos. Die für Wohnraum ist von großer praktischer
Bedeutung und nur sie ist ausschließlich (Nr 2 a; letzter Hs; 9 vor § 1).
a) Streitigkeiten: wie § 29 a Rn 3. – **b) Ansprüche:** aller Art (wie 10
§ 29 a Rn 4). – **c) Mietverhältnis** (§ 535 BGB): wie § 29 a Rn 5, aber 11
nicht die Pacht (§ 581 BGB). – **d) Wohnraum** iSv §§ 549 ff BGB 12
(§ 721 Rn 1) ist jeder vertragsgemäß zum Wohnen bestimmte Raum,
dh zum Aufenthalt, Schlafen, Essen, Kochen und privater Benutzung zu
verwendende Innenraum eines Gebäudes daher nicht Wohnwagen und
-container, auch wenn sie zum dauernden Wohnen benutzt werden.
§ 23 GVG umfasst sämtliche in § 549 Abs 2 BGB genannten Wohnräume. Die Geschäftsraummiete, auch die gewerbliche Zwischenmiete
(§ 565 BGB) ist kein Wohnraummietverhältnis. Für Mischmietverhält-
nisse gilt die sog Übergewichtstheorie (hM; Hamm ZMR 86, 11 mwN
für § 29 a). Danach muss der Wohnraum im Mietverhältnis nach Zweck,
Bedeutung und Wert überwiegen. Die Räume des Beherbungsgewerbes
fallen, auch wenn sie alleinige Unterkunft des Gastes sind, unter Nr 2 a,
nicht unter Nr 2 a.

§ 23 a [Weitere sachliche Zuständigkeit]

**Die Amtsgerichte sind in bürgerlichen Rechtsstreitigkeiten
ferner zuständig für**
1. **Streitigkeiten in Kindschaftssachen;**
2. **Streitigkeiten, die eine durch Ehe oder Verwandtschaft begründete gesetzliche Unterhaltspflicht betreffen;**
3. **Ansprüche nach den §§ 1615 l, 1615 m des Bürgerlichen Gesetzbuchs;**
4. **Ehesachen;**
5. **Streitigkeiten über Ansprüche aus dem ehelichen Güterrecht,
auch wenn Dritte am Verfahren beteiligt sind;**
6. **Lebenspartnerschaftssachen;**
7. **Streitigkeiten nach dem Gewaltschutzgesetz, wenn die Parteien einen auf Dauer angelegten gemeinsamen Haushalt führen oder innerhalb von sechs Monaten vor der Antragstellung
geführt haben.**

Nr 7 ist angefügt durch Art 3 Nr 1 GewSchG.

Nr 1: Kindschaftssachen: § 640 Abs 2 Nr 1–3. **Nr 2:** Gesetzliche 1
Unterhaltsansprüche aus dem BGB (§ 23 b Nr 5 und 6) auch wenn ihre
Höhe vertraglich geregelt oder der Anspruch auf einen Dritten überge-
gangen ist (Bremen FamRZ 84, 511). Gilt auch für Abfindungen und
Nebenpflichten, zB aus §§ 1580, 1605 BGB, nicht für rein vertragliche
Unterhaltsansprüche. **Nr 3:** Betrifft Ansprüche der mit dem Vater des 2
Kindes nicht verheirateten Mutter und gilt auch, wenn die Ansprüche
Dritten zustehen. **Nr 4:** § 23 b Abs 1 Nr 1 GVG. **Nr 5:** § 23 b Abs 1 3

4 Nr 9 GVG. **Nr 6:** § 661 Abs 1. **Nr 7:** Mit der neu angefügten Nr 7
wird die sachliche Zuständigkeit der Amtsgerichte in Angelegenheiten
des vorbeugenden Opferschutzes nach dem Gewaltschutzgesetz begründet, soweit der soziale Nahbereich betroffen ist, dh wenn die Parteien
einen auf Dauer angelegten gemeinsamen Haushalt führen oder innerhalb von sechs Monaten vor Antragstellung geführt haben. Maßgeblich
ist hierfür die Erwägung, dass diese Fallgestaltungen in der Sache die
gleichen Fragen betreffen, wie sie für Streitigkeiten nach § 1361 b BGB
typisch sind. Diese Streitigkeiten sind ebenfalls dem Amtsgericht zugewiesen, was sich für die Fälle des § 1361 b BGB aus § 64 Abs 1 FGG in
Verbindung mit § 621 Abs 1 Nr 7 ZPO sowie § 11 Abs 1 und § 18 a
HausratsVO ergibt.

§ 23 b [Zuständigkeit des Familiengerichts]

(1) [1]Bei den Amtsgerichten werden Abteilungen für Familiensachen (Familiengerichte) gebildet. [2]Familiensachen sind:
1. Ehesachen;
2. Verfahren betreffend die elterliche Sorge für ein Kind, soweit
   nach den Vorschriften des Bürgerlichen Gesetzbuchs hierfür
   das Familiengericht zuständig ist;
3. Verfahren über die Regelung des Umgangs mit einem Kind,
   soweit nach den Vorschriften des Bürgerlichen Gesetzbuchs
   hierfür das Familiengericht zuständig ist;
4. Verfahren über die Herausgabe eines Kindes, für das die
   elterliche Sorge besteht;
5. Streitigkeiten, die die durch Verwandtschaft begründete gesetzliche Unterhaltspflicht betreffen;
6. Streitigkeiten, die die durch Ehe begründete gesetzliche Unterhaltspflicht betreffen;
7. Verfahren, die den Versorgungsausgleich betreffen;
8. Verfahren über Regelungen nach der Verordnung über die
   Behandlung der Ehewohnung und des Hausrats;
8 a. Verfahren nach dem Gewaltschutzgesetz, wenn die Beteiligten einen auf Dauer angelegten gemeinsamen Haushalt
   führen oder innerhalb von sechs Monaten vor der Antragstellung geführt haben;
9. Streitigkeiten über Ansprüche aus dem ehelichen Güterrecht,
   auch wenn Dritte am Verfahren beteiligt sind;
10. Verfahren nach den §§ 1382 und 1383 des Bürgerlichen Ge-
    setzbuchs;
11. Verfahren nach der Verordnung (EG) Nr. 1347/2000 des Ra-
    tes vom 29. Mai 2000 über die Zuständigkeit und die Aner-
    kennung und Vollstreckung von Entscheidungen in Ehesa-
    chen und in Verfahren betreffend die elterliche Verant-
    wortung für die gemeinsamen Kinder der Ehegatten (ABl. EG
    Nr. L 160 S. 19) und nach dem Zweiten Teil des Sorgerechts-

übereinkommens-Ausführungsgesetzes vom 5. April 1990
(BGBl. I S. 701), zuletzt geändert durch Artikel 2 Abs. 6 des
Gesetzes vom 19. Februar 2001 (BGBl. I S. 288);

12. Kindschaftssachen;

13. Streitigkeiten über Ansprüche nach den §§ 1615 l, 1615 m des
Bürgerlichen Gesetzbuchs;

14. Verfahren nach § 1303 Abs. 2 bis 4, § 1308 Abs. 2 und § 1315
Abs. 1 Satz 1 Nr. 1, Satz 3 des Bürgerlichen Gesetzbuchs;

15. Lebenspartnerschaftssachen.

(2) [1]Sind wegen des Umfangs der Geschäfte oder wegen der
Zuweisung von Vormundschafts-, Betreuungs- und Unterbringungssachen mehrere Abteilungen für Familiensachen zu bilden,
so sollen alle Familiensachen, die denselben Personenkreis betreffen, derselben Abteilung zugewiesen werden. [2]Wird eine
Ehesache rechtshängig, während eine andere Familiensache nach
Absatz 1 Satz 2 Nr. 6 bis 10 bei einer anderen Abteilung im
ersten Rechtszug anhängig ist, so ist diese von Amts wegen an
die Abteilung der Ehesache abzugeben; für andere Familiensachen nach Absatz 1 Satz 2 Nr. 2 bis 5 gilt dies nur, soweit sie
betreffen

1. in den Fällen der Nummer 2 die elterliche Sorge für ein
gemeinschaftliches Kind einschließlich der Übertragung der
elterlichen Sorge oder eines Teils der elterlichen Sorge wegen
Gefährdung des Kindeswohls auf einen Elternteil, Vormund
oder Pfleger,

2. in den Fällen der Nummer 3 die Regelung des Umgangs mit
einem gemeinschaftlichen Kind der Ehegatten nach den
§§ 1684 und 1685 des Bürgerlichen Gesetzbuchs oder des Umgangs der Ehegatten mit einem Kind des anderen Ehegatten
nach § 1685 Abs. 2 des Bürgerlichen Gesetzbuchs,

3. in den Fällen der Nummer 4 die Herausgabe eines Kindes an
den anderen Elternteil,

4. in den Fällen der Nummer 5 die Unterhaltspflicht gegenüber
einem gemeinschaftlichen Kind.

[3]Wird bei einer Abteilung ein Antrag nach dem Zweiten Teil des
Sorgerechtsübereinkommens-Ausführungsgesetzes vom 5. April
1990 (BGBl. I S. 701), zuletzt geändert durch Artikel 2 Abs. 6 des
Gesetzes vom 19. Februar 2001 (BGBl. I S. 288), oder auf Vollstreckbarerklärung oder auf Feststellung der Anerkennung oder
Nichtanerkennung einer die elterliche Verantwortung betreffenden Entscheidung nach der Verordnung (EG) Nr. 1347/2000 des
Rates vom 29. Mai 2000 über die Zuständigkeit und die Anerkennung und Vollstreckung von Entscheidungen in Ehesachen
und in Verfahren betreffend die elterliche Verantwortung für die
gemeinsamen Kinder der Ehegatten (ABl. EG Nr. L 160 S. 19)
anhängig, während eine Familiensache nach Absatz 1 Satz 2

Nr. 2 bis 4 bei einer anderen Abteilung im ersten Rechtszug
anhängig ist, so ist diese von Amts wegen an die erstgenannte
Abteilung abzugeben; dies gilt nicht, wenn der Antrag offen-
sichtlich unzulässig ist. [4] Auf übereinstimmenden Antrag beider
Elternteile sind die Regelungen des Satzes 3 auch auf andere
Familiensachen anzuwenden, an denen diese beteiligt sind.

(3) [1] Die Abteilungen für Familiensachen werden mit Familienrichtern besetzt. [2] Ein Richter auf Probe darf im ersten Jahr nach
seiner Ernennung Geschäfte des Familienrichters nicht wahrnehmen.

*Abs 1 S 2 Nr 8 geändert und Nr 8 a eingefügt durch Art 3 Nr 2
GewSchG.*

1   **1. Allgemeines.** Durch die Einrichtung des Familiengerichts wird
erreicht, dass die gesamten gerichtlich zu entscheidenden Sachen ein
und derselben Familie vor denselben Richter gelangen, in Scheidungs-
und Folgesachen auch eine einheitliche Entscheidung (§ 623) ergehen
kann.

2   **2. Begriff des Familiengerichts.** Es ist eine Abteilung für Famili-
ensachen, die beim AG (nicht notwendig bei jedem, vgl § 23 c GVG)
gebildet wird und die eine Funktion des Gerichts ausübt (zB wie die des
Insolvenzgerichts, Grundbuchamts). Abteilung bedeutet dabei die
Spruchheinheit, dh den Richter (§ 22 Abs 1, 4 GVG). Es kann auch der
aufsichtführende Richter (Direktor) sein, wenn das Präsidium ihn dem
Familiengericht zuweist. Das Verhältnis zu anderen Abteilungen des
Gerichts ist nicht das einer anderen sachlichen Zuständigkeit (hM).

3   **3. Wirkung.** Die Zuständigkeit des Familiengerichts ist gesetzlich
bestimmt. Sie ist zwingend. Entscheidet eine andere Abteilung des
Gerichts eine Familiensache, ist die Entscheidung zwar wirksam, aber
aus diesem Grunde anfechtbar. Die Rüge fehlender Zuständigkeit muss
grundsätzlich schon vor dem Familiengericht erhoben werden (vgl
§ 529 Abs 3). Durch Abs 2 wird zudem vorgeschrieben, dass alle Familiensachen, die denselben Personenkreis betreffen, ggf nachträglich an
dieselbe Abteilung, also denselben Familienrichter gelangen sollen.

4   **4. Familienrichter** ist ein Richter, der durch das Präsidium einer
Abteilung des Familiengerichts zugewiesen ist. Richter auf Probe (§ 12
DRiG) dürfen ein Jahr lang nach ihrer Ernennung auch nicht als Vertreter am Familiengericht tätig werden (Abs 3 S 2), ebenso wenig als
ersuchte Richter (§ 157 GVG; Bergerfurth FamRZ 82, 563).

5   **5. Geschäftsverteilung durch das Präsidium** (§§ 22 a, 21 e Rn 11
GVG) ist nur in der Weise freigestellt, wieviele Abteilungen des Familiengerichts gebildet und welche Richter diesen zugewiesen werden. Zu
beachten ist dabei Abs 2 S 1. Dadurch wird das Präsidium gehindert, die
Geschäftsaufgabe nach Art des Verfahrens (zB einem Richter alle Ehesachen) zuzuweisen. Im Einzelfall kann das Präsidium eine sachgerechtere
Lösung wählen. Um den Zweck des § 23 b GVG (Rn 1) und den Sinn

des Abs 2 S 1 zu erfüllen, bietet sich an, die Geschäftsverteilung bei (mindestens 2) Familienrichtern nach dem Anfangsbuchstaben derjenigen Partei (oder Beteiligten) zu bestimmen, die Familienmitglied ist und gegen die zuerst in einer Familiensache ein Rechtsstreit eingeleitet wurde. Andere Regelungen müssen den Grundsätzen von § 21 e GVG Rn 24 entsprechen.

6. Abgaben innerhalb des Familiengerichts (Abs 2 S 2). Voraus- **6** setzung ist, dass eine Ehesache (Vorbem 2–6 vor § 606) rechtshängig wird (§ 261). Es muss von Amts wegen (also ohne Antrag) Abgabe von einer Abteilung an die andere erfolgen. Damit soll der Verfahrensverbund (§ 623) gewährleistet werden. Dementsprechend gilt dies für alle Familiensachen, die zwangsläufig Folgesachen sind (Nr 6–10), für die der Nrn 2–5 nur, soweit sie Folgesachen sein können (Abs 2 S 2 Halbs 2); für diese gilt § 621 Rn 40. Auf Lebenspartnerschaftssachen ist das entspr anwendbar (§ 661 Abs 2). Für den Zeitraum der Abgabepflicht: § 621 Rn 41. Einen Zuständigkeitsstreit innerhalb der Familiengerichtsabteilung entscheidet das Präsidium (allgM).

7. Abgaben innerhalb des Amtsgerichts. Die Abgaben zwischen **7** Familiengericht und anderen Abteilungen desselben Gerichts sind nicht bindend; § 281 gilt nicht (für analoge Anwendung Jauernig FamRZ 89, 1 [5]). Ein Streit ist gem § 36 Abs 1 Nr 6 zu entscheiden (hM; BGH 71, 264). Das wird insbes praktisch im Verhältnis des Familiengerichts zum Prozess(Streit)gericht und zum Vormundschaftsgericht. Entsprechend gilt das, wenn im Fall des § 23 c GVG ein AG im Bezirk des konzentrierten Familiengerichts einen Rechtsstreit als Familiensache überleitet, weil die Bindung des § 281 sonst vom Zufall abhinge. Bei Anhängigkeit an verschiedenen Gerichten gilt § 621 Abs 3. S 3 und 4 sollen die Konzentration bei Sachen herbeiführen, die unter Abs I S 2 Nr 11 fallen.

8. Verweisung einer Familiensache wegen örtlicher Unzuständigkeit **8** oder einer Nichtfamiliensache an das LG oder ein anderes AG erfolgt gem § 281 (allgM).

9. Familiensachen (Abs 1 S 2) sind Ehesachen (Nr 1) und andere **9** Familiensachen (Nr 2–14). Die Nrn 2 bis 10, 12 bis 14 entsprechen wörtlich den Nr 1–13 des § 621 Abs 1, wo die ausschließliche Zuständigkeit des Familiengerichts und die örtliche Zuständigkeit geregelt ist. **Nr 1:** Ehesachen (Vorbem 2–6 vor § 606) sind Familiensachen, für die ein besonderes Verfahren der ZPO gilt, nämlich das der §§ 606–620 g, wenn es eine Scheidungssache ist, die noch speziellere Regelung der §§ 622–630. **Nr 2:** wie § 621 Rn 23. Die Bezeichnung als Verfahren ist wegen grundsätzlicher Anwendbarkeit des FGG erfolgt. **Nr 3:** wie § 621 Rn 24; iü wie Nr 2. **Nr 4:** wie § 621 Rn 25; iü wie Nr 2. **Nr 5:** wie § 621 Rn 26. Die Bezeichnung Streitigkeit ist wegen Anwendbarkeit der ZPO erfolgt. **Nr 6:** wie § 621 Rn 28; iü wie Nr 5. **Nr 7:** wie § 621 Rn 30; iü wie Nr 2. **Nr 8:** wie § 621 Rn 31; iü wie Nr 2. **Nr. 8 a.** Mit der neu eingefügten Nr 8 a wird die familiengerichtliche

Zuständigkeit in Angelegenheiten des vorbeugenden Opferschutzes nach dem Gewaltschutzgesetz begründet, soweit der soziale Nahbereich betroffen ist, dh wenn die Beteiligten einen auf Dauer angelegten gemeinsamen Haushalt führen oder innerhalb von sechs Monaten vor Antragstellung geführt haben. **Nr 9:** wie § 621 Rn 33; iü wie Nr 5. **Nr 10:** wie § 621 Rn 36; iü wie Nr 2. **Nr 11:** Die genannten Vorschriften betreffen internationale Ehe- und Sorgerechtssachen gemeinsamer Kinder. **Nr 12:** wie § 621 Rn 37. **Nr 13:** wie § 621 Rn 38. **Nr 14:** wie § 621 Rn 38 a. **Nr 15:** § 661 Abs 1.

§ 23 c [Ermächtigung der Landesregierungen]

¹Die Landesregierungen werden ermächtigt, durch Rechtsverordnung einem Amtsgericht für die Bezirke mehrerer Amtsgerichte die Familiensachen sowie ganz oder teilweise die Vormundschafts-, Betreuungs- und Unterbringungssachen zuzuweisen, sofern die Zusammenfassung der sachlichen Förderung der Verfahren dient oder zur Sicherung einer einheitlichen Rechtsprechung geboten erscheint. ²Die Landesregierungen können die Ermächtigungen auf die Landesjustizverwaltungen übertragen.

1   **Zweck:** Konzentration auf spezialisierte Richter, wie es bei kleineren AGen nicht möglich wäre. Dadurch wird Beschleunigung durch Routine und einheitliche Rechtsprechung für größere Bezirke gefördert.

2   **Wirkung:** Die Vorschrift enthält zwei getrennte Ermächtigungen, eine für Familiensachen (§ 23 b Abs 1 GVG), eine für Vormundschafts-, Betreuungs- und Unterbringungssachen (vgl §§ 35, 65, 70 FGG); davon kann getrennt, aber durch einen einzigen Akt Gebrauch gemacht werden. Ist konzentriert, verhält sich das Familiengericht zu jedem AG seines Bezirks so, als ob es zu diesem Gericht gehört; daher wird abgegeben, nicht verwiesen (§ 23 b GVG Rn 7, 8).

§§ 24–26 *(betreffen Strafsachen)*

§ 27 [Sonstige Zuständigkeit der Amtsgerichte]

Im übrigen wird die Zuständigkeit und der Geschäftskreis der Amtsgerichte durch die Vorschriften dieses Gesetzes und der Prozeßordnungen bestimmt.

1   In der ZPO: zB §§ 689, 764, 899. Im FGG: zB §§ 35, 72, 125.

Vierter Titel. Schöffengerichte

§§ 28–58 *(betreffen Strafsachen)*

Fünfter Titel. Landgerichte

§ 59 [Präsident und Richter]

(1) Die Landgerichte werden mit einem Präsidenten sowie mit Vorsitzenden Richtern und weiteren Richtern besetzt.

(2) Den Richtern kann gleichzeitig ein weiteres Richteramt bei einem Amtsgericht übertragen werden.

(3) Es können Richter auf Probe und Richter kraft Auftrags verwendet werden.

1. Besetzung (Abs 1, Abs 3). **a) Präsident.** Seine Tätigkeit besteht **1** in Rechtsprechung (§ 21 e Abs 1 S 3 GVG), gerichtlicher Selbstverwaltung (insbes gem § 21 a Abs 2 GVG) und Justizverwaltung (unter zahlreichen Aufgaben die Dienstaufsicht, § 26 DRiG). Vertretung des Präsidenten: § 21 h GVG. – **b) Vorsitzender Richter.** Es muss zwangs- **2** läufig ein Richter auf Lebenszeit sein (vgl § 28 Abs 2 DRiG, § 21 f GVG). Die Zahl richtet sich nach den von der Justizverwaltung eingerichteten Planstellen. – **c) Weitere Richter.** Das sind die Richter am **3** LG auf Lebenszeit, auf Probe und kraft Auftrags (vgl Abs 3, §§ 13, 14 DRiG). Für die Mitwirkung bei der Entscheidung gilt § 29 DRiG.

2. Doppelernennung (Abs 2). Sie ist bei Vorsitzenden Richtern **4** und weiteren Richtern möglich. Das weitere Richteramt kann nur bei einem (nicht notwendig dem LG untergeordneten) AG übertragen werden. Es gilt § 22 GVG Rn 3, 4 entsprechend.

§ 60 [Kammern]

Bei den Landgerichten werden Zivil- und Strafkammern gebildet.

Jede Kammer repräsentiert das LG als Spruchkörper, auch die KfH **1** (§ 94 GVG). Weitere Kammern nach besonderen Gesetzen, zB Entschädigungskammern (§ 208 Abs 1 BEG), Kammern für Baulandsachen (§ 220 BauGB).

§§ 61–69 *(weggefallen)*

§ 70 [Richterzuweisung; Hilfsrichter]

(1) Soweit die Vertretung eines Mitgliedes nicht durch ein Mitglied desselben Gerichts möglich ist, wird sie auf den Antrag des Präsidiums durch die Landesjustizverwaltung geordnet.

(2) Die Beiordnung eines Richters auf Probe oder eines Richters kraft Auftrags ist auf eine bestimmte Zeit auszusprechen und darf vor Ablauf dieser Zeit nicht widerrufen werden.

(3) **Unberührt bleiben die landesgesetzlichen Vorschriften, nach denen richterliche Geschäfte nur von auf Lebenszeit ernannten Richtern wahrgenommen werden können, sowie die, welche die Vertretung durch auf Lebenszeit ernannte Richter regeln.**

1 **1. Richterzuweisung** (Abs 1). **a) Voraussetzung.** Die Vertretung gem Geschäftsverteilungsplan (§ 21 e GVG Rn 23) muss ausgeschöpft 2 und unmöglich sein. – **b) Maßnahmen der Justizverwaltung.** Welchen Weg und welchen Richter sie wählt, steht in ihrem freien Ermessen; sie kann eine Planstelle schaffen oder eine offene besetzen, eine Abordnung (§ 37 DRiG) vornehmen oder aufheben, ferner einen Richter auf Probe oder kraft Auftrags beiordnen (Abs 2). Damit ist der betreffende Richter stets nur dem Gericht zugeteilt. Über seine Verwendung in einer Kammer muss das Präsidium gesondert gemäß § 21 e GVG beschließen.

3 **2. Hilfsrichter** (Abs 2). Dazu gehört insbes auch der abgeordnete Richter (§ 37 DRiG). Abs 2 gilt nicht für das OLG (vgl § 117 GVG).

4 **a) Beiordnung** darf grundsätzlich nicht erfolgen, um einen dauernden Bedarf an Richterstellen zu befriedigen; hierfür müssen Planstellen geschaffen oder besetzt werden (BGH stRspr für OLG, zB 34, 260); andernfalls ist das Gericht, falls ein Hilfsrichter mitwirkt, nicht vorschriftsmäßig besetzt (BGH aaO), insbes wenn ein bereits erprobter Hilfsrichter mitwirkt, der nur wegen allgemeiner Beförderungssperre noch nicht ernannt ist (BGH 95, 23). Ein zulässiger vorübergehender Bedarf an Hilfsrichtern kann auch auf Fortbildung und Erprobung von Richtern beruhen (BGH NJW 66, 352). Am LG und AG dürfen Richter auf Probe (§ 12 DRiG) und kraft Auftrags (§ 14 DRiG) wegen § 10 Abs 1 DRiG (nicht aber abgeordnete Richter) auch ohne vorüber- 5 gehendes Bedürfnis beschäftigt werden. – **b) Ende der Beiordnung** mit Ablauf der dafür (zweckmäßig durch Kalendertag) bestimmten Zeit, schon vorher mit dem Verlust des Richteramts (§§ 19, 21, 22–24 DRiG) oder wenn entgegen dem Verbot des Abs 2 die Beiordnung verfrüht widerrufen wird.

§ 71 [Zuständigkeit im ersten Rechtszug]

(1) **Vor die Zivilkammern, einschließlich der Kammern für Handelssachen, gehören alle bürgerlichen Rechtsstreitigkeiten, die nicht den Amtsgerichten zugewiesen sind.**

(2) **Die Landgerichte sind ohne Rücksicht auf den Wert des Streitgegenstandes ausschließlich zuständig**
1. **für die Ansprüche, die auf Grund der Beamtengesetze gegen den Fiskus erhoben werden;**
2. **für die Ansprüche gegen Richter und Beamte wegen Überschreitung ihrer amtlichen Befugnisse oder wegen pflichtwidriger Unterlassung von Amtshandlungen.**

(3) **Der Landesgesetzgebung bleibt überlassen, Ansprüche gegen den Staat oder eine Körperschaft des öffentlichen Rechts wegen Verfügungen der Verwaltungsbehörden sowie Ansprüche wegen öffentlicher Abgaben ohne Rücksicht auf den Wert des Streitgegenstandes den Landgerichten ausschließlich zuzuweisen.**

1. Streitwertabhängige Zuständigkeit (Abs 1) in bürgerlichen 1 Rechtsstreitigkeiten (§ 13 GVG Rn 7–16). Das LG ist im ersten Rechtszug für Streitigkeiten mit einem Wert von mehr als 5000 Euro zuständig, auch in nichtvermögenrechtlichen Streitigkeiten (Einl IV Rn 3, 4) nur für solche mit einem Wert von mehr als 5000 Euro (vgl § 23 GVG Rn 1, 5).

2. Streitwertunabhängige Zuständigkeit des LG (Abs 2) mit der 2 Rechtsfolge des § 78 Abs 1 (BGH NJW 93, 1021). Sie ist ausschließlich (9 vor § 1); auch bei Streitwert unter 5000 Euro. Für die Einordnung des Anspruchs kommt es nur auf den Antrag und die tatsächlichen Behauptungen des Klägers an, nicht auf seine Rechtsansichten (BGH 16, 275). **a) Ansprüche von Beamten. Nr 1** ist praktisch 3 gegenstandslos geworden, da für alle Klagen von Richtern, Beamten und Hinterbliebenen aus dem Richter- bzw Beamtenverhältnis der Verwaltungsrechtsweg gegeben ist (§ 126 BRRG, § 172 BBG, §§ 46, 71 Abs 3 DRiG). **b) Amtspflichtverletzungen. Nr 2:** Ansprüche 4 wegen solcher (§ 839 BGB) von Richtern und Beamten aller Art, auch Soldaten, gleich ob diese selbst (insbes vom Staat im Rückgriff) oder der Staat bzw die öffentlich-rechtliche Körperschaft über Art 34 GG in Anspruch genommen werden. – **c) Nach Bundesgesetzen:** zB § 13 5 S 3 StrEG; § 51 Abs 3 S 3 GenG; § 208 BEG; §§ 19, 42 BNotO; § 49 BörsG; § 3 HintO; § 246 Abs 3 AktG; § 61 Abs 3 GmbHG; § 87 Abs 1 GWB; § 140 Abs 1 MarkenG (Kennzeichenstreitsachen); § 6 UKlaG; § 38 Abs 1 SortenschutzG; § 143 PatG; § 39 Arbn ErfG; § 27 GebrMG; § 30 UmwandlsG; § 36 VAG; § 66 WpÜG.

3. Landesrechtlich erweiterte Zuständigkeit (Abs 3). Ausschließ- 6 lich: wie Rn 2. Von der Zuweisung, welche stets die Zulässigkeit des ordentlichen Rechtswegs (§ 13 GVG) voraussetzt, haben mehrere Länder Gebrauch gemacht, insbes für Enteignungsentschädigung.

§ 72 [Zuständigkeit im zweiten Rechtszug]

Die Zivilkammern, einschließlich der Kammern für Handelssachen, sind die Berufungs- und Beschwerdegerichte in den vor den Amtsgerichten verhandelten bürgerlichen Rechtsstreitigkeiten, soweit nicht die Zuständigkeit der Oberlandesgerichte begründet ist.

Zuständigkeit des Landgerichts für Berufung (§ 511). Sie ist auch 1 für die Einlegung (§ 519) gegeben, wenn die allgemeine Prozessabtei-

lung des AG (unzuständig) über eine Familiensache entschieden hat (BGH NJW 91, 231). Das LG ist nach der Reform des Rechtsmittelrechts durch das ZPO-RG v 27. 7. 01 (BGBl I 1887) nicht mehr letzte Instanz. Gegen seine Urteile findet die Revision statt (§ 542). Für Beschwerde: §§ 567 ff. Die Zivilkammern sind insbes auch Beschwerde-
2 gerichte im Falle des § 19 Abs 2 FGG, und § 72 GBO. **Zuständigkeit des Oberlandesgerichts** im zweiten Rechtszug richtet sich nach § 119
3 GVG. **Zweifelhafte Zuständigkeit.** Bestehen Zweifel, ob das AG als allgemeines Prozessgericht oder als Familiengericht entschieden hat, kann die Berufung sowohl zum LG als auch zum OLG eingelegt werden, weil die Meistbegünstigung (7 vor § 511) gilt (BGH NJW-RR 95, 379 und 380).

§§ 73–74 d *(betreffen Strafsachen)*

§ 75 [Besetzung der Zivilkammern]

Die Zivilkammern sind, soweit nicht nach den Vorschriften der Prozeßgesetze an Stelle der Kammer der Einzelrichter zu entscheiden hat, mit drei Mitgliedern einschließlich des Vorsitzenden besetzt.

1   Gilt nur für Entscheidungen. Sonst ist Überbesetzung der Kammern als solcher grundsätzlich zulässig (vgl § 21 e GVG Rn 18). Einzelrichter: §§ 348, 348 a, 349, 526, 527, 568.

5 a. Strafvollstreckungskammern

§§ 76–78 b *(betreffen Strafsachen)*

Sechster Titel. Schwurgerichte

§§ 79–92 *(weggefallen)*

Siebenter Titel. Kammern für Handelssachen

Vorbemerkung

1   **1. Verhältnis zur Zivilkammer.** KfH und Zivilkammer repräsentieren als Spruchkörper das LG (§ 60 GVG); sie sind gleichgeordnet. Die Abgrenzung ihrer Zuständigkeit ist keine Frage der sachlichen Zuständigkeit (3 vor § 1; allgM; zu den Differenzierungen vgl Gaul JZ 84, 57 mwN). Sie wird ausschließlich durch die §§ 96–104 GVG geregelt. Die Verletzung dieser Zuständigkeit (Entscheidung einer Handelssache durch die Zivilkammer, einer Nichthandelssache durch die KfH) ist jedoch bedeutungslos und begründet nicht einmal ein Rechtsmittel, sofern nicht

dem gesetzlichen Richter entzogen wurde (§ 16 GVG; § 21 e GVG Rn 47). Die §§ 280, 281 gelten im Verhältnis KfH und Zivilkammer nicht (allgM). Insbes ist eine Zuständigkeitsvereinbarung (§ 38) nicht möglich; jedoch können die Parteien durch Stellen oder Unterlassen von Anträgen (§§ 96–99 GVG) die Zuständigkeit weitgehend beeinflussen.

2. Prüfung der Zuständigkeit. Sie ist von der KfH wie der Zivil- 2 kammer von Amts wegen vorzunehmen, und zwar am besten in dieser Reihenfolge: **a) Bestehen** einer KfH für den Gerichtsbezirk oder den 3 entspr Teil des Bezirks (§ 93 GVG). – **b) Bindung** durch erfolgte 4 Verweisung an die KfH (§§ 102, 98 GVG); auch dann, wenn sie in Wirklichkeit nicht zuständig ist. – **c) Antrag** auf Verhandlung vor der 5 KfH, wirksam gestellt, insbes rechtzeitig, vom Kläger (§ 96 Abs 1 GVG) oder vom Beklagten (§ 98 Abs 1 GVG). Kein Antrag ist nötig im Fall des § 104 GVG. – **d) Vorliegen einer Handelssache** (§ 95 GVG), 6 wobei für die KfH noch besonders § 97 Abs 2 S 2 GVG zu beachten ist. **e) Zuständigkeit** des angegangenen Gerichts (§§ 71, 72 GVG) erst 7 danach, weil zuvor feststehen muss, welche Kammer die Entscheidung (Klagabweisung oder Verweisung gem § 281) trifft (Argument aus § 97 Abs 1 GVG).

§ 93 [Bildung einer Kammer für Handelssachen]

(1) **Soweit die Landesjustizverwaltung ein Bedürfnis als vorhanden annimmt, können bei den Landgerichten für deren Bezirke oder für örtlich abgegrenzte Teile davon Kammern für Handelssachen gebildet werden.**

(2) **Solche Kammern können ihren Sitz innerhalb des Landgerichtsbezirks auch an Orten haben, an denen das Landgericht seinen Sitz nicht hat.**

§ 94 [Zuständigkeit]

Ist bei einem Landgericht eine Kammer für Handelssachen gebildet, so tritt für Handelssachen diese Kammer an die Stelle der Zivilkammern nach Maßgabe der folgenden Vorschriften.

An die Stelle: 1 vor § 93 GVG; auch für Arrest und einstw Verfügung 1 hinsichtlich des Hauptanspruchs. Handelssachen: § 95 GVG.

§ 95 [Handelssachen]

(1) **Handelssachen im Sinne dieses Gesetzes sind die bürgerlichen Rechtsstreitigkeiten, in denen durch die Klage ein Anspruch geltend gemacht wird:**
1. gegen einen Kaufmann im Sinne des Handelsgesetzbuches, sofern er in das Handelsregister oder Genossenschaftsregister eingetragen ist oder auf Grund einer gesetzlichen Sonderrege-

lung für juristische Personen des öffentlichen Rechts nicht eingetragen zu werden braucht, aus Geschäften, die für beide Teile Handelsgeschäfte sind;

2. aus einem Wechsel im Sinne des Wechselgesetzes oder aus einer der im § 363 des Handelsgesetzbuchs bezeichneten Urkunden;

3. auf Grund des Scheckgesetzes;

4. aus einem der nachstehend bezeichneten Rechtsverhältnisse:

   a) aus dem Rechtsverhältnis zwischen den Mitgliedern einer Handelsgesellschaft oder zwischen dieser und ihren Mitgliedern oder zwischen dem stillen Gesellschafter und dem Inhaber des Handelsgeschäfts, sowohl während des Bestehens als auch nach Auflösung des Gesellschaftsverhältnisses, und aus dem Rechtsverhältnis zwischen den Vorstehern oder den Liquidatoren einer Handelsgesellschaft und der Gesellschaft oder deren Mitgliedern;

   b) aus dem Rechtsverhältnis, welches das Recht zum Gebrauch der Handelsfirma betrifft;

   c) aus den Rechtsverhältnissen, die sich auf den Schutz der Marken und sonstigen Kennzeichen sowie der Muster und Modelle beziehen;

   d) aus dem Rechtsverhältnis, das durch den Erwerb eines bestehenden Handelsgeschäfts unter Lebenden zwischen dem bisherigen Inhaber und dem Erwerber entsteht;

   e) aus dem Rechtsverhältnis zwischen einem Dritten und dem, der wegen mangelnden Nachweises der Prokura oder Handlungsvollmacht haftet;

   f) aus den Rechtsverhältnissen des Seerechts, insbesondere aus denen, die sich auf die Reederei, auf die Rechte und Pflichten des Reeders oder Schiffseigners, des Korrespondentreeders und der Schiffsbesatzung, auf die *Bodmerei und die Haverei*, auf den Schadenersatz im Falle des Zusammenstoßes von Schiffen, auf die Bergung *und Hilfeleistung* und auf die Ansprüche der Schiffsgläubiger beziehen;

5. auf Grund des Gesetzes gegen den unlauteren Wettbewerb mit Ausnahme der Ansprüche der letzten Verbraucher aus § 13 a des Gesetzes gegen den unlauteren Wettbewerb, soweit nicht ein beiderseitiges Handelsgeschäft nach Absatz 1 Nr. 1 gegeben ist.

6. aus den §§ 45 bis 48 des Börsengesetzes (Reichsgesetzbl. 1908 S. 215).

(2) Handelssachen im Sinne dieses Gesetzes sind ferner die Rechtsstreitigkeiten, in denen sich die Zuständigkeit des Landgerichts nach § 246 Abs. 3 Satz 1 oder § 396 Abs. 1 Satz 2 des Aktiengesetzes sowie nach § 10 und § 306 des Umwandlungsgesetzes richtet.

Abs 1 Nr 4 Buchst f geänd durch das 3. SeerechtsändG v 16. 5. 2001 (BGBl I S 898), Inkrafttreten erst mit dem Tag, an dem das internationale Übereinkommen von 1989 über Bergung für die BRep in Kraft tritt (Art 10 Gesetz v 16. 5. 2001), daher kursiv gedruckt.

1. Allgemeines. Die Eigenschaft als Handelssache ist aus Klageantrag **1** und Klagebehauptungen festzustellen (Grundsätze wie bei Einl II). Sie muss bei Klagenverbindung, insbes bei Anspruchshäufung (§ 260) für alle Parteien und Ansprüche bestehen (hM; Gaul JZ 84, 57). Andernfalls ist die KfH nicht zuständig und muss oder kann verweisen (§§ 97, 99 GVG), entweder ganz oder nach Trennung (§ 145) auch zum Teil. Das gilt selbstverständlich nicht, wenn der Anspruch auch auf andere Anspruchsgrundlagen (§ 260 Rn 5) gestützt wird, die nicht aus dem Handelsgeschäft folgen (Brandi-Dohrn NJW 81, 2453).

2. Einzelheiten. Nr 1: Kaufmann: wie §§ 1–3, 5–7 HGB. Der **2** Anspruch muss sich gegen einen Kaufmann richten; auch bei einem ausländischen anwendbar. Es ist auf die Kaufmannseigenschaft zZ des Eintritts der Rechtshängigkeit abzustellen (hM; Kissel 4; Schriever NJW 78, 1472), nicht allein auf den Zeitpunkt der Anspruchsentstehung. Der Insolvenzverwalter steht dem Kaufmann, dessen Insolvenzmasse er verwaltet, gleich; aber nur aus von diesem abgeschlossenen Geschäften (LG Köln ZIP 80, 1071), nicht solchen aus Verwertung der Insolvenzmasse (LG Hamburg MDR 73, 507). Beiderseitiges Handelsgeschäft: §§ 343, 344 HGB, auch wenn es der Rechtsvorgänger einer Partei abgeschlossen hat. Bei Haftung aus § 11 Abs 2 GmbHG steht der Haftende einem Kaufmann gleich (Berkenbrock JZ 80, 21). Ferner Ansprüche, die aus einem durch Handelsgeschäft vereinbarten verlängerten Eigentumsvorbehalt stammen und gegen einen Dritten, der Kaufmann ist, erhoben werden (LG Bremen MDR 94, 97). **Nr 2 und 3:** alle Ansprüche, die auf **3** diesen Wertpapieren beruhen, auch wenn es zB nicht ein wechselmäßiger Anspruch ist wie der in Art 89 WG geregelte. **Nr 4 a:** Handels- **4** gesellschaften: AG, GmbH, OHG, KG, KG aA, GmbH & Co KG. Vorsteher: Vorstand, Geschäftsführer; für diese ist trotz § 5 I S 3 ArbGG im Einzelfall die Zuständigkeit des ArbG gegeben; vgl Jaeger NZA 98, 961). Die Zuständigkeit erstreckt sich auch auf Ansprüche aus beendeten Dienstverhältnissen. Keine Handelsgesellschaften sind die Genossenschaft und der Versicherungsverein aG. Ausländische Handelsgesellschaften werden ebenfalls erfasst. **Nr 4 b:** §§ 17–37 HGB. **Nr 4 c:** alle Kenn- **5** zeichenstreitsachen (§ 140 MarkenG) sowie Streitigkeiten nach Geschmacksmuster G (§ 15). Für Streitigkeiten nach dem Gebrauchsmuster G (§§ 18, 19) ist die Zivilkammer bzw Patentstreitkammer oder das AG zuständig. **Nr 5:** mit Ausnahme des § 13 a UWG (wenn nicht **6** beiderseitiges Handelsgeschäft, Nr 1) alle Streitigkeiten aus diesem Gesetz; vgl § 27 UWG, ferner Streitigkeiten wegen Wettbewerbsbeschränkungen (§ 87 Abs 2 GWB).

7 **3. Weitere Zuständigkeit** der KfH folgt aus § 87 Abs 2 GWB und § 30 Abs 1 S 2 FGG. Sie besteht ferner für Vollstreckungsabwehrklagen (§ 767) gegen Vollstreckungstitel der KfH (ZöGummer 17 mwN; bestr).

§ 96 [Antrag]

(1) **Der Rechtsstreit wird vor der Kammer für Handelssachen verhandelt, wenn der Kläger dies in der Klageschrift beantragt hat.**

(2) **Ist ein Rechtsstreit nach den Vorschriften der §§ 281, 506 der Zivilprozeßordnung vom Amtsgericht an das Landgericht zu verweisen, so hat der Kläger den Antrag auf Verhandlung vor der Kammer für Handelssachen vor dem Amtsgericht zu stellen.**

1 **1. Antrag** (Abs 1) ist Prozesshandlung (Einl III) und unwiderruflich (allgM). Er liegt bereits darin, dass die Klageschrift an die KfH adressiert ist, aber nicht in der Angabe des Aktenzeichens einer vorangegangenen einstweiligen Verfügung (Brandenburg MDR 00, 1029). Der Antrag steht im Belieben des Klägers und kann für eine beim LG anhängig gemachte Klage nur in der Klageschrift gestellt werden oder in einem gleichzeitig eingereichten sonstigen Schriftsatz (hM), auch noch nach Verweisung wegen örtlicher Unzuständigkeit (§ 281), wenn die Klage bei einem LG ohne KfH eingereicht worden war (hM; Kissel 5 mwN).

2 **2. Verfahrensbeginn beim Amtsgericht** (Abs 2). Es ist zu unterscheiden: **a) Klage** (§ 253). Das AG prüft nicht, ob die KfH zuständig ist und verweist auf Grund des Antrags an das LG. Dort geht die Sache an die KfH und zwar auf Grund des Antrags. Gebunden sind KfH und Zivilkammer im Verhältnis zueinander auch dann nicht, wenn das AG die Verweisung an die eine oder andere ausgesprochen hat. Die Zivil-
3 kammer kann gemäß § 98 GVG verweisen. – **b) Mahnverfahren** (§ 688). Der Antrag ist möglich vor der Abgabe an das LG (§ 696 Abs 1 S 1, § 700 Abs 3) oder vor Verweisung (vgl § 697 Abs 2 S 1), bereits im Mahnantrag (§ 690 Rn 19), im Antrag gemäß § 696 Abs 1 S 1 und noch in der Anspruchsbegründung (§ 697 Abs 2; Frankfurt NJW 80, 2202), spätestens mit Ablauf der Frist des § 697 Abs 1 (Düsseldorf NJW-RR 88, 1472 mwN; Nürnberg Rpfleger 95, 369; bestr).

§ 97 [Verweisung an die Zivilkammer bei ursprünglicher Unzuständigkeit]

(1) **Wird vor der Kammer für Handelssachen eine nicht vor sie gehörige Klage zur Verhandlung gebracht, so ist der Rechtsstreit auf Antrag des Beklagten an die Zivilkammer zu verweisen.**

(2) [1]**Gehört die Klage oder die im Falle des § 506 der Zivilprozeßordnung erhobene Widerklage als Klage nicht vor die Kammer für Handelssachen, so ist diese auch von Amts wegen befugt, den Rechtsstreit an die Zivilkammer zu verweisen, so-**

lange nicht eine Verhandlung zur Hauptsache erfolgt und darauf ein Beschluß verkündet ist. ²Die Verweisung von Amts wegen kann nicht aus dem Grund erfolgen, daß der Beklagte nicht Kaufmann ist.

1. Allgemeines. Die Vorschrift schränkt die Verweisung an die Zivilkammer in solchen Verfahren ein, für welche die KfH unzuständig ist. Vorausgesetzt wird die ursprüngliche Unzuständigkeit der KfH; es darf also keine Handelssache sein (§ 95 GVG). 1

2. Auf Antrag (Abs 1) des Beklagten. Die Prozesshandlung (Einl III) unterliegt nicht dem § 297. Der Antrag muss vom Beklagten stammen (vgl § 96 Abs 1 GVG). Der Kläger kann Verweisungsantrag auch dann nicht stellen, wenn der Rechtsstreit keine Handelssache ist und der Kläger sich geirrt hat (hM). Die KfH muss verweisen. Zeitpunkt des Antrags und die Entscheidung darüber: § 101 GVG. Unanfechtbarkeit und Bindung: § 102 GVG. 2

3. Von Amts wegen (Abs 2). **a) Entscheidung:** § 101 GVG. Sie ist unanfechtbar und bindend (§ 102 GVG); steht im Ermessen der KfH („kann"). – **b) Voraussetzungen. aa) Unzuständigkeit** der KfH (§§ 95, 96 GVG; vgl 4–6 vor § 93 GVG) für die Klage oder die im Fall des § 506 erhobene Widerklage. Ist die Widerklage vor der KfH erhoben, gilt § 99 GVG. Die Unzuständigkeit darf nicht auf fehlender Kaufmannseigenschaft des Beklagten beruhen (Abs 2 S 2). Das liegt nicht vor, wenn allein wegen fehlender Eintragung im Handelsregister verwiesen wird (Nürnberg NJW-RR 00, 568). Das ist nur bedeutsam bei § 95 Abs 1 Nr 1 GVG. **bb) Zeitpunkt.** Es darf noch nicht ein Beschluss auf Grund der Verhandlung zur Hauptsache (§ 39 Rn 5–7) ergangen sein. Damit ist insbes gemeint: Beweis- oder Aufklärungsbeschluss oder ein Beschluss, in dem Termin zur Verkündung einer Entscheidung bestimmt ist. Andererseits stehen nicht entgegen: Anordnungen gemäß § 273, Beschlüsse über Prozesskostenhilfe oder Streitwert, die Verhandlung zur Hauptsache vor der Verkündung des Beschlusses. 3 4 5

§ 98 [Verweisung an die Kammer für Handelssachen]

(1) ¹Wird vor der Zivilkammer eine vor die Kammer für Handelssachen gehörige Klage zur Verhandlung gebracht, so ist der Rechtsstreit auf Antrag des Beklagten an die Kammer für Handelssachen zu verweisen. ²Ein Beklagter, der nicht in das Handelsregister oder Genossenschaftsregister eingetragen ist, kann den Antrag nicht darauf stützen, daß er Kaufmann ist.

(2) Der Antrag ist zurückzuweisen, wenn die im Falle des § 506 der Zivilprozeßordnung erhobene Widerklage als Klage vor die Kammer für Handelssachen nicht gehören würde.

(3) Zu einer Verweisung von Amts wegen ist die Zivilkammer nicht befugt.

(4) **Die Zivilkammer ist zur Verwerfung des Antrags auch dann befugt, wenn der Kläger ihm zugestimmt hat.**

1   **1. Allgemeines.** Die Vorschrift regelt die nachträgliche Verweisung einer Handelssache an die KfH. Vorausgesetzt wird, dass eine Handelssache (§ 95 GVG) vor die Zivilkammer gelangt ist.

2   **2. Antrag.** Nur der Beklagte kann ihn stellen, nie der Kläger. Es ist auch keine Verweisung von Amts wegen möglich (Abs 3). Der Kläger kann aber, um noch an die Zivilkammer zu gelangen, die Klage zurücknehmen und dann bei der Zivilkammer neu klagen. Der Antrag ist Prozesshandlung (Einl III), kann in der Unzuständigkeitsrüge liegen (van den Hövel NJW 01, 345; aA die hM) und unterliegt nicht dem § 297. Spätester Zeitpunkt: § 101 GVG.

3   **3. Verweisung. a) Entscheidung:** § 101 GVG; ihre Unanfechtbarkeit und Wirkung: § 102 GVG. Es muss verwiesen werden, wenn eine Handelssache (§ 95 GVG) vorliegt und der Antrag des Beklagten wirk-
4   sam ist. – **b) Zurückweisung des Antrags** (trotz Wortlaut des Abs 4 nicht Verwerfung) geschieht: **(1)** Im Fall des § 95 Abs 1 Nr 1 GVG, wenn der Beklagte nicht als Kaufmann im Handelsregister (§§ 8 ff HGB) eingetragen ist (Abs 1 S 2). **(2)** Wenn das AG gemäß § 506 (also wegen der Widerklage) an das LG verwiesen hat und die Widerklage keine Handelssache (§ 95 GVG) ist (Abs 2). **(3)** Bei Unzuständigkeit der KfH, auch wenn der Kläger dem Antrag des Beklagten zustimmt (Abs 4) oder übereinstimmend, aber verspätet (§ 101 GVG) den Antrag stellt.

§ 99 [Verweisung an die Zivilkammer bei nachträglicher Unzuständigkeit]

(1) **Wird in einem bei der Kammer für Handelssachen anhängigen Rechtsstreit die Klage nach § 256 Abs. 2 der Zivilprozeßordnung durch den Antrag auf Feststellung eines Rechtsverhältnisses erweitert oder die Widerklage erhoben und gehört die erweiterte Klage oder die Widerklage als Klage nicht vor die Kammer für Handelssachen, so ist der Rechtsstreit auf Antrag des Gegners an die Zivilkammer zu verweisen.**

(2) **¹Unter der Beschränkung des § 97 Abs. 2 ist die Kammer zu der Verweisung auch von Amts wegen befugt. ²Diese Befugnis tritt auch dann ein, wenn durch eine Klageänderung ein Anspruch geltend gemacht wird, der nicht vor die Kammer für Handelssachen gehört.**

1   **Allgemeines.** Die Zuständigkeit der KfH muss grundsätzlich für alle prozessualen Ansprüche bestehen. Wird die KfH auch nur teilweise unzuständig (Rn 2), ist auf Antrag (§ 10 GVG), im Falle des § 97 Abs 2
2   GVG auch von Amts wegen zu verweisen. **Voraussetzung** ist die nachträgliche Unzuständigkeit der KfH für einen von mehreren, nunmehr gemäß § 260 verbundenen, prozessualen Ansprüchen. Die Unzuständig-

keit kann eintreten durch eine Zwischenfeststellungsklage (§ 256 Abs 2), Widerklage (§ 33) oder Klageänderung (§ 263), also auch nachträgliche objektive Klagenhäufung (§ 260); dies gilt auch für Abs 1, obwohl dieser Fall dort nicht erwähnt ist (allgM). Über die Zulässigkeit der Klageänderung entscheidet stets die Zivilkammer, an die verwiesen wird. Ferner gilt Abs 1 entsprechend, wenn eine Parteierweiterung (25 vor § 50) erfolgt. **Verweisung.** Auf Antrag (§ 101 GVG) erfolgt sie wie bei § 97 **3** GVG Rn 2; bei der Widerklage muss der Kläger (Widerbeklagte) den Antrag stellen, weil er der Gegner iS des Abs 1 ist. Von Amts wegen kann verwiesen werden wie bei § 97 GVG Rn 3–5. **Entscheidung:** § 101 GVG. Es ist grundsätzlich der ganze Rechtsstreit zu verweisen. Nur wenn die KfH trennt (§ 145), verweist sie lediglich den Teil, für den sie unzuständig ist.

§ 100 [Zuständigkeit für die Berufung]

Die §§ 96 bis 99 sind auf das Verfahren im zweiten Rechtszuge vor den Kammern für Handelssachen entsprechend anzuwenden.

Anwendbar sind auch die §§ 101, 102 GVG (allgM). **Bezeichnun-** **1** **gen.** Der Klageschrift (§ 96 GVG) entspricht die Berufungsschrift (§ 519), so dass der Antrag in dieser, nicht erst in der Berufungsbegründung (§ 520) gestellt werden muss (hM; aA LG Köln NJW 96, 2738; hierzu abl E. Schneider NJW 97, 992). Dem Kläger entspricht der Berufungskläger, dem Beklagten der Berufungsbeklagte. **Verweisung** **2** **durch Zivilkammer** (§ 98 GVG). Der Beklagte kann Verweisung nur beantragen, wenn er als Kaufmann im Handelsregister eingetragen ist, gleichgültig, ob er Berufungskläger oder -beklagter ist (§ 98 Abs 1 S 2 GVG). Der Kläger kann als Berufungsbeklagter den Antrag nach § 98 Abs 1 S 1 GVG stellen, also auch dann, wenn er oder (und) der Beklagte nicht als Kaufmann eingetragen ist (Kissel 11 mwN). **Berufung beider** **3** **Parteien,** die verschieden an KfH und Zivilkammer gerichtet ist. Es wird zunächst die Kammer befasst, an welche die zuerst eingelaufene Berufung gerichtet ist. Die Verweisung richtet sich nach § 97 oder § 98 GVG (umstr).

§ 101 [Zeitpunkt des Antrags und der Verhandlung]

(1) [1]**Der Antrag auf Verweisung des Rechtsstreits an eine andere Kammer ist nur vor der Verhandlung des Antragstellers zur Sache zulässig.** [2]**Ist dem Antragsteller vor der mündlichen Verhandlung eine Frist zur Klageerwiderung oder Berufungserwiderung gesetzt, so hat er den Antrag innerhalb der Frist zu stellen.** [2]**§ 296 Abs. 3 der Zivilprozeßordnung gilt entsprechend; der Entschuldigungsgrund ist auf Verlangen des Gerichts glaubhaft zu machen.**

(2) ¹Über den Antrag ist vorab zu entscheiden. ²Die Entscheidung kann ohne mündliche Verhandlung ergehen.

1   **Antrag:** gilt für alle Anträge gem §§ 97–100 GVG. **Verhandlung zur Sache:** zu unterscheiden von der Verhandlung zur Hauptsache (§ 39 Rn 5–7); sie beginnt erst, nachdem die Anträge gestellt sind (§ 137 Abs 1), sobald der Antragsteller (Kläger oder Beklagter) auch nur zur Zulässigkeit der Klage verhandelt oder einen Widerklageantrag stellt.
2   **Entscheidung:** durch Beschluss (entspr § 281 Abs 1) des Vorsitzenden
3   (§ 349 Abs 2 Nr 1). Er muss nicht begründet werden. **Vorab** (Abs 2)
     bedeutet: bevor noch über Zulässigkeit und Begründetheit der Klage
4   verhandelt wird (vgl 7 vor § 93 GVG). **Erwiderungsfrist** für Klage oder
     Berufung (Abs 1 S 2 und 3): § 275 Abs 1 S 1, § 276 Abs 1 S 2, § 521
     Abs 2 S 1; nicht die (zweite) Erwiderungsfrist auf die Replik gemäß
     § 277 Abs 4 (LG Bonn MDR 00, 724 Anm E. Schneider). Der verspätet
     gestellte Antrag ist nur zuzulassen, wenn die Verspätung genügend entschuldigt ist (§ 296 Abs 3). Wird sie nicht entschuldigt, so muss die
     Kammer die Sache behalten. S 3 Hs 2 entspricht § 296 Abs 4.
5   **Verweisung.** Wird dem Antrag stattgegeben, ist die Entscheidung unanfechtbar und bindend (§ 102). Deshalb darf das Berufungsgericht nicht an
     die andere Kammer über § 538 Abs 2 zurückverweisen (Herr JZ 84, 318).

§ 102 [Unanfechtbarkeit und Bindung]

¹Die Entscheidung über Verweisung eines Rechtsstreits an die Zivilkammer oder an die Kammer für Handelssachen ist nicht anfechtbar. ²Erfolgt die Verweisung an eine andere Kammer, so ist diese Entscheidung für die Kammer, an die der Rechtsstreit verwiesen wird, bindend. ³Der Termin zur weiteren mündlichen Verhandlung wird von Amts wegen bestimmt und den Parteien bekanntgemacht.

1   **1. Anwendungsbereich.** Er umfasst Beschlüsse der Zivilkammer und der KfH (§§ 97–100, 104 GVG). Die Vorschrift ist nicht anwendbar, wenn das AG gemäß §§ 281, 506 verweist oder wenn der Vorsitzende ohne Beschluss abgibt.

2   **2. Unanfechtbar** ist die verweisende wie die einen Antrag zurückweisende Entscheidung. Anfechtbar (mit der außerordentlichen Beschwerde, § 567 Rn 7) ist jedoch die Entscheidung, die (unzulässig) einen bindenden Verweisungsbeschluss aufhebt (Karlsruhe NJW-RR 95, 1536). Anfechtbarkeit (insbes der Endentscheidung) wird auch bejaht, soweit sie bei § 281 zugelassen wird (dort Rn 12; Gaul JZ 84, 57).

3   **3. Bindung. a) Umfang:** nur im Verhältnis von KfH zur Zivilkammer. Falls die Geschäftsverteilung (§ 21 e GVG) eine andere Kammerzuständigkeit bestimmt, darf die KfH an eine andere KfH, die Zivilkammer an eine andere Zivilkammer abgeben. – **b) Eintritt** der Bindung auch, wenn die Verweisung gesetzwidrig war, insbes im Fall des § 98

GVG ohne Antrag des Beklagten geschehen ist. Keine Bindung aber, **4** wenn die Verweisung auf einer Verletzung des rechtlichen Gehörs beruht (Kissel 6 mwN; bestr) oder dem gesetzlichen Richter entzieht (ZöGummer 6; Kissel 6; Gaul JZ 84, 56 [61]), nach Nürnberg NJW 93, 3208 (aA zutreffend Brandenburg NJW-RR 01, 63) auch, wenn der Verweisungsantrag gemäß § 101 Abs 1 S 2 GVG verspätet ist, nach Karlsruhe MDR 98, 558 auch, wenn zudem gegen § 96 Abs 1 GVG verstoßen wurde. – **c) Zuständigkeitsstreit.** Es ist § 36 Abs 1 Nr 6 anwendbar, insbes bei **5** Zurückverweisung (hM; Brandenburg NJW-RR 95, 1535; Koblenz NJW 77, 1735). – **d) Fortsetzung** des Rechtsstreits wird von Amts **6** wegen veranlasst (S 3).

§ 103 [Hauptintervention]

Bei der Kammer für Handelssachen kann ein Anspruch nach § 64 der Zivilprozeßordnung nur dann geltend gemacht werden, wenn der Rechtsstreit nach den Vorschriften der §§ 94, 95 vor die Kammer für Handelssachen gehört.

§ 104 [Verweisung bei Beschwerde]

(1) ¹Wird die Kammer für Handelssachen als Beschwerdegericht mit einer vor sie nicht gehörenden Beschwerde befaßt, so ist die Beschwerde von Amts wegen an die Zivilkammer zu verweisen. ²Ebenso hat die Zivilkammer, wenn sie als Beschwerdegericht in einer Handelssache mit einer Beschwerde befaßt wird, diese von Amts wegen an die Kammer für Handelssachen zu verweisen. ³Die Vorschriften des § 102 Satz 1, 2 sind entsprechend anzuwenden.

(2) Eine Beschwerde kann nicht an eine andere Kammer verwiesen werden, wenn bei der Kammer, die mit der Beschwerde befaßt wird, die Hauptsache anhängig ist oder diese Kammer bereits eine Entscheidung in der Hauptsache erlassen hat.

Verweisung: Der Beschluss kann vom Vorsitzenden allein erlassen **1** werden (§ 349 Abs 2 Nr 1). Verweisung erfolgt von Amts wegen (Abs 1 S 1). Ein Antrag ist bedeutungslos. Maßgebend ist, ob der Rechtsstreit, in dem Beschwerde eingelegt ist, eine Handelssache (§ 95 GVG) darstellt. **Befasst:** dh, dass die Beschwerde der betreffenden Kammer vor- **2** gelegt ist. **Grundsatz einheitlicher Zuständigkeit** (Abs 2). Daraus ist **3** zu schließen, dass an die Kammer zu verweisen ist, bei der die Hauptsache anhängig ist oder die bereits in der Hauptsache entschieden hat, wenn die Beschwerde an eine andere Kammer gelangt. Dies gilt, vom Gesetz her, im Verhältnis Zivilkammer zu KfH. Im Verhältnis von KfH zu KfH sowie von Zivilkammer zu Zivilkammer sollte ein zweckentsprechender Geschäftsverteilungsplan (§ 21 e GVG) für die gleiche Regelung sorgen.

§ 105 [Besetzung der Kammer für Handelssachen]

(1) **Die Kammern für Handelssachen entscheiden in der Besetzung mit einem Mitglied des Landgerichts als Vorsitzenden und zwei ehrenamtlichen Richtern, soweit nicht nach den Vorschriften der Prozeßgesetze an Stelle der Kammer der Vorsitzende zu entscheiden hat.**

(2) **Sämtliche Mitglieder der Kammer für Handelssachen haben gleiches Stimmrecht.**

Abs 3 aufgehoben durch Art 1 Nr 5 ZPO-RG.

1   **Person** des Vorsitzenden: Es gilt § 21 f Abs 1. **Befugnis** des Vorsitzenden zur alleinigen Entscheidung folgt aus § 349, außerdem § 944.

2   **Entscheidung:** auch für solche ohne mdl Vhdlg, zB bei Beschwerden.

3   **Handelsrichter** (ehrenamtliche Richter, § 45 a DRiG) unterschreiben gemäß § 315 Abs 1. Sie können nicht Einzelrichter gemäß § 348, 348 a wohl aber beauftragter Richter für einen Sühneversuch (§ 278) sein (BGH 42, 163/175).

§ 106 [Auswärtige Kammer für Handelssachen]

Im Falle des § 93 Abs. 2 kann ein Richter beim Amtsgericht Vorsitzender der Kammer für Handelssachen sein.

§ 107 [Vergütung]

(1) **Die ehrenamtlichen Richter, die weder ihren Wohnsitz noch ihre gewerbliche Niederlassung am Sitz der Kammer für Handelssachen haben, erhalten Tage- und Übernachtungsgelder nach den für Richter am Landgericht geltenden Vorschriften.**

(2) **Den ehrenamtlichen Richtern werden die Fahrtkosten in entsprechender Anwendung des § 3 des Gesetzes über die Entschädigung der ehrenamtlichen Richter ersetzt.**

§ 108 [Ernennung zum Handelsrichter]

Die ehrenamtlichen Richter werden auf gutachtlichen Vorschlag der Industrie- und Handelskammern für die Dauer von vier Jahren ernannt; eine wiederholte Ernennung ist nicht ausgeschlossen.

§ 109 [Voraussetzungen der Ernennung]

(1) **Zum ehrenamtlichen Richter kann ernannt werden, wer**
1. **Deutscher ist,**
2. **das dreißigste Lebensjahr vollendet hat und**

3. als Kaufmann, Vorstandsmitglied oder Geschäftsführer einer juristischen Person oder als Prokurist in das Handelsregister oder das Genossenschaftsregister eingetragen ist oder eingetragen war oder als Vorstandsmitglied einer juristischen Person des öffentlichen Rechts aufgrund einer gesetzlichen Sonderregelung für diese juristische Person nicht eingetragen zu werden braucht.

(2) ¹Wer diese Voraussetzungen erfüllt, soll nur ernannt werden, wenn er

1. in dem Bezirk der Kammer für Handelssachen wohnt oder
2. in diesem Bezirk eine Handelsniederlassung hat oder
3. einem Unternehmen angehört, das in diesem Bezirk seinen Sitz oder seine Niederlassung hat.²Darüber hinaus soll nur ernannt werden

1. ein Prokurist, wenn er im Unternehmen eine der eigenverantwortlichen Tätigkeit des Unternehmers vergleichbare selbständige Stellung einnimmt,
2. ein Vorstandsmitglied einer Genossenschaft, wenn es hauptberuflich in einer Genossenschaft tätig ist, die in ähnlicher Weise wie eine Handelsgesellschaft am Handelsverkehr teilnimmt.

(3) ¹Zum ehrenamtlichen Richter kann nicht ernannt werden, wer zu dem Amt eines Schöffen unfähig ist oder nach § 33 Nr. 4 zu dem Amt eines Schöffen nicht berufen werden soll. ²Zum ehrenamtlichen Richter soll nicht ernannt werden, wer nach § 33 Nr. 5 zu dem Amt eines Schöffen nicht berufen werden soll.

§ 110 [Ehrenamtliche Richter an Seeplätzen]

An Seeplätzen können ehrenamtliche Richter auch aus dem Kreis der Schiffahrtskundigen ernannt werden.

§ 111 *(aufgehoben)*

§ 112 [Dienststellung]

Die ehrenamtlichen Richter haben während der Dauer ihres Amtes in Beziehung auf dasselbe alle Rechte und Pflichten eines Richters.

Ihre Bezeichnung lautet Handelsrichter (§§ 44–45 a DRiG).

§ 113 [Amtsenthebung]

(1) Ein ehrenamtlicher Richter ist seines Amtes zu entheben, wenn er

1. eine der für seine Ernennung erforderlichen Eigenschaften verliert oder Umstände eintreten oder nachträglich bekannt werden, die einer Ernennung nach § 109 entgegenstehen, oder

2. seine Amtspflichten gröblich verletzt hat.

(2) Ein ehrenamtlicher Richter soll seines Amtes enthoben werden, wenn Umstände eintreten oder bekannt werden, bei deren Vorhandensein eine Ernennung nach § 109 Abs. 3 Satz 2 nicht erfolgen soll.

(3) [1]Die Entscheidung trifft der erste Zivilsenat des Oberlandesgerichts durch Beschluß nach Anhörung des Beteiligten. [2]Sie ist unanfechtbar.

(4) Beantragt der ehrenamtliche Richter selbst die Entbindung von seinem Amt, so trifft die Entscheidung die Landesjustizverwaltung.

§ 114 [Sachkunde der Kammer für Handelssachen]

Über Gegenstände, zu deren Beurteilung eine kaufmännische Begutachtung genügt, sowie über das Bestehen von Handelsgebräuchen kann die Kammer für Handelssachen auf Grund eigener Sachkunde und Wissenschaft entscheiden.

1   Die Vorschrift macht Sachverständigenbeweis entbehrlich und ist im Zusammenhang mit § 286 zu sehen. Es genügt, wenn ein Mitglied der KfH über die erforderliche Sachkunde verfügt und sie den anderen Mitgliedern vermitteln kann (ZöGummer 2). Ob dies der Fall ist entscheidet die KfH selbst (§ 196 Abs 1 GVG). Unterlässt die KfH wegen § 144 GVG den Sachverständigenbeweis, ist Aufklärung (§ 139) geboten (BVerfG NJW 98, 2279). Handelsgebräuche: § 346 HGB.

Achter Titel. Oberlandesgerichte

§ 115 [Besetzung]

Die Oberlandesgerichte werden mit einem Präsidenten sowie mit Vorsitzenden Richtern und weiteren Richtern besetzt.

1   **Oberlandesgericht** ist die Bezeichnung des Gerichts, das in Zivilsachen für Berufungen und Beschwerden gegen Urteile und Beschlüsse
2   des LG und des AG zuständig ist. Das OLG für Berlin heißt Kammergericht (KG). **Verwendung** von Richtern auf Probe und kraft Auftrags ist
3   ausgeschlossen. **Abordnung** von Richtern auf Lebenszeit erfolgt über § 117 GVG.

§ 115 a *(weggefallen)*

§ 116 [Senate]

(1) [1]Bei den Oberlandesgerichten werden Zivil- und Strafsenate gebildet. [2]Bei den nach § 120 zuständigen Oberlandesgerichten werden Ermittlungsrichter bestellt; zum Ermittlungsrichter kann auch jedes Mitglied eines anderen Oberlandesgerichts, das in dem in § 120 bezeichneten Gebiet seinen Sitz hat, bestellt werden.

(2) [1]Durch Anordnung der Landesjustizverwaltung können außerhalb des Sitzes des Oberlandesgerichts für den Bezirk eines oder mehrerer Landgerichte Zivil- oder Strafsenate gebildet und ihnen für diesen Bezirk die gesamte Tätigkeit des Zivil- oder Strafsenats des Oberlandesgerichts oder ein Teil dieser Tätigkeit zugewiesen werden. [2]Ein auswärtiger Senat für Familiensachen kann für die Bezirke mehrerer Familiengerichte gebildet werden.

§ 117 [Vertretung]

Die Vorschrift des § 70 Abs. 1 ist entsprechend anzuwenden.

Da am OLG Richter auf Probe und kraft Auftrags nicht am OLG **1** verwendet werden dürfen (vgl § 115 GVG Rn 2), kommt nur die Abordnung eines Richters auf Lebenszeit in Betracht.

§ 118 *(weggefallen)*

§ 119 [Zuständigkeit in Zivilsachen]

(1) Die Oberlandesgerichte sind in bürgerlichen Rechtsstreitigkeiten zuständig für die Verhandlung und Entscheidung über die Rechtsmittel:
1. der Berufung und der Beschwerde gegen die Entscheidungen der Amtsgerichte
   a) in den von den Familiengerichten entschiedenen Sachen;
   b) in Streitigkeiten über Ansprüche, die von einer oder gegen eine Partei erhoben werden, die ihren allgemeinen Gerichtsstand im Zeitpunkt der Rechtshängigkeit in erster Instanz außerhalb des Geltungsbereiches dieses Gesetzes hatte;
   c) in denen das Amtsgericht ausländisches Recht angewendet und dies in den Entscheidungsgründen ausdrücklich festgestellt hat;
2. der Berufung und der Beschwerde gegen Entscheidungen der Landgerichte.

(2) § 23 b Abs. 1 und 2 gilt entsprechend.

(3) **Durch Landesgesetz kann bestimmt werden, dass die Oberlandesgerichte über Absatz 1 hinaus für alle Berufungen und Beschwerden gegen amtsgerichtliche Entscheidungen zuständig sind.** Das Nähere regelt das Landesrecht; es kann von der Befugnis nach Satz 1 in beschränktem Umfang Gebrauch machen, insbesondere die Bestimmung auf die Entscheidungen einzelner Amtsgerichte oder bestimmter Sachen beschränken.

(4) **Soweit eine Bestimmung nach Absatz 3 Satz 1 getroffen wird, hat das Landesgesetz zugleich Regelungen zu treffen, die eine Belehrung über das zuständige Rechtsmittelgericht in der angefochtenen Entscheidung sicherstellen.**

(5) **Bestimmungen nach Absatz 3 gelten nur für Berufungen und Beschwerden, die vor dem 1. Januar 2008 eingelegt werden.**

(6) **Die Bundesregierung unterrichtet den Deutschen Bundestag zum 1. Januar 2004 und zum 1. Januar 2006 über Erfahrungen und wissenschaftliche Erkenntnisse, welche die Länder, die von der Ermächtigung nach Absatz 3 Gebrauch gemacht haben, gewonnen haben. Die Unterrichtung dient dem Zweck, dem Deutschen Bundestag die Prüfung und Entscheidung zu ermöglichen, welche bundeseinheitliche Gerichtsstruktur die insgesamt sachgerechteste ist, weil sie den Bedürfnissen und Anforderungen des Rechtsverkehrs am besten entspricht.**

Neufassung durch Art 1 Nr 6 ZPO-RG.

1　　**1. Rechtsmittelgericht** für Entscheidungen des LG (Abs 1 Nr 2) und des AG (Abs 1 Nr 1) sind die Oberlandesgerichte auf Grund des GVG (Rn 2). Ihre Entscheidungen sind anfechtbar mit den Rechtsmitteln Revision und sofortiger sowie der Rechtsbeschwerde, aber nur eingeschränkt (§§ 543, 544, § 574, § 621 e Abs 2), zum BGH (§ 133 GVG) oder zum BayObLG (§ 7 Abs 1 EGZPO).

2　　**2. Zuständigkeit** (Abs 1). Abgesehen von Abs 1 kann das OLG auf Grund anderer Vorschriften zuständig sein, auch solcher der ZPO, des GVG und insbes des FGG. Abs 1 gilt für Anfechtung von Endurteilen (§§ 300, 301) und Zwischenurteilen, die ihnen gleichstehen (§ 280 Abs 2, § 302 Abs 3, § 304 Abs 2, § 599 Abs 3), sowie für Beschwerden aller Art (vgl 8–11 vor § 567), auch wenn sie Nebenentscheidungen betreffen. Bei Zuständigkeitsstreit zwischen Familien- und Zivilsenat gilt § 36 entspr.

3　　**3. Nr 1 Buchstabe a. a) Berufung gegen Urteile des FamG.** Das sind Entscheidungen des AG (§§ 23 a, 23 b GVG). Familiensachen sind seit 1. 7. 98 auch die Kindschaftssachen (§ 23 b Abs 1 S 2 Nr. 12) und ab 1. 8. 01 die Lebenspartnerschaftssachen (§ 23 b Abs 1 S 2 Nr 15). Es
4　　gilt die formelle (besser: prozessuale) Anknüpfung. **aa) Zuständigkeit**

bei den Rechtsmitteln. **11) Oberlandesgericht.** Es ist für Berufungen und Beschwerden gegen alle Entscheidungen des Familiengerichts zuständig ohne Rücksicht darauf, ob eine Familiensache vorliegt oder nicht. Zuständig ist das OLG auch dann, wenn das Familiengericht eine Nichtfamiliensache entschieden hat (BGH NJW 93, 1393 und NJW-RR 93, 1282). Grundsätzlich ist dann der Familiensenat für die Familiensache, der allgemeine Zivilsenat für die Nichtfamiliensache zuständig (BGH NJW-RR 93, 1282). Dem steht auch eine bindende Verweisung (§ 281) an das LG in erster Instanz nicht entgegen. **22) Landgericht.** Das LG ist als Berufungs- und Beschwerdegericht (§ 72 GVG) allein zuständig, wenn beim AG eine Familiensache nicht durch das Familiengericht entschieden wurde (BGH NJW 91, 231). Entscheidung: Rn 5. Das LG ist nie zuständig, wenn das Familiengericht entschieden hat. **bb) Entscheidung.** Ist sie in erster Instanz vom un-   5
zuständigen Gericht erlassen worden, so kann das Rechtsmittelgericht wegen § 513 Abs 2 die Entscheidung deshalb nicht aufheben (vgl § 513 Rn 3). Daher wird vom LG oder vom allgemeinen Zivilsenat die Familiensache, vom Familiensenat die Nichtfamiliensache entschieden (BGH FamRZ 89, 165; Bergerfurth FamRZ 01, 1493/1494). **cc) Anfech-**   6
tung. Ist zweifelhaft, ob das AG als Familiengericht oder als allgemeines Prozessgericht entschieden hat, kann Berufung wegen der Meistbegünstigung (6–10 vor § 511) zum LG (§ 72 GVG) oder zum OLG (Abs 1 Nr 1 Buchstabe a) wirksam eingelegt werden (BGH NJW-RR 95, 379 und 380). – **b) Beschwerde gegen Entscheidungen des FamG.**   7
Umfang: wie Rn 3. Für die Beschwerden gegen Familiengerichtsentscheidungen gelten die Ausführungen unter Rn 4–6 entsprechend. Das OLG ist auch für Beschwerden in Kostenangelegenheiten zuständig, und zwar derjenige Familiensenat (BGH NJW 78, 1633), der nach der Geschäftsverteilung für die Hauptsache zuständig ist (Bischof MDR 78, 716) oder ein besonderer Kostensenat (ZöGummer 14). Für Beschwerden bei Vergütung für Beratungshilfe in Familiensachen ist jedoch gemäß § 72 GVG das LG zuständig (BGH NJW 85, 2537). Es entscheidet der ER am OLG (§ 568 iVm § 22 Abs 1 GVG).

4. Nr 1 Buchstabe b. a) Allgemeiner ausländischer Gerichts-   8
stand einer Partei. Dieser bestimmt sich nach §§ 13 ff. Im Anwendungsbereich der EuGVVO (5 vor Art 1 EuGVVO) ist der allgemeine Gerichtsstand nach Art 2 Abs 1 EuGVVO zu beurteilen. Maßgeblich ist daher der Wohnsitz einer Partei, der für natürliche Personen nach Art 59 EuGVVO und für juristische Personen nach Art 60 EuGVVO bestimmt wird. Der so ermittelte allgemeine Gerichtsstand einer der Parteien muss außerhalb des Geltungsbereichs des GVG liegen. – **b) Maßgeblicher**   9
Zeitpunkt hierfür ist der des Eintritts der Rechtshängigkeit der Klage (§ 261 Abs 1) oder des Antrags, so dass spätere Veränderungen des allgemeinen Gerichtsstandes unschädlich sind (§ 261 Abs 3 Nr 2). – **c) An-**   10
spruch. Ob sich dieser nach deutschem oder ausländischem Recht richtet, ist für die Anwendung von Buchstabe b) im Gegensatz zu Buch-

stabe c) irrelevant. Wegen des gegebenen Auslandsbezug ist aber das
maßgebliche Statut mit Hilfe des IPR zu ermitteln (vgl Art 3 Abs 1
EGBGB).

11   **5. Nr 1 Buchstabe c). a) Allgemeines.** Die Vorschrift ist im Interesse der Rechtssicherheit eng gefasst und daher restriktiv auszulegen.
Bei Zweifeln gilt jedoch die Meistbegünstigung (6 ff vor § 511). In der
Geschäftsverteilung bei den OLG (§ 21 e GVG) sollten die Aufgaben
nach Nr 1 Buchstaben b) und c) einem Senat zugewiesen werden, um
so besonders sachkundige Spruchkörper für das IZPR und das IPR zu
12   bilden. – **b) Voraussetzung. aa) Ausländisches Recht** liegt vor,
wenn es von einem ausländischen Staat geschaffen wurde. Hierbei kann
es sich auch um dort, also nicht in der BRp Deutschland geltende
Staatsverträge handeln. Ausländisches Recht ist nicht gegeben, wenn das
AG seine Entscheidung nur auf Völkerrecht, primäres (zB den EG-Vertrag) oder sekundäres (zB VO, Richtlinien) Gemeinschaftsrecht (hierzu
EuGHE 64, 1251) oder von der BRep Deutschland ratifizierte bilaterale
oder multilaterale Staatsverträge (zB das CISG) gestützt hat, ohne darü-
13   ber hinaus ausländisches Recht anzuwenden. **bb) Anwendung** ausländischen Rechts ist gegeben, wenn das AG die Hauptfrage, also den
eingeklagten Anspruch auf Grund einer Verweisung im deutschen IPR
(vgl Art 3 Abs 1 EGBGB) mangels Rückverweisung im ausländischen
Kollisionsrecht (Art 3 Abs 1 S 2 und Art 4 Abs 1, 2 EGBGB) nach den
Rechtsvorschriften in einer ausländischen Rechtsordnung beantwortet
hat. Entscheidend ist, dass das AG die fremde Rechtsordnung angewandt
hat, nicht ob sie aus der Sicht des OLG hätte angewandt werden
14   müssen. **11) Beispiel:** Das AG hat auf den Kaufpreisanspruch auf Grund
einer ausdrücklichen Rechtswahl (Art 27 Abs 1 EGBGB) ein ausländisches Recht angewandt. Der Schmerzensgeldanspruch wurde gem
Art 40 Abs 1 S 1 EGBGB dem ausländischen Tatortrecht unterstellt.
15   **22) Rückverweisung auf deutsches Recht.** Hat das AG deutsches
Recht angewendet, weil das ausländische IPR auf deutsches Recht
zurückverweist (vgl Art 4 Abs 1 EGBGB), so beruht die Entscheidung
zwar auf der Anwendung ausländischen (Kollisions-)Rechts, jedoch erscheint eine Zuständigkeit des OLG fragwürdig. Beispiel: Das AG hat in
einem Erbrechtsstreit deutsches Erbrecht kraft Rückverweisung auf das
deutsche Wohnsitzrecht des dänischen Erblassers angewandt (vgl Art 25
16   Abs 1 EGBGB iVm Art 4 Abs 1 EGBGB). **33) Teilfragen.** Hier ist
fraglich, ob nach dem Sinn und Zweck der Vorschrift eine Berufung
zum OLG stattfindet. Eine einschränkende Auslegung erscheint zwar
geboten, in Zweifelsfragen gilt jedoch die Meistbegünstigung (6 ff vor
§ 511). Beispiel: Das AG hat den Kaufpreisanspruch deutschem Recht
unterstellt, aber die Rechts- und Geschäftsfähigkeit eines Vertragspartners gem Art 7 Abs 1 EGBGB ausdrücklich nach dessen ausländischem
Heimrecht beurteilt. Im Rahmen eines Deckungsprozesses gegen die
inländische Versicherung hat das AG auf den Haftpflichtanspruch gem
Art 40 Abs 1 EGBGB das ausländische Tatortrecht angewandt.

cc) Feststellung der Anwendung ausländischen Rechts durch das AG in den Entscheidungsgründen ist zwingende Voraussetzung für eine zum OLG einzulegende Berufung oder Beschwerde. Das AG muss also seine Entscheidung durch ausdrückliche Erwähnung eines ausländischen Rechtssatzes auf die fremde Rechtsordnung gestützt haben. Hat das AG es offengelassen, ob es seiner Entscheidung ausländisches Recht zugrunde gelegt hat, so kann die Berufung bzw Beschwerde nicht zum OLG eingelegt werden.

6. Entscheidungen der Landgerichte. Nr 2. Das OLG ist zustän- **18** dig für Berufungen (§ 511) gegen Urteile (Rn 2) der Landgerichte erster Instanz (§ 71 GVG), auch wenn das LG anstatt des Landwirtschaftsgerichts eine Landwirtschaftssache (§ 1 Nr 1 a LwVG) entschieden hat (BGH NJW-RR 92, 1152); außerdem für Beschwerden gegen Entscheidungen der Landgerichte auf Grund deren Zuständigkeit aus §§ 71, 72 GVG.

7. Familiensenate (Abs 2). **a) Einrichtung.** Die Verweisung auf **19** § 23 b Abs 1 bedeutet, dass besondere Senate für Familiensachen einzurichten sind, die Verweisung auf § 23 b Abs 2, dass die Geschäftsverteilung diejenigen Sachen, die denselben Personenkreis betreffen, demselben Senat zuweisen muss und eine Abgabe auch im zweiten Rechtszug stattfindet. Einem Familiensenat können vom Präsidium auch allgemeine Zivilsachen und andere Aufgaben als Zivilsenat zugewiesen werden. – **b) Abgrenzung** zwischen Zivilsenat und Familiensenat ist **20** die einer funktionellen Zuständigkeit, nicht gesetzliche Geschäftsverteilung (Jauernig FamRZ 89, 1/7; bestr).

8. Experimentierklausel (Abs 3–6). Der neu eingefügte Abs 3 **21** ermöglicht es den Ländern, für eine Übergangszeit vom 1. 1. 02 bis zum 31. 12. 07 eine Konzentration der Berufungs- und Beschwerdeverfahren bei den OLG einzuführen und zu erproben, welcher Instanzenweg die insgesamt größten Vorteile bietet. Den Ländern steht es offen, von dieser Konzentration überhaupt oder nur teilweise für bestimmte amtsgerichtliche Entscheidungen oder örtlich bestimmte AG Gebrauch zu machen. Dies führt zu einer Rechtswegzersplitterung in Deutschland. Aus Gründen der Rechtssicherheit hat das Landesgesetz zugleich mit der Bestimmung nach Abs 3 eine Belehrung vorzusehen, die sicherstellen soll, dass der Rechtmittelführer in der angefochtenen Entscheidung über das zuständige Rechtsmittelgericht informiert wird. Unterbleibt die Belehrung, so beginnt die Rechtsmittelfrist nicht zu laufen.

§§ 120, 121 *(betreffen Strafsachen)*

§ 122 [Besetzung der Senate]

(1) **Die Senate der Oberlandesgerichte entscheiden, soweit nicht nach den Vorschriften der Prozeßgesetze an Stelle des**

Senats der Einzelrichter zu entscheiden hat, in der Besetzung
von drei Mitgliedern mit Einschluß des Vorsitzenden.

(2) *(betrifft Strafsachen)*

Neunter Titel. Bundesgerichtshof

§ 123 [Sitz]

Sitz des Bundesgerichtshofes ist Karlsruhe.

§ 124 [Besetzung des Gerichts]

Der Bundesgerichtshof wird mit einem Präsidenten sowie mit
Vorsitzenden Richtern und weiteren Richtern besetzt.

§ 125 [Ernennung der Mitglieder]

(1) Die Mitglieder des Bundesgerichtshofes werden durch den
Bundesminister der Justiz gemeinsam mit dem Richterwahlaus-
schuß gemäß dem Richterwahlgesetz berufen und vom Bundes-
präsidenten ernannt.

(2) Zum Mitglied des Bundesgerichtshofes kann nur berufen
werden, wer das fünfunddreißigste Lebensjahr vollendet hat.

§§ 126–129 *(weggefallen)*

§ 130 [Senate]

(1) [1]Bei dem Bundesgerichtshof werden Zivil- und Strafsenate
gebildet und Ermittlungsrichter bestellt. [2]Ihre Zahl bestimmt
der Bundesminister der Justiz.

(2) Der Bundesminister der Justiz wird ermächtigt, Zivil- und
Strafsenate auch außerhalb des Sitzes des Bundesgerichtshofes
zu bilden und die Dienstsitze für Ermittlungsrichter des Bundesgerichtshofes zu bestimmen.

§§ 131, 131 a *(weggefallen)*

§ 132 [Große Senate]

(1) [1]Beim Bundesgerichtshof werden ein Großer Senat für Zivilsachen und ein Großer Senat für Strafsachen gebildet. [2]Die
Großen Senate bilden die Vereinigten Großen Senate.

(2) Will ein Senat in einer Rechtsfrage von der Entscheidung eines anderen Senats abweichen, so entscheiden der Große Senat für Zivilsachen, wenn ein Zivilsenat von einem anderen Zivilsenat oder von dem Großen Zivilsenat, der Große Senat für Strafsachen, wenn ein Strafsenat von einem anderen Strafsenat oder von dem Großen Senat für Strafsachen, die Vereinigten Großen Senate, wenn ein Zivilsenat von einem Strafsenat oder von dem Großen Senat für Strafsachen oder ein Strafsenat von einem Zivilsenat oder von dem Großen Senat für Zivilsachen oder ein Senat von den Vereinigten Großen Senaten abweichen will.

(3) ¹Eine Vorlage an den Großen Senat oder die Vereinigten Großen Senate ist nur zulässig, wenn der Senat, von dessen Entscheidung abgewichen werden soll, auf Anfrage des erkennenden Senats erklärt hat, daß er an seiner Rechtsauffassung festhält. ²Kann der Senat, von dessen Entscheidung abgewichen werden soll, wegen einer Änderung des Geschäftsverteilungsplanes mit der Rechtsfrage nicht mehr befaßt werden, tritt der Senat an seine Stelle, der nach dem Geschäftsverteilungsplan für den Fall, in dem abweichend entschieden wurde, zuständig wäre. ³Über die Anfrage und die Antwort entscheidet der jeweilige Senat durch Beschluß in der für Urteile erforderlichen Besetzung; § 97 Abs. 2 Satz 1 des Steuerberatungsgesetzes und § 74 Abs. 2 Satz 1 der Wirtschaftsprüferordnung bleiben unberührt.

(4) Der erkennende Senat kann eine Frage von grundsätzlicher Bedeutung dem Großen Senat zur Entscheidung vorlegen, wenn das nach seiner Auffassung zur Fortbildung des Rechts oder zur Sicherung einer einheitlichen Rechtsprechung erforderlich ist.

(5) ¹Der Große Senat für Zivilsachen besteht aus dem Präsidenten und je einem Mitglied der Zivilsenate, der Große Senat für Strafsachen aus dem Präsidenten und je zwei Mitgliedern der Strafsenate. ²Legt ein anderer Senat vor oder soll von dessen Entscheidung abgewichen werden, ist auch ein Mitglied dieses Senats im Großen Senat vertreten. ³Die Vereinigten Großen Senate bestehen aus dem Präsidenten und den Mitgliedern der Großen Senate.

(6) ¹Die Mitglieder und die Vertreter werden durch das Präsidium für ein Geschäftsjahr bestellt. ²Dies gilt auch für das Mitglied eines anderen Senats nach Absatz 5 Satz 2 und für seinen Vertreter. ³Den Vorsitz in den Großen Senaten und den Vereinigten Großen Senaten führt der Präsident, bei Verhinderung das dienstälteste Mitglied. ⁴Bei Stimmengleichheit gibt die Stimme des Vorsitzenden den Ausschlag.

Hüßtege

§ 133 [Zuständigkeit in Zivilsachen]

In bürgerlichen Rechtsstreitigkeiten ist der Bundesgerichtshof zuständig für die Verhandlung und Entscheidung über die Rechtsmittel der Revision, der Sprungrevision und der Rechtsbeschwerde.

Neufassung durch Art 1 Nr 7 ZPO-RG.

§§ 134, 134 a *(weggefallen)*

§ 135 *(betrifft Strafsachen)*

§§ 136, 137 *(aufgehoben)*

§ 138 [Entscheidungen der Großen und Vereinigten Großen Senate]

(1) ¹Die Großen Senate und die Vereinigten Großen Senate entscheiden nur über die Rechtsfrage. ²Sie können ohne mündliche Verhandlung entscheiden. ³Die Entscheidung ist in der vorliegenden Sache für den erkennenden Senat bindend.

(2) ¹Vor der Entscheidung des Großen Senats für Strafsachen oder der Vereinigten Großen Senate und in Rechtsstreitigkeiten, welche die Anfechtung einer Todeserklärung zum Gegenstand haben, ist der Generalbundesanwalt zu hören. ²Der Generalbundesanwalt kann auch in der Sitzung seine Auffassung darlegen.

(3) Erfordert die Entscheidung der Sache eine erneute mündliche Verhandlung vor dem erkennenden Senat, so sind die Beteiligten unter Mitteilung der ergangenen Entscheidung der Rechtsfrage zu der Verhandlung zu laden.

Abs 2 Satz 1 ist berichtigend geändert mWv 1. 8. 2001 durch Art 3 § 12 Nr 3 G vom 16. 2. 2001 (BGBl I S 266).

§ 139 [Besetzung der Senate]

(1) Die Senate des Bundesgerichtshofes entscheiden in der Besetzung von fünf Mitgliedern einschließlich des Vorsitzenden.

(2) *(betrifft Strafsachen)*

§ 140 [Geschäftsordnung]

Der Geschäftsgang wird durch eine Geschäftsordnung geregelt, die das Plenum beschließt; sie bedarf der Bestätigung durch den Bundesrat.

9 a. Titel. Zuständigkeit für Wiederaufnahmeverfahren in Strafsachen

§ 140 a *(betreffen Strafsachen)*

Zehnter Titel. Staatsanwaltschaft

§ 141–152 *(betreffen Strafsachen)*

Elfter Titel. Geschäftsstelle

§ 153 [Einrichtung]

(1) **Bei jedem Gericht und jeder Staatsanwaltschaft wird eine Geschäftsstelle eingerichtet, die mit der erforderlichen Zahl von Urkundsbeamten besetzt wird.**

(2) [1] **Mit den Aufgaben eines Urkundsbeamten der Geschäftsstelle kann betraut werden, wer einen Vorbereitungsdienst von zwei Jahren abgeleistet und die Prüfung für den mittleren Justizdienst oder für den mittleren Dienst bei der Arbeitsgerichtsbarkeit bestanden hat.** [2] **Sechs Monate des Vorbereitungsdienstes sollen auf einen Fachlehrgang entfallen.**

(3) **Mit den Aufgaben eines Urkundsbeamten der Geschäftsstelle kann auch betraut werden,**
1. **wer die Rechtspflegerprüfung oder die Prüfung für den gehobenen Dienst bei der Arbeitsgerichtsbarkeit bestanden hat,**
2. **wer nach den Vorschriften über den Laufbahnwechsel die Befähigung für die Laufbahn des mittleren Justizdienstes erhalten hat,**
3. **wer als anderer Bewerber (§ 4 Abs. 3 des Rahmengesetzes zur Vereinheitlichung des Beamtenrechts) nach den landesrechtlichen Vorschriften in die Laufbahn des mittleren Justizdienstes übernommen worden ist.**

(4) [1] **Die näheren Vorschriften zur Ausführung der Absätze 1 bis 3 erlassen der Bund und die Länder für ihren Bereich.** [2] **Sie können auch bestimmen, ob und inwieweit Zeiten einer dem Ausbildungsziel förderlichen sonstigen Ausbildung oder Tätigkeit auf den Vorbereitungsdienst angerechnet werden können.**

(5) **Der Bund und die Länder können ferner bestimmen, daß mit Aufgaben eines Urkundsbeamten der Geschäftsstelle auch betraut werden kann, wer auf dem Sachgebiet, das ihm übertragen werden soll, einen Wissens- und Leistungsstand aufweist, der dem durch die Ausbildung nach Absatz 2 vermittelten Stand gleichwertig ist.**

Zwölfter Titel. Zustellungs- und Vollstreckungsbeamte

§ 154 [Gerichtsvollzieher]

Die Dienst- und Geschäftsverhältnisse der mit den Zustellungen, Ladungen und Vollstreckungen zu betrauenden Beamten (Gerichtsvollzieher) werden bei dem Bundesgerichtshof durch den Bundesminister der Justiz, bei den Landesgerichten durch die Landesjustizverwaltung bestimmt.

§ 155 [Ausschließung des Gerichtsvollziehers]

Der Gerichtsvollzieher ist von der Ausübung seines Amts kraft Gesetzes ausgeschlossen:
I. in bürgerlichen Rechtsstreitigkeiten:
   1. wenn er selbst Partei oder gesetzlicher Vertreter einer Partei ist oder zu einer Partei in dem Verhältnis eines Mitberechtigten, Mitverpflichteten oder Schadensersatzpflichtigen steht;
   2. wenn sein Ehegatte oder Lebenspartner Partei ist, auch wenn die Ehe oder Lebenspartnerschaft nicht mehr besteht;
   3. wenn eine Person Partei ist, mit der er in gerader Linie verwandt oder verschwägert oder bis zum Seitenlinie bis zum dritten Grad verwandt oder bis zum zweiten Grad verschwägert ist oder war;
(II. betrifft Strafsachen)

I Nr 2 ist geändert mWv 1. 8. 2001 durch Art 3 § 12 Nr 4 G vom 16. 2. 2001 (BGBl I S 266).

Dreizehnter Titel. Rechtshilfe

§ 156 [Grundsatz der Rechtshilfe]

Die Gerichte haben sich in bürgerlichen Rechtsstreitigkeiten und in Strafsachen Rechtshilfe zu leisten.

§ 157 [Amtsgericht als Rechtshilfegericht]

(1) Das Ersuchen um Rechtshilfe ist an das Amtsgericht zu richten, in dessen Bezirk die Amtshandlung vorgenommen werden soll.

(2) [1] Die Landesregierungen werden ermächtigt, durch Rechtsverordnung die Erledigung von Rechtshilfeersuchen für die Bezirke mehrerer Amtsgerichte einem von ihnen ganz oder teilweise zuzuweisen, sofern dadurch der Rechtshilfeverkehr er-

leichtert oder beschleunigt wird. [2]Die Landesregierungen können diese Ermächtigung durch Rechtsverordnung auf die Landesjustizverwaltungen übertragen.

§ 158 [Ablehnung des Ersuchens]

(1) Das Ersuchen darf nicht abgelehnt werden.

(2) [1]Das Ersuchen eines nicht im Rechtszuge vorgesetzten Gerichts ist jedoch abzulehnen, wenn die vorzunehmende Handlung nach dem Recht des ersuchten Gerichts verboten ist. [2]Ist
das ersuchte Gericht örtlich nicht zuständig, so gibt es das Ersuchen an das zuständige Gericht ab.

Das Ersuchen muss vorliegen und tatsächlich ausführbar sein. Es darf **1**
insbes auch nicht deshalb abgelehnt werden, weil das ersuchte Gericht
eine andere Rechtsansicht vertritt (München OLGZ 76, 252).

§ 159 [Beschwerde wegen Ablehnung]

(1) [1]Wird das Ersuchen abgelehnt oder wird der Vorschrift des
§ 158 Abs. 2 zuwider dem Ersuchen stattgegeben, so entscheidet
das Oberlandesgericht, zu dessen Bezirk das ersuchte Gericht
gehört. [2]Die Entscheidung ist nur anfechtbar, wenn sie die
Rechtshilfe für unzulässig erklärt und das ersuchende und das
ersuchte Gericht den Bezirken verschiedener Oberlandesgerichte
angehören. [3]Über die Beschwerde entscheidet der Bundesgerichtshof.

(2) Die Entscheidungen ergehen auf Antrag der Beteiligten
oder des ersuchenden Gerichts ohne mündliche Verhandlung.

§ 160 [Vollstreckungen; Ladungen; Zustellungen]

Vollstreckungen, Ladungen und Zustellungen werden nach
Vorschrift der Prozeßordnungen bewirkt ohne Rücksicht darauf,
ob sie in dem Land, dem das Prozeßgericht angehört, oder in
einem anderen deutschen Land vorzunehmen sind.

§ 161 [Beauftragung des Gerichtsvollziehers]

[1]Gerichte, Staatsanwaltschaften und Geschäftsstellen der Gerichte können wegen Erteilung eines Auftrags an einen Gerichtsvollzieher die Mitwirkung der Geschäftsstelle des Amtsgerichts
in Anspruch nehmen, in dessen Bezirk der Auftrag ausgeführt
werden soll. [2]Der von der Geschäftsstelle beauftragte Gerichtsvollzieher gilt als unmittelbar beauftragt.

§§ 162, 163 *(betreffen Strafsachen)*

§ 164 [Kosten der Rechtshilfe]

(1) **Kosten und Auslagen der Rechtshilfe werden von der ersuchenden Behörde nicht erstattet.**

(2) **Gebühren oder andere öffentliche Abgaben, denen die von der ersuchenden Behörde übersendeten Schriftstücke (Urkunden, Protokolle) nach dem Recht der ersuchten Behörde unterliegen, bleiben außer Ansatz.**

§ 165 *(weggefallen)*

§ 166 [Amtshandlungen außerhalb des Gerichtsbezirks]

Ein Gericht darf Amtshandlungen im Geltungsbereich dieses Gesetzes auch außerhalb seines Bezirks vornehmen.

§ 167 *(betrifft Strafsachen)*

§ 168 [Mitteilung von Akten]

Die in einem deutschen Land bestehenden Vorschriften über die Mitteilung von Akten einer öffentlichen Behörde an ein Gericht dieses Landes sind auch dann anzuwenden, wenn das ersuchende Gericht einem anderen deutschen Land angehört.

Vierzehnter Titel. Öffentlichkeit und Sitzungspolizei

§ 169 [Öffentliche Verhandlung]

¹Die Verhandlung vor dem erkennenden Gericht, einschließlich der Verkündung der Urteile und Beschlüsse ist öffentlich. ²Ton- und Fernseh-Rundfunkaufnahmen sowie Ton- und Filmaufnahmen zum Zwecke der öffentlichen Vorführung oder Veröffentlichung ihres Inhalts sind unzulässig.

1   S 2 ist verfassungsgemäß (BVerfG NJW 01, 1633 m Anm Huff S 1622; Tappert DRiZ 01, 86; Geiger DRiZ 01, 91). Die Vorschrift betrifft nur die Verhandlung selbst, nicht aber die Zeit davor, danach und die Pausen. Hier sind Bildaufnahmen zu dulden, es sei denn zum Schutz des Persönlichkeitsrechts der Beteiligten sind Maßnahmen nach § 176 GVG geboten (BVerfG NJW 00, 2890 m Anm Ernst NJW 01, 1624).

§ 170 [Öffentlichkeit in Familien- und Kindschaftssachen]

¹Die Verhandlung in Familiensachen ist nicht öffentlich. ²Dies gilt nicht für die Familiensachen des § 23 b Abs. 1 Satz 2 Nr. 13 und für die Familiensachen des § 23 b Abs. 1 Satz 2 Nr. 5, 6, 9 nur, soweit sie mit einer der anderen Familiensachen verhandelt werden.

§ 171 *(aufgehoben)*

§ 171 a *(betrifft Strafsachen)*

§ 171 b [Ausschluß der Öffentlichkeit]

(1) ¹Die Öffentlichkeit kann ausgeschlossen werden, soweit Umstände aus dem persönlichen Lebensbereich eines Prozeßbeteiligten, Zeugen oder durch eine rechtswidrige Tat (§ 11 Abs. 1 Nr. 5 des Strafgesetzbuches) Verletzten zur Sprache kommen, deren öffentliche Erörterung schutzwürdige Interessen verletzen würde, soweit nicht das Interesse an der öffentlichen Erörterung dieser Umstände überwiegt. ²Dies gilt nicht, soweit die Personen, deren Lebensbereiche betroffen sind, in der Hauptverhandlung dem Ausschluß der Öffentlichkeit widersprechen.

(2) Die Öffentlichkeit ist auszuschließen, wenn die Voraussetzungen des Absatzes 1 Satz 1 vorliegen und der Ausschluß von der Person, deren Lebensbereich betroffen ist, beantragt wird.

(3) Die Entscheidungen nach den Absätzen 1 und 2 sind unanfechtbar.

§ 172 [Ausschluß der Öffentlichkeit]

Das Gericht kann für die Verhandlung oder für einen Teil davon die Öffentlichkeit ausschließen, wenn
1. eine Gefährdung der Staatssicherheit, der öffentlichen Ordnung oder der Sittlichkeit zu besorgen ist,
1 a. eine Gefährdung des Lebens, des Leibes, oder der Freiheit eines Zeugen oder einer anderen Person zu besorgen ist,
2. ein wichtiges Geschäfts-, Betriebs-, Erfindungs- oder Steuergeheimnis zur Sprache kommen, durch dessen öffentliche Erörterung überwiegende schutzwürdige Interessen verletzt würden.
3. ein privates Geheimnis erörtert wird, dessen unbefugte Offenbarung durch den Zeugen oder Sachverständigen mit Strafe bedroht ist,
4. eine Person unter sechzehn Jahren vernommen wird.

Hüßtege   1733

§ 173 [Öffentliche Urteilsverkündung]

(1) Die Verkündung des Urteils erfolgt in jedem Falle öffentlich.

(2) Durch einen besonderen Beschluß des Gerichts kann unter den Voraussetzungen der §§ 171b und 172 auch für die Verkündung der Urteilsgründe oder eines Teils davon die Öffentlichkeit ausgeschlossen werden.

§ 174 [Verhandlung über Ausschluß der Öffentlichkeit]

(1) [1]Über die Ausschließung der Öffentlichkeit ist in nicht öffentlicher Sitzung zu verhandeln, wenn ein Beteiligter es beantragt oder das Gericht es für angemessen erachtet. [2]Der Beschluß, der die Öffentlichkeit ausschließt, muß öffentlich verkündet werden; er kann in nichtöffentlicher Sitzung verkündet werden, wenn zu befürchten ist, daß seine öffentliche Verkündung eine erhebliche Störung der Ordnung in der Sitzung zur Folge haben würde. [3]Bei der Verkündung ist in den Fällen der §§ 171b, 172 und 173 anzugeben, aus welchem Grund die Öffentlichkeit ausgeschlossen worden ist.

(2) Soweit die Öffentlichkeit wegen Gefährdung der Staatssicherheit ausgeschlossen wird, dürfen Presse, Rundfunk und Fernsehen keine Berichte über die Verhandlung und den Inhalt eines die Sache betreffenden amtlichen Schriftstücks veröffentlichen.

(3) [1]Ist die Öffentlichkeit wegen Gefährdung der Staatssicherheit oder aus den in §§ 171b und 172 Nr. 2 und 3 bezeichneten Gründen ausgeschlossen, so kann das Gericht den anwesenden Personen die Geheimhaltung von Tatsachen, die durch die Verhandlung oder durch ein die Sache betreffendes amtliches Schriftstück zu ihrer Kenntnis gelangen, zur Pflicht machen. [2]Der Beschluß ist in das Sitzungsprotokoll aufzunehmen. [3]Er ist anfechtbar. [4]Die Beschwerde hat keine aufschiebende Wirkung.

§ 175 [Beschränkung des Zutritts]

(1) Der Zutritt zu öffentlichen Verhandlungen kann unerwachsenen und solchen Personen versagt werden, die in einer der Würde des Gerichts nicht entsprechenden Weise erscheinen.

(2) [1]Zu nicht öffentlichen Verhandlungen kann der Zutritt einzelnen Personen vom Gericht gestattet werden. [2]In Strafsachen soll dem Verletzten der Zutritt gestattet werden. [3]Einer Anhörung der Beteiligten bedarf es nicht.

(3) Die Ausschließung der Öffentlichkeit steht der Anwesenheit der die Dienstaufsicht führenden Beamten der Justizverwal-

tung bei den Verhandlungen vor dem erkennenden Gericht nicht entgegen.

§ 176 [Sitzungspolizei]

Die Aufrechterhaltung der Ordnung in der Sitzung obliegt dem Vorsitzenden.

§ 177 [Anordnungen]

[1]Parteien, Beschuldigte, Zeugen, Sachverständige oder bei der Verhandlung nicht beteiligte Personen, die den zur Aufrechterhaltung der Ordnung getroffenen Anordnungen nicht Folge leisten, können aus dem Sitzungszimmer entfernt sowie zur Ordnungshaft abgeführt und während einer zu bestimmenden Zeit, die vierundzwanzig Stunden nicht übersteigen darf, festgehalten werden. [2]Über Maßnahmen nach Satz 1 entscheidet gegenüber Personen, die bei der Verhandlung nicht beteiligt sind, der Vorsitzende, in den übrigen Fällen das Gericht.

§ 178 [Ungebühr]

(1) [1]Gegen Parteien, Beschuldigte, Zeugen, Sachverständige oder bei der Verhandlung nicht beteiligte Personen, die sich in der Sitzung einer Ungebühr schuldig machen, kann vorbehaltlich der strafgerichtlichen Verfolgung ein Ordnungsgeld bis zu eintausend Euro oder Ordnungshaft bis zu einer Woche festgesetzt und sofort vollstreckt werden. [2]Bei der Festsetzung von Ordnungsgeld ist zugleich für den Fall, daß dieses nicht beigetrieben werden kann, zu bestimmen, in welchem Maße Ordnungshaft an seine Stelle tritt.

(2) Über die Festsetzung von Ordnungsmitteln entscheidet gegenüber Personen, die bei der Verhandlung nicht beteiligt sind, der Vorsitzende, in den übrigen Fällen das Gericht.

(3) Wird wegen derselben Tat später auf Strafe erkannt, so sind das Ordnungsgeld oder die Ordnungshaft auf die Strafe anzurechnen.

Geänd durch Art 1 Nr 8 ZPO-RG.

§ 179 [Vollstreckung der Ordnungsmittel]

Die Vollstreckung der vorstehend bezeichneten Ordnungsmittel hat der Vorsitzende unmittelbar zu veranlassen.

§ 180 [Befugnisse außerhalb der Sitzung]

Die in den §§ 176 bis 179 bezeichneten Befugnisse stehen auch einem einzelnen Richter bei der Vornahme von Amtshandlungen außerhalb der Sitzung zu.

§ 181 [Beschwerde gegen Ordnungsmittel]

(1) Ist in den Fällen der §§ 178, 180 ein Ordnungsmittel festgesetzt, so kann gegen die Entscheidung binnen der Frist von einer Woche nach ihrer Bekanntmachung Beschwerde eingelegt werden, sofern sie nicht von dem Bundesgerichtshof oder einem Oberlandesgericht getroffen ist

(2) Die Beschwerde hat in dem Falle des § 178 keine aufschiebende Wirkung, in dem Falle des § 180 aufschiebende Wirkung.

(3) Über die Beschwerde entscheidet das Oberlandesgericht.

§ 182 [Beurkundung der Ordnungsmittel]

Ist ein Ordnungsmittel wegen Ungebühr festgesetzt oder eine Person zur Ordnungshaft abgeführt oder eine bei der Verhandlung beteiligte Person entfernt worden, so ist der Beschluß des Gerichts und dessen Veranlassung in das Protokoll aufzunehmen.

§ 183 [Straftat]

[1] Wird eine Straftat in der Sitzung begangen, so hat das Gericht den Tatbestand festzustellen und der zuständigen Behörde das darüber aufgenommene Protokoll mitzuteilen. [2] In geeigneten Fällen ist die vorläufige Festnahme des Täters zu verfügen.

Fünfzehnter Titel. Gerichtssprache

§ 184 [Gerichtssprache]

Die Gerichtssprache ist deutsch.

1   In den Heimatkreisen der Sorben darf auch sorbisch gesprochen werden (Anl I Kap III Sachg A Abschnitt III Nr 1 r EVertr).

§ 185 [Zuziehung eines Dolmetschers]

(1) [1] Wird unter Beteiligung von Personen verhandelt, die der deutschen Sprache nicht mächtig sind, so ist ein Dolmetscher zuzuziehen. [2] Ein Nebenprotokoll in der fremden Sprache wird nicht geführt; jedoch sollen Aussagen und Erklärungen in frem-

der Sprache, wenn und soweit der Richter dies mit Rücksicht auf die Wichtigkeit der Sache für erforderlich erachtet, auch in der fremden Sprache in das Protokoll oder in eine Anlage niedergeschrieben werden. [3] In den dazu geeigneten Fällen soll dem Protokoll eine durch den Dolmetscher zu beglaubigende Übersetzung beigefügt werden.

(2) Die Zuziehung eines Dolmetschers kann unterbleiben, wenn die beteiligten Personen sämtlich der fremden Sprache mächtig sind.

§ 186 [Taube; Stumme]

Zur Verhandlung mit tauben oder stummen Personen ist, sofern nicht eine schriftliche Verständigung erfolgt, eine Person als Dolmetscher zuzuziehen, mit deren Hilfe die Verständigung in anderer Weise erfolgen kann.

§ 187 [Vortrag Tauber und Fremdsprachiger]

(1) Ob einer Partei, die taub ist, bei der mündlichen Verhandlung der Vortrag zu gestatten sei, bleibt dem Ermessen des Gerichts überlassen.

(2) Dasselbe gilt in Anwaltsprozessen von einer Partei, die der deutschen Sprache nicht mächtig ist.

§ 188 [Eidesleistung Fremdsprachiger]

Personen, die der deutschen Sprache nicht mächtig sind, leisten Eide in der ihnen geläufigen Sprache.

§ 189 [Dolmetschereid]

(1) [1] Der Dolmetscher hat einen Eid dahin zu leisten: daß er treu und gewissenhaft übertragen werde. [2] Gibt der Dolmetscher an, daß er aus Glaubens- oder Gewissensgründen keinen Eid leisten wolle, so hat er eine Bekräftigung abzugeben. [3] Diese Bekräftigung steht dem Eid gleich; hierauf ist der Dolmetscher hinzuweisen.

(2) Ist der Dolmetscher für Übertragungen der betreffenden Art im allgemeinen beeidigt, so genügt die Berufung auf den geleisteten Eid.

§ 190 [Urkundsbeamter als Dolmetscher]

[1] Der Dienst des Dolmetschers kann von dem Urkundsbeamten der Geschäftsstelle wahrgenommen werden. [2] Einer besonderen Beeidigung bedarf es nicht.

§ 191 [Ausschließung und Ablehnung des Dolmetschers]

[1] Auf den Dolmetscher sind die Vorschriften über Ausschließung und Ablehnung der Sachverständigen entsprechend anzuwenden. [2] Es entscheidet das Gericht oder der Richter, von dem der Dolmetscher zugezogen ist.

Sechzehnter Titel. Beratung und Abstimmung

§ 192 [Mitwirkende Richter]

(1) Bei Entscheidungen dürfen Richter nur in der gesetzlich bestimmten Anzahl mitwirken.

(2) Bei Verhandlungen von längerer Dauer kann der Vorsitzende die Zuziehung von Ergänzungsrichtern anordnen, die der Verhandlung beizuwohnen und im Falle der Verhinderung eines Richters für ihn einzutreten haben.

(3) *(betrifft Strafsachen)*

§ 193 [Anwesenheit auszubildender Personen]

(1) Bei der Beratung und Abstimmung dürfen außer den zur Entscheidung berufenen Richtern nur die bei demselben Gericht zu ihrer juristischen Ausbildung beschäftigten Personen und die dort beschäftigten wissenschaftlichen Hilfskräfte zugegen sein, soweit der Vorsitzende deren Anwesenheit gestattet.

(2) [1] Ausländische Berufsrichter, Staatsanwälte und Anwälte, die einem Gericht zur Ableistung eines Studienaufenthalts zugewiesen worden sind, können bei demselben Gericht bei der Beratung und Abstimmung zugegen sein, soweit der Vorsitzende deren Anwesenheit gestattet und sie gemäß den Absätzen 3 und 4 verpflichtet sind. [2] Satz 1 gilt entsprechend für ausländische Juristen, die im Entsendestaat in einem Ausbildungsverhältnis stehen.

(3) [1] Die in Absatz 2 genannten Personen sind auf ihren Antrag zur Geheimhaltung besonders zu verpflichten. [2] § 1 Abs. 2 und 3 des Verpflichtungsgesetzes vom 2. März 1974 (BGBl. I S. 469, 547 – Artikel 42) gilt entsprechend. [3] Personen, die nach Satz 1 besonders verpflichtet worden sind, stehen für die Anwendung der Vorschriften des Strafgesetzbuches über die Verletzung von

Privatgeheimnissen (§ 203 Abs. 2 Satz 1 Nr. 2 Satz 2, Abs. 4 und 5, § 205), Verwertung fremder Geheimnisse (§§ 204, 205), Verletzung des Dienstgeheimnisses (§ 353 b Abs. 1 Satz 1 Nr. 2, Satz 2, Abs. 3 und 4) sowie Verletzung des Steuergeheimnisses (§ 355) den für den öffentlichen Dienst besonders Verpflichteten gleich.

(4) [1]Die Verpflichtung wird vom Präsidenten oder vom aufsichtsführenden Richter des Gerichts vorgenommen. [2]Er kann diese Befugnis auf den Vorsitzenden des Spruchkörpers oder auf den Richter übertragen, dem die in Absatz 2 genannten Personen zugewiesen sind. [3]Einer erneuten Verpflichtung bedarf es während der Dauer des Studienaufenthaltes nicht. [4]In den Fällen des § 355 des Strafgesetzbuches ist der Richter, der die Verpflichtung vorgenommen hat, neben dem Verletzten antragsberechtigt.

§ 194 [Verfahren bei Beratung und Abstimmung]

(1) Der Vorsitzende leitet die Beratung, stellt die Fragen und sammelt die Stimmen.

(2) Meinungsverschiedenheiten über den Gegenstand, die Fassung und die Reihenfolge der Fragen oder über das Ergebnis der Abstimmung entscheidet das Gericht.

§ 195 [Pflicht zur Abstimmung]

Kein Richter oder Schöffe darf die Abstimmung über eine Frage verweigern, weil er bei der Abstimmung über eine vorhergegangene Frage in der Minderheit geblieben ist.

§ 196 [Entscheidung auf Grund der Abstimmung]

(1) Das Gericht entscheidet, soweit das Gesetz nicht ein anderes bestimmt, mit der absoluten Mehrheit der Stimmen.

(2) Bilden sich in Beziehung auf Summen, über die zu entscheiden ist, mehr als zwei Meinungen, deren keine die Mehrheit für sich hat, so werden die für die größte Summe abgegebenen Stimmen den für die zunächst geringere abgegebenen so lange hinzugerechnet, bis sich eine Mehrheit ergibt.

(Abs 3 und 4 betreffen Strafsachen).

§ 197 [Reihenfolge der Stimmabgabe]

[1]Die Richter stimmen nach dem Dienstalter, bei gleichem Dienstalter nach dem Lebensalter, ehrenamtliche Richter und Schöffen nach dem Lebensalter; der jüngere stimmt vor dem

älteren. [2] Die Schöffen stimmen vor den Richtern. [3] Wenn ein Berichterstatter ernannt ist, so stimmt er zuerst. [4] Zuletzt stimmt der Vorsitzende.

§ 198 *(weggefallen)*

Siebzehnter Titel. Gerichtsferien

§§ 199–202 *(aufgehoben)*

Die Vorschriften über die Gerichtsferien sind seit 1. 1. 1997 aufgehoben und ersetzt durch einen Anspruch auf Terminsverlegung nach Maßgabe des § 227 (Gesetz über die Abschaffung der Gerichtsferien vom 28. 10. 1996, BGBl I S 1546).

Einführungsgesetz
zum Gerichtsverfassungsgesetz

Vom 27. Januar 1877 (RGBl S 77),
zuletzt geändert durch Art 5 Gesetz zur Reform des Zivilprozesses –
ZPO-RG vom 27. 7. 2001 (BGBl I S 1887)
Stand: 1. 1. 2002

Erster Abschnitt. Allgemeine Vorschriften

§ 1 *(Inkrafttreten des GVG)*

§ 2 [Anwendungsbereich]

Die Vorschriften des Gerichtsverfassungsgesetzes finden nur auf die ordentliche streitige Gerichtsbarkeit und deren Ausübung Anwendung.

§ 3 [Übertragung der Gerichtsbarkeit]

(1) ¹Die Gerichtsbarkeit in bürgerlichen Rechtsstreitigkeiten und Strafsachen, für welche besondere Gerichte zugelassen sind, kann den ordentlichen Landesgerichten durch die Landesgesetzgebung übertragen werden. ²Die Übertragung darf nach anderen als den durch das Gerichtsverfassungsgesetz vorgeschriebenen Zuständigkeitsnormen erfolgen.

(2) Auch kann die Gerichtsbarkeit letzter Instanz in den vorerwähnten Sachen auf Antrag des betreffenden Bundesstaates mit Zustimmung des Bundesrats durch Kaiserliche Verordnung dem Bundesgerichtshof übertragen werden.

(3) Insoweit für bürgerliche Rechtsstreitigkeiten ein von den Vorschriften der Zivilprozeßordnung abweichendes Verfahren gestattet ist, kann die Zuständigkeit der ordentlichen Landesgerichte durch die Landesgesetzgebung nach anderen als den durch das Gerichtsverfassungsgesetz vorgeschriebenen Normen bestimmt werden.

§ 4 [Übertragung der Gerichtsbarkeit und Verwaltungsgeschäfte]

[1]Durch die Vorschriften des Gerichtsverfassungsgesetzes über die Zuständigkeit der Behörden wird die Landesgesetzgebung nicht gehindert, den betreffenden Landesbehörden jede andere Art der Gerichtsbarkeit, sowie Geschäfte der Justizverwaltung zu übertragen. [2]Andere Gegenstände der Verwaltung dürfen den ordentlichen Gerichten nicht übertragen werden.

§ 4a [Stadtstaatenklausel]

(1) [1]Die Länder Berlin und Hamburg bestimmen, welche Stellen die Aufgaben erfüllen, die im Gerichtsverfassungsgesetz den Landesbehörden, den Gemeinden oder den unteren Verwaltungsbezirken sowie deren Vertretungen zugewiesen sind. [2](betrifft Strafsachen)

(2) *(betrifft Strafsachen)*

§ 5 *(gegenstandslos)*

§ 6 [Ehrenamtliche Richter]

(1) Vorschriften über die Wahl oder Ernennung ehrenamtlicher Richter in der ordentlichen Gerichtsbarkeit einschließlich ihrer Vorbereitung, über die Voraussetzung hierfür, die Zuständigkeit und das dabei einzuschlagende Verfahren sowie über die allgemeinen Regeln über Auswahl und Zuziehung dieser ehrenamtlichen Richter zu den einzelnen Sitzungen sind erstmals auf die erste Amtsperiode der ehrenamtlichen Richter anzuwenden, die nicht früher als am ersten Tag des auf ihr Inkrafttreten folgenden zwölften Kalendermonats beginnt.

(2) Vorschriften über die Dauer der Amtsperiode ehrenamtlicher Richter in der ordentlichen Gerichtsbarkeit sind erstmals auf die erste nach ihrem Inkrafttreten beginnende Amtsperiode anzuwenden.

§ 7 *(gegenstandslos)*

§ 8 [Oberste Landesgerichte]

(1) Durch die Gesetzgebung eines Landes, in dem mehrere Oberlandesgerichte errichtet werden, kann die Verhandlung und Entscheidung der zur Zuständigkeit des Bundesgerichtshofes gehörenden Revisionen und Rechtsbeschwerden in bürgerlichen

Rechtsstreitigkeiten einem obersten Landesgericht zugewiesen
werden.

(2) Diese Vorschrift findet jedoch auf bürgerliche Rechtsstreitigkeiten, in denen für die Entscheidung Bundesrecht in Betracht
kommt, keine Anwendung, es sei denn, daß es sich im wesentlichen um Rechtsnormen handelt, die in den Landesgesetzen enthalten sind.

Geändert durch Art 5 ZPO-RG.

§ 9 *(betrifft Strafsachen)*

§ 10 [Anwendbare Vorschriften für oberste Landesgerichte]

(1) Die allgemeinen sowie die in § 116 Abs. 1 Satz 2, §§ 124,
130 Abs. 1 und § 181 Abs. 1 enthaltenen besonderen Vorschriften
des Gerichtsverfassungsgesetzes finden auf die obersten Landesgerichte der ordentlichen Gerichtsbarkeit entsprechende Anwendung; ferner sind die Vorschriften der §§ 132, 138 des Gerichtsverfassungsgesetzes mit der Maßgabe entsprechend anzuwenden,
daß durch Landesgesetz die Zahl der Mitglieder der Großen
Senate anderweitig geregelt oder die Bildung eines einzigen Gro
ßen Senats angeordnet werden kann, der aus dem Präsidenten
und mindestens acht Mitgliedern zu bestehen hat und an die
Stelle der Großen Senate für Zivilsachen und für Strafsachen
sowie der Vereinigten Großen Senate tritt.

(2) Die Besetzung der Senate bestimmt sich in Strafsachen, in
Grundbuchsachen und in Angelegenheiten der freiwilligen Gerichtsbarkeit nach den Vorschriften über die Oberlandesgerichte,
im übrigen nach den Vorschriften über den Bundesgerichtshof.

§ 11 *(gegenstandslos)*

Zweiter Abschnitt
Verfahrensübergreifende Mitteilungen von Amts wegen

§ 12 [Anwendungsbereich]

(1) [1]Die Vorschriften dieses Abschnitts gelten für die Übermittlung personenbezogener Daten von Amts wegen durch Gerichte der ordentlichen Gerichtsbarkeit und Staatsanwaltschaften
an öffentlichen Stellen des Bundes oder eines Landes für andere
Zwecke als die des Verfahrens, für die die Daten erhoben worden
sind. [2]Besondere Rechtsvorschriften des Bundes oder, wenn die
Daten aus einem landesrechtlich geregelten Verfahren übermit

telt werden, eines Landes, die von den §§ 18 bis 22 abweichen, gehen diesen Vorschriften vor.

(2) Absatz 1 gilt entsprechend für die Übermittlung personenbezogener Daten an Stellen der öffentlich-rechtlichen Religionsgesellschaften, sofern sichergestellt ist, daß bei dem Empfänger ausreichende Datenschutzmaßnahmen getroffen werden.

(3) Eine Übermittlung unterbleibt, wenn ihr eine besondere bundes- oder entsprechende landesgesetzliche Verwendungsregelung entgegensteht.

(4) Die Verantwortung für die Zulässigkeit der Übermittlung trägt die übermittelnde Stelle.

(5) [1]Das Bundesministerium der Justiz kann mit Zustimmung des Bundesrates allgemeine Verwaltungsvorschriften zu den nach diesem Abschnitt zulässigen Mitteilungen erlassen. [2]Ermächtigungen zum Erlaß von Verwaltungsvorschriften über Mitteilungen in besonderen Rechtsvorschriften bleiben unberührt.

§ 13 [Erlaubte Übermittlung]

(1) Gerichte und Staatsanwaltschaften dürfen personenbezogene Daten zur Erfüllung der in der Zuständigkeit des Empfängers liegenden Aufgaben übermitteln, wenn

1. eine besondere Rechtsvorschrift dies vorsieht oder zwingend voraussetzt,
2. der Betroffene eingewilligt hat,
3. offensichtlich ist, daß die Übermittlung im Interesse des Betroffenen liegt, und kein Grund zu der Annahme besteht, daß er in Kenntnis dieses Zwecks seine Einwilligung verweigern würde,
4. die Daten auf Grund einer Rechtsvorschrift von Amts wegen öffentlich bekanntzumachen sind oder in ein von einem Gericht geführtes, für jedermann unbeschränkt einsehbares öffentliches Register einzutragen sind oder es sich um die Abweisung des Antrags auf Eröffnung des Insolvenzverfahrens mangels Masse handelt oder
5. auf Grund einer Entscheidung
   a) bestimmte Rechtsfolgen eingetreten sind, insbesondere der Verlust der Rechtsstellung aus einem öffentlich-rechtlichen Amts- oder Dienstverhältnis, der Ausschluß vom Wehr- oder Zivildienst, der Verlust des Wahlrechts oder der Wählbarkeit oder der Wegfall von Leistungen aus öffentlichen Kassen, und
   b) die Kenntnis der Daten aus der Sicht der übermittelnden Stelle für die Verwirklichung der Rechtsfolgen erforderlich ist; dies gilt auch, wenn auf Grund der Entscheidung der Erlaß eines Verwaltungsaktes vorgeschrieben ist, ein Ver-

waltungsakt nicht erlassen werden darf oder wenn der Betroffene ihm durch Verwaltungsakt gewährte Rechte auch
nur vorläufig nicht wahrnehmen darf.

(2) ¹In anderen als in den Absatz 1 genannten Fällen dürfen
Gericht und Staatsanwaltschaften personenbezogene Daten zur
Erfüllung der in der Zuständigkeit des Empfängers liegenden
Aufgaben einschließlich der Wahrnehmung personalrechtlicher
Befugnisse übermitteln, wenn eine Übermittlung nach den §§ 14
bis 17 zulässig ist und soweit nicht für die übermittelnde Stelle
offensichtlich ist, daß schutzwürdige Interessen des Betroffenen
an dem Ausschluß der Übermittlung überwiegen. ²Übermittelte
Daten dürfen auch für die Wahrnehmung der Aufgaben nach
dem Sicherheitsüberprüfungsgesetz oder einem entsprechenden
Landesgesetz verwendet werden.

§ 14 *(betrifft Strafsachen)*

§ 15 [Datenübermittlung in Zivilsachen]

In Zivilsachen einschließlich der Angelegenheiten der freiwilligen Gerichtsbarkeit ist die Übermittlung personenbezogener
Daten zulässig, wenn die Kenntnis der Daten aus der Sicht der
übemittelnden Stelle erforderlich ist

1. zur Berichtigung oder Ergänzung des Grundbuchs oder eines von einem Gericht geführten Registers oder Verzeichnisses, dessen Führung durch eine Rechtsvorschrift angeordnet ist, und wenn die Daten Gegenstand des Verfahrens sind,
oder
2. zur Führung des in § 2 Abs. 2 der Grundbuchordnung bezeichneten amtlichen Verzeichnisses und wenn Grenzstrei-
tigkeiten Gegenstand eines Urteils, eines Vergleichs oder
eines dem Gericht mitgeteilten außergerichtlichen Vergleichs sind.

§ 16 [Datenübermittlung an ausländische Stellen]

Werden personenbezogene Daten an ausländische öffentliche
Stellen oder an über- oder zwischenstaatliche Stellen nach den
hierfür geltenden Rechtsvorschriften übermittelt, so ist eine
Übermittlung dieser Daten auch zulässig

1. an das Bundesministerium der Justiz und das Auswärtige
Amt,
2. in Strafsachen gegen Mitglieder einer ausländischen konsularischen Vertretung zusätzlich an die Staats- oder Senatskanzlei
des Landes, in dem die konsularische Vertretung ihren Sitz
hat.

§ 17 [Weitere Zulässigkeit der Datenübermittlung]

Die Übermittlung personenbezogener Daten ist ferner zulässig, wenn die Kenntnis der Daten aus der Sicht der übermittelnden Stelle

1. zur Verfolgung von Straftaten oder Ordnungswidrigkeiten,
2. für ein Verfahren der internationalen Rechtshilfe,
3. zur Abwehr erheblicher Nachteile für das Gemeinwohl oder einer Gefahr für die öffentliche Sicherheit,
4. zur Abwehr einer schwerwiegenden Beeinträchtigung der Rechte einer anderen Person oder
5. zur Abwehr einer erheblichen Gefährdung Minderjähriger erforderlich ist.

§ 18 [Übermittlung verbundener Daten]

(1) [1]Sind mit personenbezogenen Daten, die nach diesem Abschnitt übermittelt werden dürfen, weiter personenbezogene Daten des Betroffenen oder eines Dritten so verbunden, daß eine Trennung nicht oder nur mit unvertretbarem Aufwand möglich ist, so ist die Übermittlung auch dieser Daten zulässig, soweit nicht berechtigte Interessen des Betroffenen oder eines Dritten an deren Geheimhaltung offensichtlich überwiegen. [2]Eine Verwendung der Daten durch den Empfänger ist unzulässig; für Daten des Betroffenen gilt § 19 Abs. 1 Satz 2 entsprechend.

(2) [1]Die übermittelnde Stelle bestimmt die Form der Übermittlung nach pflichtgemäßem Ermessen. [2]Soweit dies nach der Art der zu übermittelnden Daten und der Organisation des Empfängers geboten ist, trifft sie angemessene Vorkehrungen, um sicherzustellen, daß die Daten unmittelbar den beim Empfänger funktionell zuständigen Bediensteten erreichen.

§ 19 [Verwendung übermittelter Daten]

(1) [1]Die übermittelten Daten dürfen nur zu dem Zweck verwendet werden, zu dessen Erfüllung sie übermittelt worden sind. [2]Eine Verwendung für andere Zwecke ist zulässig, soweit die Daten auch dafür hätten übermittelt werden dürfen.

(2) [1]Der Empfänger prüft, ob die übermittelten Daten für die in Absatz 1 genannten Zwecke erforderlich sind. [2]Sind die Daten hierfür nicht erforderlich, so schickt er die Unterlagen an die übermittelnde Stelle zurück. [3]Ist der Empfänger nicht zuständig und ist ihm die für die Verwendung der Daten zuständige Stelle bekannt, so leitet er die übermittelnden Unterlagen dorthin weiter und benachrichtigt hiervon die übermittelnde Stelle.

§ 20 [Übermittlung von Verfahrensbeendigung]

(1) [1]Betreffen Daten, die vor Beendigung eines Verfahrens übermittelt worden sind, den Gegenstand dieses Verfahrens, so ist der Empfänger vom Ausgang des Verfahrens zu unterrichten; das gleiche gilt, wenn eine übermittelte Entscheidung abgeändert oder aufgehoben wird, das Verfahren, außer in den Fällen des § 153a der Strafprozeßordnung, auch nur vorläufig eingestellt worden ist oder nach den Umständen angenommen werden kann, daß das Verfahren auch nur vorläufig nicht weiter betrieben wird. [2]Der Empfänger ist über neue Erkenntnissse unverzüglich zu unterrichten, wenn dies erforderlich erscheint, um bis zu einer Unterrichtung nach Satz 1 drohende Nachteile für den Betroffenen zu vermeiden.

(2) [1]Erweist sich, daß unrichtige Daten übermittelt worden sind, so ist der Empfänger unverzüglich zu unterrichten. [2]Der Empfänger berichtigt die Daten oder vermerkt ihr Unrichtigkeit in den Akten.

(3) Die Unterrichtung nach Absatz 1 oder 2 Satz 1 kann unterbleiben, wenn sie erkennbar weder zur Wahrung der schutzwürdigen Interessen des Betroffenen noch zur Erfüllung der Aufgaben des Empfängers erforderlich ist.

§ 21 [Auskunft an Betroffene]

(1) [1]Dem Betroffenen ist auf Antrag Auskunft über die übermittelten Daten und deren Empfänger zu erteilen. [2]Der Antrag ist schriftlich zu stellen. [3]Die Auskunft wird nur erteilt, soweit der Betroffene Angaben macht, die das Auffinden der Daten ermöglichen, und der für die Erteilung der Auskunft erforderliche Aufwand nicht außer Verhältnis zu dem geltend gemachten Informationsinteresse steht. [4]Die übermittelnde Stelle bestimmt das Verfahren, insbesondere die Form der Auskunftserteilung, nach pflichtgemäßem Ermessen.

(2) [1]Ist der Betroffene bei Mitteilungen in Strafsachen nicht zugleich der Beschuldigte oder in Zivilsachen nicht zugleich Partei oder Beteiligter, ist er gleichzeitig mit der Übermittlung personenbezogener Daten über den Inhalt und den Empfänger zu unterrichten. [2]Die Unterrichtung des gesetzlichen Vertreters eines Minderjährigen, des Bevollmächtigten oder Verteidigers reicht aus. [3]Die übermittelnde Stelle bestimmt die Form der Unterrichtung nach pflichtgemäßem Ermessen. [4]Eine Pflicht zur Unterrichtung besteht nicht, wenn die Anschrift des zu Unterrichtenden nur mit unvertretbarem Aufwand festgestellt werden kann.

(3) Bezieht sich die Auskunftserteilung oder die Unterrichtung auf die Übermittlung personenbezogener Daten an Verfassungs-

schutzbehörden, den Bundesnachrichtendienst, den Militärischen Abschirmdienst oder, soweit die Sicherheit des Bundes berührt wird, andere Behörden des Bundesministers der Verteidigung, ist sie nur mit Zustimmung dieser Stellen zulässig.

(4) Die Auskunftserteilung und die Unterrichtung unterbleiben, soweit

1. sie die ordnungsgemäße Erfüllung der Aufgaben der übermittelnden Stelle oder des Empfängers gefährden würden,

2. sie die öffentliche Sicherheit oder Ordnung gefährden oder sonst dem Wohle des Bundes oder eines Landes Nachteile bereiten würden oder

3. die Daten oder die Tatsache ihrer Übermittlung nach einer Rechtsvorschrift oder ihrem Wesen nach, insbesondere wegen der überwiegenden berechtigten Interessen eines Dritten, geheimgehalten werden müssen

und deswegen das Interesse des Betroffenen an der Auskunftserteilung oder Unterrichtung zurücktreten muß. [2] Die Unterrichtung des Betroffenen unterbleibt ferner, wenn erhebliche Nachteile für seine Gesundheit zu befürchten sind.

(5) Die Ablehnung der Auskunftserteilung bedarf keiner Begründung, soweit durch die Mitteilung der tatsächlichen und rechtlichen Gründe, auf die die Entscheidung gestützt wird, der mit der Auskunftsverweigerung verfolgte Zweck gefährdet würde.

§ 22 [Gerichtliche Überprüfung]

(1) [1] Ist die Rechtsgrundlage für die Übermittlung personenbezogener Daten nicht in den Vorschriften enthalten, die das Verfahren der übermittelnden Stelle regeln, sind für die Überprüfung der Rechtmäßigkeit der Übermittlung die §§ 23 bis 30 nach Maßgabe der Absätze 2 und 3 anzuwenden. [2] Hat der Empfänger auf Grund der übermittelnden Daten eine Entscheidung oder andere Maßnahme getroffen und dies dem Betroffenen bekanntgegeben, bevor ein Antrag auf gerichtliche Entscheidung gestellt worden ist, so wird die Rechtmäßigkeit der Übermittlung ausschließlich von dem Gericht, das gegen die Entscheidung oder Maßnahme des Empfängers angerufen werden kann, in der dafür vorgesehenen Verfahrensart überprüft.

(2) [1] Wird ein Antrag auf gerichtliche Entscheidung gestellt, ist der Empfänger zu unterrichten. [2] Dieser teilt dem nach § 25 zuständigen Gericht mit, ob die Voraussetzungen des Absatzes 1 Satz 2 vorliegen.

(3) [1] War die Übermittlung rechtswidrig, so spricht das Gericht dies aus. [2] Die Entscheidung ist auch für den Empfänger bindend

und ist ihm bekanntzumachen. ³Die Verwendung der übermittelten Daten ist unzulässig, wenn die Rechtswidrigkeit der Übermittlung festgestellt worden ist.

Abs 2 Satz 2 ist berichtigt durch Ber v 1. 1. 1997 (BGBl I S 2779).

Dritter Abschnitt
Anfechtung von Justizverwaltungsakten

§ 23 [Rechtsweg bei Justizverwaltungsakten]

(1) ¹Über die Rechtmäßigkeit der Anordnungen, Verfügungen oder sonstigen Maßnahmen, die von den Justizbehörden zur Regelung einzelner Angelegenheiten auf den Gebieten des bürgerlichen Rechts einschließlich des Handelsrechts, des Zivilprozesses, der freiwilligen Gerichtsbarkeit und der Strafrechtspflege getroffen werden, entscheiden auf Antrag die ordentlichen Gerichte. ²Das gleiche gilt für Anordnungen, Verfügungen oder sonstige Maßnahmen der Vollzugsbehörden im Vollzug der Jugendstrafe, des Jugendarrestes und der Untersuchungshaft sowie derjenigen Freiheitsstrafen und Maßregeln der Besserung und Sicherung, die außerhalb des Justizvollzuges vollzogen werden.

(2) Mit dem Antrag auf gerichtliche Entscheidung kann auch die Verpflichtung der Justiz- oder Vollzugsbehörde zum Erlaß eines abgelehnten oder unterlassenen Verwaltungsaktes begehrt werden.

(3) Soweit die ordentlichen Gerichte bereits auf Grund anderer Vorschriften angerufen werden können, behält es hierbei sein Bewenden.

§ 24 [Zulässigkeit des Antrages]

(1) Der Antrag auf gerichtliche Entscheidung ist nur zulässig, wenn der Antragsteller geltend macht, durch die Maßnahme oder ihre Ablehnung oder Unterlassung in seinen Rechten verletzt zu sein.

(2) Soweit Maßnahmen der Justiz- oder Vollzugsbehörden der Beschwerde oder einem anderen förmlichen Rechtsbehelf im Verwaltungsverfahren unterliegen, kann der Antrag auf gerichtliche Entscheidung erst nach vorausgegangenem Beschwerdeverfahren gestellt werden.

Hüßtege

§ 25 [Zuständigkeit des oder eines Oberlandesgerichts oder des Obersten Landesgerichts]

(1) [1] Über den Antrag entscheidet ein Zivilsenat oder, wenn der Antrag eine Angelegenheit der Strafrechtspflege oder des Vollzugs betrifft, ein Strafsenat des Oberlandesgerichts, in dessen Bezirk die Justiz- oder Vollzugsbehörde ihren Sitz hat. [2] Ist ein Beschwerdeverfahren (§ 24 Abs. 2) vorausgegangen, so ist das Oberlandesgericht zuständig, in dessen Bezirk die Beschwerdebehörde ihren Sitz hat.

(2) Ein Land, in dem mehrere Oberlandesgerichte errichtet sind, kann durch Gesetz die nach Absatz 1 zur Zuständigkeit des Zivilsenats oder des Strafsenats gehörenden Entscheidungen ausschließlich einem Oberlandesgerichte oder dem Obersten Landesgericht zuweisen.

§ 26 [Antragsfrist; Wiedereinsetzung]

(1) Der Antrag auf gerichtliche Entscheidung muß innerhalb eines Monats nach Zustellung oder schriftlicher Bekanntgabe des Bescheides oder, soweit ein Beschwerdeverfahren (§ 24 Abs. 2) vorausgegangen ist, nach Zustellung des Beschwerdebescheides schriftlich oder zur Niederschrift der Geschäftsstelle des Oberlandesgerichts oder eines Amtsgerichts gestellt werden.

(2) War der Antragsteller ohne Verschulden verhindert, die Frist einzuhalten, so ist ihm auf Antrag Wiedereinsetzung in den vorigen Stand zu gewähren.

(3) [1] Der Antrag auf Wiedereinsetzung ist binnen zwei Wochen nach Wegfall des Hindernisses zu stellen. [2] Die Tatsachen zur Begründung des Antrags sind bei der Antragstellung oder im Verfahren über den Antrag glaubhaft zu machen. Innerhalb der Antragsfrist ist die versäumte Rechtshandlung nachzuholen. [3] Ist dies geschehen, so kann die Wiedereinsetzung auch ohne Antrag gewährt werden.

(4) Nach einem Jahr seit dem Ende der versäumten Frist ist der Antrag auf Wiedereinsetzung unzulässig, außer wenn der Antrag vor Ablauf der Jahresfrist infolge höherer Gewalt unmöglich war.

§ 27 [Antrag wegen unterlassener Entscheidung]

(1) [1] Ein Antrag auf gerichtliche Entscheidung kann auch gestellt werden, wenn über einen Antrag, eine Maßnahme zu treffen, oder über eine Beschwerde oder einen anderen förmlichen Rechtsbehelf ohne zureichenden Grund nicht innerhalb von drei Monaten entschieden ist. [2] Das Gericht kann vor Ablauf dieser

Frist angerufen werden, wenn dies wegen besonderer Umstände des Falles geboten ist.

(2) [1]Liegt ein zureichender Grund dafür vor, daß über die Beschwerde oder den förmlichen Rechtsbehelf noch nicht entschieden oder die beantragte Maßnahme noch nicht erlassen ist, so setzt das Gericht das Verfahren bis zum Ablauf einer von ihm bestimmten Frist, die verlängert werden kann, aus.[2] Wird der Beschwerde innerhalb der vom Gericht gesetzten Frist stattgegeben oder der Verwaltungsakt innerhalb dieser Frist erlassen, so ist die Hauptsache für erledigt zu erklären.

(3) Der Antrag nach Absatz 1 ist nur bis zum Ablauf eines Jahres seit der Einlegung der Beschwerde oder seit der Stellung des Antrags auf Vornahme der Maßnahme zulässig, außer wenn die Antragstellung vor Ablauf der Jahresfrist infolge höherer Gewalt unmöglich war oder unter den besonderen Verhältnissen des Einzelfalles unterblieben ist.

§ 28 [Entscheidung über den Antrag]

(1) [1]Soweit die Maßnahme rechtswidrig und der Antragsteller dadurch in seinen Rechten verletzt ist, hebt das Gericht die Maßnahme und, soweit ein Beschwerdeverfahren (§ 24 Abs. 2) vorausgegangen ist, den Beschwerdebescheid auf. [2]Ist die Maßnahme schon vollzogen, so kann das Gericht auf Antrag auch aussprechen, daß und wie die Justiz- oder Vollzugsbehörde die Vollziehung rückgängig zu machen hat. [3]Dieser Ausspruch ist nur zulässig, wenn die Behörde dazu in der Lage und diese Frage spruchreif ist. [4]Hat sich die Maßnahme vorher durch Zurücknahme oder anders erledigt, so spricht das Gericht auf Antrag aus, daß die Maßnahme rechtswidrig gewesen ist, wenn der Antragsteller ein berechtigtes Interesse an dieser Feststellung hat.

(2) [1]Soweit die Ablehnung oder Unterlassung der Maßnahme rechtswidrig und der Antragsteller dadurch in seinen Rechten verletzt ist, spricht das Gericht die Verpflichtung der Justiz- oder Vollzugsbehörde aus, die beantragte Amtshandlung vorzunehmen, wenn die Sache spruchreif ist. [2]Andernfalls spricht es die Verpflichtung aus, den Antragsteller unter Beachtung der Rechtsauffassung des Gerichts zu bescheiden.

(3) Soweit die Justiz- oder Vollzugsbehörde ermächtigt ist, nach ihrem Ermessen zu handeln, prüft das Gericht auch, ob die Maßnahme oder ihre Ablehnung oder Unterlassung rechtswidrig ist, weil die gesetzlichen Grenzen des Ermessens überschritten sind oder von dem Ermessen in einer dem Zweck der Ermächtigung nicht entsprechenden Weise Gebrauch gemacht ist.

Hüßtege

§ 29 [Unanfechtbarkeit der Entscheidung; Verfahren; Prozeßkostenhilfe]

(1) [1] Die Entscheidung des Oberlandesgerichts ist endgültig. [2] Will ein Oberlandesgericht jedoch von einer auf Grund des § 23 ergangenen Entscheidung eines anderen Oberlandesgerichts oder des Bundesgerichtshofes abweichen, so legt es die Sache diesem vor. [3] Der Bundesgerichtshof entscheidet an Stelle des Oberlandesgerichts.

(2) Im übrigen sind auf das Verfahren vor dem Zivilsenat die Vorschriften des Reichsgesetzes über die Angelegenheiten der freiwilligen Gerichtsbarkeit über das Beschwerdeverfahren, auf das Verfahren vor dem Strafsenat die Vorschriften der Strafprozeßordnung über das Beschwerdeverfahren sinngemäß anzuwenden.

(3) Auf die Bewilligung der Prozeßkostenhilfe sind die Vorschriften der Zivilprozeßordnung entsprechend anzuwenden.

§ 30 [Kosten]

(1) [1] Für die Kosten des Verfahrens vor dem Oberlandesgericht gelten die Vorschriften der Kostenordnung entsprechend. [2] Abweichend von § 130 der Kostenordnung wird jedoch ohne Begrenzung durch einen Höchstbetrag bei Zurückweisung das Doppelte der vollen Gebühr, bei Zurücknahme des Antrags eine volle Gebühr erhoben.

(2) [1] Das Oberlandesgericht kann nach billigem Ermessen bestimmen, daß die außergerichtlichen Kosten des Antragstellers, die zur zweckentsprechenden Rechtsverfolgung notwendig waren, ganz oder teilweise aus der Staatskasse zu erstatten sind. [2] Die Vorschriften des § 91 Abs. 1 Satz 2 und der §§ 102 bis 107 der Zivilprozeßordnung gelten entsprechend. [3] Die Entscheidung des Oberlandesgerichts kann nicht angefochten werden.

(3) [1] Der Geschäftswert bestimmt sich nach § 30 der Kostenordnung. [2] Er wird von dem Oberlandesgericht durch unanfechtbaren Beschluß festgesetzt.

Vierter Abschnitt. Kontaktsperre

§§ 31–38 *(betreffen Strafsachen)*

Fünfter Abschnitt. Insolvenzstatistik

§ 39 [Bundesstatistik über Insolvenzverfahren]

(vom Abdruck wird abgesehen)

Verordnung (EG) Nr. 44/2001 des Rates über die gerichtliche Zuständigkeit und die Anerkennung und Vollstreckung von Entscheidungen in Zivil- und Handelssachen

Vom 22. Dezember 2000 (ABl L 12/01 S 1)

DER RAT DER EUROPÄISCHEN UNION –
gestützt auf den Vertrag zur Gründung der Europäischen Gemeinschaft, insbesondere auf Artikel 61 Buchstabe c und Artikel 67 Absatz 1,

auf Vorschlag der Kommission,

nach Stellungnahme des Europäischen Parlaments,

nach Stellungnahme des Wirtschafts- und Sozialausschusses,

in Erwägung nachstehender Gründe:

(1) [1]Die Gemeinschaft hat sich zum Ziel gesetzt, einen Raum der Freiheit, der Sicherheit und des Rechts, in dem der freie Personenverkehr gewährleistet ist, zu erhalten und weiterzuentwickeln. [2]Zum schrittweisen Aufbau dieses Raums hat die Gemeinschaft unter anderem im Bereich der justiziellen Zusammenarbeit in Zivilsachen die für das reibungslose Funktionieren des Binnenmarkts erforderlichen Maßnahmen zu erlassen.

(2) [1]Die Unterschiede zwischen bestimmten einzelstaatlichen Vorschriften über die gerichtliche Zuständigkeit und die Anerkennung von Entscheidungen erschweren das reibungslose Funktionieren des Binnenmarkts. [2]Es ist daher unerlässlich, Bestimmungen zu erlassen, um die Vorschriften über die internationale Zuständigkeit in Zivil- und Handelssachen zu vereinheitlichen und die Formalitäten im Hinblick auf eine rasche und unkomplizierte Anerkennung und Vollstreckung von Entscheidungen aus den durch diese Verordnung gebundenen Mitgliedstaaten zu vereinfachen.

(3) Dieser Bereich fällt unter die justizielle Zusammenarbeit in Zivilsachen im Sinne von Artikel 65 des Vertrags.

(4) [1]Nach dem in Artikel 5 des Vertrags niedergelegten Subsidiaritäts- und Verhältnismäßigkeitsprinzip können die Ziele dieser Verordnung auf der Ebene der Mitgliedstaaten nicht ausreichend erreicht werden; sie können daher besser auf Gemeinschaftsebene erreicht werden. [2]Diese Verordnung beschränkt sich auf das zur Erreichung dieser Ziele notwendige Mindestmaß und geht nicht über das dazu Erforderliche hinaus.

(5) [1] Am 27. September 1968 schlossen die Mitgliedstaaten auf der Grundlage von Artikel 293 vierter Gedankenstrich des Vertrags das Übereinkommen von Brüssel über die gerichtliche Zuständigkeit und die Vollstreckung gerichtlicher Entscheidungen in Zivil- und Handelssachen, dessen Fassung durch die Übereinkommen über den Beitritt der neuen Mitgliedstaaten zu diesem Übereinkommen geändert wurde (nachstehend „Brüsseler Übereinkommen" genannt). [2] Am 16. September 1988 schlossen die Mitgliedstaaten und die EFTA-Staaten das Übereinkommen von Lugano über die gerichtliche Zuständigkeit und die Vollstreckung gerichtlicher Entscheidungen in Zivil- und Handelssachen, das ein Parallelübereinkommen zu dem Brüsseler Übereinkommen von 1968 darstellt. [3] Diese Übereinkommen waren inzwischen Gegenstand einer Revision; der Rat hat dem Inhalt des überarbeiteten Textes zugestimmt. [4] Die bei dieser Revision erzielten Ergebnisse sollten gewahrt werden.

(6) Um den freien Verkehr der Entscheidungen in Zivil- und Handelssachen zu gewährleisten, ist es erforderlich und angemessen, dass die Vorschriften über die gerichtliche Zuständigkeit und die Anerkennung und Vollstreckung von Entscheidungen im Wege eines Gemeinschaftsrechtsakts festgelegt werden, der verbindlich und unmittelbar anwendbar ist.

(7) Der sachliche Anwendungsbereich dieser Verordnung sollte sich, von einigen genau festgelegten Rechtsgebieten abgesehen, auf den wesentlichen Teil des Zivil- und Handelsrechts erstrecken.

(8) [1] Rechtsstreitigkeiten, die unter diese Verordnung fallen, müssen einen Anknüpfungspunkt an das Hoheitsgebiet eines der Mitgliedstaaten aufweisen, die durch diese Verordnung gebunden sind. [2] Gemeinsame Zuständigkeitsvorschriften sollten demnach grundsätzlich dann Anwendung finden, wenn der Beklagte seinen Wohnsitz in einem dieser Mitgliedstaaten hat.

(9) Beklagte ohne Wohnsitz in einem Mitgliedstaat unterliegen im Allgemeinen den nationalen Zuständigkeitvorschriften, die im Hoheitsgebiet des Mitgliedstaats gelten, in dem sich das angerufene Gericht befindet, während Beklagte mit Wohnsitz in einem Mitgliedstaat, der durch diese Verordnung nicht gebunden ist, weiterhin dem Brüsseler Übereinkommen unterliegen.

(10) Um den freien Verkehr gerichtlicher Entscheidungen zu gewährleisten, sollten die in einem durch diese Verordnung gebundenen Mitgliedstaat ergangenen Entscheidungen in einem anderen durch diese Verordnung gebundenen Mitgliedstaat anerkannt und vollstreckt werden, und zwar auch dann, wenn der Vollstreckungsschuldner seinen Wohnsitz in einem Drittstaat hat.

(11) [1] Die Zuständigkeitsvorschriften müssen in hohem Maße vorhersehbar sein und sich grundsätzlich nach dem Wohnsitz des Beklagten richten, und diese Zuständigkeit muss stets gegeben sein außer in eini-

gen genau festgelegten Fällen, in denen aufgrund des Streitgegenstands oder der Vertragsfreiheit der Parteien ein anderes Anknüpfungskriterium gerechtfertigt ist. [2] Der Sitz juristischer Personen muss in der Verordnung selbst definiert sein, um die Transparenz der gemeinsamen Vorschriften zu stärken und Kompetenzkonflikte zu vermeiden.

(12) Der Gerichtsstand des Wohnsitzes des Beklagten muss durch alternative Gerichtsstände ergänzt werden, die entweder aufgrund der engen Verbindung zwischen Gericht und Rechtsstreit oder im Interesse einer geordneten Rechtspflege zuzulassen sind.

(13) Bei Versicherungs-, Verbraucher- und Arbeitssachen sollte die schwächere Partei durch Zuständigkeitsvorschriften geschützt werden, die für sie günstiger sind als die allgemeine Regelung.

(14) Vorbehaltlich der in dieser Verordnung festgelegten ausschließlichen Zuständigkeiten muss die Vertragsfreiheit der Parteien hinsichtlich der Wahl des Gerichtsstands, außer bei Versicherungs-, Verbraucher- und Arbeitssachen, wo nur eine begrenztere Vertragsfreiheit zulässig ist, gewahrt werden.

(15) [1] Im Interesse einer abgestimmten Rechtspflege müssen Parallelverfahren so weit wie möglich vermieden werden, damit nicht in zwei Mitgliedstaaten miteinander unvereinbare Entscheidungen ergehen. [2] Es sollte eine klare und wirksame Regelung zur Klärung von Fragen der Rechtshängigkeit und der im Zusammenhang stehenden Verfahren sowie zur Verhinderung von Problemen vorgesehen werden, die sich aus der einzelstaatlich unterschiedlichen Festlegung des Zeitpunkts ergeben, von dem an ein Verfahren als rechtshängig gilt. [3] Für die Zwecke dieser Verordnung sollte dieser Zeitpunkt autonom festgelegt werden.

(16) Das gegenseitige Vertrauen in die Justiz im Rahmen der Gemeinschaft rechtfertigt, dass die in einem Mitgliedstaat ergangenen Entscheidungen, außer im Falle der Anfechtung, von Rechts wegen, ohne ein besonderes Verfahren, anerkannt werden.

(17) [1] Aufgrund dieses gegenseitigen Vertrauens ist es auch gerechtfertigt, dass das Verfahren, mit dem eine in einem anderen Mitgliedstaat ergangene Entscheidung für vollstreckbar erklärt wird, rasch und effizient vonstatten geht. [2] Die Vollstreckbarerklärung einer Entscheidung muss daher fast automatisch nach einer einfachen formalen Prüfung der vorgelegten Schriftstücke erfolgen, ohne dass das Gericht die Möglichkeit hat, von Amts wegen eines der in dieser Verordnung vorgesehenen Vollstreckungshindernisse aufzugreifen.

(18) [1] Zur Wahrung seiner Verteidigungsrechte muss der Schuldner jedoch gegen die Vollstreckbarerklärung einen Rechtsbehelf im Wege eines Verfahrens mit beiderseitigem rechtlichen Gehör einlegen können, wenn er der Ansicht ist, dass einer der Gründe für die Versagung der Vollstreckung vorliegt. [2] Die Möglichkeit eines Rechtsbehelfs muss auch für den Antragsteller gegeben sein, falls sein Antrag auf Vollstreckbarerklärung abgelehnt worden ist.

(19) [1] Um die Kontinuität zwischen dem Brüsseler Übereinkommen und dieser Verordnung zu wahren, sollten Übergangsvorschriften vorgesehen werden. [2] Dies gilt auch für die Auslegung der Bestimmungen des Brüsseler Übereinkommens durch den Gerichtshof der Europäischen Gemeinschaften. [3] Ebenso sollte das Protokoll von 1971 auf Verfahren, die zum Zeitpunkt des Inkrafttretens dieser Verordnung bereits anhängig sind, anwendbar bleiben.

(20) Das Vereinigte Königreich und Irland haben gemäß Artikel 3 des dem Vertrag über die Europäische Union und dem Vertrag zur Gründung der Europäischen Gemeinschaft beigefügten Protokolls über die Position des Vereinigten Königreichs und Irlands schriftlich mitgeteilt, dass sie sich an der Annahme und Anwendung dieser Verordnung beteiligen möchten.

(21) Dänemark beteiligt sich gemäß den Artikeln 1 und 2 des dem Vertrag über die Europäische Union und dem Vertrag zur Gründung der Europäischen Gemeinschaft beigefügten Protokolls über die Position Dänemarks nicht an der Annahme dieser Verordnung, die daher für Dänemark nicht bindend und ihm gegenüber nicht anwendbar ist.

(22) Da in den Beziehungen zwischen Dänemark und den durch diese Verordnung gebundenen Mitgliedstaaten das Brüsseler Übereinkommen in Geltung ist, ist dieses sowie das Protokoll von 1971 im Verhältnis zwischen Dänemark und den durch diese Verordnung gebundenen Mitgliedstaaten weiterhin anzuwenden.

(23) Das Brüsseler Übereinkommen gilt auch weiter hinsichtlich der Hoheitsgebiete der Mitgliedstaaten, die in seinen territorialen Anwendungsbereich fallen und die aufgrund der Anwendung von Artikel 299 des Vertrags von der vorliegenden Verordnung ausgeschlossen sind.

(24) Im Interesse der Kohärenz ist ferner vorzusehen, dass die in spezifischen Gemeinschaftsrechtsakten enthaltenen Vorschriften über die Zuständigkeit und die Anerkennung von Entscheidungen durch diese Verordnung nicht berührt werden.

(25) Um die internationalen Verpflichtungen, die die Mitgliedstaaten eingegangen sind, zu wahren, darf sich diese Verordnung nicht auf von den Mitgliedstaaten geschlossene Übereinkommen in besonderen Rechtsgebieten auswirken.

(26) [1] Um den verfahrensrechtlichen Besonderheiten einiger Mitgliedstaaten Rechnung zu tragen, sollten die in dieser Verordnung vorgesehenen Grundregeln, soweit erforderlich, gelockert werden. [2] Hierzu sollten bestimmte Vorschriften aus dem Protokoll zum Brüsseler Übereinkommen in die Verordnung übernommen werden.

(27) Um in einigen Bereichen, für die in dem Protokoll zum Brüsseler Übereinkommen Sonderbestimmungen enthalten waren, einen reibungslosen Übergang zu ermöglichen, sind in dieser Verordnung für einen Übergangszeitraum Bestimmungen vorgesehen, die der besonderen Situation in einigen Mitgliedstaaten Rechnung tragen.

(28) ¹Spätestens fünf Jahre nach dem Inkrafttreten dieser Verordnung unterbreitet die Kommission einen Bericht über deren Anwendung. ²Dabei kann sie erforderlichenfalls auch Anpassungsvorschläge vorlegen.

(29) ¹Die Anhänge I bis IV betreffend die innerstaatlichen Zuständigkeitsvorschriften, die Gerichte oder sonst befugten Stellen und die Rechtsbehelfe sind von der Kommission anhand der von dem betreffenden Mitgliedstaat mitgeteilten Änderungen zu ändern. ²Änderungen der Anhänge V und VI sind gemäß dem Beschluß 1999/468/EG des Rates vom 28. Juni 1999 zur Festlegung der Modalitäten für die Ausübung der der Kommission übertragenen Durchführungsbefugnisse zu beschließen –

HAT FOLGENDE VERORDNUNG ERLASSEN:

Vorbemerkung vor Art 1

1. Allgemeines. Die EuGVVO – in Abgrenzung zur EheVO (vgl **1** dort vor Art 1 Rn 1) auch Brüssel I VO genannt – ist als VO iSv Art 249 Abs 2 EG in Ausübung der Gesetzgebungskompetenz gem Art 61 Buchst c), 65 Buchst a) 3. Spiegelstrich und Art 67 Abs 1 EG vom Rat der EU erlassen worden. Die VO gilt daher in allen Mitgliedstaaten der EU, mit Ausnahme von Dänemark (vgl Art 69 und Präambel Nr 21 und Rn 2) ab dem 1. 3. 02 (vgl Art 76) unmittelbar, ohne dass es hierfür einer Umsetzung in das nationale Recht bedarf. Die VO wird in Bezug auf verfahrensrechtliche Vorschriften ergänzt durch das AVAG (vgl § 1 Abs 1 Nr 2 b AVAG). Übersicht zur EuGVVO: Finger MDR 01, 1394.

2. Verhältnis zum Brüsseler EWG-Übereinkommen über die **2** gerichtliche Zuständigkeit und die Vollstreckung gerichtlicher Entscheidungen in Zivil- und Handelssachen (EuGVÜ). In ihrem zeitlichen (Art 66) und räumlichen Anwendungsbereich geht die EuGVVO dem EuGVÜ vor (Art 68). Soweit der zeitliche oder räumliche Anwendungsbereich der EuGVVO nicht eröffnet ist, ist das EuGVÜ in seiner jeweiligen Fassung (hierzu 23. Aufl Vorbemerkung vor Art 1 EuGVÜ Rn 1 und 5 ff) anzuwenden, soweit dessen Anwendungsbereich gegeben ist (vgl 23. Aufl Vorbemerkung vor Art 1 Rn 3 ff). Im Verhältnis zu Dänemark ist daher das EuGVÜ idF des 4. Beitrittsübereinkommens weiterhin anwendbar (vgl Präambel Nr 22). Zur Auslegung und Anwendung des EuGVÜ wird auf die 23. Aufl verwiesen.

3. Verhältnis zum Luganer Übereinkommen über die gericht- **3** liche Zuständigkeit und die Vollstreckung gerichtlicher Entscheidungen in Zivil- und Handelssachen vom 16. 9. 88 (LGVÜ). Die EuGVVO gilt grds nur im Verhältnis zu den Mitgliedstaaten der EU. Im Verhältnis zu den Vertragsstaaten des LGVÜ, die nicht Mitglied der EU sind (Island, Norwegen, Polen und Schweiz) ist daher das LGVÜ weiterhin anzuwenden (Micklitz/Rott EuZW 01, 325). Zur Auslegung und Anwendung

des LGVÜ wird auf die 23. Aufl verwiesen. Zum Verhältnis EuGVÜ –
LGVÜ vgl BGH NJW 01,1731 u 1936.

4   **4. Verhältnis zum nationalen Recht.** Die EuGVVO geht im Rahmen ihres Anwendungsbereichs den nationalen Vorschriften vor. Ist der
Anwendungsbereich der EuGVVO eröffnet, so darf grundsätzlich nicht
mehr auf die nationalen Vorschriften zurückgegriffen werden. Die internationale Zuständigkeit bestimmt sich nach Art 2 ff (vgl Art 2 Rn 2). Ist
der Anwendungsbereich hingegen nicht gegeben, greifen die autonomen Vorschriften zur Bestimmung der internationalen Zuständigkeit
ein (hierzu 5 ff vor § 1 ZPO), soweit nicht ein bilateraler oder multi-
lateraler Staatsvertrag als lex specialis anzuwenden ist.

5   **5. Anwendungsbereich.** Die Anwendungsnormen der EuGVVO
sind zwingend und können von den Parteien nicht abbedungen werden.
6   – **a) Zeitlich.** Dieser wird durch Art 66 bestimmt. Hierbei ist zu
differenzieren zwischen der Frage der Entscheidungszuständigkeit
(Art 66 Abs 1) und der Anerkennung bzw Vollstreckung (Art 66 Abs 2).
7   – **b) Sachlich.** Dieser wird durch Art 1 geregelt. Er kann durch Son-
8   derregeln gem Art 71 eingeschränkt werden. **c) Räumlich.** Die VO
gilt gem Art 249 Abs 2 EG in allen Mitgliedstaaten der EU (mit Ausnahme von Dänemark; vgl Erwägungsgrund Nr 21 iVm Art 69 EG).
Das Vertragsgebiet der EuGVVO ergibt sich aus Art 299 EG. Es umfasst
neben den 14 Mutterstaaten (Art 299 Abs 1 EG) auch die überseeischen
Départements Frankreichs (Art 299 Abs 2 EG), Madeira, die Azoren,
die Kanarischen Inseln (Art 299 Abs 2 EG), die Balearen, Gibraltar und
die Ålandinseln (Art 299 Abs 5 EG). Für die britischen Kanalinseln, die
Insel Man und die Hoheitszonen des Vereinigten Königreichs Großbritanniens und Nordirland auf Zypern gilt sie nicht (Art 299 Abs 6
9   Buchst b) und c) EG). – **d) Persönlich.** Die EuGVVO ist unabhängig
von der Staatsangehörigkeit des Beklagten anwendbar und gilt für alle
Staatsangehörigen, die ihren Wohnsitz (vgl Art 2 Abs 1) bzw bei juristischen Personen, die ihren Sitz iSv Art 60 in einem Mitgliedstaat der
EuGVVO haben, soweit nicht Ausnahmen nach Art 4, 9 Abs 2, 13
10   Nr 4, 15 Abs 2 eingreifen. – **e) Ungeschriebene Anwendungs-**
voraussetzungen. Ob weitere Voraussetzungen zur Anwendbarkeit der
11   EuGVVO erfüllt sein müssen, ist umstritten. **aa) Grenzüberschreiten-**
der Bezug. Da die Anwendbarkeit von EG-Recht grds immer einen
zwischenstaatlichen Bezug aufweisen muss, wird ein reiner Inlandssachverhalt von der EuGVVO nicht erfasst. Hierfür sprechen auch die
Erwägungsgründe der Präambel. Dieses ist auch hM im Anwendungsbereich des EuGVÜ (MüKo/Gottwald vor Art 1 EuGVÜ Rn 21).
12   **bb) Berührungspunkt zu einem anderen Mitgliedstaat** (sog Drittstaatenproblematik; hierzu Gebauer ZEuP 01, 943). Wie auch im Anwendungsbereich des EuGVÜ ist unklar, ob der Rechtsstreit einen
solchen aufweisen muss oder ob auch Beziehungen zu einem Nichtmitgliedstaat ausreichen, um die Zuständigkeitsnormen der EuGVVO
eingreifen zu lassen (grds dafür im Anwendungsbereich des EuGVÜ

EuGH NJW 00, 3121 m Anm Staudinger IPRax 00, 483 u Geimer EuLF 00, 54). Gegen die Auffassung, dass der Rechtsstreit Berührungspunkte zu einem weiteren Mitglied haben muss, spricht nunmehr der Erwägungsgrund Nr 8, der ausdrücklich nur einen Anknüpfungspunkt zu einem Mitgliedstaat verlangt (zustimmend Hausmann EuLF 00/01, 40/43). – **f) Subsidiarität.** Art 71 ermöglicht die Anwendung eines **13** von einem Mitgliedstaat abgeschlossenen Staatsvertrags, falls dieser als lex specialis ausdrücklich den Fall regelt (vgl zum gleichlautenden Art 57 EuGH EWS 95, 90). Vgl Art 71 Rn 2.

6. Auslegung der EuGVVO. Die Auslegung der EuGVVO obliegt **14** grundsätzlich dem EuGH, dem von den nationalen Gerichten, soweit sie letztinstanzlich entscheiden gem Art 68, 234 Abs 1 Buchst b) EG Auslegungsfragen vorzulegen sind. Eine Vorlage durch das OLG scheidet in den Verfahren nach Art 32 wegen der generellen Zulässigkeit der Rechtsbeschwerde gem Art 44 (dort Rn 2) aus. Instanzgerichte im Erkenntnisverfahren sind abweichend von Art 234 Abs 2 EG und von der Regelung zum EuGVÜ nicht zur Vorlage berechtigt. Lässt das LG als Berufungsgericht oder das OLG die Revision nicht zu, so ist dieses Gericht letztinstanzlich tätig, da es auf die konkrete Betrachtungsweise ankommt (Grabitz/Hilf/Wolfahrt, EG-Vertrag Art 234 Rn 49). Eine Vorlage an den EuGH kann nur dann entfallen, wenn vernünftige Zweifel an der Auslegung der EuGVVO nicht bestehen (sog acte clair; vgl hierzu BGH IPRax 90, 318). Dies setzt voraus, dass auch für die Gerichte der übrigen Mitgliedstaaten und den Gerichtshof die gleiche Gewissheit besteht (Jayme/Kohler lPRax 90, 355; Kohler IPRax 91, 301). Die Rechtsbegriffe der EuGVVO sind grundsätzlich autonom auszulegen (EuGH EuZW 97, 143), soweit der EuGH nicht ausnahmsweise eine andere Auslegungsmethode zugelassen hat. Entscheidungen des EuGH können im Internet über die Europaseite der Kommission unter **www.europa.eu.int** abgerufen werden. Internet-Benutzer, die die homepage des EuGH direkt abrufen wollen, finden diese auch unter **www.curia.eu.int.** Für die Auslegung der EuGVVO kann auch weiterhin auf die zum EuGVÜ ergangene Rechtsprechung und Literatur zurückgegriffen werden, soweit die Vorschriften deckungsgleich sind. Die nachfolgende Übersicht stellt die Vorschriften des EuGVÜ denjenigen der EuGVVO gegenüber. **15**

EuGVÜ	EuGVVO
Präambel	Erwägungsgründe
Art 1	Art 1
Art 2	Art 2
Art 3	Art 3 iVm Anh I
Art 4	Art 4 iVm Anh I
Art 5	Art 5; Nr 1 neu; für Arbeitssachen
	Art 18-21
Art 6	Art 6
Art 6 a	Art 7

Kapitel I. Anwendungsbereich

Art. 1 [Sachlicher Anwendungsbereich]

(1) ¹Diese Verordnung ist in Zivil- und Handelssachen anzuwenden, ohne dass es auf die Art der Gerichtsbarkeit ankommt. ²Sie erfasst insbesondere nicht Steuer- und Zollsachen sowie verwaltungsrechtliche Angelegenheiten.

(2) Sie ist nicht anzuwenden auf:

a) den Personenstand, die Rechts- und Handlungsfähigkeit sowie die gesetzliche Vertretung von natürlichen Personen, die ehelichen Güterstände, das Gebiet des Erbrechts einschließlich des Testamentsrechts;

b) Konkurse, Vergleiche und ähnliche Verfahren;

c) die soziale Sicherheit;

d) die Schiedsgerichtsbarkeit.

(3) In dieser Verordnung bedeutet der Begriff „Mitgliedstaat" jeden Mitgliedstaat mit Ausnahme des Königreichs Dänemark.

1. Allgemeines. Art 1 regelt den sachlichen Anwendungsbereich der **1** EuGVVO, der aber noch durch Sonderregeln gem Art 71 eingeschränkt werden kann (vgl Mankowski EWS 96, 301). Die Anknüpfungsbegriffe sind autonom zu qualifizieren (EuGH IPRax 94, 37), dh die Auslegung erfolgt unter Berücksichtigung der Zielsetzung und der Systematik der VO sowie der allgemeinen Rechtsgrundsätze, die sich aus der Gesamtheit der innerstaatlichen Rechtsordnungen herausgebildet haben (EuGH NJW 77, 489).

2. Zivil- und Handelssachen. Eine allgemein gültige Definition **2** dieser Begriffe ist nicht vorhanden. Maßgeblich sind materiell-rechtliche

Kriterien (Zö/Geimer Art 1 EuGVÜ Rn 4), unabhängig davon, ob der Rechtsstreit vor einem Zivil-, Arbeits-, Straf- oder Verwaltungsgericht geführt wird. Der Begriff ist von der öffentlich-rechtlichen Streitigkeit abzugrenzen (EuGH IPRax 81, 169; Kropholler Art 1 EuGVÜ Rn 6. Die zu § 13 GVG und § 40 VwGO ergangene Rechtsprechung kann grundsätzlich, aber vorsichtig auf die EuGVVO übertragen werden (Bülow-Böckstiegel/Safferling/Wolf S 606.49 Rn 11). Er umfasst zB eine Schadensersatzklage vor einem Strafgericht gegen den Lehrer einer öffentlichen Schule (EuGH NJW 93, 2091 m Anm Heß IPRax 94, 10; BGH NJW 94, 3269), Unterhaltssachen (vgl Art 5 Nr 2), Verbandsklagen zur Kontrolle von AGB (BGH NJW 90, 317), Arbeitsrecht (vgl Art 18 ff), gesellschaftsrechtliche Streitigkeiten (vgl Art 22 Nr 2), Ansprüche aus Konzernhaftung (Zimmer IPRax 98, 187/188), Kartellsachen (Kropholler Art 1 EuGVÜ Rn 15), Streitigkeiten des gewerblichen Rechtsschutzes, des Urheberrechts und die echten Streitsachen im Bereich der Freiwilligen Gerichtsbarkeit (Wieczorek/Hausmann 11 Art 1 EuGVÜ Rn 11). Erfasst werden auch Zahlungsansprüche eines Pflichtverteidigers (LG Paderborn EWS 95, 248; umstr; vgl Schlosser Art 1 EuGVÜ Rn 12), nicht dagegen von Notaren und Behörden. Die EuGVVO ist auch auf das Mahnverfahren anzuwenden (BGH IPRax 94, 447 m Anm Pfeiffer S 421), soweit der Anwendungsbereich nach Art 1 eröffnet ist (zum Verfahren vgl § 32 AVAG; s a Hintzen/Riedel Rpfleger 97, 293).

3 **3. Ausgeschlossene Rechtsgebiete** (Abs 2). Selbst wenn eine Zivil- oder Handelssache vorliegt, ist in den Fällen des Abs 2 die Anwendbarkeit der EuGVVO ausgeschlossen. Der Ausnahmekatalog ist eng auszulegen (Wieczorek/Hausmann Art 1 EuGVÜ Rn 18 mwN). –

4 **a) Buchstabe a). aa) Personenstand, Rechts- und Handlungsfähigkeit, gesetzliche Vertretung.** Der Ausschluss dieser Rechtsgebiete bezieht sich nur auf natürliche Personen. Unter Personenstandssachen fallen vor allem Ehesachen (BGH FamRZ 92, 1058; für diesen Bereich ist zum 1. 3. 01 die Verordnung (EG) Nr 1347/2000 des Rates vom 29. 5. 00 (ABl L 160 v 30. 6. 99, S 19 ff) über die Zuständigkeit und die Anerkennung und Vollstreckung von Entscheidungen in Ehesachen und in Verfahren betreffend die elterliche Verantwortung für die gemeinsamen Kinder der Ehegatten (EheVO) in Kraft getreten; Text und Kommentierung nachfolgend; vgl Gruber FamRZ 00, 1129; Hau FamRZ 00, 1333; Kohler NJW 01, 10; Wagner IPRax 01, 73; Puszkajler IPRax 01, 81) und Kindschaftssachen (BGH NJW 85, 552). Auch auf den Kernbereich der Freiwilligen Gerichtsbarkeit (Vormundschafts-, Pflegschafts-, Betreuungs-, Verschollenheits- und Nachlasssachen) ist die EuGVVO nicht anwendbar (Kropholler Art 1 EuGVÜ Rn 21); ebenso wenig auf Sorgerechtsstreitigkeiten (BGH FamRZ 83, 1008), für die die vorgenannte VO v 29. 5. 00 zur Anwendung gelangen kann. –

5 **bb) Eheliche Güterstände.** Erfasst werden alle vermögensrechtlichen Beziehungen, die sich unmittelbar aus der Ehe oder ihrer Auflösung ergeben (München OLGR 99, 146; Weller IPRax 99, 14/15; Hausmann FamRZ 80, 418). Daher fallen auch der Versorgungsausgleich (Kropholler Art 1 EuGVÜ Rn 27; umstr; nach aA Abs 2 Nr 3, Zö/Philippi § 621 Rn 77) sowie Ehewohnungs- und Hausratssachen unter den Ausschluss des Buchstaben a) (Zö/Phillippi § 621 Rn 77; aA Jayme IPRax 81, 49). Nach Karlsruhe IPRax 90, 406 m Anm Hausmann S 382 fallen die nach franz Recht nach Auflösung der Ehe anfallenden Ausgleichsleistungen (prestations compensatoires) unter das Güterrecht (aA Fuchs IPRax 98, 327/328; vgl auch EuGH IPRax 81, 19; s a Art 5 Rn 7). Liegt der Zweck der Eigentumsübertragung an bestimmten ehelichen Gegenständen in der Sicherung eines Unterhaltsanspruchs, so ist die EuGVVO (Unterhalt vgl. Art 5 Nr 2) anwendbar (EuGH EuZW 97, 242 m Anm Weller IPRax 99, 14). Güterrecht liegt vor, wenn der Zweck der Leistung in der Verteilung der Güter liegt. Arbeits- und Gesellschaftsverträge zwischen Ehegatten, die keinen unmittelbaren Bezug zur Ehe haben, fallen hingegen nicht unter Buchstaben a) (umstr; vgl Kropholler Art 1 EuGVÜ Rn 27). – **cc) Erbrecht einschließlich 6 Testamentsrecht.** Alle unmittelbar auf das Erbrecht gestützten Ansprüche fallen aus dem Anwendungsbereich der EuGVVO heraus; das gilt auch für die Herausgabeklage eines Erbpätendenten gegen einen anderen (umstr; vgl Kropholler Art 1 EuGVÜ Rn 28). – **b) Buchstabe b). 7 Insolvenzen.** Zum Begriff vgl EuGH NJW 79, 1772. Ab 1. 1. 99 werden auch Insolvenzen nach der InsO erfasst. Liegt eine insolvenzrechtliche Streitigkeit vor, so ist ab 31. 5. 02 die VO (EG) Nr 1346/2000 des Rates vom 29. 5. 00 über Insolvenzverfahren (ABl L 160 v 30. 6. 00, S 1 ff) zu beachten, die in Art 3 Sonderregeln über die int Zuständigkeit enthält. Buchstabe b) greift nur ein, wenn die Streitigkeit unmittelbar aus einem Insolvenzverfahren hervorgeht; dabei muss der geltend gemachte Anspruch nach seiner Rechtsnatur in unmittelbarem Zusammenhang mit einem Insolvenzverfahren stehen. Eine Insolvenzsache liegt nicht deshalb vor, weil der Insolvenzverwalter klagt und er anstelle des Gemeinschuldners Forderungen aus der Zeit vor der Eröffnung des Insolvenzverfahrens geltend macht (Koblenz ZIP 89, 1327; Jena ZIP 98, 1496). Unter den Ausschluss fallen Anfechtungsklagen nach §§ 129 ff InsO (BGH NJW 90, 991; Hamm DB 00, 431). Mit Vergleich ist nicht gemeint der auf freien Willen der Parteien geschlossene gerichtliche oder außergerichtliche Vergleich zur Beseitigung streitiger Fragen (vgl auch Art 58). – **c) Buchstabe c). Soziale 8 Sicherheit.** Hierunter fallen auch Ansprüche auf Rückgewähr sozialer Leistungen (Köln EuZW 91, 64). Buchstabe c) ist aber nicht anwendbar auf einen auf den Sozialhilfeträger kraft Gesetzes übergegangenen Unterhaltsanspruch (Zö/Geimer Art 1 EuGVÜ Rn 15). – **d) Buchstabe d). Schiedsgerichtsbarkeit.** Der Begriff wird weit ausgelegt. Er- 9 fasst werden staatsgerichtliche Verfahren, die einem Schiedsverfahren dienen sollen (Soergel/Kronke Art 38 Anh IV Rn 55). Buchstabe d) ist anwendbar auf die Ernennung und Abberufung von Schiedsrichtern, selbst wenn das Bestehen oder die Gültigkeit einer Schiedsvereinbarung nur eine Vorfrage im Rechtsstreits ist (EuGH NJW 93, 189; Düsseldorf

NJW-RR 96, 510; Hamburg RIW 96, 862); ferner auf Verfahren eines
staatlichen Gerichts, in dem die Wirksamkeit oder Unwirksamkeit eines
Schiedsvertrags festgestellt werden soll (Zö/Geimer Art 1 EuGVÜ
Rn 16), auf Verfahren zur Vollstreckbarerklärung oder Aufhebung von
Schiedssprüchen (Bülow-Böckstiegel/Safferling/Wolf S 606.56 Rn 23
mwN). Nicht erfasst werden einstweilige Maßnahmen, weil sie der
Sicherung eines Anspruchs, nicht aber der Durchführung des Schieds-
verfahrens dienen (EuGH EuZW 99, 413 m Anm Heß/Vollkommer
IPRax 99, 220; München RIW 00, 464).

Kapitel II. Zuständigkeit

Abschnitt 1. Allgemeine Vorschriften

Art. 2 [Allgemeiner Gerichtsstand]

(1) **Vorbehaltlich der Vorschriften dieser Verordnung sind Personen, die ihren Wohnsitz im Hoheitsgebiet eines Mitgliedstaats
haben, ohne Rücksicht auf ihre Staatsangehörigkeit vor den Gerichten dieses Mitgliedstaats zu verklagen.**

(2) **Auf Personen, die nicht dem Mitgliedstaat, in dem sie ihren
Wohnsitz haben, angehören, sind die für Inländer maßgebenden
Zuständigkeitsvorschriften anzuwenden.**

1   **1. Grundsatz.** Die internationale Zuständigkeit der deutschen Gerichte ist gem Art 20 Abs 1 dann von Amts wegen zu prüfen, wenn der
Beklagte nicht am Verfahren teilnimmt. Ansonsten muss er grundsätzlich
die internationale Unzuständigkeit gem Art 24 rügen. Nur die Prüfung,
ob ein anderer Vertragsstaat gem Art 22 international zuständig ist,
erfolgt gem Art 25 in jeder Lage des Verfahrens von Amts wegen, selbst
wenn das nationale Recht eine Rüge verlangt (EuGH IPRax 84, 92).
Für die Begründung der internationalen Zuständigkeit genügt ein
schlüssiger Sachvortrag des Klägers (BGH NJW 01, 1936 mwN).

2   **2. Prüfungsreihenfolge.** Die internationale Zuständigkeit nach der
EuGVVO ist im streitigen Verfahren wie folgt zu prüfen: (1) Anwendungsbereich der EuGVVO eröffnet (Vorb Art 1 Rn 5 ff) ?, falls ja,
(2) Klage am ausschließlichen Gerichtsstand gem Art 22 ?, falls nein, (3)
rügelose Einlassung gem Art 24 ?, falls nein, (4) zulässige Gerichtsstandsvereinbarung gem Art 23 ?, falls nein, (5) liegt eine Versicherungssache
(Art 8) oder Verbrauchersache (Art 15) vor ?, falls nein, (6) Klage am
allgemeinen (Art 2) oder besonderen Gerichtsstand (Art 5–7) ?

3   **3. Anwendungsbereich** von Art 2. Er enthält den Grundtatbestand
zur Bestimmung der internationalen Zuständigkeit im Rahmen der
EuGVVO. Art 5 – Art 7 enthalten Ausnahmetatbestände, die mit Rücksicht auf Art 2 auszulegen sind (EuGH IPRax 89, 288 m Anm Gottwald
S 272; IPRax 90, 173 m Anm Rauscher S 152; NJW 93, 1251). Die

örtliche Zuständigkeit wird durch die nationalen Rechtsordnungen geregelt, in Deutschland insbesondere durch §§ 12–35 a ZPO.

4. Wohnsitz im Gerichtsstaat. Zur Bestimmung der internationalen **4** Zuständigkeit knüpft Art 2 Abs 1 an den Wohnsitz im Gerichtsstaat an. – **a) Natürliche Personen.** Für diese bestimmt sich die Frage, ob **5** der Wohnsitz im Hoheitsgebiet des angerufenen Gerichts liegt, gem Art 59 Abs 1 nach dessen Regeln. Damit haben deutsche Gerichte §§ 7–11 BGB anzuwenden. Liegt der Wohnsitz nicht im Gerichtsstaat, so ist Art 59 Abs 2 zu beachten. Hat der Beklagte einen doppelten Wohnsitz, so reicht ein Wohnsitz im Gerichtsstaat aus (Geimer NJW 86, 1438 und 2991). In Versicherungssachen (Art 9 Abs 2) und Verbrauchersachen (Art 15 Abs 2) wird die Agentur oder (Zweig-)Niederlassung dem Wohnsitz gleichgestellt. – **b) Juristische Personen.** Art 60 **6** stellt den Sitz einer juristischen Person dem Wohnsitz gleich, wobei zur Bestimmung des Sitzes abweichend vom EuGVÜ nicht mehr das IPR berufen ist, sondern dieser sich nach den in Art 60 Abs 1 genannten Anknüpfungen beurteilt. – **c) Staatsangehörigkeit.** Auf die des Beklagten kommt es nicht an. Er muss auch nicht die Staatsangehörigkeit **7** eines Mitgliedsstaats der EuGVVO besitzen (Zö/Geimer Art 2 EuGVÜ Rn 13). – **d) Maßgeblicher Zeitpunkt.** Die zuständigkeitsbegründenden Tatsachen müssen grundsätzlich bei Klageerhebung, spätestens **8** jedoch im Zeitpunkt der letzten mündlichen Verhandlung in der letzten Tatsacheninstanz gegeben sein (Kropholler 13 vor Art 2 EuGVÜ). Entfallen die Zuständigkeitsvoraussetzungen während des Prozesses, so gilt der Grundsatz der perpetuatio fori (Kropholler vor Art 2 EuGVÜ Rn 14; Geimer/Schütze EuZVR 111; kritisch hierzu Wilske/Kocher NJW 00, 3549). Dies gilt auch, wenn der Wohnsitz in einen Nichtvertragsstaat verlegt wird (Kropholler 14 vor Art 2 EuGVÜ).

5. Fehlender Wohnsitz im Gerichtsstaat. a) Wohnsitz in einem **9** **anderen Mitgliedstaat.** Hat der Beklagte seinen Wohnsitz in einem Mitgliedstaat der EuGVVO, so kann er in einem anderen Mitgliedstaat nur verklagt werden (vgl Art 3 Abs 1), wenn ein besonderer oder sonstiger Gerichtsstand nach Art 5–21, ein ausschließlicher nach Art 22, eine Gerichtsstandsvereinbarung nach Art 23 oder eine rügelose Einlassung gem Art 24 vorliegt. – **b) Wohnsitz außerhalb eines Mitgliedstaats.** Hat der Beklagte in keinem Mitgliedstaat einen Wohnsitz, so **10** sind die nationalen autonomen Zuständigkeitsregeln heranzuziehen (Art 4 Abs 1), sofern nicht eine ausschließliche Zuständigkeit nach Art 22 oder einer Gerichtsstandsvereinbarung nach Art 23 gegeben ist oder der Beklagte ausnahmsweise gem Art 9 Abs 2 oder 15 Abs 2 so zu behandeln ist, als ob er einen Wohnsitz in einem Vertragsstaat hat oder eine Vereinbarung nach Art 13 Nr 4 vorliegt.

Art. **3** [Ausgeschlossene Gerichtstände]

(1) **Personen, die ihren Wohnsitz im Hoheitsgebiet eines Mitgliedstaats haben, können vor den Gerichten eines anderen Mit-**

gliedstaats nur gemäß den Vorschriften der Abschnitte 2 bis 7 dieses Kapitels verklagt werden.

(2) **Gegen diese Personen können insbesondere nicht die in Anhang I aufgeführten innerstaatlichen Zuständigkeitsvorschriften geltend gemacht werden.**

1   Damit wird klargestellt, dass im Anwendungsbereich der EuGVVO sowohl im Klage- als auch im Vollstreckungsverfahren (Jestaedt, IPRax 01, 438) die internationale Zuständigkeit nur auf diese gestützt werden kann und insbesondere der exorbitante Gerichtsstand des § 23 ZPO nicht anzuwenden ist. Auf diesen kann jedoch im Rahmen des einstweiligen Rechtsschutzes weiterhin eine internationale Zuständigkeit gestützt werden (EuGH EuZW 99, 413 m Anm Heß/Vollkommer IPRax 99, 220 u Stadler JZ 99, 1089), wenn es dort, wie zB bei §§ 919, 937 ZPO, um die Bestimmung des Gerichts der Hauptsache geht (Düsseldorf RIW 99, 873). Begründet wird dies mit Art 31, der die nationalen Zuständigkeitsvorschriften zur Bestimmung der internationalen Zuständigkeit unberührt lässt. Dieses Ergebnis ist nur haltbar, wenn man im Rahmen von §§ 919, 937 ZPO das Gericht der Hauptsache abstrakt bestimmt und nicht konkret (Geimer/Schütze EuZVR Art 24 Rn 28; aA Koblenz NJW 76, 2081). Der Ausschluss von § 23 ZPO für das Hauptsacheverfahren bezieht sich aber nicht auf die örtliche Zuständigkeit, soweit diese durch die ZPO geregelt wird (Wieczorek/Hausmann Art 24 EuGVÜ Rn 3 Fn 6).

Art. 4 [Verweisung auf das autonome Recht]

(1) **Hat der Beklagte keinen Wohnsitz im Hoheitsgebiet eines Mitgliedstaats, so bestimmt sich vorbehaltlich der Artikel 22 und 23 die Zuständigkeit der Gerichte eines jeden Mitgliedstaats nach dessen eigenen Gesetzen.**

(2) **Gegenüber einem Beklagten, der keinen Wohnsitz im Hoheitsgebiet eines Mitgliedstaats hat, kann sich jede Person, die ihren Wohnsitz im Hoheitsgebiet eines Mitgliedstaats hat, in diesem Staat auf die dort geltenden Zuständigkeitsvorschriften, insbesondere auf die in Anhang I angeführten Vorschriften, wie ein Inländer berufen, ohne dass es auf ihre Staatsangehörigkeit ankommt.**

1   Art 4 enthält für den Fall, dass der Beklagte keinen (Wohn-)Sitz in einem Mitgliedstaat hat und kein Fall der Art 22 (ausschließlicher Gerichtsstand) und 23 (Gerichtsstandsvereinbarung) gegeben ist, eine Verweisung auf die autonomen Zuständigkeitsregeln, namentlich auf den Grundsatz, dass die örtliche Zuständigkeit die internationale indiziert (6 vor § 1 ZPO). Unberührt von dieser Verweisung bleiben aber Art 9 Abs 2, 13 Nr 4, 15 Abs 2 (Wieczorek/Hausmann Art 4 EuGVÜ Rn 7)

und die Vorschriften über die Rechtshängigkeit und Konnexität (Art 27–30; vgl Kropholler Art 4 EuGVÜ Rn 3), die auch für den Fall, dass die Zuständigkeit nach dem autonomen Recht bestimmt wird, Anwendung finden (Kropholler aaO).

Abschnitt 2. Besondere Zuständigkeiten

Vorbemerkung zu Art 5–7

Die Art 5–7 enthalten besondere Zuständigkeiten für bestimmte Kla- **1** gen. Diese Zuständigkeiten konkurrieren mit der Wohnsitzzuständigkeit gem Art 2. Die in Art 5 ff aufgezählten besonderen Zuständigkeiten sind als Ausnahme zu Art 2 nach der Rspr des EuGH grundsätzlich einschränkend auszulegen (EuGH IPRax 89, 288 m Anm Gottwald S 272; IPRax 90, 173 m Anm Rauscher S 152; NJW 93, 1251). Der Kläger kann wählen, ob er die Klage am allgemeinen oder am besonderen Gerichtsstand erheben will. Die nachfolgenden Vorschriften bestimmen zT auch die örtliche Zuständigkeit, so dass in diesen Fällen auf §§ 12–35a ZPO nicht mehr zurückgegriffen werden darf.

Art. 5 [Besonderer Gerichtsstand]

Eine Person, die ihren Wohnsitz im Hoheitsgebiet eines Mitgliedstaats hat, kann in einem anderen Mitgliedstaat verklagt werden:

1. a) wenn ein Vertrag oder Ansprüche aus einem Vertrag den Gegenstand des Verfahrens bilden, vor dem Gericht des Ortes, an dem die Verpflichtung erfüllt worden ist oder zu erfüllen wäre;

b) im Sinne dieser Vorschrift – und sofern nichts anderes vereinbart worden ist – ist der Erfüllungsort der Verpflichtung

– für den Verkauf beweglicher Sachen der Ort in einem Mitgliedstaat, an dem sie nach dem Vertrag geliefert worden sind oder hätten geliefert werden müssen;

– für die Erbringung von Dienstleistungen der Ort in einem Mitgliedstaat, an dem sie nach dem Vertrag erbracht worden sind oder hätten erbracht werden müssen;

c) ist Buchstabe b) nicht anwendbar, so gilt Buchstabe a);

2. wenn es sich um eine Unterhaltssache handelt, vor dem Gericht des Ortes, an dem der Unterhaltsberechtigte seinen Wohnsitz oder seinen gewöhnlichen Aufenthalt hat, oder im Falle einer Unterhaltssache, über die im Zusammenhang mit einem Verfahren in Bezug auf den Personenstand zu entscheiden ist, vor dem nach seinem Recht für dieses Verfahren zuständigen Gericht, es sei denn, diese Zuständigkeit beruht lediglich auf der Staatsangehörigkeit einer der Parteien;

3. wenn eine unerlaubte Handlung oder eine Handlung, die einer unerlaubten Handlung gleichgestellt ist, oder wenn Ansprüche aus einer solchen Handlung den Gegenstand des Verfahrens bilden, vor dem Gericht des Ortes, an dem das schädigende Ereignis eingetreten ist oder einzutreten droht;

4. wenn es sich um eine Klage auf Schadensersatz oder auf Wiederherstellung des früheren Zustands handelt, die auf eine mit Strafe bedrohte Handlung gestützt wird, vor dem Strafgericht, bei dem die öffentliche Klage erhoben ist, soweit dieses Gericht nach seinem Recht über zivilrechtliche Ansprüche erkennen kann;

5. wenn es sich um Streitigkeiten aus dem Betrieb einer Zweigniederlassung, einer Agentur oder einer sonstigen Niederlassung handelt, vor dem Gericht des Ortes, an dem sich diese befindet;

6. wenn sie in ihrer Eigenschaft als Begründer, trustee oder Begünstigter eines trust in Anspruch genommen wird, der aufgrund eines Gesetzes oder durch schriftlich vorgenommenes oder schriftlich bestätigtes Rechtsgeschäft errichtet worden ist, vor den Gerichten des Mitgliedstaats, in dessen Hoheitsgebiet der trust seinen Sitz hat;

7. wenn es sich um eine Streitigkeit wegen der Zahlung von Berge- und Hilfslohn handelt, der für Bergungs- oder Hilfeleistungsarbeiten gefordert wird, die zugunsten einer Ladung oder einer Frachtforderung erbracht worden sind, vor dem Gericht, in dessen Zuständigkeitsbereich diese Ladung oder die entsprechende Frachtforderung

   a) mit Arrest belegt worden ist, um die Zahlung zu gewährleisten, oder

   b) mit Arrest hätte belegt werden können, jedoch dafür eine Bürgschaft oder eine andere Sicherheit geleistet worden ist;diese Vorschrift ist nur anzuwenden, wenn behauptet wird, daß der Beklagte Rechte an der Ladung oder an der Frachtforderung hat oder zur Zeit der Bergungs- oder Hilfeleistungsarbeiten hatte.

1   **1. Allgemeines.** Art 5 enthält neben Art 2 die wichtigste Zuständigkeitsregel. Er setzt voraus, dass der Wohnsitz des Beklagten in einem anderen Mitgliedstaat als dem Gerichtsstaat liegt. Mit Ausnahme von Art 5 Nr 6 regelt Art 5 auch die örtliche Zuständigkeit. Ein Rückgriff auf die §§ 12–35a ZPO ist unzulässig. Art 5 Nr 1 enthält abweichend vom EuGVÜ eine eigenständige Regelung zur Bestimmung des Erfüllungsortes. Arbeitsverträge wurden aus dem Anwendungsbereich von Art 5 herausgenommen und werden in Art 18 ff neu geregelt. Für Maßnahmen des einstweiligen Rechtsschutzes vgl Art 31 Rn 3.

2   **2. Nr 1. a) Vertrag oder Ansprüche aus einem Vertrag.** Der Begriff ist autonom auszulegen (EuGH EuZW 99, 59). **aa) Anwend-**

bar auf alle Klagearten (München RIW 96, 1035), bei denen der Vertrag streitig ist (EuGH IPRax 83, 31; BGH NJW 01, 1936). Er gilt ferner für Klagen im Falle einer missbräuchlichen Auflösung des Vertrags (EuGH lPRax 89, 227), für den Gebührenstreit eines Anwalts (Drews TranspR 99, 193) und für Zahlungsklagen aus einer Vereinsmitgliedschaft (EuGH IPRax 84, 85 m Anm Schlosser S 65), für Klagen einer GmbH gegen ihren Geschäftsführer (München IPRax 00, 416 m Anm Haubold S 375: Celle RIW 00, 710), für einseitige Rechtsgeschäfte (Geimer/Schütze EuZVR 38) und vertragliche Rückabwicklungsverhältnisse (Wieczorek/Hausmann Art 5 EuGVÜ Rn 6). Auch Ansprüche aus cic fallen hierunter (Wieczorek/Hausmann Art 5 EuGVÜ Rn 8). –
bb) Nicht anwendbar auf Produkthaftungsklagen, wenn zwischen **3** dem Erwerber einer Sache und dem Hersteller keine unmittelbaren vertraglichen Beziehungen bestehen (EuGH JZ 95, 90). Dasselbe gilt, falls der Empfänger einer Ware gestützt auf ein Konossement nicht gegen den Aussteller des Dokuments, sondern gegen den Verfrachter Ansprüche geltend macht (EuGH EuZW 99, 59). Nr 1 gilt ferner nicht für konkurrierende deliktische Ansprüche, da Art 5 als Ausnahme zu Art 2 eng auszulegen ist (EuGH NJW 88, 3088; umstr; vgl hierzu MüKo/Gottwald Art 5 EuGVÜ Rn 8; aA Zö/Geimer Art 5 EuGVÜ Rn 6), für Bereicherungsansprüche (aA Holl IPRax 98, 120) oder sonstige gesetzliche Schuldverhältnisse (BGH NJW 96, 1411 m Anm Mankowski IPRax 97, 173; insoweit ist Art 2 Abs 1 zu beachten, Mankowski aaO), für Klagen gegen den Wechselaussteller nach Art 9 Abs 1 WG (LG Frankfurt IPRax 97, 258 m Anm Bachmann S 237) und für verfügende Rechtsgeschäfte (Wieczorek/Hausmann Art 5 EuGVÜ Rn 5). Zweifelhaft ist, ob Nr 1 für die Klage gegen einen Gesellschafter auf Eigenkapitalersatz analog § 31 GmbHG (bejahend Jena ZIP 98, 1496, Revision vom BGH nicht angenommen, vgl RIW 99, 705) oder gegen einen Dritten auf Rückzahlung von Darlehen gem §§ 32 a, b GmbHG anzuwenden ist (bejahend Bremen RIW 98, 63). Umstr ist ferner, ob die Konzernhaftung unter Nr 1 fällt (verneinend Frankfurt IPRax 00, 525 m krit Anm Kulms S 488). Fraglich ist auch, ob Ansprüche aus § 661 a BGB unter Nr 1 fallen (bejahend Lorenz NJW 00, 3305/3309). –
b) Erfüllungsort (Buchstabe b). Abweichend von der bisherigen Praxis **4** zum EuGVÜ wird der Erfüllungsort grds (Ausnahme Buchstabe c)) nicht mehr mit Hilfe des IPR des angerufenen Gerichts bestimmt (sog Tessili-Regel; EuGH NJW 77, 491 u 00, 719), vielmehr wurde mit Nr 1 Buchstabe b) ein selbstständiger Erfüllungsortbegriff geschaffen. –
aa) Vereinbarung. Eine solche geht der gesetzlichen Bestimmung des **5** Erfüllungsortes nach Buchstabe b) vor. Ob auch im Rahmen des Buchstaben c) iVm Buchstaben a) eine Vereinbarung zulässig ist, ist nach dem Wortlaut der Vorschrift zweifelhaft. Wird der konkrete Erfüllungsort vertraglich vereinbart, so ist die Form des Art 23 Abs 1 hierfür nicht zu beachten (EuGH RIW 80, 726; IPRax 84, 89; BGH NJW 96, 1819; Geimer/Schütze EuZVR Art 17 EuGVÜ Rn 81). Die Form der Vereinbarung wird in diesem Fall durch das IPR des angerufenen Gerichts

bestimmt (Micklitz/Rott EuZW 01, 325/328). Art 23 Abs 1 gilt aber für den Fall der abstrakten, eine Gerichtsstandsvereinbarung verschleiernde Erfüllungsortsvereinbarung (EuGH NJW 97, 1431 m Anm Koch JZ 97, 841; Holl RIW 97, 418; Huber ZZP lnt 2, 168/177; BGH NJW-RR 98, 755; vgl. auch BGH EuZW 95, 715 – Vorlagebeschluss – m Anm Schack IPRax 96, 247). Nach dem System des Art 5 Nr 1, für alle Streitigkeiten aus dem Vertrag einen einzigen Gerichtsstand zu begründen, dürfte der Erfüllungsort wirksam nur insgesamt vereinbart werden können, nicht nur für einzelne vertragliche Verpflichtungen

6 (Micklitz/Rott EuZW 01, 325/328). **bb) Bewegliche Sachen. 11) Begriff.** Ob die Sachen beweglich sind, beurteilt sich nach dem Lagerecht (lex rei sitae). Der Kauf von Wertpapieren fällt nicht hierunter (LG

7 Darmstadt IPRax 95, 318 m Anm Thorn S 294). **22) Zuständigkeit.** Für einen Vertrag über diese ist das Gericht des Mitgliedstaats international und örtlich zuständig, in dessen Bezirk die Sache geliefert wurde

8 oder hätte geliefert werden müssen. – **cc) Dienstleistungen. 11) Begriff.** Er ist autonom zu qualifizieren (EuGH EuZW 99, 727) und weit auszulegen (BGH NJW 94, 262). Art 50 EG kann zur Auslegung herangezogen werden (Wieczorek/Hausmann Art 13 EuGVÜ Rn 15). Er umfasst entgeltliche gewerbliche, kaufmännische, handwerkliche und freiberufliche Tätigkeiten (Micklitz/Rott EuZW 01, 325/328). Bei gemischten Verträgen kommt es auf den Schwerpunkt an. Hierunter fallen nicht Versicherungsverträge, Verbraucherverträge und Arbeitsverträge, da Art 8–21 insoweit lex specialis sind (Hau IPRax 00, 354/359; aA Micklitz/Rott EuZW 01, 325/328), wohl aber Kreditgeschäfte (Reich ZIP 99, 1210 unter Hinweis auf EuGH EuZW 96, 95; Mankowski EWiR 99, 1171; Hau IPRax 00, 354/359; Micklitz/Rott EuZW 01, 325/328; sehr umstr, aA Neumann IPRax 01, 257). Erfasst werden Kommissionsverträge, die auf die Durchführung von Warentermingeschäften gerichtet sind, ferner Treuhandverträge (BGH NJW 94, 262), nicht aber Verträge über ein schuldrechtliches Teilzeitwohnrecht, selbst wenn die Bewirtschaftung und Verwaltung vereinbart ist (BGH NJW

9 97, 1697). **22) Zuständigkeit.** International und örtlich ist das Gericht des Mitgliedstaats zuständig, in dessen Bezirk die Dienstleistung erbracht

10 worden ist oder hätte erbracht werden müssen. – **dd) Umfang.** Die Zuständigkeit gilt für alle Streitigkeiten aus dem Vertrag, also für die Zahlungsverpflichtung des Schuldners, die Schadensersatzklage wegen Leistungsstörungen oder Verletzung von Nebenrechten. Die Regelung ist auch anwendbar, wenn mit der Klage gleichzeitig mehrere Ansprüche geltend gemacht werden (Mu/Weth Art 5 EuGVÜ Rn 37), sofern sie

11 vertraglicher Natur sind. – **c) Auffangtatbestand** (Buchstabe c)). Für Verträge, die nicht unter Buchstabe b) fallen oder falls danach auf einen Staat verwiesen wird, der nicht Mitgliedstaat ist, beurteilt sich der Erfüllungsort nach Buchstabe a) und damit nach der Tessili-Regel, dh der Erfüllungsort beurteilt sich grundsätzlich nach dem Vertragsstatut, das nach dem IPR des angerufenen Gerichts zu bestimmen ist (EuGH NJW 77, 491; bestätigt durch EuGH NJW 95, 183 und NJW 00, 719; s a

BGH NJW 01, 1936). Maßgeblich ist der Erfüllungsort der konkret streitigen Verpflichtung, die Gegenstand der Klage ist (österr OGH RIW 98, 634), wobei auf die primäre Hauptverpflichtung abzustellen ist (BGH NJW 96, 1819). Für jeden gleichrangigen Anspruch muss der Erfüllungsort selbständig festgestellt werden (EuGH NJW 00, 721; BGH NJW 97, 870; Storp RIW 99, 823 insb zum franz Recht), auf die vertragscharakteristische Leistung kommt es somit nicht an. Jedoch werden Sekundäransprüche, wie zB Schadensersatzansprüche wegen Nichterfüllung zuständigkeitsrechtlich der Hauptverpflichtung zugeordnet (Hamm NJW-RR 95, 188; Geimer/Schütze EuZVR Art 5 EuGVÜ Rn 59). Die Bestimmung des Erfüllungsorts durch die durch das IPR der lex fori ermittelte lex causae ist auch dann maßgeblich, wenn nach Art 3 Abs 2 EGBGB der Erfüllungsort durch das CISG bestimmt wird (EuGH NJW 95, 183 m Anm Koch RIW 96, 379; Geimer JZ 95, 244; Huber ZZP lnt 1,167; BGH NJW 97, 870; abl Jayme IPRax 95, 13; Schack ZEuP 95, 655). In diesem Fall kann der Verkäufer die Kaufpreiszahlung an seiner Niederlassung einklagen (Art 57 Abs 1 a CISG). – **d) Sonderregel für Luxemburg.** Für Personen mit dortigem Wohnsitz ist bei Anwendung von Art 5 Nr 1 die Sonderregel in Art 63 Abs 1 zu beachten. **12**

3. Nr 2. Unterhaltssachen. a) Begriff. Er ist autonom und weit **13** auszulegen (EuGH IPRax 81, 19 m Anm Hausmann S 7) und erfasst Ansprüche sowohl des Unterhaltsberechtigten als auch des Unterhaltsverpflichteten (Geimer/Schütze EuZVR Art 5 EuGVÜ Rn 136). Unterhaltsberechtigter ist jeder, der auf Unterhalt klagt, einschließlich desjenigen, der erstmals Klage auf Unterhalt erhebt (EuGH IPRax 98, 354 m Anm Fuchs S 327; Jayme/Kohler IPRax 97, 385/394). Der Begriff umfasst den ehe- und nachehelichen Unterhalt, den Kindesunterhalt, auch im Zusammenhang mit einer Statussache, ferner Abänderungsklagen (für diese gilt im Anwendungsbereich der EuGVVO nicht automatisch die Zuständigkeit des Erstgerichts; Thüringen FamRZ 00, 681; Kropholler Art 5 EuGVÜ Rn 49 ff), den Prozesskostenvorschuss iS von § 1360a Abs 4 BGB (MüKo/Gottwald Art 5 EuGVÜ Rn 26), ebenso vertragliche Unterhaltsansprüche (Geimer/Schütze EuZVR Art 5 EuGVÜ Rn 120; einschränkend Kropholler Art 5 EuGVÜ Rn 39). Erfasst werden auch deliktische Unterhaltsansprüche (Wieczorek/Hausmann Art 5 EuGVÜ Rn 38). Unterhalt und nicht Ansprüche aus ehelichem Güterrecht (Art 1 Rn 5) liegt vor, wenn zur Sicherung eines Unterhaltsanspruchs ein Pauschalbetrag gezahlt, zB nach franz Recht (prestations compensatoires; vgl EuGH IPRax 81, 5 m Anm Hausmann S 19; Fuchs IPRax 98, 327/328; aA Karlsruhe IPRax 90, 406 m krit Anm Hausmann S 382) oder Eigentum an bestimmten Gegenständen übertragen wird (EuGH EuZW 97, 242 m Anm Weller IPRax 99, 14). Umstr ist, ob Regressprozesse der öffentlichen Hand (zB der Sozialhilfeträger), auf die der Unterhaltsanspruch übergegangen ist, unter Nr 2 fallen; hierfür spricht, dass durch den Rechtsübergang die Rechtsnatur des Anspruchs sich nicht ändert (Jenard-Bericht in Bülow-Böckstiegel

S 601.17; aA; MüKo/Gottwald Art 5 EuGVÜ Rn 32; Geimer/Schütze
EuZVR Art 5 EuGVÜ Rn 111; Bülow-Böckstiegel/Auer S 606 112
Rn 73); nicht erfasst werden aber Regressansprüche wegen zu viel gezahlten Unterhalts; hierfür gilt Art 2 Abs 1 (Kropholler Art 5 EuGVÜ
Rn 47; umstr; aA Geimer/Schütze Bd I 1 S 451); ferner nicht Vollstreckungsabwehrklagen, für diese gilt Art 22 Nr 5 (Art 22 Rn 15). –
14 **b) Verbundsachen** (Scheidung, § 623 Abs 1 ZPO; Vaterschaftsfeststellung). Nr 2 3. Alt gilt für diese und verdrängt in seinem Anwendungsbereich die autonomen Zuständigkeitsregeln nach der ZPO (Zö/Geimer
Art 5 EuGVÜ Rn 2). Erfasst wird wegen des Wortlauts der Nr 2 3. Alt
zwar nur der nacheheliche Unterhalt, nicht aber der Trennungsunterhalt
(KG NJW-RR 98, 579 m abl Anm Schulze IPRax 99, 21); eine Annexzuständigkeit sollte jedoch bejaht werden (Schulze aaO, S 23). Die Ver-
bundzuständigkeit entfällt jedoch uU, wenn die Zuständigkeit für die
Statussache allein auf die Staatsangehörigkeit einer Partei gestützt wird
(vgl § 606 a Abs 1 Nr 1 ZPO; § 640 a Abs 2 Nr 1 ZPO; Wieczorek/
Hausmann Art 5 EuGVÜ Rn 42; Jayme JuS 89, 389). Haben beide
Parteien die deutsche Staatsangehörigkeit, so soll in diesem Fall nach
überwiegender Meinung die Zuständigkeit bejaht werden können (Mü-
15 Ko/Gottwald Art 5 EuGVÜ Rn 29). – **c) Wohnsitz.** Er bestimmt sich
gem Art 59 nach der lex fori. Unter gewöhnlichem Aufenthalt ist in
Anlehnung an das Haager Unterhaltsübereinkommen der Daseinsmittelpunkt, der Ort zu verstehen, wo der Schwerpunkt der Bindungen des
16 Unterhaltsberechtigten liegt (BGH NJW 75, 1068). – **d) Vollstre-**
ckung. Im Verfahren der Vollstreckbarerklärung kann der Schuldner
nicht gem § 12 Abs 1 AVAG geltend machen, der zugesprochene Unterhalt sei zu hoch. Entweder handelt es sich hierbei um eine Einwendung gegen die Richtigkeit des ausl Urteils, die gem Art 36 bzw 45
Abs 2 der Überprüfung entzogen ist oder um eine Abänderungsklage
(Rn 13), für die die Zuständigkeitsvorschriften nach Art 2 ff zu beachten
sind (Kropholler Art 5 EuGVÜ Rn 53).

17 **4. Nr 3. a) Unerlaubte oder dieser gleichgestellte Handlung.**
Der Begriff ist autonom auszulegen (EuGH EuZW 99, 59) und umfasst
alle Klagen, mit denen eine Schadenshaftung des Beklagten geltend
gemacht wird, die nicht an einen Vertrag iS von Art 5 Nr 1 anknüpft
(EuGH NJW 88, 3088 m Anm Geimer). Hierunter fallen Ansprüche
aus Delikt, Gefährdungshaftung, Umweltbeeinträchtigungen, Produkt-
haftung, Kartellverstöße, unlauterem Wettbewerb, Verletzung von Im-
materialgütern, Patentverletzungen (Stauder IPRax 98, 317/321; Düsseldorf IPRax 01, 336 m Anm Otte S 315), Konzernhaftung (umstr;
Zimmer IPRax 98, 187/190; aA Düsseldorf IPRax 98, 210), vorbeu-
gende Unterlassungsklagen, Unterlassungsklagen privater Verbraucher-
verbände aus unerlaubter Handlung (Micklitz/Rott EuZW 01, 325,
329). Nicht unter Nr 3 fallen die Gläubigeranfechtungsklage (EuGH
IPRax 93, 28 m Anm Schlosser S 17) und Ansprüche aus ungerechtfertigter Bereicherung (BGH NJW 96, 1411 m Anm Mankowski IPRax

97, 173; zweifelnd Dietze/Schnichels EuZW 96, 456). – **b) Vorausset-** **18** **zungen und Umfang** des Schadensersatzanspruchs beurteilen sich nach dem Recht, das mit Hilfe des IPR des angerufenen Gerichts ermittelt wird, soweit dessen Anwendung die praktische Wirksamkeit der EuGVVO nicht beeinträchtigt (EuGH NJW 95, 1881). – **c) Gerichts-** **19** **stand.** An dem der unerlaubten Handlung kann nur über Klagen delik-tischer Natur entschieden werden, nicht jedoch über konkurrierende vertragliche Ansprüche (EuGH NJW 88, 3088). Unklar ist die Behand-lung der cic in diesem Zusammenhang (vgl MüKo/Gottwald Art 5 EuGVÜ Rn 5). Aber im Gerichtsstand der Nr 3 kann als Vorfrage des deliktischen Anspruchs darüber entschieden werden, ob eine Verlet-zungshandlung auf Grund vertraglicher Vereinbarung rechtmäßig ist (BGH NJW 88, 1466 m Anm Mansel IPRax 89, 84; zweifelnd Stuttgart RIW 99, 782). Gerichtsstand ist dort, wo das schädigende Ereignis eingetreten ist (wie § 32 ZPO). Das ist sowohl der Ort, an dem der Schaden entstanden ist, als auch der Ort des ursächlichen Geschehens (EuGH EuZW 95, 765). Der Begriff Ort des Schadenseintritts umfasst nur den Erstschaden, nicht aber den möglicherweise daraus resultieren-den Folgeschaden (EuGH EuZW 95, 765 m Anm Holl; Geimer JZ 95, 1108; Kohler ZEuP 96, 465; Hohloch IPRax 97, 312). Ein Vermögens-schaden bei Geldanlage im Ausland begründet daher keinen Delikts-gerichtsstand am Wohnsitzort des Anlegers (Stuttgart NJW-RR 99, 138). Fallen der Handlungs- und Erfolgsort auseinander, so hat der Geschädigte grundsätzlich ein Wahlrecht (EuGH NJW 77, 493). Ist das deliktische Deliktsrecht anwendbar, so muss der Kläger zur Frage der internationalen Zuständigkeit schlüssig dartun, dass nach deutschem Recht eine unerlaubte Handlung vorliegt und im Inland begangen wurde (BGH NJW 87, 592). Bei Ehrverletzungen durch Presseartikel kann die Klage am Ort der Niederlassung des Herausgebers oder am (bestimmungsgemäßen, vgl Huber ZEuP 96, 300/309) Verbreitungsort, wo also das Ansehen des Betroffenen beeinträchtigt ist, erhoben werden. Die erstgenannten Gerichte sind für die Entscheidung über alle Scha-densersatzansprüche zuständig, die letztgenannten Gerichte nur für An-sprüche aus Schadensereignissen, die in diesem Staat verursacht wurden (EuGH NJW 95, 1882 m Anm Rauscher ZZP Int 1, 145; Huber ZEuP 96, 300; Kreuzer/Klötgen IPRax 97, 90). Der Ort, an dem der Emp-fänger einer Ware Schäden an dieser nach einem Seetransport und anschließendem Transport über Land feststellt, ist ebenso wenig Tatort iS von Nr 3 wie der Auslieferungsort; Tatort ist der Ort, an dem der tatsächliche Verfrachter die Waren auszuliefern hatte (EuGH EuZW 99, 59). Für unerlaubte Handlungen im Internet vgl Bachmann IPRax 98, 179; für Patentverletzungen vgl Düsseldorf IPRax 01, 336 m Anm Otte S 315. – **d) Personenkreis.** Nr 3 gilt nur für den unmittelbar Geschä- **20** digten (EuGH NJW 91, 631). Die Handlung eines jeden Tatbeteiligten wirkt für den Mittäter und Gehilfen zuständigkeitsbegründend (Geimer/ Schütze EuZVR Art 5 EuGVÜ Rn 187; kritisch Weller IPRax 00, 202/205).

21   **5. Nr 4. Adhäsionsklagen.** Nr 4 betrifft Verfahren iS von §§ 403 ff StPO und ähnliche Verfahren vor ausländischen Gerichten (vgl EuGH EuZW 93, 418). Nr 4 eröffnet eine Zuständigkeit nur für deliktische Ansprüche (Wieczorek/Hausmann Art 5 EuGVÜ Rn 67). Bei Anwendung von Nr 4 ist Art 61 zu beachten, der Art II des (1.) Protokolls zum EuGVÜ/LGVÜ entspricht (hierzu EuGH IPRax 82, 185; BGH IPRax 98, 205 m Anm Piekenbrock S 177 (Anwendung von Art II auf vorsätzliche Straftaten)).

22   **6. Nr 5. Niederlassungen. a) Begriff.** Er ist autonom auszulegen (eingehend Thorn IPRax 97, 98). Zweigniederlassung und Agentur sind Unterbegriffe. Die Niederlassung ist dadurch gekennzeichnet, dass sie der Aufsicht und Leitung des Stammhauses unterliegt (EuGH NJW 77, 490), über eine hinreichende materielle und personelle Ausstattung verfügt, um Geschäfte mit Dritten zu betreiben (Düsseldorf IPRax 98, 210 m Anm Zimmer S 187) und als Außenstelle eines ausländischen Stammhauses hervortritt (Thorn aaO). Ein selbständiger Handelsvertreter ist daher keine Außenstelle (EuGH NJW 82, 507). Ob die Niederlassung Befugnis zum eigenständigen Vertragsschluss haben muss, ist umstr (Benicke WM 97, 949). Maßgeblich ist dabei auch die Dauer der Betätigung an einem Ort. Kurzfristige Arbeiten, zB auf Messen reichen hierfür nicht aus (Düsseldorf IPRax 98, 210). Ein Warenlager genügt nicht (Soergel/Kronke Art 38 Anh IV Rn 68). Die Vorschrift ist dahingehend auszulegen, dass hierunter auch die Tätigkeit einer juristischen Person fällt, die diese mit Hilfe einer gleichnamigen selbständigen Gesellschaft mit identischer Geschäftsführung entfaltet, die in ihrem Namen verhandelt und Geschäfte abschließt und derer sie sich wie einer Außenstelle bedient (EuGH IPRax 80, 96 m Anm Kronke S 81). Im Vordergrund steht der Rechtsscheingedanke (Wieczorek/Hausmann Art 5 EGVÜ Rn 78). Weitergehend Düsseldorf (IPRax 97, 115 m Anm Thorn S 98), das eine Zuständigkeit nach Nr 5 schon dann für gegeben ansieht, wenn die in einem Vertragsstaat ansässige Partei in dem Vertragsstaat, in dem sie verklagt wird, ihre sämtlichen Geschäfte durch eine rechtlich selbständige Gesellschaft abwickeln lässt (bedenkliche Auslegung ohne Vorlage an den EuGH; vgl auch Thorn IPRax 97, 98). – **b) Voraussetzung.** Notwendig ist

23   eine Betriebsbezogenheit der Klage, dh sie muss sich auf den Betrieb der Niederlassung beziehen (München RIW 99, 872; Wieczorek/Hausmann Art 5 EuGVÜ Rn 82). Der Beklagte muss selbst einen Wohnsitz oder eine Niederlassung in einem Mitgliedstaat haben (vgl Einleitungssatz v Art 5), andernfalls finden gem Art 4 Abs 1 die autonomen Zuständigkeisregeln Anwendung (MüKo/Gottwald Art 5 EuGVÜ Rn 57). Nicht notwendig für die Zuständigkeit am Ort der Zweigniederlassung ist aber, dass die von der Zweigniederlassung im Namen des Stammhauses eingegangenen Verpflichtungen in dem Mitgliedstaat zu erfüllen sind, in dem sich die Zweigniederlassung befindet

24   (EuGH EuZW 95, 409). – **c) Aktivprozesse** des Inhabers einer

Niederlassung werden von Nr 5 nicht erfasst. (Wieczorek/Hausmann Art 5 EuGVÜ Rn 74).

7. Nr 6. Trustklagen. Die Vorschrift wurde im Hinblick auf die   25
Rechtsordnung des Vereinigten Königreichs und Irlands eingefügt. Vgl
hierzu Mu/Weth Art 5 EuGVÜ Rn 33. Zur Sitzbestimmung vgl Art 60
Abs 3.

8. Nr 7. Gerichtsstand für Berge- und Hilfslohn. In Nr 7 sind   26
für bestimmte Streitigkeiten über die Zahlung von Berge- und Hilfslohn
eine internationale Zuständigkeit auf Grund der Beschlagnahme von
Ladung und Fracht eröffnet. Hierzu Mu/Weth Art 5 EuGVÜ Rn 34.

Art. 6 [Weitere besondere Gerichtsstände]

**Eine Person, die ihren Wohnsitz im Hoheitsgebiet eines Mit-
gliedstaats hat, kann auch verklagt werden:**
1. **wenn mehrere Personen zusammen verklagt werden, vor
   dem Gericht des Ortes, an dem einer der Beklagten seinen
   Wohnsitz hat, sofern zwischen den Klagen eine so enge Beziehung gegeben ist, dass eine gemeinsame Verhandlung und
   Entscheidung geboten erscheint, um zu vermeiden, dass in
   getrennten Verfahren widersprechende Entscheidungen ergehen könnten;**
2. **wenn es sich um eine Klage auf Gewährleistung oder um eine
   Interventionsklage handelt, vor dem Gericht des Hauptprozesses, es sei denn, dass die Klage nur erhoben worden ist,
   um diese Person dem für sie zuständigen Gericht zu entziehen;**
3. **wenn es sich um eine Widerklage handelt, die auf denselben
   Vertrag oder Sachverhalt wie die Klage selbst gestützt wird,
   vor dem Gericht, bei dem die Klage selbst anhängig ist;**
4. **wenn ein Vertrag oder Ansprüche aus einem Vertrag den Gegenstand des Verfahrens bilden und die Klage mit einer Klage
   wegen dinglicher Rechte an unbeweglichen Sachen gegen
   denselben Beklagten verbunden werden kann, vor dem Gericht des Mitgliedstaats, in dessen Hoheitsgebiet die unbewegliche Sache belegen ist.**

1. Allgemeines. Art 6 enthält einen besonderen Gerichtsstand. Die   1
Aufzählung der Gerichtsstände in Art 6 ist abschließend (Kropholler
Art 6 EuGVÜ Rn 1). Die Vorschrift setzt voraus, dass der Beklagte in
einem anderen Mitgliedstaat wohnt, der nicht der Gerichtsstaat ist (Wie-
czorek/Hausmann Art 6 EuGVÜ Rn 3). Jeder Beklagte muss aber in
einem Mitgliedstaat wohnen (Mu/Weth Art 6 EuGVÜ Rn 3). Dies gilt
auch dann, wenn der Kläger behauptet, der Rechtsstreit habe einen
unteilbaren Charakter (EuGH EuZW 99, 59).

2. Nr 1. Streitgenossenschaft. Durch die Neufassung ist jetzt klar-   2
gestellt, dass zwischen den Klagen gegen verschiedene Beklagte ein

Zusammenhang bestehen muss, der eine gemeinsame Entscheidung
geboten erscheinen lässt, um zu vermeiden, dass in getrennten Verfahren
widersprechende Entscheidungen ergehen können (wie Art 28 Abs 3;
vgl EuGH NJW 88, 3088 m Anm Geimer). Kein Zusammenhang
besteht bei einer Schadensersatzklage gegen zwei Beklagte, mit der einer
aus Vertrag, der andere aus Delikt in Anspruch genommen wird (EuGH
EuZW 99, 59 m Anm Koch IPRax 00, 186). Der Grundsatz der
perpetuatio fori gilt, zB bei Klagerücknahme gegen einen Streitgenossen.

3   **3. Nr 2. Gewährleistungs- und Interventionsklage.** Diese Vorschrift ist in Deutschland auf Grund des in Art 65 erklärten Vorbehalts
nicht anwendbar, da Gewährleistungs- und Interventionsklagen dem
deutschen Prozessrecht fremd sind. Gleichwohl sind ausländische Ge-
währleistungsurteile in Deutschland anzuerkennen (Geimer IPRax 98,
175) und für vollstreckbar zu erklären (Düsseldorf RIW 97, 330).
Funktional entsprechen diese Rechtsinstitute der Streitverkündung
gem §§ 72–74 ZPO und der Nebenintervention gem § 68 ZPO,
wenngleich bei letzterem die Wirkung des Urteils des Hauptprozesses
gegenüber dem Streitverkündungsempfänger oder Nebenintervenienten begrenzt ist (Coester-Waltjen IPRax 92, 290). Zu den Voraussetzungen von Nr 2: EuGH IPRax 92, 310 m Anm Coester-Waltjen
S 290.

4   **4. Nr 3. Widerklage** setzt zunächst eine zulässige Klage nach der
EuGVVO voraus (Mu/Weth Art 6 EuGVÜ Rn 7; aA Wieczorek/
5 Hausmann Art 6 EuGVÜ Rn 21). – **a) Anwendungsbereich.** Die
Vorschrift gilt nur für konnexe Widerklagen (Mu/Weth Art 6 EuGVÜ
Rn 7). Nr 3 ist damit enger als § 33 Abs 1 ZPO, der nur einen Zusammenhang zwischen Klage und Widerklage verlangt. Beruht die Widerklage auf einem anderen Vertrag, sind die Voraussetzungen der Nr 3
nicht gegeben (Mu/Weth Art 6 EuGVÜ Rn 7), es sei denn, es liegt ein
einheitlicher Sachverhalt zugrunde (BGH NJW 93, 2753). Sie ist auch
auf Wider-Widerklagen (§ 33 ZPO Rn 9) anzuwenden, nicht aber auf
die Drittwiderklage (§ 33 ZPO Rn 10). Art 24 ist aber anwendbar,
sofern sich nicht die Zuständigkeit aus anderen Vorschriften ergibt. Ob
wegen der Drittstaatenproblematik (vor Art 1 Rn 12) auch der Kläger
seinen Sitz in einem Mitgliedstaat haben muss (Wieczorek/Hausmann
Art 6 EuGVÜ Rn 30), ist umstr. Für Versicherungs- und Verbrauchersachen sind Art 12 Abs 2 und Art 16 Abs 3 zu beachten. § 595 ZPO
6 wird verdrängt (Soergel/Kronke Art 38 Anh IV Rn 74). – **b) Gerichtsstandsvereinbarung.** Nr 3 kann durch eine Vereinbarung gem
Art 23 Abs 1 abbedungen werden (MüKo/Gottwald Art 6 EuGVÜ
7 Rn 18). – **c) Aufrechnung.** Der der Nr 3 zugrundeliegende Gedanke
der Konnexität gilt entgegen der Rspr des BGH (NJW 93, 2753 m Anm
Geimer IPRax 94, 82; vgl Piekenbrock RIW 00, 751) nicht für die
Aufrechnung (EuGH NJW 96, 42; LG Köln RIW 97, 956; Bacher
NJW 96, 2140; ausführlich Mankowski ZZP 109, 376; Wagner IPRax

99, 65; Roth RIW 99, 819; Busse MDR 01, 729; aA Celle IPRax 99, 456). Wird eine Gegenforderung im Wege der Aufrechnung als Verteidigungsmittel in den Rechtsstreit eingeführt, so beurteilen sich die Voraussetzungen, unter denen das geschehen kann, nach dem nationalen Recht. Ein Teil des Schrifttums (Jayme/Kohler IPRax 95, 349; zustimmend Kropholler Art 6 EuGVÜ Rn 42; Schlosser Art 2 EuGVÜ Rn 15; Zö/Geimer Art 2 EuGVÜ Rn 21 a; Bülow-Böckstiegel/Auer S 606 .179 Rn 60; differenzierend Wagner IPRax 99, 65; abl Geimer/Schütze EuZVR Art 6 EuGVÜ Rn 71) vertritt daher die Auffassung, dass die deutschen Gerichte deshalb an sich nicht gehindert wären, die Zulässigkeit der Prozessaufrechnung davon abhängig zu machen, dass das Gericht der Hauptsache auch für die klageweise Geltendmachung der Aufrechnungsforderung international zuständig wäre. Dem kann nicht gefolgt werden. Zum einen eröffnet die ZPO hierzu keine Möglichkeit, sondern sieht bei inkonnexen Forderungen die Abtrennung (§ 145 Abs 3 ZPO) vor (Roth RIW 99, 819/823; Gebauer IPRax 98, 79/85); zum anderen zählen zu den Voraussetzungen der Aufrechnung, die der EuGH dem nationalen Recht zugewiesen hat, nur solche Fragen, die in der EuGVVO selbst nicht abschließend geregelt sind, wie zB die Form und die Frist für die Prozessaufrechnung. Die internationale Zuständigkeit des mit der Aufrechnung befassten Gerichts gehört nicht zu den Voraussetzungen, die dem nationalen Recht überlassen sind (ausführlich Kannengießer, Die Aufrechnung im internationalen Privat- und Verfahrensrecht, 1998, S 157 ff; Gebauer Jahrbuch für Italienisches Recht Bd 12 S 31/54; zustimmend Busse MDR 01, 729/731).

5. Nr 4. Verbindung bei dinglichen Rechten. Die Vorschrift ist **8** vergleichbar mit § 25 ZPO. Soweit danach schuldrechtliche Ansprüche mit dinglichen Klagen gegen denselben Beklagten verbunden werden können, soll das Gericht der lex rei sitae auch international für die schuldrechtliche Klage zuständig sein. Zu den Begriffen Vertrag und Ansprüche aus einem Vertrag vgl Art 5 Rn 2 ff.

Art. 7 [Besonderer Gerichtsstand des Reeders]

Ist ein Gericht eines Mitgliedstaats nach dieser Verordnung zur Entscheidung in Verfahren wegen einer Haftpflicht aufgrund der Verwendung oder des Betriebs eines Schiffes zuständig, so entscheidet dieses oder ein anderes an seiner Stelle durch das Recht dieses Mitgliedstaates bestimmtes Gericht auch über Klagen auf Beschränkung dieser Haftung.

Gilt für Klagen eines Reeders auf Haftungsbeschränkung (§§ 305 a, **1** 786 a ZPO) und begründet einen weiteren Gerichtsstand kraft Sachzusammenhangs, damit die beschränkte Haftung gegenüber allen Beteiligten konzentriert vor einem Gericht geltend gemacht werden kann.

Abschnitt 3. Zuständigkeit für Versicherungssachen

Vorbemerkung zu Art 8–14

1   Art 8–14 enthalten Schutzvorschriften für den Versicherungsnehmer. Sie sind grundsätzlich zwingend und erschöpfend (Jenard-Bericht in Bülow-Böckstiegel S 601.45). Art 9 bestimmt die Zuständigkeit für Klagen gegen den Versicherer, Art 12 für diejenigen des Versicherers gegen den Versicherten. Gerichtsstandsvereinbarungen sind eingeschränkt zulässig (Art 23 Abs 5 iVm Art 13). Eine rügelose Einlassung (Art 24) ist wirksam. Materiell-rechtlich sind die in den Art 7 ff EGVVG enthaltenen Kollisionsnormen zu beachten. Die Nichtbeachtung der Vorschriften dieses Abschnitts hat die Nichtanerkennung zur Folge (Art 35 Abs 1).

Art. 8 [Versicherungssachen]

Für Klagen in Versicherungssachen bestimmt sich die Zuständigkeit unbeschadet des Artikels 4 und des Artikels 5 Nummer 5 nach diesem Abschnitt.

1   **1. Versicherungssachen.** Der Begriff ist autonom auszulegen (Bülow-Böckstiegel/Auer S 606 1794 Rn 11); eine solche liegt nach dem Schutzgedanken der Art 8 ff nicht vor, wenn zwei Versicherer streiten gleich aus welchem Rechtsgrund (LG Bremen VersR 01, 782; vgl auch Erwägungsgrund Nr 13). Wegen Art 1 Abs 1 S 1 werden nur private Versicherungen erfasst. In den Anwendungsbereich fallen die Direktklage des Geschädigten gegen die Versicherung (MüKo/Gottwald Art 7 EuGVÜ Rn 3) und die Transportversicherung (MüKo/Gottwald aaO). Sozialversicherungen (Art 1 Abs 2 Nr 3) und Rückversicherungen (EuGH NJW 00, 3121 m Anm Koch NVersZ 01, 60) fallen wegen des nicht bestehenden Schutzzwecks aus dem Anwendungsbereich ebenso heraus, wie der Rückgriff des Versicherers gegen den Schädiger (MüKo/Gottwald Art 7 EuGVÜ Rn 3). Ansprüche des Versicherungsnehmers gegen den Rückversicherer, zB auf Grund der Insolvenz des Versicherers fallen unter Art 8 (Micklitz/Rott EuZW 01, 325/329).

2   **2. Vorbehalte. a) Wohnsitz im Vertragsstaat.** Die Verweisung auf Art 4 stellt klar, dass die Art 8 ff grundsätzlich nur eingreifen, wenn der Beklagte seinen Wohnsitz in einem Mitgliedstaat hat; andernfalls ist das autonome Zivilprozessrecht anzuwenden. Eine Ausnahme hiervon macht lediglich Art 9 Abs 2 für Klagen gegen den Versicherer. –

3   **b) Niederlassung.** Die Verweisung auf Art 5 Nr 5 stellt klar, dass diese besondere Zuständigkeit trotz der in den Art 8 ff enthaltenen Sonderregeln bestehen bleibt; sie verdrängt andererseits Art 8 ff nicht (LG Stuttgart IPRax 98, 100 m Anm Looschelders S 86). Art 5 Nr 5 gilt sowohl für Klagen gegen den Versicherer als auch für Klagen gegen den Ver-

sicherten, wenn auf ihn die Voraussetzungen des Art 5 Nr 5 zutreffen (umstr; vgl Bülow-Böckstiegel/Auer S 606 199 Rn 27).

3. Zuständigkeitsvereinbarungen sind abweichend von Art 23 nur **4** in dem durch Art 13 vorgegebenen Rahmen zulässig.

4. Rügelose Einlassung. Art 24 findet Anwendung (Geimer/ **5** Schütze EuZVR Art 18 EuGVÜ Rn 36).

Art. 9 [Gerichtsstand des Versicherers]

(1) **Ein Versicherer, der seinen Wohnsitz im Hoheitsgebiet eines Mitgliedstaats hat, kann verklagt werden:**
a) vor den Gerichten des Mitgliedstaats, in dem er seinen Wohnsitz hat,
b) in einem anderen Mitgliedstaat bei Klagen des Versicherungsnehmers, des Versicherten oder des Begünstigten vor dem Gericht des Ortes, an dem der Kläger seinen Wohnsitz hat, oder
c) falls es sich um einen Mitversicherer handelt, vor dem Gericht eines Mitgliedstaats, bei dem der federführende Versicherer verklagt wird.

(2) **Hat der Versicherer im Hoheitsgebiet eines Mitgliedstaats keinen Wohnsitz, besitzt er aber in einem Mitgliedstaat eine Zweigniederlassung, Agentur oder sonstige Niederlassung, so wird er für Streitigkeiten aus ihrem Betrieb so behandelt, wie wenn er seinen Wohnsitz im Hoheitsgebiet dieses Mitgliedstaats hätte.**

1. Wahlgerichtsstände (Abs 1) für Klagen gegen den Versicherer. **1** **a) Buchstabe a).** Der Versicherer kann in seinem Wohn- (Art 59) oder Sitzstaat (Art 60) verklagt werden. Gilt nur für die internationale Zuständigkeit; die örtliche Zuständigkeit ist allein nach der ZPO zu bestimmen. – **b) Buchstabe b)** trägt dem Schutzgedanken der Art 8 ff Rech- **2** nung und lässt eine Klage auch am Wohnsitz des Versicherungsnehmers, Versicherten oder Begünstigten zu. Voraussetzung für diese Zuständigkeit ist aber, dass der Versicherer seinen Wohnsitz in einem Vertragsstaat hat oder gem Art 9 Abs 2 so zu behandeln ist, als ob dies der Fall wäre. Dies folgt aus EuGH EuZW 94, 767 zum gleichgelagerten Art 14 Abs 1 EuGVÜ. Maßgebend ist der Wohnsitz im Zeitpunkt der Klageerhebung, nicht der des Vertragsschlusses (Wieczorek/Hausmann Art 8 EuGVÜ Rn 3). – **c) Buchstabe c).** Der Gerichtsstand für Klagen gegen den **3** Mitversicherer folgt dem Gerichtsstand des Hauptversicherers, der sich aus Buchstaben a), b) oder wegen Art 8 aus Art 5 Nr 5 ergeben kann. Die Mitversicherer können aber auch getrennt in den Gerichtsständen der Buchstaben a) oder b) verklagt werden (Kropholler RIW 86, 929).

2. Wohnsitzfiktion. Abs 2 ähnelt Art 5 Nr 5 (zur Auslegung der **4** Begriffe siehe dort Rn 22). Er gibt abweichend von der Grundregel des

Art 4 einen Gerichtsstand für Klagen gegen Versicherer, die keinen
(Wohn-)Sitz (Art 59, 60) in einem Mitgliedstaat haben.

Art. 10 [Gerichtsstand des Schadensorts]

**[1]Bei der Haftpflichtversicherung oder bei der Versicherung
von unbeweglichen Sachen kann der Versicherer außerdem vor
dem Gericht des Ortes, an dem das schädigende Ereignis eingetreten ist, verklagt werden. [2]Das Gleiche gilt, wenn sowohl bewegliche als auch unbewegliche Sachen in ein und demselben
Versicherungsvertrag versichert und von demselben Schadensfall
betroffen sind.**

1   Art 10 eröffnet eine zusätzliche, fakultative internationale und örtliche
Zuständigkeit für Klagen gegen den Versicherer in Haftpflichtfällen und
bei Versicherung von unbeweglichen Sachen. Der Gerichtsstand kann
gem Art 13 Nr 3 abbedungen werden. Ort des schädigenden Ereignisses
ist wie in Art 5 Nr 3 auszulegen (Mu/Weth Art 9 EuGVÜ Rn 1). Er
muss in einem vom Wohnsitzstaat des Versicherers verschiedenen Mitgliedstaat liegen (Kropholler Art 9 EuGVÜ Rn 1; aA Bülow-Böckstie-
gel/Auer S 606.210 Rn 5). Voraussetzung ist ferner, dass beide Parteien
ihren Wohnsitz in Mitgliedstaaten haben.

Art. 11 [Haftpflichtversicherung]

**(1) Bei der Haftpflichtversicherung kann der Versicherer auch
vor das Gericht, bei dem die Klage des Geschädigten gegen den
Versicherten anhängig ist, geladen werden, sofern dies nach dem
Recht des angerufenen Gerichts zulässig ist.**

**(2) Auf eine Klage, die der Geschädigte unmittelbar gegen den
Versicherer erhebt, sind die Artikel 8, 9 und 10 anzuwenden,
sofern eine solche unmittelbare Klage zulässig ist.**

**(3) Sieht das für die unmittelbare Klage maßgebliche Recht die
Streitverkündung gegen den Versicherungsnehmer oder den Versicherten vor, so ist daßelbe Gericht auch für diese Personen
zuständig.**

1   **1. Anwendbarkeit** von Abs 1 (Interventionsklage) ist durch Art 65
Abs 1 für Deutschland ausgeschlossen worden. Stattdessen kann dem
Versicherer der Streit verkündet werden (§§ 72–74 ZPO).

2   **2. Weitere Gerichtsstände** werden durch Abs 2 eröffnet, sofern die
nach deutschem Kollisionsrecht maßgebliche Rechtsordnung (vgl Kropholler Art 10 EuGVÜ Rn 4) eine Direktklage des Verletzten gegen die
Versicherung zulässt. Das sind die Gerichtsstände der Art 8–10. Der
Direktanspruch wird im deutschen internationalen Privatrecht deliktisch
qualifiziert und unterliegt dem Deliktsstatut (BGH NJW 93, 1007 und
1009; Palandt Art 40 EGBGB Rn 22). § 3 Nr 1 PflVG ist daher nur
dann anzuwenden, wenn deutsches Recht Deliktsstatut ist. Der Ge-

richtsstand des Abs 2 kann nicht durch eine Gerichtsstandsvereinbarung zu Lasten des Geschädigten abbedungen werden (Art 13 Rn 4).

3. Streitverkündung. Abs 3 begründet eine Zuständigkeit des Di- **3** rektklagegerichts bei Streitverkündung gem § 72 ZPO (vgl auch Art 65). Mit Person ist der Streitverkündungsempfänger gemeint.

Art. 12 [Gerichtsstand des Versicherten]

(1) Vorbehaltlich der Bestimmungen des Artikels 11 Absatz 3 kann der Versicherer nur vor den Gerichten des Mitgliedstaats klagen, in dessen Hoheitsgebiet der Beklagte seinen Wohnsitz hat, ohne Rücksicht darauf, ob dieser Versicherungsnehmer, Versicherter oder Begünstigter ist.

(2) Die Vorschriften dieses Abschnitts lassen das Recht unberührt, eine Widerklage vor dem Gericht zu erheben, bei dem die Klage selbst gemäß den Bestimmungen dieses Abschnitts anhängig ist.

1. Klage des Versicherers. Abs 1 regelt die internationale Zustän- **1** digkeit für Klagen gegen den Versicherten und ihm gleichgestellte Personen. Er entspricht Art 2. Die in Abs 1 aufgeführten Personen können also grundsätzlich nur vor den Gerichten desjenigen Staates verklagt werden, in dessen Hoheitsgebiet sie ihren Wohnsitz gem Art 59 oder Sitz gem Art 60 haben. Die örtliche Zuständigkeit bestimmt sich nach der ZPO. Wegen Art 8 findet für Klagen gegen den Versicherten aber auch Art 5 Nr 5 Anwendung.

2. Widerklage. Durch Abs 2 wird die iS von Art 6 Nr 3 konnexe **2** Widerklage (vgl hierzu Bülow-Böckstiegel/Auer S 606.230 Rn 17) des Versicherers gegen den Versicherten an einem der in den Art 8–11 aufgeführten Gerichtsständen zugelassen.

Art. 13 [Gerichtsstandsvereinbarung]

Von den Vorschriften dieses Abschnitts kann im Wege der Vereinbarung nur abgewichen werden:
1. wenn die Vereinbarung nach der Entstehung der Streitigkeit getroffen wird,
2. wenn sie dem Versicherungsnehmer, Versicherten oder Begünstigten die Befugnis einräumt, andere als die in diesem Abschnitt angeführten Gerichte anzurufen,
3. wenn sie zwischen einem Versicherungsnehmer und einem Versicherer, die zum Zeitpunkt des Vertragsabschlusses ihren Wohnsitz oder gewöhnlichen Aufenthalt in demselben Mitgliedstaat haben, getroffen ist, um die Zuständigkeit der Gerichte dieses Staates auch für den Fall zu begründen, dass das schädigende Ereignis im Ausland eintritt, es sei denn, dass eine solche Vereinbarung nach dem Recht dieses Staates nicht zulässig ist,

4. **wenn sie von einem Versicherungsnehmer geschlossen ist, der seinen Wohnsitz nicht in einem Mitgliedstaat hat, ausgenommen soweit sie eine Versicherung, zu deren Abschluß eine gesetzliche Verpflichtung besteht, oder die Versicherung von unbeweglichen Sachen in einem Mitgliedstaat betrifft, oder**
5. **wenn sie einen Versicherungsvertrag betrifft, soweit dieser eines oder mehrere der in Artikel 14 aufgeführten Risiken deckt.**

1   **1. Allgemeines.** Art 13 enthält eine Sonderregel für Gerichtsstandsvereinbarungen in Versicherungssachen. Art 23 Abs 5 stellt klar, dass eine dem Art 13 zuwiderlaufende Vereinbarung unwirksam ist. Art 23 Abs 1 S 3 gilt gleichwohl für die Form der Art 13 unterliegenden Gerichtsstandsvereinbarungen (MüKo/Gottwald Art 12 EuGVÜ Rn 1). Nr 1 bis 5 gelten alternativ.

2   **2. a) Nr 1** lässt Vereinbarungen nur nach Entstehung der Streitigkeit zu. Dies ist der Fall, wenn die Parteien über einen bestimmten Punkt des Versicherungsvertrags oder über die Abwicklung eines Versicherungsfalls uneins sind und ein Rechtsstreit bevorsteht (Kropholler Art 12 EuGVÜ 3 Rn 2). – **b) Nr 2.** Die Vorschrift lässt eine Gerichtsstandsvereinbarung auch vor Entstehung der Streitigkeit zu, sofern sie den Versicherungsnehmer einseitig begünstigt, indem sie ihm über die in Art 9 vorgesehenen Zuständigkeiten hinaus weitere Gerichtsstände eröffnet. Die Vorschrift gilt nur für Aktivprozesse des Versicherungsnehmers, der also die Gerichtsstandsvereinbarung nicht geltend machen kann, um die Unzuständigkeit des vom Versicherer nach Art 12 angerufenen Gerichts zu 4 behaupten. – **c) Nr 3** lässt eine Derogation des forum delicti zu. Die Vereinbarung kann jedoch nicht zu Lasten des Geschädigten getroffen werden; Art 11 Abs 2 und 3 sind deshalb nicht vom Versicherten und Versicherer abdingbar (Kropholler Art 12 EuGVÜ Rn 4; Geimer/ Schütze EuZVR Art 12 EuGVÜ Rn 7). Nr 3 verlangt zusätzlich, dass die Zuständigkeitsvereinbarung nach dem gemeinsamen Wohnsitzrecht zulässig ist. Daher sind zusätzlich § 38 Abs 1 ZPO bei Kaufleuten oder § 38 Abs 3 ZPO in den übrigen Fällen jeweils in Verbindung mit § 40 ZPO zu prüfen. Außerdem darf die Vereinbarung den Agenturgerichts-5 stand gem § 48 Abs 2 VVG nicht ausschließen. – **d) Nr 4** erweitert den Anwendungsbereich der EuGVVO und unterwirft ihr eine Gerichtsstandsvereinbarung bei Berührungspunkten nur zu einem Nichtmitgliedstaat. Die Gerichtsstandsvereinbarung mit einem nicht in einem Mitgliedstaat ansässigen Versicherungsnehmer ist aber unzulässig, wenn der Versicherungsnehmer zum Abschluss der Versicherung gesetzlich verpflichtet ist (Überblick Schlosser-Bericht in Bülow-Böckstiegel S 601.157) oder bei Versicherungen unbeweglicher Sachen in einem Mitgliedstaat. In beiden Fällen sollen zugunsten eines Versicherungsnehmers aus einem Nichtmitgliedstaat die Zuständigkeiten der Art 9–11 Abs 1 gelten (MüKo/Gottwald Art 12 EuGVÜ Rn 5). Dies

ist unbedenklich, sofern man mit der hM fordert, dass der Rechtsstreit keine Berührungspunkte zu einem anderen Mitgliedstaat haben muss (hierzu vor Art 1 Rn 12 Rn 14). – **e) Nr 5** enthält zusammen **6** mit Art 14 Sonderregeln für See- und Luftfahrtversicherungen.

Art. 14 [Besondere Risiken]

Die in Artikel 13 Nummer 5 erwähnten Risiken sind die folgenden:
1. **sämtliche Schäden**
    a) **an Seeschiffen, Anlagen vor der Küste und auf hoher See oder Luftfahrzeugen aus Gefahren, die mit ihrer Verwendung zu gewerblichen Zwecken verbunden sind,**
    b) **an Transportgütern, ausgenommen Reisegepäck der Passagiere, wenn diese Güter ausschließlich oder zum Teil mit diesen Schiffen oder Luftfahrzeugen befördert werden;**
2. **Haftpflicht aller Art, mit Ausnahme der Haftung für Personenschäden an Passagieren oder Schäden an deren Reisegepäck,**
    a) **aus der Verwendung oder dem Betrieb von Seeschiffen, Anlagen oder Luftfahrzeugen gemäß Nummer 1 Buchstabe a), es sei denn, dass – was die letztgenannten betrifft – nach den Rechtsvorschriften des Mitgliedstaats, in dem das Luftfahrzeug eingetragen ist, Gerichtsstandsvereinbarungen für die Versicherung solcher Risiken untersagt sind,**
    b) **für Schäden, die durch Transportgüter während einer Beförderung im Sinne von Nummer 1 Buchstabe b) verursacht werden;**
3. **finanzielle Verluste im Zusammenhang mit der Verwendung oder dem Betrieb von Seeschiffen, Anlagen oder Luftfahrzeugen gemäß Nummer 1 Buchstabe a), insbesondere Fracht- oder Charterverlust;**
4. **irgendein zusätzliches Risiko, das mit einem der unter den Nummern 1 bis 3 genannten Risiken in Zusammenhang steht;**
5. **unbeschadet der Nummern 1 bis 4 alle „Großrisiken" entsprechend der Begriffsbestimmung in der Richtlinie 73/239/EWG des Rates, geändert durch die Richtlinie 88/357/EWG und die Richtlinie 90/618/EWG, in der jeweils geltenden Fassung.**

Die Vorschrift ergänzt Art 13 Nr 5 und enthält einen detaillierten **1** Katalog von Risiken, bei denen eine Gerichtsstandsvereinbarung (Art 13) zulässig ist. Fundstellen für die Richtlinien in Nr 5 gem obiger Reihenfolge: ABl L 228 vom 16. 8. 73, S 3. Richtlinie zuletzt geändert durch die Richtlinie 2000/26/EG des Europäischen Parlaments und des Rates (ABl L 181 vom 20. 7. 00, S 65). ABl L 172 vom 4. 7. 88, S 1. Richtlinie zuletzt geändert durch die Richtlinie 2000/26/EG. ABl L 330 vom 29. 11. 90, S. 44.

Abschnitt 4. Zuständigkeit bei Verbrauchersachen

Vorbemerkung zu Art 15–17

1   Art 15–17 enthalten für den Verbraucher Schutzbestimmungen, die grundsätzlich zwingend und abschließend sind (Wieczorek/Hausmann 3 vor Art 13 EuGVÜ). Die Anwendung dieser Vorschriften setzt den Anwendungsbereich der EuGVVO voraus (vor Art 1 Rn 5 ff; vgl auch Benicke WM 97, 945). Art 2, 5 Nr 1–4, 6 sind in der Regel nicht anwendbar. Gerichtsstandsvereinbarungen (Art 23) sind nur eingeschränkt möglich (vgl Art 23 Abs 5). Eine rügelose Einlassung ist jedoch zulässig (Wieczorek/Hausmann 6 vor Art 13 EuGVÜ). Art 15 enthält eine Definition des Begriffs der Verbrauchersachen. Das in Verbrauchersachen anzuwendende Recht richtet sich grundsätzlich nach Art 29, 29 a EGBGB; Art 15 und Art 29 EGBGB gehen von noch teilweise von derselben Definition des Verbrauchervertrags aus, insb Art 5 Abs 1 Buchstabe c) wurde den Entwicklungen in den Vermarktungstechniken angepasst und weicht erheblich von Art 13 Abs 1 Nr 3 EuGVÜ ab. Die internationale Zuständigkeit für Klagen des Verbrauchers ist in Art 16 Abs 1 geregelt, diejenige für Klagen gegen den Verbraucher in Art 16 Abs 2. Zu den Vorbehalten zugunsten von Art 4 und Art 5 Nr 5 vgl bei Art 8 Rn 2 und 3. Art 15 ff sind in Bezug auf die internationale Zuständigkeit gegenüber § 29 c ZPO (= § 7 HaustürWG; aufg d Art 6 Nr 5 Schuld ModG) vorrangig (Mankowski VuR 01, 259/260). Die Nichtbeachtung der Vorschriften dieses Abschnitts hat die Nichtanerkennung zur Folge (Art 35 Abs 1).

Art. 15 [Verbrauchersachen]

(1) **Bilden ein Vertrag oder Ansprüche aus einem Vertrag, den eine Person, der Verbraucher, zu einem Zweck geschlossen hat, der nicht der beruflichen oder gewerblichen Tätigkeit dieser Person zugerechnet werden kann, den Gegenstand des Verfahrens, so bestimmt sich die Zuständigkeit unbeschadet des Artikels 4 und des Artikels 5 Nummer 5 nach diesem Abschnitt,**

a) **wenn es sich um den Kauf beweglicher Sachen auf Teilzahlung handelt,**

b) **wenn es sich um ein in Raten zurückzuzahlendes Darlehen oder ein anderes Kreditgeschäft handelt, das zur Finanzierung eines Kaufs derartiger Sachen bestimmt ist, oder**

c) **in allen anderen Fällen, wenn der andere Vertragspartner in dem Mitgliedstaat, in dessen Hoheitsgebiet der Verbraucher seinen Wohnsitz hat, eine berufliche oder gewerbliche Tätigkeit ausübt oder eine solche auf irgend einem Wege auf diesen**

Mitgliedstaat oder auf mehrere Staaten, einschließlich dieses Mitgliedstaats, ausrichtet und der Vertrag in den Bereich dieser Tätigkeit fällt.

(2) Hat der Vertragspartner des Verbrauchers im Hoheitsgebiet eines Mitgliedstaats keinen Wohnsitz, besitzt er aber in einem Mitgliedstaat eine Zweigniederlassung, Agentur oder sonstige Niederlassung, so wird er für Streitigkeiten aus ihrem Betrieb so behandelt, wie wenn er seinen Wohnsitz im Hoheitsgebiet dieses Staates hätte.

(3) Dieser Abschnitt ist nicht auf Beförderungsverträge mit Ausnahme von Reiseverträgen, die für einen Pauschalpreis kombinierte Beförderungs- und Unterbringungsleistungen vorsehen, anzuwenden.

1. Verbrauchervertrag. Zum Begriff: Thorn IPRax 95, 294. Er ist 1 autonom und eng auszulegen (EuGH EWS 97, 270). Art 15 bezieht sich nur auf den nicht berufs- oder gewerbebezogen handelnden privaten Endverbraucher, der einen der in Art 15 Abs 1 aufgeführten Verträge abgeschlossen hat und gem Art 16 Partei in einem Rechtsstreit ist (EuGH aaO). Die Verbrauchereigenschaft muss also beim Kläger oder Beklagten persönlich vorliegen; macht er die Forderung aus abgetretenem Recht geltend, so sind Art 15–17 nicht anwendbar (BGH NJW 93, 2684 m Anm Koch IPRax 95, 71). Daher fallen Verbandsklagen nicht unter Art 15 (Kartzke NJW 94, 823). Gewerbebezogen ist ein Vertrag, der von einem Privaten zur Vorbereitung seiner künftigen beruflichen oder gewerblichen Tätigkeit geschlossen wurde (EuGH EWS 97, 270 m Anm Mankowski JZ 98, 898). Bei gemischten Verträgen, die teils der privaten teils der beruflichen Sphäre zuzurechnen sind, kommt es auf auf die Stellung innerhalb des Vertrags in Verbindung mit dessen Natur und Zielsetzung an, so dass die Person teils Verbraucher, teils Unternehmer sein kann (EuGH EWS 97, 270; kritisch Lutz/Neumann RIW 99, 827). Art 15 regelt nur Ansprüche aus Verträgen; konkurrierende deliktische Ansprüche können nicht auf Art 15–17 gestützt werden (Mu/Weth Art 13 EuGVÜ Rn 1; aA Geimer/Schütze EuZVR Art 13 EuGVÜ Rn 21). Erfasst werden aber Streitigkeiten zu der Frage, ob überhaupt ein Vertrag zustandegekommen ist, ferner Ansprüche aus cic und Rückabwicklungsansprüche (Wieczorek/Hausmann Art 13 EuGVÜ Rn 23).

2. Teilzahlungskauf (Abs 1 Buchstabe a). Der Begriff ist autonom 2 auszulegen (EuGH EuZW 99, 727 m Anm Heß IPRax 00, 370). Auf Grund des Schutzzwecks der Norm liegt ein Teilzahlungskauf vor, wenn der Verkäufer dem Käufer ein Darlehen gewährt, er ihm also den Besitz an der Sache übertragen hat, bevor der Erwerber den gesamten Kaufpreis gezahlt hat (EuGH EuZW 99, 727). Eine Teilzahlung setzt also die Aufspaltung des Kaufpreises in mindestens 2 Teilleistungen voraus (Geimer/Schütze EuZVR Art 13 EuGVÜ Rn 24; aA Bülow-

Böckstiegel/Auer S 606.263 Rn 28: 3 Raten; zustimmend Schlosser
Art 13 EuGVÜ Rn 5). Wird bei Abschluss des Kaufvertrags eine Rate
angezahlt und der Rest bei Lieferung fällig, so ist keine Teilzahlung
gegeben, weil damit nur die Abnahme der Ware gesichert werden sollte
(Oldenburg NJW 76, 43; Geimer/Schütze EuZVR Art 13 EuGVÜ
Rn 24); anders aber, wenn dem Käufer damit die Anschaffung kreditiert
werden sollte.

3   **3. Finanzierungskauf** (Abs 1 Buchstabe b). Für die Anwendung
von Art 15–17 auf Kreditgeschäfte ist die Zweckgebundenheit des zur
Verfügung gestellten Darlehens für die Finanzierung eines Kaufs beweglicher Sachen iS von Abs 1 Buchstabe a) wesentlich (Geimer/
Schütze EuZVR Art 13 EuGVÜ Rn 26). Wird nur ein nicht zweck-
gebundenes Darlehen gewährt, so liegt kein Kreditgeschäft nach
Buchstabe b) vor (Geimer/Schütze aaO; Bülow-Böckstiegel/Auer
S 606.264 Rn 31). Die Voraussetzungen des Buchstaben b) sind auch
erfüllt, wenn die bewegliche Sache iS von Abs 1 Buchstabe a) selbst,
zB mit dem Darlehen, auf einmal bezahlt wird (Wieczorek/Haus-
mann Art 13 EuGVÜ Rn 13). Erfasst wird dann allerdings nur der
Darlehensvertrag; der Kaufvertrag unterfällt Buchstabe a), falls ein
Teilzahlungskauf vorliegt. Das dürfte nur dann nicht gelten, wenn ein
verbundenes Geschäft iS von §§ 358, 359 BGB (= 9 VerbrKG)
vorliegt, da sonst der Schutzzweck dieser Norm unterlaufen werden
würde.

4   **4. Andere Verträge** (Abs 1 Buchstabe c). **a) Allgemeines.** Die Regelung erfasst Verbraucherverträge, die nicht unter Buchstabe a) oder b)
fallen, sofern eine räumliche Verknüpfung der Geschäftsanbahnung mit
dem Wohnsitzstaat des Verbrauchers besteht und der Unternehmer seine
Tätigkeit auf den Abschluss von Verträgen der fraglichen Art ausgerichtet hat. Buchstabe c) weicht damit deutlich von Art 13 Abs 1 Nr 3
5 EuGVÜ ab. – **b) Vertragsarten.** Da Buchstabe c) keine Einschränkung
hinsichtlich der Vertragsart vornimmt, werden grds alle Verträge von der
Regelung erfasst. Die Vorschrift ist daher auch anwendbar auf: Time-
sharing-Verträge iS der Time-sharing-Richtlinie 94/47 EG v 26. 10. 94
(ABl L 280 S 83; vgl Micklitz/Rott EuZW 01, 325/330; Hausmann
EuLF 00/01, 40/45), reine Kreditverträge (der bisherige Streit dürfte
obsolet sein, vgl hierzu Neumann IPRax 01, 257; Mankowski EWiR
99, 1171; Reich ZIP 99, 1210), Pauschalreiseverträge gem Abs 3, Kommissionsverträge, die auf die Durchführung von Warentermingeschäften
gerichtet sind, wenn der Teilnehmer seinerseits Verbraucher ist (Düsseldorf IPRax 97, 118 m Anm Thorn S 98; Benicke WM 97, 945), Treuhandverträge. Nicht anzuwenden ist die Vorschrift auf Versicherungs-
6 verträge, weil die Art 8 ff insoweit lex specialis sind. – **c) Voraussetzungen.** Buchstabe c) stellt zwei Alternativen für die räumliche Verknüpfung
7 der Geschäftsanbahnung im Wohnsitzstaat des Verbrauches auf. **aa) Ausübung der beruflichen oder gewerblichen Tätigkeit des Unternehmers** im Wohnsitzstaat des Verbrauchers (1. Alt). Dies trifft zu,

wenn er seine Haupt- oder Zweigniederlassung im Wohnsitzstaat des Verbrauchers hat oder wenn er grenzüberschreitend Dienstleistungen in diesem Staat verrichtet. **bb) Ausrichtung der beruflichen oder ge-** **8** **werblichen Tätigkeit des Unternehmers** auf den Wohnsitzstaat des Verbrauchers oder auf mehrere Staaten (2. Alt). Der Unternehmer übt also keine Tätigkeit im Wohnsitzstaat des Verbrauchers iS der 1. Alt aus. Vielmehr bewirbt er seine Tätigkeit vom Ausland aus, wobei in jedem Fall erforderlich ist, dass die Tätigkeit auch auf den Staat des Verbrauchers ausgerichtet ist. „Doing business" allein reicht daher nicht aus. Vielmehr muss die im Verbraucherstaat entfaltete Tätigkeit gerade auf den Abschluss von Verträgen der fraglichen Art gerichtet sein. Der Abschluss des Vertrages muss nicht im Wohnsitzstaat des Verbrauchers erfolgen. Entscheidend ist, dass der Verbraucher in seinem Wohnsitzstaat durch den Unternehmer zum Vertragsabschluss animiert wurde. Auch der aktive Verbraucher soll geschützt werden. Ausgerichtet auf den Wohnsitzstaat des Verbrauchers ist die Tätigkeit auch, wenn sie über Internet aus dem Ausland angeboten wird und es sich um eine aktive Website handelt (Micklitz/Rott EuZW 01, 325/331). Umstr ist, ob dies nur dann der Fall ist, wenn der Verbraucher die erforderlichen Rechtshandlungen zum Abschluss des Vertrags über das Internet vornehmen kann (so Hausmann EuLF 00/01, 40/45; wohl auch Jayme/Kohler IPRax 01, 501/505 unter Hinweis auf die gemeinsame Erklärung von Rat und Kommission, abgedruckt in IPRax 01, 259 ff) oder ob eine Interaktion nicht erforderlich ist, vielmehr die Website ausdrücklich nicht auf den Wohnsitzstaat des Verbrauches ausgerichtet sein muss (so Micklilz/Rott EuZW 01, 325/330). Für letztere Auffassung spricht, dass damit der Verbraucherschutz effektiv über die Regelung in Art 13 Abs 1 Nr 3 EuGVÜ erweitert würde. Liegt hingegen nur eine passive Website vor – der Unternehmer bewirbt seine Leistungen ausdrücklich unter Ausschluss des Wohnsitzstaates des Verbrauchers über das Internet – so liegt Buchstabe c) 2. Alt nicht vor. **cc) Verbindung zwischen Tätigkeit** **9** **und Vertrag.** Der unter den Voraussetzungen der 1. oder 2. Alt geschlossene Vertrag muss in den Geschäftsbereich des Unternehmers fallen.

6. Niederlassung des Vertragspartners (Abs 2; hierzu Benicke **10** WM 97, 945). Er erweitert die Zuständigkeiten abweichend von Art 4 zugunsten des Verbrauchers. Entspricht Art 9 Abs 2. Niederlassung: wie Art 5 Rn 22.

7. Beförderungsverträge (Abs 3). Darauf sind die Art 15–17 nicht **11** anzuwenden. Es gelten vielmehr die allgemeinen und besonderen Vorschriften der EuGVVO, insbesondere Art 2, 5 und 23. Der Begriff der Beförderungsverträge ist nicht definiert; klargestellt ist aber, dass kombinierte Reiseverträge, wie Kreuzfahrten, Flugreisen mit anschließendem Hotelaufenthalt, nicht darunter fallen, die Art 15–17 also auf diese anzuwenden sind.

Art. 16 [Gerichtsstände]

(1) Die Klage eines Verbrauchers gegen den anderen Vertragspartner kann entweder vor den Gerichten des Mitgliedstaats erhoben werden, in dessen Hoheitsgebiet dieser Vertragspartner seinen Wohnsitz hat, oder vor dem Gericht des Ortes, an dem der Verbraucher seinen Wohnsitz hat.

(2) Die Klage des anderen Vertragspartners gegen den Verbraucher kann nur vor den Gerichten des Mitgliedstaats erhoben werden, in dessen Hoheitsgebiet der Verbraucher seinen Wohnsitz hat.

(3) Die Vorschriften dieses Artikels lassen das Recht unberührt, eine Widerklage vor dem Gericht zu erheben, bei dem die Klage selbst gemäß den Bestimmungen dieses Abschnitts anhängig ist.

1 **1. Allgemeines.** Die Zuständigkeiten für Verbrauchersachen iS von Art 15 sind abgesehen von Art 5 Nr 5 (vgl Art 15 Abs 1) hier abschließend aufgeführt (Mankowski IPRax 96, 427). Es wird, soweit im Gerichtsstaat des Vertragspartners geklagt wird, nur die internationale Zuständigkeit geregelt; die örtliche Zuständigkeit bestimmt sich nach der ZPO. Insoweit ist auch § 23 ZPO trotz Art 3 Abs 2 anzuwenden, da sich der Ausschluss dort nur auf die örtliche Zuständigkeit bezieht (Wieczorek/Hausmann Art 14 EuGVÜ Rn 3 Fn 6).

2 **2. Klage des Verbrauchers.** Abs 1 stellt in Bezug auf die Internationale Zuständigkeit für diese Klage (abgesehen von Art 5 Nr 5) zwei
3 Gerichtsstände zur Wahl: **a) Wohnsitz der anderen Partei.** Dem Wohnsitz steht gem Art 15 Abs 2 eine in einem Vertragsstaat befindliche Zweigniederlassung, Agentur oder sonstige Niederlassung gleich (Art 5
4 Rn 22). – **b) Eigener Wohnsitz.** Das setzt voraus, dass die andere Vertragspartei im Hoheitsgebiet eines anderen Mitgliedstaats einen Wohnsitz hat oder gem Art 15 Abs 2 so behandelt wird, als ob dies der Fall sei (EuGH EuZW 94, 767 m Anm Rauscher IPRax 95, 289; BGH NJW 95, 1225); daher kann die Zuständigkeit für die Klage eines deutschen Verbrauchers gegen die andere Vertragspartei, die nicht in einem Mitgliedstaat der EuGVVO wohnt oder so zu behandeln ist, nicht auf Art 16 Abs 1 2. Alt gestützt werden. Diese Vorschrift setzt von seinem Wortlaut her nicht voraus, dass der Verbraucher an seinem Wohnsitz auch den Vertrag geschlossen hat, so dass ein Umzug nach Vertragsschluss die Anwendung von Art 16 nicht entfallen lässt (MüKo/
5 Gottwald Art 14 EuGVÜ Rn 5). – **c) Örtliche Zuständigkeit.** Abs 1 2. Alt bestimmt auch diese, falls der Verbraucher die Klage in seinem Wohnsitzstaat erhebt.

6 **3. Klage gegen den Verbraucher** (Abs 2). Hierfür sind ausschließlich die Gerichte des Mitgliedstaats zuständig, in dem der Wohnsitz des Verbrauchers liegt. Maßgeblich ist der Wohnsitz zurzeit der Klageer-

hebung, nicht der im Zeitpunkt des Vertragsschlusses (MüKo/Gottwald Art 14 EuGVÜ Rn 7; vgl oben Rn 4).

4. Widerklage. Abs 3 lässt nur konnexe Widerklagen zu (vgl Art 6 **7** Rn 5). Das gilt bei Klagen des Verbrauchers (Abs 1) wie der anderen Vertragspartei (Abs 2).

Art. 17 [Gerichtsstandsvereinbarung]

Von den Vorschriften dieses Abschnitts kann im Wege der Vereinbarung nur abgewichen werden:

1. **wenn die Vereinbarung nach der Entstehung der Streitigkeit getroffen wird,**
2. **wenn sie dem Verbraucher die Befugnis einräumt, andere als die in diesem Abschnitt angeführten Gerichte anzurufen, oder**
3. **wenn sie zwischen einem Verbraucher und seinem Vertragspartner, die zum Zeitpunkt des Vertragsabschlusses ihren Wohnsitz oder gewöhnlichen Aufenthalt in demselben Mitgliedstaat haben, getroffen ist und die Zuständigkeit der Gerichte dieses Mitgliedstaats begründet, es sei denn, dass eine solche Vereinbarung nach dem Recht dieses Mitgliedstaats nicht zulässig ist.**

1. Allgemeines. Gem Art 23 Abs 5 sind Gerichtsstandsverein- **1** barungen, die dem Art 17 zuwiderlaufen in Verbrauchersachen unwirksam. Die Prüfung von Art 17 setzt einen Verbrauchervertrag voraus, der unter den Voraussetzungen von Art 15 (dort Rn 1; vgl Thorn IPRax 95, 294) zustandegekommen ist. Die Formerfordernisse einer nach Art 17 zulässigen Gerichtsstandsvereinbarung sind dem Art 23 Abs 1 S 3 zu entnehmen (MüKo/Gottwald Art 15 EuGVÜ Rn 1).

2. Voraussetzungen. Sie sind nicht kumulativ. **a) Nr 1.** Entspricht **2** dem Art 13 Nr 1 (dort Rn 2). – **b) Nr 2.** Die Vorschrift entspricht **3** dem Art 13 Nr 2 (dort Rn 3). – **c) Nr 3.** Vom Ansatz her regelt Nr 3 **4** einen reinen Inlandssachverhalt. Erst mit der Verlegung des Verbraucherwohnsitzes ergibt sich der Auslandsbezug. Der Vertragspartner des Verbrauchers soll für diesen Fall geschützt werden, da er gem Art 16 Abs 2 den Verbraucher nur an dessen Wohnsitz verklagen kann. Maßgeblicher Zeitpunkt für den gemeinsamen Wohnsitz- oder gewöhnlichen Aufenthaltsstaat ist der des Abschlusses der Gerichtsstandsvereinbarung (Bülow-Böckstiegel/Auer S 606.282 Rn 7). Vereinbart werden kann nur die Zuständigkeit der Gerichte des gemeinsamen Wohnsitz- oder Aufenthaltsstaates. Die Anwendung von Nr 3 wird aber idR an § 38 Abs 3 Nr 2 ZPO scheitern, der gem Nr 3 letzter Halbsatz anzuwenden ist. Verlegt der Verbraucher seinen Wohnsitz in einen Nichtvertragsstaat, so beurteilt sich gem Art 4 die Zulässigkeit der Gerichtsstandsvereinbarung nur nach dem autonomen innerstaatlichen Recht (MüKo/Gottwald Art 15 EuGVÜ Rn 2 aE).

Abschnitt 5. Zuständigkeit für individuelle Arbeitsverträge

Vorbemerkung zu Art 18–21

1   Mit der EuGVVO wurden erstmals eigenständige Regelungen für individuelle Arbeitsverträge geschaffen. Sie bauen jedoch auf Art 5 Nr 1 EuGVÜ auf und halten an diesen Schutzvorschriften im Wesentlichen unverändert fest. Der 5. Abschnitt enthält eine in sich abgeschlossene Regelung, so dass die Vorschriften des 1. und 2. Abschnitts (Art 2–7) keine Anwendung mehr finden (Hausmann EuLF 00/01, 40/46). Eine Ausnahme gilt lediglich für die Art 4 und 5 Nr 5, auf die in Art 18 Abs 1 ausdrücklich verwiesen wird. § 7 ArbeitnehmerentsendeG (BGBl 97 I 2970 ff), mit dem Art 6 der Entsenderichtlinie (vgl Koenigs DB 97, 110) umgesetzt wurde, enthält eine vorrangige (vgl Art 67 Rn 1), aber nicht ausschließliche besondere Zuständigkeit für Klagen während der Entsendung in den Geltungsbereich des Gesetzes (vgl Gaul NJW 98, 644/648). Eine Verletzung der Vorschriften des 5. Abschnitts stellt jedoch kein Anerkennungs- und Vollstreckungshindernis dar, da er in Art 35 Abs 1 nicht aufgeführt wird.

Art. 18 [Arbeitsverträge]

(1) **Bilden ein individueller Arbeitsvertrag oder Ansprüche aus einem individuellen Arbeitsvertrag den Gegenstand des Verfahrens, so bestimmt sich die Zuständigkeit unbeschadet des Artikels 4 und des Artikels 5 Nummer 5 nach diesem Abschnitt.**

(2) **Hat der Arbeitgeber, mit dem der Arbeitnehmer einen individuellen Arbeitsvertrag geschlossen hat, im Hoheitsgebiet eines Mitgliedstaats keinen Wohnsitz, besitzt er aber in einem Mitgliedstaat eine Zweigniederlassung, Agentur oder sonstige Niederlassung, so wird er für Streitigkeiten aus ihrem Betrieb so behandelt, wie wenn er seinen Wohnsitz im Hoheitsgebiet dieses Mitgliedstaats hätte.**

1   **1. Arbeitsvertrag** (Abs 1). **a) Begriff.** Dieser ist autonom auszulegen. In Anlehnung an Art 30 EGBGB (= Art 6 EVÜ) ist darunter eine Vereinbarung zu verstehen, die eine abhängige, weisungsgebundene Tätigkeit während einer bestimmten Zeit zum Gegenstand hat, bei der der Arbeitnehmer regelmäßig in einer bestimmten Weise in den Betrieb des Arbeitgebers eingebunden ist und für die er als Gegenleistung eine Vergütung erhält (EuGH NJW 1992, 1493; ArbG Münster TranspR 01, 273). Der Begriff ist vom Dienstleistungsvertrag abzugrenzen. Daher liegt kein Arbeitsvertrag vor, wenn die Dienste in wirtschaftlicher und sozialer Selbständigkeit erbracht werden und die Tätigkeit im Wesentlichen frei gestaltet werden kann (ArbG Münster aaO). Kollektive Arbeitsverträge werden nicht erfasst. Für diese gelten die allgemeinen Regeln. –

b) Zuständigkeit. Diese bestimmt sich für Streitigkeiten aus einem individuellen Arbeitsvertrag grds nach Art 19–21, soweit nicht ausnahmsweise Art 4 oder Art 5 Nr 5 anzuwenden sind (wie Art 8 Rn 2 u 3).

2. Wohnsitzfiktion (Abs 2). Abs 2 ähnelt Art 5 Nr 5 (zur Auslegung 2 der Begriffe siehe dort Rn 22). Er gibt abweichend von der Grundregel des Art 4 einen Gerichtsstand für Klagen gegen Arbeitgeber, die keinen Wohnsitz (Art 59, 60) in einem Mitgliedstaat haben.

Art. 19 [Arbeitgebergerichtsstand]

Ein Arbeitgeber, der seinen Wohnsitz im Hoheitsgebiet eines Mitgliedstaats hat, kann verklagt werden:
1. vor den Gerichten des Mitgliedstaats, in dem er seinen Wohnsitz hat, oder
2. in einem anderen Mitgliedstaat
a) vor dem Gericht des Ortes, an dem der Arbeitnehmer gewöhnlich seine Arbeit verrichtet oder zuletzt gewöhnlich verrichtet hat, oder
b) wenn der Arbeitnehmer seine Arbeit gewöhnlich nicht in ein und demselben Staat verrichtet oder verrichtet hat, vor dem Gericht des Ortes, an dem sich die Niederlassung, die den Arbeitnehmer eingestellt hat, befindet bzw. befand.

1. Allgemeines. Grds muss der Arbeitgeber seinen Wohnsitz in 1 einem Mitgliedstaat haben. Trifft dies nicht zu, so ist zunächst zu prüfen, ob ein Fall des Art 18 Abs 2 (Wohnsitzfiktion) vorliegt. In den übrigen Fällen ist gem Art 4 das autonome Recht anzuwenden. Hat der Arbeitgeber einen Wohnsitz in einem Mitgliedstaat, so stehen dem Arbeitnehmer alternative Gerichtsstände nach Nr 1 oder Nr 2 zur Verfügung, sofern nicht eine wirksame Gerichtsstandsvereinbarung gem Art 21 getroffen wurde.

2. Voraussetzungen. a) Wohnsitz. Dieser wird bei natürlichen 2 Personen nach Art 59 und bei juristischen Personen und Gesellschaften nach Art 60 bestimmt. – **b) Nr 1.** Diese Regelung entspricht Art 2. – **c) Nr. 2.** Im Wesentlichen handelt es sich bei dieser Regelung um eine Normierung der vom EuGH zuvor aufgestellten Grundsätze (EuGH EuZW 97, 143 m kritischer Anm Mankowski IPRax 99, 332; Holl WiB 95, 465). **aa) Gewöhnlicher Arbeitsort** (Buchstabe a). Das ist der Ort an dem der Arbeitnehmer seine Tätigkeiten schwerpunktmäßig verrichtet hat und vom Arbeitgeber eingesetzt wurde. Es reicht aus, dass der Arbeitnehmer einmal einen solchen Arbeitsort gehabt hat. Der letzte Arbeitsort ist dann für alle künftigen Klagen neben Nr 1 maßgeblich. **bb) Wechselnder Arbeitsort** (Buchstabe b). Arbeitet der Arbeitnehmer nur in verschiedenen Mitgliedstaaten, so kann er den Arbeitgeber am Ort der einstellenden Niederlassung (Begriff wie Art 5 Rn 22; vgl

auch EuGH IPRax 90, 173 m Anm Rauscher S 156) verklagen.
Dieser hilfsweise Gerichtsstand kommt aber nur dann in Betracht,
wenn der Arbeitgeber seine Arbeit nie gewöhnlich in ein und demselben Staat verrichtet hat (Hausmann EuLF 00/01, 40/47). Zum Problem des Konzernarbeitsverhältnisses vgl LAG München EuLF 01, 295
m Anm Franzen. Bei Streitigkeiten über die Heuer ist ggf Art 64 zu
beachten.

Art. **20** [Arbeitnehmergerichtsstand]

(1) **Die Klage des Arbeitgebers kann nur vor den Gerichten des
Mitgliedstaats erhoben werden, in dessen Hoheitsgebiet der Arbeitnehmer seinen Wohnsitz hat.**

(2) **Die Vorschriften dieses Abschnitts lassen das Recht unberührt, eine Widerklage vor dem Gericht zu erheben, bei dem die
Klage selbst gemäß den Bestimmungen dieses Abschnitts anhängig ist.**

Arbeitnehmergerichtsstand. Die Klage des Arbeitgebers gegen
den Arbeitnehmer kann nur am Wohnsitz (Art 59) des Arbeitnehmers
– vorbehaltlich einer wirksamen Gerichtsstandsvereinbarung nach
Art 21– erhoben werden. Maßgeblich ist der Wohnsitz im Zeitpunkt
der Klageerhebung (§ 253 ZPO; Hausmann EuLF 00/01, 40/47). Eine
Ausnahme lässt Abs 2 nur für den Fall der Widerklage des Arbeitgebers
gegen eine Klage des Arbeitnehmers vor einem nach Art 19 zuständigen
Gericht zu.

Art. **21** [Gerichtsstandsvereinbarung]

**Von den Vorschriften dieses Abschnitts kann im Wege der
Vereinbarung nur abgewichen werden,**
1. **wenn die Vereinbarung nach der Entstehung der Streitigkeit
getroffen wird oder**
2. **wenn sie dem Arbeitnehmer die Befugnis einräumt, andere als
die in diesem Abschnitt angeführten Gerichte anzurufen.**

1   **1. Allgemeines.** Gem Art 23 Abs 5 sind Gerichtsstandsvereinbarungen, die dem Art 21 zuwiderlaufen, in Arbeitssachen unwirksam. Die
Prüfung von Art 21 setzt einen Arbeitsvertrag iSv Art 18 voraus. Die
Formerfordernisse einer nach Art 21 zulässigen Gerichtsstandsvereinbarung sind dem Art 23 Abs 1 S 3 zu entnehmen.

2   **2. Voraussetzungen. a) Nr 1.** Entspricht Art 13 Nr 1 (dort Rn 2).
– **b) Nr 2.** Die Vorschrift lässt eine Gerichtsstandsvereinbarung auch
vor Entstehung der Streitigkeit zu, sofern sie den Arbeitnehmer einseitig
begünstigt, indem sie ihm über die in Art 19 vorgesehenen Zuständigkeiten hinaus weitere Gerichtsstände eröffnet. Die Vorschrift gilt nur für
Aktivprozesse des Arbeitnehmers, der also die Gerichtsstandsverein-

barung nicht geltend machen kann, um die Unzuständigkeit des vom Arbeitgeber nach Art 20 angerufenen Gerichts zu behaupten (Hausmann EuLF 00/01, 40/47).

Abschnitt 6. Ausschließliche Zuständigkeiten

Art. 22 [Ausschließlicher Gerichtsstand]

Ohne Rücksicht auf den Wohnsitz sind ausschließlich zuständig:

1. [1]für Klagen, welche dingliche Rechte an unbeweglichen Sachen sowie die Miete oder Pacht von unbeweglichen Sachen zum Gegenstand haben, die Gerichte des Mitgliedstaats, in dem die unbewegliche Sache belegen ist. [2]Jedoch sind für Klagen betreffend die Miete oder Pacht unbeweglicher Sachen zum vorübergehenden privaten Gebrauch für höchstens sechs aufeinander folgende Monate auch die Gerichte des Mitgliedstaats zuständig, in dem der Beklagte seinen Wohnsitz hat, sofern es sich bei dem Mieter oder Pächter um eine natürliche Person handelt und der Eigentümer sowie der Mieter oder Pächter ihren Wohnsitz in demselben Mitgliedstaat haben;

2. [1]für Klagen, welche die Gültigkeit, die Nichtigkeit oder die Auflösung einer Gesellschaft oder juristischen Person oder die Gültigkeit der Beschlüsse ihrer Organe zum Gegenstand haben, die Gerichte des Mitgliedstaats, in dessen Hoheitsgebiet die Gesellschaft oder juristische Person ihren Sitz hat. [2]Bei der Entscheidung darüber, wo der Sitz sich befindet, wendet das Gericht die Vorschriften seines Internationalen Privatrechts an;

3. für Klagen, welche die Gültigkeit von Eintragungen in öffentliche Register zum Gegenstand haben, die Gerichte des Mitgliedstaats, in dessen Hoheitsgebiet die Register geführt werden;

4. [1]für Klagen, welche die Eintragung oder die Gültigkeit von Patenten, Marken, Mustern und Modellen sowie ähnlicher Rechte, die einer Hinterlegung oder Registrierung bedürfen, zum Gegenstand haben, die Gerichte des Mitgliedstaats, in dessen Hoheitsgebiet die Hinterlegung oder Registrierung beantragt oder vorgenommen worden ist oder aufgrund eines Gemeinschaftsrechtsakts oder eines zwischenstaatlichen Übereinkommens als vorgenommen gilt. [2]Unbeschadet der Zuständigkeit des Europäischen Patentamts nach dem am 5. Oktober 1973 in München unterzeichneten Übereinkommen über die Erteilung europäischer Patente sind die Gerichte eines jeden Mitgliedstaats ohne Rücksicht auf den Wohnsitz der Parteien für alle Verfahren ausschließlich zuständig, welche die Erteilung oder die Gültigkeit eines europäischen Pa-

tents zum Gegenstand haben, das für diesen Staat erteilt wurde;

5. für Verfahren, welche die Zwangsvollstreckung aus Entscheidungen zum Gegenstand haben, die Gerichte des Mitgliedstaats, in dessen Hoheitsgebiet die Zwangsvollstreckung durchgeführt werden soll oder durchgeführt worden ist.

1   **1. Allgemeines. a) Ausschließlich** ist die internationale Zuständigkeit. Die örtliche Zuständigkeit bestimmt sich nach dem nationalen Recht. In seinem Anwendungsbereich verdrängt Art 22 den allgemeinen (Art 2) und den besonderen Gerichtsstand (Art 5 ff). Gerichtsstandsvereinbarungen sind gem Art 23 Abs 5 unzulässig. Eine rügelose Einlassung (Art 24 S 2 2. Alt) ist nicht möglich. Wird ein unzuständiges Gericht in den Fällen des Art 22 angerufen, so hat es sich gem Art 25 von Amts wegen für unzuständig zu erklären und die Klage ggf als unzulässig abzuweisen. Die Nichtbeachtung dieser Vorschrift hat die
2   Nichtanerkennung zur Folge (Art 35 Abs 1). – **b) Beklagter außerhalb der Mitgliedstaaten.** Art 22 ist wegen Art 4 Abs 1 auch gegenüber einem Beklagten anzuwenden, der nicht in einem Mitgliedstaat wohnt. Ein Berührungspunkt zu einem weiteren Mitgliedstaat muss nicht bestehen (Hamburg IPRax 99, 168 m zust Anm Geimer S 152).

3   **2. Gerichtsstand der belegenen Sachen** (Nr 1 Satz 1). **a) Begriff.** Ob ein dingliches Recht vorliegt und ob eine unbewegliche Sache gegeben ist, ist vertragsautonom zu bestimmen (EuGH NJW 95, 37). Das dingliche Recht ist vom persönlichen Recht zu unterscheiden (Schlosser Art 16 EuGVÜ Rn 4). Das dingliche Recht an einer Sache wirkt zu Lasten von jedermann (EuGH EuZW 94, 634). Es ist Gegenstand der Klage, wenn es durch die Klage selbst betroffen wird. Dingliche Klagen sind daher nur solche, die darauf gerichtet sind, Umfang oder Bestand einer unbeweglichen Sache, das Eigentum, den Besitz oder das Bestehen anderer dinglicher Rechte hieran zu bestimmen und den Inhaber dieser Rechte den Schutz der mit ihrer Rechtsstellung verbundenen Vorrechte zu sichern (EuGH IPRax 91, 45 m Anm Schlosser S 29; LG Bonn IPRax 97, 267). Daher fällt die Klage auf Auflösung eines Kaufvertrags über eine unbewegliche Sache und auf Schadensersatz deswegen nicht unter Art 22 Nr 1 (EuGH EWS 01, 451). Eine Klage auf Feststellung, dass jemand eine unbewegliche Sache als trustee hält, fällt daher nicht unter Nr 1 (EuGH EuZW 94, 634 m Anm Kaye IPRax
4   95, 286). – **b) Miete und Pacht.** Die Begriffe sind vertragsautonom zu qualifizieren (EuGH NJW 85, 905). Der Begriff Miete wird vom EuGH so weit ausgelegt, wie es das Ziel erforderlich macht (EuGH NJW 95, 37), die idR zwingenden Mieterschutzvorschriften am Belegenheitsort durchzusetzen. Eine Unterscheidung zwischen Haupt- und Untermiet-
5   verhältnissen trifft das Gesetz nicht. – **c) Vertragsschluss.** Betrifft der Rechtsstreit das Zustandekommen eines Miet- oder Pachtvertrags über in zwei Mitgliedstaaten belegenen Grundbesitz, sind die Gerichte dieser Staaten jeweils für den im Hoheitsgebiet ihres Sitzstaates belegenen Teil

des Grundbesitzes ausschließlich zuständig, es sei denn, dass die Grundstücke aneinander angrenzen und der Gesamtbesitz überwiegend in einem Staat belegen ist (EuGH IPRax 91, 44 m Anm Kreuzer S 25). – **d) Anwendungsbereich.** Nr 1 Satz 1 gilt für alle Verträge über die **6** Miete oder Pacht von unbeweglichen Sachen, auch für kurzfristige Verträge und für Ferienwohnungen (EuGH NJW 00, 2009 m Anm Hüßtege IPRax 01, 31 u Hausmann EuLF 00, 61; EuGH NJW 85, 905; LG Bonn NJW-RR 01, 1574; Rauscher NJW 85, 892; Kreuzer IPRax 86, 75; vgl aber Nr 1 Satz 2). Diese Zuständigkeit umfasst alle unmittelbar im Mietvertrag begründeten Verpflichtungen (Wieczorek/Hausmann Art 16 EuGVÜ Rn 20), wie das Bestehen des Vertrags (EuGH RIW 78, 336), dessen Auslegung, die Dauer, die Wiedereinräumung des Besitzes der Mietsache an den Vermieter, den Ersatz für vom Mieter verursachte Schäden, den Mietzins einschließlich der vom Mieter zu zahlenden Nebenkosten (EuGH NJW 85, 905 m Anm Kreuzer IPRax 86, 75). Die Rechtsnatur des Anspruchs ist nicht entscheidend, sofern nur der Streit die Miete oder Pacht einer Immobilie betrifft (Kropholler Art 16 EuGVÜ Rn 26). Eine analoge Anwendung von Nr 1 auf ähnliche Vertragsverhältnisse ist unzulässig (EuGH NJW 95, 37; österr OGH IPRax 99, 471 m Anm Hüßtege S 477). – **e) Inländischer Rei-** **7** **severanstalter.** Nr 1 ist nicht auf die Vermietung oder Vermittlung zur Vermietung eines Ferienhauses an einen inländischen Reisenden durch einen inländischen, gewerblichen Reiseveranstalter, der nicht Eigentümer der Unterkunft ist, anzuwenden (EuGH NJW 92, 1029 m Anm Jayme IPRax 93, 18; vgl BGH NJW 92, 1029 und 3158; Kartzke NJW 94, 823), es sei denn, er klagt aus abgetretenem Recht des Eigentümers (EuGH NJW 00, 2009 m Anm Hüßtege IPRax 01, 31). Nr 1 gilt ferner nicht für Beherbergungsverträge, bei denen neben der Überlassung des Zimmers noch eine Versorgung mit Speisen und Getränken stattfindet (Karlsruhe RIW 99, 463 m Anm Mansel IPRax 00, 30). Für die Klage eines Reisenden mit Wohnsitz im Inland gegen einen Reiseveranstalter im Vertragsausland kann jedoch der Verbrauchergerichtsstand gem Art 15 Abs 1 Buchstabe c), Art 16 begründet sein (vgl dort Rn 5; s a Kartzke NJW 94, 824; Jayme IPRax 93, 19). – **f) Ausgeschlossene** **8** **Klagen.** Von der Zuständigkeit nicht erfasst werden ferner Ansprüche, die sich nur mittelbar auf die Nutzung der Mietsache beziehen, wie entgangene Urlaubsfreude und nutzlos aufgewendete Reisekosten (EuGH NJW 85, 905). Nr 1 gilt nicht für eine Klage auf Entschädigung für gezogene Nutzungen einer Wohnung nach einer nichtigen Eigentumsübertragung (EuGH NJW 95, 37 m Anm Ulmer IPRax 95, 72); ferner nicht für eine Verbandsklage nach § 13 AGBG (BGH EuZW 90, 36 m Anm Nagel S 38; Lorenz IPRax 90, 292), für eine Gläubigeranfechtungsklage nach französischem Recht (EuGH IPRax 91, 45 m Anm Schlosser S 29), für eine Klage aus einem Vertrag über die Verpachtung eines Ladengeschäfts, das in einer vom Verpächter von einem Dritten gemieteten unbeweglichen Sache betrieben wird (EuGH NJW 78, 1107 L). Ob ein Time-Sharing-Vertrag unter Nr 1 a fällt, hängt von dessen

Ausgestaltung im Einzelfall ab (vgl Koblenz VuR 01, 257; LG Darmstadt IPRax 96, 120 m Anm Jayme S 87; Schomerus NJW 95, 359; Mäsch EuZW 95, 14; Mankowski EuZW 96, 177 und VuR 01, 259; Eckert ZIR 97, 1/9; Jayme IPRax 97, 233). Hat die Dienstleistung einen höheren Wert als die Teilnutzungsrechte, ist das Entgelt nicht als Miete zu qualifizieren (Jayme/Kohler IPRax 99, 401/403 unter Hinweis auf EuGH EWS 99, 223). IdR wird daher der vorrangige Art 15 Abs 1 Buchstabe c) anzuwenden sein (vgl dort Rn 5).

9 **3. Zusätzlicher Gerichtsstand** (Nr 1 Satz 2). Nr 1 Satz 2 enthält bei Miet- oder Pachtverhältnissen für 6 aufeinander folgende Monate zum privaten Gebrauch eine Sonderregelung zu Gunsten des Wohnsitzgerichts des Beklagten, sofern der Mieter eine natürliche Person ist und im gleichen Mitgliedstaat wohnt wie der Eigentümer. Daneben bleibt wahlweise der Gerichtsstand der belegenen Sache (Nr 1 Satz 1) bestehen. Vorübergehender Gebrauch: wie § 549 Abs 2 Nr 1 BGB.

10 **4. Gesellschaften und juristische Personen** (Nr 2). **a) Anwendbarkeit.** Wegen der in Deutschland noch herrschenden Sitztheorie (Palandt Anh zu Art 12 EGBGB Rn 1), die gem Satz 2 (Art 60 ist hier nicht anzuwenden, vgl Hausmann EuLF 00/01, 40/43) zu beachten ist, gilt die Vorschrift nur für: OHG, KG, Partnerschaft, nicht rechtsfähigen Verein, BGB-Gesellschaft (Wieczorek/Hausmann Art 16 EuGVÜ Rn 38) AG, GmbH, eingetragene Genossenschaft, KGaA, VVaG, bergrechtliche Gewerkschaft, eingetragenen Verein, eingetragene Stiftung, Europäische Wirtschaftliche Interessenvereinigung, nicht aber für die stille Gesellschaft (MüKo/Gottwald Art 16 EuGVÜ Rn 18) und für ausländische Gesellschaften und juristische Personen, die ihren Sitz ins Inland verlegt haben, sofern sie nicht neu gegründet worden sind (BGH
11 97, 269). – **b) Erfasste Klagen.** Nr 2 bezieht sich nur auf kontradiktorische Klagen, wie zB: §§ 246 ff, 275 AktG, §§ 61, 75 GmbHG, § 94 GenG, §§ 133, 161 Abs 2 HGB, §§ 723, 724 BGB, nicht aber auf einseitige Amtsverfahren (Wieczorek/Hausmann Art 16 EuGVÜ Rn 39). Unter Auflösung ist auch die Liquidation der Gesellschaft zu verstehen, wegen Art 1 Abs 2 Nr 2 nicht aber die Liquidation durch
12 Insolvenzen. – **c) Unanwendbar** bei Klagen auf Ausschließung eines Gesellschafters (§ 140 HGB) und auf Entziehung der Vertretungsmacht (§ 127 HGB).

13 **5. Registersachen** (Nr 3). Die Vorschrift bezieht sich auf Grund- und Hypothekenbücher, Handels- und Vereinsregister sowie andere sonstige öffentliche Register. Die Zuständigkeit ist nur hinsichtlich der Gültigkeit einer Eintragung ausschließlich, nicht aber hinsichtlich ihrer Wirkungen.

14 **6. Gewerbliche Schutzrechte** (Nr 4). Vgl hierzu EuGH IPRax 85, 95 m Anm Stauder S 76; ders IPRax 98, 317 ff; ferner MüKo/Gottwald Art 16 EuGVÜ Rn 26 ff mit Hinweisen zur Rechtsvereinheitlichung und deren Auswirkungen auf die internationale Zuständigkeit.

7. Zwangsvollstreckung (Nr 5). **a) Verfahren.** Darunter fallen alle, die sich aus der Inanspruchnahme von Zwangsmitteln, insbesondere bei der Herausgabe oder Pfändung von beweglichen oder unbeweglichen Sachen im Hinblick auf die Vollstreckung von Entscheidungen oder Urkunden ergeben (Jenard-Bericht in Bülow-Böckstiegel S 601.54). Hierzu gehören die Verfahren nach §§ 766, 767 (EuGH NJW 85, 2892 m Anm Geimer IPRax 86, 208; aA für die Geltendmachung der Unzulässigkeit der ZwVollstr aus materiell-rechtlichen Gründen OGH IPRax 99, 47 m abl Anm Roth S 50), 771 ZPO (Hamm NJW-RR 01, 1575 m Anm Roth IPRax 01, 323) und ähnliche Rechtsbehelfe, Anträge nach §§ 719, 765 a ZPO (MüKo/Gottwald Art 16 EuGVÜ Rn 37) und die Gläubigeranfechtungsklage (EuGH IPRax 93, 28 m Anm Schlosser S 17). Schadensersatzklagen nach §§ 717, 945 ZPO fallen nicht in den Anwendungsbereich der Nr. 5 (hM; Bülow-Böckstiegel/Safferling S 606.307 Rn 27; aA Wolf NJW 73, 401). Gegen die hM spricht § 28 AVAG. Auch Auskehrungsklagen nach rechtswidriger Zwangsvollstreckung fallen nicht unter Nr 5 (Hamm NJW-RR 01, 1575). – **b) Aufrechnung.** Gestützt auf Nr 5 kann sie im Vollstreckungsverfahren auch nicht mit einer Forderung eingewendet werden, für deren selbständige Geltendmachung die Gerichte dieses Vertragsstaates unzuständig wären (MüKo/Gottwald Art 16 EuGVÜ Rn 37). – **c) Vorbereitung der Zwangsvollstreckung** oder deren Erleichterung, zB §§ 899 ff ZPO fallen nicht unter Nr. 5 (MüKo/Gottwald Art 16 EuGVÜ Rn 39). – **d) Zwangsgeld.** Für dessen Verhängung sind die Gerichte der Hauptsache zuständig (vgl Art 49). – **e) Einstweiliger Rechtsschutz** (Arrest, einstweilige Verfügung, einstweilige Anordnung): Art 31 als lex specialis.

Abschnitt 7. Vereinbarung über die Zuständigkeit

Art. 23 [Gerichtsstandsvereinbarung]

(1) [1] Haben die Parteien, von denen mindestens eine ihren Wohnsitz im Hoheitsgebiet eines Mitgliedstaats hat, vereinbart, dass ein Gericht oder die Gerichte eines Mitgliedstaats über eine bereits entstandene Rechtsstreitigkeit oder über eine künftige aus einem bestimmten Rechtsverhältnis entspringende Rechtsstreitigkeit entscheiden sollen, so sind dieses Gericht oder die Gerichte dieses Mitgliedstaats zuständig. [2] Dieses Gericht oder die Gerichte dieses Mitgliedstaats sind ausschließlich zuständig, sofern die Parteien nichts anderes vereinbart haben. [3] Eine solche Gerichtsstandsvereinbarung muss geschlossen werden

a) schriftlich oder mündlich mit schriftlicher Bestätigung,

b) in einer Form, welche den Gepflogenheiten entspricht, die zwischen den Parteien entstanden sind, oder

c) im internationalen Handel in einer Form, die einem Handelsbrauch entspricht, den die Parteien kannten oder kennen

15

16

17

18

19

mussten und den Parteien von Verträgen dieser Art in dem betreffenden Geschäftszweig allgemein bekannt und regelmäßig beachten.

(2) Elektronische Übermittlungen, die eine dauerhafte Aufzeichnung der Vereinbarung ermöglichen, sind der Schriftform gleichgestellt.

(3) Wenn eine solche Vereinbarung von Parteien geschlossen wurde, die beide ihren Wohnsitz nicht im Hoheitsgebiet eines Mitgliedstaats haben, so können die Gerichte der anderen Mitgliedstaaten nicht entscheiden, es sei denn, das vereinbarte Gericht oder die vereinbarten Gerichte haben sich rechtskräftig für unzuständig erklärt.

(4) Ist in schriftlich niedergelegten trust-Bedingungen bestimmt, dass über Klagen gegen einen Begründer, trustee oder Begünstigten eines trust ein Gericht oder die Gerichte eines Mitgliedstaats entscheiden sollen, so ist dieses Gericht oder sind diese Gerichte ausschließlich zuständig, wenn es sich um Beziehungen zwischen diesen Personen oder ihre Rechte oder Pflichten im Rahmen des trust handelt.

(5) Gerichtsstandsvereinbarungen und entsprechende Bestimmungen in trust-Bedingungen haben keine rechtliche Wirkung, wenn sie den Vorschriften der Artikel 13, 17 und 21 zuwiderlaufen oder wenn die Gerichte, deren Zuständigkeit abbedungen wird, aufgrund des Artikels 22 ausschließlich zuständig sind.

1. Allgemeines. Die Vorschrift umfasst die Prorogation und Derogation (1 vor § 38 ZPO) der Gerichte eines Mitgliedstaats. Zwischen Kaufleuten und privaten Personen wird (anders als § 38 ZPO) nicht differenziert. Bei der Auslegung und Anwendung bestehen zahlreiche Probleme (BGH EuZW 95, 716; IPRax 92, 376). Grundsätzlich ist Art 23 für seine Voraussetzungen eng auszulegen (BGH NJW 01, 1731) und schließt die Anwendbarkeit von Art 2, 5, 6 aus (EuGH NJW 97, 1431).

2. Anwendungsbereich. Der der EuGVVO muss eröffnet sein (vgl vor Art 1 Rn 5 ff). Die Gerichtsstandsvereinbarung muss daher einen Auslandsbezug aufweisen (Hamm IPRax 99, 244 m abl Anm Aull S 226; MüKo/Gottwald Art 17 EuGVÜ Rn 4; aA Geimer/Schütze EuZVR Art 17 EuGVÜ Rn 36 ff). Außerdem muss mindestens eine Partei einen (Wohn-)Sitz in einem Mitgliedstaat haben und die Zuständigkeit eines Gerichts oder der Gerichte eines Mitgliedstaates vereinbart sein. Trifft dies nicht zu, beurteilt sich die Gerichtsstandsvereinbarung nach autonomen Recht (EuGH NJW 01, 501). Umstritten ist, ob darüber hinaus noch ein Bezug zu einem weiteren Mitgliedstaat bestehen muss (bejahend BGH strRspr 116, 77 mwN; österr OGH (zum LGVÜ) bei Jayme/Kohler IPRax 98, 417/418; vgl München IPRax 91,

46; zustimmend Samtleben NJW 74, 1593; Kohler IPRax 83, 266; aA
EuGH NJW 00, 3121 in Tz 42 und 47 unter ausdrücklicher Bezug-
nahme auf den Jenard-Bericht im Bülow-Böckstiegel S 601.56 und die
hM im Schrifttum zum EuGVÜ vgl Geimer IPRax 91, 31; Heß IPRax
92, 358; Trunk IPRax 96, 252; Mankowski IPRax 96, 427; Vachek
WiB 97, 157; Saenger ZZP 110, 477/481; Kröll ZZP 113, 135/139;
Geimer EuLF 00, 54). Zu folgen ist dem EuGH und der hM im
Schrifttum, weil für die vom BGH vorgenommene einschränkende
Auslegung des Anwendungsbereichs kein anerkennenswertes Bedürfnis
besteht und die EuGVVO hierfür selbst kaum Anlass bietet. Ist der
Anwendungsbereich der EuGVVO nicht eröffnet und Art 23 damit
auch nicht anwendbar, so richten sich die Zulässigkeit und Wirkungen
einer Gerichtsstandsvereinbarung nach §§ 38 ff ZPO. Ob die Form
einer Gerichtsstandsvereinbarung nach Art 31 Abs 1 CMR dem Art 23
entsprechen muss, erscheint wegen Art 71 fraglich (vgl Hamburg
TranspR 01, 300 mwN).

3. Voraussetzungen einer Gerichtsstandsvereinbarung (Abs 1 S 1;   3
ausführlich Kröll ZZP 113, 135). Der Begriff ist autonom auszulegen
(EuGH NJW 92, 1671). Sie kann in der Satzung einer AG enthalten
sein (EuGH aaO; BGH NJW 94, 51). – **a) Vereinbarung** (Einigung)   4
der Parteien ist materielle Voraussetzung. Umstritten ist, ob Art 23
Abs 1 neben den prozessualen Voraussetzungen und der Form für das
Zustandekommen einer Gerichtsstandsvereinbarung auch die Einigung
der Parteien regelt (BGH EuZW 92, 517 – Vorlagebeschluss –; vom
EuGH NJW 95, 183 nicht beantwortet). Für Abs 1 S 3 Buchst c hat der
EuGH (NJW 97, 1431 m Anm Holl RIW 97, 418; Kubis IPRax 99,
10) entschieden, dass diese Alt im Interesse des internationalen Handelsverkehrs in Bezug auf Formfreiheit, Einfachheit und Schnelligkeit die
Voraussetzungen für eine Willenseinigung enthält. Das Vorliegen einer
Einigung wird (widerleglich; Geimer/Schütze EuZVR Art 17 EuGVÜ
Rn 101) vermutet, wenn der Tatbestand von Buchst c erfüllt ist (EuGH
aaO; EuGH EuZW 99, 441 m Anm Hass). In den Fällen von Buchst a
und b hingegen ist die Ansicht vorzuziehen, dass mangels einer ausdrücklichen Regelung in der EuGVVO das nach dem IPR der lex fori
(hierzu BGH WM 96, 2294) zu bestimmende Recht auf die Vereinbarung anzuwenden ist (Düsseldorf RIW 90, 579; Saarbrücken NJW 92,
987 m Anm Rauscher IPRax 92, 144; MüKo/Martiny, vor Art 27
EGBGB Rn 50; Schlosser Art 17 EuGVÜ Rn 3; Firsching/von Hoffmann S 138; Mankowski IPRax 96, 427; Vachek WiB 97, 157; Saenger
ZZP 110, 477/483 hins Buchst a; wohl auch Jayme/Kohler IPRax 97,
385/395; ebenso für das Zustandekommen einer Gerichtsstandsvereinbarung in einer Satzung einer AG, EuGH NJW 92, 1671). Die andere
Meinung beruft sich auf EuGH NJW 77, 494 und beurteilt auch hier
die Einigung nach europäischem Einheitsrecht, das unmittelbar dem
Art 23 Abs 1 zu entnehmen sei (Geimer/Schütze EuZVR Art 17
EuGVÜ Rn 75; Geimer IPRax 91, 34; Kohler IPRax 91, 300; BGH

5 NJW 96, 1819 m Anm Koch IPRax 97, 405). – **b) Rechtsstreitigkeit.**
Sie kann (idR durch Klageerhebung § 261 ZPO) bereits entstanden sein
oder, sofern nicht eine Ausnahme gem Art 13, 17, 21 vorliegt, sich auf
6 einen künftigen Rechtsstreit beziehen. – **c) Bestimmtheitserfordernis.** Es muss sowohl das Rechtsverhältnis (Begriff: § 256 ZPO Rn 5)
bestimmt sein (EuGH NJW 92, 1671), als auch zusätzlich das zuständige Gericht, zumindest muss dieses auf Grund objektiver Kriterien
bestimmbar sein (EuGH NJW 01, 513). Es genügt, die Bestimmbarkeit
des Rechtsverhältnisses ggf durch Auslegung zu ermitteln (BGH NJW
94, 51 für Satzung einer AG; München RIW 99, 621; Oldenburg IPRax
99, 458 m Anm Kindler/Haneke S 435). Die Gerichtsstandsvereinbarung kann sich auf zwei oder mehrere Gerichte zur Wahl des Klägers
beziehen (MüKo/Gottwald Art 17 EuGVÜ Rn 50) oder allgemein auf
die internationale Zuständigkeit der Gerichte eines Mitgliedstaats. Dann
richtet sich die örtliche Zuständigkeit nach dem Recht des prorogierten
Mitgliedstaats. Fehlt danach eine örtliche Zuständigkeit, so ist auf eine
Ersatzzuständigkeit, zB Wohnsitz des Klägers oder Sitz der Regierung,
zurückzugreifen (hM MüKo/Gottwald Art 17 EuGVÜ Rn 51).

7 **4. Form** (Abs 1 S 3). Ihre Einhaltung ist Wirksamkeitsvoraussetzung.
Die Voraussetzungen sind eng auszulegen (BGH NJW 96, 1819).
8 **a) Schriftlichkeit** (Abs 1 S 3 Buchst a 1. Alt). Sie ist beiderseitig erforderlich. § 126 Abs 2 BGB gilt aber nicht (BGH NJW 01, 1731). Beide
Vertragsparteien müssen den eine Gerichtsstandsvereinbarung enthaltenen Vertragstext unterschrieben haben; elektronische Übermittlung
durch moderne Kommunikationsmittel, die eine Unterschrift nicht ermöglichen, aber eine dauerhafte Aufzeichnung der Vereinbarung ermöglichen, ist gem Abs 3 aber ausreichend (BGH NJW 01, 1731).
Ausnahmen von der Unterschrift sind nur zuzulassen, wenn die Identität
der erklärenden Personen feststeht (Geimer/Schütze EuZVR Art 17
EuGVÜ Rn 105). Ob Vertragsschluss im Internet wegen der Repro-
duzierbarkeit der Erklärungen ausreichend ist, erscheint zweifelhaft (bejahend Junker RIW 99, 809/813). Ist die Gerichtsstandsklausel in AGB
enthalten, die auf der Rückseite des unterschriebenen Vertragstextes
stehen und wird in dem unterschriebenen Vertragstext auf die AGB
Bezug genommen, so ist der Schriftlichkeit genüge getan (BGH IPRax
92, 376 – Vorlagebeschluss –; Hamm NJW-RR 95, 189; BayObLG BB
01, 1498). Fehlt der Hinweis, so ist die Form nicht gewahrt (EuGH
NJW 77, 494). Auf die Gerichtsstandsklausel selbst muss nicht besonders
hingewiesen werden. Wird in einem Vertragstext auf ein Angebot Bezug
genommen, das seinerseits ausdrücklich auf die eine Gerichtsstandsklausel enthaltende AGB hinweist, so reicht auch dies für die Schriftlichkeit
aus; lediglich bei mittelbaren oder stillschweigenden Verweisungen auf
vorangegangenen Schriftwechsel ist das Schriftlichkeitserfordernis nicht
erfüllt (EuGH NJW 77, 494; BGH NJW 94, 2699). Umstritten ist, ob
Art 23 grundsätzlich einen gesonderten Hinweis in der Verhandlungs-
und Vertragssprache auf eine in einer fremdsprachigen AGB enthaltene

Gerichtsstandsklausel verlangt (verneint von BGH IPRax 91, 326; LG Münster RIW 92, 231; bejaht von Kohler IPRax 91, 301; zweifelnd BGH IPRax 92, 376), ferner, ob die AGB in der Verhandlungssprache verfasst sein muss (verneint von Hamm IPRax 91, 326; bejaht von Köln VersR 99, 639; Kohler IPRax 91, 301; Saenger ZZP 110, 477/487). Wegen des Gebots der Klarheit und Verständlichkeit erscheint ein Hinweis auf die fremdsprachige AGB erforderlich. Nach welchen Grundsätzen sich das Sprachrisiko richtet, ist unklar (BGH IPRax 92, 376; Kohler IPRax 91, 302). – **b) Mündlich mit schriftlicher Bestätigung** (Abs 1 S 3 Buchst a 2. Alt). Diese Vereinbarung erfolgt zweistufig: zunächst muss eine zumindest konkludente (Hamburg EWS 96, 365) mündliche Einigung (Rn 4) über die Gerichtsstandsklausel erzielt worden sein (BGH NJW 01, 1731), die dann anschließend schriftlich von einer (gleich von welcher; München RIW 99, 621) der Parteien (EuGH RIW 85, 736) innerhalb angemessener Frist (Hau IPRax 99, 24) bestätigt worden ist (sog Halbschriftlichkeit; vgl BGH NJW 95, 2700). Die Bestätigung muss sich inhaltlich mit der mündlichen Einigung decken (siehe aber Rn 13). Für die Form reicht elektronische Übermittlung gem Abs 3 aus. Sie bedarf einer Annahme oder gleich lautender Bestätigung nur, wenn sie eine Gerichtsstandsvereinbarung erstmals enthält (EuGH NJW 77, 495). Nicht ausreichend ist die Erklärung des Verkäufers, er wolle auf der Grundlage seiner AGB abschließen, ohne die Gerichtsstandsklausel zu benennen, auch wenn er danach den abgeschlossenen Vertrag schriftlich bestätigt und hierbei seine, eine Gerichtsstandsklausel enthaltende AGB beifügt (EuGH aaO), selbst wenn es sich um Kaufleute handelt (BGH NJW 96, 1819) und der Käufer nicht widerspricht. Anders jedoch, falls die AGB in die mündliche Einigung einbezogen wurde und dabei dem anderen vorlag (BGH NJW 94, 2699). Ausreichend für eine Einbeziehung ist, wenn ein Vertrag im Rahmen laufender Geschäftsbeziehungen zwischen den Parteien mündlich geschlossen wird und feststeht, dass diese Beziehungen in ihrer Gesamtheit den eine Gerichtsstandsklausel enthaltenden AGB des Urhebers der Bestätigung unterliegen (EuGH NJW 77, 495; BGH aaO). Schweigen auf ein kaufmännisches Bestätigungsschreiben, das erstmals eine Gerichtsstandsklausel enthält, führt daher nicht zu einer Einigung. Für die schriftliche Bestätigung gelten dieselben Regeln wie für den schriftlichen Vertrag. Wird in der schriftlichen Bestätigung erstmals die Gerichtsstandsklausel eingeführt, so ist sie wirkungslos, falls keine schriftliche Annahme durch die andere Partei erfolgt (EuGH NJW 77, 495). Eine analoge Anwendung dieser Alt (schriftliches Angebot, schlüssige Annahme, vgl LG Berlin IPRax 00, 526) dürfte wegen des Ausnahmecharakters von Art 23 unzulässig sein (Hass IPRax 00, 494). – **c) Gepflogenheit zwischen den Parteien** (Abs 1 S 3 Buchst b). Diese Alt soll eine Präzisierung des Buchst a darstellen (Dörner JR 95, 459), so dass insbes bei laufenden Geschäftsbeziehungen eine erleichterte Einbeziehung einer Gerichtsstandsklausel möglich ist. – **d) Internationaler Handelsbrauch** (Abs 1 S 3 Buchst c). Die Tragweite dieser Vor-

schrift ist nach anfänglichen Unklarheiten (vgl BGH EuZW 92, 517; 95, 716; Koch RIW 96, 379) durch den EuGH (NJW 97, 1431 m Anm Holl RIW 97, 418; Huber ZZPInt 2, 168) präzisiert worden. Buchst c gilt (im Gegensatz zu Buchst a und b) nur für den kaufmännischen Rechtsverkehr. Die Vorschrift enthält sowohl die formellen als auch die materiellen Voraussetzungen für die Willenseinigung der Parteien (EuGH aaO; EuGH EuZW 99, 441; vgl. Rn 4). Sie setzt keine schriftliche Vereinbarung oder Bestätigung voraus. Das gilt auch für das Konnossement (EuGH EuZW 99, 441 m Anm Girsberger IPRax 00, 87; Rabe TranspR 00, 389 [insb zur Drittwirkung von Gerichtsstandsklauseln in Konnossements aus seerechtlicher Sicht; hierzu Gebauer IPRax 01, 471]; Celle IPRax 97, 417 m Anm Koch S 405; vgl aber Köln VersR 99, 639); dieses gilt auch ggü einem Drittinhaber, wenn er nach dem anwendbaren nationalen Recht in die Rechte und Pflichten des
12 Befrachters eingetreten ist (EuGH NJW 01, 501). **aa) Handelsbrauch.** Der autonom auszulegende Begriff (EuGH NJW 97, 1431) ist nur für den jeweiligen Geschäftszweig, in dem die Parteien tätig sind, zu bestimmen (EuGH EuZW 99, 441). Ein Handelsbrauch setzt voraus, dass die dort tätigen Kaufleute bei Abschluss einer bestimmten Art von Verträgen allgemein oder regelmäßig ein bestimmtes Verhalten befolgen (EuGH aaO). Er knüpft nicht an eine formelle Kaufmannseigenschaft an und verlangt auch keine bestimmte Häufigkeit für das Auftreten. Ein Handelsbrauch braucht nicht für bestimmte Länder, insbesondere nicht für alle Vertragsstaaten nachgewiesen werden (EuGH EuZW 99, 441). Die einzuhaltende Form richtet sich ausschließlich nach dem ermittelten Handelsbrauch (EuGH aaO). Es genügt, wenn am (Wohn-)Sitz irgendeiner der Prorogationsparteien ein entsprechender Handelsbrauch besteht, da durch das Erfordernis der Kenntnis oder des Kennenmüssens sowie der Branchenüblichkeit die andere Partei genügend geschützt wird. Dass die Vertragsparteien einen solchen Handelsbrauch kennen, steht dann fest oder wird vermutet, wenn sie untereinander oder mit anderen in dem betreffenden Geschäftszweig tätigen Vertragspartnern schon früher Geschäftsbeziehungen angeknüpft hatten oder wenn in diesem Geschäftszweig ein bestimmtes Verhalten bei Abschluss einer bestimmten Art von Verträgen allgemein und regelmäßig befolgt wird und daher hinreichend bekannt ist, um als ständige Übung angesehen werden zu können (EuGH NJW 97, 1431; Dietze/Schnichels EuZW 98, 485/488). Auf die Nationalität kommt es nicht an (EuGH EuZW 99, 441). Ob die andere Partei den Handelsbrauch kennen muss, beurteilt sich in erster Linie nach dem Recht am Sitz der Partei (Holl RIW 97, 418; aA MüKo/Gottwald Art 17 EuGVÜ Rn 40: Recht des Hauptvertrags), es sei denn, sie hat Kenntnisse von einem entsprechenden Handelsbrauch am Sitz des Vertragspartners. Ein Verhalten, das ein Handelsbrauch darstellt, verliert diese Eigenschaft nicht, weil es vor
13 Gericht in Frage gestellt wird (EuGH EuZW 99, 441). **bb) Kaufmännisches Bestätigungsschreiben.** Enthält es erstmals (ohne vorherige mündliche Vereinbarung) eine Gerichtsstandsvereinbarung, so kann das

Schweigen des Empfängers oder die widerspruchslose Bezahlung von Rechnungen mit entsprechenden Gerichtsstandshinweisen (BGH NJW-RR 98, 755) als Zustimmung gelten, wenn ein solches Verhalten einem Brauch in dem Bereich des internationalen Handelsverkehrs entspricht, in dem beide Parteien tätig sind (Holl RIW 97, 418) und wenn die subjektiven Komponenten (kennen oder kennen müssen, regelmäßig beachten) erfüllt sind (EuGH NJW 97, 1431 m Anm Kubis IPRax 99, 10; vgl BGH NJW 94, 2700 m Anm Dörner JR 95, 459; Köln NJW 88, 2182; Hamburg IPRax 97, 419 m Anm Koch S 405). **cc) Bran-** **14** **chenüblichkeit.** Die Ermittlung der Branchenüblichkeit ist Tatfrage (vgl dazu Herber/Czerwenka CISG Art 9 Rn 19) und von den nationalen Gerichten zu klären (EuGH NJW 97, 1431). Notwendig ist hierzu ein Tatsachenvortrag einer Partei, aus dem sich ergibt, dass sich in bestimmten Ländern ein grenzüberschreitender und somit internationaler Handelsbrauch mit einem entsprechenden, näher zu bezeichnenden Inhalt und dementsprechenden Folgen entwickelt hat (Hamburg IPRax 97, 419). Für die internationale Schifffahrt vgl Nürnberg TranspR 98, 414.

5. Wirksamkeit einer Gerichtsstandsvereinbarung. Sie muss all- **15** gemein im Anwendungsbereich liegen (Rn 2). Es müssen die Vorausset- zungen (Rn 3) und die Form (Rn 7) erfüllt sein. – **a) Prüfung** der **16** Wirksamkeit findet von Amts wegen nur bei Rn 3 und 7 statt, sonst wegen Art 20 nur auf Rüge oder wenn der Beklagte sich nicht eingela- ssen hat. Die Beweislast für die Tatsachen, aus denen eine wirksame Gerichtsstandsvereinbarung abgeleitet wird, trägt derjenige, der sich auf sie beruft (§ 38 ZPO Rn 3). Im Einzelfall kann eine Gerichtsstandsver- einbarung aus den Gründen der Rn 14 unwirksam sein. Behauptet eine Partei, der gesamte eine Gerichtsstandsvereinbarung enthaltende Vertrag sei unwirksam, so berührt dies die ausschließliche Zuständigkeit des prorogierten Gerichts nicht (EuGH EWS 97, 270 m Anm Mankowski JZ 98, 898). – **b) Prorogationsbeschränkungen** (Abs 5). Diese beste- **17** hen in Versicherungssachen (Art 13), Verbrauchersachen (Art 17), Ar- beitssachen (Art 21) und bei den vom (Wohn-)Sitz unabhängigen und zwingenden Zuständigkeiten des Art 22. Soweit Art 13, 17 und 21 Gerichtsstandsvereinbarungen zulassen, müssen die Voraussetzungen und Form des Art 23 eingehalten werden. Andere Prorogationsbeschränkun- gen bestehen nicht, so dass auch für Aufrechnung (Mankowski ZZP 109, 376) und Widerklage prorogiert werden darf. Für Personen mit Wohnsitz in Luxemburg ist bei Anwendung von Art 23 die Sonderregel des Art 61 Abs 2 zu beachten (zum gleichen Problem im EuGVÜ vgl EuGH RIW 81, 58; Schleswig WM 97, 991). – **c) Missbrauchskon-** **18** **trolle.** Sie ist in der EuGVVO nicht ausdrücklich vorgesehen; jedoch wird eine vorsichtige Analogie zu § 138 BGB und § 1025 Abs 2 aF ZPO befürwortet (MüKo/Gottwald Art 17 EuGVÜ Rn 55). Zuneh- mend wird jedoch im Hinblick auf die Entscheidung des EuGH zur Klauselrichtlinie 93/13/EWG (JZ 01, 245 m Anm Hau IPRax 01, 96)

eine Inhaltskontrolle einer eine Gerichtstandsklausel enthaltende AGB
eines Verbrauchervertrags diskutiert (Borges RIW 00, 933; Staudinger
DB 00, 2058; Schwartze JZ 01, 246; Leible RIW 01, 422). Die Wahl
des Gerichts unterliegt nur den Anforderungen des Art 23. Ein Bezugs-
punkt zwischen dem vereinbarten Gericht und dem Rechtsstreit braucht
19 nicht zu bestehen (EuGH EuZW 99, 441). – **d) Maßgeblicher Zeitpunkt** für die Wirksamkeit der Gerichtsstandsvereinbarung ist hinsichtlich der Willenseinigung der Vertragsschluss (Geimer/Schütze EuZVR
Art 17 EuGVÜ Rn 28). Die sog Anknüpfungstatsachen (zB [Wohn-]
Sitz) müssen jedoch noch bei Klageerhebung vorliegen, spätestens bei
Erlass der gerichtlichen Entscheidung (MüKo/Gottwald Art 17 EuGVÜ
Rn 13; aA Schlosser Art 17 EuGVÜ RN 9). Der Grundsatz der perpetuatio fori gilt (§ 261 Abs 3 Nr 2 ZPO; dort Rn 16). Vor dem
Inkrafttreten der EuGVVO geschlossene Gerichtsstandsvereinbarungen
können im Hinblick auf nach dem Zeitpunkt erhobene Klagen auch
dann als gem Art 23 wirksam angesehen werden, wenn sie nach den
zurzeit des Vertragsschlusses geltenden innerstaatlichen Vorschriften
nichtig wären (EuGH NJW 80, 1218). Ob ursprünglich nach der nationalen Rechtsordnung wirksame Vereinbarungen nach Inkrafttreten der
EuGVVO wegen Unvereinbarkeit mit Art 23 unwirksam werden, ist
umstr (Trunk IPRax 96, 251; LG München I IPRax 96, 266).

20   **6. Wirkung.** Die über Art 23 begründete Zuständigkeit ist als Pro-
zessvoraussetzung von Amts wegen zu prüfen. Dabei ist eine rügelose
21 Einlassung (Art 18) zu beachten. – **a) Ausschließliche Zuständigkeit**
(Abs 1 Satz 2) des wirksam prorogierten Gerichts ist die Regel und im
Zweifel anzunehmen (Hamm RIW 00, 382), sofern die Parteien nicht
etwas anderes vereinbart haben. Die anderen Zuständigkeiten der
EuGVVO, auch die für die Widerklage, werden im Einzelfall verdrängt.
Für die Aufrechnung ist dies umstr (Saenger ZZP 110, 477/495). Ist die
Aufrechnungsforderung streitig, so beinhaltet die Gerichtsstandsvereinbarung ein Aufrechnungsverbot (BGH NJW 79, 2477; Hamm RIW 99,
787; aA LG Berlin IPRax 98, 97 m Anm Gebauer S 79), anders jedoch
bei unstreitiger oder rechtskräftig festgestellter Forderung (allg M). Bei
Vereinbarung eines zuständigen Gerichts steht es den Parteien frei, einen
mit den Gerichtsständen der EuGVVO konkurrierenden Gerichtsstand
22 zu vereinbaren. – **b) Derogiertes Gericht.** Ist vor ihm die Klage
erhoben, muss das Gericht die Wirksamkeit der Vereinbarung (Rn 15)
wegen Art 18 nur auf Rüge des Beklagten prüfen, sofern nicht nach
Art 20 Abs 1 zu verfahren ist. Dem derogierten Gericht steht diese
Prüfungskompetenz zu; sie obliegt nicht allein dem prorogierten Gericht
(Mankowski JZ 98, 896/901). Hält es die Vereinbarung für wirksam, ist
die Klage als unzulässig abzuweisen. Ist bereits Klage vor dem prorogierten Gericht erhoben, so ist Art 21 Abs 1 zu beachten (Geimer/Schütze
23 EuZVR 212). – **c) Prorogation durch Parteien in Nichtvertragsstaaten** (Abs 3). Bei fehlendem (Wohn-)Sitz beider Parteien in einem
Vertragsstaat ist Art 23 Abs 1 S 1 unanwendbar. Es gilt das Recht des in

einem Vertragsstaat angegangenen Gerichts. Solange sich dieses nicht für unzuständig erklärt, dürfen die Gerichte der anderen Vertragsstaaten nicht entscheiden. Die Bindung ist wegen Art 24 nur auf Rüge zu beachten. – **d) Trustklauseln** (Abs 4). Unter trust ist eine Treuhand, unter trustee ein Treuhänder zu verstehen. Dem trust liegt ein einseitiges Rechtsgeschäft zugrunde, so dass Abs 4 die Wirkung einer einseitigen Gerichtsstandsbestimmung auf Dritte erstreckt. – **e) Einstweiliger Rechtsschutz** (§§ 916, 936 ZPO). Die Zuständigkeit des vereinbarten Gerichts erstreckt sich im Zweifel hierauf. Die Voraussetzungen für eine Gerichtsstandsvereinbarung können sich wegen Art 31 sowohl aus § 38 ZPO als auch aus Art 23 ergeben. **24**

25

Art. 24 [Rügelose Einlassung]

¹Sofern das Gericht eines Mitgliedstaats nicht bereits nach anderen Vorschriften dieser Verordnung zuständig ist, wird es zuständig, wenn sich der Beklagte vor ihm auf das Verfahren einlässt. ²Dies gilt nicht, wenn der Beklagte sich einlässt, um den Mangel der Zuständigkeit geltend zu machen oder wenn ein anderes Gericht aufgrund des Artikels 22 ausschließlich zuständig ist.

1. Allgemeines. Der Anwendungsbereich der EuGVVO (vor Art 1 Rn 5 ff) muss eröffnet sein. Nach BGH (IPRax 99, 367) muss ein Berührungspunkt zu einem weiteren Vertragsstaat bestehen. Diese Auffassung ist jedoch nunmehr im Anschluss an EuGH NJW 00, 3121 abzulehnen (vgl vor Art 1 Rn 12; Dörner/Staudinger IPRax 99, 338; Staudinger IPRax 00, 483/485; bestr). Wegen der systematischen Stellung der Vorschrift im 7. Abschnitt muss zumindest eine Partei entsprechend Art 23 Abs 1 S 1 ihren Wohnsitz in einem Mitgliedstaat haben. Art 24 verdrängt Art 8 ff, Art 15 ff (Koblenz IPRax 01, 334 m Anm Mankowski S 310, der dies jedoch wegen des Vorrangs des Verbraucherschutzes nur für den Aktivprozess des Verbrauchers gelten lassen will) und Art 18 ff und geht einer behaupteten Gerichtsstandsvereinbarung nach Art 23 vor (EuGH IPRax 82, 234 m Anm Leipold S 222; LG Frankfurt EWS 94, 404). § 39 ZPO ist unanwendbar, mit der Folge, dass insbesondere §§ 39 S 2 und 504 ZPO nicht gelten (Geimer WM 77, 67). **1**

2. Rügelose Einlassung. Die internationale Zuständigkeit nach der EuGVVO wird von Amts wegen nur geprüft, wenn der Beklagte am Verfahren nicht teilnimmt (Art 26 Abs 1) und dahingehend, ob ein Fall des Art 22 vorliegt. In den übrigen Fällen muss der Beklagte die fehlende internationale Zuständigkeit rügen; andernfalls lässt er sich rügelos ein. – **a) Einlassung.** Eine solche zur Hauptsache ist (anders als § 39 ZPO) nicht notwendig. Auch Einreden zum Verfahren (außer zur internationalen Zuständigkeit) genügen, um eine Zuständigkeit nach Art 24 zu begründen (Koblenz RIW 91, 63), sofern nicht deutlich wird, dass **2**

3

auch die internationale Zuständigkeit gerügt werde, zB wenn die örtliche Zuständigkeit der deutschen Gerichte gerügt wird (LG Frankfurt
4 EWS 94, 404; Schütze ZZP 77, 74). – **b) Hilfsweise Einlassung** zur Hauptsache begründet noch keine Zuständigkeit (EuGH NJW 82, 507;
5 BGH IPRax 01, 331 m Anm Pulkowski S 306). – **c) Anzeige der Verteidigungsbereitschaft** nach § 276 Abs 1 ZPO ist noch keine rügelose Einlassung, weil die Rechtsverteidigung erst in der Klageerwide-
6 rung erfolgt (LG Frankfurt EuZW 90, 581). – **d) Zeitpunkt.** Die Rüge muss vor jeder Rechtsverteidigung in der Hauptsache spätestens zu Beginn der mündlichen Verhandlung erfolgen (BGH NJW 97, 397 m Anm Pfeiffer ZZP 110, 336; aA Hamm RIW 99, 540: bereits in der Klageerwiderung). §§ 282 Abs 3, 296 ZPO sind nicht anwendbar. Ein Verzicht auf die Rüge in der Berufung muss ausdrücklich erfolgen, sonst wirkt die in der ersten Instanz erhobene Einrede weiter (BGH NJW 87,
7 3081). – **e) Prozessaufrechnung.** Die Entscheidung über die geltend gemachte Gegenforderung des Beklagten setzt nicht voraus, dass das Prozessgericht auch insoweit international zuständig ist (EuGH NJW 96, 42 m Anm Geimer EuZW 95, 640; aA BGH NJW 93, 2753 m Anm Geimer IPRax 94, 82; Jayme IPRax 95, 349; hierzu Art 6 Rn 7). Für die Aufrechnung wird keine Zuständigkeit des Gerichts nach Art 2 ff verlangt. Die Zulässigkeit einer Prozessaufrechnung soll durch das nationale Recht bestimmt werden. Zumindest ist die Aufrechnung dann zulässig, wenn sich der Kläger auf die zur Aufrechnung gestellte Forderung gem Art 24 rügelos eingelassen hat (BGH NJW 93, 1399). –
8 **f) Widerklage.** Auch für die rügelose Einlassung des Klägers gilt Art 24. Auch auf die Aufrechnung ist die Vorschrift anzuwenden (EuGH NJW 85, 2893; vgl aber Art 6 Rn 7).

Abschnitt 8. Prüfung der Zuständigkeit und der Zulässigkeit des Verfahrens

Art. 25 [Prüfung von Amts wegen]

Das Gericht eines Mitgliedstaats hat sich von Amts wegen für unzuständig zu erklären, wenn es wegen einer Streitigkeit angerufen wird, für die das Gericht eines anderen Mitgliedstaats aufgrund des Artikels 22 ausschließlich zuständig ist.

1   **Anwendungsbereich.** Die Vorschrift gilt nur, wenn der Beklagte am Verfahren teilnimmt; ist er säumig, gilt Art 26. Nur die aussschließliche Zuständigkeit nach Art 22 ist in jeder Lage des Verfahrens zu beachten, aber nicht, wenn sie nur Vorfrage ist (Kropholler Art 19 EuGVÜ Rn 1). Hier kommt eine Aussetzung nach Art 28 Abs 1 in Betracht (Wieczo-
2 rek/Hausmann Art 19 EuGVÜ Rn 3). **Amtsermittlungsgrundsatz** gilt nicht. Das Gericht hat nur auf Bedenken hinzuweisen, die Parteien haben die notwendigen Tatsachen und Beweise beizubringen. **Ent-
3 scheidung.** Steht die Unzuständigkeit zur Überzeugung des Gerichts

fest, so ist die Klage durch Prozessurteil als unzulässig abzuweisen. Eine
Verweisung an ein Gericht eines anderen Vertragsstaat kommt (derzeit)
noch nicht in Betracht (Düsseldorf WM 00, 2192).

Art. 26 [Säumnis des Beklagten]

(1) **Lässt sich der Beklagte, der seinen Wohnsitz im Hoheitsgebiet eines Mitgliedstaats hat und der vor den Gerichten eines
anderen Mitgliedstaats verklagt wird, auf das Verfahren nicht ein,
so hat sich das Gericht von Amts wegen für unzuständig zu
erklären, wenn seine Zuständigkeit nicht nach dieser Verordnung
begründet ist.**

(2) **Das Gericht hat das Verfahren so lange auszusetzen, bis
festgestellt ist, dass es dem Beklagten möglich war, das verfahrenseinleitende Schriftstück oder ein gleichwertiges Schriftstück
so rechtzeitig zu empfangen, dass er sich verteidigen konnte
oder dass alle hierzu erforderlichen Maßnahmen getroffen worden sind.**

(3) **An die Stelle von Absatz 2 tritt Artikel 19 der Verordnung
(EG) Nr. 1348/2000 des Rates vom 29. Mai 2000 über die Zustellung gerichtlicher und außergerichtlicher Schriftstücke in Zivil-
oder Handelssachen in den Mitgliedstaaten, wenn das verfahrenseinleitende Schriftstück oder ein gleichwertiges Schriftstück
nach der genannten Verordnung von einem Mitgliedstaat in
einen anderen zu übermitteln war.**

(4) **Sind die Bestimmungen der Verordnung (EG) Nr. 1348/
2000 nicht anwendbar, so gilt Artikel 15 des Haager Übereinkommens vom 15. November 1965 über die Zustellung gerichtlicher und außergerichtlicher Schriftstücke im Ausland in Zivil-
und Handelssachen, wenn das verfahrenseinleitende Schriftstück
oder ein gleichwertiges Schriftstück nach dem genannten Übereinkommen zu übermitteln war.**

1. Allgemeines. a) Anwendbar ist Art 26 nur, wenn der Beklagte 1
in einem Mitgliedstaat wohnt und in einem anderen Mitgliedstaat verklagt wird. Wohnt er im Gerichtsstaat oder in einem Drittstaat, sind die
autonomen Zuständigkeitsregeln anzuwenden (MüKo/Gottwald Art 20
EuGVÜ Rn 2). – **b) Zweck.** Die Vorschrift dient dem Schutz des 2
Beklagten im Falle seiner Säumnis. Ist das nicht der Fall, muss er die
fehlende internationale Zuständigkeit gem Art 24 rügen. – **c) Unzu-** 3
ständigkeit (Abs 1). Stellt das Gericht bei seiner Entscheidung im
Säumnisverfahren (§ 331 Abs 1 oder § 331 Abs 3 ZPO) seine Unzuständigkeit fest, so muss die Klage als unzulässig abgewiesen werden.

2. Verfahren. a) Prüfung der Zuständigkeit (von Amts wegen) be- 4
zieht sich nur auf die Gerichtsstände der EuGVVO, nicht aber auf eine
Schiedsabrede. Eine Derogation des angerufenen Gerichts ist nur bei
entsprechendem (schlüssigen) Sachvortrag zu berücksichtigen. –

5 **b) Amtsermittlungsgrundsatz** gilt nicht. Das Gericht hat aber auf seine Bedenken hinsichtlich der Zuständigkeit hinzuweisen. Der Kläger hat die zuständigkeitsbegründenden Tatsachen schlüssig darzulegen (Wieczorek/Hausmann Art 20 EuGVÜ Rn 5). Das Gericht muss von ihrer Wahrheit überzeugt sein. Die Säumnis hat keine Geständnisfiktion.
6 **– c) Urteil.** Ist das Versäumnisurteil gem § 313 b ZPO abgefasst worden, ist es auf Antrag nach § 30 AVAG zu ergänzen.

7 **3. Wirkung.** Wird ein Urteil unter Verstoß gegen Art 26 Abs 1 erlassen, so ist es wirksam, anerkennungs- und vollstreckungsfähig, sofern kein Versagungsgrund nach Art 34 oder Art 35 besteht. Ein vorausgegangenes ausländisches Prozessurteil, das ein deutsches Gericht für zuständig hält, bindet das Gericht (MüKo/Gottwald Art 20 EuGVÜ Rn 5).

8 **4. Rechtzeitige Zustellung** (Abs 2 bis Abs 4) dient dem Schutz des Beklagten (Rn 2), der in einem anderen Mitgliedstaat wohnt. Gegenüber den Mitgliedstaaten der EuGVVO ist gem Abs 3 die ab 31. 5. 01 zwischen den EU-Staaten mit Ausnahme Dänemarks in Kraft getretene Verordnung (EG) Nr. 1348/2000 des Rates v 29. 5. 00 über die Zustellung gerichtlicher und außergerichtlicher Schriftstücke in Zivil- oder Handelssachen in den Mitgliedstaaten (ABl L 160 v 30. 6. 00, S 37 ff) anzuwenden (Text im Anh; vgl hierzu Lindacher ZZP 114, 179). Soweit diese VO nicht anzuwenden ist – dies kann bei einer Zustellung in einem Drittstaat der Fall sein – ist gem Abs 4 Art 15 des dort aufgeführten Übereinkommens anzuwenden. Der aktuelle Ratifikationsstand zum Haager Übereinkommen vom 15. 11. 65 ist dem Fundstellennachweis B, Beilage zum BGBl II zu entnehmen. Zu Art 15 des Haager Übereinkommens vgl Schlosser Art 15 HZÜ Rn 1 ff.

Abschnitt 9. Rechtshängigkeit und im Zusammenhang stehende Verfahren

Vorbemerkung zu Art 27–30

1 **1. Anwendungsbereich.** Die Art 27–30 regeln die Folgen der doppelten Rechtshängigkeit von Verfahren in Mitgliedstaaten. Die Vorschriften sind nicht auf Verfahren oder Streitpunkte von Verfahren in Mitgliedstaaten anwendbar, die die Anerkennung und Vollstreckung von Urteilen aus Drittstaaten betreffen (EuGH EuZW 94, 278 m Anm Karl S 280 und Kaye IPRax 95, 214). Art 27, 28 sind anzuwenden, wenn sich die internationale Zuständigkeit nach einem Spezialabkommen iSv Art 71 richtet, dieses aber keine den Art 27, 28 entsprechende Regeln enthält (EuGH EuZW 95, 309; vgl auch Art 71 Rn 4).

2 **2. Grundsatz der Priorität.** Davon geht die EuGVVO aus. Voraussetzung ist aber, dass das später angerufene Gericht international zuständig ist; ansonsten ist die Klage als unzulässig abzuweisen.

Art. 27 [Doppelte Rechtshängigkeit]

(1) **Werden bei Gerichten verschiedener Mitgliedstaaten Klagen wegen desselben Anspruchs zwischen denselben Parteien anhängig gemacht, so setzt das später angerufene Gericht das Verfahren von Amts wegen aus, bis die Zuständigkeit des zuerst angerufenen Gerichts feststeht.**

(2) **Sobald die Zuständigkeit des zuerst angerufenen Gerichts feststeht, erklärt sich das später angerufene Gericht zugunsten dieses Gerichts für unzuständig.**

1. Allgemeines. Eine Klageabweisung bei doppelter Rechtshängig- 1
keit kommt nur in Betracht, wenn die Zuständigkeit des zuerst angerufenen Gerichts auf Grund einer Entscheidung dieses Gerichts feststeht (Abs 2). Bis dahin ist gem Abs 1 das Verfahren analog § 148 ZPO auszusetzen (Kropholler Art 21 EuGVÜ Rn 23). – **a) Anwen-** 2
dung. Es kommt (anders als im autonomen Recht) wegen Art 33 Abs 1 auf eine (positive) Anerkennungsprognose grundsätzlich nicht an (BGH NJW 95, 1758), so dass die internationale Zuständigkeit des zuerst angerufenen Gerichts nicht zu überprüfen ist (EuGH IPRax 93, 34 m Anm Rauscher/Gutknecht S 21). Umstr ist, ob dies auch gilt, wenn das später angerufene Gericht nach Art 12, 16 Abs 2, 20 Abs 1, 22 ausschließlich zuständig ist. Hierfür spricht Art 35 Abs 1, 3 (Frankfurt NJW-RR 01, 215). Voraussetzung für eine Anwendung von Art 27 ist aber, dass die ausländische Klage ernsthaft betrieben wird (Köln VersR 98, 1513). – **b) Wohnsitz.** Art 27 ist unabhängig 3
vom Wohnsitz der Parteien der beiden Verfahren anzuwenden (EuGH IPRax 93, 34).

2. Doppelte Anhängigkeit. a) Begriff. Dieser wird in Art 30 4
definiert (vgl dort Rn 1 ff). Da Art 30 nur auf das verfahrenseinleitende Schriftstück abstellt, begründet eine zur Aufrechnung gestellte Forderung daher keine Anhängigkeit. – **b) Derselbe Anspruch** ist 5
nicht identisch mit dem Streitgegenstandsbegriff der ZPO (ausführlich Rüßmann ZZP 111, 399; Walker ZZP 111, 429). Der Begriff ist autonom (EuGH EuZW 95, 311; EuZW 98, 443) und weit auszulegen (BGH NJW 97, 870; Hamm IPRax 95, 104 m Anm Rüßmann S 76) unter Berücksichtigung von Art 28, 34 Nr 3, um Anerkennungshindernisse zu vermeiden (EuGH NJW 89, 665; EuZW 98, 443). Art 27 kennt keinen Vorrang einer später erhobenen Leistungsklage gegenüber einer zuvor erhobenen negativen Feststellungsklage; auf das nationale Recht darf insoweit nicht zurückgegriffen werden (BGH NJW 97, 870 m Anm Grunsky LM H 5/97 § 256 ZPO Nr 195; Huber JZ 97, 799; Kronke IPRax 97, 350; Micklitz/Rott EuZW 01, 325/333). Bsp: Wenn dieselben Parteien in verschiedenen Mitgliedstaaten zwei auf derselben Grundlage, zB einem Kaufvertrag, beruhende Rechtsstreitigkeiten führen (München RIW 00, 712). Eine Klage auf Feststellung, dass der Beklagte für einen Schaden hafte

und auf dessen Verurteilung zur Zahlung von Schadensersatz gerichtet ist; eine von diesem Beklagten früher erhobene Klage auf Feststellung, dass er für diesen Schaden nicht hafte (EuGH EuZW 95, 309 m Anm Lenenbach EWS 95, 361; Wolf EuZW 95, 365); Klage auf Feststellung der Unwirksamkeit oder Auflösung eines Vertrags und Klage auf Erfüllung des Vertrags (EuGH NJW 89, 665 m Anm Schack IPRax 89, 139; München IPRax 94, 308 m Anm Jayme) oder Rückgewähr einer auf Grund dieses Vertrags erbrachten Leistung (BGH NJW 95, 1758 m Anm Hau IPRax 96, 177); Klage auf Zahlung eines Handelsvertreterausgleichs und Klage auf Feststellung der Wirksamkeit einer fristlosen Kündigung wegen unerlaubter Konkurrenztätigkeit (München OLGR 00, 129); Aufrechnung mit einer Forderung in einem Verfahren nach Art 22 Nr 5, die in einem anderen Vertragsstaat klageweise geltend gemacht wird (Hamburg RIW 98, 889; bedenklich, vgl Art 22 Rn 16). Für Patentsachen vgl
6 LG Düsseldorf IPRax 99, 461 m Anm Otte S 440. – **c) Einstweiliger Rechtsschutz.** Keine Identität besteht wegen Art 31 zwischen dem Verfahren zur Hauptsache und dem entsprechenden Verfahren zum einstweiligen Rechtsschutz. Ferner gilt Art 27 nicht, wenn in zwei Vertragsstaaten Anträge auf Erlass von einstweiligen Verfügungen
7 gestellt werden (Jayme IPRax 00, 547). – **d) Parteiidentität.** Art 27 greift nur bezüglich derselben Beteiligten der zwei Rechtsstreite ein (EuGH EuZW 98, 443), es sei denn, dass trotz fehlender Parteiidentität ein Urteil Rechtskraft gegenüber einem Dritten erlangt, ihre Interessen also identisch und voneinander untrennbar sind (EuGH aaO m kritischer Anm Jayme/Kohler IPRax 98, 417/422). Die Parteirolle in den verschiedenen Verfahren ist unerheblich (BGH NJW 95, 1758). Sind die Parteien nur teilweise identisch, kann das Verfahren fortgesetzt werden, soweit keine Identität besteht (EuGH
8 EuZW 95, 311). – **e) Klage.** Der Begriff umfasst alle Verfahren, unabhängig von ihrer Bezeichnung als Klage oder Antrag (BGH NJW 86, 662).

9   **3. Entscheidung.** IdR kommt zunächst eine Aussetzung nach Abs 1 in Betracht. Nur wenn die internationale Zuständigkeit des zuerst angerufenen Gerichts feststeht, kann die Klage nach Abs 2 wegen doppelter Rechtshängigkeit als unzulässig abgewiesen werden. Hierfür ist Unanfechtbarkeit der Entscheidung des zuerst angerufenen Gerichts notwendig (Geimer/Schütze EuZVR Art 21 EuGVÜ Rn 44). Die Prüfung seiner internationalen Zuständigkeit obliegt allein diesem Gericht.

10   **4. Dauer.** Die Aussetzung ist unabhängig von der Dauer des ausländischen Verfahrens (München OLGR 98, 241; MüKo/Gottwald Art 21 EwGVÜ Rn 16), es sei denn, eine überlange Verfahrensdauer würde zu einem Verstoß gegen Art. 6 EMRK führen (MüKo/Gottwald Art 21 EuGVÜ Rn 16).

Art. 28 [Im Zusammenhang stehende Klagen]

(1) Sind bei Gerichten verschiedener Mitgliedstaaten Klagen, die im Zusammenhang stehen, anhängig, so kann jedes später angerufene Gericht das Verfahren aussetzen.

(2) Sind diese Klagen in erster Instanz anhängig, so kann sich jedes später angerufene Gericht auf Antrag einer Partei auch für unzuständig erklären, wenn das zuerst angerufene Gericht für die betreffenden Klagen zuständig ist und die Verbindung der Klagen nach seinem Recht zulässig ist.

(3) Klagen stehen im Sinne dieses Artikels im Zusammenhang, wenn zwischen ihnen eine so enge Beziehung gegeben ist, dass eine gemeinsame Verhandlung und Entscheidung geboten erscheint, um zu vermeiden, dass in getrennten Verfahren widersprechende Entscheidungen ergehen könnten.

1. Allgemeines. a) Zweck ist die Vermeidung gegensätzlicher Entscheidungen und somit die Sicherung einer geordneten Rechtspflege in der Gemeinschaft (EuGH EuZW 95, 312). – **b) Anwendbar,** wenn die Voraussetzungen für die Anwendung des Art 27 nicht erfüllt sind, insbesondere wenn keine vollkommene Identität der Parteien der Rechtsstreite oder des Streitgegenstands besteht (Leuenbach EWS 95, 366; Wolf EuZW 95, 366). – **c) Funktionen.** Abs 1 enthält eine Verfahrensvoraussetzung für die Aussetzung, während Abs 2 eine Verfahrensverbindung ermöglicht. Art 28 eröffnet aber keine Zuständigkeit des Zusammenhangs (EuGH NJW 00, 721), setzt vielmehr in zwei Mitgliedstaaten bereits erhobene Klagen voraus. Abs 2 kann von deutschen Gerichten nicht angewendet werden, da nach § 147 ZPO nur eine Verbindung von zwei bei demselben Gericht anhängigen Verfahren möglich ist.

2. Zusammenhang. a) Begriff. Er ist in Abs 3 legal definiert und im Hinblick auf die unterschiedlichen Funktionen des Art 28 auszulegen (Wolf EuZW 95, 367). Er ist autonom und weit auszulegen; erfasst alle Fälle, in denen die Gefahr einander widersprechender Entscheidungen besteht, selbst wenn die Entscheidungen getrennt vollstreckt werden können und sich ihre Rechtsfolgen nicht gegenseitig ausschließen (EuGH EuZW 95, 312 m Anm Schack IPRax 96, 80). – **b) Widersprechende** Entscheidungen. Um eine bessere Koordinierung der Rechtsprechung innerhalb der Gemeinschaft zu verwirklichen und mangelnden Zusammenhang von Entscheidungen sowie den Widerspruch zwischen Entscheidungen zu vermeiden, ist der Begriff widersprechend nicht gleichbedeutend mit dem Begriff unvereinbar in Art 34 Nr 3 (EuGH EuZW 95, 312 m Anm Herber TranspR 96, 196). Ein Zusammenhang iS von Abs 1 besteht immer dann, wenn das Ergebnis des ersten Verfahrens im zweiten Verfahren verwertet werden kann (Wolf EuZW 95, 367), zB zwischen Klage auf Restkaufpreiszahlung und einer Klage auf Minderung des Kaufpreises oder Schadensersatz. Er fehlt jedoch bei Klagen aus unterschiedlichen Rechtsgeschäften, auch wenn zwischen den Beteiligten enge Interessenverflechtungen bestehen (MüKo/Gottwald Art 22 EuGVÜ Rn 2).

6   **3. Voraussetzungen. a) Internationale Zuständigkeit.** Für eine Aussetzung nach Abs 1 und eine Abweisung der Klage nach Abs 2 muss das später angerufene Gericht für die Klage auch international zuständig sein. Andernfalls ist die Klage als unzulässig abzuweisen. Die Zuständigkeit des Erstgerichts ist grundsätzlich nicht zu prüfen (MüKo/Gottwald Art 22 EuGVÜ Rn 2; aA Schütze RIW 75, 545), da es auf eine Anerkennungsprognose nicht ankommt. Im Rahmen des Ermessens ist aber zu prüfen, ob ein Anerkennungshindernis nach Art 35 Abs 1 besteht (Frankfurt
7   NJW-RR 01, 215 m zust Anm Geimer IPRax 01, 191). – **b) Rechtszug.** Abs 2 setzt voraus, dass sich die Klagen noch im ersten Rechtszug befinden, wohingegen für Abs 1 dieses Erfordernis nicht besteht.

8   **4. Entscheidung.** Sie ergeht nach Ermessen (bei Abs 1 von Amts wegen, bei Abs 2 nur auf Antrag). Bei der gebotenen Ermessensausübung wird zu berücksichtigen sein, ob sich das ausländische Gericht für zuständig erklärt und wann die Entscheidung ergehen wird. Die Aussetzung erfolgt nach § 148 ZPO.

Art. **29** [Grundsatz der Priorität]

Ist für die Klagen die ausschließliche Zuständigkeit mehrerer Gerichte gegeben, so hat sich das zuletzt angerufene Gericht zugunsten des zuerst angerufenen Gerichts für unzuständig zu erklären.

1   Die Vorschrift ist von Amts wegen anzuwenden und folgt dem Grundsatz der Priorität. Ob sie (wie Art 27) Identität von Parteien und Streitgegenstand voraussetzt (MüKo/Gottwald Art 23 EuGVÜ Rn 2 mwN) oder auch im Falle des bloßen Zusammenhangs iS von Art 28 gilt (Jenard-Bericht in Bülow-Böckstiegel S 601.63), ist umstritten.

Art. **30** [Anrufung]

Für die Zwecke dieses Abschnitts gilt ein Gericht als angerufen:
1. zu dem Zeitpunkt, zu dem das verfahrenseinleitende Schriftstück oder ein gleichwertiges Schriftstück bei Gericht eingereicht worden ist, vorausgesetzt, dass der Kläger es in der Folge nicht versäumt hat, die ihm obliegenden Maßnahmen zu treffen, um die Zustellung des Schriftstücks an den Beklagten zu bewirken, oder
2. falls die Zustellung an den Beklagten vor Einreichung des Schriftstücks bei Gericht zu bewirken ist, zu dem Zeitpunkt, zu dem die für die Zustellung verantwortliche Stelle das Schriftstück erhalten hat, vorausgesetzt, dass der Kläger es in

der Folge nicht versäumt hat, die ihm obliegenden Maßnahmen zu treffen, um das Schriftstück bei Gericht einzureichen.

1. Allgemeines. Die Vorschrift definiert für den Abschnitt 9 einheitlich den Begriff der Anhängigkeit ohne Rückgriff auf das jeweilige nationale Recht. Dabei wird differenziert, ob das verfahrenseinleitende Schriftstück nach Einreichung bei Gericht (Nr 1) oder vor dessen Eingang bei Gericht (Nr 2) zugestellt wird. Art 30 schlägt für beide Zustellungsarten einen Mittelweg vor, um Ungerechtigkeiten durch den zeitlichen Ablauf zu vermeiden, indem die verschiedenen Verfahrensordnungen miteinander in Einklang gebracht werden und gleichzeitig die Waffengleichheit der Kläger sowie der Schutz vor einem Verfahrensmissbrauch gewährleistet wird.

2. Nr 1. a) Verfahrenseinleitendes Schriftstück oder gleichwertiges Schriftstück. Wie Art 34 Rn 6. – **b) Einreichung bei Gericht** bedeutet dasselbe wie § 167 Rn 7, also Eingang des Schriftstücks in den Geschäftsbereich des angerufenen Gerichts. – **c) Wirkung.** Die Einreichung hat nur dann die Wirkung eines Eingangs bei Gericht an diesem Tage, wenn der Kläger alle Maßnahmen getroffen hat, um die Zustellung an den Beklagten zu bewirken. Diese Maßnahmen sind von Rechtssystem zu Rechtssystem unterschiedlich und beurteilen sich nach der jeweiligen lex for. Für Deutschland kann mit dieser Formulierung auf die Rechtsprechung zu § 270 Abs 3 ZPO aF (= § 167 ZPO nF) zurückgegriffen werden (§ 167 Rn 10 ff; vgl Heß JZ 01, 573/578). Die Formulierung entspricht Art 11 Abs 4 Buchstabe a) EheVO (dort Rn 5). Hierzu gehören die richtige Adresse, die erforderlichen Abschriften der Antragsschrift, die Einzahlung eines Kostenvorschusses nach Aufforderung durch das Gericht gem § 65 GKG, ordnungsgemäßer PKH-Antrag. Werden die erforderlichen Maßnahmen nicht getroffen, um die Zustellung zu bewirken, so tritt die Rechtshängigkeit mit Behebung des Mangels ein (Gruber FamRZ 00, 1129/1133).

3. Nr. 2. a) Bewirkung der Zustellung vor Einreichung bei Gericht. Ob und wann dies zulässig ist, bestimmt die maßgebliche lex fori des angerufenen Gerichts. – **b) Einreichung bei Gericht.** Bedeutet dasselbe wie oben Rn 3. – **c) Wirkung.** Die der Nr 2 tritt mit Übergabe des Schriftstücks an die für die Zustellung zuständige Behörde ein und nicht erst mit dem Zeitpunkt der Zustellung selbst, sofern der Kläger das Schriftstück fristgerecht nach Maßgabe des am Gerichtsstand geltenden Rechts bei Gericht eingereicht hat.

Abschnitt 10. Einstweilige Maßnahmen einschließlich solcher, die auf eine Sicherung gerichtet sind

Art. 31 [Einstweilige Maßnahmen]

Die im Recht eines Mitgliedstaats vorgesehenen einstweiligen Maßnahmen einschließlich solcher, die auf eine Sicherung ge-

richtet sind, können bei den Gerichten dieses Staates auch dann
beantragt werden, wenn für die Entscheidung in der Hauptsache
das Gericht eines anderen Mitgliedstaats aufgrund dieser Verordnung zuständig ist.

1   **1. Allgemeines.** Für einstweilige Maßnahmen enthält Art 31 auch
eine Verweisung auf das nationale Recht ohne Ausschließlichkeitscha-
rakter. Die Maßnahmen können auch auf die EuGVVO gestützt werden,
sofern deren Anwendungsbereich eröffnet ist (Art 1). Die Anwendung
des Art 31 setzt voraus, dass zwischen dem Gegenstand der einstweiligen
Maßnahme und der gebietsbezogenen Zuständigkeit des Mitgliedstaats
des angerufenen Gerichts eine reale Verknüpfung besteht (EuGH
EuZW 99, 413 m Anm Heß/Vollkommer IPRax 99, 220; Stadler JZ
99, 1089; Wolf EWS 00, 11; Dedek EWS 00, 246). Soll eine deutsche
Entscheidung im Ausland vollstreckt werden, so ist für deren Inhalt
zusätzlich § 30 Abs 4 AVAG zu beachten.

2   **2. Einstweilige Maßnahmen.** Der Begiff (vgl EuGH EuZW 92,
449) ist vertragsautonom und weit auszulegen (MüKo/Gottwald Art 24
EuGVÜ Rn 2). Er umfasst die einstweilige Verfügung (§ 935 ZPO)
einschließlich der Leistungsverfügung (§ 940 ZPO Rn 6) und die einstweilige Anordnung in Ehe-, Kindschafts- und Unterhaltssachen (§§ 620,
641 d, 644 ZPO) im Rahmen von Art 1; ferner den Arrest (§ 916 ZPO)
und das selbständige Beweisverfahren (§ 485 ZPO; MüKo/Gottwald
Art 24 EuGVÜ Rn 2).

3   **3. Internationale Zuständigkeit.** Vgl hierzu Pörnbacher RIW 99,
780/781. Diese kann sich aus Art 2 und 5 bis 24 ergeben (Rn 1). Insb
ist das nach Art 5 Nr 1 zuständige Gericht auch für die Anordnung
einstweiliger oder sichernder Maßnahmen zuständig, ohne dass diese
Zuständigkeit von weiteren Voraussetzungen abhängt, es sei denn die
Parteien haben eine Schiedsabrede getroffen (EuGH EuZW 99, 413
m Anm Heß/Vollkommer IPRax 99, 220; EuGH EuZW 99, 727;
Pörnbacher RIW 99, 780; Stadler JZ 99, 1089; Wolf EWS 00, 11;
Dedek EWS 00, 246). Art 31 kann unabhängig von Art 2 und 5 bis 24
die Zuständigkeit des Gerichts des vorläufigen Rechtsschutzes auch
dann begründen, wenn ein Hauptsacheverfahren bereits eingeleitet
wurde oder eingeleitet werden kann, selbst wenn dieses Verfahren vor
einem Schiedsgericht stattfinden müsste (EuGH EuZW 99, 413). Voraussetzung für eine Leistungsverfügung ist aber, dass die Rückzahlung
des zugesprochenen Betrages an den Antragsgegner im Falle einer Klageabweisung im Hauptsacheverfahren gewährleistet ist (was für das deutsche Recht zutrifft, § 945 ZPO) und dass die Maßnahme nur bestimmte
Vermögensgegenstände betrifft, die sich im örtlichen Zuständigkeitsbereich des angerufenen Gerichts befinden oder befinden müssen
(EuGH EuZW 99, 413; EuZW 99, 727). Für den Arrest dürften diese
Einschränkungen nicht gelten, weil die Gefahr der Vorwegnahme der
Hauptsache nicht besteht (München RIW 00, 464). Sofern die internationale Zuständigkeit für den Erlass einstweiliger Maßnahmen auf das

autonome deutsche Verfahrensrecht gestützt wird, ist bei Anwendung von § 919 1. Alt ZPO iVm § 943 ZPO umstritten, ob die Hauptsachezuständigkeit nach der EuGVVO (Koblenz IPRax 91, 24; Hanisch IPRax 91, 215) oder unabhängig hiervon abstrakt nach der ZPO, also auch nach § 23 ZPO, zu bestimmen ist, selbst wenn dann keine Zuständigkeit für das Hauptsacheverfahren gegeben ist (MüKo/Gottwald Art 24 EuGVÜ Rn 7; vgl auch Art 3 Rn 1). Für die letztgenannte Auffassung sprechen EuGH EuZW 99, 413 u EuZW 99, 727 (vgl Art 3 Rn 1). Für die Vollstreckung vgl jedoch Art 32 Rn 4.

4. Voraussetzungen. Der Arrestgrund des § 917 Abs 2 S 1 ZPO idF **4** d G vom 6. 8. 98 (BGBl 98 I 2030) ist gem § 917 Abs 2 S 2 ZPO dann nicht anzuwenden, wenn das deutsche Hauptsacheurteil in einem anderen Vertragsstaat der EuGVVO oder des LGVÜ vollstreckt werden müsste. Mit der Änderung des § 917 Abs 2 ZPO hat der Gesetzgeber der Rechtsprechung des EuGH (NJW 94, 1271 m Anm Geiger IPRax 94, 415) Rechnung getragen. Ob gem Art 34, 35 anerkennungsfähige Titel aus einem Vertragsstaat deutschen Urteilen gleichzustellen sind, erscheint erwägenswert (LG Hamburg WM 97, 685 m zust Anm Meinnicke EWS 97, 117; Sessler WM 01, 497/500; Fuchs IPRax 98, 25/28; Kropholler/Hartmann FS Drobnig S 337; aA München NJW-RR 88, 1023).

Kapitel III. Anerkennung und Vollstreckung

Vorbemerkung zu Art 32–56

1. Anwendungsbereich. Der der EuGVVO (vor Art 1 Rn 5 ff) **1** muss eröffnet sein. Dann findet Kapitel III auf alle Entscheidungen eines Mitgliedstaats (aber auch nur auf diese, EuGH EuZW 94, 278) Anwendung, gleichgültig, auf welche Rechtsgrundlage die Entscheidungszuständigkeit gestützt wurde. Die Zuständigkeit des Erstgerichts wird nur im Rahmen von Art 35 geprüft. Der zeitliche Anwendungsbereich des Kapitel III wird durch Art 66 Abs 2 erweitert.

2. Auslegung. Da durch die EuGVVO die Freizügigkeit der Urteile **2** soweit wie möglich hergestellt wird, sind die Art 32–56 großzügig auszulegen (Jenard-Bericht in Bülow-Böckstiegel S 601.63). Die in diesen Art verwendeten Rechtsbegriffe sind grundsätzlich autonom auszulegen, soweit nicht Ausnahmen (zB Art 34 Nr 1) Rückgriffe auf das nationale Recht gebieten. Anerkennung bedeutet Erstreckung der Urteilswirkungen auf den Anerkennungsstaat. Die Vollstreckbarerklärung ist nur eine besondere Form der Anerkennung speziell für die Vollstreckungswirkung.

3. Verhältnis zu anderen Anerkennungs- und Vollstreckungs- **3** **vorschriften. a) Bilaterale Abkommen.** Auf diese kann grundsätzlich nicht mehr zurückgegriffen werden, soweit sich deren Anwendungsbereich mit dem der EuGVVO deckt (Art 70). – **b) Multilaterale** **4** **Übereinkommen.** Übersicht: MüKo/Gottwald Art 57 EuGVÜ Rn 2.

Sie gehen in den geregelten Fällen gem Art 71 der EuGVVO vor
5 (EuGH NJW 95, 1883 LS). – **c) Nationales Recht.** Dieses wird durch
die EuGVVO verdrängt, soweit es strengere Anforderungen aufstellt; ist
es jedoch ausnahmsweise günstiger, so darf darauf zurückgegriffen werden, da die EuGVVO die Anerkennung und Vollstreckung erleichtern,
nicht aber erschweren will (Spickhoff ZZP 108, 480).

6   **4. Vorrang des Anerkennungs- und Vollstreckungsverfahrens.**
Dieses kann nicht durch eine erneute Leistungsklage im Inland umgangen werden (MüKo/Gottwald Art 25 EuGVÜ Rn 6). Erst wenn feststeht, dass das ausländische Urteil gem Art 41, 45 Abs 1 nicht anerkannt
wird, ist eine erneute Leistungsklage zulässig (aA München NJW-RR
97, 571).

Art. **32** [Entscheidung]

**Unter „Entscheidung" im Sinne dieser Verordnung ist jede
von einem Gericht eines Mitgliedstaats erlassene Entscheidung
zu verstehen, ohne Rücksicht auf ihre Bezeichnung wie Urteil,
Beschluss, Zahlungsbefehl oder Vollstreckungsbescheid, einschließlich des Kostenfestsetzungsbeschlusses eines Gerichts-
bediensteten.**

1   **1. Entscheidung. a) Begriff.** Gemeint sind Sachentscheidungen
(Geimer/Schütze EuZVR Art 25 EuGVÜ Rn 27). Grundsätzlich sind
alle gerichtlichen Entscheidungen ungeachtet ihrer Bezeichnung inbe-
2 griffen. Die Aufzählung hat nur beispielhaften Charakter. – **b) Rechtskraft** ist für die Anerkennung und Vollstreckung nicht notwendig (Mü-
Ko/Gottwald Art 25 EuGVÜ Rn 14). Wird die Entscheidung im Erst-
3 staat angefochten, gilt Art 43 bzw 46. – **c) Form und Inhalt** sind
grundsätzlich auf die Anerkennung und Vollstreckung ohne Einfluss, so
dass auch abgekürzte Urteile anerkennungs- und vollstreckungsfähig sind
(Geimer/Schütze EuZVR Art 25 EuGVÜ Rn 27), jedoch ist die Nachprüfbarkeit im Hinblick auf die Anerkennungshindernisse gem Art 34,
35 erschwert (vgl deshalb für deutsche Urteile § 30 AVAG). Vorläufige
Zahlungsanordnungen nach italienischem Recht (ordinanza ingiuntiva
di pagamento) fallen unter Art 32 (Stuttgart NJW-RR 98, 280); ebenso
der mangels Einspruchs rechtskräftige Zahlungsbefehl nach österr.
4 Recht. – **d) Eilmaßnahmen** (einstweilige Verfügung und Anordnung,
Arrest) sind zwar Entscheidungen iS von Art 32, jedoch sind sie nach
der Rspr des EuGH nicht anerkennungsfähig, wenn das Ursprungsgericht seine Zuständigkeit nur auf seine nationalen Vorschriften über
den vorläufigen Rechtsschutz ohne Beachtung der in Art 31 Rn 3
genannten Grundsätze und nicht auf die EuGVVO gestützt hat (EuGH
EuZW 99, 414 u EuZW 99, 727) oder wenn sie ohne Ladung oder
rechtliches Gehör ergangen sind (EuGH IPRax 85, 339 m Anm Schlosser S 321; EuGH IPRax 81, 95 m Anm Hausmann S 79; BGH IPRax
99, 371 m Anm Schulze S 342). Daraus folgt, dass Leistungsverfügungen

grds nur im Ursprungsstaat vollstreckbar sind (Heß IPRax 00, 370/373). Dingliche Arreste fallen jedoch grds unter Art 32 (München RIW 00, 464). – **e) Nebenentscheidungen** werden von Art 32 erfasst, insbes **5** Kostenentscheidungen, sofern die Hauptsache in den Anwendungsbereich des EuGVÜ fällt (MüKo/Gottwald Art 25 EuGVÜ Rn 12). Ist dies nur teilweise der Fall, wie zB bei Verbundentscheidungen hinsichtlich des Unterhalts, so soll gleichwohl die gesamte Kostenentscheidung unter Art 32 fallen (MüKo/Gottwald Art 25 EuGVÜ Rn 13). Gerichtskostenrechnungen sind jedoch als Akt der Justizverwaltung keine Entscheidung (Schleswig-Holstein RIW 97, 513). – **f) Prozessvergleiche. 6** Für diese gilt Art 58.

2. Gericht. a) Begriff. Darunter ist nicht nur der Richter zu ver- **7** stehen, sondern auch jede andere Stelle, die mit richterlicher Funktion und Autorität ausgestattet ist und die den Grundsätzen eines gerichtlichen Verfahrens folgt. Es muss sich um ein staatliches Gericht handeln. Dieses muss die Entscheidung gem Art 1 Abs 1 S 1 in einer Zivil- oder Handelssache erlassen haben, unabhängig davon, ob es ein Zivil-, Straf- oder Verwaltungsgericht ist (EuGH NJW 93, 2091; BGH 123, 268). Entscheidungen des Rechtspflegers fallen deshalb hierunter, aber nicht die Vollstreckbarerklärung des Honorars eines französischen oder niederländischen Rechtsanwalts ohne justizförmiges Verfahren (Düsseldorf EWS 95, 426 m Anm Tepper IPRax 96, 398). – **b) Doppelexequie- 8 rung.** Nicht unter Art 32 fallen solche Entscheidungen, welche die Anerkennung einer drittstaatlichen Entscheidung feststellen oder ihre Vollstreckung zulassen (MüKo/Gottwald Art 25 EuGVÜ Rn 11).

Abschnitt 1. Anerkennung

Art. **33** [Anerkennung]

(1) **Die in einem Mitgliedstaat ergangenen Entscheidungen werden in den anderen Mitgliedstaaten anerkannt, ohne dass es hierfür eines besonderen Verfahrens bedarf.**

(2) **Bildet die Frage, ob eine Entscheidung anzuerkennen ist, als solche den Gegenstand eines Streites, so kann jede Partei, welche die Anerkennung geltend macht, in dem Verfahren nach den Abschnitten 2 und 3 dieses Kapitels die Feststellung beantragen, dass die Entscheidung anzuerkennen ist.**

(3) **Wird die Anerkennung in einem Rechtsstreit vor dem Gericht eines Mitgliedstaats, dessen Entscheidung von der Anerkennung abhängt, verlangt, so kann dieses Gericht über die Anerkennung entscheiden.**

1. Allgemeines. Abs 1 stellt klar, dass die Entscheidungen eines **1** anderen Mitgliedstaats grundsätzlich ipse iure anerkannt werden, ohne dass es eines besonderen Verfahrens bedarf. Dem steht nicht entgegen, dass im Falle einer in Zusammenhang mit einem Scheidungsurteil

ergangenen Unterhaltsentscheidung zunächst das Anerkennungsverfahren
für das Scheidungsurteil gem Art 7 § 1 FamRÄndG durchgeführt werden
muss (vgl § 328 ZPO Rn 29; MüKo/Gottwald Art 25 Rn 9), soweit
nicht ein Eheurteil vorliegt, auf das die EheVO v 29. 5. 00 anzuwenden ist
(vgl Art 1 Rn 4 und Anh EheVO). Die Versagungsgründe für die Anerkennung sind abschließend in Art 34, 35 aufgeführt. Die Gründe für eine
Ablehnung der Anerkennung sind von Amts wegen zu prüfen. Die
Beweislast für die Ablehnungsgründe (mit Ausnahme der in Art 53 und
54 beizubringenden Voraussetzungen) trägt derjenige, der die Anerkennung bestreitet. Ist gegen die anzuerkennende Entscheidung ein Rechtsbehelf eingelegt worden, kommt Aussetzung nach Art 37 in Betracht.

2   **2. Anerkennung. a) Begriff.** Anerkannt werden die Urteilswirkungen (EuGH NJW 89, 663) mit Ausnahme der Vollstreckungswirkung,
für die die Art 38–52 gelten. Rechtskraft der Entscheidung ist nicht
3 erforderlich. Teilanerkennungen sind möglich. – **b) Umfang.** Anerkannt werden die materielle Rechtskraft, die Präklusions- und Gestaltungswirkung, ferner die Interventions- und Streitverkündungswirkung.
Auch Prozessurteile sind anerkennnungsfähig (MüKo/Gottwald Art 26
EuGVÜ Rn 4 mwN).

4   **3. Verfahren. a) Automatische Anerkennung** (Abs 1) ist der
Grundsatz. Die Entscheidung entfaltet ohne, dass es eines besonderen
Verfahrens bedarf, gegenüber jedem Beteiligten rechtliche Wirkung. –
5 **b) Selbständiges Anerkennungsverfahren** (Abs 2). Soweit ein Be-
dürfnis besteht (zB bei nicht vollstreckungsfähigen Entscheidungen, vgl
MüKo/Gottwald Art 26 EuGVÜ Rn 5), kann in einem Verfahren
entspr Art 38–56 die Feststellung der Anerkennung beantragt werden.
Die §§ 25, 26 AVAG sind zu beachten. Zuständigkeit: Art 39 iVm
Anh II, § 25 Abs 1 iVm § 3 AVAG. Das Verfahren geht § 256 ZPO vor
(MüKo/Gottwald 5). Der Antrag ist neben dem Verfahren auf Voll-
streckbarerklärung zulässig (MüKo/Gottwald Art 26 EuGVÜ Rn 9).
Eine Verbindung mit einer hilfsweise erhobenen Leistungsklage ist hin-
gegen unzulässig, weil insoweit eine andere Prozessart vorliegt (§ 260
ZPO; Einl V Rn 1). Eine erneute inländische Klage über denselben
Streitgegenstand ist erst zulässig, wenn die Nichtanerkennung feststeht
(aA München NJW-RR 97, 571). Gegenstand des Verfahrens kann nur
ein positiver Feststellungsantrag sein (MüKo/Gottwald Art 26 EuGVÜ
Rn 8). Antragsberechtigt sind die Parteien des Ausgangsverfahrens, deren Rechtsnachfolger und auch Dritte (MüKo/Gottwald Art 26
EuGVÜ Rn 6), sofern diese ein Rechtsschutzinteresse an der Feststellung haben (wie § 256 ZPO Rn 17). Ein Streit über die Anerkennungsfähigkeit ist nicht notwendig. Der Vorsitzende der zuständigen Zivilkammer prüft in einem einseitigen Verfahren, ob die Entscheidung
anzuerkennen ist. Seine Entscheidung unterliegt den Rechtsmitteln
nach Art 43–44 iVm Anh III, IV. Wird die anzuerkennende Entschei-
6 dung im Erststaat aufgehoben, so gelten §§ 29, 27 AVAG. – **c) Inzidentanerkennung** (Abs 3). Stellt die Anerkennung in einem anderen

Verfahren eine entscheidungserhebliche Vorfrage dar, so kann das Gericht in den Urteilsgründen, also ohne einen ausdrücklichen Ausspruch, über die Anerkennung entscheiden, sofern die in Art 53, 54 vorgesehenen Urkunden vorgelegt wurden. Diese Entscheidung entfaltet jedoch keine Rechtskraft, so dass in einem Verfahren nach Abs 2 eine abweichende Entscheidung ergehen kann.

Art. 34 [Anerkennungshindernisse]

Eine Entscheidung wird nicht anerkannt, wenn
1. **die Anerkennung der öffentlichen Ordnung (ordre public) des Mitgliedstaats, in dem sie geltend gemacht wird, offensichtlich widersprechen würde;**
2. **dem Beklagten, der sich auf das Verfahren nicht eingelassen hat, das verfahrenseinleitende Schriftstück oder ein gleichwertiges Schriftstück nicht so rechtzeitig und in einer Weise zugestellt worden ist, dass er sich verteidigen konnte, es sei denn, der Beklagte hat gegen die Entscheidung keinen Rechtsbehelf eingelegt, obwohl er die Möglichkeit dazu hatte;**
3. **sie mit einer Entscheidung unvereinbar ist, die zwischen denselben Parteien in dem Mitgliedstaat, in dem die Anerkennung geltend gemacht wird, ergangen ist;**
4. **sie mit einer früheren Entscheidung unvereinbar ist, die in einem anderen Mitgliedstaat oder in einem Drittstaat zwischen denselben Parteien in einem Rechtsstreit wegen desselben Anspruchs ergangen ist, sofern die frühere Entscheidung die notwendigen Voraussetzungen für ihre Anerkennung in dem Mitgliedstaat erfüllt, in dem die Anerkennung geltend gemacht wird.**

1. Allgemeines. Die Vorschrift erfasst nur Entscheidungen iS von 1 Art 32 (dort Rn 1 ff), sofern der Anwendungsbereich (vor Art 1 Rn 5 ff) der EuGVVO eröffnet ist. Diese Frage ist vom Zweitgericht selbständig zu prüfen (MüKo/Gottwald Art 27 EuGVÜ Rn 2; aA BGH NJW 76, 478). Ist die Anerkennung der Entscheidung aus einem in Art 34, 35 aufgeführten Grund abzulehnen, so kann auf das uU anerkennungsfreundlichere autonome Recht zurückgegriffen werden (MüKo/Gottwald Art 27 EuGVÜ Rn 1). Andernfalls kann bei bestehender internationaler Zuständigkeit erneut geklagt werden.

2. Ordre public (Nr 1). Für das Anerkennungsverfahren in der 2 BRep stellt die Vorschrift ab auf den deutschen (BGH NJW 93, 1801; dahingestellt in BGH NJW 94, 3269) verfahrens- (Hamm NJW-RR 95, 189) und materiell-rechtlichen (Hamburg RIW 95, 680) ordre public. Die Erläuterungen zu § 328 Abs 1 Nr 4 ZPO (dort Rn 15 ff) gelten daher entsprechend (Schlosser Art 27 EuGVÜ Rn 3). Nr 1 ist als Ausnahmevorschrift eng auszulegen (EuGH NJW 00, 1853 u 2185 m Anm Heß IPRax 01, 301). Dies folgt auch aus der Formulierung „offensichtlich". Inhaltliche Änderungen ggü Art 27 Nr 1 EuGVÜ dürften dadurch kaum eingetreten sein (Matscher IPRax 01, 428/431). Die Mitgliedstaatengerichte legen selbst fest, welche Anforderungen sich nach ihren innerstaatlichen Anschauungen aus ihrer öffentlichen Ordnung ergeben; die Abgrenzung dieses Begriffs unterliegt aber der Auslegung des EuGH (EuGH NJW 00, 2185; zu diesem Problem ausführlich Lopez-Taruella EuLF 00, 122; Heß IPRax 01, 301). Nr 1 greift nur bei konkreter Bejahung „rechtsstaatswidrigen" Zustandekommens der Entscheidung ein (EuGH NJW 00, 1853 u 2185; BGH ZIP 99, 483; BGH NJW 90, 2201 m Anm Geimer IPRax 92, 5; BGH IPRax 98, 205; Köln IPRax 98, 116 m Anm Kronke; Hamm IPRax 98, 202 m Anm Geimer S 175). Die behauptete falsche Rechtsanwendung des nationalen Rechts oder des Gemeinschaftsrechts reicht hierfür nicht (EuGH NJW 00, 2185). Nr 1 ist gegenüber Nr 2–4 und Art 35 Abs 1, 2 subsidiär (Schlosser Art 27 EuGVÜ Rn 2). Die Beweislast für den ordre-public-Einwand trägt der Schuldner (BGH NJW 94, 3269).

3 **3. Nichteinlassung** des Beklagten (Nr 2). **a) Begriff.** Wie § 328 ZPO Rn 10. Die Rüge von Zustellungsmängeln reicht nicht für eine Einlassung aus (Köln IPRax 91, 114 m Anm Linke S 92; aA Hamm
4 RIW 94, 243). – **b) Anwendbar** auf alle infolge fehlender Mitwirkung des Beklagten einseitig gebliebenen Verfahren, insbes also auf Versäumnisurteile, bei Auftreten eines vollmachtslosen Vertreters (EuGH NJW 97, 1061 m Anm Rauscher IPRax 97, 314; BGH IPRax 99, 371 m Anm Schulz S 342/346; kritisch Jayme/Kohler IPRax 97, 385/395, weil der EuGH hiermit einen neuen, im EuGVÜ nicht vorhandenen Versagungsgrund geschaffen habe), nicht aber auf Verfahren im einstweiligen Rechtsschutz ohne Anhörung des Gegners (vgl auch Art 32 Rn 4). Für Adhäsionsverfahren vgl Art 61 und EuGH NJW 93, 2091. Hat der Beklagte sich auf das Verfahren eingelassen, so ist Nr 2 nicht anwendbar (EuGH aaO). Die Prüfung der Voraussetzungen der Nr 2 hat von Amts wegen zu erfolgen, da eine Einschränkung wie in § 328 Abs 1 Nr 2 ZPO fehlt. Eine Bindung an die Feststellungen des Erstgerichts
5 besteht nicht (EuGH EuZW 90, 352). – **c) Zweck.** Die Vorschrift ergänzt Art 26 Abs 2–4 und dient im Anerkennungsverfahren der Durchsetzung des bei Verfahrenseinleitung zu beachtenden Anspruchs auf Gewährung rechtlichen Gehörs (EuGH EuZW 95, 803). Spätere Verletzungen dieses Rechts im Erkenntnisverfahren fallen allenfalls unter
6 Nr 1 (BGH NJW 90, 2201). – **d) Verfahrenseinleitendes Schriftstück** (oder ein gleichwertiges). Dieses ist dasselbe wie das in Art 26 Abs 2 aufgeführte. Hierunter ist jedes Schriftstück zu verstehen, durch welches der Beklagte von der Einleitung des Rechtsstreits in Kenntnis gesetzt wird, damit er seine Rechte im Erkenntnisverfahren des Erstgerichts geltend machen kann (EuGH EuZW 95, 803). Welches dies ist, bestimmt das Recht des Urteilsstaats. Es muss nicht unbedingt die Klagebegründung enthalten (MüKo/Gottwald Art 27 EuGVÜ Rn 18), es muss aber so bestimmt sein, dass der Beklagte über die wesentlichen

Elemente des Rechtsstreits in Kenntnis gesetzt worden ist (EuGH NJW 93, 2091). Daher fällt auch der Mahnbescheid (§ 692 ZPO), nicht aber der Vollstreckungsbescheid, da er das Verfahren nicht einleitet, hierunter (EuGH IPRax 81, 14 m Anm Nagel S 5; MüKo/Gottwald Art 27 EuGVÜ Rn 18; zweifelnd – wegen der fehlenden Anspruchsbegründung – Grunsky IPRax 96, 245; Hintzen/Riedel Rpfleger 97, 293), ebenso der Zahlungsbefehl nach österr Recht und der decreto ingiuntivo zusammen mit der Antragsschrift nach Art 633 ff der italienischen ZPO (EuGH EuZW 95, 803, sofern kein für vorläufig vollstreckbarer Titel nach Art 642 Abs 1 ital ZPO vorliegt, vgl Kruis IPRax 01, 56/58), nicht eine Klageerweiterung (BGH IPRax 87, 236 m Anm Grunsky S 219). –
e) Rechtzeitige Zustellung. aa) Begriff. Es handelt sich um ein **7** eigenständiges und neben der Art und Weise der Zustellung kumulatives Element der Zustellung. Die Anerkennung ist daher zu versagen, wenn die Zustellung zwar ordnungsgemäß, aber nicht rechtzeitig war.
bb) Zweck. Die Vorschrift will gewährleisten, dass der Beklagte nach **8** der Zustellung bis zum Termin ausreichend Zeit hat, einen Anwalt zu beauftragen, um eine vollstreckbare Versäumnisentscheidung zu verhindern (BGH NJW 86, 2197; 91, 641; Köln NJW-RR 95, 446; Linke lPRax 93, 295). **cc) Voraussetzungen.** Die Rechtzeitigkeit ist nach **9** den tatsächlichen Umständen des konkreten Falls (Linke aaO) unter Berücksichtigung des Rechts des Vollstreckungsstaates zu bestimmen (EuGH IPRax 82, 14; Hamm NJW-RR 88, 446 und Düsseldorf NJW 00, 3290; RIW 01, 143 jeweils zur Zustellung eines dagvaarding nach belgischem bzw niederländischem Recht). Dazu ist nicht die tatsächliche Kenntnisnahme des Beklagten von Klageschrift und Ladung nötig (EuGH IPRax 82, 14; BGH IPRax 93, 324). Auch eine öffentliche oder fiktive Zustellung kann uU ausreichend und damit rechtzeitig sein (BGH aaO; differenzierend Schlosser Art 27 EuGVÜ Rn 17; aA Linke IPRax 93, 295), wenn feststeht, dass eine andere Form der Zustellung nicht oder schwer durchführbar wäre, zB bei unbekanntem Aufenthalt einer Partei (BGH aaO). Außergewöhnliche Umstände nach der ordnungsgemäßen Zustellung sind zu berücksichtigen. – **f) Art und Weise 10 der Zustellung. aa) Begriff.** Es handelt sich um eine eigenständige und kumulative Voraussetzung neben der Rechtzeitigkeit (EuGH EuZW 93, 39). Eine Anerkennung scheidet daher aus, wenn trotz Rechtzeitigkeit die Zustellung nicht ordnungsgemäß war (EuGH EuZW 90, 352 m Anm Geimer S 354 und Rauscher IPRax 91, 155) und der Schuldner deshalb an seiner Verteidigung gehindert wurde. Ein formaler Zustellungsfehler reicht demnach nicht aus, um die Anerkennung zurückzuweisen. Erfasst wird nur der Zustellungsakt als solcher (Köln NJW-RR 95, 446). Fiktive Zustellungen wie die öffentliche Zustellung oder die remise au parquet nach franz Recht sind ordnungsgemäß (Kropholler Art 27 EuGVÜ Rn 31; umstr, aA Karlsruhe RIW 99, 538), möglicherweise aber nicht rechtzeitig, um sich zu verteidigen.
bb) Beurteilt wird die Zustellung nach den Vorschriften des Erststaats **11** (EuGH EuZW 90, 352; Köln NJW-RR 95, 446; differenzierend Brand/

Reichhelm IPRax 01, 173). Hierbei kann es sich um autonomes Recht oder um einen Staatsvertrag handeln. Ab 31. 5. 01 ist zwischen den EU-Staaten mit Ausnahme Dänemarks die Verordnung (EG) Nr 1348/2000 des Rates v 29. 5. 00 über die Zustellung gerichtlicher und außergerichtlicher Schriftstücke in Zivil- oder Handelssachen in den Mitgliedstaaten (ABl L 160 v 30. 6. 00, S 37 ff) zu beachten. Subsidiär wird das Haager Zustellungsübereinkommen von 1965 (BGBl 77 II 1453; hierzu Art 26 Rn 7) anzuwenden sein. Beweislast für die Ordnungsgemäßheit trägt der Kläger des Ausgangsverfahrens (Karlsruhe

12 IPRax 96, 426). **cc) Heilung** Heilung von Zustellungsmängeln beurteilt sich nach dem Recht des Erststaats einschließlich der einschlägigen Staatsverträge (EuGH EuZW 90, 352; BGH NJW 91, 641). Das Haager Zustellungsübereinkommen sieht keine Heilung von Zustellungsmängeln vor; § 189 ZPO ist unanwendbar (BGH 120, 305; abl Jayme IPRax

13 97, 195 mwN; Roth IPRax 97, 407). **dd) Unterlassener Rechtsbehelf.** War die Zustellung fehlerhaft, hat der Beklagte aber später von der ergangenen Entscheidung Kenntnis erlangt und dagegen keinen zulässigen Rechtsbehelf eingelegt, obwohl ihm dies möglich war, so entfällt das Anerkennungshindernis nach Nr 2 und die Entscheidung ist anzuerkennen. Der Begriff Rechtsbehelf ist weit auszulegen. Darunter fällt auch ein Wiedereinsetzungsantrag. –

14 **3. Unvereinbarkeit mit einer Entscheidung aus dem Anerkennungsstaat** (Nr 3). Die Vorschrift geht als lex specialis der Nr 1 vor

15 (EuGH IPRax 89, 159). – **a) Entscheidung.** Nur solche iS von Art 32 (dort Rn 1–6; EuGH NJW 95, 38 m Anm Hoffmann/Hau IPRax 95, 217), nicht aber vollstreckungsfähige Prozeßvergleiche (EuGH aaO); für diese gilt Art 58 iVm Art 57. Nur unvereinbare Inlandsentscheidungen werden erfasst. Wird die Anerkennung zweier unvereinbarer Entscheidungen anderer Mitgliedstaaten beantragt, so ist nach dem Prioritätsprinzip grundsätzlich nur die früher ergangene Entscheidung anzuerkennen (MüKo/Gottwald Art 27 EuGVÜ Rn 40). Die Entscheidung des Anerkennungsstaats muss nicht rechtskräftig sein (MüKo/Gottwald

16 Art 27 EuGVÜ Rn 31; aA Karlsruhe FamRZ 94, 1477). – **b) Zwischen denselben Parteien** müssen die Entscheidungen ergangen sein. IdR sollten bereits die Art 27–30 eine Kollision vermeiden. Nr 3 ist

17 deshalb eng auszulegen. – **c) Unvereinbarkeit** (autonom auszulegen) liegt vor, wenn sich die rechtskraftfähigen Feststellungen widersprechen, sich die jeweils festgelegten Rechtsfolgen also wechselseitig ausschließen (EuGH IPRax 89, 160), wobei die Entscheidungen mit gleicher Wirkung zu gleichen Fragen ergangen sein müssen. Identität des Streitgegenstandes ist nicht erforderlich. Ein ablehnender PKH-Beschluss steht aber der Anerkennung nicht entgegen (BGH 88, 17). Auf die zeitliche Reihenfolge kommt es nicht an. Nr 3 ist nicht anzuwenden, wenn nur die besonderen Voraussetzungen für den Erlass einer einstweiligen Maßnahme in den jeweiligen Vertragsstaaten anders beurteilt werden (BGH WM 00, 635 – Vorlagebeschluss).

4. Unvereinbarkeit mit einer früheren Mitglied- oder Dritt- 18
staatsentscheidung (Nr 4). **a) Anwendungsbereich.** Die Vorschrift
ergänzt Nr 3. Sie regelt die Konkurrenz, die daraus entstehen kann, dass
das Urteil eines anderen Mitglied- oder Drittstaats, das in einem Mitgliedstaat auf Grund autonomen Rechts (Schlosser-Bericht in Bülow-
Böckstiegel S 601.184) oder eines Staatsvertrags anzuerkennen ist, anerkannt werden soll, obgleich auch ein Urteil eines anderen Mitgliedstaats,
in dem aber keine Anerkennungspflicht des Ersturteils besteht, wegen
desselben Anspruchs ergangen ist und ebenfalls im Zweitstaat anerkannt
werden soll (Schlosser-Bericht in Bülow-Böckstiegel S 601.184). Ausländische Schiedssprüche werden nicht erfasst. – **b) Unvereinbarkeit.** 19
Ob der Begriff dieselbe Bedeutung wie der in Nr 3 verwendete (dort
Rn 16) hat (so Kropholler Art 27 EuGVÜ Rn 58), ist umstritten. Da
Nr 4 auf denselben Anspruch abstellt, ist der Begriff enger auszulegen. –
c) Rechtsfolge. Liegt Unvereinbarkeit vor, so gilt das Prioritätsprinzip, 20
wobei es auf den Wirksamkeitszeitpunkt der Entscheidungen ankommt.
Das früher ergangene Urteil des Drittstaats ist nicht anzuerkennen.

Art. 35 [Weitere Anerkennungshindernisse]

(1) **Eine Entscheidung wird ferner nicht anerkannt, wenn die
Vorschriften der Abschnitte 3, 4 und 6 des Kapitels II verletzt
worden sind oder wenn ein Fall des Artikels 72 vorliegt.**

(2) **Das Gericht oder die sonst befugte Stelle des Mitgliedstaats,
in dem die Anerkennung geltend gemacht wird, ist bei der Prüfung, ob eine der in Absatz 1 angeführten Zuständigkeiten gegeben ist, an die tatsächlichen Feststellungen gebunden, aufgrund
deren das Gericht des Ursprungsmitgliedstaats seine Zuständigkeit angenommen hat.**

(3) [1]**Die Zuständigkeit der Gerichte des Ursprungsmitgliedstaats darf, unbeschadet der Bestimmungen des Absatzes 1, nicht
nachgeprüft werden.** [2]**Die Vorschriften über die Zuständigkeit
gehören nicht zur öffentlichen Ordnung (ordre public) im Sinne
des Artikels 34 Nummer 1.**

1. Grundsatz (Abs 3). Die internationale Zuständigkeit des Erst- 1
gerichts darf grundsätzlich nicht nachgeprüft werden. Eine Fehlentscheidung wird hingenommen; die Anerkennung der Entscheidung eines
unzuständigen Gerichts darf daher nicht deswegen unter Berufung auf
den ordre public abgelehnt werden. Dies gilt auch, wenn die Anwendbarkeit der EuGVVO übersehen und deshalb das autonome Recht
angewendet oder die Zuständigkeit auf einen in Art 3 Abs 2 aufgeführten exorbitanten Gerichtsstand gestützt wurde (MüKo/Gottwald Art 28
EuGVÜ Rn 3) oder die Zuständigkeit auf die Staatsangehörigkeit des
Opfers einer Straftat gegründet wurde (EuGH NJW 00, 1853). Eine
restriktive Auslegung des Abs 3 ist angesichts des klaren Wortlauts der
Vorschrift nicht möglich (MüKo/Gottwald Art 28 EuGVÜ Rn 3; zwei-

felnd BGH IPRax 98, 205 – Vorlagebeschluss – m Anm Piekenbrock
S 177; aA Matscher IPRax 01, 428/433). Auch in den Fällen der Art 23
und 26 Abs 1 ist die Entscheidung grundsätzlich anzuerkennen.

2   **2. Einschränkungen** (Abs 1). Dieser Ausnahmekatalog ist mit Ausnahme des Übergangsrechts (vgl Art 66) abschließend. Arbeitssachen
3   sind ausdrücklich von der Prüfung ausgenommen. **a) Versicherungs-
und Verbrauchersachen.** Verletzt das Erstgericht die Vorschriften der
internationalen Zuständigkeit in Versicherungs- (Art 8–14) und Verbrauchersachen (Art 15–17), so besteht ein Anerkennungshindernis. Der
in der Literatur (Grunsky JZ 73, 646; Soergel/Kronke Art 38 Anh IV
Rn 162; Zö/Geimer Art 28 EuGVÜ Rn 10; Schlosser Art 27 EuGVÜ
Rn 32; Geimer/Schütze EuZVR Art 28 EuGVÜ Rn 16 ff) vertretenen
restriktiven Auslegung des Abs 1, die eine Anerkennung nur dann ablehnen will, wenn das Erstgericht seine Zuständigkeit zu Lasten des
Versicherungsnehmers oder Verbrauchers unrichtigerweise bejaht hat, ist
nicht zu folgen (MüKo/Gottwald Art 28 EuGVÜ Rn 10, 12). Eine
rügelose Einlassung nach Art 24 ist aber zu berücksichtigen, weil Art 24
die Art 8 ff und Art 15 ff nicht ausnimmt (Koblenz IPRax 01, 334 m abl
Anm Mankowski S 310; vgl auch Art 24 Rn 1). Nachprüfbar ist nur die
4   internationale, nicht die örtliche Zuständigkeit. – **b) Ausschließliche
Zuständigkeit** (Art 22). Zu prüfen ist, ob das Erstgericht die ausschließliche Zuständigkeit gem Art 22 beachtet hat. Wurde sie verletzt,
so ist der Entscheidung in jedem Fall die Anerkennung zu versagen
(MüKo/Gottwald Art 28 EuGVÜ Rn 15; aA Zö/Geimer Art 28
EuGVÜ Rn 7). Art 22 begründet eine ausschließliche Zuständigkeit
nur für Mitgliedstaaten, nicht aber für Drittstaaten; deshalb darf nicht die
Anerkennung der Entscheidung eines Mitgliedstaats mit der Begründung verweigert werden, dass ein Drittstaat ausschließlich zuständig
gewesen wäre (MüKo/Gottwald Art 28 EuGVÜ Rn 14; aA Grund-
mann IPRax 85, 253). Kommt im Falle von Art 22 Nr 2 jedes Gericht
wegen Art 60 Abs 1 zu dem Ergebnis, dass der Sitz der Gesellschaft in
seinem Zuständigkeitsbereich lag, so darf die Anerkennung einer Entscheidung gleichwohl nicht abgelehnt werden, weil das Erstgericht aus
seiner Sicht die Zuständigkeit zutreffend bestimmt hat (Kropholler
Art 28 EuGVÜ Rn 12; aA Jenard-Bericht in Bülow-Böckstiegel
5   S 601.87). – **c) Anerkennungsabkommen mit Drittstaaten.** In Verträgen mit Drittstaaten kann die Anerkennung von Entscheidungen, die
in den exorbitanten Gerichtsständen (Art 3 Abs 2) ergangen sind, ausgeschlossen werden. Daher lässt Abs 1 durch Verweisung auf Art 72
auch insoweit eine Nachprüfung der internationalen Zuständigkeit zu. –

6   **3. Bindung** des Zweitgerichts an die tatsächlichen Feststellungen des
Erstgerichts (Abs 2). Diese besteht nur für die Feststellung der in Abs 1
aufgeführten Zuständigkeiten notwendigen Tatsachen (hierzu Stuttgart
NJW-RR 01, 858). Die Bindung gilt uneingeschränkt, also auch für an
sich anerkennungsfreundliche Tatsachen (MüKo/Gottwald Art 28
EuGVÜ Rn 21; aA Zö/Geimer Art 28 EuGVÜ Rn 21) und für neue

Tatsachen, die im Erstverfahren bereits hätten geltend gemacht werden
können (MüKo/Gottwald Art 28 EuGVÜ Rn 23; zweifelnd BGH
NJW 97, 2685 – Vorlagebeschluss –; aA Geimer RIW 76, 147). Keine
Bindung des Zweitgerichts besteht hingegen an die rechtlichen Schlussfolgerungen (BGH NJW 80, 1223) sowie hinsichtlich der Beurteilung
des Anwendungsbereichs der EuGVVO durch das Erstgericht und der
Gerichtsbarkeit (17 vor § 253 ZPO) des Erststaates.

Art. 36 [Verbot der Sachprüfung]

**Die ausländische Entscheidung darf keinesfalls in der Sache
selbst nachgeprüft werden.**

Die Vorschrift verbietet die révision au fond (Überprüfung in der   **1**
Sache selbst). Das Zweitgericht darf weder das Verfahren (Geimer IPRax
98, 175) noch die Entscheidung des Erstgerichts auf ihre tatsächliche
oder rechtliche (BGH IPRax 84, 202 m Anm Roth S 183; Düsseldorf
EWS 97, 108) Richtigkeit hin überprüfen, sofern nicht ausnahmsweise
ein Anerkennungshindernis nach Art 34 oder 35 vorliegt oder wenn in
besonders krassen Fällen der Schuldner durch das Urteil zum wehrlosen
Objekt der Fremdbestimmung gemacht worden ist (BGH ZIP 99, 483).

Art. 37 [Aussetzung]

**(1) Das Gericht eines Mitgliedstaats, vor dem die Anerkennung
einer in einem anderen Mitgliedstaat ergangenen Entscheidung
geltend gemacht wird, kann das Verfahren aussetzen, wenn gegen die Entscheidung ein ordentlicher Rechtsbehelf eingelegt
worden ist.**

**(2) Das Gericht eines Mitgliedstaats, vor dem die Anerkennung
einer in Irland oder im Vereinigten Königreich ergangenen Entscheidung geltend gemacht wird, kann das Verfahren aussetzen,
wenn die Vollstreckung der Entscheidung im Ursprungsmitgliedstaat wegen der Einlegung eines Rechtsbehelfs einstweilen
eingestellt ist.**

1. Anwendungsbereich. Die Vorschrift gilt nur für die Fälle der   **1**
Inzidentanerkennung (Art 33 Abs 1, 3). Für das selbständige Anerkennungsverfahren (Art 33 Abs 2) und für die Vollstreckung gilt Art 46 .

2. Aussetzung kommt in Betracht, wenn noch keine rechtskräftige   **2**
Entscheidung vorliegt. Das Zweitgericht entscheidet nach pflichtgemäßem Ermessen gem § 148 ZPO von Amts wegen, bis über einen
Rechtsbehelf gegen das Ersturteil im Ursprungsstaat entschieden worden
ist. Eine Aussetzung scheidet aus, wenn von vornherein feststeht, dass die
Entscheidung überhaupt nicht anerkennungsfähig ist. Dies ist vorweg zu
prüfen.

3. Ordentlicher Rechtsbehelf. Voraussetzung für die Aussetzung ist   **3**
ein im Erststaat bereits eingelegter Rechtsbehelf. Der Begriff ist auto-

nom (EuGH NJW 78, 1107) und weit auszulegen. Darunter ist jeder Rechtsbehelf zu verstehen, der zur Aufhebung oder Änderung der anzuerkennenden Entscheidung führen kann und für dessen Einlegung im Urteilsstaat eine gesetzliche Frist bestimmt ist, die durch die Entscheidung selbst in Lauf gesetzt wird (EuGH aaO). Das Wiederaufnahmeverfahren scheidet daher aus (Karlsruhe RIW 86, 467). Wird ein nicht fristgebundener Rechtsbehelf gegen die Erstentscheidung eingelegt, kommt ebenfalls eine Aussetzung in Betracht (MüKo/Gottwald Art 30 EuGVÜ Rn 5).

Abschnitt 2. Vollstreckung

Art. 38 [Vollstreckbarkeit]

(1) **Die in einem Mitgliedstaat ergangenen Entscheidungen, die in diesem Staat vollstreckbar sind, werden in einem anderen Mitgliedstaat vollstreckt, wenn sie dort auf Antrag eines Berechtigten für vollstreckbar erklärt worden sind.**

(2) **Im Vereinigten Königreich jedoch wird eine derartige Entscheidung in England und Wales, in Schottland oder in Nordirland vollstreckt, wenn sie auf Antrag eines Berechtigten zur Vollstreckung in dem betreffenden Teil des Vereinigten Königreichs registriert worden ist.**

1   **1. Allgemeines.** Die ZwVollstr aus Titeln der Mitgliedstaaten wird vereinheitlicht und vereinfacht durch ein in erster Instanz einseitiges
2 Klauselerteilungsverfahren. – **a) Ausschließlichkeit.** Dem Gläubiger steht allein das Verfahren der Art 38–52 offen. Es schließt die Anwendung des in den Mitgliedstaaten geltenden autonomen Rechts grund-
3 sätzlich aus, in der BRep insbes den § 722 ZPO. – **b) Wahlrecht.** Der Gläubiger kann für den Titel in jedem der Mitgliedstaaten die Vollstreckungsklausel erwirken, auch zugleich in mehreren, und dort gegen den
4 Schuldner vollstrecken. – **c) Ungerechtfertigte Vollstreckung.** In der BRep sind die §§ 717, 945 ZPO anzuwenden. Bei sog Doppelvollstreckungen ggf § 767 ZPO (Geimer NJW 80, 1234; Soergel/Kronke Art 38 Anh IV Rn 165).

5   **2. Voraussetzungen** der Vollstreckbarerklärung. **a) Titel.** Entscheidung (Art 32), öffentliche Urkunde (Art 57) oder Prozessvergleich (Art 58). Übersetzung ist nur vorzulegen, falls das Gericht dies verlangt
6 (Art 55 Abs 2). – **b) Vollstreckbarkeit** des Titels nach dem Recht des Mitgliedstaats (vgl auch § 7 Abs 1 AVAG), wobei es nur auf die Vollstreckbarkeit in formeller Hinsicht ankommt, nicht aber auf die Voraussetzungen, unter denen die Entscheidung im Urteilsstaat vollstreckt werden kann. Insoweit müssen die Gerichte des Vollstreckungsstaates gem ihrem Recht bestimmen, welche Rechtswirkungen das Urteil im Vollstreckungsstaat hat (EuGH IPRax 00, 18 m Anm Linke S 8). Daher kann das Gericht des Vollstreckungsstaates Vollstreckungsmaßnahmen

gem §§ 887, 888, 890 ZPO anordnen (BGH WM 00, 635 – Vorlagebeschluss). Für die Vollstreckbarerklärung von Zwangsgeldentschei-
dungen ist jedoch Art 49 zu beachten. Rechtskraft der Entscheidung
wird nicht verlangt. Nachweis durch Urkunden (Art 53 Abs 1, 2; 54),
soweit sich die Vollstreckbarkeit nicht aus dem Titel selbst oder aus dem
Gesetz ergibt. Zur Vollstreckbarkeit gehört auch der bestimmte oder
bestimmungsfähige Inhalt (vgl 16 ff vor 704 ZPO). Verurteilt eine ausländische Entscheidung zur Zahlung der gesetzlichen Zinsen, ohne
deren Höhe anzugeben, so reicht dies aus, wenn sie sich ohne weiteres
aus den ausl Vorschriften entnehmen lässt (BGH NJW 90, 3084). Im
Verfahren der Vollstreckbarerklärung hat dann eine Konkretisierung zu
erfolgen (Düsseldorf IPRax 98, 478 m Anm Reinmüller S 460). Dasselbe gilt hins der Verurteilung zur Kostentragung (Kropholler Art 31
EuGVÜ Rn 12 u 16). Fehlt eine Zinsentscheidung, sieht das anwendbare ausländische Recht eine gesetzliche Verzinsungspflicht vor, so ist
auch hierfür die Vollstreckungsklausel zu erteilen (Frankfurt RIW 98,
474). Dasselbe gilt für einen automatisch eintretenden Währungsaus-
gleich (BGH IPRax 94, 367 m Anm Roth S 350). Bei Titeln über
Unterhaltsrente, die mit einem Preis- oder Lohnindex verknüpft sind,
die sich kraft Gesetzes ohne Umschreibung erhöhen, ist die Vollstreckungsklausel auch wegen der Erhöhung zu erteilen (Düsseldorf FamRZ
01, 1019). – **c) Vorherige Zustellung** des Titels; idR durch Beschei-   **7**
nigung gem Art 54 iVm Anh V nachzuweisen. Falls dies unterbleibt, gilt
Art 55 Abs 1.

3. Verfahren erster Instanz. Es gelten die Art 38–42, 53–56 und §§ 1   **8**
Abs 1 Nr 2 b, 55 iVm 4 ff AVAG. Fremdwährungsschulden werden nicht
umgerechnet. Beschränkung des Antrags nach Art 48 Abs 2 möglich
und wegen der Kosten uU geboten. Entscheidung: Art 41; der Beschluss
muss zugestellt werden (Art 42 Abs 2). Kostenerstattung: Es gilt das
Recht des Vollstreckungsstaates; in der BRep § 8 Abs 1 S 4 AVAG.
Rechtsbehelf: befristete Beschwerde zum OLG gem Art 43 Abs 1, 2
iVm Anh III, §§ 11–15 AVAG. Wird die Entscheidung im Erststaat
aufgehoben, so liegt für das Verfahren nach Art 38 ff keine Erledigung
der Hauptsache vor (Düsseldorf IPRax 98, 279; aA Hau IPRax 98, 255).
Der Gläubiger hat die Kosten des Verfahrens zu tragen.

Art. 39 [Zuständigkeit]

(1) **Der Antrag ist an das Gericht oder die sonst befugte Stelle
zu richten, die in Anhang II aufgeführt ist.**

(2) **Die örtliche Zuständigkeit wird durch den Wohnsitz des
Schuldners oder durch den Ort, an dem die Zwangsvollstreckung durchgeführt werden soll, bestimmt.**

Sachlich (Abs 1; 2 vor § 1 ZPO) ist das LG zuständig, funktionell (1   **1**
vor § 1 ZPO) der Vorsitzende einer Zivilkammer, nie die Kammer (vgl
Anh II). Umfasst auch arbeits- und familiengerichtliche Entscheidungen

2 im Anwendungsbereich der EuGVVO. **Örtlich** (Abs 2): Wohnsitz des
Schuldners (Art 59) oder Sitz der Gesellschaft oder der juristischen
Person oder des trusts (Art 60) im Vollstreckungsstaat im Zeitpunkt der
Antragstellung. Der Grundsatz der perpetuatio fori gilt (BGH EWS 97,
359). Alternativ ist örtlich der LG-Bezirk der (schlüssig behaupteten)
beabsichtigten ZwVollstr maßgebend (Abs 2 2. Alt).

Art. **40** [Antrag]

(1) **Für die Stellung des Antrags ist das Recht des Vollstreckungsmitgliedstaats maßgebend.**

(2) [1]**Der Antragsteller hat im Bezirk des angerufenen Gerichts
ein Wahldomizil zu begründen.** [2]**Ist das Wahldomizil im Recht
des Vollstreckungsmitgliedstaats nicht vorgesehen, so hat der
Antragsteller einen Zustellungsbevollmächtigten zu benennen.**

(3) **Dem Antrag sind die in Artikel 53 angeführten Urkunden
beizufügen.**

1 **Anforderungen** (Abs 1): Form, Inhalt und Gerichtssprache folgen
dem Recht des Vollstreckungsstaats, in der BRep § 55, § 4, § 6 Abs 2, 3
AVAG. Der Nachweis einer Rechtsnachfolge ist gem § 7 Abs 1 S 1
AVAG zu führen. Für die Übersetzung der zu vollstreckenden Entschei-
2 dung gilt Art 55 Abs 2. **Wahldomizil** (Abs 2 S 1) erfordert lediglich,
dass eine zustellungsfähige Anschrift hergestellt wird; ist im deutschen
3 Recht nicht vorgesehen. **Zustellungsbevollmächtigter** (Abs 2 S 2): es
gelten § 5 AVAG sowie § 184 Abs 1 S 2, Abs 2 ZPO nF (BGH ZIP 99,
617), so dass lediglich deren nachteilige Rechtsfolgen eintreten, der
Antrag daher nicht abgelehnt werden darf, wenn die Benennung unterbleibt.

Art. **41** [Entscheidung]

[1]**Sobald die in Artikel 53 vorgesehenen Förmlichkeiten erfüllt
sind, wird die Entscheidung unverzüglich für vollstreckbar erklärt, ohne dass eine Prüfung nach den Artikeln 34 und 35
erfolgt.** [2]**Der Schuldner erhält in diesem Abschnitt des Verfahrens keine Gelegenheit, eine Erklärung abzugeben.**

1 **1. Verfahren:** Weder mdl Verhandlung (§ 6 Abs 2 AVAG), noch
Anhörung des Schuldners; eine vorsorglich eingereichte Schutzschrift
bleibt unbeachtet (hM; vgl Mennicke IPRax 00, 294). Kein Anwaltszwang (§ 6 Abs 3 AVAG). Das Verfahren ist vom Vorsitzenden zu
beschleunigen, ggf durch Fristsetzung für die Vorlage der Bescheinigung
nach Art 55 Abs 1.

2 **2. Prüfungsumfang** (von Amts wegen): **(1)** Anwendbarkeit der
EuGVVO (vor Art 1 Rn 5 ff). **(2)** Zuständigkeit (Art 39). **(3)** Nachweise gem Art 53, 54 iVm Anh V, ggf Art 55 Abs 1 (Fristsetzung oder
andere Urkunden oder Verzicht auf Vorlage der Bescheinigung).

3. Ablehnungsgründe der Art 35, 35 sind – abweichend von der   3
bisherigen Regelung in Art 34 Abs 2 EuGVÜ – in diesem Stadium des
Verfahrens nicht zu prüfen, sondern erst im Rechtsbehelfsverfahren gem
Art 45 Abs 1.

4. Entscheidung: Zu begründender Beschluss gem § 8 AVAG. **Kos-**   4
ten: § 8 Abs 1 S 4 AVAG. **Gebühren:** KV 1420; § 47 BRAGO.

Art. 42 [Mitteilung]

(1) **Die Entscheidung über den Antrag auf Vollstreckbarerklärung wird dem Antragsteller unverzüglich in der Form mitgeteilt, die das Recht des Vollstreckungsmitgliedstaats vorsieht.**

(2) **Die Vollstreckbarerklärung und, soweit dies noch nicht geschehen ist, die Entscheidung werden dem Schuldner zugestellt.**

1. Mitteilung der Entscheidung an den Antragsteller (Abs 1)   1
erfolgt an den Zustellungsbevollmächtigten oder Bevollmächtigten des
Gläubigers (Art 40 Abs 2, § 5 AVAG) bzw an ihn persönlich (§ 5 Abs 1
AVAG) gem § 10 Abs 3 AVAG durch formlose Übersendung einer
beglaubigten Abschrift des Beschlusses nach Art 41 iVm § 8 Abs 1
AVAG und der mit der Vollstreckungsklausel versehenen Ausfertigung
des Schuldtitels sowie einer Bescheinigung über die bewirkte Zustellung
an den Schuldner (§ 8 Abs 3 AVAG). Die Zustellung an den Gläubiger
hat unverzüglich zu erfolgen, dh, es ist nicht die Zustellung an den
Schuldner abzuwarten. Die diesbezügliche Bescheinigung ist daher später zu übermitteln.

2. Mitteilung der Entscheidung an den Antragsgegner (Abs 2)   2
erfolgt durch förmliche Zustellung einer beglaubigten Abschrift des
Beschlusses nach Art 41 iVm § 8 Abs 1 AVAG und der mit der Vollstreckungsklausel versehenen Ausfertigung des Schuldtitels entsprechend
§ 329 Abs 3 ZPO von Amts wegen.

Art. 43 [Rechtsbehelf]

(1) **Gegen die Entscheidung über den Antrag auf Vollstreckbarerklärung kann jede Partei einen Rechtsbehelf einlegen.**

(2) **Der Rechtsbehelf wird bei dem in Anhang III aufgeführten
Gericht eingelegt.**

(3) **Über den Rechtsbehelf wird nach den Vorschriften entschieden, die für Verfahren mit beiderseitigem rechtlichen Gehör
maßgebend sind.**

(4) **Lässt sich der Schuldner auf das Verfahren vor dem mit
dem Rechtsbehelf des Antragstellers befassten Gericht nicht ein,
so ist Artikel 26 Absätze 2 bis 4 auch dann anzuwenden, wenn
der Schuldner seinen Wohnsitz nicht im Hoheitsgebiet eines Mitgliedstaats hat.**

(5) [1]**Der Rechtsbehelf gegen die Vollstreckbarerklärung ist innerhalb eines Monats nach ihrer Zustellung einzulegen.** [2]**Hat der Schuldner seinen Wohnsitz im Hoheitsgebiet eines anderen Mitgliedstaats als dem, in dem die Vollstreckbarerklärung ergangen ist, so beträgt die Frist für den Rechtsbehelf zwei Monate und beginnt von dem Tage an zu laufen, an dem die Vollstreckbarerklärung ihm entweder in Person oder in seiner Wohnung zugestellt worden ist.** [3]**Eine Verlängerung dieser Frist wegen weiter Entfernung ist ausgeschlossen.**

1 **1. Allgemeines.** Die Vorschrift regelt einheitlich das Rechtsbehelfsverfahren im Falle der stattgebenden und der ablehnenden Entscheidung. Ergänzend sind die §§ 11–14 AVAG anzuwenden, soweit nicht Teile hiervon durch § 55 Abs 1 AVAG ausgeschlossen sind Die Vorschriften stellen ein in sich geschlossenes und eigenständiges Rechtsbehelfssystem dar, so dass Dritte nicht beschwerdeberechtigt sind, auch nicht nach §§ 567 ff ZPO (EuGH NJW 93, 2092). Eine Abhilfe durch den Vorsitzenden Richter am LG findet nicht statt. Die Beschwerde ist dem Gegner von Amts wegen zuzustellen (§ 11 Abs 4 AVAG). Negative Feststellungsklage des Schuldners mit dem Antrag, die Entscheidung im Inland nicht anzuerkennen, ist zulässig, solange der Gläubiger keinen Rechtsbehelf gegen Antragsablehnung eingelegt hat.

2 **2. Beschwerde des Schuldners.** Es handelt sich um eine befristete
3 Beschwerde (Abs 5 S 1) des Schuldners, über die das OLG (Abs 2 iVm Anh III) entscheidet. – **a) Statthaft** gegen eine die Vollstreckbarkeit
4 aussprechende Entscheidung gem Art 41. – **b) Form** (§ 11 Abs 1 S 1, Abs 2 AVAG). Durch Einreichung einer Beschwerdeschrift oder zu Protokoll der Geschäftsstelle entweder beim OLG (Abs 2 iVm Anh III und § 11 Abs 1 S 1 AVAG) oder LG (§ 11 Abs 2 AVAG). Es besteht kein Anwaltszwang; § 11 Abs 1 S 1, § 13 Abs 2 AVAG, § 78 Abs 3 ZPO. –
5 **c) Frist** (Abs 5). **aa) Inländischer** Wohnsitz des Schuldners: Ein Monat ab Zustellung nach Abs 5 S 1, ohne Verlängerungsmöglichkeit
6 (Abs 5 S 3). **bb) Ausländischer** Wohnsitz in einem Vertragsstaat (Abs 5 S 2): Zwei Monate ab Zustellung, ohne Verlängerungsmöglichkeit
7 (Abs 5 S 3). **cc) Drittstaatenwohnsitz:** Grundsätzlich ein Monat ab Zustellung, es sei denn, es liegt ein Fall des § 10 Abs 2 AVAG vor. Die Frist ist dann unabhängig von Abs 5 S 1 zu bestimmen.
8 **dd) Berechnung.** Die Notfrist (§ 11 Abs 3 S 3 AVAG) wird nach § 222 ZPO iVm §§ 187 ff BGB berechnet. Eine Wiedereinsetzung (§ 233 ZPO) ist möglich. Sie beginnt mit der Zustellung des mit der Vollstreckungsklausel versehenen Schuldtitels. Die Notfrist beginnt nur zu laufen, wenn die Vollstreckungsklausel gem § 9 Abs 3 AVAG unter-
9 zeichnet ist (BGH NJW-RR 98, 141). **ee) Zustellung** (Abs 5 S 1). Sie erfolgt von Amts wegen (§ 10 Abs 1 AVAG), im Inland gem §§ 166 ff ZPO nF, in Mitgliedstaaten nach der ZustellungsVO (Text im Anh; vgl auch Art 26 Rn 7), sonst nach dem Haager Zustellungsübereinkommen (HZÜ) vom 15. 11. 65 (BGBl 77 II 1453), sofern der betreffende Staat

diesem beigetreten ist, sonst nach dem Haager Zivilprozessübereinkommen vorn 1. 3. 54 (§ 328 ZPO Rn 30). Die Zustellung muss ordnungsgemäß sein. § 189 ZPO gilt im Anwendungsbereich des HZÜ nicht
(BGH 120, 305). – **d) Begründetheit.** vgl Art 45.   **10**

3. Beschwerde des Gläubigers.a) Zulässigkeit des Rechtsbehelfs   **11**
(Abs 1). Es handelt sich um eine einfache Beschwerde des Gläubigers, da
Abs 5 S 1 nur die Rechtsbehelfsfrist gegen die Vollstreckbarerklärung
regelt. Es entscheidet das OLG (Anh III). **aa) Statthaft** gegen eine die   **12**
vollständige oder teilweise Ablehnung seines Antrags (Art 38 Abs 1)
aussprechende Entscheidung des Vorsitzenden am LG. **bb) Frist:** Weder   **13**
die EuGVVO noch das AVAG sehen hierfür eine Frist vor. **cc) Form:**
Sie richtet sich nach Abs 2 iVm Anh III und § 11 Abs 1 S 1, Abs 2
AVAG; vgl oben Rn 4. **b) Begründetheit:** vgl Art 45.   **14**

4. Verfahren. Dieses richtet sich nach Abs 3, 4 iVm § 13 AVAG.   **15**
a) Anhörung des Gegners (Abs 3) vor Erlass der Beschwerdeentscheidung. Hierdurch wird das Beschwerdeverfahren zum streitigen Verfahren. Ausnahmen von der Anhörung sind nicht vorgesehen und daher
unzulässig (EuGH IPRax 85, 274 m Anm Stürner S 254 und Linke
RIW 85, 1), selbst dann nicht, wenn der Schuldner seinen Wohnsitz in
einem Nichtvertragsstaat hat. Durchführung nach innerstaatlichem
Recht oder nach der ZustellungsVO (vgl Art 26 Rn 7) bzw nach dem
Haager Zustellungsübereinkommen von 15. 11. 65 (BGBl 77 II 1453)
bei Wohnsitz des Schuldners im Ausland jeweils durch förmliche Zustellung und Einräumung einer Äußerungsfrist. Bei unbekanntem Aufenthalt des Schuldners ist eine öffentliche Zustellung (§ 185 ZPO) geboten.
– **b) Aussetzung** (Abs 4) gem Art 26 Abs 2 oder 4 (dort Rn 7) ist, falls   **16**
sich der Schuldner auf das Verfahren nicht eingelassen hat; geboten, um
festzustellen, ob der Schuldner die Mitteilung vom Verfahren so rechtzeitig erhalten hat, dass er sich verteidigen konnte. – **c) Mündliche**   **17**
Verhandlung ist freigestellt und liegt im pflichtgemäßen Ermessen
(BGH IPRax 85, 101 m Anm Grunsky S 82) des OLG (§ 13 Abs 1 S 1
AVAG). Anwaltszwang besteht nur, falls mündliche Verhandlung anberaumt wird (§ 13 Abs 2 AVAG). Trägt der Schuldner zulässige Einwendungen iS von § 12 AVAG vor, sollte mündlich verhandelt werden,
wenn dies zur Aufklärung des Sachverhalts geboten erscheint. § 240
ZPO ist auf das (nunmehr) zweiseitige Verfahren anzuwenden (Zweibrücken ZIP 01, 301; Mankowski ZIP 94, 1577).

5. Entscheidung (§ 13 AVAG). **a) Nicht** durch den ER, weil § 568   **18**
ZPO nicht anwendbar ist, insb hat der Vorsitzende am LG nicht als
originärer Einzelrichter iSv §§ 568, 348 Abs 1 S 1 ZPO entschieden,
denn ihm fehlt vor allem die Rückübertragungsmöglichkeit nach § 348
Abs 3 ZPO. – **b) Inhalt.** Zu begründender Beschluss, der den Parteien   **19**
von Amts wegen zuzustellen ist (§ 13 Abs 3 AVAG). Wird die ZwVollstr
erstmals durch das OLG zugelassen, ist für die Entscheidung und das
weitere Verfahren § 13 Abs 4 AVAG zu beachten, der durch Verweisung
auf die aufgeführten Vorschriften den Inhalt der Entscheidung und der

Vollstreckungsklausel vorgibt und die Bekanntgabe regelt. Wird die ZwVollstr zugelassen, so erteilt die Geschäftsstelle des OLG die Vollstreckungsklausel (§ 13 Abs 4 S 1 AVAG). Eine Beschränkung auf Sicherungsmaßnahmen entfällt (§ 13 Abs 4 S 3 AVAG), es sei denn, das OLG ordnet solche an. Abweichend vom EuGVÜ ist in dem Beschluss nicht mehr über die Zulassung der Rechtsbeschwerde nach Art 44 zu entscheiden, da diese gem § 15 Abs 1 AVAG iVm § 574 Abs 1 Nr 1 ZPO
20 kraft Gesetzes zugelassen ist. – **c) Folge** der Entscheidung: § 22 AVAG.

21 **6. Kosten: a) Beschwerde des Gläubigers:** § 13 Abs 4 S 2 iVm § 8 Abs 1 S 4 AVAG iVm § 788 ZPO bei erfolgreicher Beschwerde, sonst § 97 Abs 1 ZPO. Der Gläubiger muss die Kosten der Beschwerde auch dann tragen, wenn sein Antrag nur deshalb nicht durchdringt, weil im Ursprungsstaat die Entscheidung über die vorläufige Vollstreckbarkeit
22 nach Antragstellung aufgehoben wurde. – **b) Beschwede des Schuldners:** § 91 Abs 1 ZPO bei erfolgreicher Beschwerde, sonst § 97 ZPO. –
23 **c) Gebühren.** KV 1911; RA §§ 47 Abs 1 u 2, 31 BRAGO.

Art. 44 [Rechtsbeschwerde]

Gegen die Entscheidung, die über den Rechtsbehelf ergangen ist, kann nur ein Rechtsbehelf nach Anhang IV eingelegt werden.

1 **1. Allgemeines.** Gegen die Entscheidung nach Art 43 Abs 1 findet gem Anh IV die Rechtsbeschwerde zum BGH (§ 15 Abs 1 AVAG) statt. Die Vorschrift ist eng auszulegen (EuGH NJW 93, 2092); sie schließt jeden Rechtsbehelf Dritter gegen die Entscheidung, die über den Rechtsbehelf nach Art 43 ergangen ist, aus (EuGH aaO).

2 **2. Zulässigkeit der Rechtsbeschwerde. a) Anfechtungsgegenstand.** Erfasst werden nur Endentscheidungen, nicht aber Zwischenentscheidungen. Unzulässig ist daher eine Rechtsbeschwerde gegen die Ablehnung einer Aussetzung gem Art 46 Abs 1, gegen die Aufhebung einer Aussetzung oder gegen die Weigerung, eine Sicherheit gem Art 46 Abs 3 festzusetzen (EUGH EuZW 95, 800 m Anm Hau IPRaX 96,
3 322; BGH NJW 94, 2156). – **b) Statthaftigkeit:** § 15 Abs 1 AVAG iVm § 574 Abs 1 Nr 1, Abs 2 ZPO. Der Beschwerdeführer muss in seiner Beschwerde darlegen, dass die Voraussetzungen gem § 574 Abs 2 ZPO (grundsätzliche Bedeutung; Fortbildung des Rechts oder Sicherung einer einheitlichen Rechtsprechung) vorliegen. – **c) Form** (§ 16
4 Abs 1 u 2 AVAG): durch Einreichung einer Beschwerdeschrift beim BGH (§ 7 Abs 2 S 1 EGZPO) durch einen dort zugelassenen RA, auch bei Rechtsbeschwerden gegen bayerische OLG (BGH NJW-RR 94, 320). Die Rechtsbeschwerde ist entsprechend § 575 Abs 2 ZPO zu begründen. Förmlicher Antrag ist nicht nötig (BGH ZIP 99, 483). –
5 **d) Frist. aa) Einlegung** (§ 15 Abs 2, 3 AVAG): innerhalb einer Not-
6 frist (§ 223 ZPO) von einem Monat ab Zustellung des Beschlusses nach Art 43. **bb) Begründung** (§ 16 Abs 2 S 2 AVAG iVm § 575 Abs 2): innerhalb eines Monats ab Zustellung der angefochtenen Entscheidung

mit Verlängerungsmöglichkeit gem §§ 575 Abs 2 S 3, 551 Abs 2 S 5 u 6 ZPO. – **e) Prüfungsumfang.** Dieser ergibt sich aus Art 45 (vgl dort 7 Rn 2 ff). Der BGH kann also nur prüfen, ob das OLG auf Grund der von ihm festgestellten Tatsachen die Versagungsgründe für eine Anerkennung gem Art 34 und 35 richtig angewendet hat. § 17 Abs 1 AVAG, der einen weiteren Prüfungsumfang (Verletzung des Rechts der EG, der EuGVVO oder sonstigen Rechts) festlegt, ist wegen des klaren Wortlauts von Art 45 nicht anzuwenden. – **f) Weiteres Verfahren** wird durch 8 § 17 Abs 2 AVAG geregelt. Der BGH kann, falls die Ablehnung oder Aufhebung einer Aussetzung Gegenstand des Verfahrens ist, nicht aussetzen (EuGH EuZW 95, 800). – **g) Anschlussrechtsbeschwerde** ist 9 gem § 17 Abs 2 AVAG iVm § 574 Abs 4 ZPO möglich. – **h) Gebüh-** 10 **ren:** § 11 Abs 1 BRAGO (BGH NJW 83, 1270).

Art. 45 [Prüfungsumfang]

(1) ¹**Die Vollstreckbarerklärung darf von dem mit einem Rechtsbehelf nach Artikel 43 oder Artikel 44 befassten Gericht nur aus einem der in den Artikeln 34 und 35 aufgeführten Gründe versagt oder aufgehoben werden.** ²**Das Gericht erlässt seine Entscheidung unverzüglich.**

(2) **Die ausländische Entscheidung darf keinesfalls in der Sache selbst nachgeprüft werden.**

1. Allgemeines. Abweichend vom EuGVÜ verlagert die EuGVVO 1 die Prüfung der Anerkennungshindernisse nach Art 34, 35 auf die Beschwerdeinstanzen, da der Antragsgegner erst in diesem Stadium des Verfahrens angehört wird und die Versagungsgründe für eine Anerkennung und damit für eine Vollstreckbarkeitserklärung der ausländischen Entscheidung vortragen kann. Der ersten Instanz verbleibt somit nur die Prüfung der Formalien gem Art 41, 53.

2. Prüfungsumfang. a) Beschwerde des Schuldners. aa) Abs. 2. 2 In der Sache selbst darf das Beschwerdegericht die ausländische Entscheidung nicht nachprüfen (wie Art 36 Rn 1). – **bb) Abs 1** beschränkt die 3 Prüfung ausschließlich nur auf die Anerkennungshindernisse nach Art 34, 35. Wegen des eindeutigen Wortlauts der Vorschrift dürften damit alle weiteren Einwendungen des Schuldners, insb die Rüge der örtlichen Zuständigkeit des LG, das Nichtvorliegen der Formalien nach Art 41, 53 und die Einwendungen iSv § 12 Abs 1 AVAG im Beschwerdeverfahren ausgeschlossen sein (so zu Recht Hub NJW 01, 3145/3147). Der Schuldner muss letztere im Wege der Vollstreckungsabwehrklage gem § 14 AVAG iVm § 767 ZPO geltend machen (aA Hub aaO, der jedoch übersieht, dass mit der Erteilung der Vollstreckungsklausel der ausl Titel einem inländischen gleichgestellt wird und gegen letzteren auch die Vollstreckungsabwehrklage zulässig ist). Um Art 34, 35 prüfen zu können, muss das Beschwerdegericht aber festellen, ob der Anwendungsbereich der EuGVVO (vor Art 1 Rn 5 ff) eröffnet

ist. Vor Erlass der angefochtenen Entscheidung entstandene sachliche Einwendungen können nur mit nach dem Recht des Erststaates zulässigen Rechtsmitteln dort geltend gemacht werden. Bis zur Entscheidung hierüber kommt eine Aussetzung des Beschwerdeverfahrens gem Art 46
4 Abs 1 iVm § 36 Abs 1 AVAG in Betracht. – **b) Beschwerde des Gläubigers.** Da sich diese nur dagegen richten kann, dass das LG die beantragte Vollstreckungserklärung nicht erlassen hat, kann er die Versagungsgründe mit der Beschwerde anfechten. Stellt das Beschwerdegericht fest, dass die EuGVVO anwendbar ist und die Formalien gem Art 53 vorliegen, kann das Beschwerdegericht die Vollstreckbarerklärung nur aus den in Art 34, 35 genannten Gründen ablehnen. Weitere Einwendungen des Schuldners sind nicht zu berücksichtigen (vgl oben
5 Rn 3). – **c) Prüfung von Amts wegen** (12 vor § 253 ZPO) der Ablehnunggründe nach 34, 35; aber die EuGVVO enthält keine Pflicht zur Amtsermittlung der entscheidungserheblichen Tatsachen. Das Beschwerdegericht muss nur die vorgetragenen Tatsachen, aus denen sich ein Anerkennungshindernis ergeben könnte, berücksichtigen, ohne dass sich der Schuldner hierauf berufen muss. Eine weitergehende Prüfung würde Abs 1 S 2 (unverzüglicher Erlass der Entscheidung) widersprechen.

Art. 46 [Aussetzung]

(1) **Das nach Artikel 43 oder Artikel 44 mit dem Rechtsbehelf befasste Gericht kann auf Antrag des Schuldners das Verfahren aussetzen, wenn gegen die Entscheidung im Ursprungsmitgliedstaat ein ordentlicher Rechtsbehelf eingelegt oder die Frist für einen solchen Rechtsbehelf noch nicht verstrichen ist; in letzterem Fall kann das Gericht eine Frist bestimmen, innerhalb deren der Rechtsbehelf einzulegen ist.**

(2) **Ist die Entscheidung in Irland oder im Vereinigten Königreich ergangen, so gilt jeder im Ursprungsmitgliedstaat statthafte Rechtsbehelf als ordentlicher Rechtsbehelf im Sinne von Absatz 1.**

(3) **Das Gericht kann auch die Zwangsvollstreckung von der Leistung einer Sicherheit, die es bestimmt, abhängig machen.**

1   1. **Aussetzung** des Rechtsbehelfsverfahrens (Abs 1 iVm § 36
2 AVAG). – **a) Voraussetzungen. aa) Antrag** des Schuldners. **bb) Ordentlicher Rechtsbehelf** gegen vollstreckbare Entscheidung im Erststaat oder noch offene Frist für dessen Einlegung. Unter den weit auszulegenden (BGH NJW 86, 3026) Begriff fällt jeder, der im Erststaat zur Aufhebung und Abänderung der Entscheidung führen kann und für den im Erststaat eine gesetzliche Frist bestimmt ist (EuGH NJW 78, 1107). Die Vorläufigkeit der ausländischen Entscheidung reicht hierfür nicht (Stuttgart NJW-RR 98, 280). Für Irland und das Vereinigte Kö-
3 nigreich gilt die Sonderregelung in Abs 2. – **b) Entscheidung.** Sie

steht im Ermessen des Gerichts (Saarland RIW 98, 632; Stadler IPRax
95, 220). Es sind die mutmaßlichen Erfolgsaussichten des Rechtsmittels
im Erststaat und des deutschen Klauselerteilungsverfahrens zu berücksichtigen (Düsseldorf NJW-RR 01, 1575; Stadler aaO S 222). Hierbei
sind aber wegen des Verbots der révision au fond (Art 36 Rn 1) nur
Gründe zu beachten, die der Schuldner vor dem Gericht des Erststaats
noch nicht geltend machen konnte (BGH NJW 94, 2156 m Anm
Grunsky IPRax 95, 218). Aussetzung ist die Ausnahme und kommt
nur bei erkennbar fehlerhaften Entscheidungen des Erststaats in Betracht (Saarland RIW 98, 632; Stadler aaO, S 222). – c) **Folge** der 4
Aussetzung. Es ist nur eine Sicherungsvollstreckung nach Art 47 Abs 3
zulässig.

2. Sicherheitsleistung (Abs 3). **a) Voraussetzungen. aa)** Wie 5
Rn 2 und 3. **bb)** Sie kann angeordnet werden, wenn eine Aussetzung 6
nach Abs 1 nicht in Betracht kommt und das Gericht sachlich über den
Rechtsbehelf entscheidet. Die Anordnung einer Sicherheitsleistung
scheidet aus, wenn das Urteil ohnehin nur gegen Sicherheit vollstreckt
werden darf. – **b) Entscheidung.** Die Anordnung steht im pflicht- 7
gemäßen Ermessen des Gerichts (BGH NJW 94, 2157; Düsseldorf RIW
98, 969). Da Abs 3 den Schuldner umfassend vor den Nachteilen einer
Vollstreckung eines nur vorläufig vollstreckbaren Urteils schützen will,
ist hierbei die Erfolgsaussicht des im Erststaat eingelegten Rechtsbehelfs
nicht der einzige Maßstab; vielmehr sind alle Umstände des Einzelfalls
zu berücksichtigen (BGH aaO). Dies dürfte aber nicht für Gründe
gelten, die vor Erlass der Erstentscheidung entstanden sind (Grunsky
IPRax 95, 218; Stadler IPRax 95, 220). – **c) Höhe.** Die Sicherheits- 8
leistung soll den Schaden abdecken, der durch die Vollstreckung entsteht, wenn der Titel im Erststaat später aufgehoben wird (BGH NJW
83, 1980). Eine Bürgschaft durch eine ausländische Bank mit Sitz in
einem Vertragsstaat ist ausreichend. – **d) Abänderung** der Entschei- 9
dung durch den BGH nach § 22 Abs 3 S 2 AVAG auf Antrag des
Gläubigers, wenn Rechtsbeschwerde eingelegt wurde. Der BGH kann
im Falle einer (zulässigen) Rechtsbeschwerde des Schuldners (Art 44
Rn 2 ff) eigene Anordnungen treffen (§ 22 Abs 3 S 1 AVAG).

Art. **47** [Zwangsvollstreckung]

(1) **Ist eine Entscheidung nach dieser Verordnung anzuerkennen, so ist der Antragsteller nicht daran gehindert, einstweilige
Maßnahmen einschließlich solcher, die auf eine Sicherung gerichtet sind, nach dem Recht des Vollstreckungsmitgliedstaats in
Anspruch zu nehmen, ohne dass es einer Vollstreckbarerklärung
nach Artikel 41 bedarf.**

(2) **Die Vollstreckbarerklärung gibt die Befugnis, solche Maßnahmen zu veranlassen.**

(3) **Solange die in Artikel 43 Absatz 5 vorgesehene Frist für den Rechtsbehelf gegen die Vollstreckbarerklärung läuft und solange über den Rechtsbehelf nicht entschieden ist, darf die Zwangsvollstreckung in das Vermögen des Schuldners nicht über Maßnahmen zur Sicherung hinausgehen.**

1   **1. Allgemeines.** Bei der Zwangsvollstreckung auf der Grundlage des ausländischen Titels ist zu unterscheiden. **(1)** Zwangsvollstreckung vor Erlass der Vollstreckbarkeitserklärung (Abs 1). **(2)** Zwangsvollstreckung nach der Vollstreckbarkeitserklärung ohne Einlegung einer Beschwerde (§ 23 Abs 2 Nr 1 AVAG). **(3)** Zwangsvollstreckung nach der Vollstreckbarkeitserklärung und Einlegung einer Beschwerde vor einer Entscheidung hierüber (Abs 3). **(4)** Zwangsvollstreckung nach der Vollstreckbarkeitserklärung und einer bestätigenden Beschwerdeentscheidung oder Vollstreckbarkeitserklärung durch das Beschwerdegericht (§ 22 Abs 1 AVAG).

2   **2. Zwangsvollstreckung vor Erlass der Vollstsreckbarkeitserklärung** (Abs 1). Der Antragsteller kann, ohne einen Antrag nach Art 41 zu stellen, einstweilig sichernde Zwangsvollstreckungsmaßnahmen auf Grund des ausländischen Titels beantragen. Begriff wie Rn 4. Damit wird zwar die Effektivität der EuGVVO erheblich erhöht, aber das zuständige Volistreckungsorgan wird hierdurch überfordert. Denn es hat selbständig die Anerkennungsvoraussetzungen zu prüfen, nämlich: **a) Anwendungsbereich** der EuGVVO (vor Art 1 Rn 5 ff). – **b) Vorliegen einer Entscheidung** iSv Art 32. – **c) Kein Anerkennungshindernis** iSv Art 34, 35.

3   **3. Sicherungsvollstreckung** (Abs 2 u 3). Mit der Klauselerteilung durch das LG entsteht kraft Gesetzes das Recht des Gläubigers auf SicherungsVollstr. Es kann durch das nationale Recht nicht eingeschränkt werden, soweit die EuGVVO eine abschließende Regelung trifft (EuGH RIW 86, 300; Pirrung IPRax 89, 20). Die SicherungsZwVollstr gilt für alle Titel, auch für Unterhaltsansprüche. Der Schuldner kann durch die sich aus der SicherungsZwVollstr ergebenden Nachteile durch Maßnahmen nach Art 46 Abs 3 geschützt werden. Die Abs 2
4   u 3 werden durch §§ 9 Abs 1 und 19 ff AVAG ergänzt. **a) Begriff.** Die zulässigen Sicherungsmaßnahmen werden durch das Prozessrecht des Vollstreckungsstaates bestimmt. In der BRep ist die ZwVollstr wegen Geldforderungen daher auf die in §§ 720 a Abs 1, 2, 930 Abs 2, 3, 931, 932 ZPO vorgesehenen Maßnahmen beschränkt. Für die Sicherung anderer Ansprüche kommen die in §§ 938, 940 ZPO vorgesehenen
5   Maßnahmen in Betracht. – **b) Beginn.** Die SicherungsVollstr kann – abgesehen von Abs 1 – erst mit Zustellung des mit der Vollstreckungsklausel versehenen Titels an den Schuldner beginnen (Saarbrücken IPRax 95, 244 m abl Anm Haas S 223; aA LG Stuttgart IPRax 89, 41 m
6   abl Anm Pirrung S 21). – **c) Dauer.** Solange über den Rechtsbehelf gem Art 43 durch das OLG noch nicht entschieden ist, kann nur die SicherungsVollstr betrieben werden. Ist entschieden, gilt § 22 Abs 1

AVAG. Ist die Rechtsbehelfsfrist ungenutzt abgelaufen, wird die Vollstreckbarkeit unbeschränkt. Um die ZwVollstr fortzusetzen, ist dem Gläubiger in beiden Fällen auf Antrag ein Zeugnis gem § 23 AVAG zu erteilen. – **d) Abwendung** der SicherungsVollstr ist in § 20 AVAG bei **7** Geldansprüchen vorgesehen. Darüber hinaus ist sie unzulässig.

4. Unbeschränkte Zwangsvollstreckung. Diese findet statt, wenn **8** eine Beschwerde nicht eingelegt wurde (§ 23 Abs 1, 2 Nr 1 AVAG). Ferner wenn das OLG die Beschwerde des Schuldners verworfen oder zurückgewiesen hat (§ 22 Abs 1 AVAG) und es keine Anordnung nach § 22 Abs 2 AVAG getroffen hat (vgl § 23 Abs 2 Nr 2 AVAG), es sei denn, der BGH hat seinerseits eine Anordnung nach § 22 Abs 3 AVAG erlassen. Weiterhin findet sie statt, wenn ein Fall des § 23 Abs 2 Nr 3 oder 4 AVAG vorliegt.

Art. 48 [Beschränkung der Vollstreckbarerklärung;]

(1) **Ist durch die ausländische Entscheidung über mehrere mit der Klage geltend gemachte Ansprüche erkannt und kann die Vollstreckbarerklärung nicht für alle Ansprüche erteilt werden, so erteilt das Gericht oder die sonst befugte Stelle sie für einen oder mehrere dieser Ansprüche.**

(2) **Der Antragsteller kann beantragen, dass die Vollstreckbarerklärung nur für einen Teil des Gegenstands der Verurteilung erteilt wird.**

1. Teil-Vollstreckungsklausel (Abs 1 iVm § 9 Abs 2 AVAG) ist von **1** Amts wegen zu erteilen, wenn durch das ausländische Urteil bei objektiver Klagehäufung (§ 260 ZPO Rn 2 ff) über mehrere selbständige Ansprüche entschieden wurde und nur hinsichtlich eines Anspruchs die Vollstreckbarerklärung (Art 41) zulässig ist. Dies kann auch zutreffen, wenn die EuGVVO nur teilweise anwendbar ist (EuGH EuZW 97, 242 m Anm Dietzel/Schnichels EuZW 98, 485/486).

2. Antrag des Gläubigers (Abs 2 iVm § 9 Abs 2 AVAG). Gilt so- **2** wohl bei Anspruchshäufung als auch bei einer einheitlichen, teilbaren Forderung, die zB teilweise nach Urteilserlass erloschen ist.

Art. 49 [Zwangsgeld]

Ausländische Entscheidungen, die auf Zahlung eines Zwangsgelds lauten, sind im Vollstreckungsmitgliedstaat nur vollstreckbar, wenn die Höhe des Zwangsgelds durch die Gerichte des Ursprungsmitgliedstaats endgültig festgesetzt ist.

1. Allgemeines. Die Vorschrift regelt die Vollstreckbarkeit einer aus- **1** ländischen Entscheidung im Falle einer Verurteilung zur Zahlung von Zwangsgeld abweichend von Art 38.

2. Voraussetzungen. a) Ausländische Entscheidung iSv Art 32 **2** (dort Rn 1 ff), die aus einem Vertragsstaat stammt. – **b) Zahlung eines** **3**

Zwangsgeldes muss dem Schuldner zur Durchsetzung einer im Urteil festgesetzten Handlung oder Unterlassung auferlegt worden sein. Unerheblich ist, ob die Geldleistung als Zwangsgeld bezeichnet wurde, ob sie als Geld- oder Ordnungsstrafe eingestuft wird und ob sie dem Staat
4 anheimfällt. – **c) Endgültige Festsetzung** des Zwangsgeldes durch das Erstgericht. Diese kann im Leistungsurteil oder auch im Vollstreckungsverfahren des Erststaats erfolgt sein. Die Gesamthöhe des Zwangsgeldes muss sich definitiv aus dem Urteil des Erstgerichts ergeben. Daher ist eine Korrektur des Urteils durch die Gerichte des Zweitstaates unzulässig.

Art. 50 [Prozesskostenhilfe]

Ist dem Antragsteller im Ursprungsmitgliedstaat ganz oder teilweise Prozesskostenhilfe oder Kosten- und Gebührenbefreiung gewährt worden, so genießt er in dem Verfahren nach diesem Abschnitt hinsichtlich der Prozesskostenhilfe oder der Kosten- und Gebührenbefreiung die günstigste Behandlung, die das Recht des Vollstreckungsmitgliedstaats vorsieht.

1   **1. Gewährung von Prozesskostenhilfe** oder die Kosten- und Gebührenbefreiung im Erststaat (vgl hierzu die Übersicht im Leitfaden der Europäischen Kommission zur Beratungs- und Prozesskostenhilfe im Europäischen Wirtschaftsraum, 1997, S 67) hat für den Gläubiger zur Folge, dass ihm diese ohne weiteres auch im Zweitstaat
2 zuzubilligen sind. – **a) Verfahren.** Ein neues PKH-Verfahren ist nicht durchzuführen. Der Gläubiger hat zum Nachweis der gewährten Hilfen lediglich die Bescheinigung gem Art 54 iVm Anh V vorzulegen, aus der sich in Ziff 5 ergibt, welcher Partei PKH gewährt worden ist. Unterlässt er dies, gilt Art 55 Abs 1. Umfang und Ausgestaltung des weiteren Verfahrens richten sich nach dem Recht des
3 Vollstreckungsstaates. – **b) Umfang.** Der Wortlaut der Vorschrift ist unklar. Zum einen verweist er auf das „Verfahren", ohne dieses näher zu bezeichnen, zum anderen nimmt er Bezug auf den Abschnitt 2. Daher dürfte die Rechtsfolge des Art in den Verfahren des gesamten Abschnitts 2 des Kapitels III gelten, also für das Vollstreckbarerklärungsverfahren (Art 38 ff), für das Rechtsbehelfsverfahren (Art 43 ff), das Zwangsvollstreckungsverfahren (Art 47) und wegen der Verweisung in Art 33 Abs 2 auch im selbstständigen Anerkennungsverfahren. Wurde dem Gläubiger nur teilweise PKH gewährt, so gibt die Vorschrift die Möglichkeit, die PKH im Vollstreckungsverfahren voll zu gewähren.

4   **2. Autonomes Recht.** Danach ist die Gewährung von PKH ebenfalls möglich und kommt vor allem in den nicht erfassten Fällen in Betracht und wenn der Gläubiger im Erststaat noch keine PKH erhalten hat.

Art. 51 [Sicherheitsleistung]

Der Partei, die in einem Mitgliedstaat eine in einem anderen Mitgliedstaat ergangene Entscheidung vollstrecken will, darf wegen ihrer Eigenschaft als Ausländer oder wegen Fehlens eines inländischen Wohnsitzes oder Aufenthalts eine Sicherheitsleistung oder Hinterlegung, unter welcher Bezeichnung es auch sei, nicht auferlegt werden.

Die Vorschrift befreit nur von der Sicherheitsleistung für die Kosten **1** des Vollstreckungsverfahrens, nicht des Urteilsverfahrens. Für dieses gilt § 110 ZPO oder Art 17 HZPÜ. Die Vorschrift gilt für jeden Antragsteller unabhängig von der Staatsangehörigkeit, auch wenn diese die eines Nichtmitgliedstaats ist. Von der Sicherheitsleistung aus anderen Gründen ist der ausländische Antragsteller nicht befreit.

Art. 52 [Gebühren]

Im Vollstreckungsmitgliedstaat dürfen im Vollstreckbarerklärungsverfahren keine nach dem Streitwert abgestuften Stempelabgaben oder Gebühren erhoben werden.

Die Regelung bezieht sich nur auf Gerichtsgebühren. Der Vorschrift ist durch Nrn 1420 ff u 1911 ff KV zum GKG Rechnung getragen, die feste Gebühren unabhängig vom Streitwert festsetzen.

Abschnitt 3. Gemeinsame Vorschriften

Art. 53 [Vorzulegende Urkunden]

(1) Die Partei, die die Anerkennung einer Entscheidung geltend macht oder eine Vollstreckbarerklärung beantragt, hat eine Ausfertigung der Entscheidung vorzulegen, die die für ihre Beweiskraft erforderlichen Voraussetzungen erfüllt.

(2) Unbeschadet des Artikels 55 hat die Partei, die eine Vollstreckbarerklärung beantragt, ferner die Bescheinigung nach Artikel 54 vorzulegen.

1. Allgemeines. Die Vorschrift gilt sowohl für das Anerkennungs- **1** als auch für das Vollstreckungsverfahren. Unter Entscheidung ist die des Art 32 zu verstehen (dort Rn 1 ff).

2. Ausfertigung einer Entscheidung (Abs 1). **a) Beweiskraft.** **2** Die Urkunde muss den vollen Beweis für die Echtheit und den Inhalt der Entscheidung erbringen. Bloße Abschrift oder Fotokopie reicht nicht. Gem § 4 Abs 4 AVAG sind zusätzlich Abschriften vorzulegen. Eine Legalisation kann nicht verlangt werden (Art. 56). Eine Übersetzung der ausländischen Entscheidung kann verlangt werden (Art 55 Abs 2). Das Original kann nach Erteilung der Vollstreckungsklausel (vgl

3   § 9 Abs 3 AVAG) zurückgegeben werden. – **b) Begründung** der ausländischen Entscheidung ist nicht Voraussetzung.

4   **3. Bescheinigung** nach Art 54 (Abs 2). **a) Prüfungsumfang.**
Durch die Vorlage der vom Erstgericht nach Art 54 iVm Anh V ausgestellten Bescheinigung wird das Gericht im Vollstreckungsstaat von
der Prüfung der dort aufgeführten Formalien entlastet. Im Verfahren vor
dem LG nach Art 39 ff sind keine weiteren Nachprüfungen notwendig.
Erst im Rechtsbehelfsverfahren nach Art 43 kann gem Art 45, 34 Nr 2
die Rechtzeitigkeit und Ordnungsgemäßheit der Zustellung des verfahrenseinleitenden Schriftstücks im Falle eines Versäumnisurteils nach-
5   geprüft werden. – **b) Übersetzung.** Eine Übersetzung der Bescheinigung kann gem Art 55 Abs 2 verlangt werden, dürfte aber idR überflüssig sein, weil die Bescheinigung nach Anh V in allen Mitgliedstaaten
gleich aufgebaut ist und denselben Inhalt hat, die Vorlage nach Anh V
also die Übersetzung darstellt. Die einzufügenden Passagen sind in der
Regel aus sich heraus verständlich und bedürfen keiner Übersetzung. –
6   **c) Fristsetzung.** Wird die Bescheinigung nicht oder nicht rechtzeitig
vorgelegt, so hat das LG nach Art 55 Abs 1 vorzugehen.

Art. 54 [Bescheinigung]

**Das Gericht oder die sonst befugte Stelle des Mitgliedstaats, in
dem die Entscheidung ergangen ist, stellt auf Antrag die Bescheinigung unter Verwendung des Formblatts in Anhang V dieser
Verordnung aus.**

1   **1. Antrag** des Gläubigers. Die Bescheinigung ist nur auf dessen
Antrag hin zu erteilen. Das mit der Vollstreckbarerklärung befasste
Gericht selbst hat kein Antragsrecht.

2   **2. Zuständigkeit.** In Deutschland wird die Bescheinigung von der
in § 56 AVAG genannten Stelle erteilt. Gebühr: Nr 1422 KV zum
GKG.

3   **3. Inhalt.** Der Inhalt der Bescheinigung ist zwingend durch Anh
V vorgegeben. Änderungen und Abweichungen im Aufbau sind
nicht zulässig, damit die Bescheinigung auch ohne Übersetzung im
4   Ausland verwendet werden kann. **a) Nr 4.4.** der Bescheinigung. Von
besonderer Bedeutung ist die Feststellung der Zustellung des verfahrenseinleitenden Schriftstücks im Falle einer Versäumnisentscheidung gem
Nr 4.4 der Bescheinigung. Hierunter fällt nicht nur die Versäumnisentscheidung im technischen Sinne, sondern entspr dem Zweck der Vorschrift jede andere Entscheidung, die in einem einseitigen Verfahren
ergangen ist und auf die sich der Antragsgegner nicht eingelassen hat
(Düsseldorf R IW 96, 67). Beispiele: Echtes Versäumnisurteil, Vollstreckungsbescheid und vergleichbare Verfahren nach ausländischem Recht
(zum belgischen „dagvaarding" vgl Düsseldorf IPRax 00, 307 m Anm
Hüßtege S 289), Vergütungsfestsetzung nach § 19 BRAGO (Hamm
IPRax 96, 414); nicht aber der Kostenfestsetzungsbeschluss im Anschluss

an ein streitiges Verfahren; ferner nicht im einseitigen Verfahren erlassene Arreste und einstweilige Verfügungen. Die Bescheinigung nach Nr 4.4 dient der Nachprüfung des Versagungsgrundes gem Art 34 Nr 2 durch das Beschwerdegericht. Aus der Bescheinigung muss daher die Tatsache der Zustellung des den Rechtsstreit einleitenden Schriftstücks oder eines gleichwertigen Schriftstücks hervorgehen (hierzu Art 34 Rn 6). Die in Art 34 Nr 2 verlangte Rechtzeitigkeit braucht sich aus der Bescheinigung nicht zu ergeben; sie wird vom Beschwerdegericht selbstständig geprüft. – **b) Vollstreckbarkeit.** Nur diese ist zu bescheinigen, da die EuGVVO   **5** einen Rechtskraftnachweis nicht verlangt, deshalb kann auch aus vorläufig vollstreckbaren Urteilen die ZwVollstr betrieben werden (vgl Art 38 Rn 6).

Art. 55 [Fristbestimmung]

(1) **Wird die Bescheinigung nach Artikel 54 nicht vorgelegt, so kann das Gericht oder die sonst befugte Stelle eine Frist bestimmen, innerhalb deren die Bescheinigung vorzulegen ist, oder sich mit einer gleichwertigen Urkunde begnügen oder von der Vorlage der Bescheinigung befreien, wenn es oder sie eine weitere Klärung nicht für erforderlich hält.**

(2) **¹Auf Verlangen des Gerichts oder der sonst befugten Stelle ist eine Übersetzung der Urkunden vorzulegen. ²Die Übersetzung ist von einer hierzu in einem der Mitgliedstaaten befugten Person zu beglaubigen.**

1. Nachweiserleichterung (Abs 1). **a) Anwendbar** nur auf die   **1** Bescheinigung nach Art 54 iVm Anh V, nicht auf andere Urkunden. Jedoch kann in diesen Fällen auf §§ 139, 142 ZPO zurückgegriffen (allg M) oder nach § 7 Abs 2 AVAG vorgegangen werden. – **b) Möglichkeiten** zur Nachweiserleichterung: **(1)** Nachfristsetzung   **2** zur Vorlage, **(2)** Aufforderung, gleichwertige Urkunden (zB Privaturkunden; Frankfurt MDR 78, 942) vorzulegen oder **(3)** Befreiung von der Vorlage, falls weitere Klärung nicht erforderlich, zB der Nachweis anderweitig erbracht ist. – **c) Folgen.** Kommt der Gläubi-   **3** ger den Aufforderungen (1) oder (2) nicht nach, so ist der Antrag als unzulässig abzuweisen, kann aber erneut gestellt werden. Die Urkunden können noch im Beschwerdeverfahren nachgereicht werden (Koblenz EuZW 90, 486).

2. Beglaubigte Übersetzung (Abs 2). Die Vorschrift bezieht sich   **4** auf alle in Art 53 genannten Urkunden. Diese können zunächst in der Ursprache ohne Übersetzung vorgelegt werden. Für den Antrag selbst gilt § 4 Abs 3 AVAG. Das Gericht kann in jeder Lage des Verfahrens eine Übersetzung verlangen. Die Übersetzung kann in einem anderen Mitgliedstaat beglaubigt worden sein.

Art. 56 [Keine Legalisation]

Die in Artikel 53 und in Artikel 55 Absatz 2 angeführten Urkunden sowie die Urkunde über die Prozessvollmacht, falls eine solche erteilt wird, bedürfen weder der Legalisation noch einer ähnlichen Förmlichkeit.

1   Die in den genannten Artikeln aufgeführten Urkunden bedürfen weder einer Legalisation noch einer Apostille. Die ausländischen Urkunden stehen damit inländischen gleich. Es gilt § 437 ZPO. Die Förmlichkeiten für die Prozessvollmacht beziehen sich nur auf das Anerkennungs- und Vollstreckungsverfahren, nicht aber auf das Erkenntnisverfahren und die gesetzliche Vertretung.

Kapitel IV. Öffentliche Urkunden und Prozessvergleiche

Art. 57 [Vollstreckbare öffentliche Urkunden]

(1) [1] Öffentliche Urkunden, die in einem Mitgliedstaat aufgenommen und vollstreckbar sind, werden in einem anderen Mitgliedstaat auf Antrag in dem Verfahren nach den Artikeln 38 ff. für vollstreckbar erklärt. [2] Die Vollstreckbarerklärung ist von dem mit einem Rechtsbehelf nach Artikel 43 oder Artikel 44 befassten Gericht nur zu versagen oder aufzuheben, wenn die Zwangsvollstreckung aus der Urkunde der öffentlichen Ordnung (ordre public) des Vollstreckungsmitgliedstaats offensichtlich widersprechen würde.

(2) Als öffentliche Urkunden im Sinne von Absatz 1 werden auch vor Verwaltungsbehörden geschlossene oder von ihnen beurkundete Unterhaltsvereinbarungen oder -verpflichtungen angesehen.

(3) Die vorgelegte Urkunde muss die Voraussetzungen für ihre Beweiskraft erfüllen, die in dem Mitgliedstaat, in dem sie aufgenommen wurde, erforderlich sind.

(4) [1] Die Vorschriften des Abschnitts 3 des Kapitels III sind sinngemäß anzuwenden. [2] Die befugte Stelle des Mitgliedstaats, in dem eine öffentliche Urkunde aufgenommen worden ist, stellt auf Antrag die Bescheinigung unter Verwendung des Formblatts in Anhang VI dieser Verordnung aus.

1   **1. Anwendungsbereich** der EuGVVO muss eröffnet sein (vor Art 1 Rn 5 ff). Die Urkunde muss aus einem Mitgliedstaat stammen.

2   **2. Öffentliche Urkunde** (Abs 1, 2). **a) Begriff.** Die Beurkundung muss von einer Behörde (EuGH EWS 99, 268 m Anm Geimer IPRax 00, 366; BGH EWS 97, 359 (zum dänischen Recht) – Vorlagebeschluss – m Anm Leutner ZZP 111, 93) oder einem Notar vorgenommen

worden sein. Sie muss sich auf den Inhalt beziehen und in dem Staat, in dem sie ausgestellt worden ist, als solche vollstreckbar sein. Hinsichtlich der Beweiskraft (Abs 3) gilt das innerstaatliche Recht des Errichtungsstaates, für in der BRep errichtete Urkunden also § 415 ZPO. Auch der Anwaltsvergleich gem § 796 a ZPO zusammen mit der gerichtlichen oder notariellen Vollstreckbarerklärung (§§ 796 b, c ZPO) dürfte unter Art 57 fallen (Trittmann/Merz IPRax 01, 178). Dasselbe gilt für den von einem französischen huissier errichteten titre exécutoire (Saarbrücken IPRax 01, 228 m Anm Reinmüller S 207). – **b) Mitgliedstaat.** 3 Auf den Wohnsitz oder die Staatsangehörigkeit der Beteiligten kommt es nicht an. Konsularische Urkunden sind dem Entsendestaat zuzuordnen. Die Befugnis des Konsuls, vollstreckbare Urkunden im Empfangsstaat aufzunehmen, folgt aus dem Wiener Übereinkommen v 24. 4. 63 über konsularische Beziehungen (BGBl 69 II 1585). – **c) Vollstreckbarkeit** 4 ist gegeben, wenn mit der Urkunde im Ausstellungsstaat ohne weiteres die ZwVollstr durchgeführt werden könnte. Das gilt auch, wenn die Urkunde im Erststaat nur für die Vollstreckung im Zweitstaat errichtet worden ist. Das Recht des Errichtungsstaates bestimmt, wegen welcher Ansprüche und in welche Vermögensgegenstände sich der Schuldner der Vollstreckung unterwerfen kann.

3. Verfahren. a) Vollstreckbarerklärung. Die Urkunden werden 5 auf Antrag nach Art 38 ff für vollstreckbar erklärt. Die dort genannten Rechtsbehelfe sind entspr anwendbar. – **b) Beweismittel** (Abs 3 u 4). 6 Es gelten die Art 53 ff iVm Anh VI. In Deutschland wird die Bescheinigung von der in § 56 AVAG genannten Stelle erteilt. – **c) Entscheidung.** Der Vorsitzende Richter am LG hat nur die Fomalien 7 entsprechend Art 41 iVm Art 53 und Anh VI zu prüfen und bei Vorliegen der Voraussetzungen die Vollstreckbarerklärung auszusprechen. Weitere Prüfungen obliegen dem Beschwerdegericht. – **d) Einwendungen des Schuldners.** Er kann die im Errichtungsstaat statt- 8 haften Rechtsmittel oder einen Rechtsbehelf nach Art 43 einlegen. Das gem Abs 1 S 2 iVm Art 43 oder 44 zuständige Beschwerdegericht kann die Vollstreckbarerklärung nur aufheben oder versagen, wenn die ZwVollstr aus der Urkunde dem ordre public des Zweitstaats offensichtlich widersprechen würde (hierzu Art 34 Rn 2). Wenn eine Bescheinigung nach Anh VI vorliegt, darf nicht geprüft werden, ob die Urkunde echt, also wirksam ist. In der Beschwerde kann der Schuldner wegen des eindeutigen Wortlauts von Abs 1 S 2 keine Einwendungen gegen den beurkundeten Anspruch gem § 12 Abs 2 AVAG vortragen. Letztere können nur im Erststaat geltend gemacht werden oder gem § 14 AVAG mit der Vollstreckungsabwehrklage gem § 767 ZPO. – **e) Aufhebung** der Vollstreckungsklausel, falls die Urkunde 9 im Erststaat nachträglich aufgehoben wird: § 27 AVAG. – **f) Scha-** 10 **densersatzansprüche** können bei ungerechtfertigter Vollstreckung gem § 28 AVAG entstehen.

Art. 58 [Prozessvergleich]

¹Vergleiche, die vor einem Gericht im Laufe eines Verfahrens geschlossen und in dem Mitgliedstaat, in dem sie errichtet wurden, vollstreckbar sind, werden in dem Vollstreckungsmitgliedstaat unter denselben Bedingungen wie öffentliche Urkunden vollstreckt. ²Das Gericht oder die sonst befugte Stelle des Mitgliedstaats, in dem ein Prozessvergleich geschlossen worden ist, stellt auf Antrag die Bescheinigung unter Verwendung des Formblatts in Anhang V dieser Verordnung aus.

1   **1. Anwendungsbereich.** Der der EuGVVO muss eröffnet sein, vor allem der sachliche nach Art 1 (umstr). Der Vergleich muss in einem Mitgliedstaat geschlossen worden sein.

2   **2. Prozessvergleich. a) Vor einem Gericht,** also eine Vereinbarung im Laufe eines gerichtlichen Verfahrens, andernfalls liegt uU
3   eine öffentliche Urkunde vor. – **b) Vollstreckbarkeit** beurteilt sich
4   nach dem Recht des Erststaates. – **c) Verfahren.** Hierfür gelten Art 57 Rn 5 ff entsprechend. Das Erstgericht stellt über den Vergleich eine Bescheinigung nach Anh V aus, die vom Gläubiger im Verfahren nach Art 38 ff vorzulegen ist. Zuständigkeit für die Erteilung der Bescheinigung in Deutschland: § 56 AVAVG.

Kapitel V. Allgemeine Vorschriften

Art. 59 [Wohnsitz]

(1) Ist zu entscheiden, ob eine Partei im Hoheitsgebiet des Mitgliedstaats, dessen Gerichte angerufen sind, einen Wohnsitz hat, so wendet das Gericht sein Recht an.

(2) Hat eine Partei keinen Wohnsitz in dem Mitgliedstaat, dessen Gerichte angerufen sind, so wendet das Gericht, wenn es zu entscheiden hat, ob die Partei einen Wohnsitz in einem anderen Mitgliedstaat hat, das Recht dieses Mitgliedstaats an.

1   **1. Inländischer** Wohnsitz (Abs 1) der natürlichen Person (juristische Person: Art 60): §§ 7 ff BGB. Er ist für die Bestimmung der internationalen, ggf auch örtlichen Zuständigkeit maßgeblich, soweit die EuGVVO auf diesen abstellt.

2   **2. Ausländischer** Wohnsitz in einem anderen Vertragsstaat (Abs 2) beurteilt sich nach dem Sachrecht (Art 3 Abs 1 S 2 EGBGB) des anderen Staates, also nach dessen materiellen Recht oder Prozessrecht.

3   **3. Kompetenzkonflikt. a) Negativer.** Ist nach dem Recht eines jeden Mitgliedstaats der Wohnsitz einer Partei im anderen Mitgliedstaat, so kann ausnahmsweise auf den gewöhnlichen Aufenthalt der Partei abgestellt werden (umstr; aA Zö/Geimer Art 52 EuGVÜ
4   Rn 2). – **b) Positiver.** Ist nach dem Recht beider Mitgliedstaaten der

Wohnsitz in ihrem Hoheitsgebiet gegeben, so geht der Wohnsitz im Gerichtsstaat auf Grund des vom Kläger ausgeübten Wahlrechts vor. Erklären sich mehrere Mitgliedstaaten zugleich für zuständig, so gelten Art 27–30.

4. Minderjährige. Zunächst ist die Minderjährigkeit nach dem von   5 Art 7 EGBGB berufenen Recht festzustellen. Sodann ist bei Abs 1 auf §§ 8, 11 BGB, bei Abs 2 auf das ausländische Recht abzustellen. Dabei auftretende Vorfragen zB nach dem Eltern-Kind-Verhältnis sind selbständig, dh nach dem IPR des Gerichtsorts anzuknüpfen (Palandt Rn 29 vor Art 3 EGBGB).

5. Wohnsitz im Drittstaat. Bei fehlendem Wohnsitz in einem Mit-   6 gliedstaat ist die Zuständigkeit, soweit nicht Ausnahmen zB nach Art 9 Abs 2, 15 Abs 2 eingreifen, nach autonomen Recht zu beurteilen (Art 4). Insoweit ist zur Bestimmung des Wohnsitzes auf das IPR zurückzugreifen.

Art. 60 [Wohnsitz von Gesellschaften und juristischen Personen]

(1) **Gesellschaften und juristische Personen haben für die Anwendung dieser Verordnung ihren Wohnsitz an dem Ort, an dem sich**

a) ihr satzungsmäßiger Sitz,
b) ihre Hauptverwaltung oder
c) ihre Hauptniederlassung befindet.

(2) **Im Falle des Vereinigten Königreichs und Irlands ist unter dem Ausdruck „satzungsmäßiger Sitz" das registered office oder, wenn ein solches nirgendwo besteht, der place of incorporation (Ort der Erlangung der Rechtsfähigkeit) oder, wenn ein solcher nirgendwo besteht, der Ort, nach dessen Recht die formation (Gründung) erfolgt ist, zu verstehen.**

(3) **Um zu bestimmen, ob ein trust seinen Sitz in dem Vertragsstaat hat, bei dessen Gerichten die Klage anhängig ist, wendet das Gericht sein Internationales Privatrecht an.**

1. Gesellschaft oder juristische Person (Abs 1). **a) Wohnsitz.**   1 Dieser wird in der EuGVVO eigenständig bestimmt und alternativ **(1)** an den satzungsmäßigen Sitz, **(2)** an die Hauptverwaltung, **(3)** an die Hauptniederlassung angeknüpft. Damit ist der im EuGVÜ im Anschluss an die Centros-Entscheidung des EuGH (NJW 99, 2027) entstandene Streit, ob zur Bestimmung des Sitzes einer Gesellschaft das Recht des Gründungsortes oder das Recht am tatsächlichen Sitz der Hauptverwaltung (Palandt Rn 2 und 4 zu Anh zu Art 12 EGBGB) unter Berücksichtigung von Rück- und Weiterverweisungen (Art 4 Abs 1 EGBGB) zu berücksichtigen ist, nicht mehr relevant. – **b) Partei- und Prozess-**   2 **fähigkeit sowie Vertretung** richten sich nach dem Recht am tatsächlichen Sitz der Hauptverwaltung, wobei hinsichtlich der Partei- und

Prozessfähigkeit sowohl das (ausländische) materielle als auch das Prozessrecht berufen ist (MüKo/Ebenroth Rn 285 nach Art 10 EGBGB). Ist die Gesellschaft oder juristische Person nach dem ausländischen Recht rechtsfähig, so ist dies im Inland ohne weiteres anzuerkennen

3 (Palandt Rn 18 zu Anh zu Art 2 EGBGB). – **c) Sitzverlegung.** Wird der Sitz der Gesellschaft oder juristischen Person verlegt, so ist der in Abs 1 genannte Wohnsitz im Zeitpunkt der Klageerhebung maßgeblich. Eine Verlegung des Wohnsitzes zu einem späteren Zeitpunkt ist wegen § 261 Abs 3 Nr 2 ZPO unbeachtlich. Für die Vollstreckbarerklärung kommt es auf den Wohnsitz im Zeitpunkt der Antragstellung gem Art 39 an.

4 **2. Trust** (Abs 3). Er ist eine nicht rechtsfähige Vermögensmasse. Die Sitzbestimmung ist für Art 5 Nr 6 maßgeblich und erfolgt nach dem IPR des angerufenen Gerichts, also auch nach dem effektiven Verwaltungssitz.

Art. **61** [Besonderheit im Adhäsionsverfahren]

[1]Unbeschadet günstigerer innerstaatlicher Vorschriften können Personen, die ihren Wohnsitz im Hoheitsgebiet eines Mitgliedstaats haben und die vor den Strafgerichten eines anderen Mitgliedstaats, dessen Staatsangehörigkeit sie nicht besitzen, wegen einer fahrlässig begangenen Straftat verfolgt werden, sich von hierzu befugten Personen vertreten lassen, selbst wenn sie persönlich nicht erscheinen. [2]Das Gericht kann jedoch das persönliche Erscheinen anordnen; wird diese Anordnung nicht befolgt, so braucht die Entscheidung, die über den Anspruch aus einem Rechtsverhältnis des Zivilrechts ergangen ist, ohne dass sich der Angeklagte verteidigen konnte, in den anderen Mitgliedstaaten weder anerkannt noch vollstreckt zu werden.

1 Die Vorschrift ergänzt Art 5 Nr 4 (dort Rn 21). Zugleich schafft sie dann ein Anerkennungs- und Vollstreckungshindernis für den zivilrechtlich zuerkannten Anspruch, falls im Falle einer fahrlässig begangenen Straftat der Angeklagte trotz persönlicher Ladung nicht zum Termin erschienen ist und sich deshalb nach dem nationalen Recht nicht verteidigen konnte.

Art. **62** [Besonderheit für schwedische Verfahren]

Bei den summarischen Verfahren betalningsföreläggande (Mahnverfahren) und handräckning (Beistandsverfahren) in Schweden umfasst der Begriff „Gericht" auch die schwedische kronofogdemyndighet (Amt für Beitreibung).

Art. 63 [Besonderheiten für Luxemburg]

(1) Eine Person, die ihren Wohnsitz im Hoheitsgebiet Luxemburgs hat und vor dem Gericht eines anderen Mitgliedstaats aufgrund des Artikels 5 Nummer 1 verklagt wird, hat die Möglichkeit, die Unzuständigkeit dieses Gerichts geltend zu machen, wenn sich der Bestimmungsort für die Lieferung beweglicher Sachen oder die Erbringung von Dienstleistungen in Luxemburg befindet.

(2) Befindet sich der Bestimmungsort für die Lieferung beweglicher Sachen oder die Erbringung von Dienstleistungen nach Absatz 1 in Luxemburg, so ist eine Gerichtsstandsvereinbarung nur rechtswirksam, wenn sie schriftlich oder mündlich mit schriftlicher Bestätigung im Sinne von Artikel 23 Absatz 1 Buchstabe a) angenommen wurde.

(3) Der vorliegende Artikel ist nicht anwendbar auf Verträge über Finanzdienstleistungen.

(4) Dieser Artikel gilt für die Dauer von sechs Jahren ab Inkrafttreten dieser Verordnung.

Art. 64 [Besonderheiten für Seerechtsstreitigkeiten]

(1) [1]Bei Streitigkeiten zwischen dem Kapitän und einem Mitglied der Mannschaft eines in Griechenland oder in Portugal eingetragenen Seeschiffs über die Heuer oder sonstige Bedingungen des Dienstverhältnisses haben die Gerichte eines Mitgliedstaats zu überprüfen, ob der für das Schiff zuständige diplomatische oder konsularische Vertreter von der Streitigkeit unterrichtet worden ist. [2]Sie können entscheiden, sobald dieser Vertreter unterrichtet ist.

(2) Dieser Artikel gilt für die Dauer von sechs Jahren ab Inkrafttreten dieser Verordnung.

Art. 65 [Besonderheiten für Deutschland und Österreich]

(1) [1]Die in Artikel 6 Nummer 2 und Artikel 11 für eine Gewährleistungs- oder Interventionsklage vorgesehene Zuständigkeit kann weder in Deutschland noch in Österreich geltend gemacht werden. [2]Jede Person, die ihren Wohnsitz in einem anderen Mitgliedstaat hat, kann vor Gericht geladen werden

a) in Deutschland nach den §§ 68 und 72 bis 74 der Zivilprozessordnung, die für die Streitverkündung gelten,

b) in Österreich nach § 21 der Zivilprozessordnung, der für die Streitverkündung gilt.

(2) [1] Entscheidungen, die in den anderen Mitgliedstaaten aufgrund des Artikels 6 Nummer 2 und des Artikels 11 ergangen sind, werden in Deutschland und in Österreich nach Kapitel III anerkannt und vollstreckt. [2] Die Wirkungen, welche die in diesen Staaten ergangenen Entscheidungen nach Absatz 1 gegenüber Dritten haben, werden auch in den anderen Mitgliedstaaten anerkannt.

Die Vorschrift ergänzt Art 6 Nr 2 (dort Rn 3) und Art 11 (dort Rn 3). Sie stellt klar, dass die Urteile der Mitgliedstaaten in den anderen Mitgliedstaaten anerkannt und vollstreckt werden können, auch wenn die aufgeführten Rechtsinstitute dort nicht bekannt sind. Auch die Nebeninterventionswirkung (§§ 74 Abs 3, 68 ZPO) ist in den anderen Mitgliedstaaten anzuerkennen.

Kapitel VI. Übergangsvorschriften

Art. 66 [Zeitlicher Anwendungsbereich der Verordnung]

(1) Die Vorschriften dieser Verordnung sind nur auf solche Klagen und öffentliche Urkunden anzuwenden, die erhoben bzw. aufgenommen worden sind, nachdem diese Verordnung in Kraft getreten ist.

(2) Ist die Klage im Ursprungsmitgliedstaat vor dem Inkrafttreten dieser Verordnung erhoben worden, so werden nach diesem Zeitpunkt erlassene Entscheidungen nach Maßgabe des Kapitels III anerkannt und zur Vollstreckung zugelassen,
a) wenn die Klage im Ursprungsmitgliedstaat erhoben wurde, nachdem das Brüsseler Übereinkommen oder das Übereinkommen von Lugano sowohl im Ursprungsmitgliedstaat als auch in dem Mitgliedstaat, in dem die Entscheidung geltend gemacht wird, in Kraft getreten war;
b) in allen anderen Fällen, wenn das Gericht aufgrund von Vorschriften zuständig war, die mit den Zuständigkeitsvorschriften des Kapitels II oder eines Abkommens, das im Zeitpunkt der Klageerhebung zwischen dem Ursprungsmitgliedstaat und dem Mitgliedstaat, in dem die Entscheidung geltend gemacht wird, in Kraft war.

1   **1. Allgemeines.** Die Vorschrift regelt den zeitlichen Anwendungsbereich der EuGVVO, und zwar in Abs 1 für den Erlass der Erstentscheidung und in Abs 2 für die Anerkennung und Vollstreckung.

2   **2. Klageerhebung** (Abs 1) beurteilt sich nach dem Recht des angerufenen Gerichts (BGH 132, 105). In Deutschland ist die Klagezustellung maßgeblich (§ 253 ZPO; BGH NJW 93, 1070; BGH WM 97,

980). Dies gilt auch für Klagen, denen eine Gerichtsstandsvereinbarung zugrunde liegt (BGH aaO; vgl Art 23 Rn 19) und für Widerklagen. Die Klage muss also nach dem 1. 3. 02 (vgl Art 76) erhoben worden sein. Urkunden müssen nach diesem Zeitpunkt aufgenommen worden sein, damit sie nach der EuGVVO vollstreckbar sind. Wegen Art 58 gilt dies auch für Prozessvergleiche.

3. Doppelte Rechtshängigkeit. Abs 1 ist dahin auszulegen, dass, **3** wenn in zwei verschiedenen Vertragsstaaten Klagen wegen desselben Anspruchs zwischen denselben Parteien erhoben werden, von denen die Erste vor dem Inkrafttreten der EuGVVO zwischen diesen Staaten und die zweite nach diesem Zeitpunkt erhoben wurde, das später angerufene Gericht Art 27 Abs 2 anzuwenden hat, wenn das zuerst angerufene Gericht sich auf Grund einer Vorschrift für zuständig erklärt hat, die mit den Zuständigkeitsvorschriften des Kapitels II oder eines im Zeitpunkt der Klageerhebung bestehenden bilateralen Abkommens übereinstimmt; hat das zuerst angerufene Gericht noch nicht über seine Zuständigkeit entschieden, ist Art 27 nur vorläufig anzuwenden. Dagegen darf das später angerufene Gericht Art 27 nicht anwenden, wenn das zuerst angerufene Gericht sich auf Grund einer Vorschrift für zuständig erklärt, die mit den Zuständigkeitsvorschriften des Titels II oder eines im Zeitpunkt der Klageerhebung bestehenden bilateralen Abkommens nicht übereinstimmt (EuGH IPRax 99, 100 m Anm Rauscher S 80).

4. Anerkennung und Vollstreckung (Abs 2). **a) Anwendungs-** **4** **bereich.** Hierfür ist eine Anwendung der Art 32–56 für den Fall vorgesehen, dass das Ersturteil nach dem Inkrafttreten der EuGVVO (Art 76: 1. 3. 02) für die beteiligten Staaten ergangen ist, die dem Urteil zugrundeliegende Klage aber schon vor diesem Zeitpunkt erhoben worden ist. Ergangen ist die Entscheidung mit ihrem Wirksamwerden nach dem innerstaatlichen Recht des Gerichtsstaats (Wagner RIW 98, 590/591; aA Geimer RIW 76, 149: Rechtskraft). Auf Entscheidungen, die vor dem Inkrafttreten der EuGVVO ergangen sind und auf vorher errichtete Urkunden ist Abs 2 nicht anzuwenden; insoweit sind die bisherigen Anerkennungs- und Vollstreckungsvorschriften anzuwenden, insb als das EuGVÜ, das LGVÜ oder bilaterale Abkommen. Dies gilt auch für die Berufungs- und Revisionsinstanz. – **b) Voraussetzungen.** Eine Anerkennung und Vollstreckung von un- **5** ter Abs 2 fallenden Entscheidungen setzt alternativ voraus, **(a)** dass das Ertgericht seine Zuständigkeit auf das EuGVÜ oder LGVÜ (hierzu vor Art 1 Rn 2 u 3) gestützt hat oder **(b)** seine Zuständigkeit auf Vorschriften gestützt hat, die den Art 2–31 entsprechen oder sich die Zuständigkeit aus einem bilateralen Vertrag ergibt. Ist das nicht der Fall oder ist Abs 2 nicht anwendbar, ist die Anerkennung und Vollstreckung nach autonomem Recht (§§ 328, 722, 723 ZPO) oder nach bilateralen Staatsverträgen (vgl Art 69, 70) zu beurteilen. Dasselbe gilt für Urkunden (Art 70 Abs 2).

Kapitel VII. Verhältnis zu anderen Rechtsinstrumenten

Art. **67** [Besondere Rechtsgebiete in Rechtsakten der EG]

Diese Verordnung berührt nicht die Anwendung der Bestimmungen, die für besondere Rechtsgebiete die gerichtliche Zuständigkeit oder die Anerkennung und Vollstreckung von Entscheidungen regeln und in gemeinschaftlichen Rechtsakten oder in dem in Ausführung dieser Akte harmonisierten einzelstaatlichen Recht enthalten sind.

1   **Allgemeines.** Die Vorschrift regelt das Verhältnis der EuGVVO zu Rechtsakten der EG für besondere Rechtsgebiete und darauf ggf beruhendem umgesetzten nationalen Recht. Rechtsakte für besondere Rechtsgebiete können insb im Bereich der justiziellen Zusammenarbeit nach Art 65 EG erlassen werden. Sekundäres Gemeinschaftsrecht dieser Art besteht ferner bisher lediglich für Gemeinschaftsmarken nach der EG-MarkenVO Nr 40/94; ferner beachtlich ist die Entsenderichtlinie 96/71 (EG), die für Arbeitssachen gilt und die VO Nr 2271/96 (EG) des Rates zum Schutz vor Auswirkungen der extraterritorialen Anwendung von einem Drittland erlassener Rechtsakte. Nicht hierunter fallen die VO Nr 1347/2000 v 29. 5. 00 (EheVO) und die VO Nr 1346/2000 v 29. 5. 00 über das Insolvenzverfahren (vgl Art 1 Rn 4 u 7), weil insoweit der Anwendungsbereich der EuGVVO ausgeschlossen ist.

Art. **68** [Verhältnis zum EuGVÜ]

(1) Diese Verordnung tritt im Verhältnis zwischen den Mitgliedstaaten an die Stelle des Brüsseler Übereinkommens, außer hinsichtlich der Hoheitsgebiete der Mitgliedstaaten, die in den territorialen Anwendungsbereich dieses Übereinkommens fallen und aufgrund der Anwendung von Artikel 299 des Vertrags zur Gründung der Europäischen Gemeinschaft von der vorliegenden Verordnung ausgeschlossen sind.

(2) Soweit diese Verordnung die Bestimmungen des Brüsseler Übereinkommens zwischen den Mitgliedstaaten ersetzt, gelten Verweise auf dieses Übereinkommen als Verweise auf die vorliegende Verordnung.

1   **1. Abs 1.** Die Vorschrift stellt klar, dass das EuGVÜ im Verhältnis zu den Mitgliedstaaten ab Inkrafttreten der EuGVVO zum 1. 3. 02 nicht mehr anzuwenden ist. Soweit in Teilen der Mitgliedstaaten gem Art 299 EG die VO keine Anwendung findet (vgl hierzu vor Art 1 Rn 8), gilt dort jedoch das EuGVÜ weiter, soweit dieses seinerseits seinen räumlichen Anwendungsbereich auf diese Gebiete erstreckt hat (vgl hierzu 23. Aufl. Vorbemerkung vor Art 1 Rn 10).

2. Abs 2. Sofern in anderen Rechtsvorschriften auf das EuGVÜ **2** verwiesen wird, gilt dieses ab 1. 3. 02 als Verweisung auf die EuGVVO, soweit die VO das EuGVÜ ersetzt. Dies ist der Fall, soweit mit der EuGVVO inhaltsgleiche Vorschriften erlassen wurden.

Art. 69 [Nicht mehr anwendbare Staatsverträge]

Diese Verordnung ersetzt unbeschadet des Artikels 66 Absatz 2 und des Artikels 70 im Verhältnis zwischen den Mitgliedstaaten die nachstehenden Abkommen und Verträge:

. . .

– das am 9. März 1936 in Rom unterzeichnete deutsch-italienische Abkommen über die Anerkennung und Vollsteckung gerichtlicher Entscheidungen in Zivil- und Handelssachen;

. . .

– das am 30. Juni 1958 in Bonn unterzeichnete deutsch-belgische Abkommen über die gegenseitige Anerkennung und Vollstreckung von gerichtlichen Entscheidungen, Schiedssprüchen und öffentlichen Urkunden in Zivil- und Handelssachen;

. . .

– den am 6. Juni 1959 in Wien unterzeichneten deutsch-österreichischen Vertrag über die gegenseitige Anerkennung und Vollstreckung von gerichtlichen Entscheidungen, Vergleichen und öffentlichen Urkunden in Zivil- und Handelssachen;

. . .

– das am 14. Juli 1960 in Bonn unterzeichnete deutsch-britische Abkommen über die gegenseitige Anerkennung und Vollstreckung von gerichtlichen Entscheidungen in Zivil- und Handelssachen;

– den am 4. November 1961 in Athen unterzeichneten Vertrag zwischen der Bundesrepublik Deutschland und dem Königreich Griechenland über die gegenseitige Anerkennung und Vollstreckung von gerichtlichen Entscheidungen, Vergleichen und öffentlichen Urkunden in Zivil- und Handelssachen;

. . .

– den am 30. August 1962 in Den Haag unterzeichneten deutsch-niederländischen Vertrag über gegenseitige Anerkennung und Vollstreckung gerichtlicher Entscheidungen und anderer Schuldtitel in Zivil- und Handelssachen;

. . .

– den am 14. November 1983 in Bonn unterzeichneten deutsch-spanischen Vertrag über die Anerkennung und Vollstreckung von gerichtlichen Entscheidungen und Vergleichen sowie vollstreckbaren öffentlichen Urkunden in Zivil- und Handelssachen;

(Die Deutschland nicht betreffenden völkerrechtl Verträge sind nicht abgedruckt.)

. . .

1   **Nicht mehr anwendbare Staatsverträge.** Die aufgeführten Staatsverträge gelten jedoch weiter, soweit der sachliche (Art 1 iVm Art 69 Abs 1) oder zeitliche Anwendungsbereich (Art 66 iVm Art 70 Abs 2) der EuGVVO nicht eröffnet ist (Hamburg RIW 96, 862). Auf Grund eines offensichtlichen Redaktionsversehens war der deutsch-britische Anerkennungs- und Vollstreckungsvertrag vom 14. 7. 60 nicht in Art 69 aufgeführt worden. Dieser Fehler wurde durch die BerichtigungsVO v 29. 11. 01 (ABl L 307/28) korrigiert.

Art. 70 [Weitergeltung]

(1) **Die in Artikel 69 angeführten Abkommen und Verträge behalten ihre Wirksamkeit für die Rechtsgebiete, auf die diese Verordnung nicht anzuwenden ist.**

(2) **Sie bleiben auch weiterhin für die Entscheidungen und die öffentlichen Urkunden wirksam, die vor Inkrafttreten dieser Verordnung ergangen oder aufgenommen sind.**

1   **1. Sachliche** Fortgeltung (Abs 1) der in Art 69 aufgeführten Verträge betrifft die durch Art 1 Abs 2 ausgeschlossenen Rechtsgebiete (Art 1 Rn 3 ff), insbes vor allem das Ehe-, (teilweise) Familien- und Erbrecht. Sofern die ZwVollstr sowohl aus der EuGVVO als auch aus dem Staatsvertrag betrieben wird und auf beide das AVAG anwendbar ist, ist eine einheitliche Vollstreckungsklausel nach § 9 AVAG zu erteilen. Sollte ein bilaterales Abkommen für die Anerkennung und Vollstreckung geringere Anforderung stellen als die EuGVVO, so ist dennoch nur letzteres anzuwenden, sofern dessen Anwendungsbereich eröffnet ist (BGH NJW 93, 2688 m Anm Rauscher IPRax 93, 376).

2   **2. Zeitliche** Fortgeltung (Abs 2). Die Staatsverträge gelten auch fort, soweit der zeitliche Anwendungsbereich der EuGVVO (Art 66) nicht eröffnet ist.

Art. 71 [Besondere Rechtsgebiete]

(1) **Diese Verordnung lässt Übereinkommen unberührt, denen die Mitgliedstaaten angehören und die für besondere Rechtsgebiete die gerichtliche Zuständigkeit, die Anerkennung oder die Vollstreckung von Entscheidungen regeln.**

(2) **Um eine einheitliche Auslegung des Absatzes 1 zu sichern, wird dieser Absatz in folgender Weise angewandt:**
a) [1]Diese Verordnung schließt nicht aus, dass ein Gericht eines Mitgliedstaats, der Vertragspartei eines Übereinkommens über ein besonderes Rechtsgebiet ist, seine Zuständigkeit auf ein solches Übereinkommen stützt, und zwar auch dann, wenn der Beklagte seinen Wohnsitz im Hoheitsgebiet eines Mitgliedstaats hat, der nicht Vertragspartei eines solchen Übereinkommens ist. [2]In jedem Fall wendet dieses Gericht Artikel 26 dieser Verordnung an.

b) Entscheidungen, die in einem Mitgliedstaat von einem Gericht erlassen worden sind, das seine Zuständigkeit auf ein Übereinkommen über ein besonderes Rechtsgebiet gestützt hat, werden in den anderen Mitgliedstaaten nach dieser Verordnung anerkannt und vollstreckt.[2] Sind der Ursprungsmitgliedstaat und der ersuchte Mitgliedstaat Vertragsparteien eines Übereinkommens über ein besonderes Rechtsgebiet, welches die Voraussetzungen für die Anerkennung und Vollstreckung von Entscheidungen regelt, so gelten diese Voraussetzungen.[3] In jedem Fall können die Bestimmungen dieser Verordnung über das Verfahren zur Anerkennung und Vollstreckung von Entscheidungen angewandt werden.

1. Allgemeines. Die Vorschrift regelt das Verhältnis der EuGVVO   **1**
zu Übereinkommen für besondere Rechtsgebiete.

2. Besondere Rechtsgebiete (Abs 1). Eine (nicht abschließende)   **2**
Aufzählung findet sich bei MüKo/Gottwald Art 57 EuGVÜ (Rn 2),
Geimer/Schütze (Bd I 1 S 71 ff (mit Texten)). Für die gerichtliche Praxis von besonderer Bedeutung sind: (1) Genfer Übereinkommen über
den Beförderungsvertrag im internationalen Straßengüterverkehr
(CMR) vom 19. 5. 56 (BGBl 61 II 1119), (2) Warschauer Abkommen
zur Vereinheitlichung von Regeln über die Beförderung im internationalen Luftverkehr vom 12. 10. 1929 (RGBl 33 II 1040), (3) Haager
Übereinkommen über die Anerkennung und Vollstreckung von Entscheidungen auf dem Gebiet der Unterhaltspflicht gegenüber Kindern
(HUVÜ 58) vom 15. 4. 58 (BGBl 63 II 1005), (4) Haager Übereinkommen über die Anerkennung und Vollstreckung von Unterhaltsentscheidungen (HUVÜ 73) vom 2. 10. 73 (BGBl 86 II 826), (5) Haager
Übereinkommen über den Zivilprozeß vom 1. 3. 54 (BGBl 58 II 576),
(6) Haager Übereinkommen über die Zustellung gerichtlicher und außergerichtlicher Schriftstücke im Ausland in Zivil- oder Handelssachen
vom 15. 11. 65 (BGBl 77 II 1452), (7) Haager Übereinkommen über
die Beweisaufnahme im Ausland in Zivil- oder Handelssachen vom
18. 3. 70 (BGBl 77 II 1472), (8) Internationales Übereinkommen zur
Vereinheitlichung von Regeln über den Arrest in Seeschiffe vom 10. 5.
52 (BGBl 72 II 653; vgl hierzu Kraft TranspR 97, 366).

3. Authentische Interpretation der EuGVVO (Abs 2). Wie Abs 1   **3**
auszulegen ist, wird durch Abs 2 verbindlich geregelt. **a) Zuständigkeit**   **4**
(Buchst a). Grundsätzlich ist das Spezialübereinkommen vorrangig anzuwenden, auch dann, wenn der Wohnsitzstaat des Beklagten nicht Mitglied des Sonderübereinkommens ist. Eine Ausnahme besteht, wenn der
Beklagte säumig ist; auf Grund des Verweises auf Art 26 sollen ausschließlich die Vorschriften der EuGVVO anzuwenden sein (Dresden
IPRax 00, 121 m Anm Haubold S 91; Karlsruhe VersR 99, 1258). Nach
Dresden und Karlsruhe (aaO) soll dies auch im Falle des Art 24 (=
Art 18 EuGVÜ) gelten, wenn der Beklagte sich nur eingelassen hat, um
die int Zuständigkeit zu rügen. Diese Auslegung erscheint jedoch zu eng

und wird dem Sinn der Vorschrift nicht gerecht (so zu Recht Dißars TranspR 01, 387). Vielmehr ist in den beiden genannten Fällen die Verweisung auf Art 26 dahin gehend zu verstehen, dass Art 71 Abs 2 Buchst a) in Verbindung mit den Regeln der besonderen Abkommen selbst eine Zuständigkeit nach der EuGVVO begründet (MüKo/Gottwald Art 57 EuGVÜ Rn 5; im Ergebnis auch Hamm TranspR 01, 398). Ist der Anwendungsbereich des Spezialübereinkommens nicht eröffnet oder ist der konkrete Sachverhalt nicht durch das Spezialübereinkommen geregelt (EuGH EuZW 95, 309 m Anm Herber TranspR 96,196; Mankowski EWS 96, 301) oder enthält es keine Regelung der internationalen Zuständigkeit, so ist auf die EuGVVO zurückzugreifen (Mankowski aaO S 305). Art 27–30 sind daher anzuwenden, wenn das besondere Übereinkommen keine Bestimmung über die Rechtshängigkeit und im Zusammenhang stehende Verfahren enthält (EuGH aaO). –

5 **b) Anerkennung und Vollstreckung** (Buchst b). Die auf Grund einer Zuständigkeitsregelung in den Spezialübereinkommen erlassenen Entscheidungen werden in allen Vertragsstaaten nach Art 33 ff, 38 ff und nicht nach dem autonomen Recht anerkannt und vollstreckt, sofern das Übereinkommen keine diesbezüglichen Regeln enthält. Ist dies jedoch der Fall, so gehen dessen Regeln nach S 2 vor, soweit es selbst den Vorrang beansprucht. Geht das Spezialübereinkommen vom Günstigkeitsprinzip aus, wie zB Art 11 HUVÜ 58 und Art 23 HUVÜ 73, so sind die Vollstreckungsvoraussetzungen dem liberaleren Sonderübereinkommen zu entnehmen. Der Titelgläubiger kann jedoch das ihm günstigste Verfahren nach seiner freien Entscheidung aus Art 38 ff und dem Verfahren des Spezialabkommens (mit dem jeweiligen AusfG) auswählen (Mankowski IPRax 00, 188). Für das HUVÜ 73 gilt darüber hinaus auch das AVAG (§ 1 Abs 1 Nr 1 c AVAG).

Art. 72 [Verhältnis zu Drittstaaten]

Diese Verordnung lässt Vereinbarungen unberührt, durch die sich die Mitgliedstaaten vor Inkrafttreten dieser Verordnung nach Artikel 59 des Brüsseler Übereinkommens verpflichtet haben, Entscheidungen der Gerichte eines anderen Vertragsstaats des genannten Übereinkommens gegen Beklagte, die ihren Wohnsitz oder gewöhnlichen Aufenthalt im Hoheitsgebiet eines dritten Staates haben, nicht anzuerkennen, wenn die Entscheidungen in den Fällen des Artikels 4 des genannten Übereinkommens nur in einem der in Artikel 3 Absatz 2 des genannten Übereinkommens angeführten Gerichtsstände ergehen können.

1 Die Vorschrift erfasst die Anerkennung und Vollstreckung gerichtlicher Entscheidungen, die gegen Personen erlassen wurden, die ihren Wohnsitz außerhalb der Mitgliedstaaten der EuGVVO haben. Sie können gem Art 4 auch in den in Art 3 Abs 2 aufgeführten exorbitanten Gerichtsständen verklagt werden. Art 72 ermöglicht deren Ausschluss durch bilaterale Staatsverträge. Dies geschah in Art 23 des deutsch-nor-

wegischen Vertrags vom 17. 6. 77 (BGBl 81 II 341, 901), der seit Inkrafttreten des LGVÜ obsolet ist (Art 55 LGVÜ). Zu weiteren Staatsverträgen vgl MüKo/Gottwald Art 59 EuGVÜ Rn 4 ff.

Kapitel VIII. Schlussvorschriften

Art. 73 [Kommissionsbericht]

(nicht abgedruckt)

Art. 74 [Anpassung der Anhänge I–VI]

(nicht abgedruckt)

Art. 75 [Unterstützung durch einen Ausschuss]

(nicht abgedruckt)

Art. 76 [Inkrafttreten]

Diese Verordnung tritt am 1. März 2002 in Kraft.

Anhang I
Innerstaatliche Zuständigkeitsvorschriften im Sinne von
Artikel 3 Absatz 2 und Artikel 4 Absatz 2

Die innerstaatlichen Zuständigkeitsvorschriften im Sinne von Artikel 3 Absatz 2 und Artikel 4 Absatz 2 sind die folgenden:

...

– in Deutschland: § 23 der Zivilprozessordnung;

...

(von dem Abdruck der die anderen Mitgliedstaaten betreffenden Vorschriften wurde abgesehen).

Anhang II

Anträge nach Artikel 39 sind bei folgenden Gerichten oder sonst befugten Stellen einzubringen:

...

– in Deutschland beim Vorsitzenden einer Kammer des Landgerichts;

...

(von dem Abdruck der die anderen Mitgliedstaaten betreffenden Zuständigkeiten wurde abgesehen).

Anhang III

Die Rechtsbehelfe nach Artikel 43 Absatz 2 sind bei folgenden Gerichten der Mitgliedstaaten einzulegen:

...

– in Deutschland beim Oberlandesgericht;

...

(von dem Abdruck der die anderen Mitgliedstaaten betreffenden Zuständigkeiten wurde abgesehen).

Anhang IV

Nach Artikel 44 können folgende Rechtsbehelfe eingelegt werden:

...

– in Deutschland: die Rechtsbeschwerde,

...

(von dem Abdruck der die anderen Mitgliedstaaten betreffenden Regelungen wurde abgesehen).

Anhang V
Bescheinigung nach den Artikeln 54 und 58 der Verordnung
betreffend gerichtliche Entscheidungen und Prozessvergleiche

(Deutsch, alemán, allemand, tedesco, ...)

1   Ursprungsmitgliedstaat
2   Gericht oder sonst befugte Stelle, das/die die vorliegende Bescheinigung ausgestellt hat
    2.1   Name
    2.2   Anschrift
    2.3   Tel./Fax/E-mail
3   Gericht, das die Entscheidung erlassen hat/vor dem der Prozessvergleich geschlossen wurde*
    3.1   Bezeichnung des Gerichts
    3.2   Gerichtsort
4   Entscheidung/Prozessvergleich*
    4.1   Datum
    4.2   Aktenzeichen
    4.3   Die Parteien der Entscheidung/des Prozessvergleichs*
       4.3.1   Name(n) des (der) Kläger(s)
       4.3.2   Name(n) des (der) Beklagten
       4.3.3   gegebenenfalls Name(n) (der) anderen(r) Partei(en)
    4.4   Datum der Zustellung des verfahrenseinleitenden Schriftstücks, wenn die Entscheidung in einem Verfahren erging, auf das sich der Beklagte nicht eingelassen hat
    4.5   Wortlaut des Urteilsspruchs/des Prozessvergleichs* in der Anlage zu dieser Bescheinigung
5   Namen der Parteien, denen Prozesskostenhilfe gewährt wurde

Die Entscheidung/der Prozessvergleich* ist im Ursprungsmitgliedstaat vollstreckbar (Artikel 38 und 58 der Verordnung) gegen:

    Name:

       Geschehen zu .... am ....

       Unterschrift und/oder Dienstsiegel ....

---

* Nichtzutreffendes streichen

Anhang VI
Bescheinigung nach Artikel 57 Absatz 4 der Verordnung betreffend öffentliche Urkunden

(Deutsch, alemán, allemand, tedesco, ...)

1 Ursprungsmitgliedstaat
2 Befugte Stelle, die die vorliegende Bescheinigung ausgestellt hat
  2.1 Name
  2.2 Anschrift
  2.3 Tel./Fax/E-Mail
3 Befugte Stelle, aufgrund deren Mitwirkung eine öffentliche Urkunde vorliegt
  3.1 Stelle, die an der Aufnahme der öffentlichen Urkunde beteiligt war (falls zutreffend)
    3.1.1 Name und Bezeichnung dieser Stelle
    3.1.2 Sitz dieser Stelle
  3.2 Stelle, die die öffentliche Urkunde registriert hat (falls zutreffend)
    3.2.1 Art der Stelle
    3.2.2 Sitz dieser Stelle
4 Öffentliche Urkunde
  4.1 Bezeichnung der Urkunde
  4.2 Datum
    4.2.1 an dem die Urkunde aufgenommen wurde
    4.2.2 falls abweichend: an dem die Urkunde registriert wurde
  4.3 Aktenzeichen
  4.4 Die Parteien der Urkunde
    4.4.1 Name des Gläubigers
    4.4.2 Name des Schuldners
5 Wortlaut der vollstreckbaren Verpflichtung in der Anlage zu dieser Bescheinigung

Die öffentliche Urkunde ist im Ursprungsmitgliedstaat gegen den Schuldner vollstreckbar (Artikel 57 Absatz 1 der Verordnung)

Geschehen zu .... am ....

Unterschrift und/oder Dienstsiegel ....

Verordnung (EG) Nr. 1347/2000 des Rates über die Zuständigkeit und die Anerkennung und Vollstreckung von Entscheidungen in Ehesachen und in Verfahren betreffend die elterliche Verantwortung für die gemeinsamen Kinder der Ehegatten

Vom 29. Mai 2000 (ABl L 160 S. 19)

DER RAT DER EUROPÄISCHEN UNION –

gestützt auf den Vertrag zur Gründung der Europäischen Gemeinschaft, insbesondere auf Artikel 61 Buchstabe c) und Artikel 67 Absatz 1,

auf Vorschlag der Kommission,

nach Stellungnahme des Europäischen Parlaments,

nach Stellungnahme des Wirtschafts- und Sozialausschusses,

in Erwägung nachstehender Grunde:

(1) [1]Die Mitgliedstaaten haben sich zum Ziel gesetzt, die Union als einen Raum der Freiheit, der Sicherheit und des Rechts, in dem der freie Personenverkehr gewährleistet ist, zu erhalten und weiterzuentwickeln. [2]Zum schrittweisen Aufbau dieses Raums hat die Gemeinschaft unter anderem im Bereich der justitiellen Zusammenarbeit in Zivilsachen die für das reibungslose Funktionieren des Binnenmarkts erforderlichen Maßnahmen zu erlassen.

(2) Für das reibungslose Funktionieren des Binnenmarkts muß der freie Verkehr der Entscheidungen in Zivilsachen verbessert und beschleunigt werden.

(3) Dieser Bereich unterliegt nunmehr der justitiellen Zusammenarbeit in Zivilsachen im Sinne von Artikel 65 des Vertrags.

(4) [1]Die Unterschiede zwischen bestimmten einzelstaatlichen Zuständigkeitsregeln und bestimmten Rechtsvorschriften über die Vollstreckung von Entscheidungen erschweren sowohl den freien Personenverkehr als auch das reibungslose Funktionieren des Binnenmarkts. [2]Es ist daher gerechtfertigt, Bestimmungen zu erlassen, um die Vorschriften über die internationale Zuständigkeit in Ehesachen und in Verfahren über die elterliche Verantwortung zu vereinheitlichen und die Formalitäten im Hinblick auf eine rasche und unkomplizierte Anerkennung von Entscheidungen und deren Vollstreckung zu vereinfachen.

(5) [1]Nach Maßgabe des in Artikel 5 des Vertrags niedergelegten Subsidiaritäts- und Verhältnismäßigkeitsprinzips können die Ziele dieser

Verordnung auf der Ebene der Mitgliedstaaten nicht ausreichend erreicht werden; sie können daher besser auf Gemeinschaftsebene verwirklicht werden. [2]Diese Verordnung geht nicht über das für die Erreichung dieser Ziele erforderliche Maß hinaus.

(6) [1]Der Rat hat mit Rechtsakt vom 28. Mai 1998 ein Übereinkommen über die Zuständigkeit und die Anerkennung und Vollstreckung von Entscheidungen in Ehesachen erstellt und das Übereinkommen den Mitgliedstaaten zur Annahme gemäß ihren verfassungsrechtlichen Vorschriften empfohlen. [2]Die bei der Aushandlung dieses Übereinkommens erzielten Ergebnisse sollten gewahrt werden; diese Verordnung übernimmt den wesentlichen Inhalt des Übereinkommens. [3]Sie enthält jedoch einige nicht im Übereinkommen enthaltene neue Bestimmungen, um eine Übereinstimmung mit einigen Bestimmungen der vorgeschlagenen Verordnung über die gerichtliche Zuständigkeit und die Anerkennung und Vollstreckung von Urteilen in Zivil- und Handelssachen sicherzustellen.

(7) Um den freien Verkehr der Entscheidungen in Ehesachen und in Verfahren über die elterliche Verantwortung innerhalb der Gemeinschaft zu gewährleisten, ist es angemessen und erforderlich, dass die grenzübergreifende Anerkennung der Zuständigkeiten und der Entscheidungen über die Auflösung einer Ehe und über die elterliche Verantwortung für die gemeinsamen Kinder der Ehegatten im Wege eines Gemeinschaftsrechtsakts erfolgt, der verbindlich und unmittelbar anwendbar ist.

(8) [1]In der vorliegenden Verordnung sind kohärente und einheitliche Maßnahmen vorzusehen, die einen möglichst umfassenden Personenverkehr ermöglichen. [2]Daher muß die Verordnung auch auf Staatsangehörige von Drittstaaten Anwendung finden, bei denen eine hinreichend enge Verbindung zu dem Hoheitsgebiet eines Mitgliedstaats gemäß den in der Verordnung vorgesehenen Zuständigkeitskriterien gegeben ist.

(9) [1]Der Anwendungsbereich dieser Verordnung sollte zivilgerichtliche Verfahren sowie außergerichtliche Verfahren einschließen, die in einigen Mitgliedstaaten in Ehesachen zugelassen sind, mit Ausnahme von Verfahren, die nur innerhalb einer Religionsgemeinschaft gelten. [2]Es muß daher darauf hingewiesen werden, dass die Bezeichnung „Gericht" alle gerichtlichen und außergerichtlichen Behörden einschließt, die für Ehesachen zuständig sind.

(10) [1]Diese Verordnung sollte nur für Verfahren gelten, die sich auf die Ehescheidung, die Trennung ohne Auflösung des Ehebandes oder die Ungültigerklärung einer Ehe beziehen. [2]Die Anerkennung einer Ehescheidung oder der Ungültigerklärung einer Ehe betrifft nur die Auflösung des Ehebandes. [3]Dementsprechend erstreckt sich die Anerkennung von Entscheidungen nicht auf Fragen wie das Scheidungsverschulden, das Ehegüterrecht, die Unterhaltspflicht oder sonstige mögliche Nebenaspekte, auch wenn sie mit dem vorgenannten Verfahren zusammenhängen.

(11) Diese Verordnung betrifft die elterliche Verantwortung für die gemeinsamen Kinder der Ehegatten in Fragen, die in engem Zusammenhang mit einem Antrag auf Scheidung, Trennung ohne Auflösung des Ehebandes oder Ungültigerklärung einer Ehe stehen.

(12) [1] Die Zuständigkeitskriterien gehen von dem Grundsatz aus, dass zwischen dem Verfahrensbeteiligten und dem Mitgliedstaat, der die Zuständigkeit wahrnimmt, eine tatsächliche Beziehung bestehen muß. [2] Die Auswahl dieser Kriterien ist darauf zurückzuführen, dass sie in verschiedenen einzelstaatlichen Rechtsordnungen bestehen und von den anderen Mitgliedstaaten anerkannt werden.

(13) [1] Eine Eventualität, die im Rahmen des Schutzes der gemeinsamen Kinder der Ehegatten bei einer Ehekrise berücksichtigt werden muß, besteht in der Gefahr, dass das Kind von einem Elternteil in ein anderes Land verbracht wird. [2] Die grundlegenden Interessen der Kinder sind daher insbesondere in Übereinstimmung mit dem Haager Übereinkommen vom 25. Oktober 1980 über die zivilrechtlichen Aspekte internationaler Kindesentführung zu schützen. [3] Der rechtmäßige gewöhnliche Aufenthalt wird daher als Zuständigkeitskriterium auch in den Fällen beibehalten, in denen sich der Ort des gewöhnlichen Aufenthalts aufgrund eines widerrechtlichen Verbringens oder Zurückhaltens des Kindes faktisch geändert hat.

(14) Diese Verordnung hindert die Gerichte eines Mitgliedstaats nicht daran, in dringenden Fällen einstweilige Maßnahmen einschließlich Sicherungsmaßnahmen in Bezug auf Personen oder Vermögensgegenstände, die sich in diesem Staat befinden, anzuordnen.

(15) [1] Der Begriff „Entscheidung" bezieht sich nur auf Entscheidungen, mit denen eine Ehescheidung, Trennung ohne Auflösung des Ehebandes oder Ungültigerklärung einer Ehe herbeigeführt wird. [2] Öffentliche Urkunden, die im Ursprungsmitgliedstaat aufgenommen und vollstreckbar sind, sind solchen „Entscheidungen" gleichgestellt.

(16) [1] Die Anerkennung und Vollstreckung von Entscheidungen der Gerichte der Mitgliedstaaten beruhen auf dem Grundsatz des gegenseitigen Vertrauens. [2] Die Gründe für die Nichtanerkennung einer Entscheidung sind auf das notwendige Mindestmaß beschränkt. [3] Im Rahmen des Verfahrens sollten allerdings Bestimmungen gelten, mit denen die Wahrung der öffentlichen Ordnung des ersuchten Staats und die Verteidigungsrechte der Parteien, einschließlich der persönlichen Rechte aller betroffenen Kinder, gewährleistet werden und zugleich vermieden wird, dass miteinander nicht zu vereinbarende Entscheidungen anerkannt werden.

(17) Der ersuchte Staat darf weder die Zuständigkeit des Ursprungsstaats noch die Entscheidung in der Sache überprüfen.

(18) Für die Beischreibung in den Personenstandsbüchern eines Mitgliedstaats aufgrund einer in einem anderen Mitgliedstaat ergangenen

rechtskräftigen Entscheidung kann kein besonderes Verfahren vorgeschrieben werden.

(19) Das Übereinkommen von 1931 zwischen den nordischen Staaten sollte in den Grenzen dieser Verordnung weiter angewandt werden können.

(20) Spanien, Italien und Portugal haben vor Aufnahme der in dieser Verordnung geregelten Materien in den EG-Vertrag Konkordate mit dem Heiligen Stuhl geschlossen. Es gilt daher zu vermeiden, dass diese Mitgliedstaaten gegen ihre internationalen Verpflichtungen gegenüber dem Heiligen Stuhl verstoßen.

(21) Den Mitgliedstaaten muß es freistehen, untereinander Modalitäten zur Durchführung dieser Verordnung festzulegen, solange keine diesbezüglichen Maßnahmen auf Gemeinschaftsebene getroffen wurden.

(22) [1] Die Anhänge I bis III betreffend die zuständigen Gerichte und die Rechtsbehelfe sollten von der Kommission anhand der von dem betreffenden Mitgliedstaat mitgeteilten Änderungen angepaßt werden. [2] Änderungen der Anhänge IV und V sind gemäß dem Beschluss 1999/468/EG des Rates vom 28. Juni 1999 zur Festlegung der Modalitäten für die Ausübung der der Kommission übertragenen Durchführungsbefugnisse zu beschließen.

(23) Spätestens fünf Jahre nach Inkrafttreten dieser Verordnung sollte die Kommission die Anwendung der Verordnung prüfen und gegebenenfalls erforderliche Änderungen vorschlagen.

(24) Das Vereinigte Königreich und Irland haben gemäß Artikel 3 des dem Vertrag über die Europäische Union und dem Vertrag zur Gründung der Europäischen Gemeinschaft beigefügten Protokolls über die Position des Vereinigten Königreichs und Irlands mitgeteilt, dass sie sich an der Annahme und Anwendung dieser Verordnung beteiligen möchten.

(25) Dänemark wirkt gemäß den Artikeln 1 und 2 des dem Vertrag über die Europäische Union und dem Vertrag zur Gründung der Europäischen Gemeinschaft beigefügten Protokolls über die Position Dänemarks an der Annahme dieser Verordnung nicht mit. Diese Verordnung ist daher für diesen Staat nicht verbindlich und ihm gegenüber nicht anwendbar –

HAT FOLGENDE VERORDNUNG ERLASSEN:

Kapitel I. Anwendungsbereich

Vorbemerkung vor Art. 1

1   **1. Anwendungsbereich.** Der Anwendungsbereich der VO (zT
2   Brüssel II–VO genannt, vgl Wagner IPRax 01, 73) ist zwingend und
     kann von den Parteien nicht abgeändert werden. – **a) Räumlich.** Die

VO gilt gem Art 249 Abs 2 EG in allen Mitgliedstaaten der EU (mit
Ausnahme von Dänemark; vgl Erwägungsgrund Nr 25 iVm Art 69 EG)
unmittelbar und ist in all ihren Teilen für jeden Mitgliedstaat verbindlich,
ohne dass es einer Umsetzung in nationales Recht bedarf. Das Vertrags-
gebiet der VO ergibt sich aus Art 299 EG. Es umfasst neben den 14
Mutterstaaten (Art 299 Abs 1 EG) auch die überseeischen Départements
Frankreichs (Art 299 Abs 2 EG), Madeira, die Azoren, die Kanarischen
Inseln (Art 299 Abs 2 EG), die Balearen, Gibraltar und die Ålandinseln
(Art 299 Abs 5). Für die britischen Kanalinseln, die Insel Man und die
Hoheitszonen des Vereinigten Königreichs Großbritanniens und Nordirland auf Zypern gilt sie nicht (Art 299 Abs 6 Buchst b) und c)). –
b) Zeitlich. Die VO ist gem Art 46 ab dem 1. 3. 01 anzuwenden, und **3**
zwar gem Art 42 Abs 1 auf alle nach diesem Datum eingeleiteten gerichtlichen und diesen gleichgestellten (Art 1 Abs 2) Verfahren und
aufgenommenen öffentlichen Urkunden. Für eine Entscheidung, die
nach dem 1. 3. 01 ergeht, die aber auf Grund eines vor diesem Datum
eingeleiteten gerichtlichen Verfahrens ergangen ist, vgl Art 42 Abs 2. –
c) Sachlich. Dieser wird durch Art 1 geregelt. Für das Umgangsrecht **4**
mit einem Kind außerhalb des Anwendungsbereichs der VO liegt ein
Entwurf einer EG-VO vor (Text in IPRax 00, 446; dazu Heß IPRax 00,
361). Die EheVO wird möglicherweise durch die Kinder-VO (Entwurf
v 6. 9. 01) in Bezug auf die Entscheidungszuständigkeit für alle Fragen
der elterlichen Verantwortung (außer Unterhalt und Abstammung) ab-
gelöst werden (Art 19 VO-E). – **d) Persönlich.** Die VO gilt nur für die **5**
Ehe von Frau und Mann (Kohler NJW 01, 10/15) und unabhängig von
der Staatsangehörigkeit der Parteien und findet daher auch auf Staatsangehörige von Drittstaaten Anwendung, wenn diese im Sinne eines der
Zuständigkeitskriterien gem Art 2–8 eine Beziehung zu einem Mitgliedsstaat haben (vgl Erwägung Nr 8 S 2). – **e) Verhältnis zu Staats-** **6**
verträgen. Die VO geht in ihrem Anwendungs- (Art 1) und Regelungsbereich (Bestimmung der internationalen Zuständigkeit und Anerkennung und Vollstreckung) den in Art 36 und 37 genannten Verträgen
vor. Für Deutschland ist insb der Vorrang ggü dem Haager Übereinkommen v 5. 10. 61 über die Zuständigkeit der Behörden und das
anzuwendende Recht auf dem Gebiete des Schutzes von Minderjährigen (Haager MSA, BGBl 71 II 219) und dem Europäischen Übereinkommen v 20. 5. 80 über die Anerkennung und Vollstreckung von
Entscheidungen über das Sorgerecht für Kinder und die Wiederherstellung des Sorgeverhältnisses (BGBl 90 II 220) zu beachten. Liegt eine
Kindesentführung durch einen Elternteil vor, so tritt wegen Art 4 die
VO grds hinter das Haager Übereinkommen über die zivilrechtlichen
Aspekte internationaler Kindesentführung v 25. 10. 80 (BGBl 90 II
207; vgl hierzu BVerfG IPRax 00, 216 ff m Anm Staudinger S 194;
Palandt/Heldrich Anh zu Art 24 EGBGB Rn 59 ff) zurück, bis über
den Rückführungsantrag entschieden ist (Art 16 HKiEntÜ; BGH
FamRZ 00, 1502). Eine Kollision mit dem EuGVÜ/LGVÜ kann nicht
entstehen, weil der sachliche Anwendungsbereich der VO (Art 1) von

den beiden Verträgen ausgenommen ist (Art 1 Abs 2 Nr 1 EuGVÜ).
7 Dasselbe gilt für die EuGVVO (vgl Art 1 EuGVVO Rn 4). – **f) Verhältnis zum nationalen Recht. aa) Internationale Zuständigkeit.**
In ihrem Anwendungsbereich verdrängt die VO die Regeln der ZPO und des FGG zur Bestimmung der internationalen Zuständigkeit (Wagner IPRax 01, 73/75), insb also §§ 606 a, 621 Abs 1 Nr 1–3, 621 a Abs 1 ZPO, §§ 64, 43, 35 b FGG, sofern nicht gem Art 8 ausnahms-
8 weise auf diese zurückzugreifen ist. – **bb) Anerkennung und Vollstreckung.** Hierfür enthält die VO in Art 14–20 (Anerkennung) und Art 21–31 (Vollstreckung) jeweils iVm Art 13, 32–35 ggü dem nationalen Recht vorrangige Vorschriften. §§ 328, 722, 723 ZPO und § 16 a FGG werden durch die VO verdrängt. Für Entscheidungen in Ehesachen aus einem Mitgliedstaat ist wegen Art 14 das Anerkennungsverfahren nach Art 7 § 1 FamRÄndG (BGBl 61, 1221; vgl § 328 ZPO Rn 24 ff) nicht mehr durchzuführen (dies gilt jedoch nicht für dänische Entscheidungen, vgl Rn 2). Sofern sich die Anerkennungsfähigkeit einer Entscheidung eines EU-Staates als Vorfrage stellt, ist sie vom angerufenen Gericht gem Art 14 Abs 4 selbständig nach der VO zu beantworten. Wird in einem gerichtlichen Verfahren die Feststellung der Anerkennung bzw Nichtanerkennung der Entscheidung eines EU-Mitgliedstaates beantragt, so gelten gem Art 14 Abs 3 die Vorschriften über die Vollstreckung (Art 21–35) entsprechend.

9 **2. Auslegung.** Die VO ist als sekundäres Gemeinschaftsrecht autonom auszulegen. Hierbei sind die Erwägungsgründe zu berücksichtigen. Ob die in der Einleitung der Erwägungsgründe genannte Kompetenz der EG ausreichend ist für den Erlass der VO wird zT bestritten (vgl Müller-Graf/Kainer DRiZ 00, 350/353 mwN). Zur Auslegung kann auch der erläuternde Borrás-Bericht zu dem in Nr 6 der Erwägungsgründe genannte Übereinkommensentwurf (ABl C 221 v 16. 7. 98, S. 27 ff) herangezogen werden. Bei entscheidungserheblichen Zweifeln hinsichtlich der Auslegung oder der Gültigkeit der VO rufen die Familiengerichte und das OLG, sofern sie im Erkenntnisverfahren letztinstanzlich entscheiden (Art 68 Abs 1 EG), den EuGH gem Art 234 Abs 1 Buchst b) EG an. Dasselbe gilt für den BGH. Da die Rechtsbeschwerde gem Art 27 iVm § 15 Abs 1 AVAG, § 574 Abs 1 Nr 1 ZPO ohne Zulassung stattfindet, können die OLG in den Verfahren nach Art 13 ff nicht an den EuGH vorlegen.

Art. 1 [Sachlicher Anwendungsbereich]
(1) **Die vorliegende Verordnung ist anzuwenden auf**
a) **zivilgerichtliche Verfahren, die die Ehescheidung, die Trennung ohne Auflösung des Ehebandes oder die Ungültigerklärung einer Ehe betreffen;**
b) **zivilgerichtliche Verfahren, die die elterliche Verantwortung für die gemeinsamen Kinder der Ehegatten betreffen und aus Anlaß der unter Buchstabe a) genannten Verfahren in Ehesachen betrieben werden.**

(2) [1] **Gerichtlichen Verfahren stehen andere in einem Mitgliedstaat amtlich anerkannte Verfahren gleich.** [2] **Die Bezeichnung „Gericht" schließt alle in Ehesachen zuständigen Behörden der Mitgliedstaaten ein.**

(3) **In dieser Verordnung bedeutet der Begriff „Mitgliedstaat" jeden Mitgliedstaat mit Ausnahme des Königreichs Dänemark.**

1. Allgemeines. Art 1 regelt den sachlichen Anwendungsbereich der **1** VO (hierzu Vogel MDR 00, 1045; Gruber FamRZ 00, 1130). Die Anknüpfungsbegriffe sind autonom zu qualifizieren unter Berücksichtigung der in den Erwägungsgründen genannten Zielsetzung und der Systematik der VO.

2. Ehesachen (Abs 1 Buchst a). **a) Erfasst** werden alle Verfahren, **2** die den ehelichen Status (zum Begriff „Ehe" vgl 5 vor Art 1) an sich betreffen, also die Ungültigkeitserklärung einer Ehe, worunter auch die Eheaufhebung iSv § 1314 BGB und die Feststellung des Bestehens oder Nichtbestehens einer Ehe nach § 632 ZPO (Vogel MDR 00, 1045/1046; Gruber FamRZ 00, 1129/1130; Hau FamRZ 00, 1333; umstr, aA Helms FamRZ 01, 257/259; Hausmann EuLF 01, 271/273) fallen, die Ehescheidung (§§ 1564 ff BGB) und die Trennung ohne Auflösung des Ehebandes. Letztere ist zwar im deutschen materiellen Recht nicht vorgesehen, gleichwohl können deutsche Gerichte eine solche auf der Grundlage des gem Art 17 Abs 1 EGBGB zu ermittelnden anwendbaren ausländischen Rechts aussprechen (BGH FamRZ 87, 793). – **b) Nicht erfasst** vom Anwendungsbereich werden die Fragen **3** des Scheidungsverschulden, der Namensführung und die Familiensachen Güterrecht, Versorgungsausgleich, Hausrat, Ehewohnung und Unterhaltsrecht, selbst, wenn sie zusammen mit der Ehesache anhängig gemacht werden (vgl Nr 10 der Erwägungsgründe). Ferner gilt die VO nicht für die Ungültigkeitserklärung einer Ehe nach dem Tode einer oder beider Ehegatten, für reine Privatscheidungen (Hausmann EuLF 01, 271/274; Gruber FamRZ 00, 1129/1130). Für die ausgeschlossenen Rechtsfragen ist auf das autonome Recht (hierzu BGH FamRZ 90, 32; ferner §§ 328, 722, 723 ZPO, § 16 a FGG) bzw für den Unterhalt auf die EuGVVO (vgl Art 5 EuGVVO Rn 13, 14; Kohler NJW 01, 10; Hau FamRZ 00, 1333/1338) oder das Haager Übereinkommen über die Anerkennung und Vollstreckung von Unterhaltsentscheidungen vom 2. 10. 73 (BGBl 86 II 826) zurückzugreifen.

3. Elterliche Verantwortung (Abs 1 Buchst b). **a) Erfasst** werden **4** vor allem die Personen-, Vermögenssorge, das Recht des persönlichen Umgangs mit einem gemeinsamen Kind (auch die nicht sorgeberechtigten Elternteils, Hausmann EuLF 01, 271/274, zweifelnd Heß JZ 01, 573/576) vergleichbare Regelungen im ausländischen Recht (Wagner IPRax 01, 73, 76 f; Vogel MDR 00, 1045/1047). Die ebenfalls erfasste Herausgabe eines Kindes steht jedoch unter dem Vorbehalt des Art 4 iVm dem HKiEntÜ (vgl vor Art 1 Rn 6). Nicht erfasst werden jedoch

status- und unterhaltsrechtliche Fragen (Wagner IPRax 01, 73/76). Hierfür sind das autonome Recht (§ 640 Abs 2 ZPO) oder Staatsverträge, insb die EuGVVO anzuwenden. Die Übertragung von Sorgebefugnisse auf Dritte wird nicht erfasst, ebenso nicht Maßnahmen nach
5 §§ 1666, 1696 BGB (Oelkers/Kraeft FuR 01, 344). – **b) Vorausset-**
6 **zung.** Diese müssen für jedes Kind gegeben sein. **(1)** Es müssen gemeinsame (adoptierte werden erfasst; Wagner IPRax 01, 73/76) Kinder der
7 Ehegatten (Begriff 5 vor Art 1) sein. **(2)** Eine Entscheidung muss in Zusammenhang mit einem Verfahren nach Abs 1 Buchst a) getroffen werden. Dies setzt keinen Verbund beider Verfahren voraus (vgl Nr 11 der Erwägungsgründe), sondern lediglich einen sachlichen oder zeitlichen Zusammenhang (Vogel MDR 00, 1045/1047), der von Art 3 Abs 3 Buchst a) und b) bestimmt wird, dh bis zur Rechtskraft des Eheurteils können Verfahren betreffend die elterliche Verantwortung nach Art 3 Abs 1 oder 2 anhängig gemacht werden. Es muss nicht dasselbe Gericht eines Mitgliedstaats über die Ehesache und das Sorgerecht entscheiden. Die Verfahren können auch in verschiedenen Ins-
8 tanzen anhängig sein. **(3) Minderjährigkeit.** Die VO regelt – anders als Art 12 Haager MSA – nicht den Fall, dass das Kind zwar nach seinem Aufenthaltsrecht minderjährig ist, nicht aber nach seinem Heimatrecht. Bei dieser Frage wird auf Art 7 EGBGB abzustellen sein. Liegen die Voraussetzungen 1)–3) nicht vor, so sind weiterhin die autonomen Regeln oder Staatsverträge, insb das Haager MSA (vor Art 1 Rn 6) anzuwenden.

9 **4. Zivilgerichtliche Verfahren.** Wegen Abs 2 umfasst die VO nicht nur die Zuständigkeit von Gerichten, sondern auch außergerichtliche amtlich anerkannte (Verwaltungs-)Verfahren, in denen über die in Abs 1 aufgeführten Materien entschieden wird. Unerheblich ist, ob die Gerichte oder Behörden konstitutiv oder deklaratorisch mitwirken (Hau FamRZ 99, 484/485). Wegen Nr 9 der Erwägungsgründe sind jedoch Verfahren vor religiösen Einrichtungen vom Anwendungsbereich ausgeschlossen. Dasselbe gilt für reine Privatscheidungen, die von Drittstaatenangehörigen ohne Beteiligung von Gerichten oder Behörden nach ihrem Heimatrecht durchgeführt werden (Gruber FamRZ 00, 1129/1130).

Kapitel II. Gerichtliche Zuständigkeit

Abschnitt 1. Allgemeine Bestimmungen

Vorbemerkung vor Art. 2–12

1   Die Art 2–12 regeln die internationale Zuständigkeit für die in den Art 1 aufgeführten Materien. Die internationale Zuständigkeit ist zwar gem Art 9 von Amts wegen zu prüfen, ist ihrerseits aber nicht Gegenstand des Anerkennungs- und Vollstreckungsverfahrens (Art 17 und

Art 24 Abs 2). Die internationale Zuständigkeit eines Mitgliedstaates nach Art 2–6 ist ausschließlich, sofern sich das Verfahren gegen einen Ehegatten richtet, der seinen gewöhnlichen Aufenthalt im Hoheitsgebiet eines anderen Mitgliedstaates hat oder die Staatsangehörgkeit eines anderen Mitgliedstaats hat (Art 7).

Art. 2 [Ehescheidung, Trennung ohne Auflösung des Ehebandes und Ungültigerklärung einer Ehe]

(1) Für Entscheidungen, die die Ehescheidung, die Trennung ohne Auflösung des Ehebandes oder die Ungültigerklärung einer Ehe betreffen, sind die Gerichte des Mitgliedstaats zuständig, a) in dessen Hoheitsgebiet
- **beide Ehegatten ihren gewöhnlichen Aufenthalt haben oder**
- **die Ehegatten zuletzt beide ihren gewöhnlichen Aufenthalt hatten, sofern einer von ihnen dort noch seinen gewöhnlichen Aufenthalt hat, oder**
- **der Antragsgegner seinen gewöhnlichen Aufenthalt hat oder**
- **im Falle eines gemeinsamen Antrags einer der Ehegatten seinen gewöhnlichen Aufenthalt hat oder**
- **der Antragsteller seinen gewöhnlichen Aufenthalt hat, wenn er sich dort seit mindestens einem Jahr unmittelbar vor der Antragstellung aufgehalten hat, oder**
- **der Antragsteller seinen gewöhnlichen Aufenthalt hat, wenn er sich dort seit mindestens sechs Monaten unmittelbar vor der Antragstellung aufgehalten hat und entweder Staatsangehöriger des betreffenden Mitgliedstaats ist oder, im Falle des Vereinigten Königreichs und Irlands, dort sein „domicile" hat;**
b) dessen Staatsangehörigkeit beide Ehegatten besitzen, oder, im Falle des Vereinigten Königreichs und Irlands, in dem sie ihr gemeinsames „domicile" haben.

(2) Der Begriff „domicile" im Sinne dieser Verordnung bestimmt sich nach britischem und irischem Recht.

1. Allgemeines. Art 2 iVm Art 7 regelt nur die internationale Zuständigkeit des angerufenen Gerichts. Die örtliche Zuständigkeit bestimmt sich nach nationalem Recht, in Deutschland also nach § 606 ZPO. § 606a ZPO wird durch Art 2 verdrängt. Die internationale Zuständigkeit ist von Amts wegen zu prüfen (Art 9) und ist im Rahmen von Art 7 ausschließlich. Eine rügelose Einlassung ist nicht möglich. Ist die internationale Zuständigkeit nicht gegeben und liegt auch kein Fall von Art 8 vor, ist der Antrag als unzulässig abzuweisen. Eine Verweisung sieht die VO nicht vor. Bei doppelter Rechtshängigkeit ist nach Art 11 vorzugehen, dessen Abs 4 maßgeblich für den Zeitpunkt zur Beurteilung der Voraussetzungen des Art 2 ist. Der Grundsatz der perpetuatio fori gilt (Hau FamRZ 00, 1333/1340). Bei der Aufzählung in Abs 1 Buchst a) handelt es sich um echte Alternativen (Hau FamRZ 00, 1333/1334). Abs 1 Buchst a) und b) stehen gleichberechtigt nebeneinander (Hau aaO S 1335). Die Aufzählung in Abs 1 ist erschöpfend.

2   **2. Gewöhnlicher Aufenthalt** (Abs 1 Buchst a). Er ist autonom nach objektiven Kriterien zu bestimmen (Hau FamRZ 00, 1333/1334). Hierunter ist der vom Betroffenen gewählte Daseinsmittelpunkt, der Schwerpunkt der Lebensverhältnisse in familiärer und beruflicher Hinsicht zu verstehen; ob ein Wille, den Aufenthaltsort zum Daseinsmittelpunkt zu machen, erforderlich ist, ist umstr (dafür Hau FamRZ 00, 1333/1334; dagegen BGH NJW 81, 520). Im übrigen wie § 606 ZPO Rn 3. Auf die Staatsanghörigkeit der Beteiligten kommt es – mit Ausnahme bei Spiegelstrich 6 – nicht an, so dass auch Drittstaatler erfasst werden. Bei Mitgliedstaaten mit zwei oder mehreren Rechtssystemen ist Art 41 zu beachten.

3   **3. Staatsangehörigkeit** (Abs 1 Buchst b). Diese wird nach den einschlägigen Staatsangehörigkeitsgesetzen bestimmt. Bei Mehrstaatern ist Art 5 EGBGB nicht entsprechend anwendbar. Da die VO zu dem Problem der Mehrstaatigkeit schweigt, kann auf jede Staatsangehörigkeit abgestellt werden (Hau FamRZ 99, 484/486 und FamRZ 00, 1333/1337; Hausmann EuLF 01, 271/277). Voraussetzung ist jedoch für Buchst b), dass die Staatsangehörigkeiten der Ehegatten übereinstimmen. Der Staatsangehörigkeit steht das domicile nach britischen oder irischen Vorstellungen gleich (zum Begriff vgl Firsching/von Hoffmann S 186). Bei Mitgliedstaaten mit zwei oder mehreren Rechtssystemen ist Art 41 zu beachten. Zu Recht äußern Hau (FamRZ 00, 1333/1335), Heß (JZ 01, 573/575) und Hausmann (EuLF 00/01, 345/352) im Hinblick auf Art 12 Abs 1 EG Zweifel daran, ob Abs 1 Buchst a) Spiegelstrich 5 im Vergleich zu Spiegelstrich 6 eine verbotene Diskriminierung enthält, weil im ersten Fall ein Aufenthalt von 12 Monaten zur Zuständigkeitsbegründung notwendig ist.

Art. 3 [Elterliche Verantwortung]

(1) **Die Gerichte des Mitgliedstaats, in dem nach Artikel 2 über einen Antrag auf Ehescheidung, Trennung ohne Auflösung des Ehebandes oder Ungültigerklärung einer Ehe zu entscheiden ist, sind zuständig für alle Entscheidungen, die die elterliche Verantwortung für ein gemeinsames Kind der beiden Ehegatten betreffen, wenn dieses Kind seinen gewöhnlichen Aufenthalt in diesem Mitgliedstaat hat.**

(2) **Hat das Kind seinen gewöhnlichen Aufenthalt nicht in dem in Absatz 1 genannten Mitgliedstaat, so sind die Gerichte dieses Staates für diese Entscheidungen zuständig, wenn das Kind seinen gewöhnlichen Aufenthalt in einem der Mitgliedstaaten hat und**

a) **zumindest einer der Ehegatten die elterliche Verantwortung
   für das Kind hat und**
b) **die Zuständigkeit der betreffenden Gerichte von den Ehegatten anerkannt worden ist und im Einklang mit dem Wohl des
   Kindes steht.**

(3) **Die Zuständigkeit gemäß den Absätzen 1 und 2 endet,**
a) **sobald die stattgebende oder abweisende Entscheidung über
   den Antrag auf Ehescheidung, Trennung ohne Auflösung des
   Ehebandes oder Ungültigerklärung einer Ehe rechtskräftig geworden ist oder aber**
b) **in den Fällen, in denen zu dem unter Buchstabe a) genannten
   Zeitpunkt noch ein Verfahren betreffend die elterliche Verantwortung anhängig ist, sobald die Entscheidung in diesem
   Verfahren rechtskräftig geworden ist oder aber**
c) **sobald die unter den Buchstaben a) und b) genannten Verfahren aus einem anderen Grund beendet worden sind.**

1. Grundsatz (Abs 1). Sind die Gerichte eines Mitgliedstaates für die **1**
Ehesache gem Art 2 international zuständig und ist die Ehesache auch
tatsächlich anhängig (vgl Art 1 Rn 7), so sind sie auch für die in Art 1
Abs 1 Buchst b) genannten Materien international zuständig, sofern das
Kind seinen gewöhnlichen Aufenthalt im Entscheidungsstaat hat. Inner-
staatlich ist nicht notwendig, dass das Gericht der Ehesache auch die
Sorgerechtsentscheidung trifft. Die örtliche und funktionelle Zuständigkeit beurteilen sich nach nationalem Recht. Für jedes Kind der Ehegatten müssen die Voraussetzungen selbständig vorliegen. – a) **Gewöhnli-** **2**
cher Aufenthalt. Wie Art 2 Rn 2. Für Kindesentführungen vgl Rn 14.
– b) **Regelungsbereich.** Wie Art 1 Rn 4. – c) **Anwendbares Recht.** **3**
Dieses bestimmt sich grds nach dem Haager MSA, idR nach dessen **4**
Art 2 (Puszkajler IPRax 01, 81/82), so dass deutsches Recht als Aufenthaltsrecht anzuwenden ist. Dies gilt trotz Art 37 1. Spiegelstrich, weil
die EheVO nur die internationale Zuständigkeit und die Anerkennung
und Vollstreckung regelt und nach dem Wortlaut von Art 37 nur insoweit ein Vorrang der EheVO besteht. Soweit ein Staatsvertrag nicht
anzuwenden ist, gilt Art 21 EGBGB.

2. Ausnahme (Abs 2). Hat das Kind mit seinen beiden Eltern keinen **5**
gemeinsamen gewöhnlichen Aufenthalt in einem Mitgliedstaat, so können die Gerichte der Ehesache über das Sorgerecht unter den folgenden
kumulativen Voraussetzungen des Abs 2 entscheiden. – a) **Gewöhnli-** **6**
cher Aufenthalt des Kindes in einem anderen Mitgliedstaat. Liegt
dieser nicht in einem EU-Staat, kann die Zuständigkeit nicht auf Art 3
Abs 2 gestützt werden. In diesem Fall greift Art 8 ein, der auf das
nationale Recht, wozu auch Staatsverträge, insb das Haager MSA gehören, verweist. – b) **Elterliche Sorge** liegt bei einem Ehegatten. Ist diese **7**
durch ein ausländisches Gericht übertragen worden, kommt es insoweit
auf die Anerkennung der Entscheidung nach dem nationalen Recht
(§ 16 a FGG) oder einem Staatsvertrag, insb Art 7 S 1 Haager MSA an.

8   – c) **Anerkenntnis der Zuständigkeit** durch den anderen Ehegatten.
    Ein ausdrückliches Anerkenntnis ist nicht notwendig, rügelose Einlas-
9   sung reicht aus (Vogel MDR 00, 1045/1048). – d) **Wohl des Kindes.**
    Dieses ist bei der Ausübung der Zuständigkeit zu berücksichtigen. Hier
    werden die vom BGH (FamRZ 97, 1070) zu Art 4 Haager MSA auf-
    gestellten Kriterien zu berücksichtigen sein. Es ist zu fragen, ob es im
    konkreten Fall auf die besondere Sachkunde und Kompetenz des Ehe-
    gerichts ankommt oder ob die Behörden oder Gerichte des Aufenthalts-
    staates des Kindes nicht gewillt oder in der Lage sind, eine im Interesse
    des Kindes gebotene Entscheidung zu treffen.

10 **3. Dauer der Zuständigkeit** (Abs 3) für Verfahren nach Abs 1 und
11 2. Diese endet bei Vorliegen einer der drei Alternativen. – a) **Für neue
    Sorgerechtsverfahren** bei Vorliegen eines rechtskräftigen Eheurteils
    (Buchst a). Sobald ein Rechtsmittel nach dem innerstaatlichen Recht
    des Mitgliedstaats gegen das Eheurteil nicht mehr möglich ist, kann ein
    neues Sorgerechtsverfahren im Mitgliedstaat, bei dem die Ehesache
    rechtshängig war, nicht mehr nach Abs 1 oder 2 anhängig gemacht
    werden. Die Zuständigkeit für ein neues Sorgerechtsverfahren endet ab
    diesem Zeitpunkt und richtet sich von da an nach nationalem Recht
    (§ 621 a Abs 1 ZPO iVm §§ 64, 43, 35 b FGG) oder Staatsverträgen,
12 insb nach dem Haager MSA. – b) **Für anhängige Sorgerechtsverfah-
    ren** bei Vorliegen eines rechtskräftigen Eheurteils (Buchst b). In diesem
    Fall ist die Zuständigkeit nach Abs 1 oder 2 bis zu dem Zeitpunkt
    gegeben, zu dem die Entscheidung über die elterliche Verantwortung
    bindend geworden ist, was sich nach nationalem Recht und in deutschen
13 Verfahren nach §§ 629 a, 621 e ZPO beurteilt. – c) **Auffangtatbestand**
    (Buchst c). Die Zuständigkeit für ein Verfahren nach Abs 1 oder 2 endet
    auch, wenn das Eheverfahren aus sonstigen Gründen beendet wird, zB
    durch Rücknahme des Antrags oder durch Tod eines Elternteils. In
    diesem Fall beurteilt sich die Zuständigkeit wiederum nach dem auto-
    nomen nationalen Recht oder nach Staatsverträgen, insb dem Haager
    MSA.

14 **4. Kindesentführung** iSv Art 3 HKiEntÜ. Liegt eine solche vor, ist
    trotz Vorliegens der Voraussetzungen für eine internationale Zuständig-
    keit wegen Art 4 das Sorgerechtsverfahren auszusetzen bis über den
    Rückführungsantrag entschieden ist (vgl Art 16 HKiEntÜ; BGH
    FamRZ 00, 1502).

15 **5. Auffangzuständigkeit** (Art 8). Ist eine Ehesache in einem Mit-
    gliedstaat anhängig, besteht aber eine Zuständigkeit für das Sorgerecht
    nach Art 3 nicht, so kann, sofern Art 7 nicht entgegensteht, auf die
    Restzuständigkeit nach Art 8 zurückgegriffen werden (dort Rn 1).

Art. 4 [Kindesentführung]
    **Die nach Maßgabe von Artikel 3 zuständigen Gerichte haben
    ihre Zuständigkeit im Einklang mit den Bestimmungen des Haa-**

ger Übereinkommens vom 25. **Oktober 1980 über die zivilrechtlichen Aspekte internationaler Kindesentführung, insbesondere
dessen Artikel 3 und 16, auszuüben.**

Zweck. Im Falle einer internationalen Kindesentführung durch einen   **1**
Elternteil iSv Art 3 HKiEntÜ (BGBl 90 II 207; Text und Kommentierung bei Palandt/Heldrich Anh zu Art 24 EGBGB Rn 59 ff) soll der
Ort des rechtmäßigen Aufenthalts des Kindes weiterhin zuständig sein
für die Entscheidung über das Sorgerecht. Das widerrechtliche Zurück-
halten oder Verbringen eines Kindes soll nicht für die Ausübung einer
Zuständigkeit, insb nach Art 3 Abs 2, zuständigkeitsbegründend sein. Ist
gleichwohl ein Sorgerechtsantrag am neuen tatsächlichen Aufenthaltsort des Kindes gestellt worden, so ist dieses auszusetzen, um vorrangig gem
Art 16 HKiEntÜ über einen Rückführungsantrag zu entscheiden
(hierzu BGH FamRZ 00, 1502).

Art. 5 [Gegenantrag]

**Das Gericht, bei dem ein Antrag auf der Grundlage der
Artikel 2 bis 4 anhängig ist, ist auch für einen Gegenantrag
zuständig, sofern dieser in den Anwendungsbereich dieser Verordnung fällt.**

1. Zweck. Mit dieser Vorschrift sollen vor allem Probleme, die durch   **1**
eine doppelte Rechtshängigkeit (vgl Art 11) entstehen können, vermieden werden.

2. Voraussetzung für die Zulässigkeit des Gegenantrags ist, dass   **2**
auch dieser in den Anwendungsbereich der VO fällt. Art 5 erweitert
also nicht die Zuständigkeit für andere nicht von Art 1 erfasste
Materien. Die Zuständigkeit hierfür richtet sich nach autonomen
nationalem Recht bzw. Staatsverträgen, für Unterhalt insb nach dem
EuGVÜ/LGVÜ. Die prozessuale Zulässigkeit eines Gegenantrags mit
Ausnahme der internationalen Zuständigkeit beurteilt sich nach nationalem Verfahrensrecht, in Deutschland also nach §§ 610 Abs. 2,
623 ZPO.

Art. 6 [Umwandlung einer Trennung ohne Auflösung des Ehe-
bandes in eine Ehescheidung]

**Unbeschadet des Artikels 2 ist das Gericht eines Mitgliedstaats,
das eine Entscheidung über eine Trennung ohne Auflösung des
Ehebandes erlassen hat, auch für die Umwandlung dieser Entscheidung in eine Ehescheidung zuständig, sofern dies im Recht
dieses Mitgliedstaats vorgesehen ist.**

1. Umwandlung einer Trennung ohne Auflösung des Ehebandes in   **1**
eine Ehescheidung ist im BGB nicht vorgesehen. Gleichwohl können
deutsche Gerichte eine solche auf Grund des analog Art 17 Abs 1

EGBGB anwendbaren ausländischen Rechts aussprechen (BGH FamRZ 87, 793).

2 **2. Zuständigkeit.** Diese kann sich, sofern die Gerichte des angerufenen Mitgliedstaates nicht bereits nach Art 2 zuständig sind, aus Art 5 ergeben, sofern dieses Gericht die Trennung ohne Auflösung des Ehebandes ausgesprochen hat.

Art. 7 [Ausschließlicher Charakter der Zuständigkeiten nach den Artikeln 2 bis 6]

Gegen einen Ehegatten, der
a) seinen gewöhnlichen Aufenthalt im Hoheitsgebiet eines Mitgliedstaats hat oder
b) Staatsangehöriger eines Mitgliedstaats ist oder – im Falle des Vereinigten Königreichs und Irlands – sein „domicile" im Hoheitsgebiet eines dieser Mitgliedstaaten hat, darf ein Verfahren vor den Gerichten eines anderen Mitgliedstaats nur nach Maßgabe der Artikel 2 bis 6 geführt werden.

1 **1. Anwendungsbereich.** Die Vorschrift bezieht sich nur auf Ehesachen und die damit in Zusammenhang stehenden Fragen der elterlichen Verantwortung gem Art 1. Aus Art 8 Abs 1 und Art 38 Abs 1 folgt, dass soweit darüber hinaus ein Regelungsbedürfnis besteht, Art 7 die Zuständigkeit nach anderen Vorschriften nicht einschränkt. Zu beachten ist, dass Art 7 auf den Antragsgegner abstellt.

2 **2. Ausschließliche Zuständigkeit.** Die Art 2–6 dürfen zwar als Alternativmöglichkeiten und ohne jede Rangordnung untereinander angewendet werden, sie enthalten aber insoweit eine ausschließliche Regelung der internationalen Zuständigkeit als für die Bestimmung der internationalen Zuständigkeit für die in Art 1 genannten Materien der gewöhnliche Aufenthalt des Antragsgegners in einem Mitgliedstaat oder die Staatsangehörigkeit eines Mitgliedstaates bzw das domicile im Vereinigten Königreich oder Irland maßgeblich ist. Liegt nur eines dieser beiden Anknüpfungsmerkmale vor, so ist der Antragsgegner nur nach Maßgabe der Art 2–6 in einem anderen Mitgliedstaat gerichtspflichtig. **Beispiel:** Eine mit einem Franzosen verheiratete Deutsche wohnt ausschließlich in den USA. Einer der Ehegatten will sich in Deutschland scheiden lassen. Eine Zuständigkeit der deutschen Gerichte gem Art 2 besteht mangels Bestehens der dort genannten Anknüpfungspunkte nicht. Es kann dann auf die Restzuständigkeit nach Art 8 Abs 1 iVm § 606 a Nr 1 ZPO zurückgegriffen werden, wenn der französische Ehegatte die Scheidung beantragt, nicht aber der deutsche, denn in diesem Fall steht die französische Staatsangehörigkeit einer Zuständigkeit gem Buchst b) entgegen. Der französische Ehegatte könnte in Frankreich verklagt werden, wenn die dortigen Gerichte gem Art 8 iVm dem nationalen Recht zuständig sind.

Art. 8 [Restzuständigkeiten]

(1) **Soweit sich aus den Artikeln 2 bis 6 keine Zuständigkeit eines Gerichts eines Mitgliedstaats ergibt, bestimmt sich die Zuständigkeit in jedem Mitgliedstaat nach dessen eigenem Recht.**

(2) **Jeder Staatsangehörige eines Mitgliedstaats, der seinen gewöhnlichen Aufenthalt im Hoheitsgebiet eines anderen Mitgliedstaats hat, kann die in diesem Staat geltenden Zuständigkeitsvorschriften wie ein Inländer gegenüber einem Antragsgegner geltend machen, wenn dieser weder seinen gewöhnlichen Aufenthalt im Hoheitsgebiet eines Mitgliedstaats hat noch die Staatsangehörigkeit eines Mitgliedstaats besitzt oder – im Falle des Vereinigten Königreichs und Irlands – sein „domicile" im Hoheitsgebiet eines dieser Mitgliedstaaten hat.**

1. Zweck. Die Vorschrift ist eine Auffangnorm für den Fall, dass sich 1 die internationale Zuständigkeit für die in Art 1 genannten Materien nicht nach den Art 2–6 bestimmen lässt. Für diesen Fall wird auf die nationalen Vorschriften, in Deutschland vor allem auf § 606 a ZPO für Ehesachen und auf §§ 621 Abs 1 Nr 1–3, 621 a Abs 1 ZPO iVm §§ 64, 43, 35 b FGG und das Haager MSA für Sorgerechtsangelegenheiten verwiesen.

2. Voraussetzung. Art 8 regelt zwei verschiedene Fälle. **a)** Abs 1 2 schafft einen Auffangtatbestand, falls Art 2–6 keine internationale Zuständigkeit weder im Aufenthalt- noch im Heimatstaat des Antragsgegners, noch in einem anderen Mitgliedstaat, ergeben. Art 7 darf also die Ausübung der internationalen Zuständigkeit nicht verbieten (vgl Art 7 Rn 2). – **b)** Abs 2 stellt EU-Ausländer Inländern gleich, so dass für 3 diese dieselben Zuständigkeitsvorschriften gelten, falls folgende Voraussetzungen bestehen: **(1)** Staatsangehörigkeit eines Mitgliedstaates seitens des Antragstellers; **(2)** Gewöhnlicher Aufenthalt des Antragstellers in einem anderen Mitgliedstaat; **(3)** Gewöhnlicher Aufenthalt des Antragsgegners außerhalb der Mitgliedstaaten; **(4)** Keine Staatsangehörigkeit eines Mitgliedstaates oder domicile im Vereinigten Königreich oder Irland seitens des Antragsgegners. **Beispiel:** Antragsteller Franzose mit gewöhnlichem Aufenthalt von 5 Monaten im Zeitpunkt der Antragstellung in Deutschland, Antragsgegner US-Amerikaner mit gewöhnlichem Aufenthalt in den USA. Letzter gemeinsamer gewöhnlicher Aufenthalt in Kanada (weitere Beispiele Hau FamRZ 00, 1333/1340; Puskajler IPRax 01, 81/83; Hausmann EuLF 01, 271/279). Rechtsfolge: Es gilt § 606 a Abs 1 Nr 1 ZPO für die Bestimmung der internationalen Zuständigkeit.

3. Rechtsfolge. Es ist das nationale autonome Recht, in Deutschland 4 also § 606 a ZPO oder ein einschlägiger Staatsvertrag zur Bestimmung der internationalen Zuständigkeit anzuwenden, wobei für den Antragsteller dieselben Vorschriften wie für Inländer gelten.

Abschnitt 2. Prüfung der Zuständigkeit und der Zulässigkeit des Verfahrens

Art. 9 [Prüfung der Zuständigkeit]

Das Gericht eines Mitgliedstaats hat sich von Amts wegen für unzuständig zu erklären, wenn es in einer Sache angerufen wird, für die es nach dieser Verordnung keine Zuständigkeit hat und für die das Gericht eines anderen Mitgliedstaats aufgrund dieser Verordnung zuständig ist.

1 **Prüfung von Amts wegen** bedeutet auch hier nicht Amtsermittlung, sondern dasselbe wie vor § 253 ZPO Rn 12.

Art. 10 [Prüfung der Zulässigkeit]

(1) Läßt sich eine Person, die ihren gewöhnlichen Aufenthalt nicht in dem Mitgliedstaat hat, in welchem das Verfahren eingeleitet wurde, auf das Verfahren nicht ein, so hat das zuständige Gericht das Verfahren so lange auszusetzen, bis festgestellt ist, dass es dem Antragsgegner möglich war, das verfahrenseinleitende Schriftstück oder ein gleichwertiges Schriftstück so rechtzeitig zu empfangen, dass er sich verteidigen konnte, oder dass alle hierzu erforderlichen Maßnahmen getroffen worden sind.

(2) An die Stelle von Absatz 1 tritt Artikel 19 der Verordnung (EG) Nr. 1348/2000 des Rates vom 29. Mai 2000 über die Zustellung gerichtlicher und außergerichtlicher Schriftstücke in Zivil- oder Handelssachen in den Mitgliedstaaten, wenn das verfahrenseinleitende Schriftstück oder ein gleichwertiges Schriftstück nach Maßgabe jener Verordnung von einem Mitgliedstaat in einen anderen zu übermitteln war.

(3) Sind die Bestimmungen der Verordnung (EG) Nr. 1348/2000 nicht anwendbar, so gilt Artikel 15 des Haager Übereinkommens vom 15. November 1965 über die Zustellung gerichtlicher und außergerichtlicher Schriftstücke im Ausland in Zivil- und Handelssachen, wenn das verfahrenseinleitende Schriftstück oder ein gleichwertiges Schriftstück nach Maßgabe des genannten Übereinkommens ins Ausland zu übermitteln war.

1 **1. Zweck.** Mit dieser Vorschrift soll das Recht des Antragsgegners auf eine effektive Verteidigung gewährleistet werden. Ferner soll gewährleistet werden, dass das Gericht prüfen kann, ob seine Zuständigkeit begründet ist und deshalb mit einer Anerkennung seiner Entscheidung zu rechnen sein wird.

2. **Abs 1. a)** Die Vorschrift entspricht Art 26 EuGVVO (vgl Art 26 2
EuGVVO Rn 1 u 7). – **b) Verfahrenseinleitendes Schriftstück.** Wie 3
Art 34 EuGVVO Rn 6. – **c) Rechtzeitige Zustellung.** Wie Art 34 4
EuGVVO Rn 7 ff.

3. **Abs 2.** Diese VO ist im ABl L 160, S 37 veröffentlicht und tritt 5
gem seinem Art 25 am 31. 5. 01 in Kraft (Text vgl im Anh).

4. **Abs 3.** Das Haager Zustellungsübereinkommen vom 15. 11. 65 6
wird vor allem auf Verfahren anzuwenden sein, die zwischen dem 1. 3.
01 und dem 30. 5. 01 eingeleitet worden sind oder wenn die Zustellung
wegen Art 8 in einem nicht EU-Staat bzw in Dänemark zu erfolgen hat.

Abschnitt 3. Rechtshängigkeit und abhängige Verfahren

Art. 11 [Doppelte Rechtshängigkeit]

(1) **Werden bei Gerichten verschiedener Mitgliedstaaten Anträge wegen desselben Anspruchs zwischen denselben Parteien
gestellt, so setzt das später angerufene Gericht das Verfahren von
Amts wegen aus, bis die Zuständigkeit des zuerst angerufenen
Gerichts geklärt ist.**

(2) **Werden bei Gerichten verschiedener Mitgliedstaaten Anträge auf Ehescheidung, Trennung ohne Auflösung des Ehebandes oder Ungültigerklärung einer Ehe, die nicht denselben Anspruch betreffen, zwischen denselben Parteien gestellt, so setzt
das später angerufene Gericht das Verfahren von Amts wegen
aus, bis die Zuständigkeit des zuerst angerufenen Gerichts geklärt ist.**

(3) **¹Sobald die Zuständigkeit des zuerst angerufenen Gerichts
feststeht, erklärt sich das später angerufene Gericht zugunsten
dieses Gerichts für unzuständig. ²In diesem Fall kann der Antragsteller, der den Antrag bei dem später angerufenen Gericht
gestellt hat, diesen Antrag dem zuerst angerufenen Gericht vorlegen.**

(4) **Für die Zwecke dieses Artikels gilt ein Gericht als angerufen**

a) **zu dem Zeitpunkt, zu dem das verfahrenseinleitende Schriftstück oder ein gleichwertiges Schriftstück bei Gericht eingereicht worden ist, vorausgesetzt, dass der Antragsteller es in
der Folge nicht versäumt hat, die ihm obliegenden Maßnahmen zu treffen, um die Zustellung des Schriftstücks an den
Antragsgegner zu bewirken, oder**

b) **falls die Zustellung an den Antragsgegner vor Einreichung des
Schriftstücks bei Gericht zu bewirken ist, zu dem Zeitpunkt,
zu dem die für die Zustellung verantwortliche Stelle das
Schriftstück erhalten hat, vorausgesetzt, dass der Antragsteller**

es in der Folge nicht versäumt hat, die ihm obliegenden Maßnahmen zu treffen, um das Schriftstück bei Gericht einzureichen.

1   **1. Allgemeines.** Hierzu ausführlich Gruber FamRZ 00, 1129/
1131 ff; Hausmann EuLF 00/01, 345 ff. Die Vorschrift entspricht in den
Abs 1, 3 S 1 und 4 den Art 27 und 30 EuGVVO und regelt den
Verfahrensablauf bei doppelter Rechtshängigkeit einer Streitsache. Abs 2
trägt den Unterschieden in den Rechtsordnungen der Mitgliedstaaten
hinsichtlich der Ehetrennung, der Ehescheidung und der Ungültigkeitserklärung einer Ehe Rechnung. Abs 3 regelt die Rechtsfolgen, falls sich
das zuerst angerufene Gericht für zuständig erklärt. Auf eine positive
Anerkennungsprognose kommt es nicht an (Hau FamRZ 00, 1333/
1339).

2   **2. Doppelte Antragstellung** (Abs 1). **a) Anwendungsbereich.**
Abs 1 erfasst im Gegensatz zu Abs 2 Ehesachen und Sorgerechtsange
3   genheiten iSv Art 1. – **b) Maßgeblicher Zeitpunkt.** Dieser wird
durch Abs 4 bestimmt, der mit Art 30 EuGVVO übereinstimmt (vgl
dort Rn 1 ff). Entscheidend ist demnach (abhängig von der jeweiligen
4   lex fori) entweder **(1)** (Abs 4 Buchst a) die Anhängigkeit des Antrags bei
Gericht, falls der Antragsteller alles Erforderliche getan hat, damit der
5   Antrag dem Antragsgegner zugestellt werden kann oder **(2)** (Abs 4
Buchst b) die Übergabe der Antragsschrift zur Zustellung an den Gegner
durch den Antragsteller, wenn die maßgebliche Prozessordnung dieses
vorsieht, falls der Antragsteller anschließend dafür Sorge trägt, dass die
Antragsschrift bei Gericht eingeht. Was die erforderlichen Maßnahmen
nach Abs 4 Buchst a) oder b) sind, bestimmt die jeweilige Verfahrensordnung (Gruber FamRZ 00, 1129/1133). Im deutschen Recht kann
auf die Rechtsprechung zu § 270 Abs 3 ZPO aF = § 167 ZPO nF
zurückgegriffen werden (Gruber aaO; vgl § 167 ZPO Rn 10). Hierzu
gehören die richtige Adresse, die erforderlichen Abschriften der Antragsschrift, die Einzahlung eines Kostenvorschusses nach Aufforderung
durch das Gericht gem § 65 GKG, ordnungsgemäßer PKH-Antrag
(MüKo/Gottwald 7). Werden die erforderlichen Maßnahmen nicht getroffen, um die Zustellung zu bewirken, so tritt die Rechtshängigkeit mit
6   Behebung des Mangels ein (Gruber aaO). – **c) Derselbe Anspruch**
muss betroffen sein. Maßgeblich ist nicht der Streitgegenstandsbegriff
der ZPO (Gruber FamRZ 00, 1129/1133; vgl auch Art 27 EuGVVO
Rn 5). Der Begriff ist vielmehr autonom auszulegen (Hausmann EuLF
00/01, 345/346) und erfordert keine Identität zwischen Klageantrag
und Klagegrund. Gegenstand beider Verfahren muss im Kernpunkt eine
Streitigkeit sein, die die Ehetrennung, Ehescheidung, Ungültigkeitserklärung der Ehe (Art 1 Abs 1 Buchst a) oder die elterliche Verantwortung für ein gemeinsames Kind (Art 1 Abs 1 Buchst b) betrifft. Derselbe
Anspruch liegt also vor bei Scheidungsantrag im Staat A und späteren
Antrag auf Ungültigkerklärung im Staat B (Kohler NJW 01, 10/12; Hau
FamRZ 00, 1333/1339; aA MüKo/Gottwald 3, der die Kernpunkt-

theorie hier ablehnt); bei einem Antrag auf Ehetrennung in Italien und späterem Scheidungsantrag in Deutschland (Hausmann EuLF 00/01, 345/346). Bei einem auf Feststellung gerichteten Antrag des Bestehens der Ehe liegt derselbe Anspruch nur hins der Ehenichtigkeitsklage vor (Hausmann EuLF 00/01, 345/346). Selbständige Versöhnungsverfahren vor Rechtshängigkeit der Scheidung können keine entgegenstehende Rechtshängigkeit begründen, anders wenn sie Teil des Scheidungsverfahrens sind. Bei Sorgerechtsverfahren kommt es nicht darauf an, ob diese von Amts wegen oder auf Antrag durchgeführt werden (Gruber FamRZ 00, 1129/1132). Ein Verfahren im einstweiligen Rechtsschutz (Art 12) und ein Hauptsacheverfahren haben niemals denselben Streitgegenstand. – d) **Rechtsfolge:** Abs 3.   7

3. Keine Antragsidentität (Abs 2). **a) Anwendungsbereich.**   8
Abs 2 erfasst nur Ehesachen. – **b) Voraussetzung** der Aussetzung. Es   9
muss nicht derselbe Streitgegenstand in beiden Verfahren betroffen sein, aber aus dem Sachzusammenhang ergibt sich, dass die beiden Verfahren voneinander abhängig sind, das Ergebnis des einen Verfahrens das andere beeinflusst, zB Antrag auf Scheidung einerseits und Antrag auf Aufhebung der Ehe andererseits. Dies gilt auch für Feststellungsklagen iSv § 632 ZPO. Ein früher rechtshängig gewordenes Verfahren auf Trennung ohne Auflösung des Ehebandes blockiert daher ein späteres ausländisches Scheidungsverfahren. (Gruber FamRZ 00, 1129/1134). – **c) Maßgeblicher Zeitpunkt.** Dieser ergibt sich aus Abs 4 (hierzu   10
Rn 3 ff). – **d) Rechtsfolge:** Abs 3.   11

4. Rechtsfolge. a) Antragsabweisung (Abs 3 S 1). Zunächst   12
kommt nur von Amts wegen eine Aussetzung analog § 148 ZPO (Gruber FamRZ 00, 1129/1133 FN 43) des später eingeleiteten Verfahrens durch das zuletzt angerufene Gericht in Betracht. Erst wenn die Zuständigkeit des zuerst angerufenen Gerichts von diesem geklärt wurde, wird die Klage nach Abs 3 S 1 wegen doppelter Rechtshängigkeit als unzulässig abgewiesen. Hierfür ist jedoch Unanfechtbarkeit der Entscheidung des zuerst angerufenen Gerichts notwendig, um einen Kompetenzkonflikt zu vermeiden (Geimer/Schütze EuZVR Art 21 Rn 44; Gruber FamRZ 00, 1129/1133). Die Prüfung seiner Zuständigkeit nach Art 2–6, hilfsweise autonomem Recht, obliegt nur diesem. Maßgebender Zeitpunkt für diese Feststellung ist der der Verfahrenseinleitung gem Abs 4. Für die in Abs 3 S 1 vorgesehene Rechtsfolge ist eine angebliche Prozessverschleppung durch das zuerst angerufene Gericht unbeachtlich, es sei denn, diese verstößt gegen Art 6 Abs 1 EMRK (EGMR NJW 97, 2809; Sangmeister NJW 98, 2952). Die Blockadewirkung nach Abs 1 oder 2 endet aber, wenn die Rechtskraftwirkung des Erstverfahrens enger ist als die des Zweitverfahrens. Daher kann das Scheidungsverfahren nach Rechtskraft der Entscheidung über die Trennung ohne Auflösung des Ehebandes erneut betrieben werden (Gruber FamRZ 00, 1129/1135; Hausmann EuLF 00/01, 345/347). – **b) Antragsvorlage**   13
an das zuerst angerufene Gericht (Abs 3 S 2). Diese ist frühestens nach

Antragsabweisung gem S 1 möglich. Die VO sagt nicht, ob über den Antrag zu entscheiden ist. Wird er als Gegenantrag gestellt, so unterliegt er den Voraussetzungen des Art 5. Die Bedeutung des S 2 ist unklar. Es wird vertreten, dass dem nationalen Gericht überlassen bleiben muss, nach seiner Verfahrensordnung darüber zu befinden, ob dieser Antrag einer sachlichen Entscheidung zugänglich ist (Vogel MDR 00, 1045/1049) oder zB wegen Verfristung zurückzuweisen ist. Nach aA (Gruber FamRZ 00, 1129/1134; Hausmann EuLF 00/01, 345/347; MüKo/Gottwald 8) sollen durch die Vorlage prozessuale Einwände nach
14 der lex fori des erstbefassten Gerichts ausgeschlossen werden. – c) **Fortsetzung** des Verfahrens des zuletzt angerufenen Gerichts kommt in Betracht, wenn das erstbefasste Gericht seine Unzuständigkeit festgestellt hat. Dasselbe gilt, wenn es zwar seine internationale Zuständigkeit bejaht hat, aber den Antrag als unbegründet abgewiesen hat (wegen Nr 15 der Erwägungsgründe iVm Art 13 besteht insoweit keine Anerkennungspflicht gem Art 14) oder nicht im Umfang des beim zuletzt befassten Gerichts gestellten Antrag entschieden hat (Gruber FamRZ 00, 1129/1135).

Abschnitt 4. Einstweilige Maßnahmen einschließlich Sicherungsmaßnahmen

Art. 12 [Einstweilige Maßnahmen]

In dringenden Fällen können die Gerichte eines Mitgliedstaats ungeachtet der Bestimmungen dieser Verordnung die nach dem Recht dieses Mitgliedstaats vorgesehenen einstweiligen Maßnahmen einschließlich Sicherungsmaßnahmen in bezug auf in diesem Staat befindliche Personen oder Güter auch dann ergreifen, wenn für die Entscheidung in der Hauptsache gemäß dieser Verordnung ein Gericht eines anderen Mitgliedstaats zuständig ist.

1   **Einstweilige Maßnahmen. a) Begriff.** Wie Art 31 EuGVVO
2 Rn 2. – **b) Dringlichkeit** ist weitere Voraussetzung für den Erlass von einstweiligen Maßnahmen einschließlich Sicherungsmaßnahmen. –
3 **c) Internationale Zuständigkeit.** Diese kann sich ergeben aus **(1)** den
4 Art 2–6, wenn der Anwendungsbereich der VO gem Art 1 eröffnet ist, **(2)** auf Grund der Verweisung in Art 12 auch aus dem nationalen Recht,
5 selbst wenn danach das Gericht des einstweiligen Rechtsschutzes nicht Gericht der Hauptsache wäre; insoweit stellt Art 12 deklaratorisch klar, dass diese Zuständigkeit auch über den Anwendungsbereich des Art 1 hinaus ausgeübt werden und sich auch auf das Vermögen der Ehegatten
6 beziehen kann. – **d) Wirkung.** Im Hinblick auf die Entscheidungen des EuGH EuZW 99, 414 und EuZW 99, 727 wird man grds nur eine territoriale Wirkung der einstweiligen Maßnahmen annehmen können,

wenn sie zu einer Leistung verpflichten (vgl Borrás-Bericht (vor Art 1
Rn 9) Rn 59; s a Art 31 EuGVVO Rn 3). – **e) Außerkrafttreten.** **7**
Erlässt das nach Art 2–6 zuständige Gericht eine Hauptsacheentscheidung im Rahmen von Art 1, so tritt die einstweilige Maßnahme außer
Kraft. Andere Maßnahmen, die nicht in den Anwendungsbereich der VO
fallen, treten nach dem jeweiligen nationalen Recht außer Kraft.

Kapitel III. Anerkennung und Vollstreckung

Vorbemerkung vor Art. 13

1. Anwendungsbereich. Der des Art 1 muss eröffnet sein. Wegen **1**
Nr 10 S 2 der Erwägungsgründe werden nur die Ehe scheidende, trennende oder für ungültig erklärende, nicht aber entsprechende abweisende Urteile von der Anerkennung erfasst. Darüber hinaus werden
wegen Nr 10 S 3 der Erwägungsgründe mit in Ehesachen zugleich
getroffene Entscheidungen, die zB das Scheidungsverschulden, das Güterrecht, den Unterhalt (hierfür gilt weiterhin die EuGVVO bzw das
Haager Übereinkommen über die Anerkennung und Vollstreckung von
Unterhaltsentscheidungen v 2. 10. 73, BGBl 86 II 826), den Hausrat
und die Ehewohnung oder den Versorgungsausgleich betreffen von der
Anerkennung nicht erfasst.

2. Verhältnis zu Staatsverträgen. Die VO geht in ihrem Anwen- **2**
dungsbereich (vgl Art 1 iVm Art 38) Staatsverträgen, die die Mitgliedstaaten geschlossen haben und denselben Anwendungsbereich haben wie
die VO (vgl Art 36, 37), vor. Gem Art 39 können die Mitgliedstaaten
untereinander Übereinküfte zur Ergänzung der VO oder zur Erleichterung ihrer Durchführung schließen.

3. Verhältnis zum nationalen Recht. Hierfür enthalten die **3**
Art 14–20 (Anerkennung) und Art 21–31 (Vollstreckung) jeweils iVm
Art 13, 32–35 ggü dem nationalen Recht vorrangige Vorschriften.
§§ 328, 722, 723 ZPO und § 16 a FGG werden durch die VO verdrängt. Für Entscheidungen in Ehesachen aus einem Mitgliedstaat ist
wegen Art 14 das Anerkennungsverfahren nach Art 7 § 1 FamRÄndG
(BGBl 61, 1221; vgl § 328 ZPO Rn 24 ff) nicht mehr durchzuführen
(Helms FamRZ 01, 257/261; dies gilt jedoch nicht für dänische Entscheidungen, vgl vor Art 1 Rn 2).

Art. 13 [Bedeutung des Begriffs „Entscheidung"]

(1) **Unter „Entscheidung" im Sinne dieser Verordnung ist jede
von einem Gericht eines Mitgliedstaats erlassene Entscheidung
über die Ehescheidung, die Trennung ohne Auflösung des Ehebandes oder die Ungültigerklärung einer Ehe sowie jede aus
Anlaß eines solchen Verfahrens in Ehesachen ergangene Entscheidung über die elterliche Verantwortung der Ehegatten zu**

verstehen, ohne Rücksicht auf die Bezeichnung der jeweiligen
Entscheidung, wie Urteil oder Beschluß.

(2) Die Bestimmungen dieses Kapitels gelten auch für die Festsetzung der Kosten für die nach dieser Verordnung eingeleiteten
Verfahren und die Vollstreckung eines Kostenfestsetzungsbeschlusses.

(3) Für die Durchführung dieser Verordnung werden öffentliche Urkunden, die in einem Mitgliedstaat aufgenommen und
vollstreckbar sind, sowie vor einem Richter im Laufe eines Verfahrens geschlossene Vergleiche, die in dem Mitgliedstaat, in
dem sie zustande gekommen sind, vollstreckbar sind, unter denselben Bedingungen wie die in Absatz 1 genannten Entscheidungen anerkannt und für vollstreckbar erklärt.

1   **1. Entscheidung. a) Begriff** (Abs 1, 2). Gemeint sind nur positve
(Borrás-Bericht (vor Art 1 Rn 9) Rn 60; Wagner IPRax 01, 73/76;
Hausmann EuLF 00/01, 345/348; Helms FamRZ 01, 257/258; abl
Finger JR 01, 177/178), dh nicht einen Antrag abweisende Sachentscheidungen im Rahmen des Anwendungsbereichs der VO (Art 1). Auf
die Bezeichnung kommt es nicht an. Abs 2 stellt deklaratorisch klar, dass
auch Kostenentscheidungen und Kostenfestsetzungsbeschlüsse für Verfahren im Anwendungsbereich der VO unter den Begriff fallen; diese
werden also nach Art 21 ff für vollstreckbar erklärt (Wagner IPRax 01,
73/79). Erfasst werden iü nur Statusentscheidungen (Art 1 Rn 3, 4). –
2   **b) Rechtskraft** ist für die Anerkennung und Vollstreckung nicht notwendig, es sei denn die ausländische Entscheidung ist Grundlage für eine
3   Beischreibung in einem Personenstandsbuch (Art 14 Abs 2). – **c) Eilmaßnahmen.** Obwohl Art 13 diese nicht ausdrücklich vom Anwendungsbereich ausnimmt, werden diese auf Grund der bisher zu Art 25
EuGVÜ (= Art 31 EuGVVO) ergangenen Rspr des EuGH nur dann
unter Art 13 fallen, wenn sie in einem Verfahren nach Gewährung
rechtlichen Gehörs für beide Parteien erlassen wurden (EuGH IPRax
81, 95; 85, 339; vgl auch BGH IPRax 99, 371; zweifelnd Helms
FamRZ 01, 257/260). Stellt die einstweilige Maßnahme eine Leistungsverfügung dar, so wird sie nur eine territoriale Wirkung entfallten und
ist daher keine Entscheidung i S v Art 13 (vgl EuGH EuZW 99, 414
und 99, 727; Hausmann EuLF 00/01, 345/348; vgl auch Art 12 Rn 6;
ferner Art 31 EuGVVO Rn 3; Art 32 EuGVVO Rn 4).

4   **2. Gericht.** Wie Art 32 EuGVVO Rn 7, worunter zusätzlich auch
die in Art 1 Abs 2 aufgeführten Behörden fallen. Reine Privatentschei-
dungen ohne Beteiligung eines Gerichts oder einer Behörde werden also
nicht erfasst (Wagner IPRax 01, 73/76; Helms FamRZ 01, 257/259).

5   **3. Öffentliche Urkunden** (Abs 3). Wie Art 57 EuGVVO Rn 2–4.
Diese werden den gerichtlichen Entscheidungen bei der Anerkennung
und Vollstreckung gleichgestellt, dh auf diese sind dieselben Vorschriften
anzuwenden.

4. Prozessvergleich (Abs 3). Wie Art 58 EuGVVO Rn 1–3. Diese **6**
sind unter denselben Voraussetzungen wie Entscheidungen anerkennungsfähig und vollstreckbar.

Abschnitt 1. Anerkennung

Art. 14 [Anerkennung einer Entscheidung]

(1) **Die in einem Mitgliedstaat ergangenen Entscheidungen
werden in den anderen Mitgliedstaaten anerkannt, ohne dass es
hierfür eines besonderen Verfahrens bedarf.**

(2) **Insbesondere bedarf es unbeschadet des Absatzes 3 keines
besonderen Verfahrens für die Beischreibung in den Personenstandsbüchern eines Mitgliedstaats auf der Grundlage einer in
einem anderen Mitgliedstaat ergangenen Entscheidung über
Ehescheidung, Trennung ohne Auflösung des Ehebandes oder
Ungültigerklärung einer Ehe, gegen die nach dessen Recht keine
weiteren Rechtsbehelfe eingelegt werden können.**

(3) **Jede Partei, die ein Interesse hat, kann im Rahmen der
Verfahren nach den Abschnitten 2 und 3 dieses Kapitels die Feststellung beantragen, dass eine Entscheidung anzuerkennen oder
nicht anzuerkennen ist.**

(4) **Ist in einem Rechtsstreit vor einem Gericht eines Mitgliedstaats die Frage der Anerkennung einer Entscheidung als Vorfrage zu klären, so kann dieses Gericht hierüber befinden.**

1. Allgemeines. Abs 1 stellt klar, dass **(1)** der Grundsatz die Aner-   **1**
kennung von Entscheidungen der Mitgliedstaaten ist; **(2)** es für die   **2**
Anerkennung einer Entscheidung im Anwendungsbereich der VO
(Art 1) keines besonderen Verfahrens bedarf. Aus letzterem folgt insb,
dass das Anerkennungsverfahren nach Art 7 § 1 FamRÄndG auf Entscheidungen in Ehesachen (hierzu § 328 ZPO Rn 24 ff) aus anderen
Mitgliedstaaten (mit Ausnahme Dänemarks, vgl vor Art 1 Rn 2) nicht
mehr anwendbar ist (Wagner IPRax 01, 73/79; Helms FamRZ 01,
257/261). Die Versagungsgründe für die Anerkennung sind abschließend
in Art 15, 16 aufgeführt. Die Gründe für eine Ablehnung sind von Amts
wegen zu prüfen. Die Beweislast für die Ablehnungsgründe (mit Ausnahme der nach Art 32, 33 beizubringenden Voraussetzungen) trägt
derjenige, der die Anerkennung bestreitet.

2. Entscheidung. Vgl Art 13.   **3**

3. Anerkennung. a) Begriff. Wie Art 33 EuGVVO Rn 2. Soll auf   **4**
Grund einer ausländischen Entscheidung eine Beischreibung in einem
Personenstandsbuch erfolgen, ist jedoch Rechtskraft der Entscheidung
nach dem Recht des Erststaates notwendig (Abs 2). – **b) Umfang.** Vgl   **5**
vor Art 13 Rn 1.

6 **4. Verfahren. a) Grundsatz.** Grds erfolgt die Anerkennung ipse iure (Abs 1 und 2), im standesamtlichen Verfahren nach Gewährung rechtlichen Gehörs im Verfahren nach § 12 FGG, §§ 48 Abs 2, 12 ff PStG; im Zweifel Vorlage an das zuständige Amtsgericht nach § 45 II

7 PStG (Heß JZ 01, 573/576 FN 45). – **b) Selbständiges Anerkennungsverfahren** (Abs 3). **aa) Voraussetzungen.** Dieses ist nach den Art 21–35 durchzuführen, falls ein rechtliches Interesse einer Partei daran besteht, dass festgestellt wird, dass die Voraussetzungen für eine Anerkennung oder Nichtanerkennung vorliegen. Das rechtliche Interesse ist insb zu bejahen, wenn Behörden oder Gerichte im Anerkennungsstaat diese Frage unterschiedlich beurteilen oder der andere Ehepartner die Wirkung der ausländischen Entscheidung verneint. Antragsberechtigt können neben den Ehegatten bei Bestehen eines rechtlichen Interesses auch deren Kinder, Erben oder Behörden sein (Helms FamRZ 01, 257/261; Hub NJW 01, 3145/3149). Das Urteil entfaltet nur Wirkung inter partes (Hausmann EuLF 00/01, 345/351). Das Verfahren nach Abs 3 schließt eine Zwischenfeststellungsklage (§ 256 Abs 2 ZPO)

8 nicht aus (Hausmann aaO). – **bb) Sachliche Zuständigkeit.** Art 22

9 Abs 1 iVm Anh I: Familiengericht. – **cc) Örtliche Zuständigkeit.**

10 Art 22 Abs 3. – **dd) Vorzulegende Urkunden:** Art 32–34, wobei eine

11 Legalisation nicht notwendig ist (Art 35). – **c) Aussetzung** des Anerkennungsverfahrens im Falle von Art 20 möglich.

12 **5. Inzidentanerkennung** (Abs 4). Vorfrage bedeutet, dass die Anerkennung für die Entscheidung des Gerichts erheblich ist, von der Anerkennung also abhängt. Dies ist zB der Fall bei einer im Ausland ausgesprochenen Ehescheidung und erneutem Scheidungsantrag im Inland. Iü wie Art 33 EuGVVO Rn 6. Die Inzidententscheidung erwächst nicht in Rechtskraft (aA Vogel MDR 00, 1045/1049). Dies ist nur dann der Fall, wenn ausdrücklich ein entsprechender Zwischenfeststellungsantrag gestellt wird. Hierzu gibt Abs 4 die Befugnis. Dieser ist aus Gründen der Prozessökonomie und Rechtssicherheit zuzulassen, um ein selbständiges Anerkennungsverfahren zu vermeiden.

Art. 15 [Gründe für die Nichtanerkennung einer Entscheidung]

(1) **Eine Entscheidung, die die Ehescheidung, die Trennung ohne Auflösung des Ehebandes oder die Ungültigerklärung einer Ehe betrifft, wird nicht anerkannt,**
a) **wenn die Anerkennung der öffentlichen Ordnung (ordre public) des Mitgliedstaats, in dem sie beantragt wird, offensichtlich widerspricht;**
b) **wenn dem Antragsgegner, der sich auf das Verfahren nicht eingelassen hat, das verfahrenseinleitende Schriftstück oder ein gleichwertiges Schriftstück nicht so rechtzeitig und in einer Weise zugestellt worden ist, dass er sich verteidigen konnte, es sei denn, es wird festgestellt, dass er mit der Entscheidung eindeutig einverstanden ist;**

c) wenn die Entscheidung mit einer Entscheidung unvereinbar ist, die in einem Verfahren zwischen denselben Parteien in dem Mitgliedstaat, in dem die Anerkennung beantragt wird, ergangen ist; oder

d) wenn die Entscheidung mit einer früheren Entscheidung unvereinbar ist, die in einem anderen Mitgliedstaat oder in einem Drittland zwischen denselben Parteien ergangen ist, sofern die frühere Entscheidung die notwendigen Voraussetzungen für ihre Anerkennung in dem Mitgliedstaat erfüllt, in dem die Anerkennung beantragt wird.

(2) Eine Entscheidung betreffend die elterliche Verantwortung, die aus Anlaß der in Artikel 13 genannten Verfahren in Ehesachen ergangen ist, wird nicht anerkannt,

a) wenn die Anerkennung der öffentlichen Ordnung (ordre public) des Mitgliedstaats, in dem sie beantragt wird, offensichtlich widerspricht, wobei das Wohl des Kindes zu berücksichtigen ist;

b) wenn die Entscheidung – ausgenommen in dringenden Fällen – ergangen ist, ohne dass das Kind die Möglichkeit hatte, gehört zu werden, und damit wesentliche verfahrensrechtliche Grundsätze des Mitgliedstaats, in dem die Anerkennung beantragt wird, verletzt werden;

c) wenn der betreffenden Person, die sich auf das Verfahren nicht eingelassen hat, das verfahrenseinleitende Schriftstück oder ein gleichwertiges Schriftstück nicht so rechtzeitig und in einer Weise zugestellt worden ist, dass sie sich verteidigen konnte, es sei denn, es wird festgestellt, dass sie mit der Entscheidung eindeutig einverstanden ist;

d) wenn eine Person dies mit der Begründung beantragt, dass die Entscheidung in ihre elterliche Verantwortung eingreift, falls die Entscheidung ergangen ist, ohne dass die Person die Möglichkeit hatte, gehört zu werden;

e) wenn die Entscheidung mit einer späteren Entscheidung betreffend die elterliche Verantwortung unvereinbar ist, die in dem Mitgliedstaat, in dem die Anerkennung beantragt wird, ergangen ist;

f) wenn die Entscheidung mit einer späteren Entscheidung betreffend die elterliche Verantwortung unvereinbar ist, die in einem anderen Mitgliedstaat oder in dem Drittland, in dem das Kind seinen gewöhnlichen Aufenthalt hat, ergangen ist, sofern die spätere Entscheidung die notwendigen Voraussetzungen für ihre Anerkennung in dem Mitgliedstaat erfüllt, in dem die Anerkennung beantragt wird.

1. Allgemeines. Art 15 und 16 nennen abschließend die Gründe, 1 auf denen eine Nichtanerkennung der ausländischen Entscheidung beruhen kann. Abs 1 gilt nur für Entscheidungen in Ehesachen, Abs 2 nur für solche in Sorgerechtssachen. Die internationale Zuständigkeit des Erstgerichts ist gem Art 17 ebenso niemals Prüfungsmaßstab für die Nichtanerkennung wie grds auch nicht die inhaltliche Überprüfung der Entscheidung (Art 19). Die Vorschrift entspricht weitgehend der EuGVVO und der zu § 328 ZPO ergangenen Rechtsprechung. Deshalb kann hierauf verwiesen werden.

2 **2. Ehesachen** (Abs 1). **a) Ordre public** (Buchst a). Vgl Art 34 EuGVVO Rn 2 und § 328 ZPO Rn 15–19. Die dortigen Ausführungen gelten entsprechend (Hausmann EuLF 00/01, 345/349). Die ordre-public-Prüfung wird eingeschränkt durch Art 17 S 2 (keine Nachprüfung der internationalen Zuständigkeit des Erstgerichts) und Art 18 (Unterschiede im anzuwendenden Recht). Da der Verstoß offensichtlich sein muss, reicht im Falle einer Sorgerechtsregelung eine kindeswohlwidrige Entscheidung nicht aus, anders aber, wenn das Kindeswohl gar nicht geprüft wurde. Im ersten Fall kommt nur eine Abände-3 rung durch das zuständige Gericht in Betracht. – **b) Nichteinlassung** (Buchst b). Vgl Art 34 EuGVVO Rn 3–6 und 10–13. Die Vorschrift stellt darauf ab, dass die Zustellung dem Antragsgegner die Möglichkeit der Verteidigung eröffnet hat. Hieran wird es vor allem fehlen, wenn der Antragsgegner die Antragsschrift nicht verstehen konnte, weil sie nicht in einer in Art 8 der ZustellungsVO v 29. 5. 00 (vgl Art 10 Abs 2) genannten Sprachen verfasst bzw übersetzt ist. Das Anerkennungshindernis ist unbeachtlich, wenn der Antragsgegner mit der Entscheidung eindeutig einverstanden ist. Dieses setzt die Bekanntgabe eines diesbezüglichen Willens voraus, zB Zustimmung zur Anerkennung, Eheschließung nach der ausgesprochenen Scheidung, Verlangen von nachehelichem Unterhalt, Durchführung des Versorgungsausgleichs (soweit dies nach Art 17 Abs 3 EGBGB möglich ist), einvernehmliche Verteilung der ehelichen Güter, nicht aber per se der Verzicht auf ein Rechtsmittel (Helms FamRZ 01, 257/264; MüKo/Gottwald 5). – 4 **c) Unvereinbarkeit mit einer Entscheidung aus dem Anerkennungsstaat** (Buchst c). Das Anerkennungshindernis besteht unabhängig davon, ob die letztere Entscheidung vor oder nach der im Ursprungsstaat ergangenen Entscheidung erlassen wurde. Es muss nicht derselbe Streitgegenstand vorgelegen haben (Borrás-Bericht (vor Art 1 Rn 9) Rn 71). Antragsabweisende Entscheidungen des Anerkennungsstaats fallen nicht hierunter (Kohler NJW 01, 10/13; MüKo/Gottwald 6; aA Helms FamRZ 01, 257/265), so dass sich die statusvernichtende Entscheidung gegenüber der statuserhaltenden Entscheidung immer 5 durchsetzt. Iü wie Art 34 EuGVVO Rn 14–17. – **d) Unvereinbarkeit mit einer früheren Mitgliedstaat- oder Nichtmitgliedstaatentscheidung** (Buchst d). Die Vorschrift ergänzt Buchst c) und bezieht sowohl frühere Entscheidungen eines Mitgliedstaats als auch eines Drittstaats ein. Voraussetzung ist die Anerkennungsfähigkeit der Entscheidung. Dies beurteilt sich nach der VO, sofern deren Anwendungsbereich gem Art 1 eröffnet ist, sonst nach § 328 ZPO, falls nicht ein

Staatsvertrag vorrangig anzuwenden ist. Iü wie Art 34 EuGVVO Rn 18–20. Buchst c) und Buchst d) wollen die Anerkennung insb der prozessual überholten Entscheidungen verhindern. Beispiel (nach Borrás-Bericht (vor Art 1 Rn 9) Rn 71): Trennung ohne Auflösung des Ehebandes in Staat A, dann Scheidung in Staat B. Die Scheidung ist im Staat A anzuerkennen, wohingegen die Trennung ohne Auflösung des Ehebandes in Staat B nicht anzuerkennen ist.

3. Elterliche Verantwortung. Die Vorschrift erfasst gerichtliche **6** und behördliche Entscheidungen (vgl Art 1 Abs 2), die im zeitlichen und sachlichen Zusammenhang mit einer Entscheidung in einer Ehesache durch die Gerichte desselben Mitgliedstaats ergangen sind (vgl Art 1 Rn 4 ff). – **a) Ordre public.** Zusätzlich zu einem Verstoß hiergegen **7** muss die Nichtanerkennung der Entscheidung dem Wohle des Kindes entsprechen. Dieser Begriff ist nach der Rechtsordnung des Anerkennungsstaates auszulegen, weil es bei der Frage, ob der ordre public tangiert ist, ebenfalls auf die innerstaatlichen Rechtsvorstellungen des Anerkennungsstaates ankommt. – **b) Nichtanhörung des Kindes.** **8** Hierbei handelt es sich um eine Spezialvorschrift zum verfahrensrechtlichen ordre public. Ob eine Anhörung des Kindes geboten war, ist an Hand des § 50 b FGG zu beurteilen. – **c) Nichteinlassung** (Buchst c). **9** Wie Rn 3. – **d) Fehlendes rechtliches Gehör** (Buchst d). Es handelt **10** sich um eine Spezialvorschrift zum verfahrensrechtlichen ordre public. Die Vorschrift will den Grundsatz des rechtlichen Gehörs schützen. Wie § 328 ZPO Rn 18. – **e) Unvereinbarkeit mit einer späteren Entscheidung aus dem Anerkennungsstaat** (Buchst e). Mit dieser Vorschrift sollen vor allem Widersprüche vermieden werden, die sich zB aus einer in einem Mitgliedstaat erlassenen Sorgerechtsentscheidung und einer inländischen Entscheidung über die Feststellung der Vaterschaft ergeben können (Borrás-Bericht (vor Art 1 Rn 9) Rn 73). – **f) Unvereinbarkeit mit einer späteren Entscheidung aus einem Mitglied- oder Drittstaat** (Buchst f). Voraussetzung ist, **(1)** dass das Kind seinen **13** gewöhnlichen Aufenthalt in einem der genannten Staaten hat; Begriff wie Art 2 Rn 2, **(2)**, dass diese Entscheidung anerkennungsfähig ist. **14** Dies beurteilt sich entweder nach der VO, sofern deren Anwendungsbereich gem Art 1 eröffnet ist, sonst nach dem autonomen nationalen Recht, insb Art 16 a FGG, sofern kein Staatsvertrag, insb das Haager MSA, anwendbar ist.

Art. 16 [Übereinkünfte mit Drittstaaten]

Ein Gericht eines Mitgliedstaats hat die Möglichkeit, auf der Grundlage einer Übereinkunft über die Anerkennung und Vollstreckung von Entscheidungen eine in einem anderen Mitgliedstaat ergangene Entscheidung nicht anzuerkennen, wenn in Fällen des Artikels 8 die Entscheidung nur auf in den Artikeln 2 bis 7 nicht genannte Zuständigkeitskriterien gestützt werden konnte.

1   Die Vorschrift schafft ein zusätzliches Anerkennungshindernis, das jedoch nur relevant wird, wenn **(1)** zwischen dem anderen Mitgliedstaat, dessen Entscheidung anerkannt werden soll und einem Drittstaat ein Vertrag über die in Art 1 geregelten Materien besteht, **(2)** die Zuständigkeit für eine Entscheidung auf eine Vorschrift gestützt wird, die nicht dem Zuständigkeitskatalog der Art 2–7 entspricht. Daraus ergibt sich, dass der ersuchte Mitgliedstaat die Zuständigkeitskriterien zu prüfen hat, auf deren Grundlage die Entscheidung im Ursprungsstaat ergangen ist (Borrás-Bericht (vor Art 1 Rn 9) Rn 75). Art 17 gilt auch hier.

Art. 17 [Verbot der Nachprüfung der Zuständigkeit des Gerichts des Ursprungsmitgliedstaats]

[1] **Die Zuständigkeit des Gerichts des Ursprungsmitgliedstaats darf nicht nachgeprüft werden.** [2] **Die Überprüfung der Vereinbarkeit mit der öffentlichen Ordnung (ordre public) gemäß Artikel 15 Absatz 1 Buchstabe a) und Absatz 2 Buchstabe a) darf sich nicht auf die in den Artikeln 2 bis 8 vorgesehenen Vorschriften über die Zuständigkeit erstrecken.**

1   S 1 stellt klar, dass die internationale Zuständigkeit des Ursprunggerichts nicht Prüfungsmaßstab im Rahmen der Anerkennung ist. S 2 will verhindern, dass diese Frage in den ordre public einbezogen wird. Dies gilt selbst dann, wenn eine Restzuständigkeit nach Art 8 zu Unrecht in Anspruch genommen wurde (Helms FamRZ 01, 257/262). Die Vorschrift entspricht iü Art 35 Abs 3 EuGVVO (dort Rn 1).

Art. 18 [Unterschiede beim anzuwendenden Recht]

Die Anerkennung einer Entscheidung, die die Ehescheidung, die Trennung ohne Auflösung des Ehebandes oder die Ungültigerklärung einer Ehe betrifft, darf nicht deshalb abgelehnt werden, weil eine Ehescheidung, Trennung ohne Auflösung des Ehebandes oder Ungültigerklärung einer Ehe nach dem Recht des Mitgliedstaats, in dem die Anerkennung beantragt wird, unter Zugrundelegung desselben Sachverhalts nicht zulässig wäre.

1   **1. Zweck.** Die Vorschrift will verhindern, dass der ordre public gem Art 15 Abs 1 Buchst a) zu extensiv ausgelegt wird. Bestehen im Ursprungsstaat flexiblere materiell-rechtliche Ehescheidungsvorschriften als in dem Anerkennungsstaat, so sollen Sachverhalte, die nur im Ursprungsstaat zu einer Ehescheidung berechtigen, einer Anerkennung im Zweitstaat nicht entgegen stehen.

2   **2. Recht** des Anerkennungsstaats. Umfaßt sowohl das IPR (MüKo/Gottwald 1) als auch die innerstaatlichen materiell-rechtlichen Vorschriften dieses Staates (Borrás-Bericht (vor Art 1 Rn 9) Rn 76; Helms FamRZ 01, 257/263).

Art. 19 [Ausschluß einer Nachprüfung in der Sache]
Die Entscheidung darf keinesfalls in der Sache selbst nach-
geprüft werden.

Die Vorschrift verbietet die révision au fond. Wie Art 36 EuGVVO **1**
Rn 1. Bei Sorgerechtsentscheidungen steht die Vorschrift jedoch einer
Abänderung nicht entgegen, wenn sich die ursprünglichen Umstände
geändert haben.

Art. 20 [Aussetzung des Anerkennungsverfahrens]
(1) **Das Gericht eines Mitgliedstaats, vor dem die Anerkennung**
einer in einem anderen Mitgliedstaat ergangenen Entscheidung
beantragt wird, kann das Verfahren aussetzen, wenn gegen die
Entscheidung ein ordentlicher Rechtsbehelf eingelegt worden ist.

(2) **Das Gericht eines Mitgliedstaats, bei dem die Anerkennung**
einer in Irland oder im Vereinigten Königreich ergangenen Ent-
scheidung beantragt wird, kann das Verfahren aussetzen, wenn
die Vollstreckung der Entscheidung im Ursprungsmitgliedstaat
wegen der Einlegung eines Rechtsbehelfs einstweilen eingestellt
ist.

1. Allgemeines. Diese Vorschrift ist vor allem im förmlichen Aner- **1**
kennungsverfahren nach Art 14 Abs 3 anwendbar und ergänzt diese
Vorschrift. Aber auch in anderen Verfahren, in denen die Anerkennung
eine Vorfrage darstellt, kann das Verfahren bei Vorliegen der Voraussetzungen ausgesetzt werden. Abs 2 ist im Hinblick auf die Besonderheiten
in den genannten Ländern zu sehen (vgl Art 28 Abs 2).

2. Voraussetzung. a) Ordentlicher Rechtsbehelf. Wie Art 46 **2**
EuGVVO Rn 2. – **b) Ermessen.** Wie Art 28 Rn 3 und Art 46 **3**
EuGVVO Rn 3. – **c) Kein Antrag** für die Aussetzung nötig (im Ge- **4**
gensatz zu Art 28).

Abschnitt 2. Vollstreckung

Art. 21 [Vollstreckbare Entscheidungen]
(1) **Die in einem Mitgliedstaat ergangenen Entscheidungen be-**
treffend die elterliche Verantwortung für ein gemeinsames Kind,
die in diesem Mitgliedstaat vollstreckbar sind und die zugestellt
worden sind, werden in einem anderen Mitgliedstaat vollstreckt,
wenn sie dort auf Antrag einer berechtigten Partei für vollstreck-
bar erklärt worden sind.

(2) **Im Vereinigten Königreich jedoch wird eine derartige Ent-**
scheidung in England und Wales, in Schottland oder in Nord-
irland vollstreckt, wenn sie auf Antrag einer berechtigten Partei

zur Vollstreckung in dem betreffenden Teil des Vereinigten Königreichs registriert worden ist.

1 **1. Allgemeines.** Die ZwVollstr aus Titeln der Mitgliedstaaten wird vereinheitlicht und vereinfacht durch ein in der ersten Instanz einseitiges Klauselerteilungsverfahren. Die eigentliche ZwVollstr richtet sich nach den Regeln des Vollstreckungsstaates. Für die Vollstreckbarerklärung steht ausschließlich nur das Verfahren nach den Art 21 ff offen, soweit es um die Vollstreckung geht. Ergänzt wird die VO durch das AVAG (vgl insb §§ 50 ff AVAG). Wegen Art 13 Abs 2 sind Art 21 ff auch auf Kostentscheidungen in Ehesachen anzuwenden (Wagner IPRax 01, 73/79). Soll die Rückführung eines Kindes nach dem HKiEntÜ (vgl Art 4) angeordnet werden, so ist dieses Übereinkommen vorrangig. Das Europäische Übereinkommen v 20. 5. 80 über die Anerkennung und Vollstreckung von Entscheidungen über das Sorgerecht für Kinder und die Wiederherstellung des Sorgeverhältnisses ist nicht anwendbar, soweit der Anwendungsbereich der VO gem Art 1 Abs 1 und 2 Buchst b) eröffnet ist (Art 37 3. Spiegelstrich iVm Art 38).

2 **2. Voraussetzungen** der Vollstreckbarerklärung (Abs 1). **a) Titel.** Entscheidungen (Art 13 Abs 1), öffentliche Urkunden (Art 13 Abs 3) oder Prozessvergleiche (Art 13 Abs 3). Übersetzung ist nur vorzulegen,
3 falls das Gericht dies verlangt (Art 34 Abs 2 S 1). – **b) Elterliche Verantwortung iSv Art 1 Abs 1 Buchst b).** Nur die im Titel getroffene Regelung hinsichtlich der elterlichen Verantwortung für gemeinsame Kinder der Ehegatten (Art 1 Rn 4 ff) wird für vollstreckbar erklärt. Dies gilt auch, wenn zugleich über weitere vollstreckbare Ansprüche, zB den Unterhalt, entschieden wurde. Für diese ist ein eigenes Verfahren nach
4 den einschlägigen Vorschriften durchzuführen. – **c) Antrag eines Berechtigten.** Für die Form des Antrags gilt Art 23 iVm Art 32, 33. Berechtigt sind nicht nur die Ehegatten und Kinder, sondern in den Staaten, in denen dies vorgesehen ist, auch die staatliche Gewalt (Staatsanwalt, Jugendamt; vgl Borrás-Bericht (vor Art 1 Rn 9) Rn 80). –
5 **d) Vollstreckbarkeit** des Titels nach dem Recht des Ursprungstaats. Rechtskraft wird nicht verlangt. Nachweis durch Urkunden gem Art 32
6 und 33 iVm Formblatt gem Anh V. – **e) Vorherige Zustellung** des Titels. Diese wird vom Ursprungsgericht gem Art 33 iVm Formblatt gem Anh V nach Art 10 der ZustellungsVO v 29. 5. 00 (vgl Art 10 Rn 5) bestätigt. Fehlt sie, muss sie nachgeholt werden, was analog § 750 Abs 1 ZPO bis zum Beginn der ZwVollstr zulässig ist, auch noch im Rechtsbehelfsverfahren gem Art 26 (EuGH EuZW 96, 240; vgl Art 47 EuGVÜ Rn 6).

7 **3. Verfahren** erster Instanz. Es gelten die Art 22–25, 29–30, 32–35 iVm §§ 1 Abs 1 Nr 2, 50 AVAG. Beschränkung des Antrags ist möglich und ggf geboten (Art 29). Entscheidung: Art 24 Abs 1. Prüfungsmaßstab: Art 24 Abs 2, 3 iVm Art 15–17. Der stattgebende Beschluss muss wegen Art 26 Abs 5 S 1 gem Art 25 zugestellt werden. Rechtsbehelf gegen stattgebenden Beschluss: befristete Beschwerde zum OLG, Art 26

Abs 1, 2, 5 iVm Anh II; gegen ablehnenden Beschluss: unbefristete Beschwerde zum OLG gem Art 26 Abs 1, 2, 4.

Art. 22 [Örtlich zuständige Gerichte]

(1) **Ein Antrag auf Vollstreckbarerklärung ist bei dem Gericht zu stellen, das in der Liste in Anhang I aufgeführt ist.**

(2) [1]**Das örtlich zuständige Gericht wird durch den gewöhnlichen Aufenthalt der Person, gegen die die Vollstreckung erwirkt werden soll, oder durch den gewöhnlichen Aufenthalt eines Kindes, auf das sich der Antrag bezieht, bestimmt.**[2]**Befindet sich keiner der in Unterabsatz 1 angegebenen Orte in dem Mitgliedstaat, in dem die Vollstreckung erwirkt werden soll, so wird das örtlich zuständige Gericht durch den Ort der Vollstreckung bestimmt.**

(3) **Hinsichtlich der Verfahren nach Artikel 14 Absatz 3 wird das örtlich zuständige Gericht durch das innerstaatliche Recht des Mitgliedstaats bestimmt, in dem der Antrag auf Anerkennung oder Nichtanerkennung gestellt wird.**

1. Sachliche Zuständigkeit (Abs 1 iVm Anh I): FamG.   1

2. Örtliche Zuständigkeit (Abs 2 iVm Anh I). Durch den Anh I   2 wird die örtliche Zuständigkeit bei bestimmten Gerichten konzentriert. Die örtliche Zuständigkeit wird grds durch den gewöhnlichen Aufenthalt des Vollstreckungsgegners bzw des Kindes, auf den sich der Antrag bezieht, in einem Oberlandesgerichtsbezirk bestimmt, wobei gem Anh I nur das Familiengericht am Sitz des OLG bzw das Familiengericht Pankow/Weißensee für den Bezirk des KG zuständig ist. Liegt der gewöhnliche Aufenthalt des anderen Ehegatten oder des Kindes nicht im Inland, dann kommt es gem Art 22 Abs 2 Unterabs 2 iVm Anh I auf den OLG-Bezirk an, in dem die Vollstreckung betrieben wird.

3. Selbständiges Anerkennungsverfahren (Abs 3). Die Zuständig-   3 keit hierfür wird durch § 51 AVAG bestimmt.

Art. 23 [Stellung des Antrags auf Vollstreckbarerklärung]

(1) **Für die Stellung des Antrags ist das Recht des Mitgliedstaats maßgebend, in dem die Vollstreckung erwirkt werden soll.**

(2) [1]**Der Antragsteller hat für die Zustellung im Bezirk des angerufenen Gerichts ein Wahldomizil zu begründen.** [2]**Ist das Wahldomizil im Recht des Mitgliedstaats, in dem die Vollstreckung erwirkt werden soll, nicht vorgesehen, so hat der Antragsteller einen Zustellungsbevollmächtigten zu benennen.**

(3) **Dem Antrag sind die in den Artikeln 32 und 33 aufgeführten Urkunden beizufügen.**

1   **Anforderungen** (Abs 1). Form, Inhalt und Gerichtssprache folgen
dem Recht des Vollstreckungsstaates, in der BRep dem zur VO ergangenen AVAG. Für die Übersetzung des Titels gilt Art 34 Abs 2. **Wahldomizil** (Abs 2 S 1). Wie Art 40 EuGVVO Rn 2. **Zustellungsbevollmächtigter** (Abs 2 S 2). Wie Art 40 EuGVVO Rn 3.

Art. 24 [Entscheidung des Gerichts]

(1) **Das mit dem Antrag befaßte Gericht erläßt seine Entscheidung ohne Verzug, ohne dass die Person, gegen die die Vollstreckung erwirkt werden soll, in diesem Abschnitt des Verfahrens
Gelegenheit erhält, eine Erklärung abzugeben.**

(2) **Der Antrag darf nur aus einem der in den Artikeln 15, 16
und 17 aufgeführten Gründe abgelehnt werden.**

(3) **Die ausländische Entscheidung darf keinesfalls in der Sache
selbst nachgeprüft werden.**

1   **1. Verfahren.** IdR weder mdl Verhandlung noch Anhörung des
Schuldners, auch nicht in Ausnahmefällen. Kein Anwaltszwang.

2   **2. Prüfungsumfang** (vom Amts wegen). (1) Anwendbarkeit der VO
gem Art 1 (vor Art 1 Rn 1–9). (2) Zuständigkeit: Art 22 iVm Anh I.
(3) Sachliche Voraussetzungen (Art 21 Rn 2–6) mit Nachweisen
(Art 23 Abs 3 iVm Art 32, 33). (4) Ablehnungsgründe (von Amts
wegen zu prüfen) der Art 15–16, unter Berücksichtigung von Art 17;
aber keine Amtsermittlung. (5) Verbot der Gesetzmäßigkeitsprüfung:
wie Art 19.

3   **3. Entscheidung:** Zu begründender Beschluss gem § 8 AVAG.
Kosten: § 50 Abs 1 S 2 AVAG, § 13a FGG. **Wirksamwerden:** § 53
AVAG, mit Rechtskraft des Beschlusses. Daher kann der Beschluss erst
danach mit der Vollstreckungsklausel versehen werden. Vorher ist nur
der Beschluss gem Art 25 iVm § 10 AVAG zuzustellen.

Art. 25 [Mitteilung der Entscheidung]

**Die Entscheidung, die über den Antrag ergangen ist, wird
dem Antragsteller vom Urkundsbeamten der Geschäftsstelle unverzüglich in der Form mitgeteilt, die das Recht des Mitgliedstaats, in dem die Vollstreckung erwirkt werden soll, vorsieht.**

1   Wie Art 42 EuGVVO Rn 1 iVm §§ 50 Abs 2, 10 AVAG mit der sich
aus Art 24 Rn 3 ergebenden Ausnahme.

Art. 26 [Rechtsbehelf gegen eine Entscheidung über die Zulassung der Vollstreckung]

(1) **Gegen die Entscheidung über den Antrag auf Vollstreckbarerklärung kann jede Partei einen Rechtsbehelf einlegen.**

(2) **Der Rechtsbehelf wird bei dem Gericht eingelegt, das in der Liste in Anhang II aufgeführt ist.**

(3) **Über den Rechtsbehelf wird nach den Vorschriften entschieden, die für Verfahren mit beiderseitigem rechtlichen Gehör maßgebend sind.**

(4) **¹Wird der Rechtsbehelf von der Person eingelegt, die den Antrag auf Vollstreckbarerklärung gestellt hat, so wird die Partei, gegen die die Vollstreckung erwirkt werden soll, aufgefordert, sich auf das Verfahren einzulassen, das bei dem mit dem Rechtsbehelf befaßten Gericht anhängig ist. ²Läßt sich die betreffende Person auf das Verfahren nicht ein, so gelten die Bestimmungen des Artikels 10.**

(5) **¹Der Rechtsbehelf gegen die Vollstreckbarerklärung ist innerhalb eines Monats nach ihrer Zustellung einzulegen. ²Hat die Partei, gegen die die Vollstreckung erwirkt werden soll, ihren gewöhnlichen Aufenthalt in einem anderen Mitgliedstaat als dem, in dem die Vollstreckbarerklärung erteilt worden ist, so beträgt die Frist für den Rechtsbehelf zwei Monate und beginnt mit dem Tag, an dem die Vollstreckbarerklärung ihr entweder persönlich oder in ihrer Wohnung zugestellt worden ist. ³Eine Verlängerung dieser Frist wegen weiter Entfernung ist ausgeschlossen.**

1. **Allgemeines.** Die Vorschrift gilt sowohl für die stattgebende (also   **1**
im Falle der Vollstreckbarerklärung) als auch für die ablehnende Entscheidung. Im ersten Fall handelt es sich um eine befristete Beschwerde (Abs 5). Art 26, 27 iVm §§ 50, 11 ff AVAG stellen ein in sich geschlossenes Rechtsbehelfsystem dar. Unklar ist, ob auch das Kind Partei iSv Abs 1 ist. Hierfür spricht Art 21 Rn 4 (vgl Wagner IPRax 01, 73/80; Hub NJW 01, 3145/3148 FN 43).

2. **Verfahren** (Abs 3, 4). Es findet ein kontradiktorisches Verfahren   **2**
statt. Zuständig ist der FamSenat am OLG (Abs 2 iVm Anh II), nicht der ER, da in §§ 50, 13 Abs 1 AVAG im Gegensatz zu § 27 Abs 4 AVAG nicht auf § 568 ZPO verwiesen wird. – **a) Rechtliches Gehör.**   **3**
Dieses ist dem Beschwerdegegner stets zu gewähren. Das Verfahren im Übrigen regelt sich nach dem AVAG. – **b) Aufforderung** an den   **4**
Antragsgegner sich auf das Verfahren einzulassen (Abs 4 S 1). Gilt nur bei Antragsablehnung. Läßt er sich nicht ein, so gilt Art 10 entsprechend, dh, es ist zu prüfen, ob dem Antragsgegner der Antrag (Art 23) und die notwendigen Urkunden (Art 32, 33) zugestellt worden sind, damit er sich verteidigen kann. Sonst kommt eine Aussetzung des Rechtsbehelfsverfahrens in Betracht, um die notwendigen Zustellungen vorzunehmen. Denn dem Antragsgegner steht keine weitere Tatsacheninstanz zu, so dass es ihm ermöglicht werden muss, in diesem Verfahrensstadium seine Rechte wahrzunehmen.

3. **Zulässigkeit** des Rechtsbehelfs. **a) Statthaft** gegen eine Entschei-   **5**
dung nach Art 24. – **b) Form.** Einreichung einer Beschwerdeschrift   **6**

oder zu Protokoll der Geschäftsstelle beim OLG gem Abs 2 iVm Anh II,
7 § 11 Abs 1 S 1 AVAG. Kein Anwaltszwang, § 78 Abs 3 ZPO. – **c) Frist**
8 (Abs 5). Nur einzuhalten bei einer Vollstreckbarerklärung. – **aa) Inlän-**
   discher gewöhnlicher Aufenthalt des Antragsgegners (S 1): einen
9 Monat ab Zustellung. – **bb) Ausländischer** gewöhnlicher Aufenthalt in
   einem anderen Mitgliedstaat (S 2): zwei Monate nach ordnungsgemäßer
   Zustellung der Vollstreckbarerklärung, wobei die Frist nur beginnt bei
   persönlicher Zustellung oder Zustellung in der Wohnung nach der
   ZustellungsVO (vgl Art 10 Rn 5). Keine Verlängerungsmöglichkeit.
   Liegt der gewöhnliche Aufenthalt nicht in einem Mitgliedstaat, so gilt
   grds S 1, sofern nicht § 50 Abs 2 S 4, 5 iVm § 10 Abs 2 AVAG eine
   Verlängerungsmöglichkeit vorsehen. Die Zustellung erfolgt dann nach
   dem Haager Zustellungsübereinkommen v 15. 11. 65 oder nach dem
   Haager Zivilprozessübereinkommen v 1. 3. 54 (§ 328 ZPO Rn 30). –
10 **cc) Berechnung** der Frist erfolgt nach § 222 ZPO iVm §§ 187 ff BGB.

11   **4. Begründetheit. a) Beschwerde des Antragstellers.** Das OLG
   prüft nach, ob die Voraussetzungen für eine Vollstreckbarerklärung vorliegen (wie Art 24 Rn 2) und keine zulässigen Einwendungen bestehen. –
12 **b) Beschwerde des Antragsgegners** im Falle der Vollstreckbarerklä-
13 rung. (1) Fehlende Voraussetzungen für die Vollstreckbarerkärung kön-
14 nen gerügt werden (Art 21 Rn 2–6). (2) Bestehen von Anerkennungs-
   hindernissen nach Art 15–16, unter Berücksichtigung von Art 17.
15 **(3) Zulässige Einwendungen** (§ 12 Abs 1 AVAG), die nach Erlass der
   Erstentscheidung entstanden sind. Wegen § 50 Abs 3 AVAG gilt dies
   jedoch nur für titulierte Geldforderungen. Dies können im Anwendungsbereich der EheVO nur Kostenentscheidungen sein (Hub NJW
   01, 3145/3147). Einwendungen sind nur solche, die die Rechtskraft des
   ausländischen Urteils unberührt lassen, aber den rechtskräftig zuerkannten Anspruch nachträglich vernichten oder in seiner Durchsetzbarkeit
   hemmen (wie § 767 ZPO), nicht aber Einwendungen iS von § 323
   ZPO (BGH NJW 90, 1419; Köln FamRZ 01, 177). Vor Erlass der
   ausländischen Entscheidung entstandene sachliche Einwendungen können nur mit nach dem Recht des Erststaats zulässigen Rechtsmitteln
   dort geltend gemacht werden. Bis zur Entscheidung darüber kommt
   eine Aussetzung gem Art 28 iVm § 36 Abs 1 AVAG in Betracht. Unterlässt der Schuldner die Einlegung eines Rechtsbehelfs im Erststaat, so
   sind die Einwendungen auch im Inland auf Grund der anzuerkennenden
   Rechtskraft präkludiert (BGH NJW 83, 2773). Wird die ZwVollstr aus
   einer öffentlichen Urkunde (Art 50) oder einem Prozessvergleich
   (Art 51) betrieben, so gilt diese Einschränkung nicht (§ 12 Abs 2
   AVAG). Nach Erlass der ausländischen Entscheidung entstandene Einwendungen können sowohl im Erststaat mit den dort zulässigen Rechtsbehelfen (dann Aussetzung gem Art 28 Abs 1), als auch mit der
   Beschwerde gegen die Vollstreckbarerklärung gem § 12 Abs 1 AVAG
   geltend gemacht werden. Entscheidend ist, wann die Einwendung objektiv entstanden ist und ausgeübt werden konnte (BGH NJW 80, 528;

vgl auch § 767 ZPO Rn 22). Unterlässt der Schuldner die Geltendmachung dieser Einwendung im Beschwerdeverfahren, so ist er unter den
Voraussetzungen des § 14 Abs 1 AVAG präkludiert. Liegen die Voraussetzungen des § 14 Abs 1 AVAG in Bezug auf titulierte Geldforderungen
(§ 50 Abs 3 AVAG) vor, kann er noch eine Vollstreckungsabwehrklage
(§ 767 ZPO) erheben, und zwar zum LG, das über die Vollstreckbarerklärung entschieden hat (§ 14 Abs 2 AVAG). Fällt der Titel nach
Abschluss des Beschwerdeverfahrens weg oder wird er geändert, so gilt
§ 27 AVAG.

  5. **Wirksamwerden:** § 53 AVAG, grds erst mit Rechtskraft.   2

Art. 27 [Für den Rechtsbehelf zuständiges Gericht und Anfech-
       tung der Entscheidung über den Rechtsbehelf]
  **Die Entscheidung, die über den Rechtsbehelf ergangen ist,
kann nur im Wege der in Anhang III genannten Verfahren angefochten werden.**

  Gegen die Entscheidung nach Art 26 findet nur die **Rechts-**   1
beschwerde zum BGH gem Anh III statt. Die weiteren Zulässigkeitsvoraussetzungen ergeben sich aus §§ 50 Abs 1, 3, 15 ff AVAG (vgl auch
Art 44 EuGVVO Rn 2–6). Das OLG muss die Rechtsbeschwerde also
nicht zulassen, da sie kraft Gesetzes zulässig ist (§ 574 Abs 1 Nr 1 ZPO,
§ 15 Abs 1 AVAG).

Art. 28 [Aussetzung des Verfahrens]
  (1) ¹**Das nach Artikel 26 oder Artikel 27 mit dem Rechtsbehelf
befaßte Gericht kann auf Antrag der Partei, gegen die die Vollstreckung erwirkt werden soll, das Verfahren aussetzen, wenn im
Ursprungsmitgliedstaat ein ordentlicher Rechtsbehelf eingelegt
oder die Frist für einen solchen Rechtsbehelf noch nicht verstrichen ist. ²In letzterem Fall kann das Gericht eine Frist bestimmen, innerhalb deren der Rechtsbehelf einzulegen ist.**
  (2) **Ist die Entscheidung in Irland oder im Vereinigten Königreich ergangen, so gilt jeder im Ursprungsmitgliedstaat statthafte
Rechtsbehelf als ordentlicher Rechtsbehelf im Sinne von Absatz 1.**

  1. **Aussetzung** des Rechtsbehelfsverfahrens, nicht des Vollstreckungs-   1
verfahrens. Für die Aussetzung des Anerkennungsverfahrens vgl Art 20.

  2. **Voraussetzungen. a) Antrag** desjenigen, gegen den die Vollstre-   2
ckung erwirkt wurde. – **b) Ordentlicher Rechtsbehelf** im Ursprungs-   3
staat oder noch offene Frist für dessen Einlegung (dann Fristsetzung gem
S 2). Begriff: wie Art 46 EuGVVO Rn 2.

  3. **Entscheidung.** Ermessen, ob ausgesetzt werden soll. Dabei sind   4
die mutmaßlichen Erfolgsaussichten des Rechtsmittels im Ursprungsstaat
zu berücksichtigen. Iü wie Art 46 EuGVVO Rn 3.

Art. 29 [Teilvollstreckung]

(1) Ist durch die Entscheidung über mehrere geltend gemachte Ansprüche erkannt worden und kann die Entscheidung nicht in vollem Umfang zur Vollstreckung zugelassen werden, so läßt das Gericht sie für einen oder mehrere Ansprüche zu.

(2) Der Antragsteller kann auch eine teilweise Vollstreckung der Entscheidung beantragen.

1   Wie Art 48 EuGVÜ Rn 1 und 2.

Art. 30 [Prozeßkostenhilfe]

Ist dem Antragsteller in dem Ursprungsmitgliedstaat ganz oder teilweise Prozeßkostenhilfe oder Kostenbefreiung gewährt worden, so genießt er in dem Verfahren nach den Artikeln 22 bis 25 hinsichtlich der Prozeßkostenhilfe oder der Kostenbefreiung die günstigste Behandlung, die das Recht des Mitgliedstaats, in dem er die Vollstreckung beantragt, vorsieht.

1   Wegen der Verweisung in Art 14 Abs 3 auf die Vorschriften der Vollstreckbarerklärung gilt Art 30 nicht nur im Verfahren zur Vollstreckbarerklärung nach Art 22–25, sondern auch im selbständigen Anerkennungsverfahren. Iü wie Art 50 EuGVVO 1–4.

Art. 31 [Sicherheitsleistung oder Hinterlegung]

Der Partei, die in einem Mitgliedstaat die Vollstreckung einer in einem anderen Mitgliedstaat ergangenen Entscheidung beantragt, darf eine Sicherheitsleistung oder Hinterlegung, unter welcher Bezeichnung es auch sei, nicht aus einem der folgenden Gründe auferlegt werden:
a) weil sie in dem Mitgliedstaat, in dem die Vollstreckung erwirkt werden soll, nicht ihren gewöhnlichen Aufenthalt hat,
b) weil sie nicht die Staatsangehörigkeit dieses Staates besitzt oder, wenn die Vollstreckung im Vereinigten Königreich oder in Irland erwirkt werden soll, ihr „domicile" nicht in einem dieser Mitgliedstaaten hat.

1   Wie Art 51 EuGVVO Rn 1.

Abschnitt 3. Gemeinsame Vorschriften

Art. 32 [Urkunden]

(1) Die Partei, die die Anerkennung oder Nichtanerkennung einer Entscheidung anstrebt oder den Antrag auf Vollstreckbarerklärung stellt, hat vorzulegen:

a) eine Ausfertigung der Entscheidung, die die für ihre Beweiskraft erforderlichen Voraussetzungen erfüllt, und
b) eine Bescheinigung nach Artikel 33.

(2) Bei einer im Versäumnisverfahren ergangenen Entscheidung hat die Partei, die die Anerkennung einer Entscheidung
anstrebt oder deren Vollstreckbarerklärung, ferner vorzulegen
a) entweder die Urschrift oder eine beglaubigte Abschrift der
   Urkunde, aus der sich ergibt, dass das verfahrenseinleitende
   Schriftstück oder ein gleichwertiges Schriftstück der säumigen
   Partei zugestellt worden ist, oder
b) eine Urkunde, aus der hervorgeht, dass der Antragsgegner mit
   der Entscheidung eindeutig einverstanden ist.

1. Allgemeines. Die Vorschrift gilt sowohl für das Anerkennungs-   1
als auch für das Vollstreckungsverfahren. Unter Entscheidung ist die des
Art 13 zu verstehen (dort Rn 1 ff).

2. Ausfertigung einer Entscheidung (Abs 1). **a) Beweiskraft**   2
(Buchst a). Wie Art 53 EuGVVO Rn 2. – **b) Weitere Urkunden**   3
(Buchst b). Vgl Art 33.

3. Versäumnisentscheidung (Abs 2). **a) Begriff.** Hierunter fällt   4
nicht nur die Versäumnisentscheidung im technischen Sinne, sondern
entspr dem Zweck der Vorschrift jede andere Entscheidung, die in
einem einseitigen Verfahren ergangen ist und auf die sich der Antragsgegner nicht eingelassen hat (Düsseldorf RIW 96, 67). – **b) Beispiele:**   5
Echtes Versäumnisurteil und vergleichbare Verfahren nach ausländischem
Recht (zum belgischen „dagvaarding" vgl Düsseldorf IPRax 00, 307 m
Anm Hüßtege S 289), Vergütungsfestsetzung nach § 19 BRAGO
(Hamm IPRax 96, 414); nicht aber der Kostenfestsetzungsbeschluss im
Anschluss an ein streitiges Verfahren; ferner nicht im einseitigen Ver-
fahren erlassene Arreste und einstweilige Verfügungen. – **c) Zustel-**   6
lungsnachweis. Er dient der Nachprüfung des Versagungsgrundes gem
Art 15 Abs 2 Buchst c); vgl dort Rn 3. Aus der Urkunde muss die
Tatsache der Zustellung des den Rechtsstreit einleitenden Schriftstücks
oder eines gleichwertigen Schriftstücks hervorgehen (hierzu Art 34
EuGVVO Rn 6). Die in Art 15 Buchst b) verlangte Rechtzeitigkeit
braucht sich aus der Urkunde nicht zu ergeben; sie wird vom Zweit-
richter selbstständig geprüft. Wird der Zustellungsnachweis nicht erbracht, gilt Art 34 Abs 1. – **d) Einverständnis** (Buchst b). Der Nach-   7
weis ist durch Urkunden zu führen. Die Vorschrift verlangt keine öffentlichen Urkunden. Es reichen also auch private Urkunden, sofern sie den
notwendigen Beweis erbringen. Zweifel gehen zu Lasten des Antragstellers.

Art. 33 [Weitere Urkunden]

Das zuständige Gericht oder die zuständige Behörde eines
Mitgliedstaats, in dem eine Entscheidung ergangen ist, stellt auf

Antrag einer berechtigten Partei eine Bescheinigung unter Verwendung des Formblatts in Anhang IV (Entscheidungen in Ehesachen) oder Anhang V (Entscheidungen betreffend die elterliche Verantwortung) aus.

1   Mit diesen vereinheitlichten Bescheinigungen soll im Zweitstaat der Nachprüfung der Formalien erleichtert werden. Die Zuständigkeit für die Erteilung der Bescheinigung für inländische Titel ergibt sich aus § 54 AVAG. Die Bescheinigung ist in allen Amtssprachen der Gemeinschaft identisch abgefasst, ihr Inhalt wird (überwiegend) durch schlichtes Ankreuzen vervollständigt. Anhand des einheitlichen Formulars können die Standesbeamten im Zweitstaat auch ohne Sprachkenntnisse erkennen, um welchen Typ von Entscheidung es geht (Heß JZ 01, 573/577).

Art. 34 [Fehlen von Urkunden]

(1) **Werden die in Artikel 32 Absatz 1 Buchstabe b) oder Absatz 2 aufgeführten Urkunden nicht vorgelegt, so kann das Gericht eine Frist einräumen, innerhalb deren die Urkunden vorzulegen sind, oder sich mit gleichwertigen Urkunden begnügen oder von der Vorlage der Urkunden befreien, wenn es eine weitere Klärung nicht für erforderlich hält.**

(2) **[1]Auf Verlangen des Gerichts ist eine Übersetzung dieser Urkunden vorzulegen. [2]Die Übersetzung ist von einer hierzu in einem der Mitgliedstaaten befugten Personen zu beglaubigen.**

1   Wie Art 55 EuGVVO Rn 1 ff.

Art. 35 [Legalisation oder ähnliche Förmlichkeit]

Die in den Artikeln 32 und 33 und in Artikel 34 Absatz 2 aufgeführten Urkunden sowie die Urkunde über die Prozeßvollmacht, falls eine solche erteilt wird, bedürfen weder der Legalisation noch einer ähnlichen Förmlichkeit.

1   Wie Art 56 EuGVVO Rn 1.

Kapitel IV. Allgemeine Bestimmungen

Art. 36 [Verhältnis zu anderen Übereinkünften]

(1) **Diese Verordnung ersetzt – unbeschadet der Artikel 38 und 42 und des nachstehenden Absatzes 2 – die zum Zeitpunkt des Inkrafttretens dieser Verordnung bestehenden, zwischen zwei oder mehr Mitgliedstaaten geschlossenen Übereinkünfte, die in dieser Verordnung geregelte Bereiche betreffen.**

(2)

a) [1]Finnland und Schweden steht es frei zu erklären, dass anstelle dieser Verordnung das Übereinkommen vom 6. Februar 1931 zwischen Dänemark, Finnland, Island, Norwegen und Schweden mit Bestimmungen des internationalen Verfahrensrechts über Ehe, Adoption und Vormundschaft einschließlich des Schlußprotokolls ganz oder teilweise auf ihre gegenseitigen Beziehungen anwendbar ist. [2]Diese Erklärungen werden in den Anhang zu der Verordnung aufgenommen und im Amtsblatt der Europäischen Gemeinschaften veröffentlicht. [3]Die betreffenden Mitgliedstaaten können ihre Erklärung jederzeit ganz oder teilweise widerrufen.

b) Eine Diskriminierung von Bürgern der Union aus Gründen der Staatsangehörigkeit ist verboten.

c) Die Zuständigkeitskriterien in künftigen Übereinkünften zwischen den unter Buchstabe a) genannten Mitgliedstaaten, die in dieser Verordnung geregelte Bereiche betreffen, müssen mit den Kriterien dieser Verordnung im Einklang stehen.

d) Entscheidungen, die in einem der nordischen Staaten, der eine Erklärung nach Buchstabe a) abgegeben hat, aufgrund eines Zuständigkeitskriteriums erlassen werden, das einem der in Kapitel II vorgesehenen Zuständigkeitskriterien entspricht, werden in den anderen Mitgliedstaaten gemäß den Bestimmungen des Kapitels III anerkannt und vollstreckt.

(3) Die Mitgliedstaaten übermitteln der Kommission

a) eine Abschrift der Übereinkünfte sowie der einheitlichen Gesetze zur Durchführung dieser Übereinkünfte gemäß Absatz 2 Buchstaben a) und c),

b) jede Kündigung oder Änderung dieser Übereinkünfte oder dieser einheitlichen Gesetze.

Die in Abs 2 Buchst a) S 3 genannten Erklärungen wurden von Finn-   **1** land und Schweden mittlerweile abgegeben (Jayme/Kohler IPRax 01, 501/508).

Art. 37 [Verhältnis zu bestimmten multilateralen Übereinkommen]

Diese Verordnung hat in den Beziehungen zwischen den Mitgliedstaaten insoweit Vorrang vor den nachstehenden Übereinkommen, als diese Bereiche betreffen, die in dieser Verordnung geregelt sind: – Haager Übereinkommen vom 5. Oktober 1961 über die Zuständigkeit der Behörden und das anzuwendende Recht auf dem Gebiet des Schutzes von Minderjährigen,

– Luxemburger Übereinkommen vom 8. September 1967 über die Anerkennung von Entscheidungen in Ehesachen,

– **Haager Übereinkommen vom 1. Juni 1970 über die Anerkennung von Ehescheidungen und der Trennung von Tisch und Bett,**
– **Europäisches Übereinkommen vom 20. Mai 1980 über die Anerkennung und Vollstreckung von Entscheidungen über das Sorgerecht für Kinder und die Wiederherstellung des Sorgeverhältnisses,**
– **Haager Übereinkommen vom 19. Oktober 1996 über die Zuständigkeit, das anzuwendende Recht, die Anerkennung, Vollstreckung und Zusammenarbeit auf dem Gebiet der elterlichen Verantwortung und der Maßnahmen zum Schutz von Kindern, sofern das Kind seinen gewöhnlichen Aufenthalt in einem Mitgliedstaat hat.**

1   Die aufgeführten Staatsverträge gelten, soweit sie von Deutschland ratifziert wurden, jedoch weiter, soweit der sachliche (Art 1 iVm Art 38) oder der zeitliche Anwendungsbereich (Art 42) der VO nicht eröffnet ist.

Art. 38 [Fortbestand der Wirksamkeit]

(1) **Die in Artikel 36 Absatz 1 und Artikel 37 genannten Übereinkünfte behalten ihre Wirksamkeit für die Rechtsgebiete, auf die diese Verordnung nicht anwendbar ist.**

(2) **Sie bleiben auch weiterhin für die Entscheidungen und die öffentlichen Urkunden wirksam, die vor Inkrafttreten dieser Verordnung ergangen beziehungsweise aufgenommen sind.**

1   Hierdurch wird klar gestellt, dass der Vorrang der VO nur gilt, soweit der Anwendungsbereich der VO nicht eröffnet ist. Dies ist insb im Hinblick auf das Haager MSA (Art 37 1. Spiegelstrich) von Bedeutung.

Art. 39 [Übereinkünfte zwischen den Mitgliedstaaten]

(1) [1] **Zwei oder mehr Mitgliedstaaten können untereinander Übereinkünfte zur Ergänzung dieser Verordnung oder zur Erleichterung ihrer Durchführung schließen.**
[2] **Die Mitgliedstaaten übermitteln der Kommission**
a) **eine Abschrift der Entwürfe dieser Übereinkünfte sowie**
b) **jede Kündigung oder Änderung dieser Übereinkünfte.**

(2) **Die Übereinkünfte dürfen keinesfalls von Kapitel II und Kapitel III dieser Verordnung abweichen.**

Art. 40 [Verträge mit dem Heiligen Stuhl]

(nicht abgedruckt)

Art. 41 [Mitgliedstaaten mit zwei oder mehr Rechtssystemen]

Für einen Mitgliedstaat, in dem die in dieser Verordnung behandelten Fragen in verschiedenen Gebietseinheiten durch zwei oder mehr Rechtssysteme oder Regelwerke geregelt werden, gilt folgendes:

a) Jede Bezugnahme auf den gewöhnlichen Aufenthalt in diesem Mitgliedstaat betrifft den gewöhnlichen Aufenthalt in einer Gebietseinheit;

b) jede Bezugnahme auf die Staatsangehörigkeit oder, im Falle des Vereinigten Königreichs, auf das „domicile" betrifft die durch die Rechtsvorschriften dieses Staats bezeichnete Gebietseinheit;

c) jede Bezugnahme auf den Mitgliedstaat, dessen Behörde mit einem Antrag auf Ehescheidung, Trennung ohne Auflösung des Ehebandes oder Ungültigerklärung einer Ehe befaßt ist, betrifft die Gebietseinheit, deren Behörde mit einem solchen Antrag befaßt ist;

d) jede Bezugnahme auf die Vorschriften des ersuchten Mitgliedstaats betrifft die Vorschriften der Gebietseinheit, in der die Zuständigkeit geltend gemacht oder die Anerkennung oder die Vollstreckung beantragt wird.

Die Vorschrift löst den Konflikt, der dadurch entsteht, dass auf dem **1** Hoheitsgebiet eines Mitgliedstaats zwei oder mehrere Rechtssysteme nebeneinander bestehen. Soweit es in den Zuständigkeitsvorschriften (Art 2–7) auf den gewöhnlichen Aufenthalt bzw auf das domicile in einem Teilrechtsgebiet oder auf die Staatsangehörigkeit eines Teilrechtsgebiets ankommt, ist die Unteranknüpfung nach Art 41 vorzunehmen.

Kapitel V. Übergangsvorschriften

Art. 42 [Zeitlicher Anwendungsbereich]

(1) Diese Verordnung gilt nur für gerichtliche Verfahren, öffentliche Urkunden und vor einem Richter im Laufe eines Verfahrens geschlossene Vergleiche, die nach Inkrafttreten dieser Verordnung eingeleitet, aufgenommen beziehungsweise geschlossen worden sind.

(2) Entscheidungen, die nach Inkrafttreten dieser Verordnung in einem vor diesem Inkrafttreten eingeleiteten Verfahren ergangen sind, werden nach Maßgabe des Kapitels III anerkannt und vollstreckt, sofern das Gericht aufgrund von Vorschriften zuständig war, die mit den Zuständigkeitsvorschriften des Kapitels II oder eines Abkommens übereinstimmen, das zum Zeitpunkt der Einleitung des Verfahrens zwischen dem Ursprungsmitgliedstaat und dem ersuchten Mitgliedstaat in Kraft war.

1 **1. Allgemeines.** Die Vorschrift regelt in den Abs 1 und 2 den zeitlichen Anwendungsbereich der VO. Abs 1 gilt sowohl für die erstmalige Antragstellung als auch für die Anerkennung und Vollstreckung einer ausländischen Entscheidung. Für letztere wird jedoch in Abs 2 der Anwendungsbereich der VO erweitert.

2 **2. Verfahrenseinleitung** (Abs 1). Gemeint ist die Anhängigkeit eines Verfahrens, die analog Art 11 Abs 4 mit Antragstellung bei Gericht oder einer Behörde des Erststaates eintritt (aA Wagner IPRax 01, 73/80, Hausmann EuLF 01, 271/275, die diese Frage nach dem Recht des betroffenen Staates beurteilen wollen). Diese muss nach dem 1. 3. 01 liegen (vgl Art 46). Öffentliche Urkunden und Vergleiche müssen nach diesem Datum aufgenommen worden sein. Für den Fall einer doppelten Rechtshängigkeit zwischen zwei Verfahren, von denen eines vor dem Inkrafttreten der VO und eines danach eingeleitet wurde, vgl Art 66 EuGVVO Rn 3.

3 **3. Anerkennung und Vollstreckung** (Abs 2). **a) Grundsatz.** Grds muss die Entscheidung auf Grund eines nach dem 1. 3. 01 eingeleiteten Verfahrens ergangen sein, damit sie nach der VO anerkannt bzw für vollstreckbar erklärt wird. Ergangen ist die Entscheidung, wenn sie nach dem Recht des Ursprungsstaats wirksam geworden ist (Wagner IPRax 4 01, 73/81). – **b) Ausnahme.** Ist die Entscheidung nach dem 1. 3. 01 auf Grund eines vor diesem Datum eingeleiteten Verfahrens erlassen worden, so kann sie dennoch nach der VO anerkannt bzw für vollstreckbar erklärt werden, sofern die vom Gericht des Ursprungsstaates angewandten Zuständigkeitsregeln mit denen des Kapitels II (Art 2–12) oder eines Abkommens übereinstimmen, das zum Zeitpunkt der Einleitung des Verfahrens zwischen dem Ursprungsstaat und dem Zweitstaat in Kraft war. Dieses bedeutet, dass das Gericht des ersuchten Staats die Zuständigkeit des Gerichts des Ursprungsstaats in Abweichung von Art 17, 24 Abs 2 zu prüfen hat, da die Zuständigkeitsvorschriften der VO dort nicht auf Betreiben des Antragsgegners geprüft werden konnten. – **c) Fehlen** die Voraussetzungen des Abs 2, kommt eine Anerken-5 nung und Vollstreckung nur nach §§ 328, 722, 723 ZPO, § 16 a FGG oder Staatsverträgen in Betracht. Das Verfahren nach Art 7 § 1 FamRÄndG ist durchzuführen, wenn Abs 2 nicht eingreift.

Kapitel VI. Schlußbestimmungen

Art. 43 [Überprüfung]

(nicht abgedruckt)

Art. 44 [Änderung der Listen mit den zuständigen Gerichten und den Rechtsbehelfen]

(nicht abgedruckt)

Art. 45 [Ausschuß]

(nicht abgedruckt)

Art. 46 [Inkrafttreten]
Diese Verordnung tritt am 1. März 2001 in Kraft.

ANHANG I

Anträge gemäß Artikel 22 sind bei folgenden Gerichten oder zuständigen Behörden zu stellen:

– in Deutschland:
  – im Bezirk des Kammergerichts: beim „Familiengericht Pankow/ Weißensee"
  – in den Bezirken der übrigen Oberlandesgerichte: beim „Familiengericht am Sitz des betreffenden Oberlandesgerichts"

(vom Abdruck der die anderen Mitgliedstaaten betreffenden Zuständigkeiten wurde abgesehen)

ANHANG II

Der Rechtsbehelf gemäß Artikel 26 ist bei folgenden Gerichten einzulegen:

– in Deutschland beim „Oberlandesgericht"

(vom Abdruck der die anderen Mitgliedstaaten betreffenden Zuständigkeiten wurde abgesehen)

ANHANG III

Rechtsbehelfe gemäß Artikel 27 können nur eingelegt werden:

– in Deutschland: mit der „Rechtsbeschwerde"

(vom Abdruck der die anderen Mitgliedstaaten betreffenden Zuständigkeiten wurde abgesehen)

ANHANG IV

Bescheinigung gemäß Artikel 33 bei Entscheidungen in Ehesachen
(nicht abgedruckt, Text siehe ABl L 160 S 33 v 30. 6. 00; ferner Beilage zu Heft 1 NJW 01, S. 10 ff; MüKo/Gottwald nach Art 46)

Hüßtege   1901

ANHANG V

Bescheinigung gemäß Artikel 33 bei Entscheidungen betreffend die
elterliche Verantwortung
*(nicht abgedruckt, Text siehe ABl L 160 S. 35 v 30. 6. 00; ferner Beilage
zu Heft 1 NJW 01, S 10ff; MüKo/Gottwald nach Art 46)*

Verordnung (EG) Nr. 1348/2000 des Rates über die Zustellung gerichtlicher und außergerichtlicher Schriftstücke in Zivil- oder Handelssachen in den Mitgliedstaaten

Vom 29. Mai 2000 (ABl L 160 S. 37)

DER RAT DER EUROPÄISCHEN UNION –
gestützt auf den Vertrag zur Gründung der Europäischen Gemeinschaft, insbesondere auf Artikel 61 Buchstabe c) und Artikel 67 Absatz 1, auf Vorschlag der Kommission, nach Stellungnahme des Europäischen Parlaments, nach Stellungnahme des Wirtschafts- und Sozialausschusses, in Erwägung nachstehender Gründe:

(1) [1] Die Union hat sich zum Ziel gesetzt, einen Raum der Freiheit, der Sicherheit und des Rechts, in dem der freie Personenverkehr gewährleistet ist, zu erhalten und weiterzuentwickeln. [2] Zum schrittweisen Aufbau dieses Raums erläßt die Gemeinschaft unter anderem im Bereich der justitiellen Zusammenarbeit in Zivilsachen die für das reibungslose Funktionieren des Binnenmarkts erforderlichen Maßnahmen.

(2) Für das reibungslose Funktionieren des Binnenmarkts muß die Übermittlung gerichtlicher und außergerichtlicher Schriftstücke in Zivil- oder Handelssachen, die in einem anderen Mitgliedstaat zugestellt werden sollen, zwischen den Mitgliedstaaten verbessert und beschleunigt werden.

(3) Dieser Bereich unterliegt nunmehr Artikel 65 des Vertrags.

(4) [1] Nach dem in Artikel 5 des Vertrags niedergelegten Subsidiaritäts- und Verhältnismäßigkeitsprinzip können die Ziele dieser Verordnung auf der Ebene der Mitgliedstaaten nicht ausreichend erreicht werden; sie können daher besser auf Gemeinschaftsebene erreicht werden. [2] Diese Verordnung geht nicht über das für die Erreichung dieser Ziele erforderliche Maß hinaus.

(5) [1] Der Rat hat mit Rechtsakt vom 26. Mai 1997 ein Übereinkommen über die Zustellung gerichtlicher und außergerichtlicher Schriftstücke in Zivil- oder Handelssachen in den Mitgliedstaaten der Europäischen Union erstellt und das Übereinkommen den Mitgliedstaaten zur Annahme gemäß ihren verfassungsrechtlichen Vorschriften empfohlen. [2] Dieses Übereinkommen ist nicht in Kraft getreten. [3] Die bei der Aushandlung dieses Übereinkommens erzielten Ergebnisse sind zu wahren. [4] Daher übernimmt die Verordnung weitgehend den wesentlichen Inhalt des Übereinkommens.

(6) ¹Die Wirksamkeit und Schnelligkeit der gerichtlichen Verfahren in Zivilsachen setzt voraus, daß die Übermittlung gerichtlicher und außergerichtlicher Schriftstücke unmittelbar und auf schnellstmöglichem Wege zwischen den von den Mitgliedstaaten benannten örtlichen Stellen erfolgt. ²Die Mitgliedstaaten müssen jedoch erklären können, daß sie nur eine Übermittlungs- oder Empfangsstelle oder eine Stelle, die beide Funktionen zugleich wahrnimmt, für einen Zeitraum von fünf Jahren benennen wollen. ³Diese Benennung kann jedoch alle fünf Jahre erneuert werden.

(7) ¹Eine schnelle Übermittlung erfordert den Einsatz aller geeigneten Mittel, wobei bestimmte Anforderungen an die Lesbarkeit und die Übereinstimmung des empfangenen Schriftstücks mit dem Inhalt des versandten Schriftstücks zu beachten sind. ²Aus Sicherheitsgründen muß das zu übermittelnde Schriftstück mit einem Formblatt versehen sein, das in der Sprache des Ortes auszufüllen ist, an dem die Zustellung erfolgen soll, oder in einer anderen vom Empfängerstaat anerkannten Sprache.

(8) Um die Wirksamkeit dieser Verordnung zu gewährleisten, ist die Möglichkeit, die Zustellung von Schriftstücken zu verweigern, auf Ausnahmefälle beschränkt.

(9) ¹Auf eine schnelle Übermittlung muß auch eine schnelle Zustellung des Schriftstücks in den Tagen nach seinem Eingang folgen. ²Konnte das Schriftstück nach Ablauf eines Monats nicht zugestellt werden, so setzt die Empfangsstelle die Übermittlungsstelle davon in Kenntnis. ³Der Ablauf dieser Frist bedeutet nicht, daß der Antrag an die Übermittlungsstelle zurückgesandt werden muß, wenn feststeht, daß die Zustellung innerhalb einer angemessenen Frist möglich ist.

(10) Um die Interessen des Empfängers zu wahren, erfolgt die Zustellung in der Amtssprache oder einer der Amtssprachen des Orts, an dem sie vorgenommen wird, oder in einer anderen Sprache des Übermittlungsmitgliedstaats, die der Empfänger versteht.

(11) ¹Aufgrund der verfahrensrechtlichen Unterschiede zwischen den Mitgliedstaaten bestimmt sich der Zustellungszeitpunkt in den einzelnen Mitgliedstaaten nach unterschiedlichen Kriterien. ²Unter diesen Umständen und in Anbetracht der möglicherweise daraus entstehenden Schwierigkeiten sollte diese Verordnung deshalb eine Regelung vorsehen, bei der sich der Zustellungszeitpunkt nach dem Recht des Empfangsmitgliedstaats bestimmt. ³Müssen jedoch die betreffenden Schriftstücke im Rahmen von Verfahren, die im Übermittlungsmitgliedstaat eingeleitet werden sollen oder schon anhängig sind, innerhalb einer bestimmten Frist zugestellt werden, so bestimmt sich der Zustellungszeitpunkt im Verhältnis zum Antragsteller nach dem Recht des Übermittlungsmitgliedstaats. ⁴Ein Mitgliedstaat kann jedoch aus angemessenen Gründen während eines Übergangszeitraums von fünf Jahren von den vorgenannten Bestimmungen abweichen. ⁵Er kann diese Abweichung

aus Gründen, die sich aus seinem Rechtssystem ergeben, in Abständen von fünf Jahren erneuern.

(12) [1]In den Beziehungen zwischen den Mitgliedstaaten, die Vertragsparteien der von den Mitgliedstaaten geschlossenen bilateralen oder multilateralen Übereinkünfte oder Vereinbarungen sind, insbesondere des Protokolls zum Brüsseler Übereinkommen vom 27. September 1968 und des Haager Übereinkommens vom 15. November 1965, hat diese Verordnung in ihrem Anwendungsbereich Vorrang vor den Bestimmungen der Übereinkünfte oder Vereinbarungen mit demselben Anwendungsbereich. [2]Es steht den Mitgliedstaaten frei, Übereinkünfte oder Vereinbarungen zur Beschleunigung oder Vereinfachung der Übermittlung von Schriftstücken beizubehalten oder zu schließen, sofern diese Übereinkünfte oder Vereinbarungen mit dieser Verordnung vereinbar sind.

(13) [1]Die nach dieser Verordnung übermittelten Daten müssen angemessen geschützt werden. [2]Diese Frage wird durch die Richtlinie 95/46/EG des Europäischen Parlaments und des Rates vom 24. Oktober 1995 zum Schutz natürlicher Personen bei der Verarbeitung personenbezogener Daten und zum freien Datenverkehr und die Richtlinie 97/66/EG des Europäischen Parlaments und des Rates vom 15. Dezember 1997 über die Verarbeitung personenbezogener Daten und den Schutz der Privatsphäre im Bereich der Telekommunikation geregelt.

(14) Die zur Durchführung dieser Verordnung erforderlichen Maßnahmen sollten gemäß dem Beschluß 1999/468/EG des Rates vom 28. Juni 1999 zur Festlegung der Modalitäten für die Ausübung der der Kommission übertragenen Durchführungsbefugnisse erlassen werden.

(15) Diese Maßnahmen umfassen auch die Erstellung und Aktualisierung eines Handbuchs unter Verwendung geeigneter moderner Mittel.

(16) Spätestens drei Jahre nach Inkrafttreten dieser Verordnung hat die Kommission die Anwendung der Verordnung zu prüfen und gegebenenfalls erforderliche Änderungen vorzuschlagen.

(17) Das Vereinigte Königreich und Irland haben gemäß Artikel 3 des dem Vertrag über die Europäische Union und dem Vertrag zur Gründung der Europäischen Gemeinschaft beigefügten Protokolls über die Position des Vereinigten Königreichs und Irlands mitgeteilt, daß sie sich an der Annahme und Anwendung dieser Verordnung beteiligen möchten.

(18) [1]Dänemark wirkt gemäß den Artikeln 1 und 2 des dem Vertrag über die Europäische Union und dem Vertrag zur Gründung der Europäischen Gemeinschaft beigefügten Protokolls über die Position Dänemarks an der Annahme dieser Verordnung nicht mit. [2]Diese Verordnung ist daher für diesen Staat nicht verbindlich und ihm gegenüber nicht anwendbar –

HAT FOLGENDE VERORDNUNG ERLASSEN:

Anmerkung: Die VO wird von Lindacher, ZZP 114, 179 ff und Stadler IPRax 01, 514 ff erläutert. Sie wird durch das im Anschluss abgedruckte Durchführungsgesetz v 9. 7. 01 ergänzt. Die die anderen Mitgliedstaaten betreffenden Angaben sind im ABl Nr C 151, S 4 vom 22. 5. 01 veröffentlicht.

Kapitel I. Allgemeine Bestimmungen

Art. 1 Anwendungsbereich

(1) Diese Verordnung ist in Zivil- oder Handelssachen anzuwenden, in denen ein gerichtliches oder außergerichtliches Schriftstück von einem in einen anderen Mitgliedstaat zum Zwecke der Zustellung zu übermitteln ist.

(2) Diese Verordnung gilt nicht, wenn die Anschrift des Empfängers des Schriftstücks unbekannt ist.

Art. 2 Übermittlungs- und Empfangsstellen

(1) Jeder Mitgliedstaat benennt die Behörden, Amtspersonen oder sonstigen Personen, die für die Übermittlung gerichtlicher und außergerichtlicher Schriftstücke, die in einem anderen Mitgliedstaat zuzustellen sind, zuständig sind, im folgenden „Übermittlungsstellen" genannt.

(2) Jeder Mitgliedstaat benennt die Behörden, Amtspersonen oder sonstigen Personen, die für die Entgegennahme gerichtlicher und außergerichtlicher Schriftstücke aus einem anderen Mitgliedstaat zuständig sind, im folgenden „Empfangsstellen" genannt.

(3) [1]Die Mitgliedstaaten können entweder eine Übermittlungsstelle und eine Empfangsstelle oder eine Stelle für beide Aufgaben benennen. [2]Bundesstaaten, Staaten mit mehreren Rechtssystemen oder Staaten mit autonomen Gebietskörperschaften können mehrere derartige Stellen benennen. [3]Diese Benennung ist für einen Zeitraum von fünf Jahren gültig und kann alle fünf Jahre erneuert werden.

(4) [1]Jeder Mitgliedstaat teilt der Kommission folgende Angaben mit:
a) die Namen und Anschriften der Empfangsstellen nach den Absätzen 2 und 3,
b) den Bereich, für den diese örtlich zuständig sind,
c) die ihnen zur Verfügung stehenden Möglichkeiten für den Empfang von Schriftstücken und
d) die Sprachen, in denen das Formblatt im Anhang ausgefüllt werden darf.
[2]Die Mitgliedstaaten teilen der Kommission jede Änderung dieser Angaben mit.

Art. 3 Zentralstelle

[1]Jeder Mitgliedstaat benennt eine Zentralstelle, die
a) den Übermittlungsstellen Auskünfte erteilt;
b) nach Lösungswegen sucht, wenn bei der Übermittlung von Schriftstücken zum Zwecke der Zustellung Schwierigkeiten auftreten;
c) in Ausnahmefällen auf Ersuchen einer Übermittlungsstelle einen Zustellungsantrag an die zuständige Empfangsstelle weiterleitet.
[2]Bundesstaaten, Staaten mit mehreren Rechtssystemen oder Staaten mit autonomen Gebietskörperschaften können mehrere Zentralstellen benennen.

Kapitel II. Gerichtliche Schriftstücke

Abschnitt 1. Übermittlung und Zustellung von gerichtlichen Schriftstücken

Art. 4 Übermittlung von Schriftstücken

(1) Gerichtliche Schriftstücke sind zwischen den nach Artikel 2 benannten Stellen unmittelbar und so schnell wie möglich zu übermitteln.

(2) Die Übermittlung von Schriftstücken, Anträgen, Zeugnissen, Empfangsbestätigungen, Bescheinigungen und sonstigen Dokumenten zwischen den Übermittlungs- und Empfangsstellen kann auf jedem geeigneten Übermittlungsweg erfolgen, sofern das empfangene Dokument mit dem versandten Dokument inhaltlich genau übereinstimmt und alle darin enthaltenen Angaben mühelos lesbar sind.

(3) [1]Dem zu übermittelnden Schriftstück ist ein Antrag beizufügen, der nach dem Formblatt im Anhang erstellt wird. [2]Das Formblatt ist in der Amtssprache des Empfangsmitgliedstaats oder, wenn es in diesem Mitgliedstaat mehrere Amtssprachen gibt, der Amtssprache oder einer der Amtssprachen des Ortes, an dem die Zustellung erfolgen soll, oder in einer sonstigen Sprache, die der Empfangsmitgliedstaat zugelassen hat, auszufüllen. [3]Jeder Mitgliedstaat hat die Amtssprache oder die Amtssprachen der Europäischen Union anzugeben, die er außer seiner oder seinen eigenen für die Ausfüllung des Formblatts zuläßt.

(4) Die Schriftstücke sowie alle Dokumente, die übermittelt werden, bedürfen weder der Beglaubigung noch einer anderen gleichwertigen Formalität.

(5) Wünscht die Übermittlungsstelle die Rücksendung einer Abschrift des Schriftstücks zusammen mit der Bescheinigung nach Artikel 10, so übermittelt sie das betreffende Schriftstück in zweifacher Ausfertigung.

Art. **5** Übersetzung der Schriftstücke

(1) Der Verfahrensbeteiligte wird von der Übermittlungsstelle, der er das Schriftstück zum Zweck der Übermittlung übergibt, davon in Kenntnis gesetzt, daß der Empfänger die Annahme des Schriftstücks verweigern darf, wenn es nicht in einer der in Artikel 8 genannten Sprachen abgefaßt ist.

(2) Der Verfahrensbeteiligte trägt etwaige vor der Übermittlung des Schriftstücks anfallende Übersetzungskosten unbeschadet einer etwaigen späteren Kostenentscheidung des zuständigen Gerichts oder der zuständigen Behörde.

Art. **6** Entgegennahme der Schriftstücke durch die Empfangsstelle

(1) Nach Erhalt des Schriftstücks übersendet die Empfangsstelle der Übermittlungsstelle auf schnellstmöglichem Wege und so bald wie möglich, auf jeden Fall aber innerhalb von sieben Tagen nach Erhalt des Schriftstücks, eine Empfangsbestätigung unter Verwendung des Formblatts im Anhang.

(2) Kann der Zustellungsantrag aufgrund der übermittelten Angaben oder Dokumente nicht erledigt werden, so nimmt die Empfangsstelle auf schnellstmöglichem Wege Verbindung zu der Übermittlungsstelle auf, um die fehlenden Angaben oder Schriftstücke zu beschaffen.

(3) Fällt der Zustellungsantrag offenkundig nicht in den Anwendungsbereich dieser Verordnung oder ist die Zustellung wegen Nichtbeachtung der erforderlichen Formvorschriften nicht möglich, sind der Zustellungsantrag und die übermittelten Schriftstücke sofort nach Erhalt zusammen mit dem Formblatt im Anhang für die Benachrichtigung über Rücksendung an die Übermittlungsstelle zurückzusenden.

(4) [1]Eine Empfangsstelle, die ein Schriftstück erhält, für dessen Zustellung sie örtlich nicht zuständig ist, leitet dieses Schriftstück zusammen mit dem Zustellungsantrag an die örtlich zuständige Empfangsstelle in demselben Mitgliedstaat weiter, sofern der Antrag den Voraussetzungen in Artikel 4 Absatz 3 entspricht; sie setzt die Übermittlungsstelle unter Verwendung des Formblatts im Anhang davon in Kenntnis. [2]Die örtlich zuständige Empfangsstelle teilt der Übermittlungsstelle gemäß Absatz 1 den Eingang des Schriftstücks mit.

Art. **7** Zustellung der Schriftstücke

(1) Die Zustellung des Schriftstücks wird von der Empfangsstelle bewirkt oder veranlaßt, und zwar entweder nach dem Recht des Empfangsmitgliedstaats oder in einer von der Übermittlungsstelle gewünschten besonderen Form, sofern dieses Verfahren mit dem Recht des Empfangsmitgliedstaats vereinbar ist.

(2) [1]Alle für die Zustellung erforderlichen Schritte sind so bald wie möglich vorzunehmen. [2]Konnte die Zustellung nicht binnen einem

Monat nach Eingang des Schriftstücks vorgenommen werden, teilt die
Empfangsstelle dies der Übermittlungsstelle unter Verwendung der Bescheinigung mit, die in dem Formblatt im Anhang vorgesehen und
gemäß Artikel 10 Absatz 2 auszustellen ist. [3]Die Frist wird nach dem
Recht des Empfangsmitgliedstaats berechnet.

Art. **8** Verweigerung der Annahme eines Schriftstücks

(1) Die Empfangsstelle setzt den Empfänger davon in Kenntnis, daß er
die Annahme des zuzustellenden Schriftstücks verweigern darf, wenn
dieses in einer anderen als den folgenden Sprachen abgefaßt ist:
a) der Amtssprache des Empfangsmitgliedstaats oder, wenn es im Empfangsmitgliedstaat mehrere Amtssprachen gibt, der Amtssprache oder
einer der Amtssprachen des Ortes, an dem die Zustellung erfolgen
soll, oder
b) einer Sprache des Übermittlungsmitgliedstaats, die der Empfänger
versteht.

(2) Wird der Empfangsstelle mitgeteilt, daß der Empfänger die Annahme des Schriftstücks gemäß Absatz 1 verweigert, setzt sie die Übermittlungsstelle unter Verwendung der Bescheinigung nach Artikel 10
unverzüglich davon in Kenntnis und sendet den Antrag sowie die
Schriftstücke, um deren Übersetzung ersucht wird, zurück.

Art. **9** Datum der Zustellung

(1) Unbeschadet des Artikels 8 ist für das Datum der nach Artikel 7
erfolgten Zustellung eines Schriftstücks das Recht des Empfangsmitgliedstaats maßgeblich.

(2) Wenn jedoch die Zustellung eines Schriftstücks im Rahmen eines
im Übermittlungsmitgliedstaat einzuleitenden oder anhängigen Verfahrens innerhalb einer bestimmten Frist zu erfolgen hat, ist im Verhältnis
zum Antragsteller als Datum der Zustellung der Tag maßgeblich, der
sich aus dem Recht des Übermittlungsmitgliedstaats ergibt.

(3) [1]Ein Mitgliedstaat kann aus angemessenen Gründen während eines Übergangszeitraums von fünf Jahren von den Absätzen 1 und 2
abweichen.

[2]Dieser Übergangszeitraum kann von einem Mitgliedstaat aus Grün-
den, die sich aus seinem Rechtssystem ergeben, in Abständen von fünf
Jahren erneuert werden. [3]Der Mitgliedstaat teilt der Kommission den
Inhalt der Abweichung und die konkreten Einzelheiten mit.

Art. **10** Bescheinigung über die Zustellung und Abschrift des zugestellten Schriftstücks

(1) [1]Nach Erledigung der für die Zustellung des Schriftstücks vorzunehmenden Schritte wird nach dem Formblatt im Anhang eine entsprechende Bescheinigung ausgestellt, die der Übermittlungsstelle über-

sandt wird. [2]Bei Anwendung von Artikel 4 Absatz 5 wird der Bescheinigung eine Abschrift des zugestellten Schriftstücks beigefügt.

(2) [1]Die Bescheinigung ist in der Amtssprache oder in einer der Amtssprachen des Übermittlungsmitgliedstaats oder in einer sonstigen Sprache, die der Übermittlungsmitgliedstaat zugelassen hat, auszufüllen. [2]Jeder Mitgliedstaat hat die Amtssprache oder die Amtssprachen der Europäischen Union anzugeben, die er außer seiner oder seinen eigenen für die Ausfüllung des Formblatts zuläßt.

Art. 11 Kosten der Zustellung

(1) Für die Zustellung gerichtlicher Schriftstücke aus einem anderen Mitgliedstaat darf keine Zahlung oder Erstattung von Gebühren und Auslagen für die Tätigkeit des Empfangsmitgliedstaats verlangt werden.

(2) Der Verfahrensbeteiligte hat jedoch die Auslagen zu zahlen oder zu erstatten, die dadurch entstehen,
a) daß bei der Zustellung eine Amtsperson oder eine andere nach dem Recht des Empfangsmitgliedstaats zuständige Person mitwirkt;
b) daß eine besondere Form der Zustellung eingehalten wird.

Abschnitt 2. Andere Arten der Übermittlung und Zustellung gerichtlicher Schriftstücke

Art. 12 Übermittlung auf konsularischem oder diplomatischem Weg

Jedem Mitgliedstaat steht es in Ausnahmefällen frei, den nach Artikel 2 oder Artikel 3 benannten Stellen eines anderen Mitgliedstaats gerichtliche Schriftstücke zum Zweck der Zustellung auf konsularischem oder diplomatischem Weg zu übermitteln.

Art. 13 Zustellung von Schriftstücken durch die diplomatischen oder konsularischen Vertretungen

(1) Jedem Mitgliedstaat steht es frei, Personen, die ihren Wohnsitz in einem anderen Mitgliedstaat haben, gerichtliche Schriftstücke unmittelbar durch seine diplomatischen oder konsularischen Vertretungen ohne Anwendung von Zwang zustellen zu lassen.

(2) Jeder Mitgliedstaat kann nach Artikel 23 Absatz 1 mitteilen, daß er eine solche Zustellung in seinem Hoheitsgebiet nicht zuläßt, außer wenn das Schriftstück einem Staatsangehörigen des Übermittlungsmitgliedstaats zuzustellen ist.

Art. 14 Zustellung durch die Post

(1) Jedem Mitgliedstaat steht es frei, Personen, die ihren Wohnsitz in einem anderen Mitgliedstaat haben, gerichtliche Schriftstücke unmittelbar durch die Post zustellen zu lassen.

(2) Jeder Mitgliedstaat kann nach Artikel 23 Absatz 1 die Bedingungen bekanntgeben, unter denen er eine Zustellung gerichtlicher Schriftstücke durch die Post zuläßt.

Art. 15 Unmittelbare Zustellung

(1) Diese Verordnung schließt nicht aus, daß jeder an einem gerichtlichen Verfahren Beteiligte gerichtliche Schriftstücke unmittelbar durch Amtspersonen, Beamte oder sonstige zuständige Personen des Empfangsmitgliedstaats zustellen lassen kann.

(2) Jeder Mitgliedstaat kann nach Artikel 23 Absatz 1 erklären, daß er die Zustellung gerichtlicher Schriftstücke nach Absatz 1 in seinem Hoheitsgebiet nicht zuläßt.

Kapitel III. Außergerichtliche Schriftstücke

Art. 16 Übermittlung

Außergerichtliche Schriftstücke können zum Zweck der Zustellung in einem anderen Mitgliedstaat nach Maßgabe dieser Verordnung übermittelt werden.

Kapitel IV. Schlußbestimmungen

Art. 17 Durchführungsbestimmungen

(nicht abgedruckt)

Art. 18 Ausschuß

(nicht abgedruckt)

Art. 19 Nichteinlassung des Beklagten

(1) War ein verfahrenseinleitendes Schriftstück oder ein gleichwertiges Schriftstück nach dieser Verordnung zum Zweck der Zustellung in einen anderen Mitgliedstaat zu übermitteln und hat sich der Beklagte nicht auf das Verfahren eingelassen, so hat das Gericht das Verfahren auszusetzen, bis festgestellt ist,

a) daß das Schriftstück in einer Form zugestellt worden ist, die das Recht des Empfangsmitgliedstaats für die Zustellung der in seinem Hoheitsgebiet ausgestellten Schriftstücke an dort befindliche Personen vorschreibt, oder

b) daß das Schriftstück tatsächlich entweder dem Beklagten persönlich ausgehändigt oder nach einem anderen in dieser Verordnung
vorgesehenen Verfahren in seiner Wohnung abgegeben worden
ist,
und daß in jedem dieser Fälle das Schriftstück so rechtzeitig ausgehändigt bzw. abgegeben worden ist, daß der Beklagte sich hätte
verteidigen können.

(2) Jeder Mitgliedstaat kann nach Artikel 23 Absatz 1 mitteilen, daß
seine Gerichte ungeachtet des Absatzes 1 den Rechtsstreit entscheiden
können, auch wenn keine Bescheinigung über die Zustellung oder die
Aushändigung bzw. Abgabe eingegangen ist, sofern folgende Voraussetzungen gegeben sind:
a) Das Schriftstück ist nach einem in dieser Verordnung vorgesehenen
Verfahren übermittelt worden.
b) Seit der Absendung des Schriftstücks ist eine Frist von mindestens
sechs Monaten verstrichen, die das Gericht nach den Umständen des
Falles als angemessen erachtet.
c) Trotz aller zumutbaren Schritte bei den zuständigen Behörden oder
Stellen des Empfangsmitgliedstaats war eine Bescheinigung nicht zu
erlangen.

(3) Unbeschadet der Absätze 1 und 2 kann das Gericht in dringenden Fällen einstweilige Maßnahmen oder Sicherungsmaßnahmen anordnen.

(4) [1] War ein verfahrenseinleitendes Schriftstück oder ein gleichwertiges Schriftstück nach dieser Verordnung zum Zweck der Zustellung
in einen anderen Mitgliedstaat zu übermitteln und ist eine Entscheidung gegen einen Beklagten ergangen, der sich nicht auf das Verfahren eingelassen hat, so kann ihm das Gericht in bezug auf Rechtsmittelfristen die Wiedereinsetzung in den vorigen Stand bewilligen,
sofern
a) der Beklagte ohne sein Verschulden nicht so rechtzeitig Kenntnis von
dem Schriftstück erlangt hat, daß er sich hätte verteidigen können,
und nicht so rechtzeitig Kenntnis von der Entscheidung erlangt hat,
daß er sie hätte anfechten können, und
b) die Verteidigung des Beklagten nicht von vornherein aussichtslos
scheint.
[2] Ein Antrag auf Wiedereinsetzung in den vorigen Stand kann nur innerhalb einer angemessenen Frist, nachdem der Beklagte von der Entscheidung Kenntnis erhalten hat, gestellt werden.
[3] Jeder Mitgliedstaat kann nach Artikel 23 Absatz 1 erklären, daß
dieser Antrag nach Ablauf einer in seiner Mitteilung anzugebenden Frist
unzulässig ist; diese Frist muß jedoch mindestens ein Jahr ab Erlaß der
Entscheidung betragen.

(5) Absatz 4 gilt nicht für Entscheidungen, die den Personenstand
betreffen.

Art. 20 Verhältnis zu Übereinkünften oder Vereinbarungen, die die Mitgliedstaaten abgeschlossen haben

(1) Die Verordnung hat in ihrem Anwendungsbereich Vorrang vor den Bestimmungen, die in den von den Mitgliedstaaten geschlossenen bilateralen oder multilateralen Übereinkünften oder Vereinbarungen enthalten sind, insbesondere vor Artikel IV des Protokolls zum Brüsseler Übereinkommen von 1968 und vor dem Haager Übereinkommen vom 15. November 1956.

(2) Die Verordnung hindert einzelne Mitgliedstaaten nicht daran, Übereinkünfte oder Vereinbarungen zur weiteren Beschleunigung oder Vereinfachung der Übermittlung von Schriftstücken beizubehalten oder zu schließen, sofern sie mit dieser Verordnung vereinbar sind.

(3) Die Mitgliedstaaten übermitteln der Kommission
a) eine Abschrift der zwischen den Mitgliedstaaten geschlossenen Übereinkünfte oder Vereinbarungen nach Absatz 2 sowie Entwürfe dieser von ihnen geplanten Übereinkünfte oder Vereinbarungen sowie
b) jede Kündigung oder Änderung dieser Übereinkünfte oder Vereinbarungen.

Art. 21 Prozeßkostenhilfe

Artikel 23 des Abkommens über den Zivilprozeß vom 17. Juli 1905, Artikel 24 des Übereinkommens über den Zivilprozeß vom 1. März 1954 und Artikel 13 des Abkommens über die Erleichterung des internationalen Zugangs zu den Gerichten vom 25. Oktober 1980 bleiben im Verhältnis zwischen den Mitgliedstaaten, die Vertragspartei dieser Übereinkünfte sind, von dieser Verordnung unberührt.

Art. 22 Datenschutz

(1) Die Empfangsstelle darf die nach dieser Verordnung übermittelten Informationen – einschließlich personenbezogener Daten – nur zu dem Zweck verwenden, zu dem sie übermittelt wurden.

(2) Die Empfangsstelle stellt die Vertraulichkeit derartiger Informationen nach Maßgabe ihres nationalen Rechts sicher.

(3) Die Absätze 1 und 2 berühren nicht das Auskunftsrecht von Betroffenen über die Verwendung der nach dieser Verordnung übermittelten Informationen, das ihnen nach dem einschlägigen nationalen Recht zusteht.

(4) Die Richtlinien 95/46/EG und 97/66/EG bleiben von dieser Verordnung unberührt.

Art. 23 Mitteilung und Veröffentlichung

(1) Die Mitgliedstaaten teilen der Kommission die Angaben nach den Artikeln 2, 3, 4, 9, 10, 13, 14 und 15, Artikel 17 Buchstabe a) und Artikel 19 mit.

(2) Die Kommission veröffentlicht die Angaben nach Absatz 1 im *Amtsblatt der Europäischen Gemeinschaften.*

Art. 24 Überprüfung

(nicht abgedruckt)

Art. 25 Inkrafttreten

Diese Verordnung tritt am 31. Mai 2001 in Kraft.

Anhang

(nicht abgedruckt; Text siehe ABl L 160 S 44ff v 30. 6. 00; ferner Beilage zu Heft 1 NJW 01, S. 12ff).

Gesetz zur Durchführung gemeinschaftsrechtlicher Vorschriften über die Zustellung gerichtlicher und außergerichtlicher Schriftstücke in Zivil- oder Handelssachen in den Mitgliedstaaten (EG-Zustellungsdurchführungsgesetz – ZustDG)

Vom 9. Juli 2001 (BGBl I S 1536)

§ 1 Zustellung durch diplomatische oder konsularische Vertretungen

Eine Zustellung nach Artikel 13 Abs. 1 der Verordnung (EG) Nr. 1348/2000 des Rates vom 29. Mai 2000 über die Zustellung gerichtlicher und außergerichtlicher Schriftstücke in Zivil- oder Handelssachen in den Mitgliedstaaten (ABl. EG Nr L 160 S. 37), die in der Bundesrepublik Deutschland bewirkt werden soll, ist nur zulässig, wenn der Adressat des zuzustellenden Schriftstücks Staatsangehöriger des Übermittlungsmitgliedstaats ist.

§ 2 Zustellung durch die Post

(1) [1]Eine Zustellung nach Artikel 14 Abs. 1 der Verordnung (EG) Nr. 1348/2000, die in der Bundesrepublik Deutschland bewirkt werden soll, ist nur in der Versandform des Einschreibens mit Rückschein zulässig. [2]Hierbei muss das zuzustellende Schriftstück in einer der folgenden Sprachen abgefasst oder es muss ihm eine Übersetzung in eine dieser Sprachen beigefügt sein:
1. Deutsch oder
2. Amtssprache oder eine der Amtssprachen des Übermittlungsmitgliedstaats, sofern der Adressat Staatsangehöriger dieses Mitgliedstaats ist.

(2) Ein Schriftstück, dessen Zustellung eine deutsche Empfangsstelle im Rahmen von Artikel 7 der Verordnung (EG) Nr. 1348/2000 zu bewirken oder zu veranlassen hat, kann ebenfalls durch Einschreiben mit Rückschein zugestellt werden.

§ 3 Zustellung im Parteibetrieb

Eine Zustellung nach Artikel 15 Abs. 1 der Verordnung (EG) Nr. 1348/2000 ist in der Bundesrepublik Deutschland unzulässig.

Hüßtege   1915

§ 4 Zuständigkeiten

(1) Für Zustellung im Ausland sind als deutsche Übermittlungsstelle im Sinne von Artikel 2 Abs. 1 der Verordnung (EG) Nr. 1348/2000 zuständig:

1. für gerichtliche Schriftstücke das die Zustellung betreibende Gericht und

2. für außergerichtliche Schriftstücke dasjenige Amtsgericht, in dessen Bezirk die Person, welche die Zustellung betreibt, ihren Wohnsitz oder gewöhnlichen Aufenthalt hat; bei notariellen Urkunden auch dasjenige Amtsgericht, in dessen Bezirk der beurkundende Notar seinen Amtssitz hat; bei juristischen Personen tritt an die Stelle des Wohnsitzes oder des gewöhnlichen Aufenthalts der Sitz; die Landesregierungen können die Aufgaben der Übermittlungsstelle einem Amtsgericht für die Bezirke mehrerer Amtsgerichte durch Rechtsverordnung zuweisen.

(2) [1] Für Zustellungen in der Bundesrepublik Deutschland ist als deutsche Empfangsstelle im Sinne von Artikel 2 Abs. 2 der Verordnung (EG) Nr. 1348/2000 dasjenige Amtsgericht zuständig, in dessen Bezirk das Schriftstück zugestellt werden soll. [2] Die Landesregierungen können die Aufgaben der Empfangsstelle einem Amtsgericht für die Bezirke mehrerer Amtsgerichte durch Rechtsverordnung zuweisen.

(3) [1] Die Landesregierungen bestimmen durch Rechtsverordnung die Stelle, die in dem jeweiligen Land als deutsche Zentralstelle im Sinne von Artikel 3 Satz 1 der Verordnung (EG) Nr. 1348/2000 zuständig ist. [2] Die Aufgaben der Zentralstelle können in jedem Land nur einer Stelle zugewiesen werden.

(4) Die Landesregierungen können die Befugnis zum Erlass einer Rechtsverordnung nach Absatz 1 Nr. 2, Absatz 2 Satz 2 und Absatz 3 Satz 1 einer obersten Landesbehörde übertragen.

§ 5 Inkrafttreten

Dieses Gesetz tritt am Tag nach der Verkündung in Kraft.

(Das Gesetz ist am 13. 7. 2001 in Kraft getreten)

Gesetz zur Ausführung zwischenstaatlicher Verträge und zur Durchführung von Verordnungen der Europäischen Gemeinschaft auf dem Gebiet der Anerkennung und Vollstreckung in Zivil- und Handelssachen (Anerkennungs- und Vollstreckungsausführungsgesetz – AVAG)

Vom 19. Februar 2001 (BGBl I S 288) idF des Bundestagsbeschlusses v 29. 11. 2001 aus der Grundlage des BT-Drucks 14/7207

1. Vorbemerkung. Das AVAG ersetzt, soweit es anwendbar ist, das **1** Verfahren nach §§ 722, 723 ZPO. In Ehesachen wird das Verfahren nach Art 7 § 1 FamRÄndG verdrängt, soweit die EheVO v 29. 5. 00 anzuwenden ist (vgl §§ 33, 50 Abs 1 AVAG; Wagner IPRax 01, 73/79).

2. Vollstreckungsklausel für ausländische Titel. Dieses verein- **2** fachte Verfahren ist seit Inkrafttreten des AVAG id Fassung des Gesetzes vom 30. 5. 88 (BGBl I 662), nämlich seit 8. 6. 88 anzuwenden. Durch die Neufassung des AVAG (hierzu Hub NJW 01, 3145 ff) und die weiteren Änderungen wurde der Anwendungsbereich auf die EheVO und die EuGVVO erweitert. Das AVAG in der neuen Fassung trat gem Art 3 des Gesetzes v 19. 2. 01 am 1. 3. 01 unter Aufhebung des AVAG aF v 30. 5. 88 in Kraft. Die durch die EuGVVO bedingten Änderungen treten zum 1. 3. 02 in Kraft. **a) Anwendungsbereich.** Er ergibt **3** sich aus § 1 AVAG: das EuGVÜ, das LGVÜ, das HUÜ vom 2. 10. 73, die Verträge mit Norwegen, Israel (hierzu BGH WM 01, 2121) und Spanien (vgl Rn 5 zu Anh nach § 723), die EuGVVO und die EheVO. – **b) Zuständigkeit:** Die Unzuständigkeit kann in der Beschwerde- **4** instanz gerügt werden; § 513 ZPO gilt nicht (Zö/Geimer Anh III § 2 AVAG Rn 1). Wegen Art 45 EuGVVO (dort Rn 3) gilt dies nicht im Anwendungsbereich dieser VO. Es ist zu differenzieren: **aa)** Für die in **5** § 1 Nr 1 aufgeführten Verträge und Übereinkommen der Vorsitzende der nach Geschäftsverteilung zuständigen Kammer des LG, in dessen Bezirk der Wohnsitz des Schuldners liegt; hat er keinen Wohnsitz, das LG im Bezirk der durchzuführenden Vollstreckung (§ 3 AVAG). – **bb)** Für die EheVO ergibt sich die Zuständigkeit aus Art 22 EheVO **6** iVm Anh I unmittelbar (vgl den Ausschluss von § 3 AVAG in § 50 Abs 1 AVAG). Nur für das selbständige Anerkennungsverfahren nach

Art 14 Abs 3 EheVO regelt § 51 AVAG die Zuständigkeit. – **cc)** Für die EuGVVO regelt Art 39 EuGVVO iVm Anh II die Zuständigkeit 7 (vgl auch § 55 I AVAG). – **c) Voraussetzungen. aa) Allgemeines.** Die Voraussetzungen für die Erteilung der Vollstreckungsklausel ergeben sich grds aus den in § 1 Abs 1 AVAG aufgeführten Verträgen, der EuGVVO und der EheVO. Diese werden ergänzt durch das AVAG, wobei wegen § 1 Abs 2 AVAG iVm § 50 AVAG für die EheVO bzw iVm § 55 AVAG für die EuGVVO einige Vorschriften des allgemeinen Teils ausgeschlossen sind, weil sich insoweit die Verfahrensregeln unmit- 8 telbar aus der EheVO bzw der EuGVVO ergeben. – **bb) Vorausset- zungen in den Fällen des § 1 Nr 1 AVAG:** **(1)** Antrag eines aus dem Titel Berechtigten, schriftlich oder zu Protokoll der Geschäftsstelle (§ 4 AVAG). Inhalt: § 4 AVAG. **(2)** Beizufügende Urkunden, zB gem Art 46, 47 EuGVÜ, 53, 54 EuGVVO. **(3)** Anwendbarkeit des Über- einkommens oder Vertrags. **(4)** Fehlen von Nichtanerkennungsgrün- den. Es findet keine Nachprüfung statt, ob die ausländische Entschei- 9 dung gesetzmäßig ist. – **d) Verfahren in den Fällen des § 1 Nr 1 AVAG:** grundsätzlich ohne mdl Vhdlg und ohne Anwaltszwang (§ 6 AVAG). Hängt nach dem Titelinhalt die Zwangsvollstreckung von Sicherheitsleistung, Fristablauf oder Eintritt bestimmter Tatsachen ab, soll für oder gegen andere Personen vollstreckt werden, ist das Recht des Staates anzuwenden, aus dem der Titel stammt (§ 7 AVAG, auch 10 zum Nachweis). – **e) Entscheidung.** Der Vorsitzende ordnet entweder die Erteilung der Vollstreckungsklausel an (§ 8 Abs 1 AVAG) oder weist den Antrag durch Beschluß zurück (§ 8 Abs 2 AVAG). Die Klausel 11 erteilt der Urkundsbeamte (§ 9 AVAG). – **f) Rechtsbehelfe in den Fällen des § 1 Nr 1 AVAG: aa) Befristete Beschwerde** an das OLG gegen Anordnung oder Beschluß des Vorsitzenden (Rn 8) gem 12 §§ 11–14 AVAG. **bb) Rechtsbeschwerde** (§§ 15–17 AVAG) mit Not- frist von einem Monat an den BGH gegen den Beschluß des OLG. 13 **cc) Erinnerung** (§ 766) oder der jeweils vorgesehene Rechtsbehelf der ZwVollstr (vgl 53–56 vor § 704), soweit es um die Beschränkung 14 der ZwVollstr während des Verfahrens geht (§ 19 AVAG). **dd) Auf- hebungs- oder Änderungsantrag** an das LG, das die Klausel erteilt hat, wenn der Titel aufgehoben oder abgeändert worden ist (§ 27 AVAG).

Teil 1. Allgemeines

Abschnitt 1. Anwendungsbereich; Begriffsbestimmungen

§ 1 Anwendungsbereich

(1) Diesem Gesetz unterliegen
1. die Ausführung folgender zwischenstaatlicher Verträge (Anerken- nungs- und Vollstreckungsverträge):

    a) Übereinkommen vom 27. September 1968 über die gerichtliche Zuständigkeit und die Vollstreckung gerichtlicher Entscheidungen in Zivil- und Handelssachen (BGBl. 1972 II S. 773);

    b) Übereinkommen vom 16. September 1988 über die gerichtliche Zuständigkeit und die Vollstreckung gerichtlicher Entscheidungen in Zivil- und Handelssachen (BGBl. 1994 II S. 2658);

    c) Haager Übereinkommen vom 2. Oktober 1973 über die Anerkennung und Vollstreckung von Unterhaltsentscheidungen (BGBl. 1986 II S. 825);

    d) Vertrag vom 17. Juni 1977 zwischen der Bundesrepublik Deutschland und dem Königreich Norwegen über die gegenseitige Anerkennung und Vollstreckung gerichtlicher Entscheidungen und anderer Schuldtitel in Zivil- und Handelssachen (BGBl. 1981 II S. 341);

    e) Vertrag vom 20. Juli 1977 zwischen der Bundesrepublik Deutschland und dem Staat Israel über die gegenseitige Anerkennung und Vollstreckung gerichtlicher Entscheidungen in Zivil- und Handelssachen (BGBl. 1980 II S. 925);

    f) Vertrag vom 14. November 1983 zwischen der Bundesrepublik Deutschland und Spanien über die Anerkennung und Vollstreckung von gerichtlichen Entscheidungen und Vergleichen sowie vollstreckbaren öffentlichen Urkunden in Zivil- und Handelssachen (BGBl. 1987 II S. 34);

2. die Durchführung folgender Verordnungen der Europäischen Gemeinschaften:

    a) der Verordnung (EG) Nr. 1347/2000 des Rates vom 29. Mai 2000 über die Zuständigkeit und die Anerkennung und Vollstreckung von Entscheidungen in Ehesachen und in Verfahren betreffend die elterliche Verantwortung für die gemeinsamen Kinder der Ehegatten (ABl. EG Nr. L 160 S. 19);

    b) der Verordnung (EG) Nr. 44/2001 des Rates vom 22. Dezember 2000 über die gerichtliche Zuständigkeit und die Anerkennung und Vollstreckung von Entscheidungen in Zivil- und Handelssachen (ABl. EG Nr. L 12 S. 1).

(2) ¹Die Regelungen der in Absatz 1 Nr. 2 genannten Verordnungen werden als unmittelbar geltendes Recht der Europäischen Gemeinschaft durch die Durchführungsbestimmungen dieses Gesetzes nicht berührt. ²Unberührt bleiben auch die Regelungen der zwischenstaatlichen Verträge; dies gilt insbesondere für die Regelungen über

1. den sachlichen Anwendungsbereich,
2. die Art der Entscheidungen und sonstigen Titel, die im Inland anerkannt oder zur Zwangsvollstreckung zugelassen werden können,
3. das Erfordernis der Rechtskraft der Entscheidungen,
4. die Art der Urkunden, die im Verfahren vorzulegen sind, und
5. die Gründe, die zur Versagung der Anerkennung oder Zulassung der Zwangsvollstreckung führen.

§ 2 Begriffsbestimmungen

Im Sinne dieses Gesetzes sind
1. unter Mitgliedstaaten die Mitgliedstaaten der Europäischen Union, in denen die in § 1 Abs. 1 Nr. 2 genannten Verordnungen gelten, und
2. unter Titeln Entscheidungen, gerichtliche Vergleiche und öffentliche Urkunden, auf welche der jeweils auszuführende Anerkennungs- und Vollstreckungsvertrag oder die jeweils durchzuführende Verordnung Anwendung findet,
zu verstehen.

Abschnitt 2. Zulassung der Zwangsvollstreckung aus ausländischen Titeln

§ 3 Zuständigkeit

(1) Für die Vollstreckbarerklärung von Titeln aus einem anderen Staat ist das Landgericht ausschließlich zuständig.

(2) ¹Örtlich zuständig ist ausschließlich das Gericht, in dessen Bezirk der Verpflichtete seinen Wohnsitz hat, oder, wenn er im Inland keinen Wohnsitz hat, das Gericht, in dessen Bezirk die Zwangsvollstreckung durchgeführt werden soll. ²Der Sitz von Gesellschaften und juristischen Personen steht dem Wohnsitz gleich.

(3) Über den Antrag auf Erteilung der Vollstreckungsklausel entscheidet der Vorsitzende einer Zivilkammer.

§ 4 Antragstellung

(1) Der in einem anderen Staat vollstreckbare Titel wird dadurch zur Zwangsvollstreckung zugelassen, dass er auf Antrag mit der Vollstreckungsklausel versehen wird.

(2) Der Antrag auf Erteilung der Vollstreckungsklausel kann bei dem zuständigen Gericht schriftlich eingereicht oder mündlich zu Protokoll der Geschäftsstelle erklärt werden.

(3) Ist der Antrag entgegen § 184 des Gerichtsverfassungsgesetzes nicht in deutscher Sprache abgefasst, so kann das Gericht dem Antragsteller aufgeben, eine Übersetzung des Antrags beizubringen, deren Richtigkeit von einer
1. in einem Mitgliedstaat der Europäischen Union oder in einem anderen Vertragsstaat des Abkommens über den Europäischen Wirtschaftsraum oder
2. in einem Vertragsstaat des jeweils auszuführenden Anerkennungs- und Vollstreckungsvertrags
hierzu befugten Person bestätigt worden ist.

(4) Der Ausfertigung des Titels, der mit der Vollstreckungsklausel versehen werden soll, und seiner Übersetzung, soweit eine solche vorgelegt wird, sollen zwei Abschriften beigefügt werden.

§ 5 Erfordernis eines Zustellungsbevollmächtigten

(1) Hat der Antragsteller in dem Antrag keinen Zustellungsbevollmächtigten benannt, so können bis zur nachträglichen Benennung eines Zustellungsbevollmächtigten alle Zustellungen an ihn durch Aufgabe zur Post (§ 184 Abs. 1 Satz 2, Abs. 2 *(bis 30. 6. 02: §§ 175, 192, 213)* der Zivilprozessordnung) bewirkt werden.

(2) ¹Zustellungsbevollmächtigter im Sinne des Absatzes 1 kann nur sein, wer im Bezirk des angerufenen Gerichts wohnt. ²Das Gericht kann die Bestellung einer Person mit einem anderen inländischen Wohnsitz zulassen.

(3) ¹Absatz 1 gilt nicht, wenn der Antragsteller einen bei einem deutschen Gericht zugelassenen Rechtsanwalt oder eine andere Person zu seinem Bevollmächtigten für das Verfahren bestellt hat. ²Der Bevollmächtigte, der nicht bei einem deutschen Gericht zugelassener Rechtsanwalt ist, muss im Bezirk des angerufenen Gerichts wohnen; das Gericht kann von diesem Erfordernis absehen, wenn der Bevollmächtigte einen anderen Wohnsitz im Inland hat.

(4) § 31 des Gesetzes über die Tätigkeit europäischer Rechtsanwälte in Deutschland vom 9. März 2000 (BGBl. I S. 182) bleibt unberührt.

§ 6 Verfahren

(1) Das Gericht entscheidet ohne Anhörung des Verpflichteten.

(2) ¹Die Entscheidung ergeht ohne mündliche Verhandlung. ²Jedoch kann eine mündliche Erörterung mit dem Antragsteller oder seinem Bevollmächtigten stattfinden, wenn der Antragsteller oder der Bevollmächtigte hiermit einverstanden ist und die Erörterung der Beschleunigung dient.

(3) Im ersten Rechtszug ist die Vertretung durch einen Rechtsanwalt nicht erforderlich.

§ 7 Vollstreckbarkeit ausländischer Titel in Sonderfällen

(1) ¹Hängt die Zwangsvollstreckung nach dem Inhalt des Titels von einer dem Berechtigten obliegenden Sicherheitsleistung, dem Ablauf einer Frist oder dem Eintritt einer anderen Tatsache ab oder wird die Vollstreckungsklausel zugunsten eines anderen als des in dem Titel bezeichneten Berechtigten oder gegen einen anderen als den darin bezeichneten Verpflichteten beantragt, so ist die Frage, inwieweit die Zulassung der Zwangsvollstreckung von dem Nachweis besonderer Voraussetzungen abhängig oder ob der Titel für oder gegen den anderen vollstreckbar ist, nach dem Recht des Staates zu entscheiden, in dem der Titel errichtet ist. ²Der Nachweis ist durch Urkunden zu führen, es sei denn, dass die Tatsachen bei dem Gericht offenkundig sind.

(2) ¹Kann der Nachweis durch Urkunden nicht geführt werden, so ist auf Antrag des Berechtigten der Verpflichtete zu hören. ²In diesem Fall sind alle Beweismittel zulässig. ³Das Gericht kann auch die mündliche Verhandlung anordnen.

§ 8 Entscheidung

(1) ¹Ist die Zwangsvollstreckung aus dem Titel zuzulassen, so beschließt das Gericht, dass der Titel mit der Vollstreckungsklausel zu versehen ist. ²In dem Beschluss ist die zu vollstreckende Verpflichtung in deutscher Sprache wiederzugeben. ³Zur Begründung des Beschlusses genügt in aller Regel die Bezugnahme auf die durchzuführende Verordnung der Europäischen Gemeinschaft oder den auszuführenden Anerkennungs- und Vollstreckungsvertrag sowie auf von dem Antragsteller vorgelegte Urkunden. ⁴Auf die Kosten des Verfahrens ist § 788 der Zivilprozessordnung entsprechend anzuwenden.

(2) ¹Ist der Antrag nicht zulässig oder nicht begründet, so lehnt ihn das Gericht durch mit Gründen versehenen Beschluss ab. ²Die Kosten sind dem Antragsteller aufzuerlegen.

§ 9 Vollstreckungsklausel

(1) ¹Aufgrund des Beschlusses nach § 8 Abs. 1 erteilt der Urkundsbeamte der Geschäftsstelle die Vollstreckungsklausel in folgender Form: „Vollstreckungsklausel nach § 4 des Anerkennungs- und Vollstreckungsausführungsgesetzes vom 19. 2. 2001 (BGBl. I S. 288). Gemäß dem Beschluß des ... (Bezeichnung des Gerichts und des Beschlusses) ist die Zwangsvollstreckung aus ... (Bezeichnung des Titels) zugunsten ... (Bezeichnung des Berechtigten) gegen ... (Bezeichnung des Verpflichteten) zulässig.

Die zu vollstreckende Verpflichtung lautet:
... (Angabe der dem Verpflichteten aus dem ausländischen Titel obliegenden Verpflichtung in deutscher Sprache; aus dem Beschluss nach § 8 Abs. 1 zu übernehmen). Die Zwangsvollstreckung darf über Maßregeln zur Sicherung nicht hinausgehen, bis der Gläubiger eine gerichtliche Anordnung oder ein Zeugnis vorlegt, dass die Zwangsvollstreckung unbeschränkt stattfinden darf."
²Lautet der Titel auf Leistung von Geld, so ist der Vollstreckungsklausel folgender Zusatz anzufügen: „Solange die Zwangsvollstreckung über Maßregeln zur Sicherung nicht hinausgehen darf, kann der Schuldner die Zwangsvollstreckung durch Leistung einer Sicherheit in Höhe von ... (Angabe des Betrages, wegen dessen der Berechtigte vollstrecken darf) abwenden."

(2) Wird die Zwangsvollstreckung nur für einen oder mehrere der durch die ausländische Entscheidung zuerkannten oder in einem anderen ausländischen Titel niedergelegten Ansprüche oder nur für einen

Teil des Gegenstands der Verpflichtung zugelassen, so ist die Vollstreckungsklausel als „Teil-Vollstreckungsklausel nach § 4 des Anerkennungs- und Vollstreckungsausführungsgesetzes vom 19. 2. 2001 (BGBl. I S. 288) zu bezeichnen.

(3) ¹Die Vollstreckungsklausel ist von dem Urkundsbeamten der Geschäftsstelle zu unterschreiben und mit dem Gerichtssiegel zu versehen. ²Sie ist entweder auf die Ausfertigung des Titels oder auf ein damit zu verbindendes Blatt zu setzen. ³Falls eine Übersetzung des Titels vorliegt, ist sie mit der Ausfertigung zu verbinden.

§ 10 Bekanntgabe der Entscheidung

(1) Im Falle des § 8 Abs. 1 sind dem Verpflichteten eine beglaubigte Abschrift des Beschlusses, eine beglaubigte Abschrift des mit der Vollstreckungsklausel versehenen Titels und gegebenenfalls seiner Übersetzung sowie der gemäß § 8 Abs. 1 Satz 3 in Bezug genommenen Urkunden von Amts wegen zuzustellen.

(2) ¹Muss die Zustellung an den Verpflichteten im Ausland oder durch öffentliche Bekanntmachung erfolgen und hält das Gericht die Beschwerdefrist nach § 11 Abs. 3 Satz 1 nicht für ausreichend, so bestimmt es in dem Beschluss nach § 8 Abs. 1 oder nachträglich durch besonderen Beschluss, der ohne mündliche Verhandlung ergeht, eine längere Beschwerdefrist. ²Die Bestimmungen über den Beginn der Beschwerdefrist bleiben auch im Fall der nachträglichen Festsetzung unberührt.

(3) ¹Dem Antragsteller sind eine beglaubigte Abschrift des Beschlusses nach § 8, im Falle des § 8 Abs. 1 ferner die mit der Vollstreckungsklausel versehene Ausfertigung des Titels und eine Bescheinigung über die bewirkte Zustellung, zu übersenden. ²In den Fällen des Absatzes 2 ist die festgesetzte Frist für die Einlegung der Beschwerde auf der Bescheinigung über die bewirkte Zustellung zu vermerken.

Abschnitt 3. Beschwerde, Vollstreckungsgegenklage

§ 11 Einlegung der Beschwerde; Beschwerdefrist

(1) ¹Die Beschwerde gegen die im ersten Rechtszug ergangene Entscheidung über den Antrag auf Erteilung der Vollstreckungsklausel wird bei dem Beschwerdegericht durch Einreichen einer Beschwerdefrist oder durch Erklärung zu Protokoll der Geschäftsstelle eingelegt. ²Beschwerdegericht ist das Oberlandesgericht. ³Der Beschwerdeschrift soll die für ihre Zustellung erforderliche Zahl von Abschriften beigefügt werden.

(2) Die Zulässigkeit der Beschwerde wird nicht dadurch berührt, dass sie statt bei dem Beschwerdegericht bei dem Gericht des ersten Rechts-

zuges eingelegt wird; die Beschwerde ist unverzüglich von Amts wegen an das Beschwerdegericht abzugeben.

(3) ¹Die Beschwerde des Verpflichteten gegen die Zulassung der Zwangsvollstreckung ist innerhalb eines Monats, im Falle des § 10 Abs. 2 Satz 1 innerhalb der nach dieser Vorschrift bestimmten längeren Frist einzulegen. ²Die Beschwerdefrist beginnt mit der Zustellung nach § 10 Abs. 1. ³Sie ist eine Notfrist.

(4) Die Beschwerde ist dem Beschwerdegegner von Amts wegen zuzustellen.

§ 12 Einwendungen gegen den zu vollstreckenden Anspruch im Beschwerdeverfahren

(1) Der Verpflichtete kann mit der Beschwerde, die sich gegen die Zulassung der Zwangsvollstreckung aus einer Entscheidung richtet, auch Einwendungen gegen den Anspruch selbst insoweit geltend machen, als die Gründe, auf denen sie beruhen, erst nach dem Erlass der Entscheidung entstanden sind.

(2) Mit der Beschwerde, die sich gegen die Zulassung der Zwangsvollstreckung aus einem gerichtlichen Vergleich oder einer öffentlichen Urkunde richtet, kann der Verpflichtete die Einwendungen gegen den Anspruch selbst ungeachtet der in Absatz 1 enthaltenen Beschränkung geltend machen.

§ 13 Verfahren und Entscheidung über die Beschwerde

(1) ¹Das Beschwerdegericht entscheidet durch Beschluss, der mit Gründen zu versehen ist und ohne mündliche Verhandlung ergehen kann. ²Der Beschwerdegegner ist vor der Entscheidung zu hören.

(2) ¹Solange eine mündliche Verhandlung nicht angeordnet ist, können zu Protokoll der Geschäftsstelle Anträge gestellt und Erklärungen abgegeben werden. ²Wird die mündliche Verhandlung angeordnet, so gilt für die Ladung § 215 der Zivilprozessordnung.

(3) Eine vollständige Ausfertigung des Beschlusses ist dem Berechtigten und dem Verpflichteten auch dann vom Amts wegen zuzustellen, wenn der Beschluss verkündet worden ist.

(4) ¹Soweit nach dem Beschluss des Beschwerdegerichts die Zwangsvollstreckung aus dem Titel erstmals zuzulassen ist, erteilt der Urkundsbeamte der Geschäftsstelle des Beschwerdegerichts die Vollstreckungsklausel. ²§ 8 Abs. 1 Satz 2 und 4, §§ 9 und 10 Abs. 1 und 3 Satz 1 sind entsprechend anzuwenden. ³Ein Zusatz, dass die Zwangsvollstreckung über Maßregeln zur Sicherung nicht hinausgehen darf, ist nur aufzunehmen, wenn das Beschwerdegericht eine Anordnung nach diesem Gesetz (§ 22 Abs. 2, § 40 Abs. 1 Nr. 1 oder § 45 Abs. 1 Nr. 1) erlassen hat. ⁴Der Inhalt des Zusatzes bestimmt sich nach dem Inhalt der Anordnung.

§ 14 Vollstreckungsgegenklage

(1) Ist die Zwangsvollstreckung aus einem Titel zugelassen, so kann der Verpflichtete Einwendungen gegen den Anspruch selbst in einem Verfahren nach § 767 der Zivilprozessordnung nur geltend machen, wenn die Gründe, auf denen seine Einwendungen beruhen, erst

1. nach Ablauf der Frist, innerhalb deren er die Beschwerde hätte einlegen können, oder
2. falls die Beschwerde eingelegt worden ist, nach Beendigung dieses Verfahrens

entstanden sind.

(2) ¹Die Klage nach § 767 der Zivilprozessordnung ist bei dem Gericht zu erheben, das über den Antrag auf Erteilung der Vollstreckungsklausel entschieden hat. ²Soweit die Klage einen Unterhaltstitel zum Gegenstand hat, ist das Familiengericht zuständig; für die örtliche Zuständigkeit gelten die Vorschriften der Zivilprozessordnung für Unterhaltssachen.

Abschnitt 4. Rechtsbeschwerde

§ 15 Statthaftigkeit und Frist

(1) Gegen den Beschluss des Beschwerdegerichts findet die Rechtsbeschwerde nach Maßgabe des § 574 Abs. 1 Nr. 1, Abs. 2 der Zivilprozessordnung statt.

(2) Die Rechtsbeschwerde ist innerhalb eines Monats einzulegen.

(3) Die Rechtsbeschwerdefrist ist eine Notfrist und beginnt mit der Zustellung des Beschlusses (§ 13 Abs. 3).

§ 16 Einlegung und Begründung

(1) Die Rechtsbeschwerde wird durch Einreichen der Beschwerdeschrift bei dem Bundesgerichtshof eingelegt.

(2) ¹Die Rechtsbeschwerde ist zu begründen. ²§ 575 Abs. 2 bis 4 der Zivilprozessordnung ist entsprechend anzuwenden. ³Insoweit die Rechtsbeschwerde darauf gestützt wird, dass das Beschwerdegericht von einer Entscheidung des Gerichtshofs der Europäischen Gemeinschaften abgewichen sei, muss die Entscheidung, von der der angefochtene Beschluss abweicht, bezeichnet werden.

(3) Mit der Beschwerdeschrift soll eine Ausfertigung oder beglaubigte Abschrift des Beschlusses, gegen den sich die Rechtsbeschwerde richtet, vorgelegt werden.

§ 17 Verfahren und Entscheidung

(1) ¹Der Bundesgerichtshof kann nur überprüfen, ob der Beschluss auf einer Verletzung des Rechts der Europäischen Gemeinschaft, eines

Anerkennungs- und Vollstreckungsvertrags, sonstigen Bundesrechts oder einer anderen Vorschrift beruht, deren Geltungsbereich sich über den Bezirk eines Oberlandesgerichts hinaus erstreckt. [2]Er darf nicht prüfen, ob das Gericht seine örtliche Zuständigkeit zu Unrecht angenommen hat.

(2) [1]Der Bundesgerichtshof kann über die Rechtsbeschwede ohne mündliche Verhandlung entscheiden. [2]Auf das Verfahren über die Rechtsbeschwerde sind § 574 Abs. 4, § 576 Abs. 3 und § 577 der Zivilprozessordnung entsprechend anzuwenden.

(3) [1]Soweit die Zwangsvollstreckung aus dem Titel erstmals durch den Bundesgerichtshof zugelassen wird, erteilt der Urkundsbeamte der Geschäftsstelle dieses Gerichts die Vollstreckungsklausel. [2]§ 8 Abs. 1 Satz 2 und 4, §§ 9 und 10 Abs. 1 und 3 Satz 1 gelten entsprechend. [3]Ein Zusatz über die Beschränkung der Zwangsvollstreckung entfällt.

Abschnitt 5. Beschränkung der Zwangsvollstreckung auf Sicherungsmaßregeln und unbeschränkte Fortsetzung der Zwangsvollstreckung

§ 18 Beschränkung kraft Gesetzes

Die Zwangsvollstreckung ist auf Sicherungsmaßregeln beschränkt, solange die Frist zur Einlegung der Beschwerde noch läuft und solange über die Beschwerde noch nicht entschieden ist.

§ 19 Prüfung der Beschränkung

Einwendungen des Verpflichteten, dass bei der Zwangsvollstreckung die Beschränkung auf Sicherungsmaßregeln nach der durchzuführenden Verordnung der Europäischen Gemeinschaft, nach dem auszuführenden Anerkennungs- und Vollstreckungsvertrag, nach § 18 dieses Gesetzes oder aufgrund einer auf diesem Gesetz beruhenden Anordnung (§ 22 Abs. 2, §§ 40, 45) nicht eingehalten werde, oder Einwendungen des Berechtigten, dass eine bestimmte Maßnahme der Zwangsvollstreckung mit dieser Beschränkung vereinbar sei, sind im Wege der Erinnerung nach § 766 der Zivilprozessordnung bei dem Vollstreckungsgericht (§ 764 der Zivilprozessordnung) geltend zu machen.

§ 20 Sicherheitsleistung durch den Verpflichteten

(1) Solange die Zwangsvollstreckung aus einem Titel, der auf Leistung von Geld lautet, nicht über Maßregeln der Sicherung hinausgehen darf, ist der Verpflichtete befugt, die Zwangsvollstreckung durch Leistung einer Sicherheit in Höhe des Betrags abzuwenden, wegen dessen der Berechtigte vollstrecken darf.

(2) Die Zwangsvollstreckung ist einzustellen und bereits getroffene Vollstreckungsmaßregeln sind aufzuheben, wenn der Verpflichtete durch eine öffentliche Urkunde die zur Abwendung der Zwangsvollstreckung erforderliche Sicherheitsleistung nachweist.

§ 21 Versteigerung beweglicher Sachen

Ist eine bewegliche Sache gepfändet und darf die Zwangsvollstreckung nicht über Maßregeln zur Sicherung hinausgehen, so kann das Vollstreckungsgericht auf Antrag anordnen, dass die Sache versteigert und der Erlös hinterlegt werde, wenn sie der Gefahr einer beträchtlichen Wertminderung ausgesetzt ist oder wenn ihre Aufbewahrung unverhältnismäßige Kosten verursachen würde.

§ 22 Unbeschränkte Fortsetzung der Zwangsvollstreckung; besondere gerichtliche Anordnungen

(1) Weist das Beschwerdegericht die Beschwerde des Verpflichteten gegen die Zulassung der Zwangsvollstreckung zurück oder lässt es auf die Beschwerde des Berechtigten die Zwangsvollstreckung aus dem Titel zu, so kann die Zwangsvollstreckung über Maßregeln zur Sicherung hinaus fortgesetzt werden.

(2) ¹Auf Antrag des Verpflichteten kann das Beschwerdegericht anordnen, dass bis zum Ablauf der Frist zur Einlegung der Rechtsbeschwerde (§ 15) oder bis zur Entscheidung über diese Beschwerde die Zwangsvollstreckung nicht oder nur gegen Sicherheitsleistung über Maßregeln zur Sicherung hinausgehen darf. ²Die Anordnung darf nur erlassen werden, wenn glaubhaft gemacht wird, dass die weitergehende Vollstreckung dem Verpflichteten einen nicht zu ersetzenden Nachteil bringen würde. ³§ 713 der Zivilprozessordnung ist entsprechend anzuwenden.

(3) ¹Wird Rechtsbeschwerde eingelegt, so kann der Bundesgerichtshof auf Antrag des Verpflichteten eine Anordnung nach Absatz 2 erlassen. ²Der Bundesgerichtshof kann auf Antrag des Berechtigten eine nach Absatz 2 erlassene Anordnung des Beschwerdegerichts abändern oder aufheben.

§ 23 Unbeschränkte Fortsetzung der durch das Gericht des ersten Rechtszuges zugelassenen Zwangsvollstreckung

(1) Die Zwangsvollstreckung aus dem Titel, den der Urkundsbeamte der Geschäftsstelle des Gerichts des ersten Rechtszuges mit der Vollstreckungsklausel versehen hat, ist auf Antrag des Berechtigten über Maßregeln zur Sicherung hinaus fortzusetzen, wenn das Zeugnis des Urkundsbeamten der Geschäftsstelle dieses Gerichts vorgelegt wird, dass die Zwangsvollstreckung unbeschränkt stattfinden darf.

(2) Das Zeugnis ist dem Berechtigten auf seinen Antrag zu erteilen,

1. wenn der Verpflichtete bis zum Ablauf der Beschwerdefrist keine Beschwerdeschrift eingereicht hat;
2. wenn das Beschwerdegericht die Beschwerde des Verpflichteten zurückgewiesen und keine Anordnung nach § 22 Abs. 2 erlassen hat;
3. wenn der Bundesgerichtshof die Anordnung des Beschwerdegerichts nach § 22 Abs. 2 aufgehoben hat (§ 22 Abs. 3 Satz 2) oder
4. wenn der Bundesgerichtshof den Titel zur Zwangsvollstreckung zugelassen hat.

(3) Aus dem Titel darf die Zwangsvollstreckung, selbst wenn sie auf Maßregeln der Sicherung beschränkt ist, nicht mehr stattfinden, sobald ein Beschluss des Beschwerdegerichts, dass der Titel zur Zwangsvollstreckung nicht zugelassen werde, verkündet oder zugestellt ist.

§ 24 Unbeschränkte Fortsetzung der durch das Beschwerdegericht zugelassenen Zwangsvollstreckung

(1) Die Zwangsvollstreckung aus dem Titel, zu dem der Urkundsbeamte der Geschäftsstelle des Beschwerdegerichts die Vollstreckungsklausel mit dem Zusatz erteilt hat, dass die Zwangsvollstreckung aufgrund der Anordnung des Gerichts nicht über Maßregeln zur Sicherung hinausgehen darf (§ 13 Abs. 4 Satz 3), ist auf Antrag des Berechtigten über Maßregeln zur Sicherung hinaus fortzusetzen, wenn das Zeugnis des Urkundsbeamten der Geschäftsstelle dieses Gerichts vorgelegt wird, dass die Zwangsvollstreckung unbeschränkt stattfinden darf.

(2) Das Zeugnis ist dem Berechtigten auf seinen Antrag zu erteilen,

1. wenn der Verpflichtete bis zum Ablauf der Frist zur Einlegung der Rechtsbeschwerde (§ 15 Abs. 2) keine Beschwerdeschrift eingereicht hat;
2. wenn der Bundesgerichtshof die Anordnung des Beschwerdegerichts nach § 22 Abs. 2 aufgehoben hat (§ 22 Abs. 3 Satz 2) oder
3. wenn der Bundesgerichtshof die Rechtsbeschwerde des Verpflichteten zurückgewiesen hat.

Abschnitt 6. Feststellung der Anerkennung einer ausländischen Entscheidung

§ 25 Verfahren und Entscheidung in der Hauptsache

(1) Auf das Verfahren, das die Feststellung zum Gegenstand hat, ob eine Entscheidung aus einem anderen Staat anzuerkennen ist, sind die §§ 3 bis 6, § 8 Abs. 2, die §§ 10 bis 12, § 13 Abs. 1 bis 3, die §§ 15 und 16 sowie § 17 Abs. 1 bis 3 entsprechend anzuwenden.

(2) Ist der Antrag auf Feststellung begründet, so beschließt das Gericht, dass die Entscheidung anzuerkennen ist.

§ 26 Kostenentscheidung

[1]In den Fällen des § 25 Abs. 2 sind die Kosten dem Antragsgegner aufzuerlegen. [2]Dieser kann die Beschwerde (§ 11) auf die Entscheidung über den Kostenpunkt beschränken. [3]In diesem Falle sind die Kosten dem Antragsteller aufzuerlegen, wenn der Antragsgegner nicht durch sein Verhalten zu dem Antrag auf Feststellung Veranlassung gegeben hat.

Abschnitt 7. Aufhebung oder Änderung der Beschlüsse über die Zulassung der Zwangsvollstreckung oder die Anerkennung

§ 27 Verfahren nach Aufhebung oder Änderung des für vollstreckbar erklärten ausländischen Titels im Ursprungsstaat

(1) Wird der Titel in dem Staat, in dem er errichtet worden ist, aufgehoben oder geändert und kann der Verpflichtete diese Tatsache in dem Verfahren der Zulassung der Zwangsvollstreckung nicht mehr geltend machen, so kann er die Aufhebung oder Änderung der Zulassung in einem besonderen Verfahren beantragen.

(2) Für die Entscheidung über den Antrag ist das Gericht ausschließlich zuständig, das im ersten Rechtszug über den Antrag auf Erteilung der Vollstreckungsklausel entschieden hat.

(3) [1]Der Antrag kann bei dem Gericht schriftlich oder durch Erklärung zu Protokoll der Geschäftsstelle gestellt werden. [2]Über den Antrag kann ohne mündliche Verhandlung entschieden werden. [3]Vor der Entscheidung, die durch Beschluss ergeht, ist der Berechtigte zu hören. [4]§ 13 Abs. 2 und 3 gilt entsprechend.

(4) [1]Der Beschluss unterliegt der sofortigen Beschwerde nach den §§ 567 bis 577 der Zivilprozessordnung. [2]Die Notfrist für die Einlegung der sofortigen Beschwerde beträgt einen Monat.

(5) [1]Für die Einstellung der Zwangsvollstreckung und die Aufhebung bereits getroffener Vollstreckungsmaßregeln sind die §§ 769 und 770 der Zivilprozessordnung entsprechend anzuwenden. [2]Die Aufhebung einer Vollstreckungsmaßregel ist auch ohne Sicherheitsleistung zulässig.

§ 28 Schadensersatz wegen ungerechtfertigter Vollstreckung

(1) [1]Wird die Zulassung der Zwangsvollstreckung auf die Beschwerde (§ 11) oder die Rechtsbeschwerde (§ 15) aufgehoben oder abgeändert, so ist der Berechtigte zum Ersatz des Schadens verpflichtet, der dem Verpflichteten durch die Vollstreckung des Titels oder durch eine Leistung zur Abwendung der Vollstreckung entstanden ist. [2]Das Gleiche gilt, wenn die Zulassung der Zwangsvollstreckung nach § 27 aufgehoben oder abgeändert wird, sofern die zur Zwangsvollstreckung zugelassene

Hüßtege 1929

Entscheidung zum Zeitpunkt der Zulassung nach dem Recht des Staats, in dem sie ergangen ist, noch mit einem ordentlichen Rechtsmittel angefochten werden konnte.

(2) Für die Geltendmachung des Anspruchs ist das Gericht ausschließlich zuständig, das im ersten Rechtszug über den Antrag, den Titel mit der Vollstreckungsklausel zu versehen, entschieden hat.

§ 29 Aufhebung oder Änderung ausländischer Entscheidungen, deren Anerkennung festgestellt ist

Wird die Entscheidung in dem Staat, in dem sie ergangen ist, aufgehoben oder abgeändert und kann die davon begünstigte Partei diese Tatsache nicht mehr in dem Verfahren über den Antrag auf Feststellung der Anerkennung (§ 25) geltend machen, so ist § 27 Abs. 1 bis 4 entsprechend anzuwenden.

Abschnitt 8. Vorschriften für Entscheidungen deutscher Gerichte und für das Mahnverfahren

§ 30 Vervollständigung inländischer Entscheidungen zur Verwendung im Ausland

(1) [1] Will eine Partei ein Versäumnis- oder Anerkenntnisurteil, das nach § 313 b der Zivilprozessordnung in verkürzter Form abgefasst worden ist, in einem anderen Vertrags- oder Mitgliedstaat geltend machen, so ist das Urteil auf ihren Antrag zu vervollständigen. [2] Der Antrag kann bei dem Gericht schriftlich oder durch Erklärung zu Protokoll der Geschäftsstelle gestellt werden. [3] Über den Antrag wird ohne mündliche Verhandlung entschieden.

(2) Zur Vervollständigung des Urteils sind der Tatbestand und die Entscheidungsgründe nachträglich abzufassen, von den Richtern besonders zu unterschreiben und der Geschäftsstelle zu übergeben; der Tatbestand und die Entscheidungsgründe können auch von Richtern unterschrieben werden, die bei dem Urteil nicht mitgewirkt haben.

(3) [1] Für die Berichtigung des nachträglich abgefassten Tatbestands gilt § 320 der Zivilprozessordnung entsprechend. [2] Jedoch können bei der Entscheidung über einen Antrag auf Berichtigung auch solche Richter mitwirken, die bei dem Urteil oder der nachträglichen Anfertigung des Tatbestands nicht mitgewirkt haben.

(4) Die vorstehenden Absätze gelten entsprechend für die Vervollständigung von Arrestbefehlen, einstweiligen Anordnungen und einstweiligen Verfügungen, die in einem anderen Vertrags- oder Mitgliedstaat geltend gemacht werden sollen und nicht mit einer Begründung versehen sind.

§ 31 Vollstreckungsklausel zur Verwendung im Ausland

Vollstreckungsbescheide, Arrestbefehle und einstweilige Verfügungen, deren Zwangsvollstreckung in einem anderen Vertrags- oder Mitgliedstaat betrieben werden soll, sind auch dann mit der Vollstreckungsklausel zu versehen, wenn dies für eine Zwangsvollstreckung im Inland nach § 796 Abs. 1, § 929 Abs. 1 und § 936 der Zivilprozessordnung nicht erforderlich wäre.

§ 32 Mahnverfahren mit Zustellung im Ausland

(1) ¹Das Mahnverfahren findet auch statt, wenn die Zustellung des Mahnbescheids in einem anderen Vertrags- oder Mitgliedstaat erfolgen muss. ²In diesem Fall kann der Anspruch auch die Zahlung einer bestimmten Geldsumme in ausländischer Währung zum Gegenstand haben.

(2) Macht der Antragsteller geltend, dass das Gericht aufgrund einer Gerichtsstandsvereinbarung zuständig sei, so hat er dem Mahnantrag die erforderlichen Schriftstücke über die Vereinbarung beizufügen.

(3) ¹Die Widerspruchsfrist (§ 692 Abs. 1 Nr. 3 der Zivilprozessordnung) beträgt einen Monat. *²In dem Mahnbescheid ist der Antragsgegner darauf hinzuweisen, dass er einen Zustellungsbevollmächtigten zu benennen hat (§ 174 der Zivilprozessordnung und § 5 Abs. 2 und 3 dieses Gesetzes). ³§ 175 der Zivilprozessordnung gilt entsprechend mit der Maßgabe, dass der Zustellungsbevollmächtigte innerhalb der Widerspruchsfrist zu benennen ist.*
Ab 1. 7. 02: Abs. 3 Satz 2 und 3 wurden durch Art. 2 Abs. 15 Nr. 2 ZustRG aufgehoben.

Abschnitt 9. Verhältnis zu besonderen Anerkennungsverfahren; Konzentrationsermächtigung

§ 33 Verhältnis zu besonderen Anerkennungsverfahren

Soweit nicht anders bestimmt, bleibt Artikel 7 des Familienrechtsänderungsgesetzes vom 11. August 1961 (BGBl. I S. 1221), zuletzt geändert durch Artikel 3 § 5 des Gesetzes vom 25. Juni 1998 (BGBl. I S. 1580), unberührt.

§ 34 Konzentrationsermächtigung

(1) ¹Die Landesregierungen werden für die Ausführung von Anerkennungs- und Vollstreckungsverträgen nach diesem Gesetz und die Durchführung der Verordnung (EG) Nr. 44/2001 ermächtigt, durch Rechtsverordnung die Entscheidung über Anträge auf Erteilung der Vollstreckungsklausel zu ausländischen Titeln in Zivil- und Handels-

sachen, über Anträge auf Aufhebung oder Abänderung dieser Vollstreckungsklausel und über Anträge auf Feststellung der Anerkennung einer
ausländischen Entscheidung für die Bezirke mehrerer Landgerichte einem von ihnen zuzuweisen, sofern dies der sachlichen Förderung oder
schnelleren Erledigung der Verfahren dient. [2]Die Ermächtigung kann
für die Übereinkommen über die gerichtliche Zuständigkeit und die
Vollstreckung gerichtlicher Entscheidungen in Zivil- und Handelssachen
vom 27. September 1968 (BGBl. 1972 II S. 773) und vom 16. September 1988 (BGBl. 1994 II S. 2658) und die Verordnung (EG)
Nr. 44/2001 jeweils allein ausgeübt werden.

(2) Die Landesregierungen können die Ermächtigung durch Rechtsverordnung auf die Landesjustizverwaltungen übertragen.

Teil 2. Besonderes

Abschnitt 1. Übereinkommen über die gerichtliche Zuständig-
keit und die Vollstreckung gerichtlicher Entscheidungen in
Zivil- und Handelssachen vom 27. September 1968 und vom
16. September 1988

§ 35 Sonderregelungen über die Beschwerdefrist

[1]Die Frist für die Beschwerde des Verpflichteten gegen die Entscheidung über die Zulassung der Zwangsvollstreckung beträgt zwei Monate
und beginnt von dem Tag an zu laufen, an dem die Entscheidung dem
Verpflichteten entweder in Person oder in seiner Wohnung zugestellt
worden ist, wenn der Verpflichtete seinen Wohnsitz oder seinen Sitz in
einem anderen Vertragsstaat dieser Übereinkommen hat. [2]Eine Verlängerung dieser Frist wegen weiter Entfernung ist ausgeschlossen. [3]§ 10
Abs. 2 und 3 Satz 2 sowie § 11 Abs. 3 Satz 1 und 2 finden in diesen
Fällen keine Anwendung.

§ 36 Aussetzung des Beschwerdeverfahrens

(1) [1]Das Oberlandesgericht kann auf Antrag des Verpflichteten seine
Entscheidung über die Beschwerde gegen die Zulassung der Zwangsvollstreckung aussetzen, wenn gegen die Entscheidung im Ursprungsstaat ein ordentliches Rechtsmittel eingelegt oder die Frist hierfür noch
nicht verstrichen ist; im letzteren Fall kann das Oberlandesgericht eine
Frist bestimmen, innerhalb deren das Rechtsmittel einzulegen ist. [2]Das
Gericht kann die Zwangsvollstreckung auch von einer Sicherheitsleistung abhängig machen.

(2) Absatz 1 ist im Verfahren auf Feststellung der Anerkennung einer
Entscheidung (§§ 25 und 26) entsprechend anzuwenden.

**Abschnitt 2. Haager Übereinkommen vom 2. Oktober 1973
über die Anerkennung und Vollstreckung von
Unterhaltsentscheidungen**

(vom Abdruck wird abgesehen)

**Abschnitt 3. Vertrag vom 17. Juni 1977 zwischen der
Bundesrepublik Deutschland und dem Königreich Norwegen
über die gegenseitige Anerkennung und Vollstreckung
gerichtlicher Entscheidungen und anderer Schuldtitel in
Zivil- und Handelssachen**

(vom Abdruck wird abgesehen)

**Abschnitt 4. Vertrag vom 20. Juli 1977 zwischen der
Bundesrepublik Deutschland und dem Staat Israel über
die gegenseitige Anerkennung und Vollstreckung gerichtlicher
Entscheidungen in Zivil- und Handelssachen**

(vom Abdruck wird abgesehen)

**Abschnitt 5. Verordnung (EG) Nr. 1347/2000 des Rates vom
29. Mai 2000 über die Zuständigkeit und die Anerkennung und
Vollstreckung von Entscheidungen in Ehesachen und in
Verfahren betreffend die elterliche Verantwortung für die
gemeinsamen Kinder der Ehegatten**

§ 50 Abweichungen von Vorschriften des Allgemeinen Teils;
ergänzende Regelungen

(1) [1]Die §§ 3, 4 Abs. 4, § 6 Abs. 1 und 3, § 7 Abs. 1 Satz 2 und
Abs. 2, § 11 Abs. 1 Satz 2 und 3, Abs. 3 Satz 1 erster Halbsatz und
Satz 2, § 13 Abs. 2 Satz 2, §§ 18 bis 24 und 33 sowie die Verweisung
auf § 575 Abs. 4 Satz 1, § 133 Abs. 1 Satz 1 der Zivilprozessordnung in
§ 16 Abs. 2 Satz 2 finden keine Anwendung. [2]Für die Kostenerstattung
gelten abweichend von § 8 Abs. 1 Satz 4 und Abs. 2 Satz 2 und von
§ 26 die Bestimmungen des § 13 a Abs. 1 und 3 des Gesetzes über die
Angelegenheiten der freiwilligen Gerichtsbarkeit.

(2) [1]§ 9 gilt mit der Maßgabe, dass der letzte Satz des in Absatz 1
Satz 1 vorgesehenen Wortlauts der Vollstreckungsklausel und der Zusatz
nach Absatz 1 Satz 2 entfallen. [2]§ 10 ist mit der Maßgabe anzuwenden,
dass im Falle des § 8 Abs. 1 dem Verpflichteten eine beglaubigte Abschrift des noch nicht mit der Vollstreckungsklausel versehenen Titels
zuzustellen und dem Berechtigten die mit der Vollstreckungsklausel
versehene Ausfertigung des Titels erst dann zu übersenden ist, wenn der
Beschluss nach § 8 Abs. 1 wirksam geworden (§ 53 Abs. 1 Satz 1) und
die Vollstreckungsklausel erteilt ist. [3]Ein Beschluss nach § 8 Abs. 2 ist
dem Verpflichteten formlos mitzuteilen. [4]Artikel 26 Abs. 5 Satz 2 und 3
der Verordnung ist sinngemäß auch dann anzuwenden, wenn der Ver-

pflichtete seinen gewöhnlichen Aufenthalt in einem Mitgliedstaat der
Europäischen Union, in dem die Verordnung nicht gilt, oder in einem
nicht der Europäischen Union angehörenden Vertragsstaat des Übereinkommens vom 16. September 1988 über die gerichtliche Zuständigkeit
und die Vollstreckung gerichtlicher Entscheidungen in Zivil- und Handelssachen (BGBl. 1994 II S. 2658) hat. [5]Dementsprechend finden § 10
Abs. 2 und 3 Satz 2 sowie § 11 Abs. 3 Satz 1 zweiter Halbsatz keine
Anwendung, wenn der Verpflichtete seinen gewöhnlichen Aufenthalt in
einem anderen Mitgliedstaat der Europäischen Union oder in einem
anderen Vertragsstaat dieses Übereinkommens hat.

(3) [1]Die §§ 12, 14, 27 Abs. 5 und § 28 gelten nur, soweit der zu
vollstreckende Titel auf Leistung von Geld lautet. [2]§ 12 Abs. 2 findet
keine Anwendung; § 12 Abs. 1 gilt für die Beschwerde, die sich gegen
die Zulassung der Zwangsvollstreckung aus einem gerichtlichen Vergleich oder einer öffentlichen Urkunde richtet, sinngemäß. [3]Bei der
Anwendung des § 17 Abs. 2 Satz 2 bleibt die Verweisung auf § 574
Abs. 4 und § 577 Abs. 2 Satz 1 bis 3 sowie die Verweisung auf § 556 in
§ 576 Abs. 3 der Zivilprozessordnung außer Betracht.

(4) Ergänzend sind § 6 Abs. 1 und 2 Satz 1 und § 14 des Sorgerechts-
übereinkommens-Ausführungsgesetzes vom 5. April 1990 (BGBl. I
S. 701), das zuletzt durch Artikel 2 Abs. 6 des Gesetzes vom 19. 2. 2001
(BGBl. I S. 288) geändert worden ist, entsprechend anzuwenden.

§ 51 Zuständigkeit für Verfahren auf Feststellung der Anerken-
nung

Für ein Verfahren, das die Feststellung zum Gegenstand hat, ob eine
in einem anderen Mitgliedstaat ergangene Entscheidung anzuerkennen
ist (Artikel 14 Abs. 3 der Verordnung), ist das Familienrecht, in dessen
Zuständigkeitsbereich gemäß Anhang I zu der Verordnung
1. der Antragsgegner oder ein Kind, auf das sich die Entscheidung
   bezieht, sich gewöhnlich aufhält oder
2. bei Fehlen einer Zuständigkeit nach Nummer 1 das Interesse an der
   Feststellung hervortritt,
3. sonst das im Bezirk des Kammergerichts zur Entscheidung berufene
   Gericht örtlich ausschließlich zuständig.

§ 52 Äußerung im Verfahren vor dem Familiengericht; weitere
Zustellungsempfänger

(1) Im Verfahren vor dem Familiengericht erhält nur der Antragsteller
Gelegenheit, sich zu dem Antrag auf Erteilung der Vollstreckungsklausel
oder auf Feststellung, ob die Entscheidung anzuerkennen ist, zu äußern.

(2) In einem Verfahren, das die Vollstreckbarerklärung oder die Feststellung der Anerkennung oder Nichtanerkennung einer die elterliche
Verantwortung betreffenden Entscheidung zum Gegenstand hat, sind

Zustellungen auch an den gesetzlichen Vertreter des Kindes, an dessen Vertreter im Verfahren und an das mindestens vierzehn Jahre alte Kind selbst sowie an einen Elternteil, der nicht am Verfahren beteiligt war, zu bewirken.

§ 53 Wirksamwerden von Entscheidungen

(1) [1]Ein Beschluss des Familiengerichts oder des Oberlandesgerichts nach den §§ 8, 13, 25 bis 27 oder 29 wird erst mit der Rechtskraft wirksam. [2]Hierauf ist in dem Beschluss hinzuweisen.

(2) [1]Das Oberlandesgericht kann in Verbindung mit der Entscheidung über die Beschwerde die sofortige Wirksamkeit eines Beschlusses anordnen; § 8 Abs. 1 Satz 2, §§ 9 und 10 Abs. 1 und 3 Satz 1 gelten entsprechend. [2]Wird Rechtsbeschwerde eingelegt, so kann der Bundesgerichtshof auf Antrag des Verpflichteten eine Anordnung nach Satz 1 aufheben oder auf Antrag des Berechtigten erstmals eine Anordnung nach Satz 1 treffen.

§ 54 Bescheinigung zu inländischen Titeln

Die Bescheinigung nach Artikel 33 der Verordnung wird von dem Urkundsbeamten der Geschäftsstelle des Gerichts des ersten Rechtszuges und, wenn das Verfahren bei einem höheren Gericht anhängig ist, von dem Urkundsbeamten der Geschäftsstelle dieses Gerichts ausgestellt.

Abschnitt 6. Verordnung (EG) Nr. 44/2001 des Rates vom 22. Dezember 2000 über die gerichtliche Zuständigkeit und die Anerkennung und Vollstreckung von Entscheidungen in Zivil- und Handelssachen

§ 55 Abweichungen von Vorschriften des Allgemeinen Teils; ergänzende Regelungen

(1) [1]Die §§ 3, 6 Abs. 1, § 7 Abs. 1 Satz 2 und Abs. 2, § 11 Abs. 1 Satz 2 und Abs. 3 Satz 1 erster Halbsatz und Satz 2 sowie § 18 finden keine Anwendung.

(2) [1]Artikel 43 Abs. 5 Satz 2 und 3 der Verordnung ist sinngemäß auch dann anzuwenden, wenn der Verpflichtete seinen Wohnsitz oder seinen Sitz in einem Mitgliedstaat der Europäischen Union, in dem die Verordnung nicht gilt, oder in einem nicht der Europäischen Union angehörenden Vertragsstaat des Übereinkommens vom 16. September 1988 über die gerichtliche Zuständigkeit und die Vollstreckung gerichtlicher Entscheidungen in Zivil- und Handelssachen (BGBl. 1994 II S. 2658) hat. [2]Dementsprechend finden die § 10 Abs. 2 und 3 Satz 2 sowie § 11 Abs. 3 Satz 1 zweiter Halbsatz keine Anwendung, wenn der Verpflichtete seinen Wohnsitz oder seinen Sitz in einem anderen Mit-

gliedstaat der Europäischen Union oder in einem anderen Vertragstaat dieses Übereinkommens hat.

(3) [1] In einem Verfahren, das die Vollstreckbarerklärung einer notariellen Urkunde zum Gegenstand hat, kann diese Urkunde auch von einem Notar für vollstreckbar erklärt werden. [2] Die Vorschriften für das Verfahren der Vollstreckbarerklärung durch ein Gericht gelten sinngemäß.

§ 56 Bescheinigungen zu inländischen Titeln

[1] Die Bescheinigungen nach den Artikeln 54, 57 und 58 der Verordnung werden von dem Gericht, der Behörde oder der mit öffentlichem Glauben versehenen Person ausgestellt, der die Erteilung einer vollstreckbaren Ausfertigung des Titels obliegt. [2] Soweit danach die Gerichte für die Ausstellung der Bescheinigung zuständig sind, wird diese von dem Gericht des ersten Rechtszuges und, wenn das Verfahren bei einem höheren Gericht anhängig ist, von diesem Gericht ausgestellt. [3] Funktionell zuständig ist die Stelle, der die Erteilung einer vollstreckbaren Ausfertigung des Titels obliegt. [4] Für die Anfechtbarkeit der Entscheidung über die Ausstellung der Bescheinigung gelten die Vorschriften über die Anfechtbarkeit der Entscheidung über die Erteilung der Vollstreckungsklausel sinngemäß.

Sachverzeichnis

Fette Ziffern = Paragraph oder Artikel, magere Ziffern = Randnummern

Aufgebot des Grundeigentümers **977–981;** des Grundpfandgläubigers, dinglich Berechtigten **986–988;** des Nachlass-, Gesamtgut-, Schiffsgläubigers **989–1002;** von Urkunden (Kraftloserklärung) **1003–1023;** s auch Aufgebotsverfahren, Kraftloserklärung

Aufgebotsverfahren 946 ff; allgemeine Vorschriften: Anfechtungsklage **957; 958;** Anmeldung **951; 953;** Antrag **947;** Aufgebotsfrist **950;** Ausschlussurteil **952;** öffentliche Bekanntmachung **948; 949; 956;** Statthaftigkeit **946;** besondere Vorschriften: s Aufgebot; Wert **3** 17; Zuständigkeit **23 Nr 2 h GVG**

Aufhebung von Arrest, einstw Vfg **708 Nr 6; 926; 927;** der Ehe **631;** Gesellschaft mit beschränkter Haftung, prozessleitende Beschlüsse **155;** und Kosten **93 a;** der Kosten gegeneinander **92** 5; des Kostenfestsetzungsbeschlusses **103** 3; von Maßnahmen gegen ausgebliebene Zeugen **381;** Parteierweiterung, prozessleitende Beschlüsse **150;** auf Rechtsmittel **vor 511** 42; Verbindung, Prozesskostenhilfe **124;** der vorl Vollstreckbarkeit **717;** von ZwVollstrMaßnahmen **776; 29 AVAG**

Aufhebungsantrag gegen Schiedsspruch **1059; 1062 Abs 1 Nr 4**

Aufklärung, Zuständigkeit, erfolglose **139** 34

Aufklärungsfrist, gerichtliche **273 Abs 2 Nr 1**

Aufklärungspflicht, Kommanditgesellschaft, Wiedereröffnung der Verhandlung als – **156** 2–3; schiedsrichterliche **1042** 6; Widerklage, richterliche **139**

Aufklärungs- u. Beratungspflicht, Beweislast bei Verletzung **vor 284** 36, 37

Aufklärungsverfügung 273; Auflagenbeschluss od -Verfügung **273**

Auflassungsanspruch, Pfändung **848** 5

Aufnahme, fingierte – **244** 14–18; des Rechtsstreits **239** 6–23; **240** 8–11; **250;** bei Streitgenossenschaft **61** 10; – des streitigen Verfahrens **696** 21; Verzögerung der – **239** 16; vorzeitige – **251** 8

Aufrechnung, Ablehnung, Aussetzung **145** 24; Ablehnungsgesuch, Gegenaufrechnung des Klägers **145** 30; Ausschließlicher Gerichtsstand, Allgemei-

nes **145** 11 ff; Ausschluss, Aussetzung **145** 23, Entscheidung **145** 22 ff, Zuständigkeit **145** 22–24; Befangenheit, Rechtsweg **145** 24; in Berufungsinstanz **533** 7 ff; Beschwerdewert **511** 16; – als Einwendung **6 EuGVVO** 7; Entscheidungsreife für Klage **300** 3; Gerichtsstand, Eventual- **145** 15; Grundurteil **304** 7; mit öffentlich-rechtlichen Forderungen **13 GVG** 27; **17 GVG** 7; Rechtskraft bei eingewendeter – **322** 44 ff; Rechtsverhältnis, Einwendung **145** 19; Rechtsweg **13 GVG** 27; **17 GVG** 7; im schiedsrichterlichen Verfahren **1029** 9; Streitwert **3** 19; Verhandlung, Prozesstrennung bei – **145** 6 ff; Vorbehaltsurteil **302;** Zuständigkeit **6 EuGVVO** 7

Aufschiebende Wirkung der Beschwerde **570** 1

Aufsichtsführender Richter im Präsidium **21 a GVG**

Aufzeichnungen, Prozessstandschaft, Protokoll **160 a;** technische **vor 371** 6

Augenschein 371 ff; Abstammungsuntersuchung **372 a;** Aktiengesellschaft, Protokollierung **160;** Anordnung des – **371;** Antritt **371;** Begriff **vor 371** 1; Duldung des – **372;** Einnahme des – **372;** bei elektronischem Dokument **371** 4–6; Hilfsperson **372** 3; Identität des -objekts **371** 3; Rügelose Einlassung, Anordnung des – **144;** Vereitelung des – **371** 7; Verweigerung **vor 371** 3–5; im Rahmen der Vorbereitung **273 Abs 2 Nr 5**

Ausbleiben, Gerichtsstand, Anordnung des persönlichen Erscheinens **141** 5; der zu vernehmenden Partei **454;** der Partei in Ehesachen **613** 7; von Sachverständigen **409;** von Zeugen **380**

Ausfertigung, Begriff **53 EuGVVO** 2; Erteilung **299;** Kosten **91** 55; Urteil **317;** **4 AVAG;** vollstreckbare – s dort; weitere vollstreckbare – **733**

Ausforschungsbeweis 284 3

Ausgangskontrolle 233 19

Ausgleich der Kosten **106**

Auskunft, amtliche **273 Abs 2 Nr 2; 437** 2; Klage auf – **254;** schriftliche – von Zeugen **273; 377;** aus dem Schuldnerverzeichnis **915 b;** – im Unterhaltsverfahren **644;** ZwVollstr auf – **888** 2

Beweisbeschluss

Einzelrichter

Fette Ziffern = Paragraph/Artikel

Einzelrichter am AG **22 GVG;** beim
LG: Aufgaben **349;** Berufungsgericht
526, 527; – in Berufungsinstanz **526,
527;** Für Beschwerdeentscheidung **43
EuGVVO** 18; Bindung des Kollegi-
ums **350;** KfH **349,** 2; Rechtsmittel
350; in Revisionsinstanz **555 Abs 2;**
Zuweisung an – **349** 2
Einzelvertretung im Prozess **51** 10
Elektronische Form, Berufung **519** 2
Elektronisches Dokument 130 a; 233
54; Augenscheinsbeweis **371** 4–6; For-
male Anforderungen **130 a** 2; Zugang
130 a 3
Elterliche Sorge 620 15; **621** 23; **23 b
Nr 2 GVG; 1 EuGVVO** 4; **1 EheVO**
4; Vorwegentscheidung **627**
**Empfangsbekenntnis 135; 174 nF;
195 nF; 198; 212 a**
Endurteil vor 300 7; **300;** Vollstreckungsfähigkeit **704** 1
Enteignungsentschädigung, Gerichtsstand **26**
Entschädigung, Sachverständiger **413;**
Verurteilung zur – bei Nichtleistung:
510 b; Zeuge **401;** ZwVollstr **888 a**
Entscheidender Einzelrichter, Zuweisung an – **526** 3
Entscheidung, Arten **vor 300** 1 ff; **32
EuGVVO; 13 EheVO;** ersetzende –
vor 511 44; fehlerhafte – **vor 300** 10 ff;
inkorrekte – **vor 300** 10 ff; **vor 511**
6 ff; Offene Handelsgesellschaft, Protokollierung **160;** über Rechtsbeschwerde **577;** über Rechtsmittel
vor 511 38 ff; über die Revisionszulassung **543** 6
Entscheidung nach Lage der Akten s
Aktenlageentscheidung
Entscheidungsgründe 313 27; Auslandsvollstreckung **31 AVAG;** Revision bei Fehlen der – **547** 11; Verkündung **311 Abs 3;** Weglassung **313 a;
313 b Abs 1; 540;** s auch Begründung
Entscheidungsgrundlage bei Entscheidung nach Lage der Akten **251 a** 5;
Konkurrenz, Verzicht auf mündl Vhdlg
128 34; Sicherungsübereignung, Ge-
winnung aus mündlicher Verhandlung
128 6
Entscheidungskonzentration in Familiensachen **vor 621** 4; **vor 622** 2
Entscheidungsreife 300 2; bei Aktenlageentscheidung **331 a** 3; **335** 7

Entscheidungsverbund bei Schei-
dungs- und Folgesachen **vor 621** 4;
623 1; **629**
Entschuldigung versäumter Fristen
233; versäumten Termins **337;** verspäteten Vorbringens **296; 411; 532**
Entstrickung 776 4; **803** 11
Erbbaurecht, ZwVollstr in – **864** 5
Erbbiologische Untersuchung 372 a
8; Identität, Aussetzung wegen – **148**
1; Parteiwechsel, Aussetzung wegen –
148 10
Erbe, Abwehrklage des – **785;** Einreden
des – **782; 783;** Gerichtsstand **27; 28;**
prozessuale Stellung **305** 1; vollstreckbare Ausfertigung **727; 728;** ZwVollstr
gegen **778; 779**
Erbengemeinschaft, ZwVollstr gegen –
747
Erbhaftung, beschränkte **305; 780;
781**
Erbrechtliche Streitigkeiten, Anwend-
barkeit **1 EuGVVO** 6; Gerichtsstand
27
Erbschaftsannahme, ZwVollstr vor und
nach – **778**
Erbschaftsnutzung, Pfändungsbe-
schränkung **863**
Erbschein zur ZwVollstr **792**
Erfahrungssätze vor 284 15; **546** 12
Erfolglose Pfändung 807 7
Erfolgsaussicht, Geschäftsverteilung,
Prozesskostenhilfe **114** 3 ff
Erfüllungsort, Gerichtsstand **29; 5
EuGVVO** 3
Erfüllungsortsvereinbarung **5
EuGVVO** 3
Ergänzung des Beschlusses **321** 7; des
Beweisbeschlusses **360;** der eidesstatt-
lichen Versicherung **807** 30; Kosten
der – des Urteils **91** 6; des Schieds-
spruchs **1058;** der Entscheidung über
Sicherheitsleistung **108** 2; des tatsäch-
lichen Vorbringens **268; 273 Abs 2 Nr**
1; des Urteils **321; 716; 30 AVAG;**
Wohnsitz, Protokolls **164**
Ergänzungsrichter 192 GVG
Ergänzungsurteil 321; Berufungsfrist
518
Erinnerung vor 567 12; **573;** gegen
Kostenfestsetzungsbeschluss **104** 25;
gegen VollstrKlausel **732; 19 AVAG;**
in der ZwVollstr **766; 777**
Erkennendes Gericht 309

1950

Erkenntnisverfahren Einl V 2
Erklärung, Drittwiderklage, Aufklärung **139** 3–7; Nachverfahren, Prozesskostenhilfeverfahren **117**; Öffentlichrechtliche Körperschaft Protokoll **129 a**; – zu Protokoll **496**; über Urkunden **439**; **510**; Verfügung, Nichtwissen **138**
Erklärungsfrist bei nicht rechtzeitigem Vortrag **273 Abs 2 Nr 1; 283**
Erklärungspflicht, Erbe, Tatsachen **138**
Erkrankung 233 40
Erlass, Anspruchskonkurrenz, Verzicht auf mündl Vhdlg **128** 35; der Entscheidung mit Verkündung **310** 1; bei Verzicht auf mündl Vhdlg **310** 3
Erlaubte Zurückverweisung bei Berufung **538 Abs 2**
Erledigterklärung 91 a 6; im Zweifel keine Klagerücknahme **269** 6
Erledigung, Begriff **91 a** 4, 5
Erledigung der Hauptsache 91 a; in Ehesachen **619**; einseitige – **91 a** 31–41; Kostenentscheidung **91 a** 46; Rechtsbehelfe **91 a** 52–56; Rechtskraft **91 a** 49; Streitwert **91 a** 57–62; teilweise **91 a** 43; übereinstimmende **91 a** 22–30; Voraussetzungen **91 a** 9–16; Wirkungen **91 a** 17–21
Erlös, Empfang des – durch Gerichtsvollzieher **819**; Verteilung bei mehrfacher Pfändung **827** 4
Erlöschen der Prozessvollmacht **87**
Ermächtigung, besondere **51** 13; des Gerichtsvollziehers **755**; für einzelne Prozesshandlungen **54**; bei gewillkürter Prozessstandschaft **51** 33
Ermessen, Nachprüfbarkeit, Ausübung **546** 13; **567** 29
Ermessensantrag, Nachträgliche Ausländersicherheit **253** 12; Wert **3** 63
Ermittlungsgrundsatz Einl I 6–7; s auch Untersuchungsgrundsatz
Ernennung von Schiedsrichtern **1034; 1035**
Erörterung, Gesellschaft bürgerlichen Rechts, Wiedereröffnung der Vhdlg **156** 2; vor Schiedsgericht **1042** 6; im selbstständigen Beweisverfahren **492**; Unterhaltsansprüche, Sach- und Streitstand **139** 25–27; Wohnsitz, Sach- und Streitstand **136** 2
Ersatzvornahme 887
Ersatzzustellung in **178–181** nF; bei juristischen Personen **181–184**

Erscheinen s persönliches Erscheinen
Erschleichung, Restitutionsklage **580** 8; von Urteilen **322** 50 ff
Erschöpfungseinrede 780 4
Ersetzende Entscheidung vor 511 44
Ersuchen, – amtliche Auskunft **273 Abs 2 Nr 2**
Ersuchter Richter, Anfechtung seiner Entscheidung **573**; Befugnisse **400**; Beweisaufnahme vor – **355** 3; **360; 361; 365; 366; 375; 405; 434; 479**; bei Termins- und Fristbestimmung **229**
Erwachsenheitssumme vor 511 33
Erweiterung des Antrags **264**; durch Zwischenfeststellungsklage **256 Abs 2**
Erwerbsgeschäft, Pfändungsschutz **811 Nr 5**; ZwVollstr in Gesamtgut bei – **741**
EuGH, EuGVVO **vor 1 EuGVVO** 14
EuGVÜ vor 1 EuGVVO 3; **35 ff** AVAG; Verhältnis zur EuGVVO **vor 1 EuGVVO** 3; **68 EuGVVO**
EuGVVO 55 AVAG; im Arrestverfahren **917** 3
Europäisches Übereinkommen über den Gerichtsstand vor 1 6; Anwendungsbereich **vor 1 EuGVVO** 3; – über die internationale Handelsschiedsgerichtsbarkeit **1061** 10; Vollstreckung **1 ff** AVAG
Eventualantrag 260 8–17; auf Versäumnisurteil bzw Aktenlagenentscheidung **331 a** 2
Eventualaufrechnung, Beschwer bei Abweisung wegen – **vor 511** 28; Gerichtsstand **145** 15
Eventualbegründung der Klage **260** 10; – der Streitgenossenschaft **59; 60** 5
Eventualmaxime bei Zulässigkeitsrügen **282 Abs 3**
Eventualwiderklage 33 14; **260** 9
Exorbitante Gerichtsstände 23; 3 EuGVVO 1
Experimentierklausel Einl VII 10
Exterritoriale 18–20 GVG; Gerichtsstand **15**; Zustellung an – Deutsche **200**

Fahrtkosten s Reisekosten
Faksimilestempel, Gesellschaft **129** 7
Falscheid, falsche uneidliche Aussage, falsche Versicherung an Eides Statt: Aufhebungsklage **1059 Abs 2 Nr 2 b**; Restitutionsklage **580** 7

Mündliche Verhandlung

Öffentliche Ordnung

Schuldübernahme

Schiedsrichter, Ablehnung **1036;** Bindung an Ernennung **1035** 5; Ernennung **1035; 1039;** Ersatzbestellung **1039;** Haftung **vor 1029** 9; Kündigung **vor 1029** 11; Vergütung **vor 1029** 10; Verzögerung durch – **1038; 1039;** Wegfall **1038; 1039;** Weigerung **1038; 1039; 1052**

Schiedsrichterliches Verfahren 1042 ff**;** Abstimmung **1052;** Anwendungsbereich **1025;** anzuwendendes Recht **1051;** Aufrechnung **1029** 9; Aushilfe durch Staatsgericht **1050;** Beeidigung **1050** 1; Beendigung **1056;** Berater **1042** 4; Beweiserhebung **1049; 1050** 1; einstweiliger Rechtsschutz **1033; 1041;** Klageerhebung **1046;** Kosten **1057;** Richter, Aufrechnung **145** 23; Versäumnisverfahren **1048;** Zulässigkeitsrüge **1040;** Zuständigkeit des Staatsgerichts **1062**

Schiedsrichtervertrag vor 1029 8–11

Schiedsspruch 1054; Aufhebung **1059;** Besonderheiten bei der Vollstreckbarerklärung **1064;** Rechtsbehelf **1059;** Rechtsmittel gegen Vollstreckbarerklärung **1065;** Restitutionsklage bei Aufhebung **vor 578** 1 a; **580** 11; Vollstreckbarerklärung ausländischer **1061;** Vollstreckbarerklärung inländische **1060;** Wirkung **1055;** Zustellung **1054** 9

Schiedsvereinbarung 1029; Ablehnung, aufgerechnete Gegenforderung **145** 23; Beendigung **1029** 17; Bestimmtheit **1029** 5 ff; Form **1031;** Heilung **1031 Abs 6;** Knebelung **1025** 6; Kündigung **1034** 2; über Mietverhältnis **1030 Abs 2;** bei Rechtsnachfolge **1029** 15; im Rechtsstreit **1032;** über künftige Rechtsstreitigkeiten **1029** 5; Schiedsfähigkeit **1030;** Übergewicht **1034** 2 ff; Wesen **vor 1029** 1; Wirksamkeit **1029** 4 ff; Wirkungen **1029** 13, 14

Schiedsvergleich 1053

Schiff, Arrestpfändung **931;** eingetragenes –: ZwVollstr auf Herausgabe **885;** herrenloses –: Prozesspfleger **58;** ZwVollstr **787;** ZwVollstr in – **847 a; 855 a; 864** 5; **870 a**

Schifffahrtsgerichte 14 GVG

Schiffseigentümer, Aufgebot **981**

Schiffsgläubiger, Aufgebot **1002**

Schiffshypothek, Eintragung im Wege der ZwVollstr **870 a;** Pfändung **830 a;** Überweisung **837 a;** vollstreckbare Urkunde für – **800 a**

Schiffspart, ZwVollstr in – **858**

Schiffsregister 800 a

Schlechterstellung s Verbot der –

Schlichtung 15 a EGZPO

Schluss der mündlichen Verhandlung, Unterhaltsansprüche **136** 4; Vorbringen nach – **296 a;** Wiedereröffnung der Verhandlung **296 a;** Zuständigkeit, Verzicht auf mdl Vhdlg **128** 33

Schlüssigkeit, Internationale Zuständigkeit **vor 1** 7; **328** 8; Nachfestsetzung **vor 253** 38; Voraussetzung für Versäumnisurteil **331** 5

Schlussurteil vor 300 7; **301** 7; Kostenentscheidung **99** 13, 15

Schlussverhandlung 370

Schmerzensgeld, Quotierung im Grundurteil **304** 17

Schreibfehler, Berichtigung **319**

Schriftform der Gerichtsstandsvereinbarung **38** 26, 27; **23 EuGVVO** 8, des Schiedsspruchs **1054**

Schriftliche Begutachtung 411

Schriftliches Verfahren, Gerichtsstand **128 Abs 2, 3;** im schiedsrichterlichen Verfahren **1047;** bei Streitgenossenschaft **61** 9

Schriftliches Vorverfahren 272 Abs 2; 276; rügelose Einlassung **24 EuGVVO** 5

Schriftliche Zeugenaussage 377 2

Schriftsatz, Aktiengesellschaft, bestimmender – **129** 5 ff; zur Aufnahme des Verfahrens **250;** Exterritoriale, vorbereitender – **129;** Fiskus, Inhalt **130;** Kommanditgesellschaft, Einreichung **133;** nachgereichter – **283;** Offene Handelsgesellschaft, verspäteter – **156** 5; verspäteter – **296; 296 a; 530; 531;** vorbereitender – **272**

Schriftstück, abhandenkommen, Wiedereinsetzung **233** 23, 24; Übergabe des zuzustellenden – **166 nF; 169**

Schriftvergleichung 441; 442

Schuldner s Vollstreckungsschuldner

Schuldnerverzeichnis 915 ff

Schuldrechtliche Verträge, Gerichtsstand **29; 5 EuGVVO** 2 ff

Schuldübernahme in notarieller Urkunde **794** 58

Staatenlose, Ehesachen **606 a Abs 1 Nr 3;** Prozessfähigkeit **55;** Zuständigkeit, Prozesskostenhilfe **114** 2
Staatsgericht, Rechtsmittel **1065;** Tätigwerden für Schiedsgericht **1050;** Zuständigkeit im schiedsrichterlichen Verfahren **1052 ff**
Staatshaftungsprozess 17 GVG 21; **71 GVG** 5
Staatsverträge 328 30 ff; Revisibilität **545;** s auch gegenseitige Vereinbarungen
Statthaftigkeit der Nichtzulassungsbeschwerde **544** 1–2; der Rechtsbeschwerde **574** 1–3; von Rechtsmitteln **vor 511** 15; – bei sofortiger Beschwerde **567** 2–3; s iü bei den jeweiligen Verfahren
Statusprozess 640–641 k; 1 EuGVVO 4
Stellungnahme zur Klageerwiderung **275** 4; **276** 13; **277** 13
Stempel s Faksimilestempel
Stenografische Niederschrift, Nachlassverwalter, Protokollführung **160 a**
Steuerarrest 945 5
Stiftung, Gerichtsstand **17;** gesetzliche Vertretung **51** 6; des öffentlichen Rechts, ZwVollstr **882 a**
Stillstand der Rechtspflege 245; tatsächlicher – **vor 239** 6; **335** 8; des Verfahrens s Aussetzung, Unterbrechung; des Verfahrens, rechtlicher **vor 239** 2–5
Strafe s Ordnungsmittel
Strafgefangene, Forderungspfändung **829** 18
Straftat, Anfechtungsklage **957 Abs 2 Nr 6;** Aufhebungsklage **1059 Abs 2 Nr 2 b;** Parteierweiterung, Aussetzung bei Verdacht auf – **149;** in der Sitzung **183 GVG;** Wiederaufnahme wegen – **580 Nr 1–5**
Strafverfolgung als Voraussetzung der Restitutionsklage **581;** Zeugnisverweigerung **384**
Streitbefangene Sache 265 2–4
Streitgegenstand Einl II; 27 EuGVVO 5; **11 EheVO** 6; Lehrmeinungen **Einl II** 3–8
Streitgehilfe s Nebenintervenient
Streitgenossenschaft vor 59 1–5; **59–63;** Erledigung der Hauptsache **91 a** 19; Gebühren **61** 19; Gerichts-

stand **6 EuGVVO** 2; Grundurteil bei – **304** 13; Kosten **98** 15; **100;** – im Kostenfestsetzungsbeschluss **104** 18; Mahnverfahren **vor 688** 4; **690** 3; **694** 1; **696** 9; – bei Klage wegen mehrfacher Pfändung **856** 2; notwendige – **62;** Partei, Prozessverbindung **147** 9; Parteivernehmung bei – **61** 7, 12; **449;** Rechtsmittelkosten **100** 3; Streitwert **5** 1; Unzuständigkeit, Verfahren ohne mündl Vhdlg **128** 25; im Verteilungsverfahren **878** 1; vorläufige Vollstreckbarkeit **708** 15; **709** 3; bei Vorzugsklage **805 Abs 3;** Widerspruchsklage: **771 Abs 2;** Wirkung **61;** Zulässigkeit **59; 60**
Streitgenössische Nebenintervention 69; Erledigung der Hauptsache **91 a** 18; Geschäftsverteilung, persönliches Erscheinen **141** 2; Kosten **101** 5; Tod des Nebenintervenienten **239** 2; Örtliche Zuständigkeit Verfahren ohne mündl Vhdlg **128** 25
Streithilfe s Nebenintervention
Streitiges Urteil vor 300 6
Streitiges Verfahren, Antrag auf – **696** 3
Streitige Verhandlung 279; Grundschuld **137**
Streitobjekt, Gerichtsstand **23**
Streitsache, Veräußerung im Prozess **265**
Streitverkündung 72–74; **65 EuGVVO;** Erklärung **73; EuGVVO 6 EuGVVO** 3; im Kindschaftsprozess **641 b;** bei Klage gegen Drittschuldner **841;** Kosten **91** 59; Pflicht zur – **841;** des Streitgenossen **61** 6; Wirkung **74;** Zulässigkeit **72**
Streitwert 2–9; s iü bei den jeweiligen Verfahren
Streitwertbeschwerde 2 11; **567** 16
Streitwertfestsetzung 2 7; Zeitpunkt für – **4**
Strengbeweis vor 284 4
Stufenklage 254; Berufung **538** 20; Beschwerdewert **254** 11; Kostenentscheidung **254** 11; Streitwert **3** 141; Verfahren **254** 5–9
Stumme, Eidesleistung **483;** Verhandlung **186 GVG**
Stundenfrist 222 4, 10
Stundung der vollstreckbaren Forderung **775** 11, 13; **813 a; 813 b**

Verlesung

Verzicht